Geschichte der österreichischen
LAND- UND FORSTWIRTSCHAFT
im 20. Jahrhundert

REGIONEN · BETRIEBE · MENSCHEN

Ernst Bruckmüller
Ernst Hanisch
Roman Sandgruber
(Hrsg.)

Mit Beiträgen von

Hubert Weitensfelder
Wolfgang Meixner und Gerhard Siegl
Werner Drobesch
Ursula J. Neumayr
Karl Kaser, Karl Stocker und Beatrix Vreča
Bernhard A. Reismann
Roman Sandgruber
Michael Pammer
Ernst Langthaler
Leonhard Prickler und Herbert Brettl

UEBERREUTER

Gefördert mit Mitteln des Österreichischen Bundesministeriums
für Land- und Forstwirtschaft, Umwelt und Wasserwirtschaft (BMLFUW).

ISBN 3-8000-3868-4
Alle Rechte vorbehalten
Coverfotos: Wilhelm Dachauer, Holzfällerinnen (1922), Ried, Innviertler Volkskundehaus (© VBK, Wien);
Österreichischer Bauernbund, Archiv (2x);
Niederösterreichische Landwirtschaftskammer
Projektkoordination: Mag. Gerda Edlinger
Lektorat: Fanny Esterházy und Alexandra Wachter
Umschlaggestaltung: Maria Schuster
Copyright © 2003 by Verlag Carl Ueberreuter, Wien
Druck: Druckerei Theiss GmbH, A-9431 St. Stefan
1 3 5 7 6 4 2
Ueberreuter im Internet: www.ueberreuter.at

INHALT

Vorwort der Herausgeber	11

Hubert Weitensfelder: Vom Stall in die Fabrik
Vorarlbergs Landwirtschaft im 20. Jahrhundert — 15

Einleitung	15
I. Alles Käse?	20
II. Viehzucht	26
III. Alpwirtschaft	31
IV. Agrargemeinschaften und Genossenschaften	36
V. Technik und Infrastruktur	43
VI. »Mist und List«: Schulungen und Schulen	51
VII. Aspekte des sozialen Wandels	56
1. Konsum	56
2. Verschuldung	59
3. Zweitberuf	63
VIII. Landwirtschaft und Weltanschauung: Die Eliten und die Politik	66

Wolfgang Meixner, Gerhard Siegl: Bergbauern im Tourismusland
Agrargeschichte Tirols im 20. Jahrhundert — 73

I. Die Grundlagen	73
1. Naturräumliche Voraussetzungen	73
2. Infrastrukturelle Bedingungen	76
3. Von der Autarkie zum Nebenerwerbsbetrieb	79
II. Die Bodennutzung	80
1. Obstbau	81
2. Wiesen- und Weideland	83
3. Alpines Grünland	86
Exkurs »Sozialbrache« 91	
4. Ackerbau	92
5. Wald	99
III. Tierhaltung	105
1. Rinder	110
2. Schweine	127
3. Schafe	130
4. Ziegen	132
5. Pferdezucht	133
6. Geflügel	135
7. Bienenzucht	137
IV. Betriebsstruktur	138

    1. Agrarquote _____ *139*
    2. Anzahl der Betriebe _____ *140*
    3. Betriebsgröße _____ *141*
    4. Rationalisierung und Mechanisierung _____ *142*
    5. Vom Gesinde- zum Familienbetrieb _____ *148*
  V. Zeitlicher Phasenverlauf des Strukturwandels _____ *149*
    1. »Bergbauernkrise« (1880–1900) _____ *149*
    2. Latente Krise und beginnender Alpentourismus (1900–1914/18) _____ *151*
    3. Zwischenkriegszeit (1918–1938) _____ *152*
    4. NS-Zeit (1938–1945) _____ *156*
    5. Nachkriegsjahre – »Wirtschaftswunder« – zunehmender Fremdenverkehr *163*
    6. Bauern auf dem Weg vom »Subventionsempfänger« zum »Unternehmer« *166*
  VI. Bäuerliche Interessenverbände _____ *170*
    1. Die Tiroler Landeslandwirtschaftskammer und ihre Vorläufer _____ *170*
    2. Tiroler Bauernbund _____ *178*
  VII. Blick von außen auf die Bauern _____ *187*

Werner Drobesch: Gebirgsland im Süden
Kärntens Landwirtschaft 1918 bis 1999 _____ *189*
  I. Bäuerliche Lebensräume _____ *189*
  II. Auflösung der Agrargesellschaft _____ *195*
  III. Bauernland ohne Agrarwirtschaft? – Die Struktur- und Produktionskrise bis Anfang der Fünfzigerjahre _____ *202*
  IV. Verspätete Deagrarisierung im Spannungsbogen von kapitalistischer Marktwirtschaft und »Agrarprotektionismus« seit der Jahrhundertmitte ____ *218*
  V. Am (vorläufigen) Ende eines langen Weges … _____ *238*

Ursula J. Neumayr: Unter schneebedeckten Bergen
Landwirtschaft im Pinzgau 1890 bis 1990 _____ *243*
  I. Lebenswelt Gebirgslandwirtschaft _____ *245*
    1. Das Ende der naturalwirtschaftlichen Genügsamkeit – Schmidtmann im Pinzgau _____ *250*
    2. Alles ein Herz und ein Sinn – Bäuerliche Dorfwelt um 1900 _____ *256*
    3. Kühl empfand ich die dunklen Bergwälder – Das Weggehen der Dienstboten _____ *260*
    4. Gedenkmessen und Bauernfähigkeit – Das Reichserbhofgesetz in der Umsetzung _____ *267*
    5. Sorgen, im Wiederaufbau der Letzte zu sein – Bedarfsdeckung in der Nachkriegszeit _____ *272*
    6. Wir sind es jetzt ein wenig anders gewöhnt – Spezialisierungen und Nebenerwerb _____ *277*
  II. Arbeitswelt Gebirgslandwirtschaft _____ *281*
    1. Viehzucht und Almwirtschaft _____ *287*

    2. Feld- und Ackerbau _____ 294
    3. Obst- und Gartenbau _____ 297
 III. Vom Bauern- zum Agrarland? _____ 298

Karl Kaser, Karl Stocker, Beatrix Vreča: Vom Selbstversorger zum Nebenerwerbslandwirt
Das südoststeirische Flach- und Hügelland _____ 299

 I. Das »alte« Agrarsystem _____ 302
    1. Kleinbauerntum _____ 303
    2. Bifangbau _____ 303
    3. Viehhaltung und Viehzucht _____ 305
    4. Arbeit und Alltag _____ 307
    5. Politische Formierung _____ 308
    6. Genossenschaften _____ 310
    7. Vereine _____ 310
    8. Der Erste Weltkrieg und die Folgen _____ 314
    9. Die alte Ordnung bricht zusammen _____ 316
 II. Das Ende der Selbstversorgerwirtschaft – der Beginn des »Fortschritts« ___ 318
    1. Mechanisierung und Rationalisierung der Produktion _____ 318
    2. Disziplinierung und Modernisierung der Bevölkerung _____ 319
 III. Zwischen Tradition und Fortschritt _____ 323
    1. Der Wiederaufbau _____ 323
    2. Das Nachwirken des alten Systems _____ 325
    3. Die Rationalisierung und Mechanisierung der Landwirtschaft in den Fünfzigerjahren _____ 327
 IV. Der Fortschritt siegt! _____ 333
    1. Die Spezialisierung – Monokultur, Kleintiermast und die Folgen _____ 333
    2. Landwirtschaft und Fremdenverkehr _____ 338
 V. Postmoderne Landwirtschaft? _____ 339
    1. Krisen der industrialisierten Landwirtschaft _____ 339
    2. Auswege und Perspektiven _____ 344
 Schlusswort _____ 352
 Statistischer Anhang _____ 354

Bernhard A. Reismann: Landwirtschaft inmitten der Industrie
Die östliche Obersteiermark _____ 363

 I. Die naturräumlichen Gegebenheiten und der Stand der obersteirischen Landwirtschaft im Jahr 1900 _____ 363
 II. Die wirtschaftliche Entwicklung von 1900 bis 2000 _____ 370
    1. Die allgemeine wirtschaftliche Entwicklung der obersteirischen Landwirtschaft _____ 370
    2. Viehzucht _____ 388
    3. Almwirtschaft _____ 399

  4. Die Milchwirtschaft _____ 407
  5. Die Forstwirtschaft _____ 416
  6. Der Obst- und Ackerbau _____ 422
 III. Regionale Besonderheiten der obersteirischen Landwirtschaft _____ 429
  1. Der Zu- und Nebenerwerb in der Industrie _____ 429
  2. Der Nebenerwerb durch den Fremdenverkehr _____ 432

Roman Sandgruber: Im Viertel der Vierkanter
Landwirtschaft im oberösterreichischen Zentralraum _____ 439
 I. Der Vierkanter _____ 439
 II. Die Produktionslandschaften _____ 446
  1. »Vier Viertel hat's Landl …« _____ 446
  2. Der oberösterreichische Zentralraum als Agrarregion _____ 448
 III. Die Bauern und ihre Betriebe _____ 449
  1. Die Höfe _____ 449
  2. Der Pflanzenbau _____ 453
  3. Die Viehhaltung _____ 459
  4. Die Mechanisierung _____ 464
  5. Die bäuerliche Arbeitsorganisation _____ 469
 IV. Wirtschaftsführung und Einkommen _____ 474
  1. Die Struktur der Einnahmen _____ 476
  2. Die Betriebsausgaben _____ 478
  3. Krisen und Krisensicherung _____ 479
 V. Genossenschaften und Vermarktung _____ 482
  1. Lagerhausgenossenschaften _____ 483
  2. Molkereigenossenschaften _____ 484
  3. Zuckerindustrie _____ 486
  4. Obstverwertung _____ 488
 VI. Das Ende der Vierkanter? _____ 488

Michael Pammer: Hochland im Norden
Mühl- und Waldviertel _____ 491
 I. Oberfläche, Klima und Boden _____ 492
 II. Bevölkerung _____ 497
 III. Beschäftigung _____ 504
 IV. Produktionsfaktoren _____ 516
  1. Boden _____ 516
  2. Kapital _____ 531
  3. Arbeit _____ 533
 V. Betriebe _____ 536
 VI. Produktion _____ 546
  1. Pflanzen _____ 546
  2. Vieh _____ 549

VII. Einkommen und Konsum _____ 559

Ernst Langthaler: Agrarwende in den Bergen
Eine Region in den niederösterreichischen Voralpen (1880–2000) _ 563
    I. Ein Hof vor 100 Jahren _____ 563
    II. Die Menschen und der Boden _____ 568
    III. Die Menschen und das Vermögen _____ 588
    IV. Die Menschen und das Wissen _____ 611
    V. Die Menschen und die Arbeit _____ 621
    VI. Die Menschen und die Güter _____ 636

Ernst Langthaler: Agrarwende in der Ebene
Eine Region im niederösterreichischen Flach- und Hügelland (1880–2000) _____ 651
    I. Ein Hof vor 100 Jahren _____ 651
    II. Die Menschen und der Boden _____ 656
    III. Die Menschen und das Vermögen _____ 684
    IV. Die Menschen und das Wissen _____ 703
    V. Die Menschen und die Arbeit _____ 713
    VI. Die Menschen und die Güter _____ 726

Leonhard Prickler: Ebene im Osten
Der Seewinkel im Bezirk Neusiedl am See _____ 741
    I. Österreichs Anteil an der »pannonischen« Ebene – Versuch einer Begriffsdefinition _____ 741
        1. Die geografischen Voraussetzungen _____ 741
        2. Die historischen Voraussetzungen _____ 742
    II. Das »ungarische Vermächtnis« – Die westungarische Landwirtschaft vor dem Anschluss des Burgenlands an Österreich _____ 743
        1. Nationale Befindlichkeiten und die Krise der Landwirtschaft um 1900 _ 744
        2. Die Auswanderung als Ausweg aus der Krise _____ 746
        3. Der Beginn der Eisenbahnerschließung _____ 747
    III. Traumatisches Ende und chaotischer Neubeginn – Der schwierige Weg von Ungarn nach Österreich _____ 748
        1. Der Erste Weltkrieg _____ 749
        2. Die landwirtschaftlichen Marktverhältnisse als politischer Faktor _____ 751
    IV. Landwirtschaft und Politik im Burgenland bis 1938 _____ 753
        1. Die Ursachen für die Besonderheiten im burgenländischen Wählerverhalten _____ 754
        2. Die ungelöste Frage der Bodenreform _____ 755
        3. Die wirtschaftliche Gesamtsituation in der Zwischenkriegszeit und die Entstehung der bäuerlichen Interessenvertretungen _____ 758
        4. Landgewinnungspläne am Neusiedler See _____ 761

V. Landwirtschaft unter dem Hakenkreuz _____ 764
   1. Beeinflussung der bäuerlichen Bevölkerung durch den Nationalsozialismus bis 1938 _____ 764
   2. Die »Erbhof«-Politik _____ 767
   3. »Entschuldung« _____ 768
VI. Vom Zweiten Weltkrieg zum 21. Jahrhundert _____ 770
   1. Internationale Finanzspritzen und der (Wieder-)Aufbau der burgenländischen Landwirtschaft _____ 770
   2. Der Mechanisierungsprozess in der Landwirtschaft im Neusiedler Bezirk
   3. Die rasante Entwicklung der Weinwirtschaft nach 1945 _____ 772
   4. Der Gemüsebau im Seewinkel einst und heute _____ 772
VII. »Land im Wandel« _____ 781
   1. Der wirtschaftliche Strukturwandel abseits der Landwirtschaft – Arbeitswanderung und Schulwesen _____ 784
   2. Der Neusiedler See als Objekt der touristischen Vermarktung _____ 786
   3. Die Neusiedler See-Brücke: Ein Bauprojekt als Wegbereiter für den Naturschutz _____ 789
   4. Die Entstehung des grenzüberschreitenden Nationalparks Neusiedler See-Seewinkel _____ 790
VIII. Fallstudie Meierhof: Der Wittmannshof als sozialer und politischer Mikrokosmos in den Jahren 1921 bis 1945 (von Herbert Brettl) _____ 794
   1. Die Geschichte der Herrschaft Ungarisch-Altenburg und des Wittmannshofes bis 1918 _____ 794
   2. Der Wittmannshof zwischen 1921 und 1945 _____ 797

Anhang _____ 819
   Anmerkungen _____ 819
   Literatur- und Quellenverzeichnis _____ 874
   Verzeichnis der Tabellen und Grafiken _____ 903
   Die Autorinnen und Autoren _____ 908
   Bildnachweis _____ 910
   Register _____ 911

VORWORT

»Wir schreiben das Jahr 1898. In der oberösterreichischen Gemeinde Schlierbach, am Übergang von Alpenvorland und Voralpen, liegt die Ebenhöhe des Mathias Huemer. Wir wandern, vom Bahnhof kommend, etwa 20 Minuten durch die hügelige Landschaft, bis wir vor dem wuchtigen Vierkanterhof stehen. Mit der Tür, die wir beim Eintritt öffnen, eröffnet sich auch eine bäuerliche Welt, die uns heute in vielerlei Hinsicht fremd erscheint.«

Mit diesen Worten beginnt Ernst Langthaler, der Verfasser der Beiträge über zwei niederösterreichische Regionen, seinen Text über die Landwirtschaft im Voralpengebiet im 20. Jahrhundert. Immer wieder eröffnen die Autoren dieses Bandes mit solchen oder ähnlichen Rückblicken. Ein zweites Beispiel – der Gutsverwalter Dr. Gustav Ruhland beschreibt den Wandel im Salzburger Gebirgsland, wieder in den 1890er-Jahren: »Im Gebirge werden die Höfe thälerweise aufgekauft. [...] Da muss der Bauer weichen.« Unter den schneebedeckten Bergen, so Ruhland weiter, hatten sich die altbäuerlichen Sitten und Anschauungen bis dahin weit ursprünglicher erhalten als in der Ebene. Deshalb sei der Kampf der Ideen in diesen Regionen auch ungleich gewaltiger – »wenn die moderne Macht des Kapitals eingreift [und] alles zur Waare macht [...]«. So setzt Ursula Neumayr ein bei ihrer Beschreibung der enormen Veränderungen, die die Landwirtschaft im Pinzgau in den letzten etwa 100 Jahren mitmachte.

Die Autorinnen und Autoren dieses zweiten Bandes der Geschichte der österreichischen Land- und Forstwirtschaft im 20. Jahrhundert wollten das Jahrhundert der großen Veränderung mit einem anderen Blick als im ersten Band erfassen. Wie Franz Ledermüller im Vorwort zum ersten Band ausgeführt hat, ging es im ersten Band um eine zusammenfassende Darstellung in politikgeschichtlicher, wirtschafts- und sozialhistorischer Sicht sowie um eine gesonderte Darstellung der Forstgeschichte. Der Blick des zweiten Bandes ist nicht der aus der Vogelschau der (im Nachhinein) alles wissenden Historiker, sondern es ist ein Blick aus der Region, vielleicht nicht gerade ein Blick »von unten«, aber ein Blick aus großer Nähe.

Schon sehr früh entwickelte sich in den vorbereitenden Gesprächen zur Geschichte der österreichischen Land- und Forstwirtschaft die Idee, man müsse eine solche Geschichte zweifach schreiben – einmal, um die Entwicklung der Politik, der Wirtschaft, der Gesellschaft in ihren Hauptlinien darzustellen. Und ein zweites Mal, um den verschiedenen Regionen und jenen Menschen gerecht zu werden, die selbst in einem nicht besonders großen Staat wie Österreich Land- und Forstwirtschaft doch stets unter sehr unterschiedlichen Voraussetzungen betrieben haben. Denn die österreichische Landwirtschaft war und ist ebenso vielfältig wie die österreichische Landschaft. Landwirtschaft im burgenländischen Seewinkel lebt von und mit ganz anderen Voraussetzungen als die Landwirtschaft im voralpinen oder gar alpinen Bereich. Und im Mühlviertel ist es wieder anders als im Alpenvorland, in den Kärntner Beckenlagen anders als im Innviertel usw.

Betrachtet man die Vielfalt der Landschaft, der Oberflächengestaltung, der geologischen Gegebenheiten, des Klimas, der Höhenlagen, so läge es zunächst nahe, die Geschichte der landwirtschaftlichen Regionen als Entwicklung der Landwirtschaft nach Produktionsgebieten zu gliedern. Das war zunächst auch unser Vorhaben. In der Praxis ließ sich das freilich nur annähernd verwirklichen. Wäre es sinnvoll, die Landwirtschaft im Rheintal in der Darstellung von jener der alpinen Zonen Vorarlbergs zu trennen? Und wie könnte eine Landwirtschaftsgeschichte der Voralpen aussehen, die von Salzburg bis ins Burgenland reichen und bei ähnlichen natürlichen Bedingungen recht verschiedene Siedlungsformen, Hofgrößen, Marktbeziehungen usw. aufweisen?

Aus den verschiedenen Vorgesprächen, Workshops im größeren Kreise interessierter Experten entwickelte sich schließlich ein engerer Mitarbeiterstab und mit den Mitarbeitern eine inhaltliche Struktur. Sie ist nach wie vor vom Wunsch bestimmt, der landwirtschaftlichen Vielfalt Österreichs gerecht zu werden. Kleinräumige Fallstudien – auch der Blick auf einzelne Höfe sollte möglich sein – erscheinen als Darstellungsprinzip ebenso sinnvoll wie die Versuche, die Entwicklung der Landwirtschaft eines ganzen Bundeslandes nachzuzeichnen. Je nach der Größe des Untersuchungsgebietes und nach den Interessen der einzelnen Forscherpersönlichkeiten dominieren verschiedene Schwerpunkte, Quellengattungen und Darstellungsformen. Die Herausgeber lenkten den Blick der Mitarbeiter zwar auf viele Fragestellungen, wollten die Autorinnen und Autoren aber nicht in ein einheitliches Schema pressen – das würde letztlich unsere Leserschaft nur langweilen. Der Vielfalt der Regionen kann eine Vielfalt der Darstellungsformen, der unterschiedlichen theoretischen Vorannahmen und der Blickwinkel, aus denen die Region betrachtet wird, nur gut tun.

Letztlich entstand ein Band, der Länderstudien mit Studien über kleinere Räume kombiniert. Er beginnt im Westen und endet im Osten. Die Geschichte der Vorarlberger Landwirtschaft stellt Hubert Weitensfelder (»Vom Stall in die Fabrik«) vor – detail- und kenntnisreich, nicht ohne Humor. Wolfgang Meixner und Gerhard Siegl beschreiben die Entwicklung in Tirol unter dem Titel »Bergbauern im Tourismusland«, Werner Drobesch die agrarische Entwicklung inneralpiner Beckenlagen am Beispiel Kärntens (»Gebirgsland im Süden«). Das Salzburger Hochalpenland wird anhand einer eingehenden Studie über den Pinzgau von Ursula Neumayer untersucht (»Unter schneebedeckten Bergen«). Die Steiermark ist durch zwei Beiträge vertreten: Karl Kaser, Karl Stocker und Beatrix Vreča verfolgen die Landwirtschaftsgeschichte der Südoststeiermark, mit ihren Obstplantagen und ihrem Weinbau, als Entwicklung »Vom Selbstversorger zum Nebenerwerbslandwirt«. Bernhard Reismann beschreibt die Landwirtschaft der alpinen Obersteiermark als »Landwirtschaft inmitten der Industrie«. Michael Pammer analysiert als einziger Autor zwei benachbarte Regionen in zwei benachbarten Ländern – das Mühl- und das Waldviertel (»Hochland im Norden«). Roman Sandgruber beschreibt den oberösterreichischen Zentralraum – das Vierkanterland, die Heimat jener für die moderne Landwirtschaft meist viel zu großen und für die modernen Maschinen doch wieder zu kleinen Hofformen, die schon seit mehr als 200 Jahren die Besucher des Landes beeindrucken. Ernst Langthaler, eingangs schon zitiert, stellt zwei niederösterreichische Regionen gegenüber: das Pielachtal, das die Ungunstlagen der Voralpen vertritt, wo es bergig, kühl und feucht ist (»Agrarwende in den Bergen«), und den Bezirk Gänserndorf – eben, warm und trocken, das Marchfeld also, die Region mit den günstigsten Ackerbauböden in ganz Österreich (»Agrarwende in der Ebene«). Schließlich analysiert Leonhard Prickler die nordburgenländische Landwirtschaft (»Ebene im Osten), unter Einschluss der Darstellung der Geschichte eines typischen Gutshofes im Nordburgenland, des Wittmannshofes (verfasst von Herbert Brettl). Damit sind alle Hauptproduktionsgebiete Österreichs in diesem Band vertreten, von der hochalpinen Landwirtschaft bis zu jener der pannonischen Ebene.

Dieser zweite Band unserer Landwirtschaftsgeschichte kann zweifellos nicht alle möglichen Geschichten dieser Geschichte enthalten. Aber er zeigt die Vielfalt des Landes sowie der Landwirtschaft und ihrer Entwicklung, er zeigt, wie sich die bäuerliche Bevölkerung mit ihren jeweiligen natürlichen ebenso wie mit den politischen und wirtschaftlichen Rahmenbedingungen auseinander gesetzt hat, wie sie sich um die Sicherung ihrer Existenz und um einen bescheidenen Wohlstand abgemüht haben, was sich dabei wann und wo und wie verändert hat und wie die Menschen auf die Veränderungen reagiert haben.

Wir hoffen, dass die hier vorgelegten Studien unseren Leserinnen und Lesern eine informative Lektüre bieten und allen an der Geschichte des ländlichen Raumes Interessierten viele Anregungen zu weiterer Forschung geben werden.

Wien, im Juli 2003   Die Herausgeber

Hubert Weitensfelder

Vom Stall in die Fabrik

Vorarlbergs Landwirtschaft im 20. Jahrhundert

Einleitung

Vorarlberg wird gewöhnlich eher mit dem Begriff Industrie in Verbindung gebracht als mit der Landwirtschaft. In der Tat ist diese Region kein Hort des Bauerntums, weist sie doch nach Wien heute die geringste Agrarquote aller Bundesländer auf.

Eine Geschichte des landwirtschaftlichen Sektors in Vorarlberg in den vergangenen hundert Jahren ist bislang noch nicht geschrieben worden. Um die längerfristigen Dimensionen angemessen aufzuzeigen, werden wir den Blick gelegentlich weiter zurück richten müssen. Denn bisweilen sind es durchaus lang zurückliegende Ereignisse, welche die Strukturen der Agrarwirtschaft bis ins 20. Jahrhundert beeinflusst haben: die Einwanderung der Walser im 14. Jahrhundert ins Bergland zum Beispiel, die sich bis heute in Besitzverhältnissen und Gebäudeformen bemerkbar macht; oder die innerhalb des österreichischen Raums sehr frühe Einführung des Maises, der sich seit der Mitte des 17. Jahrhunderts aus Italien hierher verbreitete; ferner das gleichfalls frühe Auftauchen der Kartoffel um 1725. Diese Beispiele zeigen auch, dass sich manches besser verstehen und beurteilen lässt, wenn wir die benachbarten Regionen, nämlich vorwiegend die Eidgenossenschaft und den Bodenseeraum, in die Betrachtung einbeziehen.

Wie sieht es mit den Quellen aus? Als wichtige Grundlage für die folgenden Seiten standen mir zunächst einige Reihen zur Verfügung; darunter die »Mittheilungen des vorarlbergischen Landwirthschafts-Vereines an seine Mitglieder« (hier zitiert als: MVLV). Sie erschienen seit 1869; von 1912 bis 1922 wurden sie als »Mitteilungen des Landeskulturrates für Vorarlberg« weitergeführt. Für die Jahre 1926 bis 1938 und 1948 bis 1949 enthalten die »Mitteilungen der Vorarlberger Bauernkammer« (MVBK) wichtiges Material, danach für 1950 bis 1978 die »Mitteilungen der Landwirtschaftskammer für Vorarlberg« (MLKV). Eine Reihe weiterer nützlicher Informationen bietet der »Taschenkalender des Vorarlberger Bauernbundes«, der mit leicht wechselnden Titeln im Zeitraum von 1929 bis 1938 sowie von 1949 bis 1973 erschien.

Die im Land erscheinenden Zeitungen nach Aussagen zur Landwirtschaft durchzuforsten hätte einen enormen Zeitaufwand bedeutet. Dennoch konnte eine Reihe von Zeitungsartikeln berücksichtigt werden; sie finden sich im Vorarlberger Landesarchiv, und zwar im Nachlass des 1980 verstorbenen Bauernbundobmanns und ÖVP-Landesparteisekretärs Josef Naumann. In diesem Bestand lagern auch Presseberichte der Agrarischen Nachrichtenzentrale, Broschüren und andere Quellen.

Einzelne Aspekte der Landwirtschaft tauchen verstreut in einer Menge von Monografien und Beiträgen auf. Dabei erstaunt, dass sich die Autoren der vielen Ortsgeschichten nur in seltenen Fällen mit der Landwirtschaft befassten, selbst wenn sie eine bedeutende Rolle spielte. Das mag wohl darauf zurückzuführen sein, dass diese Verfasser mehrheitlich dem lokalen »Bildungsbürgertum« angehörten und daher an der Entwicklung des Agrarsektors bestenfalls beiläufiges Interesse zeigten.

Hervorzuheben sind zwei ältere Werke, die besonders reichhaltiges Material enthalten. 1887 veröffentlichte Constantin Werkowitsch eine Denkschrift zur 25-Jahr-Feier des Vorarlberger Landwirtschaftlichen Vereins mit umfassenden Angaben zur Topografie, Landwirtschaft und Wirtschaft im Allgemeinen. Werkowitsch hatte neun Jahre in Vorarlberg verbracht; als er sein Buch publizierte, war er Sekretär des oberösterreichischen Landeskulturrates. In seiner Darstellung stützte er sich zu einem erheblichen Teil auf die »Beiträge zur Statistik«, welche der Landwirtschaftliche Verein seit 1870 herausgebracht hatte.

Eine weitere wichtige Publikation erschien 1930; sie stammt von Andreas (Andrä) Bauer und trägt den Titel »Entvölkerung und Existenzverhältnisse in Vorarlberger Berglagen«. Wie viele seiner Zeitgenossen, so betrachtete Bauer die Binnenwanderung in die Talregionen mit großer Sorge. Seine Beweggründe zur Abfassung dieser Schrift und auch seine Ideologie werden schon in den ersten Zeilen des Vorworts deutlich. Er schrieb: »Die Erhaltung eines gesunden Grundstockes an Gebirgsbevölkerung ist heute erschwert. Sie ist aber in jeder Hinsicht notwendig, wenn die Kulturlandschaften und der Kulturboden der Alpenländer gesichert und verwertet werden sollen. Der Bergbauer und seine Gesinnung, seine Art und Kultur sind nicht zu ersetzen. Volk und Wirtschaft kommen in Gefahr, wenn die natürlichen Kräfte des breiten Landes schwinden, die klaren Quellen der Bergländer versiegen.« Um Charakter und Ursachen der Abwanderung zu eruieren, wandte sich Bauer mit einem Fragebogen an die Bewohner von 30 Berggemeinden. Neben der Bevölkerungsbewegung studierte er auch Versorgung und Infrastruktur, die nicht-landwirtschaftlichen Nebenerwerbe (Handwerk, Heimindustrie, Fremdenverkehr, saisonale Migration), die Verschuldungslage vor und nach dem Ersten Weltkrieg sowie das Eindringen neuer Konsumartikel in den Jahren nach 1900.

Die Abschnitte dieses Beitrags folgen keiner übergeordneten Chronologie, sondern sie greifen eine Reihe von Themen heraus. Die ersten vier beschreiben eher Spezifika der Vorarlberger Landwirtschaft innerhalb Österreichs, beginnend mit Käse, dem über die Landesgrenzen hinaus bei weitem bekanntesten Produkt der Vorarlberger Bauern und wichtigem Bestandteil der »Kässpätzle«, einer Art Nationalgericht. Bis vor wenigen Jahren ebenso prägend wie die Textilindustrie war das Vorarlberger Braunvieh, das bis 1982 die Landesrasse darstellte. Seither begegnet man auf Montafoner Wiesen wie auch auf städtischen Märkten bisweilen langhaarigen Hochlandrindern und anderen Exemplaren zuvor im Land nicht vertretener Rassen. Die Sommerhaltung dieses Viehs ist ein weiteres Charakteristikum der teilweise hochalpinen Landwirtschaft: Zwei Drittel der Fläche Vorarlbergs liegen auf über 1.000 Meter Seehöhe und bis heute spielt die Alpwirtschaft eine bedeutende Rolle. Die gemeinsame Bewirtschaftung der Alpen (sie werden im übrigen Österreich Almen genannt), der überwiegende Klein- und Kleinstbesitz in den Talregionen sowie Einflüsse aus den benachbarten Schweizer Kantonen tragen schließlich gleichermaßen dazu bei, dass Agrargemeinschaften im Land eine besondere Rolle spielen und dass sich hier bestimmte Genossenschaftsformen im österreichischen Kontext sehr früh entwickelten.

Ein weiteres Kapitel ist der Entwicklung der Transport-Infrastruktur sowie dem Einsatz der modernen Technik gewidmet. Letzterer erfolgte in den Bergregionen zunächst eher zögernd, unter anderem zwang aber schließlich der Mangel an Arbeitskräften auch die Bauern in diesen Zonen zur Rationalisierung. Der notwendige Umgang mit dieser Technik sowie die Erkenntnisse der Agrarwissenschaft hatten zur Folge, dass die Landwirtschaft zunehmend eine Ausbildung erforderte. Daher entstanden seit der zweiten Hälfte des 19. Jahrhunderts zunächst ein Kurswesen, später saisonal geführte und schließlich ganzjährig betriebene Schulen. Die Bedingungen, unter denen die Bauern im Verhältnis zur übrigen Bevölkerung lebten, werden am Beispiel dreier Aspekte aufgezeigt; dabei geht es um die Ausbreitung neuer Konsumgüter, die bäuerliche Verschuldung und die weit verbreitete Mehrberuflichkeit. Ein abschließendes Kapitel widmet sich den Eliten, welche die landwirtschaftliche Entwicklung vielfach beeinflussten und vorantrieben, sowie dem Verhältnis der Bauern zur Politik bzw. jenem der Politiker zu den Bauern.

Ehe wir uns nun der Käseerzeugung zuwenden, zunächst ein kurzer Überblick über die Vorarlberger Landwirtschaft in den letzten Jahren des 20. Jahrhunderts. 1990 fand im Land eine umfassende Agrarstrukturerhebung statt. Sie zeigt den Stand des Agrarsektors wenige Jahre vor dem Beitritt Österreichs zur Europäischen Union. Später wurde eine solche Erhebung nicht mehr vorgenommen. Die folgenden Zahlen und Charakterisierungen beziehen sich daher auf diese Studie.[1]

Die Vorarlberger Wirtschaft ist gekennzeichnet durch einen starken produzierenden Sektor, einen wesentlich geringeren Anteil der Land- und Forstwirtschaft sowie – trotz des Fremdenverkehrs – einen etwas unterproportionierten Dienstleistungsbereich. Zu Beginn des 20. Jahrhunderts war noch rund ein Drittel der Bevölkerung in der Landwirtschaft tätig; bis 1951 sank dieser Anteil auf 18 Prozent, inzwischen beträgt er weniger als 3 Prozent.

Die Landwirtschaft wird gewöhnlich nach den folgenden Subregionen gegliedert: Leiblachtal, Bregenzerwald (Vorder- und Hinterwald), Rheintal, Walgau, Großes Walsertal, Kleines Walsertal, Brandnertal, Klostertal/Arlberg und Montafon. Die drei erstgenannten Regionen sind durch ihre topografische Lage und das Klima begünstigt. Die meisten Erschwernisflächen (Zonen III und IV) finden sich dagegen im Süden des Landes.

Dornbirner Bauer

Vorarlberg zählt 3.845 bäuerliche Betriebe mit mindestens einer Großvieheinheit (GVE) und einem Hektar selbst bewirtschafteter Fläche. Die höchsten Anteile stellen der Bregenzerwald (36 Prozent), das Rheintal (24 Prozent) und das Montafon (15 Prozent). Auf diese Regionen entfallen also drei Viertel aller Betriebe des Landes. Die größte Stadt, Dornbirn im Rheintal, weist mit Abstand die meisten Bauernhöfe auf, nämlich 184.

Im Durchschnitt wird alle drei bis vier Tage ein landwirtschaftlicher Betrieb aufgelassen. Dessen Flächen werden gewöhnlich von anderen Bauern gepachtet, die damit ihren Viehbestand erhöhen können. Als Folge dieser Betriebsstilllegungen hat die Pacht eine große Bedeutung erlangt: Nach einer Erhebung von 1986 bewirtschafteten 31 Prozent der Bauern ausschließlich Eigenbesitz, 69 Prozent aber zusätzlich Pachtflächen. Eine negative Auswirkung des zunehmenden Pachtbetriebs stellt der Streubesitz dar. Nur jeweils 28 Prozent der Höfe gelten als voll bzw. überwiegend, der Rest gilt als nicht arrondiert.

Die Zahl der Rinder pendelt zwischen 60.000 und 65.000 Stück. Seit Ende der 1950er-Jahre ist zwar die Zahl der Rinderhalter um mehr als die Hälfte zurückgegangen, in diesem Zeitraum ist aber die durchschnittliche Zahl der Tiere pro Hof von acht auf 17 gestiegen. In den zehn größten Betrieben werden durchwegs mehr als 100 GVE gehalten. Der mit Abstand größte Hof meldete über 700 GVE, der zweitgrößte rund 150.

Insgesamt verfügen 1.960 und damit rund die Hälfte der Bauern über weniger als zehn Hektar in Eigentum oder Pacht; sie halten nur ein Viertel des gesamten Viehbestands. 860 von ihnen bewirtschaften weniger als fünf Hektar und halten im Durchschnitt nur fünf GVE. Die meisten Kleinbetriebe zählen der Arlberg, das Klostertal und das Montafon.

Für viele Landwirte stellt der Wald einen unentbehrlichen Teil des Einkommens dar. Die Wälder sind im Norden des Landes (Vorderer Bregenzerwald, Kleines Walsertal, Leiblachtal) am bedeutendsten. Ähnlich wie der Grundbesitz, so sind auch die Waldflächen zumeist sehr klein: 1986 verfügten 62 Prozent der Waldbesitzer über weniger als fünf Hektar, von diesen wiederum fast zwei Drittel über weniger als zwei Hektar.

36 Prozent der Bauern beziehen ihr gesamtes Einkommen aus der Landwirtschaft. Das Leiblachtal zählt zwei Drittel solcher Vollerwerbsbauern, der Vordere Bregenzerwald immerhin noch 53 Prozent. Im Montafon und Brandnertal beträgt dieser Anteil dagegen weniger als 10 Prozent. Im Nebenerwerb, also mit einem landwirtschaftlichen Einkommen unterhalb von 50 Prozent der Gesamteinkünfte, arbeitet knapp die Hälfte der Landwirte. So sind im Montafon vier Fünftel der Bauern vornehmlich in der Energiewirtschaft und im Fremdenverkehr tätig. Vielfach üben sie saisonale Tätigkeiten aus, zum Beispiel als Liftpersonal, Schilehrer oder Bergführer.

Was Geschlecht, Familienstand und Bildung betrifft, so sind 88,6 Prozent der Betriebsführer Männer, jede(r) fünfte ist nicht verheiratet. 70 Prozent haben lediglich eine Pflichtschule (Volks- bzw. Hauptschule) absolviert.

Im Unterschied zu dem in weiten Teilen Österreichs dominierenden Anerbenrecht herrscht in Vorarlberg die Realteilung vor. Dabei vererbt ein Bauer seinen Besitz nicht an einen, sondern an mehrere Nachkommen. Die Folge ist eine außergewöhnliche Zersplitterung des Grundeigentums.

Die Zahl der mithelfenden Arbeitskräfte beträgt 4.968, darunter viele Bäuerinnen. Auf die Betriebe umgerechnet, zeigt sich folgende Verteilung: 12,5 Prozent kommen ohne Hilfe aus, 53,5 Prozent verfügen über eine Arbeitskraft (meistens die Ehefrau). Bei 27,7 Prozent sind es zwei Arbeitskräfte und lediglich bei 6,3 Prozent drei und mehr Arbeitskräfte. Von den Bäuerinnen sind 70 Prozent ausschließlich im Haushalt bzw. in der Landwirtschaft tätig. Jede zweite berufstätige Bäuerin vermietet Zimmer, dies vor allem im Kleinen Walsertal, im Brandnertal und im Montafon.

Die Alpwirtschaft stellt einen ganz wesentlichen Faktor der Vorarlberger Landwirtschaft dar. Ein Drittel der Landesfläche wird alpwirtschaftlich genutzt, der Umfang der Alpen ist damit wesentlich größer als die übrige landwirtschaftliche Nutzfläche. Vom heimischen Viehbestand werden mehr als 40 Prozent gealpt, davon zwei Drittel Jungvieh. Jährlich weiden auf den Vorarlberger Alpen 30.000 bis 35.000 Stück Vieh, darunter auch Rinder aus der Schweiz sowie aus Liechtenstein, Deutschland und Tirol. Drei Viertel der Vorarlberger Bauern sind bei normaler Kraftfutterzuführung auf die Alpung angewiesen. Dabei herrschen allein etwa zwischen dem Leiblachtal und dem Bregenzerwald große Unterschiede: Im Leiblachtal sehen sich nur 23 Prozent der Landwirte zur Alpung veranlasst, im Vorderen Bregenzerwald 56 Prozent, im Hinteren Wald dagegen 97 Prozent.

In den Jahren von 1955 bis 1990 wurden rund 5.000 Betriebe aufgelassen. Die wichtigsten Ursachen für diesen Schrumpfungsprozess bestehen darin, dass entweder keine

Nachkommen vorhanden sind oder dass diese den Betrieb nicht übernehmen wollen. Ferner sind viele Höfe zu klein, um wirtschaftlich geführt werden zu können. Die Realteilung verschärft diese Situation noch. Derzeit können 62 Prozent der Betriebe in ihrer Existenz als gesichert gelten, 17 Prozent als unsicher, bei 21 Prozent steht die Auflassung bevor. Im Bregenzerwald, im Leiblachtal und dem Großen Walsertal sind dabei überdurchschnittlich viele Höfe gesichert, im Brandnertal und Montafon werden voraussichtlich die meisten verloren gehen. 1990 war in 714 Fällen die Abtretung von Bauplätzen an die Nachkommen geplant; dieser Trend besteht vor allem in den Fremdenverkehrsgebieten. Auch neue Betriebe entstehen, rund 80 Prozent davon werden aber im Nebenerwerb geführt. Sie weisen Veränderungen in der Art der Tierhaltung auf: Neben dem traditionellen Rind finden zunehmend Pferde, Schafe, Ziegen, Geflügel und andere Kleintiere Berücksichtigung.

I. Alles Käse?

Die Ursprünge der Erzeugung von Käse gehen auf das Bestreben zurück, das empfindliche Nahrungsmittel Milch möglichst lange haltbar zu machen. Man kann Käse daher auch als Milchkonzentrat oder Milchkonserve bezeichnen. Im Allgemeinen handelt es sich dabei um ein frisches oder gereiftes Erzeugnis aus dickgelegter Käsereimilch. Beim Dicklegen fällt das Kasein aus der Milch aus; damit wird die Molke abgetrennt. Dies geschieht durch Ansäuerung mit einer Starterkultur von Milchsäurebakterien sowie durch die Beigabe von Lab. Der nun entstehende Käsebruch wird geschnitten, in Formen gefüllt und zum Reifen gelagert. Dabei bilden Mikroorganismen wie Hefen, Bakterien oder Schimmel die typischen Geschmacksstoffe.

Die Käsearten lassen sich nach der Festigkeit des Teigs einteilen; er wird umso fester, je länger die Reifung dauert. Danach unterscheidet man Frisch-, Weich-, halbfeste Schnitt- und Schnittkäse sowie Hart- und Extrahartkäse.[2]

Für Vorarlberger Verhältnisse ist die Unterscheidung zwischen der Süß- und der Sauerkäserei bzw. -sennerei wesentlich. Bei der ersteren entsteht der Käse durch die Fermentierung mit Lab. Natürliches Lab stammt gewöhnlich aus dem Labmagen von Saugkälbern, die ausschließlich mit Milch ernährt wurden. Fermente zu diesem Gebrauch wurden auch aus den Mägen anderer Säugetierarten sowie aus Pflanzen gewonnen.[3] In der Sauerkäserei hingegen wird die Milch einem natürlichen Säuerungsprozess ausgesetzt.

Am Beginn des 20. Jahrhunderts wurden in Vorarlberg folgende Käsesorten erzeugt:
1. Süßkäse (künstliche Gerinnung)
   Hartkäse
   Vollfettkäse (Emmentaler)
   Dreiviertel- und Halbfettkäse (unter anderem Halbemmentaler, Groyer, Mischling)

Magerkäse (unter anderem »rässe« Käse)
　　Weichkäse
　　Vollfettkäse (Patta matta bzw. Battelmatt)
　　Dreiviertel-Fettkäse (Backstein)
　2. Magere Sauerkäse (natürliche Gerinnung)

Die Süßsennerei war vor allem im Norden des Landes und hier besonders im Bregenzerwald sowie im Großen Walsertal vertreten, die Sauersennerei im Süden, nämlich im Montafon, im Kloster-, Brandner- und Gamperdonatal. Ein Blick über die Landesgrenzen zeigt eine historische Wechselwirkung mit benachbarten Regionen: Die Erzeugung von Sauerkäse verbindet das Montafon mit Graubünden, jene von Süßkäse den Bregenzerwald mit dem bayerischen Allgäu.

Zur Erzeugung von Sauerkäse schöpfte der Senner zunächst den Rahm von der geronnenen Milch ab und erwärmte den Rest. Dabei schied sich die Käsemasse ab und wurde in Holzformen gedrückt. Nach zehn bis 14 Tagen Trocknung wurde der »Zieger« im Keller zur Reifung gebracht. Im Unterland wurde er dabei mit Kümmel und Salz in hölzerne Kübel eingeknetet (»Wälderzieger«); im Oberland kam kein Kümmel, aber mehr Salz zur Anwendung. Dadurch entstand der saure Käse, »den einige für ein gutes Magenmittel halten, besonders klein geschnitten, und mit Essig und Oehl angemacht, wenn man vorher zu tief in das Glas geschaut hat«.[4] Der Sauerkäse war für den lokalen Verbrauch bestimmt und bei der bäuerlichen Bevölkerung sehr beliebt. Gegen Ende des 19. Jahrhunderts verzehrten die Landesbewohner pro Kopf durchschnittlich immerhin sieben Kilo Sauerkäse im Jahr.[5]

Der an das Montafon grenzende Schweizer Kanton Graubünden zeigt deutliche Ähnlichkeit in der Käsewirtschaft. Im Unterschied zu großen Teilen der Eidgenossenschaft wird hier vor allem Magerkäse für den Eigengebrauch hergestellt. Lediglich das Engadin lieferte bis um 1840 auch Fettkäse nach Oberitalien.[6] Wie im Montafon, so wurde auch in Graubünden der fad schmeckende Zieger mit Geschmacksstoffen verstärkt, indem scharfe Kräuter beigemengt wurden. Im dortigen Oberland wurde der Sauerkäse mit Salz versehen, im Samnaun auch mit Pfeffer.[7]

Von weitaus größerer Bedeutung als die Erzeugung von Sauerkäse ist in Vorarlberg die Süßsennerei und dabei vor allem die Fettsennerei. Ihre Anfänge reichen weit in die Frühe Neuzeit zurück. Zu Beginn des 17. Jahrhunderts schränkte die Tiroler Regierung in Innsbruck die Erzeugung von Fettkäsen im Bregenzerwald stark ein. Im Unterschied zur Sauersennerei fiel dabei nämlich kaum Butter an; die Regierung traf daher diese Maßnahme, um die Versorgung der Tiroler Städte und von Bergwerksorten wie etwa Hall mit Butter und Schmalz zu gewährleisten.[8] Trotz dieses Verbots wanderten jedoch in der zweiten Hälfte des 17. Jahrhunderts Sennen aus dem benachbarten eidgenössischen Appenzell in den Bregenzerwald, wo sie den Einheimischen das Fettsennen beibrachten.[9] Allerdings wachte die Tiroler Regierung noch lange Zeit streng über die Einhaltung der Schmalzlieferungen. Im frühen 19. Jahrhundert wurde die Beschränkung der Käseerzeugung schließlich aufgehoben.[10]

Damit begann im Bregenzerwald eine grundlegende Umstrukturierung. Anregungen dafür kamen aus dem nahe gelegenen Allgäu. Diese Region geriet zu Beginn des 19.

Jahrhunderts in eine wirtschaftliche Krise, die unter anderem durch den Niedergang der Leinenwirtschaft bedingt war.[11] In dieser Situation begannen einige Käsehändler mit der Erzeugung von vollfettem Schweizer Käse. Der erste war Josef Aurel Stadler in Großholz bei Lindenberg, der 1827 den Fachmann Johann Althaus aus dem Kanton Bern ins Allgäu holte. Dieser machte sich später selbstständig und erzeugte in Blaichach Emmentaler nach Schweizer Art. Zu diesem Zweck schloss er mit einer Reihe viehhaltender Bauern Milchlieferverträge ab. Überdies brachte Karl Hirnbein aus Wilhams bei Missen die Erzeugung von Weichkäse nach belgisch-niederländischer Art ins Allgäu. 1834 produzierte er Limburger Weichkäse und galt als der größte Milchaufkäufer in der Gegend. Mit dieser Neuorientierung begann allmählich der Übergang des Allgäus zu einer reinen Grünlandregion.[12]

Ungefähr zur selben Zeit migrierten Sennen aus dem Bregenzerwald ins Schweizer Emmental sowie in den niederdeutschen Raum. Dort erlernten sie die Erzeugung von Emmentaler und Lüneburger Käse; Letzterer wurde nach seiner Form auch Backsteinkäse genannt.[13] Fettkäse war nicht nur schmackhafter, sondern auch haltbarer als Sauerkäse; er eignete sich für den Transport über größere Strecken und damit zum Export über die Landesgrenzen hinaus. Bereits in den 1790er-Jahren belieferte der Bregenzerwälder Landammann Josef Anton Metzler aus Schwarzenberg die Großstadt Wien mit Käse. Seit den 1820er-Jahren entwickelten sich ferner die Lombardei und Venetien zu bevorzugten Zielgebieten. Auf diesen Markt konzentrierten sich die Käsehändler Peter, Johann und Michael Bilgeri aus Andelsbuch; Stapelplatz für ihre Ware wurde Mailand.[14] Nach den Revolutionen von 1830 gewann auch das Militär als Abnehmer an Be-

Landwirtschaft als Kulisse: Heuernte im Bregenzerwald, um 1900

deutung: Vorarlberger lieferten ihre Waren zunehmend an die in Oberitalien stationierten Truppen.[15] Weitere Zielgebiete waren die großen Städte Wien, Ofen und Pest.[16]

Exporte in großem Stil betrieben die Brüder Gallus, Josef Ambros und Leopold Moosbrugger aus Schnepfau im Bregenzerwald, die im Volksmund als »Käsgrafen« bezeichnet wurden. 1830 veranlassten sie Sennen aus dem Tessin zur Übersiedlung nach Vorarlberg; diese verbesserten und vermehrten dort die Erzeugung von Battelmattkäse (formaggio di patta matta = Käse aus weichem Teig), der in der Lombardei sehr beliebt war.[17] 1843 erwarben die Gebrüder Moosbrugger die ehemalige Herrschaft Blumenegg im Walgau und im Großen Walsertal; damit wurden sie im Vorarlberger Vergleich zu Großgrundbesitzern.[18] Gallus Moosbrugger kaufte einen großen Teil der Milch im Hinteren Bregenzerwald auf und brachte so eine große Zahl viehhaltender Bauern in seine Abhängigkeit. Gegen diese Entwicklung kämpfte in den 1860er-Jahren der aus Schoppernau stammende Kleinbauer, Sozialreformer und Literat Franz Michael Felder, indem er die Gründung genossenschaftlicher Käsehandlungs-Vereine veranlasste. 1866 entstand eine erste Assoziation dieser Art.[19]

Nach dem Ausscheiden der Lombardei und Venetiens aus dem Staatsverband der Habsburgermonarchie blieb Oberitalien weiterhin als Absatzgebiet von Bedeutung. In den 1880er-Jahren gingen Vorarlberger Fettkäse außerdem nach Ober- und Niederösterreich, Kärnten, in die Steiermark sowie nach Böhmen und Ungarn. Zentren des Handels waren die großen Städte Wien, Prag, Buda und Pest.[20]

In der Ersten Republik dominierte Vorarlberg die österreichische Käsewirtschaft. 1923 entfielen 45 Prozent der Erzeugung auf das westlichste Bundesland; um 1938 betrug der Anteil am österreichischen Export 38,9 Prozent. Die Genossenschaft »Alma«, die sich auf den Bregenzerwald konzentrierte, übernahm fast die Hälfte der Ausfuhr. Den Rest teilten sich zehn weitere Händler, unter denen Josef Rupp in Lochau der größte war.[21] Nunmehr gelangte Vorarlberger Emmentaler vor allem in deutsche Städte und Industriezentren sowie zu den Schachtelkäsefabriken im bayerischen und württembergischen Allgäu.

Die Machtübernahme durch die Nationalsozialisten schädigte den Käseexport des Landes. Anfang 1933 erließ Deutschland eine Verordnung zum Schutz der eigenen Emmentaler-Käserei; in der Folge schrumpften die Ausfuhrzahlen drastisch. Die Händler mussten sich daher in der Folge auf die inländischen Verbraucher konzentrieren. Ein Alma-Genossenschafter stellte dazu missvergnügt fest, dass die Schweizer pro Kopf jährlich elf Kilogramm Käse verzehrten, die Österreicher aber kaum vier. Er klagte: »So selbstverständlich es ist, daß dem bessersituierten Schweizer oder dem Angehörigen der romanischen Rassen im Hotel oder auf seinem privaten Mittagstisch eine gewisse Auswahl von Käse geboten wird, genau so selbstverständlich ist es leider, daß der Hotelgast in Oesterreich oder derjenige, der sich zu Hause noch einen Nachtisch leisten kann, veranlasst wird, hiezu ein Stück irgend einer langweiligen Torte oder andern Mehlspeise zu verzehren. Hier fehlt es noch an Erziehungsarbeit.«[22]

Nach dem Zweiten Weltkrieg sank der relative Anteil Vorarlbergs an der österreichischen Käsewirtschaft, blieb aber weiterhin beachtlich. Im Wirtschaftsjahr 1949/50 entfielen auf das Land 24,4 Prozent der gesamten Käseproduktion, aber lediglich 4 Prozent der Buttererzeugung.[23]

Wie bereits erwähnt, dominierten in den 1930er-Jahren die »Alma« und Josef Rupp die Vorarlberger Käseausfuhr. Beide Firmen sind bis heute in der Vermarktung führend; daher im Folgenden einige Bemerkungen zu ihrer Entwicklung.

Die Verwertungsgenossenschaft Alma wurde 1921 unter der Patronanz des Bregenzerwälder Bauernbundes gegründet. Ihre Ziele waren zunächst die Hebung der landwirtschaftlichen Produktion, die Schaffung von Einrichtungen zur Verarbeitung und Verwertung landwirtschaftlicher Erzeugnisse (Vieh, Käse, Butter, Obst), der Einkauf von Bedarfsartikeln für Haushalt und Wirtschaft sowie deren Abgabe an die Mitglieder des Bauernbundes.[24] In den ersten beiden Jahren ihres Bestehens wurden 351 Tonnen Käse sowie 687 Stück Großvieh umgesetzt; der Reingewinn betrug 33 Millionen Kronen. Das Viehgeschäft erwies sich allerdings bald als zu kapitalaufwendig und wurde daher aufgegeben.[25] Bereits im Jahr 1935 entfielen auf die Alma 44,2 Prozent der Vorarlberger und damit immerhin 21 Prozent der österreichischen Käse-Gesamtexporte.[26]

In den ersten Jahren hatten die Genossenschafter Probleme, die traditionellen Käsesorten abzusetzen; sie entschieden sich daraufhin, in die kurz zuvor entwickelte Erzeugung von Schmelzkäse einzusteigen. Dabei orientierte sich die Alma an Vorbildern in der Schweiz und im Allgäu. In den Jahren 1913/14 hatte die Firma Walter Gerber & Co. im schweizerischen Thun erstmals ein Schmelzverfahren zur Pasteurisierung und zur Abfüllung des Schmelzkäses in Kleinpackungen entwickelt. Ihr Ziel war, einen möglichst lang haltbaren Käse zu erzeugen, der auch in die Tropen verschickt werden konnte. Vorbild dafür war das Fondue, ein traditionelles Gericht der Walliser Sennen. Diese erhitzten klein geschnittenen Hartkäse (Emmentaler oder Gruyère) zusammen mit Wein, würzten die Masse mit Kräutern und tunkten sie mit Weißbrot auf. Statt Wein verwendete die Firma Gerber Zitronensäure, um das Ausscheiden des Fettes zu verhindern. In Deutschland erzeugten erstmals 1921 die Gebrüder Wiedemann in Wangen im Allgäu Schmelzkäse.[27] 1925 errichtete schließlich die Alma in Bregenz eine Schmelzkäserei zur Verwertung des Alpkäses. Um 1938 wurde für die Produktion eine Fabrik in Lochau erworben und umgebaut. In den Jahren 1949 bis 1951 entstand ein Werk in Hard.[28]

Zu Beginn der 1990er-Jahre erzeugte die Alma unter anderem Rahm- und Pikantkäse, Gervais und Lightsorten. Jährlich wurden nun rund 70 Millionen Käseecken verzehrt. Um deren Öffnung zu erleichtern, entwickelte man einen eigenen Zippverschluss.[29] Von 1991 auf 1992 fiel der Umsatz der »Alma Vorarlberger Käsefabrikations- & Export-Genossenschaft« um 2,1 Prozent auf 857,4 Millionen Schilling. Als Ursachen wurden unter anderem ein enormer Preisdruck und eine Konzentration im Handel genannt. Der Obmann Alois Bechter legte nach 20 Jahren seine Funktion zurück. Sein Nachfolger, der Hittisauer Bürgermeister Anton Bilgeri, mahnte: »Die Genossenschaft […] kann nur das sein, was die Mitglieder aus ihr machen.«[30] Bald darauf erlitt das US-Tochterunternehmen M. H. Greeneabaum große Verluste. 1993/94 wurden die Stützungen für Käseexporte teilweise erheblich abgebaut. Trotzdem stieg der Umsatz der Alma 1993 wieder um 6 Prozent an, es wurden 9.600 Tonnen vermarktet; 56 Prozent davon gingen in den Export.³¹ 1997 nahm die Alma den Vorarlberger Bauern etwa die Hälfte ihres Alpkäses ab. Die Teilhaber entschlossen sich nun zur Einführung eines neuen Logos und zu einem verbesserten Marketing.³²

Im Jahr 2000 zählte die Genossenschaft 285 Mitglieder, davon 30 Prozent Private. 110 Mitarbeiter setzten nunmehr rund 455 Millionen Schilling um. Von den 8.000 Tonnen Käse entfiel jeweils die Hälfte auf Schmelz- und Naturkäse. Der Exportanteil betrug 50 Prozent. In diesem Jahr lehnten die Genossenschafter mehrheitlich eine Übernahme durch Rupp und die »Vorarlberg Milch« in Feldkirch ab. In deren Folge hätte der Standort Hard geschlossen werden müssen.³³

Der mächtigen Genossenschaft Alma steht seit Jahrzehnten ein privatwirtschaftlich geführtes Unternehmen gegenüber. Der Firmengründer Josef Rupp war der Sohn eines Bauern aus Fußach, der auch mit Käse handelte. Rupp erzeugte bereits als Jugendlicher selbst Käse und absolvierte eine Molkereischule in Rüthi-Zollikofen in der Schweiz. 1908 gelang es ihm, Emmentaler nach Schweizer Art herzustellen. Nach dem Ersten Weltkrieg ließ sich Rupp in Lochau nieder, wo er Käse erzeugte und mit Milch und Milchprodukten handelte. Bereits in den 1920er-Jahren exportierte er nach Deutschland, Frankreich und Italien sowie in die Vereinigten Staaten. 1933 erwarb er eine Seifenfabrik und ließ diese zur Erzeugung von Schmelzkäse umbauen. 1947 übernahm sein gleichnamiger Sohn den Betrieb, 1970 folgte dessen Witwe. 1992 leitete Josef Rupp, der Enkel des Gründers, mit einem Umsatz von 830 Millionen Schilling das größte private Familienunternehmen in der österreichischen Milchwirtschaft und dominierte den Schmelzkäsebereich mit einem Anteil von 49 Prozent.³⁴

Im gleichen Jahr schloss Rupp über die Tochterfirma Alpenhof GmbH im Allgäu ein Joint Venture mit dem US-Käseerzeuger Schreiber Foods Inc., der den dortigen Fast-Food-Markt zu 70 Prozent mit Käse versorgte, und lieferte 500 Tonnen Scheibenkäse für McDonalds.³⁵ 1994 stieg der Umsatz gegenüber dem Vorjahr von 870 auf 900 Millionen Schilling. Der Exportanteil betrug 45 Prozent. In diesem Jahr erzeugten 240 Personen 10.700 Tonnen Käse, davon fast drei Viertel in Lochau. Als neuer Partner kam die bayerische Privatkäserei Bergader dazu. Zusätzlich schloss Rupp mit dem niederländischen Käseerzeuger Baars Kaas eine strategische Allianz und vertrieb in Österreich ab Anfang 1995 die Marke Leerdammer, die größte Käse-Einzelmarke Europas. Die eigenen Hauptprodukte waren Enzian Käsle, Frisch Rahm Gervais, Doppel Rahm Käsle, Pumuckl Kinder Käsle (ein neues Kindersegment) und Vorarlberger Bergkäse.³⁶ 1996, im Jahr nach dem Beitritt Österreichs zur Europäischen Union, fiel der Umsatz aufgrund geringerer Rohwarenpreise und des Wegfalls von Exportförderungen um 10 Prozent, während der Mengenumsatz um 8 Prozent stieg. Die Firma investierte große Summen in neue Produkte sowie in Rationalisierung und Marktbearbeitung.³⁷ Auch die Imagepflege im Erzeugerland wurde nicht vergessen: In Lochau wurde der »Josef Rupp Käse-Wanderweg« eröffnet. Entlang dieses Weges am Rücken des Pfänders informierten 15 Schautafeln über Landwirtschaft und Käseerzeugung.³⁸

1996 steigerte Rupp den Umsatz wieder von 826 auf 870 Millionen Schilling. Die Firma erhielt einen Großauftrag aus dem arabischen Raum, gewann den Nestlé-Konzern als Neukunden und präsentierte sich erstmals auf der japanischen Lebensmittelmesse »Foodex«. Mit einer neuen Scheibenkäseanlage konnten nun jährlich 500 Millionen Scheiben erzeugt werden. Das Produkt Enzian Käsle, das seit 1950 auf dem Markt war, wurde durch Enzian Pikant und Enzian Alpenkräuter erweitert.[39] 1997 setzte Rupp erstmals 1 Milliarde Schilling um.[40] Im Jahr darauf verarbeiteten die Beschäftigten rund 20.000 Tonnen Käse und Schmelzrohware, etwa 80 Prozent des Umsatzvolumens entfielen auf Schmelz- und Frischkäse. In Lochau wurden jährlich 600 bis 700 Tonnen Bergkäse aus silofreier Rohmilch von 20 Alpen weiter veredelt. Darüber hinaus kaufte man in den Monaten Juni bis September Käse von 30 Alpen zu. In der eigenen Sennerei Lutzenreute wurden jährlich rund 1.000 Tonnen Milch verkäst. Rupp exportierte 50 bis 55 Prozent der Produktion.[41] Im Jahr 2000 schließlich setzten 320 Mitarbeiter 1,55 Milliarden Schilling um, von den nunmehr 30.000 Tonnen Käse entfielen etwa 70 Prozent auf Schmelz-, der Rest auf Naturkäse.[42]

In welchem Maß die »Alma« und Rupp den Vorarlberger Käsehandel beherrschen, zeigen die Zahlen für 2000. Damals wurden über 207 Tonnen Alpkäse erzeugt, davon wurden knapp 195 von Alma und Rupp vermarktet.[43] Am Beispiel dieser beiden Unternehmen wird sich in den nächsten Jahren zeigen, inwieweit eine Genossenschaft gegenüber einem privatwirtschaftlichen Betrieb auf Dauer bestehen kann.

II. Viehzucht

Willst an der Kuh Du Freud erleben
Mußt Du auf dieses Achtung geben:
Ein feiner Hals, ein lang Gesicht,
Die Hörner seien brüchig nicht,
Die Augen klar, sollst drinn Dich seh'n,
Der Leib soll in die Länge geh'n;
Der Rücken soll gerade sein,
Die Schultern rund und nicht zu klein.
Acht auf der Hüften Breite,
Auf starke Brust und Rippenweite,
Auf starke Schenkel und daß rar
Nicht an dem Schwanze sei das Haar.
Tief soll auch ihre Seite sein,
Das Euter straff, die Haut recht fein.
Siehst Du all' dies an einem Tier,
So zög're nicht und kauf' es Dir,
Es ist nicht wählerisch im Futter
Und liefert reichlich Milch und Butter.[44]

Um 1800 existierten im Vorarlberger Raum zwei Rinderstämme, die Montafoner und Bregenzerwälder Schläge. In den Nachbarregionen war das Allgäuer, Lechtaler und Oberinntaler Braunvieh beheimatet. Der Bregenzerwälder Schlag, auch im flachen Teil des Unterlandes verbreitet, war schwarz und hatte weiße Flanken.[45] Das Montafoner

Vieh wies eine fahlschwarzbraune Farbe auf. Sein Stammzuchtgebiet war neben dem Montafon das Brandnertal sowie das Prättigau im benachbarten Graubünden.[46] Bis um 1870 breitete sich dieses Vieh in den Haupttälern des Bezirks Bludenz aus. Nördlich davon existierten größere Bestände im Umkreis von Feldkirch sowie in Dornbirn.[47]

In den 1860er-Jahren wurden wichtige Weichen für eine zukünftige eigenständige Zucht gestellt. Bis dahin hatte sich in den Haupttälern sowie im Bregenzerwald kaum ein Landwirt mit Stierzucht befasst, statt dessen wurden vorwiegend sehr preiswerte Stiere aus den angrenzenden Regionen angekauft. Um die Eigenschaften des Viehs zu verbessern, beschloss der Vorarlberger Landtag 1869 ein Zuchtstierhaltungsgesetz, das erste dieser Art in Österreich.[48]

In der Folge steckten sich die Züchter zwei Ziele: Erstens wollten sie die Eigenschaften des Montafoner Rindes verbessern. Zweitens strebten sie an, die Rasse im ganzen Land zu verbreiten und durch gute Vererbung zu erhalten. Es ist kein Zufall, dass diese Bestrebungen in jene Jahre fallen, in denen die erste Bahnlinie im Land ihren Betrieb aufnahm. Denn nunmehr konnte Vorarlberger Vieh als eigene Rasse auf internationale Märkte gebracht werden. Das große Vorbild, von dem es sich allerdings gleichzeitig abzugrenzen galt, war das Schwyzer Vieh, das in den eidgenössischen Kantonen Schwyz, Luzern und Zug gezüchtet wurde. Es galt als Prototyp für viele Stämme und Schläge in der Schweiz sowie in Vorarlberg und Westbayern. 1873 wurden Schwyzer Tiere bei einer internationalen Ausstellung in Wien gezeigt. Dort war auch Montafoner Vieh vertreten, nicht nur aus Vorarlberg, sondern auch aus den Ställen der Oberösterreichischen Landwirtschafts-Gesellschaft und jenen der Fürsten Schwarzenberg in Böhmen.[49] Schwyzer Vieh kam in Vorarlberg noch längere Zeit zur Hebung der Zucht zum Einsatz: So erwarb die Gemeinde Dornbirn 1870 und nochmals 1891 eine Reihe von Schwyzer Stieren.[50]

Mit dem Gedanken einer Veredelung des Viehs stieg auch der Wert des individuellen Tieres. Daher erschien es allmählich lohnend, sich gegen den Verlust von Vieh zu schützen. 1865 scheint in Hohenems die erste Viehversicherung des Landes auf.[51] Bis um 1884 stieg die Zahl der Assekuranzen auf 30.[52] Mit dem Einsetzen der systematischen Viehzucht nahm die Zahl der Rinder relativ zur Bevölkerung ab. Dies stellte Werkowitsch für den Zeitraum von 1837 bis 1880 fest und argumentierte, »daß es mit einer rationellen Viehwirtschaft unverträglich ist, mehr Vieh zu halten, als angemessen ernährt werden kann, und daß sich dieser Abgang an der Zahl durch die bessere Qualität stets ausgleicht und sogar damit noch Gewinn erzielen läßt«.[53] In den folgenden hundert Jahren blieb der Bestand an Braunvieh mit rund 60.000 Stück recht konstant.[54]

1893 erfolgte eine bedeutende Zäsur in der Rassenveredelung, als 20 Personen in Dornbirn die erste Vorarlberger Viehzuchtgenossenschaft gründeten.[55] Noch im gleichen Jahr entwarfen sie ein Regulativ für die Organisation planmäßiger Zucht. Alle Tiere sollten nunmehr nach Punkten bewertet werden und für eine Aufnahme in den Verband mindestens 55 Punkte aufweisen. Die Idealgestalt wurde auf 100 Punkte festgesetzt. Die Kriterien betrafen Ohren, Hörner, Maul, Hals und andere Körperteile. Als Idealfarbe wurde Hellbraun oder Braun mit hellen Abzeichen festgelegt. Tiere mit zu großen weißen Flecken wurden ausgeschlossen, ebenso die »Schnäuze« mit besonders langen Haaren am Maul. Ins Zuchtbuch wurden als Rubriken unter anderem Name, Rasse, Geburtsdatum, Farbe und Abzeichen, Punktierergebnisse sowie die Alpung eingetragen. 1895 zogen die Dornbirner eine erste Bilanz. Die nunmehr 48 Mitglieder hatten 69 Zuchtkühe eintragen lassen, die durchschnittlich mit 68,2 Punkten bewertet wurden. Zur Verbesserung der Ergebnisse schaffte die Genossenschaft einen kräftigen Stier an, der den bezeichnenden Namen »Vorwärts« erhielt.[56]

Ziel der Zucht war ein Zweinutzungstyp mit gleichermaßen überdurchschnittlicher Milch- und Fleischleistung. Die allgemeinen Rassenmerkmale sollten verbessert werden, nämlich die guten Formen, hohe Milchleistung nach Menge und Fettgehalt sowie ein mittelschweres Körpergewicht bei Erhaltung einer kräftigen und widerstandsfähigen Konstitution, welche die Ernährung im Gebirge erforderte.[57] Die Betonung des ästhetischen Moments fällt bei Werkowitsch auf; dieser mutet geradezu lyrisch an, wenn er das Aussehen der Montafoner Rinder beschreibt: »Der Kopf erwachsener weiblicher Thiere macht einen freundlichen und sozusagen offenen und aufgeweckten Eindruck. [...] es gibt überhaupt nicht viele Rinderschläge in den Alpenländern, welche sich mit dem Montavoner-Vieh in den für die Harmonie des Körperbaues und die Schönheit seiner Gesammterscheinung in Betracht kommenden Partien, Gliedern und Verhältnissen messen können, und sich dabei dem Typendurchschnitte, beziehungweise den damit zum Ausdrucke gelangenden Normalproportionen eines ebenso zweckmäßigen als hübschen Körperbaues, im gleichen Umfange nähern.«[58]

Im Jahr 1914 existierten in Vorarlberg bereits 39 Viehzuchtgenossenschaften.[59] Die erzwungenen Kriegslieferungen im Ersten Weltkrieg warfen die Zucht aber weit zurück. Daher schlossen sich 1923 insgesamt 27 Organisationen und zwei Einzelzüchter zum Vorarlberger Braunviehzuchtverband zusammen.[60] Bis zum Ende der 1920er-Jahre stieg ihre Zahl auf 92 Organisationen und acht Einzelbetriebe.[61] Aufgrund dieser Bemühungen vermochte sich die Zucht wieder zu erholen, durch die Absatzkrise in den 1930er-Jahren erlebte sie weitere Rückschläge. Während des Zweiten Weltkrieges wurden die Zuchtbestände besser geschont als im Ersten, aber der Zwang zur Massenproduktion sowie der Mangel an Futter und Personal hemmten den Fortschritt erneut in hohem Maß.[62]

Vor der Einführung einer systematischen Zucht wogen die Einzeltiere im Durchschnitt nicht mehr als 380 Kilogramm; in den 1920er-Jahren brachten sie bis zu 500 Kilo auf die Waage.[63] Bis um 1970 stieg dieses Gewicht auf bis zu 600 Kilo. Die durchschnittliche Milchleistung verdoppelte sich im Jahrhundert von 1870 bis 1970 von rund 1.900 auf 3.900 Liter jährlich, wobei bisweilen Spitzenwerte von 7.000 bis 8.000 Litern erzielt wurden.[64] Im Jahr 1964 betrug der Leistungsdurchschnitt der Herdbuchkühe 3.867 Kilogramm Milch mit 3,81 Prozent Fettgehalt. Zuchtziel waren zu diesem Zeitpunkt 4.000 Kilogramm Milch und 4 Prozent Fett.[65] 1971 feierte der Verband mit der 17-jährigen »Gunda« aus Schnifis die erste Kuh, die über 100.000 Kilogramm Milch Lebensleistung erreicht hatte. Sie hatte außerdem zwölf Kälber geboren.[66] Im Jahr 2000 lieferten die Vorarlberger Kühe durchschnittlich 5.832 Kilogramm Milch, führten damit in der Reihung nach Bundesländern und lagen weit über dem österreichischen Durchschnitt von 4.977 Kilogramm.[67]

Einen bemerkenswerten Sprung in der Tierzucht bedeutete die Möglichkeit der künstlichen Besamung. Der Verfasser eines Artikels im »Vorarlberger Volksboten« wog bereits im Jahr 1956 die Vor- und Nachteile dieser Fortpflanzungsart ab. An positiven Faktoren führte er an, dass damit hochwertige Stiersamen besser genutzt werden konnten; ferner ließen sich Deckseuchen, Deckinfektionen und Sterilität vermeiden. An Nachteilen befürchtete er eine Geschäftemacherei mit den Bauern, Eingriffe in die »natürliche« Zuchtauslese, die sich später rächen könnten, und die Möglichkeit der Inzucht. Der Autor wies auch darauf hin, dass ein einziger kranker Samenspender viele Nachkommen ruinieren könne.[68] Letzteres war allerdings auch bei Natursprungstieren der Fall: So zeugte der Stier »Gondler«, den die Dornbirner Viehzuchtgenossenschaft um 1959 ankaufte, eine Reihe von Zwergkälbern.[69]

1967 bewilligte die Landesregierung erstmals die künstliche Besamung von 2.000 Rindern. Die Spermien mussten von Vorarlberger Prüfstieren stammen, die in der Besamungsanstalt Ried im Innkreis (Oberösterreich) behandelt wurden.[70] Mit Beginn der Deckperiode 1968 wurde mit der künstlichen Besamung begonnen.[71] 1969 wurde Sperma aus den Vereinigten Staaten angekauft.[72] Im selben Jahr begann eine Kooperation mit der neu errichteten Zentralbesamungsstation in Telfs (Tirol).[73] Mit Beginn des Jahres 1973 wurden die Samen positiv zuchtwertgeschätzter Stiere erstmals in großem Stil eingesetzt. Damit war der Vorarlberger Braunviehzuchtverband der letzte in Österreich, der die künstliche Rinderbesamung einführte.[74]

Wie entwickelten sich die Exportmärkte für Vieh aus Vorarlberg? Vor dem Ersten Weltkrieg ging ein großer Teil der ausgeführten Tiere ins Allgäu. Andere wurden in die Länder der Habsburgermonarchie geliefert, besonders in die Musterställe großer Gutsbesitzer. Viele Vorarlberger Kühe kamen nach Böhmen, wurden dort mit den Abfällen der Zuckererzeugung gefüttert, abgemelkt und schließlich gemästet. Nach dem Krieg kamen zu den Allgäuer Abnehmern viele Käufer aus Italien, Ungarn und Bulgarien. Die Züchter verkauften ihre Rinder gewöhnlich dann, wenn diese ein Alter von knapp drei

Viehmarkt in Schwarzenberg, 1926

Jahren erreicht hatten. Das meiste Jungvieh erwarben Bauern im Land, um ihre eigenen Abgänge zu ersetzen. Schlachtvieh und Fleisch mussten aber großteils eingeführt werden.[75]

Nach dem Zweiten Weltkrieg gingen die Züchter daran, Rinder aus Vorarlberg wieder exportfähig zu machen. Dazu mussten zunächst einige verbreitete Krankheiten bekämpft werden. Der Bludenzer Amtstierarzt nannte in einem Fachbeitrag 1951 nicht weniger als 30 Krankheiten, über die allein ein Alphirte Bescheid wissen sollte, darunter die Maul- und Klauenseuche oder die Euterpocken, an denen sich ein Melker anstecken konnte. War dies der Fall, so bildeten sich an den Händen die so genannten Melkerknoten. Große Aufmerksamkeit galt auch der Brucellose oder Bangseuche, einer seuchenhaften Frühgeburt bei Kühen. Wo sie auftrat, mussten andere Tiere vom Fruchtwasser ferngehalten, das tote Kalb und die Nachgeburt desinfiziert und tief vergraben werden.[76] Neben dem Verlust des Kalbes gab die Kuh auch weniger Milch, war anfällig für eine Folgekrankheit und ließ sich auf dem Markt schwerer verkaufen.[77] Die Seuche verbreitete sich vor allem dort, wo die Tiere gemeinsam auf die Weide oder auf Alpen getrieben wurden. In jedem Herbst betrug die Durchseuchung rund 10 Prozent und ging nach der Erfahrung der Tierärzte »wie ein Ruck durch die Herden«. Viele Tiere mussten getötet werden, sodass der Anteil der Befallenen bis zum nächsten Frühjahr auf 5 Prozent sank. Danach schnellte ihre Zahl wieder hoch. Die deutschen Abnehmer machten mit verschärften gesetzlichen Bestimmungen eine Bekämpfung der Bangseuche notwendig.[78]

Besonders energische Maßnahmen galten der Rindertuberkulose, für die das Vorarlberger Braunvieh recht anfällig war.[79] Angestrebtes Ziel war, die Bestände gänzlich von dieser Krankheit zu befreien. Dies konnte erst dann als erreicht angesehen werden, wenn sämtliche Tiere bei zwei innerhalb eines Jahres vorgenommenen Tuberkulinproben ein negatives Ergebnis aufwiesen.[80] Bis Anfang 1959 wurden 23.766 Tiere aus dem Viehbestand entfernt, von 4.300 Betrieben waren nun alle bis auf 14 frei von Tuberkulose.[81] Mit Ende Oktober 1959 wurde Vorarlberg zum ersten tuberkulosefreien Bundesland erklärt. Die Landesregierung und der Staat gewährten dafür beachtliche Unterstützungen in der Höhe von 24 Millionen Schilling. Diese Summe relativiert sich jedoch, wenn man bedenkt, dass die Krankheit vor Beginn der Bekämpfung jährlich mehr als 10 Millionen Schilling Schaden verursacht hatte.[82] Im Jahr 1963 wurde Vorarlberg schließlich amtlich als frei von Tuberkulose und der Bangseuche erklärt.[83]

Mit diesen Maßnahmen begannen sich Zucht und Export von Vieh wieder mehr zu rentieren. Die Atmosphäre bei einer Stierversteigerung schildert der Agrarexperte Wilhelm Mohr recht anschaulich:

»Die Versteigerung war mit vielen Tieren beschickt und noch von viel mehr Menschen besucht. Es stauten sich diese um den Ring und erfüllten die Galerie […]. Bauern und Bäuerinnen aller Altersklassen konnte man begegnen und das Geländer der Galerie war vom bäuerlichen Jungnachwuchs der Landwirtschaftlichen Fachschule Mehrerau belagert. Man erwartete mit Spannung den Einmarsch des ersten Stieres in den Ring wie bei einem Stiergefecht in Spanien oder Mexiko. Schon beim ersten Tier kamen alle, die eine Sensation erwartet hatten, auf ihre Rechnung, sobald die Anbote über 30.000 Schilling hinausgingen. Ein guter Anfang garantiert meist auch eine gute Fortsetzung, und es war so. Die Überraschung und das Staunen wurde voll, als ein Jungstier mit rd. S 42.000.– der Viehzuchtgenossenschaft Hittisau zugeschlagen wurde. Das war der Höhepunkt der Versteigerung und dem Besitzer aus Fraxern ist zu gratulieren. Manch alten Bauern sah man den Kopf schütteln, als die Steigerungen lange um S 30.000.– verblieben; sie wollten damit sagen, daß sie die neuen Preisentwicklungen nicht mehr verstehen. In manchem Jungbauern reifte dagegen wieder der Entschluß, es auch mit dem Züchten von Jungstieren zu probieren, denn der Spitzenpreis von rd. S 42.000.– sowie die nachfolgenden Ergebnisse zeigten, daß sie hinreichen, in einen Stall einen neuen Viehstand von sechs bis sieben Kühen einzustellen.«[84]

Um 1951 wurden jährlich rund 9.600 Stück Großvieh verkauft, die Wechselkäufe unter den Bauern eingerechnet. Damit erzielte der Viehhandel rund 50 Millionen Schilling Umsatz. Jährlich wurden circa 2.500 Rinder ausgeführt, vor allem in die anderen Bundesländer sowie nach Deutschland und Italien.[85] Im Jahr 1968 wurde der Wert des Vorarlberger Rinderbestandes auf 538,4 Millionen Schilling geschätzt, davon allein die 33.500 Kühe auf 330,5 Millionen. Im zehnjährigen Durchschnitt wurden jährlich 672 Stück in andere Bundesländer verkauft, 2.957 nach Deutschland, 600 nach Italien und 62 in andere Staaten.[86] Allmählich gewannen die italienischen Abnehmer immer mehr an Bedeutung. Im Jahr 1992 wurden 5.704 Rinder exportiert, davon 51 Prozent nach Italien und 38 Prozent nach Deutschland.[87]

III. Alpwirtschaft

Die Bergwanderer verlangen nach Tagen mit einem wolkenlosen Himmel und einer durchsichtigen Luft. Den Hirten hingegen gefallen solche Tage, die zur Sonne auch ihre Wolkenzüge und Regenschauer haben. Nach ihrer Meinung sollte es den dritten oder vierten Tag regnen; so bleibt das Gras frisch und wächst in voller Fülle nach; die Bremsenplage wird nicht unerträglich; die Milchleistung der Kühe hält an, und der Senn hat ein gutes Arbeiten. Das ist das ›gute Wetter‹.[88]

Alpen sind baumlose, mit Gras bewachsene Flächen im Gebirge, die aufgrund ihrer Höhenlage und dadurch bedingter klimatischer und topografischer Verhältnisse während des Sommers als Weide genutzt werden. Sie werden getrennt von den Heimgütern bewirtschaftet, stehen aber mit diesen in einem wirtschaftlichen Zusammenhang. Dies unterscheidet die Alpwirtschaft vom Nomadismus bzw. von der Transhumanz.[89] Sie bot über Jahrhunderte die Möglichkeit, große Flächen saisonal zu nutzen und so die Bodenreserven in den Niederungen sinnvoll zu ergänzen. Die in den Tälern verbreitete Realteilung und die dadurch verursachte Bodenzersplitterung taten ein Übriges; denn je kleiner die Heimgüter wurden, desto mehr waren die Viehbesitzer auf Alpung angewiesen.

Kennzeichnend für Vorarlberg ist eine Dreistufenwirtschaft zwischen Heimbetrieb, Vor- bzw. Maisäß und der eigentlichen Alpe. Sie findet sich auch in der romanischen Schweiz (zum Beispiel in Graubünden), in Teilen Tirols (Zillertal, Bezirk Kitzbühel) und im salzburgischen Pinzgau.[90] Die Zwischenstufe ist eine unterhalb der Alpe gelegene Nutzfläche, die im Frühjahr als Vor-, im Herbst als Nachweide genutzt wird.[91] Im Bregenzerwald heißt sie »Vorsäß«; in den Walsertälern, im Brandnertal und Montafon spricht man vom »Maisäß«. Diesen Bezeichnungen entspricht in Tirol die »Aste« und in Salzburg das »Zulehen«, der »Futterhof« oder der »Kaser«.[92]

Nicht nur in den Benennungen unterscheidet sich die Alpwirtschaft im Norden und im Süden des Landes wesentlich, sondern auch in der Topografie, den Besitzstrukturen und der wirtschaftlichen Ausrichtung. Um 1880 zählte Werkowitsch 813 Alpen mit Vor- und Maisäßen. Er unterschied vier Kategorien: Gemeindealpen im Gemeindebesitz (für jeden steuerbaren Grundbesitzer), Gemeinschaftsalpen im Besitz der Gemeinden (nur für bestimmte Gemeindeangehörige), Interessentschafts- oder Genossenschaftsalpen im freien Eigentum zur genossenschaftlichen Nutzung und Privatalpen im Eigentum Einzelner.[93] Der Bregenzerwald zählte – und zählt bis heute – mehr als die Hälfte der Alpen Vorarlbergs, wobei hier die Privatalpen überwiegen, im Süden des Landes dagegen die Interessentschaftsalpen.[94] Topografisch unterscheidet sich das Montafon dadurch vom Rest des Landes, dass die Talsohle von steilen Hängen flankiert wird; erst in größerer Höhe schließen große Flächen und Abdachungen an. Die hier angelegten Alpen sind wesentlich größer als im Landesdurchschnitt. Sie werden überwiegend zur Aufzucht von Vieh genutzt, während im Bregenzerwald die Milchwirtschaft und vor allem die Erzeugung von Käse überwiegt.

Den aufwendigen Umzug auf die Alpen beschreibt Barnabas Fink folgendermaßen: »Ende Mai zieht die ganze Familie mit dem Vieh in das Vorsäß. Dort bleibt sie 4–5 Wochen, dann kommt das Vieh in die Alpen, wo während des Sommers meistens nur Knechte die Viehwartung besorgen. Die Familie kehrt auf die Heimat zurück und nimmt die ›Heimkuh‹, zuweilen aber auch nur eine Ziege mit, um während des Sommers eigene Milch zu haben. Nun wird auf den Wiesen das erste Heu geschnitten. Ende Juli beginnt das Heuen auf den Magerwiesen. Die Familie zieht wieder in das Vorsäß, wo der ›Filz‹ auf den gedüngten Gründen und die Sommerstreu geheut wird. Ende August zieht man wieder zur zweiten Heuernte auf die Heimat. Mitte September kommt das Vieh aus den Alpen in die Vorsäße. Wer nicht daheim mit Heuen beschäftigt ist, zieht ins Vorsäß. In der zweiten Hälfte September wird gewöhnlich im Vorsäß oder in dessen Nähe noch Streu geheut. Mitte Oktober kommt das Vieh zur Ohmetweide auf die Heimat. Bald nach Allerheiligen zieht man wieder in das Vorsäß, um den im Sommer geheuten Filz zu verfüttern. Während dieser Zeit wird im Neuschnee das Heu aus den hohen Bergwiesen geholt, sowie Holz und Streu zur Heimat hinabgebracht. Ende November ziehen die ersten Familien wieder heim, viele aber haben im Vorsäß für ihr Vieh Futter bis Weihnachten und noch länger.«[95]

Die »Sommerfrische« wirkt sich auf das Gedeihen des Viehs in mehrfacher Hinsicht positiv aus. Es wird gesünder, widerstands- und anpassungsfähiger; Frühreife, Wüchsigkeit, Lebensdauer und Fruchtbarkeit werden ebenso gefördert wie die Futter-, besonders die Raufutterverwertung und hohe Dauerleistungen. Während der Alpzeit gehen zwar aufgrund der vielen Bewegung und der extremen Witterung Milchleistung und Wachstum der Tiere beträchtlich zurück. Doch enthält die Alpmilch viel Fett, Aroma und Wirkstoffe und kaum schädliche Keime. Sie ist dadurch länger haltbar und ergibt hochwertige Produkte wie etwa fetten Käse.[96]

Zu den Nachteilen der Alpwirtschaft zählt, dass die Vorsäße und Alpen teure Gebäude für Vieh und Personal sowie einen großen Aufwand für Wege, Stege und Zäune erfordern. Sie bedingt somit verhältnismäßig viel Einsatz von Arbeit, Zeit und Kapital.[97]

An der Alpwirtschaft wurde immer wieder kritisiert, dass die an ihr Beteiligten dazu neigten, dieser extensiven Nutzungsform zu wenig Aufmerksamkeit zu widmen. So bemängelte Werkowitsch schon 1887, dass die Alpen, die knapp 40 Prozent der produktiven Fläche umfassten und rund vier Monate im Jahr Futter für das Vieh lieferten, nicht als Wirtschaftsobjekt betrachtet, sondern lediglich ausgenützt würden. Er schlug eine Reihe von Maßnahmen zur Verbesserung vor: Nasse und sumpfige Stellen sollten trockengelegt, Unkraut, Gebüsch und Steine von den Weiden entfernt werden. Darüber hinaus regte er an, mehr zu düngen und Ställe zu bauen. Es sei für gutes und reichliches Trinkwasser zu sorgen, die Weiden sollten gewechselt und das Vieh sorgfältig gehütet werden. Schließlich plädierte Werkowitsch für eine rationelle und gemeinschaftliche Molkereiwirtschaft und für die Anlegung von Alpbüchern mit zweckmäßigem Reglement, das streng handzuhaben sei.[98]

Um den Missständen zu begegnen, fanden seit dem Jahr 1901 regelmäßig gemeinsame Begehungen von Alpen durch Interessenten und Fachleute statt.[99] Helmut Lanzl, der Verfasser einer materialreichen Dissertation zum Vorarlberger Alpwesen, fand in

Alpe Fügen, Sibratsgfäll, um 1900

den 1920er-Jahren erneut einiges zu beanstanden: schlechte Zufahrten, Wege und Düngerstätten im Bregenzerwald, mangelhafte Düngung in den Bezirken Dornbirn und Feldkirch, im letzteren Rayon auch unzulängliche Hütten und Ställe. Im Bezirk Bludenz war nach Lanzls Auffassung der Zustand der Alpen im Milchproduktionsgebiet (Großes Walsertal, Klostertal, Tannberg) besser als im Viehaufzuchtgebiet.[100] Die Aufzuchtalpen im Montafon bezeichnete er als primitiv, er kritisierte den Zustand der dortigen Gebäude und Zufahrten, mangelhafte Düngung und Bodenpflege.[101] Die Missstände in der Pflege der Alpen führte Lanzl darauf zurück, dass sich das Alppersonal dafür nicht zuständig fühle; die Sennen kümmerten sich nur um Milch und Käse, die Hirten lediglich um Tiere und Ställe.[102]

Ein anderer Kritikpunkt betraf das »Verstellen« von Vieh. Wegen Mangels an Winterfutter wurde in der kalten Jahreszeit ein Teil des Viehs aus den Bergen ins Tal oder, weil dort zu wenig Platz war, gegen Futtergeld in die Kantone Aargau und St. Gallen, zum Teil auch nach Bayern und Tirol geschickt; dort blieben die Tiere fast sechs Monate. Gerade in dieser Zeit kalbten aber die meisten Kühe und lieferten somit besonders viel Milch. Werkowitsch beanstandete, dass neben der Milch auch viel Dünger verloren gehe; außerdem würden die Tiere im Winter meistens mangelhaft oder unzureichend ernährt, was wiederum ihren Sommernutzen vermindere. Er schlug vor, statt dessen die Vorsäße intensiver zu bewirtschaften, die Düngerstätten zu verbessern und neu anzulegen sowie Kraftfuttermittel wie etwa Ölkuchen einzusetzen.[103] Das Verstellen hielt sich allerdings noch längere Zeit: So wurden in den 1920er-Jahren aus Mittelberg im Kleinen Walsertal jeden Herbst an die 300 Kühe und etwas Jungvieh ins Allgäu verwintert.[104] Noch um 1950 wurden im Kleinen Walsertal rund 500 Stück Vieh ins Allgäu verstellt; Mitte der 1950er-Jahre fand dieser Brauch ein Ende.[105]

Mit dem Rationalisierungsschub dieser Jahre und dem Rückgang der Zahl der Bauern geriet die Alpwirtschaft allmählich unter Druck. Dies zeigt sich unter anderem bei der Rekrutierung des Personals. Um 1870 waren dies noch rund 500 Personen (über 6 Prozent der Gesamtbevölkerung) gewesen; 1928 belief sich ihre Zahl auf 311 (4,3 Prozent), 1968 nur mehr auf 115 (weniger als 1 Prozent), bei allerdings stark gewachsener Bevölkerung.[106] Diese allmähliche Abnahme dürfte nur mittelbar mit dem Umstand zusammenhängen, dass die Alpen geringen Lebenskomfort boten. Bereits um 1930 schildert Bauer langsam steigende Ansprüche der Sennen. Er schrieb: »Mein Taufpate erzählt mir als alter Alpmeister, mit wie wenig das Alppersonal früher zufrieden gewesen sei. Da habe der eine oder andere alpende Bauer, wenn er das Vieh nachsah oder zum Schwenden [Entfernen von Unkraut und Gestrüpp] kam, jeder ein paar Kilo Türkenmehl [Maismehl], Salz, bestenfalls etwas [getrocknetes] ›Digafleisch‹ und Kautabak mitgebracht, eine bescheidene Zubuße, heute kommen Bierflaschen, Zigaretten, Weißbrot ständig, Sardinen und andere Fischkonserven, ja sogar Zeitung und Bücher den steigenden Bedürfnissen entsprechend auf die Alpen, lauter gekaufte Artikel«.[107]

Da die Zahl der Sennen immer weiter sank, übernahm schließlich die Landesregierung ihre Sozialversicherungsbeiträge; 1965 fielen dafür rund 2 Millionen Schilling an.[108] Der Personalmangel, der auch durch die sinkende Zahl der Haupterwerbsbauern entstand, führte in der Folge zur Verwachsung und Verunkrautung auf den Alpen.[109]

Schafe auf der Alpe, um 1950

Der Wandel in der Bewirtschaftung zeigte sich unter anderem im Großen Walsertal, wo noch zu Beginn der 1950er-Jahre ganze Familien auf das Maisäß bzw. auf die Alpe wanderten. 20 Jahre später wurde oft nur mehr das Vieh auf die Weide geschickt, die Arbeitskräfte übernachteten im Heimgut. Damit verloren die Maisäßhütten großteils an Bedeutung und wurden zunehmend als Ferienhäuser genutzt. Dies war recht vorteilhaft für die Bauern, da sie damit weniger Aufwand hatten als mit der Zimmervermietung.[110] Auch im Montafon, wo in den 1950er-Jahren die privatwirtschaftlich betriebene Sennerei endete, verloren die Maisäßen allmählich ihre ursprüngliche Funktion.[111] Manche dieser Gebäude, von denen sich die ältesten bis ins 17. und 18. Jahrhundert zurückdatieren lassen,[112] wurden in den 1960er- und 1970er-Jahren dem Verfall preisgegeben, ehe ihr Wert für eine mögliche touristische Nutzung erkannt wurde.[113]

Um den Krisentendenzen entgegenzusteuern, wurde bereits 1954 der »Alpwirtschaftliche Verein für Vorarlberg« gegründet.[114] Im Jahr 2000 zählte er 552 Mitglieder. In diesem Jahr wurden 72.000 Hektar alpwirtschaftlich genutzt. Damit stellt die Alpwirtschaft für die Vorarlberger Bauern nach wie vor einen unverzichtbaren Faktor dar, wie einige weitere Zahlen für die Saison 2000 zeigen. Auf 564 Alpen wurden 38.185 Tiere gealpt, davon 9.918 Kühe und 22.317 Stück Jungvieh, 862 Pferde, 4.529 Schafe und 559 Ziegen. Fast 14 Prozent des Viehs stammten aus angrenzenden Ländern, vor allem aus Liechtenstein und der Schweiz. Unter den 952 ÄlplerInnen überwog mit 517 Personen erstmals das Fremdpersonal.[115]

IV. Agrargemeinschaften und Genossenschaften

Das genossenschaftliche Element spielt in der Vorarlberger Landwirtschaft eine bedeutende Rolle. Der erhebliche Anteil extensiv bewirtschafteter Flächen im Gebirge und die kleinen Heimgüter zwangen die Bauern immer wieder zur Zusammenarbeit. Wie sehr dabei die Topografie eine Rolle spielt, zeigt der Umstand, dass sich ähnliche Formen gemeinschaftlicher Nutzung in Schweizer Gebirgskantonen wie Graubünden, St. Gallen, Schwyz und Bern finden. Ihr Stellenwert soll im Folgenden am Beispiel der Agrargemeinschaften und einiger Genossenschaftstypen aufgezeigt werden.

Prinzipiell lassen sich zwei Formen der Agrargemeinschaft unterscheiden, nämlich die Alpgenossenschaften (Alpinteressentenschaften) und die Gemeindegutsnutzungen (Aktivbürger-Kooperationen). Die Ersteren weisen eine konstante Zahl von Mitgliedern auf, die der Anzahl der Weiderechte entspricht; bei Letzteren wechselt die Zahl der Berechtigten.[116] Beide Formen bestehen seit Jahrhunderten. Seit etwa 1950 waren die Behörden zunehmend bestrebt, diese Nutzungsrechte zu erfassen und zu vereinheitlichen. Damals wurden in Vorarlberg 498 solcher Bürgergemeinschaften gezählt.[117] Eine Sonderform gemeinschaftlicher Nutzung ist der Montafoner Standeswald. Diese Forste waren lange Zeit in staatlichem Besitz, bis sie 1832 vom Stand Montafon um 2.000 Gulden erworben wurden. Acht Gemeinden des Tales beteiligten sich daran.[118] Dementsprechend unterscheidet sich der Forstbesitz im Montafon bis heute deutlich von jenem im übrigen Teil des Landes. Drei Viertel davon sind Standeswald, 24 Prozent gehören Privaten, 1 Prozent ist im Besitz der Gemeinden.[119]

Heute bestehen in rund 30 Ortschaften Gemeindegüter. Zu ihrer Nutzung sind nur »Bürger« berechtigt, die fallweise unterschiedlich definiert werden. Sie bzw. ihre Vorfahren haben das Aktivbürgerrecht durch Abstammung oder Einkauf in die Gemeinde erworben, besitzen ein eingeforstetes Gebäude, sind im Bürgerbuch respektive in der Heimatrolle eingeschrieben oder besitzen das Bürgerrecht im Sinn älterer Gemeindeordnungen. Diese Bürger erhalten Holz oder Weide- und Alprechte.[120] Im Oberland, südlich des »Sauerkäse-Äquators«, werden die Nutzer als »Späaltabürger« bezeichnet; der Name stammt von den gespaltenen Holzscheitern, die sie aus den Wäldern beziehen.[121] Die Gemeinde Altach zum Beispiel besitzt heute 154 Gemeindeteile, die den Bürgern durch Losziehung zur Verfügung gestellt werden. Diese überlassen ihren Acker dann meistens einem Bauern zur Bewirtschaftung.[122]

Eine spezielle Ausprägung des Gemeindegutes sind die Allmenden oder Gemeinweiden. Sie bestanden aus Wald, Weiden oder Ödland und wurden über Jahrhunderte von den Bewohnern eines oder mehrerer Orte kollektiv bewirtschaftet.[123] Im 18. und 19. Jahrhundert wurden diese extensiv genutzten Grundstücke europaweit in tausenden Gemeinden aufgelöst und privatisiert. Im nordwestdeutschen Raum waren es vor allem Vollbauern und Gutsbesitzer, die solche Privatisierungen einleiteten; dabei verloren die Angehörigen der unterbäuerlichen Schichten die Möglichkeit, die Allmenden zu nutzen, was die sozialen Gegensätze auf dem Land verschärfte. In Südwestdeutschland, der Schweiz und in Vorarlberg waren es dagegen die Landarmen selber, die auf Teilung drängten.[124] Da sie Gemeindegenossen waren, kamen diese Privatisierungen ihnen zugute, vermehrten ihre bescheidenen Bodenreserven und verbesserten die Selbstversorgung.

In Vorarlberg wurden im Zeitraum von den 1760er-Jahren bis um 1870 in rund 40 Gemeinden des Rheintals und Walgaus die Allmenden geteilt. Eine wichtige Ursache dafür war, dass die Bevölkerung durch die Proto-Industrialisierung und das frühe Entstehen von Fabriken rasch wuchs; dadurch entstand erhöhter Druck auf die Bodenreserven. Während sich viele Kleinbauern zu diesem Zweck zusammenschlossen, setzten die Begüterten sich dagegen zur Wehr; Letzteren kamen die Gemeindeweiden insofern zugute, als sie ihr Vieh dort weiden ließen. Mit Unterstützung der Behörden setzten sich aber die Ärmeren zumeist durch und erreichten zumindest eine teilweise Privatisierung. Insgesamt wurden in diesem Zeitraum schätzungsweise mehr als 50 Quadratkilometer verteilt, das entspricht über 7 Prozent der Talregion oder 2 Prozent der Fläche Vorarlbergs.

Die ungleich verteilten Nutzungsmöglichkeiten der Gemeindegüter bildeten bei der weiter anwachsenden Bevölkerung bis ins 20. Jahrhundert immer wieder einen Anlass zum Streit. Dies zeigt sich zum Beispiel bei den Gemeindewahlen von 1919 bis 1929, wo bei Wahlkämpfen so genannte Aktivbürger und Nichtbürger einander gegenüberstanden. Solche Gruppierungen bildeten sich vor allem im Oberland, wo Gemeindegüter häufig waren, nämlich in Koblach, Klaus, Altenstadt, Tosters, Schlins, Nenzing, Nüziders und Dalaas. Im Unterland zählte Fußach zu diesen Gemeinden.[125]

Um diese Streitigkeiten beizulegen, erfuhren die alten Rechte nach dem Zweiten Weltkrieg eine allmähliche Revision. Für deren Durchführung war die Agrarbezirksbehörde zuständig, die 1949 in Bregenz eingerichtet wurde. Sie war »die fachliche Dienststelle zur Durchführung der rechtlichen und technischen Angelegenheiten der Zusammenlegung agrargemeinschaftlicher Grundstücke, der rechtlichen Mitwirkung bei der Einräumung von landwirtschaftlichen Bringungsrechten und der technischen Ausführung von Güterwegen im Zuge der agrarischen Operationen«.[126] Als Beispiel sei hier die Gemeinschaft in der großen Marktgemeinde Rankweil angeführt, die 1958 eine Regulierung erfuhr.[127] Ende 1965 zählte sie 664 Mitglieder, darunter bezogen 467 Bürger ein Familienlos, 81 ein Baulos und 116 das so genannte kleine Los. 20 Personen waren Neubezieher.[128] Wenige Jahre später wurde in Bludenz diskutiert, ob zur Nutzung der Wälder eine Agrargemeinschaft gebildet werden sollte. Dazu meinte der sozialistische Stadtrat und Forstreferent Hermann Stecher, eine solche würde in erster Linie lediglich die rein wirtschaftlichen Interessen eines bestimmten Personenkreises wahrnehmen.[129] Dahinter stand die Erfahrung, dass sich die Agrargemeinschaften in manchen Orten durch die Verwaltung der großen Besitztümer durchaus zu einem eigenständigen Machtapparat entwickelten.[130]

Zwischen 1956 und 1981 wurden in Vorarlberg insgesamt 33 Gemeindegüter reguliert und dadurch in Agrargemeinschaften überführt. 1982 wurden weitere Regulierungen als verfassungswidrig eingestuft, daher blieben 23 unregulierte Gemeindegüter übrig.[131] Danach wurden diese ohne gesetzliche Grundlage genutzt. Die meisten Nutzungsstatuten verstießen gegen den Grundsatz der Gleichbehandlung von Männern und Frauen.[132] Dagegen wurde schließlich Klage erhoben; als Folge einer Entscheidung des Höchstgerichts musste das Nutzungsrecht nunmehr auch Frauen zugestanden werden. Dies zwang etwa die Agrargemeinschaft in Feldkirch-Altenstadt 1996 zu einer Änderung ihrer Statuten.[133] Eine dauerhaft gültige Lösung in dieser sensiblen Rechtsmaterie zeichnet sich bislang nicht ab; erst kürzlich entbrannte über die Stellung des Gemeindeguts und seine Regulierung wieder eine Auseinandersetzung zwischen Juristen.[134]

Bei den Agrargemeinschaften handelt es sich um Organisationen, die vor allem für den hochalpinen Raum kennzeichnend sind. Eine weiter verbreitete Rechtsform kollektiven Handelns stellen die Genossenschaften dar. Hier zeigt Vorarlberg eher Muster, die mit jenen der anderen Bundesländer vergleichbar sind. Werkowitsch unterschied 1887 drei Typen landwirtschaftlicher Genossenschaften, nämlich die Feuerversicherung (in Vorarlberg seit dem Ende des 18. Jahrhunderts nachweisbar),[135] die Viehassekuranz (erstmals 1865) und die gemeinsamen Molkereien.[136] Die Letzteren gliederte er nach den Eigentumsverhältnissen in Haus- oder Bauernsennereien, Privat-, Pacht- oder Handelssennereien sowie Vereins- oder Genossenschaftssennereien.[137]

Zumindest in Teilen Vorarlbergs war das individualistische Wirtschaften recht stark vertreten, vor allem in den Walsergebieten. Die Walser waren Bergbauern, die ursprünglich im obersten Rhônetal (Oberwallis) beheimatet waren; seit dem hohen Mittelalter wanderten viele von ihnen in andere Regionen, unter anderem nach Graubünden, Liechtenstein und Vorarlberg. Dort siedelten sie sich am Tannberg, in den später nach ihnen benannten Walsertälern sowie im Brandner- und Silbertal an. Sie sprachen ein eigentümlich gefärbtes Bergschweizerdeutsch.[138] In ihrer Heimat sowie in einigen der von ihnen angelegten Kolonien bauten sie Getreide bis in Höhen von 1.600 Metern an. Im klimatisch feuchteren Vorarlberg verlegten sie sich dagegen auf Vieh- und Almwirtschaft und betrieben eine ausgeprägte Einzelsennerei.[139]

Trotz solcher eigenwirtschaftlicher Traditionen ging Vorarlberg, im österreichischen Vergleich betrachtet, in der genossenschaftlichen Verarbeitung und Verwertung der Milch zeitlich voran. Ein wichtiger Grund dafür war der landwirtschaftliche Kleinbesitz. Werkowitsch schrieb: »Der einzelne Bauer, der nur wenige Kühe besitzt, kann selbstverständlich die wenige ermolkene Milch nicht jeden Tag verarbeiten und wird dadurch auch nicht leicht gute Molkereiprodukte erzeugen können, abgesehen davon, daß die hiefür aufgewendete Zeit und Mühe keineswegs durch den zu erzielenden Preis für die erkauften Produkte gelohnt würde.«[140] Erste Vereinigungen dieser Art entstanden in Vorarlberg und Tirol bereits Ende der 1850er-Jahre. 1868 regte das Ackerbauministerium ihre Ablöse durch Genossenschaften an. Noch im gleichen Jahr entstand eine erste Sennereigenossenschaft in Götzis, sie existierte aber nur kurze Zeit. 1870 folgte eine weitere Gründung in Dornbirn.[141] Die Sennereien gliederten sich in zwei Typen:

Dornbirner Bäuerin beim Melken, um 1920

Im einen Fall lieferten die Viehbesitzer die Milch und erhielten die Produkte zurück, im anderen verkauften sie die Milch. Götzis entsprach dem zweiten Typ. Die dortige Sennerei zählte bald nach ihrer Gründung 39 Mitglieder. Für die Milchverarbeitung wurde ein eigenes Gebäude errichtet.[142] Das war auch in Dornbirn der Fall. Dort konnten zunächst täglich 600 bis 700 Liter Milch verarbeitet werden.[143] Mit der Bildung dieser Genossenschaften wanderte die Sennerei, die jahrhundertelang auf den Alpen ansässig gewesen war, ins Tal. Hier konnten nun größere Mengen als bisher erzeugt werden, wobei die Fachkundigkeit der Sennen allmählich durch eine Verwissenschaftlichung der Produktion abgelöst wurde.

Die Sennereibewegung griff im Land rasch um sich, wie eine Erhebung zeigt. Zu Beginn der 1870er-Jahre entsandte das Ackerbauministerium eine Kommission in verschiedene Kronländer, um die Käsereigenossenschaften zu studieren; unter den drei Mitgliedern befand sich Karl Graf Belrupt, der in Hörbranz ein Mustergut betrieb. Untersucht wurden Sennereien in der krainischen Wochein (Bohinj), in Welschtirol, im oberen Vintschgau (Umgebung von Mals), im Bezirk Reutte und in Vorarlberg.[144] Letztere Region wies die größte Zahl von Molkereivereinen und die besteingerichteten Sennereien auf. Die Kommission besichtigte hier 26 Anlagen. Neun von ihnen waren nach schwedischem Muster organisiert, darunter jene des Feldkircher Fabrikteilhabers Josef Andreas Tschavoll sowie einige genossenschaftliche. Tschavoll hatte diese Methode der Erzeugung von Butter und Käse nach dem Vorbild des Gutsbesitzers Gustav Swarz (auch: Swartz) aus Hofgarden in Schweden eingeführt.[145] Bei diesem Verfahren wurde die aufrahmende Milch mit Eiswasser gekühlt, sodass Rahm und Magermilch einen süßen Geschmack beibehielten.[146]

Die Kommission kam zum Schluss, in Vorarlberg seien »die neugebauten, uniformen Sennhäuser, die Einrichtungen nach schwedischer Methode, die [Wilhelm] Lefeldt'schen Butterfäßer, die sorgfältigen Temperatur-Bestimmungen, kurz, eine Anzahl fortschrittlicher Neuerungen an der Tagesordnung, welche man in allen früher genannten Gruppen noch vergeblich sucht. Die gemeinsame Verwertung ist größtentheils eingeführt. Die Bestimmung der Milchmenge erfolgt durch das Maß, in den neuen Sennereien nach Liter[n].«[147]

Die Sennereien übernahmen zunächst nur die Verarbeitung der Milch, später gingen sie auch zur Verwertung über. 1880 bestanden in den Vorarlberger Tälern 18 Genossenschaften, dazu kamen weitere zehn Alpsennereien.[148] 1890 hieß es in einem Aufsatz über den Fortschritt der Molkereigenossenschaften: »Dornbirn alleinig zählt heute acht Dorf-Sennereien, welche meistens sehr gut eingerichtet sind, und mancher Gegner von damals erklärt heute, daß er jetzt aus der Sennerei Käse genug bekomme für seine Familie und an Butter noch gar manches Kilogramm zu Baargeld machen könne, während dem er früher von der gleichen Anzahl Kühe ein paar ›Pitschgerle‹ (kleine, harte, bitter schmeckende Käse) erhielt und an einen namhaften Erlös von Butter gar nicht denken durfte. Und in der That: Es ist eine Freude, wie mancher Besitzer von nur ein oder zwei Kühen eine Menge Käse und Zollen (4 Kilogramm Butter) bekommt, lauter Waare, wie selbe mancher Großgrundbesitzer nicht so schön erzeugt.

[…] Wenn auch gerne zugestanden wird, daß es Bauernhöfe gibt, auf denen die Milch wirklich gut verwerthet wird, so muß doch gesagt werden, daß die Einzelnverarbeitung der Milch im Allgemeinen als eine sehr mangelhafte bezeichnet zu werden verdient. Was da die armen ›Hexen‹ nicht herhalten müssen, wenn der Geist der Unkenntnis alles verdorben hat. Wird doch die Milch, dieser unendlich empfindliche Gegenstand, nicht selten in Kellern aufgestellt, wo zugleich die übelriechendsten Sachen aufbewahrt werden, oder gar in der Wohnstube, wo Staub, Rauch und die Ausdünstung der Insassen und deren Auswürfe dieselbe geradezu unbrauchbar machen zur Erzeugung annehmbarer Produkte. Zudem sollte man nicht vergessen, daß in den vielen kleineren Wirthschaften viele hundert Liter Milch einfach versodet [= vergeudet] werden, weil mit den zwei bis drei Litern, welche oft noch erübrigt werden, nicht viel anzufangen ist. In der Genossenschafts-Sennerei aber wird das kleinste Quantum Milch gerade so gut angenommen und verwerthet, wie das größte. Der Besitzer einer einzigen Kuh erhält eine eben so feine Butter als der Besitzer von zehn Kühen. Auch wird mit der Butter sparsamer umgegangen, wenn man dieselbe gegen Rechnung aus der Sennerei holen muß, anstatt aus dem eigenen Rührkübel. Und erst die Käse: Blos ein oder zwei Kühe im Stalle und doch eine ganze Reihe Käse, groß und schön, wie im Stalle eines Großgrundbesitzers. Solcher Käse wird dann auch im eigenen Hause recht viel consumirt und dies ist eine Hauptsache, weil Magerkäse das allerbilligste Volksnahrungsmittel bildet. Nicht weniger ist zu berücksichtigen die Ersparnis an Zeit, Heizmaterial, Milchgeschirr usw. Die Klage, daß heutzutage der Großbetrieb den Kleinbetrieb unmöglich mache, ist ja bekannt; hier aber ist es dem kleinsten Viehbesitzer schon gegönnt, sich aller Vortheile des Großbetriebes theilhaftig zu machen. Es sollte daher überall, wo die nöthige Anzahl Kühe vorhanden sind, die Bildung von Sennerei-Genossenschaften in die Hand genommen werden.«[149]

Neben den Sennereien manifestierte sich der genossenschaftliche Gedanke auch in anderen Gründungen, zum Beispiel im Aufbau eines Netzes von Raiffeisenkassen. Auf heutigem österreichischen Gebiet entstand die erste Kasse dieser Art 1886 in Mühldorf bei Spitz in Niederösterreich.[150] 1888 gab ein schweres Rheinhochwasser den Anlass zu

Molkerei in Dornbirn, um 1930

Gründungen in Vorarlberg: Nachdem die bestehenden Geldinstitute den Betroffenen Kredite verweigert hatten, etablierten sich 1889 Raiffeisenkassen in Lustenau und Wolfurt.[151] 1893 erschien ein erster gedruckter Rechenschaftsbericht über alle bis dahin gegründeten Kassen des Landes. Zu diesem Zeitpunkt hatten 1.719 Mitglieder 694.000 Gulden an Spareinlagen eingezahlt, 593.000 Gulden waren als Darlehen ausgegeben worden. 1895 existierten 18 Kassen, davon 14 allein im Bregenzerwald.[152] Im gleichen Jahr wurde ein Verband landwirtschaftlicher Genossenschaften gegründet; Ende 1898 gab es 57 Kassen mit fast 7.000 Mitgliedern und 2,3 Millionen Gulden Einlagen.[153] Ein besonders rühriger Aktivist war der Wolfurter Oberlehrer Wendelin Rädler, auf dessen Initiative rund 60 Gründungen zurückgehen; er wurde daher auch als »Vorarlbergs Raiffeisen« bezeichnet.

1910 ließ der Genossenschaftsverband in Bregenz ein Haus errichten, zwei Jahre später folgte in Vorkloster bei Bregenz ein Lagerhaus mit Gleisanschluss. 1916 beschloss man den Kauf einer Mühle in Feldkirch. 1926 ging dort eine neue Verbandsmühle in Betrieb; die Kosten dafür betrugen stattliche 1.276.000 Schilling. Auch neue Orte wurden erschlossen: 1923 entstanden die letzten Raiffeisenkassen in Raggal und Vandans. Damit existierten im Land 80 dieser Institute.

In der Zeit des Nationalsozialismus und des Krieges erfuhr die gemeinsame Milchwirtschaft eine neue Organisation. 1940 wurde in Dornbirn eine Großmolkerei errichtet, in Bludenz und Feldkirch entstanden Milchhöfe.[154] Nach dem Krieg reagierte der Genossenschaftsverband auf die zunehmende Mechanisierung der Betriebe: 1951 nahm er eine neue Reparaturwerkstätte für Landmaschinen in Betrieb.[155] Im Jahr darauf gliederten sich die landwirtschaftlichen Genossenschaften wie folgt: Die 80 Raiffeisenkassen zählten 22.964 Mitglieder, 95 käse- und milchverwertende Genossenschaften weitere 7.057 Mitglieder. Außerdem bestanden fünf Verwertungs-, drei Elektrizitäts-, zwei Viehzucht- sowie je eine Fischzucht-, Seilbahn- und Winzergenossenschaft mit zusammen 2.397 Mitgliedern. Insgesamt gehörten diesen 188 Genossenschaften also 32.418 Personen an.[156]

Im Jahr 1959 wurde das inzwischen zu klein gewordene Lagerhaus abgetragen und ein neues errichtet. Der Absatz von Düngemitteln wuchs im Vergleich zum Jahr davor um 136 Waggons, die Umsätze in der Maschinenabteilung stiegen um 420.000 Schilling, die Zahl der Reparaturaufträge in der Landmaschinen- und Kraftfahrzeug-Werkstätte von 290 auf 4.060. 1959 wurden aus Niederösterreich 374, aus Württemberg 15 Waggons Stroh eingeführt. Insgesamt wurden 3.212 Waggons mit Bedarfsgütern im Wert von 63,8 Millionen Schilling vermittelt.[157]

Eine andere Form des Zusammenschlusses setzte sich bei den Vorarlberger Bauern nur zögernd durch: die Maschinenringe. Die Mechanisierung verursachte hohe Kosten für die Landwirte; in den östlichen Bundesländern ging man daher bereits früh zur gemeinschaftlichen Verwendung von Maschinen über. Ende der 1960er-Jahre wurden immerhin mehr als 40 Prozent der selbst fahrenden Mähdrescher in Österreich in Kleingemeinschaften genutzt.[158] In Vorarlberg hingegen freundeten sich die Landwirte, trotz Warnungen vor finanzieller Überbelastung,[159] nur allmählich mit dem Gedanken an, Maschinenringe zu gründen. 1975 zählte das Land erst einen solchen Ring mit 59 Mitgliedern, in ganz Österreich waren es 203 mit 17.369 Interessenten.[160]

Dieser erste Ring war 1970 in Egg im Bregenzerwald auf Anraten der Landwirtschaftskammer gegründet worden. Ein Fachmann äußerte dazu die Ansicht, fast jeder Landwirt verfüge über Maschinen, die im eigenen Betrieb nicht voll ausgelastet seien, während ihm andere mechanische Helfer fehlten. Diese besitze jedoch ein anderer Bauer und auch jener nütze seine Geräte nicht voll aus. Der einzelne Betrieb könne sich daher durch Tausch mit einer Teilmechanisierung begnügen; damit würde die unwirtschaftliche Verschuldung der bäuerlichen Landwirtschaft in der Mechanisierung endlich gestoppt werden. An Vorteilen eines Maschinenrings nannte der Experte: »Erhöhte Leistung bei verkürzter Arbeitszeit; schlagkräftige Arbeitsketten für Anbau, Pflege, Ernte und Bergung; verringerte Schuldenlast für die Mechanisierung; Vermeidung von Kinder- und Greisenarbeit; größere Sicherheit bei Krankheit und Tod; mehr Geld für wirtschaftliche Investitionen und gegenseitige Beratung als beste Form der Weiterbildung.«[161] 1976 entstand in Tschagguns ein zweiter Maschinenring für das Montafon mit zunächst 30 Mitgliedern,[162] im folgenden Jahr ein weiterer für das Unterland, dem 130 Bauern beitraten.[163] Dessen Einzugsbereich umfasste das Leiblachtal sowie das Rheindelta und das Rheintal bis Götzis; für seine Leitung schrieb die Kammer erstmals die Stelle eines hauptamtlichen Geschäftsführers aus.[164] 1978 folgte schließlich ein Maschinenring für das Oberland mit 120 Interessenten.[165]

Auf breiter Basis setzten sich Maschinenringe erst in den 1980er-Jahren durch. 1990 gab es fünf Maschinen- und Betriebshelferringe. Nunmehr waren mehr als drei Viertel aller Betriebe Mitglieder, damit stellte Vorarlberg die höchste Quote aller Bundesländer.[166]

V. Technik und Infrastruktur

Seit dem 19. Jahrhundert erfuhr die Landwirtschaft einen zunehmenden Wandel. Zunächst profitierte sie in hohem Maß vom Ausbau der Infrastruktur; so verbesserten der Bau von Eisenbahnlinien und Materialseilbahnen sowie die Errichtung neuer Wege und Straßen die Transportmöglichkeiten für Agrarprodukte ganz erheblich. Der Einsatz technischer Mittel trug dazu bei, die Wasserströme zu regulieren, sowohl jene an der Oberfläche durch eine systematische Wildbachverbauung als auch die unterirdischen durch Meliorationen des Bodens. Dessen mechanische Bearbeitung sowie neue Erntemaschinen ermöglichten eine Rationalisierung der Arbeit und verringerten die enorme Abhängigkeit der Bauern vom Wetter. Und schließlich verbesserten neue Methoden der Futterkonservierung die Bedingungen für die Fütterung des Viehs in den langen Wintermonaten.

1872 ging die erste Eisenbahnverbindung des Landes, die »Vorarlberger Bahn«, zwischen Bregenz und Bludenz in Betrieb. Drei Stichbahnen nach Lindau sowie nach St. Margarethen und Buchs verbanden diesen Schienenweg mit Bayern und der Schweiz. Bereits im ersten Betriebsjahr beförderte die Bahn 433.666 Personen und 139.684 Tonnen Güter.[167] 1884 wurde eine Strecke von Bludenz mit einem Tunnel durch den Arlberg nach Innsbruck und damit die erste direkte Bahnverbindung mit der Habsburgermonarchie eröffnet. Im ersten Jahr verkehrten hier 127.892 Personen und 2.890 Güterzüge, die Erzeugnisse der Vorarlberger Textilindustrie sowie Kohle, Zement und Getreide beförderten.[168]

Der Bau von Eisenbahnen bedeutete einen enormen Aufschwung für den Austausch von Agrarprodukten. Dies lässt sich am Beispiel der Einfuhr von Getreide zeigen. Vorarlberg bezog über Jahrhunderte den weitaus größten Teil seines Bedarfs aus Schwaben. Bis zum Bahnbau kam das schwäbische Getreide zunächst auf den Kornmarkt nach Bregenz und wurde von hier aus weiter verteilt. Im Jahr 1871 wurden auf dieser Schranne 99.526 Zentner Körnerfrüchte gehandelt, die im Land verblieben (Weizen, Roggen, Gerste, Hafer, Mais und Hülsenfrüchte). Bis 1884 sank diese Zahl auf 23.810 Zentner, also um mehr als drei Viertel. Den größten Anteil hatte der Weizen, dessen Menge sich in diesem Zeitraum von 73.400 auf 4.340 Zentner und damit um nicht weniger als 94 Prozent verringerte.[169] Das schwäbische Korn wurde durch Einfuhren aus Innerösterreich und Ungarn ersetzt. Dies wirkte sich auch auf den Getreidebau im Land selbst aus: Während zu Beginn der 1870er-Jahre noch mehr als 3 Prozent der Landesfläche als Äcker genutzt wurden, erfolgte in den Jahrzehnten danach ein Übergang zur Milchwirtschaft und Viehzucht und damit zur Wiesen- bzw. Grünlandwirtschaft.[170] Nur in Lagen mit günstigem Klima wurde weiterhin etwas Getreide angebaut, im Montafon noch bis nach dem Zweiten Weltkrieg.[171]

Die Agrargebiete des Bregenzerwaldes und des Montafons lagen abseits der Bahn-Hauptstrecken und blieben dadurch noch längere Zeit benachteiligt. 1902 wurde schließlich eine dampfbetriebene Schmalspurbahn in den Bregenzerwald eröffnet. Der Schienenstrang zwischen Bregenz und Bezau war 35,4 Kilometer lang.[172] Seit Ende des Jahres 1905 erschloss eine weitere Strecke das Montafon. Die hier verkehrende öffentliche elektrische Lokalbahn mit Normalspur legte zwischen Bludenz und Schruns 12,8 Kilometer zurück. 1906 beförderte sie 81.689 Personen sowie 7.174 Tonnen Güter, Reisegepäck und Eilgut, darunter auch Vieh für den großen Markt in Schruns.[173]

Wege und Straßen zur Beförderung land- und forstwirtschaftlicher Güter in den Bergregionen blieben gegenüber dem Schienennetz lange zurück. Unter anderem behalf man sich mit der Anlage von Seilstrecken: So existierten um 1930 ein Dutzend Materialseilbahnen im Land.[174] Nutzholz aus den schwer zugänglichen Wäldern wurde vielfach getriftet, im Einzugsgebiet der Bregenzerach, bei Dornbirn, im Vorderland, Großen Walsertal, Klostertal, Montafon, Brandner-, Gamperdona- und Saminatal sowie auf der Ill. Um 1950 fanden Triftungen noch im Großen Walser- und Saminatal sowie im Montafoner Silbertal statt.[175] Danach wurden vermehrt Güterwege errichtet, allein im Zeitraum von 1950 bis 1970 rund 500 Kilometer.[176]

Der Einsatz weiterer technischer Mittel erwies sich aufgrund mancher topografischer Eigenheiten des Landes als notwendig. So sind zum Beispiel die Vorarlberger Täler tiefer eingeschnitten als jene in Tirol, die Wildbachgebiete umfassen zwei Drittel der Landesfläche. 1896 begannen erste Arbeiten des staatlichen Verbauungsdienstes in der Leedi bei Hohenems. Nach einem verheerenden Hochwasser 1910 wurde die Bautätigkeit auf das ganze Land ausgeweitet. Bis 1960 wurden rund 140 Wildbäche gezähmt, weitere 100 galten noch als unverbaut. Die Steilheit vieler Hänge gefährdete auch immer wieder den bäuerlichen Siedlungsraum. So kamen allein 1954 bei einer Lawinenkatastrophe vorwiegend im Großen Walsertal 125 Menschen ums Leben, 55 Häuser wurden dabei zerstört.[177]

Die Talregionen – das Rheintal und der Walgau – wurden ständig von Überschwemmungen heimgesucht. Besonders der mächtige Rhein stellte eine große Gefahr dar. Die eidgenössischen Nachbarn regulierten den Fluss im Lauf des 19. Jahrhunderts und engten ihn durch Wuhrungen ein; damit wurde die Gefahr eines Ausbruchs auf das Vorarlberger Ufer verlegt. In den tieferen Lagen versumpften ganze Landstriche, Moorgebiete und Restseen entstanden; betroffen waren vor allem die große Gemeinde Lustenau sowie die Strecke von Hohenems bis Koblach und Meiningen. In den 1840er-Jahren wurden daher bei Lustenau und Koblach Kanäle und Entwässerungsgräben angelegt.[178] Schließlich wurde der Lauf des Rheins mehrfach begradigt: Im Jahr 1900 verkürzte ein Durchstich bei Fußach den Strom um sieben Kilometer, 1923 folgte eine zweite Abkürzung um drei Kilometer bei der Schweizer Gemeinde Diepoldsau.[179] 1910 wurde zur weiteren Entlastung ein Binnenkanal zwischen Lustenau und Hohenems fertig gestellt.[180]

Mit der Zähmung des Rheins und seiner Zuflüsse konnten im Tal nunmehr Meliorierungen in Angriff genommen werden. 1912 wurde mit der Schaffung des Landeskulturrats zu diesem Zweck ein eigener Fachbeamter bestellt. Die Zwangswirtschaft im Ersten Weltkrieg erforderte eine intensivere Bebauung des Bodens. 1919 unterbreitete der Landes-Kulturingenieur Josef Thurnher in einem Vortrag Vorschläge für eine nachhaltige Umgestaltung des Rheintals zur Verbesserung des Ackerbaus. Die Voraussetzungen dafür erschienen problematisch, denn in dieser niederschlagsreichen Ebene war die Bodenbearbeitung schwierig und zeitraubend; das Wasser wurde in offenen Gräben

Ochsenarbeit in der entwässerten Rheinebene

abgeleitet, die auf einem Hektar Boden bis zu einen Kilometer Länge erreichten. Die 10.000 Hektar kultivierten Landes waren außerdem auf rund 24.000 Parzellen aufgeteilt, was eine rationelle Bewirtschaftung weiter erschwerte. Thurnher empfahl daher eine gründliche systematische Entwässerung auf dem Weg genossenschaftlich organisierter Drainage. Zusammen mit vermehrter Düngung erwartete er sich davon eine Steigerung der Erträge um bis zu 100 Prozent. Zusätzlich sollten Haupt-Entwässerungsgräben angelegt sowie die Fließgewässer reguliert werden, um der Anhäufung von Geschiebe Einhalt zu gebieten. Außerdem seien gesetzliche Bestimmungen zu schaffen.[181]

Thurnhers Vorschläge fanden bald Gehör. 1921 wurde eine erste Drainagierung in Bangs durchgeführt.[182] In den folgenden Jahren wurden dort 55 Hektar durch Drainageröhren entwässert, 400 Hektar durch offene Gräben in Götzis sowie im Ried bei Rankweil, Tosters und Tisis.[183] Durch diese Kultivierungsarbeiten wurden allerdings die bestehenden Streuwiesen in hohem Maß gefährdet, die für die Viehwirtschaft des Landes eine wichtige Rolle spielten. Streuwiesen entstanden an wechselfeuchten und staunassen, zumeist nährstoffarmen Standorten. Die dort wachsenden Pflanzen eigneten sich nicht als Viehfutter,[184] sie wurden vielmehr als Einstreu für das Vieh verwendet. Die Einstreu sollte den Tieren ein gesundes und weiches Lager geben, ihre Exkremente aufnehmen, danach mit dem Dünger auf dem Misthaufen vergären und sich schließlich im Freien zersetzen.[185] 1919 schätzte Josef Thurnher die Fläche der Streuwiesen im Rheintal auf 3.500 Hektar; er schlug vor, diese Flächen durch Meliorierung zu halbieren.[186]

Allein in den Jahren von 1933 bis um 1946 wurden im Rheintal und Walgau tatsächlich 1.500 Hektar Ödland (Streue- und Rossheuwiesen) melioriert. Zu diesem Zeitpunkt verwiesen Sachverständige bereits warnend auf eine drohende »Einstreunot«.[187] In den folgenden Jahrzehnten stellten jedoch viele Landwirte auf einstreulose Aufstallungsformen und auf Güllewirtschaft um, sodass die Streue rasch an Bedeutung verlor. Heute plädieren Ökologen für die Erhaltung solcher Wiesen, da sie für den Wasserhaushalt der jeweiligen Landschaft von großer Bedeutung sind und Lebensraum für viele Tierarten bieten.[188]

Die Meliorierungen nach dem Zweiten Weltkrieg schufen wichtige Voraussetzungen für die Übersiedlung von Bauern auf neue Höfe im Talgebiet, außerhalb der immer dichter besiedelten Gemeinden.[189] Dies wurde unter anderem durch Grundzusammenlegungen erreicht. So gelang es in den Jahren 1948 bis 1950, die Zahl der Parzellen im Weitried in Rankweil-Brederis von 2.609 auf 928, jene der Besitzer von 996 auf gut 900 zu vermindern. 1960 gingen dort fünf neue Gutshöfe in Betrieb, jeder war von sechs bis acht Hektar Land umgeben. In der Folge waren im Weitried weitere elf neue Höfe geplant.[190]

Neben dieser Umgestaltung der Landschaft erfuhr auch die bäuerliche Gerätetechnik eine Reihe grundlegender Neuerungen. Über die Art der Hilfsmittel, die in Vorarlbergs Landwirtschaft traditionell zum Einsatz kamen, ist nur wenig bekannt. Einige der wichtigsten dürften in Teilen des Landes überhaupt erst spät Eingang gefunden haben; so kam der Pflug im Montafon möglicherweise erst um 1770 in Gebrauch.[191] Gewöhnlich wurden die notwendigen Geräte von den Bauern selbst oder von Holz- bzw. Metallhandwerkern erzeugt. In den ersten Jahren des 19. Jahrhunderts entstanden in Niederösterreich und Wien mechanische Werkstätten, die solche Produkte in größerer Zahl fertigten.[192] In den 1860er-Jahren erzeugte die Maschinenwerkstätte Keller & Winkler in Bregenz unter anderem Dreschmaschinen, Pferdegöpel, Schrot- und Quetschwalzen, Mostpressen, Obstmühlen, Strohschneidestühle, Ackerwalzen, Pumpen sowie Futter- und Rübenschneidmaschinen.[193] Um 1870 waren im Land einige Dresch- und Häckselmaschinen, Handmühlen für Mais sowie eine Torfpresse in Gebrauch; einige dieser Geräte wurden auch verliehen.[194] Nunmehr erzeugten sieben irmen mechanische Hilfsmittel für die Bauern, darunter die Maschinenfabriken Rüsch in Dornbirn und Ganahl in Frastanz, die sich allerdings nur nebenbei diesem Zweig widmeten. Sie lieferten Maschinen zum Dreschen, Futterschneiden bzw. Häckseln, Getreideputzen, Schroten und Pressen, Strohstühle, Jauchepumpen, Pflüge und Pferdegöpel sowie Mühlen für Getreide, Öl und Most. Ihr Absatz ging vielfach nach Tirol, in die Schweiz und nach Süddeutschland. Auch einige Geräte englischer Bauart standen in Gebrauch, die durch Agenturen aus Deutschland bezogen wurden. Allein im Bezirk Feldkirch gab es aus englischem Import vier Futter- und zwei Rübenschneider sowie eine Dreschmaschine.[195]

Die Zeitschrift des Vorarlberger Landwirtschaftsvereins berichtete bereits in ihren frühen Ausgaben über technische Neuerungen. So erschien 1871 ein Beitrag über Sämaschinen.[196] Während der Wiener Weltausstellung 1873 studierten Fachleute aus Vorarlberg die dort gezeigten Maschinen und Werkzeuge. In der Folge erwarb der Landwirtschaftsverein einige Gerätschaften, um ihre Eignung für die Verhältnisse des Landes zu testen. Dazu zählten eine ein- und eine vierreihige Handsämaschine, ein eiserner Pflug (Wühler) und ein Häufelpflug, ein Handhackinstrument und ein Hackrechen, ein Dutzend amerikanischer Werkzeuge und eine englische Grabgabel.[197] 1879 berichtete ein Lustenauer Oberlehrer über Versuche mit diesen Instrumenten. Unter anderem erklärte er: »Der ganz aus Eisen gefertigte Häufelpflug entspricht einem bei uns schon lange gefühlten Bedürfniß. Die mit demselben ausgeführten Proben überzeugten selbst Diejenigen, welche mit größter Zähigkeit am Alten hängen, davon, daß es noch manches Geräth gibt, durch welches sich sehr viel Handarbeit in Maschinenarbeit umwandeln und sehr viel Zeit und Arbeitskraft ersparen läßt.«[198] Auch zur Verbesserung der in Vorarlberg so häufig genutzten Wiesen wurde Maschineneinsatz empfohlen. Die Bearbeitung mit einer Kettenegge sei geeignet, den Ertrag einer Wiese fast zu verdoppeln. Durch das Aufritzen der Erde und das Zerreißen der verfilzten Grasnarbe und des Mooses könnten Licht, Luft, Wärme und Feuchtigkeit in den Boden eindringen.[199]

Für die Mitte der 1880er-Jahre nennt Werkowitsch einige Maschinen zum Handdreschen und Futterschneiden, zwei Vorrichtungen zum Grasmähen und mehrere Handschrotmühlen. Der Landwirtschaftsverein besaß eine Drainröhrenpresse, die er leihweise zur Verfügung stellte.[200] Der Boden wurde mit gewöhnlichen eisernen Pflügen bearbeitet, die nach dem Vorbild des Hohenheimer Pflugs gefertigt waren,[201] mit hölzernen oder eisernen Eggen und Ackerwalzen, zumeist aber mit Spaten und Rechen. Das Saatgetreide wurde mit einfachen Windfegen gereinigt. Die Bauern lösten die Körner

Mahd mit der Sichel, Gaschurn

mit Dreschflegeln aus den Halmen, bisweilen auch mit Handdreschmaschinen, die von Unternehmern verliehen wurden. Die meisten Betriebe waren so klein, dass sich die Anschaffung solcher Maschinen nicht lohnte.[202]

Um die Wende zum 20. Jahrhundert weitete sich das Angebot an mechanischen Hilfen weiter aus. Im Jahr 1911 bot die Bregenzer Eisenwarenfirma Kinz & Röbelen unter anderem folgende Geräte für die Landwirtschaft an: Futterschneidmaschinen, Schrot-, Obst-, Trauben-, Mais-, Knochen- und Quetschmühlen, Wein- und Obstpressen, Rübenschneider, Separatoren zur Milchentrahmung, Swartz'sche Aufrahmgefäße, Buttermaschinen und Milchtransportkannen, Wieseneggen, Ackerwalzen, Handrechen, Heuwender, Gras- und Getreidemäher, Jauchepumpen, -fässer und -verteiler sowie Viehfutterdämpfer.[203]

Eine ganz wesentliche Neuerung, gewissermaßen die Ikone der Mechanisierung, stellte der Traktor dar. Im Jahr 1925 erwarb die Bauernkammer den ersten Traktor im Land, einen Fordson. Er wurde für Bodenumbrüche sowie zum Antrieb der Genossenschafts-Dreschmaschinen der Raiffeisenkasse Höchst eingesetzt. Binnen eines Jahres bearbeitete er in Kombination mit einem ein- und zweischarigen Pflug sowie mit einer Telleregge 70 Hektar Magerheu- und Streuneubrüche. Damit sollten die Kleinbauern unterstützt werden.[204] Ebenfalls 1925 gelangte ferner erstmals eine Getreidemähmaschine zum Einsatz. Damals bemühten sich die Leiter der Armenhaus-Ökonomien in Höchst, Lustenau, Hohenems und Götzis um die Gewinnung neuer Kulturgründe. Allein die Armenanstalt Götzis bearbeitete 14 Hektar Getreidefläche und schaffte zu diesem Zweck eine Mähmaschine der Firma Krupp-Fahr an. Damit konnten bei der Einbringung des Getreides zwei Drittel der bisher benötigten Arbeitszeit eingespart werden. Der Mäher schnitt das Korn und legte es in Büscheln ab; dahinter banden zehn Personen das Getreide zusammen.[205]

1927 vergrößerte die Bauernkammer ihren Maschinenpark durch eine Bodenfräse mit 38 Pferdestärken, im Jahr darauf folgte ein Lanz-Großbulldog-Traktor mit dreischarigem Anhängepflug und Scheibeneggen, der 28 Pferdestärken leistete. Bereits 1924 hatte die Kammer eine Lohndreschmaschine in Betrieb genommen; sie wurde 1928 durch eine Type mit größerer Leistung ersetzt, die vom Lanz-Traktor angetrieben wurde.[206] Im Oktober 1929 schließlich lud die Bauernkammer in neun Gemeinden die Bauern zur Probevorführung eines neuen Kleintraktors ein, der von der Bregenzer Firma Anwanders Söhne vertrieben wurde. Er hatte zwölf Pferdestärken und verfügte über einen Vor- und einen Rückwärtsgang. Sein Motor eignete sich auch als Antrieb für Dreschmaschinen, Fräsen, Sägen, Steinbrecher sowie für Gülle- und andere Pumpwerke.[207] Aus Ortsgeschichten ist übrigens nur selten zu erfahren, wann die ersten Traktoren in einer Gemeinde angeschafft wurden. Die Dornbirner Bäuerin Rosemarie Sohm gab in einem Interview an, ihr Vater Otto habe im größten Ort des Landes im Juni 1940 als erster einen Traktor bezogen.[208] In der kleinen Gemeinde Buch besaß Fidel Eberle im Jahr 1945 einen Traktor der Marke Güldner.[209]

In Vorarlberg wuchs die Zahl der Traktoren von sechs im Jahr 1930 auf 250 im Jahr 1946, 768 im Jahr 1953 und schließlich auf 1.377 im Jahr 1957.[210] Viele Kleinbetriebe konnten jahrelang nicht mechanisiert werden, weil die Maschinenindustrie zunächst lediglich Traktoren und Geräte für mittlere und große Höfe lieferte. Die Kleinbauern benötigten hingegen möglichst vielseitige Maschinen. Sie kamen zwar mit weniger Leistung aus, sollten aber nicht nur zu Zugzwecken einsetzbar sein, sondern auch einen Seilzug betätigen oder als feststehende Motoren zum Sägen und Spalten von Holz, zum Dreschen und für andere Tätigkeiten verwendet werden können. In vielen Vorarlberger Betrieben dienten schnelle Traktoren zum Transport von Personen, um weit voneinander entfernte Parzellen zur gleichen Zeit zu bearbeiten oder dort die Ernte einzufahren. Wieder einmal erwies sich die Güterzerstückelung in den Talgegenden als großer Nachteil.[211] Für Zugzwecke blieb die tierische Kraft noch lange von Bedeutung. Dabei wurden nur selten Pferde verwendet. Öfters kamen Ochsen zum Einsatz, die Ärmeren spannten Kühe ein.[212] Im Montafon verschwanden Kühe als Zugtiere erst gegen Ende der 1950er-Jahre.[213]

1972 zählte Vorarlberg schließlich 4.305 Traktoren. In der zweiten Hälfte des 20. Jahrhunderts erfolgte ein technischer Wandel auf breiter Front. Er wird von Ingrid Böhler wie folgt charakterisiert: »War der Traktor anfangs vor allem ein Ersatz für Zugtiere, wurde aus ihm im Laufe der Zeit durch die Verbreitung von Zusatzgeräten wie Frontlader, Ladewagen, Miststreuer, Mähwerke, Heuernter etc. eine immer PS-stärkere, nunmehr auch allradbetriebene Universalmaschine. Die Technik ersetzte menschliche Arbeitskraft in allen möglichen Bereichen der Innen- und Außenwirtschaft. Beispielsweise verschwand die Trocknung des gemähten Grases auf dem Feld durch das Aufhängen auf Gerüste großteils. An ihre Stelle traten Heubelüftungsanlagen und Silierbehälter. Die Melkmaschine gehört mittlerweile zur Grundausstattung des Stalles, genauso wie Kühlsysteme, die es den Molkereien ermöglichen, die Milchabholintervalle auf zwei Tage auszudehnen. Der elektrische Weidezaun wird heute noch ›Hütebub‹ genannt. Weiteres Merkmal war nicht nur der Wegfall der [...] eigenhändigen Herstellung von Arbeitsgeräten, auch die Reparatur und Instandhaltung musste nun verstärkt als Dienstleistung von außen zugekauft werden.«[214]

Eine bedeutende technische Innovation stellte der Übergang zur Silowirtschaft dar. Er ist für Vorarlberg gut dokumentiert. Die Versorgung der Nutztiere mit Nahrung während der Wintermonate stellte traditionell ein gravierendes Problem für die Landwirtschaft dar. Die Entwicklung von Möglichkeiten, Futtermittel über einen längeren Zeitraum haltbar zu machen, ist daher als revolutionäre Neuerung zu werten. Im Allgemeinen kann Futter durch Wasserentzug, biologische Säurebildung oder durch chemische Konservierung in einen lagerfähigen Zustand versetzt werden. Für Vorarlberg spielte die zweite Möglichkeit, die Bereitung von Gärfutter durch Silierung, eine besondere Rolle: Das Futter wird im Silo unter Luftabschluss gelagert, wobei Mikroorganismen organische Säuren – vor allem Milchsäure – bilden und die Silage unter weitgehender Schonung der Nähr- und Wirkstoffe konservieren.[215]

Erste Versuche der Silierung wurden mit Gras durchgeführt. Ein solches Verfahren zur Grünfutterbereitung beschrieb 1887 der Mühlenbesitzer und Ökonom Robert Mayer in Schruns. Er hob dazu eine Grube an der Stallmauer aus und bedeckte sie mit einem Dach. Im Monat Oktober wurde die Grube mit frischem Gras gefüllt. Darüber kamen Bretter, die mit einer erheblichen Last versehen wurden. Das Gras gärte drei Monate und wurde schließlich zusammen mit einem Drittel Heu verfüttert. Nach Mayers Aussagen gewöhnte sich das Vieh bereits nach zwei Wochen an das neuartige Futter.[216]

In diesen Jahren wurde die Möglichkeit der Nutzung von Mais zur Gewinnung von Sauerfutter bekannt. 1890 erschien in den Mitteilungen des Landwirtschaftlichen Vereins ein Beitrag mit einer Beschreibung des Verfahrens. Dabei wurde statt Gras grüner Mais gehäckselt und schichtweise in einer Grube festgetreten. Diese wurde oben beschwert, um die eingeschlossene Luft zu entfernen. In dieser Technik, so der Autor, waren bereits viele rheinische und westfälische Ökonomen vorangegangen.[217]

In Vorarlberg experimentierten Landwirte um 1900 mit Gruben für Sauerfutter. Später übernahmen einige Betriebe, darunter die Klosterökonomie in Mehrerau bei Bregenz, aus der Schweiz die Technik der so genannten Herba-Silobewegung. Im Frühling 1924 errichtete der Major Richard von Allweyer auf seinem Gut Maihof in Hörbranz erstmals ein Silo; die Anregungen dazu erhielt er aus München. Bald folgte ihm darin die Direktion der Wohltätigkeitsanstalt in Rankweil-Brederis. In den Jahren darauf nahmen die Jesuiten in ihrer Ökonomie in Feldkirch drei weitere Futtergärkammern in Betrieb, 1927 folgten der Fabrikant und Gutsbesitzer Max Zuppinger in Wolfurt, das Kloster der Dominikanerinnen in Altenstadt und die Rankweiler Nervenheilanstalt Valduna. Die Ordensgemeinschaften hatten also wesentlichen Anteil an der Übernahme dieser Neuerung. Im Dezember 1927 veranstaltete die Vorarlberger Bauernkammer eine Exkursion zur Besichtigung der neuen Anlagen. 1928 wurden acht weitere Silotürme errichtet.[218] Im gleichen Jahr veröffentlichte Allweyer in den Mitteilungen der Bauernkammer einen leidenschaftlichen Aufruf zum Bau von Silos. Nach seinen Angaben hatte bereits 1862 ein Stuttgarter Zuckerfabrikant den ersten gelungenen Versuch mit Grünmais angestellt. In den Vereinigten Staaten stünden bereits über 2 Millionen Silos, die Hälfte davon sei erst in den vergangenen drei Jahren erbaut worden. In England, Frankreich und Italien existierten jeweils 40.000 bis 50.000 Stück. Die Zahl der Silos in Deutschland bezifferte Allweyer dagegen auf lediglich 4.000, die meisten davon im regenreichen bayerischen Alpenvorland, an den Nordküsten und in Sachsen. In Österreich existierten nur an die 200 moderne Silos.[219]

Bald begann das Bundesministerium für Land- und Forstwirtschaft, die Errichtung von Silos mit 25 Prozent der Baukosten zu subventionieren.[220] Bis Mitte 1929 gingen daraufhin 57 neue Anlagen in Betrieb. Die Bauernkammer propagierte diese Türme als »Sparbüchse«.[221] Ein halbes Jahr später standen im Land schon mehr als 80 Anlagen, davon vier Fünftel in Kleinbauerngebieten.[222] Bis zur Jahresmitte 1930 kamen weitere 73 dazu.[223]

Kurze Zeit später erfuhr die Bewegung einen deutlichen Rückschlag. Bei Versuchen in der Sennereigenossenschaft Bings wurde festgestellt, dass sich die Silofütterung auf die Emmentalerkäserei katastrophal auswirkte. In einem Bericht dazu hieß es: »Die Käse sind im Anschnitt beinahe mit Bienenwaben zu vergleichen, mit gummiartigem, zähem Teig, mit widerlich fad süßlichem Geruch und Geschmack.« Der Schaden betrug angeblich mehrere tausend Schilling.[224] Die Befürworter des Silobaus gaben daraufhin Warnungen aus. So dürfe schlecht zubereitete Silage nicht vor dem Melken verabreicht werden, da sonst die Milch einen unangenehmen Geruch annehme.[225] Allgemein wurde anerkannt, dass Emmentaler nicht aus Silomilch gewonnen werden konnte.[226]

Dennoch war die weitere Ausbreitung der Silowirtschaft nicht aufzuhalten; die Vorteile waren zu groß. Zunehmend wurden silierfähige Maissorten angebaut, was auf Kosten des Rübenbaus ging. 1930 waren es bereits 150 Hektar.[227] Um die Bewegung voranzutreiben, publizierte die Bauernkammer in ihrer Zeitschrift begeisterte Urteile von Silobauern. Sie lauteten etwa: »Die Fütterung gleicht einer Raubtierfütterung.« – »Ohne Silo keine Rationalisierung der Betriebe.« – »Ohne Silo möchte ich kein Landwirt mehr sein.« – »Mit dem Silo geht der Bauer mit der Zeit.« Ein Siloturm, so wurde berechnet, rentiere sich im Zeitraum von zwei Jahren und sei damit neben dem Kunstdünger die bestverzinsliche Kapitalanlage.[228] Der Initiator Allweyer fasste die Vorteile zusammen und erklärte: »Der Silo ermöglicht die Sicherstellung, Haltbarmachung des Futters, erhält dessen Nährwerte, vermehrt das Futter und damit den Viehstand, verbilligt die Fütterung, macht vom Wetter unabhängiger, verhindert Futternot und Futtermangel nach schlechten Erntejahren. – Er ermöglicht Feldfutterbau und verbessert die Wiesen, vermindert den Verbrauch ausländischer, teurer Kraftfuttermittel.«[229] Eine Reihe von Landwirten blieb dennoch skeptisch. Sie argumentierten, die Silowirtschaft sei nur für Großbauern geeignet, verursache eine Milchschwemme und schade der Zuchttauglichkeit der Rinder. Trotzdem gingen in Vorarlberg allein im Zeitraum von 1929 bis 1936 insgesamt 215 Kleinbauern zur Silowirtschaft über.[230]

Um die Qualität der Hartkäseherstellung zu gewährleisten, wurden in der Folge Silosperrgebiete festgelegt. Wo Bauernhöfe die entsprechenden Sennereien belieferten, wurde der Bau von Silos indirekt verboten, die Kammer gewährte keine Beihilfen. Die Bauern, die sich daran hielten, mussten allerdings wegen der eingeschränkten Futtergrundlage weniger Vieh halten. Aus diesem Grund wurde erwogen, ihnen einen höheren Milchpreis zuzugestehen.[231] In den 1950er-Jahren wurden für den Anbau von Silofutter und Grünmais so genannte Hybridsorten gezüchtet; sie erbrachten hohe Grünmassenerträge und waren klimatisch wenig empfindlich.[232] Auch das Material der Behälter passte sich dem Fortschritt an: Anfang der 1960er-Jahre kamen erstmals Silos aus Kunststoff in Gebrauch.[233] Später schwanden die Vorzüge des Siloverfahrens, da bessere Methoden entwickelt wurden, das Heu zu ernten und zu konservieren, unter anderem durch die Kaltbelüftung.[234]

VI. »Mist und List«: Schulungen und Schulen

Im Unterschied etwa zum Handwerk wurde die Landwirtschaft lange Zeit als eine Beschäftigung angesehen, die keiner besonderen Schulung bedurfte. Viele Kleinbauern besaßen ohnehin keine Mittel, um ihren Nachfolgern eine längere Ausbildung außerhalb des Betriebs zukommen zu lassen. Erste Ansätze zum Unterricht unternahm seit Ende der 1830er-Jahre die Vorarlberger Filiale der Tiroler Landwirtschaftsgesellschaft, seit 1862 der Vorarlberger Landwirtschaftsverein. Dessen Mitglieder veranstalteten in den 1870er-Jahren unentgeltliche Lehrgänge in der Dauer von sechs bis 18 Arbeitstagen, darunter Kurse für Obstbaumwärter und für Gemüsebau. Letztere waren für Frauen und Mädchen gedacht.[235] 1882 fand erstmals ein 16 Tage dauernder Molkereilehrgang statt.[236] Von den 16 Teilnehmern stammten 13 aus dem Bregenzerwald.[237] Bis 1890 folgten sechs weitere Kurse dieser Art; außerdem schaffte der Verein zu Lehrzwecken einen Separator, also eine Milchzentrifuge, an. In seinem Auftrag hielten von 1870 bis einschließlich 1891 insgesamt 22 Personen 247 Wandervorträge, davon entfielen allein auf Dr. Wilhelm Eugling 97, auf Dr. Wilhelm Fleischmann 41 Referate.[238]

Die Namen Eugling und Fleischmann belegen, dass Fachwissen vielfach von außerhalb der Landesgrenzen ins Land transferiert wurde. Wilhelm Fleischmann (1837 Erlangen – 1920 Göttingen) studierte zunächst Agrarchemie und unterrichtete bis 1876 an der Gewerbe- und Handelsschule im nahe gelegenen Lindau; er war ein hervorragender Fachmann für Milchwirtschaft, Käseerzeugung und Viehhaltung und hielt auch im Allgäu Wandervorträge. Ehe er Lindau verließ, beendete er ein mehr als tausend Seiten langes Werk über das Molkereiwesen. 1886 erhielt Fleischmann einen Ruf an die Universität Königsberg, seit 1896 lehrte er an der Universität Göttingen. Er etablierte die Milchwirtschaft als Wissenschaft und wurde auch als der »zweite Liebig der Landwirtschaft« bezeichnet.[239]

Fleischmann brachte übrigens, wie viele Zeitgenossen, dem Chemiker Justus Liebig hohe Verehrung entgegen. Dies wird aus einem Beitrag mit dem Titel: »Wozu ist eine landwirthschaftlich-chemische Versuchsstation nütze?« deutlich, den er 1873 für die Mitteilungen des Landwirtschaftsvereins verfasste. Fleischmann schrieb:

»Das Streben nach Fortschritt war vor Liebig ein Tappen im Dunkeln, ein mehr oder weniger planloses Probiren, durch seine Kunst ist es licht geworden und er hat dem Landwirth einen festen Boden unter die Füsse gestellt. Seitdem Liebig gezeigt hat, dass sich in den Aschen aller Pflanzen dieselben Stoffe vorfinden, welche auch jeder fruchtbare Boden immer enthielt, dass die Hauptbestandtheile von Blut und Fleisch in den Futterpflanzen fertig gebildet vorkommen, ist zur Lösung der großen Räthsel bezüglich des Wachsthums der Pflanzen und der Ernährung von Menschen und Thieren nicht nur der Anfang gemacht, sondern es ist auch der Weg für fernere Forschungen genau vorgezeichnet. […]

An den strebsamen Landwirth, der sich den [!] gesteigerten Anforderungen, welche die Zeit an ihn stellt, klar bewußt ist, tritt eine ganze Reihe von Fragen heran, deren Beantwortung ihm schlechterdings unmöglich ist, wenn er nicht selbst Chemie studirt hat. Er will z. B., um die Fruchtbarkeit seiner Felder zu steigern, künstliche Düngmittel ankaufen, ist aber im Zweifel, welche er wählen und woher er dieselben beziehen soll. Hat er sie bezogen, so möchte er gerne wissen, ob dieselben auch preiswürdig sind, und ob er nicht vielleicht schmählich betrogen wurde. Er hört, daß man den Stalldünger und die Jauche durch Zusatz verschiedener Stoffe, welche das flüchtige Ammoniak binden, wesentlich verbessern kann; welchen dieser Stoffe soll er aber wählen und in welcher Quantität soll er ihn verwenden? Er kauft Sämereien ein, und merkt, daß er ganz schlechte Waare erhalten hat. Wie soll er aber herausfinden, wie viele Procente

Verunreinigungen der Samen enthält und wie viele Procente des zurückbleibenden reinen Samens wirklich keimfähig sind? Er liest von neuen Culturmethoden, ist aber schlechterdings nicht in der Lage, sich darüber zu unterrichten, ob es wirklich rathsam ist, dieselben einzuführen oder nicht. Er möchte seine Futtervorräthe möglichst hoch verwerthen, kennt aber weder den Nährwerth der einzelnen Futterstoffe, noch weiß er seine Futtermischungen so einzurichten, daß einerseits allen Bedürfnissen des Thierkörpers völlig genügt wird, und anderseits nichts unausgenützt den Verdauungskanal passirt. Plötzlich wird eines seiner Culturgewächse von einer räthselhaften Krankheit befallen; er braucht dringend Rath, um eine vorgekommene Milchverfälschung zu constatiren; er möchte seine Butter- und Käsebereitung vervollkommen, oder Verbesserungen in der Weinbereitung einführen, oder Fabrikabfälle, die er sehr billig beziehen könnte, verwerthen u.s.w. Bezüglich aller dieser Bedenken, Fragen und Räthsel [...] findet er in der Versuchsstation werthvollen Rath.«[240]

Eine solche landwirtschaftlich-chemische Versuchsstation wurde 1875 in Tisis gegründet; sie übersiedelte 1886 nach Feldkirch, 1896 nach Bregenz. Ihre Leitung übernahm Wilhelm Eugling (1845–1904). Der in Magdeburg geborene Dr. med. und Dr. phil. verfasste unter anderem 1892 ein Handbuch der Käserei.[241] Einer seiner Schüler in dieser Technik war der aus Bayern stammende Hippolyt von Klenze, der in Mittelberg im Kleinen Walsertal lebte.[242] Im ersten Jahr ihres Bestehens kontrollierte die Versuchsanstalt Sämereien, Futter- und Düngemittel, Wein und Most, Wässer sowie technische Hilfsstoffe und befasste sich mit Untersuchungen auf dem Gebiet des Molkereiwesens und der Pflanzenernährung. Ein erster Bericht gab Zeugnis von dieser umfangreichen Tätigkeit.[243]

Mit den Einblicken in die chemischen Grundlagen der Landwirtschaft gewann auch die künstliche Düngung allmählich an Bedeutung. Im Jahr 1871 berichtete der Feldkircher Fabrikteilhaber Josef Andreas Tschavoll über erste Düngeversuche auf seiner Alpe Furx im Laternsertal.[244] Um 1885 kamen im Land jährlich bereits rund 13 bis 15 Eisenbahnwaggons mit peruanischem Guano zum Einsatz. Die Firma von Albert Schatzmann in Rankweil-Brederis erzeugte damals jährlich weitere 1.000 bis 1.500 Zentner Knochenmehl und Wiesendünger.[245] In Bergdörfern wie Marul im Großen Walsertal blieb Kunstdünger allerdings bis zum Ersten Weltkrieg unbekannt, manche Bauern setzten lediglich Thomasmehl ein, das als Nebenprodukt bei der Stahlerzeugung anfiel.[246]

Um die Wende zum 20. Jahrhundert entstanden schließlich erste dauerhaft geführte Fachschulen. Große Anstrengungen galten zunächst der Milch- und Käseerzeugung im Bregenzerwald. Im Jahr 1900 zeigte der Vorarlberger Landesausschuss die Eröffnung einer Landes-Käsereischule in Doren an. Dort sollten zwölf Zöglinge die Bereitung von Laibkäse, vor allem von Emmentaler, sowie die Molkerei – mit Zentrifugenbedienung und Butterbereitung – erlernen.[247] Anlass dafür war die Erfahrung, dass viele in Vorarlberg erzeugte Käse nur Ausschussware darstellten; dabei galten die Schweiz und Bayern als Vorbilder. Die Anstalt in Doren war die erste Käsereifachschule Österreichs mit ganzjährigem Betrieb.[248] 1914 wurde sie aufgelassen. 1926 folgte eine Lehrsennerei in Schwarzenberg.[249] Diese wiederum wurde schon bald darauf von einer Molkereischule in Andelsbuch abgelöst. Der dortige Kurs sollte jährlich vom 4. November bis Anfang Juni dauern.[250] Den ersten Lehrgang besuchten zwölf Zöglinge. Bald darauf beschloss der Landtag, das bisherige Erholungsheim in Andelsbuch zu erwerben, um die Anstalt dort unterzubringen.[251] 1932 stand die Molkereischule jedoch vor der Auflassung, weil die staatlichen Beiträge eingestellt wurden.[252] Zum Zweck der Ausbildung zu Fachleuten der Käse- und Milchwirtschaft frequentierten Vorarlberger auch Anstalten außerhalb der Landesgrenzen, darunter die Bundeslehranstalt für Hartkäserei in Rotholz bei Jenbach in Tirol. Im Jahr 1959 besuchten 18 Sennen diesen neun Monate dauernden Kurs.[253]

Neben den speziell ausgerichteten Lehrgängen etablierten sich auch Ausbildungsstätten zum allgemeinen Unterricht in der Landwirtschaft. 1920 entstand im Kloster Mehrerau bei Bregenz eine Fachschule mit zwei Winterkursen.[254] Ihr erster Direktor war der diplomierte Landwirt Alban Müller aus Altdorf im Schweizer Kanton Uri. Der traditionelle Spruch »Mist geht über List« sollte abgelöst werden durch »Mist und List«, also eine Kombination von traditionellem Können und neu erworbenem Wissen.[255] 1930 wurde ein Neubau eingeweiht.[256] 1936 erhielt die Schule das Öffentlichkeitsrecht, wurde aber 1938 geschlossen.[257]

Nach dem Krieg konnte der Unterricht wieder fortgesetzt werden. Die in zwei Stufen angebotenen Kurse dauerten jeweils von Anfang November bis Ende März. Unterrichtet wurden Religion, Deutsch, Rechnen, Geometrie, Bodenkunde, Chemie, Physik, Pflanzenbau, Botanik, Obstbau, Düngerlehre, Alp- und Waldwirtschaft, Agrartechnik, Tierzucht, tierische Gesundheitslehre, Milchwirtschaft, Fütterungs- und Betriebslehre, Buchführung, Gesetzeskunde und Genossenschaftswesen. Die Schüler mussten mindestens 17 Jahre zählen; die Anstalt bot Platz für 68 Lernende, der Pensionspreis betrug monatlich 200 Schilling.[258] Bis zum Jahr 1959 absolvierten insgesamt rund 1.000 Personen den ersten Kurs, 700 den zweiten. Damit hatte etwa jeder zehnte Vorarlberger Landwirt diese Schule besucht. Diese Quote wurde als viel zu gering erachtet. Die Bäuerinnenschule in Gauenstein bei Schruns hatten bis dahin rund 500 Mädchen frequentiert, also relativ noch weniger.[259]

Wie die Mehrerau, so geht auch die Anstalt in Gauenstein auf die Zwischenkriegszeit zurück. Bereits 1932 war die Gründung einer »landwirtschaftlichen Töchterschule« erörtert worden.[260] Schließlich erklärten sich die Ordensfrauen des Instituts St. Josef in Ilanz im Kanton Graubünden bereit, eine solche zu eröffnen. Sie gehörten dem Dominikanerorden an und betrieben in Gauenstein seit 1885 das Krankenhaus »Maria Rast«. Im Oktober 1935 eröffneten sie die Lehrstätte mit Unterstützung der Landesregierung und der Bauernkammer. 1939 wurde die Schule geschlossen, im Herbst 1945 wieder eröffnet.[261] Im Schuljahr 1947/48 verließen 34 Absolventinnen die Anstalt.[262] Die Lehrgegenstände waren Spinnen und Weben, Kochen und Backen, Selbstversorgungswirtschaft, Kleintierhaltung, Gesundheitslehre, Wohnhygiene und Krankenpflege.[263] 1970 wurde ein neuer Schulbau errichtet, wobei das Land für 80 Prozent der Kosten aufkam.[264] Noch im September dieses Jahres wurde der erweiterte Betrieb aufgenommen.[265] In den ersten 50 Jahren besuchten 1.680 Mädchen die Schule, davon stammten rund 35 Prozent aus dem Bregenzerwald und gut 15 Prozent aus dem Montafon.[266] Auf-

Beim Pflügen, Gaschurn, 1939

grund fehlenden Nachwuchses im Orden sahen sich die Schwestern 1994 genötigt, dem Land Vorarlberg die Übergabe der Anstalt anzubieten. Für 1996 wurde ihre endgültige Schließung angekündigt.[267]

Bereits früher zeichnete sich eine Auflösung der Schule im Kloster Mehrerau ab. Ende der 1960er-Jahre wurde daher über die Errichtung einer zukünftigen Landwirtschaftsschule für Vorarlberg diskutiert. Die Landwirtschaftskammer schlug als Standort Dornbirn vor.[268] Die Schule wurde aber schließlich in Hohenems errichtet und löste die Mehrerau ab.[269] Trotz anfänglicher Skepsis bewarben sich bald viele Interessenten um eine Aufnahme; im dritten Jahr des Bestehens konnten von 180 Bewerbern nur 166 aufgenommen werden.[270] Mit der Schließung der Haushaltungsschule in Gauenstein übernahm die Anstalt in Hohenems auch deren Agenden. 1997 wurde sie in ein »Bäuerliches Schul- und Bildungszentrum für Vorarlberg« umbenannt. Im Schuljahr 1999/2000 erreichte sie mit 243 SchülerInnen den bislang höchsten Stand.[271] Die Absolventen stammten nur zum Teil aus dem Bauernstand. Die Gründe für die anhaltende Attraktivität dieser Ausbildungsstätte erklärte ihr erster Direktor wie folgt: »Es ist ein wesentlicher Teil der Menschenbildung, mit dem Boden, mit den Pflanzen und vor allem auch mit den Tieren gut umgehen zu können. Und im äußersten Notfall macht es Sinn, seine Hände zum Holzhacken, zum Erdeumgraben, zum Schärfen einer Säge, zum Aufrichten einer Mauer, zum Schlachten eines verunfallten Tieres gebrauchen zu können. Landwirtschaftliche Fachschulen sind Schulen für das Leben.«[272]

Neben der Mehrerau, Gauenstein und Hohenems gab es noch landwirtschaftliche Berufsschulen. 1947/48 existierten 53 Einrichtungen dieser Art mit insgesamt 1.120

Schülern.²⁷³ Ihre Zahl sank allerdings in den Jahren von 1950 bis 1961 auf 21, jene der Schüler auf 234.²⁷⁴ Im Schuljahr 1970/71 bestanden nur mehr fünf solcher Schulen, die zusammen 45 Schüler zählten.²⁷⁵ 1994 wurde die Berufsschulpflicht aufgehoben, womit dieser Typ praktisch jede Bedeutung verlor.²⁷⁶

VII. Aspekte des sozialen Wandels

Im Vergleich zu anderen Regionen Österreichs ist ein spezifisch bäuerliches Milieu in Vorarlberg eher schwach ausgeprägt. Viele Bewohner des Landes wechselten, um ihr Leben zu fristen, über Generationen zwischen Landwirtschaft, Gewerbe, Heim- und Fabrikarbeit. Dazu kamen saisonale Migrationen, vielfach aus den Agrargebieten. So verdingte sich eine große Zahl von Bregenzerwäldern als Bauhandwerker im süddeutschen und Schweizer Raum; aus dem Montafon wiederum bildeten die Krauthobler eine Gruppe, die zeitweilig Verdienst außerhalb der Landesgrenzen suchte. Darüber hinaus wanderte bis zu Beginn des 20. Jahrhunderts alljährlich eine beträchtliche Zahl von »Schwabenkindern« in den nördlichen Bodenseeraum, wo sie vor allem auf Bauernhöfen arbeiteten.²⁷⁷

Dieses gemischte Milieu erschwert es einigermaßen, »die Bauern« in ihrem sozialen Umfeld darzustellen. Doch lassen sich zumindest einige Annäherungen finden, so etwa zum Wandel der Konsumgewohnheiten im Zeitraum von 1890 bis 1930 in den Bergdörfern des Landes, wo ganz überwiegend Bauern lebten. Wir können einige Aussagen über die Rückkehr zur wirtschaftlichen Autarkie in Krisenzeiten treffen, ebenso zur »Bedrohung« der bäuerlichen Kultur vor allem in der Zweiten Republik. Das Bauerntum wurde auch aufgrund seiner Verschuldung immer wieder als gefährdet dargestellt. Schließlich möchte ich auf die andauernde Notwendigkeit der Mehrberuflichkeit eingehen, die ebenfalls manchen Wechsel erfuhr.

1. Konsum

Andrä Bauer berichtet am Beispiel mehrerer Berggemeinden, wie sich die Konsumgewohnheiten im ersten Drittel des 20. Jahrhunderts änderten. Nach Auskunft seiner Informanten waren zum Beispiel im abgelegenen Dorf Damüls bis um 1900 eine Reihe von Waren unbekannt; dazu zählten Zigaretten, exotische Gewürze, Südfrüchte, Tee, Rum, Kakao, Konserven, bessere Gemüsesorten, Zuckerwaren, Regenschirme, Mäntel und andere modische Frauenbekleidung.²⁷⁸

Die Bewohner des Montafoner Silbertals versorgten sich aufgrund der günstigen klimatischen Lage selbst mit Getreide, Kartoffeln und Honig. Nur wenige konnten sich den Zukauf von Mehl, Brot, Fleisch oder Zucker leisten. Wein gab es für sie nur an Festtagen, Salz und Spezereien kamen auf Saumwegen ins Tal.²⁷⁹ Auch die Bauern in Raggal und Marul im Großen Walsertal kannten viele Nahrungsmittel nicht; sie backten ihr Brot selbst und nahmen kein frisches Fleisch und nur selten Obst zu sich. Der nächste Kaufladen für Lebensmittel und andere Artikel war eine gute Stunde weit entfernt und die Käufer mussten ihre Ware nach Hause tragen.[280] In talnahen Gemeinden änderte sich der Konsum rascher. Die Einwohner von Alberschwende versorgten sich lange Zeit selbst mit Kartoffeln, Gerste, Leinwand, Geschirr, Kleidung und Einrichtungsgegenständen. Schließlich wurde aber die Stadt Dornbirn durch Omnibusse mit geringem Aufwand erreichbar. Damit gelangten unter anderem Fahrräder, Zuckerwaren, Zigaretten, Parfüm und modische Kleidung in den Ort.[281]

Bauer beurteilte diese Entdeckung neuer Konsumgüter übrigens durchaus skeptisch. Er klagte: »Wenn man aus Erfahrung weiß, daß bis in höchste, verdienende Berghöfe hinauf das teure Weißbrot vom Bäcker, wie man es in besten deutschen Bauernhäusern nirgends findet, gegessen wird (allerdings oft in Ermangelung jedweder anderer Kost, als etwa Kaffee), wenn man ferner erfährt, daß der Fremdenverkehr bereits seidene Unterwäsche bei überspannten, weiblichen Personen, die hier sogenannte ›Französlerei‹ (von den Saisongehern her) Mode- und Genußartikel aller Art in die Berge bringen, dann erscheint es schwer, gegen die Verweichlichung anzukämpfen. Wenn schon die Talbauern an dieser Zeiterscheinung kranken, so muß der auf Einfachheit und Abhärtung von Natur angewiesene Bergbauer zugrundegehen, wenn er glaubt, ebenso leben zu müssen, wie etwa die Industriebevölkerung des Tales«.[282]

Im Verlauf mehrerer Jahrzehnte machte sich auch in abgelegenen Gegenden eine gewisse Ausweitung des Konsums bemerkbar. Nach dem Ersten Weltkrieg erstarkte jedoch erneut das Streben nach Selbstversorgung. Im Jahr 1919 veröffentlichten der Landeskulturrat und ein Getreideinspektor Informationen für den Eigenanbau von Feldfrüchten und Gemüse.[283] In dieser Krisenzeit fand auch die Zucht von Kleinvieh vermehrte Beachtung. 1920 errichtete die Dornbirner Stadtverwaltung im Mustergut Martinsruh eine Schweinezuchtanstalt.[284] Im gleichen Jahr entstand im Dornbirner Ortsteil Schoren mit öffentlicher Unterstützung ein Großbetrieb zur Geflügelzucht.[285]

Im Gefolge der Wirtschaftskrise nach 1929 wurde außerdem die Eigenerzeugung textiler Rohstoffe propagiert. So empfahl ein pensionierter Bregenzer Beamter die Hinwendung zum Seidenbau.[286] Auch Kleidungsstücke wurden wieder vermehrt in Heimarbeit hergestellt. In Vorarlberg hatte die Heimspinnerei für den Markt zwar bereits mit der Errichtung der ersten mechanischen Spinnerei in Dornbirn um 1812 ihre Bedeutung verloren; die Hausweberei folgte in den frühen 1870er-Jahren, nachdem die Buntweberei mechanisiert worden war. Geräte zum Spinnen, Weben und Sticken blieben aber in den Dachböden vieler Häuser erhalten.[287]

1934 hieß es anlässlich einer Heimweberei-Ausstellung in Feldkirch: »Wie heute die wirtschaftliche Lage in diesen [Berg-]Gebieten sich gestaltet und in naher Zukunft kaum eine merkliche Besserung zu erhoffen ist, gibt es, um sich auf der ererbten Scholle halten zu können, nur einen Ausweg: Mehr Selbstversorgung nicht bloß in der Ernährung, fast noch mehr in Kleider [!] und Wäsche. In solchen Gegenden muß das Spinnrad und der Hauswebstuhl wieder mehr allgemein zur Geltung kommen.«[288] Zur Förderung der Selbstversorgung propagierte die Bauernkammer außerdem Vorrichtungen zur Konservierung von Gemüse, Fleisch und Obst. 1935 waren solche Geräte in 47 und damit in der Hälfte der Gemeinden des Landes im Einsatz.[289]

Seit Mitte der 1950er-Jahre setzte im Rheintal und Walgau mit hoher Geschwindigkeit die Zurückdrängung der traditionellen Landwirtschaft ein: Industrie und Gewerbe boten attraktivere Arbeitsmöglichkeiten, landwirtschaftliche Flächen gerieten unter massiven Druck anderweitiger Nutzung; vielfach wurden Wiesen in Bauland oder Verkehrsflächen umgewidmet. Höfe wurden vom Wohngebiet eingeschlossen und eingeengt, was eine rationelle Bewirtschaftung weiter erschwerte. 1959 beschloss die Landesregierung daher mit einem Siedlungsgesetz die Anlegung eines »bäuerlichen Siedlungsfonds« zur Verlegung, Neueinrichtung und Übertragung bzw. Aufstockung von Betrieben.[290] Vorarlberg war das erste Land, das ein solches Gesetz in Kraft setzte.[291]

Der Wandel in der Zweiten Republik lässt sich durch eindrucksvolle Zahlen illustrieren. Allein in Dornbirn büßte die Landwirtschaft nach dem Zweiten Weltkrieg jährlich rund zehn Hektar besten Bodens ein, seit 1995 immerhin noch sechs bis sieben Hektar. Von 1950 bis Anfang der 1980er-Jahre verloren die Bauern somit 450 Hektar an Siedlungen sowie 150 Hektar für Straßenbauten.[292] Im ganzen Land nahm die Bevölkerung zwischen 1951 und 1991 um 72 Prozent zu, der Bestand der Gebäude um 129, jener der Wohnungen um 134 Prozent. In diesem Zeitraum verdreifachten sich die Siedlungsgebiete und Verkehrsflächen. Diese umfangreiche Zersiedlung zwang die öffentlichen Stellen schließlich zum Handeln: Bereits 1967 publizierte der Agrarfachmann Josef Kühne einen Beitrag zum Thema »Agrarstruktur und Raumordnung« und erregte damit einiges Aufsehen. 1976 entwarf die Landesregierung erstmals Grundsätze für die Raumplanung. Im Jahr darauf wurden in den Talgebieten Grünzonen festgelegt, in denen keine Baulandwidmungen mehr erlaubt waren.[293]

Während des raschen Wandels der 1950er- und 1960er-Jahre wurden vielfach Ängste vor dem Verlust der bäuerlichen Kultur laut. Vor allem das Vordringen industrieller Produktionsweisen in traditionelle Landgemeinden erregte Argwohn. So hieß es 1956 in einem Artikel unter dem Titel »Industrie aufs Land?«: »Man darf sich nicht darüber täuschen, daß der Zug der Industrie auf das Land diesem nicht nur Vorteile, sondern mit der Zeit gewaltige Nachteile bringen kann. Wohl kann die Flucht vom Lande in die Stadt dadurch eingeschränkt werden, denn nun kommt die Stadt zum Land, zuerst in Form von Betriebsstätten, in der Form des städtischen Lebens, der erhöhten Freizeit und der entsprechenden Freizeitgestaltung, in Form von Sportplätzen, Vergnügungsstätten, Kinos und anderem. Der Rahmen der bäuerlichen Kultur und der dörflichen Gemeinschaft geht dabei allmählich in Brüche. Niemals wird aber dabei die Flucht von der Landarbeit eingeschränkt, diese wird im Gegenteil nur gefördert.«[294] Gegen diese skeptische Haltung wandte sich der einflussreiche Wirtschaftspublizist Hans Nägele, der die Verlegung von Industriebetrieben in Landgemeinden als große Chance sah, die Existenz der bäuerlichen Betriebe dort zu sichern. Ihm wiederum widersprach vehement Ferdinand Elmenreich, der Leiter der Abteilung für Milchwirtschaft und Molkereiwesen in der Landwirtschaftskammer.[295]

Andere sahen die religiösen Grundlagen des Bauerntums gefährdet. So referierte 1961 ein Pater Fintan aus dem Kapuzinerkloster Appenzell auf dem Festtag der Absolventen der landwirtschaftlichen Fachschule in der Mehrerau. Er forderte die Bäuerinnen auf, weiterhin viele Kinder zu gebären und sich in dieser Entscheidung nicht von Verwandten aus der Stadt beeinflussen zu lassen. Außerdem würden die Bauern durch die vielen Maschinen selbstherrlicher und unterließen es zusehends, um Gottes Segen für ihre Arbeit zu bitten.[296] Auch die allmählich einsetzende Mobilisierung in den Landgemeinden stieß auf Kritik. In einem Aufruf »An die motorisierte Bauernjugend« wurde darauf hingewiesen, dass bei Motorradunfällen vermehrt Bauernburschen und -mädchen verunglückten.[297]

Zur Wohnkultur bemerkte 1973 der Baumeister Ulrich Fehle, dass die Besitzer großer landwirtschaftlicher Betriebe in den östlichen Bundesländern die alten Haus- und Hofformen aufgaben, während die Bauern in Tirol und Vorarlberg zäh am überlieferten Kulturgut festhielten, mit Ausnahme von Neubauten im Rheintal und Walgau. Fehle kritisierte diese Einstellung, da die Bauern damit auf die Errungenschaften der Technik und des Fortschritts verzichteten. Dazu zählte er elektrisches Licht und Kraft, die Versorgung mit Kalt- und Warmwasser, sanitäre Anlagen und Einrichtungen wie Bad und Dusche, heiztechnische Neuerungen sowie moderne Haushaltsgeräte wie Kühlschrank, Spül- und Waschmaschinen. Das Bauernwohnhaus, so Fehle, unterscheide sich vom ländlichen Einfamilienwohnhaus nur noch darin, dass eine Reihe von Raum- und Arbeitsgruppen sowie die bäuerliche Haus- und Hofwirtschaft zu berücksichtigen sei. Neben der Haushaltsküche mit Koch- und Essteil seien auch Räume und Arbeitsplätze für Kleiderwechsel und Dusche, für Hauspflege und Wäsche, für Konservieren und Einfrieren usw. einzuplanen.[298]

In den folgenden Jahren schlossen die Bauern aber in mancher Hinsicht zu den anderen Bevölkerungsgruppen auf, wie zwei Beispiele zeigen. So besaß im Jahr 1974 erst knapp jeder vierte Landwirt ein Telefon, 1990 waren es 95 Prozent. Die meisten Höfe waren nun an Straßen angeschlossen, die auch für Schwerfahrzeuge benutzbar waren.[299]

2. Verschuldung

Die Verschuldung von Haushalten und Betrieben war ein Problem, das weite Teile der Bevölkerung betraf; die Schulden der Bauern wurden von vielen als besondere Tragik empfunden, zumal wenn sie schließlich mit dem erzwungenen Verkauf des angestammten Hofes und der Vertreibung von der »Heimatscholle« endete. Über Generationen manifestierte sich hier antikapitalistisches Denken, das mit dem Eindringen des modernen Finanzsektors in den ländlichen Raum den Verlust von »Heimat« befürchtete.

Einige Beispiele sollen illustrieren, wie es mit der bäuerlichen Verschuldung im Detail stand. Das erste betrifft den traditionell ländlichen und kapitalschwachen Bregenzerwald. Dort wie im ganzen Land hatten die Bauern große Probleme, Realkredite zu erlangen; denn in Vorarlberg existierte kein Grundbuch, das es den Geldgebern ermöglicht hätte, sich zuverlässig über die Belastung und damit über die Kreditfähigkeit von Darlehenswerbern zu informieren. Die Verfachbücher, die seit 1817 im Land gebräuchlich waren, stellten lediglich Urkundensammlungen dar.[300] Seit der Mitte des

19. Jahrhunderts verschuldeten sich zusehends mehr Bauern bei den großen Käsehändlern des Bregenzerwaldes und bei reichen Kapitalbesitzern des angrenzenden Tiroler Lechtals. In der Gemeinde Au im Hinteren Bregenzerwald war der Katharinentag (25. November) Stichdatum für Kapitalgeschäfte. Zu diesem Termin wurden alljährlich Alplöhne, Weidegelder, Schulden und Zinsen bezahlt sowie neue Darlehen aufgenommen.[301] Der Katharinentag stellte für viele Bauern eine schwere Belastung dar; der Bregenzerwälder Kleinbauer und Sozialreformer Franz Michael Felder verfasste 1861 ein Gedicht dazu, in dem er die bedrückte Stimmung schilderte:

»Tag des Schreckens u. der Trauer
Der so manchen Schoppernauer
Und auch andre füllt mit Schauer.

Fünfundzwanzigster November!
Dem schon mancher im September
Buße that, als wärs quatember.

Denn an den Kathrinentagen
Werden Bücher aufgeschlagen
Wo die Schulden eingetragen. –

Was die Väter einst verbrochen
Wird an Kindern nun gerochen
Fünf Prozente sind gesprochen.«[302]

1879 richtete die Innsbrucker Statthalterei im Auftrag des Innenministeriums ein Schreiben an die Bezirkshauptmannschaften; sie sollten Auskunft geben, ob es notwendig sei, ein Gesetz gegen Wucher zu erlassen, und wie sich ein solches auf die Kreditverhältnisse auswirken würde.[303] Dazu äußerte sich unter anderem in einem ausführlichen Schreiben Franz Xaver Moosmann, der langjährige Vorsteher der Gemeinde Schnepfau, der als Vertrauensmann zwischen Darlehenswerbern und Lechtaler Geldgebern fungierte.[304]

Nach Moosmanns Darstellung zahlten die Bauern im Hinteren Wald, nämlich in den Gemeinden Reuthe, Bizau, Mellau, Schnepfau, Au und Schoppernau, selten mehr als 5 Prozent Zins, in den letzten Jahren hätten sie von den Lechtalern gegen gutes Unterpfand auch 4,5 Prozent erhalten. Bei der einzigen Sparkasse des Bregenzerwaldes in Egg entlehne man eher selten und nur kurzfristig mit 6 Prozent, »u. wenn es einer thut, schauen ihn die Andern schon verdächtig an, u. meinen, das thue es nicht, er müsse bald ruinirt sein«. Die Egger Kasse habe das Geld teuer gemacht, viele Bauern bezeichneten sie als »Wucherkasse«. Zum Anteil jüdischer Geldverleiher meinte Moosmann: »Im innern Walde haben die Israeliten wenig Kundschaft, bei Bauern gar keine, bei Handelsleuten die verhältnißmäßig billigen Brettauer am meisten, welche aber sehr solide sind, u. von welchen gute Geschäftsleute behaupten, sie theun leichter mit ihnen, als mit den Sparkassen.«[305]

Zu den Verhältnissen im Vorderen Wald berichtete Moosmann, in Langenegg vergebe eine Winkelkasse angeblich gegen 3 Prozent für drei Monate Geld auf Wechsel. Dort fänden viele Exekutionen statt, massenhafte Realienverkäufe unter der Hand machten die Schuldner zu Vermögenslosen und prellten viele Gläubiger um den Konkurs; in der Folge vermindere sich die Zahl möglicher Kreditgeber weiter. In Damüls und am Tannberg stand die Existenz vieler Bauern auf dem Spiel; dort seien Grund und Boden stark entwertet und es herrsche große Überschuldung. Mittelberg im Kleinen Walsertal stehe dagegen sehr solide da. Zusammenfassend vertrat Moosmann die Ansicht, im Hinteren Wald sei ihm kein Fall von Wucher bekannt und ein Gesetz dagegen würde dort weder nützen noch schaden.[306]

Der Bezauer Bezirksrichter schilderte weitere Details. Die Güterpreise, die jahrelang zu hoch getrieben worden waren, hatten nun um ein Drittel bis die Hälfte nachgegeben, wodurch viele Bewohner in Schulden geraten waren. Diese Bauern hatten keinen Zugang zu Hypothekarkrediten und griffen deshalb auf Personalkredite zurück. Viele von ihnen erwirtschafteten höchstens 3 bis 4 Prozent Ertrag, mussten aber Darlehen zu 6 bis 12 und mehr Prozent aufnehmen. Im Jahr zuvor hatten daher zehn Konkurse sowie 20 Realexekutionen stattgefunden. Um diesen zu entgehen, überließen viele Schuldner den zuerst drängenden Gläubigern Vieh und Fahrnisse und verkauften dann Grundstücke; jene, die keine fälligen Forderungen hatten oder zu nachsichtig waren, erhielten nichts. Ein großer Anteil entfiel auf Exekutionen von Mobiliar. Bis 1875 eher selten, hatte ihre Zahl 1877 bereits 100, 1878 sogar 180 betragen. Anlässe waren nicht selten Schulden von fünf bis zehn Gulden, wobei die anfallenden Verfahrenskosten dann das Doppelte und mehr betrugen.

An Geldverleihern im Bezirk nannte der Beamte ebenso wie Moosmann die Spar- und Vorschusskasse Egg, die von angesehenen Bürgern des Orts gegründet worden war. Sie verlieh ihre Kapitalien zu 6 Prozent Zins nur an Wohlhabende und Unbedenkliche oder gegen sichere Bürgschaft. Weiters erwähnte der Bezirksrichter die Banken von Dorner und Mennel in Hittisau, Alois Hirschbühl in Krumbach sowie jene von Josef und Kaspar Mang in Langenegg, die alle Geld gegen eine Verzinsung bis zu 12 Prozent verliehen. Durch Stempelgebühren und Provisionen erreichte die Zinshöhe bei drei- bis viermaliger Verlängerung beachtliche 14 bis 16 Prozent. Diese Häuser operierten mit Geldern von Firmen in Bregenz (unter anderem mit jenen des Spediteurs und Bankiers Gebhard Ebenhoch)[307] und verlangten einen Aufschlag, um selbst Gewinn machen zu können. Eigentlicher Wucher werde aber nicht betrieben. Der Beamte sah keine Notwendigkeit, neue Geldinstitute zu errichten; er erklärte, früher habe ein Bauer, der volle Sicherheit bot, Geld zu 4 bis 4,5 Prozent erhalten, heute immer noch zu 5 bis 6 Prozent. Die Bauern wüssten allerdings oft nicht, worauf sie sich mit einem Wechsel einließen, vor allem wenn dieser in zweite und dritte Hände gerate. In einem solchen Fall würden die Schuldner dem persönlichen Richter entzogen und dem Handelsgericht zugewiesen, wo sie sich nur selten verteidigten. Daher solle die Wechselfähigkeit eingeschränkt werden.[308]

In den folgenden Jahren verschlechterten sich die Bedingungen für die Bauern. 1892 wurde die Verschuldung aller Vorarlberger Landwirte auf 36 Millionen Gulden geschätzt; bis Ende 1893 erhöhte sich diese Summe auf 42,6 Millionen. Hatten 1888 im Land noch 99 Exekutionen stattgefunden, so stieg deren Zahl nun mit jedem Jahr und betrug 1892 bereits 407.[309] Nach der Einführung des Grundbuches 1897 wurde schließlich ein Statut für eine Landes-Hypothekenbank bewilligt, wobei jene Niederösterreichs als Vorbild diente. Ihr erster Direktor wurde der Bregenzer Kaufmann und christlichsoziale Landtagsabgeordnete Josef Ölz. Im Jahr darauf begann die Bank mit ihrer Tätigkeit in Räumlichkeiten des Landtagsgebäudes.[310] Mit dieser Gründung erhielten die Realitätenbesitzer Gelegenheit, preiswerte Kredite mit langen Rückzahlungszeiten aufzunehmen, für die das Land die Haftung übernahm. Das erleichterte den Bauern die Abzahlung von Schulden und verminderte die Unkosten.[311]

Aus der Zeit um 1900 sind uns Zahlen über zwei Einzelschuldner überliefert. Johann Josef Fetz in Egg im Bregenzerwald besaß gut 25 Hektar; der Wert seines Besitzes wurde auf 16.600 Gulden geschätzt, worauf 5.866 Gulden Hypothek lagen. Andreas Kalb in der Bergparzelle Ammenegg oberhalb von Dornbirn war im Besitz von rund 20 Hektar. Auf seinem Gut mit einem Schätzwert von 9.300 Gulden lastete eine beachtliche Hypothek von 6.000 Gulden. Beide Bauern zahlten 4,5 Prozent an Zinsen.[312]

Eine weitere, das ganze Land betreffende Quelle über die Verschuldung liegt uns aus dem Jahr 1934 vor.[313] In diesem Jahr zählte Vorarlberg 14.225 bäuerliche Betriebe, davon 11.642 »echte«; sie waren durchschnittlich mit 2.927 Schilling verschuldet und mit 175 Schilling Zinsen belastet. Pro Kuheinheit betrug die Schuld 800 Schilling, die Zinsen beliefen sich auf 48 Schilling. Um den Ursachen für die Verschuldung auf die Spur zu kommen, verteilte der Bauernbund Fragebögen, die von rund 430 Landwirten, davon 410 hauptberuflichen, ausgefüllt wurden; 334 davon waren Bergbauern. Die 410 Höfe waren mit insgesamt 6.940.739 Schilling verschuldet; in 54 Prozent waren die Gläubiger Banken (Hypothekenbank, Raiffeisenkassen, Sparkassen, Schweizer Banken), die Restlichen waren Private. Etwa 300 dieser 410 Landwirtschaften waren so bedrängt, dass ohne Hilfe keine Rettung zu erwarten war. Die Ursache der Verschuldung ließ sich bei 302 Betrieben klären: 38 Prozent entfielen auf einen Liegenschaftsverkauf, gefolgt von Investitionen (28 Prozent), Erbteilung (24 Prozent) und Bürgschaft (10 Prozent). Der relativ hohe Anteil an Schulden aus Bürgschaften erregte Besorgnis: »Wenn das so weiter geht, so erleidet der Gedanke der bäuerlichen Kreditgenossenschaft eine Wunde, die auf Jahrzehnte hinaus nicht mehr heilen wird, weil kein Mensch mehr Bürgschaften leisten wird.« Ein zweites großes Problem neben den Zinslasten war die Kündigung kleinerer oder größerer Darlehen.

Die Schuldenkrise betraf nicht nur die Bauern: Bei der Hypothekenbank des Landes waren von insgesamt 2.900 Darlehensnehmern mehr als 400 mit mindestens drei fälligen Raten im Rückstand, sodass sich das Institut veranlasst fühlte, gegen rund 15 Prozent seiner Schuldner eine Mahnklage einzureichen. Von den von der Hypothekenbank durchgeführten Liegenschafts-Exekutionen waren seit dem Jahr zuvor 30 Prozent unverkäuflich gewesen, da sich bei der Versteigerung keine Bieter fanden. Dazu hieß es weiter: »Bedenkliche Formen hat auch der Abverkauf wichtiger, landwirtschaftlicher Produktionsmittel angenommen, und geben besonders in Bezug auf Notverkäufe aus dem Viehstand die noch folgenden Ergebnisse unserer Einzelerhebungen erschreckenden Aufschluß. Gegenwärtig sind in Gebirgsgegenden auch Heuversteigerungen sehr stark im Vordergrunde und wurde dabei in wiederholten Fällen gutes Heu von Händlern zu einem Preise von 6 gr. [Groschen] pro kg, also wesentlich unter dem hier landesüblichen Strohpreise erstanden. Bauern sind diesen Heuversteigerungen bisher im großen und ganzen ferne geblieben, besonders deshalb, weil sie mit Recht fürchten, als Hyänen auf dem Schlachtfelde betrachtet zu werden.«

Der Bauernbund verlangte aufgrund dieser Verhältnisse, der Staat solle eine Schuldenhilfe für die Landwirte einleiten. Als Gründe wurden genannt, dass viele ohne eigenes Verschulden in die Krise geraten seien und dass die Entsiedelung von Bergregionen drohe. Die häufigen Versteigerungen führten zum Abverkauf notwendiger Betriebsmittel und bewirkten eine enorme Verschleuderung von Werten sowie eine außerordentliche Schädigung des landwirtschaftlichen Hypothekarkredits. Bäuerliche Geldinstitute wie die Raiffeisenkassen stünden vor einer schweren Krise, ebenso viele Gemeinden durch die Last steigender Armenversorgung. Nachdem der Staat der Industrie geholfen habe, solle er jetzt auch die Bauern unterstützen; darin seien andere Länder bereits vorangegangen. Zu diesem Zweck müssten die Zinsen gesenkt bzw. laufende Zinsen und Rückstände gestundet werden.

Der Bauernbundsekretär Ulrich Ilg richtete schließlich ein Schreiben an jene bäuerlichen Schuldner, die den Fragebogen ausgefüllt hatten. Nach seinen Vorstellungen sollte die geforderte Hilfe Bergbauern zugute kommen, die ohne Schuld in Not geraten waren und für deren Betriebe eine Aussicht auf dauerhafte Sanierung bestand. Die Gläubiger sollten auf Zinsrückstände verzichten und den Schuldnern beim Zinssatz entgegenkommen bzw. überhaupt einen Teil der Schulden erlassen. Zur Diskussion standen die Gewährung von Zinsbeihilfen, Darlehen zur Abdeckung von Zinsrückständen, vereinzelt Kredite zur teilweisen Abdeckung von Kapitalien sowie eine Zinsabdeckung durch Ermöglichung der Beschaffung fehlender Produktionsmittel.[314] Der Vorarlberger Bauernbund erstattete auf der Grundlage dieser Informationen einen Bericht nach Wien. Wie Ulrich Ilg später in seinen Lebenserinnerungen berichtete, wurde daraufhin eine Entschuldungsaktion für die Bergbauern in ganz Österreich eingeleitet.[315]

3. Zweitberuf

Wie bereits mehrfach angesprochen, konnten viele Bauern aufgrund der geringen Größe ihrer Güter und der Bodenzersplitterung von der Landwirtschaft allein nicht leben. In den Berg- wie auch in den Talregionen bot sich ihnen bis ins 19. Jahrhundert eine Reihe von Nebenverdiensten. Dazu zählten der Bergbau (zum Beispiel im Montafon oder am Wirtatobel in Langen bei Bregenz, wo Braunkohle gewonnen wurde), Textilarbeiten (Spinnen, Weben, Sticken, Nähen), die Bearbeitung von Holz (Zimmern, Drechseln, Schnitzen von Holzgeschirr) und Ton (Töpferei), das Transportwesen (Beförderung von Salz und Schmalz durch Säumer im Bregenzerwald und Montafon) und Schneeräumarbeiten im Klostertal bzw. am Tannberg.[316] Mit dem Bau der Arlbergbahn fielen im Klostertal das Schneeschaufeln sowie viele Ross-, Geschirr- und Verpflegsdienste weg.[317] Dies war auch in Fontanella im Großen Walsertal der Fall, das

1870 darüber hinaus noch 30 Saisongeher gezählt hatte.[318] Im Bregenzerwald wiederum begaben sich alljährlich bis zum Bahnbau Mägde zu Erntearbeiten nach Schwaben. Mit der Einfuhr ungarischen Getreides auf der Bahn nach Vorarlberg und dem zunehmenden Einsatz von Maschinen fand diese Arbeitsmigration ein Ende.[319]

Zu Beginn des 20. Jahrhunderts fanden weitere Verschiebungen im Nebengewerbe statt. In Bildstein wich die Ausfuhr von Rebstecken in Weinbaugebiete der Erzeugung von Spulen und Holzschuhen, die Rechenmacher wurden von den Küblern und Schindelnmachern abgelöst. Die Wetzsteinerzeugung erlebte einen Niedergang.[320] In Lech fanden junge Personen Arbeitsmöglichkeiten im Tourismus, als Schilehrer, Führer oder Träger.[321] Ein in tieferen Lagen schneearmer Winter 1929/30 brachte am Tannberg und im Arlberggebiet Rekordbuchungen. Daran verdienten die Bauern als Fuhrwerker sowie mit Lieferungen an Schweinen, Holz und Milchprodukten.[322] Der Fremdenverkehr wurde in diesen Jahren mehrfach als Nebeneinnahmequelle propagiert.[323] So sollten die Bauern die Touristen unter anderem vermehrt mit Milch und Gemüse versorgen.[324]

Seit den 1920er-Jahren ermöglichte der Aufstieg der Elektrizitätswirtschaft vor allem im Montafon eine grundlegende Neustrukturierung der bäuerlichen Nebengewerbe. Die bescheidenen Anfänge der Branche gingen auf Robert und Wilhelm Mayer zurück, die in Schruns eine Getreidemühle betrieben. 1895/96 errichteten sie ein Kraftwerk an der Litz, mit dem sie auch andere Abnehmer versorgten.[325] 1924 wurden die Vorarlberger Illwerke als Aktiengesellschaft gegründet. Im Jahr darauf wurde eine Anlage in Gampadels fertig gestellt. Bereits kurz danach profitierten 1.000 bis 1.500 Personen von der Montafonerbahn und der Errichtung weiterer großer Elektrizitätswerke.[326] Dies waren Vermunt (1930), Obervermunt (1943), Rodund I (1943–1952), Lünersee (1957), Kops und Rifa (1969) sowie Rodund II (1976). Eine Hochalpenstraße auf die Silvretta

Landwirtschaft und Industrie in Dornbirn

(1953–1960) erschloss mehrere dieser Werke in bis zu über 2.000 Metern Höhe. Es entstanden weitere Straßen, Stand- und Seilbahnen und Gaststätten, die eine touristische Infrastruktur bildeten und den Landwirten zusätzliche Erwerbsmöglichkeiten boten. Mit dem Beginn dieser Bauten endete die jahrhundertealte Saisonwanderung, die tausende Montafoner über die Landesgrenzen geführt hatte.[327]

Bereits in den 1960er-Jahren tauchte auch das Schlagwort vom »Urlaub auf dem Bauernhof« auf.[328] Nach einer Umfrage in den 1970er-Jahren verdingte sich im Großen Walsertal mehr als die Hälfte der befragten Landwirte als Taglöhner oder Hilfsarbeiter in der Forstwirtschaft, bei der Lawinen- und Wildbachverbauung oder als Zinngießer in Sonntag; 23 Prozent von ihnen vermieteten Zimmer.[329]

In den Talregionen wurden vor allem zwei Tätigkeiten parallel zur Landwirtschaft betrieben, die Fabrikarbeit und die Stickerei. Vorarlberg hatte bereits in der ersten Hälfte des 19. Jahrhunderts eine intensive Industrialisierung vorwiegend auf dem Textilsektor erlebt. Zentrum war der große Markt Dornbirn, der 1901 zur Stadt erhoben wurde.[330] Im Jahr darauf arbeiteten 32.989 Menschen in Industrie und Gewerben Vorarlbergs, davon 55 Prozent im Textilbereich. Allein die mechanisierte Stickerei bot 9.967 Arbeitsplätze; dazu kamen weitere 5.472 Personen, die in ihren eigenen Haushalten Stickmaschinen betrieben.[331]

Als Folge der Realteilung besaßen die meisten einheimischen Fabrikarbeiter etwas Grund und Boden, den sie bewirtschafteten. Dort bauten die nicht in der Fabrik arbeitenden Familienmitglieder den Bedarf an Kartoffeln und anderem Gemüse an. Die Industriellen unterstützten dies, da sie sich dadurch eine stabilere Arbeiterschicht erwarteten.[332] In Dornbirn zum Beispiel ließen Gesellschafter der Firma Hämmerle ihre Beschäftigten seit 1887 im Gartenbau unterweisen, 1889 wurde eine Kochschule für die jungen Arbeiterinnen eröffnet. Darüber hinaus ließen die Hämmerle Dutzende Häuser mit Gärten errichten, welche die Arbeiter preiswert mieten oder kaufen konnten. Den Höhepunkt fand diese Entwicklung 1907 im Bau einer kleinen Siedlung im Ortsteil Bündlitten; die dortigen Reihenhäuser waren nach englischen Vorbildern konzipiert.[333]

Viele Arbeiter und Kleingewerbetreibende bebauten Flächen von 0,5 bis zwei Hektar mit Mais, Kartoffeln, Kraut und anderem Gemüse und hielten dort ein bis zwei Stück Großvieh sowie einige Kleintiere.[334] Auch aus den Gebirgsregionen zogen viele Bauern mit ihren Kindern in talnähere Berglagen und verdingten sich im Taglohn sowie in den Fabriken, wobei sie ihre Landwirtschaft beibehielten.[335] Diese Bauern-Arbeiterschicht blieb weit bis ins 20. Jahrhundert verbreitet. Dies lässt sich am Beispiel der Auflassung landwirtschaftlicher Betriebe in Dornbirn in den Jahren 1951 bis 1968 zeigen. In diesem Zeitraum gaben 244 Personen die Landwirtschaft auf, davon 27 Arbeiter (11,1 Prozent).[336] Fabrikarbeit in Kombination mit Landwirtschaft bedeutete vielfach eine schwere Doppelbelastung, wie das Beispiel von Ferdinand Köb aus Dornbirn zeigt. Der Vater von fünf Kindern baute Weizen und Kartoffeln an und hielt mehrere Schweine. In den Sommermonaten blieben ihm weniger als fünf Stunden Schlaf pro Nacht.[337]

Die Heimstickerei war in höchstem Maß von Schweizer Auftraggebern sowie von der internationalen Konjunktur abhängig.[338] Um sich gegen Krisen abzusichern, sahen sich die Sticker daher auf Subsistenzwirtschaft angewiesen. 1938 untersuchte der Leiter der Stickereischule in Dornbirn 278 Heimstickereien. Von diesen betrieben 90 Prozent, in Hohenems und Götzis sogar alle Sticker in irgendeiner Form Landwirtschaft. Sie bearbeiteten zusammen 250 Hektar, pro Betrieb also rund 70 Ar. Zwei Drittel dieser Sticker versorgten sich selbst mit Kartoffeln und Gemüse, 21 Prozent mit Mais. Jeder fünfte Sticker verkaufte Kartoffeln und Gemüse. Drei Viertel pflegten den Obstbau.[339]

VIII. Landwirtschaft und Weltanschauung: Die Eliten und die Politik

Im 19. und in der ersten Hälfte des 20. Jahrhunderts trug eine Reihe begüterter Hobby-Ökonomen wesentlich zu den Fortschritten auf dem Agrarsektor bei. Die meisten dieser Reformlandwirte waren im Hauptberuf Besitzer oder Teilhaber von Fabriken. Einige von ihnen sollen kurz dargestellt werden, gereiht nach Gemeinden von Norden nach Süden.

Adelige Landwirte waren in Vorarlberg die Ausnahme. Zu ihnen zählte Karl Graf Belrupt (1826–1903). Er war der Sohn eines Stabsoffiziers und absolvierte die Militärakademie in Wiener Neustadt. 1852 quittierte er den Dienst mit dem Rang eines Rittmeisters. Belrupt vermählte sich und erwarb 1860 das Gut Maihof in Hörbranz, das er zu einem Musterbetrieb ausbaute. 1862 wurde er zum ersten Vorstand des Vorarlberger Landwirtschaftsvereins gewählt. Belrupt war Mitglied des Herrenhauses, Abgeordneter zum Vorarlberger Landtag sowie von 1878 bis 1890 Landeshauptmann. Unter anderem für seine Verdienste um die Landwirtschaft erhielt er eine Reihe von Orden und wurde zum Ehrenbürger der Städte Bregenz und Bludenz ernannt.[340]

In Lauterach ließ sich um 1818 Anselm Brielmayer (auch: Brielmeyer) aus Volkertshausen in Baden nieder. Dort betrieb er eine Papiermühle, später auch eine Hammerschmiede, Textilfabrik, Getreidemühle und Badeanstalt.[341] Außerdem erwarb er eine Reihe von Grundstücken, auf denen er Futter für bis zu 40 Kühe erzeugte. Brielmayer experimentierte mit dem Anbau von Luzernen, die den Boden mit Stickstoff anreicherten. In einer Maschine nach dem Vorbild des Hadernschneiders in seiner Papiermühle vermahlte er den Dünger zusammen mit Wasser und verteilte ihn auf seinen Feldern. 1840 berichtete er in der Zeitschrift der Tiroler und Vorarlberger Landwirtschaftsgesellschaft über seine Aktivitäten.[342]

In Wolfurt war Johann Walter Zuppinger (1839–1904) aktiv. Sein Vater, ein Drechsler aus Männedorf bei Zürich, hatte sich in Wolfurt niedergelassen, um dort Garnspulen für Vorarlberger Spinnereien zu erzeugen. Zuppinger baute diesen Betrieb aus und betätigte sich zusätzlich als Müller. Er wurde 1868 Mitglied des Landwirtschaftsvereins, förderte Viehzucht, Milchwirtschaft sowie Obstbau und nahm 1896 eine Anstalt für Schweinezucht in Betrieb.[343]

In Dornbirn, dem Zentrum der Textilindustrie, scheinen im Ergebnis der Volkszählung 1869 die Fabrikanten Johann Baptist Salzmann, Franz Martin Hämmerle und Johann Georg Ulmer als die größten Viehbesitzer und führenden Viehzüchter der Gemeinde auf.[344] Der Anteil engagierter Fabrikanten wird auch am Beispiel der Gründungsmitglieder der Ersten Vorarlberger Viehzuchtgenossenschaft im Jahr 1893 deutlich. Zu den 20 Gründern zählten neun Fabrikbesitzer: Otto und Viktor Hämmerle; Adolf, August, Eduard und Theodor Rhomberg, Arnold Rüf, Ignaz Rüsch und Franz Winder. Vertreten waren ferner je zwei Lehrer, Wirte und Metzger sowie jeweils ein Tierarzt, Bürstenbinder, Schuster, Privatier und Spitalverwalter. Somit scheint kein einziger Bauer auf.[345]

Angehörige der Familie Rhomberg betätigten sich über mehrere Generationen als Landwirte, so etwa Theodor Rhomberg (1845–1918) aus der Textildynastie Herrburger & Rhomberg. Er wurde 1870 Mitglied des Landwirtschaftsvereins, 1892 dessen Vorstandsstellvertreter und 1903 Obmann; diese Funktion bekleidete er bis zur Ablösung des Vereins durch den Landeskulturrat im Juli 1912, dessen erster Präsident er auch wurde. Rhomberg befasste sich mit der Zucht von Rindern, Pferden und Kleinvieh, mit dem Molkereiwesen sowie mit Bodenkultur und Obstbau.[346] Sein Sohn Julius (1869–1932) leitete die Textilfirma Herrburger & Rhomberg und von 1904 bis zu seinem Tod die Dornbirner Viehzuchtgenossenschaft. Bis 1917 gehörte er dem Landeskulturrat an.[347] Julius' Sohn (1897–1944), der wie sein Großvater Theodor hieß, war seit 1917 Mitglied des Landeskulturrates. Der erfahrene Viehzüchter leitete 1940 die Gründung einer Großmolkerei in Dornbirn in die Wege.[348]

In Feldkirch machte sich Josef Andreas (Ritter von) Tschavoll (1835–1885) um die Landwirtschaft verdient. Er war Gesellschafter der großen Textilfirma Getzner & Co.

Mähmaschine in größerem Landwirtschaftsbetrieb, 1897

Tschavoll studierte Agrarchemie in Gießen und betrieb einen Musterstall auf der Alpe Furx bei Laterns, wo er auch mit Kunstdünger experimentierte. Er war Mitbegründer des Vorarlberger Landwirtschaftsvereins und zwei Jahrzehnte lang dessen stellvertretender Vorstand. Tschavoll regte die Gründung eines Landes-Viehversicherungsvereins sowie einer landwirtschaftlich-chemischen Versuchsstation in Feldkirch an und verfasste Broschüren über die Viehversicherung, die Fabrikation von schwedischem Butter- und Magerkäse und über eine Landeskultur-Rentenbank. Für sein landwirtschaftliches Engagement wurde er in den erblichen Adelsstand erhoben, was in Vorarlberg sehr selten vorkam. Darüber hinaus fungierte Tschavoll als Landtagsabgeordneter und Bürgermeister von Feldkirch.[349]

In Bludenz betätigte sich der Textilfabrikant und Lokalpolitiker Andreas Mutter (1848–1890) als Viehzüchter. Auf der Tierschau der ersten Vorarlberger Landesausstellung im Jahr 1887 waren Kühe und Kalbinnen aus seinem Stall zu sehen.[350]

Diese Exponenten einer reformorientierten Landwirtschaft vervielfachten ihren Wirkungsgrad, indem sie sich in einschlägigen Vereinen zusammentaten. Als erste Assoziation entstand Ende der 1830er-Jahre in Bregenz eine Filiale des Tiroler Landwirtschaftsvereins. Eine Mitgliederliste von 1839/40 weist 126 Personen aus; die meisten von ihnen waren Gemeindefunktionäre, Beamte, größere Gutsbesitzer, Händler und Gewerbetreibende. Der Verein war also bürgerlich geprägt, ihm gehörte kein einziger Bauer im engeren Sinn an. Kleinere Landwirte wurden aber gelegentlich in die Aktivitäten einbezogen. So wohnten 1844 in Lauterach rund 50 Personen der Vorführung eines neuen flandrischen Pfluges bei.[351]

Nach dem Ende des Neo-Absolutismus wurde die Gründung von Vereinen erleichtert. Darüber hinaus war man in Vorarlberg nun bestrebt, mehr Unabhängigkeit von Tiroler Assoziationen zu erlangen. 1862 konstituierte sich ein Vorarlberger Landwirtschaftsverein mit zunächst 387 Mitgliedern. Im Jahr 1869 verzeichnete der Katalog seiner Bibliothek 190 Werke, darunter unter anderem Publikationen des prominenten Tiroler Priesters und »Mistapostels« Adolf Trientl. Die Publikationen waren gegliedert in: Naturwissenschaft (23 Titel), allgemeine Landwirtschaft (78), Viehzucht (13), Weinbau (9), Obst-, Gemüse- und Pflanzenbau (17), vermischte Schriften (40) und Journale (10).[352] Seit 1869 erschienen die »Mittheilungen des vorarlbergischen Landwirthschafts-Vereines an seine Mitglieder«. Von der Gründung bis zum Jahr 1887 fungierte Karl Graf Belrupt als Vorstand des Vereins. Bis zu diesem Zeitpunkt stieg die Mitgliederzahl auf über 1.100; die Funktionäre entstammten ganz überwiegend dem Bürgertum und der Beamtenschaft.[353]

Seit den 1880er-Jahren wurden in mehreren Kronländern Landeskulturräte ins Leben gerufen. In Vorarlberg wurde ein solcher 1911 gebildet. Er löste als öffentlich-rechtliche Körperschaft den privat organisierten Landwirtschaftsverein ab.[354] Ziel war die Pflege der Landeskultur durch Vertretung und Förderung der berufsständischen und ökonomischen Interessen der Landwirtschaft. Einer der Funktionäre wurde vom Landtag gewählt, einer vom Landesausschuss ernannt, ein weiterer von der politischen Behörde entsandt. Dazu kamen Vertreter der landwirtschaftlichen Bezirksgenossenschaften.[355] 1912 begann der Landeskulturrat mit seiner Tätigkeit.[356] In den Vorstand wurden der Fabrikant Theodor Rhomberg, der Reichsratsabgeordnete Jodok Fink und Josef Moosbrugger gewählt.[357]

Nach dem Ersten Weltkrieg wurden die Landeskulturräte in Bauernkammern umgewandelt – den Anfang machte Niederösterreich 1922, Vorarlberg folgte im Jahr 1925.[358] Ende 1926 bezogen die Mitarbeiter der Bauernkammer Räumlichkeiten im neuen Amtsgebäude der Landesregierung in Bregenz.[359] 1935 folgte die »zweite« Vorarlberger Bauernkammer. Im Nationalsozialismus wurde sie in eine Kreisbauernschaft der Landesbauernschaft Alpenland, später Tirol, umbenannt. 1938 zählte die Kammer 16 Angestellte, in den folgenden Jahren wurde diese Zahl bedeutend vermehrt und stieg bis 1945 auf 84 Bedienstete an. Im Jahr darauf wurde die »dritte« Bauernkammer eingerichtet, die 1949 durch die Landwirtschaftskammer abgelöst wurde.[360]

Der Landeskulturrat verlor im Ersten Weltkrieg durch seine Funktion bei der Zwangsbewirtschaftung der bäuerlichen Produkte an Sympathie bei den Bauern, die in der Folge eine neue Interessenvertretung suchten. Um die Jahreswende 1918/19 wurde in Egg ein Bregenzerwälder Bauernbund gegründet.[361] 1919 folgten weitere Bauernvereinigungen im Rheindelta, Unterland, in Lustenau und Dornbirn, im Bezirk Feldkirch und im Montafon. Diese schlossen sich zu einem Vorarlberger Bauernbund zusammen. Ende 1920 fand in Dornbirn eine Landestagung statt.[362] Erster Obmann wurde Jodok Fink.[363] Um seine Einflusssphäre weiter zu festigen, errichtete der Bauernbund die Genossenschaft »Alma«, die besonders im Bregenzerwald aktiv war. Im Sommer 1924 übernahmen ihre Teilhaber 54 Sennereien.[364] Diese Gründung verlieh dem Bund neuen Auftrieb.[365]

Der christlichsozial dominierte Bauernbund vermochte sich allerdings jahrelang nicht im ganzen Land durchzusetzen. In Röns entstand ein liberaler »Unabhängiger Bauernbund«, der bei den Landtagswahlen 1919 im Montafon beachtliche 2.166 Stimmen erhielt.[366] Er unterhielt eher lockere Beziehungen zu einer Bundesorganisation: Der »Landbund für Österreich«, eine Bauernpartei, wurde 1922 von dem aus dem Waldviertel stammenden Leopold Stocker gegründet, der sich schließlich in der Steiermark etablierte. Der Landbund brachte es zur Regierungspartei und stellte in der Ersten Republik mehrere Vizekanzler, blieb allerdings stark föderalistisch und zerfiel in mehrere Länderorganisationen.[367]

Ein Mitbegründer des Vorarlberger Landbundes war Jakob Moosbrugger aus Nüziders, der ein größeres Bauerngut bewirtschaftete. Er repräsentierte die zweite Generation in einer politisch engagierten Familie: Sein Vater, der Gerichtsadjunkt Kaspar Moosbrugger, war in den 1860er-Jahren ein Mitkämpfer des Bregenzerwälder Sozialreformers Franz Michael Felder gewesen, mit dem er auch verschwägert war. Jakob Moosbruggers Sohn Pius wurde später ein prominenter Sozialdemokrat.[368]

Die Montafoner Bauern gerieten bald in einen schweren Konflikt mit der christlichsozialen Landesregierung. Sie wandten sich gegen die Zwangsbewirtschaftung und verweigerten im Sommer 1920 einige Tage lang die Ablieferung von Butter. In der Folge wurden drei Funktionäre des Unabhängigen Bauernbundes – sie waren gleichzeitig Gemeindepolitiker in Nenzing und Schruns – zu kurzen Haftstrafen verurteilt. Aufgeregte Bauern verlangten ihre Freilassung; am 20. November 1920 fanden sich 2.000 Personen in Bludenz ein und forderten den Bezirkshauptmann auf, die Delinquenten herauszugeben. Dieser gab ihrem Druck nach und ließ die Verurteilten gegen Kaution frei. Der Bezirkshauptmann wurde aufgrund dieser Entscheidung seines Amtes enthoben. Die drei Bauernvertreter wurden erneut festgenommen, weitere Proteste wurden mit Androhung von Waffengewalt unterbunden.[369]

Ende Juli 1921 veranstaltete der Unabhängige Bauernbund Kundgebungen in Bludenz und Rankweil: Dort sprachen Leopold Stocker vom österreichischen Landbund und sein Sekretär Dr. Ernst Schönbauer aus Niederösterreich. In der Folge entstanden Ortsgruppen in Höchst, Schwarzach, Hittisau und Bezau.[370] Der Bauernbund änderte seinen Namen in »Vorarlberger Landbund«; 1922 folgte eine weitere Tagung in Dornbirn mit Stocker und Nationalrat Schönbauer.[371] Im Jahr darauf scheiterte ein Versuch in Thüringen, den christlichsozialen Bauern- und den liberalen Landbund zusammenzuführen. Dagegen sprach sich der Landbund-Geschäftsführer Urban Nasahl aus Ludesch aus.[372] Im März 1927 vereinigten sich schließlich der Bauernbund und der Landbund zum »Vorarlberger Bauernbund«, als politische Organisation blieb der Landbund aber weiter bestehen.[373] Obmann des neuen landesweiten Bauernbundes wurde Ulrich Ilg, der erst 22 Jahre alte Absolvent der landwirtschaftlichen Fachschule Mehrerau stand damit am Anfang einer bemerkenswerten politischen Karriere.[374] Dennoch bleibt der Zwist zwischen den Bregenzerwälder und den Montafoner Landwirten augenfällig. Die Montafoner dürften unter anderem wegen ihrer gemeinsamen Grenze mit der Eidgenossenschaft ein anderes politisches Verhalten gezeigt haben. Die Sozialwissenschafterin Lucie Varga, die sich in den 1930er-Jahren eine Zeit lang im Montafon aufhielt und darüber eine Studie verfasste, stellte fest, dass die Montafoner Bauern »vom Antiklerikalismus besessen« waren. Dagegen fehlte bei ihnen ein prägendes Merkmal der christlichsozialen Bewegung, der Antisemitismus.[375]

Die neuen Richtlinien des vereinigten Bauernbundes sahen eine Reihe von Maßnahmen vor: In Zukunft sollten Grund und Boden sowie besonders der Wald vermehrte Aufmerksamkeit erfahren. Die Landwirtschaft sei durch ein Landeskulturförderungs-Gesetz und durch eine entsprechende Zollpolitik zu fördern. Die Bauern sollten eine bessere Ausbildung und Betriebsberatungen erhalten; Steuern und Gebühren seien zu vermindern, Dienstboten in der Landwirtschaft durch Sozialgesetze zu begünstigen. Ferner sollte der Raiffeisen-Gedanke propagiert und die Entsiedlung hoch gelegener Berggemeinden verhindert werden.[376] Der Bauernbund sah sich als »der natürliche Wellenbrecher zur Abwehr aller ungebührlichen Angriffe, die besonders vom Marxismus und vom internationalen Großkapital gegen den Bauernstand gerichtet sind. Dadurch wird der Bauernbund zu einem Grundpfeiler zur Erhaltung des Mittelstandes, zum Schutze des rechtmäßigen Eigentums und zur Wahrung der kostbarsten Güter des Volkes, der christlich-katholischen Kultur«.[377]

Vom späten 19. bis weit ins 20. Jahrhundert spielten Bauern über die Vertretung ihrer Standesinteressen hinaus eine bedeutende Rolle in der Politik. Weit jenseits der Grenzen des Landes bekannt wurde Jodok Fink (1853–1929) aus Andelsbuch. Bereits mit 26 Jahren wurde der Bauernsohn erstmals in den Gemeindeausschuss gewählt, zwei Jahre später zum Vorsteher. 1890 wurde er Abgeordneter zum Vorarlberger Landtag,

1897 Reichsratsabgeordneter. In den Jahren 1919/20 amtierte er als Vizekanzler der Republik.[378] Der christlichsoziale Fink leistete ein enormes Arbeitspensum; anlässlich seines Todes zollten ihm nicht nur seine eigenen Parteigenossen, sondern auch die sozialdemokratische und deutschnationale Presse großen Respekt.[379]

Fink blieb trotz seiner politischen Tätigkeit der Landwirtschaft eng verbunden. Er besaß rund 15 Stück Vieh und mähte seine Wiesen selber, wenn ihm die Zeit dazu blieb. Technischen Neuerungen gegenüber war er sehr aufgeschlossen: So besaß er als einer der ersten im Bregenzerwald ein Fahrrad und schaffte einen Pflug an. Mittels Drainage ließ er ein Grundstück trockenlegen und bereits 1909 eine elektrische Vorrichtung zum Heuabladen installieren.[380]

Finks Andenken blieb auch in Wien in Erinnerung. So benannte der Wiener Gemeinderat im achten Bezirk den Platz vor der Piaristenkirche, die er während seiner Tätigkeit als Parlamentarier immer wieder besucht hatte, nach ihm.[381] 1959 wurde ein Bronzestandbild Finks in Bregenz aufgestellt. Es zeigte ihn in einer ungewöhnlichen Haltung, mit den Händen in den Hosentaschen. Dies erregte Widerspruch. Ein Leserbriefschreiber, der mit »Ein Bregenzerwälder« zeichnete, meinte:

»Warum [...] dieser Entwurf mit beiden Händen in den Hosentaschen zur Ausführung kommen musste, nachdem mehrere in der Person gleiche, in der Gebärde ansprechendere Vorschläge seitens des Künstlers vorgelegen haben, ist mir ein Rätsel. Soll es der arbeitende Bauer sein, der Fink zeit seines Lebens war, der mit den Händen in den Hosentaschen dargestellt wird, oder soll es gar der Staatsmann, dem der eigentliche Zweck des Denkmales gilt, sein, der sich in dieser unmanierlichen Stellung präsentiert? Ist es wirklich möglich, daß 30 Jahre nach seinem Tode schon in Vergessenheit geraten ist, welch einmalig schöne, große und kräftige Bauernhände Jodok Fink hatte, die mehr verdient hätten, als in Hosentaschen versteckt zu werden. [...] Ob mit dieser unmanierlichen Haltung der Darstellung des Bauern nahegekommen ist, möchte ich sehr bezweifeln. Auf jeden Fall wußte Jodok Fink, bei dem bis ins hohe Alter beste Umgangsformen beispielhaft waren, daß man sich nicht mit den Händen in den Hosentaschen vor die Leute hinstellt.«[382]

In der Landespolitik erlangten die Dornbirner Ernst Winsauer (1890–1962) und Ulrich Ilg (1905–1986) große Bedeutung. Winsauer stammte aus einer bäuerlichen Familie; er studierte Chemie an der Technischen Hochschule in Prag, wo er Mitglied der CV-Verbindung Vandalia wurde. 1913 trat er in den Vorarlberger Landesdienst. 1918 wurde er Mitglied des Landeskulturrates, 1925 Vizepräsident der Landes-Bauernkammer, 1929 Direktor der Chemischen Versuchsanstalt in Bregenz. Im gleichen Jahr wurde Winsauer als Nachfolger Jodok Finks in den Nationalrat berufen, wo er bis zu dessen Auflösung blieb. Von 1934 bis 1938 amtierte er als Vorarlberger Landeshauptmann. 1938 aus dem öffentlichen Dienst entlassen, übernahm er 1945 wieder die Leitung der Versuchsanstalt und wurde Mitglied des Bundesrates. Letztere Funktion legte er bereits im folgenden Jahr nieder, da er mit der Gesetzgebung gegen die ehemaligen Nationalsozialisten nicht einverstanden war. Winsauer war außerdem langjähriger Anwalt des Vorarlberger Verbandes landwirtschaftlicher Genossenschaften.[383]

Ulrich Ilg absolvierte die landwirtschaftliche Fachschule in Mehrerau. Von 1927 bis

1936 fungierte er als Obmann des Landesbauernbundes. 1930 wurde er Mitglied, 1934 Vizepräsident der Vorarlberger Bauernkammer und im gleichen Jahr Staatssekretär für Land- und Forstwirtschaft. 1936 heiratete er Hilda Hillbrand, die Tochter eines ehemaligen Präsidenten der Bauernkammer. Von 1938 bis 1945 übte Ilg keine politischen Ämter aus. 1945 wurde er zum Landeshauptmann ernannt und übernahm im gleichen Jahr als Obmann die Führung der Vorarlberger Volkspartei. Beide Ämter bekleidete er bis 1964.[384] Ilg blieb sich seiner bäuerlichen Wurzeln immer bewusst; dies führte in der Presse zur spöttischen Bemerkung, das hochindustrialisierte Vorarlberg werde »vom Misthaufen aus regiert«.[385]

Ein weiterer einflussreicher Politiker und Funktionär, der allerdings mehr hinter den Kulissen agierte, war Josef K. F. Naumann (1904–1980). Er wurde in Jaroslav (Galizien, heute Polen) geboren, wo sein Vater Militäroberwerkmeister war. 1927 übersiedelte er nach Vorarlberg und betätigte sich dort schon bald publizistisch. Ab 1946 war er ständiger Mitarbeiter beim christlichsozialen »Vorarlberger Volksblatt«, von 1946 bis 1969 ÖVP-Landesparteisekretär und von 1959 bis 1964 Mitglied des Landtags.[386] Von 1946 bis 1970 fungierte Naumann überdies als Obmann des Bauernbundes; dessen Macht in der Landespolitik blieb noch länger spürbar, denn Naumanns Nachfolger Jürgen Weiss war ebenfalls gleichzeitig ÖVP-Sekretär und Leiter des Bauernbundes.[387] Ignaz Batlogg, seit 1976 Präsident der Landwirtschaftskammer, war Klubobmann der ÖVP, und Konrad Blank, seit 1975 Landesobmann des Bauernbundes, fungierte von 1964 bis 1988 als Landesrat und bestimmte in dieser Funktion entscheidend die Landwirtschaftspolitik.[388]

Insgesamt ging die Vertretung der Bauern im Landtag während der Zweiten Republik spürbar zurück, was auch ihrem sinkenden Anteil an der Bevölkerung entsprach. Auf den Landwirt Ulrich Ilg folgte als Landeshauptmann der Beamte Herbert Keßler in den Jahren 1964 bis 1987. Bis 1994 stellten in der Landesregierung die öffentlich Bediensteten mit sieben Personen (28 Prozent) die größte Gruppe, gefolgt von sechs Bauern (24 Prozent). Der Anteil der Bauern an den ÖVP-Landtagsabgeordneten fiel sukzessive von 30 Prozent (1945–1959) über 25 (1959–1974) und 20 (1974–1984) auf rund 10 Prozent im Jahr 1984.[389] In diesem Jahr machte ein Vorarlberger Bauer politisch von sich reden, der nicht der Volkspartei angehörte, nämlich Kasparnaze Simma aus dem Bregenzerwald. Er kandidierte für die »Alternative Liste Österreichs«. Nach der Wahl zogen erstmals in Österreich Vertreter grüner Gruppierungen in einen Landtag ein und erregten damit viel Aufmerksamkeit.

Wolfgang Meixner, Gerhard Siegl

Bergbauern im Tourismusland

Agrargeschichte Tirols im 20. Jahrhundert

Im Laufe des 20. Jahrhunderts war die bäuerliche Wirtschaft in Tirol einem starken sozio-ökonomischen Wandel unterworfen, der, griffig formuliert, von der Existenzsicherung der Bevölkerung zur Existenzsicherung der landwirtschaftlichen Betriebe führte. Dieser Prozess war so radikal und umfassend, dass Art und Weise der landwirtschaftlichen Produktion und Vermarktung am Ende des Jahrhunderts mit der zu Beginn sowohl quantitativ wie qualitativ kaum mehr vergleichbar ist.

I. Die Grundlagen

1. Naturräumliche Voraussetzungen

Das Gepräge der Landwirthschaft wird in Tirol […] durch die Gebirgsnatur […] bestimmt.
Ferdinand Kaltenegger[1]

Das heutige Tirol verdankt sein Gepräge einerseits den seit Jahrmillionen waltenden Naturkräften, die die Landschaft formten, andererseits den gestaltenden Händen der Menschen und deren Verstand.[2]

Die Alpen sind, erdgeschichtlich betrachtet, ein sehr junges Gebirge. Ihre Bildung begann vor ungefähr 20 Millionen Jahren. Bemerkenswert ist, dass die meisten Gesteine, die wir heute in Tirol vorfinden, nicht hier entstanden, sondern durch Kräfte aus dem Erdinneren, aus dem Süden, hierher verfrachtet wurden. In den Ostalpen finden wir Ablagerungsgesteine, die in Gewässern aus Tier- und Pflanzenskeletten gebildet wurden, sowie Erstarrungsgesteine, die aus tieferen Schichten der Erde in höhere gedrungen waren. Beispiel für Erstere sind im nördlichen Tirol die Nördlichen Kalkalpen; für Letztere etwa die Granite der Rieserfernergruppe im Ötztal. Diese Gesteine wurden im Verlauf der Erdgeschichte meist umgewandelt. Sie konnten durch Bewegung der Erdkruste wieder in größere Tiefen gelangen und dort unter großem Druck verformt werden. So entstammen die quarzreichen Tonschiefer in den Tuxer Voralpen, Kitzbüheler Alpen oder im Tiroler Lesachtal solchen 600 Millionen Jahre zurückreichenden Vorgängen. Diese Gesteine führen manchmal auch Erz, etwa Blei, Zink oder Gold.

Die letzte große Landschaftsgestaltung in den Ostalpen und damit im heutigen Tirol geschah mit dem Vorstoß und Rückzug der eiszeitlichen Gletscher vor rund 18.000 bis 13.000 Jahren. Dadurch entstanden die für das Landschaftsbild typischen Gebirgsformen – runde Berge, wo die Gletscher darüber flossen, während jene Berge schroff blieben, die aus dem Eis herausragten. Enge Kerbtäler wurden zu breiteren Trogtälern mit steilen Flanken; in größeren Höhen entstanden Mulden und Kare.

Als »Erbe der Vereisung« (Franz Fliri) verblieb im ganzen Land ein zwar nicht sehr dicker, aber für den Pflanzenwuchs günstiger, weil mineralreicher Boden. Wo das Eis abgeschmolzen war, siedelten sich rasch Gräser, Kräuter und erste Hölzer an. 11.000 Jahre vor unserer Zeit war der Wald wieder bis in die Höhe der heutigen Almen vorgedrungen; vor 9.000 Jahren waren die Zentralalpen – bei mit heute vergleichbarem Klima – gar bis 2.400 Meter Höhe bewaldet gewesen.

Als weitere eiszeitliche Relikte verblieben im gesamten Bundesland oberhalb von 1.750 Metern Höhe 213 Seen, die meisten in den Bezirken Landeck, Lienz und Imst. Nach dem Abschmelzen lösten sich zudem an den Schotter- und Felshängen Geröll und Gestein. Diese Bergstürze prägen ebenfalls das Landschaftsbild. Markant und heute noch auszumachen sind etwa der Felssturz von Köfels bei Umhausen (vor 8.700 Jahren) oder der Bergsturz am Tschirgant im Oberland (vor 3.000 Jahren). Auch die Landschaft am Fernpass ist von einem solchen Naturereignis geprägt, das vom Loreakopf in den Lechtaler Alpen seinen Ausgang genommen hatte. Der Rückzug der Gletscher hinterließ nicht nur steile Abbrüche, sondern auch erhabene Hügel aus Sand und Schotter. Terrassen auf mittlerer Höhe – alte Landoberflächen – wurden von Schmelzwässern zernagt und hinterließen Rinnen und Kastentäler, die formschöne Kleinlandschaften bilden.

Ausrichtung und Höhe der umgebenden Gebirge bestimmen das Klima in Kleinregionen ebenso wie die Meereshöhe des jeweiligen Landstrichs. Im Durchschnitt liegt Tirol 1.750 Meter über dem Meeresspiegel, Europa 300 Meter. In 82 der Tiroler Gemeinden liegt der Hauptort auf 1.000 Metern oder höher, was mehr als der Hälfte aller Gemeinden Österreichs (153) in dieser Höhenlage entspricht.[3]

Neben der Höhenlage spielen auch die Hangneigung sowie die Exposition eine entscheidende Rolle für die landwirtschaftliche Nutzung. Die Bezirke Landeck und Lienz weisen eine durchschnittliche Hangneigung der landwirtschaftlich genutzten Flächen von 25 Prozent und mehr auf, die Bezirke Innsbruck Land und Schwaz von bis zu 25 Prozent. Im Bezirk Landeck haben über 60 Prozent der landwirtschaftlichen Nutzflächen eine Hangneigung von 20 Prozent und darüber. In den Bezirken Reutte, Landeck, Imst und Lienz sind über 50 Prozent der Almen und Bergmähder 50 Prozent und mehr geneigt. In den letzten drei dieser Bezirke liegen über 60 Prozent der Almen über 2.000 Metern. Im Bezirk Landeck sind 20 Prozent der landwirtschaftlichen Nutzfläche

»schattseitige« sowie 20 Prozent und mehr geneigt; im Bezirk Innsbruck Land 15 bis 20 Prozent.[4]

Neben der Reliefstruktur ist die Besonnung von Bedeutung. Ohne Bewölkung hätte Tirol, projiziert auf eine Ebene, eine Besonnungsdauer von 4.471 Stunden im Jahr; davon 475 Stunden im Juni und 266 Stunden im Dezember. Davon bleibt – je nach Richtung und Breite der Täler sowie der Überhöhung – real nur ein Bruchteil über. Breite West-Ost-Täler wie das Unterinntal verlieren im Dezember rund ein Drittel, im Juni ein Siebtel; Süd-Nord-Täler wie das Ötztal im Dezember zwei und im Juni ein Drittel der möglichen Besonnung.[5] Hochdruckwetterlagen herrschen in Tirol an rund einem Drittel der Tage, am häufigsten im Herbst; Tiefdruckgebiete mit »schlechtem Wetter« häufiger im Sommer als im Winter. In Tirol wehen an mehr als einem Fünftel der Tage nordwestliche Höhenwinde, die vom Atlantik in die Alpenregionen kommen. Sie bringen im Winter mildes, im Sommer aber kühles Wetter. Bodennahe Winde sind zumeist schwächer und auch eine Folge der Beschaffenheit des Reliefs. Im Jahresschnitt herrschen im Bundesland Tirol an etwa der Hälfte der Tage Tiefdruck und Schlechtwetter bringende Strömungen.

Eine typische Wettererscheinung ist der Föhn. Der warme Südföhn bringt vor allem im Frühling sommerliche Temperaturen und beschleunigt die Schneeschmelze, aber hinterlässt nach orkanartigen Böen – mit Spitzen um 120 Stundenkilometer im Tal – auch Schäden in Land- und Forstwirtschaft. Der Nordföhn in Süd- und Osttirol, der Tauernwind, wird als eher kalt empfunden.

Die mittlere Lufttemperatur beträgt in Innsbruck um die neun Grad Celsius. Der wärmste Monat in Tirol ist der Juli (in Innsbruck mit 18,7 Grad), der kälteste der Januar (in Innsbruck mit minus 2,8 Grad).[6] In höheren Lagen gibt es eine Verzögerung um einen Monat. Im Winter kommt es in manchen Gebieten des Landes zum Phänomen der Temperaturumkehr. In Talsenken und Becken mit engen Ausgängen fließt die kältere und trockenere Luft nicht ab, die umliegenden Berghänge erwärmen sich jedoch, gleiten auf die kalten Schichten auf und erzeugen so anhaltende Inversionswetterlagen, die zunehmend Probleme hinsichtlich der Luftverschmutzung bringen. Prinzipiell sind höhere Lagen und Randzonen niederschlagsbegünstigt. In Tirol liegt das Niederschlagsmaximum meist im Juli, in Innsbruck etwa mit 147, in Kufstein mit 188 Millimetern. Die trockensten Monate sind in der Regel Februar, März (44 Millimeter in Innsbruck) sowie November.[7] Diese Verteilung hat in den letzten Jahrzehnten allerdings leichte Veränderungen erfahren.

Im Winter ist ein Großteil des Landes mehr oder weniger dauerhaft mit Schnee bedeckt, reliefbedingt aber mit großen Unterschieden. So beträgt die mittlere jährliche Dauer am Nordrand der Alpen in 1.000 Metern Höhe 145 Tage, im Inntal 130 Tage. Während Sonnenhänge bereits weit in die Höhe *aper* (schneefrei) sein können, liegt in schattigen Tälern noch lange Schnee. Transpiration und Evaporation, gemeinhin Verdunstung, sorgen für einen Ausgleich der Temperaturunterschiede und für den Wassergehalt in der Luft und vermindern den oberflächlichen Abfluss in den Gerinnen. Treffen allerdings Schneeschmelze und Starkniederschläge zusammen, so hat die Kraft des Wassers eine oft katastrophale Auswirkung auf die Täler; Vermurungen und Hangrutschungen betreffen ganze Berghänge. Der Inn bei Innsbruck führt bei Hochwasser das Achtfache des mittleren Jahresabflusses.

Vereinfacht dargestellt wechselt die Höhestufenabfolge der Vegetation von mediterranem Bewuchs in Meeresnähe über artenreichen Laubwald, in der montanen Stufe übergehend zu immer artenärmeren Misch- bzw. Nadelwäldern, deren Grenze ungefähr bei 2.200 Metern Meereshöhe liegt. Über der Waldgrenze, in subalpinen Lagen, wachsen Zwergstrauchheiden, Grasheiden bis auf 2.900 Meter, in der nivalen Stufe, der Zone des »ewigen Schnees«, überleben nur mehr vereinzelt Flechten.[8] Neben der Exposition (Sonne-/Schattseite) hat der Mensch verändernd auf die Artenzusammensetzung eingewirkt. Die untere Waldgrenze, gleichzeitig die Siedlungsgrenze, wurde in der Rodungsphase im 18./19. Jahrhundert weit nach oben verschoben. Im Sellraintal zum Beispiel wurde die Waldfläche um bis zu 70 Prozent dezimiert.[9] Gleichzeitig wurde die obere Waldgrenze durch Ausweitung der Almflächen stark nach unten gedrängt.

Gerade diese sensible Zone im bewohnten alpinen Raum, der Bereich Wald-/Baumgrenze, ist in unserer Zeit mehrfach belastet. Nebst Viehtritt ist diese »Kampfzone« stark durch Erschließungsmaßnahmen für touristische Bauten beeinträchtigt. In intensiven Jahren der Bautätigkeit von Lift- und Pistenanlagen wurden in Tirol bis zu 127 Hektar (1997) geopfert.[10] Als Konsequenz haben die talnahen Regionen mit verändertem Abfluss der Gewässer sowie mit erhöhter Gefährdung durch Lawinen oder Muren zu kämpfen. Überalterung und Schwächung der Gesundheit der Bäume durch Luftverschmutzung vermindern zusätzlich die Funktion dieses Schutzwaldes.

2. Infrastrukturelle Bedingungen

Die bäuerliche Wirtschaftsform ist durch die Oberflächenstruktur des Landes charakterisiert: Sämtliche zwölf landwirtschaftliche Kleinproduktionsgebiete Tirols – Oberes Inntal, Mittleres Inntal, Unteres Inntal, Westtiroler Zentralalpentäler, Mitteltiroler Zentralalpentäler, Kitzbüheler Gebiet, Lechtal und Tannheimertal, Außerfern, Nordtiroler Kalkalpentäler, Iseltal, Lienzer Becken sowie Pustertal und Lesachtal – gehören dem Hauptproduktionsgebiet Hochalpengebiet an.[11] Nach der Wirtschaftsweise dominieren die so genannten Wiesen-Alp-Betriebe, nur das Oberinntal wies früher auch so genannte Acker-Alp-Betriebe auf.[12]

Zusätzlich prägte das Erbrecht Gestalt und Struktur der bäuerlichen Betriebe. Im Westen des Bundeslandes herrschte lange Zeit das so genannte Realteilungsrecht vor, das zu einer hohen Besitzersplitterung und in der Folge zu Höfen mit kleiner Betriebsfläche und geringer Rentabilität führte. In den östlichen Regionen, ab Kematen etwa, wurde der gesamte Besitz im Anerbenrecht an den ältesten Sohn übertragen.[13]

Das staatliche Territorium Tirols war im 20. Jahrhundert von mehreren Gebietsveränderungen betroffen, wobei die Abtrennung der »südlichen Landesteile« in Folge der Friedensverhandlungen von Saint-Germain-en-Laye einen dauerhaften Gebietsverlust des Landes von 53 Prozent bedeutete. Von der einstigen Fläche des Kronlands Tirol verblieben im Bundesland Tirol 12.647,71 Quadratkilometer. Während der NS-Zeit war »Osttirol« (entspricht dem Bezirk Lienz) dem Gau Kärnten zugeschlagen worden, was kurzzeitig einen weiteren Gebietsverlust von 2.020 Quadratkilometern bedeutet hatte. 1947 wurde diese Gebietsabtrennung wieder rückgängig gemacht.

Die bewirtschaftbare Bodenfläche ist die wichtigste Produktionsgrundlage für die Landwirtschaft. Das Gebirgsland Tirol weist einen durchschnittlichen Anteil von etwas mehr als einem Viertel an unproduktiver Fläche auf. Da nur wenige Prozent der Landesfläche Siedlungsraum sind, steht die restliche Fläche der Land- und Forstwirtschaft als nutzbare Kulturfläche zur Verfügung. Ihr Ausmaß verringerte sich im Laufe des Jahrhunderts um 7 Prozent. Die Flächennutzung ist in den einzelnen Bezirken Tirols seit jeher nicht gleichmäßig verteilt. Die östlichen Bezirke des Landes sind in ihren Anteilen an nutzbarer Kulturfläche bevorzugt und weisen um 7 bis 9 Prozent größere Anteile auf, als es ihrem Gesamtflächenanteil entspricht. Benachteiligt sind die beiden westlichen Bezirke Imst und Landeck sowie der Bezirk Lienz, die einen Minderanteil von rund 5 Prozent aufweisen. In den Bezirken Kufstein und Kitzbühel können über 50 Prozent der vorhandenen Fläche landwirtschaftlich genutzt werden, in den Bezirken Imst, Landeck und Lienz nur 30 Prozent. Diese Bezirke weisen mit rund 40 Prozent unproduktiver Fläche einen dementsprechend höheren Anteil auf als die Bezirke Kufstein und Kitzbühel.[14]

Tabelle 1: Land- und forstwirtschaftliche Fläche Tirols 1890 bis 1999 (in Hektar)

Jahr	Gesamt	Landwirtschaftl. Fläche	Forstwirtschaftl. Fläche	Kulturfläche gesamt	»Ödland«
1890	1.277.000	544.000	443.000	987.000	290.000
1927	1.242.651	522.427	426.619	949.046	293.700
1934	1.262.527	521.928	426.753	948.681	313.846
1955	1.215.921	506.237	425.929	932.166	283.755
1979	1.272.906	456.996	423.181	880.177	392.729
1990	1.196.240	452.903	428.825	881.728	314.512
1999	1.188.337	448.313	434.863	883.176	318.301

Quelle: Eigene Berechnungen aufgrund der Daten bei Kaltenegger, Feldbau, Viehzucht und Alpwirthschaft 520; Müller, Tiroler Berufsstatistik 7; Oberrauch, Tirols Wald Beilage 1a; Aubele, Wirtschaftskunde 27; Berichte über die Lage der Tiroler Land- und Forstwirtschaft 1980/81 159, 1991/92 3 und 1999/2000 4.

Bei gleichzeitiger Abnahme der land- und forstwirtschaftlichen Gesamtfläche in Tirol stieg der Anteil der unproduktiven Fläche (Ödland) im Verlauf des Jahrhunderts um knapp 10 Prozent an. Der Anteil an nicht (mehr) landwirtschaftlich nutzbarem Ödland lag in Tirol bei jeweils einem Viertel der Gesamtfläche. Ein Teil dieses Ödlands geht für die Volkswirtschaft als produktive Fläche nicht verloren. Es dient dem in Tirol an Bedeutung gewinnenden Fremdenverkehr als Nutzungsfläche für Erholung und sportliche Betätigung, zum Beispiel in Form von Schiliftanlagen, Pisten und Wanderwegen.

Der Anteil der gesamten Kulturfläche schwand im Laufe des Jahrhunderts um etwas mehr als 10 Prozent. Deutlicher als in der absoluten Abnahme der Kulturfläche zeigt sich der Wandel der Bodennutzung in der Tiroler Land- und Forstwirtschaft in der Veränderung ihrer Zusammensetzung. Die Ausdehnung der Waldfläche Tirols blieb in etwa das gesamte Jahrhundert über gleich bzw. nahm in den letzten Jahrzehnten – bedingt durch Aufforstungen und geänderte Waldnutzung – nicht nur relativ, sondern auch absolut wieder zu.

Landwirtschaftlich genutzte Flächen schwanden im gesamten Betrachtungszeitraum um fast ein Fünftel. Grund dafür waren eine grundlegende Nutzungsänderung sowie die Umstellung der Bewirtschaftung, die mit weniger Bodenfläche auskam. Zudem wurden mehr und mehr Grenzflächen aus der Bewirtschaftung genommen. Die Wiesen- und Ackerfläche verringerte sich um etwas mehr als ein Fünftel, wobei den stärksten Rückgang Ackerflächen mit fast 80 Prozent aufwiesen, während die Wiesenfläche bis 1999 gegenüber 1927 um ein Viertel ausgedehnt wurde. Die in Verwendung stehende Weide- und Almfläche reduzierte sich um 15 Prozent. Immerhin bis zu 4 Prozent der landwirtschaftlichen Nutzfläche wurde ab den Siebzigerjahren nicht mehr zur Produktion herangezogen.

Tabelle 2: Vergleich einzelner Nutzungstypen 1927 bis 1999 (in Hektar)

	1927	1934	1955	1963	1973	1979	1990	1999
Wiesen und Äcker	128.559	129.373	124.525	122.043	117.166	113.194	106.505	100.324
Weide und Almen	393.868	392.555	381.712	378.154	342.315	323.520	332.442	334.386
Nicht genutztes Grünland*						20.282	13.956	13.198

* wurde in den Quellen erst ab 1979 eigens ausgewiesen.
Quelle: Eigene Berechnungen aufgrund der Daten bei Kaltenegger, Feldbau, Viehzucht und Alpwirthschaft 520; Müller, Tiroler Berufsstatistik 7; Oberrauch, Tirols Wald Beilage 1a; Aubele, Wirtschaftskunde 27; Berichte über die Lage der Tiroler Land- und Forstwirtschaft 1974 9, 1980/81 159, 1991/92 3, 1999/2000 4.

Die einstmals kleingliedrig gestaltete landwirtschaftliche Nutzungsfläche ist heute durch den weitgehenden Wegfall der Ackernutzung »ärmer« und durchgängiger geworden. Es überwiegen die alpine Grünlandwirtschaft sowie der Anbau von Intensivkulturen. Grenzflächen werden vielfach nicht mehr bewirtschaftet und der Natur überlassen. Durch Grundzusammenlegungen wurden in den letzten Jahrzehnten größere, zusammenhängende Kulturflächen geschaffen, die rationell mit Maschinen bearbeitet werden können. Ihnen zum Opfer fielen oftmals landschaftsprägende Unebenheiten im Gelände, Wasserläufe oder Strauchgruppen, die das Bild der Kulturlandschaft geprägt hatten.[15] Der naturräumliche Gegensatz von Berg und Tal und damit die vertikale Stockwerksgliederung setzen diesen Veränderungen aber Grenzen.[16]

3. Von der Autarkie zum Nebenerwerbsbetrieb

Bauerngesellschaften, in denen Ackerbau und Viehwirtschaft die Basis des Wirtschaftens bilden, bestanden in den Alpen seit über 7.000 Jahren. Sie waren einerseits gekennzeichnet durch tief greifende ökologische Veränderungen, die durch ihre Wirtschaftsweise hervorgerufen wurden (Waldrodungen zur Bereitstellung bearbeitbarer Kulturfläche), andererseits zeichneten sie sich durch einen Wechsel von wirtschaftlich und gesellschaftlich prosperierenden mit rückläufigen Phasen aus.[17]

Die Eigenart dieser bäuerlichen Wirtschaftsweise bestand in einer Art Symbiose aus Menschen, Tieren und Pflanzen. Ihre gegenseitige Wechselwirkung war entscheidend für die Überlebensfähigkeit dieser Bauerngesellschaften. Die ideale Ausprägungsform im Alpenraum schien lange Zeit in der Selbstversorgung (Subsistenz-/Autarkiewirtschaft) zu bestehen, die als geschlossenes System der Eigenversorgung verstanden wurde, bei der jeder Hof alle Lebensmittel selbst produzierte und lediglich lebensnotwendige Güter wie Salz und Metalle zukaufte. Diese Wirtschaftsform ließ sich jedoch seit dem Mittelalter nicht mehr aufrechterhalten. Bereits zu dieser Zeit waren die meisten alpinen Bauerngüter in erheblichem Ausmaß in regionale und überregionale Tausch- und Handelskreisläufe eingebunden und damit auch von der Krisenhaftigkeit der frühkapitalistischen Wirtschaftsweise betroffen. Ursache für das Abgehen von der reinen Selbstversorgung waren einerseits unausgewogene Besitzverhältnisse, die vor allem in Realteilungsgebieten zur Zersplitterung der Güter bis hin zur Unwirtschaftlichkeit führten, sowie sehr häufig ungünstige naturräumliche Gegebenheiten, die die Bauern zwangen, fehlende Produkte durch Tausch oder Handel zu erwerben. Zudem entwickelten sich in Regionen mit unterschiedlichen Nutzungspotenzialen, zum Beispiel an den Rändern der Alpen, sehr früh komplementäre Produktionszentren mit Arbeitsteilung und Marktbildungen.[18]

Die Phase der Frühindustrialisierung (1820 bis 1870/80) war gekennzeichnet von der endgültigen Zerstörung des traditionellen Wirtschaftsaustausches zwischen den Alpen und ihren Vorländern. Die Ablöse und der Niedergang des ländlich-bäuerlichen Handwerks und Gewerbes (Hausgewerbe, Saumhandel) und deren Ersatz durch maschinelle Transportmittel (Eisenbahn) sowie durch industriell gefertigte Waren führte zu einer Reagrarisierung des Alpenraums, da den Bauern Einnahmen aus ihrem Nebenerwerb verloren gingen und sie in Folge gänzlich von ihrer landwirtschaftlichen Tätigkeit als Einkommensquelle abhängig wurden. Diese Reagrarisierung wurde von Zeitgenossen nicht selten als Rückkehr zur eigentlichen bäuerlichen Bedeutung missverstanden und war Anstoß zu einer Romantisierung und Heroisierung des alpinen Bauerntums, die im 20. Jahrhundert in einer »Blut und Boden«-Mystik unsäglich endete.[19]

Seit dem Ende der Selbstversorgung ist die Tiroler Landwirtschaft, bedingt durch den Naturraum und den hohen Anteil an Bergbauern, primär auf die Erzeugung von Milch und Fleisch ausgerichtet. Einige wenige Sonderbetriebe (Acker-, Gemüse- und

Obstbau sowie Kräuterzucht) ergänzen diese Produktionsstruktur. Das Wirtschaften geschieht zumeist auf dem Hof, der die Hofstelle und die dazugehörige Kulturfläche umfasst. Die meisten bäuerlichen Güter in Tirol sind in privater Hand. Sie werden heute überwiegend als Familienbetrieb geführt. Die Beiziehung fremder Arbeitskräfte ist im Laufe der letzten Jahrzehnte stark zurückgegangen.

Am Hof galt bis ins 19. Jahrhundert eine förmliche Hierarchie, gegliedert nach der Arbeitseinteilung, durch die jede Person ihre Rolle zugewiesen bekam. Neben den Bauersleuten waren Knechte und Mägde für Futterbereitung, Mahd, Tierpflege, Melken, Verarbeitung der Milch, Stallarbeit, Feldarbeit, Arbeit im Wald sowie für Hausarbeit zuständig.[20] Durch den Kostendruck kam es zur Abwanderung unterbäuerlicher Schichten aus der Landwirtschaft, was einen Arbeitskräftemangel nach sich zog. Durch die ab den Fünfzigerjahren verstärkt einsetzende Mechanisierung und Rationalisierung konnte dieser Mangel zwar kompensiert werden, bewirkte aber, dass die engere bäuerliche Familie stärker in den Arbeitsprozess einbezogen wurde. Die Umstellung zahlreicher bäuerlicher Wirtschaften von Voll- auf Neben- oder Zuerwerb brachte mit sich, dass sich die Arbeitsverteilung zwischen den Geschlechtern verschob. Nicht selten »schupft« heute die Bäuerin das Tagesgeschäft am Hof allein, der Mann, der einem Neben- oder Zuverdienst außerhalb der Bauernschaft nachgeht, unterstützt sie nur in seiner Freizeit (Stall- und Feldarbeit, Melken, Holzarbeit).

Die Einschränkung des bäuerlichen Betriebs auf extensive Viehwirtschaft bewirkte auch eine Umstellung der Arbeiten am Hof. Zahlreiche Arbeiten wurden aufgelassen bzw. abgegeben. Selten wird heute noch am Hof Brot gebacken, Flachs gesponnen oder geschlachtet. Erst mit dem Aufkommen der Direktvermarktung haben diese »Nebentätigkeiten« wieder an Bedeutung gewonnen. Vielfach bewirken sie eine Zunahme der Arbeit für die Bäuerin. Zu ihrer Rolle als Produzentin landwirtschaftlicher Produkte ist sie auch mit deren Verkauf ab Hof oder auf dem Wochenmarkt beschäftigt. Auch die »Bewerbung« der Produkte liegt vielfach in den Händen der Frauen.

II. Die Bodennutzung

[…] in Gebirgsgauen mit alter Cultur, wo innerhalb der Region der menschlichen Niederlassungen sozusagen jeder Fleck Erde seit langer Zeit der wirthschaftlich zweckdienlichsten Art der Benützung und Behandlung unterzogen worden ist […]
Ferdinand Kaltenegger[21]

Die landwirtschaftlich genutzte Fläche Tirols besteht aus Ackerland (einschließlich der Brachflächen), Hausgärten, Obstanlagen, Weingärten, Reb- und Baumschulen, Forstbaumschulen, Wiesen und Weiden, Almen und Bergmähdern. Der Großteil des landwirtschaftlich bewirtschafteten Bodens in Tirol ist Dauergründland. Darunter werden ein- und mehrmähdige Wiesen, Kulturweiden, Hutweiden, Almen und Bergmäher sowie Streuwiesen verstanden. Ihre Entstehung und Ausbreitung ist eng mit der Geschichte der alpinen Landwirtschaft verbunden. Der gesamte Felderbestand eines Dorfes, die so genannte Flur, umgab den Ort in einem geschlossenen Umkreis. Die einzelnen Feldstücke innerhalb der Flur lagen in Gemeng- oder Streulage vor, zumeist in einigen größeren Blöcken, in denen die einzelnen Höfe längsstreifenförmige Anteile haben. Daraus ergab sich der Flurzwang, das Gebot, dass die Bauern Anbau und Ernte auf den Feldern zur selben Zeit und ohne sich zu behindern zu verrichten hatten.

Seit dem Mittelalter wurde auch in Tirol die Drei-Felder-Wirtschaft praktiziert, die zwischen einer Winter- sowie Sommersaat und einem brachliegenden Teil unterschied, der als Weide genutzt wurde. Schon vor 1800 war sie jedoch in eine Feldgras- oder Egartenwirtschaft übergegangen, bei der der Wechsel zwischen Acker und Wiese in längeren Zeiträumen – bis zu sechs Jahren – erfolgte. Das Grasland wurde zudem als Mahd und nicht bloß zur Weide verwendet.[22]

Die im Laufe der Zeit, insbesondere in den letzten 60 Jahren, gewandelten bäuerlichen Arbeitstechniken vollzogen sich somit auf einer weitgehend aus dem Mittelalter stammenden Flur. Die Streulage der zu einem Hof gehörenden Grundstücke sowie die meist vorhandene räumliche Trennung von Hofstelle und Betriebsfläche hatten eine Neuordnung der bäuerlichen Betriebe in Hinblick auf Bedarf und Absatz, als auch zu Zwecken der Kostenbegrenzung, weitgehend verhindert, bis mit der ab Ende der Sechzigerjahre forcierten Grundzusammenlegung in Form von Flurbereinigungen und Nutzungsregulierungen bessere Wirtschaftsvoraussetzungen für einen Teil der Tiroler Bauernschaft geschaffen wurden.[23]

1. Obstbau

[…] der übrigens nur in den milderen Lagen und auch da nur in geringem Umfange in Baumgärten, dann auf den Häusern zunächst gelegenen Wiesgründen, sowie an Feldrainen und Wegrändern betrieben wird.
Ferdinand Kaltenegger[24]

Klimabedingt war der Obstbau vor allem in den südlichen Landesteilen Tirols beheimatet. Hier war es vornehmlich das Etschtal von Partschins bis Salurn, das bereits im 19. Jahrhundert als »berühmtes Obstland« galt. Daneben wurde Obstbau auch im Vinschgau sowie in der Brixner Gegend betrieben. Angebaut wurden vor allem Wein sowie Kern- und Steinobst. Insbesondere die Apfelsorten Deutschsüdtirols galten als die »feinsten und berühmtesten, welche überhaupt in der ganzen Welt erzeugt werden«.[25] In Nordtirol spielte der Obstbau nie eine so bedeutende Rolle wie in Südtirol. Die niedrigsten Lagen Nordtirols in etwa 480 Meter Meereshöhe sind nicht die wärmsten und damit nicht die geeignetsten für den Obstbau. Gute Obstlagen finden sich deshalb nicht selten in höheren Zonen, an Hängen und Hochplateaus bis hinauf über 1.000 Meter.

In der auf Selbstversorgung ausgerichteten bäuerlichen Wirtschaft Tirols hatte fast jeder Hof seinen Baum oder ein Spalier. Die Früchte waren überwiegend zum Hausgebrauch, insbesondere zum Schnapsbrennen, nicht aber für den Markt bestimmt. Einzig im Inntal sowie in den niederen Lagen einiger Seitentäler Nord- und Osttirols wurde

Obstbau auch kommerziell betreiben. Recht gute Obstbaulagen bietet das Oberinntal Inn aufwärts bis Pfunds, wo manche Abschnitte klimatische Ähnlichkeit mit dem mittleren Vinschgau zeigen: hohe Sonnenintensität, relative Windstille, geringe Niederschläge und gute tiefgründige Böden. Im Tiroler Oberland hatte ein Zweigverein der »K. k. Landwirtschaftsgesellschaft für Tirol und Vorarlberg« bereits um die Mitte des 19. Jahrhunderts begonnen, sich für die Intensivierung des Obstbaus einzusetzen.[26] Mit Hilfe von Wanderlehrern wurde das Wissen über Veredelung und Standortbedingungen für den Obstbau in den einzelnen Dörfern verbreitet. Nach dem Zweiten Weltkrieg wurde in Imst die Errichtung einer Obstbauschule geplant und mit der Errichtung einer Baumwärterschule realisiert.[27]

Bescheiden war und ist die flächenmäßige Ausdehnung von Obstbauanlagen. 1951 betrug sie gerade einmal 1.135 Hektar. Bis 1999 schwand dieser bescheidene Anteil an der Kulturfläche des Landes auf 242 Hektar. Auf dieser Fläche werden aber nicht alle Kulturen bewirtschaftet. 1955 standen auf dieser Fläche immerhin rund 412.600 Bäume, davon knapp die Hälfte Apfelbäume und zu je einem Fünftel Birn- bzw. Zwetschken-, Pflaumen-, Mirabellen- und Ringlottenbäume.[28]

In den Dreißigerjahren waren im Durchschnitt jährlich noch 15.000 Tonnen Obst geerntet worden, in den Vierziger- und Fünfzigerjahren aber nur mehr 5.000 Tonnen. Grund dafür war eine deutliche Überalterung des Baumbestands, die dazu führte, dass der Durchschnittsertrag von 53 Kilogramm pro ertragsfähigem Baum (1931) auf 18 Kilogramm (1947) sank.[29] In den Neunzigerjahren wurden von 145 Betrieben im Schnitt noch 3.500 Tonnen Obst geerntet, dies auf deutlich geringerer Fläche. Über 60 Prozent der Ernte entfielen auf Äpfel, 26 Prozent auf Erdbeeren, 5 Prozent auf Zwetschken und Pflaumen, der Rest auf Birnen, Ribisel und andere Beeren.[30]

1948 errichteten in Roppen 16 Bauern die erste Marillenanlage als Gemeinschaftspflanzung.[31] Seit den Fünfzigerjahren wurde von einigen Bauern, vorerst mit Hilfe von ERP-Mitteln und der Unterstützung der Tiroler Landwirtschaftskammer, mit dem Beerenintensivanbau begonnen. Schwarze und rote Johannisbeeren (Ribisel), Himbeeren und vor allem Erdbeeren, seltener Brombeeren und Stachelbeeren wurden in Intensivkulturen angebaut. Anbauflächen mit Preiselbeeren und Kulturheidelbeeren sind über Versuche kaum hinausgekommen.[32] Der Absatz von Erdbeeren und Himbeeren geschieht vorwiegend über Selbstpflückerkulturen. Zur Ertragssteigerung und Arbeitserleichterung werden die Apfelbaumkulturen seit den Sechzigerjahren durch Niederstammanlagen ersetzt, die einen Baumschnitt und die Ernte ohne Verwendung von Leitern ermöglichen.

Äpfel werden neben Tafelobst vor allem zur Erzeugung von Saft verwendet. Zwetschken werden heute nur mehr selten gedörrt, sondern kommen ebenfalls als Frischobst auf den Markt bzw. werden von Schnapsbrennereien aufgekauft. Die Vermarktung und Verarbeitung geschieht entweder direkt am Hof oder über Obstverwertungsanlagen. Zur Koordination einheitlicher Angebote und zur besseren Organisation der Produzenten wurde 1964 der Verband der Obstbauringe Tirols gegründet. 1996 lag der Verkaufserlös aller Tiroler Obstbauern bei rund 40 Millionen Schilling.

2. Wiesen- und Weideland

Das Hauptproduct der landwirthschaftlichen Pflanzencultur bildet überall das Heu [...]
Ferdinand Kaltenegger[33]

Ein Problem der traditionellen bäuerlichen Wirtschaft waren die stets geringen Futtervorräte. Aufgrund des zur Selbstversorgung betriebenen Ackerbaus gab es weniger Wiesen als heute. Die wenige vorhandene Düngermenge wurde auf die Äcker aufgebracht, die Wiesen mehr bewässert als gedüngt. Auf diesen bestand zudem ein ausgedehntes Weiderecht, das den Heuertrag weiter verminderte. Große Bedeutung für den Viehbauern hatte daher gutes Wetter. Es ermöglichte im Frühjahr den früheren Beginn der Heimweide und im Herbst die Einbringung des letzten Schnitts und die Ausdehnung der Herbstweide.[34]

Zur Kompensation mangelnder Futtervorräte wurden dem Vieh Laub, Farn, Heidekraut, Flechten sowie feingehackte Fichten-, Tannen- und Wacholderzweige verfüttert. Daneben wurde versucht, die Weidefläche aufzustocken. Dies geschah einerseits durch Rodung, andererseits durch den Auftrieb des Viehs in die Au- und Waldweide. Auch natürliche Waldlichtungen, so genannte Laner, dienten als Weide. Diese strauch- und baumlosen Flächen waren durch jährlich niedergehende Lawinen entstanden.

Der jährlich wiederkehrende Futtermangel änderte sich erst mit dem Übergang von der Weidewirtschaft zur Sommer-Stallfütterung. Durch Einsaat von Futterpflanzen wie Gräsern oder Klee wurden ab Mitte des 18. Jahrhunderts mehr und mehr Kunstwiesen geschaffen, die die einstigen Gemeindewiesen verdrängten und nur mehr von einem Bauern bestellt wurden. Ihr Ertrag war dreimal so hoch wie der einer Naturwiese. Auch die Naturwiesen wurden seit dem 19. Jahrhundert unter Anleitung agrarischer Vereinigungen und Wanderlehrer zunehmend besser gepflegt. Dies war Voraussetzung für die Ausdehnung von Viehhaltung und Molkereiwirtschaft. Durch die gesteigerte Viehhaltung verfügten die Bauern über mehr Dünger und Gülle, die sie wiederum auf Wiesen und Weideflächen aufbringen konnten. Dies geschah meist mittels einer auf ei-

Ausbringen von Stallmist, 1950er-Jahre

nem Wagen oder Schlitten auf die Wiese geführten *Benn* (Mistkorb). In steilere Lagen musste dieser Korb auf dem Rücken getragen werden. Seit Ende des 19. Jahrhunderts wurden dazu Drahtseilwinden verwendet.

Um 1830 war die Gülledüngung im Oberinntal bereits einigermaßen verbreitet. Durch ihre Hanglage und mittels eines Bewässerungssystems wurden diese Wiesen mehr oder weniger gleichmäßig »angewaschen« (gedüngt).[35] Seit den 1870er-Jahren wurde im Stubaital das Ausstreuen von Gips auf Kleefeldern praktiziert. Nach und nach kamen weitere Kunstdünger dazu. Zu deren Ankauf waren aber nicht unbeträchtliche Geldmittel notwendig, über die viele Tiroler Bauern noch in der ersten Hälfte des 20. Jahrhunderts nicht verfügten. Nach Ende des Zweiten Weltkrieges kam ein neues Angebot an Handelsdüngern auf den Markt, das ab den Fünfzigerjahren auch in Tirol durch »Handelsdüngeraktionen« unter die Bauernschaft gebracht wurde. In so genannten Umstellungsgemeinden wurde die Düngerwirtschaft unter Einbezug ständiger Kontrollen eingeführt. Der dafür benötigte Dünger war bereits durch Staatsmittel verbilligt und wurde an die Beteiligten nochmals reduziert abgegeben. Absicht dieser Aktionen war es, den Landwirt von den Vorteilen des Einsatzes von Handelsdünger zu überzeugen, sodass er diesen auch ohne Verbilligungen weiter bezog.[36] In den letzten Jahrzehnten ist auch in Tirol eine Abkehr von der Kunstdüngerwirtschaft zu verzeichnen. Zahlreiche Bauern haben in so genannten Umstellungsbetrieben damit begonnen, ihren landwirtschaftlichen Betrieb ohne Zusatz von Kunstdünger »biologisch« zu bewirtschaften.

Nicht gedüngte Wiesen wurden als »Galtmähder« bezeichnet. Sie liegen meist bei den Siedlungen oder nicht allzu weit davon entfernt, sodass die Heubringung keine lange Abwesenheit vom Hof erforderte. In mittleren und höheren Lagen des Wipptales und des Mieminger Plateaus sind diese Galtmähder vielfach mit Lärchen bestanden (»Lärchenmähder«), deren jährlich abfallenden Nadeln als Düngung fungierten. Nicht alle Wiesen wurden für die Weide geöffnet: Unmittelbar um das Haus gelegene Wiesen blieben zumeist von der Beweidung ausgenommen. Diese Anger, auch Angermahd oder Puit genannt, waren häufig mit Obstbäumen bepflanzt und umzäunt. Ihr Gras wurde gemäht und als Grünfutter verwendet. Aufgrund ihrer besseren Lage und Pflege war auf diesen Wiesen schon seit jeher eine dreimalige Mahd möglich, in begünstigten Landschaften sogar eine viermalige.

In der Regel konnten die Wiesen und Weiden ein- bis zweimal gemäht werden. Eine längere Beweidung im Frühjahr schob den zweiten Heuschnitt hinaus oder ließ ihn gar ganz ausfallen. In manchen Gegenden wurde deshalb zwischen »Frühwiesen« und »Spätwiesen« unterschieden. Auf den Frühmähdern war die Weidezeit im Herbst kürzer bemessen; die Spätwiesen wurden im Herbst früher dem Viehauftrieb geöffnet. Eine zweite Mahd war hier verboten. Die erste Mahd wird als Heu bezeichnet, das Ergebnis der zweiten Mahd als Grummet. Auf Wiesen in günstiger Lage war eine dreimalige Mahd möglich. Dieses dritte Heu wird umgangssprachlich Pofel genannt.[37]

Traditionell wird die Konservierung des Raufutters durch Trocknung erreicht. Während früher die Gerüsttrocknung (zumeist auf Heinzen oder Stieflern, seltener auf Schwedenreitern) vorherrschte, wird heute das geschnittene Gras durchwegs am Boden getrocknet.

Der heutige Grünlandbereich besteht zum Großteil aus in intensiver Nutzung und Pflege stehenden, mähbaren Weiden (Kulturweiden), zum geringeren Teil aus unkultivierten, minderwertigen Grünlandflächen, so genannten Hutweiden, deren Pflanzendecke keine andere Nutzung zulässt und zu einem kleinen Teil aus nassen, sauren Wiesen, deren Grasnutzung nur als Streu verwendet wird (Streuwiesen). Seine Verteilung hängt stark vom Relief, der Bodenbeschaffenheit sowie Bewässerung ab und schwankt von Region zu Region. Während der Anteil an reiner Weidefläche im Laufe des Jahrhunderts zurückging, nahm der Anteil gemähter Talwiesen an der gesamten landwirtschaftlich genutzten Fläche Tirols um ein Viertel zu: Lag ihr Anteil 1927 noch bei etwas über 13 Prozent, so betrug er 1999 knapp 20 Prozent.

Innerhalb der Bezirke weisen diese Wiesenanteile größere Schwankungen auf. In den Bezirken Kufstein und Kitzbühel lag 1999 zusammen mehr als ein Drittel der gesamten Wiesenflächen des Landes; 1927 hatte dieser Anteil noch etwas über einem Viertel betragen. Den geringsten Anteil an der gesamten Wiesenfläche weisen die Bezirke Imst und Landeck mit je unter 10 Prozent auf, wobei sich dieser Anteil hier im Verlauf des Jahrhunderts kaum verändert hat. Die Bezirke Reutte und Schwaz haben hingegen eine gegenläufige Entwicklung erfahren. Während in Ersterem der Anteil an der Wiesenfläche von etwas über 12 Prozent im Jahre 1927 auf etwas über 7 Prozent 1999 zurückging, war es im Bezirk Schwaz genau umgekehrt. Im Bezirk Innsbruck Land ging ebenfalls der Anteil an der gesamten Wiesenfläche von einem Viertel auf 15 Prozent im Verlauf des Jahrhunderts zurück. Reutte und Innsbruck Land weisen heute einen Anteil von je etwas über 20 Prozent Wiesenfläche auf, gefolgt vom Bezirk Schwaz mit knapp 18 Prozent. Der Anteil von Wiesen an der gesamten Kulturfläche liegt in den Bezirken Imst, Landeck und Lienz nur bei je 11 Prozent.

Tabelle 3: Anteil der Wiesen 1927 und 1999 (in Prozent)

	an gesamter Wiesenfläche in Tirol		an landwirtschaftlich genutzter Fläche im Bezirk	
	1927	1999	1927	1999
Imst	9,10	8,23	8,20	11,78
Innsbruck Land	21,55	15,34	18,89	21,78
Kitzbühel	15,29	18,35	15,93	33,45
Kufstein	13,36	18,64	23,76	38,80
Landeck	7,90	8,13	7,12	11,24
Lienz	12,30	11,60	8,59	12,87
Reutte	12,18	7,23	21,11	22,71
Schwaz	8,33	12,48	9,63	17,75

Quelle: Eigene Berechnungen aufgrund der Daten bei Müller, Tiroler Berufsstatistik 7; Statistik Austria, Agrarstrukturerhebung 1999.

Neben der Einbringung in getrockneter Form als Heu wird heute ein Großteil des eingebrachten Raufutters siliert. Im Schnitt wurden in Tirol in den Neunzigerjahren 50 bis 70 Prozent der jährlichen Futtervorräte als Silage konserviert. Insbesondere bei der Grassilage kommt es aber immer wieder durch Verschmutzung, hervorgerufen durch zu tiefen Schnitt, sowie nicht fachgerechte Verdichtung des Siliergutes zu einer Minderung der Futterqualität. In den letzten Jahren hat auch in Tirol die Rundballensilierung zugenommen. Die dabei anfallenden Stretchfolien aus Kunststoff werden heute eingesammelt und einer Wiederverwertung zugeführt.

3. Alpines Grünland

> *[...] bildet das Vorhandensein jener [...] Weideterritorien, welche zwischen und über der oberen Grenze des hochstämmigen Holzwuchses die freien Kammhöhen und Gipfel der Gebirge bis zur Region des ewigen Schnees und Eises einnehmen, einen ebenso integrirenden als charakteristischen Bestandtheil der Landwirthschaft und Viehzucht der Gebirgszone.*
> Ferdinand Kaltenegger[38]

Die Almwirtschaft, eine Form der saisonalen Wanderung des Viehs und eines Teils des landwirtschaftlichen Personals, ist ursächlich mit der bäuerlichen Wirtschaft im Hochgebirge verbunden und beeinflusst sie in hohem Maße. Das während des Winters im Tal eingestellte und gefütterte Vieh wird ab Mitte Juni auf die Höhenweide (Alm) gebracht (»bestoßen«). Dort verbleibt es den Sommer über für mehrere Wochen und wird im Herbst, meist gegen Anfang Oktober, wieder ins Tal getrieben. In einigen Gegenden verbringt das Vieh auch einige Zeit vor und nach der eigentlichen Alpung auf Voralmen (Asten). Die gesamte Dauer der Sömmerung kann durch Witterungseinflüsse von Jahr zu Jahr etwas schwanken, umfasst meist aber 15 Wochen. Mit der Almwirtschaft ist eine eigene Kultur verbunden (Almdorf, Almhütten, Senner- und Hirtenleben).[39]

Die Bedeutung der Almwirtschaft liegt nicht so sehr auf dem Gebiet der Milchwirtschaft, als in der Tatsache, dass die Heimgüter im Sommer ohne Tiere bewirtschaftet werden können, um ausreichend Futter für das Vieh im Winter zu gewinnen. Ohne Alpung des Viehs käme es zu beträchtlichen Futterengpässen im Winter.

Neben dieser Nutzfunktion der Alpung für die Landwirtschaft stellt die Sömmerung des Viehs auf den Almen auch eine Schutzfunktion für den alpinen Siedlungsraum dar, indem dieser durch Abweidung des Pflanzenbestands vor Bodenerosion, Lawinen- und Murenabgängen sowie Hangrutschungen geschützt wird. Auch die Wasserspeicherfähigkeit des Almbodens wird durch die Beweidung verbessert.

Seit etwa hundert Jahren erfüllt die Almwirtschaft auch eine Erholungsfunktion, und zwar für den internationalen Tourismus genauso wie für Erholungsuchende aus dem Nahbereich: Almen gehören zum positiven ästhetischen Landschaftsbild des Alpenraums. Damit einher ging eine Funktionserweiterung der Almen, indem auf zahlreichen Almhütten zunehmend Wanderer und Ausflugsgäste bewirtet und verköstigt werden. Vor allem Almen im städtischen Umkreis sowie durch Wander- oder Fahrwege er-

Sennerin mit
»Kopfkrax« – Kopftrage,
1930er-Jahre

schlossene Almen wurden so in den letzten Jahren zu beliebten Ausflugszielen. Auch neue Trendsportarten wie Mountainbiking tragen zu diesem Funktionswandel bei. Die damit einhergehenden Nutzungskonflikte dürfen aber nicht unterschätzt werden. Wege müssen instand gehalten werden, das Vieh wird teilweise gestört und die Arbeitsbelastung für das Almpersonal steigt. Demgegenüber stehen zusätzliche Einnahmen, die von manchen Almbesitzern und -erhaltern bereits fix in ihren Gesamtertrag einkalkuliert werden.

Im Schnitt bestehen fast drei Viertel der Tiroler Kulturflächen aus Almen, Hutweiden und Bergmähdern. Im Laufe des Jahrhunderts verringerte sich die bewirtschaftete Almfläche in Tirol um rund 10 Prozent.

Tabelle 4: Anteil der Almflächen und Hutweiden 1927 und 1999 (in Prozent)

	an gesamter Fläche der Almen und Hutweiden in Tirol		an landwirtschaftlich genutzter Fläche in Tirol		an landwirtschaftlich genutzter Fläche im Bezirk	
	1927	1999	1927	1999	1927	1999
Imst	11,22	15,60	8,46	11,64	56,68	84,60
Innsbruck Land	13,53	12,45	10,20	9,29	66,51	66,95
Kitzbühel	11,37	9,52	8,58	7,10	66,44	65,77
Kufstein	4,52	7,25	3,41	5,41	45,10	57,14
Landeck	17,77	16,23	13,40	12,10	89,77	84,95
Lienz	21,60	18,83	16,28	14,05	84,62	79,15
Reutte	8,12	5,47	6,12	4,08	79,89	65,11
Schwaz	11,86	14,64	8,94	10,92	76,81	78,88
Tirol gesamt			75,39	74,59		

Quelle: Eigene Berechnungen aufgrund der Daten bei Müller, Tiroler Berufsstatistik 7; Statistik Austria, Agrarstrukturerhebung 1999.

Wie alle landwirtschaftlichen Kulturflächen in Tirol weist auch die Ausbreitung der Almflächen in Tirol starke regionale Unterschiede auf. Mit einem Fünftel aller Almflächen weist der Bezirk Lienz den höchsten Anteil auf. Die geringsten Anteile weisen die Bezirke Kufstein und Reutte auf. Diese Anteile unterlagen im Laufe des Jahrhunderts einer Veränderung. Während die Almflächen im Verhältnis zur gesamten landwirtschaftlichen Nutzfläche in den Bezirken Imst, Kufstein und Schwaz zwischen 1927 und 1999 zugenommen haben, waren sie in den Bezirken Kitzbühel, Landeck, Lienz und Reutte rückläufig; im Bezirk Innsbruck Land hingegen sind sie gleich geblieben. Im Bezirk Landeck waren 1999 über 80 Prozent aller landwirtschaftlichen Flächen Almflächen, im Bezirk Kufstein unter 60 Prozent.

Almen konnten sich vor allem dort halten und werden heute noch gern bewirtschaftet, wo eine motorisierte Zufahrt gegeben ist, um einerseits den Viehbestoß rasch und bequem durchführen und andererseits die produzierten Milchprodukte leicht ins Tal bringen zu können. 1986 waren in Tirol bereits 40 Prozent der Almen mit einem Lastkraftwagen sowie 30 Prozent mit einem Traktor erreichbar. Etwas über 15 Prozent der Almen verfügten auch über einen Stromanschluss.[40]

Verlässliche Zahlen über das Flächenausmaß und die genaue Anzahl bestoßener Almen liegen erst für das ausgehende 19. Jahrhundert vor, da zuvor die Größe der Almen in »Grasrechten« bemessen wurde. Eine Almerhebung aus dem Jahr 1873 weist für Tirol in seinen heutigen Grenzen 1.785 Almen aus. Davon lagen rund 65 Prozent im Unterinntal, das laut damaliger Zählung auch das Wipptal umfasste. Mit einer durchschnittlichen Almfläche von 170 Hektar waren sie aber die kleinsten des Landes. Das Oberinntal sowie das Lechtal (Bezirk Reutte) wiesen mit 537 bzw. 435 Hektar durchschnittlicher Bewirtschaftungsfläche weit größere Almen auf.[41]

Der Zustand der Almen war während des 19. Jahrhunderts sehr schlecht. Die Almweiden waren teilweise versteint und verunkrautet, die Baulichkeiten in desolatem Zustand. Zwischen 1850 und 1890 kam es zu einer ersten Phase der Auflassung von Almen. Dies konnte auch durch pflegerische Maßnahmen und den Einsatz geschulten Personals nicht aufgehalten werden. Einher ging dieser Niedergang mit einem Überbestoß von Schafalmen.[42] Die zweite Phase des Niedergangs der Almwirtschaft in Tirol wurde um 1900 durch den Rückgang der Almsennerei eingeleitet. Die Einrichtung von »Jahreskäsereien«, die die Milch auch im Sommer verarbeiteten, zwangen zahlreiche milchverarbeitende Almen zur Aufgabe. Aufgelassene Almen wurden vielfach von Jagdherren erworben. Der Herzog von Coburg etwa kaufte ab dem Jahr 1868 insgesamt 32 Almen im Karwendel; im hinteren Zillertal erwarb Fürst Auersperg 37 Almen mit einer Gesamtfläche von 9.000 Hektar, von denen er nur mehr acht Almen bestoßen ließ. Weitere solche Almkäufe erfolgten in den Bezirken Kitzbühel und Reutte. Insgesamt wechselten für Jagdinteressen vor dem Ersten Weltkrieg in Tirol 84 Almen mit einer Gesamtfläche von 20.000 Hektar den Besitz. Nicht aufgelassene Kuhalmen wurden in Galt- oder Schafalmen umgewandelt, worunter die Qualität der Weiden stark litt, aber für das Wild zusätzliche Äsungsmöglichkeiten geschaffen wurden.[43]

Vergleichsweise spät setzten in Tirol Maßnahmen zum Schutz der Almwirtschaft ein. Das »Tiroler Alpschutzgesetz« von 1909 bestimmte, dass keine bestehende Alm der

Landwirtschaft mehr entzogen werden dürfe. Ziel war es, auf legistischem Weg zu erreichen, dass Almen auch weiterhin bewirtschaftet würden. Auf Kosten der Besitzer konnten verfallene Almgebäude wieder aufgebaut oder renoviert, verwilderte oder nasse Weiden gerodet und melioriert werden (Alpschutz). Der Alpzwang ermöglichte es, auf nicht ausgelastete Almen, unter Zahlung eines ortsüblichen Weidezinses, fremdes Vieh zu treiben. Aufgrund solcher Zwangsmaßnahmen verkaufte Fürst Auersperg 34 Almen an Bauern; 1919 wurden sämtliche Coburgschen Almen langfristig verpachtet.[44]

In der Zwischenkriegszeit und während des Zweiten Weltkrieges wurden Höfe und Almen in Ermangelung anderer Einkunfts- und Beschäftigungsmöglichkeiten rege bewirtschaftet. Nach Ende des Zweiten Weltkriegs beschleunigte sich jedoch das Auflassen von Almen durch die starke Abwanderung aus dem agrarischen Sektor. Einige Naturkatastrophen in den Fünfzigerjahren (Lawinenkatastrophe von 1951 sowie Hochwässer von 1956 und 1959) zogen auch Almen in Mitleidenschaft. Zudem wurde mit der Aufforstung von Almflächen in Lawinen- und Murstrichen begonnen.

Zur Unterstützung der durch die Auflassung von Almen in eine Existenzkrise zu geraten drohenden Bauern wurden ERP-Mittel herangezogen sowie mit Förderungsmaßnahmen durch die öffentliche Hand begonnen. Im Form einer so genannten »Integralmelioration« wurde etwa im Zillertal damit begonnen, Sanierungsprojekte der Wildbach- und Lawinenverbauung mit der Alpsanierung und forstwirtschaftlichen Maßnahmen (Aufforstungen) zu verbinden. Dabei wurden die Wegverbindungen im Aufforstungsgebiet mit den Bedürfnissen der Almwirtschaft abgestimmt sowie Entschädigungen für aufgeforstete ehemalige Weideflächen bezahlt.[45] 1952 wurden in ganz Tirol 2.326 Almen verzeichnet, davon galten 20 als aufgelassen. 1974 belief sich die Zahl der Almen auf 2.340, davon waren 376 aufgelassen (16 Prozent).[46]

Ab 1977 versuchte die Landesregierung diesen Rückgang der Alpung mit einer Alpungsprämie zu stoppen. Diese Prämien waren auf Drängen von Landwirtschaftsvertretern, Fremdenverkehrsfachleuten und Naturschützern beschlossen worden. Zwar war mit der ersten Auszahlung von 4 Millionen Schilling der wirtschaftliche Impuls bescheiden, aber die psychologische Wirkung durchaus positiv. Die Statistik verzeichnete im ersten Jahr nach erfolgter Auszahlung einen vermehrten Auftrieb um rund 6 Prozent. Auch die 1978 eingeführte Förderung der Kuhsömmerung gab dem Almwesen neue Impulse. Die auf der Alm erzeugte Milch war von der Kontingentierung ausgenommen, sodass dem Erzeuger der volle Produktionspreis bezahlt wurde. Auch die 1982 vom Bund beschlossenen Sonderrichtlinien für die Schafabsatzförderung wirkten sich positiv auf den Almbestoß aus. Fortan erhielten Almen mit Schafbestand aus Zucht- und Einstelllämmern Zuschüsse.[47]

1986 wurden in Tirol 2.609 Alpen mit einer Gesamtfläche von 559.198 Hektar bestoßen. Diesen standen 302 aufgelassene Almen gegenüber. Im Jahr 2000 betrug die Anzahl der Almen in Tirol nur mehr 2.191, was einem Rückgang von 16 Prozent entsprach (österreichweit 24,2 Prozent).[48] Der Auftrieb von Rindern hat in Tirol 1986 einen Höchststand erreicht und zum Teil wieder an Werte aus den Jahren 1949 bis 1952 angeschlossen. Der Tiefststand im Auftrieb war 1974 bei der Almerhebung festgestellt worden. Seit der Mitte der Achtzigerjahre geht der Auftrieb aber wieder zurück, wobei Tirol mit einem Minus von 15 Prozent das Bundesland mit dem geringsten Rückgang ist.

Zahlreiche Almen werden heute nur mehr mit Galtvieh bestoßen. Insgesamt steht die Alpung von Jung- und Galtvieh mit über 50 Prozent am Gesamtbestoß der Almen an erster Stelle. In Tirol waren aber auch im Jahr 2000 noch 35 Prozent des gealpten Viehs Milchkühe, der höchste Wert, knapp vor Vorarlberg (34 Prozent). In Salzburg etwa stellen Milchkühe nur mehr 17 Prozent des auf Almen übersömmernden Viehs dar.[49] Neben Rindvieh werden Almen auch mit Schafen, Ziegen und Pferden bestoßen.

1987 wurde im Landtag einstimmig ein neues Gesetz zum Schutz der Almen in Tirol beschlossen, das das aus 1920 stammende Alpschutzgesetz ersetzte. Neben der Bewirtschaftung der Almen soll das neue Gesetz auch die Erhaltung der Almen als Teil der Kultur- und Erholungslandschaft gewährleisten.[50] In diesem Gesetz wurde auch der Almwald als Bestandteil einer Alm definiert, was bei den Forstleuten heftig umstritten war, aber zum Fortbestand einiger Almen beitrug. Eine Zwangsverpachtung der Almen kann nach dem neuen Gesetz nicht mehr eingeleitet werden.[51]

Nach ihrer Bewirtschaftungsform können Almen in Einzelalmen, Gemeinschaftsalmen, Agrargemeinschaftsalmen sowie Servituts- oder Berechtigungsalmen unterteilt werden. Einzel- oder Privatalmen werden von einem Eigentümer oder Pächter bewirtschaftet, der allein über die Bewirtschaftungsform entscheidet. Gemeinschaftsalmen werden von zwei oder mehreren Personen zum Teil auch getrennt bewirtschaftet. Charakteristisch für Gemeinschaftsalmen sind so genannte Almdörfer, mehrere Almgebäude in engem Verband. Agrargemeinschaftsalmen hingegen werden von zwei oder mehreren Betrieben gemeinschaftlich bewirtschaftet. Meist haben die Mitglieder einer Gemeinschaft das Recht, eine bestimmte Anzahl von Vieh aufzutreiben. Mitunter wird von der Gemeinschaft ein Senner beschäftigt. Servitutsalmen finden sich oft im Eigentum öffentlicher oder privater Körperschaften.

1873 wurden 43 Prozent der Tiroler Almen als Privatalmen, 39 Prozent als Interessentschaftsalmen (zum Beispiel Agrargemeinschaften) und 19 Prozent als Gemeinschaftsalmen geführt. Knapp 90 Jahre später (1986) wurden über 50 Prozent der Tiro-

Alm im Bezirk Kitzbühel, 1930er-Jahre

ler Almen als Einzelalmen, 30 Prozent als Agrargemeinschaftsalmen und 8,4 Prozent als Gemeinschaftsalmen geführt.[52] 1974 galten 16 Prozent der Tiroler Almen als aufgelassen; 1986 10,4 Prozent. Die größten Anteile an aufgelassenen Almen wiesen 1974 die Bezirke Reutte (28 Prozent), Landeck (20 Prozent) und Kufstein (19 Prozent) auf. Auch 1986 lagen diese Bezirke mit ihrem Anteil an aufgelassenen Almen an der Spitze Tirols.[53] Als Grund für die Auflassung von Almen wurde in Tirol 1986 zu 57 Prozent Unwirtschaftlichkeit angeführt.[54]

Eine Besonderheit des alpinen Hochlands stellen die so genannten Bergmähder dar. Es sind dies hoch gelegene Wiesenflächen, die weit von den Dauersiedlungen entfernt liegen. Viele Bergmähder reichen bis über 2.000 Meter empor, im Ötztal wurde im 20. Jahrhundert noch auf einer Höhe von 2.700 Metern gemäht. Ihr Ertrag hängt stark von der Bodenbeschaffenheit und Bodenform ab. In den Kalkalpen sind sie nicht so ertragreich wie im Schiefergebirge der Zentralalpen. Mitunter wurden die Bergmähder daher nicht jedes zweite Jahr gemäht, sondern nur alle drei bis sechs Jahre. Durch das stehen gelassene Gras tritt eine Art Düngung ein. Ertrag und Qualität des Heus der Bergmähder differieren stark, sodass ihre wirtschaftliche Bedeutung je nach Landschaft sehr verschieden ist. Minderwertiges Heu wird oft nur zur Fütterung von Galtvieh oder Schafen verwendet. Mitunter wird es dem Heu der Heimfelder beigemischt verfuttert. An nach Süden und Südwesten ausgesetzten Hängen kann das Bergheu allerdings eine sehr nahrhafte, da stark proteinhaltige und vitaminreiche Qualität erreichen. Aufgrund seiner hohen Anzahl an Futterkräutern wird es vom Vieh gerne genommen. Da Bergmahdheu dichter als Talheu ist, wiegt ein gepresstes Fuder weit mehr als vergleichbares Heu der Heimwiesen, wird aber heute kaum mehr gemäht.[55]

Exkurs »Sozialbrache«

»Sozialbrache« liegt vor, wenn Grenzertragsflächen wegen Unrentabilität aufgegeben werden oder wenn die Bewirtschaftung aus sozialökonomischen Gründen unterbleibt.[56] Grenzertrag liegt dann vor, wenn der Bewirtschaftungsaufwand höher als der Ertrag ist, die vorhandenen Arbeitskräfte den Arbeitsbedarf nicht mehr bewältigen können und Grundstücke ungünstig liegen oder schwer zu bearbeiten sind.[57]

Der sozialökonomische Wandel in der Nachkriegszeit war verbunden mit einer Abnahme der bäuerlichen Wirtschaft. Zahlreiche Betriebe stellten von Voll- auf Nebenoder Zuerwerb um. Durch die Aufnahme außerlandwirtschaftlicher Erwerbstätigkeit wurde versucht, die gänzliche Auflassung des Betriebs zu verhindern. Dies war ab den Sechzigerjahren mit dem Rückgang des Rinderbestands, einer Zunahme der Nichtbewirtschaftung von Bergmähdern, ein- und zweischnittiger Wiesen sowie einer Nichtbestoßung von Almen verbunden. Als Folge dieser Entwicklung trat eine Verödung und Verwilderung der einst genutzten Kulturflächen ein. Einerseits führte dies zu einer »Verschwarzwaldung« bis zur Talsohle, andererseits verlor das bisher vorherrschende Landschaftsbild an landschaftlicher Vielfalt und Attraktivität. Vielerorts bewirkte die Brachlegung einst bestellter Kulturfläche aber auch eine Zunahme der Erosion und Blaikenbildung.

Anfang der Achtzigerjahre wurden im gesamten Bundesgebiet 350.000 Hektar landwirtschaftliche Flächen nicht mehr genutzt. In Tirol wirkte sich dies vor allem im Bezirk Reutte, vorwiegend im Lermooser Becken, massiv aus.[58] Der Bezirk Reutte war seit jeher landwirtschaftliches Problemgebiet. Nicht so sehr durch seine Höhenverhältnisse, als durch die orografische Lage mit der Ausrichtung des Lechtals nach Nordosten. Daraus ergibt sich ein bestimmender naturräumlicher Ungunstfaktor. Zudem war es durch die Realteilung zu einer starken Zersplitterung der Bauerngüter gekommen. In früherer Zeit versuchten die Menschen in diesem Raum diese Nachteile durch saisonale Wanderung zu kompensieren – bekannt waren einst die Baumeister des Lechtals oder die »Schwabengänger« – sowie im Transithandel und Fernverkehr ein Nebeneinkommen zu finden. Im 20. Jahrhundert boten zunehmend Industrie (Plansee Werk Reutte, Zementwerk Schretter, Holz- und Papierindustrie, kdg-Mediatech) und Fremdenverkehr Arbeitsplätze an.[59] Diese Einkommensalternativen wurden ab den Sechzigerjahren vermehrt von den Bewohnern des Bezirks genutzt.

Im Bezirk Reutte bestanden 90 Prozent der Flächen, die brach gefallen sind, aus Grenzertragsflächen wie Bergmähder und Almen. Das restliche Zehntel, das aus Parzellen in Tallagen besteht, war hingegen im Ertrag gleich oder sogar höher als die ungenutzten Bergmähder. Auch Wälder wurden im Bezirk Reutte von der Brachlegung erfasst und kaum mehr durchforstet und verjüngt.[60] Der Großteil der nun brachliegenden Almen und Wälder war gemeinschaftlicher Besitz. Bei den meisten Gemeinschaftsmitgliedern ließ das Nutzungsinteresse, bald nachdem sie ihr Einkommen außerhalb der Landwirtschaft gefunden hatten, stark nach.[61]

Um Gegenmaßnahmen einzuleiten, wurden von der Landesregierung die meisten Gemeinden des Bezirks als »entsiedlungsgefährdend« eingestuft und mit speziellen Förderprogrammen bedacht. Aufgrund des Tiroler Landwirtschaftsgesetzes 1974 wurden Ausgleichszulagen für bestimmte Berghöfe gewährt, um diesen für Erhalt und Pflege der Umwelt besondere Wirtschaftserschwernisse abzugelten.[62] Letztendlich konnten diese und weitere Einzelmaßnahmen (Zusammenlegungen, Weidewirtschaft mit Wild- und Halbwildtieren, weitere Extensivierung, Schafhaltung sowie »Landschaftspflege« ohne Agrarproduktion) jedoch nicht verhindern, dass viele Grenzertragsflächen auch heute noch brachliegen oder aufgeforstet wurden.

4. Ackerbau

[...] das an und für sich unbedeutende Ackerareale für die immerhin ziemlich dichte Bevölkerung den Bedarf an Getreide und sonstigen Nahrungs- sowie Nutzpflanzen nicht zu decken vermag [...]
Ferdinand Kaltenegger[63]

Der Anbau von Feldfrüchten hatte in Tirol, im Gegensatz zur Grünlandwirtschaft, stets einen nachrangigen Stellenwert: Lange Zeit diente er in erster Linie der Selbstversorgung; Überschüsse, sofern vorhanden, wurden am Markt verkauft. Erst mit dem Abgehen von der Subsistenzwirtschaft durch die Einfuhr billigen Getreides seit den 1870er-Jahren kam es zu einer grundlegenden Wende im Ackerbau.

Unter Ackerfläche wird regelmäßig bearbeitetes und einer Fruchtfolge unterliegendes Land verstanden. In Tirol wurde mitunter auch Weideland in Ackerfläche umgewandelt und Anbau auf exponierten Kleinstflächen betrieben. Das Ausmaß der intensiv bewirtschafteten landwirtschaftlichen Fläche schwankte im Laufe des 20. Jahrhunderts aufgrund produktionstechnischer sowie wirtschaftspolitischer Gegebenheiten. Vor allem in Zeiten mit Versorgungsproblemen, wie in den beiden Nachkriegsjahren, stieg der Ackerbau an, während er in der zweiten Jahrhunderthälfte drastisch abnahm. Über das gesamte Jahrhundert gesehen verringerte sich die Ackerbaufläche in Tirol um fast 80 Prozent.

Tabelle 5: Anteil der Ackerfläche in Tirol 1890–1999 (in Hektar)

Jahr	Ackerfläche
1890	61.270
1927	56.276
1937	55.874
1944	38.777
1955	46.553
1963	43.203
1973	28.475
1979	30.661
1990	14.616
1999	12.035

Quelle: Eigene Berechnungen aufgrund der Daten bei Kaltenegger, Feldbau, Viehzucht und Alpwirthschaft 520; Müller, Tiroler Berufsstatistik 7; Ergebnisse der Landwirtschaftlichen Statistik 3, Aubele, Wirtschaftskunde 27; Berichte über die Lage der Tiroler Land- und Forstwirtschaft 1974 9, 1980/81 159, 1991/92 3 und 1999/2000 4.

1927 erstreckten sich knapp 60 Prozent der gesamten Ackerbaufläche Tirols zu nahezu gleichen Teilen auf die drei Bezirke Kufstein, Kitzbühel und Innsbruck Land. Bis 1999 verschwand der Ackerbau im Bezirk Kitzbühel nahezu völlig, während er, jedoch mit geänderten Fruchtständen, im Bezirk Innsbruck Land heute noch eine gewisse Bedeutung hat: In diesem Bezirk befanden sich 1999 fast 40 Prozent der Ackerflächen des Landes. Im Bezirk Reutte spielte der Ackerbau, vor allem der Getreidebau, aufgrund des rauen Klimas keine Rolle.

Angebaut wurden in Tirol vorwiegend Flachs, Getreide, Hackfrüchte und Futterpflanzen. Während die beiden Ersteren heute fast völlig aus der Anbau- und Erntestatistik verschwunden sind, kommt Letzteren noch eine gewisse Bedeutung zu.

Flachs und Hanf wurden seit jeher für den Eigenbedarf an Leinen angebaut. Als besonders günstig für den Anbau erwiesen sich dabei die feuchten Höhenlagen des Lech-, Ötz- und Pitztales sowie die Umgebung von Axams und Kitzbühel.[64] Vor allem Flachs

Tabelle 6: Anteil der Ackerflächen 1927 und 1999 (in Prozent)

	an gesamter Ackerfläche in Tirol		an landwirtschaftlich genutzter Fläche im Bezirk	
	1927	1999	1927	1999
Imst	8,41	11,84	6,07	2,31
Innsbruck Land	19,81	38,62	13,91	7,47
Kitzbühel	20,91	1,21	17,45	0,30
Kufstein	20,94	13,46	29,83	3,82
Landeck	4,10	2,73	2,96	0,52
Lienz	11,90	16,68	6,66	2,52
Reutte	0,00	0,05	0,00	0,02
Schwaz	13,93	15,40	12,89	2,98

Quelle: Eigene Berechnungen aufgrund der Daten bei Müller, Tiroler Berufsstatistik 7; Statistik Austria, Agrarstrukturerhebung 1999.

aus dem Ötztal wurde im 19. Jahrhundert auch für den Markt produziert; Hauptabnehmer waren Bauern in Südtirol. Noch in der ersten Hälfte des 20. Jahrhunderts wurde in einigen Bezirken Tirols Flachs angebaut. Die einstige Anbaufläche von 600 Hektar

Das »Brecheln« –
Flachsbearbeitung,
Anfang 1950er-Jahre

war allerdings bis 1937 auf 172 Hektar geschwunden; bis 1944 sank diese Fläche nochmals auf 93 Hektar.[65] Nach einem kurzen »Aufblühen« des Flachsanbaus in den ersten Jahren nach 1945, in denen die Anbaufläche auf 100 Hektar ausgeweitet worden war, verschwand die Pflanze ab den Fünfzigerjahren nahezu vollständig von den Tiroler Äckern. Bestrebungen, den Flachsanbau in Tirol weiter zu halten, blieben erfolglos:[66] Eine in Vomp errichtete Flachsröste musste bereits fünf Jahre später wieder gesperrt und die Anbaugenossenschaft aufgelöst werden. Einzig zur Produktion von Futtermitteln wurde Flachs noch einige Zeit lang angebaut. Mit dem Verschwinden des Flachsanbaus verschwand auch die Kultur seiner Verarbeitung. Diese war, nach dem Schnitt, vorwiegend Frauenarbeit gewesen und bestand im Trocknen, »Rösten« und »Brecheln«. Danach wurden die Fäden »gehachelt«. Dabei wurde das feine »Hoor« vom groben »Werch« getrennt. In der Winterzeit wurde das »Gut« versponnen, in Aschenlauge gekocht, geschwemmt und dann von »Störwebern« zu Tuch verwoben.[67]

Getreide wurde in Tirol seit jeher zur Selbstversorgung sowie zur Ernährung des Viehs angebaut. Alle bis ins 20. Jahrhundert in Tirol angebauten Getreidearten, mit Ausnahme des Mais, werden bereits in mittelalterlichen Urbaren als Zinsleistung genannt: Weizen, Roggen, Gerste und Hafer.[68] Bis in die erste Hälfte des 20. Jahrhunderts wurden vorwiegend die Tiroler Landgetreidesorten ausgesät. Dabei war es üblich, das Saatgut mit dem Nachbarn alle fünf bis sechs Jahre zu tauschen. Beim Winterroggen wurden auch Saatgutauffrischungen aus Südtirol vorgenommen. Das Saatgut des Sommerroggens stammte fast ausschließlich aus seinem Hauptanbaugebiet, der Gegend um Jochberg. Der Winterweizen war in den Hochtälern noch bodenständig, während er in den Tallagen mit anderen Sorten vermischt auftrat. Auch beim Sommerweizen, der Sommergerste sowie dem Hafer standen bodenständige Sorten in Verwendung.[69]

Getreidebau wurde vor allem in Fruchtfolge betrieben, wobei diese von der klimatischen Zone und Höhenlage abhängig war. Im unteren Inntal von Kufstein bis Schwaz wechselten Winterroggen bzw. Winterweizen mit Kartoffeln ab, darauf folgten vier bis fünf Jahre Egart. Zwischen Schwaz und Ried im Oberinntal herrschte in Tallagen die Fruchtfolge Mais-Kartoffeln vor, in Höhenlagen Winterweizen mit Kartoffeln sowie Winterroggen mit Sommergerste. In den Grenzgebieten des Winterweizenanbaus, den Terrassensiedlungen des Oberinntals bei Ladis und Fiß, die bis auf 1.430 Meter Seehöhe hinauf reichen, wurde Weizen mit Kartoffeln abgewechselt. Auch in den Seitentälern reichte der Getreideanbau bis in Höhen von 900 und mehr Metern Seehöhe. Nicht selten wurde nur für ein Jahr Getreide angebaut und der Acker dann für vier bis sechs Jahre als Egartwiese genutzt.[70]

In den Dreißigerjahren wurde in Tirol noch überwiegend Roggen angebaut, gefolgt von Gerste, Weizen und Hafer. Fast die Hälfte des Ackerlands wurde als Egartwirtschaft betrieben und damit über Jahre nicht intensiv genutzt.[71] Verhältnismäßig gering waren deshalb die Erträge, die in manchen Tälern nur das Drei- bis Fünffache der Saatmenge erreichten, womit nicht einmal der Eigenbedarf gedeckt werden konnte.

In der zweiten Hälfte des 20. Jahrhunderts gingen nicht nur die Egartenwirtschaft zurück, sondern auch die Anbauflächen einzelner Ackerfrüchte: Aufgrund des Abgehens von der Selbstversorgung und des Wandels in der Tierhaltung verringerte sich die gesamte Anbaufläche für Getreide zwischen 1900 und 1936 um ein Viertel; zwischen 1936 und 1943 um 40 Prozent und zwischen 1946 und 1995 um nochmals über 80 Prozent von 7.110 auf 1.598 Hektar.[72] Einzig die Gerste konnte sich als Ackerfrucht halten, sie fand in den letzten Jahrzehnten wieder vermehrt als Tierfutter Verwendung.

An Stelle der einst verbreiteten Egartenwirtschaft trat ab der Mitte des 20. Jahrhunderts vermehrt der Anbau von Zwischenfrüchten. Angebaut werden heute auch Luzerne, verschiedene Kleearten, Raps, aber auch Grünschnittroggen. Mitte der Neunzigerjahre betrug die Ackerfläche für Zwischenfrüchte rund 1.500 Hektar.

Einen Wandel vollzog der Maisanbau. Während der ausgereifte Körnermais, der hauptsächlich zu Mehl vermahlen als Speisengrundlage Verwendung fand, heute kaum mehr angebaut wird, nahm die Produktion von Futtermais seit den Fünfzigerjahren stark zu. Vor allem als Silomais wurde dieses Getreide vermehrt angebaut. Zwischen 1950 und 1980 vergrößerte sich die Anbaufläche für Futtermais um über 700 Prozent. Absolut wuchs sie zwischen 1946 und 1995 von 489 auf 3.684 Hektar.[73] Damit nimmt sie seit Mitte der Achtzigerjahre über die Hälfte der gesamten Ackerbaufläche des Landes ein. In den letzten Jahren ist sie etwas zurückgegangen, da vor allem bei Biobetrieben die Ackergrünlandwirtschaft als Alternative zum Silomais wieder zugenommen hat.

Die meist angebaute Form der Hackfrucht in Tirol ist die Kartoffel, die hier seit dem ausgehenden 18. Jahrhundert angebaut wird. Während sie nach Osttirol vom Süden her gebracht wurde – seit 1775 ist sie in der Lienzer Gegend bekannt – gelangte sie um 1800 ins nördliche Nordtirol über Süddeutschland und bereits etwas früher aus der Schweiz in die westlichen Bezirke.[74] Eingeführt wurde sie einerseits von herumziehenden Händlern, andererseits durch Saisonwanderer, die sie in der Fremde als Nahrungsmittel kennen gelernt hatten. Durch die Hungerjahre von 1816/17 erhielt der Anbau der »Erdäpfel« einen gewaltigen Auftrieb.[75] Besonders im Oberinntal wurde sie zum »Brotersatz«. Auch im Bezirk Reutte wurde die Kartoffel wesentlich stärker angebaut als Getreide. Grund dafür waren nicht so sehr klimatisch-geografische als anthropogeografische Faktoren. In diesen Regionen herrschte, aufgrund der dort praktizierten Realtei-

»Erdäpfelgraben« – Kartoffelhacken, 1950er-Jahre

lung mit ihren kleinteiligen Besitzverhältnissen, eine größere Bevölkerungsdichte. Der gegenüber dem Getreide höhere Rohertrag der Kartoffel pro Flächeneinheit sicherte den Selbstversorgungsgrad auch bei stark wachsender Bevölkerungszahl.[76] Daneben wurde die Kartoffel auch als Tierfutter verwendet sowie industriell verarbeitet. In der Folge hat der Kartoffelanbau den Getreideanbau in Tirol in den für ihn klimatisch am wenigsten geeigneten Gebieten beinahe vollständig verdrängt. 1913 betrug die Anbaufläche für Kartoffeln in ganz Tirol bereits 4.870 Hektar. Bis 1937 stieg sie auf 6.918 Hektar und erreichte damit ihre größte Ausdehnung. 1955 betrug sie noch 4.371 Hektar, schwand aber in den folgenden Jahrzehnten auf 941 Hektar (1995).[77]

Bis in die Vierzigerjahre war der Anbau von Kartoffelsaatgut sowie dessen Vermehrung noch weitgehend unbekannt. Die Saatkartoffeln wurden selbst erzeugt und in größeren Abständen getauscht. Die Produktion stützte sich auf eine regelmäßige Fruchtfolge, die verhinderte, dass Kartoffeln zweimal hintereinander gepflanzt wurden. Als einzig bekannter Schädling trat um 1940 der Kartoffelkäfer auf, der aber leicht bekämpft werden konnte.[78]

Zur Verbesserung des Kartoffelpflanzgutes wurde 1947 die »Tiroler Saatbaugenossenschaft« mit Sitz in Innsbruck gegründet. Zweck der Genossenschaft war die Vermehrung von Saatgut, insbesondere von Saatkartoffeln. Dazu begann 1949 eine Zusammenarbeit mit der 1941 gegründeten »Landesanstalt für Pflanzenzucht und Samenprüfung« in Rinn, die 2000 aufgelassen wurde.[79] 1950 wurde ein Lagerhaus in Innsbruck projektiert und wenig später eröffnet. 1959 wurde ein weiteres Lagerhaus in Flaurling gebaut. In den letzten Jahren ist Silz zum Zentrum des Tiroler Kartoffelanbaus geworden. Mittels neuer Vermarktungsmethoden, wie einem Kartoffelfest im Herbst zur Erntezeit, sowie der Möglichkeit, Kartoffeln anzukaufen und auf Vorrat bei den Produzenten einzulagern, wird versucht, den Direktabsatz zu fördern. Angebaut werden frühe Sorten wie »Ostara«, mittelfrühe Sorten wie »Fina«, »Linzer Rose« oder »Hydra«, mittelspäte Sorten wie »Isola« sowie späte Sorten wie »Ackersegen« und »Cosima«.[80] Unter der Marke »Qualität Tirol«-Erdäpfel wird versucht, verstärkt heimische Sorten abzusetzen.

1962 beschloss die Tiroler Landesregierung ein »Kartoffelförderungsgesetz«, das unter anderem einen jährlichen Pflanzgutwechsel beinhaltete.[81] Ab 1964 wurde dies durch ein gesamtösterreichisches Saatgutgesetz geregelt.[82] Seit 1999 wird die Anerkennung von Saat- und Pflanzgut vom »Bundesamt für Agrarbiologie« in Linz durchgeführt, wobei die organisatorische Abwicklung und die Feldbesichtigung der Vermehrungsbestände weiterhin von der Abteilung Pflanzenbau-Landtechnik der Landwirtschaftskammer wahrgenommen wird.[83]

Die Bedeutung der Pflanzenzucht und Samenprüfung zeigt sich deutlich in der Steigerung der Durchschnittserträge einzelner Arten. So konnte der Ertrag bei Getreide von 1.000 auf rund 4.000 Kilogramm pro Hektar gesteigert werden; bei Kartoffeln von 11.700 auf circa 30.000 Kilogramm.[84] Spitzensorten bringen es zwar auf einen noch höheren Ertrag, die heutigen Bestrebungen gehen aber nicht nur in Richtung einer Verbesserung der Quantität, sondern auch der Qualität. So betreibt die Landesanstalt die systematische Sammlung und Erhaltung seltener landwirtschaftlicher Kulturpflanzen in

Tabelle 7: Ackernutzung in Tirol 1900–1995 (in Prozent)

Jahr	Weizen	Roggen	Gerste	Körnermais	Kartoffel	Silomais
1900	15,7	34,0	15,5	16,7	18,1*	
1937	15,5	29,6	16,8	6,5	30,7	0,8
1953	16,4	23,6	10,2	9,1	34,9	5,9
1963	10,0	10,5	13,2	4,5	51,4	10,5
1966	10,2	6,8	13,8	2,8	50,4	15,9
1973	3,1	2,9	17,0	1,4	36,7	38,9
1979	3,7	2,4	18,0	1,0	27,7	47,2
1985	3,4	1,7	16,1	1,9	20,0	56,9
1990	**	**	26,6**		16,5	56,9
1995	**	**	25,7**		15,1	59,2

* geschätzt.
** ab 1990 nur mehr Gesamtwert für »Getreide« (= Weizen, Roggen, Hafer, Gerste) vorhanden.
Quelle: Eigene Berechnungen aufgrund der Daten bei Telbis, Zur Geographie des Getreidebaues 123–124, Tab. 7; Telbis, Zur Frage der Einführung und Ausbreitung des Kartoffelbaues 219; Berichte über die Lage der Tiroler Land- und Forstwirtschaft 1974 11, 1980/81 161; Nussbaumer, Sozial- und Wirtschaftsgeschichte von Tirol 113, Tab. 29; Nussbaumer, Wirtschaftlicher und sozialer Wandel in Tirol 167, Tab. 11.

einer Gendatenbank. Zugleich wird für »Biobetriebe« versucht, alte Landsorten zu regenerieren. Die Auswahl von Landsorten bzw. von alten Zuchtsorten für die Förderungsaktion wird heute gemäß ÖPUL 2000 getroffen.[85]

An weiteren Feldfrüchten werden in Tirol Hülsenfrüchte wie Bohnen und Linsen angebaut, weiters Kraut, Rüben und Zwiebeln. Letztere werden heute vor allem in der Gegend um Innsbruck von Gemüsebauern gezogen. Zur Verlängerung der Vegetationszeit werden seit einigen Jahren im Feldgemüsebau lichtdurchlässige gelochte Plastikfolien verwendet. Das sich darunter entwickelnde Kleinklima bewirkt einen Vegetationsvorsprung von rund 14 Tagen. Beheizbare Glashäuser werden aufgrund der Energiepreise für den Gemüsebau kaum mehr eingesetzt; wenn, dann werden darin Blumen kultiviert.

Um 1980 bebauten 150 Gärtnereibetriebe rund 70 Hektar Freiland und 20 Hektar Hochglas- sowie fünf Hektar Mistbeetfläche.[86] 1999 bewirtschafteten etwa 100 Tiroler Gemüsebau-Vollerwerbsbetriebe eine Fläche von 400 Hektar. Durch Mehrfachnutzung der Felder wurde die Gemüse-Anbaufläche auf jährlich beinahe 1.000 Hektar ausgedehnt. Angebaut werden vor allem Salat, Radieschen, Kraut und Kohl sowie sonstiges saisonales Feldgemüse. Der erwirtschaftete Produktionswert betrug 220 bis 240 Millionen Schilling. Etwa drei Viertel der Produktion wurde von den Bauern direkt über Handelsketten vermarktet. Um den Tiroler Gemüsebau gegen die zunehmende Konzentration des Handels sowie steigende Ansprüche hinsichtlich Aufbereitung und Verpackung der Waren zu wappnen, wurde vor kurzem eine gemeinsame Vermarktungsorganisation gegründet.[87]

Etwas über die Hälfte des jährlichen Bedarfs an Zierpflanzen wird vom heimischen Anbau abgedeckt. Rund 120 Gärtnereibetriebe bewirtschafteten im Jahr 2000 knapp 60 Hektar im Freiland und über 20 Hektar unter Glas. Der jährliche Produktionswert erreichte 230 Millionen Schilling.[88] In den letzten Jahren wurde versucht, auch im bäuerlichen Betrieb die Blumenzucht zu intensivieren. Vor allem Balkonpflanzen werden gezogen und zum Großteil direkt oder auf Endverbrauchermärkten mittels der Initiative »Qualität Tirol«-Blumen an den Konsumenten verkauft. Im Jahr 2000 waren dies rund 4 Millionen verkaufte Töpfe.[89]

Der Anteil der gesamten pflanzlichen Produktion am landwirtschaftlichen Netto-Produktionswert lag in Tirol zwischen 1960 und 2000 bei durchschnittlich 12 Prozent. Dieser Anteil wies in den Siebziger- und zu Beginn der Achtzigerjahre mit 9 Prozent seinen Tiefpunkt auf und steigerte sich in den letzten Jahren wieder auf 14 bis 16 Prozent. Den größten Wertanteil wies dabei seit Mitte der Achtzigerjahre der Gemüseanbau auf, der im Jahr 2000 über 60 Prozent der wertmäßigen Produktionsleistung der Pflanzenproduktion ausmachte. Während der Netto-Produktionswert zu laufenden Preisen bei Getreide zwischen 1960 und 1985 kaum gestiegen ist, hat er sich bei Kartoffeln mehr als verdreifacht. Durch den EU-Beitritt war der Netto-Produktionswert der pflanzlichen Produktion zunächst unter den Wert von 1994 gesunken; seit 1998 ist er wieder steigend und lag 2000 um etwas mehr als 5 Prozent darüber.

Tabelle 8: Wertmäßiger Anteil ausgewählter Feldfrüchte und Pflanzen an der gesamten pflanzlichen Produktion Tirols 1960–2000 (in Prozent)

Pflanzenart	1960	1965	1970	1975	1980	1985	1990	1995	2000
Getreide	1,83	1,54	1,01	0,79	0,60	0,49			
Kartoffel	28,66	56,56	39,54	28,91	32,19	18,91	24,51*	11,41*	11,40*
Gemüse	18,79	13,63	16,15	18,17	22,13	24,09	39,22	64,02	60,23
Obst und Beeren	34,63	15,11	21,45	24,18	23,07	23,57	36,27	24,57	28,37
Blumen	16,08	13,17	21,85	27,90	22,00	32,94	**	**	**

* ab 1990 inklusive Getreideanteil.
** ab 1990 nicht mehr eigens ausgewiesen.
Quelle: Eigene Berechnungen aufgrund der Daten bei Berichte über die Lage der Land- und Forstwirtschaft in Tirol 1985/86 11, 2000/2001 Kurzbericht 2.

5. Wald

> *[...] dass der Waldstand Tirols thatsächlich kein so befriedigender ist [...]*
> Ferdinand Kaltenegger[90]

Knapp 40 Prozent der Tiroler Landesfläche sind heute bewaldet, das entspricht einer Fläche von fast 500.000 Hektar. Damit nimmt die forstwirtschaftlich genutzte Fläche rund 50 Prozent der gesamten Kulturfläche des Landes ein. 78 Prozent des Tiroler Waldes stehen in nicht staatlichem Besitz: 36 Prozent sind Privatwälder, 37 Prozent Gemeinschaftswälder und 5 Prozent Gemeindewälder. 22 Prozent befinden sich im Eigentum der Österreichischen Bundesforste (ÖBf AG).[91]

Sowohl das Ausmaß der gesamten Waldfläche wie auch die Besitzverteilung blieben über das Jahrhundert gesehen weitgehend konstant. 1910 wies die Ausdehnung der Tiroler Wälder 48 Prozent der produktiven Landesfläche bzw. 39 Prozent der Gesamtfläche des Landes auf. Auch damals befand sich nur knapp ein Viertel des Tiroler Waldes in staatlichem Besitz. Über 50 Prozent galten als Gemeindewald und nur 3,1 Prozent als Genossenschaftswald, der dem heutigen »Agrargemeinschaftswald« entspricht. Der Anteil der Privatwälder lag bei 20,8 Prozent; 1,5 Prozent standen in kirchlichem Besitz. Ein Teil des Gemeindewaldes waren so genannte Teilwälder. Bei dieser fast nur in Tirol bekannten Eigentumsform besitzen die Teilberechtigten das alleinige Nutzungsrecht für Holz und Streu auf bestimmten Teilen der Waldfläche.[92] Die Bezirke mit den größten Anteilen an Gemeinschaftswald sind Reutte (85 Prozent des Bezirkswaldbestandes) und Landeck (82 Prozent). In über 96 Prozent der Tiroler Gemeinden besteht Gemeinschaftswald.[93]

Die Verteilung des Waldes innerhalb von Tirol ist nicht überall gleich. Allgemein betrachtet nimmt der Waldreichtum des Landes von Osten nach Westen ab. Während der Bezirk Kitzbühel zu über 50 und der Bezirk Reutte zu 40 Prozent bewaldet ist, beträgt dieser Anteil in den Bezirken Imst und Landeck nur mehr je rund 25 Prozent, der Bezirk Lienz weist eine Bewaldung von knapp 29 Prozent auf. Die restlichen Bezirke sind zu gut 35 Prozent mit Wald bedeckt.[94]

Bei der Holzartenverteilung überwiegen Nadelhölzer deutlich, darunter wiederum die Fichte mit über 60 Prozent Anteil. Mit deutlichem Abstand folgen Lärche (8 Prozent), Kiefer (5 Prozent), Tanne (3,4 Prozent) und Zirbe (2,5 Prozent). Knapp 8 Prozent sind Laubwälder, wobei hier die Buche dominiert.[95] Kaum mehr von Bedeutung sind heute Eichen, Eiben, Ulmen, Ahorn, Eschen und Linden. Diese lieferten für ganz bestimmte Zwecke Holz, womit sich ihr starker Rückgang teilweise erklären lässt.[96]

Stark unterschiedlich ist auch die Dichte des Waldes. Die Bestockung wird in manchen Tälern durch Felsen, Schuttriesen oder andere Ödflächen bis zu einem Drittel gemindert. Weiters wird die Waldnutzung durch so genannten Schutz- und Bannwald eingeschränkt. Das sind Waldflächen, die aufgrund ihrer Schutzfunktion nicht oder nur eingeschränkt bewirtschaftet werden dürfen bzw. deren Nutzung bestimmten Auflagen unterliegt (Bannwald). Heute sind mehr als 60 Prozent der Tiroler Wälder Schutzwald, der den Boden vor Verkarstung und Erosion, den Siedlungsraum vor Lawinen, Steinschlag und Muren schützt. Der im Besitz der Österreichischen Bundesforste stehende Wald ist zu knapp drei Viertel Wirtschafts- und zu rund einem Viertel außer Ertrag stehender Schutzwald. Er wird von regionalen Forstverwaltungen betreut, die von einem staatlich geprüften Forstmeister geleitet werden. Ihm unterstellt sind die Förster und Forstwarte. Die Forstwirtschaft wird in Eigenregie und nach den Grundsätzen der kaufmännischen Betriebsführung geführt. Im Bezirk Osttirol besteht kein Staatswald.

Die Besitzgröße des Tiroler Privat- und Gemeinschaftswaldes ist mittel- bis kleinflächig, wobei der Mittelbetrieb überwiegt. Fast drei Viertel dieser Forstbetriebe weisen eine Besitzgröße von unter 500 Hektar auf. Über 80 Prozent der Privatwaldbesitzer

»Gantern« – Stapeln von Holzstämmen für den Weitertransport, 1930er-Jahre

bewirtschaften eine Fläche von unter 50 Hektar. 3 Prozent dieser forstwirtschaftlichen Betriebe weisen eine Größe von über 2.000 Hektar auf; vier dieser Betriebe besitzen 3.000 bis 4.000 Hektar.[97] Ein Großteil dieser kleinen Waldflächen besteht aus privatisierten einstigen Teilwaldflächen, die in bäuerliche Hand gelangten. Zusammen mit dem meist von Landwirten genutzten Gemeinschaftswald können somit rund 65 Prozent der Gesamtwaldfläche als bäuerlicher Waldbesitz angesehen werden.

Die wirtschaftliche Bedeutung des Waldes durchlief im 20. Jahrhundert einen starken Wandel. Zu Beginn des Jahrhunderts dominierte zwar nicht mehr, wie die Jahrhunderte zuvor, der Holzbedarf der Bergwerke und der Saline, die bäuerliche Nutzung war aber immer noch stark auf den Selbstbedarf für Brennholz sowie die Gewinnung von Einstreu ausgerichtet. Der Anteil des Brennholzes am Gesamteinschlag verringerte sich von 64 Prozent im Jahr 1945 auf 24 Prozent im Jahr 1955 und beträgt heute nur mehr wenige Prozent.[98] Nicht selten wurde noch Vieh in den Wald getrieben (Waldweide). Bauholz wurde meist nur für den Eigen- oder Nachbarschaftsbedarf geschlagen. Dies geschah vorwiegend in Form des so genannten »Ausspiegelns« (Plentern). Dabei wurden einzelne kräftige Stämme aus dem Wald geschlagen. Kahlschlagwirtschaft, wie sie heute gebräuchlich ist, wurde von Bauernseite kaum vorgenommen.

Die »Holzbringung« geschah lange Zeit vornehmlich durch menschliche Arbeitskraft, beim Holzziehen aus dem Wald und der Verlieferung zur Weiterverarbeitung unter Einsatz von Pferden. Die Holzarbeit wurde meist außerhalb der Feld- und Ackerarbeitszeiten im Frühjahr sowie im Herbst und Winter durchgeführt. Größere Holzmengen wurden vorwiegend im betriebswirtschaftlich orientierten Bereich des Staatswaldes »getriftet«. Die letzte Holztrift Tirols fand im Oktober 1966 aus dem Brandenbergtal mit 15.000 Festmetern statt. Damit verschwand nicht nur eine Wirtschaftsweise, sondern auch eine Lebens- und Arbeitskultur, die die aus kleinbäuerlichem Milieu stammenden Holzarbeiter durch ihre tage- und wochenweise Abwesenheit vom eigenen Gut stark geprägt hatte.[99] Seit einigen Jahrzehnten geschieht die Holzbringung zunehmend unter Einsatz von Motorhilfe (Motorsäge, Seilkran, Traktor). Durch gemein-

»Ziacher« –
Holztransport mit
Schlitten, 1930er-Jahre

schaftlichen Waldwegebau werden Waldflächen für größere Nutzungen erschlossen. Eine tagelange Abwesenheit der Holzarbeiter vom Heimgut ist nicht mehr notwendig.

Auch wenn den Bauern immer wieder ihr mangelndes betriebswirtschaftliches Verständnis vorgeworfen wurde, galt vielen der Wald neben der Viehwirtschaft als zweite Haupteinnahmequelle. Vom jährlich geschlagenen Holz gelangte jedoch nur ein Bruchteil in den Verkauf, der Großteil diente dem Eigenbedarf. Um 1929 wurde der gesamte Tiroler Holzertrag auf 780.000 Festmeter geschätzt, wovon 46 Prozent in den Verkauf gelangten.[100] 1955 wurden bereits 68 Prozent des geschlagenen Holzes verkauft, davon 91 Prozent als Nutzholz und nur 9 Prozent als Brennholz.[101]

In der NS-Zeit wurde der Holzeinschlag stark ausgeweitet. Mit Verordnung des Reichsforstmeisters vom 28. Dezember 1938 war der in den österreichischen Forstgesetzen verankerte Grundsatz nachhaltiger Waldbewirtschaftung beseitigt worden. Statt der Schlägerungsgesuche an die Behörde gab es nun Schlägerungsaufträge an die Waldbesitzer, um die Erfüllung der Holzumlage sicherzustellen. Diese war anfänglich mit 150 Prozent des normalen Waldertrags bemessen, die aus den Waldreserven gedeckt werden konnten. In den letzten Kriegsjahren wurde sie auf den Normalertrag zurückgefahren. Im Durchschnitt wurden den Tiroler Wäldern während der NS-Zeit jährlich 113 Prozent des Normalertrags, übermäßig aus Privat- und Staatswald, entnommen. Die Spitzen waren dabei die Jahre 1939 mit 144 sowie 1940 mit 136 Prozent.[102]

In den letzten Jahrzehnten wurden in Tirol jährlich zwischen 700.000 und einer Million Festmeter Holz geschlagen. Davon entfielen um die 80 Prozent auf Nichtstaatswald und, gemäß dem vorgesehenen Jahreshiebsatz, ein Fünftel bis ein Viertel auf die Bundesforste. Neben konjunkturellen Überlegungen wird die Menge der jährlichen Holzernte von der Beseitigung von Elementarschäden wie Windwurf und Lawinenabgängen beeinflusst. 1994 lieferten Nichtstaatswald-Betriebe unter 200 Hektar rund 45 Prozent des jährlichen Holzeinschlags, Betriebe über 200 Hektar knapp 30 Prozent (das restliche Viertel stammte aus Staatswald).[103] Die forstwirtschaftliche Produktionsleistung erreichte in den letzten Jahrzehnten einen Anteil von 30 bis 47 Prozent, gemessen am gesamten landwirtschaftlichen Nettoproduktionswert. Die starken Einbußen in der Forstwirtschaft im Jahr 2000 waren auf hohe Schadholzimporte zurückzuführen, wodurch es zu einem Preisverfall von über 23 Prozent im Vergleich zu 1999 gekommen war.[104]

Tabelle 9: Produktionsleistung der Tiroler Forstwirtschaft im Verhältnis zum gesamten landwirtschaftlichen Nettoproduktionswert (in Millionen Schilling)

	forstw. Produktionswert	landw. Nettoproduktionswert	Anteil in Prozent
1980	1.101	2.484	44,32
1985	856	2.856	29,97
1990	1.166	3.324	35,08
1995	985	2.561	38,46
1996	873	2.494	35,00
1997	1.164	2.377	48,97
1998	1.182	2.514	47,02
1999	1.125	2.546	44,19
2000	868	2.633	32,97

Quelle: Eigene Berechnungen aufgrund der Daten bei Berichte über die Lage der Tiroler Land- und Forstwirtschaft 1992/93 8, 1996/97 9, 1999/2000 9 und 2000/2001 Kurzbericht 2.

Aufgrund der deutschen Handelsbeschränkungen vor 1933 und der damit verbundenen Holzabsatzkrise wurde 1936 in Tirol die »Holzabsatzgenossenschaft« gegründet.[105] Bis in die letzten Jahre wurde ein Viertel bis ein Drittel des Holzes aus Nichtstaatswäldern gemeinschaftlich verkauft.

Zur Förderung der Forstwirtschaft und zur besseren Handhabung der Forstgesetze wurden 1883 die staatlichen Forstorgane mit der Forstaufsicht sowie der Bewirtschaftung sämtlicher Gemeindewälder betraut.[106] Dazu wurde das Land in Bezirksforstinspektionen unterteilt, wovon sich heute 10 in Nord- und Osttirol befinden. Forstbehörden erster Instanz sind die Bezirksverwaltungsbehörden, in zweiter Instanz ist dies der Landeshauptmann. Zur Unterstützung bestellen das Land und die Gemeinden Forstwarte und Waldaufseher. Letztere wurden bereits ab 1882 in der Landwirtschaftlichen Lehranstalt in mehrwöchigen Kursen in Rotholz geschult.[107] Um 1930 waren über 300 Gemeindewaldaufseher in den Tiroler Wäldern tätig, jedoch schlecht besoldet. Mit einer Verordnung des Tiroler Landeshauptmannes wurde 1950 der Forstaufsichtsdienst neu geregelt.[108] Für Waldflächen über 1.000 Hektar ist ab nun ein hauptberufliches Forstorgan tätig; für nebenberuflich tätige Waldaufseher wurden monatlich zu leistende Mindeststunden festgesetzt. Die Bestellung erfolgt durch die Gemeinde, die Lohnkosten tragen die Waldbesitzer und Gemeinden. Seit den Fünfzigerjahren sind in Tirol rund 140 haupt- und 125 nebenberufliche Waldaufseher beschäftigt, die mindestens einmal im Jahr eine Fortbildung besuchen müssen.

Fällungen und Rodungen unterliegen besonderen Bestimmungen und Bewilligungen. Ohne besondere Bewilligung sind Fällungen nur in geringem Ausmaß zulässig. Fällungen in Waldbeständen, die jünger als 60 Jahre und in Wäldern über 1.000 Meter Seehöhe, die jünger als 80 Jahre sind, sind verboten. Rodungen sind anmeldepflichtig und bedürfen einer Bewilligung, wenn sie ein Ausmaß von 1.000 Quadratmetern übersteigen. Rodungen sollen nur befristet durchgeführt werden bzw. sind, wenn dauernd, durch Ersatzaufforstungen zu kompensieren.

Allgemein gilt, dass die Tiroler Wälder heute zu hohe Vorräte aufweisen und die Durchforstungsrückstände zu hoch sind. Wegen des Preisverfalls sowie hoher Schadholzanfälle in den letzten Jahren konnte diese Überkapazität nicht abgebaut werden. Um diese Produktionsreserven zu mobilisieren, war unmittelbar nach Ende des Zweiten Weltkrieges der »Waldverband Tirol« gegründet worden. Er förderte ab 1949 die Holzverwertung und den Absatz.[109]

Der Wald erfüllt nicht nur wirtschaftliche Funktionen, sondern auch Aufgaben im Landschaftsschutz und als Erholungsfläche.[110] Daneben ist der Wald Lebensraum für viele Tiere, wovon nicht nur die Jagd profitiert. Allein die Österreichischen Bundesforste verfügen in Tirol über 225 Jagdgebiete, von denen der Großteil verpachtet ist. Dazu kommen zumeist verpachtete Jagden von Agrargemeinschaften sowie Jagden in Privatwaldgebieten.

Die Forstwirtschaft ist heute nach den Grundsätzen der Nachhaltigkeit sowie der Naturnähe ausgerichtet. Genutzt wird nicht mehr, als im selben Zeitraum zuwächst. Damit soll sichergestellt werden, dass auch die nächsten Generationen den Wald nutzen können. Seit den Neunzigerjahren wurde der rein quantitative Nachhaltigkeitsbegriff zu einer ökologisch und ökonomisch umfassenden Nachhaltigkeit weiterentwickelt. Eine naturnahe Waldbewirtschaftung soll die ökologische Artenvielfalt erhalten und verbessern. Dies geschieht heute mithilfe von Waldwirtschaftsplänen, die in der »Walddatenbank-Tirol« abrufbar sind und den Waldnutzern zur Verfügung gestellt werden. Das zweijährig durchgeführte Waldzustandsinventar (WZI) sowie das ab 1994 erho-

Maschinelle Holzbringung mit motorisierter Zugmaschine, Ende 1950er-Jahre

bene Verjüngungszustandsinventar (VZI) geben Auskunft über den Waldzustand, der, bedingt durch Umwelteinflüsse in den letzten Jahren, stark in Mitleidenschaft gezogen worden war. Mitte der Neunzigerjahre wurden 36 Prozent der Bäume im Tiroler Gesamtwald als »nicht gesund« eingestuft.[111] Vor allem Luftschadstoffbelastungen machen dem Wald zu schaffen. In den Siebziger- und zu Beginn der Achtzigerjahre war dies vor allem Schwefeldioxid aus dem Hausbrand; heute sind es durch den Verkehr verursachte Stickoxide.

Daneben hatte der Borkenkäferbefall, zuletzt verstärkt Mitte der Neunzigerjahre, dem Wald Schaden zugefügt. In den Jahren 1993 sowie 1996 waren über 140.000 bzw. knapp 100.000 Festmeter durch diesen Schädling bedingtes Schadholz angefallen. Im Jahr 1999 betrug diese Menge 12.200 Festmeter, stieg aber 2000 wieder auf 20.000 Festmeter an. Landesweit macht damit das Käferholz einen Anteil von rund 3 Prozent am Gesamteinschlag und 7 Prozent am gesamten Schadholz aus. Das meiste Schadholz durch Borkenkäfer wurde 2000 im Bezirk Landeck verzeichnet.

Auch das Wild verursacht Schäden im Wald. Wald gefährdende Wildschäden werden von den Bezirksforstinspektionen im Sinne des Tiroler Jagd- und Bundesforstgesetzes gemeldet.[112] Im Jahr 2000 traten auf 2.242 Hektar Waldfläche in 62 verschiedenen Revieren starke Wildschäden auf; 1999 waren bloß in 25 Revieren auf einer Fläche von 1.347 Hektar Wald gefährdende Wildschäden gemeldet worden. Insgesamt fielen im Jahr 1999 in Tirol 176.000 Festmeter Schadholz an, im Jahr 2000 379.000 Festmeter. Das entspricht rund 14 bzw. 40 Prozent des jährlichen Gesamteinschlags.[113]

Insbesondere der Schutzwald bedarf einer Verbesserung und Verjüngung, was seit 1972 durch Förderungen unterstützt wird. Rund 250.000 Hektar Wald sind im Jahr 2000 mit hoher und mittlerer Schutzfunktion im Landesschutzwaldkonzept als verbesserungsbedürftig ausgewiesen; 71.600 Hektar davon als dringendst verbesserungswürdig. Derzeit werden vom Land Tirol, dem Bund und den Waldbesitzern rund 200 Projekte zur Schutzwaldverbesserung mit einem Mitteleinsatz von rund 10 Millionen Euro jährlich finanziert. Auch die Bauern erhalten damit eine zusätzliche Abgeltung. Die bergbäuerliche Arbeit kann mit dieser Unterstützung Artenvielfalt, Bewirtschaftung und Schutzfunktion dieser wichtigen Zone aufrechterhalten.[114]

III. Tierhaltung

[D]aß die Natur Nord- und Osttirol hauptsächlich als Wald- und Grasland geschaffen hat, […] und Viehzucht daher wirthschaftlich im Vordergrund steh[t].
Ferdinand Kaltenegger[115]

Das Verhältnis zwischen Bauern und Tieren wird oft romantisiert; so nüchtern, wie es sich unter den Produktionsbedingungen der modernen Tierhaltung oft darstellt, ist es aber auch nicht. Der drastische Spruch, wenn ein Familienmitglied am Hof stirbt, ist's ein Esser weniger, wenn eine Kuh stirbt, ist's eine Tragödie, mag das Verhältnis zum Vieh überzogen zeigen und heute seine Bedeutung verloren haben, das Vieh ist aber für viele Bauern immer noch mehr als reines »Produktionsmittel«. Davon zeugen etwa die Namen, die den Tieren im Stall, vorwiegend den Rindern, gegeben werden. In ihnen drückt sich nicht selten die genaue Beobachtung von Aussehen und Charaktereigenschaften des jeweiligen Tieres aus. Zudem bewirkt das oft jahrelange Nebeneinander von Mensch und Tier am Hof, dass dieses Verhältnis mehr wird als eine reine Arbeitsbeziehung, bei der der eine nimmt und das andere gibt (Milch-/Fleischleistung gegen Futter).

Viehwirtschaft ist in den Alpen seit über 4.000 Jahren bekannt und belegt. Vor allem Rinder, Schafe, Ziegen und Schweine wurden gehalten. Spätere Einwanderer brachten neue Rassen in die Alpen; durch Kreuzungen wurden die Tiere zum Teil ihrer ursprünglichen Eigenschaften entfremdet. Über die Jahrhunderte wurde keine Tierzucht im Sinne der wissenschaftlichen Lehre des 19. Jahrhunderts betrieben,[116] sondern Tierhaltung, die darauf aus war, das Überleben der bäuerlichen Familie zu sichern und – so vorhanden – Überschüsse am Markt abzusetzen.

Tabelle 10: Viehbestand in Tirol 1890–1999 (in 1.000 Stück)

Jahr	Pferde	Rinder insges.	Kühe	Schweine	Schafe	Ziegen	Hühner	Gänse u. Enten	Truthühner
1890	6,4	196,6	99,1	25,2	76,3	35,2			
1910		200,6	102,1						
1923	9,8	175,7	91,4	27,3	86,7	31,9	309,5		
1934		201,8	103,6		49,8	33,5			
1938	8,4	210,4	104,2	64,0	65,8	33,0	364,6	4,7	0,3
1944	9,5	206,8	105,7	43,3	79,5	25,5	225,7	2,7	0,3
1952	10,3	190,9	99,1	85,9	60,6	24,7			
1955	9,5	197,7	99,5	87,8	51,5	18,2	397,9	4,1	0,4
1960	7,5	196,0	94,0*	93,6	39,4	10,1	407,2	3,5	
1965	5,5	201,6	100,7	74,0	40,4	6,9	426,8	1,0	
1970	3,9	201,2	95,7	92,9	34,1	5,2	475,5	0,6	
1975	4,4	196,0	88,2	88,2	54,0	5,4	414,5	0,6	0,1
1980	4,1	198,7	86,8	85,6	57,7	5,6	381,5	0,9	0,3
1985	4,4	212,7	89,6	75,5	64,3	6,5	383,7	2,0	0,6
1990	4,7	215,8	90,6	57,7	81,4	7,9	305,0		
1995	7,0	196,6	87,4	43,8	95,1	11,8	194,2		
1999	8,3	186,6	79,0	31,4	86,0	12,3	172,1		

* ohne Schlacht- und Mastkühe.
Quelle: Eigene Berechnungen aufgrund der Daten bei Kaltenegger, Feldbau, Viehzucht und Alpwirthschaft 520; Müller, Tiroler Berufsstatistik 10; Oberrauch, Tirols Wald Beilage 1a; Österreichs Land und Forstwirtschaft in Bild und Zahl 73; Aubele, Wirtschaftskunde 29; Partl, 100 Jahre organisierte Rinderzucht in Tirol 214; Grüne Berichte.

Dies änderte sich ab der zweiten Hälfte des 19. Jahrhunderts, als sich die alpine Landwirtschaft zunehmend Marktgesetzen ausgesetzt sah und immer stärker in den Kreislauf einer Ertragswirtschaft eingebunden wurde. Dafür reichte die bislang betriebene Tierhaltung auf Mast oder Milch nicht mehr aus. Mithilfe der bereits in der ersten Hälfte des 19. Jahrhunderts entstandenen Agrargesellschaften wurden Zuchtziele festgelegt und die fachlichen Voraussetzungen geschaffen, nachhaltig Zuchterfolge feststellen und sichern zu können (Stierankauf, Anlage von Herdebüchern, Leistungsausstellungen mit Prämierungen).

Die Entwicklung der Viehbestände war sehr unterschiedlich und wurde stets durch die wirtschaftliche Lage und die Art des Einsatzes und der Nutzung der Tiere bestimmt. Die Pferdehaltung war aufgrund der maschinellen Entwicklung generell rückläufig. In der ersten Hälfte des 20. Jahrhunderts hatte der Bestand im Vergleich zu 1890 noch um 60 Prozent zugenommen; in der zweiten Jahrhunderthälfte sank er auf zwei Drittel des Wertes von 1890 ab. Die in den letzten drei Jahrzehnten zu verzeichnende Zunahme geht nicht so sehr auf eine wieder verstärkte Pferdehaltung in der Landwirtschaft zurück als auf die Haltung des Pferdes für Sport- und Freizeitzwecke. Zwar werden zahlreiche Tiere auf Bauernhöfen eingestellt, die Besitzer und Halter sind aber in der Regel keine Landwirte.

Der Bestand an Rindern war in Tirol über das Jahrhundert betrachtet stabil, im letzten Jahrzehnt rückläufig. Auch hier zeigt sich keine lineare Abnahme, sondern eine wellenförmige, wobei die beiden Weltkriege hier eine entscheidende Rolle spielten: Während der Kriegszeit stieg der Bestand an, nach Kriegsende war er rückläufig, um dann wieder anzusteigen. Ausschlaggebend war der starke Rückgang der Kuhhaltung ab den Sechzigerjahren. Erst in den Achtzigerjahren, aufgrund geänderter Förderrichtlinien und Prämien (Mutterkuhhaltung), stieg sie wieder an.

Die Schweinehaltung zeigt im Jahrhundert betrachtet eine abnehmende, seit den Achtzigerjahren eine stark rückläufige Tendenz. Grund dafür ist die mangelnde Futterbasis, die zu einer übermäßigen Kostenbelastung durch Futterzukauf führt.

Einen Aufschwung im Laufe des Jahrhunderts erlebte die Schafhaltung. Nach einem in den Sechzigerjahren erfolgten Niedergang erfuhr die Tiroler Schafzucht ab Mitte der Siebzigerjahre einen Aufschwung. 1996 wurden im Land erstmals seit Kriegsende wieder über 100.000 Tiere gehalten. Grund dafür war die Ausweitung der Schafhaltung aufgrund zunehmender Neben- und Zuerwerbstätigkeit in der Tiroler Landwirtschaft sowie einer Förderung der Tierhaltung.

Seit 1938 stark rückläufig ist die Ziegenhaltung. Erst in den Neunzigerjahren ist hier wieder eine Zunahme zu verzeichnen. Diese geht vor allem auf die Haltung von Milchziegen zurück. Auch Kitzfleisch erfreut sich wieder größerer Beliebtheit bei den Konsumenten.

Die Geflügelhaltung ist in Tirol seit den Siebzigerjahren rückläufig, seit den Neunzigerjahren stark. Sowohl die Zahl der erzeugten Küken und damit auch jene der aufgezogenen Junghühner war davon betroffen, ebenso die Eierproduktion.

Ebenfalls abnehmend ist die Haltung von Enten und Gänsen; eine Zunahme hingegen hat die Haltung von Truthähnen (Puter) erfahren. Zahlenmäßig jedoch fällt diese Geflügelgruppe mit einigen Hundert Tieren kaum ins Gewicht.

Tabelle 11: Viehhalter in Tirol 1965–1999

Jahr	Pferde	Rinder insgesamt	Kühe	Schweine	Schafe	Ziegen	Hühner
1965	4.312	20.878		18.258			
1970	2.762	18.900		17.234	3.435	1.731	16.820
1975	2.241	16.811		14.603			
1980	1.949	15.452	15.431	12.427	3.862	1.766	9.358
1985	1.711	14.736		11.061	3.759	1.891	8.040
1990	1.710	13.622	13.114	9.299	3.800	1.880	6.229
1995	2.160	12.375	10.706	7.552	3.744	2.618	5.962
1999	2.325	11.559		5.971	3.508	2.568	5.512

Quelle: Eigene Berechnungen aufgrund der Daten bei Grüne Berichte; Statistik Österreich, Nutztierhaltung in Österreich 1999.

Eine Untersuchung des Viehbestands in Tirol wäre ohne einen Blick auf die Viehhalter unvollständig. Allgemein ist festzustellen, dass die Zahl der Viehhalter bei allen Tierarten, außer Schafen und Ziegen, im Lauf des 20. Jahrhunderts rückläufig war. Exakte Angaben über Viehhalter in Tirol liegen erst ab den Sechzigerjahren vor. Zwischen 1965 und 1995 hat etwa die Zahl der Pferdehalter um die Hälfte abgenommen und ist erst in den letzten Jahren wieder leicht angestiegen. Die Zahl der Rinderhalter hat sich zwischen 1965 und 1999 ebenfalls fast halbiert; die Zahl der Schweinehalter hat in diesem Zeitraum um zwei Drittel abgenommen. Auch die Zahl der Geflügelhalter hat sich seit 1970 um zwei Drittel vermindert.[117] Einzig die Anzahl der Schaf- und Ziegenhalter ist angestiegen. Während dies bei den Schafhaltern nur in geringem Ausmaß der Fall war und seit 1995 wieder rückläufig ist, haben die Ziegenhalter zwischen 1970 und 1999 fast um die Hälfte zugenommen. Aus dem Verhältnis Viehbestand-Viehbesitzer ergibt sich, dass die einzelnen Tiroler Betriebe eher geringe Tierbestände pro Art aufweisen. Die Zahl der Großbetriebe ist in Tirol von geringer Bedeutung und regional auf einige Gunstlagen beschränkt.

1965 stand nur etwas mehr als ein Pferd pro Halter im Stall; bis 1995 erhöhte sich diese Zahl auf drei bis vier Tiere. Die Ställe mit der höchsten durchschnittlichen Anzahl an Pferden standen 1999 in der Stadt Innsbruck sowie in Kitzbühel. Auch die durchschnittliche Anzahl der Rinder pro Hof hat zugenommen; von zehn bis elf Tieren pro Stall 1965 auf 16 Tiere 1999. Die größten rinderhaltenden Betriebe befanden sich 1999 in den Bezirken Kufstein, Kitzbühel und Schwaz mit durchschnittlich etwas über 20 Tieren. In Innsbruck Stadt betrug 1999 die durchschnittliche Anzahl an Rindern pro Hof etwas über 16 Tiere. Die kleinsten Bestände an Rindern pro Betrieb wiesen 1999 die Bezirke Lienz (im Schnitt zehn Tiere) sowie Landeck (sieben bis acht Tiere) auf. Zu Beginn des 20. Jahrhunderts befanden sich im Durchschnitt nicht mehr als fünf bis sechs Rinder auf Tiroler Bauernhöfen. Vermehrt hat sich seit den Siebzigerjahren auch die durchschnittlich gehaltene Anzahl an Milchkühen, und zwar von fünf bis sechs Tieren auf acht. Die Zahl der Schweine pro Halter hat in diesem Zeitraum hingegen kaum zugenommen. Im Schnitt standen 1965 vier und 1999 fünf Sauen in den Ställen Tiroler Schweinehalter. Führend sind hier die Betriebe der Stadt Innsbruck mit durchschnittlich 29 Tieren pro Mastbetrieb. Im Bezirk Schwaz betrug 1999 die durchschnittlich gehaltene Schweinezahl pro Betrieb das Doppelte des Landesschnittes. Die höchsten Schafbestände pro Betrieb wies 1999 der Bezirk Lienz auf (37 bis 38 Tiere pro Halter). Auch die Bezirke Imst (27 Tiere) sowie Innsbruck Land (25 Tiere) lagen über, Innsbruck Stadt mit 24 Tieren knapp am Landesschnitt. Die größten Geflügelfarmen befanden sich 1999 mit je 56 Hühnern pro Halter in der Stadt Innsbruck sowie im Bezirk Innsbruck Land. 1995 lag der Bezirk Imst mit 60 Hennen pro Betrieb noch deutlich über dem Landesdurchschnitt, 1999 war er mit durchschnittlich 31 Tieren unter das Landesmittel gerutscht. Die Ziegenhaltung zeigt hingegen keine großen Unterschiede bei den Stückzahlen pro Halter. In den Bezirken Kufstein, Kitzbühel und Landeck werden nur rund drei Ziegen pro Betrieb gehalten, in der Stadt Innsbruck sowie in den Bezirken Innsbruck Land und Imst etwas über fünf.

Tabelle 12: Durchschnittliche Anzahl an Tieren pro Viehhalter 1995 und 1999

Bezirk	Jahr	Pferde	Rinder	Schweine	Schafe	Ziegen	Hühner
Innsbruck Stadt	1995	4,1	16,40	27,8	22,4	5,5	27,9
	1999	4,4	17,00	29,0	23,5	5,4	56,6
Imst	1995	2,8	10,20	5,1	28,3	5,4	59,2
	1999	3,2	10,50	5,2	26,9	5,5	31,4
Innsbruck Land	1995	3,4	15,60	6,5	26,9	5,0	44,3
	1999	3,9	15,80	5,1	25,0	6,1	56,5
Kitzbühel	1995	3,6	22,00	4,5	19,0	3,5	28,4
	1999	4,3	22,10	4,5	19,6	3,6	23,7
Kufstein	1995	3,3	22,80	7,5	16,9	3,8	33,8
	1999	3,9	22,80	6,3	16,3	3,8	33,0
Landeck	1995	2,8	7,77	2,2	19,6	3,5	21,9
	1999	2,9	7,81	2,2	18,6	3,6	21,1
Lienz	1995	2,5	13,30	4,2	36,8	5,2	21,6
	1999	2,5	13,80	3,8	37,7	4,8	19,5
Reutte	1995	3,5	10,30	3,3	20,6	4,2	22,5
	1999	3,9	10,40	3,1	20,6	4,3	25,1
Schwaz	1995	3,8	20,40	10,8	21,9	4,6	24,8
	1999	3,9	20,80	10,1	19,3	4,8	20,3
Tirol gesamt	1995	3,2	15,90	5,8	25,4	4,5	32,6
	1999	3,6	16,10	5,3	24,5	4,8	31,2

Quelle: Eigene Berechnungen aufgrund der Daten bei Statistik Österreich, Nutztierhaltung in Österreich 1999.

1. Rinder

[Die] Hornviehzucht, welche in allen Thälern Nord- und Osttirols [...] die hauptsächlichste Ertragsquelle des landwirthschaftlichen Grundbesitzes ausmacht.
Ferdinand Kaltenegger[118]

Von der alpinen Viehhaltung berichteten bereits die Römer (Strabon, Plinius), die das rätische Rind als zwar dem Wuchs nach klein, aber gut in der Milch- und Zugleistung schilderten. Spätere Einwanderer brachten vermutlich andere, größere Rinderschläge in die Tiroler Täler. Im Laufe der Zeit haben sich die einzelnen Rassen durch Kreuzungen derart vermischt, dass es zu einer großen Zahl örtlicher Rinderschläge mit nur sehr beschränktem Verbreitungsgebiet kam.

Die Tiere wurden aufgrund des vorherrschenden Futtermangels meist schlecht gefüttert und unzureichend gehalten. Die in Verwendung stehenden Rinderrassen waren eher klein und anspruchslos. Die Ergiebigkeit an Milch und Fleisch war dementsprechend gering; die Tiere zeigten zudem ein langsames Wachstum. Es wurde mehr Wert auf die Anzahl der Rinder als auf deren Beschaffenheit gelegt. Grund dafür war, dass einzig die Rinder den Dünger lieferten, der zur Vermehrung der Futtermenge am Feld benötigt wurde. In der Ochsenproduktion wurde hingegen auch auf das Äußere der Tiere geachtet. Hauptabnehmer waren die Märkte im Süden, vorwiegend Lombardo-Venetiens. Nach der Abtretung der Lombardei (1859) und Venetiens (1866) unterblieb für Tirol die Ausfuhr von Mastvieh. Das Ausscheiden der Monarchie aus dem Deutschen Bund (1866) lockerte die Viehhandelsbeziehungen mit Süddeutschland. Die Tiroler Viehbauern mussten sich nach einer neuen Absatzquelle umsehen.

Erstmals stellte Österreich im Jahre 1856 – auf Einladung Frankreichs – auf einer internationalen Ausstellung von Zuchttieren in Paris seine Rinderschläge aus. Darunter befanden sich mit dem Pinzgauer, Zillertaler, Tuxer und Oberinntaler Rind auch Hornviehschläge, die in Tirol verbreitet waren.[119] Es wurde bewiesen, dass auch die alpenländische Landwirtschaft eine ganze Reihe guter und nutzbarer Rinderschläge besitzt. 1874 war in Tirol ein erstes Landesgesetz über die Ausstellung und Prämierung von Stieren und Kühen und 1876 über die Haltung von Zuchtstieren erlassen worden. Die Errichtung des Landeskulturrates und der landwirtschaftlichen Bezirksgenossenschaften gaben ab 1881 der Viehzucht Auftrieb. So wurden 1894 auf Anregung des Landeskulturrates Mustersatzungen zur Gründung von Zuchtvereinen erarbeitet, auf deren Basis sich erste Viehzuchtvereine in Strengen, Mieming und Münster gründeten, denen in den nächsten Jahren eine Reihe weiterer folgten.[120]

Das 1896 beschlossene neue Landesgesetz über die Haltung der Zuchtstiere zielte entschiedener als das erste auf die Verbesserung der bestehenden Rinderschläge ab. In der Folge wurden die ersten Viehzuchtgenossenschaften gebildet, die unter der Leitung eines neu bestellten Tierzuchtinspektors standen.[121] Regionale Rinderschauen, etwa die 1877 und 1893 abgehaltenen Tiroler Landestierschauen, verfestigten das Bewusstsein, über ausreichend qualitätsvolle Rinderrassen zu verfügen, die sich auch zur Zucht eigneten. Ab 1906 schlossen sich immer mehr Zuchtvereine zu Verbänden und Genossenschaften zusammen. Den Anfang machte 1906 in Rotholz der Verband der Unterinntaler Fleckviehgenossenschaften. Im selben Jahr schlossen sich im Bezirk Lienz neun Vereine zum Verband der Osttiroler Pinzgauer-Viehzuchtgenossenschaften zusammen; 1907 kam es im Bezirk Kitzbühel zur Gründung des Verbandes der Nordtiroler Pinzgauer-Viehzuchtgenossenschaften. Im selben Jahr gründeten im Tiroler Oberland 16 Vereinsvertretungen den Verband der Viehzuchtgenossenschaften als Vorläufer des Tiroler Braunviehzuchtverbandes. Im Bezirk Reutte war ebenfalls 1907 durch sechs Vereine die Lechtaler Viehzuchtgenossenschaft entstanden. 1924 wurde von vorerst fünf Vereinen der Tiroler Grauviehzuchtverband gegründet.[122]

Die bis 1938 auf einige Hundert angewachsenen Viehzuchtvereine wurden nach dem »Anschluss« von den Nationalsozialisten umstrukturiert und zusammengelegt. Das Vermögen aller Vereine wurde der Landesbauernschaft Alpenland zugeschlagen. Die Osttiroler Vereine wurden der Landesbauernschaft Südmark in Graz zugeschlagen. Nach 1945 wurden für die Viehzuchtvereine vom Landesverband zentral neue Statuten eingereicht und die Vereine neu belebt.[123] Die Zahl der Vereine stieg in der Nachkriegszeit von knapp 400 in den Fünfziger- auf über 550 in den Neunzigerjahren an. Die Mitgliederzahl aller Viehzuchtvereine hingegen hatte 1970 mit 10.641 ihren Höhepunkt erreicht und ist seither auf rund 9.000 Personen zurückgegangen.[124]

Eine erste wissenschaftliche Beschreibung und Einteilung der Rinderrassen für alle österreichischen Alpenländer hat Ferdinand Kaltenegger seit 1879 geliefert. Etwa 1893 im Band »Tirol und Vorarlberg« des Werkes »Die österreichisch-ungarische Monarchie in Wort und Bild« den Abschnitt über die Landwirtschaft und die Rinderzucht. Die Rinderrassen waren zunächst nach ihrer Herkunft – Talschaft – benannt worden. Im 20. Jahrhundert erfolgte zunehmend die Einteilung der einzelnen Rinder nach ihrer Deckfarbe. Dabei wurden mehrere lokale Schläge zu einer Rasse zusammengefasst. Zu den drei ursprünglich heimischen Rinderrassen (Pinzgauer-, Tux-Zillertaler- und Grauviehschläge) kamen ab 1890 das Fleck- und das Braunvieh hinzu. Es waren aber nur vier Rassen für die Landwirtschaft und den Konsum ökonomisch bedeutend, die Tux-Zillertaler-Rasse fiel kaum mehr ins Gewicht.

Das Landesgesetz von 1921/22 enthielt in seinen Vollzugsanweisungen erstmals eine

Tabelle 13: Verteilung der Rinderrassen in Tirol 1928–1995 (in Prozent)

	Fleckvieh	Braunvieh	Grauvieh	Pinzgauer	Tuxer	Schwarzbunt	Sonstige
1928	18,7	35,8	15,6	29,1	0,8	0,0	0,0
1941	19,6	38,1	14,9	24,8	0,3	0,0	2,3
1954	17,5	45,5	13,1	22,9	0,0	0,0	1,0
1964	22,1	46,6	11,1	19,8	0,0	0,0	0,4
1974	34,2	44,2	8,4	10,9	0,0	0,2	2,1
1985	45,4	40,6	6,6	2,9	0,0	2,4	2,1
1995	52,1	36,2	6,1	2,1	0,0	1,8	1,7

Quelle: Eigene Berechnungen aufgrund der Daten bei Partl, 100 Jahre organisierte Rinderzucht in Tirol 215; Statistik Österreich, Vollerhebung österreichischer Rinderrassen 1995.

Grafik 1: Rinderbestand in Tirol 1890–1999 (in Tausend)

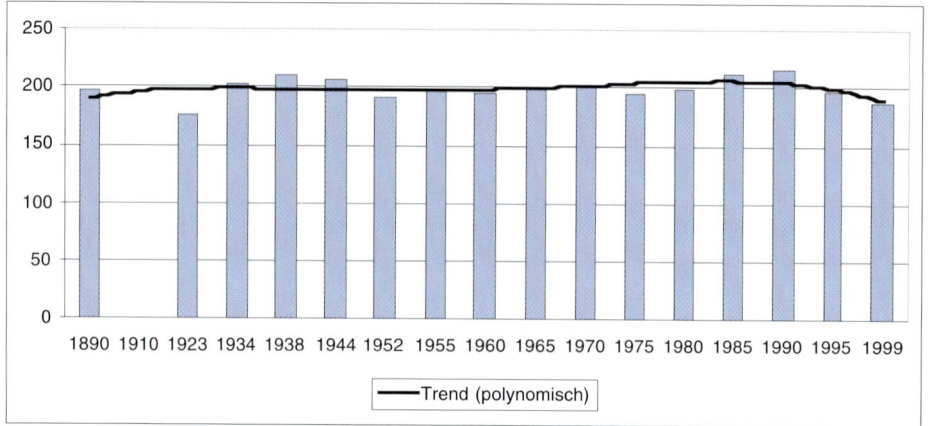

Quelle: Eigene Berechnungen aufgrund der Daten bei Kaltenegger, Feldbau, Viehzucht und Alpwirthschaft 520; Müller, Tiroler Berufsstatistik 10; Oberrauch, Tirols Wald Beilage 1a; Österreichs Land und Forstwirtschaft in Bild und Zahl 73; Aubele, Wirtschaftskunde 29; Partl, 100 Jahre organisierte Rinderzucht in Tirol 214; Grüne Berichte.

genaue Übersicht über die Einteilung des Landes in bestimmte Zuchtgebiete nach den einzelnen Rinderschlägen.[125]

Im Laufe des 19. Jahrhunderts verlegte sich das Gewicht bei der Bewertung des Rindes vom Fleisch mehr auf die Milchleistung. Dies verhalf vor allem dem grauen Oberinntaler Rind zum Aufschwung und zu einer Ausweitung seines ursprünglichen Verbreitungsgebietes. In lokalen Schlägen trat es seit 1870 als Oberinntaler, Vinschger, Passeirer, Etschtaler, Wipptaler Schlag sowie als »Seevieh« im Gebiet der Reschenseen in Erscheinung.[126]

Das Oberinntaler Grauvieh, kurz Tiroler Grauvieh genannt, ist die kleinste und mit rund 500 Kilogramm Lebendgewicht die leichteste Tiroler Rasse. Das Tier wurde im Laufe der Jahrhunderte an die harten und kargen Futter- und Haltungsbedingungen des westlichen und südlichen Tirol derart in vollkommenem Maße angepasst, dass Bodenständigkeit zum Hauptmerkmal der Rasse wurde. Als Vorläufer des Grauviehs gelten die Oberinntaler, die Lechtaler und die Wipptaler Rinder. Positive Eigenschaften der Rasse sind Fruchtbarkeit und Langlebigkeit, Widerstandsfähigkeit gegen Krankheits-, Klima- und Haltungseinflüsse, die hervorragende Futterverwertung sowie die gute Bemuskelung. Die rasche Mästbarkeit und die feinfasrige marmorierte Fleischqualität mit einer guten Ausbeute bei der Schlachtung werden von Bauern wie Konsumenten geschätzt. Heute wird Grauvieh vorwiegend in der Doppelnutzung gehalten, ist aber auch eine Alternative in der Mutterkuhhaltung. Als Futtersucher auf der Weide sind die Grauen unübertroffen.

Diese positiven Eigenschaften, die nicht nur in Tirol, sondern in ganz Mitteleuropa geschätzt wurden, führten allerdings zum Ausverkauf an Grauvieh sowie zum züchterischen Niedergang. Durch Aufkreuzung mit Schweizer und Vorarlberger Braunvieh wurde versucht, diesen Niedergang aufzuhalten. Das führte aber zur Unbeständigkeit der Kreuzungsprodukte und nach dem Ersten Weltkrieg wieder zur Trennung der Rassen und zur Gründung eines eigenen Grauviehzuchtverbandes im Jahre 1924.[127]

Etwas über 90 Prozent des Grauviehs in Österreich stehen in Tirol. Insgesamt hat die Rasse aber nur einen Anteil von nicht einmal 1 Prozent des österreichischen Rinderbestands. Genaue Zahlen über den Grauviehbestand vor 1938 sind nicht überliefert. 1941 wurden in den Nordtiroler Kreisen, ohne Osttirol, 31.112 Tiere gezählt. Die erste Nachkriegszählung der Rassenbestände für ganz Tirol ermittelte 1947 25.014 Tiere; bis 1964 ging diese Zahl auf 21.829 Graue zurück.[128] In den letzten Jahrzehnten war der Grauviehbestand in Tirol weiter rückläufig. Die letzte Vollerhebung der österreichischen Rinderrassen stellte 1995 für Tirol einen Bestand von 11.909 Tieren fest, die in 993 Betrieben standen.[129] Stabilisiert hat sich die Zahl der Züchter, sie lag 2002 bei 1.237, die in zehn Zuchtgebieten und 91 Zuchtvereinen organisiert waren. Diese Vereine sind im Tiroler Grauviehzuchtverband zusammengeschlossen, der auch sämtliche Grauviehzüchter Österreichs betreut. Die Zahl der Herdebuchkühe lag 2002 bei 3.800, ist aber schwankend.[130] Der überwiegende Teil der Grauviehzüchter sind Kleinbauern in wirtschaftlich ungünstig gelegenen Hochtälern Westtirols. Die Höfe der Züchter liegen zumeist in trockenen Gebieten, im Schnitt auf 1.170 Meter Meereshöhe.[131]

Das Zuchtprogramm des Tiroler Grauviehs ist ein absolutes Reinzuchtprogramm. Der Zuchtfortschritt kann somit nicht zugekauft werden, sondern die Züchter sind auf die eigenen Leistungen angewiesen. Das Zuchtprogramm setzt sowohl auf die künstliche Besamung als auch auf den Natursprung. Damit kann die Zucht ihre Stärke sowohl in der Reinzucht als auch als mütterlicher Kreuzungspartner voll zur Geltung bringen.[132] Im Rahmen des österreichischen Programms für umweltgerechte Landwirtschaft (ÖPUL) wird die Rasse speziell gefördert.

Braunvieh wird in Österreich von den sehr guten Futterbaugebieten im Osten bis zu den extremsten Berggebieten im Westen in allen Produktionsgrundlagen gehalten. Die Kleinstrukturierung der typischen Braunviehzuchtbetriebe mit einer durchschnittlichen Kuhzahl von knapp zehn Kühen pro Betrieb gewährleistet eine qualitätsorientierte Zuchtviehproduktion im Einklang mit Umwelt und Natur.

Das in Österreich und Tirol gehaltene Braunvieh stammt großteils vom schweizerischen Braunvieh ab, das bereits um 1830 aus den besten Stammherden der Urkantone und Ostschweiz herausgezüchtet worden war. Bei der Pariser Weltausstellung von 1875 errangen die Schweizer für ihre Höhenviehrassen Braunvieh und Simmentaler Fleckvieh erste Preise, was zu einer verstärkten Nachfrage auch in den benachbarten Regionen führte. Um 1900 gelangte das Braunvieh über das Montafon und den Bregenzerwald in das Oberinntal und wurde mit dem dort beheimateten Grauvieh vermischt.[133] Diese Kreuzungen wurden aber aufgrund schlechter Eigenschaften bald wieder eingestellt.

Seit 1907 sind die Tiroler Braunviehzüchter im Tiroler Braunviehzuchtverband zu einer einheitlichen Organisation zusammengeschlossen, die ihre Hauptaufgabe in der Hebung und Förderung der Braunviehrasse nach einheitlichen Grundsätzen durch züchterische und wirtschaftliche Maßnahmen sieht. Der Verband wahrt dabei die Interessen seiner Mitglieder und unterstützt sie in allen Belangen, bestimmt das Zuchtziel und gibt Weisungen zur Ausmerzung von Zuchtfehlern. Alljährlich erfolgt eine Herdebuchaufnahme und es wird eine Auslese von männlichen und weiblichen Tieren getroffen. Nach dem Zweiten Weltkrieg gehörten dem Verband 232 Viehzuchtvereine mit 4.304 Mitgliedern an, die über 10.000 Herdebuchtiere verfügten. Wegen der großen Nachfrage nach diesem Rind errichtete der Verband als erster in Tirol eine künstliche Besamungsstation.[134] Im Jahre 2002 gehörten dem Verband 3.534 Betriebe mit 23.297 Herdebuchkühen an.[135]

Der Tiroler Braunviehbestand, der in der ersten Jahrhunderthälfte über 40 Prozent des gesamten Rinderbestands ausmachte, entwickelte sich im Laufe des Jahrhunderts rückläufig. 1941 waren in den Nordtiroler Kreisen, ohne Osttirol, 79.769 Tiere gezählt worden; 1947 verzeichnete die erste Rinderrassenerhebung der Nachkriegszeit einen Bestand an 83.264 Tieren, der bis 1969 auf 91.911 Stück angewachsen war. Ab den Siebzigerjahren verlor das Braunvieh seine dominierende Stellung zugunsten des Fleckviehs und ist heute die zweithäufigste Rinderrasse im Land. Etwas über 30 Prozent des österreichischen Braunviehbestands standen 1995 in Tirol; dies war mit 71.288 Stück auch die größte Braunviehpopulation der Republik.[136] Zur Verbesserung der Milchleistung wurde das einheimische Braunvieh ab etwa 1960 mit aus den USA importierten Brown-Swiss gekreuzt, was zu einer Verdrängung des ursprünglichen Typs mit all seinen Vorzügen und Nachteilen führte. Heute weist die österreichische Population einen durchschnittlichen Brown-Swiss-Anteil von über 75 Prozent auf.

Das Original-Braunvieh ist ein Zweinutzungsrind. Die geringere Milchleistung im Verhältnis zum Brown-Swiss wird durch eine wesentlich bessere Mastfähigkeit und Fleischqualität ausgeglichen. Weitere Vorzüge sind gute Futterverwertung und Widerstandsfähigkeit. Hinzu kommen Langlebigkeit und geringe Trittschäden bei der Alpung. Leichtkalbigkeit wurde durch gezielte Zuchtauslese erreicht. Derzeit gibt es vom ursprünglichen Braunvieh in Tirol nur mehr Einzeltiere, die dem Generhaltungsprogramm zugeführt werden. In der Schweiz und in Deutschland ist die Situation wesentlich günstiger. Dort gibt es auch eigene Vereinigungen, die sich der Erhaltung dieser alten Rasse annehmen.[137]

Der zweite ursprünglich nicht in Tirol beheimatete Rinderschlag, der sich heute durchgesetzt hat, ist das Fleckvieh. Ab 1870 fanden Schweizer Rinderzüchter im Tiroler Unterinntal guten Absatz für ihre Simmentaler Rinder.[138] Als Veredelungs- und Verdrängungskreuzung mit einheimischen Schlägen entstand daraus das Fleckvieh. Heute ist das Fleckvieh-Rind weltweit mit etwa 35 Millionen Tieren verbreitet und hat innerhalb der Fleischrassen eine bedeutende Rolle erlangt.

Der 1906 gegründete Tiroler Fleckviehverband ist der älteste Zuchtverband Tirols. 1950 umfasste er 60 Viehzuchtvereine mit 1.028 Mitgliedern, die circa 5.200 Herdebuchtiere hielten. 2002 gehörten ihm 2.935 Tiroler Betriebe an, die 30.773 Herdebuchkühe versorgten.[139] Damit hat die Fleckviehzucht, im Gegensatz zu andern Rinderrassen, trotz abnehmender Rinderbestände zugenommen. Die Attraktivität des Tieres in Leistung und Produktion bewirkte, dass die Zahl der Fleckviehhalter über Jahrzehnte zweistellige Zuwachsraten zu verzeichnen hatte. Knapp ein Fünftel des Tiroler

Rinderbestandes war 1941 Fleckvieh (41.061 Stück). In den ersten Nachkriegsjahren war dieser Bestand auf 35.926 (1947) sowie 33.235 Stück (1954) zurückgegangen, um im folgenden Jahrzehnt wieder anzusteigen: 1959: 36.311, 1964: 43.492, 1969: 53.334.[140] Die höchsten Zuwachsraten wies der Tiroler Fleckviehbestand aber ab den Siebzigerjahren auf, wodurch die Population zur verbreitetsten Rasse des Landes wurde. 1995 zählte der Bestand 102.532 Tiere.[141] Obwohl an sich behornt, sind auch in Tirol in der Mutterkuhhaltung genetisch hornlose Tiere, ursprünglich aus Deutschland stammend, besonders beliebt.

Unter den österreichischen Rinderrassen nimmt das Pinzgauer Rind eine Sonderstellung ein. Mit seiner kastanienbraunen Grundfarbe und der typischen Weißzeichnung an Rücken, Kreuz und Bauch sowie an den Beinen leitet es seinen Namen vom Salzburger Bezirk Pinzgau her. Die typische Farbzeichnung des Tieres wird dominant vererbt und ist auch heute noch Markenzeichen der Rasse. Eine besondere Rarität ist der schwarzweiß gefärbte Typ, der als so genannte Glückskuh als Einzeltier auf vielen Höfen gern gehalten wurde. Eine genetisch hornlose Variante, die unter dem Namen Jochberger Hummeln bekannt ist, wurde nachweislich erstmals 1834 beim Hallerwirt in Aurach geboren. Hornlose Rinder galten früher als verkrüppelt, da das Anbringen eines Jochs zur Arbeit nicht möglich war. Heute existieren davon nur noch rund 100 Tiere in drei Betrieben.

Dank seiner geschlossenen Ausdehnung und der intensiven Förderung durch die Salzburger Bischöfe war das Pinzgauer Rind die tonangebende Rasse im Herzen der Ostalpen gewesen. Die Tiere waren weit über die Grenzen des Erzbistums Salzburg verbreitet und wurden auch in Oberösterreich, Steiermark, Kärnten, Nord- und Südtirol sowie Oberbayern gehalten.[142]

Die Ursprungsgebiete des Pinzgauer Schlages sind gekennzeichnet durch kleinbäuerliche Strukturen und erschwerte Produktionsbedingungen. Vor der Erschließung und Mechanisierung dieser Berggebiete legten die Bauern großen Wert auf robuste, widerstandsfähige und marschtüchtige Rinder. Diese extensiven Haltungsformen in den Alm- und Bergregionen des Stammzuchtgebietes führten zu einer natürlichen Selektion. Die Auslese aufgrund besonderer Rassenmerkmale aus verschiedenen Schlägen der Tauerntäler Salzburgs und Tirols fallen vermutlich in das Ende des 18. Jahrhunderts. Diese waren als Pinzgauer, Pongauer, Salzburger Schecken, Mölltaler, Brixentaler, Tiroler Rückenschecken, Traunsteiner oder Berchtesgadner bekannt. Mit der Gründung der ersten Züchtervereinigungen Ende des 19. Jahrhunderts wurde die »Pinzgauer Rasse« genau definiert. In den Zuchtzielen waren strenge Farbvorschriften festgelegt.

1856 nahm eine Pinzgauer Kollektion an der Weltausstellung in Paris teil, ebenso mit beachtlichem Erfolg 1871. 1873 brachte die Weltausstellung in Wien der Pinzgauer Rinderzucht abermals großes Ansehen. Besonders gefragt waren die auf Kummet und Stirnjoch ausgebildeten dreijährigen Pinzgauer Zugochsen. Die Zugleistung war neben Milch und Fleisch erklärtes Zuchtziel. Mit der zunehmenden Technisierung erübrigte sich das Zuchtziel »Arbeitsleistung«. Verstärkt wurde auf die Milch- und Fleischleistung geachtet. Die Änderung der Tierzuchtgesetze zwischen 1965 und 1971 hob bestehende Rassenbeschränkungen auf; das einst geschlossene Stammzuchtgebiet des Pinzgauer Rindes wurde durch die Umstellung auf andere Rinderrassen rasch geschwächt. Die zunehmende Spezialisierung in der Landwirtschaft verlangte nach immer höheren Milchleistungen. Deshalb wurde 1969 die Hereinnahme von Red-Friesian-Blut zur Verbesserung der Milchleistung, Euterform und Melkbarkeit beschlossen. Die Kreuzungstiere sind nach wie vor in den Milchwirtschaftsbetrieben des Alpenvorlandes sehr beliebt. Einige Züchter im Berggebiet standen diesem Konzept jedoch mit Skepsis gegenüber und beharrten auf der Reinzucht.[143]

Das Pinzgauer Rind wird im Stammzuchtgebiet vor allem als Zweinutzungsrasse gezüchtet. Künftig soll aber die Bedeutung des Pinzgauer Rindes als Fleischrind in Mutterkuhbetrieben verstärkt beachtet werden. Aufgrund seiner hohen Grundfutterverzehrsleistungen besonders in Grünlandgebieten und aufgrund seiner Leistungsbereitschaft, Widerstandsfähigkeit und Langlebigkeit wird das Pinzgauer Rind heute als optimales »Biorind« angesehen.

1941 waren in Tirol 31.166 Pinzgauer gezählt worden; 1947 45.655. Der Bestand hielt 1959 bei 43.118 Stück, um bis 1969 auf 34.201 abzusinken. 1995 wurden in Tiroler Ställen nur mehr 4.039 Pinzgauer gehalten.[144]

Bereits 1820 wurden die ersten Tiere dieser Rasse nach Rumänien, Jugoslawien, Tschechien und in die Slowakei exportiert, wo sich in der Folge heute noch bestehende Zuchtgebiete entwickelten. Zur Zeit der österreichisch-ungarischen Monarchie erlebte die Rasse ihre Hochblüte. Aus dieser Zeit finden wir heute noch Zuchtgebiete in der Slowakei und in Rumänien. Weitere Exporte folgten im Laufe der Zeit in alle Erdteile. Die Pinzgauer Rasse ist heute in vier Kontinenten und 25 Staaten, davon acht in Europa, mit insgesamt etwa einer Million Tieren verbreitet. Damit befinden sich rund 90 Prozent des Weltbestandes außerhalb von Österreich.

Noch im 19. Jahrhundert war das Tux-Zillertaler Rind im Tiroler Unterland weit verbreitet und wurde sogar nach Russland exportiert. Im Laufe der letzten hundert Jahre ging der Bestand aber sukzessive zurück. 1941 wurden in Nordtirol noch 523 Tux-Zillertaler Rinder gehalten, in den Fünfzigerjahren nur mehr 200 Stück. In ganz Österreich wurden nur mehr 1.336 Tiere dieses Schlags gezählt; im Pustertal waren angeblich noch rund 800 Tuxer vorhanden.[145] Bis in die Siebzigerjahre ging der Bestand auf 30 Tiere zurück. Ein Grund dafür war die nach dem Ende des Zweiten Weltkriegs systematisch durchgeführte TBC-Bekämpfung.

Schon seit dem Ersten Weltkrieg waren Tux-Zillertaler-Züchter genossenschaftlich organisiert und hatten sich zu einem Viehzuchtverein zusammengeschlossen. Das Vereinsgebiet erstreckte sich von Tulfes-Volderwald bis nach Ramsberg-Zillertal und Scheffau, mit einem Schwerpunkt der Zucht im Gebiet von Hart und Fügenberg im Zillertal. Einige Idealisten leiteten in den Achtzigerjahren eine Trendwende ein und retteten damit dieses »Tiroler Kulturgut« vor dem Aussterben. 1986 wurde die Vereinigung der Tux-Zillertaler-Züchter Tirols in Fügen gegründet, in der sämtliche züchterischen, organisatorischen und strategischen Belange beraten und entschieden werden. Heute sind in der Vereinigung über 100 Züchter mit 600 Tux-Zillertaler Rindern zusammengeschlossen. Seit 2001 hat die Vereinigung die alleinige Betreuung aller österreichischen

Tux-Zillertaler-Züchter über. Tux-Zillertaler-Züchter gibt es neben Tirol unter anderem in Niederösterreich, Oberösterreich, Steiermark, Vorarlberg und Wien.[146]

Im April 1996 fand in Fügen im Zillertal nach 40 Jahren erstmals wieder eine Ausstellung von Tux-Zillertaler Rindern statt. Über 5.000 Besucher begutachteten die von 45 Züchtern aufgetriebenen 109 Tiere. Erfolge bei Ausstellungen und Prämierungen machen das Rind weiter bekannt.

Der Schlag tritt in Form schwarzer (Tuxer) oder kräftig rotbrauner (Zillertaler) Tiere mit weißen Abzeichen auf. Eine Besonderheit dieser Rasse war, ähnlich wie beim eng verwandten Eringerrind aus dem Kanton Wallis, die Zucht auf Kampfeigenschaften. Der ursprüngliche Sinn und Zweck des Kampfes lag in der Eroberung und Verteidigung von guten Weideplätzen. Viele Bauern hatten daher, neben der eigentlichen Rasse, eine Tux-Zillertaler Kuh gehalten, damit die Kühe auf der Alm auf guten Weideflächen grasen konnten. Aufgrund dieser Eigenschaft entwickelten sich regelrechte Wettkämpfe, bei denen auch Wetten abgeschlossen wurden. Die Siegerkuh dieser so genannten Kuhstechen, »Moarin« oder »Roblerin« gerufen, bescherte dem Besitzer hohes Ansehen. Bis in die Mitte der Fünfzigerjahre wurden diese Kämpfe auf Festen, etwa beim Gauderfest in Zell am Ziller, veranstaltet. Diese aus tierschützerischen Erwägungen zunehmend unerwünschte Eigenschaft trug jedoch zum fast völligen Verschwinden der Rasse bei und ist heute nicht mehr Zuchtziel. Hingegen machen die Genügsamkeit der Tiere und ihre Leistung bei schlechtesten Umweltbedingungen sie heute wieder für die Mutterkuhhaltung im Bergland interessant. Daneben besitzt dieses Rind auch eine gute Fleischqualität. Als Generhaltungsrasse wird die Zucht der Tux-Zillertaler heute gefördert.

Aus der Einkreuzung von Eringer- bzw. im 19. Jahrhundert von Pinzgauer Rindern in südlich der Zentralalpen beheimatete Schläge entstanden die so genannten Pustertaler Schecken oder Sprinzen. Der Name bezieht sich auf die typische Farbzeichnung des Tieres. Am Rücken und Bauch sind die Tiere immer weiß, weisen jedoch rote, braune oder schwarze Flecken am Körper auf. Sind diese klein und nehmen sich wie Farbspritzer aus, so spricht man von »Sprinzen«, sind die farbigen Bereiche hingegen groß und zusammenhängend, so sind es »Schecken«. Die Rasse ist äußerst robust und anspruchslos und eignet sich für die Bewirtschaftung von extremen Gebieten. Früher wurden die Tiere vor allem zur Ochsenmast verwendet.

Der Schlag wies Ende des 19. Jahrhunderts in den österreichischen Alpenländern noch eine Populationsgröße von rund 60.000 Stück auf; 1940 nur mehr circa 4.000, 1956 noch 900 und heute gar nur mehr 60 bis 80 Stück. Grund dafür sind sowohl in Italien wie in Österreich Ende der Zwanzigerjahre erlassene Gesetze, die die weitere Zucht verboten. Seither zählt das Rind zu den vom Aussterben bedrohtesten Rinderrassen Europas.[147] Dank illegaler und heimlicher Haltung durch einige Bauern hat der Schlag bis in die Gegenwart überlebt. Als Generhaltungsrasse wird die Zucht von Pustertaler Sprinzen heute wieder gefördert.[148]

Neben der Haltung heimischer Schläge oder solcher, die schon vor längerer Zeit in Tirol angesiedelt wurden, haben Tiroler Bauern in den letzten Jahrzehnten damit begonnen, neue Rassen einzuführen. Etwa Schottische Hochland- oder Charolaisrinder;

eine weitere ist das kleinrahmige Jerseyrind. Anfang der Neunzigerjahre wurden die ersten Tiere vorwiegend aus Dänemark und Deutschland nach Österreich importiert, um die Fettquote aufzubessern; einige davon wurden auch in Tirol angesiedelt. Die Rasse war ursprünglich von Nordafrika über Spanien und Frankreich auf die britische Kanalinsel Jersey gelangt, wo sie in Reinzucht auf Milch mit hohem Fettgehalt gezüchtet wurde. Später wurden Jerseyrinder nach Amerika und Dänemark exportiert. Heute ist das Jerseyrind die weltweit zweihäufigst verbreitete Milchrasse hinter den Holsteinern. Hauptzuchtländer sind USA, Neuseeland, Kanada, England und Dänemark.[149]

Die Tiere weisen ein geringes Gewicht auf, erbringen aber eine sehr große Milchleistung mit einem hohen Anteil an Inhaltsstoffen (6 Prozent Fett und 4 Prozent Eiweiß). Damit liegt die Jerseyrasse in der Wirtschaftlichkeit an der Spitze aller in Österreich gehaltenen Milchrassen. Die züchterische Leitung und Betreuung der Rasse geschieht aus organisatorischen Gründen durch eine eigene Sektion des Tiroler Fleischrinderzuchtverbandes. Diesem gehören heute 25 Züchter mit 250 Zuchtkühen an. Österreichweit halten 100 Züchter an die 1.000 Jerseykühe.

Schwarzbunte waren in Österreich bis 1965 nur in Oberösterreich verbreitet. Durch Einkreuzung amerikanischer Holstein Friesian wurde dieser Schlag zur am stärksten milchbetonten Rinderrasse in ganz Österreich und wird heute auch in Tirol gehalten. Der 1976 gegründete Zuchtverband hatte 1995 120 Mitglieder mit 1.537 registrierten und insgesamt 3.467 Tieren. 2002 wurden in rund 100 Betrieben 1.744 Herdebuchkühe gezählt.[150]

Der Tiroler Verband ist einer von acht in der Arbeitsgemeinschaft (ARGE) Holstein Friesian zusammengeschlossenen Dachorganisation österreichischer Holsteinzuchtverbände. Das Ziel der Arbeitsgemeinschaft ist die Realisierung eines gemeinsamen Zuchtziels sowie eines einheitlichen Zuchtprogramms. Weiters besorgt die ARGE eine gemeinsame Vermarktung und Werbestrategie und vertritt die Anliegen der österreichischen Holsteinzucht in den verschiedenen nationalen und internationalen Gremien.[151]

Milchwirtschaft, Sennerei- und Käsereiwesen

Wenngleich die Zahl der Viehhalter und der Rinder im Laufe des Jahrhunderts in Tirol rückläufig war, konnte die Milch- und Fleischleistung der Tiere durch Zuchterfolge gesteigert werden. Bei den meisten Rassen verdoppelte sich die jährliche Milchleistung pro Kuh: Zwischen 1950 und 1993 stieg sie pro Tier von 2.300 auf über 5.000 Kilogramm. Bis zum Jahr 2001 steigerte sich diese Leistung nochmals auf eine durchschnittliche Jahresleistung von 5.600 Kilogramm pro Kuh. Spitzenreiter waren hierbei die Schwarzbunten, die es auf eine Milchleistung von bis zu 6.000 Kilogramm brachten. Auch die Braunvieh- und Fleckviehschläge weisen seit den Neunzigerjahren eine durchschnittliche jährliche Milchleistung von über 5.000 Kilogramm auf.[152]

Nicht nur die Milchleistung pro Kuh konnte durch Zuchtmaßnahmen und Fütterung gesteigert werden, sondern auch der Fettgehalt der Milch. Im Schnitt weist die Milch von Tiroler Kühen heute einen Fettgehalt von über 4 Prozent auf, um 1950 lag dieser noch deutlich darunter. Spitzenreiter sind auch hier die Schwarzbunten mit einem Fettgehalt von durchschnittlich 4,35 Prozent. Nur Jerseyrinder zeichnen sich durch einen noch höheren Fettgehalt in ihrer Milch aus, fallen aber bestandsmäßig nicht so ins Gewicht.

Seit der Mitte des 19. Jahrhunderts produzierte die Tiroler Landwirtschaft systematisch für den Markt. Die Rinderhaltung war auf die Milch- und Fleischproduktion sowie bis zum Beginn der Motorisierung auch auf die Arbeitsleistung der Tiere ausgerichtet. Nach Schweizer Vorbild wurde die Milchverarbeitung aus der bäuerlichen Hauswirtschaft herausgelöst und in Form zumeist genossenschaftlich organisierter Sennereien als eigener Wirtschaftszweig eingerichtet. Die erste Fettsennerei war bereits 1830 von einem Käsehändler im Zillertal errichtet worden. Innerhalb weniger Jahre entstanden im Unterinntal und im Zillertal 15 weitere Sennereien. Ab 1853 wurde im Unterinntal Schweizer Käse hergestellt. Laut Schätzung sollen 1868 in Tirol bereits 400 Tonnen Käse hergestellt worden sein, wovon ein Teil in den Export ging; bis zur Jahrhundertwende wurde diese Menge auf 11.500 Tonnen gesteigert.[153]

Als Vorläufer der modernen Molkereigenossenschaften bestanden in Tirol noch im Jahr 1910 an die 800 Sennerei-Interessentschaften zur gemeinsamen Verarbeitung von Milch, davon waren über 600 Alpsennereien. Die Bauern beauftragten die Senner, ihren Produktanteil, der ihren jeweiligen Milchanlieferungen entsprach, an Dritte zu veräußern, woraus sich ein reger Handel von Butter und Käse entwickelte.

Um die Jahrhundertwende gründeten sich auf Anregung des Landeskulturrates und nach dem Genossenschaftsgesetz auch in Tirol erste genossenschaftliche Molkereien. 1910 gab es 26 registrierte Genossenschaften mit beschränkter Haftung. Durch den »Vereinszwang« wurden ab 1912 sämtliche Einzelgenossenschaften Mitglied im Raiffeisenverband Tirol. Der Verband führt die Revision durch, die Wahrung der Anwaltschaft sowie die steuerliche Beratung der Mitglieder.[154] Der 1923 gegründete »Tiroler Genossenschaftsverband« übernahm diese Funktion ab der Zwischenkriegszeit. In diesem Verband waren der »Kreditverein der Tiroler Bauernsparkasse, der Verband der

Gründungsversammlung der Raiffeisenkasse Waidring, 1893

Raiffeisengenossenschaften sowie die Ein- und Verkaufsgesellschaft der Tiroler Landwirte« zusammengeschlossen.[155]

Bereits 1894 war der »Verband der Molkereien Deutsch-Tirols« ins Leben gerufen worden, der sich als Ziel die fachliche Beratung sowie eine gemeinsame Bezugs- und Absatzorganisation setzte. Letzteres vermochte der Verband aber aufgrund mangelnder Mittel nicht zu leisten. 1902, als dem Verband 170 Mitglieder, davon rund 30 Molkereigenossenschaften und Interessentschaften, angehörten, wurde seine Umwandlung in die »Zentralmolkerei in Innsbruck reg. Gen.m.b.H.« beschlossen. Diese Genossenschaft war als Zentrale für die gesamte Milchwirtschaft Deutsch-Tirols gedacht, versuchte aber auch in der Landeshauptstadt auf genossenschaftlicher Basis eine Milchverwertung und Konsumentenversorgung zu etablieren. Dieses 1904 aufgenommene Vorhaben scheiterte aber daran, dass nur ein Teil der Innsbruck mit Milch versorgenden Bauern der Genossenschaft beitraten und damit am städtischen Markt eine harte Preiskonkurrenz herrschte.[156] Nach der Liquidierung der Zentralmolkerei war in Tirol auf lange Zeit das Vertrauen in die genossenschaftliche Milchversorgung und -verwertung gestört. Erst 1928 schuf die Stadt Innsbruck wieder eine Genossenschaftsmolkerei, an deren Stelle 1935 die »Milchhof Innsbruck reg. Gen.m.b.H.« trat.[157]

In der Zwischenkriegszeit existierten im Bundesland Tirol rund 150 Sennereigenossenschaften. In den ersten Jahren nach Ende des Zweiten Weltkriegs gab es in Tirol noch 142 milchverarbeitende Betriebe sowie 13 Rückgabebetriebe.[158] In den Fünfzigerjahren lieferten die Tiroler Bauern ihre Milch in nur mehr rund 100 Molkerei- und Sennereibetrieben bzw. -genossenschaften ab. Immerhin wurden dabei noch etwa 95 Prozent der molkereimäßig anfallenden Milch genossenschaftlich verarbeitet. Durch Anstoß von Seiten des Milchwirtschaftsfonds kam es ab den Sechzigerjahren zu Zusammenschlüssen von milchverarbeitenden Betrieben, zunächst im Bereich der Käsereien des Ziller- sowie Lechtales.[159]

Bis Anfang der Siebzigerjahre war die Betriebszahl um 65 Prozent auf 49 Be- und Verarbeitungsbetriebe zurückgegangen. Auch die Zahl der Rückgabebetriebe hatte sich halbiert. Es hatte ein starker Konzentrations- und Rationalisierungsprozess eingesetzt, dem nach und nach die meisten der Tiroler Orts-Sennereien zum Opfer fielen. So stellten etwa die Molkereien in Reutte und in Rotholz ihren Molkereibetrieb ein und wurden zu Käsereien umgestaltet. Die Molkerei Schwaz ließ 1967 ihre Käse- und Topfenerzeugung auf; ebenso die Molkerei Kitzbühel.[160]

Ein Großteil der erzeugten Milchprodukte wurde über den 1932 gegründeten »Tiroler Sennereiverband« an den Konsumenten abgesetzt.[161] Dieser schloss sich 1970 mit dem »Salzburger Käserei- und Sennereiverband« zur »Alpenländischen Milchindustrie (Alpi) reg. Gen.m.b.H.« zusammen, die sich vor allem um eine Marktausweitung für verpackte Produkte bemühte und in Tirol dafür ein Käse- und Butterschmelzwerk unterhielt.[162]

1973 schlossen sich die Molkereigenossenschaften Kufstein und Wörgl zur »Inntal-Milch reg. Gen.m.b.H.« zusammen, wobei der Betriebsstandort Kufstein aufgelassen wurde. Damit war in Tirol neben dem »Milchhof Innsbruck« ein zweiter großer überörtlicher Milchverarbeiter entstanden. Das Einzugsgebiet der Innsbrucker Genossenschaft umfasste seit der Einstellung der Imster Lehrmolkerei in den Siebzigerjahren das gesamte Westtirol, mit Ausnahme des Bezirks Reutte. Dort wurde die regionale Molkerei jedoch in eine Käserei umgewandelt. Der ehemalige Betrieb in Imst fungierte fortan als Milchsammelstelle des Milchhofes.[163]

Der »Milchhof Innsbruck« und die »Inntal-Milch Wörgl« vereinigten sich 1991 zur »Tirol Milch«. Nach dem Zusammenschluss mit der »Kitzbüheler Alpenmilch St. Johann« kamen in der Folge auch einige Käsereien der »Unteren Schranne« sowie aus dem Zillertal hinzu. Damit wurde die »Tirol Milch« zum Tiroler Milchwirtschaftsunternehmen schlechthin. Nur mehr wenige regionale Sennereien, wie etwa die »Sennerei Zillertal« in Mayrhofen, konnten daneben bestehen. Das Unternehmen blieb auch nach dem Zusammenschluss eine Genossenschaft. Eigentümer sind rund 5.000 Bauern, darunter 1.200 Almlieferanten, aus fast allen Bezirken Nordtirols mit Ausnahme des Außerferns. Die Mitglieder sind auch die Lieferanten der verarbeiteten Milch; im Jahre 2002 waren dies rund 203 Millionen Kilogramm. Dabei macht die Almmilch während der Sommermonate bis zu 40 Prozent der gesamten angelieferten Milch aus. »Tirol Milch« beschäftigt heute 280 Mitarbeiterinnen und Mitarbeiter. Der Umsatz erreichte 2002 137 Millionen Euro. Rund 32 Prozent der Produktion gehen in den Export, hauptsächlich nach Deutschland und Italien.[164]

Seit 1987 kooperiert »Tirol Milch« mit DANONE Österreich. Im Betrieb Wörgl werden zahlreiche Produkte, wie zum Beispiel »Dany+Sahne« und »Vitalinea Fruchtjoghurt«, hergestellt. An diesem Standort werden auch die sonstige Becherware (wie Joghurt und Fruchtjoghurt) und Butter abgefüllt sowie Käsespezialitäten hergestellt. Der Standort Innsbruck ist der Hauptsitz. Im 1963 errichteten Neubau sind ein Großteil der Verwaltung (Direktion, Verkauf, Marketing, Buchhaltung und Personal) sowie das zentrale Auslieferungslager angesiedelt. Produziert werden in Innsbruck hauptsächlich »Flüssigprodukte« wie Trinkmilch und Lattella, aber auch Topfen und Speiseeis. Weitere Milchzulieferungen verarbeitet »Tirol Milch« in fünf Pachtbetrieben, davon drei im Zillertal.

Eine weitere Grundlage für den Aufbau einer modernen Sennereiwirtschaft wurde mit der Gründung der heutigen »Bundesanstalt für alpenländische Milchwirtschaft« sowie der »Landwirtschaftlichen Landeslehranstalt« in Rotholz geschaffen.[165] Die Anstalt ist 1947 aus der 1912 dort eingerichteten Lehrsennerei hervorgegangen. Eine landwirtschaftliche Schule bestand in Rotholz schon seit 1879. Durch die dort abgehaltenen milchwirtschaftlichen Kurse wurde Rotholz zum Mittelpunkt der Tiroler Hartkäserei. Zur Käseherstellung ist die Anlieferung einer qualitativ hochwertigen Rohmilch Voraussetzung, da die Käsereien die Milch direkt verarbeiten und nicht wie in den Molkereien den Keimgehalt durch Pasteurisieren senken können. Daher legte die Anstalt großen Wert auf die Vermittlung der nötigen hygienischen Erfordernisse bei der Rohmilcherzeugung.[166] Daneben wurden ab den Fünfzigerjahren von der Tiroler Landeslandwirtschaftskammer verbindliche Grundlagen erlassen, die für die nötige Sorgfalt bei der Milchgewinnung sorgten.[167] Absatzsteigernde Wirkung für den Milchverkauf hatte die Erhöhung des Fettgehalts von Trinkmilch und Schlagrahm sowie die Verminderung des Wassergehalts der Butter.[168]

Während in den ersten Nachkriegsjahren der ganzjährige Tiroler Trinkmilchbedarf nicht gesichert und das Land auf die Einfuhr zusätzlicher Milch angewiesen war, bewirkten Rationalisierungen, betriebswirtschaftliche Optimierungen und Zuchterfolge eine Trendumkehr.[169] Ab den Sechzigerjahren sah sich die Tiroler Milchwirtschaft zunehmend den Problemen der Überproduktion und Absatzschwierigkeiten gegenübergestellt. Den Bauern wurde per Erlass 1961 eine Rücknahmeverpflichtung auferlegt, die Voraussetzung für die Auszahlung der staatlichen Milchpreisstützung in voller Höhe war. Über den staatlich organisierten »Milchwirtschaftsfonds« war den Molkereien ein bestimmtes Versorgungsgebiet zugeteilt und diese damit verpflichtet worden, den Kleinhandel innerhalb dieses Gebiets mit Milch und Milchprodukten zu beliefern. Lieferungen nach außen bedurften der Genehmigung des Fonds. Durch den zunehmenden Großhandel entstand aber eine Konkurrenzsituation, da dieser günstiger ein- und verkaufen konnte und diesen Preisvorteil an den Detailhandel abgab. Das Preisregelungsgesetz von 1957 und seit 1968 die »Milchmarktordung« sahen deshalb einen bundeseinheitlich geregelten Milchpreis vor. Molkereien und Sennereien wurden zur Abnahme verpflichtet.[170]

Auch die Tiroler Bauern unterliegen seit 1978 der in Österreich eingeführten Milchkontingentierung. Jeder Milchlieferant hat seine Richtmenge, die sich aus der Jahresliefermenge der letzten beiden Jahre vor der Kontingentierung berechnet. Überlieferungen führen zur Bezahlung des so genannten Absatzförderungsbeitrags, der bis zur Hälfte des Milchpreises betragen kann. Ab-Hof-Lieferungen bedürfen einer Meldung. Innerhalb einer Freimenge ist der Verkauf ohne Abgabenleistung jedoch erlaubt.[171]

Mit dem Beitritt Österreichs zur EU wurden die Förderungsmaßnahmen für die Landwirtschaft mit Brüssel akkordiert. Zum Jahresende 1993 waren sowohl die Einzugsgebietsregelung als auch die Versorgungsgebietsregelung ausgelaufen. Die fixe Zuteilung der Milchbauern zu einem Verarbeitungsbetrieb wurde durch privatrechtliche Lieferverträge ersetzt. Der bisher in Österreich geltende Ausgleich unterschiedlicher Anfuhrkosten entfiel ab 1993 ebenfalls; ein molkereiinterner Preisausgleich blieb erhalten. Der Ab-Hof-Verkauf wurde liberalisiert. Zusätzlich zur Anlieferungsquote wurden eine Direktvermarktungsquote sowie eine Quote für Almmilchlieferungen eingeführt.[172] Bei der Direktvermarktung wurden vier Bereiche festgelegt: Ab-Hof-Verkauf im engeren Sinn, Bauernmarkt, Zustellung an Wiederverkäufer sowie Milchverarbeitung in einer Gemeinschaftsanlage für biologisch wirtschaftende Bauern.

Trotz abnehmender Zahl der Rinderhalter nahm die Gesamtmenge der produzierten Milch in Tirol zu. Dabei ist zu berücksichtigen, dass nur ein Teil der produzierten Milch an Sennereien und Käsereien abgeliefert wird, wenngleich dieser Anteil in den letzten Jahrzehnten zugenommen hat. Die angelieferte Milchmenge hat sich in Tirol seit den Sechzigerjahren mehr als verdoppelt, unterliegt aber immer noch starken Schwankungen im Jahresverlauf. Monaten mit einem Milchüberschuss (meist März bis Mai) stehen Monate mit einem Milchbedarf wie im September oder Oktober gegenüber. Die Gründe für diese starken Schwankungen liegen vor allem in der Alpung der Milchkühe und den damit traditionell verbundenen Herbstkalbungen.

Im Jahre 2001 produzierten die rund 61.000 Tiroler Kühe eine Jahresgesamtmenge von 341.400 Tonnen Milch, wovon 82 Prozent (279.948 Tonnen) abgeliefert wurden. Der Rest verblieb am Hof zum Eigenverbrauch (26.700 Tonnen) oder wurde verfüttert

Tabelle 14: Milchanlieferung 1960–1999

Jahr	Tirol in Tonnen	Anteil an Gesamtmenge Österreichs in Prozent	Tiroler Milchlieferanten
1960	110.375	7,2	11.000
1970	158.190	7,7	11.220
1975	170.484	7,4	9.932
1980	173.164	7,7	9.639
1985	203.768	8,6	9.480
1990	208.233	9,3	9.274
1995	228.812	11,6	7.573
1999	254.181	11,1	10.169

Quelle: Berichte über die Lage der Tiroler Land- und Forstwirtschaft 1992/93 16–17, 1996/97 19, 1999/2000 19.

(34.900 Tonnen).[173] 1952 waren mit 219.311 noch um über 100.000 Tonnen weniger Milch produziert worden. Von dieser Menge waren nur etwas über ein Drittel vermarktet (78.952 Tonnen), aber über 40 Prozent (89.479 Tonnen) am Hof zur Deckung des Eigenbedarfs verwendet und verarbeitet worden. Das restliche knappe Viertel (50.880 Tonnen) wurde verfüttert.[174] Zwischen 1939 und 1944 lag die Gesamtjahreserzeugung an Milch bei 170.000 Tonnen. 1942 wurde diese Leistung kurzfristig auf 190.262 Tonnen gesteigert.[175] Damals betrug der Anteil der an Sennereien, Molkereien und Verbraucher verkauften Milch zwischen 40 und 55 Prozent. Der im Laufe des Kriegs immer schmäler werdende Rest wurde selbst verzehrt, verarbeitet oder an Kälber und Schweine verfüttert.[176] Zwischen 1890 und 1900 produzierten die Nord- und Osttiroler Kühe im Schnitt jährlich rund 206.000 Tonnen Milch, die jedoch zu einem nicht unbeträchtlichen Teil für den Eigenbedarf verwendet wurde.[177]

Die Größen- und Betriebsstruktur der Tiroler Milchlieferanten ist, bedingt durch die schwierigen Geländeverhältnisse, klein strukturiert und damit jener des österreichischen Durchschnitts sehr ähnlich. Im Durchschnitt lieferte ein Tiroler Bauer in den Neunzigerjahren jährlich 23.000 bis 25.000 Kilogramm Milch ab; im Vergleich dazu ein bayerischer Bauer 1993 87.000 Kilogramm. Der Anteil an Lieferanten mit geringen Milchkontingenten (bis zu 20.000 Kilogramm Jahresanlieferung) ist in Tirol etwas höher als in Österreich (1992/93: 59,9 zu 52,8 Prozent). Nahezu gleich ist der Anteil an Lieferanten mit der größten Milchmenge (über 80.000 Kilogramm) mit 11,7 (Österreich 1993) zu 11,2 (Tirol 1992) Prozent. Die Bauern mit geringen Milchanlieferungen lieferten rund ein Viertel der gesamten in Tirol angelieferten Milch an, in Österreich ein Fünftel. Die Bauern mit der größten Milchanlieferung trugen in Österreich und Tirol jeweils mit einem Elftel bzw. einem Zwölftel zur an Molkereien abgelieferten Gesamtmilchmenge bei.[178]

Die Milchanlieferung wird auch nach ihrer Qualität bewertet und verrechnet. 1991 wurde im österreichischen Milchqualitätsschema die so genannte »S-Qualität« als höchste Stufe eingeführt. Seit 1994 werden bei der Feststellung der Milchqualität zusätzlich auch die Keimzahl sowie die Zellzahl bewertet und der Gefrierpunkt als Qualitätskriterium erfasst. Für die Ablieferung minderer Qualität wurden Preisabzüge festgesetzt. Tirol lag beim Anteil angelieferter Milch der höchsten Qualitätsstufe Anfang der Neunzigerjahre österreichweit an der Spitze, musste diesen Platz aber 1994 nach der Umstellung auf eine zweitägige Abholung an Salzburg und Vorarlberg abgeben. 1993 waren noch 87,7 Prozent der in Tirol abgelieferten Milch der Sonderqualität zugeordnet worden, 1994 fiel dieser Wert in den Sommermonaten auf unter 80 Prozent ab, stabilisierte sich aber in den folgenden Jahren auf 84 Prozent im August sowie 95 Prozent im Februar.[179]

Die Konsumentenpreise für Milch wurden ab 1957 bundeseinheitlich geregelt und durch das Landwirtschaftsministerium jeweils neu festgesetzt.[180] Bis 1995 kam in Österreich auch ein weitgehend einheitliches Berechnungsschema für den Erzeugermilchpreis zur Anwendung. Durch dessen Lockerung bereits vor dem EU-Beitritt ergibt sich heute der Milchpreis aus dem wirtschaftlichen Erfolg der Be- und Verarbeitungsunternehmen. Diese wenden unterschiedliche Preiskalkulationen und Zuschlagssysteme an, sodass ein objektiver Preisvergleich kaum mehr möglich ist. Der durchschnittliche Milchpreis in Tirol lag im Jahr 2000 bei 4,16 Schilling je Kilogramm Milch, bei Biomilchanlieferungen höher.[181] Anfang der Neunzigerjahre betrug der Lieferantenpreis für die S-Klasse je Kilogramm noch knapp sechs Schilling.[182] Bedingt durch den EU-Beitritt erlitten auch die Tiroler Bauern massive Einbußen bei den Erlösen für Milchlieferungen. Diese wurden zwar teilweise durch degressive Preisausgleiche abgefangen, die Bauern gerieten damit aber immer mehr in den Ruf von »Subventionsempfängern«, die ihr Auskommen nicht mehr selbst zu erwirtschaften im Stande seien.

Trotz dieser verschärften Preisentwicklung unter marktwirtschaftlichen Bedingungen trägt der Bereich Rinder- und Milchwirtschaft immer noch mehr als zwei Drittel zur landwirtschaftlichen Produktion des Landes bei und bildet für einen Großteil der Tiroler Bauern die einzige Einnahmequelle ihrer landwirtschaftlichen Tätigkeit. Die beiden Komponenten Rinderhaltung und Milcherzeugung verliefen aber über die Zeit betrachtet gegenläufig. Während der Anteil der Rinderhaltung an der gesamten tierischen Produktionsleistung zwischen 1960 und 1999 von knapp einem Drittel auf etwas über ein Fünftel zurückging, stieg der Anteil der Milchproduktion im selben Zeitraum von 48 auf 57 Prozent an, wobei Letzterer in den Siebzigerjahren auf etwas über 40 Prozent gesunken war.

Rinderzucht auf Fleisch und Export

Tirol war seit jeher ein Zucht- und Nutztierüberschussgebiet. Im 19. Jahrhundert war der Überschuss nach Innerösterreich verkauft bzw. in die Nachbarregionen exportiert worden. Bereits im Ersten Weltkrieg hatte die Tiroler Rinderzucht einen schweren Schlag erlitten, als für die Zucht notwendige Tiere veräußert werden mussten. Auch die ersten Nachkriegsjahre mit ihrer Not an Nahrungsmitteln wirkten sich hemmend auf die Steigerung der Rinderzucht aus. Handelspolitische Maßnahmen der Abnahmelän-

Tabelle 15: **Anteil der Rinderhaltung und der Milcherzeugung an der gesamten tierischen Produktionsleistung der Tiroler Land- und Forstwirtschaft 1956–1999 (in Prozent)**

	Rinderhaltung	Milchproduktion	Gesamtanteil an tierischer Produktionsleistung
1956	29,7	52,2	81,9
1960	31,9	47,7	79,6
1965	25,5	50,4	75,9
1970	28,3	41,7	70,0
1975	26,8	42,7	69,5
1980	30,7	43,6	74,3
1985	29,5	50,5	80,0
1990	34,4	50,1	84,5
1995	29,1	52,7	81,8
2000	27,5	57,8	85,3

Quelle: Eigene Berechnungen aufgrund der Daten bei Nussbaumer, Sozial- und Wirtschaftsgeschichte von Tirol 114, Tab. 31; Berichte über die Lage der Tiroler Land- und Forstwirtschaft 1985/86 11 und 2000/2001 Kurzbericht 2.

der waren für den Export von nur vorübergehender Bedeutung. Die wichtigsten Importländer für Tiroler Rinder sind Italien und Deutschland.[183]

Das ab 1. März 1949 geltende »Sonderabkommen betreffend den Warenaustausch zwischen Tirol und Vorarlberg und der Region Trentino-Tiroler Etschland«, kurz »Accordino« genannt, stellte für die Tiroler Landwirtschaft eine wichtige Errungenschaft dar.[184] Das Abkommen sah die Erstellung zweier Warenlisten vor, die zollfrei bzw. zu einem günstigen Tarif ausgetauscht werden konnten. Im Gegenzug zur Übernahme von Wein, Obst und Gemüse wurden von Tirol aus etwa Holz, Vieh und Käse über den Brenner geliefert. Die Erstellung der Liste konnte jährlich der wirtschaftlichen Entwicklung angepasst werden. Dafür war eine gemischte Kommission zuständig, die sich aus je drei österreichischen und italienischen Mitgliedern zusammensetzte.

Gegenüber seinen traditionellen Hauptabnahmeländern Italien und Deutschland war Österreich seit der Bildung der »Europäischen Wirtschaftsgemeinschaft« (EWG) mit 1. Januar 1958 ein so genanntes »Drittland« und damit nicht in die Handelsvorteile der Gemeinschaft einbezogen. Zwei Jahre später trat Österreich der »Europäischen Freihandelszone« (EFTA) bei. 1973 schloss die Republik mit der EWG einen Freihandelsvertrag, der jedoch die Landwirtschaft ausschloss. Seit dem Beitritt zum Europäischen Wirtschaftsraum (EWR) 1993 sowie zur Europäischen Gemeinschaft (EG) 1995 ist Österreich voll in die Handelspolitik der Gemeinschaft mit einbezogen.

Die Tiroler bäuerlichen Betriebe bevorzugten bei der Aufzucht stets eine Kombinationsrasse. Während mit zunehmender Mechanisierung und Motorisierung im Laufe des 20. Jahrhunderts die Zucht und der Absatz von Arbeitstieren zurückging, gewann die Schlachtviehproduktion an Bedeutung. Der Massentierhaltung waren im Berggebiet

Tabelle 16: Rinderexporte (Zucht- und Nutztiere) nach Ländern 1950–1993

	Italien	Deutschland	Niederlande	Sonstige	Gesamt
1950	2.740	548			3.288
1960	4.612	7.746		146	12.504
1970	23.873	2.125		160	26.504
1980	21.348	8.255		644	30.247
1990	14.287	4.728	2.854	454	22.323
1993	10.954	5.734	6.446	1.181	24.315

Quelle: Eigene Berechnungen aufgrund der Daten bei Partl, 100 Jahre organisierte Rinderzucht in Tirol 219.

Grenzen gesetzt, jedoch wurden zunehmend alte heimische Rassen auf eine Steigerung der Fleischleistung hin gezüchtet. Die Preissteigerungen für versteigerte Zuchttiere lagen in den letzten Jahrzehnten zumeist unter der Inflationsrate. Damit trugen die Bauern aus der Rinderhaltung langfristig einen Einkommensverlust davon. Ab 1973 wurde daher der Viehexport mit Bundes- und Landesförderungen unterstützt.

Der Rinderabsatz in Tirol wurde entscheidend von naturbedingten Faktoren beeinflusst. Da in Tirol aus eigener Ernte bezogenes Kraftfutter weitgehend fehlte, kam der Alpung der Rinder eine wichtige Bedeutung zu. Tiroler Kälber wurden früh der Muttermilch entwöhnt und auf Raufutter umgestellt. Rund 80 Prozent aller Jungrinder werden gesömmert, die damit verbundene naturbedingte Auslese der Tiere fördert ihre Langlebigkeit und Fruchtbarkeit. Gealpte Kühe, die ins Flachland verkauft wurden, vermochten dort ihre Milchleistung um bis zu 30 Prozent zu steigern.

Die Rinder werden über Versteigerungen, Märkte sowie ab Hof abgesetzt. Während auf ersteren ausschließlich Zuchtvieh angeboten wird, wird auf letzteren zum überwiegenden Teil Nutzvieh angeboten. Das größte Viehangebot herrscht im Herbst, nach dem Ende des Alpsommers.

Die Viehmärkte waren in Tirol zu Ende des 19. Jahrhunderts noch breit im Land gestreut und hatten meist lokalen Charakter. Dies hatte den Nachteil, dass sie nur selten von überregionalen Händlern besucht wurden und der Zwischenhandel blühte, womit die Bauern nur einen kleinen Teil des Erlöses erhielten. Nach und nach entstanden überregionale Märkte, auf denen eine größere Anzahl von Rindern aufgetrieben und bessere Preise erzielt werden konnten. Hauptmarktorte für Braun- und Grauvieh waren Landeck und Imst, für Fleckvieh Brixlegg und Rattenberg und für Pinzgauer St. Johann und Lienz. Diese Märkte versorgten aber eher den lokalen Nutzviehbedarf und hatten für den Export kaum Bedeutung. Dieser geschah meist ab Hof durch private Viehhändler. Vor 1900 sollen in Reutte und Imst Auftriebszahlen von 5.000 bis 10.000 Stück erreicht worden sein. Jährlich wurden aus Tirol 20.000 bis 30.000 Rinder in andere Regionen vermarktet.

Seit 1940 wird der Absatz von Zuchtrindern über Verbandsversteigerungen durchgeführt. Die Auftriebe für Braun- und Grauvieh erfolgen in Imst, für Fleckvieh in Rotholz, wozu vom Fleckviehzuchtverband 1954 eine eigene Versteigerungshalle er-

Tabelle 17: Rinderabsatz über Zuchtviehversteigerungen 1950–2000

	Stiere	Kühe	Kalbinnen	Jungkalbinnen	Einsteller	Zuchtkälber	Nutzkälber	Weibl. Nutzrinder	Gesamt
1950	803	121*							924
1960	894	1.023*							1.917
1970	813	1.418	2.403	201					4.835
1980	388	5.431	6.585	232	3.225	286	1.034		17.181
1985	416	6.962	7.843	339	2.725	323	772		19.380
1990	307	6.249	7.783	400	2.431	671	925		18.766
1995	234	3.271	5.487	188	1.968	724	280	594**	12.152***
2000	105	2.931	4.089	165	1.405	820	106	1.186	10.807

* keine Aufteilung nach Kategorien vorhanden.
** Wert von 1996.
*** ohne weibliche Nutzrinder.
Quelle: Eigene Berechnungen aufgrund der Daten bei Partl, 100 Jahre organisierte Rinderzucht in Tirol 218; Berichte über die Lage der Tiroler Land- und Forstwirtschaft 1996/97 13; 1999/2000 14.

richtet wurde. Daneben wird Vieh noch in Lienz und Maishofen bei Zell am See versteigert.

Nach 1945 wurden neben Stieren vermehrt auch weibliche Tiere und so genannte Einsteller gehandelt.[185]

Der Rinderhandel ist immer sehr krisenabhängig gewesen. War es nach 1945 die Infektion eines beträchtlichen Teils der heimischen Rinder mit Tuberkulose sowie mit der Bangseuche, die den Export und Fleischabsatz hemmte,[186] so zeigte die Ende des Jahres 2000 eskalierte BSE-Krise deutlich, dass das Kaufverhalten der Konsumenten auch gegenüber nicht heimischen Seuchengefahren sehr sensibel reagiert. Obwohl die Seuche nicht von Tirol ausgegangen und im Land nur ein einzelner Hof davon betroffen war, wirkte sich die Krise doch auf das Image der heimischen Rinderproduktion aus und bedeutete damit eine wirtschaftliche Gefahr für die Tiroler Bauern.[187]

2. Schweine

> *[…] ist blos im Inngebiete von einiger Bedeutung, wo sie in den Gegenden mit intensiverem Sennereibetriebe in den Molkereirückständen eine belangreiche Unterstützung findet.*
> Ferdinand Kaltenegger[188]

Eine Schweinehaltung über den Eigenbedarf hinaus ist nur da möglich, wo ausreichende Mengen an Schweinefutter zur Verfügung stehen. In den Alpen ist diese daher eng mit dem Aufkommen der Molkerei- und Sennereiwirtschaft verbunden: Molke und Buttermilch stellten gutes Futter für die Schweinemast dar. Bei Mühlenbetrieben wurden seit dem Mittelalter Schweine mit Abfall von Mahlgetreide gemästet. Seit der zweiten Hälfte des 18. sowie seit dem beginnenden 19. Jahrhundert stand in den meisten Tiroler Gemeinden mit der Einführung des Kartoffel- und Maisanbaus ausreichend Futter zur Schweinehaltung zur Verfügung. Die Schweinehalter bezogen aus den gemästeten Tieren Speck, dem als geräucherte und damit haltbar gemachte Fleischform aufgrund seines Fettanteils in der bäuerlichen Ernährung eine große Bedeutung zukam.[189] Außer auf Almen werden Schweine heute nicht mehr auf Weiden getrieben, sondern im Stall gehalten.

Im Laufe des 19. Jahrhunderts hat sich der Schweinebestand in Alttirol mehr als verdoppelt und belief sich 1910 auf 99.550 Tiere.[190] 1923 wurden im Bundesland Tirol 27.283 Schweine gehalten, fast ein Fünftel davon im Bezirk Innsbruck Land.[191] Dank ausgezeichneter Zuchtimporte aus den allerbesten deutschen Hochzuchten erfuhr die Schweinezucht in der Ersten Republik in Tirol einen Aufschwung und eine qualitätsmäßige Verbesserung. Das bisher erzielte Lebendgewicht wurde nun in der halben Zeit erreicht.[192] 1932 erfolgte die Gründung des Verbandes der Tiroler Schweinezuchtgenossenschaften, zudem regelte das Tierzuchtförderungsgesetz von 1937 die Zucht von Schweinen in ähnlicher Weise wie die Rinderzucht. 1934 beschäftigten sich bereits 14 Schweinezuchtgenossenschaften mit der Zucht. Bis 1938 stieg der Schweinebestand in Tirol auf 64.020 Tiere an.[193] Eine fehlende Preis- und Marktregelung führte jedoch in der Zwischenkriegszeit dazu, dass die Erlöse heimischer Schweinezüchter durch ausländische Billigimporte gedrückt wurden.

Ursprünglich waren in Tirol zwei Hausschweinschläge vertreten, und zwar das so genannte bajuwarische, vorzugsweise in Deutschtirol, und das romanische Landschwein in Südtirol.[194] Diese beiden alten Tiroler Landschweinschläge waren wohl recht widerstandsfähig und fruchtbar, hatten aber keine Raschwüchsigkeit und waren gegenüber den heutigen Zuchten nur sehr schwach entwickelt. Deshalb wurde in Nord- und Osttirol nur mehr das schlappohrige, veredelte deutsche Landschwein als Zuchtrasse zugelassen, da es sich für die hier vorherrschenden Lagen und Haltungsverhältnisse bes-

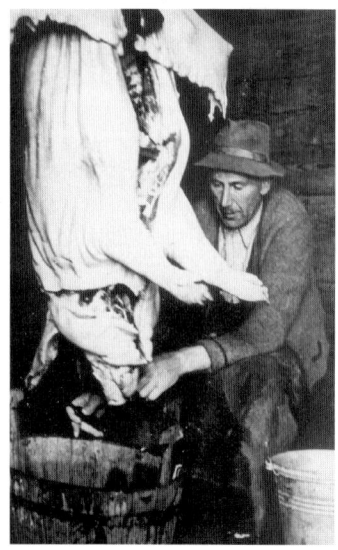

Sauschlachten, 1960er-Jahre

ser eignet. Heute werden in Tirol auch Pietrain und Edelschweine gezüchtet. 1950 wurde für die Zucht in Innsbruck-Reichenau ein Verbandsstall errichtet. Zuchtziel war vor allem die Verbesserung der Fleischleistung mit weniger Fett. Diese wurde in den Siebzigerjahren durch Einkreuzungen Weißer Belgier und amerikanischer Hampshire Schweine erreicht. Bereits 1969 wurde in Rotholz eine Mastleistungsprüfungsanstalt mit 180 Mastplätzen in Betrieb genommen. Auch die Vermarktung von Zuchtschweinen erfolgte ab 1977 in Rotholz in der neu errichteten Schweineversteigerungsanlage. In den Achtzigerjahren wurde zudem eine Besamungsstation erbaut, die heute aufgelassen ist. Die Produktion der Ferkel geschieht über den 1971 gegründeten Ferkelring.

Die Tiroler Schweinezucht ist, mangels ausreichender Futtergrundlage im Land, stark vom Futterpreis abhängig. Dementsprechend zyklisch verlief die Zucht, die zunehmend in einer durch Konzentration gekennzeichneten Produktion stattfindet. In den Neunzigerjahren war der Bestand stark rückläufig. Die Differenz beim Schweinebestand beträgt zwischen 1950 und 1995 36.228 Stück.[195] Bis 2000 verringerte sich der Bestand nochmals um über 12.000 Tiere.

Im Jahr 2000 waren dem Tiroler Schweinezuchtverband in 16 Herdebuchbetrieben 188 Herdebuchtiere angeschlossen. Auch die Zahl der Ferkelringbetriebe war rückläufig und verringerte sich im Jahr 2000 auf 180 Betriebe (1999: 208). Die gehaltenen Muttersauen gingen 2000 auf einen Stand von 940 Tieren zurück. Im Jahr 1999 waren es noch 1.223 gewesen. Ebenfalls einen starken Rückgang hat es bei den Besamungen gegeben. Waren es 1998 noch 4.250, so verringerte sich diese Anzahl 1999 auf 3.558 und im Jahr 2000 auf 2.663 Besamungen. Der Schweinemarkt stabilisierte sich jedoch durch die BSE-Problematik und die in Holland und Deutschland ausgebrochene Schweinepest um 1996 und war im Jahr 2000 sogar etwas zunehmend, sodass mit den erzielten Erlösen die Produktionskosten wieder abgedeckt werden konnten.[196]

Grafik 2: Schweinebestand in Tirol 1890–1999 (in Tausend)

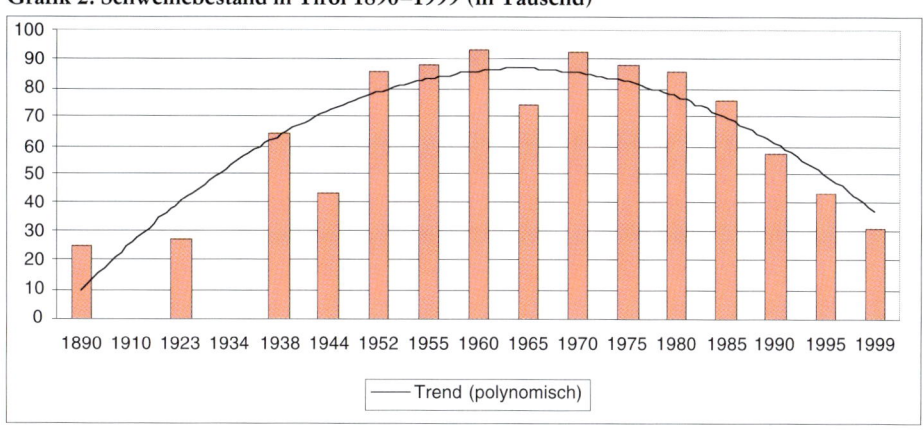

Quelle: Eigene Berechnungen aufgrund der Daten bei Kaltenegger, Feldbau, Viehzucht und Alpwirthschaft 520; Müller, Tiroler Berufsstatistik 10; Oberrauch, Tirols Wald Beilage 1a; Österreichs Land- und Forstwirtschaft in Bild und Zahl 73; Aubele, Wirtschaftskunde 29; Partl, 100 Jahre organisierte Rinderzucht in Tirol 214; Grüne Berichte.

3. Schafe

[...] werden in größerer Zahl vorzugsweise im Mittelgebirge der Hauptthäler und in den höher gelegenen Nebenthälern des Fleisches und der Wollnutzung wegen gezogen.

Ferdinand Kaltenegger[197]

Neben dem Rind werden in Tirol vor allem Schafe gehalten. Das Schaf war als Erzeuger von Fleisch und Wolle für die Ernährungssicherung und die Volkswirtschaft des Landes lange Zeit von großer Bedeutung. Der aus Schafwolle gefertigte Loden war besonders haltbar, denn er wies eine besondere Elastizität, Dehnbarkeit und Reißfestigkeit auf. Aus ihm wurden Hosen, Röcke und Umhänge erzeugt.

Der Rückgang der Schafhaltung in Tirol hatte wirtschaftliche und rechtliche Gründe. Durch die fortschreitende Kultivierung des Bodens und die billigere Wollproduktion im Ausland wurde ihr zunehmend die Grundlage entzogen.[198] Zudem hatten die Bauern infolge der Regelung der Forstservitute in der zweiten Hälfte des 19. Jahrhunderts zahlreiche Schafweiderechte verloren. Somit diente die Schafhaltung nur mehr zur Deckung des Eigenbedarfs; der Export von Wolle und Fleisch wurde, mit wenigen Ausnahmen, stark eingeschränkt.[199]

Schafe fressen das »absolute Schaffutter«. Darunter versteht man jenes Futter, das durch andere Tiere nicht genutzt werden kann; in erster Linie sind dies hoch gelegene, steinige und steile Alp- und Weideflächen. Schafe weiden im Frühjahr lange vor den Rindern auf der Weide und verbleiben auch im Spätherbst länger dort. Nicht selten wurden sie auch im Winter auf die Weide getrieben.

In Tirol wurden verschiedene Schafrassen gehalten, teils rein gezüchtete, teils im Laufe der Zeit eingekreuzte. Die meisten der in Tirol vorkommenden Schafe sind Bergschafe, die sich durch Widerstandsfähigkeit auszeichnen, hoch in die Berge steigen, das spärliche Futter bestmöglich verwerten, jedoch in der Woll- und Fleischnutzung große Unterschiede aufweisen.[200] Die verschiedenen Spielarten wurden meist nach der Tal- oder Ortschaft bezeichnet. Etwa das Schnalser Schaf, der größte und wirtschaftlichste Typ in Tirol. Der Schlag wurde aus heimischen Landschafrassen, vorwiegend dem Steinschaf, und dem weiter südlich vorkommenden Bergamasker Schaf gezüchtet und ist vor allem in Axams, Grinzens, Götzens, Sellrain, Obernberg und im Stubaital beheimatet. Das jährliche Schurgewicht beträgt drei bis vier Kilogramm und mehr Wolle. Auch seine gute Fleischausbeute wurde geschätzt. Das Bschlabser Schaf war in Bschlabs und Umgebung sowie in Tarrenz verbreitet. Seine charakteristischen Eigenschaften sind ein breiter und kurzer Kopf, kurze und stehende Ohren, kräftige Beine sowie ein dichtes Vlies mit langer Wolle. Das Gewicht der Schafe beträgt 45 bis 55 Kilogramm. Kreuzungen von Bschlabser und Schnalser Schafen brachten einen Mehrertrag an Wolle von 20 Dekagramm. Weitere Schläge, die in Tirol gehalten wurden, sind das Goggel-, Spiegel- oder Ötztaler Schaf.

Seit 1938 wird in Tirol das Tiroler Bergschaf herdebuchmäßig in den Farbeinschlägen Weiß, Braun und Schwarz gezüchtet. Dabei wird besonderer Wert auf Langlebigkeit und Fruchtbarkeit gelegt. Das Tiroler Steinschaf wurde erst 1974, knapp vor seinem Aussterben, herdebuchmäßig erfasst. Sein Bestand beträgt heute wieder mehrere

Tausend Tiere. Charakteristisch für diesen Schlag sind die wuchtig geschwungenen Hörner der Widder. Diese Rasse zeichnet sich durch hohe Fruchtbarkeit sowie eine überdurchschnittliche Milchleistung aus. Heute werden vorrangig Milchlämmer erzeugt. Typisch ist auch die grobe Mischwolle, die sich aus grobem Grannenhaar und feinem gewellten Wollhaar zusammensetzt.

1946/47 umfasste der 1939 gegründete Landesschafzuchtverband 43 Zuchtvereine mit rund 1.100 Mitgliedern und rund 2.300 eingetragenen Herdebuchtieren. Im Jahr 2000 wies die organisierte Schafzucht in Tirol 123 Vereine auf, um drei mehr als in den beiden Vorjahren. Die Mitglieder hingegen gingen 1999 deutlich auf 1.713 (minus 428) zurück; 2000 war wieder ein leichter Anstieg auf 1.728 Mitglieder zu verzeichnen. Die Einführung eines gemeinsamen österreichischen Zuchtprogramms ist bisher, aufgrund unterschiedlicher Auffassungen innerhalb der Verbände, noch nicht gelungen.

Der Herdebuchbestand bei den weiblichen Tieren reduzierte sich 1999 um 613 auf 14.624 und bei den Widdern um 239 auf 1.047. Im Jahr 2000 erfolgte bei den weiblichen Tieren ein weiterer Rückgang um 165, bei den Widdern jedoch ein leichter Anstieg um neun Tiere.[201] In den letzten Jahren war der Zuchttierabsatz zufrieden stellend und die Nachfrage an Lämmern war wesentlich höher als das Angebot. Dieser Umstand wurde durch die BSE-Krise noch verschärft. Das einst sogar höher als Rindfleisch eingeschätzte Fleisch ausgewachsener Schafe findet heute hingegen aufgrund des starken Eigengeschmacks kaum mehr Anhänger unter den Konsumenten.

Während von 1938 bis 1960 die Schafhaltung in Tirol um 40 Prozent zurückgegangen ist, stieg sie ab den Siebzigerjahren wieder an. Dies hat seinen Grund vor allem darin, dass bei Auflassung der Rinderhaltung oft auf Schafzucht umgestiegen wurde. Daneben gibt es aber immer noch eine traditionelle Schafhaltung unter Ausnützung ex-

Grafik 3: Schafbestand in Tirol 1890–1999 (in Tausend)

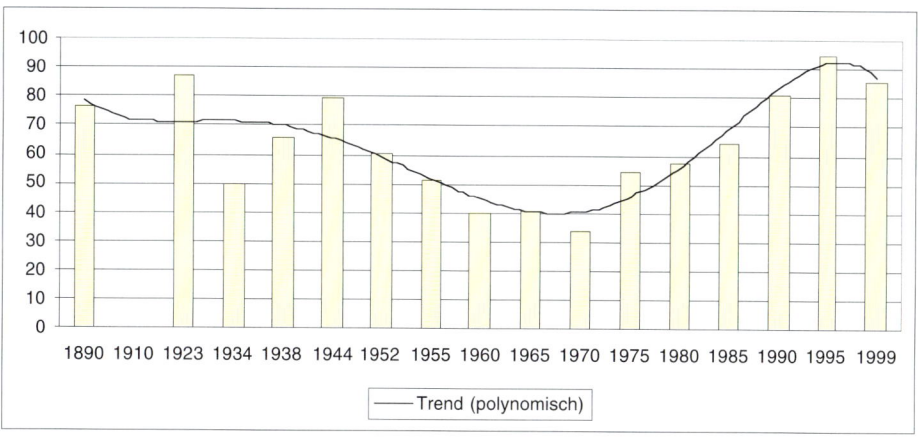

Quelle: Eigene Berechnungen aufgrund der Daten bei Kaltenegger, Feldbau, Viehzucht und Alpwirthschaft 520; Müller, Tiroler Berufsstatistik 10; Oberrauch, Tirols Wald Beilage 1a; Österreichs Land und Forstwirtschaft in Bild und Zahl 73; Aubele, Wirtschaftskunde 29; Partl, 100 Jahre organisierte Rinderzucht in Tirol 214; Grüne Berichte.

tensiver Almweiden. In den letzten Jahren wird von einigen Bauern auch die Haltung reiner Milchschafherden betrieben.

Seit 1970 ist der Schafbestand in Tirol wieder um über 50.000 Stück gestiegen; seit 1995 ist er wieder leicht rückläufig.

4. Ziegen

> *Ziegen werden zwar überall, [...] vorzugsweise von kleineren Grundbesitzern und armen Leuten des Milchertägnisses wegen gehalten.*
> Ferdinand Kaltenegger[202]

Ursprünglich kam der Ziege wohl die gleiche Bedeutung zu wie dem Schaf; als Milchtier stand sie sogar vor dem Schaf. Seit dem Mittelalter jedoch trat die Ziegen- hinter der Schafhaltung zurück.[203] Grund dafür war die unterschiedliche Bewertung der Wolle. Auch die Ziege als Kuh des kleinen Mannes verlor an Bedeutung. Zudem wurde ihre Haltung seit dem Ende des 19. Jahrhunderts aufgrund forstlicher Rücksichten eingeschränkt. Erst mit Beginn des 20. Jahrhunderts wurde der Ziegenzucht wieder größere Beachtung geschenkt. Dabei fand die in Tirol heimische »gemsfarbige Tiroler Ziege« als Basis für Zuchterfolge Verwendung. In den letzen Jahren ist die Ziegenhaltung in Tirol wieder im Steigen begriffen. Grund dafür sind geänderte Konsumentengewohnheiten, die vermehrt nach Ziegenprodukten wie Ziegenmilch und Kitzfleisch fragen.

1945 wurden in Tirol noch 9.800 Ziegenhalter verzeichnet; bis 1970 sank diese Zahl auf etwas über 1.700. Seither haben die Ziegenhalter wieder um rund 800 Personen zu-

Grafik 4: Ziegenbestand in Tirol 1890–1999 (in Tausend)

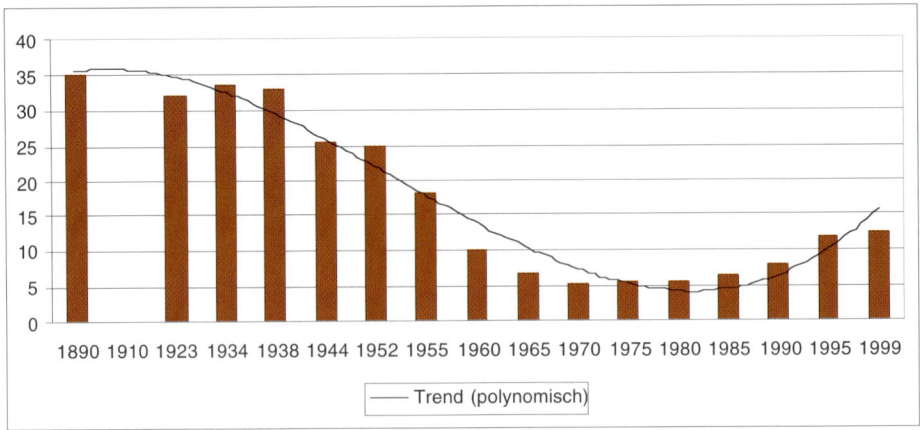

Quelle: Eigene Berechnungen aufgrund der Daten bei Kaltenegger, Feldbau, Viehzucht und Alpwirthschaft 520; Müller, Tiroler Berufsstatistik 10; Oberrauch, Tirols Wald Beilage 1a; Österreichs Land und Forstwirtschaft in Bild und Zahl 73; Aubele, Wirtschaftskunde 29; Partl, 100 Jahre organisierte Rinderzucht in Tirol 214; Grüne Berichte.

genommen. In der organisierten Ziegenzucht waren im Jahr 2000 in den 31 Vereinen 244 (1999: 261) aktive Züchter erfasst. Diese hatten 1.377 (1999: 1.310) weibliche Zuchtziegen und 124 (1999: 111) Ziegenböcke im Herdebuch registriert. Im Schnitt lag die Milchleistung 2000 bei 833 Kilogramm Milch pro Tier; 1991 wies sie noch um rund 100 Kilogramm weniger auf. Knapp nach dem Ende des Zweiten Weltkrieges war sie noch mit 300 Kilogramm angenommen worden.[204]

5. Pferdezucht

Die Pferdezucht ist auf diejenigen Landstriche beschränkt, in denen versumpfte oder an stauender Untergrundnässe leidende Wiesen- und Weideflächen in größerer Ausdehnung vorkommen.
Ferdinand Kaltenegger[205]

Pferde wurden in der alpinen Landwirtschaft nicht so sehr als Zugtiere benötigt, hier behalf man sich zumeist mit Ochsengespannen, sondern im Handelsverkehr sowie für militärische Zwecke. Einzig im Wald konnte der Bauer auf ein Pferdegespann als Zugmaschine nicht verzichten. Es waren oft grundherrschaftliche Verpflichtungen und damit verbundene Frondienste, bestimmte Fuhrdienste zu leisten, sowie die so genannte Rodfuhr, die organisierte Warenbeförderung von einer Niederlage zur anderen, die Bauern dazu bewogen, Pferde zu halten. Daneben wurden Pferde bis zum Bau der Eisenbahn auch für den Stelldienst der Postkutschenfahrten benötigt. Durch die Änderung der Verkehrs- und Handelsgewohnheiten sowie durch den Wegfall der Pferdeweiden sank die Zahl der Pferde im Kronland Tirol bis 1869 merklich ab, bis 1910 nahm sie jedoch in einigen Gemeinden wieder stark zu. Grund dafür waren die steigende Nachfrage nach Tiroler Zuchttieren, ein vermehrter Bedarf an Saumtieren im Gebirgstourismus sowie die Verwendung von Pferden in der Holzbringung.[206]

In älterer Zeit wurden in Tirol zwei verschiedene Pferdeschläge hervorgehoben: ein größerer und schwererer im Unterinntal und im Pustertal, offenbar die heutige norische

Bauernfamilie im Bezirk Kitzbühel mit zwei Arbeitspferden

Rasse, und ein kleinerer leichterer und für das Gebirge besonders geeigneter in der Gegend von Bozen und Meran. Mit Letzterer war vermutlich die heutige Haflinger Pferderasse gemeint, mit der seit 1900 in Meran auch Pferderennen bestritten wurden.[207] 1824 und 1836 waren in Tirol erstmals staatliche Hengsten- oder Beschälstationen im Unterinntal und im Etschtal zur Erzielung guter, für das Gebirge geeigneter Pferdeschläge schwerer und leichter Art errichtet und diese seitens der k.k. Armee mit geeigneten Tieren versehen worden. Die Landesgesetze von 1883 und 1923 regelten auch die Körung und Haltung von Zuchthengsten im Privatbesitz.

Bis zum Ende der Monarchie blieb das Zuchtgebiet des Haflinger Pferdes auf Südtirol beschränkt. Im Verlauf des Ersten Weltkriegs wurden die wertvollen Zuchthengste aus Südtirol jedoch in das staatliche Hengstdepot nach Lambach in Oberösterreich gebracht. Die immer schon bestehenden Bestrebungen, auch im Oberinntal mit der Haflinger Zucht zu beginnen, wurden dadurch neu angeregt. Mit Unterstützung des damaligen Bundesministers für Land- und Forstwirtschaft, Alois Haueis, wurde es möglich, Haflingerhengste für den Aufbau einer Zucht in Nordtirol sicherzustellen. Als Stutenmaterial dienten vorerst ehemalige Kleinpferde, vorwiegend Huzulen, Panjepferde und Bosniaken, aus Heeresbeständen bzw. dem aufgelassenen Staatsgestüt Radautz. Diese Kreuzungszucht zeigte jedoch unbefriedigende Erfolge, sodass sich die Mitglieder entschlossen, zur Reinzucht überzugehen. Nachdem es gelungen war, eine Original-Haflinger-Stute zu beschaffen, baute sich daraus ein bescheidener Grundstock reinrassiger Zuchtstuten auf. Einen entscheidenden Auftrieb nahm die Haflinger Zucht 1927/28 mit dem Import von 100 Original-Haflinger-Stuten aus Südtirol, wiederum gefördert durch das Bundesministerium für Land- und Forstwirtschaft. Der Großteil dieser Tiere wurde den Zuchtvereinen Zams, Weer, Wildschönau und Defreggen in Osttirol zur Verfügung gestellt. Der schier unerschöpfliche Bedarf der Wehrmacht im Zweiten Weltkrieg an Gebirgspferden führte zu einer übermäßigen Ausbreitung der Haflinger Zucht. Nach Kriegsende wurde die Zucht wieder den gegebenen natürlichen und wirtschaftlichen Verhältnissen angepasst und auf eine reelle Basis gestellt. In immerhin 207 von 253 Tiroler Gemeinden wurden damals Haflinger gezüchtet, vorwiegend auf kleinbäuerlicher Grundlage.[208]

1950 hatte der Haflinger-Zuchtverband 1.316 Mitglieder und verfügte über 1.691 eingetragene Stuten mit einem jährlichen Stutenzuwachs von rund 200 Stück. 2002 betreuten circa 2.000 Züchter rund 3.000 Zuchtpferde sowie rund 40 Hengste und unterwarfen sich einer strengen Zuchtselektion, die die Grundlage für den immensen Zuchterfolg des Haflingers ist. Seit 1970 werden in Ebbs, wohin von Zams 1947 der Hengstenaufzuchthof des Verbandes übersiedelt wurde, im Fünf-Jahres-Rhythmus internationale Zuchtschauen veranstaltet, die sich regen Zulaufs erfreuen.[209]

Neben dem Haflinger-Zuchtverband sind heute in Tirol auch noch andere Pferdezuchtverbände tätig. Der Norikerzuchtverband feierte 1999 sein hundertjähriges Verbandsjubiläum. Von rund 500 Norikerzüchtern wurden in Tirol 1995 rund 380 eingetragene Stuten und circa 150 Jungpferde gehalten.[210] Seit 30 Jahren besteht in Tirol auch ein Verband der Warmblutpferdezüchter, die sich vorwiegend der Sportpferdezucht widmen. Insgesamt gab es in Tirol im Jahr 2000 2.217 Pferdezuchtbetriebe. Die Zahl

Grafik 5: Pferdebestand in Tirol 1890–1999 (in Tausend)

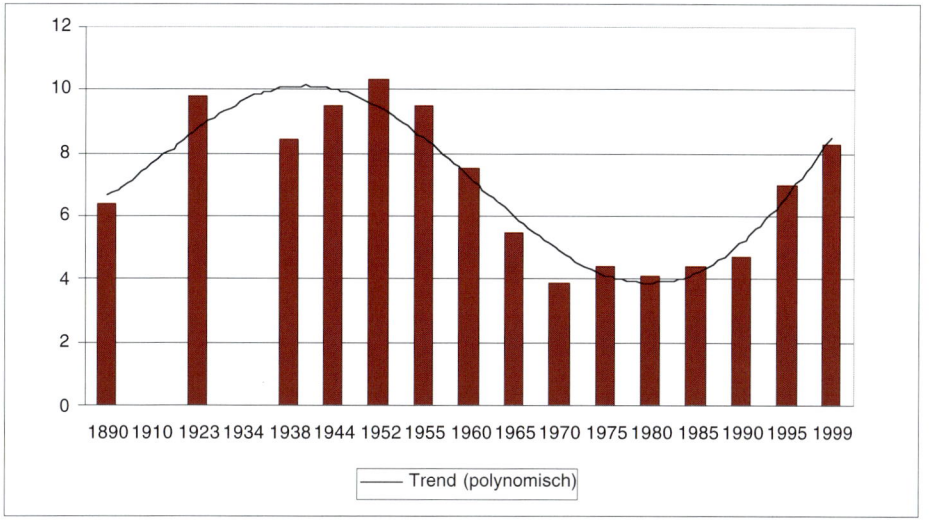

Quelle: Eigene Berechnungen aufgrund der Daten bei Kaltenegger, Feldbau, Viehzucht und Alpwirthschaft 520; Müller, Tiroler Berufsstatistik 10; Oberrauch, Tirols Wald Beilage 1a; Österreichs Land und Forstwirtschaft in Bild und Zahl 73; Aubele, Wirtschaftskunde 29; Partl, 100 Jahre organisierte Rinderzucht in Tirol 214; Grüne Berichte.

der eingetragenen Stuten betrug 3.468 Tiere und war damit um 804 Stück innerhalb eines Jahres angestiegen.[211] Zurückzuführen ist dies auf das weiterhin steigende Interesse für die Pferdezucht und den Reit- und Fahrsport. Bäuerliche Anwesen fungieren hier meist als Einstellmöglichkeit, aber auch als Zuchtbetriebe.

6. Geflügel

> *Das Geflügel ist ein Gegenstand des Welthandels geworden [...]*
> Rudolf Bergner[212]

Etwas Geflügel, meist Hühner, Gänse oder Enten, fand sich auf fast jedem Bauernhof. Geschätzt wurden ihre Produkte wie Eier, Fleisch und Federn. Als natürliche Vertilger von Schädlingen wie Schnecken oder Käferlarven wurden Letztere auf Wiesen und Weiden getrieben. Die erwerbsmäßige Geflügelzucht wird in Tirol jedoch noch nicht sehr lange betrieben. 1945 bestanden im Land nur drei Geflügelzuchtbetriebe, die aber ihren Tierbestand infolge von Futtermittelknappheit auf wenige Hundert reduziert hatten. Der gesamte Geflügelbestand im Land dürfte bei Kriegsende nicht mehr als 175.000 Tiere betragen haben. Bis 1954 stieg er, auch durch die Errichtung von 120 Musterhühnerställen mittels ERP-Mitteln, auf über 400.000 Tiere an. Zur Blutauffrischung waren Herdebuchküken aus den USA importiert worden. Ab den Sechzigerjahren wurden die bewährten Reinzuchtrassen nach und nach durch leistungsfähigere so genannte Hybridrassen ersetzt. Dies waren vor allem Gebrauchskreuzungen mit hervorragenden Eigenschaften hinsichtlich Legeleistung und Futterverwertung. Da eine Weiterzucht dieser Kreuzungen nicht möglich ist, mussten die Tiere immer wieder von großen Firmen aus Deutschland, Belgien, Kanada und den USA bezogen werden. 1964 wurde der »Verband landwirtschaftlicher Geflügelzüchter und Geflügelhalter Tirols« gegründet. Er umfasste rund 90 Mitglieder, die in der größeren Geflügelhaltung und Eierproduktion tätig waren. Ab den Sechzigerjahren wurden dazu Legehennen in größerer Zahl ausschließlich in Käfigen oder Legebatterien gehalten und mit industriell gefertigtem Futter gefüttert. Eine Schlachtgeflügelproduktion größeren Umfangs konnte sich in Tirol nicht etablieren.[213] Heute hat der Geflügelbestand im Land wieder sinkende Tendenz. Dazu beigetragen hat auch das seit dem Jahr 2001 in Tirol geltende Verbot der Käfighaltung. Seit Jahren rückläufig sind die Mengen der erzeugten Küken sowie die Eierproduktion. Erstere betrug 1999 noch 54.000, verringerte sich aber im Jahr 2000 auf 11.270 Stück. Letztere nahm 2000 um 3,4 Millionen auf 26 Millionen Eier pro Jahr ab.[214]

Etwas zugenommen, wenn auch nur in sehr bescheidenem Umfang, hat die Truthahnzucht, während die Enten- und Gänsezucht rückläufig ist. Nicht aus kommerziellem Interesse, sondern aus Lust zur Erhaltung einst bodenständiger Rassen wurde vereinzelt in den letzten Jahren mit der Haltung »alter« österreichischer Geflügelrassen, zum Beispiel von Landhühnern wie Altsteirern oder Sulmtalern, begonnen.

Grafik 6: Geflügelbestand in Tirol 1890–1999 (in Tausend)

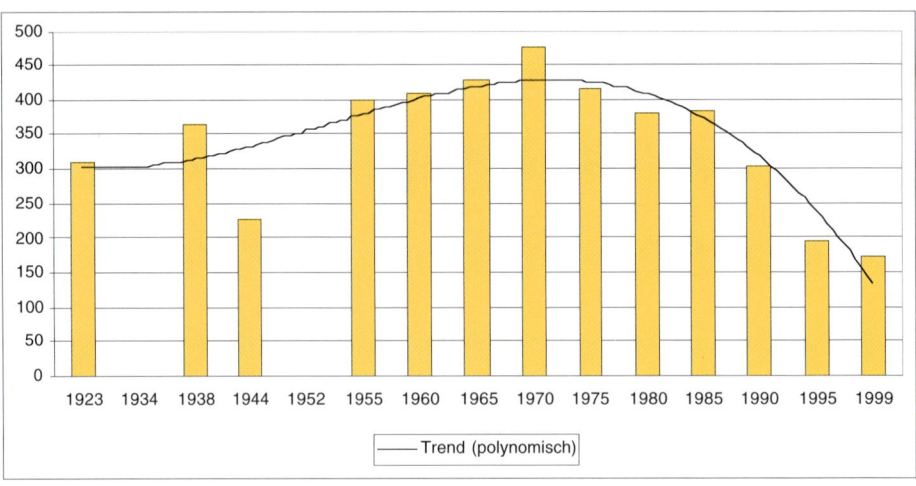

Quelle: Eigene Berechnungen aufgrund der Daten bei Kaltenegger, Feldbau, Viehzucht und Alpwirthschaft 520; Müller, Tiroler Berufsstatistik 10; Oberrauch, Tirols Wald Beilage 1a; Österreichs Land und Forstwirtschaft in Bild und Zahl 73; Aubele, Wirtschaftskunde 29; Partl, 100 Jahre organisierte Rinderzucht in Tirol 214; Grüne Berichte.

7. Bienenzucht

Richt Dir Bienen und Schaf, leg Dich nieder und schlaf.
Alttiroler Spruch

Die Bienenzucht wird heute nur mehr vereinzelt auch von Bauern betrieben. Der noch unter den Nachwirkungen der maria-theresianischen Zeit erfolgte Aufschwung der Imkerei war in der ersten Hälfte des 19. Jahrhunderts abgeebbt. Ab 1850 setzte aufgrund neuer wissenschaftlicher Erkenntnisse (Parthenogenesis) sowie technischer Innovationen wie der Verdrängung des starren Strohkorbes durch bewegliche Stöcke mit Rähmchen und der Erfindung der Honigschleuder 1865 eine neue Blüte dieser »Poesie der Landwirtschaft« ein.[215] Wanderlehrer informierten die Bienenzüchter über die neuesten Erkenntnisse. Diese waren meist an den landwirtschaftlichen Lehranstalten angesiedelt; daneben unterrichteten auch Lehrer und Pfarrer. Bienen wurden nicht nur in Tallagen gehalten, sondern im Sommer auch auf die Almen zur so genannten Bienenweide befördert.

Die gesetzliche Grundlage der Bienenwirtschaft im 19. Jahrhundert bildete das »Schwarmrecht« (§ 384) des Bürgerlichen Gesetzbuches, das ab 1860 durch eine Feldschutzverordnung, die die Bienenhäuser auf offenem Felde zum »Feldgut« erklärte, eine Erweiterung erfuhr.[216] Ein einheitliches Bienenschutzgesetz kam in der Monarchie nicht zustande. Der Schutz wurde eigenen Landesgesetzen überlassen. In Tirol löste das 1980 erstmals beschlossene »Bienenwirtschaftsgesetz« frühere Bestimmungen über die Bienenhaltung im »Tierzuchtförderungsgesetz« von 1948 ab. In den letzten Jahren widmeten sich Verordnungen vor allem der Bekämpfung von Milbenbefall (Varroatose).

Zur organisierten Zucht wurde in Tirol 1892 der »Landesverband für Bienenzucht« gegründet. Seit 1911 gibt der Verband auch ein eigenes Vereinsorgan, das heute unter dem Namen »Alpenländische Bienenzeitung« erscheint, heraus. 1923 wurden im ganzen Land 17.083 Bienenstöcke gezählt. 1929 umfasste der Verband 66 Zweigvereine mit 1.260 Mitgliedern, die 18.333 Völker besaßen. Außerhalb des Verbands waren noch circa 150 Imker mit rund 700 Völkern tätig.[217] 1938 betreute die Tiroler Imkerei 36.896 Bienenvölker. Nach Ende des Zweiten Weltkriegs wurde der Verband wieder errichtet. 1955 wurden im Land 29.649 Völker gezählt. Anfang der Sechzigerjahre kam es auf Landesebene zu einem Konflikt zwischen den Imkern. Der »Tiroler Imkerverein« spaltete sich vom Tiroler Landesverband ab und trat dem Salzburger Landesverband bei.

Die Zahl der Bienenvölker in Tirol war bis in die Sechzigerjahre steigend, danach wieder sinkend. Die Mitgliederzahl bewegte sich in den Achtziger- und Neunzigerjahren zwischen 2.500 und 3.200, die Zahl der gehaltenen Bienenvölker zwischen 35.000 und 48.000, wobei der Höchststand der letzten Jahre 1990 mit 48.369 Völkern erreicht wurde. Im Jahr 2002 betreuten 2.545 Verbandsmitglieder in acht Bezirks- und 101 Ortsgruppen 36.875 Bienenvölker. Damit werden etwas mehr als 12 Prozent aller österreichischen Bienenvölker in Tirol gehalten. Führend ist hier Oberösterreich, wo sich über 30 Prozent aller österreichischen Bienenstöcke befinden.[218]

Als zentrale Ausbildungsstätte in Tirol fungiert die Imkerschule der landwirtschaftlichen Lehranstalt in Imst. Sowohl Anfänger in der Bienenzucht als auch Fortgeschrittene können sich hier Wissen und Fertigkeiten erwerben, die ihnen beim Umgang mit den Bienen und bei der Verarbeitung von Produkten aus dem Bienenvolk dienlich sind. Ein spezielles Ausbildungsprogramm wird jährlich angeboten.

IV. Betriebsstruktur

Die Betriebsstruktur der Tiroler Landwirtschaft basiert auf den natürlichen Gegebenheiten des Standortes sowie den jeweiligen Rechts- und Besitzverhältnissen. Aufgrund dieser Standortfaktoren hat sich über die Jahrhunderte eine vorwiegende Klein- und Kleinstbesitzstruktur herausgebildet. Insbesondere in den westlichen Gebieten Tirols war durch die Erbsitte der Güterteilung eine Betriebsgröße entstanden, die die Lebenssicherung der bäuerlichen Familie kaum mehr gewährleistete. In den Bezirken Imst und Landeck bewirtschafteten 1902 rund 90 Prozent der Betriebe eine Kulturfläche von unter fünf Hektar, mehr als die Hälfte sogar nur unter zwei Hektar. Im Landesschnitt bewirtschafteten zum Beginn des 20. Jahrhunderts über 70 Prozent der Tiroler Bauern eine Kulturfläche von bis zu fünf Hektar, 26 Prozent zwischen fünf und 20 und nur 2 Prozent über 20 Hektar.[219]

Diese Zwergbetriebe waren im Laufe des 20. Jahrhunderts nicht mehr im Stande, auf dem Markt zu bestehen. In Ermangelung wirtschaftlicher Alternativen blieben jedoch über lange Zeit unverhältnismäßig mehr Menschen als in anderen Bundesländern dem landwirtschaftlichen Produktionszweig verhaftet.[220]

Aufgrund der Bewirtschaftungsnachteile im Bergland wurden die Tiroler landwirtschaftlichen Betriebe in Erschwerniszonen eingeteilt. Ausgangsbasis für diese Zoneneinteilung waren die Katasterwerte des Berghöfekatasters, die durch zusätzliche Kriterien wie landwirtschaftlicher Hektarsatz, Klimastufe oder Hanglage präzisiert und ergänzt wurden. Durch diese Abgrenzung der Bergbauernbetriebe von den übrigen land- und forstwirtschaftlichen Betrieben Österreichs wurde die Basis für einen Einkommensausgleich in Form produktionsunabhängiger Zuschüsse aus Bundesmitteln geschaffen. Diese Förderung gewährleistet die Aufrechterhaltung der Besiedlung und die nachhaltige Bewirtschaftung des Bodens in den Berggebieten.

1999 waren in Tirol nur ein Drittel der Höfe in der Zone 0 und damit als Betriebe ohne Erschwernis eingestuft. Diese Höfe befinden sich vorwiegen in Tallagen. Die restlichen zwei Drittel wurden als Bergbauernhöfe eingestuft. Knapp 16 Prozent sind landwirtschaftliche Betriebe mit höchster Erschwernis (Zone IV); hier ist ein Maschineneinsatz nur schwer möglich. Rund ein Viertel der Tiroler Höfe sind Betriebe mit hoher Erschwernis (Zone III). Etwas über 14 Prozent der Tiroler Betriebe weisen einen mittleren und nur knapp 13 Prozent einen geringen Erschwernisgrad in der Bewirtschaftung auf.

Tabelle 18: Betriebe nach Erschwerniszonen 1999 (absolut und in Prozent)

Erwerbsart	Tirol		Österreich
	absolut	in Prozent	in Prozent
Erschwerniszone IV	2.885	15,8	2,9
Erschwerniszone III	4.404	24,1	13,4
Erschwerniszone II	2.592	14,2	10,7
Erschwerniszone I	2.331	12,8	12,3
ohne Erschwernis	6.025	33,1	60,7
Gesamt	18.238	100,0	100,0

Quelle: Statistik Austria, Agrarstrukturerhebung 1999.

1. Agrarquote

> [...] das Tiroler Volk ist [...] in den letzten Jahren aus einem Bauernvolk [...] zu einem Volk geworden, in welchem das Bauerntum nur mehr eine Minderheit bildet [...]
> Hermann Wopfner[221]

Das Verhältnis der landwirtschaftlichen Bevölkerung nach der wirtschaftlichen Zugehörigkeit des Erhalters an der Gesamtbevölkerung zeigt den im Laufe des 20. Jahrhunderts vollzogenen Wandel in der Landwirtschaft auf. Im Vergleich zu den umliegenden Regionen vollzog sich in Tirol diese Entwicklung zeitverzögert und war lange Zeit nicht von einem starken gesellschaftlichen Wandel begleitet. Die Menschen blieben, auch wenn sie nicht mehr dem primären Sektor zugehörig waren, agrargesell-

Tabelle 19: Anteil der landwirtschaftlichen Bevölkerung an der Gesamtbevölkerung Tirols 1910–2001 (in Prozent)

Jahr	Prozent
1910	44,2
1923	39,9
1934	35,1
1939	35,7
1951	25,6
1961	18,6
1971	10,8
1981	6,1
1991	3,9
2001	3,2

Quelle: Eigene Berechnungen aufgrund der Daten bei Niedenzu/Preglau, Die demographische und sozioökonomische Entwicklung 59, Tab. 14a; Statistik Austria.

schaftlichen Verhaltensweisen verpflichtet. Dies lag vor allem darin begründet, dass die aus der Landwirtschaft abwandernden Personen nicht vorwiegend in den sekundären Sektor abwanderten, sondern in den Dienstleistungsbereich, vornehmlich in den Fremdenverkehr. Da sich dieser vorwiegend im ländlichen Umfeld abspielte, wurde es den darin Beschäftigten ermöglicht, nicht ganz mit ihrem Herkunftsmilieu zu brechen.[222]

Zwischen 1910 und 2001 sank der Anteil der landwirtschaftlichen Bevölkerung an der Gesamtbevölkerung Tirols von 44,4 auf 3,2 Prozent. Dabei entfielen 1951 noch ein Viertel der Tiroler Gesamtbevölkerung auf den primären Sektor.

Damit waren am Ende des 20. Jahrhunderts in Tirol bei steigender Gesamtbevölkerungszahl nur mehr rund 20.000 Menschen dem Bereich der Land- und Forstwirtschaft zuzurechnen. Dieser Rückgang der bäuerlichen Bevölkerung im Laufe des 20. Jahrhunderts verlief regional stark unterschiedlich. So weisen die Bezirke des Unterlands bzw. Osttirol noch 1991 einen doppelt so hohen Prozentsatz an landwirtschaftlicher Bevölkerung auf wie Westtiroler Bezirke bzw. Gesamttirol.

2. Anzahl der Betriebe

Der Bedeutungswandel der Tiroler Landwirtschaft im 20. Jahrhundert drückt sich auch in der Zahl der Betriebe aus. War die Zahl der landwirtschaftlichen Betriebe im Bundesland Tirol zwischen 1930 und 1939 noch von insgesamt 26.472 auf 28.146 gestiegen, so verringerte sich diese bis zum Ende des Jahrhunderts auf rund 18.000 Betriebe und damit um ein Drittel vom Ausgangswert.

Die Abnahme der Zahl der landwirtschaftlichen Betriebe bzw. der Vollerwerbsbetriebe ging einher mit einer (relativen) Zunahme von Zu- und Nebenerwerbsbetrieben. Zwischen 1950 und 1999 stieg die Zahl der Zu- und Nebenerwerbsbetriebe in Tirol von

Tabelle 20: Landwirtschaftliche Betriebe 1930–1999

Jahr	Landwirtschaftliche Betriebe absolut	1930 = 100
1930	26.472	100
1939	28.146	106
1951	27.903	105
1960	25.365	96
1970	24.169	91
1980	22.717	86
1990	21.148	80
1995	20.104	76
1999	18.238	69

Quelle: Eigene Berechnungen aufgrund der Daten bei Niedenzu/Preglau, Die demographische und sozioökonomische Entwicklung 63, Tab. 20; Nussbaumer, Wirtschaft und Soziales 167, Tab. 10; Bericht zur Lage der Land- und Forstwirtschaft in Tirol 1999/2000 3.

Tabelle 21: Anteil der Vollerwerbsbetriebe 1951–1999 (in Prozent)

Jahr	Anteil Vollerwerb in Prozent
1951	63,7
1960	45,1
1970	42,3
1980	34,3
1990	33,0
1995	25,6
1999	27,0*

* = »Haupterwerbsbetriebe«, enthält seit EU-Beitritt auch die Gruppe Zuerwerbsbetriebe.
Quelle: Eigene Berechnungen aufgrund der Daten bei Niedenzu/Preglau, Die demographische und sozioökonomische Entwicklung 60, Tab. 15; Nussbaumer, Wirtschaft und Soziales 167, Tab. 10; Bericht zur Lage der Land- und Forstwirtschaft in Tirol 1999/2000 3.

31 auf über 65 Prozent aller bäuerlichen Betriebe an. Ab 1980 ist hierbei eine deutliche Abnahme des Zuerwerb- zu Gunsten des Nebenerwerbbetriebes festzustellen. Auch dieser Prozess verlief regional unterschiedlich. In den östlichen Bezirken des Landes und in Osttirol nahm der Vollerwerb deutlich weniger ab als in den westlichen. Offensichtlich spielt heute die Landwirtschaft als (alleiniger) Lebensunterhalt im Westen und Norden des Landes eine geringere Rolle als in den östlichen Bezirken. 1951 waren von den 27.903 landwirtschaftlichen Betrieben Tirols noch 63,7 Prozent im so genannten Vollerwerb geführt worden, bis 1999 sank diese Kategorie auf unter 25 Prozent.

3. Betriebsgröße

Die Veränderung der Erwerbsstruktur ging Hand in Hand mit einem Konzentrationsprozess der Besitzgrößen. In der Betriebsgrößenklasse bis zwei Hektar verringerte sich die Zahl der Betriebe in Tirol im Zeitraum 1950 bis 1999 um 75, in der Klasse zwei bis fünf Hektar um 44 Prozent, während sie etwa bei den Betrieben mit 100 bis 200 Hektar um 5,6 und bei Betrieben mit über 200 Hektar um 10 Prozent zunahm. Vor allem in peripheren Gebieten kam es zu einer Konzentration großbäuerlicher Betriebe. Die Zahl der Zwergbetriebe ging, mit Ausnahme des Bezirkes Reutte, überall zurück.[223]

Vollständig wird dieses Bild des Strukturwandels innerhalb der Landwirtschaft allerdings nur, wenn neben der Betriebsgröße auch der jeweilige Kulturflächenanteil berücksichtigt wird. So bewirtschafteten 1999 in Tirol die 28 Prozent der Betriebe mit einer Betriebsgröße bis zu fünf Hektar nur wenige Prozent der Kulturfläche, die 27 Prozent der Betriebe mit 20 und mehr Hektar jedoch über drei Viertel der Kulturfläche. Die Flächenkonzentration im Bereich der Betriebe mit 20 und mehr Hektar Betriebsgröße ist am höchsten in den Bezirken Innsbruck Land, am geringsten in den Bezirken Landeck, Lienz und Reutte.[224]

Die Gründe für diesen Konzentrationsprozess liegen in der Struktur der kapitalisti-

Tabelle 22: Landwirtschaftliche Betriebe nach der Größe der Kulturfläche 1902–1999 (in Prozent)

	1902	1930	1939	1951	1960	1970	1980	1990	1995	1999
bis 2 ha	38	18,1	18,0	16,8	16,0	10,6	9,6	8,2	9,3	6,3
2–10 ha	50	47,1	64,4*	48,1	46,0	47,6	45,8	45,2	45,7	45,0
10–20 ha	9	15,8		16,7	18,0	19,4	20,6	21,2	19,8	21,3
über 20 ha	2	19,1	17,6	18,4	20,0	22,4	24,1	25,4	25,2	27,4

* 1939: 2–20 Hektar.
Quelle: Eigene Berechnungen aufgrund der Daten bei Niedenzu/Preglau, Die demographische und sozioökonomische Entwicklung 63, Tab. 20; Nussbaumer, Wirtschaft und Soziales 167, Tab. 10; Statistik Austria, Agrarstrukturerhebung 1999.

schen Wirtschaft, in die die Tiroler Landwirtschaft im Laufe des 20. Jahrhunderts immer mehr hineingewachsen ist. Diese basiert auf dem Prinzip der Konkurrenz der Wirtschaftenden untereinander sowie auf der zunehmenden Abhängigkeit vom bzw. der Integration in das Marktgeschehen. Zudem haben »natürliche« Gegebenheiten der Topografie sowie das jeweilige Erbrecht diesen Konzentrationsprozess positiv wie negativ beeinflusst. Die Einbindung der Tiroler Landwirtschaft in die kapitalistische Marktwirtschaft hatte zudem eine Auswirkung auf die Art der landwirtschaftlichen Produkte.

4. Rationalisierung und Mechanisierung

Der Einbruch der maschinellen Technik in die Landwirtschaft setzte vor kaum 100 Jahren ein. Eine erste Welle erfolgte nach dem Ende des Ersten Weltkriegs durch die Zuleitung von Strom. Dadurch wurde der Maschinenantrieb per Hand durch Elektromotoren ersetzt. Eine zweite Welle erfolgte durch den Einsatz des Traktors als Kraftquelle.[225]

Eisengöpel mit Pferd als tierische Kraftquelle

Während der Krise der frühen Dreißigerjahre wurden die teuren, aber reichlich vorhandenen Arbeitskräfte kaum durch noch teurere Maschinen ersetzt. Die klein strukturierte Tiroler Landwirtschaft und das ungünstige Relief machten den Maschineneinsatz nicht bezahlt, außerdem standen innerhalb der Bauernfamilie oft nicht erbende Kinder in Ermangelung anderer Arbeitsplätze als Dienstboten und Landarbeiter zur Verfügung. Technische Hilfsmittel, die nach dem Zweiten Weltkrieg das Leben und die Arbeit der Bauern revolutionieren sollten, waren noch in der Entwicklung und wurden in Tirol vorerst nur versuchsweise eingesetzt. Im Jahr 1922 wurde in Osttirol der erste Seilaufzug gebaut, dessen Vorbild Militäraufzüge an der Südfront des Ersten Weltkriegs waren, 1924 wurde der erste mechanische Mäher, gezogen von Pferden oder Ochsen, erprobt, 1925 gab es den ersten Traktor, 1927 die ersten Melkmaschinen und 1928 die ersten eisernen Gebirgspflüge.[226] Bevor die Nationalsozialisten eine Mechanisierungswelle in der Tiroler Landwirtschaft auslösten, brauchte es menschliche Arbeitskräfte, die in Krisenzeiten aus dem Reservoir der Familie geschöpft wurden.

Die Mechanisierung der Tiroler Landwirtschaft war auch 1938 noch nicht weit gediehen.[227] Die geringe Betriebsgröße sowie die geografische Ungunstlage sind in Zusammenhang mit der ungenügenden Technisierung und Infrastruktur zu sehen. In der Gemeinde Fiß beispielsweise stand 1941 nur ein Traktor mit Anhänger und Scheibenegge zur Verfügung.[228] Die nationalsozialistische Agrarpolitik war darauf ausgerichtet, Tirol so schnell wie möglich an die »Erzeugungsschlacht« anzubinden und stellte dafür große Summen zur Verfügung, die freilich mit Fortschreiten des Krieges immer spärlicher flossen. Im Rahmen der Aufbaumaßnahmen wurden in Tirol unter dem Titel »Maschinenaktion« von 1938 bis 1945 973.000 Reichsmark für den Ankauf landwirtschaftlicher Maschinen verwendet, davon 262.300 bis 1940, 256.700 im Jahr 1941, 227.500 im Jahr 1942, 163.500 im Jahr 1943 und 63.000 bis Kriegsende.[229] Angeschafft wurden Bodenbearbeitungsgeräte, Erntemaschinen, Dresch- und Reinigungsmaschinen, Futterverarbeitungsmaschinen, Milchverarbeitungsmaschinen, Transportgeräte, Kreissägen, Elektromotoren und Gülleanlagen. Für den Bezirk Landeck waren diese Geräte der Auslöser für »einen Modernisierungsschub, wenn auch nicht im nötigen Ausmaß«.[230] Die zusätzlichen Unterstützungsmaßnahmen waren umfangreich und betrafen unter anderem folgende Bereiche: Straßenfrachtkostenrückvergütung für Dünge- und Futtermittel, Flussregulierungen, Bau von Güterwegen und Seilbahnen, Meliorationen (Alpverbesserungen), Wasserleitungen, Elektrifizierung und der Neubau bzw. die Ausbesserung von Wirtschaftsbauten. Insgesamt ist die materielle Modernisierung durch die Mechanisierung in Tirol während der NS-Zeit evident. Es wird sogar von einem »Mechanisierungsschub« gesprochen, der von der Erweiterung des Maschinen- und Geräteumfangs getragen wurde und die Modernisierung der Tiroler Landwirtschaft einleitete.[231] Inwiefern neben der infrastrukturellen und technischen Modernisierung auch die ländliche Gesellschaft modernisiert wurde, kann wegen der widersprüchlichen Signale, die vom Nationalsozialismus ausgingen, nicht eindeutig beurteilt werden. Einerseits stieß der starke Antiklerikalismus die Landbevölkerung vor den Kopf und die extreme Arbeitsbelastung besonders der Frauen und Jugendlichen auf Ablehnung, was den katholischen Konservativismus in Tirol als passive Oppositionshaltung gegenüber dem Regime stärkte; andererseits wurden soziale Neuerungen wie das Kindergeld, das Ehestandsdarlehen oder die Unterstützung für den Landarbeiterwohnungsbau gut geheißen und lösten eine partielle Modernisierung der Gesellschaft aus.

Maschineneinsatz

Die Produktionswertsteigerung der Tiroler Landwirtschaft beruhte auf einer totalen Umgestaltung der Produktion, die mit dem Stichwort Mechanisierung nur unzureichend beschrieben ist. Nach dem Ende des Zweiten Weltkriegs war die Tiroler Landwirtschaft praktisch noch eine maschinenlose, obwohl unter der nationalsozialistischen Herrschaft eine erste »Mechanisierungswelle« in diesem Bereich eingesetzt hatte. Noch 1960 setzten über 60 Prozent der Tiroler bäuerlichen Betriebe nur tierische Zugkraft ein. Heute sind in der Tiroler Landwirtschaft allein über 20.000 Traktoren im Einsatz. Damit verfügt praktisch jeder derzeit betriebene Bauernhof in Tirol über solch eine Maschinenkraft. Ähnlich ist die Entwicklung bei Mäh- und Melkhilfen sowie Stallmiststreuern. Rund die Hälfte der derzeit bewirtschafteten bäuerlichen Betriebe verfügt über solche Maschinen und Geräte, während es noch in den Fünfzigerjahren nur wenige Prozent waren. Allein damit konnte der starke Rückgang im Bereich der unterbäuerlichen Arbeitskräfte bei gleichzeitiger Produktionssteigerung bewältigt werden.

In einer ersten Stufe der Mechanisierung wurden die menschlichen und tierischen Glieder der Arbeitskette durch technische ersetzt. Das Zugtier wich dem Traktor, die

Motorbetriebene Mähmaschine, 1950er-Jahre

Tabelle 23: Mechanisierung der Tiroler Landwirtschaft 1946–1988

Maschinenart	1946	1953	1962	1972	1982	1988*
Traktoren	453	1.455	6.596	13.553	21.568	20.107
Motormäher		3.342	9.493	13.833	14.320	
Stallmiststreuer			66	1.640	4.610	6.316	8.688
Ladewagen				4.542	8.403	10.062
Melkmaschinen			136	1.182	4.089	7.582	9.107

* = letzte umfassende landwirtschaftliche Maschinenzählung auf Länderebene.
Quelle: Niedenzu/Preglau, Die demographische und sozioökonomische Entwicklung 61, Tab. 18; Nussbaumer, Wirtschaft und Soziales 174, Tab. 15.

Sense dem Motormäher, das Tragen dem Seilzug, der Hand- dem Maschinenrechen und so fort. Die Arbeitsverfahren blieben dabei meist unverändert. Erst in einer zweiten Stufe der Technisierung wurden die Maschinen auch für völlig neue Arbeitsverfahren eingesetzt, die zu einer Art »landwirtschaftlicher Fließbandarbeit« führte.[232] Komplexere Maschinen wie Mähdrescher, Feldhäckler und hydraulische Hubwerke erlaubten jetzt bisher technisch nicht mögliche Arbeitsgänge, was zu einer Betriebsvereinfachung führte. Nur so war es möglich, Betriebe im Zu- und Nebenerwerb zu führen.

Innerhalb des Maschinenparks kam es einerseits zu einer Sättigung, andererseits zu einer Umschichtung im Einsatz. So verfügte etwa ab 1957 fast jeder landwirtschaftliche Betrieb über einen Elektromotor. Die Zahl der Milchzentrifugen, Futterschneide- sowie Dreschmaschinen war hingegen ab den Sechzigerjahren aufgrund geänderter Produktionszweige rückläufig.[233]

Der Ersatz menschlicher und tierischer Arbeitskraft durch Maschinen führte zu einer Kostensteigerung, die vor allem an ertragsarmen Betrieben zehrte. Eine Eigenfinanzierung war in den seltensten Fällen möglich. Die meisten Maschinenkäufe erfolgten und erfolgen mit Fremdmitteln in Form von Agrarinvestitionskrediten oder Beihilfen. Deshalb scheuten viele Bauern den Umstieg auf Maschinen.

Um einen übertriebenen Maschinenkauf abzufangen und die Kapitalbelastung des einzelnen Betriebes einzudämmen, bot und bietet sich die überbetriebliche Maschinennutzung an. Neben der Maschinenhilfe in Form der Nachbarschaftshilfe bot vor allem der Maschinenring eine Kostensenkung im Einsatz von Technik an. Beim Maschinenring schließen sich Bauern zusammen, um einen Ausgleich von Angebot und Nachfrage der Maschinenarbeit zu erreichen. Der Geschäftsführer des Maschinenrings fungiert zugleich als Berater in Produktions- und Finanzierungsfragen und vermittelt Betriebshelfer.

Die Grundkonzeption dieser Idee wurde in den Fünfzigerjahren in Deutschland entwickelt. In Tirol erfolgten die ersten Gründungen von Maschinenringen 1966 in Lienz und Schwaz, zwei Jahre nach der ersten österreichischen Gründung in Oberösterreich.[234] 1970 wurde bei der Landeslandwirtschaftskammer der Landesverband der Maschinen- und Beratungsringe gegründet.[235]

Anfang der Neunzigerjahre wurde die landesweite Flächendeckung mit Maschinenringen erreicht und mit einem Ring pro Bezirk neu organisiert. Im Jahr 2000 verrech-

Tabelle 24: Maschinenringe in Tirol 1966–2000

Jahr	Anzahl	Mitglieder
1966	2	
1970	23	960
1980	29	1.715
1985	27	1.976
1990	21	2.538
1995	9	4.333
2000	9	5.750

Quelle: Grüne Berichte.

neten alle Tiroler Maschinenringe Leistungen im Wert von 133,8 Millionen Schilling und vermittelten weit über 100.000 Arbeitsstunden.[236] Zusätzlich wird der ländliche Dienstleistungsbereich koordiniert. Die Übernahme kommunaler Tätigkeiten, wie Winterdienste auf Gemeindestraßen, Kompostierung und Grünraumpflege für Kommunen, verschafft einerseits den Bauern ein Zusatzeinkommen und sorgt andererseits für eine noch optimalere Ausnutzung der Maschinen.

Speziell für die Berggebiete wurde die »Maschineneinsatzförderung im Berggebiet« (MEFIB) entwickelt. Im Jahr 2000 beteiligten sich daran in Tirol 2.043 landwirtschaftliche Betriebe. Damit wird auch im Berggebiet ein überbetrieblicher Maschineneinsatz angeboten, um die dort anfallende Arbeit zu optimieren und, trotz ständig steigender Maschinenpreise, wirtschaftlich zu gestalten.

In den Neunzigerjahren wurden auch zwei gewerbliche Bereiche gegründet. Ziel dieser Organisationen ist die Schaffung der notwendigen gewerbe-, steuer-, arbeits- und sozialrechtlichen Rahmenbedingungen für die flexible Vermittlung bäuerlicher Arbeitskräfte an außerlandwirtschaftliche Auftraggeber. Dabei operiert das »MR-Service Tirol« tirolweit und die »MR-Personalleasing« österreichweit. Insgesamt konnte im gewerblichen Maschinenringbereich 2000 ein Umsatz von rund 45 Millionen Schilling erwirtschaftet werden. Neben Weiterbildungsmaßnahmen verlegt der Maschinenringverband seine Tätigkeit jüngst auch verstärkt auf Beratungsleistungen für Auftragnehmer. Etwa mit den Projekten »MR-Steuerberatung«, »MR-Bioenergie«.[237]

Infrastrukturelle Erschließung der Hofstellen

Die infrastrukturelle Modernisierung vieler Hofstellen erfolgte erst ab der zweiten Hälfte des 20. Jahrhunderts. Zwar war bereits vor dem Zweiten Weltkrieg damit begonnen worden, dorfnahe Höfe an das örtliche Stromnetz anzuschließen, doch musste das Trinkwasser noch weit bis in die zweite Jahrhunderthälfte hinein von einem Brunnen ins Haus getragen werden.

1954 waren nur mehr 2.000 Höfe, vornehmlich in Einzellage, ohne Strom.[238] Die Zuleitung von Elektrizität stellte die Hof- und Haushaltsführung komplett um: Es war nun möglich, Elektromotoren zu betreiben und Licht in Stuben, Kammern und Küche zu bringen. Dadurch änderten sich Arbeitsrhythmen, die bislang von der Verfügbarkeit von Tageslicht bestimmt gewesen waren. Der elektrische Küchenherd sowie ein elektrisch betriebener Warmwasserspeicher ersetzten zunehmend den mit Holz betriebenen Sparherd. 1966 verfügte bereits jeder zweite Tiroler ländliche Haushalt über eine Waschmaschine bzw. einen Elektroherd; 1957 war dies nicht einmal bei jedem Vierten der Fall gewesen. Auch Kühlgeräte und Warmwasserspeicher waren in den Sechzigerjahren in jedem dritten Hof vorhanden.[239] In den Achtzigerjahren verfügten an die drei Viertel aller bäuerlichen Betriebe über Elektroherd, Waschmaschine und Kühlgeräte.[240] Heute ist wohl jeder Bauernhof damit ausgestattet.

Ab Mitte der Fünfzigerjahre wurde die Erschließung der Höfe mit dem Bau von Wegen weiter vorangetrieben. 1957 verfügten noch über 8.500 Höfe über keinen ausreichenden Zufahrtsweg, die meisten davon in den Bezirken Lienz, Landeck, Kitzbühel und Schwaz.[241] Über 5.000 landwirtschaftliche Betriebe wurden bis in die Achtzigerjahre erschlossen, der Großteil durch asphaltierte Straßen. Damit wurde nicht nur der Berufspendelverkehr der zunehmenden Neben- und Zuerwerbsbauern, sondern auch die Versorgung der Höfe erleichtert sowie die Voraussetzung für bäuerliche Nebengewerbe wie die Vermietung von Fremdenzimmern geschaffen.[242] Neben dem Güterwegenetz wurde auch das Feld-, Wald- und Almwegenetz ausgebaut und für maschinelle Transporte hergerichtet. Durch die Verdichtung und Erweiterung des Wegenetzes wurden Seilbahnen und Seilaufzüge teilweise überflüssig.[243]

Während die Aufschließung des ländlichen Raums beim Wege- und Elektrifizierungsnetz in den Achtzigerjahren weitgehend abgeschlossen war und nur mehr qualitative Verbesserungen erfolgten, war das Telefonnetz noch relativ dünn ausgelegt: In den Siebzigerjahren verfügte kaum jeder vierte Bauernhof über einen Telefonanschluss.[244] Dieses wurde in den folgenden Jahrzehnten, auch aufgrund des zunehmenden Fremdenverkehrs, ausgebaut. Durch den Einsatz von Mobiltelefonen ist die Bedeutung eines Festnetzanschlusses in den letzten Jahren zurückgegangen.

Umbau eines Bauernhauses im Bezirk Kitzbühel, 1930

5. Vom Gesinde- zum Familienbetrieb

Bis zur Mechanisierung war die Zahl der bäuerlichen Arbeitskräfte sehr hoch gewesen. Größere Betriebe wiesen acht bis zehn »Angestellte« auf, kleinere kamen mit vier bis fünf aus. Dabei war zu Beginn des 20. Jahrhunderts das Verhältnis Bauer zu familienzugehörigen wie -fremden Dienstboten im Bezirk Kitzbühel mit eins zu sieben am größten und mit eins zu drei im Bezirk Reutte am geringsten.[245] 1923 standen 68.113 unselbstständigen Berufstätigen in der Land- und Forstwirtschaft 20.683 Selbstständige, vorwiegend Bauern, gegenüber. Während bei den Unselbstständigen knapp die Hälfte Frauen waren, lag der Anteil weiblicher Selbstständiger bei etwas über 10 Prozent.[246]

In den Dreißigerjahren waren im Durchschnitt auf einen Nordtiroler Betrieb 2,6 familieneigene und 0,5 familienfremde Arbeitskräfte entfallen. Auch dieses Verhältnis war regional stark unterschiedlich. In den Bezirken Kitzbühel und Kufstein wurden am meisten »fremde« Dienstboten beschäftigt, in den ärmeren Bezirken Imst, Landeck und Reutte am wenigsten. Die Zahl familienangehöriger Arbeitskräfte war in den kleineren Betrieben Westtirols höher als in den flächenmäßig größeren Betrieben im Osten des Landes. In Reutte war die Zahl der Arbeitskräfte überhaupt geringer, da fast kein Ackerbau betrieben wurde.[247]

1955 betrug die Gesamtzahl der Beschäftigten in der Land- und Forstwirtschaft 104.988 Personen, davon waren 27 Prozent Selbstständige und 60 Prozent mithelfende Familienangehörige, der Rest familienfremde Dienstnehmer.[248] In den folgenden Jahrzehnten verringerte sich die Zahl der familieneigenen, aber vor allem die der familienfremden Arbeitskräfte rapid. Bis 1983 sank sie auf 45.463 Personen, inklusive der Betriebsinhaber. 1999 waren auf Tiroler Höfen 44.922 familieneigene sowie 3.974 familienfremde Arbeitskräfte tätig.[249] In den letzten Jahrzehnten sind nur mehr wenige familienfremde Arbeitskräfte auf Tiroler Höfen beschäftigt. Die meisten davon nur saisonal im Sommer als Hirten und Senner. Im Sommer 2000 waren es 3.851 land- und forstwirtschaftliche Arbeitnehmer.[250]

Tabelle 25: Berufstätige in Land- und Forstwirtschaft 1923–2001 (inklusive Selbstständige)

Jahr	Berufstätige absolut
1923	88.796
1951	75.034
1961	53.825
1971	24.010
1981	21.200
1991	16.600
2001*	14.700

* haupt- bzw. regelmäßig Erwerbstätige.
Quelle: Niedenzu/Preglau, Die demographische und sozioökonomische Entwicklung, Tab. 43 80; Statistik Austria, Statistisches Jahrbuch 2003 478.

Mit dem Ende des Dienstbotenwesens verschwand auch eine eigene Arbeits- und Lebenskultur. Zumeist waren es »weichende« Bauernkinder sowie Kinder aus unterbäuerlichen Schichten, die sich als Dienstboten verdingten. Zahlreiche von ihnen blieben ledig bzw. heirateten erst spät.[251] Lange Zeit wurden sie kaum in Geld entlohnt, sondern erhielten für ihre Arbeitsleistung Quartier, Kost und Kleidung. Im Alter wurden die Dienstboten zur Verköstigung nicht selten von Hof zu Hof geschickt.

V. Zeitlicher Phasenverlauf des Strukturwandels

1. »Bergbauernkrise« (1880–1900)

Wie sollte die Tiroler Landwirtschaft vor ihrem »Untergang«[252] bewahrt werden? Wie sollten die nicht mehr konkurrenzfähigen Tiroler Produkte Vieh, Milch und Holz auf den überregionalen Märkten für Agrarprodukte wettbewerbsfähig gemacht werden? Wie sollte die im österreichischen Vergleich hohe Verschuldung der Tiroler Bauern gemildert und die Besitzfestigung durchgeführt werden, um die Existenz des Bauerntums zu erhalten bzw. wieder zu ermöglichen?

Dies waren zur Jahrhundertwende vom 19. zum 20. Jahrhundert die vordringlichsten agrarpolitischen Fragen, die sich für die Tiroler Landwirtschaft stellten, um die seit den 1880er-Jahren herrschende Krise zu bewältigen. Tatsächlich war die rückläufige Tendenz der Erträge und das Steigen der Fixkosten evident. Die Viehwirtschaft, von Zeitgenossen als »die Hauptstütze des Landwirtes und seine ergiebigste Ertragsquelle«[253] bezeichnet, die neben Lebendvieh Milchprodukte und Fleisch herstellte, war von der Krise stark betroffen. Ab 18. Oktober 1877 wurde der für die Nordtiroler Bauern wichtigste Viehexportmarkt, das Deutsche Reich, für die Einfuhr von Wiederkäuern geschlossen. Zum selben Zeitpunkt erhöhten Italien, Frankreich und die Schweiz ihre Schutzzölle als Reaktion auf die Einfuhr von Fleisch aus Amerika, an erster Stelle Argentinien, massiv. Die Tiroler Bauern konnten somit ihr Vieh nur mehr innerhalb der Monarchie mit Gewinn verkaufen, aber dafür war die ungarische Konkurrenz zu groß, die Viehpreise sanken von 100 Gulden pro Kuh im Jahr 1884 auf 75 Gulden im Jahr 1888 und bei Zuchtstieren im selben Zeitraum von 130 auf 100 Gulden.[254] Ebenso sanken in diesen Jahren die Preise für Milch und Käse. Auch andere landwirtschaftliche Produktionszweige waren von sinkenden Preisen und Zollschranken bedroht: Die Holzexporte gingen wegen der Schutzzölle der Tiroler Nachbarländer von 1879 bis 1886 um 15 Prozent zurück,[255] die Preise für Wein und Obst (bis 1918 gehörten die heute italienischen Regionen Südtirol und Trentino zu Tirol) sanken durch die italienische Konkurrenz. Die sinkenden Erträge wurden begleitet von steigenden Löhnen für Dienstboten und Tagelöhner um 75 bis 100 Prozent zwischen 1869 und 1889,[256] höheren Kosten für Handwerker und von einer kräftigen Steigerung der Abgaben und Steuern um 148 Prozent allein in den 1880er-Jahren.[257] Zudem wurden der Militärdienst der »rüstigsten Männer«, die vielen

»Bauernfeiertage« (über 100 arbeitsfreie Tage im Jahr inklusive Sonntage[258]), die zum Teil hohen testamentarischen Begünstigungen der Kirche und Versäumnisse der Bauern beim Abschluss von Feuer- und Seuchenversicherungen als weitere Missstände in der Tiroler Landwirtschaft beklagt, die zusammengenommen rechnerisch und gefühlsmäßig eine Krisenstimmung auslösten. Der Handelskammer-Sekretär und Universitätsprofessor Carl Payr brachte die missliche Lage auf den Punkt:

»Fast auf dem ganzen Gebiete ihres Schaffens zeigen die den Ertrag der verschiedenen wirtschaftlichen Zweige veranschaulichenden Linien eine abfallende Bewegung und insbesondere bei den wichtigsten Einkommensarten die tiefsten Senkungen, die den Aufwand markierenden Linien dagegen eine steigende Bewegung. Vereinzelte Besserungen beschränkten Umfanges und untergeordneter Bedeutung geben keinen Ausschlag.«[259]

Eine Ausnahme von dieser düsteren Prognose stellte die Entwicklung auf dem Getreidesektor dar. Tirol war seit Jahrhunderten von Getreideimporten abhängig, weil die im Land produzierten Mengen zur Ernährung der Bevölkerung nicht ausreichten. Die Subsistenzwirtschaft zwang die Bauern zum Anbau von Brotgetreide und Hafer auch in unrentablen Höhenlagen, wo die Erträge den hohen Aufwand kaum rechtfertigen konnten. Als im Verlauf der Agrarkrise die Getreidepreise stark sanken und durch die verkehrstechnische Erschließung des Landes (Eisenbahn) der Import wesentlich erleichtert wurde, war Tirol Nutznießer dieser Entwicklung.

Veranlasst durch die triste ökonomische Lage, mussten sich die Landarbeiter und Bauern entweder für einen Berufswechsel entscheiden, wozu in Tirol allerdings aufgrund der noch schwach ausgeprägten anderen Wirtschaftssektoren die Möglichkeiten fehlten, oder aber für den weiteren Verbleib in der Landwirtschaft, der oft mit der Aufnahme von Schulden verbunden war. Die Hypothekarverschuldung der deutschtiroler Landwirtschaft (inklusive des heutigen Südtirols) stieg von 119 Millionen Gulden im Jahr 1881 auf 149 Millionen im Jahr 1886, also innerhalb von fünf Jahren um 25 Prozent.[260] Von 1881 bis 1891 wurden in Nord- und Osttirol 2.959 Zwangsversteigerungen von landwirtschaftlichen Betrieben vorgenommen, 1.543 davon im Realteilungsgebiet westlich von Telfs.[261] Mit 457 Exekutionen auf 1.000 Erbfälle und mit einer Hypothekarverschuldung von 108 Prozent des Ertragswerts lag Tirol an der Spitze der österreichischen Länder.[262] Die Hauptgründe für die Verschuldung waren Erbabfindungen (bei 33 Prozent der Erbgänge wurden Höfe neu belastet), Kaufschillingsreste durch den Ankauf von Grundstücken oder ganzen Hofstellen und die Verschuldung ohne Besitzveränderung, wie zum Beispiel Darlehen für Meliorationen, Bedarfsgüter oder Betriebsmittel. Besonders letzterer Punkt erreichte durch neue Errungenschaften wie chemische Düngemittel und Schädlingsbekämpfung sowie mit den ersten industriell erzeugten landwirtschaftlichen Geräten bisher ungeahnte Dimensionen sowohl in ihrer Wirkung auf die landwirtschaftliche Erzeugung, als auch den Geldbedarf der Bauern betreffend.

Zur Bewältigung der Agrarkrise erfolgten weitgehende Veränderungen bzw. der Ausbau der organisatorischen Strukturen. Die Notwendigkeit des 1881 installierten Landeskulturrates und des Bauernbundes (seit 1904) lag im bisherigen schlechten Organisationsgrad der Tiroler Bauern und deren Vertretung begründet, wodurch in der aktuellen Krisensituation keine durchgreifenden gemeinsamen Gegenmaßnahmen getroffen werden konnten. Erst mit der Schaffung des Landeskulturrates wurde von Seiten der Regierung eine Verwaltungsinstanz für landwirtschaftliche Angelegenheiten eingerichtet, die durch zahlreiche Neuerungen den Transformationsprozess der Landwirtschaft einleitete.

2. Latente Krise und beginnender Alpentourismus (1900–1914/18)

Die strukturellen Probleme der Tiroler Landwirtschaft, die seit der zweiten Hälfte des 19. Jahrhunderts durch die allmähliche Integration in die kapitalistische Wirtschaftsweise mit Geld- und Marktwirtschaft entstanden waren, konnten bis 1914 nicht gelöst werden. Die von Hermann Wopfner, dem bekanntesten Tiroler Agrarhistoriker, festgestellte »allmähliche Minderung der Notlage«[263] nach 1890 beschränkte sich nur auf einige Symptome der Krise, ohne die tiefer liegenden Ursachen zu beseitigen. Es waren vor allem der starke Bevölkerungsanstieg ab circa 1890 und der aufkommende Tourismus, der die Nachfrage nach allen landwirtschaftlichen Produkten erhöhte. Ohne diese günstigen Rahmenbedingungen wären die unzureichenden und zaghaften politischen Bemühungen um das Bauerntum gänzlich verpufft und der von Politikern und Wissenschaftern befürchtete Rückgang der bäuerlichen Bevölkerung zu Beginn des 20. Jahrhunderts in Form einer extremen »Höhenflucht« bzw. »Landflucht« eingetreten.[264]

Der Erste Weltkrieg bedeutete eine jähe Unterbrechung der Bestrebungen zur Beseitigung der Agrarkrise. Geplante Vorhaben, wie zum Beispiel eine für 1914 vorgesehene umfassende Tierzuchtausstellung, konnten nach Kriegsausbruch nicht mehr durchgeführt werden. In Erwartung eines kurzen Krieges wurden die Aktivitäten des Landeskulturrates stark zurückgenommen. Als sich der Krieg jedoch in die Länge zu ziehen drohte, war der Landeskulturrat umso mehr gefordert, die Ernährung der Bevölkerung unter geänderten Umständen sicherzustellen. Durch die Rekrutierung und die Verluste überdurchschnittlich vieler Männer[265] im österreichischen Vergleich wurde die Arbeitslast auf Frauen, Kinder und Alte umverteilt. Die Knappheit an landwirtschaftlichen Arbeitskräften erforderte eine möglichst rationale Bewirtschaftung des Bodens unter Ausnutzung aller zur Verfügung stehenden Hilfsmittel der modernen Landwirtschaftsführung. Die kleinbäuerliche Struktur auf der Basis von arbeitsintensiven Familienbetrieben mit geringem Mechanisierungsgrad reagierte überaus empfindlich auf die Herausnahme von Schlüsselarbeitskräften. Einen Ersatz für die Eingerückten, falls einer zur Verfügung gestanden wäre, konnten sich die oftmals unrentabel geführten Betriebe nicht leisten. Die Arbeitskräfteknappheit war besonders im Tiroler Oberland spürbar, wo erst die Beurlaubung der Hofbesitzer und Familienväter vom Militärdienst eine Entspannung brachte.[266] Die faktische Urlaubssperre ab 1915 konnte durch den Einsatz von Flüchtlingen und Kriegsgefangenen nicht wettgemacht werden, wenngleich die Tüchtigkeit der russischen Kriegsgefangenen hervorgehoben wurde.[267]

Die Einführung der Zwangsbewirtschaftung, die von den Tiroler Bauern den Anbau von Feldfrüchten verlangte, welche aufgrund der naturräumlichen Gegebenheiten in Tirol nicht ertragreich produziert werden konnten, wurde zu einer weiteren Belastung für die Landwirtschaft. Erntekommissionen überwachten Bestellungs- und Erntearbeiten und waren auch für die Ermittlung und Zuweisung von Arbeitskräften verantwortlich. Mit Fortdauer des Krieges übernahm zusehends die Militärverwaltung die Kontrolle über die landwirtschaftliche Produktion. Die bestehenden Verwaltungseinrichtungen und Organisationsformen der Tiroler Landwirtschaft konnten weiter arbeiten, wurden aber von der Militärverwaltung als untergeordnete Stellen verstanden. Schon im zweiten Kriegsjahr sanken die Hektarerträge erheblich. Verantwortlich dafür war der Mangel an Zugtieren, Maschinen, Betriebsmitteln, Arbeitskräften, Futtermittel, Saatgut und Düngemittel, der schließlich in eine »Spirale der Erschöpfung«[268] mündete: Das Fehlen des einen Produkts führte zum stärkeren Verbrauch eines zweiten Produkts, ohne das ein drittes Produkt nicht hergestellt werden konnte. Einzig die Tiroler Viehwirtschaft konnte wegen der erhöhten Nachfrage des Militärs zu Beginn des Krieges profitieren, bis im November 1914 die Schlachtviehpreise reduziert und die Zwangsbewirtschaftung mit Ablieferungspflicht eingeführt wurden. Der weitere Kriegsverlauf brachte dennoch für manche Bauern eine Verbesserung ihrer ökonomischen Situation: Vom Steigen der Lebensmittelpreise um das sechs- bis 15fache und der großen Knappheit an Nahrungsmitteln bis etwa 1922 profitierten in erster Linie größere Betriebe in den witterungs- und verkehrsmäßig begünstigten Tallagen, die gegenüber den abgelegenen Bergbauernbetrieben marktwirtschaftlich besser erschlossen waren. Aber auch die bestmögliche Intensivierung der Produktion konnte die Lebensmittelknappheit nicht verhindern, die durch die nahen Kampfhandlungen in den Dolomiten noch verschärft wurde. Die allgemeine Verschlechterung der Ernährungslage der Tiroler Bevölkerung, die sich durch das Versagen der staatlich gelenkten Ernährungsfürsorge und dem schlussendlichen Zusammenbruch der Nahrungsmittelversorgung 1918 zu einer Hungersnot steigerte, führte noch lange nach Kriegsende zu Plünderungen von Nahrungsmitteldepots und Lebensmitteldemonstrationen am Innsbrucker Landhausplatz.

3. Zwischenkriegszeit (1918–1938)

Der Erste Weltkrieg hatte in der Tiroler Ernährungslage sowie bei den Beständen an landwirtschaftlichen Betriebsmitteln schmerzhafte Spuren hinterlassen. Die prekäre Lebensmittelknappheit führte 1919 zu Hungerkrawallen und zur Plünderung von Magazinen in Innsbruck. Die Situation wurde durch in- und ausländische Gäste zusätzlich verschärft, die ihren Aufenthalt nicht nur zur Erholung, sondern auch zu Hamsterkäufen nutzten.[269] Strenge Grenzkontrollen und ein Ausschankverbot für Frischmilch sollten die Einkaufsfahrten unattraktiv machen. Der Mangel an Saatgut, Kunstdünger und Geräten konnte nicht behoben werden und das Zerbrechen Tirols in das österreichische Nord- und Osttirol sowie das italienische Südtirol trennte den nördlichen Teil von den Obst- und Weinbaugebieten des Südens wie auch von der »Kornkammer Tirols«, dem Pustertal. Zudem lebten im Jahr 1923 um circa 10.000 Tiroler weniger von den Einkünften aus landwirtschaftlicher Tätigkeit (125.554) als vor dem Krieg (135.293). Diese Zäsur in der Tiroler Landesgeschichte wurde von der Landbevölkerung abgelehnt und über die Tiroler Bauern-Zeitung vehement bekämpft. Das wöchentlich erscheinende

Standesblatt war das Presseorgan des Tiroler Bauernbundes, der innerhalb der Tiroler Volkspartei, die seit 1919 die absolute Mehrheit in Landtag und Landesregierung besaß, die homogenste und stärkste Kraft war.[270] Die demokratisch vermehrte politische Macht des Bauernstands äußerte sich unter anderem in der mehr politischen als landwirtschaftlichen Aufmachung der Bauern-Zeitung, die stark gegen die Abtrennung Südtirols agitierte. Der Machtzuwachs konnte jedoch die Not der Bauernschaft nicht lindern. Die staatliche Zwangsbewirtschaftung, die seit Kriegsende für alle Wirtschaftszweige außerhalb der Landwirtschaft aufgehoben wurde, war bis 1922 in Kraft. Die Bauern wehrten sich gegen die zentrale Bewirtschaftung, weil sie damit ihrer Meinung nach weniger gute Preise für ihre Produkte erzielten und der Rinderbestand wegen der Zwangsablieferungen überalterte.[271] Was für die Bauern schlecht war, wäre freilich für die Konsumenten gut gewesen, hätte nicht die Hyperinflation jedes planvolle Wirtschaften zunichte gemacht. Durch die Inflation der frühen Zwanzigerjahre konnten alle Bauern ihre Schulden leicht begleichen, im Gegenzug wurden allerdings sämtliche Guthaben wertlos. Die Tiroler Bauern-Zeitung fasste die Situation der unmittelbaren Nachkriegsjahre im Artikel »Die zunehmende Verarmung« folgendermaßen zusammen:

»Die Wirtschaftspolitik Österreichs war seit dem Krieg eine verfehlte und die Landwirtschaft stark schädigende. Während des Krieges und in den ersten Nachkriegsjahren hatte die Landwirtschaft eine Scheinblüte. Die große Knappheit an Lebensmitteln sicherte den bäuerlichen Erzeugnissen einen raschen und guten Absatz. Das dadurch gewonnene Geld ist aber durch die nachfolgende Geldentwertung rasch wieder zu Wasser geworden und geblieben sind die durch langen Raubbau, der während Krieg und Umsturz nicht zu vermeiden gewesen, allseitig heruntergekommenen Höfe. Die Baulichkeiten brauchten dringend Reparaturen, die Arbeitsgeräte brauchten Nachschaffungen, Grund und Boden hatte an schlechter Bearbeitung und unzureichender Düngung gelitten. Diese Ausfälle waren so bedeutend, daß sie durch den Wegfall der Verschuldung nicht wettgemacht wurden, zumal durch die Geldentwertung auch alle bäuerlichen Kapitalien verloren gingen. Namentlich dieser letzte Umstand hat den Wohlstand zahlreicher Bauernfamilien geknickt.«[272]

Nach der Währungsstabilisierung setzte ab 1924 eine kurze Phase der Prosperität ein, die in Tirol vom Aufschwung der Vieh- und Milchwirtschaft getragen wurde. Die Tendenz ging zur Intensivierung der Viehhaltung und bald war es auch möglich, Produkte dieser Sparte zu exportieren. Mit der Weltwirtschaftskrise der frühen Dreißigerjahre war der Aufschwung vorbei. Die europaweite Hochzollpolitik als Antwort auf die Krise verschärfte die Absatzschwierigkeiten für die landwirtschaftlichen Überschussprodukte erheblich. Diese Maßnahme, gepaart mit Preisrückgängen für Agrarprodukte, führte auch die Tiroler Landwirtschaft, die vor allem mit dem Sinken der Vieh-, Milch-, Kartoffel- und Holzpreise zu kämpfen hatte, in die Krise.[273] Der Reinertrag der Tiroler Landwirtschaft sank parallel zum österreichischen Trend von 1927 bis 1930 von plus 116,05 Schilling auf minus 7,74 Schilling je Hektar Kulturfläche,[274] was bedeutete, dass die Landwirtschaft nur überleben konnte, indem sie ihre Substanz aufzehrte oder Schulden machte. Im Jahr 1930 war bei 83 Prozent aller Betriebe ein Substanzverlust festzustellen.[275] Nach Berechnungen des Landeskulturrates waren »mindestens Dreiviertel der 23.500 Bauernbetriebe Tirols im Jahre 1930 Verlustbetriebe«[276] und schon 1930 war es voraussehbar, dass es sich nicht um eine mittelfristige konjunkturelle, sondern um eine strukturelle Dauerkrise der Landwirtschaft handeln würde, die in Wirklichkeit eine Prolongation der 1880er-Krise war und durch das erneute Aufbrechen der ungelösten Strukturschwächen wieder akut wurde. Tatsächlich stieg die Schuldenlast bis 1933 auf rund 900 Schilling je Hektar landwirtschaftlich genutzter Fläche (ohne Wald- und Almflächen) und 6.318 Schilling je Bauernstelle.[277] Die Gesamtverschuldung der Tiroler Landwirtschaft belief sich auf etwa 150 Millionen Schilling, und der Autor einer Studie über den Agrarkredit, Josef Wartha, stellte entsetzt fest: »Diese Zahl erscheint gigantisch, wenn man bedenkt, daß die Verschuldung vor zehn Jahren praktisch gleich Null war.«[278] Von 65 untersuchten Betrieben hatten im Jahr 1931 nur zwölf (das sind 18 Prozent) einen Reinertrag aufzuweisen,[279] sieben davon lagen in den relativen Gunstlagen Tirols, dem Inn- und Zillertal und den Bezirken Kufstein und Kitzbühel. Die Gebirgsbauern waren von der Krise im Allgemeinen stärker betroffen als die Ackerbauern der östlichen Bundesländer, da die Preise ihrer Produkte wesentlich weiter sanken. Während die Ackerbauern zwischen 1929 und 1933 Einnahmeeinbußen um 14 Prozent hinnehmen mussten, waren es bei den Bergbauern rund 28 Prozent.[280] Innerhalb des Tiroler Bergbauerngebietes muss zwischen den relativ verkehrsgünstig gelegenen Höfen, die durch das Wegbrechen des Marktes stärker von der Krise betroffen waren, und den abgeschiedenen Hochgebirgsbetrieben, die noch weitgehend Subsistenzwirtschaft betrieben und unabhängiger vom Markt waren, differenziert werden. Die Verschuldung der Letzteren war deutlich geringer.[281]

Als Gegensteuerung zur Krise wurden die österreichischen Agrarbehörden aktiv, allen voran das Bundesministerium für Land- und Forstwirtschaft in Wien, das mit seinen Maßnahmen die Ära des Agrarprotektionismus einleitete. Staatliche Hilfsprogramme wie die Bergbauernhilfe oder die Einrichtung von Viehverkehrsstellen und die Subventionierung einiger Produktionssparten, etwa durch den Milchausgleichsfonds, sollten helfen, die Krise zu überwinden. Zu geringe Dotierungen der Hilfsaktionen[282] und die negativen Begleiterscheinungen des Protektionismus machten viele Bemühungen zunichte. In der Tiroler Milchwirtschaft wurden beispielsweise durch das Agrarschutzsystem Überschüsse erwirtschaftet, die den Milchausgleichsfonds belasteten.[283]

Mit Vorarlberg und Tirol gab es nur zwei Bundesländer, deren Landesgebiet zur Gänze als Bergbauerngebiete klassifiziert und somit vollständig in die im Jahr 1934 angelaufene Bergbauernhilfsaktion aufgenommen wurden. Durch die 1934er-Aktion flossen 17,8 Prozent (2,4 Millionen Schilling) der ausgeschütteten Geldmenge (bundesweit 13,5 Millionen Schilling) nach Tirol, zu 13,8 Prozent (2.284) aller beteiligten Höfe (bundesweit 16.492 Betriebe).[284] Durchschnittlich erhielten die teilnehmenden Höfe 1.054 Schilling an einmaligen Subventionen, Darlehen und Beiträgen. Bei der Fortsetzung dieser Aktion im Jahr 1935 (1935er-Aktion) nahmen neben 798 bereits 1934 geförderten Höfen nur mehr 989 Betriebe teil, für die auch wesentlich weniger Geld zur Verfügung stand: Sie bekamen durchschnittlich nur 728 Schilling je Hofstelle, das waren in ganz Tirol 720.450 Schilling, während die B-Fälle (jene Höfe, die schon bei der 1934er-

Aktion dabei gewesen waren) 809 Schilling je Hofstelle erhielten, insgesamt 645.320 Schilling. Die geringe Dotierung der Fonds ließ keine höhere Förderung der Höfe zu; so blieben die Bergbauernhilfsaktionen halbherzige Maßnahmen, die den Gebirgsbauern nicht dauerhaft von seiner Schuldenlast befreien konnten. Eine einseitige Bevorzugung des Bauernstandes, die dem Ständestaat-Regime (in dem es mit dem Bauernstand nur *einen* ausgebildeten »Stand« gab) vorgeworfen wurde, fand auf wirtschaftlicher Ebene nicht statt. Im Jahr 1937 wurden in einem »Verschuldungsbeseitigungsprogramm« neue Förderungen beschlossen, die zwar höher dotiert waren als die 1935er-Aktion, aber deutlich geringer als die 1934er-Aktion. Ziel war die Umwandlung von Steuerrückständen in Hypothekarverpflichtungen mit 20-jähriger Laufzeit sowie der An- und Weiterverkauf von landwirtschaftlichen Betrieben durch eine Auffangorganisation an den Meistbietenden, wenn Höfe eine über 80-prozentige Verschuldung gemessen am Verkehrswert aufwiesen. An der Besitzfestigungs- und Auffangaktion nahmen bis 31. Dezember 1937 nur 21 Tiroler Höfe teil (bundesweit 120), die insgesamt 52.319 Schilling erhielten (bundesweit 391.014 Schilling).[285]

Die eingeleiteten Maßnahmen griffen langsam und der für die Tiroler Landwirtschaft wichtige deutsche Markt war durch die restriktive Wirtschaftspolitik versperrt. Für die kleinen und mittleren Tiroler Bauern bedeutete der staatliche Eingriff in den Markt einen Verlust von wirtschaftlichen Freiräumen, da sie ihre Produkte zu den Preisen der Genossenschaften verkaufen mussten.[286] Im Gegenzug wurden durch die hohen Zollschranken die Betriebsmittel, also Futter- und Düngemittel, teurer. Erst das Juliabkommen 1936 zwischen dem Deutschen Reich und Österreich ließ eine Entschärfung der Lage erwarten, wenn schon im ersten Absatz dieses Dokuments landwirtschaftliche Anliegen angesprochen wurden: »Die Deutsche Reichsregierung ist zur Anbahnung normaler wirtschaftlicher Beziehungen zwischen dem Deutschen Reich und Österreich unter Beiseitelassen aller politischen Momente bereit. Diese Bereitschaft bezieht sich auch auf den kleinen Grenzverkehr, insbesondere aber auf den Einkauf von Holz und Vieh [...].«[287] Wesentliche Änderungen zu Gunsten der Bauernschaft gab es aber nicht und wie in ganz Österreich steckte auch die Tiroler Landwirtschaft im März 1938 größtenteils in einer Krisensituation. Sigurd Pacher konstatiert für die Alpenländer einen »verstärkten [...] Abwärtstrend des gebirgsbäuerlichen Lebensstandards, der kurz vor der Annexion Österreichs deutlich unter dem Existenzminimum gelegen haben dürfte«.[288] Dies mag ein Grund dafür gewesen sein, warum der »Anschluss« an Deutschland von etlichen Landwirten begrüßt und mit ökonomischen Hoffnungen verknüpft wurde. Dagegen appellierte Johann Obermoser, »Landesbauernführer« und Obmann des Tiroler Bauernbundes, im März 1938, wenige Tage vor der Machtergreifung, in der Bauern-Zeitung an den politischen Willen der Tiroler Bauernschaft zur »Heimat Österreich«:

»Tiroler Bauern, bekennt Euch zur Heimat! [...] Der Tiroler Bauer in seiner altangestammten Freiheitsliebe ist auf seiner Scholle immer eingestanden für die Unabhängigkeit von Heimat und Vaterland. [...] Bekennt Euch daher mutig zur Parole unseres Kanzlers, beweist, was Ihr sein wollt: Freie Bauern im freien, deutschen Österreich! Zeigt, daß die Einigkeit im Berufsstand Land- und Forstwirtschaft groß ist und daß Ihr einig und geschlossen Hüter und Schirmer der heimatlichen Scholle seid. Es geht ums

Ganze, um die Bejahung Österreichs, um unser Vaterland. Jeder einzelne, ob Bauer, Dienstbote oder Angestellter, ob Mann oder Frau, muß seiner Pflicht dem Vaterland gegenüber am Sonntag eingedenk sein. Gerade in unserem Tiroler Land wollen wir unserem Kanzler den Beweis erbringen, daß wir seinem Wege folgen.«[289]

Ab März 1938 waren es die Nationalsozialisten, die aus ideologischen Gründen speziell am alpinen Bergbauerntum interessiert waren und umfangreiche ökonomische Maßnahmen als Hilfsmittel mit unterschiedlicher Wirkung über Tirol ausschütteten.

4. NS-Zeit (1938–1945)

Kurz nach der Machtergreifung der Nationalsozialisten in Österreich im März 1938 umriss Landesbauernführer Jörgl (Georg) Wurm die NS-Agrarpolitik mit der Verdammung der so genannten »Systemzeit« und der Einschwörung der Bauernschaft auf die kommende Volksgemeinschaft in der Tiroler Bauern-Zeitung:

»Bauern! Laßt mich in dieser Stunde in diesem meinem ersten Aufruf an euch nicht von Vergangenem sprechen, denn unsere Blicke schauen vorwärts auf die Aufgaben, um deren Lösung willen wir den Kampf begonnen haben. Sie sind so groß wie der Einsatz, den wir dafür gegeben haben. Sie beginnen bei euch selbst, bei euren Herzen, die wir restlos gewinnen wollen – nicht für uns, sondern für das ganze deutsche Volk! Sie beginnen bei den Sorgen und Nöten eures Daseins, die wir mit dem Gedanken und den Mitteln der Gemeinschaft, der Zusammengehörigkeit aller Schaffenden im Volke beheben wollen, soweit menschliches Können sie überhaupt zu beheben vermag. Sie beginnen bei allem, was dem Leben des Bauern seinen Inhalt gibt oder geben kann und unter dem Druck einer verständnislosen Zeit bisher gefehlt hat oder verkümmert ist. Und sie enden bei dem einen Ziel, das all unserer Arbeit in Hinkunft voranleuchten wird: Einen starken, gesunden und freien Tiroler Bauernstand zu schaffen, der alle in ihm liegenden Kräfte entfalten kann zum Wohle und im Dienste des gesamten großen deutschen Volkes, dem wir alle angehören.«[290]

Hauptziel der nationalsozialistischen Agrarpolitik war die Erreichung der Nahrungsmittelautarkie für das Deutsche Reich, um für den kommenden Krieg möglichst unabhängig von Agrarimporten zu sein. Die Tiroler Landwirtschaft konnte dazu allerdings wenig beitragen. Zwar gab es Überschüsse in der Vieh- und Milchwirtschaft, die zur Schließung der »Fettlücke« im Reich einen geringfügigen Beitrag leisteten, im Gegenzug war Tirol aber seit jeher ein traditionelles Importland von Getreide und Futtermitteln. Das Deutsche Reich, das selbst unter einer problematischen Knappheit an Futtermitteln litt, hatte somit zusätzlich die Versorgung Tirols und der restlichen »Ostmark« mitzutragen. Es ist erwiesen, dass sich die Einverleibung Österreichs für Deutschland in Bezug auf die agrarische Situation belastend auswirkte.[291]

Wie in der gesamten »Ostmark« wurden auch im Gau Tirol-Vorarlberg die aus dem »Altreich« bekannten agrarischen Behörden eingerichtet. Dazu gehörten das Reichsministerium für Ernährung und Landwirtschaft, im Gau präsent durch die Abteilung IV des Reichsstatthalters, sowie die Organisation des Reichsnährstandes,[292] der jene Stellen verwaltete, mit denen die Bauern während der NS-Zeit am öftesten in Berührung kamen. Der Reichsnährstand war eine Vereinigung mit Zwangsmitgliedschaft für Produzenten, Händler und Verarbeiter landwirtschaftlicher Produkte sowie landwirtschaftlicher Genossenschaften. Das Reichsnährstandsgesetz vom 13. September 1933[293] trat für das Gebiet des ehemaligen Österreichs am 14. Mai 1938 in Kraft.[294] Damit wurde die Landesbauernkammer für Tirol aufgelöst und durch die Reichsnährstandsverwaltung ersetzt. An der Spitze stand der Reichsbauernführer und zugleich in Personalunion der Reichsminister für Ernährung und Landwirtschaft, Richard Walther Darré, der seine Bauernführer streng hierarchisch nach dem Führerprinzip ernannte. Der Gau Tirol-Vorarlberg war mit dem Gau Salzburg in der Landesbauernschaft Alpenland mit Sitz in Salzburg unter der Leitung des Tiroler Landesbauernführers Georg Wurm vereint. Nach einer Verwaltungsreform erhielten die Tiroler 1942 ihre eigene Landesbauernschaft Tirol-Vorarlberg mit Sitz in Innsbruck und dem Landesbauernführer Josef Landmann an der Spitze. Tirol war unterteilt in sieben Kreisbauernschaften (Reutte, Landeck, Imst, Innsbruck, Schwaz, Kufstein und Kitzbühel; Osttirol gehörte zum Gau Kärnten) und weiter in 308 Ortsbauernschaften bei 251 Gemeinden.[295] Der den ehrenamtlich arbeitenden Landes- und Kreisbauernführern zugewiesene Verwaltungsapparat des Reichsnährstandes (nur die Ortsbauernführer mussten ohne ihn auskommen) war neben dem Stabsamt in drei von besoldeten Beamten geführten Hauptabteilungen (»Der Mensch«, »Der Hof« und »Der Markt«) gegliedert. Innerhalb des Reichsnährstands fand sich jeder Bauer in einer der zehn Hauptvereinigungen wieder, die vertikal gegliedert waren, das heißt, dass zum Beispiel der Erzeuger von Getreide, sprich der Bauer, der Getreidehändler, der Müller und der Bäcker in einer Hauptvereinigung zusammengeschlossen waren. Auf Gauebene wurden die Hauptvereinigungen in so genannten »Wirtschaftsverbänden« aktiv, wovon es in der Landesbauernschaft Alpenland fünf gab: Den Milch-, Vieh-, Eier-, Getreide- und Gartenbauwirtschaftsverband.[296] Nur Letzterer hatte seinen Sitz in Innsbruck, die anderen saßen in Salzburg.

Neben diesen Verwaltungseinrichtungen führten die Nationalsozialisten zahlreiche weitere Neuerungen in der Landwirtschaft ein, die per Gesetz im nunmehrigen »Land Österreich« implementiert wurden. Am 7. und am 23. April 1938 wurden das erste und das zweite Düngemittelgesetz erlassen, welche die zollfreie Einfuhr von im Deutschen Reich erzeugten Düngemitteln in die »Ostmark« möglich machten.[297] Im selben Monat wurden per Verordnung die Zölle für landwirtschaftliche Maschinen aller Art deutschen Ursprungs aufgehoben.[298] Mit diesem Sofortprogramm sollte der erhebliche Produktivitäts- und Modernisierungsrückstand gegenüber der deutschen Landwirtschaft nivelliert werden. Möglichst rasch sollte die österreichische Landwirtschaft den Stand der deutschen erreichen, damit sie erfolgreich in die Kriegsvorbereitung, sprich: in die »Erzeugungsschlacht« mit maximaler Produktion unter Ausbeutung der Arbeitskräfte, integriert werden konnte.

Am 5. Mai 1938 gab der Reichsminister für Ernährung und Landwirtschaft mit der österreichischen Entschuldungsverordnung das folgenreichste landwirtschaftliche Gesetz der NS-Zeit in der »Ostmark« bekannt.[299] Danach war es für land- und forstwirtschaftliche sowie für gärtnerische Betriebe möglich, bis 31. Dezember 1938 einen Antrag auf Entschuldung des Betriebs bei der zuständigen Landstelle einzureichen. Mit dem selben Antrag konnten die Bauern auch Aufbaumittel beantragen, die vergeben wurden, um Schäden an Wohn- und Wirtschaftsgebäuden auszubessern und gegebenenfalls lebendes oder totes Inventar zu ersetzen. Von den österreichweit bis 30. September 1944 eingegangenen 113.330 Anträgen auf Entschuldung und/oder Aufbau entfielen 7.264 auf die Landstelle Innsbruck.[300] Die Behörde hatte für jeden Antrag einen Entschuldungsplan zu erstellen, der auf einer Hofbesichtigung beruhte, bei der die Leistungsfähigkeit der Höfe festgelegt wurde, auf die wiederum der Entschuldungsplan zurückgriff. Ziel war es, alle Schulden eines Landwirtes zusammenzufassen und in eine langfristige Rentenschuld umzuwandeln. Bis Kriegsende wurden in Tirol 3.379 Entschuldungspläne ausbezahlt, das sind 46,5 Prozent der gestellten Anträge. 2.205 Anträge wurden von den Tiroler Bauern im Laufe des Krieges aus Unzufriedenheit mit dem Regime oder aufgrund einer verbesserten wirtschaftlichen Situation wieder zurückgezogen,[301] bei den restlichen Anträgen wurde das Verfahren aus Mangel an Entschuldungsbedürftigkeit, Entschuldungsfähigkeit oder Entschuldungswürdigkeit gar nicht eröffnet oder der Vorgang wegen des Kriegsverlaufs nicht mehr abgeschlossen. Von den 28.146 landwirtschaftlichen Betrieben in Tirol (Stand 1939[302]) kamen 12 Prozent in den Genuss der Entschuldungs- und Aufbauaktion, die wie in der gesamten »Ostmark« auch in Tirol lediglich eine Umschuldung von vielen Gläubigern auf wenige mit dem neuen Hauptgläubiger Deutsches Reich war. Wo es tatsächlich Schuldererleichterungen gab, war dies in der Regel auf den »freiwilligen« Verzicht von nicht ausbezahlten Erbteilen von Verwandten zurückzuführen. Ein echter Vorteil der Entschuldungsaktion ist in dem Schutz vor Zwangsexekution zu sehen, der mit der Stellung des Entschuldungsantrages sofort wirksam wurde. Diese Regelung dürfte manches Tiroler Bauerngut vor einer ruinösen Exekution gerettet haben. Ebenso ist die mit der Entschuldung verbundene Aufbauaktion positiv zu bewerten, bei der das Deutsche Reich eine erhebliche Summe als »verlorenen Zuschuss« bereitstellte. Die in Tirol vergebenen Aufbaumittel von 10.077.825 Reichsmark per Stichtag 28. Februar 1945[303] wurden zwar prinzipiell als Darlehen vergeben, aber da in Tirol die Leistungsfähigkeit der Bauern durch die Entschuldungsrente oftmals voll ausgeschöpft war, ist ein hoher Prozentsatz dieser Summe (in Tirol angeblich 87 Prozent[304]) als Zuschuss bewilligt worden.

Nach der Einführung des Reichsnährstandsgesetzes konnte ab August 1938 auch die damit verbundene Marktordnung[305] im ehemaligen Österreich umgesetzt werden. Die Marktordnung,[306] mit der die Hauptabteilung II (»Der Hof«) des Reichsnährstandes betraut wurde, war ein umfassendes Instrument zur staatlichen Lenkung des Agrarmarktes, um die »Erzeugungsschlachten« und die Anforderungen der Kriegswirtschaft zu bewältigen. Das gute Funktionieren der Marktordnung, die die Nahrungsmittelversorgung bis Kriegsende aufrechterhalten konnte, war auf ein strenges Kontroll- und Überwachungssystem aufgebaut, mit dem die Tiroler Bauern, denen oft »Freiheitsliebe« nachgesagt wird, in Konflikt gerieten. Die staatliche Kontrolle von Produktion, Handel und Verarbeitung machte auch vor den Höfen nicht Halt: Bei der Entschuldungs- und Aufbauaktion wurde der Hof auf seine »Entschuldungsfähigkeit« eingehend überprüft und konnte sogar unter staatliche Verwaltung gestellt werden; die Ablieferungspflicht wurde kontrolliert; Hofbegehungskommissionen stellten fest, wie und wo die Betriebe effizienter und produktiver geführt hätten werden sollen, und schließlich machte die Einführung der Hofkarten, in denen jedes Detail der Wirtschaftsführung festgehalten wurde, alle landwirtschaftlichen Betriebe endgültig zu »gläsernen« Höfen. Die Presse musste kräftig mithelfen, damit die Bevölkerung diese Maßnahmen nicht blockierte. Im »Tiroler Landboten« kam ein Bauer zu Wort, der unter der Rubrik »Der Landbote gibt Auskunft« Informationen einholen wollte:

»Frage: Ich habe gehört, daß jene Bauern, die um Einleitung des Entschuldungsverfahrens ansuchen, mehr oder minder unter Kuratel kommen. Ist das wahr?

Antwort: Das Reich verlangt für die Mittel, die es für die Entschuldung aufwendet, nicht mehr Sicherung als ein anderer Gläubiger. Von einer Vormundschaft kann keine Rede sein. Wer solch albernem Geschwätz glaubt, könnte dadurch leicht zu Schaden kommen und die Frist für die Einreichung des Entschuldungsantrages übersehen. Das Reich will den Bauern helfen, und nichts anderes.«[307]

Diese unkorrekte Antwort war zusätzlich mit einer Drohung versehen, eine typische Reaktion für die gleichgeschaltete Presse eines totalitären Staates, die jede noch so leise Kritik im Keim ersticken sollte. Das Wochenblatt der Landesbauernschaft Alpenland bzw. ab Januar 1943 das Wochenblatt der Landesbauernschaft Tirol-Vorarlberg, dessen Abonnement jedem Bauern ans Herz gelegt wurde, war Hauptträger der landwirtschaftlichen Propaganda und Übermittler der Botschaften, welche die Führung verwirklicht sehen wollte. Die Agrarpresse avancierte zusehends zum »Anweisungsorgan« der Agrarpolitiker. In einem Artikel vom 17. Dezember 1938 mit der Überschrift »Hast du deinen Entschuldungsantrag schon gestellt?« wurde drangsaliert und gedroht:

»[...] Die Frist zur Einbringung von Entschuldungsanträgen läuft unwiderruflich am 31. Dezember 1938 ab. Wer diese Frist versäumt, für den hat es zwölf geschlagen, die Tür ist zu und wird für ihn nicht wieder aufgemacht. Er kann sich dann selbst an der Nase nehmen, wenn ihn die Lasten einmal stärker drücken, als er es vorausberechnet hat. Und er muß es sich vor allem auch gefallen lassen, daß er dann als einer angesehen wird, der durch seinen Eigensinn das Aufbauwerk geschmälert hat, das der Nationalsozialismus auch in der Ostmark durchzuführen darangegangen ist. Darum mache sich jeder, der nicht wirklich mit ruhigem Gewissen in die Zukunft schauen kann, auf die Socken und melde noch vor Monatsende die Entschuldung an!«[308]

Die Einführung des deutschen Reichserbhofgesetzes,[309] einem agrarkonservativen Versatzstück der nationalsozialistischen Blut-und-Boden-Ideologie, wurde in Tirol kein Erfolg. Obwohl mit dem Anerbenrecht, das sowohl im Reichserbhofgesetz als auch im seit 12. Juni 1900 in Tirol geltenden »Höfegesetz« festgeschrieben war, gemeinsame Berührungspunkte vorhanden waren, wollten sich die Tiroler Bauern mit einigen Bestimmungen des Reichserbhofgesetzes nicht abfinden: Die Beschränkungen bei Belastung oder Veräußerung verminderten zum einen die Kreditfähigkeit der Erbhöfe gegenüber den Nicht-Erbhöfen erheblich, zum anderen wurde die Benachteiligung der weiblichen Erben, die erst in vierter Ordnung nach den Söhnen, dem Vater und den Brüdern des Erblassers erbberechtigt waren,[310] als bedrückend empfunden. Hauptsächlich scheiterte das Reichserbhofgesetz jedoch an den kleinen Betriebsgrößen, die vor allem im Westen Tirols vorherrschten. Ein Hof konnte nämlich nur dann Erbhof sein, wenn er zumindest eine Familie ernähren konnte, und dafür wurde als Untergrenze eine Hofgröße von 7,5 Hektar festgesetzt. Weil dieser Wert im Gesetz nur als Anhaltspunkt interpretiert wurde, gab es in Tirol von insgesamt 878 Erbhöfen trotzdem 29 Erbhöfe unter 7,5 Hektar, das sind 2,3 Prozent aller Höfe Tirols im Jahr 1942.[311] Verglichen mit Kärnten, wo im selben Jahr 24,9 Prozent aller Höfe Erbhöfe waren,[312] ist dieser Anteil in Tirol sehr gering. Schon 1940 musste das Reichserbhofgesetz wegen seiner faktischen Bedeutungslosigkeit aufgrund der klein- und kleinstbäuerlichen Strukturen und der Unruhen in der Bauernschaft stillgelegt werden. An seine Stelle trat wieder das Tiroler Höfegesetz, von dem an die 14.000 Betriebe erfasst wurden.[313] Das Scheitern des Reichserbhofgesetzes in Tirol wird neben den angeführten Gründen auch »am subtilen Widerstand der Bauern und am Fortwirken alter Tiroler Freiheitstraditionen«[314] festgemacht.

Dass das frauenfeindliche Reichserbhofgesetz Mädchen und Frauen von den Höfen drängen würde, war nur ein Aspekt und bei weitem nicht der ausschlaggebendste der sofort nach dem »Anschluss« einsetzenden »Landflucht«. Die rasche Konjunkturbelebung in der »Ostmark«, der Arbeitskräftemangel im Reich, die vielen und vor allem besseren Verdienstmöglichkeiten in Industrie und Bauwirtschaft lockten die Landarbeiter von den Höfen weg, wobei deren niedrige Entlohnung und teilweise miserable Unterkünfte das Ihre zur Abwanderung beitrugen. In der kaum mechanisierten Tiroler Landwirtschaft war der Verlust von Arbeitskräften noch schwerer zu verkraften als in den österreichischen Flachlandregionen, wo der Maschineneinsatz Menschenkraft eher ersetzen konnte. Wegen dieser Unentbehrlichkeit der Arbeitskräfte kam es zu Lohnsteigerungen im Ausmaß von bis zu 50 Prozent,[315] die für die bergbäuerlichen Betriebe Tirols nur deshalb zu tragen waren, weil im Gegenzug die landwirtschaftlichen Betriebsmittel wie Dünger, Maschinen und Futtermittel billiger wurden und die Preise für manche Fruchtarten anzogen.[316] Trotz der Lohnerhöhungen war die Arbeit in Gewerbe und Industrie immer noch besser bezahlt, folglich konnten die ländlichen Arbeitskräfte nicht auf den Höfen gehalten werden. Im Jahr 1938 war in Tirol ein durchschnittlicher Rückgang der beschäftigten Landarbeiter um 8 Prozent festzustellen.[317] Laut Statistik wanderten davon 40 Prozent in die Bauwirtschaft und 40 Prozent zu Gewerbe und Industrie. Auch der wieder erstarkte Tourismus,[318] bei dem es sich vielmehr um einen »Kriegstourismus« handelte (Wehrmachturlauber, Kinderlandverschickung, Evakuierung aus luftgefährdeten Gebieten, Evakuierung aus »Freimachungsgebieten«, KdF-Fahrten), hat Arbeitskräfte aus der Landwirtschaft abgezogen. Zur Eindämmung der Migration entwickelten die Nationalsozialisten Strategien, die durch gegensätzlich wirkende Kräfte innerhalb des Regimes aufgehoben wurden. Wie sollten Unterstützungen für den Landarbeiterwohnungsbau, gesteigerte Löhne oder das Ehestandsdarlehen die Landarbeiter auf den Höfen halten, wenn von der Parteiorganisation DAF über die staatliche Rüstungsindustrie bis zu den Privatunternehmen attraktivere Arbeitgeber um das zu erschließende Arbeitskräftereservoir kämpften? Mit Kriegsbeginn verlangte zudem der Militärapparat nach Soldaten, die überproportional aus der Landwirtschaft rekrutiert wurden. Die Methoden der Nationalsozialisten, die Landarbeiter auf den Höfen zu halten, wurden im Laufe des Krieges zunehmend restriktiver. Frauen übernahmen die Arbeiten der eingerückten Männer, Fremdarbeiter und Kriegsgefangene wurden zum Arbeitseinsatz in der Landwirtschaft gezwungen. Auch die Hitlerjugend, der Reichsarbeitsdienst, Schüler und Studenten halfen bei Bestellungs-, Pflege- und Ernteeinsätzen mit. Im Jahr 1939 leisteten 70 Prozent der Studenten (400 Personen) der Universität Innsbruck einen freiwilligen und kostenlosen Arbeitseinsatz in der Landwirtschaft.[319] Die Appelle an die Pflichterfüllung und die Opferbereitschaft steigerten sich bis zur möglichen Zwangsverpflichtung per Gesetz. Über diese Maßnahmen hinaus bestand Gauleiter Hofer darauf, eine kleinere Zahl von Südtiroler Optanten in die Nordtiroler Agrarwirtschaft aufzunehmen. 6.000 Südtiroler sollten in der Landwirtschaft eingesetzt werden, davon die eine Hälfte als Landarbeiter und die andere Hälfte auf 659 neu zu schaffenden Hofstellen.[320] Der Planungsstab des Reichsstatthalters Tirol-Vorarlberg wollte vor allem im Osten Tirols, wo das traditionelle Anerbenrecht größere Höfe als im Realteilungsgebiet hervorgebracht hatte, durch Hofteilung neue Bauernstellen schaffen, nicht jedoch ohne vor möglichen Folgen zu warnen:

»Jede kurzsichtige Maßnahme, die darauf hinausläuft, den an und für sich gesunden und größeren Besitz des Unterinntaler Bauern zu schwächen, um ihn dem weniger lebensfähigen Zustand eines Oberinntalers anzupassen, müsste sich bitter rächen. Nicht die Beschaffung kaum lebensfähiger Kleinbauernstellen, sondern die Haltung bzw. Errichtung starker Erbbauernhöfe ist das Ziel der Nationalsozialistischen Bauernführung.«[321]

Letztendlich wurden neben den Südtiroler Landarbeitern, die entlastend auf den Arbeitskräftemangel wirkten, etwa 170 Südtiroler Bauern in Nordtirol angesiedelt, von denen viele ihre Höfe wegen der Rückstellungsansprüche der vormaligen Besitzer nach 1945 wieder verlassen mussten.[322] Um den Arbeitskräftemangel in der Landwirtschaft auszugleichen, wurden auch ausländische Fremdarbeiter und Kriegsgefangene aus den besetzten und eroberten Gebieten in Tirol eingesetzt.

Nach der »Rassenhierarchie« des Reichssicherheitshauptamts vom Januar 1941 standen Juden, Roma und Sinti am untersten Ende der Pyramide, an deren Spitze »Arbeitnehmer germanischer Abstammung« rangierten.[323] Die Stellung der Arbeitskräfte innerhalb dieses Gefüges war entscheidend für die Existenzbedingungen der jeweiligen Gruppe. Die höchste Sterblichkeit wurde bei polnisch-jüdischen sowie bei sowjetischen Arbeitskräften nachgewiesen. Überlebende zivile Arbeitskräfte erhielten ab dem Jahr 2000 die Möglichkeit, für ihre geleistete Arbeit eine geringfügige Entschädigung bei der

Tabelle 26: Bei der Landesbauernschaft Alpenland zwischen 1942 und 1944 registrierte ausländische landwirtschaftliche Fremdarbeiter

	20. 5. 1942	15. 11. 1943	15. 5. 1944	15. 8. 1944
Landwirtschaft, Gärtnerei, Tierzucht	6.047	14.906	14.935	15.673
Forstwirtschaft, Fischerei	290	589	584	625
Gesamt	6.337	15.459	15.519	16.298

Quelle: Freund/Perz, Zahlenentwicklung 91.

Republik Österreich zu beantragen.[324] Während des Krieges wurde konstant etwa ein Drittel aller Fremdarbeiter der Gaue Salzburg und Tirol-Vorarlberg in der Landwirtschaft eingesetzt. Italienische und polnische Arbeiter stellten zu Beginn des Krieges den Hauptteil des Kontingents, ab 1942 kamen Franzosen und vor allem die zahlenmäßig stärksten »Ostarbeiter« dazu.[325] Die Zahl der in der Landwirtschaft eingesetzten Kriegsgefangenen auf dem Gebiet der Landesbauernschaft Alpenland betrug Ende Dezember 1940 2.040 Personen, Ende April 1941 2.341 Personen und Ende Juni 1942 7.773 Personen.[326]

Wegen der unterschiedlichen geografischen Beschaffenheit der »Ostmark« im Vergleich zum »Altreich« wurde im Jahr 1940 die Abteilung »Berglandwirtschaft« im Reichsministerium für Ernährung und Landwirtschaft geschaffen, die vom österreichischen Unterstaatssekretär und Landesbauernführer der Landesbauernschaft Donauland (nach 1942 Niederdonau) Anton Reinthaller geleitet wurde. Sämtliche Tiroler Bauerngüter galten als Bergbauernbetriebe, denen die Agrarpolitiker besondere Aufmerksamkeit widmeten. Neben den wirtschaftlichen gab es im NS-Regime auch ideologische Gründe für die Förderung der Bergbauernhöfe, die bei der Schaffung von so genannten Aufbaugenossenschaften sogar im Vordergrund standen. Gerade im alpenländischen Bauern mit seinem klischeehaft skizzierten Kinderreichtum sahen die Nationalsozialisten den wertvollen »Lebensquell der nordischen Rasse«, den es zu erhalten und zu fördern galt und der den »Neuadel aus Blut und Boden«[327] bilden sollte. Hinter diesen Blut-und-Boden-Mythos trat die wirtschaftliche Lage der Bergbauern als Antriebsfeder für die Errichtung von Aufbaugenossenschaften zurück. Die Bergbauernfrage wollte auch Franz Pisecky, der Presseamtsleiter im Gau Tirol-Vorarlberg, »nicht so sehr nach wirtschaftlichen Erwägungen, vielmehr nach volksbiologischen Gedankengängen […] behandeln«.[328] Zweck der Aufbaugenossenschaften war es, die bäuerliche Infrastruktur zu verbessern und die Produktivität und Rentabilität aller Bauerngüter einer Ortschaft zu erhöhen. Sie sollten »unserem Bergbauern, der fleißig und unter harten Bedingungen für die Gesamtheit der Nation schafft, wirksame und dauernde Unterstützung bringen«.[329] Nach dem gewonnenen Krieg sollten alle Bergbauerngemeinden der »Ostmark« in den Genuss dieser Aufbauaktion kommen, während des Krieges wurde aus Propagandazwecken zumindest eine Ortschaft aus jeder Kreisbauernschaft als »Aufbaugemeinde« bestimmt. In Tirol wurden die Dörfer Grän (KBS Reutte), Fiß (KBS Landeck), Wenns (KBS Imst), Navis (KBS Innsbruck), Stummerberg (KBS Schwaz), Thiersee (KBS Kufstein) und Kelchsau (KBS Kitzbühel) ausgewählt.[330] Im Wesentlichen sollte in den Aufbaugemeinden Folgendes verbessert bzw. aufgebaut werden: Straßen und Wege, Materialseilbahnen, Lagerhäuser, Maschinenhallen, Stromversorgung, Trinkwasserversorgung, Kanalisation, Wildbach- und Lawinenverbauung, Besitzbereinigung, Aufforstung, Viehaustausch, Molkereien, Gemeinschaftsbauten, Schießstände, Schulen, Häuser, Ställe, Siloanlagen und Düngerstätten.[331] Diese groß angelegten Projekte konnten während des Krieges wegen Rohstoff- und Arbeitskräftemangels kaum realisiert werden. Dennoch wurden bis zum Jahreswechsel 1944/45 weitere Aufbaugemeinden festgelegt: Alpbach (LBS Kufstein), Bach (LBS Reutte), Bichlbach (LBS Reutte), Grins (LBS Landeck), Kirchdorf (LBS Kitzbühel), Umhausen (LBS

Imst), Reith bei Brixlegg (LBS Kufstein), Schmirn (LBS Innsbruck), Schwendberg (LBS Schwaz), Schwendt bei Kössen (LBS Kitzbühel), Spiß (LBS Landeck), Tarrenz (LBS Imst), Volderberg (LBS Innsbruck) und Weerberg (LBS Schwaz).[332] Mit Hilfe von Kriegsgefangenen und Fremdarbeitern gelang es vor allem in Grän, Navis und Fiß, einige Pläne zu verwirklichen.[333] Die wenigen fertig gestellten Projekte machen eine Beurteilung des Gemeinschaftsaufbaus schwierig. In Fiß ist für die Nachkriegszeit allerdings ein höherer Mechanisierungsgrad als in den Nachbargemeinden nachweisbar.[334]

Gegen Kriegsende wich die bauernromantisch-rassistische Blut-und-Boden-Agrarpolitik der Vorkriegszeit endgültig der realen Kriegswirtschaft. Die Bevorzugung der Rüstungsindustrie mit Rohstoffen und Arbeitskräften zerstörte die anfangs gehegte Hoffnung vieler Tiroler Bauern auf eine bessere wirtschaftliche und soziale Stellung der Bauernschaft und offenbarte dramatisch die Konsequenzen des Krieges: Von den zahlreichen »Aktionen« zur Steigerung der landwirtschaftlichen Produktivität, die allein an Entschuldungs-, Aufbau- und Bergbauernhilfsmittel 20,7 Millionen Reichsmark in die Tiroler Landwirtschaft brachten,[335] wurden die meisten nach 1943 eingestellt oder auf Sparflamme zu Propagandazwecken weiter geführt. Einzig die Tiroler Milchwirtschaft, die zum Stopfen der Fettlücke im Deutschen Reich Priorität hatte, konnte bis 1945 Zuwächse verzeichnen. Zwar sank die Milchleistung pro Kuh wegen der zunehmend knapper werdenden Futtermittellage von 1.925 Kilogramm im Jahr 1939 auf 1.781 Kilogramm im Jahr 1944, die Zahl der Milchkühe wurde aber gleichzeitig von 90.404 auf 99.602 Stück und somit auch die Jahresmilcherzeugung von 174.058 auf 177.414 Tonnen gesteigert.[336] Diese geringfügige Zunahme konnte jedoch die Missstände nicht überdecken, die überall in der Tiroler Landwirtschaft als Folge des Krieges auftraten. Die Liste der Mängel erscheint endlos und enthielt unter anderem: ungenügende Treibstoffzuteilung für die Landwirtschaft, Mangel an Arbeitskräften, in Tirol vor allem an Melkern, zu wenige Waggons bzw. LKW für den Transport von landwirtschaftlichen Produkten und aus Kostengründen keine gummibereiften Fahrzeuge mehr für die Landwirtschaft; der Eisenmangel legte zudem die Produktion wie auch die Reparatur von landwirtschaftlichen Maschinen und Geräten lahm.[337] Dennoch konnte die Ernährung der Bevölkerung mit Hilfe der restriktiven Marktordnung aufrechterhalten werden, wenn auch unter ständiger Abnahme der Kalorienzahl bis hart an die Grenze des Existenzminimums. Erst nach dem Krieg brachen das Transportsystem und die Versorgung völlig zusammen.

5. Nachkriegsjahre – »Wirtschaftswunder« – zunehmender Fremdenverkehr

Nach dem Zusammenbruch des NS-Systems stand die Tiroler Landwirtschaft vor entscheidenden Schwierigkeiten und Weichenstellungen. Innerhalb von acht Jahren kam es nicht nur zum zweiten Mal zu einem radikalen Wechsel des politischen Systems, sondern auch zu einer erneut geänderten wirtschaftlichen und gesellschaftlichen Ausrichtung der landwirtschaftlichen Ziele. Nicht mehr die Autarkiepolitik und kriegswirtschaftlichen Vorgaben des »Dritten Reiches« standen im Mittelpunkt, sondern die

Überlebensbedürfnisse von Menschen in einer sich erst formierenden Marktwirtschaft mit demokratischer Ordnung. Die Ausgangslage dafür war denkbar schlecht. Den »Staatsfeind Nr. 1«, den Hunger, vermochte die Tiroler Landwirtschaft, speziell in den städtischen Ballungsgebieten, anfangs kaum zu besiegen.[338] Tirol galt als Zuschussland in Bezug auf die Versorgung mit Nahrungsmitteln. Die heimischen Bauern vermochten kaum den pro Person und Tag zugestandenen Kalorienverbrauch zu liefern. Es herrschte Milchknappheit, selbst Magermilch konnte in Innsbruck 1947 bis 1948 wochenlang nicht in der benötigten Menge ausgegeben werden. Noch im Herbst 1951 fehlten im Land fast 50 Prozent des monatlichen Butterbedarfs.[339] Die Folge davon war, dass bis zum Ende der Vierzigerjahre im Land immer noch unterernährte Personen anzutreffen waren und es der Landesregierung nicht gelang, Lebensmittelreserven anzulegen. Zur Sicherung des Grundnahrungsbedarfs erließ der Landesobmann der Tiroler Bauernschaft, Josef Muigg, im April 1946 eine Anordnung zur Gemüsebewirtschaftung, mit der sämtliches in Tirol angebaute Gemüse beschlagnahmt und ein Direktverkauf verboten wurde. Im August 1946 wurde die Kartoffelernte auf dieselbe Weise beschlagnahmt und bewirtschaftet.[340]

Natürliche Katastrophen wie Unwetter, Dürre sowie das Auftreten von Schädlingen trafen in den ersten Nachkriegsjahren Landwirte und Bevölkerung besonders hart, da überregionale Austauschbeziehungen kaum gegeben waren. Dies verhinderte auch Futterimporte sowie die Einfuhr von Schädlingsbekämpfungsmitteln und Kunstdünger. Dadurch fielen die ersten Nachkriegsernten noch schmäler aus.

Die Möglichkeit der bäuerlichen Selbstversorgung in dieser Knappheitsgesellschaft der unmittelbaren Nachkriegsjahre bremste die personelle Abwanderung aus der Landwirtschaft. Zahlreiche Männer aus unterbäuerlichen Schichten kehrten allerdings nach ihrer Rückkehr aus dem Krieg nicht mehr in die Landwirtschaft zurück.

Ab den Fünfzigerjahren begann sich die Lage allmählich zu normalisieren. Die äußeren Spuren des Krieges und der unmittelbaren Nachkriegszeit waren verschwunden. Die Tiroler Landwirtschaft wurde wieder in die österreichische Volkswirtschaft verankert. Ihre wirtschaftliche Bedeutung hingegen begann sich zu wandeln. Die bis dahin maßgebende Maxime der Ernährungssicherung der Tiroler Bevölkerung sowie der Subsistenzwirtschaft wurde von der Eingliederung in die Marktproduktion abgelöst. Damit einher gingen Produktionssteigerungen, die die Vorkriegsziffern weit hinter sich ließen.

Diese Produktionssteigerung konnte nur durch fortgesetzte Rationalisierungsmaßnahmen sowie durch eine Mechanisierung der bäuerlichen Arbeit erreicht werden. Da dieser im Gebirgsland natürliche und finanzielle Grenzen gesetzt waren, wurde von Seiten der Bauernfunktionäre das Hauptgewicht der Rationalisierung nicht auf die Einstellung teurer Maschinen, sondern auf die Durchführung kleinerer Verbesserungen, die wenig oder gar nichts kosteten, gesetzt. Schwerpunkt war neben der Steigerung der Produktion die Qualitätsverbesserung landwirtschaftlicher Produkte, um die anspruchsvoller gewordenen Konsumenten zufrieden stellen zu können, was sich wiederum positiv auf der Einnahmenseite bemerkbar machen sollte.[341]

Zwischen 1951 und 1961 sowie 1961 und 1971 nahm die Bevölkerung in den ehemaligen »Bergfluchtstufen« um 6 bzw. 15 Prozent zu. Auch in den folgenden Dekaden wuchs die Einwohnerzahl in den höher gelegenen Gemeinden, wenn auch geringer als in den Talgemeinden. Dieser Prozess verlief nicht in allen Bezirken gleich, jedoch wies die Gesamtbilanz der Tiroler Bevölkerungsentwicklung im Zeitraum zwischen 1951 und 1999 in keinem Bezirk einen negativen Saldo auf.[342] Grund dafür war nicht nur die Stabilisierung der Nachkriegslandwirtschaft, denn der Agrarbereich sah sich einem steten Strukturwandel ausgesetzt, der mit Konzentrations- und Rationalisierungsprozessen einherging. Es waren letztendlich außerlandwirtschaftliche Erwerbsmöglichkeiten, die es der Landbevölkerung erlaubten, nicht dauerhaft in städtische Agglomerationen abwandern zu müssen. Insbesondere im Fremdenverkehr ergaben sich für die bäuerliche Bevölkerung Möglichkeiten des Zu- und Nebenerwerbs. Gerade die familiale Struktur der Tiroler Tourismuswirtschaft, die zu einem guten Teil aus Privatzimmervermietung besteht, bot der ländlich-bäuerlichen Bevölkerung zusätzliche Arbeits- und Verdienstmöglichkeiten. 1962 standen von den rund 200.000 Gästebetten im Land rund die Hälfte in Betrieben von Privatzimmervermietern.[343] In der Boomphase des Tiroler Tourismus ab 1955 kam es bei jährlich zweistelligen Wachstumsraten zu einer Verdoppelung der Gäste- wie Nächtigungszahlen. Diese Entwicklung wurde zwar durch den ersten großen konjunkturellen Einbruch 1967 etwas gebremst, hielt aber bis Anfang der Siebzigerjahre an. 1972 verzeichnete die Fremdenverkehrswirtschaft bei 4,4 Millionen Gästen über 30 Millionen Nächtigungen im Land.[344]

Ein guter Teil der bäuerlichen Privatzimmervermietung wird über die Aktion »Urlaub am Bauernhof« abgewickelt.[345] 1980 bot in Tirol ein Drittel aller land- und forstwirtschaftlichen Betriebe Fremdenzimmer an, was mehr als einem Viertel aller bäuerlichen Fremdenzimmer in ganz Österreich entsprach.[346] Mitte der Neunzigerjahre betrieben rund 60 Prozent der Höfe eine bäuerliche Zimmervermietung.[347] Im Jahr 2002 entfiel etwa ein Viertel der Ankünfte (184.634 von 742.418) bzw. Nächtigungen (1.075.992 von 4.125.184) im Privatzimmerbereich auf die bäuerliche Zimmervermietung.[348]

Zur Koordinierung des Urlaubsangebotes auf Bauernhöfen und zur Entwicklung gemeinsamer Vermarktungsstrategien wurde Anfang der Neunzigerjahre ein Bundesverband für »Urlaub am Bauernhof« gegründet. In Tirol schlossen sich die bäuerlichen Privatzimmervermieter zu Vermieterringen zusammen, die Verkaufsförderungsmaßnahmen und Werbung für ihre Mitglieder betreiben. Der Landesverband »Bäuerlicher Vermieter« übernimmt die Herausgabe gemeinsamer Kataloge zur Bewerbung »Tiroler Bauern« sowie die Präsenz auf touristischen Fachmessen im In- und Ausland. Weiters betreut der Verband die gemeinsamen Reservierungsstellen für Buchungen. 1996 wurde nach dem Ausstieg des Raiffeisen-Reisebüros aus der Reservierungstätigkeit der Aufbau einer eigenen Incoming-Genossenschaft für »Urlaub am Bauernhof« notwendig.[349] Die Genossenschaft startete Ende der Neunzigerjahre eine Online-Buchung, deren Ziel es ist, möglichst alle Mitglieder online buchbar zu machen. Zur weiteren Effizienz- und Effektivitätssteigerung richtete der Tiroler Landesverband 1999 Arbeitskreise zu den Bereichen Bildung, Marketing und regionale Allianzen ein. In zwölf regionalen Allianzen wird versucht, neue Angebote für Gäste zu entwickeln, eine enge Kooperation mit der Gastronomie und dem touristischen Umfeld herzustellen sowie gemeinsame Marketingakzente zu setzen.[350]

Dem Ausbau der Privatzimmervermietung sind jedoch Grenzen gesetzt. Einerseits verlagerte sich das Verhältnis Privatzimmer- zu gewerblicher Vermietung in den letzten Jahrzehnten immer mehr zugunsten letzterer. Den über sechs Millionen gewerblichen Ankünften in Tirol standen im Jahr 2002 knapp über 740.000 im Privatzimmerbereich gegenüber. Bei den Nächtigungen betrug dieses Verhältnis 30 zu 4,1 Millionen zugunsten des gewerblichen Beherbergungswesens. Innerhalb des Tiroler Fremdenverkehrs kam es zudem im selben Zeitraum zu einer Verlagerung in den Wintertourismus. So entfielen in Tirol im Jahr 2002 mehr Ankünfte (55 zu 45) sowie Nächtigungen (58 zu 42) auf den Winter; im Privatzimmerbereich bei den Ankünften sogar 62 bzw. bei den Nächtigungen 59 Prozent. Diesem Trend vermögen die bäuerlichen Privatzimmervermieter mit 59 (Ankünfte) bzw. 54 Prozent (Nächtigungen) nicht zu folgen. Die Gründe dafür liegen in infrastrukturellen Nachteilen der Höfe, die sich mitunter abseits touristischer Wintersportzentren befinden, sowie ausstattungsmäßigen Mängeln der Zimmer. Letztere vermögen die kapitalschwachen landwirtschaftlichen Zimmervermieter aufgrund der niedrigen Erträge aus der landwirtschaftlichen Produktion kaum zu beheben bzw. sind dabei auf die Aufnahme von Fremdkapital sowie Zuschüsse von Seiten der öffentlichen Hand angewiesen. Zudem zeigt sich gerade im Privatzimmerbereich eine Strukturschwäche des Tiroler Fremdenverkehrs. In den Expansionsphasen kam es zu überproportionalen Bettenzuwächsen, deren rentable Auslastung bereits in Zeiten der Stagnation kaum gegeben war und die in Zeiten rückläufiger Nächtigungen kaum mehr erhalten werden können.

Insgesamt haben die Tiroler Bauern von der Entwicklung des Tourismus direkt und indirekt profitiert. In fremdenverkehrsorientierten Gemeinden bauten Landwirte vermehrt Gästezimmer aus oder errichteten eigens Pensionen. In der Gästebetreuung fanden Familienmitglieder aus bäuerlicher Herkunft eine saisonale Beschäftigung, die es ihnen nicht selten ermöglichte, eine Existenzgrundlage abseits der landwirtschaftlichen Beschäftigung aufzubauen. Vor allem für die Bäuerinnen entstand ein Nebeneinkommen, das allerdings mit zusätzlichen Belastungen verbunden war. Wöchentliche Arbeitszeiten von mehr als 70 Stunden für Frauen in Betrieben mit Gästebeherbergung sind keine Seltenheit.[351]

Gleichzeitig kam der durch den Tourismus geförderte Ausbau der kommunalen Infrastruktur auch der Landwirtschaft zugute: Landwirtschaftliche Gehöfte profitierten vom Ausbau von Straßen und Wegen, der Erschließung von Orten und Weilern mit Elektrizität und fließendem Wasser. Die Schattenseiten dieser Expansion sind eine zunehmende Zersiedelung des ländlichen Raumes sowie die übermäßige Umwidmung landwirtschaftlicher Kulturfläche und die damit verbundene teilweise Aufgabe der Bewirtschaftung.

6. Bauern auf dem Weg vom »Subventionsempfänger« zum »Unternehmer«

Der Produktionswert der gesamten Tiroler Landwirtschaft wuchs zwischen 1956 und 2000 nominell um mehr als das Dreifache. Bei den Tierprodukten wurde eine solche

Tabelle 27: **Produktionsleistung der Tiroler Landwirtschaft 1956–2000 (1956 = 100)**

Produkte	1956	1960	1970	1980	1990	1995	2000
Rinder/Kälber	100	127	195	316	467	292	278
Milch	100	108	163	255	386	300	332
Schweine	100	141	431	514	296	186	100
Eier	100	114	218	307	166	105	75
Sonstige tierische Produkte	100	147	253	412	988	1265	1435
Summe tierische Produkte	100	118	204	305	402	297	303
Summe pflanzliche Produkte	100	126	149	234	408	403	430
Landwirtschaftlicher Nettoproduktionswert	100	119	197	296	402	310	319

Quelle: Eigene Berechnungen aufgrund der Daten bei Nussbaumer, Wirtschaft und Soziales 172, Tab. 14; Bericht zur Lage der Tiroler Land- und Forstwirtschaft 2000/2001. Kurzbericht 2.

Steigerung bei Milchprodukten, bei Rindern und Kälbern als Zucht-, Nutz- und Schlachtvieh fast erreicht, während sich der Produktionswert in der Schweinehaltung bis 1995 »nur« knapp verdoppelte und seither wieder auf den Wert der Fünfzigerjahre gesunken ist. Bei Eiern kam es zu keiner nominellen Produktionswertsteigerung, sondern zu einem Rückgang. Der Produktionswert in der gesamten Pflanzenproduktion vervierfachte sich in diesem Zeitraum.

Diese Zahlen enthalten eine gewisse Brisanz. Während die mengenmäßige Produktion in den meisten landwirtschaftlichen Produktionssparten in den letzten Jahren kaum zurückgegangen ist, kam es zu erheblichen Einbußen bei der Bewertung der Produktion im Geldwert. Zwischen 1956 und 1990 betrug die Steigerung des Produktionswertes bei der Rinder- und Kälberzucht noch fast das Fünffache, ebenso bei der Milchproduktion. In den Neunzigerjahren verflachte diese Entwicklung zunehmend. Grund dafür war, dass Österreich als Mitgliedsstaat von OECD und GATT (WTO) in der so genannten Uruguay-Runde Ende des Jahres 1993 drastische Preissenkungen für Agrarprodukte auf dem europäischen Markt mitbeschlossen hatte. Diese traten mit 1. Juli 1995 in Kraft. Seit dem 1. Januar 1995 ist Österreich zudem der EU beigetreten. Damit wurde ein neues Kapitel in der Entwicklung der Tiroler Landwirtschaft aufgeschlagen. Nationale und regionale Förderungen für den heimischen Agrarbereich müssen nun mit Brüssel abgestimmt werden. Übergangshilfen als Ausgleich für die im EU-Raum deutlich niedrigeren Agrarproduktpreise wurden für die Dauer von vier Jahren als degressive Ausgleichszahlungen vereinbart. Zehn Jahre lang dürfen die 1993 ausverhandelten Direktförderungen (Bergbauernzuschuss, Bewirtschaftungsprämien der Länder) als so genannte Nationale Beihilfe ausbezahlt werden. Dabei nimmt die Förderung von umweltgerechten und extensiven Bewirtschaftungsformen im Rahmen des ÖPUL einen immer größeren Raum ein.

Aufgrund der sich immer weiter öffnenden Schere zwischen Produktionskosten und -ertrag sind die Bauern kaum mehr im Stande, sich und ihre Familien vom Geldwert ihrer Produkte selbst zu erhalten, und daher zunehmend auf Zuwendungen und Ausgleichszahlungen der öffentlichen Hand angewiesen.[352] Solche Landwirtschaftsförderungen waren schon in der Zwischenkriegszeit aufgekommen, dienten damals aber dazu, den Betrieben bei Großinvestitionen zu helfen. Nach dem Ende des Zweiten Weltkrieges hatten Förderungen im Agrarbereich (etwa die ERP-Kredite des Marshall-Plans) vor allem dazu gedient, die Produktion zu fördern, um den Hunger der Bevölkerung zu stillen. Bedingt durch die gewaltige Produktionssteigerung durch Mechanisierung und Rationalisierung kam es aber in den letzten Jahren zu einem Kampf um Absatzmärkte und zu verstärktem Konkurrenzdruck, insbesondere durch landwirtschaftliche Betriebe aus Flachlandgebieten. Die alpine Berglandwirtschaft wurde in ihren Überlebenschancen immer mehr beschnitten und war auf Zuwendungen von außen angewiesen. Diese erfolgten in Form öffentlicher Zuwendungen – etwa dem Bergbauernzuschuss des Bundes ab 1972 oder nach den Richtlinien des Tiroler Landwirtschaftsgesetzes von 1974 – bzw. der verstärkten Aufnahme außerlandwirtschaftlicher Tätigkeiten durch den Bauern und seine Familienangehörigen.

Im Laufe der Geschichte waren die Tiroler Bauern nie über längere Zeit »nur« Bauern gewesen. Zu- und Nebenerwerb waren immer Bestandteil ihrer Existenzsicherung. Sie verdienten sich als Fuhrknechte oder bei der Rodfuhr ein Zubrot oder produzierten in so genannten Heim- oder Hausgewerben Produkte wie Haushaltswaren, Kleidungsstücke oder Kunstgegenstände. Der anwachsende Dienstleistungsbereich hatte Menschen aus der bäuerlichen Bevölkerung bereits ab der Mitte des 19. Jahrhunderts zu einem Zusatzeinkommen verholfen.

Zwischen 1966 und 1985 sanken die Betriebseinnahmen um 64 Prozent.[353] Das Gesamteinkommen buchführender Tiroler Betriebe setzte sich in den letzten beiden Jahrzehnten im Durchschnitt zu etwas mehr als der Hälfte aus land- und forstwirtschaftlichen Einkünften zusammen. In Talbetrieben lag dieser Wert in den Achtzigerjahren sogar bei drei Vierteln. Rund ein Viertel des Gesamteinkommens pro Betrieb stammte aus Zu- und Nebenerwerb, der Rest aus sonstigen Einkünften, insbesondere aus Sozialeinkommen wie Familienbeihilfen, Renten und sonstigen Sozialtransfers. Diese Zusammensetzung der Einkünfte entwickelte sich bei Betrieben in Tallage gegenläufig zu den Betrieben der Erschwerniszonen. Während in den Tallagenbetrieben die Einkünfte aus Land- und Forstwirtschaft rückläufig waren, stiegen sie in den Betrieben der Erschwerniszone (mit Ausnahme der Zone IV) an. Grund dafür waren öffentliche Gelder, die Letzteren in Form von Ausgleichszulagen sowie Prämien im Rahmen des ÖPUL zuflossen.

Über die mit dieser Einkommensentwicklung in Zusammenhang stehende Verschuldung der Tiroler Bauern liegen keine exakten Zahlen vor. Buchführungsbetriebe waren 1999 mit rund 500.000 Schilling je Hof verschuldet. Demgemäß bescheiden fiel die Eigenkapitalbildung aus. Eine nennenswerte Eigenkapitalbildung, die zur Verbesserung der wirtschaftlichen Situation des Betriebes (Abzahlung von Fremdkapital, Neuinvestitionen oder auch Bildung von Rücklagen für anstehende Investitionen) dienen könnte, gelang 1999 nur Betrieben in Tallagen und der Erschwerniszone I.[354]

Die Szenarien für die Zukunft der österreichischen bäuerlichen Klein- und Mittelbetriebe innerhalb der EU stimmen durchwegs pessimistisch und gehen von einem zu-

Tabelle 28: Zusammensetzung des Gesamteinkommens je Betrieb 1988–2000 (in Prozent)

Jahr	Anteil am Gesamteinkommen			Neben-erwerbs-einkommen	Sozial-einkommen
	Einkünfte aus Land- und Forstwirtschaft		Talbetriebe		
	Tirol gesamt	davon öffentliche Gelder			
1988	55,1	7–8*	76,0	23,6	12,6
1989	57,7	8,5	71,6	22,2	11,6
1990	57,2	12,6	74,4	22,7	11,7
1993	58,4	25,4	61,0	20,7	17,7
1996	61,8	64,6	66,5	20,5	17,7
2000	56,7	60,3	48,5	23,9	19,4

* kein exakter Wert bekannt.
Quelle: Eigene Berechnungen aufgrund der Daten bei Berichte über die Lage der Tiroler Land- und Forstwirtschaft 1988/89 5, 1989/90 52, 1990/91 63, 1993/94 42, 1996/1997 40 und 2000/2001 Kurzbericht 7.

nehmenden Verlust an Konkurrenzfähigkeit gegenüber einer zunehmend industrialisierten Agrarproduktion aus. Der damit verbundene drastische Einkommensverlust lässt das Überleben zahlreicher Tiroler Betriebe fraglich erscheinen. Um auch in Zukunft überleben zu können, ist die Höhe des Erlöses, den die bäuerliche Bevölkerung für ihre Produkte erzielen kann, von eminenter Bedeutung. Da die Tiroler Landwirtschaft schon aufgrund der naturräumlichen Gegebenheiten nie rein auf Quantität zu produzieren vermochte, ist Qualität angesagt. Österreich stellt innerhalb der EU die Hälfte aller Biobauern. Auch ein Großteil der Tiroler bäuerlichen Betriebe unterwirft sich »freiwillig« biologischen »Qualitätsmaßstäben«. Nischenprodukte nehmen zu und sollen, zusammen mit dem Aufbau regionaler Absatzmärkte, auch kleineren Betrieben zu kostendeckenden Marktpreisen verhelfen. »Ab-Hof-Verkauf«, »Urlaub am Bauernhof«, lokale Bauernmärkte, der Zusammenschluss zu Vertriebsgemeinschaften unter einem gemeinsamen Gütesiegel haben dazu geführt, dass die bäuerliche Bevölkerung heute immer mehr als Unternehmer agiert. Das Schlagwort von der »Drehscheibe Bauernhof« impliziert allerdings neue Probleme – vor allem die Arbeitskraft der Frauen wird hier beansprucht.

Neben der Sicherung der Ernährung sowie der Produktion tierischer und pflanzlicher Rohstoffe kommt den Nebeneffekten der bäuerlichen Tätigkeit in letzter Zeit verstärkt öffentliche Bedeutung und Beachtung zu: Seit einigen Jahren ist der Bauer als Erhalter der alpinen Kulturlandschaft und Infrastruktur des ländlichen Raumes im Gespräch. Die Nebeneffekte einer flächendeckenden Bewirtschaftung liegen vor allem in der Sicherung des Siedlungsraumes, der Landschaftspflege sowie der Stärkung des ländlichen Raumes durch eine Verflechtung mit den übrigen Wirtschaftszweigen und der damit ermöglichten Aufrechterhaltung der Besiedlung. Zahlreiche Bauern sträuben sich jedoch dagegen, als bloße Landschaftspfleger mit Almosen subventioniert zu werden.

VI. Bäuerliche Interessenverbände

1. Die Tiroler Landeslandwirtschaftskammer und ihre Vorläufer

Im Jahr 1881 wurde der Landeskulturrat als Vertretung und Amtsstelle der Landesregierung gesetzlich konstituiert. Der Anstoß zu seiner Gründung ging von Konservativen in Reichsrat und Regierung aus, um »die Entwicklung der Land- und Forstwirtschaft wenigstens in beschränktem Ausmaß zu lenken und die Unruhe der Bauern, die infolge der Agrardepression und durch die Kommerzialisierung des Bodens entstanden war, zu besänftigen«.[355] Die Hauptaufgabe des Landeskulturrates, die im Schlagwort »Hilfe zur bäuerlichen Selbsthilfe« zusammengefasst werden könnte, waren der Ausbau und die Förderung des landwirtschaftlichen Genossenschafts- und Bildungswesens, daneben hatte er Gesetzesentwürfe zu begutachten und staatliche Gelder zu verteilen. Für den Bezug von Produktionsmitteln und den Absatz der Produkte wurden Bezirksgenossenschaften installiert, die dem Landeskulturrat unterstanden und als »staatlich anerkannte Organe für landwirtschaftliche Interessen«[356] auch gesetzlich festgelegte Aufgaben hatten, zum Beispiel die Durchführung staatlicher Maßnahmen. Einerseits als Vertretung des Bauernstandes, andererseits als halbstaatliches Organ, waren die Bezirksgenossenschaften von Beginn an eine janusköpfige Einrichtung, der die Bauern nicht sofort ihr Vertrauen schenkten.

Unter dem Einfluss des Landeskulturrates entstand ein dichtes Genossenschaftswesen: 1889 wurde in Ötz die erste Raiffeisenkasse im mit Geldgeschäften und Bankangelegenheiten noch wenig entwickelten Kronland Tirol eröffnet[357] und bis 1912 waren mit dem »Verband der Raiffeisenvereine und landwirtschaftlichen Genossenschaften Deutschtirols reg.Gen.m.b.H.« die Bereiche Kredit-, Geld- und Warenverkehr sowie Revisionswesen in einer Institution unter Aufsicht des Landeskulturrates vereinigt.[358] Als Vorteil für die landwirtschaftliche Kreditwürdigkeit erwies sich die 1896 begonnene Umstellung vom mit »kreditfeindlichen Mängeln«[359] behafteten Verfachbuch auf das moderne Grundbuch. Die Erfassung aller auf einem Grundstück ruhenden Lasten war erst jetzt systematisch möglich und ohne zeitaufwändige Recherchen leicht zugänglich und einsehbar. Die transparente wirtschaftliche Lage der Grundstücksbesitzer erhöhte die Rechtssicherheit und verschaffte den Kreditinstituten Klarheit bei der Vergabe von Hypothekarkrediten oder sonstigen im Grundbuch vermerkten Darlehen. Nach 1890 etablierte sich das Genossenschaftswesen neben dem Geldsektor auf den wichtigsten Gebieten der Landwirtschaft. Es entstanden Einkaufsgenossenschaften für landwirtschaftliche Bedarfsartikel und Betriebsmittel, Sennerei- und Molkereigenossenschaften und Viehzuchtgenossenschaften.[360] 1894 wurde der Verband landwirtschaftlicher Bezirks-Genossenschaften ins Leben gerufen, dem 31 Bezirksgenossenschaften, vier Spar- und Darlehenskassenvereine und ein landwirtschaftlicher Ortsverein mit zusammen 11.000 Mitgliedern angehörten.[361] Jene Betriebszweige, die sich nicht in einer Spezialgenossenschaft organisierten, konnten immer noch die im Landeskulturrat vereinigten Bezirksgenossenschaften als Anlaufstelle benutzen. Ein Antrag an den Tiroler Landtag im Jahr 1896, den Beitritt zu den Bezirksgenossenschaften für alle Bauern zur Pflicht zu machen, scheiterte an der negativen Einstellung der Bauernschaft. Die bürokratische Organisation der Genossenschaften weckte anfangs Misstrauen, bis 1910 waren aber immerhin 38 Prozent der Deutschtiroler Bauern in den Bezirksgenossenschaften organisiert.

In Verbindung mit dem Genossenschaftswesen forcierte der Landeskulturrat auch das landwirtschaftliche Beratungs- und Schulungswesen. Die im November 1879 eröffnete landwirtschaftliche Lehranstalt in Rotholz bot in Spezialkursen die Ausbildung zum Waldaufseher, Senner und Melker an, daneben wurden Forschungsprojekte und Versuche durchgeführt, unter anderem zur Anwendung von Kunstdünger. Außer den Absolventen von Rotholz sollten auch speziell ausgebildete Wanderlehrer die neuen Erkenntnisse des Molkereiwesens (Molkereiwanderlehrer ab 1895), der Viehzucht (ab 1902) und des Gartenbaus (ab 1909) im Landvolk verbreiten.[362] Zur Präsentation der Fortschritte in der Ausbildung der Jungbauern und deren praktischen Umsetzung wurden in allen Bereichen der Landwirtschaft Ausstellungen initiiert. Der Landeskulturrat und das Ackerbauministerium in Wien förderten diese Ausstellungen mit Preisen und Auszeichnungen. Der Anreiz zu weiteren Verbesserungen von Produktion und Produkten war somit gegeben und der Erfahrungsaustausch bei Ausstellungen und zwischen den Genossenschaften führte in Kombination mit Dünger- und Saatgutaktionen zu einer leichten Steigerung der Produktion.[363]

Der Tiroler Agrarpolitiker Karl von Grabmayr vermerkte 1894, dass unter »dem Hinweis auf den bevorstehenden Untergang des Bauernstandes« die Agrarfrage erstmals am 26. Juli 1880 im Tiroler Landtag behandelt worden sei, die Diskussionen seien allerdings ergebnislos geblieben.[364] Nach langer Untätigkeit verabschiedete der Landtag am 11. Februar 1896 das so genannte »Agrarreformprogramm«, dessen Erfüllung von der Regierung und der Reichsvertretung abhängig war.[365] Dieses Programm enthielt Forderungen nach einem Tiroler Höferecht, einer Organisierung des Hypothekarkredits und einer Neuordnung des Agrarrechts. Mit der Einführung des Höferechts im Jahr 1900 mit vorgeschriebener Anerbenfolge für »geschlossene« Höfe und der Gründung der Tiroler Landes-Hypothekenanstalt ein Jahr später wurden zentrale Punkte des Reformprogramms umgesetzt. Das Höferecht hatte die Intention, durch Unteilbarkeit von Höfen, die den vierfachen Ertragswert der Ernährung einer Familie von fünf Personen nicht überstiegen (»geschlossener« Hof), eine wirtschaftlich gesunde Besitzgröße zu erreichen und zu festigen. Bei einem Erbfall sollte für geschlossene Höfe das Anerbenrecht gelten, das heißt, der Hof ging an den Haupterben »geschlossen« über, weichende Geschwister bekamen ihren Erbteil vom Haupterben ausbezahlt. Zur Einschränkung der Verschuldung bei Erbteilungen konnte bei fehlender Verfügung des Erblassers der »Wert des Hofes nach billigem Ermessen« gerichtlich geschätzt werden, »so daß der Übernehmer wohl bestehen kann«.[366]

Die Hypothekenanstalt sollte billiges Geld in unkündbaren Tilgungsraten an Stelle der kündbaren Kapitalshypothek zur Verfügung stellen. Die jahrzehntelange Tilgungszeit in Verbindung mit niedrigen Ratenzahlungen war für die Bauern leichter tragbar als die mittel- bis kurzfristigen, jederzeit kündbaren Kredite der Sparkassen. Durch die Umwandlung aller bereits bestehenden Hypotheken bei anderen Anstalten in niedrig verzinsliche, langfristig zu tilgende Annuitätsschulden sollte die Landeshypothekenbank zusätzlich als »öffentliche Entschuldungsanstalt«[367] dienen. Das landwirtschaftliche Kreditwesen wurde neben den vom Landtag eingerichteten bzw. geförderten Hypothekenanstalten und Raiffeisenkassen um die vom Tiroler Bauernbund geschaffenen Bauernsparkassen erweitert. Diese sollten ebenfalls den Kreditbedarf stillen, indem sie Sparguthaben für das bäuerliche Kreditwesen nutzbar machten.

Zur Verbreitung der politischen und wirtschaftlichen Neuerungen entstand in Tirol eine umfangreiche Agrarpresse. Allen voran ist die 1902 gegründete »Tiroler Bauern-Zeitung« zu nennen, die wie der »Bauernkalender«[368] in engem Zusammenhang mit dem Bauernbund stand und in erster Linie ein politisches Organ war. Die »Landwirtschaftlichen Blätter« und der »Landwirtschaftliche Volkskalender« waren dem Landeskulturrat zuzurechnen. Das »Landwirtschaftliche Genossenschaftsblatt« und auch der christlichsoziale »Tiroler Volksbote« sorgten neben den oben genannten für die umfangreiche Information der Landbevölkerung durch Fachartikel von Wissenschaftern und Funktionären.[369]

Nach Ende des Ersten Weltkrieges erfuhr der Landeskulturrat wesentliche organisatorische Veränderungen. Mit dem Gesetz vom 4. Februar 1922 wurde er kammermäßig aufgebaut und durch Wahlen der Bauernschaft gebildet. Ab 1928 durfte der Landeskulturrat eine bisher den Berufsgenossenschaften vorbehaltene Umlage einheben, gleichzeitig wurde er in »Landeslandwirtschaftskammer für Tirol« umbenannt. Die Präsidenten des Landeskulturrates bzw. der Landeslandwirtschaftskammer waren bis 1938: Josef Siegele aus Tobadill (1918 bis 1922), Dr. Peter Paul Pfausler aus Roppen (1922 bis 1924), Andreas Thaler aus der Wildschönau (1924 bis 1926) und Franz Reitmair aus Sistrans (1926 bis 1938).[370] Der Landeskulturrat war der Schöpfer und Initiator vieler landwirtschaftlicher Gesetze. Die wichtigsten waren das Grundverkehrsgesetz (1919) zur Verhinderung von Grundstücksspekulation, das Gesetz über die landwirtschaftlichen Krankenkassen (1921), die Dienstbotenordnung (1922), das Landeskulturförderungsgesetz (1925), das Tiroler Erbhöfegesetz (1931), das keine rechtlichen Auswirkungen, nur anerkennende Wirkung hatte und das Mastkreditgesetz (1932) zur Gewährung von Krediten für Mastfutter unter Verpfändung des Viehs. Weiters initiierte er die Schaffung neuer Ausbildungsstätten für Bauernkinder, die Vereinigung des Kreditvereins der Tiroler Bauernsparkasse, des Verbandes der Tiroler Raiffeisenvereine, die Gründung des Tiroler Genossenschaftsverbandes, die Anlegung des Haflingergrundbuches (1926), den Zusammenschluss des Tiroler mit dem österreichischen milchwirtschaftlichen Verein (1928) und die Gründung des Tiroler Schweinezuchtvereins (1932).[371] Tiroler Agrarexperten waren auch in der Bundesregierung gefragte Männer: Zwei der zehn österreichischen Landwirtschaftsminister der Zwischenkriegszeit kamen aus Tirol. Alois Haueis (1920 bis 1921),[372] ein Bauernpatriarch mit reicher politischer Erfahrung, und der Bauernbündler Andreas Thaler (1926 bis 1929 und 1930 bis 1931), ein Vertreter der Anti-Wien-Gesinnung und des Antisemitismus. Thaler führte 1933 eine Aussiedlergruppe nach Brasilien und baute dort eine Siedlung mit auf, die heute als »Dreizehnlinden« bekannt ist. Am 28. Juni 1939 ertrank er bei dem Versuch, eine Brücke bei schwerem Hochwasser zu retten.[373]

Ähnlich wie beim Tiroler Bauernbund gingen die nationalsozialistischen Machthaber ab März 1938 mit der Tiroler Landwirtschaftskammer um, wenngleich es in diesem Fall außer lobenden Worten für Belegschaft und Organisation keine Bevorzugung gegenüber den Bauernkammern der anderen Gaue gab. Das Personal der Kammern wurde zwar gesäubert, das heißt, Juden und »jüdisch Versippte« wurden entlassen, aber im Wesentlichen blieb den Nationalsozialisten nichts anderes übrig, als den Großteil der Beamten und Angestellten wie auch der kleinen Bauernfunktionäre zu übernehmen.[374] Von den politisch Andersdenkenden wurden jene entlassen (bzw. laut NS-Jargon »zur Vereinfachung der Verwaltung beurlaubt«), die nicht für den Nationalsozialismus zu gewinnen waren. Gesinnungsmäßig nicht exakt zuordenbare Personen wurden durch ein politisches Führungszeugnis genau überprüft. Aufgrund der zuvorkommenden Einschätzung der Tiroler Agrarbürokratie ist anzunehmen, dass hier erheblich weniger Beamte der Kammern amtsenthoben, zwangspensioniert oder verhaftet wurden als in den übrigen Gauen des ehemaligen Österreich. Der neue Geschäftsführer der Landesbauernkammer für Tirol, Ing. Fritz Lantschner, wurde von den Nationalsozialisten bis auf seinen Hang zum Intrigieren überaus positiv beurteilt: »Der jetzige Geschäftsführer der Kammer Ing. Lanschner (sic!) scheint ein überaus energischer und tatkräftiger Beamter zu sein, der es verstanden hat, die Kammer vollständig in seine Hand zu bekommen. Lanschner (sic!) ist überdies alter Parteigenosse und nationalsozialistischer Vorkämpfer.«[375] Diese wohlwollende Beurteilung verschaffte Lantschner den Posten des Leiters der Abteilung IV der Reichsstatthalterei Tirol-Vorarlberg (»Gauamtsleiter«), den er bis Kriegsende ausübte.

Nach dem Ende des Zweiten Weltkrieges und der Wiedererrichtung eines eigenständigen Österreichs wurden nahezu alle reichsdeutschen Angestellten des Reichsnährstandes entlassen. Nur ein kleiner Stab von überwiegend während der NS-Zeit in Ungnade gefallenen Mitarbeitern verblieb. Diesen oblag die Umsetzung der Erlässe und Verordnungen der ersten Nachkriegsmonate. Geleitet wurden sie vom damaligen Landesrat für Landwirtschaft und neugewählten Bauernführer Josef Muigg (1945 bis 1948) sowie dessen Sekretär und Amtsdirektor Dipl.-Ing. Dr. Franz Lechner.[376] Zugleich wurde mit Vorarbeiten für ein neues Landwirtschaftskammergesetz begonnen. Im Gegensatz zur als nun verpönt geltenden Kammerordnung der Zwischenkriegszeit, die auf der berufsständischen Verfassung beruhte, sollte es auf demokratischen Grundsätzen beruhen. Druck für die rasche Erstellung einer solchen Ordnung lieferte auch der Streit, welcher Kammer in Hinkunft die Land- und Forstarbeiter zugehörig sein sollten. Das 1945 erlassene Arbeiterkammergesetz hatte sie zunächst der Kammer für Arbeiter und Angestellte zugewiesen, wogegen der Tiroler und Vorarlberger Landtag erfolgreich beim Verfassungsgerichtshof Einspruch erhoben.[377]

Nach langen Verhandlungen, in denen es auch um die Frage ging, ob eine eigene Landarbeiterkammer geschaffen oder ob zur Vertretung land- und forstwirtschaftlicher Dienstnehmer innerhalb der Landwirtschaftskammer eine eigene Sektion eingerichtet werden sollte, kam am 8. Juli 1947 ein Landwirtschaftskammergesetz für Tirol zustande, das noch nicht ganz befriedigte und deshalb durch eine Neufassung vom 29. März 1949 sowie eine weitere Novelle vom 16. Dezember 1949 ersetzt wurde. Das Gesetz war das erste dieser Art in der Zweiten Republik und wurde zum Vorbild für gesetzliche Regelungen in anderen Bundesländern. Zu den gesetzlich vorgeschriebenen Aufgaben der Kammer, zu der eine Pflichtmitgliedschaft besteht, zählen die Beratung der Mitglieder, die Förderung der Bildung insbesondere der Weiterbildung sowie die Abwicklung von Förderungen. Die Kammer agiert dabei quasi als verlängerter Arm des Bundes.

Nach erfolgter Einrichtung der Landwirtschaftskammer stellte diese gegenüber dem einstigen Reichsnährstand Anträge über Rückstellung für das Vermögen der Landeskammer und ihrer Unterorganisationen. Diese wurden zunächst mit der Begründung, eine gesetzliche Bestimmung, »dass die Landeslandwirtschaftskammer auch das Vermögen der Landesbauernkammer und deren Unterorganisationen aus der Zeit vor 1938 zu übernehmen hat«, bestünde nicht, abgelehnt.[378] Erst nach gesetzlicher Änderung bekam die Kammer einige Almen und Ställe rückgestellt. Das Verfahren um den Hauptsitz der einstigen Landesbauernschaft in der Wilhelm-Greil-Straße 9 dauerte länger. Dieser war seinerzeit der Kreisbauernschaft übergeben und von ihr umgestaltet worden. Schlussendlich wurde er rückgestellt. Andere Forderungen blieben weiterhin offen. Laut einem Bericht von Kammerdirektor Dr. Lechner an die Landesregierung wurden erst 1957 ungeklärte Forderungen wie Kriegsschäden und unwiederbringliche Personalkosten aus der Bilanz ausgebucht.[379]

Neben der Organisation der Ernährungssicherung galt ein weiteres Augenmerk der Kammer in den ersten Nachkriegsjahren dem Wiederaufbau beschädigter Hofstellen. Eine Sammelaktion unter der Tiroler Bauernschaft bildete den Grundstock für den landwirtschaftlichen Wiederaufbaufonds, der in zwei Jahren rund 200 Hofstellen bei der Instandsetzung aushalf. Aus noch zur Verfügung stehenden Spenden wurde 1948 vom Geschäftsführer des Kriegsschädenhilfswerkes, Dipl.-Ing. Hans Weingartner, vorgeschlagen, einen Sonderfonds zur Finanzierung wichtiger landwirtschaftlicher Bauten einzurichten. Aus diesem Fonds sollten überwiegend zinslose Kredite vergeben werden, die nur mit 5 Prozent zu amortisieren wären. Die Zuteilung sollte durch ein Kuratorium erfolgen, die Mittel wären von einem landwirtschaftlichen Kreditinstitut zu verwalten. In der Folge wurde das landwirtschaftliche Bauhilfswerk als Sondervermögen bei der Landwirtschaftskammer eingerichtet. Das erste Kuratorium wirkte von 1948 bis 1952 unter dem Vorsitz von Josef Muigg. Da dem Bauhilfswerk aber eine eigene Rechtspersönlichkeit fehlte, wurde 1951 durch den Tiroler Landtag der so genannte Landeskulturfonds als Nachfolgeinstitution errichtet.[380] Im Kuratorium zur Verwaltung des Fonds waren sowohl Vertreter der Sektion Dienstnehmer wie Dienstgeber der Landwirtschaftskammer vertreten.

Auch Gelder aus dem Marshallplan halfen bei der Beschaffung der nötigen Betriebsmittel. Die Landwirtschaftskammer erstellte dazu gezielte Förderungsprogramme und sorgte für deren Umsetzung. In 25 mit ERP-Mitteln in allen Bezirken errichteten »Beispielhöfen« wurden Verbesserungsmöglichkeiten im Pflanzenbau und in der Viehhaltung demonstriert. 1948 richtete die Landwirtschaftskammer in St. Johann einen Lehr- und Versuchshof mit einer Viehhaltungs- und Melkerschule ein. Der Hof fungierte ab 1952 auch als Außenstelle der Bundesanstalt für alpine Landwirtschaft in Admont.[381] Die bergbäuerliche Förderung wurde ebenfalls forciert. Dazu richtete die

Kammer 1953 ein Referat zur Besitzfestigung ein, das der Tiroler Landesregierung zuarbeitete.

In den folgenden Jahren wirkte die Landwirtschaftskammer im Rahmen ihrer Interessenvertretung an zahlreichen Landesgesetzen mit. Bereits 1948 und 1949 wurden durch Landarbeitsgesetze das Arbeitsrecht in der Land- und Forstwirtschaft geregelt sowie der Landarbeiter-Wohnbau gefördert. Aus einem nicht mehr fertig gestellten »Dorfwirtschaftshaus« der einstigen NS-Aufbaugemeinde Schwendt bei Kössen wurde ein Landarbeitererholungsheim. Mit Treueprämien, Schulungskursen und Ausbildungshilfen wurde zudem versucht, die Abwanderung aus der Landarbeit zu stoppen.

Das 1953 vom Tiroler Landtag beschlossene landwirtschaftliche Berufschulgesetz sowie das ein Jahr später beschlossene land- und forstwirtschaftliche Berufsausbildungsgesetz boten die Grundlage für die Ausbildung des bäuerlichen Nachwuchses. Allein in den folgenden fünf Jahren wurden von der Landwirtschaftskammer 3.000 Gehilfen-, 1.300 Facharbeiter- sowie 350 Meisterbriefe ausgefolgt. Um die Ausbildung zu verbessern, wurde 1955/56 von der Kammer in der Innsbrucker Reichenau ein neues Schulungsheim errichtet. Zusätzlich zu den bereits bestehenden landwirtschaftlichen Ausbildungsstätten in Rotholz, Imst und Lienz entstanden in den Bezirken weitere landwirtschaftliche Schulen, etwa 1948 in Grins eine landwirtschaftliche Mittelschule, die 1949 nach Seefeld verlegt wurde, 1953 in Breitenwang und 1961 in St. Johann landwirtschaftliche Lehranstalten. 1958 wurde in Kematen auch eine höhere Bundeslehranstalt für landwirtschaftliche Frauenberufe eingerichtet. Dazu kamen 1957 in Steinach am Brenner und 1974 in Landeck einjährige Haushaltungsschulen, 1972 in St. Johann eine zweijährige. Einige dieser Schulen wurden in den letzten Jahren aufgrund der geänderten Sozialstruktur am Land sowie aus Kostengründen wieder geschlossen. Die ländlichen Weiterbildungsangebote für Jugendliche und Erwachsene sind heute im »Ländlichen Fortbildungsinstitut (LFI)« zusammengefasst.[382]

Die wöchentlich erscheinenden und der Tiroler Bauern-Zeitung beiliegenden »Landwirtschaftlichen Blätter«, die von der Kammer herausgegeben werden, stellen für die Mitglieder neben der direkten Beratung eine wichtige Informationsquelle dar.

Seit dem Beitritt zur EU hat sich die Arbeit der Landwirtschaftskammer verändert, da Agrarpolitik nun zum Großteil in Brüssel gemacht wird. Der Einfluss der Kammer auf die europäische Agrarpolitik, in der die Berglandwirtschaft nur eine Nische darstellt, ist gering. Die Mitbestimmungsrechte und die Gestaltungsmöglichkeiten der Kammer sind verschwindend klein. Der Schwerpunkt der Kammerarbeit hat sich weg von der Beratung in Richtung Förderungsabwicklung verlagert. Die Landwirtschaftskammer ist dabei Verteiler und zugleich Kontrolleur dieser Förderungen. Da die Fördersysteme zum Teil kompliziert und so angelegt sind, dass ein einzelner Bauer ohne die Kammer nicht zu den Förderungen gelangt, hat die Arbeit der Kammer durch diese neuen Aufgaben bei den Mitgliedern an Ansehen gewonnen. Sie haben das Gefühl, dass die Kammer jetzt »gebraucht« wird.[383]

Eine Besonderheit Tirols ist, dass die Landwirtschaft als Nebenerwerb in allen Bevölkerungsschichten auftritt. Somit sind Schauspieler, Landtagsabgeordnete, Arbeiter, Beamte, Hoteliers und viele mehr Pflichtmitglied bei der Landwirtschaftskammer. Dieser Umstand erhöht die Akzeptanz der Landwirtschaft quer durchs Land. Von den rund 43.500 Pflichtmitgliedern der Landwirtschaftskammer im Jahr 2003 sind circa 16.000 Bewirtschafter, 12.000 Ehepartner, 5.000 Landarbeiter mit ihren Familien und der Rest sonstige Grundeigentümer. Die Tiroler Landeslandwirtschaftskammer gliedert sich in zwei voneinander unabhängige Sektionen: die Bauernkammer als Sektion der Selbstständigen sowie die Landarbeiterkammer als Sektion der land- und forstwirtschaftlichen Dienstnehmer. Beide Sektionen sind gesetzliche Interessenvertretungen, die eigene Rechtspersönlichkeit haben. Ebenfalls öffentlich-rechtliche Körperschaften sind die Bezirkslandwirtschaftskammern. Die Delegierten beider Sektionen wie der Bezirkskammern bilden die Vollversammlung und werden wie die Vorstände alle sechs Jahre in gleicher, unmittelbarer und geheimer Wahl gewählt. Im Mai 1950 erfolgten die ersten Wahlen in die Vollversammlung der Kammer. Es gab keine Gegenkandidaturen zu den Listen des Bauernbundes. Zum Präsidenten wurde Josef Muigg aus Steinach, zu seinen Stellvertretern Johann Gruber aus Sellrain (Obmann der Sektion Dienstgeber) sowie Dr. Franz Weber aus Oberperfuß (Obmann der Sektion Dienstnehmer) gewählt. Zum Kammeramtsdirektor wurde Dipl.-Ing. Dr. Franz Lechner bestellt.[384] Nach den Wahlen im Jahr 2003 wurde wiederum Ludwig Penz aus Telfes zum Präsidenten der Landwirtschaftskammer, zu seinen Stellvertretern Josef Heim aus Kirchdorf (Obmann der Bauernkammer) sowie Franz Egger aus St. Johann in Tirol (Obmann der Landarbeiterkammer) ›gewählt‹. Derzeitiger Kammeramtsdirektor ist Dipl.-Ing. Richard Norz.

Tabelle 29: Wahlberechtigte, Stimmenanteile und Wahlbeteiligung zur Landeslandwirtschaftskammer für Tirol – Sektion Dienstgeber 1950–2003

Jahr	Wahlberechtigte	Abgegebene Stimmen	Gültige Stimmen	Wahlbeteiligung in Prozent abgegebener Stimmen
1950	24.774	15.029	14.808	60,7
1955	24.143	17.281	*	71,6
1961	24.700**	*	20.495	83,0
1967	28.989	22.873	22.266	78,9
1973	28.892	21.535	21.229	74,5
1979	27.872	19.795	19.366	71,0
1985	28.051	19.628	19.008	70,0
1991	27.936	17.606	16.578	63,0
1997	43.910***	26.507	25.922	59,0
2003	43.516	20.715	20.377	47,6

* = keine Werte bekannt.
** = hochgerechnet.
*** = erstmals Bäuerinnen und mitarbeitende Kinder als Wahlberechtigte aufgenommen.
Quelle: Tiroler Bauern-Zeitung vom 11.5.1950, 7.4.1955, 27.4.1961, 12.4.1973, 12.4.1979, 4.4.1985, 28.3.1991, 20.3.1997, 6.3.2003 (Landwirtschaftliche Blätter).

Tabelle 30: Stimmen- und Mandatsverteilung der Wahlen in die Landeslandwirtschaftskammer für Tirol – Sektion Dienstgeber 1950–2003

Jahr	Wahlwerbende Gruppen	Stimmen absolut	Stimmen in Prozent	Mandate
1950	Tiroler Bauernbund (ÖVP)	14.808	100,00	16
1955	Tiroler Bauernbund (ÖVP)	16.510	100,00	16
1961	Tiroler Bauernbund (ÖVP)	19.034	92,90	16
	Arbeiterbauernbund (SPÖ)*	809	3,90	0
	Freiheitliche Bauernschaft (FPÖ)**	652	3,20	0
1967	Tiroler Bauernbund (ÖVP)	20.985	94,25	16
	Verein der Nebenerwerbsbauern (SPÖ)	723	3,25	0
	Allgemeiner Bauernverband***	558	2,50	0
	FPÖ nicht kandidiert	–	–	–
1973	Tiroler Bauernbund (ÖVP)	20.891	98,41	16
	Allgemeiner Bauernverband	210	0,99	0
	Freiheitliche Bauernschaft (FPÖ)	128	0,60	0
	SPÖ nicht kandidiert	–	–	–
1979	Tiroler Bauernbund (ÖVP)	18.603	96,07	16
	Freie Tiroler Bauern (SPÖ)	762	3,93	0
	FPÖ nicht kandidiert	–	–	–
1985	Tiroler Bauernbund (ÖVP)	18.022	94,78	16
	Freie Tiroler Bauern (SPÖ)	986	5,22	0
	FPÖ nicht kandidiert	–	–	–
1991	Tiroler Bauernbund (ÖVP)	15.431	93,08	15
	FPÖ-Bauern und Unabhängige	1.147	6,92	1
	SPÖ nicht kandidiert	–	–	–
1997	Tiroler Bauernbund (ÖVP)	22.772	87,85	18
	FPÖ-Bauern und Unabhängige	3.150	12,15	2
	SPÖ nicht kandidiert	–	–	–
2003	Tiroler Bauernbund (ÖVP)	19.393	95,17	19
	Die Freiheitlichen Bauern Tirols (FPÖ)	984	4,83	1
	SPÖ nicht kandidiert	–	–	–

* 1946 als »Klein- und Arbeitsbauernbund« gegründet; Vorläufer existieren seit 1924 in Tirol.
** Trat in Tirol um 1954 in Erscheinung.
*** Dieser 1951 gegründete Nachfolger des Landbundes begann seine Arbeit in Tirol 1962.
Quelle: Tiroler Bauern-Zeitung vom 11.5.1950, 7.4.1955, 27.4.1961, 12.4.1973, 12.4.1979, 4.4.1985, 28.3.1991, 20.3.1997, 6.3.2003 (Landwirtschaftliche Blätter).

Die Wahlbeteiligung lag in der Sektion Dienstgeber bei etwas über 60 Prozent und stieg in den folgenden Jahren auf über 70 Prozent an. Ihren Höchststand erreichte sie 1961 mit 83 Prozent. Ursache dafür mag gewesen sein, dass mit dem Antreten anderer politischer Listen dem Bauernbund erstmals Konkurrenz erwachsen war. Erst 1991 gelang es der FPÖ-Liste, ein eigenes Mandat zu erringen. 1997 betrug die Wahlbeteiligung 59 Prozent. Grund dafür war die Erweiterung des Kreises der Wahlberechtigten um die Bäuerinnen und mitarbeitenden Kinder, was gut 16.000 Personen entsprach. Bei den Wahlen 2003 erreichte die Wahlbeteiligung mit 47,6 Prozent einen Tiefststand. Vor allem reine Grundeigentümer, die nicht aktiv einen landwirtschaftlichen Betrieb bewirtschaften, dürften nicht zur Wahl gegangen sein.

2. Tiroler Bauernbund

Im Jahr 1904 wurde auf Betreiben der Christlichsozialen Partei der Tiroler Bauernbund gegründet, eine kirchenunabhängige politische Organisation und Vertretung der Bauernschaft. Die Bauern reagierten damit auf die nicht direkt aus der Bauernschaft heraus entstandenen neuen landwirtschaftlichen Organisationsformen wie Landeskulturrat

Sterzinger Bauerntag 5. Juni 1904 (in der Mitte Josef Schraffl). Die Szene wurde von Albin Egger-Lienz 1907 für den Tiroler Bauernkalender neu gestaltet und 1913 von der Tiroler Bauern-Zeitung übernommen.

oder Bezirksgenossenschaften und schufen sich ihre eigene politische Vertretung mit hoher Mitgliederzahl.[385] Der erste Bauerntag in Sterzing am 5. Juni 1904 (»Sterzinger Bauerntag«) wurde »gegen den massiven propagandistischen Widerstand der Konservativen Partei, des konservativen Teils des Klerus, des konservativ beherrschten Landes-Kulturrates und der ebenso konservativ bestimmten landwirtschaftlichen Genossenschaften«[386] einberufen. Die althergebrachten Ordnungsvorstellungen und Herrschaftsansprüche der Kirche und der katholisch-konservativen Partei trugen maßgebend zur Politisierung des Bauernstandes bei. Der Erfolg des Sterzinger Bauerntages führte am 11. Dezember 1904 zur konstituierenden Versammlung, bei der Josef Schraffl aus Sillian zum ersten Bundesobmann des Tiroler Bauernbundes gewählt wurde.[387] Bis zu seinem Tod im Jahr 1922 behielt er diese Spitzenstellung. In den Statuten wurde als Hauptzweck des Bauernbundes verankert, »[d]ie Lage des Bauernstandes in sittlicher, religiöser, politischer und wirtschaftlicher Hinsicht zu heben und zu kräftigen und die dem Bauernstande und seiner Sesshaftigkeit drohenden Gefahren abzuwehren«.[388] Mit der Positionierung des Bauernbundes als politische Organisation emanzipierte er sich schon bei seiner Gründung von der Christlichsozialen Partei, indem er neben den ihm zugedachten Bereichen Wirtschaft und Kultur auch die politische und soziale Organisierung des gesamten Tiroler Bauernstandes für sich beanspruchte.[389]

Die Bischöfe erlaubten dem niederen Klerus ihrer Diözesen erst 1909, sich aktiv am Bauernbund zu beteiligen. Damit stand dem Bauernbund der »effektivste Agitationsapparat in den Landgemeinden«[390] zur Verfügung. Mit der Umbenennung in »Katholischer Tiroler Bauernbund« im Dezember 1909 war der Bauernbund endgültig zum Sachwalter der bäuerlich-katholischen Tradition in Tirol aufgestiegen. Der Mythos des »heiligen« Landes Tirol wurde durch die gestärkte Verbindung zwischen Bauerntum und Kirche um einen Mosaikstein erweitert. Den zweiten politischen Gegner, die Konservative Partei, holte der Bauernbund durch ein Bündnis ins Boot: Wegen interner Konflikte (wirtschaftliche Probleme der Bauern durch Verschuldung, Steuer- und Militärbelastung, Misstrauen der Bauernschaft gegen jegliche Vereinnahmung durch Parteiinteressen) wurde vor der Landtagswahl 1914 ein Wahlkompromiss mit den Konservativen geschlossen, obwohl die Mehrheit der katholischen Parteien im Landtag (Konservative und Christlichsoziale) nicht gefährdet war. Bei der Wahl erreichte das Bündnis 65 von 96 Mandaten, 30 gingen an die Liberalen und ein Mandat an die Sozialdemokraten. Diese Zweidrittelmehrheit war aber angesichts des kommenden Krieges und der damit verbundenen Auflösung des Tiroler Landtages nichts wert. Nach dem Ersten Weltkrieg schlossen sich die Konservativen und die Christlichsozialen offiziell im »Volksverein« zusammen, der gemeinsam mit dem Bauernbund die »Tiroler Volkspartei« mit Josef Schraffl als erstem Obmann bildete. Bei den Wahlen im Jahr 1919 erhielt die Tiroler Volkspartei 38 von 55 Sitzen im Landtag (erneut eine Zweidrittelmehrheit), die Hälfte davon (19) belegten die Bauernbündler. Die zunehmende politische Bedeutung des Bauernbundes zeigte sich schon vor dem Ersten Weltkrieg in der politischen Besetzung des bisher konservativen Landeskulturrates: Nach Julius von Riccabona-Reichenfels (1882 bis 1900), Alfons von Widmann-Staffelfeld-Ulmburg (1900 bis 1908) und Otto von Guggenberg (1908 bis 1914) übernahm der amtierende Bauernbund-

Bundesobmann Josef Schraffl ab 1914 auch das Präsidentenamt des Landeskulturrates. Bereits nach dem ersten Jahrzehnt seines Bestehens konnte der Tiroler Bauernbund eine beachtliche Machtfülle in sich vereinen und durch die seit den Landtagswahlen 1908 bestehende Mehrheit der christlichsozialen Abgeordneten gemeinsam mit den Bauernbündlern die Agrarpolitik Tirols auf höchster politischer Ebene mitgestalten.

Der Tiroler Bauernbund war mit Beginn der Ersten Republik geschlossen dem Antisemitenbund, zu dessen Obmann Thaler gewählt wurde, beigetreten. In Punkt vier seines 10-Punkte-Programms forderte der Antisemitenbund die Unzulässigkeit des Ankaufes von Grund und Boden sowie Häusern durch Juden mit folgendem Argument: »Es war, wie die Geschichte in Rußland, Polen und Ungarn zeigt, stets die Gepflogenheit der Juden, sich an die Bauernschaft heranzumachen und ihnen Grund und Boden, Haus und Hof nach und nach abzulisten.«[391] Ein weiteres Hauptziel des Antisemitenbundes war die Hinausdrängung der Juden aus dem Vieh- und Holzhandel und die Ausweisung aller in Tirol nicht heimatberechtigten bzw. seit 1914 zugewanderten Juden.[392] Die Abstrusität dieser Forderungen zeigt sich schon daran, dass Karl von Grabmayr bereits 1894 von einem »judenreinen frommen tirolischen Bauernstand«[393] sprach und Jahrzehnte später die nationalsozialistische Arisierung des landwirtschaftlichen Besitzes auch keine nennenswerten Ergebnisse zeigte.[394] Trotz ihrer geringen Zahl waren Juden für den Tiroler Antisemitenbund und damit auch für den Bauernbund unerwünscht, wie ein Artikel in der Tiroler Bauern-Zeitung aus dem Jahr 1919 mit der Überschrift »Juden, hinaus aus Tirol!« zeigt:

»Ihr Juden waret die Schöpfer der gottverfluchten Zentralenwirtschaft, die uns an den Bettelstab und unsere Kinder ins Hungergrab brachten, während Ihr alle Reichtümer der Heimat an Euch gerissen und Euch gemästet habt; Euch Juden verdanken wir die unerschwingliche Höhe der Lebensmittelpreise.«[395]

In Innsbruck hatte sich zwar eine kleine jüdische Gemeinde angesiedelt, aber auf dem Land waren Juden nahezu unbekannt.[396] Obwohl sie in der Tiroler Landwirtschaft keine Rolle spielten, wurde vom Antisemitenbund und vom Bauernbund ein jüdisches Feindbild aufgebaut, die Juden zum Sündenbock für alle denkbaren Missstände gemacht. Der Antisemitenbund verlor mit Besserung der wirtschaftlichen Situation Mitte der Zwanzigerjahre seine Legitimation und wurde 1931 wegen Untätigkeit behördlich aufgelöst. Dennoch erlosch der Funke des Antisemitismus in Tirol nicht und wann immer er politisch opportun wurde, konnte er leicht zu einem Feuer entfacht werden.[397]

1923 übernahm der im Ruhestand befindliche ehemalige Leiter der Gewerbeabteilung in der Tiroler Landesregierung, HR Dr. Oskar von Hohenbruck (1876 bis 1972), die Leitung des Sekretariats des Tiroler Bauernbundes und fungierte bis 1938 als Bauernbunddirektor.[398] Ab 1936 wurde das Amt des Obmanns des Bauernbundes mit dem Amt des Präsidenten der Landwirtschaftskammer (ehemals Landeskulturrat) in der Funktion des »Landesbauernführers« vereint. Dieser war damit Repräsentant des bäuerlichen Berufsstandes in der Landesregierung.[399] Landesbauernführer Johann Obermoser vereinte im selben Jahr den Bauernbund mit dem 1931 gegründeten Tiroler Jungbauernbund und verhinderte damit eine Spaltung des Berufsstandes.[400] Zwischen diesen Gruppen brach ein Streit über die Neubesetzung der Positionen in der Landesbauernkammer und der Landesregierung aus. Im Hintergrund ging es um den schon lange währenden Konflikt zwischen dem »radikalen« Flügel (die junge, nationalistische Bauernbewegung des Tiroler Jungbauernbundes) und dem »gemäßigten« Flügel (Christlichsoziale) des Bauernbundes. Der »gemäßigte« Obermoser kündigte 1935 den Pachtvertrag mit einem Schulungsheim des Jungbauernbundes und löste 1936 das Sekretariat des Jungbauernbundes durch die fristlose Entlassung des vom Bauernbund bezahlten Sekretärs auf. Den Kompromissvorschlag des Jungbauernbundes, durch die Aufnahme der katholischen Burschenvereine den Jungbauernbund zu entschärfen und Obermoser zum Obmann des neuen Bundes zu wählen, nahm der Tiroler Bauernbund an. Damit war die Opposition innerhalb des Bauernbundes lahm gelegt und die politische Einheit des Berufsstandes bis zum »Anschluss« wieder hergestellt.[401]

Nach der »Machtergreifung« begannen die Nationalsozialisten in Tirol sofort mit der Gleichschaltung der bäuerlichen Interessenvertretung sowie der österreichischen Agrarbürokratie. Schon am 12. März 1938 wurden die Spitzen des Tiroler Bauernbundes durch eine Verfügung des künftigen Landesbauernführers Georg Wurm aus ihren Ämtern enthoben. Fünf Tage später folgte die Absetzung aller Bauernräte auf Landes-, Bezirks- und Ortsebene.[402] Für die Nationalsozialisten waren die Bauernfunktionäre »restlos Anhänger des vergangenen Regierungssystems. Die Bauernbünde selbst standen durchweg unter klerikalem Einfluss«.[403] Wegen dieser Einschätzung wurden die Bauernbünde der ehemaligen österreichischen Bundesländer liquidiert und ihre gesammelten Vermögen sollten gleichmäßig an die Gaue verteilt werden. Die einzige Ausnahme bildete der Tiroler Bauernbund, der seine Tätigkeit unter nationalsozialistischer Führung bis Oktober 1938 fortführen konnte. Als Begründung für diese Entscheidung wurden von nationalsozialistischer Seite die »sehr ausgedehnte Rechtsberatung« des Tiroler Bauernbundes, die Landarbeitervermittlung, die Verwachsenheit der Tiroler Bauern mit dem Bauernbund und das »sehr gute Menschenmaterial«[404] angeführt. Der Nationalsozialist Kurt Reinl, der in Goslar schon beim Reichsnährstand arbeitete, als die Nazis in Österreich noch illegal waren, hatte den Bauernbund bald nach dem »Anschluss« übernommen und bis zu dessen Auflösung geführt. Reinl hatte auch die Stelle des Leiters der Abteilung I »Der Mensch« in der Landesbauernschaft Alpenland inne.

Nach der Kapitulation des NS-Regimes wurde sogleich versucht, wieder eine Bauernorganisation auf freiwilliger Vereinsbasis ins Leben zu rufen. Bereits am 17. Mai 1945 reichten Josef Muigg und ÖR Alois Grauß die neuen Satzungen bei der Sicherheitsdirektion des Landes ein, die diese mit 24. September 1945 genehmigte. In jedem Bezirk wurden erneut Bezirksstellen errichtet, die Ortsbauernführer beauftragt, Ortsgruppen aufzubauen. Obwohl der Bezirk Lienz noch nicht wieder dem Land Tirol zugesprochen war, wurde Osttirol in den Tiroler Bauernbund einbezogen. Nachdem sich bis Oktober 1945 fast 20.000 Bauern als Mitglieder gemeldet hatten, wurden für die Zeit vom 21. bis 30. Oktober des Jahres die ersten Wahlen im Bauernbund durchgeführt.[405] Bei der am 30. Oktober 1945 in Innsbruck stattgefundenen Generalversammlung des Bauernbundes ging ÖR Josef Muigg, Bauer und Gastwirt in Steinach, einstimmig aus der geheimen Wahl als Landesbauernbundobmann hervor. Zu seinem ersten Stellvertreter und geschäftsführenden Obmann wurde ÖR Alois Grauß, Bauer und Gastwirt in Rotholz, zum zweiten Stellvertreter Adalbert Scherl, Verwalter in Imst, gewählt.[406]

Über eine eigene Heimstätte verfügte die neue Organisation noch nicht. Das ehemalige Haus des Tiroler Bauernbundes in der Innsbrucker Brixnerstraße war durch einen Bombentreffer zerstört worden und wurde erst zwischen 1951 und 1953 neu errichtet. Zuvor war es durch Verkauf mit 1. September 1939 in den Besitz der Tiroler Bauernsparkasse und 1944 nach deren Zwangsfusionierung in den der Sparkasse Innsbruck übergegangen. Diese stellte das Grundstück gegen Zahlung von 120.000 Schilling an den einstigen Eigentümer zurück. Ein weiteres Rückstellungsgesuch über entzogene Vermögenswerte, insbesondere Bankguthaben, Gelder der Ortsgruppen sowie Inventarverluste, wurde zusammen mit dem Vermögen des Österreichischen Bauernbundes im Bundesministerium für Vermögenssicherung und Wirtschaftsplanung abgehandelt.[407]

Bereits ein Jahr nach Kriegsende überschritt der Tiroler Bauernbund die bisher noch nie erreichte Mitgliederzahl von 35.000. Am 1. Bauerntag, der am 19. März 1946 in Innsbruck stattfand, wurde zudem der historische Bund des Landes von 1796 mit dem »Herz Jesu« erneuert.[408] Zur Stärkung der wiedererrichteten Organisation appellierte der geschäftsführende Obmann besonders an die Heimat- und Gemeinschaftsgefühle der Mitglieder. Als wichtigste inhaltliche Aufgabe galt dem neuen Vorstand die »Heranziehung unserer Jugend«. In diese sollten wieder »Vätersitte und Väterart nach alten katholischen Grundsätzen, Treue und Glaube, Liebe zur Heimat, Ehrfurcht vor Eltern und Vorgesetzten […] hineingepflanzt werden«, auch, um damit die »Wirrungen« der NS-Zeit zu ersetzen.[409]

Dieses starre »Hochhalten« traditioneller Werte mündete im ersten handfesten kulturpolitischen Skandal der Tiroler Nachkriegszeit. Die Art der Figurendarstellung im von Max Weiler zum 150-jährigen Bestehen des Herz-Jesu-Bundes angefertigten Freskenzyklus in der Theresienkirche auf der Hungerburg, insbesondere der durch einen Bauernburschen durchgeführte »Lanzenstoß«, erregte die Gemüter eines Teils der Öffentlichkeit und wurde als Affront gegenüber dem Bauernstand gesehen. Der Künstler, aber auch Bauernbunddirektor Brugger, der in der Tiroler Bauern-Zeitung die Art der Darstellung zu rechtfertigen versucht hatte, wurden wegen Herabwürdigung geklagt; der Prozess durch zwei Instanzen brachte keine Klärung. Letztendlich wurde die Klage aus formalen Gründen abgewiesen. Nachdem Weiler eine Abänderung der Fresken abgelehnt hatte, wurden diese über Jahre hinaus verhängt. Damit war es dem Künstler gelungen, die Fragilität einer auf einem idealisierten Bauerntum beruhenden Tiroler Identität aufzuzeigen.[410]

Am 15. November 1948 wurde im Landeskulturratssaal in Innsbruck unter dem Vorsitz des Bundesobmannes Alois Grauß und in Anwesenheit des Landeshauptmannes von Tirol Dr. Ing. Alfons Weißgatterer die Akademikersektion des Tiroler Bauernbundes ins Leben gerufen. Letzterer fungierte auch als erster Sektionsobmann.[411] Ziel dieser Einrichtung war es einerseits, angehende Akademiker bäuerlicher Herkunft geistig und materiell zu unterstützen, damit sie nach Abschluss ihres Studiums auch weiterhin der Landwirtschaft verbunden bleiben würden, und andererseits ein gewisses Lobbying für den bäuerlichen Stand unter den akademischen Landes- und Bundesbeamten zu betreiben.

Seit 1948 bildet auch die Jungbauernschaft eine satzungsmäßig verankerte Sektion des Bauernbundes. Ihr Obmann fungiert zugleich als zweiter Stellvertreter des Bundesobmanns. Zusammen mit der katholischen Landjugend, dem Landjugendberatungsdienst der Landeslandwirtschaftskammer, den Absolventen der landwirtschaftlichen Landeslehranstalten und dem landwirtschaftlichen Fortbildungsschulwesen wurde von der Jungbauernschaft 1952 das »Landjugendwerk« ins Leben gerufen. Damit sollte ein gemeinsames Arbeitsprogramm zur Betreuung und Fortbildung der Jugend bäuerlicher Herkunft gewährleistet werden.[412]

Der Tiroler Bauernbund verstand sich aber nicht nur als bäuerliche Interessenvertretung, sondern auch als politische Organisation im Rahmen der Österreichischen Volkspartei. Bauernbunddirektor Dr. Anton Brugger hat diese Rolle in einem Beitrag im Tiroler Bauernkalender 1948 folgendermaßen zusammengefasst:

»Der Tiroler Bauernbund hat sich zur Ehrenpflicht und Aufgabe gemacht, im Rahmen der Österreichischen Volkspartei, deren stärkster Bund er ist, seine kulturpolitischen Ziele zu verfolgen, der Volkspartei in Tirol jenes klare Antlitz in kulturell-weltanschaulicher Beziehung zu geben, das dem katholischen Tirolerlande, das unserem christlichen Vaterlande Österreich allein entspricht.«[413]

In den folgenden Jahrzehnten setzte sich der Bauernbund auf Landes- und Bundesebene für die Kandidaten der Volkspartei ein. Auf Gemeindeebene wurden allerdings auch Kooperationen mit anderen Listen eingegangen. Zudem vermochte der Bauernbund auch selbst erfolgreich Kandidaten für politische Wahlgänge aufzustellen. Nach 1945 stellte der Bauernbund über 40 Prozent der Tiroler Mandatare im Landtag sowie im Nationalrat.[414] Allein zwischen 1945 und 1979 kamen aus den Reihen des Tiroler Bauernbundes zwölf Nationalratsabgeordnete, vier Bundesräte sowie 36 Landtagsabgeordnete.[415]

Bei der Wahl zum Nachfolger des Landeshauptmannes und Bauernbundobmannes Alois Grauß 1957 wäre es beinahe zu einer Spaltung des Bundes gekommen. Die Nominierung für den Landeshauptmann stand gemäß einer Vereinbarung der drei ÖVP-Bünde dem Bauernbund zu, der sich für Dr. Hans Tschiggfrey entschied. Als Bauernbundobmann war nach dem Tod von Grauß Johann Obermoser vorgesehen, der aber nicht unumstritten war. Gegen diesen sprach sich etwa Bauernbunddirektor Brugger aus. Als Kompromisskandidat wurde schließlich LR Eduard Wallnöfer zum Obmann gewählt, Obermoser zum Stellvertreter.[416] Der neue Obmann sollte nicht nur die Geschicke des Bauernbundes, sondern bald auch des Landes Tirol über Jahrzehnte maßgebend prägen.[417]

Die Selbstverständlichkeit, mit der der Tiroler Bauernstand nach 1945 politisch im christlichsozialen Lager angesiedelt ist, war zu Beginn des 20. Jahrhunderts keinesfalls so gewiss gewesen. Am politischen Zusammenschluss der Tiroler Bauernschaft 1904 in Sterzing in Form des Tiroler Bauernbundes (TBB), nahmen etwa auch Bauern anderer politischer Gesinnung teil. Der Kleinbauer Hans Filzer (1858 bis 1930) saß für die Tiroler Sozialisten von 1919 bis 1925 als Abgeordneter im Tiroler Landtag.[418] Er war Begründer der Kitzbüheler Sennereigenossenschaft sowie der örtlichen Raiffeisenkasse. Der »rote Bauer« Jakob Blaßnig war für den Tiroler Bauernbund unter anderem Bezirksobmann von Osttirol.[419] Diese Personen mögen nur Einzelfälle gewesen sein, sie zeugen aber davon, dass die »naturwüchsige« Verbindung zwischen der bäuerlichen Bevölkerung und einer bestimmten politischen Verfasstheit einem historischen Prozess unterworfen war.

Neben der Neuerrichtung des Bundeshauses wurde vom Bauernbund 1959 bis 1961 ein eigenes Schülerheim in Innsbruck errichtet. Das Heim dient bis heute vor allem Lehrerstudenten, aber auch von auswärts kommenden Schülern der Höheren Technischen Lehranstalt sowie der Oberstufengymnasien als Unterkunft. Unterstützung bei der Errichtung des Heims erfuhr der Bund dabei von der Akademikersektion und deren »Schülerhilfswerk«. Damit schloss der Bund an eine Tradition der späten Zwischenkriegszeit an, als im so genannten Leopardischlössl 30 Heimplätze geschaffen wurden.[420]

Trotz des Strukturwandels im primären Sektor versuchte der Bauernbund, bei einer deutlichen Abnahme des Anteils der im Agrarbereich situierten Bevölkerung an der Gesamtbevölkerung, seine Mitgliederzahl zu halten. So öffnete sich der Bauernbund 1966 der weiblichen Jugend und den Bäuerinnen. Erstere organisierten sich in der Jungbauernschaft, während letztere fortan in die diversen Bauernräte auf Orts-, Bezirks- sowie Landesebene kooptiert wurden. Die Ortsbäuerin übernahm die Organisation von Kursen und Schulungen. In Gesprächskreisen und Seminaren wurde versucht, die Mehrfachbelastung der Frauen zu thematisieren und das bisherige Rollenverständnis zwischen Mann und Frau auf ein auf Partnerschaft ausgerichtetes zu lenken. Unmittelbar nach Kriegsende hatte im Tiroler Bauernbund noch ein patriarchalisches Rollenverständnis vorgeherrscht. Dieses sah die Frau als »Gehilfin und Beraterin des Mannes« mit einem angeborenen Pflicht- und Verantwortungsbewusstsein an.[421] Folglich wurde ihr der Platz im Haus zugedacht. Diese Vorstellung sollte durch ein eher kameradschaftlich gedachtes Verhältnis, das die Frau als heimliche Seele des Hofes beschwor, ersetzt werden.[422] Die Frau als Mutter hielt der Bauernbund nach wie vor hoch. 1954 war anlässlich des 50-jährigen Jubiläums des Bundes zur Ehrung von Müttern mit zehn und mehr Kindern ein Müttterehrenzeichen mit Urkunde eingeführt worden. Die Verleihung wurde nach einigen Jahren auf Mütter mit sechs oder mehr Kindern ausgedehnt.[423] 1972 öffnete sich der Bauernbund auch für Rentner und Pensionisten sowie für Pendler und Weichende. Diese Öffnung schlug sich 1974 in den neu gefassten Statuten nieder.

Bereits in den Sechzigerjahren war der Bauernbund dazu übergegangen, die Stammmitgliedschaft einzuführen. Der Betriebsinhaber war Stamm-Mitglied, alle seine Familien- oder Betriebsmitglieder gehören damit automatisch dem Tiroler Bauernbund an.[424] Die Politik des Tiroler Bauernbundes in diesen Jahrzehnten war gekennzeichnet durch Lobbying im Lande selbst sowie Kooperationen mit den Nachbarregionen. Durch personelle Kontakte und Verflechtungen in die Politik konnte diese Strategie erfolgreich umgesetzt werden. Enge Verbindungen unterhält der Bauernbund zur Tiroler Landeslandwirtschaftskammer, zum Tiroler Land- und Forstarbeiterbund sowie zum Raiffeisenverband. Zum Tiroler Gemeindeverband, den der Bund 1947 mitbegründet hat, bestehen gute Kontakte. Noch 1995 kamen bei einer Agrarquote von knapp 4 Prozent über ein Viertel der Tiroler Bürgermeister bzw. mehr als ein Viertel der Gemeinderäte aus dem Bauernstand.[425]

Zum Katholischen Familienverband sowie zum Tiroler Volksbildungswerk bestehen enge personelle wie inhaltliche Verknüpfungen. Mit diesen Einrichtungen führt der Bund politische wie allgemeine Bildungsarbeit durch, insbesondere in Form der seit 1953 in Tirol angebotenen Dorfbildungswochen. 1967 wurde im Rahmen des Vereins »Dorfbildung«, seit 1975 »Tiroler Kulturwerk«, jetzt »Tiroler Bildungsforum«, ein Kuratorium für ein »Schöneres Tirol« gegründet, dem Vertreter der Landeslandwirtschaftskammer, der Handelskammer, des Denkmalschutzes sowie des Gemeindeverbandes angehören. Das Kuratorium will durch Begehungen Denkanstöße für eine »schöner und liebenswerter gestaltete Heimat« geben. Jungbauernschaft und Bäuerinnen beteiligen sich mit einem Blumenschmuckwettbewerb an Aktionen dieses Kuratoriums.[426]

Mit dem EU-Beitritt Österreichs hat sich die Lobbyingtätigkeit des Tiroler Bauernbundes stark gewandelt.[427] Als Reaktion auf den Beitritt setzt der Tiroler Bauernbund heute auf drei Initiativen: das aus der Akademikersektion hervorgegangene »Forum Land«, die »Drehscheibe Bauernhof« sowie das »Forum Berggebiete«.[428]

Mit der 2002 nach zwei Jahren Vorlaufzeit offiziell gegründeten »Drehscheibe Bauernhof« sollen die Rahmenbedingungen für die Landwirtschaft verbessert und neue Tätigkeitsfelder, wie zum Beispiel Direktverkauf ab Hof, der Bauer als Energielieferant für Biomasse, bäuerliche Dienstleistungen (Bereitstellung von Gerätschaften für Gemeinden, die selten gebraucht werden) oder Nebengewerbe am Hof, erschlossen werden. Der Bauernbund macht in diesem Zusammenhang Verbesserungsvorschläge, die er politisch umzusetzen versucht, die jedoch von der Landeslandwirtschaftskammer nicht immer angenommen werden.

Seit Ende der Neunzigerjahre existiert das »Forum Berggebiete« mit dem Ziel, die Aktivitäten und Forderungen zur Berglandwirtschaft zu bündeln. Auf europäischer Ebene betrachtet sind die Anteile der Berglandwirtschaft gering. Die Initiative soll die Berggebiete besser positionieren, um Lobbying für diese auf EU-Ebene zu betreiben.

Ein aktueller Schwerpunkt des Bauernbundes besteht in der Zusammenarbeit mit dem Tourismus in Form der »Drehscheibe Bauernhof«. Ziel wäre es, dass Tourismusbetriebe ihren Bedarf an Nahrungsmitteln so weit wie möglich im Ort decken. Es wird auch versucht, Einfluss auf Gastronomiegroßhändler zu üben, damit diese beim Einkauf auf Tiroler Produkte zurückgreifen und so ein funktionierender Kreislauf Landwirtschaft-Tourismus aufgebaut werden kann. Auch im Zusammenhang mit der Erhaltung der Kulturlandschaft wird eine Kooperation mit dem Tourismus angestrebt.

Die Politik des Bauernbundes lässt sich nicht auf eine reine Agrarpolitik reduzieren. Der Bauernbund sieht sich als allgemeiner Vertreter der Grundeigentümer und setzt sich dabei etwa für die Beibehaltung der Besteuerung von Grundstücken nach dem Einheitswert und nicht nach dem Verkehrswert ein. Die Mitgliederzahl liegt seit Jahrzehnten konstant bei etwa 20.000 Personen. In der Akademikersektion, die seit 2002 »Forum Land« heißt, sind mehrere hundert Personen engagiert. Rund 15.000 Mitglieder hat die Jungbauernschaft/Landjugend, die in Tirol beim Bauernbund, nicht wie in anderen Bundesländern bei der Landeslandwirtschaftskammer organisiert ist. In der Jungbauernschaft/Landjugend liegt der nicht bäuerliche Anteil an Mitgliedern heute bei circa 50 Prozent, der Anteil der Jungbauern bei rund 12 Prozent, der Rest sind landwirtschaftliche Arbeiter, Weichende und andere.

Heute bestehen 327 Ortsgruppen des Bauernbundes und 285 Ortsgruppen der Jungbauernschaft/Landjugend. In Zukunft soll die Zahl der Ortsgruppen reduziert und das »Forum Land« auch auf Ortsebene tätig werden. Die persönliche Betreuung durch die Funktionäre soll dabei als Stärke des Bauernbundes erhalten bleiben. Als Informationsquelle für die Mitglieder dient die Tiroler Bauern-Zeitung, die seit drei Jahren innerhalb der »Österreichischen BauernZeitung« erscheint; für Funktionäre gibt es seit 1998 zwei- bis dreimal jährlich ein »Informationsblatt«.[429]

Tabelle 31: Funktionäre im Tiroler Bauernbund seit 1945

Bundesobmänner		Bundesobmannstellvertreter		Bauernbunddirektoren	
Name	Dauer	Name	Dauer	Name	Dauer
Josef Muigg	1945–1948	Alois Grauß	1945–1948	Anton Brugger	1946–1976
Alois Grauß	1948–1957	Angelus Scheiber	1948–1957		
Eduard Wallnöfer	1958–1988	Johann Obermoser	1958–1967	Alois Leitner	1976–1989
		Leonhard Manzl	1967–1979		
		Hans Schweiger	1979–1986		
		Anton Steixner	1986–1988		
Anton Steixner	seit 1988	Benedikt Wallnöfer	1988–2002	Georg Keuschnigg	seit 1989
		Hubert Moosbrugger	seit 2002		

Quelle: diverse Nummern der Tiroler Bauern-Zeitung.

Tabelle 32: Vertreter des Tiroler Bauernbundes als Landeshauptmann* bzw. Landesrat

Landeshauptmann		Landesrat	
Name	Dauer	Name	Dauer
Alfons Weissgatterer	1945–1951	Josef Muigg	1945–1949
		Johann Obermoser	1945–1949
		Hans Tschiggfrey	1949–1957
Alois Grauss	1951–1957	Eduard Wallnöfer	1949–1963
Hans Tschiggfrey	1957–1963	Adolf Troppmaier	1957–1970
Eduard Wallnöfer	1963–1987	Alois Partl	1970–1987
Alois Partl	1987–1993	Ferdinand Eberle	seit 1989

* Die folgenden Landeshauptmänner, Wendelin Weingartner (1993–2002) sowie Herwig van Staa (seit 2002), waren nicht mehr explizite Kandidaten des Tiroler Bauernbundes.
Quelle: diverse Nummern der Tiroler Bauern-Zeitung.

VII. Blick von außen auf die Bauern

Der Bauernstand hat seit jeher eine Projektionsfläche für Romantiker und Naturschützer geboten. Sehen Erstere in diesem ein Stück »gesunder« Urkultur, das im Zeitalter der Industrialisierung unterzugehen droht, so missverstehen Letztere zumeist, dass es sich bei der alpinen »Natur« um eine in Jahrhunderten durch Menschenarbeit gestaltete Kulturlandschaft handelt. »Zurück zur Natur« als Schlagwort verkennt diesen Umstand genauso wie es naiv ist anzunehmen, dass Bauern per se eine größere Affinität zu dieser Umwelt haben müssten.

Noch in der ersten Hälfte des 20. Jahrhunderts wurde von Teilen der Tiroler Bildungsschicht bedauert, dass die bäuerliche Bevölkerung nur wenig Interesse an ihrer kulturellen Herkunft zeige.[430] Dass altes bäuerliches Gebrauchsgut als Antiquitäten ungehindert nach Deutschland gebracht werden konnte, war schon in den 1880er-Jahren Gegenstand von Besorgnis in bürgerlichen Kreisen der Habsburgermonarchie. Intellektuelle und Wissenschafter nahmen sich in Folge verstärkt der Identitätsstiftung der bäuerlichen Welt an. In populärwissenschaftlichen Beiträgen, in Literatur und bildender Kunst wurde so ein Bild der bäuerlichen Bevölkerung Tirols gezeichnet, das kaum der Realität entsprach, aber nichtsdestotrotz Teil des Selbstbildes der bäuerlichen Bevölkerung Tirols wurde. Alljährlich stattfindende Trachtenumzüge und Schützenparaden perpetuieren dieses Bild noch heute. Versatzstücke dieser vermeintlich bäuerlich-alpinen Kultur finden sich in vielen Bereichen der kommerziellen Pop- und Massenkultur. Die Motive zur Entstehung dieses Klischees sind zumeist nur unzureichend beleuchtet worden. Erst wenn sie nicht mehr mit dem bürgerlichen Bild vom Bauern übereinstimmen, werden sie negativ wahrgenommen. Etwa bei bis in die Siebzigerjahre von Vertretern der Tiroler Landesregierung durchgeführten Kontrollen von Heimat- und Tirolerabenden, um »Exzesse und Auswüchse« hintanzuhalten.

Solche Versuche, die bergbäuerliche Kultur in einer klischeehaften Erstarrung zu konservieren, verkennen, dass kulturelle Transformationsprozesse auch in der bäuerlichen Gesellschaft stattfanden: Diese wandelte sich im Laufe des 20. Jahrhunderts unter dem Einfluss moderner Massenmedien, verbesserter Bildungsmöglichkeiten sowie neuer Erwerbskombinationen mit dem sekundären und tertiären Wirtschaftsbereich zu einer zwar ländlich geprägten, aber nicht mehr bäuerlich dominierten Gesellschaft. In diesem Austauschprozess zwischen urbanem und ländlichem Raum ist auch die weitere Existenz des Tiroler Bauerntums angesiedelt. Der Trend geht derzeit einerseits in die Produktion naturbelassener Lebensmittel, andererseits in die Erhaltung einer Kulturlandschaft, die für die »Natur« des alpinen Raumes prägend ist.

Werner Drobesch

GEBIRGSLAND IM SÜDEN

KÄRNTENS LANDWIRTSCHAFT 1918 BIS 1999

I. Bäuerliche Lebensräume

»Es ist kein richtiger Bauer, wer im Bereiche von Fabriksirenen das Brot baut und das liebe Vieh pflegt, und ein richtiger Bauer ist auch nicht, wer die Lokomotive pfeifen oder gar einen Lautsprecher schwätzen hört, wer den Schalter aufdreht, und sein Haus ist hell von plötzlichem Licht, oder es braust der Motor in der Scheune, und in dem und jenem Winkel antwortet seinem dunklen Laut der singende Ton einer kleinen Maschine. […] In der Niederung, in der Nähe von Hast und wildem Wettbewerb, da helfen die unheimlichen Kräfte dem Menschen, sich zu beeilen; doch in die Einschicht, auf den Berg hinauf reichen die Mächte, die aus vielen Höfen den Hausschrat verjagt haben, nicht mehr. Der Bauer hat wunderbar viel Zeit, seine Uhr ist der Himmel, und die ewigen Gestirne messen ihm die Stunden vor, sein Atem mündet in den ruhigen Strom der Jahreszeiten. […] Eine erhabene Ruhe, eine den Empfänglichen und Nachdenklichen befangen machende Zeitlosigkeit, ein Stück der panischen Natur, ein Bruder der Erde, das ist der Bauer, kein Kaufmann, kein Händler; der Boden trägt ihm Früchte, weil er gesät hat, der Himmel schickt ihm Gnade und Unbill, weil dieses winzige Wesen, dieses leidende Atom ihm untertan sein muß, Einsamkeit ist sein Schicksal, in einer für den Uneingeweihten düsteren, für ihn aber selbstverständlichen Entlegenheit muß er dauern, weil auch seine Ahnen hier hausten.«

So stellte sich die bäuerliche Lebenswelt des frühen 20. Jahrhunderts dem literarischen Betrachter dar. Es war dies wohl mehr das Bild einer bäuerlichen Idylle als Abbildung einer Wirklichkeit, zugleich Ausdruck einer Sympathie für das Althergebrachte und die Tradition sowie Skepsis gegenüber den sich im Alltag ankündigenden Vorzeichen einer neuen Zeit, die zögerlich im Agrarland Kärnten Einzug zu halten begann. Wir befinden uns in den letzten Jahrzehnten einer Umbruchszeit: Noch gab es die alte, agrarisch dominierte Arbeits- und Lebenswelt, doch das Ende der traditionellen, über Jahrhunderte gewachsenen Wirtschafts- und Gesellschaftsordnung, die ganz auf die Landwirtschaft orientiert war, kündigte sich bereits an: »Eines Tages werden […] die

[...] törichten Söhne im warmen Holzhaus« frösteln und fortwandern. Zurück werden »die Alten bleiben«, traurig und aussterbend. Es »ist erschütternd zu sehen, wie das Bauernleben aus den freien, freilich auch schärfer umwehten Höhen gegen das Tal hinab flieht und dunkle Ruinen seines kargen, stolzen Glücks hinterläßt. Wenn man so einem flüchtigen Bauernleben einmal auf der Spur ist, dann wird es, wenn es sich nicht schuldbewußt verhüllt, viele Ausreden haben oder wohl auch verstockt schweigen.«[1]

Diese bäuerliche Welt war im »alpinen Drauland« Kärnten, wohin »alle Wege [...] durchs Gebirge« führten,[2] fest in den Raum eingebettet: Landschaft, Boden und Klima bestimmten das ländlich-bäuerliche Leben sowie die landwirtschaftliche Arbeits- und Produktionsweise. Was und wie viel erwirtschaftet wurde, hing zwar nicht ausschließlich, aber doch sehr wesentlich von den Naturbedingungen ab, selbstverständlich auch von der Art und Weise, wie dieser »Raum« genützt wurde. Oft setzten Boden und Klima den bäuerlichen Wünschen Widerstand entgegen. Kärnten war und ist Gebirgsland und als solches ein »morphologisch herausgehobener, selbständiger Ostalpenraum«, welcher »durch seine Beckenform nicht nur eine hydrographische Einheit bildet, sondern auch eine Fülle von Gegebenheiten für Natur und Mensch in sich vereinigt«.[3] Es ist keine reine Bergbauernregion. Zu sehr variiert die Landschaft: Den hohen Gebirgen und steilen Hanglagen Oberkärntens, wo sich der Bauer mit einer raueren Natur konfrontiert sieht, stehen die ebeneren Flächen des Unterkärntner Raumes, auf denen günstigere Boden- und Klimabedingungen die Keimung der Saat erleichtern, gegenüber. Dazwischen liegt das Villacher Feld, welches beide Teile zu einer Einheit verbindet.[4]

Aus dem westöstlich gerichteten, fast parallelen Verlauf der beiderseitigen Wasserscheiden der Drau ergibt sich die Gestalt des Landes in der Form eines Rechteckes von etwa 180 Kilometern Länge und etwa 70 Kilometern größter Breite, dazwischen liegt eine engere Passage von 44 Kilometern. Die Außengrenzen verlaufen fast ausschließlich über Gebirgskämme, seltener über Hänge, Talböden oder Talengen. Die Siedlungs- und Wirtschaftszentren (Ferlach, Klagenfurt, St. Veit/Glan, Friesach im Osten; Arnoldstein, Bleiberg, Paternion, Spittal, Villach im Westen) liegen entlang einer Achse, die Unter- und Oberkärnten trennt, was den beiden Teilen einen relativ eigenständigen Charakter verliehen hat. Für die Gliederung der Oberfläche sind die Längstäler wie das Drau-, Metnitz- oder Lavanttal bestimmend. Quertäler spielen eine untergeordnete Rolle. Die Höhen des Kärntner Talnetzes sind um einiges größer als die der südlichen und östlichen Nachbarländer (Tabelle 1). Inselhaft ragen die Gipfel der Hohen Tauern mit dem Großglockner als höchster Erhebung bis zu 3.800 Meter empor. Vom mittleren Drauzug bis zu den zentralen Gurktaler Alpen liegen die Gipfel unter 2.400, in der Umrahmung des Klagenfurter Beckens unter 2.000 Metern. In den Zentralalpen sinkt die Gipfelflur treppenförmig ab.

Das spiegelt sich in der Höhenlage der Böden wider. In Unterkärnten haben die Flächen zwischen 500 und 1.000 Metern den größten Anteil. Hier befindet sich das Kärntner Becken, mit etwa 1.700 Quadratkilometern die größte Beckenlandschaft des Ostalpenraumes, dessen Ausläufer bis in das Krappfeld und das Lavanttal reichen.

Für die landwirtschaftliche Produktion war bzw. ist neben dem Faktor Boden auch das Klima von großer Bedeutung. Auf der Südseite der Zentralalpen gelegen, ist Kärn-

Tabelle 1: Höhenschichten (unter 500 Meter bis über 2.000 Meter)

Höhenstufen	Oberkärnten	Unterkärnten	Kärnten
unter 500 m	0,2 %	18,3 %	10,0 %
500–1.000 m	22,5 %	42,5 %	33,2 %
1.000–1.500 m	28,8 %	27,8 %	28,3 %
1.500–2.000 m	26,4 %	10,5 %	17,9 %
über 2.000 m	22,0 %	0,9 %	10,6 %
Fläche in km²	4.420	5.115	9.535
Mittlere Höhe in m	1.595	935	1.100

Quelle: Paschinger, Landeskunde 102.

ten ein klimatisches Grenzgebiet. Es gehört mehreren Zonen an, die in ihren Voraussetzungen für eine intensive Landwirtschaft sehr unterschiedlich sind. Pannonisches Klima, Mittelmeerklima und die Übergangszone vom ozeanischen Klima Westeuropas zum kontinentalen Osteuropas überschneiden sich. So erhält das Gebirgsklima, das durch die Höhe und freie Lage bestimmt wird, hier besondere Züge. Die Bedeutung der Hanglage gegenüber Sonnenbestrahlung, Wind und Niederschlag wird dadurch verstärkt, dass sich die meisten Gebirgsketten westöstlich erstrecken, was die Ausbildung von Sonn- und Schattenseiten begünstigt.

Trotz seiner Kleinräumigkeit stellen sich in Kärnten die Temperaturverhältnisse sehr unterschiedlich dar (Tabelle 2). Die mittlere Anzahl von Tagen mit einer bestimmten Temperatur – was für die Vegetationsdauer bedeutsam ist – bestätigt im Fall Kärntens das Bild einer kontinental beeinflussten Muldenlandschaft. Die höheren Randgebiete mit kühlen Sommern und relativ milden Wintern sind vom ozeanischen Klima bestimmt. So betrug 1999 die mittlere Temperatur in Mallnitz im Januar minus 2,5 Grad Celsius, im April 5,6 Grad Celsius, im Juni 12,6 Grad Celsius, im September 12,1 Grad Celsius und im Dezember minus 3,2 Grad Celsius. Anders stellen sich die Lufttemperaturen im Unterkärntner Raum dar. In den Beckenlagen und Tälern sind die Sommer warm, die Winter kalt. In Klagenfurt und Feistritz ob Bleiburg betrug die mittlere Tem-

Tabelle 2: Mittlere Lufttemperatur (in Celsiusgraden) 2002

Monat	Mallnitz	Klagenfurt	St. Michael ob Bleiburg	Weitensfeld
Januar	– 2,5	– 4,4	– 4,0	– 4,8
April	+ 5,6	+10,1	+ 9,4	+ 6,9
Juni	+12,6	+17,6	+16,8	+14,7
September	+12,1	+16,0	+15,6	+13,8
November	– 3,2	– 4,4	– 4,6	– 5,2

Quelle: Statistisches Handbuch Kärnten 1999 1.

peratur im Januar minus 4,4 Grad bzw. minus 4 Grad Celsius und im September 16 Grad bzw. 15,6 Grad Celsius. Es gab allerdings auch Jahrzehnte mit recht unsteten Witterungsabläufen. Zudem zeigte sich in den letzten Jahrzehnten des 20. Jahrhunderts die Tendenz einer geringfügigen Zunahme der Durchschnittstemperaturen.

So unterschiedlich wie die Temperaturen fallen auch die Niederschläge aus. In hohem Maße sind sie vom Relief sowie in ihrer zeitlichen Verteilung von der nördlichen und mediterranen Nachbarschaft abhängig. Die jahreszeitliche Verteilung der Niederschläge verdeutlicht die meteorologischen Gegensätze zwischen dem Norden und dem Süden. Jedes Jahr fallen in den Hohen Tauern große Niederschlagsmengen. Nördlich einer Linie, die aus dem Lienzer Becken dem oberen Drautal und dem Südrand des Klagenfurter Beckens folgt, herrscht das Maximum im Sommer. 1999 kamen die Gegend um den Weißensee und die Villacher Alpen auf eine durchschnittliche Niederschlagsmenge von 1.341 bzw. 1.512 Millimetern.[5] Dagegen zählten das Krappfeld, das Görtschitztal und das Lavanter Becken mit einer Niederschlagsmenge von 600 bis 800 Millimetern zu den trockeneren Gebieten. Aber selbst im Hochgebirge sind die inneren Täler von Möll und Lieser, die durch eine Regenschwelle am Ausgang der Täler isoliert sind, sowie die Umgebung des Millstätter Sees mit 1.000 bis 1.200 Millimetern relativ trocken. Anders stellt sich die Situation im Gail- und im unteren Drautal dar, wo gegen das südlich abschließende Gebirge die Niederschlagsmengen stark ansteigen.

Je weiter man nach Süden kommt, umso mehr tritt das Niederschlagsmaximum im Frühherbst auf. St. Michael ob Bleiburg etwa brachte es im Oktober 2001 auf 180 Millimeter. Dagegen weisen die Ostkarawanken, ihrer Lage entsprechend, mäßige Niederschläge auf, die mittleren und westlichen kommen auf mehr als 2.000 Millimeter und die Karnischen Alpen durchschnittlich sogar auf 2.500 Millimeter. Trotz des kontinental gefärbten Klimas hatte Kärnten nur selten mit Regen- und Trockenperioden von einer für die Landwirtschaft schädlichen Dauer zu kämpfen. Bisweilen passierte es, dass das Frühjahr in den höheren Randgebieten zur Trockenheit neigte. Statistisch gesehen ist für das Klagenfurter Becken nur alle 33 Jahre ein Dürrejahr zu erwarten. In der Regel fällt der Niederschlag in Klagenfurt und seiner Umgebung, wie im Jahre 1999, als 927 Millimeter Niederschlag gemessen wurde, ausreichend aus.[6] Ungeachtet aller Klimaänderungen während eines Jahrhunderts ergibt sich, dass »die mittleren Höhen der Kärntner Berge zu den klimatisch wertvollsten Gebieten Europas« gehören. So sind etwa die mittleren Lagen der Gurktaler und Lavanttaler Alpen durch sonnige, beinahe milde Winter »klimatisch überaus günstig« gelegen[7] und Weitensfeld verzeichnete 1999 eine mittlere Jahrestemperatur von 6,5 Grad Celsius.[8]

Dieses Klima blieb während des 20. Jahrhunderts stabil, sodass die landwirtschaftliche Produktion wenig unter Wetterschwankungen zu leiden hatte, auch wenn es manchmal ein Dürrejahr oder verregnete Wochen gab. Ein knappes halbes Jahr, von Anfang April bis Anfang Oktober, dauert in den Gunstlagen die agrarische Produktionsperiode. In der Regel setzt im frühen März unter der intensiver werdenden Sonneneinstrahlung die Tauperiode ein. Langsam steigen in den ebenen Lagen wie dem Klagenfurter Becken die Temperaturen am Tag auf bis zu zehn Grad Celsius an. Nach den »letzten Winterdrohungen« im späten März beginnt der Bauer im April, die Felder zu bestellen. Obwohl sich im Mai die Luft rasch erwärmt, stellt sich um die Zeit der »Eisheiligen« oft der Spätfrost ein. Manche Baumblüte wird sein Opfer. In der einen oder anderen Gegend ist die Luft noch sehr kalt. Im Rosental etwa fällt die Kirschblüte mit den letzten Schneefeldern in den Karawanken zusammen. Während in den Höhenlagen langsam der Frühling einkehrt, sind in den Niederungen des Kärntner Beckens die Wiesen schon für die erste Mahd bereit. Es ist die Zeit des beginnenden Sommers und des Wachsens der Früchte auf den Feldern. Mit der Getreidereife und dem ersten Frühobst kommen in der zweiten Julihälfte die heißen, gewittrigen, doch meist recht trockenen Wochen, die bis in die zweite Augusthälfte andauern. In den Tälern säen die Bauern für eine zweite Ernte und auf den Almen wird gemäht. Schöne Spätsommertage können der September und Oktober bis zum Einsetzen erster, heftigerer Regenfälle bringen. Der Herbst kündigt sich an. Nebel legt sich oft tagelang über die Täler und lässt keinen Sonnenstrahl hineinfallen. Die Frosttage mehren sich. Es ist die Zeit des herannahenden Winters, der in den Hochlagen im November Einzug hält. Erster Schnee fällt.

Insgesamt sind die bergbäuerlichen Regionen Ober- und Mittelkärntens gegenüber den »Flachbauern« im Kärntner Zentralraum im Nachteil. Zur Hanglage ihrer Wirt-

Ackernde Bergbauern

schaften, die eine Viehhaltung im Freien erschwert und einen intensiven Getreideanbau praktisch unmöglich macht, kommen die kürzeren Vegetationszeiten. Bodenbeschaffenheit, Klima und Niederschläge beeinflussen gleichfalls die Siedlungsverhältnisse. Die hochmittelalterliche Rodungstätigkeit hat die Dauersiedlung in höheren Lagen ermöglicht. Nach der um 1620 einsetzenden Klimaverschlechterung begannen sich die höchsten Siedlungen, etwa im Oberkärntner Raum, wieder aufzulösen. Bis ins 20. Jahrhundert setzte sich diese Höhenflucht fort. Sieht man von wenigen Ausnahmen ab, geht die obere Siedlungsgrenze nicht über die Getreidegrenze hinaus. Diese liegt in den Hohen Tauern am höchsten und erreicht dort sonnseitig über Heiligenblut 1.600 Meter, während sie schattseitig am Talboden verbleibt. Nur etwa ein Viertel der Hohen Tauern ist besiedelt, am schwächsten das Hochalm-Reißeckmassiv. Im Gebiet Sonnblick-Sadnig befindet sich die höchste Siedlung des Landes, die Asten, in 1.755 Metern Höhe. Ein weiterer hoch gelegener Besiedlungspunkt findet sich in dem in den Gurktaler Alpen gelegenen St. Lorenzen (Seehöhe: 1.477 Meter). Auch hier hat das Aufgeben des Getreidebaus zugunsten der Graswirtschaft seit dem Mittelalter zu einem Herabsinken der Dauersiedlungsgrenze auf 1.150 Meter geführt. Lag im Metnitztal einst der höchste Bauernhof in 1.400 Metern Höhe, befand er sich um 1950 bereits in 1.150 Metern Seehöhe. Im übrigen Bereich der westlichen und nördlichen Gebirge Kärntens reicht die Besiedlung bis etwa 1.300 Meter hinauf. Nach Nordwesten und Westen nimmt das unbesiedelte Areal zu. Ebenso sind die Karnischen Alpen aufgrund starker Zerschneidung, Steilheit und Nordauslage der Hänge nahezu unbesiedelt.

Konträr stellt sich die Besiedlung in den Beckenlagen dar. Im Klagenfurter Becken befindet sich die größte Dauersiedlungsfläche. Ein großer Teil kann aufgrund der Bodenbonität und der günstigen Standortbedingungen agrarisch genutzt werden. Im »Entwicklungsprogramm Klagenfurt« wurde dieser 1977 mit etwa 40 Prozent der Gesamtfläche veranschlagt.[9] Vom Klagenfurter Becken gehen die besiedelten Flächen noch bis 1.000 oder 1.100 Meter an den Beckenrändern hoch oder in die Täler hinein. Zu Siedlungsverdichtungen kommt es – bedingt durch die Verkehrslage – um Villach, Klagenfurt, St. Veit/Glan, Völkermarkt und Spittal. Die Masse der Kärntner Bevölkerung lebt in diesen Städten und deren Einzugsräumen.

Auch wenn diese Faktoren (Boden, Klima, Besiedlung) für die Landwirtschaft eine gewisse Rolle spielen, hat sich der Stellenwert der »rauen Natur« für die agrarische Ertragssituation im Vergleich zum 19. Jahrhundert deutlich relativiert. Sicher hatte sich der Bauer auch im 20. Jahrhundert mit den Widerwärtigkeiten der Natur herumzuschlagen, doch es gelang ihm zusehends, die Nachteile der Natur auszugleichen. Ungeachtet dessen resignierten viele, verließen den bäuerlichen Hof und gaben die Landwirtschaft als Lebensgrundlage auf.

II. Auflösung der Agrargesellschaft

Kärnten war und ist ein wenig dicht besiedeltes Land. 1991 ergab sich eine Bevölkerungsdichte von 57 Personen pro Quadratkilometer. Damit lag man deutlich unter dem österreichischen Durchschnitt, was aufgrund der landschaftlich-naturräumlichen Voraussetzungen überrascht. Denn im Vergleich zu den anderen inneralpinen Bundesländern (Vorarlberg, Tirol, Salzburg) weist Kärnten den größten Dauersiedlungsraum – mit einer Bevölkerungsdichte von 225 Einwohnern je Quadratkilometer – auf.[10] Ein Grund für die im Landesdurchschnitt niedrige Dichte findet sich in der naturräumlichen Diskrepanz zwischen dem Unter-, Mittel- und Oberkärntner Raum. Im Mittelkärntner Raum mit dem Klagenfurter Becken befindet sich der Siedlungsschwerpunkt des Landes. Bezogen auf die Katasterfläche war hier die Bevölkerungsdichte (183 Einwohner je Quadratkilometer) 1991 etwa fünfmal so groß wie die des übrigen Kärnten. Im Städtedreieck Klagenfurt – St. Veit/Glan – Villach mit angrenzenden Randzonen lebten auf etwa 37 Prozent der Landesfläche über 58,1 Prozent der Landesbevölkerung. Neben dem Klagenfurter Becken kristallisierten sich in peripheren Räumen noch kleinere Siedlungsschwerpunkte heraus: die Gegend Lurnfeld-Millstätter See, das nördliche Krappfeld sowie das mittlere Lavanttal zwischen Wolfsberg und St. Andrä, wo knapp über 100 Einwohner auf einem Quadratkilometer leben. Dagegen stellt sich die Situation in den inneralpinen Tälern, insbesondere Oberkärntens, völlig anders dar. Diese weisen eine äußerst dünne Besiedlung auf. Das Malta-, Lesach-, Möll- und Liesertal haben eine Bevölkerungsdichte von unter 20 Einwohnern je Quadratkilometer. So wies die Region »Oberes Mölltal« mit circa 8.600 Bewohnern auf rund 600 Quadratkilometern eine Dichte von 14 Einwohnern je Quadratkilometer auf.[11]

Dieser Status quo am Beginn der Neunzigerjahre ist das Ergebnis einer über 100 Jahre langen Entwicklung, während der es zu regionalen sektoralen und strukturellen Bevölkerungsverschiebungen kam: Die bevölkerungsreicheren Gegenden wurden gestärkt und die peripher gelegenen, bevölkerungsschwachen noch mehr entvölkert. Unabhängig von der Neuziehung der Landesgrenze nach 1918 wuchs die Einwohnerzahl Kärntens zwischen 1900 und 1991 mit unterschiedlicher Intensität von 343.500 (1900) bis auf 547.798 Einwohner (1991) an. Die Entwicklung in den Bezirken unterschied sich stark voneinander (Tabelle 3). Nach 1945 wurde Kärnten vom Urbanisierungsprozess erfasst. Nahezu ein Viertel der Bevölkerung lebte 1991 in den beiden Städten Klagenfurt und Villach. Die beiden Statutarstädte verzeichneten zwischen 1951 und 1991 – bedingt auch durch Eingemeindungen im Jahre 1972 – hohe Zuwachsraten in der Bevölkerungszahl: Klagenfurt Stadt plus 42,4 Prozent und Villach Stadt plus 81,7 Prozent. Sie und mit ihnen die »Stadtumlandgemeinden« (1981 bis 1991: Bevölkerungsplus 11,4 Prozent, davon 9,2 Prozent Zuwanderung) profitierten, nachdem die Geburtenbilanz seit 1971 negativ ausfiel, von der Zuwanderung aus den ländlichen, einen Geburtenüberschuss aufweisenden Gegenden.[12] Damals sah sich der ländliche Raum erstmals mit dem Problem der Entvölkerung in größerem Stil konfrontiert. Insbesondere vorwiegend agrarisch strukturierte und durch extreme Randlage gekennzeichnete Gemeinden hatten mit stagnierenden oder abnehmenden Bevölkerungszahlen zu kämp-

Tabelle 3: Wohnbevölkerung nach Bezirken 1900–1991

Jahr	1900	1934	1951	1971	1991
Feldkirchen*	–	–	–	–	28.632
Hermagor	18.179	18.755	20.656	20.722	20.245
Klagenfurt Stadt	24.284	29.671	62.782	74.326	89.415
Klagenfurt Land	66.202	81.047	69.464	80.767	52.874
St. Veit/Glan	53.066	58.100	62.533	60.436	58.850
Spittal	45.258	55.055	68.558	77.752	80.802
Villach Stadt	65.693	23.831	30.066	34.959	54.640
Villach Land		56.086	69.883	76.967	62.956
Völkermarkt	51.216	37.633	40.214	43.027	43.441
Wolfsberg	43.426	44.951	50.609	57.136	56.303
Kärnten	367.324	405.129	474.765	525.728	548.798

* 1900, 1934, 1951 und 1971 bei Klagenfurt Land mitgezählt.
Quelle: Österreichische Statistik, Bd. LXIII, Heft 1 (hg. vom k. k. Statistischen Zentralamt, Wien 1902) Tabelle I; Die Ergebnisse der österreichischen Volkszählung vom 22. März 1934, Heft 8: Kärnten (hg. vom Bundesamt für Statistik, Wien 1935) Tabelle 1; Ergebnisse der Volkszählung vom 1. Juni 1951, Heft 4: Kärnten (hg. vom Österreichischen Statistischen Zentralamt, Wien 1952) [Tabelle 1]; Ergebnisse der Volkszählung vom 12. Mai 1971. Hauptergebnisse für Kärnten (= Beiträge zur Österreichischen Statistik 309/6, hg. vom Österreichischen Statistischen Zentralamt, Wien 1973) Tabelle 2; Volkszählung 1991. Hauptergebnisse II. Kärnten (= Beiträge zur Österreichischen Statistik 1.030/12, hg. vom Österreichischen Statistischen Zentralamt, Wien 1995) Tabelle 1.

fen. Betroffen davon war etwa der schwach besiedelte Bezirk Hermagor; aber auch die übrigen Bezirke – ausgenommen Spittal – lagen mit ihren Wachstumsraten unter dem Landesdurchschnitt (1951 bis 1991: plus 15,4 Prozent). 1991 betrug der Anteil Hermagors an der Kärntner Wohnbevölkerung nur mehr 3,7 Prozent.

Das Bevölkerungswachstum war zum einen das Ergebnis eines Anstiegs der durchschnittlichen Lebenserwartung (vor 1914: Männer 44, Frauen 47 Jahre; um 1990: Männer 73, Frauen 79 Jahre), zum anderen – das gilt nur bis Mitte der Neunzigerjahre – einer positiven Geburtenbilanz.[13] Nach dem »Babyboom« in den ersten zwei Nachkriegsjahrzehnten setzte der kontinuierliche Rückgang der Geburtenrate ein. Der »Pillenknick« erfasste auch Kärnten. 1998 betrug der Geburtenüberhang nur mehr 314 Personen. Geschmälert wurde der Bevölkerungsgewinn durch die Abwanderungen, denn Kärnten war über das gesamte 20. Jahrhundert ein Abwanderungsland:[14] Ausgenommen zwei kurzer Zeiträume (1939 bis 1951 und 1981 bis 1991), überwogen die Abwanderungen den Zuzug. Da die existenzsichernden Voraussetzungen fehlten, konnte nur ein Teil des Bevölkerungszuwachses im Land gehalten werden.[15] Das galt für die Jahre vor 1938 ebenso wie für die Jahre nach 1945. Nur Klagenfurt Stadt und Villach Stadt konnten auf eine positive Wanderungsbilanz verweisen. Die übrigen Bezirke verloren – unterschiedlich stark – einen Teil ihres Geburtenüberschusses durch Abwan-

Tabelle 4: Bevölkerungswachstum, Geburtenbilanz und Wanderungsbewegung 1923–1934

Bezirk	Zunahme		Geburtenüber-schuss bzw. -defizit	Zuwanderung bzw. Abwanderung
	absolut	%		
Hermagor	663	3,6	2.431	−1.768
Klagenfurt Stadt	9.067	23,1	964	8.103
Klagenfurt Land	3.979	6,8	6.593	−2.614
St. Veit/Glan	3.208	5,8	7.604	−4.396
Spittal	4.165	8,1	7.514	−3.349
Villach Stadt	1.732	7,8	−22	1.754
Villach Land	5.261	10,3	7.383	−2.122
Völkermarkt	2.651	7,5	4.500	−1.849
Wolfsberg	3.167	7,5	5.268	−2.101
Kärnten	33.893	9,1	42.235	−8.342

Quelle: Bevölkerungsentwicklung in Kärnten 1869–1949 (hg. vom Amt der Kärntner Landesregierung, Statistik und Wirtschaftsdienst, Klagenfurt 1950) Tabelle 3/1 und Tabelle 13.

derung. Die größten Verluste verzeichneten die agrarisch geprägten Bezirke. Zwischen 1923 und 1934 verlor der Bezirk Hermagor 72,7 Prozent seines Geburtenüberschusses, St. Veit/Glan 57,8 Prozent, Spittal 44,6 Prozent, Völkermarkt 41,1 Prozent, Wolfsberg 39,8 Prozent, Klagenfurt Land 39,6 Prozent und Villach Land 28,8 Prozent. Alle lagen mit ihren Werten über der durchschnittlichen Abwanderungsrate des Landes (19,7 Prozent) (Tabelle 4).

Diese Entwicklung hielt nach 1945 an. Zwar wuchs die Kärntner Bevölkerung weiter an, doch erfasste zugleich die Wanderung vom Land in die Stadt mehr Menschen. So musste das Land beträchtliche Verluste hinnehmen und die Bevölkerung konzentrierte sich auf die wenigen städtischen Zentren.[16] Zuwanderungsgewinne verzeichneten zwischen 1951 und 1961 nur die Bezirke Klagenfurt Stadt und Villach Stadt. Die übrigen Bezirke, vor allem Völkermarkt, Hermagor und St. Veit/Glan, erlitten erhebliche Bevölkerungseinbußen.[17] Besonders betroffen waren Kleingemeinden unter 2.000 Einwohnern in peripher gelegenen Tälern wie dem Lesachtal oder im Raum von den Nockbergen über die Gurktaler Alpen und die Metnitztaler Berge bis hin zur Packalpe mit einem hohen Anteil an agrarischer Bevölkerung. Das Ausscheiden aus der landwirtschaftlichen Berufstätigkeit war gleichbedeutend mit der Abwanderung aus dem Berggebiet. So verzeichnete die Gemeinde Birnbaum im Lesachtal, die bereits zwischen 1951 und 1961 20 Prozent ihrer Bevölkerung durch Abwanderung verloren hatte, zwischen 1961 und 1971 einen Wanderungsverlust von 23,2 Prozent.[18]

Gleichzeitig gewannen die Gebiete entlang der Achsen Drautal, Villach und südlich wie nördlich des Wörthersees bis ins Klagenfurter Becken und Jauntal an Bevölkerung. Geringere Zuwächse verbuchten die industrialisierten Agrargebiete, höhere die Dienstleistungsgebiete und die größeren Städte. Dieser Trend setzte sich, wenn auch nicht mehr mit derselben Einheitlichkeit wie vor 1971, bis in die Neunzigerjahre fort. In den

Beim »Schlossbauer« in Tiffen

ökonomisch auf die Landwirtschaft orientierten Bezirken wurde die Abwanderung schwächer, doch die »typischen« Abwanderungsbezirke wie Hermagor, St. Veit/Glan (Region Gurk- und Metnitztal, Wimitzer Berge), zum Teil Völkermarkt mit den Orten an den Südhängen bzw. Ausläufern der Saualpe und den peripheren Gemeinden im Süden des Landes sowie der neu geschaffene Bezirk Feldkirchen mit einzelnen Randgemeinden (Albeck, Gnesau, Reichenau, St. Urban) konnten den Trend nicht zum Stoppen bringen.[19] 1996 wiesen 69,5 Prozent der Gemeinden einen negativen Binnenwanderungssaldo auf (Tabelle 5). Im Feldkirchner, Hermagorer, St. Veiter und Spittaler Bezirk lag der Anteil der Gemeinden, die einen negativen Binnenwanderungssaldo hatten, über 70 Prozent.

Parallel zur Bevölkerungsbewegung war es im Verlauf des Jahrhunderts zu einem einschneidenden gesellschaftlichen Wandel gekommen. Zur Jahrhundertwende 2000/2001 war die Kärntner Bevölkerung gänzlich anders strukturiert als 100 Jahre davor. Die Verschiebungen der Anteile auf regionaler bzw. Bezirksebene, insbesondere nach 1945, fielen weit reichend aus. An die Stelle der agrarischen, mit feudalistischen »Beimengungen« versehenen Gesellschaftsverfassung war eine spätbürgerliche, sich an kapitalistischen Denkmustern orientierende Gesellschaft getreten,[20] ohne dass die Lebenswelten und -stile einer »peasant society« abgestreift worden wären. Dabei verlief der Auflösungsprozess der traditionellen Agrargesellschaft bis zur Jahrhundertmitte

Tabelle 5: Zahl der Gemeinden mit positivem oder negativem Wanderungssaldo 1996

Bezirk	Zahl der Gemeinden	Anzahl der Gemeinde mit Binnenwanderungssaldo				Binnenwanderungssaldo des Bezirks	
		positiv		negativ		positiv	negativ
		absolut	%	absolut	%		
Feldkirchen	10	2	20,0	8	80,0		x
Hermagor	7	1	14,3	6	85,7		x
Klagenfurt Stadt	1	1	100,0	0	0,0	x	
Klagenfurt Land	19	9	47,4	10	52,6	x	
St. Veit/Glan*	20	5	25,0	14	75,0		x
Spittal*	33	7	21,2	25	78,8		x
Villach Stadt	1	1	100,0	0	0,0	x	
Villach Land	19	7	36,8	12	63,2		x
Völkermarkt*	13	4	30,8	8	69,2		x
Wolfsberg*	8	3	37,5	4	62,5		x
Kärnten	131	40	30,5	87	69,5		x

* Je eine Gemeinde mit einer Nullsumme.
Quelle: Statistisches Handbuch des Landes Kärnten. Zahlen und Daten '97, 43. Jg. (Klagenfurt 1999) 12–14.

gemächlich. Der agrarisch-ländliche Charakter Kärntens hatte sich erhalten. Eine fortschreitende Industrialisierung kam nur in wenigen Gebieten in Gang. Von 1900 bis 1934 verringerte sich der Anteil des primären Sektors an den Berufstätigen lediglich von 67,5 Prozent auf 51,7 Prozent, und der sekundäre (1900: 18,5 Prozent; 1934: 24,7 Prozent) sowie tertiäre Sektor (1900: 13,3 Prozent; 1934: 20,5 Prozent) nahmen geringfügig zu.[21] Selbst um 1950 hatte die Landwirtschaft noch Beschäftigungsquoten, die ihr im österreichischen Vergleich eine Spitzenstellung einräumten. Mehr als ein Drittel der erwerbstätigen Bevölkerung (37,5 Prozent) fand noch immer die Existenzgrundlage im Agrarsektor (Tabelle 6). In den Bezirken Hermagor (51,7 Prozent), Völkermarkt (58,7 Prozent) und Wolfsberg (50,1 Prozent) lag die Beschäftigtenquote sogar noch über 50 Prozent. Erst ab der Jahrhundertmitte verloren Land- und Forstwirtschaft ihre Dominanz.

Der Bedeutungsverfall war dramatisch. Zwischen 1951 und 1971 setzte eine Abwanderungsflut aus der Landwirtschaft ein und Kärnten hörte auf, ein Agrarland zu sein. Der Anteil der in der Landwirtschaft Berufstätigen sank rasch: 1971 zählte man in der Land- und Forstwirtschaft nur mehr 13,4 Prozent aller Berufstätigen. Lediglich zwei Gemeinden, Lesachtal (Bezirk Hermagor) und Diex (Bezirk Völkermarkt), hatten einen Anteil von mehr als 40 Prozent. Auch die Zahl der Gemeinden mit einem 30- bis 40-

Ein Knecht auf dem Heimweg von der Feldarbeit bei St. Lorenzen ob Ebene Reichenau

prozentigen Anteil (Klagenfurt Land: Zell Pfarre; St. Veit/Glan: Metnitz; Spittal: Winklern; Villach Land: Stockenboi; Wolfsberg: Preitenegg) war gering.[22] Innerhalb der Bezirke vergrößerte sich das Gefälle zwischen der im Agrar- und Industrie- bzw. Dienstleistungssektor tätigen Bevölkerung. Über noch relativ homogene agrarische Gebiete verfügten nur mehr die Bezirke Hermagor, St. Veit/Glan, Völkermarkt und Wolfsberg (Tabelle 7). Allerdings entsprach auch hier die Entwicklung dem landesweiten Verlauf. Landesweit betrug der Anteil der im primären Sektor Beschäftigten 1991 14.013, wobei die Bezirke Feldkirchen (918/9,1 Prozent), St. Veit/Glan (2.432/9,6 Prozent), Wolfsberg (2.321/9,6 Prozent), Völkermarkt (1.613/8,5 Prozent) und Spittal (2.201/6,3 Prozent) über dem Landesdurchschnitt von 5,7 Prozent lagen.[23]

Analog zum Bedeutungsverlust des Agrarsektors hatten der sekundäre und tertiäre Sektor an Gewicht gewonnen. Der Beschäftigtenanteil von Industrie und produzierendem Gewerbe war von 18,5 Prozent (1900) auf 34,1 Prozent (1993) angewachsen. Ab der Jahrhundertmitte kann von einer zunehmend industriell geprägten Erwerbsgesellschaft gesprochen werden. Erstmals lebten mehr Menschen von Industrie und Gewerbe als von der Landwirtschaft. 1970 hatte der industriell-gewerbliche Sektor mit einem Anteil von 40,4 Prozent seinen Zenit bereits überschritten. Hinsichtlich der personellen Expansion waren Industrie und Gewerbe an ihre Grenzen gestoßen. Zu diesem Zeitpunkt befand sich der tertiäre Sektor (1971: 44,6 Prozent) bereits auf der Überholspur.

Tabelle 6: Zahl der in der Land- und Forstwirtschaft Beschäftigten 1900–1991 (absolut)

Bezirk	1900	1934	1951	1971	1991
Feldkirchen*	–	–	–	–	918
Hermagor	8.518	4.712	5.042	1.651	774
Klagenfurt Stadt	305	187	1.047	389	660
Klagenfurt Land	26.548	16.752	14.833	4.916	1.395
St. Veit/Glan	20.262	14.250	13.032	4.465	2.432
Spittal	20.975	13.689	13.056	4.614	2.201
Villach Stadt	19.196	458	402	198	391
Villach Land		9.822	9.049	2.678	1.308
Völkermarkt	22.590	11.471	12.036	3.646	1.613
Wolfsberg	20.440	12.534	12.100	4.612	2.321
Kärnten	138.829	83.193	80.597	27.169	14.013

* 1900, 1934, 1951 und 1971 bei Klagenfurt Land mitgezählt.
Quelle: Österreichische Statistik, Bd. LXVI, Heft 5; Kärnten und Krain (hg. vom k. k. Statistischen Zentralamt, Wien 1904) Tabelle I; Ergebnisse der österreichischen Volkszählung 1934, Kärnten, Tabelle 10; Ergebnisse der Volkszählung 1951, Heft 4 [Tabelle 1]; Ergebnisse der Volkszählung 1971, Kärnten, Tabelle 2; Volkszählung 1991, Kärnten, Tabelle 2.

Tabelle 7: Anteil der in der Land- und Forstwirtschaft Beschäftigten 1951–1991 (in Prozent)

Bezirk	1951	1971	1991
Feldkirchen*	–	–	7,3
Hermagor	51,7	22,0	9,1
Klagenfurt Stadt	3,8	1,2	1,5
Klagenfurt Land	46,0	15,7	5,8
St. Veit/Glan	47,0	20,0	9,6
Spittal	42,0	15,7	6,3
Villach Stadt	3,3	1,4	1,6
Villach Land	31,3	9,6	4,9
Völkermarkt	58,7	22,6	8,5
Wolfsberg	50,1	21,7	9,6
Kärnten	37,5	13,4	5,7

* 1951 und 1971 bei Klagenfurt Land mitgezählt.
Quelle: Ergebnisse der Volkszählung 1951, Heft 4 [Tabelle 1]; Ergebnisse der Volkszählung 1971, Kärnten, Tabelle 2; Volkszählung 1991, Kärnten, Tabelle 2.

Kontinuierlich weitete er seinen Anteil aus. 1993 stellte er mit 57,8 Prozent die Mehrheit der Berufstätigen.[24] Kärnten hatte sich von einer Agrar- zu einer Industrie- und Dienstleistungsgesellschaft gewandelt. Hand in Hand damit hatten sich in der Landwirtschaft Betriebsgrößenstruktur, Produktionstechniken und Bewirtschaftungsformen verändert.

III. Bauernland ohne Agrarwirtschaft? Die Struktur- und Produktionskrise bis Anfang der Fünfzigerjahre

Die Jahrzehnte zwischen den beiden Weltkriegen waren für Kärntens Landwirtschaft kein »goldenes Zeitalter«. Das Land war zwar ein »Bauernland«, aber es blieb auch ein Land ohne moderne Agrarwirtschaft. Wenig erfolgreich waren nach der Grundentlastung von 1848 Produktionsweise und Agrarstrukturen »rationalisiert« worden. Die ökonomische Basis für die Bauernschaft hatte sich nicht verbessert.[25] Bis zur Jahrhundertmitte fand kein tief greifender Strukturwandel statt, zumal auch der Industrialisierungsprozess nur langsam voranschritt. Die Sogwirkungen des sekundären Sektors auf die Landwirtschaft blieben gering, die agrarische Entwicklung stand still. Zeitweilig gab es sogar rückläufige Tendenzen, was sich in den agrarstatistischen Daten widerspiegelt.

Landesweit blieb die Zahl der Agrarbetriebe relativ konstant (Tabelle 8), sie nahm sogar leicht zu. Wurden 1902 33.294 Betriebe gezählt, waren es 1951 noch um 405 mehr. Auch auf Bezirksebene gab es kaum Veränderungen. Die Bezirke Klagenfurt Land und Villach Land, auf die sich mehr als ein Drittel der gesamten Kärntner Bauernwirtschaften verteilte, behaupteten ihre Spitzenposition. Vice versa bildete der Bezirk Hermagor all die Jahre hindurch das Schlusslicht. Die Konstanz in der Zahl der Betriebe fand in der Größenstruktur ein Äquivalent. Als Folge der politisch wie ökonomisch forcierten Aufwertung der kleinen und mittleren Besitzgrößen seitens des Staates perpetuierte sich die bereits vor 1918 gegebene Größenstruktur. Jene Größenverhältnisse, wie sie im ausgehenden Jahrhundert für die Kärntner Landwirtschaft so charakteristisch gewesen waren, änderten sich nicht. Bereits antiquierte Strukturen verfestigten sich, der notwendige Konzentrationsprozess blieb aus – im Gegenteil: Neue Kleinbetriebe entstanden. Das hatte nachhaltige Auswirkungen. Kärnten blieb ein Land der Zwerg- (0,5–2 Hektar) und kleinbäuerlichen (2–6 Hektar) Betriebe. 1951 hatten diese noch immer einen Anteil von 38,9 Prozent an der Gesamtzahl der Betriebe (1902: 38,6 Prozent). Von einem Trend zur Verringerung der kleinbetrieblichen Struktur war keine Rede. Ebenso unverändert blieb der Anteil der mittelbäuerlichen Betriebe (5–20 Hektar). Auf sie entfiel prozentuell etwa ein Drittel (1902: 32,7 Prozent; 1951: 33,5 Prozent).[26] Marginal war die Zahl größerer bäuerlicher Landgüter (20 bis 100 Hektar und mehr als 100 Hektar) (Tabelle 9).

Die Betriebsgrößenstruktur zeigt, in welchem Maße die einzelnen Bezirke und Produktionszonen von den kleineren Betrieben geprägt waren. Dabei gab es regionale Unterschiede. Auch innerhalb eines Bezirkes war das Gefälle zwischen der Zahl der Zwerg- und Großbetriebe, insbesondere im Bezirk St. Veit/Glan, wo im Jahre 1951 23,7 Prozent Zwergbetrieben und 15,8 Prozent kleinbäuerlichen Unternehmen 7 Prozent Großbetriebe gegenüberstanden, erheblich. Nirgendwo in Kärnten gab es einen so hohen Anteil von Zwerg- und Großbetrieben wie hier. Auch in den übrigen Bezirken spielten die bäuerlichen Großbetriebe, die sich meist auf die Forstwirtschaft als wirtschaftliche Lebensader stützten, keine nennenswerte Rolle. Ihr Anteil lag bei etwa 2 Prozent.

Das Gros der Betriebe nutzte den Boden sowohl land- als auch forstwirtschaftlich. Das ausschließlich forstwirtschaftlich oder ausschließlich auf die Vieh- und Pflanzenproduktion ausgerichtete Bauerngut war wenig verbreitet. Die Mehrzahl der Betriebe setzte auf Mischformen wie etwa auf die Vieh- und Getreideproduktion als Einkommensquelle. Für das bäuerliche Einkommen spielte der Wald eine untergeordnete Rolle. Seine Funktion bestand speziell für das Kleinbauerntum darin, für ein Zusatzeinkommen zu sorgen. Die mit dem Forst verbundenen Nebenerwerbsmöglichkeiten wie die Köhlerei verschwanden oder wurden eingeschränkt. Die Zahl der reinen Forstbetriebe blieb klein. 1930 zählte man 308 ausschließlich auf die Waldwirtschaft orientierte Betriebe. Auf diese entfiel eine Gesamtfläche von 23.999 Hektar, davon mehr als die Hälfte (14.460 Hektar) auf nur vier Unternehmen. Trotz der wenigen Forstbetriebe war Kärnten ein Waldland. Denn ein großer Teil der Betriebsfläche wurde auch forstwirtschaftlich genutzt. 1902 bearbeiteten 22.236 Betriebe mit mehr als 20 Prozent landwirtschaftlich genutzter Fläche auch eine Waldfläche von 684.358 Hektar.[27] Insbesondere in den waldreichen Bezirken Völkermarkt (1939: 51,8 Prozent forstwirtschaftliche Fläche) und Villach Land (1939: 52,9 Prozent forstwirtschaftliche Fläche), wo es Gemeinden, deren Fläche zu mehr als 50 Prozent mit Wald bedeckt war, gab, überwog die forstwirtschaftliche Nutzung. In den übrigen Bezirken war die Nutzung mit einem Verhältnis von zumindest eins zu eins nahezu ausgeglichen (Tabelle 10). Als 1932 die österreichischen Holzlieferungen nach Italien auf 100.000 Waggons sanken, reduzierte sich dieses bäuerliche Zusatzeinkommen. Mit dem zeitgleich einsetzenden Preisverfall bei Holz ergab das für das bäuerliche Einkommen eine schlimme Situation,[28] zumal auch die Getreide- und Viehproduktion keine Gewinne abwarf.

Getreideproduktion und Viehzucht bildeten den Grundstock für das bäuerliche Einkommen. Beide entwickelten sich während des problem- und krisenreichen Dezenniums der Zwanzigerjahre wenig weiter. Die Förderungsmaßnahmen seitens der staatlichen und Landesstellen brachten mäßige Erfolge. Sie verhinderten nur Schlimmeres. Weitreichende Innovationsimpulse fehlten. Trotz diversester Verbesserungen im Anbau oder in der Landtechnik dümpelte die Produktion dahin. Unbestritten besaß der Getreideanbau, auch wenn die Anbauflächen rückläufig waren, noch immer den Vorrang. Das Zentrum befand sich im fruchtbaren Kärntner Becken, auf das sich nahezu die Hälfte des Ackerlandes konzentrierte. Allerdings war auch hier – 1930 gab es um 21,3 Prozent weniger Ackerland – die Tendenz rückläufig (Tabelle 11). Auf Landesebene wa-

Tabelle 8: Zahl der Betriebe 1902–1951

Bezirk	1902	1930	1939*	1951
Feldkirchen**	–	–	–	1.921
Hermagor	2.697	2.603	2.827	2.842
Klagenfurt Stadt	85	309	445	420
Klagenfurt Land	6.047	6.087	6.210	4.382
St. Veit/Glan	3.884	3.896	3.951	4.000
Spittal	5.821	5.125	5.950	5.922
Villach Stadt	6.155	5.460	350	320
Villach Land			5.891	5.553
Völkermarkt	4.853	3.812	4.358	4.389
Wolfsberg	3.752	3.625	4.147	3.950
Kärnten	33.294	30.917	34.129	33.699

* abzüglich des Gaues Lienz, der während der NS-Zeit zu Kärnten gehörte.
** 1902, 1930 und 1939 bei Klagenfurt Land mitgezählt.
Quelle: Ergebnisse der landwirtschaftlichen Betriebszählung vom 3. Juni 1902 in den im Reichsrathe vertretenen Königreichen und Ländern. Bezirksübersichten für Kärnten, Krain, Triest und Gebiet, Görz und Gradiska, Istrien, Dalmatien, Tirol und Vorarlberg (= Österreichische Statistik LXXXIII, 3. Heft, Wien 1908) Tabelle I; Landwirtschaftliche Betriebszählung in der Republik Österreich vom 14. Juni 1930. Ergebnisse für Kärnten (hg. vom Bundesamt für Statistik, Wien 1932) Tabelle 1: Besitzverhältnisse und Kulturgattungen der land- und forstwirtschaftlichen Betriebe 10 f.; Statistische Übersichten für den Reichsgau Kärnten (hg. vom Statistischen Amt für die Reichsgaue der Ostmark, Wien 1941), B: Wirtschaft, I. Land- und Forstwirtschaft, Tabelle 2; Die land- und forstwirtschaftlichen Betriebe Österreichs gegliedert nach Größenklassen und Produktionsbetrieben (Land- und forstwirtschaftliche Betriebszählung 1951) (= Beiträge zur Österreichischen Statistik 7, Wien 1951) 5.

Tabelle 9: Größengliederung der land- und forstwirtschaftlichen Betriebe nach der Gesamtfläche (in Hektar) 1902/1930/1951

Bezirk	1902				
	unter 2 ha	2–5 ha	5–20 ha	20–100 ha	über 100 ha
Feldkirchen*	–	–	–	–	–
Hermagor	622	493	1.066	456	60
Klagenfurt Stadt	34	17	29	5	0
Klagenfurt Land	1.176	1.076	2.180	1.472	143
St. Veit/Glan	981	525	774	1.338	266
Spittal	1.196	962	1.876	1.438	349
Villach	1.833	1.187	1.970	1.074	91
Völkermarkt	840	744	1.712	1.433	124
Wolfsberg	643	614	1.284	1.713	62
Kärnten	7.325	5.618	10.891	8.929	1.095

Bezirk	1930				
	unter 2 ha	2–10 ha	10–20 ha	20–100 ha	über 100 ha
Feldkirchen*	–	–	–	–	–
Hermagor	318	761	568	877	79
Klagenfurt Stadt	10	13	2	2	1
Klagenfurt Land	1.199	2.100	1.224	1.420	144
St. Veit/Glan	1.085	881	428	1.201	301
Spittal	845	1.585	821	1.500	401
Villach	1.453	1.880	978	1.047	102
Völkermarkt	495	1.294	863	1.096	64
Wolfsberg	565	1.131	787	1.076	66
Kärnten	5.970	9.645	5.671	8.219	1.158

Bezirk	1951				
	unter 2 ha	2–5 ha	5–20 ha	20–100 ha	über 100 ha
Feldkirchen	426	323	560	500	112
Hermagor	458	485	1.198	599	102
Klagenfurt Stadt	148	105	119	38	10
Klagenfurt Land	826	850	1.749	919	38
St. Veit/Glan	948	632	853	1.286	281
Spittal	1.019	1.004	1.886	1.599	414
Villach Stadt	122	76	90	23	9
Villach Land	1.383	1.124	1.869	1.076	101
Völkermarkt	803	811	1.613	1.095	67
Wolfsberg	666	806	1.341	1.061	76
Kärnten	6.799	6.216	11.278	8.196	1.210

* Bei Klagenfurt Land mitgezählt.
Quelle: Landwirtschaftliche Betriebszählung 1902, Tabelle I; Landwirtschaftliche Betriebszählung 1930, Tabelle 6; Land- und forstwirtschaftliche Betriebe 1951, Tabelle: Anzahl der land- und forstwirtschaftlichen Betriebe Österreichs nach Größenklassen und politischen Bezirken.

ren die Anbauflächen für einzelne Getreidesorten auf einen Tiefststand geschrumpft: für Hafer von 25.399 Hektar (1916) auf 18.663 Hektar (1931), für Weizen auf 8.800 Hektar (1931), für Roggen auf 19.655 Hektar (1928) und für Gerste auf 9.299 Hektar (1931). Erst nach 1930 erfolgte eine Ausweitung der Ackerflächen (Tabelle 12). Jetzt näherte man sich wieder den Vorkriegswerten. Bei Weizen war dieser 1933 mit 13.925 Hektar erreicht.[29]

Wie die Anbauflächen hinkten auch die Produktionsmengen den Werten vor dem

Eine kleinbäuerliche Familie mit Jägern vor ihrem Hof in den Karawanken

Weltkrieg hinterher. Die Fortschritte im ersten Nachkriegsjahrzehnt bestanden im Wesentlichen darin, dass sich die Getreideproduktion auf das Niveau vor 1914 einpendelte. Mit der seitens des Landeskulturrates propagierten Einführung neuer Getreide-

Tabelle 10: Betriebsfläche (in Hektar) nach der Hauptnutzung 1939

Bezirk (Kreis)	Betriebsfläche			
	gesamt	landwirt-schaftlich	forstwirt-schaftlich	unproduktiv
		genutzt		
Hermagor	75.612	34.224	33.586	7.802
Klagenfurt Stadt	7.168	2.689	3.847	632
Klagenfurt Land	132.490	64.571	60.265	7.654
St. Veit/Glan	139.890	67.518	69.759	2.613
Spittal	262.244	133.937	90.684	37.623
Villach Stadt	3.528	1.165	2.264	99
Villach Land	99.129	41.716	52.407	5.006
Völkermarkt	87.117	39.949	45.162	2.006
Wolfsberg	95.886	49.213	45.117	1.556
Kärnten	903.064	434.982	403.091	64.991

Quelle: Statistische Übersichten Reichsgau Kärnten, Tabelle 4.

Tabelle 11: Ackerland (in Hektar) 1902/1930/1939

Bezirk	1902	1930	1939
Hermagor	k. A.	4.191	4.523
Klagenfurt Stadt und Land	k. A.	23.376	23.750
St. Veit/Glan	k. A.	21.362	23.361
Spittal	k. A.	14.151	14.269
Villach Stadt und Land	k. A.	12.907	13.424
Völkermarkt	k. A.	18.918	19.430
Wolfsberg	k. A.	14.961	17.436
Kärnten	139.569	109.866	116.193

k.A. = keine Angabe
Quelle: Statistisches Jahrbuch des k. k. Ackerbau-Ministeriums für das Jahr 1902, Heft 1: Statistik der Ernte des Jahres 1902 (Wien 1903) Tabelle IV: Kärnten; Landwirtschaftliche Betriebszählung 1930, Tabelle 2; Die land- und forstwirtschaftlichen Betriebe im Reichsgau Kärnten nach den Ergebnissen der im Deutschen Reich am 17. Mai 1939 durchgeführten landwirtschaftlichen Betriebszählung (hg. vom Statistischen Amt für die Reichsgaue der Ostmark, Wien 1941) Tabelle 11.

sorten sowie mit Hilfe der »Saatgetreideabgabe« steigerten sich die Erträge: zuerst bei Gerste (1928: 14,4 Zentner pro Hektar) und bei Mais (1930: 20,1 Zentner pro Hektar), bald darauf auch bei Weizen (1929: 13,1 Zentner pro Hektar) und Roggen (1932: 13 Zentner pro Hektar). Lediglich bei Kartoffeln konnte – allerdings aufgrund einer geringen Ausgangsbasis vor 1914 – 1929 mit 190 Zentnern pro Hektar die Vorkriegsproduktion verdoppelt werden. Und auch die Runkelrübe erreichte im selben Jahr mit 465,9 Zentnern pro Hektar einen Spitzenwert.[30] Auf diesem Niveau pendelte sich die Produktion in den folgenden Jahren ein. Bis 1940 schnellte sie in die Höhe. So betrug 1939 der Ertrag bei Roggen auf einem Hektar 13,7 Zentner (1902: 8,2 Zentner), bei Weizen 14,6 Zentner (1902: 8,9 Zentner), bei Gerste 16,2 Zentner (1902: 10 Zentner), bei Hafer 14,4 Zentner (1902: 8,3 Zentner) und bei Kartoffeln 159 Zentner.[31]

Die Viehwirtschaft schlitterte in den Nachkriegsjahren in eine veritable Produktions- und Absatzkrise. Daran konnte auch der Ausbau des Genossenschaftswesens, insbesondere der Viehzuchtgenossenschaften in Friesach für das Mittelkärntner Blondviehgebiet und in Möllbrücke für das oberkärntnerische Pinzgauer Zuchtgebiet, nichts ändern. Andere Maßnahmen seitens des Landeskulturrates, etwa Stallverbesserungsaktionen, eine eigene Zuchtstierhaltung, eine sachgemäße Zuchtwahl, eine geordnete Zuchtbuchführung oder Anmästungs- und Zuchtviehfutteraktionen, fruchteten kaum.[32] Wie im Getreideanbau konnten auch in der Viehwirtschaft die Einbußen der Weltkriegsjahre nur langsam kompensiert und die Vorkriegswerte wieder erreicht werden.

Im Vergleich zu anderen Bundesländern schnitt Kärntens Viehwirtschaft »sehr ungünstig« ab. Schaf wie Ziege, die »Kuh des kleinen Mannes«, waren – sieht man von den Gebirgsgegenden Oberkärntens ab – aus vielen Bauernwirtschaften verschwunden. Ihre Zucht lohnte sich nicht mehr. Dramatischer als die sinkende Zahl von Schafen und Ziegen, weil für die bäuerlichen Einkommen existenziell wichtig, war der quantitative

Tabelle 12: Getreideanbaufläche (in Hektar) 1902/1930

Bezirk	1902				
	Weizen	Roggen	Gerste	Hafer	Mais
Hermagor	446	1.028	487	491	841
Klagenfurt Stadt und Land	2.167	8.005	2.005	5.636	1.553
St. Veit/Glan	3.057	8.580	1.825	6.653	889
Spittal	1.909	4.185	1.984	2.368	675
Villach Stadt und Land	1.412	4.389	1.597	2.706	1.279
Völkermarkt	2.180	7.390	1.579	4.768	1.726
Wolfsberg	4.233	5.026	701	3.329	818
Kärnten	15.404	38.603	10.178	25.951	7.781

Bezirk	1930				
	Weizen	Roggen	Gerste	Hafer	Mais
Hermagor	237	408	302	307	465
Klagenfurt Stadt und Land	1.728	5.023	1.640	1.348	1.166
St. Veit/Glan	1.598	4.105	1.285	4.542	90
Spittal	887	1.524	1.420	1.208	474
Villach Stadt und Land	745	1.817	1.195	1.401	1.100
Völkermarkt	1.953	4.060	1.085	2.708	336
Wolfsberg	2.432	2.848	497	2.742	163
Kärnten	9.580	19.785	7.424	16.256	3.794

Quelle: Statistisches Jahrbuch Ackerbau-Ministerium 1902, Heft 1, Tabelle IV: Kärnten; Landwirtschaftliche Betriebszählung 1930, Tabelle 2: Ackerland und Fruchtgattungen sowie Obstbäume der land- und forstwirtschaftlichen Betriebe 16.

Abfall bei Rindern. 1940 zählte man um 91.989 Stück weniger als 1902 (Tabelle 13). Schwerer als der zahlenmäßige Rückgang wog aber der Wertverlust infolge des Preisverfalles.[33] Binnen eines Jahrzehnts war der Preis für Rind- und Schweinefleisch drastisch zurückgegangen. Hatte der Bauer für ein Kilogramm Rind 1925 noch 1,25 Schilling erhalten, bezahlte man ihm neun Jahre später nur mehr 80 Groschen.[34] Dieser Malaise versuchte so mancher Bauer durch eine Produktionsumstellung zu entgehen. An Stelle des Fleisch- und Arbeitsviehs forcierte er Milchvieh. Die Milchwirtschaft, die in Kärnten vor 1914 eine untergeordnete Rolle gespielt hatte, gewann im Mittel- und Unterkärntner Raum um 1930 an Bedeutung. Allerdings wurden »von der jährlichen Milchproduktion Kärntens, die mit rund 150 Millionen Liter angenommen werden kann, [...] etwa 75 Prozent im Eigenbetrieb der Produzenten verwertet, während nur der Rest von etwa 35 Millionen Litern zum Verkauf« gelangte.[35] Man war erst dabei, ein Vertriebsnetz aufzubauen. Dagegen hielten die »verkehrsentlegenen und gebirgigen

Tabelle 13: Nutztiere 1902/1930/1939

Bezirk	Pferde			Rinder		
	1902	1930	1939	1902	1930	1939*
Hermagor	2.877	2.410	2.370	15.754	13.183	6.683
Klagenfurt Stadt	89	30	5.659	277	75	17.708
Klagenfurt Land	6.902	6.242		41.368	33.489	
St. Veit/Glan	4.293	4.106	4.405	44.598	36.257	13.896
Spittal	3.880	4.103	3.893	44.696	35.635	16.820
Villach	3.398	3.824	3.384	31.041	22.743	12.848
Völkermarkt	3.462	3.344	2.637	31.589	20.023	11.062
Wolfsberg	2.846	2.708	2.347	34.021	24.223	10.937
Kärnten	27.747	26.767	24.695	243.344	185.628	89.954 (151.355)**

Bezirk	Schafe			Schweine		
	1902	1930	1939	1902	1930	1939
Hermagor	6.327	5.259	6.623	4.190	6.325	8.134
Klagenfurt Stadt	1	0	7.945	651	224	46.886
Klagenfurt Land	12.164	6.245		36.638	34.445	
St. Veit/Glan	12.389	3.698	6.260	33.391	32.619	44.193
Spittal	28.132	23.058	28.766	14.798	16.805	24.654
Villach	14.159	7.159	9.220	18.788	18.610	25.857
Völkermarkt	21.430	5.363	7.757	28.576	25.510	34.866
Wolfsberg	11.606	4.299	5.582	27.163	26.782	37.781
Kärnten	106.208	55.081	72.153	164.195	161.320	222.371

* Nur Kühe
** Rinder gesamt
Quelle: Landwirtschaftlichen Betriebszählung 1902, Tabelle XV; Landwirtschaftliche Betriebszählung 1930, Tabelle 4; Statistische Übersichten Reichsgau Kärnten, B: Wirtschaft, 1. Landwirtschaft, Tabelle 16.

Teile Oberkärntens […] infolge der klimatischen, der Besitzverhältnisse und der ungünstigen Transportbedingungen« an der Viehzucht fest. Wie sich die Rinderzahl verringerte, ging in diesem Zeitraum auch die Pferdezahl, und zwar um 11 Prozent, zurück. Das hatte nur bedingt mit einer voranschreitenden Technisierung des Arbeitsablaufes zu tun. Die Pferde gehörten noch immer zu einer unverzichtbaren Betriebsausstattung. Sie dienten als Zugtier bei Arbeiten auf dem Feld, beim Transport und bei Waldarbeiten.

Zuwachsraten wies nur die Schweinezucht, die um die Jahrhundertwende den heimischen Bedarf nicht vollends decken konnte,[36] auf. Gezielt wurde sie gefördert und intensiviert, was sich in den Stückzahlen niederschlug. 1939 gab es um 35,4 Prozent mehr

Schweine als 1902. Zeitweilig erwirtschaftete man sogar Überschüsse. Für die Verwertung sorgten die Zuchtgenossenschaften. Innerhalb weniger Jahrzehnte machten sie aus dem einstigen Importland für Schweine ein Exportland. Der finanzielle Gewinn hielt sich aber in Grenzen, denn stärker noch als der Rinderpreis war der Schweinepreis gefallen. Für ein Kilogramm geschlachtetes Schweinefleisch wurden 1934 nur mehr 1,25 Schilling gezahlt. 1925 waren es noch 2,65 Schilling gewesen.[37] Alles in allem war Kärnten in der Viehhaltung, wie 1936 von politisch verantwortlicher Stelle treffend diagnostiziert wurde, »in den letzten zehn Jahren im Verhältnisse zu anderen Ländern […] um einige Millionen Schilling verarmt«.[38] Daran konnte das im Aufbau begriffene Genossenschaftswesen wenig ändern. 189 Raiffeisenkassen und 124 Wirtschaftsgenossenschaften sorgten wohl für günstigen Einkauf von Futtermitteln, Maschinen oder Kunstdünger sowie für die entsprechende Vermarktung der Produkte. Die Produktions- und Absatzkrise der Kärntner Landwirtschaft konnten sie jedoch nicht verhindern.

Kärntens Agrarier konnten in der ersten Jahrhunderthälfte auf keine Erfolgsbilanz verweisen. Die Produktion diente primär der Eigenversorgung. Das im späten 19. Jahrhundert von Cosmas Schütz propagierte, in die Zukunft weisende Prinzip, die Landwirtschaft sei ein auf gesundem Menschenverstand beruhendes Gewerbe kaufmännischer Natur, wurde obsolet. Denn – so die Argumentation der »Subsistenzler« – durch eine rein wirtschaftliche Lebensauffassung werde dem altbäuerlichen Leben der To-

Bergbauerngehöft bei Luggau im Lesachtal

desstoß versetzt.³⁹ Tatsächlich drohte vielen Bauernhöfen der Todesstoß. Um 1930 hatte der nach 1918 einsetzende Niedergang einen ersten Höhepunkt erreicht. Verantwortlich dafür wurde zum einen die zollbegünstigte Einfuhr argentinischen Roggens bzw. überseeischen und jugoslawischen Weizens, zum anderen der ins Stocken geratene Viehhandel mit Deutschland und Italien gemacht.⁴⁰ Das waren nicht nur Folgen handelspolitischer Maßnahmen, sondern auch Indizien einer mangelnden Konkurrenzfähigkeit der Kärntner Agrarprodukte. Die Produktion war zu teuer und die Produktivität schlecht. Durch den Preisabfall auf dem Agrarmarkt sank das Einkommen der Agrarproduzenten. Viele Bauernhöfe, insbesondere im Gebirge, arbeiteten unrentabel und mit Verlusten. Die »Hörndlbauern«, deren Haupteinnahmequelle, die Vieh- und Holzwirtschaft, versiegte, waren nicht imstande, ihre Produktion auf »Körndln« umzustellen und so die Rentabilität ihres Hofes zu verbessern.⁴¹ Sie gerieten in eine existenzielle Krise und überschuldeten sich. »Erschreckend« war die »Not der Gebirgsbauern, die mit besonders ungünstigen [...] Produktionsbedingungen zu kämpfen« hatten, hielt der Landeskulturrat anlässlich der Vollversammlung 1926 fest. Es gab »Bauernfamilien, die nicht mehr als 20 Schilling Barvermögen ihr eigen« nennen konnten.⁴²

Die Krise hatte sich bereits um 1925 abgezeichnet, als der Schuldenstand der landwirtschaftlichen Betriebe explodiert war. Im Durchschnitt der Jahre 1926 bis 1929 »deckte das in der Landwirtschaft erzielte Einkommen den [...] Verbrauch der Bauernfamilien zu nur 95,2 Prozent. [...] Der Schuldenstand erhöhte sich um 31, die bereits stark fühlbare Schuldenzinslast um rund 27 Prozent.«⁴³ Und die Schuldenlast stieg weiter an. Betrug die Verschuldung pro Betrieb 1926 noch 4.342 Schilling im Mittel, stieg dieser Wert 1929 auf 5.768 Schilling an, war also um 32,8 Prozent höher als vier Jahre zuvor.⁴⁴ Staatliche Entschuldungsaktionen wie jene der Jahre 1934 und 1935 waren nur ein Tropfen auf dem heißen Stein. In zwei Jahren flossen im Rahmen der »Bergbauernhilfe« 2.897.770 Schilling – das waren 13 Prozent der gesamten österreichischen Hilfsmittel – für wirtschaftsverbessernde Maßnahmen und zur »Besitzfestigung« nach Kärnten.⁴⁵ Die staatliche Unterstützung musste – wie von amtlicher Stelle in realistischer Einschätzung der Sachlage diagnostiziert wurde – aber »eine zeitlich beschränkte bleiben, wenn es nicht gelingt, ehestens die Anbahnung eines günstigeren Verhältnisses der Preise landwirtschaftlicher Produkte zu den Ausgaben landwirtschaftlicher Betriebe herzustellen«.⁴⁶ Am Ende gelang das nicht. Für viele Höfe führte die allgemeine Krise in den Ruin. Die Versteigerungszahlen schnellten in die Höhe: 1933 wurden 876 landwirtschaftliche Liegenschaften zwangsversteigert und bei 8.006 erfolgte eine Fahrnisversteigerung.⁴⁷ 1936 kam ein Dossier zu dem Schluss, dass die Verschuldung der Kärntner Landwirtschaft 180.000.000 Schilling betrage und die Folge davon »eine ungeheure Zahlungsunfähigkeit [...], was aus der Zunahme der Versteigerungen und Exekutionen« hervorging,⁴⁸ sei. 1938 lagen die Verhältnisse, was die Verschuldung anlangte, in Kärnten, wo 34 Prozent der Agrarbetriebe mit einer Fläche von rund 172.856 Hektar von der Versteigerung bedroht waren, österreichweit am schlimmsten.⁴⁹

Der Niedergang der Kärntner Landwirtschaft hing mit der ungelösten Frage der Rentabilitätsverbesserung zusammen. Für die Betriebsrentabilität stellten die Größenstruktur und der hohe Personaleinsatz in der Produktion ein gewichtiges Handikap dar.

Besonders betroffen waren die Klein- und Mittelbetriebe, in denen die Zahl der mithelfenden Familienmitglieder zunahm. Rentabel arbeiten konnten nur die kapitalintensiven Wirtschaftsbetriebe mit einem entsprechenden Besitzumfang und der Bereitschaft zur Rationalisierung, wofür eine entsprechende Kapitalausstattung vorhanden sein musste. Solche Bauernhöfe waren aber in diesen Zeiten eine Seltenheit. Das Gros funktionierte noch immer als Familienbetrieb mit Gesinde (Tabelle 14). 1902 lag der Anteil der Familienbetriebe bei fast 50 Prozent. In den Bezirken Hermagor (67,9 Prozent), Villach (Stadt und Land) (62,7 Prozent) und Spittal (52 Prozent) lag er über dem Landesdurchschnitt (49,2 Prozent), in den übrigen darunter, wobei er im St. Veiter Be-

Tabelle 14: Landwirtschaftliche Betriebe nach der Zusammensetzung des Personals 1902/1930

Bezirk	1902			
	Reine Familienbetriebe	Betriebe mit Familienfremden	Zahl der tätigen Personen (ohne Inhaber)	
			Familienangehörige	Dienstboten, Tagelöhner
Hermagor	1.830	867	4.944	1.407
Klagenfurt Stadt/Land	2.681	3.451	10.583	8.853
St. Veit/Glan	1.495	2.389	5.510	10.172
Spittal	3.027	2.794	10.101	6.281
Villach Stadt/Land	3.860	2.295	8.280	5.420
Völkermarkt	2.088	2.765	9.241	6.773
Wolfsberg	1.416	2.336	6.633	6.742
Kärnten	16.397	16.897	55.292	45.648
Bezirk	1930			
	Reine Familienbetriebe	Betriebe mit Familienfremden	Zahl der tätigen Personen	
			Familienangehörige	Dienstboten, Tagelöhner
Hermagor	1.676	686	3.818	1.346
Klagenfurt Stadt/Land	2.762	2.757	9.213	7.992
St. Veit/Glan	3.633	2.144	6.387	5.726
Spittal	1.631	1.953	8.612	7.904
Villach Stadt/Land	2.662	2.251	7.458	6.198
Völkermarkt	1.771	1.777	6.457	5.147
Wolfsberg	1.575	1.743	6.316	5.538
Kärnten	15.710	13.311	48.261	39.851

Quelle: Landwirtschaftliche Betriebszählung 1902, Tabelle XX; Landwirtschaftliche Betriebszählung 1930, Tabelle 3a.

zirk den niedrigsten Wert (38,5 Prozent) aufwies. Bis 1930 hatte sich das Bild kaum verändert. Nur geringfügig (minus 4,2 Prozent) war die Zahl der Familienbetriebe kärntenweit zurückgegangen. Auch auf Bezirksebene war im Wesentlichen alles unverändert geblieben. Hoch blieb der Anteil der Familienangehörigen, die am Hof mitarbeiteten. 1902 waren 40,8 Prozent der Erwerbstätigen Familienmitglieder. 1930 waren es noch immer 36,1 Prozent. Denn ein Teil der Besitzer von kleineren Gehöften, die auf Nebenerwerb umgestiegen waren und die Hofarbeit teilweise durch billige Dienstboten erledigen hatten lassen, waren wieder hauptberuflich in den eigenen Betrieb zurückgekehrt. Sie verdrängten die bäuerlichen Dienstboten bzw. es wurden keine neuen mehr eingestellt (Tabelle 15). Doch im Vergleich zu 1902 blieb der Anteil der Dienstboten und Tagelöhner an den Erwerbstätigen nahezu konstant.

Nachdem bis in die Dreißigerjahre keine tief greifenden Veränderungen passiert waren, machten sich um 1940 erste Anzeichen eines Strukturwandels bemerkbar. Zwar hatte die Zahl der in den Zwerg-, Klein- und Mittelbetrieben Erwerbstätigen bis 1939 deutlich zugenommen, doch in den Großbetrieben begann man die menschliche und tierische Arbeitskraft durch Maschinen zu ersetzen. Die nicht ständig am Hof beschäftigten Tagelöhner, teils auch Dienstboten, ohne die bis dahin die bäuerliche Arbeit unvorstellbar erschienen war, schieden aus und mussten sich andere Tätigkeiten suchen.[50] Überall dort, wo die geographischen Gegebenheiten einen intensiveren Maschineneinsatz erlaubten, trat an die Stelle des Menschen die Maschine (Tabelle 16). In den Betrieben über 100 Hektar ging die Zahl der Beschäftigten um 12,3 Prozent und in jenen mit einer Größe von 20 bis 100 Hektar um 2,1 Prozent zurück. Parallel dazu zeichnete sich ein Trend zur Verringerung der Zwerg- und Kleinbetriebe ab. In der sich technisierenden Landwirtschaft besaßen diese eine immer geringer werdende Konkurrenzfähigkeit. Für Investitionen zur Betriebsmodernisierung mangelte es ihnen an Kapital. Die Anschaffung von Zugmaschinen und anderem technischen Gerät zur Rationalisierung der Arbeit war nur schwer bis überhaupt nicht möglich. Wollte man aber überleben, war die technische Verbesserung durch modernes Gerät ein Gebot der ökonomischen Notwendigkeit, weil sich der Gerätepark der agrartechnischen Revolution des 19. Jahrhunderts überlebt hatte.

Weit reichend in diesem Zusammenhang war die Umstellung der Antriebskraft. An die Stelle von Mensch und Tier traten Antriebsmaschinen mit »Primär-« (Wind-, Wasser- und Wärmekraftmaschinen) und »Sekundärmotoren« (Elektromotoren) sowie in den Ebenen des Kärntner Beckens »Kraftfahrzeuge« (Lastkraftwagen, Traktoren, Raupenschlepper, Motorpflüge) (Tabelle 17). Insgesamt war ihre Zahl noch sehr gering. 1930 standen lediglich 64 »Kraftfahrzeuge« in Gebrauch. Davon waren 16 Lastkraftwagen, 33 Traktoren, von denen zwei Drittel auf die Bezirke Klagenfurt Land, St. Veit/Glan und Völkermarkt entfielen, drei Raupenschlepper und zwölf Motorpflüge. In den Produktionszonen des Hochalpengebietes und Alpenostrandes stellte noch immer das Pferd die wichtigste Zug- und Transportkraft dar. Es waren fast ausschließlich Großbetriebe über 100 Hektar, welche sich Landmaschinen wie etwa Traktoren leisteten (Tabelle 18). Durch die steigenden Löhne (1926 bis 1929: plus 10 Prozent) der Dienstboten wie Taglöhner waren die Betriebsinhaber gezwungen, ihre Güter

Tabelle 15: Flächenverteilung und Beschäftigtenzahl der land- und forstwirtschaftlichen Betriebe nach Bezirken 1930

Bezirk	Zahl der Betriebe	Beschäftigte	
		gesamt	davon nicht ständig
Hermagor	2.603	9.035	1.632
unter 2 ha	318	618	104
2–10 ha	761	1.939	315
10–20 ha	568	1.867	358
20–100 ha	877	4.025	784
über 100 ha	79	586	71
Klagenfurt Stadt/Land	6.115	27.145	5.664
unter 2 ha	1.209	2.585	397
2–10 ha	2.113	6.934	1.457
10–20 ha	1.226	5.921	1.353
20–100 ha	1.422	9.468	2.000
über 100 ha	145	2.237	457
St. Veit/Glan	3.896	20.287	3.019
unter 2 ha	1.085	2.456	528
2–10 ha	881	2.909	565
10–20 ha	428	1.905	229
20–100 ha	1.201	8.178	940
über 100 ha	301	4.839	757
Spittal	5.125	22.493	4.469
unter 2 ha	845	1.913	400
2–10 ha	1.585	5.211	1.136
10–20 ha	821	3.534	686
20–100 ha	1.500	8.610	1.493
über 100 ha	401	3.225	754
Villach Stadt/Land	5.433	22.838	6.227
unter 2 ha	1.426	3.256	617
2–10 ha	1.880	6.540	1.816
10–20 ha	978	5.014	1.670
20–100 ha	1.047	6.853	1.883
über 100 ha	102	1.175	241
Völkermarkt	3.812	18.821	4.748
unter 2 ha	495	1.083	200
2–10 ha	1.294	4.377	1.045

Bezirk	Zahl der Betriebe	Beschäftigte	
		gesamt	davon nicht ständig
10–20 ha	863	4.371	1.192
20–100 ha	1.096	7.464	1.981
über 100 ha	64	1.526	330
Wolfsberg	3.625	18.229	3.133
unter 2 ha	565	1.286	222
2–10 ha	1.131	3.940	741
10–20 ha	787	4.002	696
20–100 ha	1.076	7.433	1.176
über 100 ha	66	1.568	298
Kärnten	30.636	138.848	28.892
unter 2 ha	5.943	13.197	2.468
2–10 ha	9.645	31.850	7.075
10–20 ha	5.671	26.614	6.184
20–100 ha	8.219	52.031	10.257
über 100 ha	1.158	15.156	2.908

Quelle: Landwirtschaftliche Betriebszählung 1930, Tabelle 6.

Tabelle 16: Beschäftigte Personen nach Größentypen der Betriebe 1930/1939

Betriebsgröße	1930	1939
unter 2 ha	13.197	17.669
2–5 ha	31.850*	19.159
5–20 ha	26.614**	47.110
20–100 ha	52.031	50.923
über 100 ha	15.156	13.290

* 2–10 ha
** 10–20 ha
Quelle: Landwirtschaftliche Betriebszählung 1930, Tabelle 3a; Statistische Übersichten Reichsgau Kärnten, B: Wirtschaft, 1. Landwirtschaft, Tabelle 7.

durch verstärkten Maschineneinsatz zu modernisieren. Einhergehend mit der Elektrifizierung vieler Höfe – 1939 hatten weniger als zwei Fünftel elektrisches Licht und Wasserleitungen (Tabelle 19)[51] – verbreiteten sich langsam Antriebsmaschinen mit einem Elektro- oder Benzinmotor. Die Zahl der Elektromotoren stieg von 4.003 (1930) auf 10.069 (1946) und die Benzinmotoren vermehrten sich von 3.584 (1930) auf 4.620 (1946).[52] Auch anderes neues technisches Gerät wie Melkmaschinen oder Motormäher hielt auf den Bauerngütern Einzug. Daneben gab es aber noch eine ansehnliche Zahl

Tabelle 17: Antriebsmaschinen und Kraftfahrzeuge 1930

Bezirk	Maschinen mit Primärmotoren	Maschinen mit Sekundärmotoren	Kraftfahrzeuge
Hermagor	1.692	317	1
Klagenfurt Stadt/Land	2.991	703	16
St. Veit/Glan	2.684	696	19
Spittal	2.939	820	4
Villach Stadt/Land	876	787	5
Völkermarkt	2.854	408	13
Wolfsberg	5.022	272	6
Kärnten	19.058	4.003	64

Quelle: Landwirtschaftliche Betriebszählung 1930, Tabelle 5.

Tabelle 18: Antriebsmaschinen und Kraftfahrzeuge nach der Betriebsgröße 1930

Betriebsgröße	Maschinen mit Primärmotoren	Maschinen mit Sekundärmotoren	Kraftfahrzeuge
unter 2 ha	262	18	0
2–5 ha	1.141	101	0
5–20 ha	4.192	1.058	1
20–100 ha	8.676	2.074	17
über 100 ha	2.175	752	36

Quelle: Landwirtschaftliche Betriebszählung 1930, Tabelle 5.

Tabelle 19: Elektrifizierung und Wasserleitungen 1939

Bezirk	Von 100 Betrieben haben	
	elektrisches Licht	Wasserleitung
Hermagor	52	42
Klagenfurt Stadt	68	20
Klagenfurt Land	29	35
St. Veit/Glan	28	46
Spittal	41	52
Villach Stadt	35	14
Villach Land	47	35
Völkermarkt	17	38
Wolfsberg	24	32
Kärnten	37	41

Quelle: Land- und forstwirtschaftliche Betriebe Kärnten 1939, Tabelle 51.

von »Maschinen« (etwa Sä-, Schrot-, Dresch-, Wende- und Rechmaschinen), die mit tierischer Kraft fortbewegt wurden.

Die hohen Anschaffungs- und Betriebskosten sowie die ungünstige Lage machten für die Bergbauernbetriebe in den hochalpinen Lagen einen Maschineneinsatz unmöglich. Andererseits war die Notwendigkeit der Anschaffung von Maschinen und modernen Geräten in diesen besonders groß, »weil das Wirtschaftsinventar gewöhnlich ganz veraltet, im Gebrauchszustand minderwertig und in weitem Umfang ergänzungsbedürftig war«.[53] Das galt teils auch für die in der Ebene gelegenen Wirtschaften. So fanden sich 1946 an pferdegezogenen Ackergeräten noch 15.319 Pflüge, 4.498 Kultivatoren, 6.189 Ackereggen, 1.705 Netzeggen, 159 Ackerschleifen und 1.044 Vielfachgeräte. Dem standen nur 441 Traktorpflüge und 139 Traktorscheibeneggen gegenüber. Immerhin hatte sich die Zahl der Traktoren mehr als vervierfacht: von 120 (1939) auf 519 (1946).[54] Und langsam ersetzte der Traktor als Zug- und Transportmittel das Pferd. Bis in die ersten Jahre nach 1945 hatte es im bäuerlichen Betrieb als Zugtier dominiert: 1946 wurden noch 32.619 Pferde gezählt.

Die nach dem Ende des Zweiten Weltkrieges einsetzende Maschinisierung bildete den Anfang vom Ende der Kärntner Agrargesellschaft. Am Lande entstanden neue Lebenswelten. Immer mehr Menschen verließen den ländlich-agrarischen Raum und wandten sich den neuen industriellen Lebenswelten zu.

Die Porze bei Obertilliach

IV. Verspätete Deagrarisierung im Spannungsbogen von kapitalistischer Marktwirtschaft und »Agrarprotektionismus« seit der Jahrhundertmitte

Die Deagrarisierung machte sich in Kärnten später als in anderen Bundesländern bemerkbar. Erst in der zweiten Jahrhunderthälfte veränderten sich die ökonomischen und gesellschaftlichen Strukturen tief greifend und Kärnten wandelte sich von einer Agrar- zu einer Industrie- und Dienstleistungsgesellschaft: Das »Bauernsterben« begann. Die Landwirtschaft verlor mehr und mehr an Stellenwert im ökonomischen und gesellschaftlichen Gefüge. Das spiegelt sich am deutlichsten im agrarischen Anteil am Bruttoinlandsprodukt, der sich auf ein Minimum reduzierte, wider. 1961 hatte dieser noch etwa 18 Prozent betragen. Dreißig Jahre später war mit einem Anteil von nur mehr 3,5 Prozent die agrarische Produktion im Rahmen der Gesamtwirtschaft zu einer »Quantité négligeable« geworden.[55]

Ungeachtet des gesunkenen Stellenwerts, fanden in der Landwirtschaft ein einschneidender Strukturwandel und ein Technisierungssprung statt, an dem alle Regionen, von den Beckenlandschaften bis in das Hochgebirge, wenn auch mit unterschiedlicher Intensität, Anteil hatten. Die Anzahl der Betriebe ging permanent zurück (Tabelle 20). Zwischen 1951 und 1990 wurden 8.047 (minus 23,9 Prozent) Betriebe aufgelassen. Am stärksten war das »Bauernsterben« in den im Kärntner Becken gelegenen bzw. an dieses angrenzenden Bezirken. Der Bezirk Feldkirchen verzeichnete ein Minus von 23,9 Prozent, Klagenfurt Land minus 34,2 Prozent, St. Veit/Glan minus 31,5 Prozent, Villach Land minus 34,5 Prozent und Völkermarkt minus 27,2 Prozent. Dagegen fiel der Rückgang in den peripher gelegenen Randbezirken Hermagor (minus 19,1 Prozent), Spittal (minus 15,9 Prozent) und Wolfsberg (minus 18,6 Prozent) geringfügiger aus. Er lag unter dem Landesdurchschnitt von 23,9 Prozent. Prozentuell schwächer war die Abnahme der kultivierten Flächen. Sie gingen in diesem Zeitraum um nur 6 Prozent zurück. Auch wenn es in den einzelnen Betriebsgrößenklassen zwischen den Bezirken und innerhalb der Bezirke unterschiedliche Entwicklungen gab, zeigt sich eine Tendenz zur Besitzvergrößerung (Tabelle 21). 1990 bewirtschafteten 25.652 Betriebe eine Fläche von 861.523 Hektar. Im Vergleich zu 1951 (33.699 Betriebe, 916.151 Hektar) war das ein Anstieg der durchschnittlichen Betriebsgröße von 27,2 auf 33,6 Hektar. In den Bezirken Spittal – allerdings mit einem hohen Anteil an Wald – und St. Veit/Glan lag sie sogar bei 55,5 bzw. 47 Hektar. Am geringsten war sie im Völkermarkter Bezirk mit 23,6 Hektar.

Die Ausweitung der Betriebsfläche war das Ergebnis eines Konzentrationsprozesses. Durch Grundzusammenlegungen wurde versucht, ökonomische Optimierungseffekte zu erzielen. Bereits zwischen 1944 und 1973 waren etwa 1.500 Grundzusammenlegungen mit einem Flächenumfang von fast 134.000 Hektar erfolgt.[56] Dieser Trend setzte sich fort und wirkte sich auf die Betriebsgrößenstruktur erheblich aus. Die Zwergbetriebe nahmen landesweit rasant ab (1951: 20,2 Prozent; 1990: 9,7 Prozent). Der für das

Tabelle 20: Zahl der landwirtschaftlichen Betriebe 1961 bis 1991

Bezirk	1951	1960	1970	1980	1990
Feldkirchen*	1.921	–	–	1.541	1.462
Hermagor	2.842	2.729	2.655	2.371	2.298
Klagenfurt Stadt**	420	341	348	563	653
Klagenfurt Land	4.382	5.958	5.689	3.078	2.883
St. Veit/Glan	4.000	3.675	3.412	2.978	2.739
Spittal	5.922	5.858	5.689	5.080	4.980
Villach Stadt**	320	280	224	660	590
Villach Land	5.553	5.431	5.219	3.860	3.639
Völkermarkt	4.389	4.161	4.196	3.423	3.194
Wolfsberg	3.950	3.920	3.869	3.469	3.214
Kärnten	33.699	32.353	31.301	27.023	25.652

* 1960 und 1970 bei Klagenfurt Land mitgezählt.
** Ab 1980 Gebietsvergrößerung infolge Erweiterung der Bezirks- bzw. Gemeindegrenzen.
Quelle: Land- und forstwirtschaftliche Betriebszählung 1951 20 f.; Land- und forstwirtschaftliche Betriebszählung für Österreich, Tl. A: Landwirtschaft (hg. vom Österreichischen Statistischen Zentralamt, Wien 1964) 62; Ergebnisse der land- und forstwirtschaftlichen Betriebszählung 1970, Landesheft Kärnten (= Beiträge zur österreichischen Statistik 313/4, hg. vom Österreichischen Statistischen Zentralamt, Wien 1973) 26; Land- und forstwirtschaftliche Betriebszählung 1980, Hauptergebnisse Kärnten (= Beiträge zur österreichischen Statistik 660/2, hg. vom Österreichischen Statistischen Zentralamt, Wien 1982) 26; Land- und forstwirtschaftliche Betriebszählung 1990, Länderheft Kärnten (= Beiträge zur österreichischen Statistik 1.060/2, hg. vom Österreichischen Statistischen Zentralamt, Wien 1992) 22.

Kärntner Kleinstbauerntum charakteristische »Eisenbahnbauer« – das war der Bahnbedienstete, der nebenbei eine Kleinstlandwirtschaft betrieb – verschwand.[57] Nahezu unverändert blieb der Anteil der Kleinbetriebe (1951: 18,4 Prozent; 1990: 17,6 Prozent). Umgekehrt vergrößerte sich die Zahl der mittel- (1951: 33,5 Prozent; 1990: 34,4 Prozent) und vor allem der großbäuerlichen Betriebe (1951: 24,3 Prozent; 1990: 33,9 Prozent). Ebenso verzeichneten die Betriebe über 100 Hektar einen Zuwachs (1951: 3,6 Prozent; 1990: 4,4 Prozent). Die auf größere Unternehmen ausgerichtete Produktionsstruktur verfestigte sich. Bei den Betrieben mit einer Fläche von mehr als 200 Hektar wurde 1990 mit 321 Gütern ein Rekordwert erreicht.[58] Die anteilsmäßig größte Zunahme erzielte die Betriebsgrößenkategorie mit einer Fläche von 20 bis 100 Hektar. In den Bezirken St. Veit/Glan und Spittal überschritt sie die 40-Prozent-Marke. Nur in den Bezirken Klagenfurt Land und Villach Land blieb sie unter der 30-Prozent-Grenze. Dem gegenüber steht das Absinken der Zwergbetriebe. Ihr Anteil bewegte sich landesweit unter 10 Prozent. Ein Teil ihres Grundes und Bodens floss in die Besitzungen der großbäuerlichen Güter.

Die rückläufige Entwicklung in der Betriebszahl mit Betrieben unter 20 Hektar ist in Verbindung mit dem Strukturwandel im Erwerb zu sehen. Die Zahl der Voll- und Zu-

Tabelle 21: Größengliederung der land- und forstwirtschaftlichen Betriebe nach der Gesamtfläche (in Hektar) 1951/1970/1990

Bezirk	1951				
	unter 2 ha	2–5 ha	5–20 ha	20–100 ha	über 100 ha
Feldkirchen	426	323	560	500	112
Hermagor	458	485	1.198	599	102
Klagenfurt Stadt	148	105	119	38	10
Klagenfurt Land	826	850	1.749	919	38
St. Veit/Glan	948	632	853	1.286	281
Spittal	1.019	1.004	1.886	1.599	414
Villach Stadt	122	76	90	23	9
Villach Land	1.383	1.124	1.869	1.076	101
Völkermarkt	803	811	1.613	1.095	67
Wolfsberg	666	806	1.341	1.061	76
Kärnten	6.799	6.216	11.278	8.196	1.210
	1970				
Feldkirchen	365	270	515	489	109
Hermagor	253	295	1.022	888	48
Klagenfurt Stadt	118	79	102	39	10
Klagenfurt Land	717	757	1.545	886	29
St. Veit/Glan	652	478	732	1.290	242
Spittal	726	736	1.446	1.959	393
Villach Stadt	73	37	75	25	11
Villach Land	1.112	1.105	1.711	1.043	91
Völkermarkt	820	705	1.459	1.104	56
Wolfsberg	745	654	1.242	1.127	64
Kärnten	5.581	5.116	9.849	8.850	1.053
	1990				
Feldkirchen	165	236	459	493	97
Hermagor	104	245	912	824	54
Klagenfurt Stadt	126	187	180	128	32
Klagenfurt Land	286	580	1.204	757	30
St. Veit/Glan	245	356	654	1.229	239
Spittal	320	625	1.241	1.857	418
Villach Stadt	78	130	225	122	18
Villach Land	418	805	1.301	874	79
Völkermarkt	325	615	1.210	947	57
Wolfsberg	337	558	1.109	1.119	57
Kärnten	2.404	4.337	8.495	8.350	1.081

Quelle: Land- und forstwirtschaftliche Betriebszählung 1951, 1970 und 1990.

Tabelle 22: Sozioökonomische Gliederung der Betriebe 1970/1980/1990

Bezirk	Jahr	Vollerwerb	Zusatzerwerb	Nebenerwerb	Jur. Person
Feldkirchen	1970	794	188	715	51
	1980	589	114	780	43
	1990	422	91	887	41
Hermagor	1970	820	339	1.279	68
	1980	578	94	1.511	33
	1990	428	62	1.611	38
Klagenfurt Stadt	1970	129	27	162	30
	1980	172	36	318	35
	1990	129	53	429	42
Klagenfurt Land	1970	1.608	349	1.869	108
	1980	853	164	1.968	80
	1990	626	190	1.977	64
St. Veit/Glan	1970	1.769	232	1.288	105
	1980	1.241	222	1.401	98
	1990	1.030	244	1.374	75
Spittal	1970	2.185	587	2.338	150
	1980	1.613	301	2.635	84
	1990	1.209	175	2.989	88
Villach Stadt	1970	61	15	132	13
	1980	161	34	417	28
	1990	122	39	392	20
Villach Land	1970	1.557	738	2.619	148
	1980	907	178	2.531	107
	1990	616	129	2.663	69
Völkermarkt	1970	1.833	467	1.752	92
	1980	1.153	198	1.962	64
	1990	815	248	2.041	50
Wolfsberg	1970	1.922	413	1.432	65
	1980	1.460	231	1.698	42
	1990	1.120	187	1.835	38
Kärnten	1970	12.678	3.355	13.586	830
	1980	8.727	1.572	15.221	614
	1990	6.157	1.418	16.198	525

Quelle: Land- und forstwirtschaftliche Betriebszählung 1970 94 ff.; Land- und forstwirtschaftliche Betriebszählung 1980 102 ff.; Land- und forstwirtschaftliche Betriebszählung 1990 106 ff.

erwerbsbauern ging mit der einsetzenden Industrialisierung kontinuierlich zurück. Um ein ausreichendes Gesamteinkommen sicherzustellen, waren die Kleinbauern immer mehr gezwungen, ihren Betrieb zunächst im Zuerwerb und bald nur mehr im Nebenerwerb zu führen (Tabelle 22). Ihr Einkommen hatte sich laufend verringert. Zahlreiche Kleinunternehmen, die sich etwa über Fuhrwerk oder Holzbringung einen Zusatzverdienst gesichert hatten und sich so über Wasser halten konnten, verloren ihre ökonomische Basis.

In Kärnten sind die Prozentwerte der bäuerlichen Nebenerwerbsbetriebe im Vergleich zur österreichischen Entwicklung deutlich höher. 1951 waren von circa 33.500 Betrieben nur 13.000 (38,8 Prozent) nebenerwerbsmäßig geführt worden. Das war zwar viel, aber nicht sehr viel. Noch immer warf der bäuerliche Hof für den Lebensunterhalt einer Familie genug ab. Erst als das kleinbäuerliche Einkommen immer weniger ausreiche, um die anwachsenden Modernisierungskosten bei stagnierenden Preisen finanzieren zu können und sich im prosperierenden industriellen und gewerblichen Segment leicht Arbeit finden ließ, wurden aus den Vollerwerbsbauern scharenweise Nebenerwerbsbauern. Viele konnten oder wollten nicht mehr länger Bauer sein. Die Arbeit ließ sie nicht »reich« werden. Geregelte Arbeitszeit, ein höheres Einkommen und eine größere »Freiheit« bestärkten die Bauern in ihrer Absicht, Arbeiter zu werden. Damit wurde der eigene Hof zu einem Ort des Nebenerwerbs. Aus dem Nebenerwerb mit dem Schwerpunkt auf dem eigenen bäuerlichen Betrieb wurde in den folgenden drei Dezennien der klassische Nebenerwerbsbauer. Für ihn bildete die eigene Landwirtschaft nur noch eine Zusatzversorgung zur industriell-gewerblichen oder – seltener – touristischen Arbeitstätigkeit.

Der Quantensprung zum Nebenerwerb erfolgte nach 1970, als die Ertragssituation für die Kärntner Höfe sich dramatisch verschlechterte. »Wie die Berichte über die Lage der Kärntner Land- und Forstwirtschaft zeigen, ist diese absolut und im Vergleich zum Bundesdurchschnitt unbefriedigend«, hieß es in einem amtlichen Dossier.[59] Die Konsequenz war eine deutliche Zunahme der Problemzonen und der Nebenerwerbswirtschaft. Landesweit wuchs ihr Anteil von 1970 bis 1990 um 22 Prozent an. Insbesondere in den Bezirken mit gewerblichen und industriellen Unternehmensgründungen sowie dem Tourismus als Einnahmequelle war der Nebenerwerb zu einem willkommenen Zubrot geworden. Viele Bauernhöfe vermieteten Fremdenzimmer und erblickten, wie etwa im oberen Mölltal, im Tourismus eine Möglichkeit der Einkommenssteigerung.[60] In den Bezirken Hermagor (75,3 Prozent), Klagenfurt Land (69,2 Prozent), Völkermarkt (64,7 Prozent) und Villach Land (76,6 Prozent) erreichte der bäuerliche Nebenerwerb 1990 einen Höchststand. Auch hier wurden Fremdenverkehr, Gewerbe und Industrie für die bäuerliche Bevölkerung zur beruflichen Alternative.

1976 waren von den Nebenerwerbsbauern je 37 Prozent als Hilfsarbeiter und Facharbeiter, 5 Prozent als Angestellte und 12 Prozent als öffentliche Bedienstete beschäftigt, 9 Prozent verdienten sich als Selbstständige ihr Geld.[61] In manchen Gemeinden wurde nur mehr ein Bruchteil der Höfe im Vollerwerb bewirtschaftet. Lediglich im Bezirk St. Veit/Glan lag 1990 der Anteil der Nebenerwerbsbauern mit 50,4 Prozent unter dem Landesdurchschnitt (66,6 Prozent). Gleichzeitig war in keinem Kärntner Bezirk der Anteil der Vollerwerbsbauern so hoch wie hier (1990: 37,8 Prozent). Doch der Anteil der Vollerwerbsbetriebe überschritt nur in wenigen Gemeinden der östlichen Gurktaler Alpen und des Saualpenbereiches die 40-Prozent-Marke. Teilweise war der Vollerwerb um mehr als ein Drittel zurückgegangen: in Hermagor von 32,7 Prozent (1970) auf 20 Prozent (1990), in Klagenfurt Land von 40,9 Prozent (1970) auf 21,9 Prozent (1990) und – am stärksten – in Völkermarkt von 44,2 Prozent (1990) auf 25,8 Prozent (1990). Trotz aller Umbrüche in der sozioökonomischen Betriebsgliederung bildeten die Vollerwerbsbetriebe weiterhin das Herzstück der Kärntner Landwirtschaft: 1990 bewirtschafteten die Vollerwerbsbauern 51 Prozent der landwirtschaftlichen Nutzfläche und 41,3 Prozent des Waldes.[62]

Die Zunahme von Nebenerwerbsbetrieben ist auch im Kontext der Bergbauernfrage zu sehen, der im »Bauernland« Kärnten seit jeher große Bedeutung als zentralem Problemfeld zukam. Neben Tirol, Vorarlberg und Salzburg war bzw. ist Kärnten eines der klassischen Bergbauernländer Österreichs, wenngleich die Zahl der Bergbauern kontinuierlich schwindet. Wurden um 1970 von den etwa 31.300 landwirtschaftlichen Betrieben noch 14.600 als Bergbauernhöfe eingestuft, waren es 1990 nur mehr 11.220 (Tabelle 23). Das waren 43,7 Prozent aller Kärntner Agrarbetriebe. Von diesen befanden sich 12,0 Prozent in der höchsten Erschwerniszone 4, das heißt in einer Lage mit einer mindestens 40-prozentigen Erschwernisfläche von zumindest 0,5 Hektar und einer Hangneigung von mindestens 50 Prozent. Das Gros, nämlich 43 Prozent aller Bergbauernbetriebe, verteilte sich auf die Bezirke Spittal (24,3 Prozent) und Wolfsberg (18,7 Prozent). Beide Bezirke waren Teil der Hauptproduktionsgebiete Hochalpen und Alpenostrand, in denen die Anzahl der Gemeinden mit hohen Anteilen von Bergbauernhöfen groß waren. In den anderen Bezirken verstärkte sich die rückläufige Tendenz. Angesichts einer auf optimales Wachstum und optimale Produktivität ausgerichteten Bewirtschaftung waren die Höfe in den agrarischen Gunstlagen von den natürlichen Gegebenheiten, vom Einsatz technischer Neuerungen und anderer ertragsteigernder Betriebsmittel her eher in der Lage, die Produktionsleistung zu verbessern, als Betriebe in den von der natürlichen Ausstattung her benachteiligten gebirgigen Landschaften des Möll-, Malta-, Lieser- oder Gurktales. Nur in einem eingeschränkten Ausmaß konnte der Bergbauer an der Modernisierung in der Landtechnik partizipieren. Die harte Arbeit in den gebirgigen Hanglagen, ohnehin nie attraktiv und zudem wenig belohnt, ließ vor allem die Jüngeren ins Tal und in nichtagrarische Berufe abwandern. Bei den verbliebenen Betriebsinhabern der meist kleinen Bauernwirtschaften setzte eine Überalterung ein. Manches Berggebiet, wie das im Nock-Afritzer-Bergland gelegene Arriach mit einem hohen Anteil von Bergbauernhöfen in der Zone 3, begann sich zu entsiedeln. Viele Arriacher Bauern gaben den landwirtschaftlichen Vollerwerb zugunsten des Nebenerwerbs auf und pendelten aus, fast 50 Prozent ins verkehrsmäßig gut zu erreichende Villach, das ihnen im sekundären wie tertiären Sektor Arbeitsplätze offerierte.[63]

Das Einkommen in Industrie, Gewerbe und Dienstleistung war ein höheres als in der Landwirtschaft. Im Vergleich zu den Industriearbeitern hatte sich die bäuerliche Einkommenssituation wenig verbessert, im Gegenteil. Nach einer positiveren Einkommensentwicklung während der Siebziger- und Achtzigerjahre kämpfte die Landwirt-

Tabelle 23: Bergbauernbetriebe nach Zonen 1980/1990

Bezirk	Erschwerniszonen							
	1		2		3		4	
	1980	1990	1980	1990	1980	1990	1980*	1990
Feldkirchen	161	141	253	232	464	364	k. A.	72
Hermagor	331	245	230	201	439	274	k. A.	122
Klagenfurt Stadt	34	31	12	14	10	7	k. A.	0
Klagenfurt Land	396	358	485	462	199	176	k. A.	17
St. Veit/Glan	256	199	477	344	1.246	1.074	k. A.	50
Spittal	782	603	623	490	1.709	788	k. A.	839
Villach Stadt	25	23	10	12	24	23	k. A.	0
Villach Land	336	244	458	412	565	485	k. A.	64
Völkermarkt	79	60	151	130	577	511	k. A.	47
Wolfsberg	265	220	455	411	1.463	1.340	k. A.	135
Kärnten	2.665	2.124	3.154	2.708	6.696	5.042	k. A.	1.346

* 1980 noch nicht existent.
Quelle: Land- und forstwirtschaftliche Betriebszählung 1980, 98–147 und 1990, Tabelle 14.

schaft ab 1990 mit massiven Einkommenseinbußen. Der Abstand des agrarischen Einkommens zum Industriearbeiterlohn vergrößerte sich. Betrug dieser 1981 noch etwa 60.000 Schilling (durchschnittlicher Bruttolohn eines Industriearbeiters: circa 150.000 Schilling; landwirtschaftliches Einkommen je Familienarbeitskraft: circa 90.000 Schilling), belief er sich 1992 auf mehr als das Doppelte (durchschnittlicher Bruttolohn eines Industriearbeiters: circa 251.000 Schilling; landwirtschaftliches Einkommen je Familienarbeitskraft: circa 95.000 Schilling).[64] Damit blieben die agrarischen Einkommen deutlich unter jenen der Industriearbeiter. Dabei hatten sich die durchschnittlichen agrarischen Einkünfte je Familienarbeitskraft durchaus erhöht. Es war den Kärntner Bauern aber nicht gelungen, dem österreichischen Durchschnittseinkommen (1992: 146.079 Schilling) näher zu rücken.[65] Weiterhin hinkte Kärnten dem Bundesdurchschnitt nach. Innerhalb des Landes gab es ein erhebliches Einkommensgefälle. Nahm das Einkommen eines Bauern im begünstigten Kärntner Becken zwischen 1970 und 1987 um etwa das Viereinhalbfache zu, erhöhte sich das Vergleichseinkommen der peripheren hochalpinen Bauern nur um das 2,7fache.[66] So erarbeitete sich im bergbäuerlichen Hochalpengebiet Oberkärntens 1992 die Familienarbeitskraft nur 117.300 Schilling Jahreseinkommen. Im Vergleich zum Kärntner Becken (137.006 Schilling) waren das nahezu 20.000 Schilling weniger. Und auch der Bauer im Alpenostrand verdiente mehr (131.438 Schilling) als der Bergbauer.[67]

Staatliche Subventionen und Landesförderungen hatten einen wesentlich Anteil daran, dass die bäuerlichen Einkommensverluste nicht ins Bodenlose absanken. Was bald nach 1945 seitens des Landes und der staatlichen Stellen im Rahmen des »Marshallplanes« »zur Verbesserung der allgemeinen Wirtschaftsgrundlagen« in die Wege

Bergbauernhof in Diex
in den Sechzigerjahren

geleitet wurde,⁶⁸ mündete in ein breit gestreutes Instrumentarium von Förderungen, das den Bauern ein Überleben ermöglichen sollte. Damit wurden sie allerdings zu »Förderungswerbern«, über die bald jene »Subventionsbürokratie« hereinbrach, die sie – zumindest zu einem guten Teil – am Leben erhielt.⁶⁹

Rasch verbreitete sich das Förderungsspektrum. Es umfaßte eine umfangreiche Palette an Direktzahlungen und indirekten Finanzhilfen: etwa den Ausbau des ländlichen Wegenetzes, Forsterschließungen, Forststruktur und Produktionsleistung, landwirtschaftliches Bauwesen, Besitzfestigung, Geländekorrekturen, agrarische Operationen, Siedlungswesen, Elektrifizierung oder Almwirtschaft.⁷⁰ Höfe in höheren Hang- und Gebirgslagen, aber auch in Grenzlagen berücksichtigte man bei der Durchführung der Förderungsmaßnahmen besonders, um der Entsiedlung der Waldbauerngebiete entgegenzuwirken und um die Berghöfe als kulturlandschaftliches Element zu erhalten. Die Bergbauern wurden in die Rolle des »Landschaftspflegers« gedrängt und zum »naturnah« arbeitenden Produzenten von »Bio-Lebensmitteln« mythologisiert.⁷¹ 1990 entfielen 59,6 Prozent der landwirtschaftlichen Regionalförderung auf die drei Bezirke Wolfsberg (32,5 Prozent), St. Veit/Glan (14,8 Prozent) und Spittal (12,6 Prozent) (Tabelle 24). Von den Förderungsmitteln für die Almwirtschaft flossen 47,2 Prozent in den Spittaler Bezirk (Tabelle 25), wo mit dem Projekt »Almentwicklung im Nationalpark Nockberge« ein Modell »zur Erhaltung der kulturlandschaftlichen Seite der Nockberge durch Aufrechterhaltung der extensiven Almbewirtschaftung« entwickelt wurde.⁷² Nicht immer reichten die Beihilfen von Land und Bund für die Bergbauernhöfe zum Überleben. Ihre Zahl und ihr Anteil an den Agrarbetrieben verringerten sich. Das Einkommen reichte nicht mehr aus, sich über Wasser zu halten und sich ein wenig »bürgerlichen« Wohlstand zu sichern.

Diese aus dem Fehlen kostendeckender Agrarpreise resultierende Einkommensdisparität zwischen primärem und sekundärem Sektor entzog der Landwirtschaft zunächst die familienfremden Landarbeiter, bald auch die familieneigenen Arbeitskräfte. Auf der Suche nach neuen Arbeitsplätzen verließen diese das Dorf. Die Abwan-

Tabelle 24: Landwirtschaftliche Regionalförderung (Besitzfestigung) 1990

Bezirk	Förderungs-empfänger	Gesamt-kosten	Finanzierung in 1.000 Schilling			
			Beihilfe Land	Beihilfe Bund	Eigen-leistung	AIK
Feldkirchen	86	41.157	2.019	535	30.108	8.495
Hermagor	106	27.478	1.464	1.173	20.791	4.050
Grenzlandförderung	20	6.992	95	79	3.843	2.975
Klagenfurt Land	196	62.296	2.888	2.940	49.681	6.787
Grenzlandförderung	115	34.751	1.763	1.502	26.981	4.505
St. Veit/Glan	296	93.909	2.561	5.923	72.482	12.943
Spittal	302	84.062	4.027	3.190	59.668	17.177
Villach Land	108	32.251	1.463	1.212	23.288	6.288
Grenzlandförderung	13	4.284	33	170	2.986	1.095
Völkermarkt	126	56.726	3.121	276	40.886	12.443
Grenzlandförderung	103	47.357	2.058	148	32.708	12.443
Wolfsberg	452	158.733	4.578	9.180	122.977	21.998
Grenzlandförderung	183	63.185	1.601	3.251	45.784	12.549
Kärnten	1.672	556.612	22.121	24.429	419.881	90.181
Grenzlandförderung	434	156.569	5.550	5.150	112.302	33.567

Quelle: Statistisches Handbuch des Landes Kärnten. Zahlen und Daten '90, 36. Jg. (Klagenfurt 1991) 76.

derungen entvölkerten nicht nur die ländlichen Gegenden, sondern sie führten auch zu einer Umgestaltung der Arbeitsverfassung. Die für Kärnten so charakteristische personalintensive Gesindeverfassung, in der neben Bauer und Bäuerin eine je nach Betriebsgröße variierende Zahl familieneigener Arbeitskräfte sowie Dienstboten und Tagelöhner eingebunden war, löste sich auf. Waren Ende des 19. Jahrhunderts auf einen Bauern 4,02 Knechte und 3,7 Familienmitglieder als Arbeitskraft gekommen und 1939 von 100 ständigen Arbeitskräften noch immer 56 Familienmitglieder bzw. 25 »Familienfremde« gewesen,[73] stellte sich die Situation 1990 gänzlich anders dar. Um 1960 hatte in den Fremdenverkehrsgebieten und größeren Ortsgemeinden ein Wandel in Richtung Familienbetrieb eingesetzt. In der Zeit des »Wirtschaftswunders« verstärkte sich dieser Trend. 1960 entfielen auf einen Bauern nur mehr 1,7 familieneigene und 0,9 familienfremde (ständige wie nichtständige) Arbeitskräfte.[74] Ende der Sechzigerjahre war es mit dem Dienstbotenwesen zu Ende. Auf den Bauernhöfen in den Gurktaler Alpen, auf der Sau- und Koralpe sowie in den Karawanken, die aufgrund ihrer Größe und einer gewissen patriarchalischen Gesindeverfassung noch relativ viele ältere Bedienstete beschäftigt hatten, war der Rückgang am größten.[75] Rasant senkte sich in den folgenden Jahrzehnten die Zahl der familienfremden Arbeitskräfte (Tabelle 26). Von 1970 bis 1990 ging diese um 48,3 Prozent zurück. 1990 waren 42,4 Prozent auf großbäuerlichen Gü-

Tabelle 25: Förderung der Almwirtschaft 1990

Bezirk	Förderungsempfänger		Finanzierung in 1.000 Schilling			
	Einzelwerber	Genossen- u. Gemeinschaften	Gesamtkosten	Beihilfe Land	Beihilfe Bund	Eigenleistung
Feldkirchen	39	4	5.268	667	939	3.662
Hermagor	3	21	5.156	1.265	1.219	2.672
Grenzlandförderung	0	1	2.000	600	600	800
Klagenfurt Land	1	0	42	13	0	29
St. Veit/Glan	20	1	1.624	362	96	1.166
Spittal	80	34	15.730	3.648	2.562	8.270
Villach Land	9	14	3.152	461	739	1.692
Völkermarkt	1	2	228	10	100	118
Wolfsberg	22	2	3.786	517	545	2.724
Kärnten	175	78	34.986	6.943*	6.200	20.333
Grenzlandförderung	0	1	2.000	600	600	800

* Hinzu kommen noch 5.326.200 Schilling Alpungsprämien und 4.900 Schilling für Aufklärungs- und Versuchswesen.
Quelle: Statistisches Handbuch des Landes Kärnten. Zahlen und Daten '90 84.

tern über 100 Hektar beschäftigt. 34,8 Prozent arbeiteten bei Vollerwerbs-, 8,5 Prozent bei Zuerwerbs-, 23,5 Prozent bei Nebenerwerbsbauern und 33,2 Prozent bei »Betrieben juristischer Personen«.[76] Meist hatten nur mehr Spezialbetriebe und Forstwirtschaften eine familienfremde Arbeitskraft angestellt. Selbst in agrarischen Hochburgen wie dem Krappfeld waren die einst an Arbeitskräften noch reichen Höfe zu landwirtschaftlichen Familienbetrieben mit wenigen Bewohnern geschrumpft.[77] Auf großen Höfen waren in der Regel nur mehr zwei vollwertige Arbeitskräfte, meist Vater und ein Sohn oder beide Elternteile, beschäftigt. Oder man war überhaupt zum »Ein-Mann-Betrieb« übergegangen. Die Familienarbeitsverfassung bestimmte nun das bäuerliche Wirtschaften und den Lebensalltag am Hof. Bald war diese mit dem Problem der Überalterung konfrontiert. Nur langsam konnte der Überalterungsprozess gestoppt werden. Von 1970 bis 1990 nahm der Anteil der Gruppe der unter 35-jährigen und der 35- bis 55-jährigen männlichen hauptberuflichen Landwirte um fast 15 Prozent und jener der weiblichen um fast 4 Prozent zu (Tabelle 27). Die Einschränkung der Arbeitskräfte wurde durch Mechanisierung, Betriebsvereinfachung und Änderungen in der Agrarstruktur möglich.

Neben dem Rückgang des landwirtschaftlichen Bevölkerungsanteils, der sinkenden Betriebszahl sowie der Vergrößerung der Wirtschaften bildete die zunehmende Mechanisierung und Technisierung des Produktionsablaufes ein signifikantes Merkmal der agrarischen Entwicklung nach 1945. Bis zu diesem Zeitpunkt hatte es kaum Landma-

Tabelle 26: Land- und forstwirtschaftliche Arbeitskräfte 1970/1990

Bezirk	1970			1990		
	Familieneigene Arbeitskräfte*		Familienfremde Arbeitskräfte	Familieneigene Arbeitskräfte*		Familienfremde Arbeitskräfte
	Betriebsinhaber	Familienangehörige		Betriebsinhaber	Familienangehörige	
Feldkirchen**	–	–	–	996	1.186	224
Hermagor	2.438	2.533	249	1.438	1.947	177
Klagenfurt Stadt	318	219	277	374	423	401
Klagenfurt Land	5.523	5.249	1.490	1.946	2.135	390
St. Veit/Glan	3.289	3.760	1.496	2.070	2.573	732
Spittal	5.110	5.572	1.162	3.123	4.420	433
Villach Stadt	208	165	173	369	543	266
Villach Land	4.914	4.513	866	2.223	2.825	431
Völkermarkt	4.052	2.989	1.065	2.304	2.532	425
Wolfsberg	3.767	4.306	1.237	2.410	3.416	665
Kärnten	29.619	29.306	8.015	17.253	22.000	4.144

* Ständige und nichtständige.
** 1961–1970 bei Klagenfurt Land mitgezählt.
Quelle: Land- und forstwirtschaftliche Betriebszählung 1970 38–42; Land- und forstwirtschaftliche Betriebszählung 1990 26 f.

schinen gegeben. Nun ersetzten diese zunehmend den Menschen. Zudem verbesserten sich ihre Leistungsmerkmale permanent. So führte etwa der Einsatz des Traktors im Rahmen der landwirtschaftlichen Arbeit zu einer Steigerung der Produktivität. Von 524 im Jahre 1945 erhöhte sich die Traktorenzahl bis 1970 auf 15.489.[78] War er in den unmittelbaren Nachkriegsjahren in erster Linie Zugtierersatz gewesen, wurde aus ihm durch unterschiedlichste Zusatzgeräte ein universell einsetzbares Betriebsmittel. 1970 hatte die Technisierung alle Produktionsbereiche erfasst und die tierische bzw. menschliche Arbeitskraft, deren Funktion sich relativierte, ersetzt. Es gab immer weniger Betriebe, die nicht über entsprechende maschinelle Hilfen verfügten. Motormäher, gezogene Mähdrescher, selbstfahrende Mähdrescher, Traktoranbauseilwinden, Kartoffelerntemaschinen, Maisvollerntemaschinen, Rübenvollerntemaschinen, Traktorheuerntemaschinen, Aufsammelhochdruckpressen, Ladewägen sowie Dünger- und Stallmiststreuer erleichterten und beschleunigten die Arbeit am Felde. Heubelüftungsanlagen dienten dem Trocknen des gemähten Grases. Stallentmistungsanlagen und Melkmaschinen erleichterten die Arbeit im Stall.[79] Die Kuh wurde nicht mehr von der Bauersfrau oder Magd mit den Händen gemolken, sondern der Bauer schloss den Kuheuter an die Melkmaschine an. Die Verbreitung dieser schritt rasch voran. Wurden 1953 etwa 400 Melkmaschinen gezählt, waren es vier Jahre später schon 1.480 und 1962 verfügten bereits über 4.000 Betriebe über eine solche.[80] Bald gehörte die Melkmaschine zur Stan-

Tabelle 27: Alter der »hauptberuflichen Landwirte« 1970/1990

Bezirk	1970						
	männlich				weiblich		
	unter 35 Jahre	35 bis 55 Jahre	55 bis 65 Jahre	über 65 Jahre	unter 35 Jahre	35 bis 60 Jahre	über 60 Jahre
Feldkirchen*	–	–	–	–	–	–	–
Hermagor	117	353	183	56	24	164	31
Klagenfurt Stadt	12	46	29	16	1	20	19
Klagenfurt Land	308	985	482	234	65	480	127
St. Veit/Glan	185	708	346	227	48	291	105
Spittal	295	971	462	199	60	301	70
Villach Stadt	5	19	15	5	1	18	9
Villach- and	187	650	301	145	77	370	96
Völkermarkt	203	751	305	177	71	424	109
Wolfsberg	277	838	350	138	50	310	102
Kärnten	1.589	5.321	2.473	1.197	397	2.378	668
Bezirk	1990						
	männlich				weiblich		
	unter 35 Jahre	35 bis 55 Jahre	55 bis 65 Jahre	über 65 Jahre	unter 35 Jahre	35 bis 60 Jahre	über 60 Jahre
Feldkirchen	89	249	59	8	20	98	14
Hermagor	62	237	83	14	25	100	14
Klagenfurt Stadt	37	73	17	6	6	47	6
Klagenfurt Land	131	339	88	9	45	263	27
St. Veit/Glan	216	590	155	23	51	264	29
Spittal	235	665	233	20	72	219	34
Villach Stadt	10	65	33	7	6	37	12
Villach Land	100	344	115	11	56	233	33
Völkermarkt	190	396	143	11	74	338	35
Wolfsberg	222	646	193	16	69	205	36
Kärnten	1.292	3.604	1.119	125	424	1.804	240

* 1970 bei Klagenfurt Land mitgezählt.
Quelle: Land- und forstwirtschaftliche Betriebszählung 1970 38; Land- und forstwirtschaftliche Betriebszählung 1990 102 ff.

dardausrüstung eines milchproduzierenden Gutes. 9.600 Vollerwerbsbauern verfügten 1977 über 10.100 Anlagen,[81] eine ansehnliche Zahl.

Für die Betriebsstruktur blieb die Maschinisierung nicht ohne Folgen. Mit der Mechanisierung und Intensivierung der Agrarproduktion verlagerten sich die Kosten zusehends vom Personal auf Kapital. Agrarisches Wirtschaften war zu einer kostenintensiveren Angelegenheit geworden. Die größeren Betriebe stellten sich der Herausforderung und investierten in moderne Maschinen. 1992 beliefen sich die Bruttoanlageninvestitionen in landwirtschaftliche Maschinen und Geräte auf circa 543 Millionen Schilling.[82] Aber viele Hofbesitzer gerieten unter ökonomische Zwänge. Oft fehlte es am nötigen Kapital für Investitionen in großer Höhe, zumal nicht nur der Maschinenkauf, sondern auch der erhöhte Einsatz von Mineraldünger und Pflanzenschutzmitteln bei Ackerbau oder die Verwendung von Getreide und Kraftfutter bei der Viehhaltung entsprechende Finanzmittel erforderte. Die Agrarerträge fielen zu gering aus, der Wald lieferte nur unzureichend Kapital und Beihilfen wie Förderungen allein reichten nicht aus. Um am Markt bestehen zu können, war der Ausweg für finanzschwache Einzelbetriebe die gemeinsame Maschinenverwendung. Am Anfang stand die 1949 mit öffentlichen Mitteln unterstützte »Landesanstalt Kärntner Maschinenhilfe«, die sich »die Förderung der Landwirtschaft durch Einsatz größerer Landmaschinen in landwirtschaft-

Tabelle 28: Zahl der Landmaschinen 1953/1972

	1953	1972
Traktoren	1.677	15.089
Elektromotoren	18.094	30.437
Vergasermotoren	3.710	917
Dieselmotoren	1.356	987
Motormäher	1.834	–
Sämaschinen	1.651	1.658
Kunstdüngerstreuer	717	4.208
Stallmiststreuer	171	6.038
Bindemäher	383	–
Dreschmaschinen	15.692	–
Mähdrescher	21	591
Heuerntemaschinen	6.903	10.536
Gebläse	337	–
Ladewagen	–	3.866
Heubelüftungsanlagen	–	843
Gebläsehäcksler	760	9.269
Fördergebläse	–	2.640
Melkmaschinen	412	7.929

Quelle: Ergebnisse der Erhebung des Bestandes an landwirtschaftlichen Maschinen und Geräten im Jahre 1953, Heft 13 (= Beiträge zur österreichischen Statistik, hg. vom Österreichischen Statistischen Zentralamt, Wien 1954) 54–71; Ergebnisse der landwirtschaftlichen Maschinenzählung 1972 (= Beiträge zur österreichischen Statistik 341, hg. vom Österreichischen Statistischen Zentralamt, Wien 1974) 30–41.

Moderner
Rinderzuchtbetrieb
eines Krappfeld-Bauern

lichen Betrieben, die derartige Maschinen aus eigenem nicht beschaffen können oder für welche die Beschaffung unwirtschaftlich wäre«, zum Ziel gesetzt hatte.[83] Der Erfolg blieb nicht aus: Bis in die frühen Siebzigerjahre erlebte die Kärntner Landwirtschaft einen Maschinisierungsboom (Tabelle 28). Der Trend zur Vollmechanisierung erfasste die Feld- sowie die Stallarbeit, aber auch den Transport. Teils fielen die Steigerungen, wie etwa bei den Traktoren oder den Stallmiststreuern, exorbitant aus. Man schloss sich zu Maschinen- und Behelfsringen zusammen, deren Zahl kontinuierlich ausgeweitet

Tabelle 29: **Betriebsfläche (in Hektar) nach der Hauptnutzung 1990**

Bezirk	Betriebsfläche			
	gesamt	landwirt-schaftlich	forstwirt-schaftlich	unproduktiv
		genutzt		
Feldkirchen	49.476	24.766	23.463	1.247
Hermagor	67.751	26.640	32.867	8.244
Klagenfurt Stadt	25.614	6.012	12.754	6.848
Klagenfurt Land	66.407	22.511	37.232	6.664
St. Veit/Glan	127.734	48.448	76.144	3.142
Spittal	236.024	118.295	88.325	29.404
Villach Stadt	19.552	3.639	14.634	1.279
Villach Land	81.656	26.459	51.417	3.780
Völkermarkt	74.037	26.476	44.117	3.444
Wolfsberg	95.706	38.046	55.901	1.759
Kärnten	843.957	341.292	436.854	65.811

Quelle: Land- und forstwirtschaftliche Betriebszählung 1990 47 und 102–141.

wurde. 1992 zählte man bereits 23 mit 4.452 Mitgliedern. Insgesamt leisteten sie 306.223 Einsatzstunden.[84]

Von der Technisierung waren Pflanzenproduktion wie Viehzucht gleichermaßen tangiert. Noch immer bildete die landwirtschaftlich genutzte Fläche, auf der Viehhaltung betrieben und Getreide ausgesät wurde, die Haupteinnahmequelle für die Kärntner Landwirtschaft, wenngleich der flächenmäßige Anteil der Forstwirtschaft an der gesamten Betriebsfläche (1990: 436.854 Hektar) seit 1939 zugenommen hatte und den agrarisch genutzten Boden an Umfang deutlich übertraf (1990: 341.292 Hektar) (Tabelle 29). Waren in den Jahren der »Bewirtschaftung« nach 1945 die Bauern aufgrund der schwierigen Ernährungslage noch angehalten gewesen, die Marktfrüchteproduktion (Getreide, Kartoffeln, Zuckerrüben, Hülsenfrüchte, Feldgemüse), die Milch- und Schlachtviehproduktion sowie die Obstproduktion gleichermaßen zu steigern,[85] ging ab den späten Sechzigerjahren der Trend in Richtung Spezialisierung und Intensivierung. Einerseits wurde die Trennung zwischen Vieh- und Ackerwirtschaft schärfer, andererseits kam der Viehzucht, bei der vermehrt auf »rationale Techniken« zurückgegriffen wurde, ein höherer Stellenwert zu. Das Vieh, das so lange Zeit zum dörflichen Leben gehört hatte, verschwand aus dem Ortsbild. Die auf der Wiese sich tummelnden Schweine gehörten der Vergangenheit an. Ebenso wurden in den Intensivviehzucht betreibenden Gütern die Rinder nicht mehr auf die Weiden getrieben – der Stall wurde zur »Viehweide«.

Aufgrund der Tatsache, dass zwei Drittel der landwirtschaftlich nutzbaren Fläche in den Produktionsgebieten Hochalpen und Alpenostrand lagen, wo das nur von Raufutterfressern genutzte »absolute Grünland« dominierte, rückte die Rinderhaltung als die effizienteste Nutzungsmöglichkeit vor die Schweine- und Pferdehaltung an erste Stelle.[86] Schafzucht, aber auch Ziegenhaltung spielten eine untergeordnete Rolle. Einhergehend mit der Verbesserung der Futtergrundlage durch den vermehrten Anbau von Silomais, erhöhte sich der Rinderbestand (Tabelle 30). 1990 wies die amtliche Statistik 221.660 Rinder, davon 78.747 Kühe aus. Schweine zählte man 194.164. Vergleicht

Rinderzucht im Berggebiet bei Mallnitz

Tabelle 30: Nutztierbestand nach flächenmäßigen Größenstufen 1970–1990

1970						
Größenstufen	Pferde	Rinder	davon Kühe	Schweine	Schafe	Ziegen
unter 2 ha	85	2.639	2.147	6.898	270	1.269
2–5 ha	290	6.780	4.731	11.013	491	504
5–20 ha	2.148	50.017	23.447	58.552	2.480	386
20–100 ha	3.606	124.137	42.388	99.993	10.500	363
über 100 ha	466	24.179	6.672	15.166	2.399	167
Gesamt	6.595	207.752	79.385	191.622	16.140	2.689
1980						
unter 2 ha	71	1.513	1.013	4.140	679	433
2–5 ha	217	6.416	3.453	11.247	1.317	466
5–20 ha	1.114	46.993	18.382	67.182	5.085	586
20–100 ha	2.676	139.401	43.399	107.253	11.357	556
über 100 ha	556	36.647	6.450	20.966	2.866	105
Gesamt	4.634	230.970	72.787	210.788	21.304	2.146
1990						
unter 2 ha	150	1.444	602	1.920	2.621	550
2–5 ha	208	4.961	2.499	6.711	4.303	548
5–20 ha	966	43.066	16.640	46.808	11.961	719
20–100 ha	1.765	148.341	50.830	127.615	13.080	637
über 100 ha	77	23.848	8.176	11.110	2.003	74
Gesamt	3.166	221.660	78.747	194.164	33.968	2.528

Quelle: Land- und forstwirtschaftliche Betriebszählung 1970 72 f.; Land- und forstwirtschaftliche Betriebszählung 1980 86 f.; Land- und forstwirtschaftliche Betriebszählung 1990 84 f.

man den Viehbestand des Jahres 1990 mit jenem von 1970, ist zu erkennen, dass sich die Zahl der Nutztiere pro Betrieb erhöhte: am stärksten bei Rindern von 6,8 (1970) pro bäuerlicher Wirtschaft auf neun (1990), bei Kühen von 2,6 (1970) auf 3,2 (1990) und bei Schweinen von 6,3 (1970) auf 7,9 (1990). Das lag daran, dass die großbäuerlichen Betriebe (20 bis 100 Hektar) die Rinder- und Schweinemast intensiviert hatten. Entfielen 1970 auf einen Betrieb dieser Größenklasse 14 Rinder und 11,3 Schweine, waren es 1990 17,8 bzw. 15,3. Der »Kärntner Almochse« mit seinem langsam gereiften Fleisch wurde zu einem Markenbegriff. Dagegen verringerten die Zwerg-, Klein- und Mittelbetriebe ihren Viehbestand.

Obwohl sich die Zahl der rinderhaltenden Betriebe ständig verminderte, blieb – kleinere übliche Schwankungen vernachlässigt – die Rinderzahl konstant bzw. erhöhte sich geringfügig. Standen 1950 in den Kärntner Ställen etwa 200.000 Rinder, waren es 1990

221.260 Stück. Das war ein Plus von 10,6 Prozent. Das Ergebnis war, dass die Kärntner Bauern mehr Rinder züchteten, als im Lande gebraucht wurden. Das bestehende Überangebot an Zucht-, Nutz- und Schlachtrindern musste durch staatlich gestützte Ausfuhren, insbesondere nach Italien, Deutschland und die Niederlande, abgebaut werden.[87] Mit ähnlichen Überschussproblemen hatte die Milchwirtschaft zu kämpfen. Verbesserte Fütterungsmethoden und Zuchterfolge – unterstützt von der in der Zwischenkriegszeit geschaffenen »Milchmarktordnung« – hatten nach 1945 die Milchproduktion in die Höhe schnellen lassen. 1960 stellte sich ihr Anteil an der Agrarproduktion im Produktionsgebiet der Hochalpen bei den Gründlandwirtschaften mit 43,9 Prozent und den Grünland-Waldwirtschaften mit 40,5 Prozent dar.[88] Selbst der Versuch einer »Milchkontingentierung« beseitigte die Milchschwemme und den »Butterberg« nicht. Weniger Kühe lieferten mehr Milch an die Molkereien. Binnen eines halben Jahrhunderts hatte die Milchleistung pro Kuh um 120 Prozent zugenommen. 1999 erreichten 23.520 Kühe eine durchschnittliche Milchleistung von 5.855 Kilogramm Milch mit 4,2 Prozent Fettgehalt.[89]

Der Bestand der übrigen Nutztiere unterlag deutlicheren Schwankungen als die Rinderhaltung. Das gilt für Schwein, Pferd, Schaf und Ziege in gleicher Weise. Die Schweinezucht war in den ersten Nachkriegsjahren aus Mangel an adäquaten Kraft- und Eiweißfuttermitteln vorwiegend auf Selbstversorgung ausgerichtet gewesen. Nach Beseitigung des Futtermangels in Folge der Marshall-Hilfe nahm die Schweinehaltung eine rasante Aufwärtsentwicklung. Bald wurde sie neben der Rinderhaltung zu einem zweiten Standbein für viele bäuerliche Wirtschaften. Ähnlich wie in anderen Bereichen war die Produktion vom »Schweinezyklus« bestimmt und somit beträchtlichen Schwankungen unterworfen. 1945 hatte der Schweinebestand nur noch 44 Prozent des Bestandes des Jahres 1939 betragen. 1951 wurden mit 207.944 Stück erst 88 Prozent des Niveaus von 1938 (235.036 Stück) erreicht. 1960 lag man erstmals mit 245.391 Schweinen wieder über den Zahlen von 1939. In den folgenden Jahrzehnten gab es eine Auf- und Abwärtsbewegung wie bei keiner anderen Nutztierart. Nach einem Höchststand

Bio-Schweinezuchtbetrieb bei Maria Saal

1983 (250.603 Stück) wies die Produktion, die sich mit der Mästung des »Bratenschweines« an Stelle des »Fettschweines« auf die neuen Essgewohnheiten eingestellt hatte,[90] einen rückläufigen Trend auf. Die Zahl der Schweinezuchtbetriebe und der Schweinebestand fielen wieder auf den Stand der Siebzigerjahre zurück. In den stärksten Nachfragezeiten während der Sommersaison konnte der Landesbedarf an Mastschweinen und Ferkeln von den heimischen Betrieben nicht gedeckt werden. Kärnten war von Zulieferungen aus anderen Bundesländern abhängig.[91]

Nur mehr eine marginale ökonomische Bedeutung hatten die Pferde- und Schafzucht, das Halten von Ziegen war eine agrarische Extravaganz, weil ohne großen ökonomischen Wert. Auch die Schafzucht wurde an der Wende zum 21. Jahrhundert teils aus Liebhaberei, teils als Alternative zur traditionellen Kuhmilchwirtschaft betrieben. Das Pferd mit dem Aushängeschild des »Norikers« hatte mit dem Aufkommen der Motorisierung als Arbeits- und Zugtier ausgedient. Seit 1950 gingen die Bestandszahlen erheblich zurück. Die »große Zeit des Pferdes« in der Landwirtschaft näherte sich ihrem Ende. 1990 wurden nur mehr 3.166 Pferde gezählt. Der leichte Anstieg der Pferdebestände im Verlaufe der Neunzigerjahre – 1992 zählte man wieder 5.436 Stück – resultierte nicht aus einer Bedeutungszunahme für die agrarischen Arbeiten, sondern war Ausdruck der zunehmenden Verbreitung des Pferdes für Freizeitaktivitäten. Eine industrialisierte Geflügelzucht in Form von Hühnerfarmen entwickelte sich erst nach 1970. Als Folge der Intensivierung nahmen die Viehzahlen und die Produktivität je Betrieb in Summe zu. Zwischen 1970 und 1990 kam es in der Kategorie der Großbetriebe (mehr als 100 Hektar) bei Rindern zu einer Vervierfachung der Stückzahl pro Betrieb (1970: 8,1 Stück pro Betrieb; 1990: 34,2 Stück pro Betrieb), während es in den anderen Größenklassen nur eine geringfügigere Zunahme gab. Diese hatten das Hauptaugenmerk ihrer züchterischen Aktivitäten auf die Schweinezucht gerichtet.

In der Ackerwirtschaft, die auf einer immer kleiner werdenden Fläche (Tabelle 31) immer mehr produzierte, ging die Betriebszahl weniger stark zurück. Dennoch blieb das Ackerland auf die Gebiete in den Ebenen beschränkt. Die Hauptackergebiete befanden sich in den tiefen Lagen des östlichen Kärntner Beckens, auf das sich 1990 61,8 Prozent der gesamten Ackerfläche des Landes verteilten und wo in manchen Gemeinden über 50 Prozent der Nutzflächen der Ackerwirtschaft zuzurechnen waren. In den Produktionsgebieten der Hochalpen und des Alpenostrandes wurde weniger Ackerbau betrieben. Lediglich das Lurnfeld in Oberkärnten bildete eine Ackerbauoase. Die bis zum Ende der Sechzigerjahre andauernde Ausdehnung der Ackerflächen, die noch unter den Vorzeichen der Brotgetreide- und Kartoffelproduktion zur Nahrungssicherung vor sich ging, war ein Ergebnis von Parzellenzusammenlegungen. Aber auch die technischen Neuerungen bei den landwirtschaftlichen Geräten, welche für eine effizientere Nutzung großflächige Ackerböden voraussetzten, sowie eine wachsende Nachfrage machten eine Expansion der Ackerflächen erforderlich. 1960 erreichten diese mit einem Umfang von 92.313 Hektar das Maximum. In den Jahrzehnten danach ging unter den Vorgaben der Agrarpolitik, die angesichts der Überschüsse auf eine Drosselung der Getreideproduktion hinarbeitete, die Ackerfläche etappenweise zurück: von 1960 bis 1970 um 6 Prozent, von 1970 bis 1980 um 8 Prozent und von 1980 bis 1990 um 10,6 Prozent,

Tabelle 31: Ackerland (in Hektar) 1980/1990

Bezirk	1980	1990
Feldkirchen*	–	3.234
Hermagor	4.129	3.298
Klagenfurt Stadt	2.751	2.897
Klagenfurt Land	15.088	11.029
St. Veit/Glan	13.212	12.261
Spittal	10.325	7.624
Villach Stadt	1.190	1.178
Villach Land	6.318	5.223
Völkermarkt	14.613	14.288
Wolfsberg	12.094	10.252
Kärnten	79.720	71.284

* 1980 bei Klagenfurt Land mitgezählt.
Quelle: Land- und forstwirtschaftliche Betriebszählung 1980 46; Land- und forstwirtschaftliche Betriebszählung 1990 54.

wovon in erster Linie der Bezirk Spittal betroffen war (Tabelle 31). Hier verzeichnet die Statistik von 1980 bis 1990 ein Minus von 26,2 Prozent. Binnen dreißig Jahren hatte sich der Anteil der Ackerfläche am selbst bewirtschafteten Kulturland um fast die Hälfte reduziert (1960: 42,9 Prozent; 1990: 20,9 Prozent) und war zu einer Domäne der Großbauern des Zoll- und Krappfeldes geworden. Es waren die Großbauern, die ihre Äcker stetig vergrößerten. Belief sich 1970 die durchschnittliche Ackerfläche eines Großbauern auf 13,08 Hektar, waren es 20 Jahre später schon 17,31 Hektar.[92]

Im Anbau hatte sich ein weit reichender Wandel vollzogen. Das Getreide (Weizen, Roggen, Hafer) verlor große Anteile. Nur bei der Gerste, die vermehrt für die Schweinemast gebraucht wurde, vergrößerte man die Anbauflächen. Auch wurden Früchte mit einem hohen Arbeitsaufwand wie Rüben und Kartoffeln verdrängt oder ersetzt (Tabelle 32). Sie wurden wie die »alternativen« Pflanzen zu einer Spezialkultur für einen kleinen Produzentenkreis. Neue Feldfrüchte wie der Silomais wurden großflächig angebaut. Das Zeitalter der »Maisrevolution« mit neuen Hybridsorten veränderte das Erscheinungsbild der Kärntner Äcker.[93] Getreidefelder waren weniger zu sehen. Die Silowirtschaft bedeutete eine wesentliche Vereinfachung der Futterbereitung. Explosionsartig hatten sich binnen dreier Jahrzehnte die Maisanbauflächen ausgeweitet. 1960 wurden auf 4.321 Hektar Körner- wie Silomais ausgesät. 1990 hatte sich die Fläche versiebenfacht und umfasste 29.981 Hektar (davon 13.042 Silomais).[94] Selbst in der »Kornkammer« des Landes, den Bezirken des Kärntner Beckens, übertraf der Mais-, welcher arbeits- und kostensparender angepflanzt wie geerntet werden konnte, den Getreideanbau (Tabelle 33), welcher einen höheren Einsatz von Düngung und Maschinen erforderte. Der an das Stallgebäude angebaute »Siloturm« wurde zu einem Wahrzeichen in den ländlichen Regionen.

Maisanbau und -ernte am Zollfeld

Tabelle 32: Pflanzenanbau auf dem Ackerland 1960/1990

Pflanzenart	1960	1990
Winter- und Sommerweizen	9.731	3.095
Winter- und Sommerroggen	6.597	1.211
Wintermenggetreide	305	4.880
Winter- und Sommergerste	8.017	13.507
Hafer	8.503	2.748
Sonstiges Getreide zur Körnergewinnung	1.091	21
Hülsenfrüchte zur Körnergewinnung	241	1.735
Kartoffeln	11.089	1.245
Zuckerrüben	222	21
Futter-, Kohlrüben, Futterkohl	2.181	104
Körner- und Silomais	4.321	29.981
Feldgemüseanbau	114	166
Ölpflanzen	170	314
Industriepflanzen	62	0
Rot-, Weiß- und Schwedenklee	303	104
Luzerne	1.924	106
Kleegras	8.431	1.464
Sonstiges Feldfutter (Grünmais, Hülsenfrüchte u. a.)	1.410	245
Egärten	31.782	8.473
Gründüngung/Brachflächen	595	2.105

Quelle: Land- und forstwirtschaftliche Betriebszählung 1960 122 f.; Land- und forstwirtschaftliche Betriebszählung 1990 48–54.

Tabelle 33: Getreideanbaufläche (in Hektar) 1990

Bezirk	1990				
	Weizen	Roggen	Gerste	Hafer	Mais
Feldkirchen	116	61	621	263	1.736
Hermagor	42	11	330	52	1.149
Klagenfurt Stadt	92	33	479	109	883
Klagenfurt Land	575	133	2.317	338	5.268
St. Veit/Glan	825	309	2.786	776	5.354
Spittal	126	100	1.088	160	2.061
Villach Stadt	59	32	258	63	474
Villach Land	213	47	1.053	242	2.114
Völkermarkt	490	183	3.032	542	6.518
Wolfsberg	556	301	1.542	204	4.422
Kärnten	3.094	1.210	13.506	2.749	29.979

Quelle: Land- und forstwirtschaftliche Betriebszählung 1990 48 f.

Ungeachtet des Rückgangs der Ackerflächen waren die Hektarerträge der Feldfrüchte von 1960 bis zum Ende des 20. Jahrhunderts gewaltig angestiegen: bei Weizen von 1,9 auf 4,9 Tonnen, bei Brotgetreide von 1,8 auf 4,7 Tonnen, bei Hafer von 1,9 auf 3,9 Tonnen, bei Gerste von 3 auf 9,6 Tonnen und bei Silo- und Grünmais von 40,9 auf 48,7 Tonnen.[95] Das waren Produktions- und Produktivitätserfolge.

V. Am (vorläufigen) Ende eines langen Weges …

Am Ende des 20. Jahrhunderts hatte die Landwirtschaft, die im Vergleich zu den beiden anderen Sektoren den einschneidendsten Wandel erfahren hatte, an Kärntens Wirtschaft aufgrund einer starken und anhaltenden Schrumpfung nur mehr einen sehr geringen Anteil. Dennoch war das südlichste Bundesland keine moderne Industriegesellschaft geworden, sondern in seinen Grundstrukturen und Mentalitäten nach wie vor ein »Bauernland« mit einer »peasant society«.[96] Was seitens der Sozial- und Kulturanthropologie als Kennzeichen einer »peasant society« theoretisch formuliert wurde, galt – mit Einschränkungen – auch für Kärnten. Die bäuerlichen Haushalte hatten sich von der Subsistenzwirtschaft verabschiedet und den Übergang zu einer Spezialisierung in der Produktion vollzogen. Vielfach kamen sie aber über einen semi-autonomen Status nicht hinaus: Sie betrieben bis zu einem gewissen Grad noch immer Selbstversorgungswirtschaft, orientierten sich aber zunehmend in Richtung Vermarktung und Handel. Man hatte erkannt, dass die Überlebenschancen nur in der Überwindung der kleinräumigen, auf sich selbst bezogenen Produktion und der geringen Einbindung in überregionale Märkte lagen.[97]

Der Einstieg in eine Form von »industrialisierter Agrarwirtschaft« mit den parallel zueinander ablaufenden und miteinander verbundenen Entwicklungstendenzen agrartechnologische Innovation, Kapitalisierung der Produktion sowie sektorale und regionale Konzentration wurde in kleinen Schritten vollzogen.[98] Das führte zu einer dynamischen Entwicklung und einem Strukturwandel. Das bäuerliche Wirtschaften begann sich auf die marktorientierte Produktion von agrarischen Rohstoffen, die zur industriellen Weiterverarbeitung gelangten, umzustellen. An die Stelle der einstigen Vielfalt von Ackerfrüchten und Viehrassen traten wenige marktgängige Sorten. Von einer industriemäßigen Produktion mit den neuen Formen der Betriebsorganisation war man aber noch entfernt. Zugleich erfolgte aufgrund von Standortvorteilen eine regionale Konzentration der Intensivlandwirtschaft auf den Raum des Kärntner Beckens. Hier kam es zu einer Verdichtung der Erzeugung landwirtschaftlicher Rohstoffe. Dagegen ging in den agrarischen Extensivgebieten Oberkärntens und des Lavanttals mit ihren strukturellen Nachteilen die Produktion zurück.

Gleichfalls semi-autonom waren die Bauernfamilien und die Dorfverbände geblieben. Im kulturellen Bereich bestand bis zum Ende des Jahrhunderts neben einer städtischen Hochkultur eine bäuerliche Volkskultur weiter.[99] Mit dem Wegfall der den ländlich-dörflichen Charakter so lange prägenden »Dreifaltigkeit« von Lehrer, Pfarrer und Arzt hatten sich nach der Jahrhundertmitte, einhergehend mit dem agrarstrukturellen Wandel, auch die bäuerliche Lebenswelt und der bäuerliche Hof grundlegend verändert. Die Agrarsiedlung hatte ein neues Gesicht erhalten. Wie das alte Dorf aus der Landschaft verschwand, gab es auch den alten Bauernhof immer seltener. Alte Hofformen, wie etwa der Haufenhof, wurden durch neue, wie den Paarhof, ersetzt. Holzbauten wichen Ziegelbauten. So manches Nebengebäude auf den Wiesen, Weiden und Almen wurde funktionslos und dem Verfall preisgegeben. Alte Lebensstile, Denkmuster, Werthaltungen und gesellschaftliche Normen begannen sich zu überleben.

Bauernhof im oberen Drautal in den Neunzigerjahren

Tabelle 34: Haushaltsgeräte in bäuerlichen Haushalten 1953/1973

	Waschmaschinen		Geschirrspüler		Elektroherde		Kühlschränke	
	1953	1972	1953	1972	1953	1972	1953	1972
Feldkirchen	22	1.062	0	63	10	518	13	649
Hermagor	15	1.359	0	56	17	616	6	805
Klagenfurt Stadt	4	104	0	11	0	71	1	90
Klagenfurt Land	50	2.846	0	125	23	1.422	35	1.930
St. Veit/Glan	67	1.974	0	90	15	943	65	1.213
Spittal	85	2.987	0	119	15	1.713	46	1.714
Villach Stadt	2	80	0	3	5	81	1	59
Villach Land	86	2.119	0	71	18	1.316	36	1.403
Völkermarkt	30	2.409	0	41	5	1.326	25	1.445
Wolfsberg	66	2.499	0	41	6	1.009	46	1.497
Kärnten	427	17.439	0	620	114	9.015	274	10.805

Quelle: Ergebnisse landwirtschaftliche Maschinen 1953 71; Landwirtschaftliche Maschinenzählung 1972 41.

Tabelle 35: Ausstattung der Wohngebäude 1990

	1	2	3	4	5	6
Feldkirchen	1.332	706	443	61	28	148
Hermagor	2.013	1.053	819	45	12	240
Klagenfurt Stadt	579	420	116	13	5	80
Klagenfurt Land	2.672	1.547	780	133	35	376
St. Veit/Glan	2.551	1.310	910	234	47	272
Spittal	4.112	1.198	1.693	176	55	385
Villach Stadt	480	306	132	34	3	39
Villach Land	3.266	1.811	1.177	156	28	436
Völkermarkt	2.955	1.632	826	113	39	541
Wolfsberg	3.043	1.888	681	163	45	388
Kärnten	23.003	11.871	7.577	1.128	297	2.905

1 = Betriebe insgesamt.
2 = Fließwasser, Zentralheizung, Bad/Dusche und Wasserklosett.
3 = Fließwasser, Bad/Dusche und Wasserklosett.
4 = Fließwasser und Wasserklosett.
5 = Ohne Fließwasser.
6 = Ohne Telefon.
Quelle: Land- und forstwirtschaftliche Betriebszählung 1990 97.

Vieles aus dem bäuerlichen Alltag erhielt die Patina der Bürgerlichkeit. So glichen sich die bäuerlichen Hauswirtschaften in der Ausstattung der eines (klein)bürgerlichen Stadthaushaltes an: Nahezu jedes bäuerliche Wohnhaus verfügte über den Komfort einer bürgerlichen Wohnung. Elektrohaushaltsgeräte wie Waschmaschine, Geschirrspülmaschine, Herd, Kühlschrank, Gefriertruhe und der Fernsehapparat gehörten immer mehr zum selbstverständlichen Haushaltsinventar (Tabelle 34). Der alte, meist beim Stall, abseits des Bauernhauses stehende, aus Brettern gefertigte Abort (»Häusl«) war verschwunden. Das Fließwasser zum Waschen und Kochen war direkt in das Haus eingeleitet worden. 51,6 Prozent der Wohngebäude waren mit Fließwasser, Zentralheizung, Bad/Dusche und Wasserklosett ausgestattet (Tabelle 35). Der Telefonanschluss gehörte zum Standardinventar fast eines jeden Hofes. Gleichzeitig buken immer weniger Bauern selbst Brot oder stellten Milchprodukte her. Dafür kaufte man in den Supermärkten industriell gefertigte Waren. Auch der Bauer, der sich noch Kleinvieh hielt, der Getreide anbaute und der noch kein Viehzuchtspezialist war, verschwand.

Während der Deagrarisierungsprozess in den Neunzigerjahren noch nicht einmal abgeschlossen war, lebte die bäuerliche Welt bei so manchem in Gedanken, wenn auch ambivalent, weiter. Der Schriftsteller Josef Winkler erinnert sich an seine Jugendtage im ländlich-bäuerlichen Milieu: »Als Kind ging ich öfter mit einer Decke in die Auen und legte mich in einem Getreidefeld schlafen. Wenn ich länger in dieser Stadt lebe, beginne ich noch einmal, Erde zu essen. Ich ertrage den Stadtlärm nicht, wie ich damals im Dorf den Lärm der landwirtschaftlichen Maschinen nicht leiden konnte. Es ekelte mich jedesmal an, wenn ein Bauer eine neue Maschine gekauft hatte und wenn sonntags nach der Messe alle Bauern um diese Maschine herumstanden und sie wie eine Statue betrachteten.« Dennoch erwuchsen Sehnsüchte der Rückkehr auf das Land und ließen in ihm den Entschluss reifen: »Ich werde aufs Land zurückkehren, auf die Berge meiner Kindheitsumgebung, und von dort das Heimattal betrachten«.[100]

Ursula J. Neumayr

Unter schneebedeckten Bergen

Landwirtschaft im Pinzgau 1890 bis 1990

In zwei historischen Arbeiten jüngeren Datums fand die Landwirtschaft des Pinzgaus wegen regionaler Besonderheiten Beachtung: Ernst Hanisch wies auf die Pinzgauer Bauernkönige hin, die ökonomisch, politisch und sozial manchmal ganze Täler beherrschten, Norbert Ortmayr auf die durch den hohen Gesindeanteil und die beschränkten Heiratsmöglichkeiten bedingten hohen Ledigen- bzw. Unehelichkeitsraten der Region.[1] Ziel dieses Beitrages ist es, die vorhandenen Bilder um einige Mosaiksteine

Wolf Wiesinger: »Pinzgauer Höfe«, 1993

zu erweitern und dem Phänomen »Gebirgslandwirtschaft« am Beispiel Pinzgau nachzuspüren.

Historischer Ausgangspunkt sind die 1890er-Jahre – die Einschnitte der Moderne gestalteten sich, wie dies der Gutsverwalter Dr. Gustav Ruhland so drastisch formulierte, tief greifend: »Im Gebirge werden die Höfe thälerweise aufgekauft. [...] Da muss der Bauer weichen.« Unter den schneebedeckten Bergen, so Ruhland weiter, hatten sich die altbäuerlichen Sitten und Anschauungen bis dahin weit ursprünglicher erhalten als in der Ebene. Deshalb sei der Kampf der Ideen in diesen Regionen auch ungleich gewaltiger – »wenn die moderne Macht des Kapitals eingreift [und] alles zur Waare macht [...]«.[2] Zwar war die Pinzgauer Bevölkerung in diesem Zeitraum noch eine enorm sesshafte – von 1.000 im Bezirk Geborenen waren 891 auch dort wohnhaft –, doch spätestens ab der Jahrhundertwende setzten Änderungen der landwirtschaftlichen Besitz- und Betriebsstruktur, der Einsatz arbeitssparender Maschinen und Techniken sowie die Abwanderung landwirtschaftlicher Arbeitskräfte die bestehende Gesellschaftsordnung in fortan unaufhaltsame Bewegung. Mit dem Ausbau des Genossenschaftswesens, insbesondere der Gründung der Zuchtvereine, der Einrichtung ländlicher Kreditgenossenschaften – um 1900 hatte fast jeder Pinzgauer Zentralort »seine« Raiffeisenkasse – und den zahlreichen Produktausstellungen gab man zu verstehen, dass man die Zeichen der modernen Zeit verstanden hatte. Um die Jahrhundertwende erfolgte auch die politische Mobilisierung der bäuerlichen Bevölkerung: »Wir sind im Politischen nicht dazu bestimmt, leere Nullen ohne Wert und Geltung zu sein«, zeigte sich 1870 der regionale konservative Verein in Mittersill überzeugt, »denn wer drein zahlt, hat auch drein zu reden.«[3]

Den zeitlichen Endpunkt der Betrachtungen bilden die 1990er-Jahre mit der Integration in den europäischen Markt. Damit ist der Bogen gespannt vom Bekanntwerden der regionalen Landwirtschaft mit den Mechanismen des Weltmarktes bis hin zum Aufgehen in denselben.

Methodisch gesehen wird Anleihe genommen bei Roman Sandgrubers Arbeiten zur Agrarrevolution, die wirtschaftlich-sozial-politische Veränderungen des Agrarbereichs zum einen, produktionstechnische Umwälzungen zum anderen beschreiben.[4] Der erste Abschnitt reflektiert zudem die von Ernst Hanisch eingeführte Triade Politik – Wirtschaft – Lebenswelt sowie die Erkenntnisse der Post-Peasant-Studies.[5] Bestehende Agrargeschichten gehen häufig vom Paradigma einer jahrhundertelang weitgehend unveränderten Kontinuität bäuerlicher Lebens- und Wirtschaftsweisen aus, Traditionslinien werden mitunter bis zur Sesshaftwerdung der Menschheit gezogen, entscheidende Einschnitte dann mit Mitte des 20. Jahrhunderts gesetzt. Eine derart lineare historische Betrachtungsweise übersieht allerdings, dass Zeitgenossen früherer Jahrzehnte die Herausforderungen ihrer Zeit vermutlich als ebenso sehr – oder aber ebenso wenig – »revolutionär« empfunden hatten wie später die Nachkriegsgeneration das häufig zitierte »Wunder der Fünfzigerjahre«. Um diesem Aspekt gerecht zu werden, zeichnet der erste Teil sechs Bilder agrarer Lebenserfahrung von jeweils unterschiedlicher Zeitdauer: Die Maßnahmen zur Rationalisierung der landwirtschaftlichen Arbeit im Betrieb des Industriellen Hermann Schmidtmann an der Wende zum 20. Jahrhundert, die Erfahrung von Landflucht und Abwanderung, die Schwierigkeiten der Kriegs- und Nachkriegsjahre, verschiedene Trends der Produktionsspezialisierung sowie die regional Gewinn bringende Symbiose Landwirtschaft und Fremdenverkehr werden hier ihren Raum finden. Daran anknüpfend interessieren Veränderungen in den landwirtschaftlichen Produktionstechniken: Wie rasch und wie ausgeprägt die Dinge »unter den schneebedeckten Bergen« des Pinzgaus in Bewegung gerieten, zeigen Überblicke zur Entwicklung der Landwirtschaft im Verhältnis zum Sekundär- und Tertiärsektor, regionale Veränderungen der Flächennutzung, der Besitz- und Beschäftigtenstruktur, der jeweiligen Produkte sowie Abrisse zur Geschichte der für den Pinzgau so zentralen Viehwirtschaft einschließlich jener der Almwirtschaft, ferner des Ackerbaus und des regionalen Obst- und Gemüsebaus. Die Bedeutung von Waldwirtschaft und Jagd hingegen müssen hier ausgespart bleiben.

I. Lebenswelt Gebirgslandwirtschaft

»Man wirtschaftet fast taktmäßig nach dem alten Herkommen, ruhig, unbekümmert, ob Vortheil oder Nachtheil, besser bezeichnet, diese Tätigkeit gleicht einem instinktmäßigen Bewegen der Arme«, steht in einem Bericht aus Mittersill von 1871 an die Landesregierung, einem Bericht, der den Pinzgauern Ende des 19. Jahrhunderts einen stark konservativen Geist bescheinigt.[6]

Der Eibinghof in Saalbach, 1952

»Von den meisten deutschen Gauen zeichnet sich der Pinzgau durch seine natürliche Abgeschlossenheit vom Verkehre aus«, schrieb 1897 der Aachener Oberlehrer Dr. Wilhelm Schjerning in seinen Beobachtungen, »erst seit 20 Jahren durchzieht ein Schienenstrang einen Teil des Gaues. Eine solche abgeschlossene Stellung [...] hat zur notwendigen Folge eine eigentümliche Entwicklung seiner Bewohner.«[7] Schjerning weiter: »Obgleich es im Pinzgau überall gescheite und sogar findige Menschen gibt, die sich in neue Verhältnisse leicht zu schicken und kleine und große praktische Einrichtungen sich schnell zu nutze machen wissen, (so) ist der Charakter des Pinzgauers doch wesentlich konservativ.« Scheint die Pinzgauer Bevölkerung demnach zwar praxisorientiert gewesen zu sein, so entsprach ihre Wirtschaftsweise nicht den Forderungen der Zeit: An der »Art und Weise [...] Zäune zu bauen«, schrieb Schjerning, den »mannigfachen sinnreichen Vorrichtungen, [um] die Thüren der Zäune selbstthätig zu schliessen, [den] eigenartig gekrümmten und ungelenk aussehenden [...] Ruder[n] für die Flachboote auf dem Zeller See, [sowie] zahlreiche[n] andere[n] Einrichtungen, [an all dem wird] zäh festgehalten«, und das »trotz des großen Holzverbrauches«.[8] Die landwirtschaftliche Produktionsweise beurteilte Schjerning positiver: »Gerade mustergültig ist die Behandlung des Heues. Das Gras wird nicht erst, wie in benachbarten Gauen, auf Stangen, Reiter oder dergleichen zum Trocknen gebracht, sondern durch häufiges Wenden, Verbringen in kleinen Häufchen über Nacht und sofortiges Wiederzerstreuen am folgenden Morgen in kurzer Zeit gut lufttrocken gemacht.« Jedoch: »Der Pinzgauer Bauer [ist] nur bei der Heubehandlung ein Musterlandwirt. Es fehlt noch vielfach eine rationale Ausnutzung des Düngers, eine fast überall mit geringen Kosten einzurichtende Berieselung der Wiesen und die Verbesserung des in den Egärten gewonnenen Heues durch Einsaat von Futterkräutern [...]. Es ist [ferner] fraglich, ob bei den heutigen Produktions- und Verkehrsverhältnissen nicht doch schon ein zu großer Teil des Bodens zum wenig lohnenden Getreidebau verwendet wird.«[9]

Dr. Ruhland, Verwalter der in den 1890er-Jahren arrondierten Schmidtmann'schen Besitzungen in Saalfelden, schlug einige Jahre zuvor noch weit kritischere Töne an. Seine Darstellungen geben Einblick in die Palette der Probleme, die sich für die Bevölkerung der Region im Zuge der Einführung neuer Produktionsstrategien ergaben. Drei Dinge, so Ruhland, brüskierten die Pinzgauer an der Vorgangsweise des Industriellen Hermann Schmidtmann: »Einmal die Thatsache, dass der neue Besitzer kein Oesterreicher, sondern ein Deutscher, also ein Ausländer war, dann die Thatsache, dass er gleichzeitig der protestantischen Confession angehörte [...]; und endlich die allgemeine Ueberzeugung, dass es sich um eine fortgesetzte Reihe von Neuerungen handle.« Neuerungen, so der Vorwurf Ruhlands, wurden nicht nur von den direkt Betroffenen abgelehnt – die Ablehnung ging von der gesamten Dorfgemeinschaft aus und sie war eine grundsätzliche: »Der *Preusse* und der *Lutherische* waren für die katholischen Pfarrer und ihren Anhang ein Dorn im Auge [...] und in der Wahl der Mittel war man, zu Anfang wenigstens, nicht immer wählerisch [...] Die opinio comunis [...] war umso wirkungsvoller, als der Bevölkerung jeder Maasstab fehlte für die Macht und den Reichthum, die in ihrer Mitte begannen, mit ihrer Initiative einzusetzen.« »Die aggressive Bewegung«, klagte Ruhland, »reichte denn auch von den Bauernwirthshäusern und den verschiedenen Dorfkanzeln durch den Salzburger Landtag und den Landesausschuss bis hinauf zum österreichischen Reichsrath und dem verantwortlichen Ackerbauminister.« Das Verhalten der unteren Lokalbeamten schien Ruhland durchaus nachvollziehbar – »weil sie ihr ganzes Dienstalter hindurch ihr Benehmen auf den Verkehr mit den ›dummen Bauern‹ eingerichtet hatten«. Dass höhere Stellen ähnlich reagierten, erklärte er sich damit, dass sie ihre Information von den unteren Organen bezogen. Der Widerstand der Lokalbevölkerung blieb nicht ohne Auswirkungen auf den neu gegründeten Betrieb: Unter Einfluss »dieser fast allgemeinen Anfeindungen«, berichtet Ruhland, mussten Arrondierungen an einzelnen Punkten ganz aufgegeben werden, man verweigerte entweder den Verkauf rundweg oder verlangte exorbitante Preise. Zumindest in diesem Bereich scheinen die Pinzgauer den Marktmechanismus verstanden zu haben.

Auch in der Frage der Personalfindung ergaben sich für den nach neuen Kriterien geführten Betrieb nicht unbedeutende Schwierigkeiten. Die Betriebsleitung hielt Lokalkenntnisse für eines der wichtigsten Qualifikationserfordernisse, weshalb man sich vor allem unter den bisherigen Besitzern nach geeigneten Verwaltern umzusehen begann. Der Erfolg allerdings, klagt Ruhland, zeigte, »dass das nicht das rechte Holz war, aus dem man solche Beamten schnitzt«. Als unzureichend schien Ruhland nicht nur das Ausmaß an vorhandener Erfahrung, sondern auch die grundsätzliche Fähigkeit der Bevölkerung, neuen Anforderungen gerecht zu werden: »Ihre umfassende Kenntnis der früheren Verhältnisse sorgte zwar dafür, dass auf allen wichtigeren Punkten der Anschluß an das Bestehende in der Entwicklung nicht versäumt wird […], die Kenntnis der Organisation und der strafferen Disziplin eines landwirtschaftlichen Grossbetriebes geht ihnen [aber] vollständig ab.« Damit nicht genug: »Die Übersicht auf einen vielfach größeren Betrieb, als sie ihn bisher gewohnt waren, übersteigt ihr Denk- und Auffassungsvermögen im Durchschnitt weitaus.« In den seltenen Fällen aber, wo diese Anpassung an die neuen Verhältnisse gelinge, fehle die erforderliche allgemeine Schulbildung, um in schriftlicher Form über alle Vorkommnisse genau und umfassend berichten zu können. Für die Lokalbevölkerung sprach in diesem Falle lediglich, dass die Gutsleitung durch die Einstellung von Abgängern landwirtschaftlicher Hochschulen nicht wesentlich bessere Erfolge erzielte.[10] Die im Zuge der Umstrukturierungsmaßnahmen benötigten gewerblichen Fachleute holte die Gutsverwaltung vorwiegend von außerhalb der Region – so wurden für Bau- und Sprengarbeiten mehrheitlich italienische Arbeiter, zur Anlage der Entwässerungssysteme böhmische und bayrische Arbeiter, für Erntearbeiten ebenfalls böhmische Hilfskräfte eingesetzt. Denn: »Tagelöhner sind hier zu Lande nur wenige zu haben und diese meist nur für den Winter und für Holzarbeiten, wozu sie sich […] am besten qualifizieren.« Die in der Viehwirtschaft erforderlichen Dienstboten hingegen kamen aus der Region, doch selbst hier prallten Welten aufeinander: »Im allgemeinen sind wir mit unseren Dienstboten zufrieden«, schrieb Ruhland, »klein war freilich die Mühe nicht, um zu einem festen Stamm zuverlässiger Leute zu kommen. All die Leute waren vorher bei Bauern bedienstet. Und da ist die Disziplin leider nicht immer eine allzustrenge. Schon die Einführung einer gewissen militärischen Ordnung hat deshalb einen starken Personalwechsel bedingt.«

Noch schlimmer kam es offenbar bei der Einführung technischer Neuerungen – »man gebe einem ungelernten Arbeiter die bestconstruirte Maschine in die Hand und sie wird in kurzer Zeit ruiniert sein ohne etwas Wesentliches geleistet zu haben«. So etwa beklagt Ruhland, dass die Einführung der Mäh-, Wende- und Düngerstreumaschine dem Betrieb einige Tausend Gulden – der Monatslohn eines Feldknechts lag bei 18 Gulden – gekostet habe. Dennoch schien es »das kleiner Uebel zu sein, eine Anzahl von Maschinen als Lehrgeld für die [einheimischen] Arbeiter zu opfern« – ausländische landwirtschaftliche Fachkräfte wären dem Betrieb aufgrund höherer Lohnforderungen von vorneherein zu teuer gekommen.[11]

Von Problemen des ländlichen Raumes, den Anforderungen der Modernisierung gerecht zu werden, berichtete auch Otto Neumann in seiner 1935 an der Wiener Hochschule für Welthandel eingereichten Dissertation über den »Wirtschaftsraum Oberes Salzachtal«: »Von einer solchen [geringen] Anzahl von Bewohnern, von denen höchstens 60 Prozent zwischen dem 14. und 60. Lebensjahr als erwerbsfähig angesehen werden dürfen, können weder kulturelle noch wirtschaftliche Fernwirkungen ausstrahlen«, hielt Neumann fest, »noch können sie […] den übermächtigen Naturgewalten aus sich selbst heraus […] wirksam entgegentreten.« In seiner Beschreibung der »Wesensart und äußeren Erscheinung« der Bevölkerung weicht Neumann nicht wesentlich von jener Wilhelm Schjernings ab – auch hier ist wenig von einem Bedürfnis nach Veränderung bestehender Verhältnisse spürbar: »Das mühsame Steigen zu den Wohn- und Arbeitsstätten, die harte, oft lebensgefährliche Arbeit im Hochgebirge, die ständige Bedrohung durch unberechenbare Naturgewalten und die Einsamkeit und Muße in den langen Winterabenden auf den von der Außenwelt fast vollständig abgeschlossenen Einschichthöfen haben die Entstehung besonderer Charaktereigenschaften und physischer Merkmale im Bewohner begünstigt. Ruhe, Gemessenheit, Genügsamkeit, Ergebenheit in das Schicksal, klares selbständiges Urteil mit Spottlust gepaart einerseits, werden als günstige, Verschlossenheit, Schwerfälligkeit, Wortkargheit und Mißtrauen andererseits als ungünstige Eigenschaften gewertet. Die Religiosität ist tief im Bewohner verwurzelt; sie erschöpft sich dank der selbständigen Urteilskraft desselben nicht in Äußerlichkeiten […] Lebensfreude ist dem Bewohner trotz des ernsten Grundtones seines Wesens nicht fremd […].« Schjernings Einschätzung von der geringen wirtschaftlichen Aktivität der Region teilt Neumann; er sieht allerdings die Ursachen in Klima und Landesnatur: »Der lange Winter drückt die wirtschaftliche Leistungsmöglichkeit stark herab und die durch das Relief bedingte Verkehrsabgeschlossenheit läßt wiederum äußere Impulse zur regeren wirtschaftlichen Tätigkeit nur schwer eindringen. Im übrigen hat auch der jahrhundertelange Zwang zur Selbstgenügsamkeit viel dazu beigetragen, daß Unternehmungsgeist und wirtschaftliche Initiative oft mangeln.« Doch, so Neumann anerkennend, »fehlt dem Bewohner nicht die natürliche Schlauheit, die er vor allem im Viehhandel auswertet. Da durch geschickte Händlertätigkeit viel mehr als bei schwerer landwirtschaftlicher Gebirgsarbeit verdient werden kann, so nützt er diese im Viehhandel erworbene und auch ererbte Fähigkeit auch bei anderer Gelegenheit.«[12]

Neben fehlender wirtschaftlicher Dynamik attestierte Neumann der Region auch große Defizite im Gesundheitsbereich: »Wenn es trotz der körperstählenden Beschäftigung der Bewohner in reiner, frischer Gebirgsluft mit ihrem Gesundheitszustand nicht am besten bestellt ist, so muß dafür vor allem unmäßiger Alkoholgenuß, zu dem selbstgebrannter Enzian-, Heidelbeer- und Kirschschnaps oft verleitet, die früher stark verbreitete Inzucht und Krankheitserscheinungen, welche mangelnde Hygiene und der Seuchenherd der früher bestehenden Sumpflacken im Talboden verursacht haben, verantwortlich gemacht werden. […] Es kommen auch nicht selten Fälle von Kretinismus vor.«[13]

Aus den Untersuchungen Dr. Walleitners zur Landarbeiterfrage im Pinzgau der frühen Vierzigerjahre stammt die Charakterisierung der Pinzgauer Bauernkönige. Aufgrund ihrer wirtschaftlichen und sozialen Stellung waren diese, zumindest laut Walleitner, Initiatoren und Vermittler agrarischer Modernisierung: »Der Pinzgauer Großbauer ist […] nicht so wie der Flachland-Bauer der Besitzer eines geschlossenen Hofes, […] sondern ist Herr über viele Häuser und Baulichkeiten und viele Grundstücke, die im Tal und auf der Höhe oft weit auseinander liegen.« »Es ist daher auch klar«, so Walleitner, »daß [dieser] im ganzen Tal nicht nur bekannt ist, sondern daß er dort geradezu herrscht. Er kommt ja überall herum, er ist der eigentliche Repräsentant des Pinzgauer Viehzüchters […]. Er ist der Händler, der den Markt an Rind und Pferd bestimmt, […] So stolz er ist und über den kleinen Bauern hinwegschaut, so ist er doch sein Vorbild und oft sein Halt und seine Hilfe. Er geht mit großen Schritten voran, er bringt Neues ins Tal.«[14] Otto Neumann hatte das 1935 anders gesehen: Seiner Ansicht nach waren der Motor für Fortschritt im Pinzgauer Dorf die Handels- bzw. Gewerbetreibenden: »Die ehemalig als Könige des Oberpinzgau bezeichneten Besitzer«, schrieb Neumann, »sind trotz stattlicher Wirtschaftsgebäude und weiter Almgründe nur bedürftige, große Gebirgsbauern. Der Handels- und Gewerbetreibende [hingegen], der sich mit dem Handel von Landesprodukten und neben der Bedarfsdeckung […] auch mit der Beherbergung und der Verpflegung der Fremden befaßt, ist im allgemeinen besser gestellt«.[15]

Um die Jahrhundertmitte ging es immer weniger um ein Abwägen zwischen Aufrechterhaltung überlieferter Zustände und der Übernahme von Neuerungen – rapide Veränderung war mittlerweile zum Leitbegriff der Zeit, die Fähigkeit des Schritthaltens zum Wertmaßstab geworden. 1939 schrieb der Geograph Rudolf Preuss in einer Auswertung gesammelter Daten über die »Wirtschaftsgesinnung« der Bauern in den Hohen Tauern: »[Hier] hat sich die altüberlieferte Wirtschaftsgesinnung auch über alle Neuerungen der Gegenwart hinweg erhalten. Die echt konservative Wirtschaftsgesinnung der Bergbauern ist noch weitgehend mittelalterlich und vorkapitalistisch. Es fehlt ihr vor allem die kapitalistische Einstellung auf das Rechnungsgemäße. Bei der hohen Lage der Bergbauernhöfe und den vielen Mühsalen der täglichen Arbeit würde ein nüchternes Rechnen in geldwirtschaftlichen Betriebswerten zweifellos die Unrentabilität der meisten Bauerngüter ergeben. Nur durch die Mitarbeit der ganzen Familien, deren Arbeitskraft die Erhaltung des Hofes und der jährlichen Ernährung sichert, aber keinen weiteren Gewinn ermöglicht, werden diese Bergbauernhöfe lebensfähig erhalten.« Preuss in seinem Schlussappell: »Selbständigkeitsliebe und Anhänglichkeit an Heimat und Familiengut sind […] die stärksten Kräfte der bäuerlichen Wirtschaftsweise. Ebensowenig wie man die Ausdauer und Widerstandskraft des Bergbauern in Krisenzeiten [...] unterschätzen darf, ist andererseits ein zu sorgloses Vertrauen in diese Eigenschaften des Bauern gerechtfertigt. [Es] muß endlich einmal die entscheidende Tat der Besserung der wirtschaftlichen Lage der Bergbauern folgen.«[16]

In einem eher allgemein gehaltenen Bericht zur Landwirtschaft im Alpenraum bestätigte Anton Wutz in der Diktion des NS-Regimes den Salzburger Bergbauern – und dies bemerkenswerterweise vor dem Hintergrund einer weitaus stärker fortgeschrittenen Entwicklung des Landwirtschaftssektors in Deutschland! – eine geradezu »beispielhaft fortschrittliche Haltung«.[17]

Als Situationsbild für die unmittelbare Nachkriegszeit soll hier ein in Zell am See erstellter Bericht an die Präsidentenkonferenz in Wien genügen. Darin heißt es weit weniger euphorisch: »Die Bergbauern Salzburgs sind zweifellos aufgeschlossen und für jede Maßnahme zur Verbesserung ihrer Wirtschaft zugänglich. Obwohl der Existenzkampf am Berg besonders hart ist, gibt es immer wieder Menschen, die sich dort oben eine neue Heimat schaffen.«[18] Ganz glücklich war man über Veränderungen der Nachkriegsjahre, zumindest im kulturellen Bereich, nicht: »Wie schön wäre es, wenn die Pinzgauer Bauernmädel statt der Bubi- und Lockenköpfe wieder in schönen Gretlfrisuren und am Sonntag in schöner Pinzgauer Tracht mit dem Pinzgauerhut zum Kirchgang gehen würden«, schrieb die Regionalzeitung.[19] Wieder optimistischer klingt ein Lagebericht aus den Sechzigerjahren: »Die Pinzgauer Bauern erkennen die Probleme der Zeit und sind dabei, die erforderlichen Betriebsumstellungen [...] und die notwendige Mechanisierung mit der nötigen Überlegung vorzunehmen.«[20] Die Entwicklungen waren dabei nicht immer völlig erfolgreich: »Die Mechanisierung bringt einen gewaltigen Aufschwung. Zweifellos gibt es [aber] sehr viele Fehlinvestitionen. Diese weniger am Bergbetrieb, mehr in den Talbetrieben, dort wo der Traktor seinen Einzug hält«, denn: »Genossenschaftliche Maschinenbenützung wird in der Regel abgelehnt. Der Bauer sucht beim Maschinenankauf kaum eine Beratung technischer oder betriebswirtschaftlicher Art, sondern liefert sich nur zu gerne dem Verkäufer aus.«[21] Franz Innerhofers literarisches Werk aus den Siebzigerjahren gibt zu verstehen, dass die Welt der Pinzgauer Bevölkerung so zentral von jahrhundertealten Traditionen und Tabus geprägt war, dass – vor allem in gesellschaftlich und sozialer Hinsicht – wenig Raum für Modernisierung blieb.[22] Vor allem die Lebenswelten der Frauen bewegten sich auch noch im letzten Viertel des 20. Jahrhunderts im Spannungsfeld zwischen Tradition und Moderne.[23] Erst kommunikationswissenschaftliche Untersuchungen der Neunzigerjahre bescheinigen, dass Modernisierungsentwicklungen auf dem Land nicht mehr wesentlich zeitverzögert abliefen: Pinzgauer Bergbauern waren ins globale Mediennetz eingebunden, die Jugendlichen des Bezirks zu »Städtern im Kopf« geworden.[24]

1. Das Ende der naturalwirtschaftlichen Genügsamkeit – Schmidtmann im Pinzgau

Die Einbindung der Landwirtschaft in die kapitalisierte Welt der zweiten Hälfte des 19. Jahrhunderts – die Lösung der Bauern aus ihrer »naturalwirtschaftlichen Selbstgenügsamkeit«, wie es Dr. Ruhland formulierte – schuf für bäuerliche Betriebe äußerst kritische wirtschaftliche Bedingungen. Bestand für viele im Zuge der Kapitalisierung schlicht keine Möglichkeit des Weiterexistierens mehr – in Salzburg wurden im Zeitraum von 1868 bis 1892 über 2.000 Zwangsexekutionen durchgeführt –,[25] so sahen sich die Verbleibenden zunehmend gezwungen, den Forderungen des Marktes durch Intensivierungsmaßnahmen gerecht zu werden. Dr. Ruhlands Tätigkeitsbericht beschreibt die Veränderungen auf den Schmidtmann'schen Besitzungen in Saalfelden um 1890 und lässt Einblicke in die wirtschaftliche Situation der von den Arrondierungen betroffenen lokalen Bevölkerung zu.

»Die Einführung moderner technischer Errungenschaften«, zeigte sich Ruhland überzeugt, »geht nicht durch den Versuchsgarten und nicht durch die Redactionsstube der landwirthschaftlichen Zeitungen, sondern nur über den Hof des landwirthschaftlichen Grossbetriebes.«[26] Die Anfänge der Schmidtmann'schen Besitzungen hören sich in der Darstellung Ruhlands recht märchenhaft an; von zerstörerischem Eigeninteresse des Großkapitals – andernorts als »Bauernlegung« bekannt – ist hier kaum die Rede: »Ein Grossindustrieller […] entschließt sich eines Tages sein über den Eigenbedarf hinausgehendes Jahreseinkommen nicht mehr zum Kapital zu schlagen, sondern in einem grossen wirthschaftlichen Zwecke in den Alpen zu widmen.« Ab Frühling 1890 wurde in Saalfelden und Hintertal mit Ankäufen von insgesamt 41 Einzelbesitzungen begonnen, die oft »nicht einzelne Bauern sondern ganze Thäler« betrafen. Mit »dem spröden Material heimischer Arbeitskräfte«, so Ruhland, ging man dann an die »schwierige Aufgabe […], dies in einen einheitlich organisierten Herrschaftsbesitz zusammenzuschweissen«. Dabei setzte man sich zum Ziel, »an [die] Stelle der uralten bäuerlichen

Schaidmoosbäuerin beim Kas'n, 1930

Betriebsweise einen modernen hochentwickelten züchterischen Betrieb zu setzen«.[27] Die ersten betrieblichen Maßnahmen schildert Ruhland so: »Überall – oft noch vor Übernahme des Besitzes – mußten Wiesen und Weiden stark gedüngt werden, ebenso allgemein waren umfassende Entwässerungen in Angriff zu nehmen. Zum Beginn der Rindvieh- und Pferdezucht wurden innerhalb des Pinzgaus Hunderte von Tieren aufgekauft und zwar ohne nennenswerte Wintervorräte, sodaß [zusätzlich] noch 11.000 Zentner Heu erworben werden mußten. Die Gebäude waren in den meisten Fällen zur Benutzung zu adaptieren und unter allen Umständen 114 Häuserfirste – ungerechnet der weiteren 176 Heustadel – in Stand zu halten.« Dazu kamen noch der Bau einer neuen großen Hofanlage und eines Rindviehstalles für 240 Stück Großvieh sowie die Fertigstellung eines »des Herrschaftsbesitzes würdigen« neuen Wohnhauses.[28]

Die Verbesserung der Rinderzucht wurde zu einer Hauptaufgabe des neuen Betriebes. »Du sollst mehr Geld aus der Viehzucht erlösen«, gab Heinrich Gierth in seiner Funktion als Wirtschaftsrat bei Schmidtmann in seinem 1892 erschienenen Leitfaden »Die Pinzgauer Viehzucht« als Motto für den modernen Viehzüchter aus.[29] Erstes Ziel sei es, einen besseren Gesundheitszustand des Viehbestandes zu erreichen. Notwendig dafür seien die Abkehr von der im Pinzgau verbreiteten Praktik des Durchhungerns großer Viehbestände während der Wintermonate, bessere Zuchtwahl sowie erhöhte Reinlichkeit – hier drängte Gierth auf die Abschaffung der bisher üblichen Grubenställe, auf tägliches Ausmisten sowie den Bau von Düngerstätten und Jauchengruben. Zweiter Ansatzpunkt für verbesserte Einkommen seien größere Viehbestände, Grundvoraussetzung dafür wiederum höhere Futterproduktion. Deshalb sei darauf zu achten, dass »leichtsinniger Verkauf von Alpen für Gemsenzucht thunlichst hintan[ge]halten« werde, alte Weiderechte gewahrt blieben und jede Ablösung durch Kapital abgelehnt bzw. nur auf Ablösung gegen Grund und Boden eingegangen werde. Weiters sollte eine rationellere Ausnützung aller Weideflächen sowie aller Weidegräser sichergestellt und Verbesserungen der Almen, etwa durch Einzäunungen, Kultivierung oder Düngung, durchgeführt werden. Zur Verbesserung der Winterfütterung seien, so Gierth, eine Steigerung des Heuertrages durch Düngung, besser durchdachte Fruchtfolgen und die Einsaat von Grassamen, die Einschränkung »übertriebenen Körnerbaus« sowie die Entsumpfung unabdingbar. Besonderes Augenmerk sollte auf die Verbesserung der Stierzucht gelegt werden; entgegen der bisherigen Praxis riet Gierth, Zuchtstiere nicht allzu jung einzusetzen, sie dafür länger als bislang üblich zur Zucht zu verwenden sowie ihre Fütterung umzustellen. Stärker forcieren müsse man die Bewegungsmöglichkeit des Viehs während der Wintermonate, denn das »ganze Geheimnis der Viehzucht im Alpenland ist die Bewegung«. Aus Platz- oder Organisationsgründen waren in den Gebirgsgauen die alten Umgeh-Ställe zunehmend abgeschafft worden oder nur mehr für Jungvieh in Gebrauch geblieben – sogar Saugkälber, kritisierte Gierth, würden in der traditionellen Landwirtschaftspraxis des Pinzgaus angebunden. Schließlich fordere »rationelle Zucht« – die Kernidee der neuen Zeit – die Trennung des Jungviehs vom Nutzvieh, um auf Jungviehalmen das Trächtigkeitsalter steuern und vorhandene Weideflächen rationeller nützen zu können.

Die ursprüngliche Absicht, sich auch in der Pferdezucht zu engagieren – zu diesem

Zweck hatte der Schmidtmann'sche Betrieb 85 Zuchtstuten angekauft –, musste zunächst aufgegeben werden: Schlechte Verkehrsbedingungen und fehlende maschinelle Ausstattung erzwangen den Arbeitseinsatz der Pferde und ließen wenig Raum für Zucht. Maßgebliche Verbesserungen der Schafzucht scheiterten laut Ruhland daran, dass die betriebseigenen »Schafgebirge so ausserordentlich steil sind, dass selbst von den einheimischen kleinen und klettergewandten Steinschafen alljährlich 6–8 % durch Abstürzen verloren gehen«. An den Aufbau einer Schweinezucht wollte man erst nach Bereitstellung entsprechender Gebäude bzw. der Errichtung des Molkereibetriebes gehen.[30]

Als weiteren Modernisierungsschritt im Bereich der Viehzucht drängte Ruhland auf die strikte Abgrenzung des Aufgabengebietes des Tierarztes von jenem des Züchters: »der Thierarzt hat es seiner theoretischen, wie practischen Ausbildung nach mit den Krankheitsfällen der einzelnen Thiere zu thun, der Züchter mit der Gesamtentwicklung des Thieres als Glied einer bestimmten Familie [...] Die Aufgabe und das Bethätigungsfeld beider ist also ebenso verschieden wie das des Arztes gegenüber dem Erzieher.« Die weitere Betätigung des Tierarztes im Rahmen der Viehzucht könne somit lediglich Übergangsstadium sein: »So lange die Landwirthe noch nicht Züchter geworden sind, ist der Thierarzt der einzige, welcher die züchterischen Aufgaben wenigstens der Sprache nach versteht und dieselben der Theorie nach erläutern kann.«[31] Diese Forderungen gründen vermutlich auf persönlichen Unstimmigkeiten zwischen Verwalter und betriebseigenem Tierarzt, doch stellen sie auch ein entscheidendes Moment im Prozess der Professionalisierung dar: Der Beruf des Tierarztes hatte in der zweiten Hälfte des 19. Jahrhunderts am Land noch keineswegs völlige Akzeptanz gefunden, zumeist kurierte der Schmied oder der Bader.[32]

Abgesehen von Fortschritten auf dem Gebiet der Viehzucht wurde der Schmidtmann'sche Betrieb in der Modernisierung der Milchverarbeitung wegweisend. Ruhlands Einschätzung, dass man allgemein die Verarbeitung von Pinzgauer Milch zu Käse für unmöglich hielt, wird zwar durch die lange Tradition der Käseerzeugung auf Pinzgauer Schwaigen und Almen widerlegt. Neu war allerdings die Bedeutung, die nun Hygienemaßnahmen sowie geeigneten Kontrollverfahren zugemessen wurde. Über die Anfänge der Schmidtmann'schen Käseerzeugung schrieb Ruhland: »Die Kühe wurden in einem großen Stall concentriert, sodass eine einheitliche Kontrole der Fütterung, des Melkens und der Stallpflege möglich war; für die Käserei wurde ein Provisorium in dem nächstgelegenen alten Bauernhaus geschaffen.« Da die Milch zunächst dennoch unbrauchbar blieb, wurde mit Hilfe des »Gerber'schen Gärapparates« – vermutlich ebenfalls ein Novum im Pinzgau – ein Drittel der Milchkühe aufgrund schlechter Milch ausgeschieden. Eine noch schärfere Kontrolle lichtete die Reihe der Melker: »Die Leute kauten sehr viel Tabak oder waren sehr starke Raucher«, berichtet Ruhland, »damit war [ihre] Geschmacksdifferenzierung zu gering, [...] alle Melker mit in dieser Hinsicht schlecht qualificirter Zunge [mussten] entlassen werden.«[33]

Schließlich gingen im Bereich des Futterbaus Impulse von den Schmidtmann'schen Besitzungen aus. Auf den erworbenen Gründen wurden Bodenanalysen und botanische Untersuchungen vorgenommen, die Verwendung von Stalldünger wurde zugunsten von Kunstdünger eingeschränkt, die Einstellung der Egartwirtschaft zugunsten einer ertragreicheren Wirtschaftsform erwogen. Über die Rentabilität des Unternehmens war zum Zeitpunkt des vorliegenden Berichtes von 1893 freilich noch keine endgültige Aussage zu treffen. Grob gesehen waren von Beginn der Grunderwerbung im April 1890 bis 1. Januar 1893 rund 1.888.800 Gulden ausgegeben worden; davon waren 49.320 Gulden durch Wirtschaftseinnahmen gedeckt, die verbleibenden 1.839.506 Gulden kamen aus der Privatkasse des Grundherrn. Ungeachtet der finanziellen Situation zeigte sich Ruhland von der gesamtgesellschaftlich positiven Auswirkung der Güterarrondierung völlig überzeugt: »Die hier in Rede stehenden Ankäufe waren schon an sich für die ganze Gegend [ein] ganz außerordentlicher Vorteil. Die davon berührten Landwirte haben [ihre] wirtschaftlichen Verhältnisse auf eine Basis gerückt, die ungleich gesünder und dauerhafter ist, als jene war, auf der sie sich vorher bewegten. Die ökonomischen Vorteile kommen [aber] noch einer größeren Anzahl von Landwirten zugute, als es sich dabei auch um die [Konvertierung von] Schuldforderungen handelt. Die ganze Gegend wäre ohne die Aufkäufe in eine sehr ernste Creditcrisis gekommen.« Deshalb waren »für den Aufsaugungsprocess der Grundstücke durch das Grosscapital [die] Verhältnisse [also] die denkbar günstigsten [und] die Geneigtheit der Bauern kann [im] Princip nicht geleugnet werden«.[34]

Oberlehrer Schjerning schätzte die Auswirkungen der Schmidtmann'schen Tätigkeiten anders ein. Zwar solle dem Großgrundbesitz das Verdienst zuerkannt werden, durch Verbesserung der Ackergründe, der Feldbaumethoden und der Viehzucht zur Förderung der Landwirtschaft beizutragen. Doch sei der Übergang von Besitz in Großbesitz nicht immer »von wohlthätigem Einflusse« auf die Gesamtbevölkerung des Gaues gewesen: »Wenn schon mit der Umwandlung eines bisher selbständigen Gutes in ein Zulehen Platz für eine Bauernfamilie weniger ist als früher, […] so tritt eine solche Verdrängung von Familien noch mehr hervor bei der Aufgabe einer ganzen Reihe von Almen […] deren Bewirtschaftung […] dem Grossgrundbesitze nicht mehr lohnend genug [erscheint].«[35]

Ruhlands Betriebsdarstellung beinhaltet Kurzberichte über die wirtschaftliche Situation von 37 der ingesamt 41 aufgekauften Betriebe; mangels anderer Unterlagen sollen diese hier verwendet werden, um Aufschluss über die wirtschaftliche Situation Pinzgauer Kleinbetriebe zur Zeit Schmidtmanns zu erhalten.

Laut der vorhandenen Aufstellungen waren die aufgekauften Betriebe in ihrer Gesamtheit mit 31,3 Prozent überbezahlt worden – Extremwerte der Überzahlung lagen bei knapp 89 Prozent bzw. 71 Prozent über dem geschätzten Verkehrswert; die niedrigste Überzahlung lag bei 7 Prozent.[36] Die flächenmäßig mit Abstand größten der erworbenen Betriebe umfassten 1771 bzw. 647 Joch. Ersterer war übrigens »einer der berühmtesten alten Bauernhöfe des Pinzgaues«, dessen Wohlstand in den letzten Generationen immer mehr zurückgegangen war und der, da die Erben den Hof teilen wollten, verkauft werden musste. Vier der verkauften Betriebe lagen bei circa 300 Joch, 17 unter 100 Joch Fläche, der Rest bewegte sich dazwischen. Der Großteil der verkauften Besitzungen – insgesamt 26 – betraf Hauptlehen; fünf waren vormals Zulehen, drei Erwerbungen betrafen Almen, weitere drei Einzelgrundstücke.

Häufigster Beweggrund zum Verkauf war tatsächlich Überschuldung – 14 Betriebe waren davon betroffen und zumindest zwei Betriebe standen kurz vor der Exekution. Die Mehrzahl der Betriebe wies eine Verschuldung um bzw. knapp unter 50 Prozent auf; sechs lagen zwischen 75 Prozent und 90 Prozent, fünf mit einer Verschuldung bis über 100 Prozent entscheidend über diesem Durchschnitt. Die Spitzenposition hielt ein Grundstück mit 133,3 Prozent Verschuldung. In drei der Fälle werden ausdrücklich Dienstbotenlöhne als ausschlaggebend für den Schuldenstand genannt. Hauptgläubiger der verschuldeten Pinzgauer Bauern waren Private mit Gesamtforderungen von rund 105.596 Gulden, gefolgt von den Sparkassen mit 44.884 Gulden bzw. der Kirche mit Forderungen von rund 26.809 Gulden. Alter und ungesicherte Nachfolge waren in sieben Betrieben ausschlaggebend für den Verkauf, drei dieser Fälle betrafen verwitwete Frauen. »Der Bauer war sehr alt und gebrechlich«, schildert Ruhland einen Fall, »von seinen drei Söhnen ist der älteste zum mindesten nicht als ›nüchterner Bursche‹ zu bezeichnen, [und] die beiden anderen sind mehr oder minder ausgesprochene Idioten. Eine Übergabe des Hofes in der Familie war nach der Einsicht des Vaters ausgeschlossen. Um aber wenigstens seine Tage in Ruhe beschliessen zu können, verkaufte er [und] zog in den nächsten Marktflecken [...]. Die drei Söhne sind [nun] Tagelöhner.« Aus Erbschaftsforderungen resultierende finanzielle Schwierigkeiten zwangen zumindest in zwei Fällen zum Verkauf. So etwa waren im Fall eines »grösseren Bauern«, der Betrieb umfasste 138 Joch, Erbschaftsgelder der Geschwister Ursache für die Verschuldung: »Der Eigenthümer [war] noch jung und hatte bereits vier Kinder [und] eine abermalige Vererbung des Hofes innerhalb der gleichen Familie hätte den sicheren Ruin des Übernehmenden bedeutet.« Rentabilitätsprobleme als Verkaufsursache werden fünfmal genannt, einmal war die Weiterführung des Betriebes nach einem Brand unmöglich geworden, in einem Fall in der schlechten Wirtschaftsführung durch den Besitzer begründet. Bemerkenswert scheint der Verkauf eines »Wiesenthal[es], dessen Parzellen 30 verschiedenen Bauern gehört [hatten]. Die Wiesen [...] waren stark versumpft und der Überschotterungsgefahr durch Wildbäche ausgesetzt« – eine Entwirrung der Berechtigungen schien nur im Zuge einer Umwandlung in Barkapital möglich. Einblick in die soziale Problematik der Region geben nachfolgende Beschreibungen: In einem Fall waren »sämtliche Gebäude [am] Einstürzen, die Wohnung wegen Lebensgefahr baupolizeilich gesperrt worden«. Die Ableistung einer längeren Freiheitsstrafe zwang einen, erhöhter Kapitalbedarf im Zusammenhang mit Gerichtsprozessen zwei weitere Betriebsbesitzer zur Aufgabe. Ähnlich der Fall eines Jagdbesitzers – er verkaufte, da ihm »die Freude an dem Besitz [...] durch eine Reihe von Prozessen verleidet worden« war. Er war in die Stadt übersiedelt und wurde dort Hausbesitzer. Ein Betrieb schließlich wurde im Zuge eines Berufswechsels aufgelöst: Der Besitzer einer elf Joch großen Landwirtschaft war gleichzeitig auch »Accortant für Holz- und Waldarbeiten« und »[wusste] sich auf diese Art mehr zu verdienen«.

»Der Wunsch und Wille des betreffenden Herrn war es«, erklärte Ruhland Schmidtmanns Absichten, »seine Vorbesitzer [...] nicht in Armuth von ihrer Scholle scheiden zu lassen«, weshalb hier der seltene Fall vorliege, »dass ein Käufer sowohl Wert des Gutes als auch die Verschuldung des Bauern in Betracht zieht, um ihm dann einen Preis zu zahlen, der ihm eine sorgenfreie Zukunft sichert«. Die bei Ruhland angeführten Beispiele bestätigen diese Einschätzung nicht. Fünf der ehemaligen Besitzer von zur Gänze aufgelösten Betrieben erwarben ein neues Anwesen; zwei davon stiegen dabei schlechter aus. In einem dieser Fälle notierte Ruhland: »Die neuerliche Executionsverhängung [wird] voraussichtlich nicht mehr lange auf sich warten lassen. [Der] Vorteil [des Verkäufers] bestand [damit darin,] einige Jahre länger ›Bauer‹ gewesen zu sein.« Drei Verkäufer erwarben ein größeres Anwesen, als sie bisher besessen hatten, einer konnte angeblich seine Stellung gegen früher wesentlich verbessern; ein weiterer Bauer zog auf sein Zulehen und erbaute dort ein neues Wohnhaus. Der überwiegende Teil der ehemaligen Bauern – zehn an der Zahl und hier vor allem Übergeber – erwarb Privathäuser, der vormalige Besitzer des einsturzgefährdeten Hauses gar »ein gutes Wohnhaus mit Garten und etwas Grund für eine Kuh«. Ein Bauer sicherte sich mit dem Verkaufserlös ein Leibgedinge auf einem anderen Hof. Abgesehen vom bereits genannten Holzakkordanten war berufliche Besserstellung nach dem Verkauf eher die Ausnahme: Ein verschuldeter Bauer war »seiner Intelligenz, Lokalkenntniss und Anstelligkeit halber« durch zwei Jahre herrschaftlicher Verwalter und als reicher Mann geschätzt; ein zuvor von der Exekution betroffener Betriebsinhaber wurde zunächst Jäger in herrschaftlichen Diensten, dann Tagelöhner, wohnte aber in »seiner alten Behausung«. Acht der neun Kinder einer Witwe kamen ebenfalls in herrschaftliche Dienste und nahmen dort »auf Grund ihrer Tüchtigkeit [...] eine bevorzugte Stellung unter den Dienstboten ein.«[37]

2. Alles ein Herz und ein Sinn – Bäuerliche Dorfwelt um 1900

»Die ländliche Bevölkerung kam über Haus, Hof und Talschaft nicht weit hinaus, selten zum Markt, die Männer gelegentlich aufs Bezirksamt oder zum Gericht. Wer Salzburg oder Innsbruck gesehen hatte, war unter den Gebirglern schon ein rarer Mann«, beschreibt Hanns Haas die bäuerliche Lebenswelt um 1900.[38] Dennoch kam mit Eisenbahn, Post- und Straßenverbindung Bewegung in die Gebirgsbezirke. Die nachfolgenden Auszüge aus dem Gedenkbuch des Saalfeldener Schusterbauern Alois Rieder geben einen Eindruck von dieser Welt der Umbrüche.[39] Als wacher, gut informierter Zeitgenosse ortet Rieder in vielen Bereichen des Dorflebens Gewinn bringenden Fortschritt, wird andererseits aber auch nicht müde, die vielfältigen »Fehlentwicklungen« seiner Zeit aufzuzeigen. In seinem Gedenkbuch charakterisiert der Schusterbauer die wichtigen Persönlichkeiten des Dorfes, berichtet vom örtlichen Ausbau des Schulwesens, dem Umgang mit den k. u. k. Beamten, den Belastungen durch die durchziehenden Militärregimenter, den Spaltungen durch die aufkommenden politischen Parteien und den Vorgängen rund um die Wahlen, von Hochwasser und Bränden, dem Vereinswesen, den Veränderungen im religiösen Leben, dem Unwillen der Bevölkerung über die Einführung des Papiergeldes – ausgedrückt im Reim, »Du narrischer Kaiser, wie is' den glei dir, daß du uns gar ni ein Silber gibst« –, der Bautätigkeit im Markt Saalfelden, den Verbesserungen im Sozialbereich, von seiner Pilgerreise nach Rom im Jahre 1900.

»Die Landgemeinde Saalfelden«, so Rieder, »ist die größte Gemeinde des Pinzgau, in

Die Schusterbauern-
familie, 1903

der Mitte der Gemeinde liegt der große und schöne Markt Saalfelden mit unserer großen und schönen Pfarrkirche. [...] Der Markt und die Landgemeinde Saalfelden bilden wohl die ausgedehnteste Ebene des Pinzgaus, die Berge stehen bei uns in Saalfelden weiter auseinander als andernorts und umschließen einen weiten, durchwegs fruchtbaren Boden, längs der Saale liegen zu beiden Ufern die großen Roßhaarwiesen zum Gedeihen der Pferdezucht, wohl bei Letting und Kehlbach etwas sumpfig, jedoch die Streu ist auch gut zu brauchen.« Zur Situation der Landwirtschaft: »Da die letzten dreißig Jahre solch große Baujahre waren besonders [...] als die Eisenbahn gebaut wurde, so wart auch einmal für die Dienstboten und Taglöhner eine bessere Zeit an Lohn gekommen, mit der Eisenbahn kam auch die Freizügigkeit und [deshalb] besteht seit 1873 immer ein Dienstbotenmangel. Während des Eisenbahnbaus waren zu Erntezeit fast gar [keine] zu [haben], die Bauern machten ein saures Gesicht [...].« Bedrohlich war für die Landwirtschaft, dass die Handwerker die Verkürzung der Arbeitszeit durchgesetzt hatten – es war anzunehmen, dass die Dienstboten nachziehen würden. Stark zugenommen hatte die bäuerliche Verschuldung, jedoch »in Saalfelden sind doch noch im großen und ganzen gutstehende Bauern«. Als beunruhigend empfand Rieder das Aufkommen der Zeitungen und der verschiedenen Parteien – insbesondere der Sozialdemokratischen Partei, der neben den Eisenbahnarbeitern auch Holzknechte, Taglöhner und Bauernknechte angehörten. Die zunehmende Politisierung der ländlichen Bevölkerung schien Rieder einer der größten Unruhefaktoren: »Eine Parteibeschreibung unseres Abgeordnetenhauses in Wien wäre ich nicht in der Lage – nach die letzten Neuwahlen im Reichsrat wurde man beim Zeitunglesen ganz verzagt und müde vor lauter neue Parteinamen und wieder frische nagelneue Parteien, die katholischen Parteien in mehrere Parteien, die liberalen Parteien in wieder noch mehr Parteien, die Sozialdemokraten wieder eine ganz neue Partei, viele andersgläubige Abgeordnete als Juden, Protestanten, dann auch mehrere vom katholischen Glauben neu abgefallene, [...] sie streben [gar] offen an, daß die deutschen Länder Österreich zur Preußen kommen sollen, auch strebt diese Partei offen den Abfall von der römisch-katholischen Kirche an.« Zur Lage der Kirche finden sich bei Rieder häufig Klagelieder: »1848 durch die Herausgabe der Pressfreiheit [...] und seit 1875, seitdem die Eisenbahn besteht, hat die Sittlichkeit und Religiosität [...] einen bedeutsamen Rückschritt genommen [...] Die Siebzig- bis Achtzigjährigen, ja mein Neunzigjähriger Nachbar Franz Herzog, Steininger, der alle Tag Kirchen geht und die Sonn- und Feiertage bei keiner Frühmess fehlt, diese jammern laut über die jetzige Lauigkeit der Christen. Beim Fünf-Uhr-Amt und bei der Frühmess sowenig Leut'! Beim Nachmittag-Gottesdienst noch weniger! Die jungen Leut halten nur Genußsucht und Kleiderpracht, die Sozialdemokraten sind ihnen schon gar zuwider, auch die Liberalen, die immer gegen die Geistlichen sind, sind ihnen zuwider. Die Pfleger und Beamten sieht man schon lange nicht mehr in den ersten Kirchenstühlen, bei den Wahlen tun sie immer gegen die Geistlichen, [...] die Beamten lesen und halten die kirchenfeindlichen Zeitungen, bei Prozessionen das ›Himmel-Tragen‹ überlassen sie den Kleinbürgern [...] Die Alten tun wirklich jammern über die Abnahme der Religiosität. [...] Ein katholischer Brauch um den anderen geht ein. Auch bei den Bauern hört sich vielfach der tägliche Hausrosenkranz auf [...].« Doch er ergänzt beschwichtigend: »Übrigens, bei uns in Saalfelden und überhaupt im Pinzgau ist es ja noch gut, beim Hauptgottesdienst [...] ist unsere Kirche immer gesteckt voll [...], der Briefträger sagt auch, katholische Zeitungen hat er viel zum Austragen.« Im Grunde ließe sich wohl alles auf den Fortschritt und den Umbruch im politischen Bereich zurückführen: »Wären nicht die Wahlen, so würde man glauben, es ist alles ein Herz und ein Sinn. [...] Aber bei den Wahlen da muß jeder Farbe bekennen, versammeln sich die verschieden Parteien und gehen parteiweise einig vor, um einen Wahlsieg zu erringen.« Und etwas nachdenklicher: »Merkwürdig, alle sind wir Katholiken, nur bei den Wahlen (da sind wir) mehrere Parteien!«

Rieders Gedenkbuch vorangestellt sind Beschreibungen von Fotografien einflussreicher Persönlichkeiten der Landgemeinde. Das erste von Rieder kommentierte »Photographiebild« zeigt die im Ort tätigen Beamten, der Beschreibung vorangestellt ist das sinnige Motto: »Lieben wir Gott, so lieben wir auch den Kaiser, lieben wir den Kaiser, so lieben wir auch seine Beamten, lieben wir die k. u. k. Beamten, so werden sie auch uns lieben.« Abgebildet sind der Bezirkshauptmann, »ein recht tätiger arbeitsamer [Mann] von armen Bauernstand, Kleinhäusler gebürtig«, der Forstinspektionskommissär, »ein recht liebenswürdiger und tätiger Herr«, der Bezirkskommissär, der Landestierarzt, der sich »für unserer Gemeinde sehr verdient [machte] durch Einführung der Pferdezuchtgenossenschaften, Pferdevorführungen und durch seine guten Vorträge«, dann der Bezirksrichter, der Steuereinnehmer, der Forstverwalter, der Eisenbahnvorstand, der Streckenchef, der Steueramtskontrollor, schließlich noch der Grundbuchführer, der »schon lange bei uns in Saalfelden [war und] deswegen auch gleich Auskunft zu geben« weiß. Das zweite Foto zeigt die »Honoratioren« der Landgemeinde: die in der Gemeinde tätigen Geistlichen und Kooperatoren, den Schuldirektor, sämtliche Ehrenmitglieder der Gemeinde, den Bürgermeister, Postmeister, die beiden Dorfärzte, den Pfarrmessner. Als drittes beschreibt Rieder in großer Ausführlichkeit die Bauern der Landgemeinde – um 1900 »eine zusammenhaltende, strebsame, friedliche Bauernschaft«. Die ersten fünf der insgesamt 60 Beschreibungen seien hier beispielhaft angeführt:

»*Alois Hölzl*, Klingler in Schinking, auch Weißbacher neben Pabing und Moßhammer Obsmarkt, unser größter Bauer, ist als Moßhammsohn, Obsmarkt geboren, heiratete Maria Klinger, alleinige Tochter der achtbaren Klinglerbauernleute in Schinking, wart ununterbrochen Gemeinderat oder -ausschuß, sechs Jahre Reichsratsabgeordneter, acht Landtagsabgeordneter, wählt aus seiner Wählerklasse der Großgrundbesitzer, auch war er lange Jahre unser Obmann unseres Landwirtschaftsvereins, Landwirtschaftszentralausschuß, im Land- und Ortschulrat, dann ein in Pinzgau und Tirol berühmter Beinbruchheiler, Doktor, Kurpfuscher, auch Viehdoktor, er ist auch Käsehändler wie es sein Vater war, besonders ist er als Hengstenzüchter im besten Ruf, er hält gewöhnlich drei lizenzierte Hengsten und zwei junge zur Nachzucht, er hat auch schöne Grundbuchpferde und Jahrling, auch als Rindviehzüchter durch Haltung der Zuchtbuchführung einen wertvollen Viehstand. Der Klingler Alois Hölzl ist von starkem Körperbau, eine freundliche Erscheinung, hat viele Kinder, vier davon sind schon anständig verehelicht, er ist ein weitum bekannter Mann. *Georg Schider,* Labäckbauer in Ramseiden, auch Großgrundbesitzer, gebürtig ist er in Weißbach, Hohlwegen, ein sehr strebsamer, fortschrittlicher Mann, ein alter Veteran, machte als Zugsführender den Krieg 1866 mit, hat eine starke feste Stimme und gutes Rednertalent, bei der Gründung unseres Veteranenverein 1872 war er noch in Weißbach, in Folge seiner Größe und bekannten, scharfen Kommandostimme mußte er in Saalfelden das Kommando übernehmen, in folge seiner Tätigkeit und Strebsamkeit brachte er es schleinigst vorwärts, konnte er sich das schöne Labäckgut in Ramseiden kaufen und ist jetzt Großgrundbesitzer. Er ist im öffentlichen Leben der Tätigste aus der ganzen Gruppe, im Gemeindeausschuß, ökonomischer Gemeinderat als ich Vorstand war; dann sechs Jahre Reichsratsabgeordneter vom Großgrundbesitz gewählt, lange auch Ortsschulrat, lange auch und jetzt noch landwirtschaftliches Zentralausschußmitglied. Sehr verdient machte sich Georg Schider durch Errichtung der gesetzlichen Wassergenossenschaften bei der Saalach und dem Ramseiderbach. Auch zur Erlangung der Notstandsgelder wußte er am besten umzugehen, am meisten Verdienst gebührt ihm zur Gründung der Pferdezuchtgenossenschaft Nr. 1 in Saalfelden, deren tüchtiger Obmann er noch immer ist. Auch die Gründung der Pferdeversicherung kostete ihm viel Arbeit und hat als Filialleiter noch viel Arbeit. Georg Schider ist auch als guter Hengstenbesitzer bekannt, er hält gewöhnlich zwei lizenzierte Hengsten und zwei junge zur Nachzucht, hat schöne Grundbuchpferde und Jahrlinge. Als Viehzüchter führt er die Zuchtbuchführung, im Kaiserjubiläumsjahr 1898 erhielt er für seine Hengsten bei der Pferdeausstellung in Wien den ersten Preis, den Kaiserpreis, er bekam einen goldenen Becher. Er ging auch voran mit dem Ankauf guter landwirtschaftlicher Maschinen und bringt auch gute Händler nach Saalfelden, bei den k. u. k. Beamten steht er in gutem Ansehen, wirklich ein guter und berühmter Mann. *Andre Eder,* Kasparbauer in Schmieding, auch dort geboren, auch Andre Eder Kaspar gehört nicht unter Alltagsleuten, man muß ihn auch zu den Berühmten zählen. Er war unser langjähriger Vorstand, einmal drei Jahre, dann zweimal sechs Jahre, zusammen 15 Jahre, dann war er zwölf Jahre Landtagsabgeordneter für die Landgemeinden Pinzgaus, auch war er in den 1870er Jahren bei den Kronsteuerregulierungen Schätzmann, auch war er Schätzmann bei der Grundablösung, als die Eisenbahn gebaut wurde. Er war ein Mann von unverdrossener Tätigkeit und reicher Erfahrung, sein Wort galt immer viel im Gemeindeausschuß, er blieb uns bis in seine Siebziger Jahre im Gemeindeausschuß, wir waren oft froh um Andre Eder, er war immer ein bescheidener, nüchterne, friedliebender Mann, auch ein kernkatholischer Mann, 74 Jahre alt […] wohlvorbereitet gestorben. *Johann Deutinger*, Oberdeutingbauer in Deut, auch dort geboren, Großgrundbesitzer, wart auch drei Jahre Gemeindevorsteher, früher öfter Gemeinderat. Hans Deutinger ist ein Mann guten Talents und scharfen Verstands, als Vorstand ging er mit Herrn Salzmann von Zell und Hias von Taxenbach vor den Saalfeldner Jahrlingmarkt mit kurzen Hosen direkt zum Kaiser nach Wien um die Grenzsperre nach Bayern zu beheben, welches ihnen auch rechtzeitig gelang. Johann Deutinger ist als lustiger Gesellschafter bekannt und als guter Wirtschafter. *Alois Rieder (selbst),* Schusterbauer zu Letting, geboren zu Unterdeuting als der dritter Sohn des Sebastian Rieder, mein Vater war der zweite Sohn am Schusterbauerngut, er erbte das Unterdeutinggut, meine Mutter ist Maria Hörl, die älteste Oberhaustochter, der frühere Schusterbauer Josef Rieder, Bruder meines Vaters und unser Taufgöd, lebte unverehelicht als Jungherr, ich hatte das Glück das Heimatsgut meines Vaters zu erben, es sind meine Ahnen mit ihrem gleichen Schreibnamen Rieder auf dem gleichen Schusterbauerngut fast dreihundert Jahre zurück zu finden. Mir wurde nicht ungern vorgehalten, daß ich mit dem Arsch ins Geld gefallen bin. Mein Taufgöd starb im Jahre 1874, seit dort bin ich Besitzer. Mein Vater starb im Jahre 1890 in einem Alter von 87 Jahren.«

Die nächsten von Rieder beschriebenen Fotografien zeigen – nur folgerichtig für die von Viehzucht dominierte Landwirtschaft der Landgemeinde – die bei der Kaiserausstellung prämierten Pferde der Gemeinde sowie die wertvollsten Schafe, Ziegen und Schweine der ansässigen Bauern.[40]

3. Kühl empfand ich die dunklen Bergwälder – Das Weggehen der Dienstboten

Charakteristisch für die österreichische Landwirtschaft ist das lange Andauern von Gesindeverhältnissen: Hatten sich in anderen Teilen Europas bereits moderne Lohnarbeitsverhältnisse durchgesetzt, erfolgte hier der Bruch mit der »alten Welt« – ungeachtet erster Auflösungserscheinungen seit der zweiten Hälfte des 19. Jahrhunderts – erst in den 1930er-Jahren. Im Pinzgau war diese Situation besonders ausgeprägt, da die Dominanz der arbeitsintensiven Viehhaltung ein enges Zusammenarbeiten und Zusammenleben von Bauernfamilie und familienfremden Arbeitskräften erforderte. 1934 lebten im Bezirk noch in knapp der Hälfte aller Haushalte familienfremde Personen.[41]

Dass das Leben im »ganzen Haus« mitunter äußerst problematisch war, belegen Erzählungen der noch Mitlebenden sowie zahlreiche dokumentarisch festgehaltene Lebensgeschichten. »Schwer und kühl empfand ich die dunklen Bergwälder in Fusch«,

Heuernte in Höf, um 1935

schrieb etwa Dipl.-Ing. Gerhard Poschacher in Erinnerung an seine insgesamt positiv erlebte Zeit als Landwirtschaftslehrling im Pinzgau.[42] Der Fall eines als jähzornig geltenden Pinzgauer Bauern, der wegen Körperverletzung eines Knechtes bereits eine Gefängnisstrafe zu verbüßen hatte und im November 1906 gemeinsam mit seinem Sohn des Erwürgens seiner »nicht vollkommen zurechnungsfähigen, 30jährigen Dienstmagd verdächtigt war«, mag zwar ein Extrembeispiel gewesen sein.[43] Häufig jedoch lief das tradierte, in der Mentalität verankerte Wissen um ein gesellschaftliches »Oben« und »Unten« quer zum paternalistischen Schutzauftrag; daher waren Fälle offener Gewaltanwendung auch in bäuerlichen Gemeinschaften kein Einzelphänomen.

Betriebsstruktur und Stellenwert der Viehhaltung hatten entscheidende Auswirkungen auf die soziale Situation der Dienstboten im Pinzgau. Charakteristisch war der hohe Ledigenanteil unter den auf Pinzgauer Höfen Beschäftigten: Um die Jahrhundertwende waren im Bezirk 91,4 Prozent der 25- bis 29-jährigen Männer unverheiratet. Kein anderer Bezirk der Monarchie erreichte diesen Wert, die Anteile der strukturell vergleichbaren Bezirke Tamsweg und St. Johann im Pongau lagen um einiges darunter.[44] Entsprechend hoch war der Anteil der unehelich geborenen Kinder: 1934 wies der Pinzgau mit 18,6 Prozent nach den Bezirken Murau und Tamsweg den dritthöchsten Ziehkinder- und Pflegekinderanteil Österreichs auf, mit den knapp 14.000 ehelichen Pinzgauer Bauernkindern wuchsen 2.652 Ziehkinder und 479 Pflegekinder auf.[45] Von *gemeinsamem* Aufwachsen konnte freilich keine Rede sein – laut Niedernsiller Gemeindeprotokoll der ersten Jahrhunderthälfte kamen Ziehkinder im Durchschnitt alle drei bis vier Jahre zu anderen Pflegeeltern.[46] Im Folgenden werden Lebensläufe Pinzgauer Dienstboten aus der ersten Jahrhunderthälfte skizziert – sie wurden Mitte der Fünfzigerjahre von Pfarrer Walleitner aufgezeichnet bzw. von Andrea Dillinger im Rahmen eines Oral-History-Projektes festgehalten.[47] Sozialhistorisch betrachtet entsprechen sie dem von Ortmayr schematisch gefassten Biografieverlauf von Gesindekindern alpiner Gesellschaften: uneheliche Geburt, frühe Trennung von der Mutter, Aufwachsen als Ziehkind, Jugend als Knecht oder Magd in fremden Haushalten, späte Heirat und wiederum unehelich geborene eigene Kinder.

Laut Ingrid Bauer hieß Frau sein im alpinen Lebensraum vor dem Zweiten Weltkrieg vorwiegend »arbeiten in der Landwirtschaft, Bäuerin sein oder Magd. Morgens um vier Uhr früh aufstehen, Haus heizen, in den Stall gehen, Frühstück machen, die Kinder für die Schule vorbereiten, aufräumen, waschen, kochen, abwaschen, im Garten arbeiten, wieder in den Stall gehen, Abendessen zubereiten; zusätzliche Arbeit bei kirchlichen Festen, im Sommer beim Heuen, mit Kleinkindern […] Haushalt, Schule, Gesundheit und kirchliche Belange werden der Interessenswelt der Frau zugeordnet.«[48] Knecht sein betraf, wie Ortmayrs Untersuchung klarlegt, vielfach einen Lebensabschnitt – im Pinzgau häufig mit Tätigkeit in der Almwirtschaft bzw. Viehbetreuung und Holzarbeit verbunden; lebenslanges Knechtsein stellte eher die Ausnahme dar. Doch auch die Zeit der wirtschaftlichen Selbstständigkeit bot wenig Möglichkeit zur Verbesserung der eigenen Lebenssituation, insbesondere die Altersversorgung stellt ein trauriges Kapitel alpiner Sozialgeschichte dar.[49]

Peter etwa wurde 1863 geboren und wuchs am Oberpinzgauer Sonnberg auf. Da seine Eltern den kleinen Bergbauernhof nicht halten konnten, kam er als 16-Jähriger über seine Patenleute – wirtschaftlich gewichtige Wirtsleute – als Viehhüter zu einem Großbauern. Bei diesem blieb er sieben Jahre und konnte sich dabei einiges an Geld ersparen; mit diesem Kapital erwarb er als 23-Jähriger das Gut »Oberleiten«, das zu diesem Zeitpunkt in derart schlechtem Zustand war, dass selbst das Kummet für die Zugarbeit fehlte. Ohne weiteres Bargeld, mit Hilfe seiner Eltern und der Geschwister sowie fallweise nebenerwerblicher Tätigkeiten ließ sich die Wirtschaft einigermaßen führen. Die Heirat 1892 brachte eine weitere Arbeitskraft und ein wenig Bargeld, das Peter zum Ankauf des Nachbarlehens nutzte. Jahrzehnte später, 1923, gelang es, eine Alm zu kaufen, deren Erhaltung sich allerdings als schwierig erwies. 1931 starb seine Frau, Mutter von acht Kindern; eines der Kinder war bereits als Kleinkind gestorben.

Hans Höller, Sohn eines weichenden Bauernsohnes und um 1900 geboren, war während seiner Kinderjahre Viehhüter auf der vom Vater gepachteten Alm; mit 15 Jahren trat er in fremden Dienst, vor allem um seine Familie – Hans hatte zehn Geschwister – um einen Esser zu entlasten. Vom anfänglichen Jahreslohn, der etwa 60 Gulden ausmachte, ging ein Drittel an den Vater. Allmählich konnte sich Hans auf einen Jahreslohn von 90 Gulden hinaufarbeiten, dazu kamen noch ein leinenes und ein lodenes Gewand, vier Hemden, drei Paar Strümpfe und zwei Paar Schuhe. Von 1914 bis 1918 eingerückt, begann er nach dem Krieg mit Holzarbeiten; danach war er sechs Winter Fuhrwerker bei einem Transportunternehmer. Im Sommer war Hans Melker auf verschiedenen Almen im Pinzgau und Pongau, hatte sich »langsam zu immer besseren Höfen hinaufgearbeitet und schließlich auch ganz schön verdient«. Seine Ersparnisse reichten dennoch nicht für ein eigenes Anwesen. Hans blieb unverheiratet. Mit über 40 Jahren versuchte er, Bauarbeiter zu werden, kam nach längerer Krankheit allerdings wieder zu seiner ursprünglichen Arbeit als Melker zurück.[50]

Theresia wurde 1900 als lediges Kind einer Magd geboren und von deren Großtante auf einem Hof im Unterpinzgauer Dorf Eschenau aufgezogen. Als die Ziehmutter nach dem Tod ihres Mannes den Hof verkaufte, kam sie 14-jährig zu einem Nachbarbauern in den Dienst. 1924 bekam sie – ebenfalls noch unverheiratet – ihre erste Tochter, Johanna; das zweite Kind, Johannas Zwillingsschwester, überlebte die Geburt nicht. Heiraten kam für Theresia und Johann, den Bauknecht des nahe gelegenen Hofes, aus persönlichen und finanziellen Überlegungen noch nicht in Frage, obwohl sie die offizielle Erlaubnis dazu bekommen hätten; die Obsorge für das gemeinsame Kind übernahm in dieser Zeit Theresias Ziehmutter. Zwei Jahre später, als Theresia das zweite Kind erwartete, folgte die Hochzeit, an der getrennten Wohnsituation änderte sich dadurch allerdings noch nichts – die Familie sah sich auch weiterhin nur am Wochenende. Erst knapp zehn Jahre später wurde ein gemeinsamer Wohnort möglich – Theresia und Johann waren die ersten Dienstboten des Ortes, die sich ein Eigenheim schufen. Der Hausbau wurde in Eigenregie durchgeführt: Johann arbeitete vorwiegend in seiner Freizeit daran oder wenn er vom Bauer freibekommen konnte, sein Bruder sowie zwei arbeitslose Zimmerer unterstützten ihn; das Grundstück kam aus einer Erbschaft, das Bauholz stellte der Nachbarbauer zur Verfügung, das nötige Bargeld konnte von einem Bauern geliehen werden. Um das Einkommen der Familie einigermaßen zu sichern, arbeitete Theresia trotz der Kinder weiterhin bei Bauern. Auch die Kinder wurden mit zunehmendem Alter immer stärker zur Mithilfe auf den Bauernhöfen herangezogen, Johanna trat nach Beendigung der Schulpflicht ganz bei einem Bauern des Dorfes ein. Für sie ergab sich einige Jahre später die Möglichkeit, eine Stelle als Hausmädchen im Lungau anzutreten – eine willkommene Gelegenheit, aus Eschenau wegzukommen. Doch ihre Mutter war aus Furcht um die Tochter dagegen und Johanna blieb. 1946 heiratete sie Michael Rainer, den Sohn des drittgrößten Hofes des Dorfes. Michael vollzog 1948 den Bruch mit der Landwirtschaft und ging zu den Bundesforsten, wo ihm weit bessere Einkommensperspektiven offen standen. Johanna hingegen blieb in der Landwirtschaft und übernahm 1953 auch noch die zusätzliche Arbeit, die durch die Pacht des Pirchi-Hofes anfiel.[51]

Dem Dienstgeber stellte sich die Herausforderung Arbeitskraft anders. Da das Angebot an lokal verfügbaren Dienstboten zumeist beschränkt war, erwies sich die Rekrutierung als ständiges Problem. Die Versorgung und Entlohnung der Dienstboten warf insbesondere in Krisenzeiten weitere Schwierigkeiten auf. Im gesellschaftlich-sozialen Bereich schließlich stellte sich für Betriebsinhaber die Frage nach Umfang und Grenzen der Verantwortung für die Bediensteten. Erst- und letztgenanntes Problem verschärften sich Mitte des 20. Jahrhunderts – die Betriebsinhaber mussten neue Wege zur Bewältigung der anfallenden Arbeit finden und sich ein neues Rollenbild in der veränderten Gesellschaft zurechtlegen. Hatte die hohe Arbeitslosigkeit der Zwischenkriegszeit noch viele Arbeitskräfte in der Landwirtschaft gehalten, so brachten die schlagartig einsetzende Landflucht nach 1938 sowie die Verluste durch Kriegseinsatz die Landwirtschaft in eine Problemlage, die durch den Einsatz von Kriegsgefangenen und Zwangsrekrutierten nur teilweise aufgefangen werden konnte.[52] Im Laufe des ersten Nachkriegsjahres kam dann ans Tageslicht, was durch die Ausnahmesituation des Krieges übersehen worden war: Es gab keine Landarbeiter mehr. 1946 fehlten im Pinzgau zwischen 200 und 300 Arbeitskräfte, 1947 wurde der Bedarf mit 1.600 Personen, davon 900 weiblichen, 1948 mit je 1.400 weiblichen und männlichen landwirtschaftlichen Arbeitskräften beziffert.[53] Waren bisher überlange Arbeitszeit, schlechte Wohnverhältnisse, geringer sozialer Status die Ursachen gewesen, die Dienstboten aus der Landwirtschaft getrieben hatten,[54] so kamen nun Entfremdung durch Kriegserfahrung sowie Möglichkeiten, besser bezahlte Lohnarbeit zu finden, als neue Faktoren hinzu.

Die Notlage, in der sich viele bäuerliche Betriebe bei Kriegsende befanden, schilderte ein Pinzgauer Bauernvertreter folgendermaßen: »Was Arbeitseinsatz anbelangt, geht es jetzt in Taxenbach rar her. Ein Bauernknecht nach dem anderen wird für die Eisenbahn angeworben. Ich sehe ganz schwarz, die Landarbeitergeschichte wird ganz furchtbar. Es muß eine gesetzliche Handhabe geschaffen werden, daß diejenigen, die von der Landwirtschaft zum Militär eingerückt sind, auch wieder zum Bauern zurück müssen. Die Arbeitszeit ist beim Bauern zu lang, der Lohn zu klein. Was die anderen Berufsstände bieten können, können wir nicht, weil wir es nicht haben.« Als Ausweg solle darauf hingearbeitet werden, dass Jugendliche nach dem Schulaustritt zumindest ein Jahr beim Bauern arbeiten müssen, ehe sie einen anderen Beruf ergriffen.[55] Auch der designierte Landeshauptmann Albert Hochleitner konnte sich anlässlich seines Besuchs im Pinzgau im Dezember 1945 einer Stellungnahme nicht entziehen; er wies auf die breit gefächerten Ursachen des Problems hin, die nicht mehr mit einem Zwangssystem beseitigt werden könnten: »[Die Landflucht] ist ein sehr dringendes Problem. Wenn heute die Soldaten nach Hause kommen, so wollen sie nicht mehr zum Bauern zurück […] Von der Jugend geht niemand mehr in die Landwirtschaft, weil er fürchtet, für sein Leben dort verbleiben zu müssen.« Sein Lösungsansatz: »Ich würde sehr bitten, wenn sich eine gewisse Anzahl von Bauern finden würde, denen man solche jungen Leute übergeben kann, wo der Bauer die Geduld hat, diese jungen Leute aufzunehmen, sie für die Landwirtschaft zu interessieren und ihnen Freude an der Landwirtschaft zu machen. Es sind dann ja auch noch eine Reihe anderer Fragen zu regeln: Die Frage der Unterbringung, verschiedene soziale und rechtliche Stellung der Dienstboten, ob ein landwirtschaftlicher Dienstbote heiraten darf oder nicht etc. Ist dies nicht der Fall, werden wir dauernd Schwierigkeiten haben.«[56] Zur Steuerung der Abwanderung mussten sich ehemalige Landarbeiter zu diesem Zeitpunkt noch einer Prüfung ihrer Berufstauglichkeit durch die Bauernkammer unterziehen, bevor sie vom Arbeitsamt einem anderen Zweig überwiesen werden konnten.[57] Langfristig mussten allerdings andere Maßnahmen ergriffen, entsprechend lukrative Anreize geschaffen werden, um Menschen in der Landwirtschaft halten zu können. So waren trotz der angespannten Situation am Baumaterialiensektor Bauvorhaben zur Sesshaftwerdung von Landarbeitern erleichtert durchführbar – der Betroffene musste sich allerdings verpflichten, in der Landwirtschaft zu bleiben.[58]

Keine einschneidende Erleichterung des Arbeitskräfteproblems, aber eine wertvolle Hilfe im Einzelfall und damit in der Erinnerung markant war die Beschäftigung von – selbst in der Nachkriegszeit noch so bezeichneten – »Volksdeutschen« in der Pinzgauer Landwirtschaft. Laut einer Erhebung aus dem Jahr 1948 waren zu diesem Zeitpunkt über hundert volksdeutsche Landarbeiter, davon 35 Frauen, im Pinzgau eingesetzt. Viele von ihnen waren auch zuvor in der Landwirtschaft tätig gewesen, viele kamen allerdings aus gänzlich anderen Branchen: ehemalige Kraftfahrer, Maler, Bankbeamte, Lehrer, Studenten, Friseure, Weingärtner, Flugzeugbauer.[59] In den späten Vierzigerjahren beunruhigte die verstärkte Abwanderung landwirtschaftlicher Arbeitskräfte in die Schweiz die Pinzgauer Behörden.[60] Häufigste Abwanderungsrichtung der Nachkriegszeit waren die Kraftwerks- und Industriebauten der Region, wie etwa Kaprun und Hochfilzen, diverse Straßenbauten sowie Holzarbeit im In- und Ausland:[61] »Fährt man mit dem Abendschnellzug von Salzburg Richtung Schweiz, so steigen in Bischofshofen [etc.] eine ganze Reihe Mädchen mit schweren Koffern ein. Das durchschnittliche Gespräch, warum sie nicht in der Heimat bleiben wollen, endet mit der Antwort: Ich will Geld verdienen!«, berichtete dazu die Regionalzeitung.[62] In den Sechziger- und Siebzigerjahren schließlich kehrten auch die Familienangehörigen der Landwirtschaft den Rücken.

Mit der Aus- und Abwanderung war die »Landarbeiterfrage« als gesellschaftspolitisches Problem brisant geworden. Das Gesinde, nunmehr Landarbeiter genannt, war in seiner sozialen Stellung nicht mehr eindeutig zuordenbar und die dörflichen Autoritäten in ihren Verantwortungsbereichen zunehmend unsicher geworden – die Aufzeichnungen Pfarrer Walleitners dokumentieren diesen Übergang für den Pinzgau. Sie stehen an der Schnittlinie zwischen der patriarchisch-fürsorglich geprägten Haltung der »alten Welt« und dem emanzipatorischen Eintreten für die Rechte des Landarbeiters der Industriegesellschaft. »Dürfen oder müssen wir diesen Stand erhalten, obwohl er in vieler Hinsicht eine kulturell so rückständige Stellung einnimmt?«, fragte Walleitner in der 1950 erschienenen Schrift »Treue Helfer am Hof«, »laden wir nicht eine Schuld auf uns, wenn wir für die Erhaltung des Landarbeiterstandes eintreten, dessen Kulturniveau in verschiedenen Dingen unbedingt erhöht werden müßte?«[63] »Der Landarbeiter ist gewissermaßen eine imaginäre Größe. Einerseits ist er Bauer. Nicht vom Standpunkt des Besitzes, des Grundbuches oder seiner Lebensarbeit aus gesehen, sondern psychologisch gesehen«, schrieb er einige Jahre später in seinen »Volkskundlich-Religiösen Beiträgen zur Bauern- und Landarbeiterfrage« und setzte etwas elliptisch fort,: »letzten Endes [ist er] doch nur ein Zweig am großen Baum unseres Landvolkes. Ein in Wuchs und Saft vielleicht etwas zurückgebliebener, nicht zur vollen Entfaltung gelangter, aber doch ein mit vielen gesunden Kräften erfüllter Zweig.«[64]

Landarbeiterfragen stellen sich in den Schriften Pfarrer Walleitners zunächst einmal aus traditionellen Aspekten – es geht um das Problem der Seelsorge während der Almzeit oder die Haltung der Kirche in der Ledigenfrage, um Maßnahmen zur Verbesserung des Verhältnisses zwischen Bauernkindern und Dienstboten oder das zunehmende Freiheitsbedürfnis der Dienstboten. Das andere wichtige Motiv, das sich durch die Arbeiten Walleitners zieht, ist der Einsatz für eine bessere Lebenssituation der Dienstboten. Dies zum einen, da der Wandel ohnedies unausbleiblich war: »Wir haben für die nächsten Jahre und Jahrzehnte mit einer Emanzipation des Dienstbotenstandes zu rechnen. Die Dienstbotenfrage ist ein Problem, bei dessen Lösung man mit schweren Widerständen der bäuerlichen Welt zu rechnen hat, weniger bezüglich der rein materiellen Forderungen, als hinsichtlich all jener Erneuerungsbestrebungen, die die persönliche Lebensform des Dienstbotenstandes betreffen.«[65] Zum anderen, da er auch zum Nutzen der Landwirtschaft sein konnte: »[Als] vor etwa fünfzig Jahren die ersten Fahrräder [aufs] Land kamen, wäre es merkwürdig erschienen, wenn sich die Landarbeiter als erste ein solches Verkehrsmittel angeschafft hätten. Das taten vielmehr der Lehrer, der Förster, der Gendarm und andere ›Honoratioren‹. Heute ist es selbstverständlich, daß oft schon der jüngste Knecht mit dem Fahrrad aufs Feld fährt, und der Bauer freut sich sogar darüber, da der Zeitgewinn auch ihm zugute kommt. [Heute] ist es nicht mehr das Fahrrad, sondern vielleicht ein Radiogerät oder ein Photoapparat [und] warum soll schließlich der Landarbeiter nicht auch seine eigene Zeitung besitzen, wie der Industriearbeiter [...]?«[66] An der Spitze der Forderungen Walleitners stand, ähnlich jenen der politischen Interessenvertretungen, der Ruf nach einem eigenen Heim und einer eigenen Familie für Dienstboten – dies seien »grundlegende Menschenrechte«, die dem Landarbeiter nicht mehr länger vorenthalten werden dürften.[67]

Spätestens mit Einsetzen der Lohnvertragsverhandlungen standen den Landarbeitern gesetzliche Handhaben zur Verfügung, die wohlwollende Hilfestellungen von der Kanzel und Initiative von dörflicher Obrigkeit an Bedeutung verlieren ließen. Der mit dem Betreff »Forderungen der Landarbeiter« an die Bauernkammer gerichtete Brief eines Pinzgauer Bauern vom Dezember 1950, der hier stellvertretend für ähnliche Auseinandersetzungen steht, lässt erkennen, dass in der dörflichen Welt Mitte des 20. Jahrhunderts tatsächlich ein Abschnitt zu Ende gegangen war:

»Ich hatte am 8. September 1950 mit meinem Bauknecht eine kleine Differenz, welche sich leicht schliechten lassen hätte, doch sagte mir H. er geht, ich sagte ihm er soll noch 14 Tage bleiben, doch H. ging zur selben Stunde weg. Kasserer J. dasselbe, ging auch ohne Grund den gleichen Tag weg ohne Kündigung, ich sagte. auch selber er darf nicht gehen wenn schon dann erst in 14 Tagen, ich dachte bis dorten lässt sich alles ausreden doch war es umsonst. Hatte auch 2 Mägde zuhause und die sagten wann die beiden H. und K. gehen, dann bleiben sie auch nicht mehr und sind ohne Kündigung und ohne Grund auch zur selben Stunde mit den Männern weggegangen. Meine Kinderfrau, die schon lange Jahre bei uns ist hat den Mädln nahe gelegt sie sollen doch bleiben, sie bekommen sonsten keine Kleider die welche sie neben dem Lohn noch von meiner Frau erhalten sollten, doch die Mädls sagten sie verzichten auf alles und sind gegangen.

Nun dauerte es einige Zeit kam von der Arbeiterkammer ein Schreiben mit verschiedenen Lohnvorderungen machten die lügenhaften Angaben dass ich alle Leute auf die Stunde entlassen habe, obwohl selbe sich zuerst rühmten dass sie dem [B]auern alle durchgegangen sind.

Nun habe ich der Arbeiterkammer den genauen Sachverhalt geschildert, doch schickte mir die Kammer die beiden Knechte her mit den Forderungen und um einen Streit zu vermeiden, habe ich die beiden abgefertigt.

Nun kam aber ein zweites Schreiben mit der Vorderung der beiden Mädels doch will selben keinen Groschen bezahlen, den auf die Stunde durchbrennen – an mitten in der Grumaternte, wo so schwer Leute zu haben waren und der Kinderfrau gegenüber erklären sie verzichten auf alles und jetzt Forderungen stellen, ich glaube die haben kein Recht dazu.

Ich bitte Sie nun, mir baldigst darüber Nachricht zu geben, ob die beiden Mägde wann selbe ohne Kündigung weggehen, ohne Grund noch dazu, überhaupt etwas verlangen können.

Ich lege Ihnen das Schreiben der Arbeiterkammer bei, welches Sie mir wieder zurücksenden wollen. Erwarte Ihre baldige Nachricht. […].«[68]

4. Gedenkmessen und Bauernfähigkeit – Das Reichserbhofgesetz in der Umsetzung

Von Blut-und-Boden-Mythologen ins wogende Weizenfeld versetzt und vom Traum eines freien deutschen Bauerntums umflötet, bestand der Alltag der bäuerlichen Bevölkerung während der NS-Herrschaft vielfach darin, trotz der unzähligen Einschränkungen ein Auslangen zu finden. Anhand von Unterlagen aus Hofakten aus drei Pinzgauer Gemeinden soll dargestellt werden, welche Auswirkungen eines der zentralen Instrumentarien dieser Politik, das Reichserbhofgesetz, auf die Familiensituation und Wirtschaftspraxis von Bauern hatte. 1933 im Altreich eingeführt, galt das REG ab 27. Juli 1938 auch in Österreich und stand in den Grundzügen – mit Ausnahme Tirols, wo es 1940 zugunsten des alten Rechtszustandes aufgehoben wurde – bis 1947 in Anwendung.[69]

Mit welchen Erwartungen ein Pinzgauer Bauernsohn der Einführung des neuen Gesetzes entgegensah, lässt sich aus dem Antwortschreiben auf seinen im September 1938 an die »hochlöbliche Kreisbauernschaft« gerichteten Brief schließen:

»Auf Ihr […] Schreiben teile ich Ihnen folgendes mit:
1. Eine Möglichkeit, Ihren Vater zu zwingen, den landwirtschaftlichen Betrieb zu über-

Treffen am Dorfplatz, ca. 1940

geben, besteht nicht. Wenigstens ist vorläufig die Gelegenheit noch nicht gegeben. Wenn einmal die Verordnung zur Sicherstellung der Landbewirtschaftung auch in der Ostmark in Kraft getreten ist, wäre es möglich, auf diesem Weg eine Übergabe des Betriebes herbeizuführen. Da in absehbarer Zeit diese Verordnung auch hier in Kraft treten wird, rate ich Ihnen, diese Angelegenheit noch bis dahin zurückzustellen.
2. Wegen Eintragung des Betriebes in die Erbhöferolle teile ich Ihnen mit, daß gegenwärtig die Gemeindeverzeichnisse derjenigen Höfe aufgestellt werden, die eine Größe über 7½ ha haben. Auf Grund dieses Verzeichnisses wird dann für jeden Hof das Feststellungsverfahren durchgeführt und auch für Ihren Betrieb festgestellt, ob er laut Reichserbhofgesetz Erbhof ist.
3. Wegen Verbesserung des Stallgebäudes bzw. Bau einer Jauchengrube besteht die Möglichkeit, einen diesbezüglichen Antrag auf Beihilfe zu stellen. Der Vordruck ist beim Ortsbauernführer erhältlich.
4. Zuschüsse und Aufbaumaßnahmen können Sie auch beantragen, ohne daß Sie ein Entschuldungsverfahren anmelden müssen und können einen derartigen Antrag mittels der Vordrucke stellen, die beim Gemeindeamt aufliegen [...]
5. Wegen Beantragung eines Ehestandsdarlehens müssen Sie sich an das Finanzamt [...] wenden. Die Möglichkeit besteht für Sie ein Ehestandsdarlehen zu erhalten.«

Die Übergabe dieses Hofes erfolgte im Mai des folgenden Jahres. Aus dem Übergabevertrag mussten allerdings einige Regelungen, die zwar der Tradition entsprachen, mit dem REG aber nicht zu vereinbaren waren, ersatzlos gestrichen werden: Der Übergeber hatte sich drei Rinder zurückbehalten – die Zurückbehaltung lebenden Inventars war nicht mehr vorgesehen; das vereinbarte Wegerecht – der Übergeber hatte sich das nach Belieben auszuübende Wegerecht ausbedungen – war abzuändern, da eine auf das freie Belieben des Altenteils ausgelegte Abmachung als nicht mehr zeitgerecht galt; und schließlich war dem Übernehmer nicht zuzumuten, dass die den weichenden Geschwistern zustehenden Beträge bis zur Übergabe zu verzinsen waren.[70]

Durch das REG ergaben sich für die Behörden umfangreiche Möglichkeiten, Familie und Betrieb zu durchleuchten. Die folgenden Beispiele zeigen, welche »Ergebnisse« im Pinzgau durchgeführte Hofbesichtigungen und anderwärtige Nachforschungen lieferten: In einem Bericht über einen völlig darniederliegenden Betrieb – der Besitzer war hochverschuldet, mit den Zinszahlungen im Rückstand und brachte von seinen sechs Kühen täglich nur drei Liter Milch zum Verkauf – heißt es unter anderem: »Am Hof leben außer dem ledigen, 56 Jahre alten, etwas kränklichen Bauern noch zwei Schwestern. A., 61 Jahre alt, bruchleidend, hysterisch, B., 48 Jahre alt, schwachsinnig. Die Hauptarbeit soll von diesen gemacht werden. Bauer gilt allgemein als Sonderling. Die Behandlung seiner Geschwister machte keine Ansprüche auf Menschlichkeit. So sei er vor allem vollkommen unverträglich [...] Im Stall ist halbwegs Ordnung, soweit dies die Viehpflege betrifft. Auch im Wohnhaus konnte ich Ordnung feststellen [...] Ich schlage vor, [den Bauern] zur Kreisbauernschaft zu laden und wenn möglich, von ihm den Verkauf oder die Verpachtung zu erwirken.« Dazu der – für die weitere Vorgangsweise der Behörde wohl nicht unbedeutende – Nachsatz: »Die Familie ist erst seit 30 Jahren am Hof.« Die Informationen in diesem Fall kamen, soweit sie das Kontrollorgan nicht selbst feststellte, von den genannten beiden Schwestern und den Nachbarn, der Besitzer selbst war im Zuge der behördlichen Erhebungen nicht angetroffen worden.[71]

Eine Aktennotiz zu einem Fall, in dem der Sohn von der Mutter die Übergabe des Betriebes erwirken wollte, gibt Aufschluss darüber, welche Funktion Regime und Gesellschaft eingeheirateten Frauen zugedachten. Vorrangiges Ziel war der Fortbestand des Betriebes als funktionierende Einheit. Über die Braut des Sohnes wurde festgehalten: »Ls. Braut und deren Vater haben den Hof neuerdings verlassen. Streitigkeiten zwischen der Braut und der Mutter [...] gab es hauptsächlich wegen der am Hof lebenden vier Kinder der Geschwister [...]. Ls Braut war nach Aussage der Mutter [...] wegen eines Fußleidens arbeitsunfähig und zu einer Bäuerin nicht tauglich. Sie wünschte auch keine Kinder zu gebären. Sie hat auch im Haushalt nachlässig gearbeitet und dem Bräutigam die Kleider nicht geflickt, vielmehr solche Arbeiten der Mutter überlassen.« Und weiter: »Am Hof [fehlt es] an einer tüchtigen Frau. In nächster Zeit dürfte sich L. nicht zu einer anderweitigen Verehelichung entschließen. Es ist damit zu rechnen, dass eine Schwester auf den Hof kommt.«[72]

In einem dritten Fall sind die Zwistigkeiten zwischen Eltern und Sohn ausführlich dokumentiert. Ausschlaggebend für die Überwachung durch die Behörde war die mangelnde »Bauernfähigkeit« der Besitzer – so die Landesbauernschaft im August 1939 an die Kreisbauernschaft: »Der Hof der Eheleute H. ist m. E. kein Erbhof, weil es zumindest an der Bauernfähigkeit der Frau fehlt, aber auch die Bauernfähigkeit des Mannes dürfte nicht gegeben sein. Ich halte es für das zweckmäßigste, wenn der Hof veräußert wird. Bevor Sie den Besitzern die Veräußerung nahelegen [...] wird es notwendig sein, die Kinder zu einer Besprechung auf die Kreisbauernschaft zu laden. In Anbetracht der vorliegenden Verhältnisse möchte ich von einer Übertragung des Anwesens auf eines der Kinder abraten.« In zahlreichen Aktenvermerken sind die Streitigkeiten zwischen Vater und Sohn, die Trunksucht der Mutter sowie der allgemeine Zustand des Hofes genau dokumentiert. Nach wiederholten Hofbesichtigungen und Anhörungen fasste das Anerbengericht den Beschluss, dass das Anwesen ein Erbhof sei – ungeachtet des Umstandes, dass die Besitzer »zeitweilig dem Trunke ergeben« waren, und »obwohl innerhalb der Familie gewisse Spannungen bestehen [...] fielen diese nicht derart ins Gewicht, daß den Eheleuten die Bauernfähigkeit abgesprochen werden könnte«.[73]

Nicht immer ging der Anstoß zur Übergabe eines Betriebes auf das Einschreiten der Behörde zurück. Im Falle eines Erbhofes erschien laut Aktenvermerk die Frau des drittältesten Sohnes eines Bauern bei der Kreisbauernschaft: »Da der Schwiegervater sehr wetterwendisch ist, [wollte sie] wissen, woran sie [und] ihr Ehemann eigentlich ist.« Der Vermerk der Behörde: »Der Schwiegervater wäre zur Übergabe zu veranlassen und folglich zur Rücksprache bei der Kreisbauernschaft vorzuladen.« Bei der Unterredung wenige Wochen später war der 70-jährige Vater »an und für sich der Übergabe nicht abgeneigt«, hatte sich jedoch aufgrund seiner Bedenken über die Höhe des Übernahmegeldes bislang dazu noch nicht entscheiden können. Der Betrieb wurde im darauf folgenden Jahr übergeben.[74]

Mit Hilfe des REG konnten die Behörden direkten Einfluss auf Betriebsübergaben nehmen. Das im REG festgelegte strikte Anerbenrecht warf in der Umsetzung Probleme auf: Der Bauer JL, der im Januar 1939 kinderlos verstarb, hatte in seinem Testament von 1936 das Ehepaar N. als Erben eingesetzt. Frau N., außereheliches Kind eines Bruders des Erblassers, war auf dem Hof aufgewachsen, hatte 1921 geheiratet und mit Mann und den zehn Kindern seitdem den Hof bewirtschaftet. Es sei immer Wille des Erblassers gewesen, »daß die Ehegatten den Hof erhalten würden«. Doch stand dieses Testament, wie die Landes- der Kreisbauernschaft im März 1939 mitteilte, im Widerspruch zum REG. Frau N. gehöre nicht zu den anerbenberechtigten Personen, weshalb nun zu erheben sei, ob die drei Söhne des Bruders bauernfähig seien, »insbesondere welchen Beruf, ob sie persönlich geeignet sind, den Hof zu bewirtschaften, des weiteren auch wie ihr Verhältnis zum [V]erstorbenen war und warum dieser sie nicht als Hoferbe wollte«. Im Brief des Anerbengerichtes tauchte ein weiteres Problem auf – der Erblasser hatte das Ehepaar N. je zur Hälfte als Erben eingesetzt – dies widersprach ebenfalls dem REG, da Erbhöfe ungeteilt an den Anerben zu übergeben waren. Im Zuge der Untersuchungen ergaben sich Möglichkeiten, wie Frau N. dennoch das Erbe antreten könnte, und zwar erstens, wenn die drei nach REG Erbberechtigten von sich aus die Erbschaft ausschlügen, zweitens, wenn einer der Anerben an den Ehemann der Frau N. übergäbe, oder drittens, wenn die anerbenberechtigten Personen nicht bauernfähig seien und Frau N. in Folge durch den Reichsbauernführer als Anerbin bestimmt werde.[75]

Die uneheliche Geburt verhinderte im Fall eines 13-jährigen Mädchens den Antritt des vorgesehenen Erbes; der Betrieb ging im Zuge der Anerbenregelung an den Bruder des Verstorbenen, obwohl dieser bereits einen anderen Hof bewirtschaftete. Der Fall löste in der Region einiges Unbehagen aus: »Im Pinzgau werden [noch] öfters solche Fälle vorkommen, wo der Hof im Alleineigentum des Bauern steht und nur uneheliche Kinder oder an Kindesstatt angenommene Kinder vorhanden sind. Dem [Erblasser] war es unbedingter Wille, seine Liegenschaft an sein uneheliches Kind zu übergeben. Darüber hat [er] zu seinem Kind und zu seinem Nachbarn öfters gesprochen. [Aus der getroffenen Regelung] ergibt sich eine gewisse Härte, weil die gesetzliche Anerbenfolge die Meinung und Auffassung der umliegenden Nachbarn bricht. [Der Bruder des Erblassers] wird daher nur aus Zufall [Anerbe] auf dem Gut. Da die Übergangsvorschriften des Reichserbhofgesetzes für den Pinzgau infolge der vielen unehelichen Kinder besonders von Bedeutung sind, wäre ich Ihnen sehr zum Dank verpflichtet, wenn Sie mir gelegentlich Ihre Auffassung zu den unehelichen und an Kindesstatt angenommenen Kindern als Anerben bekannt geben würden. Ich bin der Anschauung, daß für den ersten Erbfall bei den Bergbauern, wo keine ehelichen Kinder als Anerbe vorhanden sind, die Regelungen des Reichserbhofgesetzes nicht zu straff angespannt werden sollten.« Die Landesbauernschaft zeigte sich überraschend einsichtig: »Im vorliegenden Fall handelt es sich nicht darum, ob das REG straff angewendet werden soll oder nicht, sondern vielmehr ist die Übertragung des Hofes in die Hand der unehelichen Tochter nicht mehr möglich. Der Schaden konnte nur dann gutgemacht werden, wenn der Anerbe bereit wäre, der unehelichen Tochter freiwillig den ihm bereits anfallenden Hof mit Genehmigung des Anerbengerichtes zu übertragen.« Die Behörde gab zur Bekräftigung der amtlichen Entscheidung die weitere Anweisung: »Im allgemeinen sind gerade in der

Übergangszeit Fälle [wohlwollend] zu behandeln, im gegebenen Fall war der [Anerbe] anzuweisen, selbst auf das Gut des verstorbenen Bruders zu ziehen und den eigenen Hof an seine Kinder zu übergeben.«[76]

Behördlich gesteuerte Betriebsübergänge bedurften nicht notwendigerweise eines Erbfalles: Am 2. Juni 1942 erging vom Deutschen Siedlungswerk ein Brief mit folgendem Inhalt an die Besitzer eines verpachteten Betriebes: »Wir haben nunmehr von Berlin den Auftrag erhalten, für 16 Südtiroler Umsiedler, die auf Salzburger Boden Almbesitz haben, Talgüter zu beschaffen. Der Auftrag erging von Reichsführer SS Himmler und ist mit 1. Juli terminisiert […]. Wir brauchen wohl nicht zu erwähnen, daß die Schwierigkeit, diese 16 Bauernhöfe im Kreis Zell am See zu beschaffen, sehr groß ist und würden Ihnen dankbar sein, wenn Sie sich zu einem freiwilligen Verkauf entscheiden könnten.« Die Frist von nicht einmal einem Monat war vermutlich bewusst eng gehalten – bereits im Dezember 1941 hatte der Kreisbauernführer auf Anfrage, ob betreffendes Gut eine Neubauernstelle wäre, gemeldet, sie »wäre sehr geeignet« und eine derartige Nutzung »vom Bürgermeister und Ortsbauernführer sehr erwünscht«. Im diesem Fall zeigte die behördliche Vorgangsweise – zumindest soweit aus den Unterlagen ersichtlich – wenig Erfolg: Der Besitzer, eine Gesellschaft, war nicht zum Verkauf bereit, sondern sah den Pächter des Gutes als Käufer vor.[77]

Da die Zuerkennung des Erbhofstatus keineswegs nur Ehre war – mit zunehmenden Eintragungen trat ohnedies eine Inflation ein –, versuchten manche Besitzer, die Eintragung in die Erbhofrolle durch Einspruch zu verhindern. Bürokratisch abzuwickeln war dies beim Anerbengericht und in zweiter Instanz beim Erbhofgericht – für Pinzgauer das Oberlandesgericht Innsbruck. Erfolglos blieb der Einspruch eines alten Bergbauernehepaares. Ihre Einwände, die meisten Ackerparzellen seien nur als Wiesen- bzw. Weideparzellen nutzbar, das Gut läge 1.200 Meter über dem Meer, Weizen gedeihe dort überhaupt nicht, sie seien zu alt, die Arbeit würde ihnen bald zu schwer fallen und sie wollten deshalb ins Tal ziehen, machten die Behörden erst recht hellhörig: »Die Argumente der Einspruchserhebenden sprechen nur gegen den Einspruch [–] gerade derartige Höfe sind nach dem Willen des Gesetzgebers des REG die idealen Erbhofbesitzungen.«[78] Mitunter zeigten sich Bauern recht findig in den Versuchen, ihre Anliegen durchzusetzen. Im August 1939 sollte ein circa drei Hektar großes Grundstück verkauft werden. Zunächst trat die Bäuerin eines großen Bauerngutes als Käuferin auf, doch wurde ihr Antrag abgelehnt, da der Ankauf keine Notwendigkeit darstellte, die Bäuerin selbst über keine Grundstücke verfüge und der landwirtschaftliche Betrieb ihres Mannes keinen weiteren Zukauf erfordere, während in der Gemeinde genügend Betriebe seien, die zur Erhaltung der Erbhofeigenschaft nicht genügend Ackernahrung aufweisen. Im Oktober 1939 trat der Ehemann als Käufer auf. Er argumentierte, er benötige das Grundstück, da er selbst über keine Streuwiese zur Gewinnung von Streu verfügte, versicherte weiters, dass er im Falle einer Genehmigung einen Teil an seinen Bruder weiter verkaufen wolle. Der Kauf wurde dennoch nicht genehmigt – zur Bildung eines »leistungsfähigen bäuerlichen Mittelbesitzes« sei es erforderlich, freie Grundstücke an kleinere bäuerliche Betriebe zu veräußern.[79] Der Saalfeldner Anerbenrichter schließlich ließ den Kreisbauernführer wissen, dass er die Erhebungsbögen weder an die Gemeinde noch an die Gendarmerie schicke, da die genannten Organe diese erfahrungsgemäß nur unvollständig und schlampig ausfüllten.[80]

5. Sorgen, im Wiederaufbau der Letzte zu sein – Bedarfsdeckung in der Nachkriegszeit

Zu Kriegsende 1945 ergab sich für die Landwirtschaft des Pinzgaus die vergleichsweise glückliche Situation, nicht unmittelbar von Kriegshandlungen betroffen gewesen zu sein, auch das Verhältnis zur Besatzungsmacht entwickelte sich – kulturelle Divergenzen einmal ausgeblendet – verhältnismäßig entspannt.[81] Im Tagebuch des Bauern Franz Wartbichler zu den letzten Kriegswochen finden sich, zwischen Notizen zu sich täglich wiederholenden Arbeiten wie Heu- und Mistführen, dem Holzrichten und den Instandhaltungsarbeiten am Almgebäude, Hinweise zur allgemeinen politischen Entwicklung:

»Tagebuch per 1945:
3. 1. […] Serbe Milan von Lager Pongau wieder gekommen, seit 9.12.1944 dort […] kein Mehl bekommen.
8. 1. […] 3 Fuderl Grummet geführt, […] großer feindlicher Einflug, kein Bombenangriff.
5. 1. […] eine Fichte umgeschnitten, Gretl und Maridl Strohsäcke eingefüllt für eine eventuelle Flucht […]
5. 2. […] Inntalkalm belegt […] von Bruder Lois, aus Schwäbisch-Gmünd datiert vom 15. 12. ein Brief eingetroffen, ebenfalls von Alfons vom 10. 12 aus dem Westen […]
18. 1. […] Holz gearbeitet, Milan krank. Großer Einbruch der Russen gegen Czenstochau […]
21. 1. Volkssturmdienst
23. 1. Unser lieber, guter, braver Ziehsohn, Hofer Sepl […] an der Armamputation seines rechten Oberarms, welchen er durch einen […] Volltreffer verloren hat, gestorben. Sein Tod reißt eine große Lücke in unsere Familie. Vom Premstall […] 1 kleines Fuder Heu geführt.
25. 1. […] Nachricht vom Heldentod des Wechselberger Peter eingetroffen. […]
4. 2. Volkssturmdienst, erstmals mit Maschinengewehr geschossen.
5. 2. […] Heu geführt, beim Hinfahren, starker Einflug von Feindbombern, 120–150 m vor mir, 6 Bomben eingeschlagen, vom Premstall 6 Ballen Heu geführt.
16. 2. […] Bei schönem, warmem Wetter, sehr starker Einflug […] feindlicher Bomben, man hörte Bordwaffengeknatter.
22. 2. […] 3 Fuderl Heu geführt, herunter Mist. Bombenwurf unterhalb der Schwalbenwand, Starker Bombenwurf auf Bischofshofen und Markt Pongau.
23. 2. […] Milch geführt, [Holz] herunter, Sand geworfen. Bei schönstem Wetter, sehr starker feindlicher Bombenverband, von Ost nach West eingeflogen.
25. 2. Volkssturmdienst, Kleinkaliberschießen, beim [Wirt].
13. 3. […] Milch geführt. Starker Einflug feindlicher Bomberverbände.

15. 3. [...] Volkssturmdienst, Lehrfilm.
21. 3. [...] Zum Heuführen hergerichtet, [...] feindlicher Bomber, Abwurf über dem Südhang in Viehofen, über Vorderbichl, 3 Leute verletzt, 1 K[albin] kaputt.
23. 3. Holz gearbeitet [...], Hans und Maria Ferntrauung.
1. 4. Ostersonntag. Volkssturm von Unterboden mußten der Saalach entlang Schützenlöcher und Maschinengewehrstände bauen, 1 Premstallschaf.
2. 4. Ostermontag, Volkssturmdienst, Befestigungen der Saalach entlang.
5. 4. [nach] Salzburg wegen Traktorkolben, sehr großer Flüchtlingsstrom, aus Wien und Graz, auf der Bahn, Schulschluß bis Kriegsende.
6. 4. Mit Lutz [...] 2 [Fuhren] Setzkartoffel hinauf, mit Muli 2 Ballen Heu, gedüngt, geackert.
11. 4. [...] schönes Wetter, starker Feindflug, großer Flüchtlingsstrom auf der Straße, mit Autos, Traktor, Pferde aus Wien, Ungarn, Graz. 1 Ferkel geholt.
22. 4. [...] 5 Familien aus der Baska, ehemaliges Serbien, untergebracht.
28. 4. Bergerwiese, nach Tirol wegen Kühe, man spricht von Mussolinis Gefangenna[h]me und [...] ebenso von Hitlers Abgang.
29. 4. Sonntag, strenger Dienst.
30. 4. Stark anwachsender Autoverkehr [...]
1. 5. Nervosität unter der Bevölkerung, Verkehr steigert sich zusehends, Schnee 10 cm übers Land.
2. 5. Durchgabe im Sender von Hitlers Tod in der Reichskanzlei [...] strenger Kurierdienst [...]
3. 5. Rückzug von großen Autokolonnen, Loiblwiese gedüngt.
4. 5. Großer Verkehr auf der Strasse, Militärs strömen nach allen Richtungen, zu ihren Einheiten oder in die Heimat zu. Buchach aufgeräumt. Amerikaner in Melleck.
5. 5. [...] Milan zu Hause Kartoffel versteckt. Ich die ganze Woche vor lauter Aufregung und Kurierdienst nichts geordnetes gearbeitet. Man erwartet voll Spannung die Amerikaner.
6. 5. Mit 20 eigenen Ziegen, 30 Stück Schafe, Nani, Franz, Sepl, Poldl, Alma und ich auf die Alm gefahren. Schönes Wetter bis Dienstag nach Pfingsten.
17. 5. Von der Kreisbauernschaft zum kommissarischen Molkereileiter bestellt [...]«[82]

Auf Ortsbauernebene mussten mit Kriegsende vielerlei Übergangsregelungen geschaffen werden. Bei der ersten Sitzung der Ortsbauernvertreter im Juli 1945 wurde klargestellt, dass trotz der wiedererlangten »Freiheit« und entgegen verbreiteter Annahme die Bewirtschaftung von Grundnahrungsmitteln bis auf weiteres aufrechterhalten werden müsse. Einleitend festgehalten wurde auch – und dies gibt einen ersten Hinweis auf das Verhältnis zur Besatzungsmacht –, dass der US-Zivilgouverneur in Zell am See bezüglich der Viehabschüsse »bedauerlicherweise« keinerlei Einfluss auf die Besatzungstruppen ausüben könne. Als erfreulich wurde vermerkt, dass die Fettversorgung im Moment sichergestellt war, auch wenn aufgrund der Auslandsabhängigkeit (!) – Butter etwa wurde im Tausch gegen Käse und Salz aus Oberösterreich und Bayern bezogen – in Zukunft schwer wiegende Probleme zu erwarten seien. Erschwert wurde die Lage durch die weitgehende Isolierung des Bezirks: Die Eisenbahn funktionierte nicht, der Post- und Telefonverkehr war lahm gelegt. Lieferungen von außen waren durch die Zonengrenzen unterbunden: Die Milchanlieferung war salzburgweit auf die Hälfte zurückgegangen, der traditionelle Viehaustausch mit dem Voralpengebiet war aufgrund des schlechten Bestandes im Flachgau unterbrochen, vorhandenes Vieh zur Nahversorgung eingesetzt worden. Es gab keinerlei Aussichten auf Zuckerlieferung, auch die Versorgung mit Eiern verschlechterte sich rapid.

Um ernsthafte Futterengpässe während der Wintermonate zu vermeiden, wurde der Pferdeüberschuss abgebaut – diese gingen nach Württemberg, als Gegenleistung wurden Hafer und Frühkartoffeln in den Pinzgau geliefert. Der Almauftrieb war im Sommer 1945 aufgrund des Arbeitskräftemangels fast unmöglich. Als vorteilhaft für die anstehenden Erntearbeiten erwies sich eine Lieferung von 3.000 Sensen. Aus Wehrmachtsbeständen sichergestellte größere Mengen an Pferdegeschirren wurden in Zell am See deponiert und sollten von dort verteilt werden. Futtermittel waren nur in kleinen Mengen vorhanden und kamen zudem, so die Klagen der Bauern, nichtlandwirtschaftlichen Betrieben sowie den Reitpferden der Amerikaner zu; die Versorgung mit Stroh war zu diesem Zeitpunkt nicht gesichert. Aufschlussreich sind die bei den Sitzungen gestellten Anfragen und eingebrachten Beschwerden der örtlichen Bauern: Aus Saalfelden etwa kamen Klagen, dass bestes Vieh weggekommen sei und Kartoffeln massenhaft gestohlen würden, dass viele gute Wiesen verwüstet seien und damit die Heuablieferung zum Problem werde, dass landwirtschaftlich nutzbare Pferde fehlten und die Streuversorgung nicht ausreiche. Der Bitte, eine bewaffnete Flurwacht einrichten zur dürfen, wurde vom Ausschuss nicht entsprochen – als Gegenvorschlag wurde angeregt, Warntafeln in deutscher und englischer Schrift auf den Feldern aufzustellen. Den Taxenbacher Bauern bereitete die Versorgung mit Schlachtvieh die größten Probleme, überdies war in ihrem Bereich nur knapp die Hälfte der vorgeschriebenen Menge an Kartoffeln angebaut, damit waren weitere Versorgungsengpässe im Herbst zu erwarten. Aus Embach kam das Ersuchen, die Abrechnung der Notschlachtungen abzuändern, den Milchpreis zu erhöhen, die notwendigen Futtermittel für Fohlenzüchter

Familie beim Essen, ca. 1930

bereitzustellen sowie »überflüssige« Viehhändler auszuschalten. Die Rauriser Vertretung unterstützte die Forderungen nach Milchpreiserhöhung, verwies auf die Notwendigkeit der Wildschädenbeseitigung und forderte praxisnähere Wirtschaftsberatung. Mittersill beklagte die hohen Vorschreibungen für Heulieferungen an die Besatzungsmacht sowie zu hohe Milchvorschreibungen, die Vertretung aus Unken schlug vor, die amerikanischen Soldaten vermehrt in Privathäusern statt auf Bauernhöfen unterzubringen. Aus Piesendorf verlautete, dass die Amerikaner die Pferde, »die der Bauer am nächsten Tag zur Arbeit braucht, des Nachts zum Reiten von der Weide holten«; Kaprun klagte über Viehdiebstahl und Arbeitskräftemangel und der Vertreter aus Saalbach erkundigte sich nach der Art der Salzzuteilung.[83]

Gegenstand der zweiten und dritten Ortsausschusstagung im August und September 1945 waren neben Versorgungsfragen administrative Angelegenheiten wie etwa die Neuauflage der Hofkarte und betriebliche Förderungsmaßnahmen; die geplante Viehzählung stieß auf einigen Widerstand unter den Bauern. Mittlerweile war die »Fettfrage« akut geworden, der Bedarf an Kartoffeln war durch eine für den Herbst in Aussicht gestellte Lieferung aus Bayern nur zum Teil gedeckt. In der Landeshauptstadt waren aus Württemberg Kraut, Rüben und einige Waggons Frühkartoffeln eingetroffen; für den Pinzgau bestand einige Hoffnung, gegen Bereitstellung weiterer 300 Pferde Gemüse aus Württemberg beziehen zu können. Neben der Beschaffung der Nahrungsmittel war auch die Lagerung problematisch: Aus Taxenbach etwa kam die Meldung, dass mangels geeigneter Lagerräume im vorangegangenen Winter circa 6.000 Kilogramm Kartoffeln erfroren seien. Einigermaßen beruhigend wirkte im September 1945 die Meldung, dass durch Lieferungen aus den USA die Weizenversorgung im Land zumindest bis Jahresende sichergestellt war. Drückend war im Pinzgau nach wie vor der Bedarf an Nutzvieh: Die Flachgauer Bauern waren zu keiner Abgabe bereit, solange nicht ihr eigener Bedarf gedeckt war; im September bestand Aussicht, 500 Ochsen und Kalbinnen aus Osttirol nach Salzburg geliefert zu bekommen. Als äußerst schwierig erwies sich für den Pinzgau die Saatgutaufbringung: Waren bislang jährlich sieben bis acht Waggons Saatgut in den Pinzgau geliefert worden, war dieses nun zur Gänze innerhalb des Bezirkes aufzubringen. Ein weiterer Gegenstand der Sitzung war die Beteiligung des Pinzgaus an der »Hilfsaktion Wien«, im Rahmen derer Österreichs Bauern freiwillig Kartoffeln, Brennholz und, so weit möglich, Getreide an die Bewohner der Bundeshauptstadt abgeben sollten. Für den Pinzgau war ursprünglich eine Lieferung von 100.000 Festmetern Brennholz vorgesehen, die am Verhandlungsweg auf ein Viertel reduziert werden konnte.[84]

Bei der Dezembertagung hielt Landeshauptmann Albert Hochleitner vor den versammelten Pinzgauer Bauernvertretern ein Referat, in dem er mit Nachdruck festhielt, dass es trotz der Unterversorgung an Arbeitskräften und Betriebsmitteln die Verpflichtung der Bauern sei, die Ernährung sicherzustellen. Die Landwirtschaft Salzburgs treffe dies verstärkt, da die Schäden in der Landwirtschaft in Ostösterreich weit schwerer seien. Hochleitner ließ wissen, dass eine Viehabgabe für Niederösterreich unumgänglich sein würde, hielt aber auch fest, dass den Gebirgsbauern für ihre Produkte ein befriedigender Preis gesichert werden solle bzw. neue Absatzgebiete zu schaffen seien:

»Vieh in die ärmeren Gebiete Niederösterreichs zu bringen ist Unsinn, wir müssen unsere Rinder gerade in die besseren Gegenden bringen und hier Absatzgebiete schaffen.« Scharfe Worte fand er gegen Spekulanten: »Es ist untragbar, daß einzelne Aus[s]enseiter sich unterstehen, für den Liter Milch 2,50 RM zu nehmen, nein, zu fordern, [und] für 1 kg Butter 100 RM verlangen.«

Auf die Vorwürfe der Pinzgauer Bauernvertreter, erst aus der Zeitung erfahren zu haben, dass der Pinzgau 4.000 Stück Vieh nach Niederösterreich zu liefern hätte, erwiderte Landeshauptmann Hochleitner, dass die Ablieferung in den letzten Wochen erheblich nachgelassen habe und dass – insbesondere da die Getreidelieferungen der Amerikaner seit neun Wochen in Verzug waren – eben »geliefert werden muß, was der Bauer nur liefern kann«. Schließlich baten die Bauern, ihre Probleme bei der Budgeterstellung mit zu berücksichtigen, insbesondere Probleme bei der Getreideaufbringung, Ablieferungsschwierigkeiten, Mangel an Schlachtvieh, überalterte Pferdebestände, Mangel an Baumaterial und damit die Sorge, dass »mit Beginn des großen Bauens der Bauer der letzte sein wird«. Hochleitner stellte daraufhin klar, dass er grundsätzlicher Gegner von Subventionen sei – zudem im Moment Kriegsinvalide nötiger der Hilfe bedurften: »Wenn ein Bauer aus eigenen Mitteln seine Wirtschaft verbessern kann, muß er aus eigenen Mitteln bauen [...] wer einen Heuwender haben will, muß eben sparen, bis er sich einen kaufen kann.«

Der Bericht des Ernährungsamtes fiel in diesem Protokoll eher nüchtern aus – die Kartoffelablieferung war im Dezember 1945 ausreichend, die Heuablieferung für die Besatzungsmacht bereits durchgeführt, die erforderliche Pferdeablieferung ebenfalls, ein freier Handel aber dennoch nicht möglich. Aufgrund der Extrazuteilungen zum bevorstehenden Weihnachtsfest bestand landesweit ein zusätzlicher Bedarf von 70 Stück Rindern, welcher zur einen Hälfte im Pinzgau aufzubringen war. Aussicht auf Futtermittellieferungen bestand, mit Ausnahme einer kleinen Menge an vorhandenem Hafer, nicht. Aufschlussreicher sind die im Protokoll festgehaltenen Maßnahmen zur Versorgung mit Gütern des täglichen Gebrauchs. Durch das Darniederliegen der österreichischen Schuhfabriken bestand akuter Mangel an Schuhen – die für den Bezirk Zell am See freigegebenen circa 800 Kilogramm Leder kamen in Form von Prämien über die Ortsbauernführer zur Ausgabe. Der Bedarf an Textilien schien noch drückender als jener an Lederwaren, die Versorgung zu diesem Zeitpunkt überhaupt nicht steuerbar. Zur Beschaffung von Bürsten etwa wurde angeraten, bei der Landesregierung vorstellig zu werden, vor allem aber das im Winter anfallende Rosshaar zu sammeln und der Weiterverarbeitung zuzuführen. In der allgemeinen Diskussion dieser Sitzung begrüßte der Vertreter aus Taxenbach die Wiederaufnahme des freien Grundverkehrs, berichtete über Schwierigkeiten in der Butter- und Milchwirtschaft, kündigte Bedarf seiner Gemeinde an Sprengmaterial für Kultivierungsarbeiten an und sprach sich für ein verpflichtendes Landjahr für Jugendliche aus. Der Vertreter aus Embach beklagte, dass die Lederablieferung bei der Gerberei in Zell am See nicht korrekt abliefe, Saalfelden und Kaprun litten nach wie vor unter hohen Heulieferungen an das Displaced-Persons-Lager bzw. an die Besatzungsmacht, Rauris forderte bessere Wirtschaftsberatung im Außendienst, Unken die Einrichtung von Fürsorgemaßnahmen für Heimkehrer und

Kriegsinvalide und die Bauern der Gemeinde Bucheben wünschten ehestmögliche Zuweisung von Petroleum. Saalfeldner Wünsche, ein »Bäuerliches Wochenblatt« und einen Kalender herauszugeben, mussten wegen Papiermangels zurückgestellt werden, während die geforderte Sprengstoffzuteilung an Bergbauern zugesichert werden konnte. Diese letzte Ortsbauernausschusssitzung des Jahres 1945 schloss mit den Hinweisen, dass mangelhafte Milchablieferung in Zukunft stärker geahndet werden würde, in besonderen Fällen sogar die zwangsweise Übergabe von Höfen an tüchtigere Bauernsöhne und Landarbeiter in Erwägung zu ziehen sei, dass die Requirierung von Heu durch die Amerikaner nun offiziell eingestellt sei und letztlich dass für das kommende Jahr tatsächlich Nutzviehlieferungen in größerem Ausmaß zu erwarten seien.[85]

Die Jahre 1946/1947 standen, wie aus den Ausschussprotokollen deutlich hervorgeht, noch ganz unter dem Eindruck der Grundbedarfsdeckung und der Neuorganisation der bäuerlichen Betriebsabläufe. Danach begann die Zeit des großen Bauens – und für manche Bauern die Angst, im Wiederaufbau die Letzten zu sein.[86]

6. Wir sind es jetzt ein wenig anders gewöhnt – Spezialisierungen und Nebenerwerb

Zwei einschneidende Prozesse kennzeichnen die Entwicklung der Landwirtschaft im langen 20. Jahrhundert: zunächst, vor allem in der ersten Jahrhunderthälfte, die Ablösung von der traditionellen Selbstversorgerwirtschaft, begleitet und gefolgt von einem enormen Rationalisierungs- und Spezialisierungsschub.[87] Ausschnitte aus Lebensbe-

Honerlgut um 1970

richten und Betriebsporträts geben Einblick in die Entwicklung. Schwerpunkte liegen auf dem Fremdenverkehr,[88] der biologischen Landwirtschaft, der Mutterkuhhaltung als einer arbeitstechnischen Rationalisierungsmaßnahme und auf der Etablierung des Nationalparkes Hohe Tauern, wobei diese Prozesse häufig in Kombination abliefen.

Durch den Fremdenverkehr – das erste In-Berührung-Kommen mit den »Fremden« erfolgte vielfach schon vor dem Zweiten Weltkrieg – änderte sich die bäuerliche Lebens-, Arbeits- und Wirtschaftsweise in vielen Bereichen. »Heuer bauen wir kein Getreide, wir haben keine Zeit wegen der Gäste«, zitiert etwa Margarethe Scharler ihren Schwiegervater, der von der Sinnhaftigkeit des Einstiegs in den Fremdenverkehr überzeugt war,[89] und »wir sind es jetzt ein bißchen anders gewöhnt«, wie es ein Saalbacher Altbauer auf den Punkt brachte.[90] Urlauber zogen in die leer stehenden Dienstbotenkammern und -stuben ein, der bislang landwirtschaftlich geprägte Jahresrhythmus wurde der Abfolge von Haupt- und Nebensaison untergeordnet. Wohn- und Wirtschaftsgebäude wurden um-, aus- und weiter aufgebaut, die Erlöse aus der Vermietung ermöglichten bislang unerschwingliche betriebliche Neuinvestitionen, zur Verbesserung der Infrastruktur wurden Straßen-, Strom-, Verkehrs-, Lift-, Kanal- und Loipennetze angelegt und erweitert, im Dorf Hallenbad, Kegelbahn und Eislaufplatz errichtet.

Für Anna Riedlsperger, 1928 geboren und heute Altbäuerin des Eibinghofes in Saalbach, war Tourismus bereits eine Kindheitserfahrung, die Mutter vermietete schon vor dem Zweiten Weltkrieg die »Schönkammer«, bei Bedarf auch weitere Räume. Es waren primitiv ausgestattete Zimmer, die ersten Gäste – zumeist aus den österreichischen Städten – schliefen auf Strohsäcken, die Waschgelegenheit befand sich im Flur. In der Nachkriegszeit entwickelte sich der Heimatort Saalbach-Hinterglemm, wie es der Heimatchronist Siegfried Weitlaner prägnant formulierte, »vom armen Bergbauerndorf zur renommierten, weltweit bekannten Skimetropole«.[91] Gemeinsam mit ihrem Mann baute auch Anna Riedlsperger nach der Betriebsübernahme 1950 das Haus aus, jeder kleinste Gewinn wurde zur Angebotsverbesserung verwendet; das Geld für Bettzeug zum Beispiel kam aus der winterlichen Holzarbeit. 1956 verunglückte Annas Mann bei einem Verkehrsunfall. Das Bauholz für einen neuen Stall war zu diesem Zeitpunkt gerade fertig vorbereitet, Anna musste dieses Bauvorhaben und die weitere Betriebsführung mit ihren fünf jungen Kindern alleine bewältigen. In den frühen Sechzigerjahren, der Eibinghof bot bereits für 36 Gäste Platz, begann der Tourismus die Landwirtschaft ertragsmäßig zu übersteigen. Mit zunehmendem Ausbau des Skiliftnetzes setzte sich der Aufschwung fort. Schon 1966 wurde der Eibinghof um ein Stockwerk erweitert und die alten, bislang weitgehend unveränderten »Holzkammern« durch modern ausgestattete Gästezimmer ersetzt. Nun konnten 60 Gäste untergebracht werden; das zur Finanzierung notwendige Geld kam aus Grundverkäufen und Bankfinanzierungen.[92]

Margarethe Gensbichler, Perfeldbäuerin in Hinterglemm und 1926 geboren, kam während ihrer Zeit als Bäuerin und Vermieterin kaum aus dem Tal hinaus, hat auch kaum Urlaub gemacht. Die Strukturen im Dorf haben sich im Zuge der Tourismusentwicklung ihrer Einschätzung nach stark verändert: Früher sei alles viel persönlicher gewesen, nun lebten sehr viele fremde Menschen im Dorf und materielle Interessen seien in den Mittelpunkt gerückt.[93] Elfriede Hartl, Breitfußbäuerin in Saalfelden, erzählt von den Sommerfrischlern aus Wien und Brünn, die in den Dreißigerjahren den Großteil des Sommers auf dem Hof verbrachten und dem landwirtschaftlichen Betrieb der Eltern entscheidende finanzielle Vorteile brachten. In Erinnerung geblieben ist Frau Hartl auch, dass die Sommerfrischler bereits Kakaozucker auf ihr Grießkoch streuten – im Pinzgau war dieses Genussmittel damals noch eine Rarität. Die Aktion »Kraft durch Freude« und die Betriebsferien im Ruhrgebiet verliehen dem Tourismus einen entscheidenden Aufschwung, den der Krieg beendete; die Bombenflüchtlinge – obwohl einige später als Urlauber wiederkamen – konnten nicht wirklich als Touristen gezählt werden, sie waren zumeist in die Hofarbeit eingebunden und ersetzten fehlende Arbeitskräfte. Ab den Fünfzigerjahren konnte von einem Wiedereinsetzen des Fremdenverkehrs gesprochen werden, die vorhandenen Zimmer wurden bestmöglich hergerichtet, die alten Möbel aufpoliert, Wasserinstallationen erneuert. Noch wusste keiner, so Frau Hartl, ob das mit dem Fremdenverkehr wirklich ein gutes und sicheres Geschäft werden würde. Ab 1965 führte Familie Hartl die bislang verpachtete Alm- bzw. Skihütte am Saalbacher Zwölferkogel selbst. Der Einstieg in den Tourismus erforderte Veränderungen am Hof – zunächst wurden ein Elektroherd und eine Elektroheizung eingebaut, um das arbeitsaufwendige Holzheizen zu ersparen, später ein begehbarer Gefrierschrank zur Lagerung der Vorräte angeschafft. Schließlich erfolgte im Betrieb die ausschließliche Spezialisierung auf Rinderzucht und die Umstellung auf Mutterkuhhaltung. Die Skihütte erfuhr ebenso große Veränderungen: die Sicherstellung der Wasserversorgung für den Winterbetrieb, die Modernisierung und Erweiterung der Schlaf- und Speiseräume, der Bau eines Güterweges.[94]

Saalbach-Hinterglemm nimmt selbst im Pinzgau eine Sonderstellung ein. Die Landwirtschaft wurde hier dem Tourismus vielfach untergeordnet. Das Haus des Bergerbauern steht heute als Heimathaus mitten im Ort, ist Museum und Begegnungsort für kulturelle Veranstaltungen; daneben steht der alte Getreidespeicher des Eibinghofes und das ehemalige Wohnhaus des Steinachgutes wurde als Skimuseum adaptiert.[95] In der Gemeinde Dienten setzte die Entwicklung des Fremdenverkehrs später ein – der Durchbruch erfolgte Ende der Siebzigerjahre mit dem Bau der Skiverbindung zum Nachbarort Mühlbach und dem Ausbau des Strom- und Verkehrsnetzes.[96] In Unken, dem Grenzort zu Bayern, hingegen verlief der Ausbau des bäuerlichen Fremdenverkehrs insgesamt äußerst zögerlich, als Ursache werden die lokalen Besitzstrukturen sowie das Fehlen entsprechend engagierter Personen genannt.[97]

Die Entwicklungen im Betrieb von Elfriede und Wolfgang Hölzl, Jauserbauer in Saalbach, sind ein Beispiel dafür, dass der sich wandelnde Agrarmarkt wiederholte Spezialisierung erforderte. In den Gebirgsregionen bedeutete das nicht notwendigerweise Monokultur, sondern vielfach kombinierte Spezialisierung. Wolfgang Hölzl begann seinen Betrieb in den Siebzigerjahren, da er ganzjährig »arbeiten« ging, mit Schafhaltung. Mit Ausnahme der arbeitsintensiven Lämmerzeit war die Arbeit so ganz gut organisierbar, in den Achtzigerjahren war Schaffleisch überdies hervorragend absetzbar, gute Vermarktungsstrategien und später der eigene Skihüttenbetrieb taten ihr Übriges. Durch den dramatischen Einbruch des Schafpreises am europäischen Markt ließ sich innerhalb eines Jahres das angestrebte Betriebseinkommen nicht mehr erwirtschaften; Familie Hölzl entschied sich zur Umstellung auf Rindviehzucht, hier auf die weniger arbeitsintensive Mutterkuhhaltung. Hand in Hand damit ging die Ausrichtung auf biologische Wirtschaftsweise, die im Betrieb zum Teil ohnedies bereits praktiziert wurde. Da mittlerweile die Kinder geboren waren, verpachtete Familie Hölzl den Hüttenbetrieb, Wolfgang Hölzl arbeitet im Winter beim Lift. Die Familie nennt als ihr Betriebsziel, den Betrieb nach und nach zu einer »kompletten Landwirtschaft« auszubauen, um eine funktionierende Kreislaufwirtschaft sicherzustellen. Angedacht ist, die Pferde – derzeit zum Hobby und zur Zucht gehalten – vielleicht verstärkt in der Schlittenfahrt und im Tourismus einzusetzen, geplant ist ferner der Bau eines Schlacht- und Arbeitsraumes, um die Fleischverarbeitung, Obstverwertung und Schnapsbrennerei rationeller zu gestalten. Aus der Umgebung kommt häufig Kritik: Schafzucht sei keine Landwirtschaft, Obstbau funktioniere im Pinzgau nicht, schon gar nicht mit Weintrauben und Nektarinen, in die Gebirgslandwirtschaft gehöre Pinzgauer Vieh und keine Fleischrinder, für eine Skihütte ließen sich keine geeigneten Pächter finden. Dem entgegen stellt Familie Hölzl die Erfahrungen aus der eigenen Praxis und das aus Kursen und Eigenstudium erworbene Fachwissen.[98]

Durch Beibehaltung der traditionellen Almwirtschaft in Verbindung mit biologischer Wirtschaftsweise schuf sich Familie Nindl, Moabauern in Bramberg, eine Marktnische. Der Verkauf von Almkäse und -butter sowie von Biofleisch durch Direktvermarktung am Hof, auf Bauernmärkten und an die regionale Gastronomie steigerte den Absatz der Produkte. Noch in den Siebzigerjahren war die Almwirtschaft auch im Gebiet der Hohen Tauern akut von der Einstellung bedroht, doch die Erschließung durch Fahrwege, welche die gleichzeitige Bewirtschaftung von Heim- und Almflächen ermöglichten, die zeitweilige Ausnahme der auf Almen produzierten Milch von der Richtmengenregelung und nicht zuletzt gezielte Förderungstätigkeit machten die Weiterführung der Almwirtschaft für Bauern wieder attraktiver. Die Moaalm als eine der Vorzeigealmen des Nationalparks Hohe Tauern – 30 Kühe und 40 Stück Jungvieh werden gealpt und pro Sommer an die 30.000 Liter Milch verarbeitet – profitiert zudem von der Errichtung des Schutzgebietes: einerseits von der finanziellen Unterstützung für schonende Landschaftspflege und die Erhaltung historischer Bausubstanz, andererseits von dem mit dem Nationalpark verbundenen Tourismus und damit zusätzlichen Absatzmöglichkeiten. Die Errichtung des Nationalparks – ursprünglich war in der Region ein gigantisches Kraftwerksprojekt geplant – löste zwar anfangs heiße Diskussionen aus, brachte aber der Region, die stark auf Nebenerwerbsmöglichkeiten und Pendlertum angewiesen ist, erhebliche wirtschaftliche Vorteile. Die mit der Parkerrichtung verbundenen Einschränkungen in der bäuerlichen Betriebsführung seien, so Thomas Nindl, über den Vertragsweg gut lösbar, die gemeinsame Nutzung der Region mit Touristen und Wissenschaftern funktioniere gut. Auf der Moaalm ist vieles beim Alten – und arbeitsintensiv – geblieben: »Schlichte Genügsamkeit, wohin das Auge blickt [...] rauhes, unbehandeltes Holz, erdig, kantige Harmonie bar allen Zierrats [...] die karge, stille Bedürfnislosigkeit mit ihren strengen Bedingungen [...] grobe Räume [...] der Mensch, das Schicksal des einzelnen, tritt hier fügsam und bescheiden hinter seine Aufgabe und ihre Erfüllung zurück«, wie Wolfgang Watzl dies 1998 beschrieb.[99] Der Heimbetrieb dagegen wurde laufend modernisiert. Die Beschäftigung landwirtschaftlicher Arbeitskräfte wurde aufgrund der Sozialabgaben unerschwinglich, daher arbeitete Familie Nindl, insbesondere solange die Kinder klein waren, mit Lehrlingen, Nachbarn und Pensionisten auf Teilzeitbasis. Maschinen mussten angekauft werden, vor einigen Jahren etwa wurde die Heuwerbung von Gebläse- auf Hallenkranförderung umgestellt. In den Achtzigerjahren erfolgte die Spezialisierung auf Rinderzucht – Schaf- und Schweinehaltung waren aufgrund des damit verbundenen Zeitaufwandes, der Zaunerhaltung etwa, sowie der schlechten Preislage nicht mehr rentabel. 1996 wurde der Anbindestall in einen Laufstall umgebaut. Da naturnahe Wirtschaftsweise bereits zuvor ein Betriebsziel der Familie war, fiel die Umstellung auf einen Biobetrieb vergleichsweise leicht. Der EU-Beitritt Anfang der Neunzigerjahre und die Einbindung in den europäischen Binnenmarkt stellten, so Thomas Nindl, für den Betrieb keine zusätzliche Herausforderung dar. Allerdings haben Preisverfall, BSE-Krise und die sukzessive Reduktion der gesellschaftlichen Funktion der Bauern auf die des Landschaftserhalters die Arbeit nicht einfacher gemacht.[100]

II. Arbeitswelt Gebirgslandwirtschaft

Um 1880 nahm im Pinzgau die Landwirtschaft unter den Erwerbszweigen mit Abstand die erste Stelle ein: Es handelte sich hierbei vor allem um Viehzucht und Waldwirtschaft; pflugfähiges Land war nur spärlich vorhanden, andere landwirtschaftliche Sektoren, etwa Jagd oder Fischerei, waren regional unbedeutend. Der ehemals blühende Bergbau war stark rückläufig, von Industrie war wenig zu sagen und der Fremdenverkehr hatte erst in einigen Orten Einzug gehalten.[101] Die Folgejahrzehnte allerdings brachten massive Veränderungen: Während sich im gesamten Beobachtungszeitraum die Pinzgauer Wohnbevölkerung zahlenmäßig etwa verdoppelte, ging der Anteil der in der Land- und Forstwirtschaft Beschäftigten auf weniger als ein Zehntel zurück. Der stärkste Rückgang erfolgte zwischen 1930 und 1950 – hier zugunsten von Gewerbe und Industrie – und mit noch höherer Dynamik im Jahrzehnt nach 1960 – hier zugunsten von Handel, Verkehr und Öffentlichem Dienst. Es fällt auf, dass der Pinzgau bis in die Achtzigerjahre eine kontinuierlich höhere Agrarquote als das Bundesland Salzburg bzw. Österreich gesamt aufwies.[102]

Charakteristisch für die von Viehzucht dominierte Pinzgauer Landwirtschaft war stets der hohe Gesindeanteil, der im Verlauf des Jahrhunderts allerdings eine ebenso große Reduktion erfuhr: In den 1880er-Jahren waren beim Fellerngut Überlieferungen zufolge 30 bis 35 Mäher eingesetzt,[103] auf den Schmidtmann'schen Besitzungen waren um 1890 über 140 Dienstboten beschäftigt[104] und selbst 1937/38 finden sich bei einzelnen Großbauern des Oberpinzgaus noch bis zu 14 landwirtschaftliche Arbeitskräfte.[105] Die Zahlen der Vierzigerjahre hingegen zeigen eine von Landflucht und Kriegswirtschaft beeinträchtigte agrare Arbeitswelt: Bauernhöfe mit ein bis drei Dienstboten

Grafik 1: Berufszugehörigkeit im Pinzgau, 1869–1990

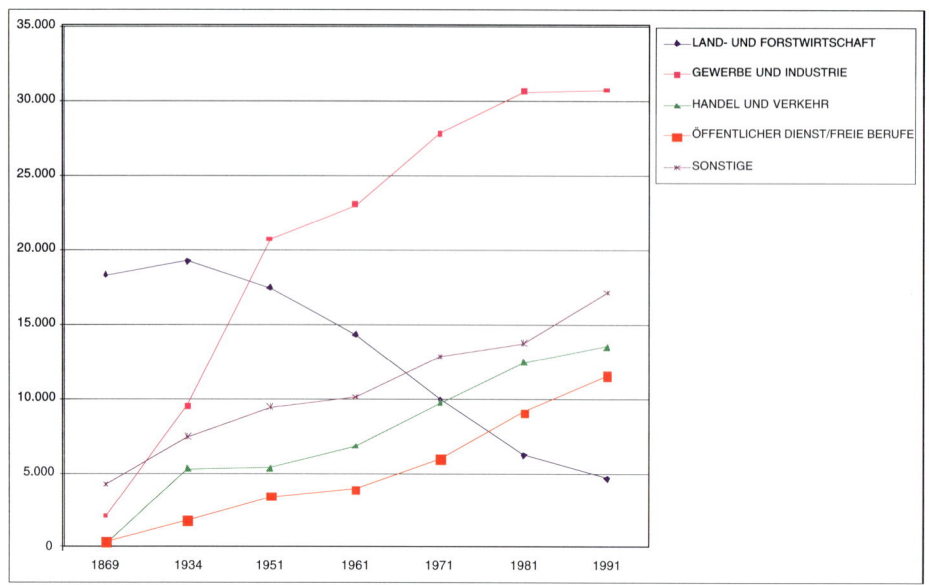

Quelle: Volkszählungsergebnisse 1869–1991.

machten fast 50 Prozent der untersuchten Betriebe aus; in den Sechzigerjahren wurden Betriebe mit nur einer familienfremden Arbeitskraft zum vorherrschenden Typus.[106] Die zunehmende Spezialisierung auf die Milchwirtschaft bewirkte eine Vermännlichung des Dienstbotenstandes: Waren in der Zählung 1902 noch 45,3 Prozent der familienfremden Beschäftigten Frauen, so lag ihr Anteil 1990 bei nur 14 Prozent.[107] Bemerkenswert konstant blieb hingegen die Besitzstruktur der Region – Pinzgauer Landwirtschaftsbetriebe wurden und werden in der Mehrheit als Privatbetriebe geführt. Aussagekräftig wiederum die Entwicklung der Besitzstruktur nach Geschlecht: Waren 1930 knapp 32 Prozent der Pinzgauer Betriebsinhaber Frauen – das war mehr als im Österreichschnitt –, so waren dies 1990 nur mehr 12,3 Prozent und damit weniger als im Österreichschnitt. Die Ursachen für diese Entwicklung gilt es zu ergründen.[108]

Hinsichtlich der Flächennutzung nahmen im Pinzgau um 1880 Almen, Wald und unproduktive Flächen den Großteil der landwirtschaftlichen Gesamtfläche ein; auf Ackerbau, Wiesen und Weiden entfielen jeweils nur etwa 5 Prozent. »Innergebirg« glich der Pinzgau damit am ehesten dem Lungau, während der Pongau bereits höhere Wiesen- und Weidenflächen aufwies; innerhalb der Region wies der Gerichtsbezirk Saalfelden die höchsten Anteile bei Acker-, Wiesen- und Weideflächen auf, die Bezirke Mittersill und Taxenbach bei Almflächen, der Gerichtsbezirk Lofer mit knapp 58 Prozent seiner Gesamtfläche den höchsten Waldanteil. Der Vergleich mit Oberösterreich – das Land »außer Gebirg« galt als das landwirtschaftlich ausgeglichenste und fortschrittlichste der Monarchie – lässt die Eigenart der Gebirgslandwirtschaft klar erkennen: Der Anteil an unproduktiver Fläche war hier weitaus geringer als im Pinzgau, extensiv zu nutzende

Grafik 2: Flächennutzung im Pinzgau 1880 und 1990

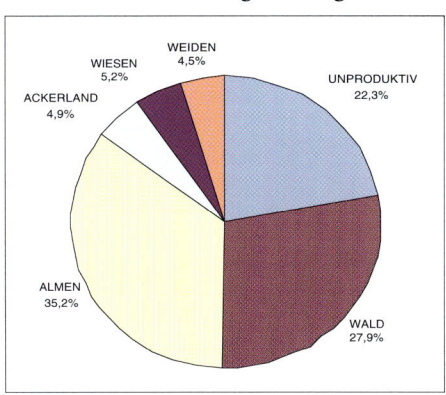 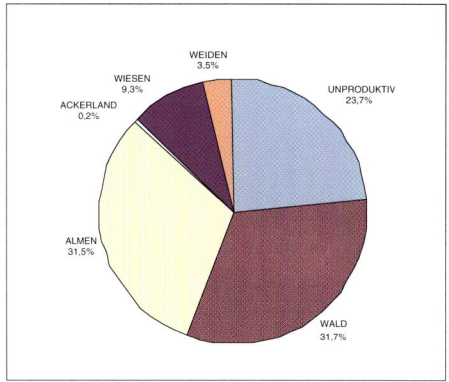

Flächennutzung Pinzgau 1880   Flächennutzung Pinzgau 1990
Quelle: Schjerning, Pinzgauer 256 f.; Ergebnisse der Land- und Forstwirtschaftlichen Statistik 1937–1996.

Almfläche spielte keine Rolle, hingegen wies Oberösterreich einen mehr als dreimal so hohen Wiesen- und einen siebenmal höheren Ackeranteil als der Pinzgau auf.[109] Eines der augenscheinlichsten Merkmale der Pinzgauer Landwirtschaft ist der Rückgang von Ackerlandflächen – Ende des 20. Jahrhunderts wurde kaum der dreißigste Teil von 1880 ackerbaulich genutzt. Die Wiesenflächen wurden im Verlauf des Beobachtungszeitraums verdoppelt, entscheidende Veränderungen erfolgten vor allem nach 1930. Hutweideflächen, im 19. Jahrhundert noch prägendes Landschaftselement der Region, wurden auf etwa ein Drittel reduziert.[110]

Grafik 3: Betriebsgrößen Pinzgau und Österreich, 1930–1990

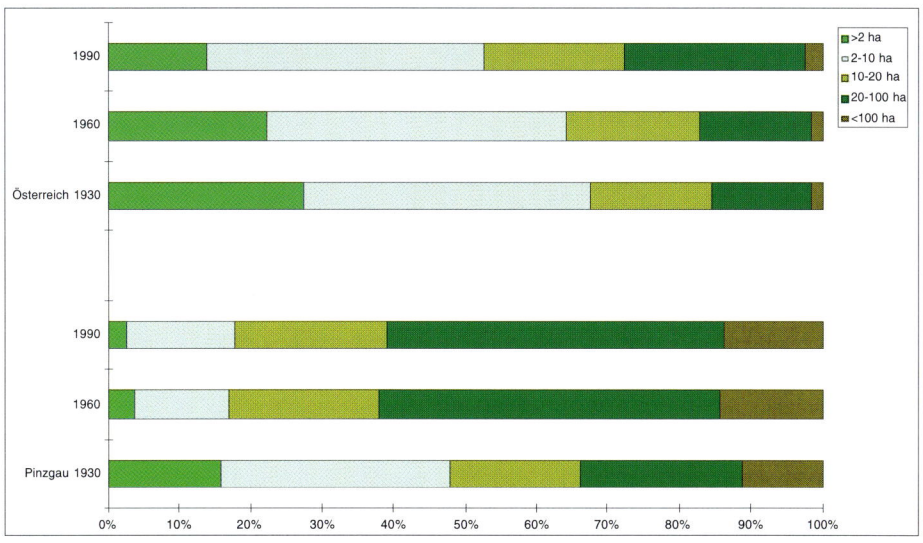

Quelle: Land- und Forstwirtschaftliche Statistik 1930–1990.

283

Die Abnahme der landwirtschaftlichen Betriebe erfolgte im Pinzgau vergleichsweise verhalten, der Rückgang von 16,3 Prozent im Zeitraum von 1930 bis 1990 lag weit unter dem Bundestrend von minus 38,3 Prozent.[111] Die Abnahme lässt sich relativ klar auf bestimmte Betriebsgrößen einschränken: Betriebe mit eine Flächengröße von zehn bis 20 Hektar sowie von über 100 Hektar blieben regional auffallend konstant, die Zahl jener bis zehn Hektar hingegen war stark rückläufig. Der Pinzgau reagierte damit auf die agraren Herausforderungen des 20. Jahrhunderts stärker als Österreich gesamt mit Betriebsgrößenverschiebung.[112]

Parallel zu dieser Entwicklung verlief der Übergang zur Zu- bzw. Nebenerwerbslandwirtschaft. Es handelt sich hier keineswegs um ein völlig neues Phänomen – 1902 war mehr als ein Viertel der Pinzgauer Landwirtschaftsbetriebe von irgendeiner Form des »Nebenerwerbs« betroffen.[113] Ab den Sechzigerjahren ist eine deutliche Zunahme der Nebenerwerbsbetriebe statistisch ausgewiesen, wobei die Zahl der Vollerwerbsbetriebe Ende der Siebzigerjahre übertroffen wurde. Zuerwerbsbetriebe blieben im Pinzgau, ungeachtet der sinkenden Gesamtbetriebszahl, zahlenmäßig auffallend konstant. Wie nachstehende Grafik zeigt, verlief der Trend zu im Nebenerwerb geführten Betrieben im Pinzgau dynamischer und weniger eindeutig als landes- bzw. bundesweit. Auffällig sind die starken Einbrüche in den Siebziger- und den Neunzigerjahren, die vermutlich auf mangelnde berufliche Alternativen zurückzuführen sind.[114]

In engem Zusammenhang mit der Reduzierung der Arbeitskräfte, Produktionsveränderungen und geänderten Betriebsstrukturen stehen Mechanisierung und Technisierung der Landwirtschaft. Unzählige kleine Rationalisierungsmaßnahmen, etwa das

Grafik 4: Nebenerwerb Pinzgau, Salzburg, Österreich, 1951–1990

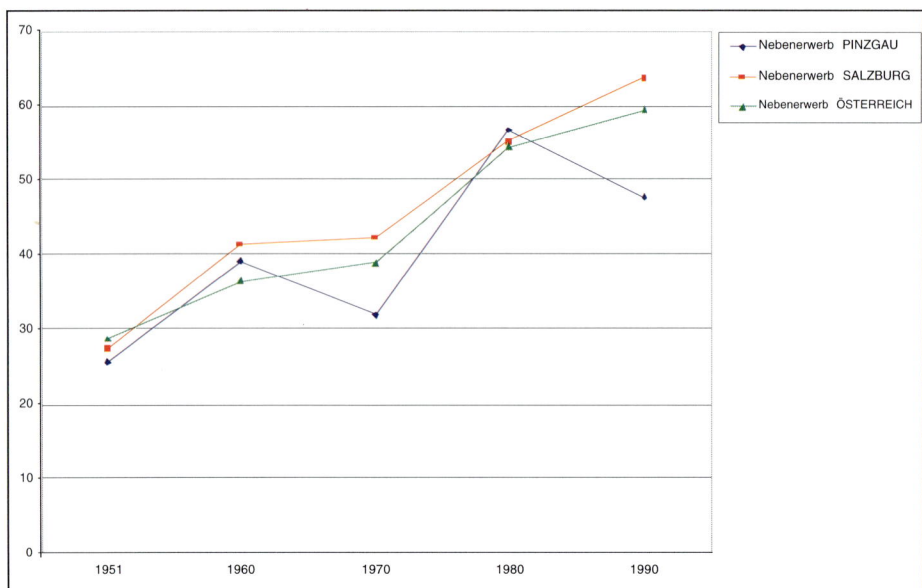

Quelle: Land- und Forstwirtschaftliche Betriebszählung 1937–1996.

Fahrrad für den Viehtrieb über weite Strecken, die Hängeketten im Stall, die Weideroste, insbesondere aber der Einsatz von Maschinen änderten betriebliche Arbeitsabläufe massiv. Zentraler Indikator ist die Zunahme und technische Verbesserung von Traktoren. Für den Pinzgau ist 1930 erstmals ein Traktor ausgewiesen, landesweit – und dies mag für die Fortschrittlichkeit des Pinzgaus sprechen – waren zu diesem Zeitpunkt vier Stück in Verwendung. 1952 standen im Pinzgau 188 Traktoren im Einsatz, drei davon verfügten bereits über mehr als 30 PS. Fünf Jahre später, 1957, nutzte man bereits 360 Stück, also doppelt so viele, immerhin 54 davon waren mit einem Hubwerk ausgestattet. 1971 überschritt die Zahl der Traktoren im Pinzgau jene des regionalen Pferdebestands.[115]

Erste Hinweise zum übrigen Maschinenstand, der im Laufe des 20. Jahrhunderts nicht weniger dynamische Veränderungen erfuhr, finden sich in der Chronik von Saalfelden: »In den [1860er-Jahren] brachte der alte Kristernbauer […] die erste Walztrommel-Dreschmaschine, dann kamen bald die Zahldreschmaschinen mit Handbetrieb, der Klingler hatte die erste Dreschmaschine zum Führen mit Pferde und jetzt [1904] ist bei jedem […] Bauer, wo Pferde sind, überall die Pferde-Dreschmaschine. Der Millionär Schmidmann in Hohlwegen hatte die Dampf-Dreschmaschinen. [Dann] kam die Mähmaschine, die Milchentrahmungszentrifuge, Heuwender, [der Einsatz des Kunstdüngers].«[116] Nächste Anhaltspunkte gibt die landwirtschaftliche Maschinenzählung von 1902: Von den insgesamt 3.300 Betrieben des Pinzgaus nutzte bereits mehr als ein Drittel Maschinen in irgendeiner Form; regionale Vorreiter waren in vielen Bereichen die Bauern der Gerichtsbezirke Saalfelden und Zell am See. Es handelte sich vorwiegend um Maschinen des Feldbaus; Energiequelle war überwiegend menschliche Muskelkraft und in nur 248 Betrieben tierische Kraft, größere Bedeutung als anderswo hatte die Nutzung von Wasserkraft im Pinzgau. Die landwirtschaftliche Maschinenzählung von 1930 zeigt ein stark verändertes Bild: Der Maschinenstand war merklich angewachsen, speziell in der Grünlandwirtschaft und der Milchwirtschaft kamen immer mehr Maschinen zur Anwendung. Mit dem Verzicht auf die statistische Erfassung von einfachen Maschinen und Geräten wie etwa dem eisernen Gespannpflug oder der Dosenverschlussmaschine zeigte die Maschinenzählung von 1952, wohin der Weg nun ging – Mähdrescher und Traktoren, Vielfachgeräte und Ackerwägen, Kartoffelerntemaschinen, Dreschmaschinen und Mähmaschinen prägten bezirksweit das Bild.

Die Innenmechanisierung hingegen war 1952 erst begrenzt fortgeschritten – pinzgauweit wurden in bäuerlichen Haushalten 28 Elektroherde, 47 Waschmaschinen und 28 Kühlschränke gezählt. Die Fünfzigerjahre standen ganz im Zeichen der Elektrifizierung – 1957 hatten gut zwei Drittel der Pinzgauer Betriebe elektrische Energie in Vollversorgung. Ende der Fünfzigerjahre hielten die elektrischen Haushaltsgeräte wie Waschmaschinen, Elektroherde, Warmwasserspeicher, Kühlschränke und elektrische Futterdämpfer ihren Einzug. Die Siebzigerjahre waren von der Zunahme der Ladewagen, Melkmaschinen, Gefriergeräte und Motorsägen geprägt. Die Energiekrise bewirkte im Pinzgau keine nennenswerten Reaktionen – bei der Nutzung von Alternativenergien blieb der Pinzgau weit hinter dem Flachgau. Der Mechanisierung der Grünlandbewirtschaftung folgte Ende der Neunzigerjahre die Technisierung der landwirtschaftlichen Administration und Kommunikation mit Hilfe von Faxgerät, PC und Mobiltelefon.[117]

In der zweiten Hälfte des 20. Jahrhunderts erfuhr die regionale Landwirtschaft entscheidende Neuorientierungen durch die biologische Wirtschaftsweise. Erste Anfänge finden sich in den Sechzigerjahren, als Produktionsstörungen im Feldbau und in der Tierzucht, aber auch persönliche Kontakte mit Vorreitern im biologischen Landbau mehrere Bauern im Bereich Saalfelden-Leogang zur Produktionsänderung bewegten. Finanzielle Förderungsflüsse lösten Anfang der Neunzigerjahre landesweit eine bemerkenswerte Zunahme der biologischen Produktionsweise aus. Dieser Aufschwung verlief im traditionell nur wenig chemisierten Grünlandbereich besonders dynamisch. Gegen Ende des Jahrzehnts verflachte die Entwicklung, doch waren mit der Etablierung regionaler und überregionaler Vermarktungsinitiativen, mit der Wende zur Produktionsvielfalt und -neuorganisation entscheidende Impulse für die regionale Landwirtschaft gesetzt.

Das Verhältnis Landwirtschaft–Umweltschutz war nicht immer konfliktfrei – die Einführung eines landesweit gültigen Naturschutzgesetzes etwa sorgte in den späten Siebzigerjahren für einige Aufregung. Ein Pinzgauer Bauer hierzu: »Für uns Bauern, die jahrhundertelang die Landschaft gepflegt und kultiviert haben, ist halt der Naturschutz ein rotes Tuch.«[118] Auch die Geschichte des Nationalparks Hohe Tauern war anfänglich von Widerstand begleitet. Verunsicherung über die Pläne zur Bewirtschaftung des Nationalparkgebiets hat »die Bewohner und Grundbesitzer geradezu erschreckt und ein Aufbäumen gegen dieses Vorhaben bewirkt«.[119] Die Ängste bezogen sich insbesondere darauf, »von den Beamten aus der Stadt« vorgeschrieben zu bekommen, wie das Land zu bewirtschaften sei: »Wenn ihr hier einen Nationalpark errichtet, könnt' ich im Mirabellgarten einen Schweinestall bauen«, zitiert Bürgermeister Ferdinand Oberhollenzer einen betroffenen Bauern.[120] Ende der Neunzigerjahre hatte der Nationalpark breite Unterstützung der lokalen Bevölkerung gefunden. Die Vorverhandlungen um die internationale Anerkennung riefen zum Teil erneut Befürchtungen wach, nun von Brüssel dirigiert zu werden.[121]

Basierend auf statistischem Material stellt sich der durchschnittliche Landwirtschaftsbetrieb im Pinzgau um 1990 folgendermaßen dar: Er wird von einem männlichen Betriebsinhaber im Nebenerwerb und mit 1,4 Arbeitskräften – davon 0,2 familienfremden – geführt, hat eine Größe von zehn bis 20 Hektar und liegt in Bergbauernzone 3. Der Betrieb hat Anteil am Wald und an Almfläche, weist große Anteile an unproduktiver Fläche auf, hat knapp neun Hektar mehrschnittige Wiesen, eventuell auch Anteil an einschnittigen Wiesen sowie an Hutweiden. Er betreibt vermutlich keinen Acker, aber Futterbau, hat möglicherweise einen Hausgarten und kultiviert Streuobst. Er hält vorwiegend Rinder – im Schnitt elf bis 20 Stück, davon sieben bis zehn Kühe –, ferner ein bis drei Schweine sowie ein bis 20 Legehennen, eventuell eine Schafherde mit durchschnittlich 17 Stück. Falls er Anteil am Ackerland hat, so baut er Mais und eventuell Kartoffeln – vorwiegend Spätkartoffeln – an, dies vermutlich in Egartwirtschaft. Er liebäugelt vielleicht mit der Umstellung auf biologische Wirtschaftsweise, engagiert sich aber weit eher im Tourismus. Er hat im Schnitt sechs Gästezimmer; die entsprechende Infrastruktur wie etwa Zufahrtsweg oder Telefon ist sichergestellt.[122]

Änderungen unterworfen ist auch die traditionelle Bauweise Pinzgauer Bauernhöfe. Grundsätzlich prägten den oberen Pinzgau Gruppenhöfe, während im Saalachtal mit dem Saalfeldner Becken vermehrt Einhöfe standen. Erstere bestehen aus mehreren, regellos auf der Hofstatt zusammenstehenden Einzelgebäuden mit Wohnhaus und Stallgebäude als den Hauptgebäuden, während der klassische Einhof Wohn- und Stallgebäude unter einem gemeinsamen First zusammenfasst. Aufgrund der vielen Funktionsveränderungen und unter dem Einfluss von nicht agraren architektonischen Entwicklungen sind diese Bauformen heute nicht immer klar erkennbar.[123]

1. Viehzucht und Almwirtschaft

Der Viehzucht kommt im Pinzgau eine vorrangige Bedeutung zu: »Auf dem Gebiete der Viehzucht«, so der Oberlehrer Schjerning, »hat der außerordentlich konservative Geist des Pinzgauers seine schönsten Erfolge gezeigt.« Das Pinzgauer Pferd galt in den umliegenden Gauen als das schwerste und als Lastpferd am besten geeignete; die Pferde wurden in der Regel als Jährlinge verkauft, wobei ansehnliche Preise zu erzielen waren. Schafhaltung hingegen war von geringerer Bedeutung – von Schafzucht konnte, so Schjerning, eigentlich kaum die Rede sein. Schafe wurden nicht selbst aufgezogen, sondern nach Maßgabe der vorhandenen Weide gegen Mitte des Sommers von herumziehenden Händlern gekauft. Ziegen wurden selten in größeren Herden gehalten, sondern in kleinen Herden dem Rindvieh auf den Almen beigestellt, sie weideten die weniger zugänglichen Flächen ab. Die Ziegenmilch wurde der Kuhmilch zugesetzt, was allerdings, so Schjerning, »nicht gerade zur Erhöhung des Wertes der Produkte« beitrug. Schweine wurden in der Region, obwohl ihr Fleisch einen guten Ruf hatte, nicht zur Mästung für den Markt, sondern vorwiegend zur Eigenversorgung gehalten. Zu den Nutztieren zählten schließlich noch die Maultiere: Im Sommer als Zugtiere für Fuhrwerke eingesetzt, erfüllten die Tiere in den Wintermonaten ähnliche Zwecke in den Kurorten Südtirols. Bienenhaltung war im Pinzgau gering, der Zustand der Stöcke mit wenigen Ausnahmen »ein ganz ursprüngliche[r]«.[124] »Das Endziel aller wirtschaftlichen Bestrebungen der Pinzgauer ist«, so Schjerning, »möglichst viel Vieh im Winter reichlich ernähren zu können, da der Sommer ausreichendes Futter für eine bei weitem größere Anzahl gewährt«, und »die Sorge des Ackerbaues der Viehzucht gegenüber ist es, möglichst viel Futter und die nötige Streu für den Winter zu gewähren.«[125]

»Für die Landwirtschaft ist unser Jahrhundert nicht günstig gewesen«, berichtete Dürlinger 1897 unter dem Eindruck der Agrarkrise, »so hat vielerorts eine Abnahme der selbständig bewirtschafteten Besitztümer stattgefunden […] Bei guten Viehpreisen hat die Landwirtschaft im Pinzgau den Bauern […] genährt; schlechte Viehpreise aber haben manche Besitzer […] verarmen lassen.« »Zu den Lasten der Landwirtschaft«, so Schjerning zu diesem Thema, »gehören besonders die hohen Löhne der für die starke Viehzucht nötigen vielen Dienstboten, auch der Tagelöhner, ferner die immer noch zahlreichen Gewohnheitsfeiertage, endlich die vielfachen Aufwendungen von Arbeitskraft und Material, die im Kampf mit der Natur […] nötig werden.«[126] Dass der Umgang mit dem Vieh nicht immer den Ansprüchen der »Tiergerechtheit« entsprach, belegen folgende Quellen: »Hütet euch vor Tierquälerei und besonders vor Fluchen und Schelten über das Vieh, denn das verdirbt nur den Segen Gottes«, mahnt etwa Alois Rieder in seiner Chronik der Landgemeinde Saalfelden.[127] 1906 wurde in der »Salzburger Gebirgszeitung« die Praktik des »Nudelns« von Truthähnen als »arge Tierquälerei« angeprangert; das »höchst schädliche Durchhungern des Viehs während der Wintermonate« wie auch die Schädlichkeit der Grubenställe war im Pinzgau ohnedies wiederholt beklagt worden.[128] Tierquälerei blieb im Pinzgau mitunter nicht ohne empfindliche Folgen: 1915 wurden in Weißbach zwei Knechte wegen Tierquälerei zu 14 Tagen Arrest und ein Mittersiller Bauer »wegen roher und quälender Behandlung« seines Hundes zu zwölf Stunden Kerker verurteilt.[129]

Die Viehzählung von 1900 gibt einen ersten statistischen Eindruck vom Viehbestand: Der Anteil der Rinder im Pinzgau lag weit unter dem des Pongaus bzw. Salzburgs, der Pferdebestand ähnelte dem Landesschnitt, auffallend hoch sind die Schaf- und Ziegenanteile. Schweinen kam vergleichsweise wenig Bedeutung zu. Der Viehbestand je Bewohner war im Pinzgau wesentlich höher als im Salzburgschnitt – ein Umstand, der auf die hohe wirtschaftliche Bedeutung der Landwirtschaft und die hohe Extensivität der Gebirgslandwirtschaft zurückgeht.[130] Im Laufe des 20. Jahrhunderts veränderte sich die Zusammensetzung des Viehstandes im Pinzgau folgendermaßen:[131]

Der Anteil an Rindern überwog im gesamten Beobachtungszeitraum und lässt die Spezialisierung auf Rinderhaltung klar erkennen. Zahlenmäßig an zweiter Stelle stehen Schafe, ihr Anteil schrumpfte nach 1950 und erfuhr erst im Zeitraum 1980 bis 1990 wieder einen Zuwachs. Der Anteil von Pferden am Viehbestand war im Pinzgau überra-

Grafik 5: Viehstand Pinzgau, 1890–1991

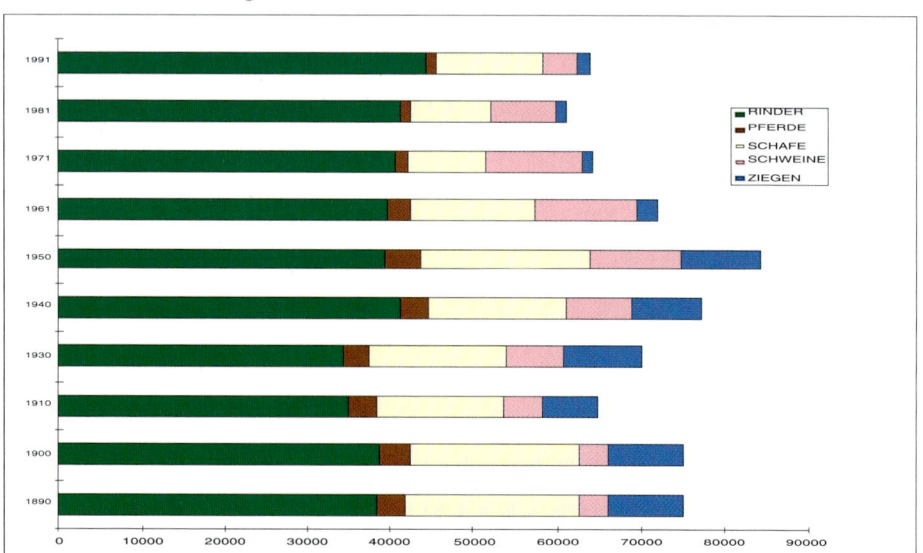

Quelle: Schjerning, Pinzgauer 253 f.; Viehzählung 1869, 1880, 1900; Viehstandslexikon 1990; Ergebnis der Land- und Forstwirtschaftlichen Betriebszählung 1951–1990.

schend gering und lag hinter den Anteilen von Ziegen und Schweinen – die Zunahme während der Fünfzigerjahre entspricht der Zunahme des Gesamtviehbestandes. Der vergleichsweise geringe Anteil von Schweinen zu Beginn des Vergleichszeitraumes zeigte bis in die Siebzigerjahre eine stetige Zunahme, nahm danach aber wieder ab. Der Ziegenbestand, in der ersten Jahrhunderthälfte relativ konstant und anteilsmäßig nicht unbedeutend, erfuhr 1950 bis 1960 einen massiven Einbruch, der in den Folgejahrzehnten nicht mehr wettgemacht wurde. Höchstbestände – zumindest annähernd ein Richtwert für die jeweilige wirtschaftliche Bedeutung der einzelnen Viehkategorie – wurden regional bei Rindern in den Jahren nach 1983, bei Pferden und Schafen in den Fünfzigerjahren, bei Schweinen im Jahr 1970 und bei Ziegen 1938 verzeichnet. Niedrigststände wurden bei Rindern in den Dreißiger- und Vierzigerjahren, bei Schafen in den Siebziger-, bei Pferden in den Achtzigerjahren erfasst. Im Vergleich der Entwicklung des Pinzgauer Viehbestands mit jenem Gesamtösterreichs fallen folgende Besonderheiten auf: Der leichten Abnahme des Rinderbestandes in Österreich innerhalb des Zeitraums 1938 bis 1991 steht eine verhältnismäßig starke Zunahme im Pinzgau gegenüber; Pferde behielten im Pinzgau einen leicht größeren Anteil als österreichweit bei, Schafen kommt im Vergleichszeitraum im Pinzgau weit größere Bedeutung als im Österreichschnitt zu, dafür spielen Schweine eine erheblich geringere Rolle – der Vergleich des Jahres 1991 ist augenfällig. Ziegen, insgesamt eher unbedeutend, nahmen im Pinzgau einen höheren Anteil als bundesweit ein.[132]

Mit Ausnahme der Eigenbedarfsdeckung, insbesondere in Krisenzeiten, blieb die Bedeutung der Geflügel- und Kleintierhaltung im Pinzgau gering. Regional bedeutsam ist die Hühnerhaltung, wobei der nach 1970 österreichweit erfolgte Boom dieser Tierart

Grafik 6: Viehstand Pinzgau, Österreich, 1938–1991

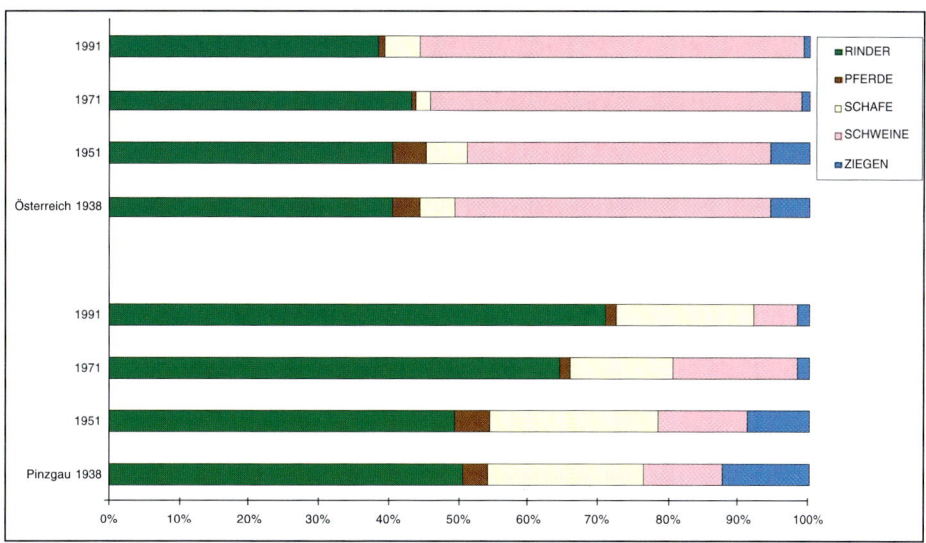

Quelle: Schjerning, Pinzgauer 253 f.; Viehzählung 1869, 1880, 1900; Viehstandslexikon 1990; Ergebnis der Land- und Forstwirtschaftlichen Betriebszählung 1951–1990.

im Pinzgau ziemlich verhalten verlief. Gänse verschwanden Mitte der Sechzigerjahre schlagartig von Pinzgauer Bauernhöfen.[133]

Da etwa ein Fünftel des regionalen Großviehbestandes im Herbst zum Verkauf kam, waren Viehhandel und Viehmärkte wichtiger Bestandteil der traditionellen Pinzgauer Landwirtschaft. Kurz vor der Jahrhundertwende wurden die ersten Hornviehmärkte eingerichtet, vielfach ging der regionale Viehhandel damals aber noch über Haus. Anfang der Dreißigerjahre war eine Vielzahl lokaler Märkte eingerichtet, wobei den Orten um Bruck, Saalfelden und Mittersill zentrale Bedeutung zukam. Die Pinzgauer Viehmärkte, ausgenommen die Pferdemärkte, blieben mit den Auftriebszahlen um einiges hinter den Viehmärkten der Stadt Salzburg zurück; mit dem Bau einer Versteigerungshalle in Maishofen Mitte des Jahrhunderts wurde der Viehhandel weiter zentralisiert und institutionalisiert.[134]

Eine zentrale Rolle in der traditionellen Pinzgauer Viehzucht spielt die Almwirtschaft. Flächenmäßig die größte Kulturgattung, stellen die Almgebiete der Region gemeinsam mit dem Gebiet der Kitzbüheler Alpen den Kernraum der österreichischen Almwirtschaft dar.[135] Ihre wirtschaftliche Bedeutung war eine zweifache: Die zusätzliche Nutzung der Almflächen bzw. der Bergmahd erlaubte die Haltung eines weit höheren Viehbestandes, als dies mit den Talflächen allein möglich gewesen wäre – häufig wurde über die Sommermonate auch fremdes Vieh angekauft oder gegen Leihzins gealpt; zudem brachte die Alpung entscheidende qualitative Verbesserungen des Viehs und erhöhte damit die Absatzchancen.

Die Quellenlage zur Entwicklung der Almwirtschaft ist dürftig, weshalb nur fragmentarische Darstellungen möglich sind.[136] Die statistischen Daten lassen auf einen flächenmäßigen Rückgang der Almflächen bis 1930, eine Ausweitung während der Vierziger- und Fünfzigerjahre und anschließend wiederum einen massiven Rückgang schließen. Die Renaissance der Almwirtschaft in den Siebziger- und Achtzigerjahren kehrte die Entwicklung erneut um, sodass gegen Ende des Jahrhunderts etwa die Fläche im Ausmaß von 1930 bewirtschaftet wurde.[137]

Zum allgemeinen Stand der Almwirtschaft vermerkte Gierth 1892, ohne auf die genaueren Umstände einzugehen, dass die letzten Jahrzehnte eine eher »traurige Zeit für die Almwirtschaft« gewesen seien.[138] Der Tätigkeitsbericht des Landesalminspektorates 1908 verweist auf den ungenügenden Auftrieb, die Verwahrlosung der Almgebäude – aufgrund fehlender Düngerstätten glich die Umgebung mancher Almhütten offensichtlich einem Morast – sowie die gänzliche Auflösung von Almen. Letzteres traf insbesondere die Oberpinzgauer Tauerntäler, wo der Verkauf von Almen in den Jahren vor dem Ersten Weltkrieg einen nie dagewesenen Wandel der Besitzstruktur auslöste.[139] Für die Dreißiger- und Vierzigerjahre befand Neumann, dass die Pinzgauer Almen vielfach in schlechtem Zustand seien.[140] Die fortschreitende Technisierung der Landwirtschaft erfasste die Almwirtschaft vorerst nicht wirklich – Ende der Sechzigerjahre verwendeten erst 30 der knapp 200 Almen der Pinzgauer Tauerntäler elektrisches Licht, etwa 24 eine Melkmaschine und der motorbetriebene Butterrührkübel fand nur vereinzelt Anwendung.[141] Die Almerhebung von 1986 zeigt hier einige Fortschritte: Im Pinzgau waren nun mehr als 70 Prozent aller Almen mit einem Fahrzeug erreichbar, 147 verfügten über Stromversorgung und 25 hatten sogar Telefonanschluss; mehr als die Hälfte aller Almen, genau 632, verfügte über Fremdenverkehrseinrichtungen, hier vorwiegend Verpflegungseinrichtungen für Skifahrer.[142]

Betriebswirtschaftlich gesehen kann man die Pinzgauer Almwirtschaft zwei verschiedenen Produktionsgebieten zuordnen: Die Almwirtschaft der Oberpinzgauer Tauerntäler weist stärkere Gemeinsamkeiten mit jener Westösterreichs auf, während sich die Almen der Pinzgauer Kalk- und Schieferalpen eher mit der Struktur des Pongaus bzw. Lungaus vergleichen lassen. Anhand der Daten von 1974 ergeben sich folgende grundsätzlichen Unterschiede der beiden Gebiete: Die Oberpinzgauer Almen erreichten mit einer Durchschnittsfläche von 182 Hektar fast die doppelte Ausdehnung wie die der Kalk- und Schieferalpen; im Oberpinzgau dominieren Privatalmen, während in den Kalk- und Schieferalpen die Zahl von Berechtigungsalmen auffällt. Die Almen der Kalk- und Schieferalpen wurden 1974 bereits extensiver als jene im südlicheren Teil der Region geführt: Während im Oberpinzgau die Gemischtalmen überwogen, waren es in den Kalk- und Schieferalpen die Galtviehalmen; verkehrstechnisch war letzteres Gebiet besser erschlossen. Der Anteil nicht bestoßener Almen lag im Oberpinzgau bei 12,3 Prozent, in den Kalkalpen bei 20,8 Prozent. Der Anteil fremdenverkehrsmäßig genutzter Almen war im Oberpinzgau höher; vermutlich war auf vielen Almen des Kalk- und Schiefergebietes die almwirtschaftliche Nutzung zur Gänze zugunsten touristischer Verwendungszwecke, etwa in Form von Jagd-, Ski- oder Ferienhütten, eingestellt wor-

Grafik 7: Almwirtschaft im Pinzgau, 1950–1986

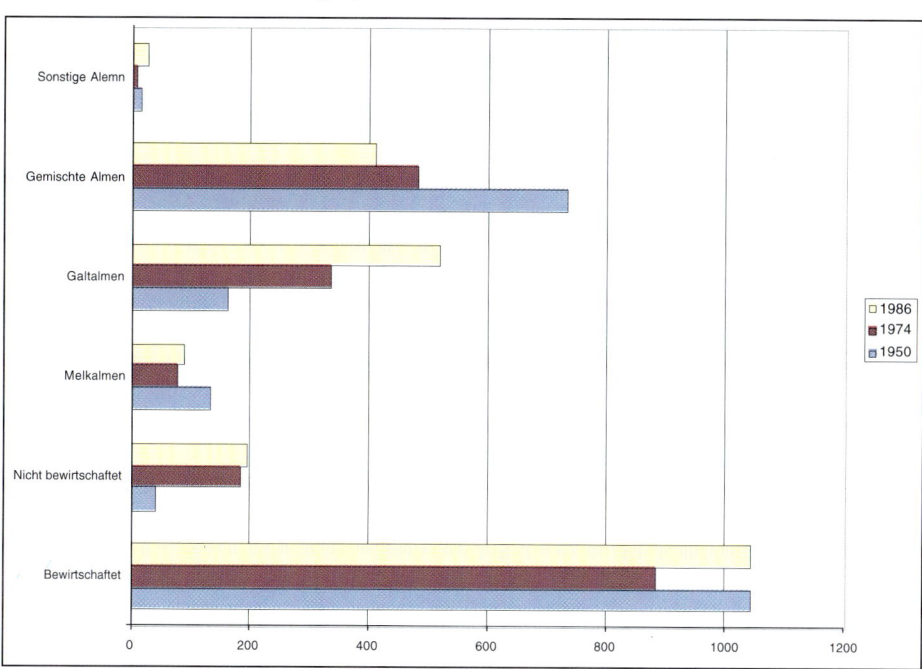

Quelle: Almstatistik 1955; Almerhebung 1974; Almwirtschaft in Österreich 1986.

den. Ähnlich den Almgebieten Westösterreichs war der Anteil von Männern am Almpersonal auf Oberpinzgauer Almen traditionell hoch: Einem Männeranteil von 78,9 Prozent stand 1974 ein Anteil von 48,4 Prozent in den Kalk- und Schieferalpen gegenüber.[143]

Insgesamt scheint die Auflassung von Almen im Pinzgau im 20. Jahrhunderts dennoch eher verhalten verlaufen zu sein: 1986 bestanden immerhin noch 86 Prozent der Almen von 1910. Die Almerhebung 1974 gibt Aufschluss über Zeitraum und regionale Verteilung des Entalpungsprozesses: Nach 1950 wurden im Pinzgau im Schnitt jährlich fast sieben Almen aufgelassen, am stärksten betroffen war der Gerichtsbezirk Zell am See mit insgesamt 82 Almen vor Saalfelden mit 49, Mittersill mit 30 und Taxenbach mit 24 Almen.[144] Stärker als die Entalpung kennzeichneten innere Strukturänderungen die Entwicklung der Pinzgauer Almwirtschaft, insbesondere die Extensivierung der Staffelwirtschaft, veränderte Alpungsgewohnheiten sowie der Rückgang bzw. die Veränderung des Personalstandes.[145]

Die Staffelwirtschaft galt als ein traditionelles Charakteristikum der Pinzgauer Almwirtschaft: Dabei wurden Grund- und Niederalmen schon im Frühjahr mit Weidevieh belegt, Mitte bis Ende Juni wurde auf die Hochalmen aufgetrieben, Mitte September kam das Vieh wieder auf die Grundalmen zurück. Almstaffelwirtschaft und Futterstallwirtschaft der Talbetriebe griffen vielfach ineinander: Ein Teil des Viehs verblieb bis in den Winter – auf einer Alm im Stubachtal sogar bis Mitte Januar[146] – auf den Grundalmen und wurde mit dem dort gewonnenen Bergheu gefüttert. Bei vollem Almbetrieb war das Staffelsystem sehr vielschichtig: Zwischen Heimgut und Grundalm lag manchmal ein kleiner Weidefleck, der als Voralm im Frühling bzw. als Nachalm im Herbst einige Tage Futter bot, zwischen Grund- und Hochalm konnte, je nach Gelände, eine Mittelalm eingeschaltet sein, auf den Karalmen, der dritten Almstaffel, weidete vorwiegend das Jungvieh und darüber lagen – nicht als eigene Staffel ausgewiesen – die Schafweiden. Die Auflassung einzelner Zwischenstaffeln, augenfällig an der Umwidmung oder dem Verfall einzelner Almgebäude, sowie die Tieferlegung von Almsiedlungen waren zentrale Rationalisierungsmaßnahmen.

Weitere entscheidende Veränderungen betrafen die Art des aufgetriebenen Viehs und damit die Bewirtschaftungsform. 1910 dominierten in den Tauerntälern die Sennalmen, Jungviehalmen mit Personal folgten mit erheblichem Abstand. Die Zahl der Sennereibetriebe nahm im Oberpinzgau zwischen 1910 und 1971 um 75 Prozent ab. 1950 waren in verkehrsgünstig gelegenen Tälern die ersten Milchlieferungsalmen eingerichtet worden. Zwischen 1950 und 1969 vervierfachte sich die Zahl der Milchlieferungsbetriebe und die Zahl der Jung- bzw. Galtviehalmen ohne Personal nahm stark zu: In den Tauerntälern stieg die Zahl zwischen 1910 und 1971 um mehr als das Fünffache. Die pinzgauweiten Daten der drei Almwirtschaftserhebungen nach 1950 dokumentieren für den Zeitraum der knapp 40 Jahre den Rückgang der gemischten Almen um mehr als 40 Prozent, die Verdreifachung der Zahl der Galtviehalmen sowie die Reduzierung der Melkalmen auf etwas mehr als die Hälfte.

Auch die Zusammensetzung des Almviehbestandes änderte sich: In den Tauerntälern nahm im Zeitraum 1910 bis 1971 die Zahl der gealpten Melkkühe – parallel dazu die

Zahl der gealpten Ziegen – deutlich ab; die Zahl der gealpten Pferde und Schweine blieb auffallend konstant, die Schafalpung erfuhr um 1950 einen außerordentlichen Höhepunkt.[147] Auf der Vögeialm, einer der vergleichsweise großen Einzelalmen, waren Überlieferungen zufolge bis zu 100 Kühe, 70 Jungrinder, 20 Kälber, zwölf Pferde, 50 Ziegen, 80 Schafe und 25 Schweine aufgetrieben worden.[148] Dem bis in die frühen Siebzigerjahre andauernden Rückgang der aufgetriebenen Kühe steht pinzgauweit ein steter Anstieg der Jungrinderzahlen gegenüber. Die Abnahme der aufgetriebenen Pferde verlief geringer als die Abnahme des Pferdebestandes insgesamt – ein Hinweis darauf, dass Pferde im Rahmen der Sommerarbeit im Tal zunehmend überflüssig geworden waren. Die Bedeutung der Schaf- und Ziegenalpung nahm wieder zu, was auf ein vermehrtes Bestreben, die Almgebiete zu nützen, hindeutet.

Wie eingangs festgestellt, spielte die Alpung von Fremdvieh für Pinzgauer Bauern in der ersten Jahrhunderthälfte wirtschaftlich gesehen eine erhebliche Rolle: Zahlenmäßig spielte in den Tauerntälern die Schafalpung die größte Rolle, gefolgt von Rindern und Pferden. Fremdvieh kam überwiegend von Bauern aus Süd- und Nordtirol, dem Pongau, Kärnten und aus Bayern.[149]

Beim Almpersonal fallen im Jahrhundertverlauf zwei entscheidende Prozesse auf: die zahlenmäßige Abnahme zum einen, die Zunahme des Frauenanteils zum anderen. Die Zahl der Arbeitskräfte auf Oberpinzgauer Almen nahm im Zeitraum 1910 bis 1971 um mehr als 60 Prozent ab; der Frauenanteil erhöhte sich von 2,7 Prozent auf 15,6 Prozent, die entscheidende Wende erfolgte hier im Zeitraum 1950 bis 1971. Den zahlenmäßigen Rückgang des Almpersonals begleitete eine Änderung in der Altersstruktur – der Arbeitskräftemangel in der Landwirtschaft zog eine Überalterung des Almpersonals nach sich. Verändert hat sich auch die geforderte Arbeitsleistung: 1910 waren auf den Sennalmen der Tauerntäler von einer Person durchschnittlich 15 Rinder betreut worden, auf den Senn- und Milchlieferungsalmen von 1971 waren es fast 26 Stück. Trotz vermutlich gestiegenem persönlichem Einsatz erfolgte diese Veränderung vielfach auf Kosten der Almpflege.[150]

Die Almwirtschaftserhebung 1986 erlaubt einen einigermaßen genauen Einblick in die zeitgenössische Situation der Almwirtschaft im Pinzgau: 1986 bestanden 1.240 Almen, 1.043 davon bewirtschaftet, die Mehrheit vom Eigentümer. Als Ursache für Nichtbewirtschaftung wurden vorwiegend Verwaldung bzw. Unwirtschaftlichkeit angeführt. Nach Form der Bewirtschaftung überwogen im Pinzgau mit 519 Almen Galtviehalmen vor 410 gemischten Almen und 88 Melkalmen; sowohl bei Milch erzeugenden als auch bei Milch verarbeitenden Almbetrieben stellte der Pinzgau die Hälfte des Anteils des Bundeslandes Salzburg, wobei hier der Gerichtsbezirk Mittersill an der Spitze steht. Der durchschnittliche Auftrieb auf Pinzgauer Almen – der Großteil des Pinzgauer Viehs wird gealpt – lag 1986 statistisch bei circa sechs bis zwölf Kühen, etwa 20 bis 30 Galtrindern sowie einem Pferd. Bei Schafen und Ziegen ergaben sich größere regionale Unterschiede: 4,64 Stück je Alm im Gerichtsbezirk Saalfelden standen durchschnittlich 36,4 Stück auf Almen im Gerichtsbezirk Mittersill gegenüber. Im Erhebungsjahr beschäftigte die Almwirtschaft 1.023 Personen, mit 812 überwiegend Männer; lediglich 183 Personen waren nicht familieneigene Arbeitskräfte. Mit einem Schnitt von 1,09 Arbeitskräften je Alm lagen die Gerichtsbezirke Mittersill und Saalfelden über dem Pinzgauschnitt von 0,98 Personen.[151]

2. Feld- und Ackerbau

»Die Angel, um welche sich die Industrie der Salzburgischen Gebirgsbewohner drehet, [ist die] Viehzucht, [n]eben diese[r] öffnet sich […] noch ein [weiterer Zweig], der [diesem] zwar nicht so viel Geld in die Tasche bringt, [ihm] aber viele theuere Auslagen erspart – der Ackerbau.«[152] Diese historische Beschreibung lässt den Stellenwert des Feld- und Ackerbaus im Pinzgau ermessen. Der Eigenbedarf an Getreide bzw. anderen Feldfrüchten konnte in der Region kaum gedeckt werden, auch die für die Viehzucht erforderliche Streuversorgung bereitete traditionellerweise erhebliche Schwierigkeiten.

Im 20. Jahrhundert folgte der Bezirk dem grundsätzlichen Trend, wonach Ackerbau in den alpinen Gebieten stark rückläufig war.[153] Für das Gebiet der Hohen Tauern etwa konstatierte Preuss einen einschneidenden Rückgang des Ackerbaus in den Jahren des Ersten Weltkrieges, der mit einer »starke[n] Vernachlässigung« desselben in der Nachkriegsperiode fortsetzte.[154] Vom relativ kontinuierlichen Rückgang der Ackerbauflächen heben sich markant die Krisenjahre des Zweiten Weltkrieges mit einer flächenmäßigen Zunahme sowie die frühen Siebzigerjahre mit einem massiven Einbruch im Getreidebau ab. Der Rückgang erfolgte im Pinzgau im Wesentlichen zugunsten der

Grafik 8: Getreidebau im Pinzgau 1930–1990

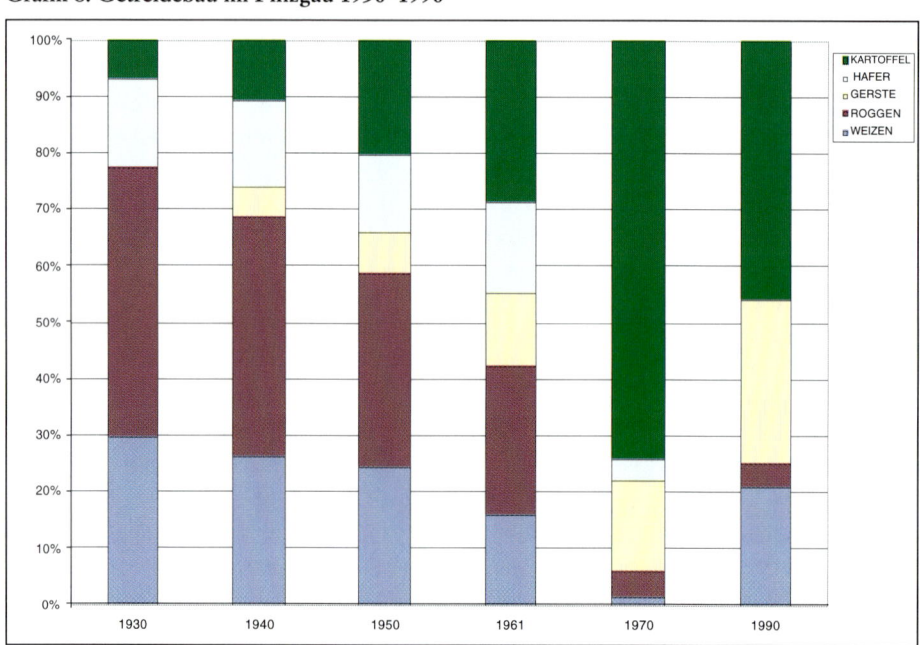

Quelle: Land- und Forstwirtschaftliche Statistik 1930; Statistik Republik Österreich 1945–1995.

Wiesenflächen, deren Entwicklung beinahe spiegelgleich verlief. Der Stellenwert des Ackerbaus kann zwar nicht allein am Flächenrückgang abgelesen werden – Züchtungsverbesserungen und Spezialisierung konnten nach 1950 enorme Produktivitätssteigerungen bewirken –, doch wird die Richtung, in die sich der Ackerbau der Gebirgsregion entwickelte, offensichtlich: Österreichweit wurden 1990 noch 78 Prozent der auch 1951 genutzten Ackerbaufläche bebaut – in Salzburg waren dies 15 Prozent, im Pinzgau 3,7 Prozent.[155]

Massive Veränderungen betrafen auch das System der Bodenbearbeitung. Schjernings Beschreibungen des Pinzgauer Ackerbaus Ende des 19. Jahrhunderts belegen zwar die Fortführung der Egartwirtschaft, im Pinzgau kam in diesem Zeitraum allerdings der Grünlandnutzung schon zentrale Bedeutung zu: »Im allgemeinen wird in tieferer Lage der Ackerboden ein Jahr mit Weizen, ein zweites mit Roggen bestellt und bleibt dann zwei, auch drei Jahre als Wiesen liegen. Das Umbrechen des Rasenbodens geschieht nach sehr sorgfältiger Verteilung des Düngers nur flach, um den natürlichen Graswuchs nicht zu stören. Das gesäte Getreide wächst […] nicht rein auf, sondern stark mit allerlei Gräsern gemischt, und dadurch auch in seinem Ertrage beeinträchtigt. Wegen dieses üppigen Graswuchses wird bei der Ernte das Getreide etwa einen halben Meter unter der Aehre abgesichelt, in kleine Bündel gebunden und an Stangen […] aufgesteckt, so daß der Regen leicht auflaufen und die Luft zwischen die Bündel dringen kann. […] Bald hinterher werden die stehengebliebenen Stoppeln […] mit dem dazwischen gewachsenen Grase wie Wiesen gemäht und auch wie Wiesengras behandelt.« Die Wichtigkeit des natürlichen Graswuchses erklärt sich aus dem geringen Anteil an Futterpflanzen in der Region: »Von anderen Futterpflanzen als Klee ist im Pinzgau kaum die Rede«, und »um die Gehöfte und an den Zäunen wachsen zahlreiche Eschen, deren Laub als Ersatz für Grasfutter gegeben und vom Vieh gern gefressen wird (›Luftwiesen‹).«[156]

In den Jahren nach dem Ersten Weltkrieg stellte Erwin Mayr Untersuchungen zum Stand des Getreidebaus an; sein wissenschaftliches Interesse galt dabei unter anderem der Verbreitung ursprünglicher Landsorten. Da im (Ober-)Pinzgau bis dahin wenig Sortenübergänge stattgefunden hatten, wurde er in dieser Region fündig.[157] Die vorherrschende Fruchtfolge entsprach zur Zeit Mayrs noch der von Schjerning beschriebenen: Einem Jahr Weizenbau folgte ein Jahr Roggenbau sowie zwei Jahre Egartwiese. Kunstegart wurde im Pinzgau noch nirgends angewendet, lediglich in Saalfelden, der »Kornkammer des Pinzgaus«, hatten 15 Bauern entsprechende Versuche angestellt.[158] Die Bodenbearbeitung im Pinzgau war nach Einschätzung Mayrs eine schlechte: Eine Furche mit acht bis höchstens zehn Zentimeter Tiefe wurde als genügend erachtet, die Einsaat erfolgte – häufig zu dicht – in die raue Furche, gedüngt wurde zu reichlich und zu einseitig, sodass starke Verunkrautung und Lagerung der Getreidefelder häufige Folgen waren. Maschinen kamen erst begrenzt zum Einsatz.[159] Bei einer Neubegehung der Region vier Jahrzehnte später stellt Mayr neben den starken Rückgängen der Getreideanbauflächen insgesamt – der Kartoffelbau war merklich ausgeweitet worden – das fast gänzliche Auflassen von Sommerweizenkulturen sowie das weitgehende Verschwinden bodenständiger Weizensorten fest; gewandelt hatte sich auch die Anbauhöhe von Getreide.[160]

Mitte der Vierzigerjahre schienen Hubatschek folgende Veränderungen im regionalen Feldbau berichtenswert: In der Egartwirtschaft war die vier- bis sechsjährige Grasnutzung üblich geworden, bei den Getreidesorten war es aufgrund höherer Ertragschancen und kürzerer Reifezeit zu einem verstärkten Anbau von Wintersorten gekommen; Kunstegärten waren nach wie vor eine Rarität.[161]

Im Zuge von Intensivierungsmaßnahmen im Ackerbau erlangte im Pinzgau kurzzeitig die Doppelnutzung von Ackerflächen durch Nachfrucht- bzw. Zwischenfruchtbau Bedeutung, eine Praktik, die österreichweit bereits während der ersten Jahrhunderthälfte eine entscheidende Ausdehnung erfahren hatte.[162] Mit Ausbreitung der Gärfutterwirtschaft stand nach dem Zweiten Weltkrieg zunehmend hochwertiges Frühjahrsfutter zu Verfügung und der Zwischenfruchtbau wurde stark rückläufig. Naturegart verlor an Bedeutung, Ende der Sechzigerjahre erfolgte der Übergang zu Kunstegartwirtschaft. Insgesamt allerdings war die Egartwirtschaft rückläufig, allein im Zeitraum 1971 bis 1983 sank sie auf ein Zehntel. Brachflächen kam im Pinzgau mit Ausnahme der Jahre 1939/40, 1943 und 1946 keine Bedeutung mehr zu. Für die späten Siebzigerjahre sind die höchsten Anteile nicht genutzten Ackerlandes ausgewiesen.[163]

Mit der Abkehr vom Getreidebau wurde die Grünlandnutzung intensiviert. Die Verteilung unterschiedlicher Grünflächen und -nutzungen lässt sich für den Pinzgau ab 1958 statistisch darstellen: Der stetigen Abnahme jährlich einmal gemähter Wiesen steht die Zunahme der zwei- bzw. mehrmahdigen Wiesen gegenüber, wobei die entscheidende Änderung in der ersten Hälfte der Siebzigerjahre erfolgte. Entscheidend war der Übergang von der Selbstversorgung zur Marktproduktion und damit der Wandel sowohl in der Produktart – im Pinzgau von Brotgetreide und Gespinstpflanzen zu vornehmlich Feldfutterbau für die Rinderhaltung – als auch in der Produktpalette: Der Diversifikation des späten 19. Jahrhunderts steht die Spezialisierung auf einzelne Produkte gegenüber. Bei der Brotgetreideproduktion überwog im Pinzgau im gesamten Jahrhundert der Roggenanbau; als der Weizenanbau nach dem Zweiten Weltkrieg österreichweit zunahm, war der Getreideanbau im Pinzgau bereits rückläufig.[164] Noch während der frühen Vierzigerjahre erfuhr im Pinzgau der Sommergetreideanbau nachhaltige Einbrüche, die Wintersorten gingen in den Fünfzigerjahren und verstärkt in den frühen Sechzigerjahren zurück. 1958 wurden im Pinzgau noch etwas über 1.000 Hektar Fläche mit Brotgetreide bebaut, zehn Jahre später, 1967, war die Fläche unter 100 Hektar gefallen. Der Rückgang des Haferanbaus stand im Zusammenhang mit dem im Zuge zunehmender Motorisierung rückgängigen Pferdebestand – starke Einbrüche erfolgten im Pinzgau in den Jahren vor und nach dem Zweiten Weltkrieg. Der Anbau von Gerste blieb – nach einer verhältnismäßig starken Ausdehnung während der frühen Kriegsjahre – lange auf dem erreichten Niveau, was sich aus der Bedeutung dieser Getreideart in der Viehfütterung erklärt.

Feldfutterbau war in der Ersten Republik auf die Flachlandgebiete beschränkt, während die Alpenländer ihren Futterbedarf fast ausschließlich aus Wiesen-, Weide- und Egartflächen deckten[165] – entsprechend stark fiel Anfang der Vierzigerjahre die Steigerung bei Kleegras aus. Im Pinzgau der zweiten Jahrhunderthälfte hatten vor allem Kleegras und Grünmais als Futterpflanzen Bedeutung,[166] wobei in den Vierziger- bis

Sechzigerjahren Kleegras dominierte, während in den Siebzigerjahren der Grünmais eine Verzehnfachung seines Anbaus erfuhr.

Bei den Hackfrüchten fällt im Pinzgau insbesondere der Kartoffelbau ins Gewicht. Im Unterschied zu anderen Gebieten Österreichs verbreitete sich die Kartoffel im Pinzgau offenbar erst in der frühen Hälfte des 20. Jahrhunderts; die späten Sechzigerjahre sahen bereits einschneidende Rückgänge. Feldgemüsebau blieb im Pinzgau im Wesentlichen auf die Eigenversorgung begrenzt, der regional bedeutsame Anbau von Hülsenfrüchten – Linsen, Speisebohnen und Speiseerbsen – verlor in den Jahren nach dem Zweiten Weltkrieg an Bedeutung; Gespinstpflanzen, insbesondere Flachs und Hanf, verschwanden in diesem Zeitraum gänzlich.[167]

3. Obst- und Gartenbau

Die Bedeutung des Obst- und Gartenbaus blieb im Pinzgau vergleichsweise gering – ein eigenständiger Erwerbsobst- bzw. -gartenbau entwickelte sich nicht, die vorhandenen Anlagen dienen überwiegend der Eigenversorgung. Obstbau gebe den Pinzgauern »nur wenig Beschäftigung«, schrieb Dürlinger kurz vor der Jahrhundertwende und obgleich dieser Produktionszweig damals durchaus lohnenswert schien, wurde er nur »von wenigen Liebhabern gepflegt«.[168] Der Salzburger Wanderlehrer Eiterer hielt fest: »Der Obstbau, so hört man öfters klagen, tut bei uns nicht mehr gut, man behauptet sogar, das Klima habe sich zu Ungunsten des Obstbaus verändert.«[169] Um die Jahrhundertwende setzten die Brüder Wiechentaler nachhaltige Pioniertaten für den regionalen Obstbau: Peter Wiechentaler legte um 1885 in Saalfelden die erste Baumschule des Pinzgaus an und betrieb von dort aus bezirksweiten Handel; in mehreren Dörfern wurden Mustergärten angelegt und 1902 ein Obstbauverein gegründet. In Lofer bildeten die Obst- und Weintraubengärten von Schloss Grubhof eine Sehenswürdigkeit.[170] Während des Ersten Weltkrieges dehnte sich der Feldgemüsebau stark aus, 1917 wurden zur Versorgung von Stadt und Land Salzburg von der Landesregierung in Saalfelden Gemüsegärten angelegt.[171]

Neumann beschreibt um 1935 den Stand des Gartenbaus im Oberpinzgau wie folgt: »Weißkohl zur Sauerkrautbereitung und Hülsenfrüchte sind die wichtigsten Erzeugnisse; Nelken und Rosmarin als Nationalblume des Pinzgaues werden sorgfältig gepflegt. Im Obstbau herrschen Apfel- und Kirschbaum vor. Bisher hat der Obstbau, dessen Produkte in der Bauernwirtschaft meistens zu Schnaps verarbeitet werden, keine marktfähige Ware hervorgebracht, doch könnten die widerstandsfähigen Gebirgssorten haltbare, absatzfähige Ware liefern. Je höher um so kleiner wird die Frucht, daß sich oft das Pflücken nicht recht lohnt, Zwetschken und auch die Früchte der Nußbäume reifen oft nicht mehr. Erstaunlich groß und schmackhaft werden bei entsprechender Düngung die Johannisbeeren.«[172] 1934 fand in Saalfelden mit 250 Ausstellern die erste große Pinzgauer Obstausstellung statt und die 1948 abgehaltene Landesobstschau wurde zu einem »Höhepunkt für Jahrzehnte«.[173]

1951 schreibt Franz Wirleitner über die regionale Bauernküche: »Einen guten Ausgleich zum mangelnden Obstbau im Pinzgau schafft der Verbrauch an Wildbeeren, so etwa Heidelbeeren, Preiselbeeren, Brombeeren und Himbeeren.« Wirleitners Aufzählung der verwendeten Gemüsearten zeigt, dass neben den regional üblichen Krautarten bereits auch Feingemüse angebaut wurde: »Weißkraut, hauptsächlich aber Sauerkraut in verschiedensten Zubereitungsarten, Grünsalat, Endivien, Kresse, Rohnensalat und Rettich werden viel gegessen. Von Hülsenfrüchten spielen Fieselbohnen eine größere Rolle. Reich verwendet werden Zwiebel, Knoblauch und Schnittlauch.«[174]

Bezeichnend ist der Kommentar von Hubacek aus dem gleichen Zeitraum: »Der Anbau von Gemüse ist hauptsächlich Sache der Bäuerin und daher weitgehend von deren Interesse abhängig.«[175] Nach Einbrüchen nach dem Krieg erscheinen die Sechziger- und Siebzigerjahre als »Blütezeit« des bäuerlichen Gartenbaus im Pinzgau.[176] Die Betriebszählung 1960 schließlich lässt Aussagen zur wirtschaftliche Bedeutung des Obstbaus zu: Von 2.841 Pinzgauer Betrieben gaben 2.458 an, Betriebe mit Obstbau zu sein – doch bezogen nur drei Betriebe laufend Nebeneinnahmen aus diesem Produktionszweig.[177] Die Folgejahrzehnte sahen einen rasanten Einbruch – 1990 nahm die Gartenfläche gerade ein Viertel ihres Ausmaßes von 1948 ein.[178]

III. Vom Bauern- zum Agrarland?

Ein abschließender Blick über den Untersuchungszeitraum zeigt nicht unerhebliche Veränderungen des Lebens »unter schneebedeckten Bergen«. Zentrale Momente für den Pinzgau sind dabei die an der Wende zum 20. Jahrhundert zunehmende Verkehrserschließung der Region, die Verbreitung moderner Kommunikationsmöglichkeiten und damit die Übernahme neuer Produktionsmethoden, das kontinuierliche Bevölkerungswachstum und die damit einhergehenden Veränderungen des Wirtschafts- und Gesellschaftslebens, die politische Stabilität in der zweiten Jahrhunderthälfte, zweifellos aber auch das schaffende Handeln unternehmerisch denkender Menschen. Während eine Studie zur deutschen Agrargeschichte davon ausgeht, dass sich die Bundesrepublik im 20. Jahrhundert auf den langen Weg des Abschieds vom Agrarland begab,[179] kann für den Pinzgau befunden werden, dass – obwohl in diesem Zeitraum auch hier das Schwingen der Sensen durch automatisierte Betriebsabläufe ersetzt wurde – die Landwirtschaft in der sich weiter modernisierenden Gesellschaft von Bedeutung blieb. Man wird regional, insbesondere auch kultur- und mentalitätsgeschichtlich, für diesen Zeitraum eher von einem Weg (vom Bauern-) *zum* Agrarland ausgehen.

Karl Kaser, Karl Stocker, Beatrix Vreča

Vom Selbstversorger zum Nebenerwerbslandwirt

Das südoststeirische Flach- und Hügelland

Die Südoststeiermark – das sind die politischen Bezirke Feldbach, Fürstenfeld, Radkersburg und Leibnitz – umfasst mit 2.009 Quadratkilometern etwa ein Achtel der steirischen Landesfläche (16.387 Quadratkilometer) und mit 189.597 Einwohnern[1] ungefähr ein Sechstel der Bevölkerung des Landes. Trotz dieses recht geringen Anteils an Fläche und Bevölkerung wird hier der überwiegende Teil der steirischen landwirtschaftlichen Erträge erwirtschaftet:

Mehr als die Hälfte des steirischen Schweinebestandes steht in den Ställen südoststeirischer Bauern. 53,8 Prozent der steirischen Getreideanbaufläche befinden sich in der Südoststeiermark. An erster Stelle steht der Maisanbau mit 68 Prozent, gefolgt von Weizen mit 43,8 Prozent und Gerste mit 39,4 Prozent. Im Untersuchungsgebiet liegen etwa 32 Prozent der landwirtschaftlichen Betriebe der Steiermark. Diese bewirtschaften 102.506 Hektar Fläche, was 20,7 Prozent der landwirtschaftlich genutzten Fläche des Bundeslandes ausmacht.

Die klimatischen Bedingungen bringen, vor allem wegen der langen Vegetationsperioden, günstige Voraussetzungen für den Anbau von Getreide und Mais. Speziell der großflächig betriebene Maisanbau prägt die Kulturlandschaft des gesamten unteren Murtales sehr stark. Allerdings ist nach einer kontinuierlichen Steigerung der Maisanbaufläche bis Mitte der 1980er-Jahre wiederum ein Rückgang festzustellen. So wurde Anfang der Achtzigerjahre auf rund 65 Prozent der gesamten Ackerfläche der Südoststeiermark Mais angebaut, 1999 sank dieser Wert auf 38,5 Prozent. Das Untersuchungsgebiet ist auch für den Anbau von Kürbissen, Raps und Pferdebohnen sowie für Feldgemüse bestens geeignet und lässt eine breite Streuung der Kulturen zu.

Vor allem der Ölkürbis – der ursprünglich als Zwischenfrucht im Mais angebaut wurde – gewann seit den Siebzigerjahren immer mehr an Bedeutung. Die Nachfrage setzte zunächst seitens der pharmazeutischen und Reformkostindustrie ein. Mit der Eröffnung neuer Absatzmärkte vergrößerte sich die Anbaufläche stetig. Gab es Ende der Siebzigerjahre rund 3.900 Hektar Kürbisanbaufläche steiermarkweit, so stieg diese Zahl bis Ende der Neunzigerjahre auf 9.704 Hektar an, wobei sich in der Südoststeiermark mehr als die Hälfte der Anbaufläche befindet. Im Jahr 1998 erfolgte die Anerkennung der EU für das Herkunftssicherungssystem »Steirisches Kürbiskernöl g.g.A.«.

Infolge der günstigen klimatischen Voraussetzungen sowie der Bodenverhältnisse, aber auch aufgrund der kleinbetrieblichen Strukturen eignet sich das Untersuchungsgebiet besonders für den Anbau von Sonderkulturen wie Wein, Hopfen und Obst. Andererseits können viele Klein- und Mittelbetriebe nur über Spezialkulturen ein einigermaßen zufrieden stellendes und existenzsicherndes Betriebseinkommen erreichen. 78,8 Prozent (2.954 Hektar) der steirischen Weinbaufläche befinden sich in der Südoststeiermark, dabei fällt auf den Bezirk Leibnitz der Hauptanteil mit 2.013 Hektar Rebfläche. Die Steiermark selbst hat 7 Prozent Anteil an der gesamtösterreichischen Weinbaufläche.[2]

In der Südoststeiermark ist die Agrarquote deutlich höher als im Landesdurchschnitt. Von den 47.461 landwirtschaftlichen Betrieben[3] in der Steiermark werden 15.945, das sind 33,6 Prozent, im Haupterwerb und 31.516, das sind 66,4 Prozent, im Nebenerwerb geführt. Somit liegt dieses Bundesland an zweiter Stelle nach dem Burgenland, das mit etwa 78 Prozent den höchsten Anteil an landwirtschaftlichen Nebenerwerbsbetrieben hat. Die Südoststeiermark zählt 15.343 landwirtschaftliche Betriebe, wovon 4.562 (29,7 Prozent) Haupterwerbs- und 10.781 (70,3 Prozent) Nebenerwerbsbetriebe sind. Der relativ hohe Anteil an Nebenerwerbsbetrieben in dieser Region ist vor allem auf die kleinbetriebliche Struktur zurückzuführen. Die Durchschnittsgröße

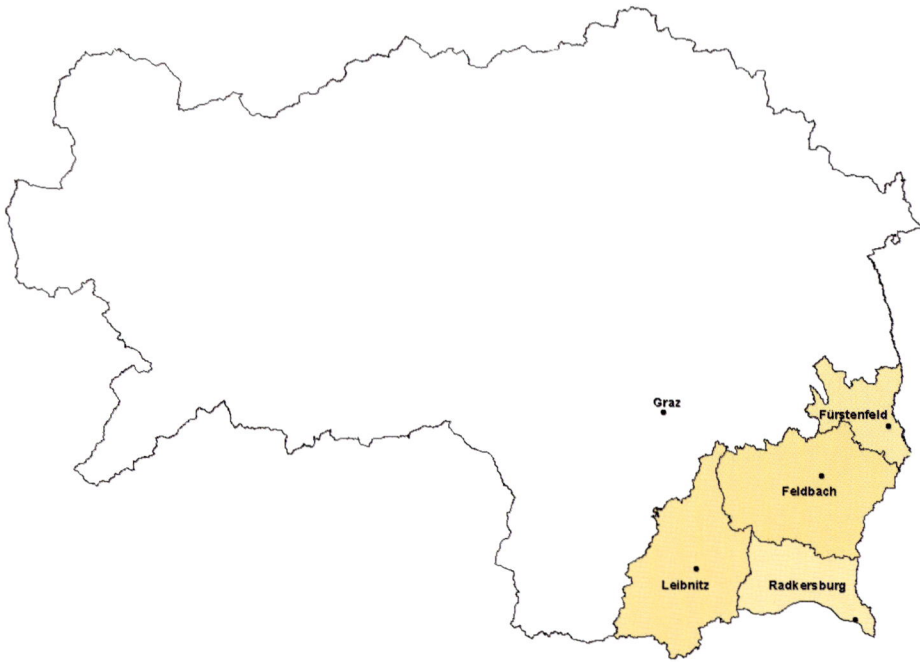

der Betriebe beträgt 6,7 Hektar. Im Vergleich dazu liegt die durchschnittliche Flächenausstattung in Österreich mit 16,3 Hektar knapp unter dem EU-Durchschnitt von 18,4 Hektar.

Der vorliegende Text basiert in großen Teilen auf dem zweibändigen Werk »Bäuerliches Leben in der Oststeiermark« von Karl Kaser und Karl Stocker aus den Jahren 1984 und 1986. Das bäuerliche Leben und der bäuerliche Alltag wird stark von den Arbeitsverhältnissen, den Arbeitsmethoden und der Ertragssituation der bäuerlichen Wirtschaft geprägt. Bei genauer Analyse dieser Faktoren und ihrer Veränderung im Laufe der letzten 100 Jahre kann man eventuelle Entwicklungs- und Strukturbrüche erkennen. Bei der Untersuchung der Südoststeiermark bietet sich geradezu an zu zeigen, wie eine »rückständige« Region innerhalb kürzester Zeit von außen modernisiert wurde und mit welchen Folgen dies verbunden war. Noch um die Mitte des 19. Jahrhunderts waren etwa 90 Prozent der südoststeirischen Bevölkerung in der Landwirtschaft tätig. Dieser Prozentsatz ging zwar allmählich zurück: Von Jahrzehnt zu Jahrzehnt halbierte sich die Zahl der landwirtschaftlich Tätigen. Die Region ist aber bis heute ein ausgesprochenes Agrargebiet geblieben. Wir werden insgesamt sehen, dass die Südoststeiermark eine deutliche Sonderentwicklung durchgemacht hat.

Abschließend sind noch zwei Bemerkungen zum Untersuchungsgebiet und zur Quellenlage anzubringen: Durch die Grenzziehung aufgrund des Friedensvertrages von St-Germain ergaben sich 1919 Gebietsveränderungen. Die landwirtschaftlich geprägte »Untersteiermark« mit 6.050 Quadratkilometern (etwa 27 Prozent der Steiermark) fiel an das »Königreich der Serben, Kroaten und Slowenen«. Die Bezirke Leibnitz und Radkersburg mussten dadurch Gebietsverluste hinnehmen. Die neue Grenze zerriss viele Gemeinden, sodass sich Teile von ihnen als selbstständige Gemeinden neu bildeten oder mit anderen Gemeinden vereinigt wurden. In den agrarstatistischen Erhebungen aus nationalsozialistischer Zeit wird die »Untersteiermark« als eigenes Gebiet ausgewiesen. In unseren Statistiken wird sie, was die Vergleiche mit der gesamten Steiermark betrifft, nicht berücksichtigt. Dass das Konsequenzen für die statistischen Materialien hat, muss hier nicht extra betont werden.

Seit der Gründung der politischen Bezirke mit den Bezirkshauptmannschaften gab es eine gravierende Veränderung in der Zusammensetzung der Behörden: Nach dem »Anschluss« an das nationalsozialistische Deutschland 1938 wurde mit Fürstenfeld ein eigener Verwaltungsbezirk («Landkreis») eingerichtet. Nach dem Zweiten Weltkrieg wurde Fürstenfeld zur Bezirkshauptmannschaft erklärt.

Der »Grüne Bericht Steiermark«, der alle zwei Jahre von der Steiermärkischen Landesregierung in Auftrag gegeben wird, sowie die Agrarstrukturerhebungen der Jahre 1995 und 1999 bilden die wichtigsten Quellen für die Beschreibung der gegenwärtigen Entwicklungen. Diese Erhebungen lösten die traditionellen bis 1990 in zehnjährigem Rhythmus durchgeführten land- und forstwirtschaftlichen Betriebszählungen ab. In Anpassung an die EU-Richtlinien ergaben sich Änderungen der Erhebungskriterien, so wurde etwa die Erfassungsgrenze von einem Hektar Gesamtfläche auf einen Hektar land- bzw. drei Hektar forstwirtschaftlich genutzter Fläche angehoben. Für Spezialbetriebe wie zum Beispiel Wein-, Obst- oder Gemüsebaubetriebe galten jedoch weiterhin

Blick von Frauenberg (südlich von Waldsberg im Bezirk Feldbach) Richtung Osten ins Sulzbachtal; im Bildhintergrund der Stradner Kogel, 2002

die niedrigen Erfassungskriterien. Ebenfalls erhöht wurde die Erhebungsgrenze für Betriebe, die ausschließlich Nutztiere hielten. Rund 24.400 österreichische Kleinstbetriebe wurden aufgrund dieser Änderungen bei der Agrarstrukturerhebung 1999 nicht mehr berücksichtigt. Auch das sollte bei der Lektüre beachtet werden.

I. Das »alte« Agrarsystem

Die Südoststeiermark zählte im ausgehenden 19. Jahrhundert zu den ärmsten landwirtschaftlichen Regionen auf dem Gebiet des heutigen Österreich. Charakteristisch war das lange Vorherrschen der Subsistenz-(Selbstversorger-)wirtschaft. Im Gegensatz zu den meisten anderen Agrarregionen Österreichs wurde noch um 1930 der größte Teil des landwirtschaftlichen Ertrages am eigenen Hof verbraucht. Nur ein geringer Anteil wurde verkauft.[4]

Die Ursachen für den vergleichsweise hohen Selbstversorgungsgrad der südoststeirischen bäuerlichen Betriebe liegen vor allem in zwei regionalen Besonderheiten:
– das Vorherrschen des Kleinbauerntums – die Dominanz kleiner Betriebe verhinderte die Erzeugung eines entsprechenden Mehrproduktes über den Rahmen der Selbstversorgung hinaus;
– der Bifangbau – oder auch Beetbau genannt – als besondere Bewirtschaftungsweise, der eine Intensivierung der Bodenbearbeitung unmöglich machte.

Brecheln des Flachses. In der Selbstversorgerwirtschaft wurden auch die Grundstoffe für die alltägliche Kleidung selbst erzeugt. Wichtigster Grundstoff war das Leinen. Die Verarbeitung des Flachses zu Leinen erforderte viel Arbeit.

Etwas zugespitzt ausgedrückt, war jede bäuerliche Wirtschaft eine Weltwirtschaft im Kleinen. Der Wirtschaftskreislauf der Nahrungsprodukte begann am bäuerlichen Hof und endete auch dort.[5]

1. Kleinbauerntum

1930 waren 95 Prozent aller bäuerlichen Betriebe in einer Größenordnung von unter 20 Hektar (19,3 Prozent 0–2 Hektar, 75,8 Prozent 2–20 Hektar). Die durchschnittliche Betriebsgröße der südoststeirischen Bauernwirtschaften lag bei 7,3 Hektar.
Das Überwiegen kleinbäuerlicher Betriebsstrukturen stellt auch heute noch ein konstitutives Merkmal der südoststeirischen Agrargesellschaft dar. So waren im Jahr 1999 37,2 Prozent der südoststeirischen bäuerlichen Anwesen in der Betriebsgrößenklasse von unter fünf Hektar, weitere 50,5 Prozent zwischen fünf und 20 Hektar angesiedelt. Der Anteil der Betriebe mit einer Betriebsgröße bis 20 Hektar machte demnach insgesamt 87,7 Prozent aller Betriebe aus.

2. Bifangbau

Bifangbau und fünfjährige Fruchtfolge bildeten die Basis der Bodenbearbeitung und -nutzung im südoststeirischen Flach- und Hügelland. Diese Bewirtschaftungsweise lässt

Tabelle 1: Größenordnungen der Betriebe 1930

	Betriebe	0–2 ha	2–10 ha	10–20 ha	20–100 ha
Feldbach	12.043	1.910	7.260	2.280	581
Leibnitz	9.341	2.314	5.195	1.330	482
Radkersburg	4.407	744	2.793	694	173
Südoststeiermark	25.791	4.968	15.248	4.304	1.206
Steiermark	77.393	15.954	36.645	12.711	10.722

Quelle: Landwirtschaftliche Betriebszählung 1930.

Tabelle 2: Größenordnungen der Betriebe 1999

	Betriebe	0–2 ha	2–5 ha	5–10 ha	10–20 ha	20–50 ha
Feldbach	6.448	500	2.006	1.959	1.361	582
Fürstenfeld	1.627	100	401	493	377	229
Leibnitz	4.879	421	1.365	1.393	1.039	588
Radkersburg	2.493	201	752	700	541	280
Südoststeiermark	15.447	1.222	4.524	4.491	3.318	1.679
Steiermark	48.582	3.245	10.983	11.508	10.072	8.912
Österreich	217.508	19.322	38.403	40.186	45.267	54.933

Quelle: Österreichisches Statistisches Zentralamt, Agrarstrukturerhebung 1999.

sich am besten im Vergleich zum heute üblichen Ebenbau beschreiben: Beim Ebenbau wird in eine Richtung hinausgepflügt, dann der Pflug gewendet und wieder hereingepflügt. Die umgebrochene Erde fällt durch das Wenden des Pfluges stets in eine Richtung. Beim Bifangbau hingegen wurde kein Wendepflug eingesetzt. Man pflügte in eine Richtung hinaus, kehrte dann um und pflügte wieder herein. Die umgebrochene Erde fiel einmal in die eine Richtung, das andere Mal in die andere Richtung, also in der Mitte zusammen. Durch ein weiteres Mal Hinaus- und Hereinpflügen wurde das so entstandene Beet noch etwas verbreitert. An diesen Bifang wurde eine Furche angeschlossen und dann mit der Anlage des nächsten Bifangs begonnen. War der Acker fertig gepflügt, lag getrennt durch eine Furche ein Beet neben dem anderen.

Der Bifangbau war in der Südoststeiermark wahrscheinlich schon seit der Zeit der deutschen Besiedlung im 11. Jahrhundert usuell. Dass er hier teilweise bis in die 1960er-Jahre betrieben wurde, lässt sich mit den gegebenen spezifischen Bodenverhältnissen erklären: Die südoststeirischen Böden sind großteils lehmig und der Grundwasserspiegel relativ hoch. Vor dem Einsatz von Traktoren war es leichter, die lockere Bodenkrume zu einem Beet anzuhäufen, ließ der lehmige Boden doch ein Pflügen mit Zugtieren nicht zu. Während in ebenem Gelände die Furche dazu diente, das heraufdrückende Grundwasser abzuleiten, sollte auf Hanglagen das Regenwasser dadurch länger gehalten werden.

Diese spezielle Art der Bodenbearbeitung hatte allerdings auch seine Nachteile. Das Anlegen der Furchen verursachte einen nicht unerheblichen Ertragsverlust und die durch den Bifangbau entstandenen Bodenverhältnisse behinderten weitgehend den Einsatz von Maschinen. Eine Rationalisierung der Produktion wurde durch diese Anbauweise in hohem Maße verhindert.

3. Viehhaltung und Viehzucht

Das lange Verharren in der Selbstversorgerwirtschaft hatte auch Konsequenzen für Viehhaltung und Viehzucht sowie Arbeit und Alltag. Die Haltung und Zucht von Rindern und Schweinen stellten für die südoststeirischen Bauern einen wesentlichen Faktor dar, die Haltung von Pferden und Schafen war dagegen wirtschaftlich nur von marginaler Bedeutung. Im Bezirk Feldbach beispielsweise wurden im Jahr 1910 nur 76 Schafe gezählt, im Vergleich dazu waren es im nördlich benachbarten Bezirk Hartberg immerhin 7.009 Stück. Das Schaf wurde in erster Linie als Lieferant von Wolle genutzt. Auch Pferde wurden nicht für den Verkauf, sondern als Arbeits- und Zugtier gehalten. Während die Haltung von Pferden und Schafen im Untersuchungsgebiet immer mehr abnahm – zwischen 1857 und 1930 reduzierte sich der Pferdebestand um etwa 50 Prozent, der Schafbestand sogar von 2.210 Stück auf 531 Stück –, lässt sich in der Schweine- und Rinderhaltung ein Aufschwung feststellen.

Durch die Verbesserung der Dreifelderwirtschaft seit Mitte des 18. Jahrhunderts konnte auch der Viehbestand erhöht werden. Durch den verstärkten Anbau diverser Futterpflanzen verfügte man über eine größere Menge von Tierfutter; das heißt, je mehr Getreide und Hackfrüchte geerntet wurden, desto mehr Vieh konnte gehalten werden.

Da dennoch wenig in den Verkauf ging – hin und wieder verkaufte man ein Stück Vieh, um unbedingt nötige Ausgaben zu finanzieren –, gab es am Hof kaum Bargeld und damit auch keine Möglichkeit für Investitionen. Man wirtschaftete so, wie man es

Auf dem Weg zum Viehmarkt in Mitterling bei Radkersburg, 1908

gewohnt war, dachte kaum an Änderungen in der Produktions- und Lebensweise oder verfügte nicht über die dafür notwendige Kapazität.

Das Leben in der traditionellen Selbstversorgerwirtschaft hatte auch Vorteile: Die Existenzgrundlage der südoststeirischen Bauern war von Marktschwankungen nicht so stark bedroht wie die von bäuerlichen Betrieben, die großteils für den Markt produzierten. Daher überstanden die südoststeirischen landwirtschaftlichen Kleinbetriebe verschiedenste Krisensituationen besser als die Bauern in »fortschrittlicheren« Produk-

Tabelle 3: Pferdebestand 1857 bis 1930

Jahr	Feldbach/Fürstenfeld	Leibnitz	Radkersburg	Südoststeiermark	Steiermark
1857	7.205	3.683	4.199	15.087	62.290
1900	6.015	2.960	3.394	12.369	40.076
1930	3.978	1.984	1.515	7.477	27.639

Quelle: Bevölkerung und Viehstand 1857; Tabelle »Pferdebestand« im Statistischen Anhang, Seite 355.

Tabelle 4: Schafbestand 1857 bis 1930

Jahr	Feldbach/Fürstenfeld	Leibnitz	Radkersburg	Südoststeiermark	Steiermark
1857	350	1.845	15	2.210	193.735
1900	73	1.201	13	1.287	123.245
1930	83	432	16	531	60.934

Quelle: Bevölkerung und Viehstand 1857; Tabelle »Schafbestand« im Statistischen Anhang, Seite 356.

Tabelle 5: Schweinebestand 1857 bis 1930

Jahr	Feldbach/Fürstenfeld	Leibnitz	Radkersburg	Südoststeiermark	Steiermark
1857	53.044	47.643	30.924	131.611	545.901
1900	69.445	57.573	40.650	167.568	678.910
1930	75.392	60.494	28.916	164.802	456.610

Quelle: Bevölkerung und Viehstand 1857; Tabelle »Schweinebestand« im Statistischen Anhang, Seite 356.

Tabelle 6: Rinderbestand 1857 bis 1930

Jahr	Feldbach/Fürstenfeld	Leibnitz	Radkersburg	Südoststeiermark	Steiermark
1857	37.143	32.775	19.009	88.927	576.097
1900	56.202	44.275	26.581	127.058	510.252
1930	53.884	37.298	18.413	109.595	436.003

Quelle: Bevölkerung und Viehstand 1857; Tabelle »Rinderbestand« im Statistischen Anhang, Seite 355.

tionsgebieten. Zwar gab es auch hier etwa in den Dreißigerjahren viele Exekutionen und Zwangsversteigerungen bäuerlicher Anwesen, jedoch in einem vergleichsweise geringen Ausmaß.

4. Arbeit und Alltag

Die Südoststeiermark war und ist ein sehr ausgeprägtes agrarisches Gebiet. Noch in der Zwischenkriegszeit besaßen die Städte und Märkte durchwegs ländlichen Charakter. In der Stadt Fürstenfeld finden wir 1910 mit 5.507 EinwohnerInnen den bevölkerungsreichsten Ort in der Südoststeiermark (Feldbach: 1.917; Fehring: 1.255; Radkersburg: 2.739; Leibnitz: 3.314 EinwohnerInnen).[6]

Der hohe Anteil der landwirtschaftlich tätigen Bevölkerung lässt sich vor allem auf die in diesen kleinen Städten und Märkten nur sehr begrenzt vorhandenen Arbeitsplätze in anderen Berufszweigen zurückführen. Die Möglichkeit, die landwirtschaftliche Tätigkeit aufzugeben und in einem südoststeirischen »Zentrum« Arbeit zu finden, kann als gering bewertet werden. Die einzige Fabrik, die eine nennenswerte Zahl von ArbeiterInnen beschäftigen konnte, war die Tabakfabrik in Fürstenfeld. Bis zum Zweiten Weltkrieg fand – im Gegensatz zur gesamtsteirischen Entwicklung – in der Südoststeiermark keine Abwanderung aus der Landwirtschaft statt. Das Gegenteil war der Fall, stieg doch die Zahl der in der Land- und Forstwirtschaft Tätigen von 105.318 im Jahr 1890[7] um 19.774 auf 125.092 Menschen im Jahr 1934.[8] Grund dafür mag der generelle Bevölkerungsanstieg gewesen sein.

Dem hohen Anteil an bäuerlicher Bevölkerung entspricht auch die Bedeutung der Südoststeiermark als bäuerliche Kulturfläche. Obwohl die vier Bezirke 1930 nur über 18,5 Prozent der steirischen landwirtschaftlichen Produktivfläche verfügten, stellten sie beinahe ein Drittel der Acker-, 20 Prozent der Wiesen- und 70 Prozent der Weingartenfläche.

Die Selbstversorgerwirtschaft prägte sämtliche Bereiche des bäuerlichen Lebens. In den einzelnen Dörfern hatten sich im Laufe der Jahrhunderte »ungeschriebene Gesetze« entwickelt, die das Leben der BewohnerInnen regelten. Mochten sie auch für so manchen Außenstehenden unverständlich sein, für die südoststeirische bäuerliche Bevölkerung waren sie durchaus leicht erfassbar. Ob es sich dabei um Richtlinien für die Arbeit (so galt es etwa, »fleißig« zu sein), um Regeln für die lokalen sozialen Beziehungen (durch Tradition und Besitz war eindeutig vorgegeben, wer welcher sozialen

Tabelle 7: Anteil der Südoststeiermark an den steirischen Acker-, Wiesen- und Weingartenflächen 1930 (in Hektar)

	Steiermark	Südoststeiermark	Anteil in Prozent
Ackerfläche	237.783	71.028	29,9
Wiesenfläche	191.292	37.869	19,8
Weingartenfläche	3.342	2.354	70,4

Quelle: Landwirtschaftliche Betriebszählung 1930.

Die Wallfahrtskapelle Maria Helfbrunn beim Einweihungsfest des neuen Altars am 2. Mai 1914

Schicht angehörte) oder um die Haltung zur Kirche (man anerkannte bedingungslos die kirchliche Autorität) handelte, niemand zweifelte diese »ungeschriebenen« Gesetze an.

In der zweiten Hälfte des 19. Jahrhunderts hatte die österreichische Landwirtschaft aufgrund des Preisverfalles am internationalen Getreidemarkt eine Krise erlebt. Die südoststeirischen Kleinbauern als vorwiegende Selbstversorgerbetriebe waren davon jedoch kaum betroffen. Schwierigkeiten entstanden, wenn Bargeld vonnöten war, etwa für die Bezahlung der Grundentlastung und der Steuer, wobei Letztere sich ständig erhöhte, oder die Auszahlung der Geschwister bei der Hofübernahme.[9]

Als Reaktion auf diese krisenhaften Erscheinungen kam es einerseits zur Gründung von bäuerlichen Genossenschaften und andererseits zu Versuchen, sich politisch zu formieren.

5. Politische Formierung

Als dominante politische Kraft konnte sich um die Jahrhundertwende steiermarkweit der Katholisch-konservative Bauernverein für Mittel- und Obersteiermark durchsetzen. Die Gründung dieser Vorläuferorganisation des heutigen Bauernbundes wurde 1899 auf Betreiben von Franz Hagenhofer von den steirischen konservativen Abgeordneten in einer »vertraulichen Sitzung« beschlossen.

Franz Hagenhofer (1855–1922), der erste Obmann dieses Vereins, stammte aus Kopfing bei Kaindorf. Seine Eltern waren begütert und hinterließen ihm einen Bauernhof mit etwa 70 Joch Grund. Seit 1882 war er Gemeindevorsteher von Kopfing, seit

1883 Mitglied der Hartberger Bezirksvertretung, seit 1886 Mitglied des Landtages und seit 1899 Abgeordneter im Wiener Reichsrat. Außerdem war er seit 1909 als erster Bauer noch Landesausschussbeisitzer. Sein wichtigstes programmatisches Ziel bestand in der Wiedereinführung der sechsjährigen konfessionellen Schule. Die Lehrpläne und Ausbildungsziele sowie die Schulaufsicht sollten also nicht vom Staat bestimmt und organisiert werden, sondern – wie früher – von der Kirche. Mit der von ihm angestrebten Verkürzung der Schulpflicht von acht auf sechs Jahre wollte er die Kinder früher für die Arbeit am Bauernhof verfügbar machen. Sein zweitwichtigstes politisches Anliegen war es, das allgemeine Wahlrecht zu verhindern oder zumindest zu erreichen, dass die Dienstboten nicht zur Wahl zugelassen wurden. Hagenhofers politischer Verein verzeichnete einen starken Zulauf: Anfang des Jahres 1900 hatte er angeblich um die 21.000 Mitglieder, Ende 1902 bereits mehr als 30.000 und zu Beginn des Ersten Weltkrieges sollen es an die 49.000 Mitglieder gewesen sein.[10]

Die zweite politische Bewegung, die um die Jahrhundertwende in der Südoststeiermark eine wichtige Rolle spielte, stellt der von Friedrich Freiherr von Rokitansky im Jahr 1896 gegründete Christliche Bauernbund[11] dar, der streng deutschnational und antiklerikal ausgerichtet war. Man sah sich in Konkurrenz zum Katholisch-konservativen Bauernverein für Mittel- und Obersteiermark: Die Bauernbündler verhöhnten dessen Tätigkeit als Volksverdummung und Hagenhofer als klerikales Bauernopfer. Rokitansky bezeichnete den Bauernverein als »kunterbunte Gesellschaft von Naschmarktweibern, Messnern, Taglöhnern, Knechten und Besitzern«.[12]

Als dritte politische Gruppierung, die sich um die Stimmen der Bauern bemühte, trat die Sozialdemokratie auf. In seinen Reden ließ der Führer der steirischen Sozialdemokraten, Hans Resel, folgende Zielsetzungen erkennen:
– Brechen der Macht der Großgrundbesitzer, die Taglöhner und Dienstboten ausbeuteten;
– Förderung der kleinen Joch-Bauern, könnten diese doch kaum existieren;
– Einführung des allgemeinen und gleichen Wahlrechts;
– Verbesserung des Schutzes der Dienstboten und landwirtschaftlichen Arbeiter;
– Gleichberechtigung der Frauen.[13]

Wegen seiner streng katholischen Orientierung fand der Katholisch-konservative Bauernverein unter der bäuerlichen Bevölkerung den größten Zuspruch. Die Bauernbündler konnten nur in Grenzregionen, wo nationale Konflikte eine wichtige Rolle spielten, eine entsprechende Anhängerschaft rekrutieren. Die für die südoststeirischen Kleinbauern vielleicht auf den ersten Blick attraktiven Forderungen der Sozialdemokraten wurden auf Versammlungen des Bauernvereins mit dem Hinweis auf ein Zitat von Karl Kautsky ein für allemal desavouiert: »Wir können nicht für die Erhaltung des Bauernstandes eintreten und nicht auf die Schonung seiner wirtschaftlichen Existenz hinarbeiten, wir müssen vielmehr wünschen, dass er zugrunde geht. Besitzt der Bauer Eigentum, so gewinnen wir ihn nicht.«[14]

6. Genossenschaften

Bis zum Jahr 1890 existierten keine genossenschaftlichen Zusammenschlüsse südoststeirischer Bauern. Dies lässt sich damit erklären, dass Genossenschaften als Verkaufsorganisationen für die Selbstversorgerwirtschaften kaum notwendig waren. Man gründet keine Molkerei, wenn es keine Milch zu verkaufen gibt. Ebenfalls nicht sinnvoll ist es, eine Genossenschaft als Lieferantin verbilligter landwirtschaftlicher Produktionsmittel in einem Gebiet zu gründen, in dem die Bauern nicht über die finanziellen Möglichkeiten verfügen, diese zu erwerben. Nur die Raiffeisengenossenschaften entwickelten sich zunächst gut, boten sie doch den Bauern Gelegenheit, günstige Kredite zu erlangen.

Auf Initiative des Pfarrers Schwigelhofer wurde im Januar 1894 in Wolfsberg bei Wildon die erste Raiffeisenkasse auf dem heutigen Boden der Steiermark gegründet.[15] Daneben entstanden aus privaten Initiativen so genannte Spar- und Leihvereine als Vorschusskassen, zum Teil mit beschränkter, zum Teil mit unbeschränkter Haftung. Im Jahr 1902 bestanden beispielsweise im Bezirk Feldbach zwölf derartige Vereine.[16] Da die Raiffeisenkassen keinen längerfristigen Hypothekarkredit gewährleisten konnten, kam es 1901 zur Einrichtung der »Bauernvereinskasse des katholisch-konservativen Bauernvereins für Mittel- und Obersteiermark«, als deren Gründer und Obmann wiederum Franz Hagenhofer auftrat. Aus dieser Bauernvereinskasse ging später die heutige Steirische Raiffeisenbank hervor.[17]

7. Vereine

Zusätzlich zur politischen Formierung und zur Gründung von Genossenschaften begannen Teile der bäuerlichen Bevölkerung mit Hilfe von Vereinen verschiedene Sonderkulturen zu forcieren.

Eine erhebliche Mehrproduktion über den eigenen Bedarf hinaus war nur in Bereichen möglich, die außerhalb der traditionellen agrarischen Betriebsform, der Kombination von Vieh- mit Ackerwirtschaft, lagen, also Sonderkulturen wie der Hopfenbau, der Obstbau und der Weinbau – wobei der Hopfenbau für diese Untersuchung als irrelevant betrachtet werden darf, da er seit dem Ende des 19. Jahrhunderts aufgrund internationaler Marktbedingungen jegliche ökonomische Bedeutung in der Südoststeiermark verloren hat.[18]

Obstbau

Die Südoststeiermark eignet sich aufgrund ihrer klimatischen Verhältnisse hervorragend für den Obstbau, der in ertragreichen Erntejahren zusätzlich zur Eigenversorgung der Familienmitglieder und des Gesindes auch für einen guten Verdienst sorgt. Es ist einleuchtend, dass gerade in dieser Sparte die ersten Initiativen für einen geregelten Absatz gesetzt wurden. Schon vor der Gründung des »Verbandes der landwirtschaftlichen Genossenschaften für Steiermark« wurden energische Schritte zur Förderung der Vermarktung des Obstes unternommen. Diese Aktivitäten erfolgten zunächst im Rahmen des am 17. September 1889 gegründeten »Bezirksobstbauvereins für Graz und Umgebung«, der 1891 in den »Obstbauverein für Mittelsteiermark«[19] umgewandelt wurde.

Die erste Initiative stellte die Beteiligung an und die Organisation von Ausstellungen dar, beispielsweise 1890 im Rahmen einer land- und forstwirtschaftlichen Ausstellung in Graz, wobei ein »glänzender Absatzerfolg« erzielt worden sein soll.[20] Eine weitere wichtige Vereinsaktivität waren Studienreisen im In- und ins Ausland; so etwa im Sommer 1895 nach Südtirol, Deutschland und in die Schweiz, »um die dortigen Obstproduktions- und Absatzverhältnisse, sowie größerer Handels- und Genossenschaftsunternehmungen in Hinblick auf ihre Verwertungsmethoden näher kennen zu lernen«.[21] Die Erfahrungen dieser Reisen, an denen nicht nur Obstzüchter, sondern auch Personen, die in anderen landwirtschaftlichen Sparten tätig waren, teilnahmen, wurden meist in schriftlicher Form (Zeitungsartikel, Bücher)[22] der interessierten Öffentlichkeit zugänglich gemacht, wobei man versuchte, Schlüsse für die heimische Situation zu ziehen. So etwa folgerte das Vereinsmitglied Matthias Arthold aus einer im Jahr 1899 absolvierten Fahrt nach Deutschland, dass der steirische Obstbau erstens durch eine »praktische rationelle Obstverwertung« und zweitens durch »praktische Unterweisung in der Obstbaumzucht, Veredelung und Pflege« gefördert werden müsse, was durch die Abhaltung von Kursen und durch den Einsatz von Wanderlehrern erreicht werden könne.[23]

Wichtigstes Resultat der Studienreise von 1895 war die Gründung der »Obstvermittlungsstelle« in Graz.[24] Sie wurde schon bald in den verschiedenen Regionen »lokalen Obstverwertungskommissionen« unterstellt. Die österreichischen Konsularämter im Ausland unterrichteten die Obstvermittlungsstelle »laufend über die Ernte-, Markt- und Handelsverhältnisse ihres Wirkungskreises, wie auch über jene Firmen, die an der Zunahme größerer Quantitäten steirischen Obstes interessiert sein könnten«.[25] Dies scheint sich vor allem für den Handel mit Deutschland sehr günstig ausgewirkt zu haben.[26] 1897 erstreckte sich die Tätigkeit des Vereins hauptsächlich auf die weitere Entwicklung der Obstverwertungsstelle, »indem man nach Thunlichkeit bestrebt war, das Angebot und die Nachfrage im Obst zu vermitteln«.[27]

Nachdem im Jahr 1900 der »Verband der landwirtschaftlichen Genossenschaften für Steiermark« gegründet worden war, dessen Aufgabe, laut Statuten, unter anderem darin bestand, »die Verwertung landwirtschaftlicher Produkte wozu insbesondere Obst und Traubenwein zu zählen war«, voranzutreiben, sah sich die Vereinsleitung im Einvernehmen und mit Zustimmung des Landes und des Ackerbauministeriums bewogen, die Obstvermittlungsstelle an den Verband zu übertragen.[28]

Nach Analyse des entsprechenden statistischen Materials spielte die Vermarktung von Obst durch die Obstverwertungsstelle jedoch eine untergeordnete Rolle, hatten die Genossenschaften doch bis in die 1950er-Jahre kaum Einfluss auf den Obstvertrieb und die Preisgestaltung. Es dominierte der Verkauf an freie Händler, die aus Wien oder anderen Städten angereist kamen und den Bauern ihr Obst direkt abkauften.[29]

Im Ersten Weltkrieg erfolgte die Regelung des Obstverkehrs durch das »Amt für Volksernährung der Gemüse- und Obststelle (Geos)«, das auch in Graz eine Zweigniederlassung hatte. Obsttransporte ab zehn Kilogramm durften nur mehr mit einem von dieser Stelle ausgestellten Transportschein zur Weiterbeförderung angenommen werden, was für den Obstbau in keiner Hinsicht förderlich war.[30] Erst im Jahr 1930 übernahm der Verband (nunmehr »Steirischer Landwirteverband«) wieder einen Teil der Obstvermittlung.[31]

Es lässt sich grundsätzlich festhalten, dass nur wenige südoststeirische Bauern im Bereich des Obstbaus neue Produktionstechniken anwandten oder in der Vermarktung ihrer Produkte neue Wege gingen. Dies zeigt sich etwa in der geringen Resonanz, auf die verschiedene Initiativen zur Reduzierung der Sortenvielfalt, um mit den ausländischen Züchtern konkurrieren zu können, stießen.[32] Dies lag wahrscheinlich daran, dass die meisten südoststeirischen landwirtschaftlichen Kleinbetriebe genug damit zu tun hatten, ihr Überleben zu sichern. Investitionen konnten aufgrund des nicht vorhandenen Kapitals kaum getätigt werden. Demnach war an ein Einschränken der Sortenvielfalt im Obstbau gar nicht zu denken. Absatzschwierigkeiten stellten aufgrund des niedrigen Produktionsniveaus nicht das vordringliche Problem dieser Landwirte dar.

Weinbau

Mit der Abtrennung der Untersteiermark nach den Friedensbestimmungen in St-Germain verlor die Steiermark ein wichtiges landwirtschaftliches Gebiet und damit etwa 30.000 Hektar Weingartenfläche an das SHS-Königreich, das spätere Jugoslawien. Damit wurde die Südoststeiermark zum wichtigsten Weinanbaugebiet der Steiermark: 1930 betrug die steirische Gesamtweinbaufläche 3.342, die der Südoststeiermark 2.342 Hektar.

Die im Zuge des Friedensvertrages geschlossenen Handelsverträge ermöglichten einen Import von Weinen, was eine ernste Konkurrenz für den steirischen Weinhandel darstellte. Im Jahr 1927 wurde in den Gremien des Landes-Obst- und Weinbauvereins für Steiermark deshalb der Entschluss gefasst, ständige Werbe-Weinverkostungen unter

Die Absolventen der Landes-Obst- und Weinbauschule in Silberberg (Bezirk Leibnitz), 1925

Mitwirkung der Steiermärkischen Landesregierung und später der Landwirtschaftskammer zu veranstalten. Wie auf dem Gebiet des Obstbaus wurde nach dem Ersten Weltkrieg die Förderung des Weinbaus von der Steiermärkischen Landesregierung (Landes-Obst- und Weinbaudirektion), die des Absatzes von der Landwirtschaftskammer übernommen. Am 9. März 1928 wurde im Steirischen Landtag das »Gesetz betreffend Ausschank von selbsterzeugtem Wein, Traubenmost und Obstwein« (Buschenschankgesetz) beschlossen, um den Weinbauern den Absatz ihrer Produkte zu erleichtern.

Obst lieferte den Most, das Hauptgetränk der bäuerlichen Bevölkerung. Wein wurde nur zu festlichen Anlässen gereicht, galt er doch als ein wichtiger und kostbarer Vermarktungsartikel. Den »guten« Wein verkaufte man an Händler und Gastwirte, die direkt an den Hof kamen, für den Eigenbedarf begnügte man sich mit dem »Isabella«-Wein, einer hybriden Weinsorte, oder dem »Pickerl«, einem Haustrunk, der durch ein zweites Pressen der Trester gewonnen wurde.

Fortschrittsbauern

Die wesentlichen Impulse für die so genannte fortschrittliche Landwirtschaft wurden von den landwirtschaftlichen Genossenschaften und Vereinen gesetzt. Der »Steiermärkische Obstbauverein« war ein Sammelbecken aller modernen Obstzüchter. Ein Blick auf das Mitgliederverzeichnis[33] dieses Vereins gibt Aufschluss über die soziale Zusammensetzung der in diesem Verein organisierten 754 Obstzüchter: Im Jahr 1908 waren 60 Mitglieder Guts- oder Grundbesitzer und fünf Weingutbesitzer bzw. Obstzüchter. Eine Differenzierung der Grund- und Gutsbesitzer nach ihrer tatsächlichen sozialen Zugehörigkeit ist nicht mehr möglich. Ein großer Teil der Mitglieder gehörte dem Adel an, doch auch etliche Lehrer waren im Verein vertreten. Die dem Bauernstand angehörende Gruppe umfasste, ungeachtet ihrer realen Besitzverhältnisse, etwa 8 Prozent der Vereinsmitglieder. Demnach bildeten nicht die Bauern die Basis des Vereins, sondern Adelige und Bildungsbürger (Oberlehrer, landwirtschaftliche Fachkräfte wie Baumwärter, Unternehmer).

Ein für diesen Verein wahrscheinlich typischer Bauer war der Ökonomierat Franz Stocker, laut Mitgliedsverzeichnis »Baumschulbesitzer und Landtagsabgeordneter« aus Übersbach (Bezirk Fürstenfeld). Stocker, geboren am 28. Juli 1858 in Breitenfeld, bekleidete im Laufe seines Lebens eine Vielzahl von Funktionen:[34] So war er neben seiner Tätigkeit als Landtagsabgeordneter Schriftführer und Kassier der landwirtschaftlichen Filiale und des Hopfenbauvereins (mehr als 20 Jahre), weiters Mitglied des vorbereitenden Ausschusses für die Vereinsgründung des Fleckviehzuchtverbandes Hartberg (1904), in der Folge auch an leitender Stelle im oststeirischen und später im steirischen Fleckviehzucht-Verband aktiv. Jahrzehntelang gehörte er der Gemeindevertretung Übersbach an, saß im Ortsschulrat und war im Bezirksausschuss Fürstenfeld (mehr als 48 Jahre, davon zwölf Jahre als Obmann und 13 Jahre als Obmannstellvertreter) tätig. Zuletzt gründete er die Raiffeisenkasse Übersbach, eine der ersten im Bezirk, und war bis zu seinem Tod »Funktionär und eifriger Mitarbeiter« der Bauernvereinskasse und des steirischen Raiffeisenverbandes.

Franz Stocker scheint einer Schicht von Bauern angehört zu haben, die es sich aufgrund ihrer gesicherten Existenz erlauben konnte, innovativ zu werden. Diese Voraussetzungen hatten nur größere Bauern. Hier liegt auch der Schlüssel für die generelle »Rückständigkeit« der Region. Denn für einen Keuschler war es unmöglich, sich in verschiedenen Produktionssparten zu versuchen. Kleinbauern führten aufgrund ihrer minimalen Betriebsgröße und der meist ungünstigen Boden- und Bebauungsverhältnisse ihrer Betriebe (Hanglage) einen täglichen Kampf ums Überleben. Sie kamen gar nicht in die Lage, zu investieren, eine »fortschrittliche« Betriebsführung zu versuchen oder sich mit Sonderkulturen zu beschäftigen.

8. Der Erste Weltkrieg und die Folgen

Die Nachfrage des kriegsführenden Staates nach agrarischen Produkten und die daraus resultierenden steigenden Preise hatten die Entschuldung vieler südoststeirischer Bauern zur Folge. Im Frühjahr 1915 stellten die Banken fest, dass die Zinsen von aufgenommenen Hypothekardarlehen plötzlich regelmäßig bezahlt wurden. Die Kapitalrückzahlungen und Neuanlagen durch Bauern erfolgten in weit höherem Maß als bisher, während die Aufnahme von Darlehen spürbar abnahm.[35] Im März 1915 meldete die Sparkasse Fürstenfeld, dass die monatlichen Einlagen die monatlichen Ausgaben für Darlehen bereits überschritten hätten. Bei der Bezirkskasse Kirchbach stiegen die Darlehensrückzahlungen rasch an: Hatten die Zahlungen 1913 etwa 29.000 Kronen und 1914 14.000 Kronen ausgemacht, so waren es 1915 (bis Oktober) bereits mehr als 57.000 Kronen.

Andererseits war durch die Kriegswirtschaft eine drastische Reduzierung des Viehbestandes zu verzeichnen. Zwischen März 1916 und Oktober 1918 verschwand durchschnittlich jedes vierte Rind aus den Ställen der Bauern.

Noch größere Belastungen kamen mit dem Ende des Ersten Weltkrieges, sah sich doch das »klein gewordene« Österreich nicht mehr in der Lage, die Lebensmittelversorgung seiner Bevölkerung sicherzustellen. Die Bauern wurden zur Ablieferung von Vieh und Getreide gezwungen, damit die Bevölkerung in den Städten nicht verhungerte. Die Preise blieben ebenso wie die Getreide- und Viehablieferung amtlich geregelt. Die Hausschlachtung von Rindern und Schweinen war nur mit behördlicher Genehmigung gestattet, das Schwarzschlachten wurde streng geahndet.

Dies führte zu Unmutsbekundungen der bäuerlichen Bevölkerung – oft eine Gratwanderung zwischen passivem Widerstand und Aktionismus. So nahmen am 25. August 1919 bewaffnete Bauern aus Gosdorf bei Mureck der Gendarmerie vor dem örtlichen Bahnhof das bereits requirierte Vieh wieder ab.[36] Aufgrund der vorangegangenen Widerstände der Bauern gegen die Viehablieferung wurde die Requirierung am 16. Februar 1920 unter Aufsicht der Gendarmerie durchgeführt. Dabei kam es mit den – seit den Grenzkämpfen 1919 – bewaffneten Bauern zu einem schwer wiegenden Zwischenfall. Das Landesgendarmeriekommando berichtete am 21. März 1920:

»Zwecks Vornahme der Viehrequirierung im politischen Bezirk Radkersburg wurde über Anordnung der Landesregierung ein Detachement von 100 Gendarmen unter

Kommando des Oberinspektors Sieber nach Mureck dirigiert. Seitens der Landesregierung wurde ein politischer Beamter mit der Leitung des Aufbringungsplanes betraut. Da nach den übereinstimmenden Nachrichten der Widerstand gegen eine Viehabstellung lediglich von der Gemeine Gosdorf bei Mureck ausging, wurde seitens des Oberinspektor Sieber im Einvernehmen mit dem politischen Beamten nach sorgfältiger Vorbereitung die Durchführung der Requirierung in der Gemeine Gosdorf für den 16.3. früh beschlossen. Die Aktion wurde um 5 h früh planmäßig und ohne Widerstand durchgeführt und erklärten sich die Besitzer mit der Requirierung einverstanden. Unter Zurücklassung einer Patrouille in der Stärke von 5 Gendarmen [...] marschierte das Detachement in die anschließende Gemeinde Ratschendorf, um dortselbst, zunächst durch gütliche Einwirkung eine freiwillige Ablieferung zu erzielen. [...] Plötzlich war aus der Richtung Gosdorf lebhaftes Gewehrfeuer hörbar und entschloß sich Oberinspektor Sieber sofort die Verhandlungen abzubrechen und nach Gosdorf zurückzumarschieren, in der richtigen Annahme, dass die zurückgelassene Patrouille bedrängt sei. Tatsächlich wurde diese Patrouille in Gosdorf von einer größeren Anzahl junger Burschen angegriffen und wurde auch gegen diese Patrouille geschossen. Patrltr. Kassegger erwiderte das Feuer, musste jedoch der Übermacht weichend gegen die Mur zurückziehen und kam es schließlich zu einem Handgemenge, in welchem Patrltr. Kassegger durch einen Kolbenhieb schwer verletzt wurde. Die Patrouille wurde sodann entwaffnet und von den Bauern eingeschlossen. Beim Passieren der Ortschaft Gosdorf wurde das Detachement Oberinspektor Sieber von einer inzwischen 3–400 Mann anwachsenden Menge Bewaffneter, die auf der Höhe gedeckt waren, und demonstrativ aus MG. einzelne Schüsse vor das Detachement abgaben, umschlossen und zum Stehenbleiben aufgefordert. Oberinspektor Sieber gab den Befehl zur Gefechtsentwicklung des Detachements um den Widerstand zu brechen, als eine Abordnung Bauern erschien, mit der Bitte jede Gewaltanwendung zu vermeiden und neuerliche Verhandlungen wegen Ablieferung einzuleiten.«[37]

Ein Blutvergießen wurde verhindert, die Bauern zur »freiwilligen« Abgabe verpflichtet und gegen die Rädelsführer Anzeige erstattet. Die Lage blieb gespannt: Als ein Gosdorfer Bauer als Anführer beim Aufstand gegen die Viehrequirierung am 16. März verhaftet und ins Bezirksgericht Mureck eingeliefert wurde, wurde er von bewaffneten Heimwehrleuten wieder befreit.[38]

Am 8. und 10. Mai 1920 kam es auch in Feldbach[39] zu Demonstrationen und Ausschreitungen der Bauernschaft. Die allgemeine Missstimmung, der Mangel an Bedarfsartikeln des täglichen Lebens, die allgemeine Teuerung, die Unzufriedenheit mit den niederen Viehpreisen, die nach Meinung der Bauern in keiner Relation zu Preisen anderer Artikel standen, und die mangelnde Autorität der Behörden boten den Zündstoff für die Ausschreitungen. Trotz Interventionen der Politiker kam es zu keiner Verbesserung der Versorgungslage; »man traute den eigenen Führern nicht mehr, und über deren Kopf hinweg wurden Agitationen gepflogen und Beschlüsse gefasst, welche als Gipfelpunkt die Selbsthilfe als einzige Rettung verhießen«.[40]

Auch die übrige Bevölkerung reagierte gereizt: In einer Massenversammlung am 1. April 1919 in Feldbach wurde der Lebensmittelbehörde Unfähigkeit und Betrug vorgeworfen. Gefordert wurde eine gerechte Zuweisung von Nahrungsmitteln an die Bevölkerung und die Absetzung der angeblich unfähigen Beamten.[41]

Schwarzhandel war in dieser Zeit weit verbreitet. Sogar der Sohn des Bauernführers Franz Hagenhofer, Fritz, Bezirksübernehmer von Schweinen für die steirische Viehverwertungsstelle, wurde dieses Vergehens verdächtigt: Angeblich hatte er sechs Schweine zerstückelt, in Apfelfässern versteckt, nach Wien geschickt und sie dort als »ungarisches Fleisch« zu einem guten Preis verkaufen lassen.[42]

9. Die alte Ordnung bricht zusammen

In der Zwischenkriegszeit kam es durch die Verbesserung der hygienischen Situation zu einer erheblichen Senkung der Sterbeziffer. Dadurch entwickelten sich viele Bauernwirtschaften zu Familienbetrieben, weil immer mehr Dienstboten durch familieneigene Arbeitskräfte ersetzt werden konnten.

Einen wesentlichen Eingriff in die traditionellen Verhältnisse stellte die Einführung der Landarbeiterordnung und der Krankenversicherung für LandarbeiterInnen dar: Damit wurde nicht nur die Autorität des Bauern infrage gestellt, sondern den Bauern auch eine drückende finanzielle Belastung auferlegt.

Die einschlägige Verfügung der Landarbeiterordnung vom 25. April 1922 machte nicht nur die Dienstboten, sondern auch die mithelfenden Familienmitglieder nach dem

Tabelle 8: Zahl der Familienbetriebe 1902 und 1930

Bezirk	1902			1930		
	Betriebe	Familien-betriebe	Prozent	Betriebe	Familien-betriebe	Prozent
Feldbach	12.172	7.753	63,7	12.043	8.178	67,9
Leibnitz	8.824	5.042	57,1	9.341	6.014	64,4
Radkersburg	6.148	4.134	67,2	4.407	2.813	63,8
Zusammen	27.144	16.929	62,3	25.791	17.005	65,9

Quelle: 1902: Statistik 87; 1930: Landwirtschaftliche Betriebszählung 1930.

Tabelle 9: Dienstboten und mithelfende Familienmitglieder 1902 und 1930

Bezirk	1902		1930	
	Dienstboten	Familien-arbeitskräfte	Dienstboten	Familien-arbeitskräfte
Feldbach	8.419	20.473	4.986	23.232
Leibnitz	8.800	13.259	4.336	15.371
Radkersburg	3.011	9.931	1.473	8.133
Zusammen	20.230	43.663	10.795	46.736

Quelle: 1902: Statistik 87; 1930: Landwirtschaftliche Betriebszählung 1930.

Gesetz zu Landarbeitern. Die Rechte und Pflichten am Hof wurden nun von der gesetzgebenden Körperschaft des Staates und nicht mehr vom Bauern festgelegt.

Als wichtigste Bestimmungen seien genannt:
– detaillierte Festlegung der Kündigungsmöglichkeiten für beide Seiten;
– Definition einer ununterbrochenen Nachtruhe für die Landarbeiter von acht Stunden (Jugendliche neun Stunden);
– Fixierung von Urlaubstagen (nach dem ersten Jahr drei Tage);
– Schwangerschaft einer Landarbeiterin galt nicht als Kündigungsgrund.[43]

Die Bestimmungen der Krankenversicherung für Landarbeiter vom 21. Oktober 1921 bewirkten die Einbeziehung der familieneigenen Arbeitskräfte in die gesetzliche Versicherungspflicht. Für die südoststeirischen Bauern war dies eine ungeheuerliche Neuerung, da erstens der oben beschriebene Umstrukturierungsprozess zum Familienbetrieb voll im Gang war und zweitens das Geld – und die Versicherung kostete Geld – knapp war. Der Widerstand gegen diese Bestimmung war derart massiv, dass der steirische Landeshauptmann die Weisung erteilen musste, nur jene Familienmitglieder einzubeziehen, die wie Landarbeiter entlohnt wurden.

Mitte der Zwanzigerjahre wurden die Dienstnehmer von kleinbäuerlichen Betrieben von der Pflichtversicherung befreit, die Krankenversicherungspflicht in der beschlossenen Form blieb aber bis 1929 bestehen.

Die ökonomische Krise der Dreißigerjahre führte schließlich zu einer völligen Destabilisierung des alten Systems. Die hohe Arbeitslosigkeit brachte eine drastische Verringerung des Fleischkonsums mit sich. Kein Vieh zu verkaufen bedeutete, dass kaum Einnahmen erzielt werden konnten, zusätzlich kam es aufgrund des Viehüberangebotes zu einem erheblichen Preisverfall. Auf dem Grazer Markt etwa sank der Durchschnittspreis für das Kilo Rindfleisch von 2,80 Schilling (1926) auf 1,90 Schilling (1934), der Preis für das Kilo Kalbfleisch von durchschnittlich 3,10 Schilling (1926) auf 2,00 Schilling (1935).[44] Nur Obst konnten die südoststeirischen Bauern noch einigermaßen gut verkaufen. Der Erlös aus dem Obstverkauf stellte für viele Bauern die einzige Bareinnahme dar.

Während ab der Mitte der Dreißigerjahre die Zahl der Arbeitslosen wieder zu sinken begann, wurde die Situation für die Bauern immer aussichtsloser. Bis zum Jahr 1932 konnten die meisten südoststeirischen Bauern ihre Wirtschaften noch vor einer Zwangsversteigerung bewahren. In den Jahren zwischen 1928 und 1932 verloren durchschnittlich 86 Bauern pro Jahr ihren Hof und damit ihre Existenzgrundlage. Von 1932 auf 1933 stieg die Zahl der zwangsversteigerten Bauernhöfe von 106 auf 142, 1936 betrug sie bereits 225.[45] Allerdings machte der Anteil der zwangsversteigerten Bauernwirtschaften in der Südoststeiermark, in der ein Drittel der steirischen Bauern lebte, durchschnittlich nur ein Viertel aller steirischen Versteigerungen aus. Die Selbstversorgerhöfe der Südoststeiermark waren offenbar weniger krisenanfällig als die Marktproduzenten der übrigen Steiermark.

II. Das Ende der Selbstversorgerwirtschaft – der Beginn des »Fortschritts«

1. Mechanisierung und Rationalisierung der Produktion

Der »Anschluss« Österreichs an das Dritte Reich hatte für die südoststeirischen Bauern und ihre Familien zwei unmittelbare Auswirkungen: die so genannte Entschuldung, eigentlich eine Umschuldung, und die administrative Abschaffung der Selbstversorgerwirtschaft.

Die so genannte Entschuldung, die eigentlich eine Umschuldung war, das Abziehen der Bettler und Arbeitslosen in die industrielle Produktion und das für die Südoststeiermark weniger bedeutende Reichserbhofgesetz – da die Mindestgröße eines Erbhofs 7,57 Hektar »Ackernahrung« betrug, war der Status eines Erbhofbauern für die meisten südoststeirischen Bauern unerreichbar – brachten scheinbar die alte Ordnung wieder ins Lot.

Andererseits begann mit der administrativen Abschaffung der Selbstversorgerwirtschaft durch die Verordnung über die öffentliche Bewirtschaftung der landwirtschaftlichen Erzeugnisse vom 27. August 1939 die völlige Umgestaltung der bäuerlichen Lebenszusammenhänge. Alle produzierten Erzeugnisse wurden nun beschlagnahmt, der Bedarf der Bevölkerung an Nahrungsmitteln wurde amtlich erhoben und auf Ablieferungskontingente umgelegt. Für die Landesbauernschaft wurde eine Landesauflage vorgeschrieben, die wiederum auf die Kreisbauernschaften aufgeteilt wurde. Auf Ortsebene setzten die Ortsbauernführer den Anteil der Gemeinden und Betriebe fest. Die Bauern durften nur die für die Selbstversorgung des Hofes notwendigen Nahrungsmittel, die für den Viehbestand zugelassenen Futtermittel sowie das notwendige Saatgut behalten. »Aus dieser Zeit stammt eine gewisse Scheu in der Bauernschaft vor statistischen Erhebungen.«[46] Das ganze Vieh musste an den Staat verkauft werden, außer man erlangte eine Hausschlachtungsgenehmigung. Häufige Kontrollen sorgten für die Einhaltung dieser Anordnungen. Entdeckte man Viehbestände, die der Bauer nicht gemeldet hatte, musste er das Vieh »zurückkaufen« oder es wurde beschlagnahmt. Eine Nichterfüllung der Ablieferungspflicht wurde in der Regel mit der Aberkennung der Unabkömmlichkeitsstellung bestraft.

Mit dem Übergang von der Selbstversorgerwirtschaft zur Marktproduktion änderten sich Strukturen des Alltagslebens und der Produktion. Der Reichsnährstand war ein wohl funktionierender Apparat des nationalsozialistischen Regimes, der die »Erzeugungsschlachten« im landwirtschaftlichen Bereich in die Hand nahm. Eine Vielzahl von Betriebsstrukturverbesserungen, wie die Errichtung von Silos, Jauchengruben, Düngersammelanlagen und Güllegruben, der Ankauf von Silohäckslern, Saatreinigungs- und Saatbeizapparaten, Kartoffeldämpfkolonnen und Kartoffelwaschmaschinen, und Maßnahmen zur »Förderung der Hofgemeinschaft« wie Umbauten und Verbesserungen der Wohnverhältnisse und Wohnungseinrichtungen sollten die Effizienz der landwirtschaftlichen Produktion heben.

Der erste Traktor (Marke »Lanz Bulldog«) der Familie List war »weit und breit der erste«, Siebing 1939

Vom »Anschluss« bis zum Ausbruch des Zweiten Weltkrieges erfolgte in vielen landwirtschaftlichen Gebieten Österreichs ein immenser Mechanisierungsschub. In der Südoststeiermark war dieser trotz anfänglicher Anstrengungen vergleichsweise gering. Deutlichstes Symbol für den Misserfolg stellt wohl das generelle Weiterbestehen des Bifangbaus bis nach dem Zweiten Weltkrieg dar. Zwar hatte es nach dem »Anschluss« einige Anstrengungen gegeben, südoststeirische Bauern zur Umstellung auf den Ebenbau zu bewegen, das Gros der Bauern lehnte eine solche Umstellung aber offenbar ab.

»Der Bifangbau ist noch in weiten Teilen des Kreises vorherrschend und wird seit Jahren bekämpft«, war in diesem Zusammenhang der resignierende Kommentar eines südoststeirischen Kreisbauernführers im Mai 1941.[47]

2. Disziplinierung und Modernisierung der Bevölkerung

Den nationalsozialistischen Agrarexperten war klar, dass Mechanisierung und Rationalisierung nur dann durchführbar wären, wenn sich das traditionelle Arbeitsverhalten der bäuerlichen Menschen änderte. »Es darf nirgends mehr unnütz gearbeitet werden«, war die Maxime der Produktivitätsexperten. Ein rationeller Mensch, ein rationeller Bauer, der ökonomische Höchstleistungen erbringen würde, sollte geschaffen werden.[48]

Die Erziehungsprinzipien, die zu einem solchen Menschen führen sollten, listete das »Wochenblatt der Landesbauernschaft Südmark« wie folgt auf:[49]
– Pünktlichkeit beim Aufstehen und Arbeiten;
– Geduld gegenüber dem Unvermeidlichen;
– Stetigkeit und Sorgfalt in der Ausführung der übernommenen Arbeiten;
– Kampf gegen Vergesslichkeit und Gedankenlosigkeit durch Ruhe und Gründlichkeit.
– Man dürfe »Launen und Stimmungen« nicht nachgeben, sondern lasse »Freudigkeit, Freundlichkeit und Herzensgüte herrschen, um Ärger, Zorn und Mutlosigkeit zu verbannen«.
– Man dulde keine »Rechthaberei, Angeberei und Unwahrheit«.

– Der »Tätigkeitsdrang« der Kinder sei »von klein an durch Übertragung bestimmter, ihrem Alter entsprechender Arbeit«, der »Geltungsdrang durch Lob für ihre Leistungen« zu fördern.
– Es wird geholfen, »ihre [die der Kinder] ›Erbfehler‹ selbst zu mäßigen, ihre Vorzüge, guten Anlagen zu entwickeln«.
– Die Eltern müssen darum ihre Kinder einerseits »fördern« oder andererseits »entbehren«, »wenn die Schule, das Jungvolk, die HJ, der BDM, die Leibesübungen sie viele Stunden im Jahr aus unserem Heim und unserer Hand herausnehmen, um sie körperlich und geistig-seelisch tüchtig zu machen zur Meisterung all dessen, was Beruf und Volk und Vaterland von ihnen verlangt«.

Erstmals wurde somit »von oben« versucht, die bäuerlichen Menschen mit neuen Verhaltensmustern auszurüsten. Rationalisierung der Produktion und der Menschen hieß die Devise, die Umwandlung der Bauern von »fleißigen« in »produktive« Menschen begann. Die bisher – für den Staat – unberechenbar, unkalkulierbar arbeitenden Bauern sollten für die ökonomischen Erfordernisse des NS-Staates umfunktioniert, berechenbar, kalkulierbar gemacht werden.

Die bäuerliche Bevölkerung musste vordergründig politisch unterworfen werden, um in Folge ihre ökonomische Nützlichkeit zu steigern. Politische Unterwerfung hieß Unterordnung der eigenen Person, Zurücknahme des »dörflichen Eigensinns« und Brechung der bäuerlichen »Autonomie«; ökonomische Nützlichkeit hieß effektives Funktionieren in der NS-Produktionsmaschine. Was hier seine Wirkung entfaltete, war jene »Mikrophysik der Macht«, die seit dem 17. Jahrhundert immer weitere Bereiche des Gesellschaftskörpers eroberte. Was in den Kollegs begann, sich in den Elementarschulen fortsetzte, in das Spital- und Militärwesen eindrang und schließlich die Fabriken eroberte, hat Michel Foucault als den »historischen Augenblick der Disziplinen« geortet: Jene »Kunst des menschlichen Körpers«, die nicht nur »die Vermehrung seiner Fähigkeiten und nicht die Vertiefung seiner Unterwerfung im Auge hat, sondern die Schaffung eines Verhältnisses, das in einem einzigen Mechanismus den Körper umso gefügiger macht, je nützlicher er ist und umgekehrt«. Mit diesen Techniken der Disziplinierung wurden auch die südoststeirischen Bauern konfrontiert. Was in den österreichischen Fabriken schon längst Alltag geworden war, traf nun auch die »rückständige« bäuerliche Bevölkerung. In einem breit angelegten Schulungsprogramm mit Beratungen, Arbeitsgemeinschaften, Lagern, Reisen, Filmvorführungen, Lehrausstellungen usw. starteten die Nationalsozialisten eine groß angelegte Offensive zur »Modernisierung« der bäuerlichen Bevölkerung.

Die Frage, inwieweit die Umformungsversuche der NS-Agrarexperten Erfolge gezeitigt haben, ist nicht leicht zu beantworten. Bei Betrachtung der Produktionsdaten zeigt sich, dass die landwirtschaftliche Produktion zumindest bis 1939 fast auf dem Niveau von 1937 gehalten werden konnte.[50] Angesichts der Intensität der Agrarkrise vor dem Anschluss ist dies ein Indiz für einen relativen Erfolg der Rationalisierungsbestrebungen. Da die südoststeirischen Bauern nach wie vor nun im steirischen Vergleich sicherlich nicht die »fortschrittlichsten« Bauern bei der Anwendung von Maschinen oder Dünger waren, muss sich also gerade beim »Faktor« Mensch etwas getan haben.

Die Reaktion der Bauern auf Restriktionen ihrer Autonomie am eigenen Hof gibt Aufschluss über die Wirksamkeit der nationalsozialistischen Umformungsversuche: Von den Herrenbauern wurden ungern Kompromisse gemacht. Die landwirtschaftliche Produktion und Verteilung waren über Jahrhunderte von lokalen Eigenständigkeiten geprägt gewesen, auch die Ordnung der Familienangelegenheiten am Hof der Herrenbauern resultierte aus jahrhundertealten Traditionen, die kaum Einflüsse von außen zugelassen hatten. Vereinzelt waren zwar schon in der Zwischenkriegszeit neue Instanzen aufgetaucht, die bislang unbekannte Prinzipien zu vermitteln versucht hatten, dies jedoch nicht sehr gut organisiert. Nun aber gab es den Reichsnährstand als zentrale Organisation, der die neuen Normen auf noch nie da gewesene Art rationell vermitteln konnte. Doch die traditionellen Verhaltensmuster erwiesen sich vielfach als resistent gegenüber Propaganda, Anordnungen und Drohungen. So fanden etwa die von den Nationalsozialisten propagierten neuen Erziehungsmethoden gegenüber der seit Jahrhunderten üblichen Erziehung im »ganzen Haus« keinen großen Widerhall.[51] Auch Äußerungen der Nationalsozialisten zur Neuerung des Verhältnisses von Bauer und Bäuerin wurden keineswegs mit Beifall aufgenommen. Auf einmal war von einer »Gemeinschaft«[52] zwischen Mann und Frau die Rede. Das war zwar für die Kleinbauern nichts Neues, weil sie Derartiges schon seit vielen Jahren praktizierten, hatten sie sich doch nie Knecht und Dirne leisten können. Diese Bauern und ihre Bäuerinnen versuchten gemeinsam die anfallenden Arbeiten zu bewältigen. Teilweise wurden Arbeiten bereits von der Frau im Alleingang erledigt, da der Mann außerhalb der Landwirtschaft ein zusätzliches Einkommen erarbeiten musste.[53] Für die richtigen Bauern und die Herrenbauern hingegen, die auf ihren Höfen bislang das uneingeschränkte Kommando geführt hatten, waren die neuen Prinzipien und Verhaltensmuster durchaus revolutionär. Auf diesen Anwesen schien die Zeit stehen geblieben zu sein. Das Familienleben war noch durch sehr traditionelle Verhaltensweisen gekennzeichnet. Typisches Indiz dafür war, dass die Bäuerin vielfach als Bezeichnung die Vornamen des Mannes, des Vaters und Großvaters erhielt, etwa die Franzl-Toni-Hiasl-Bäuerin.[54] An die sentimentalen Gefühle der Herrenbauern gerichtete Sprüche wie: »Um es klipp und klar zu sagen, zu einem Hof gehört immer der Bauer, gehören die Bäuerin und ein Schüppel Kinder, gehören Knecht und Dirne, gehören das Vieh im Stall und die Hennen in den Steigen, gehören Wiesen und Felder, Äcker und Wald und alles das gehört zusammen und bildet eine mit 1.000 Fäden zusammengesponnene Gemeinschaft«,[55] konnten nicht darüber hinwegtäuschen, dass sich auch die Herrenbauern mit den Anforderungen der neuen Zeit auseinander zu setzen hatten. Die Macht der Herrenbauern auf ihrem Hof war wohl durch das Erbhofgesetz gefestigt worden, dennoch hatte sich auch der Erbhofbauer den neuen Richtlinien zu fügen.

Auch das Verhältnis zu den Landarbeitern sollte eine Änderung erfahren: »Die erste Aufgabe des Reichsnährstandes besteht in Bezug auf den Landarbeiter darin, alle Menschen auf den Bauernhöfen und landwirtschaftlichen Betrieben zu echten Hof- und Betriebsgemeinschaften zusammenzuschließen.«[56] An anderer Stelle wurde ausgeführt, dass der Bauer durchaus »Herr auf seinem Grund und Boden« sein solle, aber er dürfe »es niemals unterlassen, an die erste Stelle beim Umgang mit Arbeitern den Kameraden

Arbeitskarte des »Ostarbeiters« Timotej Pernjakow, der 1943 auf einer Landwirtschaft in Siebing im Bezirk Radkersburg als Zwangsarbeiter im Einsatz war

zu setzen und erst in zweiter Linie den Herrn hervorzukehren«.[57] Damit wurde den südoststeirischen Herrenbauern von den neuen Machthabern in ihre ureigenen Angelegenheiten hineingeredet.

Die von oben verordnete Behandlung der »Fremdarbeiter« wurde ebenfalls nicht von allen Bauern gutgeheißen. »Sie gehören nicht zur Haus- und Hofgemeinschaft, essen nicht am Familientisch, man trinkt nicht mit ihnen«,[58] lautete die offizielle Linie. Aber sogar am Hof eines Kreisbauernführers saßen die beiden Fremdarbeiter mit den Familienangehörigen am selben Tisch; denn wer zusammen arbeitet, der isst auch zusammen am selben Tisch.[59]

Nicht genug damit, dass man den Herrenbauern Verhaltensregeln für das Leben am Hof vorgeben wollte; die Nationalsozialisten trachteten auch danach, die bislang »autonome« Familie einer übergeordneten Gemeinschaft unterzuordnen. Die Familie sollte als Erziehungsinstrument für etwas Höheres dienen; für die Partei und das deutsche Volk.[60] So hatte mancher Bauer oder Herrenbauer keine rechte Freude damit, wenn sich seine Tochter beim »Bund Deutscher Mädel« betätigte. »Dös is nix für uns Bauern«,[61] lautete offenbar häufig der Kommentar. Man widmete dieser Problematik sogar einen eigenen Beitrag im offiziellen »Wochenblatt der Landesbauernschaft Südmark«, für den eine solche Aussage als Überschrift gewählt wurde.

In die Autonomie des eigenen Hofes wollten sich die gestandenen Bauern nicht hineinreden lassen; die andere Institution, die für die bäuerliche Bevölkerung unantastbar war, war die katholische Religion und die Kirche.

In der ersten Zeit nach dem »Anschluss« schien es zwischen NS-Regime und katholischer Kirche keine Probleme zu geben. Der »Feierlichen Erklärung der österreichischen Bischöfe«[62] folgten in den gleichgeschalteten landwirtschaftlichen Fachzeitschriften Stellungnahmen wie »Nationalsozialismus ist praktisch angewandtes Christentum« oder »Es gibt keinen echten Nationalsozialismus ohne wahre Religion«.[63] Beteuerungen kurz vor der Volksabstimmung vom 10. April 1938 wie: »Kein Nationalsozialist kann und darf euch [Frauen und Mädchen] am Kirchenbesuch hindern. Jede von euch soll in die Kirche gehen, soviel es ihr die Zeit erlaubt und soviel ihr Herz verlangt. Ich kann euch versichern, daß kein Nationalsozialist es wagen würde, einem Priester nur ein Haar zu krümmen oder seine Würde anzugreifen, solange er sein Amt in gottähnlicher Weise vertritt«[64], erwiesen sich letztlich als unrichtig. Denn nicht viel später sollte jeder, der ein öffentliches Amt bekleidete, sich als »gottesgläubig« bekennen und aus der Kirche austreten.[65] Fast alle Klöster wurden aufgehoben und der Religionsunterricht zu Beginn des Schuljahres 1938/39 verboten. Das verstimmte natürlich gerade die bäuerliche Bevölkerung,[66] war doch die katholische Kirche ein integraler Bestandteil des dörflichen Lebens. Allerdings hielten sich die Kleinbauern der Südosteiermark mit Protesten eher zurück.

Die Versuche zur rationellen Umgestaltung des bäuerlichen Lebens waren insgesamt durchaus bemerkenswert: Zumindest bei einem Teil der bäuerlichen Bevölkerung, vor allem bei jenen Menschen, die in den Jugendorganisationen erfasst wurden, waren sie sicherlich erfolgreich. Dies wird auch durch die Entwicklung in der Zweiten Republik bestätigt: Die nachmaligen Hofübernehmer gestalteten – ausgestattet mit der modernen Arbeitsmoral – ihr Leben und ihre Höfe genau nach den Kriterien, die ihnen in der NS-Zeit beigebracht worden waren. Zudem wurden viele der von den nationalsozialistischen Agrarexperten gesetzten Maßnahmen zur Umgestaltung der bäuerlichen Lebensweise in der Zweiten Republik, unter anderen gesellschaftlichen Vorzeichen und Rahmenbedingungen, nachgeahmt.[67]

III. Zwischen Tradition und Fortschritt

1. Der Wiederaufbau

Da die Südosteiermark Kriegsgebiet war, gab es Zerstörungen ungeheuren Ausmaßes. Wie schwierig die Situation der bäuerlichen Bevölkerung war, zeigt der Tätigkeitsbericht der Bezirkskammer für Land- und Forstwirtschaft Radkersburg[68] aus dem Jahr 1946,[69] in dem von der »gewaltige[n] Sorge der BKLF« betreffs des nur unbefriedigend vorangegangenen Wiederaufbaus von etwa »577 niedergebrannten oder beschädigten

Bauerngehöften« die Rede ist. »Trotzdem der Wiederaufbauwille der Geschädigten im hohen Maße vorhanden ist, wurde er durch den Materialaufwand stark gelähmt. Während die Versorgung mit Bauholz als noch befriedigend angesehen werden musste, war die Versorgung mit Ziegeln äußerst schwach. [...] Es ergibt sich daraus der bedauerliche Zustand, dass viele Abbrandler mit fertigen und eingeglätteten Dachstühlen ohne Deckmaterial in den Winter gehen mussten und dass nun diese so schwierig und teuer beschafften Holzkonstruktionen dem Winter ausgesetzt, wiederum Schaden nehmen werden.«

Beklagt wurde weiters, dass die »Sanierung der großen Panzergräben« im Gegensatz zu der der »kleinere[n] Grabensysteme« noch nicht begonnen worden sei. Auch die »systematische« Räumung der Minenfelder, die »wertvolle Kulturfläche dem Anbau« vorenthielten, sei erst im Spätsommer 1946 »in Angriff genommen« worden. Dies hätte auch »Leben und Gesundheit unserer bäuerlichen Bevölkerung gekostet«, hält die BKLF fest. Der nur schwer zu ersetzende Mangel an Geräten und Maschinen, vor allem an Mäh- und Dreschmaschinen und an Elektromotoren, fand ebenfalls in diesem Bericht Erwähnung.

Verärgert zeigte man sich darüber, dass den Bemühungen der BKLF, eine »provisorische Lösung« für die ausgebrannte »Landwirtschaftliche Schule zur Fortbildung unseres bäuerlichen Nachwuchses« zu schaffen, nicht stattgegeben wurde. Vermindert hätte sich allerdings im Laufe des Jahres 1946 der Mangel an »landwirtschaftlichen Arbeitskräften«. »Seitens der BKLF wurde in Gemeinsamkeit mit dem Arbeitsamt Mureck der gesamte Arbeitseinsatz überprüft und nach bestimmten Normen festgesetzter Ausgleich getroffen. Ein Großteil der landwirtschaftlichen Arbeitskräfte des Bezirkes resultiert sich aus der Menge der Flüchtlinge, welche sich meistens für diese Arbeiten eignen und bewähren. Der einzige Umstand, der dem Einsatz von Flüchtlingen entgegensteht, ist, dass die meisten aus kinderreichen Familien bestehen und die Unterbringung derselben auf den Bauernhöfen oft nicht möglich ist. Mit Ende des Jahres waren rund 300 Arbeitsstellen offen.«

Maria Bauer, vulgo Graßl, Keuschlerin in Marktl bei Straden, zeigt stolz ihre 200 Kilogramm schwere Sau: »Der Besitz eines solchen Tieres war in den Nachkriegsjahren nicht mit Gold aufzuwiegen.«

Als einen auch die Arbeit behindernden »ausgesprochene[n] Engpaß« betrachtete die BKLF den großen Mangel an »Bekleidung und Beschuhung der Bauernschaft und der landwirtschaftlichen Dienstboten«. Zwar habe man »831 Paar Schuhe und 25 Berufsgummistiefel« verteilt, doch sei dies nur als »ein Tropfen auf dem heißen Herde« zu sehen, stehe doch die Bevölkerung »praktisch vor dem Nichts«.[70]

Der Vergleich der Viehzählungsergebnisse der Jahre 1938 und 1945 für den Bezirk zeigt deutlich die Kriegsverluste auf: Zählte man im Jahr 1938 noch 32.029 Schweine, so verringerte sich der Bestand bis Kriegsende auf 12.474; somit lag der Verlust bei 61 Prozent. Weiters waren 39,3 Prozent der Pferde, 31,6 Prozent der Rinder und 61,6 Prozent des Geflügels verloren gegangen. Durch den Arbeits- und Zugkräfteausfall, durch die Verminung der Äcker und Weingärten und aufgrund des Düngermangels, verursacht durch den starken Viehabgang, traten auch Schwierigkeiten in der pflanzlichen Produktion auf.

Trotz der schwierigen Lage wurde der Wiederaufbau mit großem Einsatz vorangetrieben. Es gab zwar Beihilfen, der größte Teil der dafür notwendigen Gelder wurde aber durch die Schlägerung von Wald bzw. über Kredite finanziert.

2. Das Nachwirken des alten Systems

In den Fünfzigerjahren spielte sich das Leben der südoststeirischen Bauern zwischen Tradition und Fortschritt ab. Die alten »ungeschriebenen Gesetze« wirkten gerade in der Nachkriegszeit noch sehr stark. Die Tatsache, dass sie zum Teil noch heute existieren, zeigt die Stärke, die sie einmal besessen hatten. Auch wenn der Übergang auf neue Normen nur allmählich stattfand, konnten und wollten viele der traditionsbewussten Bauern nicht einsehen, warum sie sich in ihrem Leben und in ihrer Arbeit anderen Gesetzmäßigkeiten beugen sollten.

Die relative Autonomie eines Dorfes war früher gekoppelt mit einer Vielzahl von wichtigen sozialen Funktionen, wie etwa der Armen- und Altenversorgung. Die diesbezüglichen Aufgaben lagen ausschließlich in der Kompetenz der Gemeinden.[71] Das Land übernahm nur Kosten, die aus der Versorgung von Waisenkindern, Findelkindern und »Irren« in geschlossenen Anstalten erwuchsen; zum Teil deckte es noch die Kosten von Kranken, die in Siechenanstalten und Krankenhäusern untergebracht werden mussten. Weiters mussten die Gemeinden die Aufgaben der heutigen Kranken- und Pensionsversicherungen übernehmen. Wurde etwa ein mittelloses Gemeindemitglied in ein Krankenhaus gebracht, hatte die Gemeinde die anfallenden Kosten zu bezahlen. Auch alte Gemeindemitglieder, die keine Unterkunft besaßen und arbeitsunfähig waren, mussten versorgt werden. Im Zuge der Industrialisierung der Landwirtschaft, deren vielleicht wichtigste Voraussetzung der Anschluss von zuvor abgeschlossenen Gebieten an ein größeres Wirtschaftsgebiet war, wurden die früher von lokalen Stellen wahrgenommenen Funktionen von einem zentralen Netz übernommen.[72]

In der Zwischenkriegszeit hatte die Übernahme derartiger sozialer Verpflichtungen – etwa die Einführung der Krankenversicherung für Landarbeiter[73] – empörte Proteste der ländlichen Bevölkerung zur Folge gehabt. Auch die Nationalsozialisten hatten meist keine Zustimmung geerntet, wenn sie sich in die lokale Autonomie der ungeschriebenen Gesetze eingemischt hatten. In der Zweiten Republik wurden nun alle Funktionen sozialer Natur, die früher innerhalb des Dorfes geregelt worden waren, von staatlichen Institutionen übernommen: Die Land- und forstwirtschaftliche Sozialversicherungsanstalt (1948)[74] und die Landwirtschaftskrankenkasse (1948)[75] für die land- und forstwirtschaftlichen DienstnehmerInnen machten den Anfang, es folgten das Allgemeine Sozialversicherungsgesetz (1955),[76] die Arbeitslosenversicherung (1953)[77] und für die selbstständigen Bauern das Landwirtschaftliche Zuschussrentenversicherungsgesetz (1957),[78] die Krankenversicherung der Bauern (1965) und die Pensionsversicherung (1969).[79] Damit waren die früher vom Dorf selbst wahrgenommenen sozialen Aufgaben in staatliche Hände übergegangen.[80] Das Dorf hatte also aus der Sicht des Staates ausgedient, der Staat versuchte an seine Stelle zu treten.

Diese Umwälzungen gingen nicht konfliktfrei vor sich. Schon seit 1955 hatte das Allgemeine Sozialversicherungsgesetz selbstständigen Bauern und ihren Angehörigen die Möglichkeit geboten, eine freiwillige Krankenversicherung bei der Landwirtschaftskrankenkasse abzuschließen.[81] In der Steiermark hatten davon aber nur wenige Bauern Gebrauch gemacht. Da die gesundheitlichen Verhältnisse der bäuerlichen Bevölkerung nicht die besten waren, wurde immer mehr der Ruf nach einer gesetzlichen Krankenversicherung laut. Manche Bauern aber erblickten in diesen Einrichtungen eine Gefahr für ihre Selbstständigkeit, andere wieder fürchteten, die Mittel dafür nicht aufbringen zu können.[82]

Sieht man sich das Abstimmungsverhalten der bäuerlichen Bevölkerung anlässlich der Einführung der bäuerlichen Pflichtkrankenkassen an, zeigt sich, wie massiv traditionelle Verhaltensmuster nachwirken konnten. Als die Landeskammer für Land- und Forstwirtschaft versuchte, über ihr Sprachrohr, die »Landwirtschaftlichen Mitteilungen«, die Meinung der steirischen Bauern zur Einführung der Pflichtkrankenkassen in Erfahrung zu bringen, war das Ergebnis eindeutig. Bemerkenswert ist die ungemein niedrige Wahlbeteiligung, die steiermarkweit bei 17,7 Prozent der bestehenden Betriebe lag (von insgesamt 75.404 Betrieben stimmten 13.355 ab): 27,4 Prozent stimmten für die Einführung der Pflichtversicherung, 72,5 Prozent dagegen. Von den südoststeirischen Bezirken stimmten im Bezirk Feldbach bei einer Wahlbeteiligung von 23 Prozent 16,9 Prozent, im Bezirk Fürstenfeld von 17,6 Prozent 40,2 Prozent mit Ja.[83] Aber der »Fortschritt« ließ sich nicht aufhalten, das staatliche Sozialsystem machte auch vor dem südoststeirischen bäuerlichen Leben nicht Halt.

Ein zweites Beispiel verdeutlicht das Nachwirken der alten Strukturen: In der Region der südoststeirischen Bezirke waren bis zum Ersten Weltkrieg überdurchschnittlich viele Findelkinder als Pflegekinder untergebracht. Für dieses Phänomen lassen sich mehrere Gründe benennen: Die Kleinbauern dieser Gegend waren länger und in einem stärkeren Ausmaß Selbstversorgerbauern, Geld- und Bareinkünfte waren also knapper als anderswo. Die Übernahme von Findelkindern bot die Möglichkeit, über das Kostgeld zu regelmäßigen Geldeinkünften zu gelangen. Interessant ist, dass viele Findelkinder, die als Pflegekinder in diese Region kamen, hier auch geboren worden waren.

Noch in den 1980er-Jahren war bei der Unterbringung von Pflegekindern in den südoststeirischen Bezirken ein ökonomischer Aspekt für die Aufnahme von Pflegekindern nicht ganz von der Hand zu weisen: »Wir waren aber nie so überzeugt, dass das ein Geschäft ist, aber die Nachbarn haben Fürsorgekinder gehabt und die haben immer gesagt, nehmt's euch doch auch so ein Kind, da kriegt ihr ein schönes Geld, und mit dem könnt's drinnen [für die Inneneinrichtung des neu errichteten Hauses] auch was tun. Und dann ist die Fürsorgerin gekommen und hat dann gesagt, ja, sie weiß einen Buben. Ja, sie hat ihn dann eigentlich gleich gebracht. Der ist von der Schule draußen gewesen, und der hat einen Lehrplatz gekriegt, da in [nennt südoststeirischen Ort], drinnen beim Maler. Und da hat sie halt einen Platz gesucht. Ich habe dann das erste Zimmer umgebaut, dass der schlafen hat können, und da er schon selber verdient hat, ist das leichter gewesen, hat er sich seine Sachen schon selber gekauft, und für das Zimmer haben wir dann ein Geld gekriegt von der Fürsorge.«[84]

3. Die Rationalisierung und Mechanisierung der Landwirtschaft in den Fünfzigerjahren

Charakteristisch für diese Etappe ist, dass es nicht um die Steigerung der Produktion »an sich und um jeden Preis« ging. Man konzentrierte sich vielmehr auf »die Steigerung der Qualität der Produkte, auf die Verbesserung der Arbeitsmethoden und die Steigerung der Hektarerträge bei gleichzeitiger Senkung des Aufwandes, also auf die Rationalisierung und Produktivität«. Es ging vor allem darum, von der »alten Selbstversorgerwirtschaft mit geringen Bargeldeinnahmen« auf eine »Wirtschaftsweise ›umzustellen‹, die bei geringerem Kapitaleinsatz höhere Markterlöse bringt«.[85] Bemerkenswert ist, dass im Zuge der Rationalisierung und Mechanisierung die traditionelle Produktionsvielfalt im Wesentlichen erhalten blieb.

Die Zahl der Traktoren in den vier südoststeirischen Bezirken stieg zwischen 1953 und 1966 von 411 auf 9.576, was eine Steigerung um etwa das 23fache bedeutete.[86]

Um die Produktivität zu erhöhen, forcierte man neben einer Rationalisierung der betriebseigenen Düngerwirtschaft auch den Einsatz von Handelsdüngern. Die Folge davon war eine recht einheitliche und erhebliche Steigerung der Flächenproduktivität um etwa 50 Prozent im Zeitraum von 1950 bis 1960.[87]

Tabelle 10: Anzahl der Traktoren 1953–1966

Jahr	Feldbach	Fürstenfeld	Radkersburg	Leibnitz	Südoststmk.	Steiermark
1953	114	87	83	127	411	2.545
1957	388	287	343	502	1.520	7.405
1962	1.448	877	1.082	1.599	5.006	18.725
1966	3.208	1.342	1.950	3.076	9.576	31.287

Quelle: Österreichisches Statistisches Zentralamt, Ergebnisse der landwirtschaftlichen Maschinenzählungen, entsprechende Jahrgänge.

Real umgesetzt wurden die Rationalisierungsmaßnahmen in den ab 1953 gegründeten Umstellungsgemeinschaften. Die ersten steirischen Umstellungsgemeinschaften entstanden in der nördlichen Oststeiermark, machte doch die Rationalisierung eines Betriebes nur dort Sinn, wo »gesunde« Betriebsgrundlagen vorhanden waren. Ein Blick auf die Betriebsgrößen der Umstellungsbetriebe der Umstellungsgemeinschaft Vorau – übrigens die erste österreichische Umstellungsgemeinschaft – verdeutlicht dies: Die 283 Umstellungsbetriebe hatten eine durchschnittliche Betriebsgröße von 30,6 Hektar, wobei der Anteil der landwirtschaftlich genutzten Fläche durchschnittlich 19 Hektar (das sind 62,4 Prozent) und der Anteil der forstwirtschaftlich genutzten Fläche 11,5 Hektar (das sind 37,6 Prozent) betrug.[88]

Im Südöstlichen Flach- und Hügelland hingegen überwogen Betriebe mit einer Größe von weniger als zehn Hektar.[89] Trotz besserer Gelände- und Klimaverhältnisse lässt sich eine »Benachteiligung« dieses Gebietes feststellen. Aus diesem Grund hatten die Umstellungsaktionen im Flach- und Hügelland nicht die Rationalisierung der einzelnen Betriebe, sondern die Spezialisierung der Betriebe auf einen Haupterwerbszweig zum Ziel.[90] Für die vielen Keuschler und Bergler mit ihrer minimalen Wirtschaftsgrundlage war es – bis auf wenige Ausnahmen – schier unmöglich, ihren Betrieb sinnvoll zu rationalisieren.

Die Rationalisierung der Menschen

Etwa seit 1950 propagierten die Experten des »Österreichischen Produktivitätszentrums« (ÖPZ) »die möglichst intensive Verbreitung der Produktionsgesinnung«.[91] Ein Blick in Meyers Taschenlexikon zeigt, dass der Begriff »Gesinnung« die »Gesamtheit eth.[ischer] [...] Vorstellungen und Motivationen des Menschen« bezeichnet.[92] Verbindet man nun das Wort Gesinnung mit dem Wort Produktion, so müsste ein Mensch, der sich durch eine Produktionsgesinnung auszeichnet, alle seine ethischen Vorstellungen und Motivationen auf die Produktion ausrichten. Damit wurde vom ÖPZ de facto die Unterwerfung der Menschen unter ein ökonomisches Nützlichkeitsdenken zum Programm erhoben.

Den entscheidenden Anstoß zur Gründung des ÖPZ gab die Zusicherung US-amerikanischer Regierungsstellen, Geld für diese Aktivitäten aus Mitteln des Marshallplans flüssig zu machen. Die US-Regierung stellte dann tatsächlich für die Produktivitätskampagne einen Sonderfonds von 10 Millionen Dollar zur Verfügung.[93]

Das ÖPZ versuchte, die »Rationalisierung der landwirtschaftlichen Betriebe, die Steigerung der Arbeits- und Flächenproduktivität in der Land- und Forstwirtschaft« voranzutreiben.[94] In guter Zusammenarbeit mit dem »Österreichischen Kuratorium für Landtechnik« (ÖKL)[95] wurden Studienreisen unter anderem in die USA, die BRD, die Schweiz und nach Skandinavien unternommen. Eine »Zentrale Forschungsstelle für Landarbeitstechnik« wurde ebenso gegründet wie eine Vielzahl von Beratungsstellen, »um die ländliche Bevölkerung mit neuzeitlichen Arbeitsmethoden vertraut zu machen«.[96]

In den landwirtschaftlichen Fachzeitschriften erschienen unzählige Artikel, die die

Propagierung der Produktivitätskampagne zum Inhalt hatten. Den Kern der Beratungstätigkeit,[97] über die die Landwirtschaftskammer versuchte, die neuen Botschaften in die Dörfer zu tragen, bildeten unzählige Kurse für Bauern und Bäuerinnen. Darüber hinaus gab es die Agrarinvestitionskredite,[98] durch die die Modernisierung überhaupt erst möglich wurde. Zum obersten Kriterium der bäuerlichen Wirtschaftsweise erklärte man den so genannten »Betriebserfolg« oder »Unternehmenserfolg«: »Der Landwirt muss eine möglichst hohe Arbeitsergiebigkeit anstreben. Denn je höher sie ist, umso höher ist in der Regel das Einkommen, das der Bauer für seine Familie und seine Fremdarbeiter aus dem Betrieb erzielen kann«, hieß es im »Wegweiser durch die bäuerliche Betriebswirtschaft« des Jahres 1951.[99]

Der »Bund Steirischer Landjugend« als Beispiel für die Rationalisierung

Auf Initiative der Landeskammer für Land- und Forstwirtschaft wurde 1949 der »Bund Steirischer Landjugend« gegründet, um die »Erfassung der gesamten steirischen Landjugend zu einer erforderlichen fachlichen und geistigen Schulung zu ermöglichen«.[100] Am 4. November 1949 wurden 53 steirische Jungbauern und Bauernsöhne zu einer Gründungsversammlung nach Graz eingeladen, wo man sie mit dem »Gedanken des Zusammenschlusses der bäuerlichen Jugend zu einer Leistungsgemeinschaft vertraut« machte.[101] Man verstand sich als eine Organisation »junger Pioniere auf allen Gebieten der landwirtschaftlichen Berufsertüchtigung«.[102] Mit der Unterstützung der Bezirkskammern, der Leiter der bäuerlichen Fortbildungsschulen und der Betriebsberater wurden, hauptsächlich aus den Teilnehmern der Fortbildungsschulen und Kammerfachkurse, in der Steiermark innerhalb kurzer Zeit 187 Ortsgruppen mit rund 4.000 Mitgliedern ins Leben gerufen. Als Aufgaben dieser Ortsgruppen wurden vier Punkte angeführt:
»1. Die Erfassung aller Jugendlichen im bäuerlichen Berufsstand zu einer Arbeitsgemeinschaft.
2. Schaffung der Voraussetzungen, dass jedes Mitglied wenigstens die bäuerliche Fortbildungsschule und einen Kammerfachkurs besuchen kann.
3. Das in der bäuerlichen Fortbildungsschule und im Kammerfachkurs erworbene Fachwissen in die Praxis umzusetzen. Zu diesem Zwecke wurde von der Landeskammer ein eigenes Arbeitsprogramm mit Einzel- und Gemeinschaftsaufgaben ausgearbeitet.
4. Jedes Mitglied ist verpflichtet, eine Einzelaufgabe im Rahmen des Arbeitsprogramms durchzuführen, außerdem muß jede Ortsgruppe eine Gruppenaufgabe übernehmen, die hauptsächlich dazu dient, die Zusammenarbeit im täglichen Berufsleben zu pflegen.«[103]
Unterstützt, beraten und kontrolliert wurden die Ortsgruppen von den Bezirkskammern und Förderungsorganen der Landeskammer für Land- und Forstwirtschaft. Dafür hatten die Bezirkskammern eine Personal- und Leistungskartei zu führen. Den Mitgliedern gab man für ihre Aufgaben Arbeitsanleitungen in Form von Merkblättern. Dem Landesvorstand wurde ein Fachbeirat, bestehend aus dem Kammerpräsidenten, dem Kammeramtsdirektor und dem Referenten des landwirtschaftlichen Schulwesens und

Ausbildungswesens, beigegeben. Die Landeskammer sicherte sich auf diese Weise eine »enge Verbindung« zwischen Landjugend und Landeskammer. »So«, stellte man schließlich fest, »wird die gesamte Jugendarbeit, die vorerst mit der männlichen und erst im Laufe des Jahres 1950 auch mit der weiblichen Jugend in gleicher Weise durchgeführt wird, ein wertvoller Rahmen für die Ausbildungs-, Aufklärungs- und Beratungstätigkeit der Kammer und gibt schon heute die Gewähr, daß die einzelnen Maßnahmen der Kammer von der Jugend in die entlegensten Gräben und Dörfer getragen werden.«[104]

Was waren die Inhalte, die den Jugendlichen vermittelt wurden? 1959, dem Erzherzog-Johann-Gedenkjahr, kam insbesondere die Pflege von »Sitte und Brauchtum« nicht zu kurz. Die »170 Singgruppen«, die »das wertvolle Gut des Volksliedes« weitertrugen, die »110 Theatergruppen«, die Theaterstücke aufführten, die vielen Ortsgruppen, die sich »am althergebrachten Volkstanz« erfreuten, oder die »stattliche Anzahl von Mitgliedern«, die sich »echte Trachten genäht oder gekauft« hatten,[105] hatten sicher ihre Funktion, der wesentliche Teil der Landjugendtätigkeit in den Fünfziger- und frühen Sechzigerjahren bestand aber nicht in der Brauchtumspflege, sondern in »nützlicheren« Belangen. Denn eine Jugendorganisation wie die Landjugend war in dieser Zeit nichts anderes als ein Baustein in der Rationalisierungskampagne.

Ein Blick auf die »Gemeinschaftsaufgaben« und die »Einzelaufgaben«, die die Ortsgruppen bzw. die Einzelmitglieder zu erledigen hatten, zeigt deutlich, von welchen Erwägungen diese Programme bestimmt waren. Im Jahr 1960 wurden, laut Bericht des damaligen Landesobmannes Rupert Buchberger, 5.335 Gemeinschaftsarbeiten durchgeführt. Unter anderem erwähnte er Aktivitäten wie die Verschönerung des Dorfbildes, die Anlage eines Mustergartens, die sinnvolle Gestaltung von Festen und Feiern, wiederholte Flurbegehungen, die Errichtung von Gemeinschaften und die Abhaltung von Kursen.

Über die erledigten 155.134 (!) Einzelaufgaben als »Weg zur Ertüchtigung« führte Buchberger aus, dass sich jeder »ganz in diese Aufgabe, sei es nun ein Düngungs- oder Fütterungsversuch, sei es auf dem Gebiet der Vorratswirtschaft oder der technischen Belange eines Bauernhofes«, zu stellen hatte. Jedes Mitglied musste genaue Aufzeichnungen führen und konnte so seinen Eltern, Nachbarn und Freunden die Notwendigkeit wichtiger Änderungen im »althergebrachten Wirtschaftssystem« zeigen. Die Landjugend sollte also im Dienst des »Fortschrittes« stehen, letztlich sogar »Motor« von Betriebsumstellungen sein.[106]

Eine wichtige Funktion kam der Zeitung »Landjugend« zu, die von einem Großteil der jugendlichen bäuerlichen Bevölkerung gelesen wurde. Die »Landjugend«, die zunächst vom Bundesministerium für Land- und Forstwirtschaft herausgegeben wurde,[107] war auf Anregung amerikanischer Stellen gegründet worden und wurde bis 1955 finanziell von den USA getragen. Dadurch konnte sie kostenlos an die Mitglieder der Landjugendgruppen verteilt werden.[108] Die »Landjugend« wurde auch als Lehrbehelf in Unterricht und Praxis an landwirtschaftlichen Fach- und Berufsschulen vom Landwirtschaftsministerium empfohlen und vom Bundesministerium für Unterricht als Klassenlesestoff zum Unterrichtsgebrauch an Volksschulen (8. Schulstufe) und an Hauptschulen (4. Klasse) zugelassen.[109]

Die »Landjugend« veröffentlichte gegen Ende der Fünfzigerjahre eine Artikelserie unter dem Titel »Schule des guten Benehmens«. Begründet wurde die Notwendigkeit dieser Serie damit, dass man nicht alle LeserInnen in einer »Schulstube« versammeln könne.[110] Sie beginnt mit den Regeln für das Verhalten auf der Straße, es folgen die Regeln beim Grüßen,[111] anschließend wird erörtert, wie man sich im Gasthaus, hier »Lokal« genannt, zu verhalten habe.[112] Die Regeln zeichnen sich teilweise durch eine enorme Distanziertheit und sogar Weltfremdheit gegenüber den herkömmlichen bäuerlichen Verhaltensweisen aus. Ab der Nummer 3/1959[113] widmet man sich der Gästebetreuung: Vom Decken des Tisches bis zum richtigen Abräumen wird alles in praktischer Weise geschildert. In der folgenden Ausgabe geht es um das Menü, die Speisenfolge und das Verhalten beim Essen,[114] wieder eine Nummer später um das Verhalten auf Reisen und auf Besuchen.[115] Dabei geht es offenbar um die Implementierung städtischer Verhaltensmuster für die LandbewohnerInnen: Das städtische Vorbild wird äußerst attraktiv gezeichnet, die ländlichen Verhaltensweisen hingegen als unattraktiv bewertet.[116]

Rationalisierung und Bäuerin

Die Maßnahmen für eine rationelle Gestaltung des Lebensbereiches der Bäuerin waren überaus vielfältig. Eine wichtige Rolle in diesem Zusammenhang spielte die Abteilung Hauswirtschaft in der Landeskammer für Land- und Forstwirtschaft, setzte sie doch wesentliche Akzente und Maßnahmen für eine Umorientierung in vielen Bereichen des täglichen Lebens. Nach ihrer eigenen Definition (1960) sah die Abteilung Hauswirtschaft ihre »Hauptaufgabe in der Beratung der Bauern, der Bäuerinnen und der Landjugend«.[117] Da viele Bäuerinnen an Arbeitsüberlastung litten, ging es vorrangig darum, hier Abhilfe zu schaffen.

Für die Abteilung Hauswirtschaft hieß dies, »die Rationalisierung und Mechanisierung in Haus, Hof, Feld und Stall mit allen Mitteln zu fördern, die Organisation und Arbeitsverteilung in jedem Betrieb einer Prüfung zu unterziehen und ihre Änderung einzuleiten, wo immer dies erforderlich und zweckmäßig erscheint«. Denn nur so könne dem zunehmenden Mangel an Arbeitskräften begegnet, die Gesundheit und Berufsfreude der Bäuerinnen und der heranwachsenden Kinder erhalten und die Existenz des Bauernstandes gesichert werden.[118]

Die Aktivitäten dieser Abteilung waren mannigfaltig: Angefangen bei Kammerfachkursen für Bauernmädchen (21 Tage im Winter) und Bäuerinnenkursen (16 bis 18 Tage im Winter) über die Versammlungen für Bäuerinnen und Bauern bis hin zur Einrichtung von »Häusern der Bäuerin« reichten die Maßnahmen.[119] Die thematische Vielfalt zeigen einige Beispiele von Vortragsthemen bei den Bäuerinnenversammlungen:
– Elektrogeräte und ihre Verwendung im bäuerlichen Haushalt (mit Vorführung)
– Praktische Kleingeräte für den Haushalt (mit Vorführung der Geräte und Lichtbildern)
– Die Küche im Bauernhaus und ihre zweckmäßige Einrichtung (mit Vorführung eines Modells und von Dias)

– Waschmaschinen und moderne Waschmittel
– Dirndlkleid und Tracht (mit Lichtbildern)
– Der Bund steirischer Landjugend, Organisation und Aufgaben (mit Lichtbildern)[120]
Ein typisches Beispiel für die Maßnahmen der Landeskammer stellte die Einrichtung »Haus der Bäuerin« dar: Auf Anordnung des Bundesministeriums für Land- und Forstwirtschaft wurden in jeder Bezirkskammer so genannte Musterhäuser geschaffen, die eine rasche Vermittlung »schon erforschte[r] Erleichterungen und Verbesserungen der Arbeit in Haus und Hof« ermöglichen sollten, da es nicht genüge, »diese Dinge bloß in den Haushaltskursen an den Schulen allein zu lehren und zu demonstrieren«. Die Häuser sollten »als Kursstätte und Versammlungsraum für die Jugend und die Bäuerinnen dienen und mit allen jenen Einrichtungen ausgestattet werden [...], die in jedem Bauernhaus zu finden sein sollen«.[121]

Um alle Bäuerinnen zu erreichen, sah man vor, in jeder Gemeinde durch die Bezirksberaterin einen »Beispielshof mit einem Musterhausgarten« einzurichten, »in welchem alle zu empfehlenden Einrichtungen technischer und betrieblicher Art durchgeführt werden, um an diesem Stützpunkt alle Arbeiten in der Familie, von der Kinderpflege bis zur Bekleidung, und im Haushalt sowie alle der Frau anvertrauten Arbeiten in verbesserter Form vorzuführen und so an Hand eines Bauernhofes selbst sowohl die weibliche Jugend wie die Bäuerinnen der Gemeinde mit den neueren Erfahrungen der Ernährung, Küchentechnik, Konservierung und Lagerung sowie den notwendigen Kenntnissen in Fragen der Vieh- und Milchwirtschaft, der Hühnerhaltung, der Fütterung, des Gartenbaus und sonstigen der Frau anvertrauten Zweigen bekannt zu machen und auf dem Laufenden zu halten«.[122] Damit erhielten die Landwirtschaftskammern und Landesregierungen die Möglichkeit, »alle Verbesserungen und Neuerungen auf raschestem Wege von den Zentralen aus direkt ins letzte Dorf zu vermitteln und so die Voraussetzungen zu schaffen, dass auch die Arbeit unserer Bäuerinnen verbessert und erleichtert, das Übermaß der gerade auf den Bäuerinnen lastenden Arbeit verringert werden kann, um ihnen auch mehr Zeit für die Familie und für die notwendige Erholung zu geben«.[123]

Was versuchte man der bäuerlichen Bevölkerung bzw. den Bäuerinnen inhaltlich zu vermitteln? Als kompetente Quelle dürfen wir die spätere Leiterin der Abteilung Hauswirtschaft der Landeskammer für Land- und Forstwirtschaft, Johanna Bayer,[124] zu Rate ziehen. Sie fasste sämtliche Maßnahmen, die die Arbeit im Haushalt zu erleichtern vermögen, unter dem Begriff »Haushaltstechnik«[125] zusammen. Die Aufgabe dieser Haushaltstechnik bestand darin, »den für die Durchführung einer Arbeit notwendigen Aufwand an Zeit oder an Kräften, wenn möglich an beiden, herabzusetzen, allenfalls sogar qualitativ bessere Arbeitsprodukte zu erzielen und dadurch die Freude an der Arbeit, am Beruf, am Leben – also die Lebenshaltung (Lebensstandard) – zu erhöhen«. Grundlegend dafür waren nach Bayer der »Wille zur Arbeitserleichterung«, »zweckmäßige Arbeitsmethoden« und die »Technisierung des Haushalts«.[126] Ähnlich wie in der Industrie ging es demnach darum, die Arbeit nach objektiven, effizienten Kriterien zu rationalisieren. Durch Effizienz sollte der »gesamte Arbeitsablauf entscheidend« beeinflusst und »systematisch« verbessert werden, um ein optimales Funktionieren zu gewährleisten.[127] Dafür gab es detaillierte Anweisungen, die auch »bei der geringsten Tätigkeit [...] zu beachten und befolgen sind«,[128] denn nur so lasse sich »die in den Grundsätzen geforderte Ordnung, die richtige Zeit- und Arbeitseinteilung, die Verkürzung der Wege usw. auch die Leistung und damit die Produktivität des Haushaltes steigern«.[129]

Auch für Männer gab es entsprechende Grundsätze für rationelles Arbeiten. Die Broschüre »Erfolgreich Wirtschaften. Wegweiser durch die bäuerliche Betriebswirtschaft«[130] kann als typisches Beispiel dafür gelten.

Während man Hauswirtschaft und Außenwirtschaft zu rationalisieren versuchte, blieben die Arbeitsbereiche von Bäuerin und Bauer weiterhin nach dem traditionellen Schema getrennt. An der Rollenteilung sollte sich vorerst nichts ändern. Die Bäuerin war als »Hausmutter« nach wie vor für den Bereich der Innenwirtschaft zuständig, während der Bauer für die Außenwirtschaft verantwortlich war.[131] Einerseits konzentrierte sich also alles auf die Verbesserung und Steigerung der Funktionsfähigkeit der Frauen im ökonomischen Bereich, andererseits wurde der traditionelle Rahmen der Familienstruktur gewahrt. Die Propagierung dieser Programmatik erfolgte zu einem Großteil über den Beratungsapparat der Landwirtschaftskammer.

IV. Der Fortschritt siegt!

1. Die Spezialisierung – Monokultur, Kleintiermast und die Folgen

Die Phase der Spezialisierung seit Beginn der Sechzigerjahre ist jene Zeit, in der die alten lokal geprägten und ungeschriebenen Gesetze der Selbstversorgerwirtschaft fast vollständig durch die neuen und allgemein gültigen Regeln der industrialisierten Welt ersetzt wurden, nämlich jenen des Kapitalismus und der Marktwirtschaft. Auch den Bezugsrahmen der bäuerlichen Lebenswelt bildete nun nicht mehr ein mehr oder weniger straffes Netz von überschaubaren sozialen Beziehungen, sondern eine anonyme Struktur von kapitalistischen Verwertungsbedingungen.

Nicht mehr die Produktion von Gebrauchswerten und lebensnotwendigen Gütern, die im »ganzen Haus« verbraucht werden, stand nun im Vordergrund, sondern die Produktion von Tauschwerten, von landwirtschaftlichen Waren, die möglichst Gewinn bringend verkauft werden sollten. Für Kleinbetriebe lag in der betrieblichen Spezialisierung die einzige Möglichkeit, in der industrialisierten Landwirtschaft bestehen zu können, da vom betriebswirtschaftlichen Standpunkt aus gesehen eine Rationalisierung ihrer Betriebe unmöglich war.

Gegen Ende der Fünfzigerjahre wurde noch vehement gegen eine monokulturelle Anbauweise argumentiert: Erstens käme es zu einer »Verarmung des Bodenlebens und damit zur Schwächung der humusbildenden Kräfte«, zweitens zu einer »unerhörten Vermehrung von Schädlingen«, drittens zu einer »Anreicherung des Bodens mit Ausscheidungsstoffen« und viertens bestünde die Gefahr einer »Verarmung des Bodens an bestimmten Nährstoffen, die die Pflanze nicht vertragen« würde. In diesem Zusammenhang wurde auch auf den in Übersee betriebenen Maisbau hingewiesen.[132] Kurze Zeit später allerdings wurde gerade dieser Weg eingeschlagen, vor dem man eindringlich gewarnt hatte.

Diese Umorientierung in der Agrarpolitik war eine notwendige Folge der Integrationsbestrebungen der österreichischen Wirtschaft in den westlichen europäischen Markt. Ging es vor 1960 um die Steigerung der Produktivität, um eine gewisse Autarkie Österreichs in der Versorgung mit Nahrungsmitteln gewährleisten zu können, trat man nun mit den Ländern des europäischen Marktes in Konkurrenz. Stimmen aus der EWG hatten schon 1960 bemerkt, dass zur »Vermeidung allzu großer Schwankungen der Wirtschaftsfähigkeit in Österreich« die Abwanderung von Arbeitskräften aus dem Sektor Landwirtschaft »erleichtert« werden solle. Der Anteil der landwirtschaftlichen Bevölkerung an der Gesamtbevölkerung betrage 26 Prozent – und das sei zu hoch.[133]

In Österreich erkannte man die Notwendigkeit der wirtschaftlichen Zusammenarbeit mit der EWG und wusste auch, dass eine Zusammenarbeit »Opfer« erfordern werde, da man sich den agrarpolitischen Entwicklungen im westeuropäischen Raum anpassen musste. Man war sich auch bewusst, dass aufgrund der besonderen österreichischen Boden- und Wirtschaftsstruktur eine »Anpassung der Landwirtschaft an die Gegebenheiten des modernen Industriezeitalters« schwierig sein würde. Auf jeden Fall war klar, dass »Strukturverbesserungs-, Umstellungs- und Rationalisierungsmaßnahmen [...] unter allen Umständen weiterhin und in verstärktem Ausmaß notwendig« sein würden.[134]

Konkret forderten die Landwirtschaftsexperten der EWG eine Umstrukturierung der Landwirtschaft durch Aufstockung der Betriebsgrößen und Verringerung des Arbeitskräftebesatzes. Die Devise lautete: Weniger Betriebe und Steigerung der Produktivität. Für die Südoststeiermark ergaben sich daraus mehrere Konsequenzen:

Wegen der geringen durchschnittlichen Betriebsgrößen – Bezirk Feldbach 7,2 Hektar, Bezirk Fürstenfeld 8,9 Hektar, Bezirk Radkersburg 7,2 Hektar, Bezirk Leibnitz 7,6 Hektar[135] – gab es in der Regel, vom betriebswirtschaftlichen Standpunkt betrachtet, einen Überbesatz an familieneigenen Arbeitskräften. So waren 1960 etwa in Feldbach auf je zehn Hektar landwirtschaftlicher Nutzfläche in der Größengruppe zwei bis fünf Hektar durchschnittlich 8,3 Arbeitskräfte und in der Größengruppe fünf bis zehn Hektar 3,8 Arbeitskräfte tätig. So war auch bei guten Erträgen nur ein niedriges landwirtschaftliches Einkommen je Familienarbeitskraft zu erwirtschaften.[136]

Die Einkommensentwicklung des Südöstlichen Flach- und Hügellandes im Vergleich zum Bundesdurchschnitt zeigt, dass sowohl 1957 als auch 1963 das Einkommen je Familienarbeitskraft um 14,3 Prozent unter dem Bundesdurchschnitt lag.[137] Die Agrarexperten sahen folgende Lösungen für die Verbesserung der Situation vor:[138]

– Verzicht auf die Mitarbeit weiterer Kinder, außer auf die der künftigen Hoferben, »denn im kleinbäuerlichen Betrieb können auch bei intensiver Betriebseinrichtung kaum mehr als zwei Arbeitskräfte produktiv wirken«. Die für die Landwirtschaft überflüssige Jugend müsse eine qualifizierte berufliche Ausbildung für aussichtsreiche Berufe erhalten.

– Die kleinbäuerlichen Betriebe müssen »intensiv eingerichtet, aber auch intensiv geführt werden«. Dabei käme es vor allem auf den entsprechenden Einsatz von Dünger an. In diesem Zusammenhang wurde auf die »einkommensbesten Betriebe« verwiesen, die ihre Produktion »einerseits durch stärkeren Einbau arbeits- und kapitalsintensiver Veredelungszweige wie Ferkelproduktion, Schweinemast, Eiererzeugung, Mastgeflügelproduktion, Rinderzucht, aber auch durch Ausweitung des Markthackfruchtbaus oder durch Sonderkulturen« intensiviert hätten. Dazu »gehörten freilich spezielle Fachkenntnisse, eine gewisse Aufgeschlossenheit und kaufmännische Gewandtheit und vor allem auch eine betriebswirtschaftliche Schulung«.
– »Umstellung des Betriebes insbesondere auf einzelne Zweige der Veredelungswirtschaft müssten von der Absatzseite her regional überlegt und geplant werden.« Insofern käme einer »Ringberatung«, durch die die Umstellungen regional abgestimmt werden könnten, eine große Bedeutung zu, und zwar vor allem für ein Gebiet, wie es die Südoststeiermark sei.
– Solche »Beratungsringe« könnten auch die Bildung von »Maschinenringen« fördern, die für die Umstellung wichtig erschienen.

In der Steiermark war seit Jahren eine zwar langsame, aber stetige Zunahme der Körnermaisfläche zu bemerken gewesen. In weiterer Folge wurde nun der Körnermaisbau von den offiziellen Stellen immer stärker propagiert. Erwähnt seien etwa die so genannten Maisbautage,[139] an denen die Experten der Landwirtschaftskammer die Bauern zu überzeugen versuchten, ihre Produktion auf Maisbau umzustellen. Auch Artikelserien in den »Landwirtschaftlichen Mitteilungen« verfolgten dieses Ziel. Verwiesen wurde auf die »sehr gute Mechanisierbarkeit, verbunden mit ausgezeichneten Absatzmöglichkeiten im Inland«, die »dem Maisbau in den nächsten Jahren einen gewaltigen Auftrieb geben« sollten.[140]

Tabelle 11 zeigt uns die enorme Steigerung der Maisanbaufläche in der Steiermark; zwischen 1961 und 1979 steigerte sie sich um mehr als das Dreifache, im Untersuchungsgebiet um das Vierfache. Auch wird hier deutlich, welch bedeutende Rolle der Südoststeiermark im Maisanbau zukommt, befinden sich doch 66,4 Prozent der steirischen Körnermaisanbaufläche im Untersuchungsgebiet.

Bis 1961 hatte es in der Südoststeiermark keine allzu gravierenden Veränderungen der Anbaufläche gegeben. Die Anbauflächen von Mais und Weizen waren um etwa 20 Prozent ausgedehnt worden, während die Haferanbaufläche abgenommen hatte. Roggen war relativ konstant geblieben. Gerste verzeichnete tendenziell die höchste Steigerung.

Tabelle 11: Körnermaisanbaufläche 1961 bis 1979

Jahr	Feldbach	Fürstenfeld	Leibnitz	Radkersburg	Südoststmk.	Steiermark
1961	3.057	788	4.501	1.540	9.886	17.895
1970	10.000	2.900	12.028	5.441	30.369	49.697
1979	15.118	4.861	14.277	8.310	42.566	64.127

Quelle: siehe Tabelle »Körnermaisanbaufläche« im Statistischen Anhang, Seite 359.

Werbung der »Österreichischen Stickstoffwerke AG«

Die Zeit von 1961 bis 1970 war jene der stärksten Veränderungen. Die Anbaufläche von Hafer verringerte sich fast um zwei Drittel, von Roggen um ein Drittel und auch die Weizenanbaufläche ging zurück. Die Anbaufläche von Gerste hingegen steigerte sich fast um die Hälfte und jene von Körnermais, wie oben bereits ausgeführt, sogar um das Vierfache. Hier kommen Umwälzungen der landwirtschaftlichen Struktur zum Ausdruck, wie es sie vorher noch nie gegeben hat. Diese Veränderungen der Anbauverhältnisse waren gekoppelt mit einer Produktivitätssteigerung enormen Ausmaßes: Der Weizenertrag erhöhte sich um 64 Prozent, der von Roggen um 42,7 Prozent, der von Hafer um 39,2 Prozent, der von Gerste um 53,3 Prozent und der von Körnermais um 41 Prozent (Vergleich zwischen 1960 und 1970). Wesentliche Ursachen dafür waren die

Tabelle 12: Mineraldüngerverbrauch (in Kilogramm pro Hektar; Kali-, Natrium-, Phosphat- und Mehrnährstoffdünger)

Jahr	Feldbach	Fürstenfeld	Leibnitz	Radkersburg	Steiermark
1959/60	164,51	363,26	214,49	187,55	215,24
1965/66	404,81	775,62	426,02	448,84	406,38
1969/70	498,13	799,95	472,42	625,17	444,84

Quelle: Tätigkeitsbericht der Landeskammer 1958/59, 1959/60, 1964/65, 1965/66, 1968/69, 1969/70.

Steigerung des Mineraldüngereinsatzes um etwa 100 Prozent und der stetige Anstieg der Mechanisierung. So erhöhte sich beispielsweise die Zahl der Traktoren von 411 im Jahr 1953 auf 9.576 im Jahr 1966 und 14.583 im Jahr 1972.[141]

Die Veränderungen der Anbauflächen verweisen auf eine Tendenz in Richtung der Viehproduktion, die in den nächsten Jahren das südoststeirische Markenzeichen werden sollte. Der vermehrte Anbau von Futterpflanzen war die Grundlage für die nun immer mehr ansteigende Geflügel- und Schweineproduktion.

Während die kleinbäuerlichen Betriebe in den Berggebieten der Oststeiermark auf die Produktion von Ferkeln setzten,[142] verlegten sich die Betriebe im Flachland mit wirtschaftseigener Futtergrundlage auf die Produktion von Mastschweinen.[143] Die Gründung des »Südoststeirischen Schweinemastringes« in St. Stefan im Rosental am 13. Februar 1963 untermauerte diese Entwicklung. In diesem Ring von vorerst 70 Betrieben waren Ferkelerzeuger und Schweinemäster zusammengeschlossen,[144] die Mäster übernahmen aber aufgrund von vertraglichen Vereinbarungen die Ferkel des benachbarten Hartberger Ferkelringes.[145] Die Vermarktung der Mastschweine erfolgte über Vertragsfirmen, die Bezahlung nach Qualitätseinstufungen der Schlachthälften, wobei die Normen des EWG-Raumes den entsprechenden Maßstab bildeten. Damit wurde die Vereinheitlichung der Schlachtqualität in Aussicht genommen.[146] Zusammen mit dem Schweinemastring Wildon waren dies die ersten derartigen Vereinigungen in Österreich.[147]

Ähnlich verlief die Entwicklung auf dem Gebiet der Geflügelmast. Die für die Südoststeiermark wichtigste Produktionsgenossenschaft auf diesem Gebiet ist die im Jahre 1960 gegründete »Steirische Geflügelmast Fehring GmbH«. Die Genossenschaft schloss mit Verwertungsfirmen, Futtermittel- und Kükenlieferanten langfristige Verträge ab.[148] Schon 1963 wurden von etwa 700 Mitgliedsbetrieben erstmals mehr als 1 Million Masthühner abgesetzt.[149] Nach der Errichtung eines modernen Geflügelschlachthofes aus Mitteln des Grünen Plans zur Erhöhung der Schlachtkapazität[150] folgten bis 1970 weitere Investitionen, wie die Errichtung eines Kühlhauses und einer Brüterei.[151] Im Jahr 1967 erzeugten rund 1.000 bäuerliche Betriebe 1.900.090 Jungmasthühner. Obwohl es in der Steiermark noch andere Ringe gab, erreichten diese in ihrer Gesamtheit nicht die Jahresproduktion des Fehringer Ringes.[152] 1973 wurden 4,2 Millionen Hühner erzeugt.[153] Im Jahr 1984 waren es nur mehr 140 Betriebe, die allerdings 5 Millionen Hühner produzierten[154].

Im Jahr 1962 wurde der »Steirische Frischeierdienst«[155] in Zusammenarbeit mit dem Büro des Steirischen Landeshauptmannes gegründet. Als Grenzlandförderung gedacht, umfasste er die Bezirke Hartberg, Fürstenfeld, Feldbach, Radkersburg, Leibnitz und Deutschlandsberg. Ende 1963 waren 113 bäuerliche Intensivlegehennenhaltungen in dieser Genossenschaft organisiert, die mit fünf Futtermittelfirmen und vier Handelsfirmen vernetzt waren. Die Mitglieder setzten sich aus klein- bzw. mittelbäuerlichen Betrieben zusammen. Sie wollten sich »im Rahmen der Betriebsvereinfachung durch den Ausbau ihrer Geflügelhaltung eine zusätzliche Einnahmequelle schaffen«. Jeder Betrieb besaß Ende 1963 durchschnittlich 370 Legehennen. Die insgesamt 42.000 Hennen produzierten zu diesem Zeitpunkt täglich 40.000 Eier. Für den Stallbau und für den

Kükenankauf wurden an 94 Betriebe Beihilfen von 1.308.660 Schilling aus Mitteln der Umstellung (Grüner Plan) gewährt.[156] 1969 gab es noch circa 90 Betriebe mit insgesamt 44.000 Legehennen, die an die 10 Millionen Eier jährlich produzierten. Die Landeskammer bemerkte einen deutlichen »Trend zur Spezialisierung und Bestandsvergrößerung [...], der durch Agrarinvestitionskredite beträchtlich unterstützt wird«.[157] 1983 wurden rund 58 Prozent der steirischen Hühner und 63,5 Prozent der steirischen Schweine in der Südoststeiermark gehalten.[158]

Diese regionale Konzentration korrespondierte mit einer betrieblichen: Zwischen 1971 und 1983 reduzierte sich die Zahl der Schweinehalter von 22.221 auf 17.519, die der Hühnerhalter von 24.643 auf 18.512.[159] Wurden im Jahr 1971 durchschnittlich zwölf Schweine pro Betrieb gehalten, waren es 1983 schon 33,5. Um konkurrenzfähig zu bleiben, war eine Erhöhung der Produktion erforderlich. Dass dabei gewisse Betriebe auf der Strecke bleiben, ist eine logische Konsequenz. Diese Tendenz ist auch in den Genossenschaften erkennbar. Erzeugten in den Sechzigerjahren im Geflügelmastring Fehring etwa 1.000 Mitgliedsbetriebe an die 2 Millionen Jungmasthühner, waren es im Jahr 1984 nur noch 140 Betriebe, die allerdings 5 Millionen Hühner produzierten.[160]

2. Landwirtschaft und Fremdenverkehr

Für viele Betriebe, die aus ihrem traditionellen landwirtschaftlichen Betrieb zu wenig erwirtschaften können, bietet der Fremdenverkehr seit Ende der Sechzigerjahre neue Einkommensmöglichkeiten. Dieser Bereich brachte aber auch enorme Veränderungen des Alltagslebens mit sich.[161] Vor allem die Bäuerinnen bekamen ein neues Arbeitsgebiet hinzu und damit eine Zusatzbelastung. Nicht zu vergessen sind auch die Schwierigkeiten des temporären Zusammenlebens, da hier oft sehr unterschiedliche Weltbilder und Lebensweisen aufeinander trafen.

Mit dem Einquartieren von »Fremden« im eigenen Haus wurden Rücksichten erforderlich, die so weit gingen, dass die Hausbewohner einen Teil des eigenen Wohnbereiches den Gästen zur Verfügung stellten. Folgendes riet ein Autor der »Landwirtschaftlichen Mitteilungen« Mitte der Sechzigerjahre den Bauern und vor allem den Bäuerinnen, wenn sie im Fremdenverkehr erfolgreich sein wollten: »Sie dürfen in dem Fremden nicht die Melkkuh sehen, sondern müssen ihn als Gast betrachten – ja ihn sogar, wenn auch in etwas loser Art – in die Hausgemeinschaft aufnehmen.«[162] Das war nicht immer so leicht, denn auch die Gäste hatten ihre Vorstellungen, die nicht immer denen der bäuerlichen Gastgeber entsprachen.

Durch den Fremdenverkehr wurde die bäuerliche Bevölkerung mit bislang unbekannten Entwicklungen auf verschiedensten Gebieten konfrontiert. So erfuhr beispielsweise der Ernährungsbereich eine entscheidende Wandlung. Die bäuerlichen Gastgeber waren bemüht, ihren Gästen deren gewohnte Nahrung anzubieten. So wie die Produktionsmethoden international wurden, veränderte sich auch der Speiseplan. In den letzten Jahren besteht allerdings wieder verstärkt die Nachfrage nach regionalen Spezialitäten, wie zum Beispiel die »Schwammerlsuppe mit Heidensterz«.

Tabelle 13: Anzahl der bäuerlichen Beherbergungsbetriebe 1970–1999

Bezirk	Feldbach	Fürstenfeld	Leibnitz	Radkersburg	Südoststmk.	Steiermark
1970	112	27	87	69	295	3.947
1980	140	57	142	81	420	4.421
1990	120	37	161	65	383	3.022
1999	91	55	194	60	400	2.345

Quelle: Österreichisches Statistisches Zentralamt, Land- und Forstwirtschaftliche Betriebszählung 1970, 1980, 1990; Agrarstrukturerhebung 1999.

Mittlerweile spielt der Tourismus im Untersuchungsgebiet eine zunehmend wichtige Rolle. Den wesentlichen wirtschaftlichen Impuls setzt seit Mitte der Siebzigerjahre der so genannte Thermentourismus. Von dieser Entwicklung profitieren auch die landwirtschaftlichen Betriebe, die sich nicht nur in Form von Vermietungen neue Einkommensquellen erschlossen, sondern auch durch Direktvermarktung, Buschenschenken und verschiedene Freizeitangebote.

Die Anzahl der bäuerlichen Betriebe mit Fremdenzimmern hat sich, wie Tabelle 13 zu entnehmen ist, in der Südoststeiermark von 295 auf 400 Betriebe zwischen 1970 und 1999 gesteigert, was einem Zuwachs von 35,6 Prozent entspricht. Allerdings ist zu berücksichtigen, dass die Zahl der bäuerlichen Betriebe insgesamt in diesem Zeitraum um rund ein Drittel zurückgegangen ist, nämlich von 22.716 Betrieben auf 15.447. Setzt man also die Anzahl der bäuerlichen Beherbergungsbetriebe in Relation mit der Anzahl der bäuerlichen Betriebe, ergibt sich für 1970 ein Anteil von 1,3 Prozent und für 1999 ein Anteil von 2,6 Prozent, was einer tatsächlichen Steigerung von 50 Prozent entspricht. Der Rückgang zwischen 1980 und 1990 ist wohl darauf zurückzuführen, dass die Ansprüche der Gäste nicht immer mit dem vorhandenen Angebot korrelierten und die Aussicht auf das »schnelle Geld« die unternehmerisch unerfahrenen Landwirte in überstürzte Investitionen trieb.

Der Anteil an bäuerlichen Beherbergungsbetrieben im gesamtsteirischen bzw. -österreichischen Vergleich ist relativ gering, allerdings ist er im Untersuchungsgebiet im Steigen begriffen, während die steirische und österreichische Tendenz rückläufig ist.[163]

V. Postmoderne Landwirtschaft?

1. Krisen der industrialisierten Landwirtschaft

Die Durchsetzung einer hochspezialisierten marktorientierten Landwirtschaft ging einher mit der Schaffung eines umfangreichen Regelwerks, das die Märkte mit Importabschöpfungen und Exportstützungen sowie Preis- und Mengenregulierungen steuert. Dazu kommt ein »zunehmend verästeltes System von sozialpartnerschaftlich besetzen

Beiräten, Kommissionen und Fonds«, das »diese Politik sowohl politisch breit abgestützt als auch exekutiert und immer weiter entwickelt, aber nie von Grund auf reformiert« hat.[164] Beobachter meinen jedoch, dass eine Reform der Agrarpolitik seit zwei Jahrzehnten »überfällig« sei. Denn die produktivistische Agrarentwicklung kippte sehr schnell in die Krise.

»Business as usual« – Forcierung der ökologischen Krise?

»In den ökologischen Problemzonen, insbesondere jenen mit einer hohen Dichte an Massentierhaltung, herrscht business as usual, wie die Grundwasserwerte und nicht zuletzt der Schweineskandal zeigen, und das unter dem Titel der ›guten landwirtschaftlichen Praxis‹, ein steter Hinweis, dass alles noch schlimmer werden könnte.«[165]

Was die Grundwasserwerte betrifft, stellt das Leibnitzer Feld seit Jahren eine in ganz Österreich bekannte Problemzone dar. Vor allem in seinem nordöstlichen Teil ist an gewissen Standorten »mit langfristigen mittleren Nitratausträgen zwischen 50 und 70 mg/l zu rechnen«, diagnostiziert Dr. Johann Fank vom Institut für Hydrogeologie und Geothermie der Joanneum Research Forschungsgesellschaft (der Grundwasserschwellenwert beträgt 45 mg/l).[166] Johann Fank weiter: »Soll das Grundwasserqualitätsziel, das im Österreichischen Wasserrechtsgesetz definiert ist, erreicht werden, so sind neben den bisher durchgeführten Maßnahmen weitere Bewirtschaftungseinschränkungen für die Landwirtschaft zu erwarten, die auf den seichtgründigen Standorten in einer unterbilanzierenden Düngung werden liegen müssen.« Es zeige sich – so die weitere Argumentation Fanks –, »dass die Verringerung der Nitratkonzentration im Grundwasser bis auf die heutigen Verhältnisse im Wesentlichen durch Maßnahmen seitens der Landwirtschaft und die Einrichtung von Schutz- und Schongebieten sowie der natürlichen Entwicklung der Untersuchungsregion zu bewerkstelligen war, wogegen für eine weitere Abnahme bis in einen Bereich, der gesichert und langfristig die Einhaltung des Grundwasserschwellenwertes gewährleistet, in immer stärkerem Ausmaß die Kooperation zwischen Wasserwirtschaft, Landwirtschaft und v. a. Raumplanung gesucht werden muss, um die Trinkwasserqualität im Grundwasser seichtliegender, gering mächtiger Aquifere auch in Zukunft sicherstellen zu können«.[167]

Auch der »Schweinefleisch-Skandal« des Jahres 2001 weitete sich auf die Südoststeiermark aus. Nachdem am 18. Januar vom Verein »Vier Pfoten« Dutzende Anzeigen gegen diverse deutsche und heimische Tierärzte, Arzneimittelhändler und Landwirte wegen des Verdachtes des »Arzneimittelmissbrauchs« eingebracht worden waren, kam es im Zuge der ersten Ermittlungen zu sofortigen vorübergehenden Sperrungen einiger bäuerlicher Betriebe.[168] Die in den ersten Tagen genommenen 56 Proben ließen das Schlimmste befürchten, wiesen doch erste Untersuchungsergebnisse bei etwa einem Drittel der Proben Antibiotika nach; 15 dieser belasteten 18 Proben stammten von steirischen Höfen.[169]

Während die Bauernvertreter von wenigen »schwarzen Schafen« in ihren Reihen sprachen, vermuteten Veterinäre und Tierschützer nur die »Spitze eines Eisberges« entdeckt zu haben.[170] Betroffen waren auch bäuerliche Betriebe im Untersuchungsraum.[171]

So berichtete etwa die »Ost-Bildpost« im Februar 2001, dass im Bezirk Feldbach in drei Schweinefleischproben Medikamentenspuren nachgewiesen worden seien. Fraglich sei nur noch, ob die Arzneimittel »illegal« eingesetzt worden waren. Auch im Bezirk Radkersburg vermeldete das Blatt »vier akute Fälle«.[172]

Die Anfang April 2001 erfolgte Aussage eines Sprechers der Steiermärkischen Landesregierung, wonach man bei den bisherigen Untersuchungen auf Antibiotika und Leistungsförderer in »allen Variationen« gestoßen sei, schien die Befürchtungen der Tierschützer zu bestätigen. Schon bald gerieten auch Futtermittelhersteller ins Visier der ermittelnden Beamten. So wurde etwa am 2. April berichtet, dass in der Steiermark Erhebungen gegen eine Futtermittelfirma »wegen Verdachts der Beimischung verbotener Medikamente« laufen. Im gleichen Monat kam es auch zur vorübergehenden Verhaftung von drei südoststeirischen Futterhändlern, die Antibiotika an Landwirte zur Futterbeimischung in der Schweinezucht und -mast abgegeben haben sollen.

Über Monate folgten regelmäßige Berichte über weitere Beschlagnahmungen von illegalen Medikamenten, wie Beta-Blockern, Asthma-Medikamenten, Antiparasitika, Kreislaufmittel, trugen Meldungen über neue »schwarze Schafe« in der Landwirtschaft und Futtermittelherstellung weiter zur Verunsicherung der KonsumentInnen bei. Die von der Staatsanwaltschaft Graz durchgeführten Ermittlungen gegen den zuständigen steirischen Landesrat für Landwirtschaft, Erich Pöltl, dem man vorwarf, er hätte mit der von ihm im Januar 2001 ausgesandten Pressemitteilung die Landwirte über die Öffentlichkeit vor den bevorstehenden Hausdurchsuchungen gewarnt und so zur Vertuschung von kriminellen Handlungen beigetragen,[173] endeten im November 2002 in einer Gerichtsverhandlung mit dessen Freispruch.

Der EU-Beitritt und die Konsequenzen für das bäuerliche Leben

Der EU-Beitritt Österreichs mit 1. Januar 1995 veränderte die Struktur der Agrarförderungsmaßnahmen entscheidend, namentlich durch die sofortige Übernahme der Gemeinsamen Agrarpolitik (GAP). Seit 1959 war durch das österreichische Landwirtschaftsgesetz das Agrarförderungssystem des Bundes in Kraft gewesen und die Agrarförderung des Landes Steiermark war durch das Landwirtschaftsförderungsgesetz geregelt gewesen. Dies änderte sich nun: Als Ausgleich für die Agrarpreissenkungen wurden ausschließlich aus EU-Geldern flächen- und tierstandsbezogene Direktzahlungen und Produktprämien gewährt. Kofinanzierte Maßnahmen (EU, Bund, Land) wurden lediglich für Strukturmaßnahmen und das Österreichische Umweltprogramm (ÖPUL) eingesetzt. Darüber hinaus konnte es nationale Strukturförderungen, etwa zur Verkehrserschließung, oder Förderungen aus Landesmitteln, etwa im landwirtschaftlichen Bildungs- und Beratungswesen, geben.

Für einen Zeitraum von vier Jahren wurden zur Erleichterung der Umstellung so genannte degressive Übergangshilfen gewährt, die im Jahr 1998 zum letzten Mal ausgezahlt wurden.[174]

Für das Südöstliche Flach- und Hügelland[175] sind vor allem die Ausgleichszahlungen sowie die Förderungen im Rahmen des ÖPUL von Interesse. Das System der Ausgleichszahlungen beruht darauf, dass die Preise der agrarischen Produkte gesenkt wurden, um auf dem Weltmarkt konkurrenzfähiger zu sein; als Ausgleich für die Einkommensverluste werden den Landwirten Preisausgleichszahlungen angeboten. In Österreich ist die Agrarmarkt Austria (AMA) mit der Abwicklung der Ausgleichszahlungen betraut.

Dies gilt ebenso für das ÖPUL. Dieses Programm besteht aus verschiedensten Maßnahmen zur Förderung einer umweltgerechten Landwirtschaft. Es wird von der EU zu 50 Prozent kofinanziert (der nationale Anteil wird zwischen Bund und Ländern im Verhältnis 60 zu 40 finanziert). Die Hauptziele des ÖPUL bestehen darin, landwirtschaftliche Produktionsverfahren zu fördern, die die Umweltschädigungen durch die Landwirtschaft senken helfen, eine umweltfreundliche Extensivierung im pflanzlichen und tierischen Bereich fördern, Anreize zur Pflege aufgegebener land- und forstwirtschaftlicher Flächen bzw. zur langfristigen Stilllegung von Ackerflächen aus Umweltschutzgründen geben.[176]

Uns interessiert in diesem Zusammenhang weniger, ob sich die agrarischen Subventionsströme in unsere Untersuchungsregion erhöht oder reduziert haben, wohl aber die Frage, welche strukturellen Änderungen sie herbeigeführt haben. Ist es für die landwirtschaftlichen Betriebe leichter oder schwieriger geworden, wirtschaftlich zu überleben? Der Grüne Bericht für die Jahre 1998/1999 gibt Aufschluss darüber, wie sich Unternehmensaufwand, Ertrags- und Einkommensstruktur ein halbes Jahrzehnt nach dem Beitritt zur EU entwickelt haben.

Der Unternehmensaufwand je Betrieb hat sich, gemessen an den übrigen österreichischen Produktionsgebieten, mit minus 5 Prozent von 1998 auf 1999 am stärksten verringert (in den Produktionsgebieten Alpenostrand und Hochalpengebiet stieg er mit plus 4 Prozent am deutlichsten an). Dies spiegelt sich auch darin wider, dass die Schuldenzinsen 1999 je Betrieb mit durchschnittlich 12.221 ATS (2,3 Prozent des Aufwands) am geringsten waren (österreichweit 16.915 ATS oder 2,8 Prozent). Am deutlichsten war der Aufwandsrückgang im Bereich der Futtermittel mit einem Minus von 16,7 Prozent von 1998 auf 1999 zu verspüren.[177] Diese leichten Bewegungen im Bereich der betrieblichen Aufwendungen sind damit erklärbar, dass die Kleinbetriebe unseres Untersuchungsgebiets ohnedies mit Anschaffungen immer am unteren Limit waren und durch die befürchteten Folgen des EU-Beitritts noch zurückhaltender wurden.

In der Ertragsstruktur ist von 1998 auf 1999 ein Rückgang von insgesamt 6,1 Prozent festzustellen. Damit war in der Südoststeiermark, nach den Produktionsgebieten Voralpengebiet und Alpenostrand, der drittstärkste Rückgang zu verzeichnen, wobei sich vor allem die um 10,3 Prozent geringere Unterstützung durch die öffentliche Hand und Einbußen durch fallende Schweinepreise deutlich zu Buche schlugen.[178]

Was die Einkünfte aus der Land- und Forstwirtschaft je Familienarbeitskraft anlangt, so stellt das Südöstliche Flach- und Hügelland das Schlusslicht unter den österreichischen Produktionsgebieten dar; mit 127.387 ATS im Jahr 1998 liegt es deutlich hinter dem Spitzenreiter Nordöstliches Flach- und Hügelland (mit 235.775 ATS). Es musste auch von 1998 auf 1999 die stärksten Einkommenseinbußen mit minus 17 Prozent hinnehmen (das Nordöstliche Flach- und Hügelland konnte sogar 1 Prozent zulegen).[179] In

Tabelle 14: Einkünfte je Familienarbeitskraft 1999 und 2000 in Schilling

	Einkünfte aus Land- und Forstwirtschaft je FAK 1999	Gesamteinkommen je GFAK 1999	Einkünfte aus Land- und Forstwirtschaft je FAK 2000	Gesamteinkommen je GFAK 2000
Hochalpengebiet	148.692	217.144	142.325	220.017
Voralpengebiet	157.906	226.580	173.590	250.262
Alpenostrand	155.737	230.065	163.939	241.680
Wald- und Mühlviertel	140.131	217.210	153.494	234.128
Kärntner Becken	136.002	204.101	157.319	235.526
Alpenvorland	138.281	219.931	184.337	265.000
Sö. Flach- und Hügelland	105.473	204.337	149.208	247.994
Nö. Flach- und Hügelland	239.006	303.737	229.822	303.896

Quelle: Die Buchführungsergebnisse aus der österreichischen Landwirtschaft im Jahr 2000 (2001) 6 f.

diesen Zahlen sind noch die so genannten »degressiven Ausgleichszahlungen« enthalten, die 1998 letztmals ausbezahlt wurden (für 1999 wurden für Zucht- und Mastschweine nur mehr Restmittel ausbezahlt, daher auch der deutliche Einkommenseinbruch 1999). Lässt man die Stützung durch die degressiven Ausgleichszahlungen beiseite, so musste das Südöstliche Flach- und Hügelland im Vergleich von 1994 zu 1999 rund ein Drittel an Einkommenseinbußen hinnehmen. Die Rentabilität der Kleinbetriebe sank also durch den EU-Beitritt drastisch.

Das Gesamteinkommen der bäuerlichen Haushalte entstammte in unserem Produktionsgebiet 1999 nur mehr zu 41,7 Prozent aus der Land- und Forstwirtschaft (im Bundesmittel zu 57,2 Prozent); damit liegt es deutlich abgeschlagen am letzten Platz. Eigenkapitalbildung war so praktisch nicht mehr möglich (0,9 Prozent im Vergleich zum bundesweiten Durchschnitt mit 16,7 Prozent).[180] Ohne Reserven für Investitionsmöglichkeiten gab es folglich auch keinen zukunftsorientierten Betriebsbestand. Dem entspricht, dass, obwohl die öffentlichen Subventionen geringen Anteil an den betrieblichen Erträgen hatten, sie an den Einkünften aus der Land- und Forstwirtschaft mit 60,0 (1998) und 64,6 (1999) Prozent relativ großen Anteil hatten.[181]

Tabelle 14 zeigt die jüngste Entwicklung der Einkünfte der Familienarbeitskräfte in den buchführenden Betrieben. Wie schon erwähnt, lag 1998 und 1999 das Südöstliche Flach- und Hügelland weit abgeschlagen hinter allen anderen Produktionsgebieten zurück. Das verbesserte sich zwar 2000 erheblich (das hat mit dem BSE-Skandal und dem damit verbundenen höheren Absatz von Schweinen zu tun) – nun lukrierte eine

Familienarbeitskraft 149.208 Schilling –, aber es wurde noch immer das zweitschlechteste Ergebnis aller österreichischen Produktionsgebiete verzeichnet. Ähnliche Tendenzen sind auch beim Gesamteinkommen je Familienarbeitskraft zu diagnostizieren; die Ergebnisse sind gemildert, weil die außerbetrieblichen Anteile an den Einkünften im Südöstlichen Flach- und Hügelland über 52 Prozent betragen und damit über dem Bundesschnitt liegen.[182]

Diese Zahlen weisen also das Südöstliche Flach- und Hügelland nach wie vor als das landwirtschaftliche Armenhaus Österreichs aus. Der EU-Beitritt hat der Region viele Probleme gebracht. Die Frage ist nun, welche Optionen sich für die in Krise stehenden landwirtschaftlichen Betriebe ergeben.

2. Auswege und Perspektiven

Vom Bauern zum Nebenerwerbslandwirt?

Der Nebenerwerb ist mittlerweile die vorherrschende bäuerliche Betriebsform geworden. Das korrespondiert mit der Einschätzung, dass die Landwirtschaft »in vielen Regionen des ländlichen Raums ihre herausragende und prägende Stellung verlieren und zunehmend von der regionalen Wirtschaftsentwicklung abhängig werden« wird.[183] »Die zunehmende Verflechtung von Landwirtschaft und regionaler Wirtschaft wird einerseits über verstärkte ökonomische Austauschbeziehungen und andererseits über zunehmende Mehrfachbeschäftigung (Erwerbskombination) der bäuerlichen Bevölkerung erfolgen.«[184]

Die Mehrheit der landwirtschaftlichen Betriebe in unserem Gebiet ist auf ein außerlandwirtschaftliches Einkommen angewiesen. Das land- und forstwirtschaftliche Schulwesen in der Steiermark hat sich darauf eingestellt und bietet eine zweiberufliche Ausbildung an. Im Fachbereich Land- und Forstwirtschaft wird eine Grundausbildung in der Holz- und Metallverarbeitung sowie im Baugewerbe, im Fachbereich Ländliche Hauswirtschaft eine Ausbildung für Touristikberufe und Sozial- und Pflegeberufe angeboten. Wenn AbsolventInnen dieser Schulen einen außerlandwirtschaftlichen Zweitberuf erlernen, wird ihnen für diesen bis zu ein Ausbildungsjahr angerechnet. Aufgrund der Bedeutung des Fremdenverkehrs in der Südoststeiermark ist der Schulversuch »Dreijährige Fachschule für Gästebeherbergung, Direktvermarktung und Sozialdienste« von besonderem Interesse. Nach der »Zweijährigen landwirtschaftlichen Hauswirtschaftsschule« erfolgt eine einjährige Spezialausbildung in den genannten Bereichen. Im Schuljahr 1999/2000 nahmen 16 SchülerInnen im Schloss Stein bei Fehring an dieser Ausbildung teil.[185]

Neue Formen bäuerlicher Arbeit

Auch die EU hat in ihrer Förderungspolitik auf diese Entwicklungen reagiert. Wichtig ist in diesem Zusammenhang der Begriff »Territorium« geworden, der »eine neue Dimension der europäischen Politik« markieren soll. Das »charakteristische Merkmal des

Territoriums der Europäischen Union (EU)« ist »seine auf engem Raum konzentrierte kulturelle Vielfalt. Hierdurch unterscheidet es sich von anderen großen Wirtschaftsräumen der Welt, wie USA und Japan.« Diese Vielfalt, apostrophiert als »potentiell einer der wichtigsten Entwicklungsfaktoren der EU, muß im Zuge der europäischen Integration gewahrt bleiben«. Deshalb dürfe die Lokal- und Regionalpolitik die »lokalen und regionalen Identitäten, die zur Bereicherung der Lebensqualität aller Bürgerinnen und Bürger beitragen, nicht vereinheitlichen«.[186]

Zur konkreten Umsetzung dieses Konzeptes wurde ein »Europäisches Raumentwicklungskonzept« (EUREK) initiiert, das zur Verwirklichung »dreier großer Ziele der Europäischen Union« führen soll:
– »Wirtschaftlicher und sozialer Zusammenhalt«, das heißt »die Verringerung der Entwicklungs- und Lebensstandardunterschiede zwischen den Regionen«,
– »nachhaltige Entwicklung, und zwar »dauerhaft und im Sinn des Umweltschutzes«, und
– eine »verstärkte, aber ausgeglichene Wettbewerbsfähigkeit für die unterschiedlichen europäischen Regionen«.[187]

Zentrales Instrument ist in diesem Kontext die »Gemeinschaftsinitiative INTERREG«, die von Seiten der Europäischen Kommission seit Beginn der Strukturfondsförderung der Jahre 1989 bis 1993 mit der »Hauptzielsetzung« eingerichtet wurde, »die Kooperation über die nationalen Grenzen hinweg zu stärken«.[188]

Ein repräsentatives Beispiel aus unserem Gebiet ist das Projektbündel »Lebensraum Unteres Murtal« mit bislang 17 abgeschlossenen Einzelprojekten zur nachhaltigen Nutzung der Ressourcen dieses Raumes (Gesamtkosten des Projektes bisher 2,66 Millionen Euro, davon 62 Prozent durch die öffentliche Hand finanziert). Grundlage des Projekts war eine Reihe von Untersuchungen, wobei die erhobenen Daten in ein »fachübergreifendes ökologisches Bewertungsmodell (Synthesemodell)« – so der Anspruch der Projektbetreiber – integriert wurden. Es entstanden »wesentliche Umsetzungsprojekte«, allen voran die »Ertüchtigung« des Mühlbaches Mureck-Bad Radkersburg mit Kosten von rund 0,96 Millionen Euro, ein Projekt, das mit dem Umweltschutzpreis des Landes Steiermark ausgezeichnet wurde. Ferner ist die enge Zusammenarbeit mit der slowenischen Seite (PHARE-CBC) festzuhalten.[189]

Ein weiteres Projekt ist der »Grenz-Panoramaweg Steiermark-Slowenien«, in Auftrag gegeben vom »Erlebnis- und Erholungsland Südweststeiermark«. Generell setzt man heute wieder verstärkt auf die Themenschwerpunkte »Wandern« und »Naturerlebnis«. Denn vor allem in der Grenzregion Steiermark-Slowenien »sind die landschaftlichen Voraussetzungen für eine Profilierung als Erlebnis- und Wanderregion geradezu ideal: Vielfalt in der Kulturlandschaft, unterschiedliche naturräumliche Rahmenkulissen und einzigartige gastronomische Besonderheiten (Buschenschanken, Weingasthöfe)«. Nach einer Konzept- und Planungsphase im Jahr 1997 wurden 1998 »die ersten Umsetzungsschritte (Logo, Beschilderung, Erweiterung Internationales Touristenabkommen, Packages) gesetzt« und mit der touristischen Vermarktung begonnen. Die offizielle Eröffnung der Route erfolgte am 1. August 1999, wobei durch das Projekt die Grenzübertrittsmöglichkeiten wesentlich verbessert wurden.[190]

Die Murecker
Schiffsmühle, 2000

Mitte der Neunzigerjahre hatte sich in Mureck der aus circa 300 Mitgliedern bestehende Verein der »Murmüller Bauern« zum Ziel gesetzt, nach dem Vorbild der letzten slowenischen Murmühlen eine historische Schiffsmühle zu errichten und einen Müller anzustellen. Das Projekt – gefördert von EU, Bund und Land – entwickelte sich in Zusammenarbeit mit einem Mühlenhof im Uferbereich der Schiffsmühle mit steirischem Wirtshaus hervorragend und besitzt nicht zuletzt wegen seiner Vernetzung mit neun »Murmüller Bauern«, die den Mühlenhof mit Getreide, Obst, Wein und anderem beliefern, Vorbildwirkung. Seit der Inbetriebnahme der »Murecker Murmühle« am 22. Juni 1997 wird hier regelmäßig Weizen, Dinkel und Roggen aus biologischem Anbau zu Vollkornmehl vermahlen, wobei das Mehl direkt bei der Mühle gekauft werden kann. Zusätzlich werden der Jahreszeit entsprechende heimische Spezialitäten, kulturelle Veranstaltungen und Führungen angeboten.[191]

Die Erfolgsgeschichte der Murecker Schiffsmühle fand am 14. August 2002 ein abruptes Ende: Das Hochwasser versenkte die Mühle in der Mur. Wie populär das Projekt in der Region ist, verdeutlichte der Aufruf zu einer »Benefiz-Veranstaltung« am 25. Oktober 2002, zu der sich alle 19 Gemeinden des Bezirks Radkersburg zusammengeschlossen hatten: »Dieses einmalige Bauwerk hat sich zu einem bedeutenden touristischen Fixpunkt für unsere gesamte Region entwickelt, und es ist für uns alle wichtig, jede mögliche Hilfe zu bieten, um diese Schiffsmühle zu erhalten und die Voraussetzungen zu schaffen, damit sich die Räder möglichst bald wieder wie gewohnt drehen können.«[192]

Einen besonders guten Klang besitzt mittlerweile das Wort »Buschenschank« bei vielen Menschen. »Der Buschenschank ist steirisch, es gibt ihn nirgendwo sonst. Und er findet sich nur mitten im Weingebiet, also in der Südost-, Süd- und Weststeiermark«,[193] so die Selbsteinschätzung der Marktgemeinschaft »Steirischer Wein«. Laut einer vom Verein »Integrierte ländliche Entwicklung« und der Landeskammer für Land- und Forstwirtschaft in Auftrag gegebenen Motivanalyse sind 84 Prozent der BesucherInnen der steirischen Buschenschanken sehr zufrieden mit dem dortigen Angebot. Die Befragten bescheinigen der Buschenschank ein eigenständiges Profil, das sich deutlich von

Südoststeirisches Weinland mit der Klapotetz. Der Name Klapotetz kommt aus dem Slowenischen und heißt so viel wie Klapper- oder Windrad.

einem Restaurant unterscheide. Geschätzt werden vor allem die »selbst gemachten Hausspezialitäten«, die »ungezwungene und gemütliche Atmosphäre«, die »schönen Naturplätze«, das »Erlebnis im Freien«. Ein einziger Kritikpunkt wird von 12 Prozent der Befragten genannt: Man wünscht sich »ein etwas verändertes Speiseangebot in Richtung leichtere, fleischlose Speisen«.[194] Dessen ungeachtet stellen die steirischen und vor allem südoststeirischen Buschenschanken mittlerweile eine Freizeitattraktion dar, die eine Vielzahl von Gästen von nah und fern anzieht.

Diese neuen Formen bäuerlicher Arbeits- und Lebensweisen entsprechen einer gesamtgesellschaftlichen Entwicklung, die dadurch gekennzeichnet ist, dass primäres Ziel »nicht der Erwerb und die Produktion, sondern die Muße und die Erfahrung ist«.[195] Dazu Hoppichler und Krammer: »Die Sensibilisierung eines beachtlichen Teiles der Bevölkerung für Werte wie Naturerfahrung, selbstbestimmte Arbeit, kreative Passivität, Spontaneität oder lustbetontes Leben könnte längerfristig größere reale Auswirkungen auf die bäuerliche Welt und Regionen haben als technologische Entwicklungen.«[196]

»Klein, aber fein«: Biologische Landwirtschaft

Neben diesen neuen Formen bäuerlicher Arbeit bietet der Umstieg auf biologisch orientierte Landwirtschaft eine wichtige Alternative, zumal das ÖPUL für eine solche Betriebsumstellung Hilfe anbietet. 1987 wurden in Österreich über so genannte Umstellungsbeiträge Anreize für die Bauern geschaffen, den Umstieg in die biologische Landwirtschaft zu wagen. 1992 wurde Ähnliches auf EU-Ebene initiiert. Österreich war bei der Zahl der Biobetriebe lange Zeit führend in Europa. In den letzten Jahren stagnieren allerdings die Zahlen – trotz des österreichischen Gesetzes zur Bioförderung aus dem Jahr 1994 und der organisatorischen Unterstützung durch das ÖPUL –, während sie in einigen anderen EU-Ländern rapid wachsen. Die österreichische Stagnation ist erstaunlich, zumal die Absatzchancen steigen und die Verkaufspreise sehr gut sind.[197]

In der Steiermark gab es 1997 bereits über 3.400 Biobetriebe. Drei Viertel davon waren im Vertriebsverband »Ernte für das Leben« organisiert, dem größten und einflussreichsten in Österreich.[198] Daneben hat die direkte Vermarktung bereits große wirtschaftliche Bedeutung erlangt – zum Vorteil für die Biobauern wie auch für die Verbraucher: Die Bauern erzielen durch die Ausschaltung des Zwischenhandels höhere Preise und die KundInnen erhalten frische und hochwertige Lebensmittel. Mittlerweile umfasst der Kundenstock der Direktvermarkter in der Steiermark bereits rund 40.000 Menschen. Auch die »Bauernmärkte«, von denen es in der Steiermark rund 90 gibt, dienen der Direktvermarktung.[199]

Gemessen an den etwa 20.000 österreichischen Biobetrieben spielen jene im Südöstlichen Flach- und Hügelland eine unbedeutende Rolle; der Grüne Bericht 1998/99 führt nicht einmal ihre Zahl an. 70 Prozent der Betriebe befinden sich im Alpengebiet; 53 Prozent sind Futterbaubetriebe und nur 4 Prozent sind landwirtschaftliche Mischbetriebe.[200] Diese Zahlen erklären auch, weshalb diese alternative Bewirtschaftungsform in der südöstlichen Steiermark kaum Fuß fassen kann. Das große Geschäft liegt in der Fleischproduktion und diese war und ist eine Domäne des Alpengebiets mit ihren ausgedehnten Wiesen und Weiden.

Wie ein Biobetrieb in unserem Untersuchungsgebiet funktionieren kann, zeigt das Beispiel der Familie A. aus Untergroßau an der Grenze zwischen den Bezirken Fürstenfeld und Weiz im Bezirk Weiz. Auffallend ist die Größe des Hofes mit 13 Hektar; dazu kommen noch Pachtflächen in Niederösterreich, um die Nachfrage nach Bienenhonig befriedigen zu können. Der Hofeigentümer war bereits in Graz einem nichtlandwirtschaftlichen Beruf nachgegangen, als er sich aufgrund der Nachfrage nach seinem hobbymäßig erzeugten biologischen Honig entschloss, wieder Vollerwerbslandwirt zu werden; heute muss er für die Bewältigung der Arbeit sogar Teilzeitbeschäftigte einsetzen. Neben der Imkerei werden Gemüse, Kartoffeln, Getreide und Ölfrüchte angebaut. Tiere gibt es keine am Hof. Die Familie verkauft ihre Produkte direkt auf Bauernmärkten in Gleisdorf, Weiz, Ilz und Sinabelkirchen und hat dort bereits eine große Zahl an Stammkunden.[201]

Solch günstige Rahmenbedingungen finden nur wenige Betriebe im Südöstlichen Flach- und Hügelland vor, wenn sie auf biologische Betriebsführung umstellen wollen; dazu kommt, dass sich der Anteil der abzusetzenden Bioprodukte schätzungsweise auf rund 15 Prozent der insgesamt verkauften Produkte einpendeln dürfte.[202]

Direktvermarktung

Wie sieht es generell mit den Chancen für die Direktvermarktung bäuerlicher Produkte aus? Als zukunftsfähiges Produkt hat sich bislang vor allem der Wein erwiesen. In einer von der Landeskammer für Land- und Forstwirtschaft in der Steiermark herausgegebenen Broschüre werden in der Region immerhin 78 direkt vermarktende Betriebe angepriesen.[203]

Dieses strukturelle Ungleichgewicht zuungunsten der anderen bäuerlichen Produktionssparten wurde auch in einem Workshop der Direktvermarkter der Region im Jahr

Ein Leiterwagen mit Kürbissen als Dekoration vor dem Haus eines bäuerlichen Direktvermarkters

2002 thematisiert: Beklagt wurden zu kleine Umsätze und zu wenig Verkaufsstellen, es hieß, die KundInnen wollen keine höheren Preise für Qualitätsprodukte zahlen, der ländliche Markt sei rasch gesättigt, die Transportwege in die Stadt wiederum zu lang; gefordert wurde unter anderem ein überregionales Marketing. Nach dem »Jahrzehnt des Weines« hofft man nun auf ein »Jahrzehnt des Fleisches«; eine Voraussetzung dafür wäre eine sinnvolle Kooperation mit Schlachtbetrieben unter einer Dachmarke, wie zum Beispiel »Steirisches Vulkanland«, in einer Mischung von biologisch und konventionell erzeugten Produkten.[204]

Eine Möglichkeit der überregionalen Vermarktung besteht bereits in der »ARGE bäuerlicher Selbstvermarkter Steiermark«, die mit ihrem »Gourmetpass« den KonsumentInnen die Tür zu rund 650 steirischen Direktvermarktern öffnen will. In einem Begleitschreiben von Gerhard Wlodkowski, Präsident der Landeskammer für Land- und Forstwirtschaft in der Steiermark, und Erich Pöltl, Agrar- und Umwelt-Landesrat, heißt es:

»Weit über die Grenzen bekannt sind der rassige Schilcher, die exzellenten steirischen Weine, die feinen Edelbrände, die frisch-saftig-steirischen Äpfel, das zarte und vitaminreiche Porki-Qualitätsschweinefleisch, das saftige Styria-Beef, das feine Styria-Lamm oder das würzige Almo – ganz zu schweigen vom schwarzen Gold der Steiermark, dem im In- und Ausland beliebten steirischen Kürbiskernöl. [...] haben die Steiermark mit einem Netz von Hofläden, Ladengeschäften, Bauernmärkten und Erlebnisbauernhöfen überzogen.«[205]

Leichter haben es die größeren Höfe

All diese Aktivitäten bezeugen, dass die Bauernbetriebe auch in der südöstlichen Steiermark bereit sind, neue Wege in Produktion und Vermarktung einzuschlagen, die Initiative zu ergreifen und nicht mehr wie in der Vergangenheit warten wollen, was »die da oben« entscheiden. In den Diskussionen werden aber auch die bestehenden Schwierigkeiten offenkundig: Es ist in erster Linie die kleinbäuerliche Struktur, die die Hoffnung dämpft, in der EU – zumal in einer nach Osten erweiterten EU – überleben zu können. Diese pessimistische Stimmung behindert den Aufbau von durchsetzungsfähigen Vermarktungsorganisationen und zahlreicheren Zusammenschlüssen (wie etwa Maschinenringen). Viele denken auch deshalb nicht an solche Alternativen, da sie wissen, dass die nachkommende Generation den Betrieb nicht mehr weiterführen wird.

Ein Beispiel für viele ist der Schweine- und Obstbauer A. G. in Gnas (Bezirk Fürstenfeld). Er verkauft jährlich etwa 60.000 Kilogramm Äpfel und hat etwa 30 Sauen in seinem Stall stehen, mit denen er nach der Schweinekrise in der zweiten Hälfte der Neunzigerjahre wieder bessere Erträge erzielen kann. Er komme über die Runden, nur investieren könne er nichts. Im Obstbereich sei kaum etwas zu verdienen; zudem zahlen die Zwischenhändler in Raten und man wisse nicht, wann und wie viel Geld man für die Ernte bekomme. Die Mastschweine habe er im Grunde genommen nur noch, um den Mais zu verfüttern; den Mais zu verkaufen lohne sich aufgrund des Preises nicht. Seine Produkte selbst zu vermarkten, könne er sich nicht vorstellen, da er dafür viel Geld investieren müsste, um den EU-Normen gerecht zu werden. Er werde in zwei Jahren in Pension gehen. Seine Kinder werden den Hof wohl nicht weiterführen. Im landwirtschaftlich geprägten Gnas gebe es überhaupt nur zwei Söhne, die die Vollerwerbsbetriebe ihrer Väter weiterführen wollten.[206]

Findigkeit, eine gute Ausbildung, die über die Fachausbildung in einer landwirtschaftlichen Sparte hinausgeht, das Sich-Einlassen auf die neuen Medien, die Bereitschaft, mit überregionaler Kundschaft zu kommunizieren, ausreichend kultivierbarer Boden und unternehmerisches Denken werden die Attribute sein, die die Bäuerinnen und Bauern in Zukunft kennzeichnen werden.

Die sicherste Grundlage für wirtschaftliches Überleben stellt noch immer eine über Generationen ererbte Betriebsgröße dar. Aber dies allein ist nicht ausreichend, wie die zwei folgenden Beispiele zeigen: Zusätzliche Faktoren sind Glück bei betrieblichen Weichenstellungen sowie rechtzeitige Reaktion der Vorfahren auf sich verändernde Wirtschaftsbedingungen. So kann selbst ein Sturm, der einen wesentlichen Teil des Eigenwaldes zerstört, zum Ausgangspunkt für eine innovative Investition werden. Auch die richtige Weitergabe des Erbes von einer Generation auf die andere und Bescheidenheit in der Lebensführung können eine Rolle spielen.

Der Weinbauer A. L. aus einer Gemeinde im Bezirk Radkersburg leitet einen mittelgroßen Weinbaubetrieb. Gemessen an EU-Strukturen, zählt der Betrieb zu den Kleinbetrieben mit 40.000 bis 50.000 ab Hof verkauften Flaschen. Der landwirtschaftliche Besitz umfasst 15 Hektar Ackerland, 14,5 Hektar Wald und 1,5 Hektar Weingärten; zwölf Hektar Land sind verpachtet.

Der Großvater Johann war sehr initiativ; er führte einen gemischten Selbstversorgerbetrieb, wie so viele in der Region: Wein, Getreide, Gemüse, Flachs, Holz, Vieh. Er organisierte in den Dreißigerjahren den Bau einer Dreschhütte in Straß und lieferte das Holz zu. 1936 schaffte er den ersten Traktor der Gegend an. Darüber hinaus hatte er bereits in den Zwanzigerjahren die Molkereigenossenschaft und eine Obstverwertungsstelle in Mureck gegründet. Kurz, ein richtiger Fortschrittsbauer mit gesichertem ökonomischem Hintergrund. Als solcher beugte er sich auch den Nazis nicht und wurde eingesperrt. Er war ein Mensch, der auch im hohen Alter noch alles zu bestimmen suchte. Er starb 86-jährig in den Sechzigerjahren. Die Hofübergabe stellte kein Problem dar; der Hof blieb substanziell ungeschwächt erhalten.

Der Vater von A. L. konnte sich im Schatten des Großvaters nie selbstständig entfalten. Er hatte eine landwirtschaftliche Ausbildung erhalten und 1948 geheiratet. Im Unterschied zum fortschrittlichen Großvater war er ein »Bremser«. Dem Großvater war es zu verdanken gewesen, dass bereits 1958 der erste moderne Traktor angeschafft wurde, dann kam der Mähbinder, 1965 der erste Ladewagen. Als der Vater den Hof allein hätte leiten können, waren seine Kinder bereits so groß, dass sie sich in die wirtschaftlichen Entscheidungen immer stärker einzumischen begannen. Als die ersten Mähdrescher in der Region angeschafft wurden, verweigerte der Vater die Nutzung und so wurde weiterhin händisch gearbeitet. Laut Einschätzung der Söhne hatte der Vater die Zeichen der Zeit nicht erkannt und die Spezialisierung versäumt. Zur Spezialisierung auf Schweinemast kam es erst durch den Druck der beiden Söhne im Jahr 1973.

Die Hofübergabe erfolgte 1983/84 an den jüngeren Sohn, der die Weinbaufachschule in Silberberg absolviert hatte. Auch diesmal gab es keine Probleme. 1982 hatte A. geheiratet. Er hat heute zwei Töchter und einen Sohn. Dieser wird eine Ausbildung in einer Weinfachschule erhalten und später den Hof übernehmen. Der derzeitige Hofinhaber scheint die Fortschrittlichkeit seines Großvaters geerbt zu haben. In den besten Jahren verkaufte er jährlich an die 500 Schweine. 1984 baute er – dies war damals noch eine Seltenheit – einen Freilaufstall mit Platz für circa 120 Schweine. Dies bedeutete eine beträchtliche Investition, da auch Silos zu errichten waren. Im Jahr zuvor hatte allerdings ein starker Sturm rund drei Hektar Wald zunichte gemacht. Das Holz konnte als Bauholz zu einem sehr guten Preis verkauft werden, was die oben erwähnte Investition ermöglichte.

Noch rechtzeitig vor der großen Schweinepreiskrise wurde der Betrieb auf Weinbau (Weißburgunder) spezialisiert. Der Wein wird ab Hof verkauft bzw. an Stammkunden auch in Nachbarstaaten zugestellt. An die Etablierung eines Buschenschankbetriebs denkt A. L. nicht. Er erledigt die Weingartenarbeit, die Frau den Haushalt und den Weinverkauf. Während der Arbeitsspitzen hilft er sich mit Erntehelfern aus Slowenien und der Ukraine aus – unter ihnen auch die Nachkommen einer ukrainischen Erntehelferin, die im Zweiten Weltkrieg der Familie seiner Mutter zugeteilt gewesen war.[207]

Der Hof von H. K., ebenfalls in einem Dorf im Bezirk Radkersburg gelegen, durchlief eine ähnlich erfolgreiche Entwicklung. Er umfasst heute 24 Hektar Grund, davon die eine Hälfte Wald und die andere landwirtschaftliche Nutzfläche (acht Hektar Acker und vier Hektar Wiesen). Der Hof ist ein reiner Rinderbetrieb, bestehend aus 19 Kühen und acht Stieren (Fleckvieh). Bereits vor etwa hundert Jahren hatte der Betrieb ungefähr diese Besitzgröße gehabt. Die Weitergabe des Hofs vom Großvater auf den Vater war reibungslos verlaufen. Dem einzigen Bruder des Vaters wurde vom Großvater ein Haus gebaut, die beiden Schwestern verblieben am Hof. Selbst in der Krisenzeit zwischen den beiden Weltkriegen geriet der Hof dank eines 27 Kilometer entfernten Weingartens (in Slowenien) nie in Schwierigkeiten. Der Weingarten brachte Bargeld, der Rest reichte zur Selbstversorgung.

Der Vater hatte sich gegen eine Spezialisierung des Betriebes entschieden; er hatte eine breite landwirtschaftliche Ausbildung genossen und sein Credo war: Ein Stuhl muss vier Beine haben und nicht nur einen; im Falle des Betriebes ein wenig Wein, etwas Wald, Vieh und in den Sechzigerjahren auch Gemüse. 1956 kam der erste Traktor, finanziert durch eine Waldschlägerung; 1965 erfolgten Stallumbau und die Anschaffung einer Melkmaschine. Als einer der wenigen im Dorf stellte er nicht auf Schweinemast um, sondern blieb bei der Rinderhaltung.

Erst im Alter von 43 Jahren übernahm der jetzige Besitzer den Betrieb, nachdem er zwei Jahre zuvor geheiratet hatte. Die Übergabe des Hofes an den Sohn stellte für den Vater ein Problem dar, weil die beiden von unterschiedlichem Charakter waren. Vor kurzem erfolgte der Stallumbau in einen Freilaufstall, wobei wieder etwas Glück bei der Finanzierung dabei gewesen war: Ein Brand war durch eine Versicherung gedeckt gewesen. Die Weintrauben werden an einen Weinbauern in der Nähe verkauft; die Milch wird so weit möglich ab Hof verkauft, ebenso das Fleisch. Der Rest wird über den Rindermastring vertrieben. Das Ehepaar, die drei Kinder und der mithelfende Bruder kommen ohne ein zusätzliches Einkommen zurecht.

Diese zwei erfolgreichen Hofbiografien zeigen die subjektive Seite des Erfolgs. Freilich, die beiden Höfe gingen gut mit Grund und Boden ausgestattet in das 20. Jahrhundert. Aber was wäre gewesen, wenn der Großvater von A. L. nicht ein »Fortschrittsbauer« gewesen wäre? Wenn die Übergaben an die nächsten Generationen den Betrieb arg belastet, wenn die beiden Söhne den Vater nicht in die Spezialisierung gedrängt hätten? Und im anderen Fall: Was wäre aus dem Hof ohne den Hektar Weingarten in Slowenien geworden? Wie hätte er sich entwickelt, wenn sich der Vater für die lockende Spezialisierung auf Schweinemast entschieden hätte, anstatt auf der Rinderzucht zu beharren?

Schlusswort

Die beiden Fallgeschichten sind symptomatisch für die agrarische Entwicklung im Südöstlichen Flach- und Hügelland der letzten hundert Jahre. Die großteils kleinstrukturierten Betriebe blieben bis nach dem Zweiten Weltkrieg Selbstversorgerwirtschaften. Bodenbeschaffenheit und Topografie ließen das Entstehen großer, rationeller zu bewirtschaftender Betriebe nur beschränkt zu. An der ertragreichen Sonderkultur Wein konnten nur relativ wenige partizipieren. Dazu kam die Grenzlandsituation seit 1918 und die Abkopplung der Region von städtischen Zentren wie Maribor in Slowenien. Diese regionalen Besonderheiten unterschied das Südöstliche Flach- und Hügelland von anderen österreichischen Produktionsgebieten.

Wie die beiden zitierten Beispiele zeigen, war es größeren Betrieben relativ leicht möglich, in den Fünfzigerjahren Rationalisierungsmaßnahmen (zumeist mit dem Ankauf eines Traktors als erstem Schritt) zu setzen. Für die kleinen Betriebe wurde es dagegen schwierig, mit der allgemeinen Entwicklung Schritt zu halten – es sei denn, sie lagen in Weinbaugebieten.

Die seit Mitte der Sechzigerjahre einsetzende Spezialisierung auf Schweinemast in Kombination mit Maisanbau schien auch kleineren Betrieben eine Überlebenschance zu bieten. Doch letztlich erwies sich dieser Weg als eine Sackgasse: Zu gravierend waren die negativen ökologischen Auswirkungen und zu stark sank der Verkaufspreis für Schweine nach dem EU-Beitritt Österreichs 1995.

Seither sind Alternativen gefragt; viele Höfe können dem verschärften Preisdruck nur durch ein Ausweichen in agrarische Nischenproduktionen entkommen. Wie die beiden skizzierten Beispiele zeigen, tun sich größere Betriebe in dieser Situation wesentlich leichter: Der eine wechselte von der Schweinemast in den Qualitätsweinbau, der andere konnte bei seiner bereits traditionellen Rinderhaltung bleiben. Für die kleineren Betriebe dagegen wird es noch schwieriger als bislang. Sinkende Einkommen aus der landwirtschaftlichen Tätigkeit können nur eine gewisse Zeit lang verkraftet werden. Eine biologisch geführte Landwirtschaft verspricht zwar höhere Erträge, aber die Region scheint im Vergleich zu anderen österreichischen Produktionsgebieten dazu wenig geeignet zu sein. Für einen Umstieg sind außerdem Investitionen vonnöten, die viele aufgrund der prekären Einkommenssituation nicht tätigen können. Ähnliches gilt für die Direktvermarktung.

Man braucht kein Prophet zu sein, um vorherzusehen, dass das Südöstliche Flach- und Hügelland in den kommenden Jahrzehnten entagrarisiert werden wird. Welche Rolle wird der EU-Beitritt Sloweniens und Ungarns dabei spielen? Er wird diesen Prozess wohl beschleunigen, da die Erzeugerpreise beider Länder – zumindest noch für einige Jahre – unter jenen in der Südoststeiermark liegen werden.

Die Menschen müssen sich also auf eine grundlegende Umstrukturierung ihrer Region in den nächsten Jahrzehnten einstellen. Dies muss nicht zum Nachteil sein, denn die Gründung eines neuen EU-Territoriums, dem neben der Südoststeiermark auch Ostslowenien und Westungarn angehören sollten, könnte neue Impulse verleihen.

Dass viele Bäuerinnen und Bauern auf sehr innovative Weise versuchen, ihr Überleben zu sichern, mag auch die Herausgabe des erstmals 2001 erschienenen Jungbauernkalenders verdeutlichen. Ob es wirklich darum geht, auf »die schönen Seiten des Landlebens, die Erotik des Lebens in der Natur und die Schönheit und die Erotik der bäuerlichen Arbeit« aufmerksam zu machen,[208] sei dahingestellt; festzuhalten ist, dass die 2.000 aufgelegten Stück des in der Steiermark produzierten Kalenders innerhalb von drei Tagen ausverkauft waren. Die einzelnen Kalenderblätter waren im Internet auf der Homepage der Jungbauern abrufbar. 400.000 Internetzugriffe im ersten Jahr sprechen für die Attraktivität des Produkts. Hauptsponsor für den Jungbauernkalender MEN EDITION ist übrigens seit 2002 die »Raiffeisen Ware Austria Aktiengesellschaft«.[209]

Insofern bleibt zu hoffen, dass das bäuerliche Leben und Arbeiten in der südöstlichen

Steiermark zukünftig nicht von Öko-Archäologen in der Art bestimmt wird, wie es uns Umberto Eco an einem US-amerikanischen Beispiel geschildert hat:
»Öko-Archäologen in Old Bethpage Village auf Long Island [bemühen sich], einen Bauernhof aus dem frühen 19. Jahrhundert so zu rekonstruieren, wie er damals gewesen war. Aber so, wie er damals gewesen war, heißt auch mit dem Vieh, wie es damals gewesen war, und nun trifft es sich, dass die Schafe jener Zeit dank raffinierter Zuchtverfahren eine interessante Evolution durchgemacht haben, denn damals hatten sie schwarze Köpfe ohne Wolle, und heute haben sie weiße mit Wolle und sind natürlich ergiebiger. Und nun arbeiten die besagten Öko-Archäologen an einem neuen Zuchtverfahren, um eine ›evolution retrogression‹ der Schafe zu erzielen.« Würde auch bei uns der nationale oder regionale Züchterverband sein Veto einlegen gegen »diese Beleidigung des biotechnischen Fortschritts«? Und würde es auch bei uns zum selben Streitfall kommen? »Die Verfechter des ›Immer voran!‹ gegen die Verfechter des ›Vorwärts zurück!‹ – wobei man nicht weiß, wer die utopischeren Phanta-Szientisten sind und wer die wahren Fälscher der Natur.«[210]

Statistischer Anhang

Die nachfolgenden Statistiken enthalten die Daten für die Bezirke Feldbach, Fürstenfeld, Leibnitz und Radkersburg. Weiters sind die südoststeirischen und steirischen Zahlen ausgewiesen. Vor 1938 war der Bezirk Fürstenfeld Teil des Bezirkes Feldbach. Bei den steirischen Werten ist zu berücksichtigen, dass der Gerichtsbezirk Bad Aussee in der NS-Zeit nicht zur Steiermark zählte, jedoch die burgenländischen Gerichtsbezirke Güssing, Jennersdorf, Oberpullendorf und Oberwart.

Tabelle 1: Hühnerbestand 1900–1999

Jahr	Feldbach	Fürstenfeld	Leibnitz	Radkersburg	Südoststmk.	Steiermark
1900	128.704		100.849	67.426	396.979	1.252.144
1917	104.518		81.514	48.485	234.517	1.040.674
1930	142.207		119.292	50.302	311.801	871.471
1938	180.527	50.999	197.605	78.435	507.566	1.510.996
1940	141.856	40.660	124.386	62.888	369.790	1.150.405
1946	86.894	28.490	74.873	38.364	228.621	722.426
1951	134.164	43.709	112.673	58.887	349.433	1.239.582
1961	245.135	57.955	200.410	88.499	591.999	1.841.430
1971	627.986	106.168	185.621	165.607	1.085.382	2.463.073
1981	1.635.767	127.628	207.717	296.721	2.267.833	3.976.410
1983	1.709.677	124.295	195.712	262.810	2.292.494	3.961.911
1991	1.583.820	143.674	255.812	186.426	2.169.732	3.738.493
1995	1.401.993	157.218	201.230	235.418	1.995.859	3.661.980
1999	1.958.980	150.166	173.967	196.385	2.479.498	4.366.019

Quelle: Nutztierhaltung in Österreich Heft 667, 826, 1078, 1153; Landwirtschaftliche Betriebszählung 1930; Österreichisches Statistisches Zentralamt, Ergebnisse der land- und forstwirtschaftlichen Statistik 1937–1999 (entsprechende Jahrgänge).

Tabelle 2: Rinderbestand 1900–1999

Jahr	Feldbach	Fürstenfeld	Leibnitz	Radkersburg	Südoststmk.	Steiermark
1900	56.202		44.275	26.581	127.058	510.252
1910	57.358		40.824	25.627	123.809	683.443
1917	50.017		36.353	24.615	110.985	628.878
1923	46.792		34.322	16.264	97.378	409.290
1930	53.884		37.298	18.413	109.595	436.003
1938	46.853	13.743	41.174	19.662	121.432	494.606
1940	46.644	13.166	41.207	19.512	120.529	492.025
1946	39.731	11.318	36.119	16.336	103.504	433.877
1951	42.130	12.155	36.798	18.017	109.100	441.333
1961	49.284	14.410	40.183	21.341	125.218	471.308
1971	45.741	14.036	33.532	21.294	114.603	469.808
1981	35.593	8.572	25.436	14.897	84.498	454.599
1983	35.461	8.340	24.762	13.955	82.518	469.549
1991	28.029	6.251	20.209	8.960	63.449	435.389
1993	22.933	5.048	17.107	6.869	51.957	396.751
1995	21.672	4.613	16.412	6.247	48.944	398.377
1999	17.009	3.506	13.476	4.606	38.597	362.066

Quelle: ÖS 34, 92, NF 5; Schneiter, Rindviehzucht 28 f.; Landwirtschaftliche Betriebszählung 1930; Österreichisches Statistisches Zentralamt, Ergebnisse der land- und forstwirtschaftlichen Statistik 1937–1999 (entsprechende Jahrgänge).

Tabelle 3: Pferdebestand 1900–1999

Jahr	Feldbach	Fürstenfeld	Leibnitz	Radkersburg	Südoststmk.	Steiermark
1900	6.015		2.960	3.394	12.369	40.076
1910	4.845		2.363	3.038	10.246	67.602
1917	4.036		1.692	2.018	7.746	46.158
1923	4.569		2.431	1.934	8.934	33.931
1930	3.978		1.984	1.515	7.477	27.639
1938	2.423	907	1.412	1.182	5.924	23.872
1940	1.997	799	1.161	1.100	5.057	21.255
1946	2.906	1.135	2.353	1.597	7.991	32.960
1951	2.807	1.012	2.176	1.491	7.486	31.853
1961	1.790	531	1.402	738	4.461	20.093
1971	339	46	235	53	673	6.396
1981	367	111	322	53	856	6.565
1983	342	126	317	53	838	6.655
1991	549	192	476	118	1.335	9.197
1995	794	227	648	159	1.828	12.230
1999	990	268	768	156	2.182	13.583

Quelle: ÖS 2, 34, 60, 92, NF 5; Schneiter, Rindviehzucht 28 f.; Statistisches Handbuch für die Republik Österreich (1924) 144–147; Landwirtschaftliche Betriebszählung 1930; Österreichisches Statistisches Zentralamt, Nutztierhaltung in Österreich 667, 826, 1078, 1153, 1356; Österreichisches Statistisches Zentralamt, Ergebnisse der land- und forstwirtschaftlichen Statistik 1937–1999 (entsprechende Jahrgänge).

Tabelle 4: Schafbestand 1900–1999

Jahr	Feldbach	Fürstenfeld	Leibnitz	Radkersburg	Südoststmk.	Steiermark
1900	73		1.201	13	1.287	123.245
1910	76		975	8	1.059	86.708
1917	89		725	13	827	71.139
1930	83		432	16	531	60.934
1938	129	16	556	10	711	70.418
1940	158	48	890	19	1.115	67.341
1946	1.173	329	2.115	289	3.906	75.030
1951	557	119	957	121	1.754	68.853
1961	60	27	184	34	305	30.252
1971	59	7	119	9	194	16.297
1981	1.003	384	998	157	2.542	29.828
1983	1.148	413	1.417	189	3.167	35.231
1991	2.608	750	2.612	398	6.368	52.520
1995	3.233	810	3.027	646	7.716	60.446
1999	3.747	909	3.684	608	8.948	60.870

Quelle: ÖS 34, 92, NF 5; Schneiter, Rindviehzucht 28 f.; Landwirtschaftliche Betriebszählung 1930; Österreichisches Statistisches Zentralamt, Nutztierhaltung in Österreich 667, 826, 1078, 1153; Österreichisches Statistisches Zentralamt, Ergebnisse der land- und forstwirtschaftlichen Statistik 1937–1999 (entsprechende Jahrgänge).

Tabelle 5: Schweinebestand 1900–1999

Jahr	Feldbach	Fürstenfeld	Leibnitz	Radkersburg	Südoststmk.	Steiermark
1900	69.445		57.573	40.650	167.568	678.910
1910	84.082		64.908	47.175	196.165	836.520
1917	63.180		51.205	35.116	149.501	626.953
1923	42.727		38.753	16.693	98.173	326.861
1930	75.392		60.494	28.916	164.802	456.610
1938	78.243	24.493	71.041	36.979	210.756	609.970
1940	70.956	21.144	58.030	32.151	172.281	526.771
1946	48.406	12.380	45.465	21.957	128.208	365.374
1951	70.415	20.173	58.822	33.192	182.602	514.893
1961	77.780	22.309	62.165	35.685	197.939	530.061
1971	100.451	29.088	91.955	45.894	267.388	561.328
1981	214.068	59.059	186.987	103.756	563.870	914.201
1983	223.788	61.871	193.988	108.134	587.781	924.632
1991	259.000	61.398	203.089	123.644	647.131	955.157
1995	295.325	60.906	218.832	132.763	707.826	1.022.542
1999	281.344	48.902	197.013	120.325	647.584	920.849

Quelle: ÖS 2, 34, 60, 92, NF 5; Schneiter, Rindviehzucht 28 f.; Landwirtschaftliche Betriebszählung 1930; Österreichisches Statistisches Zentralamt, Nutztierhaltung in Österreich 667, 826, 1078, 1153; Österreichisches Statistisches Zentralamt, Ergebnisse der land- und forstwirtschaftlichen Statistik 1937–1999 (entsprechende Jahrgänge).

Tabelle 6: Ackerland 1900–1999 (in Hektar)

Jahr	Feldbach	Fürstenfeld	Leibnitz	Radkersburg	Südoststmk.	Steiermark
1900	41.361		23.226	16.908	81.495	
1930	38.426		20.661	11.941	71.028	237.783
1937	32.337	9.550	21.729	12.733	76.349	274.907
1939	29.438	8.711	20.368	11.593	70.110	244.809
1951	24.965	7.177	18.166	10.701	61.009	219.473
1961	24.550	7.033	18.210	10.547	60.340	213.686
1970	22.667	8.402	20.013	11.350	62.432	195.128
1980	25.803	10.202	19.771	13.920	69.696	182.611
1990	26.578	10.271	20.309	14.283	71.441	159.694
1999	26.607	9.629	20.437	14.133	70.806	149.662

Quelle: Statistisches Jahrbuch Ackerbauministerium 1900; Landwirtschaftliche Betriebszählung 1930; Österreichisches Statistisches Zentralamt, Ergebnisse der land- und forstwirtschaftlichen Statistik 1937–1944, 1951, 1961, 1970, 1980, 1990, 1999.

Tabelle 7: Wiesen 1900–1999 (in Hektar)

Jahr	Feldbach	Fürstenfeld	Leibnitz	Radkersburg	Südoststmk.	Steiermark
1900	15.597		14.989	10.772	41.358	
1930	15.498		15.181	7.190	37.869	191.292
1937	10.864	4.508	14.273	7.034	36.679	174.947
1939	12.079	4.610	15.991	7.798	40.478	190.673
1951	15.371	5.677	17.499	8.639	45.186	202.830
1961	15.871	5.667	17.028	8.566	47.132	198.139
1970	15.790	5.158	14.018	7.737	42.703	193.385
1980	12.292	2.908	13.200	5.040	33.440	197.194
1990	10.262	1.912	9.599	2.839	24.612	184.872
1999	10.317	1.879	9.295	2.457	23.948	170.502

Quelle: Statistisches Jahrbuch Ackerbauministerium 1900; Landwirtschaftliche Betriebszählung 1930; Österreichisches Statistisches Zentralamt, Ergebnisse der land- und forstwirtschaftlichen Statistik 1937–1944, 1951, 1961, 1970, 1980, 1990, 1999.

Tabelle 8: Weinanbaufläche 1900–1999 (in Hektar)

Jahr	Feldbach	Fürstenfeld	Leibnitz	Radkersburg	Südoststmk.	Steiermark
1900	1.616		2.570	908	5.094	
1930	720		1.263	371	2.354	3.342
1937	469	150	1.112	433	2.164	3.236
1939	612	121	1.464	568	2.765	3.619
1951	497	96	1.262	352	2.207	2.752
1961	363	65	1.281	331	2.040	2.385
1970	212	45	1.455	298	2.010	2.287
1980	268	63	1.458	376	2.165	2.504
1990	383	78	1.799	396	2.656	3.232
1999	423	108	2.013	410	2.954	3.749

Quelle: LM, 15. September 1921; Landwirtschaftliche Betriebszählung 1930; Österreichisches Statistisches Zentralamt, Ergebnisse der land- und forstwirtschaftlichen Statistik 1937–1944, 1951, 1961, 1970, 1980, 1990, 1995, 1999.

Tabelle 9: Weizenanbaufläche 1900–1999 (in Hektar)

Jahr	Feldbach	Fürstenfeld	Leibnitz	Radkersburg	Südoststmk.	Steiermark
1900	8.908		3.188	3.187	15.283	62.093
1910	7.214		4.282	3.716	15.212	64.903
1930	7.791		2.777	2.746	13.314	30.045
1937	6.643	1.868	3.298	2.800	14.609	33.608
1944	4.278	1.475	2.150	1.940	9.843	24.002
1951	3.597	1.157	2.038	1.661	8.453	22.156
1961	4.554	1.527	2.657	2.107	10.845	25.664
1970	3.540	1.444	970	1.620	7.574	15.828
1983	2.081	1.403	824	1.230	5.538	11.783
1990	1.607	1.088	531	673	3.899	9.475
1999	954	579	523	703	2.759	6.297

Tabelle 10: Roggenanbaufläche 1900–1999 (in Hektar)

Jahr	Feldbach	Fürstenfeld	Leibnitz	Radkersburg	Südoststmk.	Steiermark
1900	7.872		4.025	3.972	15.869	77.721
1910	7.912		3.997	2.971	14.880	72.754
1930	6.392		2.510	2.171	11.073	37.685
1937	5.093	1.591	2.494	2.150	11.228	37.808
1944	3.603	1.216	1.756	1.654	8.229	26.589
1951	2.838	952	1.462	1.330	6.582	21.863
1961	2.524	848	1.142	1.002	5.516	18.911
1970	828	465	228	272	1.793	10.985
1983	222	102	29	44	397	5.661
1990	333	105	53	64	555	4.999
1999	90	44	23	11	168	2.894

Tabelle 11: Haferanbaufläche 1900–1999 (in Hektar)

Jahr	Feldbach	Fürstenfeld	Leibnitz	Radkersburg	Südoststmk.	Steiermark
1900	5.800		4.304	2.216	12.320	76.137
1910	6.396		2.770	1.353	10.519	62.502
1930	5.203		2.079	1.063	8.345	32.972
1937	4.133	1.491	1.877	1.050	8.551	33.863
1944	3.305	1.004	1.361	801	6.471	23.797
1951	3.043	960	1.300	781	6.084	22.620
1961	2.316	851	960	400	4.527	18.154
1970	600	501	294	120	1.515	6.636
1983	97	304	192	118	711	4.916
1990	282	131	91	93	597	3.171
1999	172	118	83	41	414	2.525

Tabelle 12: Gersteanbaufläche 1900–1999 (in Hektar)

Jahr	Feldbach	Fürstenfeld	Leibnitz	Radkersburg	Südoststmk.	Steiermark
1900	1.243		768	511	2.522	15.587
1910	1.884		1.239	1.283	4.406	19.665
1930	973		817	397	2.187	8.394
1937	943	88	806	580	2.417	9.452
1944	529	75	707	286	1.597	7.581
1951	686	79	861	420	2.046	7.789
1961	1.302	288	1.282	832	3.704	11.765
1970	1.800	830	1.485	756	4.871	15.399
1983	2.718	1.460	1.866	1.219	7.263	23.439
1990	3.533	1.371	2.334	1.518	8.756	23.624
1999	3.204	1.064	1.762	1.315	7.345	18.624

Tabelle 13: Körnermaisanbaufläche 1900–1999 (in Hektar)

Jahr	Feldbach	Fürstenfeld	Leibnitz	Radkersburg	Südoststmk.	Steiermark
1900	4.846		3.815	1.958	10.619	37.566
1910	4.304		4.210	1.459	9.973	39.008
1911	4.352		4.210	1.459	10.021	39.277
1930	4.598		5.678	1.311	11.587	22.095
1937	3.987	840	6.560	1.450	12.837	24.027
1944	2.431	689	3.414	860	7.394	14.398
1951	2.439	660	3.200	951	7.250	14.692
1961	3.057	788	4.501	1.540	9.886	17.895
1970	10.000	2.900	12.028	5.441	30.369	49.697
1983	15.898	5.326	14.805	9.234	45.263	67.561
1990	15.958	5.659	13.537	8.824	43.978	64.465
1999	10.221	3.213	8.070	5.790	27.294	40.133

Quelle Tabellen 9–13: Statistik der Ernte 1900–1913; AVA, Ackerbauministerium, 301–12a/13; Anbaufläche und Ernteergebnisse im Gebiete der Republik Österreich 1918, 1919, 1929, 1931, 1932; Landwirtschaftliche Betriebszählung 1930; Österreichisches Statistisches Zentralamt, Ergebnisse der land- und forstwirtschaftlichen Statistik 1937 bis 1944, 1951, 1961, 1970, 1983, 1990, 1999.

Tabelle 14: Weizenernte 1900–2000 (in Zentner)

Jahr	Feldbach	Fürstenfeld	Leibnitz	Radkersburg	Südoststmk.	Steiermark
1900	75.844		28.485	30.128	134.457	565.117
1910	66.359		45.093	31.805	143.257	650.062
1930	118.874		41.316	36.123	196.313	482.270
1937	101.891	26.887	58.859	45.900	233.537	544.700
1939	108.515	29.902	51.746	43.824	233.987	557.802
1946	53.392	16.561	26.900	26.914	123.767	300.438
1955	95.349	28.892	59.019	41.112	224.372	556.405
1961	115.362	34.032	61.270	53.691	264.355	615.609
1970	128.520	53.240	31.820	57.940	271.520	548.580
1983	97.110	61.760	32.890	57.050	248.810	517.250
1999	40.760	28.060	24.020	29.330	122.170	282.610
2000	78.240	38.810	43.570	52.600	213.220	447.630

Tabelle 15: Roggenernte 1900–2000 (in Zentner)

Jahr	Feldbach	Fürstenfeld	Leibnitz	Radkersburg	Südoststmk.	Steiermark
1900	55.104		30.710	30.031	152.925	611.965
1910	61.181		38.811	23.072	123.064	694.539
1930	85.827		39.176	28.510	153.513	560.225
1937	81.582	23.388	39.386	34.655	179.011	626.474
1939	81.031	18.945	31.599	27.847	159.422	597.257
1946	47.920	14.157	21.623	21.723	105.423	330.931
1955	51.155	17.277	26.797	22.363	117.592	401.792
1961	57.801	16.140	24.977	22.136	121.054	414.795
1970	20.790	12.010	6.500	8.660	47.960	307.620
1983	7.500	3.340	850	1.570	13.260	218.290
1999	3.160	1.770	1.030	380	6.340	112.070
2000	4.110	2.480	1.370	1.260	9.220	113.330

Tabelle 16: Haferernte 1900–2000 (in Zentner)

Jahr	Feldbach	Fürstenfeld	Leibnitz	Radkersburg	Südoststmk.	Steiermark
1900	69.368		61.977	27.079	158.424	1.031.129
1910	52.936		22.728	9.470	85.134	576.361
1930	157.960		53.268	29.321	240.549	681.447
1937	68.502	26.391	32.300	1.550	128.743	619.035
1939	72.965	15.007	26.128	16.156	130.256	486.192
1946	42.243	8.663	13.857	7.654	72.417	245.537
1955	56.935	18.100	24.078	9.657	108.770	429.685
1961	46.552	16.254	20.160	8.160	91.126	383.569
1970	15.000	13.680	8.820	3.430	40.930	168.000
1983	17.090	11.220	6.410	3.750	38.470	175.800
1998	5.000	5.390	2.940	1.320	14.650	96.180
1999	5.450	4.880	3.260	1.500	15.090	95.520
2000	4.610	3.320	2.850	960	11.740	82.110

Tabelle 17: Gerstenernte 1900–2000 (in Zentner)

Jahr	Feldbach	Fürstenfeld	Leibnitz	Radkersburg	Südoststmk.	Steiermark
1900	11.933		11.489	6.541	29.963	181.959
1910	16.813		13.701	9.946	40.460	179.550
1930	18.235		11.843	5.979	36.057	120.564
1937	14.531	1.347	13.198	8.875	37.951	166.367
1939	13.667	1.267	14.964	6.443	36.341	150.251
1946	5.692	555	8.040	2.893	17.180	83.219
1955	17.891	3.604	22.993	12.655	57.143	199.258
1961	28.355	5.775	33.274	21.787	89.191	286.277
1970	57.450	27.110	52.680	26.850	164.090	492.350
1983	107.870	61.490	79.610	54.030	303.000	966.600
1999	116.890	45.790	67.450	47.720	277.850	712.470
2000	123.660	42.690	73.990	60.003	300.343	739.760

Tabelle 18: Körnermaisernte 1900–2000 (in Zentner)

Jahr	Feldbach	Fürstenfeld	Leibnitz	Radkersburg	Südoststmk.	Steiermark
1900	88.197		75.842	26.237	190.276	688.150
1910	51.112		79.811	23.185	154.108	549.835
1930	112.532		153.044	34.575	300.151	580.110
1937	145.288	27.300	238.050	48.275	458.913	824.169
1939	80.734	17.927	142.154	26.166	266.981	519.814
1946	45.159	12.446	65.188	18.978	141.771	299.425
1955	104.378	29.845	142.427	50.986	327.636	587.968
1961	146.736	39.006	246.655	84.700	517.097	879.567
1970	431.000	136.010	630.270	285.110	1.482.390	2.394.700
1983	1.106.500	385.600	1.061.520	674.080	3.227.700	4.843.080
1999	1.552.680	378.510	1.092.280	749.980	3.773.450	5.208.700
2000	1.907.410	396.210	1.310.340	829.930	4.443.890	6.271.270

Quelle Tabellen 14–18: Statistisches Jahrbuch Ackerbauministerium 1900–1910; Statistik der Ernte 1927–1935; Österreichisches Statistisches Zentralamt, Ergebnisse der land- und forstwirtschaftlichen Statistik 1937–1999 (Entsprechende Jahrgänge). Für das Jahr 2000 schriftliche Mitteilung des Österreichischen Statistischen Zentralamtes (Statistik Austria).

Bernhard A. Reismann

Landwirtschaft inmitten der Industrie

Die östliche Obersteiermark

Hört man den Begriff »Obersteiermark«, so denkt man aufgrund ihrer über Jahrhunderte beherrschenden wirtschaftlichen Funktion sofort an die Eisen- und Stahlindustrie. In zweiter Linie wird man diesen Landstrich wohl mit »Gebirge« in Verbindung bringen und manchem mag der Begriff »Waldheimat« einfallen. Dass hier auch eine überaus vielschichtige Land- und Forstwirtschaft existierte und existiert und wie sich diese während des 20. Jahrhunderts entwickelte, soll im Rahmen des folgenden Beitrages dargestellt werden.

Die Obersteiermark umfasst hochalpine Bereiche, Gebiete der Voralpen und die breiten Talböden der »Mur-Mürz-Furche« oder »norischen Senke«. Diese naturräumlichen Gegebenheiten spiegeln sich in der Landwirtschaft des Raumes wider, die heute, wie vor 100 Jahren, von der Viehzucht und der Waldwirtschaft dominiert ist. Ein weiteres Merkmal ist der traditionell hohe Anteil an Nebenerwerbsbauern. Die verschiedenen Formen und Sonderformen der gesamten obersteirischen Landwirtschaft finden sich gleichsam »in nuce« in den drei Bezirken Leoben, Bruck an der Mur und Mürzzuschlag wieder, weshalb diese in der vorliegenden Regionalstudie die Basis für alle Untersuchungen bilden.

I. Die naturräumlichen Gegebenheiten und der Stand der obersteirischen Landwirtschaft im Jahr 1900

Die drei Bezirke Bruck an der Mur, Leoben und Mürzzuschlag blicken auf eine lange gemeinsame Geschichte zurück. Mit einigen wenigen Grenzveränderungen bildeten sie seit der topografischen Landeseinteilung Josephs II. im Jahr 1783 die Verwaltungseinheit des »Brucker Kreises«, der die gesamte östliche Obersteiermark umfasste. Mit Einschluss des oststeirischen Gerichtsbezirkes Birkfeld, des mittelsteirischen Gerichtsbezirkes Frohnleiten sowie des Ennstaler Gerichtsbezirkes St. Gallen bildeten die Gemeinden dieser drei Bezirke von der Revolution des Jahres 1848 bis zum Ende der Habsburgermonarchie einen eigenen Wahlkreis für Reichsrat und Landtag. Somit verlief die politische Entwicklung der Region geraume Zeit völlig uniform.[1] Auch die wirtschaftliche Ausrichtung des Raumes auf den Erzberg, wie sie spätestens ab dem 15. Jahrhundert eingesetzt hatte und teilweise bis heute prägend geblieben ist, brachte viele wirtschaftshistorische und volkskundliche Gemeinsamkeiten mit sich. Dies spiegelt sich besonders in der Landwirtschaft und ihrer Entwicklung wider.

Begrenzt wird der Raum im Norden durch die Linie St. Gallen-Altenmarkt an der Enns-Mariazell, im Osten durch die steirisch-niederösterreichischen Kalkalpen, auch »Mürztaler Alpen« genannt, deren bekannteste Vertreter Rax und Schneealmzug sind, sowie durch den Semmeringpass. Die südliche Grenze wird von den Fischbacher Alpen gebildet, die sich vom Stuhleck bis zum Rennfeld bei Bruck an der Mur bzw. zum Raum Sommeralm-Teichalm erstrecken. Nach dem Einschnitt des engen Murtales südlich von Bruck schließen Hochalm- und Gleinalmzug das Gebiet gegen Südwesten ab. Die Murenge bei Kraubath ist Teil der Westgrenze, ebenso die Nordostflanke der Seckauer Alpen, entlang des Liesingtales, bis Wald am Schoberpass. Quer über die Eisenerzer und die Ennstaler Alpen verläuft die Grenze durch hochalpines Terrain wieder bis St. Gallen.

In dem umrissenen Gebiet finden sich vielfältige Landschaftsformen mit all ihren Besonderheiten. Die Ennstaler Alpen zählen zu den schroffen, oftmals trockenen und steinigen Kalkalpen, ebenso das Hochschwabmassiv, die Veitschalm und die Schneealm; hier fanden und finden sich wichtige und große Almgebiete.[2] Mindestens ebenso bedeutende Almgebiete lagen im Bereich der nördlich anschließenden Voralpenzone im Raum Mariazell. Bedeutende Almböden fanden sich auch im Bereich der Schieferalpen, nämlich der Eisenerzer Alpen und des Floningzuges, sowie des steirischen Randgebirges mit seinen kristallinen Schiefern. Der Gleinalmzug und die Fischbacher Alpen stellen ein lang gezogenes, kammförmiges Mittelgebirge dar, dessen Alm- und Waldland nur an wenigen Stellen von Gipfeln mit Hochgebirgscharakter unterbrochen wird.[3]

Gegliedert wird dieses vielgestaltige Bergland durch das Enns-, Mur- und Mürztal mit seinen Seitentälern. Das Murtal, das bei Kraubath durch die Seckauer Alpen eingeengt wird, verbreitet sich gegen Osten wieder um St. Michael, wo der Fluss die vom Schoberpass kommende Liesing aufnimmt. Nach einer weiteren Engstelle gelangt man ins Leobener Becken, wie das Aichfeld ein tertiäres Senkungsfeld, allerdings von bedeutend kleinerem Ausmaß. Hier fließt der vom Prebichl kommende Vordernberger Bach zu, der im Raum Trofaiach-Hafning-Gai ebenfalls ein breites, siedlungsfreundliches Becken schafft. Eine weitere Beckenlage im Murgebiet ist das Brucker Becken, westlich der Stadt Bruck an der Mur gelegen. In diesen fruchtbaren Talböden fanden und finden sich die größten Landwirtschaftsbetriebe des Raumes. Auf ähnliche Verhältnisse stößt man im Bereich des mittleren und unteren Mürztales, etwa auf der Linie Mürzzuschlag-Mitterdorf und Kindberg-Kapfenberg.[4]

Das Mürztal von Hafendorf gegen Osten gesehen, 1930

Sind die Nebentäler des Murtales und des mittleren und unteren Mürztales noch einigermaßen siedlungsfreundlich und lassen eine entsprechende Entfaltung der landwirtschaftlichen Produktion zu, so ändert sich das im Ennstal, im Salzatal und im oberen Mürztal. Lediglich das Mariazeller und das Aflenzer Becken bilden hier eine Ausnahme.

Klimatisch gilt das Oberland als rau. Die mittlere Jahrestemperatur schwankt zwischen 5 und 6 Grad Celsius, steigt in den Sommermonaten auf 18 Grad an und sinkt erst ab 1.000 Metern auf 15 Grad und darunter. Im Winter wiederum macht sich die reichere Sonnenbestrahlung auf den Höhen bemerkbar. Januartemperaturen unter minus 5 Grad Celsius sind nur an wenigen Talorten zu messen.

Ungleich verteilt sind die Niederschläge: Die großen Gebirgszüge weisen bedeutende Niederschlagsmengen auf, die Talfurchen sind trockener. Die Talstrecke zwischen Knittelfeld und Kapfenberg ist mit etwa 750 Millimetern Niederschlagsmenge der niederschlagsärmste Teil des Oberlandes. Nicht zuletzt aus diesem Grund tritt die Grünlandwirtschaft im Mürztal, mit Niederschlagsmengen um 900 Millimeter, in den Vordergrund.

Diesem Klima entspricht die Vegetation. Ausreichende Niederschläge machen die Obersteiermark zu einem ausgesprochenen Waldland, wobei der Nadelwald mit Fichte und Lärche vorherrscht. Die obere Waldgrenze liegt zwischen 1.800 Metern im Westen und 1.500 Metern im Osten;[5] verursacht wurde diese niedrige Waldgrenze bereits im Mittelalter durch extensive Alpwirtschaft. Auch oberhalb der Waldgrenze ermöglichen die reichlichen Niederschläge ausgedehnte Grasflächen und Almen. Der Übergang von Wald zu Almboden ist fließend. Nach dem Krummholz schieben sich Zwergsträucher wie die blühende Almrose ein. Eine obere Vegetationsgrenze existiert in der Steiermark nicht, sieht man von jenen Felsgipfeln ab, die durch Stürme mit Regen und Hagel keinen geschlossenen Rasen ausbilden können.[6]

Was die Bodennutzung betrifft, dominieren im Bereich der Hochalpen Grünlandwirtschaften. Zweitwichtigste Betriebsform ist die Mischform der Grünland-Waldwirtschaften. Nicht unbedeutend sind auch die reinen Waldwirtschaften. Um das Jahr 1955 machten sie zwar nur 7,1 Prozent der Gesamtbetriebe, aber 41,1 Prozent der gesamten Wirtschaftsfläche dieses Produktionsgebietes aus. Dominierend sind diese Betriebe heute noch in den Hochalpengebieten der Gerichtsbezirke Leoben, Bruck an der Mur und Mürzzuschlag.[7]

Im nördlichen Voralpengebiet stehen ebenfalls Grünlandwirtschaften an erster Stelle. Relativ stark ausgeprägt sind aber auch hier die Grünland-Waldwirtschaften und vor allem die Waldwirtschaften. Um das Jahr 1955 fielen 17,4 Prozent der Betriebe in diese Kategorie, besaßen allerdings 83,3 Prozent der landwirtschaftlichen Gesamtfläche. Im selben Zeitraum lag der steiermarkweite Schnitt bei 3,2 Prozent der Betriebe und 30,8 Prozent der Fläche. Beachtlich ist im Voralpenland auch die Anzahl der Zwergbetriebe. Aufgrund der zahlreichen Holzhauersiedlungen dieses Gebietes lag ihr Anteil um 1955 bei 32,6 Prozent aller landwirtschaftlichen Betriebe.[8]

Im Mur- und Mürztal schließlich finden sich ähnliche Verhältnisse wie im Hochalpengebiet. Wenn hier auch die Grünlandwirtschaft zugunsten der Grünland-Waldwirtschaft etwas vermindert ist, so weist sie doch noch einen Anteil von beinahe 50 Prozent aller landwirtschaftlichen Betriebe auf. In geringem Ausmaß machen sich in den Talböden auch Acker-Grünlandwirtschaften bemerkbar.[9]

Im Bezirk Mürzzuschlag setzte ab 1960 ein Trend ein, der dann auch in den anderen beiden Bezirken zu beobachten war. Die forstwirtschaftlich genutzte Fläche vergrößerte sich rapide, während sich die landwirtschaftlich genutzte Fläche verringerte. Im Jahr 1990 entfielen schließlich 63.342 Hektar und damit 76,12 Prozent der genutzten Bodenfläche auf die Forstwirtschaft. Wiesen und Weiden nahmen noch 8.520 Hektar ein, die Almen waren auf 4.800 Hektar der Gesamtfläche leicht geschrumpft. Am schlimmsten traf es die Hutweiden, die auf 1.900 Hektar sanken. Die Äcker halbierten sich im selben Zeitraum auf 928 Hektar.[10]

Die naturräumlichen Voraussetzungen der obersteirischen Landwirtschaft sind damit in aller Kürze umrissen. Wie war es im Jahr 1900 aber um den allgemeinen Zustand der Landwirtschaft im untersuchten Gebiet bestellt?

Zu Beginn des 20. Jahrhunderts befand sich die obersteirische Landwirtschaft auf dem besten Weg in eine existenzbedrohende Krise. Das Desinteresse des Staates an der obersteirischen Landwirtschaft mündete in eine für diesen Raum verfehlte Agrarpolitik.[11] Die steirische Landwirtschaftsgesellschaft, eine Gründung Erzherzog Johanns, theoretisierte zwar über etwaige Abhilfen, drang damit aber in den anderen Kronländern nicht durch. Die Mitgliederstruktur der Landwirtschaftsgesellschaft war zudem nicht geschaffen, die vorhandenen Probleme zu lösen, gehörte doch die große Mehrheit der Mitglieder des Zentralausschusses seit 1848 dem liberalen Großgrundbesitz an, der sich in der Zwickmühle zwischen wirtschaftlichen Erfordernissen und liberaler Agrarpolitik befand. Auf regionaler Ebene hingegen, in den Filialen, erzielte die Landwirtschaftsgesellschaft bedeutende Erfolge.

Zur »Freien Entfaltung der wirtschaftlichen Kräfte«, die bis zum Jahr 1873 allerorts propagiert wurde und den Bauern, im Verein mit dem »Freiteilbarkeitsgesetz«, empfindlichen Schaden zufügte, kam die nach 1850 einsetzende Entwicklung des Verkehrswesens. Der Lokalmarkt, bisher zum Großteil Absatzgebiet des Landwirtes, bekam damit die Konkurrenz des ausländischen, billig produzierten Getreides zu spüren.[12] Dass der Getreidepreis allein zwischen 1880 und 1896 um 25 Prozent fiel, war eine der Auswirkungen. Eine weitere war, dass seit dem Ausbau der ungarischen Eisenbahn ab 1860 auch Schlachtvieh billig importiert wurde.[13] In der Obersteiermark behalf man sich vorerst mit dem Einschränken der Getreideproduktion und einer Forcierung der Zugvieh- und Milchviehzucht. Besonders das Mürztaler Rind war in ganz Österreich äußerst beliebt. Es stand nicht nur in den Meiereien der Wiener Umlandgemeinden in Verwendung, sondern wurde auch weit gehandelt. Mährische Zuckerfabriken kauften noch zu Beginn der 1890er-Jahre im Mürztal und im Semminggebiet bedeutende Mengen Ochsen dieser Rasse. Allein im Frühjahr und Sommer 1892 wurden aus dem Semminggebiet Ochsen im Wert von 30.000 Gulden verkauft.[14]

Innovation wurde belohnt. Im Jahr 1879 hatte sich in Graz die erste steirische Molkereigenossenschaft gebildet, der zu Beginn der 1890er-Jahre auch obersteirische Landwirte beitraten. Im Jahr 1902 war die Zahl der obersteirischen Mitglieder bereits auf 78 angewachsen, die aus dem Mürztal stammten und ihre Milch täglich per Südbahn nach Wien lieferten. Um die Wende zum 20. Jahrhundert kündigte sich in der gesamten Obersteiermark der Wandel von der Ochsenzucht zur Milchwirtschaft bereits kräftig an.[15] Er sollte nach 1918 zu einer Frage des Überlebens werden.

Insgesamt war die Lage der obersteirischen Landwirtschaft problematisch. Die Bauernwälder befanden sich aufgrund der jahrzehntelangen Ausplünderung durch Unverstand oder extensive Verkohlung für die Industriebetriebe der Umgebung in einem erschreckenden Zustand und konnten mangels guter Holzpreise nicht den nötigen Ertrag abwerfen, wenn Missernten durch verregnete Sommer die Viehzucht schwer beeinträchtigten. Die Freizügigkeit der Personen seit 1848 verursachte in Verbindung mit der zunehmenden Industrialisierung ab den Gründerjahren eine starke Abwanderungswelle der ländlichen Dienstboten in die Industrie, die Städte und die Verkehrsbetriebe. Sie erreichte ihren Höhepunkt im letzten Jahrzehnt des 19. Jahrhunderts. Wurden in der gesamten Steiermark am 31. Dezember 1890 noch 403.466 landwirtschaftliche Arbeiter und 37.442 Taglöhner gezählt, so hatte sich ihre Zahl bis zum 31. Dezember 1900 auf 124.527 landwirtschaftliche Arbeiter reduziert, also um 69,14 Prozent. Man zählte zwar gleichzeitig 41.411 Taglöhner, in der Gesamtsumme fehlten aber 274.970 Arbeitskräfte. Bei gleichzeitiger Verdoppelung der Steuerbelastung und einem massiven Anstieg aller Arbeitslöhne, Handwerkerlöhne und Materialkosten verwundert es nicht, dass der Schuldenstand der Landwirte zwischen 1895 und 1904 in der gesamten Steiermark um 90.463.395 Kronen stieg. Unter solchen Umständen war es unmöglich, zu investieren und die Produktion zu steigern. Sowohl der Mangel an Dienstboten als auch die schwierige Beschaffung billiger Kapitalien schoben dem einen Riegel vor.[16] Diese

Zustände wurden von Peter Rosegger, der sie als Kind dieser Region ständig vor Augen hatte, in seinem Roman »Erdsegen« treffend geschildert.

Für die Bauern im Hochgebirge kam noch der Forst- und Jagdbetrieb der großen Gutsherrschaften als erschwerendes Moment dazu; hier machten Güter des Staates oder des Landes Steiermark, wie im Ennstal oder im Mariazeller Gebiet und im oberen Mürztal, keine Ausnahme. Die Jagdherrschaften schädigten die Bauern durch die Überhegung des Wildstandes an ihren Ernten, eine geregelte Wildschadensvergütung existierte bis zum Jahr 1900 nicht, meist fiel sie viel zu gering aus. Ähnlich verhielt es sich mit den Servitutsrechten der Viehzucht treibenden Bauern, die ihnen von den jeweiligen Grundherrschaften bis zum Jahr 1848 zugestanden worden waren, nun aber oft nicht mehr eingehalten wurden. Dabei handelte es sich um Alpservitute ebenso wie um Bezugsrechte für Streu aus den Herrschaftswäldern. Beide ehedem verbrieften Rechte stellten gerade für kleinere Landwirtschaften einen bedeutenden Faktor dar, der ihr Überleben sicherte. All diese Probleme trugen dazu bei, dass tausende obersteirische Bauern bereits vor dem Jahr 1900, des ständigen Kampfes müde, ihre Höfe an Industrielle, Großgrundbesitzer, Sägewerksinhaber um einen auf den ersten Blick guten und angemessenen Preis verkauften. Die Leobener Handelskammer konstatierte für die Jahre 1880 bis 1900 einen Rückgang der land- und forstwirtschaftlichen Besitzer von etwa 18.000 auf rund 11.000, also um über ein Drittel.[17] Auch diese Vorgänge schilderte Peter Rosegger in seinem Roman »Jakob der Letzte«, wobei er jene Katastralgemeinde vor Augen hatte, in der er seine Kindheit und Jugend verbracht hatte: Alpl bei Krieglach.

Die Regionen mit den bedeutendsten »Bauernlegungen« fanden sich entlang der Mur-Mürz-Furche und im Hochschwabgebiet.[18] Im Zuge der industriellen Entwicklung wurden noch zwei weitere Gebiete entsiedelt, nämlich der Raum um Wald am Schoberpass und Kalwang im Liesingtal sowie das Ennstal von Hieflau nordwärts. Hier fiel mit dem Zugrundegehen der ausgeprägten Hammerwerkswirtschaft nach 1848 der Nebenerwerb durch Fuhrdienstleistungen und Holzkohlelieferungen sowie die Versorgung der Arbeiterschaft vor Ort mit Lebensmitteln weg. Den Landwirten in den produktionstechnisch schwierigen Randlagen wurde damit ein wichtiger Teil ihrer Existenzgrundlage entzogen.[19]

Dies waren die Rahmenbedingungen, innerhalb derer sich seit dem Beginn der 1880er-Jahre die zunehmende Politisierung der Bauernschaft abspielte. Bereits im Jahr 1881 war vom Liberalen Alois Posch, einem Landtagsabgeordneten aus St. Lorenzen im unteren Mürztal, der »Erste Christliche Bauernverein« oder »Steirische Bauernverein« gegründet worden, der hauptsächlich gegen die Konservativen und deren Politik sowie gegen den katholischen Klerus ankämpfte. Besonders wichtig im politischen Kampf um den Bauern wurde der 1896 von Baron Friedrich von Rokitansky gegründete »Christliche Bauernbund«. Rokitansky selbst mystifizierte seine Rolle dadurch, dass er vorgab, Karl Morré, der Volksschriftsteller und Sozialpolitiker, habe ihn auf dem Sterbebett aufgefordert, den Kampf gegen die Katholiken und für die Befreiung des Bauern weiterzuführen. Als »Vereinsorgan« stand dem »Christlichen Bauernbund« die von Rokitansky redigierte Zeitung »Bauernfreund« zur Verfügung, die später in »Der

Politische Mobilisierung kann auch über Kleidung erfolgen. Werbung im »Sonntagsboten« im Jahr 1902

Landbote« umbenannt wurde.[20] Die Kerngebiete des »Christlichen Bauernbundes« in der Obersteiermark befanden sich im Enns- und Paltental überall dort, wo evangelische Christen beheimatet waren. Dasselbe gilt für das obere Murtal. Im Liesingtal hatte Rokitansky in den Gemeinden Wald am Schoberpass und Mautern den meisten Zulauf, im mittleren Murtal in der Region um Leoben mit Kraubath, St. Stephan, St. Michael, Proleb und Niklasdorf. Im Mürztal wiederum war der »Christliche Bauernbund« hauptsächlich im Kernbereich des Abgeordneten Posch, also in Kapfenberg Land, Hafendorf und St. Lorenzen, stark vertreten, im mittleren Mürztal zählten Wartberg (mit Mitterdorf), Veitsch und Krieglach zu seinen Hochburgen. Dazu gesellten sich im oberen Mürztal noch Altenberg, Kapellen und Neuberg.[21]

Gegen Rokitansky, der immer mehr Anhänger um sich scharte, machte das katholisch-konservative Lager mobil. Über die Gründe und Überlegungen, die im Jahr 1899 zur Gründung des »Katholisch-conservativen Bauernvereins für Mittel- und Obersteiermark« führten, hat Günther R. Burkert-Dottolo im Jahr 1999 ausführlich berichtet.[22] Die Gründungsversammlung des Vereins fand am 23. Mai 1899 in Graz statt. Unter dem Motto »Gebt Gott, was Gottes ist, dem Kaiser was des Kaisers ist, gebet aber auch dem Bauern, was des Bauers ist« sammelten sich bald tausend Mitglieder um den Obmann des Vereins, den Abgeordneten Franz Hagenhofer, und mit Stichtag 1. Januar 1900 wies der neue Bauernverein bereits 21.827 Mitglieder auf.[23] Dem standen rund 2.000 organisierte »Christliche Bündler« Rokitanskys gegenüber.[24] Unter diesen wirtschaftlichen und politischen Auspizien ging man in das neue Jahrhundert, das der obersteirischen Landwirtschaft bedeutende Veränderungen bringen sollte.

II. Die wirtschaftliche Entwicklung von 1900 bis 2000

1. Die allgemeine wirtschaftliche Entwicklung der obersteirischen Landwirtschaft

Zu Beginn des 20. Jahrhunderts steckte die obersteirische Landwirtschaft in einer tiefen Krise. Dies veränderte sich auch während des ersten Jahrzehnts des neuen Jahrhunderts nicht gravierend. Wohl entstanden allerorts Genossenschaften, insbesondere im Viehzucht- und Molkereisektor, aber so manche Bemühung verlief im Sand oder brachte aufgrund der äußeren Umstände kaum Verbesserungen. Besonders die Misserntejahre 1908 und 1909 fügten den Viehzüchtern enorme Schäden zu. Die fehlende staatliche Hilfe und die aus der Sicht der Landwirtschaft teilweise krassen Fehlentscheidungen, wie die Handelsverträge mit den Balkanstaaten, waren mit Ursachen für den Niedergang der obersteirischen Landwirtschaft. Dazu kam noch verschärfend die Dienstbotenproblematik.

Mehrere Faktoren hatten dazu geführt, dass die Dienstboten scharenweise das flache Land verließen und ihre Zukunft in der Industrie der Mur-Mürz-Furche oder bei Verkehrsunternehmungen wie der Südbahn bzw. der Kronprinz-Rudolf-Bahn suchten.[25] Gründe für die Abwanderung waren einerseits die mangelnde soziale Absicherung der ländlichen Dienstboten im Krankheitsfall oder im Alter, andererseits das mangelnde Sozialprestige, das bereits von den Lehrern der Grundschule vermittelt wurde und beim Militär den letzten Schliff bekam, wo man als Bauernsohn ebenso wie als Knecht von seinen Vorgesetzten nur allzu gern als »Bauerntrottel« oder »Bauernlümmel« bezeichnet wurde. Auch der Drang nach Selbstständigkeit und nach der Gründung eines eigenen Hausstandes wurde als Ursache der Landflucht erkannt. Man sprach sogar vom »Zwangszölibat« der Dienstboten, waren doch im Jahr 1906 gerade 2,4 Prozent der obersteirischen Dienstboten verehelicht.[26] Die Sozialdemokraten erkannten hier ein brach liegendes Wählerpotenzial, das sie entsprechend nutzten und über den »Arbeiterwillen« sowie diverse Versammlungen in der Obersteiermark direkt ansprachen. Die Landwirte wiederum vermeinten darin die Absicht der Sozialdemokraten zu erkennen, den baldigen Ruin des Bauernstandes herbeizuführen.[27] Auch der Katholisch-conservative Bauernverein nahm sich der Dienstboten an, allerdings mit wenig Erfolg. Die 1905 umgesetzte Dienstbotenfürsorge konnte nicht mit der beginnenden sozialen Absicherung in der Industrie konkurrieren und die probeweise Einführung von Ernteurlaub während der Militärdienstzeit ging völlig daneben, wie aus einem Zeitungsbericht des Jahres 1911 hervorgeht:[28] »Leoben. Wie sehr die Landflucht um sich greift, beweist wieder ein Fall, der sich bei Beurlaubung der Landwehrsoldaten in Leoben zutrug. Von den hiesigen Urlaubern kehrte nicht ein einziger zur Landwirtschaft zurück, sondern alle suchten entweder im Eisenwerk Donawitz oder als Geschäftsdiener u.s.w. Stellung.«

Mangelnde Arbeitskraft bildete im Zusammenhang mit der schweren Bearbeitbarkeit der Böden in Randlagen und den oft misslichen Witterungsverhältnissen häufig die Ursache dafür, dass ein Hof nicht mehr bewirtschaftet werden konnte; Verschuldung war die Folge und häufig auch Ursache für den Verkauf oder die Zwangsversteigerung von

Höfen in der Obersteiermark. So drastisch wie zwischen 1880 und 1900, wo pro Jahr 300 obersteirische Bauern aufgaben, stellte sich die Situation zwar nach der Jahrhundertwende nicht mehr dar, von 1903 bis 1907 verkauften im Oberland aber insgesamt wieder 267 Landwirte ihren Besitz an Nichtlandwirte, also 53 pro Jahr. Die gesamte aufgekaufte Fläche dieser Höfe belief sich auf 11.600 Hektar, wobei im Schnitt über dem tatsächlichen Wert bezahlt wurde. Manche Jagdherren, denen es um die Arrondierung ihres Besitzes ging, zahlten sogar absolute »Liebhaberpreise« für Bauerngüter.[29] Von 1903 bis 1912 betrug die Zahl der aufgekauften Landwirtschaften in der Obersteiermark 585 im Gesamtausmaß von 23.355 Hektar.[30] In den einzelnen Bezirken stellte sich die Situation in den Jahren 1908 bis 1912 folgendermaßen dar:

Tabelle 1: Aufgekaufte Landwirtschaften in der Obersteiermark 1908–1912

Gerichtsbezirk	Zahl der Verkäufe	Ausmaß in Hektar
Aflenz	10	264,55
Bruck an der Mur	90	2.030,32
Kindberg	8	175,58
Leoben	7	499,38
Mariazell	2	193,26
Mautern	30	1.151,18
Mürzzuschlag	33	1.770,45
Gesamt	180	6.084,72

Quelle: Wittschieben, Die Bauernlegungen in der Steiermark 5.

Bei den Verkaufsursachen standen günstige Verkaufsgelegenheiten an erster Stelle, gefolgt von Überschuldung, hohem Alter der Besitzer gepaart mit Arbeitskräftemangel sowie hohen Löhnen im Zusammenhang mit Mangel an Arbeitskräften.[31]

Zu den Verkäufen kamen von 1903 bis 1912 noch 122 Zwangsversteigerungen im steirischen Oberland. Von 1908 bis 1912 betrug die Zahl der Fälle insgesamt 67, von denen sich 23 auf die untersuchten Gerichtsbezirke bezogen. Auch hier stellte der Bezirk Bruck an der Mur mit neun Fällen den Spitzenreiter dar, gefolgt vom Bezirk Mürzzuschlag mit sechs Fällen.[32]

Als »Bauernleger« betätigten sich nicht nur Industrielle und Gutsbesitzer, sondern auch Kommunen. Besonders der Wirtschaftsverein der Stadt Leoben war eifrigst bemüht, landwirtschaftlichen Grund zu akkumulieren. Von 1870 bis 1910 kam er in den Besitz von nicht weniger als 52 Bauerngütern, die vom Lamingtal bei Bruck an der Mur über den eigentlichen Leobener Bereich bis nach Kraubath und St. Stephan ob Leoben verteilt waren.[33] So darf es nicht verwundern, wenn Berichterstatter ein eher düsteres Bild der landwirtschaftlichen Verhältnisse in diesem Raum zeichneten. 1912 berichtete zum Beispiel Josef Schaffer, ein hochrangiger Funktionär der Murbodner-Mürztaler-Viehzuchtgenossenschaft in Steiermark, an den »Sonntagsboten«:[34]

»Nun zurück zu unserem Heimatlande und zurück zu unseren fröhlichen Kinderjahren, wo wir mit unseren Vätern den Weg durch eines der Seitentäler der Enns oder

der Mur, etwa durch die Lamming nach Kathrein, Tragöß über das Hiasleck nach Trofaiach, oder von Frohnleiten über den Diebsweg nach Göß oder durch ein anderes beliebiges Seitental wanderten. Bauernhof an Bauernhof, überall wohlbestellte Felder, meist wasserleitige Wiesen, überall fröhliches Leben, an Sonntagen Scharen von Leuten, die in schmucker Steirertracht zur Kirche wallten; weiter hinein in den Gräben zahlreiche Almhütten und Halden, wo unzählige Herden mit fröhlichem Glockengeläute weideten und der Sennerin Jodler zu unseren Ohren klang. Treten wir als gereifte Männer eine solche Wanderung an, o wie trostlos sieht es jetzt aus; verfallene Bauernhöfe, wohl einige hundert, mitunter noch magere Wiesen, für Wildfutter bestimmt; zumeist aber aufgeforstete Felder und Wiesen, welche Kulturen allerdings einen Meter Jahrestrieb machen, dem Schneedruck nicht Stand zu halten vermögen und trostlos aussehen, das Herdengeläut, der Sennerin frohe Jodler verstummt, statt dessen im Herbste das Röhren der Hirsche und nachts das Heulen der Eulen in den Bauernruinen – ein Bild des Todes – die einstigen Bewohner im Armenhaus, die Nachkommen Proletarier in irgend einer Fabrik oder Großstadt.«

Die allgemeinen landwirtschaftlichen Verhältnisse der Obersteiermark kehrten sich nach dem Jahr 1912 wieder zum Besseren und allerorts machte sich zaghafter Optimismus bemerkbar. Der Viehpreis stimmte wieder, die Ernten waren zufrieden stellend und hinsichtlich der Dienstboten war man seit dem Jahr 1910 mit der Arbeitsvermittlung in Krakau in Galizien verbunden. Diese schickte auf Wunsch günstige und verlässliche Arbeitskräfte aus Galizien und Russisch-Polen in die Obersteiermark.[35] Gerüstet für einen großen Krieg, wie er im Juli 1914 ausbrach, war man aber deshalb noch lange nicht.

Die Jahre des Ersten Weltkrieges

Der Beginn des Ersten Weltkrieges fiel äußerst ungünstig. In den Alpenländern, und damit auch in der Obersteiermark, war die Ernte gerade voll im Gang, die Arbeiten für den Herbstanbau hatten noch nicht eingesetzt. Hier traf die Einberufung zum Militärdienst ebenso wie die »Pferdeassentierung«, die jeder Gemeinde vorschrieb, wie viele Zugtiere samt Wagen und Geschirr sie – gegen angebliche Bezahlung binnen sechs Wochen – an das Heer zu stellen hatte.[36] Der Mangel an Zugtieren machte sich bald allerorts stark bemerkbar.

Ärger noch traf der Mangel an Arbeitskräften. Einem Aufruf Edmund Graf Attems' in den »Landwirtschaftlichen Mitteilungen« vom 1. August 1914 zufolge sollten Arbeitslose aus der Industrie zu Erntezwecken herangezogen werden.[37] Manche Filialen der Landwirtschaftsgesellschaft sprangen sofort auf diesen Zug auf. So richtete die Filiale Kindberg noch Anfang August eine entsprechende Arbeitsvermittlung ein.[38] Mit Erlass vom 10. August 1914 wurden auch Schulkinder zur Hilfeleistung in der Landwirtschaft herangezogen.[39] Dies war nicht immer von Erfolg gekrönt. In der Bauerngemeinde Picheldorf, westlich von Bruck an der Mur, arbeiteten zum Beispiel auf dem Besitz des dortigen Bürgermeisters die Pfadfinder der Nachbarstadt im Ernteeinsatz, allerdings »ohne sich zu bewähren, da sie dafür nicht abgerichtet sind«.[40]

Wie überall, wurden auch in der Obersteiermark bald Soldaten für die Erntehilfe beurlaubt, doch dies wirkte nur wie der sprichwörtliche Tropfen auf dem heißen Stein. Hier sprang die »Landesarbeitsstelle des Landesverbandes für Wohltätigkeit« ein, über deren Filiale in Bruck an der Mur auch die obersteirischen Landwirte Flüchtlinge aus Galizien anwerben konnten.[41] An diese Stelle sollte man ab Dezember 1914 auch seinen Bedarf an Arbeitskräften für die kommenden Frühjahrsarbeiten melden.[42] Am 25. Januar 1915 folgte ein Erlass der Statthalterei in Graz, nach dem größere Forstbesitzungen, und hier kamen vorrangig obersteirische Betriebe in Betracht, ihre Arbeitskräfte tunlichst »der Landwirtschaft leihweise zur Verfügung« stellen sollten. Für diese Arbeiten kämen aber auch Kriegsgefangene aus dem Lager St. Michael ob Leoben in Betracht.[43] Gerade der Einsatz von Kriegsgefangenen in der obersteirischen Landwirtschaft wurde im weiteren Verlauf eminent wichtig. Bis zum Kriegsjahr 1916 steigerte sich die Zahl der in der gesamten Steiermark eingesetzten Gefangenen auf über 25.000, eine Zahl, die von keinem der anderen österreichischen Länder erreicht wurde.[44]

Aufgrund der rasch überfüllten Gefangenenlager war man seitens der Militärbehörden bemüht, die Gefangenen als Arbeitskräfte an Bauern abzugeben. Das Grazer Militärkommando klärte über die Zeitung auf, dass die russischen Kriegsgefangenen weder Krankheiten hätten noch Verbrecher seien,[45] und ab Juni 1915 berichtete die lokale Presse häufig über den Einsatz von russischen Gefangenen in der gesamten Obersteiermark.

Allgemein waren diese Gefangenen bei den Arbeitgebern recht beliebt und teilweise kam es, aus mannigfaltigen Gründen, zu regelrechtem Familienanschluss.[46] Das Verbot der Statthalterei in Graz, an russische Kriegsgefangene Milch abzugeben, bewirkte im Dezember 1915 geharnischte Proteste bei den Landwirten.[47] Nach Protesten Franz Hagenhofers beim Oberkommando des Heeres, auf dessen Befehlen das Verbot fußte, lenkte das Militär schließlich ein.[48] Mit der zunehmenden Verschlechterung der Versorgungslage der Landwirte selbst begann jedoch der lange Leidensweg der Kriegsgefangenen. Seit Sommer 1916 häuften sich in der Presse Nachrichten über Ausschreitungen und Diebstähle der Kriegsgefangenen, aber auch über Selbstmordversuche.

Russische Kriegsgefangene, Wachmannschaft und Bauernfamilie vulgo Käfer in Parschlug 1916

Die allgemeine Lage der obersteirischen Landwirte verschlechterte sich seit den ersten kriegswirtschaftlichen Maßnahmen rapide. Das noch im Jahr 1914 eingerichtete »Amt für Volksernährung« versuchte mit Lenkungsmaßnahmen wie Höchstpreisen, Ablieferungszwang und Beschlagnahme das Schlimmste zu verhindern, scheiterte aber an seiner pedantischen Verwaltungsmaschinerie ebenso wie am steigenden Unwillen der Bauern, ihren Lieferverpflichtungen nachzukommen. Die Zwangsbewirtschaftung über die »Kriegszentralen« ab 1915 tat ein Übriges.[49] In einer Schilderung dieser Zustände aus dem ersten Jahrzehnt nach dem Krieg heißt es:[50]

»Das Mehl wurde knapper; es wurden Mehl- und Brotkarten eingeführt. Infolge der gesteigerten militärischen Anforderungen von Schlachtvieh wurde der Fleischbezug rationiert und es tauchten Fleisch-, Fett- und Milchkarten auf. Der ungeheure Bedarf der beiden verbündeten Heere an Lebensmitteln aller Art führte zur Zwangsbewirtschaftung der kulturfähigen Ackerfläche und zur Aufnahme der gesamten Lebensmittelvorräte bei allen ›Selbstversorgern‹, denen ebenfalls der Lebensmittelverbrauch vorgeschrieben wurde, was wohl in vielen Fällen als die bitterste Maßnahme empfunden wurde.«

Dazu kamen Erlässe wie jener der Grazer Statthalterei vom 23. März 1915, der die Herstellung und den Verkauf von Ostereiern verbot und der auch für private Haushalte galt.[51] Im März 1915 war die Versorgungslage, nicht zuletzt aufgrund der schlechten Getreideernte des Jahres 1914, bereits relativ angespannt und Berichte wie der folgende aus dem Aflenzertal wurden zur Alltäglichkeit. Hier machte sich auch bei den Selbstversorgern der Getreide- und Mehlmangel bemerkbar, man musste um hohe Preise Getreide zukaufen, wobei 20 Dekagramm Koch- und Brotmehl pro Person und Tag gestattet waren. Der Mangel an guten Arbeitskräften und Pferden, der seit August 1914 andauerte, machte sich unangenehm bemerkbar – allein die Gemeinde Aflenz habe 80 Pferde samt Geschirr, Fuhrwagen und Zubehör zum billigsten Schätzpreis abgeben müssen und bis dato keinen Kreuzer dafür gesehen.[52]

Die Lage der obersteirischen Landwirte verschlechterte sich im Lauf des Jahres 1916 weiter. Sogar auf Holzschlägen wurde »Sommer- oder Böhmkorn« angebaut, die Schlachtviehablieferung zeitigte bereits negative Folgen für den Zuchtbetrieb. Die Bäuerinnen waren vielfach auf sich alleine gestellt, da Mann und Söhne an der Front standen. Zugleich wurde aber den Bäuerinnen erstmals ihre wichtige Rolle und Leistungsfähigkeit richtig bewusst, und auch die Öffentlichkeit nahm dies wahr. Zu den allgemein schwierigen Bedingungen gesellten sich die strukturellen Probleme der Obersteiermark, ausgelöst nicht zuletzt durch die »Güterschlächterei« der vergangenen Jahrzehnte. Immer wieder erlebten Erntekommissäre im Oberland das, was Johann Schaffer aus St. Michael ob Leoben im Oktober 1916 an den »Sonntagsboten« berichtete:[53]

»Nun wieder vorwärts. Wir kommen zu einem der unzähligen Bauerngehöfte, die der Großgrundbesitz aufgekauft und kultiviert (?) hat. Mustergültige Kulturen auf den einstigen Feldern und Wiesen. Es herrscht Totenstille, wo einst fröhliche Menschen hausten. Doch horch! Auf den Gräbern der einstigen Gehöfte rührt sich was: Es sind Soldaten, die Brennessel schneiden […] Hier kein Rekrut, kein Getreide, kein Vieh, keine Milch, keine Kartoffel, statt allem diesen – Brennesseln.«

Gerade die Reduzierung des Viehbestandes bedeutete einen herben Schlag für die obersteirische Landwirtschaft. Sie führte in weiterer Folge zu vermindertem Düngeranfall, der nur notdürftigst durch den Phosphatdünger aus den Lagerstätten einiger mittelsteirischer Höhlen gedeckt werden konnte. Die Ernteerträge sanken. Sie bedeutete aber auch eine immer schwerer werdende Versorgung mit Milchprodukten.[54] Die allgemeine Produktion sank durch den Mangel an Arbeitskräften permanent ab. Dazu kamen Wetterunbilden wie starke Frühfröste und Schneefall im Frühjahr 1916, die die Kartoffelernte in manchen Regionen der Obersteiermark auf ein Viertel verringerten.[55] Eine lang anhaltende Frühjahrstrockenheit im Jahr 1917 führte zu Einbußen bei der Heu- und Getreideernte.[56] So waren schließlich im Juni 1918 kaum noch 41 Prozent des rationierten Brotes in der Steiermark aus dem eigenen Land zu decken.[57]

Im Umfeld größerer Industriebetriebe der Mur-Mürz-Furche häuften sich seit 1916 die Vieh- und Getreidediebstähle, die bis zum Herausschlachten von Kälbern aus den Kühen oder Einbrüchen in Mühlen führten. Unreife Kartoffeln wurden des Nachts auf den Feldern ausgegraben. Allerorts entstanden »Flurwachen«. Das »Wachten« der Bauern im Mürzzuschlager Raum wurde ab dem Sommer 1918 zur fix reglementierten Einrichtung, bei der sich zunehmend eine gewisse »law and order«-Mentalität ausbildete.[58]

1918–1938

Mit dem Wegfall bedeutender landwirtschaftlicher Produktionsgebiete der Monarchie veränderte sich die Stellung der steirischen Landwirtschaft radikal. Die Eigenversorgung musste gesichert, die Produktion gesteigert werden, kurz – eine Agrarreform war unumgänglich. Dabei hielt man zwei Maßnahmen für vorrangig: einerseits die Aufhebung der Zwangswirtschaft und andererseits eine »Bodenreform«. Sofort nach Kriegsende setzte im Parlament eine breite Diskussion darüber ein, am Ende stand im Mai 1919 das so genannte »Wiederbesiedelungsgesetz«, das nur Notlösung sein konnte. Vom Sommer 1919 bis zum Ende der Anmeldefrist im Juli 1924 waren nicht nur mehrere Novellierungen notwendig, auch der Effekt ließ sehr zu wünschen übrig. Die dauernde Verschleppung des Gesetzes führte zur Ankündigung eines Massenprotestes in Leoben für den 21. Mai 1922, der im letzten Moment durch die Wiederaufnahme von Verhandlungen mit der Regierung verhindert wurde.[59] Bis 31. März 1922 waren in der Steiermark nämlich nur 449 Güter zur Bewerbung ausgeschrieben worden, für 360 Güter wurde ein Bewerber ausgewählt und 18 Güter wurden tatsächlich zugunsten der neuen Besitzer enteignet.[60] Bis zum Ende der Anmeldefrist wurden im Bezirk Bruck an der Mur 56 zur Wiederbesiedlung vorgesehene Anwesen namhaft gemacht, im Bezirk Leoben 73 und im Bezirk Mürzzuschlag 89. Unter Letzteren befand sich in der Gemeinde Krieglach – wo 19 Höfe zur Wiederbesiedlung ausgeschrieben waren – der Kluppeneggerhof in Alpl, die Heimat Peter Roseggers.[61] Setzt man diese insgesamt 218 Höfe in eine Relation zur Zahl der in ganz Österreich wiederbesiedelten 253 Höfe,[62] kann man unschwer erkennen, wie effektiv diese Aktion tatsächlich war.

Viel schwerer wogen für die angesessenen Bauern ohnedies andere Probleme, zum Beispiel die Zwangsbewirtschaftung von Getreide, Milch und Schlachtvieh, die die

Schattenwirtschaft enorm verstärkte. Das »Hamstern« war im Gebiet des Mürztals im Frühjahr 1919 so alltäglich geworden, dass der Gendarmerieposten Spital am Semmering am 11. April 1919 mit Reisekontrollen an der Landesgrenze beginnen musste. 25 Mann sollten bis Mai 1921 verhindern, dass Lebensmittel illegal außer Landes geschafft wurden. Der Effekt war äußerst bescheiden.[63] Wer nicht »hamstern« konnte, und zu diesen Menschen zählte ein Großteil der Arbeiterschaft, bekämpfte den Hunger auf andere Weise. Allerorts kam es in den Jahren 1919 und 1920 zu Viehdiebstählen, besonders im Raum Mürzzuschlag,[64] während sich im unteren Mürztal und im Raum Bruck – Leoben die Felddiebstähle häuften. Die Viehablieferungen verhinderten eine geordnete Nachzucht und das Problem der Milchablieferung zeigte sich besonders dort, wo nicht nur die staatlichen Stellen, sondern auch Hotels und Fremdenverkehrsbetriebe beliefert werden konnten, die natürlich besser zahlten. Die Klagen der Arbeiterschaft über mangelnde Versorgung traf sich hier mit den Klagen der Landwirte über zu geringe Abgeltung ihrer Produkte und angebliche oder tatsächliche Behördenwillkür.[65]

Das Ende der Zwangsbewirtschaftung im Jahr 1922 hätte ebenso zur Gesundung der angeschlagenen obersteirischen Landwirtschaft beitragen können wie die Auswirkungen der Inflation der Jahre 1921 und 1922. Die dadurch erfolgte Entschuldung der Betriebe war jedoch nur die eine Seite der Medaille. Auf der anderen Seite wurde das landwirtschaftliche Sachkapital entwertet, die Kaufkraft vernichtet und Investitionen mussten erst recht über Kredite getätigt werden.[66] Dazu kamen Probleme bei der Holz- und Viehausfuhr sowie das Hereindrängen billiger jugoslawischer Milch in die Steiermark, sodass die Errichtung von Schutzzöllen für die Landwirtschaft gefordert wurde.[67] Die Zollgesetze der Jahre 1924 bis 1927, besonders jenes vom 18. März 1926, das sich auf die Vieh- und Milcheinfuhr bezog,[68] halfen über die ärgsten Schwierigkeiten hinweg und leiteten gleichzeitig jene Schutzmaßnahmen und Absatzförderungsprogramme ein, die ab den Dreißigerjahren massiv verstärkt werden mussten. Gleichzeitig setzte die erwünschte Ertragssteigerung ein. Insbesondere durch das Wirken der Landwirtschaftsschulen wurden in kurzer Zeit viele Neuerungen eingeführt, die sich unter anderem in einer Verbesserung des Futterbaus und einer gezielten Viehzuchtpolitik widerspiegelten. Gegen Ende der Zwanzigerjahre war so eine beinahe 100-prozentige Selbstversorgung erreicht.[69] Problematisch gestaltete sich allerdings die immer höhere Steuerbelastung für die Landwirtschaft. Sie stieg von 1923 bis 1935 um das Fünffache. Je nach Verschuldungsgrad der zuständigen Gemeinde konnte sich auch die erhöhte Gemeindeumlage verheerend auswirken, ebenso die unzähligen Landessteuern. Hier versuchte der Katholische Bauernbund seit 1928 Erleichterungen zu erwirken.[70] Doch gerade bei den Gemeindeumlagen hatte er kaum Einflussmöglichkeiten. In vielen sozialdemokratisch geführten Gemeinden des Oberlandes, wo man soziale Errungenschaften wie Altenheime oder Wasserleitungen nach dem Beispiel des »Roten Wien« errichtet hatte, wurden die Gemeindeumlagen auf die Grundsteuer, Gebäudesteuer und Wohnungszinse teils drastisch erhöht. Dies führte besonders im Jahr 1931 bei den katastrophalen Preisstürzen im Bezirk Leoben zu ernsten finanziellen Problemen für die Bauern.[71] Bei einer bäuerlichen Protestversammlung in Mürzzuschlag am 20. September 1931 forderten rund 2.000 Bauern aus dem Mürztal unter anderem die Begrenzung der Gemeindeumlagen mit 150 Prozent.[72]

Der »Bauerntag« am 17. Februar 1929 in Leoben, dem eine Reihe von ähnlich gearteten Versammlungen während der nächsten Jahre folgen sollte, hatte »die allgemeine Notlage der Landwirtschaft« sowie »Mittel und Wege zur Rettung unseres heimischen Bauernstandes« zum Thema.[73] Neben der Schilderung der bereits erreichten Leistungen für die Landwirtschaft berichtete Minister Thaler über die geplante Errichtung weiterer inländischer Viehmärkte und gab »der zuversichtlichen Hoffnung Ausdruck, daß der Höhepunkt der Krise überwunden ist, und daß das Jahr 1929, wenn nicht irgend neue Katastrophen eintreten, den Bauern bessere Wirtschaftsmöglichkeiten bieten werde«.[74] Tatsächlich verschärfte sich die Situation nach 1929: Die Weltwirtschaftskrise äußerte sich im Wegfall von Absatzmärkten, die steigenden Arbeitslosenzahlen verringerten den inländischen Absatz, billige ausländische Produkte wurden immer gefragter. Seit 1930 begannen die Einnahmen der Landwirte dramatisch zu fallen, teilweise konnten erstmals nur noch Verluste erwirtschaftet werden, die Kreditsummen stiegen bei hohem Zinsniveau an und die obersteirische Landwirtschaft musste von ihrer Substanz zehren.[75] Um die Not zu lindern, wurde im Winter 1930/31 die Aktion des »bäuerlichen Notopfers« durchgeführt, einer einmaligen Anbauprämie, die nach einem in den einzelnen Gemeinden zu erhebenden Schlüssel über die Bezirksbauernkammern oder die Gemeinden an die einzelnen Besitzer ausbezahlt wurde. Doch eine beinahe gleichzeitig erfolgte drastische Senkung des Milchpreises nahm den obersteirischen Bauern das wieder, was sie durch das Notopfer erhielten.[76] Dafür wiederum sollte ab 1931 die »Gebirgsbauernhilfe« ausbezahlt werden.[77] Von dieser wurde im Bezirk Leoben die nicht unbeträchtliche Summe von 215.000 Schilling zur Entschuldung der Bergland-Molkerei Leoben-Trofaiach verwendet, was nicht auf ungeteilte Zustimmung stieß.[78] Eine rasche Regelung des Milchverkehrs tat Not. Diese sollte jedoch noch geraume Zeit auf sich warten lassen.

Wie dramatisch sich die Situation darstellt, zeigt die Statistik über die Betriebseinnahmen bzw. den Rohertragsrückgang der Jahre 1929 bis 1931.

Um die Lage etwas erträglicher zu machen, wurden seitens der Bezirkskammern, der Landeskammer und des Bundes diverse Einzelaktionen gesetzt, die mehr oder weniger erfolgreich verliefen. So unterhielt die Bezirkskammer Bruck an der Mur ab 1930 eine Viehvermittlungsstelle, 1932 wurden im Rahmen der »Bundeswurstaktion« im Kammerbezirk 166 Stück Vieh geschlachtet.[79]

Tabelle 2: Rückgang des landwirtschaftlichen Rohertrags 1929–1931

Rückgang 1931	gegenüber 1929	gegenüber 1930
Holzeinnahmen	61,5 %	41,7 %
Fuhrwerkseinnahmen	34,5 %	26,6 %
Rohertrag Rinderzuwachs	54,6 %	44,3 %
Rohertrag Milch	21,1 %	14,8 %

Quelle: Der Sonntagsbote, Nr. 49 (1932), 4. 12., 5.

Mit der Regierungsübernahme durch den Agrarfachmann Dr. Dollfuß begann sich langsam, sehr langsam einiges zum Besseren zu wenden. Der Reichsbauernbund hatte am 31. März 1933 im Rahmen eines Notprogramms nicht nur die Gewährung billiger Kredite für die Gebirgsbauern gefordert, sondern auch die Einleitung einer breit angelegten, planmäßigen Entschuldung oder Umschuldung der Gebirgsbauern.[80] Dollfuß reagierte zuerst mit der Idee einer staatlichen Regelung des Agrarmarktes und der forcierten Verbesserung sämtlicher Landwirtschaftssparten. Dazu kam ab dem 6. Februar 1934 die Verordnung der Bundesregierung über die Erleichterung der Schuldverhältnisse der Bergbauern; in Frage kamen Betriebe mit Viehwirtschaft, Futterbau und Waldwirtschaft im Haupterwerb, die ohne eigenes Verschulden in Notlage geraten waren. Die geplante Umschuldungsaktion sollte durch den »Bauernhilfsfonds« finanziert werden. Allerdings war diese Verordnung mit so vielen Feinheiten gespickt, dass sie keinen durchschlagenden Erfolge brachte.[81] Der Bauernhilfsfonds wurde über eine Auflage auf ausländische Futtermittel und durch einen Teil der Trefferanleihe dotiert.[82] Bis Oktober 1934 wurden in der Steiermark – und hier kamen großteils obersteirische Betriebe in Frage – 1.077 Hilfsgesuche im »abgekürzten Verfahren« mit einem Gesamtbetrag von 542.222 Schilling sowie 71 Darlehensgesuche im »normalen Verfahren« mit einem Gesamtbetrag von 112.000 Schilling bearbeitet. 418 Gesuche um einmalige Beträge in der Höhe von insgesamt 516.700 Schilling wurden ebenfalls erledigt. Der entsprechende Zeitungsbericht im »Sonntagsboten« schließt mit der Mitteilung, dass die Regierung wegen der »roten und braunen Revolution im heurigen Jahr« nicht daran denken könne, die Entschuldungsaktion auf die gesamte Bauernschaft auszuweiten.[83] Was dies bedeutete, wird klar, wenn man weiß, dass das Bauernhilfsverfahren im August 1934 derart modifiziert wurde, dass jene Antragsteller ausgesondert wurden, die »mangelnde Eignung in staatsbürgerlicher Hinsicht« aufwiesen, sich am Putsch vom 25. Juli beteiligt hatten, wegen illegaler Betätigung bestraft worden waren oder sich ausdrücklich zur NSDAP bekannten.[84] Dennoch wurde bis Jahresende 1936 bei insgesamt 6.797 steirischen Betrieben das Verfahren eingeleitet, rund 4.600 Gesuchsteller hatten bereits 3.641.931 Schilling erhalten.[85]

Nur sehr langsam begannen auch andere Maßnahmen der Agrarpolitik des Ständestaates zu greifen. Die Versprechungen, die Landtagspräsident Pirchegger am 3. November 1935 bei einer Bergbauernkundgebung in Leoben machte, dass nämlich sowohl das Viehabsatzproblem als auch der Milchabsatz sich bessern würden und dass die Umschuldung der Bauern ebenfalls weiter vorangetrieben werde,[86] sollten sich teils noch 1936 bewahrheiten. Ab März 1936 nahm das Deutsche Reich deutlich mehr Molkereiprodukte und Vieh ab und auch der Viehabsatz nach Italien entwickelte sich im Lauf des Jahres positiv.[87] Besonders der gestiegene Käseexport um das Zweieinhalbfache war auf Kompensationsabkommen mit Deutschland zurückzuführen und brachte erstmals seit 1929 wieder schwache Aktivzahlen. Auch die Rinderverkaufszahlen hatten sich von 1935 bis 1936 in der Steiermark von 5.311 auf 7.287 erhöht und der Holzexport sprang ebenfalls wieder an.[88] Dennoch war die Lage der obersteirischen Bauern am Vorabend zum Dritten Reich alles andere als rosig. Die Schulchronik von St. Dionysen bei Bruck an der Mur berichtet aus dem Jahr 1936: »Die Folge der Wirtschaftsnot zeigt sich am besten in der Tatsache, daß nur 4 Gehöfte in der Gemeinde noch schuldenfrei sind«, und im Jahr 1937 berichtet dieselbe Quelle:[89] »In wirtschaftlicher Hinsicht scheint auch bei der Bauernschaft eine kleine Besserung einzutreten. Der Preis für Schlachtvieh ist etwas gestiegen, auch der Preis für Schleifholz hat angezogen, so daß der Holzverkauf etwas einträglicher wurde. Der Erlös für Milch ist unverändert geblieben (20 Groschen), die verschuldeten Bauernhöfe können sich jedoch nicht mehr erholen und werden in kurzer Zeit zwangsweise in andere Hände übergehen.«

Dazu sollte es nicht mehr kommen, denn nur wenige Monate später war das Dritte Reich Realität geworden und nun änderte sich auch in der Landwirtschaft so manches.

1938–1945

Noch im Jahr 1938 setzte ein Mechanisierungs- und Modernisierungsschub in der obersteirischen Landwirtschaft ein, der jedoch durch steigende Abwanderung in die Industrie konterkariert wurde. Die Landflucht wurde erneut zum ernsten Problem. Betriebsmittel, besonders Dünger und Futtermittel, wurden zwar billiger und durch den besseren Absatz stiegen auch die Produktpreise rasch an. Die gleichzeitig steigenden Landarbeiterlöhne machten dies jedoch wieder wett. Die Kaufkraft sank und bereits 1939 war der »Kampf gegen die Preisschere« verloren.[90] Dennoch gelang es, besonders durch die Aufhebung der Zölle, deutsche Maschinen günstig zu importieren, was sich rasch in einer bedeutenden Zahl neuer Geräte und Maschinen auf den obersteirischen Höfen niederschlug.

Das am 1. August 1938 in Kraft getretene Reichserbhofgesetz, das vor Zwangsversteigerungen schützte und zu einem Inbegriff der »Blut-und-Boden-Ideologie« wurde, griff aufgrund der Größenstruktur der Betriebe insbesondere in der Obersteiermark und wurde neben der noch 1938 anlaufenden Entschuldungsaktion zu einem der wichtigsten Propagandamittel der NS-Landwirtschaftspolitik. Von den 101.000 entschuldeten österreichischen Bauernhöfen lagen rund 20.000 in der Steiermark, davon waren 90 Prozent bereits im Jahr 1942 entschuldet.[91] Die steirische Landwirtschaft wurde gezielt auf die Kriegswirtschaft umgestellt, womit sich viele Absatzprobleme der obersteirischen Betriebe schon im Sommer 1938 beinahe wie von selbst gelöst hatten.

Problematisch entwickelte sich die Landflucht weiter. Auch hier griff die Politik ein, was zu Beginn der nationalsozialistischen Herrschaft zu sonderbaren Blüten führte. Der »Ernteeinsatz der Partei« im Sommer 1938, zu dem der Gauleiter aufgerufen hatte, bewirkte, dass sämtliche Gliederungen der NSDAP Sonntag für Sonntag ihre Leute in die Ortschaften entsandte, wo die Kreisbauernschaft für die Verteilung auf die einzelnen Gehöfte sorgte. »Bis zu den entferntesten Bauernhöfen reichte die Hilfe. So waren die Bauern auf dem Pogusch nicht wenig überrascht, als auf Fahrzeugen der NSKK von St. Marein und St. Lorenzen auch bei ihnen Erntehelfer erschienen.« In 19 Gemeinden des Bezirkes Bruck an der Mur leisteten auf diese Weise rund 2.000 Freiwillige 14.000 unbezahlte Arbeitsstunden. »Der bereits herrschende Arbeitskräftemangel konnte so vorerst ausgeglichen werden.«[92]

Die allgemeine wirtschaftliche Lage der Bauern im Kreis Mürzzuschlag schildert ein

Bericht der Kreisbauernschaft vom 6. Oktober 1938. Darin hieß es, man erwarte die baldige Arisierung der Güter jüdischer Besitzer, im Zuge der Aufbaumaßnahmen habe sich eine erhöhte Nachfrage nach Krediten gezeigt. Als drückend erwiesen sich die immer noch hohen Gemeindeumlagen, sodass eine Entschuldung der einzelnen Gemeinden gefordert wurde. Gleichzeitig machte sich durch die Preissenkung bereits ein vermehrter Einsatz von Kunstdünger bemerkbar. Der Arbeitermangel wurde als großes Problem empfunden und am Bau von Jauchengruben sowie Silos herrschte reges Interesse. Als schleppend wurde der Absatz von Schlachtvieh und Zuchtvieh bezeichnet und schließlich forderte man die Regelung der Milchabgabe durch die Errichtung einer eigenen Molkerei im Kreisgebiet.[93] Ein interessantes Bild des Wirtschaftszustandes zeichnen auch die monatlichen Wirtschaftsberichte der Landräte, die für den Landrat Mürzzuschlag für manche Jahre vollständig erhalten geblieben sind. Nach diesen machte sich bereits im März 1939 die Landflucht so stark bemerkbar, dass große Höfe mit 20 Stück Vieh keine Hilfskräfte mehr hatten und man neuerlich die Hilfe der »öffentlichen Hand« einforderte, um die anstehenden Arbeiten bewältigen zu können.[94] Im Mai 1939 war der Mangel an Arbeitskräften bereits so akut, dass in manchen Gemeinden, wie in Gußwerk bei Mariazell, Besitzer gezwungen waren, mehrere Stück Vieh zu verkaufen, da sie es nicht mehr betreuen konnten.[95] Im selben Monat berichtete der Landrat Mürzzuschlag:[96] »Trotzdem ein Großteil der Bauern seit dem Umbruche die Löhne ihrer Dienstboten bereits um ein Drittel erhöht haben, will niemand bei einem Bauern in den Dienst eintreten, sondern drängt jeder landwirtschaftliche Arbeiter, bei irgend einer Baustelle oder Fabrik Arbeit zu bekommen.«

Der Gendarmerieposten Krieglach wiederum wusste am 27. Juni 1939 zu vermelden, der Ankauf landwirtschaftlicher Maschinen gehe rasch vonstatten, wodurch auch Arbeitskräfte erspart würden, dazu seien 20 Mann vom Reichsarbeitsdienst eingetroffen, die ebenfalls eine Hilfe darstellten, der Arbeitermangel drücke aber dennoch.[97] Im Herbst 1939 zeitigte der weitere Aderlass an Arbeitern durch den Kriegsausbruch in manchen obersteirischen Gemeinden bereits katastrophale Auswirkungen. Rinder mussten in großem Maße verkauft, der Herbstanbau beträchtlich eingeschränkt werden. Der Erntehilfsdienst der NSDAP leistete auch im Jahr 1939 bis November im Kreis Mürzzuschlag 35.000 Arbeitsstunden.[98]

Im Kreis Bruck wiederum kam es im Laufe der Jahre 1939 und 1940 hauptsächlich durch den Landarbeitermangel zu einigen bedeutenden Veränderungen in der Landwirtschaft. Um den Mangel auszugleichen, wurden über die »Maschinenbeihilfsaktion« insgesamt 564 Landmaschinen angekauft und mit 30 bzw. 50 Prozent des Kaufpreises gefördert. 92 Grünfuttersilos wurden ebenso neu errichtet wie Dutzende neue Gülleanlagen, um den Ertrag der Grünlandbewirtschaftung zu steigern. Um der Abwanderung Einhalt zu gebieten, wurden im Brucker Kreisgebiet sogar über 100 Landarbeiterwohnungen errichtet, die Landarbeiter erhielten eine eigene »Ehestandsförderung«.[99] Als Musterbetrieb galt im Kreisgebiet der Hof des Kreisbauernführers Ing. Lanzer in Picheldorf. Er hatte im Jahr 1941 eigene Landarbeiterwohnungen errichtet, die fünf Familien die Gründung eigener Haushalte ermöglichten.[100]

Ab Januar 1942 forderten die obersteirischen Bauern vehement den massiven Einsatz

Pflichtjahrmädchen bei der Getreideernte im unteren Mürztal, August 1942

von »fremden Arbeitskräften« und Kriegsgefangenen, um die Betriebe bewirtschaften zu können. Doch auch hier kam es bald zu Problemen. In Krieglach trafen Mitte Februar 1942 die ersten 40 polnischen und ukrainischen Landarbeiter ein, die kaum winterfeste Kleidung und beinahe überhaupt kein geeignetes Schuhwerk besaßen. All das musste von den Bauern beigestellt werden.[101] Ab Juli 1942 häuften sich die Klagen der Besitzer, dass die Kosten für eingesetzte Kriegsgefangene zu hoch seien. »Ein heimischer Landarbeiter hat einen niedrigeren Lohn als ein Kriegsgefangener«, wusste der Landrat Mürzzuschlag zu berichten.[102] Mit dem Einsatz von Ostarbeitern machten die Bauern unterschiedliche Erfahrungen. Während aus mancher Gemeinde berichtet wurde, die eingesetzten Ostarbeiter hätten sich mit der obersteirischen Landwirtschaft bereits vertraut gemacht und seien durchaus verwendbar,[103] klagten andere Gemeinden über mangelnden Arbeitswillen sowie über anfangs massenhafte Entweichungen aus den einzelnen Arbeitslagern.[104]

Der wachsende Einfluss des Krieges schlug sich auch in der Sprache nieder. Bauern, die sich »in der Erzeugungsschlacht besonders hervorgetan haben«, wurden 1942 von den Kreisbauernführern in Mürzzuschlag und Bruck an der Mur mit dem Kriegsverdienstkreuz oder zumindest mit der Kriegsverdienstmedaille ausgezeichnet.[105] Im Januar 1943 veranstaltete die Brucker Kreisbauernschaft eine Ausstellung unter dem Titel »Das Landvolk hilft den Krieg gewinnen«.[106] Diese Propaganda steigerte sich im Laufe des Krieges zusehends. Besonders Landesbauernführer Hainzl wurde auf Versammlungen im Oberland nicht müde zu betonen, dass es im gegenwärtigen Krieg um den Sieg gehe, um den Bestand des deutschen Volkes und um die Existenz des Bauern.[107] Ab dem Jahr 1944 kam es zu erneuten Erschwernissen in der Bewirtschaftung. Der Treibstoffmangel legte viele Maschinen lahm und die Tätigkeiten im Freien mussten wegen der Tieffliegerangriffe oft in die Nachtstunden verlegt werden. Das Kriegsende im Mai 1945 sollte die Situation vorerst nicht erleichtern.

1945–2000

Die Obersteiermark war von den direkten Kriegseinwirkungen weniger stark betroffen als die Oststeiermark. Dennoch kam es in den ersten Monaten nach dem Kriegsende auch in der Mur-Mürz-Furche zu Ereignissen, die, wenn auch nicht die Strukturen selbst, so zumindest die Ernte 1945 schwer beeinträchtigten. Im Mai litt besonders das Mürztal unter den Sowjettruppen, die sich hier niederließen. In einem privaten Tagebuch aus Spital am Semmering heißt es zum 21. Mai 1945:[108] »Die Bauern werden ganz ausgeplündert, die Wiesen sind von den vielen Wägen und Pferden ganz ruiniert, kein Futter, […] die Erdäpfel nehmen sie auch weg, wie soll sich das Land erholen.« Dazu kamen Zwangsablieferungen von Vieh und Eiern an die Rote Armee. Vom 1. Juli wird berichtet, es komme zu regelmäßigen Viehdurchtrieben, Heu und Getreide würden einfach weggeführt und die Bauern seien verzweifelt. Am 12. Juli schließlich heißt es, beim Rückzug der Sowjettruppen sei es nochmals zu unschönen Szenen gekommen. Rund 10.000 Soldaten hätten in der Gemeinde gelagert. »So ein Ort ist dann als dürften Heuschrecken kommen. Kein Ribiselsaft, kein Zwiebel, Heuschober weg, Kartoffel die erst zu blühen anfangen ausgerissen – halbe Felder.« Auch die Seitentäler der Mur-Mürz-Furche blieben nicht gänzlich verschont. Ende Juni 1945 zogen rund 3.000 russische Zivilarbeiter und Gefangene aus der Mariazeller Gegend kommend durch das Aflenzertal. In der Gemeinde Turnau wurden von den Hungernden fünf ausgewachsene Ochsen und ein Jungvieh gestohlen und geschlachtet.[109] Alleine in der Steiermark fehlten nach den Frühjahrs- und Sommermonaten 1945 70.000 Rinder.[110] Unter diesen Voraussetzungen wurde das Ernährungsproblem bereits um die Jahresmitte 1945 in der Obersteiermark drückend.[111] Futtermittelknappheit, Mangel an Dünger und der allgemeine Rückgang des Viehbestandes besserten sich bis 1948, der Mangel an Arbeitskräften nach der Rückwanderung der Kriegsgefangenen und Ostarbeiter machte sich jedoch sofort bemerkbar. Erst langsam begann sich die Lage zu normalisieren, nicht zuletzt durch die UNRRA (United Nations Relief and Rehabilitation Administration)-Hilfe. 1946 begann die UNRRA mit umfassenden Lieferungen landwirtschaftlicher Maschinen und ab 1947 wurde das starre Ablieferungssystem für landwirtschaftliche Produkte durch das System der Mengenkontingentierung ersetzt.[112] Mit 1. Juli 1948 lief das Programm des Marshallplans an und bald konnten die Erträge durch die gelieferten Futtermittel, Maschinen und den eingesetzten Kunstdünger gesteigert werden.

Im Jahr 1948 kam es allerdings zu ersten geharnischten Protesten der obersteirischen Bezirkskammern gegen die Agrarpreisverhandlungen mit den Gewerkschaften.[113] Eine kostendeckende Produktion von Milch und Vieh schien für die obersteirischen Landwirte nach dem vierten Lohn- und Preisabkommen schlicht unmöglich. Die vom obersteirischen Bauernbundfunktionär Franz Thoma geforderte Erhöhung des Milchpreises sollte nur der Anfang einer »unendlichen Geschichte« werden.[114]

Ab dem fünften Lohn- und Preisabkommen versuchten die Bauernvertreter, die Produzenten massiv zu schützen. Schließlich führte das Wirtschaftsgesetz des Jahres 1950 zur Stabilisierung der Agrarpreise und zur Sicherung der Versorgung. Gleichzeitig wurden die für die Obersteiermark eminent wichtigen Milchwirtschafts- und Viehverkehrsgesetze neu geordnet und 1958 zusammen mit dem Getreidewirtschaftsgesetz im neuen Marktordnungsgesetz zusammengefasst.[115] Dennoch hielten Krisen an. Bereits im Februar 1951 wies Landesrat Prirsch darauf hin, dass die obersteirischen Bergbauern am Ende ihrer Kräfte seien, die Bauern des Kammerbezirkes Bruck an der Mur drohten mit Kampfmaßnahmen gegen die Auswirkungen des letzten Lohn- und Preisabkommens und der Bauernbund forderte eine rasche Regelung der Milchpreisfrage zugunsten der Produzenten.[116] Die Preis-Kosten-Schere ging jedoch immer weiter auseinander. Am Ende der Fünfzigerjahre waren die Kosten für Kunstdünger, Maschinen und Arbeitslöhne wesentlich mehr gestiegen als die Preise für landwirtschaftliche Produkte.

In die Modernisierung der Landwirtschaft wurde dennoch kräftig investiert. Ab 1948, nach der Überwindung der ärgsten Nachkriegsprobleme, ging das Land Steiermark gezielt daran, Wegebau und Elektrifizierung der obersteirischen Bergbauernhöfe zu fördern.[117] Die Elektrifizierungsvorhaben der späten Fünfzigerjahre zeitigten nach anfänglichen »Kinderkrankheiten« bereits gute Ergebnisse. Mittlerweile hatte die agrartechnische Abteilung des Landes Steiermark in Dutzenden Projekten genügend Erfahrung gesammelt, um helfen zu können. Auch der Bau von Güterwegen ging, wie die Elektrifizierung der Höfe, besonders in den Sechzigerjahren zügig voran und half, die Landwirtschaft auf eine gesunde, lebensfähige Basis zu stellen. Dies war umso notwendiger, als die Agrarkrise der Sechzigerjahre bereits in der gesamten Obersteiermark spürbar wurde. Rationalisierung und Mechanisierung der Wirtschaft, verbunden mit der Marktanpassung der Produktion und Strukturverbesserungen, konnten die Probleme, die sich aus der zunehmenden Abwanderung von Familienmitgliedern in die städtischen Ballungszentren und dem immer stärker werdenden Mangel an Dienstboten ergaben, abfedern. Einen bedeutenden Beitrag leisteten hier seit den späten Fünfzigerjahren die bäuerlichen Umstellungsgemeinschaften.

Die erste Umstellungsgemeinschaft wurde am 25. März 1953 im nordoststeirischen Gerichtsbezirk Vorau gegründet.[118] Schon bald wurde diese erfolgreiche Aktion, die von den Bezirkskammern vor Ort koordiniert und unterstützt wurde, auf die gesamte Steiermark ausgeweitet. Im Januar 1963 wurde in Mautern im Liesingtal die 25. Umstellungsgemeinschaft der Steiermark gegründet, die die Gemeinden des oberen Liesingtales umfasste. 1964 folgte die Gründung der »Umstellungsgemeinschaft Rennfeld« für den Raum südlich und südöstlich von Bruck an der Mur, 1965 jene der Umstellungsgemeinschaft Aflenz-Mariazell, eine der größten Gemeinschaften der Obersteiermark.[119]

Neben diesen Aktivitäten auf regionaler Ebene mussten auch die »Rahmenbedingungen« hergestellt werden. Dies geschah durch die Einführung des »Grünen Plans«

unter besonderer Berücksichtigung der bergbäuerlichen Betriebe. Dazu kam 1962 eine Erhöhung der Förderungsmittel des Bundes für die steirischen Bergbauernhöfe um beinahe 5 Prozent. Damit konnte der Transportkostenausgleich für die Bergbauern erstmals zur Anwendung kommen.[120] 1965 folgte ein »Sonderprogramm für verstärkte Bergbauernhilfe«, für das Landwirtschaftsminister Dr. Schleinzer verantwortlich zeichnete. Eine Verdreifachung des Transportkostenzuschusses war hier ebenso enthalten wie eine »Strohaktion«, um die Verwendung von Waldstreu einzudämmen, oder die Förderung der Errichtung und Verbesserung von Hofzufahrten sowie die Unterstützung von Umstellungs- und Besitzfestigungsaktionen.[121] In der Steiermark selbst waren es die agrartechnischen Förderungsmaßnahmen des Landes, die sich 1968 mit beinahe 23 Millionen Schilling und 1969 mit über 23,7 Millionen Schilling im Budget niederschlugen. Das meiste Geld floss in den Güterwege- und Seilwegebau sowie in die Elektrifizierung und die Besitzfestigung gefährdeter Bergbauernbetriebe.[122]

Zwei wichtige Erscheinungen der Sechzigerjahre sind für die Obersteiermark noch zu nennen: Einerseits waren die Bauernvertreter durchaus bemüht, zu einem raschen Arrangement mit der EWG zu gelangen, um die landwirtschaftlichen Exporte abzusichern. Immer wieder wurde darauf hingewiesen, dass gerade die obersteirische Milch und das obersteirische Holz gute Exportchancen hätten. Andererseits tauchte in den Sechzigerjahren ein Problem auf, das sich in den Siebzigerjahren noch verschärfte: der Verlust gut bewirtschaftbarer landwirtschaftlicher Fläche durch den Ausbau der Verkehrsverbindungen. Schon 1965 wurde geklagt, dass die Landwirtschaft für den Bau der zweispurigen Südumfahrung der Stadt Leoben über 20 Hektar Nutzfläche opfern musste. Betroffen waren hier besonders Klein- und Mittelbetriebe, die zwar entschädigt wurden, dennoch bedeutende Einbußen an ihrer wirtschaftlichen Substanz hinzunehmen hatten, da keine Ersatzflächen zu bekommen waren.[123]

Bezeichnend ist auch die steirische Reaktion auf den Mansholt-Plan und dessen »Gesundschrumpfungsphilosophie«, die noch 1969 eine schwere Verunsicherung im ganzen Land auslöste. Im Juni 1969 wurde das steirische »Siedlungs-Landesgesetz« beschlossen, das die Grundlage für Flurbereinigungen, Grundzusammenlegungen, Hof- und Grundflächenaufschließungen bot. Auf dieser Grundlage konnten auch sehr kleine Betriebe gefördert werden. Gleichzeitig war die Grundaufstockung von Betrieben möglich. Damit konnte die wirtschaftliche Situation der Nebenerwerbslandwirte abgesichert werden und all dies lief diametral gegen die Intentionen des Mansholt-Plans.[124] Der Bund zog noch im selben Jahr mit der Schaffung des »Bäuerlichen Besitzstrukturfonds« nach, der die Besitzaufstockung durch Bürgschaften erleichterte. Tatsächlich trugen diese Bestrebungen bald erste Früchte. So berichtete zum Beispiel der »Steirische Bauernbündler« bereits im Juni 1970 unter der Spitzmarke »Waldheimat: Bauernland wieder in Bauernhand« davon, dass der Bezirksbauernbund Mürzzuschlag am Alpl rund 80 Hektar Wald aus Herrschaftsbesitz erstanden habe, die im Rahmen der Besitzaufstockung der Siedlergemeinschaft »Freiwald« an 18 Bauern übergeben wurden.[125] Zu ähnlichen Transaktionen kam es im Mürztal auch während der Siebziger-, Achtziger- und Neunzigerjahre.

Schwierig wurde es wiederum ab 1970. In der Zeit der SPÖ-Alleinregierung bis 1983 nahm der Anteil der Landwirtschaft an der Gesamtwirtschaft um 14,4 Prozent ab, das Einkommen der Bauern blieb hinter der allgemeinen Entwicklung zurück und die Agrarpreisfestsetzung hatte großteils negative Auswirkungen auf die Landwirte. Dazu begann der Trend zur industriellen Produktionsweise den bäuerlichen Familienbetrieb zu gefährden. Gleichzeitig wuchs die Produktionskraft im Inland an, was eine verstärkte Exporttätigkeit unumgänglich machte.[126] In Folge kam es zu regionalen Konzentrationen in der Produktion ebenso wie zu einem bedeutenden Strukturwandel. So verlagerte sich zum Beispiel die Vieh- und Milchwirtschaft zu einem guten Teil in den obersteirischen Raum.

Die Preis-Kosten-Schere wurde in den Siebzigerjahren großteils merklich größer. Alle Details der Entwicklung zu schildern würde hier zu weit führen, deshalb nur ein exemplarisches Beispiel über die Auswirkungen des Wandels: Die Bezirkskammer Mürzzuschlag beschloss am ersten Bezirkskammertag 1974 eine Resolution an Landwirtschaftsminister Weihs, in der eine Verbesserung der Exportmöglichkeiten unter Anhebung des Produzentenpreises für Rinder gefordert wurde, da die Anhebung der Verwertungszuschüsse allein nicht ausreiche. Der Erzeugermilchpreis solle kostendeckend gestaltet, der Handelsdünger ohne Mehrwertsteuer abgegeben werden. Hier sei auch die Preisbildung zu überwachen. Schließlich wurde – eine Auswirkung der Ölkrise – gefordert, die Treibstoffrückvergütung für das Jahr 1974 entsprechend dem Anstieg des Dieselölpreises anzuheben, und ab 1975 sollten als Berechnungsbasis bearbeitete Fläche und Produktionsart sowie Betriebsstundenanzahl herangezogen werden.[127] Gerade die Probleme um die Bundesmineralölsteuer, eine Vergütung, die die Grünlandwirtschaft – und damit besonders die Bergbauernhöfe – benachteiligte, sollten noch länger zu heftigen Diskussionen führen.[128] Dazu kam seit Beginn der Siebzigerjahre für den Raum Mürzzuschlag-Leoben das Problem des Schnellstraßenbaues. Der Ausbau der S 6 wurde ab 1972 von der Bezirkskammer Mürzzuschlag vehement bekämpft, da ihm ersten Schätzungen zufolge rund 270 Hektar wertvollsten Kulturlandes – hauptsächlich Grün- und Ackerland in leicht zu bewirtschaftender Tallage – zum Opfer fallen würden, wodurch mehrere Betriebe völlig vernichtet worden wären.[129] Als in den frühen Achtzigerjahren der Bau tatsächlich durchgeführt wurde, kam es noch schlimmer. Der Verlust an agrarischer Fläche betrug im Bezirk Mürzzuschlag von 1970 bis 1990 1.683 Hektar,[130] allein an der Strecke von Mürzzuschlag bis an die Bezirksgrenze im Westen bei Allerheiligen gingen rund 700 Hektar an Fläche verloren. Die Zahl der Betriebe sank von 1980 bis 1990, während der Jahre des Schnellstraßenbaus, um 51, wobei hauptsächlich Betriebe in der Größenordnung von fünf bis 30 Hektar betroffen waren. Bei den Betrieben in der Größenordnung von 30 bis 50 Hektar war sogar ein Zuwachs von 17 Betrieben zu verzeichnen.[131]

Gleichzeitig kam es zu einem tief greifenden Wandel der gesellschaftlichen Struktur in der Landwirtschaft. Die Zahl der Vollerwerbsbauern nahm rapide ab, die Nebenerwerbsbauern nahmen in beinahe gleichem Ausmaß zu. Schon 1978 berichtete die Landjugend des Bezirks Leoben, nur noch 30 Prozent ihrer Mitglieder stamme aus landwirtschaftlichen Betrieben, von denen etwa die Hälfte im Nebenerwerb geführt werde.[132]

Auch zu Beginn der Achtzigerjahre hatte die Landwirtschaft mit verschiedenen Problemen zu kämpfen. So fiel das Einkommen der Landwirte im Jahr 1983 um durchschnittlich 9,1 Prozent, und wenn das Jahr 1984 auch zu den besseren zählte, so ging die Einkommensschere im Jahr 1985 doch wieder deutlich auseinander. Der Einkommensverlust betrug allein in diesem Jahr reale 17 Prozent.[133] Der zuständige steirische Landesrat Josef Riegler sah dennoch Chancen zur Einkommenssicherung. Auf die Obersteiermark bezogen war dies einerseits der vermehrte Einsatz von Bioenergie in Form von Biomasse, andererseits die relativ gesunde Holz verarbeitende Industrie, die, bei gelenkten Holzimporten, auf heimische Rohware zurückgreifen würde. Dazu kamen Überlegungen zu einem Importstopp für Rind- und Kalbfleisch und einer besseren Organisation der Kälberproduktion und der Vollmilchmast. Man solle sich qualitativ den Markterfordernissen anpassen und die Mutterkuhhaltung sowie die Produktion von »Styria Beef« forcieren. Mit der EG wurden Neuverhandlungen hinsichtlich des Rinderexportes angestrebt.[134] Die Ideen des Landesrates fielen nach der Nationalratswahl 1986 und der Regierungsbeteiligung der ÖVP bald auf fruchtbaren Boden, vieles davon wurde umgesetzt. Der biologische Landbau wurde forciert, Produkte wie das »Styria Beef« besser vermarktet, die Direktvermarktung auf Bauernmärkten ebenso gefördert wie die Errichtung von Biomasseanlagen. All dies waren durchaus keine Neuerungen, sondern in manchen Regionen des Landes bereits lange geübte Praktiken. Die »St. Mareiner Gruppe« hatte schon 1966 »ökologische« Ideen vertreten, war zu Beginn der Siebzigerjahre zum biologischen Anbau übergegangen und betrieb neben einem gut organisierten Ab-Hof-Verkauf seit dem Jahr 1974 ein eigenes Verkaufslokal in Graz. Seit 1980 wurde von der Landwirtschaftskammer ein Biobauer als Konsulent beschäftigt. Nun explodierte die Zahl der Biobauern förmlich. Waren es 1993 noch 1.576 Betriebe im Land, so war diese Zahl 1994 bereits auf rund 2.300, 1995 bereits auf 3.389 angewachsen. Die Entwicklung verflachte zwar, doch im Jahr 2000 stand man bereits bei 3.405 Biobetrieben.[135] Seit 1995 liegt die Steiermark bei den Biobetrieben österreichweit an zweiter Stelle.[136] 1996 wurde der Biobauer Herbert Kain aus Seiz bei Kammern im Bezirk Leoben, Landesobmann des Ernteverbandes Steiermark, in die Landeskammer gewählt.[137]

Auch in anderen Bereichen machten sich die Modernisierungsbestrebungen bemerkbar, insbesondere bei der Biomasseproduktion. Eines der ersten Unternehmen dieser Art wurde 1987 von fünf Bauern der Gemeinde Langenwang im Mürztal gegründet, die als Warenliefergemeinschaft ein Zwölffamilienwohnhaus, die Hauptschule und das Rathaus der Gemeinde mit Fernwärme versorgten.[138] Im Jahr 1991 bestanden steiermarkweit bereits 50 Heizzentralen auf der Basis von Biomasse, von denen 19 von bäuerlichen Gemeinschaften betrieben wurden. Zehn der Anlagen standen im Untersuchungsraum.[139] Im Jahr 1996 hatte sich die Zahl der Biomasse-Nahwärmenetze bereits auf 90 erhöht, 15 Prozent des steirischen Energieverbrauches konnten durch Biomasse abgedeckt werden – damit hatte man sich europaweit an die Spitze gearbeitet. Förderungen des Landwirtschaftsministeriums in einer Höhe von bis zu 50 Prozent trugen zu dieser Entwicklung bei.[140]

Die Förderung der Direktvermarktung führte zum Entstehen mehrerer Bauernmärkte im steirischen Oberland. Am erfolgreichsten war man im Bezirk Mürzzuschlag. 1987 kam es mit Hilfe der Landeskammer zur Gründung eines Vereins der Direktvermarkter, der bereits am Josefitag 1988 in Kindberg und Mürzzuschlag seine ersten Bauernmärkte abhielt. Die Aktion war ein voller Erfolg,[141] in Mürzzuschlag wurde in Folge ein regelmäßig beschickter Verkaufspavillon errichtet und in Kindberg kam es 1995 gar zur Eröffnung eines eigenen »Bauernmarkt-Hauses« in zentraler Lage, das jeden Mittwoch und Samstag geöffnet ist.[142] In Bruck an der Mur und Leoben existieren seit Jahren ebenfalls Bauernmärkte, die allerdings hauptsächlich von Landwirten aus der Oststeiermark beliefert werden.

Seit dem Beginn der »Großen Koalition« wurde die Möglichkeit eines EU-Betrittes konkret, wobei klar war, dass dieser Schritt für die Landwirte die größte Herausforderung seit dem Jahr 1945 bedeuten würde. Für die obersteirischen Bauern waren insbesondere die Richtlinien des EG-Rates vom 25. April 1975 über die Landwirtschaft in Berggebieten bedeutsam, die Ausgleichszulagen zur Subsistenzabsicherung vorsahen.[143] Derartige Zulagen waren in Österreich längst eingeführt und kosteten allein dem Land Steiermark Ende der Achtzigerjahre jährlich rund 30 Millionen Schilling. Dazu kamen ab 1988 Direktzahlungen an die Landwirte, in der Obersteiermark besonders der Almerhaltungsbeitrag.[144] Unter Landwirtschaftsminister Fischler wurde die Förderungspolitik neu geregelt und die Zahlungen an Bergbauern um 40 Prozent angehoben. Für die Förderung von Landwirten benachteiligter Gebiete standen im Budget 1991 bereits mehr als 1 Milliarde Schilling zur Verfügung. Dazu kam mehr Autonomie in der Budgetbewirtschaftung. So konnten die Ersparnisse bei den Marktordnungsmitteln im Folgejahr automatisch zu den Förderungen geschlagen werden.[145]

Im Land selbst kam es im Mai 1993 zu einer richtungsweisenden Entscheidung. Die Agrarbezirksbehörde Leoben wurde mit Beschluss der Steiermärkischen Landesregierung um die Bezirke Bruck an der Mur und Mürzzuschlag erweitert. Die damit verbundene Neustrukturierung brachte größere Bürgernähe sowie eine effizientere und kostengünstigere Verwaltung. Die Agrarbezirksbehörde, die sich unter anderem mit dem Grundzusammenlegungsgesetz, dem Agrargemeinschafts- und dem Almschutzgesetz auseinander setzt, hatte sich nun unter anderem um 392 weitere Almen in einem Flächenausmaß von 38.190 Hektar zu kümmern.[146] Bereits im März desselben Jahres war ein Gutteil des Zuständigkeitsgebiets der neuen Agrarbezirksbehörde, darunter alle drei Bezirke des Untersuchungsgebiets, von der österreichischen Raumordnungskonferenz zum Ziel-2-Gebiet erklärt worden und man hegte begründete Hoffnung, nach einem EU-Betritt besonders am oberitalienischen Markt mit österreichischen Produkten punkten zu können.[147]

Der EU-Beitritt Österreichs im Jahr 1995 brachte der obersteirischen Landwirtschaft sinkende Erzeugerpreise, die durch Direktzahlungen und Flächenstilllegungsprämien abgefangen werden konnten. Gleichzeitig wurde ein Großteil des obersteirischen Raumes auch von der EU als Ziel-2-Förderungsgebiet anerkannt und so konnte man trotz einiger anfänglicher Probleme rund um ÖPUL- und Biobauerneinstufung mit einiger Zuversicht in die Zukunft blicken. Die EU stockte 1997 die Förderungen des ÖPUL (»Österreichisches Programm zur Förderung einer umweltgerechten, extensiven und den natürlichen Lebensraum schützenden Landwirtschaft«) um 1,2 Milliarden Schilling auf und erkannte damit die Leistungen der Landwirte auf dem Gebiet der umweltgerechten Bewirtschaftung an, wobei in der Steiermark rund 70 Prozent der Mittel an Grünlandbetriebe und Betriebe in benachteiligten Gebieten gingen.[148] Dazu kamen die positiven Abschlüsse des Jahres 1997 auf Bundes- und Landesebene. Das so genannte »40-Milliarden-Paket«, das die Agrarbudgetierung der Jahre 1999 bis 2002 absicherte, wurde in der Steiermark durch das Landesbudget 1998 ergänzt, das die nächsten agrarischen Kofinanzierungen absicherte. Schon wurde aber auch in der Obersteiermark über die Auswirkungen der »Agenda 2000« und der Osterweiterung auf die Landwirtschaft diskutiert.[149] Bleibt noch anzumerken, dass das ÖPUL 2000 fast in allen Bereichen eine Verbesserung brachte. Die Biobetriebe konnten sich im Grünlandbereich über eine Förderungssteigerung von 15 Prozent freuen, die Zusammenarbeit mit großen Handelsketten begann sich positiv auszuwirken. In der Obersteiermark war hier besonders die Milchwirtschaft betroffen. Rund die Hälfte der angelieferten Biomilch wurde mit einem Biozuschlag von 55 bis 70 Groschen vermarktet, wobei zum Beispiel der Raum Murau an die Obersteirische Molkerei, das Ennstal an die Molkerei Stainach bedeutende Mengen lieferte, die über Hofer und Spar vermarktet wurden.[150] Im Mai 2000 wurde auf Wirken von Landwirtschaftsminister Molterer beim Brüsseler Star-Ausschuss der österreichische Antrag für die ländliche Entwicklung genehmigt. Bergbauernförderung und Umweltprogramm konnten somit weitergeführt werden. Nicht nur ÖPUL und Ausgleichszulage waren damit gesichert, sondern auch verschiedene Investitionsförderungen und die für Österreich enorm wichtige Gleichstellung von Haupt- und Nebenerwerbsbetrieben in Förderungsfragen. Dazu kamen die verstärkte Förderung von Vermarktungs- und Verarbeitungsinitiativen und die Absicherung innovativer Projekte im Bereich der Forstwirtschaft. Die nächste Periode konnte demnach geplant werden.[151]

2. Viehzucht

Das wichtigste Standbein der obersteirischen Landwirtschaft war zu Beginn des 20. Jahrhunderts die Viehwirtschaft und hier insbesondere die stark mit der Almwirtschaft verflochtene Viehzucht. Im steirischen Oberland im Westen etwa auf der Linie Irdning-Murau waren die Pinzgauer die vorherrschende Rinderrasse. Daran schloss das Verbreitungsgebiet der Bergschecken an. Im Gerichtsbezirk Neumarkt war das Mariahofer Blondvieh heimisch, während im östlichen Ennstal, im Palten-Liesingtal und im Aichfeld die Murbodner Rasse gezüchtet wurde. Im Raum Leoben-Bruck-Frohnleiten fand sich teilweise bereits Braunvieh, das Mürztal wurde vom Mürztaler Rind dominiert. Lediglich im Raum Mariazell-Neuberg, nördlich der Hochschwab-Veitsch-Linie, fand man noch die einfärbige Altrasse.[152] Von größerer wirtschaftlicher Bedeutung waren aber nur das Murbodner und das Mürztaler Rind. Letzteres war spätestens im 18. Jahrhundert durch die Einkreuzung des ungarischen Steppenrindes in die einheimische Stammrasse entstanden. Es zeichnete sich durch hervorragende Milchleistung und ausgesprochene Schönheit aus und war darüber hinaus ein vortreffliches

Mürztaler Rinder auf einer Alm bei Bruck an der Mur, um 1925

Fleisch- und Arbeitsvieh. Durch übermäßigen Export kam es aber schon während des 19. Jahrhunderts zu schweren Erschöpfungserscheinungen in der Stammherde.[153] Die Herkunft des Murbodner Rindes hingegen ist nicht gesichert. Es liegen drei Entstehungserklärungen vor. Die eine berichtet von Erzherzog Johann, der im Jahr 1829 die Kreuzung von Mürztaler und Mariahofer Rindern propagierte. Eine andere Annahme berichtet von einer Kreuzung zwischen Kainachtalern und Mürztalern und schließlich erwähnte Baron Ecker im Jahr 1879 die Abspaltung einer gelben Linie aus »reinem Mürztalerblut«, die zum Entstehen des Murbodner Rindes geführt habe. Um die Jahrhundertwende hatten sich die Unterschiede zwischen den beiden wichtigsten Rassen der Obersteiermark durch vielfache Blutzufuhr von Murbodnern in die Mürztaler Stammherde bereits sehr verringert.[154]

Zur Hebung der Rinderzucht in der Steiermark trugen die einzelnen Murbodner- und Mürztaler-Viehzuchtgenossenschaften viel bei, die zwischen 1898 und 1900 in Bruck an der Mur, Judenburg, Kindberg, Knittelfeld, Leoben und Mürzzuschlag gegründet wurden. Dazu gesellten sich bis zum Jahr 1907 Liezen, Mariazell, Aflenz, Mautern, Oberzeiring, Rottenmann, St. Gallen und Obdach. Zehn dieser Genossenschaften gründeten am 13. April 1907 den Verband der Murbodner-Viehzuchtgenossenschaften mit Sitz in St. Michael ob Leoben. Erst 1912 traten auch die drei Mürztaler-Zuchtgenossenschaften aus Bruck an der Mur, Kindberg und Mürzzuschlag dem Verband bei.[155]

Abgesetzt wurden die gezüchteten Rinder auf den verschiedenen Viehmärkten des Oberlandes, wobei jene in St. Gallen, Trofaiach und St. Lorenzen im Mürztal die wichtigsten waren. Wie sehr die Viehzucht von den allgemeinen wirtschaftlichen Missständen in Mitleidenschaft gezogen wurde, zeigt sich insbesondere anhand des Beispieles des »Galli-Marktes« in St. Gallen, der Mitte Oktober abgehalten wurde. 1878 wurden auf diesen Markt noch 5.000 Rinder aufgetrieben, 1903 nur noch 1.025 und 1904 gar nur noch 730 Stück. Man erklärte sich diesen Rückgang vorerst mit der »Ausrottung der Bauern« und führte in diesem Zusammenhang die schwierige Lage der Almwirtschaft im Ennstal an.[156] In Trofaiach und St. Lorenzen im Mürztal war die Lage der Viehmärkte im Jahr 1903 noch etwas besser. In Trofaiach wurden beim Herbstviehmarkt 1903 rund 1.000 Stück aufgetrieben, meist Ochsen, die zu sehr guten Preisen als Mastochsen nach Ungarn und Böhmen gingen. Auch der Lorenzener Simonimarkt am 28. Oktober 1903 konnte rund 800 Stück Vieh Auftrieb verzeichnen. Verkauft wurden hauptsächlich Ochsen und Jungvieh nach Niederösterreich.[157] Als neuer Markt war im Jahr 1901 vom »Verband der Genossenschaften in Steiermark« der Murbodner-Zuchtviehmarkt in St. Michael installiert worden, der sich im Laufe der nächsten Jahre recht gut entwickelte.

Neben der schwierigen Lage der Alpwirtschaft hatten die obersteirische Viehwirtschaft in den ersten zehn Jahren des neuen Jahrhunderts mit zwei weiteren Unbilden zu kämpfen: Einerseits wirkten sich die Handelsverträge mit den Balkanstaaten negativ aus, andererseits folgten einige Jahre schwerer Missernten.

Die Probleme mit dem Vieh aus den Balkanstaaten hatten bereits im Jahr 1899 durch die Unterzeichnung einer Viehseuchenkonvention begonnen. Als Folge der österreichischen Handelsverträge mit Serbien im Jahr 1905 überschwemmte verseuchtes Vieh Ungarn und Österreich, was wiederum den Absatz nach Deutschland fast zur Gänze zusammenbrechen ließ. Er sank von 65.534 Stück im Jahr 1905 auf 14.616 Stück im Jahr 1906. Wenn sich auch eine leichte Entspannung abzeichnete, so blieb der Absatz nach Deutschland auch in den folgenden Jahren beinahe halbiert.[158] 1906 führte der obersteirische Reichsratsabgeordnete Pantz auf einer Protestversammlung in Bruck an der Mur aus, wenn es nicht gelinge, die Grenze gegen Serbien zu sperren, stehe die »österreichische Landwirtschaft« vor dem Ruin. Auch die Handelsverträge mit Russland seien ein »Monstrum«.[159] Erste Proteste halfen nichts und so kam es im Laufe des Frühlings 1908 zu einer wahren Protestwelle in der Obersteiermark, die sich gegen die Handelsverträge mit Serbien richtete. Dieser Protest, der auch in der lokalen Presse seinen Niederschlag fand, bewirkte, gepaart mit dem akkordierten Vorgehen der Christlichsozialen und der Deutschen Agrarier im Reichsrat, dass der Handelsvertrag mit Serbien, der am 31. März 1909 auslief, nicht mehr verlängert wurde.[160]

Mindestens ebenso tragisch waren mehrere Missernten beim Grünfutter, die im Jahr 1908 ihren Anfang nahmen. Schon im Sommer 1908 zeichnete sich für die Obersteiermark ab, dass die Grummet- und Heuernte derart schlecht ausfallen würde, dass man während des Winters mit einer Futtermittelnot rechnen musste. Da die »Bündlerischen Bauernvertreter« keinen Antrag auf Hilfe im Steiermärkischen Landtag eingebracht hatten, lag es am Reichsratsabgeordneten Prisching von den Christlichsozialen, bei Landwirtschaftsminister Ebenhoch vorstellig zu werden. Aufgrund dieser Intervention konnte der schwerste Schaden von den obersteirischen Landwirten abgewehrt werden, sehr zum Missfallen der »Bündler«, die die schlechte Qualität des zur Verteilung gebrachten »Prischingheus«, wie sie es nannten, kritisierten. Doch die Landtagswahl des Jahres 1909 gab ihnen Unrecht.[161]

Durch die Trockenheit während der ersten Jahreshälfte 1909 und häufige Unwetter in der zweiten Jahreshälfte kam es im Winter 1909/10 neuerlich zu einer Futternot, die auf ähnliche Weise bewältigt werden konnte. Dennoch mussten im Jahr 1908 und 1909 die schönsten Rinder geschlachtet werden, man verdiente mit dem Fleisch nichts und auch die Futterernte des Jahres 1910, die beste seit 1878, konnte nicht froh machen, da diesmal nicht genügend Rinder vorhanden waren.[162] Ein neuerlicher Aufschwung in der Viehzucht war zu diesem Zeitpunkt allerdings unverkennbar. Lediglich das Jahr 1913 brachte wieder stärkere Ernteeinbußen beim Futter.[163]

Die Jahre des Ersten Weltkrieges

Zu Beginn des Ersten Weltkrieges machten sich noch kaum Auswirkungen auf die Viehzucht bemerkbar. Zwar wurde der Viehmarkt des Murbodner-Mürztaler-Zuchtverbandes am 10. September 1914 in St. Michael »mit Rücksicht auf die durch den Krieg bedingten Verhältnisse« nicht abgehalten, weiter hieß es aber: »Ist der Krieg einmal glücklich überwunden, werden auch unserer Viehzucht für die kräftigen Anstrengungen der letzten Jahre wirtschaftliche Erfolge winken, auch deshalb ist alles, was an unseren Viehständen Zuchtwert besitzt, sorgfältig vor jeder Art Verschleuderung zu behüten.«[164]

Die lokalen Viehmärkte brachten 1914 noch gute Geschäftserfolge.[165] Und obwohl sie 1915 im gesamten Untersuchungsraum zum Erliegen kamen, hielten sich die Zuchtviehschauen noch bis zum Jahr 1916. Dann bereitete die Kriegswirtschaft auch ihnen ein vorläufiges Ende.

Um die Viehzucht zu schonen, wurde zu Kriegsbeginn ein Kälberschlachtverbot erlassen, das mit 1. Januar 1915 auf trächtige Tiere, Jungvieh und Ochsen bis zweieinhalb Jahre sowie Stiere bis zwei Jahre ausgeweitet wurde.[166] Die zunehmenden Ernährungsprobleme veränderten die Sachlage jedoch bald entscheidend. Den Anfang machten die Rinderausfuhrverbote, die auf Grundlage der kaiserlichen Verordnung vom 1. August 1914, R.G.B. Nr. 194 im April 1915 für die Bezirke Mürzzuschlag, Bruck an der Mur und Leoben verhängt wurden. Innerhalb der Bezirke durfte weiterhin gehandelt werden, das Militär konnte sein Vieh frei beziehen.[167] Im Lauf des Jahres 1915 stellte sich ein Futtermangel ein, der in der Obersteiermark auf die großen Mengen an »Wildheu« zurückgeführt wurde, das von Großgrundbesitzern für die Winterfütterung des Jagdwildes geerntet wurde, was bei den Bauern für Unmut sorgte. Am 19. September 1915 setzte sich die Filiale Mariazell der Landwirtschaftsgesellschaft in einer Zusendung an das Ackerbauministerium in Wien für einen vermehrten Abschuss des Wildes und die Heranziehung des Fleisches für »Approvisionierungszwecke« sowie ein Verbot der Wildfütterung zumindest für die Dauer des Futtermittelmangels ein.[168] Unterstützung erhielten die Mariazeller am 13. Dezember 1915 von der Filiale Bruck an der Mur, die sich dieser »Begehrschrift« vollinhaltlich anschloss.[169] Unwille der Jagdbesitzer und Mangel an Munition vereitelten das Vorhaben allerdings rasch. Im Gegenzug wurde noch im Dezember 1915 die Aufnahme aller Heu- und Strohvorräte der obersteirischen Bauern durchgeführt, was zu ihrer weiteren Verunsicherung führte.[170] Dass im besonders harten Winter 1916/1917 in vielen großen Jagdrevieren der Obersteiermark aufgrund der Überhegung ein Massenwildsterben einsetzte, führte zu steigender Verärgerung. Allein in den Revieren Mayr-Melnhofs rund um Göß bei Leoben verendeten fast 200 Stück Hochwild, die vergraben werden mussten, anstatt der Bevölkerung als Nahrung zu dienen.[171]

Das »Schlachtviehmonopol« wirkte sich nach seiner Neuordnung im April 1916 in

Kombination mit dem Abgabezwang verheerend aus. Wiewohl die amtliche Viehzählung von 1916 ergab, dass im Grunde kein Schlachtvieh mehr vorhanden war,[172] wurden allein von Mai 1916 bis Mai 1917 aus dem steirischen Viehbestand weitere 189.094 Stück Großvieh und über 20.000 Kälber abgegeben. Gleichzeitig stieg der monatliche Schlachtviehverbrauch im Land stetig an.[173] Es war der maßvollen Politik des Landes-Tierzuchtinspektors Fritz Schneiter, Leiter der steirischen Zweigstelle der »Allgemeinen österreichischen Viehverwertungsgesellschaft«, zu verdanken, dass die Schädigung des Zuchtbestandes zumindest eingedämmt werden konnte.[174] So kam Schneiter im Dezember 1916 auf die Idee, 750 Simmentaler und Montafoner Kühe sowie eine Anzahl von Zucht- und Leistungsstieren in die Steiermark zu importieren, die zum Selbstkostenpreis an Interessierte abgegeben wurden und gleichzeitig mit einem Enthebungsschein ausgestattet waren, der dieses Zuchtvieh vor Zwangsenteignung und Requisition schützte.[175]

Bis zur letzten Viehzählung der Monarchie am 31. Oktober 1918 wurde der Viehbestand der Steiermark nochmals um 15.303 Rinder reduziert.[176] Bei solchen Verhältnissen verwundert es nicht, dass sich im Jahr 1917 der Widerstand der obersteirischen Viehzüchter massiv zu formieren begann. Die Bauernvertreter des Bezirks Bruck an der Mur bildeten den Kern dieses Widerstandes. Am 27. April 1917 wurde auf einer Sitzung der Brucker Bezirksvertretung beschlossen, die Viehabgabe an die Viehverwertungsgesellschaft einzuschränken und diese Aktion auf die gesamte Steiermark auszudehnen. Tatsächlich rissen nun die »deutschfreiheitlichen« Bauernvertreter der Obersteiermark, wie die Landtagsabgeordneten Josef Wolfbauer und Michael Brandl aus Mitterlobming, aber auch der Gründungsobmann des Murbodner-Mürztaler-Viehzuchtverbandes, Roman Neuper aus Unterzeiring, die Initiative an sich. Bereits am 4. Mai stattete man mit Landeshauptmann Graf Edmund Attems der Regierung in Wien einen Besuch ab,[177] der, gemeinsam mit anderen Aktivitäten seitens der Statthalterei und Fritz Schneiters, zur Folge hatte, dass zumindest die Entnahme des Jungviehs noch im Juni 1917 um 50 Prozent verringert wurde.[178]

Dass die Christlichsozialen, und hier insbesondere der obersteirische Reichsratsabgeordnete Michael Schoiswohl, auf die notwendige Deckung des Heeresbedarfes hinwiesen, stieß auf Unverständnis. Wieder waren es die »Deutschen Agrarier«, die ab Februar 1918 in Massenversammlungen gegen die übermäßige Viehabgabe Einspruch erhoben. Sie betonten, dass die Steiermark im Gegensatz zu allen anderen Kronländern bei den geforderten Liefermengen niemals in Rückstand geraten sei; eine Jahresquote von 291.000 Stück Schlachtvieh bei einem Gesamtbestand von 600.000 Stück für das Jahr 1918 sei aber eindeutig zu hoch. Neuerlich wurde eine Deputation gewählt, die mit den Zentralbehörden in Wien verhandeln sollte.[179] Gleichzeitig wurde von allen Bezirksobmännern und Viehzuchtverbänden der Obersteiermark zu Protestversammlungen aufgerufen.[180]

Die Erfolge dieser Versammlungen, die mit etwa 14.000 Teilnehmern rund 80 Prozent der Bauern des Oberlandes mobilisierten, blieben eher bescheiden. Die Ablieferungsquote wurde etwas gesenkt, der Viehpreis erhöht und jenem in allen anderen Kronländern gleichgestellt, das Zuchtvieh besser geschützt. Die Viehrequirierungen gingen weiter und einer der »Väter« des obersteirischen Protestes, der Langenwanger Bürgermeister Franz Schrittwieser, trat nach 20-jährigem erfolgreichem Wirken »infolge der vielen Schwierigkeiten, welche derselbe in letzter Zeit von Seiten der politischen Bezirksbehörde in Angelegenheit der übermäßigen monatlichen Viehablieferung ausgesetzt war«, zurück.[181] Die Klagen der obersteirischen Bauern verstummten ab dem Sommer 1918, zumindest was die Viehabgabe anbelangt. Ob dies auf eine Verbesserung der Umstände zurückzuführen ist oder auf zunehmende andere Sorgen, wie den Arbeitskräftemangel oder die steigende Zahl an Diebstählen, bleibt unklar.[182]

1918–1938

Die kritische Lage änderte sich für die Viehzüchter auch nach Kriegsende 1918 nicht. Die Errichtung der steirischen Viehverwertungsgesellschaft führte im April 1918 bei einer Sitzung der Landwirtschaftsgesellschaft zu tumultartigen Szenen und erst der Hinweis Dr. Klusemanns, dass das Viehmonopol ohnedies in wenigen Monaten falle, brachte wieder Beruhigung. Grundsätzlich waren die Bauern bereit, freiwillig abzuliefern, nur den Zwang und die »Viehrequirierung mit Bajonetten«, meist durch Organe der sozialdemokratisch dominierten Volkswehr, wollte man nicht hinnehmen.[183]

Die Lage entspannte sich zu Beginn des Jahres 1920 einigermaßen und nun konnte man auch daran gehen, die Viehzucht wieder gezielt zu fördern. In der Steiermark war zwischen 1914 und Oktober 1918 der Viehbestand um 24,8 Prozent zurückgegangen. Gemessen am Gesamtgewicht lag der Rückgang noch bei weitem höher. Bei Ochsen unter drei Jahren waren hier 60,6 Prozent, bei Ochsen über drei Jahren immerhin noch 35,8 Prozent Rückgang zu verzeichnen. Nun ging man daran, diesen Rückgang durch gezielte Verbesserungen beim Futter- und Kunstfutterbau, durch Verbesserungen der Tal- und Almweiden und die Forcierung der Jauche- und Düngerwirtschaft auszugleichen.[184] Neue Weidegenossenschaften wurden gegründet und man blickte mit einiger Zuversicht in die Zukunft. Schon bald zeigte sich jedoch, dass die 1919 getroffenen Handelsverträge über die Vieheinfuhr der heimischen Viehwirtschaft schadeten. Am Wiener Zentralviehmarkt wurden im Jahr 1923 immerhin 63,6 Prozent Rinder aus dem Ausland aufgetrieben. Die Länder konnten den Eigenbedarf decken,[185] aber an eine Produktionsausweitung war nicht zu denken. Außerdem war gerade der für die Obersteiermark so wichtige Absatzmark für Mastvieh in Böhmen und Mähren weggefallen, Ausfuhrgenehmigungen wurden nur in Ausnahmefällen erteilt und am heimischen Markt konnte man mit dem importierten Mastvieh preislich nicht konkurrieren.[186]

Daneben tobte seit 1919 der »Rassenkampf« in der Steiermark. Der Landbündler Franz Thoma aus Gröbming kämpfte für die Anerkennung des Braunviehs als Landesrasse. Es wurde seit dem Jahr 1912 in der Steiermark systematisch gezüchtet und hatte sich bis zum Beginn der Dreißigerjahre an die Weltspitze aller Braunviehrassen gekämpft. Thoma setzte sich 1920 gegen die Vertreter der »heimischen Rassen« durch; anstelle des Zuchtverbandes für alpines Grauvieh wurde der »Zuchtverband für das Braunvieh in Steiermark« geschaffen, in dem Thoma Obmann wurde.[187] Die prompten Erfolge sollten ihm Recht geben. Bereits 1924 konnte in Kalwang die Kuh »Susi« der

Gutmannschen Ökonomie präsentiert werden, die es auf eine Jahresmelkung von 8.425 Litern brachte. Beim gleichzeitig abgehaltenen Zuchtstiermarkt wurde zu großteils guten Preisen ins Ausland verkauft.[188] Die Braunviehzucht erhielt auch durch die Erfolge des Züchters Bundespräsident Dr. Michael Hainisch in Jauern bei Spital am Semmering bedeutenden Auftrieb, dessen Kuh »Bella« mit 11.103 Litern Jahresmelkung im Jahr 1928[189] auf Jahre hinaus Österreichs Spitzenkuh wurde und das Braunvieh »salonfähig« machte. Sie wurde erst im Jahr 1933 von der Kuh »Somma« der Gutsverwaltung Ritter von Gutmann in Kalwang geschlagen, die es auf 13.543 Liter Jahresmelkung bei 4,2 Prozent Fettgehalt brachte.[190] Zwar hielten sich besonders im Mürztal Murbodner und Mürztaler noch bis weit über 1930 hinaus als Hauptrasse. Mit den Leistungen des Braunviehs konnte man sich allerdings nicht messen. So betrug die höchste Jahresleistung im Bereich der Murbodner-Mürztaler-Viehzuchtgenossenschaft Kindberg im Jahr 1929 6.336 Liter, der Jahresdurchschnitt pro Kuh lag bei 2.628 Litern.[191] Aber auch die Murbodner-Zucht entwickelte sich im Konkurrenzkampf der folgenden Jahre durchaus positiv, die Viehzuchtgenossenschaft des Bezirks Mürzzuschlag konnte mit ihren Murbodnern und Mürztalern auf der Grazer Herbstmesse schöne Erfolge erzielen.[192]

Wie stark sich das Braunvieh innerhalb weniger Jahre durchsetzte, zeigt ein Bericht über die Viehmärkte im Bezirk Leoben im Herbst 1925. Die großen Viehmärkte – nun bereits in Verbindung mit Zuchtviehschauen – in Trofaiach und St. Michael sowie der neue Viehmarkt in Niklasdorf waren bereits voll auf das Braunvieh ausgerichtet, nur noch bei den großen Viehmärkten und Zuchtviehschauen in Göß und St. Michael im Oktober wurde mit Murbodnern gehandelt.[193]

Für die Viehzüchter begann die Situation im Winter 1925/26 dramatisch zu werden. Der Viehpreis am Wiener Schlachtviehmarkt sank von Oktober 1925 bis März 1926 um rund 25 Prozent, in Graz noch stärker, und der Stallpreis, den der Bauer in der Steiermark bekam, lag noch darunter.[194] Als Ausweg wurde die Hausschlachtung empfohlen, was allerdings auch keine dauerhafte Lösung des Problems brachte. Im November 1926 wurde im »Sonntagsboten« von einem Mürztaler Bauern berichtet, der diesen Weg mit Erfolg beschritt.[195] Im Januar 1929 waren die Bauern im Raum Leoben bereits reihenweise zur Hausschlachtung übergegangen, das Fleisch fand reißenden Absatz bei der Bevölkerung. Nun ergriffen die Fleischhauer Gegenmaßnahmen, indem sie auf die sanitäre Problematik hinwiesen. Außerdem gab die Bezirkshauptmannschaft Weisung, dass die Bauern sich zum Zerlegen des Viehs keines gelernten Fleischers gegen Entgelt bedienen durften.[196]

Die allgemeine Viehabsatzkrise zeigte sich auch im Juli 1930 beim ersten Almmarkt auf der Capellariwiese mitten im Schneealm-Hinteralm-Massiv bei Neuberg an der Mürz. Wohl waren 200 Ochsen aufgetrieben worden, der Verkauf war jedoch äußerst flau und betrug gerade 40 Stück. Als Ursache für den schwachen Handel wurde die allgemeine Viehabsatzstockung am Wiener Markt angegeben.[197] Dies war aber erst der Anfang dessen, was sich in den Jahren 1930 und 1931 in der gesamten Obersteiermark ereignen sollte. Die Preise auf den Viehmärkten sanken nochmals rapide, im Schnitt wurden gerade 10 Prozent des aufgetriebenen Viehs verkauft. In Bruck an der Mur reagierte die Bezirkskammer mit der Errichtung einer Vermittlungsstelle für den Ankauf

Obersteirischer Zuchtstier im Jahr 1932

von Schlachtvieh, die zumindest vereinzelt helfen konnte.[198] Ab 1931 versuchte auch Landwirtschaftsminister Dollfuß, die Absatzverhältnisse für das Zucht- und Nutzvieh der Gebirgsbauern mit Hilfe von Handelsverträgen zu verbessern. Tatsächlich griffen diese Maßnahmen erst ab etwa 1936. Der Fleischpreis zog im Schnitt um rund 20 Groschen pro Kilogramm Lebendgewicht an und die Absatzschwierigkeiten konnten durch die 1931 geschaffene Viehverkehrsstelle der Landwirtschaftskammer, die Bezirkskammern und die Tierzuchtleitung beinahe gänzlich behoben werden.[199] Dazu kam für die Obersteiermark im August 1937 eine Initiative der Stadtgemeinde Leoben, die beschloss, einen wöchentlichen Viehmarkt beim städtischen Schlachthaus zu errichten und gleichzeitig den Schlachthauszwang auf die Umlandgemeinden auszudehnen. Damit konnte der Absatz gefördert und die Versorgung der Bevölkerung gesichert werden.[200]

1938–1945

Im Dritten Reich verbesserten sich die Absatzmöglichkeiten bedeutend. Im Juli 1938 rief der Geschäftsführer der Viehzuchtgenossenschaft des Bezirks Mürzzuschlag, Hans Zöscher, zur Züchtung von möglichst viel Vieh auf, um die neuen Absatzmöglichkeiten nützen zu können.[201] Auch sonst versuchten die zuständigen Agrarpolitiker, Absatz und Qualität des Viehs zu heben. So besuchte etwa Landesbauernführer Hainzl im August 1938 den Capellarimarkt auf der Schneealm, wo großteils minderwertiges Vieh aufgetrieben worden war. »Landesbauernführer Hainzl nahm auch bei dieser Gelegenheit Anlaß, auf die einzelnen Bauern belehrend einzuwirken und ihnen das zu erstrebende Ziel klar vor Augen zu führen«, berichtete die lokale Presse.[202] Die Tierzuchtleitung war 1938 aufgehoben und durch das für die gesamte Obersteiermark zuständige Tierzuchtamt St. Michael ersetzt worden. Die 1939 aus der Viehverwertungsstelle entstandene »Ostmärkische Zentral- und Viehverwertungsgenossenschaft« trug viel zur Lenkung des Viehverkehrs bei. Im Juni 1939 beklagten sich die Mürztaler Fleischhauer bereits über den Mangel an Schlachtvieh, die Einkaufspreise waren empfindlich gestiegen.[203] Bei den Milchkühen kam es spätestens seit Kriegsbeginn zu verstärkten Anstrengungen, die Leistung zu steigern. Auf der Zuchtviehversteigerung in St. Lorenzen am 27. November 1940 gab Landesbauernführer Hainzl den Anwesenden zu verstehen, Tierzüchter und Tierhalter »müßten aus den Kühen an Milch herausbringen, was irgend möglich wäre. Nur so könne die Fettlücke geschlossen werden.« Gerüchten von einer Rassenumstellung erteilte Hainzl gleichzeitig eine Absage.[204] Tatsächlich war die Milchablieferung ab 1940 ständig im Steigen begriffen. Der Viehbesatz der Obersteiermark wurde als reichhaltig und allgemein gesund geschildert, doch bereits 1941 war klar, dass eine Auffüllung der wertvollen Alpenrassenbestände nur durch einen verstärkten Anbau von Futtermitteln zu erreichen war.[205] Doch es herrschte Krieg. Allerdings kam es bei weitem nicht zu so desaströsen Auswirkungen auf die Landwirtschaft wie während des Ersten Weltkrieges. Der Viehstand konnte zumindest bis 1944 auf Vorkriegsniveau gehalten werden.

1945–2000

Nach Kriegsende wurde an die steirischen Viehzüchter die Forderung gestellt, die Produktion zu erhöhen, um die Versorgung des Landes aus eigenen Mitteln zu ermöglichen. Produktionssteigerung war jedoch an ernsthafte züchterische Arbeit gebunden. So war es unumgänglich, ein obersteirisches »Zentrum« zu schaffen, in dem Versteigerungen und Zuchtviehschauen durchgeführt werden konnten. Zuerst begnügte man sich mit einem Versteigerungsgelände in Seiz bei Kammern, doch da dieses besonders für die Bauern des Mürztales und des Mariazeller Raumes ungelegen lag, suchte man nach neuen Möglichkeiten. Eine Genossenschaft zum Bau und Betrieb einer geeigneten Versteigerungshalle wurde gebildet, in der – erstmalig in der Geschichte der österreichischen Rinderzucht – über alle »Rassengrenzen« hinweg sämtliche Zuchtverbände einer Region zusammengeschlossen waren. Braunvieh- und Murbodnerzüchter begruben damit endgültig das 1919 ausgegrabene Kriegsbeil. Die Stadt Bruck an der Mur hatte kein Interesse daran, ihren ohnedies knappen Platz für eine Viehversteigerungshalle zu opfern, doch dem ehemaligen Brucker Kreisbauernführer und nunmehrigen Obmann der neuen Genossenschaft gelang es, die Stadt Leoben für das Vorhaben zu interessieren. Der Bau der »Oberlandhalle« nahe dem Gösser Frachtenbahnhof wurde zu 40 Prozent von der Stadtgemeinde Leoben finanziert und konnte am 6. Oktober 1951 eröffnet werden.[206] In den ersten 15 Jahren ihres Bestehens entwickelte sich die neue Genossenschaft prächtig. 165 Versteigerungen mit einem Auftrieb von insgesamt 25.000 Rindern hatten stattgefunden und größtenteils gute Erfolge erzielt. Darüber hinaus waren in der Halle 300 andere Veranstaltungen, von der Modenschau bis zum Boxkampf, über die Bühne gegangen.[207]

Nicht nur das Versteigerungswesen wurde ab 1945 modernisiert und auf eine gesunde Basis gestellt. Auch in der Zucht ging man neue, vorerst unkonventionelle Wege. Bereits 1949 berichtete das »Obersteirerblatt« über die Möglichkeit der künstlichen Besamung. Die Bauern standen dieser Neuerung zunächst skeptisch gegenüber, doch der

Mangel an guten Stieren und die Ausbreitung der stark grassierenden Deckseuche im Mürztal führten im Herbst 1951 dazu, dass in Malleisten bei Krieglach am Hof vulgo Königsbauer das erste »künstliche« Kalb des Mürztales zur Welt gebracht wurde. Der Bann war gebrochen.[208]

Im Lauf der Fünfzigerjahre trat auf dem Viehsektor ein bedeutender Wandel ein. Die Nachfrage sank, fettes Fleisch wurde besonders in den städtischen Ballungszentren zunehmend unverkäuflich und so mussten die Bauern ihr Vieh immer häufiger von den Märkten wieder heimtreiben.[209] Hier halfen ab 1961 die Zugeständnisse der EWG in Zollfragen. Für Zuchtvieh wurde völlige Zollfreiheit gewährt, beim Nutzvieh kam es zu einer Zollsenkung, beim Schlachtvieh wurde von der Gemeinschaft die seit Jahren mit Italien geltende Zollregelung übernommen. Dies bedeutete eine ungemeine Erleichterung im Export.[210] Dennoch intervenierte Kammerpräsident Wallner im Jahr 1962 beim italienischen Landwirtschaftsminister für eine Erhöhung der Exportquote und versuchte, den Inlandsabsatz durch Einfrier- und Konservenaktionen zu beleben.[211]

Die Sechzigerjahre brachten eine umwälzende Neuerung am Zuchtsektor: Die Aufsplittung der Rassen begann. Das Murbodner Rind hatte sich, während des Dritten Reiches etwas geschützt, nach 1945 zwar ganz gut weiterentwickelt, doch die angestrebte Rassenbereinigung brachte Schwierigkeiten. Ab etwa 1950 wurden zwecks Blutauffrischung vermehrt Frankenstiere eingekreuzt, es kam schließlich zur Gelbviehzucht. Die Murbodner-Zuchtverbände Ober- und Mittelsteiermark schlossen sich 1961 zum Gelbviehzuchtverband Steiermark zusammen.[212] 1964 machte der gesamte Gelbviehbestand der Steiermark gerade noch 16,6 Prozent aus, Tendenz fallend. Um das Jahr 1970 gingen die bedeutendsten Gelbviehzuchtgenossenschaften des Oberlandes, nämlich jene in Aflenz, Bruck an der Mur, Leoben, Mariazell und Mürzzuschlag, zur Züchtung von Fleckvieh über, im Gerichtsbezirk Kindberg war 1958 ein Fleckviehzuchtverband neu entstanden.[213] Mit 31. Dezember 1964 stellte das Fleckvieh in der Steiermark bereits 61 Prozent der Landesrinderzahl und es entwickelte sich rasant weiter. Die besten Fleckviehzuchtgenossenschaften der Siebzigerjahre waren jene in Kindberg und Mürzzuschlag. Die Milchleistung hatte sich beim Kindberger Verband gegen Ende des Jahrzehnts auf durchschnittlich 5.073 Kilogramm Milch bei einem Fettgehalt von 4,31 Prozent gesteigert, die Mürzzuschlager lagen bei 4.658 Kilogramm und 4,22 Prozent Fettgehalt.[214] Zehn Jahre später lag der Durchschnitt bei der Kindberger Genossenschaft bereits bei 5.255 Litern.[215] Damit war der Plafond jedoch noch nicht erreicht. Die durchschnittliche Milchleistung der Mürztaler Fleckviehkuh lag im Jahr 1999 bei 5.739 Litern und einem Fettgehalt von 4,13 Prozent.[216] Vereinzelt gab es bemerkenswerte Ausnahmen. So kam der Betrieb Adolf Gutschlhofer, Fuchsbauer in der Massing bei Krieglach, 1998 auf eine durchschnittliche Leistung von 9.588 Kilogramm bei 4,57 Prozent Fettgehalt. Der Alpenfleckviehzuchtverband Steiermark, der in Zuchtfragen eifrig mit den Kärntner Verbänden zusammenarbeitete, vermarktete 1998 insgesamt 12.300 Rinder und blickte voll Zuversicht in das kommende Jahrtausend.[217]

Auch beim Braunvieh war es zu bemerkenswerten Erfolgen gekommen. Bis zum Jahr 1950 hauptsächlich im Bezirk Bruck an der Mur vorherrschend, nahm es bis 1965 besonders in Industrie- und Großwohngebieten weiter zu, wies bereits eine hochgradige

Durchzüchtung auf und stellte mit Ende 1964 16,2 Prozent der Landesrinderzahl. Ab der Mitte der Sechzigerjahre zeigten sich zunehmend Exporterfolge bei Stieren und Kalbinnen. Steirisches Braunvieh ging von der Oberlandhalle in Leoben ebenso wie ab Hof direkt nach Frankreich, Griechenland, ja sogar nach Tunesien.[218] Bei der Milchleistung war es allerdings seit den Dreißigerjahren zu keinen nennenswerten Steigerungen gekommen. Gegen Ende der Sechzigerjahre lag der Jahresdurchschnitt bei 4.100 Kilogramm und einem Fettgehalt von 4 Prozent.[219] Hier versuchte man ab 1970, mit der Einkreuzung amerikanischen Stiermaterials voranzukommen und tatsächlich zeigten sich bereits 1973 in einigen Betrieben Leistungssteigerungen um rund 10 Prozent.[220] Bis zum Ende der Siebzigerjahre steigerte sich der Leistungsdurchschnitt bei den »Amerikanern« sogar auf über 6.000 Liter bei 4,25 Prozent Fettgehalt, auch die Fleischleistung war durchaus sehenswert. Bei den »Nichtamerikanern« hatte sich die Milchleistung bei Herdebuchkühen im Schnitt ebenfalls auf rund 4.900 Kilogramm Milch erhöht.[221]

Der Zuchtviehabsatz brach in den späten Siebzigerjahren insbesondere im traditionellen Absatzgebiet Oberitalien ein, stieg allerdings zu Beginn der Achtzigerjahre wieder an. Anlässlich des 80-jährigen Bestehens des steirischen Braunviehzuchtverbandes im April 1984 wurde eine Statistik über die Viehexporte von 1957 bis 1983 präsentiert. In dieser Zeit standen 33.092 nach Italien exportierte Rinder 14.889 Rindern gegenüber, die in rund zehn andere Länder Europas und Afrikas verkauft worden waren.[222] Mitte der Achtzigerjahre waren wieder leichte Rückgänge im Exportgeschäft zu verzeichnen, dagegen war die Milchleistung im Schnitt bereits auf 5.230 Kilogramm bei 4,03 Prozent Fettgehalt gestiegen und hatte das Fleckvieh damit bereits eingeholt.[223] Ähnlich stellte sich die Situation auch zu Beginn der Neunzigerjahre dar. Der Italien- und Spanienmarkt drohte wegen der Währungsabwertung einzubrechen, die Verkaufspreise waren auf das Niveau von 1982 zurückgefallen.[224]

Ein eher bescheidenes Dasein führte ab Mitte der Siebzigerjahre die Genossenschaft Steirischer Schwarzbuntzüchter in der Obersteiermark. Am ehesten waren Betriebe in Tallagen bereit, auf die neue Rasse umzustellen. 1978 betrug der Mitgliederstand steiermarkweit gerade 200 Betriebe, die Milchleistung unterschied sich bei den Schwarzbunten mit durchschnittlich 5.331 Kilogramm bei 4,02 Prozent Fettgehalt nur unbedeutend von jener des Fleckviehs und des Braunviehs, lag aber europaweit bereits im Spitzenfeld.[225] Geregelter Zuchtbetrieb führte zwar zu schönen Leistungssteigerungen, die beiden Hauptrassen blieben aber weiterhin tonangebend.

Seit den Achtzigerjahren ergaben sich am Viehzuchtsektor der Obersteiermark bedeutende Veränderungen. Nachdem der Schlachtviehabsatz um die Mitte des Jahrzehnts drastisch gesunken war, fiel er durch die Auswirkungen der Reaktorkatastrophe in Tschernobyl neuerlich. Italien sperrte im Mai 1986 den Import aus Österreich gänzlich. Auch der Inlandsabsatz hatte sich drastisch verringert.[226] Daraufhin wurden neue Zucht- und Marketingstrategien entwickelt. Gegen Ende der Achtzigerjahre wurde das steirische Jungrindfleisch »Styria Beef« aus Mutterkuhhaltung zum Qualitätsbegriff, die Vermarktung lief über die »Agrosserta«. Grundlage für das neue Produkt des seit 1980 bestehenden steirischen Fleischrinderverbandes war das Kreuzungstier aus Fleckvieh und französischem Limousine-Rind.[227] Hier und beim »Almo«-Fleisch von »Almochsen« aus der Region Teichalm/Sommeralm, das in den Neunzigerjahren an Bekanntheit gewann, gelang es, den Inlandsabsatz zu heben. Styria Beef entwickelte sich bis zum Jahr 2000 zum erfolgreichsten österreichischen Markenprogramm für biologisches Rindfleisch, seit 1999 vom steirischen Fleischrinderverband selbst vermarktet. 1.000 Mitgliedsbetriebe lieferten mittlerweile wöchentlich 65 Tiere und der Bedarf wurde ständig größer.[228] Ähnlich entwickelte sich das »Almo-Rind«. Mit dem AMA-Gütesiegel ausgezeichnet, gelang es der steirischen Bergland-Marktgemeinschaft, im Spätherbst 2000 mit der Handelskette Spar eine weit reichende Kooperation einzugehen. Bereits ab Anfang Dezember 2000 wurden sämtliche Interspar-Märkte in Graz, Kapfenberg und Leoben mit Almo-Fleisch beliefert.[229] 1997 wurde in Leoben ein neuer Schlachthof errichtet, an dem sich über 500 Bauern aus den Bezirken Murau bis Mürzzuschlag sowie Graz Umgebung beteiligten. Der Leobener Schlachthof ist vorrangig auf Direktvermarkter ausgerichtet, die sich die hohen Investitionskosten für die Errichtung eigener Schlachträume ersparen wollen.[230]

Anders entwickelte sich der Export. Hier kam es insbesondere mit Italien in den Neunzigerjahren des Öfteren zu Problemen, so zum Beispiel 1993 wegen der angeblichen Einschleppung der Maul- und Klauenseuche aus Kroatien. Die obersteirischen Bauern reagierten mit Äußerungen wie »unfreundlicher Akt« oder »Zumutung«.[231] 1995 wiederum führte die Liraschwäche zu Exportrückgängen nach Italien. Erst gegen Ende des Jahrzehnts trat hier eine gewisse Entspannung ein.

Auf den EU-Beitritt und die damit verbundenen Absatzeinbrüche reagierten die obersteirischen Viehzüchter mit einigen bedeutenden Veränderungen. So wurde in der Oberlandhalle Leoben das neue obersteirische Tierzuchtzentrum untergebracht, der Braunviehzuchtverband arbeitete gemeinsam mit dem Alpenfleckviehzuchtverband ein Absatzkonzept aus, ab Januar 1996 wurden auch die Versteigerungen in der Oberlandhalle gemeinsam durchgeführt. Diese neue Strategie bewährte sich, erste Erfolge waren bereits im Jahr 1997 erkennbar.[232]

3. Almwirtschaft

Wildalpen im Jahr 1912: Von den ehedem 86 Almen im Gemeindegebiet werden gerade noch 36 ganz und drei teilweise bewirtschaftet. Von den restlichen 47 Almen befinden sich zwar 29 noch in den Händen bäuerlicher Besitzer, 18 weitere aber bereits in den Händen des k. k. Forstärars und des Industriellen Baron von Petz in Weissenbach. Zusammen mit den fünf ehedem betriebenen Ochsenalmen, die man ebenfalls nicht mehr bestößt, werden nun um etwa 2.000 Rinder pro Jahr weniger aufgetrieben als zur Blütezeit der Almwirtschaft. Die Gründe für diese Entwicklung sind Dienstbotennot sowie rücksichtslose Jagd- und Forstwirtschaft. Entweder hat der Bauer keine Dienstboten mehr, die er im Sommer auf die Alm schicken kann, das Vieh hat aufgrund aufgeforsteter Weide keinen Raum mehr oder das überhegte Wild hat alles Futter bereits weggefressen.[233]

In einigen Gebieten der Obersteiermark stellte sich die Situation der Almwirtschaft zu Beginn des 20. Jahrhunderts tatsächlich drastisch dar. Allerdings ergriff man auch

Gegenmaßnahmen, hauptsächlich auf Initiative der Landwirtschaftsschule Grabnerhof-Oberhof in der Buchau bei St. Gallen. Die »Steiermärkische Landes-Molkereimusterwirtschaft Oberhof-Buchau«, zu deren Leiter mit 1. März 1896 der Schweizer Dr. Paul Schuppli ernannt worden war, kaufte 1901 den Grabnerhof mit der dazugehörigen Grabner-Alm an, wodurch es möglich wurde, die gesamte Palette der Viehzucht und Almwirtschaft anhand praktischer Arbeit zu lehren. Am 4. Juni 1905 erfolgte schließlich die Eröffnung der »Landesschule für Alpwirtschaft Grabnerhof«.[234]

Schuppli, obwohl nicht unumstritten,[235] wurde in der Folge zum bedeutendsten Mentor der obersteirischen Almwirtschaft sowie des frühen obersteirischen Molkereiwesens. Verdienstvoll waren Schupplis Alpwanderkurse in der gesamten Steiermark, die bis zu dreimal pro Jahr abgehalten wurden.[236] Auf den Kursen wurden einerseits Almmeliorationen besichtigt und andererseits Überlegungen angestellt, wie man einzelne Almen verbessern könnte. Dies ging von der Bodendüngung bis hin zu Stallbauten. Gutsbesitzer und Kursteilnehmer diskutierten über Schwendrechte und Alpregulierungen ebenso wie über die Errichtung von Molkerei- und Käsereigenossenschaften direkt vor Ort.[237] Milch- und Käsereiwirtschaft auf Almen fand sich allerdings nur in den Gerichtsbezirken Eisenerz, Leoben, Mautern, Aflenz und Mariazell in größerem Umfang, während in den Gerichtsbezirken Bruck, Mürzzuschlag und Kindberg bis auf geringe Ausnahmen im Schneealmgebiet die Galtvieh- und Ochsenhaltung überwog.

Das auf den Alpwanderkursen gewonnene Wissen sollte von den Teilnehmern auf ihren eigenen Almen nutzbringend umgesetzt werden. Zumindest gab man ihnen damit das theoretische Rüstzeug mit, um sich im Kampf mit Grundbesitzern und der staat-

Einladung zum XII. Alpwanderkurs.

Sammlung der Teilnehmer **am 22. August** (Freitag) früh 6·40 am Bahnhof in **Mürzzuschlag**: Bahnfahrt nach Kapellen, woselbst Ankunft 7·21; von dort aus über Altenberg zu den Hütten der Schneealpe; Besichtigung dieser Alpe, Mittagsrast; sodann Weitermarsch über Bodenalpe, Waxeneck nach Hinteralpe. Abends Vortrag über Alpwirtschaft; Nachtquartier auf der Hinteralpe.

Am 23. August. Begehung der Hinteralpe u. Lachalpe; schliesslich Abstieg über die Röthelwand oder durch Höllgraben, je nach Wetter und Zeit. In Neuberg Schlussvortrag. 6·12 abends Abfahrt nach Mürzzuschlag; zu diesem Zuge ist Anschluss nach Graz und Obersteier.

Landwirte und Freunde der Alpwirtschaft u. Viehzucht werden hiemit bestens eingeladen, diesen Alpwanderkurs mitzumachen; diese Alpwanderkurse sind vom Landesausschuss eingerichtet worden, speziell zur Belehrung der Bauern im Alpwirtschaftsbetriebe; drum säumet nicht! Auch Bäuerinnen, Söhne und Töchter können an diesem Kurs teilnehmen und etwas für ihren Beruf lernen.

Dr. P. Schuppli
Kursleiter.

Zu Almwanderkursen wurde auch mittels Zeitungen eingeladen, Obersteirerblatt 1902

lichen Verwaltung durchzusetzen. Unterstützt wurden die Bauern hauptsächlich von der Steiermärkischen Landwirtschaftsgesellschaft, die die Grundbesitzer zu einer Neuregelung der Alpservitute drängte, um eine rationellere, bessere Bewirtschaftung der Almen zu ermöglichen. Außerdem gewährte die Zentrale der Gesellschaft den einzelnen Filialen Subventionen zur Hebung der Alpwirtschaft.[238] Was weiterhin fehlte, war ein Alpenschutzgesetz, wie es bald nach 1900 sowohl in Kärnten (1901) als auch in Salzburg (1904) von den jeweiligen Landtagen beschlossen worden war. Für die Steiermark unternahmen es die Abgeordneten Baron Morsey, Huber, Hagenhofer, Wagner, Schlegel und Schoiswohl am 28. Januar 1907, das Thema im Abgeordnetenhaus des Reichsrates auf die Tagesordnung zu bringen. An den Ministerpräsidenten, den Ackerbauminister sowie den Innen- und Justizminister erging die Anfrage, ob die Regierung bereit sei, sofort mit allen Landtagen der Alpenländer über ein Alpenschutzgesetz zu verhandeln. Ziel des Gesetzes sollte sein, dass bestehende Almweiden nicht zu Jagdzwecken angekauft werden durften und beim Verkauf von Almweiden die Grundbesitzer oder Viehzuchtgenossenschaften ein Vorkaufsrecht eingeräumt bekamen.[239] Noch Anfang März 1907 trat der Landwirtschaftsrat der Regierung zu entsprechenden Verhandlungen zusammen und tatsächlich sanktionierte Kaiser Franz Joseph am 7. September 1909 das steirische Landesgesetz betreffend den Schutz der Alpen und die Förderung der Alpwirtschaft. Damit war die obersteirische Alpwirtschaft erstmals auf eine gesunde gesetzliche Basis gestellt.[240]

Als eine Folge dieser Bestrebungen bildeten sich allerorts Weide- und Almgenossenschaften, die sich um die Hebung der Almwirtschaft bemühten. Zu diesen gehörte vor dem Ersten Weltkrieg die 1910 gegründete Almgenossenschaft Weißalpe bei Mariazell, die auf der Alm ein Molkereigebäude errichtete.[241] Die Wald- und Weidegenossenschaft Niklasdorf, gegründet 1888, erlebte einen neuen Aufschwung und ging daran, die Almweiden durch Düngung zu verbessern, einen neuen Stall zu errichten, für die notwendige Wasserbeschaffung zu sorgen, Zäune und Weganlagen zu verbessern und Wald aus der Weide auszuscheiden: Eine Musteralm sollte entstehen.[242] Im benachbarten Proleb wurde die Agrargemeinschaft Kletschachalpe aktiv, die im Jahr 1912 einen Antrag auf ein Alpregulierungsverfahren einbrachte,[243] und so ließe sich die Liste noch beliebig fortführen. Allein von 1903 bis 1908 wurden von der »Sektion für Almwirtschaft« der Steiermärkischen Landwirtschaftsgesellschaft 132 Almmeliorationen unterstützt.[244]

Die Jahre des Ersten Weltkrieges

Die obersteirische Almwirtschaft war dabei, sich zu erholen, als im Sommer 1914 der Erste Weltkrieg ausbrach. Mit dem ersten Landesalm-Servitutsgesetz von 1911 war die rege Almmeliorations-Tätigkeit verstärkt worden, wobei bis Kriegsbeginn nicht weniger als 70 Verbesserungsprojekte in der gesamten Steiermark organisiert wurden. Diese Arbeiten wurden teilweise auch während des Krieges fortgesetzt. 64 Prozent der Kosten wurden durch Staatssubventionen gedeckt, das Land Steiermark musste nichts zuschießen. Wenn im Endeffekt keine radikalen Ertragsverbesserungen eintraten, so führte man dies später hauptsächlich auf die ungünstigen Betriebsverhältnisse während des Ersten Weltkrieges zurück. Viele der bis 1918 meliorisierten Almen befanden sich um 1930 jedenfalls wieder in einem verwahrlosten Zustand, was der mangelnden staatlichen Kontrolle angelastet wurde.

Manche Projekte, die vor 1914 begonnen worden waren, wurden während des Krieges mit Hilfe russischer Kriegsgefangener umgesetzt. Dazu gehörte zum Beispiel die Meliorisierung der Mugelalpe bei Niklasdorf in den Jahren 1913 bis 1920, in deren Verlauf Wald und Weide getrennt, Terrassen geräumt sowie zwei Ställe, eine neue Halterhütte und Wege gebaut wurden.[245] Ab 1915 waren russische Kriegsgefangene an diesen Arbeiten beteiligt.[246] Die Viehzuchtgenossenschaft Kindberg wiederum errichtete auf ihrer Kleinveitsch-Genossenschaftsalm im Jahr 1915 mit Hilfe russischer Kriegsgefangener Wege, Zäune und Steinmauern.[247] Insgesamt waren 1915 allein im Bereich der Agrarbezirksbehörde Leoben 370 russische Kriegsgefangene eingesetzt, die auf vier Arbeitspartien aufgeteilt wurden.[248]

Zwei bedeutende Projekte, die die obersteirische Almwirtschaft erheblich verbesserten, wurden scheinbar ohne staatliche Unterstützung durchgeführt, beide im Bezirk Bruck an der Mur. In Tragöß wurde zwischen 1915 und 1917 auf Initiative des Pfarrers ein Fahrweg auf seine Alm im Hochschwabmassiv errichtet, die heute noch den Namen »Russenstraße« trägt und den gesamten Bereich der Sonnschienalm erschloss. Im Breitenauertal südlich von Bruck an der Mur wiederum wurde im Jahr 1916 von russischen Kriegsgefangenen der Güterweg St. Erhard-Teichalm gebaut.[249] Insgesamt errichteten bzw. verbesserten die russischen Kriegsgefangenen in der Steiermark Gebirgswege und Straßen in einem Ausmaß von 47 Kilometern.[250]

1918–1938

Nach Kriegsende wurden staatliche Subventionen beinahe gänzlich eingestellt. Hier griff das Land Steiermark am 17. Oktober 1919 mit dem Erlass des zweiten steirischen Almschutzgesetzes ein. Darin war sowohl eine geregelte Almwirtschaftsförderung als auch die Einführung von Alminspektoren enthalten, die die Meliorisierungsprojekte beraten und überwachen sollten.[251] Erst Ende 1925 wurde mittels Landtagsgesetz das steirische Landesalminspektorat tatsächlich errichtet und ab dem Jahr 1926 wurden nach einem steirischen Gesamtkonzept die Almmeliorationen wieder aufgenommen. Laut Alminspektor Fritz Schneiter waren von 1.790 steirischen Almen 1.724 verbesserungsbedürftig. Das Alminspektorat empfahl den Bau von über 1.750 Almwegen mit nahezu 1.400 Kilometern Länge, 466 Entwässerungen und Verbauungen, beinahe 1.700 Schwendungen, Entsteinungen und Säuberungen von Almen, der Bau von rund 1.500 Viehtränkanlagen und die Errichtung von 3.630 Viehställen waren notwendig, um die Almwirtschaft der Steiermark nachhaltig zu verbessern.

Durch die allgemeine Wirtschaftskrise wurde ab 1932 auch der Finanzfluss des Landes für die Meliorationen stark gedrosselt. Unter der Leitung des Alminspektorats wurden bis 1933 54 Almprojekte ausgeführt, elf weitere Projekte waren gerade im Gange und 17 in Vorbereitung. Große Hoffnungen setzte man in die Aktion der Arbeitsbeschaffungskredite der Bundesregierung, die im September 1933 auf Almverbesse-

Der neue Ochsenstall auf der Muglalm bei Leoben während des Baues 1920

rungsarbeiten ausgedehnt wurde. Man erwartete durch den »Freiwilligen Arbeitsdienst« und die »Produktive Arbeitslosenfürsorge« eine Beschleunigung der Verbesserungsarbeiten auf den Almen.[252] Tatsächlich jedoch kam es in den Jahren ab 1933 eher zu einer Stagnation in der Almwirtschaft. Diese war nicht zuletzt dadurch ausgelöst worden, dass der Landtag den Entwurf der Landwirtschaftskammern und des Alminspektorats aus den Jahren 1926 bis 1930 nicht aufgriff.[253] Dazu kam im Jahr 1936 die Auflösung des Landesalminspektorats selbst.

Alminspektor Fritz Schneiter und Dr. Paul Schuppli waren, neben ihrer politischen Arbeit, auch in der Volksbildung tätig. Im Rahmen des »Steirischen Almwirtschaftsvereins«, eines Zweigvereins des »Österreichisch-bayrischen Almwirtschaftsvereins«, wurden seit Beginn der Zwanzigerjahre die von Paul Schuppli initiierten Almwanderungen wieder aufgenommen und Vorträge gehalten.[254] Dazu kamen ab 1921, immer gemeinsam mit den landwirtschaftlichen Fortbildungsschulen veranstaltet, die so genannten »almwirtschaftlichen Winterkurse«. Diese bestanden aus Vortragsreihen, die von den bedeutendsten Almfachmännern des Landes gehalten wurden.[255]

Dennoch ging es mit der steirischen Almwirtschaft eher bergab, wie das Beispiel der Schneealm bei Neuberg an der Mürz zeigt. Diese Alm, wie die allermeisten obersteirischen Almen als gemischte Viehalm bestoßen, gehörte ursprünglich 24 Besitzern, von denen im Jahr 1914 gerade noch 15 das Almrecht ausübten. Seit dem Beginn der Viehabsatzkrise im Mürztal im Jahr 1930 war diese Zahl auf sechs Berechtigte gesunken, woran sich zumindest bis zum Almsommer 1935 nichts änderte.[256]

1938–1945

Im Dritten Reich wurde der Almwirtschaft weit reichende Unterstützung gewährt, da sie für die Verbesserung der Ernährungssituation von eminenter Bedeutung war. Für Meliorisierungsarbeiten wurden relativ unbürokratisch und rasch hohe Summen ausbezahlt. Männliche Almhalter wurden nach Möglichkeit vom Militärdienst befreit. In manchen Gemeindearchiven der Obersteiermark haben sich entsprechende Ansuchen um Beurlaubungen von Almpersonal erhalten, wie jenes des Almpächters Franz Prein aus Gai bei Trofaiach, der am 11. Mai 1942 um die Beurlaubung seines langjährigen Melkers Josef Neurieser ansuchte, da er selbst aufgrund seines hohen Alters nicht mehr in der Lage sei, seinen Arbeiten auf der Alm nachzukommen.[257]

Trotz aller Bemühungen wurden im Verlauf des Krieges, besonders ab dem Jahr 1942, die Arbeitskräfte, welche die Meliorisierungsarbeiten durchführen sollten, knapp und vieles blieb unerledigt. So wird zum Beispiel von der Pretulalpe in der Gemeinde Ganz bei Mürzzuschlag berichtet:[258] »Auf der Höhe des Schwarzriegels, etwas unterhalb des Latschenbestandes, sollte ein Stall für 60 Rinder und eine Gülleanlage gebaut werden. Die Almgemeinschaft auf dem Moschkogel erhielt trotz kriegswirtschaftlicher Einschränkungen ohne Verzögerung die Genehmigung zum Bau eines neuen Stalles. Das Material wurde prompt geliefert und das notwendige Holz geschlägert, nur die Zimmerleute fehlten. Sie waren alle zur Wehrmacht einberufen. Erst ein Jahr nach dem Kriegsende stiegen einige Herren der Agrarbehörde auf die Alm, um die Inangriffnahme der Verbesserungsarbeiten in die Wege zu leiten.«

Problematisch wirkte sich auch aus, dass die Almarbeit auf Landesbasis ab 1936 schwer beschnitten worden war und nach der Pensionierung des letzten Alminspektors Fritz Schneiter am 1. Juli 1938[259] ein Fachmann, der mit den Gegebenheiten vor Ort vertraut war, fehlte. Dieses Manko wurde erst 1945 wieder ausgeglichen.

1945–2000

Bereits im Mai 1945 wurde der mittlerweile 66 Jahre alte Fritz Schneiter zurückgeholt, um die Landesbauernschaft Südmark zu liquidieren und die Landeskammer für Land- und Forstwirtschaft neu aufzubauen.[260] Diese Arbeit war nach einem Jahr beendet. Gleichzeitig hatte Schneiter alles in Bewegung gesetzt, um eine Neugründung des Alminspektorats zu erreichen. Dies wurde tatsächlich am 27. Juli 1946 mit der Errichtung des »Amtes für Alpschutz und Alpwirtschaft« vollzogen. Das Amt hatte von Beginn an ein großes Betätigungsfeld. Noch 1946 ging man mit Geldmitteln des Landes und der Kammer dazu über, erste Projekte zu verwirklichen. Dabei wurde der Schwerpunkt der künftigen Arbeit bereits festgelegt. Die Sicherung von Weideflächen wurde ebenso gefördert wie Ödlandverbesserungen, Dauermaßnahmen im Bereich der Düngewirtschaft, der Bau von Hütten und Stallungen, die Verbesserung von Zufahrtswegen und Aufzügen und schließlich die Organisation von Schaf- und Pferdezucht auf meliorisierten Zwergheide- und Borstgrasflächen.[261] Dazu kamen im Jahr 1948 das dritte steirische Almgesetz und insbesondere die Gründung des Steirischen Almwirtschaftsvereins, der zu Beginn zwar nur aus 98 Mitgliedern bestand, sich aber rasch über das ganze Land ausweitete. Neben der Auszeichnung verdienten Almpersonals und der Almprämierung widmete sich der Verein mittels Almbegehungen auch der Lehr- und Aufklärungstätigkeit, ausgedehnte Düngungsversuche wurden seit 1950 in der gesamten Obersteiermark durchgeführt.[262]

Um die Aufbauarbeit auf eine gesunde Basis zu stellen, wurde 1952 die erste Almstatistik nach dem Zweiten Weltkrieg durchgeführt. Da keine Mindestgrößen festgesetzt worden waren – 1926 hatte diese zehn Normalkuhgräser (NKG) betragen –, war die Zahl der steirischen Almen auf 2.678 Almen mit einer Fläche von 351.472 Hektar angewachsen. 13.950 Kühe, 66.550 sonstige Rinder – das waren 18,1 Prozent des gesamten Rinderbestandes des Landes –, 2.432 Pferde, 32.716 Schafe und 2.480 Ziegen wurden gealpt. In der Obersteiermark konnten in den Fünfzigerjahren rund 80.000 Großvieheinheiten im Schnitt 100 Tage gealpt werden, wodurch es möglich wurde, in den Berggebieten rund ein Drittel mehr Vieh zu halten. Der Produktionswert betrug 1952 80 Millionen Schilling.

Dies war die Ausgangssituation der obersteirischen Almwirtschaft, die in den kommenden zwei Jahrzehnten von einer Krise ungeahnten Ausmaßes erschüttert wurde. Zum Mangel an Arbeitskräften, der sich natürlich auch auf den Sennereibetrieb auswirkte, kam eine Absatzkrise beim älteren Schlachtvieh, da sich das Konsumverhalten zu ändern begann. Die Ordnung von Weide und Wald wurde ebenso zum Problem wie anstehende Meliorisierungsmaßnahmen. Die notwendigen Investitionen standen oft in keiner Relation zum erwirtschafteten Nutzen der Alm, was durch die Preis-Kosten-Schere ab den Fünfzigerjahren noch verstärkt wurde. Bis zum Jahr 1965 kam es allerorts zu bedeutenden Rückgängen der Alpung. So ging etwa die Zahl der Almen im Gebiet Aflenz-Turnau von 43 im Jahr 1950 auf 25 im Jahr 1969 zurück, was sich auch in der Sennereiwirtschaft entsprechend niederschlug.[263] Dennoch gab es Gebiete, in denen bedeutende Meliorisierungsmaßnahmen gesetzt wurden. Neben dem Hochschwabgebiet war dies insbesondere im Raum Schneealm-Hinteralm im oberen Mürztal der Fall. Immerhin 59 Weideberechtigte waren von der Errichtung von Fahrwegen, wie jenen zur Hinteralm und auf die Waxeneggalm im Jahr 1968, betroffen.[264] Auf die Schneealm wurde mit Unterstützung des Landes bereits 1954 durch eine Wegbaugenossenschaft eine über zehn Kilometer lange Fahrstraße errichtet. Als sich um das Jahr 1960 die Gemeinde Wien daran machte, mehrere Quellen für die Hochquellwasserleitung zu fassen, wurde den Weideberechtigten auf der Schneealm bescheidmäßig aufgetragen, dichte Düngerstätten und Senkgruben zu errichten. In mehrjähriger Arbeit errichteten die 17 Weideberechtigten der Alm daraufhin einen völlig neuen Spaltbodenstall für 80 Rinder, womit die Bewirtschaftung weiter gesichert war.[265] Entsprechende Aktivitäten wurden auch auf der Falkensteinalm bei Mürzsteg gesetzt, die sich seit Jahrzehnten im Besitz der Viehzuchtgenossenschaft des Bezirks Mürzzuschlag befand. 1950 wurde das Almhaus erweitert, 1951 die Alm drainagiert, 1955 wurde eine neue Almstraße errichtet und 1958 erfolgte die Elektrifizierung der Alm.[266] Diese Beispiele zeigen allerdings auch, dass es dem einzelnen Almbesitzer trotz finanzieller Fördermittel kaum möglich war, Verbesserungen durchzuführen. Diese geschahen großteils auf Initiative von Almgemeinschaften und Genossenschaften.

Gegen Ende der Sechzigerjahre kam es im Zuge der allgemeinen Umstellung in der Viehhaltung auch zu einem tief schürfenden Wandel in der obersteirischen Almwirtschaft. Die Reduzierung von Zugochsen, Pferden und Kleinvieh führte dazu, dass zunehmend Kühe und Galtvieh gealpt wurden.[267] Auch das Landwirtschaftsministerium legte den Almbauern nahe, die Wirtschaft den Markterfordernissen anzupassen, besonders die Jungviehhaltung zu forcieren und das Meliorisierungswesen weiter auszubauen. Die Kapazitäten sollten auch auf kleinen Flächen erhalten bleiben und insbesondere sollten die Almen dem Heimhof durch die Errichtung guter Fahrwege näher gebracht werden.[268] Auf der Teichalm wurde die Alpung des Galtviehs bereits im Jahr 1969 beinahe flächendeckend durchgeführt, wobei die rund 2.000 aufgetriebenen Rinder pro Almsommer einen Gewichtszuwachs von rund 100.000 Kilogramm verzeichneten. Intensive Almdüngung, gute Unterstandsmöglichkeiten und eine zweckentsprechende Weidekoppeleinteilung begünstigten die Fortschritte hin zur Produktion von »Qualitätsmastvieh«.[269] Ähnlich verhielt es sich im Raum Veitsch-Schneealm. 1950 bestanden hier noch zwölf Senn- und sechs Galtalmen, im Jahr 1969 waren daraus zwei Senn-, eine Milchlieferungs- und 14 Galtalmen geworden. Die restlichen Sennalpen wurden bald darauf ebenfalls umgestellt.[270]

Die Siebzigerjahre brachten ein bemerkenswertes Umdenken in der steirischen Almwirtschaft. Gezielte Bergbauernförderungen schlossen nun auch Almen ein und seit Mitte der Siebzigerjahre tat sich besonders die Agrartechnische Abteilung des Landes Steiermark mit der Förderung von Almverbesserungsprogrammen hervor. Allein im Jahr 1976 konnten so 22 Vorhaben realisiert werden. Beinahe 70 Kilometer Almwege wurden neu errichtet, rund acht Kilometer instand gesetzt, 14 Almhütten neu errichtet, 13 weitere adaptiert, Ställe, Güllegruben und Gülleleitungen wurden gebaut, Wasserleitungen entstanden.[271] Diese Art der Almwirtschaftsförderung setzte sich während der Achtzigerjahre weiter erfolgreich fort und so konnte Mitte des Jahrzehnts stolz vermeldet werden, dass sich die Zahl der Almen in der Steiermark auf 2.752 erhöht hatte. 60.000 Rinder oder 13 Prozent des Bestandes im Land wurden gesömmert, gealptes Vieh ließ sich besser absetzen, der Tourismus brachte zusätzliche Einnahmen.[272] Dazu

Das Almdorf auf der Bürgeralm bei Aflenz um 1965, größtenteils bereits touristisch genützt

kam seit Ende der Achtzigerjahre die erfolgreiche Produktion von »Styria Beef« und Almo-Rindern, die eng an die Almwirtschaft gekoppelt ist und neue Anreize schuf. Besonders die Almo-Ochsen verbreiteten sich seit Ende der Achtzigerjahre, von der Teichalm ausgehend, relativ rasch in andere Gebiete der Obersteiermark. 1991 erzeugten bereits 50 Mürztaler Bergbauern Almo-Ochsenfleisch[273] und 1992 machte Landjugend-Bundesobmann Toni Hafellner aus Proleb die »Almos« auf der Kletschachalm im Bezirk Leoben heimisch. Für den Absatz wurden regionale Fleischhauermeister im Bezirk gefunden.[274]

Dennoch machte sich seit Beginn der Neunzigerjahre wieder eine gewisse Krisenstimmung in der obersteirischen Almwirtschaft breit. Die Zahl der rinderhaltenden Betriebe sank, was schließlich zu einer Rückbildung der Almflächen führte – 1995 betrug die Almfläche gerade noch 273.000 Hektar. Nun wurde eine Abgeltung des erhöhten Aufwandes durch die Almhaltung sowie der Ertragsminderung durch die extensive Wirtschaftsweise gefordert.[275] Da und dort gelang es, Kosten zu senken, wobei sich insbesondere die Agrarbezirksbehörde Leoben große Verdienste erwarb.

4. Die Milchwirtschaft

Zu Beginn des 20. Jahrhunderts herrschte in weiten Teilen der obersteirischen Viehwirtschaft die Ochsenzucht vor. So berichtete das »Obersteirerblatt« noch im September 1902:[276]

»In den zahlreichen Gräben gibt es noch genug Anwesen, wo die ganze Milch von 10 bis 15 und noch mehr Kühen für den Haushalt verwendet wird, höchstens, daß etwas Butter hergestellt wird, wovon für 1 kg K 1.60 bis 1.80 gelöst werden. Das Milchgeld gehört hier noch der Hausfrau; für den Bauern fließen die Einnahmen aus dem Verkauf der Ochsen. ›Die Ochsen füllen die Brieftasche des Bauern.‹ So ist es noch in vielen Gegenden, besonders in weit entlegenen Seitentälern.«

Die Zucht auf Milchleistung steckte zu diesem Zeitpunkt tatsächlich noch in den Kinderschuhen. Auch hier war es das Lehrgut Grabnerhof-Oberhof unter Direktor Schuppli, das neue Maßstäbe setzte. Neben den 1896 einsetzenden Kursen über Milchwirtschaft am Gut selbst, die aus der gesamten Obersteiermark besucht wurden, ging Dr. Schuppli auch hinaus auf das Land und versuchte, die Milchwirtschaft durch die Gründung und Etablierung von Genossenschaften sowie Verarbeitungsbetrieben zu heben. So wurden im Jahr 1900 die Alpenmolkerei in Turnau und die Käserei in Winkel bei Gröbming errichtet. 1902 folgte die Gründung der Emmentaler-Käsereigenossenschaften in St. Stefan ob Leoben. Andere Versuche zur Gründung von Molkereigenossenschaften scheiterten, zum Beispiel in Pogier bei Kapfenberg.[277] Ähnlich verhielt es sich in der Veitsch bei Mitterdorf im Mürztal. Hier hatten sich die Veitscher Magnesitwerke etabliert und beschäftigten um das Jahr 1900 bereits 600 Arbeiter. Im Jahr 1902 wurde in der Landwirtschaftsfiliale Kindberg die Gründung einer Molkereigenossenschaft in der Veitsch beraten, die die große Arbeiterschaft der dortigen Werke versorgen sollte. Unterstützt wurde diese Idee von Bezirkstierarzt Dr. Raidl und dem Veitscher Werksarzt Dr. Kaufmann.[278] Doch die Idee scheiterte daran, dass man in der gesamten

Steiermark kein passendes Vorbild für eine Genossenschaft fand, und ohne Erfahrung wollte man sich dem mit der Gründung verbundenen Risiko nicht aussetzen.[279]

Ein anderes Problem für die Milchwirtschaft stellte die Frage der Produktionskosten dar. In Jahren der Missernte, wie zum Beispiel im Jahr 1901, verteuerten sich die Futtermittel relativ stark, die immer höheren Dienstbotenlöhne taten ein Übriges, und wenn auch noch der Schlachtviehpreis sank, musste sich der Milchpreis notgedrungen erhöhen. Dies wiederum rief, insbesondere im Bereich der großen Städte und der Industrieregionen des Oberlandes, die Arbeiter und ihre politischen Vertreter auf den Plan, die gegen die Milchverteuerung vorgingen. Bereits im Spätherbst 1901 war es im Grazer Raum zu Protesten gekommen.[280] Die Lage der Landwirte war tatsächlich nicht einfach. Bis zum Jahr 1905 hatten zum Beispiel im Gerichtsbezirk Mariazell viele Besitzer die Milchproduktion eingestellt, da die Selbstkosten bei 25 Heller, der Verkaufspreis aber bei 24 Heller lag.[281] Problematisch wurde die Lage im Dezember 1907 und im Januar 1908, als der Konflikt zwischen Bauern und Sozialdemokraten eskalierte. Der Milchpreis, der in Leoben für Privatkunden bei 22 Heller, in Mürzzuschlag bei 18 Heller lag, musste aufgrund der gestiegenen Produktionskosten in der gesamten Mur-Mürz-Furche auf 24 Heller erhöht werden, was zu Tumulten führte, in deren Gefolge ein »Milchverteuerer« schwer verprügelt und einem Milchhändler die Fensterscheiben eingeschlagen wurden. Einem weiteren Bauern wurde die Milch auf die Straße geschüttet und der Wagen zertrümmert.[282]

Vier Jahre lang konnte man den Milchpreis von 24 Heller beibehalten. Dann erhöhten sich die Futterkosten neuerlich. Allein das Futter, das für die Produktion von einem Liter Milch benötigt wurde, kam die Landwirte in der Obersteiermark im Schnitt auf 11,8 Heller zu stehen.[283] Dazu kamen noch die Kosten für die Arbeitskräfte und die Transportkosten. Im Mürztal erhöhten die Landwirte daher den Milchpreis im Januar 1912 von 24 auf 28 Heller. Die Landwirte im Raum Bruck an der Mur zogen nach und erhöhten den Preis für Privatkunden ebenfalls auf 28 Heller, während er bei den Verschleißstellen weiterhin mit 24 Heller festgesetzt blieb. Man wies darauf hin, dass auch alle anderen Preise gestiegen seien und die Gastwirte das Bier ebenfalls teurer gemacht hätten.[284] Größere Proteste blieben diesmal aus.

Die Jahre des Ersten Weltkrieges

Die Milchwirtschaft der Steiermark stand bei Kriegsausbruch im Jahr 1914 auf relativ gesunden Beinen. Die »Erste obersteirische Alpenteebutter-Verkaufsgenossenschaft« in Trofaiach verzeichnete zum Beispiel im Geschäftsjahr 1913/14 noch einen beinahe 10-prozentigen Umsatzzuwachs auf mittlerweile 419.479 Kronen, die Stallinspektionen der Genossenschaft ergaben eine allgemein bessere, reinere und gesündere Viehhaltung, die Bezahlung wurde über den Fettgehalt der abgelieferten Milch geregelt, was zu einer Verbesserung und Vermehrung der Käse- und Butterproduktion beitrug. Von 73 Genossenschaftsmitgliedern wurden täglich durchschnittlich 2.098 Liter Milch zur Ablieferung gebracht, die Produktpalette bestand aus Vollmilch, Butter, Käse, Rahm, Joghurt, Topfen, Molke und Magermilch. Pro Liter angelieferter Milch konnten 19,2 Heller an die Produzenten ausbezahlt werden.[285] Im Geschäftsjahr 1915 war der Umsatz wieder um 10 Prozent gestiegen, was aber durch den steigenden Milchpreis bedingt war, denn insgesamt wurden im Vergleich zu 1914 um 125.000 Liter Milch weniger abgeliefert, auch der Fettmangel der abgelieferten Milch fiel vermehrt auf, da die einzelnen Bauern den Fettbedarf ihrer Wirtschaft hauptsächlich durch das Verbuttern decken mussten.

Schwer zu schaffen machte der Molkereigenossenschaft die Beschränkung der Butterherstellung.[286] Ende 1915 hatte die Statthalterei angeordnet, dass die gesamte Butterproduktion des Landes nur noch in einheitlicher Gattung unter der Bezeichnung »Steirische Butter« in den Verkehr gebracht werden dürfe. Höchstpreise wurden festgelegt und außerdem die gesamte Buttererzeugung des Landes Steiermark, soweit sie nicht dem Eigenbedarf der Produzenten oder der Militärverwaltung diente, für die Deckung des Landesbedarfs in Beschlag genommen. Dies musste natürlich den Molkereigenossenschaften schaden.[287] Im Bezirk Leoben wurde dies noch durch einen gesonderten Statthaltereierlass verschärft, der die gesamte Milchproduktion mit Zwangslieferungen belegte. Gleichzeitig wurde das Verkäsen und Verbuttern über den Selbstbedarf hinaus ebenso verboten wie der Butterverkauf – Ausnahmen galten nur für entlegene Gehöfte und spezielle Zuchtbetriebe, die Magermilch benötigten. Die Milchhändler durften selbst keine Butter erzeugen, Eier und Butter konnten nicht einmal über die Bezirksgrenzen hinaus versandt werden.[288]

Der Milchmangel wurde im November 1915 bereits arg spürbar. Landes-Tierzuchtinspektor Fritz Schneiter rief die obersteirischen Milchbauern auf, nicht zu erlahmen,[289] und der »Arbeiterwille« als Organ der sozialdemokratischen Partei Steiermarks berichtete über Auswüchse, wie es sie in Kriegszeiten immer wieder gab. Man war sich über den Futtermangel und den Fettbedarf der kleineren Landwirte im Klaren und warf daher den großen Gutswirtschaften im Raum Mürzzuschlag, insbesondere Hainisch in Jauern bei Spital am Semmering, vor, ihre Milch lieber teurer auf den Semmering zu verkaufen, als sie der Arbeiterschaft in den Mürzzuschlager Raum zu liefern. »Das Schloß Sommerau bei Spital am Semmering und selbst einige Bauern und Pächter dieser Gegend liefern die Milch in die großen herrlichen Hotels am Semmering zu Preisen, bei denen wir arme Sterbliche im Tale freilich nicht mittun können.« Bereits im August 1915 habe die Schlossverwaltung den Mürzzuschlager Milchabgabestellen aufgekündigt, da man am Semmering leicht 36 Heller für den Liter Milch bekommen könne, was doch um sechs Heller mehr sei als in Mürzzuschlag.[290]

Auch im Raum Bruck an der Mur herrschte zu diesem Zeitpunkt bereits Milchnot. Als man eine Kommission in die benachbarten Agrargemeinden entsandte, stellte sich heraus, dass der dortige Milchüberschuss nicht mehr für die Versorgung der Stadt Bruck an der Mur ausreichte. In weiterer Folge musste der Gerichtsbezirk Liezen die Städte Bruck und Kapfenberg mit seinen Überschüssen mitversorgen.[291]

Der nächste Schritt der Landesbehörden wurde am 1. August 1916 mit der Errichtung von Milchabgabestellen gesetzt. Diese sollten die notwendige Milchlieferung nach Graz und in die Ballungszentren der Obersteiermark abwickeln. Für die Obersteiermark existierte eine eigene »Dienststelle für Milchversorgung in Bruck a. M.«, die alle obersteirischen Bezirke und den Bezirk Voitsberg zu dirigieren hatte. Diese Dienststellen sollten mittels Milchsammelstellen auch von den letzten, entlegensten Bergbauern Milch einsammeln und diese rasch in die Ballungszentren weiterleiten.[292] Dazu kam Anfang 1917 die Fettbewirtschaftung durch das Amt für Volksernährung: Pro Kuh in der Obersteiermark mussten täglich 20 Gramm Butter abgeliefert werden, in Summe demnach 1.300 Kilogramm Butter pro Tag.[293] Diese Maßnahmen ließen sich schwer mit der ausgeprägten obersteirischen Almwirtschaft in den Sommermonaten und den schwierigen Transportmöglichkeiten für Frischmilch vereinen. Als im Juli 1917 Ernährungsminister Generalmajor Höfer in der Obersteiermark mehrfach mit Vertretern der Bürger- und Arbeiterschaft sowie mit Bauernvertretern zusammentraf, um die Ernährungsprobleme zu erörtern, musste er sich von Bauernvertreter Dr. Peintinger sagen lassen, dass es wohl nicht angehe, den Bauern um billiges Geld das Heu abzunehmen, sie zu zwingen, um teures Geld minderwertiges Ersatzfutter anzuschaffen, und gleichzeitig auf eine erhöhte Milchproduktion zu hoffen.[294] Bis zum Jahr 1918 verschlechterte sich die Milchversorgung in ungeahntem Ausmaß. In Graz ging die tägliche Milchversorgung in den Jahren 1914 bis 1918 von 70.000 Litern auf 14.000 Liter zurück. In Bruck an der Mur, im Zentralraum der Obersteiermark, waren die Auswirkungen etwas weniger dramatisch, statt 3.900 Litern im Jahr 1914 gab es 1918 nur 1.020 Liter pro Tag.[295]

1918–1938

Über die Probleme der Milchbewirtschaftung in den Jahren nach dem Ersten Weltkrieg wurde bereits berichtet. Es ging daher ein Aufatmen durch die obersteirische Bauernschaft, als im Frühling 1922 »die auf die Milchaufbringung und auf die Preisbildung sich beziehenden Zwangsverordnungen und Zwangsvorschriften« außer Kraft gesetzt wurden. Das bedeutete das Ende von Liefervorschreibungen, die immer dann ungerecht wurden, wenn alle Bauern einer Gemeinde nach den Leistungen besonders fähiger Milchviehzüchter eingestuft wurden,[296] und von Milchbeschlagnahmungen mit der Begründung, man habe Lieferungsvorschreibungen nicht erfüllt.[297] Dafür war es nun mit guten Aussichten auf Erfolg möglich, neue Molkereigenossenschaften als »Rückendeckung für den Produzenten« zu errichten. Im Jahr 1924 wurde im Bezirk Bruck an der Mur die Kapfenberger Molkerei der noch jungen »Landforst-Genossenschaft« errichtet, 1926 wurde in Mariazell ein Gründungsversuch unternommen.[298] Die Molkereigenossenschaft Trofaiach ging im Jahr 1924 eine Kooperation mit der Milchindustrie-AG (MIAG) in Wien ein, die obersteirische Qualitätsmilch, in Metallflaschen gefüllt, in den steirischen Industrieorten sowie in Wien absetzen sollte. Die anfangs tägliche Lieferung von über 1.000 Flaschen Milch nach Wien im März 1924 gab Anlass zur Hoffnung.[299]

Allgemein entwickelte sich die Milchwirtschaft in den Zwanzigerjahren zumindest in der Obersteiermark recht günstig. Trotz der Knappheit der Geldmittel, sinkender Ertragsziffern, steigender Absatzprobleme und höherer Erzeugungskosten gelang es allein im Mürztal den Genossenschaften der »Landforst«, die Jahresmilchproduktion von 1 Million Liter im Jahr 1922, was kaum für den heimischen Bedarf reichte, auf 5.600.000

Liter Milch und 45.000 Liter Rahm im Jahr 1928 zu steigern. Zur Molkerei in Kapfenberg, von den Genossenschaftern aus Eigenmitteln errichtet, hatte sich inzwischen eine Emmentaler-Käserei in Hafendorf bei Kapfenberg gesellt, der Ausbau des Absatzgebietes ging voran. In den Jahren 1927 und 1928 wurden bereits 70.000 Kilogramm Butter und 100.000 Kilogramm Emmentaler im Wert von 900.000 Schilling abgesetzt, wobei sowohl dänische als auch holländische Butter sowie Schweizer Emmentaler verdrängt werden konnten.[300] Die Milchverwertung im Raum Leoben war weniger erfolgreich. 1930 wurden die Molkerei Trofaiach und die Bergland-Molkerei Leoben fusioniert, die Produktion in die modernere Trofaiacher Molkerei verlegt. 1931 jedoch erkannte man, dass Leoben doch der günstigere Standort gewesen wäre, worauf der Molkereibetrieb in die Bezirkshauptstadt zurück verlegt und die Trofaiacher Molkerei geschlossen wurde. Als Ursache für die Fusionierung wurden Rationalisierungsmaßnahmen genannt, die helfen sollten, den Milchpreis der Bauern zu sichern.[301] Tatsächlich war es im Raum Leoben schon im Winter 1929/30 zu schweren Absatzproblemen gekommen, die dazu führten, dass am 30. März 1930 der »milchwirtschaftliche Verein Leoben« gegründet wurde, der sich für die Haltung des Milchpreises, aber auch für den Absatz der Produkte in der Umgebung einsetzte.[302]

1931 setzte ein rapider Preisverfall ein, dem man so gut wie nichts außer Stützungen im Rahmen der Gebirgsbauernhilfe entgegensetzen konnte. Der neu geschaffene »Milchausgleichsfonds« kam hauptsächlich den Molkereien zugute.[303] Sowohl das steirische Milchregulativ von 1931 als auch die Milchpreisverordnung von 1933 wurden von einzelnen Produzenten, die selbst und direkt vermarkteten, von größeren Gruppen und selbst von einzelnen Molkereigenossenschaften ständig unterlaufen. Dazu brachte ab dem Frühling 1933 die Wirtschaftspolitik des Deutschen Reiches die obersteirische Milchwirtschaft in weitere Verlegenheit. Alleine beim Butterexport fiel die Kontingentmenge von 150 auf 48 Waggons, der Käseexport nach Deutschland wurde durch Zollerhöhungen massiv erschwert. Bei der »Landforst« in Kapfenberg wirkte sich das derart aus, dass die steigende Milchlieferung wohl noch bewältigt werden konnte, der Milchpreis jedoch weiter sank. War er ohnedies bereits seit 1928 ständig im Fallen gewesen, so fiel er 1932 nochmals und pendelte sich bei 25,4 Groschen ein. Dies bedeutete gegenüber 1928 einen Verlust von mehr als 25 Prozent. Da außerdem billigere Milch aus Knittelfeld und Leoben in das Marktgebiet der »Landforst« eindrang, musste auch diese den Verkaufspreis um 6 Groschen je Liter senken. Der Einnahmenverlust summierte sich 1932 auf 78.000 Schilling und es wurden erstmals Stimmen laut, die eine Milchverkehrsregelung forderten.[304] Der »Milchwirtschaftliche Verein Leoben« griff im Mai 1933 zu zusätzlichen Maßnahmen. Er organisierte für den Christi-Himmelfahrts-Tag einen Werbeaufmarsch der heimischen Milchproduzenten in der Stadt Leoben, der viel Widerhall fand.[305]

Schließlich reagierte der Staat: Mit dem Bundesgesetzblatt Nr. 137 vom 23. Juli 1934 wurde auf Antrag der Milchpreiskommission für die Steiermark ein verbindlicher Milchpreis verordnet. Demnach gehörten die milchpreisgeschützten Orte von Vordernberg über Leoben und Bruck an der Mur bis Mürzzuschlag zu einer Zone, in der ein Wiederverkaufspreis von mindestens 32 Groschen je Liter festgelegt wurde. Für den

Detailverkauf galt ein Mindestpreis von 36 Groschen. Gleichzeitig wurde ein Beitrag zum Milchausgleichsfonds in der Höhe von drei Groschen erhoben.[306] Eine einigermaßen erträgliche Lösung brachte das steirische Milchverkehrsgesetz vom 6. April 1935, das die ungerechten Preisunterschiede unter den Erzeugern ausglich und zur Absatzförderung beitrug.[307] Im Gesetz wurde unter anderem genau festgelegt, welche Molkerei welche Gemeinden zu beliefern hatte. Die »Landforst« in Kapfenberg belieferte zum Beispiel ab 1. Juni 1935 die Städte Bruck an der Mur und Kapfenberg sowie einen Teil der Gemeinde Hafendorf.[308] Für die Städte Judenburg, Knittelfeld, Leoben und Donawitz sowie die Gemeinden Fohnsdorf und Göß waren der Molkereiring »Murboden« und die »Bergland« in Leoben zuständig.[309] Problematisch war allerdings wiederum die Höhe des Milchpreises geworden. Der Großteil der »Landforst«-Bauern erhielt im Juli 1935 gerade noch 21 Groschen für den Liter Milch. Eine Milchpreiserhöhung, die den Lieferantenpreis auf 22,5 Groschen erhöhte, führte zu schweren Protesten der Bevölkerung der Städte Bruck und Kapfenberg.[310]

Schließlich gelang es den Verantwortlichen, die stärksten Auswirkungen der Krisen der frühen Dreißigerjahre zu meistern. Bereits 1934 war die »Interessensgemeinschaft steirischer Butterproduzenten« gegründet worden und noch im selben Jahr entstand als Nachfolger der steirische Molkereiverband, dem alle Molkereigenossenschaften des Landes angehörten. Besonders wichtig war die Sicherung des Absatzes.[311] Gemeinsam konnte man die steirische »Panther-Butter« im österreichischen Spitzenfeld positionieren, die steirischen Käsesorten begannen sich langsam nicht nur national, sondern europaweit durchzusetzen. Allein 1936 konnten vom steirischen Molkereiverband über 100 Waggons Butter und rund 60 Waggons Käse im Wert von 5,7 Millionen Schilling dem Konsum zugeführt werden, wobei die Exporte vorrangig nach Deutschland, Italien, England und Belgien gingen.[312] Im Laufe des Jahres 1937 nahmen die Exporte neuerlich bedeutend zu. Große Erfolge feierte der steirische Molkereiverband im Herbst 1937 beim 11. milchwirtschaftlichen Weltkongress in Berlin, wo sich Österreich bei der Lagerbutterschau hinter Belgien an zweiter Stelle platzieren konnte und höchstes Interesse erweckte.[313]

Der vulgo Taucher aus Parschlug beim Milchführen zur »Landforst« in Kapfenberg, 1937

1938–1945

Vorrangige Ziele für die Milchwirtschaft im Dritten Reich waren einerseits eine funktionierende Marktorganisation, andererseits eine möglichst große Produktionssteigerung. Bei der Marktorganisation konnte man in der Obersteiermark bereits auf die Regelungen des Ständestaats zurückgreifen, die ohnedies ein Abbild der Entwicklung im Dritten Reich waren. Neu hingegen war die Einordnung in den Organisationsapparat des Reichsnährstandes. Um die Absatzmöglichkeiten zu verbessern, wurden Molkereien ausgebaut, andere neu errichtet. Zu diesen gehörte in der Obersteiermark die Molkerei »Mürzland« in Mürzzuschlag, die noch 1938 einen Notbetrieb aufnahm, nachdem dies von der Kreisbauernschaft am 6. Oktober 1938 vehement gefordert worden war.[314] Eine rasche Verbesserung der Situation war gerade im Raum Mürzzuschlag von größter Bedeutung, da hier die Bauern nach dem Ende des Sommertourismus auf dem Semmering gezwungen waren, ihre Milch zu »Dumpingpreisen« an die »Landforst« in Kapfenberg zu verkaufen.[315] Was die »Mürzland« anfangs nicht verarbeiten konnte, wurde ab dem Frühling 1939 zentralisiert auf den Semmering geliefert, womit die Produzenten äußerst zufrieden waren.[316] Die im Sommer 1939 eingeführte allgemeine Milchzentralisierung mit Selbstvermarktungsverbot und Lieferungszwang rief allerdings wegen der damit verbundenen sinkenden Preise noch im Herbst 1939 so viel Unmut unter den obersteirischen Landwirten hervor, dass viele ankündigten, auf die ertragreichere Mastviehproduktion umstellen zu wollen. Gleichzeitig sank auch die Ablieferungsmenge.[317]

Einmal mehr war es Landesbauernführer Hainzl, der diesmal weniger mit Zuckerbrot, sondern eher mit der Peitsche die Landwirte im Dezember 1939 aufforderte, »ihre vorgesetzten Aufgaben zu erfüllen«, widrigenfalls man »Säumige oder Zuwiderhandelnde durch Handhabung vorgesehener gesetzlicher Maßnahmen zur Erfüllung anhalten müsse«.[318] Diese Drohung hatte scheinbar Erfolg, von 1938 bis 1940 verdoppelte sich die Milchanlieferung im Bereich der »Südmark« auf 200 Millionen Kilogramm. Mit dieser Steigerung gingen auch die Errichtung einer neuen Stadtmolkerei in Leoben sowie die Erweiterung und maschinelle Vergrößerung aller anderen Molkereien der Obersteiermark einher.[319] Die Milchpreiserhöhung blieb allerdings weiterhin ein Thema in der Bauernschaft. 1942 klagten die Obersteirer, die Weinpreise seien um 140 Prozent gestiegen, während man die Erhöhung des Milchpreises um nur einige Pfennige energisch verhindert habe. Diese geringe Preiserhöhung hätte, so ihre Ansicht, ausgereicht, »die Lebenshaltung der Bauern auf eine bessere Grundlage zu stellen«.[320] Dennoch wurde auch 1942 eine Steigerung der Milchleistung in der Steiermark verzeichnet, die durch das Einstellen von 8.000 zusätzlichen Milchkühen zustande kam.[321] Bedeutende Erfolge verzeichnete insbesondere der Kreis Bruck an der Mur mit der »Landforst« und der Alpenmolkerei in Turnau. Insgesamt konnten im Kreis Bruck an der Mur im Jahr 1942 allein 4,5 Millionen Kilogramm Milch mehr als im Vorjahr produziert werden, wobei auch die durchschnittliche Milchleistung je Kuh anstieg.[322] Diese Leistung wog um so mehr, als die durchschnittliche Milchleistung der steirischen Kühe im Zeitraum 1939 bis 1944 von 1.442 Kilogramm auf 1.278 Kilogramm sank.[323] Die allgemeine negative Entwicklung war hauptsächlich durch Futtermangel bedingt. Im Juli 1944 rief Landesbauernführer Hainzl in Bruck an der Mur die Bauern auf, den höchsten Einsatz zu leisten, da jeder mit aller Kraft zum siegreichen Ende des Krieges beitragen müsse.[324] Allen Durchhalteparolen zum Trotz sank die Milchproduktion jedoch bis zum Kriegsende ständig weiter.

1945–2000

Allgemein wirkte sich in den ersten Jahren nach dem Krieg die starke Reduzierung der Milchkühe negativ auf die Milchproduktion aus. Schuld daran war nicht nur die Futtermittelnot der Jahre 1947 und 1948 mit den daraus resultierenden erhöhten Schlachtzahlen, sondern auch höhere Einnahmen, die mit Pferden, Ziegen und Schafen bei geringerem Aufwand erzielt werden konnten.[325] Ab dem Jahr 1948 kam es durch gezielte Maßnahmen zu einer beträchtlichen Hebung der Milchleistung. Der steirische Tagesdurchschnitt wurde von 4,1 Kilogramm bis 1953 auf 5,8 Kilogramm gehoben. Auch der Viehstand hatte 1951 mit 441.000 Rindern wieder das Vorkriegsniveau erreicht.[326]

Im Jahr 1950, mit dem Beginn der 69. Kartenperiode, wurde der Verkauf von Butter und Milch freigegeben. Aus »Gründen der Hygiene und zur Aufrechterhaltung der Ordnung in der Milchversorgung« blieben aber Pasteurisierungs- und Molkereizwang aufrecht. Gleiches galt für das Selbstvermarktungsverbot.[327] Die Bindung an die Molkereiwirtschaft blieb in der Obersteiermark beinahe lückenlos aufrecht.

Weiterhin problematisch war die Preisgestaltung der Milch. Bereits in den Fünfzigerjahren kam es regelmäßig zu umständlichen Verhandlungen der Bauernvertreter mit den Gewerkschaften und der Arbeiterkammer, um den Milchpreis auf ein erzeugergerechtes Niveau anzuheben. Das Schreckgespenst der Inflation wurde an die Wand gemalt. Im 5. Lohn- und Preisabkommen von 1951 wurde zwar der Milchpreis behördlich festgelegt, die bald darauf eintretende Kostensteigerung wurde den Landwirten jedoch nicht abgegolten. 1956 reagierte man mit dem Bundesgesetz zur Erhöhung der staatlichen Milchpreisstützung von 20 auf 59 Groschen aus Mitteln der öffentlichen Hand, um die Konsumenten nicht zu belasten. Der Milchproduzent war damit zwar anspruchsberechtigt, nicht aber subventionsbedürftig, das war nach dem Wortlaut des Gesetzes der Konsument. Wenn auch zu dieser Abgeltung ab 1. Mai 1963 weitere 20 Groschen kamen, so änderte dies kaum etwas an der Situation, da seit etwa 1960 die Ausgleichszahlungen aus dem Milchausgleichsfonds nicht mehr gedeckt werden konnten – hauptsächlich, weil die Kosten in den Molkereien immer weiter stiegen und diese die Stützungsanforderungen an den Fonds erhöhen mussten, um bei Beibehaltung der starren Molkerei-Abgabepreise die eigenen Produktionskosten abdecken zu können. Diese Entwicklung, gepaart mit immer höher werdenden Anlieferungsmengen, führten zu bedeutenden Rationalisierungsvorhaben in den Molkereien und zu einer ersten Konzentrationsbewegung. In der Steiermark fielen dieser Entwicklung von 1953 bis 1964 fünf Molkereien und drei Nebenbetriebe zum Opfer.[328]

Problematisch entwickelte sich auch die Überschussverwertung. Exportverluste fielen den Produzenten selbst zur Last, da eine der Auswirkungen bereits 1958 und 1959 die Erhöhung des Krisenfondsbeitrages war. Trotz historisch höchster Butterexporte entwickelte sich ein »Butterberg« in Österreich. Einen Ausweg suchte man vorerst in der Ausweitung der Käse- und Dauermilchproduktion,[329] was aber keine dauerhaften Erfolge zeitigte. Bereits 1966 wurde erstmals die magische Zwei-Milliarden-Liter-Produktionsmarke überstiegen, rund 20 Prozent mehr, als der heimische Markt verkraften konnte. An einen Absatz in den Raum der EG war wegen gleich gelagerter Probleme dort kaum zu denken. Der Krisenfondsbeitrag wurde erhöht und die Molkereien wurden beauftragt, 110 Millionen Schilling durch Rationalisierungsmaßnahmen einzusparen.[330] Der Milchhof Leoben zum Beispiel reagierte im Jahr 1968 mit Investitionen in der Höhe von 5 Millionen Schilling, es wurde eine vollautomatische elektronische Datenverarbeitungsanlage in Betrieb genommen.[331] Eine Studie, die der Verband der Molkereigenossenschaften in Steiermark und Kärnten im Jahr 1968 in Auftrag gab, riet bereits zur Schließung eines Großteils der Molkereien. Dem wollte der Verband mit Rücksicht auf die geografischen Gegebenheiten des Landes nicht Rechnung tragen, hingegen konnte man sich mit der Errichtung gemeinschaftlicher Verpackungsanlagen ebenso anfreunden wie mit der Erzeugung von Spezialprodukten durch nur eine Molkerei. So produzierte die Kapfenberger »Landforst« als einzige Molkerei des Landes geschlagene Buttermilch.[332]

Bereits 1971 wurde die Fusionierung der Molkereien Leoben und Knittelfeld gefordert, doch während sich die Bezirkskammern dafür aussprachen, ergab eine Abstimmung keine Mehrheit für diesen Schritt. Dafür wurde nun ein Regionalkonzept entwickelt, nach dem die Molkereien Kapfenberg und Leoben die Versorgung des oberen Murtales mit Frischmilch übernehmen und die Knittelfelder Molkerei sich auf die Produktion von Hartkäse, Butter und Topfen spezialisieren sollte. Der Milchhof Leoben wurde in den Jahren 1972 bis 1974 vollkommen modernisiert,[333] die Molkerei »Mürzland«, die den Markt im oberen und mittleren Mürztal bearbeitet hatte, wurde mit 1. Januar 1974 von der »Landforst« in Kapfenberg übernommen und aufgelassen. Trotz sinkender Produzentenzahl stieg die Milchanlieferung weiter, wobei sich der Milchhof Leoben im Jahr 1975 als größter Milchlieferant der Steiermark durchsetzen konnte.[334]

Im Jahr 1977 stand die Milchwirtschaft am Scheideweg. Man hatte sich zwischen dem System der eigenbetrieblichen Kontingentierung oder einem von der Präsidentenkonferenz der Landwirtschaftskammern Österreichs entworfenen Konzept mit variablen Richtmengen zu entscheiden. Ersteres wurde mit Juli 1978 umgesetzt. Gleichzeitig wurde der allgemeine Absatzförderungsbeitrag eingeführt, der die Produzenten noch schwer belasten sollte. Dies und neue Möglichkeiten des Milchabsatzes beschäftigten die Milchproduzenten während der Achtzigerjahre. In der Obersteiermark wurde 1984 der Schulmilchabsatz genauestens durchleuchtet und nach Möglichkeiten zu seiner Hebung gesucht.[335] Die Debatte um den Milchpreis wurde durch die 1982 von Handelsminister Staribacher erlassene Milchpreisverordnung angeheizt, die 1985 vom Verfassungsgerichtshof teilweise aufgehoben wurde. Noch gereizter reagierte man auf die Anhebung des allgemeinen Milchabsatzförderungsbeitrages von 39 auf 64 Groschen im Schatten des VOEST-Debakels im Herbst 1984. Die steirische Landwirtschaftskammer forderte die sofortige Rücknahme auf die bisherige Höhe.[336] Erfolg hatte man damit erst nach der Nationalratswahl 1986. Im Jahr 1989 wurde der Beitrag auf 20 Groschen gesenkt. Gleichzeitig wurde 1988/89 die erste freiwillige Milchlieferrücknahmeaktion durchgeführt, die 1990 als Dauerregelung im Marktordnungsgesetz verankert wurde. Die freiwillige Rücknahme wurde mit Prämien belohnt, die es zum Teil durchaus lukrativ machten, die Produktion zu drosseln.[337] Die Defizite am Molkereisektor wurden jedoch zum brennenden Problem. 1990 und 1991 kam es zu bedeutenden Umwälzungen. Am 20. Juni 1990 wurde, gleichsam als »Dachorganisation« für Marketing, die AMF (Austria Milch- und Fleischvermarktung reg. Gen.m.b.H.) gegründet und unter Ausnützung der Strukturhilfe kam es zu einer Neustrukturierung der steirischen Molkereilandschaft. In der Obersteiermark fusionierte die Leobener Genossenschaft noch 1991 mit der Milchverarbeitung Desserta Graz, der Leobener Milchhof wurde eingestellt und abgetragen. Heute steht an seiner Stelle ein Einkaufszentrum. Die Molkerei »Landforst« in Kapfenberg, welche die Bezirke Bruck an der Mur und Leoben betreut hatte, fusionierte im selben Jahr mit dem Molkereiring Murboden in Knittelfeld zur »Obersteirischen Molkerei- und Lagerhausgenossenschaft«. Lediglich im Bereich der Molkerei Stainach blieb alles beim Alten.[338] Mit dieser Strukturbereinigung ging man in der Obersteiermark in die EU.

5. Die Forstwirtschaft

Der Zustand der obersteirischen Bauernwälder war im Jahr 1900 Besorgnis erregend. Der Generalsekretär der k. k. Landwirtschaftsgesellschaft in Steiermark, Kaiserlicher Rat Friedrich Müller, urteilte: »Wo noch ein kümmerlicher Rest jener herrlichen Wälder heute steht, ist's ein herabgekommener Fichtenbestand oder wo der Boden noch mehr ausgenützt und ausgehagert ist, Föhrenwald oder Erlenbruch.«[339] Dies hatte mehrere Ursachen: Einerseits führte das Eintreiben von Weidevieh in den obersten Waldgürtel oft zu Verbiss und Vertretung der jungen Pflanzen, andererseits hatte die extensive Schlägerung seit den 1850er-Jahren viel Schaden angerichtet. Solange die Bauern nur Holzkohle für die Eisenindustrie produzierten, bestand wenig Gefahr einer Devastierung des Waldes. Durch den Ausbau der Bahnlinien in der Obersteiermark und das Auftreten fremder Holzhändler war es jedoch seit 1860 möglich, große Mengen Holz mit gutem Gewinn ins Ausland zu verkaufen. Dies war umso wichtiger, als die Industrialisierung der Obersteiermark, die etwa zeitgleich einsetzte, eine Umstellung des Brennstoffes auf mineralische Kohle mit sich brachte und damit den Absatz von Holzkohle stark einschränkte.

Was nun den Zustand des Waldes anbelangte, beklagten die Experten folgende Missstände:[340]
1. ausgedehnte Kahlhiebe im Hochgebirge und Jungholzschlägerungen;
2. das Schneiteln oder Schnatteln an lebenden Stämmen;
3. die Bodenstreunutzung im Wald und das Branden;
4. die Vernachlässigung der Wiederverjüngung der Kulturen;
5. die Vernachlässigung der Pflege und Reinigung des Waldes;
6. die Waldweide.

Wollte man zu einer nachhaltigen Waldbewirtschaftung finden, so musste man vorerst aufklärende Versammlungen abhalten und die Wiederverjüngung des Waldes fördern. Besonders gegen das Schneiteln zur Streugewinnung in einigen obersteirischen Alpentälern, aber auch gegen die »Brandwirtschaft« zog die Landwirtschaftsgesellschaft mit Vorträgen zu Felde.[341] Eine andere Möglichkeit war die Anlegung von Pflanzgärten, die besonders für kleinere Landwirte viele Vorteile bargen. Gegen manche negative Einflüsse auf die Waldwirtschaft war man vorerst allerdings machtlos. Sowohl in der Veitsch als auch im Breitenauertal südlich von Bruck an der Mur machten sich um das Jahr 1905 verstärkt Schädigungen des Waldes durch die extensive Magnesitindustrie bemerkbar. Wenn auch Rauchschäden bezahlt wurden, so wurde der tatsächliche wirtschaftliche Schaden nicht aufgewogen.[342] Ähnlich verhielt es sich im Raum Leoben rund um das große Hüttenwerk Donawitz. Dazu kam in den Jahren 1907 und 1908 noch eine Nonnenspinnerplage, die den Raum Tragöß-Trofaiach-Kraubath betraf.[343]

Die schlechte wirtschaftliche Lage der Holzwirtschaft veranlasste den christlichsozialen Abgeordneten Michael Schoiswohl, im Januar 1901 im Reichsrat eine Anfrage zu stellen, ob man weiterhin die Rohholzausfuhr aus Österreich durch Zollfreiheit und Tarifpolitik begünstigen wolle. In Deutschland sei im Rheinland bereits eine ausgedehnte Finalindustrie entstanden, die nur österreichisches Holz verarbeite, die Gerbrinde sei am Rhein billiger als in Österreich selbst und das verarbeitete Holz gehe zu hohen Preisen nach Frankreich und in die Schweiz. Auch aus Russland komme immer mehr verarbeitetes Holz auf den Weltmarkt. Er schloss seine Anfrage mit den Worten: »Könnte nicht in manche Alpenthäler, welche seit dem Niedergang der Eisenindustrie dem Verfalle nahe sind, neues Leben einkehren, wenn man sich mit der Verarbeitung unseres Holzes befassen würde?« Die Zentrumsabgeordneten unter Hagenhofer reagierten auf dieses Vorpreschen äußerst erbost und gaben öffentlich zu verstehen, dass sich die Meinung Schoiswohls nicht mit den Anschauungen der anderen Abgeordneten decke.[344] Dennoch schien Schoiswohl mit seinen Überlegungen zumindest für die Landwirte selbst nicht so falsch gelegen zu sein, wie diverse Nachrichten aus dem obersteirischen Raum zeigen. So wurden durch die Errichtung eines großen Sägewerkes in der Rötz sowie eines Holz verarbeitenden Betriebes in der Gmeingrube bei Trofaiach anstelle eines Blechwalzwerkes im Frühling 1907 die waldwirtschaftlichen Verhältnisse sofort belebt, die Holzpreise stiegen rapide an. Das Grubenholz für den Erzberg kam rasch auf 13 Kronen, das schwache Papierholz auf zehn Kronen, die stärkere Sorte auf 13 Kronen und starke Fichtenblöche auf bis zu 15 Kronen zu stehen.[345] Auch im Brucker Raum kam es noch 1907 einerseits durch die rege Bautätigkeit, andererseits durch die Expansion der Brucker und Kapfenberger Holzstoff- und Papierfabriken zu einem raschen Anstieg des Holzpreises. Hier kam beim Nutzholz das Fichtenbloch bereits auf Preise bis zu 18 Kronen 50 Heller.[346] Wo allerdings der Transport schwer und langwierig war, ließ sich auch nach 1907 mit dem Holz kaum viel verdienen, beispielsweise im Tragössertal.[347]

Die Jahre des Ersten Weltkrieges

Der Aufschwung der bäuerlichen obersteirischen Forstwirtschaft wurde durch das Landesgesetz vom 16. September 1909 verstärkt. Hier fand eine Neuregelung der aufgrund des kaiserlichen Patents vom 5. Juli 1853 nur mangelhaft geordneten Holz-, Weide- und Forstproduktenbezugsrechte statt. Die neue Regelung war zeitgemäß und trug sowohl den Bedürfnissen des Berechtigten als auch des verpflichteten Gutes Rechnung. Vor allem sollte mit dem Gesetz eine Sicherung der nachhaltigen Bedeckung erreicht werden.

Mit Kriegsausbruch kam es recht bald zur Requirierung von Schnittholz,[348] etwa für den Bau von Gefangenenlagern, für Bauten im Frontgebiet und für Wohnbaracken. Zum Teil wurde bereits Rundholz ab 15 Zentimeter Zopfstärke zu Schnittholz. Arbeitskräfte und Fuhrwerke fehlten wiederum und machten die Bringung enorm schwer. Dieser Mangel wirkte sich auch auf den Zustand des Waldes negativ aus: Aufforstungen wurden nur durchgeführt, wenn Arbeitskräfte zur Verfügung standen, Windwürfe konnten oft nicht aufgearbeitet werden.[349]

Was den bäuerlichen Waldbesitzern zumeist verwehrt blieb, konnten Gutsbesitzer häufig nutzen: die Arbeitskraft der Kriegsgefangenen für Strukturverbesserungen ihrer Unternehmen. Zu diesen zählte beispielsweise die Errichtung von Waldbahnen zur leichteren Bringung des Holzes. So wurde 1915 und 1916 mit Hilfe russischer Kriegsgefangener eine der längsten Waldbahnen Österreichs errichtet, die Waldbahn Steinhaus am Semmering-Frauenwald, die am 13. November 1916 ihren durchgehenden Dampfbetrieb aufnahm.[350]

1918–1938

Die Probleme, denen sich die Holzwirtschaft nach dem Ende des Ersten Weltkrieges gegenübersah, glichen beinahe einem Pandämonium. Der Wald der obersteirischen Bauern hatte sich nicht von der Misswirtschaft des 19. Jahrhunderts erholen können. An einen Holzexport war in den Jahren 1919 bis 1921 wegen der Schwierigkeiten bei der Einholung von notwendigen Genehmigungen kaum zu denken. Die Bautätigkeit im Land selbst lag darnieder, sodass auch der regionale Markt nur wenig abnehmen konnte. Bald nachdem die Ausfuhr erleichtert wurde, kam wiederum durch die Besetzung des Ruhrgebietes im Jahr 1923 sowie die katastrophale Situation der Mark und des Franken der Absatz nach Deutschland im Grunde zum Erliegen.[351] Am erträglichsten war noch die Handelssituation mit Italien.

Zu allem Überfluss war gerade die obersteirische Waldwirtschaft von einem Phänomen betroffen, das in anderen Teilen des Bundesgebietes nur selten auftrat. Es handelte sich um Rauchschäden, die durch die bedeutenden Industriebetriebe der Obersteiermark ausgelöst wurden. Besonders schwer betroffen waren die Gemeinden Breitenau am Hochlantsch, Veitsch und Trieben, in denen die »Veitscher Magnesit« produzierte. In Breitenau war es schon 1905 zu Problemen wegen dieser Rauchschäden gekommen, doch nun, 1920, nahm sich die Politik dieses Problems an. Ein Entschließungsantrag auf Entschädigung, den der christlichsoziale Abgeordnete Schoiswohl im Nationalrat einbrachte, wurde mit den Stimmen des Landbundes und der Sozialdemokraten abgewiesen.[352] Schließlich gelang es außerparlamentarisch, eine Einigung zwischen den Betroffenen und der Veitscher Magnesit herzustellen. Viel schwerer sollte es im Raum Niklasdorf-Proleb werden, wo die Abgase der Papierfabrik schwere Schäden verursachten.

Hier war es am 21. Februar 1921 zu einer ersten Versammlung der betroffenen Landwirte gekommen,[353] doch erst einige Jahre und mehrere Prozesstermine später gelang es dem Landbund, hier außergerichtliche Einigungen zu erzielen.

Den Problemen der Zwanzigerjahre stand der Wille der bäuerlichen Waldbesitzer gegenüber, ihren Wald auf eine gesündere Basis zu stellen und sich das nötige Fachwissen anzueignen. Dieses wurde in den Dörfern gutteils durch Fachvorträge der landwirtschaftlichen Fortbildungsschulen vermittelt. Gleichzeitig wurde seit Mitte der Zwanzigerjahre die Aufforstung stark gefördert. Der Bund subventionierte sogar eigene »Bundesforstgärten«, wie jenen in Aflenz, der allein im Frühjahr 1928 mehrere 100.000 Pflanzen an bäuerliche Waldbesitzer abgab.[354] Die Genossenschaft »Landforst« in Kapfenberg war bereits 1925 mit Unterstützung der höheren Forstlehranstalt Bruck an der Mur daran gegangen, eigene Forst- und Pflanzgärten zu errichten, in denen gegen Rauchschäden besonders widerstandsfähige Pflanzen gezogen wurden.[355]

Gerade in der Obersteiermark, wo sich rund 50 Prozent der Waldfläche in bäuerlicher Hand befanden, zeigten sich noch Ende der Zwanzigerjahre viele kahle Flächen, die nicht ordnungsgemäß aufgeforstet worden waren, die Bestände waren großteils äußerst lückrig. Die Folge der unsachgemäßen Waldwirtschaft war verhältnismäßig geringer Nachwuchs. Hier hakte die 1927 als Teil der Landwirtschaftsgesellschaft gegründete spätere Forstabteilung der steirischen Landwirtschaftskammer ein. Ab dem Jahr 1929 wurden in der ganzen Obersteiermark für jeden Hof, der dies wollte, eigene »Waldwirtschaftspläne« erstellt, in denen der gegenwärtige Stand der Waldungen sowie ein Wirtschaftsplan für die nächsten Jahre und Jahrzehnte verzeichnet wurden. Viele dieser Waldwirtschaftspläne haben sich bis heute auf den Höfen des Oberlandes erhalten.

Die Situation war dennoch trostlos. Ideen, den Holzbau in Österreich zu fördern, wurden laut und Ackerbauminister Dollfuß gab gar am 7. März 1932 den Auftrag, sämtliche Öfen seines Ministeriums nur noch mit Holz zu heizen, um den Absatz zumindest etwas zu beleben. Auf manchen Strecken der Bundesbahn ging man versuchsweise zur

Der vulgo Wagenbauer in Steinhaus am Semmering und sein »Wald«, 1930

Beheizung der Lokomotiven mit Holz über.[356] Erst im Winter 1932/33 gelang es dem mittlerweile zum Bundeskanzler avancierten Dollfuß, die Holzausfuhr nach Italien, Ungarn und Frankreich massiv anzukurbeln. Schon wurde von einem »Wendepunkt in der Holzwirtschaft« gesprochen,[357] doch erst im Laufe des Jahres 1934 setzte am obersteirischen Markt tatsächlich eine leichte Erholung ein. Die Preise kletterten wieder auf einen Stand, auf dem Mengenumsatz sinnvoll wurde.[358] Im Jahr 1935 hatte sich der Trend wieder umgekehrt, gekauft wurde hauptsächlich Rohmaterial, um die Wirtschaft des jeweiligen Importlandes zu beschäftigen, und die Preise entwickelten sich ebenfalls nicht nach Wunsch. Dazu kam ab 1936 eine Absatzkrise bei Zellulose, Pappe und Papier, die zur Einstellung mehrerer obersteirischer Fabriken führte, wie zum Beispiel der Kapfenberger Pappenfabrik Ing. Haberler & Co.[359] Erst im Laufe des Jahres 1937 zog der Holzpreis wieder etwas an und gab Anlass zu leichter Hoffnung.

1938–1945

Mit der Machtübernahme der Nationalsozialisten und dem allgemeinen Aufleben der Wirtschaft zog auch der Holzpreis in der Obersteiermark relativ rasch an. Doch bereits im Sommer 1939 sanken die Nutzholzpreise wieder.[360] Mit Kriegsausbruch wurde die Holzproduktion wieder bewirtschaftet. Der amtlich vorgeschriebenen Übernutzung des Waldes stand allerdings ein Mangel an Arbeitskräften gegenüber, sodass kaum Produktionszahlen erreicht wurden, die über die nachhaltig mögliche Nutzung hinausgingen.[361]

1945–2000

Die bäuerliche Forstwirtschaft der Obersteiermark entwickelte sich in den beiden Jahrzehnten nach 1945 gut. Bereits 1947 war auf Schloss Pichl bei Mitterdorf im Mürztal eine von der Landwirtschaftskammer betriebene Waldbauern- und Waldfacharbeiterschule errichtet worden, die viel zur Aus- und Fortbildung der bäuerlichen Waldbesitzer beitrug. Die Instandsetzung von Werkzeugen wurde hier ebenso unterrichtet wie der richtige Umgang mit verschiedenen Baumarten, die Aufforstung, Standortkunde und dergleichen mehr.[362] Mit Dezember 1948 lief die staatliche Holzbewirtschaftung, geregelt durch ein Gesetz vom 3. Juli 1945, aus und gleichzeitig war genügend Auslandsabsatz vorhanden, um sich vorerst keine Sorge um die Zukunft machen zu müssen.[363] Dennoch verschloss man sich den vorhandenen Problemen nicht. Der Bauernwald litt noch stark unter der Misswirtschaft der Zwanziger- und Dreißigerjahre und die Holzzuwachsleistungen blieben ebenfalls hinter denen größerer Forstbetriebe zurück. Das seit etwa 1950 rapide anlaufende Wirtschaftswachstum in Österreich führte dazu, dass bald die Gefahr der Überschlägerung gesehen wurde. Gleichzeitig sollten die verbesserten Holzverwertungsmöglichkeiten genutzt werden. Mit Hilfe der Landwirtschaftskammer wurde daher seit 1948 der systematische Forstwegebau forciert und im Sommer 1954 konnte im Hirschbachgraben bei Kapellen an der Mürz der tausendste Kilometer, der unter ihrer Leitung errichtet worden war, seiner Bestimmung übergeben werden. Insgesamt bestanden im Herbst dieses Jahres im Land bereits 1.500 Kilometer neuer Forstwege, die seit 1945 gebaut worden waren. Damit war der Weg zur gezielten Einzelstammentnahme beschritten.[364] Die »Spezialkommission für den bäuerlichen Privat- und Gemeindewald« entfaltete gleichzeitig eine umfassende Schulungs- und Lehrtätigkeit, zu der forstliche Lehrwanderungen kamen.[365]

Um die Mitte der Fünfzigerjahre wurde klar, dass die intensive Waldwirtschaft seit 1945 unschöne Nebeneffekte gezeitigt hatte. Die Mechanisierung der Betriebe war in der Obersteiermark zu einem Gutteil aus den Wäldern finanziert worden, die schlechte Ertragslage führte zu Überschlägerungen. Nun zog man Nutzungsbeschränkungen für den Bauernwald in Erwägung.[366] Gerade um die Kosten für die Mechanisierung in der Waldwirtschaft einzudämmen, andererseits aber auch, um ersten Einbrüchen am Holzmarkt gegenzusteuern, die durch die europaweiten Waldkatastrophen der Jahre 1957 und 1958 entstanden waren, ging man vermehrt zum Ausbau des forstlichen Genossenschaftswesens über. Besonders im Mürztal, mit damals 73 Prozent Waldanteil an der Kulturfläche der waldreichste Bezirk des Landes, fielen diese Gedanken auf fruchtbaren Boden. Gemeinschaftlicher Verkauf und Verwertung von Bauernhölzern wurde hier zur Regel. Besonders als gegen Ende der Sechzigerjahre Holz beinahe unverkäuflich wurde – 1966 waren die Preise auf das Niveau von 1957 gefallen –, begannen sich die Umstellungsgemeinschaften des Oberlandes für die gemeinschaftliche Vermarktung zu interessieren. Bis 1975 entwickelte sich der Holzpreis in der Obersteiermark durchaus günstig. Weniger Freude hatten die Waldbauern hingegen mit dem Forstgesetz-Entwurf der Jahre 1971 bzw. 1974. Dieser führte zu heftiger Kritik und zu äußerst aufgeregten Diskussionen am österreichischen Forsttag in Leoben im Oktober 1974.[367] Nach mehreren tief greifenden Änderungen wurde das Forstgesetz am 3. Juli 1975 im Parlament jedoch einstimmig beschlossen und trat mit 1. Januar 1976 in Kraft.[368]

Zu Beginn der Achtzigerjahre stagnierte die Bauwirtschaft, der Export ebenso, das Holzpreisniveau sank auf den Stand des Jahres 1975 und damit verschlechterte sich natürlich auch der Betriebserfolg. Gleichzeitig stieg der Billigholzimport aus dem Ostblock. So lag der CSSR-Anteil am Schnittholzimport Österreichs 1981 bereits bei 82 Prozent. Ein weiteres Phänomen beunruhigte die obersteirischen Forstwirte: der »saure Regen«, der im Sommer 1982 erstmals in größerem Umfang thematisiert wurde.[369] Im Jahr 1984 wurden bereits 30 Prozent des steirischen Waldes als krank ausgewiesen, am stärksten betroffen waren die talnahen Waldungen im Bereich der Mur-Mürz-Furche vom Semmering bis nach Knittelfeld sowie das Paltental – und die Verursacher befanden sich größtenteils im eigenen Land.[370] Im Bezirk Leoben, wo die bedeutendsten Waldschäden ausgewiesen wurden, konstituierte sich relativ rasch der »Verein zur Rettung von Wald und Boden im Bezirk Leoben«.[371] Ein gleichnamiger Verein im Bezirk Mürzzuschlag folgte. Deren Einsatz führte bis zur Mitte der Neunzigerjahre zu einem erfreulichen Rückgang der Waldschäden. Verantwortlich dafür war die gute Zusammenarbeit der Industriebetriebe mit den regionalen land- und forstwirtschaftlichen Behörden.[372]

Zu Beginn der Neunzigerjahre sank der Holzpreis neuerlich dramatisch ab. Bauern des Oberlandes fanden Auswege: 1991 bildete sich die »Mürztaler Selbstbaugruppe«, die betriebseigenes Schwachholz veredelte und mit gutem Erlös weiterverkaufte. Gartenmöbel, Blumenkisten und Zäune wurden ebenso hergestellt wie Spielgeräte. 1993 war die Selbstbaugruppe bereits auf 31 Betriebe angewachsen.[373] Ein ähnliches Unternehmen wurde gegen Ende der Neunzigerjahre im Raum Teichalm-Sommeralm gegründet.

Der EU-Beitritt Österreichs brachte der österreichischen Forstwirtschaft vor allem eine bedeutende Neuerung, den EU-Sektorplan. Durch diesen Förderplan werden seit 1998 forstwirtschaftliche Zusammenschlüsse für die Holzproduktion gefördert. Waldbesitzer, die sich zu Gemeinschaften zusammenschließen, auf den Markt reagieren, selbst vermarkten und weiterverarbeiten, werden ebenso gefördert wie Maschinen für die Holzernte, den Transport und die Weiterverarbeitung des Holzes.[374] Gegen Preisverfälle wie jenen des Jahres 1999, als massiv Schadholz aus ganz Europa auf den Markt kam,[375] bleibt man allerdings weiterhin mehr oder weniger machtlos.

6. Der Obst- und Ackerbau

Obst- und Ackerbau spielten in der obersteirischen Landwirtschaft von jeher eine untergeordnete Rolle.[376] Trotz der fehlenden Tradition und der klimatisch missgünstigen Lage gab es im Raum Leoben-Bruck-Kindberg seit der Jahrhundertwende Bemühungen, zumindest den Obstbau etwas zu heben. Zumeist im Auftrag der Filialen der Landwirtschaftsgesellschaft hielt Wanderlehrer Coloman Größbauer ab dem Jahr 1902 eine Vortagsreihe in den entsprechenden Filialen.[377] Dazu gesellten sich ab 1906 Obstausstellungen der Filialen Bruck an der Mur, Kindberg und Leoben. Die erste, im Oktober 1906 in der Steinfelder Bierhalle in Bruck an der Mur abgehalten, wurde ein Erfolg. 70 Beschicker stellten sich ein und allgemein konnte damit auch im Oberland das Interesse am steirischen Obst gehoben werden.[378] Ermuntert durch diesen Erfolg veranstaltete im darauf folgenden Jahr auch die Leobener Filiale der Landwirtschaftsgesellschaft eine Obstschau und eine Woche später, am 26. und 27. Oktober 1907, wurde in der Kindberger Festhalle eine Schau über Obst- und Gemüsebau sowie Geflügel-, Kaninchen- und Bienenzucht abgehalten. Nachdem auch diese Veranstaltung zum Erfolg wurde, galt es, »angeeifert durch die gemachten, günstigen Erfahrungen, die Obst- und Bodenkultur kräftig zu fördern«. Dem stand jedoch, wie der »Sonntagsbote« ausführte, in den Industriegemeinden die Arbeiterschaft als Problem gegenüber. Diese würde nach dem Motto »Eigentum ist Diebstahl« handeln und durch einen vermehrten Obst- und Gemüsebau dazu verleitet werden, »in dunkler Nacht oder auf ihren Sonntagsausflügen die Erträgnisse der Boden- und Obstkulturen ›Brüderlich‹ unter sich zu teilen«.[379] Dennoch ging man verstärkt dazu über, bereits in der Grundschule Obstbaumschulen anzulegen, die mit widerstandsfähigen, dem Klima entsprechenden Obstbäumen ausgestattet wurden, um bereits die Schulkinder für die Obstzucht zu interessieren. Denn eines lag auf der Hand: Aufgrund der nahen Industrie waren die Absatzmöglichkeiten für frisches Obst und Gemüse im Oberland bedeutend günstiger als anderswo. Beauftragter des steiermärkischen Landesausschusses für den Obstbau im Oberland wurde Wanderlehrer Josef Loh aus Bruck an der Mur,[380] der bald eine rege Tätigkeit entfaltete.[381]

Im Gemüsebau wurde man im Jahr 1909 in Leoben aktiv. Um die Leobener Märkte mit dem nötigen Gemüse zu versorgen und den Gemüsebau in geregelte Bahnen zu lenken, bildete die Filiale Leoben der Steiermärkischen Landwirtschaftsgesellschaft einen Wirtschaftsausschuss, der die Errichtung einer Markthalle betreiben sollte. Bis zum Januar 1910 war man allerdings in dieser Angelegenheit noch nicht sehr viel weiter gekommen.[382] Bevor man zur Tat schreiten konnte, brach der Erste Weltkrieg aus.

Die Jahre des Ersten Weltkrieges

Über den Obstbau während des Ersten Weltkrieges gibt es für die Obersteiermark nichts Nennenswertes zu berichten. Anders sieht es im Bereich des Ackerbaus aus, der zwar keine geregelte, wohl aber eine umso stärker reglementierte Entwicklung nahm. Angestrebt wurde neben einer Ausweitung des Getreideanbaus besonders eine Forcierung des Kartoffelbaus.

Gerade im Getreidebau war die Ernte des Jahres 1914 äußerst mäßig ausgefallen. Im Vergleich zum Normalverbrauch fehlten 1914 im gesamten Kaiserreich etwa 10 Millionen Meterzentner Getreide. Man ging davon aus, dass man bis zum Frühjahr 1915 bei Brotgetreide ohne fremde Getreidezufuhr auskommen könne, bei Hafer wusste man, dass die Vorräte nur bis zum Jahresende 1914 reichten.[383] Der Verlust Galiziens im Jahr 1914 wirkte ebenso negativ wie die mangelnde Versorgung der Wiesen und Äcker mit Dünger. In der Obersteiermark setzte man sich bereits im Januar 1915 mit der Frage auseinander, ob man nicht mit den Exkrementen des Gefangenenlagers Knittelfeld, monatlich 90.000 Kilogramm Fäces und 900.000 Kilogramm Urin, die vorher zu desinfizieren wären, die Wiesen und Äcker düngen könne.[384]

Grundsätzlich herrschten in der Obersteiermark eher widrige Strukturbedingungen für den Acker- und speziell den Getreidebau. Der mangelnde Getreideertrag und der hohe Erzeugungspreis hatten bis 1914 dazu geführt, dass die obersteirischen Müller das regionale Produkt wenig schätzten. Die landwirtschaftlichen Wanderlehrer hatten nicht zuletzt aus diesem Grund jahrelang gepredigt, den Getreidebau doch einzuschränken und dafür die Viehzucht zu forcieren, was von den Landwirten auch befolgt worden war.[385]

Im Gefolge des Kriegsausbruchs wurde am 1. August 1914 die kaiserliche Verordnung zur staatlichen Bewirtschaftung der Nahrungsmittel erlassen, in deren Paragraph 3 die Bauern verpflichtet wurden, ihre Vorräte den Behörden genau anzugeben. Falsche Angaben oder nicht rechtzeitig erfolgte Lieferungen wurden unter empfindliche Strafe gestellt. Die Erhebung der Vorräte begann noch im Oktober 1914, brachte aber so schlechte Ergebnisse, dass sie mit 1. Dezember 1914 wiederholt werden musste. Die Schätzung der Behörden war verbindlich, und stimmte sie nicht mit den Angaben des Produzenten überein, kam es sofort zur gesetzlichen Verfolgung. Strittig war zumeist die Frage, ob es sich dabei um unrichtige Angaben oder vorsätzliche Verheimlichung handelte.[386] Ab März 1915 erfolgten bereits Verurteilungen wegen des Verbrechens der Verheimlichung von Getreide- und Mehlvorräten, wobei Strafen von 24 Stunden bis zu einer Woche strengem Arrest verhängt wurden. In der ersten Verhandlung vor dem

Kreisgericht Leoben wurden nicht weniger als 17 Landwirte verurteilt,[387] wenige Wochen später erfolgten vier weitere Urteilssprüche.[388]

Die Not an Nahrungsmitteln, gepaart mit dem Umstand, dass sogar Landwirte Brot- und Mehlkarten erhielten, die niemals ausreichten, um alle Familienmitglieder, Dienstboten und Kriegsgefangenen satt zu bekommen, drängte viele Landwirte in die Illegalität. Versteckte Säcke voll Getreide und heimliches, weil verbotenes Mahlen in den Hausmühlen während der Nacht waren die Folge. Hier halfen auch die bewegendsten Aufrufe des Statthalters Manfred Graf von Clary und Aldringen nichts, etwa jener vom September 1916, der an die Ehre und Vaterlandsliebe der Landwirte appellierte.[389] Zur selben Zeit klagten die obersteirischen Landwirte nämlich, dass sie oftmals jedes Stücklein Grund, auch Holzschläge, für den Getreideanbau nutzten, während die Jagdbesitzer weiterhin nur Wildheu ernteten.[390]

Erschwerend wirkte auf die Getreidegewinnung auch der Mangel an Arbeitskräften und Energieressourcen. Die Ernteergebnisse blieben mangels Arbeitskräften ebenso zurück wie der händische Drusch und für den Maschinendrusch fehlte spätestens ab 1917 oftmals die für die Lokomobile benötigte »Druschkohle«, die ja ebenfalls bewirtschaftet war.[391] Die lang anhaltende Dürre des Frühlings 1917 wirkte sich in der Obersteiermark äußerst negativ auf den Ackerbau aus.

Die Lage wurde immer kritischer. Als im April 1918 ein Statthaltereierlass aus dem Bezirk Bruck an der Mur die Stellung von drei Waggons Brotfrucht verlangte, wiesen der Bauernvertreter Wöls, Arbeiterführer Koller und der Aflenzer Bürgermeister Schmid auf die dadurch drohende Hungersnot selbst unter den Landwirten hin. Es wurde eine Abordnung an den Statthalter entsandt, die eine Rücknahme dieses Erlasses erreichen sollte.[392]

Obwohl der Kartoffelanbau den klimatischen Verhältnissen der Mur-Mürz-Furche eher entgegenkam, geriet auch er im Verlauf des Krieges in die Krise. 1916 und 1917 deckte die Kartoffelernte nur noch den halben steirischen Eigenbedarf und so war man gezwungen, in Polen und Deutschland zuzukaufen.[393] 1916 war es die bereits erwähnte schlechte Witterung im Frühjahr, die die obersteirische Ernte schwer schädigte. 1917 wiederum herrschte im Frühjahr großer Mangel an Saatkartoffeln. Als Ersatz sollten in ungedüngte Felder Fisolen, Erbsen und bei größeren Feldern Hafer und Gerste, in gedüngte Felder hingegen Mais, Kraut, Wrucken, Möhren und Rüben gebaut werden.[394] Woher man die Samen für diese Anbautätigkeit nehmen sollte, verschwieg der diesbezügliche Aufruf des Statthalters Clary.

Um das Maß voll zu machen, führte die Frühlingsdürre des Jahres 1917 dazu, dass die Mais- und Kartoffelsaaten arg litten und im Juni viele obersteirische Äcker umgebaut werden mussten. Als Ersatz sollten hier Buchweizen, Stoppelrüben, Futtermöhren und Karotten angebaut werden.[395] Die ohnedies schwache Kartoffelernte des Jahres 1917 wurde mit Verfügung des Reichsgesetzblattes vom 1. August dieses Jahres beschlagnahmt, wobei der Preis für die Ernte von 1. August bis 6. September von 40 Kronen für den Meterzentner auf 15 Kronen absank. Für Kipfler wurde der dreifache Preis der »runden Kartoffel« bezahlt.[396] Das von den Bauern als ungesetzlich empfundene Vorgehen der staatlichen Behörden führte ab November 1917 zu Protesten, die sich bis in den Sommer 1918 fortsetzten. Aus Aflenz wurde berichtet, ein Bauer erhalte für 180 Kilogramm abgelieferter Kartoffeln nur fünf Kronen. Vorgeschrieben habe man ihm 800 Kilogramm zu einem Preis von 20 Heller. Da der betreffende Bauer jedoch nur 180 Kilogramm abliefern konnte, musste er die fehlenden 620 Kilogramm um jeweils 25 Heller pro Kilogramm oder insgesamt 155 Kronen zurückkaufen. Von den budgetierten 160 Kronen für 800 Kilogramm blieben somit nur fünf Kronen übrig. Hätte der von Missernte betroffene Bauer nur 100 Kilogramm abliefern können, wäre ihm sogar noch eine Strafzahlung von 15 Kronen vorgeschrieben worden.[397]

1918–1938

»Mürzzuschlag. (Saatkartoffeln aus der Schweiz.) Das Frühjahr hätte für den politischen Bezirk Mürzzuschlag verhängnisvoll werden können. Denn der ganze Bezirk hatte keine Saatkartoffeln und auch die Bezirks-Saatgutstelle stand ratlos da. Deshalb traten der Leiter der Bezirkshauptmannschaft Dr. Vörös-Faltin, der landwirtschaftliche Bezirks-Erntekommissar Knotz und Verwalter Wunderli, ein gebürtiger Schweizer, zusammen und wandten sich an den Verband landwirtschaftlicher ostschweizerischer Genossenschaften in Winterthur, der sich bereit erklärte, 20 Waggons Saatkartoffeln gegen Holz zu liefern. Dieselben sind bereits Samstag früh hier eingelangt und wurden noch Samstag an die sämtliche Gemeinden des Bezirkes waggonweise durch den Bezirks-Landwirtschaftskommissär verteilt. Am Samstag veranstaltete die Bevölkerung Mürzzuschlags den Schweizern, welche den Zug begleiteten, und zwar Hauptmann Gröbli mit 16 Mann, Sekretär Wunderli, im ›schwarzen Adler‹ einen Festabend, bei welchem die Musikvereinskapelle und die Sänger mitwirkten.«[398]

Dieser kurze Zeitungsartikel veranschaulicht, wie es um den obersteirischen Ackerbau im Jahr 1919 bestellt war. Allerorts herrschte Mangel und so wurde die ohnedies nicht gerade extensive obersteirische Ackerwirtschaft weiter zurückgedrängt. Angebaut wurde ab einer bestimmten Höhenlage nur noch jenes Getreide, das man selbst benötigte. Beim Obstbau verhielt es sich ähnlich, ab 1918 beschränkte er sich im Großen und Ganzen auf die Produktion von Wirtschaftsobst für den Eigenbedarf.

Die Ausweitung der Milchwirtschaft ab 1922 führte dazu, dass viele Ackerflächen in Grünland umgewandelt wurden. Man versuchte es auch mit Sonderkulturen, die mehr Gewinn abzuwerfen versprachen. Der Bezirksverband der Landwirtschaftsfilialen in Kindberg zum Beispiel förderte ab dem Jahr 1925 zusammen mit dem Grazer Pflanzenbauinspektorat den Flachsanbau. Die Filiale in Allerheiligen im Mürztal ging unter der Leitung von Nationalrat Anton Pirchegger sogar daran, eine maschinelle Brechelanlage zu errichten.[399]

Ab dem Jahr 1926 drohte dem Ackerbau der Obersteiermark eine neue Gefahr. Der Kartoffelkrebs, in Österreich erstmals 1924 in zwei Gemeinden Vorarlbergs aufgetreten, befiel in der Steiermark als erstes einen Acker der Gutsverwaltung Gutmann in Kalwang, Bezirk Leoben. Das gesamte Gemeindegebiet wurde unter Sperre gelegt, das Verführen von Kartoffelknollen oder anderen Teilen der Pflanze, der Ackererde sowie der Jauche und des Stallmistes des betroffenen Betriebes verboten. Der Acker selbst wurde

Der »Brunnhofer-Lex«, der »Harrer-Michel« und Hund »Sultan« beim Bau der ersten Parschluger Runkelmiete, Herbst 1930

in Wiese umgewandelt. Natürlich wurde sofort gefordert, den Kartoffelbau mit krebsfestem Saatgut zu versorgen.[400] Dennoch trat die Krankheit im Jahr 1931 in Alpl bei Krieglach erneut auf und breitete sich diesmal trotz scharfer Vorsichtsmaßnahmen rasch aus.[401]

Die Ackerflächen gingen in der Obersteiermark bis 1938 zurück. Der Getreidebau wurde dabei zugunsten des Anbaus von Sonderkulturen zurückgedrängt, wobei seit etwa 1930 auch ein vermehrter Anbau von Futterpflanzen zu verzeichnen war. Letzteres führte zum Beginn des Silobaus in der Obersteiermark. Die erste obersteirische Siloanlage entstand im Sommer 1933 bei Landwirt Anton Metzler in Leoben. Sie bestand aus zwei runden Betontürmen, die 123 Kubikmeter Grünmais und Pferdebohnen fassen konnten, und war auf einen Viehbestand von 40 Kühen berechnet.[402]

1938–1945

Im Vergleich zum »Altreich« waren die Hektarerträge der »Ostmark« gerade beim Ackerbau relativ gering. Ursachen dafür waren besonders in der Obersteiermark die äußerst schwache Mechanisierung der Landwirtschaft und der aufgrund der wirtschaftlichen Situation nur geringe Einsatz von Düngemitteln. All das wollte die nationalsozialistische Landwirtschaftspolitik rasch ändern, was ihr aber nicht durchgreifend gelang. Stabsleiter Dettmer schilderte im April 1939 die Situation im Gebiet der Kreisbauernschaft Bruck an der Mur, die für den gesamten Untersuchungsraum zutraf:[403]

»Der Getreidebau ist gering. Er reicht noch nicht aus, um den Bedarf an Getreide für die Landwirtschaft voll zu decken. Futtermittel müssen zugekauft werden. Ein Ueberschuß an Getreide für die übrige Bevölkerung ist nicht vorhanden. So wird auch Getreide vom Bauern fast überhaupt nicht verkauft. Der Kartoffelbau ist für die ländliche Bevölkerung ausreichend. Die Stadt [Bruck an der Mur, Anm.] kann nur zu einem Teil versorgt werden.«

Die seit 1938 einsetzenden Maßnahmen griffen nur bedingt und ab dem Jahr 1942 wendete sich das Blatt vollends gegen die Agrarpolitiker. Was nützte es, dass die »Landforst« den Großraum Bruck an der Mur-Aflenz im Jahr 1938 mit 72 Waggons Kunstdünger im Wert von 60.000 Reichsmark belieferte[404] und die gelieferten Mengen in den Folgejahren sogar noch weiter anstiegen, wenn ab Frühling 1942 die Anlieferung von Sämereien besonders für den Gemüsebau nicht mehr den Anforderungen genügte. Die im Krieg stehenden Arbeitskräfte wurden nur teilweise durch Ostarbeiter und Kriegsgefangene ersetzt. Dazu kamen noch Wetterunbilden: Schon der Winter 1941/42 war im Oberland äußerst frostig gewesen und früh eingefallen, die Wintersaat verzeichnete Ausfälle bis zu 60 Prozent.[405] Die Jahre 1942 und 1943 zeichneten sich durch außergewöhnliche Trockenheit aus. Ab 1943 wurden auch die Düngemittel wieder knapp. Die Brucker Kreisbauernschaft rief daraufhin dazu auf, besonders Hülsenfrüchte anzubauen, da diese weniger Dünger benötigten und gerade Erbsen eines der wertvollsten Nahrungsmittel seien.[406] Im Juli 1943 wurden in der lokalen Presse bereits Propagandameldungen veröffentlicht, in denen die besonderen Marktleistungen einzelner Höfe vorgestellt wurden. Überall erwähnte man die Selbstversorgung der am Hof arbeitenden und lebenden Menschen und dazu die Abgabe großer Mengen an Kartoffeln, Salat, roten Rüben und Kraut. Getreide lieferte jedoch nur ein Talbauer in kleinen Mengen ab.[407] Der Produktionsrückgang bei Getreide, Mais und praktisch allen anderen Feldfrüchten bis zum Jahr 1944 erklärt sich aus der Summe der seit 1942 auftretenden genannten Probleme.[408] Übrig blieben Notaktionen, die ab dem Frühling 1944 fatal an die Endphase des Ersten Weltkrieges erinnerten. Ab April dieses Jahres ging man zum Beispiel in der Forstverwaltung Mayr-Melnhof in Mixnitz dazu über, auf kleineren Schlägen zu brennen, um dort Kartoffeln anzubauen.[409] Zur ohnedies schwachen Ernte des Jahres 1944 kam im Frühling 1945 das Problem, wegen ständiger Tieffliegerangriffe keinen geregelten Anbau mehr durchführen zu können.

1945–2000

Trotz der Nachwirkungen des Krieges wurde noch während der späten Vierzigerjahre auch in der Obersteiermark versucht, den Ackerbau zu modernisieren und die Erträge zu heben, ging es doch um die möglichst ausreichende Versorgung der österreichischen Bevölkerung mit Nahrungsmitteln. Die kostengünstigste Variante zur Ertragssteigerung war Flurbereinigung und Kommassierung. Das Projekt Freßnitz bei Krieglach im Mürztal war eines der ersten im Oberland. Bereits 1947 waren die umfangreichen technischen Vorarbeiten begonnen worden und im September 1948 wurden die neuen Grundstücke von den beteiligten Besitzern übernommen. Anlässlich der Übergabe führte der anwesende Landeshauptmann Josef Krainer die wirtschaftlichen Vorteile der Flurbereinigung vor Augen und schloss mit den in der Diktion an damals jüngst vergangene Zeiten gemahnenden Worten:[410] »Wenn wir in den kommenden Tagen die Furchen für den Herbstanbau ziehen und die Saat der Scholle übergeben, werden wir mit doppeltem Eifer die uns neu anvertraute Heimaterde betreuen und den Herrgott bitten, daß er uns auch auf den neu erworbenen Feldern seinen Segen verleihen möge, da-

Kleine Maschinen für kleinteilige Anbauflächen, 1966 beim vulgo Burger in Parschlug

mit wir in reicher Fülle unserem Boden abringen können, was wir am notwendigsten brauchen: Brot für unser Volk.«

Doch der Ackerbau entwickelte sich anders als erwartet: Steiermarkweit sank in den Jahren 1960 bis 1970 die Anbaufläche für Hafer um beinahe zwei Drittel, jene des Roggens um ein Drittel, auch Weizen wurde stark reduziert. Die Gerstenanbaufläche nahm hingegen im selben Zeitraum um rund 50 Prozent zu und bei Körnermais betrug der Zuwachs gar das Dreifache.[411] Unter dem Strich bedeutete dies eine Abnahme der gesamten Getreideanbaufläche um 37.000 Hektar und eine Zunahme der Maisanbaufläche – inklusive des Silomaises – um 35.000 Hektar. Die Kartoffelanbaufläche wiederum halbierte sich von 21.000 auf 11.000 Hektar, beim Futterrübenbau war ein leichter Rückgang von 7.000 auf 6.000 Hektar zu verzeichnen.[412] Konkret bedeutete dies für die Obersteiermark, wo diese Entwicklung prozentuell viel höher als im Landesschnitt ausfiel, dass die Selbstversorgung der Betriebe mit Brotgetreide völlig aufgegeben wurde. Was blieb, war da und dort ein Getreidefeld zu Futterzwecken, doch in manchen ungünstigen Regionen, wie zum Beispiel dem Fröschnitztal, im oberen Mürztal oder in der Veitsch, wurde auch dieser Anbau noch vor 1975 auf Futtermais umgestellt. Der niedrige Getreidepreis machte es unmöglich, kostendeckend zu produzieren. So erfuhr der Ackerbau schwerste Einbußen. Allein im Bezirk Mürzzuschlag ging die ohnedies niemals ausgeprägte Ackerfläche in den Jahren von 1960 bis 1990 von 2.195 Hektar auf 928 Hektar zurück. Der Rückgang verlief insbesondere in den Achtzigerjahren rasant. Er betrug im Bezirk Bruck an der Mur von 1980 bis 1990 595 Hektar (1.517 auf 922 Hektar), im Bezirk Mürzzuschlag sogar 716 Hektar (1.644 auf 928 Hektar). Einzig im Bezirk Leoben, wo er ohnedies bereits 1980 auf dem niedrigen Niveau von 1.116 Hektar angelangt war, betrug der Rückgang bis 1990 gerade noch 15 Hektar. Beim Kartoffelanbau – in der Obersteiermark am ehesten noch in den Bereich des Ackerbaus für Marktzwecke fallend – wies der Bezirk Bruck an der Mur 1990 eine Fläche von 18 Hektar aus, Leoben brachte es auf 61 Hektar und Mürzzuschlag auf 33 Hektar.[413]

III. Regionale Besonderheiten der obersteirischen Landwirtschaft

1. Der Zu- und Nebenerwerb in der Industrie

Der bäuerliche Zu- und Nebenerwerb hat in den drei Bezirken Leoben, Bruck an der Mur und Mürzzuschlag bereits seit dem Mittelalter Tradition. Hauptsächlich waren es die Produktion von Holzkohle und Fuhrwerksleistungen für die protoindustriellen Unternehmungen der Rad- und Hammergewerke, die zu den fixen Einnahmequellen der obersteirischen Bauern zählten. Durch die Industrialisierung der Region ab etwa 1860 traten diese Verdienstmöglichkeiten stark in den Hintergrund, da mineralische Brennstoffe und moderne Verkehrsmittel Holzkohle und Bauernfuhrwerk rasch ablösten. Nur in wenigen Bereichen blieb die Köhlerei noch länger bedeutsam. So freute sich der landwirtschaftliche Ortsverein St. Kathrein an der Laming im Dezember 1904 außerordentlich, seinen Mitgliedern mitteilen zu können, dass die Firma Karl Greinitz' Neffen den gesamten Bedarf an Holzkohle für ihre Hammerwerke über die Mitglieder des Ortsvereins beziehen wollte.[414] Aus Trofaiach hieß es im April 1907: »Holzkohle ist von den auf das beste beschäftigten Vordernberger Hochöfen sehr gesucht und kostet das Fassel jetzt über 2 K.«[415]

Im Neuberger Raum gehörten bis 1890 die Neuberger Hochöfen und bis 1918 die Zeugfeuer des großen Neuberger Werkskomplexes zu den bedeutendsten Abnehmern für bäuerliche Holzkohle.[416] Gleiches gilt für die Mürzzuschlager Bleckmannwerke und die großen Nierhaus'schen Hammerwerke (zwischendurch Teplitzer Schaufelwerke) im Mürztal von Spital am Semmering bis Bärndorf bei Bruck an der Mur. Sie alle schwuren auf den besonderen Vorteil der Befeuerung mit Holzkohle für ihre Produktion und bewarben auch ihre Produkte entsprechend.[417]

Die Jahre des Ersten Weltkrieges

In den Jahren des Ersten Weltkrieges war ein Nebenerwerb im Bereich der Industrie kaum bis nicht möglich, da die einzelnen Landwirte bzw. ihre Söhne entweder an der Front standen oder aufgrund des Arbeitskräftemangels in der Landwirtschaft und der Kriegsbewirtschaftung jegliche Nebenerwerbstätigkeit ausgeschlossen war.

1918–1938

Nach dem Krieg litt die Eisenindustrie in der Obersteiermark schwer an der allgemeinen Wirtschaftskrise. Den Nebenerwerbslandwirten, die in den großen Fabriken oder kleineren Hammerwerken des Oberlandes ein Zubrot gefunden hatten, war es bei der Schließung ihrer Betriebe oder bei Entlassungswellen kaum möglich, anderweitig Arbeit zu finden. Im selben Ausmaß ging der Nebenerwerb durch Fuhrwerksleistungen für kleinere Werke zurück. Auch das Fuhrwerken für die »Bundesforste«, besonders im

Bäuerliches Fuhrwerk als Nebenerwerb in St. Kathrein an der Laming um 1935

Raum Mürzzuschlag-Neuberg ein Nebenerwerb vieler Landwirte im Winter, kam mit der zunehmenden Absatzkrise in der Holzwirtschaft beinahe zum Erliegen. Erst ab dem Jahr 1935 trat in diesem Bereich eine gewisse Entspannung ein.

Eine interessante Ausnahme in dieser Entwicklung stellte der Raum Thörl-Aflenz-Kapfenberg dar. Hier wurden Vollerwerbslandwirte ab 1918 rapide zurückgedrängt. Hauptsächlich betroffen waren die Hochschwabgemeinden St. Ilgen, Etmisl, Tragöß und St. Kathrein an der Laming. Die neuen Nebenerwerbsbauern fanden in der Industriezone Bruck an der Mur-Kapfenberg Arbeit.[418]

1938–1945

Der Nebenerwerb in der Industrie erfuhr in den Jahren zwischen 1938 und 1945 in der Obersteiermark kaum nennenswerte Zuwächse. Dazu war die Personaldecke durch die Kriegseinwirkungen zu gering, fehlten die Arbeitskräfte am Hof zu sehr. Anders hingegen erging es jenen Landwirten, die freie Fuhrwerkskapazitäten hatten. Diese profitierten durch den Kriegswirtschaftsboom und konnten sich über mangelnde Aufträge nicht beklagen.

1945–2000

Der Aufschwung der obersteirischen Schwerindustrie nach dem Zweiten Weltkrieg führte, in Verbindung mit den kriegsbedingten Ausfällen, zu einer vermehrten Nachfrage nach Arbeitskräften. Dies bedeutete besonders für die Inhaber kleinerer landwirtschaftlicher Betriebe einen willkommenen Ausweg, sobald sie merkten, dass sie der Preis-Kosten-Schere nicht entkommen konnten. So war es gerade in der Obersteiermark keine Seltenheit, dass Bauernsöhne bei Böhler, Schöller-Bleckmann, der VOEST-Alpine oder bei der Bundesbahn zu arbeiten begannen und auch bei der Hofübergabe die Arbeit nicht aufgaben. Als eine der Folgen sank steiermarkweit die Zahl der Vollerwerbsbetriebe in den Jahren 1951 bis 1973 von 64,4 Prozent auf 47,2 Prozent, während die Zahl der Nebenerwerbsbetriebe von 28,7 Prozent auf 40 Prozent anstieg. In der Obersteiermark lagen die Zahlen noch höher, hier kam es bis zum Jahr 1980 im Zuge des Generationswechsels bereits vermehrt zu völligen Betriebsauflösungen.[419] Dieser Trend setzte sich zwischen 1980 und 1990 in bemerkenswertem Ausmaß fort. Auffallend ist dabei nicht nur der Rückgang der Vollerwerbsbetriebe zugunsten des Zu- und Nebenerwerbs, der besonders im Bezirk Mürzzuschlag ausgeprägt war, sondern insbesondere auch die bedeutende Zahl jener Nebenerwerbsbetriebe, die schließlich ganz eingestellt wurden. Insgesamt kam es von 1980 bis 1990 im Untersuchungsraum zur Auflassung von 526 Betrieben, was die Schließung eines Betriebes pro Woche bedeutet.

Tabelle 3: Voll-, Zu- und Nebenerwerbsbauern 1980 und 1990

Bezirk	Vollerwerb	Zuerwerb	Nebenerwerb
Bruck an der Mur 1980	447 (31,72%)	76 (5,40%)	886 (62,88%)
Bruck an der Mur 1990	360 (28,53%)	77 (6,10%)	825 (65,37%)
Leoben 1980	412 (35,52%)	54 (4,65%)	694 (59,83%)
Leoben 1990	326 (34,39%)	59 (6,23%)	563 (59,38%)
Mürzzuschlag 1980	512 (36,31%)	67 (4,75%)	831 (58,94%)
Mürzzuschlag 1990	425 (33,92%)	114 (9,10%)	714 (56,98%)

Quelle: Beiträge zur österreichischen Statistik, Heft 660/6: Land- und forstwirtschaftliche Betriebszählung 1980, Hauptergebnisse Steiermark (hg. vom Statistischen Zentralamt, Wien 1983) 28 f., und Heft 1.060/6: Land- und forstwirtschaftliche Betriebszählung 1990, Länderheft Steiermark (hg. vom Statistischen Zentralamt, Wien 1992) 26 f.

Die Landeskammer reagierte auf die Entwicklung – und sehr wahrscheinlich auch auf den gerade bekannt gewordenen »Mansholt-Plan« – bereits im Herbst 1969 mit der Gründung eines Beirates für Klein- und Nebenerwerbslandwirte. Dessen Aufgabenprogramm umfasste unter anderem eine Verstärkung der betriebswirtschaftlichen Aufklärungstätigkeit, Exkursionen zu gut geführten Nebenerwerbsbetrieben, die Förderung des überbetrieblichen Maschineneinsatzes, steuerliche Beratungstätigkeit, die Vermittlung von Verpachtungen und die Mithilfe bei der Stellensuche.[420] Für die Betriebsumstellungen riet man im obersteirischen Bereich mit seinen Bergbauern- und Grünlandbetrieben ab den frühen Siebzigerjahren besonders zur Forcierung der Rindermast, der Aufzucht von Jungtieren, zur Schafhaltung, Heuerzeugung für andere Betriebe und zur Aufforstung unrentabler Grünlandflächen. Gleichzeitig zeichnete sich in der obersteirischen Industrie nach den jüngst vergangenen Krisenjahren ein Aufwärtstrend ab, Böhler in Kapfenberg schulte tausende Arbeiter auf die Finalproduktion um und ein und der Fohnsdorfer Kohlebergbau erlebte eine letzte »Renaissance«.[421]

Die Stahlkrise am Ende der Siebziger- und zu Beginn der Achtzigerjahre veränderte das Bild grundlegend. Entlassungen erfolgten, wobei die Arbeitnehmervertreter gerne und ohne Rücksicht auf die tatsächlichen Einkommensverhältnisse auf die doppelte Erwerbsmöglichkeit der Nebenerwerbsbauern hinwiesen, und zu allem Überfluss wurden die Nebenerwerbslandwirte aus den Erhebungen für den »Grünen Bericht« gestrichen.[422] Der Bauernbund in Wien war um eine Verbesserung der Situation bemüht, aber relativ machtlos. Wohl wusste Direktor Fahrnberger, dass es notwendig war, eine gezielte Beratungstätigkeit in arbeits-, kündigungsrechtlichen und sozialrechtlichen Angelegenheiten für die Nebenerwerbsbauern aufzubauen, wobei der Schutz vor ungerechtfertigten Kündigungen vorrangig war.[423] Die Wiederaufnahme der Nebenerwerbsbetriebe in den Grünen Plan erfolgte allerdings erst im Jahr 1988, nachdem das Ministerium wieder in ÖVP-Hände gelangt war.[424]

Die Lage der Nebenerwerbslandwirte änderte sich auch während der Neunzigerjahre nicht grundlegend. Ihre Zahl sank bei gleich bleibenden wirtschaftlichen Problemen weiter ab, wenngleich Franz Fischler bereits 1993 im Hinblick auf den EU-Beitritt davon sprach, dass eine flächendeckende Landwirtschaft in Österreich nur dann gewährleistet sei, wenn die agrarischen Funktionen auch auf die Zu- und Nebenerwerbsbetriebe verteilt würden.[425]

2. Der Nebenerwerb durch den Fremdenverkehr

Viele Bereiche der Obersteiermark zählten zu den touristischen Frühregionen Österreichs. Das steirische Semmeringgebiet zog Sommerfrischler aus dem Wiener Raum und dem slawischen sowie dem ungarischen Teil der Monarchie an. Im Mürztal lockten die Regionen Krieglach/Alpl und St. Lorenzen viele Gäste. Vor allem Grazer, aber auch Wiener fanden sich im Aflenzertal und im Tragössertal zur Sommerfrische ein. Dazu gehörten noch Mautern im Liesingtal und der Raum Trofaiach sowie das Breitenauertal südlich von Bruck an der Mur. Überall, wo Sommerfrischler auftauchten, profitierte auch die Landwirtschaft. Bauern vermieteten Zimmer und »Austraghäusel« an die Sommergäste, belieferten die Hotels und Gaststätten mit Milch und Milchprodukten oder errichteten gar selbst Gastwirtschaften und andere Tourismusbetriebe.

So entstand im Jahr 1901 im Ganztal bei Mürzzuschlag auf den Gründen des Bauern Magerl eine Badeanstalt mit angeschlossener Restauration. Hier konnte man in rustikaler Umgebung »Voll-, Schwimm- und Wannenbäder« ebenso nehmen wie »Sonnen-, Sand- und Schlagbäder«.[426] In Mooshuben bei Mariazell errichtete der Landwirt Peter Leodolter 1903 ein »Touristen-Gasthaus«, das für die Beherbergung von Fremden eingerichtet war,[427] und im Semmeringgebiet schossen allerorts bäuerliche Jausenstationen in die Höhe. Nicht alle Landwirte erkannten sofort den Wert des Fremdenverkehres als zusätzliche Erwerbsquelle und oft stand man den »Stadtlern« eher skeptisch gegenüber. Im Jahr 1910 kam es deshalb zu einer entsprechenden Aufklärungskampagne. So war im »Sonntagsboten« zu lesen:[428]

»Fremdenverkehr und Bauernstand. Über Ersuchen des Landesverbandes für Fremdenverkehr hat die k. k. Landwirtschaftsgesellschaft in Steiermark beschlossen, die landwirtschaftlichen Lehranstalten im Oberlande, sowie die Wanderlehrer für das Oberland zu ersuchen, in den landwirtschaftlichen Vorträgen und Kursen auch auf die große Bedeutung eines regen Fremdenverkehres für die bäuerliche Bevölkerung aufmerksam zu machen, den Vorteil des Absatzes landwirtschaftlicher Erzeugnisse ins richtige Licht zu stellen und der Bevölkerung das tunlichste Entgegenkommen gegenüber den Fremden, sowie die weitestgehende Erfüllung der von denselben ausgedrückten, selbstredend berechtigten Wünsche ans Herz zu legen.«

Im Tragössertal hatte man den Wert des Fremdenverkehrs schon erkannt. So stand man im Januar 1912 dem Besitzwechsel eines großen Bauernhofes in Tragöß an einen kapitalkräftigen Wiener durchaus positiv gegenüber. Der neue Besitzer hatte angekündigt, die Landwirtschaft weiter zu betreiben und gleichzeitig einen Neubau für Sommergäste zu errichten. Weiters hieß es im entsprechenden Zeitungsartikel: »Viel Geld kommt durch den Fremdenverkehr, wenn auch nur kurze Zeit dauernd, in unser abgelegenes, aber schönes Hochgebirgstal. Bis auf Rindfleisch und Getränke wird jeder andere Bedarf hier gedeckt und haben nicht blos die Gasthöfe, sondern auch die bäuerlichen Besitzer Gewinnanteil.«[429]

Die Jahre des Ersten Weltkrieges

Der »Gewinnanteil der bäuerlichen Besitzer« am Fremdenverkehr war im ersten Kriegsjahr, wenn auch eingeschränkt, noch lukrierbar. Durch die immer schwieriger werdende Versorgungslage änderte sich dies aber seit dem Jahr 1915 rapide. Aus dem Aflenzertal, wo auch viele bäuerlich Vermieter am Tourismus verdienten, wurde bereits im März 1915 berichtet:[430] »Im Markte Aflenz, der hauptsächlich vom Fremdenverkehr lebt, haben die Bäcker schon seit 4 Wochen den Betrieb eingestellt, weil sie kein Mehl bekommen. Die Fleischpreise steigen immer höher und wenn das Mehl auch um bares Geld nicht zu haben ist, welche Sommerpartei soll sich hier niederlassen? Die Gute Luft allein ersetzt das Fehlende nicht.«

Besonders schwierig wurde die Lage ab dem Frühling 1917. An die Stelle des Lebensmittelverkaufs an die Sommerfrischler traten auch im steirischen Oberland ab März Lebensmittelsammlungen, die von Fürstbischof Leopold Schuster in Graz angeordnet wurden. Admont nahm aufgrund der drückenden Versorgungslage keine Sommerfrischler mehr auf, ebenso Breitenau südlich von Bruck an der Mur.[431] Gleiches beschloss die traditionelle Sommerfrische St. Lorenzen im Mürztal,[432] und auch am Steirischen Semmering sprach sich Mürzzuschlag im April 1918 gegen die Aufnahme von Sommerfrischlern aus.[433]

Die Landwirte litten nicht nur unter der damit unterbundenen Vermietung von Sommerwohnungen. Ein Erlass des Volksernährungsamtes vom 9. April 1917 verbot den Sommerfrischlern und Kurgästen, Lebensmittel wie Milch, Butter, Eier und Gemüse direkt vom Produzenten zu kaufen. Im Bezirk Bruck an der Mur wurden im Juli 1917 die zuständigen örtlichen Behörden aufgefordert, das Gepäck von Urlaubern bei ihrer Abreise ebenso zu kontrollieren wie alle von diesen aufgegebenen Post- und Eisenbahnsendungen.[434]

1918–1938

In den Jahren 1919 bis 1921 war an einen bäuerlichen Nebenerwerb durch den Fremdenverkehr so gut wie nicht zu denken. Viele obersteirische Gemeinden verhängten in

Die neu errichtete »Pudlhütte« auf der Schneealm 1925

diesen Jahren ein Aufnahmeverbot für Touristen, da es an den notwendigen Lebensmitteln für die eingesessene Bevölkerung mangelte. Nur der »Schwarzmarkt« gedieh prächtig und das Hamstern trieb manchmal seltsame Blüten. Nur langsam begannen sich die Verhältnisse wieder zu normalisieren. Dazu gehörten auch Ereignisse wie jenes am 5. August 1925, als auf der Schneealm die neue »Pudlhütte« eröffnet wurde. Eigentlich als Sennhütte eingerichtet, verfügte sie auch über zwei Schlafräume für Touristen und einen Raum für den Ausschank. Der Erbauer, Landwirt Rinnhofer vulgo Karrensteiner aus Kapellen an der Mürz, wurde für sein Engagement und seine Opfer gelobt, die dazu geführt hatten, »ein Erholungs- und Rastheim für die Wanderer und ein trautes Plätzchen zu gemütlichem geselligen Zusammenfinden zu schaffen«.[435] Noch vor 1933 wurde die Windberg- oder Rinnhoferhütte, wie sie schon bald hieß, zur »Alpengastwirtschaft« mit neu angebauten Schlafräumen ausgestaltet.

Seit dem Ende der Zwanzigerjahre wurden auch die Fachzeitungen wieder auf die Touristen aufmerksam. Der »Sonntagsbote« legte seinen Lesern im Artikel »Der Bauer

Fremdenverkehrswerbung in der »Waldheimat« 1937 mit Hilfe landwirtschaftlicher Klischees

und der Fremdenverkehr« nahe, vorzügliche Waren zu liefern, womit sie den Fremdenverkehr am besten fördern könnten.[436] Tatsächlich wurde immer wieder berichtet, dass sich der Absatz landwirtschaftlicher Produkte während der Sommermonate bedeutend bessere. Allgemein jedoch krankte der Fremdenverkehr auch für die Bauern an der schwierigen Wirtschaftslage. Mit der Weltwirtschaftskrise sank das Fremdenaufkommen in der Obersteiermark drastisch ab. Wohl gab es immer wieder Ausnahmen, konnten sich manche Bauernhöfe bereits in den Jahren nach dem Ersten Weltkrieg durch die Errichtung eines kleinen Gastbetriebes zu beliebten Ausflugszielen entwickeln, wie zum Beispiel das Gasthaus »Steinbauer« in Ganz bei Mürzzuschlag oder der »Tatscherbauer« in Kapellen an der Mürz, am Fuße der Schneealm, der 1935 schon über einen großen Stamm traditionell wiederkehrender Sommergäste verfügte.[437]

Einen Sonderfall stellten die Gasthöfe am Alpl bei Krieglach dar. Hier zog ein Magnet der besonderen Art: Peter Rosegger. Im Jahr 1936 berichtete das »Obersteierblatt«, noch 1920 habe man in Alpl vom Tourismus zu Roseggers Geburtshaus überhaupt nicht profitiert. Durch den ständig steigenden Zustrom von Roseggerverehrern sei unter diesen jedoch der Wunsch laut geworden, sich auch länger in der »Waldheimat« aufzuhalten. In Alpl existierten gerade drei Bauerngasthöfe, deren Inhaber »um ihre Scholle schwer zu kämpfen« hatten. Der vulgo »Steinbauer« Franz Bruggraber begann noch Mitte der Zwanzigerjahre mit einem Zubau zu seinem Haus und schuf damit die ersten Fremdenzimmer. Sein Nachbar, der »Holzbauer«, baute seine ebenerdige Gastwirtschaft ebenfalls mit Fremdenzimmern aus, und nachdem im Jahr 1926 der Krieglacher Kirchenwirt Paulitsch einen Autobusverkehr von Krieglach nach Ratten eingerichtet hatte, begann der Touristenstrom zu rollen. Bis zum Jahr 1936 hatte der ehemalige Bauer Bruggraber sein kleines Bauerngasthaus trotz Weltwirtschaftskrise zum florierenden 130-Betten-Betrieb ausgebaut.[438] Um bäuerlichen »Nebenerwerb« handelte es sich in diesem Fall nicht mehr.

1938–1945

Der Fremdenverkehr spielte während des Dritten Reiches nur anfänglich eine Rolle im Nebenerwerb der obersteirischen Bauern: Schon 1938 und auch 1939 kamen viele KdF-Touristen ins Land, die untergebracht und verpflegt werden mussten. Für viele Bauern, besonders in alten Tourismusgebieten wie im Aflenzertal, im Raum Mariazell oder im Semmeringgebiet, bedeutete dies schöne Geschäfte. Mit Kriegsbeginn wandelte sich das Bild jedoch relativ rasch. Die Touristen blieben aus, an ihrer Stelle kamen nun Ausgebombte sowie Kinder der KLV-Aktionen. Dementsprechend gingen auch die Einkünfte aus dem legalen Nebenerwerb zurück. Dafür brachten die Bombenflüchtlinge, aber auch die städtische Bevölkerung der Mur-Mürz-Furche eine nicht gerade neue Art des illegalen Nebenerwerbs zurück: den Schwarz- und Schleichhandel auf allen Gebieten der Bedarfsdeckung.[439] Aufsehen erregend war der Schwarzhändler- und Schleichhändlerfall in St. Peter am Freienstein, der im Mai 1942 in Leoben abgehandelt wurde. Die beiden Hauptakteure wurden zum Tode, die beiden beteiligten Landwirte zu vier Jahren bzw. 15 Monaten Zuchthaus verurteilt, da sie Schlachtvieh illegal zu überhöhten

Preisen verkauft hatten.[440] Beizukommen war dieser Form des »illegalen Nebenerwerbs« bis zum Kriegsende trotz solch schwerer Strafen nicht.

1945–2000

Schon bald nach dem Ende des Zweiten Weltkrieges wandte man sich auch in der Bauernschaft wieder dem Fremdenverkehr zu. Zwar wollten 1946 in der Steiermark »die meisten Landbürgermeister auch von kurzfristigen Besuchen ihrer Gemeinde nichts wissen«. Dies hing nicht zuletzt mit der angespannten Nahrungssituation zusammen. Dennoch wurde den Landwirten bereits nahe gelegt, ihre Zimmer wieder herzurichten und sich auf diese Form von Nebenerwerb neu einzustellen.[441] Zu den positiven Aspekten, wie dem Anstieg der Produktpreise während der Sommermonate, kam jedoch bereits Mitte der Fünfzigerjahre der unerwünschte Effekt, dass durch die »Fremdenindustrie« eine zusätzliche Sogwirkung auf die Arbeitskräfte in der Landwirtschaft ausgeübt wurde. In den Gastronomiebetrieben wurden während der Saison, also zur Zeit der landwirtschaftlichen Arbeitsspitze, weibliche Hilfskräfte aller Art benötigt und viele Saisonarbeiter verschlug es bald endgültig in die Fremdenverkehrswirtschaft.[442] Dennoch war dem Landwirtschaftsministerium in diesen Jahren klar geworden, dass gerade im Fremdenverkehrsbereich eine potenzielle Chance für die Bergbauern lag. Schon 1957 wurde gemeinsam mit dem Ministerium für Handel und Wiederaufbau eine Aktion zur Entwicklung des Fremdenverkehrs in entsiedlungsgefährdeten Bergbauerngebieten ins Leben gerufen, in deren Rahmen der Wegebau ebenso gefördert wurde wie die Errichtung von Privatzimmern zur Fremdenbeherbergung.[443] Diese Aktivitäten wurden zu Beginn der Sechzigerjahre durch Hauswirtschaftsberatungen seitens des Landes ergänzt. Man forderte über die Zeitungen auf, sich in den Fremdenverkehrsvereinen vor Ort zu engagieren, und für den Winter 1964 wurde in der Steiermark erstmals die Abhaltung von Fremdenverkehrskursen für Bäuerinnen angekündigt.[444] Im Jahr 1967 wurde schließlich von der österreichischen Fremdenverkehrswerbung und der Landwirtschaftskammer ein erstes Gesamtverzeichnis der österreichischen »Erholungshöfe« erstellt.[445]

Neben dem Sommertourismus existierte bald nach Kriegsende in der Obersteiermark ein weiteres, nicht gerade unbedeutendes Wirtschaftsfeld, das bäuerlichen Zuerwerb möglich machte: der Skilauf. In Spital am Semmering errichteten Landwirte im Jahr 1946 als erste in der Obersteiermark mit Hilfe eines russischen Panzermotors einen Schlepplift, der bald allerorts bekannt war und im Lauf der Sechziger- und Siebzigerjahre erweitert werden konnte.[446] Diesem Beispiel folgten noch in den Fünfzigerjahren mehrere Landwirte in Steinhaus am Semmering, Mürzzuschlag und Ganz bei Mürzzuschlag. In den Sechzigerjahren lösten die erzielten Erfolge einen regelrechten »Boom« aus. Ab dem Jahr 1964 wurde vom Bergbauern Hubert Hartl der erste Schlepplift in Eisenerz errichtet und gemeinsam mit dem Werkssportverein Eisenerz betrieben,[447] im selben Jahr schlossen sich zehn Bauern in der Stanz bei Kindberg zur Gründung einer Liftgesellschaft zusammen,[448] 1972 taten es ihnen 16 Mitglieder der Agrargemeinschaft »Seebergalm« gleich. »Man wollte den Bergbauern in den arbeitsärmeren Monaten eine zusätzliche Verdienstmöglichkeit schaffen. Letzteres bewirkte bereits der Liftbau selbst durch Trassenschlägerung und Erdarbeiten und setzt sich nun fort mit den vielfältigen Tätigkeiten, die beim Liftbetrieb anfallen«, wurde über diese Aktivitäten berichtet.[449]

Auch die Almwirtschaft bot, trotz des Wandels während der Fünfziger- und Sechzigerjahre, neue Möglichkeiten. So wurden im Almgebiet Aflenz-Turnau nicht mehr benötigte Hütten, teilweise auch Ställe ab den Sechzigerjahren verpachtet, wobei zumeist neben einer geringen finanziellen Abgeltung die Restaurierung und Instandhaltung der Gebäude vereinbart wurde. Im Jahr 1968 waren in diesem Gebiet bereits 42 Hütten und drei Ställe ganz sowie zwölf Hütten teilweise verpachtet, das heißt rund die Hälfte der bestehenden Gebäude. Spitzenreiter war die Schießlingalm bei Turnau, wo nicht weniger als 19 Hütten und drei Ställe derartig genutzt wurden. Auf der Almstraße wurde für die Benützung Maut eingehoben, womit die Einnahmen aus dem Fremdenverkehr beinahe die Höhe des Einkommens aus der direkten Almbewirtschaftung ausmachten.[450]

Der »Urlaub am Bauernhof« wurde in der Obersteiermark vor allem seitens der Umstellungsgemeinschaften stark gefördert.[451] Dazu kam ein eigener, 1965 gegründeter Fremdenverkehrsausschuss der Landeskammer und schließlich im November 1972 die Gründung des Landesvereins »Urlaub am Bauernhof«, dem zu Beginn 65 Mitglieder angehörten und der im Frühling 1974 bereits auf 690 Mitglieder angewachsen war.

Kammeramtsdirektor Koiner entwarf zu dieser Zeit ein Zukunftsszenario, dem zufolge sich der bäuerliche Fremdenverkehr in drei Phasen entwickeln würde. Am Beginn würden die »Lehrjahre« stehen, in denen man Erfahrungen sammeln müsse und finanziell kaum Erfolge erreichen könne. Daran würden sich die Jahre der »Weiterentwicklung« anschließen, in denen der Fremdenverkehr bereits zu einer echten Erwerbsquelle werden könne, und schließlich kämen die »Meisterjahre« mit dem Übergang vom bäuerlichen zum gewerblichen Betrieb.[452] Es kam – zumindest in der Obersteiermark – anders. »Urlaub auf dem Bauernhof« entwickelte sich in der zweiten Hälfte der Siebzigerjahre tatsächlich recht positiv. Im Jahr 1976 bestanden in der Steiermark bereits auf 3.947 Bauernhöfen insgesamt 15.668 Fremdenzimmer, wobei im Untersuchungsraum die Region Mariazell-Aflenz-Bruck an der Mur am gefragtesten war. Mit dem Ennstal konnte man sich hinsichtlich des Erfolges allerdings nicht messen.[453] Der Höhepunkt der Entwicklung war im Jahr 1980 bereits erreicht. Im Bezirk Bruck bestanden nach der land- und forstwirtschaftlichen Betriebszählung im Jahr 1980 insgesamt 173 Fremdenverkehrsbetriebe mit 729 Zimmern, im Bezirk Leoben 103 Betriebe mit 600 Zimmern. Der Bezirk Mürzzuschlag wies die größte Zimmerzahl auf: 1.103 bei 154 bäuerlichen Beherbergungsbetrieben. Im Bezirk Bruck an der Mur waren die Spitzenreiter Gußwerk mit 17 Betrieben und 71 Zimmern sowie die Region Aflenz mit 24 Betrieben und 89 Zimmern. Im Bezirk Leoben befanden sich die meisten Gästebetten in Gai bei Trofaiach. Hier verteilten sich 119 Zimmer auf neun Betriebe. Im Bezirk Mürzzuschlag wiederum war die Gemeinde Krieglach mit 31 Betrieben und 188 Zimmern Spitzenreiter.[454] Ernüchternd war hingegen die Entwicklung bis zum Jahr 1990. Überall war es zu einem massiven Betriebs- und Bettenrückgang gekommen. Im Bezirk Bruck an der Mur bestanden noch 118 Betriebe mit 597 Zimmern, im Bezirk Leoben gar nur mehr 52 Betriebe mit 227 Zimmern. Im Bezirk Mürzzuschlag sah es mit 897 Betrieben und 341 Betten ebenso traurig aus. In Gußwerk gab es nur noch sieben Beherbergungsbetriebe mit insgesamt 40 Zimmern. In Gai, dem Paradebeispiel für bäuerlichen Fremdenverkehr im Bezirk Leoben, hatte die Reduktion fünf Betriebe und 99 Zimmer gekostet und ähnlich verhielt es sich in Krieglach: 21 Betriebe und 128 Zimmer gingen verloren.[455]

Die Ursachen für diese Entwicklung liegen auf der Hand. Trotz allgemeiner Zuwachsraten im bäuerlichen Fremdenverkehr der Steiermark – und dieser bezog sich großteils auf das Ennstal und die Thermenregion – gelang es in der mittleren und östlichen Obersteiermark nicht, auf den Wandel im Tourismus zu reagieren. Ältere Ehepaare aus dem Großraum Wien, die vor allem Ruhe und Beschaulichkeit gesucht hatten, blieben aus, jüngere Zielgruppen zogen bald den günstigen, actionreichen »All-inclusive-Urlaub« in Griechenland, der Türkei oder auf den Malediven vor. Viele der angebotenen Zimmer am Bauernhof entsprachen nicht den erwarteten Standards und so mancher Nebenerwerbslandwirt gab den Betrieb auf oder stellte die Fremdenbeherbergung ein. Übrig blieb nur der bereits 1981 geforderte Ausbau von immer beliebter werdenden Ferienwohnungen und der Umbau der Zimmer auf Komfortstandard. Dazu wurden neue Förderrichtlinien beschlossen.[456] 1988 ging man jedoch bereits davon aus, dass bei der Fremdenzimmerentwicklung im landwirtschaftlichen Bereich der Plafond erreicht sei. Diejenigen unter den Vermietern, die aus- und umbauten, konnten sich ab Mitte der Neunzigerjahre wieder über eine Aufwärtsentwicklung freuen und die Aktivitäten der Vermieter wurden auch anerkannt. Im Herbst 1995 wurden erstmals 27 Landwirtfamilien aus den Bezirken Bruck an der Mur und Mürzzuschlag vom Verein »Urlaub am Bauernhof« mit Urkunden und Plaketten für ihre Qualitätsleistungen ausgezeichnet.[457] Qualitätsleistungen statt Quantität, Innovationsfreudigkeit und modernes, unternehmerisches Denken wurden und werden belohnt. Liegt darin auch die allgemeine Zukunft der obersteirischen Landwirtschaft?

Roman Sandgruber

Im Viertel der Vierkanter

Landwirtschaft im oberösterreichischen Zentralraum

> *O Ackerland, o Bauernland, mein Oberösterreich*
> *Entsprungen aus des Schöpfers Hand, an Segen überreich.*
> *Da fanden sich die Männer all dereinst zu guter Stund.*
> *Sie bauten einen festen Wall, des Landes Bauernbund ...*
> Hymne des Oberösterreichischen Bauernbundes, 1. Strophe,
> Worte Gregor Goldbacher, Melodie Herbert König

Die Hymne des oberösterreichischen Bauernbundes preist im Pathos der 1930er-Jahre den überreichen Segen des Bauernlandes Oberösterreich. Es ist klar, dass der Steyrer Heimatschützer Gregor Goldbacher, der den Text verfasst hatte, dabei vornehmlich an die Umgebung seiner Heimatstadt und die fruchtbare Landschaft zwischen Traun und Enns dachte, wo auch Florian Födermayr, der Gründer des Oberösterreichischen Bauernbundes, seinen Hof bewirtschaftete. Zwischen Steyr, Enns, Wels und Linz, im oberösterreichischen Städteviereck, das immer mehr zu einer großen urbanen Agglomeration zusammenzuwachsen beginnt, breitet sich eine der eindrucksvollsten Bauernlandschaften Österreichs, ja Europas aus: das Viertel der Vierkanter.

I. Der Vierkanter

Das Zentrum der Vierkanter liegt im oberösterreichischen Alpenvorland zwischen Traun und Enns. Im Osten ragt das Vierkantergebiet tief ins niederösterreichische Mostviertel über Amstetten hinaus bis Melk, im Norden greift es stellenweise über die Donau weit in das Mühlviertel hinauf bis in den Raum von Kefermarkt und Königswiesen und nach Westen franst es bis zum Mündungsgebiet der Großen Mühl und bis zur Ager aus. Der renommierte Hausforscher und Volkskundler Franz C. Lipp nannte sein Verbreitungsgebiet die Herzkammer Österreichs: das Gebiet, begrenzt durch die Städte Linz, Wels, Enns und Steyr und den westlichen Teil des niederösterreichischen Viertels ober dem Wienerwald (Mostviertel).[1]

Es ist demonstrative Bauernherrlichkeit, bei verbauten Grundflächen bis zu einem halben Hektar, Fassaden mit bis zu mehreren hundert Fenstern und zahlreichen Toren. 1842 meinte der Biedermeierreisende I. G. Kohl, diese Bauern hätten die höchste Stufe von Wohlbefinden und Freiheit erreicht, und er nannte den damals viel besuchten »Mayer in der Tann«.[2] Vor allem wunderte man sich über die »feiernden« Zimmer, die häufig gar nicht die Schlafräume für die »Herrenleut« waren, auch nicht einmal Gästezimmer, sondern demonstrative Zurschaustellung des Wohlstands und der Vorräte: »So findet man bei dem ›Mayer in der Tann‹ eine Reihe von möblierten Zimmern im oberen Stocke. Man erzählte mir, dass weiland der Kaiser Franz den russischen Kaiser Alexander, als er mit ihm durch Oberösterreich reiste, zum ›Mayer in der Tann‹ geführt habe, um ihm zu zeigen, welche wohlhabenden Bauern er in seinem Staate habe.«[3]

Der Baupraktiker Rudolf Heckl, der sich um die Mitte des 20. Jahrhunderts sehr intensiv mit der baulichen Entwicklung der oberösterreichischen Bauernhäuser befasste, rühmte die Vierkanter als die »vollkommenste Gehöftform der Welt«: »Solche Häuser sind gewöhnlich einen Stock hoch; im Viereck aus gut gebrannten Ziegeln erbaut, deren Fugen verstrichen oder mit Kalk ausgegossen werden oder die vollständig mit einem Mörtelanwurf bedeckt sind. Die vier Fronten messen zwischen 30 und 60 Meter

Oberösterreichischer Vierkanthof, Luftaufnahme aus den Fünfzigerjahren

und es beträgt dementsprechend die verbaute Fläche 9–36, ausnahmsweise sogar 57 Ar. Da finden sich unterirdisch geräumige Keller zur Einlagerung des Obstmostes, des Sauerkrautes, der Kartoffeln, des Gemüses und der Milch. Oberhalb des Mostkellers ist das Presshaus angebracht, in dessen Mitte der so genannte Rosswalzel, eine mühlsteinähnliche Scheibe von 1½ Meter im Durchmesser steht, welche, durch ein Pferd in Bewegung gesetzt, zum Zermalmen des Obstes verwendet wird. Von den Pressen läuft der Most in den Keller und direkt in die Fässer, für deren gute Aufbewahrung im leeren Zustande durch trockene und feuersichere Räume gesorgt wird. Auf eine derartige zweckmäßige und die Arbeit fördernde Einrichtung des Presshauses wird ein umso größerer Wert gelegt, als die jährliche Erzeugung an Cider in jedem größeren Bauernhause gegen hundert, in nicht wenigen sogar an tausend Hectoliter beträgt. Eine wichtige Localität ist die Mair- oder Gesindestube, in welcher gewöhnlich die Mahlzeiten eingenommen und verschiedene häusliche Arbeiten verrichtet werden. Wo noch das Spinnen üblich ist, wird es von den Mägden an Wintertagen hier betrieben. Schuster und Schneider schlagen ebenfalls daselbst ihre Werkstätte auf, wenn sie behufs Wiederherstellung schadhafter oder Anfertigung neuer Bekleidungsstücke für die Familie des Besitzers berufen werden. Auch diese Handwerker arbeiten um Kost und ein mäßiges Taggeld ... Die Stallungen sind in den bessern Häusern gewölbt und die für das Hornvieh bestimmten mit granitenen Futterbarren versehen. Auch Fenster- und Türstöcke, Wasserbehälter sowie die Wände der Schweineställe sind häufig aus diesem vorzüglichen Materiale gefertigt. In vielen Häusern besteht die Vorkehrung, dass der Bauer von seinem Wohnzimmer aus in den Pferdestall gelangen kann ...«[4]

Die Hauslandschaft der Vierkanter hat erst im 19. und frühen 20. Jahrhundert die Ausformung erhalten, in der sie sich heute präsentiert. Im 17. und 18. Jahrhundert gab es nur wenige Bauernhäuser, die sich schon so regelmäßig darstellten. Ihre Bauweise orientierte sich zweifellos am Vorbild der Klöster und Schlösser, waren sie doch häufig selbst klösterliche und adelige Meierhöfe oder aus solchen hervorgegangen. Im 19. Jahrhundert wurden an vielen Häusern umfangreiche Erweiterungsbauten durchgeführt und erst die regelmäßige und geschlossene Form hergestellt, wurden Holzwände durch Mauerwerk ersetzt und wurde zuletzt häufig auch ein Obergeschoß aufgesetzt. Auch im frühen 20. Jahrhundert ging diese Bautätigkeit ungebrochen weiter.

Um 1880 gab es nach Schätzung Rudolf Heckls in Oberösterreich circa 8.500 Vierkanter. Bis zur Mitte des 20. Jahrhunderts kam es seiner Angabe zufolge zu einem Zuwachs um weitere 2.000 Höfe vornehmlich im Hausruck- und Mühlviertel, die durch Ausbau nicht voll eingefangener Hofformen entstanden.

Das Ebelsberger Urbar, das um 1670 geschrieben wurde und das wegen seiner zeichnerischen Erfassung der Hofformen eine unschätzbare Quelle für die Hausformenkunde der Region darstellt, zeigt noch nicht die großen Vierkanthöfe im heutigen Sinn. Die Vierkantform wurde vielmehr gebildet, indem gegenüberliegende kleinere und nur erdgeschoßige Häuser an den freien Seiten durch Bretterwände (so genannte Lorwände) abgeschlossen wurden. Von den 112 Gehöften der Herrschaft Ebelsberg um 1670 waren 62 noch zur Gänze aus Holz gebaut, 44 teilweise gemauert und nur ganz wenige ganz in Massivbauweise errichtet. Die großen und stattlichen Vierkanthöfe der

Florianer Gegend wurden meist nach 1840 und nur in einzelnen Fällen schon ab etwa 1770 erbaut.[5]

Vierkanthöfe sind große Höfe. Die Baugeschichte zeigt, dass die verbauten Flächen erheblich ausgedehnt wurden und man dabei auch bestrebt war, die Regelmäßigkeit und Vierkantform zu vervollkommnen. Große Höfe erreichen eine Seitenlänge von etwa 60 Metern und mehr, mittlere eine solche von ungefähr 40 Metern. Die Kleinbetriebe im Vierkantergebiet hingegen sind selten zur Vierkantform geschlossen, blieben Streckhöfe, Hakenhöfe, nicht voll geschlossene Höfe.

Die Baugeschichte einzelner Höfe zeigt den kontinuierlichen Wandel dieser Kulturlandschaft: Der Kaubinghof in Volkersdorf Nr. 13, Enns, war schon um 1830 ein Vierkanthof, dessen Außenmaße laut Katastralmappe etwa 40,65 x 26,7 Meter ausmachten; das Innenmaß des Hofes war 14,8 x 6,10 Meter. In den 1840er- und 1850er-Jahren wurde der Vierkanthof in mehreren Phasen erneuert und vergrößert. Im Erdgeschoß sind in den Einreichplänen Vorhaus, Speis, Küche und Backküche, die Zimmer, der Gang, die Brotkammer, die Wohnstube, der Fleischkeller, der Gang in den Krautkeller und das Zimmer für das Militär verzeichnet; abgeschlossen dürften die Bauarbeiten 1871 worden sein. Die Ausmaße des Neubaus betrugen laut Einreichplan von 1855 53 x 51,5 Meter, der Innenhof 27,5 x 26,5. Die heutigen Maße sind 47 x 53 Meter. Die durch die Vergrößerung des Vierkanters gewonnenen Räumlichkeiten machten um 1830 vorhandene, zum Kaubinghof gehörige freistehende Objekte entbehrlich, so zwei Wirtschaftsgebäude mit einer Grundfläche von 9,8 x 5,7 bzw. 8 x 4,7 Metern; sie wurden ebenso wie ein Wirtschaftsgebäude von 13,3 x 7,8 Meter Größe und ein Wohngebäude mit den Maßen 15,6 x 9,10 Meter vor 1907 zu einem nicht genau bekannten Zeitpunkt abgetragen. Ein Gebäude mit den Maßen 7,2 x 5,3 Meter wurde vor 1977 beseitigt. Entbehrlich wurde auch ein Presshaus, 19,2 x 10,1 Meter, das allerdings noch existiert.[6]

Beim Hubergut in Moos, Moos 35, Enns, waren um 1830 nur die Längsseiten gemauert und die Querseiten noch Holzkonstruktionen, was ganz untypisch war, da üblicherweise Hausstock und Stall gemauert waren. Damals hatte der Hof eine Fläche von 43,7 x 32,5 Metern. Die heutigen Maße sind, etwas schiefwinkelig, 38 x 50 Meter. Es gab damals auch ein Inleuthäusl, 15,4 x 7,8 Meter, das noch im 19. Jahrhundert abgetragen worden war, und weiters ein Backhaus, 7,6 x 7,6 Meter, das auch bereits im 19. Jahrhundert nicht mehr gebraucht wurde und verschwand.[7]

Das Oberfürstweggut, Rabenberg 10, Enns, war schon vor einem Umbau im Jahr 1841 im Unterschied zu anderen Anwesen, die meist bis zu zwei Drittel aus Holz bestanden, schon fast zur Gänze gemauert – es dürfte etwa um 1775 aufgemauert worden sein. Aber der Plan des Franziszeischen Katasters zeigt keinen regelmäßigen Vierkanter, sondern unterschiedlich lange Seitenflügel und an einer Seite einen hervorkragenden Anbau des Getreidestadels (Maße 44,65 x 30,3 bzw. 36,25 Meter, der vorspringende Getreidestadel an der Ostseite 7,7 x 13,35 Meter). Der Neubau im Jahre 1841 wurde streng rechteckig ausgeführt und der Hof um circa ein Drittel verlängert.[8] Beim Matzingergut, Franzberg 1, Hargelsberg, erfolgte 1857 ein völliger Neubau auf ganz neuem Standort mit den Außenmaßen von etwa 50 x 53 Metern.[9]

Beim Hubergut zu Gunersdorf, Pichlern 87, Sierning, waren die Um- und Ausbauarbeiten auch durch eine beträchtliche Ausdehnung der zum Hof gehörigen Wirtschaftsfläche mitbegründet. Der Hof bestand um die Mitte des 19. Jahrhunderts aus dem Hubergut mit 23 Joch dazugehöriger Nutzfläche und der Hubersölde mit 10 Joch. Es handelte sich fast ausschließlich um Äcker, die Wiesen machten nur etwa 1,5 Joch aus. 1872 wurde das Madlgut mit fast 21 Joch dazugekauft, 1876 auch das Gut zu Hausleiten mit etwa 28 Joch, dieses wurde aber mit Ausnahme von 7 Joch 1892 wieder verkauft, während 1901 noch etwa ein Joch vom Geyergut dazugekauft wurde. Der Hof blieb bis zum Jahr 1938 mit einem Außenmaß von 36 x 39 Metern verhältnismäßig klein. 1938 wurde nicht mehr in Vierkantform umgebaut, sondern es erfolgte der Bau einer freistehenden Scheune; 1940 wurde ein Glashaus für die betriebseigene Gärtnerei errichtet, 1942 ein Stall für Pferdezucht eingebaut. 1947 folgte ein großzügiger Umbau des Hausstockes und 1949 der Bau des 72 Meter langen Osttraktes mit dem Rinder- und Schweinestall. Damit war das Haus in keiner Hinsicht mehr ein Vierkanter.[10]

Auch beim Mayrgut zu Weilling, Weilling 2, St. Florian (das sich im Franziszeischen Kataster als Vierkanter mit 41,8 x 36,7 m = 1.533 m² und nicht ganz rechteckiger Grundfläche darstellt, wobei die Umbauten nach verschiedenen am Haus angebrachten Datierungen in den Jahren 1737, 1793 und 1797 erfolgt sein dürften), wurde ab dem Jahr 1945 mit dem Beginn größerer Umbauten (Errichtung einer freistehenden Scheune 1945, Verbindungsgebäude zwischen Stall und Scheune 1947, Geflügelstall 1948) das Bild des Vierkanters massiv verändert.[11]

Die Weberhofstatt im Graben, Unterweidlham 9, St. Florian, hatte dem Franziszeischen Kataster zufolge, obwohl die vorhandene Nutzfläche nur etwa 6 Joch betrug, die Form eines kleinen Vierkanters im Ausmaß von 19,6 x 19,6 Meter. Irgendwann nach der Mitte des 19. Jahrhunderts wurde der kleine Vierkanter abgetragen, als sich der zugehörige Grundbesitz durch einen Verkauf von 6 Joch auf etwa 1,5 Joch verringerte. Es wurde ein einflügeliges ebenerdiges Gebäude errichtet, das um 1880 aufgestockt wurde. In dem Haus wurde das Bindergewerbe ausgeübt.[12]

Das Maischingergut in Lohnharting, zwischen Pasching und Wilhering gelegen, also schon eher am Rande des Verbreitungsgebietes und mit 30 Hektar landwirtschaftlicher Nutzfläche und 1,5 Hektar Waldfläche von mittlerer Größe, präsentierte sich um 1970 als Vierkanter von 42 Metern Seitenlänge. Bis 1953 präsentierte sich der Hof noch ohne Obergeschoß und mit Stroh gedeckt. Der Umbau erfolgte in den Jahren 1948 bis 1955 durch Aufstockung, um Wohnraum für Gesinde und Familie zu gewinnen. Das Strohdach wurde durch harte Ziegeldeckung ersetzt; die Düngerstätte befand sich bereits seit der Jahrhundertwende außerhalb des Hofes, dort war dann auch der Abort. 1923 wurde elektrischer Strom eingeleitet, 1935 erfolgte die Sicherung der Wasserversorgung durch eine Tiefbohrung in 42 Meter, 1948/55 wurde der Abort ins Innere des Hauses verlegt und ein Bad eingerichtet.[13]

Der Hof des Bauern in Hof, Abwinden, Gemeinde St. Georgen/Gusen, also bereits nördlich der Donau, war vom ausgehenden 19. Jahrhundert bis in die Dreißigerjahre des 20. Jahrhunderts in eine Vierkantform gebracht worden: Aus dem einstigen Dreiseithof war zu Ende des 19. Jahrhunderts ein Vierkanter geworden, dessen verbaute

Fläche erheblich ausgedehnt und dessen Wohnmöglichkeiten und repräsentative Funktion im frühen 20. Jahrhundert erheblich verbessert worden war. Der Wohnteil des Bauernhauses war 1896 neu errichtet und mit einem Ziegeldach versehen worden. Im Jahre 1929 wurden ein neuer Stall und eine neue Scheune gebaut, da durch gute Ernten und den vergrößerten Viehstand der Platz nicht mehr reichte. Bis dahin hatte der Hof noch auf drei Seiten Bretterwände. 1935 bekamen auch der Pferdestall, der Schweinestall und die ganze Ostseite des Hofes ein Ziegeldach. Das separat stehende Auszugshaus erhielt 1936 ein Eternitdach. 1936 wurden die Bauernküche und die Bauernstube neu eingerichtet: In der Stube und in der Küche wurden neue Öfen (ein Herd und ein Holzdauerbrandofen) aufgestellt. Türen und Fenster wurden erneuert. Die Stube bekam einen neuen Fußboden, die Küche wurde neu gepflastert und erhielt Fließwasser. Auf der Rechnung finden sich neben den Handwerkerkosten und den Öfen noch eine Kredenzküche, eine Wandverkleidung mit fünf Bildern und 9 m² Klinkerplatten.[14]

Hinsichtlich der Investitionstätigkeit standen bis 1938 bei den meisten Bauernhäusern eindeutig teure bauliche Maßnahmen im Vordergrund: Stallbau, Ausbau des Wohnteils, Bau von Ausziehhäusern und Landarbeiterwohnungen, Errichtung von Silo- und Düngerstätten, Jauchegruben und Durchführung von Drainagierungen. In und nach dem Zweiten Weltkrieg hingegen und auch während der darauf folgenden Periode bis in die Sechzigerjahre wurde in die Bausubstanz meist nur das Notdürftigste investiert und das Hauptaugenmerk auf Maschinen gelegt, was wiederum bauliche Maßnahmen nach sich zog bzw. bestehende Bauformen und Bauteile funktionslos oder ungeeignet machte.

Nicht nur die Vierkanthöfe entstanden später, als man vielleicht meinen möchte, auch die Bezeichnung dafür kam erst im ausgehenden 19. Jahrhundert auf. Der Volkskundler und Hausforscher Anton Dachler verwendete noch den Begriff »Vierseithof« in einer etwas spöttischen Charakterisierung: »In den reichen Gegenden Oberösterreichs besonders zwischen Haag und Steyr, Enns und Linz entstand durch Zusammenbauen der vier Bestandteile der protzige Vierseithof (neues oberösterreichisches Gehöft), welcher außen ein Schloss vorzutäuschen sucht, während im großen Hof ein riesiger Düngerhaufen den Neid der weniger begüterten Nachbarn erregt.«[15] Alexander Peez dürfte der Erste gewesen sein, der die Bezeichnung »Vierkanter« verwendete.[16] Gustav Bancalari lieferte 1893 eine erste Definition: »Der Vierkant ist die enge, geschlossene Verbindung zu einem regelmäßigen Gevierte.«[17] Eine genauere wissenschaftliche Bestimmung gab im Jahr 1933 der Hausforscher Eduard Kriechbaum: vier Gebäude, die sich auch im Grundriss nicht mehr voneinander trennen lassen, im Idealtyp somit ein ganz einheitliches Gebäude, welches den Zweck verfolgt, einen großen Hofraum vollständig geschlossen zu umgürten und dabei außen wie innen mit einem Minimum von Mauern und Dachflächen das Auslangen zu finden.[18] Eine ganz ähnliche und bis heute anerkannte Definition gab dann Franz C. Lipp: ein ganz einheitliches Gebäude, das einen großen Hofraum umschließt, dabei außen wie innen mit einem Minimum von Mauern und Dachflächen auskommt und in der letzten Ausbaustufe vier Gebäude (Wohnhaus, Stall, Stadel, Schuppen) firstgleich zusammengeschlossen hat.[19]

Bei einer Erklärung der Entstehung des Vierkanthofes ist die Verbindung mit dem

Dreiseithof, dem Vierseithof und verschiedenen Einspringerformen zwar recht augenscheinlich. Vierseithofformen umgeben das Vierkanthofgebiet Oberösterreichs nach allen Himmelsrichtungen. Der Vierkanter hat aber, anders als etwa der Mühlviertler Einspringhof und der Dreiseithof oder auch das alpine Mittertennhaus oder der ostösterreichische Streckhof, keine ausgeprägte Schauseite. Er präsentiert sich von allen vier Seiten mit gleichartigen mächtigen Fensterfronten und Toren. Primär ist er nicht für den Dorfverband, sondern für das Streusiedelland konzipiert und thront herrschaftlich mitten in der Landschaft. Interessant ist, dass es auch nach der Himmelsrichtung keine einheitliche Norm gibt. Alexander Jalkotzy hat 161 Höfe untersucht, in den Gemeinden St. Florian, Niederneukirchen und Ebelsberg: In mehr als der Hälfte der Fälle (84) lagen die Wohntrakte nordseitig, 23-mal ostseitig, 17-mal westseitig, 31-mal südseitig.[20] Offensichtlich war für die überwiegend südseitige Orientierung der Scheunenfront (gegenüber dem Wohntrakt) das Bestreben maßgeblich, dem Trockengut die meiste Sonnenwärme zukommen zu lassen.

Der landwirtschaftliche Obstbau gab den Höfen ein besonderes Gepräge. »Die Häuser hat der Most gebaut!« Diese Redensart wird verständlich, wenn man weiß, wie sehr früher die Bauernhöfe dort, wo der Most zur höchsten Qualität gepflegt wurde, vom Ertrag dieser Mostwirtschaft profitierten. »A Mosthaus – a guats Haus«, sagte man. Fast jeder landwirtschaftliche Betrieb verfügte über eine Anzahl von Obstbäumen. Nach einer Zählung aus dem Jahr 1930 kam man im Bezirk Linz (Linz Stadt und Linz Land) auf 7.930 Kirsch- und Weichselbäume, 26.356 Zwetschken- und Pflaumenbäume, 188.567 Äpfelbäume, 144.433 Birnenbäume, 4.810 Nussbäume und 2.386 sonstige Obstbäume. Die Birnen waren hauptsächlich Mostobst, die Äpfel etwa zur Hälfte. Manche Betriebe erzeugten in guten Jahren 200 bis 300 Hektoliter Most. Mostobst wurde selten verkauft, sehr wohl aber stellte der Mostverkauf für viele Betriebe eine wertvolle

»Mostdiplom« aus dem Jahre 1909

Einnahmenquelle dar. Das Obstbaum-»Entrümpelungsgesetz« aus dem Jahr 1939, das das Entfernen absterbender und toter Bäume aus den Obstanlagen zum Ziel hatte, hat die Zahl der Obstbäume beträchtlich vermindert, aber die Qualität gehoben. Für die Mostbereitung hatte jeder Betrieb seine Spindelpresse, die auf größeren Betrieben in den 1940er-Jahren durch hydraulische und teilweise vollautomatische hydraulische Pressanlagen verdrängt wurden. In den Fünfzigerjahren setzte der Rückgang der bäuerlichen Mostwirtschaft ein.

Rudolf Heckl sah das Charakteristische in der »burgähnlichen« und »kristallisch vollendeten« Form als Ergebnis eines bäuerlichen Strebens, den Hof als Einheit zu präsentieren und »Wohnhaus, Stall, Stadel und Schuppen nicht mehr getrennt in Erscheinung treten« zu lassen.[21] Heckl schwärmte für den Vierkanter: »Er ist eine der vollkommensten Gehöftformen der Welt und hat, um so vollkommen zu werden, mindestens 600 Jahre gebraucht. Aus einem Streuhof entstanden, ist er heute technisch gesehen nichts anderes als ein großes Einhaus, das im Ring herumgebogen wird, sodass alle Wege möglichst rationell und kurz werden … er ist die charakteristischste Bauform unseres Heimatlandes, die nicht mehr vervollkommnet, sondern nur mehr aufgelöst werden kann.«[22]

II. Die Produktionslandschaften

1. »Vier Viertel hat's Landl …«

Oberösterreich vereinigt sehr unterschiedliche landwirtschaftliche Produktionslandschaften und Typen. Für die Beschreibung der landwirtschaftlichen Verhältnisse sind die Vierteleinteilung und die sonstigen verwaltungstechnischen Einheiten nicht in allem hilfreich, sind doch die Produktionsbedingungen vorerst einmal von den naturräumlichen Gegebenheiten von Hochalpen, Voralpen, Alpenvorland und Granit- und Gneishochland bestimmt.

Der bekannte Stelzhamer-Spruch: »Innviertel Ross und Troad / Mühlviertel Flachs und Gjoad / Hausruck Obst und Schmalz / Traunviertel Salz« hat in Wahrheit nie eine wirklich treffende Beschreibung der oberösterreichischen Wirtschaft und ihrer regionalen Unterschiede dargestellt. Vor allem das Traunviertel und die Bedeutung seiner Landwirtschaft würden damit krass unterschätzt.

Gerade das Traunviertel vereinigt so unterschiedliche Produktionslandschaften vom Ackerland der Traun-Enns-Platte über die Grünlandbetriebe der Voralpen bis zu der waldreichen Eisenwurzen und dem vornehmlich kleinbetrieblich strukturierten Salzkammergut. Das Granit- und Gneishochland greift an mehreren Stellen über die Donau nach Süden, andererseits das Alpenvorland im Machland und im Eferdinger Becken über die Donau nach Norden. Das Eferding-Linz-Ennser-Gebiet, der oberösterreichische Zentralraum, umfasst die westlich und östlich der Landeshauptstadt gelegenen Flächen vom Feldkirchner Becken über den Kürnberger Wald, das Linz-Mauthausener Becken, das Machland, die Welser Heide und den nördlichen Bereich der Traun-Enns-Platte. Die Seehöhe beträgt 230 bis 400 Meter, das Klima ist mit 8 bis 9 Grad C mittlere Jahrestemperatur sehr mild und bietet mit 770 bis 940 Millimeter Niederschlag günstige Voraussetzungen für die Ackernutzung. Bei den Bodenarten überwiegen auf den Hochterrassen Lösslehm- und Sandböden, auf den Flussterrassen die Auböden. Sommerheiße, sehr trockene Terrassenfluren, sanfte Mulden mit tiefgründigen, zum Teil seichteren Schwarzerden, teilweise über trocken gefallenen Schotterfluren (beste Ackerlagen), teilweise Steinfelder mit extrem dürftigen Redzinen in der Welser Heide. Im Bereich der Traun-Enns-Platte finden sich sehr sommerwarme, wintermilde, mäßig feuchte Terrassensockel mit Pseudogleyen.

Natürlich waren die Unterschiede der landwirtschaftlichen Betriebsart zwischen den einzelnen Produktionsgebieten immer augenfällig, in Arbeitsweise und Bewirtschaftung, in Hofgröße und Hofform, im Wohlstand der Bauern, in der Ausstattung der Höfe mit Zugtieren, in der Art der angebauten Früchte. Grundsätzlich war aber die bäuerliche Wirtschaftsweise überall recht ähnlich. Man baute Winter- und Sommergetreide, in den raueren Lagen mehr Roggen und Hafer, in den begünstigteren mehr Weizen und Gerste, man stützte sich auf die verbesserte Dreifelderwirtschaft mit Klee und Hackfrüchten im dritten Feld statt der Brache, man arbeitete mit Zugvieh, in den ärmeren Regionen mit Ochsen und Kühen, in den reicheren mit Pferden, überall zierte ein Misthaufen den Hofplatz, überall stützte man sich auf möglichste Selbstversorgung, produzierte das eigene Brot, die eigene Milch, das eigene Fleisch, den eigenen Most. Man arbeitete mit der eigenen Familie, mit zusätzlichen ständigen Dienstboten und mehr oder weniger regelmäßig mithelfenden Inwohnern und Taglöhnern, die in einem recht festen Klientelverhältnis an die Höfe gebunden waren. Die durchschnittlichen Produktionsstrukturen des ganzen Landes fanden sich praktisch in jedem einzelnen Betrieb wieder.

Inzwischen sind die Unterschiede zwischen den einzelnen Produktionslandschaften, was ihre agrarischen Produktionsformen, die angebauten Früchte und die Wirtschaftsweise betrifft, sehr groß geworden. Heute ergibt sich der Landesdurchschnitt aus einer Vielzahl spezialisierter Betriebe, die jeweils einzelne pflanzenbauliche oder viehwirtschaftliche Schwerpunkte haben. Das reicht vom viehlosen, reinen Getreide-Mais-Betrieb bis zum Grünlandbetrieb ohne jeglichen Ackeranteil, mit allen möglichen Übergängen und Spezialisierungen. Auch Veränderungen und Betriebsumstellungen gehen heute sehr rasch, gehorchen fast modischen Gesetzen: Das Hausruckviertel ist zusammen mit Teilen des benachbarten Traunviertels zu einem Zentrum der Schweinezucht geworden. Die Mastschweinehaltung erreichte eine zunehmende Konzentration, vor allem im Traunviertel und in Teilen des Innviertels. Auf der Traun-Enns-Platte ist die Aufgabe der Viehhaltung sehr weit fortgeschritten.

2. Der oberösterreichische Zentralraum als Agrarregion

Oberösterreichs Zentralraum ist längst kein Bauernland mehr. Das Städteviereck Linz–Wels–Steyr–Enns ist heute der dynamischste Industrieraum Österreichs. Aber obwohl der Beitrag der Land- und Forstwirtschaft dramatisch abgesunken ist, nur mehr wenige Leute in der Landwirtschaft arbeiten und die Bauern in den Dörfern zur Minderheit geworden sind, nimmt die Landwirtschaft hier immer noch einen zentralen Stellenwert im Denken und Selbstverständnis ein. Landwirtschaft, Industrie, Infrastruktur, Dienstleistungen und Siedlungsreservoir für den Großraum Linz gehen eine enge Symbiose ein.

Die Stadt Linz hat als Siedlung durch ihre Entwicklung seit 1938 ihre administrativen Grenzen längst überschritten, ohne dass diese in dem Maße geändert worden wären, wie es der Entwicklung entsprochen hätte. Das gilt in ähnlicher Art auch für die übrigen Städte der Region – Leonding, Traun, Wels, Steyr und Enns –, die unter Einschluss von Linz immer mehr zu einem großen städtischen Zentralraum zusammenwachsen.

Linz hatte 1938 ein Stadtgebiet von 57 km². Durch Eingemeindungen wurde es um 39 km² auf 96 km² vergrößert. Die Gründung der Linzer Großindustrie, die man nicht zuletzt, um wertvolles Agrarland zu erhalten, in die unmittelbare Linzer Umgebung in der Au von St. Peter bei Linz ansiedelte, hätte Linz nach den Plänen der nationalsozialistischen Bürokratie zu einer Stadt von 400.000 Einwohnern machen sollen, wobei weitere große Eingemeindungen vorgesehen waren.

Die Ausdehnung des Linzer Stadtgebietes, zwar nicht verwaltungsmäßig, aber faktisch, ging nach dem Ende der nationalsozialistischen Herrschaft unvermindert weiter. Die Demarkationslinie zwischen der russischen und amerikanischen Besatzungszone war mit ein Grund, dass die Ausdehnung vorerst vor allem südlich der Donau erfolgte.

Leonding, Pasching, Hörsching sind durch ihre Einkaufszentren und vorstädtischen Betriebsansiedlungen und Infrastruktureinrichtungen geprägt. Traun, Ansfelden, Neuhofen, St. Florian sind zu mehr oder weniger städtischen Siedlungsverbänden herangewachsen. Enns beginnt über Lorch, Asten, Pichling immer mehr mit Linz zusammenzuwachsen.

In den Gebieten Oberösterreichs mit den besten landwirtschaftlichen Standorten befinden sich gleichzeitig die außerlandwirtschaftlichen Hauptwirtschaftsräume, während es in den einkommensschwachen landwirtschaftlichen Problemgebieten auch um die nichtlandwirtschaftlichen Erwerbsmöglichkeiten schlecht bestellt ist.

III. Die Bauern und ihre Betriebe

1. Die Höfe

Die Betriebe des oberösterreichischen Zentralraums sind groß. Unter Oberösterreichs Agrarbetrieben verfügen sie über die größte Ausstattung an landwirtschaftlicher Nutzfläche. Allerdings darf man sich vom Eindruck der großen Höfe nicht täuschen lassen. Für eine reine Ackerwirtschaft sind sie häufig nicht groß genug. Ein gewaltiger Prozess der Umstrukturierung und Konzentration ist im Gang.

Blicken wir mehr als ein Jahrhundert zurück, so waren diese großen Höfe zwar ebenfalls vorhanden, wenn auch umgeben und begleitet von einem Kranz von Klein- und Kleinstbetrieben. 1875 wurden für das Produktionsgebiet Traun-Enns-Platte die Besitzgrößen ermittelt. Nimmt man jene Besitzstände, die mehr als ein Joch Fläche umfassten, so waren davon nur 6,1 Prozent größer als 50 Joch, mehr als ein Drittel lagen aber zwischen 1 und 5 Joch, das heißt ungefähr zwischen 0,5 und 2 Hektar nach heute üblicher Skalierung. Weitere 30 Prozent lagen zwischen 5 und 20 Joch, also in ungefähr zwischen 2 und 10 Hektar. Über 100 Joch, also etwas mehr als 50 Hektar, hatten in dem damals als »Traun-Enns-Platte« abgegrenzten Gebiet insgesamt nur 38 Betriebe, nicht einmal ein halbes Prozent aller Betriebe.[23]

Roman Lorenz, später geadelt als Ritter von Liburnau, hat in den 1860er-Jahren eine detaillierte Beschreibung der Umgebung von St. Florian angefertigt: Er differenzierte die Betriebsgrößen nach damals üblichen Bezeichnungen: Häusler (circa 1 Joch land- und forstwirtschaftliche Nutzfläche), Söllner (zwischen 1 und 15 Joch), Zweirössler oder Halbbauern (15 bis 30 Joch), Vierrössler oder Ganzbauern (30 bis 55 Joch),

Zeichen für Wohlstand: Bäuerlicher »Jahreszeitenschrank« von Johann Baptist Wengler, Kasten nach 1800, Bemalung um 1870

Sechsrössler (55 bis 90 Joch). Darüber unterschied er noch Achtrössler und Zehnrössler, die aber nur mit je einem Fall vertreten waren.[24]

An diesem Beispiel wird die Polarität noch deutlicher: Etwa 50 Prozent der Besitzstände waren Häusler, die etwa ein Joch, also um die 0,5 Hektar bewirtschafteten. Für die Besitzungen über 0,5 Hektar ergab sich ein ähnliches Bild wie für das größere Produktionsgebiet der Traun-Enns-Platte. Eine Größe von über 90 Joch hatten überhaupt nur zwei Betriebe. Es überwogen die Kleinbetriebe. Allerdings gab es einen respektablen Bestand von Betrieben zwischen 30 und 55 Joch und 55 bis 90 Joch.

Es bildete sich ein gegenseitiges Netzwerk von Abhängigkeiten, was Arbeits-, Zug- und sonstige Leistungen betraf. Die Häusler und teilweise auch Söllner deckten den Bedarf der Bauern an Taglöhnern. Saisonarbeiter kamen von auswärts. Umgekehrt halfen die Bauern den Häuslern und Söllnern mit Zugleistungen und auch mit Zurverfügungstellung von Boden oder Viehfutter aus.

Die Größenstruktur der Höfe war sehr in Bewegung. Man kann zwar keine den damaligen Abgrenzungen der Produktionsgebiete entsprechende Zählung für die Gegenwart erstellen, aber natürlich die Größen- und Betriebsstruktur der Betriebe nach Gemeinden, Bezirken oder modernen Produktionsgebietsabgrenzungen heranziehen.

Kauf, Erbschaft und Mitgift bildeten die Faktoren der Betriebsgrößenentwicklung. Inzwischen werden die bewirtschafteten Flächen auch stark durch Zupachtungen vergrößert. Vererbungen bestimmten hier viel weniger als anderswo die Besitzfolge, weil man weniger Kinder hatte, weil immer wieder Verwertungen am Kapitalmarkt erfolgten, die Betriebe auch mehr als anderswo als Spekulationsobjekt dienten.

Bauernadel, könnte man sagen, Bauernkapitalisten vielleicht auch, Herrenbauern sicher: Födermayr, Zittmair, Hiesmayr, Mayrbäurl, Kletzmayr, Stockinger, Molterer, Zehetner – es sind immer wieder die gleichen Namen, die in den Besitzgeschichten auf-

Tabelle 1: Betriebsstruktur um 1870 im Gebiet von St. Florian

	Größe in Joch	Zahl der Betriebe insgesamt	Viehstand pro Betrieb	Pferde pro Betrieb	Knechte pro Betrieb	Mägde pro Betrieb	Ständige Taglöhner pro Betrieb und Jahr	Saisonarbeiter pro Betrieb und Jahr
	bis 1 Joch	225	1,5	0				
Söllner	1–15	56	4	0		1	0,09	0,09
Halbbauern (Zweirössler)	15–30	60	9	2	3	3	0,80	1,17
Ganzbauern (Vierrössler)	30–55	71	17	4	5	4	3,00	1,50
Sechsrössler	55–90	34	23	6	6	5	3,50	2,25
Achtrössler	90–130	1	29	8	8	6	5,00	3,50
Zehnrössler	130–180	1	38	10	11	7	7,50	4,50

Quelle: Lorenz, Statistik der Bodenproduktion von zwei Gebietsabschnitten 87; eigene Umrechnungen.

scheinen, und es ist ein Netz von Heiraten, Erbschaften, Adoptionen, Kaufverträgen, das die einzelnen Höfe verbindet und charakterisiert. Es ist allerdings keine typische »Erbhoflandschaft« im Wortsinn. Die Höfe wurden verkauft, vertauscht, durch Adoption übergeben, vererbt. Immer wieder trifft man auf Töchter, die die Höfe übernommen haben oder mit in die Ehe nahmen.

Die Ausgedingeverträge, die in der ersten Hälfte des 20. Jahrhunderts abgeschlossen wurden, sind wahre Kunstwerke notarieller Genauigkeit und Spitzfindigkeit. Vergessen wurde wirklich nichts, was für die Sicherung des Altenteils der Übergeber von Belang sein konnte. Häufig wurden die Höfe verkauft und die Altenteiler zogen sich in Stadtwohnungen zurück.

Erbhöfe im Sinne langer familiärer Kontinuitäten im Mannesstamme sind in der Region selten. In der Liste der 241 »Erbhof«-Titelverleihungen der Ersten Republik vor dem »Anschluss« an das Dritte Reich finden sich nur drei Höfe, die dem oberösterreichischen Zentralraum zuzurechnen sind: das Pfaffenwimmergut in Hehenberg 36, Gemeinde Bad Hall, das Hofmairgut in Kirchberg bei Linz und das Hörzinggut in Bergern, Gemeinde Linz. Auch als 1950 die Erbhofverleihungen wieder aufgenommen wurden, war der Anteil des Zentralraums gering.[25]

Der Kaubinghof in Volkersdorf Nr. 13, Enns, hatte im 19. und 20. Jahrhundert besonders viele Besitzerwechsel. In den Jahren 1919 bis 1949 hatte der Hof fünf Besitzer, von denen zwei den Hof wahrscheinlich nie bewohnt haben: Es gab mehrere Scheidungen und mehrere Spekulationskäufe (1924 um 825 Millionen Kronen, 1928 um 74.000 Schilling; 1928 um 80.000 Schilling und 1929 um 103.500 Schilling). 1942 wurde der Hof schließlich an den Südtiroler Umsiedler Johann Baumgartner, Bauer aus Aicha bei Brixen in Südtirol, verkauft. Der Kaufpreis betrug 160.000 Reichsmark, davon 138.000 Reichsmark für die Liegenschaft und 22.000 Reichsmark für das lebende und tote Inventar. 1949 kauft Karl Zehetner von Johann Baumgartner den Hof um 600.000 Schilling.[26]

Ein typisches Beispiel für Weitergabe in weiblicher Erbfolge erfolgte am Kiebauerngut. Theresia Lughammer war schon 37 Jahre alt, als ihr Vater Franz Lughammer 1916 starb und sie Alleinbesitzerin des Kiebauerngutes, Einsiedl Nr. 12, Enns, wurde. 1918 heiratete sie den im 44. Lebensjahr stehenden Johann Lehenbauer. Der Ehemann wurde nicht im Grundbuch als Mitbesitzer des Kiebauerngutes eingetragen, wohl aber wurde im Ehevertrag eine allgemeine Gütergemeinschaft festgelegt. 1923, mit 44 Jahren, brachte Theresia Lehenbauer ihr einziges Kind zur Welt, Johann. In den Zwanzigerjahren zeichnete sich der Hof durch eine vorzügliche Wirtschaftsführung aus, vor allem in der Milchwirtschaft hatten die Eheleute großen Erfolg. 1933/34 errichteten sie in Enns ein Haus als Alterssitz. Der einzige Sohn wurde im März 1940 zum Wehrdienst eingezogen, kam aber schon im Juli als unabkömmlich (u.k.) wieder zurück. Am 15. Mai 1941 übergaben ihm die Eltern den Hof. Am 10. Januar 1942 wurde Johann Lehenbauer wieder zum Militär eingezogen. Am 4. März 1944 starb der Vater an Lungenentzündung, sodass die Landwirtschaft bis zur Rückkehr des Sohnes am 8. Mai 1945 von der Mutter mit zahlreichen Zwangsarbeitern geführt wurde.[27]

Ein Beispiel für eine Verpachtung ist das Straußgut, Pirchhorn 1, Hargelsberg. Das

Gut war zwischen 1847 und 1909 durch Zukauf um 37 Joch Grund vergrößert worden, zwischen 1919 und 1925 wurden etwa 23 Joch verkauft. 1929 wurde der Hof an die Oberösterreichische Zuckerfabriks AG auf die Dauer von acht Jahren verpachtet. Damals umfasste der Hof 62 Hektar Äcker, 13 Hektar Wiesen und 4 Hektar Gärten, zusammen 79 Hektar. Nicht verpachtet wurden die Waldungen. Als Pacht wurde pro Hektar der Preis von je 5 Kilogramm Weizen vereinbart, errechnet nach der jeweiligen Notierung der Linzer Fruchtbörse, zusätzlich die Einräumung einer abgesonderten Wohnung mit separatem Eingang, täglich 5 Liter Milch, monatlich 100 Eier und jährlich 150 Kilogramm Würfelzucker, dazu 15 gute Obstbäume und die unentgeltliche Benutzung der Hälfte des vorhandenen Gemüsegartens. Als Leiter der Ökonomieverwaltung Straußhof wurde der spätere Ökonomierat Franz Födermayr eingesetzt, der diese Tätigkeit bis zum Ende der achtjährigen Pachtzeit im Oktober 1937 ausübte. Franz Födermayr war ein Neffe des damaligen Straußgut-Besitzerehepaares, als Sohn der Straußtochter Maria Mayrbäurl, die seit 1902 mit Florian Födermayr am Sippbachhof in Allhaming verheiratet war. Der bei Kriegsausbruch 39 Jahre alte Franz Födermayr brauchte nicht einzurücken. Während des Krieges wurde ein Großteil der Wirtschaft des Straußengutes auf Feldgemüsebau umgestellt, bis zu 70 Joch der Ackerfläche wurden damit bestellt. Als Arbeitskräfte dienten Kriegsgefangene und Zwangsarbeiter. Flüchtlinge und Ausgebombte waren am Hof, darunter ein Kind aus Berlin namens Wolfgang Scheunchen, das später von den Hofbesitzern als Erbfolger adoptiert wurde. Seit dem Jahr 1947 war das Straußengut ein Lehrhof für Praktikanten landwirtschaftlicher Mittelschulen und Hochschulen.[28]

Auch beim Eglseergut in der Gemeinde Enns, Erlengraben Nr. 13, gab es eine kapitalistisch orientierte Übernahme von außen: 1935 erwarben die jung vermählten Eheleute Ignaz und Margarete Kloimwider den Hof, der vorher häufig den Besitzer gewechselt hatte und recht heruntergekommen war. Die finanziellen Mittel kamen vom Vater der Braut, Johann Genoch, Landwirt in Stadlau bei Wien, Pferdezüchter und Vieheinkäufer, der die Ennser Gegend kannte, weil er den Ennser Bauern zum Zuckerrübenbau geraten hatte. Der Kaufpreis betrug 93.000 Schilling. Ignaz Kloimwider war Absolvent des Francisco Josephinums in Mödling und arbeitete, bevor er nach Enns kam, als Verwalter auf verschiedenen Schlossgütern. Kloimwider begann eine moderne Wirtschaftsführung, es wurden in den nächsten Jahren drei Silos errichtet, die ersten in der Gegend – die Leute spotteten über die Pulvertürme der Eglseer. Eine Beregnungsanlage diente zur Bewässerung des Gemüses, ein freistehender Hühnerstall mit 300 weißen Legehennen der Rasse »Weißes Leghorn« wurde gebaut. 1939 wurde (sehr spät) der Strom eingeleitet, 1940 eine Wasserleitung gebaut und im ersten Stock ein Badezimmer eingerichtet. Angebaut wurden neben Roggen, Weizen, Hafer, Gerste, Klee und Zuckerrüben auch Grünmais zum Silieren, dann Zwiebeln, Mohn, Bohnen, Erbsen und Radieschen zur Samenzucht für die Firma Ziegler in Wien, Heilkräuter wie Eibisch, Pfefferminze, Digitalis und Kamille. Ignaz Kloimwider war Obmann des Molkereiverbandes und von 1940 bis 1945 nationalsozialistischer Bürgermeister von Enns. Von 1945 bis 1947 war er in Peuerbach bzw. Glasenbach interniert, der Eglseerhof hatte einen kommissarischen Verwalter.[29]

Das Nöbauerngut, Asten, Ipfbachstraße 4, wurde von der Erbin, die auf einen anderen Hof heiratete, in die Ehe mitgenommen. Anna Forstner, die Braut, war die uneheliche Tochter des Nöbauerngutsbesitzers Mathias Plaß, der 1914 als unverehelichter Besitzer durch Selbstmord aus dem Leben schied. Sie heiratete 1918 den Besitzer des Kronspießgutes in Thann 8, Josef Retzenwinkler, und zog nach Hargelsberg. Am 14. April 1919 verkaufte das Ehepaar Retzenwinkler das Nöbauerngut um 70.000 Kronen. Es ist zu hoffen, dass die jungen Eheleute den Kaufpreis rasch vernünftig veranlagten, denn zwei Jahre später hätte man um die 70.000 Kronen nur mehr einige Kilo Brot bekommen.[30]

Das Matzingergut in Franzberg 1, Hargelsberg, war ein großer Hof: Karl Gruber übernahm es 1931 als 36-Jähriger. Er machte viel Geld mit Pferdezucht, sodass er 1937 bereits ein Personenauto Steyr 200 in den Farben Grün und Schwarz ankaufen konnte. Mit diesem Auto machte er als 44-Jähriger den Polenfeldzug mit. Das Auto blieb verschollen und wurde in Geld abgelöst. Nach dem Polenfeldzug wurde Karl Gruber u.k. gestellt. Der Hof war während der Abwesenheit des Bauern von fünf Frauen bewirtschaftet worden, die vier Knechte waren auch zur Wehrmacht eingezogen. Im weiteren Kriegsverlauf gab es auf dem Hof je zwei polnische und französische Kriegsgefangene und einen ukrainischen Zwangsarbeiter und zwei ukrainische Zwangsarbeiterinnen.[31]

Der Besitzer des Hubergut zu Gunersdorf, Pichlern 87, Sierning, Hans Staudinger, zeichnete sich durch besondere unternehmerische Fähigkeiten aus: Er investierte während der NS-Zeit in zahlreiche Innovationen (Gemüsebau, Pferdezucht, Viehmast etc.) und gründete 1951 zusammen mit seinem jüngeren Bruder Hermann eine Firma, die sich zu einem der größten Viehhandelsunternehmen Österreichs entwickelte. Überwiegend wurden Pferde nach Italien und Rinder und Pferde nach Deutschland exportiert. 1954 kaufte er gemeinsam mit seinem Bruder Ignaz die Gutswirtschaft und Schlossherrschaft Losensteinleiten. Die unternehmerische Karriere endete unvermittelt, als Hans Staudinger 1956 durch einen Autounfall im Alter von 46 Jahren ums Leben kam. Die Zeitung berichtete von einem Leichenzug mit 2.000 Teilnehmern.[32]

Selten waren Fälle wie jener des Ehepaares Thomas Rogl und Barbara Preslmayr am Hubergut in Moos, Moos 35, Enns: Thomas Rogl, Sohn eines Maurers und Inwohners, und Barbara Preslmayr, die uneheliche Tochter eines Zimmermanns, arbeiteten als Knecht bzw. Magd auf verschiedenen Höfen. Sie schufen sich zuerst als Inwohner eine Existenz, er arbeitete dann als Fürkäufer, ein paar Jahre später bereits als Viktualienhändler, bis sie sich zuerst ein kleines Bauerngut, das Lippengut, um 6.000 Gulden und einige Jahre später das viel größere Hubergut in Moos um 25.000 Gulden kaufen konnten.[33]

2. Der Pflanzenbau

Das Bild der Landschaft hat sich im 20. Jahrhundert wesentlich verändert. Heute dominieren Weizen, Mais und Zuckerrübe, aber auch Raps, Sonnenblumen und Kürbis werden angebaut, die Moden wechseln hier rasch.

Tabelle 2: Anbaufläche und Ernteergebnisse, Pflanzenproduktion, um 1875, Produktionsgebiet Traun-Enns-Platte

	Anteil in Prozent	Hektar	Tonnen	Zentner pro Hektar
Weizen	18,0	8.048	8.250	10,3
Roggen	17,0	7.601	8.850	11,5
Gerste	10,0	4.471	4.800	10,7
Hafer	18,0	8.048	8.325	10,3
Mengfrucht	5,4	2.405	2.835	11,8
Kartoffeln	3,1	1.364	10.780	79,1
Rübsen	2,0	894	469	5,2
Kleesamen	0,1	45		
Rüben	0,9	416	8.500	204,4
Flachs	0,6	268	1.300	48,8
Hanf	0,3	112	50	4,5
Kraut	1,1	483	2.375	49,2
Kleeheu	16,1	7.176	40.000	55,7
Brache	6,7	2.176		
Wiesenheu			35.000	
Obst			3.500	

Quelle: Foltz, Statistik der Bodenproduktion; eigene Umrechnungen; Foltz rechnet zum Produktionsgebiet zwischen Traun und Enns die Gerichtsbezirke Enns, St. Florian und Neuhofen, ferner Teile der Bezirke Kremsmünster, Lambach, Wels und Steyr, zusammen 128 Steuergemeinden.

Im späten 19. Jahrhundert herrschte die verbesserte Dreifelderwirtschaft, zum Beispiel in der Gegend von St. Florian und Umgebung: Etwa ein Drittel der Ackerfläche wurde mit Roggen und Weizen bestellt, und dies fast annähernd zu gleichen Teilen. Das zweite Drittel war mit Hafer, Gerste und etwas Mengfrucht genutzt. Das dritte Drittel war etwa zur Hälfte mit Klee bepflanzt, daneben baute man vergleichsweise wenig Kartoffeln, etwas Rübsen, Rüben, Kraut, Flachs und Hanf und beließ immerhin noch 6,7 Prozent der Ackerfläche als Brache.

Viel hatte sich im Laufe des 19. Jahrhunderts nicht an der Bewirtschaftung geändert. Die verbesserte Dreifelderwirtschaft mit intensiver Kleenutzung war schon im 18. Jahrhundert eingeführt worden. Die Beschreibungen des Franziszeischen Katasters aus den Zwanzigerjahren des 19. Jahrhunderts (Hargelsberg) geben sehr detaillierte Informationen über die Wirtschaftsweise: Alle drei Jahre wurden die Äcker gedüngt, 15 bis 16 Fuhren Mist pro Joch, jede Fuhre zu 8 bis 10 Pfundzentnern; beim Anbau der Winterfrucht wurde drei- bis viermal gepflügt, nach jedem Ackern zweimal geeggt, jedes Mal zweispännig, bei der Saat wurde zweimal geeggt, dann gebaut und wieder zweimal, aber diesmal einspännig geeggt. Bei den mit Sommerfrucht bestellten Feldern wurde nur einmal gepflügt und zweimal geeggt, dann gebaut und zweimal einspännig geeggt, manchmal auch häufiger. Beim Anbau der Sommerfrucht wurde das Stoppelfeld nach der Ernte zweimal gepflügt, nach dem ersten Ackern zweimal geeggt, im Frühjahr zweimal zweispännig geeggt, dann bebaut, zweimal geeggt, dann gewalzt.

In der ersten Hälfte des 19. Jahrhunderts ergab ein Joch auf gutem Boden bei Weizen 12 Schober zu je 6 Mandl, diese zu 10 Garben gezählt; von einem Schober erwartete man im Durchschnitt $1\frac{1}{5}$ Metzen. Bei Roggen rechnete man mit 9 Schobern, den Schober zu $1\frac{1}{2}$ Metzen. Auf Hektar und Gewicht umgerechnet würde dies einen Ertrag von 11,7 Doppelzentner pro Hektar bei Weizen ergeben, bei Roggen etwa 10,2 Doppelzentner. Etwa ein Fünfzigstel des Ackerlandes wurde mit Flachs und Hanf zum Eigenbedarf bebaut, in die Kornstoppeln pflanzte man etwas Rüben (Halmrüben), Kartoffeln wurden nur für den Hausbedarf produziert.

Das Wintergetreide wurde in der ersten Hälfte des 19. Jahrhunderts überall noch mit der Sichel geschnitten. Ein Schnitter oder eine Schnitterin schafften täglich etwa 200 Klafter Winterfrucht, das heißt etwa ein Achteljoch oder 720 m^2. Das Mähen des Wintergetreides war nicht üblich. Unter der Leistung der Schnitter war auch das Binden, Zusammentragen und Aufmandeln inbegriffen. Das Sommergetreide wurde mit Sensen gemäht, 1.000 Klafter am Tag, das heißt etwa 3.600 m^2. Ein Drescher mit Dreschflegel konnte einen Schober pro Tag schaffen, gewöhnlich arbeiteten beim Drusch vier oder sechs Personen, sechs Personen brauchten also, um die Ernte eines Hektars Weizen auszudreschen, dreieinhalb Tage.

Das Nutzvieh wurde sowohl winters wie sommers im Stall gefüttert, die Schafe und Schweine hingegen wurden im Sommer über die Brachfelder getrieben. Zur Düngung wurde neben dem Stalldünger nur Gips verwendet, auf 1 Joch etwa 100 Kilogramm. Andere damals bereits verfügbare Düngemittel wie Mergel, Kalk, Asche, Seifensieder- oder Pottasche und Knochenmehl wurden sehr selten bis gar nicht eingesetzt. Der Gips wurde aus Steyr oder Freindorf an der Traun bezogen, 56 Kilogramm zu 42 Kreuzer einschließlich Zufuhr.

Die Nutzung der landwirtschaftlichen Kulturflächen verteilte sich um das Jahr 1900 bei einem großen Bauern, etwa dem »Maier zu Thonach« in Enzing, Gemeinde St. Florian bei Linz, auf dem Ackerland wie folgt: 34 Prozent Weizen, 13 Prozent Roggen, 22 Prozent Hafer, 7 Prozent Gerste, 17 Prozent Klee, 5 Prozent Kartoffel, 2 Prozent Futterrüben. Dieses Verhältnis verschob sich während des Ersten Weltkriegs in Richtung mehr Kartoffeln und Ende der Zwanzigerjahre in Richtung Aufnahme des Zuckerrübenanbaus. Im Jahr 1928 wurden auf dem Mayrgut 1 Joch Zuckerrübe gebaut, im Jahr 1929 bereits 3 Joch und bis 1934 stieg die Zuckerrübenfläche auf etwa 8 Joch, das heißt etwa 16 Prozent des Ackerlandes. Eingeschränkt wurde der Anbau von Roggen und Hafer. Da die Zuckerrübe als Nebenprodukt Blätter und Rübenköpfe liefert, konnte die Wiesenfläche verkleinert und als Ackerland genutzt werden, sodass sich schließlich bis 1938 das Verhältnis Acker zu Wiese von etwa 2:1 auf 22:1 verschob und die Grünlandwirtschaft stark in den Hintergrund trat. Während des Zweiten Weltkrieges wurde die Zuckerrübe zum Teil durch Kartoffeln und Gemüse ersetzt. Nach dem Zweiten Weltkrieg stieg der Zuckerrübenanbau bis auf 25 Prozent der Flächen an. Der Kartoffelanbau wurde reduziert. Die Wiesen verschwanden praktisch ganz. Ab etwa 1965 wurde der Körnermaisanbau mit neuen Hybrid-Sorten aufgenommen und erreichte bald etwa 20 Prozent der Fläche. Die Obstbaumbestände waren nach dem Ersten Weltkrieg vergrößert worden. Guter Obstmost fand guten Absatz. Ab den Fünfzigerjahren wurde begonnen, die Obstbaumbestände zu roden. Die Rinderhaltung umfasste zu Beginn des Jahrhunderts durchschnittlich 16 Kühe und acht Jungrinder und wurde in den Siebzigerjahren ganz aufgegeben.[34]

Während der Kriegsjahre 1939 bis 1945 kam es zu einer erheblichen Verminderung des Ackerlandes, während das Grünland geringfügig ausgeweitet wurde. Die Getreide- und Hackfruchtflächen gingen stark zurück. Dafür brachte die Kriegswirtschaft in Stadtnähe ein deutliches Ansteigen des Ölfrucht- und Gemüsebaus, besonders im Eferdinger Becken und in der Umgebung von Linz und Enns. Der landwirtschaftlichen Nutzfläche gingen im Bezirk Linz (Stadt und Land) während der Kriegsjahre insgesamt etwa 2.000 Hektar verloren. Das Ackerland verminderte sich um 9,3 Prozent, das Gartenland um 14,4 Prozent, während die Wiesen um 4,9 Prozent anstiegen. Bei Getreide betrug der Rückgang 20,8 Prozent, bei Hackfrüchten 7,2 Prozent, die Feldfutterflächen stiegen um 4,7 Prozent.[35]

Nach dem Zweiten Weltkrieg begann der Weizen den Roggen im Bezirk Linz Land immer mehr zu verdrängen, vor allem weil sich Weizen besser mit dem Mähbinder und Mähdrescher ernten ließ als Roggen. Um 1950 gab es schon viele Betriebe, die überhaupt keinen Roggen mehr anbauten.

Roggenernte mit der Sense

Bis in die Dreißigerjahre des 20. Jahrhunderts war die typische Weizensorte Oberösterreichs der Sipbachzeller, der aus der Gegend zwischen Wels und Kremsmünster kam. Von hier besorgten sich die Bauern aus dem Inn- und Hausruckviertel, aber auch von den Südhängen des Mühlviertels ihren Bedarf an Saatweizen. Letzte Reste des unveredelten Sipbachzeller Weizens gab es noch 1948 in der Gegend um Pettenbach und Adlwang. Seiner großen Strohlänge und relativ geringen Ertragsleistung wegen musste diese Landsorte bald weichen. Beim Sommerweizen überwog bei den alten Landsorten der Achleitner, ein Abkömmling des Melker Sommerweizens. Offensichtlich besorgten ihn sich die Bauern aus dem Gutsbetrieb Schloss Achleiten und dessen Umgebung. 1908 wurde in Ritzlhof aus dem Sipbachzeller Winterweizen durch Auslesezüchtung der Ritzlhofer Altweizen entwickelt. Aus Kreuzungen mit dem schwedischen Panzerweizen ging in den Zwanzigerjahren der Ritzlhofer Neuweizen hervor.

In den späten 1940er-Jahren dominierten als Weizensorten »Tassilo«, daneben »Ritzlhofer« (als extensive Sorte für schlechtere Böden mit höherem Strohertrag), ferner »Waltari«, »Firlbeck« und im Kremstal teilweise noch die ursprünglichen begrannten Landsorten. Die Ernte erfolgte im Jahr 1949 in den meisten Betrieben mit dem Mähbinder, ansonsten mit dem Getreidemäher mit Handablage. Im Jahr 1949 war auch schon der erste Mähdrescher im Einsatz. Die Hektarerträge lagen in den ausgesprochenen Weizengebieten zwischen 30 und 35 Doppelzentnern, in den südlichen Gebieten zwischen 20 und 25 Doppelzentnern.

An Roggensorten waren um 1950 im Bezirk Linz Land der Kefermarkter Roggen anzutreffen, neben dem Schlägler Roggen und auch noch dem Melker Roggen. In den klimatisch günstigeren Gebieten hatte sich bereits der Petkuser Roggen eingebürgert, sowohl als Kurzstroh- wie als Normalstrohroggen. Geerntet wurde Roggen meist mit dem Getreidemäher, teilweise auch noch mit der Sense. Teilweise erfolgte die Ernte auch mit dem Mähbinder, obwohl sich die langstrohigen Sorten wenig dafür eigneten. Bei sehr kleinen Betrieben wurde ab und zu auch noch mit der Sichel geschnitten. Die Erträge lagen zwischen 20 und 25 Doppelzentnern pro Hektar.

Der Haferanbau wurde sehr stark betrieben, war allerdings gegenüber früheren Jahren schon etwas zurückgegangen. Als Sorten standen in Verwendung »Endress« Weißhafer, verschiedene Gelbhafer, schwedischer »Goldregen« und dänische Sorten. Gezüchtet wurde ein »Ritzlhofer« Gelbhafer. Zur Ernte wurde neben Getreidemäher und Mähbinder noch immer die Sense eingesetzt. Die Erträge lagen zwischen 20 und 25 Doppelzentnern pro Hektar.

Nur rund 4 Prozent der Ackerfläche im Bezirk waren um 1950 mit Gerste bebaut, davon 56 Prozent Sommergerste und 44 Prozent Wintergerste. Die Gerste diente fast ausschließlich für den eigenen Betrieb. Nur in der Gegend von St. Florian wurde für die Brauerei Braugerste geliefert. Die Ernte erfolgte teilweise mittels Mähbinder, größtenteils jedoch mit der Sense; in diesem Falle wurde das Mähgut auf dem Boden getrocknet und lose eingefahren. Wintergerste wurde ausschließlich gebunden. Die Erträge schwankten bei Sommergerste zwischen 15 und 20 Doppelzentnern pro Hektar, Wintergerste brachte bis 25 Doppelzentner pro Hektar.

Der Rapsanbau, der während des Krieges stark ausgeweitet worden war, verschwand rasch wieder. Körnermais wurde damals sehr wenig gebaut – im ganzen Bezirk nur 43 Hektar.

Der Kartoffelanbau war um 1950 im Bezirk Linz Land sehr weit verbreitet, in der Umgebung von Linz, in der Gemeinde Traun und in der Welser Heide besonders Speisekartoffeln. Als Sorten wurden erwähnt: Holländer Erstlinge, Frühmölle, Frühbote, Sieglinde, Juliperle, Primula, Bintje, Voran, Olympia, Ackersegen und Ostbote (Industriekartoffeln). Kartoffellegemaschinen standen noch nicht in Verwendung. Zur Ernte kamen fast ausschließlich Kartoffelroder zum Einsatz (meist Pferdezug, später auch Traktorzug). Seltener wurde der Pflug zur Ausackerung verwendet. Die Erträge schwankten zwischen 150 und 300 Doppelzentnern pro Hektar. Höchsterträge lieferten Industriekartoffeln im Gebiet Enns, Hargelsberg, Kronstorf und in der Hörschinger Gegend. Die Einlagerung erfolgte meist in Kellern, seltener in Feldmieten. Hermann Zittmayr schrieb 1951 in seiner Untersuchung über die landwirtschaftlichen Betriebsformen in Linz Land: »Nur langsam bürgert sich wieder die früher stark verbreitete Methode der Einsilierung gedämpfter Kartoffeln ein.«[36]

Der Zuckerrübenanbau hatte sich seit der Inbetriebnahme der Ennser Zuckerfabrik im Jahr 1929 stark entwickelt. 1949 entfielen auf den Bezirk Linz Land circa 33 Prozent der gesamten Rübenanbaufläche Oberösterreichs. Die Rübenpflege wurde in vielen Betrieben von Saisonarbeitern (Mühlviertlern) durchgeführt. Es wurden besonders bei größeren Betrieben neben der Handarbeit auch schon Hackmaschinen eingesetzt, vor allem wegen des Mangels an geeigneten und leistungsfähigen Rübenarbeitern. Die Erträge schwankten zwischen 200 und 350 Doppelzentnern pro Hektar.

Neben dem Futterrübenanbau gab es immer noch den Zichorienanbau, der hauptsächlich im nördlichen und östlichen Teil des Bezirkes im Zusammenhang mit der Kaffeemittelfabrik Franck betrieben wurde. Der Anbau erfolgte mit fabrikseigenen Maschinen. Die Erträge lagen bei 200 Doppelzentnern. Die Ernte wurde mit dem Rübenroder durchgeführt oder die geköpften Rüben wurden mit dem Pflug ausgeackert.

Der Gemüseanbau nahm nach dem Krieg so schnell wieder ab, wie er im Krieg begonnen hatte. Die Flächen betrugen 1949 nur mehr 1,2 Prozent des Ackerlandes. Ein stärkerer Gemüseanbau war, neben dem Stadtgebiet von Linz, in den Gemeinden Wilhering, Leonding, Hörsching, Enns und Asten anzutreffen.

Tabakanbau wurde für die Linzer Tabakfabrik im Hörschinger Gebiet im Zweiten Weltkrieg vereinzelt betrieben – und mit gutem Erfolg. 1946 wurde von der Österreichischen Tabakregie ein »Garten-Tabakanbau« mit der Aufzucht von je 100 bis 370 Pflanzen in den Bezirken Enns, Steyr, Wels, Linz und Eferding versuchsweise eingeführt. Die Ernte wanderte trotz strenger Kontrolle großteils in die Kanäle des Nachkriegs-Schleichhandels. Der feldmäßige Anbau in einem Welser Gutsbetrieb erbrachte hingegen gute Ergebnisse. Das

Heimkehr von der Feldarbeit

bewog 1947 zu einer systematischen Ausweitung. Ab 1955 wurde die Tabakarbeit vor allem von volksdeutschen Vertriebenen ausgeübt. Durchsetzen konnte sich der Tabakanbau aber nicht.

Im Feldfutteranbau dominierte der Rotklee mit etwa 58 Prozent der Feldfutterfläche. In klimatisch besseren Lagen begann die Luzerne den Rotklee zu verdrängen. Sie erreichte im Bezirk bereits 18 Prozent der Feldfutterfläche. Die Trocknung erfolgte auf so genannten »Hiefeln«, teilweise auch auf »Schwedenreutern«. Als Feldfutter, aber in geringen Mengen, wurden ferner Kleegras, Landsberger Gemenge, Winter- und Sommermischling, Futterroggen, Grün- und Silomais, Futterraps, Hülsenfruchtgemenge, Sonnenblumen und verschiedene Kleearten (Weißklee, Schwedenklee) angebaut.

Vom Dauergrünland entfielen 1949 94 Prozent auf Wiesen, 3 Prozent auf Kulturwiesen, 2 Prozent auf Hutweiden und 1 Prozent auf in Grünland stehende Obstanlagen. Gedüngt wurden die Wiesen wenig. Zur Heuernte wurden fast ausschließlich Grasmäher mit Pferdezug oder Traktoranbau und Heurechen verwendet, während Heuwender und Schwadenrechen noch nicht stark vertreten waren. Der große Arbeitskräftemangel förderte aber die Maschinenverwendung.[37]

3. Die Viehhaltung

Die Vierkanthofbauern waren »Hörndl«- und »Körndl«-Bauern. Gewölbte, geräumige Ställe waren der Stolz dieser Höfe. Bei den Vierkantern fiel vor allem die Größe der Pferdeställe im Verhältnis zu den Rinderställen auf, etwa im Verhältnis zwei zu eins: Auf zwölf Rinder kamen sechs Pferde. Bis zum Einsetzen der Dampfschifffahrt auf der Donau wurden in dieser Region auch die schweren Schiffszugpferde groß gefüttert.

Als Zugtiere wurden in den Bezirken Enns, St. Florian, Neuhofen, Linz, Wels und Lambach ausschließlich Pferde verwendet, während es für die übrigen Regionen Oberösterreichs typisch war, mit Pferden und mit Ochsen, teilweise auch ausschließlich mit Ochsen zu arbeiten. Kühe wurden im Flachland nur ausnahmsweise und nur von ärmeren Kleinhäuslern eingesetzt. In Kleinvierkantern gab es meist nur zwei Pferde, solche Anwesen wurden als »zweirössig« bezeichnet. Mischtypen waren meist »vierrössige« und Großvierkanter galten als »sechsrössige« Häuser. Es konnte aber bis zu »zehnrössig« hinaufgehen.

Die Pferde gehörten fast ausschließlich der Pinzgauer Rasse an. Von einer Pferdezucht allerdings konnte im Gebiet zwischen Traun und Enns keine Rede sein, obwohl es so viele Pferde gab. Aber mit 3,2 Prozent Stuten und 2,7 Prozent Fohlen, verglichen zu 27,9 Prozent Hengsten und 66,2 Prozent Wallachen um 1900, war an eine Züchtung gar nicht zu denken.

An der Pferdehaltung änderte sich bis zum Zweiten Weltkrieg nicht viel. Im Krieg kam es zuerst zu einem Rückgang, dann im letzten Kriegsjahr bzw. von 1944 auf 1945 zu einer nicht unbeträchtlichen Zunahme, dies durch den Zustrom von Flüchtlings- und Militärpferden. In den späten Vierzigerjahren begann sich allmählich die stärkere Motorisierung bemerkbar zu machen.

Auf den größeren Höfen wurde die Pferdehaltung in den Fünfzigerjahren aufgegeben, auf den kleineren spätestens in den frühen Sechzigerjahren. Ab 1952 stand der Pferdestall im Straußgut, Pirchhorn 1, Hargelsberg, leer, am Nöbauerngut in Asten, Ipfbachstraße 4, seit 1954. Mit dem Kauf des ersten Traktors Hanomag R-38 mit 38 PS im Jahr 1939 setzte am Matzingergut, Franzberg 1, in Hargelsberg, wo vorher im Durchschnitt drei Paar Arbeitspferde und ein Einspänner gehalten wurden, der sukzessive Abbau der Pferde ein; 1952 wurden die damals vorhandenen fünf Pferde verkauft und die Pferdehaltung aufgegeben. Ganz ähnlich war es am Kruggut: Mit dem Kauf des ersten Traktors im Jahr 1939 verminderte man den Pferdebestand auf drei Paar schwere Rösser und einen Einspänner, ab 1953 hielt man keine Pferde mehr. Am Hagmayrgut in Penking Nr. 19, Gemeinde Hargelsberg, war 1938 der erste Traktor Cormic Deering mit 16 PS angeschafft und der Pferdebestand von sechs auf vier verringert worden, 1949 kam ein Steyr 180 mit 26 PS dazu, 1952 wurde die Zahl der Pferde auf zwei reduziert, 1954 arbeitete man endgültig pferdelos. Am Hubergut in Moos, Moos 35, in Enns wurden von den vier Pferden 1958 eines, 1961 auch die restlichen drei weggegeben. 1953 gab es beim Bauern am Hof nur mehr zwei Pferde, seit 1959 arbeitete man ohne Pferde.[38]

Aber auch den Rinder- und Schweineställen widmeten die Bauern der Traun-Enns-Platte entsprechende Aufmerksamkeit. Die Lage im Einzugsbereich der Eisenwurzen, wo für Berg- und Hüttenarbeiter wie auch Holzknechte und Fuhrleute die traditionelle Grundnahrung aus gut geschmalzenem Sterz bestanden hatte, hatte für Butterschmalz immer eine gute Absatzbasis geboten. Dennoch war im 19. Jahrhundert die Viehhaltung hinter dem Getreidebau zweitrangig. Ihre wichtigste Funktion war neben der Bereitstellung von Zugleistungen die Düngergewinnung, ohne die eine nachhaltige Wirtschaftsweise nicht möglich war.

In der zweiten Hälfte des 19. Jahrhunderts eröffnete die Eisenbahn für den Milchabsatz neue Märkte; es wurde möglich, den größten Markt der Habsburgermonarchie, nämlich Wien, auch aus größerer Entfernung mit Milch und Milchprodukten zu beliefern. Aber vorerst war die ungarische und mährisch-böhmische Konkurrenz kaum zu schlagen. Erst nach dem Ersten Weltkrieg stieg das Interesse der Bauern der Traun-Enns-Platte an der Milchwirtschaft. In den landwirtschaftlichen Schulen ausgebildete Jungbauern gingen mit Eifer daran, die Rinderzucht auf eine neue Basis zu stellen. Die Rinderhaltung nahm einen derartigen Aufschwung, dass nicht nur eine Vergrößerung der Rinderställe unumgänglich wurde, sondern auch die Gesindehaltung und der Arbeitskräfteeinsatz in dieser Region ganz im Unterschied zum österreichweiten Trend zwischen den beiden Weltkriegen zunahmen.

Das Rassendurcheinander in der Rinderzucht war groß. Fast die Hälfte der Rinder in der Traun-Enns-Region gehörten im späten 19. Jahrhundert der Mariahofer Rasse an, etwa ein Viertel der Pinzgauer, die übrigen der Mürztaler. Eingesprengt fand man auch Kampete oder Bergschecken, Welser Schecken, Allgäuer und Holländer.

Die jungen Bauern begannen, Simmentaler Rinder anzukaufen. Im Jahr 1921 wurde die Simmentaler-Rinderzuchtgenossenschaft in Wartberg an der Krems gegründet. Diese Genossenschaft war der Vorgänger der Simmentaler-Rinderzüchtergenossenschaft Kremstal, deren Sitz sich bis 1929 in Kirchdorf, dann in Kremsmünster befand.

Während der Zeit der nationalsozialistischen Herrschaft wurde im April 1939 der »Verband der Rinderzüchter Linz-Süd, Abteilung I Fleckvieh« mit Sitz in Linz gegründet. Das Verbandsgebiet umfasste die Bezirke Wels, Steyr und Kirchdorf sowie die Gemeinde Vorchdorf (Bezirk Gmunden). Südlich der Linie Steyr–Grünburg–Kirchdorf dominierte das Murbodner Vieh, südlich von Vorchdorf das Pinzgauer. Nach dem Kriegsende nahm der Verband seine Tätigkeit wieder auf, zunächst in Neuhofen an der Krems, bald verlegt nach Wels. Von den Flachlandgebieten streute die Fleckviehzucht in die Bergregionen nach Süden und Norden.

1926 wurde auch einer Montafoner-Rinderzuchtgenossenschaft Kremstal mit Sitz in der Landesackerbauschule Ritzlhof gegründet. Sie erstreckte ihre Tätigkeit über den gesamten Bereich vom Almtal bis zum Ennstal und den Bezirk Linz bis Oftering. 1936 kam es zur Zusammenlegung mit der Montafoner-Zuchtgenossenschaft Hausruck. Der neue Zuchtverband für das »Graubraune Gebirgsvieh Kremstal-Hausruck« hatte seinen Sitz in Wels. Im Großdeutschen Reich allerdings wurde in Oberösterreich Braunvieh nicht als landesübliche Rasse anerkannt und von den Förderungen ausgeschlossen. Die bestehenden Zuchtverbände wurden liquidiert. Erst nach langen Diskussionen konnte dann doch ein Braunviehzuchtverband Donauland etabliert werden, der nach 1945 in den Braunviehzuchtverband Oberösterreich überging.

Schon im Jahr 1868 hatten zwei Bauern aus der Gemeinde Hörsching vier schwarzbunte Kälber aus dem Zuchtgebiet um Hamburg nach Oberösterreich eingeführt. Die Zucht wurde sukzessive ausgedehnt. Der gute Milchabsatz im Gebiet zwischen Linz und Wels förderte die Zucht der Holländerrinder. Ein eigener Zuchtverband wurde 1925 mit dem Sitz in Breitbrunn gegründet. Konfessionelle Zusammengehörigkeit stärkte den Zusammenhalt der Züchter. Auch in der Gegend von Linz und Steyr fes-

Tabelle 3: Rinderrassen, Bezirk Linz Land, 1947

	absolut	in Prozent
Fleckvieh	10.986	55,5
Pinzgauer	440	2,2
Murbodner	294	1,5
Braunvieh	2.361	11,9
Grauvieh	172	0,9
Blondvieh	94	0,5
Bergschecken	142	0,7
Tuxer/Zillertaler	50	0,3
Schwarzbunte	3.706	18,7
Sonstige	315	1,6
Kreuzungen	1.228	6,2
Summe	19.788	100,0

Quelle: Zittmayr, Untersuchungen über die landwirtschaftlichen Betriebsformen; eigene Umrechnungen.

tigte sich die Zucht des Schwarzbunten Niederungsviehs. Weil besonders viele Züchter dieser Rasse auf rinderlose oder überhaupt viehlose Wirtschaft umstellten, ging schon in den späten Fünfzigerjahren der Bestand beträchtlich zurück.[39]

Die Verbreitung der Pinzgauer Rinder war sehr groß: Sie erstreckte sich vom Westen her über Wels bis in den Linzer Raum, inklusive der Klöster St. Florian und Kremsmünster, die Rinder dieser Rasse hielten.

Während bis zum Zweiten Weltkrieg die Rinderhaltung einen großen Aufschwung nahm, musste man im Krieg Rückschläge hinnehmen. Der Rinderbestand sank im Bezirk Linz (Stadt und Land) von 1938 bis 1944 um 2,8 Prozent, der Schweinebestand verminderte sich um 45,9 Prozent. In den ersten Nachkriegsjahren verzögerte sich die Normalisierung durch futterarme Trockenjahre und hohe Ablieferungskontingente.

In den späten Vierzigerjahren gehörte die Rinderhaltung noch zu den Hauptstützen des landwirtschaftlichen Betriebes. Die daraus resultierenden Einnahmen mussten die laufenden Ausgaben fast zur Gänze decken. Auch die Stallmistproduktion war insbesondere für die intensiven Hackfruchtwirtschaften von großer Bedeutung. Probleme ergaben sich aus dem geringen Milchertrag, der intensiven Stallhaltung und der weiten Verbreitung der Tuberkulose. Unter den Rinderrassen dominierte 1947 das Fleckvieh, ihm folgte das schwarzbunte Niederungsvieh (vor allem westlich der Traun), an dritter Stelle das Braunvieh, besonders in den Gemeinden Ansfelden, Enns, St. Florian, Hargelsberg und Kronstorf.[40]

Die Silobautätigkeit wurde während des Krieges sehr vorangetrieben: Rund 70 Prozent der größeren Betriebe besaßen Silos, meist runde Hochsilos. Die Viehhaltung wurde um 1950 noch sehr intensiv betrieben: Auf 1 Hektar landwirtschaftliche Nutzfläche kamen 0,82 Großvieheinheiten. Die futtertechnischen Ausgangsbedingungen waren günstig und der Absatz war gesichert.

Auch die Schweinehaltung war im Verlauf der ersten Hälfte des 20. Jahrhunderts beträchtlich ausgeweitet worden. Die Ferkelzucht, teils für den Eigenbedarf, teils für den Welser Markt, den Ennser Wochenmarkt und den Linzer Ferkelmarkt, war sehr wichtig. Nachdem die Schweinehaltung vor allem in den Jahren vor 1950 stark zugenommen hatte, fand man meist nicht mehr mit wirtschaftseigenem Futter das Auslangen. An Rassen gab es Landschwein, veredeltes Landschwein, Deutsches Edelschwein, englische Rasse und andere.

Die Schafhaltung hingegen, die im frühen 19. Jahrhundert bei den Vierkantbauern noch wichtig war, hat bedeutend abgenommen, seit die Schwarzbrache stark zurückgegangen oder fast verschwunden ist. Während des Zweiten Weltkrieges hielt sich jeder Betrieb zur Deckung des Eigenbedarfs wieder ein bis zwei Schafe, nach dem Krieg wurde aber der Schafbestand von einem Jahr auf das andere wieder aufgegeben. 1949 konnte der Gesamtbestand nur mehr als unbedeutend bezeichnet werden. Die Ziegenhaltung beschränkte sich auf Kleinstbetriebe.

Bereits in den Fünfzigerjahren begann die Reduktion der Viehbestände in den Flachlandbetrieben. Entscheidend waren der Traktor, der Maisanbau, der zunehmende Arbeitskräftemangel. In den Sechzigerjahren nahmen immer mehr Höfe von der Milchwirtschaft und Rinderhaltung Abstand und begannen überhaupt viehlos zu produzieren.

Am Straußgut, Pirchhorn 1, Hargelsberg, wurde die Milchwirtschaft 1959/60 aufgegeben, die Schweinezucht 1962. Am Nöbauerngut, Asten, Ipfbachstraße 4, wurden die neun Kühe bis 1976 gehalten, 40 Schweine bis 1984 und 40 Hühner bis 1970. Am Matzingergut, Franzberg 1, Hargelsberg, erfolgte die Aufgabe der Rinderhaltung 1966 (bis dahin hatte man im Schnitt etwa 22 Milchkühe und gleich viel Jungvieh); die Schweinehaltung, durchschnittlich 100 Stück, wurde bereits etwas früher stark reduziert und umfaßte 1974 nur mehr einige Schweine zur Deckung des Eigenbedarfs. Am Mayrgut zu Weilling, Weilling 2, St. Florian, wurde die Pferdehaltung 1955 aufgegeben, die Großviehhaltung 1971; dafür wurde die Schweinehaltung stark erweitert. Der Rinderstall wurde auf Schweinezucht und Mast umgebaut, für (1993) etwa 26 Zuchtschweine, 160 Mastschweine und ein bis zwei Eber. Am Hubergut zu Gunersdorf, Pichlern 87, Sierning, waren die Pferde 1953 weggegeben worden, 1963 wurde die Milchwirtschaft aufgegeben, 1966 auch die Stiermast und schon 1959 die Schweinemast und Hühnerhaltung. Davor, ab 1949, waren etwa fünf Pferde, 50 Stiere, 30 Kühe, zehn Stück Jungvieh, vier Schafe, circa 100 Schweine, zehn Gänse und circa 300 Hühner gehalten worden. Am Espelmayrhof, Moos 2, Enns, war das Ende der Milchwirtschaft (30 Kühe) 1964 gekommen, etwa zwei Jahre später auch das der Viehmästung, der Schweinemast schon 1956. Eine Zeit lang hielt man noch etwa 70 Schafe, aber auch das wurde 1980 aufgegeben. Seither ist der Betrieb rein auf den Feldfruchtbau ausgerichtet. Am Kruggut wurde die Milchwirtschaft und Haltung von Rindvieh 1959 aufgegeben. Bis dahin waren im Schnitt 32 Kühe und zehn Stück Jungvich am Hof gewesen. An Schweinen wurden bis zum Krieg durchschnittlich immer 100 Stück gefüttert, nach 1945 wurde der Schweinebestand auf etwa 130 Stück erhöht. Mit dem Ende der Milchwirtschaft wurde auch die Schweinemast aufgegeben. Das Hubergut in Moos, Moos Nr. 35, in der Gemeinde Enns hatte nach 1945 vier Pferde, 20 Stück Kühe und Jungvieh, 50 Schweine, fünf Schafe, 100 Hühner. Der Rinderbestand wurde 1963 auf die Hälfte verringert und 1964 endgültig aufgegeben. Auch die Schweine- und Hühnerhaltung wurde 1964 aufgegeben, die Haltung von Schafen bereits 1945. Ab 1964 war das Gut völlig viehlos. Am Hagmayrgut in Penking Nr. 19, Gemeinde Hargelsberg, das um 1950 vier Pferde, 20 Kühe, zwölf Kälber und 60 bis 70 Schweine hatte, wurde die Milchwirtschaft 1962 aufgegeben, 1965 auch die Schweinehaltung.[41]

Die Aufgabe der Viehhaltung war nur möglich, weil die Düngung durch Handelsdünger ersetzt werden konnte. Der Mineraldüngerverbrauch, nach langsamen Anfängen 1951 mit einer großzügigen Stickstoffverbilligungsaktion im Rahmen des ERP-Programms mit dem entscheidenden Impuls versehen, nahm in den folgenden Jahren rasch zu. In den Siebzigerjahren erreichte die Verbrauchsentwicklung österreichweit bereits den Gipfelpunkt. Die regionalen Unterschiede waren aber sehr groß.

Der Reinnährstoffverbrauch je Hektar im Jahr 1970/71 nach Bezirken war sehr weit gestreut. Während im Bezirk Linz Land je Hektar 356,2 Kilogramm Reinnährstoff verbraucht wurden, im Bezirk Wels 262 Kilogramm und im oberösterreichischen Durchschnitt 132,6 Kilogramm, wurden in den Bezirken Rohrbach, Freistadt, Urfahr, Braunau, Grieskirchen nur zwischen 60,7 und 97,3 Kilogramm gegeben.

4. Die Mechanisierung

Um 1870 hatte in der Gegend von St. Florian ein Hof mit 25 Joch ungefähr folgende Geräteausstattung: zwei Pferde, zwei Fuhrgeschirre, zwei Ackergeschirre, drei hölzerne Pflüge, drei hölzerne Häufelpflüge, zwei einspännige Eggen, eine zweispännige Egge, zwei Walzen, zwei bis drei Wagen samt Zubehör, zwei Pferdedecken, drei Pferdehalftern, zwei Gurten, zwei Ketten, zwei Schlitten, zwei Futterstöcke, drei Futterkörbe, vier Mist-, zwei Grab-, vier Heugabeln, vier Rechen, zwei Getreideschaufeln, zwei Spitz-, zwei Hohlschaufeln, zwei Gartenhauen, zwei Spitzhauen, vier Sensen, vier Sicheln, vier Dreschflegel. Dazu kamen Putzmühle, Mostpresse, Mostquetsche, Fässer, Hacken, Seile, Sägen, Dengelstock, Werkzeuge und Behältnisse.[42]

Am schnellsten verbreiteten sich von den um 1870 neuen Maschinen die Pferdegöpel, Häckselmaschinen und Putzmühlen. Eine Dampfdreschmaschine, die 1864 von einem Consortium in Linz unter maßgeblicher Beteiligung der Landwirtschaftsgesellschaft angekauft wurde, fand in der Florianer Gegend schon ziemlich häufige Anwendung. 1875 konnten 30 solche Garnituren gezählt werden. 1874 war im Kruggut ein Lokomobil um 3.150 Gulden angeschafft worden, gemeinsam mit drei weiteren Bauern.[43] Fünf Sämaschinen wurden damals in der Florianer Gegend gezählt.

Statt der aufwendigen Arbeit mit dem Dreschflegel, die allerdings in der an sich arbeitsschwachen Winterzeit das Gesinde beschäftigte, brauchte man nun zum Maschindreschen durch drei bis vier Tage etwa 20 Leute. Die Dreschmaschinen wurden sukzessive verbessert, durch Vergrößerung der Maschinen und damit ihrer Leistungsfähigkeit, durch bessere Putzwerke, die das Getreide entsprechend reinigten und nachträg-

Dampfdreschen in den Fünfzigerjahren

liche Arbeitsgänge mit Putzmühlen ersparten, und durch mechanische Schwabenbinder, mit denen etwa vier Leute, in der Regel Frauen, bei der Drescharbeit eingespart werden konnten.

Neben der Dreschmaschine war die Elektrizität die wichtigste technische Neuerung der ersten Hälfte des 20. Jahrhunderts. Die meisten Höfe der Ennser Gegend und auch Enns selbst wurden nach dem Ersten Weltkrieg elektrifiziert. Als Katharina Wall 1920 auf das Bauerngut am Hof in Abwinden heiratete, gab es hier noch kein elektrisches Licht. Sie wollte aber auf diese Bequemlichkeit, die sie in ihrem Elternhaus, beim Zeillerbauern in St. Georgen, schon kannte, nicht verzichten. Als Mitgift brachte sie aus dem Wald ihres Vaters die Masten für die Errichtung der Stromleitung mit. Langholz gab es bei den Abwindener Bauern nicht. Das mag auch der Grund gewesen sein, dass vom Dorf Abwinden keiner der übrigen Bauern mittun wollte und der Jungbauer Josef Wall die Anlage vom Bahnhof bis zum Hof selbst finanzieren musste.[44] Die 1920/21 installierten Leitungen ließen es zu, 20 Lampen und einen 3-PS-Motor zu betreiben. Es wurde davor gewarnt, Nachbarn mithalten zu lassen, da dies die Leitungen überfordert hätte. Die Dreschmaschine konnte wegen der Schwäche des elektrischen Leitungsnetzes erst ab 1933 mit elektrischer Kraft betrieben werden. Durch die E-Kraft wurde der Göpel überflüssig, der bis dahin mit zwei Pferden die Futterschneidemaschine betrieben hatte.

1950 waren im Bezirk Linz Land 86,1 Prozent der Betriebe voll elektrifiziert, 9,6 Prozent teilweise elektrifiziert, 4,3 Prozent nicht elektrifiziert. Es gab 1950 im Bezirk sieben Stromverteilergenossenschaften (Asten, Fernbach, Fleckenbach, Hargelsberg, Moos bei Enns, Nöstlbach und Rohrbach/St. Florian). Gegründet waren sie alle in den Jahren 1919 bis 1923 worden.

Besonders bei Kleinbetrieben besaß 1950 eine große Anzahl noch keinen Licht- und eine noch größere Anzahl keinen Kraftanschluss, während es bei den mittel- und großbäuerlichen Betrieben kaum mehr solche ohne Licht- und Kraftstrom gab.

Bereits 1929 wurde am Straußgut, Pirchhorn 1, Hargelsberg, der weitum erste, noch

Tabelle 4: Elektrifizierung, 1948, Bezirk Linz Land

	Betriebe	Lichtstrom	Kraftstrom
unter 2 ha	729	629	189
2–5 ha	441	370	292
5–10 ha	361	326	301
10–20 ha	479	455	443
20–50 ha	661	645	641
50–100 ha	102	102	102
über 100 ha	12	12	12
Gesamt	2.785	2.539	1.980

Quelle: Zittmayr, Untersuchungen über die landwirtschaftlichen Betriebsformen; eigene Umrechnungen.

Bis ich durch bin, ist die Milch sauer! ...
... Damit Sie auch morgen genug Strom haben, dafür sorgen wir.

Werbung für die Elektrifizierung von Bauernhöfen aus den Fünfzigerjahren

mit Petroleum betriebene Traktor eines amerikanischen Fabrikats gekauft. Für das Jahr 1929 besitzen wir ein interessantes Protokoll über die Ergebnisse eines Traktor-Vergleichspflügens auf den Feldern des Stiftes St. Florian: Es beteiligten sich zehn Traktoren, zwei Case, zwei Deering, ein John Deere, ein Lanz, ein Hanomag, ein Hart Parr, ein Wallis, ein Fordson. Gezogen wurden sechs verschiedene Pflugfabrikate, Sack, Eberhardt, John Deere.[45] 1930 wurden im Bezirk Linz Land 22 Traktoren gezählt, gegenüber rund 600 im Jahr 1950. Viele Betriebe erwarben in den Jahren 1938 bis 1942 Traktoren und Bindemäher, ferner auch die übrigen Erntemaschinen wie Heuwender, Schwadenrechen, Kartoffelroder usw.

Am Hubergut zu Gunersdorf, Pichlern 87, Sierning, wurde 1938 ein Traktor Lanz Buldogg mit 25 PS, 1950 ein weiterer Traktor Fordson mit 50 PS, 1938 ein Bindemäher, 1951 ein Mähdrescher, 1957 eine Rübenerntemaschine angeschafft. Das Hubergut in Moos, Moos 35, in Enns erhielt den ersten Traktor 1947, der Espelmayrhof, Moos 2, in Enns 1940, das Nöbauerngut, Asten, Ipfbachstraße 4, 1952.[46]

Die erste große Welle der Mechanisierung begann im Zentralraum mit dem »Anschluss« an das Deutsche Reich. 1939 kauft Josef Wall einen Kultivator, eine Schleifmaschine für Hand- und Motorantrieb, einen Grasmäher mit Getreideablage, einen Pferderechen und einen Gabelheuwender, einen Zweischarwendepflug, einen Kartoffelroder und einen Rübenschneider für Handbetrieb. 1940 kaufte Josef Wall eine

Kreissäge und einen »Triton«-Hochdruckdämpfer, 1941 einen Düngerstreuer, 1943 eine Windfege (Putzmühle), einen Brabant-Wendepflug und einen Milchseparator. Da 1944/45 keine Maschinen und kaum mehr Mineraldünger zu bekommen waren, Josef Wall aber viel überschüssiges Geld hatte, kaufte er Pferde, einen neuen Bockschlitten, 40 m² Kirschenfußboden und einen Simmentaler Zuchtstier. Die durch das Kriegsende bedingte Unterbrechung der Mechanisierung währte nur kurz. Ende 1946 wurden eine einteilige und eine dreiteilige Ackerwalze angeschafft, 1947 ein »Greif«-Krafthäcksler und eine Obstmühle für Motorantrieb. Die Dreschmaschine wurde repariert. Beim ortsansässigen Wagner und Schmied wurde ein Brückenwagen in Auftrag gegeben, beim Binder wurden neue Mostfässer bestellt. Für den ersten Traktor (einen Steyr 26 PS) wurde am 28. Dezember 1948 die letzte Rate bezahlt. 1949 folgten eine hydraulische Mostpresse, 1950 ein gebrauchter Traktoranhänger, ein Gemeinschaftskleeriebler und ein Traktormähbalken. Im Mai 1952 wurde eine Greiferanlage montiert, die insgesamt 30.284 Schilling kostete. Am 27. Januar 1953 bezahlte Josef Wall einen elektrogetriebenen Milchseparator samt ebensolchem Butterfass, im selben Jahr noch einen »Augl«-Bauernanhänger (Gummiwagen) um 14.500 Schilling von der Firma Heinrich Augl, Enns, und eine Brunnenmotorpumpe. 1954 wurden ein Bindemäher und ein Schweinefuttermixer angeschafft, der alte Kunstdüngerstreuer wurde gegen einen neuen getauscht. 1955 folgten ein Traktorpflug von Vogel & Noot und das dazu notwendige hydraulische Traktorhubwerk. 1956 wurde nichts investiert. Ein zweiter Traktor (Steyr 18 PS) wurde 1957 gekauft, dazu ein Hubwerk, ein neunzinkiger Kultivator, ein Traktormähwerk, eine Traktoregge, ein elektrischer Weidezaun; 1958 waren ein Futterdämpfer, ein Anteil an der Reisighackmaschine und ein Zapfwellenkartoffelroder an der Reihe. 1959 hatte Josef Wall noch eine Kartoffelsetzmaschine bestellt, für die die Rechnung erst nach seinem Tod einlangte.[47]

Der Kaubinghof in Volkersdorf Nr. 13, Enns, war zwischen 1942 und 1949 von einem Südtiroler Umsiedler modernisiert worden. 1949 verkaufte er den Hof an Karl Zehetner. Das Inventar listet einen Traktor mit Mähwerk auf, Traktorpflug, Scheibenegge, Kartoffelroder, Heuwender, Pferderechen, drei Walzen, eine neue und eine alte Sämaschine, ein Vielfachgerät, einen Kultivator, zwei Wendepflüge, einen Zweischarenpflug, einen Zuckerrübenheber, einen Kunstdüngerstreuer, drei Eiseneggen, drei Holzeggen, eine Wiesenegge, einen Getreidestriegler, zwei Häufelpflüge, vier Heuleiterwägen, drei Mistwägen, einen Jauchewagen, ein Blechjauchefass, ein Holzjauchefass, einen Brückenwagen, ein Steirerwagerl, einen Kalbwagen, einen Kalbschlitten, einen Rennschlitten, einen Zweiradler-Handwagen, eine Güllepumpe, 400 Meter Güllerohre, einen Luftkompressor, sechs Stück 7-Hektoliter-Fässer mit Most, leere Fässer, eine Kreissäge, eine Brechmühle, drei Elektromotoren (10, 4 und 2 PS), eine Baumspritze, zwei Spinatschneider, einen Kleesamenstreuer und diverses Kleingerät. Im Haus befanden sich drei Öfen, eine komplett eingerichtete Herrschaftsbauernstube, Köchinzimmer, Speiseschrank, Küche mit Geräten und mit Abwasch und Bad, große Bauernstube mit zwei großen Tischen und sechs Stühlen, Schweizer Zimmer mit Stehkasten, kleinem Schuhkasten, einem Tisch, zwei Stühlen, einem Nachtkästchen, einem Bett, zwei Bildern und Waschbecken mit Spiegel und Etagere, zwei Gesindezimmer mit vier

Tabelle 5: Traktoren im Bezirk Linz Land, 1950, nach Gemeinden

	Betriebe insgesamt	Zahl der Traktoren	Traktoren in % der Betriebe	PS insgesamt	PS pro Traktor	Mit Traktor bearbeitete Ackerfläche	Gesamte Ackerfläche	Mit Traktor bearbeitete Fläche (in %)
Allhaming	84	11	13,1	250	23	243	736	33,0
Ansfelden	183	48	26,2	1.307	27	1.030	1.580	65,2
Asten	56	11	19,6	247	22	182	379	48,0
Eggendorf	75	7	9,3	159	23	151	482	31,3
Enns	192	48	25,0	1.104	23	1.216	1.590	76,5
St. Florian	198	67	33,8	2.051	31	1.846	2.482	74,4
Hargelsberg	80	54	67,5	1.214	22	1.043	1.238	84,2
Hofkirchen	95	21	22,1	529	25	431	771	55,9
Hörsching	113	28	24,8	743	27	787	1.184	66,5
Kematen	157	23	14,6	597	26	530	1.054	50,3
Kirchberg	89	27	30,3	521	19	630	862	73,1
Kronstorf	89	39	43,8	979	25	928	1.227	75,6
Leonding	219	27	12,3	717	27	641	1.336	48,0
St. Marien	224	45	20,1	1.137	25	1.147	2.297	49,9
Neuhofen	131	14	10,7	342	24	344	960	35,8
Niederneukirchen	108	30	27,8	801	27	855	1.404	60,9
Oftering	61	29	47,5	675	23	820	965	85,0
Pasching	65	29	44,6	724	25	731	855	85,5
Piberbach	105	24	22,9	571	24	501	938	53,4
Pucking	163	6	3,7	156	26	87	837	10,4
Traun	126	9	7,1	251	28	215	582	36,9
Wilhering	148	23	15,5	655	28	548	970	56,5
	2.761	620	25,5	15.730	25	14.906	24.729	60,3

Quelle: Zittmayr, Untersuchungen über die landwirtschaftlichen Betriebsformen; eigene Umrechnungen.

Betten, zwei Kästen, vier Stühlen, zwei Tischen und einem Schreibtisch. Die Gebäude waren bei der Donau-Concordia auf 256.000 Schilling versichert, die Prämie betrug 926,60 Schilling.[48]

Während in der Gemeinde Pasching 1950 bereits 85 Prozent der Ackerfläche mit Traktoren bearbeitet wurden, waren es in der Gemeinde Pucking nur 10 Prozent. Durchschnittlich wurden im Bezirk Linz Land 60 Prozent der Ackerfläche mit Traktoren bearbeitet. Das Kremstal war in der Mechanisierung noch weit zurück.

Wie zu erwarten, wurde der erste Mähdrescher in Oberösterreich, ein gezogener Claas-Alles-Drescher »Super«, 1950 im Vierkantergebiet um Schiedlberg angeschafft. Erst zögernd folgten andere Regionen.[49]

Sebastian Hanl schildert die Umstellung bei den Geräten vom Pferdezug auf den Traktor: Vorerst wurden die alten Geräte angehängt, der Wender, Rechen, Kartoffelroder, der Pflug, die hölzernen Eggen. Dann kamen die Anbaugeräte, die laufend verbessert wurden »auf Kosten der Brieftasche«. »Die Ableger zum Getreide waren schon eine große Wohltat gegenüber dem Mähen mit der Sense bei der Hitze. Der Mähbinder war dann wieder ein großer Vorteil. Die erste Melkmaschine erleichterte die Melkarbeit im Kuhstall, denn die Zahl der Kühe wurde langsam mehr. Da die Pferde überflüssig waren, konnte man das Futter, das diese brauchten, den Kühen geben. Die neue Greifanlage ersetzte das Gebläse, das sehr viel Kraft brauchte. Der Elektro-Backofen war auch leichter zu bedienen und kleiner als der Holzbackofen, wo über 20 Laibe Platz hatten und trotz Brotbottich das Brot schimmlich wurde. Der Fernseher war eine Attraktion. 20 Zuseher waren manchmal in der Stube, da nicht überall der Empfang möglich war und nur in Deutschland gesendet wurde vorerst. 1958 kam der erste Mähdrescher an. Was niemand für möglich gehalten hatte, wurde Wirklichkeit, auf dem Feld mähen und dreschen zugleich. Der Miststreuer war auch eine gute Erfindung. Zur Modernisierung des Betriebes kamen 1958 die Motorsäge, auch die Reisighackmaschine, später Kartoffelroder, Krümmler, Sämaschine, Traktorhubwerk, die Obstpresse. Franz machte den Führerschein. Das erste Auto war fällig, eine gebrauchte Borgward Isabelle. Dann kam der erste Ferguson Traktor mit Mähwerk, Frontlader, Planierschild, Egge und Pflug. Die Viehwaage war das nächste und eine Waschmaschine, dazu der VW-Bus zum Marktfahren. Statt dem Säcke Schleppen kam die Körnerschnecke, der Heu- und Siloschwanz. Heu und Stroh brauchten wir nicht mehr auf die Wagen aufladen. Die Schnur beim Mähdrescher war nicht mehr notwendig. Das Stroh wurde nicht mehr gebündelt, sondern lose abgeworfen. Der dritte Mähdrescher war schon viel besser und breiter bei der Arbeit. Man brauchte keine Säcke mehr anfüllen, der Korntank machte dies möglich.«[50]

5. Die bäuerliche Arbeitsorganisation

Die großen Bauernhöfe, die heute teilweise nur mehr im Nebenerwerb oder nur als Einpersonenbetriebe geführt werden, waren einst betriebliche Einheiten, mit denen das Schicksal von vielen Leuten verknüpft war: Familienangehörige, Dienstboten, Taglöhner, Saisonarbeiter, Störhandwerker.

In der Ennser Gegend hatte man um 1830 in größeren Wirtschaften gewöhnlich vier männliche und drei weibliche Dienstboten. Die Anzahl der männlichen Dienstboten war meist größer als die der weiblichen, die Gesamtzahl schwankte zwischen zwei und 15, dazu die Kinder des Hauses und zusätzlich Taglöhner. Auf dem »Kruggut« in Pirchhorn Nr. 2, Gemeinde Hargelsberg (damals 97 Joch Äcker, 9 Joch Wiesen, 13 Joch Wald), lebten um 1830 22 Personen: der Bauer und die Bäuerin, eine erwachsene Tochter, neun Knechte, vier Buben und sechs Mägde. Kleinstbetriebe zwischen 1 und 2 Hektar, die keine Zugtiere hatten, ließen sich von größeren Nachbarbetrieben jene Feldarbeit machen, für die Zugtiere notwendig waren. Die Gegenleistung war Aushilfe bei der Heu- und Getreideernte.

Nicht nur das Gesinde war unterzubringen, auch die zureisenden Taglöhner (Erntearbeiter), Kleiner Häuser wurden ohne Geldzins an Wohnparteien verpachtet, die die Pacht abarbeiteten (Taglöhnerhäusln). Beim Aichmayrgut in Penking Nr. 17, Gemeinde Hargelsberg, wurde bereits 1858 ein Taglöhner-Wohnhaus mit zwei Wohnungen errichtet. Beide Wohnungen enthielten jeweils eine Küche, eine Stube und eine Kammer. Es wurde im Jahr 1972 abgetragen.[51]

Ein Gespann, so rechnete man um 1830, mit zwei Pferden pflügte im Tag 1.200 Klafter (0,43 Hektar), eggte im Tag 4.000 Klafter (1,44 Hektar). Ein Gespann mit einem Pferd eggte 3.200 Klafter (1,15 Hektar), walzte 8.000 Klafter (2,88 Hektar). Um 1 Joch an einem Tag zu schneiden, benötigte man bei Weizen und Roggen fünf Schnitter, einen Binder und einen Schöberer. Bei Gerste und Hafer schaffte ein Mäher je Tag 800 Klafter (0,29 Hektar), bei Gras rechnete man, dass ein Mäher am Tag 1.200 Klafter Wiese (0,43 Hektar) mähte. Vier Drescher machten beim Drusch mit Flegeln je Tag 5 Schober. Das Dreschen dauerte acht bis zwölf Tage, der Drusch wurde möglichst in die Länge gezogen, um so die Größe der Wirtschaft zu demonstrieren. »Je länger gedroschen wurde, umso größer der Bauer«, hieß es. Da man in der Florianer Gegend 34 so genannte Bauernfeiertage hielt, neben den 16 gebotenen Feiertagen und den Sonntagen, gab es auch genügend Freizeit oder Urlaub.

Der Übergang zur verbesserten Dreifelderwirtschaft, die Ersetzung der Brache durch Hackfrüchte zwischen dem späten 18. und dem frühen 20. Jahrhundert, die Verstärkung der Milchwirtschaft hatten den landwirtschaftlichen Arbeitskräftebedarf vorerst nicht unerheblich erhöht. Die Intensivierung der Vieh- und Düngerwirtschaft spielte dabei eine wichtige Rolle. Auch einzelne Spezialkulturen wie Zuckerrüben vermehrten den Arbeitskräftebedarf.

Gerade in Stadt- und Industrienähe war es nicht einfach, die entsprechenden Arbeitskräfte zu bekommen und am Hof zu halten. 1930 machte der Oberösterreichische Bauernbund eine Erhebung über die Landflucht bzw. die offenen Arbeitsplätze mit Stand 15. Februar 1930: Freie Dienstposten gab es vor allem in den Flachlandgebieten und in Stadtnähe – in den Gerichtsbezirken Wels, Kremsmünster, auch in den flachen Regionen des Bezirks Steyr. Die höchsten Werte an offenen Arbeitsplätzen wiesen die Gerichtsbezirke St. Florian, Neuhofen, Enns und Linz Land auf. In Hargelsberg fehlten 18 Knechte und 22 Mägde, in Kronstorf 16 Knechte und 13 Mägde, in Lorch 15 Knechte und zehn Mägde. In Ansfelden fehlten 60 Arbeitskräfte, im Markt St. Florian 137 etc. St. Marien meldete bei insgesamt 385 Landarbeiterstellen (336 Dienstboten und 49 Taglöhner) 84 offene Stellen.[52]

Die Bauern brauchten viel Platz, vor allem auch für die neuen Arbeitskräfte. Auch wuchsen die Ansprüche an die Unterkünfte. Schlafplätze im Stall oder am Heuboden wurden kaum mehr akzeptiert. Die unverheirateten Mägde und Knechte wurden in entsprechenden Stuben untergebracht, der »Menscher«- und der »Buamer«-Kammer.

Die Erosion des alten patriarchalischen Systems hatte aber bereits eingesetzt. Die Bauernvertreter waren sich einig: »Eine wichtige Aufgabe, die auf dem Lande derzeit zu lösen ist und die uns viele Jahre beschäftigen wird, ist der Bau von Landarbeiterhäusern für verheiratete Landarbeiter. Davon hängt der Fortbestand der bäuerlichen

Wirtschaft ab! Die Landarbeiter-Wohnung im Bauern-Wohnhaus, oder, was schon besser ist, in einem Seitentrakt des Gehöfts, ist nur ein Notbehelf. Das Landarbeiter-Wohnhaus muss ein freistehendes Haus mit eigenem Grund sein, eine Kleinlandwirtschaft!«[53]

1926 brachten die Abgeordneten Wimmer, Mehr und Genossen im Oberösterreichischen Landtag einen Antrag betreffend die Durchführung der Landarbeitsordnung ein, in dem sie auf die schlechte Wohnqualität eingingen: »Tatsächlich sprechen aber die Räume, in denen die Landarbeiter untergebracht sind, allen hygienischen Anforderungen Hohn, die meisten haben überhaupt nur Schlafstätten und sind in menschenunwürdiger Weise in Ställen und auf Dachböden untergebracht oder in anderen unreinen, feuchten, dumpfen Räumen, in denen sich nicht einmal eine Heizvorrichtung befindet.«[54]

Oberösterreich schuf als erstes Land eine Landarbeiterordnung (LGBl. 20/21) und hob die Dienstbotenordnung auf. Damit waren Streiks erlaubt und das Koalitionsrecht gesichert. Der oberösterreichische Landessekretär der Gewerkschaft konnte am 10. Mai 1919 einen ersten Kollektivvertrag mit den Theninger Bauernvertretern aushandeln: geregelte Arbeitszeit (Sommer 5 bis 18 Uhr, Winter 6 bis 18 Uhr), Lohnerhöhung um 100 Prozent, Lohnfortzahlung für vier Wochen bei Unfall und Krankheit, Sicherung der Naturalbezüge, Aufhebung des Koalitionsverbotes. Volksvereinsfunktionäre gründeten am 28. April 1919 im Kolpinghaus in Linz den Oberösterreichischen Bauern- und Landarbeiterrat. Erster Vorsitzender wurde der Bauer Johann Kreilmeier, Kirchberg 1, Thening, zweiter Vorsitzender Balthasar Gierlinger, landwirtschaftlicher Arbeiter in Getzing 2, Arnreit, erster Schriftführer Franz Nöckam, Hochholzer in Rabenberg 9, Enns, zweiter Schriftführer Johann Ramspöck, landwirtschaftlicher Arbeiter in Kirchberg 1, Thening. Balthasar Gierlinger war ein Bauernsohn, der 1924 die Stelle zurücklegte, weil er den väterlichen Hof erbte, bei Johann Ramspöck lässt die identische Adresse vermuten, dass er Knecht bei Kreilmeier, dem ersten Vorsitzenden dieses Rates, war.

Der Übergang vom Dienstboten zum Landarbeiter war im oberösterreichischen Zentralraum voll im Gange. Ein Signal war der Steyrer Landarbeiterstreik 1922. Am 16. Juni, am Freitag nach Fronleichnam, begann der Streik, etwa 200 Arbeiter verweigerten die Arbeit, in Wolfern etwa 115 sozialistische Landarbeiter, während 380 christliche Landarbeiter weiterarbeiteten, die Mägde waren etwas in der Überzahl, die Jugendlichen überwogen bei weitem. Die Streikenden wurden von der Streikleitung im Steyrer Gasthaus »Zum goldenen Pflug«, Sierningerstraße, zusammengezogen und dort auch verpflegt. Die Streikenden nächtigten in der Industriehalle. Vielen ging das Geld aus, die Kost war mehr als einfach. Der Kampf dauerte insgesamt 23 Tage.[55] Am 10. Juli war der Streik zu Ende.[56]

Acht Wochen (13. August 1922) nach dem Streik kam es in Wolfern zu einem prunkvollen Fest, der Weihe einer eigenen Landarbeiterfahne.[57] Am 3. Bauernbund-Delegiertentag am 10. November 1922 in Linz sprach Obmann-Stellvertreter Wiesinger über die Landarbeiterfrage und legte nachstehende Entschließung zur Annahme vor: »Der Oberösterreichische Bauernbund erklärt hiemit, die Interessen der Landarbeiter auch als die seinen zu betrachten. In diesem Sinne wünscht der Bauernbund ein gut patriarchalisches Zusammenleben mit den Landarbeitern … Die Möglichkeit, ein Haus zu erwerben, ist bei den jetzigen valutarischen Verhältnissen fast unmöglich, und dennoch müssen wir trachten, unsere guten Arbeitskräfte bodenständig zu machen. Dies wäre möglich, wenn die Landeshypothekenanstalt weitgehende Kredite gewährt und die Landwirte solche Hausbesitzer durch Zuwendungen, freies Fuhrwerk u. dgl. hilfreich unterstützen. Der Bauernstand erklärt auch, diese altherkömmliche Sitte aufrechtzuerhalten.«[58]

1938 war ein Wendepunkt. Weniger die Zunahme der landwirtschaftlichen Maschinen als zuerst der vermehrte Bedarf in Industrie und Bauwirtschaft und dann die Einziehung zum Kriegsdienst führten zu einem Mangel an Arbeitskräften, der durch den Einsatz von Zwangsarbeitern und Kriegsgefangenen nur bis zu einem gewissen Grad ausgeglichen werden konnte. Beim Bauern in Hof kam schon im November 1939 ein Pole auf den Hof, 1941 ein Slowake und ein Ukrainer. 1942 beschäftigte der Bauer drei Russen. 1943 wieder drei russische oder ukrainische Arbeitskräfte, zwei männliche und eine weibliche. Er kaufte für diese Hemden und Kleidungsstoffe, ließ Arbeitskleidung und Schuhe machen.[59] Aus den einzelnen Ausgabenpositionen ist der Schluss zu ziehen, dass bei ihm hinsichtlich Ausstattung und Geschenken wenig oder kein Unterschied zwischen Dienstboten und Ostarbeitern bestanden haben dürfte.

Durch die Heimkehrer, volksdeutschen Flüchtlinge und sonstigen Vertriebenen, die häufig aus der Landwirtschaft stammten, kam es 1945 zu einem Überschuss an landwirtschaftlichen Arbeitskräften. Mit der Rückführung bzw. Auswanderung und auch Ansiedlung der DPs (Displaced Persons) wurde der Mangel an Arbeitskräften immer empfindlicher.

Als Saisonarbeiter waren in der Florianer Gegend bis zum Jahr 1944 vorwiegend Slowaken tätig. Nach dem Jahr 1944 fielen diese aus. Erst nach einigen Jahren konnte die Ennser Zuckerfabrik im Mühlviertel ausreichend Arbeitskräfte für die Zuckerrübenpflege und Ernte gewinnen. Für Arbeitsspitzen kamen auch örtlich ansässige Industriearbeiter und vor allem deren Frauen in Betracht.

Nach dem Krieg war der Arbeitskräftebedarf dramatisch verändert. 1950 gab es beim Bauern am Hof nur mehr drei ständige Arbeitskräfte. Der alte Horner (der Pferdebetreuer) und Georg, der Bruder des Bauern, waren 1945 gestorben, die Schwester des Bauern starb 1956, die Töchter hatten weggeheiratet. Von den früher sechs Dienstboten benötigte man nur mehr drei. Der Rest der Arbeit wurde mit einer je nach Saison schwankenden Anzahl von Taglöhnern erledigt: Im Winter beschäftigte Wall fallweise einen hoffremden Taglöhner, zur Zeit der Aussaat Ende März brauchte er neben den drei ständigen Dienstboten zwei bis vier zusätzliche Personen, ebenso Ende April und Anfang Mai zum Erdäpfelsetzen. Im Mai gab es die Rübenarbeit, wieder mit bis zu vier Taglöhnern. Zur Heuernte in der zweiten Junihälfte benötigte Wall durchschnittlich zwei bis drei zusätzliche Kräfte, zur Getreideernte in der zweiten Julihälfte vier bis acht. Zum Dreschen im Spätsommer, das drei bis vier Tage dauerte, brauchte der Bauer neben den drei Hausleuten und drei Personen aus der Nachbarschaftshilfe noch weitere zehn Taglöhner/innen. Bei der Kartoffelernte beschäftigte er in der Regel fünf bis sechs, bisweilen aber auch bis zu neun Taglöhner/innen. Im Oktober gab es noch Tage, wo sieben bis acht Taglöhner am Hof arbeiteten. Im Spätherbst nahm die Arbeitsbelastung langsam ab, im November beschäftigte Wall noch ein bis zwei Taglöhner, im Dezember nur mehr dann und wann einen.

Bemerkenswert ist, dass es in den Fünfzigerjahren noch ein entsprechend großes Reservoir von Arbeitskräften gab, die mehr oder weniger abrufbereit je nach Wetter und Bedarf tageweise zu Saisonspitzen herangezogen werden konnten. Es waren immer wieder dieselben Leute, die Namen in Josef Walls Notizbuch kehren Jahr für Jahr wieder. Man hatte welche, die den Grundbedarf deckten, andere, die nur zum Dreschen oder nur zur Ernte oder zum Kartoffelklauben eingesetzt wurden. Es gab ein relativ festes Netz von Bezugslinien und Abhängigkeiten, wo gegenseitige Hilfeleistung selbstver-

Tabelle 6: Arbeitskräfte im Bezirk Linz Land, 1949, nach Gemeinden

	Betriebsleiter männlich	Betriebsleiter weiblich	Familieneigene Arbeitskräfte	Familienfremde Arbeitskräfte
Allhaming	70	12	230	105
Ansfelden	157	25	434	283
Asten	28	6	105	92
Eggendorf	58	16	177	65
Enns	149	29	508	355
St. Florian	123	28	490	571
Hargelsberg	68	11	217	208
Hofkirchen	79	15	257	123
Hörsching	88	23	346	252
Kematen	123	34	413	196
Kirchberg	72	17	224	238
Kronstorf	75	14	292	192
Leonding	170	53	632	300
St. Marien	213	7	698	363
Neuhofen	106	20	373	160
Niederneukirchen	105	8	275	199
Oftering	53	6	156	247
Pasching	48	15	161	126
Piberbach	88	17	316	128
Pucking	142	19	424	126
Traun	99	25	275	69
Wilhering	135	12	574	257
Gesamt	2.249	412	7.577	4.655

Quelle: Zittmayr, Untersuchungen über die landwirtschaftlichen Betriebsformen; eigene Umrechnungen.

ständlich war: Die Taglöhner arbeiteten teils gegen Geld, teils gegen Zurverfügungstellung von Boden und Zugvieh. Der Bauer half bei Bedarf auch mit Lebensmitteln, Spanndiensten und kurzfristigen Krediten aus.

Zum Maschindreschen gab es Nachbarschaftshilfe: »Mit drei Bauern hatten wir gegenseitige Nachbarhilfe. Da wurde schon ganz groß aufgekocht, mit Braten und am Abend Gebackenes auf den Tisch gestellt. Mittags waren drei Tische voll Leute, ein Bauerntisch in der Stube mit den Frauen, im Vorhaus stand auch ein Bauerntisch mit den Männern. Den Abschluss bildete, wenn schon wieder alle Leute bei der Arbeit waren, ein Tisch voller Kinder mit meiner Mutter. Denn die Taglöhnerfrauen hatten alle viele Kinder und die brauchten auch etwas zum Essen.« Überbetrieblich organisierte Arbeiten, etwa das Zuckerrübenspritzen oder das Pflügen mit einem Traktor während des Krieges, sind fallweise aus Walls Ausgabenbüchern nachvollziehbar.

Sebastian Hanl erinnerte sich: »Für uns Kinder waren besonders interessant die wandernden Handwerksburschen und die umherziehenden Vagabunden, auch Bettler gab es genug. Es war so üblich, wenn einer ein Handwerk ausgelernt hatte, dass er auf Wanderschaft ging in andere Länder und zu anderen Meistern. Da sie aber nur wenig oder gar kein Geld hatten, gingen sie zu den Bauern um zu schlafen und etwas zu essen. Geschlafen haben sie in einem alten Bett oder im Stall oder in der Scheune. Sie bekamen als Abendessen dasselbe wie wir.«[60]

Ein Foto aus dem Jahr 1954 zeigt die Hausleute vom Mayrgut zu Weilling 2, St. Florian:[61] der Hausknecht Habichler mit Frau und zwei Kindern, die Melker-Eheleute Schwab mit Tochter, die Besitzerfamilie Sommer mit den drei Kindern, der Rossknecht Eßlberger mit seiner Familie, Florian Obermann, die fünfköpfige Familie Aigner (»Saudirn«).

IV. Wirtschaftsführung und Einkommen

Die Wirtschaftsführung und das Leben auf den großen Höfen ist schwer zu erfassen, auch wenn manche Bauern viele Aufzeichnungen über ihre Wirtschaft machten. Ein herausragendes Beispiel dafür ist der bereits mehrfach zitierte Bauer Josef Wall (Bauer in Hof, auch Grüblhof genannt, Abwinden 3, Pfarre St. Georgen, Gemeinde und Katastralgemeinde Luftenberg).[62] Wall hat zeitlebens minutiöse Aufzeichnungen geführt und Dokumente gesammelt. Das Familienarchiv mit Grundbuchauszügen, Protokollen, Verlassenschaftsabhandlungen, Übergabeverträgen, Rechnungen und handschriftlichen Aufzeichnungen umfasst mehrere große Schachteln. Das Wertvollste dabei sind vier mit trockener Akribie geführte Schreibhefte, die er von Mitte Oktober 1935 bis zum 12. April 1959, drei Tage vor seinem Tod, nahezu Tag für Tag in von harter Arbeit gezeichneter Schrift über Einnahmen und Ausgaben des Hofes geführt hat.

Wall schrieb einfach auf, Tag für Tag, die Ausgaben wie die Einnahmen, die verkauften und die eingekauften Produkte, ihre Beschaffenheit, ihre Herkunft und ihr Ziel, die

Namen und Adressen der Geschäftspartner und die Menge, das Gewicht und den Preis der gehandelten Tiere und Waren. Josef Wall hat alles festgehalten, von seiner Schuh- und Stiefelnummer bis zu den Serien- und Typennummern der angeschafften Maschinen. An einer echten Erfolgsrechnung allerdings war er nicht interessiert: Er machte zu seinen Zahlen keinerlei Jahressummen, geschweige denn Aufstellungen über Gewinn und Verlust oder Berechnungen über Rentabilität und Produktivität.

Der Gang der Wirtschaft verknüpft sich dabei mit dem Lauf des Lebens. Wenn Josef Wall eine Sense kauft, sich vom Schuster ein Paar Schuhe doppeln oder von einem Störschneider eine Hose anfertigen lässt, wenn eine Mähmaschine angeschafft wird oder ein Lichtschalter repariert werden muss, er vom Zimmermann ein Holzrohr bohren oder beim Landmaschinenmechaniker die Traktorbatterie aufladen lässt, er sich zu Saatgut der Marke »Tassilo« entschließt, ein 145 Kilogramm schweres Schwein verkauft oder 720 Kilogramm Weizen zur Mühle bringt, wenn beim Binder eine hölzerne Badewanne in Auftrag gegeben und in der Stadt eine »Armbanduhr mit 17 Steinen« oder ein elektrischer Rasierapparat gekauft wird: alles findet Eingang in seine Aufzeichnungen. Er zahlt Jahr für Jahr am Pfarramt seine sechs Kirchensitze, beim Briefträger die Radiogebühr und die mit den Regimen wechselnden Zeitungsabonnements, im Krieg am Arbeitsamt die Ostarbeiterabgabe und nach dem Krieg bei der Gemeinde die Besatzungsabgabe. Er braucht immer wieder den Tierarzt und dann und wann den Sauschneider, er begleicht die Zahnarztkosten für die Tochter und die neue Zahnprothese für sich selbst, das Begräbnis eines Knechts, die Hochzeitsausstattung für die Tochter und eine Rodel für den im Krieg geborenen Enkel.

Im Unterschied zur populären Autobiografik, die meist für Außenstehende verfasst wird, hatten solche Bauern nie Leser im Sinn. Auch keine Wirtschaftsprüfer. Sie notierten, und das unterscheidet ihre Aufzeichnungen von Buchführung, nicht nur Geldwerte, sondern auch Mengen und Preise, Adressen und Qualitätsangaben. Um eine gewisse Form der Rechenhaftigkeit und Nachvollziehbarkeit der Wirtschaftsführung geht es aber natürlich auch hier, um die Milchleistung ebenso wie die Zahl der gelegten Eier.

Versuche, die Bauern zu ordentlicher Buchführung zu bringen, gab es schon früh: 1924 wurde in Oberösterreich eine landwirtschaftliche Buchstelle geschaffen. 1925 wurde mit den ersten Buchführungen begonnen, 1927 vom oberösterreichischen Landeskulturrat der erste Bericht über die Rentabilität der oberösterreichischen Landwirtschaft übergeben, für das Jahr 1925 auf der Basis von insgesamt 15 und 1926 von insgesamt 36 Betriebsrechnungen. 1927 wurden 50 Bauernwirtschaften statistisch analysiert. 76 hatten mit der Buchführung begonnen, 53 lieferten das Material ab, 50 davon waren auswertbar. 1930 waren bereits 274 Landwirte der Buchstelle angeschlossen, 169 Buchabschlüsse wurden ausgewertet.

In den späten Zwanzigerjahren ergab sich, nach der Wichtigkeit geordnet, im Flachland folgende Reihung bei den Einnahmengruppen: Getreide war mit 24 Prozent beteiligt, Milch mit 22 Prozent, die Rinderzucht mit 14 Prozent, die Schweinezucht mit 13 Prozent, die Hackfrüchte mit 11 Prozent. Der Rest verteilte sich auf Most, Wald und Sonstiges.

Bei den Ausgaben waren die Löhne mit 24 Prozent beteiligt, die Futtermittel mit

14 Prozent, die Geräteerhaltung mit 10 Prozent, das Saatgut mit 9 Prozent und die Steuern ebenfalls mit 9 Prozent. Dazu kamen zahlreiche weitere Posten, von der Sozialversicherung bis zu den Ausgaben für den Tierarzt, dem Zukauf von Tieren, den Ausgaben für Strom, Mineraldünger etc.[63]

1. Die Struktur der Einnahmen

Nehmen wir wieder das Beispiel des Bauern in Hof: Die Weizenverkäufe bildeten das traditionelle Rückgrat der Einnahmen des Hofes, in kleinerem Maße auch die Roggenverkäufe. Futtergetreide wurde praktisch nicht verkauft, wohl aber dann und wann Heu und Stroh. Die verkauften Mengen bei Weizen lagen den ganzen Zeitraum über bei etwa 10.000 bis 12.000 Kilogramm. Während des Krieges gingen sie deutlich zurück, und zwar schon 1939 und dann noch deutlicher ab 1942. Die Roggenverkäufe waren demgegenüber eher unbedeutend.

Immer mehr wurde die Schweinezucht und Schweinemast zum Hauptbestandteil der Einnahmen, allerdings mit der großen Ausnahme der Kriegs- und ersten Nachkriegszeit. 1942 hörte der Verkauf von Schweinen ganz auf, mit Ausnahme einiger Spanferkel an die Wachmannschaften des Konzentrationslagers Mauthausen und eines am 25. August 1945 von den Russen requirierten Schweins. Erst 1948 wurden wieder Schweine verkauft und erst ab 1953 wurden wieder die Werte der ausgehenden Dreißigerjahre erreicht. Da in den späteren Kriegsjahren praktisch keine Schweine mehr verkauft wurden und auch die Zahl der bewilligten Hausschlachtungen auf ein bis zwei Stück absank, aber dennoch immer mehr als zehn Schweine gehalten wurden, muss es zu einer vermehrten Zahl von Schwarzschlachtungen gekommen sein, deren Erlöse Wall offensichtlich der »weiblichen« Seite zurechnete. Gegen Ende der Fünfzigerjahre begann sich Josef Wall zunehmend auf die Ferkelaufzucht zu verlegen. 1958 verkauft er 20 Ferkel. 1960 waren laut Inventar vier Zuchtsauen und ein Zuchteber vorhanden.

Jedes Jahr gab es Ochsen und Stiere zu verkaufen, immer wieder auch alte Kühe. Jahr für Jahr wurden einige Milchkälber im Gewicht zwischen 40 und 80 Kilogramm verkauft. Während des Krieges nahm der Verkauf von Kälbern kaum ab. Hingegen wurden nach Kriegsende vorerst kaum Jungtiere verkauft, wohl um wieder einen entsprechenden Viehstand aufzubauen, was ein recht langwieriger Prozess war.

Neben der Getreideproduktion waren es die Rahm- und später Milchlieferungen an die Molkerei, für die ab Juli 1939 monatlich regelmäßig Geld hereinkam. Vorher wurden die Milchprodukte bei diversen Kundschaften in Linz und in der näheren Umgebung direkt vermarktet. In den Fünfzigerjahren wurde von Rahm- auf Milchlieferungen umgestellt.

Die Einnahmen aus dem Milchverkauf stiegen steil an und begannen in den Fünfzigerjahren die Einnahmen aus dem Getreideverkauf weit in den Schatten zu stellen. Eine erhebliche Ausweitung der Bestände und der Produktivität, aber auch eine Verbesserung der Vermarktung und der Preise waren die Ursache. Dass gerade in den späten Dreißigerjahren viel in die Verbesserung des Viehstandes und der Milchwirtschaft investiert wurde, war sicherlich im Zusammenhang mit dem Beginn der kontinuierlichen

Vermarktung über die Molkerei zu sehen. 1941 wurden bereits 14 Kühe gehalten, gegenüber den sieben, die im 19. Jahrhundert vorhanden waren. Bis 1947 war die Zahl der Kühe zwar kriegsbedingt auf zwölf zurückgegangen. 1953 aber standen 17 Kühe im Stall.

Ein seit der Errichtung der Ennser Zuckerfabrik im Jahr 1929 zunehmend an Bedeutung gewinnender, aber recht unregelmäßig fließender Teil der Einnahmen war das Zuckerrübengeld, das im Spätherbst oder zu Anfang des neuen Jahres mit dem Briefträger kam. Von der Zuckerfabrik konnten auch Melasse und Rübenschnitzel (Trockenschnitte) bezogen werden, die wiederum in der Schweinemast Verwendung fanden.

In den Dreißigerjahren gab es auf dem Hof circa 350 Obstbäume. Bis zum Ende der Fünfzigerjahre stieg ihre Zahl auf an die 600. Der Verkauf von Obst, weniger der von Most, entwickelte sich immer mehr zu einem zentralen Bestandteil der Einnahmen, auch wenn die Ergebnisse

Schautafel »Die Mostbirnen«: Gelbe Holzbirne, Grüne Winawitz, Hirschbirne und Rote Pichelbirne. Aus: Josef Lösching, Die Mostbirnen (Wien 1918)

von Jahr zu Jahr wegen der großen Schwankungsbreite der Obsternten erheblich differieren konnten. Den Quantitäten nach erreichten die verkauften Obstmengen in manchen Jahren 15 bis 17 Tonnen. Josef Wall hat Brockobst verkauft, Mostäpfel und Mostbirnen, Marmeladeobst, Fallobst, ab 1948 »Industrieobst«. Zum größeren Teil wurde das Obst im Hause selbst zu Most verarbeitet. Die Binderrechnungen geben mehr oder weniger genau Aufschluss über Zahl und Volumen der jährlich zugeschlagenen Fässer. Jedes Jahr wurde auch drei bis fünf Tage lang Schnaps gebrannt. Aber Einnahmen für Schnapsverkäufe sind nicht verzeichnet, sondern nur an das Finanzamt abzuführende Gebühren. Seit 1969 wurden 500 Obstbäume gefällt. Die freiwerdende Fläche wurde in Ackerland umgewandelt. Heute stehen nur mehr etwa 100 Bäume auf etwa 2 Hektar Obstgärten zur Verfügung.

Einen regelmäßigen, wenn auch nicht sehr bedeutenden Einnahmenposten bildete das Holz alter Obstbäume (Birne, Kirsch, Nuss). Dann und wann hat Josef Wall sich auch selbst ein paar Stämme zu Brettern schneiden und daraus Möbeln anfertigen lassen.

Im Laufe des Krieges änderte sich die Einkommensstruktur grundsätzlich: Während die Einnahmen aus dem Verkauf von Schweinen ganz wegfielen und die Erlöse für Getreide, Milch und Vieh rückläufig waren, kamen Kartoffeln, Kraut, Stengelspinat,

Rüben und Speisekürbisse als neue Marktprodukte, für die vor allem die Konzentrationslager Mauthausen und Gusen als Abnehmer auftraten. Auch Heu und Stroh wurden während des Krieges häufiger verkauft.

Dazu kamen von Fall zu Fall sonstige Einnahmen: aus dem Verkauf alter Geräte, aus Frachtdienstleistungen, aus den Gewinnen der Druschgenossenschaft, aus anlassbezogenen Leistungen der Kranken-, Vieh- und Feuerversicherung, aus Entschädigungen für durch die SS verursachte Flurschäden und aus von verschiedenen öffentlichen Stellen gewährten Subventionen.

Unbedeutend und häufig nur symbolisch waren die Bareinkünfte aus verpachteten Grundstücken. Die Pachtzinse wurden in der Regel in Form von Arbeit entrichtet.

2. Die Betriebsausgaben

Schon 1935, am Beginn seiner Aufzeichnungen, kaufte Josef Wall regelmäßig Futtermittel zu: in größeren Mengen Mais, manchmal auch Futterkartoffeln, Futtergerste, Fischmehl, Melasse und Rübenschnitzel. Im Vordergrund stand jedoch die eigene Futterproduktion: Das Heu wurde gehäckselt, manchmal auch eingeweicht und gedämpft. Gefüttert wurde dreimal am Tag. 1935 wurde die alte Futterschneidemaschine gegen eine neue getauscht. Ein Kartoffeldämpfer wurde angeschafft, schon vor dem Krieg ein Kartoffelsilo errichtet. Während des Krieges ging der Zukauf von Futtermitteln stetig zurück. Die Kartoffeln, die vorher ausschließlich im eigenen Betrieb verfüttert wurden, wurden nunmehr verkauft. Ab den Fünfzigerjahren wurde die Mast so intensiviert, dass Kraftfutter zugekauft werden musste.

Die Mineraldüngerkäufe, penibel dokumentiert, begannen schon vor dem »Anschluss«: Thomasmehl, Austriaphosphat (Superphosphat), Kali, Kalk, Kalkphosphat. Die Düngemittel wurden vor dem Zweiten Weltkrieg zum Teil über die Landwirtschaftskammer bezogen, zum Teil über das Lagerhaus. Nach dem »Anschluss« wurden auch die Zukäufe von Stickstoffdüngern verstärkt.

Die Zuckerrüben wurden bereits vor dem Krieg gespritzt. Ab 1955 wuchs die Zahl der Unkraut- und Schädlingsbekämpfungsmittel rasch an: Hortex, Dikopur, Hedonal …

Bereits in der ersten Hälfte des 20. Jahrhunderts kam ein Saatguthandel in Gang. Auf Sorten achtete man noch wenig, eher auf Herkunft. Das Hauptaugenmerk richtete sich auf bessere Reinigung und Beizung des Saatguts. Das Saatgut ließ der Bauer beim Verwalter der Herrschaft Luftenberg beizen. Erst in der Kriegszeit wurden auch neue Sorten (Weizen Marke »Tassilo«, Schlägler, Otterbacher und Petkuser Roggen) zugekauft. Regelmäßig hingegen wurden auch schon vor 1938 Obstbäume gekauft, auch Gras- und Kleesamen, Saatkartoffeln, natürlich Gemüse- und Rübensaatgut.

Der Viehstand wurde durch Holländerrassen verbessert. Um Zucht- und Zugvieh zuzukaufen, wurden weite Reisen unternommen. So ließ sich Josef Wall am 16. Mai 1939 mit einem Auto nach St. Georgen/Klaus chauffieren, wo beim Pfarrer ein Paar Ochsen, 1.250 Kilogramm schwer, erworben wurde. Die Autofahrt kostete 17 Mark 50, die Ochsen 1.110 Mark, Spesen und Fracht machten 22 Mark 50 aus. Am 24. Mai 1939 kaufte

Wall eine Pinzgauer Kuh in Neukirchen/Vöckla. Ein Holländerkalb samt Kiste bestellte man per Bahn aus Thening.

Josef Wall war durch seinen Anteil am Auwald und durch den großen Obstbaumbestand hinsichtlich des Brennholzbedarfes autark. Immer wieder verkaufte er Schnitt- und Brennholz. Andererseits musste er aber Nadelholz für Bauzwecke und Stangenholz für den Obstbau, für Kleehiefel und für sonstige Betriebszwecke beim Förster der Herrschaft Steyregg zukaufen. Ab 1950 begann er auch Braun- und Steinkohle als Heizmaterial zuzukaufen und im Gegenzug vermehrt Scheiter und Schleifholz zu verkaufen.

Einen großen Ausgabenposten stellten die Rechnungen diverser Handwerker dar, vom Schmied, Fassbinder, Wagner, Sattler, Zimmermann, Maurer, Elektriker und immer mehr auch vom Landmaschinenmechaniker vor und während des Krieges wurden große Aufträge an sie vergeben: Beim Wagner und beim Schmied wurde 1936 ein neuer Leiterwagen bestellt. Dem Wagner wurde das Holz zur Verfügung gestellt, dem Schmied das Alteisen. Von den Handwerkern wurden nur die Farben und Lacke und die Arbeit in Rechnung gestellt. Vor dem Krieg ließ man vom Zimmermann noch hölzerne Wasserleitungsrohre bohren. Der Bindermeister fertigte 1937 zwei Kartoffelsilos an. Beim Tischler wurden diverse Einrichtungsgegenstände beauftragt. Verschiedene Störhandwerker kamen noch ins Haus. Reparaturen machten, je komplexer die maschinelle Ausstattung des Bauernhofes wurde, einen umso höheren Anteil an den Betriebskosten aus.

3. Krisen und Krisensicherung

Krisen gab es immer wieder, durch Wetterunbilden und Elementarschäden, Feuer, Tierseuchen, Krankheiten und Unfälle, Krieg. Auf Bauernhöfen war die Hauptgefahr immer das Feuer.

Auch hier ist das Beispiel »Bauer in Hof« instruktiv: Erst in den späten Sechzigerjahren wurde beim Bauern in Hof eine Blitzschutzanlage installiert. Eine Feuerversicherung war schon 1848 abgeschlossen worden, wobei die Versicherungswerte in mehr oder weniger großen Abständen dem jeweiligen Geld- und Verkehrswert der Hofgebäude und Inventare angepasst wurden. Daneben blieb der Bauer in Hof bis in die 1950er-Jahre Mitglied mehrerer Bauernassekuranz-Vereine. Einer davon war der »Privat-Brand-Assekuranz-Verein zu Hartl«, bei dem der Bauer in Hof seit 1870 eingeschrieben war, wobei statutengemäß 4 Gulden in bar, 4 Maßl Korn und 30 Schaub Stroh als jährliche Prämienleistung vorgeschrieben waren. In den Dreißigerjahren machte der für diese Versicherung neben der Naturalleistung anfallende Geldbetrag die eher symbolische Summe von 1 bis 2 Schilling aus, nach dem Krieg etwa 10 bis 20 Schilling.[64]

Krisenfaktor Nummer zwei waren Risken mit dem Vieh. Immer wieder schreibt Maria Reiter, die Tochter des Bauern in Hof, von allerhand Unglück im Stall und am Feld: »Als Mutter nach Abwinden geheiratet hat, gab es viel Unglück. Das erste Jahr haben sie gleich die Schweinepest gehabt, es sind alle Schweine eingegangen ... Das Ärgste war immer, wenn es mit den Pferden etwas gab, denn ein Pferd kostete schon sein Geld, und das war zu dieser Zeit auch Mangelware.« Der Tierarzt war immer wieder beim Bauern

Hinterglasbild aus Sandl mit Darstellung des heiligen Florian, Schutzpatron vor Feuer, um 1860

am Hof. Regelmäßig wurden die Schweine geimpft. Der Bauer in Hof hatte zwar eine Pferdeversicherung, die zum Beispiel 1942 für die beiden Pferde »Fuchs« und »Bubi« 159 Mark kostete. Die Leistungen im Schadensfall konnten den Schaden aber in der Regel bei weitem nicht abdecken: 1950 erhielt Wall für ein notgeschlachtetes Pferd von der Versicherung 1.600 Schilling, die Neuanschaffung kostete 6.000 Schilling. 1953 gab es neuerlich einen schweren Schadensfall bei den Pferden.

In Abwinden wie überall in Donaunähe kam als drittes Risiko die Überschwemmungsgefahr dazu. Dass es in den Dreißigerjahren kein einziges Hochwasser gegeben hatte, wirkte sich für den Hof äußerst positiv aus. Die Vierzigerjahre waren schon weniger gnädig. Maria Reiter berichtet: »Im Juni 1940 hatten wir ein großes Hochwasser. Das Wasser stand im Hof bis zur Gred herauf. Die Schweine wurden evakuiert und die Pferde auch, die wurden in das Presshaus im Häusl gebracht.« 1954 folgte ein Jahrhunderthochwasser, bei dem das Haus zwei Meter hoch unter Wasser gesetzt wurde. Die Ernte war etwa zur Hälfte vernichtet. Eine genaue Schätzung des Schadens liegt nicht vor. Der Einnahmenentfall dürfte mit 30.000 bis 40.000 Schilling anzusetzen sein. Dazu kamen die Schäden an Bauten, Möbeln, Maschinen und Elektroinstallationen. Allein das Trocknen der zwei Elektromotoren und die Sanierung der Elektroinstallation kosteten 683 Schilling. Der Gesamtschaden muss weit über 100.000 Schilling ausgemacht haben. Für die erlittenen Wasserschäden erhielt Josef Wall eine Beihilfe von 1.000 Schilling und ein zinsengünstiges Darlehen von 4.000 Schilling, von der Hochwasserhilfe zusätzlich 250 Schilling. Das Darlehen wurde 1957 zurückgezahlt. 1965 gab es bereits wieder Hochwasser, das aber bei weitem nicht die Ausmaße des Jahres 1954 erreichte. Die Schäden wurden vom Pächter damals mit mindestens 90.000 Schilling beziffert.

Das schlimmste Risiko bedeuteten Krankheiten und Todesfälle. Zum menschlichen Leid kamen die wirtschaftlichen Folgen. Maria Reiter erinnert sich an die schwere Krankheit ihres Vaters Anfang der Dreißigerjahre, als er mit Blinddarmdurchbruch im Spital lag: »Früher wurde mit dem Doktorgehen viel zu lange gewartet, da ja die Bauersleute in keiner Krankenkasse waren, nur die Dienstboten. Er war vier Wochen im Krankenhaus, und das im Sommer.« Die Rechnung, die Josef Wall vom Krankenhaus der Barmherzigen Schwestern in Linz für Operation und Narkose am 26. August 1930 ausgestellt wurde, belief sich auf 330 Schilling. Als zehn Jahre später Maria Reiter drei Wochen mit Blinddarmdurchbruch im Krankenhaus lag, bezahlte Josef Wall bei den Barmherzigen Schwestern für 18 Tage Verpflegung, Medikamente, Sachaufwand etc. 179 Mark 70 Pfennig.

Seit Winter 1940/41 war die Bäuerin, die schon seit Kindheit kränklich war, nach einem Gehirnschlag bettlägerig und ein Pflegefall. Für einen »Aderlass« der Bäuerin im Krankenhaus der Elisabethinen bezahlte Wall 20 Mark und für den Hausarzt am Ende des Jahres 1941 347 Mark. 1949, beim Tod der Bäuerin, stellte der Arzt eine weitere Rechnung für den Gesamtzeitraum der Krankheit der Bäuerin, 1942 bis 1949, aus: 780, zu diesem Zeitpunkt schon sehr entwertete Schillinge. Nicht unbeträchtlich waren auch die Zahnarztrechnungen: Am 2. Mai 1937 bezahlte Wall für Mizzi (Maria Reiter) bei der Zahntechnikerin 75 Schilling, am 31. Dezember 1938 20,7 Mark, am 19. November 1942 für die andere Tochter, Lisl, 35 Mark. Ihn selbst kostete 1948 das »Zähne-Einsetzen« beim Doktor 1.141 Schilling und 1956 eine Zahnprothese und das Reißen von vier Zähnen 1.000 Schilling. 1955 brauchte der Bauer auch eine Brille um 153 Schilling.

Höher als die Arztkosten waren die Begräbniskosten: Im Frühjahr 1945 wurde der alte Brückler, ein Altknecht, begraben. Das Begräbnis zweiter Klasse kostete 108 Mark 33 Pfennig. Im Herbst 1945 starb der am Hof lebende Bruder des Bauern. Für ihn wurde auch ein Begräbnis zweiter Klasse zum selben Preis bestellt, zusätzlich eine Zehrung für 20 Leute (Suppe und Beilagen, insgesamt 40 Mark) und Orgel (17 Mark). Das Begräbnis der Bäuerin, im Februar 1949, diesmal erster Klasse mit drei Geistlichen, einer Zehrung für 51 Personen (51-mal Schöberl-Suppe, Rindfleisch mit Semmelkren, Kaffee und Semmel, 65 Halbe Bier), Fahnenträgern, Eisenkreuz und Sarg erster Klasse, zwei Kränzen samt Schleifen und 300 Totenbildern kostete 1.105 Schilling 40 Groschen, die notarielle Abhandlung 1.139 Schilling 35 Groschen, die Erbschaftssteuer 693 Schilling. Für die Schwester des Bauern Julia Wall, die 1956 starb, machten die Begräbniskosten mit zwei Kränzen, Sarg und Grabkreuz, Pfarrer, Totengräber, Vorbeter und Zehrung (43 Portionen, 56 Halbe Bier und 43 Brot) 2.670 Schilling aus.

Zuletzt ist noch der Krieg zu erwähnen. Zwar blieb es Josef Wall im Zweiten Weltkrieg erspart, noch einmal an die Front zu müssen. Aber sein Hof lag in der Nähe strategischer und kritischer Objekte: Die Hermann-Göring-Werke in Linz und die Panzerwerke in St. Valentin waren nicht weit entfernt. Die Bahnlinie führte unmittelbar am Hof vorbei und die Konzentrationslager Mauthausen und Gusen lagen in der nächsten Umgebung. Dass die für Flurschäden und Landrequirierungen durch die SS geleisteten Entschädigungen die tatsächlichen Verluste abdeckten, muss bezweifelt werden. »Am Bauernhof verging auch das Jahr mit vielen Ärgereien, sei es mit dem Dienstpersonal, dem Vieh, mit der politischen Partei oder mit der SS … Und so verging die Zeit, es kam das Frühjahr 1945, mit den vielen Bombenangriffen, und ganze Karawanen von Häftlingen wurden in das KZ vorbeigetrieben. Von Osten herauf kamen die Flüchtlinge aus Rumänien, Siebenbürger und Ungarn, es war eine schreckliche Zeit.«[65] Durch die Bombardierungen gingen alle Fenster zu Bruch. Im August 1945 setzte der Glaser 136 Stück

Fenstertafeln ein (97,96 Mark). Das Dach wurde mit 25 Rollen Dachpappe (500 Mark) notdürftig abgesichert. 4.500 rote Dachziegel kosteten 175,6 Mark.

Aus den Risken resultierten in der Regel Schulden. Josef Wall hatte im Unterschied zu so vielen Höfen in der Zwischenkriegszeit keine Schulden: Sparsam war er sowieso. Aber er hatte auch das Glück, in den ersten 20 Jahren seiner Wirtschaftsführung von größeren Unglücksfällen verschont geblieben und nicht mit Kosten aus der Hofübernahme belastet gewesen zu sein, weil die Hyperinflation nach 1918 die auf dem Hof noch lastenden Schulden von vorher und aus der Erbübernahme 1918 fast automatisch gelöscht hatte. Erst 1950 musste er einen Kredit von 30.000 Schilling aufnehmen, der wohl im Zusammenhang mit dem Tod der Bäuerin und der damit entstandenen Notwendigkeit zu sehen sein dürfte, das Pflichterbteil der beiden Töchter, das mit zusammen 11.630,42 Schilling festgesetzt worden war, auszubezahlen. Zusätzlich musste für die Ausstattung der jüngeren Tochter gesorgt werden. Die 30.000 Schilling Hypothekarkredit der Oberösterreichischen Landeshypothekenanstalt konnten aber bereits 1956 wieder gelöscht werden. Auch anlässlich der Hochwasserkatastrophe 1954 wurde ein kleiner Kredit aufgenommen, der ebenso sehr rasch zurückgezahlt wurde. Die Mechanisierung und sämtliche sonstigen Investitionen finanzierte Wall so gut wie ganz aus den laufenden Einnahmen.[66]

V. Genossenschaften und Vermarktung

In Oberösterreich wurden zwischen 1889 und 1910 insgesamt 256 Vorschusskassen nach dem System Raiffeisen gegründet. 1914 gab es in jeder zweiten oberösterreichischen Gemeinde eine bäuerliche Vorschusskasse, nur fünf davon allerdings im einkommensstärksten Bezirk Linz Land. Die Vierkanterregion war keine Gegend für Vorschusskassen. Die Bereitschaft für solche Gründungen war nicht vorhanden oder kam sehr spät. In Kirchberg und Hörsching erfolgten die Gründungen im Jahr 1897, in Traun 1898, in Kronstorf 1906, Leonding 1909, St. Marien 1917, Kematen 1918 und in Hargelsberg erst 1931.

Der oberösterreichische Zentralraum ist durch eine hervorragende Lage zu den Absatzmärkten gekennzeichnet: Linz, das seit dem späten 19. Jahrhundert stark expandiert hatte, erhielt durch die nationalsozialistische Gründungspolitik noch einmal einen mächtigen Wachstumsschub. Dazu kamen Wels, Verkehrsknotenpunkt und ein Zentrum der landwirtschaftlichen Industrie und des landwirtschaftlichen Marktwesens, und die Industriestadt Steyr mit ihrem Nachfragepotential. Zunehmend wichtig wurde Wien, vor allem als Abnehmer für Milch und Molkereiprodukte, seit mit der Westbahn ein leistungsfähiges Transportmittel verfügbar war und mit dem Zerfall der Habsburgermonarchie die mächtigen agrarwirtschaftlichen Konkurrenten im Norden und Osten weggefallen waren. Neben einer großen Anzahl von Mühlen nahm ein gut entwickelter Landesproduktenhandel das Brot- und Futtergetreide ab.

1. Lagerhausgenossenschaften

Am 17. Januar 1909 erfolgte die Gründungsversammlung der Lagerhausgenossenschaft St. Florian. Die maßgeblichen Proponenten waren Benno Brunnbauer, Chorherr und Ökonom von Stift St. Florian, Bürgermeister Michael Eckl (St. Florian), Ignaz Bernhard (Daniel in Hiesendorf und später Bürgermeister von Lorch), Albert Plaß (Meißer in Niederneukirchen) und Leopold Zittmaier (Buchmaier in Volkerstorf). Nach einem halben Jahr hatte die Genossenschaft 77 Mitglieder. Wichtigstes Ziel war der Bau eines Lagerhauses in Nähe der Ennser Kaserne, da man das Militär als Kunden gewonnen hatte. Man hatte auch Lieferverträge mit den Garnisonen in Villach, Klagenfurt, Laibach, Görz und Pola abgeschlossen. Auf dem Grundstück des Genossenschaftsmitglieds Franz Mayr (Rieplmayr in Kottingrath) wurde 1910/13 der Speicher der Lagerhausgenossenschaft St. Florian-Enns errichtet. Die Geschäfte gingen gut.[67]

Auf Brunnbauer, der 1914 überraschend verstarb, folgte ein weiterer Geistlicher als Obmann, der Florianer Stiftshofmeister Franz Ritz. Im Ersten Weltkrieg machte man zwar gute Geschäfte mit dem Militär, die Kriegsanleihen, in denen ein Teil der Zahlungen erfolgte, erwiesen sich aber als wertlos. Die 1919 errichtete Zweigstelle Nettingsdorf wurde 1928 wieder aufgelöst. Der Lagerhausstandort in Garnisonnähe hatte nach 1918 an Wert verloren. Man musste in Bahnhofsnähe.

1938 kam dem Lagerhausneubau, diesmal in Bahnhofsnähe, ein Zufall zu Hilfe. Der geplanten Autobahntrasse stand das bisherige Lagerhaus im Wege. 113.000 Reichsmark sollte das alte Lagerhaus erbringen, 385.000 Reichsmark der projektierte Neubau kosten. Am 24. August 1939 wurde mit dem Bau begonnen, eine Woche später begann der Zweite Weltkrieg. Es mangelte an Bauarbeitern und Baumaterialien. Erst Ende 1942 war die Dachgleiche erreicht. Es kam der strikte Befehl zum Baustopp. Trotzdem wurde das neue Lagerhaus fertiggestellt und im Herbst 1942 in Betrieb genommen. Filialen und Abgabestellen befanden sich in Hofkirchen, Kronstorf und St. Florian. 1948/49 besaßen 812 Mitglieder insgesamt 18.566 Geschäftsanteile (zu 13 Schilling). Der Warenumsatz betrug 1948/49 8.693.349 Schilling. Nach dem Zweiten Weltkrieg wurde das Ennser Lagerhaus zur größten Getreidegenossenschaft des Landes, fast ein Fünftel des Gesamtgetreideumsatzes der Lagerhäuser Oberösterreichs wurde hier erzielt. 1950 wurde die erste Getreidetrocknungsanlage eingerichtet. Ende der Sechzigerjahre wurde der erste Maistrockner Oberösterreichs gebaut. Sowohl in Enns wie in St. Florian wurden neue Getreidelager gebaut (1956), dazu kam in Enns 1958 noch ein weiterer Großsilo.

1980 lag die Lagerhausgenossenschaft St. Florian-Enns mit vier Filialen und 664 Mitgliedern hinsichtlich Umsatz an zweiter Stelle in Oberösterreich. Anfang der Neunzigerjahre kam der Konzentrationsprozess in Gang. Die Verschmelzung der Lagerhausgenossenschaften St. Florian-Enns und Mauthausen im Januar 1992 gab das Startsignal. Die neue Genossenschaft verdrängte Wels als umsatzstärkste Lagerhausgenossenschaft. Der Sitz verblieb in Enns. Das Einsparungspotential war beträchtlich. Der Konzentrationsprozess hielt die Neunzigerjahre über an. 2001 fusionierte Enns-Mauthausen mit Wels-Hörsching zum Lagerhaus Oberösterreich Mitte. Die neue Genossenschaft war mit 22 Filialen, mehr als 3.700 Mitgliedern und etwa 83 Millionen Euro Umsatz die weitaus stärkste Primärgenossenschaft Oberösterreichs. Die Anzahl der Lagerhausgenossenschaften in ganz Oberösterreich wurde in 20 Jahren von 28 auf 15 fast halbiert. [68]

Die Lagerhausgenossenschaft Neuhofen an der Krems wurde 1919 gegründet und besaß 1948/49 Filialen in Bad Hall und Kematen an der Krems. 1.045 Mitglieder zeichneten 12.154 Geschäftsanteile à 2 Schilling mit zehnfacher Haftung. Der Warenumsatz betrug 1948/49 5.237.326 Schilling. Die Lagerhausgenossenschaft Dörnbach-Hörsching, 1938 gegründet, hatte um 1950 677 Mitglieder mit 7.214 Geschäftsanteilen zu 5 Schilling mit zehnfacher Haftung. Der Warenumsatz betrug 1948/49 4.625.250 Schilling.

Kartoffeln wurden, solange sie ablieferungspflichtig waren, von den Lagerhäusern erfasst. Ab 1950 begannen die Schwierigkeiten im Absatz. Der Verbrauch an Speisekartoffeln ging zurück. Industriekartoffeln gingen an die Stärkefabrik Aschach.

2. Molkereigenossenschaften

Um den Absatz zu sichern, entstanden in Oberösterreich schon um die Wende zum 20. Jahrhundert die ersten Molkereigenossenschaften. Vorerst konnte man als Mitglied Rahm und Eier anliefern. Ein Bauer mit Pferdefuhrwerk brachte Rahm und Eier zur Bahn und mit der Bahn zur Molkerei.

Als Florian Födermayr 1923 im Alter von 46 Jahren das Zehetnergut in Kronstorf kaufte, war er bereits führend in der Agrarpolitik und Genossenschaftsbewegung tätig: bei der Gründung des oberösterreichischen Bauernbundes, als Obmann einer Elektrizitätsgesellschaft für Allhaming und Umgebung und Obmann der 1919 gegründeten Lagerhausgenossenschaft Neuhofen, im Vorstand der Oberösterreichischen Volkskredit und als Mitglied des Nationalrats. Er erkannte sehr rasch, dass sich nach dem Zerfall der Habsburgermonarchie für die entlang der Westbahn gelegenen Betriebe hinsichtlich der Milchversorgung Wiens erhebliche Chancen ergeben mussten. 1923 begannen die Völkerbundkredite zu fließen, die auch für den Aufbau der österreichischen Molkereiwirtschaft nutzbar gemacht werden konnten. Födermayrs Vorschläge, in Linz eine Zentralmolkerei zu errichten, ließen sich nicht verwirklichen. So reduzierte er seine Pläne auf eine Gebietsmolkerei, für die zuerst Sieding-Hargelsberg geplant war, dann aber Enns als bester Standort in Aussicht genommen wurde, vor allem wegen der erwarteten Absatzchancen in Wien. Die Gründungsversammlung der Molkereigenossenschaft erfolgte am 10. April 1928. Florian Födermayr beschaffte Kredite von der Genossenschafts-Zentralkasse und 390.000 Schilling aus der Völkerbundanleihe. Den veranschlagten Baukosten von 520.000 Schilling standen nur 63.000 Schilling an Eigenmitteln gegenüber. Es gelang, von der Bundesbahndirektion Linz ein Grundstück direkt am Ennser Bahnhof zu erwerben. Mit der gleichzeitig in Planung stehenden Zuckerfabrik schienen sich Synergien hinsichtlich der Rinderhaltung zu ergeben (Verfütterung der Rübenschnitzel und des Rübenblattes). Insgesamt beteiligten sich 178 Mitglieder mit 1.260 Geschäftsanteilen. Letztere wurden auf Kuheinheiten bezogen und betrugen pro Kuh 50 Schilling. Am 1. Januar 1929 wurde der Betrieb aufgenommen. Die erste Tagesmilchmenge betrug 4.500 Liter. Alles lief glänzend, nur nicht der

Absatz. Die feierliche Eröffnung der Molkerei Ende 1929, an der Bundespräsident Miklas, Kardinal Innitzer, Altbundespräsident Hainisch und etliche Minister, unter ihnen auch Födermayr teilnahmen, fiel bereits in die Krise der Weltwirtschaft und der Milchwirtschaft. Auf Florian Födermayr folgte 1932 Josef Klausner als Obmann. Die geplante Tageskapazität von 15.000 Litern Milch wurde bereits im zweiten Geschäftsjahr erreicht, doch der Absatz ließ zu wünschen übrig. Die Mitglieder mussten bis zu 75 Prozent der gelieferten Milch als Magermilch zurücknehmen. Ab 1933 wurde die überschüssige Magermilch zu so genanntem »Holländerkäse« verarbeitet.

1938 wurde Josef Klausner durch Ing. Ignaz Kloimwider ersetzt. Man erhoffte sich neue Absatzmärkte im Reich. Es wurden Lastkraftwagen angekauft, der Geschäftsgang war gut. Ab 1942 wurden jeden Freitag 7.000 Kilogramm Topfen in das Konzentrationslager Mauthausen geliefert. Die ursprünglich auf 15.000 Tagesliter berechnete Anlieferungsmenge war bis 1943 auf 90.000 Liter gesteigert. 1945 wurde wieder der alte Vorstand eingesetzt.

Die Molkerei Enns-St. Florian, zu deren Einzugsgebiet die Gemeinden Enns, Asten, St. Florian und Kronstorf und auch Teile von Hargelsberg, Hofkirchen, Niederneukirchen, St. Marien und Ansfelden gehörten, hatte den Krieg unbeschädigt überstanden. Um 1950 betrug der Mitgliederstand 583, die im Besitz von 4.117 Geschäftsanteilen zu 50 Schilling mit fünffacher Haftung waren. Im Jahr 1949 betrug die Frischmilchanlieferung aus dem Einzugsgebiet 6.091.588 Kilogramm. Die Ennser Molkerei lieferte einen großen Teil ihrer Milch nach Wien. Außerdem wurden 79.116 Kilogramm Butter, 20.612 Kilogramm Käse und 19.228 Kilogramm Topfen erzeugt. Beträchtliche Mengen wurden von anderen Molkereibetrieben zugekauft.[69]

Molkerei Enns-St. Florian, um 1949. Aquarell von Ferdinand Weeser-Krell

Die südlich des Einzugsgebiets der Molkerei Enns liegenden Betriebe lieferten ihre Milch an die Molkerei Wolfern. Auch die Molkereigenossenschaft Sierning mit dem Sitz in Sierninghofen war von Bedeutung. Das Kremstal gehörte zum Einzugsgebiet der Linzer Zentralmolkerei, die aber eine OHG war. Für die Gemeinden westlich der Traun hatte die Molkereigenossenschaft Linz (»Linzer Molkerei«) besondere Bedeutung. Diese Genossenschaft war 1934 gegründet worden. Sie zählte 1950 einen Mitgliederstand von 642 mit 4.805 Geschäftsanteilen (20 Schilling mit fünffacher Haftung). Die gesamte Milchanlieferung 1949 betrug 6.124.750 Kilogramm Vollmilch.

Während früher die Milch eine Einnahme für die Bäuerin darstellte, waren um 1950 die Einnahmen aus der Milchwirtschaft für den Bauern nicht mehr wegzudenken. Die Milchanlieferung stieg von Jahr zu Jahr beträchtlich. Dann aber brachen den Molkereien im Zentralraum in den Sechzigerjahren, als viele Bauern auf viehlose Wirtschaft umstellten, die Lieferanten weg. Vorerst wurde in Enns vor allem Trockenmilchpulver und Haltbarmilch erzeugt. Ende der Achtzigerjahre wurde mit der Erzeugung des umweltfreundlichen Waschmittels »Molka« begonnen, 1989 eine Anlage zur Erzeugung von Industriereinigern eröffnet. 1992 wurde der Ennser Betrieb stillgelegt.

3. Zuckerindustrie

Der oberösterreichische Zentralraum ist auch für den Zuckerrübenanbau hervorragend geeignet. Allerdings war man im Rahmen der Habsburgermonarchie nicht in der Lage, diesen Vorteil zu nutzen, sei es, weil den Bauern das nötige Kapital fehlte, um gegen die meist adeligen Gutswirtschaften Mährens oder Schlesiens zu bestehen, sei es, weil man erst zu spät einen Bahnanschluss erhielt und dann den Vorsprung nicht mehr aufholen konnte. Nach 1918 bot sich eine neue Chance.

Bereits 1919 regten die Ennser Sozialdemokraten an, in der leer stehenden Kaserne eine Zuckerfabrik einzurichten. Das war gut gemeint, aber wenig Erfolg versprechend. Als sich 1927 die Pläne für eine Zuckerfabrik im Linzer Zentralraum konkretisierten, war es nicht leicht, die Bauern zu überzeugen, weil beim ersten Versuch, der Gründung der Zuckerfabrik Suben 1921, eine Reihe von Bauern, die Anteile gezeichnet oder sich als Bürgen zur Verfügung gestellt hatten, zum Teil um Haus und Hof gekommen war. Florian Födermayr, der wichtigste Proponent eines neuerlichen Versuchs, hatte viel Überzeugungsarbeit zu leisten.

Am 12. Mai 1928 bereisten Vertreter der Finanzgruppe die in Frage kommenden oberösterreichischen Rübenbaugebiete: am Vormittag Traun, Hörsching, Thenning, Marchtrenk, Wels, Buchkirchen, Scharten, Eferding, Alkoven, am Nachmittag Enns, Kronstorf, Hargelsberg, Asten, Markt St. Florian, Niederneukirchen. Die Wahl fiel auf Enns: Mit dem zum Verkauf anstehenden Oberhausergut in Kristein stand ein hervorragend geeigneter Bauplatz zur Verfügung, mit Lage an der Bundesstraße und Westbahn. Der Betrieb startete im Herbst 1929.

Die Maschinen stammten aus den Zuckerfabriken Müglitz/Mähren und Pressburg und waren in Enns wieder aufgestellt worden. Sie funktionierten aber nicht. Daher wurde das Aktienkapital um weitere 3 Millionen Schilling aufgestockt, die maschinelle Ausstattung völlig neu angeschafft und das Personal besser geschult.

Die neue Gründung geriet direkt in die Weltwirtschaftskrise: 1934 gab es bereits eine Überkapazität an Zucker in Österreich. Durch die Weltwirtschaftskrise sank der Zuckerkonsum. Die Rübenkontingentierung musste eingeführt werden. Den Bauern wurden um 20 Prozent weniger Rüben abgenommen. Die Kontingentierung führte in der Rübenbauerngenossenschaft zu großem Unmut, war doch vorher eine Abnahmegarantie gegeben worden. Die Zuckerproduktion und die Rübenanbauflächen mussten um 30 Prozent reduziert werden. Bis 1938 gab es in der Genussmittelindustrie keine Nachfragebelebung. 1937/38 erzeugte die Zuckerfabrik Enns 16.578 Tonnen Konsumzucker, das war ein Drittel weniger als die Höchstproduktion im Jahr 1934/35. Während des Krieges wurde die Zuckererzeugung immer mehr reduziert und betrug 1942 nur mehr 12.930 Tonnen.

Für die Bauern brachte der Rübenbau völlig neue Anforderungen. Ein Rübenbauer erzählt: »Im Winter kam jemand von der Fabrik in ein Gasthaus, manchmal besorgte dies auch ein Bauer, um die Flächen aufzuschreiben und das notwendige Saatgut zu bestellen. Dies wurde von der Fabrik zur Anbauzeit geliefert. Diese Frucht brachte mehr Geld ins Haus, aber auch viel mehr Arbeit. Was heute die Maschinen machen, war damals alles Handarbeit. Das Saatbett musste so fein gemacht werden wie im Gemüsegarten. Wenn nach dem Anbau die Reihen sichtbar wurden, musste die ganze Fläche mit leichten Hauen wegen des Unkrauts gehackt werden. Die nächste Arbeit war das Vereinzeln aller Pflanzen. Die zu viel waren, wurden ausgehauen. Das war eine Kreuzweharbeit. Einige Wochen nachher wurde wieder gehackt, später dann noch einmal. Wer mehr angebaut hatte, als die Hausleute bearbeiten konnten, konnte sich Rübenarbeiter aus der Slowakei nehmen, die sehr geschickt waren und sehr schnell gearbeitet haben. Sie wurden gut bezahlt, sodass bald auch Gruppen aus dem oberen Mühlviertel diese Arbeit erlernten. Denn bis es dort zur Heuernte war, waren sie meistens mit der Rübenarbeit schon fertig. Manche kamen im Spätherbst auch zur Erntearbeit. Sie wurden fast überall gut verpflegt und bezahlt. Alles war Handarbeit: ausnehmen, köpfen, auf kleine Haufen schlichten und mit Blättern zudecken.«[70] An die Rübenbauern wurde Stickstoffdünger ausgegeben. Für die Rübenarbeit wurden slowakische Wanderarbeiter vermittelt, die mit der Arbeit bestens vertraut waren.

Der ehemalige Landesrat und spätere NS-Oberbürgermeister von Linz Franz Langoth hatte bereits 1937 die Präsidentschaft der Ennser Zuckerfabrik übernommen und behielt sie bis 1945. Der Verwaltungsrat wurde 1938 zu mehr als der Hälfte ausgetauscht. Am 7. Dezember 1945 wurde wieder Florian Födermayr, der zwischen 1938 und 1945 alle Ämter eingebüßt hatte, als öffentlicher Vermögensverwalter eingesetzt. Er blieb es bis 1950. Als Mitglied des Aufsichtsrats fungierte er bis zu seinem Tod 1960. Die Zahl der Kontrahenten stieg auf 9.000 gegenüber 3.000 vor dem Krieg.

Die amerikanische Besatzungsmacht förderte die Ennser Zuckerfabrik sehr, war es doch die einzige Zuckerfabrik in den westlichen Besatzungszonen. Im Jahr 1949 war in Enns die Vorkriegsproduktion wieder erreicht. Bei einer stetigen Steigerung der Verarbeitungsmenge auf bis zu 5 Millionen Tonnen pro Jahr konnte der Mitarbeiterstand laufend verringert werden. Auch die Außenstellen für die Rübenannahme wurden reduziert. Mit dem Traktor konnten die Rüben viel leichter direkt zur Fabrik gebracht werden. Vor den Fabrikstoren bildeten sich lange Schlangen. Ab 1960 wurde wieder eine Kontingentierung der Anbauflächen notwendig. Insgesamt verlief die Entwicklung vorerst positiv.

1969 wurde das Grundkapital der Ennser Zuckerfabrik von 84 auf 126 Millionen Schilling erhöht. 1974 fusionierte sie mit der Hohenauer Fabrik der Gebrüder Strakosch. Der Firmensitz wurde nach Wien verlegt. 1988 wurde die Zuckerfabrik Enns geschlossen. Sie hatte nicht nur mit Gewinn gearbeitet, sie war auch in den vorhergehenden Jahren modernisiert worden. Politiker aus Stadt und Land und aller Couleurs setzten sich für die Erhaltung ein, da nicht nur die Arbeiter, sondern auch die Rübenbauern von der Schließung betroffen waren. Die Eigentümer begründeten die Schließung mit dem anstehenden EU-Beitritt.

4. Obstverwertung

1952 wurde im Vierkantergebiet die Ennser Obstverwertung gegründet, um die städtischen Konsumenten mit Süßmost, Gärmost und anderen Fruchtsäften zu versorgen (Susi-Apfelsaft). Das Unternehmen durchlebte erhebliche Schwierigkeiten, war nach zwei Jahren konkursreif, wurde saniert und begann 1957 wieder Gewinne abzuwerfen. Die Verarbeitungskapazität wurde in den Sechzigerjahren auf rund 8.000 Tonnen Preßäpfel und Pressbirnen pro Jahr erweitert, das Tanklager auf rund 800.000 Liter Kapazität vergrößert. Eine Obsteindickungsanlage mit Aromarückgewinnung wurde in Betrieb genommen. Jährlich wurden rund 3 Millionen Liter Apfelsaft und andere Fruchtsäfte erzeugt. Der Dicksaft wurde zu einem begehrten Exportartikel. 1971 wurde die Ennser Obstverwertung mit der Ybbstaler Obstverwertung in Kröllendorf fusioniert. 1978 wurde der Ennser Standort geschlossen.

1985 begann wieder eine Obstverwertung. Das Vorarlberger Familienunternehmen Pfanner ließ sich in Enns nieder. 1986 eröffnete Pfanner in Enns ein vollautomatisches Konzentrat- und Abfüllwerk, 1993/94 ein Abfüllwerk für Mehrwegflaschen.[71]

VI. Das Ende der Vierkanter?

Der Vierkanter ist viel gelobt, aber auch kritisiert worden: Bereits im Jahr 1887 veranstaltete die k. k. oberösterreichische Landwirtschaftsgesellschaft einen Architektenwettbewerb über moderne Bauernhäuser. Die Kritik galt dem Vierkanter, weil er feuergefährlich und »unschön« sei.[72] Ferner sah man überdurchschnittlich viel Kapital gebunden. Der Bauforscher und Vierkantenthusiast Rudolf Heckl meinte dazu mehr als ein halbes Jahrhundert später, praktisch am Ende der Blüte der Vierkanter: »Die Bauern waren eben klüger als die Theoretiker von 1887. Nehmen wir uns in Acht, dass die

Praktiker vom Jahre 2000 nicht ebenso über unsere Klügeleien lachen wie wir über unsere Groß- und Urgroßväter.«[73] Allerdings änderten sich die Zeiten und Bedürfnisse schneller, als Heckl glaubte. Die Praktiker können inzwischen tatsächlich mit den funktionalen Vorschlägen Heckls nicht mehr viel anfangen.

Heckl schrieb 1949, also am Höhepunkt der Nutzbarkeit des Vierkanters. Damals konnte man die von ihm herausgestrichenen Vorzüge noch gelten lassen: »Die Entwicklung des Gehöftes liegt in der vollendeten Organisation des Gebäudes und im inneren Raumzusammenhang, der alle mechanischen Transportanlagen ermöglicht, daneben aber schon rein durch die Anordnung die größtmögliche Arbeitserleichterung bieten muss …«

Schon ein paar Jahre später stimmte das nicht mehr, der technische Wandel hatte den Vierkanter zum Problemfall gemacht: Einerseits ist er überdimensioniert, andererseits unterdimensioniert, die zahlreichen Schlafräume sind für die Einmann-Betriebe und Kleinfamilien überflüssig, die Schüttböden sind längst durch das Lagerhaus ersetzt, die riesige Scheune wird nicht mehr gebraucht, die Tore und Durchfahrten sind für moderne Traktoren und Maschinen zu niedrig, die riesige Hoffläche und die wunderbar gewölbten Ställe werden nicht mehr verwendet, die Bergeräume sind für den Einsatz oder auch nur die Unterbringung moderner Maschinen kaum geeignet, die Gesinderäume sind funktionslos geworden, in den Kellern stehen die Mostfässer leer. Die große Dachfläche, die vielen Fenster – bis zu 365 im so genannten Jahreszeitenhof – und die gewaltige Baukubatur ziehen riesige Kosten nach sich.

Um die Höfe gruppierten sich fast überall weitere Bauten wie Maschinenschuppen, Garagen, Landarbeiterwohnungen etc., sodass sich oft eine Haufenhofform ergab.[74] Teilweise wurden diese Nebengebäude inzwischen abgetragen, weil man sie nicht mehr braucht oder weil sie mit der Erweiterung der Höfe in die geschlossene Bauweise integriert wurden, teilweise sind neue Nebengebäude dazugekommen, als Garagen und Maschinenschuppen oder als neue Bungalows, deren Komfort den alten Bauernhäusern vorgezogen wird. Der alte Vierkanthof des Hagmayrguts in Penking Nr. 19, Gemeinde Hargelsberg, blieb bis 1976 bewohnt. 1976 wurde daneben ein eigenes Wohnhaus errichtet.[75] Bis in die Mitte des 20. Jahrhunderts war die Tendenz, immer mehr Gebäude in den geschlossenen Hof einzubinden, danach wieder, neue Einzelgebäude neben den Hof zu stellen.

Die gravierende Umgestaltung der Wirtschaftsgebäude hat in vielen Fällen zu einer Beeinträchtigung oder Zerstörung der typischen Hoflandschaft geführt. Es gibt aber auch gelungene Beispiele einer bewirtschaftungsbedingten, aber adäquaten Umgestaltung und von neuen Verwendungsmöglichkeiten in Verbindung mit einer liebevollen Bewahrung des Baubestandes, zum Beispiel Vermietungen, Gästeräume, Seminarräume.

Vielfältige Formen bäuerlichen Unternehmertums haben sich herausgebildet: der Stadtbauer, der nur mehr nebenher Bauer ist und durch Vermietungen oder durch Grundverkäufe Zusatzeinkünfte erzielen kann; der unternehmerische Nebenerwerbslandwirt, der seinen Betrieb so organisiert hat, dass der Arbeitsaufwand minimiert ist; der bäuerliche Unternehmer, der Nischen sucht, eine große Fischzucht, ein Seminarhotel, die Herstellung von Qualitäts- und Markenprodukten, die Direktvermarktung, die Mostschank und das Jausengeschäft. Und schließlich gibt es auch die Wagemutigen, die sich in Kanada oder in Ungarn neue Standbeine geschaffen und über die Grenzen expandiert haben.

Michael Pammer

HOCHLAND IM NORDEN

MÜHL- UND WALDVIERTEL

Im Norden unseres herrlichen Stromes, welcher das Land in einen nördlichen und südlichen Teil teilt, erhebt sich ein Hochland, welches viele Meilen die nördlichen Ufer des Stromes begleitet. … Wir fuhren von dem Stromesufer die staffelartigen Erhebungen empor, und fuhren dann in dem hohen vielgehügelten Lande dahin. Wir fuhren oft mit unserem Gespann langsam bis auf die höchste Spitze eines Berges empor, dann auf der Höhe fort, oder wir senkten uns wieder in ein Tal, umfuhren oft in Windungen abwärts die Dachung des Berges, legten eine enge Schlucht zurück, stiegen wieder empor, veränderten recht oft unsere Richtung, und sahen die Hügel die Gehöfte und andere Bildungen von verschiedenen Seiten. Wir erblickten oft von einer Spitze das ganze flache gegen Mittag gelegene Land mit seiner erhabenen Hochgebirgskette, und waren dann wieder in einem Talkessel, in welchem wir keine Gegenstände neben unserem Wagen hatten als eine dunkle weitästige Fichte und eine Mühle. Oft, wenn wir uns einem Gegenstande gleichsam auf einer Ebene nähern zu können schienen, war plötzlich eine tiefe Schlucht in die Ebene geschnitten, und wir mußten dieselbe in Schlangenwindungen umfahren. Ich hatte bei meinem ersten Besuche dieses Hochlandes die Bemerkung gemacht, daß es mir da stiller und schweigsamer vorkomme, als wenn ich durch andere ebenfalls stille und schweigende Landschaften zog. Ich dachte nicht weiter darüber nach. Jetzt kam mir dieselbe Empfindung wieder. In diesem Lande liegen die wenigen größeren Ortschaften sehr weit von einander entfernt, die Gehöfte der Bauern stehen einzeln auf Hügeln oder in einer tiefen Schlucht oder an einem nicht geahnten Abhange. Herum sind Wiesen Felder Wäldchen und Gestein. Die Bäche gehen still in den Schluchten, und wo sie rauschen, hört man ihr Rauschen nicht, weil die Wege sehr oft auf den Höhen dahin führen. Einen großen Fluß hat das Land nicht, und wenn man die ausgedehnte südliche Ebene und das Hochgebirge sieht, so ist es nur ein sehr großer aber stiller Gesichtseindruck.

Adalbert Stifter[1]

I. Oberfläche, Klima und Boden

Das Hochland, von dem Adalbert Stifter schreibt, zieht sich von der bayerischen Grenze nördlich der Donau ostwärts bis weit nach Niederösterreich hinein. Im oberösterreichischen Teil, dem Mühlviertel, liegt es auf einer mittleren Höhe von 600 bis 650 Metern und fällt in allen Teilen von Norden nach Süden ab (Karte 1a).[2] Zum Mühlviertel gehört im Westen der ganze Bezirk Rohrbach, der von der bayerischen Grenze nach Osten hin ansteigt. Es schließt sich der Bezirk Urfahr mit Ausnahme einiger an der Donau gelegener Gemeinden an; dieser Bezirk bleibt von West nach Ost in etwa gleicher Höhenlage. Den östlichen Teil des Mühlviertels bildet im Norden der Bezirk Freistadt, wo das Gelände nach Osten hin wieder ansteigt, im Südteil der unmittelbar anschließende Teil des Bezirks Perg, der insgesamt tiefer als die anderen Bezirke des Mühlviertels liegt; das ebenfalls zum Bezirk Perg gehörende, noch tiefer gelegene Machland an der Donau wird im Hinblick auf die Landwirtschaft nicht mehr zum Mühlviertel gezählt.

Der niederösterreichische Teil des Hochlands, das Waldviertel, fällt in fast allen Teilen nach Osten hin ab (eine Ausnahme ist der flache Bezirk Waidhofen an der Thaya); in nordsüdlicher Richtung ist das Waldviertel zweigeteilt, mit der höchsten Erhebung in der Mitte und etwas südlich davon. Dieses hoch gelegene Gebiet, mit über 700 Höhenmetern überhaupt der höchste Teil des Hochlands, ist der Zwettler Bezirk, an den sich in nordöstlicher Richtung der Bezirk Horn anschließt, der viel tiefer liegt; diese Gebiete fallen nach Norden zum mährischen Thayatal hin ab. Nordwestlich davon befinden sich die Gebiete um Gmünd und Waidhofen an der Thaya. Ersteres liegt insgesamt wenig tiefer als der benachbarte Freistädter Bezirk, fällt aber nach Osten zum Bezirk Waidhofen hin ab. Den südlichsten Teil des Waldviertels nehmen die hierher gehörenden, bis zur Donau reichenden Teile der Bezirke Melk und Krems ein, die im Mittel um etwa 100 Meter tiefer als das Hochland in Oberösterreich liegen; sie liegen auch etwas niedriger als das Gebiet um Gmünd, doch ist hier der Unterschied, verglichen mit den kleinräumigen Schwankungen, unbedeutend. Beide Bezirke fallen nach Osten hin ab, der Kremser Bezirk auch nach Süden. Auch südlich der Donau liegen einige Gebiete, die zum Hochland gerechnet werden, obwohl sie meist deutlich niedriger liegen. Es sind dies die Neustadtler Platte und der Dunkelsteiner Wald in Niederösterreich und der Sauwald in Oberösterreich zu Bayern hin. Die Wachau wird, obwohl zwischen dem Dunkelsteiner Wald im Süden und dem nördlichen zum Waldviertel gehörenden Teil des Bezirks Krems gelegen, nicht zum Waldviertel gerechnet. Dasselbe gilt heute für kleine Teile der Bezirke St. Pölten und Hollabrunn, die man in den Fünfziger- und Sechzigerjahren noch als Teil des Waldviertels angesehen hat.

Landschaftliche Besonderheiten von Mühl- und Waldviertel kommen nicht nur durch die großräumigen Unterschiede in der Höhengliederung zu Stande, sondern auch durch örtliche Höhenunterschiede. Wie Stifter schreibt, handelt es sich um ein vielhügeliges Land: Innerhalb fast aller heutigen Gemeinden findet man Höhenunterschiede von mehr als 100 Metern, in jeder zweiten Gemeinde beträgt der Höhenunterschied 350 Meter oder mehr. Allgemein gilt, dass die Höhenunterschiede innerhalb einer Gemeinde größer sind, wenn die Gemeinde überhaupt höher liegt und erwartungsgemäß auch, wenn die Gemeinde ihrer Fläche nach ausgedehnter ist. Berücksichtigt man diese beiden Punkte, dann lässt sich das Gebiet wie folgt beschreiben: Im oberösterreichischen Teil sind die Verhältnisse von Westen bis Osten ungefähr gleich; hier beträgt der gewöhnliche Höhenunterschied innerhalb einer Gemeinde ungefähr 400 Meter. In Niederösterreich finden wir hingegen zwei Landschaftsformen, die sich voneinander und von den Verhältnissen in Oberösterreich unterscheiden: Die eine ist die sanftere Landschaft des Nordens um Gmünd, Waidhofen und Horn herum, mit Höhenunterschieden von wenig mehr als 200 Metern innerhalb einer Gemeinde. Selbst im Gebiet von Zwettl ist die Landschaft sanfter als im Oberösterreichischen, was noch mehr auffällt, wenn man bedenkt, dass der Zwettler Bezirk besonders hoch liegt. Die andere, wildere Landschaft findet man im südlichen Waldviertel, also in den zum Hochland gehörenden Teilen des Melker und auch des Kremser Bezirkes: Die Gemeinden weisen hier in sich Höhenunterschiede um 500 Meter oder mehr auf, deutlich mehr als in Oberösterreich, trotz ihrer allgemein niedrigeren Höhenlage.

Uneinheitlich ist auch die Siedlungsweise. Betrachtet man nur die Lage der Hauptorte einer jeden heutigen Gemeinde, so kann man deutliche Unterschiede in der Höhenlage der Siedlungen erkennen: Vom Westen um Rohrbach über Urfahr, den Perger Bezirksteil, das Gebiet um Zwettl bis in den Kremser Bezirksteil liegen die Siedlungen weiter in der Höhe. Im nordöstlichen Teil, beginnend mit dem Gebiet um Freistadt über Gmünd bis zum Waidhofener Bezirk, sind die Siedlungen weiter im Tal gebaut; auch im Melker Bezirksteil ist dies so. Dies gilt unabhängig davon, wie groß die Höhenunterschiede innerhalb einer Gemeinde sind. Abgesehen davon ist es aber meist so, dass in Gegenden mit großen örtlichen Höhenunterschieden die Siedlungen weiter im Tal liegen. Zusammengenommen bedeutet dies, dass im Kremser Bezirksteil die Hauptsiedlungen besonders hoch, nämlich ungefähr 240 Meter über dem tiefsten Punkt der jeweiligen Gemeinde liegen; in Gmünd und Waidhofen beträgt dieser Abstand im Durchschnitt nur ungefähr 60 Meter.

Für die Landwirtschaft unmittelbar wichtiger als die örtlichen Unterschiede zwischen besonders tief und besonders hoch gelegenen Punkten sind die damit auch in Zusammenhang stehenden Neigungen der Hänge (Karte 1b). Allgemein sind in jenen Gebieten, für die große örtliche Höhenunterschiede festgestellt wurden, auch die Hänge steiler, ein eindeutiger Zusammenhang. Selbst wenn man diesen Umstand berücksichtigt, verbleiben aber im Vergleich der Landschaften des Hochlands immer noch starke Unterschiede in den Hangneigungen. Das Mittelmaß findet man im Urfahrer Bezirk mit einer mittleren Hangneigung von ungefähr 14 Prozent.[3] Die westlich und östlich benachbarten Bezirke Rohrbach und Freistadt haben meist steilere Hänge, der Durchschnitt liegt hier bei etwa 16 Prozent. Das nördliche Waldviertel ist das sanftere Gegenstück dazu, mit Hangneigungen zwischen 7 und 10 Prozent in den Bezirken Gmünd, Waidhofen, Horn und, mit dem höchsten Wert, Zwettl. Die wildesten Bedingungen findet man aber wieder in den Gebieten, wo das Hochland nach Süden abfällt, also in den hierher gehörenden Teilen der Perger, Melker und Kremser Bezirke; hier beträgt die mittlere Hangneigung 20 Prozent. Diese Unterschiede zwischen den vier Landschafts-

Karte 1a: Durchschnittliche Seehöhe in Metern

- 267 bis 400
- 400 bis 500
- 500 bis 600
- 600 bis 700
- 700 bis 800
- 800 bis 914
- Staats- und Landesgrenze

Karte 1b: Durchschnittliche Hangneigung in Prozent

- 0 bis 7
- 7 bis 11
- 11 bis 14
- 14 bis 16
- 16 bis 18
- 18 bis 22
- 22 bis 29

Karte 1c: Bodenklimazahlen

- 0 bis 19
- 19 bis 22
- 22 bis 25
- 25 bis 28
- 28 bis 31
- 31 bis 34
- 34 bis 47

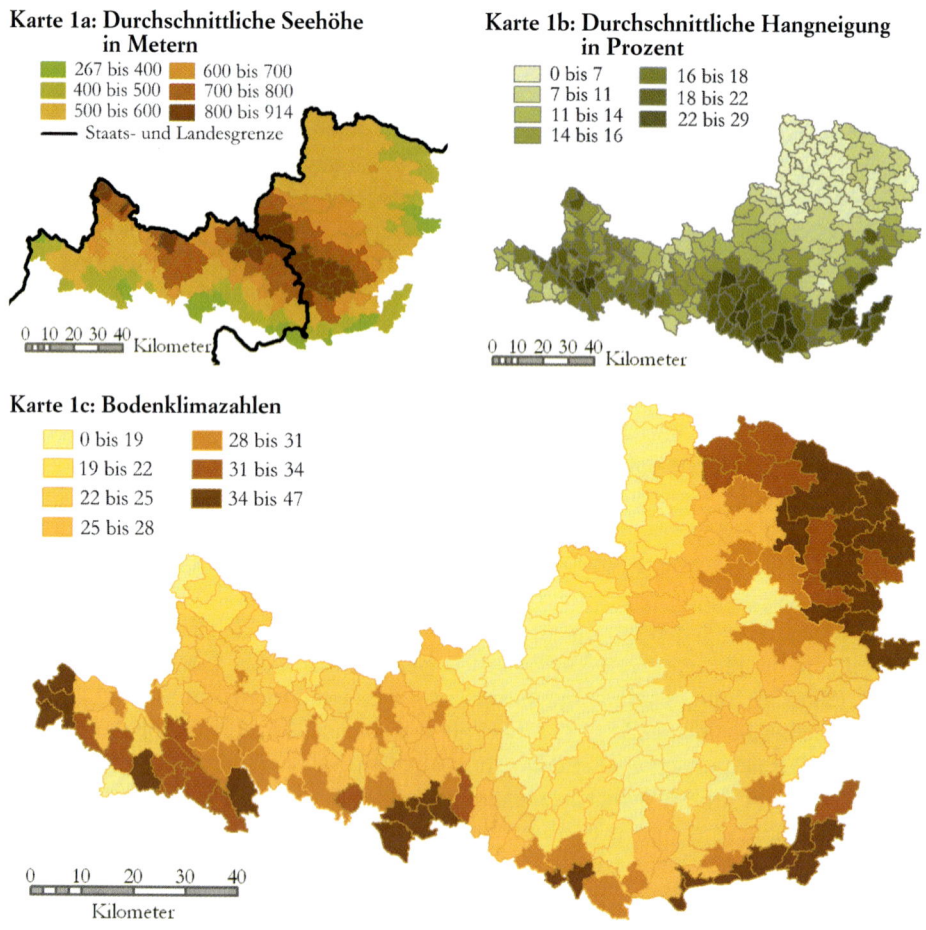

Quelle: Karte: Bundesamt für Eich- und Vermessungswesen, Wien. Daten: siehe Text.

formen – Rohrbach und Freistadt, Urfahr, nördliches Waldviertel, der Süden zur Donau hin – verschwinden auch dann nicht, wenn man die örtlichen Höhenunterschiede berücksichtigt.

Angaben über die mittlere Hangneigung geben aber noch keine sichere Information über Neigungsverhältnisse in einem Gebiet, da ein gegebener Durchschnittswert aus einer Vielzahl ähnlicher Werte hervorgegangen sein kann oder aber aus vielen Werten, die sich voneinander stark unterscheiden. So könnte eine Landschaft, die großteils flach ist, aber von einzelnen Schluchten zerschnitten ist, so wie es Stifter beschreibt, die gleiche mittlere Hangneigung aufweisen wie eine sanft gewellte Landschaft. Im Fall des Hochlands nördlich der Donau findet man drei Arten der Oberflächenbildung. Die erste ist die leicht gewellte Landschaft des nördlichen Waldviertels von Gmünd über Waidhofen bis Horn, wo mehr als vier Fünftel der Fläche eine Hangneigung von unter 12 Prozent aufweisen; auf die dann folgenden Hangneigungsklassen[4] entfallen immer geringer werdende Flächenanteile, sehr steile Gebiete sind nicht in nennenswertem Ausmaß vorhanden. Man kann zu dieser Landschaftsform auch das Gebiet um Zwettl rechnen, das etwas stärker gewellt ist, wo aber immer noch mehr als zwei Drittel der Hänge eine Neigung von unter 12 Prozent haben. Die zweite Landschaftsform findet man im Mühlviertel, ausgenommen den Perger Bezirksteil. Die Hänge sind hier steiler, mehr als die Hälfte der Fläche zeigt eine Neigung über 12 Prozent; auf die oberen Hangneigungsklassen entfallen nicht unbeträchtliche Anteile an den Flächen. Die dritte Landschaftsform ist dort zu finden, wo das Hochland nach Süden abfällt, also im Perger Bezirksteil in Oberösterreich und in den Bezirken Melk und Krems in Niederösterreich. Hier sind die Hänge steil, ein Drittel der Flächen oder noch weniger weist Neigungen unter 12 Prozent auf, ein Zehntel der Flächen hat eine Neigung zwischen 35 und 50 Prozent. Selbst die noch stärker, über 50 Prozent, geneigten Flächen nehmen hier einen beträchtlichen Anteil ein, besonders im niederösterreichischen Landesteil. Betrachtet man einzelne Gemeinden, so findet man das steilste Gelände dort, wo sich die Donau in das Hochland eingeschnitten hat, das ist in Oberösterreich bei der Schlögener Schlinge und oberhalb von ihr, dann noch in Niederösterreich beim Eingang in die Wachau. In Haibach ob der Donau, das in der Schlögener Schlinge liegt, und in Kirchberg ob der Donau auf der nördlichen Seite haben mehr als ein Sechstel der Flächen eine Neigung von über 50 Prozent.

Das Klima im Hochland ist mäßig warm und eher trocken, die Temperaturverhältnisse sind ziemlich ausgeglichen.[5] Verglichen etwa mit dem Salzkammergut, sind im Hochland die Sommertemperaturen höher, die Wintertemperaturen ungefähr gleich hoch. Im Winter kann man im Hochland drei Temperaturzonen unterscheiden: Die niedrigsten Temperaturen findet man mit Jännertemperaturen von minus fünf bis minus vier Grad in der nördlichen Hälfte des Mühlviertels und in einem großen Teil des Waldviertels, nämlich in den Bezirken Zwettl und Waidhofen und den unmittelbar angrenzenden Gebieten; um ein Grad wärmer sind große Teile des südlichen Mühlviertels und der Bezirke Gmünd, Horn, Melk und Krems; noch einmal ein Grad wärmer sind die Gebiete an der Donau ab Aschach, die allerdings zum Teil, so wie das Gebiet um Aschach selbst, das Machland und die Wachau, nicht mehr zu Mühl- oder Waldviertel gehören. Noch einheitlicher ist die Temperaturverteilung im Sommer, wo nur ein kleiner Teil des Mühlviertels zur Donau hin und das Gebiet um Horn und Krems etwas höhere Temperaturen als der Großteil des Hochlands aufweisen.

In der Menge der Niederschläge unterscheidet sich das Hochland stark vom südlichen Bergland Ober- und Niederösterreichs. Es reicht im Osten mit den Bezirken Horn und Krems an die trockene nordöstliche Zone Österreichs heran, mit jährlichen Niederschlagsmengen von wenig über 600 Millimetern; fast das gesamte Waldviertel und große Teile des Mühlviertels weisen Niederschläge von weniger als 900 Millimetern im Jahr auf. Ausnahmen sind einige Gebiete im westlichen und nördlichen Mühlviertel, wo mehr als 900 Millimeter Niederschlag fallen, an der bayerischen Grenze sogar über 1.200 Millimeter. Trotz dieser Unterschiede innerhalb des Mühlviertels ist das Land nördlich der Donau der trockenste Teil Oberösterreichs.

Höhenlage, Hangneigung und Klima bestimmen neben dem Boden[6] wesentlich mit, welche Erträge aus der landwirtschaftlichen Fläche eines Gebiets erwirtschaftet werden können. Die Maßzahl, die über die Ertragswahrscheinlichkeit für eine gegebene Fläche informiert, ist die Bodenklimazahl, die mit höheren Erträgen einen höheren Wert annimmt (Karte 1c). Im Hochland sind die Ertragszahlen verhältnismäßig niedrig: Während in Niederösterreich die Bodenklimazahl im Durchschnitt 35 und in Oberösterreich 32 beträgt, liegt sie in Mühl- und Waldviertel, über das ganze Hochland gerechnet, nur bei etwa 27. Sie zeigt aber beträchtliche Schwankungen; die niedrigste Bodenklimazahl, die für eine Gemeinde angegeben wird, beträgt 14,3 für Dorfstetten im Bezirk Melk, die höchste beträgt 47,2 für Gallneukirchen, das zum Urfahrer Bezirk gehört. Betrachtet man die für die einzelnen Gemeinden charakteristischen Bodenklimazahlen im Zusammenhang mit der Oberflächengestalt, so wird deutlich, dass der für den Ertrag wichtigste Umstand die Höhenlage einer Gemeinde ist. Die Schwankungen in den Bodenklimazahlen lassen sich allein aus der Höhenlage zu 60 Prozent erklären: Eine Gemeinde, die um 100 Meter höher liegt, hat eine um 3,8 Punkte niedrigere Bodenklimazahl zu erwarten. Einen gewissen Einfluss übt auch die Hangneigung aus; eine Gemeinde, in der die mittlere Hangneigung um ein Zehntel höher ist, muss mit einer Verschlechterung der Bodenklimazahl um mehr als einen Punkt rechnen. Aber auch unter Berücksichtigung dieser Faktoren verbleiben beträchtliche Unterschiede in den Bodenklimazahlen der verschiedenen Teile des Hochlands, wobei oft selbst in benachbarten Gebieten recht unterschiedliche Bedingungen anzutreffen sind. Man kann dabei vier Gruppen ziemlich klar unterscheiden: Die höchsten Werte in der Bodenklimazahl weisen die Bezirke Horn und Urfahr auf, geringfügig schlechtere der Bezirk Melk. Schlechter als in den Bezirken Horn und Urfahr sind die Bodenklimazahlen in den Bezirken Rohrbach, Freistadt und Waidhofen; die Werte sind hier bei Berücksichtigung der Höhen- und Hangneigungsverhältnisse um etwa drei Punkte niedriger. Um ein bis eineinhalb Punkte darunter liegen die Werte in den Bezirken Perg, Zwettl und Krems. Den bei weitem schlechtesten Wert weist aber der Bezirk Gmünd auf, wo unter Berücksichtigung der anderen Faktoren die Werte um elf Punkte unter denen der besten Bezirke liegen. All dies bedeutet, dass sich etwa der Bezirk Zwettl trotz seiner Höhenlage geringfügig besserer Ertragswerte als der Bezirk Gmünd erfreuen kann und dass das Waidhofener Gebiet deutlich höhere Bodenklimazahlen hat, obwohl die Oberflächenverhältnisse ähnlich wie in der benachbarten Gmünder Gegend beschaffen sind.

Eine Zusammenfassung von Landschaftsformen, Klima, Siedlungsweise und Ertragswerten ist nicht leicht, weil die Zusammenhänge zwischen diesen Faktoren nicht immer eindeutig sind:

– Als einheitliches Gebiet lassen sich am ehesten die Gegenden im nördlichen Mühlviertel und im Bereich zwischen Freistadt und Zwettl ansprechen: Diese Gebiete liegen hoch, sind nicht besonders flach, gehören aber auch nicht zu den Gegenden mit besonders steilen Hängen; die Erträge in diesen Gebieten sind gering. Die Höhenlage der Siedlungen ist aber in diesen Teilen des Hochlands nicht einheitlich, denn man findet gleichermaßen hoch wie tief gelegene Siedlungen.

– Nur wenig überlappt mit den besonders hoch gelegenen Gebieten der Teil des Hochlands mit ausgeprägten örtlichen Höhenunterschieden und steilen Hängen vor allem

im Süden, wo das Hochland zur Donau hin abfällt. Die Erträge in diesen Gegenden sind teilweise, aber nicht überall gering. In der Höhenlage der Siedlungen kann man auch hier kein einheitliches Bild zeichnen.
– Die tiefer gelegenen und eher flachen Gegenden, das sind das nördliche Waldviertel, die südöstlichen Ausläufer nach St. Pölten hin, der südliche Bezirk Urfahr unterhalb von Linz und der Sauwald im Süden, sind die ertragreichsten Gebiete des Hochlands. Die auffällige Ausnahme bildet der Bezirk Gmünd mit seinen niedrigen Flächenerträgen. Auch in diesen Gebieten gibt es keine einheitliche Siedlungsweise.

II. Bevölkerung

Im Jahr 2001 wohnten im Hochland 410.000 Personen.[7] Die Bevölkerungszahl war damit geringfügig höher als zu irgendeinem früheren Zeitpunkt in der Geschichte. Die Bevölkerung ist im Lauf des 20. Jahrhunderts insgesamt nur um etwas über 3 Prozent angewachsen, verglichen mit anderen Teilen Österreichs eine bescheidene Zunahme; in Österreich insgesamt nahm die Bevölkerung um ungefähr ein Fünftel zu. Dieser kleine Zuwachs ist das Ergebnis einer wechselhaften Entwicklung. In den Jahren von der Jahrhundertwende bis zum Ersten Weltkrieg nahm die Bevölkerung im Hochland zu, wenn auch nicht sonderlich rasch. Der Krieg 1914 bis 1918 führte zu einer deutlichen Abnahme der Bevölkerung, was sich trotz einer gewissen Erholung in der Zwischenkriegszeit nicht vollständig ausglich. Die Wirtschaftskrise und der Zweite Weltkrieg brachten neuerlich einen Rückgang der Bevölkerungszahl mit sich, der sich, anders als nach 1918, in den ersten Jahrzehnten nach dem Krieg fortsetzte. Von allen Volkszählungen des 20. Jahrhunderts verzeichnet daher die Zählung von 1961 die niedrigste Bevölkerungszahl für diesen Raum, wohingegen in Österreich insgesamt 1961 mehr Einwohner verzeichnet wurden als jemals zuvor. Erst danach nahm die Bevölkerung auch im Hochland wieder zu, nun nicht viel langsamer als sonst in Österreich.

Dieses Bild der Bevölkerungsentwicklung im gesamten Hochland ist eine Summe von ganz unterschiedlichen Entwicklungen in den verschiedenen Gebieten vor allem nach 1945 (Karte 2). Bis zum Zweiten Weltkrieg findet man überall ein leichtes Auf und Ab, nach dem Krieg kann man eine Trennlinie zwischen dem westlichen und dem östlichen Hochland ziehen: Im Mühlviertel wuchs die Bevölkerung von den Dreißigerjahren bis 1951 leicht an oder stagnierte, danach finden wir von jeder Volkszählung zur nächsten in allen Bezirken ein Bevölkerungswachstum. Im Waldviertel ist hingegen fast überall ein langfristiger Bevölkerungsschwund zu beobachten; fast alle Bezirke mussten sogar noch in den Sechzigerjahren einen deutlichen Bevölkerungsrückgang hinnehmen. Eine gewisse Ausnahme im Waldviertel ist der Melker Bezirksteil, wo die Bevölkerung in den Sechzigerjahren wuchs; hier kam es auch nach 1971 noch zu einem allerdings geringen Wachstum. Durch diese besonderen Entwicklungen in den ober- und niederösterreichischen Anteilen des Hochlands verschob sich der Schwerpunkt der Bevölkerung

Karte 2: Bevölkerungswachstum 1900–2001 in Prozent

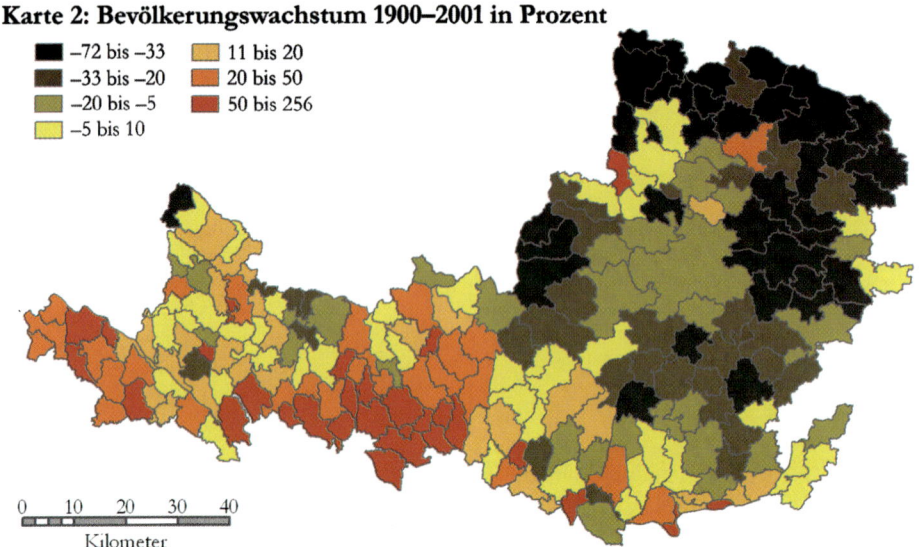

Quelle: Karte: Bundesamt für Eich- und Vermessungswesen, Wien. Daten: siehe Text.

nach Westen; wohnten bis in die Dreißigerjahre im Gebiet des Mühlviertels noch 45 Prozent der Bevölkerung des Hochlands, so waren es am Ende des Jahrhunderts 58 Prozent.

Auch innerhalb des Waldviertels und innerhalb des Mühlviertels finden wir deutliche Unterschiede in der Bevölkerungsentwicklung. Im Waldviertel liegen die Gebiete, die den stärksten Bevölkerungsrückgang hinnehmen mussten, im Norden: Der Bezirk Waidhofen verlor im Lauf des 20. Jahrhunderts fast ein Drittel der Bevölkerung, der Bezirk Zwettl und der Horner und der Kremser Bezirksteil ein Viertel, der Bezirk Gmünd ein Fünftel. Nur der Melker Bezirksteil hatte 2001 um 7 Prozent mehr Einwohner als im Jahr 1900. Innerhalb des Mühlviertels gab es in diesem Zeitraum überall eine Zunahme, am geringsten im Bezirk Rohrbach, wo die Bevölkerung im Lauf des Jahrhunderts um ein Zehntel wuchs, und im Perger Bezirksteil, wo die Zunahme 14 Prozent betrug. Viel stärker war die Zunahme mit knapp einem Drittel im Bezirk Freistadt und mit über 40 Prozent in den zum Bezirk Schärding gehörenden Gemeinden des Sauwalds. Die weitaus stärkste Bevölkerungszunahme der ganzen Region erfolgte aber im Bezirk Urfahr-Umgebung, wo im Jahr 2001 um 80 Prozent mehr Menschen lebten als ein Jahrhundert zuvor. Besonders in diesem Bezirk hat sich der Aufschwung des ganzen oberösterreichischen Zentralraums ausgewirkt, der nach 1945 auch zu einem gewaltigen Bevölkerungswachstum in den nicht zum Mühlviertel gehörenden Bezirken Wels-Land und Linz-Land geführt hat. Im Bezirk Urfahr wuchs die Bevölkerung in den Fünfzigerjahren um 6 Prozent, in den Sechziger- und Siebzigerjahren jeweils um 16 Prozent, in den Achtzigerjahren um 14 Prozent und in den Neunzigerjahren um 12 Prozent. Bis in die Siebzigerjahre erfolgte diese Bevölkerungszunahme stärker in den südlichen Gemeinden des Bezirks, also in den Gemeinden, die der Landeshauptstadt näher waren;

seit den Achtzigerjahren ist der ganze Bezirk in gleicher Weise betroffen. Im Bezirk Freistadt gilt seit den Fünfzigerjahren unverändert, dass die Bevölkerungszunahme umso stärker ausfiel, je weiter südwestlich, das heißt, je näher zu Linz eine Gemeinde lag. Dennoch ist schwer zu bestimmen, ob die Entfernung zu Linz selbst der entscheidende Faktor in der Bevölkerungsentwicklung war oder ob in Wahrheit andere, damit zufällig einhergehende Dinge wie zum Beispiel die Höhenlage den Ausschlag gaben.

Während sich auf diese Weise im Lauf des 20. Jahrhunderts deutliche Unterschiede in der Bevölkerungsdichte der verschiedenen Regionen von Mühl- und Waldviertel herausbildeten, blieb die Zahl der Einwohner pro Fläche in absoluten Begriffen doch überall klein. Der Grund dafür liegt darin, dass es im Hochland keine mittleren oder gar großen Städte gibt. Die Gemeinde mit der größten Bevölkerung ist Zwettl im Waldviertel, dessen Bevölkerung im 20. Jahrhundert immer um 12.000 Einwohner lag. Zwettl war bis zum Ende des 20. Jahrhunderts die einzige Gemeinde mit mehr als 10.000 Einwohnern. Nur vier der heutigen Gemeinden hatten am Anfang des 20. Jahrhunderts auf ihrem Gebiet über 5.000 Einwohner, 2001 erreichten sieben Gemeinden diese Größe. In diesem Jahr lebten im Hochland somit nur 50.000 Personen oder nicht einmal ein Achtel der Bevölkerung in Gemeinden mit mehr als 5.000 Einwohnern. Die Zahl der Einwohner pro Quadratkilometer betrug um 1900 etwa 52; sie sank bis zum Beginn der Sechzigerjahre auf 50 und stieg seither auf über 54. In den einzelnen Bezirken waren die Unterschiede in der Bevölkerungsdichte am Beginn des Jahrhunderts zumeist gering: Der Wert von 40 Einwohnern pro Quadratkilometer wurde in keinem Bezirk unterschritten, am dichtesten besiedelt waren der Bezirk Rohrbach mit 64 und der Bezirk Gmünd mit 63 Einwohnern pro Quadratkilometer. Im Lauf des 20. Jahrhunderts kam es zu stärkeren Unterschieden in der Bevölkerungsdichte, da die schon früher etwas dünner besiedelten Bezirke des Waldviertels Einwohner verloren und das etwas dichter besiedelte Mühlviertel an Bevölkerung zunahm. Im Jahr 2001 hatte der zum Mühlviertel gehörende Teil des Bezirks Perg 58 Einwohner pro Quadratkilometer, ein Wert, den alle anderen Teile des Mühlviertels übertrafen, der aber von keinem Bezirk des Waldviertels mehr erreicht wurde; dort war Gmünd noch immer die am dichtesten besiedelte Region, jedoch nur mehr mit 51 Einwohnern pro Quadratkilometer. Der Bezirk mit der größten Bevölkerungsdichte war seit Anfang der Siebzigerjahre der Bezirk Urfahr, wo im Jahr 2001 im Durchschnitt 105 Menschen auf einem Quadratkilometer lebten.

Die Bevölkerungsdichte in einzelnen Gemeinden ist von den Zufälligkeiten der Gemeindegrenzziehung geprägt, die bestimmt, wie viel unverbautes Siedlungsumland auf die jeweilige Gemeinde entfällt. Man trifft daher einerseits auf Gemeinden wie Gallneukirchen im Bezirk Urfahr, das bei kleiner Fläche und einer vergleichsweise stattlichen Bevölkerung von 6.000 Personen eine Bevölkerungsdichte von über 1.000 Einwohnern pro Quadratkilometer aufweist, andererseits auf großflächige Gemeinden im Waldviertel mit weniger als 20 Einwohnern pro Quadratkilometer.

Die beiden Komponenten der Bevölkerungsbewegung, die Geburtenbilanz und die Wanderungsbilanz, wirkten sich in den verschiedenen Teilen des Hochlands in unterschiedlicher Weise aus. Die Geburtenbilanz, also der Unterschied zwischen der Zahl der Geburten und der Zahl der Todesfälle, war hauptverantwortlich für das verhältnis-

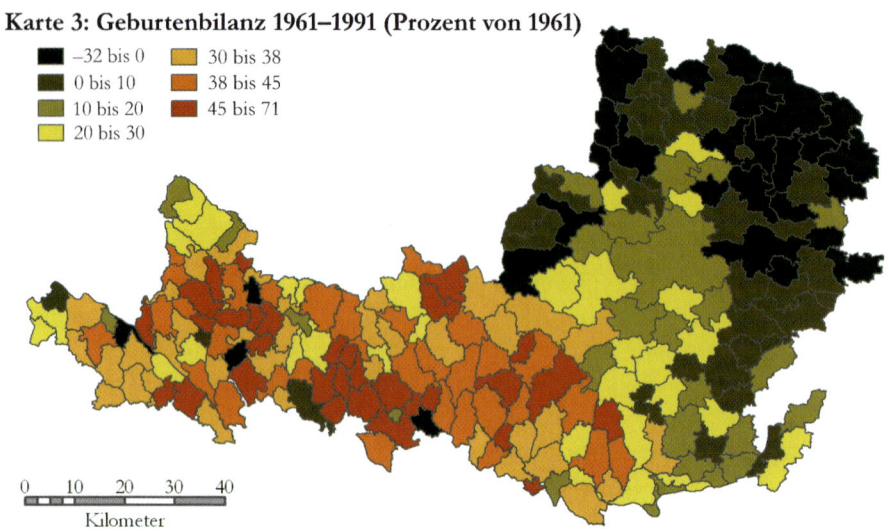

Karte 3: Geburtenbilanz 1961–1991 (Prozent von 1961)

Quelle: Karte: Bundesamt für Eich- und Vermessungswesen, Wien. Daten: siehe Text.

mäßig starke Bevölkerungswachstum im Mühlviertel und die schwache Bevölkerungsentwicklung im Waldviertel (Karte 3). Insgesamt war die Geburtenbilanz in jedem Jahrzehnt seit 1961 positiv, wenngleich sie im Lauf der Zeit schwächer wurde; in den Sechzigerjahren betrug der Geburtenüberschuss insgesamt ein Zehntel der Bevölkerung von 1961, in den Neunzigerjahren immerhin noch 3 Prozent der Bevölkerung von 1991. In allen Teilen des Mühlviertels lagen aber die Werte in jedem Jahrzehnt über dem Durchschnitt des gesamten Hochlands, in fast allen Teilen des Waldviertels darunter; die Ausnahme ist der Melker Bezirksteil, der etwa durchschnittliche Werte aufweist und die geburtenschwächeren Teile des Mühlviertels fast erreicht. Einige Teile des Waldviertels, nämlich die Bezirke Gmünd und Waidhofen und der hierher gehörige Horner Bezirksteil, verzeichnen bereits seit 1971 eine negative Geburtenbilanz.

Anders verhält es sich mit der Wanderungsbilanz, also dem Unterschied zwischen der Zahl zuwandernder und abwandernder Personen. Zum einen war die Wanderungsbilanz im Hochland insgesamt in jedem Jahrzehnt seit 1961 negativ, wenn auch mit einer Tendenz in Richtung einer ausgeglichenen Wanderungsbilanz. In den Sechzigerjahren verlor das Gebiet fast 7 Prozent seiner Bevölkerung durch Wanderung, in den Siebzigerjahren 3 Prozent, in den Achtzigerjahren 2 Prozent, jeweils über zehn Jahre gerechnet. In den Neunzigerjahren war beinahe ein Ausgleich erreicht. Zum Zweiten fällt auf, dass der Schwerpunkt der Wanderungsverluste zwischen dem oberösterreichischen und dem niederösterreichischen Teil mehrmals wechselte. In den Siebzigerjahren waren die Wanderungsverluste im Waldviertel stärker, in den Neunzigerjahren im Mühlviertel; in den Sechziger- und Achtzigerjahren verteilen sie sich ziemlich gleichmäßig über das ganze Gebiet. Drittens ist festzustellen, dass bis 1991 ein einziger Bezirk, nämlich der Bezirk Urfahr-Umgebung, ständig Wanderungsgewinne verzeichnete, alle anderen Bezirke aber immer Wanderungsverluste; erst in den Neunzigerjahren hatten auch die Bezirke Horn, Krems und Waidhofen Wanderungsgewinne, allerdings schwächere als der Bezirk Urfahr. Die Wanderungsgewinne im Bezirk Urfahr waren in den Sechzigerjahren noch bescheiden und erreichten seither, wieder jeweils über zehn Jahre gerechnet, stattliche 8, 6 beziehungsweise 7 Prozent der Bevölkerung am Beginn der jeweiligen Dekade. Der Bezirk Urfahr nahm also nicht nur, so wie die anderen Teile des Mühlviertels, am Bevölkerungsaufschwung durch hohe Geburtenzahlen teil, sondern gewann zusätzlich durch Zuwanderung.

Die Wanderungsbilanz gibt nur ein unvollständiges Bild von der Beweglichkeit der Bevölkerung, da ein hoher Wanderungsgewinn trotz einer starken Abwanderung aus einem Gebiet zu Stande kommen kann, sofern nur die Zuwanderung entsprechend groß ist. Ein Beispiel dafür ist wieder der Bezirk Urfahr, der in den letzten Jahrzehnten eine im Vergleich mit den anderen Bezirken des Hochlands starke Abwanderung zu verzeichnen hatte, in den Jahren vor 1991 sogar die eindeutig stärkste: Gut 9 Prozent der Bevölkerung des Jahres 1986 in diesem Bezirk wanderten in den folgenden fünf Jahren ab; durch eine noch viel stärkere Zuwanderung von über 12 Prozent der Bevölkerung im selben Lustrum erreichte der Bezirk aber dennoch den erwähnten starken Wanderungsgewinn. Auch die Bezirke Rohrbach und Freistadt gehörten zu den Gebieten mit verhältnismäßig starker Zuwanderung, aber auch mit starker Abwanderung, sodass in diesen Bezirken die Wanderungsbilanz insgesamt negativ ausfiel. Im Waldviertel waren Zu- und Abwanderung im Bezirk Melk besonders hoch. Im Bezirk Urfahr entfiel ein vergleichsweise hoher Anteil der Zuwanderung auf Personen, die aus Gebieten außerhalb dieses Bezirks kamen, zumeist Bewohner von Linz, die in das angrenzende Mühlviertel wanderten. Abgesehen vom Urfahrer Bezirk erklärt aber die Wanderung alles in allem weniger an der Bevölkerungsentwicklung als die Geburten und Sterbefälle.

Hingen Wanderungsbilanz und Geburtenbilanz zusammen? Die Vermutung wäre nahe liegend, dass in jenen Gebieten, in denen die Wanderungsbilanz positiv oder weniger ausgeprägt negativ ist, auch die Geburtenbilanz positiv wird. Dies deshalb, weil von Personen, die wandern, erwartet werden kann, dass sie auch häufiger Kinder bekommen, zumal es sich bei Wandernden zu einem verhältnismäßig großen Teil um junge Erwachsene handelt. Tatsächlich sind die Zusammenhänge komplizierter. In der einfachen Betrachtung zeigt sich in den Gemeinden überhaupt kein Zusammenhang zwischen Wanderungsergebnis und Geburtenbilanz: Gemeinden mit einer positiven Geburtenbilanz konnten in gleicher Weise höhere und niedrigere Wanderungsergebnisse verzeichnen, was sich auch im Lauf der Jahrzehnte nicht änderte.

Andere Ergebnisse kommen heraus, wenn man berücksichtigt, dass je nach Gebiet unterschiedliche Randbedingungen wirksam wurden. Hier ist vor allem der Altersaufbau der Bevölkerung zu nennen, der mit Geburten und Sterbefällen ebenso wie mit Wanderungsbewegungen zusammenhängt. Allgemein nahm im letzten Jahrhundert der Anteil der höheren Altersgruppen an der Bevölkerung zu: Während in der Bevölkerung des Hochlands um 1900 nur etwa jeder Achte oder jeder Zehnte über 60 Jahre alt war, hatte am Ende des 20. Jahrhunderts bereits mehr als jeder Fünfte dieses Alter überschritten. Dies ist ein anderer Ausdruck für die im Lauf der vergangenen Jahrzehnte gestiegene Lebenserwartung und keine Besonderheit dieser Region.

Neben dieser allgemeinen Entwicklung findet man aber auch regionale Unterschiede. In der Regel fiel der Anteil der älteren Bevölkerung in einem Gebiet umso höher aus, je geringer dort das Bevölkerungswachstum in der vorangegangenen Zeit gewesen war. Das bedeutet, dass in den Gebieten, wo ab 1960 die Bevölkerung wuchs, das heißt vor allem im Mühlviertel, der Anteil der alten Bevölkerung weniger stark zunahm als im Waldviertel. Im Waldviertel war zusätzlich zu den genannten Auswirkungen des Bevölkerungswachstums am Ende des 20. Jahrhunderts der Anteil der Bevölkerung über 65 Jahre um ein Viertel höher als im Mühlviertel. Dieser Unterschied war erst im Lauf des 20. Jahrhunderts zu Stande gekommen. Um 1900 ist in dieser Hinsicht gar kein eindeutiger Unterschied zwischen dem oberösterreichischen und dem niederösterreichischen Teil des Hochlands erkennbar: Gebiete mit älterer Bevölkerung waren zu dieser Zeit die Bezirke Rohrbach in Oberösterreich und Oberhollabrunn, Horn und Waidhofen in Niederösterreich; die jüngste Bevölkerung lebte im Gebiet um Gmünd in Niederösterreich und Freistadt in Oberösterreich. Bereits im Lauf der ersten Hälfte des 20. Jahrhunderts entwickelte sich jedoch ein großräumiger Unterschied in der Altersstruktur des Hochlands heraus. 1951 hatten alle Bezirke des Mühlviertels einen Anteil an alter Bevölkerung, der unter dem Durchschnitt des Hochlands lag. Im Durchschnitt war der Anteil der Alten in den Mühlviertler Gemeinden schon 1951 um ungefähr ein Sechstel niedriger als in den Waldviertler Gemeinden. Der Unterschied verstärkte sich mit der Bevölkerungsentwicklung der folgenden Jahrzehnte. In einer typischen Mühlviertler Gemeinde mochte somit der Anteil der über 65 Jahre alten Personen von etwa einem Zehntel 1951 auf etwa ein Siebtel 2001 steigen; in einer typischen Waldviertler Gemeinde erhöhte er sich im selben Zeitraum von etwa 12 Prozent auf 19 Prozent. Im Bezirk Urfahr mit seiner rasch wachsenden Bevölkerung stieg der Anteil der über 65 Jahre Alten von 9,7 Prozent im Jahr 1951 auf nur 11,8 Prozent ein halbes Jahrhundert später.

Maßgebend für diese regionalen Besonderheiten waren Faktoren, die zugleich den Altersaufbau und die Bevölkerungsdichte beeinflussten, also die Zahl der Geburten, der Sterbefälle, der zuwandernden und der abwandernden Personen. Die Zusammenhänge sind zum Teil wechselseitig: Offenkundig und auch leicht zu erklären ist der Zusammenhang zwischen Geburten und Altersaufbau. Die Geburtenbilanz war in jenen Gemeinden stärker positiv, in denen der Anteil der älteren Bevölkerung geringer war; umgekehrt war auch der Anteil der älteren Bevölkerung in jenen Gemeinden geringer, in denen es in den vorangegangenen Jahren eine stärker positive Geburtenbilanz gegeben hatte. Beide Zusammenhänge liegen auf der Hand, da in der älteren Bevölkerung wenige Geburten vorkommen und Geburten den Anteil der Jungen und nicht der Alten steigern.

Gut zu erklären ist auch der Zusammenhang zwischen Altersaufbau und Wanderung. Eine verhältnismäßig höhere Zuwanderung senkt grundsätzlich den Anteil der älteren Bevölkerung, weil, wie erwähnt, wandernde Personen zum größeren Teil junge Erwachsene sind. Genau diesen Zusammenhang findet man in den Gemeinden des Hochlands im ganzen Zeitraum, in dem diese Frage untersucht werden kann – der Anteil der älteren Bevölkerung war umso niedriger, je mehr in den vorangegangenen Jahren die Zuwanderung gegenüber der Abwanderung überwogen hatte. Der umgekehrte Zusammenhang ist allerdings schwach, das heißt, der Altersaufbau der Bevölkerung hatte wenig Auswirkung auf das Wanderungsverhalten. Am ehesten wäre zu erwarten, dass dort, wo der Anteil der älteren Bevölkerung hoch war, auch die Abwanderung gering gewesen und die Wanderungsbilanz eher positiv als negativ gewesen wäre. Tatsächlich hatte aber in Mühl- und Waldviertel der Anteil der Alten keine Auswirkung auf die Abwanderung.

Welchen Zusammenhang zwischen Geburten- und Wanderungsbilanz gab es nun, wenn man den Altersaufbau der Bevölkerung berücksichtigt? Führte eine positive Wanderungsbilanz auch zu einer positiven Geburtenbilanz? Ein solcher Zusammenhang sollte nur schwach sein, wenn man den Altersaufbau ebenfalls berücksichtigt, da die Wanderung ihre Auswirkungen auf die Geburtenzahlen erst durch ihren Einfluss auf die Altersstruktur entfaltet. Überraschenderweise verkehrte sich der Zusammenhang im Hochland aber sogar in sein Gegenteil: Unter Berücksichtigung der Altersstruktur war die Geburtenbilanz dort schwächer, wo die Wanderungsbilanz stärker positiv war. Offensichtlich haben wir es also mit regionalen Besonderheiten von Mühl- und Waldviertel zu tun, die zusätzlich zu den Unterschieden in den Wanderungsbewegungen und in der Altersstruktur wirksam wurden. Vereinfacht ausgedrückt, war die Geburtenbilanz im Mühlviertel zumindest in den Sechziger- und Siebzigerjahren des 20. Jahrhunderts um ungefähr die Hälfte höher, als unter Berücksichtigung der Altersstruktur und des Wanderungsergebnisses zu erwarten gewesen wäre.

Diese regionalen Besonderheiten wirkten sich auch in einem anderen Bereich aus, nämlich in der Zusammensetzung der Familien. Besprochen seien hier nur die Verhältnisse in der Landwirtschaft, und zwar das Verhältnis zwischen der Zahl der Betriebsinhaber und ihrer Familienangehörigen.[8] Es zeigt sich deutlich, dass in jenen Gebieten, in denen der Anteil der Alten an der Bevölkerung hoch war, in der Regel auch weniger Familienangehörige auf einen Betriebsinhaber kamen. Zusätzlich war der Anteil der Familienangehörigen in den landwirtschaftlichen Betrieben aber im Mühlviertel noch einmal deutlich höher als im Waldviertel. Diese Unterschiede bestehen mindestens seit 1970. In diesem Jahr betrug die Zahl der Familienangehörigen pro Betriebsinhaber im ganzen Gebiet ungefähr 1,7. In allen Bezirken des Mühlviertels lag sie aber höher, am höchsten im Perger Bezirksteil mit 2,2 Familienangehörigen und im Bezirk Freistadt mit 2,1 Angehörigen pro Betriebsinhaber. Von den Waldviertler Bezirken wies nur der Bezirk Melk eine überdurchschnittliche Zahl von Familienangehörigen auf, nämlich 1,8 Angehörige pro Betriebsinhaber. In den anderen Bezirken lag der Wert niedriger, im Bezirk Waidhofen nur bei 1,3 Angehörigen. In den folgenden Jahrzehnten sanken die Zahlen der Familienangehörigen überall, im Waldviertel wiederum stärker als im Mühlviertel. Den stärksten Rückgang verzeichnete der Bezirk Gmünd, wo 1990 nur mehr ein Angehöriger auf einen landwirtschaftlichen Betriebsinhaber kam.

Insgesamt ergeben sich klare Unterschiede in der Bevölkerungsentwicklung des oberösterreichischen und des niederösterreichischen Hochlands. Das Mühlviertel erlebte einen lang andauernden Bevölkerungsaufschwung, der sich in höheren Geburtenzahlen und einer jüngeren Bevölkerung ausdrückte. Am stärksten war dieser Aufschwung im Bezirk Urfahr, der im besonderen Maß von der Nähe zu Linz profitierte und eine große Zahl von Zuwanderern bei einer überhaupt recht beweglichen Bevölkerung anzog. Sonst wirkten sich Wanderungsbewegungen im ganzen Hochland meist nachteilig auf die Bevölkerungszahl aus. Anders als im Mühlviertel ging die Bevölkerung des Waldviertels in der zweiten Hälfte des 20. Jahrhunderts zurück, was überwiegend auf die geringe Zahl von Geburten zurückzuführen ist, weniger auf nachteilige Wanderungsbewegungen. Die Folge war eine verhältnismäßig alte Bevölkerung im niederösterreichischen Teil des Hochlands. Insgesamt nahm die Bevölkerung des Waldviertels im Lauf des 20. Jahrhunderts um mehr als ein Fünftel ab, die Bevölkerung des Mühlviertels nahm um ein Drittel zu. Während am Anfang des Jahrhunderts der größere Teil der Bevölkerung des Hochlands im niederösterreichischen Teil lebte, kehrte sich dieses Verhältnis bis zum Ende des Jahrhunderts um.

III. Beschäftigung

Betrachtet man die zur Landwirtschaft gehörende Bevölkerung des Hochlands im Lauf des 20. Jahrhunderts in absoluten Zahlen, also nicht nach dem Anteil der Landwirtschaft an der gesamten Bevölkerung, so fallen zwei Punkte auf: Erstens ging die landwirtschaftliche Bevölkerung dramatisch zurück, und zweitens passierte dies in allen Teilen des Hochlands in ähnlichem Ausmaß.[9] Als landwirtschaftliche Bevölkerung sind dabei vorerst jene Personen gemeint, die in den Volkszählungen zur Landwirtschaft gerechnet wurden. Dies muss man deshalb hervorheben, weil in den landwirtschaftlichen Betriebszählungen die landwirtschaftliche Bevölkerung im Vergleich zu den Volkszählungen weitaus zahlreicher erscheint. Der Grund dafür liegt vor allem darin, dass Personen, die die Landwirtschaft nicht als Hauptberuf ausübten, in den Volkszählungen nicht zur Landwirtschaft gerechnet werden, in den Betriebszählungen aber schon. Es ist daher sinnvoll, die Angaben beider Zählungsarten nebeneinander zu verwenden.

Eine Zuordnung der Bevölkerung einzelner Gemeinden zu Hauptberufen ist seit der Volkszählung 1934 möglich. Demnach lebten in diesem Jahr in Mühl- und Waldviertel 207.000 Personen, die zur Landwirtschaft zu zählen waren (Karte 4a). Im Jahr 1991 bestand die landwirtschaftliche Bevölkerung desselben Gebiets aus nur mehr 46.000 Personen (Karte 4b). Der Rückgang war in allen Bezirken ungefähr gleich stark: Im Bezirk Rohrbach betrug die Zahl der Wohnbevölkerung in der Landwirtschaft 1991 ein Fünftel des Werts von 1934, in dem Teil des Bezirks Perg, der zum Hochland gehört, betrug sie 27 Prozent. Die Ergebnisse für die anderen Bezirke liegen dazwischen. Die Unterschiede für die einzelnen Gemeinden innerhalb der Bezirke sind so groß, dass sich kaum bedeutsame Unterschiede zwischen den verschiedenen Teilen des Hochlands ergeben. Auch der Verlauf in den einzelnen Zeitabschnitten war im ganzen Gebiet ziemlich einheitlich, mit einem Schwund der landwirtschaftlichen Bevölkerung, der sich bis 1980 von Jahrzehnt zu Jahrzehnt beschleunigte: Von den Dreißigerjahren bis Anfang der Fünfzigerjahre betrug der Rückgang ungefähr 15 Prozent, in den Fünfzigerjahren 18

Karte 4a: Anteil der Landwirtschaft an der Wohnbevölkerung 1934 in Prozent

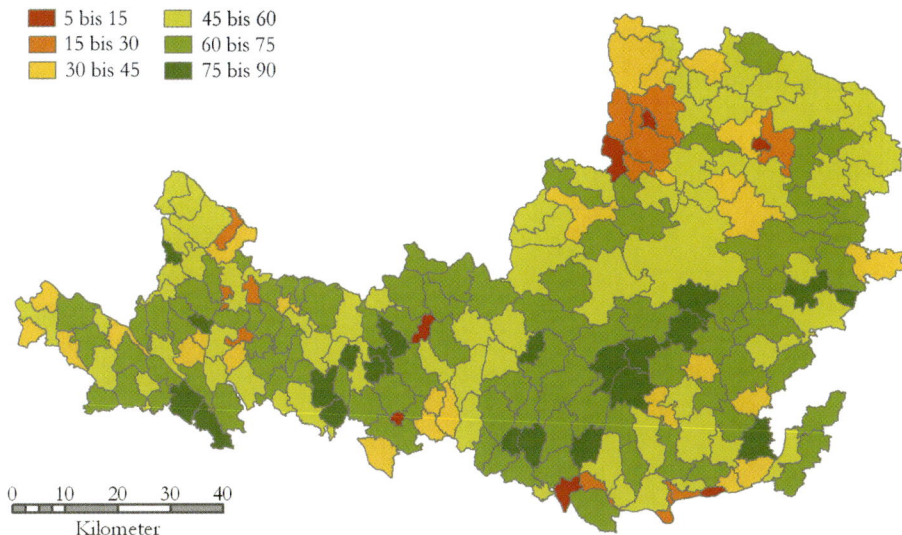

Karte 4b: Anteil der Landwirtschaft an der Wohnbevölkerung 1991 in Prozent

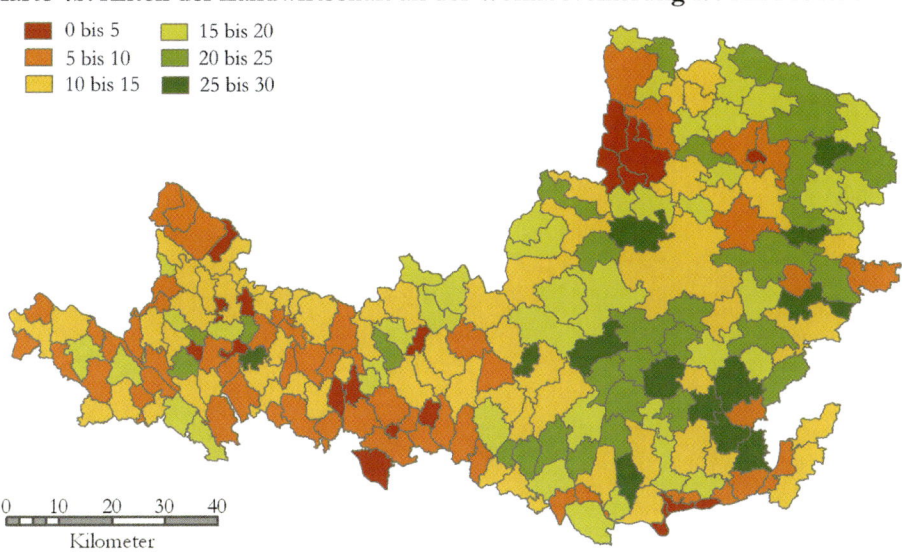

Quelle: Karte: Bundesamt für Eich- und Vermessungswesen, Wien. Daten: siehe Text.

Prozent, in den Sechzigerjahren 23 Prozent, in den Siebzigerjahren 36 Prozent und in den Achtzigerjahren 32 Prozent. Auch hierbei waren die Unterschiede innerhalb des Hochlands gering.

Wie man am Anteil des Hochlands an der gesamten Landwirtschaft in Österreich erkennen kann, veränderte sich die Zahl der landwirtschaftlichen Bevölkerung je nach Gebiet unterschiedlich schnell. 1934 lebten 16,4 Prozent der land- und forstwirtschaftlichen Bevölkerung Österreichs im Hochland, 1951 waren es mit 16,1 Prozent geringfügig weniger. Dann stieg dieser Anteil auf 18,6 Prozent 1961 und 24,6 Prozent 1971. Ab diesem Zeitpunkt begann wieder eine Entwicklung nach unten: 1981 lebten noch 23,7 Prozent der landwirtschaftlichen Bevölkerung in Mühl- und Waldviertel, zehn Jahre später nur mehr 17,8 Prozent.

Die Zahl der Personen in der Landwirtschaft ging also absolut überall im Hochland ungefähr gleich schnell zurück. Wie im vorigen Abschnitt beschrieben, entwickelte sich jedoch in derselben Zeit die gesamte Bevölkerung von Region zu Region recht unterschiedlich, das heißt, der Anteil der Landwirtschaft an der gesamten Bevölkerung veränderte sich nicht überall in gleichem Maß. Dies ist nicht nur bei einer Betrachtung nach Bezirken oder nach westlichem und östlichem Hochland zu erkennen, sondern auch bei einer Betrachtung im kleinen Maßstab. Dabei erklärt die Veränderung im Bevölkerungsumfang mehr als andere Gesichtspunkte, wie groß der Anteil der Landwirtschaft an der Wohnbevölkerung war: Dort, wo die Bevölkerung wuchs, ging der Anteil der Landwirtschaft stärker zurück als dort, wo die Bevölkerung gleich groß blieb oder schrumpfte. Dies hatte zur Folge, dass sich der Schwerpunkt der landwirtschaftlichen Bevölkerung innerhalb der Region verlagerte: In der Zwischenkriegszeit war der Anteil der Landwirtschaft an der Bevölkerung im Mühlviertel und im südlichen Waldviertel höher als im nördlichen Waldviertel. 1934 zählten zusammengenommen 53 Prozent der Bevölkerung des Hochlands zur Landwirtschaft, ein Wert, der in allen Bezirken des oberösterreichischen Teils, in Zwettl und im Kremser Bezirksteil überschritten wurde. In den Bezirken Waidhofen und Gmünd betrug der entsprechende Wert hingegen nur 47 beziehungsweise 34 Prozent. Dieses Bild änderte sich nach und nach. Im Jahr 1971, als der Anteil der Landwirtschaft auf 27 Prozent der Gesamtbevölkerung gesunken war, wiesen die Bezirke Rohrbach, Urfahr und Freistadt eine Agrarquote auf, die unter diesem Wert lag. Der Schwerpunkt der Landwirtschaft lag nunmehr im Zwettler Bezirk und im Kremser Bezirksteil. Bei den folgenden Volkszählungen, die Agrarquoten im ganzen Hochland von 17 Prozent 1981 und 12 Prozent 1991 ergaben, wiesen schließlich alle Waldviertler Bezirke mit Ausnahme von Gmünd überdurchschnittlich hohe Anteile der Landwirtschaft auf, was in Oberösterreich nur für den Perger Bezirksteil und Teile des Sauwaldes galt.

Diese Angaben beziehen sich auf den Anteil der Landwirtschaft an der gesamten Wohnbevölkerung, jeweils unter Einschluss der Berufstätigen und der von ihnen erhaltenen Personen. Was ändert sich, wenn man nur die Berufstätigen im Verhältnis zur gesamten Bevölkerung und den Anteil der Landwirtschaft an den Berufstätigen betrachtet? Der Anteil der Landwirtschaft an den Berufstätigen war immer bei weitem höher als ihr Anteil an der gesamten Wohnbevölkerung. Dies ist zum Teil selbstverständlich, weil die gesamte Wohnbevölkerung auch einen beträchtlichen Teil berufsloser Einkommensempfänger, das sind hauptsächlich Pensionisten, einschließt. Es haben daher alle sonstigen Wirtschaftsabteilungen einen Anteil an den Berufstätigen, der höher ist als ihr Anteil an der gesamten Bevölkerung; so auch die Landwirtschaft. Anders ausgedrückt, ist der Anteil der Erwerbstätigen an der landwirtschaftlichen Bevölkerung höher als der Anteil der Erwerbstätigen an der gesamten Bevölkerung. Aber war die Erwerbsquote in der Landwirtschaft auch dann höher, wenn man die Berufslosen ausschließt? Dies war tatsächlich der Fall. Wenn man die Bevölkerung ohne Pensionisten und ihre Angehörigen betrachtet, dann waren am Anfang der Fünfzigerjahre zwischen 60 und 65 Prozent der Bevölkerung des Hochlands erwerbstätig. Dieser Anteil sank in den folgenden zehn Jahren um fünf Prozentpunkte und im dann folgenden Jahrzehnt noch einmal um acht Prozentpunkte. Im Lauf der Siebzigerjahre stieg der Erwerbsanteil wieder auf den Wert von 1961, am Anfang der Neunzigerjahre war annähernd wieder der Wert von 1951 erreicht. Der Grund für diese Entwicklung liegt in den hohen Geburtenzahlen der Sechzigerjahre, die den Anteil der Erwerbstätigen senkten. In der Landwirtschaft war der Anteil der Berufstätigen höher als in den anderen Wirtschaftszweigen, mit einem stark ausgeprägten Unterschied noch Anfang der Fünfzigerjahre, der im Lauf der folgenden Jahrzehnte immer geringer wurde. 1991 war die Erwerbsquote in der Landwirtschaft nur mehr unwesentlich höher als in der gesamten Bevölkerung ohne Pensionisten. Innerhalb des Gebiets gab es gewisse Unterschiede in der Erwerbsquote in der Landwirtschaft: In Teilen des Mühlviertels, nämlich in den Bezirken Freistadt und Rohrbach, war der Anteil der Berufstätigen an der landwirtschaftlichen Bevölkerung meist niedriger als in den anderen Gebieten, ein Unterschied, der nicht nur durch höhere Geburtenzahlen in diesen Gebieten zu erklären ist; überhaupt hatten die Geburtenzahlen nur schwachen Einfluss auf die Erwerbsquoten in der Landwirtschaft, obwohl höhere Geburtenzahlen den Anteil der ganz Jungen und somit nicht Berufstätigen in der Bevölkerung erhöhen.

Es bleibt daher auch bei den Berufstätigen das oben beschriebene Bild in den regionalen Unterschieden erhalten: Die geringsten Anteile an den Berufstätigen hatte die Landwirtschaft im Mühlviertel vom größeren Teil des Sauwalds bis in den Bezirk Freistadt. Dies gilt für den ganzen Zeitraum seit der Mitte des 20. Jahrhunderts. Im Waldviertel ähnelte nur die Region um Gmünd in dieser Hinsicht dem oberösterreichischen Teil des Hochlands, das sonstige Waldviertel zeigt praktisch durchgehend überdurchschnittlich hohe Anteile der Landwirtschaft auch unter der berufstätigen Bevölkerung. Der Rückgang der Zahl landwirtschaftlicher Berufstätiger ging, bei geringen regionalen Unterschieden, mit der selben Geschwindigkeit vor sich wie der Rückgang der landwirtschaftlichen Bevölkerung überhaupt.

Welche Beschäftigungen traten an die Stelle der Landwirtschaft? Wenn man außer der Landwirtschaft auch die anderen Wirtschaftszweige in die Betrachtung einbezieht, so kann man mehrere großflächige Regionen unterscheiden. Für die folgenden Erklärungen wurden die von der Bevölkerung des Hochlands ausgeübten Hauptberufe in fünf Sektoren zusammengefasst: Landwirtschaft; Gewerbe und Industrie; Handel und Verkehr; sonstige Dienstleistungen; Berufslose, das sind zum größten Teil Pensionisten. Die Anteile der entsprechenden Berufsgruppen an der gesamten Bevölkerung wurden für jede Gemeinde berechnet und die Gemeinden danach verglichen. Ähnliche Gemeinden wurden zu Gruppen zusammengefasst.

Die Veränderungen von der ersten Hälfte des 20. Jahrhunderts bis zum Ende des Jahrhunderts werden durch einen Vergleich der beruflichen Zugehörigkeit der Bevölkerung im Jahr 1934 und im Jahr 1991 deutlich. 1934 war etwas mehr als die Hälfte der

Bevölkerung des Hochlands zur Landwirtschaft zu rechnen, ein Viertel zu Industrie oder Gewerbe, nicht ganz ein Zehntel zum Dienstleistungsbereich (davon zwei Drittel zu Handel und Verkehr und ein Drittel zu den sonstigen Dienstleistungen); jeder Achte war berufslos. Diese Verteilung war aber selbstverständlich nicht in allen Teilen dieses Gebiets gleich. Eine sinnvolle Aufgliederung nach den Berufen der Wohnbevölkerung ergibt für 1934 fünf Arten von Gemeinden (Karte 5):

1. Stark landwirtschaftliche Gemeinden sind Gemeinden mit einem extrem hohen Anteil der Landwirtschaft in der Höhe von drei Vierteln der Bevölkerung und einem entsprechend niedrigeren Anteil aller anderen Sektoren; solche Gemeinden findet man verstreut im Mühlviertel und in der südlichen Hälfte des Waldviertels, kaum aber im nördlichen Waldviertel.
2. Landwirtschaftliche Gemeinden: Verbreiteter ist der zweite Typus, der Gemeinden mit einem ebenfalls hohen Anteil der Landwirtschaft in Höhe von etwa zwei Dritteln der Bevölkerung umfasst; alle anderen Sektoren sind unterrepräsentiert, wenn auch nicht so stark wie beim erstgenannten Typus; diese Gemeinden findet man am häufigsten im südlichen Waldviertel, oft auch im Mühlviertel, seltener im nördlichen Waldviertel.
3. Hochland-Gemeinden sind Gemeinden, die eine berufliche Verteilung zeigen, die ziemlich genau der des Hochlands insgesamt entspricht; diese Gemeinden findet man häufig im nördlichen Waldviertel und im Mühlviertel, etwas seltener im südlichen Waldviertel.
4. Gewerblich-industrielle Gemeinden: Der vierte Typus unterscheidet sich vom eben genannten dadurch, dass der Anteil der Landwirtschaft etwas weniger als die Hälfte der Bevölkerung ausmacht und der Anteil von Gewerbe und Industrie entsprechend mehr; solche Gemeinden findet man am häufigsten im Bezirk Gmünd und im Bezirk Rohrbach.

Karte 5: Sektorale Merkmale 1934

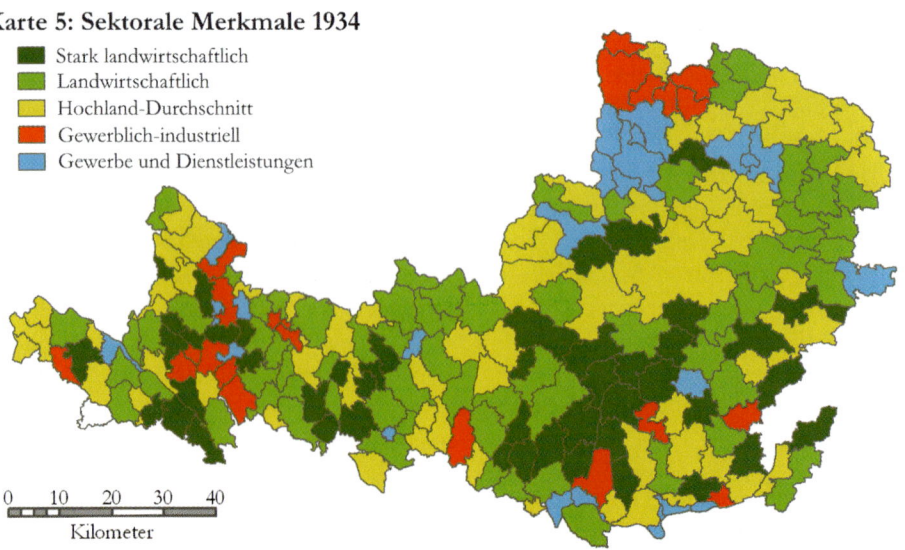

Quelle: Karte: Bundesamt für Eich- und Vermessungswesen, Wien. Daten: siehe Text.

5. Gewerbe- und Dienstleistungsgemeinden: Der fünfte Typus unterscheidet sich vom Durchschnitt des Hochlands dadurch, dass der Anteil der Landwirtschaft mit nicht einmal einem Viertel der Bevölkerung viel geringer ausfällt, der Anteil von Gewerbe und Industrie mit etwa 40 Prozent viel höher; dazu kommen ein überdurchschnittlich großer Dienstleistungsbereich und ein überdurchschnittlich großer Anteil der berufslosen Bevölkerung. Solche Gemeinden findet man vor allem im nördlichen Waldviertel, besonders im Bezirk Gmünd.

Zusammenfassend kann man die beruflichen Verhältnisse im Hochland in der Zwischenkriegszeit so beschreiben, dass der Bezirk Gmünd einen auffallend hohen Anteil von Gewerbe und Industrie aufwies, das südliche Waldviertel einen hohen Anteil der Landwirtschaft und die sonstigen Regionen eine Mischung der verschiedenen Typen von Berufsverhältnissen. Im Großen und Ganzen waren die Unterschiede zwischen den Teilgebieten des Hochlands nicht besonders groß. Vergleicht man diese Ergebnisse mit den beruflichen Verhältnissen im Jahr 1991, so sieht man jedoch, dass im Lauf der Jahrzehnte die verschiedenen Teile des Hochlands in beruflicher Hinsicht jeweils ein besonderes Gepräge erhalten haben: Wieder lassen sich verschiedene Typen von Berufsverhältnissen unterscheiden, sie können aber den Regionen viel eindeutiger zugeordnet werden als früher.

Allgemein haben sich die Berufsverhältnisse bis 1991 selbstverständlich stark verändert. Der Anteil der Landwirtschaft sank auf etwa ein Achtel, die Anteile von Gewerbe und Industrie einerseits und des Dienstleistungsbereichs andererseits betrugen nun jeweils fast ein Drittel; innerhalb des Dienstleistungsbereichs waren Handel und Verkehr gegenüber den sonstigen Dienstleistungsberufen etwas zurückgetreten. Der Anteil der berufslosen Bevölkerung war, bedingt durch die steigenden Zahlen von Pensionisten, bis 1991 auf ein Viertel gestiegen. Für 1991 kann man in den Gemeinden wieder fünf Typen von Berufsgliederungen unterscheiden (Karte 6):

1. Stark landwirtschaftliche Gemeinden: Der erste Typus betrifft wieder Gemeinden mit einem extrem hohen Anteil der Landwirtschaft; dieser Anteil ist mit einem Viertel der Bevölkerung im Jahr 1991 zwar viel geringer als der entsprechende Wert des Jahres 1934, verglichen mit den allgemeinen Verhältnissen des Jahres 1991 ist er aber eben sehr hoch; mit knapp 30 Prozent ebenfalls sehr hoch ist in diesen Gemeinden der Anteil der berufslosen Bevölkerung; solche Gemeinden findet man besonders häufig im Bezirk Horn, oft auch in den anderen Teilen des Waldviertels, fast gar nicht aber im Mühlviertel.
2. Gewerblich-industrielle Gemeinden zeigen, ähnlich wie für 1934 beschrieben, einen deutlich erhöhten Anteil von Gewerbe und Industrie, hier in Höhe von knapp 40 Prozent, und einen verminderten Anteil der Landwirtschaft als Besonderheiten; diese Gemeinden liegen 1991 fast ausschließlich im Mühlviertel und hier vor allem in den Bezirken Rohrbach und Freistadt und im Sauwald, wenig aber im Bezirk Urfahr.
3. Hochland-Gemeinden sind wieder Gemeinden, die etwa die Durchschnittswerte des Hochlands überhaupt aufweisen; solche Gemeinden findet man hauptsächlich in einem geschlossenen Bereich, der größere Teile der Bezirke Zwettl und Krems und unmittelbar angrenzende Gebiete umfasst.

4. Gewerbe- und Dienstleistungsgemeinden sind gekennzeichnet durch eine stark verminderte Agrarquote von 7 Prozent, einen erhöhten Anteil von Gewerbe und Industrie, eine verhältnismäßig hohe Quote der Dienstleistungen und einen hohen Anteil der Berufslosen, Letzteres eine Gemeinsamkeit mit dem erstgenannten Typus; die betreffenden Gemeinden liegen vor allem in den Bezirken Rohrbach und Gmünd.
5. Stark gewerbliche und Dienstleistungsgemeinden zeichnen sich durch einen extrem hohen Anteil des Dienstleistungssektors von deutlich über 40 Prozent, eine Agrarquote von 7 Prozent und relativ niedrige Anteile von Gewerbe und Berufslosen aus; man findet solche Gemeinden hauptsächlich in einem großen Block, der überwiegend aus Gemeinden des Bezirks Urfahr und angrenzenden Teilen des Bezirks Freistadt besteht.

Zusammenfassend kann man die berufliche Verteilung im Jahr 1991 so beschreiben: Wir finden im unmittelbaren Bereich von Linz einen Block von Gemeinden, die durch hohe Anteile von Dienstleistungsberufen auffallen, in etwas größerer Entfernung Blöcke von Gemeinden, die vor allem durch Gewerbe und Industrie gekennzeichnet sind. Diese Bereiche erstrecken sich zusammen über den größten Teil des Mühlviertels. Im Randbereich zum Waldviertel hin beginnt ein großer Bereich von überdurchschnittlich agrarisch geprägten Gemeinden, der den größeren Teil des südlichen Waldviertels ausmacht. Einen großen Block von agrarischen Gemeinden findet man auch im nordöstlichen Waldviertel. Dazwischen liegen Gebiete mit geringen Agrarquoten und besonders hohen Zahlen von Berufslosen; teilweise, so wie im Bereich Gmünd, handelt es sich dabei um ehemals herausragend gewerbliche Gebiete. Hohe Zahlen von Berufslosen, das sind überwiegend Pensionisten, sind für große Teile des Waldviertels typisch, außer im eben genannten Bereich auch in den Gegenden mit den höchsten Agrarquoten.

Karte 6: Sektorale Merkmale 1991

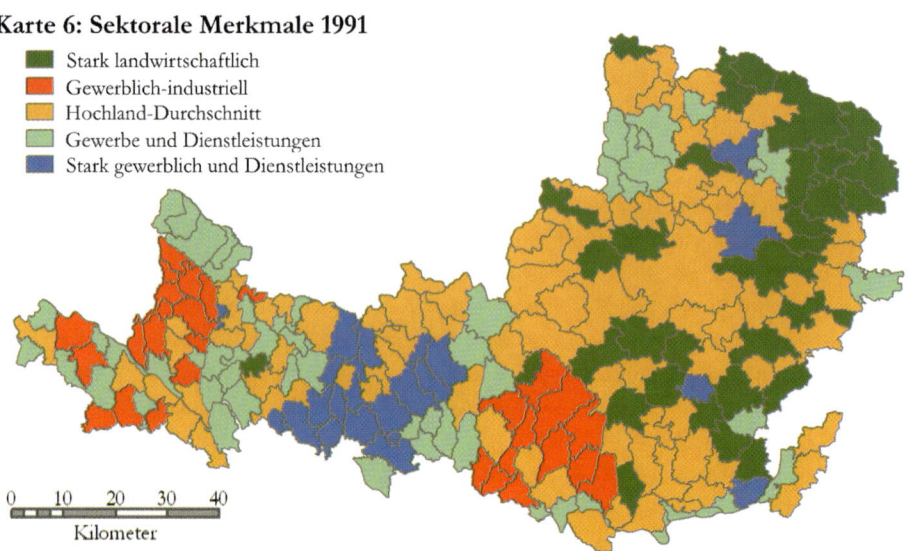

Quelle: Karte: Bundesamt für Eich- und Vermessungswesen, Wien. Daten: siehe Text.

Es fand somit im Lauf des 20. Jahrhunderts in den verschiedenen Teilen des Hochlands eine ganz unterschiedliche Entwicklung der beruflichen Verhältnisse statt. Im Mühlviertel wirkte sich die wirtschaftliche Entwicklung von Linz und des oberösterreichischen Zentralraums insgesamt nicht nur in der Bevölkerungsentwicklung, sondern auch im sektoralen Wandel aus und gab dieser Region ein besonderes Gepräge. Im Waldviertel, wo die Wirkung eines vergleichbaren wirtschaftlichen Zentrums fehlte, blieb nicht nur die Bevölkerungsentwicklung zurück, es ergab sich daraus auch ein langsamerer Wandel in der sektoralen Struktur, mit großen Anteilen von Landwirtschaft und Berufslosen; das nordwestliche Waldviertel verlor in dieser Zeit seine Rolle als stärkste gewerbliche Region.

Diese Beschreibung der beruflichen Verhältnisse bezieht sich, wie erwähnt, auf die Hauptberufe, wie sie in den Volkszählungen angegeben werden. Gerade für die Landwirtschaft ist aber auch die nebenberufliche Ausübung von besonderer Bedeutung. Landwirtschaft als Nebenberuf wurde für die Landwirtschaft im Lauf des 20. Jahrhunderts immer wichtiger, wie man am Verhältnis von Vollerwerbsbetrieben zu Nebenerwerbsbetrieben erkennen kann. Die Veränderungen bei den Betrieben werden weiter unten besprochen. Um abzuschätzen, welche Teile der Bevölkerung die Landwirtschaft im Haupt- und im Nebenberuf ausübten, vergleicht man am besten die soeben besprochenen Ergebnisse der Volkszählungen mit den Zahlen der landwirtschaftlichen Bevölkerung, wie sie in den landwirtschaftlichen Betriebszählungen angegeben sind. Wie eingangs gesagt, erscheint die landwirtschaftliche Bevölkerung in den Betriebszählungen immer größer als in den Volkszählungen, eben weil in den Betriebszählungen auch jene Personen zur Landwirtschaft gerechnet werden, die dort nur eine nebenberufliche Tätigkeit ausüben. Die Unterschiede in den Angaben von Volkszählung und Betriebszählung sind nicht überall und auch nicht zu allen Zeitpunkten gleich groß, weil die Bedeutung des Nebenerwerbs von Gebiet zu Gebiet unterschiedlich war und sich auch im Lauf der Zeit veränderte.

Eine Veränderung im Lauf der Zeit bedeutete im hier behandelten Zeitraum und Gebiet immer einen steigenden Anteil des Nebenerwerbs. Anders ausgedrückt, der Rückgang der landwirtschaftlichen Bevölkerung erscheint in den Betriebszählungen weniger dramatisch als in den Volkszählungen. So sank etwa, wie erwähnt, der Bevölkerungsanteil der hauptberuflich in der Landwirtschaft Tätigen samt den von ihnen erhaltenen Personen zwischen 1971 und 1991 um drei Fünftel, nämlich von 27 Prozent auf 12 Prozent. Der Anteil der gesamten landwirtschaftlichen Bevölkerung unter Einschluss des Nebenerwerbs, also die Zahlen, wie sie in den Betriebszählungen vorkommen, sank hingegen nur um ein Drittel, nämlich von 56 auf 37 Prozent im Hochland insgesamt. Das bedeutet zum einen, dass Anfang der Siebzigerjahre auf eine Person, die in der Volkszählung der Landwirtschaft zugerechnet wurde, eine weitere Person kam, die ebenfalls mit der Landwirtschaft zu tun hatte, wenn auch nur im Nebenerwerb; zwei Jahrzehnte später muss man die Angaben der Volkszählung für die landwirtschaftliche Bevölkerung bereits verdreifachen, um auf den in der Betriebszählung angegebenen Wert zu kommen. Zum anderen lassen diese Zahlen erkennen, ein wie großer Teil der Bevölkerung selbst noch gegen Ende des 20. Jahrhunderts mit der Landwirtschaft unmittelbar zu tun hatte. Wenn Anfang der Neunzigerjahre im Hochland noch mehr als ein Drittel der Bevölkerung in landwirtschaftlichen Betrieben lebte, waren sie auch zum größeren Teil Nebenerwerbsbetriebe, dann gehörte damit noch für einen beträchtlichen Teil der Bevölkerung die Landwirtschaft zum alltäglichen Erfahrungs- und Tätigkeitsbereich.

In regionaler Hinsicht waren Vollerwerb und Nebenerwerb ungleich verteilt, mit gut erkennbaren Unterschieden. Welche Faktoren bestimmten den Anteil der nebenberuflichen Landwirte an der Bevölkerung und das Zahlenverhältnis zwischen haupt- und nebenberuflichen Bauern? Man kann mindestens vier Faktoren unterscheiden, die über Jahrzehnte in der gleichen Weise und auch ungefähr in der gleichen Stärke nebeneinander wirksam wurden.

Der erste Faktor ist der Anteil der hauptberuflich in der Landwirtschaft Tätigen und ihrer Angehörigen an der gesamten Bevölkerung. Hier sieht man einerseits, dass in stärker landwirtschaftlich geprägten Gegenden, also dort, wo die Landwirtschaft als Hauptberuf wichtiger war, auch die nebenberufliche Landwirtschaft größere Teile der Gesamtbevölkerung umfasste. Andererseits wird deutlich, dass innerhalb der Landwirtschaft die verhältnismäßige Bedeutung der nebenberuflichen Ausübung dort umso größer war, wo es weniger hauptberufliche Bauern gab. Mit anderen Worten, eine geringere Agrarquote in einem Gebiet betraf sowohl hauptberufliche als auch nebenberufliche Bauern; aber sie betraf die hauptberuflichen Bauern stärker. Dies ist durchaus nicht selbstverständlich, weil es auch möglich wäre, dass sich ein größerer oder kleinerer Umfang der landwirtschaftlichen Bevölkerung eines Gebiets ebenso stark oder stärker auf die Zahl von Nebenerwerbslandwirten auswirken würde.

Der zweite Faktor, der die Bedeutung der nebenberuflich tätigen Bauern in einem Gebiet bestimmte, nämlich die Wanderungsbewegungen in einem Gebiet, hängt mit der Weiterführung oder Aufgabe von Betrieben zusammen. Wie sich aus dem Vergleich der genannten Zahlen für die gesamte landwirtschaftliche Bevölkerung nach Volks- und Betriebszählungen ergibt, nahm der Anteil der nebenberuflichen Landwirte und ihrer Angehörigen an der Gesamtbevölkerung im Lauf der Jahrzehnte im Hochland insgesamt nur wenig ab; in den Siebzigerjahren nahm er sogar geringfügig zu. Die regionalen Unterschiede in den Zahlen von Nebenerwerbslandwirten hingen mit Wanderungsbewegungen in der Weise zusammen, dass in Gebieten mit einer positiven oder nur schwach negativen Wanderungsbilanz der landwirtschaftliche Nebenerwerb stärker verbreitet war als in Gebieten mit einer ausgeprägt negativen Wanderungsbilanz. Dies gilt sowohl für den Anteil der Nebenerwerbslandwirte an der Bevölkerung als auch für das zahlenmäßige Verhältnis zwischen Voll- und Nebenerwerb. Abwanderungsgebiete waren also auch Gebiete mit einer verhältnismäßig geringeren Bedeutung des landwirtschaftlichen Nebenerwerbs. Dieser Zusammenhang ist so zu erklären, dass ein geringerer Druck zur Abwanderung in jenen Gebieten bestand, die die Möglichkeit boten, einen Hauptberuf außerhalb der Landwirtschaft mit einer Nebenerwerbslandwirtschaft zu kombinieren. Von der anderen Seite betrachtet, wirkte sich in Gebieten, die eine solche Möglichkeit nicht boten und in denen ein höherer Abwanderungsdruck wirksam wurde, dieser Abwanderungsdruck auf Nebenerwerbslandwirte stärker aus als auf Vollerwerbsbauern: Die Nebenerwerbsbauern wanderten unter diesen Bedingungen häufiger ab, während die Vollerwerbsbauern noch etwas leichter bleiben konnten.

Alle diese Veränderungen standen im Zusammenhang mit einer im Lauf der Zeit immer wichtiger werdenden Erscheinung am Arbeitsmarkt, nämlich der Zunahme der Berufspendler. Die Arbeit außerhalb der Wohngemeinde wurde in den letzten Jahrzehnten im ganzen Hochland immer häufiger, dennoch findet man von Gebiet zu Gebiet Unterschiede. Diese Unterschiede liegen erstens im Anteil der Pendler an der gesamten berufstätigen Bevölkerung eines Gebiets, zweitens in der Entfernung, die Pendler auf ihrem Weg zur Arbeitsstätte zurückzulegen hatten, und drittens im Verhältnis von Wohnbevölkerung und Arbeitsbevölkerung eines Gebiets. Mit dem Verhältnis von haupt- und nebenberuflicher Tätigkeit in der Landwirtschaft ist die Pendelwanderung ebenfalls verknüpft.

Die Zahlen der Pendler in den einzelnen Gemeinden werden seit 1961 erhoben, 1955 gab es eine Erhebung, die noch auf die Unselbstständigen beschränkt war. Allgemein nahm der Anteil der Pendler an der Bevölkerung zu: Der Anteil der Auspendler an der berufstätigen Wohnbevölkerung, also jener Personen, die in der betreffenden Gemeinde wohnten, aber in einer anderen Gemeinde arbeiteten, stieg von 22 Prozent im Jahr 1961 auf 57 Prozent im Jahr 1991. In der räumlichen Verteilung dieser Pendler änderte sich im Lauf der Jahrzehnte nur wenig. Verhältnismäßig viele Auspendler gab es im Mühlviertel, ausgenommen den Perger Bezirksteil; im Bezirk Urfahr stieg die Rate von 28 Prozent 1961 auf 70 Prozent 1991. Im Waldviertel war der Anteil der Auspendler in den Bezirken Zwettl, Horn und Waidhofen immer niedrig und lag 1991 unter 53 Prozent; der Bezirk Gmünd, der 1961 noch hohe Anteile von Auspendlern aufgewiesen hatte, hatte 1991 mit 58 Prozent nur mehr eine unterdurchschnittliche Rate an Auspendlern.

Für die Entfernung, die Pendler zur Arbeitsstätte zurückzulegen hatten, lässt sich eine grobe Unterscheidung zwischen Pendeln innerhalb eines politischen Bezirks und Pendeln zu einer außerhalb des Bezirks gelegenen Arbeitsstätte treffen. Im Hochland bedeutet Pendeln über die Grenzen des Wohnbezirks hinaus oft Pendeln zu einer Arbeitsstätte, die gar nicht mehr im Hochland liegt, weshalb auch die Zahl der Auspendler im Hochland insgesamt die Zahl der Einpendler übersteigt: Im Jahr 1991 pendelten etwa 60.000 Personen mehr zu einer Arbeitsstätte außerhalb des Hochlands, als Personen ins Hochland hereinpendelten. 1961 betrug die entsprechende Zahl knapp 20.000. Besonders wichtig für den Arbeitsmarkt der Region waren die nahe dem Hochland gelegenen Zentren Krems und St. Pölten für das Waldviertel und vor allem Linz für das Mühlviertel. Linz war für die Pendelwanderung des ganzen Mühlviertels von Bedeutung, am meisten für den Bezirk Urfahr und den südlichen Teil des Bezirks Freistadt; Krems war für den Bezirk Krems-Land wichtig. In den nahe diesen Zentren gelegenen Teilen des Hochlands pendelten mehr als 70 Prozent der Pendler zu Arbeitsstätten außerhalb des eigenen Wohnbezirks, im Bezirk Urfahr sogar 87 Prozent der Pendler, das sind 60 Prozent aller Berufstätigen. In den Bezirken Gmünd, Horn und Waidhofen hingegen verließ nicht einmal die Hälfte der Pendler den Wohnbezirk, das war noch 1991 weniger als ein Viertel aller Berufstätigen (Karte 7). Diese regionalen Besonder-

Karte 7: Auspendler in andere Bezirke in Prozent der Berufstätigen 1991

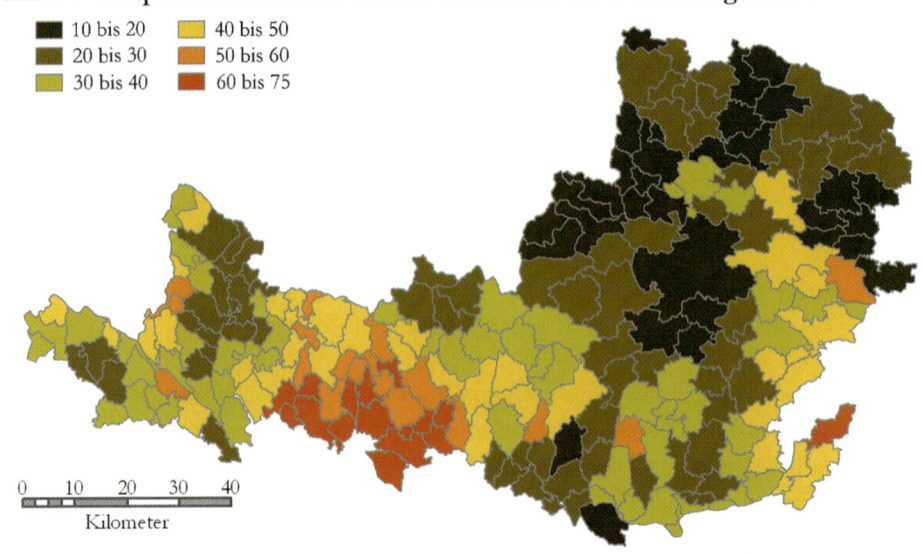

Quelle: Karte: Bundesamt für Eich- und Vermessungswesen, Wien. Daten: siehe Text.

heiten bestehen seit Jahrzehnten. Das bedeutet, dass die Pendelwanderung der Wohnbevölkerung zwar in absoluten Begriffen zugenommen, sich in der räumlichen Verteilung aber wenig verändert hat.

Der Anteil der Einpendler an der Arbeitsbevölkerung, also die Quote andernorts wohnhafter Arbeitskräfte an allen Arbeitskräften, die innerhalb einer Gemeinde tätig waren, stieg zwischen 1961 und 1991 von 13 auf 36 Prozent. Gebiete, deren Wohnbevölkerung über weitere Entfernungen pendelt, sind meist selbst als Ziel für Pendler von geringerer Anziehungskraft; hingegen findet man in Gebieten, deren Bevölkerung in der Regel nur über kurze Entfernungen pendelt, auch entsprechend viele Einpendler. Dies bedeutet, dass etwa im Mühlviertel und im südlichen Waldviertel die Arbeitsbevölkerung in den meisten Gemeinden nur einen Bruchteil der berufstätigen Wohnbevölkerung ausmacht, während dieses Verhältnis im nördlichen Waldviertel in einem großen Teil der Gemeinden ausgeglichener ist.

Insgesamt übersteigt aber nicht einmal in jeder zehnten Gemeinde des Hochlands die Zahl der Einpendler die Zahl der Auspendler; diese Verhältnisse bestehen mindestens seit Anfang der Sechzigerjahre. Das Verhältnis zwischen Wohnbevölkerung und Arbeitsbevölkerung einer Gemeinde lässt auch Rückschlüsse auf die Bedeutung des Orts als regionales Zentrum zu. In zentralen Orten ist die Arbeitsbevölkerung im Verhältnis zur berufstätigen Wohnbevölkerung groß. Derartige Zentren sind im Hochland die Bezirkshauptstädte Rohrbach, Freistadt, Gmünd, Waidhofen, Horn und Zwettl, aber auch einige Orte mit Bezirksgerichten wie Weitra oder Schrems, weiters Allentsteig, das zusätzlich Arbeitsort für Militärpersonen mit auswärtigem Wohnsitz ist. In diesen Orten war am Ende des 20. Jahrhunderts die Arbeitsbevölkerung zahlreicher als die berufstätige Wohnbevölkerung. Dieselben Orte hatten zumeist schon seit Jahrzehnten eine zentrale Funktion, wenn sie auch in der Pendelwanderung weniger deutlich hervortritt.

Für die landwirtschaftlichen Berufe ist die Pendelwanderung deshalb wichtig, weil sie eine Vorbedingung für den landwirtschaftlichen Nebenerwerb ist. Dies zeigt sich sowohl im Anteil der Nebenerwerbslandwirte an der Bevölkerung als auch im Verhältnis zwischen Haupterwerb und Nebenerwerb. Orte mit einer höheren Rate an Auspendlern hatten auch einen höheren Anteil an Nebenerwerbslandwirten in der Bevölkerung; innerhalb der örtlichen Landwirtschaft hatte der Nebenerwerb in den Pendlergemeinden einen höheren Anteil als in Gemeinden mit wenig Auspendlern. Auch diese Verhältnisse bestehen bereits seit Jahrzehnten.

Die oben besprochene Bevölkerungsentwicklung und die Beschäftigung in den verschiedenen Teilen des Hochlands bekommen auf diese Weise klare Züge: Entscheidend wurden im buchstäblichen Sinn die Randbedingungen, nämlich die Arbeitsmöglichkeiten in den an das Hochland angrenzenden Regionen. Die Pendelwanderung nach Krems und St. Pölten, insbesondere aber nach Linz, bot die Möglichkeit, Arbeitsgelegenheiten zu nutzen, ohne aus dem Hochland abwandern zu müssen, oder sogar die Möglichkeit, in das Hochland einzuwandern. Die überregionale Pendelwanderung in einem Hauptberuf außerhalb der Landwirtschaft ermöglichte es vielen, ihre Landwirtschaft im Nebenerwerb weiterzuführen; hingegen bedeutete in Gebieten mit geringerer überregionaler Pendelwanderung, dass auch die Weiterführung landwirtschaftlicher Betriebe im Nebenerwerb viel öfter ausgeschlossen war, weil die betreffenden Personen notgedrungen bereits abgewandert waren.

Dennoch muss betont werden, dass diese Zusammenhänge zwar manches an der Beschäftigungsstruktur und den regionalen Eigenarten der Landwirtschaft erklären, aber wenig an der verhältnismäßig günstigen Bevölkerungsentwicklung in großen Teilen des Mühlviertels und dem Bevölkerungsschwund in weiten Teilen des Waldviertels. Die Bevölkerungsentwicklung kam vor allem durch unterschiedliche Geburtenzahlen zu Stande, die ihrerseits, wie beschrieben, in einem wechselseitigen Zusammenhang mit dem regional unterschiedlichen Altersaufbau der Bevölkerung standen. Diese Geburtenzahlen waren eine regionale Besonderheit, die unabhängig von den anderen Faktoren weitere regionale Besonderheiten in der sektoralen Struktur bedingten: Die landwirtschaftliche Bevölkerung nahm überall ungefähr in gleichem Maß ab; durch unterschiedliche Geburtenraten und damit unterschiedliches Bevölkerungswachstum veränderte sich daher auch der Anteil der Landwirtschaft an der Gesamtbevölkerung je nach Region in verschiedenem Maß.

Eine weitere regionale Besonderheit wurde schließlich noch im Fall der nebenberuflichen landwirtschaftlichen Tätigkeit wirksam: Zusätzlich zu den drei besprochenen Faktoren – Größe des landwirtschaftlichen Sektors, Ausmaß der Wanderungsbewegungen, Ausmaß der Pendelwanderung – wurde noch ein vierter Faktor wirksam, nämlich der Unterschied zwischen Mühl- und Waldviertel. Im Mühlviertel war Landwirtschaft als Nebenberuf bedeutsamer als im Waldviertel; zum einen war der Anteil nebenberuflicher Landwirte an der gesamten Bevölkerung im Mühlviertel höher, zum anderen fiel das Zahlenverhältnis zwischen Landwirtschaft als Hauptberuf und als Nebenberuf im Mühlviertel stärker zugunsten der nebenberuflichen Landwirte aus. Es muss betont werden, dass dieser Unterschied nicht durch die anderen behandelten Faktoren erklärbar ist, sondern zusätzlich gilt. Anders ausgedrückt, die Landwirtschaft als Nebenberuf hatte im Mühlviertel größere Bedeutung als im Waldviertel, ein Unterschied, der sich nicht erschöpfend durch Faktoren wie die Pendelwanderung erklären lässt.

IV. Produktionsfaktoren

1. Boden

Das Hochland erstreckt sich über eine Fläche von ungefähr 7.500 Quadratkilometern. Davon waren 1999 etwa 82 Prozent bewirtschaftet, genauer, die im Hochland gelegenen land- und forstwirtschaftlichen Betriebe bewirtschafteten in diesem Jahr ungefähr 621.000 Hektar unter Einschluss eines kleinen Anteils unproduktiver Flächen.[10] Diese Zahl schließt Flächen ein, die außerhalb des Hochlands liegen, aber von hierher gehörenden Betrieben bewirtschaftet waren, und sie schließt im Hochland gelegene Flächen aus, wenn sie von Betrieben bewirtschaftet wurden, die sich außerhalb des Gebiets befanden. Mit dem angegebenen Wert war bis zum Jahr 1999 die bewirtschaftete Fläche bereits deutlich zurückgegangen. Wie hatte sich das Ausmaß der land- und forstwirtschaftlichen Flächen im Lauf des 20. Jahrhunderts verändert, und in welcher Weise wurden die Böden genutzt?

Ein direkter zeitlicher Vergleich von Ausmaß und Art der Bodennutzung fällt für den Zeitraum zwischen 1970 und 1999 leicht. Für weiter zurückliegende Zeiträume ist er nur teilweise einfach durchzuführen, weil die Daten nicht immer in vergleichbarer Weise angegeben sind. Für 1951 und 1960 kann man zwar das gesamte Ausmaß der land- und forstwirtschaftlichen Flächen für jede Gemeinde feststellen und mit den späteren Werten vergleichen, die Art ihrer Nutzung jedoch nicht in gleicher Weise. Die Angaben für 1951 sind insbesondere hinsichtlich der Waldnutzung nur eingeschränkt mit den zeitlich benachbarten Statistiken vergleichbar, da wegen der Enteignungen während der Herrschaft des Nationalsozialismus und verzögerter Rückstellungen nach dem Zweiten Weltkrieg aus der Forststatistik die tatsächliche Nutzung teilweise nicht entnommen werden kann. Aus der Mitte der Fünfzigerjahre stammt weiters eine Aufstellung der Katasterfläche der Gemeinden, aufgeteilt nach Hauptkulturarten, die annähernd die gesamte Gemeindefläche einschließt und über die eigentlichen land- und forstwirtschaftlichen Betriebsflächen dieser Zeit in Wirklichkeit hinausgeht.[11] Für die Zwischenkriegszeit gibt die landwirtschaftliche Betriebszählung 1930 Aufschluss über die Flächennutzung auf der Ebene der Gerichtsbezirke, nicht aber der Gemeinden. Für weiter zurückliegende Zeiträume sind Aufstellungen der land- und forstwirtschaftlichen Flächen und ihrer Nutzung rar. So zählte etwa die landwirtschaftliche Betriebszählung 1902 wirklich nur die Betriebe, wenn auch in einer Unterscheidung nach Größenklassen, ohne die gesamten Flächen auszuweisen; ohnehin beschränken sich die veröffentlichten Angaben aus dieser Zählung auf Daten für ganze politische Bezirke. Eine Ausnahme von dieser allgemein schlechten Informationslage ist die Landwirtschaftsstatistik Oberösterreichs von Carl Foltz aus dem Jahr 1878, die unter anderem auch die Bodennutzung für jede Gemeinde überaus genau darstellt und einen Anhaltspunkt für die Verhältnisse im späten 19. Jahrhundert und wahrscheinlich für die Jahrhundertwende bietet.[12] Auch diese Statistik gibt die Katasterflächen und damit annähernd die gesamte Fläche der Gemeinden als land- und forstwirtschaftliche Fläche an.

Geht man nach den Angaben der landwirtschaftlichen Betriebszählungen, dann betrug 1970 der Anteil der land- und forstwirtschaftlichen Fläche etwas über 90 Prozent der gesamten Gemeindeflächen, zehn Jahre später etwas über 87 Prozent, im Jahr 1990 geringfügig weniger und 1999 schließlich nur mehr 82 Prozent. Die Flächen wurden also kleiner, in Fortsetzung einer Entwicklung seit mindestens 1960: In diesem Jahr hatte die land- und forstwirtschaftliche Fläche noch fast 93 Prozent der Gesamtflächen eingenommen. Dies bedeutete gegenüber 1951 eine Vergrößerung um knapp 3 Prozent; diese Vergrößerung war aber überwiegend auf zwei Sonderfälle, nämlich auf die Gemeinde Allentsteig im Bezirk Zwettl und die Gemeinde Grein im Bezirk Perg zurückzuführen.[13] In Allentsteig kam es zu einer vorübergehenden Vergrößerung der land- und forstwirtschaftlichen Fläche im Zug der wechselnden Zuordnung von Flächen des ehemaligen Truppenübungsplatzes Döllersheim. Dieser Truppenübungsplatz war nach der Annexion Österreichs durch das Deutsche Reich auf einer Fläche von ungefähr 190 Quadratkilometern errichtet worden; ihm fielen zehn Gemeinden mit einer Vielzahl von Ortschaften zum Opfer, die früheren Grundbesitzer wurden enteignet. In den Fünfzigerjahren war ein kleiner Teil der früheren Eigentümer, darunter die Windhaagsche Stipendienstiftung mit ausgedehntem Grundbesitz, mit Anträgen auf Rückstellung ihrer Liegenschaften erfolgreich, was zur Wiedererrichtung der Gemeinde Franzen und zur Gebietserweiterung anderer Gemeinden im Jahr 1954 führte; die übrigen Antragsteller gingen leer aus, und auf dem verbliebenen, nicht rückgestellten Gelände wurde neuerlich ein Truppenübungsplatz eingerichtet. Erst 1964 wurde das bis dahin noch keiner Gemeinde zugeordnete Gebiet des Truppenübungsplatzes auf eine Reihe von Gemeinden aufgeteilt, die später in den Gemeinden Allentsteig, Göpfritz, Pölla, Röhrenbach und Zwettl aufgingen.[14] Die Angaben über die Flächen der betroffenen Gemeinden wechseln daher in dieser Periode, die land- und forstwirtschaftliche Fläche der Gemeinde Allentsteig vergrößerte sich zwischen 1951 und 1960 schlagartig um 15.000 Hektar. Der zweite Sonderfall, die Vergrößerung der forstwirtschaftlichen Fläche in Grein, ist auf die Rückstellung des Sachsen-Coburg und Gotha'schen Forstbesitzes zurückzuführen, der im Zusammenhang mit der Machtübernahme des Nationalsozialismus dem Eigentümer, einer Stiftung, entzogen worden war und nach dem Zweiten Weltkrieg zur USIA gehört hatte. Die Rückstellung in den Fünfzigerjahren änderte an der Nutzung selbstverständlich nichts, es wurden lediglich die Forstverwaltung in Grein eingerichtet und auf diese Weise bestehende Betriebsflächen neuerdings dieser Gemeinde zugerechnet. Sieht man von Allentsteig und Grein ab, ist der Anteil der land- und forstwirtschaftlichen Betriebsfläche an der gesamten Fläche des Hochlands in den Fünfzigerjahren im Großen und Ganzen gleich geblieben und bis 1990 um nicht ganz 6 Prozent gesunken.

Auch die Veränderungen von der Zwischenkriegszeit zu den Fünfzigerjahren waren meist gering. Es kann in diesem Fall nicht über das Hochland als solches gesprochen werden, da die Angaben aus der Betriebszählung 1930 nur Gerichtsbezirke unterscheiden. Dennoch zeigen auch die Vergleiche der Flächennutzung in jenen Gerichtsbezirken, die zur Gänze zum Hochland gehören, wichtige Punkte: In einem großen Teil des Hochlands änderte sich am Ausmaß der land- und forstwirtschaftlich genutzten Flächen zwischen 1930 und 1951 fast nichts und zwischen 1930 und 1960 wenig, so etwa in den Bezirken Rohrbach und Freistadt im Mühlviertel und Waidhofen und Gmünd im Waldviertel; die Unterschiede in den land- und forstwirtschaftlichen Flächen betragen höchstens 1 Prozent. Im Bezirk Zwettl schwankte die angegebene land- und forstwirtschaftliche Fläche aus den beschriebenen Gründen zwar stark, betrug aber im Jahr 1960 wieder so viel wie drei Jahrzehnte davor oder ging sogar darüber hinaus. Auch beim Vergleich einzelner weiterer Gerichtsbezirke sieht man, dass die land- und forstwirtschaftlichen Flächen in diesem Zeitraum nur geringfügig zurückgingen. Eine Ausnahme ist der Bezirk Urfahr, wo die Flächen zwischen 1930 und 1960 um 9 Prozent schrumpften.

Von der land- und forstwirtschaftlichen Betriebfläche zu unterscheiden ist die Katasterfläche, die alle Grundstücke einer Gemeinde umfasst, auch diejenigen, die land- und forstwirtschaftlich nicht genutzt sind. Mit der Betriebsfläche ist die Katasterfläche einer Gemeinde nicht identisch, einerseits weil die Betriebsfläche auch Flächen außerhalb der Gemeinde umfassen kann und Teile der Katasterfläche einer Gemeinde zur Betriebsfläche einer anderen Gemeinde gehören können, andererseits weil der Kataster nicht selten Flächen mit ihrer land- und forstwirtschaftlichen Nutzung auch dann ausweist, wenn sie in Wirklichkeit gar nicht mehr in dieser Weise genutzt werden. Daher kommt es, dass etwa die Katasterfläche des Landes Niederösterreich, die zur Gänze in Hauptkulturarten aufgeteilt ausgewiesen wird, wesentlich größer als die land- und forstwirtschaftliche Betriebsfläche des Landes ist; das Gleiche gilt für die gesamtösterreichischen Kataster- und Betriebsflächen. Ein Vergleich der Katasterflächen 1991 und der Angaben der land- und forstwirtschaftlichen Betriebszählung 1990 ergibt Angaben der Betriebszählung, die je nach Kulturart um 5 bis 10 Prozent unter den Katasterwerten liegen.

Die Statistik der Fünfzigerjahre, die für das Jahr 1955 die Katasterfläche nach Kulturarten aufgliedert, erlaubt dennoch zumindest teilweise eine Einordnung dieser Angaben in die Statistik der land- und forstwirtschaftlichen Betriebe, da für 1951 und 1960 auch Ergebnisse der Betriebszählungen zur Verfügung stehen. Schwieriger ist dies im Fall von Foltz' oberösterreichischer Landwirtschaftsstatistik für 1878.

Diese Statistik ist mit den Angaben aus dem Jahr 1955 unmittelbar vergleichbar. Die Unterschiede in der gesamten angegebenen Fläche sind gering: Fast der ganze vorhandene Boden wird als land- und forstwirtschaftliche Fläche ausgewiesen, im 19. Jahrhundert allerdings unter Einschluss eines Anteils unproduktiver Flächen im Ausmaß von etwa 3 Prozent. Für 1955 fehlt eine derartige Angabe. Unter Abzug der unproduktiven Flächen verblieben in den Jahren vor 1878 gut 97 Prozent der Gesamtfläche des Mühlviertels als produktive Katasterfläche. Stimmt diese Angabe ungefähr mit der damaligen Betriebsfläche dieser Region überein? Oder gibt schon im 19. Jahrhundert der Kataster Flächen als land- und forstwirtschaftliche Flächen an, die in Wahrheit nicht mehr bewirtschaftet wurden? Man kann einerseits annehmen, dass die Katasterfläche einer Gemeinde nicht mit der Betriebsfläche der land- und forstwirtschaftlichen Betriebe derselben Gemeinde übereinstimmte, da viele Betriebe Flächen in mehr als einer Gemeinde bewirtschafteten. Es wird andererseits aber im Fall des Mühlviertels deutlich, dass zumindest die in der Statistik als Betriebsfläche angegebenen Flächen der Region insgesamt annähernd der Katasterfläche unter Einschluss der unproduktiven Fläche entsprechen.[15] Dennoch bleibt die Frage, ob für die zweite Hälfte des 19. Jahrhunderts eine land- und forstwirtschaftliche Fläche glaubhaft ist, die nach Abzug der unproduktiven Flächen etwa 97 Prozent der Gesamtfläche des Mühlviertels entspricht, während die entsprechende Zahl 100 Jahre später in derselben Region 91 Prozent der Gesamtfläche beträgt. Ging die tatsächlich genutzte land- und forstwirtschaftliche Fläche im Mühlviertel in der ersten Hälfte des 20. Jahrhunderts zurück? Die Frage ist eher zu bejahen, zumal sich auch nach 1970 die produktiven land- und forstwirtschaftlichen Flächen verkleinerten, nämlich um jeweils zwei Prozentpunkte in den Siebziger- und Achtzigerjahren. Weiters wurden nach den Angaben des 19. Jahrhunderts in dieser Zeit auch Flächen als produktive Flächen gewertet, die zwar nicht gänzlich unproduktiv waren, aber doch nur eine sporadische Nutzung und geringe Produktivität aufwiesen, nämlich Trischäcker und Brände, auf die unten noch eingegangen wird. Diese Flächen nahmen 6 Prozent der Gesamtfläche ein. Es ist nicht unwahrscheinlich, dass sich durch die Aufgabe von unproduktiven und wenig produktiven Flächen dieser Art die tatsächlich genutzte Fläche im Lauf eines Jahrhunderts im beschriebenen Ausmaß verringerte.

Man kann also für das späte 19. und frühe 20. Jahrhundert annehmen, dass die gesamte bewirtschaftete Fläche annähernd alle produktiven Flächen einschließlich ungünstiger Lagen umfasste. Diese Flächen entsprachen im Mühlviertel etwa 97 Prozent der Gesamtfläche. Im Lauf der folgenden Jahrzehnte sank der Anteil der produktiven bewirtschafteten Flächen, und zwar im Mühlviertel bis 1970 auf 91 Prozent, bis 1990 auf 86 Prozent der Gesamtfläche. Im gesamten Hochland waren die Werte in den Jahren ab 1970 um 1,5 bis 2 Prozentpunkte niedriger als im Mühlviertel. Ob es einen solchen Unterschied auch in der zweiten Hälfte des 19. Jahrhunderts gegeben hat, lässt sich nicht sagen.

Die nach dem Zweiten Weltkrieg feststellbaren Veränderungen erfolgten nicht in allen Bezirken in gleicher Weise. Bei den folgenden Angaben ist zu bedenken, dass, wie erwähnt, Flächen in der Betriebsstatistik nicht unbedingt dem Bezirk oder der Gemeinde zugerechnet werden, in dem sie liegen, sofern der Betrieb, der sie bewirtschaftet, seinen Sitz in einem anderen Gebiet hat. Auf diese Weise kommt es mitunter zu sprunghaften Veränderungen, die unter Umständen nur für einzelne Betriebe bedeutsam sind, in der regionalen Statistik aber dennoch deutlich erkennbare Auswirkungen hinterlassen. Dies ist besonders deshalb von Bedeutung, weil Betriebe, bei denen ein Standortwechsel oder eine Neuerrichtung am wahrscheinlichsten ist, nämlich juristische Personen mit großen Forstflächen, zu den größeren Betrieben gehören und eine Veränderung im Betriebssitz örtlich große Auswirkungen hat.

Dennoch kann man einige Aussagen über regionale Unterschiede in der Bodennutzung treffen. Eine kontinuierliche Entwicklung ist etwa im Großteil des Mühlviertels festzustellen, nämlich in den Bezirken Rohrbach, Freistadt und Urfahr und in Teilen des Sauwalds, wo die Flächen nach dem Zweiten Weltkrieg von Jahrzehnt zu Jahrzehnt um jeweils 1 bis 3 Prozent zurückgingen, zwischen 1990 und 1999 um 3 bis 5 Prozent. Auch im Waldviertel gibt es einzelne Gebiete mit kontinuierlicher Entwicklung, so etwa den Bezirk Gmünd mit einem Verlauf ähnlich den Mühlviertler Bezirken und den Bezirk Waidhofen, wo die bewirtschafteten Flächen alle zehn Jahre um 2 Prozent und in den Neunzigerjahren um 5 Prozent schrumpften. In anderen Gebieten des Waldviertels hat man es hingegen mit sprunghaften Veränderungen auf und ab zu tun, so etwa in den Bezirken Melk, Krems und Zwettl. Insgesamt ergibt sich keine klare Trennung von Gebieten mit starken Rückgängen der bewirtschafteten Flächen und Gebieten mit geringerem Schwund; so waren die Rückgänge in Urfahr und Gmünd bis 1999 mit etwa einem Achtel des Bestands von 1951 verhältnismäßig stark, im angrenzenden Bezirk Freistadt mit 9 Prozent hingegen geringer. Am beständigsten blieb die Flächenbewirtschaftung im Bezirk Horn, wo sich über Jahrzehnte kaum eine Veränderung beobachten lässt.

Auf die Ertragsstärke der Böden wurde in der einleitenden Besprechung der Umweltbedingungen bereits eingegangen. Wie wurden die Böden genutzt? Im Jahr 1990 waren 40 Prozent, 1999 bereits 42 Prozent der gesamten Nutzflächen Waldflächen; darunter fallen auch kleine Anteile von Energieholzflächen, Christbaumkulturen und Baumschulen. Ein Drittel der Fläche entfiel auf Ackerland einschließlich eines nicht näher bestimmten Anteils von Flächen, die zwar als Ackerflächen eingestuft waren, zum Zeitpunkt der Erhebung aber nicht genutzt wurden. Weniger als ein Viertel der gesamten Flächen machten Wiesen und Weiden aus, wobei die Weiden nur einen geringen Anteil beanspruchten. 3 Prozent der Flächen waren unproduktiv oder Gewässer. Alle sonstigen Kulturen waren bedeutungslos: Obwohl es in Randbereichen des Hochlands, in den Bezirken Krems und Horn, kleine Flächen mit Weinbau gibt, machen diese doch nur einen verschwindenden Anteil an den gesamten Flächen aus. Selbst der Obstbau, der grundsätzlich in allen Teilen des Hochlands betrieben wird, nahm weniger als ein halbes Prozent der Gesamtfläche in Anspruch.

Wie nicht anders zu erwarten, sind die Verhältnisse regional unterschiedlich. Als Ausgangspunkt dient das Jahr 1990. In diesem Jahr waren die höchsten Anteile von Wald mit 62 Prozent der Flächen in dem zum Hochland gehörenden Teil des Bezirks Melk zu finden. Dem am nächsten kamen der angrenzende Perger Bezirksteil und der Bezirk Gmünd, wo etwa die Hälfte der gesamten Flächen auf Wald entfiel. Geringe Waldanteile hatten das nordöstliche Waldviertel, also die Bezirke Waidhofen und Horn, und Teile des Mühlviertels, nämlich der Bezirk Urfahr und die östlichen Ausläufer des Sauwalds, jeweils mit 30 Prozent Wald oder weniger. Die sonstigen Gebiete bewegten sich um 40 Prozent Waldanteil, was dem Durchschnitt des Hochlands entspricht.

Noch klarer sind die Unterschiede bei der Ackerfläche. Hohe Anteile an Ackerland wies das nordöstliche Waldviertel auf: In den Bezirken Waidhofen und Horn waren ungefähr 60 Prozent der gesamten land- und forstwirtschaftlichen Fläche Ackerfläche. Wesentlich geringer waren mit 35 Prozent oder wenig mehr die Werte in den Bezirken Zwettl und Krems. In fast allen anderen Gebieten, insbesondere auch im ganzen Mühlviertel, war im Durchschnitt ungefähr ein Viertel der Gesamtfläche Ackerland, wobei dieser Anteil im Bezirk Urfahr geringfügig höher war, in den Bezirken Melk und Rohrbach dagegen nur ein Fünftel oder weniger des Gesamtbestands betrug.

Im Waldviertel lautete die Alternative also Ackerland oder Wald, das heißt, waldarme Gebiete hatten entsprechend mehr Ackerland. Insgesamt waren im Waldviertel 37 Prozent des Bodens Ackerland. Im Mühlviertel hingegen waren Wiesen sogar die wichtigere Alternative zum Wald: Die Wiesen nahmen hier mit 35 Prozent der Fläche fast ebenso viel wie der Wald und deutlich mehr als die Ackerfläche ein, die, wie erwähnt, nur ein Viertel der Fläche betrug. In den Bezirken Rohrbach und Urfahr war die Wiesenfläche sogar größer als die Waldfläche. Selbst im Bezirk Freistadt und im Perger Bezirksteil mit ihren verhältnismäßig hohen Waldanteilen war die Wiesenfläche deutlich wichtiger als in jedem der Waldviertler Bezirke.

Welche Faktoren bestimmten die Anteile der Nutzungsarten? Höhenlage, Hangneigung und Bodenqualität, die, wie am Anfang dieses Beitrags dargestellt wurde, auch untereinander Zusammenhänge aufweisen, wirkten sich in unterschiedlicher Weise auf die Anteile von Ackerland, Wiesen und Wald aus. Im Fall des Ackerlands zeigt eine Untersuchung nach Gemeinden, dass die mittlere Hangneigung am eindeutigsten bestimmte, wie hoch der Anteil der Ackerfläche in der Gemeinde war – wenn die mittlere Hangneigung um 1 Prozent stärker war, war der Anteil der Ackerfläche um mehr als einen Prozentpunkt niedriger. Auch die Höhenlage und die Bodenklimazahl erklären das Ausmaß der Ackerfläche in einer Gegend: Wie zu erwarten, hatten höher gelegene Gebiete und Gebiete mit niedrigeren Bodenklimazahlen geringere Anteile von Ackerfläche; allerdings sind diese Zusammenhänge bei weitem nicht so stark wie der Zusammenhang mit der Hangneigung. Berücksichtigt man zusätzlich, ob eine Gemeinde im Mühlviertel oder im Waldviertel lag, erscheint der Zusammenhang mit der Höhenlage überhaupt bedeutungslos, dafür tritt der Zusammenhang mit der Bodenqualität nun deutlicher hervor – Mühlviertler Gemeinden hatten unter sonst gleichen Bedingungen um zehn Prozentpunkte geringere Anteile an Ackerflächen, die Auswirkungen von Bodenqualität und Hangneigungen stellen sich wie bereits beschrieben dar, während die Höhenlage bei Berücksichtigung dieser Faktoren weiter nichts mehr erklärt.

Untersucht man die Anteile der Waldflächen in gleicher Weise, erhärtet sich der Eindruck von der Bedeutung der Hangneigung für die Art der Bodennutzung: Die Hangneigung wirkte sich auf den Waldanteil ebenso stark, wenn auch in der entgegengesetzten Richtung, aus wie auf den Anteil von Ackerfläche – eine um 1 Prozent höhere Hangneigung lässt einen um einen Prozentpunkt höheren Waldanteil erwarten. Höhenlage und Bodenklimazahl erklären hingegen am Anteil der Waldfläche nichts. Dies gilt, gleich ob man zusätzlich eine Unterscheidung zwischen Mühl- und Waldviertel trifft. Jedenfalls war aber selbst bei gegebener Hangneigung und unter Berücksichtigung der anderen Faktoren der Waldanteil im Mühlviertel um ungefähr acht Prozentpunkte niedriger, ein klarer Zusammenhang.

Am Anteil der Wiesen schließlich erklärt die Bodenqualität gar nichts, während Höhenlage und Hangneigung einen gewissen Aufschluss geben. Höher gelegene Gebiete und Gebiete mit stärkerer Hangneigung hatten größere Anteile von Wiesen an den Flächen, doch sind diese Zusammenhänge nicht sonderlich stark. Bezieht man den regionalen Faktor zusätzlich in die Betrachtung ein, verlieren Höhenlage und Hangneigung jeden Erklärungswert: Mühlviertler Gemeinden hatten einen Wiesenanteil, der um etwa 18 Prozentpunkte über den Waldviertler Verhältnissen lag, ein Zusammenhang, der alle anderen Zusammenhänge überdeckt.

Zusammenfassend können wir also als die wesentlichen Faktoren für die Bodennutzung gewisse Aspekte der Oberflächengestalt, namentlich die Hangneigung, erkennen; unabhängig davon kommt aber auch noch die starke Wirkung regionaler Besonderheiten hinzu, die zu unterschiedlicher Bodennutzung in Mühl- und Waldviertel führte.

Soweit die Verhältnisse gegen Ende des 20. Jahrhunderts. Inwiefern hatten sich zu diesem Zeitpunkt die Verhältnisse gegenüber den vorangegangenen Jahrzehnten verändert?

Über die Siebziger- und Achtzigerjahre wurde bereits gesagt, dass in dieser Zeit die gesamte land- und forstwirtschaftlich genutzte Fläche zunächst leicht zurückgegangen und dann etwa gleich geblieben ist. Die Bodennutzung veränderte sich dabei leicht: Der Anteil der Ackerfläche, der 1990 bei 31 Prozent lag, war 1970 und 1980 noch um zwei Prozentpunkte höher gewesen (Karte 8); der Anteil des Waldes an den genutzten

Karte 8: Anteil der Ackerfläche 1970 in Prozent

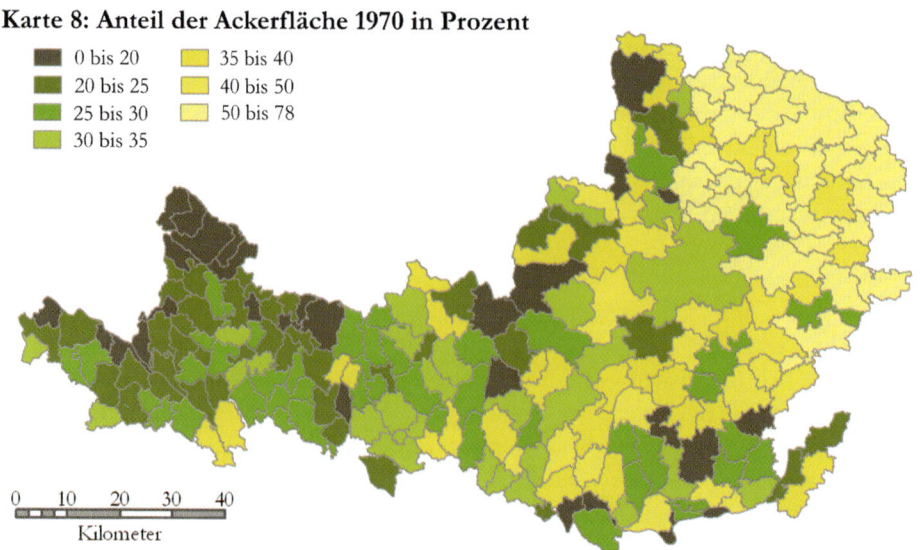

Quelle: Karte: Bundesamt für Eich- und Vermessungswesen, Wien. Daten: siehe Text.

Flächen blieb in diesem ganzen Zeitraum gleich; der Anteil der Wiesen, der 1990 24 Prozent betrug, hatte um einen Prozentpunkt zugenommen; und der Anteil der unproduktiven Flächen war ebenfalls gestiegen. Betrachtet man nicht die Anteile an den gesamten Flächen, sondern die Veränderungen nach Hektaren, so bedeutet dies, bezogen auf die jeweilige Nutzungsart, dass die Ackerfläche um ein Zehntel geschrumpft war, die Wiesenfläche etwa gleich geblieben war, die Waldfläche um 2 Prozent zurückgegangen war und die unproduktive Fläche um 85 Prozent zugenommen hatte.

So klein diese Änderungen alles in allem erscheinen mögen, so klar erkennbar sind ihre Hintergründe. Es ist offensichtlich, dass Änderungen in der Bodennutzung von den Oberflächen- und Bodenbedingungen bestimmt wurden, dass Veränderungen im Ausmaß der land- und forstwirtschaftlichen Fläche insgesamt eine Rolle spielten und dass dazu auch noch einige regionale Faktoren wirksam wurden. Dies wird deutlich, wenn man den Einfluss von Höhenlage, Hangneigung und Bodenqualität auf Veränderungen in Ausmaß und Anteilen von Ackerfläche, Wiesenfläche und Waldfläche an der gesamten land- und forstwirtschaftlichen Fläche untersucht.

Das Ausmaß der Ackerfläche wurde dort geringer, wo die Umgebungsbedingungen ungünstig waren (Karte 9): Es sank in höher gelegenen Gemeinden, in Gemeinden mit stärkeren Hangneigungen und in Gemeinden mit schlechteren Bodenklimazahlen. Diese Zusammenhänge kommen immer wieder heraus, auch wenn man andere Faktoren ins Spiel bringt. Sie sind in den wesentlichen Zügen auch dann feststellbar, wenn man Veränderungen in den Siebzigerjahren und in den Achtzigerjahren getrennt untersucht, obwohl diese Veränderungen geringer ausfielen und Zufälle eine größere Rolle spielten. Die Erklärung für diese Veränderungen liegt auf der Hand: Manche ungünstigeren Böden und Lagen wurden nicht mehr als Ackerland genutzt, sondern anderen

Karte 9: Ackerfläche 1999 in Prozent der Ackerfläche 1970

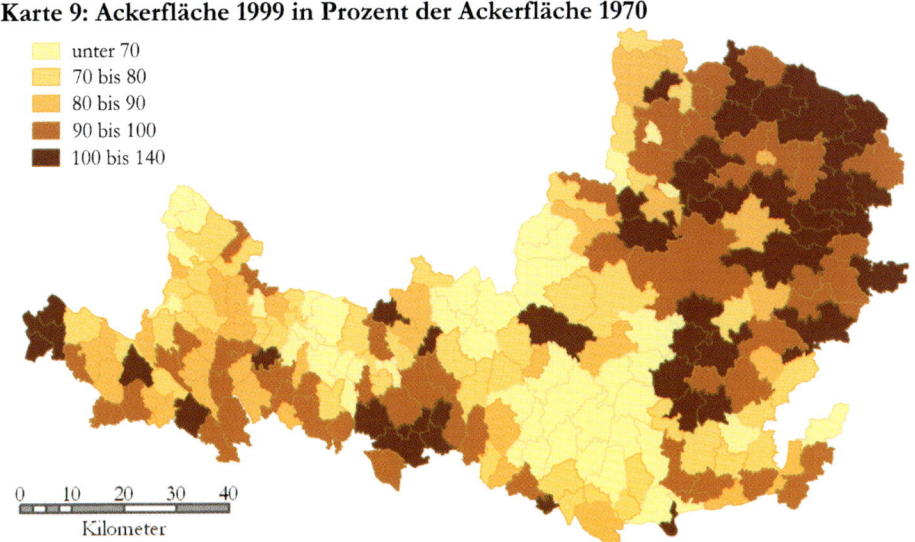

Quelle: Karte: Bundesamt für Eich- und Vermessungswesen, Wien. Daten: siehe Text.

Nutzungen zugeführt beziehungsweise ganz aus der land- und forstwirtschaftlichen Nutzung genommen. Abgesehen von der Wirkung dieser Faktoren findet man noch einige Gebiete, in denen Veränderungen in der Ackerfläche stärker in die eine oder andere Richtung gingen, als eigentlich zu erwarten wäre. Solche Gebiete sind die Bezirke Rohrbach und Zwettl, wo die Ackerfläche zwischen 1970 und 1990 weniger stark zurückging, als man erwarten würde, und der Melker Bezirksteil, wo das Gegenteil der Fall war. Wenn man sich nicht mit Veränderungen im absoluten Ausmaß des Ackerlandes beschäftigt, sondern mit seinem Anteil an den gesamten Flächen, bleibt die Bedeutung der Bodenqualität und der Hangneigungen erhalten. Die Höhenlage hingegen verliert an Bedeutung, wenngleich ein schwacher Zusammenhang immer noch zu erkennen ist.

Das Gegenstück zum Ackerland sind in dieser Hinsicht die Wiesen. Die Zusammenhänge gelten genau in umgekehrter Richtung: Die Höhenlage eines Gebiets war für Veränderungen in Ausmaß und Anteil des Wiesenlandes von untergeordneter Bedeutung. Wichtig waren jedoch Bodenqualität und Hangneigung: Gebiete mit niedrigen Bodenklimazahlen und Gebiete mit starken Hangneigungen waren auch Gebiete, in denen zwischen 1970 und 1990 das Ausmaß der Wiesen und ihr Anteil an den gesamten Flächen zunahm. Es ist offensichtlich, dass der oben festgestellte Rückgang des Ackerlandes und die Zunahme der Wiesen direkt miteinander zusammenhängen – Ackerland wurde zur Wiese.

Die Veränderungen im Ausmaß der gesamten land- und forstwirtschaftlichen Fläche hatten auf die absolute Größe der Ackerfläche übrigens keine Auswirkung. Es war also nicht so, dass der absolute Umfang des Ackerlands dort weniger stark gesunken wäre, wo die Gesamtfläche stärker zurückging; auch das Gegenteil ist nicht zu bemerken. Sehr wohl existiert ein derartiger Zusammenhang jedoch zwischen Veränderungen im Flächenanteil (statt im absoluten Ausmaß) des Ackerlandes einerseits und einer Zu- und Abnahme der gesamten Flächen andererseits. Dieser Zusammenhang ist negativ, das heißt, dort, wo die gesamten land- und forstwirtschaftlichen Flächen zunahmen, nahm der Anteil der Ackerfläche ab; dort, wo die gesamten Flächen abnahmen, nahm der Anteil der Ackerfläche zu. Ähnlich verhält es sich mit dem Zusammenhang zwischen der gesamten land- und forstwirtschaftlichen Fläche und dem Wiesenland: Veränderungen in der Gesamtfläche hatten keine Auswirkung auf Veränderungen im absoluten Flächenausmaß von Wiesen, wohl aber auf Veränderungen im Anteil der Wiesen an allen Flächen, und zwar ebenfalls eine negative. Wo die gesamten Flächen zunahmen, nahm also nicht nur der Anteil der Äcker, sondern auch der Anteil der Wiesen ab, auf das absolute Ausmaß dieser beiden Nutzungsarten hatte die Vergrößerung der Gesamtfläche aber keinen Einfluss. All dies heißt nichts anderes, als dass etwa eine Verkleinerung der gesamten land- und forstwirtschaftlichen Fläche meist nicht durch Aufgabe von Acker- oder Wiesenland erfolgte und daher das absolute Ausmaß dieser beiden Nutzungsarten dadurch nicht berührt war. Sehr wohl musste aber eine Verminderung der gesamten Flächen klarerweise dazu führen, dass der Anteil eines gleichbleibend großen Wiesen- und Ackerlandes an der Gesamtfläche größer wurde.

Wenn Veränderungen im Gesamtausmaß der land- und forstwirtschaftlichen Flächen nicht in erster Linie im Wiesen- und Ackerland vorkamen, konnten sie nur auf den

Waldflächen stattfinden. Tatsächlich findet man einen Zusammenhang zwischen Veränderungen in der Gesamtfläche und Veränderungen in der absoluten Waldfläche. Dieser Zusammenhang ist sogar überaus stark und überdeckt alle Zusammenhänge zwischen anderen Faktoren und den Veränderungen in der Größe des Waldes. Er ist so zu verstehen, dass in Gebieten, wo die gesamte land- und forstwirtschaftliche Fläche wuchs, die Waldfläche größer wurde; in Gebieten, wo die Gesamtfläche stärker schrumpfte, wurde auch die Waldfläche geringer – dies ist der häufigere Fall. Das heißt, dass Veränderungen in der Gesamtfläche hauptsächlich Veränderungen der Waldfläche waren. Unter diesen Umständen müssen unvermeidlicherweise auch Veränderungen in den Anteilen der Waldfläche mit Veränderungen der Gesamtfläche zusammenhängen: Dieser Zusammenhang ist positiv, das heißt, eine Vergrößerung der Gesamtfläche, die vorzugsweise durch Vergrößerung der Waldfläche erfolgt, erhöht selbstverständlich auch den Anteil des Waldlandes am gesamten Land. Höhenlage, Hangneigung und Bodenklimazahlen haben übrigens keine Bedeutung für Veränderungen der Waldfläche.

Man kann also diese Ergebnisse in der Weise zusammenfassen, dass bei entsprechend ungünstigen Oberflächen- und Bodenverhältnissen das Ackerland abnahm und die Wiesenflächen zunahmen, dass also entsprechend den Umgebungsbedingungen zwischen diesen beiden Nutzungsarten gewechselt wurde; der häufigere Fall war dabei die Umwandlung von Ackerfläche in Wiesenland. Veränderungen der Waldfläche standen hingegen in erster Linie in Zusammenhang mit dem Ausmaß der Gesamtfläche, nicht aber mit Oberflächen- und Bodenbedingungen, oder, anders ausgedrückt, die Verringerung der gesamten land- und forstwirtschaftlichen Fläche war in Wahrheit nur eine Verringerung der forstwirtschaftlichen Fläche.

Ist ein ähnliches Muster auch in der Zeit vor 1970 festzustellen? Vergleiche der Bodennutzung ab 1970 mit vorhergehenden Zeitabschnitten sind nur eingeschränkt möglich. Ohne weiteres möglich ist ein Vergleich der forstwirtschaftlichen Flächen von 1960 und 1970, da in den Daten der Betriebszählung 1960 die auf Waldland entfallende Betriebsfläche für jede Gemeinde ausgewiesen ist. Die landwirtschaftliche Fläche ist in dieser Statistik jedoch nicht nach Acker, Wiesen, Weiden und anderen Nutzungen getrennt angegeben. Für die Fünfzigerjahre steht die bereits besprochene Aufstellung der Katasterfläche zur Verfügung, wobei zwischen Acker- und Grünland, dann Wiesen, Weiden und Wald unterschieden wird. Ein Teil der angeführten Katasterfläche war aber trotz dieser Zuordnung nicht land- und forstwirtschaftlich genutzt. Für die Zwischenkriegszeit können die Angaben der Betriebszählung 1930 genutzt werden, die nach Gerichtsbezirken unterscheidet.

Zunächst also zu den Veränderungen in der Flächennutzung von der Zwischenkriegszeit bis etwa 1970. Diese Veränderungen geschahen in allen Bereichen: Man beobachtet zwischen 1930 und 1970 eine beträchtliche absolute Zunahme der forstwirtschaftlichen Flächen und eine entsprechende Zunahme des Anteils dieser Flächen an der gesamten land- und forstwirtschaftlichen Fläche. Damit korrespondierten in einem großen Teil des Hochlands eine enorme Abnahme der Ackerfläche und regional unterschiedliche Entwicklungen beim Wiesen- und Weidenland. Die Waldfläche nahm in jenem Teil des Hochlands, für den ein Vergleich möglich ist, zwischen 1930 und 1970 durchwegs zu, so etwa im Bezirk Gmünd um 4 Prozent, im Bezirk Waidhofen um 9 Prozent, im Bezirk Rohrbach um 12 Prozent und im Bezirk Freistadt um 14 Prozent. Eher noch beträchtlicher war die Zunahme im Bezirk Zwettl. Die Ackerfläche nahm in großen Teilen des Gebietes, nämlich in den Bezirken Gmünd, Zwettl und Freistadt, um ungefähr ein Viertel ab, im Bezirk Rohrbach sogar um mehr als 40 Prozent. Die große Ausnahme war der Bezirk Waidhofen, wo die Ackerfläche um nur 5 Prozent geringer wurde. Im Mühlviertel sieht man gleichzeitig mit dem Rückgang der Ackerfläche eine Zunahme der Wiesen um ein Sechstel im Freistädter Bezirk, um ein Drittel im Bezirk Rohrbach. Auch im Bezirk Waidhofen nahm die Wiesenfläche zu, wenn auch weniger stark; in Gmünd und Zwettl hingegen wurden auch die Wiesenflächen kleiner.

Ein Teil der Zunahme forstwirtschaftlicher Flächen und ihres Anteils an den gesamten Flächen geschah in den Sechzigerjahren. Untersucht man in den einzelnen Gebieten des Hochlands die Veränderung in Ausmaß und Anteil der forstwirtschaftlichen Fläche von 1960 bis 1970, so wiederholt sich in mancher Hinsicht der Befund, der sich für die Veränderungen in den dann folgenden beiden Jahrzehnten ergeben hat: Es gab einen Faktor, der die Veränderung in Ausmaß und Anteil der Waldfläche besonders stark bestimmte, nämlich die Veränderung der land- und forstwirtschaftlichen Fläche insgesamt – je stärker die gesamten Flächen zunahmen, desto stärker nahm auch die Waldfläche zu und desto stärker stieg auch ihr Anteil an den gesamten Flächen. Unter den sonstigen Faktoren, die oben besprochen wurden, zeigt vor allem das Bodenklima eine Auswirkung, die zwar nicht übermäßig stark, aber doch deutlich erkennbar ist: Die Waldfläche nahm in absoluten Begriffen und nach ihrem Anteil an der Gesamtfläche stärker in Gebieten mit niedrigeren Bodenklimazahlen zu. Weniger sicher kann eine Wirkung der Höhenlage behauptet werden, obwohl sie sich in manchen Fällen be-

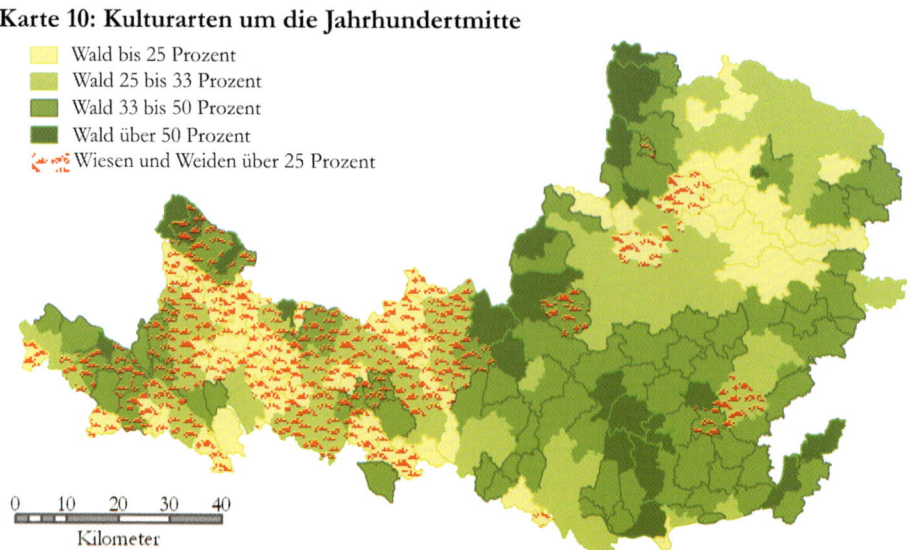

Karte 10: Kulturarten um die Jahrhundertmitte

Quelle: Karte: Bundesamt für Eich- und Vermessungswesen, Wien. Daten: siehe Text.

merkbar macht: In niedrigeren Höhenlagen nahm die Waldfläche eher zu. Ein Zusammenhang zwischen Wald und Hangneigungen oder regionale Besonderheiten, die über die angeführten Faktoren hinaus ihre Wirkung entfalten würden, sind in dieser Veränderung der Waldflächen nicht erkennbar.

Gelten die beschriebenen Zusammenhänge, die für die Nutzung der Betriebsflächen gegen Ende des 20. Jahrhunderts festgestellt wurden, auch für die Fünfzigerjahre, wenn man die Kulturflächenaufteilung des Katasters zum Vergleich heranzieht? Die Kulturartenaufteilung gliedert die Fläche nach dem Stand von 1955 in Acker- und Grünland, was dem Begriff der Ackerfläche in den Betriebszählungen entspricht, sodann Wiesen, Weiden und forstwirtschaftlich genutzte Fläche (Weingärten und alpines Grünland können hier außer Betracht bleiben) (Karte 10). Über das ganze Hochland zusammengerechnet, gliedert sich die Katasterfläche in 447.000 Hektar Acker- und Grünland, 133.000 Hektar Wiesen, 19.000 Hektar Weiden und 265.000 Hektar Forst. Es ist offenkundig, dass im Sinn der oben festgestellten Tendenz einer Umwandlung von Ackerland in Wiesen und einer allgemeinen Tendenz zur Umwandlung von Weiden in Wiesen und zur Aufgabe wenig produktiver Flächen der Kataster einen älteren Zustand widerspiegelt: Verglichen mit der Bodennutzung der land- und forstwirtschaftlichen Betriebe 1970 weicht die ausgewiesene Forstfläche nach dem Kataster nur geringfügig von der dort angegebenen Waldfläche ab; die Ackerfläche ist nach dem Kataster um 28 Prozent größer, die Wiesenfläche um 18 Prozent kleiner und die Weidefläche um die Hälfte größer. Das heißt, der Kataster gibt die Kulturflächenaufteilung einer Zeit an, in der die Acker- und Weideflächen noch größer waren, weil eine Umwandlung solcher Flächen in Wiesen noch nicht stattgefunden hatte und weil auch weniger produktive Flächen, die später aufgegeben wurden, noch bewirtschaftet waren. Der Grund dafür liegt darin, dass der Kataster, anders als die Betriebszählungen, nicht periodisch das gesamte Gebiet neu erfasst, sondern auf Antrag der Grundstückseigentümer geändert wird.

Die Anteile von Acker- und Grünland, Wiesen und Wald nach dem Kataster sind aus den Oberflächenbedingungen und regionalen Besonderheiten gut erklärbar. Die Zusammenhänge stellen sich etwas anders dar als für 1990 beschrieben. Zum einen wird die Bedeutung der Höhenlage offenkundig, auch dann, wenn man regionale Besonderheiten eigens berücksichtigt: Je höher eine Gemeinde lag, desto geringer war der Anteil von Acker- und Grünland; eine Gemeinde, die 100 Meter höher lag, hatte einen um ungefähr drei Prozentpunkte geringeren Acker- und Grünlandanteil. Umgekehrt hatten höher gelegene Gemeinden auch einen ebenfalls um ungefähr drei Prozentpunkte höheren Anteil von Wald. Für den Anteil von Wiesen war die Höhenlage bedeutungslos. Als durchgehend wichtig erweist sich die Hangneigung für die Bodennutzung, wie sie im Kataster angegeben wird. Eine starke Hangneigung senkte den Anteil des Ackerlandes, ein Ergebnis, das auch für die spätere Zeit festzustellen war; für frühere Zeit bedeutet eine um 1 Prozent stärkere Hangneigung einen um einen halben bis einen ganzen Prozentpunkt geringeren Acker- und Grünlandanteil. Auch der Anteil der Wiesen sinkt um etwa einen halben Prozentpunkt, wenn die mittlere Hangneigung um 1 Prozent höher ist; dieses Ergebnis steht im Gegensatz zu der Situation einige Jahrzehnte später, in der eine stärkere Hangneigung den Anteil der Wiesenflächen erhöhte oder, wenn man regionale Besonderheiten eigens berücksichtigt, gar keine Rolle spielte. Für den Waldanteil bedeutet hingegen auch in der früheren Zeit erwartungsgemäß eine stärkere Hangneigung einen positiven Faktor: Eine um 1 Prozent stärkere Hangneigung erhöht den Anteil der Forstfläche um mehr als einen Prozentpunkt, das heißt, die positive Wirkung auf den Waldanteil kompensiert die negative Wirkung auf Acker- und Grünland- sowie Wiesenanteil. Während die Oberflächengestalt auf diese Weise klare und nachvollziehbare Auswirkungen auf die Bodennutzung auch in der früheren Zeit zeigt, erklären die heute verfügbaren Bodenklimazahlen daran nichts, wenn man die sonstigen Faktoren in Rechnung stellt.

Schließlich finden wir für 1955 noch eine starke regionale Komponente, jedenfalls im Zusammenhang mit Wald und Wiesen: Mühlviertel und Waldviertel unterschieden sich in den Anteilen von Waldflächen und Wiesen markant, denn im Mühlviertel war der Anteil der Wiesen allgemein um 12 Prozent höher und der Anteil des Waldes um ebenso viel niedriger. Acker- und Grünlandanteil unterschieden sich unter sonst gleichen Bedingungen zwischen Mühl- und Waldviertel nicht.

Für weiter zurückliegende Zeitabschnitte fehlen zumeist die Daten für ähnliche Untersuchungen, da die Angaben in den Betriebszählungen nicht nach Gemeinden unterscheiden. Eine Ausnahme ist das bereits mehrfach behandelte Material Carl Foltz' für Oberösterreich. Es handelt sich um eine Aufstellung nach Katasterflächen ähnlich der eben besprochenen Statistik für 1955. Im Fall des Mühlviertels sind die Nutzungsarten zu unterscheiden, die schon in den bisherigen Ausführungen besprochen wurden, also Ackerland, Wiesen und Wald; größere Bedeutung haben auch die Hutweiden, die im 19. Jahrhundert nicht unbeträchtliche Flächen in Anspruch nahmen. Bei den Wäldern unterscheidet die Aufstellung Hoch- und Niedrigwälder, wobei für das Mühlviertel praktisch nur die Hochwälder von Bedeutung sind. Zum Ackerland, das als solches ausgewiesen ist, kommen außer den im Mühlviertel seltenen Egärten noch die bereits erwähnten Trischäcker und Brände, auf die größere Flächen entfallen. Im Gegensatz zu den Egärten, die in feuchten Gebieten liegen, sind unter Trischäckern ertragsarme, trockene Flächen zu verstehen; diese Flächen waren nach wenigen Anbaujahren erschöpft und blieben dann für vier bis zehn Jahre sich selbst überlassen. Noch ertragsärmer waren die Brände, mit Gestrüpp bewachsene Flächen, die in Abständen von vielen Jahren durch Abbrennen des Gestrüpps und daher kommender Aschedüngung für wenige Jahre nutzbar gemacht wurden.[16] Trischäcker und Brände sind also in den meisten Jahren nicht als Ackerfläche genutzt worden.

Nach Foltz' Aufstellung bot die Bodennutzung im Mühlviertel in der zweiten Hälfte des 19. Jahrhunderts ein ganz anderes Bild, als dies ein Jahrhundert später der Fall war: Ackerfläche und Weideland gingen im 20. Jahrhundert absolut und dem Anteil an der Gesamtfläche nach zurück, Wiesenfläche und Wald nahmen absolut und dem Anteil nach zu. Als Ackerfläche unter Einschluss von Trischäckern und Bränden werden für die Siebzigerjahre des 19. Jahrhunderts im gesamten Mühlviertel 123.000 Hektar angegeben, das entspricht fast genau der Acker- und Grünlandfläche, wie sie der Kataster für 1955 anführt. Ohne Trischäcker und Brände betrug die Ackerfläche im 19. Jahrhundert 103.000 Hektar; auch dieser Wert liegt erheblich über dem Maß des Ackerlands im Jahr 1970, das im Mühlviertel eine Fläche von 80.000 Hektar hatte, wovon bis 1990 noch ein Siebtel aus dieser Nutzung genommen werden sollte. Die Wiesenfläche betrug im 19. Jahrhundert etwa 67.000 Hektar, für 1955 werden für das Mühlviertel 75.000 Hektar angegeben, 1970 und danach 97.000 Hektar. Dafür sank das Ausmaß des Weidelands kontinuierlich von 21.000 Hektar im 19. Jahrhundert auf 8.000 Hektar 1955, 6.000 Hektar 1970 und 2.500 Hektar 1990. Zusammengenommen haben also Wiesen- und Weideland im Lauf eines Jahrhunderts um etwa ein Fünftel zugenommen. Der Zuwachs bei der Waldfläche betrug etwa ein Zehntel und fand bereits in der ersten Hälfte des 20. Jahrhunderts statt, da in der Nachkriegszeit die Waldfläche insgesamt ungefähr gleich geblieben ist.

Wie zu erwarten, waren die Nutzungsarten im Mühlviertel auch im 19. Jahrhundert nicht überall gleich verteilt. Im Fall des Anteils von Ackerfläche an den gesamten Flächen ergeben sich zunächst unerwartete Ergebnisse: Zwar waren, im Einklang mit den bisherigen Befunden, in höher gelegenen Gebieten und in Gebieten mit stärkeren Hangneigungen die Anteile der Ackerfläche höher, doch sie waren auch in jenen Gebieten höher, die schlechtere Bodenklimawerte aufweisen. Dieses Ergebnis ist nicht einfach darauf zurückzuführen, dass die verwendeten Bodenklimazahlen die letzten Jahrzehnte des 20. Jahrhunderts charakterisieren und Ertragsmesszahlen einer Veränderung im Lauf der Zeit unterliegen; vielmehr liegt der Grund darin, dass eben tatsächlich im 19. Jahrhundert die Ackerfläche sich weit über die ertragreichsten Gebiete hinaus ausdehnte. Stellt man dieselben Untersuchungen nicht für die gesamte Ackerfläche unter Einschluss von Trischäckern und Bränden an, sondern nur für die Ackerfläche im engeren Sinn, also ohne Trischäcker und Brände, dann zeigen die Bodenklimazahlen keinen Zusammenhang mit dem Anteil von Ackerfläche mehr; die Oberflächengestalt wirkte sich auch dann wie bereits beschrieben aus, das heißt, hoch gelegene Gebiete und Gebiete mit starkem Gefälle hatten kleinere Anteile von Ackerflächen. Wir haben also im 19. Jahrhundert die Situation vor uns, dass wenig produktive Böden genutzt wurden und auf diese Weise die gesamten genutzten Flächen in den unproduktiven Gebieten sogar besonders ausgedehnt waren, jedenfalls im Ackerbau. Es muss jedoch betont werden, dass Trischäcker und Brände, wie beschrieben, weit weniger intensiv genutzt wurden als die gewöhnliche Ackerfläche, dass also die in einem einzelnen Jahr genutzte Fläche entsprechend geringer war. Weiters zeigt sich in den Anteilen der Ackerfläche noch eine regionale Besonderheit innerhalb des Mühlviertels: Die Ackerfläche ohne Trischäcker und Brände, nicht aber die Ackerfläche unter Einschluss dieser wenig produktiven Böden, nahm im Sauwald einen geringeren Anteil ein als in den anderen Teilen des Mühlviertels.

Im folgenden Jahrhundert änderten sich das Ausmaß der Ackerfläche und ihr Anteil an der gesamten land- und forstwirtschaftlichen Fläche in einer Weise, die mit den Oberflächenbedingungen und der Bodenqualität nicht erklärbar ist. Wo die Ackerfläche mehr oder wo sie weniger zurückging, stand mit der Höhenlage, der Hangneigung oder den Bodenerträgen in keinem Zusammenhang; dies gilt, gleich ob man für das 19. Jahrhundert die wenig produktiven Flächen in das Ackerland einrechnet oder nicht. Sehr wohl zeigen sich aber regionale Unterschiede: Im unteren Mühlviertel unter

Einschluss des Urfahrer Bezirks ging die Ackerfläche weniger zurück als im Sauwald oder im Bezirk Rohrbach. Dies geht praktisch zur Gänze auf die Aufgabe unproduktiver Böden im oberen Mühlviertel zurück. Die Ackerfläche ohne diese Böden verminderte sich in allen Teilen des Mühlviertels in ähnlichem Ausmaß. Dort, wo die gesamte land- und forstwirtschaftliche Fläche stärker zurückging, nahm der Anteil der Ackerfläche weniger ab; das heißt, dass zwar der Anteil des Ackerlands allgemein zurückging, dass aber besonders starke Verringerungen oder auch Zuwächse der land- und forstwirtschaftlichen Flächen nicht die Ackerfläche betrafen.

Für den Anteil der Weidefläche im späten 19. Jahrhundert geben die Bodenklimazahlen der letzten Jahrzehnte ebenfalls Aufschluss, in diesem Fall ganz im Einklang mit den zu erwartenden Zusammenhängen: Ertragsschwache Gebiete hatten höhere Anteile von Weideflächen. Auffallend ist, dass alle anderen Gesichtspunkte, die in diesem Zusammenhang untersucht wurden, keine Erklärung für den Anteil von Weideflächen liefern; es hatten also weder die Oberflächengestalt noch regionale Faktoren eine Auswirkung auf den Weideanteil. Auch für die Entwicklung in den dann folgenden Jahrzehnten geben diese Faktoren wenig Aufschluss, ebenso regionale Unterschiede. Die einzige regionale Besonderheit ist ein etwas geringerer Rückgang der Weideflächen im unteren Mühlviertel. Davon abgesehen gingen die Weideflächen im ganzen Mühlviertel bis 1951 und danach ihrem absoluten Ausmaß und ihrem Anteil an den gesamten Flächen nach stark zurück, unabhängig von der Veränderung der land- und forstwirtschaftlichen Flächen insgesamt.

Anders verhält es sich damit beim Anteil von Wiesenflächen in den Siebzigerjahren des 19. Jahrhunderts: Die Oberflächengestalt hatte hier sehr wohl Auswirkungen – in höher gelegenen Gebieten, aber auch in flacheren Gebieten war der Anteil von Wiesen höher. Vor allem aber kommen hier regionale Unterschiede zum Vorschein: Verglichen mit den anderen Gebieten war im oberen Mühlviertel der Anteil der Wiesenflächen im 19. Jahrhundert höher, besonders hoch im Bezirk Rohrbach, immer noch verhältnismäßig hoch im Bezirk Urfahr und im Sauwald. In der weiteren Entwicklung schrumpfte das absolute Ausmaß an Wiesenfläche dort weniger, wo die gesamte land- und forstwirtschaftliche Fläche überhaupt größer blieb, und der Anteil der Wiesen war bis zur Mitte des 20. Jahrhunderts unabhängig von der Veränderung der land- und forstwirtschaftlichen Gesamtfläche.

Letzteres gilt auch für die Waldfläche. Im Fall des Waldanteils im 19. Jahrhundert waren ebenfalls die Oberflächenbedingungen bedeutsam, hier ganz den Erwartungen entsprechend: Die Waldflächen nahmen unter sonst gleichen Bedingungen größere Anteile in den höher gelegenen Gebieten und in Gebieten mit stärkeren Hangneigungen ein. Regionale Unterschiede bestanden darüber hinaus nicht. Für die Entwicklung bis zur Mitte des 20. Jahrhunderts gibt es keinen Faktor, der die Entwicklung des Waldanteils besonders bestimmte: Die Waldfläche nahm absolut gesehen mit der gesamten land- und forstwirtschaftlichen Fläche zu oder ab, unabhängig von den örtlichen Oberflächenbedingungen; ihr Anteil an den gesamten Flächen blieb ungefähr gleich. Erst ab der Mitte des 20. Jahrhunderts änderte sich dies: Dort, wo die land- und forstwirtschaftliche Fläche in den Fünfziger- und Sechzigerjahren größer blieb, war auch der Anteil der Waldfläche größer, im Einklang mit den oben für das ganze Hochland gebrachten Ergebnissen.

2. Kapital

Gemessen am Betriebsvermögen repräsentierten die land- und forstwirtschaftlichen Betriebe im Hochland am Ende des 20. Jahrhunderts ungefähr den österreichischen Durchschnitt.[17] Nach dem Betriebsvermögen pro Hektar gerechnet, lag die Ausstattung der Betriebe in Mühl- und Waldviertel 1980 wenige Prozent unter dem durchschnittlichen österreichischen Betrieb. Die Schulden entsprachen im Hochland etwas weniger als einem Zehntel, in ganz Österreich etwas mehr als einem Zehntel des Betriebsvermögens. Das Nettobetriebsvermögen pro Hektar war im Hochland daher seit Mitte der Achtzigerjahre etwas höher als in Österreich insgesamt. Da die Betriebsflächen im Hochland im Durchschnitt größer als im sonstigen Österreich sind, waren die Vermögen im Hochland, pro Betrieb gerechnet und verglichen mit den Betrieben in ganz Österreich, noch einmal höher. Diese Betriebsvermögen umfassen die Gesamtheit der Betriebsmittel unter Einschluss des Bodens, bewertet nach dem Ertrag.

Die Ausstattung der Betriebe mit Maschinen kann hier nur in Ausschnitten behandelt werden.[18] Allgemein kann man sagen, dass bereits in der ersten Hälfte des Jahrhunderts ein beträchtlicher Teil der Betriebe Arbeitsmaschinen wie Sä-, Mäh-, Dreschmaschinen oder Milchzentrifugen verwendete, je nachdem mit regionalen Schwerpunkten. Fast universell war die Verbreitung von Häckselmaschinen – zwei Drittel bis drei Viertel der Betriebe hatten solche Maschinen im Eigentum. Die regionalen Unterschiede waren allerdings groß. So hatte 1930 im oberösterreichischen Teil des Hochlands mehr als die Hälfte aller bäuerlichen Betriebe eine eigene Milchzentrifuge, im Bezirk Zwettl immerhin noch ein Drittel, im nördlichen Waldviertel aber nur ein Zehntel bis ein Fünftel. Anders waren die Verhältnisse bei Sä-, Mäh- und Dreschmaschinen: Sä- und Mähmaschinen waren im Bezirk Horn mit seinem Schwerpunkt auf dem Ackerbau erwartungsgemäß häufiger zu finden; immerhin ein gutes Viertel der Betriebe besaß selbst solche Maschinen. Auch im angrenzenden Gerichtsbezirk Raabs, der zum Waidhofener Bezirk gehört, waren solche Maschinen stärker verbreitet als im sonstigen Hochland. Nicht ganz so krass ausgeprägt waren die Unterschiede bei den Dreschmaschinen, aber auch hier sieht man, dass in den Ackerbaugebieten ein größerer Teil der Betriebe solche Maschinen verwendete. Der auffälligere Unterschied liegt hier aber in den Eigentumsverhältnissen: In den Bezirken Horn und Waidhofen verwendeten fast alle Betriebe, in denen Dreschmaschinen zum Einsatz kamen, ihre eigenen Geräte; erstaunlicherweise galt dies auch für die Hälfte bis zwei Drittel der Betriebe in den eher ertragsschwachen Bezirken Gmünd und Zwettl. Im ganzen oberösterreichischen Teil war dieser Anteil geringer: Unter den Betrieben, die Dreschmaschinen einsetzten, verwendeten im Bezirk Freistadt 40 Prozent, im Bezirk Urfahr ein Fünftel und im Bezirk Rohrbach ein Zehntel eigene Maschinen, die anderen benützten entliehene oder Gemeinschaftsmaschinen. Wie schon die Verhältnisse im nordöstlichen Waldviertel zeigen, hat dies nichts mit der Betriebsgröße oder der Ertragsstärke der Böden zu tun;

ebenso waren betriebseigene Dreschmaschinen in den an das Hochland angrenzenden produktiveren Gebieten um Schärding, Eferding und Grieskirchen nahezu unbekannt.

Ebenfalls kaum bekannt waren um 1930 noch die Traktoren, deren Verbreitung in den folgenden Jahrzehnten wohl der Inbegriff der Mechanisierung der Landwirtschaft im 20. Jahrhundert ist. 1930 gab es im Bezirk Rohrbach einen einzigen Traktor, er hatte 22 Pferdestärken; im Bezirk Gmünd gab es zwei Traktoren, im Zwettl immerhin neun, während der Bezirk Horn über 25 Traktoren verfügte. In den folgenden zwei Jahrzehnten nahm die Verbreitung von Traktoren im ganzen Hochland zu, in einer nach den Zuwachsraten beeindruckenden Entwicklung, nach absoluten Zahlen immer noch in bescheidenen Dimensionen. 1951 hatte in den meisten Gebieten des Hochlands weniger als ein Zehntel der Betriebe einen Traktor; höher war der Anteil mit etwa 15 Prozent im Bezirk Horn. Der Anstieg in den Fünfzigerjahren war von den Zuwachsraten her durchaus mit der vorangegangenen Zeit vergleichbar; 1962 kamen bereits zwei Traktoren auf drei landwirtschaftliche Betriebe. In den folgenden Jahrzehnten stieg die Zahl der Traktoren weiter, wenn auch nicht mehr mit so hohen Raten: Zwischen 1962 und 1970 wuchs sie im Großteil des Waldviertels um die Hälfte, vom Zwettler Bezirk westwärts verdoppelte sie sich, in den Siebzigerjahren stieg sie nochmals um ein Drittel bis die Hälfte an. Eine flächendeckende Versorgung mit Traktoren war 1970 erreicht: In diesem Jahr überstieg in allen Teilen des Hochlands die Zahl der Traktoren die Zahl der Betriebe, 1990 kamen in allen Gebieten mindestens eineinhalb bis zwei Traktoren auf einen Betrieb; in den Bezirken Horn und Waidhofen, die in dieser Hinsicht von Anfang an die anderen Gebiete hinter sich gelassen hatten, waren es bereits 2,3 Traktoren pro Betrieb.

Eine mit der Verbreitung der Traktoren verbundene Folge, die für die eigene Wahrnehmung der bäuerlichen Bevölkerung besonders wichtig wurde, war das Verschwinden der Pferde als Zugtiere.[19] Der Pferdebestand wuchs von 1890 bis in die Dreißigerjahre praktisch überall im Hochland an. Im Großteil des Waldviertels verdoppelte er sich, im Mühlviertel war der Zuwachs schwächer, aber immer noch beträchtlich. Bis Ende der Vierzigerjahre blieb die Zahl der Pferde dann ungefähr auf gleicher Höhe, in einzelnen Gebieten kam es in den ersten Jahren nach dem Zweiten Weltkrieg sogar zu einem leichten Zuwachs. In den folgenden Jahrzehnten ging die Zahl der Pferde mit der Verbreitung des Traktors bis 1980 auf ungefähr ein Zehntel zurück. Gegenüber diesem Tiefpunkt verdoppelte sich im Hochland so wie in ganz Österreich bis zum Ende des 20. Jahrhunderts die Zahl der Pferde wieder, freilich nun unter anderen Gesichtspunkten, wie etwa der Verwendung im Reitsport; der Anteil des Hochlands am österreichischen Pferdebestand blieb in den letzten Jahrzehnten bei etwa 8 Prozent, das ist weitaus weniger als der Anteil des Hochlands an der landwirtschaftlichen Bevölkerung Österreichs.

Dass mit der Verbreitung des Traktors auch Ochsen und Kühe als Zugtiere keine Verwendung mehr fanden, ist für das Hochland eigentlich sogar wichtiger als diese Entwicklung bei den Pferden, denn Rinder überwogen als Zugtiere in den meisten Gebieten des Hochlands bei weitem. Aber Rinder blieben als Fleisch- und Milchlieferanten die wichtigste Tiergattung und waren auf den meisten Höfen daher weiterhin vertreten, während die Pferde tatsächlich zum größten Teil verschwanden, was in der Wahrnehmung auffälliger wirkt. Der Anteil der Rinder an den Zugtieren war regional verschieden: Im Jahr 1930 kamen auf 100 Pferde im Bezirk Rohrbach ungefähr 450 Ochsen oder Kühe, die als Zugtiere eingesetzt wurden; im Bezirk Pöggstall waren es 400, in den Bezirken Freistadt und Gmünd 350, im Bezirk Urfahr 250 und im Bezirk Zwettl 100. Am geringsten war der Anteil der Rinder an den Zugtieren im nordöstlichen Waldviertel, also im Bezirk Horn und im angrenzenden Gerichtsbezirk Raabs, weiters im Bezirk Melk. Im Gerichtsbezirk Raabs überwogen die Pferde als Zugtiere leicht, in den Bezirken Horn und Melk kamen 60 Zugrinder auf 100 Pferde. Die Gründe für diese Unterschiede beim Zugvieh sind nicht leicht zu finden. Vergleicht man 1930 die Gerichtsbezirke nach dem Zusammenhang zwischen der Oberflächengestalt und der Ausstattung mit Zugtieren, so wird deutlich, dass in hoch gelegenen Gebieten und in Gebieten mit stärkeren Hangneigungen die Rinder wichtiger waren. Berücksichtigt man auch die Bodenqualität, die allerdings, wie beschrieben, ihrerseits mit der Oberflächengestalt zusammenhängt, so sieht man, dass die Höhenlage als solche nun keine Rolle für die Ausstattung mit Zugvieh mehr spielt; die Hangneigungen sind aber weiterhin in der Weise bedeutsam, dass in Gebieten mit stärkerer Hangneigung die Pferde als Zugtiere weniger wichtig waren. Der Zusammenhang zwischen Hangneigung und der Verwendung von Rindern ist insofern eingängig, als Ochsen wegen ihres höheren Drehmoments in steilerem Gelände im Vergleich mit Pferden als Zugtiere geeigneter sind.[20] Im flachen Gelände entfällt dieser Vorteil der Ochsen für die meisten Verwendungen; hier wirkt sich die höhere Ganggeschwindigkeit der Pferde vorteilhaft aus. Fraglich ist, ob es einen direkten Zusammenhang zwischen der Verwendung von Pferden und den regionalen Arbeitskosten in der Weise gibt, dass Pferde stärker eingesetzt wurden, um durch höhere Arbeitsproduktivität einen Ausgleich für höhere Arbeitskosten zu schaffen. Immerhin wird zumindest für das 19. Jahrhundert für Oberösterreich eine einheitliche Lohnhöhe behauptet,[21] obwohl innerhalb des Landes die Verwendung von Rössern unterschiedliche Ausmaße erreichte. Schwer zu klären sind auch die verhältnismäßigen Kosten des Einsatzes von Pferden und Rindern, die auch von örtlichen Gegebenheiten abhingen; so stellten saure Wiesen eine besonders günstige Futtergrundlage für den Einsatz von Pferden dar. Jedenfalls dürfte es einen indirekten Zusammenhang zwischen Produktivität und der Auswahl des Zugviehs gegeben haben: In Gebieten mit höherer Flächenproduktivität und höheren Einkommen der landwirtschaftlichen Betriebe konnten sich Bauern Pferde leichter leisten, benötigten sie aber nicht so sehr aus wirtschaftlichen, sondern vor allem auch aus Statusgründen, da Pferde unter anderem Statussymbole waren. In neuerer Zeit wurden dann die Rösser durch überdimensionierte Traktoren ersetzt.

3. Arbeit

Die landwirtschaftliche Bevölkerung, die Größe der landwirtschaftlichen Betriebsflächen und die Zahl der landwirtschaftlichen Betriebe gingen im Lauf des 20. Jahrhunderts zurück, dies aber in unterschiedlichem Ausmaß.[22] Am geringsten war der

Rückgang der Betriebsflächen, am stärksten der Rückgang der landwirtschaftlichen Bevölkerung. Das heißt, dass die durchschnittliche Betriebsfläche der landwirtschaftlichen Betriebe im Lauf der Jahrzehnte zunahm, dass die Arbeitskräfte pro Betrieb weniger wurden und dass die Zahl der Arbeitskräfte pro Fläche noch stärker zurückging.

Eine genaue Darstellung dieser Veränderungen wird dadurch etwas erschwert, dass zwar in der zweiten Hälfte des 20. Jahrhunderts die Zahl der Vollarbeitskräfte in der Landwirtschaft bekannt ist, in früheren Erhebungen aber zwischen ständigen und nichtständigen Arbeitskräften unterschieden wird, ohne dass bekannt wäre, in welchem Ausmaß die nichtständigen Arbeitskräfte beschäftigt waren. Allerdings waren im Hochland ohnehin die weitaus meisten Arbeitskräfte ständig beschäftigt, nämlich 1930 noch je nach Gebiet zu 80 bis 90 Prozent; 1951 waren die Werte meist nur um zwei bis drei Prozentpunkte niedriger. Wenn man wie im Folgenden die nichtständigen Arbeitskräfte als halb beschäftigt zählt, ist der Fehler entsprechend gering.

Die durchschnittliche Zahl der Arbeitskräfte pro land- und forstwirtschaftlichem Betrieb sank vor den Fünfzigerjahren, wenn überhaupt, nur wenig. Die Betriebszählungen 1902, 1930 und 1951 ermöglichen für einen großen Teil des Gebiets einen Vergleich nach Bezirken. Demnach ging die durchschnittliche Zahl von Arbeitskräften pro Betrieb zwischen 1930 und 1951 durchwegs geringfügig zurück, nämlich je nach Region um 5 bis 10 Prozent. Andererseits werden bereits für 1902 gebietsweise niedrigere Zahlen als 1930 und selbst 1951 angegeben, in anderen Gebieten wieder höhere. Wenn es also einen längerfristigen Rückgang gegeben hat, war er nicht sonderlich stark ausgeprägt. Verhältnismäßig rasch sanken die Zahlen der Arbeitskräfte dann ab den späten Fünfzigerjahren, wobei der Großteil der Veränderung in den Sechzigerjahren geschah: Während man für 1951 noch etwa drei bis 3,5 und für 1961 etwa 3,1 Vollarbeitskräfte pro Betrieb annehmen kann, so betrug der entsprechende Wert für 1970 nur mehr 2,3 Vollarbeitskräfte. Der weitere Rückgang war mäßig, Anfang der Neunzigerjahre hatten die Betriebe im Hochland im Durchschnitt zwei Vollarbeitskräfte.

In Österreich insgesamt hatten die Betriebe bereits einige Zeit früher, nämlich Anfang der Achtzigerjahre, im Durchschnitt nur mehr zwei Vollarbeitskräfte. Eine im österreichischen Vergleich stärkere Ausstattung mit Arbeitskräften in den Betrieben des Hochlands besteht mindestens seit den Siebzigerjahren. Umgekehrt entwickelte sich das Verhältnis zwischen dem Hochland und ganz Österreich hinsichtlich der Zahl der Arbeitskräfte pro Fläche: Die Betriebe im Hochland haben etwas größere Flächen als die Betriebe in Österreich insgesamt, weshalb in den Fünfzigerjahren im Hochland die Zahl der Arbeitskräfte pro Betriebsfläche noch geringer war als in Österreich insgesamt: 1957 kamen in ganz Österreich noch 26,8 Vollarbeitskräfte auf 100 Hektar land- und forstwirtschaftlicher Betriebsfläche, in Wald- und Mühlviertel dagegen nur 23,7. In den folgenden Jahrzehnten ging der Arbeitskräftebesatz sowohl für ganz Österreich als auch für das Hochland auf etwa zehn Vollarbeitskräfte pro 100 Hektar zurück, ein Wert, der Anfang der Neunzigerjahre erreicht wurde. Der Rückgang war also in Österreich insgesamt etwas stärker, was dazu führte, dass es bereits in der zweiten Hälfte der Siebzigerjahre in der Ausstattung mit Arbeitskräften pro Fläche zwischen ganz Österreich und dem Hochland praktisch keinen Unterschied mehr gab und die Zahl der Arbeitskräfte pro Betrieb in Österreich insgesamt unter den entsprechenden Wert des Hochlands sank. Seit Anfang der Neunzigerjahre haben die Betriebe in ganz Österreich im Durchschnitt deutlich weniger als zwei Vollarbeitskräfte.

Innerhalb des Hochlands gab es nur eine Region, die im Hinblick auf die Ausstattung der Betriebe mit Arbeitskräften einen Sonderfall darstellt, nämlich das Gebiet um Gmünd und Waidhofen, mit Abstrichen auch der Zwettler Bezirk. Hier waren die Betriebe etwas schwächer besetzt; der Unterschied zum größten Teil des sonstigen Hochlands betrug ungefähr eine halbe Arbeitskraft pro Betrieb, das heißt, die Betriebe hatten hier in der ersten Jahrhunderthälfte im Durchschnitt weniger als drei Arbeitskräfte. Der angrenzende Bezirk Zwettl nimmt eine mittlere Stellung ein, mit etwas über drei Arbeitskräften pro Betrieb. Diese Besonderheit des nordöstlichen Waldviertels kommt 1902 ebenso heraus wie 1930 und 1951, es dürfte sich also nicht nur um ein Ergebnis von Erhebungsfehlern handeln.

Mit der sinkenden Zahl von Arbeitskräften ergab sich auch eine Veränderung in der Zusammensetzung der Haushalte aus Familienmitgliedern und familienfremden Personen, unter denen im Fall der ständigen Arbeitskräfte fast zur Gänze Knechte und Mägde zu verstehen sind, im Fall der nichtständigen Arbeitskräfte Taglöhner. Dass am Ende des Jahrhunderts unter den Arbeitskräften in der Landwirtschaft des Hochlands nur wenige familienfremde Personen zu finden sind, ist bei nur zwei Vollarbeitskräften pro Betrieb keine Überraschung. Tatsächlich betrug der Anteil der Familienfremden nur 2 bis 3 Prozent. Ebenso lässt eine Zahl von drei bis dreieinhalb Arbeitskräften pro Betrieb in der ersten Jahrhunderthälfte eigentlich keinen sonderlich hohen Anteil von Familienfremden erwarten. Dennoch war Anfang des Jahrhunderts immerhin gut ein Viertel der Arbeitskräfte familienfremd. Unter der Annahme, dass im größeren Teil der Fälle ein Ehepaar als Bewirtschafter vollbeschäftigt im Betrieb tätig war, war somit unter den sonstigen Arbeitskräften jede zweite Person familienfremd. Dies änderte sich in den folgenden Jahrzehnten. 1930 waren unter allen Arbeitskräften ebenfalls ungefähr ein Viertel Familienfremde, unter den ständigen Arbeitskräften war ihr Anteil aber um zwei bis sechs Prozentpunkte geringer. 1951 war nur mehr ungefähr ein Fünftel aller Arbeitskräfte familienfremd, unter den ständigen Arbeitskräften waren es nur mehr etwa 15 Prozent. In den folgenden zehn Jahren halbierte sich der Anteil der Familienfremden noch einmal. Dies bedeutet, dass bereits in der ersten Jahrhunderthälfte, in der die Zahl der Arbeitskräfte, wie erwähnt, nur geringfügig zurückging, familienfremde Personen durch Familienangehörige ersetzt wurden. Vom dann einsetzenden Abbau von Arbeitskräften waren sowohl Familienangehörige als auch Familienfremde betroffen.

Die erwähnte Annahme, dass die Betriebe jeweils von einem Ehepaar bewirtschaftet oder geleitet wurden, kann den statistischen Erhebungen nicht entnommen werden und ist in Wirklichkeit eine starke Vereinfachung. Die statistischen Erhebungen geben entweder wahlweise ein oder zwei Personen als Bewirtschafter an, so die Betriebszählung 1930, oder es wird angenommen, dass jeder Betrieb nur von einer einzigen Person bewirtschaftet wurde, so 1951. In beiden Fällen sind unter den als Bewirtschafter genannten Personen die Männer stärker vertreten: 1930 wurden im Hochland je nach Region für 80 bis 85 Prozent aller Betriebe Männer als Bewirtschafter oder, in der dort verwendeten Bezeichnung, Betriebsleiter angegeben, 1951 war der Anteil um ungefähr 4 Prozent niedriger. Man kann annehmen, dass in jedem Betrieb, in dem ein Mann als Bewirtschafter vorhanden war, dieser Mann auch in der Statistik als Bewirtschafter geführt wird; das heißt, dass 1930 in ungefähr 15 bis 20 Prozent der Fälle, 1951 in jedem vierten bis fünften Fall, kein Mann als Bewirtschafter vorhanden war und dass die betreffenden Betriebe vermutlich überwiegend von Witwen geführt wurden. Frauen, die zusammen mit ihren Ehemännern Bewirtschafterinnen waren, scheinen im Gegensatz zu den Männern in der Statistik meist nicht in dieser Funktion auf, sondern als Familienangehörige des Bewirtschafters. Im Jahr 1951 erscheinen Frauen nur dann als Bewirtschafterinnen, wenn sie diese Funktion alleine ausübten. 1930 scheinen darüber hinaus in einer gewissen Zahl von Fällen Frauen neben ihren Männern als Bewirtschafterinnen auf, was offenkundig von regionalen Erhebungsunterschieden abhing und keine Rückschlüsse auf die tatsächlich bestehende Sachlage zulässt; so finden wir etwa im Bezirk Freistadt 1930 in jedem fünften Betrieb einen Mann und eine Frau nebeneinander als Betriebsleiter, im benachbarten Bezirk Urfahr gab es dagegen praktisch gar keine solchen Fälle. Tatsächlich ist anzunehmen, dass in den meisten Betrieben die Leitung von einem Ehepaar gemeinsam ausgeübt wurde, oft auch gemeinsames Eigentum bestand und dass Personen, die Betriebe alleine bewirtschafteten, meist verwitwet waren. Die höhere Zahl von Frauen als alleinigen Bewirtschafterinnen im Jahr 1951 ist wohl als Folge des Zweiten Weltkriegs zu erklären, der in den Geburtsjahrgängen 1901 bis 1928 enorme Bevölkerungsverluste mit sich brachte, was zu einem höheren Anteil von Witwen unter den Bäuerinnen und auch zu verspäteten Hofübergaben führte.

V. Betriebe

Die Zahl der landwirtschaftlichen Betriebe nahm im Hochland erst nach dem Zweiten Weltkrieg ab, wie sich beim Vergleich der Betriebszählungen 1930 und 1951 zeigt. In diesen zwei Jahrzehnten bewegen sich die Veränderungen im Bereich von wenigen Prozent, wobei in manchen Gebieten sogar der eine oder andere Betrieb neu hinzukam.[23]

Der große Wandel setzte erst in den Fünfzigerjahren ein. Er erfasste zwar das ganze Hochland, doch verlief er nicht überall gleich stark und schnell. Insgesamt sank die Zahl der Betriebe von etwa 53.500 im Jahr 1951 auf 28.000 im Jahr 1999. Man kann dabei mehrere Muster der Entwicklung unterscheiden und auch eindeutig den verschiedenen Gebieten zuordnen: Einen extrem starken und anhaltenden Rückgang der Zahl landwirtschaftlicher Betriebe findet man in einigen Gemeinden des nördlichen Waldviertels, mit einer Verminderung der Betriebsanzahl um mehr als 15 Prozent in jedem Jahrzehnt zwischen 1951 und 1990; die stärksten Rückgänge geschahen dabei in den Sechzigerjahren, in denen gut ein Drittel der Betriebe verschwand. Auch die sonstigen Gemeinden des nördlichen Waldviertels zeigen einen beträchtlichen Rückgang im Ausmaß von einem Zehntel bis einem Fünftel der Betriebe in jedem Jahrzehnt. Über den ganzen Zeitraum von 1951 bis 1999 gerechnet verschwanden im Bezirk Gmünd 63 Prozent aller landwirtschaftlichen Betriebe, im Bezirk Waidhofen 62 Prozent und im Horner Bezirksteil 56 Prozent. Dem nördlichen Waldviertel steht einerseits das sonstige Waldviertel gegenüber, wo vor 1970 nur eine mäßige Abnahme der Betriebszahl festzustellen ist, andererseits das Mühlviertel, in dem sich in den Fünfziger- und Sechzigerjahren die Zahl der bäuerlichen Betriebe kaum verminderte; in Teilen des Sauwalds steht sogar einem kleinen Rückgang in den Fünfzigerjahren eine etwas größere Zunahme in den Sechzigerjahren gegenüber. Insgesamt bestand im Mühlviertel 1970 gegenüber der Zeit unmittelbar nach dem Krieg kein wesentlicher Unterschied in den Betriebzahlen. Erst ab den Siebzigerjahren kam es auch im Mühlviertel und im mittleren und südlichen Waldviertel zu einer deutlichen Verminderung der Betriebszahlen etwa in derselben Größenordnung wie im nördlichen Waldviertel. Von 1951 bis 1999 nahm die Zahl der Betriebe im Bezirk Zwettl um knapp die Hälfte ab, in den Kremser und Melker Bezirksteilen und im oberen Mühlviertel geringfügig weniger. Im Bezirk Urfahr verschwanden 40 Prozent der Betriebe. Am besten hielten sich die Betriebe im Bezirk Freistadt und im angrenzenden Perger Bezirksteil, wo die Betriebszahlen 1999 immerhin noch zwei Drittel der Werte von 1951 erreichten.

Der Grund für die verhältnismäßige Beständigkeit der landwirtschaftlichen Betriebe im Mühlviertel und südlichen Waldviertel liegt in den regionalen Unterschieden in der Erwerbsart, das heißt darin, ob landwirtschaftliche Betriebe im Vollerwerb, Zuerwerb oder Nebenerwerb betrieben wurden. Am seltensten waren Betriebe, die im Zuerwerb betrieben wurden, also unter Verwendung von 50 bis 90 Prozent der gesamten Arbeitszeit von Bauer und Bäuerin; jeder achte oder zehnte Betrieb, nach 1970 noch weniger, fiel in diese Gruppe. Der Großteil der Betriebe wurde im Vollerwerb, also unter Einsatz von mehr als 90 Prozent der gesamten Arbeitszeit von Bauer und Bäuerin, oder im Nebenerwerb, das heißt mit weniger als der Hälfte der Gesamtarbeitszeit, betrieben. 1960 waren noch 54 Prozent aller Betriebe Vollerwerbsbetriebe, ein Anteil, der bis 1990 auf 34 Prozent sank. Fast der gesamte Rest entfiel auf Nebenerwerbsbetriebe, das war ein Drittel aller Betriebe im Jahr 1960 und knapp 60 Prozent im Jahr 1990. (Dazu kam noch eine geringe Anzahl von Betrieben von juristischen Personen.) Auf diese Weise wuchs die Gesamtzahl der Nebenerwerbsbetriebe zwischen 1960 und 1990 sogar um etwa 22 Prozent an. Die wesentlichen regionalen Unterschiede in den Erwerbsarten liegen in den Anteilen von Vollerwerbs- und Nebenerwerbsbetrieben. In der nördlichen Hälfte des Waldviertels, ausgenommen den Bezirk Gmünd, war der Anteil der Vollerwerbsbetriebe höher als im sonstigen Hochland. Diesen Unterschied gab es schon 1960, bis 1990 wurde er immer deutlicher. Im Jahr 1960 findet man im nördlichen Waldviertel zahlreiche Gemeinden, in denen zwei Drittel aller landwirtschaftlichen Betriebe Vollerwerbsbetriebe und nur ein Viertel Nebenerwerbsbetriebe waren (Karte 11a). In den übrigen Gemeinden des nördlichen Waldviertels betrug der Anteil der Vollerwerbsbetriebe zwischen 55 und 60 Prozent; auf diese Weise bildet das nördliche Waldviertel ein ziemlich geschlossenes Gebiet. Ausgenommen ist der Bezirk Gmünd, wo die Vollerwerbsbetriebe teilweise nur mehr ein Viertel aller Betriebe ausmachten. Im Mühl-

Karte 11a: Anteil der Vollerwerbsbetriebe an allen Betrieben 1960 in Prozent

- 4 bis 35
- 35 bis 45
- 45 bis 55
- 55 bis 65
- 65 bis 78

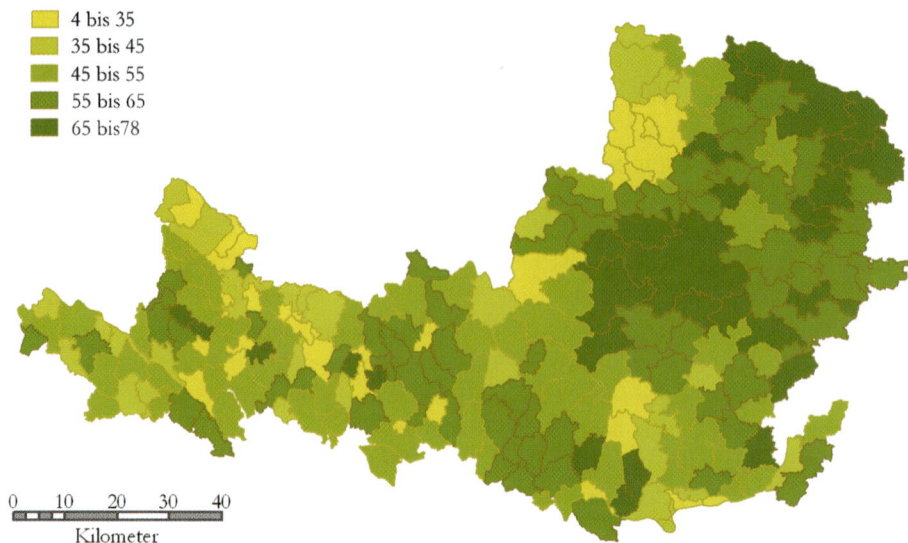

Karte 11b: Anteil der Haupterwerbsbetriebe an allen Betrieben 1999 in Prozent

- 0 bis 25
- 25 bis 30
- 30 bis 35
- 35 bis 40
- 40 bis 62

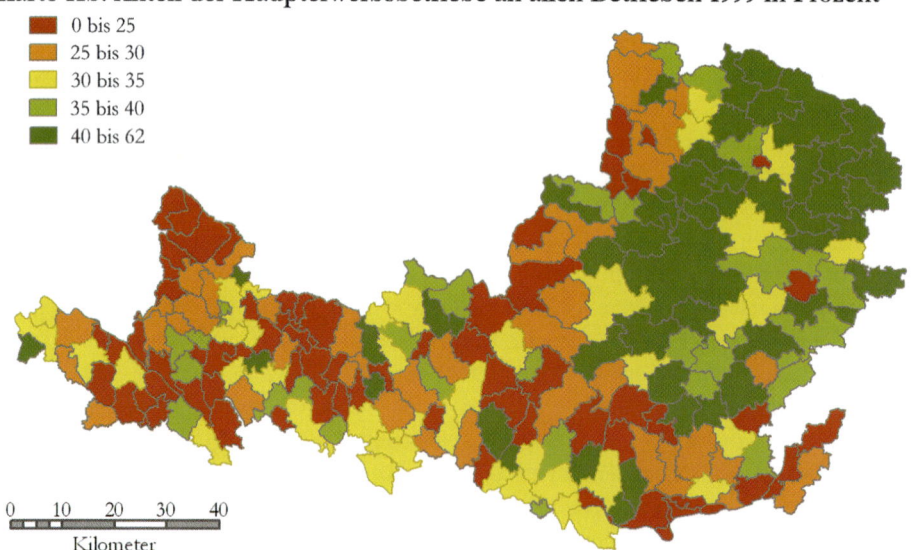

Quelle: Karte: Bundesamt für Eich- und Vermessungswesen, Wien. Daten: siehe Text.

viertel und südlichen Waldviertel findet man kein so großes Gebiet mit einheitlichem Muster in den Erwerbsarten; in vielen Gemeinden dieses Gebiets waren weniger als die Hälfte, teilweise auch weniger als 40 Prozent der Betriebe Vollerwerbsbetriebe. Bis 1990 hatte sich der Anteil der Vollerwerbsbetriebe in allen Teilen des Hochlands vermindert (Karte 11b). Im Mühlviertel hatte dies dazu geführt, dass nun fast durchwegs nur mehr ein Drittel, ein Viertel oder ein Siebtel der Betriebe im Vollerwerb geführt wurden. Im nördlichen Waldviertel gab es hingegen immer noch viele Gemeinden mit 45 oder 50 Prozent der Betriebe im Vollerwerb; der Bezirk Gmünd gehörte 1990 noch immer zu den Regionen mit einem geringen Anteil von bäuerlichem Vollerwerb, er sticht in dieser Hinsicht aber zum Unterschied von 1960 im Vergleich mit den Mühlviertler Gemeinden nicht hervor. Insgesamt wuchs somit die Zahl der Nebenerwerbsbetriebe im Mühlviertel und südlichen Waldviertel viel stärker als im nördlichen Waldviertel; im Bezirk Gmünd stagnierte sie.

Diese unterschiedlichen Muster in den Erwerbsarten sind mit der Gesamtzahl der bäuerlichen Betriebe eng verbunden: Je stärker die Anteile der Nebenerwerbsbetriebe an allen Betrieben wuchsen, desto geringer war der Schwund in der Zahl der landwirtschaftlichen Betriebe überhaupt. Dies gilt für die Sechziger-, Siebziger- und Achtzigerjahre, wobei der Zusammenhang in den Sechzigerjahren am ausgeprägtesten ist. Der letztere Umstand hängt damit zusammen, dass der Rückgang in der Zahl landwirtschaftlicher Betriebe in den Siebzigerjahren im ganzen Hochland und in den Achtzigerjahren in Teilen des Hochlands stärker war als in den Sechzigerjahren, sodass in diesem Zeitraum die Unterschiede zwischen dem nördlichen Waldviertel und dem Rest des Gebiets weniger deutlich hervortreten; sie sind aber immer noch klar genug zu erkennen. Die Veränderung in der Zahl der Vollerwerbsbetriebe hatte neben dieser Entwicklung bei den Nebenerwerbsbetrieben nur zeitweise, nämlich in den Siebzigerjahren, noch einen eigenen Einfluss auf die Gesamtzahl der Betriebe: In den Siebzigerjahren nahm die Zahl aller Betriebe dort stärker ab, wo die Zahl der Nebenerwerbsbetriebe weniger stark zunahm und wo die Zahl der Vollerwerbshöfe stärker abnahm. In den Sechziger- und Achtzigerjahren hatte die Zahl der Vollerwerbsbetriebe keinen besonderen Einfluss auf die Gesamtzahl der Betriebe.

Dies bedeutet, dass in der Entwicklung von Betrieben und Erwerbsarten zwei Muster bestanden, nämlich die Umwandlung eines Vollerwerbsbetriebs in einen Nebenerwerbsbetrieb und die gänzliche Auflassung des Betriebs. Beides kam selbstverständlich in allen Teilen des Hochlands vor, doch in unterschiedlicher Häufigkeit: Im nördlichen Waldviertel bedeutete die Aufgabe des Vollerwerbs häufiger eine völlige Betriebseinstellung, im Mühlviertel und südlichen Waldviertel war der Übergang zum Nebenerwerb verhältnismäßig wichtiger. Die Veränderungen in der Zahl der Betriebe und den Erwerbsarten standen im Zusammenhang mit anderen Erwerbsmöglichkeiten: Im Mühlviertel, wo es leichter war, einen Hauptberuf im gewerblichen oder im Dienstleistungssektor auszuüben und daneben die Landwirtschaft im Nebenerwerb zu betreiben, wurde diese Möglichkeit auch genützt. Im Waldviertel hatten die schlechteren Beschäftigungsmöglichkeiten außerhalb der Landwirtschaft dazu geführt, dass viele, die sonst einen Hof übernommen und im Nebenerwerb weitergeführt hätten, zum Zeitpunkt der Hofübernahme bereits abgewandert waren. Die Folgen, die gegen Ende des Jahrhunderts im Waldviertel immer deutlicher wurden, bestanden in einem stärkeren Schwund der bäuerlichen Betriebe und einer, verglichen mit dem Mühlviertel, geringeren Bedeutung des landwirtschaftlichen Nebenerwerbs, weiters im oben beschriebenen Bevölkerungsschwund und in einem verhältnismäßig hohen Anteil der Landwirtschaft und der Berufslosen, das heißt Alten, an der Bevölkerung.

Vollerwerb, Nebenerwerb und die Erhaltung von Betrieben hängen mit der Betriebsgröße zusammen. Die landwirtschaftlichen Betriebe des Hochlands haben zumeist eine geringe Wirtschaftsfläche. Im Jahr 1951 hatte nicht ganz ein Fünftel der Betriebe weniger als zwei Hektar, ein weiteres gutes Fünftel zwei bis fünf Hektar; 40 Prozent entfielen auf Betriebsgrößen zwischen fünf und 20 Hektar und ein letztes Fünftel auf Größen bis 50 Hektar (Karte 12a). Nicht einmal jeder hundertste Betrieb erreichte eine Fläche über 50 Hektar. In den folgenden Jahrzehnten sank der Anteil der kleinsten Betriebe beständig ab: Ihre absolute Anzahl wurde zwischen 1951 und 1990 um insgesamt fast zwei Drittel geringer, in den Neunzigerjahren verschwanden noch einmal drei Viertel der verbliebenen Kleinstbetriebe. Im Jahr 1990 hatte nur mehr jeder zehnte Betrieb weniger als zwei Hektar, 1999 jeder dreißigste. Die Betriebe in der Größe zwischen zwei und fünf Hektar wurden ebenfalls viel weniger, nämlich um fast zwei Drittel, und ihr Anteil an der Zahl aller landwirtschaftlichen Betriebe sank von knapp einem Viertel auf ein Sechstel. Die Betriebe mit fünf bis 20 Hektar, zu denen 40 Prozent aller Betriebe zu rechnen waren, hielten diesen Anteil die ganze Zeit seit 1951 hindurch. Ihre absolute Anzahl sank somit selbstverständlich, und zwar um 46 Prozent. Es nahm also in den letzten Jahrzehnten nur der Anteil der, nach Maßstäben des Hochlands, größeren Betriebe zu: Die Zahl der Betriebe zwischen 20 und 50 Hektar Fläche blieb bis 1999 absolut ungefähr gleich, ihr Anteil an allen landwirtschaftlichen Betrieben, der 1951 nur 18 Prozent betragen hatte, erreichte ein halbes Jahrhundert später 35 Prozent. Eine absolute Zunahme der Zahl von Betrieben und somit auch ein steigender Anteil an allen Betrieben ist schließlich bei den Betrieben über 50 Hektar festzustellen: Ihre Anzahl hat sich seit 1960 verdreifacht, ihr Anteil an allen Betrieben hat sich verfünffacht und betrug 1999 4,5 Prozent (Karte 12b).

Während sich in der Zahl der Betriebe gewaltige Änderungen ergaben, schrumpfte, wie beschrieben, die gesamte bewirtschaftete landwirtschaftliche Fläche viel weniger, ein nahe liegendes Ergebnis, zumal die Anzahl der kleinen Betriebe viel stärker zurückgegangen war als die der großen. Die Kleinstbetriebe unter zwei Hektar Größe repräsentierten 1951 weniger als 2 Prozent der gesamten bewirtschafteten Flächen, ein Anteil, der sich in den folgenden vier Jahrzehnten halbierte; in den Neunzigerjahren sank er schließlich auf 0,2 Prozent. Die durchschnittliche Betriebsgröße in dieser Klasse stieg bis 1990 von 1,2 Hektar auf 1,5 Hektar und sank dann wieder. Man sieht also selbst innerhalb dieser Größenklasse, dass zunächst die allerkleinsten Betriebe einem höheren Schwund als die sonstigen Betriebe ausgesetzt waren. Einen geringfügigen Anstieg der durchschnittlichen Betriebsgröße erfuhren auch die Betriebe mit zwei bis fünf Hektar. Im Durchschnitt waren diese Betriebe 3,3 Hektar groß, ein Wert, der bis 1999 auf 3,6 Hektar stieg. Der starke Rückgang der Zahl landwirtschaftlicher Betriebe in dieser Größenklasse führte dazu, dass 1990 nur mehr 2,6 Prozent der gesamten Wirtschaftsflächen auf diese Betriebe entfiel, gegenüber knapp 6 Prozent im Jahr 1951.

Die größten Verschiebungen erfolgten aber in den darüber liegenden Größenklassen. Auf die Betriebe zwischen fünf und 20 Hektar entfielen 1951 noch 38 Prozent der land- und forstwirtschaftlichen Flächen. Die durchschnittliche Betriebsgröße blieb hier über die Jahrzehnte gleich, durch die verhältnismäßig stark sinkende Zahl dieser Betriebe

Karte 12a: Betriebsgrößen 1951

- mehr als 40 Prozent der Betriebe sind kleiner als 5 Hektar
- mehr als 45 Prozent der Betriebe haben 5 bis 20 Hektar
- mehr als 25 Prozent der Betriebe haben 20 bis 100 Hektar

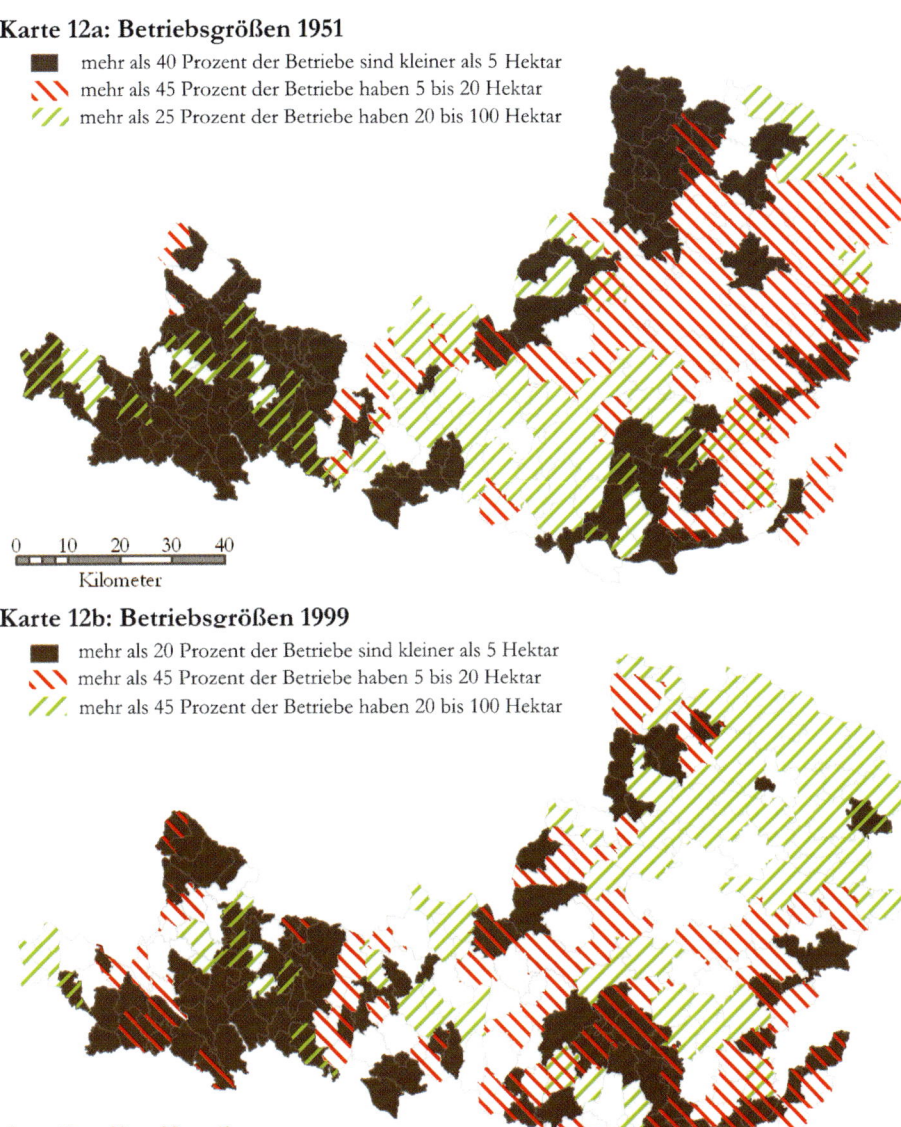

Karte 12b: Betriebsgrößen 1999

- mehr als 20 Prozent der Betriebe sind kleiner als 5 Hektar
- mehr als 45 Prozent der Betriebe haben 5 bis 20 Hektar
- mehr als 45 Prozent der Betriebe haben 20 bis 100 Hektar

Quelle: Karte: Bundesamt für Eich- und Vermessungswesen, Wien. Daten: siehe Text.

nahm daher ihr Anteil an den gesamten landwirtschaftlichen Flächen ab – er sank alle zehn Jahre um ungefähr drei Prozentpunkte ab, im Jahr 1990 wurde nur mehr ein knappes Viertel der gesamten Flächen von Betrieben aus der Klasse mit fünf bis 20 Hektar bewirtschaftet, im Jahr 1999 wenig mehr als ein Fünftel. Die Flächenverluste in den Größenklassen unter 20 Hektar waren der Gewinn der mittleren Betriebe: Die Betriebe zwischen 20 und 100 Hektar Fläche beanspruchten 1951 und 1960 nur 41 Prozent der gesamten landwirtschaftlichen Fläche, 1970 waren es 46 Prozent, zehn Jahre später 52 Prozent, 1990 waren es 55 Prozent und am Ende des Jahrhunderts 60 Prozent. Der Anstieg betraf bis 1990 sowohl die Betriebe mit 20 bis 50 Hektar Fläche als auch diejenigen mit 50 bis 100 Hektar, in den Neunzigerjahren aber nur mehr die Letzteren. Die durchschnittliche Betriebsgröße nahm im ganzen Zeitraum um ungefähr zwei Hektar zu.

Bei den größten Betrieben, denjenigen mit über 100 Hektar Fläche, ist eine stetige Zunahme oder eine stetige Abnahme über die Zeit hinweg nicht zu beobachten. Der Grund liegt in der geringen Zahl solcher Betriebe, durch die das Ergebnis auf zufällige Veränderungen in einzelnen Betrieben stark reagiert. Trotz der beträchtlichen Flächen, die einzelne Betriebe hatten, nahmen die großen Betriebe zusammengenommen bei weitem nicht den größeren Teil der landwirtschaftlichen Flächen im Hochland ein. Die wichtigste Klasse waren in dieser Hinsicht die Betriebe mit 20 bis 50 Hektar, zahlreich und groß genug, um am Ende des 20. Jahrhunderts bereits fast die Hälfte der gesamten landwirtschaftlichen Betriebsflächen beanspruchen zu können, zusammen mit den Betrieben zwischen 50 und 100 Hektar deutlich mehr als die Hälfte.

Soweit die Entwicklung im Hochland insgesamt. Sowohl die Größenverteilung der Betriebe als auch die Veränderungen im Lauf der Jahrzehnte folgten in den verschiedenen Teilen des Gebiets unterschiedlichen Mustern. Kleine und mittelgroße Betriebe hatten je nach Gebiet unterschiedliche Anteile an allen Betrieben, die Veränderungen dieser Zahlen und der Anteile von Betriebsgrößenklassen folgten wiederum anderen regionalen Mustern. Die Ergebnisse hängen davon ab, ob man sich mit der Anzahl der Betriebe, mit dem Ausmaß der Betriebsflächen oder mit den Anteilswerten nach Anzahl und Fläche an allen Betrieben befasst.

Enorme Unterschiede im zeitlichen Verlauf ergaben sich bei der Anzahl der Klein- und Kleinstbetriebe: Ihre Zahl sank überall, in einigen Regionen kann man nahezu vom Verschwinden der Kleinstbetriebe sprechen. Im nördlichen Waldviertel, also in den Bezirken Gmünd, Waidhofen und Zwettl, verschwanden die Betriebe unter zwei Hektar Betriebsfläche zwischen 1951 und 1999 fast vollständig – ihre Zahl sank bis Ende des Jahrhunderts auf weniger als ein Zwanzigstel des Werts von 1951. Im südlichen Waldviertel und im Mühlviertel war der Rückgang nur wenig schwächer: 1999 war auch in diesen Gebieten die Zahl der Kleinstbetriebe auf ein Siebtel oder weniger gesunken. Am längsten konnten sich die Kleinstbetriebe im Sauwald halten. Ein beträchtlicher Rückgang war noch in den Neunzigerjahren erfolgt, als praktisch durchwegs zwei Drittel der 1990 noch vorhandenen Kleinstbetriebe eingestellt wurden. Bezogen auf den Anteil der Kleinstbetriebe an allen Betrieben treten die regionalen Unterschiede weniger deutlich hervor, da ja auch die Gesamtzahl der Betriebe im nördlichen Waldviertel besonders stark gesunken war. Aber es gab solche Unterschiede jedenfalls noch vor wenigen Jahrzehnten: Im Gebiet von Gmünd, wo Anfang der Fünfzigerjahre noch mehr als ein Viertel aller Betriebe unter die Kleinstbetriebe fiel, galt dies vier Jahrzehnte später nur mehr für jeden zehnten Betrieb und 1999 für jeden fünfzigsten. Im Mühlviertel lag der Anteil dieser Betriebe an allen Betrieben 1951 bei 16 bis 20 Prozent, 1990 bei zehn bis 13 Prozent, 1999 unter 5 Prozent. Am Ende des Jahrhunderts waren damit die regionalen Unterschiede in diesem Punkt verwischt. Entsprechendes ist über den Flächenanteil zu sagen: Zwar entfiel durchwegs nur ein kleiner Teil der land- und forstwirtschaftlichen Flächen auf die Kleinstbetriebe, doch war dieser Anteil 1999 im Waldviertel noch einmal geringer als im Mühlviertel oder gar im Sauwald, wo er, verglichen mit dem Waldviertel, mehr als doppelt so hoch war. Vier Jahrzehnte früher waren diese Unterschiede weit weniger ausgeprägt.

Ähnliches, wenn auch in abgeschwächter Form, gilt für die Betriebe in der Größe zwischen zwei und fünf Hektar, deren Zahl zwischen 1951 und 1999 im nördlichen Waldviertel um 70 bis 80 Prozent abnahm, in den sonstigen Gebieten um 50 bis 60 Prozent. Auch diese Größenklasse hielt sich im Sauwald länger. Der Rückgang in den Neunzigerjahren war bei diesen Betrieben im Verhältnis besonders stark. Ihr Anteil an allen Betrieben sank, verglichen mit den Kleinstbetrieben, in geringerem Maß. Stärker war er in den Bezirken Gmünd, Waidhofen und Zwettl; in Teilen des Mühlviertels, so im Gebiet von Freistadt, sank er hingegen bis 1990 fast gar nicht und danach etwa so schnell wie im Hochland insgesamt. Alles in allem konnten sich diese Betriebe im Mühlviertel etwas besser halten. Der Flächenanteil der Betriebe dieser Größenstufe an der gesamten land- und forstwirtschaftlichen Fläche sank in allen Regionen; im größten Teil des Waldviertels sank er zwischen 1951 und 1999 um zwei Drittel, im Mühlviertel halbierte er sich.

In etwa dasselbe Muster der regionalen Unterschiede findet man selbst noch bei den Betrieben mit einer Größe zwischen fünf und 20 Hektar: Auch hier war der Rückgang zwischen 1951 und 1999 im nördlichen Waldviertel entweder stark mit 50 bis 55 Prozent der Betriebe in den Bezirken Gmünd, Zwettl und Krems oder enorm mit drei Vierteln aller Betriebe in den Bezirken Horn und Waidhofen. Im Mühlviertel hielt sich der Rückgang der Zahl dieser Betriebe mit einem Viertel oder einem Drittel in Grenzen; im Sauwaldgebiet blieb der Schwund bei einem Zehntel. Die Waldviertler Bezirke, ausgenommen Gmünd und Melk, waren daher auch die einzigen, in denen der Anteil dieser Betriebe an den land- und forstwirtschaftlichen Betrieben sank; im Mühlviertel, wo er 1951 etwa 30 bis 40 Prozent betragen hatte, stieg er um fünf bis zehn Prozentpunkte an. In dieser Größenstufe brachten die Neunzigerjahre eine einfache Fortsetzung der vorherigen Entwicklung mit sich, aber keine Beschleunigung – die Betriebe wurden auch in dieser Zeit weniger, aber dieser Rückgang war nicht stärker als in den vorangehenden Jahrzehnten; bedingt durch den rapiden Schwund bei den Kleinstbetrieben, stieg in den Neunzigerjahren der Anteil der Betriebe zwischen fünf und 20 Hektar an allen Betrieben in den meisten Regionen sogar leicht an. Nach der Fläche sind, wie erwähnt, die Betriebe dieser Größenstufe mit mehr als einem Drittel der gesamten land- und forstwirtschaftlichen Fläche unmittelbar nach dem Zweiten Weltkrieg eine der wichtigeren Gruppen. Dieser Anteil sank in allen Teilen des Hochlands im Lauf der Zeit ab. Der Rückgang war wieder im Waldviertel weit ausgeprägter: In den Bezirken Zwettl, Waidhofen und Gmünd sank er zwischen 1951 und 1999 von 35 bis 45 Prozent auf ungefähr 15 Prozent ab, im Bezirk Horn ging er von 45 Prozent auf ein Zehntel zurück. Im Mühlviertel, wo er 1951 etwa ein Viertel bis ein Drittel betragen hatte, sank er bis zum Ende des Jahrhunderts um fünf bis zehn Prozentpunkte ab.

Das gegenteilige Bild erhält man bei der Entwicklung der Zahl großer Betriebe. Die Betriebe mit 20 bis 100 Hektar wurden in der Zeit zwischen 1951 und 1990 im nördlichen Waldviertel deutlich häufiger, nämlich um 15 bis 25 Prozent, im Kremser Bezirk sogar um mehr als die Hälfte. Erst in den Neunzigerjahren gab es in diesem Gebiet wieder einen leichten Rückgang. Im Mühlviertel blieb ihre Zahl in dieser Zeit bestenfalls gleich, so im Bezirk Rohrbach, meist sank sie aber um 5 bis 10 Prozent ab. Letztendlich war die absolute Zahl der Betriebe dieser Größenstufe am Ende des Jahrhunderts im Waldviertel etwas höher, im Mühlviertel etwas niedriger als um die Jahrhundertmitte. Dieser Rückgang im Mühlviertel war klarerweise weitaus schwächer als bei den kleinen Betrieben, das heißt, der Anteil der größeren Betriebe stieg in jeder einzelnen Region beträchtlich an. Im Bezirk Gmünd stieg etwa der Anteil der größeren Betriebe an allen Betrieben von einem Achtel auf mehr als ein Drittel an, im Bezirk Urfahr immerhin von einem Fünftel auf ein knappes Viertel. Nach dem Flächenanteil ergaben sich regional beträchtliche Änderungen: Im Mühlviertel vergrößerte sich der Flächenanteil der großen Betriebe, der hier bereits 1951 gut die Hälfte betragen hatte, bis 1999 um moderate zehn Prozentpunkte; im Großteil des Waldviertels lag er 1999 in der gleichen Größenordnung oder regional sogar darüber – vier Jahrzehnte zuvor war in diesen Gegenden aber nur gut ein Drittel oder, wie im Kremser Bezirksteil, nur wenig mehr als ein Fünftel der Fläche auf die großen Betriebe entfallen. Im Bezirk Waidhofen waren auf die Betriebe von 20 bis 100 Hektar noch 38 Prozent der land- und forstwirtschaftlichen Fläche gekommen, 1999 waren es nach einer kontinuierlichen Steigerung über 75 Prozent. 27 Prozent nahmen die Betriebe zwischen 50 und 100 Hektar im Bezirk Waidhofen ein, ein Wert, der nur vom Bezirk Horn annähernd erreicht wird. In allen anderen Regionen entfielen 1999 nur zwischen 4 und 11 Prozent der Fläche auf die Betriebe zwischen 50 und 100 Hektar.

Diese Vorgänge waren in mancher Hinsicht nicht mehr als eine Angleichung der Regionen aneinander, wie etwa der Wandel in einer Region wie dem Bezirk Gmünd deutlich macht. Hier war der Anteil der kleinen Betriebe 1951 vergleichsweise extrem hoch, 1991 entsprach er genau dem Durchschnitt des Hochlands; der Anteil der mittleren Betriebe in Gmünd entsprach die ganze Zeit hindurch dem durchschnittlichen Verhältnis im Hochland; und der Anteil der großen Betriebe, der 1951 in Gmünd äußerst niedrig gewesen war, lag 1991 ebenfalls im Durchschnitt des Hochlands. Entsprechendes gilt auch für die Flächenverteilung. Die Anteile der größeren Betriebe an der landwirtschaftlichen Fläche, die kurz nach dem Zweiten Weltkrieg im Waldviertel noch niedrig gewesen waren, näherten sich in den folgenden Jahrzehnten nach und nach an die Verhältnisse im Mühlviertel an. Freilich gab es auch Ausnahmen wie das Sauwaldgebiet, das seine Eigenart – hohe Anteile der Kleinbetriebe, geringe Anteile der großen Betriebe – über Jahrzehnte beibehielt, oder die erwähnten verhältnismäßig hohen Anteile der großen Betriebe um 1990 im nordöstlichen Waldviertel.

Außer Betracht geblieben sind noch die Betriebe über 100 Hektar, die ihrer Zahl nach nicht nur im Hochland insgesamt, sondern auch in den Teilregionen bedeutungslos sind. Ihre Anteile an der land- und forstwirtschaftlichen Fläche sind allerdings mit einem Siebtel bis einem Sechstel der gesamten Fläche nicht unwesentlich. Hier findet man auch deutliche regionale Unterschiede: 1951 entfiel in Teilen des Waldviertels, nämlich den Bezirken Gmünd, Krems und Melk, etwa ein Viertel der gesamten Fläche auf die Betriebe über 100 Hektar, in den Bezirken Horn und Zwettl immerhin noch ein Siebtel. In allen sonstigen Teilen des Hochlands lag dieser Anteil bei höchstens einem Zehntel, in Teilen des Mühlviertels war der Flächenanteil großer Betriebe überhaupt praktisch irrelevant. In den folgenden Jahrzehnten blieb das Bild im Großen und Ganzen erhalten: Auch 1999 war das Waldviertel meist in weitaus höherem Maß ein Land der großen Betriebe als das Mühlviertel. Es kam aber auch zu einigen sprunghaften Veränderungen, die deutlich machen, dass beim Vorhandensein weniger großer Betriebe bereits ein einziger zusätzlicher Betrieb enorme Auswirkungen haben kann; solches ist etwa zu bemerken im Bezirk Perg, der 1951 einen Flächenanteil der großen Betriebe von nur 2 Prozent der gesamten land- und forstwirtschaftlichen Fläche aufwies, kurz darauf aber durch einen einzigen zusätzlichen Forstbetrieb, der seinen Sitz in dieser Region errichtete, in der Statistik ein Bild ähnlich dem größeren Teil des Waldviertels bietet.

Welche Faktoren bestimmten, ob ein Betrieb im Voll-, Zu- oder Nebenerwerb geführt wurde? Es wurde bereits gesagt, dass die Betriebsgrößen eine wichtige Vorbedingung für die Erwerbsart waren; zusätzlich werden aber noch andere Faktoren wirksam. Im Jahr 1990 war der Anteil der kleinen Betriebe, das heißt der Anteil der Betriebe unter zehn Hektar, an allen Betrieben eines Gebietes der wichtigste Faktor für die verhältnismäßige Bedeutung des Nebenerwerbs in der betreffenden Region. Unter den weiteren Faktoren, die sich hier auswirkten, ist zum einen die Art der Bodennutzung zu nennen: Gemeinden mit einem niedrigeren Anteil von Ackerland an der land- und forstwirtschaftlichen Fläche beziehungsweise Gemeinden mit einem höheren Anteil von Wald waren auch Gemeinden mit einem größeren Anteil von Nebenerwerb. Wichtig waren auch die naturräumlichen Voraussetzungen, jedenfalls in einem Punkt: Gebiete mit besseren Erträgen waren Gebiete mit weniger Nebenerwerb. Zusätzlich zu diesen Faktoren, die nebeneinander wirksam wurden, war auch noch die regionale Gliederung in dem Sinn von Bedeutung, dass das Mühlviertel einen höheren Anteil von Nebenerwerb hatte. Es ist hervorzuheben, dass diese Besonderheit des Mühlviertels über die anderen Faktoren hinaus wirksam wurde, also zusätzlich zu dem ohnehin bereits gegebenen höheren Anteil von kleinen Betrieben und dem verhältnismäßig geringen Anteil der Ackerfläche. Sonstige Bedingungen, von denen man einige Bedeutung für den Anteil des Nebenerwerbs erwarten könnte, so etwa die Pendelwanderung oder die Bevölkerungsbewegung, erweisen sich hingegen neben den anderen Faktoren als bedeutungslos.

Diese Zusammenhänge lassen sich für andere Zeitpunkte nicht in gleicher Weise finden. Im Jahr 1980 galt ebenfalls der beschriebene Zusammenhang zwischen Betriebsgröße und Anteil von Nebenerwerbsbetrieben, ebenso zwischen Ertragszahlen und Nebenerwerb. Gebiete mit höheren Anteilen von Ackerfläche hatten auch 1980 niedrigere Anteile von Nebenerwerb, im Mühlviertel war der Nebenerwerb bedeutsamer als im Waldviertel; allerdings sind diese letzteren Zusammenhänge nicht nebeneinander wirksam und können nicht mit der gleichen Sicherheit behauptet werden wie für 1990.

VI. Produktion

Für die Erfassung der land- und forstwirtschaftlichen Produktion sind in den veröffentlichten Statistiken verschiedene Angaben verfügbar, nämlich gesamtösterreichische Produktionswerte und regional aufgeschlüsselte Ertragszahlen.[24] Letztere sind für diese Untersuchung aus nahe liegenden Gründen interessanter. Sie sind, so wie andere hier verwendete regionale Angaben über Erträge, Betriebsführung und Einkommen der bäuerlichen Betriebe, durch jährliche stichprobenartige Erhebungen nach den Buchführungsunterlagen einer größeren Zahl von Betrieben zu Stande gekommen. Bei der Verwendung dieser Angaben sind einige Besonderheiten zu berücksichtigen. Sie betreffen zum einen die Zuordnung der Erzeugnisse beziehungsweise Erträge zur pflanzlichen und tierischen Produktion: Die gesamtösterreichische Produktionsstatistik setzt bei der Erzeugung selbst an und ordnet Futtermittel der pflanzlichen Produktion zu; nach den Daten der betrieblichen Buchführung, die Erträge angibt, werden hingegen Futtermittel letztlich den Erträgen der tierischen Produktion zugerechnet. Die zweite Besonderheit der Buchführungsstatistik besteht darin, dass große Forstbetriebe nicht erfasst werden.

Dennoch erlaubt die Buchführungsstatistik einen Vergleich zwischen dem Hochland und Österreich insgesamt. Nach diesen Angaben kommen in ganz Österreich aus der tierischen Produktion deutlich höhere Erträge als aus der pflanzlichen (nach der gesamtösterreichischen Produktionsstatistik sind die Anteile von tierischer und pflanzlicher Produktion ungefähr gleich groß). Im Hochland liegt der Schwerpunkt stärker auf den tierischen Erzeugnissen als im übrigen Land: Während in Österreich insgesamt in der zweiten Hälfte des Jahrhunderts zunächst etwa drei Viertel und am Ende des Jahrhunderts nur mehr zwei Drittel der Erträge auf die tierischen Produkte entfielen, verblieb der entsprechende Anteil im Hochland bei vier Fünfteln. Nicht eingerechnet ist dabei die Forstwirtschaft, deren Anteil am gesamten Ertrag im Hochland etwa so hoch ist wie in ganz Österreich; allerdings sind dabei eben nur kleine Forstbetriebe erfasst, bei denen der Ertrag aus der Forstwirtschaft weniger als ein Zehntel der land- und forstwirtschaftlichen Produktion ausmachte.

1. Pflanzen

Wie bereits beschrieben wurde, nahmen im Lauf des 20. Jahrhunderts die Ackerflächen im Hochland stark ab, nämlich um ungefähr die Hälfte in großen Teilen des Mühlviertels und im Bezirk Gmünd, um ein Viertel in den Bezirken Waidhofen und Zwettl und um ein Fünftel im Bezirk Horn.[25] Solche Veränderungen mussten zu einem beträchtlichen Wandel im Pflanzenbau führen: Die Anbauflächen nahmen je nach Feldfrucht und Region unterschiedlich stark ab, die Hektarerträge nahmen in allen Regionen und für alle Feldfrüchte zu. Die Erntemengen nahmen demgemäß entweder weniger stark ab als die Anbauflächen oder nahmen sogar zu. Jedenfalls veränderten sich Erscheinungsbild und Produktionsergebnisse des Hochlands insgesamt, ebenso die regionalen Schwerpunkte innerhalb dieses Gebiets.

Unterscheidet man grob zwischen der Produktion von Brotgetreide, Futtergetreide, Hackfrüchten und Futterpflanzen, so lassen sich folgende Tendenzen feststellen: Die Flächen für den Anbau von Brotgetreide schrumpften im größten Teil des Hochlands, besonders aber im Mühlviertel. Teilweise war der Rückgang so stark, dass auch die Erntemengen beim Brotgetreide geringer wurden, obwohl sich die Hektarerträge verdreifachten; im Waldviertel nahmen die Erntemengen allerdings stark zu. Schwächer war der Rückgang der Flächen beim Futtergetreide, auch war hier der Unterschied zwischen Mühl- und Waldviertel nicht so deutlich ausgeprägt; der Rückgang der Flächen beim Futtergetreide wurde durch den auch hier beträchtlichen Zuwachs der Hektarerträge bei weitem wettgemacht, sodass die Erntemengen enorm anstiegen. Der Anbau von Hackfrüchten ging sowohl nach der Fläche als auch nach den Erntemengen dramatisch zurück, wobei erwartungsgemäß der Rückgang der Flächen stärker ausfiel, zumal sich auch bei den Hackfrüchten die Hektarerträge verdoppelten bis verdreifachten. Die Größe der für den Anbau von Futterpflanzen verwendeten Flächen schwankte stark, zeigte aber insgesamt keinen klaren Trend nach unten oder oben; die Erntemenge nahm auch bei den Futterpflanzen zu.

Im Anbau von Brotgetreide spielten herkömmlich nur Winterweizen und Winterroggen eine große Rolle. Die für Hartweizen verwendeten Flächen erreichten nur wenige Prozent der Flächen des Winterweizens; selbst Ende der Siebzigerjahre, als der Hartweizen die größte Fläche erreichte, war es nur ein Zehntel. Dasselbe gilt für den Sommerroggen, der Anfang der Vierzigerjahre seine größte Verbreitung hatte. Allerdings hatte der Sommerroggen in Teilen des Mühlviertels etwas größere Bedeutung, namentlich im Bezirk Rohrbach, wo Anfang der Vierzigerjahre gut ein Fünftel der Roggenfläche auf Sommerroggen entfiel. Unbedeutend war im Hochland der Anbau von Wintermenggetreide. Die Verminderung der Flächen mit Brotgetreideanbau beschränkte sich überwiegend auf den Roggen. Die Weizenflächen wurden in einigen Gebieten sogar größer, so vor allem im Bezirk Horn, in geringerem Maß auch im Bezirk Waidhofen. In anderen Bezirken schwankte die Größe der Weizenfläche. Selbst in einem Bezirk wie Rohrbach kam es zu einem starken Anstieg bis Ende der Siebzigerjahre, danach wieder zu einem gewissen Rückgang; allerdings war die Weizenfläche im oberen Mühlviertel absolut gesehen immer klein. Ähnliches gilt für die Flächen mit Hartweizenanbau, die im Lauf der Zeit größer wurden, ohne je besondere Bedeutung zu erlangen. Die Roggenflächen schrumpften hingegen überall, wenn auch nicht überall mit gleicher Geschwindigkeit. Insgesamt lag der Rückgang bei etwa der Hälfte der Flächen, so etwa im Bezirk Gmünd; in den Bezirken Waidhofen und Zwettl betrug der Rückgang etwa ein Drittel. Extrem war der Niedergang des Roggenanbaus im Mühlviertel: In den Bezirken Freistadt und Urfahr betrugen die Roggenflächen Ende der Neunzigerjahre gut ein Sechstel der Fläche von 1930, im Bezirk Rohrbach nicht einmal ein Zehntel. Da im Mühlviertel der Weizenanbau nie eine sonderliche Rolle gespielt hatte, bedeutet dies, dass der Anbau von Brotgetreide im oberösterreichischen Hochland auf einen Bruchteil des früheren Ausmaßes zurückgegangen ist.

Dieser Rückgang der Brotgetreideflächen im Mühlviertel war so stark, dass er nicht einmal durch die enorm gestiegene Flächenproduktivität wettgemacht werden konnte.

Die gesamte Erntemenge an Brotgetreide sank etwa im Bezirk Rohrbach auf weniger als die Hälfte, auch im sonstigen Mühlviertel wurden am Ende des Jahrhunderts nach Maßstäben der vorangegangenen Jahrzehnte beim Brotgetreide kleine Erntemengen eingebracht. Die Hektarerträge erreichten zwar nirgends die Werte der angrenzenden Bezirke Eferding oder Grieskirchen, wo Ende des Jahrhunderts beim Winterweizen über sechs Tonnen pro Hektar erzielt wurden, lagen aber etwa im Freistädter und Urfahrer Bezirk immerhin bei 5,3 Tonnen. Weitaus niedrigere Werte wies der Bezirk Gmünd mit 3,1 Tonnen auf. Dieser Bezirk wies, verglichen mit der ersten Jahrhunderthälfte, auch die geringste Steigerung des Hektarertrags auf: Der Ertrag von Winterweizen pro Hektar war seit 1937 nur um das 2,3fache gewachsen. In den meisten Gebieten des Hochlands war der Hektarertrag um annähernd das Dreifache oder sogar stärker gewachsen.

Die Anbauflächen von Futtergetreide waren bis in die Sechzigerjahre etwas kleiner als die Flächen von Brotgetreide, seit den Siebzigerjahren sind sie deutlich größer. Die Haupttendenzen liegen hier im Rückgang der Flächen von Hafer und in der Ausweitung der Flächen von Sommergerste. Wintergerste, Sommermenggetreide, Körnermais und Triticale nahmen ebenfalls zu; sie beanspruchen für sich genommen nur kleine Flächenanteile, machen in Summe allerdings am Ende des Jahrhunderts bereits mehr aus als die Haferfläche. Die Haferfläche ist seit den Dreißigerjahren auf ungefähr ein Fünftel des früheren Werts zurückgegangen, wobei der Rückgang im Bezirk Horn besonders stark war; hier ist der Haferanbau nahezu verschwunden. Dafür nahm der Anbau von Sommergerste stark zu, die im Bezirk Horn in den Siebziger- und Achtzigerjahren sogar die Getreideart mit dem größten Flächenanteil war. Auch in den Bezirken Waidhofen und Zwettl beansprucht die Sommergerste seit den Sechzigerjahren die größten Flächenanteile. Für das Mühlviertel gilt dies hingegen nicht. Während im Waldviertel die Anbauflächen von Futtergetreide im Lauf der Jahrzehnte ungefähr gleich groß geblieben sind und nur ein Wechsel der Getreideart stattgefunden hat, gingen im Mühlviertel auch die Flächen von Futtergetreide stark zurück, im Bezirk Urfahr um ein Viertel, in den Bezirken Rohrbach und Freistadt um über 45 Prozent. Da auch beim Futtergetreide die Flächenproduktivität stark anwuchs, wurden aber auch in diesen Gebieten trotz der kleiner gewordenen Flächen weiter wachsende Ernten erzielt. Die Hektarerträge wuchsen beim Hafer um das Zwei- bis Zweieinhalbfache, bei der Sommergerste um das Zwei- bis Dreifache; noch stärker stiegen die Hektarerträge bei der Wintergerste. So wie bei den Brotgetreidearten fällt der Bezirk Gmünd auch beim Futtergetreide als besonders ertragsschwach auf.

Für die Hackfrüchte gilt Letzteres nur bedingt. Nach schwachen Erträgen im Kartoffelanbau bis in die Sechzigerjahre steigerte sich die Flächenproduktivität in diesem Bereich in den letzten Jahrzehnten im Bezirk Gmünd in besonderem Maß. Am Ende des Jahrhunderts waren die Hektarerträge mit fast 32 Tonnen überdurchschnittlich hoch und wurden nur vom angrenzenden Waidhofener Bezirk übertroffen. Allgemein war die Produktivitätssteigerung im Kartoffelanbau geringer als beim Getreide; die Hektarerträge wuchsen von der Zwischenkriegszeit bis Ende der Neunzigerjahre auf weniger als das Doppelte. Geringer waren die Steigerungen im Mühlviertel, während das Waldviertel durchgehend bessere Ergebnisse zeigt. Dazu kommt, dass die Verminderung der Flächen für den Erdäpfelanbau im Mühlviertel den ohnehin schon starken Rückgang im Waldviertel noch übertraf: In den Bezirken Gmünd, Waidhofen und Zwettl gingen die Kartoffelflächen bis Ende des Jahrhunderts auf 30 bis 40 Prozent der Werte aus den Dreißigerjahren zurück. Im sonstigen Waldviertel und im Mühlviertel verschwanden 90 Prozent dieser Anbauflächen und mehr. Bei den angegebenen Ertragssteigerungen bedeutet dies, dass nur das nordöstliche Waldviertel eine Kartoffelproduktion behielt, die in den Neunzigerjahren noch annähernd frühere Erntemengen, wenn auch nicht die hohen Erträge aus den Sechziger- und Siebzigerjahren erreichte. Im übrigen Hochland ist die Erdäpfelproduktion bis auf einen kümmerlichen Rest verschwunden.

Unter den sonstigen Hackfrüchten ist die Zuckerrübenproduktion nur regional bedeutsam, nämlich vor allem im Bezirk Horn. Im größten Teil des Hochlands gibt es sie überhaupt nicht oder nur in unwesentlichen Mengen. Fast zur Gänze verschwunden ist auch der Futterrübenanbau, auf den noch 1940 Flächen etwa in der Größe der Weizenflächen entfiel. Mittlerweile sind diese Flächen auf etwa ein Zwanzigstel geschrumpft, ein regionaler Schwerpunkt besteht nicht. Die Produktivitätssteigerungen, die selbstverständlich auch im Rübenanbau zu Stande gekommen sind, ändern unter diesen Umständen wenig am Ernteergebnis, das absolut gesehen unbedeutend ist.

Dass die Anbauflächen für Futterpflanzen insgesamt nur wenig zurückgegangen sind, liegt vor allem an der Ausdehnung der Flächen für Grün- und Silomais. Während die Flächen für Rotklee von den Dreißiger- bis in die Neunzigerjahre auf ein Zehntel schrumpften, die Flächen für Luzerne in ihrer Ausdehnung stark schwankten, aber jedenfalls nicht langfristig zunahmen, und die Flächen für Kleegras ebenfalls schwankten und leicht zunahmen, vervielfachte sich die Anbaufläche bei Silo- und Grünmais besonders seit den Sechzigerjahren. Besonders hoch war die Steigerung im Mühlviertel und im Bezirk Waidhofen. Auf diese Weise kam es zu einer beträchtlichen Steigerung der Erntemengen, obwohl die Hektarerträge kaum zunahmen.

Zusammenfassend lassen sich im allgemeinen Bild eines starken Rückgangs der Ackerflächen im Lauf des 20. Jahrhunderts eine Reihe von regionalen Besonderheiten finden: Ein besonders starker Rückgang der Flächen bei den meisten Feldfrüchten im Mühlviertel, mit entsprechend geringen Steigerungen oder sogar Rückgängen in den Erntemengen; die besondere Stellung des Bezirks Horn im Getreide- und Zuckerrübenanbau; die mittlere Stellung des nordöstlichen Waldviertels, wo die Anbauflächen weniger stark zurückgingen als im Mühlviertel und etwa in der Kartoffelproduktion weiterhin große Mengen erzielt wurden. Dem auffallenden Rückgang der Pflanzenproduktion im Mühlviertel steht als Gegenstück die hervorgehobene Stellung dieser Region in der Viehzucht gegenüber.

2. Vieh

Die Entwicklung der Viehwirtschaft des Hochlands war in den letzten Jahrzehnten von Spezialisierung in verschiedenen Spielarten gekennzeichnet.[26] Nicht nur veränderte sich die Haltung von Tieren der einzelnen Gattungen in einer Weise, die das Gebiet immer mehr vom Durchschnitt der österreichischen Viehwirtschaft entfernte; auch innerhalb des Hochlands entwickelten die Gebiete im Lauf der Zeit Unterschiede, die früher nicht bestanden hatten; und die einzelnen Betriebe vergrößerten ihre Viehbestände, wobei sie sich stärker spezialisierten.

Wie nimmt sich heute die Viehwirtschaft des Hochlands im Vergleich mit den anderen österreichischen Produktionsgebieten aus? Nimmt man den Anteil des Hochlands an der land- und forstwirtschaftlichen Bevölkerung Österreichs als Maßstab, so erscheint die Region nicht durchgehend als besonders starkes Viehzuchtgebiet. Bei einem Anteil an der landwirtschaftlichen Bevölkerung von einem Sechstel bis einem Viertel betrug der Anteil am österreichischen Viehbestand in den letzten Jahrzehnten des 20. Jahrhunderts bei den meisten Tiergattungen weniger: 5 Prozent des österreichischen Schweinebestands, 8 Prozent des Hühner-, Schaf- und Pferdebestandes, 12 Prozent des Ziegenbestandes entfielen 1999 auf Mühl- und Waldviertel. Obendrein war der Anteil an den genannten Gattungen in den letzten Jahrzehnten nur bei den weniger wichtigen Gattungen Schaf und Ziege angewachsen, bei den Schweinen war er beständig abgesunken. Die einzige Gattung, bei der das Hochland am Ende des Jahrhunderts einen Anteil erreichte, der dem Anteil an der landwirtschaftlichen Bevölkerung entsprach oder ihn sogar übertraf, war das Rind. Hier war auch von Jahrzehnt zu Jahrzehnt ein Anstieg zu verzeichnen gewesen, sodass noch 1970 nicht einmal jedes sechste, 1999 aber bereits jedes fünfte österreichische Rind aus dem Mühl- oder Waldviertel kam. Das Hochland ist jenes Produktionsgebiet in Österreich, das pro Betrieb die höchsten Unternehmenserträge aus der Rinderhaltung erzielt. Der Ertrag aus der Rinderzucht liegt, pro Fläche oder pro Betrieb gerechnet, um 40 bis 50 Prozent über dem österreichischen Durchschnitt, mit besonders hohen Werten ganz am Ende des Jahrhunderts. Auch gehört das Hochland zu den stärkeren Milchproduzenten in Österreich. Der Ertrag aus der Milchproduktion liegt pro Betrieb gerechnet um 25 bis 40 Prozent über dem österreichischen Durchschnitt, wobei auch hier der Abstand am Ende des Jahrhunderts größer wurde.

Entsprechend diesen Schwerpunkten und entsprechend der erwähnten Tendenz zur Spezialisierung hat sich in den letzten Jahrzehnten die Verbreitung der verschiedenen Nutztierarten verändert. Am Ende des 20. Jahrhunderts war unter allen Nutztieren die Gattung, die man am ehesten auf einem Hof im Hochland antraf, das Rind. Weniger als die Hälfte der landwirtschaftlichen Betriebe hielt noch Schweine, weniger als die Hälfte hatte noch Hühner. Pferde, Schafe und Ziegen gab es ohnehin jeweils nur auf jedem zwanzigsten Hof. Rinder gab es immerhin noch auf zwei von drei Höfen. Gemeinsam ist den drei für die Landwirtschaft wichtigsten Gattungen Rind, Schwein und Huhn, dass die Anzahl der Tierhalter absolut in der zweiten Hälfte des 20. Jahrhunderts dramatisch zurückgegangen ist: Von 1970 bis 1999 sank die Zahl der Betriebe, die Rinder hielten, von 38.000 auf 18.000, die Zahl der Schweinebauern von 36.000 auf 13.000 und die Zahl der Hühnerhalter von 38.000 auf 14.000 im Fall der Legehennen und von 5.300 auf 200 bei den Masthühnern. Freilich war auch die Gesamtzahl der land- und forstwirtschaftlichen Betriebe geringer geworden, doch war dieser Rückgang weitaus schwächer. Noch 1970 waren Rinder, Schweine und Legehennen auf vier von fünf Höfen zu finden gewesen. Die Zahl der Tiere entwickelte sich je nach Gattung unterschiedlich: Bei der Rinderhaltung war in den Siebziger- und Achtzigerjahren ein Anstieg der Viehzahlen zu verzeichnen, in den Neunzigerjahren ein Rückgang, der etwas schwächer als in Österreich insgesamt ausfiel; die Zahl der Schweine ging von Jahrzehnt zu Jahrzehnt kontinuierlich zurück, anders als sonst in Österreich, wo der Rückgang erst in den Neunzigerjahren einsetzte; auch die Zahl der Legehennen wurde kontinuierlich geringer; die Zahl der Masthühner hingegen wurde seit 1970 zunächst geringer und stieg in den Neunzigerjahren gewaltig an. Abgesehen von den Legehennen stieg aber dennoch die Zahl der Tiere pro Tierhalter an: Hatte ein Rinderhalter 1970 im Durchschnitt noch etwas weniger als zehn Tiere im Stall, so waren es 1999 bereits 23; bei den Schweinen stieg die Zahl von etwas unter zehn Tieren auf über 13 pro Halter; und die Haltung von Masthühnern entwickelte sich von 62 Tieren pro Betrieb im Jahr 1970 auf 2.400 drei Jahrzehnte später. Bei den weniger wichtigen Tiergattungen – Pferde, Schafe, Ziegen – war erst in den letzten Jahrzehnten des 20. Jahrhunderts wieder eine Zunahme in der Anzahl der Tiere zu beobachten. Die Zahl der Pferde, die in den Siebzigerjahren von 6.700 auf 3.100 zurückgegangen war, nahm bis 1999 wieder auf über 6.000 Stück zu. Ähnlich bei den Ziegen, von denen es im Hochland 1970 3.900 Stück gab und deren Zahl sich bis 1980 halbierte: Am Ende des Jahrhunderts lebten immerhin wieder 6.900 Ziegen in diesem Gebiet. Am deutlichsten wird der Aufschwung der Schafhaltung erkennbar; hier nahm die Zahl der Tiere seit 1970 beständig zu, von 5.000 Stück in diesem Jahr auf 29.000 im Jahr 1999. Die Zahl der Schafhalter, die in den Siebziger- und Achtzigerjahren ebenfalls größer geworden war, sank in den Neunzigerjahren allerdings wieder etwa auf den Wert von 1970. Die Halter von Pferden und Ziegen wurden bis 1990 immer weniger; auch die Neunzigerjahre brachten nur eine geringfügige Zunahme. Auch bei diesen Tiergattungen spielte sich der Aufschwung der letzten Jahrzehnte als kontinuierliche Zunahme der Tiere im einzelnen Betrieb ab: Die Zahl der Pferde pro Pferdehalter verdreifachte sich zwischen 1970 und 1999 auf 3,6; die Zahl der Schafe pro Schafhalter versechsfachte sich auf 19,6; und die Zahl der Ziegen pro Ziegenhalter verdreifachte sich auf 4,7.

Die Rinderhaltung war also am Ende des 20. Jahrhunderts in der absoluten Größe und in der Verbreitung der wichtigste Teil der Viehzucht des Hochlands. Dies ist grundsätzlich nichts Neues, im heutigen Ausmaß aber doch das Ergebnis einer nicht lange zurückliegenden Entwicklung. Von der Jahrhundertwende bis weit in die Zeit nach dem Zweiten Weltkrieg veränderte sich die Zahl der Rinder nur in geringem Maß. Ein Vergleich der Viehzahlen in den Jahren 1910, 1930, 1946 und 1964 zeigt, dass sich selbst im Zweiten Weltkrieg die Zahl der Rinder im Hochland nur wenig verändert hat – zwischen 1938 und 1944 ging der Rinderbestand nur um 3 bis 7 Prozent zurück. Größere Änderungen gab es erst ab den Siebzigerjahren, mit einer Zunahme der Zahl der Rinder um 30 Prozent zwischen 1970 und 1990. Dabei zeigt die Rinderzucht besonders deutlich, wie sich die verschiedenen Teile des Hochlands in der Viehzucht auseinander entwickelten: 1970 waren die regionalen Unterschiede im Anteil von Rinderhaltern an allen land- und forstwirtschaftlichen Betrieben gering gewesen. Gewiss gab es Gebiete mit etwas geringeren und solche mit höheren Anteilen, doch sind diese Unterschiede von zufälligen Schwankungen bestimmt. Ganz anders drei Jahrzehnte später: Am Ende des Jahrhunderts unterschieden sich Mühl- und Waldviertel im Hinblick auf die Rinderhaltung eindeutig voneinander. Alle Bezirke des Mühlviertels wiesen nun höhere Anteile von rinderhaltenden Betrieben auf als jeder Bezirk des Waldviertels; zwar war auch im Mühlviertel der Anteil der Rinderhalter an allen Betrieben um zehn Prozentpunkte gesunken, aber im Waldviertel waren es 25 Prozentpunkte gewesen. Auch wenn man nach Gemeinden unterscheidet, sieht man in gleicher Weise, dass man es nun mit zwei Regionen zu tun hat, die sich voneinander deutlich abheben: Am Ende des Jahrhunderts wies jeder der Waldviertler Bezirke, nach Betrieben unterschieden, niedrigere Anteile von Rinderhaltung auf als das Mühlviertel. Zusätzlich zu dieser allgemeinen regionalen Trennung wirkten sich auch örtliche Bodenbedingungen in der Weise aus, dass eine schlechtere Bodenqualität, also niedrigere Bodenklimawerte, höhere Anteile von Rinderhaltung erwarten lässt; die Höhenlage wirkte sich hingegen nicht auf die Rinderhaltung aus, wohl aber die Hangneigungen – in Gebieten mit stärkerer Hangneigung war die Rinderhaltung weniger häufig, ein nicht recht eingängiger, aber auch nicht besonders starker Zusammenhang. Jedenfalls hatten auch diese Faktoren, deren Wirkung man am Ende des Jahrhunderts beobachten kann, 1970 noch keine Rolle gespielt; zu dieser Zeit kann einfach ein im ganzen Hochland ungefähr gleicher Anteil von rinderhaltenden Betrieben angenommen werden. Ein entsprechendes Bild erhält man, wenn man die Zunahme der Rinderzahl nach Gemeinden vergleicht: In den Bezirken Krems, Gmünd, Waidhofen, Zwettl und Horn war diese Zunahme gering; zusätzlich war sie in jenen Gebieten noch einmal geringer, die bessere Bodenklimazahlen aufweisen; und sie war noch einmal geringer in höher gelegenen Gebieten.

Dasselbe Bild ergibt sich, wenn man die Zahl der Tiere ins Verhältnis zur land- und forstwirtschaftlichen Bevölkerung setzt. Obwohl 1970 im Hochland noch mehr als vier von fünf Betrieben Rinder hielten, war der Anteil des Gebiets am österreichischen Rinderbestand weitaus geringer, als die Zahl der Berufstätigen in Land- und Forstwirtschaft erwarten ließe: Fast ein Viertel der land- und forstwirtschaftlichen Bevölkerung Österreichs lebte zu dieser Zeit im Hochland, aber nur 15 Prozent der österreichischen Rinder entfielen auf dieses Gebiet, bei geringen Unterschieden zwischen den einzelnen Regionen des Hochlands (Karte 13a). Dies änderte sich rasch, aber nicht überall in gleicher Weise: 1990 hatte bereits jeder Bezirk des Mühlviertels einen Anteil am österreichischen Rinderbestand, der höher war als der Anteil desselben Bezirks an der österreichischen Agrarbevölkerung. Nach Westen hin wird dieser Unterschied immer deutlicher: Am stärksten ausgeprägt ist er im Sauwald, dann im Rohrbacher Bezirk; geringer ist er im Bezirk Urfahr, aber immer noch höher als im Bezirk Freistadt oder im Perger Bezirksteil. In derselben Zeit stieg auch der Anteil der Waldviertler Bezirke am österreichischen Rinderbestand, der Anteil derselben Gebiete an der landwirtschaftlichen Bevölkerung Österreichs blieb aber bis 1990 überall mit Ausnahme des Bezirks Waidhofen höher. Der Zuwachs im Rinderbestand des Hochlands war in Wirklichkeit nur ein Zuwachs im Mühlviertel, wo zwischen 1970 und 1990 die Zahl der Rinder um über 40 Prozent zunahm; im Waldviertel nahm sie nur um ein Fünftel zu und ging in den Neunzigerjahren wieder so sehr zurück, dass 1999 das Waldviertel sogar einen klei-

Karte 13a: Rinder pro Kopf der landwirtschaftlichen Bevölkerung 1970

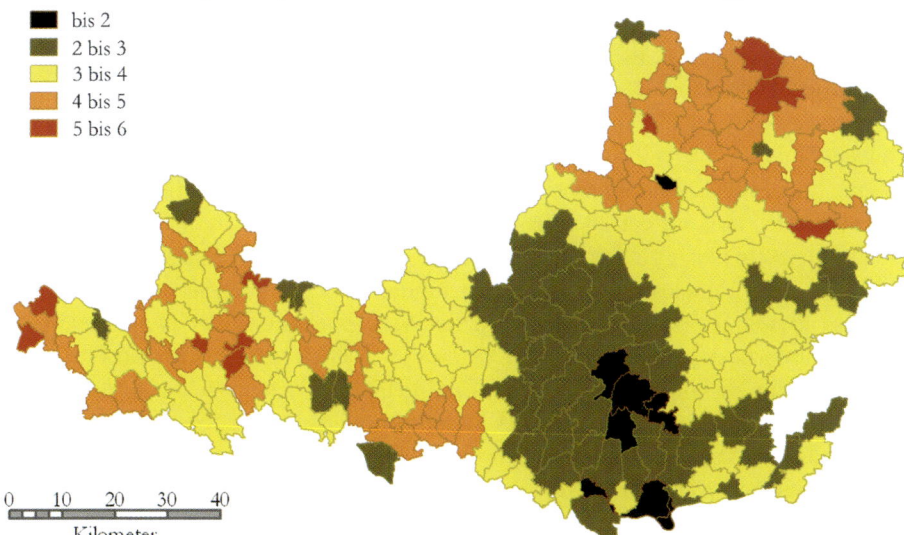

Karte 13b: Rinder pro Kopf der landwirtschaftlichen Bevölkerung 1990

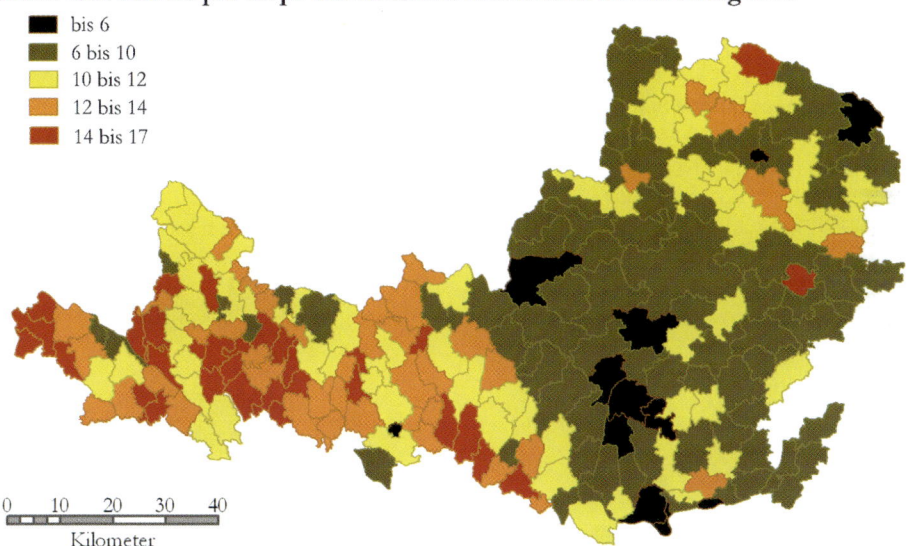

Quelle: Karte: Bundesamt für Eich- und Vermessungswesen, Wien. Daten: siehe Text.

neren Rinderbestand aufwies als 1970. Im Mühlviertel gab es 1999 immer noch um ein Drittel mehr Rinder als drei Jahrzehnte zuvor (Karte 13b).

Etwas anders verhält es sich mit den regionalen Unterschieden in der Zahl der Tiere pro rinderhaltendem Betrieb und pro land- und forstwirtschaftlicher Fläche. Die Zahl der Tiere pro rinderhaltendem Betrieb wuchs zwar im Lauf der Jahrzehnte an, unterschied sich aber in den verschiedenen Gebieten des Hochlands kaum; etwas niedrigere

Werte im Waldviertel sind überwiegend zufällige Abweichungen, nur im Bezirk Gmünd hatten Rinderbauern tatsächlich weniger Tiere. Da die Betriebsflächen im Waldviertel im Durchschnitt größer als im Mühlviertel sind, bedeutet all dies, dass die Zahl der Rinder pro Hektar im Waldviertel schon seit Jahrzehnten geringer als im Mühlviertel gewesen ist, ein Unterschied, der sich gegen Ende des 20. Jahrhunderts noch verstärkte.

Ganz anders verlief die Entwicklung in der Schweinezucht. Der Schweinebestand veränderte sich im Lauf des 20. Jahrhunderts mehrmals in größerem Ausmaß, mit gewissen Unterschieden zwischen den Regionen. Am Ende des Jahrhunderts bestand ein völlig anderes regionales Muster als in der Rinderhaltung. In den letzten Jahrzehnten vor dem Ersten Weltkrieg setzte sich in der Schweinehaltung der Aufschwung des 19. Jahrhunderts, den dieser Zweig der Viehzucht erfahren hatte, noch weiter fort – die Massenproduktion von Schweinefleisch, Erdäpfeln und Zucker war die für Ernährung und Esskultur wichtigste Neuerung des 19. Jahrhunderts. In der Schweinehaltung des Hochlands sieht man einen späteren Abschnitt dieser Entwicklung in den beiden Jahrzehnten zwischen 1890 und 1910, in denen sich der Schweinebestand ungefähr verdoppelte, mit etwas geringeren Zuwächsen im Mühlviertel und etwas größeren im Waldviertel. Der Erste Weltkrieg, dessen Auswirkungen auf die Schweinehaltung im regionalen Rahmen schwer nachzuvollziehen ist, hinterließ in der Schweinehaltung des Hochlands keine länger wahrnehmbaren Spuren: Fast in allen Bezirken finden wir 1930 höhere Zahlen von Schweinen als 1910, gewiss nur ein bescheidener Anstieg von meist 3 bis 4 Prozent, aber doch ein Zuwachs. Die Dreißigerjahre brachten eine weitere Zunahme. Der Zweite Weltkrieg führte dann zu einem enormen Rückgang des Bestands: Zwischen 1938 und 1944 sank die Zahl der Schweine um ungefähr 45 Prozent, ein Rück-

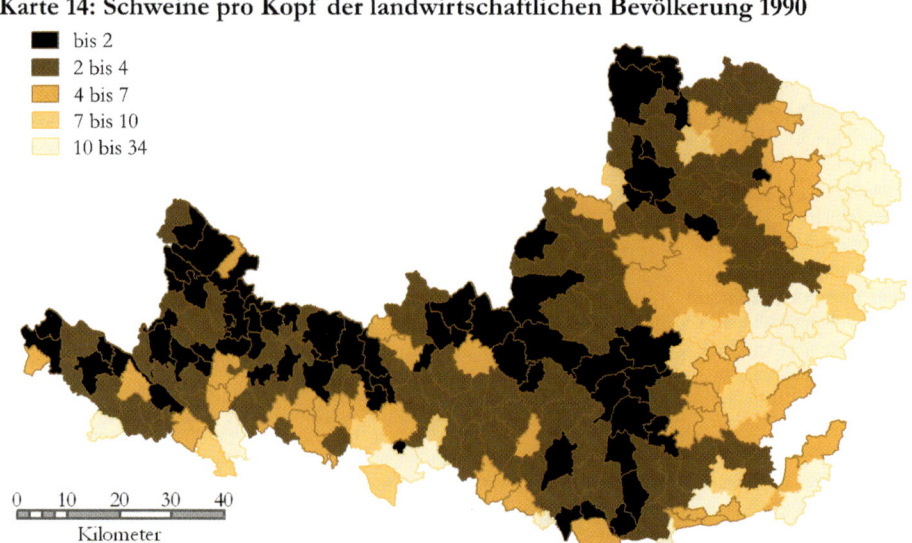

Karte 14: Schweine pro Kopf der landwirtschaftlichen Bevölkerung 1990

Quelle: Karte: Bundesamt für Eich- und Vermessungswesen, Wien. Daten: siehe Text.

gang, der sich in ähnlichem Ausmaß durch alle Regionen zog. Nach dem Krieg erholte sich der Bestand regional unterschiedlich rasch. Anfang der Sechzigerjahre entsprach im Waldviertel die Zahl der Schweine ungefähr dem Wert von 1938, im Mühlviertel wurde dieser Wert bereits deutlich übertroffen. Größere Bestandsveränderungen waren in den Sechzigerjahren eine Ausnahme: Der Bezirk Horn verzeichnete noch einmal eine Zunahme, im Bezirk Perg begann bereits der Rückgang.

Der Rückgang in den letzten drei Jahrzehnten brachte eine Veränderung des Bestands, die regional alle bisherigen Vorgänge übertraf. Im Hochland insgesamt halbierte sich zwischen 1970 und 1999 die Zahl der Schweine, im Mühlviertel sank sie um 70 Prozent (Karte 14). Während der größere Teil des Waldviertels ebenfalls einen beträchtlichen Rückgang des Schweinebestands um die Hälfte zu verzeichnen hatte, gab es im Bezirk Horn sogar einen Zuwachs. Am Ende des 20. Jahrhunderts hatte der Schweinebestand des Hochlands etwa die Größe, die er 1890 gehabt hatte. Der wesentliche Faktor für die Veränderung des Schweinebestands war also die regionale Verteilung: Die Zahl der Tiere nahm in den Bezirken Krems, Gmünd, Zwettl und Horn weniger stark ab als im sonstigen Gebiet; dasselbe gilt für Gemeinden mit günstigen Bodenklimazahlen, ein Ergebnis, das von den Abläufen im Bezirk Horn stark geprägt ist. Es veränderten sich also in diesen Jahrzehnten die regionalen Verhältnisse innerhalb des Hochlands in der Schweinezucht beträchtlich, jedenfalls wenn man die Zahl der Tiere meint.

Etwas anders ist die Situation bei der Zahl der Tierhalter. Seit langem gibt es schon ein Gebiet mit einem verhältnismäßig geringen Anteil von schweinehaltenden Betrieben, nämlich das nördliche Waldviertel, wo der Anteil an Schweinezüchtern von etwa 60 Prozent im Jahr 1970 auf ungefähr ein Viertel der Betriebe 1999 absank. Diese Zahlen gelten für die Bezirke Gmünd und Waidhofen; am Ende der Neunzigerjahre hatte auch der Bezirk Horn mit ungefähr einem Drittel aller Betriebe einen verhältnismäßig kleinen Anteil von Schweinehaltern. Ebenfalls traditionell bestand ein anderer regionaler Unterschied, nämlich der Unterschied in der Betriebsgröße der Schweinezuchtbetriebe: Im Waldviertel, allerdings ausgenommen den Bezirk Gmünd, hatten schon seit Jahrzehnten die Schweinehalter mehr Tiere im Stall als die Betriebe im sonstigen Gebiet. Im Waldviertel wuchs die Größe der Betriebe erwartungsgemäß im Lauf der Zeit an, sie verdoppelte sich zwischen 1970 und 1999 auf 22 Schweine pro schweinehaltendem Betrieb. Am stärksten war der Anstieg im Bezirk Horn, wo die durchschnittliche Betriebsgröße von neunzehn Schweinen 1970 auf 84 Tiere 1999 anstieg. Auch in diesem Bezirk bestanden am Ende des Jahrhunderts noch viele kleine Betriebe, aber es gab eben auch einige große Betriebe. Diese fehlen in weiten Gebieten des sonstigen Hochlands vollkommen. Im Mühlviertel sank die durchschnittliche Betriebsgröße von einem ohnehin niedrigen Wert von unter neun Tieren je Schweinehalter 1970 auf weniger als sieben Tiere 1999. Die 1.790 Schweinehalter im Bezirk Rohrbach hatten 1999 im Durchschnitt nur vier Tiere. Zusammen bedeutet dies, dass die Bezirke Zwettl, vor allem aber Krems und Horn im Vergleich innerhalb des Hochlands als traditionell starke Schweinezuchtgebiete anzusprechen sind und der Bezirk Gmünd hier besonders niedrige Werte verzeichnet; dieses Muster blieb trotz des allgemeinen Rückgangs der Schweinehaltung im Hochland bestehen.

Vergleicht man das Hochland mit Österreich insgesamt, so sieht man, wie vergleichsweise bescheiden der Umfang der Schweinehaltung in Mühl- und Waldviertel traditionell war, auch zu den Zeiten, in denen die Bestände noch am größten waren, also um 1970 herum. Das Hochland gehört im Vergleich der landwirtschaftlichen Produktionsgebiete zu den Gebieten mit der geringsten Schweinehaltung. Auf die Erträge aus der Schweinezucht entfielen am Ende des Jahrhunderts in ganz Österreich fast ein Drittel der Erträge aus der Tierproduktion, im Hochland nur ein Achtel. Ein Zehntel des österreichischen Schweinebestands im Jahr 1970 und ein Zwanzigstel am Ende des Jahrhunderts entfielen auf das Hochland, ein geringer Anteil in Anbetracht der Größe der land- und forstwirtschaftlichen Bevölkerung im Hochland und in Österreich insgesamt. Es gibt nur eine Region innerhalb des Hochlands, die nach diesem Maßstab stark vertreten ist, nämlich den Bezirk Horn, der gemessen an der Größe seiner Agrarbevölkerung im österreichischen Vergleich sogar überdurchschnittlich viel Schweinehaltung hat. Seit Jahrzehnten extrem wenig Schweinehaltung kennt der Bezirk Gmünd; die Mühlviertler Bezirke bewegten sich in den letzten Jahrzehnten von einem etwas höheren Niveau auf denselben niedrigen Stand der Schweinehaltung zu. Insgesamt hatte das Mühlviertel 1990 bei einem Anteil von 9 Prozent an der österreichischen Agrarbevölkerung nur einen Anteil von 2 Prozent am österreichischen Schweinebestand, der in den Neunzigerjahren weiter auf 1,5 Prozent sank. Das Waldviertel hatte bei einer ähnlichen Größe der landwirtschaftlichen Bevölkerung noch doppelt so viele Schweine; freilich war auch dies noch immer ein Wert weit unter dem österreichischen Durchschnitt.

Im großen Maßstab ähnlich verlief über lange Zeit die Entwicklung in der Geflügelzucht, allerdings führten die Veränderungen der Zeit nach 1970 zu einem umgekehrten regionalen Muster. Wie in der Schweinehaltung ist auch in der Hühnerhaltung ein Aufschwung in der Zeit vor dem Ersten Weltkrieg festzustellen; 1930 waren die Bestände ungefähr so groß wie vor dem Krieg. Auch in der Hühnerhaltung wuchsen die Bestände in den Dreißigerjahren an, im Zweiten Weltkrieg wurden sie dezimiert. Der Rückgang war annähernd so stark wie in der Schweinehaltung, die Zahl der Hühner betrug 1944 ungefähr 60 Prozent des Werts von 1938. Nach dem Krieg wuchsen die Bestände wieder an, Anfang der Sechzigerjahre war das höchste Vorkriegsniveau wieder erreicht. Dann begann in einigen Regionen bereits ein langfristiger Rückgang, in anderen ein Zuwachs, was zu beträchtlichen Veränderungen in den regionalen Eigenarten führte.

Allgemein gilt, dass das Hochland insgesamt im österreichischen Maßstab in der Hühnerzucht unterrepräsentiert ist. Nicht nur Mühl- und Waldviertel, auch jeder einzelne Bezirk hat, gemessen an der Größe seiner landwirtschaftlichen Bevölkerung, nur wenig Hühnerhaltung. Es sind diese Verhältnisse allerdings im Waldviertel noch stärker ausgeprägt: Nach einem starken Rückgang der Hühnerhaltung in den Siebziger- und Achtzigerjahren auf weniger als die Hälfte des Bestands wuchs erst in den Neunzigerjahren im Waldviertel die Zahl der Hühner entgegen dem österreichischen Trend wieder etwas an. Im Mühlviertel, wo ebenfalls in den Siebzigerjahren ein Rückgang zu verzeichnen war, gab es schon in den Achtzigerjahren wieder einen Zuwachs, was sich in den Neunzigerjahren fortsetzte.

Der Unterschied kam vor allem durch eine unterschiedliche Entwicklung des Bestands von Masthühnern zu Stande. Der Bestand an Legehennen blieb in Mühl- und Waldviertel über die Jahrzehnte ziemlich ausgeglichen: In beiden Teilen des Hochlands ging er auf weniger als die Hälfte zurück. Allerdings nahm die Zahl der Betriebe, die Legehennen hielten, im Waldviertel stärker ab; die Zahl der Legehennen pro Halter, die im Mühlviertel zwischen 1970 und 1999 gleich geblieben war, nahm daher im Waldviertel um die Hälfte zu, blieb aber auch dort in bescheidenen Größenordnungen, mit weniger als 40 Tieren pro Halter noch 1999.

Bei den Masthühnern gab es im Gegensatz zur Haltung von Legehennen schon lange eine starke Konzentration auf wenige Betriebe und Gemeinden, sie nahm aber in den letzten Jahrzehnten noch zu. Dieser Vorgang lässt sich an wenigen Zahlen erläutern: Die Gesamtzahl der Masthühner betrug im Jahr 1970 327.000 Tiere; sie ging in den Siebzigerjahren um etwa ein Drittel zurück, stieg in den Achtzigerjahren wieder geringfügig und verdoppelte sich zwischen 1990 und 1999 auf letztendlich 549.000 Tiere. Im Jahr 1970 lebten drei Viertel aller Masthühner in fünfzehn Gemeinden mit zusammen 195 Betrieben, die Masthühner hielten. Auf jede dieser Gemeinden kamen mindestens 5.000 Masthühner; in einer Gemeinde, nämlich in Raabs an der Thaya, waren es 59.000 Tiere, die sich aber auf über 130 Betriebe verteilten. Drei Jahrzehnte später hatte sich das Bild bereits stark verändert: Nun lebten in den fünfzehn Gemeinden mit den meisten Masthühnern bereits 95 Prozent der sehr viel zahlreicher gewordenen Tiere; sie verteilten sich auf nur mehr 38 Betriebe; auf jede dieser fünfzehn Gemeinden kamen mindestens 10.000 Masthühner, in einer Gemeinde, nämlich in Reichenthal im Bezirk Urfahr, waren es über 100.000 in sechs Betrieben. Nur sechs Gemeinden finden sich sowohl 1970 als auch 1999 unter den fünfzehn Gemeinden mit den meisten Masthühnern.

Die Schafzucht entwickelte sich im Hochland im 20. Jahrhundert in mehreren großen Wellen, die meist nicht auf einzelne Regionen beschränkt, sondern durchgehend zu beobachten waren. In der Zeit von 1890 bis zum Ersten Weltkrieg ist ein eindeutiger Rückgang des Schafbestands festzustellen. In jedem Bezirk, ja sogar in praktisch jedem Gerichtsbezirk sank die Zahl der Schafe, der Rückgang lag in der Größenordnung von einem Drittel bis der Hälfte des Bestands. In der Zeit nach dem Ersten Weltkrieg bis 1930 gab es zunächst nur geringe Änderungen, teils kleinere Zuwächse, teils kleinere Rückgänge. Während des Zweiten Weltkriegs kam es wieder zu einem starken Aufschwung, der den Bestand wieder auf die Größe von 1890 oder sogar darüber brachte; nach dem Krieg begann ein neuerlicher Rückgang, der zunächst langsam, dann schneller verlief und die Zahl der Schafe bis Ende der Sechzigerjahre auf einen Wert drückte, der niedriger als jemals zuvor im 20. Jahrhundert war. Seit 1970 ist aber wieder ein Aufschwung zu bemerken, der dazu geführt hat, dass 1999 ein im Maßstab der vorangegangenen Jahrzehnte mittleres Niveau erreicht wurde: In den Siebziger- und Achtzigerjahren verdoppelte sich der Bestand an Tieren, auch in den Neunzigerjahren gab es einen, wenn auch geringeren Zuwachs. Im Mühlviertel geschah der Zuwachs etwas früher als im Waldviertel; in den Neunzigerjahren war er auch schon wieder zu Ende. Im Waldviertel waren besonders die Achtzigerjahre eine Zeit, in der sich die Schafhaltung ausdehnte. Besondere Konzentrationen innerhalb dieser Gebiete gab es nicht. Auch eine

Betrachtung der Veränderungen im Schafbestand nach Gemeinden erbringt keine regionalen Besonderheiten, auch die örtliche Oberflächengestalt und die Bodenerträge zeigen keinen Zusammenhang mit der Zunahme der Zahl von Schafen. Im Anteil von Schafzuchtbetrieben an allen land- und forstwirtschaftlichen Betrieben wirkte sich jedoch sehr wohl einer dieser Faktoren aus: Gemeinden mit starken Hangneigungen waren auch Gemeinden, in denen mehr Betriebe Schafe hielten; dieser Zusammenhang ist seit Jahrzehnten in gleich bleibender Weise festzustellen. Ansonsten sind auch hier regionale Besonderheiten oder Auswirkungen von Faktoren wie Höhenlage oder Bodenqualität nicht auszumachen. Im österreichischen Vergleich ist festzustellen, dass das Hochland trotz des Aufschwungs der Schafhaltung keine herausragende Schafzuchtregion ist: Trotz der insgesamt geringen Zahl von Schafen in Österreich – 340.000 Tiere wurden am Ende des 20. Jahrhunderts verzeichnet – machen die Schafe des Hochlands nur ungefähr 8 Prozent des gesamten österreichischen Bestands aus. Dieser Anteil ist zwar höher als in den vorangegangenen Jahrzehnten, liegt aber, gemessen an der landwirtschaftlichen Bevölkerung des Hochlands, immer noch weit unter dem österreichischen Durchschnitt. In absoluten Werten ist zu bedenken, dass selbst zu Zeiten eines stärkeren Bestands an Schafen diese Tiergattung nur eine geringe Bedeutung hatte: 1999 machte der Schafbestand, in Großvieheinheiten gerechnet, weniger als ein Zehntel des Schweinebestands und wenig mehr als ein Hundertstel des Rinderbestands aus.

Wieder anders entwickelte sich der Bestand an Ziegen im Hochland. Auch hier muss betont werden, dass die Ziegenhaltung mit 56.000 Stück in Österreich und 7.000 Stück im Hochland im Jahr 1999 ein unbedeutender Zweig der Viehhaltung war. Zu Beginn des 20. Jahrhunderts hatte die Ziegenhaltung ihre besondere Bedeutung durch ihre Verbreitung auch in der nicht zur Landwirtschaft gehörenden Bevölkerung erhalten. Geht man nach der Berufszugehörigkeit der Tierhalter, so standen 1910 ungefähr ein Fünftel des Rinderbestands und ein Viertel des Schweinebestands im Eigentum von Personen, die nach Berufszugehörigkeit nicht zur Landwirtschaft zu rechnen waren; nur jeder zwanzigste Schafhalter war nicht Landwirt. Unter den Ziegenhaltern waren jedoch je nach Region ein Drittel bis die Hälfte, im Bezirk Waidhofen sogar 60 Prozent außerhalb der Landwirtschaft tätig. Die Ziegenhaltung bot die Möglichkeit, sich auf einfache Weise eine Selbstversorgung mit Milch zu sichern, und war daher auch für Personen interessant, die im Gewerbe oder im Dienstleistungsbereich arbeiteten. Freilich soll dieser Gesichtspunkt nicht überzeichnet werden, denn in absoluten Zahlen war die Ziegenhaltung selbst am Anfang des Jahrhunderts unbedeutend: Auch 1910 hielten nur 2 bis 5 Prozent der Bevölkerung des Hochlands Ziegen.

Über lange Zeit veränderte sich der Ziegenbestand nur wenig: Etwa gleich bleibende Zahlen vor dem Ersten Weltkrieg, ein leichtes Absinken bis 1930, ein kleiner Wiederanstieg bis zum Zweiten Weltkrieg und ein neuerliches Absinken führten dazu, dass um 1950 die Zahl der Ziegen nicht wesentlich verschieden vom Wert des Jahres 1890 war. Erst in den folgenden Jahrzehnten bis 1980 verschwand der Ziegenbestand schnell bis auf einen Rest in der Größenordnung von ungefähr einem Zehntel der früheren Größe. Damit wurde die Ziegenhaltung, die den Stückzahlen nach zuvor durchaus mit der Schafzucht vergleichbar gewesen war, zu einem noch weit unbeträchtlicheren Zweig der

Viehzucht als diese. Ein gewisser Aufschwung erfolgte im Hochland erst in den Neunzigerjahren, mit etwas höheren Zuwächsen im Waldviertel. In den Neunzigerjahren wurden auch erstmals die Bestandszahlen von 1970 überschritten, was in Österreich insgesamt nicht der Fall war. Es stieg also der Anteil des Hochlands an der österreichischen Ziegenhaltung an, von 6 Prozent des österreichischen Bestands 1970 auf 12 Prozent drei Jahrzehnte später; er war damit am Ende des Jahrhunderts etwas höher als der Anteil des Hochlands an der Schafhaltung. Ausgesprochene regionale Schwerpunkte der Ziegenhaltung sind im Hochland nicht zu bemerken.

VII. Einkommen und Konsum

Die Höhe der Einkommen der landwirtschaftlichen Bevölkerung des Hochlands lässt sich seit den Fünfzigerjahren des 20. Jahrhunderts nach verschiedenen Gesichtspunkten verfolgen, da seit dieser Zeit die erwähnten Erhebungen nach Produktionsgebieten vorgenommen werden.[27] Demnach lag im Hochland das Einkommen pro Arbeitskraft praktisch immer unter dem österreichischen Durchschnitt, wobei der Unterschied in manchen Jahren bis zu einem Viertel betrug und zeitweise fast gänzlich verschwand.[28] Vor 1970 betrug der Unterschied zwischen ganz Österreich und dem Hochland weniger als ein Zehntel, in den Siebzigerjahren war der Abstand am größten, in den Achtzigerjahren lag der Unterschied um etwa 15 Prozent; in den letzten Jahren des Jahrhunderts wurde der Abstand wieder geringer. Die jährlichen Schwankungen sind weniger wichtig, wesentlich ist der Eindruck, dass die Einkommen im Hochland pro Betrieb niedriger waren und in den Siebziger- und Achtzigerjahren die Situation besonders ungünstig war. Auf der Ebene der Betriebe war der Einkommensunterschied geringer, weil die Betriebe im Hochland mehr Arbeitskräfte als die Betriebe in Österreich insgesamt hatten.

In absoluten Zahlen betrug das Erwerbseinkommen pro Arbeitskraft, zu Preisen des Jahres 2000 berechnet,[29] im Jahr 1957 70.000 Schilling, im Jahr 1970 104.000 Schilling, im Jahr 1980 149.000 Schilling, im Jahr 1989 176.000 Schilling und im Jahr 2000 191.000 Schilling. Die Erwerbseinkommen wuchsen real zwischen 1957 und 1974 um 3,6 Prozent, zwischen 1974 und 1981 um 1,9 Prozent, zwischen 1981 und 1991 um 2,2 Prozent und zwischen 1991 und 2000 um 2,5 Prozent.[30] Die Erwerbseinkommen kamen seit der ersten Hälfte der Siebzigerjahre im Hochland zu 80 bis 85 Prozent aus der Landwirtschaft, das war etwa der gleiche Wert, wie er für ganz Österreich angegeben wird. In den Sechzigerjahren finden sich für das Hochland noch höhere Anteile der landwirtschaftlichen Einkommen von über 91 Prozent der Erwerbseinkommen. Die sonstigen Erwerbseinkommen waren großteils Gehälter, Löhne und Pensionen, weniger als 1 Prozent der Erwerbseinkommen wurde im Fremdenverkehr erzielt, 1 bis 2 Prozent in Nebenbetrieben. Verglichen mit ganz Österreich gingen mehr als 2 Prozent der Erwerbseinkommen auf den Fremdenverkehr zurück, in absoluten Zahlen war das ein

Vielfaches der Fremdenverkehrseinkommen im Hochland. Auch die Einkommen aus Nebenbetrieben waren im sonstigen Österreich höher als im Hochland.

Zu den Erwerbseinkommen kamen noch Sozialeinkommen, die zu Preisen des Jahres 2000 zu Anfang der Siebzigerjahre 34.000 Schilling pro Betrieb ausmachten. Zwischen 1971 und 1979 stiegen sie um jährlich 6,5 Prozent und von 1979 bis 1990 um jährlich 1,2 Prozent; von 1990 bis 2000 sanken sie um jährlich 2,6 Prozent.[31] Die Sozialeinkommen waren im Hochland meist höher als in ganz Österreich, in den Neunzigerjahren um 15 bis 20 Prozent.

Eine Studie über die Siebzigerjahre lässt Rückschlüsse über die verhältnismäßige Bedeutung der Einkommen aus Landwirtschaft, Forstwirtschaft und sonstigen Quellen in bäuerlichen Betrieben zu.[32] Untersucht wurden Einkommen und Arbeitsaufwand für verschiedene Tätigkeiten in 27 Höfen des Hochlands, alle in der Größenstufe von 20 bis 50 Hektar Betriebsfläche und mit einem Flächenanteil des Waldes von 16 bis 60 Prozent. Dabei wird zum einen deutlich, dass die Einkommen aus Land- und Forstwirtschaft nur ein Viertel bis die Hälfte der gesamten Einkommen ausmachten, zum anderen sind Arbeitsproduktivität und Flächenproduktivität der landwirtschaftlichen und der forstwirtschaftlichen Tätigkeit im Vergleich erkennbar: Die Einkommen pro Hektar Wald waren ungefähr gleich hoch wie die Einkommen pro Hektar landwirtschaftlicher Fläche, während die Einkommen pro Arbeitsstunde in der Waldwirtschaft drei- bis zehnmal so hoch waren. Wenngleich die Anzahl der in die Untersuchung einbezogenen Betriebe klein ist und die Ergebnisse stark schwanken, sind die ermittelten Unterschiede zwischen Forst- und Landwirtschaft in der Arbeitsproduktivität so groß, dass sie offenbar nicht nur durch Zufall zu erklären sind. Es war also für einen bäuerlichen Betrieb mit entsprechend kleiner Fläche ein möglichst hoher Waldanteil die wirtschaftlich beste Variante, da das Einkommen aus Land- und Forstwirtschaft für eine gegebene Fläche gleich war, ein höherer Waldanteil aber einen geringerem Arbeitseinsatz erforderte. Die untersuchten Betriebe hätten, wenn ihre gesamte Betriebsfläche Wald gewesen wäre, bei ungefähr gleichem Einkommen nur ein Fünftel bis die Hälfte des tatsächlich geleisteten Arbeitseinsatzes erfordert, das heißt, sie hätten kaum einmal auch nur eine einzige Arbeitskraft ausgelastet.

Für die erste Hälfte des 20. Jahrhunderts sind regionale Einkommensdaten, wie sie für die letzten Jahrzehnte vorliegen, nicht erhältlich. Gewisse Anhaltspunkte für die Situation der Unterschicht in der Landwirtschaft im späten 19. Jahrhundert bieten die Ausführungen bei Foltz, der Einkommen von Dienstboten und Taglöhnern in den Siebzigerjahren des 19. Jahrhunderts angibt.[33] Demnach waren die Löhne in der Landwirtschaft in ganz Oberösterreich ziemlich ähnlich. Ein Knecht ersten Ranges, etwa ein Vorarbeiter oder Pferdeknecht, erhielt nach diesen Angaben pro Jahr 60 bis 120 Gulden, ein Knecht zweiten Ranges, wie etwa ein Ochsenknecht, um ein Drittel weniger. Eine erste Magd hatte mit 50 bis 80 Gulden nur wenig mehr Lohn als ein zweitrangiger Knecht, eine zweitrangige Magd bekam nur 30 bis 50 Gulden. Eine wichtige, statistisch aber schwer erfassbare Größe sind in diesem Zusammenhang der Eigenverbrauch beziehungsweise beim Einkommen der Dienstboten die Naturalentlohnung. Naturalgaben wie etwa Kleidung oder Leinwand, die in gewissen Abständen gegeben wurden, waren in diese Löhne einzurechnen. Zusätzlich bekamen die Dienstboten auch eine Verpflegung, deren Wert Foltz mit durchschnittlich 150 Gulden pro Jahr veranschlagt. Es ist anzunehmen, dass die Männer nicht nur höhere Löhne hatten, sondern auch einen höheren Nahrungsmittelkonsum. Wesentlich ist hier aber, dass der Wert der Verpflegung eineinhalb- oder zweimal so viel ausmachte wie der Wert des Lohnes oder, anders ausgedrückt, dass zwei Drittel des Einkommens von Dienstboten in Nahrungsmitteln bestanden. Dies entspricht in der Größenordnung etwa dem Verbrauch von Arbeitern um die Jahrhundertwende, die für Nahrungsmittel die Hälfte und für Genussmittel 7 Prozent ihres Einkommens ausgaben, aber auch Wohnungskosten tragen mussten. Der Wert des Wohnraums, den die Dienstboten in der Landwirtschaft ebenfalls als Naturalleistung erhielten, ist sicherlich geringer anzusetzen als die Wohnkosten von Arbeitern. Insgesamt dürften die Einkommen von Dienstboten und Arbeitern etwa gleich hoch gewesen sein. Die Löhne von Taglöhnern entsprachen nach Foltz' Angaben ungefähr den unteren bis mittleren Dienstbotenlöhnen. Ein Taglöhner ohne Kost erhielt demnach 60 bis 80 Kreuzer pro Tag, das entsprach etwa den täglichen Arbeitskosten eines Knechts, der im Jahr 50 Gulden Lohn und Verpflegung im Wert von 150 Gulden erhielt. Die Verpflegung eines Taglöhners wurde von Foltz übrigens nur mit 20 bis 30 Kreuzern pro Tag angesetzt, also mit der Hälfte bis drei Vierteln der Verpflegungskosten von Dienstboten.

Der Eigenverbrauch in der gesamten Landwirtschaft, also unter Einschluss des Verbrauchs der Selbstständigen, ist für das späte 19. Jahrhundert nicht zu erfassen. Es ist aber offensichtlich und ohnehin zu vermuten, dass der Anteil des Eigenverbrauchs an der Produktion langfristig zurückging. Am Ende der Sechzigerjahre des 20. Jahrhunderts betrug der Eigenverbrauch im Hochland noch 11,5 Prozent des Rohertrags, in ganz Österreich lag er geringfügig darunter. Bis Anfang der Neunzigerjahre sank der Eigenverbrauch im Hochland auf 8 Prozent des Rohertrags, in Österreich insgesamt auf 7 Prozent. Der Selbstversorgungsanteil am Konsum der Betriebsinhaberfamilien ist höher, da der Konsum nur einen kleineren Teil des Rohertrags ausmacht: In den Siebzigerjahren betrug der Konsum nur etwa ein Viertel des Rohertrags, bis Anfang der Neunzigerjahre stieg er auf gut 35 Prozent. Der Anteil von Naturalentnahmen am gesamten Verbrauch sank in dieser Zeit beträchtlich ab. Die Naturalentnahmen bestanden fast zur Gänze aus dem Naturalanteil an den verbrauchten Nahrungsmitteln und dem Mietwert der Wohnung. Der Anteil der Wohnung am Verbrauch stieg von 8 Prozent Ende der Siebzigerjahre auf 11 Prozent im Jahr 2000.

Besonders stark veränderten sich die Konsumgewohnheiten bei den Nahrungsmitteln: Waren Baranteil und Naturalanteil an den Nahrungsmitteln Ende der Siebzigerjahre mit 17 beziehungsweise 15 Prozent des Gesamtverbrauchs annähernd gleich hoch, so betrug der Baranteil im Jahr 2000 immer noch 15 Prozent, der Naturalanteil aber nur mehr 4 Prozent. In Österreich insgesamt lagen die Anteile beider Nahrungsmittelposten etwas niedriger, die Tendenz war aber die gleiche. Dieser Wandel beim Verbrauchsverhalten – Bauern kaufen im Lebensmittelhandel Nahrungsmittel, die sie wenige Jahrzehnte zuvor noch selbst produziert hätten – ist vielleicht die markanteste Veränderung in der bäuerlichen Kultur, die das 20. Jahrhundert mit sich gebracht hat.

Ernst Langthaler

Agrarwende in den Bergen

Eine Region in den niederösterreichischen Voralpen (1880–2000)

I. Ein Hof vor 100 Jahren

Wir schreiben das Jahr 1898. In der oberösterreichischen Gemeinde Schlierbach, am Übergang von Alpenvorland und Voralpen,[1] liegt die Ebenhöhe des Mathias Huemer. Wir wandern, vom Bahnhof kommend, etwa 20 Minuten durch die hügelige Landschaft, bis wir vor dem wuchtigen Vierkanterhof stehen. Mit der Tür, die wir beim Eintritt öffnen, eröffnet sich auch eine bäuerliche Welt, die uns heute in vielerlei Hinsicht fremd erscheint.[2] Im Erdgeschoss des gemauerten Wohntraktes befinden sich drei Zimmer, zwei Kammern und die Küche samt Speisekammer. Der erste Stock umfasst weitere drei Zimmer und zwei Kammern, wovon eine als Rumpelkammer dient. Am Tisch sitzen neben dem Bauernehepaar der 17-jährige Sohn und die 14-jährige Tochter. Beide helfen bereits als vollwertige Arbeitskräfte am elterlichen Hof mit. Neben der Besitzerfamilie leben im Haushalt auch vier Dienstboten, zwei Mägde und zwei Knechte, die vor allem die täglich anfallenden Arbeiten leisten. Neben Kost und Quartier erhalten die beiden Frauen 70 und 60 Gulden Jahreslohn, die beiden Männer 100 und 80 Gulden. Während der arbeitsreichen Zeiten werden auch Taglöhnerinnen und Taglöhner im Ausmaß von jährlich 30 bis 40 Tagen im Haus verköstigt. Da diese Hilfskräfte, wie wir erfahren, »nicht leicht ankommen«, liegen ihre Löhne vergleichsweise hoch: täglich 85 Kreuzer für Frauen und 95 Kreuzer für Männer.

Betreten wir den Innenhof, dann erstreckt sich rechts vom Wohngebäude der mit Stroh gedeckte Kuhstall, in dem ein Stier im Wert von 75 Gulden, neun Kühe im Wert von je 100 Gulden, acht Jungrinder im Wert von je 60 Gulden und acht Saugkälber im Wert von je 18 bis 20 Gulden stehen. Während die Kühe »verschiedene planlose Kreuzungen von Montavonern, Welser Schecken, Pinzgauern und Murbodnern« sind, gehört der Stier der Mariahofer Rasse an. Denn der Hofbesitzer plant, »den Viehstand allmählich mit Thieren der Mariahofer-Race, welche für die dortige Rindergebietseintheilung passt, einzurichten«. Wilhelm Redtenbacher, dem wir diese Beschreibung der Ebenhöhe verdanken, erwartet »bei Durchführung der soeben bemerkten Zuchtrichtung« eine Steigerung der geringen Milchleistung der Kühe.[3] Ein Großteil der jährlichen Milchmenge wird im Haushalt verbraucht. Den Rest verarbeitet die »äusserst praktische Bäuerin« nach der »gewöhnlichen Aufrahmmethode in thönernen Häfen«[4] zu 260 bis 300 Kilogramm Butter, die um einen Kilopreis von 75 Kreuzern an Butterhändler verkauft werden. Die Saugkälber, von denen ein bis zwei »abgespent«[5] werden, erreichen nach drei bis vier Wochen ein Gewicht von 50 bis 60 Kilogramm. Sie werden zu 34 Kreuzer pro Kilogramm Lebendgewicht an den Fleischhauer verkauft.

Links an das Wohngebäude schließen die holzgedeckten Pferde-, Schweine- und Hühnerstallungen an, die zwei »gut gehalten[e]«, dem »mittelschweren Landschlag« zugehörige Pferde zu 120 und 150 Gulden, sieben Schweine zu je 22 bis 80 Gulden sowie einen Hahn und 20 Hühner beherbergen. Von den Schweinen, Kreuzungen der Landschweine mit englischen Yorkshire, kommen jährlich, neben mehreren Spanferkeln, ein bis zwei 150 bis 200 Kilogramm schwere Stück zum Verkauf. Die restlichen Schweine werden im Haus verbraucht, ebenso die Eier der Hühner. Der ebenfalls mit Holz gedeckte hintere Trakt des Hofes dient wie das Obergeschoß der Stallungen als Scheune, in der die Erntefrüchte gelagert und verarbeitet werden. Neben dem Vierkanterhof steht ein strohgedeckter Holzschuppen, der einen Teil der »Geräthschaften« vor Wind und Wetter schützt: eine Mostmühle, zwei Mostpressen, zwei Pflüge, zwei Eggen, Mist- und Heuwägen. Die mit Wasserkraft betriebene, aus Stein und Holz erbaute Hausmühle in unmittelbarer Nähe des Anwesens erweist sich, wie wir erfahren, als »sehr vorteilhaft«. Sie dient nicht nur zur Deckung des Hausbedarfes an Mehlprodukten; auch eine Häckselmaschine und eine Buttermaschine werden durch Wasserkraft angetrieben. Um die Mühle auch bei Wassermangel betreiben zu können, wurde oberhalb ein Stauweiher angelegt, »der so viel Wasser aufnimmt, dass einen halben Tag lang anstandslos damit gearbeitet werden kann«.

Wir verlassen das Gebäude und besichtigen den Grundbesitz, der 16,8 Hektar umfasst. Etwa zwei Drittel davon erstrecken sich rund um das Haus; ein Drittel der Gründe liegen zerstreut im Umkreis von etwa zehn Minuten. Der Boden besteht zum überwiegenden Teil aus schwerem, humusreichem Lehmboden auf einem lehmigen, undurchlässigen Untergrund. An das Gebäude schließen die einen Hektar großen, der zweiten und dritten Bonitätsklasse zugehörigen Gärten an, für die ein Katastralreinertrag[6] von 25,18 Kreuzern angenommen wird. Nicht nur die jährlich etwa 56 Hektoliter »guten« Most, die die Obstbäume liefern, werden fast zur Gänze im Haus aufgebraucht; auch der Hausgarten dient »nur zur Erzeugung des gewöhnlichen, für die eigene Küche bestimmten Gemüse, wie Salat, Sellerie, Zwiebel, Petersilie und Rettig«. Den 9,3 Hektar Äckern, die der zweiten bis vierten Bonitätsklasse zugezählt werden, entspricht ein Katastralreinertrag von 154,02 Gulden. Die »seit langer Zeit eingeführte und in dortiger Gegend zumeist noch bei bäuerlichen Besitzern übliche Fruchtfolge« orientiert sich an einer verbesserten Dreifelderwirtschaft: im ersten Jahr Roggen und Klee, im zweiten Jahr Weizen und Hafer, im dritten Jahr Brache. Die Roggen- und Weizenäcker werden mit Stallmist gedüngt. Die Ernte des Jahres 1898 erbringt auf den Äckern 30 Hektoliter Roggen mit 40 Doppelzentnern Stroh, 28 Hektoliter Weizen mit 37 Doppelzentnern Stroh, 30 Hektoliter Hafer mit 25 Doppelzentnern Stroh und 65 Doppelzentner Kleeheu und Grummet.[7] Davon werden höchstens 16 bis 20 Hektoliter Roggen und elf bis 15 Hektoliter Weizen auf dem Körnermarkt im nahen Gerichtsort verkauft; die übrige Ernte dient zur Ernährung von Mensch und Tier.

Für die 5,9 Hektar Wiesen, die der zweiten bis vierten Bonitätsklasse angehören, werden 113,51 Gulden Katastralreinertrag veranschlagt. Der Ernteertrag dieser »zweischürigen«, zweimal im Jahr zu mähenden Wiesen beläuft sich im Jahr 1898 auf 35 Doppelzentner Wiesenheu und Grummet, die zur Gänze an das Vieh verfüttert werden. Der fachkundige Berichterstatter stößt sich am »verbesserungsbedürftig[en]« Zustand des Grünlandes: Er bemängelt, dass die alle drei Jahre mit Stallmist gedüngten Wiesen zusätzliche Gaben an »Kunstdünger« erforderten. Zudem erachtet er eine Drainagierung der wegen des lehmigen Untergrundes zum Großteil feuchten Wiesen als notwendig – »wozu sich der Besitzer auch entschließen will, zumal ihm hiezu vom Landesculturrathe eine Subvention gewährt werden wird«.[8] Der Katastralreinertrag der unbedeutenden Hutweide wird auf 0,05 Gulden geschätzt. Die 0,4 Hektar Waldbesitz gehören der dritten Bonitätsklasse an und schlagen mit 1,96 Gulden Katastralreinertrag zu Buche. Da jedoch der Baumbestand noch sehr jung ist, kann »ausser Kleinholz für die Wirtschaft nichts gewonnen« werden.

Im kühlen Licht einer betriebswirtschaftlichen Bilanz, für die laut Berichterstatter die einfachen Aufzeichnungen des Bauern nicht ausreichen und zusätzliche Erhebungen notwendig waren, lässt sich der Nutzen, den die Menschen auf der Ebenhöhe aus ihrer Arbeit ziehen, in Zahlen fassen: Die Einnahmen setzen sich aus 120,50 Gulden für Roggen, 100,90 Gulden für Weizen, 198 Gulden für zwei Kühe, 113 Gulden für sieben Kälber, 108 Gulden für 18 Spanferkel, 87,50 Gulden für sonstige Schweine, 190 Gulden für Butter und 50,80 Gulden für sonstige Erzeugnisse und Dienstleistungen zusammen. Den Einnahmen in der Höhe von 968,70 Gulden stehen folgende Ausgaben gegenüber: 200 Gulden Haushaltsbedarf, 330,20 Gulden Dienstboten- und Taglöhne, 30,70 Gulden Reparaturen, 116,96 Gulden Zinsen für ein mit 4 Prozent verzinstes Darlehen in der Höhe von 2.924 Gulden und 195 Gulden Steuern und Prämie für die Feuerversicherung. Ziehen wir die 872,86 Gulden Ausgaben von den Einnahmen ab, verbleibt ein Überschuss von 95,84 Gulden. Dieser Betrag liegt – auch dann, wenn wir die Schuldenlasten außer Acht lassen – weit unter dem Katastralreinertrag des Hofes von 294,72 Gulden, nach dem die Grundsteuer bemessen wird. Da der Wert des Anwesens samt Zubehör auf 9.600 Gulden geschätzt wird, entspricht der Überschuss nicht einmal einer 1-prozentigen Verzinsung des Anlagekapitals. Dass das Jahr 1898 »zu den besten gehörte«, lässt diese Bilanz umso ernüchternder erscheinen: Die Wirtschaft könne sich, so der Berichterstatter, unter normalen Verhältnissen nur »schwer« halten. Das zeigt auch das Schicksal des vormaligen Besitzers, der »trotz grossen Fleisses, durch Missgeschicke aller Art verfolgt, sich nicht mehr retten konnte und das Anwesen einer Zwangsversteigerung preisgeben musste«. Er dient nunmehr als Knecht in einer benachbarten Mühle.

Beim Rundgang auf der Ebenhöhe des Mathias Huemer haben wir Schritt für Schritt ein dichtes Geflecht von Beziehungen zwischen Menschen, Tieren, Pflanzen, Grundstücken, Werkzeugen, Gebäuden, Naturgewalten – kurz, zwischen Natur, Gesellschaft und Kultur – aufgedeckt. Entlang dieser Beziehungen fließen Energie, Stoffe, Geld und Botschaften, die durch menschliches Deuten und Handeln in bestimmte Richtungen gelenkt werden (Grafik 1).[9] Freilich, die Hofbeschreibung beleuchtet nicht alle für das Voralpenland charakteristischen Beziehungen; erweitern wir daher den Beobachtungsausschnitt, um das Beziehungsgeflecht zwischen Ökosystem, Gesellschaftssystem und Lebenswelt besser zu erfassen. Eine Region in den niederösterreichischen Voralpen, bestehend aus den heute im politischen Bezirk St. Pölten gelegenen Gemeinden Frankenfels, Hofstetten, Kirchberg an der Pielach, Loich, Rabenstein und Schwarzenbach an der Pielach, dient uns in der Folge als Forschungsfeld, um Antworten auf diese Fragen zu finden.[10]

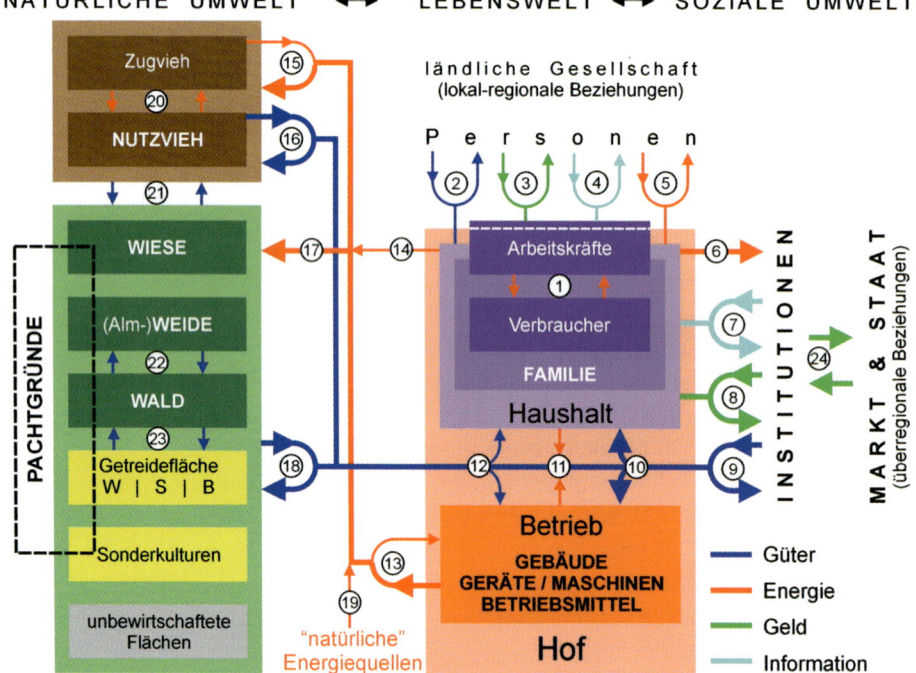

Grafik 1: Modell der Agrargesellschaft in den Voralpen im 20. Jahrhundert

Texte in Fett- und Großschreibung sowie dicke Pfeile bezeichnen Elemente und Beziehungen, die im Lauf des 20. Jahrhunderts an Einfluss gewonnen haben. Die übrigen Texte und Pfeile bezeichnen Elemente und Beziehungen, deren Stellenwert gleich geblieben, geringer geworden oder weggefallen ist. Die Nummern erläutern ausgewählte Beziehungen:

(1) Familienzyklus: wechselndes Verhältnis von familieneigenen und -fremden Arbeitskräften sowie noch nicht und nicht mehr voll arbeitsfähigen Haushaltsangehörigen (Kinder, Kranke und Altersschwache)
(2) Gaben- und Warenverkehr zwischen Haushalt und örtlicher Gesellschaft (Geschenke, Einkäufe, Bodennutzungsrechte usw.)

Wie in einem Brennglas bündeln sich in der Beschreibung der Ebenhöhe Bedingungen, die das Deuten und Handeln der Menschen in der bäuerlichen Lebenswelt des Voralpenlandes an der Wende vom 19. zum 20. Jahrhundert bestimmten. Einige dieser Deutungs- und Handlungsbedingungen haben im Lauf des folgenden Jahrhunderts an Einfluss verloren: der händische, wenig mechanisierte Charakter der täglichen Verrichtungen; die notwendige Erweiterung des bäuerlichen Haushalts um nichtverwandte Dienstboten; die Wechselwirkungen von Feldbau und Viehhaltung; die weitgehende Abhängigkeit von natürlichen Energiequellen; der Vorrang der Selbstversorgung vor der Marktproduktion und so fort. Dagegen haben andere Deutungs- und Handlungsbedingungen in den folgenden Jahrzehnten vielfach an Einfluss gewonnen: die Macht

(3) Zu- und Abflüsse von Geld zwischen Haushalt und örtlicher Gesellschaft (Geschenke, Löhne, Viehankäufe usw.)
(4) Alltagskommunikation der Haushaltsangehörigen mit anderen Angehörigen der örtlichen Gesellschaft (Kirchgang, Gasthausbesuch, Feste usw.)
(5) Arbeitsleistungen des Haushalts und Gegenleistungen (Nachbarschaftshilfe, Aufträge an örtliche Handwerker, Lohnfuhrwerk usw.)
(6) Außeragrarische Erwerbsarbeit von Familienangehörigen (»Nebenerwerbslandwirtschaft«)
(7) Kommunikation mit Institutionen (Bezirksbauernkammer, Genossenschaften, Finanzamt usw.)
(8) Geldeinnahmen und -ausgaben zwischen Haushalt und Institutionen (z. B. Steuern, Milchgeld, Bergbauernzuschuss usw.)
(9) Einkäufe auf vorgelagerten Märkten / Verkäufe auf nachgelagerten Märkten
(10) Konsumgüter für den Haushalt (Kleidung, Nahrung, Möbel usw.) / Investitionsgüter für Betrieb (Baustoffe, Treibstoff, Maschinen usw.)
(11) Verarbeitung der betrieblichen Rohprodukte (Butter, Most, Selchfleisch usw.) durch Hand- und Maschinenarbeit
(12) Selbstversorgung des Haushalts (Nahrungsmittel, Brennholz, Schafwolle usw.) / Rohstoffe für Betrieb (Strohdach, Bauholz, Schotter usw.)
(13) Einsatz menschlicher und tierischer Arbeitskraft für Betrieb der Geräte und Maschinen
(14) Einsatz menschlicher Arbeitskraft in den verschiedenen Betriebszweigen
(15) Arbeitsaufwand für Viehhaltung / tierische Zugkraft
(16) Sachaufwand für Viehhaltung (»Kraftfutter«, Medikamente, Besamung usw.) / Ertrag aus Tierhaltung (Milch, Fleisch, Eier usw.)
(17) Arbeitsaufwand für Pflanzenbau (Pflügen, Ernte, »Ackerführen« usw.)
(18) Sachaufwand für Pflanzenbau (Mineraldünger, Saatgut, Schädlings- und Unkrautbekämpfung usw.) / Ertrag aus Pflanzenbau (Getreide, Klee, Raufutter usw.)
(19) Sonnenenergie für Pflanzenwachstum und Wasserkraft zum Antrieb von Maschinen (z. B. Getreidemühlen)
(20) Verwendung von Nutz- als Zugvieh und umgekehrt (z. B. Kühe)
(21) Tierischer Dünger für Pflanzenbau / betriebseigene Futterpflanzen für Viehhaltung
(22) Periodische Waldweide
(23) Periodischer Brandgetreidebau
(24) Ab- und Zuflüsse von Werten zwischen Hof sowie überregionalen Märkten (z. B. Profite) und Staat (z. B. Fördermittel)

Für Hinweise zu dieser Grafik danke ich Verena Winiwarter.

der Agrarbehörden der Länder und des Staates über die bäuerlichen Entscheidungen; der Zukauf industriell gefertigter Betriebsmittel; der Verkauf von Roh- und Fertigprodukten auf überregionalen Märkten; die Aufnahme von Krediten zur Haushalts- und Betriebsführung; die Gestaltung der Haushalts- und Betriebsführung nach »rationalen«, von Fachleuten formulierten Grundsätzen und so fort.

Die Beschreibung der Ebenhöhe selbst ist in dieses Gefüge aus zurück- und vorausweisenden Bedingungen verstrickt. Wilhelm Redtenbacher vertritt einen modernen, auf den landwirtschaftlichen »Fortschritt« ausgerichteten Standpunkt. Zugleich lässt er aber auch einen romantischen, der Bewahrung des »Bauerntums« verpflichteten Standpunkt anklingen. Ersterer äußert sich in der Kritik an der mangelhaften Düngung, Milchleistung und Buchführung. Letzterer kommt in der Wertschätzung von Fleiß und Genügsamkeit als bäuerliche Tugenden zum Ausdruck. In seiner Hofbeschreibung kommen Anreize und Zumutungen des Agrarsystems zur Sprache, die im Lauf des 20. Jahrhunderts mehr oder weniger konfliktreich auch auf die bäuerlichen Lebenswelten im Voralpenland Einfluss nahmen: der *Agrarliberalismus,* der zur Verschärfung des Anpassungsdrucks der Höfe an die jeweiligen Rahmenbedingungen führte, und der *Agrarprotektionismus,* der dessen Milderung bewirkte.[11] Wie sich dieses Tauziehen zwischen den Institutionen von Markt und Staat sowie den Menschen auf den Höfen entwickelte, ist Thema der folgenden Seiten; so viel sei vorweg gesagt: Es ist die Geschichte einer *Agrarwende,* eines weit reichenden und tief greifenden Wandels der agrarischen Lebenswelt des niederösterreichischen Voralpengebiets im 20. Jahrhundert; und sie führt geradewegs zur heutigen, durch BSE-Rindfleisch, Schweinemastskandal und Dioxin-Hühner angeheizten Debatte um eine neuerliche »Agrarwende«.[12]

II. Die Menschen und der Boden

Werfen wir zunächst, gleichsam aus der Vogelperspektive, einen Blick auf die Landschaft des Voralpengebiets. Der durch das Pielachtal reisende Georg Kleibl schrieb im Jahr 1903 eine »Correspondenz-Karte« mit der Ansicht des Marktes Frankenfels an einen Bekannten in Wien. Solche Ende des 19. Jahrhunderts massenhaft hergestellten Ansichtskarten kamen dem romantischen Bedürfnis städtischer Touristen nach ländlicher Idylle entgegen.[13] Die kolorierte Fotografie bildet einerseits die Landschaft vor dem Auge des Fotografen ab; andererseits fließen durch die Motivwahl und die nachträgliche Kolorierung auch dessen bewusste und unbewusste Vorbilder in dieses Abbild ein. Das zeigt etwa die Darstellung des Bergrückens, den der Fotograf als Kulisse für die Ortschaft gewählt hat: Die weißen, hervorstechenden Tupfer bezeichnen Kalksteine, die über die Jahre beim Ackern zum Vorschein kamen, zu Haufen aufgetürmt wurden und bei Bedarf als Baumaterial dienten. Doch von braunen Äckern ist auf der Ansichtskarte wenig zu sehen; stattdessen erstrecken sich rings um die Steinhaufen grüne Wiesen und Weiden. Offenbar ließ sich derjenige, der die Schwarzweiß-Fotografie färbte, vom Vorbild einer »grünen«, unberührten Naturlandschaft leiten. Jenseits der Landschaftsbilder von Bildproduzenten und -konsumenten eröffnet uns die Ansichtskarte auch die von Menschenhand geformte Kulturlandschaft im Voralpengebiet um die Jahrhundertwende. Die Landschaft war gegliedert durch Talzüge und Gräben, zwischen denen sich teils bewaldete Bergrücken bis zu einer Seehöhe von über 1.000 Metern erstreckten. Nur eine Minderheit der Bevölkerung – Pfarrer, Lehrer, Arzt, Gendarm, Gewerbetreibende – war in der als »Markt« bezeichneten Ortssiedlung ansässig; die Mehrheit lebte, wie die bräunlichen Gebäudeumrisse in der oberen Bildhälfte andeuten, in verstreut liegenden Bauernhöfen und Kleinhäusern, die durch schmale Karrenwege erschlossen waren. In der Regel herrschte die »Einödflur« vor, die durch die Verbindung der zu ein und demselben Hof gehörigen Parzellen gekennzeichnet ist; nur ausnahmsweise lagen Gründe davon getrennt. Die Gärten, Äcker und Wiesen waren auf den niedriger und flacher gelegenen Gründen rings um die Häuser angelegt; daran schlossen die Weiden und Wälder auf den Hoch- und Steilflächen an. Die Landschaft des Voralpengebiets war zugleich Bedingung und Folge des menschlichen Deutens und Handelns; der Begriff »Landwirtschaft« – mit dem Land wirtschaften – bringt diese Wechselwirkung zwischen Mensch und Umwelt auf den Punkt.

Die Gebundenheit an nutzbaren Grund und Boden unterschied die Landwirtschaft bis weit in das 20. Jahrhundert von allen anderen Wirtschaftszweigen. Jedes Stück Land bietet jenen, die damit wirtschaften, begrenzte Möglichkeiten der Nutzung. Unter den vielfältigen Bedingungen des Ökosystems begrenzen vor allem Klima, Boden und Lage die landwirtschaftlichen Nutzungsmöglichkeiten. Das niederösterreichische Voralpen-

»Correspondenz-Karte« von Frankenfels um 1900

land im Allgemeinen und die Region Kirchberg im Besonderen zählen eher zu den »Ungunst-« als zu den »Gunstlagen«.[14] Das vorherrschende Klima entspricht in den nördlich, talauswärts gelegenen Gemeinden Hofstetten und Rabenstein dem Typ der »sommerwarmen, winterkalten, mäßig feuchten Lagen« und in den südlich, taleinwärts gelegenen Gemeinden Kirchberg, Loich, Frankenfels und Schwarzenbach dem Typ der »sommerwarmen, winterkalten, extrem feuchten und schneereichen Lagen«:[15] Im Durchschnitt der ersten Jahrhunderthälfte betragen die wahren Temperaturmittel im Januar minus 2 bis minus 4 Grad Celsius und im Juli 18 bis 15 Grad Celsius; jährlich fallen 1.000 bis 2.000 Millimeter Niederschlag; an 220 bis 160 Tagen im Jahr wird die Fünf-Grad-Temperaturgrenze überschritten; die Landschaft ist jährlich zwischen 50 und 150 Tage lang von Schnee bedeckt; die Vegetationszeit, die Zeit von Vorfrühlingsbeginn bis zum Absinken der Tagesmitteltemperatur unter 5 Grad Celsius, beläuft sich jährlich auf 240 bis 200 Tage.[16]

Neben dem Klima begrenzen Boden und Relief die landwirtschaftlichen Nutzungsmöglichkeiten. Die talauswärts gelegenen Gemeinden und die Niederungen der taleinwärts gelegenen Gemeinden erstrecken sich auf leicht hängigen, nicht zu trockenen und nicht zu feuchten Braunerden und -lehmen aus Mergel und Schotter, die entlang der Pielach von flachen, feuchten Auböden durchzogen sind. Diese Böden eignen sich dem Urteil der Fachleute zufolge zwar nur mäßig für Ackerbau, weisen jedoch eine gute bis sehr gute Grünland- und Waldeignung auf. Auf den bis über 1.000 Meter hinaufreichenden Höhen der taleinwärts gelegenen Gemeinden herrschen hängige bis steilhängige, trockene Rendsina-Böden aus Kalkfels und Mergel vor. Sie gelten als ungeeignet für den Ackerbau, eignen sich nur gering bis mäßig für Grünland und zeigen eine mäßige bis gute Waldeignung. Die steilen und felsigen Hänge am Oberlauf der Pielach und Natters eignen sich, wenn überhaupt, nur für die Forstwirtschaft. Hier erreichen wir bereits die Grenze der landwirtschaftlichen Nutzungsmöglichkeiten (Grafik 2).[17]

Grünland- und Forstwirtschaft, so die Experten, würden am besten dem durch Klima, Boden und Relief bedingten »Nutzungspotenzial« der niederösterreichischen Voralpen entsprechen. Nach der Agrarstrukturerhebung des Jahres 1999 folgte die Bodennutzung im Bauernkammerbezirk Kirchberg dieser Vorgabe: Die 12.664 Hektar Wald bedeckten gut die Hälfte der Kulturfläche (55 Prozent), wenn wir die Hausgärten beiseite lassen; knapp die Hälfte umfasste das Grünland, bestehend aus 8.089 Hektar Wiesen (35 Prozent) und 1.464 Hektar Weiden (6 Prozent); nur 651 Hektar (3 Prozent), vorwiegend in den niedriger gelegenen Gemeinden Hofstetten, Rabenstein und Kirchberg, wurden als Äcker genutzt. Den Agrarstatistikern des Jahres 1871 bot sich ein anderes Bild: Zwar lagen die Wälder mit 11.046 Hektar (44 Prozent) und die Wiesen mit 5.728 Hektar (23 Prozent) voran; doch knapp dahinter folgten die Äcker mit 5.319 Hektar (21 Prozent), noch vor den Weiden mit 2.864 Hektar (12 Prozent). Die Wortführer des »Fortschritts« gegen Ende des 19. Jahrhunderts hielten wenig von ihrer Meinung nach »rückschrittlichen«, extensiven Ackerbau in den Bergen; stattdessen setzten sie zur »Hebung« der Gebirgslandwirtschaft auf die intensive Bewirtschaftung des Grünlandes. So erteilte ein Redner den Mitgliedern des Landwirtschaftlichen Kasinos in Frankenfels im Jahr 1907 »wertvolle Ratschläge für Viehzucht und Futterbau,

Grafik 2: Bodentypen in der Region Kirchberg

Ausgewählte Bodentypen (nach Julius Fink 1958):

- Pseudogleye aus Flyschmaterial (z.B. westlich und östlich von Hofstetten)
- Rendsinen der Schutt- und Felsfluren (z.B. Ötscher)
- Rendsinen im Allgemeinen, untergrordnet terra fusca (z.B. Pichlberg)
- Verbraunte Rendsinen auf Kalkbraunerden (z.B. westlich von Frankenfels)
- Braunlehme und reife tonige Braunerden (z.B. nordwestlich von Mariazell)
- Terra fusca vorherrschend, untergeordnet terra rossa und Rendsinen (z.B. Eisenstein)
- Braunerden aus sandigen Substraten, auch kolluviale Formen im Kristallin (z.B. Loich)
- Braunerden aus Werfener Schiefer, zum Teil vergleyt (z.B. nördlich des Ötschers)

Quelle: Atlas von Niederösterreich VII/1.

die, wenn sie befolgt werden, nur dazu beitragen können, die Landwirtschaft im Gebirge zu heben«.[18] Ob die Zuhörer begeistert applaudierten, gelassen zuhörten oder heftig widersprachen, wissen wir nicht; doch die Statistik zeigt, dass die bäuerlichen Familienbetriebe bis in die Sechzigerjahre am Ackerbau festhielten. Obwohl von Jahrzehnt zu Jahrzehnt immer weniger Boden unter den Pflug genommen wurde, umfasste das Ackerland im Jahr 1969 noch immer 3.076 Hektar (13 Prozent); erst seit den Siebzigerjahren wurden die Äcker, vor allem in den höher gelegenen Gemeinden Loich, Frankenfels und Schwarzenbach, großteils zu Wiesen umgebaut. Das Grünland befand sich zwar seit dem späten 19. Jahrhundert auf dem Vormarsch; doch es dauerte bis zum späten 20. Jahrhundert, bis die »Vergrünlandung« des Voralpenlandes zum Durchbruch gelangte (Grafik 3).[19] Jene, die den Boden bearbeiteten, sahen dessen »Nutzungspotenzial« lange Zeit mit anderen Augen als jene, die ihn beurteilten.

Warum die Betriebsbesitzerinnen und -besitzer dermaßen zäh am Ackerbau festhielten, lässt die Nutzung der Ackerfläche erahnen (Grafik 4). Die Äcker trugen das, was Mensch und Tier auf dem Hof zum Überleben benötigten: 1.638 Hektar Hafer, 1.180 Hektar Roggen, 527 Hektar Kleefutter, 246 Hektar Kartoffeln, 237 Hektar Weizen, 61 Hektar Gerste, 20 Hektar Futterrüben und acht Hektar Flachs lautete im Jahr 1871 die Rangreihe, wenn wir die 1.676 Hektar unbebautes Ackerland außer Acht lassen. Die Äcker stellten, im Wortsinn, die Lebensgrundlage der Höfe dar; ihre Früchte wurden nur in geringem Umfang über größere Strecken verkauft, in erster Linie dienten sie dem täglichen Bedarf der Hausleute und der örtlichen Bevölkerung. Der Vorrang der Selbstversorgung vor der Marktproduktion blieb bis weit in das 20. Jahrhundert hinein bestehen; vor allem in »schlechten Zeiten«, etwa im Krieg und in den Jahren danach, boten die Früchte der Äcker den Bauern- und Häuslerfamilien einen Rückhalt. Es bedurfte gewichtiger Anreize und Zumutungen von Seiten des Staates und des Marktes,

Grafik 3: Bodennutzung in der Region Kirchberg 1871–1999 (in Prozent)

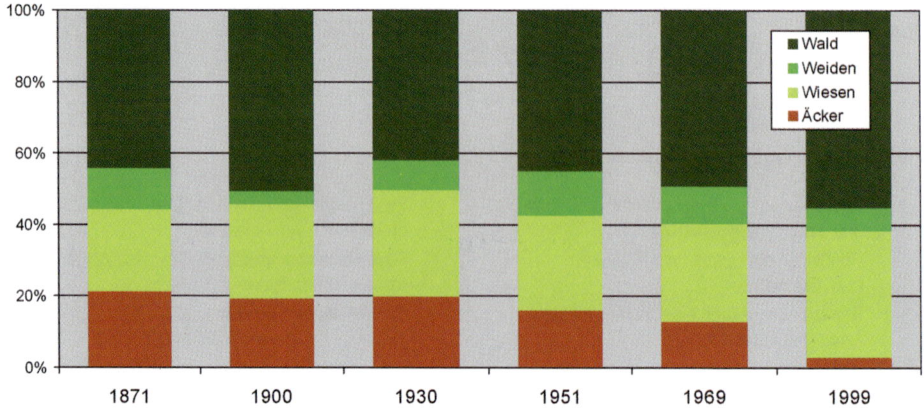

Quelle: Eigene Berechnungen nach Cultur-Atlas von Nieder-Oesterreich; Gemeindelexikon von Niederösterreich; Betriebszählung 1930; NÖLA, BBK Kirchberg, Bodennutzungserhebung 1951, 1969; Statistik Austria, Direktion Raumwirtschaft, Agrarstrukturerhebung 1999. Die Gärten wurden wegen fehlender Angaben für das Jahr 1871 ausgeklammert.

um diesen Vorrang abzuschwächen. Doch Schritt um Schritt hielt der »Fortschritt« im Voralpenland Einzug: Neben dem Rückgang der Acker- zugunsten der Wiesen- und Waldflächen verschoben sich bis Mitte des 20. Jahrhunderts auch auf dem Acker selbst die Gewichte weg vom Getreide hin zum Kleefutter – ein Anzeichen für die beginnende Intensivierung der Rinderzucht.[20] Der endgültige Bruch zwischen Selbstversorgung und Marktproduktion aber fand, gemessen an der Bodennutzung, erst im letzten Drittel des 20. Jahrhunderts statt. Und er endete dort, woran am Beginn der »Vergrünlandung« vor mehr als einem Jahrhundert wohl niemand, nicht einmal der glühendste Verfechter des »Fortschritts«, zu denken gewagt hatte: beim ackerlosen Betrieb. Von den 626 Höfen im Jahr 1999 verfügten 466, fast drei Viertel, über keinerlei Ackerland mehr.[21]

Was die Vertreter der Agrarmodernisierung als unnötigen Ballast auf dem Weg in eine »bessere« Zukunft ablehnten, schätzten die Romantiker des Landes als wertvolles Erbe einer »besseren« Vergangenheit. Solchen Versuchen, die im Verschwinden begriffene Welt der Bergbauern in Schrift, Bild und Ton festzuhalten, verdanken wir auch die Schilderung der Brandwirtschaft im Pielachtal. Der karge Ackerbau in den Bergen war viel stärker als in der Ebene auf widerstandsfähiges, von Unkrautsamen gereinigtes Saatgut angewiesen. Zu diesem Zweck bauten die Bergbauern auf abgeholzten Wald- oder Staudenflächen Brandgetreide an. Nach dem Kahlschlag im Frühjahr wurden die klei-

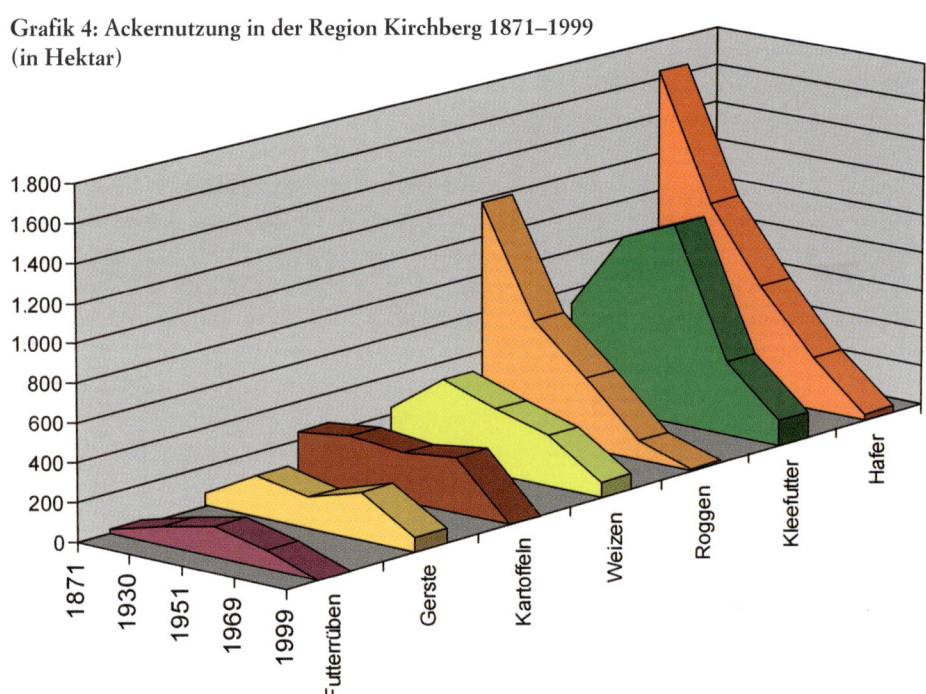

Grafik 4: Ackernutzung in der Region Kirchberg 1871–1999 (in Hektar)

Quelle: Eigene Berechnungen nach Cultur-Atlas von Nieder-Oesterreich; Gemeindelexikon von Niederösterreich; Betriebszählung 1930; NÖLA, BBK Kirchberg, Bodennutzungserhebung 1951, 1969; Statistik Austria, Direktion Raumwirtschaft, Agrarstrukturerhebung 1999.

nen Äste, die als Brenn- und Nutzholz keine Verwendung fanden, über den abgeholzten Hang gebreitet. Nach einigen Wochen wurde das trockene Geäst am oberen Hangende angezündet und mit langen Brandhaken langsam herabgezogen. Bei dieser mühevollen, einen halben Tag und länger dauernden Arbeit machten Rauch, Hitze und Funkenflug den Frauen und Männern zu schaffen. Im Spätsommer wurde das Getreide gesät und mit der Brandhaue eingearbeitet. Im folgenden Jahr wurden die meist mannshohen Halme mit der Sichel geschnitten, zu Garben gebunden, talwärts gebracht und als Saatgut verwendet. Da mit dem Getreide auch Futtersamen gesät wurden, konnte der Schlag im nächsten Jahr als Weide genutzt werden, bevor langsam wieder Bäumchen und Sträucher aufkeimten.[22] Die wechselnde Nutzung ein und desselben Grundstücks als Acker, Weide und Wald, die an Klima, Boden und Relief des Voralpenlandes angepasst war, folgte der Logik der bäuerlichen Selbstversorgung; der landwirtschaftlichen Betriebslehre erschien eine solche Bodennutzung in einer »Ungunstlage« als widersinnig. Mit dem wachsenden Zukauf von Saatgut, das zunächst über die Landwirtschaftlichen Kasinos, später auch über die Bezirksbauernkammer vermittelt wurde,[23] gaben die Bäuerinnen und Bauern im ersten Drittel des 20. Jahrhunderts die Brandwirtschaft langsam auf.

Landwirtschaft treiben heißt, die natürlichen Stoffflüsse durch den Aufwand von Energie so zu verändern, dass Ertrag gewonnen werden kann. Menschen, die Boden bewirtschaften, errichten auf der Grundlage natürlicher Ökosysteme ein künstliches Ökosystem, das durch eine Reihe von Eingriffen aufrechterhalten werden muss: Bodenbearbeitung, Düngung, Unkraut- und Schädlingsbekämpfung, Be- und Entwässerung, Erosionsschutz und so fort. Das im Kirchberger Voralpenland noch gegen Ende des 19. Jahrhunderts im Ackerbau vorherrschende Agrarökosystem beruhte auf der Dreifelderwirtschaft. In der »reinen« Dreifelderwirtschaft lag ein Drittel des Ackerlandes ein Jahr lang völlig brach; in der »verbesserten«, die wir am Betrieb des Mathias Huemer in Schlierbach kennen gelernt haben, wurde das Brachfeld teilweise oder zur Gänze mit Futterpflanzen oder Hackfrüchten bebaut. Die Dreifelderwirtschaft, aber auch die damalige Bewirtschaftung der Wiesen stützten sich in hohem Maß auf natürliche Stoffkreisläufe: Die während der Ernte dem Boden entzogenen Nahrungs- und Futterpflanzen für Mensch und Tier wurden durch organischen Dünger, bestehend aus Stallmist, Abfällen und Waldstreu, ersetzt. Die einjährige Brache unterstützte die Bodenorganismen dabei, diese organischen Stoffe in mineralische Nährstoffe für die Nutzpflanzen umzuwandeln. Unkräuter und Schädlinge wurden mechanisch, mit Pflug, Egge und Haue, bekämpft. Wegen der arrondierten Lage der Parzellen ein und desselben Betriebes waren Gunst und Ungunst von Klima, Boden und Relief nicht allzu breit gestreut.[24] Diese altbewährte Form der Bodenbewirtschaftung war den Vertretern der »neuen« Landwirtschaft ein Dorn im Auge: Die »produktive Kraft« des Bodens werde durch das Brachliegen eines Drittels des Ackers zu wenig ausgenutzt; die Erträge blieben durch den Mangel an organischem Dünger hinter dem Optimum zurück; der Getreidebau lasse in den ungünstigen Gebirgslagen wenig Ertragssteigerung erwarten – so und so ähnlich klagten die »fortschrittlichen« Fachleute gegen Ende des 19. Jahrhunderts. Ihre Empfehlungen für eine Intensivierung der Bodenbewirtschaftung lauteten daher:

Fruchtwechselwirtschaft, Mineraldüngung, Futterbau.[25] Um dem Boden ein Mehr an Ertrag abzuringen, sollte nun auch das vormalige Brachefeld mit Nahrungs- und Futterpflanzen bebaut werden; dies erforderte jedoch ein Mehr an Nährstoffen für den Boden. Wirtschaftseigener Dünger war nur begrenzt verfügbar, daher propagierten die Fachleute bei jeder Gelegenheit neben dem Bau von Düngerstätten und Jauchegruben auch die Anwendung des »Kunstdüngers«.

Die Dreifelderwirtschaft reichte im Kirchberger Umland bis in die Dreißigerjahre; in den talauswärts gelegenen Gemeinden hielt seit der Jahrhundertwende die Fruchtwechselwirtschaft Einzug.[26] Die Berichte von Gutachtern der Landstelle Wien über 42 Frankenfelser Betriebe aus den Jahren 1938 bis 1943 legen nahe, dass auf den Äckern noch die »verbesserte« Dreifelderwirtschaft vorherrschte. Fassen wir die Betriebe nach der Größe der Acker- und Wiesenflächen in drei Gruppen zusammen, dann wird auch der Stand der Düngung deutlich (Tabelle 1): Die durchschnittliche Stalldüngermenge, die auf einen Hektar Acker- und Wiesenfläche entfiel, erreichte im Drittel der kleinsten Betriebe mit etwa 10.500 Kilogramm den Höchstwert, lag im Drittel der Betriebe mittlerer Größe bei 9.200 Kilogramm und war im Drittel der größten Betriebe mit rund 8.400 Kilogramm am geringsten. Ähnlich verteilte sich die durchschnittliche Menge an Handelsdünger auf die Größengruppen: 84, 37 und 18 Kilogramm pro Hektar Acker- und Wiesenfläche.[27] Kurz, je kleiner die Betriebe, desto mehr kam die organische und mineralische Düngung zum Einsatz. Insgesamt stellten die Gutachter den Betrieben ein mangelhaftes Zeugnis hinsichtlich der Anwendung von »Kunstdünger« aus.

Der Jahresbericht 1955/56 der Bezirksbauernkammer Kirchberg zeigt, worauf die Eingriffe in das Agrarökosystem des Voralpenlandes abzielten: auf die intensivere Nutzung der Äcker, vor allem der Futterschläge, und der Wiesen. Diesem Ziel diente eine Reihe von Sach- und Geldleistungen: die Futterbauaktion, über die verbilligte Samenmischungen für über 200 Hektar abgegeben wurden; die Zwischenfruchtbauaktion mit 21 Anbauversuchen von Wintermischling, Landsbergergemenge und Lihoraps, deren

Tabelle 1: Düngungsintensität in Frankenfels um 1940

Nach der Nutzfläche gereihte Betriebe	Mittlere Ackerfläche (in ha)	Mittlere Wiesenfläche (in ha)	Mittlere Acker- und Wiesenfläche (in ha)	Mittlerer Stalldüngeranfall pro Jahr (in kg)	Jährliche Stalldüngerintensität (in kg/ha)	Jährliche Handelsdüngerintensität (in kg/ha)
Unteres Drittel (2,2–10,5 ha)	3,7	4,0	7,6	79.293	10.519	84,3
Mittleres Drittel (11,2–14,4 ha)	6,7	6,3	12,9	118.586	9.179	37,3
Oberes Drittel (14,7–29,7 ha)	11,8	9,2	21,0	169.479	8.407	18,2

Quelle: Eigene Berechnungen nach NÖLA, Entschuldungsakten, VI/12-1378; Löhr, Faustzahlen 122. Datenbasis: 42 Betriebe.

»befriedigenden« Ergebnisse die Bauern zur Nachahmung angeregt hätten; die Kreditaktion für den Silobau; nicht weniger als 33 Düngungsversuche auf Grünland sowie Kartoffel-, Hafer- und Maiskulturen mit einfacher und gesteigerter Volldüngung, die sich wegen der Niederschläge bei Getreide nicht bewährt hätten; 21 Anbauversuche mit Roggen-, Weizen-, Hafer- und Kartoffelsorten, die überwiegend »unter der Ungunst der Witterung litten«; die Gewährung von »Kunstdüngerkrediten« in der Höhe von 132.100 Schilling; die verbilligte Vermittlung von 32.190 Kilogramm anerkanntem Saatgut für den Getreidebau und 27.670 Kilogramm anerkannten Saatkartoffeln; die Förderung von 23 Ansuchen wegen Errichtung von Düngerstätten und Jauchegruben; Transportkostenzuschüsse für 1.098.115 Kilogramm Saatgut und »Kunstdünger« ohne Kalk; die Bekämpfung des Kartoffelkäfers mittels eigener oder Gemeinschaftsspritzen sowie von Wiesenunkräutern in den Getreidefeldern mittels »Dicopur«; die Unterstützung von elf Ansuchen im Rahmen der Koppel- und Mähweideaktion; schließlich eine Bodenuntersuchung zur Berechnung des Düngerbedarfs in der Gemeinde Hofstetten.[28] Diese Palette an Förderungsmaßnahmen folgte noch der gewohnten Kombination von Acker- und Grünlandwirtschaft; doch die Weichen waren bereits in Richtung »Vergrünlandung« gestellt.

Ein Jahrzehnt später, im Jahr 1965, nahmen die Experten der Landwirtschaftlich-Chemischen Bundesversuchsanstalt Wien mit Unterstützung der Bezirksbauernkammer Kirchberg die Böden von 49 Betrieben in Hofstetten erneut unter die Lupe. Offenbar hatten die Empfehlungen der Düngerberater aus dem Jahr 1956 wenig gefruchtet: 91 Prozent der Böden galten als »kalkarm«; 93 Prozent waren »schlecht« oder »mäßig« mit Phosphorsäure versorgt; 73 Prozent mangelte es an Kali.[29] Den Anbau- und Düngungsplänen zufolge, die gemeinsam mit der Österreichischen Düngerberatungsstelle erstellt wurden, waren einzelne Betriebe in Hofstetten und in den Tallagen der übrigen Gemeinden zu intensiveren Formen der Fruchtwechselwirtschaft übergegangen; hingegen begannen im gebirgigeren Teil des Bauernkammerbezirks viele Betriebsbesitzerinnen und -besitzer, die Äcker in Wiesen umzubauen. Das zeigt etwa der Fall einer hängig gelegenen Frankenfelser Grünland-Wirtschaft, die zweifellos zu den Vorreitern des »Kunstdüngerns« zählte, im Wirtschaftsjahr 1965/66 (Tabelle 2): Die 5,6 Hektar Ackerland, die im Jahr 1939 noch Getreide, Kartoffeln, Futterrüben und Klee getragen hatten, wurden nun zur Gänze als Wiesen genutzt. Die verhältnismäßig reichliche Düngung gegen Ende der Dreißigerjahre – jährlich 700 Kilogramm Thomasmehl, 100 Kilogramm Kali und 100 Kilogramm Superphosphat zusätzlich zur Gülledüngung – fand auch in den Ergebnissen der Bodenuntersuchung des Jahres 1965 ihren Niederschlag. Die Berechnung der Düngerberater ergab einen jährlichen Bedarf von 3.320 Kilogramm Stickstoff, 2.770 Kilogramm Phosphorsäure und 1.110 Kilogramm Kali; im Schnitt entfielen auf einen Hektar 1.286 Kilogramm Handelsdünger – etwa das Achtfache jener Menge, die der Betrieb im Jahr 1939 aufgewandt hatte.[30]

Eine Begleitbroschüre sollte den Bauern die Regeln der »richtigen Düngung« näher bringen: »Mit Handelsdünger allein kann auf die Dauer ebensowenig das Auslangen gefunden werden wie mit Stallmist allein.«[31] Die vorgesehenen Stallmistgaben auf einzelnen Grundstücken dienten jedoch nicht mehr vorrangig, wie in der »alten«, extensiven

Tabelle 2: Anbau- und Düngungsplan einer Grünland-Wirtschaft in Frankenfels für das Wirtschaftsjahr 1964/65

Grund-stück	Fläche (in ha)	Bodengüte			Stallmist-gabe	Vorfrucht	Anbau-frucht	Düngungsplan für 1965		
		P	K	Ca				N (in kg)	P (in kg)	K (in kg)
1	0,3	I	I	I	1964	Wiese	Wiese	1.200	900	60
2	1,4	II	I	II	1964	Wiese	Wiese	560	700	280
3	1,1	II	I	II	1963	Wiese	Wiese	440	330	220
4	1,0	I	I	II	1962	Wiese	Wiese	400	300	200
5	1,8	I	I	II	1963	Wiese	Wiese	720	540	350
Summe	5,6							3.320	2.770	1.110

P = Phosphorsäure, K = Kali, Ca = Kalk, N = Stickstoff, I = gut versorgt, II = mäßig versorgt, III = schlecht versorgt
Quelle: NÖLA, BBK Kirchberg/P., Anbau- und Düngungspläne.

Landwirtschaft, der Nährstoffzufuhr für die Nutzpflanzen; sie sollten vor allem die Bodenorganismen am Leben erhalten. Das Credo der »neuen«, intensiven Landwirtschaft lautete, die Pflanzennährstoffe überwiegend durch Handelsdünger zuzuführen. Die Folgen der zunehmenden Intensivierung der Acker- und Grünlandwirtschaft ließen nicht lange auf sich warten. Zwar zählte das Kirchberger Voralpenland hinsichtlich der nutzungsbedingten Umweltschäden nicht zu den »Hauptproblemgebieten« Österreichs. Dennoch belastete in Betrieben, die ihren Rinderstand pro Hektar landwirtschaftlicher Nutzfläche unverhältnismäßig erhöhten, die vermehrte Zufuhr von Wirtschafts- und Handelsdünger zweifellos das Agrarökosystem, vor allem das Grundwasser.[32] Kurz, der weitgehend geschlossene Kreislauf von organischen und mineralischen Stoffen wurde durch hohen Energieaufwand aufgebrochen in Stoffflüsse, die außerhalb des betrieblichen Agrarökosystems entsprangen und mündeten. Im Gegenzug entstanden aber auch Initiativen zur Stärkung der regionalen Stoffkreisläufe, etwa die Gründung einer bäuerlichen Fernwärmegenossenschaft in Frankenfels im Jahr 1992, die ein mit Biomasse betriebenes Fernheizwerk errichtete.[33]

Stärker als die ökologischen Schäden zählte für die Befürworter des »Fortschritts« der ökonomische Nutzen. Doch der Mehrertrag der intensivierten Bodennutzung stellte sich nicht von heute auf morgen ein (Grafik 5). Die durchschnittlichen Hektarerträge im Gerichtsbezirk Kirchberg lagen in den Dreißigerjahren, je nach Fruchtart, nur geringfügig höher oder sogar niedriger als in den Neunzigerjahren des vorigen Jahrhunderts: 1.085 gegenüber 932 Kilogramm bei Winterweizen, 1.042 gegenüber 1.020 bei Winterroggen, 692 gegenüber 1.047 Kilogramm bei Sommergerste, 843 gegenüber 740 Kilogramm bei Hafer. Die Fortschritte eines Jahres wurden durch die Rückschläge eines anderen wieder zunichte gemacht, wie die schwankenden Ernteerträge der Dreißigerjahre vor Augen führen. Erst in den Sechzigerjahren zeichneten sich nachhaltige, wenn auch mäßige Ertragssteigerungen bei Winterweizen (1.300 bis 1.600 Kilogramm), Winterroggen, Sommergerste und Hafer (je 1.000 bis 1.300 Kilogramm) ab.[34]

Mit der Veränderung der bäuerlichen Handlungsweisen im Zuge der intensivierten Bodennutzung veränderten sich auch die Deutungen der Bäuerinnen und Bauern: Die Früchte des Bodens hingen immer weniger vom »göttlichen Segen« ab, sondern schienen zunehmend von Menschenhand – und mit Hilfe des »Kunstdüngers« als verweltlichtem »Wundermittel« – machbar. Mit diesem technokratischen Naturverständnis wandelten sich manchmal auch die religiösen Gewohnheiten: Das private Gebet um eine reichliche Ernte verlor an Bedeutung; stattdessen wurde der »Erntedank« seit den Dreißigerjahren, zunächst vom Reichsnährstand, danach von Kirche und Bauernbund, öffentlich in Szene gesetzt.[35] Das Erntedankfest bot den politischen und kirchlichen Führern die Gelegenheit, die Landbevölkerung in vorgestellte Gemeinschaften nationalsozialistischer oder katholisch-konservativer Prägung einzubinden; die Tracht, ein Zeichen der »Heimatverbundenheit«, passte zum Hakenkreuz ebenso wie zum Kreuz. Zudem war es Teil jener »erfundenen Traditionen«, mit deren Hilfe die Menschen in der unübersichtlichen Moderne Orientierung suchten.

Um eines kam auch die moderne Agrartechnologie nicht herum: Boden stellt ein knappes Gut dar, das nicht beliebig vermehrt werden kann; die zu einem Betrieb gehörende Fläche bezeichnet daher auch dessen Stellenwert in der ländlichen Gesellschaft. Gruppieren wir, der besseren Übersicht wegen, die Betriebe nach ihrer Größe, dann treten die Eigenarten der Grundbesitzverteilung in den Voralpen zutage. Nach der Grundbesitzstatistik 1896, die im Gerichtsbezirk Kirchberg 1.062 behauste Güter mit land- und forstwirtschaftlicher Nutzung auf zusammen 25.547 Hektar verzeichnete, verfügten die 235 Zwergbetriebe unter zwei Hektar (22 Prozent) insgesamt über 165 Hektar (1 Prozent). Dieses Ungleichgewicht kennzeichnet auch die Größengruppen zwischen zwei und fünf Hektar (65 Kleinbetriebe oder 6 Prozent gegenüber 219 Hektar oder 1 Prozent der Gesamtfläche), fünf bis zehn Hektar (97 Mittelbetriebe oder 9 Prozent gegenüber 703 Hektar oder 3 Prozent des Gesamtfläche) und zehn bis 20 Hektar (210 Mittelbetriebe oder 20 Prozent gegenüber 3.172 Hektar oder 12 Pro-

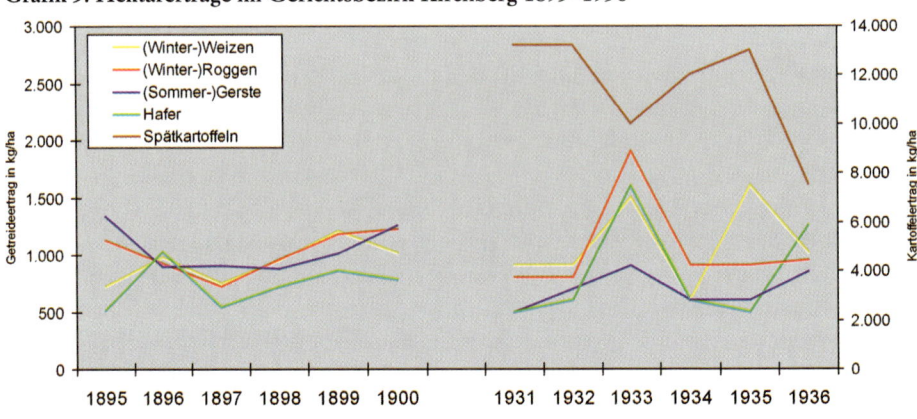

Grafik 5: Hektarerträge im Gerichtsbezirk Kirchberg 1895–1936

Quelle: Eigene Berechnungen nach Erntestatistik 1895–1900 und 1931–1936.

Mädchen und Burschen des LFW Frankenfels
mit Erntekrone beim Erntedankfest 1956

zent der Gesamtfläche). In den oberen Gruppen kehrt sich das Verhältnis zwischen Betriebs- und Flächenanteilen um: Die 390 Mittelbetriebe zwischen 20 und 50 Hektar (37 Prozent) bewirtschafteten insgesamt 12.223 Hektar (48 Prozent); die 57 Großbetriebe (5 Prozent) zwischen 50 und 100 Hektar besaßen 3.585 Hektar (14 Prozent); die acht Groß- und Gutsbetriebe über 100 Hektar (1 Prozent) nannten 5.480 Hektar (22 Prozent) ihr Eigen. Gewiss, Grund und Boden waren ungleich verteilt; das zeigt auch die Kurve der Grundbesitzverteilung für 1896, die deutlich von der Vorstellung einer Gleichverteilung abweicht (Grafik 6). Doch verglichen mit dem niederösterreichischen Flach- und Hügelland waren die Flächen der Zwerg-, Klein-, Mittel-, Groß- und Gutsbetriebe in den Voralpen gleichmäßiger verteilt. Im Durchschnitt verfügte ein Betrieb im Gerichtsbezirk Kirchberg 1896 über 24 Hektar Grund. Dieser Durchschnittsbetrieb fällt in die Gruppe zwischen 20 und 50 Hektar – jene Größengruppe, die hinsichtlich der Betriebs- und Flächenanteile an erster Stelle rangierte. Der bäuerliche Mittelbetrieb mit 20, 30 oder 40 Hektar verkörperte, gemessen an der Zahl wie an der Fläche der land- und forstwirtschaftlichen Güter, im Kirchberger Voralpenland um die Wende vom 19. zum 20. Jahrhundert die vorherrschende Betriebsgröße.[36]

Blieb diese vergleichsweise gleichmäßige Grundbesitzverteilung im Lauf des 20. Jahrhunderts aufrecht oder veränderte sie sich in Richtung mehr oder weniger Ungleichheit? Anhand der land- und forstwirtschaftlichen Betriebszählungen 1930, 1960 und 1990 können wir uns Antworten auf diese Frage nähern (Tabelle 3). Im ersten Drittel

Grafik 6: Grundbesitzverteilung in der Region Kirchberg 1896–1990

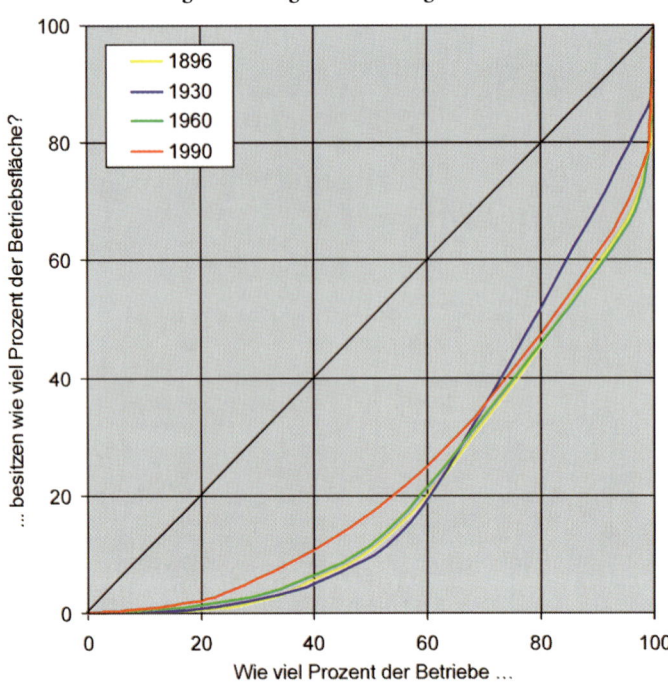

Quelle: Eigene Berechnungen nach Grundbesitzstatistik 1896; Betriebszählung 1930, 1960, 1990.

des 20. Jahrhunderts verlagerte sich die Grundbesitzverteilung zugunsten der Gruppe zwischen 50 und 100 Hektar; das zeigt auch die Abweichung der Besitzverteilungs-Kurve für 1930 gegenüber jener für 1896. Die verschiedenen Größengruppen verzeichneten, gemessen an der Betriebszahl, zwar nur leichte Veränderungen. Gemessen an der Betriebsfläche legten jedoch die größeren Mittel- und Großbetriebe deutlich zu, während die Groß- und Gutsbetriebe abnahmen. Im zweiten Jahrhundertdrittel wurde diese Gewichtsverlagerung zur oberen Mitte wieder rückgängig gemacht; das verdeutlicht auch die Besitzverteilungs-Kurve für 1960, die sich mit jener für 1896 weitgehend deckt. Die Zwergbetriebe büßten, gemessen an der Betriebszahl, erhebliche Anteile ein. Gemessen an der Betriebsfläche nahmen die größeren Mittel- und Großbetriebe ab, während die Groß- und Gutsbetriebe zunahmen. Im letzten Drittel des 20. Jahrhunderts verlagerten sich die Gewichte zugunsten der kleineren und größeren Mittelbetriebe; das veranschaulicht auch die Abweichung der Besitzverteilungs-Kurve für 1990 gegenüber jener für 1960. Die Zwergbetriebe verzeichneten, gemessen an der Betriebszahl, abermals einen deutlichen Rückgang, während die kleineren Mittelbetriebe sowie die größeren Mittel- und Großbetriebe ihr Anteile steigerten. Gemessen an der »ideellen Kulturfläche«[37] wiesen die Betriebsgrößengruppen nur leichte Veränderungen auf. Die durchschnittlichen Betriebsgrößen lassen nach dem Tiefstand von 20 Hektar im Jahr 1930 mit 26 Hektar im Jahr 1960 und 30 Hektar im Jahr 1990 zwar einen deutli-

Tabelle 3: Grundbesitzverteilung in der Region Kirchberg 1896–1990

	1896		1930		1960		1990	
	Betriebe	Fläche	Betriebe	Fläche	Betriebe	Fläche	Betriebe	Fläche
	(in Prozent)		(in Prozent)		(in Prozent)		(in Prozent)	
unter 2 ha	22,1	0,6	23,0	1,0	13,6	0,6	4,6	0,2
2–5 ha	6,1	0,9	}20,3	}5,3	12,2	1,5	10,5	1,1
5–10 ha	9,1	2,8			11,7	3,4	10,5	2,6
10–20 ha	19,8	12,4	16,1	12,1	17,4	10,2	20,5	10,4
20–50 ha	36,7	47,8	}39,8	}67,8	38,3	47,0	45,3	48,5
50–100 ha	5,4	14,0			5,5	13,1	6,7	13,4
über 100 ha	0,8	21,5	0,9	13,9	1,3	24,3	1,8	23,8
Summe	100,0	100,0	100,0	100,0	100,0	100,0	100,0	100,0

Quelle: Eigene Berechnungen nach Grundbesitzstatistik 1896; Betriebszählung 1930, 1960, 1990.

chen Aufwärtstrend erkennen. Die Spaltung der Agrargesellschaft in wenige Große und viele Kleine wurde im Kirchberger Voralpenland jedoch allem Anschein nach eingedämmt; dagegen konnten die bäuerlichen Mittelbetriebe ihren Stand befestigen.[38] Kurz, nicht Wachsen oder Weichen, sondern Währen lautete hier die Devise – zumindest bis zum Beitritt Österreichs zur Europäischen Union im Jahr 1995.

Jedes Stück Land hatte einen oder mehrere Besitzer. Ob eine Person Land besaß oder nicht, zählte in der bäuerlichen Welt der Voralpen lange Zeit wohl zu den maßgeblichsten Lebensbedingungen. Ob jemand das zum Überleben Notwendige erwirtschaftete, eine rechtmäßige Ehe begründete, öffentliches Ansehen genoss, in der Gemeindepolitik das Sagen hatte, im Alter über ein erträgliches Auskommen verfügte – all das war in hohem Maß an den Besitz von Grund und Boden geknüpft.[39] Die Bauernhöfe und Kleinhäuser gelangten auf verschiedenen Wegen von einer Hand in eine andere. Verstarb eine Besitzerin oder ein Besitzer, wurden im Zuge einer gerichtlichen Verlassenschaftsabhandlung die Erbansprüche der Hinterbliebenen geklärt. Vielfach übertrugen die Besitzerinnen und Besitzer ihre Häuser und die dazugehörigen Gründe noch zu Lebzeiten: durch die Übergabe, die in der Regel an Töchter, Söhne oder nahe Verwandte erfolgte; durch den Verkauf an Verwandte oder Nichtverwandte; durch die Versteigerung, die zumeist wegen Überschuldung vorgenommen wurde; durch den Tausch eines Hofes gegen einen anderen; schließlich durch die Heirat der Besitzerin oder des Besitzers, die üblicherweise mit einer Gütergemeinschaft der Eheleute verbunden war. Wer wann wo an wen Haus- und Grundbesitz übertrug, stellte für alle Beteiligten eine folgenreiche, konfliktträchtige Entscheidung dar.

An 142 Bauernhöfen in Frankenfels können wir erkennen, dass sich die Strategien der Besitzübertragung im Lauf der vergangenen eineinhalb Jahrhunderte maßgeblich veränderten (Tabelle 4 und Grafik 7). Perioden, in denen die Häuser selten die Besitzerin und den Besitzer wechselten, folgten Perioden mit häufigen Besitzerwechseln, etwa die späten Sechziger-, Siebziger- und Neunzigerjahre des 19. Jahrhunderts, das

Jahrzehnt nach der Jahrhundertwende, die Jahre nach dem Ersten und dem Zweiten Weltkrieg, die frühen Fünfziger- und späten Sechzigerjahre des 20. Jahrhunderts. Zwischen 1850 und 1895 standen von den 555 Personen, die in den Besitz von Grund und Boden gelangten, 237 Personen oder 43 Prozent in keinem engen Verwandtschaftsverhältnis mit der Vorbesitzerin oder dem Vorbesitzer. 204 Personen oder 37 Prozent, in der Regel die Töchter oder Söhne, zählten zur Familie der Vorbesitzerin oder des Vorbesitzers. 114 Personen oder 21 Prozent heirateten eine verwitwete Bäuerin oder einen verwitweten Bauern. Unter den 482 Personen, die zwischen 1896 und 1945 in den Besitz eines Bauernhofes gelangten, zeichnete sich bereits eine Veränderung ab. Die Besitzübertragungen innerhalb der Familie überwogen mit 324 Personen oder 67 Prozent deutlich gegenüber jenen außerhalb der Familie (96 Personen oder 20 Prozent) und den nachträglichen Einheiraten (62 Personen oder 13 Prozent). In den Jahren 1946 bis 1980 fand diese Veränderung unter jenen 323 Personen, die zu Besitzerinnen oder Besitzern eines Bauernhofes wurden, eine Fortsetzung. Nun wurde die Übergabe des Bauernhofes an Tochter oder Sohn und deren Ehepartner zum Regelfall (284 Personen oder 88 Prozent). Nur mehr in Ausnahmefällen wechselten die Besitzrechte an den Höfen durch nachträgliche Einheirat (27 Personen oder 8 Prozent) oder Verkauf an Nichtverwandte (12 Personen oder 4 Prozent).[40]

In diesen Zahlen zeichnet sich ein grundlegender Wandel ab: die »Familisierung« der Besitzübertragung. Noch in der zweiten Hälfte des 19. Jahrhunderts wechselten die Höfe gewollt oder ungewollt zumeist durch Verkauf, fallweise auch durch Tausch und Versteigerung zwischen unterschiedlichen Familien; zudem trachteten in diesen Jahren vergleichsweise viele verwitwete Besitzerinnen und Besitzer danach, durch rasche Wiederverheiratung die Wirtschaft weiterzuführen. Dagegen verblieben die Höfe im 20. Jahrhundert überwiegend durch Übergabe, fallweise auch durch Vererbung im Be-

Grafik 7: Besitzwechsel von Bauernhäusern in Frankenfels 1850–1980

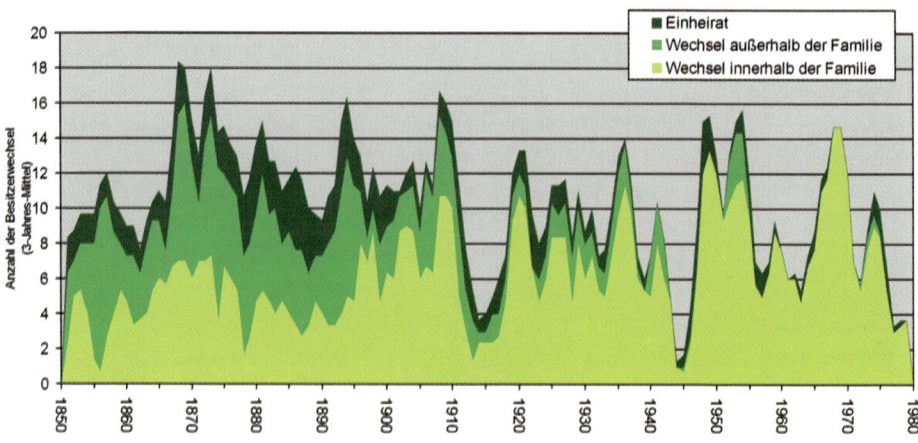

Quelle: Eigene Berechnungen nach BG St. Pölten, Grundbuch Frankenfels; Gamsjäger, Häuserbuch. Bei den Angaben handelt es sich um gleitende 3-Jahres-Mittelwerte.

sitz ein und derselben Familie. Die Bauernfamilien, können wir sagen, schotteten sich bei der Übertragung ihres Grundbesitzes immer stärker gegenüber anderen Familien ab. Anders besehen, für die Bauernfamilien waren Angehörige anderer Familien als Hofnachfolger in immer geringerem Maß verfügbar. Wie wir es auch drehen und wenden: Der über Generationen in Familienbesitz befindliche »Erbhof« wurde, entgegen der Vorstellung vom »schollenverwurzelten Bauerntum«, erst im Lauf des 20. Jahrhunderts zum Normalfall.[41]

Am Schwabeck-Hof in Frankenfels können wir die Entstehung des »Familienerbhofes« im 20. Jahrhundert verfolgen. Der im Jahr 1825 in das Anwesen eingeheiratete, aus der benachbarten Gemeinde Loich stammende Schwabeck-Bauer ehelichte 1858, nachdem seine Frau ein Jahr zuvor verstorben war, eine Bauerntochter aus der benachbarten Gemeinde St. Anton. Deren außereheliche Tochter kaufte 1866 den Hof und heiratete drei Jahre später einen Weinhauersohn aus der entfernt liegenden Gemeinde Dunkelsteinerwald. Nach dem Tod der Bäuerin im Jahr 1874 verehelichte sich der Hofbesitzer mit einer Bauerntochter aus der Nachbargemeinde St. Gotthard. Nachdem auch diese 1878 gestorben war, heiratete der zweifache Witwer 1880 eine Bauerntochter aus dem benachbarten Kirchberg. Bereits zwei Jahre später starb die Bäuerin und der dreifache Witwer heiratete im selben Jahr wiederum eine Bauerntochter aus St. Gotthard, vermutlich die Schwester seiner zweiten Frau. Nach deren Tod im Jahr 1890 ehelichte der nunmehr 54-jährige vierfache Witwer im selben Jahr eine verwitwete Bäuerin aus dem benachbarten Schwarzenbach. Zwei Jahre nach dieser Hochzeit starb der Schwabeck-Bauer und die Witwe entschloss sich im selben Jahr zur Heirat mit

Tabelle 4: Besitzwechsel von Bauernhäusern in der Gemeinde Frankenfels 1850–1980

	1850–1895		1896–1945		1946–1980	
	Anzahl	Prozent	Anzahl	Prozent	Anzahl	Prozent
Übertragung innerhalb der Familie	204	36,8	324	67,2	284	87,9
davon durch Übergabe	98	17,7	275	57,1	252	78,0
davon durch Erbe	20	3,6	35	7,3	28	8,7
davon durch Kauf	79	14,2	14	2,9	4	1,2
davon durch Tausch	6	1,1	–	–	–	–
davon durch Versteigerung	1	0,2	–	–	–	–
Übertragung außerhalb der Familie	237	42,7	96	19,9	12	3,7
davon durch Kauf	216	38,9	82	17,0	12	3,7
davon durch Versteigerung	7	1,3	4	0,8	–	–
davon durch Tausch	14	2,5	10	2,1	–	–
Einheirat	114	20,5	62	12,9	27	8,4
Summe	555	100,0	482	100,0	323	100,0

Quelle: Eigene Berechnungen nach BG St. Pölten, Grundbuch Frankenfels; Gamsjäger, Häuserbuch.

einem Bauernsohn aus der Nachbargemeinde Loich. Im Jahr 1907 kaufte ein jungverheiratetes, aus der Gemeinde stammendes Paar den Schwabeck-Hof. Bereits 1911 starb die Bäuerin und der Witwer ehelichte eine in der Gemeinde ansässige Bauerntochter. Nach dem Tod der Bäuerin im Jahr 1935 führte der Witwer den Hof noch einige Zeit im Alleinbesitz. Im Jahr 1940 übergab er den Schwabeck-Hof seinem aus erster Ehe stammenden Sohn und dessen der Gemeinde zugehörigen Ehefrau. Der junge Schwabeck-Bauer musste zur Deutschen Wehrmacht einrücken und kam 1945, wenige Wochen vor Kriegsende, ums Leben. Die Witwe heiratete 1948 den Bruder ihres verstorbenen Ehemannes. 1971 übernahmen der Sohn und dessen Ehefrau den Schwabeck-Hof.[42]

An diesem Fall werden mehrere Strategien deutlich: Erstens, die Güter wurden fast ausnahmslos ungeteilt an die nachfolgenden Besitzer übertragen; dabei wurden allfällige Erbansprüche anderer Personen in Geld abgelöst.[43] Zweitens, Bauern- und Ehestand waren in der Regel miteinander verknüpft; nur ausnahmsweise wurde der Betrieb auch von einer unverheirateten Person geführt. Drittens, die Heiratskreise, innerhalb derer ledige und verwitwete Personen ihre Ehepartner fanden, beschränkten sich durchwegs auf die eigene und die benachbarten Gemeinden. Viertens, bei der Partnerwahl rangierten wohl vielfach die Interessen der Betriebsführung vor dem Gefühl der romantischen Liebe; das legen etwa die kurze Zeit zwischen dem Tod des Ehepartners und der neuerlichen Heirat oder die mitunter enormen Altersunterschiede zwischen den Eheleuten nahe.

In das Tauziehen um den Grundbesitz flossen die Interessen der beteiligten Personen ebenso ein wie die in Gesetze gefassten Interessen des Staates. Den politischen Kräften im Staat erschien die Bauernschaft, je nach Standpunkt, als Verbündeter oder als Gegner; daher stand mit politischen Machtwechseln auch die »Bodenfrage« zur Debatte. Das zeigt etwa der »Umbruch« von der Habsburgermonarchie zur Republik, der die Macht des adeligen und bürgerlichen Großgrundbesitzes erschütterte; eine Bodenreform, die dem »Bauernlegen« der vergangenen Jahrzehnte entgegenwirken sollte, war in greifbare Nähe gerückt.[44] Aufgrund des 1919 beschlossenen Gesetzes über die Wiederbesiedlung gelegter Bauern- und Häuslergüter wurden im gesamten Gerichtsbezirk 55 Güter mit 2.175 Hektar für das vorläufige Verzeichnis angemeldet: in Frankenfels drei Güter mit 100 Hektar, in Grünau drei Güter mit 50 Hektar, in Kirchberg 16 Güter mit 831 Hektar, in Loich zwölf Güter mit 524 Hektar, in Rabenstein zwei Güter mit 24 Hektar und in Schwarzenbach 19 Güter mit 646 Hektar. Die ehemaligen Bauern- und Häuslergüter, die nunmehr zum Großteil als Jagdreviere dienten, befanden sich in den Händen adeliger Gutsinhaber, allen voran der isbaryschen Güterdirektion Fridau mit 863 Hektar, und bürgerlicher Großgrundbesitzer, zuallererst des St. Pöltner Baumeisters Heinrich Wohlmeyer mit 676 Hektar.[45] Mit der Anlage dieses Verzeichnisses begann ein heftiges, mehrjähriges Tauziehen zwischen den Besitzern der gelegten Güter, den möglichen Anwärtern und den damit befassten Behörden. An der Durchführung des Wiederbesiedlungsgesetzes in Schwarzenbach können wir dieses Kräftemessen nachzeichnen (Tabelle 5). Zunächst nahm die Agrarlandesbehörde im Juli 1920 von den 19 zur Wiederbesiedlung beantragten Gütern elf in das vorläufige Verzeichnis auf. Die 646 Hektar, davon 463 Hektar Wald, gehörten – mit Ausnahme des in bäuerlichem Besitz befindlichen Silberriegel – zur isbaryschen Güterdirektion Fridau und waren zum Teil an Bedienstete und Ortsansässige verpachtet. Nun versuchte die von der Enteignung bedrohte Gutsverwaltung, das Verfahren mittels Berufungen abzuwenden, zumindest aber zu verzögern.[46]

Daraufhin drängte der Schwarzenbacher Bürgermeister mit Befürwortung des Bauernbund-Bezirksobmannes im Oktober 1921 in einem geharnischten Schreiben die Agrarlandesbehörde auf eine rasche Wiederbesiedlung der isbaryschen Güter. Einerseits prangerte er das adelige »Luxusbedürfnis« an: »Die Güter, welche zur Wiederbesiedlung beantragt sind, waren die größten Wirtschaften der Gemeinde und sind durch die Legung dieselben fast vollständig vernichtet, da nur von diesen Gründen einige Stück Rinder gehalten werden, während das übrige zu Wildheu (also zu Luxuszwecken) verwendet wird.« Andererseits brachte er die bäuerlichen Interessen mit jenen der gesamten Einwohnerschaft zur Deckung: »Auch die Arbeiterschaft erleidet dadurch großen Schaden, da die übrigen Besitzer nicht in der Lage sind, dieselben mit Milch zu versorgen. Unter den Bauern sowie Arbeiterschaft herrscht schon große Aufregung, da dieselben zwecks Futtermangel ihr Vieh verkaufen müssen und dadurch eine größere Not hervorgerufen wird, während sich die Güterdirektion Fridau den Sport erlauben kann, bei den herrschenden Heupreisen (50 K das kg) ihre Hirschfutterstadeln mit Heu zu füllen, damit wenigstens die Hirsche gut versorgt sind.« Um dieser Forderung Nachdruck zu verleihen, bemühte er sogar die aufrührerische Stimmung auf dem Land: »Da über die genannten Übelstände und der wenig in Aussicht stehenden Wiederbesiedlung großer Ärger unter der Bevölkerung herrscht, wird ersucht, die Wiederbesiedlung ehestens durchzuführen, da es sonst leicht vorkommen kann, daß die erregte Bevölkerung zur Selbsthilfe greifen würde.«[47]

Das Schwarzenbacher Revolutionsgespenst war wohl etwas überzeichnet; doch der Wink mit der »Selbsthilfe« der verärgerten Arbeiter- und Bauernschaft, der auf die revolutionären Begleiterscheinungen des »Umbruchs« 1918/19 anspielte, versetzte die Hüter der Ordnung zweifellos in Unruhe. Trotz der anfänglichen Absicht, den Fall »dringendst« zu behandeln, beharrte die Agrarbezirksbehörde Melk jedoch mit dem Hinweis auf die mögliche Gefährdung des Gutsbetriebes durch die drohende Enteignung auf weiteren Erhebungen. Erst im September 1923, fast zwei Jahre nach der Intervention des Bürgermeisters, veröffentlichte die Agrarlandesbehörde die zur Wiederbesiedlung vorgesehenen Güter. Anstatt, wie zunächst vorgesehen, elf waren nun nur fünf Güter betroffen; der Einspruch der Gemeindevertretung gegen die Streichung der übrigen sechs wurde abgewiesen. Offenbar folgten die Behörden über weite Strecken dem Einwand der Gutsverwaltung, dass »im Falle der Enteignung der gesamten angeforderten Liegenschaften die vorteilhafte Bewirtschaftung des Restgutes gefährdet würde«. Zu wessen Gunsten die Entscheidungsträger im Wiederbesiedlungs-Verfahren tätig wurden, zeichnete sich bereits in Umrissen ab. Im Februar 1924 wurden die Enteignungsverfahren zugunsten der Bewerber, die ihre Fähigkeit zur ordnungsgemäßen Bewirtschaftung nachweisen mussten, eingeleitet. Die Agrarbezirksbehörde Melk unterstützte im Fall Kowald den Enteignungsantrag; die Fälle Hinterwald, Finzeneben und Seisenbach wurden mit Hinweis auf die Existenzgefährdung der Pächter, die Anforderungen des isbaryschen Gutes und die mangelnde Eignung einzelner Bewerber abschlägig beurteilt; im Fall Haslau erzielte die Gutsverwaltung ein Übereinkommen mit der sich bewerbenden Weidegenossenschaft Rabenstein, der ein Weiderecht eingeräumt wurde. Schließlich beschloss die Agrarlandesbehörde im Oktober 1924, das Gut Kowald zugunsten des Bewerbers, des vormaligen Pächters, zum Preis von 67.187.000 Kronen und mit grundbücherlicher Eintragung eines Wegservituts zugunsten der Gutsverwaltung zu enteignen; die übrigen vier Enteignungsanträge wurden abgewiesen.[48] In diesem mehr als vier Jahre langen Tauziehen konnte der Gutsbesitzer mit zunehmender

Tabelle 5: Durchführung des Wiederbesiedlungsgesetzes in Schwarzenbach 1920–1924

Bauern- oder Häuslergut	Größe (ha)	Gebäudezustand	Nutzung	(1)	(2)	(3)	(4)	(5)	(6)
Hinterstaff	64,4	baufällig	Jagdzwecke	j	j	n	n		
Hafnerreith	70,7	gut	verpachtet	j	j	n	n		
Schwarzenbrunnhäusl	3,1	keine	Jagdzwecke	j	n				
Angerhäusl	0,4	mittel	Jagdzwecke	j	n				
Vorderstaffhäusl	0,6	mittel	verpachtet	j	n				
Vorderbrunnhäusl	2,9	keine	keine Angabe	j	n				
Schlegelhäusl	0,2	mittel	verpachtet	j	n				
Vorderstaff	58,1	gut	verpachtet	j	j	n	n		
Hinterstaffhäusl	0,5	gut	keine Angabe	j	n				
Haslau	53,1	schlecht	verpachtet	j	j	j	j	n	n
Steiningerhaus	49,9	mittel	verpachtet	j	j	n			
Anglhäusl	0,3	gut	keine Angabe	j	n				
Seisenbach	125,0	mittel	verpachtet	j	j	j	j	n	n
Finzeneben	64,0	schadhaft	verpachtet	j	j	n	j	n	n
Haslauhäusl	0,2	gut	keine Angabe	j	n				
Silberriegel	65,4	keine	keine Angabe	j	j	n			
Grabl	21,4	mittel	verpachtet	j	j	n			
Hinterwald	38,2	mittel	verpachtet	j	j	j	j	n	n
Kowald	28,1	schadhaft	verpachtet	j	j	j	j	j	j

(1) Antrag über Aufnahme in das vorläufige Verzeichnis, (2) Entscheidung der Agrarlandesbehörde über die Aufnahme in das vorläufige Verzeichnis vom 13.7.1920, (3) Antrag der Agrarbezirksbehörde Melk zu den Vorstellungen der Eigentümer vom 18.7.1923, (4) Kundmachung der Agrarlandesbehörde über die zur Wiederbesiedlung vorgesehenen Güter vom 17.9.1923, (5) Stellungnahme der Agrarbezirksbehörde Melk zu den Enteignungsverfahren vom 7.7.1924, (6) Erkenntnis der Agrarlandesbehörde über die Enteignung vom 19.10.1924, j = zur Wiederbesiedlung vorgesehen, n = zur Wiederbesiedlung nicht vorgesehen.
Quelle: NÖLA, L.A. III/7, W-Akten, 1014.

Unterstützung der mittleren und oberen Agrarbehörden seine Interessen gegen jene der Gemeinde, der Bauernschaft und der Bewerber Schritt für Schritt behaupten; nur etwa 4 Prozent der zunächst für die Wiederbesiedlung vorgesehenen Gründe wechselten in Schwarzenbach letztendlich den Besitzer. Die Wiederbesiedlung gelegter Bauern- und Häuslergüter, die anfangs große Hoffnungen und Ängste der Beteiligten entfacht hatte, ließ am Ende den Großgrundbesitz, hier wie anderswo, weitgehend ungeschoren.

Knapp zwei Jahrzehnte später, nach der nationalsozialistischen Machtübernahme im Jahr 1938, griff der Staat abermals massiv in das Bodenrecht ein. Das Reichserbhofgesetz erfüllte eine lang gehegte Hoffnung konservativer Agrarpolitiker: die Entkoppelung des Bodens von den Marktmechanismen. Höfe mit »mindestens einer Ackernahrung«, wofür 7,5 Hektar als Richtwert galten, bis 125 Hektar wurden per Gerichtsbeschluss zu »Erbhöfen« erklärt. Der Besitzer eines Erbhofes, der »Bauer«, musste deutscher Staatsbürger, »deutschen oder stammesgleichen Blutes« und »ehrbar« sein. Besitzer landwirtschaftlicher Betriebe, die nicht den Status eines »Erbhofes« besaßen, galten als »Landwirte«. Die »Anerbenordnung« legte die ungeteilte Weitergabe des Hofes fest, die in erster Linie die männlichen Verwandten des Erblassers als Anerben vorsah. Nichterbende Nachkommen sollten eine »den Kräften des Hofes entsprechende« Entschädigung erhalten. »Erbhöfe« galten als unverkäuflich, unbelastbar und genossen Vollstreckungsschutz.[49] Im Gerichtsbezirk Kirchberg waren 358 Betriebe oder 34 Prozent von Amts wegen zur Eintragung in die »Erbhöferolle« vorgesehen.[50] Dagegen regte sich jedoch nicht nur der Widerspruch mancher Ortsbauernführer wegen mangelnder »Bauernfähigkeit«,[51] sondern auch der in Aussicht genommenen »Bauern« selbst. Die mit der Durchführung des Erbhofgesetzes befassten Gerichte wurden mit eine Flut von Beschwerden konfrontiert. Die Beschwerde eines Ehepaares gegen die Einstufung ihrer 29-Hektar-Wirtschaft in Frankenfels als Erbhof eröffnet Einblicke in das Tauziehen mit den Behörden. Das kinderlose Ehepaar bestritt gegenüber dem Anerbengericht Kirchberg, dass der Besitz eine »Ackernahrung« darstellte. Sie befürchteten wohl, im Fall des Ablebens eines der beiden keinen Ehepartner mehr zu finden, da das Erbhofgesetz die in dieser Region übliche Gütergemeinschaft ausschloss. Sie argumentierten, dass sie auf der gebirgigen und ertragsarmen Bauernwirtschaft nur überleben könnten, weil sie »immer recht fleißig gearbeitet und genügsam gelebt« hätten. Dabei beriefen sie sich auf eine Arbeitsmoral, die den subjektiven Maßstäben »Fleiß« und »Genügsamkeit« folgt. Das Erbhofgericht Wien, das anhand von Stellungnahmen des Bürgermeisters, des Kreisbauernführers und einer Gerichtskommission über die Beschwerde gegen das ablehnende Urteil des Anerbengerichtes entscheiden musste, wendete diese Argumente gegen das Ehepaar: »Fleiß und Genügsamkeit« wären aufgrund der harten Lebensbedingungen in ungünstiger Lage Eigenschaften aller »ostmärkischen Gebirgsbauern«. Unter Zugrundelegung eines objektiven Maßstabes wäre die »Ackernahrung« gegeben. Mit dem Hinweis: »Die Erbhofeigenschaft entsteht kraft Gesetzes«, wurde die Beschwerde als unbegründet abgewiesen.

Doch nicht immer siegte die behördliche Rechtsmeinung über den bäuerlichen Eigensinn; häufig kamen die Anerbengerichte aufgrund des vorhandenen Ermessensspielraums den Beschwerdeführern entgegen – und entschärften auf diese Weise die Widersprüche zwischen NS-System und bäuerlicher Lebenswelt.[52] Weder das Wiederbesiedlungsgesetz noch das Reichserbhofgesetz entfalteten eine nachhaltige Wirkung; die Besitzrechte an Grund und Boden wurden weniger durch rechtswirksame Eingriffe des Staates als durch einkommenswirksame – und durch die staatliche Agrarpolitik regulierte – Eingriffe des Marktes verändert: Der Mitte des 20. Jahrhunderts rasant einsetzende »Strukturwandel« erwies sich als Antwort auf die »Bodenfrage«.

III. Die Menschen und das Vermögen

Fotografien wie jene vom Unter-Nestelgraben, einem Bauernhof in Frankenfels, um das Jahr 1905 gibt es viele; zwar wechseln die Gesichter, doch die Szenen gleichen einander: das Haus im Hintergrund, Menschen und Vieh im Vordergrund. Ob in diesem Fall der Fotograf hinter der Kamera oder die Menschen davor die Pose in Szene setzten, bleibt ungewiss; doch kann man wohl davon ausgehen, dass in solchen Abbildern auch die Vorbilder der Beteiligten ihren Niederschlag gefunden haben. Solche Fotografien zeigen, wie man sich selbst sieht und von anderen gesehen werden möchte; sie belichten das Eigene vor dem Hintergrund des Anderen. Als Kulisse für die Bildszene wurden die strohgedeckten, aus Stein und Holz gebauten Wohn- und Wirtschaftsgebäude gewählt; es handelt sich um einen abgelegenen Haufenhof, dessen Gebäude kreisförmig angeordnet sind.[53] Die bäuerlichen Identitäten sind an das Vermögen, vor allem an Haus und Zugvieh, geknüpft;[54] der Name des Hauses geht auch auf dessen Bewohner – den »Unter-Nestelgraben-Hans«, die »Unter-Nestelgraben-Pepi« – über. Der Besitz von Grund, Haus und Ochsen macht sie zu »Wirtschaftsbesitzern« – eine bäuerliche Selbstbezeichnung, die wir etwa auf damaligen Grabsteinen und -kreuzen finden; das unterscheidet sie in der ländlichen Hierarchie von den »Kleinhäuslern« – eine Fremdbezeichnung, die aus bäuerlichem Mund geringschätzig klingt. Was den alltäglichen Umgang mit dem Vermögen anlangt, werden in der Fotografie Unterschiede innerhalb der »Hausgemeinschaft« fassbar: Bauer und Bäuerin posieren, gemäß der gültigen Teilung von »Männer-« und »Weiberarbeit«, in der Bildmitte: Er stützt sich auf ein Werkzeug; sie wird von der Kinderschar umringt. Die zentrale Stellung der Besitzerfamilie in der Bildszene signalisiert die enge Verbindung von Haushalt und Betrieb. Dahinter steht der Knecht mit dem Ochsengespann, einem bäuerlichen, der männlichen Sphäre zugedachten Statussymbol. Die vier Zimmerleute auf der linken Bildhälfte lassen den Anlass für die fotografische Aufnahme, Arbeiten am Dachstuhl oder an einem Holzgebäude, vermuten. Die Fotografie macht die Unterschiede der bäuerlichen »Hausgemeinschaft« nach außen hin, gegenüber anderen Klassen der ländlichen Gesellschaft, wie im Inneren, zwischen den Generationen und Geschlechtern am Hof, augenfällig. Kurz, sie setzt bäuerliche Identitäten in Szene.

An drei Bauernhöfen aus dem Kirchberger Umland können wir den Umgang mit dem betrieblichen Vermögen etwas genauer fassen. Zu diesem Zweck müssen wir zu unter-

Die Leute vom Unter-Nestelgraben in Frankenfels um 1905

schiedlichen Zeitpunkten vorliegende Aufzeichnungen über den Vermögensstand der Höfe verknüpfen: Verlassenschaftsabhandlungen, Hof- und Betriebskarten, Erhebungsbögen der Agrarstatistik, Grundbuchauszüge, Grundbesitzbögen und so fort.[55] Die Bewohner der Bauernwirtschaft in Hofstetten konnten Ende der Achtzigerjahre des 19. Jahrhunderts wohl einen Gutteil ihres Lebensunterhalts aus dem Eigenbesitz, den knapp neun Hektar großen Gründen und dem Viehstand, schöpfen; das legte auch die Titulierung der im Jahr 1887 verstorbenen Bäuerin als »Wirtschaftsmitbesitzerin« nahe. In den Zwanzigerjahren des 20. Jahrhunderts hatte sich die landwirtschaftliche Grundlage des Hofes erweitert: Die Eigentumsfläche war um mehr als ein Drittel gewachsen, die Kuh- und Schweinezahlen hatten sich verdoppelt und der Geräte- und Maschinenbestand war erneuert worden. Doch nicht nur am Wirtschaftsgebäude, sondern auch am Wohnhaus wurde der begrenzte Aufstieg sichtbar: Hatten die Inventare Ende des 19. Jahrhunderts nur Küchen- und Zimmereinrichtung von geringem Wert verzeichnet, wurden nun auch Nähmaschine, Spiegel und Bilderrahmen angeführt. In den Dreißiger- und Vierzigerjahren, vor allem unter der Betriebsführung der seit 1943 verwitweten Bäuerin, konnte die Wirtschaft den erreichten Stand mehr schlecht als recht halten. Dass die kinderreiche Familie – »abgerackerte, fleißige und sparsame Bauern« – ein knappes Auskommen hatte, lässt auch der Gutachter der Landstelle Wien im Jahr 1941 anklingen; dies entsprach offenbar dem nationalsozialistischen Ideal des »deutschen Gebirgsbauern«. Nach der Übernahme durch die Tochter und deren Ehemann vollzog der Betrieb in den Fünfziger- und Sechzigerjahren die Wende zur mechanisierten Grünlandwirtschaft mit Milchkuhhaltung. Die beträchtlichen Investitionen in Maschinen und Geräte erhöhten die betriebswirtschaftliche Soll-Größe weit über den Ist-Stand von knapp 13 Hektar. Daher wurde der Betrieb nach einer intensivierten Phase in den Siebzigerjahren seit den Achtzigerjahren extensiviert; in diese Jahre fällt auch die Über-

Tabelle 6: Haushalts- und Betriebsstruktur eines Bauernhofes in Hofstetten 1887–1988

	1887/97	1927	1941/43	1957	1970/72	1988
Arbeitskräfte	Besitzer Besitzerin 2 Töchter [2 Söhne]	Besitzer Besitzerin	Besitzer 54 Besitzerin 44 [Söhne 1, 4, 11, 15, 20 Militär] [Töchter 8, 9, 12]	Besitzer 37 Besitzerin 29 Ausnehmerin 60 [3 Mitbewohner]	Besitzer 50 Besitzerin 41 Ausnehmerin 73 [Sohn 13] [Töchter 7, 11]	Besitzerin 25 Ausnehmer 68 Ausnehmerin 59 [Ehemann]
Kulturfläche (in ha) Acker Wiese Garten Wald	8,9	12,1	12,7 4,4 5,3 0,8 2,2	12,7 3,3 7,2 0,7 2,1	12,7 2,0 8,5 0,1 2,2	11,7 1,0 9,0 0,2 1,5
Ackernutzung (in ha) Weizen Roggen Hafer Kartoffeln Futterrüben Klee Luzerne	?	?	?	0,5 0,7 0,5 0,5 0,2 0,6 0,3	0,5 0,5 0,5 0,5 – – –	0,5 0,5 – – – – –
Viehstand Pferde Stiere und Ochsen Kühe Sonstige Rinder Schweine Ziegen/Schafe Geflügel	– 2 2 1 4 4 mehrere	1 1 5 – 7 – 20	– 1 4 2 4 1 15	– 3 2 1 9 3 23	1 – 8 5 6 – 21	– – 6 5 5 1 15
Maschinen/Geräte Zug und Antrieb Anbau Ernte Verarbeitung Haushalt Sonstige Bereiche	– P, E – OP – W	– P, 2 E – DM, 2 FM, WI, OP, MS – 4 W, S	VM – – HM, SM – K	– – MM – – VM	T, EM DS MM, KW, HS – WM, GT FG, ME	2 T DS LW – – ME
Schulden Bankdarlehen Privatdarlehen Sonstige Schulden	486 fl. – 469 fl. 17 fl.	8.984 S 263 S – 8.721 S	3.184 RM 1.165 RM – 2.019 RM	?	?	?

Legende: siehe Tabelle 8.
Quelle: NÖLA, BG Kirchberg/P., IV 99/1887, IV 48/1897, A 66/1927, P 24/1943; NÖLA, Entschuldungsakten, VI/12-1379-16; NÖLA, BBK Kirchberg/P., Betriebskarten Hofstetten 1956–1959, 1960–1969, 1970 ff.

gabe zunächst an eine Tochter, schließlich an den außerhalb der Landwirtschaft berufstätigen Sohn. Der Besitzerwechsel änderte in den ersten Jahren wenig daran, dass das mittlerweile betagte Bauernehepaar weiterhin der gewohnten Arbeit nachging; doch nach und nach – und mit schwindender Gesundheit der Bäuerin und des Bauern – lief der Betrieb aus (Tabelle 6).[56]

Auch der 18-Hektar-Hof in Kirchberg ermöglichte beim Tod der »Wirtschaftsmitbesitzerin« im Jahr 1886 der Familie ein Auskommen. Das Pferd als Zugtier signalisierte im Vergleich zu den »Ochsenbauern«, eine, wie man sagte, »schöne Wirtschaft«. Die Kühe, Schweine und Hühner dienten, ebenso wie die angebauten Körner- und Hackfrüchte, fast ausschließlich der Selbstversorgung. Zum Marktverkauf gelangten vorrangig die Jungochsen, die »Schnittlinge«, die später als Zugtiere im Flach- und Hügelland Verwendung fanden. Neben der üblichen Ausstattung eines Bauernhauses – Betten, Kästen, Truhen, Tisch, Stühle – verzeichnet das Inventar auch bürgerliche Accessoires wie eine Uhr. Ein Sparkassen- und ein Privatdarlehen in beträchtlicher Höhe lasteten auf dem Besitzerehepaar. Bis zur ersten Hälfte des 20. Jahrhunderts änderte sich wenig an diesen Gegebenheiten: Das Pferd wurde durch Ochsen ersetzt; der Kauf einer Zentrifuge verweist auf die zunehmende Vermarktung der Milch; die wachsenden Schulden signalisierten »schlechte Zeiten«. Geteilter Meinung war der Gutachter der Landstelle Wien im Jahr 1941 über die Familienangehörigen: Vor dem Hintergrund des nationalsozialistischen Bauernideals erschien der Bauer, ein »Gasthausgeher«, als »wenig fleißig«; hingegen entsprachen die »sehr fleißige und strebsame Frau« sowie der »sehr brave und tüchtige Sohn« dem »deutschen Gebirgsbauern«. Trotz erster Zeichen der Erneuerung in den Fünfzigerjahren, etwa des Motormähers, blieb unter dem Sohn und dessen Ehefrau noch vieles beim Alten. Die »Umstellung« setzte erst in den Sechziger- und Siebzigerjahren ein: Der Kuhstand wurde auf Fleckvieh umgestellt und erhöht; der Grundbesitz wurde um einige Hektar aufgestockt; Äcker wurden zu Wiesen umgebaut; Futtersilos wurden errichtet; die Technik zog in Haus und Hof ein. Ende der Achtzigerjahre präsentierte sich der Hof unter der Führung des Sohnes und dessen Ehefrau als hochmechanisierte, auf Milchviehhaltung spezialisierte Grünlandwirtschaft (Tabelle 7).[57]

Der Frankenfelser Hof stellte Ende des 19. Jahrhunderts wohl eines der stattlichsten Bauerngüter des Pielachtales dar. Mit der Landwirtschaft war seit Jahrhunderten eine Getreidemühle verbunden, die um die Jahrhundertwende zu einer »Kunstmühle« ausgebaut wurde. Nicht nur das Vermögen, sondern auch der an bürgerlichen Vorbildern orientierte Lebensstil unterschied die Besitzerfamilie von der Mehrheit der übrigen Bauernhaushalte: Im Stall standen zwei Pferde, welche die Ackergeräte, Wagen und Schlitten zogen; im Schuppen stand ein »Steirerwagen«, auf dem die Familie am Sonntag zur Kirche kutschierte; im reichlich möblierten Wohnzimmer stand ein Esstisch, von dem man zu festlichen Anlässen mit Silberlöffeln speiste. Auf dem Heiratsweg – und, wie die großen Altersunterschiede der Eheleute nahe legen, nicht ganz ohne Berechnung – wechselten in den folgenden Jahrzehnten die »Wirtschafts- und Mühlenbesitzer«: Einige Jahre nach dem Tod des Besitzers im Jahr 1891 heiratete die Witwe einen 35-jährigen Mann aus dem benachbarten Schwarzenbach; ein Jahr nach ihrem Tod im Jahr 1925 ehelichte dieser eine 17-jährige Frau aus der Gemeinde. Unter seiner Betriebsführung – ver-

Tabelle 7: Haushalts- und Betriebsstruktur eines Bauernhofes in Kirchberg 1886–1984

	1886	1927	1941	1958	1970/72	1988
Arbeitskräfte Familienangehörige im Haushalt	Besitzer Besitzerin [2 Söhne]	Besitzer Besitzerin	Besitzer 53 Besitzerin 57 [Sohn 21 Militär, Stiefsöhne 31, 34 Militär], AK	Besitzer 38 Besitzerin 34 [Sohn 7, Stiefsohn 11] [Ausnehmer 70]	Besitzer 50 Besitzerin 46 Söhne [23], 19 [Tochter 17]	Besitzer 37 Besitzerin 32 Ausnehmer 68 Ausnehmerin 64 [3 Kinder]
Betriebsangehörige	?	?	Taglöhner	–	–	–
Kulturfläche (in ha) Acker	17,9	17,4	15,2 3,8	15,2 3,8	21,6 1,4	22,2 0,9
Wiese			5,5	3,0	8,1	9,0
Garten			0,3	0,3	0,5	–
Weide			3,0	5,1	5,3	6,0
Wald			2,6	3,0	5,8	6,2
Ackernutzung (in ha) Weizen	?	?	?	0,4	0,4	–
Roggen				0,4	–	–
Gerste				0,4	0,4	–
Hafer				0,7	0,2	–
Kartoffeln				0,4	0,4	0,2
Futterrüben				0,3	–	–
Klee				0,6	–	–
Luzerne				0,6	–	–
Silo-/Grünmais				–	–	0,7
Viehstand Pferde	1	–	–	–	–	–
Stiere und Ochsen	–	2	3	3	–	–
Kühe	3	4	4	3	8	15
Sonstige Rinder	9	7	5	4	13	17
Schweine	5	5	3	4	6	2
Ziegen/Schafe	–	1	2	3	–	–
Hühner	10	21	13	21	16	5
Maschinen/Geräte Zug und Antrieb	–	–	–	VM	T, EM	T
Anbau	–	2 E, 2 P	–	–	TP, KL, DS	DS
Ernte	–	–	–	MM	MM, KR, LW, MW, 2 HE	MM
Verarbeitung	OP, BK, FM	OP, BF, FD	HM, MS	–	–	–
Haushalt	–	–	–	–	WM, KS, WW	EH
Sonstige Bereiche	–	6 W, 3 S, JF	–	–	EA, FG, GP, JF, ME, MK	ME, MK
Schulden Bankdarlehen	1.450 fl. 1.350 fl.	4.072 S 4.060 S	4.527 RM 2.372 RM	?	?	?
Privatdarlehen	100 fl.	–				
Sonstige Schulden	–	12 S	2.155 RM			
Bauliche Anlagen	–	–	–	–	DJ, 2 GF	DJ, 3 GF

Legende: siehe Tabelle 8.
Quelle: NÖLA, BG Kirchberg/P., IV 94/1886, A 109/1927; NÖLA, Entschuldungsakten, VI/12-1380-41; NÖLA, BBK Kirchberg/P., Betriebskarten Kirchberg 1956–1959, 1960–1969, 1970 ff.

mutlich legte er angesichts der großen Gesindezahl im Landwirtschaftsbetrieb selbst kaum mehr Hand an – zeichnet sich bereits im ersten Drittel des 20. Jahrhunderts eine verstärkte Milchvermarktung auf teilmechanisierter Grundlage ab. Er war gewiss ein »fortschrittlicher«, von seinen Nachbarn wohl auch etwas misstrauisch beäugter Unternehmer. Im Jahr 1933 besaß er als einer der Ersten in dieser Gegend einen mit Wasserturbine betriebenen Elektromotor, eine pferdegezogene Mähmaschine und eine Jauchepumpe. Dass der »Fortschrittsgeist« die Investitionsbereitschaft begünstigte, zeigen die enormen Bankverbindlichkeiten, die der Mann nach seinem Tod im Jahr 1933 hinterließ. Zudem bekleidete er von 1906 bis 1919 das Amt des Bürgermeisters und wurde 1933, kurz vor seinem Tod, zum Ehrenbürger ernannt. Der neue, aus Oberösterreich stammende Besitzer, der das Anwesen zusammen mit seiner Ehefrau im Jahr 1935 ersteigerte, sowie sein Sohn und seine Schwiegertochter, die den Betrieb im Jahr 1967 übernahmen, setzten den »fortschrittlichen« Kurs des Vorbesitzers fort. Zwar wurde der Mühlenbetrieb Anfang der Siebzigerjahre eingestellt; doch was sich in der Landwirtschaft in den Fünfzigerjahren bereits abzeichnete, kam in den Sechziger- und Siebzigerjahren zum Durchbruch und erreichte in den Achtzigerjahren die volle Ausformung: der »vergrünlandete«, vollmechanisierte Rinderhaltungsbetrieb (Tabelle 8).[58]

In diesen kleinen Hofgeschichten ist auch eine größere eingeschrieben: die Geschichte vom »Strukturwandel« der Höfe. Der vollmechanisierte, »vergrünlandete« Zwei-Personen-Betrieb war, bei allen Unterschieden, der gemeinsame Endpunkt der Bauernwirtschaften des Kirchberger Umlandes auf deren Wegen durch das 20. Jahrhundert; freilich war dies am Anfang noch kaum absehbar. Auf dieser Hauptroute, die manchmal in einen Wettlauf um Kredite und Profite mündete, gerieten manche, vorwiegend kleinere Betriebe in Rückstand; hingegen konnten andere, vor allem mittlere und größere Betriebe ihren Vorsprung behaupten. Antriebsfeder dieses »Strukturwandels« war der Ersatz menschlicher und tierischer Arbeitskraft durch Sachkapital; Erstere verursachten steigende Kosten, Letzteres wurde tendenziell billiger.[59] Doch die von außen bestimmten Preisrelationen von Arbeit und Kapital allein vermögen den Wandel der Haushalts- und Betriebsstrukturen nicht zu erklären; wir können den häufig wie eine äußere Naturgewalt wahrgenommenen »Strukturwandel« auch von innen her als Menschenwerk verstehen. Wie die drei Hofgeschichten zeigen, hielten auch die Wechselwirkungen von Haushalt und Betrieb den »Strukturwandel« in Gang: Die Mechanisierung des Haushalts als »Reich der Landfrau« hatte gegenüber jener des Betriebes als männlicher Domäne zurückzustehen; der Haushaltszyklus – das wechselnde Verhältnis von erwachsenen Arbeitskräften und noch nicht oder nicht mehr arbeitsfähigen Verbrauchern – bestimmte den durch Auf- und Abstiege gekennzeichneten Betriebszyklus; der bäuerliche Haushalt, der auch nichtverwandte Dienstboten einschloss, schrumpfte durch die Mechanisierung des Betriebes zur Besitzerfamilie; die trotz Mechanisierung arbeitsreiche Grünlandwirtschaft erschwerte die Trennung von Haushalt und Betrieb. Der »Strukturwandel« entpuppt sich bei näherer Betrachtung als Feld von Kräften und Gegenkräften, von beharrenden und verändernden Strategien der Menschen auf den Höfen. Anhand des Umgangs mit dem Vieh, den Maschinen und den Gebäuden werden wir nun dieses Kräftefeld genauer vermessen.

Tabelle 8: Haushalts- und Betriebsstruktur eines Bauernhofes in Frankenfels 1891–1988

	1881	1933	1957	1970	1988
Arbeitskräfte					
Familienangehörige im Haushalt	Besitzer Besitzerin [Sohn] [Tocher]	Besitzer 74 Besitzerin 24 Sohn 36	Besitzer 53 Besitzerin 49 Töchter 17, 15 Söhne 16, 14	Besitzer 29 Besitzerin 29 Ausnehmer 66 Ausnehmerin 62 [Söhne 3, 4]	Besitzer 47 Besitzerin 47 Söhne 22, 21, [8] [Tochter 17]
Betriebsangehörige	?	Knecht, Magd, Dienstbotenpaar, [Mühlenknecht]	–	–	–
Kulturfläche (in ha)	51,3	51,3	51,3	51,3	51,3
Acker		6,3	4,7	4,2	–
Wiese		12,3	13,8	10,8	16,1
Garten		0,2	0,2	1,3	–
Weide		–	–	1,4	1,0
Wald		32,4	32,4	33,6	34,1
Ackernutzung (in ha)	?	?			
Weizen			1,0	–	–
Roggen			1,0	–	–
Gerste			1,0	–	–
Hafer			0,7	–	–
Kartoffeln			1,0	0,5	–
Feldfutter			–	3,7	–
Viehstand					
Pferde	2	2	2	–	–
Stiere und Ochsen	3	–	1	–	–
Kühe	5	8	9	14	17
Sonstige Rinder	11	15	8	15	13
Schweine	22	13	19	6	1
Ziegen/Schafe	6	9	2	–	–
Hühner	15	30	47	31	–
Maschinen/Geräte					
Zug und Antrieb	–	EM	T, 2 VM	2 T, VM	2 T
Anbau	–	2 P, 3 E	–	VG, 2 DS	SÄ, 2 DS
Ernte	–	HR, HW, MÄ	KR, MM, HW, HR	MM, LW, KW	MM, HE, LW
Verarbeitung	OP	WI, FM, OP, FD, MS, RS, DM	DM, MS, FM	SH	SH
Haushalt	–	–	WM	EH, WM, GT	GS, EH
Sonstige Bereiche	6 S, 10 W	12 W, 7 S, JP	W, BS, ME	2 SB, HL, FG, HB, ME, EA, GP	EA, ME, MK
Schulden	1.350 fl.	82.536 S	?	?	?
Bankdarlehen	–	36.914 S			
Privatdarlehen	–	–			
Sonstige Schulden	1.350 fl.	45.622 S			
Bauliche Anlagen	–	GM	GM	GM, 4 GF, 2 DJ	4 GF, 2 DJ

Die staatliche Statistik durchleuchtete nicht nur die menschliche Population des Landes, sondern auch die tierische. Die Ergebnisse der Viehzählungen, vor allem jene der Kriegs- und Nachkriegszeiten, hängen auch von der Auskunftsbereitschaft der Viehbesitzerinnen und -besitzer ab. »Trotz aller Aufklärung«, klagte der St. Pöltner Bezirkshauptmann in seiner Stellungnahme zur Viehzählung des Jahres 1923, seien die Angaben der Viehbesitzer »vielfach unter der wirklichen Bestandzahl« geblieben.[60] Wir dürfen daher die Einer-, Zehner- und Hunderterziffern nicht auf die Waagschale legen; dennoch liefern uns diese Zahlen gewichtige Hinweise auf die Entwicklung des Viehbestandes im Kirchberger Voralpenland seit dem ausgehenden 19. Jahrhundert (Grafik 8). Der Pferdebestand bewegte sich bis Anfang der Sechzigerjahre, abgesehen von den kriegsbedingten Einbrüchen, im Bereich von 230 bis 330 Stück – ein Zeichen für die geringe, aber anhaltende Verbreitung der Zugpferde, vor allem in den größeren Betrieben. In den Sechziger- und Siebzigerjahren verschwanden die Pferde im Zuge der Umstellung von tierischer auf maschinelle Zugkraft fast völlig aus den Ställen. Die Zahlen der Rinder stiegen in den Neunzigerjahren des 19. Jahrhunderts und, nach einem Rückgang vor, im und nach dem Ersten Weltkrieg, bis zum vorläufigen Höchststand von 9.600 Stück im Jahr 1944. Nach dem kriegsbedingten Einbruch des Jahres 1945 folgte erneut ein stetiger Aufwärtstrend, der sich erst im Jahr 1990 am Höchststand von 13.600 Stück umkehrte. Der Zwischenkriegs-, Kriegs- und Nachkriegs-Rinderboom ging einher mit der Ausweitung der Wiesen- und, bis zur Mitte des 20. Jahrhunderts, auch der Kleefutterflächen. Die Abnahme der Zugochsen seit den Fünfzigerjahren wurde durch die Milchkuhhaltung mehr als aufgewogen; der Kuhanteil am Rinderbestand stieg von 32 Prozent im Jahr 1880 über 36 Prozent im Jahr 1944 auf 41 Prozent im Jahr 1999. Das Rind im Allgemeinen und die Milchkuh im Besonderen war diesen Zahlen zufolge das »Leittier« der »fortschrittlichen«, marktorientierten Viehwirtschaft im Voralpenland im 20. Jahrhundert.[61]

Eine ähnliche Entwicklung wie der Rinderbestand verzeichneten die Schweinezahlen bis zur Mitte des 20. Jahrhunderts: Der stete und, in den Zwanziger- und Dreißigerjah-

[...] nicht im Betrieb mitarbeitend, ? Angaben unbekannt, - nicht vorhanden, BF: Butterfass, BK: Brennkessel, BS: Bodenseilzug, DJ: Düngerstätte/Jauchegrube, DM: Dreschmaschine, DS: Düngerstreuer, E: Egge, EA: Entmistungsanlage, EH: Elektroherd, EM: Elektromotor, FD: Futterdämpfer, FG: Fördergebläse, FM: Futterschneidemaschine, GF: Gärfutterbehälter, GM: Getreidemühle, GP: Güllepumpanlage, GS: Geschirrspüler, GT: Gefriertruhe, HB: Heubelüftungsanlage, HE: Heuerntemaschine, HL: Hecklader, HM: Häckselmaschine, HR: Heurechen, HS: Heckschiebesammler, HW: Heuwender, JF: Jauchefass, JP: Jauchepumpe, K: Kreissäge, KL: Kartoffellegemaschine, KR: Kartoffelroder, KS: Kühlschrank, KW: Kreiselwender, LW: Ladewagen, MÄ: Mähmaschine, ME: Melkmaschine, MK: Milchkühlanlage, MM: Motormäher, MS: Milchseparator, MW: Mähwerk, OP: Obstpresse, P: Pflug, RS: Rübenschneider, S: Schlitten, SÄ: Sämaschine, SB: Schädlingsbekämpfungsgerät, SH: Silohäcksler, SM: Schrotmühle, T: Traktor, TP: Traktorbeetpflug, VG: Vielfachgerät, VM: Verbrennungsmotor, W: Wagen, WI: Windmühle, WM: Waschmaschine, WW: Warmwasserspeicher.
Quelle: NÖLA, BG Kirchberg/P., IV 156/1891, A 49/1924, P 13/1933; NÖLA, BBK Kirchberg/P., Betriebskarten Frankenfels 1956–1959, 1960–1969, 1970 ff.; Gamsjäger, Häuserbuch 36 f.

Grafik 8: Viehbestand in der Region Kirchberg 1880–1999

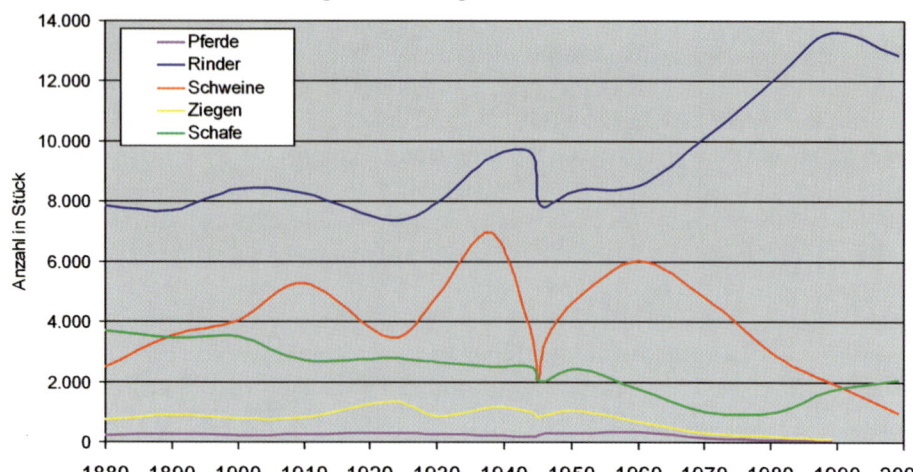

Quelle: Eigene Berechnungen nach Viehzählung 1880, 1890, 1900; Viehstandslexikon 1910; NÖLA Konvolutsakten, IV Alt 82, Volkszählung 1923; Betriebszählung 1930; NÖLA, BBK Gänserndorf, Viehzählung 1938, 1944, 1945, 1946; NÖLA, BBK Kirchberg/P., Viehzählung 1960, 1970; Statistik Austria, Direktion Raumwirtschaft, Viehzählung 1951, 1981, 1989, Agrarstrukturerhebung 1999.

ren, rasante Aufwärtstrend bis zum vorläufigen Höchstwert im Jahr 1938 mit 7.000 Stück wurde nur durch die Jahre vor, im und nach dem Ersten Weltkrieg unterbrochen. Seit den Fünfzigerjahren waren die Schweinezahlen, entgegen dem Rinderbestand, jedoch stark rückläufig. Die Bauernhaushalte betrieben Schweinemast vorrangig zur Selbstversorgung; was darüber hinausging, wurde auf dem örtlichen Markt an Privatkunden oder den Fleischhauer verkauft. Der langfristige Abwärtstrend der Schweinehaltung steht wohl auch im Zusammenhang mit der Verminderung der familienfremden und -eigenen Arbeitskräfte in der zweiten Hälfte des 20. Jahrhunderts.

Die Schafe blieben vom Höchststand des Jahres 1880 mit 3.700 Stück bis zur Mitte des 20. Jahrhunderts, trotz sinkender Tendenz, ständige Wegbegleiter der Bauernhaushalte. In den Fünfziger-, Sechziger- und Siebzigerjahren war der Bestand rückläufig; nun begannen die Rinder die Schafe vom Weideland zu verdrängen. Die Schafhaltung erlebte jedoch in den Achtziger- und Neunzigerjahren wieder einen Aufschwung – eine Folge geänderter Vorstellungen: Das Schaf galt auf Seiten der Erzeuger wie der Verbraucher nunmehr als Inbegriff einer umweltverträglichen, »ökologischen« Landwirtschaft. Die Ziege, die »Kuh des kleinen Mannes«, bot den Kleinhäuslerinnen, vor allem in den Zeiten der Nahrungsmittelknappheit nach dem Ersten und Zweiten Weltkrieg, eine Grundlage zur Selbstversorgung. Mit der Steigerung des Lebensstandards in der zweiten Hälfte der Fünfzigerjahre gingen die Arbeiter- und Angestelltenhaushalte von der landwirtschaftlichen Selbstversorgung ab; damit verschwanden auch die Ziegen aus den Häuschen.

Was die Statistik der Rinderbestände verbirgt, ist ein Konflikt, der in den Sechzigerjahren vielfach die Gemüter erhitzte: die Umstellung von der Murbodner Rasse, der im

Bauernkammerbezirk im Jahr 1930 noch 94 Prozent der Zuchtstiere und Kühe angehörten,[62] auf Fleck- und Braunvieh. Hubert Größbacher, seit 1959 Ortsbauernratsobmann und seit 1968 Obmann der Bezirksbauernkammer, geriet im »Glaubenskrieg« um die »Rassenumstellung« immer wieder zwischen die Fronten: »Wenn da eine Rede war irgendwo im Wirtshaus über Rassenumstellung, das war ein Religionskrieg. Da ist gestritten worden auf Mord und Brand. Der hat seine Viecher verteidigt, der andere hat die Viecher verteidigt.« Offenbar stand mehr zur Debatte als Milchleistung, Fleischqualität und Gebirgstauglichkeit der Rinder; es ging auch nicht so sehr um das heftig umstrittene »Gschau«, die Gesichtszüge des Tieres. Hinter dem »Glaubenskrieg« verbarg sich ein Tauziehen zwischen den Anhängern des »Fortschritts«, die einen Gutteil der Agrarfachleute und -funktionäre auf ihrer Seite hatten, und deren Gegnern, die auf die bäuerliche Eigenständigkeit pochten. Als Bauernfunktionär nahm Hubert Größbacher in diesen Wortgefechten eine, wie er sagt, »neutrale Haltung« ein: »Schaut, jede Rasse ist gut [...], ob das Murbodner, Braunvieh oder Fleckvieh ist, jede Rasse ist gut.« Jedoch: »Das muß uns ja wer abkaufen.«[63] Mit dem Argument, die Murbodner Rinder wären auf den in- und ausländischen Märkten nicht mehr abzusetzen, vertrat er an der Basis die von der übergeordneten Agrarbürokratie vorgegebene Linie: »Und das in die Gehirne alle hineinbringen, das ist nicht so einfach gegangen.« Zwar verfügte der Bauernfunktionär über die schlagenderen Argumente; doch auch er musste Kompromisse mit verbreiteten Meinungen schließen: Obwohl er in seinem Betrieb bereits mit der Umstellung auf Fleckvieh begonnen hatte, fügte er sich der Entscheidung seiner Hofnachbarn für das Braunvieh.[64] Die anlässlich der Stierkörung des Jahres 1966 ausgegebene Parole, »daß das Grünlandgebiet im Pielachtal seine Chance in der Rinderzucht immer mehr erkennt und zu einem Fleckviehzentrum im Alpenvorland [sic!] geworden ist«[65], wies der Viehwirtschaft in den Voralpen die Richtung der kommenden Jahre. Letztlich brachten die besseren Marktchancen des Fleck- und Braunviehs auch die lautesten Kritiker zum Verstummen. Die Murbodner zählen heute zu den vom Aussterben bedrohten Rinderrassen.

Neben dem Viehstand wurde im Zuge des »Strukturwandels« auch der Bestand an Maschinen und Geräten erneuert. Doch das Neue verdrängte nicht immer und überall das Alte; vielfach knüpften Innovationen an Traditionen an. Das zeigt etwa die Fotografie einer »Traktorweihe« in der Gemeinde Rabenstein in den späten Fünfziger- oder frühen Sechzigerjahren. Die blank polierten Traktoren, überwiegend Fabrikate der Firma Steyr, empfangen in Gegenwart der festlich gekleideten Honoratioren vom geistlichen Würdenträger den kirchlichen Segen. Über diesen Ritus, der dem Zeremoniell einer Viehsegnung folgt, wird das Neue deutend und handelnd in die altbekannte Welt eingefügt. Doch die Folgen dieser Innovation für die traditionelle Welt reichten weiter und griffen tiefer, als es den Teilnehmerinnen und Teilnehmern der »Traktorweihe« wohl erschien. Der Traktor stand im Denken der Menschen, wie kaum eine andere technische Neuerung des 20. Jahrhunderts, für den landwirtschaftlichen »Fortschritt«; und er veränderte auch deren Handeln von Grund auf: Er leitete eine Kette von Investitionen ein, die das Eigenkapital der Betriebe weitgehend ausschöpften und vielfach die Aufnahme von Fremdkapital erforderten; er war eine Zug- und Antriebsmaschine, de-

»Traktorweihe« in der Gemeinde Rabenstein um 1960

ren Anwendungsbereich mit Hilfe diverser Zusatzgeräte – Mähwerk, Seilwinde, Pflug, Grubber, Ladewagen und so fort – kaum Grenzen kannte; er verlangte seiner Lenkerin und seinem Lenker ein hohes Maß an technischem Wissen und Können ab; er lieferte maschinelle Energie, die menschliche und tierische Arbeitskraft ersetzte; sein »wirtschaftlicher« Einsatz verlangte eine ideale Mindest-Betriebsgröße, die vielfach über den realen Größen der Betriebe lag; er bestimmte die »Maschinentauglichkeit« der Gründe, die nunmehr für die Bodennutzung, vor allem jene der Steilhänge, den Ausschlag gab. Kurz, der Traktor schmuggelte, wie ein »Trojanisches Pferd«, die »neue«, marktorientierte Landwirtschaft in die »alte«, noch stark der Selbstversorgung verhaftete Welt der Bauern ein.[66]

Die Traktoren zogen vergleichsweise spät in das Kirchberger Umland ein: Im Jahr 1930 war noch kein Traktor im Einsatz, im Jahr 1946 nur drei und im Jahr 1952 erst 23. Doch in den Fünfzigerjahren setzte die »Traktorisierung« in vollem Umfang ein und erreichte im Jahr 1999 mit 1.167 Stück ihren vorläufigen Höhepunkt. Mit dem Einzug der Motorseilwinden und Traktoren in die Schuppen verschwanden auch die Zugochsen und -pferde aus den Ställen (Grafik 9). Die Zuwachsraten zeigen, dass die Zahlen der Traktoren im Bauernkammerbezirk Kirchberg nicht über die Jahre gleichmäßig zunahmen; vielmehr schwappte die »Traktorisierung« in mehreren, immer höheren Wellen in das Land, deren Wendepunkte in den frühen Sechziger-, frühen Siebziger- und späten Achtzigerjahren lagen. Lesen wir diese statistischen Kurven als Anzeichen für das Auf und Ab der bäuerlichen Investitionsbereitschaft,[67] dann können wir unterschiedliche Gruppen von Traktorbesitzern unterscheiden: die »Vorreiter« der späten Vierzigerjahre, die »Aufgeschlossenen« der Fünfzigerjahre, die »Mehrheit« der Sechzigerjahre, die »Nachzügler« der Siebzigerjahre. Nachdem die Zahl der Traktoren jene der Betriebe übertroffen hatte, gründete die Welle der Achtzigerjahre überwiegend in der Anschaffung von Zweit- und Dritt-Traktoren.[68]

Die Entscheidung, einen gebrauchten oder gar fabriksneuen Traktor anzuschaffen, wollte gut überlegt sein. Entsprechend präzise können frühere Betriebsbesitzerinnen und -besitzer die Geschichte ihres »ersten Traktors« vergegenwärtigen. Der Traktor-

Grafik 9: »Traktorisierung« in der Region Kirchberg 1930–1999

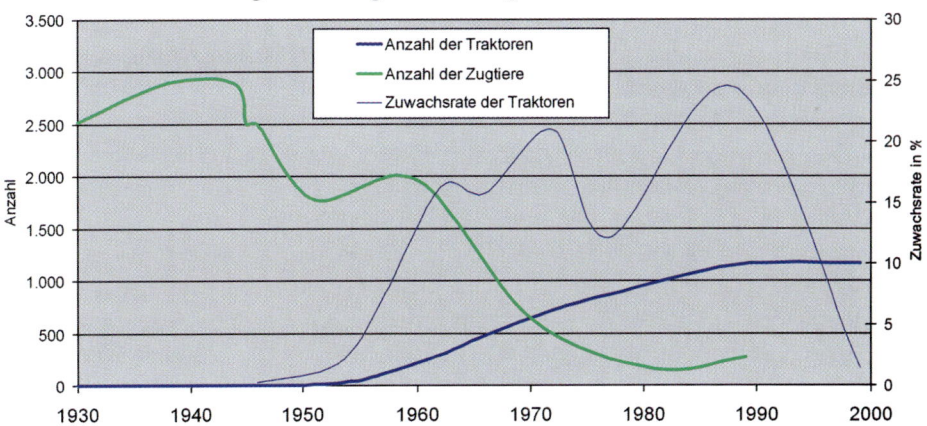

Quelle: Eigene Berechnungen nach Betriebszählung 1930; NÖLA, BBK Gänserndorf, Viehzählung 1938, 1944, 1945, 1946; NÖLA, BBK Kirchberg/P., Viehzählung 1960, 1970, Maschinenzählung 1953, 1957, 1962, 1966, 1972; Statistik Austria, Direktion Raumwirtschaft, Maschinenzählung 1946, 1977, 1988, Viehzählung 1951, 1981, 1989, Agrarstrukturerhebung 1999. Als Zugtiere wurden Pferde und Ochsen gewertet.

kauf lässt sich als Erfolgsgeschichte erzählen, als Beginn einer steten Aufwärtsentwicklung des Hofes: »Der Durchbruch ist erst gekommen mit einem ordentlichen Traktor«, zieht der Schwarzenbacher Altbauer Alois Gonaus Bilanz.[69] In der Geschichte, die der pensionierte Nebenerwerbsbauer Johann Schornsteiner aus Rabenstein erzählt, leitet die Anschaffung des Traktors den Niedergang des Hofes ein: Nachdem er gemeinsam mit seiner Ehefrau den kleinen, ungünstig gelegenen Betrieb der Schwiegereltern in den Fünfzigerjahren übernommen hatte, begann er sich zwecks »Arbeitserleichterung« nach einem Traktor umzusehen. »Ich wüsste dir einen Traktor«, sagte eines Tages der Nachbar und verwies ihn an einen anderen Bauern. »Geh«, entgegnete Johann Schornsteiner misstrauisch, »das ist ja auch so eine Kiste.« Kurze Zeit später stattete ihm der Besitzer der »Kiste« einen Besuch ab: »Ich habe gehört, du kaufst mir den Traktor ab.« »Was verlangst du denn?« Nun begann das Feilschen: »Nein, der ist mir zu teuer.« Nach stundenlangem Hin und Her wechselte der gebrauchte »26er Steyr« um 20.000 Schilling den Besitzer. Doch damit war es nicht abgetan: Treibstoff, Bereifung, schließlich eine Reparatur, deren Kosten den Kaufpreis weit überstiegen. »Ich hätte ihn am liebsten gleich weggeworfen«, deutet Johann Schornsteiner seine Verzweiflung an. Die beträchtlichen Zahlungsverpflichtungen zwangen ihn zur Aufnahme einer Lohnarbeit im Baugewerbe; seine Ehefrau führte den Kleinbetrieb bis in die Neunzigerjahre allein weiter. Und der Traktor? Es klingt wie eine Ironie des Schicksals: »Und jetzt ginge er recht gut.«[70]

Vor diesem Hintergrund müssen wir auch die Schilderung der Traktoreinsatzes in den günstiger gelegenen Betrieben der Nachbarschaft sehen: »Die Sonnenseitenbauern, wenn die heuen, die fahren mit drei Traktoren. […] Die mähen das auf Strich und Faden ab, komplett, alles auf einmal, den ganzen Grund, die ganzen Wiesen, die sie haben, wird niedergemäht, auf einem Mal. Der eine wird vom Mähen fertig, der andere fangt hinten schon an zum Kreiseln [...] Wenn der fertig ist, kommt der andere schon wieder mit dem Schwader, tut schon zaummenrechen, verstehst, und so geht das. Kaum hat der am Ende hinaufgeschwadert, kommt der mit der Rundballenpresse und die Binkel rennen schon. Und der andere fährt schon wieder und tut sie schon wieder wickeln, und – ah.« Was Alois Gonaus als »Durchbruch« auf dem Weg zur kapitalintensiven, vollmechanisierten Grünlandwirtschaft bewertet, sieht Johann Schornsteiner als Schattenseite des profitorientierten, seelenlosen Treibens auf der Sonnenseite: »Wie kann da unsereiner mit?«[71] Diese beiden Geschichten deuten an, dass die »Traktorisierung« die Unterschiede zwischen Betrieben unterschiedlicher Größe verschärfte. Die Kennzahlenerhebung des Jahres 1968 im Bauernkammerbezirk Kirchberg bestätigt dieses Bild: Im Durchschnitt betrug die Zahl der Motor-PS auf zehn Hektar reduzierter landwirtschaftlicher Nutzfläche im Drittel der kleineren Betriebe 19,3, im Drittel der mittleren Betriebe 12,8 und im Drittel der größeren Betriebe 10,7.[72] Im Klartext heißt das: Die Größeren konnten die Leistung ihrer Traktoren besser nützen als die Kleineren, die zur »Übermotorisierung« neigten. Die beiden Geschichten zeigen, dass das heutige Erzählen über Sonnen- oder Schattenseiten der »Traktorisierung« auch vom damals erfahrenen Erfolg oder Misserfolg abhängt.

In den Erzählungen über den Traktorkauf kehrt die »Arbeitserleichterung« als Hauptmotiv immer wieder. Der Wunsch nach »Arbeitserleichterung« ist am Übergang zweier Deutungs- und Handlungsmuster angesiedelt: Er zielt darauf ab, die Mühsal und Entbehrungen, die mit der »alten« Landwirtschaft verbunden waren, zu mildern; und er tendiert dazu, die Arbeitsabläufe an den Vorgaben der »neuen« Landwirtschaft auszurichten. »Arbeitserleichterung« meint daher ein Zweifaches: Festhalten an der Tradition und Übernahme der Innovation. Zwar fügte sich die Kaufentscheidung vielfach der Logik der Selbstversorgung; doch der Traktor als »Trojanisches Pferd« stärkte zwangsläufig das marktwirtschaftliche Denken. In diesem Zusammenhang erhob sich eine Frage, die manchmal zu hitzigen Debatten zwischen Bäuerin und Bauer führte: Welcher Zweig des bäuerlichen Betriebes sollte bevorzugt mechanisiert – und damit von körperlicher Anstrengung entlastet – werden? Der Traktor erleichterte die Arbeit außer Haus, die – zumindest in der Wunschvorstellung – als Domäne des Mannes galt; die Hauswirtschaft als weibliche Domäne, etwa das zeit- und kräfteraubende Reinigen der verschmutzten Kleidung im Waschtrog, hatte zunächst dahinter zurückzustehen. Für Auguste Özelt aus Hofstetten zog die Anschaffung von Haushaltsgeräten immer wieder Meinungsverschiedenheiten mit dem Ehemann nach sich: »Die Küchensachen haben immer müssen zurückstehen, solange wir draußen Maschinen gebraucht haben.«[73] Werfen wir zu diesem Zweck nochmals einen Blick auf die Ergebnisse der Maschinenzählungen: Im Jahr 1953 entfielen im Bauernkammerbezirk Kirchberg auf eine Waschmaschine in bäuerlichen Haushalten, statistisch betrachtet, 4,6 Traktoren; dieses Ungleichgewicht verringerte sich im Jahr 1957 auf 1,3 und pendelte sich in den Jahren 1962, 1966, 1972 und 1977 zwischen 0,9 und 1,1 ein.[74] Während zunächst die Mechanisierung der außerhäuslichen Arbeit Vorrang genoss, erlebte die Hausarbeit in den Fünfzigerjahren eine »nachholende Mechanisierung«. In den Sechziger- und Siebzigerjahren herrschte in der Mechanisierung der Außen- und der Hauswirtschaft, gemessen an den Zahlen der Traktoren und Waschmaschinen, ein Gleichgewicht. Theresia Fink aus Loich empfindet die erste Waschmaschine heute noch als »Wohltat«.[75] Doch die »nachholende Mechanisierung« der Hausarbeit entlastete die Bäuerinnen und deren Töchter nicht unbedingt von der Arbeit; diese standen nun umfassender als zuvor für andere Betriebstätigkeiten zur Verfügung. Auf diese Weise ermöglichte die Mechanisierung der Frauenarbeit die außerbetriebliche Lohnarbeit der Männer: Er ging »in die Arbeit«, sie und die Kinder blieben »daheim«.[76]

Die Vergrößerung der Viehstände und die Maschinenankäufe ließen auch die Gebäude immer unzweckmäßiger erscheinen. Im Kirchberger Umland herrschte in der ersten Hälfte des 20. Jahrhunderts, bedingt durch die hängige Lage, die »oft vollkommen regellos wirkende, lockere Umbauung des Hofraumes« vor. Diese Gehöftform, die als Mischform von Haufen- und Vierseithof gilt, hat immer wieder das Interesse von Volkskundlerinnen und -kundlern erweckt; und sie fanden, was sie suchten: eine »Bauweise, die bis in das ausgehende Mittelalter, ja bis in die unmittelbare Kolonisationszeit zurückreicht«. Diesem Interesse verdanken wir auch die Beschreibung des Schwarzenbacher Hofes Schweinberg aus den Siebzigerjahren (Grafik 10). Der in 800 Metern Seehöhe auf einem abfallenden Hang liegende Hof bot ein Bild der Veränderung: Neben dem alten, ins 18. Jahrhundert datierten Wohnhaus mit angebauter Press- und Holzhütte, der ebenfalls altertümlichen Stallscheune und dem in den Zwanzigerjahren des 20. Jahrhunderts errichteten Wirtschaftsgebäude mit Schweinestall, Wagenschuppen und Körnerkasten wuchsen die Rohbauten des neuen Wohnhauses und eines Maschinenschuppens aus der Baugrube; der alte Körnerkasten hatte bereits Jahre zuvor der neuen Hofzufahrt weichen müssen. Das alte, in Holzblockbauweise errichtete Wohnhaus teilte sich in den Küchen-Stuben-Trakt und das breite Vorhaus, das durch den Einbau eines Schlafstübls abgeteilt worden war. Die Rauch- oder »schwarze Küche«, deren Spuren für das kundige Auge noch erkennbar waren, war Jahrzehnte zuvor durch einen schliefbaren Kamin mit Backofen und Sparherd ersetzt worden. Die Tiefkühltruhe im Schlafzimmer war ein Zeichen für die beengten Wohnverhältnisse.[77] Wie am Schweinberg-Hof ging der »Strukturwandel« auch an den übrigen Höfen des Kirchberger Umlandes nicht spurlos vorüber: Neuer, größer, rationeller – so lautete der verborgene Bauplan, der die Pläne der Um- und Neubauten in der Nachkriegszeit anleitete. Die Verbindung von Förderungs- und Beratungswesen räumte der Bezirksbauernkammer großen Einfluss auf die Bautätigkeit ein; Kredite und Subventionen waren meist verbunden mit einer Fachberatung. Aus aufgelockerten Haufen- und Vierseithöfen wurden über die Jahre hinweg Ein- und Paarhöfe, die Wohn- und Wirtschaftsgebäude unter einem Dach versammelten. Das äußere *face lifting* setzte sich im Inneren der Gebäude fort: Leicht zu reinigende, »hygienische« Werkstoffe wie Fliesen, Aluminium und Kunststoff ersetzten Stein, Holz und Blech. Was Außenstehende als »Gesichtsverlust« des Landes verurteilten, begrüßten jene, die von den feuchtkalten Holz- und Steinhäusern in die Um- und Neubauten übersiedelten, wohl eher als Zugewinn an Lebensqualität. Die Auflösung des Widerspruchs zwischen Schönheit und Zweckmäßigkeit lautete »Ortsbildpflege«: überquellende Blumentröge, archaische Wandmalereien, aufgeklebte Mauergesimse.[78]

Grafik 10: Plan des Schweinberg-Hofes in Schwarzenbach in den Siebzigerjahren

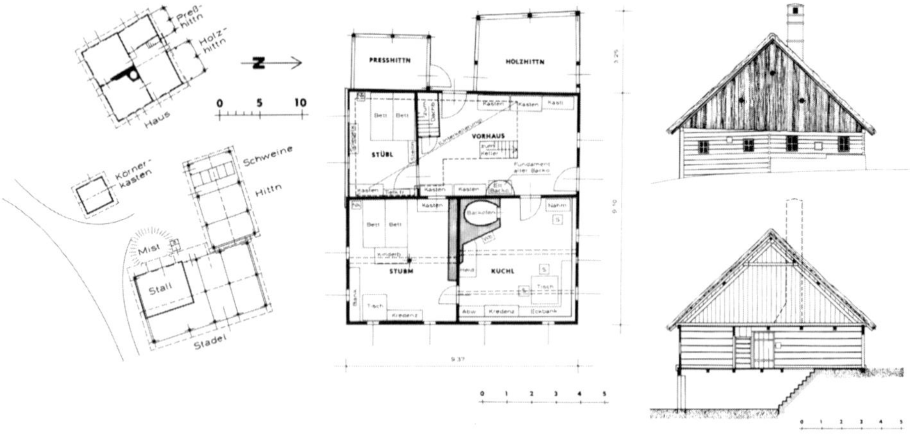

Quelle: Dimt, Altformen 68–72.

Das Vermögen der Bauernfamilien stand immer wieder auf dem Spiel; Seuchen, Brände oder Kriege gefährdeten Hab und Gut. Ein offizieller Bericht aus Rabenstein vom September 1945 schildert Lage und Stimmung der Pielachtaler Bauernschaft kurz nach Kriegsende: »Von Haus aus ein Notstandsgebiet, wurden wir durch die nationalsozialistische Misswirtschaft ausgesogen & ausgepresst wie eine Zitrone, bei der schließlich heute nur mehr die äussere Schale übrig blieb.« Die Viehstände waren um die Hälfte bis zwei Drittel geschrumpft; der Mangel an Stieren, die von Wehrmacht und SS beschlagnahmt oder von der Maul- und Klauenseuche befallen worden waren, erforderte stundenlange Viehtriebe; unter den familienfremden Arbeitskräften, deren Zahl auf ein Sechstel gesunken war, herrschte »Arbeitsunlust«; in fast jedem Haushalt mangelte es an Zucker, Kaffee und Streichhölzern; die diesjährigen Ernteerträge waren bei Getreide und Kartoffeln mittelmäßig, bei Heu und Grummet schlecht bis miserabel ausgefallen; das wenige verfügbare Saatgut konnte wegen des Mangels an Säcken nicht vom Lagerhaus zu den Höfen transportiert werden und so fort. Im Unterschied zu vielen Gemeinde- und Gendarmerieberichten aus den ersten Nachkriegsmonaten ist hier von Beschlagnahmen, Plünderungen und Vergewaltigungen durch »Männer in russischer Uniform« nicht die Rede. Mit der Klage über den alltäglichen Mangel will der Berichterstatter den von den Behörden vorgeschriebenen Liefermengen von Nahrungs- und Futtermitteln sowie Holz die Berechtigung entziehen: »Die Gemeinde Rabenstein ist ausser Stande, irgend welche Lieferungen über ihren Gemeindebezirk zu tätigen & rechnet im Gegenteil mit nachstehenden Zuwendungen.« Ohne es zu wollen, zeigt er aber auch die krassen Unterschiede in der Mangelgesellschaft der Nachkriegsjahre auf: »Der Bauer wird noch in seiner schweren Arbeit, wo er fast allein dasteht, täglich 20mal aufgehalten von Leuten, die um Kartoffel etc. am Hof zum Hamstern kommen. Jeder männliche Hamsterer erzählt, dass er eine lungenkranke Frau zu Hause hat & jede Frau erzählt, dass der Mann KZler war & krank zu Hause liegt. Jedem kann man nicht geben

& man wägt nach dem Gefühl ab, wo wirkliche Not vorhanden ist & weist Hamsterer & Schleichhändler ab mit dem Erfolg, dass man Drohungen schlimmsten Stils zugerufen bekommt & dass man zusehen muss wie diese Leute dann Kartoffel & Kraut einfach stehlen.«[79] In solchen Zeiten des Mangels verschärften sich die Spannungen zwischen jenen, die einen Gutteil ihrer Nahrungsmittel selbst erzeugen konnten, und jenen, die auf Zukäufe angewiesen waren. Die mit der Ernährungssicherung beauftragten Organe in den Gemeinden standen widersprüchlichen Forderungen von »Selbstversorgern« und »Normalverbrauchern« gegenüber; diese waren vielfach mit klischeehaften Vorstellungen des jeweiligen Gegenübers verknüpft: dem »verschlagenen Hamsterer« auf der einen Seite, dem »raffgierigen Bauern« auf der anderen. In diesem Spannungsfeld dienten die örtlichen Kontroll- und Aufbringungsausschüsse nicht nur als verlängerte Arme der staatlichen Ernährungswirtschaft, sondern zugleich auch als Anwälte der dagegen protestierenden Bauernschaft. Nach außen hin appellierten sie an das bäuerliche Pflichtbewusstsein gegenüber dem »neuen Österreich«; intern drückten sie immer wieder ein Auge zu, wenn Bäuerinnen und Bauern die vorgeschriebenen Mengen nicht ablieferten – und stattdessen zu überhöhten Preisen an »Hamsterer« und »Schleichhändler« veräußerten.[80]

Vieh, Maschinen und Gebäude, die dafür nötigen Betriebsmittel und Versicherungsprämien sowie die Steuern – das alles kostete Geld. Reichte das Barvermögen für die Investitionen nicht, musste vielfach der Wald, die »Sparkasse des Bauern«, herhalten; darüber hinaus konnte man seine Person und seinen Besitz mit Schulden belasten.[81] Die Verzeichnisse, die 1938 und in den folgenden Jahren im Zuge der »Entschuldungsaktion« angelegt wurden, bieten uns einen umfassenden Einblick in die bäuerliche Verschuldung. Greifen wir das Schuldenverzeichnis einer Frankenfelser Acker-Grünland-Wirtschaft mit etwa 30 Hektar in exponierter Lage heraus. Bis Anfang 1939 hatten sich Zahlungsrückstände in der Höhe von 1.578 Reichsmark angehäuft. Die größte Schuldenlast verursachte ein 1936 gegebenes und kurz nach dem »Anschluss« 1938 aufgestocktes Darlehen der örtlichen Raiffeisenkasse für Viehankäufe, das mit 466 Reichsmark zu Buche schlug. Aushilfen bei Schadensfällen durch Verwandte, Nachbarn und Bekannte hatten Schulden in der Höhe von 257 Reichsmark angehäuft. Für bezogene Waren und Dienstleistungen stand der Bauer bei Kaufleuten, Handwerkern und Händlern aus der näheren Umgebung mit 303 Reichsmark in der Kreide. Bewohnern aus der Gemeinde und der näheren Umgebung, vermutlich privaten Geldverleihern, schuldete er 465 Reichsmark. Schließlich forderte das Finanzamt Steuerrückstände in der Höhe von 87 Reichsmark ein.[82] Der Vergleich von 36 Frankenfelser Betrieben zeigt, dass der Schuldenstand dieses Hofes unter dem Durchschnitt lag (Grafik 11): Im Schnitt war jeder Betrieb mit 3.102 Reichsmark belastet; auf einen Hektar entfielen durchschnittlich 144 Reichsmark Schulden. Fassen wir die Betriebe nach der Kulturfläche in drei gleich große Gruppen zusammen: Die durchschnittlichen Gesamtschulden lagen im unteren und mittleren Drittel mit 2.671 und 2.668 Reichsmark etwas niedriger als im oberen Drittel mit 3.966 Reichsmark bzw. 3.351 Reichsmark, wenn wir einen statistischen »Ausreißer« aus der Berechnung ausschließen. Hingegen übertrafen die durchschnittlichen Schulden pro Hektar im unteren Drittel mit 238 Reichsmark jene im mittleren

Grafik 11: Schuldenstand bäuerlicher Betriebe in Frankenfels um 1940

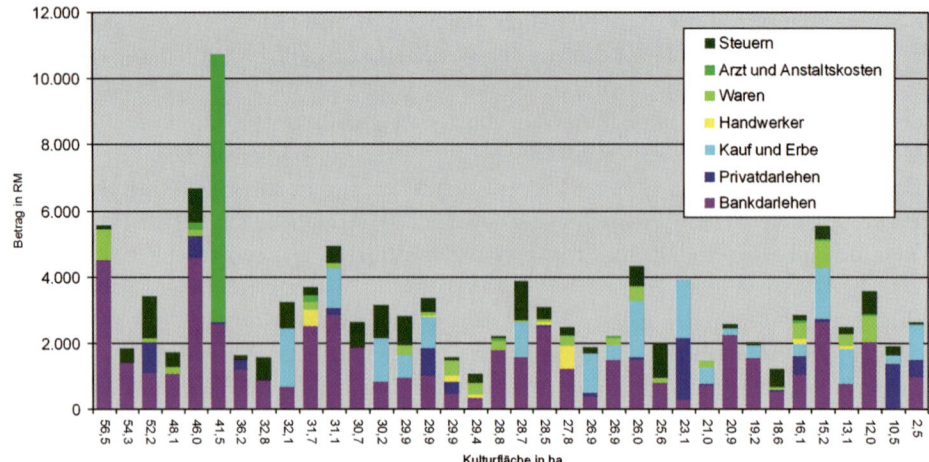

Quelle: Eigene Berechnungen nach NÖLA, Entschuldungsakten, VI/12–1378, Datenbasis: 36 Betriebe.

und oberen Drittel mit 94 und 99 bzw., unter Ausschluss des statistischen »Ausreißers«, 85 Reichsmark. Der positive statistische Zusammenhang der Betriebsfläche mit dem Gesamtschuldenstand ist so schwach ausgeprägt, dass er kaum ins Gewicht fällt. Hingegen korrelieren Betriebsfläche und Hektarverschuldung deutlich negativ: Je kleiner der Betrieb, desto größer seine Belastung pro Hektar.[83]

Die NS-Propaganda deutete die Verschuldung als Symptom dafür, »was frühere Jahrzehnte und Jahrhunderte an dem Bauerntum und der Landwirtschaft gesündigt haben«.[84] Können wir, wie dies die Nationalsozialisten versuchten, aus den Schuldenständen auf das Ausmaß der Agrarkrise in der Ersten Republik und im »Ständestaat« – in der »Systemzeit« – schließen? Einige Schuldenposten eignen sich kaum für einen solchen Schluss (Tabelle 9): Die nichtbezahlten Rechnungen von Händlern (8 Prozent), Ärzten und Anstalten (3 Prozent) sowie Handwerkern (2 Prozent) können wir nicht zur Gänze als »echte« Schulden werten; solche Forderungen beglichen die Bauern, entsprechend den örtlichen Gepflogenheiten, in vielen Fällen nicht laufend, sondern zu bestimmten Terminen, meist zum Jahreswechsel. Auch das Vorhandensein von Kauf- und Erbschulden (16 Prozent) hing von vielen Zufällen ab. Selbst der größte Schuldenbrocken, die Darlehen der umliegenden Spar- und Raiffeisenkassen oder der Landes-Hypothekenanstalt (48 Prozent), und die wenig ins Gewicht fallenden Privatdarlehen (8 Prozent) deuten nicht zwingend auf die Zahlungsunfähigkeit des jeweiligen Schuldners hin. Am ehesten können wir die Steuerschulden (16 Prozent) als Anzeichen einer Krise werten – sofern sie nicht Ausdruck eines bewussten, ideologisch motivierten Steuerstreiks gegen den austrofaschistischen »Ständestaat« waren. In die Schuldenstände ist auch, aber nicht nur die allgemeine Krise der Bergbauernbetriebe in den Zwanziger- und Dreißigerjahren eingeschrieben; in vielen Fällen lagen besondere Umstände vor. Selbst die Gutachter der Landstelle Wien führten die Verbindlichkeiten nur ausnahmsweise auf den »schlechten

Tabelle 9: Schuldenarten bäuerlicher Betriebe in Frankenfels um 1940

	Prozentsätze der Betriebe im			Prozentsätze aller Betriebe
	unteren Drittel (2,5–25,6 ha)	mittleren Drittel (26,0–30,2 ha)	oberen Drittel (30,7–56,5 ha)	
Bankdarlehen	42,3	43,2	57,5	47,7
Privatdarlehen	14,1	5,0	5,2	8,1
Kauf und Erbe	20,6	20,5	6,6	15,9
Handwerker	0,7	4,4	1,1	2,1
Waren	8,2	10,6	3,7	7,5
Arzt- und Anstaltskosten	0,7	0,8	7,0	2,8
Steuern	13,4	15,5	18,9	15,9
Summe	100,0	100,0	100,0	100,0

Quelle: Eigene Berechnungen nach NÖLA, Entschuldungsakten, VI/12–1378, Datenbasis: 36 Betriebe.

Geschäftsgang« während der »Systemzeit« zurück; in der Regel nannten sie, neben dem ständigen Hinweis auf die »schlechten Ertragsbedingungen« im Gebirge, Krankheiten, Todesfälle, Brandschäden, Missernten, Grund-, Vieh- und Maschinenkäufe, Baumaßnahmen oder Nachlässigkeit des Vorbesitzers als Ursachen.[85]

Die nach dem Ersten Weltkrieg wachsende Verschuldung der Bergbauernbetriebe wurde auch von der staatlichen Agrarpolitik immer deutlicher als Problem erkannt. Die »Bergbauernhilfe« der Dreißigerjahre war ein erster, zaghafter Versuch, die von Zwangsversteigerungen bedrohten Höfe zu festigen. Im Jahr 1934 wurden im Kammerbezirk 121 Bergbauernbetriebe aus diesen Mitteln unterstützt.[86] Die »Entschuldungs-« und »Aufbauaktion«, die im Mai 1938 verkündet wurde, stieß im Amtsgerichtsbezirk Kirchberg auf erhebliches Interesse: 276 Betriebe oder 26 Prozent stellten Anträge; davon wurden 163 oder 15 Prozent auch durchgeführt. Die Nachfrage nach diesem Angebot der nationalsozialistischen Agrarpolitik hing wohl nicht allein vom jeweiligen Antragsteller, sondern auch von den Vorgaben der neuen und alten Machthaber in den Gemeinden ab: Wie propagierten der NSDAP-Ortsgruppenleiter, der neue Bürgermeister und der Ortsbauernführer diese Aktion? Und was sagten der Pfarrer, der Altbürgermeister und die früheren Bauernbundfunktionäre dazu? Am meisten Zuspruch herrschte in Grünau mit 72 Anträgen oder 32 Prozent, gefolgt von Frankenfels mit 68 Anträgen oder 29 Prozent, Kirchberg mit 61 Anträgen oder 25 Prozent, Loich mit 19 Anträgen oder 24 Prozent, Rabenstein mit 37 Anträgen oder 22 Prozent und Schwarzenbach mit 19 Anträgen oder 18 Prozent.[87] Nachdem die Euphorie der ersten Wochen und Monate nach dem »Anschluss« abgeflaut war, nahmen die Funktionäre des Reichsnährstandes bereits »unsinnige Gerüchte« über die »Entschuldungs-« und »Aufbauaktion« in bäuerlichen Kreisen wahr. Zunächst signalisierten sie zwar Verständnis: »Daß mancher sich scheut, einen Antrag zu stellen, ist zwar verständlich, da es immer der höchste Stolz des Bauern war, sich selbst zu helfen und selbst alle Schicksalsschläge zu überwinden.« Doch letztlich entkräfteten sie diese Bedenken: »Diese Selbsthilfe ist aber leider in so zahlreichen Fällen trotz aller Anstrengungen des einzelnen zur Zeit nicht möglich und deshalb wurde das Schuldenregelungsgesetz geschaffen.«[88] Wenn sich Bäuerinnen und Bauern für oder gegen einen Antrag entschieden, lagen materielle und ideelle Motive, Kalkül und Gefühl, eng zusammen. Die besser gestellten Bauernfamilien der Gemeinden sahen sich üblicherweise als Gebende, denen die Nehmenden – Dienstbotinnen und -boten, Kleinhäuslerinnen und -häusler, Taglöhnerinnen und -löhner – Gegengaben schuldeten.[89] Durch einen Antrag auf »Entschuldung« und »Aufbau« wurden sie nun selbst zu Nehmenden, die sich gegenüber dem Gebenden – dem »Dritten Reich« und dessen »Führer« – verschuldeten; diese Vorstellung war in vielen Fällen mit dem sprichwörtlichen Stolz der Bauern unvereinbar. Umgekehrt folgte eine Antragstellung nicht allein der Überlegung, sich die Gläubiger mit staatlicher Hilfe vom Hals zu schaffen; sie bedeutete wohl auch ein Votum für die neuen und gegen die alten Machthaber.

Am oben genannten Frankenfelser 30-Hektar-Betrieb können wir den Ablauf des Entschuldungs- und Aufbauverfahrens verfolgen. Die Besitzer brachten im Juli 1938 den entsprechenden Antrag ein; daraufhin wurde im September 1938 das Verfahren eröffnet. Nach der Ermittlung des Schuldenstandes von 1.578 Reichsmark erwirkten die Mitarbeiter der Landstelle Wien Nachlässe in der Höhe von 124 Reichsmark, wodurch sich die Verpflichtungen auf 1.454 Reichsmark verringerten. Davon wurde das Bankdarlehen in der Höhe von 460 Reichsmark mit 4,5 Prozent Verzinsung im Grundbuch festgeschrieben. Die übrigen Forderungen wurden den Gläubigern durch eine 4,5-prozentige Entschuldungsrente des Deutschen Reiches in der Höhe von 1.030 Reichsmark abgelöst. Neben dem Entschuldungsverfahren erhielt der Betrieb im Zuge des Aufbauverfahrens Reichsmittel in der Höhe von 1.990 Reichsmark; davon wurden 1.490 Reichsmark als verlorene Zuschüsse und 500 Reichsmark als Aufbaudarlehen mit 2 Prozent Zinsen gegeben. Nach der Genehmigung des Entschuldungs- und Aufbauplanes im März 1939 begannen die jährlichen Zahlungen zu laufen. Die Verpflichtungen setzten sich nun aus 51,5 Jahresraten zu 23 Reichsmark für das festgeschriebene Bankdarlehen, 37 Jahresraten zu 46,35 Reichsmark für die Entschuldungsrente und 20 Jahresraten zu 30,50 Reichsmark für das Aufbaudarlehen zusammen. Wie dieser Fall zeigt, brachte das Entschuldungsverfahren nicht, wie zahlreiche Antragsteller zunächst wohl annahmen, die Streichung der Schulden, sondern eine Umschuldung – die Umwandlung in langfristige, an die betriebliche »Leistungsfähigkeit« angepasste Zahlungsverpflichtungen an Kreditinstitute und den Staat. Durch die Aufbaudarlehen wuchs, wie hier, der Schuldenberg in den meisten Fällen; die Verbindlichkeiten des Betriebes stiegen von 1.578 auf 1.954 Reichsmark. Die staatlichen Leistungen hatten zudem ihren Preis: die Einschränkung der bäuerlichen Selbstbestimmung. Die Landstelle Wien und die Kreisbauernschaft St. Pölten erhielten weit reichende Mitspracherechte hinsichtlich Buchhaltung, Betriebsführung, Hofübergabe, Kreditaufnahmen und Investitionen. Der Entschuldungs- und Aufbaubetrieb wurde zum »gläsernen Bauernhof«, seine Inhaber zu Erfüllungsgehilfen der staatlichen Vorgaben.[90]

Hielt die »Entschuldungs-« und »Aufbauaktion« das, was sie versprach? Der NS-Staat versprach den bäuerlichen Antragstellern »das Gedeihen und die Fort- und Höherentwicklung unseres deutschen Volkes, darum fördert er alle, die diesem Ziel dienen – aber auch nur sie«.[91] In diesem Versprechen klingt auch eine Drohung an: Wer nicht den Vorstellungen der NS-Agrarpolitik entsprach, musste mit Hemmnissen rechnen. Nehmen wir die Höhe der Aufbaumittel als Maß für diese Förderung, dann können wir für die Gemeinde Frankenfels folgende Bilanz ziehen: Im Schnitt erhielt jeder Betrieb insgesamt 2.802 Reichsmark oder 129 Reichsmark pro Hektar an Aufbaumitteln. Im unteren Drittel der Betriebe betrug die durchschnittliche Betriebsförderung 2.537 Reichsmark, im mittleren Drittel 3.405 Reichsmark und im oberen Drittel 2.464 Reichsmark; die Flächenförderung belief sich von der unteren zur oberen Größengruppe im Schnitt auf 200, 121 und 66 Reichsmark. Trotz aller Unterschiede waren die Aufbaumittel verhältnismäßig gleichmäßig auf die Klein-, Mittel- und Großbetriebe verteilt; dies zog für die kleineren Größengruppen höhere Beträge pro Hektar als für die größeren nach sich. Diese ersten Eindrücke bestätigten sich auch bei einer genaueren Betrachtung der statistischen Zusammenhänge.[92] Im Punktediagramm äußert sich diese »soziale Angleichung« in Gestalt einer flachen Trendlinie (Grafik 12). Offenbar entsprachen die Frankenfelser Betriebe den Zielen der NS-Agrarpolitik; alle, die kleineren wie die größeren, erschienen gleichermaßen als förderungswürdig. Dahinter stand wohl auch eine rassenideologische Strategie des NS-Agrarsystems: Die Bauern im Allgemeinen und die in »Ungunstlagen« arbeitenden »Gebirgsbauern« im Besonderen erschienen den Spitzen der Agrarbürokratie vorrangig als »Blutquell des Volkes«. Die ihnen zugedachte »rassische« Stärke rechtfertigte die gleichmäßige Verteilung der Förderungsmittel auf die Betriebe; dagegen zählte ihre ökonomischen Stärke als »Ernährer des Volkes« in geringerem Maß.[93]

Die »Entschuldungs-« und »Aufbauaktion« war zwar mehr als der sprichwörtliche Tropfen auf dem heißen Stein; doch ihre Reichweite, die sich im Kammerbezirk Kirch-

Grafik 12: Verteilung der Aufbaumittel auf die Betriebe in Frankenfels 1938–1945

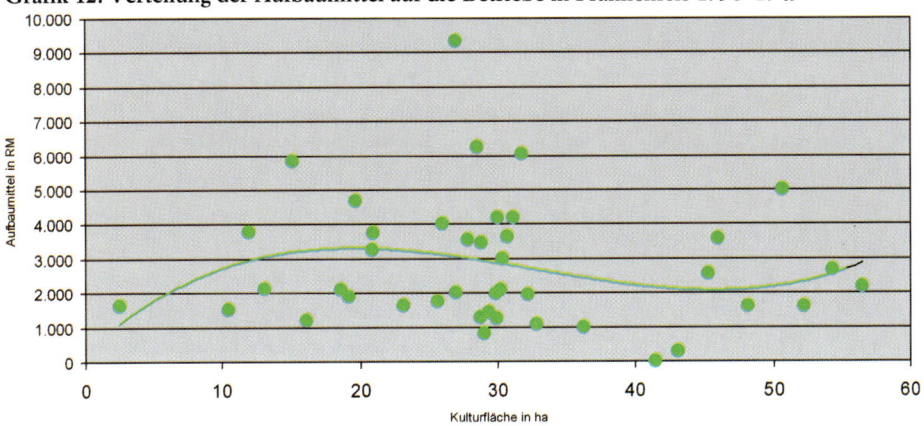

Quelle: Eigene Berechnungen nach NÖLA, Entschuldungsakten, VI/12–1378, Datenbasis: 43 Betriebe

berg auf 15 Prozent der Betriebe erstreckte, hielt sich in Grenzen. Wirksamer als ihre materiellen waren ihre ideellen Aspekte: die Verstärkung der staatlichen Fremdbestimmung oder, umgekehrt, die Abschwächung der bäuerlichen Selbstbestimmung. Im Denken einer ganzen Generation von Agrarexperten setzte sich die Ansicht fest, der »Fortschritt« müsse mit umfassenden staatlichen Eingriffen in die Betriebs- und Haushaltsabläufe gegen die bäuerliche »Rückständigkeit« durchgesetzt werden.[94] Das zeigen etwa ministerielle Richtlinien über die Bewältigung des »Strukturwandels« aus dem Jahr 1962: »Viele unserer Betriebe sind im Rückstand und müssen, um lebensfähig zu bleiben, vorerst möglichst rasch diesen Rückstand aufholen. Hiebei ist es unerläßlich, diese Betriebe jeweils auf eine optimale Bodennutzung sowie auf eine optimale Festlegung der darauf aufbauenden Zweige der Veredelungswirtschaft, unter Anpassung an die gegebene Arbeitsverfassung und Technisierungsmöglichkeiten, zu bringen, um bestmögliche Betriebs- und Einkommensverhältnisse zu erreichen.« Einzelbetriebe sollten im Rahmen der »Besitzfestigungsaktion« gefördert werden; für Gruppen benachbarter Betriebe wurde die »Umstellungsaktion« ins Leben gerufen. Obwohl sich die Motive geändert hatten, glichen die Maßnahmen jenen der »Entschuldungs-« und »Aufbauaktion«: Zunächst sollte geprüft werden, inwiefern die Besitzer die »Gewähr bieten, daß sie ihren Besitz in Zukunft ordnungsgemäß bewirtschaften und instandhalten werden«; mit Hilfe von »Umstellungsplänen« wurden der Ist- und der Soll-Zustand der Betriebe erhoben; zur Kontrolle der geplanten Maßnahmen wurden eigene »Betriebsberater« eingesetzt; die Förderungen setzten sich aus zinsverbilligten Agrarinvestitionskrediten und, falls notwendig, staatlichen Subventionen zusammen; dabei sollte die »Leistungsfähigkeit« der Betriebe »voll ausgeschöpft« werden; schließlich waren die »Umstellungsbetriebe« zur Buchführung, zur Milchleistungskontrolle, zum Besuch von Fütterungskursen und zu regelmäßigen Bodenuntersuchungen verpflichtet.[95] Die »Umstellungsaktion« war jedoch nur eine Fördermaßnahme unter mehreren; die Größenordnung der Kredit- und Subventionsvergaben zeigt etwa der Jahresbericht 1967 der Bezirksbauernkammer Kirchberg (Tabelle 10).

Im Kammerbezirk Kirchberg wurden im Jahr 1969 mehrere »Umstellungsgemeinschaften« gegründet, denen 227 Mitglieder angehörten; das waren immerhin 24 Prozent aller Betriebe und 41 Prozent der Vollerwerbsbetriebe. Bis dahin wurde »grundsätzlich jeder Betrieb, vorwiegend aber die hauptberuflichen Landwirte, zur Teilnahme eingeladen«; später sollte, außer im Fall einer Neuübernahme eines Betriebes, kein Beitritt mehr möglich sein. Das für die »Umstellungsaktion« erstellte »Arbeitsprogramm« der Bezirksbauernkammer zielte auf die Schaffung leistungsfähiger Grünlandwirtschaften: 1.855 Quadratmeter Düngerstätten, 90 Kubikmeter Jauchegruben, 4.200 Kubikmeter Güllegruben, Rinderstall-Verbesserungen für 345 Großvieheinheiten, Entmistungsanlagen für 417 Großvieheinheiten, 1.836 Kubikmeter Silobauten, 32 Milchkammern, 78 Kalbinnenankäufe, vier Heugreiferanlagen, 17 Güllefässer-Gemeinschaften, 14 Stallmiststreuer, sechs Silohäcksler, 21 Melkmaschinen, fünf Eiswasserkühler, 2.820 Stunden Kultivierungsaktion.[96] Wie diese Maßnahmen umgesetzt werden sollten, zeigt der »Umstellungsplan« eines Kirchberger 31-Hektar-Betriebes aus dem Jahr 1972 (Tabelle 11). Der Hof wurde von einem 55-jährigen Bauern zusammen mit den 53- und 46-jährigen

Tabelle 10: Kredit- und Subventionsvergaben im Bauernkammerbezirk Kirchberg im Jahr 1967

	Zahl der Anträge	Gesamtbetrag (S)	Durchschnitt pro Antrag (S)
Baukreditaktion	27	2.163.000	80.111
Wohnbaukreditaktion	13	520.000	40.000
Maschinenkreditaktion	33	905.500	27.439
Kredite	73	3.588.500	49.158
Besitzfestigungsaktion	22	496.500	22.568
Landarbeiterwohnbauaktion	8	68.800	8.600
Düngerstätten- und Stallverbesserungsaktion	32	157.105	4.910
Milchkammeraktion	7	28.000	4.000
Silobauaktion	33	134.120	4.064
Umstellungsaktion Kalbinnenankauf	39	133.945	3.434
Umstellungsaktion Grünlanddüngung	125	249.520	1.996
Treibstoffverbilligungsaktion	753	572.000	760
Maschinenbeitragsaktion	26	43.000	1.654
Subventionen	1.045	1.882.990	1.802
Kredite und Subventionen	1.118	5.471.490	4.894

Quelle: NÖLA, BBK Kirchberg, Umstellung 1969-1971, Tätigkeitsbericht 1967.

Brüdern, der 49-jährigen Schwester und einer 58-jährigen Landarbeiterin bewirtschaftet; rechnerisch machte das einen Arbeitskräftebesatz von 3,3 aus. Trotz des fortgeschrittenen Alters hatte sich der Betriebsbesitzer zur »Umstellung« entschlossen. Die Maßnahmen zielten auf die Vergrößerung des Intensivgrünlandes auf Kosten des Ackerlandes, den Ausbau der Ställe, des Silos und der Güllegrube, die Erhöhung des Bestandes an Milchkühen und die Schließung von Mechanisierungslücken. Ein Neubau des Rinderstalles mit Gesamtkosten von 320.000 Schilling war noch für dieses Jahr vorgesehen; Silo und Güllegrube, die mit 30.000 und 28.500 Schilling zu Buche schlugen, sollten im kommenden Jahr errichtet werden.[97]

Als Zeichen für eine erfolgreiche »Umstellung« galt der Personenkraftwagen; wer ein Automobil besaß, der hatte es offensichtlich »geschafft«.[98] Doch die Planungseuphorie der Agrarfachleute stieß bisweilen an die Grenzen des bäuerlichen Eigensinns; das zeigt eine Pressemeldung aus dem Jahr 1972: »Wegen euch blöden Bauern vergeude ich hier meine Zeit«, habe der Kirchberger Kammersekretär Stefan Auer seinen Unmut bekundet; die daraufhin entstandene Welle der Empörung sei durch schriftliche Drohungen eingedämmt worden. »Nun mundtot gemacht, getraut sich keiner der betroffenen Bauern, in irgendeiner Form ›Dampf‹ abzulassen, da man befürchtet, bei eventuellen Subventionsansuchen nicht mehr berücksichtigt zu werden.«[99] Der Konflikt, dessen Ausgang wir nicht kennen, verdeutlicht die Machtstellung des Kammersekretärs im Den-

Tabelle 11: »Umstellungsplan« eines 31-Hektar-Betriebes in Kirchberg im Jahr 1972

	Ist-Stand	Soll-Stand
Bodennutzung (ha)		
Ackerland	7,00	2,00
davon Getreide	2,30	1,00
davon Feldfutter	4,10	0,50
davon Hackfrüchte	0,60	0,50
Intensivgrünland	11,54	16,54
Extensivgrünland	7,48	7,48
Wirtschaftsgebäude		
Rinderstall-Stände	26	40
Schweinestall-Buchten	7	–
Siloraum-Kubikmeter	70	130
Güllegrubenraum-Kubikmeter	47	100
Viehstand (GVE)	21,0	
Kühe	8,4 (7 Stück)	14,4 (12 Stück)
Jungvieh	10,5 (21 Stück)	9,0 (18 Stück)
Mastrinder	1,5 (1 Stück)	1,6 (1 Stück)
Mastschweine	0,6 (6 Stück)	0,5 (5 Stück)
Mechanisierung		
Zugmaschinen	2 Traktoren	2 Traktoren
Düngerkette	Gülleanlage	Güllefass
Futterkette	Ladewagen	Ladewagen

Quelle: NÖLA, BBK Kirchberg, Umstellung 1969–1971, Umstellungsplan vom 26.6.1972.

ken der Bauern: Die bäuerlichen Anträge um staatliche Kredit- und Subventionsgelder bedurften seiner Befürwortung; daneben waren aber auch die gewählten Funktionäre entscheidungsberechtigt. Kammersekretär Stefan Auer war – im Gegensatz zu seinem Vorgänger – offenbar voll und ganz davon überzeugt, dass einzig und allein die rasche »Umstellung« auf eine hochmechanisierte und intensivierte Grünlandwirtschaft den Erhalt der bäuerlichen Landwirtschaft im Pielachtal gewährleisten könnte. Vor diesem Hintergrund erscheint seine Unmutsäußerung auch als Ausdruck seines unbändigen »Fortschrittseifers«.[100]

IV. Die Menschen und das Wissen

Einen Zugang zum bäuerlichen Weltbild vermitteln uns die Tagebücher des Knechtes Johann Umgeher, der am Oberstein in Frankenfels, dem Hof seines Bruders und dessen Ehefrau, arbeitete und lebte. Gewiss, Johann Umgeher hat nicht alle alltäglichen Erfahrungen niedergeschrieben; daher müssen wir sein Tagebuch auch zwischen den Zeilen lesen. Beginnen wir es an einer beliebigen Stelle, etwa am Samstag, dem 27. Mai 1937. Zunächst erhalten wir einen knappen Wetterbericht: »Gewitter.« Sodann erfahren wir, was die Leute am Oberstein am Vormittag gearbeitet haben. Vom Anger, einem Wiesengrundstück, wird eine Fuhre Waldstreu und vom Nachbarhof Mitter- oder Unterstein wird eine Ladung Kalk auf den Hof befördert: »1 Fadl Streu Anger geführt. 217 kg Kalk Stein geholt.« Das Wetter hat sich inzwischen kaum gebessert: »Regen.« Der Bruder des Tagebuchschreibers, der als »Bauer« oder »Chef« tituliert wird, begibt sich nachmittags in die Nachbargemeinde, vermutlich um auf einer Almweide nach dem Rechten zu sehen: »Bauer Schwarzenbach (Weide Geißenberg).« Der Chronist führt inzwischen das Einzäunen einer Weide zu Ende: »Johann letzte Hagen.« Dann erfahren wir, was der Bauer vermutlich nach seiner Heimkehr aus der Nachbargemeinde erzählt hat; einige Sommerfelder sind noch nicht bestellt: »Haben noch manche zum Bauen (Öd Schwarzenbach).« Einige Betriebe, so der Bauer, hinken auch mit der Bestellung der Kartoffeläcker nach: »Manche Kartoffel zum Legen.« Damit beendet Johann Umgeher seine abendlichen Eintragungen.[101]

Um diese dürren Aufzeichnungen zu verstehen, müssen wir uns Teile jenes Wissens aneignen, über das der Chronist – mal mehr, mal weniger bewusst – verfügte. Dieses aus langjähriger Erfahrung gewonnene Wissen fügte einzelne Wahrnehmungen der natürlichen und sozialen Umwelt zu einem sinnvollen Ganzen: Ein morgendlicher Blick zum Himmel brachte Gewissheit über den Witterungsverlauf des bevorstehenden Tages; ein Blick auf die Nachbargründe orientierte über die geleistete und noch zu leistende Arbeit auf den eigenen Wiesen und Äckern; ein Blick auf das »Gschau«, die Gesichtszüge, der Ochsen am Viehmarkt verriet deren Eigenschaften; ein Blick auf die Triebe der Getreidepflanzen im Frühjahr ließ den Ernteertrag des laufenden Jahres abschätzen; ein Blick auf das Strohdach klärte darüber auf, wie lange dieses noch Wind und Wetter standhalten würde. Wie auf einer Landkarte war in den Köpfen all das verzeichnet, was das Deuten und Handeln in der bäuerlichen Lebenswelt bestimmte: die Jahreszeiten und ihre Kapriolen, die Gründe und ihre Beschaffenheit, die Menschen und ihre Gewohnheiten, die Tiere und ihre Eigenarten, die Pflanzen und ihre Wesenszüge, die Geräte und ihre Handhabung und so fort. Dieses Regelwerk bäuerlichen Wissens hatte mit den bekannten »Bauernregeln« wenig gemein; es regelte das Deuten und Handeln, ohne dass die Menschen bewusst Regeln befolgen mussten.[102] Auf einen Blick, ohne langes Zögern und Zaudern, bemaß es eine Welt, deren Unwägbarkeiten die Menschen Tag für Tag aufs Neue ausgesetzt waren: Unwetter, Missernten, Krankheiten, Unfälle, Brandunglücke. Vielleicht diente Johann Umgeher das Tagebuch auch dazu, die Welt, die ihn umgab, im Schreiben zu *seiner* Welt zu machen.

Doch wie machten sich die Menschen dieses Wissen, von dem sie Tag für Tag wissentlich oder unwissentlich Gebrauch machten, zu Eigen? Das sei »ganz von selbst« gegangen, meint Hubert Größbacher aus Frankenfels: »Man hat sich von Haus aus nur mit den landwirtschaftlichen Sachen befasst; es war ja sonst nichts da.« Sein Kinderspielzeug waren Holzprügel: »Das war sozusagen das Vieh. Mit ein paar Brettern hat man sich einen kleinen Stall gebaut. Da ist das dann genau geordnet gewesen nach der Größe.« Während der Schulzeit hätten er und seine Brüder jeweils ein kleines »Ackerl« bearbeitet: »Das hat man im Frühjahr bestellt und im Sommer geerntet – soweit was daraufgestanden ist, soweit es die Hühner oder die Katzen nicht vernichtet haben.« Und mit etwa zehn Jahren habe man »natürlich« schon mitarbeiten müssen: Futteranstreuen, Heurechen, Erdäpfelgraben, Holzschneiden, Garbenbinden. »Gefürchtet« habe er das »Ochsenweisen«, das Lenken der vor den Pflug gespannten Ochsen auf dem Acker: »Wenn es einen ganzen oder halben Tag gedauert hat, dann ist es fad geworden. Es war nur manchmal ein bisschen interessant, wenn man von der Schule daheim hat bleiben müssen zum Ochsenweisen.« Ab dem Schulaustritt am 14. Geburtstag arbeiteten die Bauernmädchen und -burschen am elterlichen Hof mit oder gingen als Mägde und Knechte auf andere Höfe »in Dienst«.[103] Die Welt der Bauerntöchter und -söhne ging fast zur Gänze in der Welt der Bäuerinnen und Bauern auf; vielfach gaben Mägde ihre außerehelich geborenen Kinder zu Bauernfamilien in Kost.[104] Auch die Häuslerkinder wurden früh »zum Bauern« geschickt, um etwas Zubrot zu verdienen. Eine »Kindheit« und »Jugend« als eigenständige, vom Erwachsensein unterschiedene Lebensphase konnte unter solchen Bedingungen kaum entstehen.[105] Im Spielen übten die Kinder bereits die Arbeiten der Erwachsenen ein. Wichtige Bezugspersonen waren, infolge der arbeitsbedingten Trennung von den Müttern und Vätern, vielfach die Großeltern. Auf diese Weise wurden die Jüngsten am Hof mit dem Wissen der Ältesten vertraut gemacht.

Hubert Größbacher unterscheidet in seinen Kindheitserinnerungen zwei Erfahrungsbereiche: das »Lernen«, die Belehrung nach festgeschriebenen Regeln durch dafür berechtigte Lehrpersonen, und die »Arbeit«, das Mit-, Nach- und Bessermachen von Handgriffen nach ungeschriebenen Regeln unter Anleitung von Familien- und sonstigen Haushaltsmitgliedern. Der eine Erfahrungsbereich, die Welt der Gelehrten, erfasste die Mädchen und Burschen spätestens mit dem Eintritt in die Volksschule im Alter von sechs Jahren. Der andere Erfahrungsbereich, die bäuerliche Welt, begleitete die Frauen und Männer von der Wiege bis zur Bahre: in der Stube, am Hof, auf den Gründen, im Wirtshaus und auf den Wegen, die diese Orte verbanden. Dass die Bäuerinnen und Bauern selbst in der Lage waren, Altes zu hinterfragen und Neues zu begründen, nahmen viele Hüter der Gelehrsamkeit nicht zur Kenntnis. Sie unterstellten ihnen vielfach »Rückständigkeit« und »Fortschrittsfeindlichkeit«; daher hielten sie der bäuerlichen Erfahrung am eigenen Hof die fachliche »Aufklärung« und das »Musterbeispiel« entgegen. Schule und Hof oder, in einem weiteren Sinn, Lernorte und Arbeitsorte bezeichneten daher unterschiedliche, manchmal auch gegensätzliche Formen der Wissensaneignung.[106]

Eine Drehscheibe der fachlichen »Aufklärung« und der »Musterbeispiele« stellte die Bezirksbauernkammer Kirchberg dar. Der Jahresbericht 1927/28 beschreibt die Palette

Bauer am Pflug und Kleinhäuslerbub als Ochsenweiser am Nattershof in Frankenfels in den Vierzigerjahren

der Fortbildungsmaßnahmen: Sechs Buchführungsbetriebe entsandten Bauernsöhne zu einem landwirtschaftlichen Buchführungskurs nach Lilienfeld; in allen sechs Gemeinden des Kammerbezirks wurden Versammlungen über die »richtige Pflege und Förderung des Futterbaus« abgehalten; fünf Herbstdüngungsversuche sollten ein »Bild über die Rentabilität der Kunstdüngeranwendung auf Wiesen liefern«; eine Wiesenbegehung diente der »Förderung dieses wichtigen Kulturzweiges«.[107] Einen Eindruck von den Visionen, die an solche Vorführungen geknüpft wurden, vermittelt der Pressebericht über die Begehung einer »Musterweide« in der Gemeinde Grünau im Jahr 1930: »Mustergültiges Montafonervieh und eine herrlich angelegte Hausweide gab jedem zu schauen und zu denken, daß, wenn man so eine Wirtschaft ansieht, die meisten Bauernwirtschaften noch um vieles verbesserungsbedürftig und verbesserungsfähig sind. Nur verstehen muß man es, wie man's anpacken muß, und das wird einem eben bei solchen Gelegenheiten klar vor Augen geführt.«[108] Den Teilnehmern wurde der »Fortschritt« nicht nur als »Musterbeispiel« vor Augen geführt; er ließ sich auch, im Sinn der »Aufklärung«, in Zahlen bemessen: »Dreimal soviel Reingewinn, als wenn er auf derselben Fläche Weizen baute«, sei zu erwarten. Das war eine deutliche Zielvorgabe an die 87 Teilnehmer der Wiesenbegehung: die Umstellung der Äcker auf Grünland oder, übersetzt in die bäuerliche Gedankenwelt, der Eintausch ihrer Selbstversorgungsbasis gegen die Marktverflechtung. Ob das ein gutes Geschäft wäre, darüber schieden sich wohl die Geister.

»Großes Interesse«, fährt der Jahresbericht 1927/28 fort, weckte auch das Kursprogramm, das nach Geschlechtern unterschiedlich gestaltet war: 24 Bauernsöhne nahmen am landwirtschaftlichen Fortbildungskurs in Rabenstein teil; 25 Bauerntöchter besuchten einen landwirtschaftlichen Wanderkoch- und Haushaltungskurs in Grünau. Die landwirtschaftlichen Fortbildungskurse für Bauernsöhne fanden mit jeweils zwölf Wochenstunden von Mitte November bis Mitte März statt. Ortsansässige Volks- und Bürgerschullehrer unterrichteten die Fächer landwirtschaftlicher Schriftverkehr, landwirtschaftliches Rechnen, landwirtschaftliche Naturkunde sowie Heimat- und Bürgerkunde. Der landwirtschaftliche Unterricht, der Ackerbau, Tierzucht, Betriebs- und Genossenschaftswesen, Obstbau, Waldbau sowie Alm- und Weidewirtschaft umfasste, sollte von Landwirtschaftslehrern oder gleichrangigen Fachmännern erteilt werden. Ergänzend zum theoretischen Unterricht wurden im Rahmen des praktischen Unterrichts Übungen, Feldbegehungen und Exkursionen abgehalten. Die ebenfalls vier Monate dauernden hauswirtschaftlichen Fortbildungskurse für Bauerntöchter umfassten folgende Theoriefächer: Sitten- und Pflichtenlehre, hauswirtschaftlicher Schriftverkehr, hauswirtschaftliches Rechnen, Haushaltungskunde, Nahrungsmittelkunde, Gesundheitspflege und erste Hilfe, Kleintierzucht, Milchwirtschaft und Gemüsebau. Ergänzend wurden die Praxisfächer Hauswirtschaftsarbeiten (Kochen) und weibliche Handarbeiten angeboten. Der sechswöchige Wanderkoch- und Haushaltungskurs, der im Jahr 1927/28 im Bauernkammerbezirk Kirchberg abgehalten wurde, beschränkte sich auf praktischen Koch- und Hauswirtschaftsunterricht.[109] Deutlich heben sich in diesen Lehrplänen die Wunschbilder des Bauern und der Bäuerin voneinander ab: der eine als Betriebsleiter außer Haus, die andere als Hüterin des Hauses.

Diese knappe Auflistung deutet an, dass sich das landwirtschaftliche Fachwissen nicht gleichmäßig verteilte. Der agrarische Fortbildungsdiskurs appellierte vorrangig an die Jungen im Allgemeinen, die jungen *Männer* im Besonderen. Das zeigt auch die Pressemeldung über den Abschluss des in Frankenfels abgehaltenen Fortbildungskurses des Jahres 1930: »Es gehen mit den Absolventen dieses Kurses wieder neue und, wie hier öffentlich festgestellt werden soll, besonders tüchtige Pioniere hinaus, um den Gedanken des Fortschrittes auch im entlegensten Gebirgstal der Gemeinde Geltung zu verschaffen durch Aufklärung und gutes Beispiel. Die Säer sind gut, möge die Saat zur Reife gelangen und die Ernte gut werden.«[110] Hubert Größbacher, der in der Dreißigerjahren einen landwirtschaftlichen Fortbildungskurs besuchte, war wohl einer von jenen, die sich vom Appell an die »Pioniere des Fortschritts« angesprochen fühlten. Die damalige Exkursion zur Gutsverwaltung Gösing, einem Musterbetrieb der Grünlandwirtschaft in den Voralpen, schildert er heute als Schlüsselerlebnis: »Da haben wir gesehen, wie die wirklich dort wirtschaften.« Der Stall voll von leistungsfähigen Milchkühen, die Wiesen voll von hoch gewachsenem Grünfutter. Da gewinnt eine Vision Kontur: »Ja, wenn man dort schon einen Betrieb gehabt hätte, wenn auch klein, aber doch so geführt, dann ...« – die Vision war damals doch zu fern, um sie heute zu benennen. »Energiegeladen«, wie er sagt, drängte er nach Kursabschluss seine Eltern, am Hof »dies oder jenes« anders zu machen. »Jaja, das ist recht schön, eure Gescheitheit«, kaufte ihm die Mutter die Schneid ab, »schau, dass du selber einen Betrieb bekommst, und dann kannst du alles machen.« Seine Vision von der marktorientierten Grünlandwirtschaft scheiterte zunächst am – aus »fortschrittlicher« Sicht – »rückständigen« Selbstversorgungsdenken der Eltern; doch nach dem Krieg war es so weit: »Das ist dann wirklich so gekommen, aber es hat noch ein paar Jahre gedauert.«[111]

Was die landwirtschaftliche Fortbildung vor dem »Anschluss« von jener während und nach der NS-Herrschaft unterscheidet, sind weniger die Ziele als die Mittel. Die Hauptabteilung »Der Mensch« des Reichsnährstandes beschränkte sich nicht auf die Ausbildung einzelner »Pioniere des Fortschritts«, sondern setzte, Hand in Hand mit der materiellen »Aufrüstung des Dorfes«, auf die geistige »Aufrüstung« des gesamten »Landvolkes«.[112] Anstatt der Fortbildungskurse trat die landwirtschaftliche Berufsschulpflicht für Mädchen und Burschen von 14 bis 16 Jahren in Kraft, kriegsbedingt jedoch zumeist nur auf dem Papier.[113] Auch das landwirtschaftliche Bildungswesen der Zweiten Republik setzte auf die möglichst lückenlose Erfassung der bäuerlichen Bevölkerung. Nach dem Austritt aus der Pflichtschule und einer zweijährigen Berufspraxis besuchten die 16- und 17-Jährigen, zunächst auf freiwilliger Basis, die zweijährige landwirtschaftliche Fortbildungsschule. Daran schlossen die bäuerlichen Fachschulen an, unter denen vor allem die 1926 in Betrieb genommene Gebirgsbauernschule Gaming und die 1949 eröffnete Wald- und Gebirgsbauernschule Hohenlehen immer wieder Absolventen aus dem Bauernkammerbezirk Kirchberg hervorbrachten.[114] Der allumfassende Bildungsanspruch erregte auf Seiten der Bäuerinnen und Bauern Widerspruch und Bauernfunktionäre wie Hubert Größbacher wurden wieder einmal zum »Prellbock«, wie er sagt. In der heutigen Erzählung lässt er seine damaligen Debatten mit Kritikern wieder aufleben: »Ja, was stellst du dir vor. Meinst du vielleicht, wir haben Zeit, im Winter, wenn es auch im Winter ist, die Kinder da auf die Fortbildungsschule zu geben? Wir brauchen sie daheim.« – »Die Kinder müssen in die Schule, die müssen was lernen.« – »Ja, die lernen ohnehin daheim.« – »Ja, klar, die Praxis und alles lernen sie daheim. Aber die müssen auch was anderes sehen.«[115] In solchen Situationen flammte der altbekannte Konflikt zwischen »Lehre« und »Arbeit«, zwischen Fach- und Erfahrungswissen, erneut auf – und wurde per Gesetz entschieden: Ab November 1954 wurden alle 16- und 17-Jährigen, die in der Landwirtschaft tätig waren, zum Besuch der landwirtschaftlichen Fortbildungsschule verpflichtet.[116]

Nach dem Austritt aus den Fortbildungs- und Fachschulen wurden die jungen Frauen und Männer im Ländlichen Fortbildungswerk (LFW) zusammengefasst, das auf die »Heranbildung einer fachlich geschulten, charakterlich tüchtigen und für die Einrichtungen des Berufsstandes und des öffentlichen Lebens interessierten Bauerngeneration« abzielte.[117] Die Vordenker des ländlichen Bildungswesens sahen im LFW mehr als eine Neuauflage der landwirtschaftlichen Fortbildungsvereine der Zwischenkriegszeit: Es wurde dem »Fortschritt« gleichermaßen verpflichtet wie der »Traditionspflege«; und wenn es keine Traditionen zu pflegen gab, dann musste man sie erfinden. Die Sprengelbücher des LFW-Frankenfels, etwa die Eintragungen des Jahres 1959, zeigen die Bandbreite der Aktivitäten: Am 25. Januar wurde der Dirndlball mit der Wahl eines Ballkönigs abgehalten. Am 22. Februar folgte ein Redewettbewerb, bei dem zwei Mädchen über »Hausarbeit im Bauernhaus« und »Blumenwettbewerb« und zwei Burschen über »Qualität bestimmt den Marktwert« und »Was bedeutet für uns Fortschritt?« sprachen. Der 26. April stand im Zeichen des Frühlingsfestes mit Platzkonzert und Tanz für Alt und Jung. Am 2. Juni unternahm der Sprengel eine Exkursion nach Wieselburg in die Bundes-Versuchs- und Prüfanstalt für landwirtschaftliche Maschinen und Geräte sowie zu einem »Musterbetrieb« mit automatischer Entmistung und moderner Melkanlage. Am 23. August fand ein Leistungspflügen statt, bei dem die Burschen »ihr Können unter Beweis« stellten. Für das Erntedankfest am 11. Oktober gestaltete das LFW die Erntekrone – ein »Brauch«, der erst in der Zwischenkriegszeit aufgekommen war und nach 1945 Fuß fasste.[118] Die Sprengelversammlung vom 18. Oktober mit Neuwahl der Sprengelleitung und der Sprengeltag vom 8. November dienten der Planung künftiger Aktivitäten. Der »bunte Nachmittag« für die Eltern der Mitarbeiterinnen und Mitarbeiter am 15. November bot Vorträge über »Hausarbeit im Bauernhaus«, »Tierzucht« und »Sinn und Zweck des LFW«, die durch Gedichte, Lieder und Tanzeinlagen aufgelockert wurden. Am Sprengeltag vom 6. Dezember wurden die Absolventinnen und Absolventen der landwirtschaftlichen Fortbildungsschule »in unsere Gemeinschaft« aufgenommen.[119] In dieser knappen Aufzählung werden die Tugenden einer LFW-Mitarbeiterin und eines LFW-Mitarbeiters fassbar: redegewandt, fortschrittlich, fachlich geschult, wettbewerbsfähig, leistungsfreudig, aufgeschlossen, traditionsverbunden, technikerfahren, ehrgeizig. Um diese Tugenden zu fördern, gewann im LFW neben »Aufklärung« und »Musterbeispiel« eine dritte Form der Vermittlung von Fachwissen und -können an Gewicht: der Wettbewerb. Nicht mithalten, sondern *besser sein* – so lautete die Botschaft. Menschen mit solchen Tugenden waren nicht nur geeignet, sich im Wettbewerb auf den Märkten zu behaupten; sie stellten auch die Nachwuchskräfte für den politischen Wettbewerb in Gemeinde, Bundesland und Staat.[120]

Sehen wir genauer hin. Im Juli 1960 brach der LFW-Sprengel Frankenfels mit dem Autobus zu einer zweitägigen Lehrfahrt auf. Zuerst besuchte die Reisegesellschaft das Versuchsgut der Linzer Stickstoffwerke in Steyr, wo die Düngungsversuche »ganz besonderes Interesse« erweckten. Von dort ging es nach Gröbming, wo zwei »hervorragende« Braunviehzuchtbetriebe besichtigt wurden: In einem Betrieb zog die »ausgeglichene Braunviehherde mit viel Typ, Milchadel und sehr guten Euterformen« die Blicke auf sich, im anderen staunte die Schar über die intensive Güllewirtschaft, die 33 Großvieheinheiten auf nur zwölf Hektar Nutzfläche versorgte. Der Abend klang gemeinsam mit der Öblarner Landjugend mit »Volkstänzen, Liedern und heiteren Darbietungen« aus. Am folgenden Tag stand nach der Sonntagsmesse in der Stiftskirche von Admont die Besichtigung der Bibliothek auf dem Programm. Nach der Fahrt durch das »wildromantische« Gesäuse besuchten die Mädchen und Burschen in Gaflenz einen Betrieb mit Freilaufstall, der »arbeitstechnisch sehr zweckmäßig« schien, bevor sie wieder »in die Heimat« zurückkehrten. Diese Lehrfahrt sprach die Sinne der Teilnehmerinnen und Teilnehmer in vielfältiger Weise an: Fachvortrag und Gemütlichkeit, Hoch- und Volkskultur, Landschaftsreiz und Technikbegeisterung, Romantik und Modernität, Gottesdienst und Fortschrittsglaube. Über »Aufklärung« und »Musterbeispiel« hinaus bot sie den Mädchen und Burschen auch eine Gelegenheit, dem tristen Arbeitsalltag für ein Wochenende zu entfliehen. Umgekehrt kehrten sie wieder »müde, aber reich an Erfahrung« und mit der »Freude, ein schönes Stück Heimat gesehen zu haben«, auf ihre Höfe zurück.[121] Der Lehrausflug des Jahres 1960 kündigte die Richtung an, in die sich das LFW in den folgenden Jahrzehnten entwickeln sollte: von einer bäuerlichen Bildungs- und Erziehungseinrichtung zu einer allumfassenden Freizeitorganisation der ländlichen Jugend.[122]

An der Ortsgruppe Frankenfels können wir Dauer und Veränderung in der Zusammensetzung der Landjugend in den Siebziger- und frühen Achtzigerjahren verfolgen

(Tabelle 12): Die Verteilung der Altersgruppen verändert sich während dieses Zeitraumes kaum. Das Gros der Landjugend bilden die 18- bis 21-Jährigen; mit spätestens 25 Jahren, zumeist anlässlich der Heirat, treten die Mädchen und Burschen aus der Gruppe aus. Die Ausbildung verändert sich nach Geschlechtern unterschiedlich: Während sich unter den Burschen der Schwerpunkt etwas von der Fach- zur Berufsschule verlagert, zeichnet sich unter den Mädchen eine Spaltung ab zwischen jenen, die nach der Pflichtschule keine landwirtschaftliche Fachausbildung absolvieren, und jenen mit einem höher qualifizierten Fach- oder Mittelschulabschluss. Die bäuerliche Herkunft verliert, unabhängig vom Geschlecht, etwas zugunsten anderer Milieus an Gewicht. Die Berufszugehörigkeit der Landjugendmitglieder verändert sich deutlich: Während noch 1969 mehr als zwei Drittel der Burschen und knapp die Hälfte der Mädchen hauptberuflich in der Landwirtschaft tätig sind, sinken diese Anteile bis 1984 unter den Burschen auf weniger als die Hälfte und unter den Mädchen auf knapp ein Fünftel. Auf einem Bauernhof zu arbeiten wird in diesem Zeitraum für die Burschen vom Regelfall zu einer Möglichkeit unter anderen, für die Mädchen von einer nahe liegenden Möglichkeit zu einem Ausnahmefall.[123] Diese Zahlen, aber auch die immer dünner gesäten Hochzeitsfotos in den Sprengelbüchern deuten die wachsenden Schwierigkeiten der Partnersuche in den bäuerlichen Haushalten an: Jungbauern stehen in immer größerer Zahl ohne Jungbäuerin da.

In das bäuerliche Erfahrungs- und Fachwissen fließt immer auch das Wissen um sich selbst und um die Gemeinschaften, denen man sich zugehörig fühlt, ein. Jede »Bauernbewegung« muss, um die Anerkennung ihrer Klientel zu gewinnen, solche individuellen und kollektiven Identitäten ansprechen. Seit dem späten 19. und frühen 20. Jahrhundert beförderten die landwirtschaftlichen Organisationen, allen voran der 1906 gegründete Niederösterreichische Bauernbund, die Politisierung der Bauernschaft.[124] In welchem Maß gelang es, die Bauernschaft der Region Kirchberg zu einer »Bauernbewegung« zu formen? Werfen wir einen Blick auf die Ergebnisse der Wahlen in die Bauernkammern, die seit der Gründung der Landes-Landwirtschaftskammer im Jahr 1922 – unterbrochen durch die austrofaschistische und nationalsozialistische Ära – in fünfjährigen Abständen stattfanden. Während des gesamten Zeitraums konnte der christlichsoziale Bauernbund seine Vorherrschaft in der Bezirksbauernkammer Kirchberg behaupten. In den Jahren 1922, 1927, 1932, 1950, 1960, 1975 und 2000 gelang auch die Besetzung sämtlicher Mandate; in den übrigen Jahren ging ein Sitz an den sozialdemokratischen Arbeitsbauernbund (Grafik 13). Wie können wir das enorme Ausmaß dieser Politisierung unter christlichsozialen Vorzeichen verstehen und erklären?[125] Eine unter mehreren Antworten auf diese Frage finden wir in der Rolle örtlicher Bauernpolitiker, die einen Gutteil der bäuerlichen Wählerschaft hinter sich versammeln konnten. Ein solcher »Bauernführer« war der 1882 in Rabenstein geborene Johann Kaiser. Unterbrochen von der nationalsozialistischen Ära, vereinte seine Laufbahn eine Reihe von Ämtern und Funktionen in seiner Person: Obmann der Bezirksbauernkammer Kirchberg 1922 bis 1938 und 1945 bis 1955, Abgeordneter zum niederösterreichischen Landtag von 1928 bis 1934, Rabensteiner Bürgermeister von 1934 bis 1938 und 1948 bis 1950, Vorsitzender des Aufsichtsrates der Lagerhausgenossenschaft St. Pölten

Tabelle 12: Zusammensetzung der Landjugendgruppe Frankenfels 1969–1984

	1969		1984	
	Burschen	Mädchen	Burschen	Mädchen
	(in Prozent)		(in Prozent)	
Alter				
bis 17 Jahre	5	27	12	38
18–21 Jahre	65	60	58	50
22–25 Jahre	30	13	31	13
Über 25 Jahre	0	0	0	0
Summe	100	100	100	100
Ausbildung				
Hauptschule	18	8	14	36
Berufsschule	23	62	36	14
Fachschule	55	23	46	29
Höhere Schule	5	8	4	21
Summe	100	100	100	100
Herkunft				
Landwirtschaft	95	93	77	75
andere Wirtschaftszweige	5	7	23	25
Summe	100	100	100	100
Beruf				
Landwirtschaft als Hauptberuf	70	47	42	19
Landwirtschaft als Nebenberuf	10	0	12	6
Sonstiger Beruf	20	53	46	75
Summe	100	100	100	100

Quelle: Landjugend Frankenfels, Gruppenstatistik 1969 und 1984.

und so fort.[126] Johann Kaiser konnte offenbar das Kapital seiner Ämter und Funktionen in Wählerstimmen ummünzen. Umgekehrt stärkte dieses politische Kapital wiederum seine Stellung in Berufs- und Gebietskörperschaften.

Wie dieser wechselseitige Kapitalfluss aufrechterhalten wurde, zeigt eine Rede Johann Kaisers im Rahmen einer Bauernbundversammlung in Frankenfels im Mai 1933, kurz nach der Ausschaltung des Parlaments durch die Regierung Dollfuß. Beim Versuch, den »autoritären Kurs« der Bundesregierung zu rechtfertigen, weckte er Hoffnungen auf Seiten der Bauern: »Unser Bundeskanzler weiß, wo den Bauern der Schuh drückt!« Überzogenen Hoffnungen schob er jedoch einen Riegel vor: »Insbesonders muß auch der Bauer erkennen, daß seine Lage gebessert wird, wenn es gelingt, eine Entspannung auf dem Arbeitsmarkte herbeizuführen.« Damit entwarf er das Bild eines harmonischen, von Konflikten gereinigten »Ständestaates«, der den »Klassenkampf« über-

Grafik 13: Sitzverteilung in der Bezirksbauernkammer Kirchberg 1922–2000

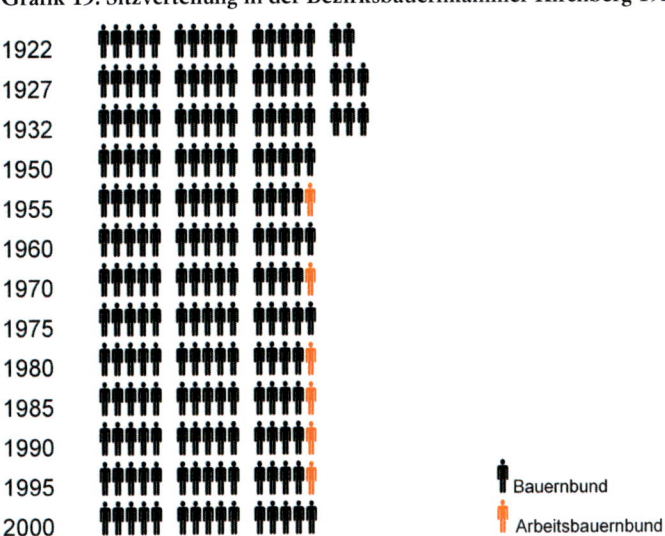

Quelle: Tätigkeitsbericht 1922/23 84, 1927/28 509, 1932/33 254; Der Österreichische Bauernbündler, 8.4.1950, 4; 9.4.1955, 2; 2.4.1960, 2; 28.3.1970, 7; 27.3.1975, 3; 13.3.1980, 3; 4.4.1985, 2; 15.3.1990, 2; 9.3.1995, 2; 23.3.2000, 23 f. Das Wahlergebnis des Jahres 1965 konnte nicht erhoben werden.

winden sollte. Gab Johann Kaiser bis hierher den besonnenen Staatsmann, kehrte er nun den hitzigen Parteisoldaten hervor: »Es ist bedauerlich, daß in einer Zeit, wo die Regierung Dollfuß sich mit Erfolg bemüht, die Wirtschaft wieder in geordnete Bahnen zurückzuführen, eine Partei, die die Vernichtung des Bolschewismus in lauten Tönen predigt, dem bodenständigen christlichen Volke in den Rücken fällt und dadurch die Sozialdemokratie unterstützt.« Die Abgrenzung gegenüber den »abtrünnigen« Nationalsozialisten betonte zugleich die gemeinsame Zielrichtung der beiden Lager: den Kampf gegen den »jüdischen Bolschewismus« sowie für das »Deutsche im Donauraume«. Die Christlichsozialen erschienen als die besseren – weil »christlichen« – Antimarxisten und Deutschen.[127] Erwartungsgemäß ließen die Frankenfelser Nationalsozialisten diese Attacke nicht auf sich sitzen. Einerseits behaupteten sie den Vorrang im Kampf gegen den Marxismus und für das Deutschtum; andererseits diffamierten sie den Abgeordneten als ungebildeten, untalentierten Redner.[128] Daraufhin entgegnete die Frankenfelser Bauernbundführung, »daß wir Frankenfelser Bauern (einige wenige vielleicht ausgenommen) zu unserem Standesgenossen Kaiser mehr Vertrauen haben als zu studierten nationalsozialistischen Maulhelden«.[129]

Bauernpolitik drehte sich um Personen – das zeigt der Fall in eindrücklicher Weise. Für die angesprochenen Bauern zählte weniger, wie etwas gesagt wurde, sondern wer etwas sagte. Ein »Studierter« konnte noch so geschliffene Reden schwingen – das Wort eines »Standesgenossen«, wenn es auch etwas holprig daherkam, wog schwerer. Johann Kaiser hatte aufgrund langjähriger Erfahrung gelernt, sich effektvoll in Szene zu setzen: Einmal brachte er als »Parteisoldat« die Gemüter zum Kochen, ein andermal sorgte er als »Staatsmann« für Abkühlung. Einmal bemühte er antimarxistische und antisemitische Feindbilder,[130] ein andermal zeigte er sich bereit zur Zusammenarbeit mit dem Gegner.[131] Einmal »auf den Tisch hauen«, dann aber wieder »seinem Tagwerk nachgehen« – glich das nicht der Art und Weise, in der »gestandene Männer« üblicherweise Meinungsverschiedenheiten austrugen? In einer Zeit, in der politische Führungsfiguren noch nicht eine derartige Medienpräsenz wie in der zweiten Hälfte des 20. Jahrhunderts, ansatzweise bereits in der nationalsozialistischen Ära erlangten, zählte die Realpräsenz, die körperliche Anwesenheit vor Ort. Johann Kaiser war ein Politiker »zum Angreifen«, der bei nahezu jeder christlichsozialen Wahlkampfkundgebung, Heimwehr-Wimpelweihe oder Bauernbundversammlung im Kammerbezirk ans Rednerpult trat. Doch schöne, manchmal auch von Drohungen begleitete Worte allein reichten nicht aus;[132] ein »Bauernführer« musste auch Taten setzen, die großen und kleinen Wünsche diverser Bittsteller erfüllen – und wenn es nur die Vermittlung eines Ochsenverkaufs nach Wien war.[133] Die Ernte dieser Bemühungen konnte Johann Kaiser nach der Bezirksbauernkammerwahl des Jahres 1932 einfahren: Obwohl die Nationalsozialisten die Bauernschaft des Bezirkes hinter sich wähnten, lauteten alle 822 gültigen Stimmen auf die Liste Johann Kaisers.[134] Mit dem Bedeutungsgewinn überregionaler »Bauernführer« – etwa eines Leopold Figl, dessen Bildnis auch den niederösterreichischen Bauernbundkalender des Jahres 2002 ziert[135] – verloren die örtlichen »Bauernführer« an Bedeutung, ohne in Bedeutungslosigkeit zu versinken.

Die christlichsoziale Vorherrschaft über die Bauernschaft wurde im Jahr 1938 durch den »Anschluss« jäh unterbrochen. Das Verhältnis zwischen den neuen und den alten Machthabern pendelte zwischen Resistenz[136] und Koexistenz. Dass während der siebenjährigen NS-Herrschaft zunächst Letzteres über Ersteres überwog, lässt sich etwa an der Gemeinde Frankenfels zeigen: Einerseits versuchte die lokale, der Dorfbourgeoisie zugehörige NS-Führung, den Machtbereich der bäuerlich-katholischen Elite nicht gänzlich zu beseitigen, sondern nur einzudämmen. So verpachtete sie die beiden Gemeindejagdgebiete – Kapitalien mit hohem Symbolwert – an ehemalige Führungsfiguren des austrofaschistischen »Systems«, den abgesetzten Bürgermeister und den zwangspensionierten Oberlehrer. Andererseits war der Großteil der Landbevölkerung aufgrund vielfältiger Anknüpfungspunkte bereit, trotz aller Vorbehalte den Pflichten gegenüber Staat und Partei nachzukommen. Um dieses labile Machtgleichgewicht zu halten, versuchten die örtlichen Machthaber, Widersprüche zwischen den Appellen der NS-Eliten und dem alltäglichen Gerede vor Ort zu vermeiden. In ihren Äußerungen verblassten die Bilder des »sippenverbundenen Bauern« und des »rationellen Landwirts«; stattdessen trat der »pflichtbewußte und anspruchslose Gebirgsbauer« in den Vordergrund, der den bäuerlichen Deutungs- und Handlungsmustern weitaus näher lag. In der Regel eigneten sich die Bauern solche Identitätsentwürfe selektiv an; sie identifizierten sich mit manchen Zügen und grenzten sich von anderen ab. So formte etwa Leopold Leitner in seinen Beschwerdebriefen über die hohe Grundsteuer, die Misswirtschaft in den Ämtern und die Ungunstlage der Bergbauernbetriebe die NS-Fremdbilder zum Selbstbild des »meckernden, aber pflichtbewußten Gebirgsbauern« um. Damit vermochte er offenbar in seiner realen Zerrissenheit – er war als Besitzer einer hoch verschuldeten 30-Hektar-Bergbauernwirtschaft in ausgesetzter Lage gezwungen, sich in den Wintermonaten als Lohnarbeiter im Holzschlag zu verdingen – eine ganzheitliche Vorstellung seiner selbst zu entwerfen.[137]

V. Die Menschen und die Arbeit

Das Jahr 1937 begann auf dem Frankenfelser Hof Oberstein mit einem sonnigen, kalten Tag. »Schön kalt. Koglleute hier. Bisschen Schnee«, notierte der 38-jährige Knecht Johann Umgeher am Abend. Neben ihm lebten auf dem Hof: seine Schwägerin Karoline und sein Bruder Florian Umgeher, beide geboren 1897, als Bauersleute; sein knapp zweijähriger Neffe Florian Umgeher; schließlich die Magd Marie Klauser, geboren 1920. Sein Vater hatte nach dem Tod seiner Mutter im Jahr 1933 vom Hof Oberstein auf den Hof Kogl geheiratet und kam, wie am Neujahrstag, immer wieder zu Besuch. Sein Bruder Leopold Umgeher bewirtschaftete seit 1936 den Hof Torriegl.[138] Johann Umgeher hatte, im Unterschied zu seinen beiden Brüdern, nicht geheiratet und eine Bauernwirtschaft übernommen; er war und blieb zeit seines Lebens – wie so viele andere – ein lediger Knecht.[139] Doch er war nicht nur Knecht, sondern auch der Bruder des Bauern; damit stand er zwischen dem Status eines Hofbesitzers und dem eines Dienstboten. Von dieser Zwischenstellung aus schrieb Johann Umgeher zunächst im Bauernbundkalender, später in einem Heft Tag für Tag alles auf, was ihm aufschreibenswert schien: das Wetter, die Arbeiten, die Ein- und Verkäufe, die Ernteerträge, die Besuche, die Kirchgänge, das Gemeindegeschehen und so fort. Auf diese Weise wurde er zum Chronisten einer Welt, die über die Grenzen des Oberstein-Hofes hinaus Gültigkeit hatte.

Die Mehrzahl der Aufzeichnungen Johann Umgehers dreht sich um die Arbeit auf den 29 Hektar umfassenden Gründen. Rund um die Wohn- und Wirtschaftsgebäude lagen der Obst- und der Gemüsegarten sowie die Äcker: Das Fensterfeld, das obere und untere Oidfeld, das Stadl- und Lockerfeld, das Ebenfeld und, etwas abseits am Waldrand gelegen, das Brandfeld. Zwischen den Äckern und daran anschließend erstreckten sich die Wiesengründe, darunter auch der Anger. Im Norden, Osten und Süden begrenzten Wälder, das Bannholz, die Leiten und die Kühhold, den Besitz (Grafik 14). Der auf etwa 600 Meter Seehöhe gelegene Hof war von der Ortschaft Frankenfels über zwei steile Karrenwege befahrbar: Der eine führte durch das Bannholz, der andere durch den Redenbachgraben. Dort, am Redenbach, stand auch die Falkenstein-Mühle, in der die Leute am Oberstein ihr Getreide mahlten.[140] Die Verteilung der Arbeiten auf das Jahr hing von Bedingungen ab, die die Menschen wenig beeinflussen konnten: Temperatur, Niederschläge, Bodenfeuchte, Schädlingsbefall, Pflanzenwachstum. Entsprechend großes Augenmerk schenkte Johann Umgeher in seiner Chronik diesen Unwägbarkeiten. Der Januar des Jahres 1937 stand im Zeichen des Übergangs vom vergangenen Jahreszyklus, der bereits zu Ende war, zum kommenden, der noch nicht begonnen hatte. Geräte aus-

Grafik 14: Skizze der Gründe des Oberstein-Hofes im Jahr 1958

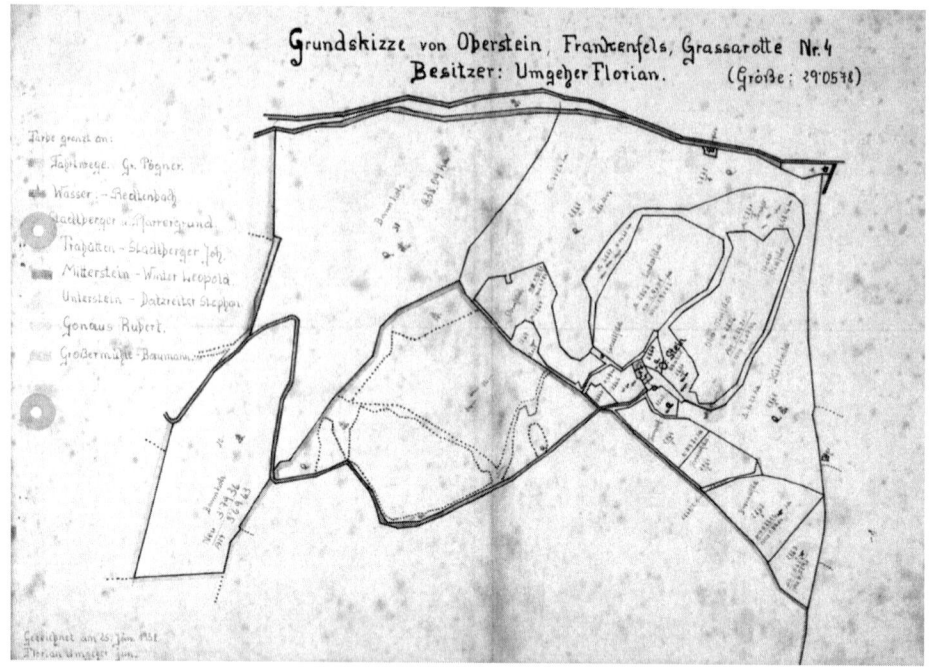

Quelle: Privatsammlung Umgeher, Frankenfels.

bessern, Wäsche waschen und mit Besuchern Karten spielen standen im Haus an der Tagesordnung. Sobald der Redenbach genug Wasser führte, wurde die Mühle in Betrieb genommen. Auf den von Wäldern gesäumten Wiesen wurde Streu gesammelt, aus dem Wald wurden Bloche, Scheiter und Reisig gekarrt und einige Sand- und Schotterfuhren wurden nahe dem Haus abgeladen. Eine Theateraufführung, eine Gedenkmesse für den verstorbenen Bruder, ein Begräbnis, ein Viehmarkt sowie Ein- und Verkäufe von Vieh waren Anlässe, um sich auf andere Höfe oder in die Ortschaft zu begeben.

Im und außer Haus veränderten sich diese Arbeiten im Februar kaum; doch auf dem Acker kündigte das Mistführen einen neuen Jahreszyklus an. Der März stand bereits deutlich im Zeichen der Vorbereitungen für die kommende Ernte: das Abbrennen auf dem Gemüsegarten, das die Unkräuter vernichtete und die Nutzpflanzen mit Nährstoffen versorgte; das Zähmen der Schnittlinge, um sie für die Zugarbeit gefügig zu machen; das Auf- und Entladen des Stallmistes neben den Feldern; das Erdenführen auf dem Lockerfeld, bei dem das von Wind und Wetter abgetragene Erdreich wieder den Berg hinauf gekarrt wurde; das Veredeln der Kirschbäume im Obstgarten; das erste Austreiben der Schafe auf die Weide. Daneben boten die Fasten- und Ostertage, der Viehmarkt in der Nachbargemeinde Kirchberg sowie diverse Ein- und Verkäufe von Vieh Anlässe für Zusammenkünfte mit Verwandten, Nachbarn und Bekannten. Im April und Mai standen das Düngen, Pflügen, Bebauen und Eggen der Hafer-, Klee- und Kartoffeläcker auf dem oberen Oid-, Fenster-, Brand-, Stadl- und Lockerfeld sowie die

»Erdenführen« am Oberhofstatt-Hof in Frankenfels in den Vierzigerjahren

Bestellung des Gemüsegartens an. Zugleich wurden auch die Brunnenröhren erneuert, die Weidegründe eingezäunt, alte Bäume für Schnitt- und Brennholz gefällt und junge gesetzt, am Nachbarhof Mitterstein Kalk gebrannt, Waldstreu gesammelt, die Schafe geschoren, Brot gebacken, die Kleider gewaschen und vieles mehr getan. Die Bitttage und -andachten, die Maifeiertage und -andachten sowie eine Gedenkmesse für Mutter und Bruder boten, neben den Sonntagsmessen, zusätzliche Anlässe zum Kirchgang.

Mit dem Klee- und Grasschnitt und der Bestellung des Brandfeldes im Juni brach die arbeitsreichste Zeit des Jahres an. Zudem wurde das Haus ausgemalt und das Jungvieh auf die Weide Geißenberg in der Nachbargemeinde Schwarzenbach getrieben. Im Juli ging die Bergung der Futterernte nahtlos in den Roggen- und Weizenschnitt auf dem Ebenfeld über. Nach dem Einführen des Getreides wurde unverzüglich mit dem Ausschlagen der Ähren begonnen, um Saatgut für den Anbau des Wintergetreides zu gewinnen. Der Kirtagstanz, der Viehmarkt in Kirchberg und eine Wallfahrt nach Mariazell boten nur kurzzeitig Abwechslung. Nach der Ernte des Brotgetreides folgte im August die Haferernte auf dem oberen Oid-, dem Fenster- und dem Brandfeld. Zwischen dem Schneiden, Schöbern und Einführen der Haferähren mussten immer wieder die Krautwürmer im Gemüsegarten von den Pflanzen geklaubt werden. In diesem Monat kamen auch Handwerker auf den Hof: ein Maurer, der mit Hilfe der seit Jahresbeginn angehäuften Sand-, Schotter- und Kalkvorräte das Haus neu verputzte, und ein Schneider, der Anzüge und Überröcke anfertigte.

Der September brachte keine wesentliche Minderung des Arbeitsdrucks: Am Programm standen die Bestellung der Roggen- und Weizenäcker auf dem Lockerfeld, die Obsternte, das Roggen- und Weizendreschen mittels Maschine, das Mahlen des Roggens, das Kartoffelgraben und der Viehabtrieb von der Sommerweide. Im Oktober wurden das Ernten und Einbringen des Obstes, das Dreschen und das Kartoffelgraben zu Ende geführt. Außerdem standen das Mahlen des Weizens, die Grummeternte, das Abräumen des Krautgartens, das Ausziehen der Rüben auf dem Brandfeld, das Halmackern, das Farnstreuheuen und das Abstechen eines Schweins an. Viehmarkt, Kirtag und Einkäufe begleiteten die herbstlichen Arbeiten. Im November wurde es etwas ruhiger: Kraut hobeln, Holz arbeiten, Krautgarten düngen und ackern, »Kunstdünger« ausbringen, Hafer mahlen. Im Dezember fand der Jahreszyklus sein Ende. Neben den Holzarbeiten im Wald und in der Hütte, dem Abstechen und Verarbeiten eines Schweins für die Festtage, dem Holzverkaufen und dem Mistführen stand nun, vor allem rund um die Weihnachtstage, wieder mehr Zeit für anderes zur Verfügung. Das Jahr 1937 endete, wie es begonnen hatte: Geräte ausbessern, Karten spielen, eine Theateraufführung besuchen – »Prosit Neujahr 1938«.[141]

Nehmen wir Johann Umgehers Chronik des Jahres 1937 als Ausgangspunkt für genauere Einblicke in die bäuerliche Arbeitswelt. Auf welche Weise deckten die Bauernhaushalte ihren Bedarf an Arbeitskräften? Am Hof Oberstein wurde der Gutteil der laufenden Arbeiten durch die Angehörigen der Familie – das Bauernehepaar und den als Knecht mitarbeitenden Bruder des Bauern – bewältigt. Zudem half der auf einem anderen Hof verheiratete Vater des Bauern in regelmäßigen Abständen bei der Arbeit aus. In den späten Dreißigerjahren verfügte die Familie Umgeher noch nicht über mithelfende Kinder; überdies war die Bäuerin durch Schwangerschaften und die Betreuung der Kleinkinder nicht in gewohntem Umfang verfügbar. In dieser Entwicklungsphase, die in der Regel am Beginn eines bäuerlichen Familienzyklus stand, wurde eine junge Magd für die Arbeit im und außer Haus aufgenommen. Das reichte, um die laufenden Arbeiten zu erledigen; doch die sommerlichen Arbeitsspitzen während der Wiesen-, Klee- und Getreideernte sowie des Maschinendreschens erforderten zusätzliche Hände. Johann Umgehers Eintrag vom 14. September verrät uns, woher diese Helferinnen und Helfer kamen: »Schön. Weizen Korn dreschen. Drahütten Karl, Wetl, Unterstein Hans, Mitterstein Konrad, Franz, Vater. Schön gegangen. 6 Uhr fertig.« Die Mädchen und Burschen der Nachbarhöfe erschienen an diesem Tag zeitig in der Früh am Oberstein-Hof; im Gegenzug halfen Johann Umgeher und Marie Klauser, die bei-

Schnitterpartie beim Hof-Bauern in Frankenfels in den Zwanzigerjahren

den Dienstboten, mehrere Tage lang auf den umliegenden Höfen bei der Druscharbeit.[142] Nach dem Dreschen oder Schneiden wurden in manchen Häusern den Hilfskräften Speis, Trank und Tanz geboten; solche »Drescher-« und »Schnitterfeste« mehrten nicht nur die Freude der Gäste, sondern auch die Ehre der Gastgeber.[143] Die häufigen Besuche und Gegenbesuche der Oberstein-Leute im Lauf des Jahres dienten nicht ausschließlich dem Kartenspiel und sonstigen Vergnügungen; sie festigten auch jene Beziehungen, die dem Hof die nötigen Hilfskräfte sicherten. Arbeiten und Leben – da ging eines in das andere über.

Die Statistik der landwirtschaftlichen Arbeitskräfte zeigt, dass dieser Einzelfall für die Gesamtheit der bäuerlichen Haushalte im Gerichtsbezirk Kirchberg repräsentativ ist (Grafik 15). Im Jahr 1930 zählten 2.925 Personen oder 76 Prozent zu den familieneigenen ständigen, 280 Personen oder 7 Prozent zu den familieneigenen nichtständigen, 515 Personen oder 13 Prozent zu den familienfremden ständigen und 154 oder 4 Prozent zu den familienfremden nichtständigen Arbeitskräften. Kurz, im Kirchberger Umland herrschten, entsprechend dem jährlichen Arbeitskräftebedarf, Familienbetriebe mit Dienstbotenbeschäftigung vor; Taglöhnerinnen und Taglöhner wurden nur in geringem Ausmaß beschäftigt. Das Füttern, Melken und Betreuen des Viehs verursachte Tag für Tag denselben Aufwand; Arbeitsspitzen beschränkten sich auf wenige Tage im Jahr. Bis zum Jahr 1951 erhöhten sich die Zahlen der landwirtschaftlichen Arbeitskräfte etwas, doch in den Fünfziger-, Sechziger- und Siebzigerjahren sanken sie auf weniger als die Hälfte. Nach einer Stabilisierung in den Achtzigerjahren nahmen die Beschäftigten in den Neunzigerjahren wiederum etwas zu, wenn wir der Statistik Glauben schenken dürfen. Mit der Gesamtzahl veränderten sich auch die Anteile der einzelnen Kategorien von Arbeitskräften: Die ständig im Betrieb beschäftigten Familienangehörigen stellten bis in die Siebzigerjahre rund drei Viertel; ihr Anteil sank in den Achtziger- und Neunzi-

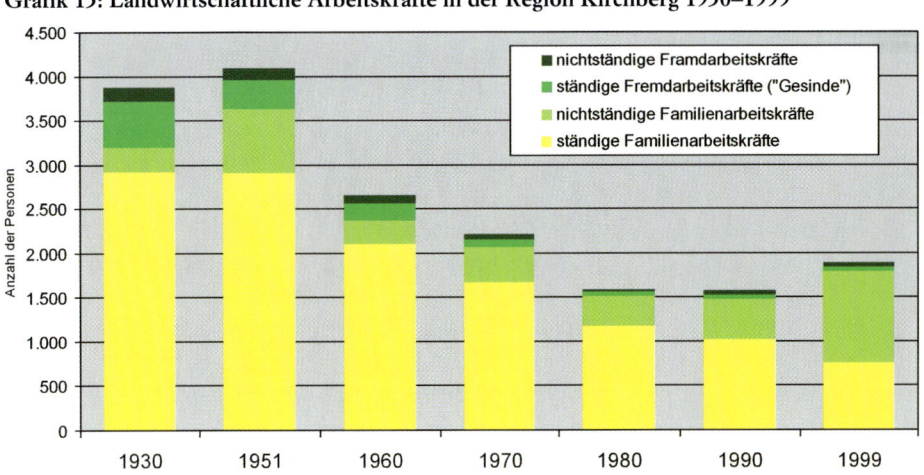

Grafik 15: Landwirtschaftliche Arbeitskräfte in der Region Kirchberg 1930–1999

Quelle: Eigene Berechnungen nach Betriebszählung 1930, 1951, 1960, 1970, 1980, 1990; Statistik Austria, Direktion Raumwirtschaft, Agrarstrukturerhebung 1999.

gerjahren auf vier Zehntel. Hingegen nahm der Anteil der nicht ständig mithelfenden Familienangehörigen bis zum Jahr 1980 allmählich, danach sprunghaft auf über die Hälfte zu. Während sich die Anteile der fallweise im Betrieb beschäftigten Nichtverwandten auf geringem Niveau hielten, verschwanden die ständig beschäftigten Nichtverwandten, die Mägde und Knechte, von den Dreißiger- bis zu den Sechzigerjahren allmählich aus den Haushalten.[144]

Wir können dieses Auf und Ab der Werte mit drei Begriffen auf den Punkt bringen: »Schrumpfung« – die Beschäftigtenzahlen der Betriebe verringerten sich; »Familisierung« – die Familienangehörigen gewannen gegenüber den Nichtverwandten an Gewicht; »Entagrarisierung« – die Beschäftigten waren neben der Landarbeit zunehmend auf andere Einkommensquellen angewiesen. »Schrumpfung«, »Familisierung« und »Entagrarisierung« können als Bedingung und Folge anderer Entwicklungen gesehen werden: der Auflassung etwa eines Drittels der Betriebe seit den Fünfzigerjahren; der nach 1950 einsetzenden Mechanisierung, die offenbar zuerst die familienfremden, danach auch die familieneigenen Arbeitskräfte ersetzte; der seit den Sechzigerjahren verstärkten Spezialisierung auf Grünlandwirtschaft mit Milchviehhaltung, die einen Mindestbestand an ständigen, vor allem familieneigenen Arbeitskräften erforderte; der sich öffnenden Schere zwischen den Bedürfnissen der Familienangehörigen und den Erträgen, die im wachsenden Anteil von Zu- und Nebenerwerbsbetrieben zum Ausdruck kam.[145] Doch die Menschen standen diesen Entwicklungen, die wie Schub- und Zugkräfte auf sie wirkten, nicht ohnmächtig gegenüber; letztlich entschieden sie über Bleiben oder Gehen. Wir sollten daher die Beziehungen der Menschen auf den Höfen genauer betrachten, als es die dürren Zahlen der Statistik ermöglichen.

Ziehen wir einmal mehr Johann Umgeher zu Rate. Er sagt wenig über die Beziehungen der Leute auf dem Oberstein-Hof; und doch sind seine Eintragungen viel sagend, so etwa jene vom 25. Dezember 1937: »Weihnachtsfest. Regen Schnee. Fröhliche Weihnachten feiert Familie Umgeher. Florian Karoline Umgeher. Kinder Florli Hermann. Johann Umgeher. Maria Klauser.«[146] Die nicht mit dem Bauernehepaar verwandte Magd wird, obwohl letztgenannt, zur »Familie« gerechnet. Johann Umgeher folgt hier offenbar der Vorstellung vom »ganzen Haus«, die auch Historikerinnen und Historiker lange Zeit in ihren Bann gezogen hat: Die Dienstboten seien vollkommen in den Haushalt der Dienstgeber eingebunden; ihre »Treue und Gefolgschaft« würde von Seiten des »Hausvaters« und der »Hausmutter« durch »Schutz und Hilfe« entgolten.[147] Diese Vorstellung hat zweifellos etwas für sich: Das Mitarbeiten im bäuerlichen Betrieb schloss zwangsläufig auch das Mitleben im bäuerlichen Haushalt ein. Dies galt vor allem für die Mägde und Knechte, für die der Hof zugleich Arbeits- und Wohnstätte war; dies galt aber auch, wenngleich auf gewisse Zeiten und Orte beschränkt, für die fallweise Beschäftigten, die auf dem Hof verköstigt wurden, an den Familienfesten teilnahmen, zum Kartenspielen auf Besuch kamen. Das Bauernhaus war auch, aber *nicht ausschließlich* ein Ort der harmonischen Einbindung; zugleich war es auch Schauplatz alltäglicher Machtkämpfe, die manchmal in konfliktträchtigen Ausgrenzungen mündeten. »Treue und Gefolgschaft« gingen einher mit Hinterlist und Widerspenstigkeit, »Schutz und Hilfe« mit Missgunst und Unterdrückung.

Die von Johann Umgeher beschriebene Vorstellung des »ganzen Hauses« verweist auf das Modell der Patron-Klient-Beziehung: Die Beziehungen der Bediensteten zu den Dienstgeberinnen und -gebern beruhten auf mündlich vereinbarten Regeln, die Leistungen und Gegenleistungen festlegten. Über deren Einhaltung wachte die örtliche Öffentlichkeit; wer dagegen verstieß, setzte seine persönliche Ehre aufs Spiel. Ein anderes Modell, die Unternehmer-Lohnarbeiter-Beziehung, beruhte auf geschriebenen Regeln über die wechselseitigen Verpflichtungen. Die Überwachung oblag den staatlichen Ämtern und Behörden; Verstöße wurden mit Verwaltungs- oder Gerichtsstrafen geahndet. Beide Herrschaftsformen, die paternalistische wie die unternehmerische Herrschaft, bedurften zu ihrer Erhaltung nur ausnahmsweise offener, äußerlicher Gewalt; zumeist fußten sie auf sanfter, von den Beteiligten verinnerlichter Gewalt. Patron-Klient-Beziehungen gliederten die Agrargesellschaft nach Ständen. Dieser Vorstellung nach schloss der »Bauernstand« Groß-, Mittel- und Kleinbauernhaushalte ebenso ein wie Häuslerhaushalte und landwirtschaftliche Dienstboten. Hingegen beförderten Unternehmer-Lohnarbeiter-Beziehungen die Spaltung der Agrargesellschaft in die Klassen der »Grundbesitzer« und des »Landproletariats«.[148] Das ist freilich ein sehr grobes Bild, das wir am Alltagsleben der Menschen verfeinern müssen. Dennoch hilft es uns, die verwirrende Vielfalt menschlicher Beziehungen auf dem Land etwas zu ordnen.

Zäzilia Tuder musste als »Häuslerkind« nach dem Schulaustritt mit 14 Jahren, wie viele andere Mädchen und Burschen ihres Alters, »in Dienst«. Ihr Vater, ein Holzknecht, vermittelte sie nach Frankenfels zu einem »guten« Bauern, wie sie ironisch bemerkt. Ihre heutigen Erzählungen kreisen um eine damalige Begebenheit: »Ringlotten haben sie ein paar Bäume gehabt. Habe ich mir einmal in der Früh eine zusammengeklaubt. Du hast da gar nichts zusammenzuklauben, die musst du den Kindern lassen, hat sie gesagt. Ja, zur Jause haben wir sie dann gekriegt, aber ich habe keine gegessen, weil ich habe mir gedacht: Die sollen sich sie behalten. Da hab ich nur das Brot allein gegessen.« Für Zäzilia Tuder offenbart sich in dieser scheinbar nebensächlichen Begebenheit die Hauptsache: Wie ein »Sklave« sei sie am Hof behandelt worden. Die Bauersleute verwehrten ihr nicht nur ihren Anteil an den Früchten der Arbeit, wofür die übervollen Ringlottenbäume stehen, ihr wurde auch die Einbindung in die »Hausgemeinschaft« verwehrt: Die Bauernkinder durften die Ringlotten vom Baum pflücken; die Magd musste warten, bis die Bäuerin diese auf den Tisch stellte. Das Geben und Nehmen der Ringlotten bedeutete zugleich ein Ritual, in dem die Machtverteilung im Haus auf dem Spiel stand. Das wussten nicht nur die Bauersleute, die auf diesem Ritual beharrten, sondern auch die Magd, die es unterlief: Demonstrativ weigerte sie sich, zur Jause in die mit Ringlotten gefüllte Schüssel zu greifen.[149]

Dieser Konflikt, der mehr mit Gesten als mit Worten ausgetragen wurde, pflanzte sich in vielerlei Situationen fort: Wenn Besuch ins Haus kam, wurde die Magd auf die Kammer geschickt. Wenn sie beim Mähen den Männern nachhinkte, sagte der Bauer: »Schau, dass du nachkommst. Weil du hast ohnehin den Lohn.« Wenn wegen Schlechtwetters die Arbeit außer Haus entfiel, machte ihr die Bäuerin Vorhalte: »Na, heute verdient man das Brot nicht zum Wasser.« Wenn sie am Abort saß, riss der Bauer die Tür auf: »Bist schon fertig?« Wenn Waschtag war, durfte sie ihre eigenen Kleidungsstücke nicht mitwaschen. In all diesen Situationen mangelte es Zäzilia Tuder an dem, worüber die Bauersleute verfügten: Sie war jung, weiblich, unverheiratet, familienfremd und nichtbäuerlicher Herkunft. Kurz, sie galt im bäuerlichen Denken als »Häuslmensch«. Dieser stille Vorbehalt kam bisweilen auch zur Sprache, etwa beim Rosenkranzbeten. Immer wieder entzog sie sich diesem Ritual, um die Hausarbeit zu erledigen, die die Bäuerin auf sie abwälzte. »Das kennt man, dass du von einem Häusl bist, weil du nicht mitbetest«, bemerkte eines Tages der Altbauer. »Ich würde schon mitbeten«, entgegnete sie, »aber ihr geht alle liegen, und ich soll dann die Arbeit machen. Wenn ihr wartet, bis ich fertig bin, dann helfe ich euch auch.« Schlagfertig wandte Zäzilia Tuder in dieser Situation den moralischen Vorwurf gegen jene, die ihn erhoben hatten. Offenbar konnte sie die Waffen der Schwachen immer wieder treffsicher einsetzen; dennoch gingen die Bauersleute aus diesem Machtkampf letztlich als die Stärkeren hervor. Nach zweijähriger Dienstzeit wollten sie den Lohn drücken: »Die Zeiten sind so schlecht. Wir können keine zehn Schilling mehr hergeben.« Daraufhin entschloss sich Zäzilia Tuder, mit Hilfe eines Verbündeten dem Kleinkrieg ein Ende zu setzen. Die Häuslertochter überwand ihre Bedenken, dem kinderreichen Elternhaus zur Last zu fallen, und klagte dem Vater ihr Leid. Dieser nahm sie mit nach Hause und vermittelte sie auf einen anderen Hof in Kirchberg.[150]

Zäzilia Tuder, soeben der Hölle entronnen, wähnte sich auf dem neuen Dienstplatz im »siebenten Himmel«: Sie erhielt anstatt zehn nun 20 Schilling Lohn; sie durfte am Waschtag ihre Wäsche mitwaschen; sie erhielt sogar zu Weihnachten von den Bauersleuten Geschenke. Kurz, das neue Haus wurde ihr zum neuen Zuhause. Da die Bäuerin wegen einer Verletzung arbeitsunfähig war, musste Zäzilia Tuder ihre Aufgaben übernehmen: »Da habe halt *ich* alles tun müssen, kochen und alles.« Offenbar empfand sie diese Anforderung nicht als Überforderung, sondern als Herausforderung: »Die haben mir überhaupt keine Arbeit angeschafft. Jetzt hab ich dann einmal gesagt, ja, warum sie mir nichts anschaffen. Du rennst ohnehin in einer Tour, haben sie gesagt, was sollen wir dir denn anschaffen«, erzählt sie lachend. Nach zwei Jahren zeichnete sich jedoch das Ende ihrer Dienstzeit ab: Die Bäuerin war genesen und der Bauer kam mit den Lohnzahlungen immer mehr in Rückstand. Sie entschloss sich zum Gehen: »Sie hätten gemeint, ich soll bleiben. Aber ich habe es gekannt, wenn sie nicht zahlen können haben.« Zäzilia Tuder vergleicht die Unmoral der vorigen Dienstgeber, »die es gehabt hätten«, mit der Moral der folgenden: »Die haben wirklich nichts gehabt.« Offenbar waren im Denken der Magd die Gaben mit den Gebenden verbunden: Ob ein Bauer oder eine Bäuerin nicht mehr geben *wollte* oder *konnte*, änderte zwar nichts am Geldwert der Gabe, wohl an der »Gerechtigkeit« der Gebenden.[151]

Die Geschichte der Zäzilia Tuder zeigt die enorme Bandbreite bäuerlichen Verhaltens gegenüber den Dienstboten: Im einen Haus war es »schlechter«, im anderen »besser«. Gemeinsam ist den unterschiedlichen Dienstplätzen jedoch die Auflösung der Patron-Klient-Beziehungen, die etwa an der Entlohnung offenkundig wird: Der »gerechte Lohn« war ein Ideal, dem die alltägliche Realität der Dreißigerjahre kaum gerecht wurde. Die damalige »große Krise« entzog der paternalistischen Herrschaft Schritt für Schritt die Grundlagen: Einerseits sorgte die Massenarbeitslosigkeit für ein Überangebot an Arbeitskräften; aus diesem Grund verlor die örtliche Öffentlichkeit, die das »ehrenhafte« Verhalten der Dienstgeber kontrollierte, an Gewicht. Andererseits minderte der Verfall der Milch-, Fleisch- und Holzpreise die Einnahmen der Bergbauernbetriebe; aus diesem Grund konnten viele Dienstgeber ihre Lohnverpflichtungen nicht mehr erfüllen.[152] In solchen Krisenzeiten versuchten die Bauernhaushalte erfahrungsgemäß, mit größerem »Fleiß« und größerer »Genügsamkeit« über die Runden zu kommen. »Da bist ja doch jeder Birn nachgelaufen«, bringt Josef Fink aus Loich die »alte« Arbeitsmoral auf den Punkt.[153] Doch die »Selbstausbeutung« lastete, wie wir am ersten Dienstplatz Zäzilia Tuders gesehen haben, in vielen Fällen ungleich auf den Schultern der Haushaltsangehörigen; sie ging Hand in Hand mit der »Fremdausbeutung« der Schwächeren durch die Stärkeren. Während der »schlechten Jahre« ging es wohl keinem Bauernhaushalt gut; doch manchen der Angehörigen ging es schlechter als anderen.

Die Waffen der Schwächeren, die in »normalen« Zeiten die Stärkeren in die Schranken verweisen konnten, waren in den Dreißigerjahren stumpf geworden. Vor allem junge Mägde nichtbäuerlicher Herkunft, die in der Dorfgesellschaft über keine Lobby verfügten, sahen sich manchmal in einer ausweglosen Lage. Michaela Gravogl, im Jahr 1938 Magd auf einem Kirchberger Hof, erlebte fast tagtäglich Demütigungen im und außer Haus. So musste sie etwa beim Kaufmann ständig in die eigene Tasche greifen, da das Geld der Bäuerin für den Einkauf nicht reichte. Da ihr ihre Auslagen für den Haushalt nicht ersetzt wurden, kündigte sie den Dienst auf. Der Bauer setzte sie jedoch, gestützt auf »Dachau« als Symbol des nationalsozialistischen Terrors, unter Druck: »Hätte er mich wollen in das KZ schicken, weil ich nicht pariert habe, weil ich ihm nicht geblieben bin.« Sie sah keinen anderen Ausweg, als der Gewalt, die ihr von Seiten anderer drohte, durch Gewalt gegen sich selbst zuvorzukommen: »Habe mir immer einen Strick hergerichtet gehabt.« Doch ein benachbarter Bauer kam dem hilflosen Waisenkind zu Hilfe und vermittelte ihr einen neuen Dienstplatz.[154]

Der Gedanke an Selbstmord war die eine Form des Umgangs mit der alltäglichen Ausbeutung, der Gedanke an die Umkehr der Machtverhältnisse eine andere: »Da wäre ich Kommunist geworden, wenn ich noch lange geblieben wäre bei denen, ehrlich gesagt«, bilanziert Zäzilia Tuder ihre Erfahrungen am ersten Dienstplatz.[155] Diese und weitere Fälle zeigen: Die paternalistische Herrschaft am Bauernhof war in den Dreißigerjahren in Auflösung begriffen; der Patron nahm immer stärker die Züge des Unternehmers oder Despoten an. Vor diesem Hintergrund wird der Kommentar eines damaligen Landarbeiters versteh- und erklärbar, der nach der nationalsozialistischen Machtübernahme anstatt im Stall in einer eigenen Kammer schlafen durfte: »Der Hitler hat uns zu Menschen gemacht.«[156] Die Kehrseite dieser »Menschwerdung«, die Entmenschlichung der »Gemeinschaftsfremden«, wird dabei freilich ausgeblendet.

Der Krieg stellte, wie bereits in den Jahren 1914 bis 1918, auch in den Jahren 1939 bis 1945 die gewohnte Ordnung auf den Kopf: Die inländischen Männer rückten in immer größerer Zahl zum Militär ein; auf ihre Plätze rückten inländische Frauen sowie ausländische Frauen und Männer nach. In einem Bericht der Landesbauernschaft Donauland vom Juli 1944 über einen unter treuhänderischer Verwaltung stehenden entlegenen Hof in Loich wird die Arbeitsüberlastung jener Frauen, die wegen der Abwesenheit der Männer die Betriebsführung übernehmen mussten, greifbar: »Die Eltern sind gestorben. Der jetzige Erbhofbauer und alle 3 Brüder sind eingerückt und davon bereits zwei gefallen. Es war bis jetzt unmöglich, trotz wiederholtem Ansuchen den Erbhofbauer U.K. [unabkömmlich] zu stellen. Die 21jährige Schwester ist die einzige ständige Arbeitskraft auf dem Betriebe. Dieser äusserst tüchtigen Person ist es in erster Linie zu verdanken, dass der Betrieb bisher gehalten werden konnte. Fremde ausländische Arbeitskräfte will man in die Einschicht und wo das Mädel allein am Hofe ist nicht geben und deutsche Arbeitskräfte konnten bis jetzt nicht aufgetrieben werden. Man hatte jedoch in der nächsten Zeit eine deutsche Arbeitskraft in Aussicht gestellt. Die Nachbarhilfe ist zu wenig, da bei diesen auch Arbeitermangel herrscht und kaum mit ihren Arbeiten fertig werden.«[157] Offenbar muteten die Verantwortlichen der Schwester des Bauern zwar die Überforderung durch die Betriebsführung zu; eine Hilfe durch ausländische Arbeitskräfte wurde ihr jedoch nicht zugestanden. Dabei ließen sich die Behörden wohl auch von der Vorstellung leiten, Frauen wären in höherem Maß als Männer gefährdet, sich gegen die »Fremdvölkischen« nicht behaupten zu können oder – noch schlimmer – sich mit diesen zu verbünden.

An der Gemeinde Frankenfels können wir den »Ausländereinsatz« auf den Höfen genauer verfolgen (Tabelle 13). Bereits im Dezember 1939 wurde der erste Ausländer, der 1918 geborene polnische Zivilarbeiter Josef Wlodarski, einem Bauern- und Mühlenbetrieb zugewiesen. In den folgenden Jahren wuchs die Zahl der ausländischen Arbeitskräfte in den bäuerlichen Familienbetrieben der Gemeinde auf mehrere Dutzend. Der »Ausländereinsatz« stützte sich hier nicht auf Kriegsgefangene, deren Überwachung wegen der verstreuten Lage der Betriebe erhebliche Schwierigkeiten verursacht hätte; in den Bauernwirtschaften kamen, von wenigen Ausnahmen abgesehen, ausschließlich Zivilarbeiterinnen und -arbeiter aus dem ehemaligen Polen und der ehemaligen Sowjetunion zum Einsatz. Die Anteile der Männer an allen neu und umvermittelten Arbeitskräften aus dem Ausland eines Jahres lagen durchwegs hoch, zwischen 70 und 90 Prozent. Offenbar bemühten sich die Arbeitsämter, aber auch der für die örtliche Verteilung der Arbeitskräfte maßgebliche Ortsbauernführer, den kriegsbedingten Männermangel durch die rassenpolitisch bedenkliche, aber kriegswirtschaftlich erforderliche Zuweisung polnischer und sowjetischer Männer auszugleichen. Die Jahr für Jahr steigenden Anteile der »Ostarbeiter« setzten sich großteils aus Jugendlichen der Jahrgänge zwischen 1920 und 1929 zusammen – ein Hinweis auf die massenhaften Zwangsrekrutierungen in den »besetzten Ostgebieten«.[158]

Der Hof, auf den Josef Wlodarski zugewiesen wurde, war mit 46.400 Reichsmark Einheitswert der land- und forstwirtschaftlich genutzten 51 Hektar Kulturfläche und 12.600 Reichsmark Einheitswert des als Lohnmühle genutzten Gewerbegrundstücks einer der ertragreichsten Betriebe der Gemeinde. Die Einheitswerte, die als Maß der Ertragsfähigkeit dienten, zeigen für Betriebe mit »Fremdarbeitern« über die Jahre eine fallende Tendenz. Allem Anschein nach wurden beim »Ausländereinsatz« vor Ort zunächst die leistungsstärkeren und für die Kriegsernährungswirtschaft wichtigeren Betriebe bevorzugt behandelt; erst ab 1942 kamen auch leistungsschwächere Betriebe in

Tabelle 13: Zuweisungen ausländischer Arbeitskräfte an Bauernhöfe in Frankenfels 1941–1944

	1941		1942		1943		1944	
	Anzahl	Prozent	Anzahl	Prozent	Anzahl	Prozent	Anzahl	Prozent
Alter								
Jg. vor 1900	3	30,0	2	8,0	0	0,0	2	20,0
Jg. 1900–1909	0	0,0	5	20,0	0	0,0	0	0,0
Jg. 1910–1919	4	40,0	4	16,0	4	44,4	1	10,0
Jg. 1920–1929	3	30,0	14	56,0	5	55,6	7	70,0
Summe	10	100,0	25	100,0	9	100,0	10	100,0
Geschlecht								
Männer	8	80,0	18	72,0	8	88,9	7	70,0
Frauen	2	20,0	7	28,0	1	11,1	3	30,0
Summe	10	100,0	25	100,0	9	100,0	10	100,0
Nationalität								
»Polen«	8	80,0	7	28,0	1	11,1	1	10,0
»Ostarbeiter«	2	20,0	17	68,0	7	77,8	8	80,0
Sonstige	0	0,0	1*	4,0	1**	11,1	1***	10,0
Summe	10	100,0	25	100,0	9	100,0	10	100,0

* nationale Zugehörigkeit ungeklärt; ** französischer Zivilarbeiter; *** italienischer Militärinternierter
Quelle: Eigene Berechnungen nach GA Frankenfels, Meldebücher 1939–1945.

größerem Umfang zum Zug.[159] Der Dienstgeber Josef Wlodarskis gehörte weder der »Partei« noch einer ihrer Umfeldorganisationen an; dennoch lag sein Betrieb mit sechs Neu- oder Umvermittlungen von Ausländerinnen und Ausländern zwischen 1939 und 1945 an der Spitze. Trotz der untypischen Kombination von Bauern- und Gewerbebetrieb ist der Fall typisch für den »Ausländereinsatz« in der Gemeinde Frankenfels (Tabelle 14). Die 34 Betriebe von Mitgliedern der NSDAP oder der SA verfügten mit acht Zuweisungen (23,5 Arbeitskräfte auf 100 Betriebe) über vergleichsweise weniger ausländische Arbeitskräfte als die 135 übrigen Betriebe, auf die 58 Zuweisungen entfielen (43,0 Arbeitskräfte auf 100 Betriebe). Dieser Eindruck bestätigt sich auch für die größeren und kleineren Betriebe: Offenbar wurden größere Betriebe – unabhängig von der Parteizugehörigkeit der Besitzer – beim »Ausländereinsatz« gegenüber kleineren Betrieben bevorzugt behandelt. Vermutlich hatten Bauern und Bauernsöhne, die der NSDAP oder der SA angehörten, bessere Chancen, vom Militärdienst zurückgestellt zu werden, als Nicht-Mitglieder. In den meisten Fällen rangierte wohl der Antrag auf UK-Stellung vor dem Antrag auf Zuweisung einer ausländischen Arbeitskraft, der dieses Privileg in Frage gestellt hätte.[160]

Die Frage, ob es diesen Menschen, die zum überwiegenden Teil zum »Arbeitseinsatz« im Deutschen Reich gezwungen wurden, »gut« oder »schlecht gegangen« sei, greift zu

Tabelle 14: Zuweisung ausländischer Arbeitskräfte in der Landwirtschaft in Frankenfels 1939–1945

Alle Betriebe 66 auf 169 (39,1 auf 100)			
NS-Betriebe 8 auf 34 (23,5 auf 100)		Nicht-NS-Betriebe 58 auf 135 (43,0 auf 100)	
kleinere Betriebe 3 auf 16 (18,8 auf 100)	größere Betriebe 5 auf 18 (27,8 auf 100)	kleinere Betriebe 17 auf 68 (25,0 auf 100)	größere Betriebe 41 auf 67 (61,2 auf 100)

Quelle: Eigene Berechnungen nach GA Frankenfels, Meldebücher 1938–1945, Wehrstammblätter 1938–1945, Einheitswertbescheide 1940; NÖLA, BH St. Pölten, NS-Registrierung, Gemeinde Frankenfels. »66 auf 169« bedeutet 66 Neu- und Umvermittlungen ausländischer Arbeitskräfte auf insgesamt 169 land- und forstwirtschaftliche Betriebe im Zeitraum 1939 bis 1945.

kurz; eine andere Frage führt uns weiter: Wurden die Ausländerinnen und Ausländer wie inländische Arbeitskräfte behandelt oder brachte der »Ausländereinsatz« neuartige Beziehungen jenseits des Patron-Klient- und Unternehmer-Lohnarbeiter-Modells hervor? In der Regel mangelte es diesen Frauen und Männern – den Angehörigen süd- und osteuropäischer Staaten in höherem Maß als Arbeitskräften aus Westeuropa – an jenen Sicherheiten, über die inländische Arbeitskräfte zumeist verfügten: Im Fall eines Konfliktes ergriff niemand für sie Partei. Sie gehörten nicht der »Dorfgemeinschaft« an, deren Gerede »unehrenhaftes« Verhalten von Bäuerinnen und Bauern in die Schranken verweisen konnte; sie verfügten auch nicht über jene Rechte, auf die einzelne Arbeitskräfte oder deren Interessenvertreter pochen konnten. Im Gegenteil: Der Besuch von Kirche, Wirtshaus und anderen Schauplätzen der Dorföffentlichkeit war für »Polen«, »Ostarbeiter« und »ungarische Juden« erheblich eingeschränkt oder ausgeschlossen; zudem benachteiligte ein eigens geschaffenes Sonderrecht diese Gruppen hinsichtlich Ernährung, Arbeitsschutz, Krankenversorgung, Entlohnung, Sexualbeziehungen und so fort. Im Hintergrund stand ein mühsam errungener Kompromiss unterschiedlicher Machtgruppen im NS-Staat: Zwar sollten, kriegswirtschaftlichen Standpunkten folgend, die Ausländerinnen und Ausländer als billige Arbeitskräfte in die Arbeitsabläufe eingeschlossen werden; jedoch setzten die Vertreter rassenpolitischer Standpunkte deren Ausschluss aus der »Betriebs-«, »Dorf-« und »Volksgemeinschaft« durch. Kurz, der Willkür seitens der »Betriebsführer« waren wenig Schranken gesetzt.[161] Doch in welchem Maß nützten die Besitzerinnen und Besitzer von Bauernbetrieben die gegebene Schrankenlosigkeit?

Anna Fahrnberger, damals Magd am elterlichen Hof Berg in Frankenfels, erinnert sich an den 1925 geborenen ukrainischen Zivilarbeiter Alexius Schkelelej. Der Jugendliche war nach Unstimmigkeiten mit seinem vorigen Dienstgeber geflüchtet; daraufhin teilte ihn der Ortsbauernführer im April 1944 dem Berg-Bauern zu.[162] Kräftige Hände waren am Hof willkommen, denn zwei Brüder dienten bei der Wehrmacht und der dritte Bruder war wegen eines Leidens für »untauglich« befunden worden. Offenbar fürchtete der Jugendliche auch an seinem neuen Dienstplatz die Schrankenlosigkeit, vor der er geflüchtet war; die ersten Begegnungen mit der Bauernfamilie waren von Angst bestimmt: Nach dem Eintritt in die Stube stellte er sich den Bauersleuten vor. Plötzlich sah er das Bildnis Adolf Hitlers an der Wand hängen: »Hat er sich gedacht: Na gute Nacht. Da ist er vom Regen in die Traufe gekommen. Aber es war dann nicht so schlimm.« Auch wenig später, während der Jause am Stubentisch, machte er einen verängstigten Eindruck: Offenbar wartete er darauf, dass ihm jemand eine Scheibe Brot abschnitt; die Bäuerin reagierte: »Da, Alex, schneide dir ein Brot herunter. Da hat er das erste Mal im Leben einen Brotlaib in der Hand gehabt. Das hat er gar nicht glauben können, dass er sich ein Brot herunterschneiden darf.«[163]

Anna Fahrnberger stellt die Angst des Burschen vor der Schrankenlosigkeit als unbegründet dar; nur am Rande kommt die Rede auf Situationen, in denen »Alex« in die Schranken verwiesen wurde – etwa als er gegenüber dem schwächlichen Bauernsohn »einen Großen aufspielen« wollte. Als Beleg für die Einbindung des »Fremdarbeiters« in die Bauernfamilie kommt die Erzählerin auf zwei Situationen zu sprechen: das gemeinsame Essen, auf dem der Vater entgegen den Vorschriften bestanden habe, und die gemeinsame Arbeit. »Ausnützen« habe er sich nicht lassen: »Wir haben ein Ross gehabt, das war recht ein Geher. Mit dem Ross habe ich fahren müssen, der ist nicht gefahren mit ihm. Das ist ihm zu schnell gegangen.« Hingegen, so Anna Fahrnberger, habe er andere Arbeiten »gern gemacht«: »Der hat auch geackert, was halt gerade war […] Stark war er ja. Das hat ihn gefreut, wenn er so eine Arbeit machen hat können.« Das »Ackern«, das Pflügen mit dem Pferde- oder Ochsengespann, sei ihm lieber gewesen als das »Ochsenweisen«, das Lenken der Zugtiere.[164] In diesen Schilderungen wird ein wenig vom Eigensinn des ukrainischen Burschen fassbar: Arbeiten, die er als Zumutung empfand, konnte er abwehren; hingegen nahm er andere Arbeiten als Anreize an. Alexius Schkelelej teilt mit anderen Zwangsarbeitern gleichen Alters, gleichen Geschlechts und gleicher Staatszugehörigkeit eine Überlebensstrategie, die das erzwungene Arbeiten und Leben in der Fremde erträglich machte: Die An- und Überforderung der täglichen Verrichtungen auf dem Hof, vor allem der prestigeträchtigen, den erwachsenen Männern zugedachten Arbeiten, wurde auch als *Heraus*forderung gedeutet. Dies deckte sich vielfach mit der bäuerlichen Strategie, angesichts des herrschenden Arbeitskräftemangels verlässliche und fleißige Dienstboten an den Hof zu binden. Fälle wie dieser stehen an einem Ende der Verhaltensbandbreite bäuerlicher »Betriebsführer«; am anderen Ende herrschte wohl die von vielen »Fremdarbeitern« befürchtete Schrankenlosigkeit. Der bäuerliche Mythos: »Ich war immer gut zu meinem Fremdarbeiter« wird gebrochen durch die Misshandlungs-Geschichten, die Einheimische beim Erzählen zumeist auf anderen Höfen verorten.[165]

In den ersten Jahren nach dem Zweiten Weltkrieg schien die gewohnte Ordnung wieder hergestellt: Die »Fremdarbeiter« gingen zurück, die einheimischen Soldaten kehrten heim. Doch was viele zunächst nicht wahrnahmen, wurde spätestens in den Fünfzigerjahren zur Gewissheit: Kaum etwas blieb so, wie es bisher war.[166] Gleichzeitig mit der »Schrumpfung«, »Familisierung« und »Entagrarisierung« der Bauernhaushalte veränderte sich auch die Arbeitsteilung zwischen den Menschen auf den Höfen. Die Tagebücher Johann Umgehers beschreiben noch die alte Arbeitsteilung im Voralpengebiet.[167] Wenige Tätigkeiten, etwa das Handeln am Viehmarkt, das Nachsehen auf der Almweide oder das Veredeln der Obstbäume, waren ausschließlich Männern vorbehalten. Als ausschließliche Frauenarbeit galten das Wäschewaschen, Brotbacken und – von Johann Umgeher nicht erwähnt, weil es so selbstverständlich war – das Melken der Kühe. Für die übrigen Tätigkeiten war die Zusammenarbeit beider Geschlechter erforderlich, beim Ackern wie beim Mistführen, beim Holzschneiden wie beim »Erdeführen«, beim Getreideschnitt wie beim Maschindreschen. In der Regel galten die Tätigkeiten im Haus als »Weiberarbeit«, die Tätigkeiten außer Haus als »Männerarbeit«.[168] Doch in den Familienwirtschaften des Voralpenlandes mit drei, vier, fünf erwachsenen Arbeitskräften galt die Ausnahme von der Regel: Frauen mussten immer wieder »Männerarbeit« übernehmen; umgekehrt, jedoch deutlich seltener, übernahmen Männer auch »Weiberarbeit«. Als die Oberstein-Bäuerin im Sommer 1937 wegen der vorangegangenen Geburt bei der Roggenernte ausfiel, notierte Johann Umgeher in seiner Eintragung vom 21. Juli: »Zum Korn schneiden angefangen. Ist um die Hälfte zu dünn. Vater Mähen. Marie aufheben. Johann Mähen. Nebenbei Johann Bauer binden schöbern.«[169] Während zumeist die Männer die Sense schwangen, oblag das Aufheben, Binden und Schöbern der Getreidegarben vorrangig den Frauen und Kindern; das zeigt auch die Fotografie vom Frankenfelser Hof Oberhofstatt Mitte der Fünfzigerjahre. Dass Johann Umgeher und der Bauer neben dem Schneiden auch die Garben banden und schöberten, wich dermaßen von der Regel ab, dass es eine Tagebucheintragung wert war.

In der neuen Arbeitsteilung, die seit den Fünfzigerjahren Fuß fasste, zeichneten sich zwei gegenläufige Entwicklungen ab. In den leistungsstärkeren Haupterwerbsbetrieben widmeten sich die Bauern vermehrt der zügig mechanisierten Grünlandwirtschaft mit Milchkuhhaltung; die Bäuerinnen konzentrierten sich, bedingt durch die Einschränkung des Ackerbaus und die »Vermännlichung« der Grünlandwirtschaft, stärker auf die

»Troadschneiden« auf dem Frankenfelser Hof Oberhofstatt in den Fünfzigerjahren

langsamer mechanisierte Hauswirtschaft. Für Hubert Größbacher war das Melken bereits Anfang der Fünfzigerjahre eine »Notwendigkeit«, wie er sagt: »Wir haben uns seinerzeit schon ein bisschen auf die Milchwirtschaft eingestellt, haben mehr Kühe gehabt. Jetzt war es fast nicht möglich, dass die Frauen allein gemolken hätten.« Manche seiner Nachbarn, die ihn deswegen auslachten, beharrten noch jahrelang auf der Trennung von »Männer-« und »Weiberarbeit«.[170] In den leistungsschwächeren Zu- und Nebenerwerbsbetrieben pendelten die Bauern und deren Söhne tage- oder wochenweise zur außerbetrieblichen Arbeit; zugleich übernahmen die Bäuerinnen und deren Töchter den Großteil der landwirtschaftlichen Arbeiten am Hof. Weithin sichtbar wurden diese gegenläufigen Entwicklungen am Traktor: In den Haupterwerbsbetrieben saßen überwiegend die jüngeren Männer am Lenkrad; in den Zu- und Nebenerwerbsbetrieben mussten auch die jüngeren Frauen den Umgang mit dieser unentbehrlichen Universalmaschine beherrschen. Wir können das Lachen über den melkenden Bauern oder das Kopfschütteln über die Traktor fahrende Bäuerin auch als Ausdruck der Verunsicherung deuten, die die neue Arbeitsteilung hervorrief.

Obwohl seit den Fünfzigerjahren die Maschinen Einzug in die Höfe hielten, wurde die Arbeitszeit nicht weniger. »Jetzt geht alles geschwind, und gnädig [unter Zeitdruck stehend] ist es genau so wie früher«,[171] bringt Josefa Berger das Paradox der Mechanisierung auf den Punkt. Das galt zwar auch für die Männer, in besonderem Maß aber für die Frauen. Die »Arbeitserleichterung« durch die »nachholende Mechanisierung« der Hauswirtschaft in den Fünfziger- und Sechzigerjahren wurde durch die Vermehrung der weiblichen Aufgaben sowie die erhöhten Ansprüche, die damit verbunden waren, zunichte gemacht. Die Bäuerin wurde zu einer »Schlüsselvariablen« des landwirtschaftlichen »Fortschritts«: Sie musste flexibel – das heißt je nach den aktuellen Arbeitserfordernissen – die Grenzen zwischen Haus- und Außenwirtschaft überschreiten.[172] Um diese An- und Überforderung zu bewältigen, wurde die Frauenarbeit vielfach zwischen den Generationen aufgeteilt: Die Altbäuerin führte im Haus das Kommando, die Jungbäuerin besorgte die Arbeiten außer Haus. Josefa Berger erlebte diese Arbeitsteilung als äußerst spannungsgeladen: Einerseits hatte sie wegen der Arbeit im Betrieb »keine Zeit« für Kinder und Küche, um die sich die Schwiegermutter kümmerte; andererseits wollte sie wohl auch dem vorherrschenden Bild der »guten Mutter« und »guten Hausfrau« entsprechen: ab und zu eine Mehlspeise für Kinder und Besucher. Doch die Altbäuerin verteidigte ihr Reich, solange es die Gesundheit zuließ: »Wenn man was getan hat, das muss so weitergehen, wie es früher war.« So sorgte etwa das Mehlspeisenbacken immer wieder für Reibereien: Wenn die Schwiegertochter einen Strudel in das Backrohr schob, zog ihn die Schwiegermutter wieder heraus, um ihn »richtig« hinzulegen. Erst Jahre später überließ die Altbäuerin krankheitsbedingt das Feld der Jungbäuerin, die neben dem Haushalt nun auch die Krankenpflege übernahm.[173] Die körperlichen und seelischen Lasten, die der »Fortschritt« – trotz der schrittweisen Einführung der Unfall-, Kranken-, Arbeitslosen- und Pensionsversicherung für Unselbstständige und Selbstständige in der Landwirtschaft[174] – vor allem den Bäuerinnen aufbürdete, wurden selten zur Sprache gebracht; das gängige Deutungs- und Handlungsmuster forderte von den Betroffenen, ihr »Opfer« still zu ertragen.

VI. Die Menschen und die Güter

Tag für Tag spannten Franz Kalteis und seine Geschwister in den Dreißigerjahren den Geißbock vor den Karren, um auf dem etwa halbstündigen Schulweg die voll beladene Milchkanne vom elterlichen Hof zum Bahnhof Frankenfels zu transportieren; von dort gelangte die Milch mit der Eisenbahn zur Molkerei. Ihre Eltern und die übrigen Bergbauern im Kirchberger Umland fanden vielfach eine ungünstige Verkehrslage für die Vermarktung der Erzeugnisse vor. Zwar war mit der Eröffnung der Mariazellerbahn im Jahr 1898 eine Anbindung an die Bezirkshauptstadt St. Pölten gegeben, was für die in Bahnnähe gelegenen Betriebe zweifellos einen Vorteil bedeutete; doch für die abgelegenen, oft nur durch steile Karrenwege erschlossenen Höfe in den Seitentälern und auf den Bergrücken wurde die nachteilige Verkehrslage umso deutlicher spürbar.[175] Vor diesem Hintergrund änderte der Eisenbahnbau wenig an der Gepflogenheit, dass die Käufer zu den Erzeugnissen der Pielachtaler Bergbauern – und nicht umgekehrt – kommen mussten. Der Ochsen- und Kälberverkauf war, neben dem Milchliefern, lange Zeit die Haupteinnahmequelle der Pielachtaler Bauernbetriebe. Viele Bauern gaben dem Verkauf am Hof den Vorzug: Der Viehhändler erkundigte sich über die zu verkaufenden Rinder, errechnete durch Höhen- und Längenmessungen deren Gewicht und bestimmte aus dem Zustand der Zähne das Alter der Tiere. Wurde man handelseins, wurde das Geschäft per Handschlag besiegelt und der Viehhändler machte eine Anzahlung, das »Drangeld«. Nachdem der Bauer das Vieh an den vereinbarten Ort getrieben hatte, wurde der Rest samt Trinkgeld für den Knecht ausbezahlt. Erschien kein Viehhändler am Hof, galt dies als ungünstiges Zeichen; dann wurde das überständige Vieh auf den Markt getrieben, der etwa in Frankenfels alljährlich im Januar, Mai und Oktober stattfand. Nun entspann sich zwischen Verkäufern und Käufern ein mehrstündiges »Lotteriespiel«, wie Hubert Größbacher sagt. Dabei bedurfte es Einfühlungsvermögen, um die Strategie des Gegenübers zu erraten, und Verhandlungsgeschick, um die eigene Strategie zu verbergen. Ein überhasteter Verkauf erwies sich bei steigenden Viehmarktpreisen ebenso als Nachteil wie ein zu später Kaufabschluss bei Preisverfall. Aus den Worten und Gesten der Viehhändler, die exzellente Kenner von Angebot und Nachfrage waren, versuchten die Bauern die Marktlage einzuschätzen: »Darum haben wir schon geschaut: Wenn solche Händler gleich vom Anfang an gekauft haben, da haben wir gesagt: Pass auf, da musst du vorsichtig sein, weil das Vieh wird teurer. Weil der weiß genau, dass es jetzt nachgeht [die Preise anziehen]. Darum kauft er schon vorher ein. Aber wenn er alle hineinlässt und zum Schluss geht er umher, und dann ist er der große Herr – die Händler haben das gewusst.« Der Viehmarkt war mehr als ein Ort des Geschäftemachens; er entwickelte sich zumeist auch zu einem Volksfest für die Männer. Bis spät in die Nacht wurde in den Wirtshäusern debattiert, geprahlt, gespottet, provoziert – und gerauft. Während es auf der Marktwiese um das Geschäft ging, stand im Wirtshaus das männliche Ehrgefühl auf dem Spiel. Ersteres wurde in Geld bemessen, Letzteres in Schlagfertigkeit im doppelten Sinn des Wortes: Die Stänkerei eines leidenschaftlichen »Raufers« konnte man nur mit starken Worten oder der Kraft der Fäuste ehrenvoll abwenden; Bier, Wein und Schnaps taten das Übrige dazu.[176]

Franz Kalteis mit dem
Milchkarren am
Bahnhof Frankenfels
in den Dreißigerjahren

Während der Ende des 19. Jahrhunderts spürbaren Agrarkrise wuchs auch der Einfluss landwirtschaftlicher Genossenschaften. Gedacht waren diese zunächst als lokale und regionale Vereinigungen auf demokratischer Grundlage zur Förderung der Interessen ihrer bäuerlich-gewerblichen Mitglieder: Ihre Aufgaben waren Existenzsicherung im Notfall, die Beschaffung günstiger Kredite und die Durchsetzung der Marktmacht als Produzenten und Konsumenten. Die Vordenker der »Genossenschaftsidee« wollten zugleich den »Gemeinsinn« der Mitglieder fördern; dieser »dritte Weg« zwischen Kapitalismus und Sozialismus erschien ihnen als Lösung der »socialen Frage«.[177] Im Kirchberger Umland wurden neben den vielerorts bestehenden Landwirtschaftskasinos im Jahrzehnt vor der Jahrhundertwende drei Spar- und Darlehenskassen gegründet; in den Zwanzigerjahren folgten mehrere Einkaufs-, Molkerei- und Weidegenossenschaften (Tabelle 15). Der Genossenschafts-, Kammer- und Bauernbund-Multifunktionär Johann Kaiser war an mehreren dieser Neugründungen direkt oder indirekt beteiligt. An seiner Ämterkonzentration zeigt sich auch die zunehmende Konzentration wirtschaftlicher und politischer Macht im landwirtschaftlichen Genossenschaftswesen. Die bäuerliche »Selbsthilfe« trat seit der Zwischenkriegszeit gegenüber den Interessen von Markt und Staat zurück: Die landwirtschaftlichen Genossenschaften orientierten sich im marktwirtschaftlichen Wettbewerb stärker am finanziellen Profit, was die Zusammenlegung kleinerer Vereinigungen zu größeren Verbänden förderte; zudem mobilisierten sie im parteipolitischen Wettbewerb den »Bauernstand« unter katholisch-konservativen Vorzeichen.[178] Manche werteten die gesteigerte Durchschlagskraft des landwirtschaftlichen Genossenschaftswesens als Erfolg; andere sahen im Abrücken von den Interessen der Mitglieder die Niederlage der »Genossenschaftsidee«. Dennoch – oder vielleicht deswegen – blieben die Betriebe auch nach dem Zweiten Weltkrieg eng mit dem Genossenschaftswesen verflochten; Raiffeisenkassen, Lagerhäuser, Milch-, Molkerei- und Viehzuchtgenossenschaften organisierten einen Gutteil des Geld- und Waren-

Tabelle 15: Landwirtschaftliche Genossenschaften in der Region Kirchberg 1892–1960

Bezeichnung	Gründung	Mitgliederzahl		
		1936	1952	1960
Raiffeisenkassen				
Frankenfels	1892	189	118	137
Hofstetten	1898	267	235	403
Loich	1896	55	70	109
Molkerei- und Milchgenossenschaften				
Hofstetten (1941 zu Obergrafendorf)	1927	177	–	–
Steinklamm-Tradigist (1957 zu Obergrafendorf)	1927	240	357	–
Murbodner Zucht- und Absatzgemeinschaft				
Kirchberg	1925/1946	–	45	38
Weidegenossenschaften				
Kirchberg	1921/1936	–	17	17
Kirchberg (Traumoos)	1956	–	–	5
Loich	1920	14	14	14
Rabenstein	1921	45	45	42
Landwirtschaftliche Einkaufsgenossenschaften				
Hofstetten	1931	117	–	–

Quelle: 25 Jahre Genossenschaftswesen 51 ff.; 50 Jahre Genossenschaftswesen 64 ff.; Kredit- und Warenorganisation 20 ff.; Genossenschaftswesen 22 ff.; 80 Jahre Bauernbund o.P.

verkehrs. Mit dem Funktionswandel der landwirtschaftlichen Genossenschaften wandelte sich auch die Einbettung der Höfe in die Agrargesellschaft: von der horizontalen Verflechtung mit benachbarten Haushalten zur vertikalen Verflechtung mit vor- und nachgelagerten Institutionen des Marktes und Staates.[179] Im Zuge der Arbeitsteilung zwischen Betrieben und Genossenschaften entwickelten sich die Besitzerinnen und Besitzer bäuerlicher Betriebe gewissermaßen zu »Verlagsarbeitern im öffentlichen Dienst«,[180] zu Rohstoffproduzenten im agrarisch-industriellen System der staatlich organisierten Ernährungswirtschaft; daran konnte auch die Belebung der Ab-Hof-Vermarktung in den letzten Jahrzehnten wenig ändern.

An der 1927 gegründeten Molkereigenossenschaft Steinklamm-Tradigist können wir diesen Funktionswandel genauer verfolgen. Bereits in der Gründungsversammlung im April 1927 unter dem Vorsitz des Kammerobmannes Johann Kaiser wurde deutlich, dass die Initiative weniger von der Basis als von örtlichen Honoratioren ausging: Die Interessenten wurden händeringend aufgefordert, »keine zuwartende Haltung einzunehmen, sondern zur Tat zu schreiten, sonst wird nie eine Genossenschaft zustande kommen«. Das zeigt auch die Wahl der dem Gewerbe nahe stehenden Genossenschaftsfunktionäre, aus der Rudolf Kirchner, Gastwirt und »Wirtschaftsbesitzer«, als Obmann und Hans Neuburg, Gastwirt und Rabensteiner Bürgermeister, als Aufsichtsratsvorsitzender hervorgingen.[181] Die ersten Geschäftsjahre waren einerseits von den Absatzschwierigkeiten am Wiener Milchmarkt, andererseits von den saisonalen Lieferschwierigkeiten der Mitglieder gekennzeichnet. Im April 1931, nachdem der Revisionsbericht eine beträchtliche Verschuldung offen gelegt hatte, kam die Rede auch auf deren Ursachen: Nicht die Leitung, sondern der Egoismus der Mitglieder sei schuld an der Misere, so der Obmann. Die Bäuerinnen und Bauern hätten »die Molkerei immer nur in der Milchschwemme gekannt«, in den milcharmen Wintermonaten jedoch »in größter Not verlassen«. Dieser Konflikt zwischen Einzel- und Gruppeninteressen, der die Molkereigenossenschaft an den Rand des Ruins getrieben hatte, konnte nur durch Schuldscheine der verbliebenen Mitglieder und Subventionen der Landes-Landwirtschaftskammer bewältigt werden.[182] In den Dreißigerjahren schien die Genossenschaft die Krise überwunden zu haben: Die Mitgliederzahl stieg zwischen 1927 und 1934 von 62 auf 240; die jährliche Anlieferungsmenge nahm von rund 128.000 auf 760.300 Liter zu.[183] Doch der Konzentrationsprozess im Genossenschaftswesen der Kriegs- und Nachkriegszeit machte auch vor dieser Genossenschaft nicht Halt: Im Jahr 1952 wurde der Molkereibetrieb eingestellt und Steinklamm-Tradigist in eine Milchgenossenschaft umgewandelt; im Jahr 1957 erfolgte die Fusionierung mit der Molkereigenossenschaft Obergrafendorf, die im selben Jahr zusammen mit benachbarten Molkereien dem »Milchring Niederösterreich Mitte« (MIRIMI) beitrat. Mit der »Babymilch« gelang der Geschäftsführung Ende der Fünfzigerjahre die Einführung eines Qualitätsproduktes, das auch

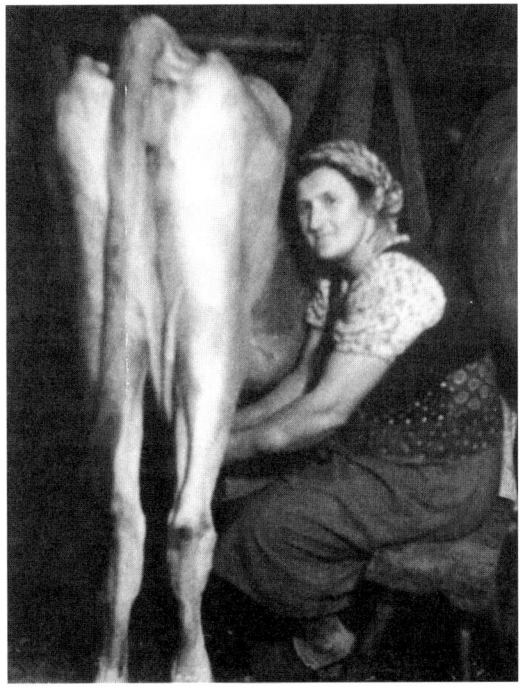

Melken auf dem Oberhofstatt-Hof in Frankenfels in den Vierzigerjahren

den Milchviehhaltern höhere Erträge einbrachte.[184] Der bevorstehende EU-Beitritt verschärfte abermals den Konzentrationsprozess: Im Jahr 1994 beschloss die Molkereigenossenschaft Obergrafendorf, nachdem sie mehrere Jahre hindurch Millionenverluste eingefahren hatte, im Zuge einer stürmischen Generalversammlung ihre »Einbringung« in die Schärdinger Milch AG. »Eine Fortführung des Betriebes ist nicht mehr vertretbar«, urteilte der Revisor. Dagegen erhoben sich Stimmen aus der Bauernschaft: »Es wurde ja gar nicht versucht, unsere Eigenständigkeit zu bewahren.« Der Molkereibetrieb in Obergrafendorf wurde stillgelegt; ein eigens eingerichteter Beirat sollte die Interessen der Genossenschaft gegenüber dem »Milch-Riesen« vertreten.[185] Seither wird die Milch der Pielachtaler Kühe nicht mehr im Tal selbst, sondern in Baden bei Wien verarbeitet.

Der Konzentrationsprozess in der Milch verarbeitenden Industrie äußerte sich für die Mitglieder in steigenden Anforderungen an Quantität und Qualität der Rohmilch für »Babymilch« und andere Molkereierzeugnisse. Vor diesem Hintergrund begann die im Zuge der Umstellung der Rinderrassen von Murbodnern auf Fleck- und Braunvieh umbenannte »Rinderzucht- und Absatzgenossenschaft Pielachtal« in den Sechzigerjahren, Milchleistungskontrollen durchzuführen.[186] Die veröffentlichen Ranglisten, die den Mitgliedern wohl auch als Ansporn dienen sollten, führen die Quantitäts- und Qualitätssteigerungen der vergangenen Jahrzehnte eindrücklich vor Augen (Tabelle 16): Die Jahresmilchmengen in den Fleckviehbetrieben, vor allem in den Spitzenbetrieben, nahmen in den Jahren 1965/66 bis 1994/95 beständig zu. Anstelle des Ochsen übernahm nun die prämierte Milchkuh den Rang eines bäuerlichen Statussymbols. Die leistungsstärkste Fleckviehkuh des Jahres 1994/95, »Galli« von Josef Sommerauer in Rabenstein, lieferte 10.815 Liter Milch mit 4,4 Prozent Fett- und 3,0 Prozent Eiweißgehalt.[187] In diesen Erfolgszahlen äußert sich die Intensivierung der Milchkuhhaltung auf der Grundlage leistungssteigernder Futtermittel, künstlicher Besamung und strenger Hygienestandards. Die enormen Kosten der Intensivierung rechneten sich jedoch nur ab einer gewissen Soll-Größe, die in vielen Fällen über der Ist-Größe der Betriebe lag; daher standen, wie die Ergebnisse der Milchleistungskontrolle zeigen, immer mehr Kühe in den vielfach neu gebauten Rinderställen. Viele Spitzenbetriebe wurden nach kurzer Zeit wieder von ihren Rängen verdrängt; nur wenige, etwa die Betriebe 1, 3, 4, 12 und 13, konnten sich mehrere Jahre hindurch im Spitzenfeld behaupten.[188] Nicht mehr nur Mithalten, sondern *Vorne-Sein* lautete das Gebot der Milchleistungskontrolle; wer das rasante Tempo der Intensivierung nicht mithalten konnte, blieb unweigerlich zurück.

Die Einbindung der verstreut gelegenen Pielachtaler Bauernbetriebe in die vor- und nachgelagerten Märkte erforderte auch den Ausbau der Transportwege, den wir etwa an der Gemeinde Frankenfels verfolgen können. Ein erster Anlauf wurde in der NS-Zeit mit der »Seilwegaktion« unternommen, an der sich Dutzende Betriebe beteiligten. Der ehrgeizige Plan einer »Beispielbauernschaft Frankenfels«, der die Erschließung von 18 entlegenen Bergbauernhöfen durch Güterwege, Seilbahnen, Stromleitungen und Klein-Wasserleitungen vorsah, blieb jedoch in den Schubladen der Behörden liegen.[189] Die in den Fünfzigerjahren einsetzende Motorisierung führte zu einem zweiten Anlauf der Hoferschließung. Wege, die für Ochsenkarren angelegt worden waren, stellen für

Tabelle 16: Milchleistungskontrolle von Fleckviehbetrieben der Rinderzuchtgenossenschaft Pielachtal 1965/66–1994/95

	Rangreihe der Spitzenbetriebe (Durchschnittwerte)					Alle Betriebe
	1.	2.	3.	4.	5.	
1965/66 (57 Betriebe)	**(1)**	(2)	**(3)**	(4)	(5)	
Anzahl der Kühe	4,7	11,7	9,0	7,7	9,6	7,5
Jahresmilchleistung pro Kuh (l)	4.487	4.551	4.095	4.166	4.202	3.314
Fettgehalt (%)	4,0	4,0	4,2	4,0	3,9	4,0
1969/70 (97 Betriebe)	**(3)**	**(4)**	(6)	**(1)**	(7)	
Anzahl der Kühe	11,1	6,8	6,8	6,4	7,8	6,7
Jahresmilchleistung pro Kuh (l)	5.607	5.168	4.875	4.762	4.067	3.454
Fettgehalt (%)	4,1	4,2	4,1	4,1	4,5	4,0
1978/79 (229 Betriebe)	(8)	(9)	(10)	**(4)**	(11)	
Anzahl der Kühe	13,7	6,3	13,2	7,1	11,6	7,9
Jahresmilchleistung pro Kuh (l)	6.006	5.888	5.401	5.247	5.317	3.884
Fettgehalt (%)	4,0	4,0	4,2	4,3	4,2	4,0
1988/89 (237 Betriebe)	**(12)**	**(13)**	(14)	**(4)**	(15)	
Anzahl der Kühe	13,1	11,5	8,2	7,5	9,5	10,4
Jahresmilchleistung pro Kuh (l)	7.694	6.686	6.431	6.289	6.382	4.508
Fettgehalt (%)	4,1	4,2	4,2	4,2	4,1	4,0
1994/95 (234 Betriebe)	(16)	**(13)**	**(12)**	(17)	(18)	
Anzahl der Kühe	9,2	15,6	10,8	12,2	24,7	10,4
Jahresmilchleistung pro Kuh (l)	7.989	7.160	8.029	7.478	7.288	5.301
Fettgehalt (%)	4,3	5,0	4,0	4,1	4,0	4,0

Quelle: NÖLA, BBK Kirchberg/P., K. 59, Milchleistungskontrolle 1965/66 ff.; Molkereigenossenschaft Obergrafendorf, Milchleistungskontrolle 1978/79 ff.

Personen- und Lastkraftwagen unüberwindliche Hindernisse dar. In diesem Zusammenhang sprachen örtliche Politiker immer wieder von den »Lebensadern unserer Bauern«; was damit gemeint war, brachte ein Redner anlässlich einer Bauernversammlung in Frankenfels im Jahr 1962 auf den Punkt: Elektrifizierung, Güterwegebau, Trinkwasserversorgung. Dabei stellte er den örtlichen Politikern ein gutes Zeugnis aus: »In Frankenfels sei dank der Umsicht die Abwanderung der bäuerlichen Bevölkerung nicht so groß als in anderen Gebieten.«[190] Erstaunlicherweise bot der Ausbau der Güterwege in der zweiten Hälfte des 20. Jahrhunderts keinen Streitpunkt in der Frankenfelser Gemeindepolitik; das zeigen etwa die Wahlprogramme der ÖVP und – seit den Siebzigerjahren – auch der SPÖ. Erst seit den Achtzigerjahren erhob sich von Seiten des Umweltschutzes Kritik an den massiven Einschnitten in die Landschaft.[191] An der Straße in den Fischbachgraben, die im Jahr 1956 den Anlass zur Gründung der ersten Weggemeinschaft in der Gemeinde bot, wird die Rolle der öffentlichen Hand für den Güterwegebau deutlich: Von den 891.391 Schilling Gesamtkosten leistete der Bund 50 Prozent, das Land und die Gemeinde je 10 Prozent; die Interessenten mussten 30 Prozent und die Kostenüberschreitung von 156.391 Schilling tragen.[192] Der Ausbau der Infrastruktur sollte nach dem Willen der Entscheidungsträger die Entsiedelung der entlegenen Berggebiete eindämmen; zugleich wurde damit auch der Marktverflechtung Tür und Tor geöffnet. Die »Lebensadern der Bauern« belebten zugleich den »Strukturwandel« der Landwirtschaft.

Die Ab- und Zuflüsse von Gütern veränderten sich im Lauf des 20. Jahrhunderts Hand in Hand mit bäuerlichen Denk- und Handlungsweisen. Auf der Basis der Selbstversorgung galt ein standesgemäßes Auskommen als vorrangiger Sinn und Zweck des bäuerlichen Wirtschaftens. Mit zunehmender Marktproduktion und -konsumtion verlagerte sich jedoch die Aufmerksamkeit auf das höchstmögliche Einkommen. Während zur Bemessung des Auskommens die alltägliche Erfahrung diente, wurde das Einkommen in Geld bemessen. Daher förderte die Landes-Landwirtschaftskammer von Beginn an die Verbreitung der bäuerlichen Buchführung; im Jahr 1926 verzeichnete der Kammerbezirk Kirchberg zwei Buchführungsbetriebe.[193] Einblicke in die Güter- und Geldflüsse bieten die Betriebsbilanzen, die Gutachter der Landstelle Wien im Zuge des 1938 anlaufenden Entschuldungs- und Aufbauverfahrens ermittelten (Tabelle 17). Diese Zahlenkolonnen sind kein Abbild der Realität; sie bilden das Ideal einer »ordnungsgemäßen Bewirtschaftung« bei »normalen Verhältnissen« ab. Dennoch, so können wir annehmen, waren die Zahlen nicht völlig aus der Luft gegriffen. Sie dienten der Berechnung der »Leistungsfähigkeit«, nach der die jährlichen Rückzahlungsraten bemessen wurden. Dritteln wir die Gesamtzahl der Frankenfelser Höfe nach der Größe, dann treten die Gemeinsamkeiten und Unterschiede der Klein-, Mittel- und Großbetriebe zutage: Die Betriebseinnahmen betrugen im Durchschnitt im unteren Drittel 1.566 Reichsmark, im mittleren Drittel 1.942 Reichsmark und im oberen Drittel 2.422 Reichsmark. Die durchschnittlichen Ausgaben der Betriebe beliefen sich auf 1.397, 1.746 und 2.131 Reichsmark. Der jährliche Überschuss betrug im Durchschnitt 169 Reichsmark für die kleineren, 196 Reichsmark für die mittleren und 291 Reichsmark für die größeren Betriebe.[194] Offenbar konnten die großen Mittel- und Großbetriebe die Ungunst der ökologischen Bedingungen, die in den geringeren Überschüssen pro Hektar ihren Niederschlag fanden, gegenüber den günstiger gelegenen Klein- und kleinen Mittelbetrieben mit höheren Hektar-Überschüssen mehr als wettmachen.

Die Haupteinnahmequelle der Frankenfelser Bauern waren die Rinder, die zwei Drittel bis drei Viertel der Geldeinkünfte erbrachten. Während mit steigender Betriebsgröße auch der Anteil des Kälber- und Ochsenverkaufs wuchs, sank der Verkauf von Milch, Butter und Rahm anteilsmäßig. Neben den Rindern brachte der Schweineverkauf etwa ein weiteres Zehntel der Einnahmen ein. Geringeres Gewicht hatten Eier-, Schafkäse-, Wolle-, Obst- und Mostverkauf. Die Milch- und Fleischproduktion war demzufolge das einzige Standbein der bäuerlichen Markttätigkeit im Voralpenland. Auch der Holzbestand, der nur in den größeren Betrieben nennenswerte Erträge abwarf, bot kein eigenes Standbein, galt eher als »Sparkasse« für Notfälle. Während die

Tabelle 17: Bilanzen bäuerlicher Betriebe in Frankenfels um 1940

Einnahmen	Drittel der Betriebe			Ausgaben	Drittel der Betriebe		
	u	m	o		u	m	o
	(in Prozent)				(in Prozent)		
Rinder	41	56	55	Lohnkosten	9	14	13
Milcherzeugnisse	27	22	22	Saatgut	4	4	4
Schweine	9	10	9	Dünge- und Futtermittel	15	14	15
Schafe	3	4	3	Zukäufe Betrieb	3	2	2
Geflügel	2	3	3	Gebäude	6	4	4
Getreide	0	1	2	Maschinen	1	1	1
Obst und Most	0	1	0	Versicherung	3	3	3
Holz und Jagd	3	3	7	Steuern und Abgaben	9	10	14
Nebenberuf	0	0	0	Tierhaltung und Feldwirtschaft	3	4	4
Sonstige Einnahmen	15	1	0	Lebenshaltungskosten	41	34	31
				Ausgedinge	2	2	1
				Sonstige Ausgaben	5	8	8
Summe	100	100	100	Summe	100	100	100

u = unteres Drittel, m = mittleres Drittel, o = oberes Drittel
Quelle: Eigene Berechnungen nach NÖLA, Entschuldungsakten, VI/12–1378, Datenbasis: 41 Betriebe.

größeren Mittel- und Großbetriebe in »normalen« Zeiten damit das Auslangen fanden, waren die Klein- und kleineren Mittelbetriebe auf zusätzliche Einkünfte angewiesen: Neben Einkünften aus Holzknecht-, Maurer- und Fuhrwerksarbeiten brachte die bis Mitte des 20. Jahrhunderts verbreitete Vermietung von Wohnräumen an städtische »Sommerfrischler« zusätzliches Geld ins Haus. Wenn in Krisenzeiten die Fleisch- und Milchpreise sanken, knickte auch den ertragreicheren Betrieben das einzige Standbein ein. Das meiste Geld verausgabten die Haushalte für Lebenshaltungskosten, für die tägliche Ernährung, Bekleidung und sonstige Versorgung; deren Anteil an den Gesamtausgaben sank mit steigender Betriebsgröße von vier Zehntel auf ein Drittel. Dann kamen die Ausgaben für Dünge- und Futtermittel, Steuern und Abgaben sowie die Bezahlung der weiblichen und männlichen Dienstboten. Die Aufwendungen für Saatgut, Gebäudeerhaltung, Feuerversicherung, Ausgedinge und andere Notwendigkeiten fielen weniger ins Gewicht. Kurz, die Rinder brachten das Geld ins Haus, die Menschen trugen es wieder zur Tür hinaus.

An den Buchführungsunterlagen einer Schwarzenbacher Grünland-Waldwirtschaft können wir die Veränderung der Güter- und Geldflüsse im letzten Drittel des 20. Jahrhunderts bemessen. Im Jahr 1969 wurde der Großteil des Rohertrages aus drei etwa gleichwertigen Quellen gespeist (Tabelle 18): Holz- (28 Prozent), Milch- und Rinderverkauf (je 20 Prozent). Geringere Erträge warfen der Getreide-, Obst- und Gemüsebau (12 Prozent), die Schweinemast (9 Prozent) und der Ertrag der Schafhaltung (8 Prozent) ab. Dem standen Aufwendungen gegenüber, mit denen – sehen wir von den Abschreibungen (19 Prozent) ab – vorrangig Futtermittel (24 Prozent), Dünge- und Pflanzenschutzmittel (15 Prozent) und Vieh (9 Prozent) angeschafft wurden. Knapp eineinhalb Jahrzehnte später, im Jahr 1983, hatten sich die Gewichte in der Betriebsbilanz merklich verschoben: Die Milcherzeugung (37 Prozent) war zur Hauptquelle des Rohertrages geworden; auch der Rinderverkauf (20 Prozent) blieb eine wichtige Ertragsquelle; hingegen hatte der Holzverkauf an Bedeutung eingebüßt und lag gleichauf mit der Schweinemast (je 4 Prozent). Die größten Aufwandsposten neben den Abschreibungen (17 Prozent) waren Futtermittel (26 Prozent), Ausgedinge und Schuldenzinsen (15 Prozent), Steuern und Abgaben (10 Prozent), Maschinen und Geräte sowie Strom, Treibstoffe und sonstige Energie (je 9 Prozent). 14 Jahre später, im Jahr 1997, zeichneten sich wiederum deutliche Verschiebungen ab: Der Holzverkauf (41 Prozent) rangierte vor sonstigen Einkünften (22 Prozent) und dem Milchverkauf (21 Prozent) als wichtigste Quelle des Rohertrages. Unter den Aufwendungen lagen die Abschreibungen (32 Prozent) vor Steuern und Abgaben (18 Prozent), Strom, Treibstoffen und sonstiger Energie (11 Prozent) sowie Ausgedinge und Schuldenzinsen (9 Prozent).[195] In diesen Zahlen finden zwei gegenläufige Entwicklungen ihren Niederschlag: Die in den Jahren 1969 bis 1983 wachsenden Anteile der Milcherzeugung am Rohertrag und die steigenden Aufwendungen für Treibstoffe, Strom und sonstige Energie, Maschinen und Geräte sowie Futtermittel verweisen auf die bis in die Achtzigerjahre vorherrschende Intensivierung des Betriebes. Seit Mitte des 20. Jahrhunderts erfolgte hier wie anderswo im Voralpengebiet der Übergang von der teilmechanisierten und -chemisierten Intensivlandwirtschaft, die auf einem halboffenen System aus Stoff- und Energieflüssen basierte, zur vollmechanisierten und -chemisierten Intensivlandwirtschaft auf der Grundlage eines weitgehend offenen Systems mit hoher Stoff- und Energiezufuhr. Dieses »1950er Syndrom«[196] verlor jedoch im Zuge der Extensivierung in den Neunzigerjahren in den voralpinen Regionen etwas an Einfluss. Die Bäuerin und der Bauer unterwarfen sich den Richtlinien des biologischen Landbaus; das zeigen etwa der Verzicht auf Dünge- und Pflanzenschutzmittel sowie der Rückgang des Futtermittelzukaufs im Betriebsergebnis des Jahres 1997.

Der Weg von der konventionellen zur biologischen Landwirtschaft im Voralpengebiet war keineswegs vorgezeichnet.[197] Noch Ende der Siebzigerjahre kanzelte der von der Bezirksbauernkammer herausgegebene »Landkurier« den biologischen Landbau als blanken »Unsinn« ab.[198] Knapp eineinhalb Jahrzehnte später, im Jahr 1993, wertete dasselbe Blatt biologische und konventionelle Landwirtschaft als gleichrangige Alternativen.[199] Damit rechtfertigte die regionale Agrarpolitik im Nachhinein eine Basisbewegung, die in den Jahren zuvor die Zahl der Bio-Betriebe im Kammerbezirk sprunghaft ansteigen ließ; nach dieser Eintrittswelle setzte jedoch seit Mitte der Neunzigerjahre eine Austrittsbewegung ein. Im Jahr 1999 waren etwa 15 Prozent der Betriebe Mitglieder von »Bio Ernte Austria«, dem größten Bio-Bauern-Verband Österreichs (Tabelle 19).[200] Auf dem 80 Hektar großen, in 730 Meter Seehöhe gelegen Schwarzenbacher Bergbauernhof werden zweierlei Bio-Nahrungsmittel erzeugt: Kälber von »Mutter-

Tabelle 18: Einkommen einer Grünland-Waldwirtschaft in Schwarzenbach 1969–1997

	1969 S	1969 Prozent	1983 S	1983 Prozent	1997 S	1997 Prozent
Bodennutzung	16.470	11,7	5.800	1,1	3.697	0,5
Rinderverkauf	28.778	20,4	101.337	20,0	97.335	12,5
Mastschweine	12.591	8,9	18.597	3,7	7.682	1,0
Milchverkauf	28.778	20,4	189.277	37,3	164.716	21,1
Eier	1.541	1,1	4.873	1,0	3.480	0,4
Schafe	11.689	8,3	5.787	1,1	13.135	1,7
Holzverkauf	39.852	28,2	19.112	3,8	317.587	40,6
Sonstiges	1.527	1,1	162.071	32,0	173.938	22,3
Rohertrag	141.226	100,0	506.853	100,0	781.570	100,0
Düngemittel u. Pflanzenschutz	14.077	15,9	9.454	2,7	–	0,0
Futtermittel	21.463	24,2	94.731	26,4	45.150	5,6
Tierärztliche Versorgung	2.908	3,3	7.993	2,2	13.975	1,7
Viehzukauf	7.964	9,0	2.484	0,7	985	0,1
Maschinen und Geräte	3.188	3,6	31.219	8,7	34.331	4,3
Bauliche Anlagen	508	0,6	3.417	1,0	48.057	6,0
Treibstoffe und Strom	2.538	2,9	30.618	8,5	90.706	11,3
Steuern und Abgaben	2.922	3,3	36.228	10,1	146.273	18,2
Versicherungen	2.748	3,1	12.046	3,4	31.151	3,9
Ausgedinge, Pacht und Zinsen	6.138	6,9	53.546	14,9	71.375	8,9
Abschreibungen	16.623	18,8	61.451	17,2	258.087	32,1
Sonstiges	7.475	8,4	15.033	4,2	63.459	7,9
Aufwand	88.552	100,0	358.312	100,0	803.549	100,0
Lw. Einkommen	52.674	94,0	148.541	61,2	–21.979	–4,4
Öff. Zuschüsse für Betrieb	–	0,0	18.683	7,7	467.635	93,7
Sonst. Einkommen	3.360	6,0	75.390	31,1	53.675	10,7
Gesamteinkommen	56.034	100,0	242.614	100,0	499.330	100,0

Quelle: Eigene Berechnungen nach Privatsammlung Gonaus, Schwarzenbach, Buchführungsunterlagen 1979 ff; NÖLA, BBK Kirchberg, Umstellung 1969–1973.

kühen«, die über die Styria-Beef-Vereinigung vermarktet werden, und Biomilch von Milchkühen, die an die Molkerei geliefert wird. Konventionelle Erzeugnisse sind Bau- und Brennholz sowie Schnäpse, die über die Pielachtaler Edelbrandgemeinschaft vertrieben werden. »Bergbauer, Biobauer, Waldarbeiter, Schnapsbrenner …« – so lautet die treffende Überschrift einer Zeitungsreportage über den Hof und dessen Besitzer.[201] Während sich dieser Bio-Betrieb vorwiegend auf indirekte Vermarktung über Handelspartner stützt, forcieren andere die arbeitsaufwendige Direktvermarktung, vor allem den Ab-Hof-Verkauf. Diese Bio-Bäuerinnen und Bio-Bauern sind gezwungen, ihre nichtbäuerliche Kundschaft anzusprechen; dabei knüpfen sie an deren vermeintliche Wunschvorstellungen von »Bäuerlichkeit« an: Naturverbundenheit, Gemütlichkeit, Traditionsbewusstsein, Bodenständigkeit, Beschaulichkeit. Solche Anknüpfungspunkte können vorherrschende Geschlechterrollen bieten: Im Prospekt eines Kirchberger »Mostheurigen« philosophiert der Bauer über Nachhaltigkeit in der Landwirtschaft; die Bäuerin preist die »Bio-Schmankerln« und die Kinder-Attraktionen an.[202] Kurz, Ab-Hof-Verkäufer vermarkten nicht nur eigene Erzeugnisse, sondern auch Gefühle, die andere damit verbinden – Landwirtschaft als Informations-Management. Die große Verbreitung des Bio-Landbaus im Voralpengebiet dürfte neben der Erwartung einer besseren Marktstellung auch mit eingeschliffenen Erfahrungen zusammenhängen: Der Wechsel von konventioneller zu biologischer Grünlandwirtschaft in der Region Kirchberg setzte keinen Wechsel der bäuerlichen Lebensformen voraus. Beide Bewirtschaftungsweisen erfordern die tägliche Betreuung des Viehs durch die Familienarbeitskräfte; arbeitsfreie Wochenenden oder regelmäßige Sommer- und Winterurlaube sind ohnehin kaum denk- und machbar.[203] In gewisser Weise ermöglicht der auf Extensivierung ausgerichtete Öko-Diskurs den Bergbäuerinnen und -bauern sogar, aus ihrer Not – den strukturellen Grenzen der Intensivierung im Voralpengebiet – eine Tugend zu machen. Vor diesem Hintergrund bilden Bio-Bäuerinnen und Bio-Bauern in der Regel keine Opposition zur regionalen Agrarelite; im Gegenteil: Sie sind, zum Teil in führenden Funktionen, in Kammer, Genossenschaften und Bauernbund eingebunden.

Die Buchführungsunterlagen lassen nicht nur die Veränderung der Güter- und Geldflüsse in den vergangenen Jahrzehnten nachvollziehen; sie dienen den Agrarfachleuten auch zur Bemessung des »Betriebserfolges«.[204] Die Ergebnisse hunderter Buchführungsbetriebe im Voralpengebiet seit den Dreißigerjahren zeigen, etwa im Vergleich zu jenen des nordöstlichen Flach- und Hügellandes, deutliche Einkommensverschiebungen (Tabelle 20): Im Jahr 1937 lag das landwirtschaftliche Einkommen pro Hektar Nutzfläche, pro Familienarbeitskraft und pro Betrieb im Voralpengebiet um jeweils rund vier Zehntel niedriger. Dieser Rückstand war in den Jahren 1964/66 auf ein Zehn-

Tabelle 19: Mitglieder von »Bio Ernte Austria« in der Region Kirchberg 1988–2002

Jahr	Eintritte	Austritte	Betriebe
1987/88	1	–	1
1989/90	2	–	3
1991/92	109	1	111
1993/94	24	10	125
1995/96	5	7	123
1997/98	1	4	120
1999/2000	1	24	97
2001/02	2	5	94

Quelle: Eigene Berechnungen nach Angaben von Bio Ernte Austria (Stand: Oktober 2002).

tel geschrumpft. In den Jahren 1988/90 geriet das Voralpengebiet wiederum ins Hintertreffen. Doch nach dem EU-Beitritt, in den Jahren 1998/2000, errang es hinsichtlich des landwirtschaftlichen Einkommens pro Flächeneinheit und Familienarbeitskraft einen Vorsprung. Das auf den Betrieb bezogene landwirtschaftliche Einkommen lag hingegen noch immer deutlich niedriger. Die Verzinsung des im Betrieb eingesetzten Kapitals, die durch den Reinertrag bemessen wird, sank im Voralpengebiet im selben Zeitraum beständig von 2,6 über 0,7 und minus 0,8 auf minus 1,0 Prozent.[205] In diesen Zahlen äußern sich zwei Nachteile des Voralpengebiets, die so manchen Vorteil im »Wettbewerb der Regionen« zunichte machten: die im Betriebsdurchschnitt geringere Nutzfläche und die höhere Zahl an Familienarbeitskräften.[206]

Doch Reinertrag und landwirtschaftliches Einkommen sind statistische Größen; für das alltägliche Überleben zählte vorrangig das Gesamteinkommen des bäuerlichen Haushalts. Die Anteile des landwirtschaftlichen Einkommens am Gesamteinkommen im Voralpengebiet verringerten sich von den Dreißiger- bis zu den Neunzigerjahren von neun auf sieben Zehntel. Nach dem EU-Beitritt erfolgte ein Einbruch auf zwei Zehntel; im Gegenzug stiegen die Anteile der öffentlichen Gelder für betriebliche Leistungen auf vier Zehntel.[207] Noch drastischer fällt die »Entagrarisierung« des Gesamteinkommens im bereits beschriebenen Schwarzenbacher Bergbauernbetrieb aus: Das landwirtschaftliche Einkommen, die Differenz aus Rohertrag und Aufwand, deckte im Jahr 1969 noch 94 Prozent des Gesamteinkommens des Haushaltes ab; doch nach dem Rückgang auf 61 Prozent des Gesamteinkommens im Jahr 1983 wurde das landwirtschaftliche »Einkommen« im Jahr 1997 zu einem Verlustposten.[208] Von den Einkünften durch die betriebseigenen Erzeugnisse allein könnte der Haushalt – das Bauernpaar, das Altbauernpaar, eine in Pflege befindliche Altbäuerin und zwei im Betrieb mithelfende Kinder – schon lange nicht mehr überleben. In diesen Zahlen findet die »Europäisierung« des österreichischen Agrarsystems in den Neunzigerjahren ihren Niederschlag: Die hoch subventionierten Preise für landwirtschaftliche Erzeugnisse wurden gesenkt; der Rückgang des landwirtschaftlichen Einkommens sollte durch öffentliche Zahlungen für betriebliche Dienstleistungen ausgeglichen werden.[209] Auf diese Weise wurden die Bäuerinnen und Bauern gewissermaßen zu einer »besonderen Kategorie von Arbeitern im öffentlichen Dienst« gemacht.[210] Dass mittlerweile auch die regionale Agrarpolitik solche Argumente aufgreift, zeigt eine Stellungnahme des Kirchberger Kammerobmannes Anton Gonaus aus dem Jahr 1999: »Alle Untersuchungen zeigen, dass Bergbauern unentbehrlich für die Landschaftspflege und damit für den Tourismus sind. Wo sie abwandern, wächst das Land zu. Es muss somit von der öffentlichen Hand alles getan werden, um die Bergbauern zu unterstützen.«[211] Doch das Leitbild des »Landschaftspflegers« hat bisher, so scheint es, kaum Auswege aus der Identitätskrise vieler Frauen und Männer auf den Höfen eröffnet.

»Entagrarisierung« des Einkommens heißt auch, dass die bäuerlichen Haushalte neben öffentlichen Geldern zunehmend von außerlandwirtschaftlichen Einkünften abhängig wurden; die Anteile des sonstigen Einkommens am Gesamteinkommen stiegen im nordöstlichen Flach- und Hügelland zwischen 1937 und 1998/2000 von 11 auf 39 Prozent. Im Kurzzeitgedächtnis der heute Lebenden wird die »Entagrarisierung« im 20.

Tabelle 20: Buchführungsergebnisse für das Voralpengebiet 1937–2000

	1937	1964/66	1988/90	1998/2000
Landwirtschaftliches Einkommen im Vergleich zum nö. Flach- und Hügelland (Index = 100)				
Einkommen pro Hektar RLNF	61	93	94	133
Einkommen pro Betrieb	62	90	69	88
Einkommen pro FAK	59	84	65	106
Zusammensetzung des Gesamteinkommens (%)				
Landwirtschaftliches Einkommen	89	74	68	20
Öffentliche Gelder	0	4	6	41
Sonstiges Einkommen	11	21	26	39
Gesamteinkommen	100	100	100	100

RLNF: reduzierte landwirtschaftliche Nutzfläche, FAK: Familienarbeitskräfte
Quelle: Eigene Berechnungen nach Lage der Landwirtschaft 1937; Lage der österreichischen Landwirtschaft 1964–1966, 1988–1990; Grüner Bericht 1998–2000; Buchführungsergebnisse 1964–1966, 1988–1990, 1998–2000. Die Werte für 1937 beziehen sich nur auf die niederösterreichischen Anteile der jeweiligen Produktionsgebiete. Bei den Werten für 1964/66, 1988/90 und 1998/2000 handelt es sich um Drei-Jahres-Mittelwerte.

Jahrhundert vielfach als Sonderfall gedeutet; im Langzeitgedächtnis der Geschichtsschreibung erscheint sie nach der »Agrarisierung«, dem Wegfall gewerblicher Zweige landwirtschaftlicher Betriebe, im 19. Jahrhundert eher als Normalfall.[212] Dennoch können wir nicht von einer Rückkehr zum Alten sprechen; während des »Wirtschaftswunders« der Fünfziger- und Sechzigerjahre entstand ein neuer, durch das Überwiegen des außerlandwirtschaftlichen Einkommens gekennzeichneter Betriebstyp, der erstmals in der Betriebszählung des Jahres 1960 erfasst wurde: die Nebenerwerbslandwirtschaft.[213] Nebenerwerb in der zweiten Hälfte des 20. Jahrhunderts unterscheidet sich von früheren Formen der Erwerbskombination dadurch, dass die landwirtschaftlichen Erzeugnisse vorrangig nicht dem Eigenverbrauch, sondern der Vermarktung dienen. Zwischen 1960 und 1990 nahm in der Region Kirchberg der Anteil der Haupterwerbsbetriebe von 68 auf 53 Prozent ab; im Gegenzug stieg der Anteil der Nebenerwerbsbetriebe von 30 auf 44 Prozent (Tabelle 21).[214] Die mangelnden Beschäftigungsmöglichkeiten im entlegenen, kaum industrialisierten Pielachtal erschwerten den bäuerlichen Familienangehörigen, vor allem den Bauern und deren Söhnen, das Pendeln zwischen Hof und Firma. Auch die seit den Siebzigerjahren propagierte Aktion »Urlaub am Bauernhof« ermöglichte in einer Region mit vorherrschendem Tagestourismus nur wenigen Höfen ein Zusatzeinkommen; im Jahr 1999 boten – trotz der Bemühungen der Bezirksbauernkammer um Belebung des Tourismus – nur 22 Betriebe Zimmervermietung an.[215] In der hoch-, voll- und übermechanisierten Nebenerwerbslandwirtschaft erledigten vorwiegend die Bäuerinnen und deren Töchter die tägliche Arbeit in Haushalt und Betrieb. Wie die wachsenden Gesamtflächen zeigen, standen Neben- ebenso wie Haupter-

Tabelle 21: Erwerbsarten im Bauernkammerbezirk Kirchberg 1960–1999

Jahr	Haupterwerbsbetriebe		Nebenerwerbsbetriebe		Juristische Personen		Alle Betriebe	
	Zahl	Größe (ha)	Zahl	Größe (ha)	Zahl	Größe (ha)	Zahl	Größe (ha)
1960	664 (68%)	33,5	292 (30%)	6,0	15 (2%)	16,9	971 (100%)	25,0
1970	641 (68%)	30,8	281 (30%)	14,2	15 (2%)	27,0	937 (100%)	25,8
1980	436 (52%)	35,7	389 (46%)	18,7	15 (2%)	35,1	840 (100%)	27,8
1990	413 (53%)	37,9	355 (46%)	19,9	11 (1%)	56,6	779 (100%)	30,0
1999	353 (53%)	36,4	294 (44%)	31,0	18 (3%)	50,9	665 (100%)	34,4

Quelle: Eigene Berechnungen nach Betriebszählung 1960, 1970, 1980, 1990; Statistik Austria, Direktion Raumwirtschaft, Agrarstrukturerhebung 1999. Als Haupterwerbsbetriebe wurden 1960 Voll- und untergeordnete Nebenerwerbsbetriebe sowie 1970, 1980 und 1990 Voll- und Zuerwerbsbetriebe gewertet.

werbsbetriebe unter dem Druck, die reale Betriebsgröße an die – wachsende – ideale anzupassen. Aus diesem Grund flossen beträchtliche Teile der außerlandwirtschaftlichen Einkommen in Grund-, Maschinen- und Betriebsmittelankäufe.

Die Nebenerwerbslandwirtschaft ist, international gesehen, Ausdruck des »österreichischen Weges« der österreichischen Agrarpolitik nach 1945, die den »Strukturwandel« der Landwirtschaft forcierte, ohne deren »Bestandssicherung« – und damit auch den außeragrarischen Erwerb – aus den Augen zu verlieren. Die Erwerbskombination diente aus der Sicht der Agrarpolitik dem multifunktionalen Ziel von wirtschaftlicher Leistungsfähigkeit, sozialer Orientierung, ökologischer Verträglichkeit und regionaler Ausgewogenheit. Aus der Sicht der Bäuerinnen und Bauern wurde dadurch das Leben in zwei Welten möglich: der traditionellen Agrar- und der modernen Konsumgesellschaft. Mit dem EU-Beitritt schwenkte die Agrarpolitik – abgefedert durch Übergangsmaßnahmen – vom »österreichischen« auf den »europäischen Weg« ein. Ungunstlagen wie das Voralpengebiet werden nun stärker als bisher an ihren ökologischen Leistungen gemessen.[216] Ob die Nebenerwerbslandwirtschaft im Kirchberger Umland unter den Bedingungen der Gemeinsamen Agrarpolitik der Europäischen Union Bestand haben wird, muss vorläufig offen bleiben. Die Stabilisierung des Verhältnisses von Haupt- und Nebenerwerbsbetrieben in den Neunzigerjahren unter den Bedingungen der »degressiven« – also auslaufenden – Ausgleichszahlungen deutet möglicherweise eine solche Entwicklung an.[217] Erst in einigen Jahren und Jahrzehnten werden wir absehen können, ob die Stärkung der Nebenerwerbslandwirtschaft in der zweiten Hälfte des 20. Jahrhunderts nur der letzte Akt des Dramas vom Verschwinden der Bauern gewesen ist. Jedenfalls werden auch die agrarischen Lebenswelten in den niederösterreichischen Voralpen zukünftig stärker als in der Vergangenheit vom System der EU-Agrarpolitik – und damit vom jeweiligen Verhältnis sozialpolitischer und marktwirtschaftlicher Einflüsse – abhängen.[218]

Ernst Langthaler

Agrarwende in der Ebene
Eine Region im niederösterreichischen Flach- und Hügelland (1880–2000)

I. Ein Hof vor 100 Jahren

Schönfeld, eine 250-Seelen-Gemeinde im östlichen Marchfeld, im Jahr 1898. Wir gehen, von der 2,5 Kilometer entfernten Eisenbahnstation Schönfeld-Lassee kommend, auf der Dorfstraße der Häuserzeile entlang bis zur Nummer 23, dem Hof des Leopold Zettel. Mit dem Öffnen des Tores eröffnet sich eine bäuerliche, uns heute vielfach fremde Welt.[1] Das Wohnhaus ist aus Stein gemauert und mit Ziegeln gedeckt. Zu unserer Linken befinden sich die Küche mit Backofen, ein Zimmer und der Schüttkasten, rechts von uns liegen ein Zimmer und eine Kammer. Am Tisch versammeln sich neben dem Bauernehepaar der ältere Sohn, eine Tochter und die Großmutter, die allesamt in der Wirtschaft mithelfen. Der jüngere Sohn befindet sich bei einem Schlosser in Wien in der Lehre. Wir erfahren, dass zur »Besorgung der laufenden Wirtschaftsgeschäfte« die Arbeitskraft der Familienmitglieder ausreicht. Nur zur Zeit des Getreideschnitts und -drusches werden zusätzliche Arbeitskräfte eingestellt: eine Partie Wanderarbeiter, die für einen Akkordlohn von 5,68 Gulden pro Hektar samt Kost den Schnitt besorgen, und ein Taglöhner, der zwei Wochen hindurch verköstigt wird und um 50 Kreuzer Taglohn beim Drusch hilft.

Betreten wir den Innenhof, dann schließt rechts an das Wohnhaus der gemauerte, mit Dachpappe gedeckte Pferdestall an. Darin stehen vier Zugpferde im Wert von je 150 bis 200 Gulden, allesamt Stuten des »leichten Marchfelder Schlages«. Sie werden, »soweit der Vorrath reicht«, mit Hafer und Heu gefüttert, müssen sich aber im Winter auch mit etwas Hintergetreide[2] und Stroh begnügen. Dennoch, so der Berichterstatter Ernst Vital, Professor am Francisco-Josephinum in Mödling, »befinden sie sich, da von ihnen nur geringe Arbeitsleistung verlangt wird, in sehr guter Condition«. Jedes Jahr werden zwei Stuten von den »ärarischen Hengsten« der Beschälstation in Lassee gedeckt – in letzter Zeit jedoch ohne Erfolg, weil keine Fohlen geboren worden sind. An den Pferdestall schließt der ebenfalls gemauerte und mit Dachpappe gedeckte Kuhstall an. Düngerstätte und Jauchegrube liegen unmittelbar vor der Stalltür. Vier Kühe, zwei zweijährige Kalbinnen, eine einjährige Kalbin und ein dreivierteljähriger Stier, allesamt »Kreuzungsproducte von Kuhländern und dem Landschlage«, stehen in dem dunklen, nur mangelhaft durchlüfteten Stall. Die Stallfütterung hat im Dorf erst vor etwa zwei Jahrzehnten Einzug gehalten. Jungvieh und Kühe kommen nur im Sommer aus dem, wie der Berichterstatter meint, »sehr niedrigen und dunstigen Stalle, und auch da nur in den Hof, wo sie halbtägig im Viehstande oder auf der Düngerstätte angekettet werden«. In der Regel erhalten sie Raufutter, darüber hinaus auch geringe Mengen an Hintergetreide, Weizenkleie und Rapskuchen. Grünfutter wird jährlich nur sechs Wochen lang verabreicht. Jede Kuh gibt im Schnitt täglich vier Liter Milch, was einer Jahresmilchleistung von etwa 1.450 Litern entspricht. Die Milch wird zur Gänze im Haushalt verbraucht, zum Teil zum unmittelbaren Konsum, zum Teil zur Butterbereitung; geringe Mengen werden an die Schweine verfüttert. Von den durchschnittlich vier Kälbern, die jährlich geboren werden, sind zwei zur Aufzucht bestimmt. Die übrigen zwei werden im Alter von drei bis vier Wochen mit einem Gewicht von 60 bis 70 Kilogramm um 38 Kreuzer pro Kilogramm Lebendgewicht an den Fleischer verkauft. Weiters landen pro Jahr zwei Rinder zum Preis von 110 bis 130 Gulden für eine Kuh und 130 bis 150 Gulden für einen Jungstier auf der Schlachtbank.

Auf den rechts an den Kuhstall anschließenden, derzeit leer stehenden Fohlenstall folgt der aus Holz gebaute und mit Dachpappe gedeckte Schweinestall, der acht Futterschweine, durchwegs Yorkshirekreuzungen,[3] beherbergt. Sie erhalten Kleie, Hintergetreide, Mais, Kartoffeln, Milch und Küchenabfälle »in entsprechender Mischung, wie es eben die verfügbaren Vorräthe gestatten«. Die Schweine werden als Ferkel um vier bis sechs Gulden angekauft, »halb- bis ganzfett« gefüttert und für den Eigenbedarf des Hauses geschlachtet. Schließlich tummelt sich noch einiges Federvieh auf dem Hof, sechs Gänse und 20 Hühner. Die etwa 3.000 Eier, die die Hühner pro Jahr legen, werden im Haus verbraucht. Von den Gänsen werden jährlich sechs bis acht für den Eigenverbrauch geschlachtet; drei bis vier werden zu je einem Gulden verkauft. Abseits des Wohn- und Wirtschaftsgebäudes, am hinteren Ende des lang gestreckten Innenhofes, steht eine hölzerne, mit Dachpappe gedeckte Scheune, die neben den Erntefrüchten auch einen Teil der Geräte birgt: eine Drillmaschine zur Körnersaat, eine Dreschmaschine mit zweipferdigem Göpelantrieb, eine Häckselmaschine zum Futterschneiden, eine Windfege zur Reinigung des Getreides, zwei Ruchadlo-Pflüge,[4] ein zweischariger Ruchadlo-Pflug, zwei eiserne und zwei hölzerne Eggen, drei hölzerne Walzen zur Bodenbearbeitung, ein Häufelpflug,[5] zwei Wirtschaftswägen und ein leichter Wagen. Der Berichterstatter meint anerkennend: »An Geräthen und Gebäuden, sowie überhaupt in allen Wirthschaftsräumen ist die grösste Ordnung und Reinlichkeit wahrzunehmen.«

Durch die Scheune an der Hinterseite des Hofes gelangen wir auf die Dorfflur, auf der sich die zum Haus gehörigen Gewanne erstrecken. Neben den 0,23 Hektar Garten, Bauareal und Ödland verteilen sich die 32,52 Hektar Acker auf 33 Parzellen, die in einer Größe zwischen 0,08 bis 2,7 Hektar im Umkreis von 1,5 Kilometern in sieben Rieden zerstreut liegen. Etwa ein Drittel der Äcker besteht aus »gewöhnlichem Sandboden, stellenweise schon in Flugsand übergehend«; zwei Drittel bestehen aus lehmigem, 30 bis 100 Zentimeter tiefem Sandboden auf Schotteruntergrund. Der Grundwasserspiegel befindet sich zehn Meter unter der Oberfläche. Die Fruchtfolge orientiert sich an der jahrhundertealten Dreifelderwirtschaft; die teilweise Bebauung der Brache hat erst im vergangenen Jahrzehnt im Dorf Einzug gehalten. Ein Drittel des Ackers, 10,84 Hektar, trägt Winterroggen. Auf dem Drittel, das als Sommerfeld genützt wird, stehen 4,3 Hektar Hafer, 3,5 Hektar Buchweizen, 0,9 Hektar Mais, 1,14 Hektar Kartoffeln und ein Hektar Esparsette.[6] Das restliche Drittel liegt nur teilweise brach; auf 3,5 Hektar gedeihen bis Mitte Juni ein Hektar Esparsette und 2,5 Hektar aus Hafer und Wicke bestehender Mischling. Auf das Brachefeld, ausgenommen den mit Esparsette bepflanzten Hektar, kommen 130 Doppelzentner Stalldünger pro Hektar, der mit verfaultem Stroh vermengt wird; beiläufig bemerkt der Berichterstatter: »Kunstdünger wird nie angewendet.«

Die Trockenheit des Klimas wird vor allem in den Sommermonaten verschärft durch die austrocknenden Winde, die über das flache Land ziehen. Das Sommergetreide, das erst spät geerntet wird, hat daher »in manchen Jahren unter der Dürre stark zu leiden«; aus diesem Grund baut Leopold Zettel Wintergetreide als Hauptfrucht an. Die laut Berichterstatter »gute« bis »mittlere« Ernte des Jahres 1898 ergibt pro Hektar an Winterroggen 15 Doppelzentner Körner und 30 Doppelzentner Stroh, an Hafer 10,5 Doppelzentner Körner und 16 Doppelzentner Stroh, an Buchweizen sechs Doppelzentner Körner und zehn Doppelzentner Stroh, an Mais 17 Doppelzentner Körner und zehn Doppelzentner Stroh, 85 Doppelzentner Kartoffeln, 50 Doppelzentner Esparsetteheu und 40 Doppelzentner Mischlingheu. 120 Doppelzentner Roggen, 17 Doppelzentner Buchweizen und 20 Doppelzentner Roggenstroh werden auf den Wochenkörnermärkten im fünf Kilometer entfernten Lassee oder im zehn Kilometer entfernten Gänserndorf verkauft. Der Rest der Feldfrüchte wird am Hof verbraucht, davon allein an Futtermitteln jährlich 3.000 Doppelzentner Grünfutter, 150 Doppelzentner Esparsette und Mischlingheu, 400 Doppelzentner Stroh, 45 Doppelzentner Hafer, zwölf Doppelzentner Mais, 20 Doppelzentner Hintergetreide und 90 Doppelzentner Kartoffeln. Drei Doppelzentner Rapskuchen und 15 Doppelzentner Weizenkleie müssen zugekauft werden, um den Bedarf des Viehs zu decken.

Da die einfachen Aufzeichnungen des Bauern für eine betriebswirtschaftliche Bilanz nicht ausreichen, muss der Berichterstatter zusätzliche Angaben für das Jahr 1898 erheben; schließlich kann er den Nutzen, den die Menschen auf dem Hof aus ihrer Arbeit ziehen, in Zahlen fassen. Da das Ausgedinge im Wert von jährlich 150 Gulden in Naturalien abgestattet wird, findet es in der Bilanz keinen Niederschlag. Hypotheken oder Servitute lasten keine auf dem Besitz. Die Einnahmen setzten sich zusammen aus 900 Gulden für Roggen, 136 Gulden für Buchweizen, 14 Gulden für Roggenstroh, 50 Gulden für zwei Schlachtkälber, 120 Gulden für eine Kuh und 150 Gulden für einen Jungstier. Den 1.370 Gulden Einnahmen stehen folgende Ausgaben gegenüber: 600 Gulden Haushaltsbedarf, 72 Gulden Tag- und Akkordlöhne, 62,70 Gulden Steuern und Umlagen, 5,68 Gulden Gebäudeversicherung, sieben Gulden für 100 Kilogramm Wicken, 67,50 Gulden für 15 Doppelzentner Kleie, 18 Gulden für drei Doppelzentner Rapskuchen, 35 Gulden für Brennmaterial, 40 Gulden für acht Ferkel, 82,12 Gulden für Reparaturen, zehn Gulden für Arzt und Medikamente sowie 20 Gulden für den Tierarzt, Kirchenspenden und Verschiedenes. Ziehen wir die 1.020 Gulden Ausgaben von den Einnahmen ab, verbleibt ein Überschuss von 350 Gulden. Dies entspricht einer etwas mehr als 4-prozentigen Verzinsung des auf 8.000 Gulden geschätzten Anlagekapitals. Der Berichterstatter führt die gesicherte Lage des Betriebes auf die Tugenden der Besitzer zurück: »Die ganze Lebensführung der Familie ist eine sehr einfache und sparsame, woraus sich allein trotz des geringen Wirtschaftsertrages die geordneten finanziellen Verhältnisse des Besitzers erklären lassen.«

Der Rundgang auf dem Hof des Leopold Zettel hat uns Schritt für Schritt ein dichtes Geflecht von Beziehungen zwischen Menschen, Tieren, Pflanzen, Grundstücken, Werkzeugen, Gebäuden, Naturgewalten – kurz, zwischen Natur, Gesellschaft und Kultur – eröffnet. Entlang dieser Beziehungen sind Energie, Stoffe, Geld und Botschaften im Fluss, die Menschen deutend und handelnd in bestimmte Richtungen lenken (Grafik 1).[7] Freilich, die Hofbeschreibung blendet einige für das Flach- und Hügelland charakteristischen Beziehungen aus; ein größerer Beobachtungsausschnitt soll das Beziehungsgeflecht zwischen Ökosystem, Gesellschaftssystem und Lebenswelt besser erfassen. An einer Region im niederösterreichischen Flach- und Hügelland mit den heute im politischen Bezirk Gänserndorf gelegenen Gemeinden Angern an der March, Auers-

Grafik 1: Modell der Agrargesellschaft im Flach- und Hügelland im 20. Jahrhundert

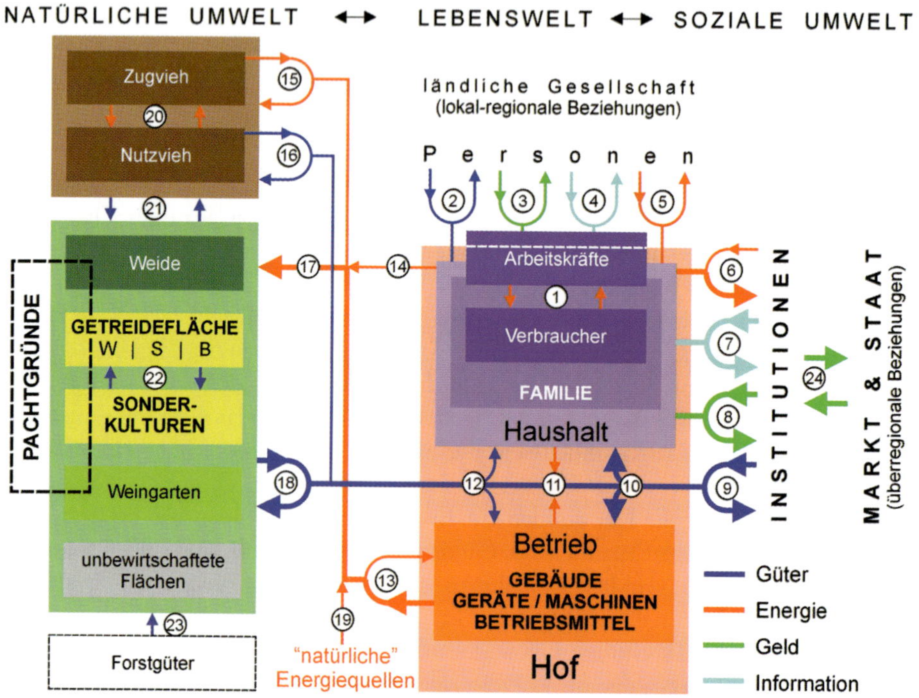

Texte in Fett- und Großschreibung sowie dicke Pfeile bezeichnen Elemente und Beziehungen, die im Lauf des 20. Jahrhunderts an Einfluss gewonnen haben. Die übrigen Texte und Pfeile bezeichnen Elemente und Beziehungen, deren Stellenwert gleich geblieben, geringer geworden oder weggefallen ist. Die Nummern erläutern ausgewählte Beziehungen:

(1) Familienzyklus: wechselndes Verhältnis von familieneigenen und -fremden Arbeitskräften sowie noch nicht und nicht mehr voll arbeitsfähigen Haushaltsangehörigen (Kinder, Kranke und Altersschwache)
(2) Gaben- und Warenverkehr zwischen Haushalt und örtlicher Gesellschaft (Geschenke, Einkäufe, Bodennutzungsrechte usw.)
(3) Zu- und Abflüsse von Geld zwischen Haushalt und örtlicher Gesellschaft (Geschenke, Löhne, Viehankäufe usw.)
(4) Alltagskommunikation der Haushaltsangehörigen mit anderen Angehörigen der örtlichen Gesellschaft (Kirchgang, Gasthausbesuch, Feste usw.)
(5) Arbeitsleistungen des Haushalts und Gegenleistungen (Taglohnarbeit, Aufträge an örtliche Handwerker, »Bauernarbeit« usw.)
(6) Beschäftigung von Saisonarbeitskräften / außeragrarische Erwerbsarbeit von Familienangehörigen (»Nebenerwerbslandwirtschaft«)
(7) Kommunikation mit Institutionen (Bezirksbauernkammer, Genossenschaften, Finanzamt usw.)
(8) Geldeinnahmen und -ausgaben zwischen Haushalt und Institutionen (z.B. Steuern, Weinverkauf, Agrarinvestitionskredite usw.)
(9) Einkäufe auf vorgelagerten Märkten / Verkäufe auf nachgelagerten Märkten
(10) Konsumgüter für den Haushalt (Kleidung, Nahrung, Möbel usw.) / Investitionsgüter für Betrieb (Baustoffe, Treibstoff, Maschinen usw.)
(11) Verarbeitung der betrieblichen Rohprodukte (Wein, Brot, Selchfleisch usw.) durch Hand- und Maschinenarbeit
(12) Selbstversorgung des Haushalts (Nahrungsmittel, Brennholz, Schafwolle usw.) / Rohstoffe für Betrieb (Schotter, Lehmziegel, »Weinstecken« usw.)
(13) Einsatz menschlicher und tierischer Arbeitskraft für Betrieb der Geräte und Maschinen
(14) Einsatz menschlicher Arbeitskraft in den verschiedenen Betriebszweigen
(15) Arbeitsaufwand für Viehhaltung / tierische Zugkraft
(16) Sachaufwand für Viehhaltung (»Kraftfutter«, Medikamente, Besamung usw.) / Ertrag aus Tierhaltung (Milch, Fleisch, Eier usw.)
(17) Arbeitsaufwand für Pflanzenbau (Pflügen, Jäten, Ernte usw.)
(18) Sachaufwand für Pflanzenbau (Mineraldünger, Saatgut, Schädlings- und Unkrautbekämpfung usw.) / Ertrag aus Pflanzenbau (Getreide, Maische, Zuckerrüben usw.)
(19) Sonnenenergie für Pflanzenwachstum
(20) Verwendung von Nutz- als Zugvieh und umgekehrt (z.B. Kühe)
(21) tierischer Dünger für Pflanzenbau / betriebseigene Futterpflanzen für Viehhaltung
(22) von der jeweiligen Marktlage abhängige Ausdehnung und Einschränkung der Flächen für Sonderkulturen (Zuckerrüben, Gemüse, »Alternativen« usw.)
(23) Nutzungsrechte in adeligen, kirchlichen oder bürgerlichen Forstgütern
(24) Ab- und Zuflüsse von Werten zwischen Hof sowie überregionalen Märkten (z.B. Profite) und Staat (z.B. Fördermittel)

Für Hinweise zu dieser Grafik danke ich Verena Winiwarter.

thal, Bad Pirawarth, Ebenthal, Gänserndorf, Groß-Schweinbarth, Hohenruppersdorf, Matzen-Raggendorf, Prottes, Schönkirchen-Reyersdorf, Spannberg, Straßhof, Velm-Götzendorf und Weikendorf werden wir in der Folge versuchen, Antworten auf diese Fragen zu finden.[8]

Die Beschreibung des Zettelschen Anwesens verweist auf Bedingungen, die das Deuten und Handeln der Menschen in der agrarischen Lebenswelt des Flach- und Hügellandes an der Wende vom 19. zum 20. Jahrhundert bestimmten. Der Einfluss mancher dieser Deutungs- und Handlungsbedingungen ist im Lauf des folgenden Jahrhunderts geringer geworden: das Vorherrschen der Handarbeit und einfacher Geräte; die Beschäftigung von Taglohn- und Saisonarbeiterinnen und -arbeitern; die unauflösliche Kombination von Pflanzenbau und Viehwirtschaft; die weitgehende Abhängigkeit von Solarenergie; der Vorrang der Eigenversorgung vor der Belieferung von Märkten und so fort. Dagegen hat der Einfluss anderer Deutungs- und Handlungsbedingungen in den folgenden Jahrzehnten zugenommen: die Einflussnahme staatlicher und provinzieller Agrarbehörden auf die bäuerliche Wirtschaftsweise; der Zukauf von Handelsdünger, Treibstoffen und anderen Betriebsmitteln, die Belieferung der Lebensmittelindustrie mit Rohprodukten, die Verschuldung bei Banken zur Finanzierung der nötigen Ausgaben, die Haushalts- und Betriebsführung nach fachmännischer »Rationalität« und so fort.

Die Beschreibung des Hofes des Leopold Zettel selbst ist Teil dieses Gefüges aus zurück- und vorausweisenden Bedingungen. Ernst Vital neigt einem modernen, dem landwirtschaftlichen »Fortschritt« verpflichteten Standpunkt zu. Zugleich lässt er aber auch einen romantischen, auf die Bewahrung des »Bauerntums« ausgerichteten Standpunkt erkennen. Ersterer äußert sich im leisen Tadel an der mangelhaften Düngung und Buchführung. Letzterer kommt im Lob von bäuerlichem Fleiß und bäuerlicher Bescheidenheit zum Ausdruck. Die Hofbeschreibung benennt Anreize und Zumutungen des Agrarsystems, die auf die agrarischen Lebenswelten im Lauf des 20. Jahrhunderts mehr oder weniger einschneidend einwirkten: agrarliberalistische und -protektionistische Tendenzen, die den Anpassungsdruck der Höfe an die jeweiligen Rahmenbedingungen verschärften bzw. milderten.[9] Dieses Spannungsverhältnis zwischen den Institutionen von Markt und Staat sowie den Menschen auf den Höfen bewirkte letztendlich eine Agrarwende – einen weit reichenden und tief greifenden Wandel der agrarischen Lebenswelt des niederösterreichischen Flach- und Hügellandes im 20. Jahrhundert, der auch den Hintergrund der heutigen Debatte um eine neuerliche »Agrarwende« darstellt.[10]

II. Die Menschen und der Boden

Werfen wir zunächst, von sehr weit oben, einen Blick auf die Landschaft des Flach- und Hügellandes. Einer Bewohnerin von Auersthal, der wir diese Fotografie aus den Neunzigerjahren verdanken, bot sich eine ungewohnte Ansicht ihres Wohnortes, als sie sich mit dem Hubschrauber in die Lüfte erhob: ein Bild, das im Familien- und Bekanntenkreis Staunen erwecken würde und auch Fremden die Reize der vertrauten »Heimat« erschließen könnte. Das Schrägluftbild eröffnet uns die von Menschenhand geformte Kulturlandschaft im Flach- und Hügelland im ausgehenden 20. Jahrhundert. Auersthal liegt am Übergang der Marchfeldebene im Vordergrund des Bildes zum Weinviertler Hügelland im Hintergrund. Die zum Altbestand gehörigen Häuser sind großteils entlang der Hauptstraße aufgefädelt; der aus Bauernhöfen zusammengesetzte »Unterort« grenzt an den etwas erhöht liegenden »Oberort«, der sich ursprünglich aus Kleinhäusern zusammensetzte. Seit der zweiten Hälfte des 19. Jahrhunderts franste die Dorfsiedlung durch Neubauten entlang der Seitenstraßen immer weiter aus. Bis vor wenigen Jahrzehnten lagen die zu ein und demselben Anwesen gehörenden Gründe durchwegs im Gemenge; diese schmalen, lang gezogenen Parzellen sind rings um die Dorfsiedlung erhalten geblieben. Doch in den Siebzigerjahren wurde, wie im Vordergrund des Bildes zu sehen ist, ein Großteil der Grundstücke zu größeren Einheiten zusammengelegt. Die schmalen Weingartenstreifen sind großteils auf den nach Süden abfallenden Hängen angelegt; den Rest der Dorfflur nehmen die breiteren Ackerstreifen ein. Die Weingärten befanden sich in den Sechzigerjahren zu einem vergleichsweise hohen Anteil im Besitz von Bauernpensionistinnen und -pensionisten – eine verbreitete Form der Altersversorgung. Dagegen waren die Äcker, vor allem die arbeits- und kapitalintensiven Zuckerrüben-Kulturen, die Domänen der Vollerwerbslandwirte.[11] Im Bildhintergrund erstreckt sich der Hochleithenwald, an dem die Auersthaler Haus- und Grundbesitze-

Schrägluftbild von Auersthal um die Mitte der Neunzigerjahre

rinnen und -besitzer keinen Anteil haben. Der Kontrast von Grün- und Brauntönen verleiht der Landschaft ihr eigentümliches Erscheinungsbild. Inmitten dieser agrarisch geprägten Kulturlandschaft sind, etwas abseits der Wohnhäuser, seit der Jahrhundertwende der Getreidesilo der Lagerhausfiliale, der Bahnhof der Eisenbahnlinie Obersdorf-Gaweinsthal und die Gaskompressorenstation der Österreichischen Mineralölverwaltung entstanden – Schnittstellen der Auersthaler Landwirtschaft zu vor- und nachgelagerten Wirtschaftsbereichen. Die Landschaft des Flach- und Hügellandes, die das menschliche Deuten und Handeln bedingte, war zugleich deren Folge; dieses Wechselspiel von Mensch und Umwelt bringt auch der Begriff »Landwirtschaft« – mit dem Land wirtschaften – trefflich zum Ausdruck.

Landwirtschaft war im Unterschied zu anderen Wirtschaftszweigen bis weit in das 20. Jahrhundert an nutzbaren Boden gebunden; die »bodenunabhängige Landwirtschaft« fasste im niederösterreichischen Flach- und Hügelland erst in den vergangenen Jahrzehnten Fuß. Jedes Stück Land bietet jenen, die es bewirtschaften, vielfältige Nutzungsmöglichkeiten, die vor allem durch Klima, Boden und Relief begrenzt werden. Das niederösterreichische Flach- und Hügelland im Allgemeinen und die Region Gänserndorf im Besonderen zählen eher zu den »Gunst-« als zu den »Ungunstlagen«. Das vorherrschende Klima entspricht im südlich gelegenen, flachen Marchfeld dem Typ der »subkontinental-sommerheißen, wintermilden und sehr trockenen pannonischen Lagen« und im nördlich gelegenen, hügeligen Weinland dem Typ der »mäßig sommerheißen und trockenen, wintermilden randpannonischen Lagen«:[12] Im Durchschnitt der Jahre 1900 bis 1950 betrugen die wahren Temperaturmittel im Januar minus ein bis minus drei Grad Celsius und im Juli 21 bis 18 Grad Celsius; pro Jahr fallen 500 bis 700 Millimeter Niederschlag; an 240 bis 220 Tagen steigt das Thermometer über die Fünf-Grad-Temperaturgrenze; die Dauer der Schneedecke beträgt jährlich zwischen 30 und 50 Tage; die Vegetationszeit, die Zeit vom Beginn des Vorfrühling bis zum Absinken der mittleren Tagestemperatur unter fünf Grad Celsius, umfasst jährlich über 240 Tage.[13]

Neben den klimatischen Bedingungen ziehen Boden und Relief den landwirtschaftlichen Nutzungsmöglichkeiten enge Grenzen. Die Gemeinde Straßhof im Süden der Region erstreckt sich auf flachen, sehr trockenen, mittel- bis seichtgründigen Paratschernosemen aus altem Flugsand, die in besonderem Maß der Winderosion unterliegen. Diese Böden sind dem Urteil der Fachleute zufolge für Wald und Grünland gering bis nicht geeignet und zeigen eine nur mäßige Ackereignung. Die im südlichen und östlichen Teil der Region gelegenen Gemeinden Auersthal, Schönkirchen-Reyersdorf, Gänserndorf, Weikendorf und Angern verfügen über flache, gut wasserspeichernde Tschernoseme aus Löss, die in der Marchniederung in feuchte Auböden übergehen. Abgesehen von mangelnder Grünland- und mäßiger Waldeignung stechen diese Böden durch sehr gute bis ausgezeichnete Ackereignung hervor. In den hügeligen, im Norden und Westen der Region gelegenen Gemeinden Bad Pirawarth, Ebenthal, Groß-Schweinbarth, Hohenruppersdorf, Matzen-Raggendorf, Prottes und Spannberg herrschen aus Löss bestehende, teilweise verbraunte Tschernoseme vor, die von trockenen bis sehr trockenen Lössrohböden durchzogen sind. Diese Böden sind nach Expertenmeinung für Grünland kaum und für Wald gering bis mäßig geeignet, zeigen aber eine

Grafik 2: Bodentypen in der Region Gänserndorf

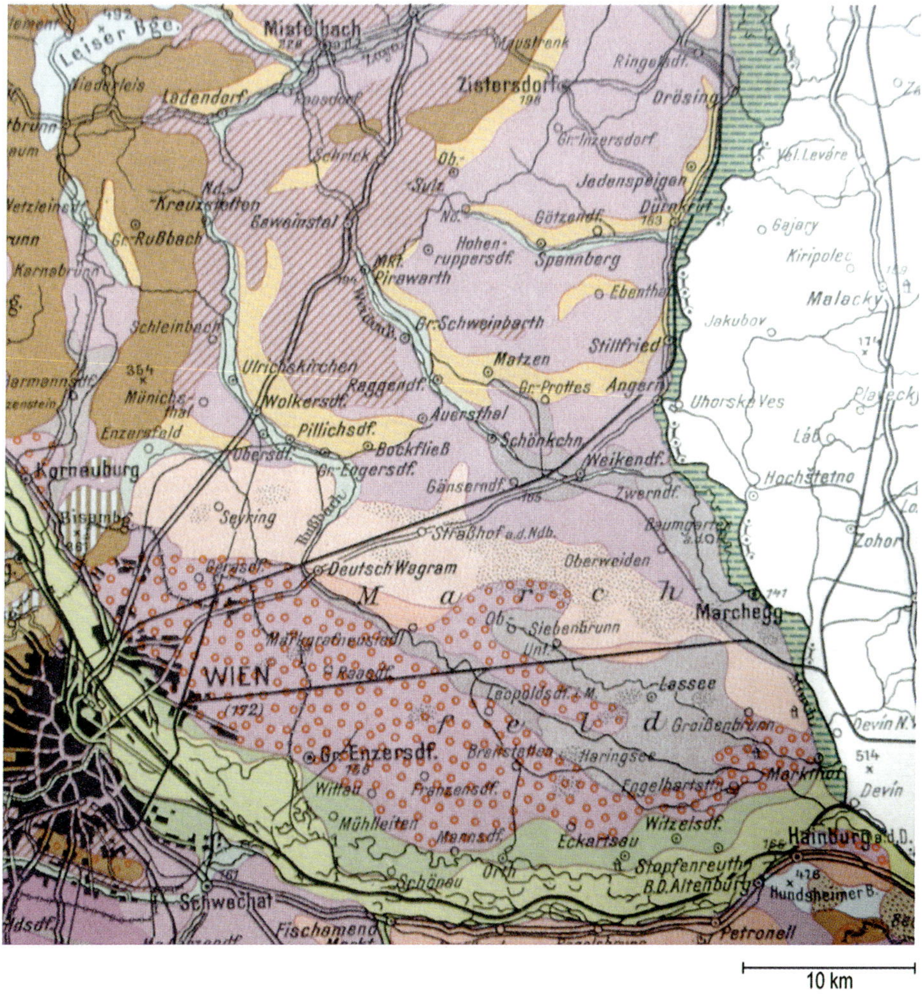

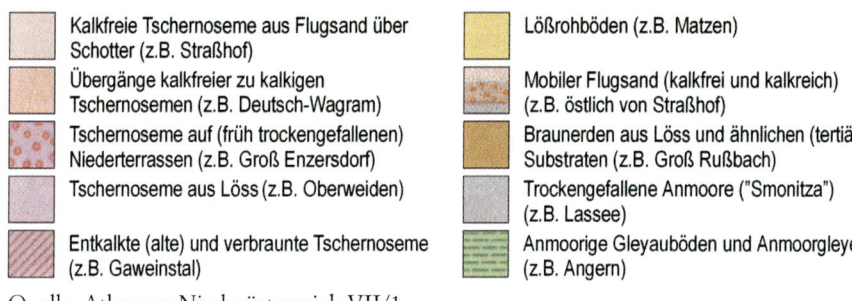

Ausgewählte Bodentypen (nach Julius Fink 1958):

- Kalkfreie Tschernoseme aus Flugsand über Schotter (z.B. Straßhof)
- Übergänge kalkfreier zu kalkigen Tschernosemen (z.B. Deutsch-Wagram)
- Tschernoseme auf (früh trockengefallenen) Niederterrassen (z.B. Groß Enzersdorf)
- Tschernoseme aus Löss (z.B. Oberweiden)
- Entkalkte (alte) und verbraunte Tschernoseme (z.B. Gaweinstal)
- Lößrohböden (z.B. Matzen)
- Mobiler Flugsand (kalkfrei und kalkreich) (z.B. östlich von Straßhof)
- Braunerden aus Löss und ähnlichen (tertiären) Substraten (z.B. Groß Rußbach)
- Trockengefallene Anmoore ("Smonitza") (z.B. Lassee)
- Anmoorige Gleyauböden und Anmoorgleye (z.B. Angern)

Quelle: Atlas von Niederösterreich VII/1.

mäßige bis gute Ackereignung. Zudem eignen sie sich für den Weinbau, der an den Boden geringere Ansprüche als Körner- und Hackfruchtbau stellt (Grafik 2).[14]

Das durch Klima, Boden und Relief bedingte »Nutzungspotenzial« des niederösterreichischen Flach- und Hügellandes erfordere, so die Experten, Acker- und Weinbau. Diese Einschätzung wurde durch die Agrarstrukturerhebung des Jahres 1999 in der Region Gänserndorf bestätigt: Die 20.756 Hektar Ackerland, ausschließlich der Hausgärten, bedeckten mehr als drei Viertel der Kulturfläche (78 Prozent); gut ein Achtel umfasste der Wald mit 3.585 Hektar (14 Prozent); dahinter lagen die Weingärten mit 1.959 Hektar (7 Prozent); die 120 Hektar Grünland (0,4 Prozent) fielen kaum ins Gewicht. Ein anderes Bild zeigt die Agrarstatistik des Jahres 1871: Zwar lagen die Äcker mit 17.059 Hektar (63 Prozent), die Wälder mit 4.739 Hektar (18 Prozent) und die Weingärten mit 2.369 Hektar (9 Prozent) voran; doch die Wiesen und Weiden nahmen mit insgesamt 2.843 Hektar (11 Prozent) mehr als ein Zehntel der Kulturfläche ein. Die Wortführer des »Fortschritts« gegen Ende des 19. Jahrhunderts lehnten die extensive Gras- und Weidewirtschaft in der Ebene ab; stattdessen setzten sie zur »Hebung« der Landwirtschaft auf die intensive Bewirtschaftung der Ackerflächen. Offenbar fielen solche Ratschläge auf fruchtbaren Boden: Bereits im Jahr 1900 hatte sich das Grünland nahezu halbiert; bis 1930 nahmen Wiesen und Weiden nochmals um die Hälfte ab. Nach einer Stagnation in den Dreißiger- und Vierzigerjahren verschwand das Grünland in der zweiten Jahrhunderthälfte endgültig aus dem Landschaftsbild. Zugleich nahmen die Anteile des Ackerlandes, abgesehen vom Einbruch Ende der Sechzigerjahre, beständig zu (Grafik 3).[15] Jene, die den Boden bearbeiteten, sahen dessen »Nutzungspotenzial« seit der Jahrhundertwende wohl ähnlich wie jene, die ihn beurteilten.

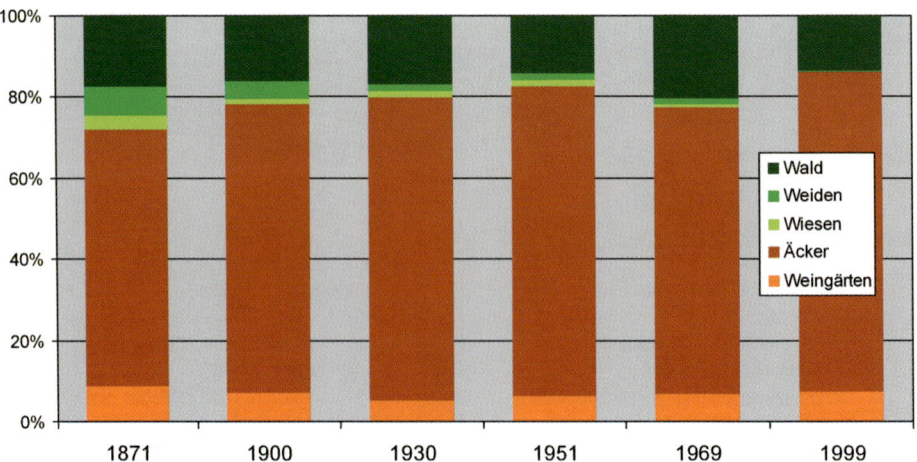

Grafik 3: Bodennutzung in der Region Gänserndorf 1871–1999

Quelle: Eigene Berechnungen nach Cultur-Atlas von Nieder-Oesterreich; Gemeindelexikon von Niederösterreich; Betriebszählung 1930; NÖLA, BBK Gänserndorf, Bodennutzungserhebung 1951, 1969; Statistik Austria, Direktion Raumwirtschaft, Agrarstrukturerhebung 1999. Die Gärten wurden wegen fehlender Angaben für das Jahr 1871 ausgeklammert.

Warum die Betriebsbesitzerinnen und -besitzer den Ackerbau beständig forcierten, lässt die Nutzung der Äcker erahnen (Grafik 4). Auf den Äckern wuchs das, was auf den Märkten Geld einbrachte. Die wichtigste Marktfrucht war das Getreide, wobei Roggen und Hafer von Weizen und Gerste abgelöst wurden; dies brachte dem Marchfeld den Beinamen »Kornkammer Wiens« oder sogar »Kornkammer Österreichs« ein. Besonders weit verbreitet im späten 19. und frühen 20. Jahrhundert war die Zuckerrübe, die ihren Rang bis zuletzt behaupten konnte. Kartoffel- und Gemüsebau erreichten in den Fünfziger- und Sechzigerjahren ihre weiteste Verbreitung. Schließlich begünstigte die in den Achtzigerjahren beginnende Förderung so genannter »Alternativen«, mit deren Hilfe die Überschussproduktion eingedämmt werden sollte, den Anbau von Raps, Sonnenblumen oder Futtererbsen. Die Ackerfrüchte dienten nur in geringerem Umfang dem täglichen Bedarf der Hausleute und der örtlichen Bevölkerung; sie wurden vorrangig über größere Strecken an Zwischenhändler, Verarbeiter und Endverbraucher verkauft. Der Vorrang der Marktproduktion vor der Selbstversorgung blieb das ganze 20. Jahrhundert hindurch bestehen. Vor allem in den Mangelzeiten der beiden Weltkriege versuchte der Staat, die Betriebe zur vollständigen Ablieferung ihrer Überschüsse zu bewegen. Der »Fortschritt«, der im Flach- und Hügelland vergleichsweise früh einsetzte, findet unter anderem in den rückläufigen Grünland- und Haferflächen seinen Niederschlag. Und er brachte ein für die Zeitgenossen des späten 19. Jahrhunderts kaum vorstellbares Ergebnis: die »viehlose Landwirtschaft«, die ohne Wiesen- und Futterflächen das Auslangen fand.[16]

Wer Landwirtschaft betreibt, versucht die natürlichen Stoffflüsse durch den Aufwand von Energie so zu verändern, dass Ertrag gewonnen werden kann. Auf diese Weise wird auf der Grundlage natürlicher Ökosysteme ein künstliches Ökosystem er-

Grafik 4: Ackernutzung in der Region Gänserndorf 1871–1999

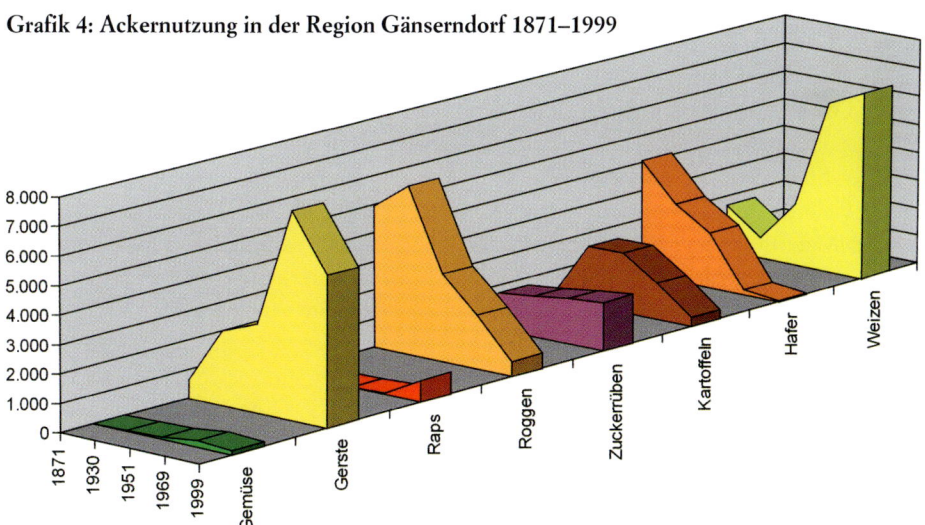

Quelle: Eigene Berechnungen nach Cultur-Atlas von Nieder-Oesterreich; Gemeindelexikon von Niederösterreich; Betriebszählung 1930; NÖLA, BBK Gänserndorf, Bodennutzungserhebung 1951, 1969; Statistik Austria, Direktion Raumwirtschaft, Agrarstrukturerhebung 1999.

richtet, das durch eine Reihe von Eingriffen – Ackern, Düngen, Be- und Entwässern, Unkraut jäten, Schädlinge bekämpfen und so fort – aufrechterhalten werden muss. Das Agrarökosystem der Dreifelderwirtschaft, das über Jahrhunderte hinweg eine nachhaltige Ackerbewirtschaftung ermöglicht hatte, wurde im Gänserndorfer Flach- und Hügelland bis zum Ende des 19. Jahrhunderts praktiziert. In der »reinen« Dreifelderwirtschaft lag ein Drittel des Ackerlandes ein Jahr lang brach; in der »verbesserten« Dreifelderwirtschaft, die wir am Betrieb des Leopold Zettel in Schönfeld kennen gelernt haben, wurde das Brachefeld teilweise oder zur Gänze mit Hackfrüchten oder Futterpflanzen bebaut. Die Bewirtschaftung der Äcker und Weingärten nützte in hohem Maß natürliche Stoffkreisläufe: Da durch die Ernte dem Boden Nährstoffe entzogen wurden, mussten die Nutzpflanzen durch organischen Dünger, bestehend aus Stallmist und Abfällen, ersetzt werden. Während der einjährigen Brache konnten die Bodenorganismen diese organischen Stoffe wiederum in mineralische Nährstoffe für die Nutzpflanzen umwandeln. Gefördert wurden diese Stoffkreisläufe durch die Menschen, die Unkräuter und Schädlinge mechanisch – mit Pflug, Egge und Haue – bekämpften. Die Streuung der Parzellen ein und desselben Betriebes über die gesamte, in Winter-, Sommer- und Brachefeld eingeteilte Dorfflur streute auch Gunst und Ungunst von Klima, Boden und Relief.[17] Diese altbewährte Form der Bodenbewirtschaftung stieß bei den Vertretern der »neuen« Landwirtschaft auf Skepsis: Die Brache verhindere die volle Ausnützung der »produktiven Kraft« des Bodens; die Erträge blieben durch den Mangel an organischem Dünger hinter dem Optimum zurück; die Zersplitterung des Besitzes in zahlreiche, lang gezogene »Hosenriemenparzellen« verhindere den optimalen Einsatz von menschlicher, tierischer und maschineller Arbeitskraft; beträchtliche Flächen blieben wegen Versumpfung oder Wassermangels unproduktiv liegen – so und so ähnlich lauteten die Klagen der Wortführer des »Fortschritts« gegen Ende des 19. Jahrhunderts. Durch Fruchtwechselwirtschaft, Mineraldüngung, Grundstückszusammenlegung sowie Be- und Entwässerung sollte die Bodennutzung intensiviert werden.[18]

Die Grundstückszusammenlegung (»Kommassierung«) nach dem Reichsrahmengesetz aus dem Jahr 1883, die im Lauf des 20. Jahrhunderts von einer Agrarförderung im engeren Sinn zu einer umfassenden Raumordnungsmaßnahme ausgeweitet wurde,[19] leitete vielerorts die Erneuerung der »alten« Landwirtschaft ein. Die Fachleute fanden in der Marchfeldgemeinde Obersiebenbrunn günstige Bedingungen vor, um eine »Muster-Zusammenlegung«, wie sie sagten, vorzuexerzieren: die starke Zersplitterung des Grundbesitzes, die einen hohen Aufwand an Wegzeiten für Mensch und Tier verursachte, die Kontrolle der Arbeiten durch den Besitzer erschwerte und Bodenverbesserungen behinderte; die lang gezogene, schmale und von Hunderte Kilometer langen Furchen und Rainen begrenzte Form der Grundstücke, die Grenzstreitigkeiten mit benachbarten Besitzern begünstigte, einen beträchtlichen Teil der Fläche der Nutzung entzog und die Anwendung von Maschinen erschwerte; schließlich ein für den landwirtschaftlichen »Fortschritt« aufgeschlossener Bürgermeister in der Person Josef Porschs, der offenbar die Mehrheit der örtlichen Bauernschaft – wohl auch mit Hilfe der hundertprozentigen, in »Anerkennung des Muthes der Betheiligten« vom Landtag gewährten Subvention – auf das Projekt einschwören konnte. Nachdem Obersiebenbrunn als erste Gemeinde Österreichs einen entsprechenden Antrag gestellt hatte, wurde im Frühjahr 1889 das Zusammenlegungsverfahren eingeleitet. Zunächst wurden die benötigten Personen, ein entscheidungsbefugter Lokalkommissär, ein beratender Ausschuss der Beteiligten und das durchführende Vermessungspersonal, namhaft gemacht. Nun konnten, nach umfangreichen Vorerhebungen, die Vermessung und Bewertung (»Bonitierung«) der Parzellen beginnen. Anhand der dabei angelegten Karte des Ist-Zustandes wurde der Soll-Zustand ermittelt: die Lage der Wege, der geplanten Windschutzgürtel und der den einzelnen Besitzern zustehenden »Abfindungsgrundstücke«. Damit war eine Reihe konfliktträchtiger Entscheidungen verbunden; jeder Beteiligte sollte hinsichtlich Bodenausmaß, -güte und -lage das erhalten, »was ihm gebührt« – worüber unter den Bauern wohl unterschiedliche Auffassungen herrschten. Um die Wintersaat bereits auf den neuen Grundstücken anbauen zu können, verzichteten die Beteiligten jedoch auf die Einspruchsfrist gegen den Zusammenlegungsplan und setzten bereits im Herbst 1891, zweieinhalb Jahre nach Einleitung des Verfahrens, die Planungen in die Tat um. Blieb nur noch, einige Vermessungsfehler zu beheben, die gemeinsamen Weg- und Windschutzanlagen fertig zu stellen und die neue Besitzverteilung im Grundbuch und im Grundsteuerkataster amtlich festzuschreiben.[20]

Die Bilanz der Fachleute über die Grundstückszusammenlegung in Obersiebenbrunn lässt keinen Zweifel am Erfolg offen: Die Zahl der getrennt liegenden Grundstücke wurde von 1.926 auf 143 reduziert; deren Durchschnittsfläche stieg von 1,1 auf 14,2 Hektar; das Verhältnis von deren Breiten zu deren Längen verbesserte sich von 1 : 44,5 auf 1 : 3,6 (Tabelle 1 und Grafik 5). Die Kalkulation des wirtschaftlichen Nutzens ergab einen um drei Gulden höheren Reinertrag eines Hektars Ackerland nach der Zusammenlegung (Tabelle 2). Die Verfahrenskosten, die im Fall Obersiebenbrunn durch die Landessubvention entfielen, hätten durch den Mehrertrag in zwei Jahren abgedeckt werden können. Kurz, »Landwirte werden selten in der Lage sein, ein günstigeres Geschäft zu machen«. Was diese Erfolgsbilanz offen lässt, ist die Frage nach der Verteilung des Nutzens auf die Beteiligten. Die Zahl der Trennstücke reduzierte sich für die Zwergbetriebe unter einem Hektar von 33 auf 16, also um rund die Hälfte, für die Kleinbetriebe zwischen einem und vier Hektar um rund zwei Drittel, und erst für die Betriebsgrößengruppen über vier Hektar um neun Zehntel oder mehr. Die Durchschnittsflächen der Trennstücke wuchsen in der Gruppe der Zwergbetriebe von 0,3 auf 0,6 Hektar, also auf das Doppelte, und in den nächstfolgenden Größengruppen auf das Vier-, Zehn-, 15-, 18-, 21- und 28-fache; der vergleichsweise bescheidene Zuwachs der beiden Gutsbetriebe auf das Elffache erklärt sich aus der bereits vor der Zusammenlegung beträchtlichen Durchschnittsfläche der zugehörigen Trennstücke.[21] Kurz, alle Beteiligten zogen aus der Grundstückszusammenlegung Nutzen; doch für die Mittel- und Großbetriebe verbesserte sich die Lage der Gründe in höherem Maß als für die Zwerg- und Kleinbetriebe. Die ungleiche Verteilung des Nutzens der Grundstückszusammenlegung entsprach ganz der Denkweise ihrer Wortführer: Sie förderten den »Übergang zu einer intensiveren Wirtschaft«, wie sie sagten; auf diesem Weg setzten sie wohl eher auf die Großen als auf die Kleinen.

Die Auflösung und Neufestlegung der Grundgrenzen auf der Dorfflur barg eine Reihe von Konflikten; diese brachte etwa der sozialdemokratische »Volksbote« anlässlich der

Verpachtung der neu kommassierten Gemeindeäcker durch den Bürgermeister von Angern im Jahr 1910 offen zur Sprache: »Deren schlaue Einteilung zeigt, wie weise unsere Gemeindeväter das Gemeindeeigentum zu anderer Leute Vorteil zu wahren verstehen.« Im Zuge der Grundzusammenlegung seien den Kleinhäuslern Nachteile erwachsen: »Statt zu trachten, die Äcker, welche an der Baulinie liegen, für die Gemeinde zu erwerben, damit der Ort in seiner Ausbreitung durch die Bodenspekulation nicht gehindert werde, ließen sie sich Gründe anweisen, die kaum als Ackerland in Betracht kommen, da es lauter Schottergrund ist, noch weniger als Baugrund, da sie eine gute halbe Stunde vom Ort entfernt sind, also viel zu weit im Felde liegen.« Dieser Nachteil habe den Bauern einen Vorteil verschafft: »Es wäre ja auch zu viel von unseren hochlöblichen Gemeindeausschüssen verlangt, von denen beinahe jeder ein Grundbesitzer oder ein Angestellter der Gemeinde ist, der außer seinem Gehalte noch ein Stück Feld, das ihm natürlich nicht auf dem schlechten Grunde zugemessen wird – der für die nichtbesitzenden Gemeindeinsassen ihrer Meinung nach noch viel zu gut ist – erhält.«[22] Ob diese schwerwiegenden Vorwürfe tatsächlich zutrafen, können wir kaum klären; klar ist hingegen die Tatsache, dass die Grundstückszusammenlegung manchmal auch den parteipolitischen Debatten Zündstoff lieferte. Die Auseinandersetzungen zwischen Bauern und Kleinhäuslern um die »Bodenfrage«, die sich an Grundstückszusammenlegung, Gemeindegrundverpachtung oder Waldnutzung entzündeten,[23] förderten die Politisierung der Landbevölkerung unter christlichsozialen und sozialdemokratischen Vorzeichen.

Durch die Kommassierungen, die in den übrigen Gemeinden des Gänserndorfer Flach- und Hügellandes im Lauf des 20. Jahrhunderts nach und nach durchgeführt wurden, wurden die Grenzen der »alten« Landwirtschaft Schritt für Schritt gelockert. Die Anlage großflächiger, wohl proportionierter Grundstücke ermöglichte dem Einzelnen, seine Haushalts- und Betriebsführung abgelöst von der Mehrheitsmeinung im Dorf zu

Tabelle 1: Durchschnittlicher Reinertrag für einen Hektar Ackerland vor und nach der Grundstückszusammenlegung in Obersiebenbrunn 1889–1892

	Betrag vor der Zusammenlegung (in Gulden)	Betrag nach der Zusammenlegung (in Gulden)
Rohertrag	94,98	95,96
Bodenbearbeitung	14,52	13,07
Saatgut	11,30	11,30
Säen, Mähen, Binden und Einführen	13,70	13,02
Dreschen und Putzen	6,58	6,66
Dünger	16,53	16,53
allgemeine Unkosten	19,00	19,00
Aufwandskosten	81,63	79,58
Reinertrag	13,35	16,38

Quelle: Zusammenlegung Ober-Siebenbrunn 34.

Tabelle 2: Grundbesitzverteilung vor und nach der Grundstückszusammenlegung in Ober-siebenbrunn 1889–1892

Größen-gruppe	Gesamtbesitz in der Gemeinde			Trennstücke**	
	Anzahl der Betriebe	Fläche (in ha)	Kapitalwert* (in Gulden)	Anzahl	Durchschnitts-fläche (in ha)
a) Vor der Grundstückszusammenlegung					
unter 1 ha	18	11	2.556	33	0,3
1–4 ha	27	58	14.345	107	0,5
4–10 ha	14	83	21.542	139	0,6
10–20 ha	9	146	38.810	195	0,8
20–30 ha	13	323	86.287	352	0,9
30–40 ha	12	410	117.217	401	1,0
40–70 ha	13	664	193.605	583	1,1
über 70 ha	2	444	120.401	116	3,8
Summe	108	2.139	594.763	1.926	1,1
b) Nach der Grundstückszusammenlegung					
unter 1 ha	16	9	2.278	16	0,6
1–4 ha	29	65	15.841	31	2,1
4–10 ha	14	84	20.979	14	5,9
10–20 ha	9	137	39.703	12	11,3
20–30 ha	16	396	112.970	24	16,4
30–40 ha	12	426	124.244	20	21,2
40–70 ha	10	516	152.281	16	32,1
über 70 ha	2	405	107.463	10	40,4
Summe	108	2.038	575.759	143	14,2

* Der »Capitalwert« entspricht dem im Zuge des Verfahrens festgestellten Bonitätswert der Grundstücke.
** Für die Tabelle a) wurde die Zahl der »Besitzcomplexe«, der ein und demselben Besitzer gehörenden zusammenhängenden Parzellen, herangezogen. Für die Tabelle b) wurde die Zahl der »Abfindungsgrundstücke«, der ein und demselben Besitzer neu zugeteilten, zusammenhängenden Parzellen, verwendet. Die 89 »Anschnitte an den Ortsried«, die im Durchschnitt nur 0,12 Hektar umfassen, bleiben dabei unberücksichtigt.
Quelle: Zusammenlegung Ober-Siebenbrunn 34.

gestalten. Kurz, die Vorreiter des »Fortschritts« – neben den Gutsbesitzern vor allem Groß- und Mittelbauern – kündigten im Zeichen des »Agrarindividualismus« die kollektive Bewirtschaftung der Gründe auf.[24] Das Mehr an Ertrag, das die Bebauung des Brachfeldes mit Hackfrüchten oder Futterpflanzen einbrachte, erforderte jedoch ein Mehr an Nährstoffen. Wirtschaftseigener Dünger war nur begrenzt verfügbar und die hochfliegenden Pläne einer Berieselung des Marchfeldes mit den Kanalabwässern Wiens blieben nur auf dem Papier bestehen.[25] Die Fachleute rieten daher bei jeder Gelegenheit – neben der besseren Verwertung des Wirtschaftsdüngers durch Düngerstätten und Güllegruben – zur Anwendung des »Kunstdüngers«. An der Gemeinde

Grafik 5: Obersiebenbrunn vor und nach Durchführung der Grundstückszusammenlegung 1889–1892

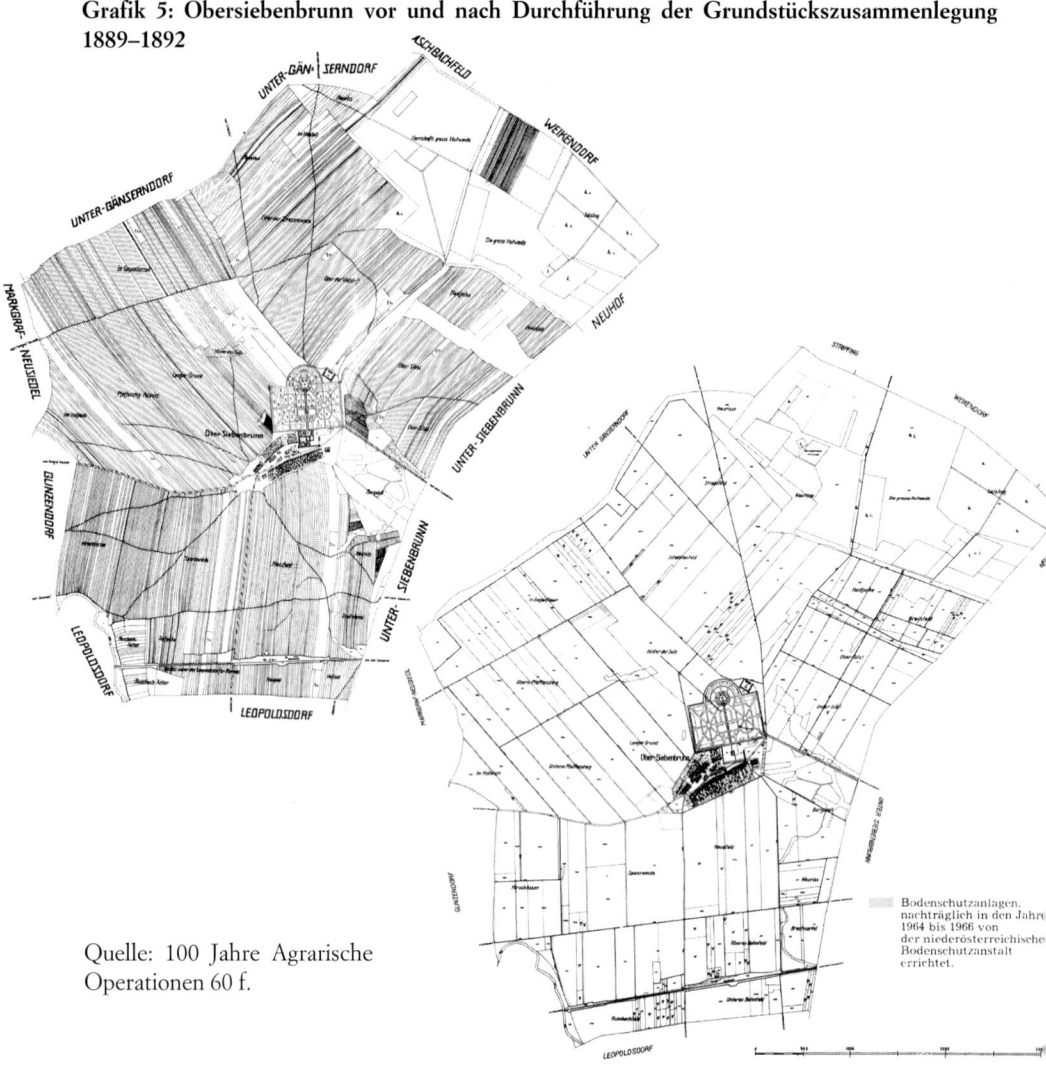

Quelle: 100 Jahre Agrarische Operationen 60 f.

Auersthal können wir den Übergang vom »alten«, extensiven zum »neuen«, intensiven Agrarökosystem beobachten. Die Dreifelderwirtschaft der hier vorherrschenden Zwerg-, Klein- und Mittelbetriebe reichte bis in die Anfänge des 20. Jahrhunderts; nur die Groß- und Gutsbetriebe der umliegenden Gemeinden betrieben bereits schon lange vorher Fruchtwechselwirtschaft.[26] An den Berichten von Gutachtern der Landstelle Wien über 22 Auersthaler Betriebe aus den Jahren 1938 bis 1942, die wir nach der Größe der Acker- und Weingartenflächen in drei Gruppen zusammenfassen, wird auch der Stand der Düngung deutlich (Tabelle 3): Die durchschnittliche Stalldüngermenge, die auf einen Hektar Acker- und Weingartenfläche entfiel, erreichte im unteren Drittel der Betriebe mit etwa 9.000 Kilogramm den Höchstwert, lag im mittleren Drittel bei

Tabelle 3: Düngungsintensität in Auersthal um 1940

Nach der Nutzfläche gereihte Betriebe	Mittlere Ackerfläche (in ha)	Mittlere Weingartenfläche (in ha)	Mittlere Acker- und Weingartenfläche (in ha)	Mittlerer Stalldüngeranfall pro Jahr (in kg)	Jährliche Stalldüngerintensität (in kg/ha)	»Kunstdünger«-Gaben (verbale Wertung)
Unteres Drittel (1,7–4,2 ha)	2,4	0,4	2,8	25.300	9.086	57% »schwach« 43% »mittel«
Mittleres Drittel (4,2–10,6 ha)	7,0	0,5	7,5	51.215	7.047	13% »schwach« 74% »mittel« 13% «gut«
Oberes Drittel (11,0–16,6 ha)	12,9	1,0	13,9	88.729	6.439	71% »mittel« 29% »gut«

Quelle: Eigene Berechnungen nach NÖLA, Entschuldungsakten, VI/12–263; Löhr, Faustzahlen 122, Datenbasis: 22 Betriebe.

etwa 7.000 Kilogramm und war im oberen Drittel mit knapp 6.500 Kilogramm am geringsten. Hingegen lauteten die Urteile der Fachleute über die verwendeten Mengen an »Kunstdünger« für das untere Drittel der Betriebe überwiegend »schwach« und für das mittlere und obere Drittel überwiegend »mittel«; nur ein Betrieb in der Mitte und zwei Betriebe in der oberen Gruppe wurden als »gut« gewertet.[27] Kurz, je kleiner die Betriebe, desto mehr überwog die organische Düngung; je größer die Betriebe, desto mehr kam Mineraldünger zur Anwendung. Insgesamt stellten die Gutachter den Betrieben ein mangelhaftes Zeugnis hinsichtlich der Anwendung von »Kunstdünger« aus.

Zwei Jahrzehnte später, im Jahr 1959, nahmen die Experten der Landwirtschaftlich-Chemischen Bundesversuchsanstalt Wien mit Unterstützung der Bezirksbauernkammer Gänserndorf die Böden von 34 Auersthaler Betrieben unter die Lupe; auch sie stellten einen Mangel an Mineraldünger, vor allem an Phosphorsäure und Kali, fest: »Es wird empfohlen, die Phosphorsäuredüngung bei den Acker- und Grünlandböden bedeutend zu steigern. Bei den Weingartenböden – die im Schnitt ebenfalls eine erhöhte Düngerzuwendung nötig haben – soll für eine möglichst tiefe Unterbringung gesorgt werden.«[28] Den Anbau- und Düngungsplänen zufolge, die gemeinsam mit der Österreichischen Düngerberatungsstelle für einzelne Betriebe erstellt wurden, betrieb die Mehrzahl der Auersthaler Bauern bereits Ende der Fünfzigerjahre intensive Formen der Fruchtwechselwirtschaft; das zeigt der Fall einer Acker-Weinbau-Wirtschaft im Wirtschaftsjahr 1959/60 (Tabelle 4): Nur auf 0,3 Hektar Acker folgt auf Gerste, wie in der »verbesserten« Dreifelderwirtschaft, Luzerne; auf den übrigen 2,3 Hektar Gersteäckern folgen Weizen oder Zuckerrübe. Die Berechnung der Düngerberater ergibt für die knapp 17 Hektar große Wirtschaft einen jährlichen Bedarf von 3.375 Kilogramm Stickstoff, 9.480 Kilogramm Phosphorsäure und 7.470 Kilogramm Kali; im Schnitt entfielen auf einen Hektar 1.224 Kilogramm Handelsdünger – etwa das 15fache jener Menge, die ein Auersthaler Kleinbetrieb im Jahr 1938 aufwandte.[29]

Tabelle 4: Anbau- und Düngungsplan einer Acker-Weinbau-Wirtschaft in Auersthal 1959/60

Grund-stück	Fläche (in ha)	Bodengüte			Stall-mist-gabe	Vorfrucht	Anbaufrucht	Düngungsplan für 1960			
		P	K	Ca				Stall-mist	N (in kg)	P (in kg)	K (in kg)
1	3,0	III	III	I	–	Weizen	Kartoffel	x	900	2.500	2.700
2	1,3	III	II	I	1957	Gerste	Weizen	–	325	650	390
3	1,4	III	II	I	1956	Weizen	Weizen	–	350	700	420
4	1,4	III	III	I	1954	Roggen	Zuckerrübe	x	630	840	700
5	0,7	III	III	I	1956	Klee	Luzerne	–	–	350	350
6	0,6	III	II	I	1955	Roggen	Gerste	–	120	240	180
7	0,6	III	III	I	1955	Gerste	Zuckerrübe	x	270	360	300
8	0,9	III	II	I	1958	Zuckerrübe	Gerste	–	45	360	270
9	0,6	III	III	I	1953	Weizen	Weizen	–	150	300	210
10	0,5	III	III	I	1957	Weizen	Weizen	–	115	225	160
11	0,3	III	II	I	1958	Zuckerrübe	Gerste	–	15	120	90
12	0,3	II	II	I	1955	Gerste	Luzerne	–	–	125	100
13	0,4	III	I	I	1957	Gerste	Weizen	–	100	200	100
14	0,1	II	I	I	1954	Wicke	Mais	x	30	40	35
15	1,3	III	II	I	1956	Luzerne	Luzerne	–	–	650	325
16	0,5	III	III	I	1959	Weingarten	Weingarten	–	125	700	500
17	0,2	III	III	I	1958	Weingarten	Weingarten	–	50	280	220
18	0,6	III	I	I	1957	Weingarten	Weingarten	x	150	840	420
Summe	16,6								3.375	9.480	7.470

P = Phosphorsäure, K = Kali, Ca = Kalk, N = Stickstoff, I = gut versorgt, II = mäßig versorgt, III = schlecht versorgt
Quelle: NÖLA, BBK Gänserndorf, Bodenuntersuchungen 1954–1980, Auersthal.

Mit dem »Kunstdünger« wurde den Betriebsbesitzerinnen und -besitzern auch dessen »richtige« Anwendung vermittelt: »Mit Handelsdünger allein kann auf die Dauer ebenso wenig das Auslangen gefunden werden wie mit Stallmist allein.«[30] Stallmistgaben sollten die Bodenorganismen am Leben erhalten und nicht mehr vorrangig, wie in der »alten«, extensiven Landwirtschaft, die Nutzpflanzen mit Nährstoffen versorgen. Dem Credo der »neuen«, intensiven Landwirtschaft entsprechend sollten die Nährstoffe überwiegend durch Handelsdünger zugeführt werden. Die Düngerberatung zeigte in Auersthal Wirkung, wie eine neuerliche Bodenuntersuchung von 117 Betrieben im Jahr 1972 offenbart (Tabelle 5): Während der Kalkgehalt auf hohem Niveau nahezu gleich geblieben war, hatte sich die Versorgung mit Phosphorsäure und Kali in beträchtlichem Maß gesteigert; in den Weingärten wurde in manchen Fällen bereits eine Überversorgung festgestellt.[31] Dieser Erfolg schlug sich auch im Gutachten der Acker-Weinbau-Wirtschaft nieder: Von den 1959 eingesendeten Bodenproben waren 90 Prozent »schlecht« und 10 Prozent »mäßig« mit Phosphorsäure versorgt; 1972 lautete das Urteil für 38 Prozent »mäßig«, 56 Prozent »gut« und 6 Prozent »hoch« versorgt. Mit

Tabelle 5: Ergebnisse der Bodenuntersuchungen in Auersthal 1959 und 1972

	Acker- und Grünland		Weingärten			
			Oberböden		Unterböden	
	1959	1972	1959	1972	1959	1972
Kalkgehalt						
kalkarm	2,8	3,6	–	–	–	–
kalkhaltig	4,0	3,2	–	2,7	–	0,9
kalkreich	93,2	93,2	100,0	97,3	–	99,1
Phosphorsäure						
schlecht versorgt	73,2	1,0	30,6	2,7	49,8	8,1
mäßig versorgt	18,2	40,7	12,5	16,1	16,9	27,3
gut versorgt	8,6	55,1	56,9	45,5	33,3	47,3
hoch versorgt	–	3,2	–	35,7	–	17,3
Kali						
schlecht versorgt	23,3	1,9	15,7	11,6	41,6	21,8
mäßig versorgt	38,8	52,3	13,7	33,9	12,1	40,9
gut versorgt	37,9	45,8	70,6	49,1	46,3	30,0
hoch versorgt	–	–	–	5,4	–	7,3

Quelle: NÖLA, BBK Gänserndorf, Bodenuntersuchungen 1954–1980, Auersthal. Datenbasis: 1959: 532 Proben aus 34 Betrieben, 1972: 1.154 Proben aus 117 Betrieben.

Kali waren 1959 40 Prozent »schlecht« und 60 Prozent »mäßig« versorgt; 1972 wurden 56 Prozent als »mäßig«, 38 Prozent als »gut« und 6 Prozent als »hoch« versorgt beurteilt.[32] Die Empfehlungen der Düngerberatungsstelle waren in Auersthal in den Sechzigerjahren offenbar auf fruchtbaren Boden gefallen.

Die menschlichen Eingriffe in das Agrarökosystem des Gänserndorfer Flach- und Hügellandes erstreckten sich neben Kommassierung, Fruchtfolge und Düngung auch auf den Wasserhaushalt. Die Bodenverbesserungsmaßnahmen (»Meliorationen«) des ausgehenden 19. und frühen 20. Jahrhunderts im Marchfeld dienten vorrangig der Entwässerung. Zwar hatten die Dammbauten an Donau und March in der zweiten Hälfte des 19. Jahrhunderts die Hochwassergefahr verringert; doch traten auch Weiden-, Stempfel- und Rußbach nach ausgiebigen Regenfällen immer wieder über die Ufer. Zudem breiteten sich nördlich und südlich des trockenen Flugsandgebietes unkultivierte Sumpflandschaften aus. Durch den aus Landesmitteln mitfinanzierten Bau von Hochwasserschutzdämmen, Flussregulierungen und Drainagierungen konnten zusätzliche Extensiv- und Ödflächen unter den Pflug genommen werden. Doch die Lösung des einen Problems verursachte ein anderes: »Nicht eine Entwässerung, sondern eine Bewässerung für das gesamte Marchfeld«, lautete Mitte der Dreißigerjahre das »kulturtechnische Problem« ersten Ranges. Die Entwässerung der Niederterrasse hatte zur Absenkung des Grundwasserspiegels auf der Hochterrasse beigetragen; damit stand die Bewässerung des Marchfeldes, die seit dem ausgehenden 19. Jahrhundert immer wieder erörtert wurde, erneut zur Debatte. Da die verschiedenen Projekte eines Marchfeldkanals zunächst an den Kosten gescheitert waren, errichteten mehrere Groß- und Gutsbetriebe, vor allem während der niederschlagsarmen Zwanziger- und Dreißigerjahre, eigene Bewässerungsanlagen auf den Äckern.[33] Seit Mitte der Sechzigerjahre stieg die jährlich zur Feldbewässerung aufgewendete Grundwassermenge von Jahrzehnt zu Jahrzehnt; sie wuchs von 10 Millionen Kubikmeter 1965 über 20 Millionen Kubikmeter 1975 auf 30 Millionen Kubikmeter 1985. Zugleich vergrößerte sich nicht nur die Kluft zwischen Erdoberfläche und Grundwasserspiegel, sondern auch jene zwischen den kapitalstarken Betrieben, die sich aufwändige Bewässerungsanlagen zur Ertragssteigerung im Getreide-, Zuckerrüben- und Gemüseanbau leisten konnten, und den kapitalschwächeren Betrieben: Von den 35 im Kammerbezirk Gänserndorf im Jahr 1963 bestehenden Bewässerungsbetrieben lagen zwei zwischen zehn und 20 Hektar, elf zwischen 20 und 50 Hektar, 16 zwischen 50 und 100 Hektar und sechs über 100 Hektar.[34] Zeitgenössische Beregnungsversuche zeigten, dass diese Technologie nur im Hackfrucht- und Gemüsebau rentabel war.[35] Während der neu gebaute Marchfeldkanal seit den Neunzigerjahren die Niederterrasse des Marchfeldes mit Nutzwasser versorgt, blieb der Wassermangel auf der Hochterrasse als, in der Sprache der Planungsexperten, »eindeutig limitierender Faktor für die räumliche Entwicklung« bestehen. Ein Netz von Druckrohrleitungen, das auch das Gänserndorfer Umland mit Wasser aus dem Marchfeldkanal versorgen soll, besteht bis heute nur auf dem Papier.[36]

Landwirtschaft treiben heißt nicht nur, das Wachstum der Kulturpflanzen durch Kommassierung, Düngung, Fruchtfolge sowie Be- und Entwässerung zu fördern, sondern auch »Schädlinge« und »Unkräuter« zu bekämpfen. Lange Zeit konnte man solchen unerwünschten Lebewesen nur mechanisch – mit Hand und entsprechenden Geräten – begegnen; seit dem späten 19. Jahrhundert stellte die chemische Industrie Umweltgifte zur Verfügung, bevor in der zweiten Hälfte des 20. Jahrhunderts eine »Chemiekeule« auf die Felder niederging.[37] Mit Schädlingen im Getreide-, Hackfrucht- und Gemüsebau konnte man trotz Ertragsminderung recht und schlecht leben; doch der Weinbau schien im ausgehenden 19. Jahrhundert dem Tod geweiht. In den Neunzigerjahren hatte die Reblaus auf ihrem Vernichtungsfeldzug durch die niederösterreichischen Weingärten auch Auersthal und die übrigen Weinlandgemeinden im Gerichtsbezirk Matzen erreicht.[38] Zunächst wurde der aus Amerika eingeschleppte Schädling, der die befallenen Pflanzen innerhalb von drei bis fünf Jahren zum Absterben brachte, durch Einspritzen von Schwefelkohlenstoff in den Boden bekämpft; im Ersten Weltkrieg vernichtete die Reblaus, auch wegen des Mangels an Spritzmitteln, etwa die Hälfte der Auersthaler Weingärten.[39] Auf lange Sicht half nur die Regenerierung der Altkulturen durch Neuauspflanzungen auf resistenten Unterlagsreben amerikanischer Herkunft. Im Jahr 1936 bestanden im Gerichtsbezirk Matzen neben 490 Hektar Altkulturen bereits 36 Hektar Direktträger (»Hybride«), Kreuzungen aus europäischen und amerikanischen Reben, sowie 840 Hektar ertragsfähige und 757 Hektar nicht ertragsfähige Kulturen auf »amerikanischer Unterlage«; der Anteil der Neukulturen betrug damit bereits drei Viertel der Weingartenfläche.[40] Doch die Lösung eines Problems verursachte ein anderes: Im Jahr 1890, als die Reblaus in Auersthal entdeckt wurde, trat auch die Pilzkrankheit Peronospora auf, die vermutlich durch amerikanische Unterlagsreben eingeschleppt worden war. Als Gegenmittel wurde Kupfervitriol, zunächst mit dem Pinsel, später mit der Spritze, auf die befallenen Weinstöcke aufgebracht. Über die Frage, ob und auf welche Weise die Schädlingsbekämpfung erfolgen sollte, gerieten die Gemüter aneinander, auch in Auersthal: »Bei der Bekämpfung [der Peronospora] war es zwischen den bekämpfenden und unbekämpfenden Hauern öfters zu argen Auseinandersetzungen gekommen infolge Mißtrauens zu den Bespritzungen der Weinstöcke mit der Kupferkalkbrühe.«[41] Im Kampf gegen die Reblaus und den Peronospora-Pilz wurden gesetzliche Regelungen – Meldepflicht, Steuererleichterungen, Darlehensvergaben – und verstärkte »Aufklärungsarbeit« von Fachvereinen und Weinbauschulen aufgeboten; dieser »Zwang zum Fortschritt« schwächte auf lange Sicht das Erfahrungswissen der Weinbauern zugunsten des Fachwissens der Weinbauexperten.[42]

Die Folgen der zunehmenden Intensivierung des Acker- und Weinbaus für das Agrarökosystem des Gänserndorfer Flach- und Hügellandes wurden in der zweiten Hälfte des 20. Jahrhunderts offenkundig. Das Marchfeld galt spätestens in den Achtzigerjahren hinsichtlich der nutzungsbedingten Bodenschäden als »Hauptproblemgebiet« Österreichs; als gefährdet erschienen auch die nördlich anschließenden Weinbaugebiete.[43] Intensiv genutzte Böden, die lange Zeit hindurch fast ausschließlich mit Mineraldünger versorgt werden und eine einseitige Fruchtfolge aufweisen, verlieren die Fähigkeit, organische in mineralische Stoffe umzuwandeln. Die »Ausräumung« der Landschaft im Zuge der Kommassierung, die in Auersthal in den Jahren 1969 bis 1977 erfolgte,[44] und der Wassermangel auf der Hochterrasse des Marchfeldes verschärften vielerorts die Umweltschäden. Die ökologischen »Kosten« der Intensivnutzung konnte jeder Bauer und jede Bäuerin auf den Feldern bemessen: gestörter Wasserhaushalt, erhöhte Winderosion, vermehrter Schädlingsbefall, zunehmende Bodenverdichtung, abnehmender Humusgehalt. Gegenmaßnahmen, etwa der flächendeckende Einsatz von Chemikalien zur Unkraut- und Schädlingsbekämpfung, verursachten vielfach neue Schädigungen. Kurz, der natürliche Kreislauf von organischen und mineralischen Stoffen wurde unter hohem Energieaufwand aufgebrochen in Stoffflüsse, deren Quellen und Mündungen außerhalb des jeweiligen Betriebes lagen.[45] Am oben genannten Auersthaler Acker-Weinbau-Betrieb erkennen wir, dass die Spirale aus Nutzung und Schädigung auch durch die angestrebte »Arbeitserleichterung« in Gang gehalten wurde. Der heutige Pensionist, der gemeinsam mit seiner Ehefrau den Betrieb von 1950 bis 1984 geführt hat, betrieb zuletzt eine »Dreifelderwirtschaft« eigener Art, wie er hinter vorgehaltener Hand erzählt: »Die Fruchtfolge war: Roggen, Weizen, Gerste. Roggen, Weizen, Gerste. Das habe ich zehn Jahre gemacht. Dann habe ich den Betrieb aufgegeben und alles verpachtet.« Zwar zweifelt er aus heutiger Sicht an der Berechtigung dieser Monokultur; die damalige Notlage habe jedoch den zeitlich befristeten Raubbau am Boden gerechtfertigt: »Das war eben notgedrungen, eben durch meine Nebenbeschäftigungen wäre des gar nicht anders möglich gewesen. Und mit der Frau ihrer Krankheit – unmöglich, nicht zu denken.«[46] Solche Getreidemonokulturen aus Gründen der »Arbeitserleichterung« vor der Betriebsaufgabe waren zu dieser Zeit im Marchfeld keine Seltenheit.[47]

Die ökologischen Schäden wogen für die Befürworter des »Fortschritts« geringer als der ökonomische Nutzen. Durch die intensivierte Bodennutzung konnten die Erträge zunächst gemächlich, später in Riesenschritten gesteigert werden (Grafik 6). Die durchschnittlichen Hektarerträge im Gerichtsbezirk Matzen lagen in den Dreißigerjahren, je nach Fruchtart, nur geringfügig über jenen der Neunzigerjahre des vorigen Jahrhunderts: 1.983 gegenüber 1.617 Kilogramm bei Winterweizen, 1.905 gegenüber 1.593 bei Winterroggen, 2.020 gegenüber 1.400 Kilogramm bei Sommergerste, 1.362 gegenüber 1.032 Kilogramm bei Hafer. Die Steigerungen eines Jahres wurden durch die Einbrüche eines anderen wieder zunichte gemacht, wie die schwankenden Ernteerträge der Dreißigerjahre zeigen.[48] Erhebliche Schwankungen zeigte vor allem der Weinertrag, der etwa im Jahr 1936 nur die Hälfte des langjährigen Durchschnitts ausmachte; die Hauer wurden immer wieder, so etwa 1892, 1893, 1896, 1897, 1900, 1927 – damals fiel fast die gesamte Ernte dem Frost zum Opfer – und 1928, von »schlechten Weinjahren« heimgesucht.[49] Erst die Sechzigerjahre brachten nachhaltige Ertragszuwächse bei Winterweizen (2.500 bis 2.800 Kilogramm), Winterroggen (2.200 bis 2.500 Kilogramm), Sommergerste (über 2.800 Kilogramm) und Hafer (2.200 bis 2.500 Kilogramm); seit den Dreißigerjahren waren auch die Hektarerträge von Zuckerrüben von 25.738 auf 38.000 bis 42.000 Kilogramm in die Höhe geschnellt.[50]

Mit der intensivierten Bodennutzung veränderten sich auch die bäuerlichen Deutungen: Neben die Hoffnung auf »göttlichen Segen« trat das Vertrauen auf den »Kunstdünger«, ein verweltlichtes »Wundermittel«. Der Glaube an die technische Machbarkeit des Betriebserfolges wirkte sich manchmal auch auf die religiösen Gewohnheiten aus: Das Gebet um eine reichliche Ernte im Familienkreis, an dem die Älteren weiterhin festhielten, verlor für die Jüngeren zunehmend an Bedeutung. Neben die privaten Rituale – und manchmal auch an deren Stelle – trat ein öffentliches Ritual: das Erntedankfest, das zunächst der Reichsnährstand, danach die katholische Kirche und der

Grafik 6: Hektarerträge im Gerichtsbezirk Matzen 1895–1936

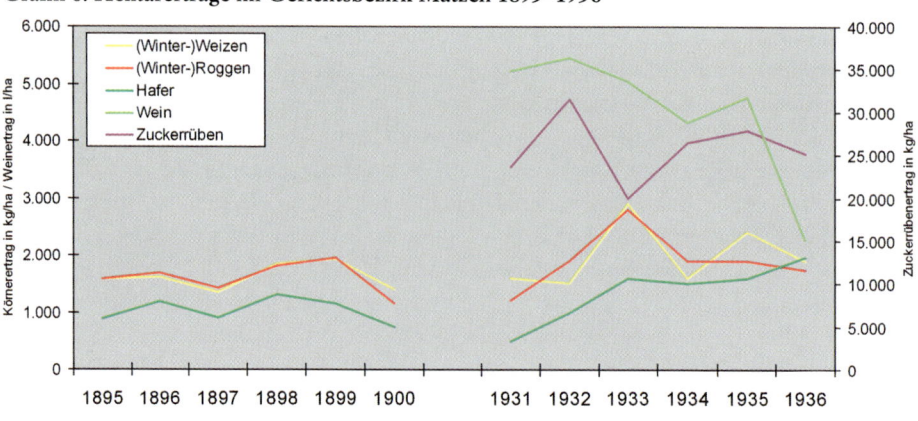

Quelle: Eigene Berechnungen nach Statistik der Ernte 1895–1900 und 1931–1936.

Tanz beim
Erntedankfest in
Gänserndorf um 1940

Bauernbund organisierten.[51] Im Erntedankfest konnten die ländlichen Eliten die Landbevölkerung in vorgestellte Gemeinschaften nationalsozialistischer oder katholischkonservativer Prägung einbinden. Für die Frauen und Männer auf dem Land boten die »erfundenen Traditionen« rund um das Erntedankfest vielfach Orientierung in einer unübersichtlichen Moderne. Die bei solchen Anlässen, etwa beim Erntedankfest Anfang der Vierzigerjahre in Gänserndorf, getragene Tracht signalisierte zunächst für Städter, nach dem Ersten Weltkrieg zunehmend auch für die Landbevölkerung die Verbundenheit mit der »Heimat« – eine Vorstellung, die von den jeweiligen Eliten ideologisch aufgeladen wurde: Dirndl und Lederhose waren mit dem Hakenkreuz ebenso wie mit dem Kreuz vereinbar.

Als knappes Gut, das nicht beliebig vermehrt werden kann, bezeichnete die zu einem Betrieb gehörende Fläche auch den Rang der Besitzerinnen und Besitzer in der ländlichen Gesellschaft. Die Eigenarten der Grundbesitzverteilung im Flach- und Hügelland lassen sich anhand der Größengruppen der Betriebe genauer bestimmen. Nach der Grundbesitzstatistik 1896, die im Gerichtsbezirk Matzen 3.547 behauste Güter mit land- und forstwirtschaftlicher Nutzung auf zusammen 32.706 Hektar verzeichnete, verfügten die 1.530 Zwergbetriebe unter zwei Hektar (43 Prozent) über 1.349 Hektar (4 Prozent). Ähnliche Ungleichgewichte bestanden auch in den Größengruppen zwischen zwei und fünf Hektar (780 Kleinbetriebe oder 22 Prozent gegenüber 2.484 Hektar oder 8 Prozent der Gesamtfläche) und fünf bis zehn Hektar (506 Mittelbetriebe oder 14 Prozent gegenüber 3.745 Hektar oder 12 Prozent des Gesamtfläche). Oberhalb der Zehn-Hektar-Grenze kehrte sich das Verhältnis zwischen Betriebs- und Flächenanteilen um: Die 463 Mittelbetriebe zwischen zehn und 20 Hektar (13 Prozent) umfassten 6.242 Hektar (19 Prozent); die 206 Mittelbetriebe zwischen 20 und 50 Hektar (6 Prozent) bewirtschafteten insgesamt 5.970 Hektar (18 Prozent); die 42 Großbetriebe (1 Prozent) zwischen 50 und 100 Hektar besaßen 2.648 Hektar (8 Prozent); die 20 Gutsbetriebe über 100 Hektar (1 Prozent) nannten 10.268 Hektar (31 Prozent) ihr Eigen. Grund und Boden waren, etwa im Vergleich zum niederösterreichischen Voralpenland, ungleich verteilt; das zeigt auch die Kurve der Grundbesitzverteilung für das Jahr 1896, die deutlich vom Ideal einer Gleichverteilung abweicht (Grafik 7). Im Durchschnitt verfügte ein Betrieb im Gerichtsbezirk Matzen 1896 über neun Hektar Grund. Dieser statistische Wert sagt jedoch wenig über die tatsächliche Verteilung von Grund und Boden aus. Die Gruppe mit den meisten Betrieben, jene der Zwergbetriebe, verfügte über den geringsten Anteil an der Fläche; und die Gruppe mit dem höchsten Flächenanteil, jene der Gutsbetriebe, umfasste die wenigsten Betriebe. Die Grundbesitzverteilung im Gänserndorfer Flach- und Hügelland war um die Wende vom 19. zum 20. Jahrhundert gespalten zwischen vielen Zwerg- und Kleinbetrieben, die oft mit weniger als einem Hektar auskommen mussten, und wenigen Groß- und Gutsbetrieben, deren Ländereien oft Hunderte Hektar umfassten.[52]

Wie entwickelten sich die ungleichen Grundbesitzverhältnisse im Gänserndorfer Umland im Lauf des 20. Jahrhunderts? Die land- und forstwirtschaftlichen Betriebszählungen 1930, 1960 und 1990 ermöglichen uns Antworten auf diese Frage (Tabelle 6). Im ersten Drittel des 20. Jahrhunderts verlagerte sich die Grundbesitzverteilung zugunsten der Betriebe zwischen zwei und zehn Hektar; so liegt auch die Besitzvertei-

Grafik 7: Grundbesitzverteilung in der Region Gänserndorf 1896–1990

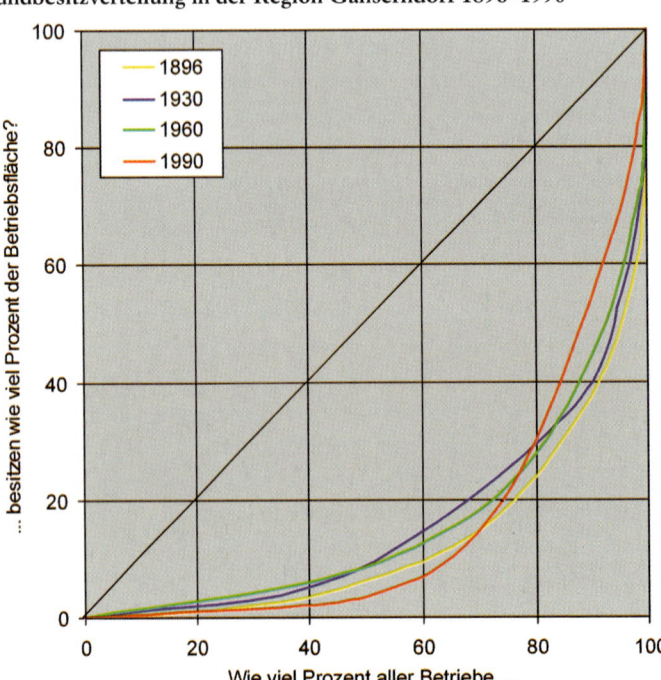

Quelle: Eigene Berechnungen nach Grundbesitzstatistik 1896; Betriebszählung 1930, 1960, 1990.

lungs-Kurve für 1930 näher an einer Gleichverteilung als jene für 1896. Die Anteile an der Betriebszahl zeigten in den unterschiedlichen Größengruppen zwar nur leichte Schwankungen; gemessen an der Betriebsfläche legten jedoch die Kleinbetriebe deutlich zu, während die Groß- und Gutsbetriebe abnahmen. Im zweiten Jahrhundertdrittel wurde diese Gewichtsverlagerung zum unteren Rand hin wieder abgebaut; dementsprechend weicht die Besitzverteilungs-Kurve für 1960 gegenüber jener für 1930 ab. Die Zwergbetriebe büßten, gemessen an der Betriebszahl, erhebliche Anteile ein und die Groß- und Gutsbetriebe legten merklich zu. Gemessen an der Betriebsfläche nahmen die Kleinbetriebe ab, während die Mittel- und Großbetriebe ihre Anteile steigerten. Im letzten Drittel des 20. Jahrhunderts wurde diese Gewichtsverlagerung vom unteren zum oberen Rand der Rangreihe beschleunigt, wie auch die Abweichung der Besitzverteilungs-Kurve für 1990 gegenüber jener für 1960 zeigt. Die Kleinbetriebe und, in geringerem Maß, die kleineren Mittelbetriebe verzeichneten, gemessen an der Betriebszahl, abermals einen deutlichen Einbruch, während die größeren Mittel- und Großbetriebe ihre Anteile beträchtlich steigerten. Gemessen an der »ideellen Kulturfläche«[53] finden der Schwund der Klein- und kleineren Mittelbetriebe und der Zuwachs der größeren Mittel- und Großbetriebe ebenfalls ihren Niederschlag. Die Grundbesitzverteilung ist im Lauf des 20. Jahrhunderts, vor allem im letzten Drittel, in Bewegung geraten. Die durchschnittlichen Betriebsgrößen lassen nach dem Tiefstand von sieben Hektar im Jahr 1930 mit acht Hektar im Jahr 1960 und 15 Hektar im Jahr 1990 einen starken Aufwärtstrend erkennen.[54] Die Spaltung der Agrargesellschaft in wenige Große und viele Kleine schritt auch im Gänserndorfer Flach- und Hügelland voran. Kurz, Wachsen oder Weichen lautete hier die Devise – bereits lange vor dem Beitritt Österreichs zur Europäischen Union im Jahr 1995.

Seit Mitte des 19. Jahrhunderts, als die Bauern zu Eigentümern ihrer Höfe geworden

Tabelle 6: Grundbesitzverteilung in der Region Gänserndorf 1896–1990

	1896		1930		1960		1990	
	Betriebe	Fläche	Betriebe	Fläche	Betriebe	Fläche	Betriebe	Fläche
	(in Prozent)		(in Prozent)		(in Prozent)		(in Prozent)	
unter 2 ha	43,1	4,1	45,8	6,9	41,9	6,2	42,7	2,2
2–5 ha	22,0	7,6	} 39,5	} 27,3	24,1	9,5	12,5	2,7
5–10 ha	14,3	11,5			14,4	12,7	8,0	3,7
10–20 ha	13,1	19,1	10,1	21,0	12,1	21,3	8,5	8,1
20–50 ha	5,8	18,3	} 4,2	} 21,4	5,9	21,3	22,4	48,9
50–100 ha	1,2	8,1			1,0	8,2	4,9	19,8
über 100 ha	0,6	31,4	0,4	23,4	0,5	20,7	1,1	14,6
Summe	100,0	100,0	100,0	100,0	100,0	100,0	100,0	100,0

Quelle: Eigene Berechnungen nach Grundbesitzstatistik 1896: Betriebszählung 1930, 1960, 1990. Die Agrarstrukturerhebung 1999 wurde in diese Zahlenreihe nicht einbezogen, weil die Flächenuntergrenze der Erhebungsbetriebe erheblich höher lag.

waren, war auch in der Region Gänserndorf der Handel mit Grund und Boden in Schwung gekommen. Neben dem »Bauernlegen« durch den adeligen und bürgerlichen Großgrundbesitz erregte auch der teils freiwillige, teils erzwungene Grundverkauf unter den bäuerlichen Besitzern den Widerspruch von Wortführern konservativer und nationalistischer Weltsichten; der Boden wurde zum politischen Kampffeld. Die heftigen Debatten über die »Bodenfrage«, die am Wirtshaustisch, im Versammlungssaal und in den Regionalzeitungen geführt wurden, entspannen sich entlang zweier Denkrichtungen: Die konservativen Bauernpolitiker aus den Dörfern und Märkten betonten vor allem die volkswirtschaftlichen Gefahren des »Bauernlegens«; sie forderten defensive Maßnahmen des »Bauernschutzes«. Dagegen ging es den Vertretern des deutschnationalen Provinzbürgertums aus den Märkten und Kleinstädten vor allem um die »volkstumspolitischen« Gefahren der »Güterschlächterei« durch »nichtarische« Grundbesitzer; sie riefen offen zum Kampf gegen die drohende »Überfremdung« des »Grenzlandes« auf. So klagte etwa der Gänserndorfer Bezirkshauptmann 1935 über die »Überfremdungsgefahren im Marchfeld«, vor allem über den »aus allen vier Himmelsrichtungen« drohenden Einfall »slawischer Elemente«. Doch die Wiener Zentralbehörde beurteilte dieses Szenario, das im deutschnationalen Denken des Provinzbürgertums zur Gefahr für das »Grenzland« überhöht wurde, weitaus nüchterner. Im Bundeskanzleramt wurde die Eingabe aus Gänserndorf als »übertrieben« ad acta gelegt.[55]

Zur »slawischen Gefahr« gesellte sich in konservativen und nationalistischen Debatten um die »Bodenfrage« das Feindbild des »Juden«. Im Jahr 1938, wenige Wochen nach der nationalsozialistischen Machtübernahme, machte sich eine Gruppe der Wiener Deutschen Studentenschaft auf, um »die Größe der Gefahren deutlich zu machen, in der sich das Grenzland Marchfeld – der Mensch wie der Boden – befindet«. Die Ergebnisse dieser umfangreichen Forschungsarbeit fielen für die Verteidiger des »Grenzlandes« katastrophal aus; sie verliehen ihrem Kampf aber auch neuen Ansporn: »Heute gibt es nur in wenigen, dem Verkehr fernen Bauernorten gesundes deutsches Bauerntum, biologisch ist auch dieses sehr schwach. In den größeren Orten nahe den Verkehrswegen und in den Kleinstädten sprechen die vielen gelegten, die in jüdischen und tschechischen Besitz übergegangenen Höfe und die arg verschuldeten Kleinbauern vom Kampfe der letzten Jahrzehnte. Und neben den Juden und den tüchtigen Bodenspekulanten blieb der deutsche Großbauer, der mit allem Komfort ausgestattete seelenlose Betrieb übrig.«[56] An der Gemeinde Untersiebenbrunn, der »gefährdetsten Marchfeldgemeinde«, sollte der »völkische Bodenverlust« belegt werden (Grafik 8): Von 41 im Jahr 1860 bestehenden Bauernhöfen seien bereits 17 »gelegt« worden; nur noch 14 würden von »Deutschen«, acht von »Tschechen« und einer von »Juden« bewirtschaftet. Da Gemeinde und Kirche ihre Gründe verpachteten, nutzten »Deutsche« 800 Hektar oder 38 Prozent, »Tschechen« 666 Hektar oder 33 Prozent und »Juden« 610 Hektar oder 29 Prozent der Dorfflur.[57] »Deutsches Blut« und »deutscher Boden« galten im nationalsozialistischen »Bauerntums«-Denken als untrennbare Einheit; der Kampf gegen »jüdischen« und sonstigen »volksfremden« Grundbesitz galt daher als »Lebensfrage« des »deutschen Volkes«. Der Kampf um den Boden wurde nach zwei Richtungen geführt: gegen die Großstadt Wien und die von ihr ausstrahlenden »liberalistischen und kapitalistischen Einflüsse« und gegen die »Volksgrenze gegen Osten«.[58] Die kämpferische, mit Krankheitsbildern durchsetzte Sprache der studentischen Marchfeld-Studie zeigt: Hier wird bereits Krieg geführt – zwar noch auf dem Papier, jedoch mit unverhohlener Begeisterung.

Den Daten des akademischen Nachwuchses folgten die Taten der Machthaber. Am Gutsbetrieb der Familie Löw in Angern können wir die schrittweise Radikalisierung des Kampfes um den Boden – von der Verunglimpfung über die Enteignung bis zur Vertreibung – nachvollziehen. In der 1939 fertig gestellten Marchfeld-Studie der Wiener Deutschen Studentenschaft dient der Löw'sche Besitz als Paradebeispiel für das zersetzende Wirken des »jüdisch-liberalistischen Geistes«. In diese Verfallsgeschichte fließt eine breite Palette antisemitischer Klischees ein: Der »Jude«, der anfangs als Krämer von Ort zu Ort gezogen sei, habe es bald als geschickter Viehhändler zu einigem Vermögen gebracht. Daraufhin habe er vom Grafen Kinsky, dem Besitzer des Angerner Gutes, ein Stück Land gepachtet, dessen profitable Bewirtschaftung das Vermögen des »Juden« gemehrt habe. Da der verschuldete Graf gezwungen gewesen sei, bei seinem Pächter Darlehen um Darlehen aufzunehmen, sei der »Jude« binnen weniger Jahre in den Besitz des Gutes gelangt. Als Heereslieferant habe er im Ersten Weltkrieg mit seinen von Kriegsgefangenen errichteten Fabriken »Unsummen von Geld« verdient. Auf diese Weise sei die Grundlage des »deutschen Bauerntums« in Angern und Umgebung untergraben worden: Der »Jude« habe die Bauernsöhne als Arbeiter in seine Fabrik »abgezogen«; zudem habe er bei Versteigerungen landwirtschaftlicher Güter die »deutschen Käufer« stets überboten; schließlich seien die verbliebenen Bauern der über-

Grafik 8: Karte der Wiener Deutschen Studentenschaft über den »völkischen Bodenverlust« in Untersiebenbrunn 1860–1938

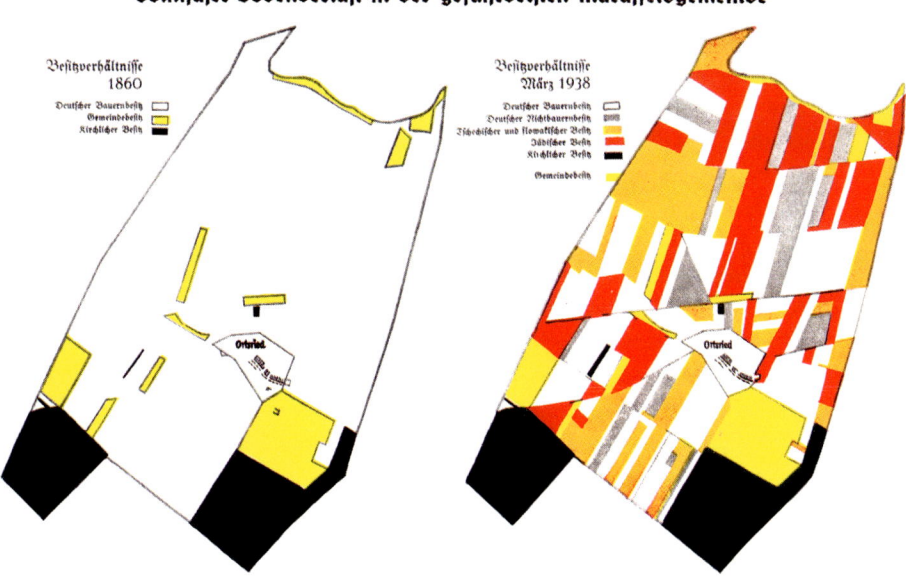

Quelle: Gotz, Marchfeld.

mächtigen Konkurrenz seiner »Mustergüter« ausgesetzt worden. Am zersetzenden Wirken des »Juden« werde das »deutsche Volk« noch lange zu leiden haben: »Wenn auch nun heute die Güter der Juden unter kommissarischer Leitung der NSDAP stehen und demnächst wieder von Deutschen genutzt werden, so lebt doch der jüdisch-liberalistische Geist – und das deutsche Bauerntum auf vorgeschobenem Grenzposten ist krank.«[59]

Mit der »Arisierung«, der staatlich organisierten, zwangsweisen und scheinlegalen Übertragung des Besitzes von Personen, die nach nationalsozialistischen Maßstäben als »Juden« galten, an Nichtjuden, schien die »Bodenfrage« im Sinn der Machthaber gelöst – in Angern wie anderswo. Im Juli 1938 mussten die Angehörigen der Familie Löw vor der Vermögensverkehrsstelle in Wien ihre Eigentumsverhältnisse offen legen. In aller Eile war der Wert der im Familienbesitz befindlichen Grundstücke und Gebäude – nicht jedoch des Viehs und der Maschinen, die zum Besitz der Gustav & Wilhelm Löw AG zählten – von einem Sachverständigen geschätzt worden. Der Grundbesitz von Gustav Löw umfasste 339 Hektar, darunter 267 Hektar Acker, 15 Hektar Wiesen, vier Hektar Gärten, zwei Hektar Weingärten, zwei Hektar Hutweiden und 46 Hektar Wald. Der Gertrud, Eva, Georg und Stefan Löw gehörende Grundbesitz umfasste 890 Hektar, darunter 179 Hektar Acker, drei Hektar Gärten, drei Hektar Hutweiden und 699 Hektar Wald. Die meist tiefgründigen, sandigen Lehmböden wiesen durchwegs mittlere Bonität auf. Als Wert der zusammen 1.229 Hektar Grundbesitz samt Wirtschaftsgebäuden wurden 664.944 Reichsmark veranschlagt; Schloss und Meierhof wurden auf 53.612 Reichsmark geschätzt. Die Angehörigen der Familie entgingen der drohenden Vernichtung, indem sie ihren Besitz weit unter dessen Wert an das Deutsche Reich verkauften und nach Bezahlung einer 25-prozentigen »Reichsfluchtsteuer« ins Ausland flüchteten.[60]

Der Löw'sche Grundbesitz ging in die Hände der Deutschen Ansiedlungsgesellschaft (DAG) über; diese sollte die Gründe parzellieren und für »Neusiedlungszwecke« an »Neubauern« veräußern. So mancher Orts- oder Kreisbauernführer nutzte nun die Gunst der Stunde, um die »Agrarstrukturverbesserung« voranzutreiben; so beantragte die Ortsbauernschaft Matzen im Juni 1939 die Zusammenlegung der im Gemenge liegenden Grundparzellen: »Der gegenwärtige Zeitpunkt ist für eine allgemeine Flurbereinigung sehr geeignet, da die Landwirte jetzt Landzulagen aus den aufgelösten Judengütern erhalten.«[61] Die Bodenreform zugunsten des »kleines Mannes« wurde jedoch großteils auf die Zeit nach dem »Endsieg« aufgeschoben; denn auch die Frontsoldaten sollten sich an der »Neusiedlung« beteiligen können.[62] Daher befand sich das Angerner Gut zu Kriegsende 1945 noch immer im Besitz der DAG und ging als »Deutsches Eigentum« in die Hände der sowjetischen USIA über. Nach dem Abzug der sowjetischen Truppen wurde die Landes-Landwirtschaftskammer 1956 mit der öffentlichen Verwaltung der nunmehr in österreichischem Staatsbesitz befindlichen ehemaligen DAG-Güter, so auch des Angerner Gutes, betraut. Im Zuge eines Rückstellungsverfahrens erhielt die Familie Löw 1956 ihren Grundbesitz wieder und nahm von den USA aus über Wiener Anwälte Verkaufsverhandlungen auf.[63] Im Oktober 1956 vertrat die Vollversammlung der Bezirksbauernkammer Gänserndorf unter dem Tagesordnungspunkt »Verbesserung der Agrarstruktur« einhellig die Meinung, dass der Verkauf des Angerner Gutes den »kleinen und mittleren Betrieben« zugute kommen müsse. Da sich Bauern aus dem Kammerbezirk in den Verkaufsverhandlungen gegenseitig überboten, seien »auf einer vernünftigen Ebene Verhandlungen zu halbwegs annehmbaren Preisen« kaum möglich. Mit Hilfe von Bundeskanzler Julius Raab und Außenminister Leopold Figl sollte die Landes-Landwirtschaftskammer mit der Familie Löw einen Kaufabschluss erreichen.[64] In den Augen der regionalen Bauernvertreter sollte der Einfluss der »großen Männer« der aufkeimenden, den eigenen Interessen zuwiderlaufenden Uneinigkeit in den Reihen der Bauernschaft die Grundlage entziehen.

Schließlich erzielte die von der Kammer mit der Grundaufstockungsaktion beauftragte Land- und Forstwirtschaftliche Bodenkredit- und Grunderwerbsgenossenschaft 1958 eine Einigung mit den Eigentümern. Im Zuge der Aktion Angern und Umgebung erwarben 268 Bauern aus den umliegenden Gemeinden mit Hilfe eines Zwölf-Millionen-Schilling-Kredits der Landes-Hypothekenanstalt 1.229 Hektar Äcker des ehemaligen Löw-Besitzes zum Durchschnittspreis von 21.000 Schilling pro Hektar; die 700 Hektar Wald wurden mangels Kaufinteresse der Bauern um 13 Millionen Schilling an das Stift Klosterneuburg veräußert.[65] Stolz verkündete der Gänserndorfer Kammerobmann vor den Teilnehmern der Vollversammlung vom Dezember 1959, dass »der kleine Mann in erster Linie berücksichtigt wurde«.[66] Freilich, die Bauernvertreter konnten den Verkauf des Angerner Gutes an Großgrundbesitzer verhindern; doch im kühlen Licht der Statistik fällt die Bilanz zwiespältig aus (Tabelle 7): Zwar überwogen, gemessen an der Zahl der Käufer, die Betriebe unter zehn Hektar mit 59 Prozent; von der verkauften Fläche ging jedoch die Mehrheit, 53 Prozent, an die Betriebe über zehn Hektar. Kurz, je größer die Größengruppe vor der Grundaufstockung, umso größer die durchschnittliche Kauffläche der zugehörigen Betriebe.[67] Insgesamt besehen, kam der Verkauf des Angerner Gutes den Mittel- und Großbetrieben in höherem Maß als den Kleinbetrieben zugute. Freilich wuchsen zahlreiche Kleinbetriebe durch den Grundkauf zu Mittel- oder Großbetrieben heran. »Durch diese Aktion ist bei uns der Grund derartig hoch aufgestockt worden, dass wir eigentlich richtige Bauern erst geworden

Tabelle 7: Grundaufstockungsaktion Angern und Umgebung 1958

	Aufgestockte Betriebe		Aufgestockte Fläche (ha)		Durchschnittsfläche (ha)
	Anzahl	Prozent	Anzahl	Prozent	
0–5 ha	104	38,8	368,8	30,0	3,5
5–10 ha	54	20,1	206,5	16,8	3,8
10–20 ha	58	21,6	301,2	24,5	5,2
20–30 ha	19	7,1	110,3	9,0	5,8
über 30 ha	33	12,3	242,4	19,7	7,3
Summe	268	100,0	1.229,2	100,0	4,6

Quelle: Eigene Berechnungen nach Tätigkeitsbericht 1957/58 218 f.; Betriebszählung 1951.

sind«, zieht der damalige Auersthaler Bürgermeister Franz Hager Bilanz. Er vertrat in den Verhandlungen die Interessen »seiner« Bauern. Auf der einen Seite habe er sie von den Vorteilen der Aktion zu überzeugen versucht: »Jetzt seid nicht so dumm und knausert mit dem Geld, weil das ist eine einmalige Gelegenheit.« Andererseits sei er in Verbindung mit den Anwälten der Eigentümer gestanden: »Hat auch viel ausgemacht.« Der Aufwand habe sich gelohnt, denn Auersthal rangierte unter allen beteiligten Gemeinden hinsichtlich der Kaufsummen an erster Stelle.[68] Die »Agrarstrukturverbesserung« in der Region Gänserndorf, die 1938 mit einem staatlich organisierten Raubzug zugunsten mittelständischer »Neubauern« begonnen hatte, mündete 1958 in eine genossenschaftlich organisierte Grundaufstockung, die vor allem den bäuerlichen Mittelstand, die »richtigen Bauern«, stärkte. Die Aufstockung in den Köpfen folgte jener der Gründe auf den Fuß: Auersthaler Bauern schätzten im Jahr 1965 die Mindestgröße eines »entwicklungsfähigen« Betriebes bereits auf zehn bis zwölf Hektar.[69]

Die Verfügbarkeit oder der Mangel an Grund und Boden bestimmten das Leben in der bäuerlichen Welt des Flach- und Hügellandes in hohem Maß. Das Auskommen, die Eheschließung, das öffentliche Ansehen, die Altersversorgung, das Mitspracherecht in der Gemeinde – all das war vor allem an den Landbesitz geknüpft.[70] Die Wege der Bauernhöfe und Kleinhäuser von einer Hand in eine andere waren vielfältig. Nach dem Tod einer Besitzerin oder eines Besitzers wurden durch das zuständige Bezirksgericht die Erbansprüche der Hinterbliebenen geklärt. In vielen Fällen trennten sich jedoch die Besitzerinnen und Besitzer noch zu Lebzeiten von ihren Häusern und den dazugehörigen Gründen: Sie übergaben den Besitz an Verwandte, zumeist die Kinder, oder Nichtverwandte, sie verkauften ihn, sie mussten ihn wegen Überschuldung versteigern lassen, sie tauschten den Hof gegen einen anderen. Auch die Einheirat in einen Hof, die üblicherweise mit der Gütergemeinschaft der Eheleute einher ging, bedeutete einen Zugewinn an Grundbesitz. Da all diese Besitzübertragungen die Lebensbedingungen der Beteiligten in hohem Maß beeinflussten, boten die zugrundeliegenden Entscheidungen in vielen Fällen Anlass für Konflikte zwischen Begünstigten und Benachteiligten.

Am Beispiel von 110 Bauern- und Kleinhäusern in Auersthal können wir erkennen, dass die Strategien der Besitzübertragung im Lauf der vergangenen eineinhalb Jahrhunderte einem Wandel unterlagen (Tabelle 8 und Grafik 9). Perioden mit vergleichsweise wenigen Veränderungen folgten Perioden mit häufigen Besitzerwechseln, etwa die späten Siebziger- und die Achtzigerjahre des 19. Jahrhunderts, die Jahre nach der Jahrhundertwende, die Zeit nach dem Ersten und dem Zweiten Weltkrieg, die Fünfziger- und die Sechzigerjahre des 20. Jahrhunderts. Zwischen 1850 und 1895 zählten von den 295 Personen, die in den Besitz von Häusern gelangten, 160 Personen oder 54 Prozent, in der Regel die Töchter oder Söhne, zur Familie der Vorbesitzerin oder des Vorbesitzers. 80 Personen oder 27 Prozent standen in keinem engen Verwandtschaftsverhältnis mit der Vorbesitzerin oder dem Vorbesitzer. 32 Personen oder 11 Prozent gelangten durch Heirat einer verwitweten Bäuerin oder eines verwitweten Bauern in den Besitz des Hauses. Durch Neubauten wurden 23 Personen oder 8 Prozent zu Hausbesitzerinnen und -besitzern. Unter den 317 Personen, die zwischen 1896 und 1945 in den Besitz eines Hofes gelangten, wird bereits eine Veränderung deutlich. Die Besitzüber-

Grafik 9: Besitzwechsel von Bauern- und Kleinhäusern in Auersthal 1850–1980

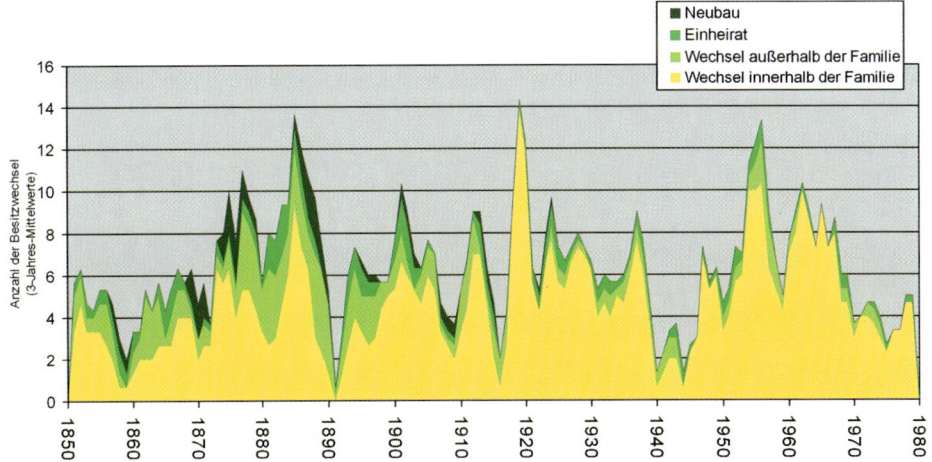

Quelle: Eigene Berechnungen nach BG Gänserndorf, Grundbuch Auersthal; Auersthaler Heimatkunde 17–42. Bei den Angaben handelt es sich um gleitende 3-Jahres-Mittelwerte.

tragungen innerhalb der Familie stiegen mit 244 Personen oder 77 Prozent merklich an. Dagegen verzeichneten jene außerhalb der Familie (39 Personen oder 12 Prozent), die nachträglichen Einheiraten (26 Personen oder 8 Prozent) und die Neuanlage von Häusern (8 Personen oder 3 Prozent) deutliche Rückgänge. Diese Veränderung fand in den Jahren 1946 bis 1980 unter jenen 232 Personen, die zu Besitzerinnen oder Besitzern eines Hofes wurden, eine Fortsetzung. Die Übergabe des Bauernhofes an Tochter oder Sohn und deren Ehepartner wurde nun zur Regel (204 Personen oder 88 Prozent). Nur mehr ausnahmsweise wechselten die Besitzrechte an den Höfen durch den Verkauf an Nichtverwandte (16 Personen oder 7 Prozent) oder durch nachträgliche Einheirat (12 Personen oder 5 Prozent).[71]

Diese Zahlen zeigen, dass bereits in der zweiten Hälfte des 19. Jahrhunderts die Mehrheit derjenigen, die in den Besitz eines Hauses gelangten, in engen Verwandtschaftsverhältnissen zu den vormaligen Besitzerinnen und Besitzern stand. Üblicherweise übertrugen in diesen Jahrzehnten die Vorbesitzerinnen und -besitzer ihr Eigentum zu Lebzeiten durch Übergabe, fallweise auch durch Verkauf; todesbedingte Erbschaften waren die Ausnahme. Die »Familisierung« der Besitzübertragung, die sich bereits in der zweiten Hälfte des 19. Jahrhunderts abzeichnete, schritt im Lauf des 20. Jahrhunderts fort; nun nahmen die Fälle von Erbschaft nach dem Tod der Besitzerinnen und Besitzer erheblich zu. Die Familien schotteten sich offenbar bei der Übertragung ihres Haus- und Grundbesitzes immer stärker nach außen ab. Umgekehrt verfügten die Besitzerfamilien in immer geringerem Maß über Angehörige anderer Familien als Hofnachfolger. Wie wir es auch drehen und wenden: Die Vorstellung vom über Generationen in Familienbesitz befindlichen »Erbhof«, der als Merkmal des »schollenverwurzelten Bauerntums« galt, gewann erst im Lauf des 20. Jahrhunderts Realitätsgehalt.[72]

An einem Halblehen-Hof in Auersthal können wir die Entstehung des »Familien-

Tabelle 8: Besitzwechsel von Bauern- und Kleinhäusern in Auersthal 1850–1980

	1850–1895		1896–1945		1946–1980	
	Anzahl	Prozent	Anzahl	Prozent	Anzahl	Prozent
Übertragung innerhalb der Familie	160	54,2	244	77,0	204	87,9
davon durch Übergabe	152	51,5	226	71,3	165	71,1
davon durch Erbe	4	1,4	16	5,0	39	16,8
davon durch Kauf	4	1,4	2	0,6	–	–
Übertragung außerhalb der Familie	80	27,1	39	12,3	16	6,9
davon durch Kauf	69	23,4	29	9,1	14	6,0
davon durch Versteigerung	11	3,7	5	1,6	2	0,9
davon durch Tausch	–	–	5	1,6	–	–
Einheirat	32	10,8	26	8,2	12	5,2
Neubau	23	7,8	8	2,5	–	–
Summe	295	100,0	317	100,0	232	100,0

Quelle: Eigene Berechnungen nach BG Gänserndorf, Grundbuch Auersthal; Auersthaler Heimatkunde 17–42.

erbhofes« im 20. Jahrhundert nachvollziehen. Der Hof, der in der Dreißigerjahren des 19. Jahrhunderts durch Teilung eines Ganzlehens entstanden war, kam durch Kauf in den Besitz Lorenz Fellners, des späteren Bürgermeisters von Auersthal. Dessen gleichnamiger Sohn heiratete im Jahr 1869 Maria Berthold aus Auersthal und übernahm den elterlichen Hof. Die beiden übergaben den Hof im Jahr 1897 an ihren Sohn Karl, der im selben Jahr Anna Klug aus Auersthal heiratete. In den folgenden Jahren wurden zwei Kinder, Anna und Lorenz, geboren. Doch die Ehe währte nur wenige Jahre; die Frau starb 32-jährig im Jahr 1900. Im folgenden Jahr feierte der 32-jährige Witwer Hochzeit mit Johanna Brunner aus der Nachbargemeinde Groß Schweinbarth; doch auch die zweite Frau starb im Jahr 1925 mit 48 Jahren. Sie hinterließ fünf Kinder: Johanna, Rosa, Leopoldine, Angela und Karl. Ein Jahr später ehelichte der zweifache Witwer mit 56 Jahren die ebenfalls verwitwete Theresia Schramm aus der Nachbargemeinde Bockfließ; die Ehe blieb kinderlos. Im Jahr 1940, nach dem Tod Karl Fellners, ging der nunmehrige »Erbhof« auf Grund des 1926 geschlossenen Ehevertrages in den Besitz der Witwe über. Nachdem der vermutlich als Hoferbe ausersehene Karl Fellner im Jahr 1944 an der »Ostfront« als Wehrmachtssoldat ums Leben gekommen war, übernahm Lorenz Fellner, der Sohn aus erster Ehe, im Jahr 1946 den Hof. Er war bereits seit 1933 mit Anna Vock aus Auersthal verheiratet und hatte in Wien als Postbeamter gearbeitet. Deren Tochter Erika heiratete im Jahr 1955 Martin Döllinger aus Auersthal; die beiden führten bis vor wenigen Jahren den Hof und übergaben ihn an ihren Sohn Martin.[73] In diesem Fall überkreuzen sich mehrere Strategien: Erstens, nach einer Teilung im 19. Jahrhundert wurde der Hof im 20. Jahrhundert ausnahmslos ungeteilt an die nachfolgenden Besitzer übertragen; dabei wurden allfällige Erbansprüche anderer Personen in Geld abgelöst.[74] Zweitens, Hausbesitz und Ehestatus waren in der Regel aneinander gekoppelt; nur ausnahmsweise, etwa während der kriegsbedingten Abwesenheit des Hoferben, wurde der Betrieb auch von einer verwitweten Person geführt. Drittens, die Heiratskreise, innerhalb derer ledige und verwitwete Personen ihre Ehepartner fanden, waren auf die Wohn- und Nachbargemeinden beschränkt. Viertens, für die Partnerwahl gaben wohl vielfach die Interessen der Betriebsführung vor dem Gefühl der romantischen Liebe den Ausschlag, wie die kurzen Zeitspannen zwischen dem Tod des Ehepartners und der Wiederverheiratung oder die mitunter enormen Altersunterschiede zwischen den Eheleuten nahe legen. Fünftens, die häufige Nachbenennung der Kinder nach den Vornamen der Eltern oder Großeltern signalisiert ein Kontinuitätsdenken; mit dem Vornamen eines Vorfahren wurde den Nachkommen vielfach auch das Hoferbe in die Wiege gelegt.[75]

Die Übertragungen des Grundbesitzes wurden von den Interessen der beteiligten Personen ebenso wie von den in Gesetze gefassten Interessen des Staates bestimmt. Da den maßgeblichen Kräften im Staat die Bauernschaft, je nach Standpunkt, als Verbündeter oder als Gegner erschien, brachte jeder Machtwechsel auch die »Bodenfrage« auf die Tagesordnung. So rückte etwa der »Umbruch« von der Habsburgermonarchie zur Republik, der die Macht des adeligen und bürgerlichen Großgrundbesitzes erschütterte, eine Bodenreform in greifbare Nähe.[76] Doch auf Grund des 1919 beschlossenen Gesetzes zur Wiederbesiedelung seit 1870 »gelegter« – das heißt in nichtbäuerlichen Besitz gebrachter – Güter wurden im gesamten Gerichtsbezirk Matzen nur zwei 38 und 28 Hektar umfassende Höfe im Eigentum des Angerner Gutsbesitzers Gustav Löw namhaft gemacht; letztlich kam in beiden Fällen, trotz mehrerer Bewerbungen, der Besitzerwechsel nicht zustande.[77] Knapp zwei Jahrzehnte später, nach dem »Anschluss« an das Deutsche Reich im Jahr 1938, griff das Reichserbhofgesetz abermals massiv in das Bodenrecht ein. Das Gesetz trug klassen-, rassen- und geschlechterspezifische Züge: Die »Erbhöfe« – mittel- und großbäuerliche Betriebe zwischen einer »Ackernahrung«, wofür 7,5 Hektar als Richtwert galten, und 125 Hektar – galten als unverkäuflich, unbelastbar und genossen Vollstreckungsschutz. Der »Bauer«, der sich als Besitzer eines »Erbhofes« von den übrigen »Landwirten« abhob, musste deutscher Staatsbürger, »deutschen oder stammesgleichen Blutes« und »ehrbar« sein. Die »Anerbenordnung«, die die ungeteilte Weitergabe des Hofes festlegte, benachteiligte die Töchter und weiblichen Verwandten des Erblassers.[78] Doch vielfach war, wie der Fall des Karl Fellner zeigt, die Erbhofeigenschaft für die Einsetzung der Witwe als Anerbin kein Hindernis. Offenbar nutzte das Anerbengericht Matzen seinen Ermessensspielraum zugunsten der Erbin, weil der zukünftige Hoferbe zur Deutschen Wehrmacht eingerückt war – und entschärfte auf diese Weise die Widersprüche zwischen NS-System und bäuerlicher Lebenswelt.[79] Auf lange Sicht stehen Wiederbesiedelungs- und Reichserbhofgesetz für misslungene Versuche, die Bodenordnung von Staats wegen zu reformieren. Die Verteilung des Grundbesitzes wurde im 20. Jahrhundert weniger durch rechtswirksame Eingriffe des Staates als durch einkommenswirksame – und durch die staatliche Agrarpolitik regulierte – Eingriffe des Marktes verändert. Kurz, die Antwort auf die »Bodenfrage« lautete in Österreich nicht – wie in anderen Staaten Europas – »Bodenreform«, sondern »Strukturwandel«.

III. Die Menschen und das Vermögen

Fotografien wie jene vom Marschall-Hof in Gänserndorf aus dem Jahr 1905 zeigen zwar wechselnde Gesichter, doch die Szenen gleichen einander: Die Menschen posieren mit dem Vieh vor dem Haus. Fotografien wie diese zeugen meist auch von der Weltsicht des Fotografen; sie bringen Selbst- und Fremdbilder zum Vorschein, belichten das Eigene vor dem Hintergrund des Anderen. Im Fall des Marschall-Hofes wurden die ziegelgedeckten, aus Stein und Holz gebauten Wohn- und Wirtschaftsgebäude als Kulisse gewählt; es handelt sich um einen Hakenhof mit L-förmigem Grundriss, der an beiden Seiten an Nachbarhöfe anschließt.[80] Die bäuerlichen Identitäten haften in hohem Maß am Vermögen, vor allem an Haus und Zugvieh.[81] Die Selbstbezeichnung »Wirtschaftsbesitzer«, die etwa auf Grabsteinen und -kreuzen zu finden ist, markiert den Unterschied zu den »Kleinhäuslern« – eine Fremdbezeichnung, die einen geringschätzigen Beigeschmack hat. Die Fotografie verrät auch einiges über die unterschiedliche Verteilung des betrieblichen Vermögens auf die Haushaltsangehörigen: Der Bauer, der von seinem erhöhten Standpunkt aus das Geschehen überblickt, ist als »Herr des Hauses« erkennbar. Die beiden Taubenschläge in der Bildmitte sind ein markantes Erkennungszeichen: Die damals in dieser Gegend mit großer Leidenschaft betriebene Taubenzucht bereicherte nicht nur den Speiseplan, sondern war wohl auch bäuerliches Statussymbol. An der Hofseite des an der Dorfstraße gelegenen Wohnhauses posieren drei Frauen, darunter die Bäuerin, sowie, mit einigem Abstand, zwei Bauernsöhne und ein Knecht, denen weibliche und männliche Aufgabenbereiche zugeordnet werden: Ersteren die Milchkühe, Letzteren die Zugpferde und der Zuchtstier. Dass die inmitten der Frauen-

Der Marschall-Hof in Gänserndorf im Jahr 1905

gruppe stehende Bäuerin in der Bildszene nicht hervortritt, signalisiert die weit gehende Trennung von Haushalt und Betrieb. Die Fotografie verweist auf markante Unterschiede der bäuerlichen »Hausgemeinschaft« nach außen hin, zwischen Besitzenden und Habenichtsen, wie im Inneren, zwischen Alt und Jung sowie Mann und Frau. Kurz, sie inszeniert bäuerliche Identitäten.[82]

Drei Höfe aus dem Gänserndorfer Umland, ein Kleinhaus, ein Bauernhof und eine Gutswirtschaft, ermöglichen uns genauere Blicke auf den Umgang mit dem betrieblichen Vermögen – dem Vieh, den Maschinen und Geräten, den Gebäuden, den Vorräten, dem Geld. Dabei verknüpften wir zu unterschiedlichen Zeitpunkten vorliegende Informationen – Verlassenschaftsabhandlungen, Hof- und Betriebskarten, Erhebungsbögen der Agrarstatistik, Grundbuchauszüge, Grundbesitzbögen und so fort – zu Hofgeschichten.[83] Die Bewohner des Auersthaler Kleinhauses konnten Anfang der Neunzigerjahre des 19. Jahrhunderts nur einen Teil ihres Lebensunterhalts aus dem Eigenbesitz, den Acker- und Weingartenparzellen und der Ziege, schöpfen. Der Rest wurde durch Lohnarbeit bei Bauern oder Schuldenmachen aufgebracht; das zeigen etwa die Verbindlichkeiten für »Bauernarbeit« und Nahrungsmittel. Entsprechend karg dürfte das Auskommen des kinderlosen Ehepaares gewesen sein: Die Verlassenschaftsabhandlung anlässlich des Ablebens des Mannes im Jahr 1892 verzeichnet außer »etwas alte[r] Zimmer- und Kücheneinrichtung«, einem »alte[n] Weinfaß« und »etwas Kleider und Wäsche« kein weiteres Vermögen. Das kinderlose Ehepaar, das den Besitz von der Witwe einige Jahre später kaufte, versuchte offenbar, die Grundlage der Selbstversorgung zu erweitern: Grundkäufe wurden getätigt, einige Kühe, Schweine und Hühner wurden zugekauft und die nötigen Geräte und Werkzeuge wurden angeschafft; das alles war nur durch Schulden zu finanzieren. Doch bald ereilte die beiden das Unglück: Im Jahr 1913 wurde das Haus durch Brandlegung beschädigt; ein Jahr später starb sie, ein weiteres Jahr später fand auch er den Tod. Die Nachbesitzer, die das Anwesen im Jahr 1916 ersteigerten, hielten die auf Selbstversorgung ausgerichtete Landwirtschaft aufrecht: Neben dem Weinbau gediehen auf den Äckern etwas Getreide, Kartoffeln und Futterpflanzen; dafür waren auch neue Maschinen und Geräte notwendig. Doch in den Fünfziger- und Sechzigerjahren wurde das kleinbäuerliche Anwesen wieder zu dem, was es um die Jahrhundertwende gewesen war: zu einem Zwergbetrieb, der ein bescheidenes Nebeneinkommen einbrachte. Der Besitzer war im Hauptberuf bei den Österreichischen Bundesbahnen beschäftigt; seine Ehefrau widmete sich neben dem Haushalt der – mittlerweile viehlosen – Landwirtschaft. Während andere Bauern im Dorf zwei, drei und vier Traktoren betrieben, verfügten die beiden nur über einen Einachstraktor. In den Siebziger- und Achtzigerjahren wurde die Landwirtschaft weiter eingeschränkt. Die 61-jährige Frau hatte im Jahr 1983, kurz nach dem Tod ihres Ehemannes, bereits mehr als die Hälfte der Gründe verpachtet (Tabelle 9).[84]

Während um die Jahrhundertwende die Kleinhäuser im »Oberort« von Auersthal standen, reihten sich die bäuerlichen Ganz-, Halb- und Viertellehen im »Unterort« aneinander. Auch deren Besitzer führten in der Regel eine bescheidene Existenz; doch sie konnten, im Unterschied zu den »Hauern«, recht und schlecht von ihrem Grund-, Haus- und Viehbesitz leben. Das zeigt etwa die Verlassenschaftsabhandlung nach einer

Tabelle 9: Haushalts- und Betriebsstruktur eines Kleinhauses in Auersthal 1892–1984

	1892	1914/15	1941	1970	1984
Arbeitskräfte	Besitzer 75 Besitzerin	Besitzer 51 Besitzerin 45	Besitzer Besitzerin	[Besitzer 47] Besitzerin 47	Besitzerin 61
Kulturfläche (in ha)	0,4	?	3,3	1,4	0,6
Acker	0,3		3,0	1,0	0,3
Weingarten	0,1		0,2	0,4	0,3
Ackernutzung (in ha)	?	?			
Weizen			0,4	–	–
Roggen			0,7	0,6	–
Gerste			0,2	0,4	0,3
Körnermais			0,7	–	–
Kartoffeln			0,5	–	–
Futterrüben			0,2	–	–
Luzerne			0,3	–	–
Mischling			0,2	–	–
Viehstand					
Kühe	–	2	–	–	–
Sonstige Rinder	–	–	1	–	–
Schweine	–	8	4	–	–
Ziegen	1	–	1	–	–
Hühner	–	8	8	–	–
Maschinen/Geräte	–	W	SM, DM, EM	ET, MS	ET, MS
Schulden	1.017 fl.	658 K.	?	?	?
Bankdarlehen	750 fl.	–			
Privatdarlehen	100 fl	–			
Sonstige Schulden	267 fl.	658 K.			

Legende: siehe Tabelle 11.
Quelle: NÖLA, BG Matzen, IV 284/1892, A 268/1914, A 16/1916; NÖLA, BBK Gänserndorf, Hofkarten Auersthal 1941–1944, Betriebskarten Auersthal 1970 ff.; Auersthaler Heimatkunde 23 o.P.

im Jahr 1900 verstorbenen »Halblehnersgattin«: Neben den Feldfrüchten und den tierischen Erzeugnissen lebten das Besitzerehepaar und dessen Kinder vom Verkauf des Weines, der im eigenen Presshaus mit Keller gewonnen wurde. Der Witwer heiratete ein Jahr später zum zweiten Mal; nach dem Tod der Ehefrau im Jahr 1925 wurde ein drittes Mal Hochzeit gefeiert. Unter seiner Führung hatte der Betrieb aufgewirtschaftet: Als er im Jahr 1940 mit 71 Jahren starb, war die Betriebsfläche gewachsen, der Viehstand hatte sich vermehrt und eine Reihe neuer Anbau-, Ernte- und Verarbeitungsmaschinen befanden sich im Geräteschuppen; dem standen jedoch erhebliche Bank- und Privatverbindlichkeiten gegenüber. In den Fünfziger- und Sechzigerjahren befand sich

Tabelle 10: Haushalts- und Betriebsstruktur eines Bauernhofes in Auersthal 1900–1988

	1900	1940/41	1970/72	1988
Arbeitskräfte Familienangehörige im Haushalt	Besitzer 31 Besitzerin 32 [Tochter 2] [Sohn 1]	Besitzer 71 Besitzerin 56 [Sohn 25]	Besitzer 39 Besitzerin 36 [Sohn 12] [Tochter 14]	Besitzer 57 Besitzerin 54 Sohn 30
Betriebsangehörige	?	Knecht 4 Taglöhner	4 Taglöhner	–
Kulturfläche (in ha)	10,7	12,5	29,1	32,8
Acker	8,9	11,6	28,0	30,6
Weingarten	1,8	0,9	1,0	2,0
Ackernutzung (in ha)	?			
Weizen		0,7	7,0	14,0
Roggen		4,1	6,0	4,3
Gerste		1,3	6,0	8,0
Hafer		1,8	–	–
Körnermais		0,9	1,0	2,0
Kartoffeln		0,6	0,5	0,3
Zuckerrübe		–	4,0	2,0
Futterrüben		0,4	0,5	–
Luzerne		1,4	3,0	–
Mai		0,1	–	–
Mischling		0,4	–	–
Viehstand Pferde	2	2	–	–
Kühe	2	3	–	–
Kälber/Jungvieh	2	1	12	–
Schweine	1	5	26	–
Hühner	10	25	500	570
Maschinen/Geräte Zug und Antrieb	–	–	2 T, EM	2 T
Anbau	–	SM, 2 E, P	DS	–
Ernte	–	GM	0,5 MD, KV, RH, HE	MD
Verarbeitung	WP	WP, DM (alt), HM, RS	HP	–
Haushalt	–	–	WM, EH, KS	–
Sonstige Bereiche	3 W, S	3 W	2 W, FS, EA, SB	–
Schulden	4.052 K.	7.534 RM	?	?
Bankdarlehen	2.980 K.	2.687 RM		
Privatdarlehen	1.000 K.	3.300 RM		
Sonstige Schulden	72 K.	1.547 RM		

Legende: siehe Tabelle 11. – Quelle: NÖLA, BG Matzen A 149/1900, A 116/1925, A 115/1940; NÖLA BBK Gänserndorf, Hofkarten Auersthal 1941–1944, Betriebskarten Auersthal 1970 ff., Maschinenzählung 1972; Auersthaler Heimatkunde 17 o.P.

der Betrieb unter der Führung eines jungen Besitzerehepaares weiterhin im Aufstieg: Die Betriebsfläche wurde im Zuge von Grundaufstockungen mehr als verdoppelt, die meisten Anbau-, Ernte-, Verarbeitungs- und Haushaltstätigkeiten wurden mechanisiert und innerhalb der breit gefächerten Produktpalette verlagerten sich die Schwerpunkte auf Marktprodukte wie Weizen und Zuckerrüben sowie Eier und Masthühner. Traktor und Mähdrescher hatten Pferd und Ochse als Stützen des bäuerlichen Stolzes abgelöst. Diese Trends setzten sich auch in den Siebziger- und Achtzigerjahren fort; im Jahr 1988 war der vollmechanisierte 33-Hektar-Betrieb auf Wein- und Marktfruchtproduktion sowie massenhafte Lege- und Masthühnerhaltung spezialisiert (Tabelle 10).[85]

Auersthal war um die Jahrhundertwende noch ein Dorf der Bauern- und Kleinhäuslerfamilien; anderswo im Gänserndorfer Umland, etwa in Weikendorf, prägten kirchliche, adelige oder bürgerliche Gutswirtschaften das dörfliche Erscheinungsbild. Das Gut Weikendorf war Teil der von Wien aus verwalteten Stiftungsherrschaft des Benediktiner-Ordensstiftes Melk, die im Jahr 1908 2.905 Hektar mit einem Katastralreinertrag von 76.808 Kronen umfasste; Körnerfrüchte, Wein und Holz erbrachten nebst einer Ziegelei die Haupteinnahmen.[86] Der von einem örtlichen Verwalter geführte 555-Hektar-Betrieb in Weikendorf wirkte in den Zwanziger- und Dreißigerjahren wohl als Vorreiter des landwirtschaftlichen »Fortschritts«: Zug- und Antriebsmaschinen, darunter zwei Traktoren, zählten Anfang der Vierzigerjahre ebenso zur Ausstattung wie Anbau-, Ernte- und Verarbeitungsmaschinen, etwa Düngerstreuer, Vielfachgerät, Kartoffelroder, Dreschmaschine, Silohäcksler und so fort. Die fortgeschrittene Mechanisierung erklärt auch die vergleichsweise geringe Anzahl ständiger Arbeitskräfte, die vorwiegend den umfangreichen Viehbestand betreuten. Während der Arbeitsspitzen im Getreide- und Hackfruchtbau wurden Taglöhnerinnen und Taglöhner, in- und ausländische Saisonarbeiterinnen und -arbeiter sowie – während der Kriegsjahre – ausländische Zwangsarbeiterinnen und -arbeiter beschäftigt. Die Strategien der Gutsverwaltung in den Fünfziger- und Sechzigerjahren fügten sich in den allgemeinen Trend der Spezialisierung auf viehlose Weizen- und Zuckerrübenproduktion; zugleich wurden der Kartoffel- und Gemüsebau forciert – eine Besonderheit für das nördliche Marchfeld, die in den Siebziger- und Achtzigerjahren eine Fortsetzung fand. Diese Schwerpunktverlagerungen waren begleitet von der Vollmechanisierung, die sich nicht nur in der Zunahme bestehender Maschinen, etwa der Traktoren, äußerte, sondern auch in zahlreichen Neuanschaffungen, etwa den seit den Fünfzigerjahren eingesetzten Beregnungsanlagen. Während Erstere menschliche und tierische Arbeitskraft ersetzten, dienten Letztere zum teilweisen Ersatz der Naturgewalten (Tabelle 11).[87]

Diese kleinen Hofgeschichten erzählen auch die größere Geschichte vom »Strukturwandel« der Höfe. Der vollmechanisierte, viehlose Zwei- oder Ein-Personen-Betrieb stand am Ende des Weges der Bauernwirtschaften des Gänserndorfer Umlandes durch das 20. Jahrhundert. Dabei gerieten manche, vorwiegend kleinere Betriebe im Wettbewerb mit anderen in Rückstand; hingegen konnten vor allem mittlere und größere Betriebe ihren Vorsprung ausbauen. Eine Triebfeder dieses »Strukturwandels« war der Ersatz menschlicher und tierischer Arbeitskraft, die steigende Kosten verursachte, durch Sachkapital, das tendenziell billiger wurde.[88] Doch die Preisrelationen von Arbeit und Kapital allein vermögen den Wandel der Haushalts- und Betriebsstrukturen nicht zu erklären; der vielfach wie eine von außen hereinbrechende Naturgewalt wahrgenommene »Strukturwandel« kann von innen her auch als Folge menschlichen Deutens und Handelns verstanden werden. Wie die drei Hofgeschichten zeigen, trieben auch die Wechselwirkungen von Haushalt und Betrieb den »Strukturwandel« voran: Vor dem Haushalt, dem »Reich der Landfrau«, wurde der Betrieb als männliche Domäne mechanisiert; der Haushaltszyklus – das wechselnde Verhältnis von erwachsenen Arbeitskräften und noch nicht oder nicht mehr arbeitsfähigen Verbrauchern – bestimmte auch das Auf und Ab des Betriebszyklus; vom bäuerlichen Haushalt, der zunächst auch die nichtverwandten Dienstboten umfasste, blieb nach der Vollmechanisierung des Betriebes die Besitzerfamilie übrig; die viehlose, voll mechanisierte Landwirtschaft ermöglichte die Trennung von Haushalt und Betrieb. Genauer besehen, stellt sich der »Strukturwandel« als Feld von Kräften und Gegenkräften, von beständigen und auf Veränderung bedachten Strategien der Menschen auf den Höfen dar.

Die staatliche Statistik widmete der tierischen Population lange Zeit mindestens ebenso viel Aufmerksamkeit wie der menschlichen. Das – nicht ganz unberechtigte – Misstrauen der Viehbesitzerinnen und -besitzer verzerrte, vor allem in den Kriegs- und Nachkriegszeiten, die Ergebnisse der Viehzählungen. Daher sollten die Einer-, Zehner- und Hunderterziffern nicht überbewertet werden; dennoch liefern uns diese Zahlen wertvolle Hinweise auf die Entwicklung des Viehbestandes im Gänserndorfer Flach- und Hügelland seit dem ausgehenden 19. Jahrhundert (Grafik 10). Der Pferdebestand bewegte sich bis Anfang der Fünfzigerjahre, abgesehen von den kriegsbedingten Einbrüchen, im Bereich von 2.000 bis 2.800 Stück – ein Zeichen für die lange Vorherrschaft des Zugpferdes in den Bauern- und Gutsbetrieben. In den Fünfziger- und Sechzigerjahren schrumpften die Pferdebestände und pendelten sich in den Siebzigerjahren bei 130 bis 150 Stück ein. In dieser Zahlenentwicklung findet der Übergang der Groß- und Gutsbetriebe und, mit zeitlicher Verzögerung, der Klein- und Mittelbetriebe von der tierischen zur maschinellen Zugkraft ihren Niederschlag. Die Zahlen der Rinder nahmen, unterbrochen von einem Rückgang im Ersten Weltkrieg, bis zum Zweiten Weltkrieg stetig zu und erreichten im Jahr 1938 mit 10.300 Stück den Höchstwert. Nach dem Einbruch des Jahres 1945 wuchs der Rinderbestand bis zum Jahr 1960 erneut auf 7.400 Stück, ohne jedoch den Vorkriegswert zu erreichen. Die regional vorherrschende Rinderrasse war das Fleckvieh, dem im Jahr 1930 53 Prozent der Stiere und Kühe angehörten.[89] Die wachsenden Rinderzahlen in den Ställen – in großen Betrieben 100, 200 und mehr – deuten auf die wachsende Marktverflechtung der Viehwirtschaft im Gänserndorfer Umland hin. Einerseits war durch die Abfälle aus dem Zuckerrüben- und Kartoffelbau ein vermehrtes Angebot an Futtermitteln vorhanden; andererseits erhöhte sich in der rasant wachsenden Metropole Wien auch die Nachfrage nach Milch- und Fleischprodukten. Die Betriebsbesitzerinnen und -besitzer setzten dabei fast ausschließlich auf die Milchkuhhaltung; die Ochsenmast fiel trotz steigender Tendenz kaum ins Gewicht. Der Rückgang der Rinderbestände seit den Sechzigerjahren, die im Jahr 1999 mit 800 Stück ihren Tiefststand erreichten, wurde durch veterinärmedizinische Maßnahmen zur Eindämmung von Viehseuchen beschleunigt; die Investitionen zum vorschriftsgemäßen Umbau der Ställe

Tabelle 11: Haushalts- und Betriebsstruktur des Gutes Weikendorf 1928–1984

	1928	1941	1956	1970/72	1984
Arbeitskräfte	?	Verwalter 5 Knechte 3 Mägde 11 Taglöhner	Verwalter 37 Ehefrau [Söhne 2, 5] 4 Dienstboten 3 Saisonarbeiter Taglöhner	Verwalter 3 Landarbeiter 11 Saisonarbeiter	9 ständige Arbeitskräfte [inkl. Verwalter]
Kulturfläche (in ha)	579	555,2	559,4	574,4	574,4
Acker	123	131,3	148,6	150,4	154,5
Wiese	11	–	–	–	–
Garten	4	0,3	0,8	0,8	–
Hutweide	13	–	2,3	2,3	2,3
Wald	427	423,1	407,7	420,9	417,6
Ackernutzung (in ha)					
Weizen	?	14,2	52,7	67,0	24,0
Roggen		25,7	–	7,0	–
Gerste		22,1	34,2	–	13,0
Hafer		–	–	10,0	–
Körnermais		–	14,0	–	2,3
Hülsenfrüchte		5,0	7,0	–	–
Kartoffeln		4,0	6,4	17,4	40,0
Zuckerrübe		18,7	20,5	18,0	21,0
Feldgemüse		4,9	2,3	31,0	54,2
Raps		6,9	2,8	–	–
Flachs		5,3	–	–	–
Hanf		6,6	–	–	–
Luzerne		15,7	7,0	–	–
Mischling		–	1,7	–	–
Brache		2,3	–	–	–
Viehstand					
Pferde	?	7	–	–	–
Stiere und Ochsen		3	–	–	–
Kühe		25	4	–	–
Sonstige Rinder		27	11	–	–
Schweine		32	–	–	–
Maschinen/Geräte					
Zug und Antrieb	?	2 T, 3 EM	4 T	7 T, 2 EM	9 T
Anbau		SM, 2 DS, VG	DS, VG	3 TP, BB, KL, 3 SM, 3 DS	SM, DS
Ernte		GM, KR, BM	GM, KR, BM, MD	2 KE	KE, RE
Verarbeitung		DM, SH, SP	–	–	–
Haushalt		–	WS	WM, GS, EH, WS, KS, GT,	GS, EH
Sonstige Bereiche		2 W, 3 SB, FD	3 EM, 6 WW, SG, LG, BA	10 W, 2 HM, FL, 2 FS, 3 BA, SB	HM, SB
Bauliche Anlagen	?	GF, DJ	4 GF, DJ	–	–

veranlassten viele Betriebe zur Aufgabe der Rinderhaltung. Im Jahr 1999 verfügten nur mehr 32 oder weniger als 3 Prozent der 1.077 Betriebe über Rindvieh.[90]

Ähnlich wie der Rinderbestand entwickelten sich die Schweinezahlen. Sie schnellten in den Jahren 1880 bis 1910 und, nach dem kriegsbedingten Rückgang, erneut in den Zwanziger- und Dreißigerjahren in die Höhe, um im Jahr 1938 den Höchstwert von 25.300 Stück zu erreichen. Nach dem Einbruch mit Kriegsende 1945 stiegen die Schweinezahlen wieder und übertrafen in den Sechzigerjahren mit 25.400 Stück knapp den Vorkriegswert. Der Schweineboom kann, ebenso wie das Wachstum der Rinderbestände, auf die Verdichtung der angebots- und nachfragebedingten Marktverflechtung zurückgeführt werden. Seit den Siebzigerjahren nahmen die Schweinebestände zunächst allmählich, dann immer rascher ab – auch ein Zeichen für den Trend zum viehlosen Betrieb. Im Jahr 1999 hielten nur mehr 86 oder knapp 8 Prozent von 1.077 Betrieben Schweine. Die Schaf- und Ziegenzahlen entwickelten sich seit dem ausgehenden 19. Jahrhundert völlig gegensätzlich: Während die Schafe in den Achtziger- und Neunzigerjahres des 19. Jahrhunderts nahezu verschwanden, vermehrten sich die Ziegen seit der Jahrhundertwende bis zur Mitte der 20. Jahrhunderts, bevor sie in den Fünfziger-, Sechziger- und Siebzigerjahren deutliche Rückgänge verzeichneten. Schafe und Ziegen verweisen auf unterschiedliche Gruppen von Viehhaltern: Das Schaf wurde bevorzugt auf Groß- und Gutsbetrieben gehalten. Mit der zunehmenden Bebauung des Weidelandes im ausgehenden 19. Jahrhundert verlor es seine Futtergrundlage. Die Ziege, die »Kuh des kleines Mannes«, bot hingegen den zahllosen Kleinhäuslerbetrieben, vor allem in Zeiten der Nahrungsmittelknappheit, eine Grundlage der Selbstversorgung.[91] Das zeigt auch die Stellungnahme des Gänserndorfer Bezirkshauptmannes zur Zunahme der Ziegen, Schweine und Gänse nach der Viehzählung des Jahres 1923: Der Mangel an Milch- und Fleischprodukten während der Kriegs- und Nachkriegszeit habe »bekanntlich die nicht produzierenden Bevölkerungskreise genötigt, zur Erleichterung der Lebensführung sich mit der Haltung der bezeichneten Tiere zu befassen«.[92] Nachdem die Arbeiter- und Angestelltenhaushalte in den Mangeljahren nach dem

---

Legende: [...] nicht im Betrieb mitarbeitend, ? Angaben unbekannt, – nicht vorhanden, BA: Bewässerungsanlage, BB: Bodenbearbeitungsgerät, BM: Bindemäher, DJ: Düngerstätte/Jauchegrube, DM: Dreschmaschine, DS: Düngerstreuer, E: Egge, EA: Entmistungsanlage, EH: Elektroherd, EM: Elektromotor, ET: Einachstraktor, FD: Futterdämpfer, FL: Frontlader, FS: Förderschnecke, GF: Gärfutterbehälter, GM: Grasmäher, GS: Geschirrspüler, GT: Gefriertruhe, HE: Heuerntemaschine, HM: Häckselmaschine, HP: Hochdruckpresse, KE: Kartoffelerntemaschine, KL: Kartoffellegemaschine, KR: Kartoffelroder, KS: Kühlschrank, KV: Kartoffelvorratsroder, LG: Ladegerät, MD: Mähdrescher, MS: Motorspritze, P: Pflug, RE: Rübenerntemaschine, RH: Rübenheber, RS: Rübenschneider, S: Schlitten, SB: Schädlingsbekämpfungsgerät, SG: Saatgutbereiter und -beizer, SH: Silohäcksler, SM: Sämaschine, SP: Strohpresse, T: Traktor, TP: Traktorpflug, VG: Vielfachgerät, W: Wagen, WM: Waschmaschine, WP: Weinpresse, WS: Warmwasserspeicher.
Quelle: Jahr- und Adressbuch 1928 3/129; NÖLA, BBK Gänserndorf, Hofkarten Gutsbetriebe 1941-1944, Allgemeine Statistik (Akten) 1958–1967, Betriebskarten Weikendorf 1970 ff., Maschinenzählung 1972.

Grafik 10: Viehbestand in der Region Gänserndorf 1880–1999

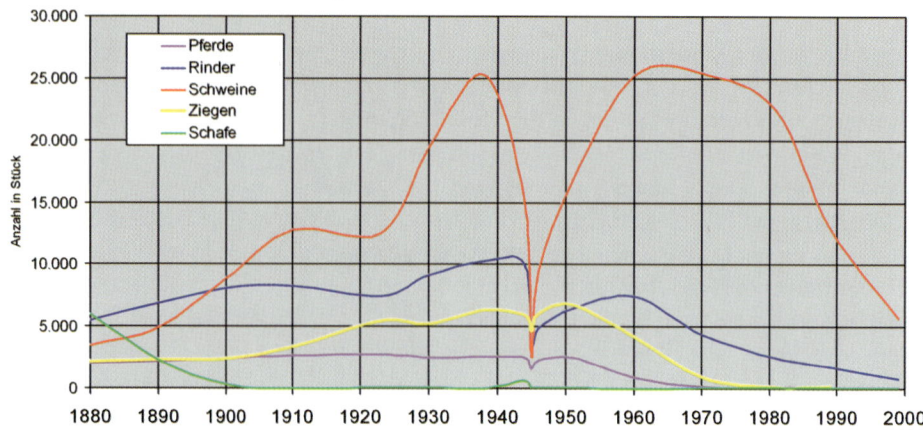

Quelle: Eigene Berechnungen nach Viehzählung 1880, 1890, 1900; Viehstandslexikon 1910; NÖLA, Konvolutsakten, IV Alt 82, Volkszählung 1923; Betriebszählung 1930; NÖLA, BBK Gänserndorf Viehzählung 1938, 1944, 1945, 1946, 1951, 1960, 1970; Statistik Austria, Direktion Raumwirtschaft, Viehzählung 1981, 1989, Agrarstrukturerhebung 1999.

Zweiten Weltkrieg ihren Tierbestand gehegt und gepflegt hatten, waren sie in der zweiten Hälfte des 20. Jahrhunderts immer weniger auf die landwirtschaftliche Selbstversorgung angewiesen; damit verschwanden auch die Ziegen aus dem dörflichen Erscheinungsbild.

Der »Strukturwandel« erfasste nicht nur den Viehstand, sondern auch den Bestand an Maschinen und Geräten; mehr noch: Die Reduzierung der Viehstände war, vor allem in den größeren Betrieben, eine Bedingung für die Vollmechanisierung; erst die Umwandlung der Futterbau- in Getreideflächen machte die Anschaffung von Anbau- und Erntemaschinen rentabel.[93] In welcher Weise sich Innovationen an Traditionen knüpften, zeigt etwa das Ölgemälde »Der Traktor im kleinbäuerlichen Betrieb« von Hans Müllebner. Der Mann zieht mit Hilfe des neuen Traktors den alten Pflug, vor den bis vor kurzem noch die Pferde gespannt worden waren; die Frau führt den Pflug. Der im Jahr 1910 in Auersthal geborene Maler, der in seinen Bildern lebensgeschichtliche Erfahrungen verarbeitet, unterlegt dieser Szene eine kritische Lesart: »Ein Bild wie dieses fand man nur selten, aber allein sein Vorhandensein gab und gibt zu denken. Es konnte doch nicht Sinn der Mechanisierung sein, sie für eine Reihe von Betrieben über Erschwerung der Menschenarbeit zu vollziehen. Als aber der Traktor Statussymbol wurde, stieg auch der letzte Bauer auf Traktor um, allerdings mit relativ hohem finanziellem Aufwand, den er nur durch Schulden abdecken konnte. Solche Betriebe wurden zu Opfern des so genannten Fortschritts.«[94] Das Gemälde führt uns ein Paradox der landwirtschaftlichen Mechanisierung vor Augen: Die erhoffte Arbeitserleichterung entpuppte sich für manche Menschen als Erschwernis.

Fest steht, dass der Traktor im Denken der Menschen, wie kaum eine andere technische Neuerung des 20. Jahrhunderts, den landwirtschaftlichen »Fortschritt« verkörperte; und er beeinflusste auch deren Handeln in entscheidender Weise: Er stand am Beginn einer Reihe von Investitionen, die vielfach das Eigenkapital der Betriebe überstiegen und die Aufnahme von Fremdkapital erforderten; seine Anwendungsbereiche als Zug- und Antriebsmaschine waren mit Hilfe diverser Zusatzgeräte – Mähwerk, Pflug, Grubber, Scheibenegge, Mähdrescher und so fort – breit gestreut; seine Bedienung erforderte ein hohes Maß an technischem Wissen und Können; die maschinelle Energie, die er lieferte, ersetzte menschliche und tierische Arbeitskraft; er verlagerte vielfach die idealen, an der »Wirtschaftlichkeit« gemessenen Betriebsgrößen über die realen Größen der Betriebe hinaus. Kurz, wie ein »Trojanisches Pferd« schmuggelte der Traktor die »neue«, marktverflochtene Landwirtschaft in die »alte«, noch stark der bäuerlichen Autonomie verhaftete Welt ein.[95]

Im Gänserndorfer Umland hielten die Traktoren vergleichsweise früh Einzug: Im Jahr 1930 waren 23 Traktoren im Einsatz, im Jahr 1946 bereits 86. »Der Adolf hat die Maschinen gebracht, auf Deutsch gesagt«,[96] bringt Johann Zimmermann aus Weikendorf die Vorboten der Mechanisierung im »Dritten Reich« auf den Punkt. In den späten Vierzigerjahren stiegen die Traktorzahlen auf ein Vielfaches; zugleich wuchs der Pferdebestand. Josef Schreiber, ehemaliger Bediensteter der Bezirksbauernkammer Gänserndorf, erklärt dies mit der bäuerlichen Strategie der Risikovermeidung: »Man hat gesagt: Naja, ein Pferd behalte ich mir trotzdem, und nehme einen Traktor noch.«[97] In den Fünfzigerjahren setzte die »Traktorisierung« in vollem Umfang ein und erreichte im Jahr 1977 mit 2.300 Stück ihren Höhepunkt; in den Achtziger- und Neunzigerjahren sanken die Traktorenbestände im Zuge von Betriebsauflassungen. Mit dem Einzug der Traktoren in die Schuppen verschwanden nunmehr auch die Zugpferde aus den Ställen (Grafik 11). Die Statistik zeigt eine wellenförmige Zunahme der Traktorenzahlen im Bauernkammerbezirk Gänserndorf; die Wendepunkte mit den höchsten Zuwachsraten lagen in den späten Fünfziger- und späten Siebzigerjahren. Diese statistischen Kurven dienen als Anzeichen für das Auf und Ab der bäuerlichen Investitionsbereitschaft, die wiederum von der jeweiligen Lage auf den vor- und nachgelagerten Märkten abhing;[98] dabei können wir mehrere Gruppen von Traktorbesitzern unterscheiden: die »Vorreiter« der Dreißiger- und frühen Vierzigerjahre, die »Aufgeschlossenen« der späten Vierzigerjahre, die »Mehrheit« der Fünfzigerjahre, die »Nachzügler« der frühen Sechzigerjahre. Die Welle der späten Sechziger- und Siebzigerjahre spiegelt überwiegend die Anschaffung von Zweit- und Dritt-Traktoren wider.[99]

Dem Kauf eines gebrauchten oder gar fabrikneuen Traktors gingen oft langwierige Entscheidungsprozesse voraus. Entsprechend bewegt schildern frühere Betriebsbesitzerinnen und -besitzer die Geschichte vom »ersten Traktor«; so auch Franz Hager aus Auersthal, der einiges von der Magie dieses Augenblicks vermittelt: »Das war ein Segen. Im 50er-Jahr, da habe ich den Traktor bekommen, im 50er-Jahr. Na, da glaubst, du bist der liebe Gott selber, nicht. Hinaufgesetzt, gefahren.«[100] Auch Friedrich Hofer erinnert sich, wie Traktoren und andere Maschinen in Auersthal und dem Acker-Weinbau-Betrieb seiner Familie Einzug hielten. Im Jahr 1955 schafften mehrere Auersthaler Betriebe Traktoren an. Der Vater, der den Betrieb noch nicht an den 27-Jährigen übergeben hatte, verfügte über einige Ersparnisse; nun musste er noch überzeugt werden.

»Der Traktor im kleinbäuerlichen Betrieb« (Ölgemälde von Hans Müllebner)

Friedrich Hofer bringt das damalige Gespräch im heutigen Erzählen nochmals zur Aufführung: »Hörst, kaufen wir uns einen.« Der Vater zeigte sich nicht abgeneigt, lehnte jedoch einen »größeren« Traktor ab: »Nein, wegen der paar Äcker, die wir haben, das zahlt sich nicht aus.« Nach einigem Hin und Her einigten sich die beiden auf einen »15er Steyr«. »Na, was kostet denn der?«, wollte der Vater wissen. Die 28.000 Schilling lagen hart an der Schmerzgrenze; dennoch drängte der Sohn auf eine Zusatzausstattung. »Die Hydraulik, das wäre schon gut«, meinte der Vertreter der Lagerhausgenossenschaft. Schließlich verzichtete Friedrich Hofer auf den Komfort eines Starters, sodass der Vater in den Kauf des Traktors samt hydraulischem Hubwerk einwilligte. In Eigenregie baute er den Doppelpflug, der bisher von den Pferden gezogen worden war, für den Traktoreinsatz um.[101]

Friedrich Hofer, der sich als »Vorreiter« der Mechanisierung sieht, erzählt uns seine persönliche Erfolgsgeschichte: »Ich war bei den Maschinen schon immer einer von den Ersten.«[102] Beseelt vom Geist des »Fortschritts« und bestärkt durch das Vorbild anderer Jungbauern aus dem Dorf, drängte er seinen Vater hartnäckig zum Kauf der Maschine. Er warf sein gesamtes Gewicht als Betriebsnachfolger in die Waagschale, um das angesparte Vermögen des Betriebsbesitzers für die Investition flüssig zu machen. In dieser Auseinandersetzung sah er sich vor allem als Angehöriger einer Generation von Söhnen, die sich nicht nur selbst, sondern auch das Erbe der Väter für den »Betriebsaufbau« verausgabten. Bei aller Begeisterung für das Neue griff die »Aufbaugeneration«

Grafik 11: »Traktorisierung« in der Region Gänserndorf 1930–1999

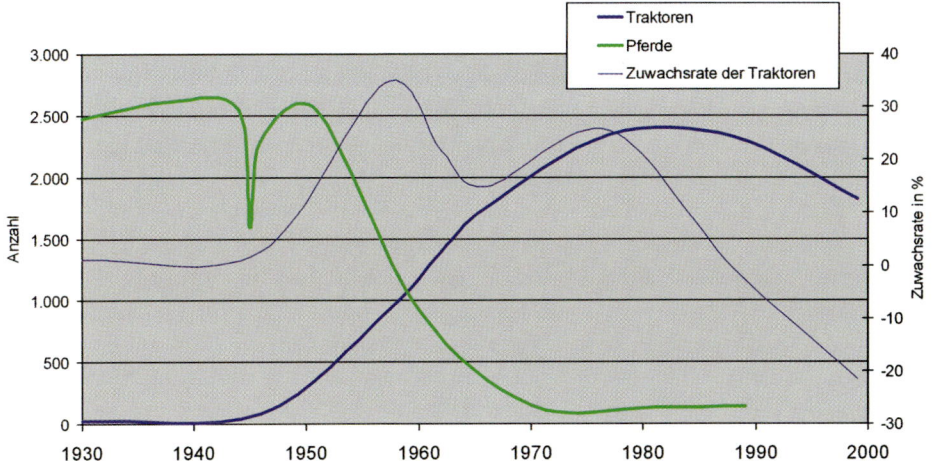

Quelle: Eigene Berechnungen nach Betriebszählung 1930; NÖLA, BBK Gänserndorf, Viehzählung 1938, 1944, 1945, 1946, 1951, 1960, 1970, Maschinenzählung 1953, 1957, 1962, 1966, 1972; Statistik Austria, Direktion Raumwirtschaft, Maschinenzählung 1946, 1977, 1988, Viehzählung 1981, 1989, Agrarstrukturerhebung 1999.

dabei auf das altbewährte Netzwerk persönlicher Beziehungen zurück: Vier Jahre später, im Jahr 1959, schaffte Friedrich Hofer gemeinsam mit seinem Schwager – und mit finanzieller Unterstützung des Vaters – den ersten Mähdrescher an. Auch mit befreundeten Bauern ging er Maschinengemeinschaften ein: Der eine kaufte einen Kippanhänger, der andere einen Rübenheber und so fort.[103] Der »Fortschritt« führte, wie in diesem Fall, nicht geradewegs in den »Agrarindividualismus«, sondern stützte sich auch auf die Kollektive der Verwandtschaft, Nachbarschaft und Bekanntschaft.

Josef Schneider dagegen weiß vor dem Hintergrund seiner Erfahrungen in der Bezirksbauernkammer Gänserndorf auch Gegenteiliges zu berichten: Viele freiwillige Maschinengemeinschaften scheiterten am Egoismus ihrer Mitglieder und in einigen Betrieben türmten sich die Schulden zum unüberwindlichen Hindernis auf: »So mancher hat sich den Schädel angerannt dabei.«[104] Welche Betriebsbesitzerinnen und -besitzer in besonderem Maß Gefahr liefen, sich, um im Bild zu bleiben, den »Schädel anzurennen«, zeigt die Kennzahlenerhebung des Jahres 1968 im Bauernkammerbezirk Gänserndorf: Im Durchschnitt betrug die Zahl der Motor-PS auf zehn Hektar reduzierter landwirtschaftlicher Nutzfläche im Drittel der kleineren Betriebe 57,6, im Drittel der mittleren Betriebe 28 und im Drittel der größeren Betriebe 29,9.[105] Die Mittel- und Großbetriebe konnten die Leistung ihrer Traktoren weit »ökonomischer« nutzen als die häufig »übermotorisierten« Zwerg- und Kleinbetriebe.

Der »Arbeitskräftemangel« war den Erzählungen zufolge das eine Hauptmotiv des Traktorkaufs, die »Arbeitserleichterung« das andere. Der Wunsch, die Arbeit weniger kräfteraubend zu gestalten, kennzeichnet den Übergang zweier Deutungs- und Handlungsmuster: Einerseits sollte die Mühsal, die mit der »alten« Landwirtschaft verbunden war, gemildert werden; andererseits sollten sich die Arbeitsabläufe an den Vorgaben der »neuen« Landwirtschaft orientieren. »Arbeitserleichterung« meint daher zugleich Festhalten an der Tradition und Übernahme der Innovation. Zwar stand hinter der Entscheidung für den Traktorkauf noch vielfach die Logik der Selbstversorgung; doch der Traktor als »trojanisches Pferd« öffnete zwangsläufig dem marktwirtschaftlichen Denken Tür und Tor. In diesem Zusammenhang erhob sich eine konfliktträchtige Frage, in der vielfach Bäuerin und Bauer geteilter Meinung waren: Welcher Betriebszweig sollte bevorzugt mechanisiert – und damit von körperlicher Anstrengung entlastet – werden? Der Traktor erleichterte die Arbeit im Freien, die – zumindest in der Idealvorstellung – als »Männerarbeit« galt; die Erleichterung der vorrangig als »Frauenarbeit« geltenden Hauswirtschaft, etwa das zeit- und kräfteraubende Reinigen der verschmutzten Kleidung im Waschtrog, wurde aufgeschoben. Ein Blick auf die Ergebnisse der Maschinenzählungen ermöglicht eine Vorstellung von der ungleichen Mechanisierung der Höfe in der Region Gänserndorf: Im Jahr 1953 entfielen auf eine Waschmaschine in bäuerlichen Haushalten, statistisch betrachtet, 11,4 Traktoren; dieses Ungleichgewicht verringerte sich im Jahr 1957 auf 2,2 und pendelte sich in den Jahren 1962 bis 1977 zwischen 1,4 und 1,2 ein.[106] Während zunächst die männliche und weibliche Arbeit außer Haus mechanisiert wurde, erfuhr die fast ausschließlich von Frauen geleistete Hausarbeit in den Fünfzigerjahren eine »nachholende Mechanisierung«. In den Sechziger- und Siebzigerjahren hatte, gemessen an den Zahlen der Traktoren und Waschmaschinen, die Mechanisierung im Haus gegenüber jener außer Haus aufgeholt. In manchen Gemeinden, etwa in Auersthal, entstanden alternativ zu den privaten Anschaffungen für die Hauswirtschaft öffentliche Einrichtungen: Findige Männer errichteten eine Gemeinschaftswaschanlage für die Frauen.[107] Doch die »nachholende Mechanisierung« brachte nur zum Teil die erhoffte Arbeitsentlastung der Bäuerinnen und deren Töchter; die im Haushalt ersparte Zeit wurde für andere Tätigkeiten im Betrieb verwendet. Auf diese Weise schuf die Mechanisierung der Frauenarbeit eine Voraussetzung dafür, dass die Männer eine außerbetriebliche Lohnarbeit, etwa in der Weinviertler Erdölindustrie oder in anderen Wirtschaftszweigen, aufnehmen konnten.[108]

Durch die Verkleinerung der Viehstände und die Maschinenankäufe entsprach auch der Altbestand an Gebäuden immer weniger den Anforderungen der Betriebsführung. In den Dörfern des Gänserndorfer Umlandes reihten sich in der ersten Hälfte des 20. Jahrhunderts, bedingt durch die ebene Lage, Streck-, Zwerch- und Hakenhöfe aneinander. Diese archaischen Gehöftformen haben immer wieder das volkskundliche Interesse erweckt, dem wir auch das Weinviertler Museumsdorf Niedersulz verdanken. Dort haben die Museumsmacher unter anderem die »Baugruppe Zwerchhof aus Waidendorf« aus dem 19. Jahrhundert, das »klassische Weinviertler Gehöft«, zusammengestellt. Neben dem L-förmigen Wohn- und Wirtschaftstrakt aus Waidendorf finden sich ein Schweinestall (»Mäststeig«) aus Groß-Schweinbarth, ein rekonstruierter Querschuppen zum Abstellen von Wägen und Geräten nach einem Vorbild aus Niederkreuzstetten, ein Ausgedingehäuschen (»Ausnahm«) aus Niedersulz, ein Längsstadel aus Großinzersdorf und der obligate, nach »alte[r] Tradition« angefertigte »Taubenkobel«. Im Wohntrakt befindet sich eine Rauchküche mit Vorratsraum (»Speis«) zum Kochen, Backen und Selchen, die aufgrund des offen abziehenden Rauches nicht als Wohnraum geeignet war. Gesellschaftlicher Mittelpunkt des Hauses war die angrenzende Stube, die – im Gegensatz zu den Schlafräumen und Kammern – beheizbar war. Von der Hoftür gelangte man über die mit Rundbögen ausgestattete Längslaube (»Trettn«) zum Kuh- und Rossstall sowie zum nahe der Mistgrube gelegenen Abort. Dieses Ensemble, so die Museumsmacherinnen und -macher, verdanke seine Existenz dem Bemühen, das »Kulturgut« der Heimat zu bewahren; die altertümlichen Ausstellungsobjekte stünden in einem auffälligen Kontrast zur jüngeren »Bau(un)kultur«.[109] In der Tat hinterließ der »Strukturwandel« an den Höfen im Gänserndorfer Umland seine Spuren: Die Einreichpläne der Um- und Neubauten in der Nachkriegszeit stellten das Baugeschehen auf neue Grundlagen: neuer, größer, rationeller. Da Förderungs- und Beratungswesen gekoppelt waren, konnte die Bezirksbauernkammer auf die Bautätigkeit Einfluss nehmen. Wer Kredite oder Subventionen beantragte, musste eine Fachberatung durch einen Sachverständigen in Anspruch nehmen. Die Streck-, Zwerch- und Hakenhöfe wurden Schritt für Schritt dem Raumbedarf der »fortschrittlichen« Landwirtschaft angepasst. Das Erscheinungsbild der Häuser entlang der Dorfzeilen veränderte sich nicht nur außen, sondern auch im Inneren: Stein, Holz und Blech wurden durch leicht zu reinigende, »hygienische« Werkstoffe wie Fliesen, Aluminium und Kunststoff ersetzt. Das Marchfelder und Weinviertler Dorf wechselte innerhalb weniger Jahrzehnte sein Erscheinungsbild; die aufgestockten Häuserfronten, verbreiterten Kunststofffenster und aufgeblähten Maschinenhallen brachten die »moderne« Arbeits- und Lebensweise sinnfällig zum Ausdruck. Außenstehende klagten bald über den »Gesichtsverlust« des Dorfes; jene, die von den feuchtkalten Lehm- und Steinhäusern in die Um- und Neubauten mit Zentralheizung übersiedelten, erfreuten sich wohl am höheren Wohnkomfort. Aus dem Widerspruch zwischen »Schönheit« und »Zweckmäßigkeit« entstand die Idee der »Ortsbildpflege«: Überquellende Blumentröge, archaische Wandmalereien und aufgeklebte Mauergesimse passten die modernisierten Gebäude in romantische Dorfbilder ein.[110]

Das Hab und Gut der Betriebe – Vieh, Maschinen und Gebäude sowie die dafür nötigen Betriebsmittel – kostete Geld; zudem mussten die Besitzerinnen und Besitzer gegen Brand-, Seuchen- und andere Gefahren durch Sachversicherungen Vorkehrung treffen. Wegen des spärlichen oder fehlenden Waldbesitzes verfügten die Bauern im Flach- und Hügelland, im Unterschied zu den Gebirgsbauern, über keine »hölzerne Sparkasse«. Reichte das Barvermögen für die erforderlichen Ausgaben nicht, wurden Personal- oder Sachkredite aufgenommen. Die Verzeichnisse der 1938 angelaufenen »Entschuldungsaktion« eröffnen uns zahlreiche, ins Detail gehende Einblicke in die bäuerlichen Schuldverhältnisse gegen Ende der Dreißigerjahre. Greifen wir das Schuldenverzeichnis eines Auersthaler Acker-Weinbau-Betriebes mit etwas mehr als fünfeinhalb Hektar Grundbesitz heraus. Bis August 1942 hatten sich Zahlungsrückstände in der Höhe von 3.499 Reichsmark angehäuft. Die Besitzer hatten von der Raiffeisenkasse Auersthal, der Sparkasse Gänserndorf und einem privaten Geldverleiher Darlehen in der Höhe von 2.774 Reichsmark für Grund- und Viehankäufe aufgenommen. Bei einem örtlichen Kaufmann und beim Lagerhaus Gänserndorf standen sie mit 551 Reichsmark in der

»Baugruppe Zwerchhof aus Waidendorf« im Weinviertler Museumsdorf Niedersulz
10a: Zwerchhof aus Waidendorf (19. Jahrhundert), 10b: Taubenkobel (Rekonstruktion),
10c: Mäststeig (Rekonstruktion), 10d: Querschuppen (Rekonstruktion), 10e: Ausgedingehaus (19. Jahrhundert), 10f: Längsstadel (Bezeichnung aus 1851).

Kreide. Dem Finanzamt schuldeten sie 174 Reichsmark an Steuern.[111] Der Vergleich von 16 Auersthaler Betriebe zeigt, dass der Schuldenstand dieses Hofes unter dem Durchschnitt lag (Grafik 12): Im Schnitt war jeder Betrieb mit 5.448 Reichsmark belastet; auf einen Hektar entfielen durchschnittlich 1.161 Reichsmark Schulden. Fassen wir die Betriebe nach der Kulturfläche in drei gleich großen Gruppen zusammen: Die durchschnittlichen Gesamtschulden stiegen von 3.219 Reichsmark im unteren Drittel über 5.574 im mittleren Drittel auf 7.525 Reichsmark im oberen Drittel. Hingegen sanken die durchschnittlichen Schulden pro Hektar von 1.523 Reichsmark im unteren Drittel über 1.302 Reichsmark im mittleren Drittel auf 629 Reichsmark im oberen Drittel. Statistisch betrachtet besteht zwischen Betriebsfläche und Gesamtschuldenstand ein stark positiver Zusammenhang: Je größer der Betrieb, desto größer seine Verbindlichkeiten. Hingegen hängen Betriebsfläche und Hektarverschuldung negativ zusammen: Je kleiner der Betrieb, desto größer seine Schuldenlast pro Hektar.[112]

Der NS-Propaganda diente die Verschuldung der Dreißigerjahre als Paradebeispiel dafür, »was frühere Jahrzehnte und Jahrhunderte an dem Bauerntum und der Landwirtschaft gesündigt haben«.[113] Doch ist ein solcher Schluss aus den Schuldenständen auf das Ausmaß der Agrarkrise in der Ersten Republik und im austrofaschistischen »Ständestaat« – in der »Systemzeit« – zulässig? Die in den Verzeichnissen angeführten Schuldenarten eignen sich kaum dafür (Tabelle 12): Die offenen Rechnungen von Händlern (8 Prozent), Ärzten und Anstalten (2 Prozent) sowie Handwerkern (4 Prozent) können nicht zur Gänze als »echte« Schulden gewertet werden; solche Forderungen beglichen die Schuldner, entsprechend den örtlichen Gepflogenheiten, in vielen Fällen nicht sofort, sondern zu bestimmten Terminen, meist zum Jahreswechsel. Auch Kauf- und Erbschulden (3 Prozent) hingen eher von betrieblichen Besonderheiten als von der allgemeinen Wirtschaftslage ab. Selbst die größte Schuldenlast, die Darlehen der umliegenden Spar- und Raiffeisenkassen oder der Landes-Hypothekenanstalt

Grafik 12: Schuldenstand von Bauern- und Kleinhäuslerbetrieben in Auersthal um 1940

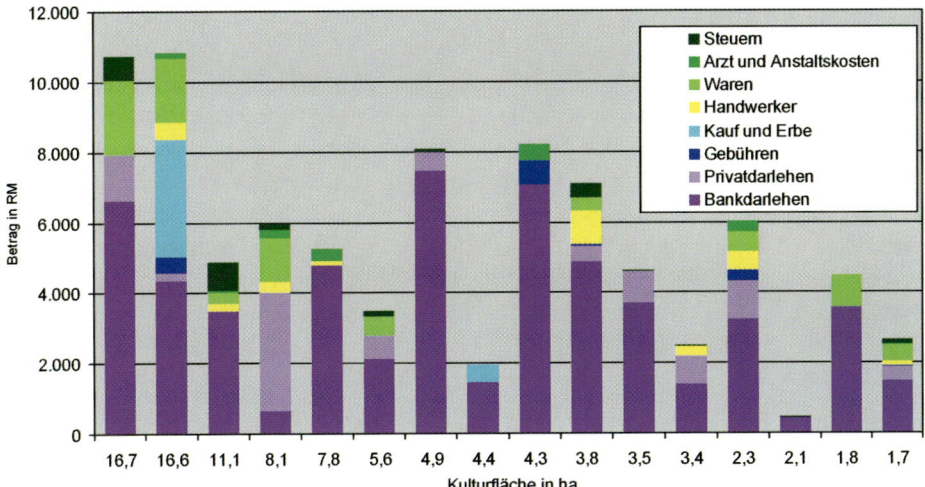

Quelle: Eigene Berechnungen nach NÖLA, Entschuldungsakten, VI/12–263, Datenbasis: 16 Betriebe.

(67 Prozent) und die weniger ins Gewicht fallenden Privatdarlehen (12 Prozent) deuten nicht zwingend auf die Zahlungsunfähigkeit des jeweiligen Schuldners hin. Am ehesten könnten wir die – allerdings unerheblichen – Steuerschulden (3 Prozent) als Krisensymptome werten.

Anzeichen für die Agrarkrise gab es während der Dreißigerjahre zuhauf, wie etwa ein Bericht der Bezirksbauernkammer Matzen vom Dezember 1931 zeigt: Die niedrigen Wein-, Vieh-, Milch- und Getreidepreise, die Missernten der vergangenen Jahre, die kaum gesunkenen oder sogar gestiegenen Betriebsmittelpreise und die »Kreditnot, die zu Wucherzinsen und anderen Übelständen führt«, hätten in den Weinland- und Marchfeldgemeinden eine »empfindliche Geldknappheit« herbeigeführt. Vor diesem Hintergrund befürchtete der Kammersekretär – auch wegen der »planmäßig betriebenen Miesmacherei« – eine »Radikalisierung«; das hieß im Klartext: ein Abdriften der Bauernschaft vom christlichsozialen zum deutschnationalen, zunehmend von den Nationalsozialisten dominierten Lager. Doch bereits zwei Jahre später, im Dezember 1933, wurde die Lage der Landwirtschaft im Bauernkammerbezirk Matzen als »zuversichtlich« beurteilt.[114] Vor diesem Hintergrund taugen die Schuldenstände der »Entschuldungsbetriebe« im Gänserndorfer Umland kaum als Belege für eine allgemeine »Misswirtschaft« während der »Systemzeit«; in vielen Fällen lagen besondere Umstände der jeweiligen Betriebe vor. Nicht einmal die Gutachter der Landstelle Wien führten die Verbindlichkeiten auf die »Systemzeit« zurück; stattdessen nannten sie Krankheiten, Todesfälle, Missernten, Hofübernahmen, Grund-, Vieh- und Maschinenkäufe oder Baumaßnahmen als Ursachen der Verschuldung.[115]

Im Amtsgerichtsbezirk Matzen beantragten 322 Betriebe oder 8 Prozent die »Entschuldungs-« und »Aufbauaktion«, die im Mai 1938 verkündet wurde; davon wurden jedoch nur 107 Anträge oder 3 Prozent durchgeführt. Die Nachfrage hing neben der Sichtweise des jeweiligen Antragstellers wohl auch davon ab, wie die neuen und alten Machthaber in den Gemeinden dieses Angebot nationalsozialistischer Agrarpolitik sahen: In welcher Weise warben der NSDAP-Ortsgruppenleiter, der neue Bürgermeister und der Ortsbauernführer für diese Aktion? Und wie beurteilten der Pfarrer, der Altbürgermeister und die früheren Bauernbundfunktionäre »Entschuldung« und »Aufbau«? Am meisten Zuspruch herrschte in Dörfles mit acht Anträgen oder 21 Prozent, am wenigsten in Ebenthal mit zwei Anträgen oder 1 Prozent. Die durchschnittliche Antragsrate der Gemeinden im Marchfeld unterschied sich kaum von jener der Weinlandgemeinden.[116] Nachdem die Hochstimmung der ersten Wochen und Monate nach dem »Anschluss« verklungen war, registrierte die Reichsnährstands-Führung in bäuerlichen Kreisen bereits »unsinnige Gerüchte« über die »Entschuldungs-« und »Aufbauaktion«. Zunächst signalisierten sie zwar Verständnis für den »Stolz des Bauern […], sich selbst zu helfen und selbst alle Schicksalsschläge zu überwinden«. Doch letztlich wäre »diese Selbsthilfe […] aber leider in so zahlreichen Fällen trotz aller Anstrengungen des einzelnen zur Zeit nicht möglich«.[117] In der Entscheidung für oder gegen einen Antrag verquickten sich materielle und ideelle Motive, Kalkül und Gefühl. Ein Antrag auf »Entschuldung« und »Aufbau« widersprach vielfach dem bäuerlichen, katholisch unterfütterten Selbstverständnis des Gebenden, dem die Nehmenden Gegengaben schuldeten.[118] Nun wurden die besser gestellten Bäuerinnen und Bauern des Dorfes selbst zu Nehmenden, die sich gegenüber dem Gebenden – dem »Dritten Reich« und dessen »Führer« – verschuldeten. Falls sie sich trotz solcher Hindernisse für eine Antragsstellung entschieden, stand dahinter wohl nicht allein der Versuch, sich mit staat-

Tabelle 12: Schuldenarten von Bauern- und Kleinhäuslerbetrieben in Auersthal um 1940

	Prozentsätze der Betriebe im			Prozentsätze aller Betriebe
	unteren Drittel (1,7–3,4 ha)	mittleren Drittel (3,5–5,6 ha)	oberen Drittel (7,8–16,7 ha)	
Bankdarlehen	67,2	77,3	55,1	67,2
Privatdarlehen	12,9	8,4	14,1	11,6
Gebühren	1,4	1,5	0,8	1,2
Kauf und Erbe	0,0	4,0	6,2	3,4
Handwerker	5,0	2,2	3,4	3,5
Waren	9,3	3,5	12,7	8,2
Arzt- und Anstaltskosten	1,4	1,0	2,6	1,6
Steuern	2,8	2,1	5,1	3,2
Summe	100,0	100,0	100,0	100,0

Quelle: Eigene Berechnungen nach NÖLA, Entschuldungsakten, VI/12–263, Datenbasis: 16 Betriebe.

licher Hilfe seiner Gläubiger zu entledigen; eine solche Entscheidung wurde in der Dorföffentlichkeit auch als Votum für die neuen und gegen die alten Machthaber gewertet.

Am oben genannten Auersthaler Acker-Weinbau-Betrieb wird der Ablauf des Entschuldungs- und Aufbauverfahrens deutlich. Die Besitzer brachten im Dezember 1938, kurz vor Ablauf der Frist, den entsprechenden Antrag ein; daraufhin wurde das Verfahren eröffnet. Nach der Ermittlung des Schuldenstandes von 3.499 Reichsmark erwirkten die Mitarbeiter der Landstelle Wien Nachlässe in der Höhe von 175 Reichsmark, wodurch sich die Verpflichtungen auf 3.325 Reichsmark verringerten. Davon wurden die Privat- und Bankdarlehen in der Höhe von 2.760 Reichsmark mit 4,5 Prozent Verzinsung im Grundbuch festgeschrieben. Die übrigen Forderungen wurden den Gläubigern durch eine 4,5-prozentige Entschuldungsrente des Deutschen Reiches in der Höhe von 564 Reichsmark abgelöst. Neben dem Entschuldungsverfahren erhielt der Betrieb im Zuge des Aufbauverfahrens Reichsmittel in der Höhe von 850 Reichsmark, die als Aufbaudarlehen mit 2 Prozent Zinsen vergeben wurden. Nach der Genehmigung des Entschuldungs- und Aufbauplanes im August 1941 begannen die jährlichen Zahlungen zu laufen. Die Verpflichtungen setzten sich nun aus 25 Jahresraten zu 43,35 Reichsmark für das festgeschriebene Bankdarlehen und 37 Jahresraten zu 24,75 Reichsmark für die Entschuldungsrente zusammen.

Diese Art von Entschuldungsverfahren bewirkte, entgegen verbreiteter Annahmen, meist nicht die Streichung der Schulden, sondern eine Umschuldung. Die kurzfristigen Schulden gegenüber den Gläubigern wurden in langfristige, an die ermittelte »Leistungsfähigkeit« angepasste Zahlungsverpflichtungen an Kreditinstitute und Staat umgewandelt. Vielfach vergrößerte sich sogar der Schuldenstand durch die Aufbaudarlehen: Die Verbindlichkeiten des Auersthaler Betriebes stiegen im Zuge des Verfahrens von 3.499 auf 4.174 Reichsmark. Die staatlichen Leistungen hatten zudem ihren Preis: Die bäuerliche Selbstbestimmung bei der Betriebsführung wurde durch die Mitspracherechte der Landstelle Wien und der Kreisbauernschaft Gänserndorf beschnitten. Im Denken der Agrarbürokratie wurde der Entschuldungs- und Aufbaubetrieb zum »gläsernen Bauernhof«, seine Inhaber zu Erfüllungsgehilfen der behördlichen Anweisungen.[119]

Insgesamt fielen die Ergebnisse der »Entschuldungs-« und »Aufbauaktion« zwiespältig aus. Der NS-Staat versprach »das Gedeihen und die Fort- und Höherentwicklung unseres deutschen Volkes, darum fördert er alle, die diesem Ziel dienen – aber auch nur sie«.[120] In diesem Versprechen klingt auch eine Drohung gegenüber jenen an, die den staatlichen Zielen zuwiderhandelten. Wenn wir die hier angesprochene Förderung des NS-Staates an der Höhe der Aufbaumittel bemessen, dann gelangen wir für die Gemeinde Auersthal zu folgender Bilanz: Jeder Betrieb erhielt durchschnittlich 2.619 Reichsmark oder 448 Reichsmark pro Hektar an Aufbaumitteln. Im unteren Drittel der Betriebe betrug die Betriebsförderung im Schnitt 740 Reichsmark, im mittleren Drittel 2.081 Reichsmark und im oberen Drittel 5.143 Reichsmark; die Flächenförderung belief sich von der unteren zur oberen Größengruppe auf durchschnittlich 379, 504 und 449 Reichsmark. Die Aufbaumittel waren äußerst ungleich auf die Klein-, Mittel- und Großbetriebe verteilt; dies bedeutete für die kleineren Größengruppen annähernd so hohe Beträge pro Hektar wie für die größeren. Die statistischen Zusammenhänge bestätigen diese Eindrücke.[121] Diese »soziale Differenzierung« kommt im Punktediagramm in Form einer steil ansteigenden Trendlinie zum Ausdruck (Grafik 13). Offenbar entsprachen nicht alle Auersthaler Betriebe gleichermaßen den agrarpolitischen Leitbildern des NS-Regimes; die mittleren und größeren erschienen in höherem Maß förderungswürdig als die kleineren. Dahinter könnte auch eine agrarökonomische Strategie des NS-Agrarsystems stehen: Die Bauern im Allgemeinen und die in »Gunstlagen« arbeitenden »Flachlandbauern« im Besonderen erschienen den NS-Agrareliten vorrangig als »Ernährer des Volkes«. Die ökonomische Stärke, die ihnen zugeschrieben wurde, rechtfertigte die ungleiche Verteilung der Förderungsmittel auf die Betriebe; dagegen zählte die ihnen zugedachte »rassische« Stärke als »Blutquell des Volkes« in geringerem Maß.[122]

Die »Entschuldungs-« und »Aufbauaktion« erfasste im Kammerbezirk Gänserndorf nur 3 Prozent der Betriebe; dennoch zeitigte sie – weniger materielle als ideelle – Wirkung: Im Denken einer Generation von Fachleuten auf der mittleren und unteren Ebene, die nach 1945 – und nach Überwinden der Hürde der »Entnazifizierung« – in die Agrarbürokratie der Zweiten Republik übernommen wurden, verstärkte sich die Auffassung, der »Fortschritt« müsse mit umfassenden staatlichen Eingriffen in die Betriebs- und Haushaltsabläufe gegen die bäuerliche »Rückständigkeit« durchgesetzt werden. Nach dem Übergang von der generellen »Hebung« der »Landescultur« in der Habsburgermonarchie zur speziellen Betriebsförderung in der Ersten Republik und im »Ständestaat«[123] brachte das »Dritte Reich« den förderungspolitischen Schwenk vom Aufbau einzelner »Musterbetriebe« zur »Aufrüstung des Dorfes«. In der Zweiten Republik fand die Politik der flächendeckenden Förderung eine Fortsetzung.

Grafik 13: Verteilung der Aufbaumittel auf die Betriebe in Auersthal 1938–1945

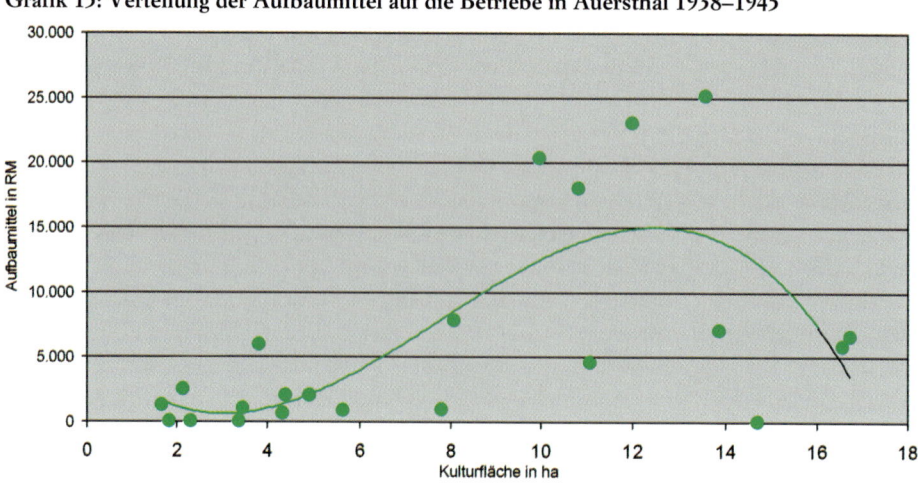

Quelle: Eigene Berechnungen nach NÖLA, Entschuldungsakten, VI/12–263, Datenbasis: 22 Betriebe.

Seit den späten Vierzigerjahren wurden enorme Summen an »Agrarinvestitionskrediten«, die aus Mitteln des »Marshallplans« stammten, in die Modernisierung der österreichischen Landwirtschaft gepumpt. Investitionen erforderten Kredite; deren Tilgung erforderte wiederum Profite; deren Maximierung erforderte wiederum Investitionen. Diese Verschuldungs-Spirale hielt den »Strukturwandel« in Gang; wer wegen Überschuldung aus dem Rennen zu fallen drohte, konnte mit »Konsolidierungskrediten« wieder flott gemacht werden. Im Förderungssystem nahm die Bezirksbauernkammer Gänserndorf eine zentrale Vermittlerrolle ein; ihre mehr oder minder befürwortenden Stellungnahmen beeinflussten die Bewilligung oder Ablehnung von Kreditanträgen. Auf diese Weise vereinte die Kammerführung des Bezirkes, der gewählte Obmann und der bestellte Sekretär, politische und ökonomische Macht.[124]

IV. Die Menschen und das Wissen

Die Schreibebücher des Auersthaler Bauern Sebastian Berger bieten die seltene Gelegenheit, uns an das bäuerliche Weltbild vergangener Zeiten anzunähern. Gewiss, der Chronist hat seine alltäglichen Erfahrungen nicht eins zu eins niedergeschrieben; daher müssen wir seine handschriftlichen Notizen auch zwischen den Zeilen lesen. Beginnen wir im Jahr 1908. Zunächst erhalten wir einen Wetterbericht für die ersten Monate: »Der Jänner war durchgehends kalt und trocken, ohne Schnee. Der Februar und März warm abwechselnd naß. Der Anfangs April naß. Auch der Mai zeigte sich anfangs sehr naß. Heute den 12. sehr schön und warm. 16. und 17. wieder ausgiebigen Regen. Dann wieder sehr schön und warm.« Als Messinstrument, vor allem für Kälte und Hitze, diente ihm der eigene Körper: »Sehr heiß war es bis 24., daß man bei Nacht nicht schlafen konnte.« Sebastian Berger führte diese Wetterchronik nicht zum Selbstzweck; die Aufzeichnungen über Temperatur, Niederschläge und sonstige Wettererscheinungen bezweckten, den Fortschritt der Arbeiten und das Gedeihen der Weinreben und Feldfrüchte besser abschätzen zu können. Das Maiwetter bestärkte die Hoffnung auf eine gute Ernte: »Am 25. wurde allgemein zum Jäten angefangen. Weinbeer gibt es sehr viele. Wenns schön werden, so könnte man doch wieder ein gutes ähnlicher 1905er-Jahr bekommen. Von 28. auf den 29. Mai hatten wir einen ausgiebigen Landregen, der den Feldfrüchten sehr zugute kam.« Doch bisweilen wurde die Hoffnung enttäuscht: »Leider wird uns das Korn heuer nicht ausgeben, denn wir hatten zur Zeit der Blüte so eine Hitze, mitunter heißen Südwind, daß man sogar bei Nacht nicht schlafen konnte.« In dieser Weise führt Sebastian Berger seinen Jahresbericht noch seitenlang fort: Wir erfahren von der Getreideernte, die unter dem Mangel an geeigneten Schnittern litt; vom Hauen, Jäten und Spritzen in den Weingärten; vom günstigen Sommerwetter, das die Trauben in großer Zahl reifen ließ; von der Weinlese, die nach Menge und Güte gut ausfiel; vom Kälteeinbruch im Spätherbst, der die Burgunderrüben im Boden gefrieren ließ. Mit der Formel »Gott sei Dank« wird das alte Jahr abgeschlossen.[125]

Zum Verständnis solcher Aufzeichnungen benötigen wir Teile jenes Wissens, über das der Chronist mehr oder weniger bewusst verfügte. Dieses in langjähriger Erfahrung erworbene Wissen fügte einzelne Eindrücke der natürlichen und sozialen Umwelt zu einem sinnvollen Ganzen: Ein Blick auf die Triebe der Weinstöcke im Frühjahr ermöglichte eine Vorschau auf die herbstliche Weinernte; der Mairegen ließ die Hoffnung auf eine reiche Getreideernte wachsen; die drückende Hitze zur Zeit der Getreideblüte versprach einen minderen Körnerertrag; ein Blick auf die Nachbargründe ließ die geleistete und noch zu leistende Arbeit auf den eigenen Weingärten und Äckern beurteilen; der Blick in das Maul des Pferdes beim Viehhändler verriet die Eigenschaften des Tieres. Wie eine Landkarte im Kopf ermöglichte dieses Wissen den Menschen die Orientierung in der bäuerlichen Lebenswelt. Dieses Wissen regelte das Deuten und Handeln der Menschen, ohne dass diese bewusst »Bauernregeln« oder andere Ge- und Verbote befolgen mussten.[126] Auf einen Blick, ohne langes Zögern und Zaudern, bot es Gewissheit in einer Welt voller Unwägbarkeiten: der Schwankungen der Weinpreise, der Kapriolen des Wetters, der Gefahren für Leib und Leben und so fort. Vielleicht machte Sebastian Berger beim Schreiben seiner Jahreschroniken die Welt, die ihn umgab, auch zu *seiner* Welt.

Die Art und Weise, in der sich die Menschen dieses Wissen, von dem sie Tag für Tag wissentlich oder unwissentlich Gebrauch machten, aneigneten, deutet Sebastian Berger in seinen Aufzeichnungen an: »Auch ich lernte nicht viel, da ich mit 10–12 Jahren schon oft in die Feldarbeit mitgehen mußte. Als ich 16 Jahre alt war, starb mein Vater. Ich mußte mich nunmehr im Rechnen, Schreiben und Lesen selbst ausbilden. Daß ich aber noch nicht weit bin, das findet man in meinen schlamperten Aufschreibungen.«[127] Der Chronist unterscheidet dabei zwei Erfahrungsbereiche: »Lernen« und »Feldarbeit«, die Belehrung nach festgeschriebenen Regeln durch dafür berechtigte Lehrpersonen und das Mit-, Nach- und Bessermachen von Handgriffen nach ungeschriebenen Regeln unter Anleitung von Familien- und sonstigen Haushaltsmitgliedern. Jeder dieser Erfahrungsbereiche hatte seinen Ort: Schule und Hof oder, in einem weiteren Sinn, Lernorte und Arbeitsorte.[128] Am Umgang mit dem Frosteinbruch im Oktober 1908 führt uns Sebastian Berger das bäuerliche *learning by doing* eindringlich vor Augen. Eine Reihe von Ortsbewohnerinnen und -bewohnern, offenbar auch der Chronist, zogen in aller Eile die gefrorenen Burgunderrüben aus dem Boden, worauf diese zu faulen begannen. Nachdem es wieder wärmer geworden war, wurde der Fehler offenkundig: »Die wenigen, die stehen geblieben sind, haben sich schön langsam erwärmt und sind ganz gut geblieben.« Der Chronist war nun um eine Erfahrung reicher: »Daher sei es gemerkt: Wenn im 2. oder 3. Viertel des Oktober noch einmal solche Kälte kommt, so lasse Burgunder, Erdäpfel etc. ruhig stehen und warte, bis es wieder warm wird.« Besser machen hieß für ihn somit, nicht bedenkenlos mit- und nachzumachen: »Also man lasse sich nicht durch einige Zagler irreführen. So die Erfahrung.«[129]

Solange die Mädchen und Burschen auf den Feldern noch nicht zu gebrauchen waren, hatten viele von ihnen, vor allem während der arbeitsreichen Wochen und Monate, wenig Bezug zu ihren Müttern und Vätern. Wichtige Bezugspersonen für die Kleinen waren daher Großeltern, Geschwister, Verwandte, Nachbarn – oder Kindermädchen, die mit den slowakischen Saisonarbeiterinnen und -arbeitern ins Land kamen. Was vielen Bäuerinnen und Bauern als Gebot der Notwendigkeit erschien, erregte manchmal das Missfallen der dörflichen Honoratioren. So wandten sich der Pfarrer und der Bürgermeister von Auersthal in ihrem Ansuchen an den Niederösterreichischen Landesausschuss um die Errichtung eines Kindergartens aus dem Jahr 1904 gegen die zwölf- bis fünfzehnjährigen slowakischen Kindermädchen, »die ohne Überwachung der auf dem Felde arbeitenden Eltern unseren hilflosen Kleinen schweres Leid bringen, dieselben schlecht beaufsichtigen, mißhandeln und besonders auch in sittlicher Beziehung keinen guten Einfluß ausüben«. Der Vorteil, die Sprache der alljährlich benötigten Saisonarbeiterinnen und -arbeiter zu erlernen, kehrte sich aus katholisch-konservativer und nationalistischer Weltsicht in einen Nachteil um: »Diese Kindermädchen sprechen miteinander nur slowakisch, verderben bei den kleinen Kindern schon die Anfänge der Muttersprache, dieselben können oftmals nicht deutsch reden, obwohl von deutschen Eltern abstammend und an einem sonst noch deutschen Orte geboren; wenn sie dann in die Schule eintreten, müssen sie erst ihre Muttersprache erlernen.« Damit drohe der Untergang des Grenzlandes: »Die Bevölkerung muß sich dies und manches provokatorische Auftreten der slowakischen Dirnen und Knechte gefallen lassen, verliert an nationaler Kraft und nationalem Bewußtsein, was aber alles besonders bei der Grenzbevölkerung im Marchfelde dringend zu erwecken und zu kräftigen ist, soll sie nicht in absehbarer Zeit dem Vordrängen der Slawen erliegen.«[130] Im Jahr 1907 wurde der Auersthaler Kindergarten unter der Leitung des örtlichen Oberlehrers und dreier Ordensschwestern in Betrieb genommen. Diese Institution war ein erster Schritt auf dem Weg zur »Kindheit« und »Jugend« als eigenständiger, vom Erwachsensein unterschiedener Lebensphase.[131]

Viele Hüter der Gelehrsamkeit nahmen kaum zur Kenntnis, dass die Landbevölkerung selbst in der Lage war, Altes zu hinterfragen und Neues zu erschließen. Vielfach unterstellten sie ihnen »Rückständigkeit« und »Fortschrittsfeindlichkeit«; daher hielten sie der bäuerlichen Erfahrung die fachliche »Aufklärung« und das »Musterbeispiel« entgegen. In diesem Sinn warb die »Allgemeine Wein-Zeitung« bereits im Jahr 1900 für die Winzerschule in Mistelbach: »Doch mit der Zeit wird auch der rückständige kleine Weinbauer einsehen, daß er seinem Sohne unmöglich all jene Kenntnisse beizubringen vermag, welche der Fortschritt auf dem Gebiet des Weinbaues und der Kellerwirtschaft verlangt.«[132] Neben den landwirtschaftlichen Fachschulen stellte die Bezirksbauernkammer Matzen eine Drehscheibe der fachlichen »Aufklärung« und der »Musterbeispiele« dar, wie etwa der Jahresbericht 1927/28 über die durchgeführten Fortbildungsmaßnahmen zeigt: Bedürftigen Schülern der landwirtschaftlichen Lehranstalten Ober-Siebenbrunn und Mistelbach wurden neun Stipendien zu 50 Schilling gewährt; die Bezirksbauernkammer nahm an der Landesausstellung in Stockerau und an der Herbstmesse in Wien in der Gruppe Pflanzenbau und an der Weinkost teil; durch »aufklärende Versammlungen« über den Zuckerrübenanbau konnte die Zahl der Produzenten von 415 im Jahr 1927 auf 546 im Jahr 1928 gesteigert werden; eine Reihe von Wiesen- und Feldbegehungen diente der Förderung des Futterbaus; neben einer großen Anzahl von »Kunstdüngerversuchen« fanden in fünf Gemeinden Filmvorträge über »Erzeugung und Verwendung von Kunstdünger« statt, an denen rund 640 Interessierte teilnahmen; im Rahmen der Pferdeausstellungen wurden zahlreiche Warm- und Kaltblutpferde vorgeführt und prämiert; zwei Stierschauen dienten der Förderung der »züchterischen Tätigkeit«; drei Beispielsweinkeller wurden errichtet, in denen »sehr gut besuchte« Kellerwirtschaftskurse abgehalten wurden.[133]

Der Jahresbericht 1927/28 erwähnte auch, dass vier landwirtschaftliche Fortbildungskurse und drei Haushaltungskurse stattgefunden hatten. Die landwirtschaftlichen Fortbildungskurse für Bauernsöhne fanden mit jeweils zwölf Wochenstunden von Mitte November bis Mitte März statt. Neben landwirtschaftlichem Schriftverkehr, landwirtschaftlichem Rechnen, landwirtschaftlicher Naturkunde sowie Heimat- und Bürgerkunde wurde auch landwirtschaftlicher Unterricht über Ackerbau, Tierzucht, Betriebs- und Genossenschaftswesen, Obstbau, Waldbau sowie Alm- und Weidewirtschaft erteilt; dazu kamen praktische Übungen, Feldbegehungen und Exkursionen. Die ebenfalls vier Monate dauernden hauswirtschaftlichen Fortbildungskurse für Bauerntöchter umfassten Sitten- und Pflichtenlehre, hauswirtschaftlichen Schriftverkehr, hauswirtschaftliches Rechnen, Haushaltungskunde, Nahrungsmittelkunde, Gesundheitspflege und erste Hilfe, Kleintierzucht und Milchwirtschaft sowie Gemüsebau; ergänzend waren praktische Hauswirtschaftsarbeiten und weibliche Handarbeiten vorgesehen. Während des sechswöchigen Wanderkoch- und Haushaltungskurses waren Koch- und Hauswirtschaftsunterricht vorgesehen.[134] Deutlich sind in diesen Lehrplänen die Aufgabenbereiche des Bauern und der Bäuerin voneinander abgegrenzt: Der eine sollte die Arbeiten außer Haus leiten, die andere erschien als Hüterin des Hauses. Die bürgerliche Ordnung der Männer- und Frauenrollen bestimmte – zumindest auf dem Papier – auch das Ideal der bäuerlichen Geschlechterordnung.

Die landwirtschaftliche Bildung vor dem »Anschluss« unterschied sich von jener während und nach der NS-Herrschaft weniger durch die Ziele als durch die Mittel. Über die Ausbildung einzelner »Pioniere des Fortschritts« hinaus wurde nun, Hand in Hand mit der materiellen »Aufrüstung des Dorfes«, die geistige »Aufrüstung« des gesamten »Landvolkes« angestrebt.[135] Anstelle der vor 1938 angebotenen Fortbildungskurse wurden Mädchen und Burschen von 14 bis 16 Jahren zum Besuch landwirtschaftlicher Berufsschulen verpflichtet, kriegsbedingt jedoch zumeist nur auf dem Papier.[136] Auch das landwirtschaftliche Bildungswesen der Zweiten Republik strebte die möglichst lückenlose Erfassung der bäuerlichen Jugend an. Nach dem Austritt aus der Pflichtschule und einer zweijährigen Berufspraxis besuchten die Sechzehn- und Siebzehnjährigen, zunächst auf freiwilliger Basis, die zweijährigen Lehrgänge der landwirtschaftlichen Fortbildungsschule. Unter den daran anschließenden bäuerlichen Fachschulen brachten vor allem die Anstalten in Mistelbach und Obersiebenbrunn zahlreiche Absolventinnen und Absolventen aus dem Bauernkammerbezirk Gänserndorf hervor.[137] Manchmal bedurfte es des mehr oder weniger sanften Drucks von Seiten der Fortbildungsschullehrer, um die notwendige Schülerzahl zu erreichen, wie Josef Schneider, damals Bediensteter der Bezirksbauernkammer Gänserndorf, erzählt: »Der hat sich müssen die Schüler selbst zusammensuchen, anreden, fragen: Hörst, willst du in eine Schule gehen?« Dies diente dem Zweck, »die auf eine moderne Linie hinzubringen, dass sie den Fortschritt mitmachen können«.[138] Dass der allumfassende Anspruch, die Mädchen und Burschen auf eine »moderne Linie« zu bringen, auch auf bäuerlichen Widerspruch stieß, deutet August Cisar, der Gänserndorfer Kammersekretär, in seiner Rede anlässlich der Eröffnung der Fortbildungsschule Hohenruppersdorf im Jahr 1947 an: »So sehr man anfangs in der einen oder anderen Gemeinde gegen diese Schulen Stellung nahm, sei der Bann gebrochen und eine segensreiche und gedeihliche Arbeit [könne] überall beginnen.«[139] Offenbar war in den späten Vierzigerjahren das altbekannte Tauziehen zwischen »Lehre« und »Arbeit«, zwischen Fach- und Erfahrungswissen, erneut aufgeflammt – und wurde per Gesetz beigelegt: Seit November 1954 bestand für alle sechzehn- und siebzehnjährigen Jugendlichen, die in der Landwirtschaft tätig waren, die Pflicht zum Besuch der landwirtschaftlichen Fortbildungsschule.[140]

Nach dem Austritt aus den Fortbildungs- und Fachschulen wurden die jungen Frauen und Männer im Ländlichen Fortbildungswerk (LFW) erfasst, das auf die »Heranbildung einer fachlich geschulten, charakterlich tüchtigen und für die Einrichtungen des Berufsstandes und des öffentlichen Lebens interessierten Bauerngeneration« abzielte.[141] Das Leitbild des LFW ging über eine bloße Neuauflage der landwirtschaftlichen Fortbildungsvereine der Zwischenkriegszeit weit hinaus: Die ländliche Jugend wurde dem agrarischen »Fortschritt« gleichermaßen verpflichtet wie der bäuerlichen »Traditionspflege«; und wenn es keine Traditionen zu pflegen gab, dann wurden sie erfunden.[142] Die enorme Bandbreite der Aktivitäten kommt in den Sprengelbüchern des LFW-Weikendorf, etwa in den Eintragungen des Jahres 1959, zum Ausdruck: Nicht weniger als zwölf Sprengelversammlungen, -tage und -ausschusssitzungen dienten der Planung der Veranstaltungen und der Neuwahl der Funktionäre. Am 31. Januar veranstaltete der Sprengel den Jungbauernball mit Ehrungen verdienter Funktionäre und Volkstanzdarbietungen. Am 5. Februar folgte ein Sprengel-Redewettbewerb, zu dem drei Burschen mit den Themen »Was heißt für uns fortschrittlich?«, »Qualität bestimmt den Marktwert« und – eine »für einen Mitarbeiter sehr schwere Aufgabe« – »Die Stellung der Frau in der bäuerlichen Familie« antraten. Die beiden Mädchen sprachen über

Festwagen des LFW Weikendorf in Gänserndorf im Jahr 1959

»Die Stellung der Frau in der bäuerlichen Familie« und »Die Hausarbeit im Bauernhaus«. Von 9. bis 14. Februar nahmen sechs Personen an der Aktion »Landjugend lernt Wien kennen« teil. Am Bezirks-Redewettbewerb vom 21. Februar nahmen die Sieger des Sprengel-Wettbewerbs teil. Die Bezirks-Exkursion vom 5. bis 6. Mai führte unter anderem in die Traktorenwerke Steyr, die Linzer Stickstoffwerke und die Landes-Obst- und Weinbauschule Langenlois. Für die Stadterhebungsfeier in Gänserndorf am 14. Juni stellte der Sprengel einen Festwagen zum Thema »Volkstumspflege«, auf dem sechs Paare Volkstänze aufführten. Beim Sprengel-Leistungspflügen am 12. Juli kam es unter den Burschen zu einem »harten Kampf um die Plätze«. Die Sprengel-Exkursion vom 14. bis 20. September durch Österreich, die Schweiz und Italien bot den Teilnehmerinnen und Teilnehmern die Gelegenheit, »neben verschiedenen fachlichen Exkursionszielen auch die landschaftliche Schönheit bewundern zu können«.[143] In all diesen Aktivitäten nahmen die Tugenden einer LFW-Mitarbeiterin und eines LFW-Mitarbeiters Gestalt an: Redegewandtheit, Fortschrittlichkeit, Fachwissen, Wettbewerbsfähigkeit, Leistungsfreude, Aufgeschlossenheit, Traditionsverbundenheit, Technikbegeisterung, Ehrgeiz. Um solchen Tugenden zum Durchbruch zu verhelfen, setzte sich im LFW neben »Aufklärung« und »Musterbeispiel« eine dritte Form der Vermittlung von Fachwissen und -können durch: der Wettbewerb. Nicht bloß Mithalten, sondern *Bessersein* als die anderen – so lautete die Devise der ländlichen Bildungsfachleute, die in den Mädchen und Burschen Vorboten der auch auf dem Land anbrechenden Leistungsgesellschaft sahen. Jugendliche mit solchen Tugenden waren nicht nur geeignet, im künftigen wirtschaftlichen Wettbewerb auf den regionalen und überregionalen Märkten zu bestehen; aus ihren Reihen wurden auch die Nachwuchskräfte für den politischen Wettbewerb in Gemeinde, Bundesland und Staat rekrutiert.[144]

Die Ausbildung der ländlichen Jugend galt als Investition in die Zukunft; doch im Dienste des gegenwärtigen »Fortschritts« bedurften auch die erwachsenen Betriebsbesitzerinnen und -besitzer der Fortbildung. Nicht so sehr »Aufklärung« und Wettbewerb, als vielmehr das »Musterbeispiel« sollte den Bäuerinnen und Bauern die Augen für die Segnungen des »Fortschritts« öffnen. Während im Marchfeld zahllose Maschinenvorführungen die Mechanisierung fördern sollten, warben im Weinland Exkursionen für die Umstellung des Weinbaus. Als »Weinbaupionier« hatte sich Lenz Moser, unter anderem mit seinem Buch »Weinbau einmal anders«, einen Namen gemacht. Er propagierte die Umstellung der Stockkultur auf die Hochkultur, die ein Weniger an Arbeitsaufwand und ein Mehr an Ertrag versprach.[145] Sein Weingut in Rohrendorf bei Krems wurde in den Fünfziger- und Sechzigerjahren zum Anziehungspunkt der »Pioniere« des Weinbaus im Gänserndorfer Umland, wie Franz Hager erzählt: »Wir haben x Exkursionen gemacht zum Lenz Moser nach Rohrendorf.«[146] Auch Franz Hager selbst zählte sich zu diesen »Pionieren«: »Ich war in Auersthal der zweite, der umgestellt hat auf die Hochkultur.« Als Lehrer an der landwirtschaftlichen Fortbildungsschule in Auersthal machte er seine Schüler mit den Vorzügen der Hochkultur vertraut: »Nach dem Schulaustritt sind die dann da hingekommen, mit die habe ich Exkursionen dann gemacht, selber in meinen Weingarten, sodass sie es direkt sehen haben können.«[147] Doch so ohne weiteres ließen sich die älteren Weinbauern nicht von ihren Ge-

Leistungspflügen des LFW Weikendorf im Jahr 1959

wohnheiten abbringen: »Ein Matzener, ein großer Weinbauer, hat immer geredet und geredet: Franz, sagt er, du bist ja deppert [verrückt], das ist nichts, das ist nichts. Der Most um zwei Grad weniger von der Hochkultur als wie von der Stockkultur, und so weiter, und so weiter. Sage ich: Aber was ich mir da für eine Arbeit erspare.« Offenbar drehten sich die Debatten um die Frage: Qualität und Arbeitserschwernis oder Quantität und Arbeitserleichterung? Der Kritiker aus Matzen, so Franz Hager, habe letztendlich seine Meinung geändert: »Nach ein paar Jahren hat er mir gesagt, dass ich recht gehabt habe, hat er sich selbst umgestellt.«[148] Damit stand er nicht allein: Zwischen 1963 und 1969 stieg der Anteil der »Hochkultur« an der Weingartenfläche bezirksweit von 46 auf 77 Prozent.[149]

Auch Rupert Kaiser aus Auersthal schildert die Exkursion zum Moser'schen Betrieb nach Rohrendorf als Schlüsselerlebnis: »Und da ist eigentlich der Gedanke geboren: Das mache ich auch. Das war der Anstoß.« Doch seine Frau wandte ein: »Hörst, warte noch, lass die anderen das erst probieren.«[150] Doch er blieb dabei und besuchte einen Schnittkurs für Hochkultur. Im heutigen Dialog wirft die Frau die damalige Problematik nochmals auf: »Mein Mann hat die Zeit gehabt am Abend und ist in die Kurse gegangen. Ich habe ja müssen daheimbleiben.« – »Ich hätte ihr es zuhause dann gelernt, aber die hat mir das, ehrlich gesagt, nicht gut genug gemacht, den Schnitt bei der Hochkultur. Jetzt habe ich gesagt: Lass das stehen, das mache ich selbst.« – »Ich habe mich geärgert, weil ich nicht mitgekommen bin. Ich habe den Stock erst müssen anschauen, was ich da schneide. Und inzwischen hat er schon fünf Stöcke geschnitten gehabt. Und wenn ich so hintengehängt bin, das habe ich nicht wollen. Da habe ich mich geärgert.«[151] In diesem Fall war das Wissen um die Hochkultur ungleich auf Frau und Mann verteilt. Die nach Geschlechtern unterschiedliche Zeitordnung – er geht am Abend außer Haus, sie bleibt zuhause – räumte dem Bauern einen Informations- und Übungsvorsprung ein, der sein Gewicht im Haushalt stärkte: Der im Kurs Lernende trat zu Hause gegenüber der Bäuerin als Lehrender auf. Der schwelende Konflikt um die Ungleichverteilung der Kenntnisse flammte beim Rebschnitt im Weingarten auf: Er arbeitete vor, sie blieb hinten nach. Der Konflikt kam dennoch nicht zum Ausbruch; die Frau wandte ihn über ihren »Ärger« nach innen ab. Fachwissen war, wie in diesem Fall, vielfach männliches Fachwissen. Der agrarische Bildungsdiskurs stützte das Ungleichgewicht der Geschlechter am Hof ebenso, wie er sich darauf stützte.

Der Weg eines »Pioniers« führte jedoch nicht geradewegs in den »Fortschritt«. Teils waren es Selbstzweifel, in denen sich das verinnerlichte Alltagswissen äußerte, wie Rupert Kaiser erzählt: »Obwohl ich nicht einer war, der nicht fortschrittlich gewesen wäre, habe ich mir selbst gesagt: Naja, dann, am fertig gerichteten Acker, soll ich da mit dem Traktor darüberfahren?«[152] Teils waren es Zweifel anderer Bauern, die sich zum Sprachrohr dieses über Generationen bewährten Wissens machten, was Josef Schneider verdeutlicht: »Ist der erste Mähdrescher in Gänserndorf gefahren. Hat ein guter Bauer und ein fortschrittlicher Bauer zu mir gesagt: So ein Werkl kommt mir nicht ins Haus. Ich: Warum, hören Sie, Sie sind doch ein fortschrittlicher Mensch, und so. Sagt er: Trotzdem, sagt er, ich bin mit den Arbeitern weit besser gefahren, mit den Erntearbeitern, sagt er.« Die Zweifel dieses Bauern beruhten nicht auf »irrationaler Fortschrittsfeindlichkeit«, sondern auf rationalen Überlegungen: Bei der händischen Ernte mit der Sense wurde das Getreide bei der Vollreife geschnitten, um den Körnerverlust in Grenzen zu halten. Bei der maschinellen Ernte mit dem Mähdrescher musste das Getreide bis zur Totreife ausgereift sein; damit war die Frucht aber auch länger der Gefahr eines Unwetters ausgesetzt. Der Besitzer des Mähdreschers »hat sich gar nicht mehr in das Wirtshaus gehen getraut, weil die Bauern haben ihn ausgelacht. Die waren schon alle mit der Ernte fertig, und er hat erst angefangen zu dreschen«.[153] Die wirksamste Waffe des altbewährten Bauernwissens gegen das Neue war das spöttische Lachen und dessen stärkste Bastion war das Wirtshaus. Doch je zahlreicher sich die »Pioniere« und deren Gefolgschaft im Wirtshaus und anderswo zu Wort meldeten, umso weniger hatten die Spötter zu lachen. Letzten Endes überzeugte die enorme Arbeitserleichterung, die mit der Mechanisierung der Anbau- und Erntearbeiten einherging, auch die letzten Zweifler.

Das bäuerliche Erfahrungs- und Fachwissen umfasste auch das Wissen um sich selbst und die Gemeinschaften, denen man sich zugehörig fühlte. Jede politische Bewegung, die um Anerkennung der bäuerlichen Klientel warb, konnte solche individuellen und kollektiven Identitäten nicht außer Acht lassen. Seit dem späten 19. und frühen 20. Jahrhundert trieben die landwirtschaftlichen Organisationen, allen voran der 1906 gegründete und im Bündnis mit der katholischen Kirche auftretende Niederösterreichische Bauernbund, die Politisierung der Landbevölkerung voran.[154] In welchem Maß es gelang, die Angehörigen der Zwerg-, Klein-, Mittel- und Großbauernhaushalte in der Region Gänserndorf zu einer »Bauernbewegung« zu versammeln, zeigen die Ergebnisse der Wahlen in die Bauernkammern. Seit der Gründung der Landes-Landwirtschaftskammer im Jahr 1922 fanden diese Urnengänge – unterbrochen durch die austrofaschistische und nationalsozialistische Ära – in fünfjährigen Abständen statt. Während des gesamten Zeitraums konnte der christlichsoziale Bauernbund seine Vorherrschaft in der Bezirksbauernkammer Matzen bzw. Gänserndorf behaupten; doch die Besetzung aller Mandate, wie dies in anderen Bezirksbauernkammern der Fall war, gelang zu keinem Zeitpunkt: Ein bis drei Sitze entfielen nach jeder Wahl auf andere Gruppierungen, den sozialdemokratischen Arbeitsbauernbund oder national-liberale Bauernverbände (Grafik 14).

Das enorme Ausmaß der Politisierung unter christlichsozialen Vorzeichen ist unter anderem der Tätigkeit örtlicher Bauernpolitiker zuzuschreiben, die einen Gutteil der bäuerlichen Wählerschaft hinter sich versammeln konnten. Ein solcher »Bauernführer« war der 1882 in Gänserndorf geborene Leopold Scharmitzer. Bis zur Verhaftung durch die Nationalsozialisten im Jahr 1938 vereinte er eine Reihe von Ämtern und Funktionen in seiner Person: Gänserndorfer Bürgermeister von 1919 bis 1929, Abgeordneter zum niederösterreichischen Landtag von 1921 bis 1934, Obmann der Bezirksbauernkammer Matzen 1922 bis 1938; Landeskammerrat von 1924 bis 1938; Obmann des Niederösterreichischen Rübenbauernbundes von 1926 bis 1938, Obmann des Verbandes ländlicher Genossenschaften in Niederösterreich von 1927 bis 1938, Landesrat von 1931 bis 1932, Mitglied des »Ständischen Landtages« von 1934 bis 1938, Ehrenbürger von Gänserndorf und Lassee seit 1934 und so fort. Darüber hinaus vertrat er die Interessen der Landes-Landwirtschaftskammer in der Börse für landwirtschaftliche Produkte, der Preisprüfungsstelle für Wien und Niederösterreich, der Zentralstelle für land- und forstwirtschaftliche Arbeitsvermittlung und anderer Körperschaften.[155] Leopold Scharmitzer konnte offenbar das Ansehen, das mit seinen Ämtern und Funktionen verbunden war, in Wählerstimmen ummünzen. Umgekehrt mehrten die politischen Loyalitäten wiederum sein Gewicht innerhalb von Berufs- und Gebietskörperschaften.

Wie diese wechselseitigen Beziehungen wirksam wurden, zeigt eine christlichsoziale Versammlung in Gänserndorf im Oktober 1930, kurz vor den Nationalratswahlen. Als »Zugpferd« wurde Landeshauptmann Karl Buresch aus dem nahen Groß-Enzersdorf aufgeboten, der gleich zu Beginn die Fronten klärte: »Wir marschieren Schulter an Schulter mit der Heimwehr und üben keinen Zwang aus, wie es andere tun. Die Heimwehrleute, welche christlichsozial empfinden, werden die Liste ›Christlichsoziale Partei und Heimwehr‹ wählen. Andere, die mehr national und freisinnig und der Meinung sind, daß man durch eine Zersplitterung dem österreichischen bürgerlichen Gedanken dient, können andere Listen wählen. Der wahre Gegner der Entwicklung unseres Volkes ist der Marxismus.« Der Landeshauptmann betonte die Abgrenzung nach außen, um die Grenzen innerhalb des eigenen Lagers – die drohende Spaltung der Heimwehr – zu verwischen; dies sollte die Abtrünnigen zur Rückkehr und die Kampfesmüden zum Aufbruch bewegen: »Wer am Wahltag sich zurückzieht und meint, ohne ihn gehe es auch, handelt wie ein Fahnenflüchtiger im Kriege.« Das Bild einer harmonischen, von Konflikten gereinigten »Volksgemeinschaft«, das der Redner skizzierte, spiegelte auch die »Haus-« und »Dorfgemeinschaft« wider: »Ausgleich zwischen den einzelnen Ständen« statt »Klassenkampf«, Gottesfurcht statt »Religionslosigkeit«. Nachdem der Hauptredner eine Bresche in das gegnerische Lager geschlagen hatte, ritten zwei »Scharfmacher« eine neuerliche Attacke im »Hauptkampf« gegen die Sozialdemokratie: »Auf zum Kampf und auf zum Sieg«. Zur Verstärkung diente ihnen der Gegensatz der Stadt zum Land: »Laute Zustimmung«, so der Pressebericht, habe der Appell an die Bauern hervorgerufen, keine Politiker zu wählen, »die sie immer wieder als

Grafik 14: Sitzverteilung in der Bezirksbauernkammer Matzen bzw. Gänserndorf 1922–2000

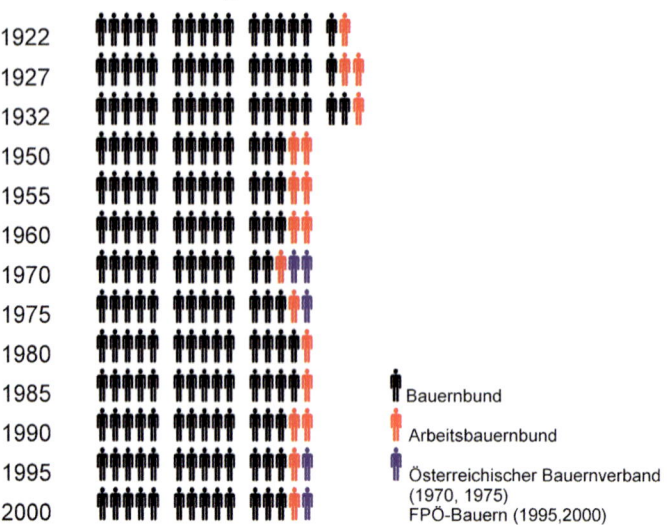

Quelle: Tätigkeitsbericht 1922/23 95, 1927/28 538, 1932/33 272; Der Österreichische Bauernbündler vom 8.4.1950 4, vom 9.4.1955 2, vom 2.4.1960 2, vom 28.3.1970 7, vom 27.3.1975 3, vom 13.3.1980 3, vom 4.4.1985 2, vom 15.3.1990 2, vom 9.3.1995 2 und vom 23.3.2000 23 f. Das Wahlergebnis für das Jahr 1965 konnte nicht erhoben werden.

›Gscherte‹ und dergleichen hingestellt haben«. Kurz, eine »Mobilisierung« war in Gang gekommen, auch im militärischen Sinn des Wortes.

Folgten die bisherigen Aussagen einer vorwiegend ideologischen, gegen das »feindliche« Lager gerichteten Linie, so schlug Leopold Scharmitzer in seiner Rede einen stärker pragmatischen, auf das eigene Lager bezogenen Ton an: »Abg. Scharmitzer erörterte vornehmlich landwirtschaftliche Fragen, wie die Aktionen für die Rübenbauern und für die Getreidebauern, um die sich Listenführer Landeshauptmann Dr. Buresch so verdient gemacht hat. (Lebhafte Zustimmung.)«[156] Ihm war die Rolle eines »Interessenvertreters« zugedacht, der die »Aktionen« im Sinn der bäuerlichen Interessen zur Sprache brachte; damit sprach er aber auch die Schuldigkeit der Bauern an, diese Gaben am Wahltag mit der »richtigen« Stimmenabgabe zu vergelten. Die Regie der christlichsozialen Wahlkundgebung in Gänserndorf im Oktober 1930 folgte offenbar einem Schauspiel in zwei Akten: Im ersten brachten »Zugpferde« und »Scharfmacher« die Gemüter zum Kochen, im zweiten sorgten »Interessenvertreter« wieder für Abkühlung. Zuerst »auf den Tisch hauen«, letztlich aber wieder »seinem Tagwerk nachgehen« – dieser Zyklus von Spannungsaufbau und -abbau war den Männern im Versammlungssaal wohl auch von alltäglichen Meinungsverschiedenheiten her bestens vertraut.

Offenbar verstand es Leopold Scharmitzer, sich in solchen Veranstaltungen als rechtmäßiger Vertreter der Interessen »der Bauernschaft« in Szene zu setzen. Zu seiner Zeit, als politische Führungsfiguren noch keine so starke Medienpräsenz wie in der zweiten Hälfte des 20. Jahrhunderts (und ansatzweise bereits in der nationalsozialistischen Ära) erlangt hatten, zählte die Realpräsenz, die körperliche Anwesenheit vor Ort. Leopold Scharmitzer war ein volkstümlicher Politiker, der bei kaum einem öffentlichen Ereignis in Gänserndorf und Umgebung fehlte; der Vater sei oft unterwegs gewesen, bestätigt auch sein Sohn.[157] Die imposante Feier zu seinem 50. Geburtstag im Jahr 1932 bot seinen sozialdemokratischen Gegnern die Gelegenheit, ihn als Agenten großbäuerlicher Interessen anzuprangern: Mit Billigung der Bezirksbauernkammer Matzen war das Kinsky'sche Gut in Matzen »statt landarmen Bauern dem reichen ausländischen Juden Löw in Angern« verkauft worden. Doch der Aufruf: »Bauern und Arbeiter haben keine Ursache, einen Scharmitzer zu feiern!« fand offenbar, jedenfalls auf bäuerlicher Seite, wenig Widerhall.[158]

Der Anspruch, als Interessenvertreter »der Bauernschaft« anerkannt zu werden, forderte von einem »Bauernführer« auch, Missstimmungen im Keim zu ersticken. So versuchte Leopold Scharmitzer dem Protest hunderter Marchfelder Bauern in Obersiebenbrunn im August 1930 gegen den Verfall der Agrarpreise den Wind aus den Segeln zu nehmen, indem er sich als Vertreter jener Politikerkaste, gegen die sich der Protest richtete, an die Spitze der Bewegung setzte: »Ich freue mich, daß Volkes Stimme Bauern Stimme ist und daß Bauern selbst sagen: ›Bis hierher und nicht weiter!‹ Und wenn ich aufgefordert werde mitzugehen, so stelle ich mich nicht zurück, ich stelle mich voran! Ich werde alles tun, wenn Sie einen Führer brauchen, ich gehe nicht hinten, ich gehe voran.« In derselben Rede lässt Leopold Scharmitzer eine weitere Tugend eines idealen bäuerlichen Interessenvertreters anklingen: »An mich tritt man oft heran, ich solle Wunder wirken.«[159] Doch schöne Worte allein machten aus einem Bauernpolitiker noch lange keinen »Bauernführer«; er musste auch Taten setzen, die großen und kleinen Wünsche seiner Klientel zufrieden stellen. An den Erfolgen und Misserfolgen überregionaler Führungsfiguren, etwa eines Leopold Figl, konnten auch die regionalen »Bauernführer« teilhaben, im positiven wie im negativen Sinn.

V. Die Menschen und die Arbeit

»Der Jänner war durchgehends kalt und trocken, ohne Schnee«, leitete der 53-jährige Auersthaler Bauer Sebastian Berger seinen Bericht über das Jahr 1908 ein. Er bewohnte das Haus Nummer 158 an der Hauptstraße des Dorfes. Vor einigen Jahren war seine erste Frau Rosalia Berger im 56. Lebensjahr an einem Darmgeschwür verstorben. »Oft sagte ich Unterzeichneter: ›Du wirst 100 Jahre alt.‹ Aber der Mensch denkt und Gott lenkt. Es war ihr kein hohes Alter beschieden.« Aus dieser Ehe entsprossen acht Kinder, von denen drei im Kindes- und drei im Jugendalter verstarben. Nach eineinhalb Jahren Witwerdasein heiratete er die um sechs Jahre jüngere kinderlose Witwe Marie Hofer, »eine sehr brave Frau, arbeitsam und sparsam«. Der Bruder sah das ähnlich: »Bruder, dir hat es 2mal geraten beim Heiraten.« Sebastian Berger zählte zu den Erfolgreichen im Dorf. Weinhandel und Ackerbau hatten ihn, seinen eigenen Worten zufolge, zum »reichste[n] Mann im Ort« und zu einem der größten Grundbesitzer gemacht: »150.000 Kronen und mehr Bargeld hatten wir in den Kassen.« Von dieser Position aus schrieb er in seinen Büchern Jahr für Jahr alles auf, was ihm aufschreibenswert schien: das Wetter, die Arbeiten, das Pflanzenwachstum, die Ein- und Verkäufe, die Ernteerträge, das Gemeindegeschehen und so fort. Auf diese Weise wurde er zum Chronisten einer Welt, deren Grenzen über Auersthal hinausreichten.[160]

Die Mehrzahl der Aufzeichnungen Sebastian Bergers dreht sich um die Arbeit auf den 45 Joch Acker und acht Viertel Weingarten umfassenden Gründen. Die schmalen, lang gezogenen Parzellen lagen über die gesamte Dorfflur verstreut. Die Abfolge der Arbeiten während des Jahres hing von kaum beeinflussbaren Bedingungen ab: der Vegetationsperiode, dem Pflanzenwachstum, den Niederschlägen und so fort. Ein entsprechend großes Augenmerk galt diesen Unwägbarkeiten in Sebastian Bergers Chronik. Im Januar wurde wahrscheinlich noch der Rest der vorjährigen Ernte ausgedroschen. Vom Rebschnitt im Februar hing nicht nur der Ertrag des laufenden Jahres, sondern auch der Folgejahre ab. Sebastian Berger oder diejenigen, die die Reben schnitten, mussten das Alter, den Allgemeinzustand des Stockes, die vorangegangene Ernte, die Rebsorte, die Güte des Bodens und eventuelle Hagel- oder Frostschäden berücksichtigen. Kurz, sie mussten jedem Stock gleichsam »individuelle« Aufmerksamkeit schenken. Durch den Schnitt und andere Techniken wurde die Weinrebe an ein Ökosystem angepasst, in dem sie ohne menschliche Unterstützung kaum gedeihen würde. Gleichzeitig mit dem Rebschnitt wurden die Stöcke »ausgeräumt«, wobei die zum Schutz gegen Winterfröste angehäufte Erde entfernt wurde. Vielfach wurden nun die unveredelten Altkulturen »vergrubt«, was der laufenden Verjüngung und Vermehrung der Weinstöcke diente. Im Weingarten folgte im März nach dem Schnitt das »Fastenhauen«, die erste von insgesamt vier Bodenbearbeitungen. In gebückter Stellung lockerten die im Weingarten Tätigen mit der Haue mühselig die verdichtete Bodenkruste auf; dadurch wurde der Luft- und Wasserzutritt erleichtert und das Unkraut vertilgt. Nach dem »Fastenhauen« erhielt jeder Stock einen Holzpfahl zur Unterstützung der jungen Triebe. In ähnlicher Weise folgte im April das »Jathauen«. Auf den Äckern stand im März das Aussäen, Saatpflügen und Eggen an; im April folgte die Saat des Sommergetreides und des Klees sowie der Anbau der Hackfrüchte.

Während im Weingarten das Schneiden die anspruchsvollste und das Hauen die mühseligste Arbeit darstellte, nahm das Jäten im Mai die meiste Zeit in Anspruch. Die überflüssigen Triebe und die so genannte »Ixenbrut«, die Achseltriebe, mussten entfernt werden, um die gesamte Kraft des Stockes für die Trauben und eine gute Holzreife zu gewinnen. Das anfallende Laub diente als Viehfutter. Die Weingartenbesitzer mussten den Zeitpunkt dafür genau abschätzen: Die Traubenansätze mussten bereits deutlich zu sehen sein; doch die Triebe sollten noch nicht verholzt sein, weil sie dann schwieriger zu entfernen waren. Der Beginn des Jätens fiel in diesem Jahr auf den 28. Mai. Zugleich wurden die Rebentriebe mit Strohhalmen an die Pfähle gebunden, damit sie gleichmäßig in die Höhe wachsen und vom Wind nicht geknickt werden konnten. Auf den Äckern stand im Mai das Kartoffelhauen an, während die Getreidesaat langsam aufging. Auch auf den Feldern konnte Sebastian Berger eine erste Einschätzung vornehmen: Der ausgiebige

Landregen gegen Monatsende kam »den Feldfrüchten sehr zugute«; doch die Hitze zur Zeit der Blüte ließ eine Minderung der Ernte befürchten.

Die Blüte der Weinstöcke im Juni war ein weiteres Richtmaß: Am 6. Juni waren die ersten Blüten zu sehen und am 20. Juni waren die Trauben »komplett verblüht«. Die Jät- und Bindearbeiten und das erste Spritzen mussten daher »sehr rasch durchgeführt werden«, um bei der großen Hitze das Wachstum der Reben nicht zu behindern. Sebastian Berger sah »einer sehr guten Lese entgegen, denn Trauben gab es bald nicht so viele wie heuer«. Nach der Traubenblüte wurden die Reben ein zweites Mal nachgebunden. Auf den Äckern machte im Juni das Mähen des Wundklees »sehr viel Arbeit«. Wegen der großen Hitze wurde auch der Roggen »nothzeitig«; daher begann der Roggenschnitt bereits am 25. Juni: »Das Korn war durchgehends überreif und hätte sofort vom Acker abgeführt werden können.« Während im Juli in den Weingärten das zweite Spritzen und das »Bandhauen« anstanden, wurde in diesem Jahr auf den Äckern wegen der heißen Winde der Hafer »überzeitig« und musste um einige Wochen früher als gewohnt geschnitten werden. Die Roggen- und Hafergarben wurden mit Wägen heimgeführt und im Hinterhof aufgetürmt. Der August brachte im Weingarten das »Abwipfeln«. Die Triebe wurden in Pfahlhöhe abgeschnitten, um das Höhenwachstum zu stoppen und die Reifung der Trauben zu verbessern. »Der Heurige wird gut«, zeigte sich Sebastian Berger beruhigt. Da auch der Mehltau kaum auftrat, erwog er: »Das 3te Spritzen wird nicht mehr nothwendig sein?« Nach dem »Abwipfeln« waren noch das Nachbinden und das »Weichweinhauen« erforderlich. Nun konnte Sebastian Berger bereits den Reifegrad der Trauben mit seinen geübten Fingern ertasten: »Die Weinbeer sind jetzt, den 25.8., schon ziemlich weich.« Auf den abgeernteten Feldern erfolgte im August der Stoppelsturz. Während der Roggen mit der Drischel gedroschen wurde, erfolgte das Haferdreschen mittels der in Gemeinschaftsbesitz befindlichen »großen Maschine mit Putzwerk und Benzinmotor«.

Im September begann im Weingarten das Warten auf den günstigsten Termin der Weinlese. Wurde er zu früh gewählt, waren die Trauben noch nicht voll ausgereift; wurde er zu spät angesetzt, konnte die Ernte durch Witterungseinflüsse eine Minderung erfahren. Anfang des Monats war es feucht, aber zu kühl, Ende des Monats warm, aber zu trocken. Sebastian Berger gibt kurz vor Beginn der Weinlese ein erstes Gesamturteil ab: »Die Qualität wird gut, doch wäre es im Quantum mehr geworden, wenn wir ausgiebigen Regen gehabt hätten. Die Weinbeer sind daher mitunter kleinbeerig.« Bereits am 25. September begannen einige Weinbauern zu lesen; die Mehrheit der Auersthaler folgte drei Tage später. Noch vor Lesebeginn wurde auf den Äckern der Winterroggen angebaut. Während der sich in den Oktober ziehenden Lese herrschte ein hohes Arbeitstempo, denn starker Morgentau und Frühfröste bedrohten die Früchte der mühseligen Arbeit. Vom Zusammenspiel der Hilfskräfte mit ihren vollen Lesebütteln und -kübeln und der Buttenträger, die mit ihrer bis zu 50 Kilogramm schweren Last oft weite Strecken bis zu den Wägen mit den darauf befestigten Bottichen zurücklegen mussten, hing alles ab. Um die Kapazität der Gebinde besser zu nutzen, vermaischten die Treterinnen und Treter die Trauben meist an Ort und Stelle; dann wurde die Maische in das Presshaus gebracht. Wenige Tage vor dem Ende der Lese am 10. Oktober richtete ein

Reif noch einigen Schaden in Sebastian Bergers Weingarten an. Nach Abschluss der Lese wurden Ende Oktober oder Anfang November die Kartoffeln und Rüben geerntet. Diesmal ließ der Frost Ende Oktober die Burgunderrüben gefrieren. Sebastian Berger entschloss sich wie viele andere Auersthaler dazu, die Rüben herauszubrechen, worauf diese bald zu faulen begannen. Im November und Dezember erfolgten die letzten Vorbereitungsarbeiten für das kommende Jahr: In den Weingärten wurden die Pfähle ausgezogen, die Strohbänder abgerissen und die Wasserabzugsgräben ausgebessert; auch die unbebauten Äcker wurden noch einmal gepflügt. Wahrscheinlich brachte Sebastian Berger nun auch den Dünger auf seinen Gründen ein. Die ersten Ladungen der diesjährigen Roggenernte verkaufte er an das Lagerhaus. Das Jahr 1908 endete, wie es begonnen hatte: mit trockenem, kaltem Wetter.[161]

Sebastian Bergers Beschreibung des Jahres 1908 gewährt uns zahlreiche Einblicke in die bäuerliche Arbeitswelt. Auf welche Weise die Haushalte ihren Bedarf an Arbeitskräften deckten, wird an mehreren Stellen der Chronik fassbar. Am Hof Sebastian und Marie Bergers wurde nur ein geringer Teil der anfallenden Arbeiten durch die Angehörigen der Familie – das Bauernehepaar und die beiden Kinder – bewältigt. Wie viele Dienstboten das ganze Jahr hindurch am Hof beschäftigt wurden, teilt uns Sebastian Berger nicht mit. Daneben musste er mehrmals im Jahr Hilfskräfte von auswärts anheuern. Die Taglöhnerinnen und Taglöhner zum Jäten und Binden der Weinreben sowie zum Klee-, Roggen- und Hafermähen waren schwierig zu bekommen, denn die umliegenden Eisenbahnbaustellen lockten mit höheren Löhnen: »Diese Bahnen nehmen uns die besten Arbeitskräfte.« Offenbar hatten sie die Gesetze von Angebot und Nachfrage auf dem Arbeitsmarkt begriffen; in diesem Jahr setzten sie höhere Löhne als bisher durch: im Weingarten 70 Kreuzer pro Tag, auf dem Kleeacker zwei Gulden 50 Kreuzer pro Joch, auf dem Roggenfeld vier Gulden pro Joch, jeweils »samt guter Kost und Trunk«. Auch das Dreschen, die Weinlese und andere Arbeitsgänge erforderten Hilfskräfte von auswärts, wobei nur ein Teil der Hilfskräfte in bar entlohnt wurde; der andere Teil bekam Naturalleistungen. So erhielt etwa eine vierköpfige Mannschaft für das Ausdreschen von 2.346 Kilogramm Roggen mit dem Dreschflegel den elften Teil, 53 Kilogramm pro Mann. Daneben bestanden mit mehreren Häuslerfamilien seit Jahren wechselseitige Arbeitsbeziehungen: Zu Jahresende verrechnete Sebastian Berger die »Bauernarbeit«, seine Zug- und sonstigen Leistungen für die Kleinhäusler, und die »Hauerarbeit«, deren Tätigkeiten in den Weingärten und Feldern, in Geld.[162]

Von diesen Informationen über den Berger-Hof lassen sich Schlüsse auf die allgemeine Situation bäuerlicher Haushalte im Gerichtsbezirk Matzen ziehen (Grafik 15). Im Jahr 1930 zählten 10.387 Personen oder 69 Prozent zu den familieneigenen ständigen, 762 Personen oder 5 Prozent zu den familieneigenen nicht ständigen, 1.506 Personen oder 10 Prozent zu den familienfremden ständigen und 2.489 oder 16 Prozent zu den familienfremden nicht ständigen Arbeitskräften. Kurz, im Gänserndorfer Umland herrschten, entsprechend dem jährlichen Arbeitskräftebedarf, Familienbetriebe mit Taglöhner- und Dienstbotenbeschäftigung vor. Die Fütterung, das Melken und die Pflege des Viehs verursachten einen das ganze Jahr hindurch gleich bleibenden Aufwand; enorme Arbeitsspitzen traten zur Zeit des Frühjahrsanbaus, der Ernte und des

Dreschens auf. Bis zum Ende des 20. Jahrhunderts sank die Zahl der landwirtschaftlichen Arbeitskräfte auf weniger als ein Fünftel; dramatische Rückgänge verzeichneten die Fünfziger-, Siebziger- und Achtzigerjahre. Mit der sinkenden Gesamtzahl der Arbeitskräfte veränderten sich auch die Anteile der einzelnen Kategorien: Die ständig im Betrieb beschäftigten Familienangehörigen stellten bis Ende der Fünfzigerjahre rund zwei Drittel; ihr Anteil sank von den Sechziger- bis zu den Neunzigerjahren auf unter vier Zehntel. Hingegen nahm der Anteil der nicht ständigen Familienangehörigen bis 1999 auf über die Hälfte zu. Während die ständig beschäftigten Nichtverwandten, die Mägde und Knechte, vergleichsweise rasch aus den Haushalten verschwanden, blieben die Anteile der fallweise im Betrieb beschäftigten Nichtverwandten bis 1960 nahezu gleich, verzeichneten in den Sechzigerjahren einen sprunghaften Anstieg und brachen erst nach 1980 ein.[163]

Im Auf und Ab der Arbeitskräftezahlen zeichnen sich zumindest drei Tendenzen ab: »Schrumpfung« – die Zahlen der Betriebsangehörigen nahmen ab; »Familisierung« – die Familienangehörigen nahmen im Vergleich zu den Nichtverwandten zu; »Entagrarisierung« – die Beschäftigten waren neben dem landwirtschaftlichen Einkommen in steigendem Maß auf außeragrarischen Erwerb angewiesen. »Schrumpfung«, »Familisierung« und »Entagrarisierung« der Betriebe sind mit anderen Entwicklungen verflochten: der Auflassung von etwa drei Viertel der Betriebe seit den Fünfzigerjahren; der in den späten Vierzigerjahren einsetzenden Mechanisierung, die zuerst die familienfremden, später auch die familieneigenen Arbeitskräfte entbehrlich machte; der seit den Fünfzigerjahren verstärkten Spezialisierung auf Weinbau oder Hackfrucht- und Getreidebau ohne Viehhaltung, die ständige Arbeitskräfte freisetzte; der sich öffnenden Schere zwischen Aufwand und Einkommen, die zur Ausweitung des außeragrarischen Erwerbs in der regionalen Erdölindustrie oder sonstigen Wirtschaftszweigen führte.[164] Doch die Menschen auf den Höfen standen diesen Entwicklungen, die wie Schub- und Zugkräfte wirksam wurden, nicht ohnmächtig gegenüber; letztlich entschieden *sie* über Bleiben oder Gehen. Die dürren Zahlen der Statistik verweigern allerdings genauere Auskünfte über das Denken und Handeln der Menschen.

Hier führt einmal mehr Sebastian Bergers Chronik weiter. Er sagt wenig über die Beziehungen der Betriebsangehörigen; und doch sind seine Eintragungen vielsagend, etwa wenn er 1925 schreibt: »Die Dienstboten haben 3–500.000 Kronen im Monat und Zubesserungen. Es wäre ja recht, wenn noch so gearbeitet würde wie vor 30 Jahren. Aber die Sozialdemokraten hussen die landwirtschaftlichen Dienstboten und Arbeiter sehr auf. Überall gibt es Arbeitslose, und trotzdem bekommt der Bauer keine anständigen Dienstboten. Es will heute niemand mehr zu den Bauern in Dienst gehen.«[165] Die Vorstellung eines »ganzen Hauses«, der Sebastian Berger hier offenbar nachtrauert, bestimmte lange Zeit auch das Geschichtsbild vom Landleben: Das Gesinde sei vollkommen in die bäuerlichen Haushalte eingebunden gewesen; »Treue und Gefolgschaft« der Untergebenen seien von »Hausvater« und »Hausmutter« durch »Schutz und Hilfe« entgolten worden.[166] Diese romantische Vorstellung ist nicht ganz von der Hand zu weisen: Das gemeinsame Arbeiten im bäuerlichen Betrieb schloss zwangsläufig auch das gemeinsame Leben im bäuerlichen Haushalt mit ein. Dieser »Zwang zum Miteinander«

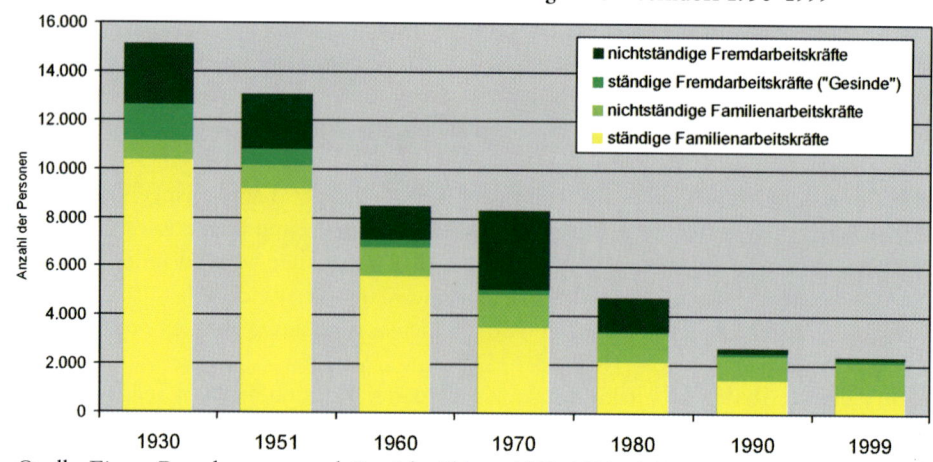

Grafik 15: Landwirtschaftliche Arbeitskräfte in der Region Gänserndorf 1930–1999

Quelle: Eigene Berechnungen nach Betriebszählung 1930, 1951, 1960, 1970, 1980, 1990; Statistik Austria, Direktion Raumwirtschaft, Agrarstrukturerhebung 1999.

betraf vor allem Mägde und Knechte, für die der Hof zugleich Arbeits- und Wohnstätte war; er erfasste aber ebenso, wenn auch auf gewisse Zeiten und Orte beschränkt, die tageweise Beschäftigten, die in der Stube verköstigt wurden, an großen Familienfesten teilnahmen, am Sonntagnachmittag zu Besuch kamen. Der Hof war auch, aber nicht ausschließlich ein Ort der harmonischen Einbindung; zugleich war er Schauplatz von Konflikten, die sich in verdeckten oder offenen Ausgrenzungen äußerten. »Treue und Gefolgschaft« waren häufig gepaart mit Hinterlist und Gegnerschaft, »Schutz und Hilfe« mit Gleichgültigkeit und Ausbeutung.

Die von Sebastian Berger angesprochenen Dienstboten-Typen – der »gutmütige« der Vergangenheit und der »aufmüpfige« der Gegenwart – verweisen auf zwei Modelle ländlicher Arbeitsbeziehungen im späten 19. und frühen 20. Jahrhundert. Das ältere Modell, die Patron-Klient-Beziehung, beruhte auf mündlich vereinbarten Regelungen über Leistungen und Gegenleistungen. Über deren Einhaltung wachte die dörfliche Öffentlichkeit; Verstöße bewirkten den Ehrverlust der oder des Betreffenden. Das andere, jüngere Modell, die Unternehmer-Lohnarbeiter-Beziehung, beruhte auf geschriebenen, von staatlichen Behörden garantierten Regeln über die wechselseitigen Verpflichtungen. Beide Formen bäuerlicher und gutsbetrieblicher Herrschaft, die paternalistische wie die unternehmerische, bedurften nur ausnahmsweise offener, äußerlicher Gewalt; zumeist fußten sie auf sanfter, von den Beteiligten verinnerlichter Gewalt. Dem Patron-Klient-Modell zufolge schloss der »Bauernstand« Groß-, Mittel- und Kleinbauernhaushalte ebenso ein wie Häuslerhaushalte und das bäuerliche Gesinde. Hingegen ging das Unternehmer-Lohnarbeiter-Modell von der Spaltung der Agrargesellschaft in die Klassen der »Grundbesitzer« und des »Landproletariats« aus.[167] Gewiss, dieses grobe Bild muss am Alltagsleben der Menschen verfeinert werden; dennoch ordnet es die verwirrende Vielfalt menschlicher Beziehungen auf dem Land.

Die Verhältnisse zwischen Bauern- und Häuslerhaushalten im Gänserndorfer Umland in der ersten Hälfte des 20. Jahrhunderts folgten, so scheint es, überwiegend dem Modell der Patron-Klient-Beziehungen.[168] »Die haben zum Haus gehört. Die waren, wie soll ich es denn sagen, wie eine Verwandtschaft. Die waren so mit dem Haus verbunden. Man hat das gar nicht gemerkt, dass das richtig Außenstehende sind,« beurteilt Franz Hager aus Auersthal das Verhältnis der Häuslerinnen und Häusler zu »ihren Bauern«. Zu »jeder Arbeit« wären sie gekommen, zu »jedem Fest« wären sie geladen gewesen.[169] Wenn Arbeitskräfte knapp waren, wurde die Tragfähigkeit dieser Verwandtschaft eigener Art auf eine Probe gestellt. Rupert Kaiser aus Auersthal erzählt über den »Arbeitermangel« in der Fünfzigerjahren: »Da waren viele Leute, die gesagt haben: Das gibt es ja nicht. Wir bräuchten Tagwerker, wir kriegen keine. Bei dem Kaiser stehen immer zehn, zwölf dort. Das haben viel gesagt. Was macht ihr, was gebt ihr diesen Leuten? Sage ich: Normal behandeln, sonst gar nichts.« Was »normal behandeln« hieß, beschreibt seine Ehefrau Maria Kaiser: »Ich war immer dafür, wenn ich wen bei der Arbeit gehabt habe, dann muß ich mit gutem Beispiel vorausgehen und mitarbeiten, aber nicht den Herren spielen und nichts tun. Oder extra kochen, haben ja auch manche gemacht. Bei mir haben die Leute des gekriegt, was wir gegessen haben.«[170] Gemeinsam arbeiten und gemeinsam essen – das galt offenbar als Maß für das ehrenhafte Verhalten der Bauern; getrennt arbeiten und getrennt essen kennzeichnete die »Herren«-Mentalität. Die Ehre der Taglöhner wurde an deren Fleiß und Genügsamkeit gemessen; nachlässiges und forderndes Verhalten galt als Kennzeichen von »Aufmüpfigkeit«.

Doch das war nur die ideelle Seite; die materielle Seite der Beziehungen zwischen Bauern und Taglöhnern umfasste die wechselseitigen Arbeits- und Sachleistungen. Die Schreibebücher der Auersthaler Bauern sind voll von diesbezüglichen Aufzeichnungen; greifen wir einen Fall aus dem Jahr 1937 heraus. Die »Bauernarbeit« Michael Hofers für Johann Sommer, die Zug- und sonstige Arbeitsleistungen umfasste, wurde auf 140 Schilling bemessen. Dem standen dessen »Hauerarbeit« im Weingarten und auf den Feldern in der Höhe von 17 Schilling gegenüber (Tabelle 13). Die Bewertung der Arbeitsleistungen folgte den vor Ort gültigen Relationen: Ein Tag »Bauernarbeit« entsprach etwa fünf Tagen »Hauerarbeit«. Zu Jahresbeginn 1938 wurde verrechnet: 50 Schilling zahlte der Taglöhner sofort, 73 Schilling blieb er dem Bauern schuldig.[171] Wie Johann Sommer waren viele andere Häuslerinnen und Häusler bei »ihrem Bauern« verschuldet. Der »Rest« eines Jahres wurde in die Abrechnung des nächsten übertragen. Aus dieser Verschuldungsspirale konnten beide Seiten Nutzen ziehen: Die Kleinhäuslerfamilien erhielten, vor allem in Jahren der Geldknappheit, zinsenlose Kredite; die Bauernhaushalte banden ein nachhaltiges Reservoir an jederzeit verfügbaren Arbeitskräften an den Hof. »Die hat man brauchen nur rufen, so sind die gekommen nachher«, beschreibt Johann Zimmermann aus Weikendorf die aus bäuerlicher Sicht hoch geschätzte Abrufbereitschaft der »Häuslleute«.[172] Doch die Grenze zwischen einem Patron, dessen Ehre sich aus der Vergabe von Krediten speiste, und einem Geldverleiher, der daraus Profit schlug, war fließend. Sebastian Berger aus Auersthal war offenbar beides zugleich: Der Kleinhäusler Andreas Schwarzmann hatte seit dem Jahr 1908 bei ihm Schulden aus »Bauernarbeit«, Geldaushilfen und Ferkellieferungen in der Höhe von knapp 300 Gulden angehäuft, die mit 4,5 Prozent verzinst wurden. Erst im Jahr 1915 konnte er Sebastian Berger das Kapital samt Zinsen zurückzahlen.[173] In diesem Fall hatte sich das informelle Patron-Klient-Verhältnis bereits in Richtung formeller Gläubiger-Schuldner-Verhältnisse verschoben.

Im Vergleich zu den Häuslerhaushalten und dem unverheirateten Gesinde folgten die Beziehungen der Saisonarbeiterpartien zu den Bauernhaushalten stärker dem Unternehmer-Arbeitnehmer-Modell. Seit dem späten 19. Jahrhundert, vor allem mit der Verbreitung des Zuckerrübenbaus, kamen Jahr für Jahr einige Dutzend slowakischer Saisonarbeiterpartien in das Gänserndorfer Umland. Um die Sprache des jeweils anderen zu erlernen, pflegten die Dörfer dies- und jenseits der March den »Wechsel«, den Austausch der heranwachsenden Kinder.[174] Im Jahr 1930 wurden im Gerichtsbezirk Matzen 90 inländische und 915 ausländische Saisonarbeiterinnen und -arbeiter gezählt.[175] Am 71 Hektar großen Betrieb des Leopold Marschall in Gänserndorf können wir das Ineinandergreifen von ortsansässigen Arbeitskräften sowie Saisonarbeiterinnen und -arbeitern verfolgen. Während der Jahre 1941 bis 1944 nahmen neben den vier Hauptgetreidesorten Roggen, Weizen, Gerste und Hafer (35 bis 39 Hektar) und Futterpflanzen wie Klee, Luzerne und Mais (12 bis 18 Hektar) die Hackfrüchte (zwölf bis 15 Hektar), vor allem Zuckerrüben (neun bis zwölf Hektar), den Großteil des 65 Hektar großen Ackerlandes ein. Sechs bis sieben Pferde, 27 bis 32 Rinder, darunter 13 bis 17 Milchkühe, zehn bis 22 Schweine sowie einige Dutzend Federvieh lieferten die nötige Zugkraft und die Nahrungsmittel für den Eigen- und Marktbedarf.[176] Die Besitzerfamilie setzte sich im Jahr 1940 aus dem 58-jährigen Bauern, der 47-jährigen Bäuerin und der 20-jährigen Tochter zusammen; im Ausgedinge lebte die 61-jährige Schwester des Bauern. Entsprechend dem im Jahresrhythmus unterschiedlichen Arbeitskräftebedarf der Betriebszweige Viehzucht und Ackerbau beschäftigte der Betrieb fünf bis sechs ständige Dienstboten, etwa fünf slowakische Saisonarbeiterinnen und -arbeiter für die Arbeitsspitzen und fallweise einige ortsansässige Tag- oder Handwerker; nur im Frühjahr 1945, als auch der Osten Niederdonaus vom Kampfgeschehen erfasst wurde, blieben die »Slowaken« aus (Grafik 16). Nach dem Krieg kamen noch einige Jahre lang Frauen und Männer aus der Steiermark und dem Burgenland zur Saisonarbeit auf den Hof, bevor Maschinen die Handarbeit überflüssig machten.

Sichtbares Zeichen für die lose Verbindung der Dienstgeber- und Saisonarbeiterhaushalte war deren räumliche Trennung. Am Gutshof in Leopoldsdorf waren die überwiegend aus der Slowakei stammenden Hilfskräfte in überfüllten Holzbaracken oder aufgelassenen Viehställen untergebracht; die aus Ziegeln gemauerte »Lausburg« – nomen est omen – war den inländischen Gutsarbeiterinnen und -arbeitern vorbehalten.[177] Am elterlichen Hof von Johann Zimmermann in Weikendorf hätten die im »alten Haus« untergebrachten Slowakinnen und Slowaken vier Räume zur Verfügung gehabt: Den ersten bewohnte der Partieführer mit seiner Frau; im zweiten übernachteten die Frauen; im dritten schliefen die Männer; der vierte diente als Küche, in dem die Frau des Partieführers aus den Deputatsleistungen des Bauern die Nahrung zubereitete.[178]

Nach dem Ersten Weltkrieg rückte die Beschäftigung der Frauen und Männer aus der nunmehrigen Tschechoslowakei in den Mittelpunkt der politischen Debatten: Die

Tabelle 13: »Bauernarbeit« Michael Hofers und »Hauerarbeit« Johann Sommers aus Auersthal 1937

Datum	»Bauernarbeit« des Michael Hofer	S	Datum	»Hausarbeit« des Johann Sommer	S
23. 4.	2 Fuhren Dünger	7	16. 4.	1 Tag veredeln	3
28. 4.	Kartoffel bauen	12	23. 4.	1 Tag hauen	4
13. 5.	Kukuruz bauen	12	8. 8.	2 Stunden Grummet mähen	1
5. 6.	Spritzen führen und Wagen holen	4	26. 8.	1 Tag Maschinendreschen	4
9. 6.	1 Fuhre Holzbündel	5	27. 8.	1/2 Tag Maschinendreschen	2
22. 6.	Spritzen führen und Wagen holen	4	5. 10.	1 Tag Kartoffelausnehmen	3
7. 7.	Spritzen führen und Wagen holen	4			
22. 7.	1 Fuhre Kornmandl	3			
3. 8.	1 Fuhre Kornmandl	3			
4. 8.	Acker gehalmt	6			
14. 8.	Acker gehalmt	5			
27. 8.	Verrechnung mit Dreschen und Kartoffeln	4			
7. 9.	2 Fuhren Dünger auf Acker	8			
20. 9.	Bottich führen	1			
21. 9.	3 Load Maische führen	2			
23. 9	2 Fuhren Most in Keller	2			
23. 9.	1 Fuhre Most ins Haus	1			
23. 9.	2 Fuhren Maische und 1 Fuhr Wasser	8			
26. 9.	3/4 Load Most ins Haus führen	1			
3. 10.	1 Fuhre Kartoffeln	1			
4. 10.	1 Fuhre Kartoffeln	3			
7. 10.	1 Fuhre Kartoffeln und Rüben	3			
9. 10.	Feld ackern und bauen	7			
12. 10.	1 Fuhre Dünger auf Acker	3			
12. 10.	1 Fuhre mit Korn bauen und ackern	5			
13. 10.	1 Fuhre Kukuruz	4			
	1 Fuhre Kukuruz	4			
21. 10.	1 Fuhre Kukuruz	3			
27. 10.	Feld ackern	9			
28. 10.	1 Fuhre Kukuruzstroh	4			
~~26. 11.~~	~~1 Fuhre Dünger~~				
Summe		140	Summe		17

Quelle: Privatsammlung Hofer, Auersthal, Anschreibbuch Michael Hofer 1937–1951.

»Nationalen« sahen darin eine Gefahr für den Bestand des »Deutschtums« im Grenzland; die Sozialdemokraten warfen den Besitzern von Guts- und Bauernwirtschaften Lohndrückerei durch die Beschäftigung billiger Ausländerinnen und Ausländer vor. Offenbar kümmerten sich die Dienstgeberinnen und -geber der »Slowaken« wenig um solche rassen- und klassenpolitischen Gedankengänge, wie der Gänserndorfer Bezirkshauptmann im Jahr 1935 berichtet: »Auch der deutsche Bauer zieht den Slowaken vor. Er behauptet, daß dieser nicht nur genügsamer und eingeschulter sei, sondern auch gleichsam angeborenerweise weitaus gediegener arbeitete. Der Nichtslowake sei schon physisch und der Übung nach nie in der Lage, jene Arbeit – es handelt sich heute hauptsächlich um die Campagnearbeit bei Zuckerrübenanbau und -ernte, welche im Akkord und mit unausgesetzt gekrümmtem Kreuz verrichtet werden muss – ebenso erfolgreich und unermüdlich zu vollziehen.«[179] Mit erstaunlichem Einfühlungsvermögen, das wohl auch aus leidlichen Erfahrungen mit der »Zähigkeit« des »Marchfeldbauern« herrührte, gab dieser Beamte die bäuerliche Sicht der Dinge wieder: Nicht die nationale Zugehörigkeit der Hilfskräfte zählte, sondern deren Bereitschaft, die Körperkraft über die Maßen zu verausgaben.

Die beiden Weltkriege stellten die gewohnte Ordnung auf den Kopf: Inländische Männer rückten in immer größerer Zahl zum Militär ein; auf ihre Plätze rückten inländische Frauen sowie Kriegsgefangene und – in den Jahren 1939 bis 1945 – Zivilarbeitskräfte aus dem Ausland. Bald nach dem deutschen Angriff auf Polen im Jahr 1939 vermittelte das Arbeitsamt Gänserndorf die ersten Polinnen und Polen an Guts- und Bauernbetriebe; mit der massenhaften Rekrutierung von Arbeitskräften im weiteren Kriegsverlauf folgten Angehörige anderer Nationalitäten: 1940 belgische und französische Kriegsgefangene, 1941 serbische Kriegsgefangene, 1942 Kriegsgefangene und Zivilarbeitskräfte aus der Sowjetunion, 1943 »Italienische Militärinternierte«, 1944 »ungarische Juden«.

Grafik 16: Arbeitsleistungen in einer Ackerwirtschaft in Gänserndorf 1940–1945

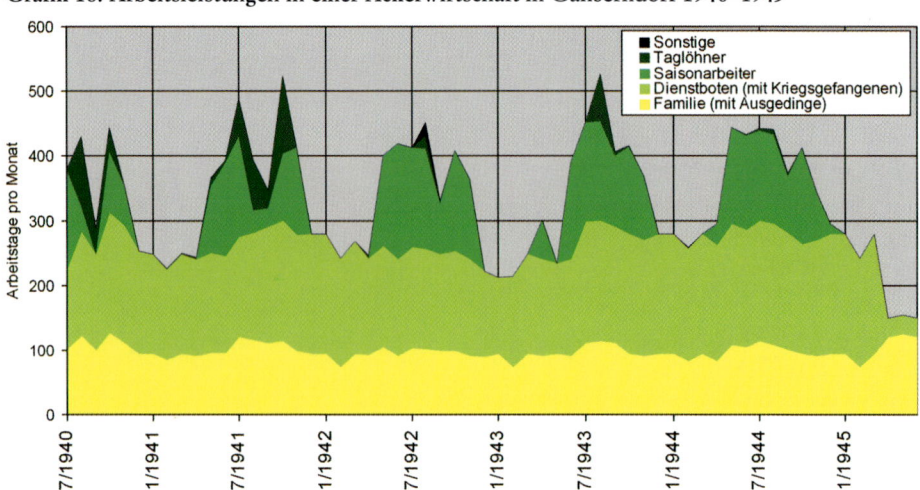

Quelle: Eigene Berechnungen nach Privatsammlung Scharmitzer, Gänserndorf, Arbeitsberichte 1940/41–1944/45.

Jenseits der Frage nach »guter« oder »schlechter« Behandlung stellt sich die Frage nach den Arbeits- und Lebensbedingungen der ausländischen Zwangsarbeiterinnen und -arbeiter auf dem Land: Wirkten die traditionellen Patron-Klient- und Unternehmer-Arbeitgeber-Beziehungen fort oder brachte der Zwangsarbeitseinsatz auf dem Land neuartige Herrschaftsbeziehungen hervor? Vielfach mangelte es diesen Mädchen und Frauen, Burschen und Männern aus dem Ausland – den Angehörigen süd-, südost- und osteuropäischer Staaten in höherem Maß als jenen aus Westeuropa – an jenen Sicherheiten, über die inländische Arbeitskräfte, aber auch slowakische Saisonarbeitskräfte in der Regel verfügten: über Fürsprache im Konfliktfall. Sie waren aus der »Dorfgemeinschaft« ausgeschlossen, deren Gerede »unehrenhaftes« Verhalten der Bauersleute in die Schranken verwies; zudem waren sie aufgrund von Sonderbestimmungen aus dem für Deutsche gültigen Arbeits- und Sozialrecht ausgeschlossen. Dahinter stand ein mühsam errungener Kompromiss unterschiedlicher Machtgruppen im NS-Staat, der kriegswirtschaftliche und rassenpolitische Standpunkte unter einen Hut bringen sollte. Kurz, der Willkür von Seiten der »Betriebsführer« waren weniger Schranken als im Fall von paternalistischer oder unternehmerischer Herrschaft gesetzt.[180] Doch in welchem Maß nützten die Vorgesetzten der »Fremdarbeiter« auf den Guts- und Bauernbetrieben die erweiterten Spielräume zur Willkür?

Bäuerinnen und Bauern sowie deren Nachkommen tendierten dazu, die »Fremdarbeiter« in der Erzählung in die »Hausgemeinschaft« einzuschließen: »Wir haben zwei Polen gehabt, eine Dirn und einen Knecht, die waren Familienmitglieder.« Gutwilligkeit sei ein Motiv, Zwang ein anderes: Andernfalls, meint Rupert Kaiser, »hätten ja die meine Mutter betrogen, wo es nur gegangen wäre«.[181] Anders der aus Russland stammende Zivilarbeiter Dmitrij Filippovich Nelen, der auf dem erzbischöflichen Gut in Obersiebenbrunn in der Arbeitskolonne eingesetzt wurde. Er erzählt von den Strategien der dort beschäftigten »Ostarbeiter«, sich vor den Schlägen des Gutsverwalters zu schützen: »Und der Gutsverwalter, der Gutsverwalter prügelte mit dem Stock, und dort waren hauptsächlich Stadtburschen [andere ausländische Zivilarbeiter], die wissen doch nicht wie man arbeitet. Nun, wir arbeiten mit Jätgabel, und sie kennen das nicht, und so kommen sie uns nicht nach, und die prügeln sie. Und da kommen wir in die Baracke, und sie ziehen dann die Decke auf dich und verprügeln einen, weil du schneller warst, und seit dieser Zeit wurden wir also nicht mehr schneller, nur alle zusammen […], und dann fingen wir also an, gemeinsam zu arbeiten. Also, reiß nicht aus, sonst kann man eine auf den Deckel von den Seinen bekommen. So war es.«[182] In diesem Fall zwang die Gewalt der »Stadtburschen« gegen die geübteren Burschen vom Land die Flinkeren dazu, das Arbeitstempo der Langsameren einzuhalten; auf diese Weise formierten sich die einzelnen »Ostarbeiter« zu einer handlungsmächtigen Gruppe, um die Gewalt von Seiten des Gutsverwalters einzudämmen.

Doch nicht immer ist von äußerlichen Zwangsmaßnahmen der Dienstgeber oder Arbeitskollegen die Rede; der auf einem Bauernhof in Zwerndorf eingesetzte russische Zivilarbeiter Sergej Zakharovich Ragulin erzählt von Zwängen anderer Art. Der Bauer übertrug dem damals vierzehn- bis fünfzehnjährigen Burschen die Verantwortung für das Pferdefuhrwerk – eine Aufgabe, die der eines erwachsenen Rossknechtes entsprach.

So musste er immer wieder zur Mühle fahren, um Getreide abzuliefern und Mehl zu holen. In der heutigen Erzählung erscheint das damalige Geschehen als Bewährungsprobe. Er wurde nicht nur dem Vertrauen des väterlichen Bauern gerecht, sondern enttäuschte auch die Hoffnung der Mühlenarbeiter, der klein gewachsene, schwächlich anmutende Jugendliche würde an dem 80 bis 90 Kilogramm schweren Mehlsack scheitern: »Ich schwankte unter seiner Last, ich hielt mich aber aufrecht, hielt mich, schwer war es. Ich weiß nicht, wie ich zu dieser Fuhre kam, aber hingekommen bin ich. Nun, ich denke mir, da muss ich hin, ich kam hin.«[183] Durch diese Kraftanstrengung bewährte er sich im heutigen Erzählen wie im damaligen Erleben in mehrfacher Weise: als Mann, als Erwachsener, als Arbeiter, als Ziehsohn des Bauern, als Russe unter Deutschen. Kurz, er erkennt – und *ver*kennt – offenbar die ihm auferlegten Zumutungen auch als Anreize. Die Fälle von Dmitrij Filippovich Nelen und Sergej Zakharovich Ragulin offenbaren die enorme Bandbreite des Verhaltens von »Betriebsführern« gegenüber »Fremdarbeitern« auf Guts- und Bauernhöfen während des Zweiten Weltkrieges. Die beiden Fälle zeigen auch, dass der Alltag ausländischer Zwangsarbeiterinnen und -arbeiter nicht allein von Fremdzwängen bestimmt wurde; auch der Selbstzwang von Gruppen, wie im Fall von Dmitrij Filippovich Nelen, und Einzelnen, wie im Fall von Sergej Zakharovich Ragulin, waren Bedingungen von Zwangsarbeit.

Die Nachkriegszeit schien die gewohnte Ordnung wieder herzustellen: Die »fremden« Frauen und Männer gingen fort, die eigenen Männer kehrten – sofern sie Krieg und Gefangenschaft überlebt hatten – in die »Heimat« zurück. Doch kaum etwas blieb so, wie es bisher gewesen war.[184] Mit der »Schrumpfung«, »Familialisierung« und »Entagrarisierung« der Betriebe veränderte sich auch die Arbeitsteilung zwischen Frauen und Männern. Zumeist wurden die häuslichen Tätigkeiten als »Weiberarbeit«, die Tätigkeiten außer Haus als »Männerarbeit« betrachtet. Doch in den bäuerlichen Familienwirtschaften bestanden einige Ausnahmen von der Regel: Frauen übernahmen »Männerarbeit«; umgekehrt, jedoch seltener, erledigten Männer auch »Weiberarbeit«.[185] Während in den groß- und gutsbetrieblichen Ackerwirtschaften des Marchfeldes eine klare Arbeitsteilung zwischen Mägden und Knechten, zwischen »Melkerin« und »Kutscher« herrschte, verflossen in den kleineren Acker-Weinbauwirtschaften des Weinviertler Hügellandes die weiblichen und männlichen Aufgabenbereiche. Der »Hauer« krümmte ebenso wie die »Hauerin« beim Lockern der nach dem Winter verfestigten Erde den Buckel und die Kleinhäuslerin schnitt ebenso wie der Kleinhäusler mit der Rebschere die Stöcke.[186] Die neue, seit den Fünfzigerjahren erkennbare Arbeitsteilung zeigte zwei gegenläufige Entwicklungen: In den leistungsstärkeren Haupterwerbsbetrieben widmeten sich die Bauern stärker der zügig mechanisierten Acker- und Weinwirtschaft; die Bäuerinnen konzentrierten sich, bedingt durch die Einschränkung der Viehhaltung und die »Vermännlichung« des Wein- und Ackerbaus, stärker auf die langsamer mechanisierte Hauswirtschaft. Vielfach kam es sogar zu einer Trennung der seit jeher verbundenen Bereiche von Haushalt und Betrieb: Josef Scharmitzer bewirtschaftet heute seine vollmechanisierte, rund 100 Hektar große Ackerwirtschaft in Gänserndorf zusammen mit einem anderen Bauern; die Mithilfe seiner Ehefrau, die den Haushalt führt, ist nicht mehr erforderlich.[187] In den leistungsschwächeren Zu- und

Peter und Maria Rasner
aus Mistelbach
beim Fastenhauen
im Jahr 1967

Nebenerwerbsbetrieben pendelten die Bauern und deren Söhne tage- oder wochenweise zur außerbetrieblichen Arbeit in der Weinviertler Erdölindustrie oder anderen Wirtschaftszweigen; somit lasteten die landwirtschaftlichen Arbeiten zum Großteil auf den Schultern von Bäuerinnen und deren Töchtern. Sichtbar wurde diese gegenläufige Entwicklung am Traktor, der zunehmend unentbehrlichen Universalmaschine: In den Haupterwerbsbetrieben saßen überwiegend die jüngeren Männer am Lenkrad, in den Zu- und Nebenerwerbsbetrieben auch die jüngeren Frauen.

Trotz des Einzugs der Maschinen seit den Fünfzigerjahren wurde die Arbeitszeit der auf den Höfen Tätigen kaum vermindert. »Das ganze Geld, das herausgekommen ist, haben wir in die Landwirtschaft gesteckt für die Erleichterung der Arbeit«, erzählt Maria Kaiser aus Auersthal. Doch die Investitionen hätten die Wirtschaft so stark belastet, dass der Ehemann einen Nebenberuf als Sachverständiger der Hagelversicherung annehmen musste.[188] Die zunächst beabsichtigte Arbeitserleichterung führte letztlich zur Arbeitsvermehrung – ein Paradox der Mechanisierung. Dies betraf zwar auch Männer, vor allem aber Frauen. Die Zeitersparnis, die sich aus der »nachholenden Mechanisierung« der Hauswirtschaft in den Fünfziger- und Sechzigerjahren ergab, wurde durch die Vermehrung der weiblichen Aufgaben sowie die erhöhten Ansprüche, die sich daran knüpften, zunichte gemacht. Die Bäuerin musste als »Schlüsselvariable« des landwirtschaftlichen »Fortschritts« flexibel – das heißt je nach den aktuellen Arbeitserfordernissen – zwischen Haus- und Außenwirtschaft hin- und herpendeln.[189] Das erforderte, wie am Hof von Rupert und Maria Kaiser in Auersthal, vielfach auch die Überschreitung der Grenzen zwischen Werk- und Ruhetagen. Während der Bauer von Montag bis Freitag seinem Nebenberuf nachging, erledigte die Bäuerin einen Großteil der anfallenden Arbeiten; am Wochenende wurden die Rollen getauscht: »Wenn er heimgekommen ist: umgezogen, hinauf auf den Traktor, in die Weingärten gefahren, spritzen, kultivieren, da ist alles gemacht worden.« Der Sonntag sollte »mir und meinen Kindern« gehören; jedoch: »Da war nie eine Ruhe.« Früh am Morgen erschienen die ersten Weinkunden am Hof; diese wollten begrüßt, unterhalten und bewirtet werden. Die Widersprüche zwischen den Anforderungen einer »guten Mutter« und einer »guten Weinbäuerin« drückten auf das Gewissen der Frau: »Manchmal haben mir die Kinder schon leid getan: Mutti, kriegen wir heute noch was zum Essen?«[190] Um diese An- und Überforderung zu bewältigen, wurde die Frauenarbeit vielfach zwischen den Generationen aufgeteilt: Im Haus führte die Altbäuerin das Kommando; der Aufgabenbereich der Jungbäuerin lag außer Haus.[191] Diese Arbeitsteilung führte nicht selten zu Spannungen zwischen Jung und Alt. Der »Fortschritt« bürdete – trotz der schrittweisen Einführung der Unfall-, Kranken-, Arbeitslosen- und Pensionsversicherung für Unselbstständige und Selbstständige in der Landwirtschaft[192] – vor allem den Bäuerinnen körperliche und seelische Lasten auf, die selten zur Sprache kamen; meist mussten die Betroffenen ihr »Opfer« still ertragen.

VI. Die Menschen und die Güter

Ein- bis zweimal pro Woche belieferte der Bauernsohn Karl Hofmeister aus Bad Pirawarth in den Dreißigerjahren mit dem Weinfuhrwerk einen Wiener Gastwirt; eine solche Fahrt erstreckte sich über zwei Tage: am Morgen Pferde einspannen, vormittags beim Keller Wein laden, mittags Abfahrt Richtung Wien auf der Brünner Straße, nachmittags Fütterung in Wolkersdorf, abends Fütterung und Übernachtung an der Wiener Stadtgrenze in Stammersdorf, am nächsten Morgen Pferde einspannen, vormittags Ankunft beim Gasthaus und »Abschlauchen« des Weines in den Keller, mittags Abfahrt nach Hause, nachmittags Fütterung in Stammersdorf, abends Fütterung in Wolkersdorf, spät nachts Ankunft am Hof in Bad Pirawarth. Trotz aller Mühe hatte dieses Vagabundenleben auch seinen Reiz: »Ich bin froh gewesen, als ich die Pferde übernehmen hab können und im Stall schlafen, weil da ist man unkontrolliert gewesen. Da hat man in der Nacht fortgehen können und heimkommen, da hat einen niemand gehört, nicht [lacht].« In der Nachkriegszeit, so Karl Hofmeister, habe sich das Weinführen langsam aufgehört; denn die Gastwirte zogen es vor, Flaschenweine bei Großhändlern zu kaufen. Nun musste man sich vermehrt um Privatkunden bemühen, die den Wein ab Hof kauften oder mit dem Kraftfahrzeug beliefert wurden; damit war auch die Umstellung auf Flaschenfüllung verbunden.[193] Wie dieser Fall zeigt, fanden die Betriebe im Gänserndorfer Umland eine günstige Verkehrslage zur Vermarktung ihrer Erzeugnisse vor. Ein dichtes Straßen- und Eisenbahnnetz verband die Dörfer mit dem nahe gelegenen Hauptabsatzmarkt der Stadt Wien, die im späten 19. Jahrhundert zu einer Millionenmetropole gewachsen war.[194] Zudem lag die Region im Einzugsbereich der Zuckerfabriken von Dürnkrut und, seit dem Jahr 1901, Leopoldsdorf; der Absatz der Zuckerrüben war durch vertragliche, am Boden haftende Lieferkontingente geregelt.[195]

Die günstigen Absatzbedingungen im Gerichtsbezirk Matzen, vor allem in der Marchfeldebene, förderten unternehmerisches Denken und Handeln; so galt »der Landwirt des Marchfeldes« lange Zeit als Prototyp des »Farmertums«.[196] Einer dieser unternehmerischen Bauern oder, besser gesagt, bäuerlichen Unternehmer war Sebastian Berger aus Auersthal. »Was meine Wirtschafterei anbelangt, hatte ich immer Glück«, heißt es in seinem Schreibebuch; doch von nichts komme nichts: »Jeder ist seines Glückes Schmied.« Sebastian Berger erzeugte nicht nur Wein, sondern er handelte auch damit, wobei die zwei bis drei Ladungen zu je 14 bis 16 Hektoliter Wein, die er pro Woche nach Wien verkaufte, nur zu einem geringen Teil aus den dreieinhalb Viertel Weingärten stammten, die er sein Eigen nannte: »Viel kaufte ich in Ungarn, 2–3 Waggon auf einmal. Dieselben wurden mit reschem Hohenruppersdorfer, Erdpreßer oder Spannberger verschnitten und ich machte oft glänzende Geschäfte.« Vor dem tristen Hintergrund der Zwanzigerjahre, in denen er diese Zeilen schrieb, hob sich in seinen Augen die »gute, alte Zeit« ab: »So häufte sich der Wohlstand, und ich wurde der reichste Mann im Ort.« Mit dem Zerfall der Habsburgermonarchie im Jahr 1918 war es mit den »glänzende[n] Geschäfte[n]« vorbei gewesen; die Zollschranken zwischen Österreich und Ungarn minderten die Profite aus dem Weinhandel: »Man konnte nicht mehr kaufen.« Zudem hatte er sein gesamtes Bargeld in der Höhe von 162.000 Kronen in Kriegsanleihen angelegt. Was vor dem Krieg dem Wert von zwei bis drei großen Wirtschaften entsprochen hatte, reichte danach, im Jahr 1925, nicht einmal mehr für einen anständigen Hut.[197] Der Auf- und Abstieg des Sebastian Berger zeigt, wie unternehmerisch denkende und handelnde Bauern im späten 19. und frühen 20. Jahrhundert den überregionalen Agrarhandel, der den Preisdruck auf die nieder-

Karl Hofmeister mit seinem Weinfuhrwerk in den Dreißigerjahren

österreichische Landwirtschaft verstärkte, zum eigenen Vorteil nutzen konnten. Profitmaximierung lautete das Gebot solcher »Bauernkaufleute«; es erforderte eine Abkehr von der verbreiteten Strategie, das Risiko möglichst klein zu halten.

Für den Erfolg auf den Märkten zählte nicht nur die Beschaffenheit des Angebots, sondern auch der Nachfrage. Vor dem Hintergrund der Weinbaukrise im späten 19. und frühen 20. Jahrhundert versuchten die Winzer im Gerichtsbezirk Matzen, in höherem Maß als bisher den Geschmack feinerer Gaumen anzusprechen; dazu diente etwa die Bezirks-Weinkost in Matzen im Jahr 1929: »Viel hatten die Weinhauer zu kämpfen mit den tierischen und pilzlichen Krankheiten der Weinrebe, aber mit Riesenschritten geht es wieder an die Erneuerung und Verbesserung der Kulturen. Bereits 60 Prozent der genannten Fläche sind wieder neu ausgesetzt worden und wurde da nur auf erstklassige Sorten Rücksicht genommen und nur Spitzenweine produziert. Es werden gepflanzt von den weißen Sorten: Grüner und brauner Veltliner, Neuburger, Sylvaner, Riesling und zum Teil auch Muskat, Traminer und grauer Portugieser. Als besondere Spezialität von Matzen gilt auch der Rote und wird aus blauen Portugiesern und Spätschwarzen gewonnen.«[198] Die Weißweinsorten, deren Erntemenge im Jahr 1936 bei 44.095 Hektolitern lag, dominierten im Gerichtsbezirk Matzen gegenüber Rotwein mit 2.520 Hektolitern und Direktträgern mit 1.620 Hektolitern.[199] Am Beispiel der Gemeinde Auersthal werden in der zweiten Hälfte des 20. Jahrhunderts zwei gegenläufige Entwicklungen deutlich: Einerseits setzten die Winzer seit den Sechzigerjahren, auch aufgrund der ertragssteigernden Umstellung auf Hochkultur, auf die Massenweinerzeugung mit dem Grünen Veltliner als Hauptweinsorte; der Hektarertrag steigerte sich von 30 Hektolitern im Jahr 1974 auf 53 Hektoliter im Jahr 1992.[200] Andererseits gewannen, auch wegen des seit Mitte der Achtzigerjahre im Zuge des »Weinskandals« erschütterten Kundenvertrauens, Qualitätsweine an Boden (Tabelle 14).[201] Wer auf »Klasse statt Masse« setzte, musste sich vermehrt um die persönliche Beziehung zu den Kunden bemühen; so gründeten etwa die Auersthaler Winzer im Jahr 1994 einen »Weinladen«, um die Kundschaft von den Früchten ihrer Arbeit zu überzeugen.[202] Die Qualitätsweinerzeugung wurde zunehmend ein Geschäft von Spezialisten, die über das nötige Erfahrungs- und Fachwissen verfügten. Während sich die durchschnittliche Weingartenfläche pro Betrieb zwischen 1967 und 1992 von 0,46 auf 0,98 Hektar verdoppelte, nahm die Zahl der Betriebe von 393 auf 236 ab.[203] Umstellen oder einstellen – dieses Gebot des »Strukturwandels« galt auch auf dem Weinmarkt.

Neben der betriebseigenen und der vertragsmäßigen Vermarktung der Erzeugnisse wuchs im späten 19. Jahrhundert auch der Einfluss landwirtschaftlicher Genossenschaften. Die Vordenker der »Genossenschaftsidee« wollten damit einen »dritten Weg« zwischen Kapitalismus und Sozialismus zur Lösung der »socialen Frage« eröffnen. Die Genossenschaften sollten als lokale und regionale Vereinigungen auf demokratischer Grundlage die Interessen ihrer bäuerlich-gewerblichen Mitglieder fördern: ihnen im Notfall eine Existenzsicherung bieten, sie mit günstigen Krediten versorgen, ihre Marktmacht als Produzenten und Konsumenten steigern.[204] Im Gänserndorfer Umland führte die Errichtung von Spar- und Darlehenskassen zu einer ersten Gründungswelle im Jahrzehnt vor der Jahrhundertwende. Eine zweite Welle zwischen Jahrhundertwende und Erstem Weltkrieg und eine dritte, weitaus bescheidenere Welle in den Zwanzigerjahren folgten aus den Gründungen von Milchgenossenschaften (Tabelle 15). Winzer- und Viehzuchtgenossenschaften fielen von Anzahl und Mitgliederstand her weniger ins Gewicht. Die weitaus mitgliederstärkste Genossenschaft stellte das im Jahr 1899 gegründete Lagerhaus in Gänserndorf dar. Im Jahr 1936 gehörten ihr 1.146 Mitglieder in 19 Gemeinden an; der Warenumsatz des Geschäftsjahres 1934/35 betrug nicht weniger als 1.840 Waggonladungen.[205]

An der Ämterkonzentration des damaligen Obmannes, des Genossenschafts-, Kammer- und Bauernbund-Multifunktionärs Leopold Scharmitzer, zeigt sich auch die zunehmende Konzentration wirtschaftlicher und politischer Macht im landwirtschaftlichen Genossenschaftswesen. Die bäuerliche »Selbsthilfe« wich seit der Zwischenkriegszeit mehr und mehr den Interessen von Markt und Staat: Die Funktionäre orientierten sich im marktwirtschaftlichen Wettbewerb stärker am finanziellen Profit, was die Vereinigung kleinerer Genossenschaften zu größeren Verbänden nahe legte; zudem mobilisierten sie im parteipolitischen Wettbewerb den »Bauernstand« unter katholisch-konservativen Vorzeichen.[206] Die einen feierten die gesteigerte Schlagkraft des landwirtschaftlichen Genossenschaftswesens; die anderen beklagten den Verrat an der »Genossenschaftsidee«. Wie wir es auch drehen und wenden: Die Betriebe blieben auch nach dem Zweiten Weltkrieg eng mit dem Genossenschaftswesen verflochten;

Tabelle 14: Weinsorten in Auersthal 1967–1992

	1967		1992		Veränderung 1967–1992	
	Hektar	Prozent	Hektar	Prozent	Hektar	Prozent
Grüner Veltliner	91,9	50,4	158,7	69,0	66,9	18,6
Müller-Thurgau	14,2	7,8	11,4	5,0	–2,8	–2,8
Weißburgunder	12,0	6,6	6,7	2,9	–5,2	–3,6
Welschriesling	10,0	5,5	11,7	5,1	1,6	–0,4
andere Sorten	20,9	11,5	6,4	2,8	–14,5	–8,7
Weißweinsorten	149,0	81,7	195,0	84,7	46,0	3,0
St. Laurent	4,3	2,3	1,7	0,7	–2,5	–1,6
Blauer Portugieser	2,6	1,4	4,4	1,9	1,8	0,5
Blauburger	0,0	0,0	5,3	2,3	5,3	2,3
Zweigelt	0,0	0,0	18,5	8,0	18,5	8,0
andere Sorten	1,2	0,7	0,1	0,0	–1,1	–0,6
Rotweinsorten	8,0	4,4	30,0	13,0	22,0	8,6
Gemischter Satz	25,4	13,9	5,2	2,3	–20,2	–11,6
Summe	182,4	100,0	230,2	100,0	47,8	0,0

Quelle: Eigene Berechnungen nach NÖLA, BBK Gänserndorf, Weingartenerhebungen 1948–1988; Weinbau in Österreich 1992 80 ff.

während Milch- und Viehzuchtgenossenschaften mit der Verbreitung der »viehlosen Landwirtschaft« nach und nach aufgelöst wurden, organisierten Raiffeisenkassen, Lagerhaus- und Winzergenossenschaften weiterhin den Geld- und Warenverkehr. Mit dem Funktionswandel der landwirtschaftlichen Genossenschaften wandelte sich auch die Stellung der Höfe in der Agrargesellschaft: von der horizontalen Verflechtung mit örtlichen Haushalten zur vertikalen Verflechtung mit vor- und nachgelagerten Institutionen des Marktes und Staates.[207] Im Zuge der vertikalen Verflechtung der Betriebe wurden deren Angehörige gewissermaßen zu »Verlagsarbeitern im öffentlichen Dienst«,[208] zu Rohstoffproduzenten im agrarisch-industriellen System der staatlich organisierten Ernährungswirtschaft. Auch gegenläufige Tendenzen, etwa die Belebung der Ab-Hof-Vermarktung in den letzten Jahrzehnten, änderten wenig an den Mechanismen des »agroindustriellen Komplexes«.

Die Güterflüsse von und zu den Betrieben veränderten sich im Lauf des 20. Jahrhunderts zusammen mit den bäuerlichen Wirtschaftsstrategien. Solange die Selbstversorgung vorherrschte, erschien ein standesgemäßes Auskommen als vorrangiger Sinn und Zweck des bäuerlichen Wirtschaftens. Die zunehmende Marktverflechtung ließ das höchstmögliche Einkommen erstrebenswert erscheinen. Während das standesgemäße Auskommen an der konkreten Erfahrung gemessen wurde, diente zur Bemessung des Einkommens ein abstrakter Maßstab: Geld. Die Landes-Landwirtschaftskammer förderte von Beginn an die landwirtschaftliche Buchführung; im Jahr 1926 verzeichnete der Kammerbezirk Matzen sechs Buchführungsbetriebe.[209] Die Betriebsbilanzen, die

Tabelle 15: Landwirtschaftliche Genossenschaften in der Region Gänserndorf 1889–1960

	Raiffeisen-kassen	Lagerhaus-genossen-schaften	Milch-genossen-schaften	Winzer-genossen-schaften	Viehzucht-genossen-schaften	Summe
Gründungsjahre						
bis 1890	2	–	–	–	–	2
1890–1899	11	1	1	1	–	14
1900–1909	4	–	25	–	–	29
1910–1919	–	–	4	–	–	4
1920–1929	–	1	6	–	2	9
1930–1939	–	–	1	–	1	2
ab 1940	–	–	–	1	3	4
Summe	17	2	37	2	6	64
Mitgliederzahlen						
1936	3.466	1.355	3.011	98	178	8.088
1952	2.753	1.699	2.748	185	216	7.601
1960	3.272	1.603	2.382	409	–	7.666

Quelle: Eigene Berechnungen nach 25 Jahre Genossenschaftswesen 51 ff.; 50 Jahre Genossenschaftswesen 64 ff.; Kredit- und Warenorganisation 20 ff.; Genossenschaftswesen 22 ff.

Gutachter der Landstelle Wien im Zuge des 1938 anlaufenden Entschuldungs- und Aufbauverfahrens ermittelten, erfassten auch die betrieblichen Güter und Geldflüsse (Tabelle 16). Diese Zahlenkolonnen bilden nicht die Realität ab, sondern folgen dem Ideal einer »ordnungsgemäßen Bewirtschaftung« bei »normalen Verhältnissen«. Dennoch handelte es sich keineswegs um beliebige Zahlen, dienten diese doch zur Berechnung der »Leistungsfähigkeit«, nach der die jährlichen Rückzahlungsraten festgelegt wurden. Die Betriebseinnahmen betrugen im Durchschnitt im unteren Drittel der nach der Größe gereihten Betriebe 1.748 Reichsmark, im mittleren Drittel 2.616 Reichsmark und im oberen Drittel 4.594 Reichsmark. Die durchschnittlichen Ausgaben der Betriebe beliefen sich auf 1.508, 1.966 und 3.578 Reichsmark. Der jährliche Überschuss betrug im Durchschnitt 240 Reichsmark für die kleineren, 650 Reichsmark für die mittleren und 1.016 Reichsmark für die größeren Betriebe. Die ökologischen Bedingungen der Auersthaler Häusler- und Bauernwirtschaften, das zeigen auch die in allen Größengruppen ähnlichen Hektar-Überschüsse, schwankten nur in geringem Maß; deshalb wuchsen deren Gesamtüberschüsse mit der Betriebsgröße.[210]

Das wichtigste Standbein der Auersthaler Häusler- und Bauernbetriebe war der Trauben- und Weinverkauf. Sein Anteil an den Einnahmen sank mit steigender Betriebsgröße von knapp der Hälfte auf ein Drittel. Die Kleineren waren demzufolge in höherem Maß vom witterungsempfindlichen, von Jahr zu Jahr schwankenden Weinertrag abhängig als die Größeren. Eine Missernte in den Weingärten, wie sie alle paar Jahre vorkam, bedeutete einen Ertragseinbruch unter das Existenzminimum. Die Einkünfte aus Rinder- und Schweinehaltung stellten ein zweites Standbein dar, das mit steigender Betriebsgröße mehr Gewicht erlangte. Der Getreideverkauf, das dritte Standbein, war nur den Mittel- und Großbetrieben eine Stütze; die Kleinbetriebe benötigten das Getreide fast zur Gänze zur Selbstversorgung. Für die größeren Betriebe stellte der Zuckerrübenverkauf ein viertes Standbein dar. Geringeres Gewicht besaßen Eier-, Schafkäse-, Wolle-, Obst- und Mostverkauf. Während die größeren Mittel- und Großbetriebe damit das Auslangen fanden, waren die Klein- und kleineren Mittelbetriebe auf zusätzliche Einkünfte angewiesen: Lohnarbeit im Wein- und Ackerbau, eine Stellung bei der Eisenbahn, Hilfsarbeit im Baugewerbe und so fort. Den Großteil verausgabten die Haushalte für die Lebenshaltungskosten, für die tägliche Bekleidung, Ernährung und sonstige Versorgung; deren Anteil an den Gesamtausgaben sank mit steigender Betriebsgröße von der Hälfte bis auf ein Viertel. Dann kamen die Ausgaben für Dünge- und Futtermittel, Steuern und Abgaben, Gebäudeerhaltung, Betriebsaufwendungen, Pachtzinse. Fremdlöhne fielen nur in Mittel- und Großbetrieben ins Gewicht; die Kleinbetriebe fanden mit den Haushaltsangehörigen, die auch die »Bauernarbeit« abzuarbeiten hatten, das Auslangen. Die Aufwendungen für Saatgut, Feuerversicherung, Ausgedinge und andere Notwendigkeiten fielen weniger ins Gewicht. Kurz, der Wein brachte das Geld ins Haus, die Menschen trugen es wieder zur Tür hinaus.

An den Buchführungsunterlagen einer Gänserndorfer Ackerwirtschaft können wir die Veränderung der Güter- und Geldflüsse seit den Vierzigerjahren bemessen. Im Wirtschaftsjahr 1942/43 herrschte auf dem Hof eine bunte Mischung aus Marktproduktion und Selbstversorgung (Tabelle 17). Die Zuckerrübe, die wichtigste Markt-

Tabelle 16: Bilanzen bäuerlicher Betriebe in Auersthal um 1940

Einnahmen	Drittel der Betriebe			Ausgaben	Drittel der Betriebe		
	u	m	o		u	m	o
	(in Prozent)				(in Prozent)		
Rinder	7	9	8	Lohnkosten	0	7	17
Milcherzeugnisse	10	16	19	Pachtzins	5	10	4
Schweine	15	13	13	Saatgut	1	1	2
Geflügel	3	2	2	Dünge- und Futtermittel	9	11	11
Getreide	2	11	16	Zukäufe Betrieb	6	5	5
Zuckerrüben	0	0	7	Gebäude	6	6	7
Wein	45	42	34	Steuern und Abgaben	6	7	9
Sonstige Einnahmen	20	6	1	Tierhaltung und Feldwirtschaft	6	8	9
				Lebenshaltungskosten	48	34	24
				Sonstige Ausgaben	11	11	12
Summe	100	100	100	Summe	100	100	100

u = unteres Drittel, m = mittleres Drittel, o = oberes Drittel
Quelle: Eigene Berechnungen nach NÖLA, Entschuldungsakten, VI/12–263, Datenbasis: 23 Betriebe.

frucht, wurde auf der Grundlage eines vertraglichen Lieferkontingents zur Gänze vom Feld weg an die Zuckerfabrik geliefert; auch der Großteil der Weizen-, Roggen-, Gerste- und Rapsernte gelangte zum Verkauf. Zur Palette der Marktprodukte zählten auch die Milch, von der nur ein geringer Teil der Verköstigung diente, sowie die an Viehhändler oder Fleischhauer verkauften Kälber, Kalbinnen und Kühe. Fast ausschließlich als Futterpflanzen für das betriebseigene Vieh dienten hingegen Hafer, Körnermais, Wickengemenge, Klee und Luzerne. Auch die Mastschweine, Enten und Hühner landeten überwiegend in den hauseigenen Töpfen und Pfannen. Kartoffeln und Hühnereier, die teils verkauft und teils selbst verbraucht wurden, nahmen eine Zwischenstellung ein.

Gut zwei Jahrzehnte später, im Wirtschaftsjahr 1965/66, begann sich eine verstärkte Marktorientierung abzuzeichnen (Tabelle 18): Die Tochter des vormaligen Besitzerpaares und deren Ehemann, die mittlerweile den Hof übernommen hatten, forcierten den Verkauf von Mastschweinen; hingegen war die Rinderhaltung – und damit auch die Milcherzeugung – rückläufig und die Pferde waren durch Traktoren und selbstfahrende Maschinen ersetzt worden. Im Zuge der Umstellung auf Schweinemast wurden größere Anteile der Gerste-, Mais- und Kartoffelernte am Hof verfüttert. Unter den überwiegend zum Verkauf gelangten Erzeugnissen verlor die Zuckerrübe an Bedeutung, während der Weizen zur wichtigsten Marktfrucht aufstieg. Wiederum gut zwei Jahrzehnte später, im Wirtschaftsjahr 1988/89, zeichnete sich eine zwiespältige Entwicklung ab (Tabelle 19): Einerseits setzten der Sohn und die Schwiegertochter des weiterhin im Betrieb mithelfenden Vorbesitzerpaares nach wie vor auf Schweinemast sowie Weizen- und Zuckerrübenverkauf, wofür beträchtliche Mengen an Futtermitteln zugekauft wurden; zudem hatten sie die Rinderhaltung – und damit die Milcherzeugung – zur Gänze aufgegeben. Andererseits folgten sie den seit Mitte der Achtzigerjahre wirksamen agrarpolitischen Maßnahmen zum Abbau der Überschussproduktion an Getreide und zur Ausweitung des Anbaus von Sonderkulturen, so genannter »Alternativen«: Sojabohnen, Körnererbsen, Raps, Sonnenblumen.[211]

Die Veränderung der Güterflüsse dieses Betriebes findet auch in der Veränderung der Geldflüsse ihren Niederschlag. Im Wirtschaftsjahr 1942/43 wurden die Betriebseinnahmen aus zahlreichen Quellen gespeist (Tabelle 20): Zuckerrüben (25 Prozent), Milch- und Molkereiprodukte (16 Prozent), Nutzrinder (15 Prozent), Weizen (12 Prozent), Gerste (10 Prozent), Roggen (8 Prozent) und so fort. Dem standen Ausgaben ge-

Tabelle 17: Güterflüsse in einer Ackerwirtschaft in Gänserndorf im Wirtschaftsjahr 1942/43

	Anfangsbestand	Erzeugung	Zukauf	Sonstige Zugänge	Verkauf	Verköstigung	Deputat	Verfütterung	Verarbeitung / Aussaat	Sonstige Abgänge	Schlussbestand
Weizen (kg)	69	22.620	–	–	19.400	797	9	254	1.400	739	50
Roggen (kg)	133	18.120	–	367	16.140	764	62	–	1.000	–	654
Gerste (kg)	–	23.820	290	–	19.320	–	–	2.290	1.400	650	450
Hafer (kg)	700	8.550	2.600	300	1.400	–	–	8.130	1.620	–	1.000
Körnermais (kg)	400	1.600	260	–	290	–	–	1.024	378	350	218
Kartoffeln (kg)	400	21.652	3.522	–	12.652	1.018	597	5.120	5.200	420	567
Wickengemenge (kg)	1.960	4.320	–	–	–	–	–	3.800	840	640	1.000
Zuckerrüben (kg)	–	285.180	–	–	285.180	–	–	–	–	–	0
Raps (kg)	–	2.240	–	–	2.240	–	–	–	–	–	0
Klee und Luzerne (kg)	?	36.400	–	–	?	–	–	?	?	–	?
Eier (Stk.)	–	2.807	–	–	1.065	1.580	66	–	–	85	11
Milch (l)	–	30.856	–	–	28.624	1.524	525	–	–	183	0
Pferde	5	–	2	–	–	–	–	–	–	–	7
Zugochsen	2	–	2	–	–	–	–	–	–	–	4
Kühe	18	–	–	–	7	–	–	–	–	–	11
Jungvieh	2	–	–	8	2	–	–	–	–	1	7
Kälber	8	11	–	–	4	–	–	–	–	8	7
Mastschweine	3	–	–	3	1	2	–	–	–	–	3
Läufer	7	–	–	4	3	–	–	–	–	4	4
Ferkel	–	4	–	–	–	–	–	–	–	4	0
Enten	5	18	–	–	2	17	–	–	–	–	4
Hühner	114	–	65	50	4	60	–	–	–	73	92

? = nicht bekannt
Quelle: Eigene Berechnungen nach Privatsammlung Scharmitzer, Gänserndorf, Arbeits-, Vieh- und Naturalienbericht 1942/43; NÖLA, BBK Gänserndorf, Hofkarten Gänserndorf 1941–1944.

Tabelle 18: Güterflüsse in einer Ackerwirtschaft in Gänserndorf im Wirtschaftsjahr 1965/66

	Anfangsbestand	Erzeugung	Zukauf	Sonstige Zugänge	Verkauf	Verköstigung	Verfütterung	Sonstige Abgänge	Verarbeitung / Aussaat	Schlussbestand
Weizen (kg)	100	118.000	-	29.185	131.794	-	2.215	7.360	5.430	486
Roggen (kg)	-	12.910	-	-	6.691	-	1.612	4.607	-	-
Gerste (kg)	679	69.750	-	500	55.849	-	8.717	1.750	-	4.613
Körnermais (kg)	-	7.700	-	-	6.704	-	500	100	-	396
Kartoffeln (kg)	1.709	2.450	800	-	-	310	3.849	800	-	-
Zuckerrüben (kg)	470	?	1.600	931	?	300	-	1.350	-	170
Eier (Stk.)	20	4.720	-	-	2.493	2.206	-	-	-	41
Milch (l)	-	6.109	-	-	5.199	490	420	-	-	-
Kühe	4	-	-	-	3	-	-	-	-	1
Jungvieh	2	-	-	4	2	-	-	-	-	4
Kälber	-	1	4	-	1	-	-	-	4	-
Mastschweine	4	-	-	23	19	4	-	-	-	4
Läufer	7	-	-	20	-	-	-	-	23	4
Ferkel	-	-	20	-	-	-	-	-	20	-
Enten	-	-	15	-	-	15	-	-	-	-
Hühner	71	-	50	25	-	6	-	-	64	76

? = nicht bekannt
Quelle: Eigene Berechnungen nach Privatsammlung Scharmitzer, Gänserndorf, Arbeits-, Vieh- und Naturalienbericht 1965/66.

genüber, die – sehen wir von den Rücklagen, Abschreibungen und Minderwerten (28 Prozent) ab – vorrangig zur Bezahlung der Fremdlöhne (22 Prozent) sowie zur Erhaltung des Viehstandes (10 Prozent) dienten. Nach den Steuern und Abgaben (8 Prozent) folgten die Aufwendungen für Saatgut (6 Prozent), Dünge- und Futtermittel (je 6 Prozent) sowie Maschinen und Geräte (5 Prozent). Die Betriebsbilanz des Wirtschaftsjahres 1988/89 lässt deutliche Veränderungen gegenüber jener von 1942/43 erkennen (Tabelle 21): Die Haupteinnahmequelle stellte nun der Weizen (41 Prozent) dar; dahinter folgten Zuckerrüben (17 Prozent), »alternative« Handelsgewächse (14 Prozent), Roggen (9 Prozent), Gerste (6 Prozent), Schweine (6 Prozent), Hülsenfrüchte (4 Prozent) und so fort. Unter den Ausgaben rangierte der Bedarf der Besitzerfamilie (20 Prozent) vor den Aufwendungen für bauliche Anlagen (19 Prozent), Dünge- und Pflanzenschutzmittel (je 10 Prozent), Steuern und Abgaben (9 Prozent), Maschinen und Geräte (6 Prozent), Saatgut (5 Prozent), Strom und Heizung (5 Prozent) und so fort.[212] All diese Zahlen unterstreichen die grundlegenden Veränderungen, die in diesem Betrieb in der zweiten Hälfte des 20. Jahrhunderts wirksam wurden: von der Vielfalt der Produktpalette zur Spezialisierung auf wenige Erzeugnisse; von der Mischung aus

Tabelle 19: Güterflüsse in einer Ackerwirtschaft in Gänserndorf im Wirtschaftsjahr 1988/89

	Anfangsbestand	Erzeugung	Zukauf	Sonstige Zugänge	Verkauf	Verköstigung	Verfütterung	Verarbeitung / Aussaat	Sonstige Abgänge	Schlussbestand
Weizen (kg)	246	166.600	800	22.200	182.537	–	600	6.000	–	109
Roggen (kg)	–	58.143	2.000	–	58.143	–	–	2.000	–	–
Gerste (kg)	458	46.730	2.100	4.500	39.730	–	11.486	2.100	–	472
Sojabohnen (kg)	–	7.791	425	–	7.791	–	–	425	–	–
Körnermais (kg)	7.655	–	72	–	–	–	5.743	72	–	1.912
Körnererbsen (kg)	–	20.000	1.350	2.506	22.506	–	–	1.350	–	–
Wicke (kg)	970	1.700	74	–	500	–	–	828	–	1.416
Zuckerrüben (kg)	–	?	–	–	?	–	–	–	–	–
Raps (kg)	–	34.025	30	1.438	35.468	–	–	25	–	–
Sonnenblumen (kg)	–	7.500	45	834	8.334	–	–	45	–	–
Eier (Stk.)	110	10.008	–	–	8.405	1.713	–	–	–	–
Mastschweine	51	–	–	31	74	1	–	–	–	7
Läufer	–	–	–	31	–	–	–	–	31	–
Ferkel	9	–	28	–	–	–	–	–	31	6
Hühner	99	–	60	90	–	70	–	–	103	76

? = nicht bekannt
Quelle: Eigene Berechnungen nach Privatsammlung Scharmitzer, Gänserndorf, Arbeits-, Vieh- und Naturalienbericht 1988/89.

Marktverkauf und Selbstversorgung zur Rohstoffproduktion für die Lebensmittelindustrie; vom Vorrang betriebseigener Dünge- und Futtermittel zum verstärkten Zukauf von Saatgut, Handelsdünger, Treibstoffen, Futtermitteln sowie Pflanzen- und Schädlingsgiften; von der menschlichen und tierischen Muskelkraft zur maschinellen Antriebs- und Zugkraft als vorherrschende Energiequelle. Mitte des 20. Jahrhunderts wurde auch im Flach- und Hügelland die teilmechanisierte und -chemisierte Intensivlandwirtschaft, die auf einem halb offenen System aus Stoff- und Energieflüssen basierte, von der vollmechanisierten und -chemisierten Intensivlandwirtschaft auf der Grundlage eines weitgehend offenen Systems mit hoher Stoff- und Energiezufuhr abgelöst. Dieses »1950er Syndrom«[213] markiert einen der tief greifendsten und weit reichendsten Wendepunkte in der Entwicklung österreichischer Agrargesellschaften des 20. Jahrhunderts.

Der konventionelle Weg, den die Besitzer dieses Gänserndorfer Betriebes einschlugen, wurde für den überwiegenden Teil der Betriebe im Flach- und Hügelland bestimmend. Die biologische Landwirtschaft, die sich als umweltschonende Alternative versteht, konnte hierzulande bisher kaum Fuß fassen:[214] »Bio Ernte Austria«, einer der größten Bio-Bauern-Verbände, verzeichnete im Gerichtsbezirk Gänserndorf 1987/88 zwei,

1989/90 keine, 1991/92 zwei, 1993/94 fünf, 1995/96 fünf, 1997/98 zwei und 1999/2000 zwei Beitritte; im Jahr 1999 umfassten die Mitglieder nur etwas mehr als ein Prozent der Betriebe im Gänserndorfer Umland. Doch neben vereinzelten Pionieren der Achtziger- und Neunzigerjahre erhielten die Bio-Bauern 2001/02 mit zehn Beitritten neuen Zulauf.[215] Einer von ihnen ist Gerhard Hof, der Mitte der Achtzigerjahre eine 46 Hektar große Ackerbauwirtschaft in Dörfles übernahm. Für die Umstellung auf biologischen Landbau nennt er materielle und ideelle Motive: Als Getreidebauer fürchtete er, der Konkurrenz der größeren Betriebe in der Europäischen Union zu unterliegen; zudem sei er der Überzeugung, »daß biologischer Landbau der Natur und dem Menschen etwas bringt«. Mit Hilfe des in Kursen angeeigneten Fachwissens und seiner mehrjährigen Erfahrung konnte er eine Nische im Markt der Bio-Produkte besetzen. Heute verkauft er Anis, Lavendel, Biogetreide, Fenchel, Grünkern, Erbsen, Zuckermais und Fisolen an Händler, Mühlen und Großhandelsketten. Der aufwändige Ab-Hof-Verkauf, den andere Bio-Bauern forcieren, spielt in seinem Betrieb keine Rolle. »Biolandbau macht viel Arbeit«, lautet das Fazit von Gerhard Hof.[216] Was für ihn eine Herausforderung bedeutet, erscheint anderen als Hindernis für die Umstellung auf biologischen Landbau. Galt doch gerade die »Arbeitserleichterung« und die damit verbundene Schaffung von »Freizeit«

Tabelle 20: Geldflüsse in einer Ackerwirtschaft in Gänserndorf im Wirtschaftsjahr 1942/43

Einnahmen	RM	Prozent	Ausgaben	RM	Prozent
Weizen	4.940	11,5	Löhne	8.288	21,7
Roggen	3.348	7,8	Sozialversicherung	841	2,2
Gerste	4.444	10,4	Deputat und Ausgedinge	525	1,4
Hafer	270	0,6	Saatgut und Sämereien	2.129	5,6
Körnermais	58	0,1	Pflanzenschutz	158	0,4
Ölfrüchte	1.127	2,6	Düngemittel	2.141	5,6
Zuckerrüben	10.759	25,1	Kosten der Tierhaltung	3.877	10,1
Kartoffeln	905	2,1	Futtermittel	2.115	5,5
Feldgemüse	200	0,5	Strom und Heizmaterial	850	2,2
Heu und Stroh	540	1,3	Treibstoffe	115	0,3
Nutzrinder	6.426	15,0	Bauliche Anlagen	531	1,4
Milch- und Molkereiprodukte	6.879	16,0	Maschinen und Geräte	1.894	5,0
			Steuern und Abgaben	2.870	7,5
Wolle	7	0,0	Sachversicherungen	333	0,9
Schweine	637	1,5	Pachten und Mieten	466	1,2
Schafe und Ziegen	25	0,1	Wirtschaftsunkosten	451	1,2
Geflügel, Eier	472	1,1	Abschreibungen, Rücklagen u. Minderwerte	10.679	27,9
Sonstiges	1.828	4,3			
Summe	42.866	100,0	Summe	38.263	100,0
Saldo (Verlust)	0		Saldo (Gewinn)	4.603	

Quelle: Eigene Berechnungen nach Privatsammlung Scharmitzer, Gänserndorf, Geldbericht 1942/43.

– vom arbeitsfreien Wochenende bis zum regelmäßigen Sommer- und Winterurlaub – als Lohn für die Mühen, die der konventionelle Weg bereitete. Biologische Landwirtschaft scheint in viel höherem Maß an bäuerliche Zeitrhythmen gebunden als konventionelle Landwirtschaft, die sich eher mit verbürgerlichten Vorstellungen von »Freizeit« vereinbaren lässt.[217] Dies wird vielfach als entscheidender Nachteil der biologischen Landwirtschaft empfunden, obwohl diese, wie ein aktueller Vergleich mit der konventionellen Landwirtschaft im Marchfeld zeigt, den Betrieben unter ökologischen und ökonomischen Gesichtspunkten durchaus Vorteile eröffnen kann.[218]

Die Buchführungsergebnisse beleuchten nicht nur die Güter- und Geldflüsse landwirtschaftlicher Betriebe; sie dienen auch zur Bestimmung des »Betriebserfolges«.[219] Die Ergebnisse hunderter Buchführungsbetriebe im nordöstlichen Flach- und Hügelland seit den Dreißigerjahren zeigen, etwa im Vergleich zu jenen des Voralpengebietes, deutliche Einkommensverschiebungen (Tabelle 22): Im Jahr 1937 lag das landwirtschaftliche Einkommen pro Hektar Nutzfläche, pro Familienarbeitskraft und pro Betrieb im Flach- und Hügelland um jeweils rund sechs bis sieben Zehntel höher. Dieser Vorsprung war in den Jahren 1964/1966 auf ein bis zwei Zehntel geschrumpft. In den Jahren 1988/1990 baute das Flach- und Hügelland wiederum seine Vorrangstellung aus. Nach dem EU-Beitritt, in den Jahren 1998/2000, geriet die Region hinsichtlich des land-

Tabelle 21: Geldflüsse in einer Ackerwirtschaft in Gänserndorf im Wirtschaftsjahr 1988/89

Einnahmen	S	Prozent	Ausgaben	S	Prozent
Weizen	889.363	40,5	Löhne	8.500	0,4
Roggen	200.407	9,1	Sozialversicherung	75.373	3,8
Gerste	130.583	5,9	Saatgut	96.634	4,9
Hülsenfrüchte	83.946	3,8	Pflanzenschutzmittel	191.885	9,8
Zuckerrüben	366.567	16,7	Düngemittel	197.001	10,1
Handelsgewächse	308.006	14,0	Futtermittel	8.961	0,5
Schweine	130.708	5,9	Strom und Heizung	91.025	4,6
Geflügel	15.357	0,7	Telefon	15.356	0,8
Entschädigungen	73.039	3,3	Bauliche Anlagen	362.545	18,5
			Maschinen und Geräte	123.082	6,3
			Fahrzeughaltung	55.653	2,8
			Steuern und Abgaben	170.987	8,7
			Versicherung	60.560	3,1
			Pachten und Mieten	31.194	1,6
			Zinsen	33.324	1,7
			Unkosten	48.095	2,5
			Haushaltsbedarf	389.342	19,9
Summe	2.197.975	100,0	Summe	1.959.517	100,0
Saldo (Verlust)	0		Saldo (Gewinn)	238.458	

Quelle: Eigene Berechnungen nach Privatsammlung Scharmitzer, Gänserndorf, Geldbericht 1988/89.

wirtschaftlichen Einkommens pro Flächeneinheit und Familienarbeitskraft ins Hintertreffen. Das auf den Betrieb bezogene landwirtschaftliche Einkommen lag hingegen noch immer deutlich höher. Der Reinertrag, die Verzinsung des im Betrieb eingesetzten Kapitals, sank im nordöstlichen Flach- und Hügelland im selben Zeitraum beständig von 3,0 über 1,8 und 1,7 auf 0,2 Prozent.[220] Diese Zahlen zeugen von zwei Vorteilen des Flach- und Hügellandes, die so manchen Nachteil im »Wettbewerb der Regionen« wettmachen: die im Betriebsdurchschnitt größere Nutzfläche und die geringere Zahl an Familienarbeitskräften.[221]

Reinertrag und landwirtschaftliches Einkommen sind fiktive Größen; in der Realität zählte vor allem das Gesamteinkommen des bäuerlichen Haushalts. Die Anteile des landwirtschaftlichen Einkommens am Gesamteinkommen verringerten sich im Flach- und Hügelland von den Dreißiger- bis zu den Neunzigerjahren von neun auf acht Zehntel. Nach dem EU-Beitritt erfolgte ein Einbruch auf zwei Zehntel; im Gegenzug stiegen die Anteile der öffentlichen Gelder für betriebliche Leistungen auf mehr als vier Zehntel.[222] Dahinter stand die »Europäisierung« des österreichischen Agrarsystems in den Neunzigerjahren: Die Senkung der zuvor hoch subventionierten Preise für landwirtschaftliche Erzeugnisse bewirkte einen Rückgang des landwirtschaftlichen Einkommens; öffentliche Zahlungen für betriebliche Dienstleistungen sollten einen Ausgleich schaffen.[223] Die Entkoppelung des Einkommens vom Produktionsvolumen machte die Bäuerinnen und Bauern gewissermaßen zu einer »besonderen Kategorie von Arbeitern im öffentlichen Dienst«.[224] Herbert Hager, der Obmann der Bezirksbauernkammer Gänserndorf, hat sich gegen den daraus abgeleiteten Vorwurf der Bauernschaft als »Subventionsempfänger« gewandt: Die öffentlichen Zahlungen seien ein »Ausgleich für von der Landwirtschaft im öffentlichen Interesse erbrachte Leistungen« im Dienst der Umwelt, des Tourismus und der ländlichen Gemeinden.[225] Doch das vielfach propagierte Leitbild des »Landschaftspflegers« hat, so scheint es, bisher kaum Auswege aus der bäuerlichen Identitätskrise eröffnet.

Die »Entagrarisierung« des bäuerlichen Einkommens äußerte sich in der Zunahme nicht nur öffentlicher Geldleistungen, sondern auch außerlandwirtschaftlicher Einkünfte. Die Anteile des sonstigen Einkommens am Gesamteinkommen stiegen im nordöstlichen Flach- und Hügelland zwischen 1937 und 1998/2000 von 7 auf 37 Prozent. Auf kurze Sicht erscheint der Bedeutungsgewinn außerlandwirtschaftlicher Einkommensquellen im 20. Jahrhundert als Sonderfall; aus einer längerfristigen Perspektive entpuppt er sich nach dem Wegfall gewerblicher Zweige landwirtschaftlicher Betriebe im 19. Jahrhundert als Normalfall.[226] Dennoch wäre es zu einfach, von einer Rückkehr zum Alten zu sprechen; im Zusammenhang mit dem als »Wirtschaftswunder« verklärten industriellen Wachstumsschub der Fünfziger- und Sechzigerjahre entstand ein neuer, durch das Überwiegen des außerlandwirtschaftlichen Einkommens gekennzeichneter Betriebstyp, der seit 1960 auch von der Agrarstatistik erfasst wurde: die Nebenerwerbslandwirtschaft.[227]

Nebenerwerb in der zweiten Hälfte des 20. Jahrhunderts unterscheidet sich von früheren Formen der Erwerbskombination dadurch, dass die landwirtschaftlichen Erzeugnisse nicht vorrangig selbst verbraucht, sondern auf Märkten veräußert werden.

Tabelle 22: Buchführungsergebnisse für das nordöstliche Flach- und Hügelland 1937–2000

	1937	1964/66	1988/90	1998/2000
Landwirtschaftliches Einkommen im Vergleich zum Voralpengebiet (Index = 100)				
Einkommen pro Hektar RLNF	163	107	106	75
Einkommen pro Betrieb	161	112	145	114
Einkommen pro FAK	170	119	153	94
Zusammensetzung des Gesamteinkommens (%)				
Landwirtschaftliches Einkommen	93	84	83	20
Öffentliche Gelder	0	1	1	43
Sonstiges Einkommen	7	15	17	37
Gesamteinkommen	100	100	100	100

RLNF: reduzierte landwirtschaftliche Nutzfläche, FAK: Familienarbeitskräfte
Quelle: Eigene Berechnungen nach Lage der Landwirtschaft 1937; Lage der österreichischen Landwirtschaft 1964–1966, 1988–1990; Grüner Bericht 1998–2000; Buchführungsergebnisse 1964–1966, 1988–1990, 1998–2000. Die Werte für 1937 beziehen sich nur auf die niederösterreichischen Anteile der jeweiligen Produktionsgebiete. Bei den Werten für 1964/66, 1988/90 und 1998/2000 handelt es sich um Drei-Jahres-Mittelwerte.

Zwischen 1960 und 1990 nahm in der Region Gänserndorf der Anteil der Haupterwerbsbetriebe von 54 auf 37 Prozent ab; im Gegenzug stieg der Anteil der Nebenerwerbsbetriebe von 45 auf 61 Prozent (Tabelle 23).[228] Viele Bauern und deren Söhne pendelten täglich in das nahe gelegene Industrie- und Dienstleistungszentrum Wien oder in die Weinviertler Erdölindustrie. Die täglich in den hoch-, voll- und übermechanisierten Nebenerwerbslandwirtschaften anfallende Arbeit wurde überwiegend von den Bäuerinnen und deren Töchtern geleistet. Die wachsenden Gesamtflächen sind ein Anzeichen dafür, dass die Neben- ebenso wie die Haupterwerbsbetriebe unter dem Druck standen, die reale Betriebsgröße an die wachsende Idealgröße anzupassen. Daher wurden beträchtliche Teile der außerlandwirtschaftlichen Einkommen in Grund-, Maschinen- und Betriebsmittelankäufe investiert.

Im internationalen Vergleich ist die Nebenerwerbslandwirtschaft ein Paradebeispiel des »österreichischen Weges« der Agrarpolitik der Zweiten Republik, die zugleich den »Strukturwandel« der Landwirtschaft und deren »Bestandssicherung« – und damit auch den außeragrarischen Erwerb – förderte. Aus agrarpolitischer Sicht gewährleistete die Erwerbskombination die Multifunktionalität von wirtschaftlicher Leistungsfähigkeit, sozialer Orientierung, ökologischer Verträglichkeit und regionaler Ausgewogenheit. Aus der Sicht der Bäuerinnen und Bauern ermöglichte sie das Leben in zwei Welten: in der traditionellen Agrar- und in der modernen Konsumgesellschaft. Mit dem EU-Beitritt mündete der »österreichische« in den »europäischen Weg«. Gunstlagen wie das nordöstliche Flach- und Hügelland werden heute stärker als bisher an ihren ökonomischen Leistungen gemessen.[229] Ob die Nebenerwerbslandwirtschaft im Gänserndorfer Umland unter den Bedingungen der gemeinsamen Agrarpolitik der Europäischen Union zum Auslaufmodell wird, muss vorläufig offen bleiben. Der absolute und rela-

Tabelle 23: Erwerbsarten in der Region Gänserndorf 1960–1999

Jahr	Haupterwerbsbetriebe		Nebenerwerbsbetriebe		Juristische Personen		Alle Betriebe	
	Zahl	Größe (ha)	Zahl	Größe (ha)	Zahl	Größe (ha)	Zahl	Größe (ha)
1960	1.976 (54%)	11,6	1.658 (45%)	2,0	23 (1%)	108,8	3.657 (100%)	7,9
1970	1.442 (48%)	16,2	1.501 (50%)	2,0	32 (1%)	94,3	2.975 (100%)	9,9
1980	808 (38%)	25,3	1.289 (61%)	3,4	26 (1%)	109,5	2.120 (100%)	13,0
1990	645 (37%)	31,4	1.064 (61%)	3,7	25 (1%)	95,8	1.732 (100%)	15,3
1999	457 (40%)	41,3	651 (57%)	5,5	29 (3%)	139,8	1.135 (100%)	23,4

Quelle: Eigene Berechnungen nach Betriebszählung 1960, 1970, 1980, 1990; Statistik Austria, Direktion Raumwirtschaft, Agrarstrukturerhebung 1999. Als Haupterwerbsbetriebe wurden 1960 Voll- und untergeordnete Nebenerwerbsbetriebe sowie 1970, 1980 und 1990 Voll- und Zuerwerbsbetriebe gewertet.

tive Rückgang der Nebenerwerbsbetriebe in den Neunzigerjahren deutet möglicherweise eine solche Trendumkehr an.[230] Die kommenden Jahre und Jahrzehnte werden zeigen, ob die Gewichtsverlagerung von der Haupt- zur Nebenerwerbslandwirtschaft in der zweiten Hälfte des 20. Jahrhunderts mehr als ein kurzes Zwischenspiel im langen Abschied vom Bauernland gewesen ist. Wie dem auch sei, auch die agrarischen Lebenswelten im niederösterreichischen Flach- und Hügelland werden in Hinkunft stärker als im vergangenen Jahrhundert vom System der europäischen Agrarpolitik – und damit vom jeweiligen Verhältnis von Sozialpolitik und Marktkräften – abhängen.[231]

Leonhard Prickler

EBENE IM OSTEN

DER SEEWINKEL IM BEZIRK NEUSIEDL AM SEE

I. Österreichs Anteil an der »pannonischen« Ebene – Versuch einer Begriffsdefinition

Der Begriff »Pannonien« wurde seit der Renaissance gerne als Synonym für Ungarn verwendet. Die typische Landschaftsform Ungarns ist die Tiefebene; mit dem politischen Bezirk Neusiedl am See, auf den sich die vorliegende Studie konzentriert, hat seit 1921 auch Österreich Anteil an dieser Landschaft mit all ihren aus der Landschaftsform und den historischen Zusammenhängen erwachsenen Unterschieden zu den übrigen Wirtschaftsräumen Österreichs.

1. Die geografischen Voraussetzungen

Der Neusiedler Bezirk ist mit einer Flächenausdehnung von 1.057,37 Quadratkilometern der größte Bezirk des Burgenlands. Die beiden dominierenden Landschaften sind der östlich des Neusiedler Sees liegende Seewinkel und die nordöstlich anschließende Heideplattenlandschaft, die ihrerseits durch den Lauf der Leitha in die Parndorfer Platte südlich der Leitha und den Heideboden nordöstlich davon untergliedert wird. Seewinkel und Parndorfer Platte werden durch den Abhang des Wagram, einer durchschnittlich 50 Meter hohen, durch eine Reihe von hügeligen Erhebungen profilierten nordwestlich-südöstlich verlaufenden Terrasse, voneinander geschieden; der Wagram verläuft unmittelbar nördlich der Siedlungskerne von Neusiedl am See, Weiden am See, Gols, Mönchhof und Halbturn und von dort in Richtung Nickelsdorf.[1]

Der Wagram bildet auch eine Trennlinie zwischen zwei verschiedenen Bodentypen: Die Parndorfer Platte besteht aus Wald- und Ackerbraunerden sowie Kalkhumusböden, war aber schon in »historischer« Zeit völlig waldlos, mit lehmigen Quarzschottern bis etwa zu einer Linie Mönchhof-Zurndorf sowie Löss- und Lösslehmböden östlich davon. Der Seewinkel dagegen besteht hauptsächlich aus lehmigen, gemischten

Quarz- und Kalkschotter-Steppenböden; im Bereich der nur zeitweise Wasser führenden »Lacken« finden sich vielerorts auch Salzböden. Der nördliche Teil des Neusiedler Bezirks bietet kein so einheitliches Bild; der Lauf der Leitha wird begleitet von Schwemmböden, während der Heideboden um Kittsee ähnliche Bodentypen aufweist wie weite Teile des Seewinkels (mit Ausnahme der Salzböden). Zwei zuvor nicht genannte Geländeformationen, die den Neusiedler Bezirk aber nur am Rande berühren, machen sich auch in der Verteilung der Bodentypen bemerkbar: das Leithagebirge, dessen östliche, maximal 302 Meter hohen Ausläufer im Bereich Winden-Jois-Kaisersteinbruch in den genannten Bezirk reichen, und das durch den Bau des Einserkanals zu Beginn des 20. Jahrhunderts weitgehend entwässerte Sumpfgebiet des Wasen (Hanság) im südöstlichsten Zipfel des Bezirks.[2]

Klimatisch bildet der politische Bezirk Neusiedl/See ein relativ einheitliches Gebiet. Das Klima ist ausgesprochen kontinental mit einem Unterschied der durchschnittlichen Januar- und Julitemperaturen von mehr als 20 Grad Celsius (Januar: –1 bis –2 Grad Celsius, Juli: über 20 Grad Celsius); empfindliche Nachtfröste von –20 Grad Celsius und noch kälter sind in den Wintern des Seewinkels nicht ungewöhnlich. Bedingt durch das nahezu völlige Fehlen von Erhebungen ist der Neusiedler Bezirk eine der windreichsten Regionen Österreichs. Die jährliche Niederschlagsmenge beträgt 600 bis 700 Millimeter, im Südosten des Bezirks sogar noch weniger, was eine durchschnittlich weniger als 30 Tage andauernde Schneedecke im Winter und eine Gewitterhäufigkeit von weniger als 15 pro Jahr mit sich bringt. Die Milderung der Temperatur durch den Neusiedler See macht sich in den Monatsmitteln nur im Herbst bemerkbar, wenn dieser, in Verbindung mit den Seenebeln, als Wärmespeicher wirkt; umgekehrt verzögert der See, bedingt durch die langsame Erwärmung, den Beginn des Frühlingseinzugs in seiner unmittelbaren Umgebung um etwa eine Woche. Im Sommer und im Winter spielt der See als Klimafaktor kaum eine Rolle, da das flache Seebecken sich dann der Umgebungstemperatur weitgehend angepasst hat. Generell ermöglicht das Klima des Neusiedler Bezirks eine ausgesprochen lange Vegetationszeit.[3]

2. Die historischen Voraussetzungen

Die geografische Unterteilung des politischen Bezirks Neusiedl/See spiegelt sich auch in der historischen Entwicklung wider. Es muss unterschieden werden zwischen dem Seewinkel und der ehemals als »Leithawinkel« bezeichneten Region entlang des Leithalaufs und nördlich davon. Beide Regionen werden getrennt durch die praktisch unbesiedelte Parndorfer Platte.

Der nördliche Teil des Bezirks war seit jeher ein Durchzugsland. Hier verliefen die wichtigen mitteleuropäischen Verkehrsverbindungen von Österreich und Süddeutschland nach Ungarn. Die Region war aber auch von der Nähe großer Städte wie Wien, Preßburg (Bratislava) und Raab (Győr) geprägt; Gastgewerbe und Lohnfuhrwerk waren hier nicht zu unterschätzende Wirtschaftsfaktoren. Im Gegensatz dazu verlief die Entwicklung im Seewinkel, der durch den Neusiedler See im Westen, die Parndorfer Platte im Norden sowie den Wasen (Hanság) im Süden und Südosten isoliert wurde, deutlich ruhiger; die hiesige Bevölkerung war somit von den Möglichkeiten zur Erwerbung von Wohlstand weiter entfernt, als dies in anderen Regionen der Fall war. Die Bewirtschaftung des Neusiedler Sees und der anschließenden Sumpfgebiete (Fischfang, Schilfgewinnung) ist als besondere Wirtschaftsform zu nennen; mit der weitgehenden Entwässerung dieser Sümpfe zu Beginn des 20. Jahrhunderts ging die Bedeutung dieser Wirtschaftsform, die immer unter den starken Schwankungen des Wasserstands gelitten hatte, deutlich zurück. Die Isolation der Region wurde im Winter ein wenig gemindert, wenn beladene Fuhrwerke über den zugefrorenen Neusiedler See fahren konnten. Ein gemeinsames Element des Wirtschaftslebens im gesamten Neusiedler Bezirk war das fast völlige Fehlen von Wäldern, sodass Bau- und Brennholz nahezu vollständig aus anderen Regionen des heutigen Burgenlands und aus den benachbarten österreichischen Ländern zugekauft werden musste.

Als Resultat der spätmittelalterlichen »Wüstungswelle« sind die Entfernungen zwischen den einzelnen Siedlungen ausgesprochen groß. Auf den riesigen Flächen zwischen den einzelnen Dörfern wurde im 16. und 17. Jahrhundert eine extensive Viehwirtschaft betrieben, die in Zusammenhang mit dem Handel von Lebendvieh aus Ungarn nach Österreich und Westeuropa stand. Durch diese jahrhundertelang geübte Bewirtschaftungsform entstand schließlich jene Steppenlandschaft, deren noch vorhandene Überreste heute im Nationalpark Neusiedler See-Seewinkel geschützt sind. Der größte Teil der riesigen, in grundherrlichem Eigenbesitz stehenden Flächen wurde jedoch in späterer Zeit zum Bau bzw. zum Betrieb der für den Neusiedler Bezirk so typischen landwirtschaftlichen Gutsbetriebe, der »Meierhöfe«, verwendet.

II. Das »ungarische Vermächtnis« – Die westungarische Landwirtschaft vor dem Anschluss des Burgenlands an Österreich

Die zweite Hälfte des 19. Jahrhunderts entwickelte sich für die westungarische Landwirtschaft zu einer ausgesprochen schwierigen Zeit. Die Aufhebung der Grunduntertänigkeit im Jahr 1848 bedeutete für die früheren Untertanen und nunmehr vollberechtigten Grundbesitzer nicht nur den Wegfall von mehr oder weniger geregelten Marktverhältnissen, sondern auch die Verpflichtung zur Ablösezahlung eines Drittels des Werts ihres Grundbesitzes an die früheren Grundherren, was in der Regel nur in Form von langfristigen, zum Teil bis in die 1880er-Jahre laufenden Hypotheken geschehen konnte. Die so gebundenen Geldmittel fehlten mit der Zeit schmerzlich im Hinblick auf notwendige, zeitgemäße Investitionen. Ein Übriges zur ungünstigen wirtschaftlichen Entwicklung trug im burgenländisch-westungarischen Raum die seit der Aufhebung der Grunduntertänigkeit gängige Praxis der Realteilung bei, die alle Erben mit dem gleichen Anteil am Erbgut bedachte und so innerhalb weniger Generationen zu einem bedenklichen Absinken der Betriebsgrößen führte. Dazu kam eine markante Bevölkerungsvermehrung,[4] die das Problem der Besitzzersplitterung noch dramatisch verschärfte.

Symbole einer vergangenen Zeit: Strohdächer, Gänseherde und Windmühle in St. Andrä am Zicksee

Dem so entstandenen Klein- und Kleinstbesitz stand der Großgrundbesitz der ungarischen Magnatenfamilien gegenüber, da zahlreiche, den Grundherren privatrechtlich und nicht nur aufgrund der feudalen Abhängigkeiten unterstehende Flächen von der Aufhebung der Grunduntertänigkeit nach 1848 nicht betroffen waren. Gerade im Neusiedler Bezirk befanden sich, als Resultat der spätmittelalterlichen »Wüstungswelle«, große Flächen im Privatbesitz der Adelsfamilien. Nur diese Gutsbetriebe konnten durch eine rationellere Wirtschaftsführung (Maschineneinsatz, Einführung von Mineraldünger und Pflanzenschutzmittel) den Preisverfall durch den Einbruch billiger überseeischen Getreides und Viehs seit den 1870er-Jahren einigermaßen ausgleichen. Dies war nicht zuletzt durch jenes Geld, das den ehemaligen Grundherren durch die Ablösezahlungen der früheren Untertanen zur Verfügung stand, möglich, während jene die allgemeine Agrarkrise bitter zu spüren bekamen.[5]

Der Weinbau, der im Neusiedler Bezirk hauptsächlich entlang des Wagrams (Neusiedl am See, Weiden am See, Gols, Mönchhof, Halbturn) und im westlichen Seewinkel (Podersdorf, Illmitz) von Bedeutung war, wurde zudem in den 1880er-Jahren von der katastrophalen Ausbreitung der Reblaus, die innerhalb weniger Jahre fast alle bestehenden Weingartenkulturen vernichtete, betroffen. Erst die Auspflanzung veredelter Weinreben auf reblausresistenten Unterlagen zu Beginn des 20. Jahrhunderts ermöglichte die Wiederaufnahme der Weinwirtschaft, war aber mit hohen Kosten verbunden.

1. Nationale Befindlichkeiten und die Krise der Landwirtschaft um 1900

Der rapide Rückgang der Getreidepreise seit dem Jahr 1894, der Befall der Weingärten mit der Reblaus, die Schweinepest sowie die epidemisch auftretende Maul- und Klauenseuche führten an der Wende vom 19. zum 20. Jahrhundert zu einem Kaufkraftverfall bei der bäuerlichen Bevölkerung, der sich im agrarisch geprägten Ungarn zu einer allgemeinen, bald das gesamte Wirtschaftsleben beeinflussenden Krise weiten sollte.

Die mittellosen Landwirte schränkten ihre Bedürfnisse weitgehend ein und tätigten nur die allernotwendigsten Anschaffungen, wofür üblicherweise längerfristige Kredite aufgenommen werden mussten. Damit sank auch das Einkommen der Gewerbetreibenden und Kaufleute auf ein Minimum. Die riesigen Meierhof-Latifundien verhinderten das Entstehen eines wirtschaftlich und gesellschaftlich wichtigen Mittelstands, während die Existenz der Kleinbauern durch die wirtschaftliche Situation und die ständigen Erbteilungen immer mehr bedroht wurde. Im Jahresbericht der Ödenburger Handels- und Gewerbekammer von 1898 heißt es: »Bei der kurzen und bündigen Schilderung der Wirtschaftsverhältnisse […] bleibt die Feder in der Hand stehen vom traurigen Bild, das sich bietet, da dieses Jahr eine derart große Stagnation, um nicht zu sagen einen Rückgang des Wirtschaftslebens, des Handels, des Gewerbes, der Industrie und des Verkehrs aufweist, wie er auf Jahre zurück ohne Vergleich ist«; dies sei umso deprimierender, da die großen Industrienationen Westeuropas »einen blendenden Fortschritt aufweisen« und immer neue Märkte erobern würden,[6] freilich um den Preis einer imperialistischen Expansionspolitik, an der sich das Habsburgerreich weder beteiligen konnte noch wollte.

Der Stillstand des Wirtschaftslebens hatte in der komplizierten Situation der österreichisch-ungarischen Doppelmonarchie auch einen politischen Hintergrund; immer stärker spürbare, national motivierte Spannungen zwischen den beiden Reichshälften verstärkten die Rechtsunsicherheit noch. Im Jahr 1897 lieferte die nicht termingerechte Verlängerung des »wirtschaftlichen Ausgleichs«, der alle zehn Jahre die Grundzüge des Zoll- und Handelsbündnisses und die Quoten für die permanenten Ausgaben regeln sollte, einen Vorgeschmack auf das bevorstehende Ende des gemeinsamen Wirtschaftsraums der Monarchie. Das Aufrichten einer Zollgrenze an der ungarisch-österreichischen Landesgrenze hätte aber für die stark nach Österreich orientierten westungarischen Grenzgebiete, das heutige Burgenland, einen kaum zu beziffernden wirtschaftlichen Schaden mit sich gebracht. Ohnehin waren die ungarischen Exporte nach Österreich stark rückläufig; zudem beeinträchtigten die niedrigen Getreidepreise auch nach 1900 das wirtschaftliche Wohlergehen der hiesigen Landwirtschaft. Auch in Ungarn machten sich Boykottbewegungen gegen Waren aller Art aus der österreichischen Reichshälfte breit. Im Jahr 1906 entstand in einer vornehmen Damengesellschaft die »Tulpengesellschaft« mit dem Ziel, die heimische Industrie zu unterstützen, den nationalen Charakter und die heimischen Kulturgüter zu bewahren, besonders aber alle Kräfte auf die Entwicklung der heimischen Wirtschaft zu konzentrieren. In der Folge wurden in vielen Orten »Tulpenfeste« organisiert. Diese Volksfeste sollten mit Deklamationen oder patriotischen Reden verbunden sein, damit die mit der Bewegung verbundenen patriotischen Ziele und Bestrebungen dem Publikum vor Augen geführt werden konnten. Es gab aber auch kritische Stimmen, die anmerkten, dass diese Bewegung für die Beziehungen zu den Nachbarländern störend wäre und kaum zum erwünschten Ziel führen würde. Die Bewegung wurde tatsächlich nach nur wenigen Jahren eingestellt,[7] dennoch war das bevorstehende Ende der österreichisch-ungarischen Monarchie mit all seinen Folgen für das Wirtschaftsleben beider Länder bereits zu erahnen.

2. Die Auswanderung als Ausweg aus der Krise

Vor diesem Hintergrund ist es nicht weiter verwunderlich, dass die Landwirtschaft vielen Menschen kaum einen Lebensunterhalt bieten konnte und sich die arbeitsfähige Bevölkerung vielfach nach anderen Beschäftigungsmöglichkeiten umsehen musste. Für den Bereich des heutigen Nordburgenlands bot sich die Möglichkeit der Arbeitswanderung und der Beschäftigung auf Baustellen in der rasant wachsenden Metropole Wien oder in Industriebetrieben in Wien und Niederösterreich; so spielte hier die Auswanderung keine so dominante Rolle wie im heutigen Südburgenland, wo beispielsweise der politische Bezirk Güssing bis 1939 fast ein Viertel seiner Bevölkerung durch Auswanderung in die USA verlor. Dennoch gab es auch im Seewinkel ab 1875 das Phänomen der Massenauswanderung, nachdem Missernten, Schwankungen des Wasserstands des Neusiedler Sees,[8] Heuschreckenschwärme und eine katastrophale Mäuseplage die ohnehin schmale Basis der hiesigen Landwirtschaft empfindlich gestört hatten.

Die Idee der Auswanderung nach Amerika war der bäuerlichen Bevölkerung wohl durch Kontakte in das Innere Ungarns vermittelt worden, wo das Phänomen der Emigration bereits etliche Jahre früher eine bedeutende Rolle zu spielen begonnen hatte. Kontakte dorthin bestanden in Form von Lohnfuhrwerken, Erntehelfer-Arbeitstrupps und anderen Saisonarbeitern; gerade diese mobilen Bevölkerungselemente stellten zumeist auch die erste Schicht von Auswanderern, die später andere Auswanderungswillige aus ihren Heimatgemeinden »nachzogen«, indem sie diesen die ersten Schritte in der neuen Heimat im Arbeits- und Gesellschaftsleben erleichterten. Analysiert man den genauen Ablauf der burgenländischen Auswanderung, so fällt auf, dass die zeitlich verschobenen einzelnen Phasen der Emigration ausgeprägte Herkunfts-, aber auch Zielschwerpunkte aufwiesen. Das heißt, dass sich zu bestimmten Zeiten Emigranten aus bestimmten Gebieten des Burgenlands in ihrer neuen Heimat, die fast immer in den USA lag, wieder in ganz bestimmten Gebieten zusammenfanden. Die Auswanderer aus dem Seewinkel zogen überwiegend in den Mittelwesten der USA (Kansas, Dakota, Nebraska, Texas, Minnesota) und ließen sich hier als Farmer nieder, während für die späteren Auswanderungswellen aus dem Mittel- und Südburgenland praktisch kein freies Land mehr zur Verfügung stand und die Emigranten sich als Industriearbeiter in einem Gebietsstreifen von Chicago, Detroit und dem Staat Pennsylvania bis nach New York (dem »German belt«, wo zahlreiche deutschsprachige Auswanderer Industriebetriebe gegründet hatten, deren Belegschaft Deutsch sprach) im Osten der USA niederlassen mussten. Während diese, vergleichbar mit den südosteuropäischen Gastarbeitern unserer Tage, immer in intensivem Kontakt zur alten Heimat blieben, war dieser Kontakt bei den Seewinkler Auswanderern im Mittelwesten, bedingt auch durch die gewaltige Entfernung vom Mutterland, eher lose und es waren praktisch keine Rückwanderungen zu verzeichnen.[9] Der Höhepunkt der Seewinkler Auswanderung lag in den Jahren 1880 bis 1890, als allein aus Illmitz mehr als 300 Personen nach St. Paul (Minnesota) und Umgebung emigrierten. Auf sie gehen die über 200 Familien zurück, die in den heutigen Telefonbüchern von St. Paul unter dem typischen Illmitzer Familiennamen Tschida eingetragen sind.[10]

Um 1890 setzte nahezu explosiv die Massenauswanderung aus den südlichen Landesteilen des heutigen Burgenlands in die USA ein. Im Neusiedler Bezirk begann der Strom der Auswanderungswilligen hingegen langsam zu versiegen und um 1900 kam die Emigration weitgehend zum Erliegen. Die zunehmende Industrialisierung des benachbarten österreichischen Auslands (Niederösterreich, Wien) und verbesserte Verkehrsverbindungen ermöglichten es der hiesigen Bevölkerung nunmehr, auch in der Nähe der Heimat das Auslangen zu finden.

3. Der Beginn der Eisenbahnerschließung

Der nördliche Teil des heutigen Bezirks Neusiedl am See war bereits seit der Mitte des 19. Jahrhunderts an das österreichisch-ungarische Eisenbahnnetz angebunden: Die Linie Wien-Raab (Győr) war hauptsächlich zum Getreide- und Schlachtviehtransport von Ungarn nach Wien gebaut worden. Die Erschließung des Seewinkels ließ einige Jahrzehnte länger auf sich warten. Die Grundlage für diese Erschließung bildete das ungarische Lokalbahngesetz von 1880, das einen raschen Ausbau billiger Vizinalbahnen ohne direkte staatliche Beteiligung bewirken sollte. Der Interessent für einen Bahnbau hatte die Trassierungsarbeiten durchzuführen, worauf Rentabilitätsrechnungen erfolgten. Kamen diese zu einem positiven Schluss, wurde ein Kostenvoranschlag erstellt, wobei der Interessent einen Anteil von zumindest 30 Prozent der anfallenden Kosten aufzubringen hatte. Der Staat gewährte lediglich indirekte Unterstützung. Die so errichteten Lokalbahnen sollten erst nach 90 Jahren dem Staat anheimfallen; bei einer früheren Übernahme sollte der Interessent finanziell entschädigt werden, bei einer Übernahme innerhalb der ersten zehn Betriebsjahre sollte die Entschädigung der vollen Höhe der

Dampfbetrieb auf der Neusiedlerseebahn bei Mönchhof

Baukosten entsprechen. Der Betrieb solcher Bahnen wurde größeren Bahnverwaltungen übertragen, wobei der Ertrag aus Personen- und Gepäckbeförderung zumeist zu je 50 Prozent zwischen dem Erbauer und der Betreibergesellschaft geteilt wurde. Für den Frachttransport wurden gesonderte Regelungen getroffen.

In den 1890er-Jahren wurden verschiedene Projekte zu einer Eisenbahnerschließung Frauenkirchens und des Seewinkels mit seinen Gutsbetrieben, den Meierhöfen, in der Weise verdichtet, dass Frauenkirchen sowohl in Richtung Neusiedl am See (mit Anschluss an die in Planung befindliche Ödenburg-Preßburger Bahn) als auch nach Süden erschlossen werden sollte. Speziell die Zuckerfabrik Petőháza (circa 20 Kilometer östlich von Ödenburg/Sopron) drängte auf einen Anschluss an die Anlagen der seit 1876 in Betrieb befindlichen Raab-Ödenburg-Ebenfurter Eisenbahn (Győr–Sopron–Ebenfurti Vasút) im nahen Fertőszentmiklós, um auf diese Weise den Transport der Zuckerrüben aus dem Seewinkel, die in Petőháza verarbeitet wurden, zu verbilligen. Der Bau und der Betrieb der Strecke wurden der Raab-Ödenburg-Ebenfurter Eisenbahn übertragen, die deshalb 1896/97 die Emission von 3-prozentigen Goldobligationen vornahm, um den Ertrag in die Erwerbung sämtlicher Prioritätsaktien der »Neusiedlerseebahn« zu investieren. Die Eröffnung der Strecke erfolgte 1897, annähernd gleichzeitig mit der ebenfalls von der Raab-Ödenburg-Ebenfurter Eisenbahn betriebenen Ödenburg-Preßburger Bahn. Von Anfang an war der Personenverkehr auf der Neusiedlerseebahn von nur marginaler Bedeutung, da das potenzielle Eisenbahnpublikum fehlte und die Reisegeschwindigkeit aufgrund der billigen Bauausführung bei unter 20 Stundenkilometern lag. Eine in der Bahnhofschronik von St. Andrä am Zicksee überlieferte Anekdote besagt, dass der erste Zug am Eröffnungstag für jedermann gratis befahrbar gewesen sei. Als einziger Ortsbewohner bestieg jedoch der Oberamtmann von St. Andrä den Zug, was ein bezeichnendes Licht auf die Sozialstruktur des Seewinkels jener Tage wirft. Die Bedeutung der Bahn lag von Anfang an im Abtransport der landwirtschaftlichen Produkte der großen Gutsbetriebe, wozu Gleisanschlüsse zu mehreren Meierhöfen sowie ein Netz schmalspuriger Landwirtschaftsbahnen zur weiteren Erschließung beitrugen.[11] Für die Wirtschaftsweise der bäuerlichen Bevölkerung war die Bahn bedeutungslos, da diese (im Gegensatz beispielsweise zu den Bewohnern des Mattersburger Bezirks, die regelmäßig die Wiener Märkte mit Frischobst belieferten) am Bedienen überregionaler Märkte nicht interessiert und dazu auch ökonomisch gar nicht in der Lage war.

III. Traumatisches Ende und chaotischer Neubeginn – Der schwierige Weg von Ungarn nach Österreich

Das Ende der alten Ordnung Mitteleuropas war ein für die gesamte Bevölkerung spürbarer, schmerzhafter Prozess. Am Ende dieser Entwicklung entstand aus einem jahrhundertelang zu Ungarn gehörenden Grenzland das neue österreichische Bundesland Burgenland.

1. Der Erste Weltkrieg

Für die Landbevölkerung im burgenländisch-westungarischen Raum machte sich der Krieg nicht nur durch die Mobilisierung der Wehrpflichtigen bemerkbar, sondern auch durch eine Versorgungskrise, die sich gegen Ende des Kriegs bis zum totalen wirtschaftlichen Zusammenbruch steigerte. Da der Kriegsausbruch im Sommer 1914 einigermaßen überraschend gekommen und ein Jahre dauernder Krieg außerhalb der Vorstellungskraft der zuständigen Militärs gelegen war, hatte man kaum Vorsorge für eine geordnete Kriegswirtschaft getroffen; alle Maßnahmen, die man im Laufe des Kriegs setzte, waren daher mehr oder weniger improvisiert. Bald nach Kriegsbeginn wurde das Wirtschaftsleben von einer als drückend empfundenen Inflation erfasst; schon im Dezember 1914 mussten amtliche Höchstpreise für Getreide und Mehl und bald auch für Kartoffeln festgelegt werden. Im April 1915 gab man Brot- und Mehlkarten aus, 1916 wurden auch Milch, Kaffee, Zucker, Fett und Kartoffeln strengstens rationiert.[12]

Eine hervorragende Quelle zur Entwicklung des alltäglichen Wirtschaftslebens während des Kriegs bilden Hauschroniken wie die des Bauern Josef Krizanits aus Holling (Fertőboz, südlich des Neusiedler Sees, circa zehn Kilometer östlich von Ödenburg [Sopron]).[13] Diese in deutscher Sprache verfasste Chronik stammt zwar nicht aus dem Bezirk Neusiedl am See; es darf aber angenommen werden, dass sich die Verhältnisse dort nicht wesentlich von den hier geschilderten unterschieden haben. Krizanits nannte in seiner Chronik immer wieder die zum jeweiligen Zeitpunkt gängigen Preise für bestimmte Agrar- und Handwerksprodukte, sodass ein ungefährer Verlauf der Teuerung rekonstruierbar ist; leider wechseln die genannten Produkte mit der Zeit, weshalb die Angaben nicht lückenlos sind. Die Daten über Feldfrüchte reißen nach Jahresbeginn 1916 ab und folgen erst wieder nach Kriegsende.

Tabelle 1: Preise für Feldfrüchte 1914–1920

Preis per kg	August 1914	März 1915	Februar 1916	Dezember 1918	Anfang 1920
Mehl	0,40 Kronen	0,80 Kronen	0,92 Kronen	2–3 Kronen	8–12 Kronen
Weizen	0,24 Kronen	0,48 Kronen	0,48 Kronen	2 Kronen	20 Kronen
Gerste	0,16 Kronen	0,28 Kronen	0,40–0,48 Kronen		16–20 Kronen
Korn	0,18 Kronen	0,32 Kronen	0,40–0,44 Kronen		20 Kronen
Bohnen	0,36 Kronen	1 Krone	0,70–1 Krone		

Quelle: Krizanits-Chronik (Burgenländisches Landesarchiv, Handschriftensammlung A XX–113).

Tabelle 2: Preise für Zugochsen und Schlachtvieh, 1915–1918

Preis per kg	Oktober 1915	August 1916	Januar 1917	August 1917	Februar 1918	Dezember 1918
Zugochsen	3 Kronen	5–5,50 Kronen	4–4,60 Kronen	5–5,60 Kronen	7 Kronen	9–10 Kronen
Schlachtvieh	3,20 Kronen	6–6,20 Kronen	5–5,20 Kronen	6–6,50 Kronen	8 Kronen	12–14 Kronen

Quelle: Krizanits-Chronik (Burgenländisches Landesarchiv, Handschriftensammlung A XX–113).

Die Versorgung mit Mehl, die während des Kriegs unter staatlicher Kontrolle stand, erwies sich schon bald als mangelhaft. Im Frühling 1915 schrieb Krizanits: »Mehl bekam man der nicht selber mahlen konnte ararisches (vom Ärar [=Staat] gestelltes) die erste Lieferung war aber lauter Kukurutzmehl (Maismehl) und so schlecht das viel davon krank wurden.« Im Sommer 1916 begann die Versorgung überhaupt zusammenzubrechen: »Im August war das Mehl so wenig das viele Leute 3–4 Wochen lang von Erdäpfeln leben mußten.« Die Krise verschlimmerte sich im Mai 1917: »Die Noth ist jetzt sehr groß, kein Mehl, kein Zuker und nichts ist zu haben, auch für viel Geld nicht. Sehr viel Leute haben kein Brot monatelang, auch sonst nichts als Erdäpfel zu essen, und können vor Hunger nicht arbeiten.« Für die Bauern, die nebenbei ein wenig Viehwirtschaft betrieben (der Betrieb von Josef Krizanits war ein für den nordburgenländisch-westungarischen Raum in jener Zeit typischer Mischbetrieb mit Ackerbau, Weinbau und Viehwirtschaft), bot diese eine Linderung der ärgsten Not; bedingt durch die Teuerung konnten die Bauern Schlachtvieh um gutes Geld verkaufen. Krizanits schrieb dazu im Herbst 1915: »Das Vieh hatte vieleicht noch nie so einen Preis als jetzt. Es war auch unter Bauerleute noch nie so viel Geld als jetzt.« Erst seit dem Frühjahr 1918 wurden vom Staat im burgenländisch-westungarischen Raum regelmäßig Requirierungen von Rindern vorgenommen, deren Bezahlung den Bauern zwar in Aussicht gestellt, vielfach aber unterblieben ist. Krizanits schilderte die Entwicklung der Viehpreise, wobei er vor Oktober 1915 die Preise nicht per Kilogramm, sondern per Stück Vieh nannte, was einen Vergleich erschwert (siehe Tabelle 2).

Der durch den Kriegsdienst der Wehrpflichtigen verursachte Arbeitskräftemangel wurde durch den Einsatz von Kriegsgefangenen kompensiert, der aber nicht unproblematisch ablief: »Vom 20. May bis 20. August (1918) hatten wir einen russischen Gefangenen zum arbeiten, er lernte alles leicht und war sehr fleißig, aß aber sehr viel. Lohn bekam er anfangs alle Sontag 4 später 6 und dan schon 10 Kronen, schließlich war ihm das auch schon zuwenig und eines Sontags verschwand er und nahm einen neuen Anzug der jetzt 1000 Kronen kostet mit. In etwa 3 Wochen kam er wieder und lokte sämtliche Russen welche hier waren fort.«

Eine relativ lückenlose Dokumentation über die Preissteigerung ermöglicht die Krizanits-Chronik anhand der immer wiederkehrenden Nennung für den Preis eines Stiefelpaars; dies war ein Konsumgut, auf das die landwirtschaftlich tätige Bevölkerung auch in Zeiten ärgster Not angewiesen war. Die Preisentwicklung verlief folgendermaßen:

Tabelle 3: Preise für ein Paar Stiefel, 1914–1920

	1 Paar Stiefel
August 1914	16 Kronen
März 1915	34–40 Kronen
Oktober 1915	70 Kronen
Februar 1916	70–80 Kronen
Mai 1916	120 Kronen
August 1916	140–160 Kronen
Mai 1917	200–250 Kronen
Februar 1918	450 Kronen
Dezember 1918	700–900 Kronen
Dezember 1919	1.000 Kronen
Anfang 1920	1.300–1.400 Kronen

Quelle: Krizanits-Chronik (Burgenländisches Landesarchiv, Handschriftensammlung A XX–113).

2. Die landwirtschaftlichen Marktverhältnisse als politischer Faktor

Im Zuge der Friedensverhandlungen nach dem Ersten Weltkrieg wurde das Burgenland aus dem ungarischen Staatsverband, dem das Gebiet für rund ein Jahrtausend angehört hatte, herausgelöst und als eigenständiges österreichisches Bundesland konstituiert. Ausschlaggebend für diese Entscheidung der Siegermächte, die erst nach mancherlei Irrungen und Wirrungen getroffen wurde, waren weniger nationale Motive (aufgrund der mehrheitlich deutschsprachigen Bevölkerung des inkriminierten Gebietes) als vielmehr wirtschaftliche Überlegungen. Speziell die österreichische Hauptstadt Wien, wohin schon seit Jahrhunderten enge wirtschaftliche Beziehungen des heutigen Nordburgenlands bestanden hatten, war nach dem Zusammenbruch der Monarchie und dem Wegfall der Lebensmittel-Lieferungen aus Böhmen und der Slowakei von einem ertragreichen Agrargebiet als Lebensmittel-Lieferant abhängig, wie es der Seewinkel mit seinen Meierhof-Gutsbetrieben war. Besonders die Milchversorgung Wiens bedurfte dringend der Erzeugnisse der Meierhof-Wirtschaften. Bei den Friedensverhandlungen nützte die österreichische Delegation unter Staatskanzler Karl Renner geschickt die Angst der Siegermächte vor einer Hungersnot in der Millionenmetropole Wien, die wohl, so Renner, unweigerlich zu einem kommunistischen Umsturz in Österreich geführt hätte. Zum Zeitpunkt der Verhandlungen der Siegermächte mit Österreich regierte in Ungarn ein kommunistisch-sozialistisches Räteregime und auch in Bayern hatten die Kommunisten, wenngleich vergeblich, nach der Staatsmacht gegriffen, sodass diese Bedenken durchaus ernst zu nehmen waren.

Eine bedeutende Rolle bei der Entscheidungsfindung nahm die Fact-Finding-Kommission der »American Commission to Negotiate Peace« ein, die von den USA zur Untersuchung der Zustände in den von den Friedensverhandlungen unmittelbar betroffenen Gebieten eingesetzt worden war. Diese Kommission, die unter der Leitung von Professor Archibald Cary Coolidge von der Harvard-Universität stand, lieferte seit Ende Januar 1919 Berichte, in denen von Treffen mit westungarischen »Volksvertretern«, aber auch von statistischen Daten über die Wiener Lebensmittelversorgung vor dem Krieg die Rede war. Leider sind die Importe aus Ungarn sowohl im österreichischen Statistischen Jahrbuch von 1913 als auch in den der Kommission vom Wiener Stadtmagistrat übermittelten Daten regional zu wenig detailliert aufgeschlüsselt, um die tatsächliche Herkunft des aus Ungarn eingeführten Getreides, Mehls, Schlachtviehs und so weiter zu eruieren. Eine Schätzung von Professor Brückner von der Universität Wien, wonach 35 bis 42 Prozent des Vorkriegs-Lebensmittelimports nach Niederösterreich und Wien aus Deutsch-Westungarn (dem späteren Burgenland) gekommen wären, ist nicht verifizierbar. Naturgemäß zeichneten die Statistiken, die der Kommission von ungarischer Seite zur Verfügung gestellt wurden, ein anderes Bild; demnach hätte sich Deutsch-Westungarn nicht selbst mit Lebensmitteln versorgen können, wenngleich die Ungarn zugeben mussten, dass ein nicht unerheblicher Teil der Agrarproduktion aus dem inkriminierten Gebiet nach Wien gesandt würde.

Ironischerweise hatte bis dahin weder ein Mitglied der Fact-Finding-Kommission noch sonst einer untergeordneten Behörde der Friedenskonferenz das Gebiet besucht und persönlich in Augenschein genommen. Die unbändige Angst der Konferenz vor dem Gespenst des Bolschewismus und die vor allem von Frankreich gehegte Furcht, ein nicht lebensfähiges Österreich würde sich Deutschland anschließen, führten zu der Entscheidung, das Burgenland mit seinem landwirtschaftlichen Potenzial Österreich zuzuerkennen, wobei die tatsächliche Übergabe aber erst nach der Unterzeichnung und Ratifizierung des Friedensvertrags mit Ungarn stattfinden sollte; die Friedensbedingungen für die Verlierernationen wurden nacheinander behandelt, weshalb auch zum Zeitpunkt der Unterzeichnung des Friedensvertrags mit Österreich am 10. September 1919 noch keine ungarische Delegation in Paris anwesend war.[14]

Erst im Nachhinein begann man sich näher mit dem Gebiet zu beschäftigen, als sich Ungarn und Österreich gegenseitig mit Anschuldigungen über angebliche Zwischenfälle, Repressalien und Staatswillkür überboten, die sich bei genauerer Betrachtung in der Regel als stark übertrieben oder erfunden herausstellten. Die »American Commission to Negotiate Peace« blieb weiterhin im Amt; der Friedensvertrag mit Ungarn wurde erst am 4. Juli 1920 unterzeichnet. Bemerkenswert und für die Stimmung im Land selbst bezeichnend ist das Ergebnis einer Erkundungsfahrt von Arthur Wood DuBois in einige »burgenländische« Gemeinden und in die Stadt Ödenburg. Es stellte sich heraus, dass die Präferenzen für Ungarn und für Österreich relativ gleichwertig waren und nahezu immer durch familiäre und wirtschaftliche, nicht aber durch politische Motive gekennzeichnet waren. Während die Landbevölkerung üblicherweise einen Anschluss an Österreich befürwortete, um weiterhin Agrarprodukte nach Wien liefern zu können, hegten beispielsweise einige Weinbauern in Breitenbrunn die Befürchtung, nach einem Anschluss an Österreich ihre Weingärten roden und Getreide für die Millionenstadt Wien produzieren zu müssen.[15]

Trotz der von der Kommission mehrfach geäußerten Empfehlung, im Burgenland eine Volksabstimmung über die zukünftige Staatszugehörigkeit abzuhalten, bestätigte die Friedenskonferenz im Friedensvertrag mit Ungarn ihren Entschluss, das Burgenland Österreich anzugliedern. Für Ungarn war diese Entscheidung niederschmetternd; dass das Land, das bereits zwei Drittel seines Vorkriegsstaatsgebiets und die Hälfte der Bevölkerung an die Tschechoslowakei, Jugoslawien und Rumänien verloren hatte, nun auch noch von der Verlierernation Österreich, die dem Reich der Heiligen Stephanskrone das ganze Schlamassel eingebrockt hatte, »beraubt« wurde, war für viele Ungarn der Gipfel der Infamie. In diesem Licht sind die Bemühungen zu sehen, zunächst durch zähe diplomatische Verhandlungen die Übergabe des Burgenlands hinauszuzögern und, als das nichts nutzte, durch bewaffneten Widerstand paramilitärischer Freischärlerverbände (mit Wissen und Duldung der ungarischen Staatsregierung) zu verhindern. Die Sympathien etlicher adeliger Meierhof-Besitzer für das seit August 1919 regierende konservative Regime in Ungarn unter dem »Reichsverweser« Nikolaus Horthy und die aktive Beteiligung mancher von ihnen an den Kampfhandlungen[16] führten in den Folgejahren zu schwerem Misstrauen und dauerhafter Verstimmung bei der Ortsbevölkerung. Den Gang der Geschichte konnte dies jedoch nicht aufhalten; nach italienischer Vermittlung in dieser sowohl für Ungarn als auch für Österreich unangenehmen Sache wurde das Burgenland im Spätherbst 1921 Österreich angegliedert. Ungarn erhielt aufgrund einer Volksabstimmung Ödenburg und acht Umgebungsgemeinden zugesprochen. Am 18. Juni 1922 wurde schließlich erstmals ein burgenländischer Landtag gewählt, womit die Konstituierung des neuen Bundeslands abgeschlossen war.

IV. Landwirtschaft und Politik im Burgenland bis 1938

Unter den vielen Schwierigkeiten, die von den politischen Repräsentanten des neuen Landes zu lösen waren, stand die Agrarfrage weit oben. Die Relevanz dieser Frage lässt sich einerseits aus dem geringen Industrialisierungsgrad des Landes ersehen: Laut Volkszählungen von 1923 und 1934 waren im Burgenland 64,1 bzw. 62,3 Prozent der erwerbstätigen Bevölkerung in der Landwirtschaft beschäftigt, wobei die relativ am

Tabelle 4: Landwirtschaftliche Betriebe im Bezirk Neusiedl/See 1930

Betriebsgröße	Zahl der Betriebe		Gesamtfläche	
	(absolut)	(in Prozent)	(in ha)	(in Prozent)
unter 2 ha	1.735	29,3	1.811	2,1
2 bis 10 ha	2.432	41,1	12.087	13,9
10 bis 20 ha	1.035	17,5	14.874	17,1
20 bis 100 ha	664	11,2	10.993	24,1
über 100 ha	52	0,9	37.310	42,9

Quelle: Landwirtschaftliche Betriebszählung 1930.

stärksten industrialisierten Bezirke Eisenstadt und Mattersburg diese Zahl nach unten drückten; die Bezirke Neusiedl am See, Oberpullendorf, Oberwart, Güssing und Jennersdorf waren praktisch ausschließlich agrarisch geprägt.[17] Auch die Besitzstruktur lässt erahnen, welche wirtschaftliche und soziale Brisanz in den Anfangsjahren des Burgenlands in der Agrarfrage steckte. Die in Tabelle 4 angeführten Zahlen zum Neusiedler Bezirk wurden im Rahmen der landwirtschaftlichen Betriebszählung von 1930 erhoben.[18] In den anderen Teilen des neuen Bundeslands waren die Verhältnisse ähnlich.

1. Die Ursachen für die Besonderheiten im burgenländischen Wählerverhalten

Die ausgesprochen ungleichgewichtige Bodenverteilung erklärt, warum sich der »Bauernstand« im Burgenland in seinem politischen Verhalten nicht in das aus den meisten Teilen Österreichs bekannte Regelwerk pressen lässt. Schon vor dem Ersten Weltkrieg hatten sich die Sozialdemokraten in Ungarn gerade der Agrarfrage und des Landarbeiterproletariats angenommen und sich als Partei des »Kleinen Mannes« etabliert. Außerdem ist der Einfluss der burgenländischen Wanderarbeiter und Nebenerwerbslandwirte, die auf Baustellen und in Fabriken in Wien und Niederösterreich in intensivem Kontakt zu sozialdemokratischen Organisationen und Personen standen, zu bedenken. In Fortsetzung dieser Tradition gehörte der »Sozialdemokratische Land- und Forstarbeiterverband« neben der Bauarbeitergewerkschaft zu den Stützen der Sozialdemokratie im noch jungen Burgenland. Die Parteizeitung »Burgenländische Freiheit« schrieb dazu am 22. Februar 1924: »Der burgenländische Kleinbauer gehört zur Masse des schwer arbeitenden Volkes. Darum zählt ihn die SDP stolz zu den Ihrigen.«

Dennoch war der Ausgang der ersten Landtagswahl im fast ausschließlich agrarisch geprägten Burgenland am 18. Juni 1922 überraschend und für konservative Kreise in Österreich geradezu schockierend: Mit 38,1 Prozent der abgegebenen Stimmen und 13 Mandaten gewann die Sozialdemokratische Partei die relative Mehrheit vor der Christlichsozialen Partei (31,2 Prozent, zehn Mandate), dem Burgenländischen Bauernbund (17,1 Prozent, sechs Mandate) und der Großdeutschen Volkspartei (12,8 Prozent, vier Mandate). Doch der politische Trend lief bald gegen die Sozialdemokraten. Die Christlichsozialen holten in der organisatorischen Erfassung der burgenländischen Dörfer auf; vor allem aber die Einflüsse aus der Bundespolitik, wo sich die SDP eindeutig als Arbeiterpartei profilierte, während die Christlichsozialen sowohl das bürgerlich-konservative Lager als auch ausdrücklich die Bauern als Wählerschicht ansprachen, drehten die Mehrheitsverhältnisse im Burgenland um. Eine Analyse der jeweils von den Christlichsozialen mit relativer Mehrheit für sich entschiedenen Landtagswahlen am 23. Oktober 1923 und am 24. April 1927 ergibt, dass die Sozialdemokraten und die Großdeutschen gerade in den ausgesprochenen Bauerngemeinden Stimmenverluste zu Gunsten der Christlichsozialen hinnehmen mussten.[19] Der Landbund hatte seine Wähler hauptsächlich bei protestantischen oder liberalen Bauern im Südburgenland, die den starken katholisch-klerikalen Einfluss in der Christlichsozialen Partei ablehnten. Dennoch ist diese starke sozialdemokratische Tradition im Burgenland ein in der

Ländliches »Idyll«: Bauernhof in Wallern

historischen Entwicklung stets zu beachtender Faktor; sie ist gemeinsam mit den sozialen Veränderungen nach dem Zweiten Weltkrieg ein wesentlicher Grund dafür, dass die SPÖ seit 1964 bei den Landtagswahlen im Burgenland stets als stimmenstärkste Partei hervorgeht, sie begründet aber auch, weshalb der »Bauernstand« im Burgenland zwar gelegentlich von Politikern und Landwirtschaftskammerfunktionären beschworen wird, aber nie zu einer (partei-)politisch relevanten Realität werden konnte. Seit den ersten nach dem Zweiten Weltkrieg durchgeführten freien Kammerwahlen zur Burgenländischen Landwirtschaftskammer im Jahr 1958 hält der sozialdemokratische Arbeitsbauernbund konstant bei einem Stimmenanteil von rund 25 Prozent. In den Landwirtschaftskammern der neun österreichischen Bundesländer ist dieser starke sozialdemokratische Einfluss ein Unikum.[20]

2. Die ungelöste Frage der Bodenreform

Im Angesicht der äußerst ungünstigen Besitzverhältnisse, die auch in den Erntestatistiken ihren Niederschlag fanden (trotz der guten naturräumlichen Gegebenheiten wurde bei weitem nicht das Optimum erwirtschaftet), ist es nicht verwunderlich, dass sich die Frage einer allfälligen Bodenreform für viele Jahre, vor allem in Wahlkampfzeiten, zu einer Konstante der burgenländischen Politik entwickelte.[21] Beispiele für eine solche Reform gab es genug: In den baltischen Staaten, aber auch in der Tschechoslowakei, in Jugoslawien und anderen Ländern war es unter dem Eindruck der russischen Oktoberrevolution bald nach der Erlangung der Unabhängigkeit in großem Maßstab zu Enteignungen des adeligen Großgrundbesitzes gekommen. Hier wie dort waren zu den wirtschaftlichen auch nationale Motive hinzugetreten, waren doch die enteigneten Adeligen zu großen Teilen Angehörige »fremder« Nationen. Auch im Burgenland wurde dieses Argument in der öffentlichen Diskussion immer wieder vorgebracht. Die Meierhof-Gutsbetriebe befanden sich zu einem hohen Prozentsatz im Besitz von ungarischen Staatsbürgern, denen der Volksmund (aber auch die politische Propaganda) nur zu gerne eine Gegnerschaft zu den neuen staatlichen Verhältnissen und die Anzettelung einer ungarischen »Irredenta« nachsagte, wenngleich dies kaum gerechtfertigt war.[22] Aber auch Vorfälle wie die »Tadtener Affäre« von 1922, als einheimische Landarbeiter mitleidlos entlassen und durch billigere ungarische Arbeitskräfte ersetzt wurden, trugen das Ihre zur Emotionalisierung der Diskussion bei.

In der Frage der Bodenreform übernahm die Sozialdemokratische Partei die Themenführerschaft. Schon in der vierten Sitzung des neu konstituierten burgenländischen Landtags am 2. August 1922 stellten Sozialdemokraten und Landbund den Antrag zur Erlassung eines Bundesgesetzes über den Abbau des Großgrundbesitzes zu Gunsten der Kleinbauern;[23] bei den damaligen Mehrheitsverhältnissen im österreichischen Nationalrat war dieses Ansinnen jedoch illusorisch. Der Landesparteitag der SDP in Markt St. Martin im Jahr 1928 stand unter dem Motto »Der Boden dem Volke, das ihn bebaut!« und verabschiedete ein Programm, das gegen Entschädigung die Enteignung jedes Grundbesitzes, der 100 Hektar überschritt, vorsah. Zur Abwicklung der Entschädigungszahlungen sollte ein »Burgenländischer Bodenfonds« eingerichtet werden; die Entschädigung sollte nach dem Ertragswert bemessen und in verzinslichen Schuldverschreibungen des genannten Fonds innerhalb von 50 Jahren abgeleistet werden. Der Boden sollte an die bisherigen Kleinpächter, an Landarbeiter und an Kleinbauern verteilt werden; die neuen Eigentümer sollten den Kaufpreis innerhalb von 40 Jahren abstatten, wobei von der Agrarbehörde für jeden Betrieb je nach seiner Wirtschafts- und Zahlungskraft ein individueller Zahlungsplan aufgestellt werden sollte.

Nun war auch die Christlichsoziale Partei gezwungen, eine Bodenreform in ihren »Forderungskatalog« aufzunehmen, wollte sie nicht weite Teile der burgenländischen Bevölkerung vor den Kopf stoßen und diese in das Lager der Sozialdemokratischen Partei treiben. Die CSP betrieb diese Forderung allerdings bei weitem nicht mit demselben Nachdruck wie die SDP. Wohl wurde auf dem Landesparteitag der CSP in Pinkafeld im Sommer 1928 aus wahltaktischen Erwägungen verkündet, dass man »nach reiflicher Überlegung und mit gewissenhaftem Ernst auch an die Bodenreform herangehen werde, damit wir aus Zwergbesitzern und Kleinbauern richtige Bauern schaffen«. Noch am selben Parteitag bremste Landeshauptmann Anton Schreiner allerdings den Schwung einer etwaigen Grundaufteilung, indem er betonte: »Natürlich werden wir auf der Hut sein, den Großgrundbesitz dort wo er rationell und wirtschaftlich gut arbeitet, in seiner Existenz zu teilen, denn wir wollen die warnenden Beispiele der südslawischen und tschechoslowakischen Politik beherzigen.«[24] Tatsächlich hatte beispielsweise die jugoslawische Bodenreform weder den wirtschaftlichen noch den politisch-gesellschaftlichen Erfolg gebracht, den man sich von ihr erwartet hatte. Kriegsinvaliden, Träger von Kriegsauszeichnungen und Freiwillige hatten den Boden zu wesentlich günstigeren

Konditionen erwerben können als die einheimische Bevölkerung, was schwere soziale Differenzen nach sich zog. Quantität und Qualität der erzeugten Agrarprodukte lagen gegenüber der Zeit vor der Bodenreform klar zurück; als um 1926 die landwirtschaftliche Nachkriegskonjunktur abflaute, geriet die Landwirtschaft in eine äußerst schmerzliche Krise.[25]

Angesichts der stark divergierenden Standpunkte der beiden Großparteien, aber auch vor dem Bild verunglückter Enteignungsaktionen im Ausland, war die Bodenreform im Burgenland eigentlich von Anfang an zum Scheitern verurteilt. Die politischen Verhältnisse ließen weder auf Landes- noch auf Bundesebene eine parlamentarische Mehrheit für ein Enteignungsgesetz zu. Lediglich durch Grundverkäufe von Gutsbetrieben, die durch die Weltwirtschaftskrise der Dreißigerjahre in ökonomische Schwierigkeiten geraten waren, kam es zu einer geringfügigen Verschiebung der Betriebsgrößen. Auch der autoritäre österreichische Ständestaat und das nationalsozialistische Regime, die nicht an die Zwistigkeiten der 1934 aufgelösten Parteienlandschaft gebunden waren, wollten und konnten das Problemfeld einer Bodenreform keiner Lösung zuführen, wie aus den gegenüber 1930 nur marginal veränderten Zahlen der landwirtschaftlichen Betriebszählung von 1951, hier wieder nur auf den Bezirk Neusiedl/See bezogen, hervorgeht (siehe Tabelle 5).[26]

Die ungünstigen Besitz- und Verdienstverhältnisse wurden erst durch den wirtschaftlichen Aufschwung des Burgenlands nach 1955 schrittweise verbessert. Dazu trugen einerseits die politischen Rahmenbedingungen bei, die Kommassierungen, Meliorationen und Drainagierungen von Feuchtgebieten forderten, andererseits auch die adeligen Meierhof-Besitzer – in den Sechzigerjahren wurden von der Dr. Paul Esterházy'schen Güterdirektion im Seewinkel circa 10.000 Hektar zu sehr günstigen Preisen an kleinere Bauern für die Kommassierung und Besitzfestigung veräußert.[27] Den Hauptanteil am wirtschaftlichen Aufschwung hatte allerdings der soziale Wandel. Eine große Zahl früherer Klein- und Kleinstbesitzer sah sich gezwungen, anderen Erwerbsmöglichkeiten nachzugehen, wobei für den Neusiedler Bezirk vor allem der Wiener Arbeitsmarkt von Bedeutung war und ist. Allein im Zeitraum von 1951 bis 1961 nahm die Zahl der landwirtschaftlich tätigen Bevölkerung in dem als »Acker-Weinbau-Gebiet des nördlichen Burgenlands« definierten Produktionsgebiet um 32 Prozent ab, trotz

Tabelle 5: Landwirtschaftliche Betriebe im Bezirk Neusiedl/See 1951

Betriebsgröße	Zahl der Betriebe		Gesamtfläche	
	(absolut)	(in Prozent)	(in ha)	(in Prozent)
unter 2 ha	2.641	34,0	2.846	3,8
2 bis 5 ha	1.726	22,2	5.719	7,5
5 bis 20 ha	2.851	36,7	29.163	38,5
20 bis 100 ha	506	6,5	15.827	20,9
über 100 ha	43	0,6	22.257	29,4

Quelle: Land- und forstwirtschaftliche Betriebszählung 1951

einer Zunahme der Gesamtbevölkerung.[28] Zum Teil wurden die über das im Nebenerwerb zu bewirtschaftende Maß hinausgehenden Flächen verpachtet bzw. verkauft, zum Teil wurden die Betriebe nach erfolgtem Generationswechsel bei gleichzeitigem Verkauf der Produktionsflächen stillgelegt, sodass für die Vollerwerbsbetriebe nunmehr ein ausreichendes Potenzial zur Grundaufstockung zur Verfügung steht.

Dieser Konzentrationsprozess ist bis heute im Gang. Die emotionale Bindung an Grund und Boden, aber auch soziale Motive sowie Gründe der verringerten Krisenanfälligkeit bzw. breiteren Risikostreuung veranlassten für Jahrzehnte viele Landwirte, ihre Betriebe im Nebenerwerb weiter zu führen. Die Stilllegung der gerade für das Burgenland typischen Nebenerwerbsbetriebe ist zumeist mit einem Generationswechsel verbunden.[29] Gerade im flächenmäßig ausgedehnten und vergleichsweise dünn besiedelten Neusiedler Bezirk haben die Vollerwerbsbetriebe dadurch Betriebsgrößen erreicht, die die Durchschnittsgröße im übrigen Burgenland weit übersteigen.

3. Die wirtschaftliche Gesamtsituation in der Zwischenkriegszeit und die Entstehung der bäuerlichen Interessenvertretungen

Seit Jahrhunderten waren die Bauern im burgenländisch-westungarischen Raum gewohnt gewesen, alle für den Eigenbedarf benötigten Lebensmittel im eigenen Betrieb zu erzeugen. Ein Marktbewusstsein war kaum vorhanden; die bei dieser arbeits- und kostenintensiven Wirtschaftsweise nur bescheidenen Überschüsse wurden üblicherweise auf lokalen Märkten verkauft, wobei die Gewinnspanne sehr gering war. Überregionale Märkte wie Wien wurden lediglich von den großen Meierhof-Gutsbetrieben bedient. Einer dringend notwendigen Rationalisierung der Landwirtschaft standen schwerwiegende Hindernisse entgegen: die Mentalität der bäuerlichen Landbevölkerung, das weitgehende Fehlen von Geschäftssinn, aber auch ein katastrophaler Bildungsstand. Durch die in den letzten Jahrzehnten der österreichisch-ungarischen Monarchie immer intensiver werdenden Magyarisierungstendenzen im ungarischen Schulwesen, die seit 1907 im beinahe ausschließlichen Gebrauch der ungarischen Unterrichtssprache gegipfelt waren und gerade im bäuerlichen Bereich viele deutsch- und kroatischsprachige Eltern dazu bewogen hatten, ihre Kinder für Arbeiten auf Hof und Feld von der Schule fernzuhalten, standen nach dem Anschluss an Österreich weite Teile der burgenländischen Bevölkerung am Rande des Analphabetismus. Dazu kamen die Spätfolgen der Kriegswirtschaft im Ersten Weltkrieg: Mineraldünger war wegen der Umstellung der chemischen Industrie auf kriegswichtige Produkte nicht mehr erzeugt worden und Zugtiere waren geschlachtet worden, um die allgemeine Versorgungskrise zu lindern. Die Neuanschaffung dieser Betriebsmittel war den Bauern aus eigener Kraft kaum möglich; Österreichs Banken zögerten jedoch, Kredite für die desolate burgenländische Wirtschaft zu vergeben, während der finanzschwache Staat kaum helfen konnte. Noch im November 1926 sprach Handelsminister Dr. Hans Schürff im Ministerrat diese Problematik an, die dazu führte, dass im Burgenland immer mehr ungarisches Geld in Umlauf kam, was nach der Meinung des Ministers späterhin zu ungeahnten politischen Folgen führen könne.[30] Der mangelnde Geschäftssinn der Bauern

Ochsengespann auf dem Acker

führte außerdem dazu, dass, wo Kredite aufgenommen wurden, diese nicht für die Modernisierung der Produktionsmethoden, sondern für Hausumbau, Erbteilzahlungen, Kinderausstattung und Ähnliches verwendet wurden, also für die Betriebe zusätzliche Belastungen darstellten, ohne deren Wirtschaftskraft auch nur im Geringsten zu erhöhen. Zwar waren schon 1922/23 im Burgenland die ersten Raiffeisenkassen gegründet worden, die sich 1928 zum »Landesverband der landwirtschaftlichen Genossenschaften« zusammenschlossen und 1930 bereits eine Zahl von 116 Instituten umfassten, doch stieg ihr Kreditvolumen bei weitem nicht in dem Maß, das diese rasche Expansion vermuten ließe. Erst langsam gelang es durch Aufbringung beträchtlicher Eigenmittel sowie einen gewissen Rückhalt in der Girozentrale der österreichischen Genossenschaften und bei deutschen Kreditverbänden, Kapital für Investitionen zu vertretbaren Bedingungen bereitzustellen, nachdem die Bauern am freien Geldmarkt nicht selten Wucherzinsen von 50 Prozent oder mehr zu zahlen gehabt hatten.

Die Dringlichkeit der Agrarfrage für die weitere wirtschaftliche und gesellschaftliche Entwicklung des Burgenlands war derart stark, dass es nicht verwundert, dass die Zielsetzungen der Agrarprogramme der politischen Lager sich stark ähnelten. Die »Burgenländische Heimat«, das Parteiorgan der Christlichsozialen Partei, bemerkte dazu einmal spöttisch, die Sozialdemokraten hätten ihre Agrarforderungen nur vom christlichsozialen Programm abgeschrieben. Interessant ist in diesem Zusammenhang eine von den anderen Parteien nicht erhobene Forderung im Parteiprogramm des »Burgenländischen Bauernbundes« (später »Landbund«), die verderbliche Realteilungspraxis gesetzlich zu verbieten und statt dessen ein Erbhofgesetz zu schaffen; diese Forderung stand aber in der politischen Realität vor 1938 niemals auf der Tagesordnung.[31]

Zusätzliche Not wurde durch einen Preisverfall bei den traditionellen agrarischen Erzeugnissen (vor allem Getreide), ausgelöst durch Billigstangebote aus Ungarn und Rumänien in der zweiten Hälfte der Zwanzigerjahre, verursacht, der für die burgenländischen Kleinproduzenten kaum noch Gewinne übrig ließ. Den Anforderungen der Zeit wurde schließlich durch die Gründung von Genossenschaften, verbunden mit der

Ausweitung des agrarischen Produktionsspektrums auf neue oder bis dahin nur untergeordnete Produkte, begegnet. Schon nach der Reblaus-Katastrophe Ende des 19. Jahrhunderts hatten sich Winzergenossenschaften als Einkaufs- und Vermarktungsgemeinschaften bewährt, nach deren Vorbild nun etliche weitere Genossenschaften, wie beispielsweise die Gemüseverwertungsgenossenschaft Neusiedl/See, gegründet wurden. Die Genossenschaften konnten, weil steuerlich begünstigt, den einzelnen Produzenten die wichtigen Betriebsmittel (wie Saatgut, Kunstdünger und Pflanzenschutzmittel) billiger abgeben als der auf Gewinn arbeitende Händler, zudem erschlossen die Genossenschaften ihren Mitgliedern den wichtigen und Gewinn versprechenden Wiener Markt, der dem einzelnen Bauern sonst nicht zugänglich gewesen wäre. Wie weit der Weg hin zur Marktwirtschaft aber noch war, zeigt das Faktum, dass nach der aus politischen Gründen erfolgten staatlichen Stützung der Getreide- und Mehlpreise viele Bauern wieder auf die alte Produktion umstellten; noch war die Zeit für nachhaltige Strukturreformen in der Landwirtschaft nicht reif.[32]

Waren sich die Parteien in der Dringlichkeit der Agrarfrage weitgehend einig, so unterschieden sich die Problemlösungsansätze doch sehr stark voneinander und erschwerten eine Verbesserung der Situation, was sich nicht zuletzt in der Gründungsgeschichte der Burgenländischen Landwirtschaftskammer zeigt: Die Christlichsoziale Partei bevorzugte das Modell, den 1925 durch einen Zusammenschluss der auf freiwilliger Mitgliedschaft basierenden landwirtschaftlichen Bezirksvereine entstandenen »Verband burgenländischer Landwirte« durch gesetzliche Legitimation als verbindliche Bauernvertretung zu installieren.[33] Diese sollte mit der Begutachtung von Gesetzen und Verordnungen, der Beratung und Schulung der Landwirte sowie der Abwicklung von Förderprogrammen betraut werden.

Im Gegensatz dazu versuchte die Sozialdemokratische Partei lange Zeit, die Entstehung einer solchen, leicht für parteipolitische Zwecke manipulierbaren bäuerlichen Organisation zu verhindern und setzte sich dafür ein, alle organisatorischen Maßnahmen und Förderprogramme durch das Amt der Burgenländischen Landesregierung abzuwickeln. Schon 1921 waren dort ein »Landeskulturamt«, bestehend aus einer »allgemeinen Landeskulturabteilung«, einem »Landeskulturinspektorat, gleichzeitig Kontrollorgan für Anbau und Erntestatistik«, einem »Tierzuchtinspektorat«, einem »Weinbauinspektorat«, einem »Kellereiinspektorat«, einem »Pflanzenbauinspektorat«, einem »Futterbau- und Weideinspektorat« und einer »Technischen Meliorisationsabteilung« sowie eine »Landesstelle für Landarbeit« eingerichtet worden. Eine Verwaltungsreform des Amtes der Landesregierung im Jahr 1926 übertrug einen Großteil dieser Agenden der in Gründung befindlichen Burgenländischen Landwirtschaftskammer, nachdem sich die Parteien im Jahr zuvor schließlich doch einig geworden waren, eine solche einzuführen. Die Diskussionen über die Zusammensetzung der Kammer und die entsprechende Wahlordnung dauerten aber noch lange an, da die auf der Größe des Grundbesitzes basierende Definition des Begriffs »Landwirt« eine hochpolitische Frage war und beide Großparteien verständlicherweise bemüht waren, durch Einbindung bzw. Ausgrenzung der traditionell SP-nahen Klein- und Kleinstbesitzer ihren Einfluss in der Kammer geltend zu machen. Nach monatelangen Debatten wurde als Grenzwert schließlich ein Joch festgesetzt, womit das Burgenland gemeinsam mit Salzburg das weiteste Wahlrecht hatte.[34]

Die Kammer nahm ihre Tätigkeit am 29. Januar 1927, nach der ersten Kammerwahl am 16. Januar, auf. Ihr war es zu verdanken, dass das Burgenland allmählich doch seinen Erwartungen, vor allem in Bezug auf die Lebensmittelversorgung Wiens (die ja das ausschlaggebende Argument für den Anschluss des Burgenlands an Österreich gewesen war), gerecht werden konnte. Entscheidend für das Erreichen der österreichischen Durchschnittserträge in den meisten Kulturgattungen innerhalb relativ kurzer Zeit war hauptsächlich das vom »Landeskulturamt« und später von der Kammer organisierte Fortbildungssystem: Bis zum Jahr 1930 standen immerhin 48 Lehrer, meist Volksschullehrer mit entsprechender Zusatzqualifikation, zur Verfügung, die den Bauern in Kursen vor allem im Winter das bitter benötigte Grundwissen von Pflanzen- und Tierzucht, von Chemie, aber auch von kaufmännischem Rechnen vermittelten. Die zumindest in Ansätzen positive Entwicklung fand aber im Gefolge der Weltwirtschaftskrise Anfang der Dreißigerjahre ein jähes Ende. Die Massenarbeitslosigkeit unter der Arbeiterschaft machte sich für die Landwirte durch einen rapiden Rückgang der Nachfrage und einen dadurch bedingten Preisverfall bemerkbar; die Folge war eine rasch fortschreitende (Neu-)Verschuldung vieler Bauernhöfe, die für diese nicht selten existenzbedrohend wurde.[35]

4. Landgewinnungspläne am Neusiedler See

Ein bei der heutigen ökonomischen wie ökologischen Bedeutung des Neusiedler Sees nicht mehr vorstellbares Faktum ist, dass vom 18. Jahrhundert an Pläne zu einer völligen oder zumindest teilweisen Entwässerung des launischen Sees, der im Lauf der Geschichte starke Wasserstandsschwankungen zu verzeichnen hatte und mehrmals (zuletzt 1865 bis 1870) völlig ausgetrocknet war, bestanden, die noch in den Zwanziger- und Dreißigerjahren des 20. Jahrhunderts intensiviert wurden. Zu Beginn des 20. Jahrhunderts folgten den Planungen konkrete Taten: 1909 wurde der einige Jahre zuvor zur Entwässerung des Wasen (Hanság) angelegte »Einser-Kanal« von Pamhagen bis in das Seebecken hinein verlängert. Die Trockenlegung, die trotz negativer Gutachten und Protesten der anliegenden Weinbaugemeinden, in denen man die Klimafolgen des Verschwinden des Sees von 1865 bis 1870 noch nicht vergessen hatte, versucht wurde, scheiterte aber an einem banalen Vermessungsfehler: Der Höchststand der Donau bei Raab (Győr), wohin das Seewasser abgeleitet werden sollte, liegt 20 Zentimeter über dem Seespiegel, sodass nicht nur kaum Wasser aus dem Neusiedler See abfließen konnte, sondern bei Donauhochwasser sogar ein Rückfluss entstand.

Die ab 1917 wieder vermehrt auftretenden Wasserstandsschwankungen rückten den See während der Zwischenkriegszeit wieder in das Blickfeld öffentlichen Interesses. Von einer völligen Entwässerung zur Gewinnung neuen Ackerlands war nun aber keine Rede mehr. Neue Erkenntnisse aus den Niederlanden, wo seit den Zwanzigerjahren Teile der Zuidersee durch den Bau von Abschlussdeichen von der offenen Wasserfläche abgetrennt und in einem langwierigen biologischen Umwandlungsprozess (biologisch-

Lange Zeit ein bedrohtes Naturparadies:
Der Neusiedler See

chemische Umwandlung des Bodens durch eine bestimmte Vegetationsabfolge) allmählich in Ackerland umgewandelt wurden, führten jedoch auch im Burgenland zu entsprechenden Planungen, wobei durch die Landgewinnung die Einkommensverhältnisse in der Landwirtschaft verbessert und zugleich die Basis für die Lebensmittelversorgung Wiens vergrößert werden sollte. Mehrere Gutachten wurden erstellt, die Argumente für und wider die Teilentwässerung anführten und sich in ihrem Inhalt stark unterschieden. Es gab auch Planungen, Wasser aus der Leitha oder der Donau zu entnehmen, um die bestehende Wasserfläche zu stabilisieren, und die Druckstollen zum Betrieb von Kraftwerken zu nutzen. Das Abklingen der allgemeinen Versorgungskrise ab etwa 1925 ließ jedoch den Elan der Entwässerungspläne erlahmen, zudem hatten die See-Anrainergemeinden mittlerweile eine neue Einkommensmöglichkeit entdeckt: den Tourismus.

In der Tat kam an den Seeufern, begünstigt durch volksbildnerische Vorträge in Wien, durch Rundfunkreportagen über die Natur- und Kulturschönheiten des Burgenlands und durch Werbeaktivitäten des 1925 gegründeten Landesverbands für Fremdenverkehr, allmählich der Tourismus auf, worauf die Österreichischen Bundesbahnen durch das Führen von direkten Personenzügen von Wien (Ostbahnhof) nach Neusiedl am See an Sonn- und Feiertagen (»Bäderbahnen«) reagierten. 1927 wurden auch eine Autobusverbindung von Wien-Verkehrsbüro nach Neusiedl und Podersdorf sowie eine fix verkehrende Motorschifffahrt zwischen Neusiedl, Podersdorf und Rust eingeführt. Der Neusiedler See begann sich als »Meer der Wiener« zu etablieren. Naturgemäß war es aber kaum möglich, Investitionen in Fremdenverkehrsbetriebe und -einrichtungen zu tätigen, solange die Zukunft des Sees noch nicht geklärt war. Aus diesem Grund wurde bei einer Expertenkonferenz in Bad Sauerbrunn unter der Leitung von Landeshauptmann Josef Rauhofer am 27. Januar 1925 beschlossen, von den Landgewinnungsplänen Abstand zu nehmen und die künftige wirtschaftliche Entwicklung der Neusiedler-See-Region in Richtung Fremdenverkehr zu lenken.[36]

Verständlicherweise reagierten die betroffenen Gemeinden daher ablehnend, als um das Jahr 1927 die Planungen der burgenländischen Landesregierung zu einer Teilentwässerung des Neusiedler Sees wieder aufgenommen wurden. Erneut wurde eine Reihe von Gutachten erstellt, die die Anforderungen des Fremdenverkehrs, des Weinbaus und der anderen landwirtschaftlichen Nutzungen in Einklang bringen sollten und darauf hinausliefen, den südlichen Teil des Sees abzudeichen und zu entwässern. Ein neuerlicher Tiefstand des Seewassers im Jahr 1933 führte zu konkreten Planungen durch den Zivilingenieur Heinrich Goldemund: In der Höhe von Rust sollte der See durch einen Querdamm, der gleichzeitig als Fahrstraße zur besseren Verkehrserschließung des bis dahin noch immer weitgehend isolierten Seewinkels dienen sollte, abgeteilt werden. Der südliche Teil des Sees sollte durch Kanäle und Pumpwerke entwässert und im Ausmaß von 20.000 Hektar für die Landwirtschaft nutzbar gemacht werden; davon wären nach den Schätzungen Goldemunds etwa zwei Drittel für Acker- und Weinbau geeignet gewesen, während er für die Restflächen den Reisanbau vorschlug. Auch die breite Schilfzone am Westufer des Sees sollte abgedeicht und landwirtschaftlich nutzbar gemacht werden, während im nördlichen, bestehen bleibenden Teil des Sees der Wasserstand geringfügig auf bis zu drei Meter gehoben werden sollte, wodurch die Fischerei und der Fremdenverkehr auch in Niedrigwasserperioden unbeeinträchtigt bleiben sollten. Zur Durchführung kam das Projekt aber wegen der hohen Kosten und der nicht geklärten ökologischen Folgen (Sinken des Grundwasserspiegels in den umliegenden Weinbergen, Staubstürme durch den trockenen Salzstaub in den entwässerten Gebieten – dieses Phänomen war von 1865 bis 1870 mehrfach vorgekommen) nicht.[37]

Die Stabilisierung des Wasserstands des Neusiedler Sees gelang nach dem Zweiten Weltkrieg auf relativ einfache Weise. Eine gemeinsame österreichisch-ungarische Gewässerkommission beschloss im Jahr 1964 (zur Zeit des Eisernen Vorhangs!) eine Bedienungsvorschrift für die auf ungarischen Territorium gelegene Schleuse des Einser-Kanals bei Fertőújlak (Mexikópuszta). Aufbauend auf genauen Beobachtungen von Niederschlägen, Verdunstung, Wasserstand der Zuflüsse und so weiter wird der Wasserstand des Sees seither mit Hilfe der Schleuse reguliert. Schwankungen des Wasserstands sind damit zwar nicht ganz ausgeschlossen – zuletzt kam es 2001 und 2003 zu einem bedenklichen Absinken, während ein extrem niederschlagsreicher Winter 1995/96 zu einem Höchststand führte –, lassen sich aber in relativ engen Grenzen halten.

V. Landwirtschaft unter dem Hakenkreuz

Zu den im Volk bis heute noch nicht völlig ausgestorbenen Mythen in Bezug auf die Herrschaft des Nationalsozialismus zählt die Meinung, das nationalsozialistische System habe die schwer verschuldeten österreichischen Bauern generell entschuldet und durch eine die Bauernschaft begünstigende Politik den materiellen Aufschwung der österreichischen Landwirtschaft in der Zweiten Republik erst ermöglicht. Das NS-Regime habe durch seine Agrarpolitik in der Landbevölkerung einen Rückhalt gefunden, der die wahren Ziele des Nazisystems lange Zeit nicht erkennbar werden ließ. Wie bei vielen Mythen klaffen aber auch hier Anspruch und Wirklichkeit weit auseinander.

1. Beeinflussung der bäuerlichen Bevölkerung durch den Nationalsozialismus bis 1938

Gerade im Burgenland waren viele Bauern für die Reformankündigungen der NSDAP empfänglich, hatte doch die österreichische Bauernschutzpolitik der Dreißigerjahre mit ihrer Förderung des Genossenschaftswesens und der allmählichen Einschränkung der marktwirtschaftlichen Ausrichtung, um ein Sinken der landwirtschaftlichen Preise zu verhindern, eine stark selektive Wirkung: Die Schutzprogramme nützten hauptsächlich den größeren Betrieben, während die Klein- und Mittelbetriebe aufgrund ihrer hohen Verschuldung und der rasanten Zunahme von Zwangsversteigerungen landwirtschaftlicher Betriebe in der Politik des österreichischen Ständestaates keinen Rückhalt erkennen konnten.[38] Nicht zu unterschätzen ist auch die Propagandaarbeit, die die NSDAP vor ihrem Verbot 1934 entfaltet hatte, zum Beispiel bei einer großen Bauern-

Pferdegespann in Gols

versammlung am 15. November 1931 in Gols, an der mindestens 750, nach anderen Quellen sogar 1.200 Personen teilgenommen hatten und die auch von Vertretern der anderen Parteien beschickt worden war. In der Versammlung wurde die schwierige Lage der Landwirtschaft im Burgenland erörtert, wobei als letzter Redner der Kreisleiter der NSDAP, Mag. Walther Rentmeister, zu Wort kam und »eine überzeugende Rede im nationalsozialistischen Sinne« hielt.[39] Außerdem ist zu berücksichtigen, dass die zahlreichen Burgenländer evangelischen Bekenntnisses in ihrer Mehrzahl dem Nationalsozialismus ohnehin wohl wollend gegenüberstanden, versprach er doch eine Beseitigung des verhassten, betont katholisch ausgerichteten Ständestaates.[40]

Die antijüdische Politik der Nationalsozialisten trug ebenfalls dazu bei, das Feld für die Machtergreifung der NSDAP auch im Burgenland zu ebnen. Die Gläubiger der schwer verschuldeten Landwirte waren zu einem Gutteil Kleingewerbetreibende aus der unmittelbaren Umgebung; viele Gemischtwaren- und sonstigen Geschäfte befanden sich bis 1938 im Besitz von jüdischen Mitbürgern. Die während der Dreißigerjahre immer aussichtsloser werdende wirtschaftliche Situation vieler Landwirtschaftsbetriebe machte die bäuerliche Bevölkerung empfänglich für den Radikalismus des Nazisystems, hatten doch auch die jüdischen Gewerbetreibenden schwer mit den Auswirkungen der Wirtschaftskrise zu kämpfen und konnten den Bauern ihre Schulden nicht endlos lang stunden. Bauernschläue besagte, dass eine Vertreibung der Juden dieses Problem mit einem Schlag beseitigen würde. In diesem Licht ist die Erbarmungslosigkeit zu sehen, mit der die »Entjudung« des Burgenlands betrieben wurde. Im Burgenland wurde die »Endlösung der Judenfrage« gewissermaßen vorweggenommen, indem bis Herbst 1938 sämtliche Burgenländer jüdischen Glaubens (laut Volkszählung 1934 3.632 Personen) vertrieben und enteignet wurden.[41]

In einem wörtlich als »Verzeichnis über Juden und dessen Besitz im Bezirke Neusiedl am See« bezeichneten Sammelordner mit Berichten der örtlichen Gendarmeriekommandos an die Bezirkshauptmannschaft Neusiedl am See über Personalien, Vermögensverhältnisse und Reisebewegungen von ortsansässigen Juden[42] sind folgende Gewerbebetriebe angeführt, die 1938 »arisiert« wurden: Andau: eine Bäckerei (betrieb auch Mehlverschleiß, Holzhandel, eine Schrotmühle und ein Sägewerk), ein Kurz- und Schnittwarengeschäft, ein Gemischtwarengeschäft; Apetlon: zwei Kaufmannsgeschäfte; Bruckneudorf: eine Gerstenputzerei (mit angeschlossener Produktenhandlung in Bruck an der Leitha), eine Tischlerei, eine Apotheke, eine Buchdruckerei; Gols: drei Kaufmannsgeschäfte; Halbturn: eine Spiritusbrennerei (im Besitz von Ludwig Engel, dem Pächter des dem Stift Heiligenkreuz im Wienerwald gehörenden »Edmundshofes«); Illmitz: ein Kaufmannsgeschäft; Kittsee: eine Fleischhauerei, eine Fleischhauerei und Kohlenhandlung, zwei Schneidereien, eine Trafik, ein Kaufmannsladen mit Schnittwarenhandlung, zwei Gemischtwarenhandlungen, ein Gasthaus, eine Gastwirtschaft und Gemischtwarenhandlung; Neudorf bei Parndorf: eine Gemischtwarenhandlung, eine Greißlerei; Neusiedl am See: eine Lederhandlung, eine Holzhandlung, zwei Schnittwarenhandlungen (davon eine Generalvertretung der Hämmerle-Werke für das Burgenland), eine Dampfmühle, eine Greißlerei; Nickelsdorf: ein Gemischtwarengeschäft mit einer Filiale; Pama: ein Friseur und Viehvermittler, eine Gemischtwarenhandlung, ein Kaufmannsgeschäft; Pamhagen: zwei Kaufmannsgeschäfte (davon eines mit großen Lagerbeständen an Tuch- und Schnittwaren); Parndorf: eine Bäckerei, fünf (!) Gemischtwarenhandlungen; Wallern: ein Tuchwarengeschäft, eine Gemischtwaren- und Fellhandlung; Zurndorf: eine Fleischhauerei, eine Sodawassererzeugung, ein Kaufmannsgeschäft. Leider ist die Zusammenstellung nicht vollständig; es fehlen besonders Angaben über Frauenkirchen, das nicht nur einen großen jüdischen Bevölkerungsanteil hatte, sondern auch neben Neusiedl am See der wirtschaftliche Mittelpunkt des Bezirks war und ist. Eine vollständige Übersicht über die 1938 enteigneten Gewerbebetriebe in vormals jüdischem Besitz müsste erst nach Durchsicht des gesamten Bestands »Arisierungsakten« am Burgenländischen Landesarchiv erstellt werden, dennoch geben auch die hier ausgewerteten Daten einen guten Überblick über die Struktur und Wirtschaftskraft der enteigneten Betriebe. Es fällt auf, dass viele Betriebe mehrere wirtschaftliche Standbeine gehabt oder eine derartige Mischwirtschaft betrieben hatten, dass eine genaue Zuordnung zu einer Sparte gar nicht möglich war. Auffällig ist ferner, dass (abgesehen von Ludwig Engel, dem Pächter des »Edmundshofes«, eines Meierhofes im Gemeindegebiet von Halbturn) die enteigneten Juden nichts mit dem Großkapital zu tun gehabt hatten und vollständig in die kleinteilige, finanz- und innovationsschwache Wirtschaft des damaligen Burgenlands eingebunden gewesen waren.

Die Gendarmerieberichte enthalten auch einige, freilich sehr subjektiv gefärbte Passagen, die das schwierige Zusammenleben der jüdischen Gewerbetreibenden mit ihrer christlichen Umwelt vor ihrer Enteignung und Vertreibung erhellen. Einige davon sollen hier im originalen Wortlaut, mit sämtlichen, von den nationalsozialistischen Sicherheitsorganen begangenen Rechtschreibfehlern, aber ohne Nennung der im Original natürlich ausgeschriebenen Namen, wiedergegeben werden: »Die Ursache des guten Geschäftsganges lag darin, dass M. seine Waren stets billiger als die übrigen Geschäftsleute anbot, was er leicht tun konnte, da er nur minderwertige Waren am Lager führte, so dass er trotz des billigen Verkaufes sehr gut verdiente. Auch verabfolgte er die Waren größtenteils auf Kredit und war aber dann gegenüber den säumigen Schuldnern rücksichtslos. M. verstand es ausgezeichnet mit den jüdischen Dreh, dass er ja kein Geld verlange und die Bezahlung der Waren Zeit habe, den Leuten Waren anzuhängen, welche sie dann mit Rücksicht auf ihre finanziellen Verhältnisse nicht bezahlen konnten. Bei der Eintreibung der Schulden ging M. rücksichtslos vor, insbesonders gegen diejenigen Schuldner, die bereits 3 Jahren im Rückstande waren. Ein besonders krasser Fall von unsozialen Verhalten zeigt der Exekutionsfall gegen die Landwirtin Klara U. in Andau, welche wegen eines geringen Betrages (ck 20 RM) eingeklagt wurde und sodann Kosten in der Höhe von 357 RM bezahlen musste … «[43] »… G. hat mit seiner Familie sehr zurückgezogen gelebt, war offensichtlich kein Freund der Bevölkerung und hat in letzterer Zeit seine Waren nur mehr gegen Barzahlung abgegeben. Letzterer Umstand bezeichnet insbesonders krass das unsoziale Verhalten des G. …«[44] »… Z. hat der leichtsinnigen Bevölkerung unnötigen Kredit gegeben, damit er sie jederzeit, infolge der Schuldenlast, in der Hand hat und sie nach seinem Willen lenken kann …«[45]

2. Die »Erbhof«-Politik

Die nationalsozialistische Agrarpolitik bestand hauptsächlich aus drei Komplexen, nämlich der ideologisch verbrämten Erbhof-Politik, der Entschuldung bäuerlicher Betriebe sowie einer Bodenreform, die aber in Wahrheit schon bald nach dem Machtantritt Hitlers in Deutschland stillschweigend fallen gelassen worden war. Das »Reichserbhofgesetz« trat in Österreich mit der Verordnung vom 27. Juni 1938 in Kraft. Schon bald sollte sich zeigen, dass dieses Gesetz, das alle landwirtschaftlichen Betriebe mit einer Größe zwischen 7,5 und 125 Hektar zu unteilbaren, unveräußerlichen und unbelastbaren »Erbhöfen« erklärte, die nur auf dem Weg der Vererbung an den »Anerben« innerhalb der »Sippe« weitergegeben werden konnten, von realitätsfremden ideologischen Vorstellungen geleitet war und den von den Bauern gehegten Erwartungen in keiner Weise gerecht werden konnte. Die Festsetzung der Größe des »Erbhofes« berücksichtigte Erfahrungswerte aus dem Ersten Weltkrieg. In Weinbaugebieten wurde der Grenzwert auf die Hälfte, manchmal sogar auf ein Drittel reduziert, da der Weinbau eine feldmäßige Intensivkultur darstellt; sonst waren Kleinbesitzer unterhalb des Grenzwerts nicht erbhoffähig und gehörten der minderprivilegierten Schicht der »Landwirte« an.[46] Der schwerwiegendste Mangel des Gesetzes war der völlige Verlust der Kreditwürdigkeit der »Erbhofbauern«, deren Grundbesitz nicht mehr belastet und so als Sicherstellung für Kredite herangezogen werden konnte. Selbst die Genossenschaftsbanken waren plötzlich nicht mehr bereit, den Bauern ohne Sicherstellung Kredite zu vergeben, sodass als einziger Ausweg die riskante Besicherung der zu erwartenden Ernteerträge blieb. Dass Grundbesitz plötzlich keine frei veräußerbare Ware mehr war, stieß bei den Bauern auf völliges Unverständnis.

Ein weiteres gravierendes Problem brachte das Gesetz, das sich fundamental von der im Burgenland seit der Aufhebung der Grunduntertänigkeit gängigen Praxis der Realteilung unterschied, mit sich: Durch die verbindliche Anerbenregelung wurden die vom Hof weichenden Geschwister massiv benachteiligt, da sie nur noch minimale Abfertigungen zu erwarten hatten. Wo die Besitzrechte auf mehrere Personen (in der Regel Geschwister) aufgeteilt waren, wurden die Miteigentümer zu einer Grundabtretung an den Haupterben verpflichtet, wobei der ihnen ausgezahlte Kauferlös die Ertragslage des Hofs nicht schmälern durfte. Natürlich stießen diese Regelungen bei den Betroffenen auf Ablehnung, bedeuteten sie doch einen massiven Vermögensverlust für weite Bevölkerungskreise. Für jüngere Geschwister von bäuerlichen Betriebsführern hatte Grundbesitz oft die einzige »Kapitalanlage« bedeutet: Ergriffen sie andere Berufe, so verpachteten sie ihre Flächen zumeist dem älteren Bruder; fanden sie keinen Beruf, so arbeiteten sie in der Regel als Familienangehörige im gemeinsamen Betrieb mit.[47] Im Neusiedler Bezirk waren vor 1938 immerhin rund 20 Prozent der Gesamtbevölkerung als ständige Mitarbeiter in familieneigenen Landwirtschaftsbetrieben registriert worden.[48] Dieses soziale Netz, das gerade während der Massenarbeitslosigkeit der Dreißigerjahre von Bedeutung gewesen war, existierte nun plötzlich nicht mehr; die Folge war eine massive Landflucht, die auch mit der anhaltenden Industriekonjunktur und dem Arbeitskräftebedarf im »Altreich« zusammenhing. Schon im Sommer 1938 konnten die

Erntearbeiten nur durch die Zwangsrekrutierung von Beamten und Angestellten im öffentlichen Dienst, Lehrern, arbeitsfähigen Schülern sowie Frauen und Mädchen durchgeführt werden, da es die traditionellen Saisonarbeiterpartien nicht mehr gab. Paradoxerweise waren die Familienbetriebe vom Arbeitskräftemangel viel stärker betroffen als die großen Gutsbetriebe, da die dortigen Landarbeiter vertraglich an den jeweiligen Betrieb gebunden waren.[49]

3. »Entschuldung«

Von allen Maßnahmen der nationalsozialistischen Agrarpolitik hatte die »Entschuldung« der bäuerlichen Betriebe die größten Hoffnungen geweckt. Nach Jahren der Rezession, die zu einer Reduzierung der Nachfrage und zu einem Preisverfall (vor allem bei Wein) geführt hatte, war die burgenländische Landwirtschaft mit insgesamt 40 Millionen Schilling verschuldet (nach heutigem Geldwert Hunderte Millionen Euro!).[50] Mit der Verordnung vom 5. Mai 1938 wurde den österreichischen Bauern die Möglichkeit geboten, bis zum 31. Dezember desselben Jahres die Entschuldung ihrer Betriebe zu beantragen. Der Entschuldungsantrag wurde an die zuständige »Landstelle« gerichtet (in den bei der ab 15. Oktober 1938 rechtswirksamen Aufteilung des Burgenlands an den Reichsgau Niederdonau zugeschlagenen nördlichen Landesteilen des Burgenlands in Wien, davor Burgenländische Landeshauptmannschaft). Diese setzte neben dem Entschuldungsvermerk im Grundbuch einen Hofbesuch mit einem Entschuldungsplan an, bei dem alle Probleme des Bauern besprochen wurden. Nach der Festsetzung einer sehr niedrig gehaltenen tragfähigen Rente wurde die eigentliche »Entschuldung« durchgeführt, die aus drei Teilen bestand: Tilgung der vorhandenen Schulden des Bauern durch ein rückzahlbares Darlehen des Reichs, Umwandlung der darüber hinausgehenden Schulden in langfristige Darlehen sowie Aufbaukredite für Baumaßnahmen, Geräteankauf, Viehaufstockung, Ankauf von Handelsdünger und ähnlichen Maßnahmen.[51] In manchen Gemeinden des Burgenlands reichten 100 Prozent der Bauern Entschuldungsanträge ein, die jedoch nach Intervention von NS-Agrarfunktionären zum Großteil wieder zurückgezogen wurden.

Die Entschuldungsaktion war keineswegs als flächendeckende Maßnahme geplant gewesen, sondern sollte sich ihrer ursprünglichen Intention nach auf rund 10 Prozent der landwirtschaftlichen Betriebe konzentrieren. Zu einem guten Teil war die Rücknahme der Entschuldungsanträge in den Bestimmungen des Entschuldungsverfahrens begründet, ja oft war selbst bei offensichtlicher Aussichtslosigkeit des Antrags ein solcher gestellt worden, um sich wenigstens für die Dauer des Verfahrens den drückenden Zahlungsverpflichtungen an die Gläubiger entziehen zu können; während des laufenden Verfahrens galt laut Verordnung vom 27. Juni 1938 (RGBl. I, 783) Vollstreckungsschutz.[52] Generell wurden von der »Landstelle« sämtliche Entschuldungsanträge von Nebenerwerbsbetrieben abgewiesen. Grundsätzlich kam eine Entschuldung auch für Betriebe mit weniger als zwei Hektar Nutzfläche nicht in Frage, womit allein im Neusiedler Bezirk rund ein Drittel aller Betriebe (siehe dazu die Daten der Landwirtschaftlichen Betriebszählungen) von diesen Hilfsmaßnahmen ausgeschlossen blieb. Im Fall einer positiven Erledigung mussten sich der Bauer, seine Frau und seine Kinder zur Einbringung ihres gesamten Vermögens in das Entschuldungsverfahren verpflichten, zudem konnte der Bauer zur Zwangsabgabe von Bodenflächen für die »Neubildung deutschen Bauerntums« verpflichtet werden.[53] Damit rüttelte die NS-Bodenpolitik an einer der Grundfesten bäuerlichen Selbstverständnisses, zumal die von Hitler 1933 in seinem 25-Punkte-Programm formulierte und in den regionalen NS-Zeitungen immer wieder angekündigte Enteignung des Großgrundbesitzes niemals ernsthaft angegangen wurde.

Die Entschuldung blieb somit den Mittel- und Großbauern vorbehalten; dies ist eine der vielen Facetten der unsozialen Härte des NS-Systems. Nicht verschwiegen soll außerdem werden, dass die Entschuldungsaktion nicht zuletzt durch die »Arisierung« jüdischen Vermögens, die im Burgenland bis Herbst 1938 mit einer bis dahin im »Dritten Reich« nicht gekannten Erbarmungslosigkeit betrieben wurde, finanziert wurde, wenngleich keine unmittelbaren finanziellen Zusammenhänge zwischen »Arisierung« und Entschuldungsaktion feststellbar sind. Nach welchen ökonomischen Kriterien die Entschuldung sowie der oft damit einhergehende Kredit für den so genannten »Betriebsaufbau« vergeben wurden, ist schwer zu durchschauen. In der Praxis dürften politische Klientelverhältnisse eine nicht unbedeutende Rolle gespielt haben (wie dies der Fragepunkt »Persönlicher Eindruck von der Besitzerfamilie«, der bei der verbindlichen Betriebsbesichtigung vor der Kreditvergabe erhoben wurde, eher zu verraten als zu verschleiern scheint). Bei einer überblicksartigen Durchsicht des Bestands »Landwirtschaftliche Entschuldungsakten« im Burgenländischen Landesarchiv[54] konnten die von Gerhard Baumgartner für den Bezirk Oberwart gemachten Beobachtungen auch im Bereich des Bezirks Neusiedl am See gemacht werden:[55] Die große Bandbreite bei der Ausstattung mit Grundbesitz sowie bei der wirtschaftlichen Potenz der entschuldeten Betriebe und die weite Streuung bei den Kreditsummen sowie den halbjährlichen Tilgungsraten lassen auf eher willkürliche Vergabekriterien schließen.[56]

Die von den Nationalsozialisten gesetzten Maßnahmen zur Gesundung der Landwirtschaft wurden allerdings durch den Zweiten Weltkrieg vollständig hintertrieben; strengste Planwirtschafts- und Rationierungsmaßnahmen ersetzten für die Dauer des Krieges die landwirtschaftlichen Marktverhältnisse. Speziell das Kriegsende führte in dem von sowjetischen Truppen überrannten Burgenland zu schweren Verwüstungen und Verlusten. Die Beseitigung von Bombentrichtern und Laufgräben auf den landwirtschaftlichen Nutzflächen sowie die Wiederbeschaffung von Betriebsmitteln waren daher in der unmittelbaren Nachkriegszeit die dringlichste Aufgabe der burgenländischen Landwirtschaftspolitik, was schließlich mit Hilfe der sowjetischen Besatzungsmacht (das Kommando der 3. Ukrainischen Front teilte Arbeitskräfte für die Landwirtschaft und Treibstoff für landwirtschaftliche Maschinen zu) sowie durch Mittel des Marshallplans und der ebenfalls von den USA ausgehenden Aktion der UNRRA gelang.[57]

VI. Vom Zweiten Weltkrieg zum 21. Jahrhundert

Die jahrelange Kriegswirtschaft sowie die Zerstörungen am Ende des Zweiten Weltkriegs durch den Bau des »Südostwalls« und durch Kriegshandlungen beim Einmarsch sowjetischer Truppen waren an der nordburgenländischen Landwirtschaft nicht spurlos vorübergegangen. Die unmittelbare Nachkriegszeit stand im Zeichen der Beseitigung der Kriegsschäden an Hof und Flur, wie zum Beispiel der Einebnung der Schützengräben, sowie unter dem Einfluss der überaus problematischen Ernährungssituation. Auf Grund der nach wie vor stark ausgeprägten Subsistenzorientierung der hiesigen Landwirtschaft sowie des Fehlens von Ballungszentren stellte sich die Versorgung mit Lebensmitteln im Burgenland, verglichen mit anderen Teilen Österreichs, aber relativ günstig dar, obwohl die Ernteergebnisse von 1946 nur die Hälfte des Werts von 1937 erreichten und das landwirtschaftliche Produktionsniveau erst Anfang der Fünfzigerjahre wieder auf den Stand der Vorkriegsjahre gebracht werden konnte.[58]

1. Internationale Finanzspritzen und der (Wieder-)Aufbau der burgenländischen Landwirtschaft

In einer 1952 vom Burgenländischen Bauernbund herausgegebenen »Übersicht über die wirtschaftlichen und politischen Leistungen auf dem agrarischen Sektor Burgenlands«[59] wird auf die Bedeutung der Zusammenarbeit von Landwirtschaftskammer, Genossenschaftswesen und Landesregierung beim Wiederaufbau der 1945 daniederliegenden burgenländischen Landwirtschaft hingewiesen. So verwalteten das Kammeramt und seine sieben Bezirksreferate die Durchführung des landwirtschaftlichen Wiederaufbaugesetzes und der Wiederaufbauverordnung aus dem Jahr 1946. Die Verteilung und Vermittlung der seit 1949 dem Burgenland zur Verfügung gestellten Gelder aus dem ERP-Fonds (Marshallplan) sowie der UNRRA (mit dem Ziel, die Versorgung aus dem eigenen Land durch Verbesserung der landwirtschaftlichen Produktionsmethoden möglichst bald wieder sicherzustellen[60]) lagen zum größten Teil in der Hand der Landwirtschaftskammer. Investitionen, die etwa zur Hälfte aus Mitteln des Marshallplans abgedeckt wurden, erfolgten unter anderem in den Bereichen Aufklärung und Beratung, Errichtung und Ausgestaltung landwirtschaftlicher Lehr- und Versuchsanstalten, Beschaffung landwirtschaftlicher Maschinen und Geräte, aber auch im Genossenschaftswesen.

Unter Hinzunahme von ERP-, Landes- und Bundesgeldern knüpfte die Burgenländische Landwirtschaftskammer an die Zeit vor 1938 an[61] und begann 1946 mit dem Wiederaufbau des landwirtschaftlichen Schulwesens, das in den Sechzigerjahren burgenlandweit nicht weniger als acht Landwirtschaftliche Fachschulen umfasste. Zusätzlich wurde die ehemalige Bauernschule in Oberwart als landwirtschaftliche Bildungsstätte zur außerschulischen Betreuung eingerichtet. Die Zahl der Landwirtschaftlichen Fachschulen reduzierte sich im Burgenland bis 1986, bedingt durch die sinkende wirtschaftliche Bedeutung der Landwirtschaft bzw. die Zunahme des Nebenerwerbs, auf vier. In diesem Jahr wurden die Landwirtschaftlichen Fachschulen, in Erfüllung eines

Eine Sonderform der Landwirtschaft: Ausstechen der für das Wiener Praterstadion bestimmten Rasenziegel in St. Andrä in den Fünfzigerjahren

Bundesgrundsatzgesetzes aus dem Jahr 1975, der Betreuung durch die Burgenländische Landwirtschaftskammer entzogen und werden seither vom Land Burgenland geführt.

Im Jahr 1952 wurde das Landjugendwerk ins Leben gerufen, mit der Zielsetzung, in seinen Orts- und Sprengelgruppen für die fachliche und allgemeine Ausbildung der Jugendlichen zu sorgen, sie zu gemeinsamer Freizeitgestaltung zu sammeln und ihr den Weg in die moderne Gesellschaftsordnung zu weisen, ohne die bäuerliche Eigenart aufzugeben. Ein weiterer Aufgabenbereich, dessen sich die Landwirtschaftskammer annahm, war das Sozialwesen, im Besonderen die Betreuung der Land- und Forstarbeiter – die Forstarbeiter hatten allerdings für den Bezirk Neusiedl am See aufgrund der unbedeutenden Waldbestände keine wesentliche Bedeutung. Ab 1948 war die Kammer bemüht, der Landwirtschaft die nötigen Arbeitskräfte zu erhalten, indem sie Förderungen von Landarbeitereigenheimen, Familiengründungen und Treueprämien durch Bund und Land, in geringerem Ausmaß durch Counterpartmittel, abwickelte. Mochten sich die arbeitsrechtlichen Bedingungen 1950 durch Inkrafttreten eines entsprechenden Rahmengesetzes – die Krankenversicherung für Land- und Forstarbeiter war im Burgenland seit 1930 obligatorisch – auch entscheidend verbessern, so konnte das nicht über die sozialen und gesellschaftspolitischen Auswirkungen der Mechanisierung hinwegtäuschen, in deren Folge seit den frühen Fünfzigerjahren des 20. Jahrhunderts die Zahl der in der Landwirtschaft unselbstständig Beschäftigten radikal abgenommen hat.[62]

2. Der Mechanisierungsprozess in der Landwirtschaft im Neusiedler Bezirk

Über den Mechanisierungsprozess, der seit den frühen Fünfzigerjahren des 20. Jahrhunderts die gesamte Lebens- und Arbeitswelt in der Landwirtschaft veränderte, sollen an dieser Stelle nicht viele Worte verloren werden. Zur näheren Information seien hier einige ausgewählte Daten aus den landwirtschaftlichen Maschinenzählungen 1953, 1957, 1966, 1977 und 1988 angeführt (siehe Tabelle 6).[63] Für diese Auswahl wurden nicht alle verfügbaren landwirtschaftlichen Maschinenzählungen herangezogen, um die Statistik nicht mit Einzeldaten zu überfrachten. Die Betriebszählungen 1953 und 1957 wurden aber trotz des geringen zeitlichen Abstands beide in der Auswertung berücksichtigt, um die Dynamik des beginnenden Mechanisierungsprozesses in dieser Zeit zu dokumentieren.

Auffällig ist in diesem Zusammenhang, dass zu allen Zeiten der Anteil des Neusiedler Bezirks an den Traktoren mit hohen PS-Zahlen stets markant höher war, als dies bei den PS-schwächeren Geräten der Fall war. Dies dürfte in erster Linie eine Folge der topografischen Gegebenheiten (relativ große Betriebsflächen, große Entfernungen zwischen Hof und Nutzflächen) sein. Insgesamt ergibt der Befund, dass die Mechanisierung der Landwirtschaft im Neusiedler Bezirk früher eingesetzt hat als im burgenländischen Landesdurchschnitt, was wohl mit den für die Mechanisierung günstigen landschaftlichen Bedingungen (keine Bodenerhebungen) zusammenhängt. Der extrem hohe Anteil des Neusiedler Bezirks an den Beregnungsanlagen ist in Zusammenhang mit dem hier intensiv betriebenen Feldgemüsebau zu sehen, während das vergleichsweise späte Aufkommen der traktorbetriebenen Schädlingsbekämpfungssysteme (Spritzgeräte mit und ohne Pumpe) dadurch erklärt werden kann, dass die für den Seewinkel typische Ausweitung der Weinwirtschaft erst während des Beobachtungszeitraums der landwirtschaftlichen Betriebszählungen erfolgte.

3. Die rasante Entwicklung der Weinwirtschaft nach 1945

Die Veränderungen in der Landwirtschaft nach dem Zweiten Weltkrieg waren gerade im Neusiedler Bezirk nicht nur mit einer zunehmenden Mechanisierung der Produktionsabläufe verbunden, die eine große Zahl an Arbeitskräften freisetzte, sondern auch mit einem gewaltigen Strukturwandel bei der Art der Landnutzung. Der Weinbau wurde als zukunftsträchtige Produktionsart erkannt, die der hiesigen Landwirtschaft den so lange entbehrten Wohlstand bringen konnte und sollte, und wurde dementsprechend forciert.

Die Weinwirtschaft hatte Ende des 19. Jahrhunderts durch die Schädigung der Kulturen durch die Reblaus (Phyloxera) gewaltige Schäden erlitten. Die Rettung der Kulturen war nur durch die schrittweise Rodung und Neuanlage mit »amerikanischen«, gegen die Reblaus resistenten Unterlagsreben, auf die heimische Edelreiser aufgepfropft wurden, möglich. Die ersten Jahrzehnte der Umstellung waren aber nicht frei von Ernteausfällen und schweren Rückschlägen, etwa einer Phase extremer Frosttemperaturen

Tabelle 6: Anzahl landwirtschaftlicher Maschinen 1953–1988

Traktoren	im Bezirk Neusiedl/See	Anteil am gesamtburgenländischen Bestand	Gesamt-Burgenland
1953	571	51,0%	1.119
1957	1.715	39,5%	4.345
1966	4.018	26,5%	15.162
1977	6.071	25,6%	23.728
1988	6.510	24,2%	26.866

Traktorbetriebene Pflüge	im Bezirk Neusiedl/See	Anteil am gesamtburgenländischen Bestand	Gesamt-Burgenland
1953	501	58,9%	850
1957	1.487	40,8%	3.649
1966	3.463	26,0%	13.317
1977	4.287	23,1%	18.523
1988	3.962	22,1%	17.962

Rübenvollerntemaschinen	im Bezirk Neusiedl/See	Anteil am gesamtburgenländischen Bestand	Gesamt-Burgenland
1953	0		0
1957	4	100,0%	4
1966	44	50,0%	88
1977	320	56,1%	570
1988	372	60,3%	617

Selbstfahrende Mähdrescher	im Bezirk Neusiedl/See	Anteil am gesamtburgenländischen Bestand	Gesamt-Burgenland
1953	43	71,7%	60
1957	155	82,9%	187
1966	344	28,3%	1.215
1977	259	9,5%	2.717
1988	187	8,5%	2.198

Beregnungsanlagen im Freiland	im Bezirk Neusiedl/See	Anteil am gesamt-burgenländischen Bestand	Gesamt-Burgenland
1953	10	66,7%	15
1957	26	74,3%	35
1966	361	94,0%	384
1977	1.329	92,7%	1.434
1988	1.217	88,8%	1.371

Traktorbetriebene Schädlings-bekämpfungsgeräte	im Bezirk Neusiedl/See	Anteil am gesamt-burgenländischen Bestand	Gesamt-Burgenland
1953	10	21,7%	46
1957	35	13,6%	258
1966	1.174	48,1%	2.439
1977	3.267	35,3%	9.249
1988	3.881	34,7%	11.183

Quelle: Landwirtschaftliche Maschinenzählungen 1953, 1957, 1966, 1977 und 1988

im Winter 1928/29, die zu bedeutenden Ausfällen in den Kulturen führte. Die hohen Kosten der Umstellung führten dazu, dass das Volumen des Weinbaus insgesamt zurückging; umgestellt wurde nur dort, wo der Weinbau den Haupterwerbszweig bildete, im Neusiedler Bezirk hauptsächlich entlang des »Wagrams«, einer kuppierten Geländestufe im Gemeindegebiet von Neusiedl am See, Weiden am See, Gols, Mönchhof und Halbturn sowie im westlichen Seewinkel (Illmitz, Podersdorf). Positiver Effekt dieser Umstellungsphase war jedoch eine Qualitätssteigerung in der Weinwirtschaft, verbunden mit der Umstellung auf neue Sorten:[64] Traditionelle Weinsorten wie Furmint, Mädchentraube, Tausendgut, Launnersprung, Banater Riesling kamen aus der Mode und wurden zum Teil völlig verdrängt, statt dessen kamen nun Sorten wie Welschriesling, Muskat-Ottonel, Neuburger, Rheinriesling, Traminer, Grünveltliner, Bouvier oder Müller-Thurgau auf, die die burgenländische Weinwirtschaft für Jahrzehnte dominieren sollten und dies zum Teil bis heute tun.[65] Im mittel- und südburgenländischen Raum wurden die Weinkulturen aufgrund der dort tiefgründigeren und kühleren Böden hauptsächlich auf Rotweinsorten umgestellt, wobei der Blaufränkische, gefolgt vom Zweigelt, die dominierende Stellung übernahm. Aus diesem Grund präsentiert sich beispielsweise der Oberpullendorfer Bezirk heute als ausgesprochene Rotweinregion, während im Neusiedler Bezirk die Rotweinproduktion bis in die jüngste Vergangenheit unbedeutend blieb. Die Forcierung des Rotweinbaus im Neusiedler Gebiet ist ein Phänomen unserer Tage, ausgelöst von veränderten Konsumgewohnheiten des Weinpublikums.

Weinlese vor der Mechanisierung

Trotz der Sortenumstellung und der Qualitätssteigerung stagnierte die burgenländische Weinwirtschaft in der Zwischenkriegszeit, da als Folge der allgemeinen Wirtschaftskrise der Weinkonsum in Österreich zurückging und damit die Erzeuger-Weinpreise auf niedrigem Niveau lagen. Nachdem in den Dreißigerjahren der Verkauf jahrelang zu ruinösen Preisen erfolgen musste, waren in den Weinbaugebieten rund 70 bis 80 Prozent der Bauernhöfe mit Hypotheken belastet.[66] Erst nach der Machtergreifung der Nationalsozialisten 1938 schien sich eine Trendwende abzuzeichnen: Die Wehrmacht kaufte große Mengen Wein und führte den bäuerlichen Betrieben dadurch bitter benötigtes Kapital zu.[67] Doch schon bald machte der Zweite Weltkrieg die positiven Ansätze zunichte, sodass der allgemeine Aufschwung der Weinwirtschaft der Nachkriegszeit vorbehalten blieb, als die positive wirtschaftliche Entwicklung in Österreich (Wiederaufbau und »Wirtschaftswunder«) nach und nach zu einer erhöhten Nachfrage und damit zu günstigen ökonomischen Rahmenbedingungen für die Weinwirtschaft führte.

Noch mehr als in den anderen Teilen des Burgenlands kam es im Neusiedler Bezirk nach dem Zweiten Weltkrieg zu einer gewaltigen Ausweitung der Weingartenfläche, verbunden mit Rationalisierungsmaßnahmen wie dem Maschineneinsatz und der Umstellung der Weinstöcke von der Pfahl- auf die Hochkultur. Waren im Bezirk Neusiedl am See im Jahr 1946 noch 2.525 Hektar als Weinbaufläche ausgewiesen (damit stand der Bezirk klar im Schatten des Eisenstädter Bezirks mit 3.305 Hektar[68]), stieg dieser Wert auf 3.942 Hektar im Jahr 1959, 6.890 Hektar im Jahr 1967, 11.088 Hektar im Jahr 1984 bis zum Höchstwert von 11.235 Hektar im Jahr 1987. Erst als Folge des »Weinskandals« von 1985, nach dem Rodungs- und Flächenstilllegungsprämien ausgeschrieben wurden, sowie der veränderten Marktsituation nach dem EU-Beitritt Österreichs 1995 kam es zu einer Reduzierung der Rebfläche, wobei der Rückgang im Neusiedler Bezirk mit 9,1 Prozent von 1991 bis 2000 wesentlich geringer ausfiel als im burgenländischen Landesschnitt (24,8 Prozent). In den Sechzigerjahren wurde der Eisenstädter Bezirk, wo sich die Ausweitung der Weinbaufläche deutlich langsamer vollzog, rangmäßig vom Neusiedler Bezirk übertroffen und in den Siebziger- und Achtzigerjahren weit abgehängt; heute beträgt die Weinbaufläche hier nur etwa die Hälfte jener des Neusiedler Bezirks. Der Anteil des Bezirks Neusiedl am See an der Gesamtweinbaufläche des Burgenlands stieg damit von 35,4 Prozent im Jahr 1946 auf 53,5 Prozent im Jahr 1987. Noch deutlicher wird die markante Steigerung, wenn man bedenkt, dass von der gesamten Ausweitung der Weingartenfläche im Burgenland (Fläche im Jahr 1987 minus die Fläche, die bereits 1946 bebaut worden war) nicht weniger als 62,9 Prozent auf den Neusiedler Bezirk entfielen (Bezirk Eisenstadt: 23,9 Prozent).[69]

Möglich wurde diese enorme Ausweitung der Weinwirtschaft im Bezirk Neusiedl am See – vor allem im Seewinkel; im Nordosten des Bezirks spielt der Weinbau keine bedeutende Rolle – durch die Aufgabe der Viehhaltung. Das Ende der für den Seewinkel einst typischen Weidewirtschaft führte zu einer Umwandlung von Wiesen und Hutweiden in landwirtschaftlich intensiv genutzte Flächen (der Anteil dieser extensiv genutzten Flächen ging seit den Fünfzigerjahren proportional zur Ausweitung der Weingartenfläche zurück. Von allen Landschaften des Burgenlands war der Seewinkel von den Strukturänderungen der Landwirtschaft am stärksten betroffen. Vor allem im Westteil des Gebiets (Podersdorf, Illmitz, Apetlon) kam es nach 1950 zu einer »Weinbauexplosion« mit allen damit verbundenen negativen ökologischen Folgen. Mit dem Rückgang der durch die Weidewirtschaft entstandenen Steppenvegetation kam es zu einer dramatischen Dezimierung der an diese Landschaftsform gebundenen Kleinsäugetiere (zum Beispiel Ziesel) sowie verschiedener Vogelarten. Der Naturschutz stellte während jener Phase der starken Expansion der Weinwirtschaft kein wirksames Instrumentarium dar: Durch die Schaffung von Schutzzonen konnte das widerrechtliche Vordringen landschaftszerstörender Nutzungen nicht verhindert werden. Im Gebiet des Kirchsees und des Schrändlsees (zwei »Lacken« im Gemeindegebiet von Illmitz) nahm die landwirtschaftlich intensiv genutzte Fläche von 1957 bis 1985 um 83 Prozent zu, was ein deutliches Zeichen für die Wirkungslosigkeit des Naturschutzes und die Ignoranz der Ortsbevölkerung gegenüber der Landschaftserhaltung ist. Ökologisch negativ wirkt sich neben der Erosionsgefährdung hauptsächlich der starke Pestizideinsatz aus.[70]

Hauptverantwortlich für die extreme Ausweitung der Weinwirtschaft im Seewinkel war eine falsche Einschätzung der wirtschaftlichen Entwicklung. Stieg der Pro-Kopf-Weinkonsum in Österreich von 1950 (12,7 Liter jährlich) bis 1970 (34,6 Liter jährlich) markant an, so flachte die Kurve in der Zeit danach deutlich ab und nahm in den Neunzigerjahren, nicht zuletzt als Folge des »Weinskandals«, sogar eine negative Entwicklung. Die Methode, drohende Einkommensverluste aufzufangen, bestand bis weit in die Achtzigerjahre hauptsächlich aus der Flächenvergrößerung, wobei aber nicht immer hochwertige Qualitätsreben zur Auspflanzung kamen.[71] Bezüglich der Produktion und

Vermarktung lässt sich feststellen, dass der Anteil der Betriebe, die ihr Lesegut zu 100 Prozent im eigenen Betrieb verarbeiteten, bis in die Achtzigerjahre stetig im Sinken begriffen war, während zur Zeit des »Weinskandals« bereits mehr als die Hälfte aller Betriebe auf die Traubenproduktion und den Traubenverkauf (ohne Weiterverarbeitung im eigenen Betrieb) spezialisiert war. Die Rolle der Winzergenossenschaften als Abnehmer des Leseguts trat dabei von etwa 1970 bis zum »Weinskandal« gegenüber den Handelsbetrieben etwas in den Hintergrund.[72] Überhaupt lag die Tragik der Winzergenossenschaften im Burgenland während jener Zeit darin, dass die Weinbauern hier hauptsächlich minderwertiges Lesegut ablieferten, während das qualitätsvollere im eigenen Betrieb verarbeitet oder an den Weinhandel veräußert wurde. Im Jahr 1976 gab es im Burgenland insgesamt 28 Winzergenossenschaften mit 5.100 Mitgliedsbetrieben. Ein wesentlicher Teil des von den Winzergenossenschaften erzeugten Weins wurde an den burgenländischen Winzerverband (später »Weinkellerei Burgenland«) mit Sitz in Rust weiter verkauft. Diese Kellerei kam in den Neunzigerjahren in enorme Liquiditätsprobleme und besteht in ihrer ursprünglichen Form nicht mehr, sodass sich in den letzten Jahren einige Winzergenossenschaften zusammengeschlossen haben, um ihre Erzeugnisse selbst zu vermarkten. Allerdings nimmt als Folge der Neuorientierung der burgenländischen Weinwirtschaft nach dem »Weinskandal« die Zahl der Betriebe zu, die ihre Produkte selbst, ohne Zuhilfenahme einer Winzergenossenschaft, vermarkten, sodass die Bedeutung der Genossenschaften im Sinken begriffen ist.[73]

Nicht verschwiegen soll an dieser Stelle werden, dass sich die Weinbauern des Seewinkels durch die rücksichtslose Expansion ihrer Weingartenflächen, verfrühten Lesebeginn und andere Maßnahmen in den anderen, traditionellen Weinbaugebieten des Burgenlands nicht den besten Ruf erwarben, hatten die Weinbauern dort doch unter den negativen Folgen der Seewinkler Massenproduktion – Sättigung des Marktes, niedrige Traubenpreise zum Zeitpunkt der Lese in den anderen Weinbaugebieten – zu leiden.

Der »Weinskandal« 1985 und seine Folgen

Ein nicht nur für die burgenländische Landwirtschaft einschneidendes Ereignis stellte der im Jahr 1985 an das Licht der Öffentlichkeit gelangte »Weinskandal« dar. Ein erster Hinweis auf mögliche Unregelmäßigkeiten ergab sich Ende 1984, als der Landwirtschaftlich-chemischen Untersuchungsanstalt in Wien ein Mittel zugespielt wurde, das angeblich als verbotener Weinzusatz Verwendung fand. Bis März 1985 hatte die Anstalt ein Analyseverfahren mit einer Genauigkeit von 0,2 Gramm pro Liter entwickelt; eine Analyse von fünf Weinen am 15. März ergab den Zusatz von 1,5 bis drei Gramm Diäthylenglykol pro Liter Wein. Daraufhin begannen schwerpunktmäßige Probeziehungen durch die Kellereiinspektion, die zu massiven Weinbeschlagnahmungen und Anzeigen führten. Nach mehr als zwei Monaten schlugen die deutschen Gesundheitsbehörden Alarm und erließen den Aufruf, sämtliche österreichischen Weine als gesundheitsschädlich aus den Verkaufsregalen der Supermärkte zu entfernen; Deutschland war das Hauptabsatzgebiet der manipulierten Weine, die allerdings, in Maßen genossen, keine akute gesundheitsgefährdende Wirkung hatten. Die USA, Niederlande und Großbritannien warnten ebenfalls vor dem Genuss österreichischer Weine, in Japan wurde der Verkauf überhaupt verboten.[74]

Angefacht wurde der Skandal in deutschen Printmedien, etwa mit Schlagzeilen wie »Omi: Nach drei Flaschen österreichischen Weines wurde ich blind!«[75] (wobei es wohl nach dem exzessiven Genuss von drei Flaschen Wein keiner verbotenen Zusätze bedarf, um an Sehstörungen zu leiden). Die unsachliche Berichterstattung wurde von den österreichischen Medien übernommen. In der Tageszeitung »Kurier« erschienen den ganzen Sommer über täglich Listen von Weinbaubetrieben, die von der Agrarbehörde kontrolliert wurden, die solcherart vorverurteilt wurden, unabhängig davon, ob den Betrieben nun Verfehlungen gegen das Weingesetz nachgewiesen werden konnten oder nicht. In dieser überhitzten Atmosphäre trugen vereinzelte Vorfälle wie das plötzliche Versagen der Kläranlage Gols/Mönchhof Ende Juli 1985, lahm gelegt durch den Eintrag Hunderter Liter (gepanschten) Weins, nicht gerade zum Abbau des entstandenen Misstrauens der Weinliebhaber bei.

Die Folgen des Skandals waren für die gesamte österreichische Weinwirtschaft katastrophal. Der schwere Imageverlust des österreichischen Weins führte zu einem markanten Rückgang des Inlandkonsums und zu einem Jahre währenden Einbruch des Exports; es gab etliche Firmenzusammenbrüche. Im Oktober 1985 erschütterten weitere Medienberichte über die unerlaubte Verwendung von Natriumacyd die Weinszene. Mitte des Jahres 1989 konnte über den Weinskandal folgende strafrechtliche Bilanz gezogen werden: 24 Personen waren in Untersuchungshaft, 325 Personen wurden angezeigt. Weiters wurden 52 Strafanträge wegen unerlaubter Zusätze wie Natriumacyd und Monobromessigsäure gestellt, 15 Anklagen wegen schweren gewerbsmäßigen Betrugs bzw. Beteiligung daran erhoben. Die verhängte Höchststrafe betrug fünf Jahre.[76] Zudem hatten die Erhebungen der Agrarbehörde eine Vielzahl illegaler Pflanzungen auf Flächen, die nicht als Weingartenrieden ausgewiesen waren, ans Tageslicht gebracht, was ebenfalls eine Reihe von Anzeigen nach sich zog; hierbei nahm der Neusiedler Bezirk innerhalb des Burgenlands eine unrühmliche Spitzenstellung ein.

Ein Detail soll das Geschehen rund um den österreichischen Weinskandal abrunden: Nur ein Jahr später wurden in Italien Weine, die mit Methanol versetzt waren, entdeckt. Diese Substanz kann schwere gesundheitliche Beeinträchtigungen hervorrufen und sogar zum Tod führen; insgesamt wurden 23 Todesfälle mit den Giftstoffen in manipulierten italienischen Weinen in Zusammenhang gebracht.[77] Den österreichischen Medien, die durch ihre nicht immer objektive Berichterstattung großen Anteil am Entfachen des österreichischen Weinskandals gehabt hatten, war dies nur kurze Mitteilungen wert.

Die Neuorientierung der Weinwirtschaft unter geänderten Wettbewerbsbedingungen

Die schweren Schäden, die der Weinskandal in der burgenländischen Weinwirtschaft verursacht hatte, machten eine grundsätzliche Neuorientierung derselben notwendig, da eine Wiederaufnahme der früheren Produktionsmethoden nach dem erlittenen Imageschaden illusorisch war. In die Phase der Neupositionierung fiel der Beitritt Österreichs zur Europäischen Union; da die Weinwirtschaft ohnehin im Wandel begriffen war, wurde der EU-Beitritt hier weniger als in vielen anderen Wirtschaftsbereichen als Zäsur empfunden. Dennoch hatten und haben vor allem die kleineren Betriebe unter den verschärften Wettbewerbsbedingungen (Verfall der Traubenpreise) schwer zu leiden, was einen deutlichen Konzentrationsprozess einleitete, der bis heute nicht abgeschlossen ist. In den nächsten Jahren ist daher mit einem massiven Rückgang der Zahl der Betriebe, vor allem im Nebenerwerb, zu rechnen.

Als unmittelbare Konsequenz aus dem Weinskandal wurde vom Nationalrat ein neues, wesentlich verschärftes österreichisches Weingesetz erlassen, das für die Arbeit der Weinbauern spürbare Behinderungen mit sich brachte: Lesetermine mussten vorweg angemeldet werden, es gab verschärfte Kontrollen, auf jeder Flasche musste eine Prüf-»Banderole« angebracht werden. Damit sollten Manipulationen unmöglich gemacht und so das Vertrauen der Konsumenten wieder geweckt werden. Schwierigkeiten in der Praxis verursachte hauptsächlich die Bestimmung, wonach die Trauben nur noch sortenrein gelesen werden durften: Viele (vor allem ältere) Weingärten waren nicht sortenrein ausgepflanzt. Dieses Problem löst sich aber durch Flächenstilllegungen sowie die in gewissen Intervallen notwendige Neuanlage der Weingärten quasi von selbst. In den Jahren 1992 bis 1994 wurden Weingarten-Stilllegungen gefördert. Auf den stillgelegten Flächen war für sechs Jahre die Anlage und Bewirtschaftung einer Grünbrache verpflichtend, wofür den Bauern pro Jahr und Hektar eine Förderung von 15.000 Schilling, finanziert zu 75 Prozent aus Bundes- und 25 Prozent aus Landesmitteln, gewährt wurde. Ziel der Maßnahme war die Entlastung des Weinmarktes.[78] Bemerkenswert ist, dass im ersten Jahrzehnt nach dem Weinskandal nahezu ausschließlich sortenreine Weine produziert wurden, während in neuester Zeit vermehrt Cuvée-Weine (Mischungen verschiedener, ursprünglich sortenrein ausgebauter Weine) angeboten werden. Eine weitere unmittelbare Konsequenz aus dem Weinskandal war die Neudefinition der gesetzlich festgelegten Weinbaugebiete in »Neusiedlersee« (deckungsgleich mit dem Bezirk Neusiedl am See), »Neusiedlersee-Hügelland« (Bezirke Eisenstadt und Mattersburg sowie Statutarstädte Eisenstadt und Rust), »Mittelburgenland« (Bezirk Oberpullendorf) sowie »Südburgenland« (Bezirke Oberwart, Güssing und Jennersdorf). Die Weinbauern aus der Stadt Rust, obwohl am Weinskandal nicht nachweislich beteiligt, hatten an den Folgen schwer zu leiden, hatte doch das Nordburgenland bis dahin das einheitliche Weinbaugebiet »Rust-Neusiedlersee« gebildet.

Die neue Strategie, mit der die Weinwirtschaft nach dem Weinskandal das verlorene Terrain zurückzuerobern suchte, bestand in der Aufgabe der früheren Massenproduktion und der Forcierung des Ausbaus von Qualitätsweinen, die sich am internationalen Weinmarkt orientieren und daher auch international konkurrenzfähig sind. Dies ist umso bedeutsamer, seit mit dem Beitritt Österreichs zur Europäischen Union 1995 die durch Schutzzölle und Kontingente (GATT und Accordino mit insgesamt 250.000 Hektolitern) gewährleistete Abschirmung gegenüber ausländischen Markteinflüssen nicht mehr gegeben ist, gleichzeitig aber der gesamte EU-Raum der österreichischen Weinwirtschaft uneingeschränkt offen steht. Zur Dämpfung des Übergangsschocks wurden den Betrieben diverse Entlastungen gewährt: Abschaffung der Weinsteuer, Reduzierung der Sektsteuer, Förderung der Hagelversicherungsprämien durch die öffentliche Hand, Entfall der Düngemittelabgabe, Senkung des Selbstbehalts bei Spitalskosten, Interventionspreisregelung für Marktstörungen während der ersten fünf Jahre der österreichischen EU-Mitgliedschaft zur Verhinderung des Abfalls der Weinpreise unter ein bestimmtes Niveau, EU-Förderungen für biologisch produzierte Trauben.[79] Zusätzliche Fördermittel ergeben sich aus dem Ziel-1-Status des Burgenlands (Pro-Kopf-Bruttoinlandsprodukt unter 75 Prozent des EU-Durchschnitts). Die Ziel-1-Förderungen, die einen 25-prozentigen Zuschuss der Europäischen Union zu den Bundes- und Landesförderungen bedeuten, umfassen auch Maßnahmen für die Land- und Forstwirtschaft, nämlich für »Investitionen in landwirtschaftlichen Betrieben« (abgewickelt von der Burgenländischen Landwirtschaftskammer), »Niederlassung von Junglandwirten« (Landwirtschaftskammer), »Berufsbildung« (Agrarabteilung des Amtes der Burgenländischen Landesregierung), »Verarbeitung und Vermarktung von landwirtschaftlichen Erzeugnissen« (ERP-Fonds mit Sitz in Wien), »Forstwirtschaft« (Landwirtschaftskammer und Agrarabteilung), »Vermarktung bäuerlicher Qualitätsprodukte« (Agrarabteilung), »Erhaltung des ländlichen Erbes und Dorfentwicklung« (Agrarabteilung), »Diversifizierung sowie Neuausrichtung, Innovation und Kooperation im landwirtschaftlichen und landwirtschaftsnahen Bereich« (Agrarabteilung), »Wasserbauliche und kulturtechnische Maßnahmen (Agrarabteilung), »Verkehrserschließung ländlicher Gebiete« (Agrarabteilung und Agrartechnische Abteilung des Amtes der Burgenländischen Landesregierung) sowie »Kulturlandschaft und Landschaftsgestaltung« (Agrarabteilung und Agrartechnische Abteilung). Die Ziel-1-Förderungen sind jeweils auf eine sechs Jahre dauernde »Finanzperiode« der Europäischen Union beschränkt, ehe eine neue Berechnung des Bruttoinlandsprodukts vorgenommen wird. Sollte die bevorstehende Osterweiterung der EU wie geplant verlaufen, ist abzusehen, dass das Burgenland seinen Status als Ziel-1-Gebiet mit dem Ende der laufenden Finanzperiode im Jahr 2006 verlieren wird. Bis dahin ist es Aufgabe der Politik, von der Europäischen Union Übergangsregelungen zu erwirken.

Die Neuerungen in der burgenländischen Weinwirtschaft nach dem Weinskandal umfassen die Einführung neuer Rebsorten ebenso wie den Ausbau von in Eichenfässern gereiften Barrique-Weinen, die vor dem Weinskandal im Burgenland völlig unüblich waren; Weine mit »Holzgeschmack« waren hier vielmehr als verdorben klassifiziert worden. Schon unmittelbar nach dem Weinskandal kam es in den Weingärten des Seewinkels und auch westlich des Neusiedler Sees vielfach zur Auspflanzung von Chardonnay, Pinot blanc und Sauvignon blanc, aber auch von Rotweinsorten wie Cabernet Sauvignon, Cabernet franc, Merlot, St. Laurent und Pinot noir, die heute zusammen mit den nach wie vor beliebten Sorten Welschriesling und Grüner Veltliner sowie in den Rotweinregionen Blaufränkisch und Zweigelt die Produktion dominieren. »Liebliche« Sorten mit charakteristischen, sortentypischen Geschmacksmerkmalen, zum Beispiel Muskat-Ottonel und Traminer, werden hingegen heute wesentlich weniger als früher erzeugt und gehen in ihrer Bedeutung zurück. Insgesamt kann festgestellt werden, dass es durch den Schock des Weinskandals sowie durch die veränderten Marktbedingungen in der Europäischen Union zu einer erfreulichen Qualitätssteigerung im burgenländischen Weinbau gekommen ist, wenngleich durch die Orientierung der führenden Betriebe am internationalen Geschmack viel vom früheren regionaltypischen Charakter der hiesigen Weine verloren gegangen ist.

4. Der Gemüsebau im Seewinkel einst und heute

Die markante Ausweitung des Gemüsebaus im Burgenland in der Zwischenkriegszeit war eine unmittelbare Reaktion der (Landwirtschafts-)Politik auf die Rolle, die dem neuen Bundesland Burgenland bei der Neuordnung Mitteleuropas nach dem Ersten Weltkrieg für die Lebensmittelversorgung Wiens zugedacht worden war. Dies war notwendig geworden, um die Gemüseproduktionsgebiete, die nunmehr in der Tschechoslowakei um Engerau, heute Petržalka bei Pressburg (Bratislava), sowie in Böhmen lagen, unabhängig zu werden; vor dem Krieg hatten diese einen Großteil der Versorgung der Reichshauptstadt bestritten. Eine gewisse Rolle bei der Gemüseversorgung Wiens hatte vor dem Ersten Weltkrieg auch das ungarische Produktionsgebiet um Nagykörös bei Kecskemét gespielt,[80] das nun ebenfalls wegfiel.

Die Forcierung des Gemüsebaus im Burgenland steht in engem Zusammenhang mit der Einführung des landwirtschaftlichen Genossenschaftswesens in der Zwischenkriegszeit, durch das den Bauern nicht nur neue Kulturgattungen als Ergänzung zum Getreidebau zugänglich gemacht wurden, sondern auch der Absatz der neuen Produkte ermöglicht wurde. Im Jahr 1931 wurde die Gemüseverwertungsgenossenschaft in Neusiedl am See gegründet; daneben entstand auch in Stegersbach (Bezirk Güssing) eine Gemüsegenossenschaft. Von 1927 bis 1936 kam es im gesamten Burgenland zu einer

Salaternte in Neusiedl am See

Steigerung der Feldgemüsefläche von rund 150 auf rund 1.400 Hektar, wovon mehr als die Hälfte auf das Nordburgenland, hauptsächlich in der Seeuferzone des Neusiedler Sees, entfiel. Das Produktionsgebiet im Neusiedler Bezirk war damals noch relativ klein; Feldgemüsebau wurde vor allem im Seeuferbereich (Neusiedl am See bis Apetlon[81]) sowie im zentralen Seewinkel (St. Andrä, Pamhagen, Wallern[82]) betrieben. Der Wirtschaftsschwerpunkt lag auf der schon im 19. Jahrhundert eingeführten, später aber kaum noch erwähnenswerten Produktion von Majoran mit einem durchschnittlichen Jahresertrag von 30 Tonnen Trockenware.[83]

Eine zweite Phase der Erweiterung der Gemüsefläche erfolgte in den Sechzigerjahren; diese erreichte gegen 1970 ihr Maximum von burgenlandweit 3.323 Hektar.[84] Es fand eine bemerkenswerte Verlagerung der Produktion statt; das Hauptanbaugebiet verschob sich aus dem Seeuferbereich des Neusiedler Sees in den mittleren und östlichen Seewinkel, wo sich heute (neben dem Bezirk Mattersburg) das Zentrum des burgenländischen Feldgemüsebaus befindet. Neben den für den Gemüsebau günstigen klimatischen Bedingungen und der Nähe zum Hauptabsatzmarkt Wien war für die Produktionssteigerung auch der vertraglich garantierte Verkauf eines Teils der Ernte an die um 1960 im Burgenland angesiedelte Konservenindustrie (Scana-Amico, später Hilcona in Neusiedl am See sowie Felix Austria in Mattersburg) verantwortlich. Die Rohware wird in Form des Kontraktanbaus erzeugt; die Kontrakte werden sowohl nach Fläche als auch nach Menge zu Vertragspreisen abgeschlossen. An die Vertragslandwirte werden dabei bestimmte Qualitätsanforderungen hinsichtlich Anliefermenge, fachlicher Eignung und Vertragstreue gestellt.[85]

Bezüglich der erzeugten Gemüsearten hat es im Lauf der Zeit gewisse Verschiebungen gegeben: Während durch die Ausweitung der Gemüsefläche in den Sechzigerjahren hauptsächlich die Produktion von Paprika forciert wurde, was um 1970, bedingt durch die übersteigerte Produktion, prompt zu einem Preisverfall bei Paprika führte, ging die Bedeutung von Kraut und Grünerbsen deutlich zurück. Dies könnte mit der im Marchfeld durch Vertragsanbau betriebenen Tiefkühlproduktion zusammenhängen, aber auch eine Anpassung an den für die Paprikaerzeugung günstigen Standort bedeuten. Andere Spezialkulturen wie Tomaten, Pflückbohnen, Karotten und Kopfsalat konnten ihren Anteil an der Produktion behaupten.[86] Erst in den letzten Jahren hat die Bedeutung von Tomaten und Gurken im Burgenland abgenommen, während die Erzeugung von Kopfsalat deutlich ausgeweitet wurde; die Anbaufläche für Paprika ist hingegen seit Jahren konstant.[87]

Dem Obst- und Gemüsemarkt wird heute ein beträchtliches Wachstumspotenzial vorausgesagt, das mit dem steigenden Gesundheitsbewusstsein der Konsumenten zusammenhängt. Daraus ergeben sich für die heimischen Gemüseerzeugungsbetriebe gute Überlebenschancen, trotz der durch den Beitritt Österreichs zur Europäischen Union verschärften Wettbewerbsbedingungen. Als direkte Auswirkung preisgünstiger Importe von Rohstoffen und Fertigprodukten wurden nach der Marktliberalisierung die Kontraktflächen für Verarbeitungsgemüse leicht zurückgenommen, allerdings konnten die heimischen Betriebe Exportchancen für Frischgemüse, die sich aus witterungsbedingten Ausfällen in anderen Teilen Europas ergeben hatten, insbesondere bei

Zwiebeln und Gurken, erfolgreich nutzen. Die Umstrukturierung und Konzentration im Handel erfordert allerdings auch Umstellungen bei den Produzenten. So ging die Zahl der Betriebe, die mit dem Gemüsebau befasst sind, im Bezirk Neusiedl am See von 457 im Jahr 1990 auf 366 im Jahr 1995 und 292 im Jahr 1999 zurück, während die Feldgemüsefläche im selben Zeitraum von 589 (1990) auf 759 (1995) und 874 Hektar (1999) stieg, sodass sich heute mehr als zwei Drittel der gesamten Gemüsefläche des Burgenlands im Neusiedler Bezirk befinden; das heißt, dass es bei den einzelnen Betrieben zu massiven Flächenvergrößerungen kam, um den durch den EU-Beitritt entstandenen Einkommensverlusten entgegenzusteuern. In dieser Statistik ist nur die Freiland-Feldgemüsefläche berücksichtigt; mit den Gemüseflächen unter Glas bzw. Folie sowie jener des Gartenbaugemüses betrug die Gesamtgemüsefläche im Neusiedler Bezirk im Jahr 1999 991 Hektar. Mit der Gründung von Erzeugerorganisationen wurde und wird versucht, durch Angebotsbündelung der Entwicklung des Handels zu entsprechen. Einige Verarbeitungsbetriebe (zum Beispiel Unilever, Fruchtsafterzeuger) verfügten bereits vor dem EU-Beitritt über effiziente Vermarktungseinrichtungen, während die übrigen Vermarktungs- und Handelsorganisationen wie die aus der ehemaligen Gemüseverwertungsgenossenschaft in Neusiedl am See hervorgegangene »Sonnengemüse«-Vertriebs Ges. m. b. H. mit Sitz in Wallern bemüht sind, die durch die Zersplitterung der heimischen Produktion in relativ kleine Betriebe, hohe Kosten und schwache Marktpositionen bedingten Strukturschwächen zu überwinden. Neben den Anpassungsmaßnahmen auf die geänderten Bedingungen im traditionellen Handel konnte auch die Direktvermarktung von Erzeugnissen an die Gastronomie bzw. den Letztverbraucher weiter forciert werden.[88]

Ein interessantes Detail zu den Auswirkungen des EU-Beitritts auf die heimische Landwirtschaft offenbart eine von Robert Preiner im Jahr 2000 durchgeführte repräsentative Umfrage unter 72 Weinbau- und 64 Gemüsebaubetrieben im Bezirk Neusiedl am See. Dabei zeigt sich, dass die Auswirkungen des EU-Beitritts von den Weinbaubetrieben im Schnitt neutral bis positiv beurteilt werden (sowohl die Auswirkungen auf die regionale Landwirtschaft als auch auf den eigenen Betrieb), während die Beurteilung unter den Gemüsebaubetrieben deutlich negativ ausfällt.[89] Dies bestätigt die These, dass die Änderung der Wettbewerbsbedingungen seit 1995 im Weinbau, bedingt durch die nach dem »Weinskandal« von 1985 ohnehin notwendig gewordene Neuorientierung der Weinwirtschaft, dort nicht so sehr als schmerzliche Zäsur empfunden wurde wie in den übrigen landwirtschaftlichen Produktionsarten.

VII. »Land im Wandel«

Der Titel »Land im Wandel« ist einer Wanderausstellung entnommen, die im Sommer 1986 in allen burgenländischen Gymnasien gezeigt wurde und den rasanten wirtschaftlich-gesellschaftlichen Aufholprozess des Burgenlands, von sozialistischen Politikern gerne plakativ als »Überholspur« bezeichnet, darstellen sollte. Tatsächlich hatte das Burgenland lange unter den in seiner Entstehungsgeschichte begründeten Strukturschwächen und seiner Lage an einer toten Grenze zu kämpfen, hat aber die ihm gestellte Aufgabe mittlerweile vorbildlich gelöst und ist, woran vor Jahrzehnten noch kaum jemand zu glauben wagte, heute bezüglich Kaufkraft und Lebensstandard seiner Bevölkerung nicht mehr das abgeschlagene Schlusslicht unter Österreichs Bundesländern.

1. Der wirtschaftliche Strukturwandel abseits der Landwirtschaft – Arbeitswanderung und Schulwesen

Der Mechanisierungsprozess in der Landwirtschaft und das damit verbundene Freisetzen von Tausenden nicht mehr benötigten Arbeitskräften seit den Fünfzigerjahren des 20. Jahrhunderts blieb in einem fast ausschließlich agrarisch geprägten Gebiet wie dem Neusiedler Bezirk nicht ohne nachhaltige Folgen für das gesamte Wirtschafts- und Arbeitsleben. Dies war um so problematischer, als sich in der Heimat zunächst kaum andere Beschäftigungsmöglichkeiten boten; der Neusiedler Bezirk zählt bis heute zu den Gebieten mit dem niedrigsten Industrialisierungsgrad im Burgenland. Günstig wirkte sich allerdings die Nähe zum Wiener Arbeitsmarkt aus, zumal dort in den Jahren des »Wirtschaftswunders« und der Vollbeschäftigung ein Arbeitskräftebedarf bestand, der den burgenländischen Pendlern genügend Möglichkeiten bot, auch ohne Ausbildung am Wirtschaftsprozess teilhaben zu können. Viele Burgenländer fanden als Maurer und ungelernte Hilfskräfte in der boomenden Bauwirtschaft Arbeit, ehe sich mit der verbesserten Schulbildung auch andere Beschäftigungsmöglichkeiten boten. Die Arbeit in der Fremde war für die hiesige Bevölkerung nichts Neues, bestand doch durch landwirtschaftliche Saisonarbeiterpartien oder »in den Dienst gehen« in Wiener Haushalten ohnehin eine Tradition der Arbeitsbeschäftigung weitab vom Wohn- bzw. Herkunftsort. Mit der Verbesserung der Verkehrsverbindungen (Ausbau des Straßennetzes in den Sechziger- und Siebzigerjahren, Bau der »Ostautobahn« A 4 Anfang der Neunzigerjahre, Anschluss von Neusiedl am See an das Wiener Schnellbahnnetz 1979[90]) wurde die Erreichbarkeit des Arbeitsplatzes vom Wohnort so weit verbessert, dass die tägliche Fahrt zum Arbeitsplatz zur Regel wurde. Man konnte den Hauptwohnsitz beibehalten, womit die negativen sozialen Folgen des weitgehenden Fehlens der erwachsenen, arbeitsfähigen Bevölkerung im Heimatort unter der Woche vermieden wurden. Im Jahr 1980 betrug der Anteil der Nicht-Tagespendler unter den wohnhaft Beschäftigten im Neusiedler Bezirk weniger als 10 Prozent.[91]

Die Möglichkeiten der hiesigen Bevölkerung auf dem Arbeitsmarkt wurden mit der Verbesserung der Ausbildung natürlich deutlich erweitert. Dementsprechend war und ist der Schulbau eines der vorrangigen Ziele der burgenländischen Bildungspolitik. In

Die Änderungen im Ortsbild sind unübersehbar: Illmitz um 1955, Wallern um 1975

den Sechzigerjahren lautete das ehrgeizige Ziel der burgenländischen Landespolitiker, in jedem Bezirk des Burgenlands ein Gymnasium zu betreiben, um der gesamten burgenländischen Bevölkerung in akzeptabler Entfernung vom Heimatort die Maturareife und Hochschulberechtigung zu ermöglichen. Bis 1963 war dies nur in Eisenstadt, Mattersburg, Oberschützen oder außerhalb des Burgenlands möglich gewesen. In den Siebziger- und Achtzigerjahren wurde das Angebot durch berufsbildende Schulen mit abschließender Matura ergänzt. Im Zuge dieser Initiative wurde 1965 das Bundesgymnasium Neusiedl am See als Expositur des Bundesgymnasiums Eisenstadt eröffnet und zunächst provisorisch untergebracht, ehe die Anstalt nach dem Bezug des eigenen Schulgebäudes 1972 organisatorisch verselbständigt wurde. Regen Zuspruchs erfreuen sich auch die Bundeshandelsakademien in Neusiedl am See und Frauenkirchen; die diesen Schulen angeschlossenen dreijährigen Bundeshandelsschulen eröffnen darüber hinaus eine berufspraktische Ausbildung ohne Matura. Weiters bestehen in Neusiedl am See, das längst als Schulzentrum des gesamten Bezirks fungiert, eine »Höhere Bundeslehranstalt für wirtschaftliche Berufe« sowie eine »Höhere Bundeslehranstalt für Tourismus«. Abgerundet wird das Bildungsangebot in der Bezirkshauptstadt von einer Landwirtschaftlichen Fachschule, deren bevölkerungspolitische Bedeutung aber aufgrund des nach wie vor schrumpfenden Sektors der im Haupterwerb landwirtschaftlich tätigen Bevölkerung relativ gering ist. Für die Ausbildung der hiesigen Landwirte sind in erster Linie die Höhere Lehranstalt für Obst- und Weinbau in Klosterneuburg sowie die Höhere Lehranstalt für Gartenbau und Erwerbsgartenbau in Wien-Schönbrunn von Belang.[92]

2. Der Neusiedler See als Objekt der touristischen Vermarktung

Ein Zitat aus den frühen Sechzigerjahren, das die ganze Dynamik des wirtschaftlichen Strukturwandels im Seewinkel in der zweiten Hälfte des 20. Jahrhunderts illustriert, sei den Ausführungen über die Expansion der Tourismuswirtschaft vorangestellt: »Nun ist im Seewinkel alles anders geworden. Wo noch vor wenigen Jahren jedes Fahrzeug Staubfahnen aufwirbelte, rollen Autokolonnen über Asphaltstraßen, die Ufer der einsamen Salzlacke des Zicksees sind parzelliert und beginnen, sich mit Weekendhäuschen zu verkrätzen; Podersdorf, bis vor kurzem ein verschlafenes Nest mit riesigen Gänseherden wie alle anderen Orte des Gebietes, ist ein gerühmtes Ausflugsziel geworden, seine Riviera bemüht sich, allen Wünschen eines zeitgenössischen Badepublikums gerecht zu werden.«[93]

Wie schon erwähnt, hatte der Fremdenverkehr am Neusiedler See schon in den Zwanziger- und Dreißigerjahren begonnen. Bedingt durch die angespannte wirtschaftliche Gesamtsituation und durch das Fehlen von größeren Hotelbetrieben (es standen, mit wenigen Ausnahmen, lediglich kleinere Gaststätten mit zwei bis drei Fremdenzimmern zur Verfügung) beschränkte sich der Tourismus in dieser frühen Phase vor allem auf Tagesausflügler aus dem nahen Wien. Von dort bestanden annehmbare Verkehrsverbindungen zu den Gemeinden am West- und Nordufer des Sees, während das Ostufer und der Seewinkel damals noch sehr abgelegen waren. Nach dem Zweiten Weltkrieg hatte die aufkeimende Tourismuswirtschaft am Neusiedler See lange mit einer anhaltenden Stagnation zu kämpfen; im Burgenland (wo der Tourismus außerhalb der Neusiedler-See-Region und der Landeshauptstadt Eisenstadt kaum Bedeutung hatte) erreichten die Nächtigungszahlen im Fremdenverkehrsjahr 1948/49 nur 17 Prozent des Werts von 1935/36; noch 1954/55 waren es nur 39,5 Prozent, während im gesamtösterreichischen Schnitt schon 1952/53 die Vorkriegswerte überboten wurden.[94] Neben dem Ausfall der Gäste aus den östlichen Nachbarländern dürfte vor allem das Unbehagen des österreichischen Publikums vor der sowjetischen Besatzungsmacht für diesen Rückgang verantwortlich gewesen sein (außerdem wurden zahlreiche Fremdenverkehrsbetriebe von den Besatzern zweckentfremdet in Beschlag genommen), sodass der Aufschwung der burgenländischen Fremdenverkehrswirtschaft erst in der Zeit nach dem Abzug der sowjetischen Besatzungstruppen 1955 einsetzte.

Tatsächlich kam es nach 1955 zu einer fast kontinuierlichen Steigerung der Nächtigungszahlen, die bis in die Achtzigerjahre des 20. Jahrhunderts anhielt. In der Rückschau wird der Beginn der Sechzigerjahre als der »Beginn des Wirtschaftszweiges Tourismus im Burgenland« (so formuliert in den Erläuterungen zum Burgenländischen Tourismusgesetz von 1992) angesehen;[95] gerade in jenen Jahren kam es zu einer beinahe explosionsartigen Steigerung der Gästezahlen sowie der Zahl der Beherbergungsbetriebe, für die einheimische Bevölkerung verbunden mit dem vermehrten Angebot an Arbeitsplätzen, die direkt oder indirekt mit dem Fremdenverkehr zusammenhingen.

Einen wesentlichen Beitrag zum starken Anstieg der Gesamtübernachtungen leisteten ausländische Gäste, deren Nächtigungsanteil Anfang der Siebzigerjahre burgenlandweit einen Höchstwert von 48 Prozent (mit deutlichem Schwerpunkt auf der Neusiedler-See-Region) erreichte. Die meisten ausländischen Gäste kamen aus der Bundesrepublik Deutschland; ein vergleichsweise hoher Anteil von rund 20 Prozent entfiel auf Campingnächtigungen.[96] Eine wichtige Grundlage für diese Steigerung war neben dem damals noch relativ niedrigen Preisniveau die Verbesserung der Verkehrsinfrastruktur; gerade in den Sechziger- und Siebzigerjahren kam es zu einem bemerkenswerten Aus-

Wasserskiläufer auf dem
Neusiedler See um 1960

bau des burgenländischen Straßennetzes, sodass den hauptsächlich mit dem eigenen Wagen anreisenden Touristen die Anreise zum Urlaubsziel erleichtert wurde.

Der Hauptanziehungspunkt der Region war jedoch in erster Linie eine Illusion: Die fremdartige Landschaft mit den noch in Resten vorhandenen, steppenartigen Hutweiden wurde immer mehr durch das Aussetzen von Weingärten zerstört und die für die Region typischen schilf- oder strohgedeckten, weiß getünchten Bauernhäuser wurden, bedingt durch ein falsches Fortschrittsverständnis, in den Sechziger- und Siebzigerjahren fast ausnahmslos durch banale Allerweltsbauten ersetzt. Die Einmaligkeit des Neusiedler Sees und seines Schilfgürtels für die Vogelwelt erschließt sich zwar dem Ornithologen, nicht aber dem oberflächlichen und sensationshungrigen Touristen. Das von der burgenländischen Fremdenverkehrswerbung oft und gerne gebrauchte Bild einer durch Ziehbrunnen und Schilfhütte symbolisierten »Puszta-Romantik« entsprach weniger der Wirklichkeit als der Vorstellung von einer östlichen Welt, die Touristen aus den kapitalistischen Ländern damals nicht zugänglich war. Für die Region in Wahrheit völlig untypische Merkmale wie Zigeunerkapellen und der von der Tourismuswerbung immer wieder hervorgekehrte Topos »Steppenlandschaft«, die allerdings im Seewinkel nicht natürlich entstanden war, sondern als Folge einer jahrhundertealten Tradition extensiver Viehhaltung, dienten dazu, bei den Fremden diese Illusion zu verstärken. Nicht unterschätzt darf auch die Rolle der »Weinseligkeit« für die Zufriedenheit der Gäste werden, war doch der Genuss von Wein in deren Heimatländern zumeist unüblich und stellte daher eine zusätzliche Attraktion dar.

Prompt führte die wirtschaftliche Öffnung Ungarns zum westlichen Ausland in den Achtzigerjahren zu einem Ende der Jahrzehnte währenden Nächtigungszuwächse im Burgenland, ja sogar zu einem Rückgang der Gästezahlen. In Ungarn waren die Preise niedriger, die »Puszta-Romantik« authentischer und die Zigeunerkapellen exotischer als am Neusiedler See. Der starke Rückgang der ausländischen, vor allem der bundesdeutschen Gäste, der zwischen 4,9 Prozent (1984) und 14,9 Prozent (1986) betrug und durch Inländer-Übernachtungen nicht kompensiert werden konnte,[97] löste eine Krise im burgenländischen Fremdenverkehr aus. Eine nicht unwesentliche Rolle beim Rückgang der Ausländer-Nächtigungen spielte auch der »Weinskandal« von 1985, war doch der Wein neben dem Trugbild von einer Landschaft, die es in Wahrheit gar nicht mehr gab, eine der Hauptattraktionen, mit denen der burgenländische Tourismus aufwarten konnte.

Die Ende der Achtzigerjahre einsetzende neuerliche Expansion hielt bis 1992 an, als burgenlandweit mit insgesamt 2.269.210 Nächtigungen ein Höchststand erreicht werden konnte. In der Folge führte ein erneuter signifikanter Rückgang der ausländischen Gäste, vor allem der Deutschen, die 1992 83 Prozent des Auslandssegments ausgemacht hatten, wieder zu einem Rückgang der Gesamtzahl.[98] Möglicherweise war dies eine Folge der finanziellen Belastungen im Gefolge der deutschen Wiedervereinigung. Den dramatischen Einbrüchen im traditionellen Sommerfremdenverkehr wird seither – unter Zuhilfenahme von Ziel-1-Fördermitteln des Bundes, des Landes und der Europäischen Union – durch die Ausweitung des Angebots im ganzjährig attraktiven Wellness- und Sportbereich begegnet. Veranstaltungen mit hoher Medienpräsenz und dem damit verbundenen Werbewert, wie das seit einigen Jahren durchgeführte »Summer opening« mit Windsurf-Weltcupbewerben in Podersdorf oder Beach-Volleyball- und Beach-Soccerturniere in Neusiedl am See, aber auch die Werbeaktivitäten des Landesverbands Burgenland Tourismus mit dem Österreichischen Fußballbund (so wurden Trainingslager des Fußball-Nationalteams im Burgenland durchgeführt) dienen dieser Neupositionierung der Fremdenverkehrsregion Neusiedler See.

3. Die Neusiedler-See-Brücke: Ein Bauprojekt als Wegbereiter für den Naturschutz

Mit der zunehmenden Motorisierung Österreichs, die in den Sechzigerjahren auch die burgenländischen Dörfer erfasste, wurde von der Politik der Bau eines hochrangigen Schnellstraßennetzes als notwendige Voraussetzung erkannt, um den burgenländischen Pendlern annehmbare Arbeitswege zu bieten, aber auch um Unternehmen und, speziell für die Neusiedler-See-Region, Touristen den Zugang zum Burgenland zu erleichtern. Ein Kernstück des neuen burgenländischen Autobahnnetzes sollte eine 3.241 Meter lange Brücke über den Neusiedler See zwischen Mörbisch und Illmitz sein, deren Bau vom burgenländischen Landtag am 2. März 1971 beschlossen wurde. Eine Straßenverbindung quer über das Seebecken war ja schon in der Zwischenkriegszeit projektiert worden. Der Preis für die solcherart vorgenommene Erschließung des Seewinkels wäre die weitgehende Zerstörung eines Vogelschutzbiotops von europäischem Rang gewesen. Dazu kamen noch die Gefahren, die sich aus den Unwägbarkeiten des modernen Autoverkehrs ergeben; Otto König, Leiter der Biologischen Station auf dem Wilhelminenberg, gab zu bedenken, dass ein einziger Tankwagenunfall das biologische Gleichgewicht im See nachhaltig vernichten könne. Auch andere namhafte Wissenschaftler wie Konrad Lorenz und Antal Festetics erhoben scharfe Proteste gegen den Bau der Brücke. Der Stellenwert des Naturschutzes war in Österreich in jenen Tagen allerdings noch relativ gering, sodass eine sachliche Diskussion kaum möglich war.[99]

Die Emotionalität der öffentlichen Diskussion und die Rolle, die dem burgenländischen Landeshauptmann Theodor Kery als bedingungslosem Befürworter des Brückenbauprojekts zukam, sind zu einem Gutteil dadurch begründet, dass das Burgenland auf dem Sektor des Straßenbaus erst kurz zuvor eine damals als schmerzlich empfundene »Niederlage« hinnehmen musste. Die von den Volksvertretern des seit 1964 sozialistisch dominierten Burgenlands favorisierte und mit großen Hoffnungen für die künftige Landesentwicklung verbundene Streckenführung der Südautobahn (A 2) von Wien über Wiener Neustadt hinaus über Mattersburg, Oberpullendorf, Oberwart und Hartberg nach Graz wurde 1969 von der Bundes-ÖVP-Alleinregierung aus offenkundig parteitaktischem Kalkül zu Gunsten der teuren, auf Grund der Höhenlage vor allem im Winter problematischen Wechseltrasse verworfen; dem Burgenland wurde statt dessen lediglich ein bis heute nicht fertig gestellter Schnellstraßen-Torso zuerkannt.[100]

Die Argumentation für und gegen die umstrittene Neusiedler-See-Brücke wurde mit zunehmender Diskussionsdauer auf beiden Seiten immer unsachlicher. Der Protest gegen die Brücke regte sich vor allem in Wien, mit dem Effekt, dass eine Ablehnung des

Brückenbauprojekts im Land selbst als unzulässige Bevormundung und fahrlässig in Kauf genommene wirtschaftliche Gängelung empfunden wurde.[101] Bei einer öffentlichen Diskussion am 25. Juni 1971 in Illmitz fielen prompt Argumente wie: »Wir können nicht immer ein Hirtenvolk bleiben« oder »Auch wir wollen heraus aus unseren Lehmhütten und am allgemeinen Wohlstand teilhaben«.[102] Welchen Stellenwert der Naturschutz im Seewinkel jener Tage hatte, wurde bereits bei den Ausführungen über die rücksichtslose Expansion des Weinbaus angedeutet.

Die immer deutlicher werdende Ablehnung des Brückenbaus durch breite Bevölkerungskreise, die auch auf das Burgenland überzuspringen drohte, sowie sachliche Argumente (Mineralwasservorkommen im Seebecken hätten bei herkömmlicher Bauweise die Betonpfeiler stark angegriffen, die Verwendung von mineralwasserresistentem Beton hätte aber die Kosten exorbitant gesteigert) führten schließlich zu einem stillschweigenden Verzicht auf das Straßenbauprojekt, nachdem noch kurz eine Untertunnelung des Sees angedacht worden war. Damit war der Weg geebnet für eine neue, mit der ökologischen Bedeutung vereinbaren Nutzung des Neusiedler Sees, die der bekannte deutsche Biologe Bernhard Grzimek, Vizepräsident der Deutschen Zoologischen Gesellschaft und Initiator des Naturparks Serengeti in Tansania, in einem Schreiben an Bundespräsident Franz Jonas und Landeshauptmann Theodor Kery 1971 so formulierte: »Wenn schon hohe Geldmittel investiert werden sollen, um den Neusiedler See und seine Landschaft für breitere Bevölkerungskreise anziehend zu machen, dann sollte man sie doch dazu verwenden, um das Gebiet bewusst in einen Nationalpark umzuwandeln. Rings um eine total geschützte Kernzone könnte man eine Pufferzone schaffen, die durch Attraktionen besonderer Art – wie Schaugehege – bereichert wird.«[103]

4. Die Entstehung des grenzüberschreitenden Nationalparks Neusiedler See – Seewinkel

Die Idee zur Errichtung eines Nationalparks »Neusiedler See« lässt sich bis in das Jahr 1935 zurückverfolgen. In Expertenkreisen, wo die ökologische Bedeutung des Sees vor allem für die Vogelwelt seit dem Anschluss des Burgenlands an Österreich 1921 systematisch erforscht worden war und – im Gegensatz zur Politik – längst außer Frage stand, wurde das Projekt seither immer wieder erörtert, ohne dass dies zu konkreten Planungen in Zusammenarbeit mit den zuständigen Landesbehörden geführt hätte; lediglich die Errichtung einer Biologischen Station in Neusiedl am See im Jahr 1954, die nach einigen Jahren durch einen Großbrand zerstört und 1970 durch eine Nachfolgeinstitution in der Nähe von Illmitz ersetzt wurde, sowie die Pachtung kleinerer Flächen durch Naturschutz-Organisationen waren konkrete Schritte in Richtung Naturschutz und Umweltbewahrung.[104]

Im Jahr 1962 wurden rund 500 Quadratkilometer des Neusiedler Sees und seines Umfelds zum »Teilnaturschutz- und Landschaftsschutzgebiet« erklärt. Obwohl im »Burgenländischen Naturschutzgesetz« (LGBl. 23/1961) zerstörerische Eingriffe in die geschützte Landschaft untersagt sind, waren doch sowohl die Jagd als auch die Land- und Forstwirtschaft innerhalb der Schutzzonen zumindest in eingeschränktem Maß weiter möglich; volkswirtschaftliche Interessen hatten in jener Zeit, in der Sinn und Nutzen des Umweltschutzes von Politikern wie Öffentlichkeit noch nicht in vollem Ausmaß erfasst wurden, den Vorrang vor der Landschaftsbewahrung. Die Idee des Umweltschutzes hatte in den nunmehr geschützten Gebieten mit großen Akzeptanzschwierigkeiten zu kämpfen, die sich in der schon an anderer Stelle angedeuteten Ignoranz der Ortsbevölkerung gegenüber den Schutzprogrammen und der teils illegalen Ausweitung der landwirtschaftlichen Intensivkulturen äußerten. Die Bauern sahen im World Wildlife Fund (heute: World Wide Fund for Nature) einen neuen »Herren«, der ihre nach Jahrzehnten der Verarmung eben erst gewonnene materielle Souveränität beschneiden wollte; tatsächlich muss festgestellt werden, dass auch auf Seiten der Naturschutz-Aktivisten zu jener Zeit die Dialog- und Kompromissbereitschaft sowie das Verständnis für die materiellen Bedürfnisse der einheimischen Bevölkerung noch nicht sehr ausgeprägt waren. Es war dies die klassische Situation eines Stadt-Land-Konflikts.[105]

Ein wesentlicher Schritt auf dem Weg zur Verwirklichung des Nationalparks war die erfolgreiche Verhinderung der Neusiedler-See-Straßenbrücke, die den burgenländischen Landespolitikern die berechtigten Forderungen des Naturschutzes, aber auch das finanzielle Potenzial eines damals noch nicht so bezeichneten »Öko-Tourismus« näher brachte. Im Jahr 1973 fand in Saarbrücken die 9. Europäische Arbeitskonferenz für Natur- und Nationalparks unter dem Titel »Europäische Verständigung – Europaparks« statt. Bei dieser Konferenz wurde erstmals die Idee eines grenzüberschreitenden österreichisch-ungarischen Nationalparks am Neusiedler See ventiliert. 1976 wurden von Dr. Franz Wolkinger und Dr. Stefan Plank eine Reihe von Vorschlägen zur Planung und Realisierung eines hier bereits als »Nationalpark Neusiedler See – Seewinkel« bezeichneten Projekts vorgestellt; Mitte der Siebzigerjahre tauchten in österreichischen Tageszeitungen vereinzelt Berichte über die geplante Errichtung des Nationalparks auf.[106] Ein weiterer wichtiger Schritt war die Erklärung des österreichischen Teils des Neusiedler Sees zum »Biosphären-Reservat« durch das »Man and Biosphere International Coordinating Council« der UNESCO im Jahr 1977, mit der die Bemühungen um die Ver-

Vogelparadies
Neusiedler See

wirklichung des Nationalparks quasi offiziellen Charakter erhielten. Der ungarische Teil des Sees wurde 1979 mit derselben Auszeichnung versehen.[107] Im Jahr 1980 wurde die »Arbeitsgemeinschaft Gesamtkonzept Neusiedler See« gegründet, die, aufbauend auf einer 1981 von Dr. Franz Sauerzopf, damals Leiter der Biologischen Station Illmitz (nicht ident mit dem langjährigen Landeshauptmann-Stellvertreter des Burgenlands gleichen Namens!), erstellten Arbeit über Grundlagen und Realisierungsmöglichkeiten des Nationalpark-Projekts, einen Grundsatzkatalog für den Park aufstellte. 1982 trat Österreich dem internationalen »Ramsar-Abkommen« zum Schutz von Feuchtgebieten bei, wobei als wichtigster Beitrag Österreichs zum Schutzabkommen das Neusiedler-See-Gebiet definiert wurde.[108]

Einer raschen Realisierung des Nationalparkprojekts stand aber nach wie vor die weitgehende Verständnislosigkeit der Grundeigentümer, die sich zu Interessengemeinschaften zusammengeschlossen hatten, entgegen, die auch in unzähligen Einzelgesprächen nicht vollständig ausgeräumt werden konnte. So kam es aus Sturheit, falschem Bauernstolz und Angst vor einer in Wahrheit niemals geplanten Enteignung immer wieder zu Missverständnissen und Meinungsverschiedenheiten zwischen den Grundbesitzern und Vertretern der Landesregierung, wie beispielsweise zu jener Aktion, in der Landwirte aus Apetlon eigenmächtig versuchten, ihre Urbarialanteile im Bereich der Langen Lacke umzuackern, was von einem der beteiligten Landwirte so kommentiert wurde: »… und in zwei Stunden ist das ganze Gebiet umgeackert, da gibt's nix, und dann is' vorbei mit dem Naturschutzgebiet. […] Wir Bauern haben zuwenig Land, wir können net überleben, wenn wir ka Land dazukriegen, und so hol'n wir uns des halt, ob es illegal is' oder net, ist Wurscht. Und wenn irgendein Naturschützer daherkommt und red', dann kriegt er a paar in die Goschn, alle Naturschützer, von mir persönlich und von allen. Der Bauer braucht mehr Land, des is klar!«[109] Dazu sei erwähnt, dass gerade im westlichen Seewinkel die Gewaltbereitschaft in der Bevölkerung, vielleicht erklärbar durch die jahrhundertelange Abgeschiedenheit der Region, relativ hoch ist. In Illmitz gehörte es noch bis in die Siebzigerjahre des 20. Jahrhunderts zu den unumstößlichen Gesetzen des Lebens, dass es jeden Sonntag im Wirtshaus, ohne erkennbaren Grund, zu Raufereien kam, bei denen aber Touristen, die zufällig Zeugen dieses Schauspiels wurden, nie zu Schaden kamen. Die Fremden waren mehr oder weniger tolerierte Fremdkörper in diesem Ritual, das nur die Dorfgemeinschaft betraf und von dieser seit jeher »gepflegt« worden war.[110]

Den entscheidenden Anstoß zur Verwirklichung des Nationalpark-Projekts gab schließlich die Öffnung Ungarns zum kapitalistischen Westen in der Spätphase des Kommunismus und das Interesse der ungarischen Regierung an einer Kooperation mit Österreich. Im Jahr 1988 wurde von der ungarischen und der österreichischen Regierung der Wunsch nach einem gemeinsamen, grenzüberschreitenden Nationalpark formuliert und die Einsetzung einer österreichisch-ungarischen Expertenkonferenz vereinbart, die noch im selben Jahr ihre Arbeit aufnahm. In diesem Ausschuss wurden die Grundlagen erarbeitet sowie Gespräche mit den Gemeinden, Grundeigentümern und Naturschutzorganisationen geführt, die bis etwa 1990 erfolgreich abgeschlossen werden konnten. Am 12. November 1992 wurde vom burgenländischen Landtag das »Nationalparkgesetz Neusiedler-See – Seewinkel« (LGBl. 28/1992) verabschiedet. Die offizielle Eröffnung des grenzüberschreitenden und international anerkannten Nationalparks fand am 24. April 1994 unter Beisein von Bundeskanzler Franz Vranitzky sowie des ungarischen Ministerpräsidenten György Boross statt, nachdem auf ungarischer Seite das Gesetz zur Schaffung des »Fertő-Hanság Nemzeti Park« bereits am 10. Februar 1991 vom ungarischen Parlament beschlossen worden war (Naturschutz und Tourismus sind in Ungarn Agenden des Gesamtstaates).[111]

Eine Einbeziehung des gesamten Neusiedler Sees in den Nationalpark, wie dies in den frühen Plänen noch vorgesehen war, wurde wegen der vielfältigen wirtschaftlichen Nutzung des Sees und der zahlreichen touristischen Infrastruktur nicht durchgeführt, da diese Nutzungen nicht mit den strengen Bestimmungen zur internationalen Anerkennung des Nationalparks vereinbar gewesen wären; nach wie vor sind aber der gesamte See und seine Umgebung Landschaftsschutzgebiet. Der Nationalpark umfasst auf österreichischer Seite die am strengsten geschützte »Naturzone« Sandeck-Neudegg (im Gemeindegebiet von Illmitz und Apetlon) sowie die »Bewahrungszonen« Sandeck-Neudegg (am Rand der »Naturzone«), Illmitz-Hölle (Gemeinde Illmitz), Lange Lacke und Umgebung (Gemeinde Apetlon),[112] Zitzmannsdorfer Wiesen (Gemeinde Neusiedl am See, Weiden am See) sowie das Großtrappen-Schutzgebiet Wasen (Gemeinde Tadten, Andau). Der Erhaltung der durch Beweidung entstandenen Steppenlandschaft dienen nationalparkeigene Herden von Graurindern, Weißen Eseln, Warmblut- und Przewalskipferden sowie Mangaliza-Schweinen, wodurch gleichzeitig ein wichtiger Beitrag zur Erhaltung dieser selten gewordenen Haustierrassen geleistet wird[113]. Die Gesamtgröße des österreichischen Nationalparks belief sich ursprünglich auf 7.650 Hektar und wurde mittlerweile auf rund 10.000 Hektar erweitert; der ungarische Park ist rund 19.600 Hektar groß. Ein Großteil der österreichischen Fläche war der Nationalparkverwaltung von der Fürst Esterházy'schen Güterdirektion als Teil eines Kompensationsgeschäftes zur Begleichung der Erbschaftssteuer nach dem Tod von Fürst Paul Esterházy 1989 zur Verfügung gestellt worden. Die übrigen Flächen wurden von der Nationalparkverwaltung gepachtet; zusätzlich zum Pachtschilling werden den Grundbesitzern auch genau definierte Pflegemaßnahmen abgegolten. Dies hat zu einem Umdenken in der bäuerlichen Bevölkerung geführt: Wo früher kategorische Ablehnung stand, führt heute die Aussicht auf relativ einfach verdientes Geld zum Bestreben, der Nationalparkverwaltung zusätzliche Flächen zur Verfügung zu stellen, was aber im Angesicht der Knappheit der öffentlichen Gelder in nächster Zeit wohl nur spärlich verwirklicht werden wird.

Die Zusammenarbeit der beiden Nationalparkverwaltungen in Österreich und Ungarn hat sich, im Gegensatz zu den euphorischen Plänen in der Gründungszeit des »grenzüberschreitenden Nationalparks«, als eher bescheiden herausgestellt. Trotz regelmäßiger Treffen zwecks Problem- und Erfahrungsaustausch gibt es grundsätzliche Auffassungsunterschiede: Das Zentrum des Interesses steht auf ungarischer Seite auf dem Ausbau des hier vor der Parkgründung nur schwach entwickelten Tourismus. Synergieeffekte ergeben sich für die Verwaltung des österreichischen Nationalpark-Teils eher durch Exkursionen und gemeinsame Angebote mit dem 1996 gegründeten

Nationalpark »Donauauen«.[114] Für das »Visitors Management« in der Bewahrungszone des Nationalparks Neusiedler See – Seewinkel unerlässlich ist das 1996 fertig gestellte Informationszentrum in Illmitz, wo Ausstellungs- und Veranstaltungsräume, eine Besucherbibliothek, ein kleines Kino, eine Cateringküche und ein Shop Urlaubsgästen, Tagesausflüglern und Einheimischen alle Möglichkeiten bieten, sich über die Besonderheiten des geschützten Naturraums zu informieren. Das Nationalpark-Informationszentrum dient auch als Basis für die Zusammenarbeit mit den Tourismusorganisationen und ist mittlerweile aus der touristischen Infrastruktur der Neusiedler-See-Region nicht mehr wegzudenken.[115]

VIII. Fallstudie Meierhof: Der Wittmannshof als sozialer und politischer Mikrokosmos in den Jahren 1921 bis 1945 von Herbert Brettl

1. Die Geschichte der Herrschaft Ungarisch-Altenburg und des Wittmannshofes bis 1918

Die Gutsherrschaft Ungarisch-Altenburg ist eine der ältesten Herrschaften Ungarns und befand sich wiederholt im Besitz der ungarischen Könige. 1764 wurde die mehrmals verpfändete Herrschaft von Franz Stephan von Lothringen als Privateigentum der Habsburger erworben. Dieser vererbte sie an seine Tochter Marie Christine. Als Fideikommissgut wurde die Herrschaft von der erzherzoglichen Linie Erzherzog Carls weitergeführt und schließlich 1895 von Erzherzog Albrecht an Erzherzog Friedrich weitergegeben. Der Besitz bestand 1895 aus großen Gütern (rund 200.000 Hektar) in Teschen, Mähren, Galizien, Slowakei, Südungarn und Westungarn (die Herrschaft Ungarisch-Altenburg). Zu dem Großgrundbesitz kamen noch Industrieanlagen in den Bereichen Maschinenfabrikation, Lebensmittelverarbeitung, Hüttenwerke, Energiegewinnung etc. hinzu.[116]

Die Herrschaft Ungarisch-Altenburg im 19. Jahrhundert

Durch eine verbesserte Agrarsituation am Beginn des 19. Jahrhunderts versuchte die Herrschaft Ungarisch-Altenburg zunehmend, auf ihren Grundstücken Eigenwirtschaft zu betreiben. Zunächst geschah dies mit Schäfereien, da der Wollpreis sich günstig entwickelte und der Schafdünger die Felder fruchtbarer machte. Später ging man daran, die Schafställe weit außerhalb der Siedlungen zu errichten, um den Weidegang der Schafe zu verkürzen. Bei den Schafställen wurden Wohnungen für die Arbeitskräfte errichtet und schließlich zu ganzen Siedlungen ausgebaut.

Zur Arbeit wurden zunächst die Bauern aus den umliegenden Ortschaften herangezogen, die Robot leisteten. Die Überlegung, dass man mit angesiedelten Lohnarbeitern

Gewinn bringender arbeiten könne, führte zur Errichtung von Arbeiterkolonien. Die Felder waren durch den Dünger der Schafwirtschaft bereits für den Ackerbau geeignet und somit stand einer Modernisierung der Landwirtschaft nichts mehr im Wege.[117]

Der Umbau der Herrschaft Ungarisch-Altenburg zu einem modernen landwirtschaftlichen Betrieb wurde unter dem Güterdirektor Anton Wittmann ab 1813 durchgeführt. Wittmann begann, regelmäßige Meierhofwirtschaften aus den zuvor als Heide benützten landwirtschaftlichen Flächen herauszubilden und darauf Fruchtwechselwirtschaft zu betreiben. Um diese Flächen zog man Gräben, pflanzte Bäume, legte Wege an und baute in der Mitte die Gutshofanlagen.[118] Die Bewohner der ersten Gutshöfe (1815 wurde erstmals der Gutshof Albert-Casimir durch die Ansiedlung von 46 Familien gestiftet) waren zunächst deutsche Landarbeiterfamilien aus den umliegenden Dörfern, welche zuvor bei Bauern als Handwerker oder Tagelöhner gearbeitet und gewohnt hatten.[119]

Um den Mangel an Fachkräften auf den Meierhöfen zu beseitigen, setzte sich Anton Wittmann für die Gründung einer landwirtschaftlichen Akademie ein, die geschulte Kräfte ausbilden sollte.[120]

Durch die Grundentlastung 1848 wurden die adeligen Gutsherrschaften gezwungen, aus dem feudalistischen Agrarsystem ein modernes kapitalistisches Unternehmen zu formen. Die Gutsherrschaft war einer der ersten Großbetriebe, der mechanische Neuerungen nach englischem Vorbild einsetzte. Die vorhandene Finanzkraft, das technische Wissen der betriebseigenen Eisenwerke, die gut ausgebildeten Arbeiter und die aufgeschlossenen Verwalter trieben diese Entwicklung voran. So waren bereits 1870 auf dem Albert-Casimir-Hof unter anderem zwei Dampfpfluggarnituren von je 20 Pferdestärken, kippbare Pflüge und Lokomobile in regelmäßiger Verwendung. 1902 wurde auf dem Casimir-Hof eine elektrische Kraftübertragungsmaschine errichtet, die auch zu anderen Höfen elektrischen Strom zum Betreiben von Geräten wie Häckslern, Rübenschneidern, Drehbänken, Schrot- oder Mahlmühlen lieferte. Massenproduktion, Monokultur mit innovativen technologischen Entwicklungen, eine konsequente Kosten-Nutzen-Rechnung und die Nähe des Absatzmarktes Wien mit explosionsartig wachsenden städtischen Industriezentren führten zu einer Blütezeit der Herrschaft um die Jahrhundertwende bis 1914.[121]

Die Geschichte des Wittmannshofes

Bereits 1806 ist nordöstlich von Halbturn ein Schafhof, der Weichselhof (umbenannt 1824 auf den Namen Wittmannshof), auf einer Karte eingezeichnet, der später weiter ausgebaut werden sollte.[122]

Verwalter Wittmann beschrieb den Weichselhof im Jahre 1825: »Die Lage der Schäferei war sehr gut. Das ganze Gebäude mit Nebengebäuden lag eben auf einer Anhöhe rückwärts mit einer solchen sanften Abdachung, das alle Feucht [sic!] ablaufen konnte. Der Grund, worauf das ganze Gebäude stand, war schottrig. Der Innenhof war mit Bäumen bepflanzt, sodass das Vieh auch im Hof Schatten finden konnte. Außerhalb des Hofes wurde in späterer Zeit noch ein weiterer Stall errichtet. Der Brunnen war außer dem Hofe, unter einem sanften Abhang, wohin das Vieh nicht weit zu gehen hatte. Auf

Postkarte vom Wittmannshof um 1935

dem Gutshof befand sich auch eine Schäferwohnung, die dem verheirateten Meisterknecht und drei anderen Knechten zur Wohnung diente.«[123]

Zwischen 1824 und 1829 erfolgte der Ausbau des ehemaligen Schafstalles zu einem Kolonistendorf der Herrschaft. So wurden 1829 bereits 52 Bewohner auf dem Wittmannshof gezählt, die in der Schafzucht tätig waren. Durch den Rückgang der Schafzucht und den Übergang zur Milchwirtschaft erfolgte eine Aufstockung des Personals. Die Bevölkerung betrug 1869 125 Personen und 1881 wurde mit 313 Personen der höchste Bevölkerungsstand gezählt. Die Bevölkerung war römisch-katholisch, Deutsch und teilweise Ungarisch sprechend.[124]

Das Verhältnis zwischen Gutsherrschaft und Kolonie war genau geregelt: Die Herrschaft stellte den Siedlern Wohnungen, jeweils ein Viertel Joch gedüngtes Feld, einen Arzt, eine Schule und einen Geistlichen zur Verfügung (die Schul- und Kirchenbetreuung erfolgte bis 1921 vom Gutshof Casimir-Hof aus) und leistete die Fuhren zur Herbeischaffung von Lebensmitteln und dergleichen. Die Kolonisten erhielten geringeren Lohn als die freien Arbeiter der Herrschaft, hatten jedoch ein gesichertes Einkommen. Das gedüngte Feld konnte der Kolonist gegen die halbe Fruchtabgabe bebauen. Auch das Zugvieh der Herrschaft konnte er gegen die doppelte Zeit an Handarbeit benützen.[125]

2. Der Wittmannshof zwischen 1921 und 1945

Wirtschaft – Finanzen

Der Kriegsausbruch 1914 veränderte die Situation der Güterdirektion grundlegend. Die erzherzogliche Familie verließ Halbturn, nur einige Beamte und Angestellte der Güterdirektion verblieben im Quertrakt des Schlosses.

Wohl konnte die Wirtschaft trotz der Beeinträchtigung durch den Krieg weitergeführt werden, doch mit dem Ende des Weltkriegs zerfiel die Herrschaft. Die Besitzungen in Ungarn verblieben bei der Familie, die Güter in Österreich und in den neu gegründeten Staaten Polen, Tschechoslowakei und Jugoslawien wurden dagegen von den jeweiligen Regierungen verstaatlicht. Insgesamt gingen vier Fünftel der Besitzungen (Ackerflächen, Industriegebiete, Berg- und Hüttenwerke etc.) verloren. Die Güter im heutigen Burgenland blieben im Besitz von Erzherzog Friedrich, da sie noch Teil von Ungarn waren.[126]

Durch die Grenzziehung 1921 wurde die Herrschaft Ungarisch-Altenburg auseinander gerissen. Als Besitzungen der Herrschaft verblieben 1921 in Österreich sieben Gutshöfe mit rund 8.000 Hektar, darunter der Wittmannshof mit 1.502 Hektar. Der ungarische Teil bestand aus 19 Gutshöfen und einer Forstverwaltung mit rund 19.000 Hektar.[127]

Der kleine Teil, der zu Österreich kam, wurde in einer neuen Zentralverwaltung zusammengefasst. Sie wurde an die amerikanische Gesellschaft »General Real Estate and Trust Company« verpachtet und mit einer Hypothek belastet, um sie der »Sozialisierung« zu entziehen. Diese Gesellschaft wurde 1932 an die Schweizer »Land- und Trust Company Limited – Société anonyme trust froncier« mit Sitz in Bern verpachtet, deren Hauptaktionär Erzherzog Albrecht war. Als Vermögensverwalter wurde der Wiener Jurist Dr. Kamelander eingesetzt, die Verwaltung hatte die Güterdirektion Halbturn über. Die Zentralverwaltung befand sich im ungarischen Magyaróvár.[128]

Die eigenständig in Österreich geführte Güterdirektion hatte während der Zwischenkriegszeit mit erheblichen wirtschaftlichen und finanziellen Problemen zu kämpfen. Die Gründe dafür waren vielfältig. Die neue Staatsgrenze, die die Gutshöfe von der Zentrale in Ungarisch-Altenburg abtrennte, die verfallenen Kriegsanleihen, die wirtschaftliche Depression in Österreich, die Weltwirtschaftskrise, die hohe Besteuerung des Großgrundbesitzes und die steigenden Lohnkosten und Sozialleistungen sind in diesem Zusammenhang zu erwähnen.[129] Güterdirektor Hollan nannte 1938 folgende Gründe für die wirtschaftliche Misere: hohe progressive Besteuerung, sinkende Produktpreise (Deflationspolitik), steigende Löhne, Kontingentierung und landwirtschaftliche Missernten wie zum Beispiel 1929. Der strenge Winter 1928/29 und die Dürre im Sommer 1929 verringerten die Ernte im Jahr 1929 um 25 bis 30 Prozent. Die Wintersaaten froren aus, die in den Speichern aufbewahrten Maissamen waren ebenso zu 30 Prozent ausgefroren und ein zweimaliger Anbau war notwendig, weil die Keimfähigkeit sehr gering war.[130]

Wiesen die Bilanzübersichten der Jahre 1925 bis 1928 leichte Gewinne bzw. leichte Verluste auf, so wurde das Jahr 1929 zur landwirtschaftlichen Katastrophe und zu einem

Drehkipppflug am Wittmannshof um 1930

finanziellen Desaster (minus 377.000 Schilling) für die Güterdirektion. Während das Defizit in den folgenden Jahren noch relativ gering gehalten werden konnte, führte der Verlust von 1935 zum Verkauf des Friedrichhofs (1.777 Hektar wurden aufparzelliert). Die Defizite der Jahre 1936 und 1937 zwangen zum Ausgleich, wobei die Zentrale in Budapest die Bürgschaft übernahm. Um den angestrebten Ausgleich erlangen zu können, mussten 1938 der Albrechtsfeldhof (2.404 Hektar wurden am 31. Dezember 1937 an Dr. Leo von Schöller, Petőhaza, Ungarn um 1.362.000 Schilling verkauft), und 1939 Teile von Casimir verkauft werden. Erst diese Maßnahmen sicherten den Weiterbestand der Güterdirektion in Österreich.[131]

Auch die umliegenden Gemeinden spürten die andauernden finanziellen Schwierigkeiten der Güterdirektion. 1938 stellte ein Kreditinstitut ein Darlehen nur unter der Voraussetzung in Aussicht, dass zuvor alle Forderungen abgegolten würden. Aus diesem Grund wandte sich die »Land- und Trust-Companie« an die Gemeinden Halbturn, Deutsch Jahrndorf und Nickelsdorf, um einen Nachlass der ausständigen Gemeindeumlagen um 35 Prozent zu erwirken. Die Gemeinden waren zu diesem Nachlass bereit, mit der Begründung – wie zum Beispiel die Gemeinde Nickelsdorf anmerkte –, dass der wirtschaftliche Zusammenbruch des angrenzenden Kleylehofes drohe und in diesem Falle die Versorgung der dort rund 100 beschäftigten Landarbeiter der Gemeinde obliegen und der zusätzliche Tagelöhnereinsatz durch Gemeindebewohner entfallen würde.[132]

Die Gesamtfläche des Wittmannshofs betrug 1938 1.502 Hektar und gliederte sich folgendermaßen auf: 1.203 Hektar Ackerfläche, 223 Hektar Hutweide, 59 Hektar Wald, 14 Hektar unproduktiv.[133] Die Bestellung der Ackerflächen erfolgte sehr vielfältig, wobei Weizen, Gerste, Mais und Zuckerrüben dominierten. Der Ertragsdurchschnitt des Wittmannshofs betrug zwischen 1930 und 1939 pro Hektar bei Weizen zehn Zentner, bei Roggen 8,8 Zentner, bei Gerste zwölf Zentner und bei Zuckerrüben 124,4 Zentner. Zudem wurde auf dem Wittmannshof eine intensive Milchwirtschaft betrieben – im März 1931 wurden 305 Rinder gehalten.[134]

Dreschmaschine, Transformator und Förderband am Wittmannshof

Der Wittmannshof beschäftigte 1939 81 Personen. Davon arbeiteten ganzjährig:

1 Betriebsführer	2 Schlosser
1 Kanzleiangestellter	2 Tischler, Wagner
1 Oberschweizer	3 Maurer
24 Melker	1 Elektriker, Spengler
3 Viehwärter	1 Milchkühler
23 Pferdekutscher	1 Futtermäher
7 Ochsenkutscher	1 Magazineur
3 Traktorführer	1 Feldaufseher
2 Dampfpflugmaschinist	1 Schmied
2 Dampfpflugheizer	1 Nachtwächter[135]

Dazu kamen die weiblichen Saisonarbeiterinnen, die Ehefrauen der Arbeiter und Taglöhner.

Bei der Besoldung der Arbeiter in der Zwischenkriegszeit unterschied man zwischen Deputatisten (ständig am Gutshof arbeitender Bevölkerung), deren Ehefrauen und Familienangehörigen, Taglöhnern oder Saisonarbeitern. Ein Deputatist hatte 1939 (die Löhne waren nach dem Anschluss gegenüber 1938 um mehr als das Doppelte erhöht worden) Anspruch auf:

a) Barlöhne (1939):

Selbstständiger Wirtschafter Obermaschinist	82 Reichsmark
Schaffer, Handwerkermeister	74 Reichsmark
Vorarbeiter, Gehilfen I. Klasse, Nachsteher, Traktorführer	67 Reichsmark
Gehilfen II. Klasse, Heizer, Pflugführer	56 Reichsmark
Paradekutscher	49 Reichsmark
Pferde- und Ochsenkutscher über 18 Jahren	42 Reichsmark
Pferdekutscher unter 18 Jahren	37 Reichsmark
Ochsenkutscher unter 18 Jahren	34 Reichsmark

Stallhilfspersonal über 18 Jahren   33 Reichsmark
Stallhilfspersonal unter 18 Jahren   22 Reichsmark
Oberschweizer   67 Reichsmark
Schweizer über 18 Jahren   50 Reichsmark
Schweizer unter 18 Jahren und Schweizerinnen   37 Reichsmark
Wirtschaftspersonal   33 Reichsmark

b) Naturallohn:
1½ Liter Milch pro Tag
150 Kilogramm Weizen pro Quartal
200 Kilogramm Roggen
100 Kilogramm Futtergerste
3 Raummeter Holz (½ hart, ½ weich) pro Quartal
Freie Wohnraumbenützung und ein kleiner Garten
Beleuchtung (29 Liter Petroleum im Jahr)
Erlaubnis zur Schweine- und Geflügelhaltung
1.500 Klafter Deputatfeld pro Jahr für Kartoffel- und Maisanbau[136]

Der monatliche Wert der Naturalien (Getreide, Milch, Deputatfeld) betrug für einen männlichen Familienerhalter 30 Reichsmark, für eine selbstständige Frau bzw. Witwe 30 Reichsmark, für Ehefrauen und Familienangehörige über 18 Jahren 20 Reichsmark und für Familienangehörige von zwölf bis 18 Jahren zwölf Reichsmark. Zusätzlich gab es für Arbeiten an Sonn- und Feiertagen 100 Prozent, für Überstunden 50 Prozent Zusatzlohn, weiters Treueprämien und Kinderzulagen.

Die Arbeiterkosten für einen Schlosser berechnete der Gutshof folgendermaßen:

a) Barlohn
   Lohn   74 Reichsmark
   Überstunden   8 Reichsmark
   Kinderzulage   4,79 Reichsmark
   Summe   86 Reichsmark

b) Naturallohn
   Wohnung   5 Reichsmark
   Beheizung   7,47 Reichsmark
   Licht   –,45 Reichsmark
   Deputat   3,62 Reichsmark
   Frucht und Milch   30 Reichsmark
   Kinderzulage / Milch   3,65 Reichsmark
Summe   50,19 Reichsmark pro Monat[137]

Die Tarife für Taglöhner lagen unter denen der Deputatisten, wobei bei den Zügen und Vieh teilweise höhere Bezüge bestanden: Männer über 18 Jahren erhielten 3,30 Reichsmark pro Tag, Frauen über 18 Jahren 3 Reichsmark pro Tag, Männer und Frauen zwischen 16 und 18 Jahren 2,50 Reichsmark pro Tag und Jugendliche unter 16 Jahren zwei Reichsmark pro Tag.

Nach dem Anschluss 1938 betonte die Direktion, dass das Lohngebiet Niederdonau vereinheitlicht worden sei und somit ein Arbeitsplatzwechsel keinen finanziellen Vorteil brächte. Sondervereinbarungen waren nicht zulässig und die Kündigungsfrist betrug mit Zustimmung des Arbeitsamts drei Monate.

Ebenso wurden die Arbeitszeiten für Deputatisten, Taglöhner, Ortsarbeiter und Saisonarbeiter geregelt. Diese waren saison- bzw. arbeitsbedingt unterschiedlich und betrugen:[138]

1.1. – 28.2.	8 Stunden
1.3. – 15.5.	10 Stunden
16.5. – 31.8.	11 Stunden
1.9. – 31.10.	10 Stunden
1.11. – 30.11.	9 Stunden
1.12. – 31.12.	8 Stunden

Neuanstellungen mussten durch den Vermögensverwalter Dr. Kamelander genehmigt werden. Es wurden Arbeitsverträge abgeschlossen, die sehr genau Rechte und Pflichten festlegten.

Eine sechsseitige Betriebsordnung beschreibt detailliert die Rechte und Pflichten der Arbeitnehmer. Hier werden Beginn und Ende des Arbeitsverhältnisses, Arbeitszeiten, Entlohnung (Allgemeines, Löhne, Prämien und Akkordbestimmungen), Treueprämie, Deputatzulagen, Freizeitgewährung in Sonderfällen (zum Beispiel konnte Gefolgschaftsmitgliedern, die zu Schulungskursen der Partei oder deren Gliederungen sowie der Deutschen Arbeitsfront, des Reichsnährstandes und des Luftschutzes einberufen wurden, ein entsprechender Urlaub vom Betriebsführer gewährt werden), Ordnung und Sicherheit im Betrieb (Bußgelder wurden an den NSV überwiesen) und das Betätigungsfeld des Vertrauensrates beschrieben.[139]

Die Mechanisierung des Betriebs hatte keine Reduzierung der Arbeitskräfte zur Folge und es mussten auch weiterhin, zusätzlich zu den ganzjährig beschäftigten Deputatisten, Saisonarbeiter beschäftigt werden, wodurch sich der Betrieb die fixen Personalkosten ersparte. Vor allem nach dem Ersten Weltkrieg wurde der arbeitsintensive Zuckerrübenanbau verstärkt. Die Herrschaft benötigte für Tätigkeiten, die allein mit Hilfe der permanent verfügbaren Arbeitskräfte nicht zu bewältigen waren (zum Beispiel Rübenvereinzeln, Getreideernte und Zuckerrübenernte), zwischen 70 und 80 Saisonarbeiter, die in ihren Herkunftsorten kein gesichertes Einkommen fanden. Diese wurden von Anfang Mai bis Ende November von der Herrschaft beschäftigt. Ein Arbeiter fungierte als Partieführer, mit dem man die Kontrakte und Verträge abschloss und der die Verbindungsperson zwischen der Gutshofleitung und den Saisonarbeitern war. In den Zwanzigerjahren kamen diese aus der Slowakei und aus dem Südburgenland. So wurden 1928 52 Personen (davon 14 Frauen) aus dem Südburgenland (Bezirk Güssing, Oberwart und St. Gotthard/Ungarn, genannt Heinzen) als Saisonarbeiter eingesetzt. Zwei Frauen waren für die Arbeiter als Köchinnen im Einsatz, die anderen kümmerten sich um die Kinder, die mit auf den Gutshof kamen. Eine zweite Saisonarbeitergruppe kam aus der Slowakei und bestand aus 29 Wanderarbeitern. Darunter waren 13 Frauen,

Saisonarbeiter 1937

zwei Ehefrauen und sieben Kinder.[140] Nach Kriegsbeginn und mit dem Kriegseinsatz von Deputatisten mussten verstärkt Saisonarbeiter rekrutiert werden. Diese versuchte man auch in Ungarn und in Polen zu finden und, wenn möglich, auch über den Winter zu beschäftigen. Für das Jahr 1940 bedeutete dies, dass die ungarischen Wanderarbeiter des Wittmannshofs im Winter heimkehren mussten, die polnischen Wanderarbeiter über den Winter in der Schweizerei und im Forstamt beschäftigt werden konnten und mit den slowakischen Wanderarbeitern erst eine Vereinbarung getroffen werden musste. Die »Heinzen« kehrten im Winter nach Hause zurück, doch wollte man sie unbedingt im nächsten Jahr wieder einstellen, mit dem Partieführer dies besprechen, den Arbeitseinsatz eventuell ausbauen oder verbessern, auf jeden Fall mehr und einen Monat früher beschäftigen, wenn möglich vor dem Rübenvereinzeln zwischen 1. und 20. März, um die größer werdenden Karottenflächen bearbeiten zu können.

Die Reisekosten übernahm der Betrieb und auch die Unterkunft – barackenartige Massenquartiere mit getrennten Schlafräumen, pro Person ein Strohsack, ein Kopfpolster und zwei Decken – wurde unentgeltlich zur Verfügung gestellt. Die Tarife richteten sich nach dem Arbeitsvorgang; bei einer Krankheit wurde in den ersten drei Tagen der Naturallohn weiter ausbezahlt. Die Saisonarbeiter waren Selbstversorger und gehörten sozial gesehen nicht zum Hof.[141]

Bei Holzschlägerungsarbeiten, Zuckerrübenarbeit, Maisarbeit, Getreideschnitt und beim Drusch benötigte der Gutshof zusätzlich die Ortsbevölkerung von Halbturn, die in Akkordlohn tariflich bezahlt wurde. Der Betrieb hatte zunehmend Probleme, eine größere Zahl an Arbeitern zu requirieren. So beschwerte sich der Oberverwalter 1940, dass sich im Vorjahr alle Taglöhner geweigert hätten, zu den vorgeschriebenen Akkordlohnsätzen zu arbeiten. In diesem Jahr hätten sich sehr spät 48 Arbeiter gemeldet, wobei bereits vor Arbeitsbeginn elf zur Wehrmacht eingezogen worden wären und einer nicht erschienen sei. Die Übrigen würden so recht und schlecht dahinarbeiten und bei weitem nicht die präliminierten Holzmengen erarbeiten. Die Ortsarbeiter gingen lieber zum Bauern, der übermäßig hohe Löhne bei Weingartenarbeiten oder Mais und Kartoffelarbeit um den Anteil in Aussicht stellte. Die Taglöhner, zumeist Kleinhäusler, könnten wegen der nicht angenommenen Arbeit nicht belangt werden, da sie angeben könnten, ihren eigenen Grund bearbeiten zu müssen.[142]

Soziale Ordnung

Der Wittmannshof war ein großer, länglich gestreckter, viereckiger, mit einer Mauer umgebener Hof mit Stallungen, Speichergebäuden, Scheunen, Werkstätten, Maschinenunterständen, Wohngebäuden für die Verwaltung und Kanzleiräumen. Das Verwalterhaus/Herrenhaus war der repräsentativste Teil des Hofs. Die beinahe einen Kilometer lange Häuserzeile der Arbeitskräfte befand sich nördlich des Hofs, außerhalb der Mauer. Ein Haus wurde zumeist von zwei Kolonistenfamilien bewohnt, wobei eine Arbeiterwohnung aus einem Zimmer, einer Küche und einer Speisekammer bestand. Die Häuser waren durch Gärten, die der Eigenbewirtschaftung dienten, getrennt, zusätzlich stand ihnen je ein Verschlag für Kleinviehhaltung zur Verfügung. Der Gutshof verfügte über eine eigene Wasser- und Elektroversorgung durch das kalorische Kleinkraftwerk des Casimirhofs. Bereits ab 1899 war er durch ein Fernsprechnetz mit den anderen Höfen verbunden.[143]

Die Einwohnerzahl blieb in der ersten Hälfte des 20. Jahrhunderts auf dem Wittmannshof relativ konstant bei rund 270 Personen, davon waren 78 deutschsprachige Männer über 16 Jahren.[144] Die Ansiedlung von Landarbeitern am Wittmannshof war eine logische Folge der mangelnden Mobilität, wobei der Vorteil darin bestand, dass die Arbeitskräfte immer verfügbar waren und dadurch ein geregelter Produktionsablauf ermöglicht wurde. Zuvor waren sie Taglöhner, Inwohner oder Kleinhäusler gewesen, die Gründung eines eigenen Hausstandes war somit kaum möglich gewesen. Auf dem Gutshof, der sowohl Arbeits- als auch Lebensraum darstellte, bestand die Aussicht auf ein geregeltes Einkommen und damit auf eine gesicherte Existenz für Eheleute.

An der Spitze des Gutshofs stand der Verwalter, der von einem zumeist jungen Adjunkt unterstützt wurde. In der Hierarchie folgten die Kanzleiangestellten und Partieführer, auch Wirtschafter genannt. Die Handwerker des Hofs waren für die Wartung von Maschinen und Fuhrpark zuständig und genossen ein höheres Ansehen als die Landarbeiter/Deputatisten. Diese wurden wiederum in Facharbeiter wie Schweizer oder Traktorfahrer bzw. Arbeiter unterteilt. An der untersten Stelle der Hierarchie befanden sich die »gutshoffremden« Saison- und Erntearbeiter.

Auf dem Wittmannshof existierte ein geschlossenes Sozialsystem, was ihn von der dörflich-bäuerlichen Gesellschaftsordnung beinahe gänzlich isolierte. Auf den Gutshöfen gab es eine Schule, eine Kapelle, ein Wirtshaus und eine Greißlerei; Gutshand-

Eröffnung der Schulexpositur am Wittmannshof 1924

werker (Schmied, Wagner, Schlosser) verrichteten gewerbliche Tätigkeiten, sodass der Gutshof autark war.[145]

Durch die Grenzziehung nach dem Ersten Weltkrieg verblieb der Gutshof Albert Casimir bei Ungarn, womit die Wittmannshofer ihre bisherige Schule verloren. Die Wittmannshofer Kinder wurden ab dem Schuljahr 1923/24 mittels Pferdefuhrwerken der Herrschaft in die Schule nach Halbturn gebracht. Raumnot in der Halbturner Schule, erhebliche Kosten und der Zeitaufwand für die Herrschaft beim Transport der rund 70 Wittmannshofer Schulkinder, die Unpassierbarkeit der Straße bei Schlechtwetter und die daraus resultierenden Fehlzeiten der Schüler machten eine neue Lösung erforderlich. Nach langen Verhandlungen errichtete man am 1. September 1924 auf dem Wittmannshof eine Expositurklasse der Volksschule Halbturn. Rund 70 Kinder (1924: 55 Kinder, 1933: bereits 74 Kinder) hatten nun die Möglichkeit, in einem einzigen Raum einen achtklassigen Unterricht, der von einem Lehrer abgehalten wurde, zu besuchen. 40 Prozent des Gehaltes der Lehrkraft (1925: 560 Schilling jährlich) hatte der Schulerhalter, also die Volksschule Halbturn, zu bezahlen. Die Lehrerwohnung und ein Hausgarten wurden von der Gutsherrschaft bereitgestellt. Im Jahr 1939 wurde der Lehrer zum Militär einberufen und die Expositurklasse musste aufgelassen werden. Bis zum 19. Dezember 1945 waren die Kinder gezwungen, den Weg zur Volksschule in Halbturn zu Fuß anzutreten.[146]

Die Kapelle am Gutshof wurde vom Ortspfarrer ein- bis zweimal pro Monat betreut, wobei sich der Priester von Halbturn, nach anfänglich großem Interesse der Meierhofbewohner am Kirchgang, über den späteren nicht sehr eifrigen Kirchenbesuch beschwerte. Die Greißlerei wurde von den Bewohnern auf eigene Rechnung geführt, wobei zusätzlich ein Ausschank und eine Backstube betrieben wurden. Ebenso wurde der Gutshof von fahrenden Händlern, zumeist Schnittwarenhändlern, aufgesucht.[147]

Bräuche und Traditionen wurden im Jahresrhythmus, ähnlich wie in den Dörfern, gefeiert. So wurde auf dem Wittmannshof alljährlich das Kirchweihfest begangen. Zumeist fand dieses gegen Ende der Erntezeit statt und fiel mit dem Erntedankfest zusammen. Der älteste Bursch (»Robisch«) war für den Kirtagstanz zuständig. Dieser ging mit der Musikkapelle von Haus zu Haus, um die Einladungen auszusprechen. Zuletzt wurde immer das Verwalterhaus aufgesucht. Die anderen Burschen bauten die Laubhütte. Der Kirtag begann mit einer Messe, wobei die Erntekrone zum Verwalter gebracht wurde. Das Publikum kam von anderen Gutshöfen in der Umgebung, es waren auch Ortsbewohner aus Halbturn und Nickelsdorf darunter. Ein Faschingsball, der zumeist am 2. Februar (Maria Lichtmess) stattfand, wurde ebenfalls von den ältesten »ersten« Burschen arrangiert und im Getreidespeicher veranstaltet. Auch das Aufstellen eines Maibaumes, geschmückt von den Mädchen des Gutshofs, durch die achtzehnjährigen Burschen vor dem Haus des Verwalters, der sich mit einer Geldspende revanchierte, war üblich. Mit Erfolg organisierten die Land- und Forstarbeiter des Wittmannshofs ab 1935 das erste Tanzkränzchen zugunsten der Winterhilfe, wobei als Tanzsaal ein Schüttkasten diente.

Die Mobilität der Landarbeiterfamilien beschränkte sich zumeist auf einen Wechsel zu einem anderen Gutshof. Die Ehepartner waren in der Regel »Hofer« oder kamen aus anderen Gutshöfen. Das Bevölkerungselement veränderte sich in seiner Größe kaum, da die junge Generation der Landarbeiter nach Schulschluss in den Dienst der Gutsherrschaft eintrat. Wachsende gegenseitige Skepsis und Ablehnung zwischen den Dorf- und Gutshofbewohnern waren das Resultat dieser Autarkie.[148]

Politische Situation

Mit teilweisem Erfolg bemühte sich Erzherzog Friedrich, seine Besitzungen für Ungarn zu sichern und so wurde der Gutshof Albert Casimir Ungarn zugeschlagen. Halbturn und der Wittmannshof kamen aufgrund der deutschen Bevölkerung zu Österreich. Weitere Versuche, Grundstücke, zum Beispiel 1923 drei Wirtschaftstafeln zwischen Albert Casimir und dem Wittmannshof, nach Ungarn zu verschieben, scheiterten nach Protesten der Gemeinde Halbturn. Diese Umstände führten jedoch zu Misstrauen in der Ortsbevölkerung gegenüber der pro-ungarischen Haltung der Beamtenschaft der Direktion. Zusätzlich wurde diese Missstimmung dadurch genährt, dass ungarische Freischärler während der Angliederungskämpfe im Schloss Halbturn Unterschlupf fanden.[149]

In den darauf folgenden Jahren misstraute man dem Geistlichen, den Güterbeamten und einigen Lehrkräften, die für Ungarn votiert hatten, angesehene Persönlichkeiten waren und einflussreiche Stellungen innehatten. Es wurde ihnen vorgeworfen, gegen Österreich Stimmung zu machen. Die örtliche Gendarmerie hatte die Aufgabe, die Stimmung im Dorf zu kontrollieren und die »ungarnfreundlichen« Personen zu überwachen, die sich jedoch zumeist ruhig verhielten und nicht politisch agierten. Im Dezember 1924 warnte die Gendarmerie vor ungarischen Agitatoren, da Güterbeamte und Lehrer auf den ungarischen Höfen rund um Albert Casimir mit Burschen zwischen 12 und 21 Jahren Jugendvereinigungen bildeten. Die Tätigkeiten des Vereins, wie Turnen, Sport, geselliges Zusammensein, wertete die Gendarmerie als Deckmantel für politische Ziele. Den Jugendlichen wurde bei Nichteintritt eine Strafe angedroht, bei Abschluss eines Kurses wurden die Burschen auf den König von Ungarn vereidigt. Die Gendarmerie befürchtete ein Übergreifen dieser Revisionismusbewegung auf die österreichischen Gutshöfe.[150]

Diese Revisionismusängste wurden zusätzlich durch die Aktivitäten des zukünftigen Erbens der Herrschaft Ungarisch-Altenburg, Erzherzog Albrecht, geboren 1897 als einziger Sohn von Erzherzog Friedrich und Isabella von Croy-Dülmen, angefacht. Nach dem Zusammenbruch der Donaumonarchie hatte er in Ungarn gelebt und war 1919 vor der Räteregierung in Ungarn in die Schweiz geflohen. Zu dieser Zeit entstanden die ersten Kontakte zu ungarischen Emigrantenkreisen und gegenrevolutionären Gruppen um den Hauptmann i.R. Gyula Gömbös. 1920 kehrte Albrecht nach Ungarn zurück und wurde von der Gruppe der »Freien Königswähler« sogar als Thronkandidat für den vakanten ungarischen Königsthron gehandelt. Ebenso planten die in Westungarn operierenden Freikorpsführer Paul Pronay und Ivan Hejjas Albrecht als Thronfolger auszurufen. Dieses Unternehmen scheiterte aufgrund des missglückten Rückkehrversuchs von König Karl, der Haltung des Reichsverwesers Horthy und Albrechts indirekter Verwicklung in die »Franc-Fälscher-Affäre«. 1926 wurde Albrecht erbliches Oberhausmitglied der zweiten ungarischen Parlamentskammer.[151]

Die Bewohner der Meierhöfe wurden nach dem Zusammenbruch der Monarchie als politische Zielgruppe erkannt und man versuchte sie ideologisch zu manipulieren. Zunächst versuchten die Kommunisten sie als Anhänger zu rekrutieren. Kurz nach der Gründung der ungarischen Räterepublik unter Béla Kun im März 1919 erschien im Frühsommer des Jahres 1919 der von den Kommunisten eingesetzte Bezirkshauptmann von Neusiedl am See Ignaz Till im Schloss Halbturn und hielt vor den Arbeitern der umliegenden Gutshöfe eine Propagandarede, um sie von der kommunistischen Revolution zu überzeugen. Kurze Zeit später erschien Ballabene, ein Mitglied der Räteregierung, mit einer bewaffneten Kampfgruppe in Halbturn, um im Gemeindegasthaus eine politische Versammlung abzuhalten. Zum Schutz und zur Einschüchterung ließ Ballabene Maschinengewehre gegenüber dem Gasthaus in Stellung bringen und ließ vor der Schule Pfähle und Pflöcke als Richtstätten aufstellen. Die Rede von Ballabene richtete sich gegen die adeligen Großgrundbesitzer und sollte die Gutshofarbeiter und die ärmere Bevölkerung für die kommunistische Revolution gewinnen.[152]

Bemerkenswerte Erfolge konnten die Kommunisten weder während der Räterepublik in Ungarn noch in der Zwischenkriegszeit in Österreich auf den Gutshöfen erzielen. Die Angst, dass sich auf den Gutshöfen kommunistische Anhänger finden könnten, blieb aber bestehen und der Gendarmerieposten war angehalten, über die politische Lage auf dem Wittmannshof zu berichten. So wurde am 16. November 1932 berichtet: »Die Meierhöfe sind kommunistische Schlupfwinkel, doch am Wittmannshof gibt es keine Kommunisten.«[153] In der Nacht vom 1. zum 2. Oktober 1934 wurden in der Wittmannshofer Hofstraße mehrere kommunistische Flugzettel ausgestreut und von einem Melker aufgefunden. Die Flugblätter wiesen weder auf den Druck- noch auf den Verlagsort hin. Die Erhebungen der Gendarmerie blieben erfolglos, am Bezirksgericht in Neusiedl am See wurde Anzeige erstattet.[154]

Die Angst vor einer kommunistischen Bewegung auf dem Gutshof zeigte sich im Fall Ignaz Pirringer. Ignaz Pirringer, geboren am 22. Juni 1891 am Edmundshof (Gemeinde Mönchhof), war Schnittwarenhändler und betrieb diesen Beruf in einem angemieteten Zimmer in Halbturn. Der Textilhändler war in Ungarn während der Räteregierung bereits Mitglied der Kommunistischen Partei gewesen und hatte sich seither immer als Kommunist bekannt. Seine Händlertätigkeiten auf den nahe liegenden Gutshöfen benützte er schon vor 1938 zur politischen Agitation. So kam es für ihn auch im Jahre 1937 zu einer vierzehntägigen Arreststrafe. Am 7. Mai 1939 soll Pirringer gegen Mitternacht im örtlichen Gasthof mit seinem Bruder in alkoholisiertem Zustand kommunistische Lieder gesungen und Parolen gerufen haben. Anwesende, darunter ein Kanzleibeamter der Herrschaft und Ortssachverwalter der DAF, brachten diesen Vorfall zur Anzeige. Pirringer bestritt diese Taten. Nachdem die Zeugenvernehmung ergebnislos blieb, wurde die Anzeige fallen gelassen. Im selben Monat kam es zu ähnlichen Vorfällen und Pirringer wurde bei der GESTAPO angezeigt. Der Gendarmerieposten meldete am 23. Mai 1939 dem Amtsgericht: »Pirringer hat seit jeher seinen Hauptkundenstock bei der Arbeiterschaft der umliegenden Meierhöfe Wittmannshof, Kleylehof und Edmundshof, die er wöchentlich mit Schnittwaren bereist, auch mit seiner politischen Idee vergiftet bzw. Organisation und Verbindung fördert und herstellt.« Am 4. Mai 1940 wurde er wegen kommunistischer Mundpropaganda zu einem Jahr Gefängnis verurteilt. Auch nach seiner Entlassung blieb Pirringer seiner Gesinnung treu und weiterhin politisch aktiv. Am 1. Oktober 1942 wurde Pirringer vom Oberlandesgericht in Wien wegen angeblicher Vorbereitung zum Hochverrat zum Tode verurteilt. Das Urteil wurde am 18. Dezember 1942 durch Enthauptung im Landesgericht Wien vollstreckt.[155]

Die Bewohner der Gutshöfe standen standesgemäß der Sozialdemokratischen Partei sehr nahe, die hier bei Wahlen klare Mehrheiten erlangte. Die Nationalratswahl und die Landtagswahl 1930 wurden auf dem Wittmannshof zum Erfolg für die Sozialdemokratische Partei: Sie erhielt 104 Stimmen (81 Prozent) und lag damit deutlich vor der Christlich-sozialen Partei mit 14 Stimmen (dies entsprach ungefähr dem Anteil der anwesenden Güterbeamten am Meierhof). Die Kommunistische und die Nationalsozialistische Partei erhielten keine Stimmen.[156] So waren auch Wahlveranstaltungen mit Wahlreden von sozialdemokratischen Politikern auf dem Wittmannshof keine Seltenheit. Sozialdemokratische Traditionen wurden gepflegt, wie etwa die Abhaltung von kleinen Feiern zum 1. Mai, die von der sozialdemokratischen Arbeiterjugend organisiert wurden. Diese wurden von der Gendarmerie als harmlos beschrieben, wobei die Ortsgruppe der Sozialdemokraten, aber keine Kommunisten anwesend waren.[157]

Ab dem Jahr 1927 existierte in Halbturn auch die Vereinigung des Republikanischen Schutzbundes, dem 1931 20 Personen des Wittmannshofs (jeder vierte männliche Bewohner über 16 Jahren) als Mitglieder angehörten.[158] Dieser zeigte sich am Wittmanns-

Traktoren am Wittmannshof um 1930

hof sehr aktiv; es wurden Versammlungen, Gelände- und Turnspiele, teilweise in Uniform, vor der Schmiedewiese und am Übungsplatz abgehalten. Bis zum behördlichen Verbot am 30. März 1933 war Josef Krenn Obmann des Republikanischen Schutzbundes am Wittmannshof.[159]

Nationalsozialismus

Der Anschluss Österreichs an das nationalsozialistische Deutschland führte zu durchgreifenden Veränderungen, wobei die politische und gesellschaftliche Spaltung zwischen Betriebsführung und Arbeiterschaft noch deutlicher wurde. Zum Zeichen der Solidarität begab sich die Betriebsführung 1938 beim Einmarsch Hitlers in Wien zum Heldenplatz. Beinahe ausnahmslos trat sie der nationalsozialistischen Partei bei und übernahm politische Funktionen (siehe Tabelle 7).

Revierförster Emanuel Koguzki trat als einziger Angestellter des Betriebes offen gegen das neue Regime auf. So äußerte er sich im Juli 1938 unter anderem: »Heut' kann jeder auf die Jagd kommen, wenn er auch der größte Gauner und Verbrecher ist, die Hauptsache ist, wenn er von der Partei ist. Heute ist es schlechter als bei der Schuschnigg- und Dollfußregierung, heute darf man sich nicht rühren, heute muss man das Maul halten, sonst kommt man nach Dachau.« Wegen dieser staatsfeindlichen Äußerungen wurde Koguzki beim Amtsgericht in Neusiedl am See angezeigt.[160]

Bei den Landarbeitern, früher zumeist Mitglieder der Sozialistischen Partei, war von einer Begeisterung für das nationalsozialistische Regime nicht die Rede. Von den rund

Tabelle 7: Eintrittsjahr und Funktion in der NSDAP von Angestellten des Wittmannshofes

Stellung im Betrieb	Eintritt in die Partei	Funktion
Oberverwalter	1938	Gemeinderat
Agraringenieur	1939	Zellenwart
Büroangestellter	1937	
Lehrer am Wittmannshof	1938	Zellenwart
Gutsverwalter	1942	Blockwart
Oberjäger	1938	Gemeinderat
Sekretär	1938	
Obergärtner	1939	
Rentmeister	1939	
Schlossaufseher	1939	

100 wahlberechtigten Personen am Wittmannshof schlossen sich nur vier Landarbeiter (Mitgliedschaft ab 1938, 1938, 1939 und 1942) der Nationalsozialistischen Partei an.[161]

Wirtschaftlich erhoffte sich der Betrieb, der in finanziellen Schwierigkeiten steckte, durch den Anschluss an Deutschland und die nationalsozialistische Wirtschaftsideologie eine Besserung der Konjunktur. So berichtete der Oberverwalter der Zentrale in Budapest bereits eine Woche nach dem Anschluss, dass die Kontingentierung der Milch fallen würde, dadurch ein höherer Milchpreis und regelmäßiger Absatz erzielt werden könnten und die Viehpreise sich ebenfalls erhöhen würden. Weiters erwartete man sich, dass sich die politische Neugestaltung auf den Schilfrohrschnitt sehr positiv auswirken würde und dass die Beschränkungen für den Zuckerrübenanbau fallen würden. Die Entwicklung der Getreidepreise könne man noch nicht bewerten, doch würde mit einer Stabilisierung der Preise gerechnet. Als einzigen Wermutstropfen nannte der Oberverwalter, dass sich die Futtermittel preislich erhöhen würden.[162] Ein halbes Jahr später, nach der Ernte, sah er seine Aussagen bestätigt, da die Preise fixiert seien, dadurch Stabilität erhielten und es keine Konkurrenzangebote im NS-Staat gäbe: »Der Getreidehandel lag früher fast ausschließlich in jüdischen Händen. Diese Unternehmungen wurden durchwegs arisiert. Wir selbst haben uns bereits im Jahre 1937 von der jüdischen Cinquantinfirma Hugo Löwe freigemacht und zumindestens [sic!] ebenso guten Preisen den gesamten Maisbestand an die arische ›Landwirtschaftliche Genossenschaft, Frauenkirchen‹ verkauft. Dadurch, dass die Preise für landwirtschaftliche Produkte nunmehr stabilisiert und normiert wurden, ist es uns leichter, die Getreide jenen anständigen arischen Firmen zu verkaufen, die auch in den Zeiten der Not anständig an uns gehandelt haben und diese Not nicht durch hohe Zinsenabnahmen ausnützen.«[163]

Der Ausgleich 1937 und das veränderte Wirtschaftssystem nach dem Anschluss ließen Hoffnung auf eine Gesundung der Wirtschaft aufkommen. Im Jahre 1938 stellte sich tatsächlich ein stattlicher Gewinn von 27.625 Reichsmark ein (Rein- und Betriebsgewinn). Trotz alledem gab es noch keine Euphorie und der Oberverwalter warnte und mahnte zu Sparsamkeit, zu besserer Maschinenwartung, zu behutsamen Neuanschaffungen und zu keinen Verschwendungen, »da die große finanzielle Krise erst vor kurzem bewältigt wurde«.[164]

Die ersten Erfolge sollten jedoch nicht von langer Dauer sein. Einerseits kam es 1939 durch den Kriegsbeginn zu ersten Rekrutierungen und einem daraus folgenden Arbeitskräftemangel, andererseits lösten die 50-prozentigen Lohnanpassungen an das »Altreich« Missstimmung aus. Diese Anpassung führte zu einer Lohnerhöhung, die die Gutsverwaltung empfindlich traf. Sie wurde vom Betrieb misswillig durchgeführt, der Lohnarbeiter für die neue Situation verantwortlich gemacht. Der Oberverwalter stellte dazu fest: »Ich muss erneut darauf hinweisen, dass infolge der seit 1. Mai des Jahres in Kraft getretenen rund 20 %igen Lohnerhöhung auch von seiten der Gefolgschaft nunmehr eine entsprechend gesteigerte Leistung zu fordern ist. Taglohn ist zwar keine Akkordarbeit, aber was bisher unter den Namen »Taglöhner« geleistet wurde, straft schlechthin den Namen überhaupt. Bei dem heutigen Arbeiterbedarf soll natürlich jede verfügbare Kraft herangezogen werden. Um den schleppenden Geist und den Hang zum Tachinieren, wie es bisher in den allermeisten Fällen bei Taglohnarbeiten feststellbar war, langsam aus den Gemütern auszutreiben, und die Leute zu anständiger Arbeit zu erziehen, sollen die Verwaltungen überall, wo irgend möglich, die Arbeit im Akkordlohn vergeben und im Taglohn wirklich nur dort Leute beschäftigen, wo es anders nicht möglich ist. Aber auch hier sind die Arbeiter zu erziehen und zu ermahnen, ihr Bestes zu leisten und wiederholt daraufhin zu belehren, dass sie ja nicht bloß für sich und für den Betrieb, sondern darüber hinaus und in erster Linie für das ganze deutsche Volk schaffen und dadurch für die Autarkie und Ernährungsfreiheit ihren wesentlichen Beitrag leisten.«[165]

Gleichzeitig wurden der Kreisbauernschaft durch die Betriebsführung Vorschläge gemacht, die wohl jeder Arbeiter als Affront empfinden musste: »Die Barlöhne wurden erhöht und den Tariflöhnen des Altreiches angepasst, weitere Erhöhungen sind unmöglich, es sei denn die Arbeiter leisten mehr. Die Urlaubszeit ist zu lang, höher als im Altreich, Urlaube belasten den Betrieb und Verkürzungen würden den Betrieb entlasten und dem Arbeiter keine Einbußen bringen, da er lange Urlaube nicht schätzt.«[166] Auch die weiteren Wirtschaftsjahre brachten größere finanzielle Misserfolge, die auch Aufrufe zur »Anspannung aller Kräfte und Anwendung äußerster Sparsamkeit auf allen Gebieten« nicht wettmachen konnten.[167]

Im gesellschaftlichen Bereich war die Diskrepanz zwischen Beamtenschaft und Arbeiterschaft am deutlichsten und führte auch innerhalb des Betriebs zu Konflikten. Unverzüglich wurden nach dem Anschluss die nationalsozialistischen »Arbeiterverbände« D.A.F und K.d.F. installiert, doch sollten diese durch die Betriebsführung gesteuert werden. Bereits im Mai 1938 organisierte die Betriebsleitung einen ganztägigen Betriebsausflug der K.d.F. für 30 bis 35 Personen nach Wien, Schönbrunn und in den Prater, der jedoch wegen fehlender Sonderwagen auf den Juni verschoben werden musste.[168]

Nach Meinung der Verwaltung sollte sich der euphorisch begrüßte Anschluss sowohl auf Arbeitgeber als auch auf Arbeitnehmer positiv auswirken: »Durch die Wiedervereinigung werden sich die wirtschaftlichen Schäden, die durch die Systemregierung entstanden, leicht beheben lassen [...] Wir beginnen Maßnahmen zu setzen, die direkt das Los der Arbeiter verbessern und indirekt die Freudigkeit und Willigkeit der Arbeiter und eine Intensivierung der Wirtschaft gewährleisten. Folgende Maßnahmen werden gesetzt werden:

Wohnungen in einen besseren Zustand versetzen, sanitäre und sittliche Maßnahmen, Personal zu Wohnlichkeit (sauber) erziehen, dies Wurstigkeitsgefühl gegen hübscher Äußerlichkeit muss gewandelt werden [...]

Zur Steigerung der Leistungsfähigkeit, zur Körperertüchtigung und zur Hebung der Moral werden Sportmöglichkeiten geschaffen werden; [...] bisher bestand die Freizeitbeschäftigung aus Trinken, Tanzen und unmoralischem Umgang mit dem weiblichen Geschlecht (die Achtung vor dem Weib ist bei ihnen auf Null gesunken). Sport und gesellige Zusammenkünfte (Singen und Volkstänze) sollen eine neue Lebensweise bringen und die Wehrfähigkeit erhöhen. Dies wird dadurch verstärkt, dass der Großteil der jungen Leute in eine Parteiformation eingereiht wurden. [...]

Lohnverhältnisse werden sich den Kollektivverhandlungen anpassen [...]

Sonderwünsche bei Deputaten oder Schweinehaltung ist Rechnung zu tragen [...]

Die Maßnahmen sollen künftig das Gefühl erwecken, dass die Zusammenarbeit zwischen Gefolgschaftsführer und der Gefolgschaft sich inniger gestaltet. Langsames Vorgehen sei ratsam, ansonsten könnte es das Gegenteil bewirken und die Autorität und Ansehen würden sich verringern. [...] Der Bildungsgrat der Arbeiter wird sich erst langsam angleichen, und es ist notwendig zu verstehen, dass die Arbeit des Führers ebenso notwendig ist wie die Arbeit ihrer selbst. Die harmonische und kameradschaftliche Zusammenarbeit, die für den erfolgreichen Aufbau der Gesamtwirtschaft unbedingt notwendig ist, wird dann von selbst eintreten. Der Oberverwalter«[169]

Bald verschwand jedoch die Harmonie und die Gegnerschaft zwischen Arbeiterschaft und Betriebsführung brach wieder hervor, wobei die Deutsche Arbeitsfront sowohl von der Gutsleitung als auch von der Arbeiterschaft als Beschwerdeinstanz angerufen wurde. Dabei brachten beide Seiten Beschuldigungen vor, um sich Vorteile zu verschaffen. So schrieb der Oberverwalter im Mai 1940: »Das Personal ist teilweise faul, gemein und frech. Sie wissen, dass Entlassungen schwer durchführbar sind und der Betrieb zu wenig Arbeitskräfte hat und findet. Besonders Spezialisten können sich viel erlauben, denn sie werden überall genommen«.[170] Der Betrieb verfügte, dass die Arbeiter bei Ungehorsam, Frechheit, Faulheit und Nachlässigkeit Geldbußen zu verrichten hätten, die beim NSV Halbturn abgeliefert würden.[171] Auch die kirchlich-politische Einstellung der Arbeiter wurde kritisiert: »Die Arbeiter halten die nicht gesetzlichen Feiertage – Orts- und Landesfeiertage der Kirche oder Fronleichnam. Die Taglöhner bleiben zu Hause oder gehen in den Straßen in Festtagskleidern. Solche Kirchenanhänger und Sabateure werden keine Sonderzulagen erhalten.«[172]

Hingegen diffamierte der Ortsgruppenleiter der NSDAP Halbturn, wohl mit der Unterstützung der Arbeiterschaft, die Gutsleitung bezüglich der Zustände an den Gutshöfen (insbesondere am Kleylehof) bei der Kreisleitung in Bruck an der Leitha: »Es mangelt hier an ordentlichen Wohnungen und Einrichtungsgegenständen. Die Kinder schlafen zu zweit oder zu dritt in Trögen und Kisten, die Burschen in den Stallungen […]. Sehr umständlich ist es für die schulpflichtigen Kinder, denn sie müssen eine halbe Stunde, im Winter bei Frost und Kälte, in das Schulgebäude gehen, das ganz abgesondert auf freiem Feld steht. Als Schule kann der Raum gar nicht bezeichnet werden, es ist eine ungesunde Kammer.

Die Getreidearten sind sehr schön und die Ernte wird ertragreich. Es ist unverständlich, dass so eine Wirtschaft nicht lebensfähig sein sollte. Die Erträgnisse [sic!] bekommen die Banken, welche selbe an Herrn Albrecht nach Ungarn sandten und die Schulden verbleiben hier. Man kann nicht alles Gesehene niederschreiben, darum bitte ich den Kreisleiter selbst zu kommen, um dieses Jammer zu sehen und damit endlich Ordnung geschafft wird.«[173]

Der Oberverwalter versuchte, diese Vorwürfe mit einem Antwortschreiben an den Kreisbeauftragten zu erklären und zu entkräften, stellte eine Verbesserung der Lage in Aussicht und beschuldigte seinerseits die Arbeiterschaft, selbst für viele dieser Missstände verantwortlich zu sein. Er bestätigte, dass die Wohnverhältnisse nicht die besten seien und gab dafür mehrere Gründe an. So wäre die Schule des Gutshofs eine Minderheitenschule mit ungarischer Grundsprache und seit der Grenzziehung 1918 gäben die österreichischen Arbeitgeber den Ungarisch sprechenden Arbeitern keine Arbeit mehr, wodurch die Familien durch den Geburtenüberschuss immer größer und daher die Wohnräume entsprechend enger würden. Zudem käme es in den letzten Jahren durch die progressive Besteuerung, die jährlich sinkenden Produktpreise, die steigenden Löhne und die Einschnürung durch Kontingentierungen zu finanziellen Schwierigkeiten. Dies führe besonders bei Großbetrieben zu Schulden, wobei die Bruttoerträge die Banken und andere Gläubiger erhielten, nicht Herr Albrecht in Ungarn. Obwohl kein Geld für die Erhaltung und Ergänzung wichtiger Geräte vorhanden gewesen sei, wären trotzdem die Wohnungen instand gehalten worden, zum Beispiel wären Fußböden neu gelegt, gemeinsame Küchen in Einzelküchen abgeteilt, Türen und Fenster erneuert und Dächer gedeckt worden. Jedoch bemerkte er auch: »Der Mangel an Sinn für ein wohnliches Hausen ließ auch da stets unsere Bemühungen trotz Belehrung keine Früchte zeitigen. Die Arbeiter selbst legen bei kleinsten Schäden niemals selbst Hand an, um diese zu beheben, vielfach schienen sie es nicht einmal der Mühe wert zu finden, einen Schaden in der Wohnung, solange er noch gering war, der Verwaltung zu melden […] Ich konnte beobachten, wie Hausfrauen in den Küchen Schweinefutter kochten und große Wäsche wuschen, wobei der Dampf das Holz von Sturzböden, Fußböden, Türen, Fenster und Möbeln ruinierten, obwohl vor der Türe im Freien ihre Futterdämpfer oder Waschkessel unbenützt standen. Ich konnte beobachten, wie sich in den Küchen Ferkel und Geflügel aufhielten und dort vielfach auch gefüttert wurden […], wie Kinder mutwillig Fenster einschlugen und mit Steinen Dachziegel einwarfen.«

Für den Oberverwalter waren die Verantwortlichen klar und er stellte die Frage: »Konnte man solches Verhalten, das von roten Hetzern gutgeheißen wurde, mit Milde oder Strafe in kurzer Zeit beseitigen? Es war ja die Parole ausgegeben: die Herrschaft wird und muss uns alles richten lassen! […] Ob unter der roten oder schwarzen Ära, alle Gewerkschaftssekretäre oder wie sie hießen, predigten nur immer: ihr müsst das oder jenes bekommen, ihr dürft euch das oder jenes nicht gefallen lassen [...]«

Dem Vorwurf, zu wenig Betten zu haben, wurde entgegnet: »Wenn Kinder tatsächlich in Trögen schlafen, so ist dies nicht Schuld der Betriebführung, sondern ausschließlich Schuld der Eltern selbst.« Die Entlohnung gälte als eine der besten und sofern sich die wirtschaftliche Lage verbesserte, würde sich dies auch in den Löhnen widerspiegeln. Gleichzeitig meinte er, dass die Arbeiterschaft über ihre Verhältnisse lebte, keine sachgemäße Haushaltung führte, nicht sparen und vielfach nicht mit dem Ersparten umgehen könne. »Jüdische Elemente haben den Arbeiter unter Vorspiegelung falscher Angaben, durch verlockende Ratenzahlungen Radioapparate, Grammophone, Fahrräder, minderwertige Kleidung und Wäsche, ja selbst teure Bilder und Bücher aufoktroyiert und sie Hals über Kopf in Schulden gestürzt.« Andere Arbeiter hätten sich hingegen mit ihren Ersparnissen Grund und Boden und sogar nette Häuschen kaufen können. Dass Burschen im Stall schliefen, begründete er damit, dass sich durch die rote Hetze die Moral lockerte und sie in Unfrieden mit ihren Eltern lebten und es vorzögen, abgesondert zu schlafen. Oder sie wollten am Abend länger aufbleiben, »manchmal sind auch die Mädchen daran schuld«, einige wollten in der Früh gleich in der Nähe ihres Arbeitsplatzes sein oder sie erklärten, dass der Stallgeruch besser wäre als der zu Hause, da die Stallungen besser gelüftet würden und Wohnungen fast nie. Letztendlich betonte der Oberverwalter, dass am Kleylehof und am Wittmannshof bereits die unhygienischen Pritschen durch Eisenbetten ersetzt worden und die Renovierungsarbeiten an den Wohnungen bereits in Gange wären. »Wir haben heuer einen sehr reichen Erntesegen gehabt und dank der wunderbaren Wirtschaftspolitik unseres nationalsozialistischen Staates konnten wir dies alles bereits heuer neben einer kleinen, notwendigen Verbesserung des Wirtschaftsinventars durchführen.« In Zukunft sollten neue, gesunde Wohnungen sowie Gemeinschaftsräume wie Bäder und Sportplätze errichtet werden. Erzherzog Albrecht wollte in sozialer und wirtschaftlicher Sicht einen Musterbetrieb errichten. Ebenso hätte er bezüglich eines Schulneubaus bei der Gemeinde Halbturn vorgesprochen, doch es wäre nichts weiter geschehen, denn der römisch-katholische Schulstuhl, der zuvor verantwortlich gewesen war, hätte dafür kein Verständnis, denn nur die Dorfschulen würden gut ausgestattet, beschwere sich der Oberverwalter.[174]

Im Allgemeinen wollte die Gutsleitung Streitigkeiten mit der Arbeiterschaft vermeiden. Als die Arbeiter Lohnzettel zur Kontrolle der Löhne forderten und sich darüber beschwerten, dass kein Wagen bei Arbeiten mit Unfallgefahr bereitgestellt würde, der Kanzlist diesen hingegen zu Privatvergnügen wie Kirtagsfahrten erhielte, gab der Oberverwalter die Anweisung, den Wünschen Rechnung zu tragen und keine unsozialen Handlungen zu tätigen, die Streit herbeiführen könnten.[175]

So wie die Gutsverwaltung stand Erzherzog Albrecht, seit 1936 der Besitzer der Herrschaft Ungarisch-Altenburg, dem nationalsozialistischen Regime sehr positiv gegenüber. Sein Ziel war es, durch eine Revision der in Trianon abgeschlossenen ungarischen Friedensverträge die nach dem Ersten Weltkrieg verlorenen Güter wieder zurückzubekommen. An der Revision der ungarischen Grenzen zwischen 1938 und 1941 gegenüber der Tschechoslowakei, Rumänien und Jugoslawien nahm er als Offizier teil und versuchte vergeblich, die ehemaligen Besitzungen in Bellye (Jugoslawien) wiederzuerhalten. Aus diesem Grund unterhielt er gute Kontakte zum nationalsozialistischen Deutschland, unterstützte nationale Gruppierungen in Ungarn, schloss sich der »Partei der ungarischen Erneuerung« an und näherte sich später der extremen Rechtspartei der »Pfeilkreuzler« an. Erzherzog Albrecht floh 1945 vor der anrückenden Roten Armee über Bayern und Spanien nach Argentinien und starb 1955 in Buenos Aires.[176]

Räume des Schlosses Halbturn standen bereits 1938 der Hitlerjugend, dem BdM, verschiedenen Soldatenabteilungen und Umsiedlern aus Rumänien als Quartier zur Verfügung. Vom 15. Februar 1944 bis 31. März 1945 war im Schloss eine landwirtschaftliche Forschungszentrale, eine Einrichtung der Deutschen Wehrmacht, untergebracht. Dieses Forscherteam bestand aus 50 antikommunistischen Wissenschaftlern und 64 sonstigen Kräften aus Krasnodar. Sie hatten mit der Deutschen Wehrmacht zusammengearbeitet und waren somit zur Flucht aus der Ukraine gezwungen gewesen. Ihre Aufgabe war es, alternative Versuche mit Reis, Baumwolle, Tabak und Gemüse durchzuführen, um eventuell eine wirtschaftliche Unabhängigkeit Deutschlands in diesen Produkten zu erreichen. Mit dem Vormarsch der russischen Truppen 1945 verließen die Beschäftigten der landwirtschaftlichen Forschungszentrale gemeinsam mit der Deutschen Wehrmacht Halbturn.[177]

Kriegswirtschaft

Der Ausbruch des Zweiten Weltkriegs veränderte abermals grundlegend die Situation auf dem Gutshof. So kam es bald nach Kriegsbeginn zu den ersten Einberufungen männlicher Arbeitskräfte und zu einem Arbeitskräftemangel; die Erträge begannen sich zu minimieren. Mit zunehmender Kriegsausweitung verschärfte sich die Situation dramatisch.

Durch zahlreiche Ansuchen versuchte die Direktion Freistellungen bzw. Heimaturlaube vom Kriegsdienst für Arbeiter und Angestellte zu bewirken, die jedoch zumeist abgelehnt wurden. Ab dem Jahre 1942 gab es überhaupt keine Freistellungen mehr. Somit verblieben auf dem Gutshof zumeist nur Jugendliche, ältere Personen, Frauen, Ausländer (ungarische Staatsbürger), Invalide und jene Arbeiter, die unbedingt zur Aufrechterhaltung des Betriebes notwendig waren. Diese Personen konnten jedoch den Arbeitsprozess nicht alleine weiterführen.[178]

Waren 1939 noch 81 Personen am Wittmannshof ganzjährig beschäftigt, so waren es im Jahre 1942 nur mehr 49. Dem entgegen wurde die Liste der eingerückten Arbeiter immer länger. 1941 befanden sich bereits 29 Personen im Kriegsdienst (zwölf Kutscher, zehn Melker, zwei Maurer, zwei Gärtner, ein Winzer, ein Dampfpflugführer und ein Wagnergehilfe).[179] In den folgenden Jahren wurde die Lage durch die Einberufung weiterer Arbeiter noch prekärer. Besonders Facharbeiter wie Dampfpflugführer oder Handwerker fehlten.

Da die fehlenden Arbeitskräfte durch Saison- und Wanderarbeiter nicht ersetzt werden konnten, wandte sich die Direktion an die Partei um Ersatzarbeiter, »da der Betrieb die Heimat und die Front versorge«.[180] Bereits ab 1939 wurden die eingerückten Gutshofarbeiter durch Kriegsgefangene und Ostarbeiter ersetzt. Diese kamen zunächst aus Polen, danach aus Frankreich und schließlich aus der Sowjetunion, wobei die Kriegsgefangenen ganzjährig und die Ostarbeiter als Saisonkräfte auf den Gutshöfen eingesetzt wurden.[181] 1939 arbeiteten 30 Kriegsgefangene am Hof.

Im Oktober 1940 wurden weitere Kriegsgefangene aus dem Kriegsgefangenenlager Kaisersteinbruch überstellt, wobei der Betrieb bestimmte Anforderungen zu erfüllen hatte. Eingesetzt werden sollten die Kriegsgefangenen beim Strohpressen, Heupressen und der Kartoffelverladung, da diese wichtig für die Heereslieferungen waren; sie sollten nach Möglichkeit im Akkord beschäftigt werden, mit Arbeitszeiten nach Tarifverordnung und Löhnen nach den jeweils geltenden Lohnsätzen; an Krankheitstagen brauchte der Barlohn nicht bezahlt, jedoch freie Verpflegung und Unterkunft gewährt werden, Gefangenenaustausch konnte beantragt werden. Die Wachmannschaft sollte in unmittelbarer Nähe der Schlafräume der Kriegsgefangenen untergebracht werden. Das Kriegsgefangenenlager musste versperrbare Türen und vergitterte Fenster haben, der Vorplatz musste mit Bretterplanken und Stacheldraht umzäunt sein und es mussten Beobachtungsfenster vom Schlafraum der Wachmannschaft zum Schlafraum der Gefangenen gegeben sein; Verköstigung hatte vom Betrieb bereitgestellt zu werden und kostete pro Tag circa 1,20 Reichsmark.[182]

Sehr bald musste der Betrieb zur Kenntnis nehmen, dass die Bereitstellung von Kriegsgefangenen mit immer größeren Schwierigkeiten verbunden war. Sowohl die örtlichen Bauernschaften und die Industrie als auch andere Gutsbetriebe reklamierten Arbeitskräfte für sich und mit Fortdauer des Krieges wurden die Kontingente an Kriegsgefangenen immer geringer. Die Probleme beschreibt der Betrieb in einem Brief an eine Samenzüchterei in Nürnberg 1940:

»Wir haben für Sie 100 Hektar Gemüsesamen angebaut, und Sie haben sich verpflichtet je 1 Hektar eine Arbeitskraft in Form eines Saisonarbeiters zur Verfügung zu stellen. Bisher sind erst 70 polnische Kriegsgefangene eingelangt, die nur mangelhafte Leistungen erbringen. Somit wird diese Flächen nur schlecht und recht bewirtschaftet. Der Betrieb stellt hohe Anforderungen an die Arbeiterschaft, da er Verantwortung in Hinblick auf die Selbstversorgung des Deutschen Reiches im Krieg trägt im Auftrag des Reichsnährstandes in Bezug auf die guten klimatischen Bedingungen für Spezialkulturen. Weiters sind 19 Prozent unserer ständigen Arbeiter bei der Wehrmacht eingezogen.

1939 erhielten wir aus Kaisersteinbruch 150 polnische Kriegsgefangene für die Zuckerrübenernte, 50 sollten im Winter zu Holzarbeiten verbleiben, doch durch Krankheit reduzierte sich die Arbeiterpartei auf 38 Mann. Anstatt 32 neue Kriegsgefangene zu erhalten, wurden noch die letzten Ende April abgezogen, da diese nicht mehr an landwirtschaftliche Betriebe abgegeben werden. Versuchen Sie, die Ernte zu retten und in Berlin die nötigen Arbeitskräfte aufzutreiben. Der Oberverwalter«[183]

Der Wirtschaftsbetrieb des Gutshofs konnte somit nur mehr mit Hilfe von Ostarbeitern aufrechterhalten werden. Diese Ostarbeiter, die in den von Deutschland besetzten Gebieten zwangsweise rekrutiert worden waren, prägten somit als Arbeitskräfte das Bild des Gutshofes in den Kriegsjahren. So waren im Sommer 1944 50 Ostarbeiter (41 Männer und neun Frauen), davon 40 aus der Sowjetunion und zehn aus Polen, am Gutshof Wittmannshof beschäftigt.[184] Die Lagerordnung für Ostarbeiter wurde penibel aufgelistet und in deutscher, russischer und ukrainischer Sprache angeschlagen. Die Einleitung lautete:

»Ostarbeiter! Du findest in Deutschland Lohn und Brot und sicherst mit Deiner Arbeit auch die Versorgung Deiner Familie in der Heimat. Du erwartest in Deutschland eine anständige Behandlung. Diese wird Dir zuteil, wenn Du Dich ordentlich und anständig verhältst, Deine Arbeit pünktlich und zuverlässig verrichtest und den Anordnungen und Maßnahmen der deutschen Behörden, Deines neuen Betriebsführers und seiner Beauftragten pflichtgetreu nachkommst.«

Der Lagerälteste hatte für Ruhe, Ordnung, Sauberkeit und die Einhaltung der Verdunkelungsvorschriften zu sorgen. Anständiges Benehmen gegenüber den Vorgesetzten wurde erwartet. Die Umzäunung des Lagers durfte nicht mit Stacheldraht versehen sein. Ostarbeiter sollten mindestens einmal wöchentlich Ausgang erhalten, der geschlossen nach Möglichkeit in Gruppen von zehn bis 20 Mann (bei Ostarbeiterinnen bis fünf Personen) zu erfolgen hatte. Die Aufsicht des Ausgangs war grundsätzlich einem Angehörigen des Lagerdienstes, also einem Ostarbeiter übertragen.[185] Postverkehr war erlaubt. Rauchwaren, Waschmittel, Decken, Bettwäsche, Nähmittel und Ähnliches erhielt man auf Bezugsscheine. Die Bekleidung wurde aus der Heimat beschafft. Das Wecken und die Nachtruhe wurde durch die Lagerleitung verordnet. Jeder Lagerinsasse hatte das Recht, Wünsche und Beschwerden vorzubringen, doch waren diesbezüglich Lärmszenen und »Zusammenrottungen« verboten. Bei Verstößen wurden je nach Schwere des Vergehens Strafen ausgesprochen. Ihre Freizeit durften die Insassen nur im Lager verbringen, Medien wie Rundfunk und Zeitungen waren in deutscher Sprache bzw. in der jeweiligen Landessprache erlaubt, soweit sie von den Propagandaämtern zugelassen waren.[186]

Durch die Kriegswirtschaft gab es auch Probleme mit dem Viehstand, der vom Militär zunehmend beschlagnahmt wurde. War der Viehstand am Wittmannshof im Juni 1941 noch mit 31 Pferden und 403 Rindern beziffert, so lag er 1942 mit 27 Pferden, 170 Kühen und 29 Stieren und Ochsen bereits deutlich darunter.[187] Den Arbeitskräftemangel und die Verminderung des Zugviehs versuchte man mittels Mechanisierung zu kompensieren. Trotz der finanziellen Schwierigkeiten der Herrschaft Ungarisch-Altenburg in Österreich wurde die Mechanisierung auf den Gutshöfen vorangetrieben. 1938 lieh sich der Betrieb zwei Traktoren aus Ungarn und kaufte einen Raupenschlepper mit Kultivator an, der mit elektrischem Licht versehen war und somit auch in der Nacht arbeiten konnte.[188] Noch im Januar 1942 standen dem Wittmannshof sechs Traktoren, zwei Dampfpfluggarnituren, ein Lokomobil und vier Dreschgarnituren zur Verfügung. Doch wegen der zunehmenden Kriegswirtschaft, dem Mangel an Rohstoffen und Ersatzteilen und wegen des Treibstoffmangels war der Einsatz der Maschinen immer schwerer möglich.[189]

Ein Rundschreiben des Oberverwalters im Januar 1941 an alle Ämter des Betriebes verdeutlicht die Probleme und lässt einige Enttäuschung erkennen: »Das Wirtschaftsjahr 1940 hat infolge des Zusammenwirkens der verschiedensten ungünstigen Momente einen größeren finanziellen Misserfolg mit sich gebracht.«

Im Jahr 1941 sollte der Misserfolg durch Sparsamkeit wieder wettgemacht werden. Der Arbeitskräftemangel erlaubte keine Einsparung an Arbeitskräften, doch die zur Verfügung stehenden Kräfte sollten eine bessere planvollere Verwendung finden. Die hohen Löhne und die sozialen Zuwendungen für Arbeiter verlangten von den Arbeitern eine volle Hingabe an den Betrieb und Faulheit bzw. Trödlerei würden nicht geduldet. Renumerationen sollten ab 1941 nur mehr an Fleißige ausbezahlt werden. Die Arbeiten sollten durch Prämienpensumlöhne und Akkordierung im Taglohn verrichtet werden. Die Viehwirtschaft gestaltete sich durch das fehlende geschulte Personal und den häufigen Personalwechsel sehr schwierig. Zugleich wäre sie zur Zeit kaum rentabel, da Eiweißfutter kaum vorhanden wäre und selbst Produziertes zu teuer käme. Ein kleiner Stand an leistungsfähigen Tieren wäre besser als viele minderwertige Tiere, die hohe Kosten an Futter und Löhnen bedeuten würden. Da neue Maschinen kaum finanzierbar wären und Ersatzteile kaum beschafft werden könnten, müssten die vorhandenen sorgfältig behandelt werden. Fahrlässigkeit würde rücksichtslos bestraft werden. Altes Eisen bzw. unbrauchbare Maschinenteile könnten durch den Einsatz von Schweißapparat und Drehbank wieder verwendet werden. Destruktive Elemente würden den Platz früher oder später räumen müssen, damit wieder jener Friede und jene Ordnung in den Betrieb Einkehr halten könnte, der notwendig wäre für aufbauende Arbeit.[190]

Die Auswirkungen des landwirtschaftlichen Strukturwandels auf die Gutshofkultur nach dem Zweiten Weltkrieg

Die Niederlage des nationalsozialistischen Deutschland führte beinahe zum Zusammenbruch der Gutswirtschaft auf dem Wittmannshof. Durch die Kriegsereignisse des Jahres 1945 verlor der Wittmannshof sein gesamtes lebendes und totes Inventar. Die Beamten der Direktion und die Verwalter der Höfe flohen vor der sich nähernden Front und die Arbeiterschaft war beim Einmarsch der Roten Armee, bei den anschließenden Plünderungen und bei der Einbringung der Ernte auf sich allein gestellt. Der wirtschaftliche Betrieb konnte nur mühsam aufrechterhalten werden und schließlich wurde vom Landwirtschaftsministerium bis 1948 ein öffentlicher Verwalter mit der provisorischen Leitung des Betriebs betraut.[191]

Die durch Kriegsschäden, Umstrukturierungen und Erbansprüche entstandene prekäre finanzielle Lage konnte erst Mitte der Fünfzigerjahre stabilisiert werden. Die erträgliche Viehwirtschaft wurde forciert, das Ackerland durch Auflassung der Hutweiden ausgeweitet und durch die verstärkte Mechanisierung, den Einsatz von Kunstdünger und Pflanzenschutzmitteln konnten die Ernteerträge gesteigert werden.

Die Mechanisierung in der Landwirtschaft und die Reduzierung der Viehwirtschaft in den Sechziger- und Siebzigerjahren setzte zahlreiche Arbeitskräfte frei, die in den verschiedensten Wirtschaftsbereichen außerhalb des Gutshofs neue Beschäftigungen fanden. Diese Entwicklung war zumeist mit der Abwanderung in die Nähe des neuen Arbeitsplatzes verbunden. Beschäftigte der Wittmannshof 1952 noch 87 Arbeiter und

1982 29 Arbeiter, so waren es 1997 nur noch sieben. Mit Schrumpfen der Gutshofbevölkerung verschwand auch die soziale Struktur des Gutshofes. Die Schule wurde 1958 ebenso wie die monatliche Messfeier aufgelassen, die Greißlerei und das Gasthaus 1980 geschlossen. Der Gutshof als geschlossenes Sozialsystem ging damit verloren, die Bewohner gingen in den umliegenden Dörfern auf und die Geschichte der Arbeitersiedlungen endete nach rund 150 Jahren, als der letzte Arbeiter 1980 seine Wohnung am Wittmannshof verließ.[192]

Anhang

Anmerkungen

Hubert Weitensfelder: Vom Stall in die Fabrik – Vorarlbergs Landwirtschaft im 20. Jahrhundert
Seite 15-72

1. Amt der Vorarlberger Landesregierung – Landesstelle für Statistik: Agrarstrukturerhebung 1990.
2. Sedlaczek, Die Käsemacher 11.
3. Schürmann, Milch 24 f. Vgl. zum natürlichen Lab auch Klenze, Handbuch der Käserei-Technik 111–150; Eugling, Handbuch für die praktische Käserei 38–48.
4. Weizenegger, Vorarlberg, Bd. 1, 258; dazu auch Lanzl, Landwirtschaft Vorarlbergs 64.
5. Weizenegger, Vorarlberg, Bd. 1, 258; Werkowitsch, Land Vorarlberg 160; Klenze, Handbuch der Käserei-Technik 111–113.
6. Weiss, Alpwesen Graubündens 239; vgl. auch Frey, Die Landwirtschaft 52.
7. Weiss, Alpwesen Graubündens 243 f.
8. Grass, Vieh- und Käseexport 133.
9. Bilgeri, Bregenzerwälder Sennerei.
10. Grass, Vieh- und Käseexport 133, 150.
11. Zur Leinenwirtschaft im Allgäu vgl. Kurz, Flachs als Sonderkultur.
12. Wachter, Allgäuer Milchwirtschaft 34–37; Jahn, Dauergründland-Monokultur 106–109.
13. Weizenegger, Vorarlberg 1 257. Nach Klenze, Handbuch der Käserei-Technik 535–537, wurde Lüneburger Käse nur im Kleinen Walsertal erzeugt.
14. Meusburger, Die Käsgrafen 5; Fink, Wirtschaftsverhältnisse in Vorarlberg 40.
15. Weizenegger, Vorarlberg 1 258.
16. Bergmann, Landeskunde 7 f.
17. Meusburger, Die Käsgrafen 7.
18. Weitensfelder, Industrie-Provinz 325.
19. Meusburger, Die Käsgrafen 13.
20. Werkowitsch, Land Vorarlberg 83, 159 f.
21. Vorarlberger Landesarchiv (VLA), Nachlass Naumann, 9/1: Josef Naumann: »Vorarlberg gewinnt Österreichs Bedeutung als Käseausfuhrland zurück« (maschinschriftl. Manuskript, ca. 1950) 1–3.
22. MVBK, 8. 6. 1934, 133.
23. VLA, Nachlass Naumann, 9/1: Josef Naumann: »Vorarlberg gewinnt Österreichs Bedeutung als Käseausfuhrland zurück« (maschinschriftl. Manuskript, ca. 1950) 4.
24. Vorarlberger Volksbote, 14. 10. 1950.
25. MVBK, Dezember 1971, 308.
26. Nachrichten des Verbandes landwirtschaftlicher Genossenschaften in Vorarlberg, 6. 3. 1936, 5.
27. Hürlimann, Schmelzkäse-Industrie des Allgäus 473.
28. 50 Jahre Alma (unpaginiert).
29. Österreichische Milchwirtschaft 47/10 (1992) 13 f.
30. Österreichische Milchwirtschaft 48/23 (1992) 10.
31. Österreichische Milchwirtschaft 49/8 (1994) 18.
32. Österreichische Milchwirtschaft 53/8 (1998) 12.
33. Deutsche Milchwirtschaft 52/14 (2001) 596 f.
34. Sedlaczek, Die Käsemacher 82.
35. Österreichische Milchwirtschaft 49/5 (1994) 3.
36. Österreichische Milchwirtschaft 50/7–8 (1995) 12.
37. Österreichische Milchwirtschaft 51/2 (1996) 9.
38. Österreichische Milchwirtschaft 51/10 (1996) 13.
39. Österreichische Milchwirtschaft 52/5 (1997) 17.
40. Österreichische Milchwirtschaft 53/5 (1998) 12.
41. Deutsche Milchwirtschaft 50/18 (1999) 781 f.
42. Deutsche Milchwirtschaft 52/14 (2001) 595 f.

43 Der Alm- und Bergbauer 50/5 (2000) 23.
44 MVLV, April 1912, 104: »Eine Musterkuh in Versen (Aus dem Schreibkalender eines alten Bauern im Rheintal)«.
45 Berchtel, Alpwirtschaft im Bregenzerwald 36. Dazu auch Werkowitsch, Land Vorarlberg 143 f. Zur Viehwirtschaft in Vorarlberg während der Frühen Neuzeit vgl. Niederstätter, Bemerkungen zur Rinderhaltung.
46 Berchtel, Alpwirtschaft im Bregenzerwald 37.
47 Beiträge zur Statistik der Bodenkultur 1 (1870) 32.
48 Es wurde 1896 und 1907 verändert und beeinflusste die Rinderzucht im Land bis 1938: Jutz, 100 Jahre Herdebuchzucht 10.
49 MVLV, Oktober 1873, 862–868.
50 Volaucnik, Veränderungen in Dornbirns Landwirtschaft 72.
51 Weitensfelder, Industrie-Provinz 341.
52 Werkowitsch, Land Vorarlberg 175.
53 Ebenda 133 f.
54 Jutz, 100 Jahre Herdebuchzucht 33.
55 Zu diesen vgl. Matt, Die Gründung und die Gründer 54–61.
56 Jutz, Die I. Vorarlberger Viehzuchtgenossenschaft 11–24.
57 Peter, Land-, Alp- und Forstwirtschaft im Raum Hohenems 107.
58 Werkowitsch, Land Vorarlberg 145 f. Eine genauere Beschreibung der Rinderrassen in den österreichischen Alpenländern in: MVLV, Jänner 1896, 2–8 (darunter das Montafonerrind), sowie MVLV, Jänner 1897, 2–7.
59 Fink, Wirtschaftsverhältnisse in Vorarlberg 35.
60 Jutz, Die I. Vorarlberger Viehzuchtgenossenschaft 29.
61 MVBK, Jänner 1929, 15.
62 Vorarlberger Volksblatt, 9. 4. 1960.
63 Lanzl, Landwirtschaft Vorarlbergs 14. Werkowitsch, Land Vorarlberg 136, berechnet das Gewicht einer durchschnittlichen Kuh auf 360 Kilogramm.
64 Montafoner Heimatbuch 515. Um 1895 gab eine Montafoner Kuh durchschnittlich 2.500 Liter Milch im Jahr: MVLV, Jänner 1896, 6.
65 Summer, Viehwirtschaft in Vorarlberg 63.
66 MLKV, März 1971, 68 f.
67 Statistisches Jahrbuch Österreichs 2002 288.
68 Vorarlberger Volksbote, 8. 9. 1956.
69 Jutz, I. Vorarlberger Viehzuchtgenossenschaft 38.
70 MLKV, September 1967, 234 f.
71 Summer, Künstliche Besamung in Vorarlberg 71.
72 Jutz, 100 Jahre Herdebuchzucht 16.
73 MLKV, August/September 1969, 123.
74 Summer, Der künftige Weg der Braunviehzucht 72.
75 Fink, Wirtschaftsverhältnisse in Vorarlberg 36 f.
76 Keßler, Was der Alphirte vom kranken Rind wissen muß 131–136.
77 Die Bangseuche war 1896 von Bernhard Bang in Kopenhagen entdeckt und beschrieben worden: Rudolf, Abortus Bang der Rinder und seine Bekämpfung 66.
78 Vorarlberger Volksbote, 10. 5. 1958.
79 Leidenfrost, Alpwirtschaft 18.
80 Knall, Bekämpfung der Rindertuberkulose in Vorarlberg 56.
81 Vorarlberger Volksbote, 11. 4. 1959.
82 Knall, Neun Jahre Kampf gegen die Rindertuberkulose 64.
83 Jutz, 100 Jahre Herdebuchzucht 15.
84 Vorarlberger Volksbote, 20. 11. 1954. Dr. Wilhelm Mohr stammte aus Wolfurt und studierte Jus in Graz und Innsbruck; er leitete ab 1922 und dann wieder ab 1945 die Vorarlberger Agrarbezirksbehörde. Er starb 1971 im Alter von 81 Jahren: Vorarlberger Volksbote, 2. 9. 1950; MLKV, Dezember 1971, 317.
85 MLKV, Jänner 1954, 18 f.
86 Summer, Künstliche Besamung in Vorarlberg 69.
87 Jutz, 100 Jahre Herdebuchzucht 31.
88 Willam, Volk der Berge 312 f.; Willam liefert mit diesem Beitrag eine eingehende Schilderung der Arbeit, Sitten und Bräuche auf den Vorarlberger Alpen im ersten Viertel des 20. Jahrhunderts.
89 Berchtel, Alpwirtschaft im Bregenzerwald 46; dort auch weitere Definitionen von Alpen bzw. Almen.
90 Groier, 3-Stufenwirtschaft 22.

91 Berchtel, Alpwirtschaft im Bregenzerwald 47.
92 Groier, 3-Stufenwirtschaft 32.
93 Werkowitsch, Land Vorarlberg 105.
94 Lanzl, Die Landwirtschaft Vorarlbergs 52; Penz, Almwirtschaft in Österreich 132.
95 Fink, Wirtschaftsverhältnisse in Vorarlberg 46 f. Der Bauernsohn und Geistliche Barnabas Fink machte sich einen Namen als Experte für die Vorarlberger Volkswirtschaft.
96 Berchtel, Alpwirtschaft im Bregenzerwald 111–113.
97 Fink, Wirtschaftsverhältnisse in Vorarlberg 48.
98 Werkowitsch, Land Vorarlberg 106.
99 MVLV, August 1901, 126; MVLV, September 1901, 146–158.
100 Lanzl, Landwirtschaft Vorarlbergs 32–41.
101 Ebenda 46 f.
102 Ebenda 69.
103 Werkowitsch, Land Vorarlberg 137 f.
104 Fink, Wirtschaftsverhältnisse in Vorarlberg 34.
105 Penz, Almwirtschaft in Österreich 133.
106 Montafoner Heimatbuch 535.
107 Bauer, Entvölkerung und Existenzverhältnisse 125.
108 Die Presse, 25. 3. 1965.
109 Berchtel, Alpwirtschaft im Bregenzerwald 44.
110 Garche, Strukturwandel alpiner Siedlungen 56–58.
111 Schneider, Maisässen im Montafon 184.
112 Keiler, Pfeifer, Plazadels und Wachters Dieja 68 f.
113 Moosbrugger, Maisäßkultur 52. Ebenda, 64–74, entwirft die Autorin Szenarien für eine zukünftige Nutzung der Maisässe.
114 MLKV, Juni 1954, 180–182.
115 Der Alm- und Bergbauer 50/5 (2000) 21–23.
116 Pfefferkorn, Agrargemeinschaften 93.
117 Kühne, Agrargemeinschaften 66; Pfefferkorn, Agrargemeinschaften 96–107, zählt diese nach Gemeinden auf. Charakter und Anteil der Agrargemeinschaften in Österreich wurden noch nicht zusammenhängend untersucht; vgl. exemplarisch Haller, Kärntner Agrargemeinschaften.
118 Beiträge zur Statistik der Bodenkultur 3 (1872) 45; Kühnhold, Montafon 121. Bis heute bilden mehrere Gemeinden den »Stand Montafon«; die Bezeichnung knüpft an die alte ständische Tradition der Selbstverwaltung in diesem Tal an.
119 Montafoner Heimatbuch 510 f.
120 Bußjäger, Gesetz über das Gemeindegut 158–160.
121 Märk, Oberländer Späältabürger 122.
122 Walser, Altach 138.
123 Die folgenden Ausführungen nach Weitensfelder, Agrarreform und Sozialkonflikt. Die Gemeinnutzungen im österreichischen Raum haben bislang nur wenig Beachtung gefunden; vgl. etwa Brunner, Die Gmein; Wurm, Die Weiberau. In den letzten Jahren richtet die internationale vergleichende Forschung vermehrt ihr Augenmerk auf diese kollektiv genutzten Güter; vgl. etwa: The Management of Common Land.
124 Unterbäuerliche Schichten gab es in Vorarlberg nur in geringer Zahl; vgl. dazu Weitensfelder, Verlassenschaftsakten als Zugang zu den Taglöhnern.
125 Bilgeri, Geschichte Vorarlbergs 5 (1987) 106, 113, 122; zu den Auseinandersetzungen in Schlins vgl. Bundschuh, Schlins 106–117.
126 Mohr, Agrarrecht in Vorarlberg 29 f. Langjähriger Amtsvorstand war Josef Kühne, der um 1970 zum Professor für Rechtswissenschaften an der Technischen Hochschule Wien ernannt wurde. Ihm folgte Wolfgang Pfefferkorn, ein Jurist und Absolvent der Hochschule für Bodenkultur: MLKV, August 1971, 199.
127 VLA, Nachlass Naumann, 9/3: Schreiben der Agrarbezirksbehörde Bregenz, 11. 11. 1958, dazu Verwaltungsstatuten.
128 Vorarlberger Volksblatt, 24. 2. 1966.
129 Arbeiter-Zeitung, 26. 3. 1967.
130 Zech, Gemeinschaftliche Nutzungen 155.
131 Bußjäger, Gesetz über das Gemeindegut 152.
132 Ebenda 148.
133 Volaucnik, Altenstadt 321.
134 Bußjäger, Gesetz über das Gemeindegut; Kühne, Agrargemeinschaften – Gemeindegut in Vorarlberg?

135 Erste Feuerversicherungen bildeten sich im Bregenzerwald: Tiefenthaler, Am Anfang war's nur Feuer 17–21, 29.
136 Werkowitsch, Land Vorarlberg 174.
137 Ebenda 156.
138 Zinsli, Die Walser 16–18.
139 Budmiger, Das Land der Walser 28–37. Zu den Walsern in Vorarlberg vgl. die allerdings recht idealisierende Darstellung von Ilg, Die Walser.
140 Werkowitsch, Land Vorarlberg 176.
141 Werner, 100 Jahre Österreichischer Raiffeisenverband 49 f.
142 MVLV, Juni 1869, 139 f.
143 MVLV, Juli 1873, 808–810.
144 MVLV, Juli/August 1874, 1027 f.
145 Wilckens, Die Alpenwirthschaft 302.
146 Schürmann, Milch 36.
147 MVLV, Juli/August 1874, 1041.
148 Werkowitsch, Land Vorarlberg 178.
149 MVLV, November 1890, 4278 f.
150 Werner, 100 Jahre Österreichischer Raiffeisenverband 49.
151 60 Jahre Vorarlberger Genossenschaftsverband 13.
152 Taschen-Jahrbuch für den Vorarlberger Landwirt 13 (1956) 21 f.
153 Vorarlberger Volksbote, 11. 3. 1950.
154 Taschen-Jahrbuch für den Vorarlberger Landwirt 13 (1956) 30. Zur Dornbirner Gründung vgl. Kalb, 50 Jahre Großmolkerei Dornbirn.
155 Nachrichten des Vorarlberger Genossenschaftsverbandes, Oktober 1951, 338–340.
156 Taschen-Jahrbuch für den Vorarlberger Landwirt 11 (1954) 32.
157 VLA, Nachlass Naumann, 9/4: Bericht der Agrarischen Nachrichtenzentrale, 14. 7. 1960.
158 MLKV, Mai/Juni 1969, 76.
159 Dazu MLKV, 2. 8. 1975.
160 MLKV, Sonderbeilage April/Mai 1977: Tabelle österreichischer Maschinen- und Betriebshilferinge.
161 MLKV, September 1970, 168 f.
162 MLKV, 30. 4. 1976.
163 MLKV, 21. 5. 1977.
164 MLKV, 4. 6. 1977.
165 MLKV, 25. 3. 1978.
166 Böhler, Das Verschwinden der Bauern 103.
167 Beer, Geschichte der Bahnen 1 (1994) 70 f., 75.
168 Ebenda 130, 132 f.
169 Werkowitsch, Land Vorarlberg 83–85.
170 Fink, Wirtschaftsverhältnisse in Vorarlberg 13.
171 Kiermayr-Egger, Zwischen Kommen und Gehen 21. Der dortige Getreidebau erfolgte offenbar vor allem wegen der Stroh- bzw. Streugewinnung für das Vieh: Thurnher, Bodenverbesserung des Vorarlberger Rheintales 7.
172 Beer, Geschichte der Bahnen 3 (1999) 83, 86. 1985 wurde der Verkehr auf dieser Bahn eingestellt: ebenda 107.
173 Beer, Geschichte der Bahnen 3 (1999) 17, 19. Eine Tabelle zu den Beförderungsleistungen der Montafoner Bahn in den Jahren 1905 bis 1993 findet sich bei Zwirchmayr, 90 Jahre Montafonerbahn 243.
174 Bauer, Entvölkerung und Existenzverhältnisse 120.
175 Märk, Trift und Wasserstuben 67–71.
176 MLKV, April 1970, 43.
177 MLKV, März–April 1961, 49; Fischer, Wildbachverbauung 302.
178 Werkowitsch, Land Vorarlberg 14; Waibel, Binnengewässerkorrektion 288.
179 Waibel, Werke der Internationalen Rheinregulierung 210 f., 213, 219.
180 Waibel, Binnengewässerkorrektion 289.
181 Thurnher, Bodenverbesserung des Vorarlberger Rheintales 4–11.
182 Gerabek, Geschichte der Meliorationen 106.
183 MVBK, Jänner 1929, 26.
184 Kapfer, Konold, Streuwiesen 185 f.
185 Konold, Beitrag zur Geschichte der Streuwiesen 180.
186 Thurnher, Bodenverbesserung des Vorarlberger Rheintales 13 f.
187 Schmidinger, Kultivierungs- und Ernährungsfragen.

188 Grabher, Naturschutz im Rheintal 368 f.
189 Vorarlberger Volksblatt, 10. 3. 1959; vgl. auch Die Presse, 25. 3. 1965.
190 MLKV, Jänner 1960, 2–5.
191 Barbisch, Vandans 128.
192 Maresch, Anfänge der Mechanisierung 76.
193 Weitensfelder, Industrie-Provinz 162.
194 Beiträge zur Statistik der Bodenkultur 1 (1870) 25.
195 Beiträge zur Statistik der Bodenkultur 3 (1872) 49 f.
196 MVLV, August 1871, 405–407.
197 MVLV, April 1874, 977 f. Eine Beschreibung dieser Geräte in: MVLV, Mai 1874, 995–997.
198 MVLV, Oktober 1875, 1295–1297; das Zitat: 1296.
199 MVLV, Juni 1883, 2815–2817.
200 Werkowitsch, Land Vorarlberg 74.
201 In Hohenheim bei Stuttgart wurden seit den 1820er-Jahren Pflüge nach dem Vorbild Flanderns nachgebaut: Klein, Die historischen Pflüge 135.
202 Werkowitsch, Land Vorarlberg 96 f.
203 Preisliste Kinz & Röbelen 1911.
204 MVBK, August 1926, 127 f. In Tirol datiert der erste Traktor ebenfalls von 1925: Rathgeb, Siegeszug der Technik 98. Ähnlich wie in Vorarlberg, so kamen auch hier bei Kultivierungsaktionen 1927 größere Traktoren zum Einsatz: Schermer, Bewältigte Krisen 84.
205 MVBK, August 1926, 128 f.
206 MVBK, November 1928, 542 f.
207 MVBK, 23. 10. 1929, 504 f.
208 Dornbirn, Stadtarchiv, Oral-History-Archiv: Interview Gerti Furrer mit Rosemarie Sohm, 1996, Zählerstand 19 Minuten 30 Sekunden.
209 Hopfner, Heimat Buch 71.
210 Österreichisches Agrar-Handbuch 127.
211 MLKV, Juli 1956, 194–196.
212 Beiträge zur Statistik der Bodenkultur 1 (1870) 24 f.
213 Montafoner Heimatbuch 502.
214 Böhler, Das Verschwinden der Bauern 101 f.
215 Müller, Futterkonservierung 572 f. Eine Beschreibung der Grundlagen der Gärfutterbereitung auch in: MLKV, Jänner–März 1970, 16–19.
216 MVLV, Mai 1887, 3574 f.
217 MVLV, November 1890, 4280–4286; Dezember 1890, 4298 f.
218 MVBK, 15. 7. 1930, 317–326. Allweyer stammte aus München und hatte sich 1921 in Vorarlberg niedergelassen. Auch in Bayern engagierte er sich in der Silobewegung. Er starb 1934: MVBK, 8. 11. 1934, 253.
219 MVBK, Jänner 1928, 3–5. Weitere Beiträge Allweyers in: MVBK, März 1928, 114–117; MVBK, November 1928, 540–542.
220 MVBK, Februar 1928, 89. Andere Beiträge zum Silobau in: MVBK, 24. 4. 1929, 213 f.; MVBK, 5. 6. 1929, 287 f.
221 MVBK, 17. 7. 1929, 355 f.
222 MVBK, 8. 1. 1930, 3–5. Vgl. auch: MVBK, 22. 1. 1930, 29–31; MVBK, 5. 2. 1930, 58–60.
223 MVBK, 15. 7. 1930, 318.
224 MVBK, 8. 4. 1930, 174–176; das Zitat: 175.
225 MVBK, 7. 5. 1930, 206.
226 MVBK, 15. 7. 1930, 326.
227 MVBK, 1. 8. 1931, 299.
228 MVBK, 13. 1. 1932, 14–18.
229 MVBK, 24. 2. 1932, 71. Vgl. auch MVBK, 17. 5. 1932, 221–223.
230 MVBK, 10. 7. 1936, 169.
231 MLKV, Juni 1951, 177; ferner MLKV, Oktober/November 1954, 324–328.
232 MLKV, Mai 1952, 153 f.
233 MLKV, Dezember 1961, 177 f.
234 MLKV, Juni 1967, 165.
235 MVLV, September 1881, 2475–2477.
236 MVLV, Juni 1882, 2619–2621.
237 MVLV, Juli 1882, 2637–2640.
238 MVLV, August 1892, 4609–4612. Zu den frühen Bemühungen um landwirtschaftliche Fortbildungskurse vgl. auch Werkowitsch, Land Vorarlberg 184–186.

239 Lindner, Wegbereiter der Allgäuer Milchwirtschaft 137 f.
240 MVLV, November 1873, 885–887; das Zitat: 886 f.
241 MVLV, Oktober 1904, 174 f.
242 Eugling, Handbuch für die praktische Käserei VI; Klenze, Handbuch der Käserei-Technik.
243 Eugling, Bericht über die Thätigkeit. Im Jahr 1910 verzeichnete die Anstalt bereits 1.569 Analysen verschiedenster Substanzen: Krasser, Bericht über die Tätigkeit 3.
244 Beiträge zur Statistik der Bodenkultur 2 (1871) 23–26.
245 Werkowitsch, Land Vorarlberg 96. Vgl. die Annonce des Leimfabrikanten Schatzmann in: MVLV, November 1892, 4672.
246 Bauer, Entvölkerung und Existenzverhältnisse 105.
247 MVLV, Juni 1900, 80.
248 MVLV, November 1900, 166 f.
249 MVBK, September 1926, 153 f.
250 MVBK, November 1926, 205 f.
251 MVBK, Juli 1927, 129–131; ferner MVBK, Dezember 1927, 344–346; MVBK, Jänner 1929, 24.
252 MVBK, 19. 10. 1932, 372. Nach einer Darstellung Naumanns wurde die Schule aber erst in der NS-Zeit aufgelöst: VLA, Nachlass Naumann, 9/1: »Vorarlberg gewinnt Österreichs Bedeutung als Käseausfuhrland zurück« (maschinschriftl. Manuskript, circa 1950) 5.
253 Vorarlberger Volksbote, 11. 4. 1959.
254 Vorarlberger Volksbote, 25. 3. 1950.
255 Vorarlberger Volksbote, 24. 6. 1950.
256 MVBK, 19. 11. 1930, 518 f.
257 Schuler, Vorarlberger Landwirtschaft 55.
258 VLA, Nachlass Naumann, 10/1: (gedruckter) Prospekt der landwirtschaftlichen Winterschule Mehrerau-Bregenz. Vgl. ferner einen maschingeschriebenen Jahresbericht der Schule, 1957/58: VLA, Nachlass Naumann, 9/1.
259 Vorarlberger Volksblatt, 6. 2. 1959.
260 MVBK, 23. 3. 1932, 138 f.
261 VLA, Nachlass Naumann, 10/1: (gedrucktes) Informationsblatt über die Haushaltungsschule. Nach den sechseinhalb Wintermonaten des Kurses von 1937 traten 21 Schülerinnen zur Schlussprüfung an: MVBK, 4. 6. 1937, 125 f.
262 MVBK, Mai 1948, 56 f.
263 VLA, Nachlass Naumann, 10/1: (gedrucktes) Informationsblatt über die Haushaltungsschule.
264 MLKV, April 1970, 44.
265 MLKV, November 1971, nach 192.
266 Festschrift 50jähriges Bestehen der landwirtschaftlichen Haushaltungsschule Gauenstein-Schruns (unpaginiert).
267 Fill, Die ersten 25 Jahre 2 39 f.
268 MLKV, Jänner 1968, 2–4.
269 MLKV, April 1970, 44 f.
270 Fill, Die ersten 25 Jahre 2 36.
271 Ebenda 40 f.
272 Ebenda 47 f., das Zitat: 48.
273 Fill, Die ersten 25 Jahre 1 36.
274 VLA, Nachlass Naumann, 9/4: Bericht der Agrarischen Nachrichtenzentrale, 28. 11. 1961.
275 MLKV, Juli 1971, 184 f.
276 Fill, Die ersten 25 Jahre 2 36.
277 Vgl. dazu die wertvolle Autobiografie von Lampert, Die Schwabengängerin.
278 Bauer, Entvölkerung und Existenzverhältnisse 82. Andrä Bauer stammte aus Rankweil. Nach dem Studium in Innsbruck arbeitete er als Bankbeamter in Bregenz. 1930 wurde er nach Salzburg versetzt und engagierte sich für die »Wüstenrot«-Eigenheim- und Baubewegung. Er starb 1979 im Alter von 80 Jahren: Vorarlberger Volkskalender 1979, 158.
279 Bauer, Entvölkerung und Existenzverhältnisse 111.
280 Ebenda 105.
281 Ebenda 142.
282 Ebenda 201.
283 Landeskulturrat, Leitfaden; Jenny, Regeln für den Getreidebau.
284 Elsensohn, Martinsruh.
285 Türtscher, Schoren.
286 Draxl, Seidenbau.

287 Bauer, Entvölkerung und Existenzverhältnisse 219.
288 MVBK, 6. 4. 1934, 82 f., das Zitat: 82; vgl. auch MVBK, 19. 10. 1932, 373.
289 MVBK, 5. 7. 1935, 149 f.
290 Böhler, Das Verschwinden der Bauern 94.
291 Ilg, Lebenserinnerungen 82.
292 Matt, Zuerst das Notwendige 318 f.
293 Tiefenthaler, Grundlagen und Probleme der Raumplanung 358–360; Kühne, Agrarstruktur und Raumordnung.
294 MLKV, Mai 1956, 130–133; das Zitat: 133.
295 MLKV, Oktober 1956, 290–292. Zum Deutschnationalen Dr. Nägele vgl. Bundschuh, Blut der Ahnen. Diplomingenieur Elmenreich war 1898 in Au geboren; nach dem Ersten Weltkrieg kämpfte er in einem Freikorps im Baltikum und studierte dann Bodenkultur in Wien. Er gab jahrelang die Mitteilungen der Landwirtschaftskammer heraus und moderierte die beliebte Radiosendung »Bauer hör zu«. Er starb 1967: MLKV, November 1967, 290 f.
296 MLKV, Mai–Juli 1961, 74–78.
297 MLKV, Juni 1956, 162 f.
298 MLKV, 28. 7. 1973. Fehle leitete längere Zeit die Bauabteilung in der Vorarlberger Landwirtschaftskammer.
299 Böhler, Das Verschwinden der Bauern 92.
300 Mennel, Tag des Schreckens 24.
301 Ebenda 59; zu den Lechtaler Geldverleihern: ebenda 64–90. Ähnliche Stichtage für Kapitalgeschäfte einer ganzen Region gab es in St. Leonhard im Passeiertal sowie in Zell am Ziller: Johler, Bäuerliches Kreditwesen 146 f.
302 Felder, Ich will der Wahrheitsgeiger sein 63.
303 VLA, Bezirksamt und Bezirkshauptmannschaft Bregenz, Sch. 112, 269: Statthalterei an alle Bezirkshauptmannschaften in Deutschtirol und Vorarlberg; Innsbruck, 15. 3. 1879.
304 Mennel, Tag des Schreckens 99.
305 Zur Familie Brettauer vgl. Tänzer, Geschichte der Juden in Hohenems 697–700 und öfter.
306 VLA, Bezirksamt und Bezirkshauptmannschaft Bregenz, Sch. 112, 269: Xaver Moosmann an Bezirkshauptmannschaft Bregenz; Schnepfau, 3. 5. 1879.
307 Ebenhoch war der Vater des christlichsozialen Juristen Dr. Alfred Ebenhoch, der später Landeshauptmann von Oberösterreich und kurzzeitig Ackerbauminister wurde: Weitensfelder, Bregenz 183, 213.
308 VLA, Bezirksamt und Bezirkshauptmannschaft Bregenz, Sch. 112, 269: Bezirksgericht Bezau an Bezirkshauptmannschaft Bregenz, 3. 5. 1879.
309 Mennel, Tag des Schreckens 21.
310 Schepke, Die Hypothekenbank des Landes Vorarlberg 23–25.
311 Bilgeri, Geschichte Vorarlbergs 4 (1982) 505.
312 Hohenbruck, Wieninger, Wirtschafts-Verhältnisse 79–89.
313 VLA, Nachlass Naumann, 10/1: Denkschrift zur Hilfeleistung für die bäuerlichen Schuldner.
314 VLA, Nachlass Naumann, 10/1: Bregenz, 6. 3. 1934: Rundschreiben des Bauernbundes.
315 Ilg, Lebenserinnerungen 18.
316 Bauer, Entvölkerung und Existenzverhältnisse 167; zum Wirtatobel ebenda 137.
317 Ebenda 172.
318 Ebenda 89 f.
319 Ebenda 145.
320 Ebenda 133.
321 Ebenda 60.
322 Ebenda 225.
323 MVBK, Mai 1928, 218 f.
324 MVBK, August 1928, 385 f.
325 Abbrederis, Anfänge der Elektrifizierung in Vorarlberg 39.
326 Bauer, Entvölkerung und Existenzverhältnisse 225.
327 Montafoner Heimatbuch 587–598; Vorarlberger Illwerke Aktiengesellschaft 7, 27–32.
328 MLKV, April 1967, 94.
329 Fritsche, Das Große Walsertal 485.
330 Zur Dornbirner Textilindustrie im 19. Jahrhundert vgl. Weitensfelder, Fabriken 29–36.
331 Böhler, Industrialisierung in Vorarlberg 78 f.
332 Beiträge zur Statistik der Bodenkultur 1 (1870) 22; ähnlich Werkowitsch, Land Vorarlberg 51.
333 Weitensfelder, Fabriken 43–46.
334 Schuler, Vorarlberger Landwirtschaft 19.

335 Bauer, Entvölkerung und Existenzverhältnisse 31.
336 Hämmerle, Entagrarisierung in Dornbirn 26–39. Berücksichtigt wurden die Berufsnennungen (Fabriks-, Textil-, Hilfs-)Arbeiter und Weber.
337 Dornbirn, Stadtarchiv, Oral-History-Archiv: Interview Gerti Furrer mit Ferdinand Köb, 1985, Zählerstand 1 Stunde 18 Minuten 30 Sekunden.
338 Dazu Ebenhoch, Die Stickereiindustrie 104 f.
339 Schuler, Vorarlberger Landwirtschaft 22 f.
340 MVLV, Juni 1903, 102–105.
341 Weitensfelder, Industrie-Provinz 492.
342 Brielmeyer, Ueber Futterbau.
343 MVLV, November 1904, 210; Heim, Einwanderer 39.
344 Böhler, Vom Feld in die Fabrik 79.
345 Matt, Die Gründung und die Gründer 54–61.
346 Mitteilungen des Landeskulturrates für Vorarlberg, August 1914, 209–211; Matt, Rhomberg 30–38.
347 MVBK, 26. 4. 1932, 190 f.; Hämmerle, Geschichte der Familie Rhomberg 176 f.
348 Hämmerle, Geschichte der Familie Rhomberg 179 f.
349 Getzner, Getzner 56–58.
350 Catalog für die Landes-Thierschau 7–9. Vgl. zu Mutter Getzner, Getzner 135–138.
351 Weitensfelder, Industrie-Provinz 345–347. Zu Beginn des 19. Jahrhunderts galten Pflüge aus Flandern und Brabant neben jenen aus England als die besten Europas: Klein, Die historischen Pflüge 132.
352 MVLV, April 1869, nach 126: Katalog der Bibliothek des Vorarlberger Landwirthschaft-Vereins [!] 1869.
353 Werkowitsch, Land Vorarlberg 172 f.
354 Mohr, Agrarrecht in Vorarlberg 29.
355 Schuler, Vorarlberger Landwirtschaft 158 f.
356 Mitteilungen des Landeskulturrates für Vorarlberg, Juli/August 1912, 1.
357 VLA, Nachlass Naumann, 9/5: Ferdinand Elmenreich: »100 Jahre Vorarlberger Landwirtschaft« (Zeitungsartikel, undatiert).
358 Mohr, Agrarrecht in Vorarlberg 29.
359 MVBK, Jänner 1929, 3, 5.
360 VLA, Nachlass Naumann, 10/1: Josef Naumann, Versammlungsbehelf für die Landwirtschaftskammerwahlen 1966 (maschinschriftl. Manuskript).
361 Vorarlberger Volksbote, 18. 3. 1950.
362 Naumann, 40 Jahre Bauernbund 14–16.
363 Vorarlberger Volksbote, 1. 7. 1950.
364 Vorarlberger Volksbote, 1. 4. 1950.
365 Vorarlberger Volksbote, 16. 12. 1950.
366 Vorarlberger Volksbote, 25. 3. 1950.
367 Haas, Die vergessene Bauernpartei 10; zu Stockers Person ebenda 345–352.
368 Bußjäger, Concin, Moosbrugger 6, 12 f.
369 Dreier, Zwischen Kaiser und »Führer« 70–73; dazu auch Moosbrugger, Erinnerung an die große Bauernrevolte.
370 Vorarlberger Volksbote, 25. 11. 1950.
371 Vorarlberger Volksbote, 2. 6. 1951.
372 Vorarlberger Volksbote, 25. 3. 1950.
373 Dreier, Zwischen Kaiser und »Führer« 76.
374 Naumann, 40 Jahre Bauernbund 17.
375 Varga, Ein Tal in Vorarlberg 165.
376 VLA, Nachlass Naumann, 10/1: »Was wir wollen!« (gedruckter) Aufruf des Landes-Bauernbundes nach seiner Gründung am 15. 5. 1927.
377 Taschenbuch des Vorarlberger Landesbauernbundes 2 (1931/32) 11.
378 MVBK, 17. 7. 1929, 346–349. Vgl. zu seiner Person auch Bentele, Fink.
379 Vgl. die Nachrufe bei Deuring, Fink 277–313.
380 Deuring, Fink 28, 33–36.
381 Deuring, Fink 314.
382 Vorarlberger Nachrichten, 18. 7. 1959.
383 Nachrichten des Verbandes landwirtschaftlicher Genossenschaften in Vorarlberg, 3. 8. 1934; Huebmer, Winsauer 143–148; Enderle-Burcel, Christlich-ständisch-autoritär 264 f.
384 Taschen-Jahrbuch für den Vorarlberger Landwirt 17 (1960) 33; Ilg, Lebenserinnerungen 26–30.
385 Plitzner, Vorarlberg 611.

386 Hausjell, Journalisten gegen Demokratie 717 f.
387 Plitzner, Vorarlberg 625.
388 Wanner, Parteien und Parteipolitik 444 f.
389 Schausberger, Die Eliten der ÖVP 246–248.

Wolfgang Meixner, Gerhard Siegl: Bergbauern im Tourismusland – Agrargeschichte Tirols im 20. Jahrhundert
Seite 73–187

1 Kaltenegger, Feldbau 513.
2 Vgl. Fliri, Von den Gesteinen 12–37.
3 Vgl. Greif, »Höhenflucht« 643–644.
4 Eine Hangneigung von 20–25 Prozent entspricht einem oberen Schwellenwert von 14° 04'; eine Hangneigung von 25–30 Prozent 16° 42'. Vgl. Greif, Höhenlage 399–411.
5 Fliri, Von den Gesteinen 24.
6 Herangezogen wurde das Mittel von 1891–1960. Vgl. Fliri, Klima 121, Tab. 57.
7 Herangezogen wurde das Mittel von 1931–1960. Ebenda 221, Tab. 121.
8 Meurer, Höhenstufung.
9 Vgl. ebenda Tab. 1.
10 Ebenda Tab. 4.
11 Vgl. Leidlmair, Landeskunde 60–61.
12 Diese Gliederung nach Landwirtschaftstypen folgt Bätzing, Kleines Alpen-Lexikon 149–154.
13 Vgl. Wopfner, Bergbauernbuch 1 157–158 sowie 180–182. Wopfners »völkischer« Herleitung dieser Erbgänge wird hier ausdrücklich nicht gefolgt!
14 Niedenzu/Preglau, Die demographische und sozioökonomische Entwicklung 29 sowie Tabelle 27.
15 Fliri, Über Veränderungen in der Flur 24–28.
16 Leidlmair, Grenzen in der Agrarlandschaft 38–39.
17 Zum Ablauf vgl. Bätzing, Kleines Alpen-Lexikon 278–283.
18 Ebenda 47.
19 »Die Eigenart tirolischen Volkstums ist bäuerlich«, heißt es etwa bei Hermann Wopfner, Nestor der Tiroler Agrargeschichte, ohne ihm damit allerdings vorschnell eine Affinität zu nationalsozialistischem Gedankengut zu unterstellen. Vgl. Wopfner, Entstehung und Wesen 149. Eine kritisch-wissenschaftliche Beschäftigung mit den Forschungen Hermann Wopfners steht noch aus. Diesen nicht gerecht werden die Bemerkungen Adolf Leidlmairs in seinem Vorwort zum Reprint des erwähnten Beitrages von Wopfner. Vgl. Leidlmair, Hermann Wopfner V–XVI.
20 Vgl. Wopfner, Bergbauernbuch 3 22–23.
21 Kaltenegger, Feldbau 520.
22 Stolz, Zur Geschichte der Landwirtschaft 94–100.
23 Holzhammer, Der Landeskulturfonds für Tirol 117–133.
24 Kaltenegger, Feldbau 522.
25 Von der Planitz, Obstbau 431–434, hier 432.
26 Wopfner, Bergbauernbuch 3 39.
27 Wallnöfer, Landwirtschaftliche Landeslehranstalten 167.
28 Aubele, Wirtschaftskunde 29.
29 Zecha, Maßnahmen zur Erzielung höherer Erträge und regelmäßiger Ernten 150–154.
30 Bericht über die Lage der Land- und Forstwirtschaft 1996/97 11.
31 Schermer, Von Bezirk zu Bezirk 131.
32 Keller, Beerenintensivanbau.
33 Kaltenegger, Feldbau 522.
34 Wopfner, Bergbauernbuch 3 259–263.
35 Ebenda 297.
36 Riedler, Zeit des Aufschwungs und des Umbruchs 212–213.
37 Wopfner, Bergbauernbuch 3 295.
38 Kaltenegger, Feldbau 528.
39 Dazu umfassend Wopfner, Bergbauernbuch 3 373–507.
40 Griesser, Entwicklung und gegenwärtige Struktur der Almwirtschaft 26.
41 Vgl. Angaben bei Paldele, Die aufgelassenen Almen Tirols 12–14 (mit Druckfehler bei Summe Almen in Tab. 2).
42 Ebenda 13.

43 Ebenda 17–22.
44 Ebenda 22–23.
45 Brugger, Alpsanierung in Tirol.
46 Paldele, Die aufgelassenen Almen Tirols 27.
47 Ebenda 29–30.
48 Griesser, Entwicklung und gegenwärtige Struktur der Almwirtschaft 12.
49 Ebenda 13.
50 Gesetz vom 1. 7. 1987 über den Schutz der Almen in Tirol (Tiroler Almschutzgesetz) § 1: Ziele.
51 Paldele, Die aufgelassenen Almen Tirols 30.
52 Ebenda 14 Tab. 2 (mit Druckfehler bei der Prozentangabe zu Gemeindealmen) sowie Griesser, Entwicklung und gegenwärtige Struktur der Almwirtschaft 22–23.
53 Paldele, Die aufgelassenen Almen Tirols 31 Tab. 6.
54 Griesser, Entwicklung und gegenwärtige Struktur der Almwirtschaft 30.
55 Wopfner, Bergbauernbuch 3 310–312.
56 Greif, Sozialbrache im Hochgebirgsraum 381.
57 Kätzler, Die Sozialbrache 130.
58 Schuler, Sozialbrache im Bergbauerngebiet.
59 Engstfeld, Die Entwicklung der Industrie im Außerfern; Keller, Wandlungen im alpinen Bevölkerungsbild.
60 Greif, Sozialbrache im Hochgebirgsraum 382.
61 Ebenda 386.
62 Ebenda 389.
63 Kaltenegger, Feldbau 521.
64 Wopfner, Bergbauernbuch 3 115–117.
65 Ergebnisse der Landwirtschaftlichen Statistik 39.
66 Botschen, Die Aufgaben der Alpenländischen Flachsbaugenossenschaft 221–224.
67 Schermer, Am Beispiel Flachs 142–143.
68 Stolz, Zur Geschichte der Landwirtschaft 115–116.
69 Mayr, Die Ausbreitung des Getreidebaues 6–7.
70 Ebenda 7–23.
71 Ebenda 25.
72 Vgl. Telbis, Zur Geographie des Getreidebaues 123–125, Tab. 7–10; Nussbaumer, Sozial- und Wirtschaftsgeschichte von Tirol 167, Tab. 11.
73 Ebenda.
74 Telbis, Zur Frage der Einführung und Ausbreitung des Kartoffelbaues 217–218; Wopfner, Bergbauernbuch 3 113–114.
75 Vgl. Nussbaumer/Rüthemann, Vergessene Zeiten 61–72.
76 Telbis, Zur Frage der Einführung und Ausbreitung des Kartoffelbaues 221–222.
77 Ebenda 219–220; Ergebnisse der landwirtschaftlichen Statistik 29 und 31; Aubele, Wirtschaftskunde 28; Nussbaumer, Sozial- und Wirtschaftsgeschichte von Tirol 167, Tab. 11.
78 Niedl, Der Anbau von Kartoffelpflanzgut 113.
79 Ebenda 40–41; Mayr, Landesanstalt für Pflanzenzucht und Samenprüfung.
80 Niedl, Der Anbau von Kartoffelpflanzgut 94–97.
81 Verordnung der Tiroler Landesregierung 20/1962.
82 BGBl 195/1964.
83 Bericht über die Lage der Land- und Forstwirtschaft in Tirol 1999/2000 10.
84 Forcher, Die entscheidenden Jahrzehnte 70.
85 Bericht über die Lage der Land- und Forstwirtschaft in Tirol 1999/2000 54–56.
86 Riedler, Zeit des Aufschwungs und des Umbruchs 219.
87 Bericht über die Lage der Land- und Forstwirtschaft in Tirol 1999/2000 10–11.
88 Ebenda 11.
89 Ebenda 57.
90 Kaltenegger, Feldbau 569.
91 Zustand der Tiroler Wälder 1994 13.
92 Oberrauch, Tirols Wald 1–6.
93 Dietrich, Die forstlichen Verhältnisse im Lande Tirol 27–28, Tab. 4.
94 Ebenda 15, Tab. 2.
95 Zustand der Tiroler Wälder 1994 14.
96 Vgl. Oberrauch, Tirols Wald 290–293.
97 Dietrich, Die forstlichen Verhältnisse im Lande Tirol 28, Tab. 5 und 37.

98 Aubele, Wirtschaftskunde 45.
99 Auer, Lebens- und Arbeitsweise.
100 Wopfner, Bergbauernbuch 3 607.
101 Aubele, Wirtschaftskunde 46.
102 Rieder, Zeitgemäße Betrachtungen 107.
103 Zustand der Tiroler Wälder 1994 14.
104 Bericht über die Lage der Tiroler Land- und Forstwirtschaft 2000/2001. Kurzbericht 2.
105 Schermer, Bewältigte Krisen 93.
106 Dietrich, Die forstlichen Verhältnisse im Lande Tirol 45.
107 Dietrich, Ausbildungswesen 216–219.
108 LGBl 37/1950.
109 Ebenda 122.
110 Jedermann ist, aufgrund des Forstgesetzes, zum Betreten des Waldes berechtigt. BGBl. 440/1975.
111 Zustand der Tiroler Wälder 1994 9.
112 Tiroler Jagdgesetz 60/1983.
113 Bericht über die Lage der Land- und Forstwirtschaft in Tirol 1999/2000 27.
114 Zustand der Tiroler Wälder 2001.
115 Kaltenegger, Feldbau 521.
116 Macalík, Thierzucht.
117 Die Geflügelhalter sahen sich ab dem 1. 1. 2001 zudem mit dem Käfigverbot konfrontiert.
118 Kaltenegger, Feldbau 522.
119 Kaltenegger, Rindviehzucht 597.
120 Partl, 100 Jahre organisierte Rinderzucht 216.
121 Stolz, Zur Geschichte der Rinder- und Pferdezucht in Tirol 136–137.
122 Partl, 100 Jahre organisierte Rinderzucht 216–217.
123 Köfler, Auflösung und Restitution 64–65 sowie 89.
124 Partl, 100 Jahre organisierte Rinderzucht 216.
125 Stolz, Zur Geschichte der Rinder- und Pferdezucht in Tirol 137.
126 Forster, Grauvieh 23–24.
127 Waldhart, Ein Kapitel übers Grauvieh 196–197.
128 Landwirtschaft im Alpenland 38; Forster, Grauvieh 26.
129 Statistik Austria, Statistisches Jahrbuch 2003 308.
130 Laut Jahresbericht des Tiroler Grauviehzuchtverbandes für 2002.
131 Waldhart, Ein Kapitel übers Grauvieh 197.
132 Aktuelle Angaben unter www.tiroler-grauvieh.at.
133 Forster, Grauvieh 24.
134 Greiderer, Die Braunviehzucht in Tirol 195.
135 Aktuelle Angaben unter www.braunvieh.cc.
136 Landwirtschaft im Alpenland 38; Österreichs Landwirtschaft in Bild und Zahl 81; Forster, Rinderwirtschaft 25; Statistik Austria, Statistisches Jahrbuch 2003 308.
137 Vgl. Verein zur Erhaltung gefährdeter Haustierrassen (VEGH) unter www.vegh.at.
138 Forster, Fleckvieh 7.
139 Mair, Wie steht's mit der Fleckviehzucht in Tirol? 198–199; aktuelle Angaben unter www.fleckvieh.at.
140 Landwirtschaft im Alpenland 38; Österreichs Landwirtschaft in Bild und Zahl 81; Forster, Fleckvieh 23.
141 Statistik Austria, Statistisches Jahrbuch 2003 308.
142 Peter, Pinzgauer Rind 200–201.
143 Aktuelle Angaben unter www.pinzgauer-cattle.com.
144 Landwirtschaft im Alpenland 38; Österreichs Landwirtschaft in Bild und Zahl 81; Forster, Rinderwirtschaft 25; Statistik Austria, Statistisches Jahrbuch 2003 308.
145 Landwirtschaft im Alpenland 38; Mair, Gibt es in Tirol noch Tuxer-(Zillertaler-)Vieh? 179.
146 Aktuelle Angaben unter www.tux-zillertaler.at.
147 Rudolph/Wichelmann, Rückbesinnung auf alte Haustierrassen 39.
148 Vgl. Verein zur Erhaltung gefährdeter Haustierrassen (VEGH) unter www.vegh.at.
149 Aktuelle Angaben unter www.jersey.at.
150 N. N., Tierzuchtverbände stellen sich vor 221; Statistik Austria, Statistisches Jahrbuch 2003 308.
151 Aktuelle Angaben unter www.holstein.at.
152 Partl, 100 Jahre organisierte Rinderzucht 217; Statistik Austria, Statistisches Jahrbuch 2003 311.
153 Weber, Milchwirtschaft 13–16; Kaltenegger, Feldbau 527.
154 Weber, Milchwirtschaft 125. Zur Entstehung des Genossenschaftswesens vgl. Sandgruber, Die Landwirtschaft in der Wirtschaft 368–383; zu Tirol vgl. Meixner, Verordnete Freiwilligkeit? 127–161.

155 Wopfner, Bergbauernbuch 3 56.
156 Weber, Milchwirtschaft 123–126.
157 Hörtnagl, Der neue Innsbrucker Milchhof 212–215.
158 Weber, Milchwirtschaft 120. Ein Rückgabebetrieb verfügte über kein amtlich geregeltes Einzugsgebiet. Die Genossenschaftsmitglieder lieferten ihre Milch an und nahmen die verarbeiteten Produkte restlos zurück. Ebenda 122.
159 Ebenda 150–152.
160 Ebenda 153–154.
161 Ebenda 156; Schwaighofer, Das landwirtschaftliche Genossenschaftswesen Tirols 98–100.
162 Weber, Milchwirtschaft 156–157; zur weiteren Entwicklung der Alpi vgl. Sandgruber, Die Landwirtschaft in der Wirtschaft 401–402.
163 Weber, Milchwirtschaft 122–123.
164 Aktuelle Angaben unter www.tirolmilch.at.
165 Aktuelle Angaben unter www.rotholz.at.
166 Weber, Milchwirtschaft 15–16.
167 Ebenda 53.
168 Ebenda 188.
169 Details dieses Wandels bei Nussbaumer, Sozial- und Wirtschaftsgeschichte von Tirol.
170 Weber, Milchwirtschaft 158.
171 Bericht über die Lage der Land- und Forstwirtschaft 1989/90 21.
172 Ebenda 1993/94 18, 23–24.
173 Statistik Austria, Statistisches Jahrbuch 2003 311.
174 Österreichs Landwirtschaft in Bild und Zahl 87.
175 Ohne Osttirol, das zu dieser Zeit dem Gau Kärnten zugeschlagen war.
176 Ergebnisse der landwirtschaftlichen Statistik 189 und 200.
177 Kaltenegger, Feldbau 527.
178 Bericht über die Lage der Land- und Forstwirtschaft 1993/1994 17.
179 Ebenda 1993/94 19; 1994/95 18; 1995/96 19.
180 Weber, Milchwirtschaft 158.
181 Netto ohne Mehrwertsteuer. Bericht über die Lage der Land- und Forstwirtschaft 1999/2000 19.
182 Ebenda 1990/91 27.
183 Frick, Rinderexport.
184 Ebenda 21–23.
185 Einsteller sind männliche oder weibliche Jungtiere, die nach fünf bis sechs Monaten Aufzucht dem Mäster übergeben werden.
186 Auf TBC aufmerksam wurde man durch einen Zuchtviehexport nach Israel im Jahre 1949. Die Abortus-Bangkrankheit (Brucellose) führt zum Verwerfen der trächtigen Kühe im 6./7. Monat. Eine Heilung ist nicht möglich, weshalb die Tiere geschlachtet werden müssen. Vgl. Frick, Rinderexport 23–25.
187 BSE = Bovine Spongiforme Encephalopathie. Über den Einfluss der Seuche auf das Tiroler Produktionsergebnis lagen bei Abschluss des Beitrages noch keine Zahlen vor.
188 Kaltenegger, Feldbau 528.
189 Vgl. Wopfner, Bergbauernbuch 3. Bd. 241; Hubatschek, Alltagskost 159–178.
190 Wopfner, Bergbauernbuch 3 252 Tab. 1.
191 Müller, Tiroler Berufsstatistik 10.
192 Kögl, Abstammung und Entstehung unseres Schweines 148–152.
193 Aubele, Wirtschaftskunde 29.
194 Baier, Schweinezucht 700.
195 Nussbaumer, Wirtschaftlicher und sozialer Wandel 170–171.
196 Bericht über die Lage der Land- und Forstwirtschaft 1996/97 14; 1999/2000 16.
197 Kaltenegger, Feldbau 527.
198 Wopfner, Bergbauernbuch 3 234–235.
199 Baier, Schafzucht 734.
200 Greiderer, Schafzucht 139.
201 Ebenda; Bericht über die Lage der Land- und Forstwirtschaft 1999/2000 15.
202 Kaltenegger, Feldbau 528.
203 Wopfner, Bergbauernbuch 3 236–239.
204 Bericht über die Lage der Land- und Forstwirtschaft 1999/2000 16; 1991/992 17; Schwaighofer, Die Milchwirtschaft unseres Heimatlandes 110.
205 Kaltenegger, Feldbau 534.

206 Wopfner, Bergbauernbuch 3 225–227.
207 Stolz, Zur Geschichte der Rinder- und Pferdezucht in Tirol 138.
208 Schweißgut, Haflinger Pferdezucht in Tirol 203; Kofler, Der Original-Haflinger und sein Ursprungszuchtgebiet Südtirol.
209 Aktuelle Angaben unter http://members.tirol.com/fohlenhof.ebbs/zuchtvb.htm sowie http://tirol-php.highway.telekom.at/fohlenhof.ebbs/.
210 Aktuelle Angaben unter www.rossinger.at/seiten/tirol.html.
211 Bericht über die Lage der Land- und Forstwirtschaft 1999/2000 18.
212 Bergner, Die Geflügelzucht Österreichs 739.
213 Schermer, Bewältigte Krisen 117; Riedler, Zeit des Aufschwungs und des Umbruchs 241–242.
214 Bericht über die Lage der Land- und Forstwirtschaft 1999/2000 20.
215 Beck von Mannagetta, Bienenzucht 746.
216 RGBl 28/1960. Vgl. ebenda 751.
217 N. N., Landesverband für Bienenzucht in Tirol 120–122.
218 Aktuelle Angaben unter www.imkerbund.at/fr_index.htm.
219 Vgl. Wopfner, Bergbauernbuch 1 181.
220 Penz, Grundzüge 334–363.
221 Wopfner, Bergbauernbuch 1 279.
222 Vgl. Niedenzu/Preglau, Die demographische und sozioökonomische Entwicklung 59, Tab. 14a.
223 Vgl. Nussbaumer, Wirtschaft und Soziales 166 sowie für 1999 Grüner Bericht 2000, Tab. 3.1.3.
224 Ebenda 34–35 sowie Grüner Bericht 2000.
225 Steinwendtner, Die Mechanisierung in der Tiroler Landwirtschaft 19–21.
226 Schermer, Bewältigte Krisen 98.
227 Schreiber, Nazizeit in Tirol 151–161.
228 Mang, Tiroler Berggemeinden 61.
229 TLA, Reichsstatthalter für Tirol und Vorarlberg U. Abt. IV g Landstelle Innsbruck Fasz. 1077–1080.
230 Spiss, Landeck 244.
231 Schreiber, Nazizeit in Tirol 158.
232 Fliri, Landtechnisch bedingte Entwicklungsrichtungen 354.
233 Androschin, Die landwirtschaftlichen Maschinenringe in Nord- und Osttirol 10–11.
234 Ebenda 20–24.
235 Riedler, Zeit des Aufschwungs und des Umbruchs 224.
236 Bericht über die Lage der Land- und Forstwirtschaft in Tirol 1999/2000 68.
237 Ebenda.
238 Schermer, Bewältigte Krisen 110.
239 Steinwendtner, Die Mechanisierung in der Tiroler Landwirtschaft 99.
240 Nussbaumer, Sozial- und Wirtschaftsgeschichte von Tirol 116, Tab. 32.
241 Ulmer, Landwirtschaftliche Güter- und Seilwege 43.
242 Schwarzelmüller, Die Mehrfachfunktion des Güterweges 242–247.
243 Riedler, Zeit des Aufschwungs und des Umbruchs 243.
244 Greif, Telefondichte 43.
245 Wopfner, Bergbauernbuch 3. Bd. 20.
246 Müller, Tiroler Berufsstatistik 16.
247 Wopfner, Bergbauernbuch 3. Bd. 21.
248 Aubele, Wirtschaftskunde 33.
249 Statistik Austria, Statistisches Jahrbuch 2003 294.
250 Bericht über die Lage der Tiroler Land- und Forstwirtschaft 1999/2000 7.
251 Vgl. Ortmayr, Späte Heirat.
252 Grabmayr, Schuldnoth 150.
253 Payr, Ursachen der wirtschaftlichen Bedrängnisse des Bauernstandes 11.
254 Ebenda 16.
255 Ebenda 18.
256 Ebenda 24 und Wopfner, Bergbauernbuch 3 45.
257 Forcher, Die entscheidenden Jahrzehnte 41.
258 Detailliert bei Wopfner, Bergbauernbuch 3 23 f.
259 Payr, Ursachen der wirtschaftlichen Bedrängnisse des Bauernstandes 19.
260 Grabmayr, Schuldnoth 32.
261 Berechnet nach Grabmayr, Schuldnoth 29 f.
262 Meixner, Verordnete Freiwilligkeit? 128.
263 Wopfner, Bergbauernbuch 3 56.

264 Vgl. die Überlegungen bei Ulmer, Höhenflucht bzw. Die Bergbauernfrage und Wopfner, Bergbauernbuch 2 421–428. Der Trend zur Abnahme der Bevölkerung in allen Höhenstufen oberhalb von 1.100 Metern kehrte sich erst in der Zwischenkriegszeit endgültig um.
265 Stolz, Rechtsgeschichte 493.
266 Rettenwander, Wirtschafts- und Sozialgeschichte Tirols 48.
267 Ebenda 55.
268 Ebenda 78–80.
269 Kleon-Praxmarer/Alexander, Tirols Wirtschaft 220.
270 Ebenda 224.
271 Tiroler Bauern-Zeitung, Nr. 11/1919 6.
272 Tiroler Bauern-Zeitung, Nr. 3/1930 1.
273 Mayer, Agrarkrise Tirols 3.
274 Ebenda 7.
275 Ebenda 10.
276 Ebenda 8.
277 Wartha, Der Agrarkredit 11–12.
278 Ebenda.
279 Landeskulturrat, Der Wirtschaftserfolg, Anhang.
280 Pacher, Agrarpolitik 355.
281 Landeskulturrat, Der Wirtschaftserfolg, Anhang und Wopfner, Bergbauernbuch 1 708.
282 Pacher, Agrarpolitik 356.
283 Kleon-Praxmarer/Alexander, Tirols Wirtschaft 244.
284 Pacher, Agrarpolitik, Tabellenanhang.
285 Ebenda.
286 Mattl, Die Finanzdiktatur 150.
287 Dokument vollständig wiedergegeben unter http://zis.uibk.ac.at/, download vom 28. 12. 2002.
288 Pacher, Agrarpolitik 356 und Riedmann, Geschichte des Landes Tirol Bd. 4/II 1154.
289 Tiroler Bauern-Zeitung, 10. März 1938 1.
290 Tiroler Bauern-Zeitung, 17. März 1938 1.
291 BArch R 2501/6800.
292 Der Reichsnährstand war de jure eine Körperschaft öffentlichen Rechts und offiziell die ständische Vertretung der Bauern gegenüber dem Reich, er hat sich aber bis 1938 zu einem Instrument der staatlichen Verwaltung entwickelt. Das aktuelle Standardwerk zum Reichsnährstand ist Corni/Gies, Brot – Butter – Kanonen.
293 RGBl 1933 I 626.
294 RGBl 1938 I 523 bzw. GBl für das Land Österreich 1938 425.
295 Reichsnährstand, Die Landwirtschaft im Alpenland 74.
296 Schreiber, Nazizeit in Tirol 149.
297 GBl für das Land Österreich 1938 Nr. 68 und 87.
298 Ebenda Nr. 98.
299 RGBl 1938 I 502.
300 TLA, Reichsstatthalter für Tirol und Vorarlberg U. Abt. IV g Landstelle Innsbruck Fasz. 1077–1080.
301 Ebenda.
302 Niedenzu/Preglau, Die demographische und sozioökonomische Entwicklung 74.
303 Lombar, Entschuldung und Aufbau 80.
304 Schreiber, Vom Anschluß 504.
305 GBl für das Land Österreich 1938 Nr. 391.
306 Zur Marktordnung siehe Corni/Gies, Brot – Butter – Kanonen 145–168.
307 Tiroler Landbote vom 27. Oktober 1938 13.
308 Wochenblatt der Landesbauernschaft Alpenland vom 17. 12. 1938 8.
309 GBl für das Land Österreich 1938 Nr. 335. Zu den Intentionen des Reichserbhofgesetzes siehe Hanisch, Die Politik und die Landwirtschaft 139.
310 Saure, Reichserbhofgesetz 126.
311 Schreiber, Nazizeit in Tirol 180.
312 Siehe Hanisch, Die Politik und die Landwirtschaft 140.
313 Schreiber, Nazizeit in Tirol 181.
314 Ebenda 182.
315 Monatsberichte 7/1939 200.
316 Ebenda 199.
317 Monatsberichte 5 und 6/1939 171.

318 Innsbrucker Nachrichten 25/1943 5.
319 Schreiber, Nazizeit in Tirol 166.
320 Alexander/Lechner/Leidlmair, Heimatlos 108.
321 Tiroler Landesregierung, Sammlung Referat S, 15/I U/b, 5, abgedruckt in: Alexander/Lechner/Leidlmair, Heimatlos 311.
322 Alexander/Lechner/Leidlmair, Heimatlos 111.
323 Meixner, Zwangsarbeit im Gau Tirol–Vorarlberg 4–8.
324 Ebenda.
325 Freund/Perz, Zahlenentwicklung 90–91.
326 Sandgruber, Die Landwirtschaft in der Wirtschaft 282.
327 Beide Zitate sind Buchtitel des Reichsbauernführers Richard Walther Darré.
328 Pisecky, Tirol–Vorarlberg 27.
329 Pisecky, Aufbaudörfer 133–138.
330 Ebenda.
331 Ebenda.
332 TLA, Reichsstatthalter für Tirol und Vorarlberg U. Abt. IV g Landstelle Innsbruck Fasz. 1079.
333 BArch NS 19/1747 1–9.
334 Mang, Tiroler Berggemeinden 61.
335 Lombar, Entschuldung und Aufbau 83.
336 Ergebnisse der landwirtschaftlichen Statistik 188–189.
337 BArch R 3601/2009.
338 Nussbaumer, Sozial- und Wirtschaftsgeschichte von Tirol 29–58, hier 29.
339 Ebenda 46–47.
340 Vgl. ebenda 52–53. Die Anordnung berief sich auf die Verordnung des Staatsrates für Land- und Forstwirtschaft vom 19. 9. 1945, StGBl 176/1945 (Gemüseaufbringungsverordnung).
341 Vgl. die programmatische Darstellung bei Muigg, Mit eigener Kraft in die Zukunft 169–173.
342 Vgl. Penz, Bevölkerungsveränderungen im Bundesland Tirol 163–176 sowie Amt der Tiroler Landesregierung, Demographische Daten Tirol 1999 4.
343 Tschurtschenthaler, Der Tourismus im Bundesland Tirol 170.
344 Ebenda 165.
345 Schönherr, »Urlaub am Bauernhof«.
346 Pevetz, Umfang und Struktur der Fremdenzimmervermietung auf Bauernhöfen 128, Tab. 1 und 2.
347 Vgl. Hörbst, Stellung der Bauern 64, Tab. 14.
348 Landesstatistik Tirol 2002.
349 Bericht über die Lage der Tiroler Land- und Forstwirtschaft 1996/97 66.
350 Ebenda 1999/2000 70.
351 Vgl. Sonderbericht »Die Rolle der Bäuerin in der Tiroler Landwirtschaft«, in: ebenda 1984/85 89–91.
352 Mösl, Entwicklung, gegenwärtiger Stand und Zukunftsperspektiven.
353 Bericht über die Lage der Tiroler Land- und Forstwirtschaft 1985/86 4.
354 Ebenda 1999/2000 39.
355 Krammer, Analyse einer Ausbeutung I 67, zit. in Erhard, Bauernstand und Politik 113.
356 Geschichte der österreichischen Land- und Forstwirtschaft und ihrer Industrien 1848–1898, Supplementband 589.
357 Meixner, Verordnete Freiwilligkeit? 141.
358 Erhard, Bauernstand und Politik 116.
359 Grabmayr, Schuldnoth 151.
360 Forcher, Die entscheidenden Jahrzehnte 49.
361 Geschichte der österreichischen Land- und Forstwirtschaft und ihrer Industrien 1848–1898, Supplementband 597.
362 Forcher, Die entscheidenden Jahrzehnte 59–60.
363 Sandgruber, Österreichische Agrarstatistik 162–230, und Mathis, Die österreichische Wirtschaft 421 und 447–448.
364 Grabmayr, Schuldnoth 150.
365 Grabmayr, Die Agrarreform IX.
366 Tiroler Höferecht vom 12. 6. 1900, zit. bei Wopfner, Bergbauernbuch 3 573–574.
367 Grabmayr, Die Agrarreform 61.
368 Ab 1907 als »Bauernbundkalender« erschienen. Seit 1911 »Jahrbuch des katholischen Tiroler Bauernbundes«, später bis 1936 »Jahrbuch des Tiroler Bauernstandes und des Landeskulturrates«, 1936–1938 »Jahrbuch des Tiroler Bauernstandes«, ab 1946 »Tiroler Bauernkalender« genannt. Seit 1995 mit dem »Südtiroler Bauernkalender« vereint.

369 Forcher, Die entscheidenden Jahrzehnte 64–66.
370 Schermer, Bewältigte Krisen 77–94 mit Lebensskizzen zu Siegele (1858–1945), Pfausler (1871–1924) sowie Reitmair (1882–1946).
371 Ebenda.
372 Zu Haueis (1860–1951) vgl. das Lebensbild in: 75 Jahre Tiroler Bauernbund 195–196.
373 Zu Thaler (1883–1939) vgl. das Lebensbild in: ebenda 196–197 sowie Reiter/Rampl/Humer, Dreizehnlinden.
374 BArch R 16/45.
375 BArch R 16/42.
376 Zu Muigg (1894–1976) vgl. das Lebensbild in: 75 Jahre Tiroler Bauernbund 199–200; zu Lechner (1900–1975) vgl. Schermer, Bewältigte Krisen 106.
377 Schermer, Bewältigte Krisen 101.
378 Zit. nach Köfler, Auflösung und Restitution 88.
379 Ebenda.
380 Das Gesetz trat mit 13 .8. 1951 in Kraft (LGBl 18/1951 vom 8. 5. 1951). Vgl. Holzhammer, Der Landeskulturfonds für Tirol.
381 Schermer, Bewältigte Krisen 108.
382 Schermer, Das landwirtschaftliche Bildungswesen seit Mitte der fünfziger Jahre 256–257.
383 Laut Gespräch Gerhard Siegl mit Kammeramtsdirektor-Stv. Dr. Eugen Stark am 17. 2. 2003.
384 75 Jahre Tiroler Bauernbund 102–103.
385 Wopfner, Bergbauernbuch 3 51–53.
386 Erhard, Bauernstand und Politik 95.
387 Zu Schraffl (1855–1922) vgl. das Lebensbild in: 75 Jahre Tiroler Bauernbund 194–195.
388 Haider, 25 Jahre Tiroler Bauernbund 374.
389 Erhard, Bauernstand und Politik 118.
390 Ebenda 107.
391 Hofinger, Antisemitismus in Tirol 89.
392 Erhard, Bauernstand und Politik 187–188.
393 Grabmayr, Schuldnoth 154.
394 Im Mai 1940 wurden für die Kreise Innsbruck und Schwaz insgesamt nur sieben Meldungen gemacht, für die restlichen Tiroler Bezirke wurde Fehlanzeige erstattet. BArch R 3601/3266 fol. 611.
395 Tiroler Bauern-Zeitung Nr. 47/1919 3.
396 Achrainer/Albrich/Hofinger, Lebensgeschichten statt Opferlisten 277–294.
397 Hofinger, Antisemitismus in Tirol 101.
398 Von Hohenbruck war bis 1933 kurzfristig auch Mitglied der Tiroler Landesregierung und von 1929 bis 1938 Obmannstellvertreter der Tiroler Bauernsparkasse. Vgl. das Lebensbild in: 75 Jahre Tiroler Bauernbund 203–204.
399 Erhard, Bauernstand und Politik 210.
400 Zu Obermoser (1894–1981) vgl. das Lebensbild in: 75 Jahre Tiroler Bauernbund 198–199.
401 Erhard, Bauernstand und Politik 205–211.
402 Tiroler Bauern-Zeitung, 17. 3. 1938 11.
403 BArch R 16/42.
404 Ebenda.
405 Vgl. 75 Jahre Tiroler Bauernbund 103.
406 Grauß, Der Tiroler Bauernbund im neuen Österreich 36.
407 Vgl. Köfler, Auflösung und Restitution 89.
408 Brugger, Der Tiroler Bauernbund in Rückblick und Ausblick 33–34.
409 Grauß, Der Tiroler Bauernbund im neuen Österreich 36.
410 Vgl. Plattner, Kultur und Kulturpolitik 278–281, sowie Eiblmayr (Hg.), Max Weiler.
411 N. N., Die Akademikersektion des Tiroler Bauernbundes 58–59.
412 Vgl. 75 Jahre Tiroler Bauernbund 107.
413 Brugger, Der Tiroler Bauernbund in Rückblick und Ausblick 33.
414 Vgl. Nick/Engl, Das politische System des Bundeslandes Tirol 1945–1986 558–599, Tab. 38–39.
415 Vgl. die Liste der politischen Vertreter des Tiroler Bauernbundes ab 1945 in: 75 Jahre Tiroler Bauernbund 193–194. Derzeit sind fünf Landtagsabgeordnete, ein Mitglied der Tiroler Landesregierung sowie zwei Nationalräte Kandidaten des Tiroler Bauernbundes.
416 Achrainer/Hofinger, Politik nach »Tiroler Art« 73–74.
417 Vgl. allerdings mehr hagiographisch als kritisch Schmidl/Bauer, Mein Leben für Tirol.
418 Zur Biografie Filzers (1858–1930) vgl. Meixner, Johann Filzer.
419 Zu Blaßnig (1901–1979) vgl. Erhard, Bauernstand und Politik 9–11.

420 Vgl. 75 Jahre Tiroler Bauernbund 130–131.
421 Balser, Frauenmut und Frauenfleiß 88–89.
422 Geißler, Gedanken einer Jungbäuerin 149.
423 Vgl. 75 Jahre Tiroler Bauernbund 127.
424 Ebenda 124.
425 Laut Ortsbauernbefragung im österreichischen Alpenland um 1995, zit. bei Hörbst, Stellung der Bauern 70 und 73.
426 Vgl. 75 Jahre Tiroler Bauernbund 183–185.
427 Zwar war Agrarkommissar Franz Fischler vor seiner Tätigkeit als österreichischer Landwirtschaftsminister (1989–1994) Kammeramtsdirektor der Landwirtschaftskammer Tirol (1985–1989), doch hat er mit seinen Vorschlägen und Entscheidungen als EU-Kommissar, etwa der Agenda 2000, nicht immer ungeteilte Zustimmung unter den Tiroler Bauern gefunden.
428 Aktuelle Angaben unter www.tiroler-bauernbund.at.
429 Laut Gespräch Gerhard Siegl mit Dir.-Stv. Ing. Martin Klingler, 13. 2. 2003.
430 Meixner, Mythos Tirol 99–104.

Werner Drobesch: Gebirgsland im Süden – Kärntens Landwirtschaft 1918 bis 1999
Seite 189–241

1 Perkonig, Kärnten, sonniges Bergland 87 f. und 93.
2 Paschinger, Landeskunde von Kärnten und Osttirol 1.
3 Ebenda 103.
4 Ebenda 2 und 4.
5 Statistisches Handbuch Kärnten 1999 5.
6 Ebenda.
7 Paschinger, Landeskunde von Kärnten und Osttirol 131.
8 Statistisches Handbuch Kärnten 1999 1.
9 Schwackhöfer, Raumordnung und Landwirtschaft 77.
10 Ibounig, Volkszählung 1991 86.
11 Tengg, Berglandwirtschaft 73.
12 Ebenda 88 und 91.
13 Ibounig, Wirtschaft und Gesellschaft 424.
14 Zeloth, Bevölkerungsbewegung 270 ff.
15 Ibounig, Die Bevölkerung Kärntens um die Jahrtausendwende 18.
16 Zeloth, Bevölkerungsbewegung 179.
17 Ebenda 193.
18 Ebenda 185.
19 Ebenda 205 ff.
20 Kellermann, Gesellschaftliche Grundmuster 355 f.
21 Ibounig, Wirtschaft und Gesellschaft 425.
22 Berufstätige 1971 nach Wohn- und Arbeitsgemeinden (Gebietsstand: 1. 1. 1973), in: Kärnten. Leistung – Fortschritt – Entwicklung 32 ff.
23 Wohnbevölkerung bzw. Berufstätige nach Wirtschaftsabteilungen, in: Volkszählung 1991, Tabelle 2, 19.
24 Ibounig, Wirtschaft und Gesellschaft 425.
25 Rumpler, Kärntens Wirtschaft im 19. Jahrhundert I 245.
26 Für die Kategorisierung der Termini »Zwergbetrieb«, »kleinbäuerlicher«, »mittelbäuerlicher«, »großbäuerlicher« und »Großbetrieb« dient die Definition der »Österreichischen Statistik« als Grundlage. Demnach definieren sich Zwergbetriebe als Betriebe unter 2 Hektar, kleinbäuerliche als Betriebe von 2 bis 5 Hektar, mittelbäuerliche als Betriebe von 5 bis 20 Hektar, großbäuerliche als Betriebe von 20 bis 100 Hektar und Großbetriebe als Betriebe von mehr als 100 Hektar. Vgl. Land- und forstwirtschaftliche Betriebszählung 1951 I.
27 Ergebnisse der landwirtschaftlichen Betriebszählung vom 3. Juni 1902 in den im Reichsrathe vertretenen Königreichen und Ländern. Bezirksübersichten für Kärnten, Krain, Triest und Gebiet, Görz und Gradiska, Istrien, Dalmatien, Tirol und Vorarlberg (Österreichische Statistik LXXXIII, 3. Heft, Wien 1908), Tabelle 7: Forstwirtschaftliche Betriebe.
28 Dinklage, Geschichte der Kärntner Landwirtschaft 289 f.
29 Ebenda 278.
30 Ebenda 277 f.
31 Statistische Übersichten für den Reichsgau Kärnten, zusammengestellt vom Statistischen Amt für die

Reichsgaue der Ostmark (Wien 1941), B. Wirtschaft, Tabelle 9: Ernte der wichtigsten Feldfrüchte 1939 und 1940, o. S.
32 Dinklage, Geschichte der Kärntner Landwirtschaft 276.
33 Kärntens Not, in: März 1938 in Kärnten 251.
34 Denkschrift der Landwirtschaftskammer 5.
35 Zit. nach Dinklage, Geschichte der Kärntner Landwirtschaft 282.
36 Pehr, Die Produktionsverhältnisse in Kärnten 182.
37 Denkschrift der Landwirtschaftskammer 5.
38 Kärntens Not 251.
39 Dinklage, Geschichte der Kärntner Landwirtschaft 292.
40 Kärntens Not 251 f.
41 Erker, Geschichte der Kärntner Landwirtschaft 97. – Dem Verfasser sei für die Möglichkeit der Einsichtnahme in das Manuskript herzlich gedankt.
42 Zit. nach ebenda 94.
43 Untersuchungen über die Rentabilität der Landwirtschaft Kärntens 55.
44 Ebenda 49.
45 Lombar, Entschuldung und Aufbau 28 f.
46 Denkschrift der Landwirtschaftskammer 9.
47 Dinklage, Geschichte der Kärntner Landwirtschaft 292.
48 Bericht Max Fresse (Stuttgart) über die Lage der Nationalsozialisten und die wirtschaftlichen Zustände in Kärnten, November 1936, abgedruckt in: Rumpler (Hg.), März 1938 264.
49 Lombar, Entschuldung und Aufbau 31.
50 Zeloth, Bevölkerungsbewegung 49.
51 Die land- und forstwirtschaftlichen Betriebe im Reichsgau Kärnten 44.
52 Dinklage, Geschichte der Kärntner Landwirtschaft 301 f.
53 Lombar, Entschuldung und Aufbau 78.
54 Dinklage, Geschichte der Kärntner Landwirtschaft 302.
55 Burz, Bauernland 367.
56 Ebenda 369.
57 Valentin, Abschied von der Klassengesellschaft 56.
58 Land- und forstwirtschaftliche Betriebszählung 1990 105.
59 Landwirtschaftliche Problemgebiete 16.
60 Tengg, Berglandwirtschaft 107 f.
61 Paschinger, Junge Strukturwandlungen in der Landwirtschaft 638.
62 Land- und forstwirtschaftliche Betriebszählung 1990 102 und 106.
63 Tschass, Agrargeographische Strukturen 91.
64 Bericht über die Lage der Kärntner Land- und Forstwirtschaft 1992 17 (Darstellung 2).
65 Ebenda 14.
66 Burz, Bauernland 372.
67 Bericht über die Lage der Kärntner Land- und Forstwirtschaft 1992 13.
68 Der Wiederaufbau der Kärntner Land- und Forstwirtschaft 278.
69 Erker, Vom tragenden Stand zur getragenen Gruppe 112.
70 Vgl. Statistisches Handbuch des Landes Kärnten. Zahlen und Daten 1980 76 ff.
71 Erker, Vom tragenden Stand zur getragenen Gruppe 112.
72 Blechl, Regionale Initiativen 49.
73 Valentin, Klassengesellschaft 56, sowie Land- und forstwirtschaftliche Betriebe 1939 58.
74 Land- und forstwirtschaftliche Betriebszählung 1960 66 f.
75 Paschinger, Junge Strukturwandlungen in der Landwirtschaft 633.
76 Land- und forstwirtschaftliche Betriebszählung 1990 26 f.
77 Schwackhöfer, Raumordnung und Landwirtschaft 79.
78 Wiederaufbau der Land- und Forstwirtschaft 229; Land- und forstwirtschaftliche Betriebszählung 1970 82 f.
79 Vgl. Erker, Kärntens Landwirtschaft 24 ff.
80 Ebenda 27.
81 Paschinger, Junge Strukturwandlungen in der Landwirtschaft 635.
82 Bericht Kärntner Land- und Forstwirtschaft 1992 11.
83 Erker, Kärntens Landwirtschaft 28.
84 Bericht über die Lage der Kärntner Land- und Forstwirtschaft 1992 38.
85 Wiederaufbau der Land- und Forstwirtschaft 7–14.
86 Erker, Geschichte der Kärntner Landwirtschaft, 105.

87 Bericht über die Lage der Kärntner Land- und Forstwirtschaft 1992 7.
88 Erker, Kärntens Landwirtschaft 57 f.
89 Erker, Geschichte der Kärntner Landwirtschaft 108.
90 Ebenda 120.
91 Bericht über die Lage der Kärntner Land- und Forstwirtschaft 1992 8.
92 Land- und forstwirtschaftliche Betriebszählung 1970 58; Land- und forstwirtschaftliche Betriebszählung 1990 44.
93 Vgl. Erker, Geschichte der Kärntner Landwirtschaft 92 f.
94 Land- und forstwirtschaftliche Betriebszählung 1960 122; Land- und forstwirtschaftliche Betriebszählung 1990 49.
95 Erker, Geschichte der Kärntner Landwirtschaft 99.
96 Burz, Bauernland 365.
97 Vgl. Drobesch, Auf dem Weg zur Grundentlastung 172.
98 Vgl. Rösener, Bauern in der europäischen Geschichte 248.
99 Ebenda 17.
100 Josef Winkler, Muttersprache 323.

Ursula J. Neumayr: Unter schneebedeckten Bergen – Landwirtschaft im Pinzgau 1890 bis 1990
Seite 243–298
Mein Dank geht an Wolf Wiesinger für die freundliche Überlassung des Bildes »Pinzgauer Höfe«.
1 Hanisch, Der lange Schatten des Staates; Ortmayr, Späte Heirat. Vorliegender Beitrag fußt auf meiner Dissertation, Unter schneebedeckten Bergen – Geschichte der Landwirtschaft im Pinzgau, ca. 1880–1980.
2 Ruhland, Praxis.
3 Karl, Von der Freiheit des Bauern 16.
4 Sandgruber, Agrarrevolution 196 f.
5 Hanisch, Die Politik und die Landwirtschaft; Kearney, Reconceptualizing the Peasantry.
6 Ammerer, Feudalverband 110.
7 Schjerning, Pinzgauer 197 f.
8 Ebenda 250.
9 Ruhland, Praxis 258 ff.
10 Ebenda 18 ff.
11 Ebenda 23–25.
12 Neumann, Das obere Salzachtal 21–24.
13 Ebenda 24 f.
14 Walleitner, Der Knecht 24 f.
15 Neumann, Das obere Salzachtal 25 f.
16 Preuss, Landschaft und Mensch 188.
17 Wutz, Alpenländische Milchwirtschaft.
18 Die Landwirtschaft im Bergbauerngebiet (Manuskript), BBK Zell/See XII/I.
19 Bauer, Zwischen Goldhaube und Telehaus 217.
20 Die wirtschaftliche Entwicklung des Pinzgaues von 1945–1963, BBK Zell/See I/17.
21 Grüner Bericht, BBK Zell/See an LWK Salzburg, 9. Februar 1962.
22 Innerhofer, Schöne Tage; ders., Schattseite; ders., Die großen Wörter.
23 Gödl/Gschwandtner/Buchinger, Zwischen Tradition und Moderne 183–196.
24 Katzlberger, Kommunikationssituation auf Bergbauernhöfen. Luger/Tedeschi, Gratwanderung 150–173.
26 Krammer, Analyse einer Ausbeutung 32, 37.
26 Ruhland, Praxis 7.
27 Ebenda 6, 10, 51.
28 Ebenda 17.
29 Gierth, Pinzgauer Viehzucht 6.
30 Ruhland, Praxis 26–43.
31 Ebenda 22.
32 Haas, Salzburg in der Habsburgermonarchie 783.
33 Ruhland, Praxis 25.
34 Ebenda 17.

35 Schjerning, Pinzgauer 265.
36 Ruhland, Praxis 9 f.
37 Ebenda 8–17.
38 Haas, Salzburg in der Habsburgermonarchie 797.
39 Transkription wurde dankenswerterweise von Alois Eder vorgenommen.
40 Alois Rieder, Gedenkbuch der Landgemeinde Saalfelden (Transkript).
41 Ortmayr, Knechte 335, 364.
42 Standl, ... gib uns heute unser täglich Brot 99.
43 Salzburger Gebirgszeitung, 24. 11. 1906, 3.
44 Haas, Salzburg in der Habsburgermonarchie 786.
45 Ortmayr, Knechte 374.
46 Ebenda 348.
47 Walleitner, Knecht; Dillinger, Die sozialen Strukturen.
48 Bauer, Zwischen Goldhaube und Telehaus 212.
49 Ortmayr, Knechte 299, 317.
50 Walleitner, Treue Helfer 100–131; ders., Knecht 85 ff.
51 Dillinger, Die sozialen Strukturen 48–88.
52 Ammerer, Feudalverband 236 f.
53 BBK an LWK 7. 2. 1947, BBK Zell/See, Ic/5.
54 Mooslechner/Stadler, Landwirtschaft und Agrarpolitik 85 f.
55 Protokoll 3. Ortsbauerntagung, 25. 9. 1945.
56 Protokoll 4. Ortsbauerntagung, 10. 12. 1945.
57 Protokoll 4. Ortsbauerntagung, 10. 12. 1945.
58 Protokoll 6. Ortsbauerntagung, 4. 2. 1946.
59 »Volksdeutsche Landarbeiter in der Landwirtschaft«, BBK-Zell/See, Ic/5.
60 Mitteilung Gesundheitsamt Zell/See an BBK Zell/See 8. 6. 1948; Antwortschreiben 17. 6. 1948. BBK Zell/See, Ic/5.
61 »Die wirtschaftliche Entwicklung des Pinzgaues von 1945–1963«, 9. 3. 1964, BBK Zell/See, I/17.
62 Bauer, Zwischen Goldhaube und Telehaus 218.
63 Walleitner, Treue Helfer 40 ff.
64 Walleitner, Kirche im Volk 12.
65 Walleitner, Knecht 94.
66 Walleitner, Treue Helfer 45 f.
67 Ebenda 48.
68 Hofakten K.
69 Brauneder, Die Entwicklung des bäuerlichen Erbrechts 64.
70 Hofakten M.
71 Hofakten S.
72 Hofakten M.
73 Hofakten S.
74 Hofakten S.
75 Hofakten R.
76 Hofakten S.
77 Hofakten R.
78 Hofakten M.
79 Hofakten M.
80 Hofakten S.
81 Hinterstoisser, Das Kriegsende im Pinzgau 41–55.
82 Almbuch, Franz Wartbichler 1945–1956, Privatbesitz.
83 Protokoll 1. Ortsbauerntagung, 14. 7. 1945, BBK Zell/See, I/17.
84 Protokoll 2. und 3. Ortsbauerntagung, 15. 8. 1945, 21. 9. 1945.
85 Protokoll 4. Ortsbauerntagung, 10. 12. 1945.
86 Protokoll, 6. Ortsbauerntagung, 4. 2. 1946.
87 Lemberger, Salzburger Landwirtschaftskammer 332.
88 Lemberger, Salzburger Landwirtschaftskammer 339.
89 Gespräch mit Margarethe Scharler, Felbengut, 25. 8. 2001.
90 Ertl, Dialekte im Wandel.
91 Weitlaner, Heimatbuch Saalbach-Hinterglemm 3.
92 Schweinberger, Vom Bauern zum Hotelier 71 ff.
93 Ebenda 73–76.

94 Gespräch mit Elfriede Hartl, 25. 10. 2001.
95 Schweinberger, Vom Bauern zum Hotelier 40.
96 Gespräch mit Peter Burgschwaiger, 5. 9. 2001.
97 Gespräch mit Romana Lidicky, 10. 9. 2001.
98 Gespräch mit Elfriede und Wolfgang Hölzl, 1. 11. 2001.
99 »… ist die ganze kleine Welt drin«. Land der Berge 6/98 (1998) 96 f.
100 Weiss, Salzburg 211–213. Gespräch mit Thomas Nindl, 1.7.2001.
101 Schjerning, Pinzgauer 257–285.
102 Volkszählungsergebnisse 1869–1991.
103 Walleitner, Volk am Hof und Berg 100–131.
104 Ruhland, Praxis 10, 18, 523.
105 Walleitner, Volkskundliche Studie 35.
106 Hubatschek, Bäuerliche Siedlung 25, 194.
107 Ortmayr, Knechte 342 f.
108 Landwirtschaftliche Betriebszählung 1930, 1990.
109 Hoffmann, Bauernland Oberösterreich 227.
110 Schjerning, Pinzgauer 256 f. Ergebnisse der Land- und Forstwirtschaftlichen Statistik 1937–1996.
111 Ergebnisse der Land- und Forstwirtschaftlichen Betriebszählung 1951–1990. Ergebnisse der Landwirtschaftlichen Statistik 1937–1996.
112 Land- und Forstwirtschaftliche Statistik 1930–1990.
113 Ergebnisse der Landwirtschaftlichen Betriebszählung vom 3. Juni 1902.
114 Land- und Forstwirtschaftliche Betriebszählung 1937–1996.
115 Jahresbericht 1971, BBK Zell am See, 30. 12. 1971 (I/16).
116 Chronik Saalfelden (Saalfelden 1992) 403.
117 Landwirtschaftliche Maschinenzählung 1902–1990.
118 »Drei Gemeinden versuchen den Aufstand gegen das Naturschutzgesetz«, Salzburger Volksblatt, Juli 1979.
119 Dipl.-Ing. Johann Staffl, 13. 7. 1999.
120 Gespräch mit Ferdinand Oberhollenzer, 30. 8. 2001.
121 Floimair/Retter, Der Nationalpark Hohe Tauern 33–50. Gespräch mit Ferdinand Oberhollenzer, 30. 8. 2001.
122 Ergebnisse der Land- und Forstwirtschaftlichen Betriebszählung 1990.
123 Standl, … gib uns heute unser täglich Brot 41 ff.
124 Schjerning, Pinzgauer 260–264.
125 Ebenda 257 f.
126 Ebenda 257–264.
127 100 Jahre organisierte Rinderzucht 3.
128 Salzburger Gebirgszeitung, 24. 11. 1906 und 6. 10. 1906.
129 Amtsblatt der k. k. Bezirkshauptmannschaft Zell am See, Nr. 17 (24. 4. 1915), Nr. 34 (21. 8. 1915).
130 Viehzählung der in den im Reichsrathe vertretenen Königreiche und Länder 1900.
131 Schjerning, Pinzgauer 253 f. Viehzählung 1869, 1880, 1900. Viehstandslexikon 1990. Ergebnis der Land- und Forstwirtschaftlichen Betriebszählung 1951–1990.
132 Ergebnisse der Landwirtschaftlichen Statistik 1937–1996.
133 Ebenda.
134 Verzeichnis der Viehmärkte des Landes Salzburg 1933 (hg. von Landeskulturrat Salzburg, Salzburg 1933). Stöckl, Pinzgauer.
135 Penz, Almwirtschaft 148 f.
136 Salzburger Katasteraufnahmen 1908/12; Alpkataster 1949–52; Ergebnisse der Almerhebungen 1974, 1986; Almerhebungsbücher 1950/52.
137 Ergebnisse der Landwirtschaftlichen Statistik 1930, 1937–1996.
138 Gierth, Pinzgauer Viehzucht 78.
139 Spangenberg-Resmann, Entwicklung der Almwirtschaft 74 f.
140 Neumann, Das obere Salzachtal 38.
141 Spangenberg-Resmann, Entwicklung der Almwirtschaft 171–176.
142 Die Almwirtschaft in Österreich im Jahre 1986.
143 Penz, Almwirtschaft 128–181.
144 Ergebnisse der Almerhebung 1974, 1986.
145 Almstatistik 1955; Almerhebung 1974; Almwirtschaft in Österreich 1986.
146 Neumann, Das obere Salzachtal 42–45.
147 Spangenberg-Resmann, Entwicklung der Almwirtschaft 97–106, 159 f., 81, 107 ff.

148 Keidel, Almen und Almwirtschaft 32.
149 Ebenda 36.
150 Spangenberg-Resmann, Entwicklung der Almwirtschaft 80–83.
151 Die Almwirtschaft in Österreich im Jahre 1986.
152 Felner, Die politische und amtliche Verfassung 82–84.
153 Sandgruber, Agrarrevolution 225.
154 Preuss, Landschaft und Mensch 203.
155 Land- und Forstwirtschaftliche Statistik 1930; Statistik Republik Österreich 1945–1995.
156 Schjerning, Pinzgauer 257–259.
157 Mayr, Getreidebau und Getreidesorten 185–224; ders., Die Getreide-Landsorten; ders., Veränderungen 701–706.
158 Mayr, Getreidebau und Getreidesorten 193 f.
159 Ebenda 194.
160 Mayr, Veränderungen 701–706.
161 Hubacek, Bäuerliche Siedlung 100–105.
162 Schöhl, Österreichs Landwirtschaft 63.
163 Ergebnisse der Landwirtschaftlichen Statistik 1930, 1937–1996.
164 Hoffmann, Bauernland 242 f.
165 Schöhl, Österreichs Landwirtschaft 59 f.
166 Neumann, Das obere Salzachtal 59 f.
167 Ergebnisse der Landwirtschaftlichen Statistik 1937–1996.
168 Dürlinger, Vom Pinzgau 14.
169 Dreiseitl, Salzburger Obstbau 105.
170 Ebenda 97–118.
171 Chronik Saalfelden 22.
172 Neumann, Das obere Salzachtal 59 f.; Hubacek, Bäuerliche Siedlung 113–124.
173 Dreiseitl, Salzburger Obstbau 97–118.
174 Wirleitner, Bauernkost 3–11.
175 Hubacek, Bäuerliche Siedlung 113–124.
175 Dreiseitl, Salzburger Obstbau 99.
176 100 Jahre Landwirtschaftsministerium 210.
177 Land- und Forstwirtschaftliche Betriebszählung 1960.
178 Ergebnisse der Landwirtschaftlichen Statistik 1937–1996.
179 Der lange Abschied vom Agrarland.

Karl Kaser, Karl Stocker, Beatrix Vreča: Vom Selbstversorger zum Nebenerwerbslandwirt – Das südoststeirische Flach- und Hügelland
Seite 299–361

Dank an Heimo Hofgartner und Katia Schurl für die kritische Unterstützung.
1 Stand 2001.
2 Die genannten Zahlen beziehen sich auf die Agrarstrukturerhebung 1999.
3 Gemeint sind Betriebe mit natürlichen Personen.
4 Stocker, Landwirtschaft 1990 64.
5 Kaser/Stocker, Bäuerliches Leben 2 83.
6 Allgemeines Verzeichnis der Ortsgemeinden und Ortschaften Österreichs nach den Ergebnissen der Volkszählung vom 31. Dezember 1910 (hg. k. k. Statistische Zentralkommission Wien).
7 Österreichische Statistik (hg. k.k. Statistische Central Commission, Wien 1894) Heft 4, 33.
8 Die Ergebnisse der österreichischen Volkszählung vom 22. März 1934: Steiermark.
9 Kaser/Stocker, Bäuerliches Leben 1, 73.
10 Vgl. Posch, Hartberg 1/II, 47–50, und Schuller, Hagenhofer 15–25.
11 Vgl. Haas, Landbund 34 f., und Burkert-Dottolo, Das Land geprägt 26.
12 Posch, Das Ringen des steirischen Bauern 108.
13 Kaser/Stocker, Bäuerliches Leben 1, 105; Staudinger, Die andere Seite 181.
14 Steiermärkisches Landesarchiv Graz, Präsidial-Reihe des Archivs der Statthalterei 5 Ver–3650/1895.
15 Schuller, 100 Jahre Raiffeisenbanken 118.
16 Kaser/Stocker, Bäuerliches Leben 1 100.
17 Ebenda 1 101; Haas, Landbund 177.
18 Landwirtschaftliche Mitteilungen für Steiermark 26, 24. Juni 1928, 10.

19 Karl, Festschrift 43 f. 1905 erfolgte eine weitere Umbenennung in »Steiermärkischer Obstbauverein«.
20 Ebenda 43.
21 Ebenda 45.
22 Vgl. u. a. Obstgarten 4 (1899) 51 ff., und Thallmayr, Die dritte alpwirtschaftliche Studienreise.
23 Obstgarten 4 (1899) 52.
24 Karl, Festschrift 45.
25 Ebenda.
26 Ebenda 46.
27 Obstgarten 8 (1898) 121.
28 Karl, Festschrift 47.
29 Matzka, Die Wirtschaft 111.
30 Karl, Festschrift 13.
31 Jahresbericht (1930) 15.
32 Karl, Festschrift 13: Im Jahr 1931 wurden etwa von 31 gezogenen Hauptapfelsorten nur noch elf zur Pflanzung empfohlen.
33 Bericht über die Tätigkeit des Zentral-Ausschusses 19 f.
34 Bericht des Verbandes steirischer Fleckviehzucht-Genossenschaften 12; vgl. weiters die Nachrufe auf Stocker in Landwirtschaftliche Mitteilungen für Steiermark, 8. Juli 1934, und Ostland 20, 19. Mai 1934.
35 Allgemeines Verwaltungs-Archiv Ackerbauministerium, 20–17/1917.
36 Schober, Gosdorf 43.
37 Steiermärkisches Landesarchiv Graz, Präsidial-Reihe des Archivs der Statthalterei A5b–1806/1919 (852/1920).
38 Schober, Gosdorf 44.
39 Grasmug, Bauernkrawalle 303–305.
40 Oststeirische Volkszeitung, 16. 5. 1920.
41 Steiermärkisches Landesarchiv Graz, Präsidial-Reihe des Archivs der Landesregierung E 91–1058/1919.
42 Steiermärkisches Landesarchiv Graz, Präsidial-Reihe des Archivs der Statthalterei A5b–1910/1918.
43 Kaser/Stocker, Bäuerliches Leben 2 153.
44 Preise zu Beginn jeden Jahres: Landwirtschaftliche Mitteilungen für Steiermark und Wechselschau.
45 Zahlenmäßige Darstellung der Rechtspflege. Justizstatistik für die Jahre 1927–1936.
46 Pelz, Konjunkturentwicklung 189.
47 Wochenblatt der Landesbauernschaft Südmark 22, 15. Mai 1941, 503.
48 Hornich mit dem bezeichnenden Titel »Vom höchsten Arbeitseinsatz«.
49 Wochenblatt der Landbauernschaft Südmark 6, 31. Juli 1938, 161 f.
50 Siehe dazu Tabellen 14–18 »Ernteerträge 1937–1939« im Statistischen Anhang.
51 Vgl. Interview J. H., 5. 12. 1986.
52 Wochenblatt der Landesbauernschaft Südmark 6, 31. Juni 1938, 161.
53 Kaser/Stocker, Bäuerliches Leben 2 96 ff.
54 Rosegger, Das Volksleben 148.
55 Südmärkischer Bauernkalender 1939 43.
56 Ing. Albert Gayl, Leiter der Hauptabteilung 1 in der Landesbauernschaft Südmark, in: Wochenblatt der Landesbauernschaft Südmark, 2, 3. Juli 1938, 39.
57 Steyrer, Der Bauer als Kamerad 56.
58 Steirischer Bauernkalender 1944 55.
59 Interview W. F., 21. 11. 1986.
60 Wochenblatt der Landesbauernschaft Südmark 6, 31. Juni 1938, 161.
61 Wochenblatt der Landesbauernschaft Südmark 19, 30. Oktober 1938, 535.
62 Göhring-Machacek, Staat in den Abgrund 49. Vgl. Liebmann, Kardinal Innitzer und der Anschluß.
63 Pöltl-Oberski, Frauen und Mädchen 11.
64 Ebenda.
65 Pirchegger, Geschichte der Steiermark 296.
66 Ebenda; weiters Posch, Hartberg 1/II, 69.
67 Kaser/Stocker, Bäuerliches Leben 1 197 f.
68 Der politische Bezirk Radkersburg (= Kammerbereich der BKLF Radkersburg) umfasst 1946 78 Katastralgemeinden mit einer Gesamtbetriebsfläche von 31.873 Hektar, davon sind 66,9 Prozent landwirtschaftlich genutzte Fläche, 31,1 Prozent forstwirtschaftlich genutzte Fläche. Die Zahl der land- und forstwirtschaftlichen Betriebe beträgt 4.459, wobei die dominante Betriebsform der mittelbäuerliche Betrieb ist. 45 Prozent der Betriebe haben eine Fläche zwischen 5 und 20 Hektar.
69 Jahres-Tätigkeitsbericht der Bezirkskammer für Land- und Forstwirtschaft Radkersburg 1946 15–17.
70 Vgl. Grasmug, Die Kriegsschäden in der südöstlichen Steiermark.

71 Vgl. Kaser/Stocker, Bäuerliches Leben 2 149 f.
72 Vgl. Vollmann, Die sozialpolitische Entwicklung 35 ff.
73 Vgl. Redik, Knecht oder Arbeiter?
74 Vollmann, Die sozialpolitische Entwicklung 38 f.
75 Ebenda 44 f.
76 Ebenda 47 f.
77 Ebenda 53.
78 Ebenda 57.
79 Ebenda 58.
80 Einen kurzen prägnanten Überblick bietet eine Sonderbeilage der Landwirtschaftlichen Mitteilungen für Steiermark vom April 1973 »Sozialpolitik – Teil der Agrarpolitik«, bes. 2.
81 Vollmann, Die sozialpolitische Entwicklung 48 f.
82 Ebenda 58. Auch die Ärzte wehrten sich gegen eine solche Versicherung, weil sie dadurch viele ihrer Privatpatienten verloren.
83 Landwirtschaftliche Mitteilungen für Steiermark 14, 15. Juli 1963, 1.
84 Interview aus 1985; liegt mit Tonbandmitschnitt vor. Zur Gewährleistung der Anonymität wird hier auf ein exaktes Zitat verzichtet.
85 Reichert, Zuwachskontrolle im Rinderstall 6.
86 Steirische Statistiken 4, Dez. 1959. Steirische Statistiken 4, Dez. 1961.
87 Österreichisches Statistisches Zentralamt, Ergebnisse der land- und forstwirtschaftlichen Statistik 1949, 1950, 1951, 1959, 1960, 1961.
88 Jeitler, Wirtschaftliche Veränderungen 111.
89 Ebenda 96.
90 Kohlfürst, Prinzip, Erfahrungen und Erfolge 343 f.
91 10 Jahre Österreichisches Produktivitäts-Zentrum 23.
92 Meyers großes Taschenlexikon 167.
93 Hwaletz/Lackner/Stocker, Die allgemeine Dynamik 1 68.
94 10 Jahre Österreichisches Produktivitäts-Zentrum, Vorwort des Vorsitzenden der Präsidentenkonferenz der Landwirtschaftskammer Österreichs Josef Strommer.
95 1946 als »Verein für Technik in der Landwirtschaft« (VTL) gegründet, 1951 in ÖLK umbenannt; unter dem Vorsitz von Prof. Steden von der Hochschule für Bodenkultur waren in diesem Verein Fachleute des Landwirtschaftsministeriums, des Bundesministeriums für Handel und Wiederaufbau, des Bundesministeriums für Verkehr, des Bundesministeriums für Verstaatlichte Betriebe, der Hochschule für Bodenkultur, der Bundesversuchs- und -prüfungsanstalt für landwirtschaftliche Maschinen und Geräte, der Präsidentenkonferenz der Landwirtschaftskammer und sämtlicher Landeskammern, der Ingenieurkammer für Wien, Niederösterreich und Burgenland, der Landmaschinen- und Traktorenindustrie, des Landmaschinenhandwerks, des Landmaschinenhandels, der landwirtschaftlichen Genossenschaften, der Bergbauernschaft, der landwirtschaftlichen Großbetriebe und des ÖPZ vertreten (Informationsdienst der Landeskammer 5, 1. April 1951; dazu weiters Weihs, Gedanken zum 25jährigen Jubiläum des Österreichischen Kuratoriums für Landtechnik).
96 10 Jahre Österreichisches Produktivitäts-Zentrum 41 f.
97 Siehe dazu die Berichte der Abteilung landwirtschaftliche Bildung und Aufklärung in den Tätigkeitsberichten der Landeskammer, etwa Tätigkeitsbericht 1958/59 151 ff.
98 Siehe dazu die Richtlinien für die Gewährung in Landwirtschaftliche Mitteilungen für Steiermark 6, 15. März 1961, 2.
99 Hauer, Was ist Monokultur? 29.
100 Tätigkeitsbericht der Landeskammer 1949 220.
101 Ebenda 220 f.
102 Ebenda 221 f.
103 Ebenda.
104 Ebenda.
105 Ebenda.
106 Landwirtschaftliche Mitteilungen für Steiermark 4, 15. Februar 1960, 1.
107 Zur »Landjugend« vgl. Eberhart, Die Zeitschrift »Landjugend«.
108 Ebenda 7.
109 Landjugend 1, Jänner 1959, 2.
110 Ebenda.
111 Ebenda.
112 Landjugend 2, Februar 1959, 39.
113 Landjugend 3, März 1959, 71.

114 Landjugend 4, April 1959, 120.
115 Landjugend 5, Mai 1959, 152.
116 Vgl. Eberhart, Die Zeitschrift »Landjugend« 8.
117 Tätigkeitsbericht der Landeskammer 1960/61 222.
118 Ebenda.
119 Tätigkeitsbericht der Landeskammer 1958/59 178 ff. Vgl. weiters Kalin, Unsere hauswirtschaftlichen Beratungskräfte.
120 Ebenda 180 f.
121 Leopold, Warum »Haus der Bäuerin«? 1.
122 Ebenda.
123 Ebenda.
124 Dipl.-Ing. Dr. Johanna Bayer war von 1960 bis 1977 Leiterin der Abteilung Hauswirtschaft der Landeskammer für Land- und Forstwirtschaft in Steiermark, außerdem 1957 bis 1973 Nationalratsabgeordnete; ihre Karriere hatte schon in der NS-Zeit begonnen. Zu ihrer Biografie vgl. den Artikel anlässlich ihrer Pensionierung in Landwirtschaftliche Mitteilungen für Steiermark 13, 1. Juli 1977, 4; vgl. weiters den unter ihren Mädchennamen Scholz (1942) und nach ihrer Heirat unter dem Namen Bayer-Scholz (1943) publizierten Artikel.
125 Bayer, Hausarbeit leicht gemacht 10.
126 Ebenda 10 ff.
127 Ebenda 14.
128 Ebenda 11.
129 Ebenda 15.
130 Hauer, Wegweiser.
131 Hinterer, Führung der Hauswirtschaft 15.
132 Hauer, Wegweiser 3.
133 Der fortschrittliche Landwirt 11, 1. Juni 1960, 15.
134 Landwirtschaftsminister Hartmann nach Der fortschrittliche Landwirt 7, 1. April 1962, 15.
135 Steirische Statistiken, H. 3 (Sept. 1962) 6. Jg., 87.
136 Dornik, Hat der oststeirische Bauer noch eine Zukunft? 1.
137 Die Landwirtschaft in der Industriegesellschaft 1969 66.
138 Alle Punkte nach Dornik, Hat der oststeirische Bauer noch eine Zukunft? 1.
139 Senft, Richtige Kulturmaßnahmen im Maisbau 2. Ebenso Kammerpräsident Josef Wallner drei Jahre später an den von der Kammer organisierten »Maisbautagen«: Mais sei »derzeit die einzige Kulturart, zu deren Ausweitung man ohne jegliche Absatzsorgen raten könne«. Der österreichische Bauer könne Mais bauen, »soviel er nur wolle« (Der fortschrittliche Landwirt 4, 16. Februar 1964, 15).
140 Rohringer, Maisbau 7 f.
141 Österreichisches Statistisches Zentralamt, Ergebnisse der landwirtschaftlichen Maschinenzählungen, entsprechende Jahrgänge.
142 Kaser/Stocker, Bäuerliches Leben 1 226 f.
143 Der fortschrittliche Landwirt 2, 16. 1. 1965, 1.
144 Tätigkeitsbericht der Landeskammer 1962/63 245.
145 Jeitler, Wirtschaftliche Veränderungen 116.
146 Tätigkeitsbericht der Landeskammer 1962/63 245.
147 Zur österreichischen Entwicklung siehe Schnattinger, Struktur- und Einkommensentwicklung in der Schweinehaltung.
148 Tätigkeitsbericht der Landeskammer 1962/63 7.
149 Tätigkeitsbericht der Landeskammer 1962/63 7, 276: Hier liegen unterschiedliche Zahlen über die Mitgliederzahlen vor: auf Seite 7 ist von 800 und auf Seite 276 von 700 die Rede.
150 Tätigkeitsbericht der Landeskammer 1962/63 7.
151 Koller, Produktion und Vermarktung von Schlachtgeflügel 64.
152 Tätigkeitsbericht der Landeskammer 1966/67 249.
153 Tätigkeitsbericht der Landeskammer 1972/73 178.
154 Grüner Bericht Steiermark 1984 186.
155 Tätigkeitsbericht der Landeskammer 1962/63 276 f.
156 Ebenda.
157 Tätigkeitsbericht der Landeskammer 1968/69 249.
158 Siehe Tabelle 1 »Hühnerbestand« und Tabelle 5 »Schweinebestand« im Statistischen Anhang.
159 Tätigkeitsbericht der Landeskammer 1970/71 102. Österreichisches Statistisches Zentralamt, Ergebnisse der land- und forstwirtschaftlichen Statistik 1983.
160 Grüner Bericht Steiermark 1984 186.

161 Zum Fremdenverkehr vgl. Schafhuber/Steinberger, Der Urlaubsgast am Bauernhof.
162 Tödling, Bauernstand und Fremdenverkehr 1.
163 Vgl. Sandgruber, Landwirtschaft 311 f.
164 Hubmann, Wenig die Wende abwehren 3.
165 Ebenda.
166 Fank, Zur Nitratproblematik im Murtal.
167 Ebenda.
168 Kleine Zeitung, 25. Jänner 2001, 11 ff.
169 Vgl. http://www.vier-pfoten.at/schweinefleisch/chronologie.html.
170 Vgl. http://www.bildpost.at/Archiv/2001/Ausgabe2/–399616425.html.
171 Vgl. http://www.vier-pfoten.at/schweinefleisch/chronologie.html.
172 Vgl. http://www.bildpost.at/Archiv/2001/Ausgabe2/–399616425.html.
173 Kleine Zeitung »Schweine-Affäre: Pöltl gerät jetzt unter Druck«, 23. Jänner 2001, 9.
174 Grüner Bericht 1998/99, Kap. 7, 1.
175 Die Bezeichnung Südöstliches Flach- und Hügelland steht für eines der acht österreichischen Hauptproduktionsgebiete im Rahmen der Agrarstrukturerhebungen, an welchem die Bundesländer Steiermark und Burgenland Anteil haben.
176 http://www.ama.at/AMA-Marktordnung/links/ausgleichszahlung.html.
http://www.agrar.steiermark.at/cms/beitrag/10020363/455/.
177 Grüner Bericht 1998/99, Kap. 6, Übersichten 54 und 55.
178 Ebenda Übersicht 53.
179 Ebenda Übersicht 56.
180 Ebenda Übersichten 58 und 59.
181 Ebenda Übersicht 61.
182 Die Buchführungsergebnisse aus der österreichischen Landwirtschaft im Jahr 2000 7.
183 Hoppichler/Krammer, Die Zukunft der österreichischen Landwirtschaft 219.
184 Ebenda.
185 Ebenda.
186 http://www.raumplanung.steiermark.at/cms/beitrag/10007593/280089/_01.11.2001.
187 Ebenda.
188 Ebenda.
189 http://www.raumplanung.steiermark.at/cms/beitrag/10018467/621968/_01.11.2002.
190 http://www.regionalentwicklung.at/resch/proj-tou.html.
191 Willi, Zusammenarbeit in der Landwirtschaft und im ländlichen Raum 25; siehe auch http://www.schiffsmuehle.at.
192 Flugblatt Benefiz-Veranstaltung zur Wiedererrichtung der Murecker Schiffsmühle 2002.
193 Marktgemeinschaft Steirischer Wein (Hg.), Der steirische Buschenschank 2.
194 Steirische Buschenschenken mit Profil, November 2000, 2.
195 Hoppichler/Krammer, Die Zukunft der österreichischen Landwirtschaft 219.
196 Ebenda.
197 Pölzer, Die biologische Landwirtschaft als alternative Lebensform 95.
198 Ebenda 100, 106.
199 Ebenda 1, 125, 128.
200 Grüner Bericht 1998/99, Kap. 6.
201 Pölzer, Die biologische Landwirtschaft als alternative Lebensform 147–149.
202 Vulkanland aktuell. Informationsjournal des steirischen Vulkanlandes, Ausgabe 1, März 2001, 8.
203 Frisch vom Bauernhof. Ein Wegweiser zu den Quellen steirischer, bäuerlicher Spezialitäten (hg. von der Landeskammer für Land- und Forstwirtschaft in Steiermark, Graz 1993).
204 Vulkanland aktuell. Informationsjournal des steirischen Vulkanlandes, Ausgabe 1, März 2001, 8.
205 Steirischer Gourmetpass 4.
206 Kleine Zeitung, 15. 10. 1999, 24 f.
207 Interview mit A. L.
208 http://www.jungbauern.at/kalender/info.htm_20.10.2002.
209 Ebenda.
210 Eco, Über Gott und die Welt 45.

Bernhard A. Reismann: Landwirtschaft inmitten der Industrie – Die östliche Obersteiermark
Seite 363–438

1. Obersteirerblatt, Nr. 17 (1906), 1. 3., 2: Neue Einteilung der steirischen Wahlkreise. Das »Obersteirerblatt«, eine in Bruck an der Mur erscheinende Lokalzeitung, entwickelte sich im Laufe seines Bestehens vom deutschnationalen Blatt über ein linientreues Parteiblatt der Nationalsozialisten hin zur sozialdemokratisch motivierten Lokalzeitung für die Bezirke Mürzzuschlag, Bruck an der Mur und Leoben.
2. Im Hochschwabmassiv sind trotz bedeutender unproduktiver Flächen und ausgedehnter Latschenfelder Almhüttendörfer viel häufiger als im restlichen Bereich der steirischen Kalkalpen.
3. Tremel, Steiermark 7 ff.
4. Ebenda 11.
5. Ebenda 13 und Elmer, Produktionsgebiete 27 ff.
6. Tremel, Steiermark 13 f.
7. Elmer, Produktionsgebiete 107.
8. Ebenda 108.
9. Ebenda 108.
10. Burkert, Landwirtschaftliche Produktion 71.
11. Burkert-Dottolo, Das Land geprägt 15.
12. Wamprechtsamer, Kurze Geschichte 74 f.
13. Burkert-Dottolo, Das Land geprägt 17 f.
14. Obersteirerblatt, 16. 5. und 18. 9. 1892.
15. Obersteirerblatt, Nr. 78 (1902) 18. 9., 4.
16. Wamprechtsamer, Kurze Geschichte 75 f., und Der Sonntagsbote, 39. Jg. (1907) Nr. 39, 2.
17. Der Sonntagsbote, Nr. 30 (1907) 28. 7., 2. Die Forderungen der obersteirischen Landwirte, und Obersteirerblatt, Nr. 24 (1907) 24. 3., 1. Die Zahl der Betriebe sank von 17.576 selbstständigen Eigentümern und 1.069 Pächtern im Jahr 1880 auf 10.917 Selbstständige und 492 Pächter im Jahr 1900, also um 37,9 Prozent bei den Besitzern und 54 Prozent bei den Pächtern. »Der Sonntagsbote« war ab dem Jahr 1899 das Mitteilungsblatt des katholischen Bauernbundes für Steiermark und wurde im Jahr 1938 von den Nationalsozialisten gleichgeschalten.
18. Wamprechtsamer, Kurze Geschichte 16.
19. Roth/Köstler, Technische Entwicklung 32.
20. Burkert, Landwirtschaftliche Produktion 26, und Posch, Das Ringen des steirischen Bauern 108 f.
21. Obersteirerblatt, Nr. 71 (1904) 4. 9., 4, und Der Sonntagsbote, Nr. 17 ff. (1901) und Nr. 41 (1902) 12. 10., 7. Auch: Burkert, Landwirtschaftliche Produktion 40.
22. Burkert-Dottolo, Das Land geprägt, bes. 31–34.
23. Burkert-Dottolo, Das Land geprägt 35, und Der Sonntagsbote, Nr. 1 (1900) 7. 1., 1 f.
24. Der Sonntagsbote, Nr. 3 (1900) 21. 1., 62.
25. Der Sonntagsbote, Nr. 45 (1900) 11. 11., 1319.
26. Der Sonntagsbote, Nr. 39 (1907) 29. 9., 1 f., Nr. 40 (1907) 6. 10., 1 f., und Nr. 41 (1907) 13. 10., 3: Die Dienstbotenfrage, sowie Mischler/Wimbersky, Die landwirtschaftlichen Dienstboten 12 f.
27. Der Sonntagsbote, Nr. 51 (1907) 22. 12., 7.
28. Der Sonntagsbote, Nr. 41 (1911) 9. 10., 7.
29. Der Sonntagsbote, Nr. 7 (1910) 13. 2., 7 f.: Bauernlegung in Steiermark.
30. Wittschieben, Die Bauernlegungen in der Steiermark 5.
31. Ebenda 68 f.
32. Ebenda 115.
33. Der Sonntagsbote, Nr. 4 (1911) 22. 1., 8 f. Der Artikel bringt eine detaillierte Auflistung über die Anzahl der einzelnen gelegten Höfe in den jeweiligen Gemeinden.
34. Der Sonntagsbote, Nr. 12 (1912) 24. 3., 6.
35. Steinberger, Dies und das aus der obersteirischen Bäuerei, in: Der Sonntagsbote, Nr. 41 (1911) 8. 10., 4 f.
36. Obersteirerblatt, Nr. 66 (1914) 19.8., 5.
37. Landwirtschaftliche Mitteilungen für Steiermark, 1. August 1914, 233.
38. Obersteirerblatt, Nr. 68 (1914) 8. 8., 7, und Der Sonntagsbote, Nr. 31 (1914) 16. 8., 11.
39. Obersteirerblatt, Nr. 62 (1914) 5. 8., 5.
40. Chronik der Volksschule St. Dionysen, 1914. Abgedruckt in: Mittermüller/Reismann, Geschichte der Marktgemeinde Oberaich I 202.
41. Hansak, Die steirische Landwirtschaft 20.
42. Obersteirerblatt, Nr. 98 (1914) 9. 12., 4.

43 Obersteirerblatt, Nr. 13 (1915) 13. 2., 4.
44 Hansak, Die steirische Landwirtschaft 20.
45 Der Sonntagsbote, Nr. 10 (1915) 7. 3., 12 f.
46 Hansak, Kriegsgefangene im Gebiet der heutigen Steiermark 261–311, bes. 301 f.
47 Der Sonntagsbote, Nr. 52 (1915) 26. 12., 5.
48 Hansak, Kriegsgefangene 300.
49 Burkert-Dottolo, Das Land geprägt 51 f.
50 Wamprechtsamer, Kurze Geschichte 95.
51 Obersteirerblatt, Nr. 30 (1916) 15. 4., 5.
52 Obersteirerblatt, Nr. 26 (1915) 31. 3., 5.
53 Der Sonntagsbote, Nr. 41 (1916) 8. 10., 7.
54 Burkert-Dottolo, Das Land geprägt 51 und 53.
55 Obersteirerblatt, Nr. 79 (1916) 4. 10., 6.
56 Obersteirerblatt, Nr. 50 (1917) 23. 6., 5 und Nr. 53 (1917) 4. 7., 5.
57 Burkert-Dottolo, Das Land geprägt 53.
58 Dazu insbesondere Der Sonntagsbote, Nr. 32 (1918) 11. 8., 14, Nr. 34 (1918) 25. 8., 13 (drei Berichte), Nr. 35 (1918) 1. 9., 13, Nr. 36 (1918) 8. 9., 13, Nr. 37 (1918) 25. 9., 14 und Nr. 38 (1918) 22. 9., 15.
59 Der Sonntagsbote, Nr. 21 (1922) 21. 5., 5.
60 Der Sonntagsbote, Nr. 18 (1922) 10. 12., 9.
61 Der Sonntagsbote, Nr. 9 (1921) 27. 2., 9.
62 Mattl, Agrarstruktur 55 f.
63 Chronik des Gendarmeriepostens Spital am Semmering, Einträge 1919–1921.
64 Reismann, Geschichte der Gemeinde Spital am Semmering 168.
65 Ebenda 169.
66 Burkert-Dottolo, Das Land geprägt 71.
67 Der Sonntagsbote, Nr. 41 (1923) 10. 10., 5.
68 Der Sonntagsbote Nr. 15 (1926) 11. 4., 6.
69 Sandgruber, Ökonomie und Politik 368.
70 Burkert-Dottolo, Das Land geprägt 87.
71 Der Sonntagsbote, Nr. 12 (1931) 22. 3., 2 und Nr. 26 (1931) 28. 6., 10.
72 Obersteirerblatt, Nr. 76 (1931) 23. 9., 5 f.
73 Der Sonntagsbote, Nr. 4 (1929) 27. 1., 1.
74 Der Sonntagsbote, Nr. 8 (1929) 24. 2., 2.
75 Burkert-Dottolo, Das Land geprägt 83 f.
76 Der Sonntagsbote, Nr. 50 (1930) 14. 12., 11 und Nr. 3 (1931) 18. 1., 1.
77 Der Sonntagsbote, Nr. 7 (1931) 15. 2., 11.
78 Der Sonntagsbote, Nr. 23 (1931) 7. 6., 9.
79 Obersteirerblatt, Nr. 14 (1933) 18. 2., 6.
80 Der Sonntagsbote, Nr. 16 (1933) 14. 4., 3.
81 Der Sonntagsbote, Nr. 8 (1934) 25. 2., 7.
82 Der Sonntagsbote, Nr. 20 (1934) 20. 5., 1.
83 Der Sonntagsbote, Nr. 41 (1934) 14. 10., 1.
84 StLA, BH Voitsberg K. 77, Gruppe 14, A-K, Jg. 1934, Akte vom August 1934, sonst undatiert.
85 Der Sonntagsbote, Nr. 10 (1937) 7. 3., 9.
86 Der Sonntagsbote, Nr. 46 (1935) 17. 11., 4.
87 Burkert-Dottolo, Das Land geprägt 103.
88 Der Sonntagsbote, Nr. 11 (1936) 13. 3., 7.
89 Chronik der Volksschule St. Dionysen, Einträge 1936 und 1937.
90 Burkert-Dottolo, Das Land geprägt 118 f.
91 Burkert-Dottolo, Das Land geprägt 129.
92 Obersteirerblatt, Nr. 79 (1938) 5. 10., 6.
93 StLA, BH Mürzzuschlag, Gruppe 14/1938, W-Akten, Akte 14 W 21/3 vom 7. 10. 1938.
94 StLA, BH Mürzzuschlag, Gruppe 14/1939, W-Akten, Akte 14 W 21/12 – 1938 vom 31. 3. 1939.
95 StLA, BH Mürzzuschlag, Gruppe 14/1939, W-Akten, Akte 14 W 21/1, Bericht des Gendarmeriepostens Gußwerk vom 12. 5. 1939.
96 StLA, BH Mürzzuschlag, Gruppe 14/1939, W-Akten, Akte 14 W 21/14–1939 vom 31. 5. 1939.
97 StLA, BH Mürzzuschlag, Gruppe 14/1939, W-Akten, Bericht des Gendarmeriepostens Krieglach vom 27. 6. 1938.
98 Obersteirerblatt, Nr. 94 (1939) 25. 11., 8.
99 Obersteirerblatt, Nr. 14 (1941) 19. 2., 6.

100 Obersteirerblatt, Nr. 41 (1942) 23. 5., 4 f.
101 StLA, BH Mürzzuschlag, Gruppe 14/1942, W-Akten, Bericht des Gendarmeriepostens Krieglach, 27. 2. 1942.
102 StLA, BH Mürzzuschlag, Gruppe 14/1942, W-Akten, Akte 14 W 3/7–1942 vom 2. 7. 1942.
103 StLA, BH Mürzzuschlag, Gruppe 14/1942, W-Akten, Bericht des Gendarmeriepostens Krieglach vom 27. 7. 1942 sowie vom 26. 8. 1942 und vom 27. 12. 1942.
104 StLA, BH Mürzzuschlag, Gruppe 14/1942, W-Akten, Zahl 14 W 4/14–1942 vom 3. 12. 1942.
105 Obersteirerblatt, Nr. 57 (1942) 18. 7., 7.
106 Obersteirerblatt, Nr. 7 (1943) 23. 1., 5.
107 Obersteirerblatt, Nr. 23 (1944) 22. 3., 4.
108 Tagebuch der Mathilde Ühlein, Original im Besitz der Familie Peter Rottenschlager, Spital am Semmering.
109 StLA, BH Bruck, Gruppe 14/1945, V-Akten, Bericht des Gendarmeriepostens Turnau vom 28. 6. 1945.
110 Kreuzwirth, Die Steirische Landwirtschaft von 1945 bis 1955. Ein Rückblick und Ausblick. In: Steirischer Bauernbündler, Nr. 45 (1955) 4. 12., 2. Der »Steirische Bauernbündler« bildete nach 1945 das Nachfolgeblatt des »Sonntagsboten«.
111 Burkert-Dottolo, Das Land geprägt 142 f.
112 Ebenda 151.
113 Steirischer Bauernbündler, Nr. 8 (1948) 5. 2., 3.
114 Steirischer Bauernbündler, Nr. 34 (1950) 6. 10., 2.,Nr. 36 (1950) 22. 10., 2 und Nr. 40 (1950) 19. 11., 2.
115 Burkert-Dottolo, Das Land geprägt 174 f.
116 Steirischer Bauernbündler, Nr. 5 (1951) 4. 2., 1, Nr. 14 (1951) 8. 4., 2 und Nr. 15 (1951) 15. 4., 2.
117 Steirischer Bauernbündler, Nr. 48 (1948) 12. 12., 1.
118 Kaser/Stocker, Bäuerliches Leben I 203.
119 Steirischer Bauernbündler, Nr. 10 (1963) 10. 3., 10, Nr. 10 (1965) 7. 3., 12 und Nr. 12 (1967) 12. 2., 10.
120 Steirischer Bauernbündler, Nr.31 (1962) 5. 8., 12.
121 Steirischer Bauernbündler, Nr. 4 (1965) 24. 1., 2.
122 Steirischer Bauernbündler, Nr. 15 (1969) 13. 4., 7.
123 Steirischer Bauernbündler, Nr. 28 (1965) 25. 7., 4.
124 Steirischer Bauernbündler, Nr. 26 (1969) 29. 6., 1.
125 Steirischer Bauernbündler, Nr. 24 (1970) 14. 6., 9.
126 Burkert-Dottolo, Das Land geprägt 201 f.
127 Neues Land, 17. 2. 1974, 27. Das »Neue Land« löste den »Steirischen Bauernbündler« als wöchentliches Fachblatt des Steirischen Bauernbundes ab.
128 Neues Land, 9. 3. 1975, 9.
129 Neues Land, 16. 4.1972, 3.
130 Burkert/Fraydenegg-Monzello, Bäuerliches Leben im Mürztal 71.
131 Österreichisches Statistisches Zentralamt (Hg.), Beiträge zur österreichischen Statistik, Heft 660/6 206 f., Heft 1060/6 218 f.
132 Neues Land, 24. 9. 1978, 9.
133 Neues Land, 14. 6. 1985, 3. und 21. 9. 1986, 2.
134 Neues Land, 21. 9. 1986, 3.
135 Neues Land, 27. 10. 2000, 5.
136 Burkert-Dottolo, Das Land geprägt 221.
137 Neues Land, 28. 1. 1996.
138 Neues Land, 1. 11. 1987, 9.
139 Neues Land, 31. 3. 1991, 24.
140 Neues Land, 1. 9. 1996, 9.
141 Neues Land, 3. 4. 1988, 12.
142 Neues Land, 16. 4. 1995, 10.
143 Neues Land, 20. 12. 1987, 6.
144 Neues Land, 26. 11. 1989, 2.
145 Neues Land, 19. 5. 1991, 3.
146 Neues Land, 16. 5. 1993, 10.
147 Neues Land, 22. 8. 1993, 4.
148 Neues Land, 12. 10. 1997, 3.
149 Neues Land, 16. 11. 1997, 4.
150 Neues Land, 27. 8. 2000, 5.
151 Neues Land, 2. 6. 2000, 3.
152 Schneiter, Hauptverbreitungsgebiete vorherrschender Rinderrassen, Karte 34, und Kommentar in: Atlas zur Geschichte des steirischen Bauerntums.

153 Schneiter, Tierzucht 181 ff.
154 Ebenda und Mock, Entwicklung, Stand und Ziele 6.
155 Mock, Entwicklung, Stand und Ziele 10–12.
156 Der Sonntagsbote, Nr. 11 (1905) 12. 3., 15.
157 Der Sonntagsbote, Nr. 41 (1903) 11. 10., 13 und Nr. 45 (1903) 8. 11., 12.
158 Der Sonntagsbote, Nr. 28 (1909) 11. 7., 4.
159 Der Sonntagsbote, Nr. 5 (1906) 18. 1., 1.
160 Der Sonntagsbote, Nr. 14 (1909) 4. 4., 4.
161 Der Sonntagsbote, Nr. 11 (1909) 14. 3., 6.
162 Der Sonntagsbote, Nr. 49 (1910) 4. 12., 16.
163 Der Sonntagsbote, Nr. 34 (1913) 24. 8., 9.
164 Der Sonntagsbote, Nr. 3 (1914) 30. 8., 10, und Obersteirerblatt, Nr. 68 (1914) 26. 8., 6.
165 Obersteirerblatt, Nr. 73 (1914) 12. 9., 6, Nr. 85 (1914) 24. 10., 5, Nr. 90 (1914) 11. 11., 6 und Nr. 91 (1914) 14. 11., 5.
166 Der Sonntagsbote, Nr. 6 (1915) 7. 2., 9.
167 Der Sonntagsbote, Nr. 17 (1915) 25. 4., 9, und Obersteirerblatt, Nr. 34 (1915) 28. 4., 5.
168 Der Sonntagsbote, Nr. 44 (1915) 31. 10., 5.
169 Obersteirerblatt, Nr. 101 (1915) 18. 12., 4.
170 Obersteirerblatt, Nr. 5 (1916) 19. 1., 5.
171 Jontes, Göß 1914–1918 42.
172 Burkert-Dottolo, Das Land geprägt 53.
173 Obersteirerblatt, Nr. 54 (1917) 7. 7., 5.
174 Obersteirerblatt, Nr. 36 (1916) 6. 5., 7.
175 Der Sonntagsbote, Nr. 51 (1916) 17. 12., 9.
176 Burkert-Dottolo, Das Land geprägt 53.
177 Obersteirerblatt, Nr. 35 (1917) 2. 5., 5.
178 Obersteirerblatt, Nr. 46 (1917) 9. 7., 5.
179 Obersteirerblatt, Nr. 14 (1918) 16. 2., 5, und Der Sonntagsbote, Nr. 8 (1918) 24. 2., 13 sowie Nr. 14 (1918) 7. 4., 7.
180 Der Sonntagsbote, Nr. 13 (1918) 31. 3., 8, und Jahresbericht der Murbodner-Mürztaler Viehzuchtgenossenschaften in Steiermark 1932 15.
181 Der Sonntagsbote, Nr. 23 (1918) 9. 6., 4, und Obersteirerblatt, Nr. 44 (1918) 1. 6., 5.
182 Jahresbericht der Murbodner-Mürztaler Viehzuchtgenossenschaften in Steiermark 1932 15.
183 Der Sonntagsbote, Nr. 14 (1919) 6. 4., 16.
184 Der Sonntagsbote, Nr. 12 (1920) 21. 3., 9.
185 Der Sonntagsbote, Nr. 12 (1924) 23. 3., 1.
186 Der Sonntagsbote, Nr. 41 (1923) 14. 10., 5.
187 Burkert-Dottolo, Das Land geprägt 73.
188 Der Sonntagsbote, Nr. 42 (1924) 19. 10., 11.
189 Hainisch, Die Viehzuchtwirtschaft mit Weide- und Güllebetrieb auf dem Gute Jauern 18.
190 Der Sonntagsbote, Nr. 41 (1934) 14. 10., 2.
191 Obersteirerblatt, Nr. 39 (1930) 17. 5., 4.
192 Obersteirerblatt, Nr. 30 (1933) 15. 4., 8.
193 Der Sonntagsbote, Nr. 39 (1925) 27. 9., 6.
194 Der Sonntagsbote, Nr. 10 (1926) 7. 3., 1.
195 Der Sonntagsbote, Nr. 48 (1926) 28. 11., 3.
196 Der Sonntagsbote, Nr. 3 (1929) 14. 1., 14.
197 Der Sonntagsbote, Nr. 31 (1930) 8. 8., 19.
198 Der Sonntagsbote, Nr. 15 (1931) 12. 5., 2.
199 Obersteirerblatt, Nr. 27 (1937) 3. 4., 9.
200 Der Sonntagsbote, Nr. 34 (1937) 22. 8., 9.
201 Obersteirerblatt, Nr. 55 (1938) 13. 7., 7.
202 Obersteirerblatt, Nr. 67 (1938) 24. 8., 9 f.
203 StLA, BH Mürzzuschlag, Gruppe 14/1939, W-Akten, Akte Zahl 14 W 21/15–39 vom 30. 6. 1939.
204 Obersteirerblatt, Nr. 98 (1940) 7. 12., 6.
205 Burkert-Dottolo, Das Land geprägt 131.
206 Steirischer Bauernbündler, Nr. 29 (1950) 20. 8., 2 und Nr. 34 (1951) 30. 9., 4.
207 Steirischer Bauernbündler, Nr. 42 (1965) 7. 11., 9.
208 Steirischer Bauernbündler, Nr. 40 (1951) 11. 11., 4.
209 Burkert-Dottolo, Das Land geprägt 183.

210 Steirischer Bauernbündler, Nr. 26 (1961) 18. 6., 9.
211 Burkert-Dottolo, Das Land geprägt 184.
212 Steirischer Bauernbündler, Nr. 9 (1969) 2. 3., 9.
213 Steirischer Bauernbündler, Nr. 15 (1972) 9. 4., 22.
214 Neues Land, 1. 4. 1979, 23 und 8. 4. 1979, 8.
215 Neues Land, 20. 5. 1990, 22.
216 Neues Land, 21. 5. 2000, 26.
217 Neues Land, 23. 5. 1999, 21.
218 Steirischer Bauernbündler, Nr. 21 (1966) 22. 5., 9.
219 Steirischer Bauernbündler, Nr. 45 (1969) 23. 11., 18.
220 Neues Land, 16. 12. 1973, 27.
221 Neues Land, 25. 9. 1977, 33 und 18. 12. 1977, 25.
222 Neues Land, 6. 5. 1984, 21.
223 Neues Land, 3. 2. 1985, 23
224 Neues Land, 19. 9. 1993, 22.
225 Neues Land, 21. 5. 1978, 25.
226 Neues Land, 31. 9. 1986, 19.
227 Neues Land, 16. 4. 1989, 21 und 10. 9. 2000, 25.
228 Neues Land, 10. 9. 2000, 25.
229 Neues Land, 10. 12. 2000, 25.
230 Neues Land, 7. 9. 1997, 9.
231 Neues Land, 28. 3. 1993, 4.
232 Neues Land, 27. 4. 1997, 23.
233 Der Sonntagsbote, Nr. 25 (1912) 23. 6., 5.
234 Schuppli, Festschrift zur Eröffnungs-Feier der Landesschule für Alpwirtschaft Grabnerhof 5 ff.
235 Der Sonntagsbote und insbesondere Reichsrats- und Landtagsabgeordneter Dechant Franz Prisching aus Krieglach starteten im Jahr 1911 eine förmliche Kampagne gegen ihn, was mit seinem oftmals rigiden Vorgehen als Subventionsgeber bei Stallbauten und seiner eigenen finanziellen Misswirtschaft am Grabnerhof begründet wurde. Während des Ersten Weltkrieges wurde ihm der schlechte Betrieb einer Musterwirtschaft auf Gründen des Unternehmens Vogel & Noot in Wartberg schwer angekreidet.
236 Schuppli, Festschrift zur Eröffnungs-Feier der Landesschule für Alpwirtschaft Grabnerhof 33 f.
237 Als Beispiel für eine solche Alpwanderung sei die 13. Alpwanderungskurs des Jahres 1913 im Mariazeller Gebiet angeführt, dessen Verlauf im »Sonntagsboten«, Nr. 36 (1913) 4. 9., 11 und Nr. 37 (1913) 11. 9., 11 abgedruckt ist.
238 Der Sonntagsbote, Nr. 11 (1902) 16. 3., 7 f.
239 Der Sonntagsbote, Nr. 7 (1907) 17. 2., 3.
240 Schneiter, Statistik und Hebung der steirischen Almwirtschaft 85 ff.
241 Der Sonntagsbote, Nr. 27 (1913) 6. 7., 11.
242 Der Sonntagsbote, Nr. 23 (1911) 4. 6., 15.
243 Der Sonntagsbote, Nr. 31 (1912) 4. 8., 7.
244 Der Sonntagsbote, Nr. 51 (1933) 17. 12., 8.
245 Schneiter, Statistik und Hebung der steirischen Almwirtschaft 285–296.
246 Obersteirerblatt, Nr. 39 (1915) 15. 5., 4.
247 Schneiter, Statistik und Hebung der steirischen Almwirtschaft 285–296, auch Obersteirerblatt, Nr. 19 (1915) 6. 3., 6 sowie Nr. 30 (1916) 15. 4., 7.
248 Steirische Alpenpost, Nr. 10 (1916) 4. 3., 3.
249 Schneiter, Statistik und Hebung der steirischen Almwirtschaft 363 und Abb. 59–61.
250 Hansak, Die steirische Landwirtschaft 1914–1920 20.
251 Schneiter, Almwirtschaft und Bergbauerntum 13.
252 Schneiter, Arbeitsdienst zur Almverbesserung. In: Der Sonntagsbote, Nr. 51 (1933) 17. 12., 8.
253 Schneiter, Almwirtschaft und Bergbauerntum 13.
254 Der Sonntagsbote, Nr. 28 (1924) 13. 7., 8.
255 Obersteirerblatt, Nr. 3 (1934) 21. 1., 9.
256 Obersteirerblatt, Nr. 68 (1935) 24. 8., 7.
257 Ansuchen auf Beurlaubung im Gemeindearchiv Gai bei Trofaiach, Beurlaubungsakten, Zl. 043/15 vom 13. Mai 1942.
258 Haunold, Ein schönes Fleckerl Bergwelt 274.
259 Steirischer Bauernbündler, Nr. 42 (1970) 8. 11., 4.
260 Steirischer Bauernbündler, Nr. 42 (1970) 8. 11., 4.
261 Steirischer Bauernbündler, Nr. 22 (1946) 25. 8., 1.

262 Schneiter, Zehn Jahre Steirischer Almwirtschaftsverein.
263 Haiding, Almwirtschaft in der Steiermark 5 ff. Auch: Zwittkovits, Die Almen Österreichs 91 f., 130.
264 Steirischer Bauernbündler, Nr. 23 (1958) 8. 6., 2.
265 Steirischer Bauernbündler, Nr. 35 (1971) 19. 9., 20.
266 Neues Land, 24. 8. 1975, 27.
267 Burkert-Dottolo, Das Land geprägt 172.
268 Steirischer Bauernbündler, Nr. 33 (1968) 8. 9., 1.
269 Steirischer Bauernbündler, Nr. 27 (1969) 13. 7., 15.
270 Zwittkovits, Die Almen Österreichs 91 f., 179.
271 Neues Land, 15. 5. 1977, 25.
272 Neues Land, 30. 6. 1985, 20.
273 Neues Land, 22. 9. 1991, 8.
274 Neues Land, 30. 8. 1992, 19.
275 Neues Land, 19. 3. 1995, 25.
276 Obersteirerblatt, Nr. 78 (1902) 28. 9., 4.
277 Obersteirerblatt, Nr. 79 (1902) 2. 10., Beilage, 1.
278 Obersteirerblatt, Nr. 35 (1902) 1. 5., 5.
279 Obersteirerblatt, Nr. 26 (1903) 29. 3., 4.
280 Der Sonntagsbote, Nr. 49 (1901) 8. 12., 1 f.
281 Der Sonntagsbote, Nr. 51 (1905) 17. 12., 12.
282 Obersteirerblatt, Nr. 96 (1907) 2. 12., 4 und Der Sonntagsbote, Nr. 49 (1907) 8. 12., 6. und Nr. 1 (1908) 5. 1., 7.
283 Verband der Murbodner-Viehzuchtgenossenschaften in Steiermark (Hg.), Jahresbericht für 1911 27 ff.
284 Der Sonntagsbote, Nr. 2 (1912) 14. 1., 8.
285 Der Sonntagsbote, Nr. 12 (1914) 5. 4., 14 f.
286 Der Sonntagsbote, Nr. 27 (1916) 2. 7., 9.
287 Der Sonntagsbote, Nr. 1 (1916) 2. 1., 9.
288 Der Sonntagsbote, Nr. 51 (1915) 19. 12., 7.
289 Obersteirerblatt, Nr. 89 (1915) 6. 11., 4.
290 Der Arbeiterwille, 1915, 20. 11., 6.
291 Obersteirerblatt, Nr. 97 (1915) 7. 12., 5.
292 Der Sonntagsbote, Nr. 22 (1916) 6. 8., 10.
293 Obersteirerblatt, Nr. 13 (1917) 14. 2., 4.
294 Obersteirerblatt, Nr. 59 (1917) 25. 7., 5 und Nr. 60 (1917) 28. 7., 4.
295 Hansak, Die steirische Landwirtschaft 1914–1920 21.
296 So geschehen zum Beispiel im Oktober 1920, als man für die Bauern der Gemeinde Spital am Semmering die Leistungen des Mustergutes Hainisch in Jauern als Bemessungsgrundlage heranzog. Zum Vergleich: Der Sonntagsbote, Nr. 42 (1920) 17. 10., 22.
297 Der Sonntagsbote, Nr. 14 (1922) 2. 4., 7.
298 Obersteirerblatt, Nr. 30 (1926) 14. 4., 7
299 Der Sonntagsbote, Nr. 9 (1924) 2. 3., 8 f.
300 Obersteirerblatt, Nr. 18 (1929) 2. 3., 4.
301 Der Sonntagsbote, Nr. 4 (1931) 25. 1., 9.
302 Der Sonntagsbote, Nr. 15 (1930) 13. 4., 8.
303 Burkert-Dottolo, Das Land geprägt 85 f.
304 Der Sonntagsbote, Nr. 21 (1933) 21. 5., 7.
305 Der Sonntagsbote, Nr. 23 (1933) 4. 6., 5.
306 Der Sonntagsbote, Nr. 38 (1934) 18. 8., 11.
307 Obersteirerblatt, Nr. 30 (1935) 13. 4., 1 f.
308 Obersteirerblatt, Nr. 32 (1935) 20. 4., 5.
309 Der Sonntagsbote, Nr. 23 (1935) 9. 6., 10.
310 Obersteirerblatt, Nr. 61 (1935) 31. 7., 4.
311 Burkert-Dottolo, Das Land geprägt 75.
312 Der Sonntagsbote, Nr. 10 (1937) 7. 3., 4.
313 Der Sonntagsbote, Nr. 38 (1937) 19. 9., 9.
314 StLA, BH Mürzzuschlag, Gruppe 14/1938, W-Akten, Akte 14 W 21/3 vom 7. 10. 1938.
315 StLA, BH Mürzzuschlag, Gruppe 14/1938, W-Akten, Bericht des Gendarmeriepostens Spital am Semmering, 3. 11. 1938.
316 StLA, BH Mürzzuschlag, Gruppe 14/1939, W-Akten, Bericht des Gendarmeriepostens Spital am Semmering, 27. 6. 1939.

317 StLA, BH Mürzzuschlag, Gruppe 14/1939, W-Akten, Akten 14 W 21/19–1939 vom 31. 10. 1939. und 14 W 21/20–1939 vom 30. 11. 1939.
318 Obersteirerblatt, Nr. 98 (1939) 9. 12., 6.
319 Obersteirerblatt, Nr. 29 (1941) 9. 4., 7.
320 StLA, BH Mürzzuschlag, Gruppe 14/1942, W-Akten, Bericht des Gendarmeriepostens Spital am Semmering, 25. 3. 1952.
321 Obersteirerblatt, Nr. 75 (1942) 19. 9., 6.
322 Obersteirerblatt, Nr. 6 (1943) 20. 1., 3.
323 Burkert-Dottolo, Das Land geprägt 135.
324 Obersteirerblatt, Nr. 34 (1944) 8. 7., 5.
325 Burkert-Dottolo, Das Land geprägt 150.
326 Helmut Kreuzwirth, Die steirische Landwirtschaft von 1945 bis 1955. In: Steirischer Bauernbündler Nr. 47 (1955) 18. 12., 2.
327 Steirischer Bauernbündler, Nr. 21 (1950) 21. 5., 4.
328 Georg Erhart, Probleme der Milchwirtschaft. In: Steirischer Bauernbündler Nr. 24 (1964) 14. 6., 12.
329 Georg Erhart, Probleme der Milchwirtschaft. In: Steirischer Bauernbündler Nr. 25 (1964) 21. 6., 11.
330 Steirischer Bauernbündler, Nr. 50 (1967) 31. 12., 3.
331 Steirischer Bauernbündler, Nr. 21 (1968) 26. 5., 13.
332 Steirischer Bauernbündler, Nr. 10 (1969) 9. 3., 9.
333 Steirischer Bauernbündler, Nr. 24 (1972) 12. 3., 24 und Neues Land, 3. 12. 1872, 24, sowie 20. 1. 1974, 24.
334 Neues Land, 18. 1. 1976, 25.
335 Neues Land, 18. 3. 1984, 9.
336 Neues Land, 24. 2. 1985, 3 und 8. 12. 1985, 1.
337 Neues Land, 8. 4. 1990, 3.
338 Neues Land, 8. 3. 1992, 22.
339 F. Müller, Landwirtschaftliche Mitteilungen 84.
340 Ebenda 87.
341 Der Sonntagsbote, Nr. 18 (1906) 6.5., 13 und Obersteirerblatt, Nr. 11 (1906) 5. 2., 5.
342 Der Sonntagsbote, Nr. 14 (1908) 5. 4., 10.
343 Der Sonntagsbote, Nr. 29 (1907) 21. 6., 13 und Nr. 30 (1907) 28. 7., 17 sowie Nr. 15 (1908) 12. 4., 16.
344 Der Sonntagsbote, Nr. 13 (1901) 31. 3., 8 f. und Nr. 17 (1901) 28. 4., 5.
345 Der Sonntagsbote, Nr. 16 (1907) 21. 4., 13.
346 Der Sonntagsbote, Nr. 35 (1907) 1. 9., 12.
347 Der Sonntagsbote, Nr. 16 (1913) 13. 4., 6.
348 Wamprechsamer, Kurze Geschichte der steirischen Landwirtschaft 95.
349 Hafner, Steiermarks Wald in Geschichte und Gegenwart 104 f.
350 Reismann, Geschichte der Gemeinde Spital am Semmering 154 ff.
351 Der Sonntagsbote, Nr. 12 (1924) 23. 3., 1 f.
352 Der Sonntagsbote, Nr. 31 (1929) 1. 8., 2.
353 Der Sonntagsbote, Nr. 9 (1921) 2. 3., 20.
354 Der Sonntagsbote, Nr. 78 (1928) 29. 9., 8.
355 Obersteirerblatt, Nr. 25 (1926) 27. 3., 3.
356 Der Sonntagsbote, Nr. 12 (1932) 20. 3., 5.
357 Der Sonntagsbote, Nr. 17 (1933) 23. 4., 8.
358 Der Sonntagsbote, Nr. 17 (1934) 29. 4., 7.
359 StLA, BH Bruck, Gruppe 14 (1936) V-Akten, Akte V 14 1 vom 20. 10. 1936.
360 StLA, BH Mürzzuschlag, Gruppe 14 (1949) W-Akten, Akte 14 W 21/17–1939, 31. 8. 1939.
361 Hafner, Steiermarks Wald in Geschichte und Gegenwart 106.
362 Steirischer Bauernbündler, Nr. 10 (1948) 24. 3., 2.
363 Steirischer Bauernbündler, Nr. 1 (1949) 1. 1., 4.
364 Steirischer Bauernbündler, Nr. 32 (1954) 5. 9., 2.
365 Steirischer Bauernbündler, Nr. 27 (1952) 13. 7., 3.
366 Otto Eckmüller, Notstand des Bauernwaldes. In: Steirischer Bauernbündler, Nr. 44 (1956) 23. 11., 5. Zum Vergleich auch: Steirischer Bauernbündler, Nr. 28 (1957) 28. 7., 1.
367 Neues Land, 20. 10. 1974, 22.
368 Hafner, Steiermarks Wald in Geschichte und Gegenwart 108.
369 Neues Land, 23. 3. 1982, 21 und 1. 8. 1982, 1.
370 Neues Land, 23. 9. 1984, 23.
371 Neues Land, 30. 10. 1988, 9.
372 Neues Land, 7. 7. 1996, 9.

373 Neues Land, 5. 12. 1993, 9.
374 Neues Land, 7. 12. 1997, 23.
375 Neues Land, 20. 2. 2000, 27.
376 Tödling, Obstland Österreich 62.
377 Obersteirerblatt Nr. 16 (1902) 23. 2., 4.
378 Der Sonntagsbote, Nr. 42 (1906) 14. 10., 12 und Nr. 8 (1907) 24. 2., 14.
379 Der Sonntagsbote, Nr. 45 (1907) 10. 11., 11.
380 Der Sonntagsbote, Nr. 33 (1907) 18. 8., 12 f.
381 Der Sonntagsbote, Nr. 27 (1914) 19. 7., 12.
382 Der Sonntagsbote Nr. 3 (1909) 17. 1., 12 ff. und Nr. 6 (1910) 6. 2., 15 ff.
383 Obersteirerblatt, Nr. 67 (1914) 22. 8., Beilage 1.
384 Der Sonntagsbote, Nr. 1 (1915) 3. 1., 9.
385 Der Sonntagsbote, Nr. 9 (1915) 28. 2., 11.
386 Der Sonntagsbote, Nr. 5 (1915) 31. 3., 9 f.
387 Der Arbeiterwille, 1915, 10. 3., 6.
388 Obersteirerblatt, Nr. 33 (1915) 24. 4., 6.
389 Obersteirerblatt, Nr. 74 (1916) 16. 9., 7.
390 Der Sonntagsbote, Nr. 40 (1916) 1. 10., 14 und Nr. 41 (1916) 8. 10., 7.
391 Obersteirerblatt, Nr. 59 (1917) 25. 7., 5.
392 Obersteirerblatt, Nr. 19 (1918) 12. 5., 4.
393 Hansak, Die steirische Landwirtschaft 1914–1920 21.
394 Obersteirerblatt, Nr. 38 (1917) 12. 5., 5, Aufruf des Statthalters Clary-Aldringen.
395 Obersteirerblatt, Nr. 50 (1917) 23. 6., 5.
396 Obersteirerblatt, Nr. 60 (1917) 28. 7., 5.
397 Der Sonntagsbote, Nr. 25 (1918) 23. 6., 4.
398 Der Sonntagsbote, Nr. 22 (1919) 1. 6., 11.
399 Obersteirerblatt, Nr. 41 (1925) 23. 5., 5.
400 Der Sonntagsbote, Nr. 47 (1926) 21. 11., 12.
401 Obersteirerblatt, Nr. 13 (1932) 13. 2., 7.
402 Der Sonntagsbote, Nr. 40 (1933) 1. 10., 10.
403 Obersteirerblatt, Nr. 30 (1939) 15. 4., 6.
404 Obersteirerblatt, Nr. 41 (1939) 24. 5., 5.
405 StLA, BH Mürzzuschlag Gruppe 14/1942, W-Akten, Akte 14 W 3/5–1942 vom 2. 5. 1942.
406 Obersteirerblatt, Nr. 18 (1943) 3. 3., 4.
407 Obersteirerblatt, Nr. 55 (1943) 10. 7., 6.
408 Burkert-Dottolo, Das Land geprägt 133.
409 StLA, BH Bruck /Mur, Gruppe 14/1944, V-Akten, Akte 14 V 1 vom 26. 4. 1944.
410 Steirischer Bauernbündler, Nr. 27 (1948) 26. 9., 4.
411 Burkert-Dottolo, Das Land geprägt 188.
412 Steirischer Bauernbündler, Nr. 1 (1971) 3. 1., 5.
413 Österreichisches Statistisches Zentralamt (Hg.), Beiträge zur österreichischen Statistik, Heft 660/6 50, und Heft 1060/6 50 und 56 f.
414 Obersteirerblatt, Nr. 103 (1904) 25. 12., 5.
415 Der Sonntagsbote, Nr. 16 (1907) 21. 4., 13.
416 Schneiter, Agrargeschichte der Brandwirtschaft 71.
417 Reismann, Das Fröschnitztaler Montanwesen 180.
418 Karner, Die Steiermark im Dritten Reich 183.
419 Burkert-Dottolo, Das Land geprägt 175 und 204 f.
420 Steirischer Bauernbündler, Nr. 37 (1969) 28. 9., 1.
421 Neues Land, 25. 2. 1973, 5.
422 Neues Land, 8. 1. 1984, 1.
423 Neues Land, 20. 1. 1985, 2.
424 Josef Aistleitner, Der Nebenerwerb hat Zukunft. Zukunft für den Nebenerwerb. In: Neues Land, 7. 8. 1988, 6.
425 Neues Land. 14. 2. 1993, 3.
426 Obersteirerblatt, Nr. 52 (1901) 29. 6., 4.
427 Obersteirerblatt, Nr. 39 (1903) 14. 5., 5.
428 Der Sonntagsbote, Nr. 50 (1910) 11. 12., 16.
429 Der Sonntagsbote, Nr. 2 (1912) 14. 1., 7.
430 Obersteirerblatt, Nr. 26 (1915) 3. 3., 5.

431 Der Sonntagsbote, Nr. 18 (1917) 6. 5., 4 und Obersteirerblatt, Nr. 33 (1917) 25. 4., 5.
432 Obersteirerblatt, Nr. 30 (1917) 14. 4., 4.
433 Obersteirerblatt, Nr. 36 (1918) 4. 5., 6.
434 Obersteirerblatt, Nr. 61 (1917) 1. 8., 5.
435 Der Sonntagsbote, Nr. 33 (1923) 19. 8., 18.
436 Der Sonntagsbote, Nr. 45 (1927) 6. 11., 10.
437 Obersteirerblatt, Nr. 68 (1935) 24. 8., 7.
438 Obersteirerblatt, Nr. 49 (1936) 20. 6., 3.
439 Steirischer Bauernbündler, Nr. 3 (1946) 14. 4., 2.
440 Obersteirerblatt, Nr. 38 (1942) 13. 5., 4.
441 Steirischer Bauernbündler, Nr. 3 (1946) 14. 4., 2.
442 Steirischer Bauernbündler, Nr. 30 (1955) 7. 8., 4.
443 Steirischer Bauernbündler, Nr. 14 (1957) 7. 4., 5.
444 Steirischer Bauernbündler, Nr. 21 (1963) 26. 5., 2.
445 Steirischer Bauernbündler, Nr. 25 (1967) 18. 6., 1.
446 Freundliche Mitteilung von Herrn Hermann Kaiser, Spital am Semmering.
447 Steirischer Bauernbündler, Nr. 10 (1964) 8. 3., 13.
448 Steirischer Bauernbündler, Nr. 5 (1965) 31. 1., 8.
449 Neues Land, 4. 3.1973, 11.
450 Zwittkovits, Die Almen Österreichs 131 f.
451 Burkert-Dottolo, Das Land geprägt 215.
452 Neues Land, 7. 4. 1974.
453 Neues Land, 9. 1. 1977, 22.
454 Österreichisches Statistisches Zentralamt (Hg.), Beiträge zur österreichischen Statistik, Heft 660/6 112 f., 184 f. und 212 f.
455 Österreichisches Statistisches Zentralamt (Hg.), Beiträge zur österreichischen Statistik, Heft 1060/6 116 f., 206 f. und 226 f.
456 Neues Land, 14. 6. 1981, 19.
457 Neues Land, 15. 10. 1995, 9.

Roman Sandgruber: Im Viertel der Vierkanter – Landwirtschaft im oberösterreichischen Zentralraum
Seite 439–490

1 Lipp, Bauernburgen 46 ff.
2 Kohl, Reise von Linz nach Wien. Der »Mayer in der Tann«, 1842. Der Meier in der Tann, Grabwinkel 14, Gemeinde Ansfelden, KG Fleckendorf, ein großer, zur Gänze gemauerter Vierkanter, hatte damals etwa 130 Joch Grund.
3 Fischer, Aus meinem Amtsleben 25 ff.
4 Heckl, Leitfaden; Jalkotzy, Der Vierkanthof 121 ff.
5 Grüll, Bauernhaus und Meierhof.
6 Meindl, Der Kaubinghof.
7 Meindl, Das Hubergut in Moos.
8 Meindl, Das »Oberfürstwegergut«.
9 Meindl, Das Matzingergut.
10 Meindl, Das Hubergut zu Gunersdorf.
11 Meindl, Das Mayrgut zu Weilling.
12 Meindl, Die Weberhofstatt im Graben.
13 Bauernland Oberösterreich 581 ff.
14 Sandgruber, Hof des Bauern in Hof 299 ff.
15 Dachler, Das dt. Bauernhaus in Österreich 17 f., zit. nach Jalkotzy, Vierkanter.
16 Alexander Peez, Das Bauernhaus in Österreich-Ungarn. MAG 21 (1891) 58.
17 Bancalari beschreibt in seinem Aufsatz das »Mayr-Gut« in Haag bei St. Florian, das bei der Weltausstellung in Wien 1873 als Modell ausgestellt war: Gustav Bancalari, Die Hausforschung und ihre Ergebnisse in den Ostalpen, in: Zeitschrift des deutschen und österreichischen Alpenvereines (1893).
18 Kriechbaum, Das Bauernhaus in Oberösterreich 28.
19 Ebenda; Lipp, Oberösterreichische Stuben 21.
20 Jalkotzy, Vierkanter.

21 Lipp, Bauernburgen 46–53, Heckl, Baufibel 66, 68, 122 f.
22 Heckl, Baufibel 68.
23 Foltz, Statistik der Bodenproduktion.
24 Lorenz, Statistik der Bodenproduktion von zwei Gebietsabschnitten.
25 Kern, Oberösterreichischer Bauern- und Kleinhäuslerbund, 2. Bd., Anhang.
26 Meindl, Der Kaubinghof.
27 Meindl, Das Kniebauerngut.
28 Meindl, Das Straußgut in Pirchhorn.
29 Meindl, Das Eglseergut.
30 Meindl, Das Nöbauergut.
31 Meindl, Das Matzingergut.
32 Meindl, Das Hubergut zu Gunersdorf.
33 Meindl, Das Hubergut in Moos.
34 Bauernland Oberösterreich 587 ff.
35 Zittmayr, Untersuchungen über die landwirtschaftlichen Betriebsformen 35 ff.
36 Ebenda 57 f.
37 Ebenda 70 f.
38 Nach diversen Hofgeschichten von Meindl.
39 Bauernland Oberösterreich.
40 Zittmayr, Untersuchungen über die landwirtschaftlichen Betriebsformen 76 ff. und Anhang.
41 Nach den Hofgeschichten von Meindl.
42 Lorenz, Statistik.
43 Meindl, Das »Kruggut« in Pirchhorn.
44 Sandgruber, Hof des Bauern in Hof 299 ff.; Lebenserinnerungen Maria Reiter; zum Vergleich die Erinnerungen des Sebastian Hanl: »1937 haben wir 81 Masten für den Anschluß ans Stromnetze gegraben und gesetzt. Anfang 1938 war Lichtfeier. Vorher hatten wir nur einen Benzinmotor, 4 PS stark. Für die Beleuchtung sorgte die Petroleumlampe und früher der Kienspan. Dieser wurde auch noch später verwendet in der Küche zum besseren Feuer anmachen und zur Beleuchtung des Bankofens beim Brotbacken, denn das Petroleum hat einen sehr schlechten Geruch gehabt. Wenn man mit Petroleum beleuchtet hätte, hätte das Brot den Geruch des Petroleums angenommen. Aus Kieferholz wurde der Kienspan gemacht. Er wurde nur harzreiches Holz verwendet, und zwar ohne den Kern. Diese Arbeit machte der Onkel.«
45 Bauernland Oberösterreich 560.
46 Nach den Hofgeschichten von Meindl.
47 Sandgruber, Hof des Bauern in Hof 299 ff.
48 Meindl, Der Kaubinghof.
49 Bauernland Oberösterreich 575.
50 Hanl, Erinnerungen.
51 Meindl, Das Aichmayrgut in Penking.
52 Kern, Oberösterreichischer Bauern- und Kleinhäuslerbund.
53 Heckl, Baufibel.
54 Kern, Oberösterreichischer Bauern- und Kleinhäuslerbund.
55 Ebenda 1138 ff.
56 Ebenda 310 ff.
57 Ebenda 1140 f.
58 Ebenda 327 f.
59 Schon am 18. 11. 1939 bezahlte Josef Wall die Transportkosten für einen Polen (19,5 RM). Am 4. 12. 1940 zahlte er für den Polen 9 RM Bürgersteuer, am 30. 3. 1941 leistete er für einen Slowaken eine Anzahlung von 24 RM an und am 20. 4. 1941 am Arbeitsamt Perg für einen Ukrainer Polen 17,25 Reichsmark. Am 4. 10. 1941 bezahlte er für Karl Szydloski, Iwan Sentschik und Maria Straberger je 2,75 RM. Am 7. 7. 1942 kaufte er beim Altzinger in Perg für drei Russen 9 Meter Arbeitsanzugstoff, Hosenfutterstoff und drei Hemden, zusammen 53,68 RM; am 31. 7. 1942 bezahlte er beim Schneider für zwei Hosen und zwei Röcke für die Russen 17 RM; am 27. 4. 1943 kaufte er für drei Russen drei Hemden, zwei Paar Schuhlappen, ein Paar Strümpfe (16 RM); am 8. 7. 1943 zahlte er für eine Ukrainerin 12 RM und am 29. 10. 1943 an das Arbeitsamt für zwei polnische Arbeiter 24 RM.
60 Hanl, Erinnerungen.
61 Meindl, Das Mayrgut zu Weilling.
62 Sandgruber, Der Hof des »Bauern in Hof« 299 ff.; Aufzeichnungen des Bauern Sebastian Hanl (Frankenberg 19 und 31), von dem ebenfalls mehr als ein Vierteljahrhundert umfassende Einnahmen- und Ausgabenaufzeichnungen und eine die Zeit von 1913 bis 1991 abdeckende Autobiografie vorhanden sind; ferner: Lebenserinnerungen Maria Reiter.

63 Bericht über die Rentabilität oberösterreichischer Bauerngüter 1927.
64 Mitgliedsbuch und Statuten, Privatarchiv Bauer in Hof: Bei einem Totalschaden hätte er 1.265 fl 50 kr Bargeld, 58 Metzen und 4 Maß Roggen und 103 Schober Stroh erhalten. 1886 war der Bauer in Hof auch dem Bauern-Brand-Assecuranz-Verein zu Haid beigetreten (5 fl, 16 Liter Korn, 20 Stück Dachschaub). Ab 1920 wurden Brandschutzversicherungen bei der OÖ. Landesbrandschaden abgeschlossen.
65 Lebenserinnerungen Maria Reiter über die Situation zu Kriegsende: »Mein Vater und meine Schwester gruben im Stadel ein großes Loch, und da gruben wir im harten Tennenboden aus Lehm ganz einen schönen viereckigen Raum, der wurde mit Brettern ausgelegt. Da hinein kamen Vaters Schätze, Schnaps, Fleisch, gut verpackt seine jahrhundertalten Schriften und noch Verschiedenes, das ich heute auch nicht mehr weiß. Dann kamen Decken darauf, eine Schachtel Gift für die Mäuse, etwas Erde darauf und dann ein Berg Stroh. Die Dienstboten waren außer Haus, da sie ja davon nichts wissen durften.«
66 Erst nach 1969 waren seine Erben gezwungen, Kredite aufzunehmen: 1975 Bau eines Schweinestalls, 330.000 Schilling (OÖ. Landeshypothekenanstalt, gelöscht 1987); 1977 150.000, Kauf eines Traktors (OÖ. Landeshypothekenanstalt, gelöscht 1987); 1980 370.000, Bau von Garagen (OÖ. Landeshypothekenanstalt, gelöscht 1995); 1984: 189.800 (Raiffeisen Bausparkasse, gelöscht 1986).
67 Katzinger/Ebner/Ruprechtsberger, Geschichte von Enns.
68 Ostheimer, Strukturentwicklung bei Warengenossenschaften; Oberösterreichischer Raiffeisenverband, Genossenschaftsjahrbücher.
69 Ebenda.
70 Hanl, Erinnerungen.
71 Katzinger/Ebner/Ruprechtsberger, Geschichte von Enns.
72 Heckl, Baufibel 73.
73 Ebenda.
74 Dem Franziszeischen Kataster zufolge gehörten zum Kruggut das Wohn- und Wirtschaftsgebäude mit den Maßen 57,8 x 59,3 m, ferner ein Wohnhaus mit Anbau 22,8 x 6,5 m und einem 35 m² großen Anbau, eine Ziegelhütte, 25,8 x 11 m, ein Ziegelofen, eine Kapelle, eine Holzhütte und ein Backhaus. Das Wohnhaus mit Anbau wurde 1973 abgebrochen, das Backhaus mit Backofen um 1968, ein Eiskeller wurde schon 1963 abgetragen, die Ziegelöfengebäude schon um 1906, die Kapelle 1965.
75 Meindl, Das Hagmayrgut in Penking.

Michael Pammer: Hochland im Norden – Mühl- und Waldviertel
Seite 491–561

1 Adalbert Stifter, Der Nachsommer I/7.
2 Die folgenden Ausführungen stützen sich auf Höhen-, Hangneigungs- und Bodenklimazahlen des Bundesamts für Eich- und Vermessungswesen, dem Verfasser direkt übermittelt.
3 Die Hangneigungen sind für politische Gemeinden angegeben. Für die folgenden Ergebnisse ist es gleichgültig, ob man die Gemeinden nach ihrer Fläche gewichtet oder nicht.
4 Unterschieden werden folgende Hangneigungsklassen: bis 12 Prozent; 12 bis 15 Prozent; 15 bis 18 Prozent; 18 bis 25 Prozent; 25 bis 35 Prozent; 35 bis 50 Prozent; über 50 Prozent.
5 Zum Klima Auer u. a., ÖKLIM.
6 Zum Boden siehe Jelem, Wälder 14–18.
7 Dieser Abschnitt stützt sich auf die gedruckten Volkszählungsergebnisse und auf Daten aus der Datenbank ISIS.
8 Die Zahl der Betriebsinhaber wird in den Landwirtschaftlichen Betriebszählungen so angegeben, dass meist unterstellt wird, der Betriebsinhaber sei der Mann, während seine Ehefrau unter die Familienangehörigen zu zählen sei. Abweichend davon wird hier angenommen, dass beide Ehepartner Betriebsinhaber sind; unter Familienangehörigen werden daher nur sonstige Familienangehörige verstanden. Für die im Folgenden besprochenen regionalen Besonderheiten ist dies allerdings unwesentlich.
9 Dieser Abschnitt stützt sich auf die gedruckten Ergebnisse der Volkszählungen und Landwirtschaftlichen Betriebszählungen und auf Daten aus der Datenbank ISIS.
10 Zur Bodennutzung vgl. die gedruckten Ergebnisse der Landwirtschaftlichen Betriebszählungen und Daten aus der Datenbank ISIS.
11 Gemeindeverzeichnis von Österreich (Gebietsstand vom 1. Januar 1955).
12 Foltz, Statistik.
13 Ergebnisse der land- und forstwirtschaftlichen Betriebszählung vom 1. Juni 1951.
14 Metternich-Sandor, Strukturanalyse, besonders 63, 82, 85.
15 Diese Angaben über die Betriebsflächen sind allerdings, wie unten noch ausgeführt wird, nicht ohne weiteres mit den Betriebsflächenzahlen der späteren Betriebszählungen zu vergleichen.

16 Foltz, Statistik LXV.
17 Bundesministerium für Land- und Forstwirtschaft, Grüner Bericht.
18 Dazu die gedruckten Ergebnisse der Maschinenzählungen und Daten aus der Datenbank ISIS.
19 Zu den Pferden vgl. die gedruckten Ergebnisse der Viehzählungen und Daten aus der Datenbank ISIS.
20 Für verschiedene Auskünfte zu diesem Punkt sei Direktor Johann Entenfellner vom Österreichischen Pferdezentrum Stadl-Paura gedankt.
21 Foltz, Statistik IX.
22 Zu den Arbeitskräften vgl. die Grünen Berichte und die gedruckten Ergebnisse der Landwirtschaftlichen Betriebszählungen sowie Daten aus der Datenbank ISIS.
23 Zu den Betrieben vgl. die gedruckten Ergebnisse der Landwirtschaftlichen Betriebszählungen und Daten aus der Datenbank ISIS.
24 Bundesministerium für Land- und Forstwirtschaft, Grüner Bericht.
25 Zur Pflanzenproduktion vgl. Landwirtschaftliche Betriebszählung in der Republik Österreich vom 14. Juni 1930, die gedruckten Ergebnisse der landwirtschaftlichen Statistik und Daten aus der Datenbank ISIS.
26 Zur Pflanzenproduktion vgl. Landwirtschaftliche Betriebszählung in der Republik Österreich vom 14. Juni 1930, die gedruckten Ergebnisse der landwirtschaftlichen Statistik und der Viehzählungen sowie Daten aus der Datenbank ISIS.
27 Bundesministerium für Land- und Forstwirtschaft, Grüner Bericht.
28 Für 1990 wird sogar ein, verglichen mit dem österreichischen Durchschnitt, etwas höheres Betriebseinkommen für das Hochland angegeben, wohl ein statistischer Ausreißer.
29 Entsprechend dem Preisindex in Statistisches Jahrbuch.
30 Die angegebenen Werte sind Trends.
31 Die angegebenen Werte sind Trends.
32 Hackl, Beitrag.
33 Foltz, Statistik IX.

Ernst Langthaler: Agrarwende in den Bergen – Eine Region in den niederösterreichischen Voralpen
Seite 563–650

Diese Studie entstand aus dem 1999 bis 2002 durchgeführten Forschungsprojekt »Bäuerliche Gesellschaft im 20. Jahrhundert« (Leitung: Ernst Bruckmüller), das vom Fonds zur Förderung der wissenschaftlichen Forschung (FWF) finanziert wurde. Auch die Regionalplanungsgemeinschaft Pielachtal und der Verein für österreichische Agrargeschichte haben diese Studie materiell und ideell unterstützt. Ich danke allen Personen aus der Region Kirchberg/P., die sich für Interviews zur Verfügung gestellt und mir Einsicht in persönliche Dokumente gewährt haben. Danken möchte ich auch den Angehörigen der benützten Archive, vor allem des Niederösterreichischen Landesarchivs und der ehemaligen Bezirksbauernkammer Kirchberg/P., für ihre Kooperationsbereitschaft.

1 Wagner, Neuabgrenzung.
2 Zur folgenden Hofbeschreibung vgl. von Hohenbruck/Wieninger, Beiträge 35–41. Für diesen Hinweis danke ich Hubert Weitensfelder.
3 Die Mariahofer Rasse wird in zeitgenössischen Landwirtschaftslexika durch eine jährliche Milchleistung von 2.000 Kilogramm und durch eine »vortrefflich[e]« Zugleistung charakterisiert. Illustriertes Landwirtschafts-Lexikon 539.
4 Die »Aufrahmung der Milch besteht darin, daß man von der Vollmilch den fettreichen Rahm abscheidet, so daß die fettarme Magermilch, welche die fünf- bis sechsfache Menge des Rahmes ausmacht, übrig bleibt«. Illustriertes Landwirtschafts-Lexikon 52 ff.
5 »Abspenen« bezeichnet die Trennung des Kalbes vom Muttertier und die Aufzucht durch Tränken. Illustriertes Landwirtschafts-Lexikon 59.
6 Der seit 1896 geltende Katastralreinertrag umfasst den »nach Abzug der Bewirtschaftungs- und Gewinnungskosten vom Rohertrage verbleibende[n] Überschuß, wobei auf Eigentumsverhältnisse, auf den wirtschaftl. Zusammenhang der Grundstücke (Parzellen), ferner auf die Belastung derselben sowie auf Realrechte keine Rücksicht genommen wird«. Dabei werden für jede Kulturgattung bis zu acht Bonitätsklassen unterschieden. Mensi-Klarbach, Grundsteuer 594.
7 »Grummet« bezeichnet den zweiten Schnitt der Wiesen. Illustriertes Landwirtschafts-Lexikon 345.
8 Der Landeskulturrat stellte dem Gesetz nach eine »Interessenvertretung für die Landwirte eines Landes« dar und diente darüber hinaus der »Förderung des wirtschaftlichen Genossenschaftswesens«. Ertl, Landwirtschaftliche Berufsgenossenschaften 463.

9 In dieses Modell agrargesellschaftlicher Entwicklung sind Überlegungen aus unterschiedlichen Wissenschaftsdisziplinen eingegangen: Bourdieu, Theorie der Praxis; Butler Flora u. a., Rural Communities; Colman/Young, Agricultural Economics; Ellis, Peasant Economies; ders., Agricultural Policies; Henrichsmeyer/Witzke, Agrarpolitik; Kearney, Reconceptualizing the Peasantry; Mitterauer, Formen ländlicher Familienwirtschaft; Naylor, Culture and Change; Ortmayr, Gesinde; Planck/Ziche, Land- und Agrarsoziologie; Rösener, Agrargeschichte; Rössler, Wirtschaftsethnologie; Rural Change; Sandgruber, Hof des »Bauern in Hof«; Schlumbohm, Lebensläufe, Familien, Höfe; Winiwarter, Landwirtschaft, Natur und ländliche Gesellschaft; Wolf, Peasants.
10 Diese Region stellte in der Vergangenheit als Gerichtsbezirk (1850–1962) und Bauernkammerbezirk Kirchberg an der Pielach (1922–1938 und 1945–2001) auch eine Verwaltungseinheit dar, was die Erhebung des Quellenmaterials erleichterte. Mit »Region Kirchberg« oder »Kirchberger Umland« wird im Folgenden diese Gebietseinheit bezeichnet. Die vorliegende Arbeit ist nicht nur der erste Versuch einer Agrargeschichte, sondern auch einer zusammenhängenden Geschichte dieser Region im 20. Jahrhundert. Aus diesem Grund stützt sich die Arbeit vorrangig auf mündliche, schriftliche und fotografische Primärquellen; Sekundärquellen – wissenschaftliche Darstellungen zur regionalen Agrarentwicklung oder damit verbundenen Themen – waren nur in geringer Zahl verfügbar. Zur Agrargeschichte des oberösterreichischen Voralpenlandes vgl. Girtler, Aschenlauge; ders., Sommergetreide.
11 Als Übersicht aus unterschiedlichen Blickwinkeln vgl. Bruckmüller, Die verzögerte Modernisierung; Krammer, Analyse einer Ausbeutung I; Langthaler, Bauernsterben; Meihsl, Landwirtschaft im Wandel.
12 Kluge, Ökowende; Schmidt/Jasper, Agrarwende; Alt, Agrarwende.
13 Bausinger, Volkskunde 159 ff.
14 Feistmantl, Bergbauern 19 ff.
15 Atlas der Republik Österreich IV/5.
16 Atlas von Niederösterreich I/6, III/3, III/4, IV/6, IV/7.
17 Atlas der Republik Österreich IV/4; Atlas von Niederösterreich VII/1, VII/2; Fink, Böden 984 ff.
18 St. Pöltner Zeitung, 4. 7. 1907, 9.
19 Eigene Berechnungen nach Cultur-Atlas von Nieder-Oesterreich; Gemeindelexikon von Niederösterreich; Betriebszählung 1930; Niederösterreichisches Landesarchiv (NÖLA), Bezirksbauernkammer (BBK) Kirchberg/P., Bodennutzungserhebung 1951, 1969; Statistik Austria, Direktion Raumwirtschaft, Agrarstrukturerhebung 1999.
20 Eigene Berechnungen nach ebenda.
21 Eigene Berechnungen nach Statistik Austria, Direktion Raumwirtschaft, Agrarstrukturerhebung 1999.
22 Maresch, Brandgetreide; Schneiter, Agrargeschichte der Brandwirtschaft.
23 Tätigkeitsbericht der NÖ. Landes-Landwirtschaftskammer 1922/23 ff.
24 Maurer, Krume am Tropf 230 ff.; Altieri, Agroecology 41 ff.
25 Bruckmüller, Landwirtschaftliche Organisationen 42 ff.; Sandgruber, Agrarrevolution 195 ff.
26 Cultur-Atlas von Nieder-Oesterreich 4; Tätigkeitsbericht der NÖ. Landes-Landwirtschaftskammer 1924/25 356.
27 Eigene Berechnungen nach NÖLA, Entschuldungsakten, VI/12–263; Löhr, Faustzahlen 122.
28 Tätigkeitsbericht der NÖ. Landes-Landwirtschaftskammer 1955/56 223 ff.
29 NÖLA, BBK Kirchberg/P., Anbau- und Düngungspläne, Gutachten der Landwirtschaftlich-Chemischen Bundesversuchsanstalt Wien vom 9. 7. 1965.
30 Eigene Berechnungen nach NÖLA, BBK Kirchberg/P., Anbau- und Düngungspläne; NÖLA, Entschuldungsakten, VI/12–1378–35.
31 NÖLA, BBK Gänserndorf, Bodenuntersuchungen 1954–1980, Anleitung zur Auswertung von Bodenuntersuchungsergebnissen.
32 Maurer, Krume am Tropf 242; Krammer/Scheer, Das österreichische Agrarsystem 2/2 110 ff. Für den Hinweis danke ich Anton Gonaus.
33 Goebel, Fernwärmegenossenschaft.
34 Eigene Berechnungen nach Statistisches Jahrbuch 1895–1900; Statistik der Ernte 1931–1936; Atlas der Republik Österreich VIII/8.
35 Wiebel-Fanderl, Religion als Heimat 105 ff.; Langthaler, Österreich vor Ort; ders., Feiern im Wiederaufbau; ders., The rise and fall. Zum größeren Zusammenhang siehe Mitterauer, Dimensionen des Heiligen.
36 Eigene Berechnungen nach Grundbesitzstatistik 1896.
37 Die »ideelle Kulturfläche« umfasst die land- und forstwirtschaftlich genutzten Flächen unter Berücksichtigung der Anteils- und Nutzungsrechte der jeweiligen Betriebe. Betriebszählung 1990 12.
38 Eigene Berechnungen nach Grundbesitzstatistik 1896; Betriebszählung 1930, 1960, 1990.
39 Brüggemann/Riehle, Das Dorf; Ilien/Jeggle, Leben auf dem Dorf; Kaschuba/Lipp, Dörfliches Überleben.

40 Eigene Berechnungen nach Bezirksgericht (BG) St. Pölten, Grundbuch Frankenfels; Gamsjäger, Häuserbuch.
41 Die Ehre Erbhof.
42 BG St. Pölten, Grundbuch Frankenfels; NÖLA, BG Kirchberg/P., A-Akten 146/1878, 86/1882, 104/1890, 18/1892, 32/1935; Gamsjäger, Häuserbuch 374 f.
43 Kretschmer/Piegler, Bäuerliches Erbrecht.
44 Mattl, Agrarstruktur 51 ff.; Kluge, Bauern, Agrarkrise und Volksernährung 107 ff.; Metz, Großgrundbesitz und Bodenreform.
45 Eigene Berechnungen nach NÖLA, L.A. III/7, W-Akten, 322, 1014, 1098, 1108, 1341, 1914.
46 NÖLA, L.A. III/7, W-Akten, 1014.
47 NÖLA, L.A. III/7, W-Akten, 1014, Schreiben des Bürgermeisters von Schwarzenbach an die Agrarlandesbehörde vom 28. 10. 1921.
48 NÖLA, L.A. III/7, W-Akten, 1014.
49 Langthaler, Eigensinnige Kolonien 354 ff.; Münkel, Nationalsozialistische Agrarpolitik und Bauernalltag 193 ff.
50 Eigene Berechnungen nach NÖLA, BBK Kirchberg/P., Gerichtliches Verzeichnis der Höfe, deren Eintragung in die Erbhöferolle vorgesehen ist; Betriebszählung 1951.
51 NÖLA, BBK Kirchberg/P., Gerichtliches Verzeichnis der Höfe, deren Eintragung in die Erbhöferolle vorgesehen ist, Schreiben des Ortsbauernführers Loich an die Kreisbauernschaft St. Pölten vom 29. 9. 1940.
52 Privatsammlung Karner, Frankenfels, Urteil des Erbhofgerichts Wien vom 17. 3. 1942.
53 Dimt, Altformen 62.
54 Gaál, Zum bäuerlichen Gerätebestand 209 ff.
55 Für Unterstützung bei den Recherchen danke ich Stefan Eminger und Josef Redl.
56 NÖLA, BG Kirchberg/P., IV 99/1887, IV 48/1897, A 66/1927, P 24/1943; NÖLA, Entschuldungsakten, VI/12–1379–16; NÖLA, BBK Kirchberg/P., Betriebskarten Hofstetten 1956–1959, 1960–1969, 1970 ff.
57 NÖLA, BG Kirchberg/P., IV 94/1886, A 109/1927; NÖLA, Entschuldungsakten, VI/12–1380–41; NÖLA, BBK Kirchberg/P., Betriebskarten Kirchberg/P. 1956–1959, 1960–1969, 1970 ff.
58 NÖLA, BG Kirchberg/P., IV 156/1891, A 49/1924, P 13/1933; NÖLA, BBK Kirchberg/P., Betriebskarten Frankenfels 1956–1959, 1960–1969, 1970 ff.; Gamsjäger, Häuserbuch 36 f.
59 Lichtenberger, Österreich 156 ff.; Krammer/Scheer, Das österreichische Agrarsystem 2/1 143 ff.
60 NÖLA, Konvolutsakten, IV Alt 82, Volkszählung 1923, Schreiben der Bezirkshauptmannschaft (BH) St. Pölten an das Bundesamt für Statistik vom 30. 4. 1923.
61 Eigene Berechnungen nach Viehzählung 1880, 1890, 1900; Viehstandslexikon 1910; NÖLA, Konvolutsakten, IV Alt 82, Volkszählung 1923; Betriebszählung 1930; NÖLA, BBK Gänserndorf, Viehzählung 1938, 1944, 1945, 1946; NÖLA, BBK Kirchberg/P., Viehzählung 1960, 1970; Statistik Austria, Direktion Raumwirtschaft, Viehzählung 1951, 1981, 1989, Agrarstrukturerhebung 1999.
62 Eigene Berechnungen nach Betriebszählung 1930; Kaltenegger, Karte der Rinderrassen.
63 Interview Hubert Größbacher am 10. 11. 1999, MD 1/44.
64 Interview Hubert Größbacher am 20. 12. 2000 MD 2/22.
65 St. Pöltner Zeitung, 8. 6. 1966, 9.
66 Franke, Motorisierung der Feldarbeit 24 ff.
67 Planck/Ziche, Land- und Agrarsoziologie 343.
68 Eigene Berechnungen nach Betriebszählung 1930; NÖLA, BBK Gänserndorf, Viehzählung 1938, 1944, 1945, 1946; NÖLA, BBK Kirchberg/P., Viehzählung 1960, 1970, Maschinenzählung 1953, 1957, 1962, 1966, 1972; Statistik Austria, Direktion Raumwirtschaft, Maschinenzählung 1946, 1977, 1988, Viehzählung 1951, 1981, 1989, Agrarstrukturerhebung 1999. Als Zugtiere wurden Pferde und Ochsen gewertet.
69 Interview Alois Gonaus am 19. 5. 2000, MD 1/22.
70 Interview Johann Schornsteiner am 16. 2. 2001, MD 2/13 f.
71 Interview Johann Schornsteiner am 16. 2. 2001, MD 2/10.
72 Eigene Berechnungen nach NÖLA, BBK Kirchberg/P., Kennzahlenerhebung 1966–1968, Datenbasis: 10 Betriebe.
73 Interview Auguste Özelt am 23. 7. 2001, MD 2/21.
74 Eigene Berechnungen nach NÖLA, BBK Kirchberg/P., Maschinenzählung 1953, 1957, 1962, 1966, 1972; Statistik Austria, Direktion Raumwirtschaft, Maschinenzählung 1977.
75 Interview Josef und Theresia Fink am 21. 12. 2000, MD 2/19.
76 Bauer, Goldhaube und Telehaus 222; Oedl-Wieser, Emanzipation der Frauen am Land.
77 Dimt, Altformen 63 ff. Er rückt damit von der für diese Region gültigen Kategorisierung des Österreichischen Volkskundeatlas als »Vierseithof des Alpenraumes« ab (Tomasi, Gehöftformen 98).

78 Kaser/Stocker, Bäuerliches Leben 2 227 ff.
79 NÖLA, BH St. Pölten, II–VI–1945, Bericht Josef Zottls für die Bürgermeistertagung am 28. 9. 1945.
80 Langthaler, Umbruch im Dorf.
81 Johler, Bäuerliches Kreditwesen.
82 Raiffeisenkasse Frankenfels, Hauptbuch für Darlehen E V, 16; NÖLA, Entschuldungsakten, VI/12–1378–12.
83 Die Pearsonschen Korrelationskoeffizienten betragen 0,27 und –0,51. Eigene Berechnungen nach NÖLA, Entschuldungsakten, VI/12–1378, Datenbasis: 36 Betriebe.
84 Wochenblatt der Landesbauernschaft Donauland, 24. 12. 1938, 1167.
85 Eigene Berechnungen nach NÖLA, Entschuldungsakten, VI/12–1378, Datenbasis: 36 Betriebe.
86 Tätigkeitsbericht der NÖ. Landes-Landwirtschaftskammer 1934/35 353; Lercher, Bergbauernpolitik 100 ff.; Kluge, Bauern, Agrarkrise und Volksernährung.
87 Eigene Berechnungen nach NÖLA, Entschuldungsakten, VI/12–1378–1383, Betriebszählung 1951.
88 Wochenblatt der Landesbauernschaft Donauland, 24. 12. 1938, 1167.
89 Ortmayr, Gesinde 346 ff.; ders., Sozialhistorische Skizzen; Weber, Einleitung.
90 Eigene Berechnungen nach NÖLA, Entschuldungsakten, VI/12–1378–12; Langthaler, Eigensinnige Kolonien 357 ff.
91 Wochenblatt der Landesbauernschaft Donauland, 11. 6. 1938, 164.
92 Die Pearsonschen Korrelationskoeffizienten betragen –0,10 und –0,62. Eigene Berechnungen nach NÖLA, Entschuldungsakten, VI/12–1378, Datenbasis: 43 Betriebe.
93 Pyta, Menschenökonomie.
94 Hovorka, Förderungssystem; Poschacher, Bauern und Agrarpolitik; Rammer, Industrialisierung und Proletarisierung.
95 NÖLA, BBK Kirchberg/P., Umstellung 1969–1971, Sonder-Richtlinien des BMLFW im Rahmen der Aktion »Umstellungsmaßnahmen 1962«.
96 NÖLA, BBK Kirchberg/P., Umstellung 1969–1971, Sonder-Richtlinien des BMLFW im Rahmen der Aktion »Umstellungsmaßnahmen 1962«, Aktennotiz betreffend die Bildung von Umstellungsgemeinschaften vom 24. 1. 1969; Einladung zur Tagung der Umstellungsbetriebe am 19. 3. 1969, Rundschreiben zum Arbeitsprogramm im Rahmen der Umstellungsaktion 1969 vom 20. 5. 1969.
97 NÖLA, BBK Kirchberg/P., Umstellung 1969–1971, Umstellungsplan vom 26. 6. 1972.
98 Für diesen Hinweis danke ich Hubert Größbacher.
99 Neue Zeitung, 27. 7. 1972, 6.
100 Für Hinweise danke ich Anton Gonaus und Hubert Größbacher.
101 Privatsammlung Umgeher, Frankenfels, Tagebuch Johann Umgeher 1937–1940.
102 Landsteiner, Meteorologie 57 ff.
103 Interview Hubert Größbacher 10. 11. 1999, MD 1/3 f.
104 Mitterauer, Ledige Mütter; Klammer, Auf fremden Höfen.
105 Mitterauer, Sozialgeschichte der Jugend 97 ff.; Sieder, Sozialgeschichte der Familie 38 ff.
106 Mitterauer, Sozialgeschichte der Jugend 142 ff.; Sieder, Sozialgeschichte der Familie 45 f.
107 Tätigkeitsbericht der NÖ. Landes-Landwirtschaftskammer 1927/28 510.
108 St. Pöltner Zeitung, 29. 5. 1930, 11 f.
109 Tätigkeitsbericht der NÖ. Landes-Landwirtschaftskammer 1927/28 92 ff., 510.
110 St. Pöltner Zeitung, 3. 4. 1930, 11.
111 Interview Hubert Größbacher am 10. 11. 1999, MD 1/29 f.
112 Langthaler, Eigensinnige Kolonien 348 ff.
113 Tätigkeitsbericht der NÖ. Landes-Landwirtschaftskammer 1945/46 321 f.
114 Ebenda 1951/52 215 f.; Buchinger, Geschichte des land- und forstwirtschaftlichen Schul- und Bildungswesens.
115 Interview Hubert Größbacher am 20. 12. 2000, MD 2/5.
116 Tätigkeitsbericht der NÖ. Landes-Landwirtschaftskammer 1953/54 253.
117 Ebenda 1951/52 215 f.
118 Fielhauer, Palmesel und Erntekrone 108.
119 Landjugend Frankenfels, Sprengelbuch 1950–1969.
120 Mannert, Lebenseinstellungen und Zukunftserwartungen der ländlichen Jugend; Michalek, Vom fleißigen Bauern zum erfolgreichen Betriebsinhaber.
121 Landjugend Frankenfels, Sprengelbuch 1950–1969.
122 Zehetbauer, 50 Jahre niederösterreichische Landjugend.
123 Landjugend Frankenfels, Gruppenstatistik 1969 und 1984.
124 Bruckmüller, Sozialgeschichte Österreichs 297 ff., 387 ff.; ders., Interessenvertretung der Bauern.
125 Langthaler, Die »braune Flut« im »schwarzen Land«.

126 Biographisches Handbuch 78; Tätigkeitsbericht der NÖ. Landes-Landwirtschaftskammer 1922/23 ff.
127 St. Pöltner Zeitung, 15. 6. 1933, 12.
128 St. Pöltner Nachrichten, 8. 6. 1933, 9.
129 St. Pöltner Zeitung, 15. 6. 1933, 12.
130 St. Pöltner Zeitung, 10. 4. 1930, 12.
131 St. Pöltner Nachrichten, 8. 6.1933, 9.
132 St. Pöltner Nachrichten, 5. 5. 1932, 10.
133 St. Pöltner Nachrichten, 17. 3. 1932, 10.
134 St. Pöltner Nachrichten, 14. 4. 1932, 11; St. Pöltner Nachrichten, 28. 4. 1932, 10.
135 Bauernbundkalender 2002.
136 Hanisch, Bäuerliches Milieu.
137 Langthaler, Erfindung des Gebirgsbauern; ders., Alltag im Nationalsozialismus.
138 Privatsammlung Umgeher, Frankenfels, Tagebuch Johann Umgeher 1937–1940; Gamsjäger, Häuserbuch 90, 173, 202.
139 Zur Lebenswelt von Knechten in der Zwischenkriegszeit vgl. Ortmayr, Sozialhistorische Skizzen.
140 Privatsammlung Umgeher, Frankenfels, Grundskizze Oberstein 1958.
141 Privatsammlung Umgeher, Frankenfels, Tagebuch Johann Umgeher 1937–1940.
142 Ebenda.
143 Gamsjäger/Deutsch, Pielachtal 130 ff.
144 Eigene Berechnungen nach Betriebszählung 1930, 1951, 1960, 1970, 1980, 1990; Statistik Austria, Direktion Raumwirtschaft, Agrarstrukturerhebung 1999.
145 Lichtenberger, Österreich 156 ff.
146 Privatsammlung Umgeher, Frankenfels, Tagebuch Johann Umgeher 1937–1940.
147 Brunner, Neue Wege der Sozialgeschichte.
148 Ortmayr, Gesinde 331 ff.; ders., Sozialhistorische Skizzen; Weber, Einleitung.
149 Interview Zäzilia Tuder am 17. 11. 1999, MD 1/4.
150 Interview Zäzilia Tuder am 17. 11. 1999, MD 1/4–6, 27.
151 Interview Zäzilia Tuder am 17. 11. 1999, MD 1/4–6, 27.
152 Ortmayr, Gesinde 410 ff.; ders., Sozialhistorische Skizzen; Weber, Einleitung.
153 Interview Josef und Theresia Fink am 21. 7. 2000, MD 1/36.
154 Interview Michaela Gravogl am 2. 12. 1999, MD 1/5–7.
155 Interview Zäzilia Tuder am 17. 11. 1999, MD 1/27.
156 Interview Franz Seidl am 20. 8. 1992, MC 1.
157 NÖLA, Entschuldungsakten, VI/12–1381–4, Bericht des Landwirtschaftlichen Treuhandverbandes der Landesbauernschaft Donauland vom 10. 7. 1944.
158 Hornung/Langthaler/Schweitzer, Zwangsarbeit in der Landwirtschaft; dies., Zwangsarbeit in der österreichischen Landwirtschaft.
159 Eigene Berechnungen nach Gemeindearchiv (GA) Frankenfels, Einheitswertbescheide 1940, Meldebücher 1939–1945.
160 Eigene Berechnungen nach GA Frankenfels, Meldebücher 1938–1945, Wehrstammblätter 1938–1945, Einheitswertbescheide 1940; NÖLA, BH St. Pölten, NS-Registrierung, Gemeinde Frankenfels. Als »NS-Betrieb« gelten Betriebe, in denen die BesitzerInnen oder deren Nachkommen zwischen 1938 und 1945 der NSDAP oder SA angehört haben. Unterbäuerliche Betriebe mit weniger als vier Hektar landwirtschaftlicher Nutzfläche wurden aus der Berechnung ausgeschieden. Die Grenze zwischen kleineren und größeren Betrieben stellt eine landwirtschaftliche Nutzfläche von 14,03 Hektar dar.
161 Herbert, Fremdarbeiter; Hornung/Langthaler/Schweitzer, Zwangsarbeit in der Landwirtschaft; dies., Zwangsarbeit in der österreichischen Landwirtschaft.
162 GA Frankenfels, Meldebuch Nr. 64/1944.
163 Interview Anna Fahrnberger am 3. 12. 2001, MD 1/31.
164 Interview Anna Fahrnberger am 3. 12. 2001, MD 1/35 f.
165 Hornung/Langthaler/Schweitzer, Zwangsarbeit in der Landwirtschaft; dies., Zwangsarbeit in der österreichischen Landwirtschaft.
166 Komlosy, Die niederösterreichische Wirtschaft 312 ff.; Langthaler, Umbruch im Dorf; Winkler, Im Dorf geschah in den fünfziger Jahren ein »Wunder«.
167 Hellmich, Bergbauern- und Dienstbotenarbeiten.
168 Ortmayr, Gesinde 379 ff.; ders., Sozialhistorische Skizzen; Weber, Einleitung.
169 Privatsammlung Umgeher, Frankenfels, Tagebuch Johann Umgeher 1937–1940.
170 Interview Hubert Größbacher am 10. 11. 1999, MD 1/8.
171 Interview Josefa Berger (Pseudonym) am 25. 8. 2000, MD 1/14.
172 Bauer, Goldhaube und Telehaus 222 ff.

173 Interview Josefa Berger (Pseudonym) am 25. 8. 2000, MD 2/1–7.
174 Bruckmüller/Sandgruber/Stekl, Soziale Sicherheit 15 ff.; Krammer/Scheer, Das österreichische Agrarsystem 2/2 223 ff.
175 Atlas von Niederösterreich III/5.
176 Interview Hubert Größbacher am 20. 12. 2000, MD 2/24 ff.
177 Bruckmüller, Landwirtschaftliche Organisationen 120 ff.; Buchinger, Genossenschaftswesen; Muttenthaler, Anfänge landwirtschaftlicher Genossenschaften.
178 Ulsperger, Strukturveränderungen 153 ff.
179 Krammer/Scheer, Das österreichische Agrarsystem 2/1 3 ff.; Krammer, Interessenorganisation der Landwirtschaft.
180 Mooser, Verschwinden der Bauern 30.
181 Molkereigenossenschaft Obergrafendorf, Protokollbuch der Vollversammlungen der Molkereigenossenschaft Tradigist 1927–1941 1 f.
182 Ebenda 30 ff.
183 50 Jahre Genossenschaftswesen 224.
184 75 Jahre Molkerei Obergrafendorf (ohne Paginierung).
185 Molkereigenossenschaft Obergrafendorf, Zeitungsausschnittsammlung, Bericht in der Neuen NÖN Pielachtal.
186 80 Jahre Bauernbund (ohne Paginierung).
187 Molkereigenossenschaft Obergrafendorf, Milchleistungskontrolle 1994/95.
188 NÖLA, BBK Kirchberg/P., K. 59, Milchleistungskontrolle 1965/66 ff.; Molkereigenossenschaft Obergrafendorf, Milchleistungskontrolle 1978/79 ff.
189 NÖLA, Reichsstatthalter Niederdonau, IVc/911/1941, Schreiben des Landwirtschaftlichen Treuhandverbandes an die Landesbauernschaft Donauland vom 31. 12. 1940.
190 St. Pöltner Zeitung, 8. 8. 1962, 8.
191 GA Frankenfels, 0/24/1960–1995.
192 40 Jahre Weggemeinschaft Fischbachgraben 10.
193 Tätigkeitsbericht der NÖ. Landes-Landwirtschaftskammer 1925/26 89.
194 Eigene Berechnungen nach NÖLA, Entschuldungsakten, VI/12–1378, Datenbasis: 41 Betriebe.
195 Eigene Berechnungen nach Privatsammlung Gonaus, Schwarzenbach, Buchführungsunterlagen 1979 ff; NÖLA, BBK Kirchberg/P., Umstellung 1969–1973.
196 Pfister u. a., 1950er Syndrom 22 ff.
197 Groier, Agrarische Umweltpolitik 155 ff.; Krammer/Scheer, Das österreichische Agrarsystem 2/2 191 ff.
198 Landkurier, 1. 3. 1979, 1.
199 Landkurier, 1. 6. 1993, 1.
200 Eigene Berechnungen nach Angaben von Bio Ernte Austria (Stand: Oktober 2002). Für die Übermittlung der Daten danke ich Eva Schinnerl.
201 Der Österreichische Bauernbündler (Spezialausgabe Bezirk St. Pölten), 2. 12. 1999, 6.
202 Privatsammlung Langthaler, Frankenfels, Prospekte von Pielachtaler »Mostheurigen«.
203 Pevetz/Richter, Haushaltsstrukturen und Lebensstile.
204 Die Agrarfachleute machen den Erfolg der landwirtschaftlichen Betriebsführung an unterschiedlichen Maßzahlen fest: Das Gesamteinkommen umfasst alle Einkünfte der Mitglieder des Haushaltes; zieht man davon die außerhalb des Betriebes erzielten Einkünfte einschließlich der öffentlichen Gelder ab, erhält man das landwirtschaftliche Einkommen; daraus ergibt sich abzüglich des Lohnanspruches der Familienarbeitskräfte und zuzüglich der Schuldenzinsen, Pachtkosten und Ausgedingelasten der Reinertrag. Lage der österreichischen Landwirtschaft 1980 77.
205 Eigene Berechnungen nach Lage der Landwirtschaft 1937; Lage der österreichischen Landwirtschaft 1964–1966, 1988–1990; Grüner Bericht 1998–2000; Buchführungsergebnisse 1964–1966, 1988–1990, 1998–2000; die Werte für 1937 beziehen sich nur auf die niederösterreichischen Anteile der jeweiligen Produktionsgebiete. Bei den Werten für 1964/66, 1988/90 und 1998/2000 handelt es sich um Drei-Jahres-Mittelwerte.
206 Krammer/Scheer, Das österreichische Agrarsystem 2/2 3 ff.
207 Eigene Berechnungen nach Lage der Landwirtschaft 1937; Lage der österreichischen Landwirtschaft 1964–1966, 1988–1990; Grüner Bericht 1998–2000; Buchführungsergebnisse 1964–1966, 1988–1990, 1998–2000; die Werte für 1937 beziehen sich nur auf die niederösterreichischen Anteile der jeweiligen Produktionsgebiete. Bei den Werten für 1964/66, 1988/90 und 1998/2000 handelt es sich um Drei-Jahres-Mittelwerte.
208 Eigene Berechnungen nach Privatsammlung Gonaus, Schwarzenbach, Buchführungsunterlagen 1979 ff; NÖLA, BBK Kirchberg/P., Umstellung 1969–1973.
209 Hovorka, Förderungssystem 134 ff.

210 Mooser, Das Verschwinden der Bauern 27.
211 Der Österreichische Bauernbündler (Spezialausgabe Bezirk St. Pölten), 2. 12. 1999, 4.
212 Hoffmann, Agrarisierung der Industriebauern.
213 Mannert, Motive und Verhalten von Nebenerwerbslandwirten. Die Abgrenzung von Voll- und Nebenerwerbsbetrieben durch die amtliche Agrarstatistik unterliegt einigen Veränderungen: 1960 wurden alle erwerbsfähigen Haushaltsangehörigen berücksichtigt und danach unterschieden, ob von diesen alle (Vollerwerb), mehr als die Hälfte (untergeordneter Nebenerwerb) oder weniger als die Hälfte (übergeordneter Nebenerwerb) im landwirtschaftlichen Betrieb beschäftigt waren (Betriebszählung 1960 16). 1970, 1980, 1990 wurde nur das Betriebsleiterehepaar berücksichtigt und danach unterschieden, ob dieses mindestens 90 Prozent (Vollerwerb), mindestens (Zuerwerb) oder weniger als 50 Prozent (Nebenerwerb) der Gesamtarbeitszeit im landwirtschaftlichen Betrieb tätig war (Betriebszählung 1970 18 f.; Betriebszählung 1980 16; Betriebszählung 1990 10). 1999 wurden Zu- und Vollerwerbsbetriebe unter der Kategorie Haupterwerbsbetrieb zusammengefasst (Grüner Bericht 2000 330).
214 Eigene Berechnungen nach Betriebszählung 1960, 1970, 1980, 1990; Statistik Austria, Direktion Raumwirtschaft, Agrarstrukturerhebung 1999. Als Haupterwerbsbetriebe wurden 1960 Voll- und untergeordnete Nebenerwerbsbetriebe sowie 1970, 1980 und 1990 Voll- und Zuerwerbsbetriebe gewertet.
215 Statistik Austria, Direktion Raumwirtschaft, Agrarstrukturerhebung 1999; Arnold, Urlaub auf dem Bauernhof.
216 Lichtenberger, Österreich 161 ff.; Krammer, Von »Blut und Boden« zur »Eurofitness«.
217 Dax/Niessler/Vitzthum, Bäuerliche Welt im Umbruch 115 ff.; Knöbl/Kogler/Wiesinger, Landwirtschaft zwischen Tradition und Moderne.
218 Rieger, Bauernopfer 173 ff.

Ernst Langthaler: Agrarwende in der Ebene – Eine Region im niederösterreichischen Flach- und Hügelland
Seite 651–740

Diese Studie entstand aus dem 1999 bis 2002 durchgeführten Forschungsprojekt »Bäuerliche Gesellschaft im 20. Jahrhundert« (Leitung: Ernst Bruckmüller), das vom Fonds zur Förderung der wissenschaftlichen Forschung (FWF) finanziert wurde. Auch der Verein für österreichische Agrargeschichte hat diese Studie materiell und ideell unterstützt. Ich danke allen Personen aus der Region Gänserndorf, die sich für Interviews zur Verfügung gestellt und mir Einsicht in persönliche Dokumente gewährt haben. Danken möchte ich auch den Angehörigen der benützten Archive, vor allem des Niederösterreichischen Landesarchivs und der Bezirksbauernkammer Gänserndorf, für ihre Kooperationsbereitschaft.

1 Hohenbruck/Wieninger, Beiträge 9 ff. Für den Hinweis danke ich Hubert Weitensfelder.
2 Bei Hintergetreide handelt es sich um die »geringste, leichteste Körnersorte, welche bei dem Sortieren der Getreidekörner erhalten wird«. Illustriertes Landwirtschafts-Lexikon 386.
3 Das Yorkshireschwein wird in zeitgenössischen Landwirtschaftslexika als »einer der vorzüglichsten Schläge« gerühmt. Durch verschiedene Kreuzungen wurden folgende Eigenschaften herausgezüchtet: große Fruchtbarkeit, schnelles Wachstum, Wohlgeschmack des Fleisches. Illustriertes Landwirtschafts-Lexikon 916 f.
4 Die Pflüge für schwere Böden werden eingeteilt in Flach- und Steilwender. Der Ruchadlo- oder Krümel-Pflug gehört zur Gruppe der Steilwender. Er wird auf lockeren, sandigen Böden verwendet und erzielt dort »ein vorzügliches Wenden und eine Durchmischung« der Ackerkrume. Illustriertes Lanwirtschafts-Lexikon 628 ff.
5 Der Häufelpflug besitzt eine doppelschneidige Schar und dient zum Ziehen von Furchen und Anhäufen des Bodens zu Kämmen, etwa für den Kartoffelbau, die Unkrautbekämpfung oder das Abführen des Regenwassers. Illustriertes Landwirtschafts-Lexikon 369.
6 Esparsette wird in zeitgenössischen Landwirtschaftslexika als Grünfutter ebenso wie als Heu wegen des Proteingehalts, der länger andauernden Schmackhaftigkeit und der leichteren Verdaulichkeit »sehr geschätzt«. Illustriertes Landwirtschafts-Lexikon 245.
7 In dieses Modell agrargesellschaftlicher Entwicklung sind Überlegungen aus unterschiedlichen Wissenschaftsdisziplinen eingegangen: Bourdieu, Theorie der Praxis; Butler Flora u. a., Rural Communities; Colman/Young, Agricultural Economics; Ellis, Peasant Economies; ders., Agricultural Policies; Henrichsmeyer/Witzke, Agrarpolitik; Kearney, Reconceptualizing the Peasantry; Mitterauer, Formen ländlicher Familienwirtschaft; Naylor, Culture and Change; Ortmayr, Gesinde; Planck/Ziche, Land- und Agrarsoziologie; Rösener, Agrargeschichte; Rössler, Wirtschaftsethnologie; Rural Change; Sandgruber, Hof des »Bauern in Hof«; Schlumbohm, Lebensläufe, Familien, Höfe; Winiwarter, Landwirtschaft, Natur und ländliche Gesellschaft; Wolf, Peasants.

8 Diese Region stellte in der Vergangenheit als Gerichtsbezirk Matzen (1850–1945) und, mit einigen Abweichungen, Bauernkammerbezirk Matzen (1922–1938) bzw. Gänserndorf (1945–2001) auch eine Verwaltungseinheit dar, was die Erhebung des Quellenmaterials erleichterte. Auf Grund der Gebietsänderungen durch die Gemeindezusammenlegungen der Siebzigerjahre – Martinsdorf wurde der Ortsgemeinde Gaweinsthal und Waidendorf wurde der Ortsgemeinde Dürnkrut als Katastralgemeinden eingegliedert – mussten die langfristigen Zahlenreihen fehlerbereinigt werden. Mit »Region Gänserndorf« oder »Gänserndorfer Umland« wird im Folgenden die Gebietseinheit des Gerichtsbezirkes Matzen im Jahr 1880 bezeichnet. Die vorliegende Arbeit ist nicht der erste Versuch einer Agrargeschichte dieser Region im 20. Jahrhundert; doch die vorhandene Literatur, neben »heimatkundlichen« Arbeiten durchwegs historische, geografische, soziologische, betriebswirtschaftliche und volkskundliche Diplomarbeiten und Dissertationen, konzentriert sich meist auf Teilregionen, -perioden und -aspekte: Hiess, Betriebswirtschaftliche Untersuchung; Hofmayer, Viehlose Landwirtschaft; Holzmann, Verstädterung; Kurtz, Bessere Sklaven; Putz, Agrarstruktur; Radl, Agrarstruktur; Schatz, Landwirtschaftsgeographie; Schön, Gänserndorf; Lindtner, Gesindedienst und Lohnarbeit; van Linthoudt, Von Fasching bis Fronleichnam; Wald, Vergleichende Strukturuntersuchungen. Dasselbe gilt für den Raumordnungsplan Marchfeld, der nicht nur den gegenwärtigen Ist- und den zukünftigen Soll-Zustand der Region behandelt, sondern auch die vergangene Entwicklung berücksichtigt. Über die Sekundärquellen hinaus stützt sich die vorliegende Arbeit vorrangig auf mündliche, schriftliche und fotografische Primärquellen.
9 Als Übersicht aus unterschiedlichen Blickwinkeln vgl. Bruckmüller, Die verzögerte Modernisierung; Krammer, Analyse einer Ausbeutung; Langthaler, Bauernsterben; Meihsl, Landwirtschaft im Wandel.
10 Kluge, Ökowende; Schmidt/Jasper, Agrarwende; Alt, Agrarwende.
11 Wald, Vergleichende Strukturuntersuchungen 155 ff.
12 Atlas der Republik Österreich IV/5.
13 Atlas von Niederösterreich I/6, III/3, III/4, IV/6, IV/7; Raumordnungsplan Marchfeld I 10 ff.
14 Atlas der Republik Österreich IV/4; Atlas von Niederösterreich VII/1, VII/2; Fink, Böden 971 ff.; Raumordnungsplan Marchfeld I 62 ff. Für Hinweise zur regionalen Bodenbeschaffenheit danke ich Erwin Eminger.
15 Eigene Berechnungen nach Cultur-Atlas von Nieder-Oesterreich; Gemeindelexikon von Niederösterreich; Betriebszählung 1930; Niederösterreichisches Landesarchiv (NÖLA), Bezirksbauernkammer (BBK) Gänserndorf, Bodennutzungserhebung 1951, 1969; Statistik Austria, Direktion Raumwirtschaft, Agrarstrukturerhebung 1999.
16 Eigene Berechnungen nach ebd.; Raumordnungsplan Marchfeld I 206 ff. Für Hinweise zur regionalen Bodennutzung danke ich Erwin Eminger.
17 Maurer, Krume am Tropf 230 ff.; Altieri, Agroecology 41 ff.; Redl, Die alte Landwirtschaft.
18 Bruckmüller, Landwirtschaftliche Organisationen 42 ff.; Sandgruber, Agrarrevolution 195 ff; Hofmayer, Viehlose Landwirtschaft 76 ff.
19 100 Jahre Agrarische Operationen 9 ff.
20 Zusammenlegung Ober-Siebenbrunn 3 ff.
21 Eigene Berechnungen nach ebd. 28 f., 34.
22 Volksbote vom 16. 9. 1910, 9.
23 Gedenkbuch Reckendorfer.
24 Redl, Die alte Landwirtschaft.
25 Allmayer Ritter von Allstern, Verwerthung.
26 Cultur-Atlas von Nieder-Oesterreich 4; Tätigkeitsbericht 1924/25 356.
27 Eigene Berechnungen nach NÖLA, Entschuldungsakten, VI/12–263; Löhr, Faustzahlen 122.
28 NÖLA, BBK Gänserndorf, Bodenuntersuchungen 1954–1980, Auersthal, Gutachten der Landwirtschaftlich-Chemischen Bundesversuchsanstalt Wien vom 5. 9. 1959.
29 Eigene Berechnungen nach NÖLA, BBK Gänserndorf, Bodenuntersuchungen 1954–1980, Auersthal; NÖLA, Entschuldungsakten, VI/12–263.
30 NÖLA, BBK Gänserndorf, Bodenuntersuchungen 1954–1980, Auersthal, Anleitung zur Auswertung von Bodenuntersuchungsergebnissen.
31 NÖLA, BBK Gänserndorf, Bodenuntersuchungen 1954–1980, Auersthal, Gutachten der Landwirtschaftlich-Chemischen Bundesversuchsanstalt Wien vom 3. 7. 1972.
32 Eigene Berechnungen nach NÖLA, BBK Gänserndorf, Bodenuntersuchungen 1954–1980, Auersthal, Bodenuntersuchungsergebnis 1959 und 1972.
33 Krug, Marchfeld 20 ff.; Raumordnungsplan Marchfeld I 212 ff.
34 Eigene Berechnungen nach NÖLA, BBK Gänserndorf, Allgemeine Statistik 1958–1967, Erhebungen zum Marchfeldkanalprojekt.
35 Hofmayer, Viehlose Landwirtschaft 164.

36 Marchfeldkanalsystem.
37 Maurer, Krume am Tropf 242 ff.
38 Verbreitung der Reblaus 121; Landsteiner, Wein und Weinbau 53 ff.
39 Bezirks-Weinkost 9 f.; Eminger, Schweiß und Mühe 13 f.
40 Statistik der Ernte 1936 118.
41 Bezirks-Weinkost 9 f.
42 Landsteiner, Wein und Weinbau 59. Für Hinweise zur Reblaus- und Peronospora-Bekämpfung danke ich Erwin Eminger.
43 Maurer, Krume am Tropf 242; Krammer/Scheer, Das österreichische Agrarsystem 2/2 110 ff.
44 Auersthaler Heimatkunde 10 o. P.
45 Maurer, Krume am Tropf.
46 Interview N. N. am 12. 4. 2002, MD 1/30.
47 Hofmayer, Viehlose Landwirtschaft 254.
48 Eigene Berechnungen nach Statistisches Jahrbuch 1895–1900; Statistik der Ernte 1931–1936.
49 Bezirks-Weinkost 10.
50 Atlas der Republik Österreich VIII/8.
51 Wiebel-Fanderl, Religion als Heimat 105 ff. Zum größeren Zusammenhang siehe Mitterauer, Dimensionen des Heiligen.
52 Eigene Berechnungen nach Grundbesitzstatistik 1896.
53 Die »ideelle Kulturfläche« umfasst die land- und forstwirtschaftlich genutzten Flächen unter Berücksichtigung der Anteils- und Nutzungsrechte der jeweiligen Betriebe. Betriebszählung 1990 12.
54 Eigene Berechnungen nach Grundbesitzstatistik 1896; Betriebszählung 1930, 1960, 1990.
55 Archiv der Republik (AdR), BKA/GStK, GZ 7897/1935, Bericht der Bezirkshauptmannschaft (BH) Gänserndorf an den Generalstaatskommissär im Bundeskanzleramt vom 29. 7. 1935. Für diesen Hinweis danke ich Stefan Eminger.
56 Gotz, Marchfeld 113.
57 Schulze-Heuling/Schilling, Bauerntum o. P. Für den Hinweis auf diese Studie danke ich Josef Redl.
58 Gotz, Marchfeld 110.
59 Schulze-Heuling/Schilling, Bauerntum o. P.
60 NÖLA, Vermögensverkehrsstelle (VVSt), Verzeichnis über das Vermögen von Juden für Gustav Löw (Nr. 28.861) und Gertrud Löw (Nr. 28.863).
61 NÖLA, VI/12–VII/4–1940, Schreiben des Ortsbauernführers von Matzen an die Landbauaußenstelle Bruck an der Leitha vom 30. 6. 1939.
62 Antl-Weiser, Angern 127 f.; Lind, Landmenschen 97 ff.; Verse-Herrmann, Arisierungen 76 ff.
63 Antl-Weiser, Angern 155 ff.; Tätigkeitsbericht 1957/58 220 ff.
64 NÖLA, BBK Gänserndorf, Vollversammlungen 1955–1980, Protokoll der Vollversammlung vom 6. 10. 1956.
65 Tätigkeitsbericht 1957/58 214 ff.; Auersthaler Heimatkunde 37 o. P.
66 NÖLA, BBK Gänserndorf, Vollversammlungen 1955–1980, Protokoll der 56. Vollversammlung vom 19. 12. 1959.
67 Eigene Berechnungen nach Tätigkeitsbericht 1957/58 214 ff.
68 Interview Franz Hager am 27. 11. 2001, MD 1/35 f.; Auersthaler Heimatkunde 37. o. P.
69 Wald, Vergleichende Strukturuntersuchungen 153.
70 Brüggemann/Riehle, Das Dorf; Ilien/Jeggle, Leben auf dem Dorf; Kaschuba/Lipp, Dörfliches Überleben.
71 Eigene Berechnungen nach Bezirksgericht (BG) Gänserndorf, Grundbuch Auersthal; Auersthaler Heimatkunde 17–42.
72 Die Ehre Erbhof.
73 BG Gänserndorf, Grundbuch Auersthal; NÖLA, BG Matzen, A 149/1900, A 116/1925, A 115/1940; NÖLA, BBK Gänserndorf, Hofkarten Auersthal 1941–1944, Betriebskarten Auersthal 1970 ff.; Auersthaler Heimatkunde 17 o. P.
74 Kretschmer/Piegler, Bäuerliches Erbrecht; Raumordnungsplan Marchfeld I 195.
75 Mitterauer, Ahnen und Heilige 367 ff.
76 Mattl, Agrarstruktur 51 ff.; Kluge, Bauern, Agrarkrise und Volksernährung 107 ff.; Metz, Großgrundbesitz und Bodenreform.
77 NÖLA, L.A. III/7, W-Akten, 1063.
78 Langthaler, Eigensinnige Kolonien 354 ff.; Münkel, Nationalsozialistische Agrarpolitik und Bauernalltag 193 ff.
79 NÖLA, BG Matzen, A 115/1940.
80 Niedersulz 19.

81 Gaál, Zum bäuerlichen Gerätebestand 209 ff.
82 Für Auskünfte über die abgebildeten Personen danke ich Rosa und Helga Scharmitzer.
83 Für Unterstützung bei den Recherchen danke ich Stefan Eminger und Josef Redl.
84 NÖLA, BG Matzen, IV 284/1892, A 268/1914, A 16/1916; NÖLA, BBK Gänserndorf, Hofkarten Auersthal 1941–1944, Betriebskarten Auersthal 1970 ff.; Auersthaler Heimatkunde 23 o. P.
85 NÖLA, BG Matzen, A 149/1900, A 116/1925, A 115/1940; NÖLA, BBK Gänserndorf, Hofkarten Auersthal 1941–1944, Betriebskarten Auersthal 1970 ff., Maschinenzählung 1972; Auersthaler Heimatkunde 17 o. P.
86 Schematismus und Statistik des Großgrundbesitzes 232 f.
87 Jahr- und Adressbuch 1928 3/129; NÖLA, BBK Gänserndorf, Hofkarten Gutsbetriebe 1941–1944, Allgemeine Statistik (Akten) 1958–1967, Betriebskarten Weikendorf 1970 ff., Maschinenzählung 1972.
88 Lichtenberger, Österreich 156 ff.; Hofmayer, Viehlose Landwirtschaft 139 ff.; Krammer/Scheer, Das österreichische Agrarsystem 2/1 143 ff.
89 Betriebszählung 1930; Kaltenegger, Karte der Rinderrassen.
90 Eigene Berechnungen nach Viehzählung 1880, 1890, 1900; Viehstandslexikon 1910; NÖLA, Konvolutsakten, IV Alt 82, Volkszählung 1923; Betriebszählung 1930; NÖLA, BBK Gänserndorf, Viehzählung 1938, 1944, 1945, 1946, 1951, 1960, 1970; Statistik Austria, Direktion Raumwirtschaft, Viehzählung 1981, 1989, Agrarstrukturerhebung 1999; Krug, Marchfeld 65 ff. Für den Hinweis auf die Auswirkungen der behördlichen Viehseuchenbekämpfung danke ich Josef Redl.
91 Krug, Marchfeld 68 ff.
92 NÖLA, Konvolutsakten, IV Alt 82, Volkszählung 1923, Stellungnahme der BH Gänserndorf an das Bundesamt für Statistik vom 7. 5. 1923.
93 Hofmayer, Viehlose Landwirtschaft 213 ff.
94 Müllebner, Bauernarbeit 69.
95 Franke, Motorisierung der Feldarbeit 24 ff.
96 Interview Johann Zimmermann am 13. 4. 2002, MD 1/44.
97 Interview Josef Schreiber (Pseudonym) am 29. 8. 2001, MD 1/7.
98 Planck/Ziche, Land- und Agrarsoziologie 343.
99 Eigene Berechnungen nach Betriebszählung 1930; NÖLA, BBK Gänserndorf, Viehzählung 1938, 1944, 1945, 1946, 1951, 1960, 1970, Maschinenzählung 1953, 1957, 1962, 1966, 1972; Statistik Austria, Direktion Raumwirtschaft, Maschinenzählung 1946, 1977, 1988, Viehzählung 1981, 1989, Agrarstrukturerhebung 1999.
100 Interview Franz Hager am 27. 11. 2001, MD 1/29.
101 Interview Friedrich Hofer am 11. 4. 2002, MD 1/42.
102 Interview Friedrich Hofer am 11. 4. 2002, MD 1/52.
103 Interview Friedrich Hofer am 11. 4. 2002, MD 1/51, 55.
104 Interview Josef Schreiber (Pseudonym) am 29. 8. 2001, MD 1/10, 22.
105 Eigene Berechnungen nach NÖLA, BBK Gänserndorf, Kennzahlenerhebung 1966–1968, Datenbasis: 24 Betriebe.
106 Eigene Berechnungen nach NÖLA, BBK Gänserndorf, Maschinenzählung 1953, 1957, 1962, 1966, 1972; Statistik Austria, Direktion Raumwirtschaft, Maschinenzählung 1977.
107 Interview Rupert und Maria Kaiser am 12. 4. 2002, MD 1/20.
108 Bauer, Goldhaube und Telehaus 222; Oedl-Wieser, Emanzipation der Frauen am Land.
109 Niedersulz 4 ff., 51 ff.; Tomasi, Gehöftformen.
110 Kaser/Stocker, Bäuerliches Leben 2/227 ff.
111 NÖLA, Entschuldungsakten, VI/12-263-35.
112 Die Pearsonschen Korrelationskoeffizienten betragen 0,69 und –0,48. Eigene Berechnungen nach NÖLA, Entschuldungsakten, VI/12-263, Datenbasis: 16 Betriebe.
113 Wochenblatt der Landesbauernschaft Donauland vom 24. 12. 1938 1167.
114 NÖLA, BH Gänserndorf, I–II/1-3/1931, Schreiben der BBK Matzen an die BH Gänserndorf vom 5. 12. 1931 und vom 2. 12. 1933. Für den Hinweis auf diesen Aktenbestand danke ich Ida Olga Höfler.
115 Eigene Berechnungen nach NÖLA, Entschuldungsakten, VI/12-263, Datenbasis: 16 Betriebe.
116 Eigene Berechnungen nach NÖLA, Entschuldungsakten, VI/12-263-289; Betriebszählung 1951.
117 Wochenblatt der Landesbauernschaft Donauland vom 24. 12. 1938, 1167.
118 Ortmayr, Gesinde 346 ff.; ders., Sozialhistorische Skizzen; Weber, Einleitung.
119 Eigene Berechnungen nach NÖLA, Entschuldungsakten, VI/12-263-35; Langthaler, Eigensinnige Kolonien 357 ff.
120 Wochenblatt der Landesbauernschaft Donauland vom 11. 6. 1938, 164.
121 Die Pearsonschen Korrelationskoeffizienten betragen 0,69 und –0,06. Eigene Berechnungen nach NÖLA, Entschuldungsakten, VI/12-263, Datenbasis: 22 Betriebe.

122 Pyta, Menschenökonomie.
123 Für diesen Hinweis danke ich Josef Redl.
124 Hovorka, Förderungssystem; Poschacher, Bauern und Agrarpolitik; Rammer, Industrialisierung und Proletarisierung.
125 Privatsammlung Berger, Auersthal, Schreibebuch Sebastian Berger, Band 3.
126 Landsteiner, Meteorologie 57 ff.
127 Privatsammlung Berger, Auersthal, Schreibebuch Sebastian Berger, Band 5.
128 Mitterauer, Sozialgeschichte der Jugend 142 ff.; Sieder, Sozialgeschichte der Familie 45 f.
129 Privatsammlung Berger, Auersthal, Schreibebuch Sebastian Berger, Band 3.
130 Zit. nach Auersthaler Heimatkunde 30 o. P.
131 Mitterauer, Sozialgeschichte der Jugend 97 ff.; Sieder, Sozialgeschichte der Familie 38 ff.
132 Zit. nach Eminger, Schweiß und Mühe 73.
133 Tätigkeitsbericht 1927/28 539 f.
134 Tätigkeitsbericht 1927/28 92 ff., 539 f.
135 Langthaler, Eigensinnige Kolonien 348 ff.
136 Tätigkeitsbericht 1945/46 321 f.
137 Tätigkeitsbericht 1951/52 215 f.; Buchinger, Geschichte des land- und forstwirtschaftlichen Schul- und Bildungswesens.
138 Interview Josef Schneider (Pseudonym) am 29. 8. 2001, MD 1/11.
139 NÖLA, BBK Gänserndorf (Karton 95), Bericht über die Schuleröffnung in Hohenruppersdorf am 17. 1. 1947.
140 Tätigkeitsbericht 1953/54 253.
141 Tätigkeitsbericht 1951/52 215 f.
142 Zur Brauchkultur im Marchfeld siehe van Linthoudt, Von Fasching bis Fronleichnam.
143 NÖLA, BBK Gänserndorf, Sprengelbuch Weikendorf 1952–1960.
144 Mannert, Lebenseinstellungen und Zukunftserwartungen der ländlichen Jugend; Michalek, Vom fleißigen Bauern zum erfolgreichen Betriebsinhaber; Zehetbauer, 50 Jahre niederösterreichische Landjugend.
145 Landsteiner, Wein und Weinbau 71 ff.; Moser, Weinbau einmal anders.
146 Interview Franz Hager am 27. 11. 2001, MD 1/40.
147 Interview Franz Hager am 27. 11. 2001, MD 1/5.
148 Interview Franz Hager am 27. 11. 2001, MD 1/40.
149 Aichinger, Landwirtschaftliche Produktion 150.
150 Interview Rupert und Maria Kaiser am 12. 4. 2002, MD 1/70.
151 Interview Rupert und Maria Kaiser am 12. 4. 2002, MD 1/49.
152 Interview Rupert und Maria Kaiser am 12. 4. 2002, MD 1/52.
153 Interview Josef Schneider (Pseudonym) am 29. 8. 2001, MD 1/8. Für Hinweise danke ich Erwin Eminger.
154 Bruckmüller, Sozialgeschichte Österreichs 297 ff., 387 ff., ders., Interessenvertretung der Bauern.
155 Biographisches Handbuch 150; Tätigkeitsberichte 1922/23 ff.
156 Neues Wochenblatt vom 25. 10. 1930, 5.
157 Interview Johann Scharmitzer am 10. 11. 2001, MD 1/2.
158 Marchfeldbote vom 30. 9. 1932, 4.
159 Biographisches Handbuch 150.
160 Privatsammlung Berger, Auersthal, Schreibebuch Sebastian Berger, Bände 3 und 5. Ein weiteres Beispiel eines bäuerlichen Schreibebuches aus Matzen stellt das Gedenkbuch Reckendorfer dar.
161 Privatsammlung Berger, Auersthal, Schreibebuch Sebastian Berger, Band 3; Landsteiner, Wein und Weinbau 5 ff.; ders., Weinbau und Gesellschaft 7 ff.; ders., Bäuerliche Meteorologie; ders./Langthaler, Ökotypus Weinbau; Eminger, Schweiß und Mühe.
162 Privatsammlung Berger, Auersthal, Schreibebuch Sebastian Berger, Band 3.
163 Eigene Berechnungen nach Betriebszählung 1930, 1951, 1960, 1970, 1980, 1990; Statistik Austria, Direktion Raumwirtschaft, Agrarstrukturerhebung 1999.
164 Lichtenberger, Österreich 156 ff.
165 Privatsammlung Berger, Auersthal, Schreibebuch Sebastian Berger, Band 5.
166 Brunner, Wege der Sozialgeschichte.
167 Ortmayr, Gesinde 331 ff.; ders., Sozialhistorische Skizzen; Weber, Einleitung.
168 Lindtner, Gesindedienst und Lohnarbeit.
169 Interview Franz Hager am 27. 11. 2001, MD 1/20.
170 Interview Rupert und Maria Kaiser am 12. 4. 2002, MD 1/36.
171 Privatsammlung Hofer, Auersthal, Anschreibbuch Michael Hofer 1937–1951.
172 Interview Johann Zimmermann am 13. 4. 2002, MD 1/3.

173 Privatsammlung Berger, Auersthal, Schreibebuch Sebastian Berger, Band 3.
174 Hofmayer, Viehlose Landwirtschaft 66 f.; Raumordnungsplan Marchfeld I 198.
175 Betriebszählung 1930 22 f.
176 NÖLA, BBK Gänserndorf, Hofkarten Gänserndorf 1941–1944.
177 Kurtz, Bessere Sklaven 204 ff.
178 Interview Johann Zimmermann am 13. 4. 2002, MD 1/33.
179 AdR, BKA/Gstk, GZ 7897/1935, Bericht der BH Gänserndorf an den Generalstaatskommissär im Bundeskanzleramt vom 29. 7. 1935. Für diesen Hinweis danke ich Stefan Eminger.
180 Herbert, Fremdarbeiter; Hornung/Langthaler/Schweitzer, Zwangsarbeit in der Landwirtschaft; dies., Zwangsarbeit in der österreichischen Landwirtschaft; Korneck, »Fremdarbeiter/innen«.
181 Interview Rupert Kaiser am 12. 4. 2002, MD 1/36.
182 Interview Dmitrij Filippovich Nelen am 6. 7. 2001 (Interviewerin: Heidrun Schulze), 18.
183 Interview Sergej Zakharovich Ragulin am 1. 7. 2001 (Interviewerin: Heidrun Schulze), 28.
184 Komlosy, Die niederösterreichische Wirtschaft 312 ff.; Winkler, Dorf.
185 Ortmayr, Gesinde 379 ff.; ders., Sozialhistorische Skizzen; Weber, Einleitung.
186 Eminger, Schweiß und Mühe; Höfer, Arbeitsverhältnisse.
187 Interview Josef Scharmitzer am 13. 4. 2002, MD 1.
188 Interview Maria Kaiser am 12. 4. 2002, MD 1/5, 14.
189 Bauer, Goldhaube und Telehaus 222.
190 Interview Maria Kaiser am 12. 4. 2002, MD 1/54 f.
191 Interview Johann Zimmermann am 13. 4. 2002, MD 1/30.
192 Bruckmüller/Sandgruber/Stekl, Soziale Sicherheit 15 ff.; Krammer/Scheer, Das österreichische Agrarsystem 2/2 223 ff.
193 Interview Karl Hofmeister am 12. 4. 2002, MD 1/17, 20.
194 Atlas von Niederösterreich III/5.
195 Krug, Marchfeld 55 ff.; Leipnik-Lunderburger Zuckerfabriken-Actiengesellschaft 65 ff. Für Hinweise über die Zuckerrübenvermarktung danke ich Josef Redl.
196 Raumordnungsplan Marchfeld I 192 f.
197 Privatsammlung Berger, Auersthal, Schreibebuch Sebastian Berger, Band 5.
198 Bezirks-Weinkost 6 f.
199 Statistik der Ernte 1936 118.
200 Eigene Berechnungen nach Weinbau in Österreich 1974 32 f.; Weinbau in Österreich 1992 80 ff.
201 Lechner, Weinskandal 1985.
202 Auersthaler Heimatkunde 49 o. P.
203 Eigene Berechnungen nach NÖLA, BBK Gänserndorf, Weingartenerhebungen 1948–1988; Weinbau in Österreich 1992 80 ff.
204 Bruckmüller, Landwirtschaftliche Organisationen 120 ff.; Buchinger, Genossenschaftswesen; Muttenthaler, Anfänge landwirtschaftlicher Genossenschaften.
205 50 Jahre Genossenschaftswesen 148.
206 Ulsperger, Strukturveränderungen 153 ff.
207 Krammer/Scheer, Das österreichische Agrarsystem 2/1 3 ff.; Krammer, Interessenorganisation der Landwirtschaft.
208 Mooser, Verschwinden der Bauern 30.
209 Tätigkeitsbericht 1925/26 89.
210 Eigene Berechnungen nach NÖLA, Entschuldungsakten, VI/12–263, Datenbasis: 23 Betriebe.
211 Eigene Berechnungen nach Privatsammlung Scharmitzer, Gänserndorf, Arbeits-, Vieh- und Naturalienbericht 1942/43, 1965/66, 1988/89; NÖLA, BBK Gänserndorf, Hofkarten Gänserndorf 1941–1944.
212 Eigene Berechnungen nach Privatsammlung Scharmitzer, Gänserndorf, Geldbericht 1942/43, 1988/89.
213 Pfister u. a., 1950er Syndrom 22 ff.
214 Groier, Agrarische Umweltpolitik 155 ff.; Krammer/Scheer, Das österreichische Agrarsystem 2/2 191 ff.
215 Eigene Berechnungen nach Angaben von Bio Ernte Austria (Stand: Oktober 2002). Für die Übermittlung der Daten danke ich Eva Schinnerl.
216 Der österreichische Bauernbündler (Spezialausgabe Bezirk Gänserndorf) vom 13. 11. 1997, 3.
217 Interview Josef Scharmitzer am 13. 4. 2002, MD 1; Hofmayer, Viehlose Landwirtschaft 278 ff.; Pevetz/Richter, Haushaltsstrukturen und Lebensstile.
218 Hadatsch u. a., Biologische Landwirtschaft 12 ff.
219 Die Agrarfachleute machen den Erfolg der landwirtschaftlichen Betriebsführung an unterschiedlichen Maßzahlen fest: Das Gesamteinkommen umfasst alle Einkünfte der Mitglieder des Haushaltes; zieht man davon die außerhalb des Betriebes erzielten Einkünfte einschließlich der öffentlichen Gelder ab, erhält man das landwirtschaftliche Einkommen; daraus ergibt sich abzüglich des Lohnanspruches der

Familienarbeitskräfte und zuzüglich der Schuldenzinsen, Pachtkosten und Ausgedingelasten der Reinertrag.
220 Eigene Berechnungen nach Lage der Landwirtschaft 1937; Lage der österreichischen Landwirtschaft 1964–1966, 1988–1990; Grüner Bericht 1998–2000; Buchführungsergebnisse 1964–1966, 1988–1990, 1998–2000. Die Werte für 1937 beziehen sich nur auf die niederösterreichischen Anteile der jeweiligen Produktionsgebiete. Bei den Werten für 1964/66, 1988/90 und 1998/2000 handelt es sich um Drei-Jahres-Mittelwerte.
221 Krammer/Scheer, Das österreichische Agrarsystem 2/2 3 ff.
222 Eigene Berechnungen nach Lage der Landwirtschaft 1937; Lage der österreichischen Landwirtschaft 1964–1966, 1988–1990; Grüner Bericht 1998–2000; Buchführungsergebnisse 1964–1966, 1988–1990, 1998–2000. Die Werte für 1937 beziehen sich nur auf die niederösterreichischen Anteile der jeweiligen Produktionsgebiete. Bei den Werten für 1964/66, 1988/90 und 1998/2000 handelt es sich um Drei-Jahres-Mittelwerte.
223 Hovorka, Förderungssystem 134 ff.
224 Mooser, Verschwinden der Bauern 27.
225 Der österreichische Bauernbündler (Spezialausgabe Bezirk Gänserndorf) vom 13. 11. 1997 4.
226 Hoffmann, Agrarisierung der Industriebauern.
227 Mannert, Motive und Verhalten von Nebenerwerbslandwirten. Die Abgrenzung von Voll- und Nebenerwerbsbetrieben durch die amtliche Agrarstatistik unterliegt einigen Veränderungen: 1960 wurden alle erwerbsfähigen Haushaltsangehörigen berücksichtigt und danach unterschieden, ob von diesen alle (Vollerwerb), mehr als die Hälfte (untergeordneter Nebenerwerb) oder weniger als die Hälfte (übergeordneter Nebenerwerb) im landwirtschaftlichen Betrieb beschäftigt waren (Betriebszählung 1960 16). 1970, 1980, 1990 wurde nur das Betriebsleiterehepaar berücksichtigt und danach unterschieden, ob dieses mindestens 90 Prozent (Vollerwerb), mindestens (Zuerwerb) oder weniger als 50 Prozent (Nebenerwerb) der Gesamtarbeitszeit im landwirtschaftlichen Betrieb tätig war (Betriebszählung 1970 18 f.; Betriebszählung 1980 16; Betriebszählung 1990 10). 1999 wurden Zu- und Vollerwerbsbetriebe unter der Kategorie Haupterwerbsbetrieb zusammengefasst (Grüner Bericht 2000 330).
228 Eigene Berechnungen nach Betriebszählung 1960, 1970, 1980, 1990; Statistik Austria, Direktion Raumwirtschaft, Agrarstrukturerhebung 1999. Als Haupterwerbsbetriebe wurden 1960 Voll- und untergeordnete Nebenerwerbsbetriebe sowie 1970, 1980 und 1990 Voll- und Zuerwerbsbetriebe gewertet.
229 Lichtenberger, Österreich 161 ff.; Krammer, Von »Blut und Boden« zur »Eurofitness«.
230 Dax/Niessler/Vitzthum, Bäuerliche Welt im Umbruch 115 ff.; Knöbl/Kogler/Wiesinger, Landwirtschaft zwischen Tradition und Moderne.
231 Rieger, Bauernopfer 173 ff.

Leonhard Prickler, Herbert Brettl: Ebene im Osten – Der Seewinkel im Bezirk Neusiedl am See
Seite 741–818

1 Homma/Tauber, Die physiogeographischen Verhältnisse 3 ff.
2 Burgenland-Atlas 11, Karte 3.
3 Burgenland-Atlas 5 f.; Österreichischer Atlas für höhere Schulen (Kozenn-Atlas) 40 f.; Homma/Tauber, Physiogeographische Verhältnisse 7 f.
4 In den heute burgenländischen Bezirken nahm die Bevölkerung vom Jahr 1844 (224.749 Menschen) bis zum Jahr 1910 (291.541) um knapp 23 Prozent zu.
5 Schlag, Landwirtschaft und Landwirtschaftspolitik im Burgenland 281.
6 Hahnenkamp, Die burgenländische Industrie 2. Teil (1885–1921) 14 ff.
7 Ebenda 23.
8 Der Neusiedler See hatte in »historischer« Zeit immer wieder starke Schwankungen des Wasserstandes zu verzeichnen. Letztmals trocknete er von 1865 bis 1870 vollständig aus. Auf dem ehemaligen Seeboden wurden bereits landwirtschaftliche Versuche unternommen, ehe der See sich ab 1870 wieder auf natürliche Weise mit Wasser füllte, sehr zur Freude der Weinbaubetriebe am West- und Nordufer, die den See als natürlichen Klimaregulator benötigen und schätzen. Tatsächlich war das Wetter in den Jahren, in denen der See ausgetrocknet war, wesentlich unfreundlicher und stürmischer als sonst.
9 Dujmovits, Der geographische Aspekt der burgenländischen Amerikawanderung 36 ff.
10 Dujmovits, Die Amerikawanderung der Burgenländer 109.
11 Prickler, 120 Jahre Raab-Oedenburg-Ebenfurter Eisenbahn 116 f.
12 Schlag, Landwirtschaft und Landwirtschaftspolitik im Burgenland 283.
13 Burgenländisches Landesarchiv, Handschriftensammlung A XX–113.

14 Berlin, Akten und Dokumente 32 ff., 71 ff.; vgl. Schlag, Aus Trümmern geboren.
15 Berlin, Akten und Dokumente 198 ff.
16 Siehe dazu das Kapitel »Fallstudie Meierhof« von Herbert Brettl, Seite 794–818.
17 Jandrisits/Pratscher, Die Wirtschaft des Burgenlands 528 f.
18 Landwirtschaftliche Betriebszählung in der Republik Österreich vom 14. Juni 1930. Ergebnisse für Burgenland 27.
19 Schlag, Landwirtschaft und Landwirtschaftspolitik im Burgenland 8 f.
20 Streibel, Interessenverbände im Burgenland 519.
21 Schon vor dem Anschluss des Burgenlands an Österreich hatte das von März bis August 1919 in Ungarn regierende kommunistisch-sozialistische Räteregime unter Béla Kun eine Bodenreform durchgeführt, nachdem bereits die zuvor regierende, sozialdemokratisch dominierte Regierung im Februar 1919 ein Gesetz über die Bodenzuteilung an Landarbeiter erlassen hatte, aber wegen ihres bald darauf erfolgten Sturzes nicht mehr ausführen konnte. Die kommunistische Bodenreform konnte aber die Erwartungen der Kleinbauern und Landarbeiter in keiner Weise erfüllen. Statt einer Aufteilung der großen Gutsbetriebe kam es lediglich zu einer Verstaatlichung derselben, die nach dem Sturz des Regimes umgehend wieder aufgehoben wurde (Schlag, Landwirtschaft und Landwirtschaftspolitik im Burgenland 285).
22 Siehe dazu das Kapitel »Fallstudie Meierhof« von Herbert Brettl, Seite 794–818.
23 Stenographische Protokolle des Burgenländischen Landtages, I. Wahlperiode, 4. Sitzung (2. August 1922). Burgenländisches Landesarchiv, Landtagsarchiv.
24 Schlag, Um Freiheit und Brot 72 f.
25 Melik, Die Bauernfrage im europäischen und pannonischen Raum 103 f.; Maticka, Merkmale der landwirtschaftlichen Produktion 179 f.
26 Ergebnisse der land- und forstwirtschaftlichen Betriebszählung vom 1. Juni 1951, nach Gemeinden. Burgenland 8.
27 Landwirtschaft im Burgenland 1921–1971 89.
28 Ebenda 42.
29 Jandrisits/Pratscher, Wirtschaft 547 f.
30 Schlag, Landwirtschaft und Landwirtschaftspolitik im Burgenland 294.
31 Schlag, Landwirtschaft und Landwirtschaftspolitik im Burgenland 292; vgl. Heidrich, Deutschnationale Parteien und Verbände.
32 Schlag, Landwirtschaft und Landwirtschaftspolitik im Burgenland 296 f.
33 Zur Geschichte der Kammer 9.
34 Schlag, Landwirtschaft und Landwirtschaftspolitik im Burgenland 293.
35 Jandrisits/Pratscher, Wirtschaft 529.
36 Wagner, Österreichs reale Utopien 195 ff. – Vgl. Bauer, Der Fremdenverkehr im Burgenland 1921 bis 1938 147–172.
37 Wagner, Österreichs reale Utopien 204 ff.
38 Baumgartner, »Unsere besten Bauern verstehen manchmal unsere Worte schwer!« 194.
39 Tobler, Zur Frühgeschichte der NSDAP im Burgenland 90 f.
40 Zur Opposition der evangelischen Glaubensgemeinschaft gegen den Ständestaat und die Beeinflussung derselben durch den Nationalsozialismus vgl. Reingrabner, Das Schulwesen als Teil des evangelischen Kirchenwesens 25 ff.; Konrath, Opposition?. – Im Neusiedler Bezirk bestehen evangelische Pfarrgemeinden in Deutsch Jahrndorf, Gols, Neusiedl am See, Nickelsdorf, Tadten und Zurndorf.
41 Im Wochenbericht der israelitischen Kultusgemeinde Wien (Dr. Josef Löwenherz) vom 17. Mai 1938 wurde von der Aussendung von Fragebögen an alle jüdischen Kultusgemeinden des Burgenlands berichtet. Die Fragebögen an die Kultusgemeinden Deutschkreutz, Kittsee, Lackenbach und Rechnitz wurden wegen Unzustellbarkeit an den Aussteller rückgesandt, woraus geschlossen werden kann, dass die Gemeinden damals bereits nicht mehr existierten. Laut Wochenbericht der israelitischen Kultusgemeinde Wien vom 1. November 1938 waren bis dahin sämtliche Kultusgemeinden des Burgenlands (Frauenkirchen, Gattendorf und Kittsee im Bezirk Neusiedl/See sowie Deutschkreutz, Eisenstadt, Güssing, Kobersdorf, Lackenbach, Mattersburg, Rechnitz und Stadtschlaining) aufgelöst worden. Zit. nach: Widerstand und Verfolgung im Burgenland 314, 319.
42 »Verzeichnis über Juden und dessen Besitz im Bezirke Neusiedl am See«. Burgenländisches Landesarchiv, Sonderbestände: Arisierungsakten, Karton 51.
43 Bericht des Gendarmeriepostenkommandos Andau an die Bezirkshauptmannschaft Neusiedl am See, E.Nr. 505, 25. Mai 1938. »Verzeichnis über Juden und dessen Besitz im Bezirke Neusiedl am See«. Burgenländisches Landesarchiv, Sonderbestände: Arisierungsakten, Karton 51.
44 Bericht des Gendarmeriepostenkommandos Andau an die Bezirkshauptmannschaft Neusiedl am See, E.Nr. 504, 25. Mai 1938, ebenda.
45 »Verzeichnis über die im Postenrayone Kittsee wohnhaft gewesenen Juden«, ohne Datum, ebenda.

46 Burkert, Landwirtschaft 180.
47 Baumgartner, »Unsere besten Bauern ...« 196 f.
48 1930 waren im Neusiedler Bezirk in 5.918 landwirtschaftlichen Betrieben 9.217 (davon 6.158 weibl.) Familienangehörige des jeweiligen Betriebsleiters als ständig mitarbeitend, 970 (davon 633 weibl.) als fallweise mitarbeitend eingestuft (Landwirtschaftliche Betriebszählung in der Republik Österreich vom 14. Juni 1930. Ergebnisse für Burgenland 16 f.). Die Gesamtbevölkerungszahl des Bezirks betrug 1920 48.418, im Jahr 1951 50.572 (Allgemeine Landestopographie des Burgenlands Bd. I 98). – In den übrigen Landesteilen des Burgenlands ergibt die Statistik ähnliche Zahlen.
49 Baumgartner, »Unsere besten Bauern ...« 198 f.
50 Ebenda 199.
51 Burkert, Landwirtschaft 179 f.
52 Zit. nach Baumgartner, »Unsere besten Bauern ...« 199.
53 Baumgartner, »Unsere besten Bauern ...« 199 ff.
54 Burgenländisches Landesarchiv, Sonderbestände: Landwirtschaftliche Entschuldungsakten. Das für das Burgenland relevante Schriftgut der Landstellen Wien und Graz wurde nach der Wiedererrichtung des Burgenlands mit Wirkung vom 1. Oktober 1945 an das Amt der Burgenländischen Landesregierung abgetreten und befindet sich daher heute im Burgenländischen Landesarchiv. Der gesamte, nach Gemeinden geordnete Bestand umfasst 114 Archivkartons, davon 23 Kartons mit Daten über die Gemeinden im Bezirk Neusiedl/See.
55 Eine detaillierte Auswertung des Bestandes konnte im Rahmen dieses Projekts aus Zeitgründen leider nicht vorgenommen werden. Für künftige Forschungen bietet sich hier ein weites Feld, was Größe, Wirtschaftskraft, Betriebsmittel usw. der burgenländischen Landwirtschaftsbetriebe am Vorabend des Zweiten Weltkriegs angeht, wurden die diesbezüglichen Daten doch im Rahmen der der Kreditvergabe vorgehenden Betriebsbesichtigung genauestens erhoben (auch bei den Betrieben, die zwar den Antrag auf Entschuldung gestellt hatten, diesen aber später wieder zurückzogen).
56 Baumgartner, »Unsere besten Bauern ...« 202.
57 Burkert, Landwirtschaft 192.
58 Jandrisits/Pratscher, Wirtschaft 534.
59 Zit. nach Streibel, Interessenverbände 521.
60 Burkert, Landwirtschaft 192.
61 Die bereits ab 1907 für einige Jahre in Nickelsdorf bestehende Bauernschule wurde 1928 wieder belebt, nachdem bereits 1926 in Jormannsdorf (Bez. Oberwart) eine Bauernschule gegründet worden war. Die Breitenwirkung dieser Schulen war aber mit rund 70 Absolventen pro Jahr eher gering (Schlag, Landwirtschaft und Landwirtschaftspolitik im Burgenland 294). Die Nickelsdorfer Schule wurde 1933 nach Rust verlegt und als Fachschule für Wein-, Obst- und Gemüsebau geführt (Paul, Tendenzen 186).
62 Streibel, Interessenverbände 522 f.
63 Ergebnisse der Erhebung des Bestandes an landwirtschaftlichen Maschinen im Jahre 1953; Ergebnisse der Erhebung des Bestandes an landwirtschaftlichen Maschinen und Geräten im Jahre 1957; Ergebnisse der Erhebung der landwirtschaftlichen Maschinen und Geräte im Jahre 1966; Ergebnisse der landwirtschaftlichen Maschinenzählung 1977; Landwirtschaftliche Maschinenzählung 1988.
64 Wohlfarth, Weinbau im Burgenland 49.
65 Homma/Deutsch, Weinbau 243.
66 Schlag, Der 12. März 1938 im Burgenland 98.
67 Ebenda 110.
68 In dieser Statistik sind auch die »Freistädte« Eisenstadt und Rust, obwohl als Städte mit eigenem Statut verwaltungstechnisch nicht der Bezirkshauptmannschaft Eisenstadt-Umgebung unterstellt, enthalten.
69 Wohlfarth, Weinbau 51.
70 Nemeth, »... und sägt am Ast, auf dem er sitzt« 282, 285 f.
71 Wohlfarth, Weinbau 50 f.
72 Ebenda 54.
73 Preiner, EU-Beitritt und EU-Osterweiterung 89.
74 Wohlfarth, Weinbau 55.
75 Diese Schlagzeile ist dem Schreiber dieser Zeilen, der sich Anfang Juli 1985 zu Urlaubszwecken in Deutschland aufhielt, in Erinnerung geblieben.
76 Wohlfarth, Weinbau 55 f.
77 Widder, Politik im Burgenland nach 1945 395.
78 Preiner, EU-Beitritt 76.
79 Wohlfarth, Weinbau 56.
80 Eine Kurzmeldung in der »Kismartoner, vormals Eisenstädter Zeitung« vom 28. Mai 1911 berichtet vom Salatexport aus Nagykörös im Ausmaß von 622 Waggonladungen bis zum 13. Mai, wovon 331 Waggons

nach Budapest und 291 nach Wien, Graz und Brünn gesandt wurden. Dies scheint eine bemerkenswerte Steigerung gegenüber dem Vorjahr gewesen zu sein, hatte doch der gesamte Salatexport des Jahres 1910 aus Nagykörös 884 Waggons umfasst; die Salaternte dauerte üblicherweise bis Ende Mai.

81 Preiner, EU-Beitritt 94.
82 Arnold, Die Landwirtschaft im Burgenland 30.
83 Die Landwirtschaft im Burgenland. Burgenländische Landwirtschaftskammer 1927–1977.
84 Landwirtschaft im Burgenland 1921–1971 73.
85 Preiner, EU-Beitritt 95.
86 Landwirtschaft im Burgenland 1921–1971 73.
87 Preiner, EU-Beitritt 100.
88 Ebenda 97, 102.
89 Ebenda 110 ff.
90 Prickler, 120 Jahre Raab-Oedenburg-Ebenfurter Eisenbahn 130.
91 Karner, Zugvögel 171.
92 Prickler, Das Schul- und Bildungswesen im Burgenland seit 1945 86 ff.
93 Fritsch, Eine vergessene Geographiestunde 11.
94 Jandrisits/Pratscher, Wirtschaft 536 f.
95 Zit. nach ebenda 555.
96 Ebenda 555.
97 Ebenda 561.
98 Ebenda 576.
99 Wagner, Österreichs reale Utopien 208 f.
100 Feymann, Abschied vom Armenhaus 212 ff., 223 ff.
101 Das von Wilhelm J. Wagner vorgebrachte Argument, der Bau der Brücke hätte sich deshalb als verzichtbar herausgestellt, weil der Seewinkel wirtschaftlich ohnehin stärker mit Wien verbunden sei als mit Eisenstadt und den zentralen Landesteilen des Burgenlands, ist insofern unhaltbar, als die Seebrücke als Zubringer zu der von Eisenstadt nach Wien führenden Südostautobahn (A 3) ausgelegt war. Der Verzicht auf die Seebrücke war in der Folge sicherlich ein Hauptgrund für den schleppenden Bau der A 3, die nach mehr als 20-jähriger Bauzeit heute in einem Halbanschluss an die Südautobahn (A 2) bei Guntramsdorf endet. Die Erschließung des Neusiedler Bezirks durch das hochrangige Straßennetz erfolgte erst Anfang der Neunzigerjahre durch den ebenfalls von Protesten von Umweltschützern begleiteten, in den Siebzigerjahren im österreichischen Generalverkehrsplan noch gar nicht vorgesehenen Bau der Ostautobahn (A 4).
102 Wagner, Österreichs reale Utopien 214.
103 Zit. nach ebenda.
104 Palkovits, Nationalpark Neusiedler See – Seewinkel 33.
105 Michlits, Nationalpark Neusiedler See – Seewinkel 23 ff.
106 Palkovits, Nationalpark Neusiedler See – Seewinkel 33 f.
107 Michlits, Nationalpark Neusiedler See – Seewinkel 25.
108 Palkovits, Nationalpark Neusiedler See – Seewinkel 35.
109 Zit. nach Michlits, Nationalpark Neusiedler See – Seewinkel 26.
110 Nach freundlicher Mitteilung von Dr. Jakob Michael Perschy (Burgenländische Landesbibliothek), Ethnologe aus Neusiedl/See.
111 Michlits, Nationalpark Neusiedler See – Seewinkel 28, 190.
112 Die Bewahrungszone »Lange Lacke« wurde erst nachträglich im Jahr 1993 als Nationalpark-Gebiet definiert, da sich hier die Verhandlungen mit den Grundeigentümern über Gebühr in die Länge gezogen hatten.
113 Lang, Zehn Jahre Nationalpark »Neusiedler See – Seewinkel« 13 f.
114 Michlits, Nationalpark Neusiedler See – Seewinkel 188 f.
115 Lang, Zehn Jahre Nationalpark »Neusiedler See – Seewinkel« 14.
116 Brettl, Vom feudalistischen zum kapitalistischen Agrarsystem 206.
117 Wittmann, Heft IV 41–85.
118 Wittmann, Heft III 15–17.
119 Hecke, Die Landwirtschaft der Umgebung von Ungarisch-Altenburg 173–176.
120 Ebenda 212–214.
121 Statistische Beschreibung des Gutes Ungarisch-Altenburg 15–17, 67–85.
122 Brettl, Vom feudalistischen zum kapitalistischen Agrarsystem 76.
123 Wittmann, Heft IV 47.
124 Brettl, Halbturn 62, 100.
125 Wittmann, Heft III 17.

126 Heiszler Vilmos, Ein Photoalbum aus dem Hause Habsburg 20.
127 Archiv der Güterdirektion Halbturn, Bilanzbuch 1925–1939.
128 Brettl, Halbturn 178.
129 Gemeindearchiv Halbturn 1930, Zl. 173/1930.
130 Archiv der Güterdirektion Halbturn, D.A.F D.Z. 19–3/38 vom 14. 10. 1938.
131 Archiv der Güterdirektion Halbturn, Bilanzbuch 1925–1939.
132 GMA 1937, Zl. IIIA–1597/2–1937.
133 Archiv der Güterdirektion Halbturn, Bilanzbuch 1925–1939.
134 Ebenda.
135 Archiv der Güterdirektion Halbturn, Löhne 1939.
136 Archiv der Güterdirektion Halbturn, Taglöhner und Deputatisten D.Z. 17–4–8/39 vom 15. 5. 1939.
137 Archiv der Güterdirektion Halbturn, Deputat D.Z. 17–4–28/41 vom 11. Juni 1941, Tarifordnung.
138 Archiv der Güterdirektion Halbturn, Taglöhner und Deputatisten D.Z. 17–4–8/39 vom 15. 5. 1939, Tarifordnung.
139 Archiv der Güterdirektion Halbturn, D.A.F. Betriebsordnung vom 1. 4. 1941.
140 Gemeindearchiv Halbturn 1928, Meldeunterlagen.
141 Archiv der Güterdirektion Halbturn, Saisonarbeiter D.Z. 17–3–36/40 vom 23. 10. 1940.
142 Archiv der Güterdirektion Halbturn, D.A.F. D.Z. 17–3–11/40 vom 1. 4. 1940, Taglöhner und Deputatisten 17–4–24/40 vom 24. 10. 1940, D.Z. 17–4–13/39 vom 15. 5. 1939.
143 Brettl, Halbturn 61.
144 Lendl, Die Siedlungen des Bezirkes Neusiedl am See 34.
145 Brettl, Halbturn 101, 181.
146 Gemeindearchiv Halbturn 1925, Z. 704/5.
147 Szüsz, Die Meierhöfe 1–3.
148 Gaal, Kire marad a kisködmön 142–143.
149 Gemeindearchiv Halbturn, 1922/23 Zl. 210.
150 Landesarchiv Burgenland, Lage und Tätigkeitsbericht der Bezirkshauptmannschaft Neusiedl am See, A/IV–1, vom 24. 5. 1924, 24. 12. 1924, 24. 2. 1925.
151 Bibliografie 15.
152 Brettl, Halbturn 65.
153 Landesarchiv Burgenland, Kommunistische Bewegung Bez. Neusiedl/See Zl. 1323.
154 Landesarchiv Burgenland, Kommunistische Bewegung Bez. Neusiedl/See XI–Korr., 4. 10. 1934.
155 Brettl, Halbturn 117.
156 Gemeindearchiv Halbturn, 1930, Zl. 986/30.
157 Landesarchiv Burgenland, Kommunistische Bewegung Bez. Neusiedl/See vom 8. 5. 1930, Zl. 540/31.
158 Landesarchiv Burgenland, Kommunistische Bewegung; Bez. Neusiedl am See I–9/1934.
159 Gemeindearchiv Halbturn, 1931, 2/21–1931.
160 Widerstand und Verfolgung im Burgenland 1934–1945 92. Über das weitere Schicksal von Emanuel Koguzki konnte nichts in Erfahrung gebracht werden.
161 Gemeindearchiv Halbturn Registrierungsakten.
162 Archiv der Güterdirektion Halbturn, Budapest/D.Z. 1–2–2/38 vom 18. 3. 1938.
163 Archiv der Güterdirektion Halbturn, Budapest/D.Z. 1–2–4/38 vom 30. 11. 1938.
164 Archiv der Güterdirektion Halbturn, Betriebsverfügungen D.Z. 26–2–16/38 vom 24. 9. 1938.
165 Archiv der Güterdirektion Halbturn, Betriebsverfügungen D.Z. 26–2–46/38 vom 25. 5. 1939.
166 Archiv der Güterdirektion Halbturn, Lohngestaltung D.Z. 17–4–6/39 vom 31. 3. 1939.
167 Archiv der Güterdirektion Halbturn, Betriebsverfügungen D.Z. 26–2–5/41 vom 5. 1. 1941.
168 Archiv der Güterdirektion Halbturn, D.A.F. D.Z. 14–3–19/39 vom 11. 5. 1939.
169 Archiv der Güterdirektion Halbturn, Betriebsverlautbarungen vom 10. 5. 1938.
170 Archiv der Güterdirektion Halbturn, Deputatisten und Taglöhner D.Z. 17–4–10/40 vom 12. 5. 1940.
171 Archiv der Güterdirektion Halbturn, Betriebsverfügungen D.Z. 17–4–16/41 vom 11. 6. 1941.
172 Archiv der Güterdirektion Halbturn, Deputatisten und Taglöhner D.Z. 17–4–10/40 vom 23. 5. 1940.
173 Archiv der Güterdirektion Halbturn, D.A.F. D.Z. 14–3–39/38 vom 12. 7. 1938.
174 Archiv der Güterdirektion Halbturn, D.A.F. D.Z. 19–3–38 vom 14. 10. 1938.
175 Archiv der Güterdirektion Halbturn, Betriebsverfügungen D.Z. 26–2–14/38 vom 15. 9. 1938.
176 Burgenland Biographien 15.
177 Brettl, Halbturn 186.
178 Archiv der Güterdirektion Halbturn, Saisonarbeiter D.Z. 17–3–89/42 vom 2. 12. 1942.
179 Archiv der Güterdirektion Halbturn, Kriegswirtschaft- D.Z. 17–14–6/41.
180 Archiv der Güterdirektion Halbturn, Saisonarbeiter D.Z. 17–3–89/42 vom 2. 12. 1942.
181 Gemeindearchiv Halbturn, Meldeunterlagen.

182 Archiv der Güterdirektion Halbturn, Kriegsgefangene Verordnung 1940.
183 Archiv der Güterdirektion Halbturn, Kriegsgefangene D.Z. 17–3–18/40 vom 19. 4. 1940.
184 Gemeindearchiv Halbturn, Meldeunterlagen.
185 Archiv der Güterdirektion Halbturn, Gestapo, Gestaporundschreiben vom 21. 11. 1942.
186 Archiv der Güterdirektion Halbturn, Saisonarbeiter D.Z. 17–3–65/42, Merkblatt vom 22. 10. 1942.
187 Archiv der Güterdirektion Halbturn, Wehrmachtangelegenheiten 1942.
188 Archiv der Güterdirektion Halbturn, Budapest D.Z. 17–4–13/38 vom 10. 3. 1938.
189 Brettl, Halbturn 179.
190 Archiv der Güterdirektion Halbturn, Betriebsverfügungen D.Z. 26–2–5/41 vom 5. 1. 1941.
191 Brettl, Halbturn 249.
192 Ebenda 249, 255, 256.

Literatur- und Quellenverzeichnis

Vincent *Abbrederis-Auer*, Die Anfänge der Elektrifizierung in Vorarlberg in der Zeit von 1884–1918. Die Elektrizität als Motor der Zweiten Phase der Industriellen Revolution. Diplomarbeit (Wien 1995).
Martin *Achrainer*/Thomas *Albrich*/Niko *Hofinger*, Lebensgeschichten statt Opferlisten. Die biographische Datenbank zur jüdischen Bevölkerung in Tirol und Vorarlberg im 19. und 20. Jahrhundert – Forschungsbericht, in: Geschichte und Region. Storia e regione 6 (1997) 277–294.
Martin *Achrainer*/Niko *Hofinger*, Politik nach »Tiroler Art – ein Dreiklang aus Fleiß, Tüchtigkeit und Zukunftsglaube«. Anmerkungen, Anekdoten und Analysen zum politischen System Tirols 1945–1990, in: Tirol »Land im Gebirge«: Zwischen Tradition und Moderne (hg. von Michael *Gehler*, Wien 1999) 27–136.
Agrarstrukturerhebung 1999 (hg. von der Statistik Austria, Wien 2001).
Ferdinand *Aichinger*, Die land- und forstwirtschaftliche Produktion, in: Der politische Bezirk Gänserndorf in Wort und Bild (hg. von Otto *Schilder*, Gänserndorf 1970) 131–156.
Josef *Aistleitner*, Der Nebenerwerb hat Zukunft. Zukunft für den Nebenerwerb. Neues Land, 7. 8. 1988, 6.
Helmut *Alexander*/Stefan *Lechner*/Adolf *Leidlmair*, Heimatlos. Die Umsiedlung der Südtiroler (Wien 1993).
Allgemeine Landestopographie des Burgenlandes, Bd. I: Der Verwaltungsbezirk Neusiedl am See (Eisenstadt 1954).
Allgemeines Verzeichnis der Ortsgemeinden und Ortschaften Österreichs nach den Ergebnissen der Volkszählung vom 31. Dezember 1910 (hg. von der k. k. Statistischen Zentralkommission Wien).
Ludwig *Allmayer Ritter von Allstern*, Die Verwerthung des Cloakeninhaltes und der Dungstoffe Wiens durch das Marchfeld. Eine Frage der öffentlichen Gesundheitspflege für Wien und das Land Niederösterreich (Wien 1883).
Almbuch Franz Wartbichler, 1945–1956, Privatbesitz.
Die Almwirtschaft in Österreich. Ergebnisse der Almerhebung (hg. vom Österreichischen Statistischen Zentralamt, div. Jahrgänge).
Almwirtschaft in der Steiermark. Führer durch die siebente Sonderausstellung des Heimatmuseums Trautenfels (hg. von Karl *Haiding*, Trautenfels 1962).
Franz *Alt*, Agrarwende jetzt. Gesunde Lebensmittel für alle (München 2001).
Miguel A. *Altieri*, Agroecology. The science of sustainable agriculture (Boulder 1995).
Gerhard *Ammerer*, Vom Feudalverband zum Reichsnährstand. Formen »bäuerlicher Organisation« von der Schwelle des frühmodernen Staates bis zum Zweiten Weltkrieg – ein Überblick, in: Vom Feudalverband zur Landwirtschaftskammer. Agrarische Korporations- und Organisationsformen in Salzburg vom Beginn der Neuzeit bis heute (hg. von Gerhard *Ammerer*/Josef *Lemberger*/Peter *Oberrauch*, Salzburg 1992) 15–242 und 355–415.
Amt der Tiroler Landesregierung/Raumordnung-Statistik, Demographische Daten Tirol 1999 (Innsbruck 2000).
Amt der Vorarlberger Landesregierung – Landesstelle für Statistik, Agrarstrukturerhebung 1990 (Vorarlberger Wirtschafts- und Sozialstatistik 47/1, 1991).
Amtsblatt der k. k. Bezirkshauptmannschaft Zell am See, Nr. 17 (24. 4. 1915), Nr. 34 (21. 8. 1915).
Manfred *Androschin*, Die landwirtschaftlichen Maschinenringe in Nord- und Osttirol (Beiträge zur alpenländischen Wirtschafts- und Sozialforschung 120, Innsbruck 1971).
Walpurga *Antl-Weiser*, Angern an der March. Eine Ortsgeschichte (Angern 1989).
Klaus *Arnold*, Die Landwirtschaft im Burgenland. Grundlagen, Zielsetzungen und Maßnahmen. Verfasst im Auftrag der Burgenländischen Landesregierung, Landesamtsdirektion – Raumplanungsstelle (Wien 1978).
Klaus *Arnold*, Urlaub auf dem Bauernhof. Eine empirische Untersuchung der Struktur und Entwicklung einer spezifischen Erholungsform und ihrer Auswirkungen auf die Land- und Forstwirtschaft in Niederösterreich (Wien 1981).
August *Artner*, Heimatkunde des Gerichtsbezirks Fehring (1914).
Atlas zur Geschichte des steirischen Bauerntums, Graz 1976 (Veröffentlichungen des Steiermärkischen Landesarchivs 8).
Atlas von Niederösterreich (hg. von Erik *Arnberger*, Wien 1951–1958).
Atlas der Republik Österreich (hg. von der Kommission für Raumforschung der österreichischen Akademie der Wissenschaften unter der Leitung von Hans *Bobek*, Wien 1961–1980).
Franz *Aubele*, Wirtschaftskunde Nord- und Osttirols (Tiroler Wirtschaftsstudien 5, Innsbruck 1957).
Gerd *Auer*, Lebens- und Arbeitsweise der Brandenberger »Holzknechte«. Ein historisch-volkskundlicher Abriß, in: Österreichische Zeitschrift für Volkskunde N.S. 38/Heft 4 (1984) 285–300.
Auersthaler Heimatkunde (hg. von Franz *Hager*, Auersthal 1975 ff.).

Werner *Bätzing*, Kleines Alpen-Lexikon. Umwelt – Wirtschaft – Kultur (Beck'sche Reihe 1205, München 1997).
Emil *Baier*, Die Entwicklung der Schweinezucht in Österreich während der letzten fünfzig Jahre 1848 bis 1898, in: Geschichte der österreichischen Land- und Forstwirtschaft. 2. Bd. (hg. von Michael Freiherr *von Kast*, Wien 1899) 687–712.
Emil *Baier*, Die Schafzucht Österreichs 1848 bis 1898, in: Geschichte der österreichischen Land- und Forstwirtschaft. 2. Bd. (hg. von Michael Freiherr *von Kast*, Wien 1899) 713–738.
Hildegard *Balser*, Frauenmut und Frauenfleiß, in: Tiroler Bauernkalender 33 (1946) 88–89.
Hans *Barbisch*, Vandans. Eine Heimatkunde aus dem Tale Montafon in Vorarlberg (Innsbruck 1922).
Andrä *Bauer*, Entvölkerung und Existenzverhältnisse in Vorarlberger Berglagen. Beiträge zur Wirtschaftskunde der Alpenländer in der Gegenwart (Bregenz 1930).
Ingrid *Bauer*, Zwischen Goldhaube und Telehaus. Modernisierung der Geschlechterverhältnisse im ländlichen Raum, in: Salzburg. Zwischen Globalisierung und Goldhaube (hg. von Ernst *Hanisch*/Robert *Kriechbaumer*, Wien/Köln/Weimar 1997) 210–239.
Bauernbundkalender 2002 (hg. vom Niederösterreichischen Bauernbund, St. Pölten 2001).
Bauernland Oberösterreich. Entwicklungsgeschichte seiner Land- und Forstwirtschaft (hg. von der Landwirtschaftskammer für Oberösterreich unter der Leitung von Alfred *Hoffmann*, Linz 1974).
Gerhard *Baumgartner*, »Unsere besten Bauern verstehen manchmal unsere Worte schwer!« Anspruch und Praxis der NS-Bodenpolitik im burgenländischen Bezirk Oberwart. Österreichische Zeitschrift für Geschichtswissenschaften, Heft 2/1992 (Wien 1992) 192–207.
Hermann *Bausinger*, Volkskunde. Von der Altertumsforschung zur Kulturanalyse (Tübingen 1987).
Johanna *Bayer-Scholz*, Bäuerliches Wohnen, in: Steiermärkischer Bauernkalender 1943 57–59.
Johanna *Bayer*, Hausarbeit leicht gemacht. Ein Buch für die bäuerliche Familie (Graz 1953).
Johanna *Bayer*, Wünsche der Bäuerin bei der Wohnhausplanung. Landwirtschaftliche Mitteilungen für Steiermark 24 (1957) 1 f.
Paul Ritter *Beck von Mannagetta*, Die Bienenzucht Österreichs 1848 bis 1898, in: Geschichte der österreichischen Land- und Forstwirtschaft. 2. Bd. (hg. von Michael Freiherr *von Kast*, Wien 1899) 746–758.
Lothar *Beer*, Die Geschichte der Bahnen in Vorarlberg. 3 Bde. (Hard 1994–1999).
Beiträge zur Statistik der Bodenkultur in Vorarlberg. 16 Bde. (Innsbruck 1870–1885).
Anton *Bentele*, Jodok Fink. Der Wälderbauer und Österreichs Weg in die Erste Republik (Hall in Tirol 1997).
Rudolf *Berchtel*, Alpwirtschaft im Bregenzerwald (Innsbrucker Geographische Studien 18, Innsbruck 1990).
Joseph von *Bergmann*, Landeskunde von Vorarlberg (Innsbruck/Feldkirch 1868).
Rudolf *Bergner*, Die Geflügelzucht Österreichs, in: Geschichte der österreichischen Land- und Forstwirtschaft. 2. Bd. (hg. von Michael Freiherr *von Kast*, Wien 1899) 739–745.
Bericht über die Lage der Kärntner Land- und Forstwirtschaft im Jahre 1992 (hg. vom Amt der Kärntner Landesregierung, Klagenfurt 1993).
Bericht über die Lage der österreichischen Landwirtschaft 1964 ff. (hg. vom Bundesministerium für Land- und Forstwirtschaft, Wien 1965 ff.).
Bericht über die Lage der Tiroler Land- und Forstwirtschaft (hg. vom Amt der Tiroler Landesregierung, Innsbruck, div. Jahrgänge).
Bericht über die Rentabilität oberösterreichischer Bauerngüter (hg. vom Landeskulturrat für Oberösterreich, Jg. 1927 bis 1930, Linz 1928–1931).
Bericht über die Tätigkeit des Zentral-Ausschusses der k.k. Landwirtschafts-Gesellschaft in Steiermark (Graz 1908).
Bericht des Verbandes steirischer Fleckviehzucht-Genossenschaften in Graz über die Tätigkeit in den Jahren 1935 und 1936 (Graz 1937).
Bericht über die Verbreitung der Reblaus (Pohylloxera vastatrix) in Österreich in den Jahren 1904, 1905 und 1906 (hg. vom k. k. Ackerbauministerium, Wien 1907).
Jon D. *Berlin*, Akten und Dokumente des Außenamtes (State Department) der USA zur Burgenland-Anschlussfrage 1919–1920. Burgenländische Forschungen 67 (Eisenstadt 1977).
Erich *Bernsteiner*, Die ökonomischen Auswirkungen des Wintertourismus auf die Land- und Almwirtschaft. Eine Bestandsaufnahme im Gerichtsbezirk Zell am See […]. Diplomarbeit (Wien 1993).
Berufstätige 1971 nach Wohn- und Arbeitsgemeinden (Gebietsstand: 1. 1. 1973), in: Kärnten. Leistung – Fortschritt – Entwicklung. Statistisches Handbuch des Landes Kärnten. Sonderband (hg. von Landesstelle für Statistik, Klagenfurt 1979), 32–34.
Betriebswirtschaftliche Ergebnisse von landwirtschaftlichen Klein- und Mittelbetrieben in Oberösterreich (Linz 1963).
Betriebswirtschaftliche Ergebnisse von landwirtschaftlichen Verwaltungs- und Gutsbetrieben in Oberösterreich 1960 (Linz 1961).
Betriebswirtschaftliche Vergleichszahlen landwirtschaftlicher Betriebe 1955/56, 1956/57, 1957/58, 1959, 1959/60, 1960, 1960/61, 1961.

Bevölkerung und Viehstand der im Reichsrathe vertretenen Königreiche und Länder. Nach der Zählung vom 31. Oktober 1857 (Wien 1859).
Bezirks-Weinkost und Bezirks-Weinmarkt verbunden mit einer Weinbaugeräte-Ausstellung in Matzen am 7. und 8. März 1929 (hg. vom Bezirks-Weinbauverband und der Bezirks-Bauernkammer Matzen, Matzen 1929).
Benedikt *Bilgeri*, Bregenzerwälder Sennerei und Appenzellerwanderung, in: Jahrbuch des Vorarlberger Landesmuseumsvereins (Bregenz 1948) 30–38.
Benedikt *Bilgeri*, Geschichte Vorarlbergs. 5 Bde. (Wien/Köln/Graz 1971–1985).
Biographisches Handbuch des NÖ. Landtages und der NÖ. Landesregierung 1921–2000 (hg. von der NÖ. Landtagsdirektion, St. Pölten 2000).
Heinz *Blechl*, Regionale Initiativen: Almentwicklung im Nationalpark Nockberge und Initiative Gailtaler Almkäse, in: Naturforum Weißensee. Tourismus und Land(wirt)schaft: Landschaftsgestaltung – Landschaftserlebnis. Projekte und Modelle. Zusammenfassung und Ergebnisse des 5. Naturforums Weißensee vom 13.–15. Mai 1996 (o. O. o. J.), 46–50.
Ingrid *Böhler*, Vom Feld in die Fabrik. Die Beziehungen zwischen Landwirtschaft und Industrie in Dornbirn anhand der Volkszählung 1869, in: Unterschichten und Randgruppen. Forschungsberichte – Fachgespräche (hg. von Ingrid *Böhler*/Werner *Matt*/Hanno *Platzgummer*, Dornbirn 2001) 75–85.
Ingrid *Böhler*, Die Industrialisierung in Vorarlberg von 1850 bis 1900, in: Vorarlberger Wirtschaftschronik (Wien 1993) 73–84.
Ingrid *Böhler*, Das Verschwinden der Bauern, in: Vorarlberg. Zwischen Fußach und Flint, Alemannentum und Weltoffenheit (hg. von Franz *Mathis*/Wolfgang *Weber*, Geschichte der österreichischen Bundesländer seit 1945, Schriftenreihe des Forschungsinstitutes für politisch-historische Studien der Dr.-Wilfried-Haslauer-Bibliothek Salzburg 6/4, Wien/Köln/Weimar 2000) 92–115.
Hans *Botschen*, Die Aufgaben der Alpenländischen Flachsbaugenossenschaft, in: Tiroler Bauernkalender 39 (1952) 221–224.
Pierre *Bourdieu*, Entwurf einer Theorie der Praxis auf der ethnologischen Grundlage der kabylischen Gesellschaft (Frankfurt am Main 1976).
»Brau nieda, grean auf und obenauf a blaus Schöpferl drauf«. Flachsanbau und Flachsfasergewinnung in Ratschendorf vor 1939. Katalog zur Ausstellung (hg. von Kulturinitiative Ratschendorf, Ratschendorf 1985).
Wilhelm *Brauneder*, Die Entwicklung des bäuerlichen Erbrechts, in: Die Ehre Erbhof (hg. von Alfons *Dworsky* u. a., Salzburg 1980) 55–68.
Herbert *Brettl*, Vom feudalistischen zum kapitalistischen Agrarsystem. Am Beispiel der Entwicklung der Kolonistendörfer im Raume Halbturn. Diplomarbeit (Wien 1991).
Herbert *Brettl*, Halbturn – Im Wandel der Zeiten (Mattersburg 1999).
Anselm *Brielmeyer*, Ueber Futterbau und eine Maschine, den Dünger zu mahlen. Zeitschrift der k. k. Landwirthschafts-Gesellschaft von Tirol und Vorarlberg, 1. Heft (1840) 99–102.
Anton *Brugger*, Der Tiroler Bauernbund in Rückblick und Ausblick, in: Tiroler Bauernkalender 35 (1948) 33–34.
Oswald *Brugger*, Alpsanierung in Tirol, in: Bayerisches landwirtschaftliches Jahrbuch 45/Sonderheft 1 (1968) 85–95.
Ernst *Bruckmüller*, Interessenvertretung der Bauern, in: Handbuch des politischen Systems. Erste Republik 1918–1933 (hg. von Emmerich *Tálos* u. a., Wien 1995) 353–370.
Ernst *Bruckmüller*, Landwirtschaftliche Organisationen und gesellschaftliche Modernisierung. Vereine, Genossenschaften und politische Mobilisierung der Landwirtschaft Österreichs vom Vormärz bis 1914 (Salzburg 1977).
Ernst *Bruckmüller*, Sozialgeschichte Österreichs (Wien ²2001).
Ernst *Bruckmüller*, Die verzögerte Modernisierung. Mögliche Ursachen und Folgen des »österreichischen Weges« im Wandel des Agrarbereiches, in: Wirtschafts- und sozialhistorische Beiträge (hg. von Herbert *Knittler*, Wien 1979) 289–307.
Ernst *Bruckmüller*/Roman *Sandgruber*/Hannes *Stekl*, Soziale Sicherheit im Nachziehverfahren. Die Einbeziehung der Bauern, Landarbeiter, Gewerbetreibenden und Hausgehilfen in das System der österreichischen Sozialversicherung (Salzburg 1978).
Beate *Brüggemann*/Rainer *Riehle*, Das Dorf. Über die Modernisierung einer Idylle (Frankfurt am Main/New York 1986).
Otto *Brunner*, Neue Wege der Sozialgeschichte (Göttingen 1956).
Walter *Brunner*, Die Gmein in der steirischen Geschichte. Frühformen der ländlichen Selbstverwaltung. Mitteilungen des Steiermärkischen Landesarchivs 49 (1999) 87–125.
Die Buchführungsergebnisse aus der österreichischen Landwirtschaft im Jahre 1964 ff. (hg. von der Landwirtschaftlichen Buchführungs-Gesellschaft, Wien 1965 ff.).
Josef *Buchinger*, Geschichte des land- und forstwirtschaftlichen Schul- und Bildungswesens in Niederösterreich (Wien 1968).

Rudolf *Buchinger*, Das landwirtschaftliche Genossenschaftswesen in Österreich (Wien 1931).
Georg *Budmiger*, Das Land der Walser, in: Die Walser (hg. von Georg *Budmiger*, Frauenfeld, Stuttgart 1982) 24–38.
Werner *Bundschuh*, Kreist das Blut der Ahnen? Zum Bild der Dornbirner Unternehmer im Werk von Hans Nägele, in: Dornbirner Statt-Geschichten (hg. von Werner *Bundschuh*/Harald *Walser*, Studien zur Geschichte und Gesellschaft Vorarlbergs 1, Dornbirn 1987) 29–82.
Werner *Bundschuh*, Schlins 1850–1950 (Bregenz 1996).
Burgenland-Atlas – Ein deutsches Grenzland im Südosten (unter Leitung von Hugo *Hassinger* hg. von Fritz *Bodo*, Wien 1941).
Burgenländisches Landesarchiv, Sonderbestände: Arisierungsakten, Karton 51: Verzeichnis über Juden und dessen Besitz im Bezirke Neusiedl am See; Verzeichnis über die im Postenrayone Kittsee wohnhaft gewesenen Juden.
Burgenländisches Landesarchiv, Handschriftensammlung A XX–113.
Josef *Burger,* Landarbeiterverhältnisse und Landarbeiterprobleme in Oberösterreich (Innsbruck 1955).
Günther R. *Burkert*, »Großjährig«. Die Entwicklung des ländlichen Raumes und deren Erfassung durch die Statistik von 1848–1918, in: 800 Jahre Steiermark und Österreich 1192–1992. Der Beitrag der Steiermark zu Österreichs Größe (hg. von Othmar *Pickl*, Graz 1992) 387–428.
Günther R. *Burkert*, Der Landbund für Österreich, in: Handbuch des politischen Systems Österreichs, Erste Republik 1918–1933 (hg. von Emmerich *Tálos* u. a., Wien 1995) 207–217.
Günther *Burkert*, Landwirtschaft, in: Das Burgenland im Jahr 1945. Beiträge zur Landes-Sonderausstellung 1985 (Eisenstadt 1985) 179–198.
Günther R. *Burkert*, Landwirtschaftliche Produktion und Arbeit im Mürztal, in: Bäuerliches Leben im Mürztal. Beiträge zur Geschichte des Tales und seiner Landwirtschaft (Langenwang 1991) 61–93.
Günther R. *Burkert-Dottolo*, Das Land geprägt. Die Geschichte der steirischen Bauern und ihrer politischen Vertretung (Graz/Stuttgart 1999).
Günther R. *Burkert*/Otto *Fraydenegg-Monzello*, Bäuerliches Leben im Mürztal. Beiträge zur Geschichte des Tales und seiner Landwirtschaft (Langenwang 1991).
Ulfried *Burz*, Bauernland – Bauernstand. Die »peasant society« im »Land ohne Bauern«, in: Kärnten. Von der deutschen Grenzmark zum österreichischen Bundesland (hg. von Helmut *Rumpler*, unter Mitarbeit von Ulfried *Burz*, Schriftenreihe des Forschungsinstituts für politisch-historische Studien der Dr.-Wilfried-Haslauer-Bibliothek, Wien/Köln/Weimar 1998) 365–378.
Peter *Bußjäger*, Ein Gesetz über das Gemeindegut in Vorarlberg! Montfort 50 (1998) 148–162.
Peter *Bußjäger*/Josef *Concin*, Pius Moosbrugger. Ein Lebensbild (Bludenzer Geschichtsblätter 37, Bludenz 1997).
Cornelia *Butler Flora* u. a., Rural communities. Legacy & Change (Boulder/San Francisco/Oxford 1992).

Catalog für die Landes-Thierschau und Molkerei in Bregenz. Abgehalten vom 7. bis 10. September 1887 (Bregenz 1887).
Chronik des Gendarmeriepostens Spital am Semmering, Einträge 1919–1921.
Chronik Saalfelden (Saalfelden 1992).
Chronik der Volksschule St. Dionysen, Einträge 1936 und 1937.
David *Colman*/Trevor *Young*, Principles of agricultural economics. Markets and prices in less developed countries (Cambridge 1989).
Gustavo *Corni*/Horst *Gies*, Brot – Butter – Kanonen. Die Ernährungswirtschaft in Deutschland unter der Diktatur Hitlers (Berlin 1997).
Cultur-Atlas von Nieder-Oesterreich nach den neuesten statistischen Erhebungen (hg. von der k. k. Landwirthschafts-Gesellschaft, Wien 1873).

Walther *Darré*, Das Bauerntum als Lebensquell der Nordischen Rasse (München 1929).
Walther *Darré*, Neuadel aus Blut und Boden (München 1930).
Thomas *Dax*/Rudolf *Niessler*/Elisabeth *Vitzthum*, Bäuerliche Welt im Umbruch. Entwicklung landwirtschaftlicher Haushalte in Österreich (Wien 1993).
Michael *Deckwitz*, Die Abwanderungsbereitschaft oberösterreichischer Landwirte anhand ihrer Absichten, Ansichten und Motive (Linz 1974).
Denkschrift der Landwirtschaftskammer für Kärnten über die Krise der Kärntner Landwirtschaft (Klagenfurt 1935).
Hermann *Deuring*, Jodok Fink (Wien 1932).
Fritz *Dietrich*, Die forstlichen Verhältnisse im Lande Tirol. Ein Überblick, in: Tiroler Waldwirtschaft. Festschrift zum 100jährigen Bestehen des Reichsforstgesetzes in Tirol (hg. von der Landesforstinspektion für Tirol, Innsbruck 1954) 7–53.

Fritz *Dietrich*, Ausbildungswesen. Siebzig Jahre Waldaufseherkurs Rotholz, in: Tiroler Waldwirtschaft. Festschrift zum 100-jährigen Bestehen des Reichsforstgesetzes in Tirol (hg. von der Landesforstinspektion für Tirol, Innsbruck 1954) 216–219.

Andrea *Dillinger*, Die sozialen Strukturen der bäuerlichen Familienwirtschaft im Pinzgau in der ersten Hälfte des 20. Jahrhunderts (Salzburg 2000).

Gunter *Dimt*, Rezente Altformen des bäuerlichen Wohnhauses im Oberen Pielachtal, in: Sammeln und Sichten. Beiträge zur Sachvolkskunde (hg. von Michael *Martischnig*, Wien 1979) 61–77.

Karl *Dinklage*, Geschichte der Kärntner Landwirtschaft (Klagenfurt 1966).

Heide *Dobida*/Anton *Hengsberger*, Pflegekinderstatistik 1985 (hg. vom Amt der Steiermärkischen Landesregierung, Rechtsabteilung 9, Graz 1985).

Erhard *Donabauer*, Leitbild der Kammerorganisation sowie die Kooperation der Mitglieder: dargestellt am Beispiel der Oberösterreichischen Landwirtschaftskammer (Linz 1988).

Ottokar *Dornik*, Hat der oststeirische Bauer noch eine Zukunft? Der fortschrittliche Landwirt 7 (1963) 1 f.

Hans *Draxl*, Seidenbau (Bregenz 1932).

Werner *Dreier*, Zwischen Kaiser und »Führer«. Vorarlberg im Umbruch 1918–1938 (Beiträge zu Geschichte und Gesellschaft Vorarlbergs 6, Bregenz 1986).

Hellmut *Dreiseitl*, Der Salzburger Obstbau (Thalgau 1991).

Werner *Drobesch*, Auf dem Weg zur Grundentlastung. Die »Agrarrevolution« in den innerösterreichischen Ländern (Klagenfurt 2002).

Walter *Dujmovits*, Die Amerikawanderung der Burgenländer, in: »… nach Amerika«. Katalog der burgenländischen Landesausstellung 1992 auf Burg Güssing (Burgenländische Forschungen, Sonderbd. IX, Eisenstadt 1992) 104–119.

Walter *Dujmovits*, Der geographische Aspekt der burgenländischen Amerikawanderung, in: Burgenland in seiner pannonischen Umwelt. Festgabe für August Ernst (Burgenländische Forschungen, Sonderbd. VII, Eisenstadt 1984) 34–47.

Ulrike *Ebenhoch*, Die Stickereiindustrie, in: Vorarlberger Wirtschaftschronik (hg. vom GWF Verlag, Lochau 1993) 99–106.

Helmut *Eberhart*, Die Zeitschrift »Landjugend«. Ein Beitrag zur Rezeptionsforschung (Graz 1987).

Otto *Eckmüller*, Notstand des Bauernwaldes. Steirischer Bauernbündler Nr. 44 (1956) 23. 11., 5.

Umberto *Eco*, Über Gott und die Welt (München 2000).

Johann *Eder*, 1889–1979. 90 Jahre Raiffeisenkasse Ried im Traunkreis (Ried im Traunkreis 1979).

Die Ehre Erbhof. Analyse einer jungen Tradition (hg. von Alfons *Dworsky*/Hartmut *Schider*, Salzburg 1980).

Silvia *Eiblmayr* (Hg.), Max Weiler. Die Fresken der Theresienkirche in Innsbruck 1945–47 (Innsbruck 2001).

Frank *Ellis*, Agricultural policies in developing countries (Cambridge 1992).

Frank *Ellis*, Peasant economies. Farm households and agrarian development (Cambridge 1988).

Johann *Elmer*, Produktionsgebiete und Produktionsverhältnisse der Landwirtschaft in der Steiermark. Abgrenzungsversuch von Kleinproduktionsgebieten. Diss. Hochschule für Bodenkultur (Wien 1957).

Ernst *Elsensohn*, Martinsruh und Gschwendt. Heimat 7 (1926) 168–170.

Erwin *Eminger*, »Bei Schweiß und Mühe nur gedeih' ich recht …« Zeitbilder zur Geschichte des Weinbaus von 1900 bis 1970 aus dem östlichen Weinviertel (Gösing am Wagram 2000).

Gertrude *Enderle-Burcel*, Christlich-ständisch-autoritär. Mandatare im Ständestaat 1934–1938. Biographisches Handbuch der Mitglieder des Staatsrates, Bundeskulturrates, Bundeswirtschaftsrates und Länderrates sowie des Bundestages (Wien 1991).

Hans *Engstfeld*, Die Entwicklung der Industrie im Außerfern (polit. Bezirk Reutte/Tirol) bis 1938. Diss. (Innsbruck 1986).

Ergebnisse der Erhebung des Bestandes an landwirtschaftlichen Maschinen und Geräten im Jahre 1957 (Beiträge zur österreichischen Statistik 25, hg. vom Österreichischen Statistischen Zentralamt, Wien 1958).

Ergebnisse der Grundbesitzstatistik in den im Reichsrathe vertretenen Königreichen und Ländern nach dem Stande vom 31. December 1896, 1. Heft: Nieder-Oesterreich (hg. von der k.k. Statistischen Central-Commission, Oesterreichische Statistik Bd. LVI/1, Wien 1902).

Ergebnisse der landwirtschaftlichen Betriebszählung vom 3. Juni 1902 in den im Reichsrathe vertretenen Königreichen und Ländern. Bezirksübersichten für Kärnten, Krain, Triest und Gebiet, Görz und Gradiska, Istrien, Dalmatien, Tirol und Vorarlberg (Österreichische Statistik LXXXIII, 3. Heft, Wien 1908).

Ergebnisse der landwirtschaftlichen Betriebszählung in der Republik Österreich vom 14. Juni 1930 (hg. vom Bundesamt für Statistik, Wien 1932).

Ergebnisse der land- und forstwirtschaftlichen Betriebszählung vom 1. Juni 1951 nach Gemeinden, Heft 6: Niederösterreich (hg. vom Österreichischen Statistischen Zentralamt, Wien 1953).

Ergebnisse der land- und forstwirtschaftliche Betriebszählung vom 1. Juni 1960 (hg. vom Österreichischen Statistischen Zentralamt, Wien 1962–1964).

Ergebnisse der land- und forstwirtschaftlichen Betriebszählung 1970 (hg. vom Österreichischen Statistischen Zentralamt, Wien 1972).
Ergebnisse der land- und forstwirtschaftlichen Betriebszählung 1970, Landesheft Niederösterreich (hg. vom Österreichischen Statistischen Zentralamt, Beiträge zur österreichischen Statistik 313/5, Wien 1974).
Ergebnisse der Land- und forstwirtschaftlichen Betriebszählung 1990 (hg. vom Österreichischen Statistischen Zentralamt, Wien 1992).
Ergebnisse der landwirtschaftlichen Statistik in den Jahren 1937–1944 (Beiträge zur Österreichischen Statistik 3, hg. vom Österreichischen Statistischen Zentralamt, Wien 1948).
Ergebnisse der landwirtschaftlichen Statistik im Jahre 1951 (Beiträge zur Österreichischen Statistik 8, hg. vom Österreichischen Statistischen Zentralamt, Wien 1952).
Die Ergebnisse der Viehzählung vom 31. December 1890, I. Heft (hg. von der k. k. Statistischen Central-Commission, Oesterreichische Statistik Bd. XXXIV/1, Wien 1892).
Die Ergebnisse der Viehzählung vom 31. Dezember 1910 in den im Reichsrate vertretenen Königreichen und Ländern. 1. Heft: Die summarischen Ergebnisse der Viehzählung (hg. vom Bureau der k. k. Statistischen Zentralkommission, Wien 1912), 2. Heft: Die Viehbesitzverhältnisse Ende 1910 (Wien 1917).
Ergebnisse der mit der Volkszählung vom 31. December 1880 verbundenen Zählung der häuslichen Nutzthiere in den im Reichsrathe vertretenen Königreichen und Ländern, 5. Heft (hg. von der k. k. Direction der administrativen Statistik, Oesterreichische Statistik Bd. II/2, Wien 1882).
Die Ergebnisse der österreichischen Volkszählung vom 22. März 1934 (Wien 1935).
Ergebnisse der Volkszählung vom 21. März 1961 nach Gemeinden. Heft 7: Niederösterreich (bearb. u. hg. vom Österreichischen Statistischen Zentralamt, Wien 1963); Heft 8: Oberösterreich (bearb. u. hg. vom Österreichischen Statistischen Zentralamt, Wien 1964).
Ergebnisse der Volkszählung vom 1. Juni 1951 nach Gemeinden. Österreich (Volkszählungsergebnisse 1951, Heft 11 [Sammelband der Hefte 2 bis 10], bearb. u. hg. vom Österreichischen Statistischen Zentralamt, Wien 1952).
Benedikt *Erhard*, Bauernstand und Politik. Zur Geschichte des Tiroler Bauernbundes (Schriftenreihe der Michael Gaismair Gesellschaft 1, Wien 1981).
Georg *Erhart*, Probleme der Milchwirtschaft. Steirischer Bauernbündler Nr. 25 (1964) 21. 6., 11.
Konrad *Erker*, Kärntens Landwirtschaft unter dem Einfluß der industrialisierten Marktwirtschaft. Die agrarische Entwicklung in Kärnten vom Jahre 1945 bis zur Gegenwart (Klagenfurt 1966).
Konrad *Erker*, Vom tragenden Stand zur getragenen Gruppe. Strukturveränderungen in der »bäuerlichen Welt« Kärntens aus der Sicht der landwirtschaftlichen Berufskörperschaft, in: Lebenschancen in Kärnten 1900–2000. Ein Vergleich (hg. von Claudia *Fräss-Ehrfeld*, Archiv für vaterländische Geschichte und Topographie 80, Klagenfurt 1999), 111–133.
Konrad *Erker*, Geschichte der Kärntner Landwirtschaft II: Von Maria Theresia bis zur EU. Die landwirtschaftliche Berufskörperschaft Kärntens 1765–2000. Manuskript (Klagenfurt 2002).
Markus *Ertl*, Dialekte im Wandel. Dargestellt am Beispiel Saalbach-Hinterglemm. Diplomarbeit (Salzburg 1994).
Moritz *Ertl*, Landwirtschaftliche Berufsgenossenschaften, in: Österreichisches Staatswörterbuch. Handbuch des gesamten österreichischen öffentlichen Rechtes, Bd. 3 (hg. von Ernst *Mischler*/Josef *Ulbrich*, Wien 1907) 453–469.
Wilhelm *Eugling*, Bericht über die Thätigkeit der landwirtschaftlich-chemischen Versuchs-Station des Landes Vorarlberg 1875–76 (Bregenz 1876).
Wilhelm *Eugling*, Handbuch für die praktische Käserei (Leipzig ²1901).

Johann *Fank*, Zur Nitratproblematik im Murtal südlich von Graz. Referat auf der 8. Gumpensteiner Lysimetertagung, 13. und 14. April 1999, in: http://www.bal.bmlf.gv.at/publikationen/lysi99/fank.pdf_20.10.2002.
Reinhard *Feistmantl*, Die wirtschaftliche Lage der Bergbauern in Niederösterreich. Diplomarbeit (Wien 1977).
Franz Michael *Felder*, »Ich will der Wahrheitsgeiger sein«. Ein Leben in Briefen (hg. von Ulrike *Längle*, Salzburg/Wien 1994).
Brigitte *Fellinger*, Strukturwandel der landwirtschaftlichen Betriebe in Österreich 1970 bis 1996 unter besonderer Berücksichtigung des landwirtschaftlichen Nebenerwerbs, mit Beispielen aus Oberösterreich (Linz 1997).
Josef *Felner*, Die politische und amtliche Verfassung der Pfleggerichte Werfen, Mittersill und Saalfelden am Ende des 18. Jahrhunderts. Mitteilungen der Gesellschaft für Salzburger Landeskunde 67 (1927) 65–96.
Festschrift 50jähriges Bestehen der landwirtschaftlichen Haushaltungsschule Gauenstein-Schruns (o. O., o. J.).
Walter *Feymann*, Abschied vom Armenhaus. Die Wende zur konzeptiven Landespolitik und das neue burgenländische Selbstbild in der Ära Kery, in: Aufbruch an der Grenze. Die Arbeiterbewegung von ihren An-

fängen im westungarischen Raum bis zum 100-Jahre-Jubiläum der Sozialistischen Partei Österreichs (Eisenstadt 1989) 191–294.

Helmut Paul *Fielhauer*, Palmesel und Erntekrone. Zwei Folklorismus-Skizzen aus dem niederösterreichischen Festkalender, in: Kulturelles Erbe und Aneignung. Festschrift für Richard Wolfram zum 80. Geburtstag (hg. von Olaf *Bockhorn*/Helmut Paul *Fielhauer*, Wien 1982) 79–113.

Herbert *Fill*, Die ersten 25 Jahre der Landwirtschaftsschule in Hohenems. Vorarlberger Volkskalender 2001, 35–47; Vorarlberger Volkskalender 2002, 35–48.

Barnabas *Fink*, Die Wirtschaftsverhältnisse in Vorarlberg, in: Heimatkunde von Vorarlberg. Heft 6 (hg. von Adolf *Helbok*, Leipzig/Wien/Prag 1931) 7–182.

Julius *Fink*, Die Böden Niederösterreichs, in: Jahrbuch für Landeskunde von Niederösterreich NF 36 (1964) 965–988.

Alfons *Fischer*, Wildbachverbauung im österreichischen Rhein-Einzugsgebiet, in: Der Alpenrhein und seine Regulierung (hg. von der Internationalen Rheinregulierung, Buchs ²1993) 301–308.

Alois *Fischer*, Aus meinem Amtsleben (Innsbruck 1860).

Franz *Fliri*, Landtechnisch bedingte Entwicklungsrichtungen in der Kulturlandschaft des Unterinntals, in: Die Erde 50/Heft 4 (1959) 344–358.

Franz *Fliri*, Über Veränderungen in der Flur des mittleren Inntals während der letzten dreihundert Jahre, in: Volkskundliche Studien. Aus dem Institut für Volkskunde der Universität Innsbruck. Karl Ilg zum 60. Geburtstag (hg. von Dietmar *Assmann*, Innsbruck 1964) 17–31.

Franz *Fliri*, Das Klima der Alpen im Raume von Tirol (Monographien zur Landeskunde Tirols 1, Innsbruck 1975).

Franz *Fliri*, Von den Gesteinen und vom Bau der Alpen, von der Kraft des Wassers und der Gletscher, in: Tirols Geschichte in Wort und Bild (hg. von Michael *Forcher*, Innsbruck 2000) 12–37.

Florian *Födermayr*, Vom Pflug ins Parlament (Braunau 1952).

Roland *Floimair*/Wolfgang *Retter*, Der Nationalpark Hohe Tauern. Der Salzburger Anteil (Salzburg 1984).

Carl *Foltz*, Statistik der Bodenproduktion von Oberösterreich (Wien 1878).

Michael *Forcher*, Die entscheidenden Jahrzehnte um 1900. Der Landeskulturrat und die Tiroler Landwirtschaft von 1882 bis 1918, in: Bauern in Tirol. Vor 100 Jahren begann die Zukunft. 1882–1982 (hg. von der Landeslandwirtschaftskammer für Tirol, Innsbruck 1982) 35–76.

Helmut *Forster*, Das Grauvieh in Tirol (Beiträge zur alpenländischen Wirtschafts- und Sozialforschung 76, Innsbruck 1970).

Helmut *Forster*, Die Rinderwirtschaft Tirols im Jahrzehnt 1959–1969 (Beiträge zur alpenländischen Wirtschafts- und Sozialforschung 109, Innsbruck 1971).

Helmut *Forster*, Das Grauvieh in Tirol (Beiträge zur alpenländischen Wirtschafts- und Sozialforschung 122, Innsbruck 1971).

Der fortschrittliche Landwirt. Fachzeitschrift für neuzeitliche Landwirtschaft (Graz 1923–1985).

Rudolf *Franke*, Motorisierung der Feldarbeit. Schlepper, in: Die Geschichte der Landtechnik im XX. Jahrhundert (hg. von Günther *Franz*, Frankfurt am Main 1969) 16–64.

Florian *Freund*/Bertrand *Perz*, Die Zahlenentwicklung der ausländischen Zwangsarbeiter und Zwangsarbeiterinnen auf dem Gebiet der Republik Österreich 1939–1945. Bericht der Historikerkommission der Republik Österreich (Wien 2000).

Urs *Frey*, Die Landwirtschaft, in: Handbuch der Bündner Geschichte. 4 Bde. (hg. vom Verein für Bündner Kulturforschung, Chur 2000) Bd. 3, 39–59.

Reinhold *Frick*, Der Rinderexport Tirols (Beiträge zur alpenländischen Wirtschafts- und Sozialforschung 40, Innsbruck 1969).

Frisch vom Bauernhof. Ein Wegweiser zu den Quellen steirischer, bäuerlicher Spezialitäten (hg. von der Landeskammer für Land- und Forstwirtschaft in der Steiermark, Graz 1993).

Gerhard *Fritsch*, Eine vergessene Geographiestunde. Merian. Das Monatsheft der Städte und Landschaften. 16. Jahrgang, Heft 10: Das Burgenland (Hamburg 1963) 10–13.

Klaus *Fritsche*, Das Große Walsertal und seine Landwirtschaft. Montfort 26 (1974) 459–502.

75 Jahre Molkerei Obergrafendorf 1906–1981 (hg. von der Molkereigenossenschaft Obergrafendorf, Obergrafendorf 1981).

75 Jahre Stadt Leibnitz. Festschrift zum Jubiläum der Stadterhebung am 27. April 1913 (hg. von Gert *Christian*, Leibnitz 1988).

75 Jahre Tiroler Bauernbund. Bauer sein und bleiben – 75 Jahre Tiroler Bauernpolitik – Das Programm des Tiroler Bauernbundes (hg. vom Tiroler Bauernbund, Innsbruck 1979).

25 Jahre landwirtschaftliches Genossenschaftswesen in Niederösterreich (hg. von Josef *Zwetzbacher*, Wien 1923).

50 Jahre landwirtschaftliches Genossenschaftswesen in Niederösterreich (hg. von der NÖ. Landwirtschaftlichen Genossenschafts-Zentralkasse, Wien 1936).

Ernst *Fürst*, Die oberösterreichische Landwirtschaft im Spannungsfeld von Strukturwandel und EG-Beitritt: Simulationsrechnungen zur Einkommensveränderung unter EG-Preis-Kostenbedingungen sowie die Bedeutung der staatlichen Agrarförderungen für Betriebe, Betriebstypen und Regionen (Linz 1993).
Ernst *Fürst*/Franz *Forstner*, Die Wertschöpfung der oö. Landwirtschaft aus struktureller und regionaler Sicht (Schriftenreihe des Institutes für Raumordnung und Umweltgestaltung 24, Linz 1991).

Károly *Gaál*, Kire marad a kisködmön (Wer erbt das Jankerl) (Szombathely 1985).
Károly *Gaál*, Zum bäuerlichen Gerätebestand im 19. und 20. Jahrhundert (Wien/Köln/Graz 1968).
Bernhard *Gamsjäger*, Frankenfelser Häuserbuch (Frankenfels 1987).
Bernhard *Gamsjäger*/Walter *Deutsch*, Pielachtal. Musikalische Brauchformen (Corpus Musicae Popularis Austriacae 14/1, Wien/Köln/Weimar 2001).
Hans-Martin *Garche*, Der Strukturwandel alpiner Siedlungen im hinteren Großen Walsertal. Montfort 35 (1983) 54–62.
Das Gedenkbuch der Familie Reckendorfer in Matzen, Niederösterreich. Eine lokal- und kulturhistorische Quelle (hg. von Anton *Hofer*, Wien 1985).
Rosa *Geißler*, Gedanken einer Jungbäuerin, in: Tiroler Bauernkalender 37 (1950) 149.
Gemeindelexikon der im Reichsrate vertretenen Königreiche und Länder. Bearbeitet auf Grund der Ergebnisse der Volkszählung vom 31. Dezember 1900, Bd. I: Niederösterreich (hg. von der k. k. Statistischen Zentralkommission, Wien 1905).
Gemeindeverzeichnis von Österreich, Gebietsstand vom 1. Jänner 1955 (hg. vom Österreichischen Statistischen Zentralamt, Wien 1956).
Die genossenschaftliche Kredit- und Warenorganisation der Landwirtschaft Niederösterreichs und Wien und deren leitende Funktionäre (hg. von der NÖ. Landes-Landwirtschaftskammer, Wien 1952).
The geography of rural change (hg. von Brian *Ilbery*, Essex 1998).
Karl *Gerabek*, Geschichte der Meliorationen in Österreich. Blätter für Technikgeschichte 23 (1961) 98–126.
Manfred A. *Getzner*, Getzner, Mutter, Gassner. Die Gründer der Firma Getzner, Mutter & Cie und ihre Nachfolger (Dornbirn 1986).
Heinrich *Gierth*, Pinzgauer Viehzucht. Beiträge zur Verbesserung und Veredelung der Pinzgauer Rinderrasse (Salzburg 1892).
Roland *Girtler*, Aschenlauge. Bergbauernleben im Wandel (Linz ²1988).
Roland *Girtler*, Sommergetreide. Vom Untergang der bäuerlichen Kultur (Wien/Köln/Weimar 1996).
Doris *Gödl*/Ulrike *Gschwandtner*/Birgit *Buchinger*, Zwischen Tradition und Moderne. Weibliche Lebenswelten in den Hohen Tauern, in: Frauen in den Hohen Tauern (hg. von Lucia *Luidold*, Neukirchen 1998) 183–196.
Edmund *Goebel*, Die Fernwärmegenossenschaft, in: Das Frankenfelser Buch (hg. von Bernhard *Gamsjäger*/Ernst *Langthaler*, Frankenfels 1997) 415 f.
Helmut *Gotz*, Das Marchfeld, in: Volkstum im Südosten. Volkspolitische Monatsschrift, April (1939) 110–116.
Markus *Grabher*, Naturschutz im Rheintal. Österreich in Geschichte und Literatur 40 (1996) 363–370.
Karl *von Grabmayr*, Die Agrarreform im Tiroler Landtag (Meran 1896).
Karl *von Grabmayr*, Schuldnoth und Agrar-Reform. Eine agrarpolitische Skizze mit besonderer Berücksichtigung Tirols (Meran 1894).
Rudolf *Grasmug*, 8 Jahrhunderte Feldbach. 100 Jahre Stadt (Feldbach 1984).
Rudolf *Grasmug*, Die Kriegsschäden in der südöstlichen Steiermark unter besonderer Berücksichtigung der Bezirke Feldbach und Radkersburg. Feldbacher Beiträge zur Heimatkunde der Südoststeiermark 4 (1989) 164–185.
Nikolaus *Grass*, Vieh- und Käseexport aus der Schweiz in angrenzende Alpenländer besonders im 16. und 17. Jahrhundert, in: Wirtschaft des alpinen Raums im 17. Jahrhundert (hg. von Louis *Carlen*/Gabriel *Imboden*, Brig 1988) 113–177.
Alois *Grauß*, Der Tiroler Bauernbund im neuen Österreich. Leitgedanken, in: Tiroler Bauernkalender 33 (1946) 35–37.
Michel *Greiderer*, Die Braunviehzucht in Tirol, in: Tiroler Bauernkalender 37 (1950) 193–195.
Michel *Greiderer*, Schafzucht und Schafhaltung in Tirol, in: Tiroler Bauernkalender 34 (1947) 138–142.
Franz *Greif*, Gibt es in Österreich eine »Höhenflucht«?, in: Monatsberichte über die österreichische Landwirtschaft 31/Heft 10 (1984) 643–650.
Franz *Greif*, Höhenlage, Neigung und Exposition der landwirtschaftlich genutzten Flächen Österreichs, in: Monatsberichte über die österreichische Landwirtschaft 24/Heft 7 (1977) 399–411.
Franz *Greif*, Sozialbrache im Hochgebirge. Problematik und Lösungsmöglichkeiten am Beispiel des Außerferns (Tirol), in: Monatsberichte über die österreichische Landwirtschaft 26/Heft 7 (1979) 381–397.
Franz *Greif*, Die Telefondichte im ländlichen Raum Österreichs, in: Monatsberichte über die österreichische Landwirtschaft 23/Heft 1 (1976) 39–43.

Maria Judith *Griesser*, Entwicklung und gegenwärtige Struktur der Almwirtschaft in Längenfeld im Ötztal. Mit einem Überblick über die Almwirtschaft in Tirol und Österreich. Diplomarbeit (Innsbruck 2002).
Michael *Groier*, Agrarische Umweltpolitik und Biolandbau, in: Landwirtschaft und Agrarpolitik in den 90er Jahren. Österreich zwischen Tradition und Moderne (hg. von der Österreichischen Gesellschaft für Kritische Geographie, Wien 1999) 148–165.
Michael *Groier*, Die 3-Stufenwirtschaft in Vorarlberg. Entwicklung – Bedeutung – Perspektiven (Forschungsberichte der Bundesanstalt für Bergbauernfragen 26, Wien 1990).
Grüner Bericht. Bericht über die Lage der österreichischen Landwirtschaft (hg. vom Bundesministerium für Land- und Forstwirtschaft, Wien 1960 ff.).
Grüner Bericht Steiermark. Bericht über die Lage der Land- und Forstwirtschaft in der Steiermark (hg. vom Amt der Steiermärkischen Landesregierung, Graz 1983 ff.).

Alexander *Haas*, Die vergessene Bauernpartei. Der Steirische Landbund und sein Einfluß auf die österreichische Politik 1918–1934 (Graz/Stuttgart 2000).
Hanns *Haas*, Salzburg in der Habsburgermonarchie, in: Geschichte Salzburgs Bd. II/2 (hg. von Heinz *Dopsch* u. a., Salzburg 1991) 661–1022.
Andrea *Haberl-Zemljič*, Die fünf Dörfer auf der ungarischen Seite. Historische, gesellschaftspolitische und wirtschaftliche Bedingungen des Sprachwechsels in der Gemeinde Radkersburg-Umgebung 1848–1997. Diss. (Graz 1997).
Richard *Hackl*, Der Beitrag des Produktionszweiges Forst zum Einkommen der bäuerlichen Betriebe im Wald- und Mühlviertel. Diplomarbeit an der Univ. für Bodenkultur (Wien 1982).
Sonja *Hadatsch* u. a., Biologische Landwirtschaft im Marchfeld. Potenziale zur Entlastung des Natur- und Landschaftshaushaltes (Wien 2000).
Franz *Hafner*, Steiermarks Wald in Geschichte und Gegenwart. Eine forstliche Monographie (Wien 1979).
Hans *Hahnenkamp*, Die burgenländische Industrie 2. Teil (1885–1921) (Eisenstadt 1994).
Friedrich *Haider*, 25 Jahre Tiroler Bauernbund 1904–1929. Nach einer Dissertation 1951 (Innsbruck 1989).
Michael *Hainisch*, Die Viehzuchtwirtschaft mit Weide- und Gülletbetrieb auf dem Gute Jauern. Ein Beispiel aus der Praxis für das bäuerliche Alpenland (Graz 1931).
Wolfram *Haller*, Die Entwicklung der Kärntner Agrargemeinschaften im allgemeinen und der Villacher Agrargemeinschaften im besonderen. Carinthia I 157 (1967) 650–687.
Rudolf *Hämmerle*, Geschichte der Familie Rhomberg mit Auszug aus dem Dornbirner Familienbuch (Dornbirn 1974).
Walter *Hämmerle*, Entagrarisierung in Dornbirn? (Beiträge zur alpenländischen Wirtschafts- und Sozialforschung 93, Innsbruck 1970).
Ernst *Hanisch*, Bäuerliches Milieu und Arbeitermilieu in den Alpengauen: ein historischer Vergleich, in: Arbeiterschaft und Nationalsozialismus in Österreich (hg. von Rudolf G. *Ardelt*/Hans *Hautmann*, Wien/Zürich 1990) 583–598.
Ernst *Hanisch,* Der lange Schatten des Staates. Österreichische Gesellschaftsgeschichte im 20. Jahrhundert (Wien 1995).
Ernst *Hanisch*, Die Politik und die Landwirtschaft, in: Geschichte der österreichischen Land- und Forstwirtschaft im 20. Jahrhundert. Politik – Gesellschaft – Wirtschaft (hg. von Franz *Ledermüller*, Wien 2002) 15–189.
Sebastian *Hanl*, Aufzeichnungen des Bauern Sebastian Hanl (Frankenberg 19 und 31), Manuskript.
Peter *Hansak*, Kriegsgefangene im Gebiet der heutigen Steiermark von 1914 bis 1918, in: Zeitschrift des historischen Vereines für Steiermark, Jg. 84 (1993) 261–311.
Peter *Hansak*, Die steirische Landwirtschaft 1914–1920, in: Blätter für Heimatkunde, Jg. 65 (1991) H. 1, 20–26.
Ekkehard *Hauer*, Wegweiser durch die bäuerliche Betriebswirtschaft (Graz 1951).
Viktor *Haunold*, Ein schönes Fleckerl Bergwelt. Das Ganzer Heimatbuch (Ganz 1989).
Fritz *Hausjell*, Journalisten gegen Demokratie oder Faschismus. Eine kollektiv-biographische Analyse der beruflichen und politischen Herkunft der österreichischen Tageszeitungsjournalisten am Beginn der Zweiten Republik (1945–1947) (Europäische Hochschulschriften Reihe 40, Kommunikationswissenschaften und Publizistik 15, Frankfurt am Main 1989).
W. *Hecke*, Die Landwirtschaft der Umgebung von Ungarisch-Altenburg (Wien 1861).
Rudolf *Heckl*, Leitfaden für das landwirtschaftliche Bauwesen, aufgrund der wirtschaftlichen, klimatischen und siedlungskundlichen Verhältnisse Österreichs dargestellt (Wien 1950).
Charlotte *Heidrich*, Deutschnationale Parteien und Verbände im Burgenland 1918–1933. Diss. (Bochum 1981).
Siegfried *Heim*, Einwanderer – Fremde in Wolfurt. Heimat Wolfurt 17 (1996) 37–53.
Vilmos *Heiszler*/Margit *Szakács*/Károly *Vörös*, Ein Photoalbum aus dem Hause Habsburg (Budapest 1989).

Georg *Hellmich*, Bergbauern- und Dienstbotenarbeiten in den Ostalpen. Eine sozialhistorische Betrachtung der Bergbauernarbeit unter sportphysiologischen Gesichtspunkten. Diplomarbeit (Wien 1993).
Wilhelm *Henrichsmeyer*/Heinz Peter *Witzke*, Agrarpolitik, 2 Bde. (Stuttgart 1991–1994).
Ulrich *Herbert*, Fremdarbeiter. Politik und Praxis des »Ausländer-Einsatzes« in der Kriegswirtschaft des Dritten Reiches (Bonn ²1999).
Johann *Hiess*, Betriebswirtschaftliche Untersuchung über die Produktionsleistung landwirtschaftlicher Betriebe des Marchfeldes. Diss. (Wien 1956).
Betty *Hinterer*, Führung der Hauswirtschaft (Graz/Stuttgart 1958, 1. Aufl. 1923).
Hermann *Hinterstoisser*, Das Kriegsende im Pinzgau, in: Hans *Bayr*, Salzburg 1945–1955. Zerstörung und Wiederaufbau (Salzburg 1995) 41–55.
Wolfgang Kurt *Höfer*, Die Arbeitsverhältnisse in den landwirtschaftlichen Betrieben der Bezirksbauernkammer Bruck an der Leitha (Wien 1950).
Alfred *Hoffmann*, Die Agrarisierung der Industriebauern in Österreich, in: Zeitschrift für Agrargeschichte und Agrarsoziologie 20 (1973) 66–81.
Alfred *Hoffmann*, Bauernland Oberösterreich. Entwicklungsgeschichte seiner Land- und Forstwirtschaft (Linz 1974).
Niko *Hofinger*, »Unsere Losung ist: Tirol den Tirolern!« Antisemitismus in Tirol 1918–1938, in: Zeitgeschichte 21/Heft 3/4 (1994) 83–108.
Albert *Hofmayer*, Die viehlose Landwirtschaft im Marchfeld. Entwicklung – Aspekte – Probleme. Diss. (Wien 1974).
Arthur von *Hohenbruck*/Georg *Wieninger*, Beiträge zur Darstellung der Wirtschafts-Verhältnisse des Kleingrundbesitzes in Österreich (Wien 1900).
Max *Holzhammer*, Der Landeskulturfonds für Tirol (Beiträge zur alpenländischen Wirtschafts- und Sozialforschung 100, Innsbruck 1970).
Gustav *Holzmann*, Die Verstädterung des Marchfeldes. Diss. (Wien 1956).
Martina *Höllmüller*, Entschuldungsaktion der Bauern 1938 bis 1941 unter besonderer Berücksichtigung des südlichen Waldviertels. Diplomarbeit (Wien 1999).
Josef Karl *Homma*/Alfons *Tauber*, Die physiogeographischen Verhältnisse, in: Allgemeine Landestopographie des Burgenlandes, Bd. I: Der Verwaltungsbezirk Neusiedl am See (Eisenstadt 1954) 3–10.
Josef Karl *Homma*/Paul *Deutsch*, Weinbau, in: Allgemeine Landestopographie des Burgenlandes, Bd. II (1. Halbband): Der Verwaltungsbezirk Eisenstadt und die Freistädte Eisenstadt und Rust (Eisenstadt 1963) 243–247.
Ewald *Hopfner*, Heimat Buch (Hard 2000).
Josef *Hoppichler*/Josef *Krammer*, Die Zukunft der österreichischen Landwirtschaft. Was wird aus Österreichs Bauern?, in: Landwirtschaft und Agrarpolitik in den 90er Jahren. Österreich zwischen Tradition und Moderne (hg. von Gesellschaft für kritische Geographie, Wien 1999) 207–225.
Ruth *Hörbst*, Die Stellung der Bauern in der Gesellschaft in den österreichischen Alpen mit besonderer Berücksichtigung des Bezirkes Reutte. Diplomarbeit (Innsbruck 1997).
Heinrich *Hornich*, Vom höchsten Arbeitseinsatz. Der fortschrittliche Landwirt 8 (1943) 1 ff.
Josef *Hörtnagl*, Der neue Innsbrucker Milchhof, in: Tiroler Bauernkalender 52 (1965) 212–215.
Ela *Hornung*/Ernst *Langthaler*/Sabine *Schweitzer*, Zwangsarbeit in der Landwirtschaft in Niederösterreich und dem nördlichen Burgenland (Projektbericht an die Historikerkommission der Republik Österreich, http://www.historikerkommission.gv.at, Wien 2003).
Ela *Hornung*/Ernst *Langthaler*/Sabine *Schweitzer*, Zwangsarbeit in der österreichischen Landwirtschaft 1939–1945, in: Historische Sozialkunde 33/1 (2003) 3–23.
Gerhard *Hovorka*, Das Förderungssystem in der österreichischen Landwirtschaft, in: Landwirtschaft und Agrarpolitik in den 90er Jahren. Österreich zwischen Tradition und Moderne (hg. von der Österreichischen Gesellschaft für Kritische Geographie, Wien 1999) 131–147.
Erika *Hubatschek*, Über die Alltagskost beim Tiroler Bergbauern, in: Beiträge zur Volkskunde Tirols. Festschrift zu Ehren Hermann Wopfners. Bd. 2 (hg. von Karl *Ilg*, Innsbruck 1948) 159–178.
Gertraud *Hubatschek*, Bäuerliche Siedlung und Wirtschaft im Oberen Salzachtal. Diss. (Innsbruck 1948).
Barbara *Huber*, Leben am Rande des Waldes. Ursachen und Auswirkungen der Entaktualisierung des bäuerlichen Lebens und Wirtschaftens in Hackstock und Dauerbach/Mühlviertel. Diplomarbeit an der Univ. für Bodenkultur (Wien 1994).
Richard *Hubmann*, Die Beratungstätigkeit der steirischen Landwirtschaftskammer seit 1960 als Antwort auf die ökonomischen und sozialen Entwicklungen in der steirischen Landwirtschaft. Diplomarbeit (Wien 1982).
Richard *Hubmann*, Wenig die Wende abwehren. Planet. Zeitung für politische Ökologie 20 (2001) 3.
Hans *Huebmer*, Dipl.-Ing. Ernst Winsauer, Dr. Johann Josef Mittelberger. Zwei Vorarlberger der alten Garde. Jahrbuch des Vorarlberger Landesmuseumsvereins 1964, 143–154.

100 Jahre Agrarische Operationen in Österreich 1883–1983 (hg. vom Bundesministerium für Land- und Forstwirtschaft, Der Förderungsdienst, Sonderheft 1, Wien 1983).
100 Jahre Landwirtschaftsministerium (hg. vom Bundesministerium für Land- und Forstwirtschaft, Wien 1967).
100 Jahre organisierte Rinderzucht (hg. vom Rinderzuchtverband Maishofen, Maishofen).
Karl *Hürlimann*, Geschichte und wirtschaftliche Bedeutung der Schmelzkäse-Industrie des Allgäus, in: Geschichte der Allgäuer Milchwirtschaft. 100 Jahre Allgäuer Milch im Dienste der Ernährung (bearb. von Karl *Lindner*, Kempten im Allgäu 1955) 473–478.
Otto *Hwaletz*/Helmut *Lackner*/Karl *Stocker*, Die allgemeine Dynamik der wirtschaftlichen und gesellschaftlichen Entwicklung nach der Weltwirtschaftskrise und die Region Aichfeld-Murboden. Theoretische und empirische Untersuchungen zu den Determinanten regionaler Entwicklung (1929–1980) 2 Bde. (Projektbericht an das Bundesministerium für Wissenschaft und Forschung, Projektteam Zeitgeschichte Graz 1985).

Peter *Ibounig*, Volkszählung 1991. Aktuelle Trends der Bevölkerungsentwicklung Kärntens und deren Auswirkung auf die Gesellschaft, in: Kärntner Jahrbuch für Politik 1994 (hg. von Karl *Anderwald*/Hellwig *Valentin*, Klagenfurt 1995), 85–101.
Peter *Ibounig*, Die Wirtschaft und Gesellschaft Kärntens im Spiegel der Statistik. Ein Überblick der Entwicklung im 20. Jahrhundert, in: Grubenhunt & Ofensau. Vom Reichtum der Erde. Landesausstellung Hüttenberg/Kärnten 1995 (Klagenfurt 1995), 423–428.
Peter *Ibounig*, Die Bevölkerung Kärntens um die Jahrtausendwende. Rückschau und Ausblick, in: Lebenschancen in Kärnten 1900–2000. Ein Vergleich (hg. von Claudia *Fräss-Ehrfeld*, Archiv für vaterländische Geschichte und Topographie 80, Klagenfurt 1999), 11–34.
Karl *Ilg*, Die Walser in Vorarlberg. 2 Bde. (Schriften zur Vorarlberger Landeskunde 2,6, Dornbirn 1949–1956).
Ulrich *Ilg*, Meine Lebenserinnerungen (Dornbirn 1985).
Albert *Ilien*/Utz *Jeggle,* Leben auf dem Dorf. Zur Sozialgeschichte des Dorfes und Sozialpsychologie seiner Bewohner (Opladen 1978).
Illustriertes Landwirtschafts-Lexikon (hg. von Guido *Krafft*, Berlin 1900).
Franz *Innerhofer*, Schattseite (Salzburg/Wien 1975).
Franz *Innerhofer*, Schöne Tage (Salzburg/Wien 1974).
Franz *Innerhofer*, Die großen Wörter (Salzburg/Wien 1975).
Innsbrucker Nachrichten (Innsbruck 1854–1945).
»… ist die ganze kleine Welt drin«. Land der Berge 6/98 (1998) 96–98.

Walter *Jahn*, Die Dauergrünland-Monokultur als prägendes Strukturelement der Allgäu-Landschaft. Entstehung, Entfaltung, derzeitige räumliche Verbreitung und Zukunftschancen. Allgäuer Geschichtsfreund 92 (1992) 103–136.
Jahr- und Adreßbuch der Land- und Forstwirtschaft (hg. unter Mitwirkung des Bundesministeriums für Land- und Forstwirtschaft und der Landwirtschaftlichen Hauptkörperschaften Österreichs, Wien 1928).
Jahresbericht des Tiroler Grauviehzuchtverbandes für 2002 (Innsbruck 2003).
Jahres-Bericht des Verbandes der landwirtschaftlichen Genossenschaften in Steiermark r.G.m.b.H. 1904–1932.
Jahresbericht 1971, BBK Zell am See, 30. 12. 1971 (I/16).
Jahres-Tätigkeitsbericht der Bezirkskammer für Land- und Forstwirtschaft Radkersburg 1946 (Radkersburg 1947).
Alexander *Jalkotzy*, Der Vierkanthof im Florianer Land. Eine Untersuchung im nördlichen Traunviertel Oberösterreichs (Graz 1984).
Wolfgang *Jandrisits*/Kurt *Pratscher*, Die Wirtschaft des Burgenlandes, in: Roland *Widder* (Hg.), Burgenland. Vom Grenzland im Osten zum Tor in den Westen. Geschichte der österreichischen Bundesländer seit 1945 (hg. Herbert *Dachs*/Ernst *Hanisch*/Robert *Kriechbaumer*, Wien/Köln/Weimar 2000) 527–582.
Michael *Jeitler*, Wirtschaftliche Veränderungen in der Agrar- und Fremdenverkehrsstruktur des oststeirischen Alpenraumes. Diss. (Wien 1969).
Helmut *Jelem*, Die Wälder im Wald- und Mühlviertel. Wuchsraum 1 (Mitteilungen der Forstlichen Bundes-Versuchsanstalt Wien 117, Wien 1976).
A. *Jenny*, Regeln für den Getreidebau zur Selbstversorgung (Bregenz 1919).
Reinhard *Johler*, Bäuerliches Kreditwesen im Alpenraum. Vorbemerkungen zu einer »economic anthropology«. Historische Anthropologie 7 (1999) 146–153.
Günther *Jontes*, Göß 1914–1918. Ein Leobener Stadtteil erleidet den Ersten Weltkrieg. Die Kriegschronik des Oberlehrers und Schulleiters Anton Lex (Leoben 1999).

Thomas *Jutz*, Festschrift 100 Jahre Herdebuchzucht, 70 Jahre Braunviehzuchtverband, 1893–1993 (Bludenz 1993).
Thomas *Jutz*, Die I. Vorarlberger Viehzuchtgenossenschaft zu Dornbirn. Dornbirner Schriften 16 (1993) 3–50.

Franz *Kalb*, 50 Jahre Großmolkerei Dornbirn, in: 50 Jahre Gromo 1940–1990 (Dornbirn 1990) (unpaginiert).
Elisabeth *Kalin*, Unsere hauswirtschaftlichen Beratungskräfte bei den Bezirkskammern. Landwirtschaftliche Mitteilungen für Steiermark 13 (1959) 5.
Ferdinand *Kaltenegger*, Feldbau, Viehzucht und Alpwirthschaft, in: Die österreichisch-ungarischen Monarchie in Wort und Bild. Tirol und Vorarlberg (Wien 1893) 513–548.
Ferdinand *Kaltenegger*, Karte der Rinderrassen der österreichischen Alpenländer (Wien 1898).
Ferdinand *Kaltenegger*, Die Rindviehzucht in Tirol-Vorarlberg, Salzburg, Kärnten, Steiermark, Ober- und Niederösterreich, in: Geschichte der österreichischen Land- und Forstwirtschaft. 2. Bd. (hg. von Michael Freiherr *von Kast*, Wien 1899) 594–622.
Alois *Kapfer*/Werner *Konold*, Streuwiesen. Relikte vergangener Landbewirtschaftung mit hohem ökologischen Wert, in: Naturlandschaft – Kulturlandschaft. Die Veränderung der Landschaft nach der Nutzbarmachung durch den Menschen (hg. von Werner *Konold*, Landsberg 1996) 185–200.
Hans *Karl*, Von der Freiheit des Bauern (Salzburg 1988).
Josef *Karl*, Festschrift zum 60-jährigen Bestande des Landes-Obst- und Weinbauvereines für Steiermark (Graz 1949).
Günter *Karner*, Zugvögel. Burgenländische Wanderungsbewegungen, in: Elisabeth *Deinhofer*/Traude *Horvath*, Grenzfall Burgenland 1921–1991 (Eisenstadt 1991) 161–176.
Stefan *Karner*, Die Steiermark im »Dritten Reich« 1938–1945. Unter besonderer Berücksichtigung ihrer wirtschaftlichen und sozialen Entwicklung (Graz 1986).
Stefan *Karner*, Die Steiermark im 20. Jahrhundert (Graz/Wien/Köln 2000).
Wolfgang *Kaschuba*/Carola *Lipp*, Dörfliches Überleben. Zur Geschichte materieller und sozialer Reproduktion ländlicher Gesellschaft im 19. und frühen 20. Jahrhundert (Tübingen 1982).
Karl *Kaser*, Bäuerliches Leben in der Oststeiermark, in: Labonca – Lafnitz. Leben an einer der ältesten Grenzen Europas (hg. von Marktgemeinde Burgau, Gemeinde Burgauberg-Neudauberg, Burgau/Burgauberg-Neudauberg 1995) 150–162.
Karl *Kaser*/Karl *Stocker*, Bäuerliches Leben in der Oststeiermark seit 1848, 2 Bde. (Wien/Graz 1986–1988).
Willibald *Katzinger*/Johannes *Ebner*/Erwin M. *Ruprechtsberger*, Geschichte von Enns (Enns 1996).
Christine *Katzlberger*, Kommunikationssituation auf Bergbauernhöfen – ein sozialhistorischer Vergleich. Diss. (Salzburg 1986).
Sr. Maria Gerlinde *Kätzler*, Die Sozialbrache in einem alpinen Realteilungsgebiet. Untersuchungen zur Landwirtschaft des Lermooser Beckens. Diss. (Innsbruck 1975).
Michael *Kearney*, Reconceptualizing the Peasantry. Anthropology in global perspective (Oxford 1996).
Franz *Keidel*, Die Almen und Almwirtschaft im Pinzgau (Zell am See 1936).
Barbara *Keiler*/Klaus *Pfeifer*, Plazadels und Wachters Dieja. Maisäß-Siedlungen im Gauertal (Montafoner Schriftenreihe 2, Schruns 2001).
Gerhard *Keller*, Der bäuerliche Beerenintensivanbau in Nordtirol (Beiträge zur alpenländischen Wirtschafts- und Sozialforschung 127, Innsbruck 1971).
Wilfried *Keller*, Wandlungen im alpinen Bevölkerungsbild unter dem Einfluß der Industrialisierung – Das Außerfern als Beispiel, in: Beiträge zur Bevölkerungsforschung. Festschrift Ernest Troger zum 60. Geburtstag. Bd. 1 (hg. von Karl *Husa*/Christoph *Vielhaber*/Helmut *Wohlschlägl*, Wien 1986) 221–240.
Paul *Kellermann*, Gesellschaftliche Grundmuster: Sozioökonomische Entwicklungsperspektiven, in: Kärnten. Von der deutschen Grenzmark zum österreichischen Bundesland (hg. von Helmut *Rumpler*, unter Mitarbeit von Ulfried *Burz*, Schriftenreihe des Forschungsinstituts für politisch-historische Studien der Dr.-Wilfried-Haslauer-Bibliothek, Wien/Köln/Weimar 1998), 350–364.
Viktor *Kerbler*, Das landwirtschaftliche Genossenschaftswesen in Oberösterreich (Linz 1931).
Felix *Kern*, Die Hebung der landwirtschaftlichen Produktion in Österreich (Wien 1925).
Felix *Kern*, Oberösterreichischer Bauern- und Kleinhäuslerbund. 2 Bde. (Ried 1953/1956).
Wilhelm *Keßler*, Was der Alphirte vom kranken Rind wissen muß. Taschen-Jahrbuch für den Vorarlberger Landwirt 8 (1951) 130–141.
Gernot *Kiermayr-Egger*, Zwischen Kommen und Gehen. Zur Sozial- und Wirtschaftsgeschichte des Montafons (Schruns 1992).
Peter *Klammer*, Auf fremden Höfen. Anstiftkinder, Dienstboten und Einleger im Gebirge (Wien 1992).
Ernst *Klein*, Die historischen Pflüge der Hohenheimer Sammlung landwirtschaftlicher Geräte und Maschinen (Quellen und Forschungen zur Agrargeschichte 16, Stuttgart 1967).
Alexander *Klenner*, Die Auswirkungen des Beitritts Österreichs zur Europäischen Union (EU) auf die Landwirtschaft im Waldviertel. Diplomarbeit an der Wirtschaftsuniversität (Wien 2001).

Hippolyt von *Klenze*, Handbuch der Käserei-Technik (Bremen 1884).
Ruth *Kleon-Praxmarer*/Helmut *Alexander*, Tirols Wirtschaft vom Beginn des Ersten bis zum Ende des Zweiten Weltkrieges, in: Chronik der Tiroler Wirtschaft (Wien 1992) 209–262.
Ulrich *Kluge*, Bauern, Agrarkrise und Volksernährung in der europäischen Zwischenkriegszeit. Studien zur Agrargesellschaft und -wirtschaft der Republik Österreich 1918 bis 1938 (Stuttgart 1988).
Ulrich *Kluge*, Ökowende. Agrarpolitik zwischen Reform und Rinderwahnsinn (Berlin 2001).
Ulrich *Kluge*, Organisierte Agrargesellschaft im Schnittpunkt der Verfassungs- und Wirtschaftskrise 1933. Ein Beitrag zum Problem der »Bauerndemokratie« in Österreich. Geschichte und Gegenwart 4 (1984) 259–287.
Erich *Knall*, Die Bekämpfung der Rindertuberkulose in Vorarlberg. Taschen-Jahrbuch für den Vorarlberger Landwirt 9 (1952) 52–61.
Erich *Knall*, Neun Jahre Kampf gegen die Rindertuberkulose. Taschen-Jahrbuch für den Vorarlberger Landwirt 17 (1960) 64–68.
Ignaz *Knöbl*/Michael *Kogler*/Georg *Wiesinger*, Landwirtschaft zwischen Tradition und Moderne. Über den Struktur- und Wertewandel in der österreichischen Landwirtschaft (Wien 1999).
Gretl *Köfler*, Auflösung und Restitution von Vereinen, Organisationen und Verbände in Tirol (hg. von der Historikerkommission, Wien 2002).
Ing. *Kögl*, Abstammung und Entstehung unseres Schweines, in: Jahrbuch des Tiroler Bauernbundes und des Landeskulturrates (= Tiroler Bauernkalender) 28 (1934) 148–152.
Jakob *Kofler*, Der Original-Haflinger und sein Ursprungszuchtgebiet Südtirol (hg. vom Südtiroler Haflinger-Pferdezuchtverband, Bozen/Wien 1995).
Johann Georg *Kohl*, Reise von Linz nach Wien (Dresden 1842).
Karl *Kohlfürst*, Prinzip, Erfahrungen und Erfolge der Umstellungsberatung in der Steiermark. Der Förderungsdienst 10 (1966) 337–344.
Franz *Koller*, Produktion und Vermarktung von Schlachtgeflügel. Der Förderungsdienst Sonderheft 1 (1970) 63–66.
Andrea *Komlosy*, Die niederösterreichische Wirtschaft in der 2. Republik, in: Niederösterreich. Land im Herzen – Land an der Grenze (hg. von Michael *Dippelreiter*, Wien/Köln/Weimar 2000) 271–428.
Werner *Konold*, Beitrag zur Geschichte der Streuwiesen und der Streuwiesenkultur im Alpenvorland. Zeitschrift für Agrargeschichte und Agrarsoziologie 38 (1990) 176–191.
Christoph *Konrath*, Opposition? – Protestanten in Österreich 1918–1938. Das Beispiel Oberschützen, in: Kirche, Staat und Gesellschaft im pannonischen Raum im 20. Jahrhundert. Internationales Kulturhistorisches Symposion Mogersdorf 2002 in Koprivnica (in Druck).
Ingeborg *Korneck*, »Fremdarbeiter/innen« in der Landwirtschaft. Der Einsatz ausländischer Arbeitskräfte während des Zweiten Weltkrieges am Beispiel des n.ö. Weinviertels. Diplomarbeit (Wien 1992).
Josef *Krammer*, Analyse einer Ausbeutung. Geschichte der Bauern in Österreich (Wien 1976).
Josef *Krammer*, Von »Blut und Boden« zur »Eurofitness«. Die Entwicklung der Landwirtschaft seit 1945, in: Österreich 1945–1995. Gesellschaft, Politik, Kultur (hg. von Reinhard *Sieder*/Heinz *Steinert*/Emmerich *Tàlos*, Wien ²1996) 567–580.
Josef *Krammer*, Interessenorganisation der Landwirtschaft: Landwirtschaftskammern, Präsidentenkonferenz und Raiffeisenverband, in: Handbuch des politischen Systems Österreichs. Die Zweite Republik (hg. von Herbert *Dachs* u. a., Wien 1997) 405–417.
Josef *Krammer*/Günther *Scheer*, Das österreichische Agrarsystem, 2 Bde. (Wien 1978).
J. M. *Krasser*, Bericht über die Tätigkeit der Landw.-chem. Versuchs- und Lebensmittel-Untersuchungsanstalt des Landes Vorarlberg in Bregenz im Jahre 1910. Sonderdruck aus der »Zeitschrift für das landwirtschaftliche Versuchswesen in Oesterreich« 1911 (Wien o. J.).
Ingrid *Kretschmer*/Josef *Piegler*, Bäuerliches Erbrecht, in: Österreichischer Volkskundeatlas, Kommentar, 2. Lieferung, Bl. 17 (Wien 1977).
Helmut *Kreuzwirth*, Die Steirische Landwirtschaft von 1945 bis 1955. Ein Rückblick und Ausblick. Steirischer Bauernbündler Nr. 45 (1955) 4. 12., 2; Nr. 47 (1955) 18. 12., 2.
Eduard *Kriechbaum*, Das Bauernhaus in Oberösterreich (Stuttgart 1933).
Robert *Kriechbaumer*, Der Landbund. Historische Entwicklungslinien einer deutschnationalen Milieupartei in der Ersten Republik, in: Brennpunkt Mitteleuropa. Festschrift für Helmut Rumpler zum 65. Geburtstag (hg. von Ulfried *Burz* u. a., Klagenfurt 2000) 519–534.
Ferdinand *Krug*, Das Marchfeld als Wirtschaftsraum (Berlin/Wien 1935).
Josef *Kühne*, Agrargemeinschaften. Bestand und rechtliche Neuordnung in Vorarlberg. Jahrbuch des Vorarlberger Landesmuseumsvereins 117 (1973) 63–93.
Josef *Kühne*, Agrargemeinschaften – Gemeindegut in Vorarlberg? Eine Klarstellung. Montfort 51 (1999) 265–275.
Josef *Kühne*, Agrarstruktur und Raumordnung. Taschen-Jahrbuch für den Vorarlberger Landwirt 24 (1967) 24–43.

Wolfgang *Kühnhold*, Die wirtschaftsgeographische Entwicklung im Montafon. Diss. (Münster 1971).
Ingrid *Kurtz*, »Was mir mitg'macht ham, wir warn ja bessere Sklaven ...« Zur Gutshofarbeit im Marchfeld unter spezieller Berücksichtigung der Gemeinde Leopoldsdorf im Marchfeld. Diplomarbeit (Wien 1990).
Andreas *Kurz*, Flachs als Sonderkultur im Allgäu. Montfort 51 (1999) 139–147.
Ewald *Kutzenberger*, Land- und forstwirtschaftliche Nebenerwerbsbetriebe in Oberösterreich 1978 (Linz 1979).

Die Lage der Landwirtschaft des Bundeslandes Niederösterreich im Vergleichsjahr 1937 (hg. von den Land- und Forstwirtschaftlichen Landes-Buchführungs-Gesellschaft, Wien 1948).
Die Lage der Landwirtschaft der Bundesländer Niederösterreich, Oberösterreich, Steiermark und Kärnten, im Berichtsjahr 1946/47 (Wien 1949).
Ernst *Lagler*, Oberösterreichs Landwirtschaft in Zahlen, 1939–45 (Wien 1946).
Ernst *Lagler*, Statistischer Bericht über Grundlagen der Erzeugung (Linz 1939).
Regina *Lampert*, Die Schwabengängerin. Erinnerungen einer jungen Magd aus Vorarlberg 1864–1874 (hg. von Bernhard *Tschofen*, Das volkskundliche Taschenbuch 9, Zürich 1996).
Landeskulturrat für Vorarlberg, Leitfaden für den feldmäßigen Anbau von Kartoffeln, Mais, Gemüse- und Wurzelfrüchte [!] (Bregenz circa 1919).
Landkurier. Agrarische Information. Ausgabe für die Kammerbezirke Hainfeld-Lilienfeld, Kirchberg/Pielach und St. Pölten vom 1. 3. 1979 und 1. 6. 1993
Landjugend. Offizielles Fachorgan der Landjugend Österreichs (Wien 1951 f.).
Erich *Landsteiner*, Bäuerliche Meteorologie. Zur Naturwahrnehmung bäuerlicher Weinproduzenten im niederösterreichisch-mährischen Grenzraum an der Wende vom 18. zum 19. Jahrhundert, in: Historische Anthropologie 1 (1993) 43–62.
Erich *Landsteiner*, Wein und Weinbau in Niederösterreich im 19. und 20. Jahrhundert. Untersuchung und Materialien zur bäuerlichen Kultur der Weinreben und die Produktion des Weines in Niederösterreich. Diplomarbeit (Wien 1986).
Erich *Landsteiner*, Weinbau und Gesellschaft in Ostmitteleuropa, 2 Bde. Diss. (Wien 1992).
Erich *Landsteiner*/Ernst *Langthaler*, Ökotypus Weinbau: Taglöhner- oder Smallholder-Gesellschaft?, in: Wiener Wege der Sozialgeschichte. Themen – Perspektiven – Vermittlungen (hg. von Franz X. *Eder* u. a., Wien/Köln/Weimar 1997) 183–224.
Die land- und forstwirtschaftlichen Betriebe im Reichsgau Kärnten nach den Ergebnissen der im Deutschen Reich am 17. Mai 1939 durchgeführten landwirtschaftlichen Betriebszählung (hg. vom Statistischen Amt für die Reichsgaue der Ostmark, Wien 1941).
Die land- und forstwirtschaftlichen Betriebe im Reichsgau Oberdonau, 17. Mai 1939 (Wien 1941).
Die Landwirtschaft im Alpenland. Statistische Unterlagen und Vergleichsmaterial (hg. vom Reichsnährstand, Landesbauernschaft Alpenland, Salzburg 1941–1942).
Landwirtschaft im Burgenland 1921–1971 (Eisenstadt 1971).
Die Landwirtschaft in der Industriegesellschaft. Eine Studie der wirtschaftspolitischen Abteilung der Wiener Kammer für Arbeiter und Angestellte (Wien 1969).
Landwirtschaft in Oberösterreich (Linz 1972).
Landwirtschaft und Agrarpolitik in den 90er Jahren. Österreich zwischen Tradition und Moderne (hg. von der Österreichischen Gesellschaft für Kritische Geographie, Wien 1999).
Das landwirtschaftliche Genossenschaftswesen in Niederösterreich und Wien (hg. von der NÖ. Landes-Landwirtschaftskammer, Wien 1960).
Landwirtschaftliche Problemgebiete (hg. vom Amt der Kärntner Landesregierung, Abteilung 10 L-Landwirtschaft, Klagenfurt 1960).
Alois *Lang*, 1993 bis 2003 – Ein Jubiläum: Zehn Jahre Nationalpark »Neusiedler See – Seewinkel«. Natur & Umwelt im pannonischen Raum. Das umfassende Naturschutz-Magazin für Land und Leute im Burgenland Nr. 4/2002 (Eisenstadt 2002) 10–14.
Der lange Abschied vom Agrarland. Agrarpolitik, Landwirtschaft und ländliche Gesellschaft zwischen Weimar und Bonn (hg. von Daniela *Münkel*, Bonn 2000).
Elisabeth *Langer*, Raumordnung und Grenzlandförderung, in: Gemeinde im Grenzland (hg. von Alfred *Klose*/Elisabeth *Langer*, Wien 1980) 59–76.
Ernst *Langthaler*, Alltag im Nationalsozialismus I: Die tägliche Mobilisierung, in: Alltagserfahrungen in der Geschichte Österreichs (hg. von Ernst *Bruckmüller*, Wien 1998) 182–200.
Ernst *Langthaler*, Bauernsterben? Wege österreichischer Agrargesellschaften in der Moderne, in: Landwirtschaft und Agrarpolitik in den 90er Jahren. Österreich zwischen Tradition und Moderne (hg. von der Österreichischen Gesellschaft für Kritische Geographie, Wien 1999) 81–98.
Ernst *Langthaler*, Die »braune Flut« im »schwarzen Land«? Zur Struktur der NSDAP-Wählerschaft in Niederösterreich 1932, in: Unsere Heimat. Zeitschrift des Vereines für Landeskunde von Niederösterreich 65 (1994) 13–41.

Ernst *Langthaler*, Eigensinnige Kolonien. NS-Agrarsystem und bäuerliche Lebenswelten 1938–1945, in: NS-Herrschaft in Österreich. Ein Handbuch (hg. von Emmerich *Tàlos* u. a., Wien 2000) 348–375.
Ernst *Langthaler*, Die Erfindung des Gebirgsbauern. Identitätsdiskurse zwischen NS-System und voralpiner Lebenswelt, in: Über die Dörfer. Ländliche Lebenswelten in der Moderne (hg. von Ernst *Langthaler*/Reinhard *Sieder*, Wien 2000) 87–142.
Ernst *Langthaler*, Feiern im Wiederaufbau. Identitätspolitik in einer österreichischen Dorfgesellschaft 1945–1960, in: Kontinuität: Wandel. Kulturwissenschaftliche Versuche über ein schwieriges Verhältnis (hg. von Nikola *Langreiter*/Margareth *Lanzinger*, Wien 2002) 137–163.
Ernst *Langthaler*, Österreich vor Ort. Ein Weg in die kollektive Identität der Zweiten Republik, in: Österreichische Zeitschrift für Geschichtswissenschaften 13/1 (2002) 7–43.
Ernst *Langthaler*, The rise and fall of a local hero: memory, identity and power in rural Austria, 1945–1960, in: Cultural Studies 16 (2002) 786–796.
Ernst *Langthaler*, Umbruch im Dorf? Ländliche Lebenswelten von 1945 bis 1950, in: Österreich 1945–1995. Gesellschaft – Politik – Kultur (hg. von Reinhard *Sieder*/Heinz *Steinert*/Emmerich *Tàlos*, Wien 1995) 35–53.
Helmut *Lanzl*, Die Landwirtschaft Vorarlbergs mit Betonung der Alpwirtschaft (Bregenz 1928).
Leben ohne Bauern? Wer würde dann unseren Tisch decken … Steirische Berichte 5–6 (hg. vom Steirischen Volksbildungswerk, Graz 2001).
Franz-Josef *Lechner*, Der »Weinskandal 1985«. Ursachen, Ablauf und Auswirkungen (Salzburg 1997).
Kurt *Leidenfrost*, Alpwirtschaft und Alpwirtschaftsförderung in Vorarlberg (Bregenz 1948).
Adolf *Leidlmair*, Grenzen in der Agrarlandschaft des mittleren Alpenraumes und ihr zeitlicher Wandel, in: Geographische Zeitschrift 77 (1989) 22–42.
Adolf *Leidlmair*, Grundzüge und räumliche Ordnung der Wirtschaft, in: Landeskunde Österreich. Studienausgabe (hg. von *ders.*, München 1983) 57–87.
Adolf *Leidlmair*, Tirol auf dem Wege von der Agrar- zur Erholungslandschaft, in: Mitteilungen der Österreichischen Geographischen Gesellschaft 120 (1978) 38–52.
Adolf *Leidlmair*, Hermann Wopfner und die Volkskunde von Tirol, in: Hermann *Wopfner*, Entstehung und Wesen des tirolischen Volkstums – Bäuerliche Siedlung und Wirtschaft. Reprint der beiden Beiträge aus: Tirol. Land und Natur, Volk und Geschichte, Geistiges Leben (Tiroler Wirtschaftsstudien 46, Innsbruck 1994) V–XVII.
Die Leipnik-Lunderburger Zuckerfabriken-Actiengesellschaft 1930–1940 und ihr Rübeneinzugsgebiet (hg. von Jakob *Baxa*, Wien 1940).
Josef *Lemberger*, Die Salzburger Landwirtschaftskammer von 1945 bis 1992, in: Vom Feudalverband zur Landwirtschaftskammer. Agrarische Korporations- und Organisationsformen in Salzburg vom Beginn der Neuzeit bis heute (hg. von Gerhard *Ammerer*/Josef *Lemberger*/Peter *Oberrauch*, Salzburg 1992) 265–354.
Rudolf *Leopold*, Warum Haus der Bäuerin? Landwirtschaftliche Mitteilungen für Steiermark 22 (1954) 1.
David *Lercher*, Bergbauernpolitik in der Zwischenkriegszeit mit besonderer Berücksichtigung der Bundesländer Niederösterreich und Vorarlberg. Diplomarbeit (Wien 1992).
Lorenz von *Liburnau*, Joseph Roman Ritter von, Statistik der Bodenproduction von 2 Gebietsabschnitten Oberösterreichs. Umgebung von St. Florian und von Grünburg (Wien 1867).
Elisabeth *Lichtenberger*, Österreich (Darmstadt 1997).
Maximilian *Liebmann*, Kardinal Innitzer und der Anschluß. Kirche und Nationalsozialismus in Österreich 1938 (Grazer Beiträge zur Theologiegeschichte und kirchlichen Zeitgeschichte Bd. 1, Graz 1982).
Christoph *Lind*, »… sind wir doch in unserer Heimat als Landmenschen aufgewachsen …« Der »Landsprengel« der Israelitischen Kultusgemeinde St. Pölten: Jüdische Schicksale zwischen Wienerwald und Erlauf (St. Pölten 2002).
Karl *Lindner*, Wegbereiter der Allgäuer Milchwirtschaft, in: Geschichte der Allgäuer Milchwirtschaft. 100 Jahre Allgäuer Milch im Dienste der Ernährung (bearb. von *dems.* Kempten im Allgäu 1955) 127–160.
Barbara *Lindtner*, Gesindedienst und Lohnarbeit. Eine idealtypische Gegenüberstellung von Taglöhner- und Gesindegesellschaft. Diplomarbeit (Salzburg 1989).
Kurt *van Linthoudt*, Von Fasching bis Fronleichnam. Bräuche im Marchfeld, dargestellt am Wandel im 20. Jahrhundert, 3 Bde. Diss. (Wien 1992).
Franz *Lipp*, Bauernburgen. Vom Haus und Hof oberösterreichischer Bauern, in: Oberösterreich 16, H. 3/4 (1966/67) 46–53.
Franz *Lipp*, Oberösterreichische Stuben. Bäuerliche und bürgerliche Innenräume. Möbel und Hausgerät (Linz 1966).
Ludwig *Löhr*, Faustzahlen für den Landwirt (Graz ^{5}1976).
August *Lombar*, Entschuldung und Aufbau der österreichischen Landwirtschaft (Klagenfurt 1953).
Ilse *Luger*, Das bäuerliche Wohnhaus in Oberösterreich, Lebende Tradition, Erhalten, Gestalten und Planen (Linz 1981).

Kurt *Luger,* Städter im Kopf? Zur Lebenssituation der Jugendlichen im Pinzgau. Salzburger Jahrbuch für Politik (1997) 150–173.
Kurt *Luger*/Claudio *Tedeschi,* Gratwanderung zwischen Tradition und Modernität. Studie über die Lebenssituation der Jugendlichen im Pinzgau (Salzburg 1986).

Basil *Macalík,* Thierzucht. Allgemeiner Teil, in: Geschichte der österreichischen Land- und Forstwirtschaft. 2. Bd. (hg. von Michael Freiherr *von Kast,* Wien 1899) 441–504.
Bernd E. *Mader,* Flachsanbau und Flachsfasergewinnung in Ratschendorf vor 1939, in: Ratschendorf. Vom Werden eines Dorfes. Beiträge zur Geschichte einer südoststeirischen Gemeinde (hg. von Heinrich *Kranzelbinder*/Günther *Prutsch*/Franz Josef *Schober,* Ratschendorf 1997/98) 230–245.
Franz *Mair,* Wie steht's mit der Fleckviehzucht in Tirol?, in: Tiroler Bauernkalender 37 (1950) 198–199.
Franz *Mair,* Gibt es in Tirol noch Tuxer-(Zillertaler-)Vieh?, in: Tiroler Bauernkalender 38 (1951) 179.
The Management of Common Land in the North West Europe, ca. 1500–1850 (hg. von Martina *de Moor*/Leigh *Shaw-Taylor*/Paul *Warde,* Turnhout 2002).
Helmut *Mang,* Tiroler Berggemeinden im Wandel. Serfaus – Fiß – Ladis (Beiträge zur alpenländischen Wirtschafts- und Sozialforschung 85, Innsbruck 1970).
Josef *Mannert,* Lebenseinstellungen und Zukunftserwartungen der ländlichen Jugend (Wien 1981).
Josef *Mannert,* Motive und Verhalten von Nebenerwerbslandwirten (Wien 1976).
Das Marchfeldkanalsystem – ein modernes wasserwirtschaftliches Sanierungsprojekt (hg. von der Errichtungsgesellschaft Marchfeldkanal, Deutsch-Wagram o. J.).
Franz *Maresch,* Der Anbau von Brandgetreide im oberen Pielachtal, Niederösterreich, in: Österreichische Zeitschrift für Volkskunde NF 20 (1966) 188–191.
Gerhard *Maresch,* Die Anfänge der Mechanisierung der Landwirtschaft in Österreich. Dargestellt anhand der Sammlung von Modellen landwirtschaftlicher Geräte und Maschinen des Technischen Museums Wien. Blätter für Technikgeschichte 46/47 (1984/85) 39–80.
Josef *Märk,* Oberländer Späältabürger. Vorarlberger Volkskalender 1988, 122–130.
Josef *Märk,* Trift und Wasserstuben in Vorarlberg. Montfort 6, 1/6 (1951/52) 66–72.
März 1938 in Kärnten. Fallstudien und Dokumente zum Weg in den »Anschluß« (hg. von Helmut *Rumpler,* unter Mitarbeit von Ulfried *Burz,* Klagenfurt 1989).
Marktgemeinde Halbenrain. Festschrift anläßlich der Markterhebung 1985 (hg. von der Marktgemeinde Halbenrain, Halbenrain 1985).
Marijan *Maticka,* Merkmale der landwirtschaftlichen Produktion und der wirtschaftlich-sozialen Lage des Bauerntums in Kroatien zwischen 1918 und 1929, in: Der Bauer und die Landwirtschaft im pannonischen Raum vom Ende des Ersten Weltkrieges bis zur Weltwirtschaftskrise. Internationales Kulturhistorisches Symposion Mogersdorf 1981 in Radenci (Maribor 1981) 162–181.
Franz *Mathis,* Die österreichische Wirtschaft. Grundlagen und Entwicklungen, in: Österreich im 20. Jahrhundert. Bd. 2 (hg. von Rolf *Steininger*/Michael *Gehler,* Wien 1997) 415–453.
Werner *Matt,* Die Gründung und die Gründer der I. Vorarlberger Viehzuchtgenossenschaft zu Dornbirn. Dornbirner Schriften 16 (1993) 51–66.
Werner *Matt,* Theodor Rhomberg – der letzte Privatier?, in: Mit bürgerlichem Blick. Aus den photographischen Tagebüchern des Theodor Rhomberg (1845–1918) (hg. von Arno *Gisinger*/Werner *Matt,* Dornbirn 1994) 24–42.
Werner *Matt,* Zuerst das Notwendige, dann das Nützliche und dann erst das Angenehme – Dornbirn von 1945–2000, in: Geschichte der Stadt Dornbirn. 3 Bde. (hg. von Werner *Matt*/Hanno *Platzgummer,* Dornbirn 2002) Bd. 2, 247–366.
Siegfried *Mattl,* Agrarstruktur. Bauernbewegung und Agrarpolitik i. Österreich 1919–1929 (Wien/Salzburg 1981).
Siegfried *Mattl,* Die Finanzdiktatur. Wirtschaftspolitik in Österreich 1933–1938, in: »Austrofaschismus«. Beiträge über Politik, Ökonomie und Kultur 1934–1938 (hg. von Emmerich *Tálos*/Wolfgang *Neugebauer,* Wien ⁴1988) 133–159.
Gerald *Matzka,* Die Wirtschaft des oststeirischen Hügellandes. Diss. (Wien 1960).
Ludwig *Maurer,* Krume am Tropf, in: Umweltreport Österreich (hg. von Werner *Katzmann*/Heinrich *Schrom,* Wien 1986) 234–254.
Bernhard *Mayer,* Die Agrarkrise Tirols, deren Ursachen und Folgen. Nach den Rentabilitätserhebungen der Buchstelle des Tiroler Landeskulturrates (Innsbruck 1931).
Erwin *Mayr,* Die Ausbreitung des Getreidebaues, die Anbau- und Erntezeiten und die Fruchtfolgen in Nordtirol und Vorarlberg, in: Veröffentlichungen des Museum Ferdinandeum 15 (1935) 1–27.
Erwin *Mayr,* Getreidebau und Getreidesorten im Salzburgischen Salzachtal. Botanisches Archiv 8, Heft 3–4 (1924) 185–224.
Erwin *Mayr,* Die Getreide-Landsorten und der Getreidebau im Salzachtal und seinen Nebentälern (Wien 1928).

889

Erwin *Mayr*, Die Landesanstalt für Pflanzenzucht und Samenprüfung in Rinn. Arbeiten aus ihrer 15jährigen Tätigkeit (Schlern-Schriften 145, Innsbruck 1956).
Erwin *Mayr*, Veränderungen im Getreidebau des Oberpinzgaues in den letzten vierzig Jahren. Mitteilungen der Gesellschaft für Salzburger Landeskunde 100 (1960) 701–706.
Johann *Mayr*, In Knechtschaft gelitten, die Freiheit erstritten: die Geschichte der SPÖ-Bauern in Oberösterreich (Linz 1989).
Peter *Meihsl*, Die Landwirtschaft im Wandel der politischen und ökonomischen Faktoren, in: Österreichs Wirtschaftsstruktur gestern – heute – morgen, Bd. 2 (hg. von Wilhelm *Weber*, Berlin 1961) 551–839.
Hans *Meindl*, Das Aichmayrgut in Penking Nr. 17, Gemeinde Hargelsberg. Manuskript, Asten 1992, OÖ. Landesarchiv 10295.
Hans *Meindl*, Das Amtmanngut in der Straß in Penking Nr. 1, Gemeinde Hargelsberg. Manuskript, Asten 1985, OÖ. Landesarchiv 9147.
Hans *Meindl*, Das Anwesen Eisenhub in der Gemeinde Hofkirchen im Traunkreis, Ortschaft Rappersdorf Nr. 13. Manuskript, Asten 1990/91, OÖ. Landesarchiv 10033.
Hans *Meindl*, Das Brandstättergut oder die Knapelbrandstatt in Nußbach Nr. 81. Manuskript, Asten 1991, OÖ. Landesarchiv 10104.
Hans *Meindl*, Das Eglseergut in der Gemeinde Enns, Erlengraben Nr. 13. Manuskript, Asten 1991, OÖ. Landesarchiv 10116.
Hans *Meindl*, Der Espelmayrhof in Moos Nr. 2, Gemeinde Enns. Manuskript, Asten 1990, OÖ. Landesarchiv 9845.
Hans *Meindl*, Das Hagmayrgut in Penking Nr. 19, Gemeinde Hargelsberg. Manuskript, Asten 1991/92, OÖ. Landesarchiv 10294.
Hans *Meindl*, Das Hubergut zu Gunersdorf, Pichlern Nr. 87, Gemeinde Sierning. Manuskript, Asten 1990–92, OÖ. Landesarchiv 10296.
Hans *Meindl*, Das Hubergut in Moos, Moos Nr. 35 in der Gemeinde Enns. Manuskript, Asten 1994, OÖ. Landesarchiv 10625.
Hans *Meindl*, Das Kammerhubgut in Asten, Conscr. Nr. 16, heute Wienerstraße Nr. 5. Manuskript, Asten 1989, OÖ. Landesarchiv 9646.
Hans *Meindl*, Das Kappengut in Hausmanning Nr. 4, Gemeinde Hargelsberg. Manuskript, Asten 1988, OÖ. Landesarchiv 9638.
Hans *Meindl*, Der Kaubinghof, heute der Erlenhof in Volkersdorf Nr. 13, Gemeinde Enns. Manuskript, Linz 1997, OÖ. Landesarchiv L-90/2.
Hans *Meindl*, Das Kniebauerngut in Einsiedl Nr. 12, Gemeinde Enns. Ein Beitrag zur Geschichte des Hofes u. seiner Besitzer. Manuskript, Linz 1995, OÖ. Landesarchiv L-90/1.
Hans *Meindl*, Das Mayrgut zu Weilling, Weilling Nr. 2, Gemeinde St. Florian. Manuskript, Asten 1992–94, OÖ. Landesarchiv 10624.
Hans *Meindl*, Der Michlbauer in Pirchhorn Nr. 4, Gemeinde Hargelsberg. Ein Beitrag zur Geschichte des Anwesens, seiner Besitzer u. d. Vorfahren d. heutigen Besitzerfamilie Mayrbäurl. Manuskript, Linz 1997, OÖ. Landesarchiv M–195/5.
Hans *Meindl*, Das »Kruggut« in Pirchhorn Nr. 2, Gemeinde Hargelsberg. Manuskript, Linz 1988, OÖ. Landesarchiv M 195.
Hans *Meindl*, Das Matzingergut, Franzberg Nr. 1, Gemeinde Hargelsberg. Manuskript, Asten 1988/89, OÖ. Landesarchiv 9521.
Hans *Meindl*, Das Nöbauergut im Markt Asten, Ipfbachstr. Nr. 4. Manuskript, Asten 1991, OÖ. Landesarchiv 9959.
Hans *Meindl*, Das »Oberfürstweggut« am Rabenberg Nr. 10, Enns. Manuskript, Linz 1987, OÖ. Landesarchiv L 90.
Hans *Meindl*, Das »Plassengut« in der Marktgemeinde Asten. Manuskript, Asten 1989/90, OÖ. Landesarchiv 9962.
Hans *Meindl*, Das Straußgut in Pirchhorn Nr. 1, Gemeinde Hargelsberg. Manuskript, Asten 1989, OÖ. Landesarchiv 9645.
Hans *Meindl*, Die Weberhofstatt im Graben in Unterweidlham Nr. 9, Gemeinde St. Florian. Ein Beitrag zur Geschichte des Hauses u. seiner Besitzer. Manuskript, Asten 1993, OÖ. Landesarchiv 10511.
Hans *Meindl*, Zum Goldenen Ochsen – heute Hotel Lauriacum in der Stadt Enns. Manuskript, Asten 1991, OÖ. Landesarchiv 10121.
Wolfgang *Meixner*, »... daß es keine dümmere Phrase gibt, als zu sagen, es war immer so«. Johann Filzer – Sozialistische Bauernagitation in Tirol und Vorarlberg, in: Die Roten am Land. Arbeitsleben und Arbeiterbewegung im westlichen Österreich (hg. von Kurt *Greussing*, Steyr 1989) 22–28.
Wolfgang *Meixner*, Mythos Tirol. Zur Ethnizitätsbildung und Heimatschutzbewegung im 19. Jahrhundert, in: Geschichte und Region. Storia e regione 1/Heft 1 (1992) 88–106.

Wolfgang *Meixner*, Verordnete Freiwilligkeit? Zur Entstehung des Genossenschaftswesens nach F. W. Raiffeisen in Tirol bis 1914, in: Geschichte und Region. Storia e regione 2/Heft 1 (1993) 127–161.
Wolfgang *Meixner*, Zwangsarbeit im Gau Tirol-Vorarlberg. Forschungsüberblick, in: Tiroler Chronist 86 (2002) 4–8.
Vasilij *Melik*, Die Bauernfrage im europäischen und pannonischen Raum in der Zeit von 1919 bis 1929, in: Der Bauer und die Landwirtschaft im pannonischen Raum vom Ende des Ersten Weltkrieges bis zur Weltwirtschaftskrise. Internationales Kulturhistorisches Symposion Mogersdorf 1981 in Radenci (Maribor 1981) 79–106.
Franz Freiherr von *Mensi-Klarbach*, Grundsteuer, in: Österreichisches Staatswörterbuch. Handbuch des gesamten österreichischen öffentlichen Rechtes, Bd. 2 (hg. von Ernst *Mischler*/Josef *Ulbrich*, Wien 1907) 588–606.
Viktor *Metternich-Sandor*, Strukturanalyse der Land- und Forstwirtschaft des Gerichtsbezirks Allentsteig unter besonderer Berücksichtigung der Auswirkungen des Truppenübungsplatzes Allentsteig. Diplomhausarbeit an der Wirtschaftsuniversität (Wien 1988).
Ernst *Metz*, Großgrundbesitz und Bodenreform in Österreich 1919 bis 1924. Diss. (Wien 1984).
Manfred *Meurer*, Höhenstufung von Klima und Vegetation. Erläutert am Beispiel der mittleren Ostalpen, in: Geographische Rundschau 36/Heft 8 (1984) 395–403.
Wilhelm *Meusburger*, »Die Käsgrafen« am Beispiel der Brüder Moosbrugger (Schnepfau–Thüringen–Mailand), in: Begleitheft zur Ausstellung »Die Käsgrafen« (hg. vom Vorarlberger Landesmuseum, Bregenz 1990) 5–13.
Meyers großes Taschenlexikon 14 (Mannheim/Wien/Zürich 1981).
Harald *Michalek*, »Vom fleißigen Bauern zum erfolgreichen Betriebsinhaber«. Bauerntumsideologischer Diskurs der politischen Interessensvertretung Österreichischer Bauernbund in ihrem publizistischen Organ 1945 bis 1955. Diplomarbeit (Salzburg 1988).
Eva Franziska *Michlits*, Nationalpark Neusiedler See – Seewinkel: Von der aktuellen Situation zur regionalen Vision. Ansätze eines Entwicklungskonzeptes für die Nationalparkregion. Diplomarbeit (Wien 1997).
E. *Mischler*/H. *Wimbersky*, Die landwirtschaftlichen Dienstboten in Steiermark (Graz 1907).
Michael *Mitterauer*, Ahnen und Heilige. Namengebung in der europäischen Geschichte (München 1993).
Michael *Mitterauer*, Dimensionen des Heiligen. Annäherungen eines Historikers (Wien 2000).
Michael *Mitterauer*, Formen ländlicher Familienwirtschaft. Historische Ökotypen und familiale Arbeitsorganisation im österreichischen Raum, in: Familienstruktur und Arbeitsorganisation in ländlichen Gesellschaften (hg. von Josef *Ehmer*/Michael *Mitterauer*, Wien 1986) 185–324.
Michael *Mitterauer*, Ledige Mütter. Zur Geschichte unehelicher Geburten in Europa (München 1983).
Michael *Mitterauer*, Sozialgeschichte der Jugend (Frankfurt am Main 1986).
Franz *Mittermüller*/Bernhard *Reismann*, Geschichte der Marktgemeinde Oberaich (Oberaich 1999).
Rudolf *Mock*, Entwicklung, Stand und Ziele des Verbandes der Murbodner-Mürztaler Viehzuchtgenossenschaften in Steiermark (o. O., o. J.).
Wilhelm *Mohr*, Agrarrecht in Vorarlberg. Taschen-Jahrbuch für den Vorarlberger Landwirt 14 (1957) 28–68.
Monatsberichte des österreichischen Institutes für Konjunkturforschung (Wien 1928 ff.).
Montafoner Heimatbuch (hg. vom Stand Montafon, Bregenz 1974).
Maria-Anna *Moosbrugger*, Maisäßkultur und Maisäßlandschaft im Montafon (Montafoner Schriftenreihe 1, Schruns 2001).
Pius *Moosbrugger*, Erinnerung an die große Bauernrevolte in Bludenz vor 52 Jahren, in: Beiträge zur Stadtgeschichte im »Anzeiger für die Bezirke Bludenz und Montafon«, 2. Teil (hg. von Dietmar *Pecoraro*, Bludenzer Geschichtsblätter 21/22, Bludenz 1995) 152–156.
Josef *Mooser*, Das Verschwinden der Bauern. Überlegungen zur Sozialgeschichte der »Entagrarisierung« und Modernisierung der Landwirtschaft im 20. Jahrhundert, in: Der lange Abschied vom Agrarland. Agrarpolitik, Landwirtschaft und ländliche Gesellschaft zwischen Weimar und Bonn (hg. von Daniela *Münkel*, Göttingen 2000) 23–35.
Michael *Mooslechner*/Robert *Stadler*, Landwirtschaft und Agrarpolitik, in: NS-Herrschaft in Österreich 1938–1945 (hg. von Emmerich *Tálos* u. a., Wien 1988) 69–94.
Lenz *Moser*, Weinbau einmal anders. Ein Weinbaubuch für den fortschrittlichen Landwirt (Wien [4]1965).
Günter *Mösl*, Entwicklung, gegenwärtiger Stand und Zukunftsperspektiven des bergbäuerlichen Förderungswesens. Diss. (Innsbruck 2000).
Das Mühlviertel. Natur. Kultur. Leben. Oberösterreichische Landesausstellung 1988, 21. Mai bis 30. Oktober 1988, im Schloß Weinberg bei Kefermarkt (Linz 1988).
Josef *Muigg*, Mit eigener Kraft in die Zukunft, in: Tiroler Bauernkalender 38 (1951) 169–173.
Hans *Müllebner*, Von Bauern, Pferden und Maschinen. Bauernarbeit im Weinland (Hollabrunn 2000).
Ernst *Müller*, Tiroler Berufsstatistik. Umfasst alle in Handel, Gewerbe, Industrie und Verkehr Tirols beschäftigten Arbeitnehmer nach dem Stande vom 1. Juli 1928 (Innsbruck 1929).

Jürgen *Müller*, Futterkonservierung, in: Pflanzliche Erzeugung (hg. von Manfred *Munzert*/Heinrich *Hüffmeier*, München ¹¹1998) 572–595.
Daniela *Münkel*, Nationalsozialistische Agrarpolitik und Bauernalltag (Frankfurt am Main/New York 1996).
Murbodner-Mürztaler Viehzuchtgenossenschaften in Steiermark (Hg.), Jahresbericht 1932 (St. Michael 1932).
Roswitha *Muttenthaler*, Die Anfänge landwirtschaftlicher Genossenschaften. Ökonomische und politisch-institutionelle Rahmenbedingungen in Österreich vor 1914. Diplomarbeit (Wien 1987).

Josef F. K. *Naumann*, 40 Jahre Bauernbund in Vorarlberg. Taschen-Jahrbuch für den Vorarlberger Landwirt 16 (1959) 14–18.
Larry N. *Naylor*, Culture and Change. An introduction (Westport, Connecticut/London 1996).
Erwin *Nemeth*, »... und sägt am Ast, auf dem er sitzt.« Burgenländische Landschaft und Landwirtschaft aus der Sicht des Natur- und Artenschutzes, in: Elisabeth *Deinhofer*/Traude *Horvath* (Hg.), Grenzfall Burgenland 1921–1991 (Eisenstadt 1991) 275–287.
Othmar *Nestroy*, Aspekte des Strukturwandels der österreichischen Landwirtschaft in den letzten zwei Jahrzehnten, in: Österreich in Geographie und Literatur mit Geographie 23 (1979) 82–95.
Otto *Neumann*, Das obere Salzachtal bis Bruck als Wirtschaftsraum. Diss. (Wien 1934).
Ursula J. *Neumayr*, Unter schneebedeckten Bergen – Geschichte der Landwirtschaft im Pinzgau, ca. 1880–1980. Diss. (Salzburg 2002).
Rainer *Nick*/Christian *Engl*, Das politische System des Bundeslandes Tirol 1945–1986, in: Handbuch zur Neueren Geschichte Tirols. Bd. 2: Zeitgeschichte, 1. Teil: Politische Geschichte (hg. von Anton *Pelinka*/Andreas *Maislinger*, Innsbruck 1993) 509–571.
Heinz-Jürgen *Niederzu*/Max *Preglau*, Die demographische und sozioökonomische Entwicklung, in: Handbuch zur Neueren Geschichte Tirols. Bd. 2: Zeitgeschichte, 2. Teil: Wirtschaft und Kultur (hg. von Anton *Pelinka*/Andreas *Maislinger*, Innsbruck 1993) 7–87.
Alois *Niederstätter*, Bemerkungen zur Rinderhaltung im vorindustriellen Vorarlberg. Eine erste Bestandsaufnahme. Montfort 51 (1999) 118–128.
Rainer P. *Niedl*, Der Anbau von Kartoffelpflanzgut in Nordtirol (Beiträge zur alpenländischen Wirtschafts- und Sozialforschung 156, Innsbruck 1972).
N. N., Landesverband für Bienenzucht in Tirol, in: Jahrbuch des Tiroler Bauernbundes und des Landeskulturrates (= Tiroler Bauernkalender) 23 (1929) 120–122.
N. N., Die Akademikersektion des Tiroler Bauernbundes, in: Tiroler Bauernkalender 37 (1950) 58–59.
N. N., Tierzuchtverbände stellen sich vor, in: Tiroler Bauernkalender 34 (1947) 221–224.
Josef *Nussbaumer*, Grundzüge der wirtschaftlichen und sozialen Entwicklung Tirols in den achtziger Jahren. Aus wirtschafts- und sozialstatistischer Sicht, in: Handbuch zur Neueren Geschichte Tirols. Bd. 2: Zeitgeschichte, 2. Teil: Wirtschaft und Kultur (hg. von Anton *Pelinka*/Andreas *Maislinger*, Innsbruck 1993) 89–111.
Josef *Nussbaumer*, Sozial- und Wirtschaftsgeschichte von Tirol 1945–1985. Ausgewählte Aspekte (Tiroler Wirtschaftsstudien 42, Innsbruck 1992).
Josef *Nussbaumer*, Wirtschaftlicher und sozialer Wandel in Tirol 1945–1996. Eine Skizze, in: Tirol »Land im Gebirge«: Zwischen Tradition und Moderne (hg. von Michael *Gehler*, Wien 1999) 139–220.
Josef *Nussbaumer*/Guido *Rüthemann*, Vergessene Zeiten in Tirol. Lesebuch zur Hungergeschichte einer europäischen Region (Geschichte & Ökonomie 11, Innsbruck/Wien/München 2000).
Nutztierhaltung in Österreich 1999 (hg. von der Statistik Austria, Beiträge zur Österreichischen Statistik 1356, Wien 2000).

Der Obstgarten (Graz 1898 f.).
Heinrich *Oberrauch*, Tirols Wald und Waidwerk. Ein Beitrag zur Forst- und Jagdgeschichte (Schlern-Schriften 88, Innsbruck 1952).
Erwin *Obernberger*, Die Entwicklung der Landwirtschaft im oberösterreichischen Zentralraum seit 1938 (Wien 1976).
Theresia *Oedl-Wieser*, Emanzipation der Frauen auf dem Land. Eine explorative Studie über Ambivalenzen und Lebenszusammenhänge (Wien 1997).
Norbert *Ortmayr*, Beim Bauern im Dienst. Zur Sozialgeschichte des ländlichen Gesindes in der Ersten Republik, in: Geschichte von unten (hg. von H. C. *Ehalt*, Wien 1984) 95–141.
Norbert *Ortmayr*, Knechte (Wien 1992).
Norbert *Ortmayr*, Ländliches Gesinde in Oberösterreich 1918–1938, in: Familienstruktur und Arbeitsorganisation in ländlichen Gesellschaften (hg. von Josef *Ehmer*/Michael *Mitterauer*, Wien 1986) 325–416.
Norbert *Ortmayr*, Sozialhistorische Skizzen zur Geschichte des ländlichen Gesindes in Österreich, in: Knechte. Autobiographische Dokumente und sozialhistorische Skizzen (hg. von Norbert *Ortmayr*, Wien/Köln/Weimar 1992) 297–376.

Norbert *Ortmayr*, Späte Heirat. Ursachen und Folgen des alpinen Heiratsmusters, in: Zeitgeschichte 16/ Heft 4 (1989) 119–134.
Ortsgeschichte Tieschen. Von der Höhensiedlung zum Marktplatz (hg. von Marktgemeinde Tieschen, Tieschen 1998).
Adolph *Ostermayer*, Bedürfnisse und Zukunftswege der oberösterreichischen Landwirtschaft (Linz 1919).
Österreichischer Atlas für höhere Schulen (Kozenn-Atlas), Hundert-Jahr-Ausgabe (Wien 1978).
Österreichisches Agrar-Handbuch (bearbeitet von der Land- und forstwirtschaftlichen Landes-Buchführungs-Gesellschaft, Wien 1960).
Österreichisches Statistisches Zentralamt, Ergebnisse der land- und forstwirtschaftlichen Statistik 1937–1983 (Wien 1948–1984).
Österreichisches Statistisches Zentralamt, Die Almwirtschaft in Österreich im Jahr 1986 (Wien 1988).
Österreichisches Statistisches Zentralamt, Landwirtschaftliche Maschinenzählung 1902–1990 (Wien 1902 ff.).
Österreichische Statistik, Bde. 1 bis 93 (Wien 1882–1916), Neue Folge Bde. 1 bis 18 (Wien 1912–1918).
Österreichs Land- und Forstwirtschaft in Bild und Zahl (hg. vom Österreichischen Statistischen Zentralamt, Wien 1953).
Gertraud *Ostheimer*, Strukturentwicklung bei Warengenossenschaften in Oberösterreich. Situationsanalyse und Perspektiven unter besonderer Berücksichtigung von Verschmelzungen, dargestellt am Beispiel einer oberösterreichischen Lagerhausgenossenschaft. Diplomarbeit (Linz 1995).
Ostland. Unabhängiges Wochenblatt für die Oststeiermark und das südliche Burgenland mit bildreicher Unterhaltungsbeilage und amtlichen Mitteilungen (Fürstenfeld 1929–1944).
Oststeirische Volkszeitung. Lokalblatt für die östliche Steiermark (Feldbach 1919–1935).

Sigurd *Pacher*, Die Agrarpolitik des österreichischen Ständestaates, in: Vierteljahrschrift für Sozial- und Wirtschaftsgeschichte 81 (1994) 339–368.
Bruno *Paldele*, Die aufgelassenen Almen Tirols (Innsbrucker Geographische Studien 23, Innsbruck 1994).
Tanja Maria *Palkovits*, Nationalpark Neusiedler See – Seewinkel unter besonderer Berücksichtigung der Salzböden im Nationalparkgebiet. Diplomarbeit (Wien 1997).
Max *Partl*, 100 Jahre organisierte Rinderzucht in Tirol, in: Tiroler Bauernkalender 34 (1947) 213–219.
Herbert *Paschinger*, Junge Strukturwandlungen in der Landwirtschaft des österreichischen Bundeslandes Kärnten, in: Recherches de Géographie rurale. Festschrift für F. Dussart (Liège 1979), 627–641.
Viktor *Paschinger*, Landeskunde von Kärnten und Osttirol (Kärntner heimatkundliche Schriftenreihe 1, Klagenfurt 1949).
Hans *Paul*, Tendenzen in der Entwicklung der burgenländischen Landwirtschaft zwischen 1929 und 1938, in: Bauer und Landwirtschaft im pannonischen Raum von der Weltwirtschaftskrise bis zum Zweiten Weltkrieg. Internationales Kulturhistorisches Symposion Mogersdorf 1983 in Osijek (Osijek 1983) 171–189.
Carl *Payr*, Die Ursachen der wirtschaftlichen Bedrängnisse des Bauernstandes in den österreichischen Alpenländern und insbesondere in Tirol und Vorarlberg (Innsbruck 1889).
Franz *Pehr*, Die Produktionsverhältnisse in Kärnten (Klagenfurt 1909).
Karl *Pelz*, Konjunkturentwicklung und Agrarpolitik von 1918 bis 1970, in: Bauernland Oberösterreich. Entwicklungsgeschichte seiner Land- und Forstwirtschaft (hg. Alfred *Hoffmann*, Linz 1974) 163–207.
Hugo *Penz*, Grundzüge gegenwärtiger Veränderungen in der Agrarlandschaft des Bundeslandes Tirol, in: Mitteilungen der Österreichischen Geographischen Gesellschaft 117 (1975) 335–363.
Hugo *Penz*, Die Almwirtschaft in Österreich. Wirtschafts- und sozialgeographische Studien (Münchner Studien zur Sozial- und Wirtschaftsgeographie 15, Regensburg 1978).
Josef Friedrich *Perkonig*, Kärnten, sonniges Bergland (Graz ^{5}1947).
Hans *Peter*, Das Pinzgauer Rind, in: Tiroler Bauernkalender 37 (1950) 200–201.
Norbert *Peter*, Geschichte der Land-, Alp- und Forstwirtschaft im Raum Hohenems, in: Hohenems. 3 Bde. (hg. von der Marktgemeinde Hohenems, Dornbirn 1983) Bd. 3, 103–162.
Werner *Pevetz*, Umfang und Struktur der Fremdenzimmervermietung auf Bauernhöfen laut Land- und forstwirtschaftlicher Betriebszählung 1980, in: Monatsberichte über die österreichische Landwirtschaft 31/Heft 2 (1984) 127–128.
Werner *Pevetz*/Rudolf *Richter*, Haushaltsstrukturen und Lebensstile in österreichischen Landgemeinden (Wien 1993).
Wolfgang *Pfefferkorn*, Die Agrargemeinschaften, in: Alfons *Fischer* u. a., Natur und Landschaft des Walgaus (Schriftenreihe der Rheticus-Gesellschaft 3, Feldkirch 1977) 93–107.
Christian *Pfister* u. a., Das 1950er Syndrom. Der Weg in die Konsumgesellschaft (Bern 1995).
Hans *Pirchegger*, Geschichte der Steiermark. Mit besonderer Rücksicht auf das Kulturleben. Fotomechanische Wiedergabe der im Jahr 1949 erschienenen Originalausgabe (Graz 1983).
Franz *Pisecky*, Tirol-Vorarlberg (Die deutschen Gaue seit der Machtergreifung, Berlin 1940).

Franz *Pisecky*, Aufbaudörfer und Aufbaugenossenschaften, in: Alpenheimat. Familienkalender für Stadt und Land 4 (1942) 133–138.
Ulrich *Planck*/Joachim *Ziche*, Land- und Agrarsoziologie (Stuttgart 1979).
A. *von der Planitz*, Der Obstbau in Deutschsüdtirol, in: Geschichte der österreichischen Land- und Forstwirtschaft. 2. Bd. (hg. von Michael Freiherr *von Kast*, Wien 1899) 431–434.
Irmgard *Plattner*, Kultur und Kulturpolitik, in: Tirol »Land im Gebirge«: Zwischen Tradition und Moderne (hg. von Michael *Gehler*, Wien 1999) 223–312.
Klaus *Plitzner*, »Vorarlberg muß Österreichs gute Stube bleiben«. Die Vorarlberger Volkspartei von 1945 bis 1994, in: Volkspartei – Anspruch und Realität. Zur Geschichte der ÖVP seit 1945 (hg. von Robert *Kriechbaumer*/Franz *Schausberger*, Wien/Köln/Weimar 1995) 601–644.
Karoline *Pöltl-Oberski*, Frauen und Mädchen des Landvolkes, dankt am 10. April Adolf Hitler mit »Ja«. Nationalsozialistische Bauernzeitung 15 (1938) 11 f.
Tino *Pölzer*, Die biologische Landwirtschaft als alternative Lebensform. Eine Untersuchung der Entwicklung landwirtschaftlicher Betriebe in der Oststeiermark und die Erarbeitung erforderlicher Voraussetzungen für einen wirtschaftlichen Erfolg der alternativen Anbaumethoden. Diplomarbeit (Graz 2001).
Fritz *Posch*, Das Bauerntum in der Steiermark. Ein geschichtlicher Überblick (Zeitschrift des Historischen Vereins für Steiermark, Sonderbd.. 7, Graz 1963) 108–111.
Fritz *Posch*, Geschichte des Verwaltungsbezirkes Hartberg. Bd. 1/I, Bd. 1/II (Graz/Hartberg 1978).
Fritz *Posch*, Das Ringen des steirischen Bauern um seine politischen Rechte, in: Das Bauerntum in der Steiermark. Ein geschichtlicher Überblick (hg. von Fritz *Posch*, Graz 1963) 106–111.
Fritz *Posch*, Die steirische Landwirtschaft zwischen dem 1. Weltkrieg und der Weltwirtschaftskrise von 1929, in: Der Bauer und die Landwirtschaft im pannonischen Raum vom Ende des Ersten Weltkriegs bis zur Weltwirtschaftskrise. Internationales Kulturhistorisches Symposion Mogersdorf 1981 in Radenci (Maribor 1981) 130–143.
Gerhard *Poschacher*, Bauern und Agrarpolitik in der zweiten Republik, in: Landwirtschaft und Agrarpolitik in den 90er Jahren. Österreich zwischen Tradition und Moderne (hg. von der Österreichischen Gesellschaft für Kritische Geographie, Wien 1999) 118–130.
Andrea *Pototschnig*, Die Nebenerwerbslandwirtschaft in der Steiermark 1945–1975. Diss. (Graz 1986).
Viktor Herbert *Pöttler*, Der Vierkanthof aus St. Ulrich bei Steyr im österreichischen Freilichtmuseum zu Stübing bei Graz (Oberösterreichische Heimatblätter SH, Linz 2000).
Robert *Preiner*, EU-Beitritt und EU-Osterweiterung: Auswirkungen auf den Weinbau und den Gemüsebau im Bezirk Neusiedl am See. Diplomarbeit (Wien 2001).
Preisliste für Landwirtschaftliche Maschinen und Geräte von Kinz & Röbelen in Bregenz (Bregenz 1911).
Rudolf *Preuss*, Landschaft und Mensch in den Hohen Tauern. Beiträge zur Kulturgeographie (Würzburg 1939).
Leonhard *Prickler*, 120 Jahre Raab-Oedenburg-Ebenfurter Eisenbahn (Györ-Sopron-Ebenfurti Vasút). Burgenländische Heimatblätter 3/1996 (Eisenstadt 1996) 115–133.
Leonhard *Prickler*, Das Schul- und Bildungswesen im Burgenland seit 1945, in: Roland *Widder* (Hg.), Burgenland. Vom Grenzland im Osten zum Tor in den Westen (Geschichte des österreichischen Bundesländer seit 1945, hg. von Herbert *Dachs*/Ernst *Hanisch*/Robert *Kriechbaumer*, Wien/Köln/Weimar 2000) 55–112.
Günther *Prutsch*/Franz Josef *Schober*, Der »Anschluß« 1938 und seine Folgen im Bezirk Radkersburg. Blätter für Heimatkunde 63 (1989) 21–28.
Rudolf *Putz*, Agrarstruktur und deren Veränderung im Marchfeld und angrenzenden Weinviertel. Diplomarbeit (Wien 1980).
Wolfram *Pyta*, »Menschenökonomie«. Das Ineinandergreifen von ländlicher Sozialraumgestaltung und rassenbiologischer Bevölkerungspolitik im NS-Staat, in: Historische Zeitschrift 273 (2001) 31–94.

Christian *Rammer*, Industrialisierung und Proletarisierung. Zum Strukturwandel in der österreichischen Landwirtschaft nach 1945, in: Landwirtschaft und Agrarpolitik in den 90er Jahren. Österreich zwischen Tradition und Moderne (hg. von der Österreichischen Gesellschaft für Kritische Geographie, Wien 1999) 99–117.
Felix *Rathgeb*, Der Siegeszug der Technik, in: Bauern in Tirol. Vor 100 Jahren begann die Zukunft, 1882–1982 (red. von Michael *Forcher*, Innsbruck 1982) 98 f.
Raumordnungsplan Marchfeld, 3 Bde. (hg. von der Arbeitsgemeinschaft für Raumforschung und Planung, Wien 1955–1958).
Annelies *Redik*, Knecht oder Arbeiter? Probleme land- und forstwirtschaftlicher Arbeitnehmer im Steiermärkischen Landtag 1919–1929, in: Festschrift für Othmar Pickl (Graz 1987) 521–531.
Josef *Redl*, Die alte Landwirtschaft. Die Agrarstruktur des Marchfeldes zwischen 1780 und 1835/37. Diplomarbeit (Wien 1996).

Wilhelm *Reichert*, Der Bauer ohne Knecht. Ein Skizzenbuch über die bäuerliche Entwicklung in den letzten vier Jahrzehnten (Graz 1982).
Wilhelm *Reichert*, Zuwachskontrolle im Rinderstall. Der fortschrittliche Landwirt 23 (1959) 6 f.
Sepp *Reichl*, Geschichte der Stadt und der Region Fürstenfeld vom 2. Weltkrieg bis zur Gegenwart mit Ergänzungen früherer Darstellungen (Fürstenfeld 1989).
Gustav *Reingrabner*, Das Schulwesen als Teil des evangelischen Kirchenwesens im heutigen Burgenland zwischen Toleranzpatent und Anschluss – Motive, Tendenzen und Probleme, in: Kirche, Staat und Gesellschaft im pannonischen Raum – Volksfrömmigkeit, Bildungs- und Sozialwesen. Internationales Kulturhistorisches Symposion Mogersdorf 2000 in Mogersdorf (Eisenstadt 2002) 25–58.
Bernhard A. *Reismann,* Das Fröschnitztaler Montanwesen vom Mittelalter bis zum Jahr 1968. Diplomarbeit (Graz 1994).
Bernhard A. *Reismann*, Geschichte der Gemeinde Spital am Semmering (Spital am Semmering 1997).
Maria *Reiter*, Lebenserinnerungen. Manuskript (Institut für Sozial- und Wirtschaftsgeschichte, Johannes Kepler Universität Linz).
Martin *Reiter*, Geschichte des Hauses »Bauer in Hof« (Linz 1995).
Martin *Reiter*/Monika *Rampl*/Andreas *Humer*, Dreizehnlinden. Österreicher im Urwald (hg. vom Tiroler Bauernbund, Schwaz 1993).
Andreas *Resch*, Agrarische Bevölkerung und Interessenvertretungspolitik in Oberösterreich von 1919–1933 (Wien 1986).
Matthias *Rettenwander*, Stilles Heldentum? Wirtschafts- und Sozialgeschichte Tirols im Ersten Weltkrieg (Tirol im Ersten Weltkrieg 2, Innsbruck 1996).
Alois *Rieder*, Gedenkbuch der Landgemeinde Saalfelden (Transkript).
Hubert *Rieder*, Zeitgemäße Betrachtungen zu forstlichen Tagesfragen, in: Tiroler Bauernkalender 33 (1946) 107–108.
Robert *Riedler*, Zeit des Aufschwungs und des Umbruchs. Tirols Landwirtschaft und die Tätigkeit der Kammer in der Zeit von 1955 bis 1980, in: Bauern in Tirol. Vor 100 Jahren begann die Zukunft. 1882–1982 (hg. von der Landeslandwirtschaftskammer für Tirol, Innsbruck 1982) 207–262.
Josef *Riedmann*, Das Bundesland Tirol (1918 bis 1970) (Geschichte des Landes Tirol. Band 4/II, Bozen 1988).
Elmar *Rieger*, Bauernopfer. Das Elend der europäischen Agrarpolitik (Frankfurt am Main/New York 1995).
Kurt *Rohringer*, Maisbau – heuer besonders zu erwägen! Der fortschrittliche Landwirt 7 (1963) 7 f.
Peter K. *Rosegger*, Das Volksleben in Steiermark (Leipzig 1911).
Werner *Rösener*, Bauern in der europäischen Geschichte (München 1993).
Werner *Rösener*, Einführung in die Agrargeschichte (Darmstadt 1997).
Martin *Rössler*, Wirtschaftsethnologie. Eine Einführung (Berlin 1999).
Paul W. *Roth*/Hans Jörg *Köstler*, Technische Entwicklung und soziale Umstrukturierung in der Eisenindustrie der Obersteiermark. Ferrum 65 (1993) 31–37.
J. *Rudolf*, Abortus Bang der Rinder und seine Bekämpfung. Taschen-Jahrbuch für den Vorarlberger Landwirt 12 (1955) 66–77.
Andrea *Rudolph*/Martina *Wichelmann*, Rückbesinnung auf alte Haustierrassen – Bewertung der Ansprüche und Vitalität von vierzehn Landschafrassen und neun alten Rinderrassen im Tierpark Warder (Schleswig-Holstein) anhand von Beobachtungen und parasitologischen Untersuchungen (Mitteilungen aus dem Zoologischen Museum der Christian-Albrechts-Universität zu Kiel. Supplement 5, 1995).
Gustav *Ruhland,* Aus der Praxis eines neu gegründeten landwirtschaftlichen Grossbetriebes im Pinzgau (Berlin 1893).
Helmut *Rumpler*, Kärntens Wirtschaft im 19. Jahrhundert: Das Ende des Montanzeitalters und die Krise der Modernisierung, in: Kärntner Landeswirtschaftschronik I (hg. von Gesellschaft für Wirtschaftsdokumentation, Klagenfurt o. J.) 215–266.
Rund um das bäuerliche Essen. Festschrift Dr. Anni Gamerith zum 80. Geburtstag. Feldbacher Beiträge zur Heimatkunde der Südoststeiermark 1 (1986) 215–266.

Roman *Sandgruber*, Die Agrarrevolution in Österreich, in: Österreich-Ungarn als Agrarstaat. Wirtschaftliches Wachstum und Agrarverhältnisse in Österreich im 19. Jahrhundert (hg. von Alfred *Hoffmann*, Wien 1978) 195–271.
Roman *Sandgruber*, Der Hof des »Bauern in Hof«. Agrargeschichte des 20. Jahrhunderts im Spiegel von Wirtschaftsrechnungen und Lebenserinnerungen, in: Wiener Wege der Sozialgeschichte. Themen – Perspektiven – Vermittlungen. Michael Mitterauer zum 60. Geburtstag (Wien 1997) 299–334.
Roman *Sandgruber*, Die Landwirtschaft in der Wirtschaft – Menschen, Maschinen, Märkte, in: Geschichte der österreichischen Land- und Forstwirtschaft im 20. Jahrhundert. Politik – Gesellschaft – Wirtschaft (hg. von Franz *Ledermüller*, Wien 2002) 191–408.

Roman *Sandgruber*, Ökonomie und Politik. Österreichische Wirtschaftsgeschichte vom Mittelalter bis zur Gegenwart (Wien 1995).
Roman *Sandgruber*, Österreichische Agrarstatistik 1750–1918 (Wirtschafts- und Sozialstatistik Österreich-Ungarns 2, München 1978).
Wilhelm *Saure*, Das Reichserbhofgesetz. Leitfaden und Textausgabe des großdeutschen Reichserbhofrechts mit dem Wortlaut des Reichserbhofgesetzes und aller Verordnungen nebst Verweisungen (Berlin ⁶1941).
Dora *Schafhuber*/Wiltrud *Steinberger*, Der Urlaubsgast am Bauernhof (Graz 1977).
Erwin *Schatz*, Landwirtschaftsgeographie des Marchfeldes. Diss. (Wien 1949).
Franz *Schausberger*, Die Eliten der ÖVP seit 1945. Eine historisch-soziostrukturelle Untersuchung, in: Volkspartei – Anspruch und Realität. Zur Geschichte der ÖVP seit 1945 (hg. von Robert *Kriechbaumer*/Franz *Schausberger*, Wien/Köln/Weimar 1995) 201–252.
Schematismus und Statistik des Großgrundbesitzes in den Erzherzogtümern Nieder- und Oberösterreich und im Herzogtume Steiermark (hg. von I. *Tittel*, Prag 1908).
Norbert *Schepke*, Die Hypothekenbank des Landes Vorarlberg (Beiträge zur alpenländischen Wirtschafts- und Sozialforschung 140, Innsbruck 1972).
Hans *Schermer*, Am Beispiel Flachs: Abschied von der Selbstversorgerwirtschaft, in: Bauern in Tirol. Vor 100 Jahren begann die Zukunft. 1882–1982 (hg. von der Landeslandwirtschaftskammer für Tirol, Innsbruck 1982) 142–143.
Hans *Schermer*, Bewältigte Krisen, Krieg und Neuaufbau. Landeskulturrat, Bauernkammer, Reichsnährstand und Landeslandwirtschaftskammer von 1918 bis ca. 1955, in: Bauern in Tirol. Vor 100 Jahren begann die Zukunft. 1882–1982 (hg. von der Landeslandwirtschaftskammer für Tirol, Innsbruck 1982) 77–128.
Hans *Schermer*, Von Bezirk zu Bezirk. Die Bezirkslandwirtschaftskammer, ihr Werden und ihre Besonderheiten, in: Bauern in Tirol. Vor 100 Jahren begann die Zukunft. 1882–1982 (hg. von der Landeslandwirtschaftskammer für Tirol, Innsbruck 1982) 129–146.
Hans *Schermer*, Das landwirtschaftliche Bildungswesen seit Mitte der fünfziger Jahre, in: Bauern in Tirol. Vor 100 Jahren begann die Zukunft. 1882–1982 (hg. von der Landeslandwirtschaftskammer für Tirol, Innsbruck 1982) 256–257.
Christa *Schillinger*, Lebensverhältnisse der bäuerlichen Bevölkerung durch die Jahrhunderte, in: Straden (hg. von der Marktgemeinde Straden, Straden 1999) 79–92.
Wilhelm *Schjerning*, Die Pinzgauer (Stuttgart 1897).
Gerald *Schlag*, Um Freiheit und Brot. Die Arbeiterbewegung von ihren Anfängen im westungarischen Raum bis zu ihrer Verbannung in die Illegalität, in: Aufbruch an der Grenze. Die Arbeiterbewegung von ihren Anfängen im westungarischen Raum bis zum 100-Jahre-Jubiläum der Sozialistischen Partei Österreichs (Eisenstadt 1989) 9–94.
Gerald *Schlag*, Landwirtschaft und Landwirtschaftspolitik im Burgenland vom Ersten Weltkrieg bis zur Weltwirtschaftskrise, in: Der Bauer und die Landwirtschaft im pannonischen Raum vom Ende des Ersten Weltkriegs bis zur Weltwirtschaftskrise. Internationales Kulturhistorisches Symposion Mogersdorf 1981 in Radenci (Maribor 1981) 280–305.
Gerald *Schlag*, Aus Trümmern geboren ... (Burgenland 1918–1921) (Wissenschaftliche Arbeiten aus dem Burgenland 106, Eisenstadt 2001).
Gerald *Schlag*, Der 12. März 1938 im Burgenland und seine Vorgeschichte, in: Burgenland 1938. Vorträge des Symposions »Die Auflösung des Burgenlandes vor 50 Jahren« im Kulturzentrum Eisenstadt am 27. und 28. September 1988. Burgenländische Forschungen 73 (Eisenstadt 1989) 96–111.
Jürgen *Schlumbohm*, Lebensläufe, Familien, Höfe. Die Bauern und Heuerleute des Osnabrückischen Kirchspiels Belm in proto-industrieller Zeit, 1650–1860 (Göttingen 1994).
Albert *Schmidinger*, Kultivierungs- und Ernährungsfragen in der Vorarlberger Landwirtschaft, in: Vorarlberger Volkskalender 1947, 130.
Herwig *Schmidl*/Roland *Bauer*, Mein Leben für Tirol. Eduard Wallnöfer (Wien 1987).
Götz *Schmidt*/Ulrich *Jasper*, Agrarwende oder die Zukunft unserer Ernährung (München 2001).
Friedrich *Schmittner*, Die Land- und Forstwirtschaft des Mühlviertels, in: »Entwicklungsprogramm Mühlviertel«. Vorschläge für den Wirtschaftsausbau (Wien 1961) 49–226.
Robert *Schnattinger*, Struktur- und Einkommensentwicklung in der Schweinehaltung (Bundesanstalt für Bergbauernfragen, Forschungsbericht 11, Wien 1983).
Ingo *Schneider*, Maisässen im Montafon. Ein Beitrag zur Vorarlberger Hausforschung, in: Jahrbuch des Vorarlberger Landesmuseumsvereins 129 (1985) 183–217.
Fritz *Schneiter,* Agrargeschichte der Brandwirtschaft (Forschungen zur geschichtlichen Landeskunde der Steiermark 25, Graz 1970).
Fritz *Schneiter*, Almwirtschaft und Bergbauerntum, in: Almwirtschaft in der Steiermark (hg. von Karl *Haiding*, Trautenfels 1962) 11–25.
Fritz *Schneiter*, Arbeitsdienst zur Almverbesserung. Der Sonntagsbote, Nr. 51 (1933) 17. 12., 8.

Fritz *Schneiter*, Hauptverbreitungsgebiete vorherrschender Rinderrassen in der Steiermark, Karte 34 und Kommentar in: Atlas zur Geschichte des steirischen Bauerntums (Veröffentlichungen des Steiermärkischen Landesarchives 8, hg. von Fritz *Posch*, Graz 1976).
Fritz *Schneiter*, Statistik und Hebung der steirischen Almwirtschaft (Graz 1930).
Fritz *Schneiter*, Tierzucht, in: Der steirische Bauer. Leistung und Schicksal von der Steinzeit bis zur Gegenwart, Katalog zur steirischen Landesausstellung 1966 (Veröffentlichungen des Steiermärkischen Landesarchives 4, hg. von Fritz *Posch*, Graz 1966) 181–193.
Fritz *Schneiter*, Zehn Jahre Steirischer Almwirtschaftsverein (Graz 1958).
Franz Josef *Schober*, Gosdorf 1910 bis 1969: Von der Monarchie bis zur Großgemeinde, in: Gemeindebuch Gosdorf (hg. von der Gemeinde Gosdorf, Gosdorf 1997) 34–69.
Franz Josef *Schober*, 100 Jahre Zeitgeschichte Ratschendorf 1898 bis 1997/98, in: Ratschendorf. Vom Werden eines Dorfes. Beiträge zur Geschichte einer südoststeirischen Gemeinde (hg. von Heinrich *Kranzelbinder*/Günther *Prutsch*/Franz Josef *Schober*, Ratschendorf 1997/98) 276–373.
Harald *Schöhl*, Österreichs Landwirtschaft. Gestalt und Wandlung. 1918–1938 (Wien 1938).
Alfred *Schön*, Der politische Bezirk Gänserndorf – Bauernland im Umbruch. Diplomarbeit (Wien 1977).
Peter *Schönherr*, »Urlaub am Bauernhof« in Nordtirol. Diplomarbeit (Innsbruck 1989).
Horst *Schreiber*, Vom Anschluß zum Krieg. Tirol 1938/39. Diss. (Innsbruck 1991).
Horst *Schreiber*, Wirtschafts- und Sozialgeschichte der Nazizeit in Tirol (Geschichte & Ökonomie 3, Innsbruck 1994).
F. *Schuler*, Sozialbrache im Bergbauerngebiet. Die Land- und Forstwirtschaft im Außerfern – Neuorientierung der Bergbauernpolitik, in: Der Alm- und Bergbauer 31 (1981) 438–444.
Hans-Peter *Schuler*, Die Vorarlberger Landwirtschaft in der Ersten Republik (1918–1938) (Schriftenreihe der Rheticus-Gesellschaft 23, Feldkirch 1988).
Anton L. *Schuller*, Franz Hagenhofer (Graz 1982).
Hedwig *Schulze-Heuling*/Sepp *Schilling*, Das Bauerntum des Marchfeldes, in: Das Marchfeld. Volkliche Zusammensetzung und Bodenbesitzverhältnisse eines Grenzlandes (bearb. im Rahmen des Reichsberufswettkampfes 1938/39 von der Arbeitsgemeinschaft Marchfeld der Deutschen Studentschaft an der Universität Wien, unveröffentlichtes Manuskript, o. O. o. J.).
Paul *Schuppli*, Festschrift zur Eröffnungs-Feier der Landesschule für Alpwirtschaft Grabnerhof am 4. Juni 1905 (Grabnerhof 1904).
Thomas *Schürmann*, Milch – zur Geschichte eines Nahrungsmittels, in: Die Milch. Geschichte und Zukunft eines Lebensmittels (hg. von Helmut *Ottenjann*/Karl-Heinz *Ziessow*, Arbeit und Leben auf dem Lande 4, Cloppenburg 1996) 19–51.
Burghardt *Schützenhofer*, Das bäuerliche Dienstbotenwesen in der Oststeiermark im Wandel der Agrarstruktur. Eine volkskundliche Untersuchung (Graz 1986).
Wolfgang *Schwackhöfer*, Raumordnung und Landwirtschaft in Österreich. Regional coordination and agriculture in Austria (Schriftenreihe der Bundesanstalt für Agrarwirtschaft 48, Wien 1988).
Herbert *Schwaighofer*, Das landwirtschaftliche Genossenschaftswesen Tirols, in: Tiroler Bauernkalender 33 (1946) 98–100.
Herbert *Schwaighofer*, Die Milchwirtschaft unseres Heimatlandes, in: Tiroler Bauernkalender 33 (1946) 109–110.
Wolfgang *Schwarzelmüller*, Die Mehrfachfunktion des Güterwegnetzes, in: Der Alm- und Bergbauer 28 (1978) 242–247.
Christa *Schweinberger*, Vom Bauern zum Hotelier. Diplomarbeit (Salzburg 2001).
Schweißgut, Haflinger Pferdezucht in Tirol, in: Tiroler Bauernkalender 37 (1950) 203.
60 Jahre Burgenländische Landwirtschaftskammer 1927–1987. Im Dienste der Bauern (Eisenstadt 1987).
60 Jahre Vorarlberger Genossenschaftsverband 1895–1955. Chronik der landwirtschaftlichen Genossenschaften in Vorarlberg (Bregenz 1955).
Robert *Sedlaczek*, Die Käsemacher Österreichs (Wien 1993).
Willibald *Senft*, Körnermaisbau – immer interessanter! Der fortschrittliche Landwirt 3 (1965) 4 f.
Willibald *Senft*, Körnermaisbau als Betriebsschwerpunkt. Der fortschrittliche Landwirt 5 (1965) 2 f.
Willibald *Senft*, Richtige Kulturmaßnahmen im Maisbau. Der fortschrittliche Landwirt 7 (1961) 2 f.
Willibald *Senft*, Welchen Austria-Hybridmais bauen wir 1965. Der fortschrittliche Landwirt 6 (1965) 5 f.
Reinhard *Sieder*, Sozialgeschichte der Familie (Frankfurt am Main 1987).
Dagmar *Spangenberg-Resmann*, Die Entwicklung der Almwirtschaft in den Oberpinzgauer Tauerntälern (Salzburg 1978).
Roman *Spiss*, Landeck 1918–1945. Eine bisher nicht geschriebene Geschichte (Schlern-Schriften 307, Innsbruck 1998).
Stainz bei Straden. Beiträge zu Geschichte und Kultur einer südoststeirischen Gemeinde (hg. von Johannes *Moser*/Walburga *Haas*, Stainz bei Straden 1997).

Josef A. *Standl*, ... gib uns heute unser täglich Brot. Bauern in Salzburg (Salzburg 1998).
Statistik der Bodenproduktion von Oberösterreich. Im Auftrage der k. k. Landwirthschafts-Gesellschaft in Oesterreich ob der Enns zu Linz verfaßt von Carl *Foltz* (Wien 1878).
Statistik der Ernte in der Republik Österreich im Jahre 1931 ff. (hg. vom Bundesministerium für Land- und Forstwirtschaft, Wien 1932 ff.).
Statistische Beschreibung des Gutes Ungarisch-Altenburg (Ungarisch-Altenburg 1902).
Statistische Übersichten für den Reichsgau Niederdonau (Wien 1941–1944).
Statistische Übersichten für den Reichsgau Kärnten (zusammengestellt vom Statistischen Amt für die Reichsgaue der Ostmark, Wien 1941).
Statistische Übersichten für den Reichsgau Oberdonau (Wien 1941–1944).
Statistisches Handbuch des Landes Kärnten. Zahlen und Daten 1980 (27. Jg., hg. vom Amt der Kärntner Landesregierung, Landesstelle für Statistik, Klagenfurt 1981).
Statistisches Handbuch des Landes Kärnten. Daten 1999 (45. Jg., Klagenfurt 2000).
Statistisches Jahrbuch des k. k. Ackerbauministeriums für das Jahr 1895 ff. (hg. vom k. k. Ackerbauministerium, Wien 1896 ff.).
Statistisches Jahrbuch Österreichs 2002 (hg. von der Statistik Austria, Wien 2001).
Statistisches Jahrbuch Österreichs 2003 (hg. von der Statistik Austria, Wien 2002).
Eduard *Staudinger*, Die andere Seite des Arbeiteralltags, in: Für Freiheit, Arbeit und Recht. Die steirische Arbeiterbewegung zwischen Revolution und Faschismus (1918–1938) (hg. von Robert *Hinteregger*/Karin M. *Schmidlechner*/Eduard *Staudinger*, Graz 1984) 133–185.
Josef *Steinberger*, Dies und das aus der obersteirischen Bäuerei. Der Sonntagsbote, Nr. 41 (1911) 8. 10., 4 f.
Peter *Steinwendtner*, Die Mechanisierung in der Tiroler Landwirtschaft (Beiträge zur alpenländischen Wirtschafts- und Sozialforschung 143, Innsbruck 1972).
Der steirische Buschenschank (hg. von der Marktgemeinschaft Steirischer Wein, Graz 1993).
Steirische Buschenschenken mit Profil (hg. von der Landeskammer für Land- und Forstwirtschaft in der Steiermark, Graz 2000).
Stenographische Protokolle des Burgenländischen Landtages, I. Wahlperiode, 4. Sitzung (2. August 1922). Burgenländisches Landesarchiv, Landtagsarchiv.
Josef H. *Steyrer*, Der Bauer als Kamerad, in: Südmärkischer Bauernkalender (1939) 56 f.
Karl *Stocker*, Landwirtschaft zwischen »Rückständigkeit« und »Fortschritt«. Notizen zur Industrialisierung des Agrarbereichs in der NS-Zeit am Beispiel der Oststeiermark. Zeitschrift für Agrargeschichte und Agrarsoziologie 1 (1990) 62–86.
Karl *Stocker*, Die verspätete Revolution. Bäuerliches Leben in der Oststeiermark von 1938 bis 1985, in: Labonca – Lafnitz. Leben an einer der ältesten Grenzen Europas (hg. von Marktgemeinde Burgau, Gemeinde Burgauberg – Neudauberg, Burgau, Burgauberg-Neudauberg 1995) 193–201.
Hans *Stöckl*, Pinzgauer – eine österreichische Rinderrasse mit Tradition (Maishofen 1998).
Otto *Stolz*, Zur Geschichte der Landwirtschaft in Tirol, in: Tiroler Heimat. Jahrbuch für Geschichte und Volkskunde N.F. 3 (1930) 93–139.
Otto *Stolz*, Zur Geschichte der Rinder- und Pferdezucht in Tirol, in: Tiroler Bauernkalender 34 (1947) 135–138.
Otto *Stolz*, Rechtsgeschichte des Bauernstandes und der Landwirtschaft in Tirol und Vorarlberg (Nachdruck der Ausgabe Bozen 1949, Hildesheim 1985).
Andreas *Streibel*, Interessenverbände im Burgenland, in: Roland *Widder* (Hg.), Burgenland. Vom Grenzland im Osten zum Tor in den Westen. Geschichte der österreichischen Bundesländer seit 1945 (hg. von Herbert *Dachs*/Ernst *Hanisch*/Robert *Kriechbaumer*, Wien/Köln/Weimar 2000) 503–526.
Südmärkischer Bauernkalender (hg. Landesbauernschaft Südmark, Graz 1938–1942).
Gebhard *Summer*, Der künftige Weg der Braunviehzucht. Taschen-Jahrbuch für den Vorarlberger Landwirt 30 (1973) 72–76.
Gebhard *Summer*, Künstliche Besamung in Vorarlberg. Taschen-Jahrbuch für den Vorarlberger Landwirt 25 (1968) 68–74.
Gebhard *Summer*, Die Viehwirtschaft in Vorarlberg. Taschen-Jahrbuch für den Vorarlberger Landwirt 23 (1966) 60–75.
Josef *Szüsz*, Die Meierhöfe, welche zur Pfarre Halbturn gehören. Manuskript.

Tagebuch der Mathilde Ühlein. Original im Besitz der Familie Peter Rottenschlager, Spital am Semmering.
Aron *Tänzer*, Die Geschichte der Juden in Hohenems (Meran 1905, Neudruck Bregenz 1982).
Taschenkalender für den oberösterreichischen Landwirt für das Jahr 1917 (Allhaming 1916).
Tätigkeitsbericht der Landeskammer für Land- und Forstwirtschaft in Steiermark (Graz 1932 ff.).
Tätigkeitsbericht der NÖ. Landes-Landwirtschaftskammer, Berichtsjahr 1922/23 ff. (hg. von der NÖ. Landes-Landwirtschaftskammer, Wien 1924 ff.).

Hans *Telbis*, Zur Frage der Einführung und Ausbreitung des Kartoffelbaues in Nordtirol, in: Berichte zur deutschen Landeskunde 12 (1954) 216–224.
Hans *Telbis*, Zur Geographie des Getreideanbaues in Nordtirol (Schlern-Schriften 58, Innsbruck 1948).
Gustav *Tengg*, Die Berglandwirtschaft unter EU-Bedingungen. Bietet die EU-Agrar- und Regionalpolitik den Bergbauern Überlebenschancen? Eine empirische Analyse im oberen Mölltal (Klagenfurt 1998).
Rudolf A. *Thallmayer*, Die dritte alpwirtschaftliche Studienreise steirischer Landwirte in die Schweiz 1906 (Bruck/Mur 1907).
Josef *Thurnher*, Vortrag über Bodenverbesserung des Vorarlberger Rheintales und deren Einflußnahme auf die Ernährungsverhältnisse des Landes, gehalten in der Versammlung des Vorarlberger Technischen Vereins am 1. Juni 1919. Sonderdruck aus der Vorarlberger Landeszeitung (Bregenz 1919).
Helmut *Tiefenthaler*, Grundlagen und Probleme der Raumplanung in Vorarlberg. Österreich in Geschichte und Literatur 40 (1996) 356–362.
Rupert *Tiefenthaler*, Am Anfang war's nur Feuer. Die Vorarlberger Landes-Versicherung und die Geschichte des Feuer-Versicherungswesens in Vorarlberg (Dornbirn 1995).
Tiroler Bauernkalender (Innsbruck 1907 ff.).
Tiroler Bauern-Zeitung (Bozen/Innsbruck 1902 ff.).
Tiroler Waldwirtschaft. Festschrift zum 100-jährigen Bestehen des Reichsforstgesetzes in Tirol (hg. von der Landesforstinspektion für Tirol, Innsbruck 1954).
Felix *Tobler*, Zur Frühgeschichte der NSDAP im Burgenland (1923–1933), in: Burgenland 1938. Vorträge des Symposions »Die Auflösung des Burgenlandes vor 50 Jahren« im Kulturzentrum Eisenstadt am 27. und 28. September 1988. Burgenländische Forschungen 73 (Eisenstadt 1989) 82–95.
Othmar *Tödling*, Bauernstand und Fremdenverkehr. Landwirtschaftliche Mitteilungen für Steiermark 3 (1964) 1.
Othmar *Tödling*, Obstland Österreich (Graz 1995).
Elisabeth *Tomasi*, Historische Gehöftformen, in: Österreichischer Volkskundeatlas, Kommentar, 6. Lieferung/1. Teil, Bl. 96, 97, 98 (Wien 1977).
Ferdinand *Tremel*, Steiermark. Eine Landeskunde (Graz 1949).
Gudrun *Tschass*, Agrargeographische Strukturen, Prozesse und Probleme im Bundesland Kärnten, unter Berücksichtigung der Bergbauern – dargestellt am Beispiel der Gemeinde Arriach (Klagenfurt 1990).
Paul *Tschurtschenthaler*, Der Tourismus im Bundesland Tirol 1918–1990, in: Handbuch zur Neueren Geschichte Tirols. Bd. 2: Zeitgeschichte, 2. Teil: Wirtschaft und Kultur (hg. von Anton *Pelinka*/Andreas *Maislinger*, Innsbruck 1993) 113–208.
Friedrich *Türtscher*, Die Nutzgeflügelzuchtanstalt Schoren. Heimat 7 (1926) 171 f.

Ferdinand *Ulmer*, Die Bergbauernfrage. Untersuchungen über das Massensterben bergbäuerlicher Kleinbetriebe im alpenländischen Realteilungsgebiet (Schlern-Schriften 50, Innsbruck 1942).
Ferdinand *Ulmer*, Höhenflucht. Eine statistische Untersuchung über die Gebirgsentvölkerung in Deutsch-Tirol (Schlern-Schriften 27, Innsbruck 1935).
Ferdinand *Ulmer*, Landwirtschaftliche Güter- und Seilwege, in: Hundert Jahre Tiroler Verkehrsentwicklung 1858–1958. Gedenkschrift anläßlich der Säkularfeier der Eröffnung der Eisenbahn Kufstein-Innsbruck (Tiroler Wirtschaftsstudien 10, Innsbruck 1961) 37–48.
Elisabeth *Ulsperger*, Strukturveränderungen im landwirtschaftlichen Genossenschaftswesen. Unter besonderer Berücksichtigung der Lagerhaus- und Molkereigenossenschaften Niederösterreichs in der Zeit von 1898 bis 1938. Diplomarbeit (Wien 1986).
Untersuchungen betreffend die Rentabilität der tirolischen Landwirtschaft im Jahre 1929 (hg. vom Landeskulturrat für Tirol, Innsbruck o. J. [vermutlich 1930]).
Untersuchungen über die Rentabilität der Landwirtschaft Kärntens im Jahre 1929 durch die Buchstelle des Landeskulturrates für Kärnten (hg. von Landeskulturrat für Kärnten, Klagenfurt 1930).

Hellwig *Valentin*, Abschied von der Klassengesellschaft. Klassen und soziale Schichten in Kärnten im 20. Jahrhundert, in: Lebenschancen in Kärnten 1900–2000. Ein Vergleich (hg. von Claudia *Fräss-Ehrfeld*, Archiv für vaterländische Geschichte und Topographie 80, Klagenfurt 1999) 53–83.
Lucie *Varga*, Ein Tal in Vorarlberg – zwischen Vorgestern und Heute, in: *dies.*, Zeitenwende. Mentalitätshistorische Studien 1936–1939 (Frankfurt am Main 1991) 147–169.
Verband der Murbodner-Viehzuchtgenossenschaften in Steiermark (Hg.), Jahresbericht für 1911 (o. O., 1912)
Angela *Verse-Herrmann*, Die »Arisierungen« in der Land- und Forstwirtschaft 1938–1942 (Stuttgart 1997).
Verzeichnis der Viehmärkte des Landes Salzburg 1933 (hg. vom Landeskulturrat Salzburg, Salzburg 1933).
Viehstands-Lexikon für die im Reichsrate vertretenen Königreiche und Länder nach den Ergebnissen der Viehzählung vom 31. Dezember 1910, Bd. I (hg. von der k. k. Statistischen Zentralkommission, Wien 1912).

Die Viehzählung vom 31. Dezember 1900 in den im Reichsrate vertretenen Königreichen und Ländern, 1. Abtheilung: Summarische Ergebnisse (hg. von der k. k. Statistischen Central-Commission, Oesterreichische Statistik Bd. LX/3, Wien 1902).
40 Jahre Weggemeinschaft Fischbachgraben (hg. von der Weggemeinschaft Fischbachgraben, Frankenfels 1996).
Christoph *Volaucnik*, Altenstadt. Seine Geschichte seit Kriegsende, in: Altenstadt. Eine Dorfgeschichte (hg. vom Heimatkundeverein Altenstadt, Lochau 1997) 297–322.
Christoph *Volaucnik*, Veränderungen in Dornbirns Landwirtschaft im 19. Jahrhundert. Dornbirner Schriften 16 (1993) 67–82.
Hans *Vollmann*, Die sozialpolitische Entwicklung in der Land- und Forstwirtschaft der Steiermark (Graz 1986).
Vorarlberger Illwerke Aktiengesellschaft, Das Unternehmen stellt sich vor (Lustenau 1984).
Vulkanland aktuell. Informationsjournal des steirischen Vulkanlandes (2001).

Carl *Wachter*, Die Allgäuer Milchwirtschaft im 19. Jahrhundert bis zur Gründung des Milchwirtschaftlichen Vereins (1806–1887), in: Geschichte der Allgäuer Milchwirtschaft. 100 Jahre Allgäuer Milch im Dienste der Ernährung (bearbeitet von Karl *Lindner*, Kempten im Allgäu 1955) 27–66.
Klaus *Wagner*, Neuabgrenzung landwirtschaftlicher Produktionsgebiete in Österreich, Teil I (Wien 1990).
Wilhelm J. *Wagner*, Österreichs reale Utopien. Viel geplant und nicht verwirklicht (Wien/München 2000).
Rosemarie *Wagner-Fliesser*, Die Mobilität der bäuerlichen Jugend im Waldviertel. Diplomarbeit an der Universität für Bodenkultur (Wien 1988).
Ferdinand *Waibel*, Die Binnengewässerkorrektion im Vorarlberger Rheintal, in: Der Alpenrhein und seine Regulierung (hg. von der Internationalen Rheinregulierung, Buchs ²1993) 288–292.
Ferdinand *Waibel*, Die Werke der Internationalen Rheinregulierung, in: Der Alpenrhein und seine Regulierung (hg. von der Internationalen Rheinregulierung, Buchs ²1993) 206–219.
Peter *Wald*, Vergleichende Strukturuntersuchungen in vier Gemeinden des Weinviertels. Diss. (Wien 1968).
Ing. *Waldhart*, Ein Kapitel übers Grauvieh, in: Tiroler Bauernkalender 37 (1950) 196–197.
Josef *Walleitner*, Kirche im Volk (Salzburg 1957).
Josef *Walleitner*, Der Knecht. Volks- und Lebenskunde eines Berufsstandes im Oberpinzgau (Salzburg 1947).
Josef *Walleitner*, Treue Helfer am Hof. Beiträge zur Lebens- und Volkskunde des Landes- und Forstarbeiter-Berufsstandes (Salzburg 1950).
Josef *Walleitner*, Volk am Hof und Berg. Erlauschtes aus dem Volksleben (Salzburg 1952).
Josef *Walleitner*, Volkskundliche Studie zur sozialen und wirtschaftlichen Lage der Dienstboten im Oberpinzgau. Habilitationsschrift (Salzburg 1956).
Eduard *Wallnöfer*, Landwirtschaftliche Landeslehranstalten. Zu den Bemühungen um die Ausbildung des bäuerlichen Nachwuchses, in: Tiroler Bauernkalender 38 (1951) 161–168.
Harald *Walser*, Altach – vom Ersten Weltkrieg bis zur Weltwirtschaftskrise, in: Altach. Geschichte und Gegenwart. 2 Bde. (hg. von Rudolf *Giesinger*/Harald *Walser*, Hohenems 1999), Bd. 1, 115–193.
Franz S. *Wamprechtsamer*, Kurze Geschichte der steirischen Landwirtschaft (Graz 1929).
Gerhard *Wanner*, Parteien und Parteipolitik, in: Vorarlberg. Zwischen Fußach und Flint, Alemannentum und Weltoffenheit (hg. von Franz *Mathis*/Wolfgang *Weber*, Schriftenreihe des Forschungsinstitutes für politisch-historische Studien der Dr.-Wilfried-Haslauer-Bibliothek Salzburg 6/4, Wien/Köln/Weimar 2000) 421–463.
Josef *Wartha*, Der Agrarkredit unter besonderer Berücksichtigung der Tiroler Landwirtschaft (Tiroler Studien 14, Innsbruck 1936).
Karl *Watzinger*, Das land- und forstwirtschaftliche Unterrichtswesen in Oberösterreich von 1848–1918 (Linz 1984).
Therese *Weber*, Einleitung, in: Mägde. Lebenserinnerungen an die Dienstbotenzeit bei Bauern (hg. von *ders.*, Wien/Köln/Graz 1985) 9–31.
Wolfgang *Weber*, Die Milchwirtschaft Tirols (Beiträge zur alpenländischen Wirtschafts- und Sozialforschung 167, Innsbruck 1973).
Wechselschau. Nachrichtenblatt für die nordöstliche Steiermark und ihre Freunde (Hartberg 1923–1940).
Oskar *Weihs*, Gedanken zum 25jährigen Jubiläum des Österreichischen Kuratoriums für Landtechnik. Der Förderungsdienst 2 (1972) 37–39.
Der Weinbau in Österreich 1974 (hg. vom Österreichischen Statistischen Zentralamt, Beiträge zur österreichischen Statistik 380, Wien 1975).
Der Weinbau in Österreich 1992 (hg. vom Österreichischen Statistischen Zentralamt, Beiträge zur österreichischen Statistik 1113, Wien 1993).
Weinviertler Museumsdorf Niedersulz (hg. von Richard *Edl*, Korneuburg 1997).
Richard *Weiss*, Das Alpwesen Graubündens. Wirtschaft, Sachkultur, Recht, Älplerarbeit und Älplerleben (Erlenbach/Zürich 1941).

Walter M. *Weiss*, Salzburg. Stadt und Land (Köln 1995).
Siegfried *Weitlaner*, Heimatbuch Saalbach-Hinterglemm (Salzburg 1987).
Hubert *Weitensfelder*, Agrarreform und Sozialkonflikt: Allmendteilungen in Vorarlberg, ca. 1770 bis 1870. Schriften des Vereins für die Geschichte des Bodensees und seiner Umgebung 115 (1997) 133–167.
Hubert *Weitensfelder*, Bregenz – Liberalismus und Tourismus am Bodensee, in: Kleinstadtbürgertum in der Habsburgermonarchie (hg. von Peter *Urbanitsch*/Hannes *Stekl*, Bürgertum in der Habsburgermonarchie 9, Wien 2000) 171–216.
Hubert *Weitensfelder*, Industrie-Provinz. Vorarlberg in der Frühindustrialisierung 1740–1870 (Studien zur Historischen Sozialwissenschaft 29, Frankfurt am Main/New York 2001).
Hubert *Weitensfelder*, Verlassenschaftsakten als Zugang zu den Taglöhnern in Vorarlberg, 1850 bis 1900. Ein Hinweis, in: Unterschichten und Randgruppen. Forschungsberichte – Fachgespräche (hg. von Ingrid *Böhler*/Werner *Matt*/Hanno *Platzgummer*, Dornbirn 2001) 132–139.
Hubert *Weitensfelder*, Fabriken, Kühe und Kasiner: Dornbirn im Zeitraum von 1770 bis 1914, in: Geschichte der Stadt Dornbirn. 3 Bde. (hg. von Werner *Matt*/Hanno *Platzgummer*, Dornbirn 2002) Bd. 2, 11–128.
Franz Josef *Weizenegger*, Vorarlberg. 3 Bde. (bearbeitet von Meinrad *Merkle*, Innsbruck 1839, Neudruck Bregenz 1989).
Constantin *Werkowitsch*, Das Land Vorarlberg vom geschichtlichen, topographisch-statistischen und landwirtschaftlichen Standpunkte dargestellt und als Denkschrift zur Feier des 25jährigen Bestandes des vorarlbergischen Landwirtschafts-Vereines im Jahre 1887 herausgegeben (Innsbruck 1887).
Wolfgang *Werner*, 100 Jahre Österreichischer Raiffeisenverband 1898–1998. Eine Chronik, in: Raiffeisen in Österreich: Siegeszug einer Idee (hg. von Ernst *Bruckmüller*/Wolfgang *Werner*, St. Pölten 1998) 43–67.
Roland *Widder*, Politik im Burgenland nach 1945: Stile und Stationen, in: *ders.* (Hg.), Burgenland. Vom Grenzland im Osten zum Tor in den Westen (Geschichte der österreichischen Bundesländer seit 1945, hg. von Herbert *Dachs*/Ernst *Hanisch*/Robert *Kriechbaumer*, Wien/Köln/Weimar 2000) 359–428.
Widerstand und Verfolgung im Burgenland 1934–1945. Eine Dokumentation (hg. vom Dokumentationsarchiv des österreichischen Widerstandes, Wien 1979).
Oliva *Wiebel-Fanderl*, Religion als Heimat? Zur lebensgeschichtlichen Bedeutung katholischer Glaubenstraditionen (Wien/Köln/Weimar 1993).
Der Wiederaufbau der Kärntner Land- und Forstwirtschaft. Bericht der Landwirtschaftskammer für Kärnten über die Jahre 1945–1951 (Klagenfurt 1951).
Martin *Wilckens*, Die Alpenwirthschaft der Schweiz, des Algäus [!] und der westösterreichischen Alpenländer (Wien 1874).
Franz Michel *Willam*, Volk der Berge. Montfort 22 (1970) 201–229, 293–338.
Josef *Willi*, Zusammenarbeit in der Landwirtschaft und im ländlichen Raum – die Zukunftsaufgabe. Landwirtschaft und Leben 8/9 (2001) 25.
Verena *Winiwarter*, Landwirtschaft, Natur und ländliche Gesellschaft im Umbruch. Eine umwelthistorische Perspektive zur Agrarmodernisierung, in: Agrarmodernisierung und ökologische Folgen. Westfalen vom 18. bis zum 20. Jahrhundert (hg. von Karl *Ditt*/Rita *Gudermann*/Norwich *Rüße*, Paderborn u. a. 2001) 733–767.
Erika *Winkler*, Im Dorf geschah in den fünfziger Jahren ein »Wunder«. Am Beispiel der Waldviertler Gemeinde Groß-Schönau, in: Die »wilden« fünfziger Jahre. Gesellschaft, Formen und Gefühle eines Jahrzehnts in Österreich (hg. von Gerhard *Jagschitz*/Klaus-Dieter *Mulley*) 30–40.
Josef *Winkler*, Muttersprache (Frankfurt am Main 1982).
Franz *Wirleitner*, Die Bauernkost im Lande Salzburg. Eine volkskundliche Betrachtung (Salzburg 1951).
Der Wirtschaftserfolg der tirolischen Landwirtschaft im Jahre 1931 (hg. vom Tiroler Landeskulturrat, Innsbruck 1932).
Anton *Wittmann*, Landwirtschaftliche Hefte (Wien 1825).
Otto *Wittschieben,* Die Bauernlegungen in der Steiermark 1903–1912 (Statistische Mitteilungen über Steiermark, Heft 27, Graz 1916).
Wochenblatt der Landesbauernschaft Donauland vom 11. 6. 1938 und 24. 12. 1938.
Wochenblatt der Landesbauernschaft Südmark 1938. Amtliches Organ des Reichsnährstandes (Graz 1938–1945). Wochenblatt der Landesbauernschaft Alpenland (Innsbruck 1938–1943).
Wochenblatt der Landesbauernschaft Tirol-Vorarlberg (Innsbruck 1943–1945).
Josef *Wohlfarth*, Weinbau im Burgenland, in: Andrea *Berger*/Alfred *Lang* (Hg.), Landwirtschaft im Burgenland. Strukturen, Probleme, Perspektiven (Klosterneuburg 1995) 47–59.
Wohnbevölkerung bzw. Berufstätige nach Wirtschaftsabteilungen, in: Volkszählung 1991. Hauptergebnisse II: Kärnten, Tabelle 2 (Wien 1995).
Wohngemeinde – Arbeitsgemeinde der Beschäftigten in Österreich (Volkszählungsergebnisse 1961, Heft 16, bearb. u. hg. vom Österreichischen Statistischen Zentralamt, Wien 1965).
Eric R. *Wolf*, Peasants (Englewood Cliffs 1966).

Hermann *Wopfner*, Bergbauernbuch. Von Arbeit und Leben des Tiroler Bergbauern in Vergangenheit und Gegenwart. 3 Bde. (hg. von Nikolaus *Grass*, Innsbruck 1995–1997).
Hermann *Wopfner*, Entstehung und Wesen des tirolischen Volkstums, in: Tirol. Land und Natur, Volk und Geschichte, Geistiges Leben (hg. vom Hauptausschuss des Deutschen und Österreichischen Alpenvereins, München 1933) 139–206.
Heinrich *Wurm*, Die Weiberau. Geschichte einer Gemeinweide. Oberösterreichische Heimatblätter 11 (1957) 1–32.
Anton *Wutz*, Alpenländische Milchwirtschaft (Berlin 1938).

Zahlenmäßige Darstellung der Rechtspflege. Justizstatistik für die Jahre 1927–1936 (Wien 1928–1937).
Otto *Zech*, Gemeinschaftliche Nutzungen, in: Gemeindebuch Nüziders (hg. von Peter *Bußjäger*/Rafael *Wolf*/Otto *Zech*, Dornbirn 1994) 152–157.
Erich *Zecha*, Maßnahmen zur Erzielung höherer Erträge und regelmäßiger Ernten, in: Tiroler Bauernkalender 34 (1947) 150–154.
Gerda *Zehetbauer*, 50 Jahre niederösterreichische Landjugend – Jugendorganisation der NÖ. Landes-Landwirtschaftskammer (Wien 1997).
10 Jahre Österreichisches Produktivitäts-Zentrum (hg. vom Österreichischen Produktivitäts-Zentrum, Wien 1960).
Margaretha *Zeller*, Strukturwandel der Landwirtschaft in einem niederösterreichischen Peripherraum seit den sechziger Jahren – dargestellt am Beispiel der politischen Bezirke Gmünd, Waidhofen an der Thaya und Zwettl. Diplomarbeit (Wien 1989).
Margaretha *Zeller*, Wandlungstendenzen der Bevölkerungs-, Siedlungs- und Agrarstruktur in einem peripheren ländlichen Raum des nordwestlichen Waldviertels dargestellt am Beispiel der Gemeinden Bad Groß-Pertholz und Moorbad Harbach. Diss. (Wien 1994).
Thomas *Zeloth*, Bevölkerungsbewegung und Wirtschaftswandel in Kärnten 1918–2001. Demographische Überlebensstrategien einer österreichischen Randregion (Archiv für vaterländische Geschichte und Topographie 86, Klagenfurt 2002).
Paul *Zinsli*, Die Walser, in: Die Walser (hg. von Georg *Budmiger*, Frauenfeld/Stuttgart 1982) 13–23.
Hermann *Zittmayr*, Untersuchungen über die landwirtschaftlichen Betriebsformen im Bezirk Linz-Land. Diss. Hochschule für Bodenkultur (Wien 1951).
Franz *Zöpf*, Productions- und Consumtionsverhältnisse der Naturproducte in Ober-Österreich (SMS 11, 1985).
Franz *Zöpf*/Carl *Foltz*, Ernte-Statistik von Oberösterreich für das Jahr 1869 (Linz 1878).
Die Zusammenlegung der landwirtschaftlichen Grundstücke in den Gemeinden Ober-Siebenbrunn und Raasdorf in Nieder-Österreich (hg. vom k. k. Ackerbau-Ministerium, Wien 1892).
Zustand der Tiroler Wälder. Untersuchungen über den Waldzustand und die Immissionsbelastung. Bericht über das Jahr 1994 (hg. vom Amt der Tiroler Landesregierung – Landesforstdirektion, Innsbruck 1995).
Zustand der Tiroler Wälder. Untersuchungen über den Waldzustand und die Immissionsbelastung. Bericht über das Jahr 2001 (hg. vom Amt der Tiroler Landesregierung – Landesforstdirektion, Innsbruck 2002).
Karl *Zwirchmayr*, 90 Jahre Montafonerbahn AG. Eisenbahn und Energieversorgung (Feldkirch 1994).
Franz *Zwittkovits*, Die Almen Österreichs (Zillingsdorf 1974).

Internetpublikationen:
http://www.ama.at/AMA-Marktordnung/links/ausgleichszahlung.html
http://www.agrar.steiermark.at/cms/beitrag/10020363/455/
http://www.raumplanung.steiermark.at/cms/beitrag/10007593/280089/_01.11.2001
http://www.raumplanung.steiermark.at/cms/beitrag/10018467/621968/_01.11.2002
http://www.regionalentwicklung.at/resch/proj-tou.htm
http://www.statistik.at, Datenbank ISIS
http://www.vier-pfoten.at/schweinefleisch/chronologie.html

Verzeichnis der Tabellen und Grafiken

Wolfgang Meixner, Gerhard Siegl: Bergbauern im Touristenland. Agrargeschichte Tirols im 20. Jahrhundert

Tabelle 1: Land- und forstwirtschaftliche Fläche Tirols 1890–1999 (in Hektar) 77
Tabelle 2: Vergleich einzelner Nutzungstypen 1927–1999 (in Hektar) 78
Tabelle 3: Anteil der Wiesen 1927–1999 (in Prozent) 85
Tabelle 4: Anteil der Almflächen und Hutweiden 1927 und 1999 (in Prozent) 87
Tabelle 5: Anteil der Ackerfläche in Tirol 1890–1999 (in Hektar) 93
Tabelle 6: Anteil der Ackerflächen 1927 und 1999 (in Prozent) 94
Tabelle 7: Ackernutzung in Tirol 1900–1995 (in Prozent) 98
Tabelle 8: Wertmäßiger Anteil ausgewählter Feldfrüchte und Pflanzen an der gesamten pflanzlichen Produktion Tirols 1960–2000 (in Prozent) 99
Tabelle 9: Produktionsleistung der Tiroler Forstwirtschaft im Verhältnis zum gesamten landwirtschaftlichen Nettoproduktionswert (in Millionen Schilling) 103
Tabelle 10: Viehbestand in Tirol 1890–1999 (in 1.000 Stück) 106
Tabelle 11: Viehhalter in Tirol 1965–1999 108
Tabelle 12: Durchschnittliche Anzahl an Tieren pro Viehhalter 1995 und 1999 109
Tabelle 13: Verteilung der Rinderrassen in Tirol 1928–1995 (in Prozent) 111
Grafik 1: Rinderbestand in Tirol 1890–1999 (in Tausend) 112
Tabelle 14: Milchanlieferung 1960–2001 (in Tonnen) 123
Tabelle 15: Anteil der Rinderhaltung und der Milcherzeugung an der gesamten tierischen Produktionsleistung der Tiroler Land- und Forstwirtschaft 1956–1999 (in Prozent) 125
Tabelle 16: Rinderexporte (Zucht- und Nutztiere) nach Ländern 1950–1993 126
Tabelle 17: Rinderabsatz über Zuchtviehversteigerungen 1950–2000 127
Grafik 2: Schweinebestand in Tirol 1890–1999 (in Tausend) 129
Grafik 3: Schafbestand in Tirol 1890–1999 (in Tausend) 131
Grafik 4: Ziegenbestand in Tirol 1890–1999 (in Tausend) 132
Grafik 5: Pferdebestand in Tirol 1890–1999 (in Tausend) 135
Grafik 6: Geflügelbestand in Tirol 1890–1999 (in Tausend) 136
Tabelle 18: Betriebe nach Erschwerniszonen 1999 (absolut und in Prozent) 139
Tabelle 19: Anteil der landwirtschaftlichen Bevölkerung an der Gesamtbevölkerung Tirols (in Prozent) 139
Tabelle 20: Landwirtschaftliche Betriebe 1930–1999 140
Tabelle 21: Anteil der Vollerwerbsbetriebe 1951–1999 (in Prozent) 141
Tabelle 22: Landwirtschaftliche Betriebe nach der Größe der Kulturfläche 1902–1999 (in Prozent) 142
Tabelle 23: Mechanisierung der Tiroler Landwirtschaft 1946–1988 145
Tabelle 24: Maschinenringe in Tirol 1966–2000 146
Tabelle 25: Berufstätige in Land- und Forstwirtschaft 1923–2001 (inklusive Selbstständige) 148
Tabelle 26: Bei der Landesbauernschaft Alpenland zwischen 1942 und 1944 registrierte ausländische landwirtschaftliche Fremdarbeiter 161
Tabelle 27: Produktionsleistung der Tiroler Landwirtschaft 1956–2000 (1956 = 100) 167
Tabelle 28: Zusammensetzung des Gesamteinkommens je Betrieb 1988–2000 (in Prozent) 169
Tabelle 29: Wahlberechtigte, Stimmenanteile und Wahlbeteiligung zur Landeslandwirtschaftskammer für Tirol - Sektion Dienstgeber 1950–2003 176
Tabelle 30: Stimmen- und Mandatsverteilung der Wahlen in die Landeslandwirtschaftskammer für Tirol - Sektion Dienstgeber 1950–2003 177
Tabelle 31: Funktionäre im Tiroler Bauernbund seit 1945 186
Tabelle 32: Vertreter des Tiroler Bauernbundes als Landeshauptmann bzw. Landesrat 186

Werner Drobesch: Gebirgsland im Süden. Kärntens Landwirtschaft 1918 bis 1999

Tabelle 1: Höhenschichten (unter 500 Meter bis über 2.000 Meter) 191
Tabelle 2: Mittlere Lufttemperatur (in Celsiusgraden) 2002 191
Tabelle 3: Wohnbevölkerung nach Bezirken 1900–1991 196
Tabelle 4: Bevölkerungswachstum, Geburtenbilanz und Wanderungsbewegung 1923–1934 197
Tabelle 5: Zahl der Gemeinden mit positivem oder negativem Wanderungssaldo 1996 199
Tabelle 6: Zahl der in der Land- und Forstwirtschaft Beschäftigten 1900–1991 (absolut) 201
Tabelle 7: Anteil der in der Land- und Forstwirtschaft Beschäftigten 1951–1991 (in Prozent) 201

Tabelle 8: Zahl der Betriebe 1902–1951 204
Tabelle 9: Größengliederung der land- und forstwirtschaftlichen Betriebe nach der Gesamtfläche
(in Hektar) 1902/1930/1951 204
Tabelle 10: Betriebsfläche (in Hektar) nach der Hauptnutzung 1939 206
Tabelle 11: Ackerland (in Hektar) 1902/1930/1939 207
Tabelle 12: Getreideanbaufläche (in Hektar) 1902/1930 208
Tabelle 13: Nutztiere 1902/1930/1939 209
Tabelle 14: Landwirtschaftliche Betriebe nach der Zusammensetzung des Personals 1902/1930 212
Tabelle 15: Flächenverteilung und Beschäftigtenzahl der land- und forstwirtschaftlichen Betriebe nach
Bezirken 1930 214
Tabelle 16: Beschäftigte Personen nach Größentypen der Betriebe 1930/1939 215
Tabelle 17: Antriebsmaschinen und Kraftfahrzeuge 1930 216
Tabelle 18: Antriebsmaschinen und Kraftfahrzeuge nach der Betriebsgröße 1930 216
Tabelle 19: Elektrifizierung und Wasserleitungen 1939 216
Tabelle 20: Zahl der landwirtschaftlichen Betriebe 1961–1991 219
Tabelle 21: Größengliederung der land- und forstwirtschaftlichen Betriebe nach der Gesamtfläche
(in Hektar) 1951/1970/1990 220
Tabelle 22: Sozioökonomische Gliederung der Betriebe 1970/1980/1900 221
Tabelle 23: Bergbauernbetriebe nach Zonen 1980/1990 224
Tabelle 24: Landwirtschaftliche Regionalförderung (Besitzfestigung) 1990 226
Tabelle 25: Förderung der Almwirtschaft 1990 227
Tabelle 26: Land- und forstwirtschaftliche Arbeitskräfte 1970/1990 228
Tabelle 27: Alter der »hauptberuflichen Landwirte« 1970/1990 229
Tabelle 28: Zahl der Landmaschinen 1953/1972 230
Tabelle 29: Betriebsfläche (in Hektar) nach der Hauptnutzung 1990 231
Tabelle 30: Nutztierbestand nach flächenmäßigen Größenstufen 1970–1990 233
Tabelle 31: Ackerland (in Hektar) 1980/1990 236
Tabelle 32: Pflanzenanbau auf dem Ackerland 1960/1990 237
Tabelle 33: Getreideanbaufläche (in Hektar) 1990 238
Tabelle 34: Haushaltsgeräte in bäuerlichen Haushalten 1953/1973 240
Tabelle 35: Ausstattung der Wohngebäude 1990 240

Ursula J. Neumayr: Unter schneebedeckten Bergen. Landwirtschaft im Pinzgau 1890 bis 1990

Grafik 1: Berufszugehörigkeit im Pinzgau 1869–1990 282
Grafik 2: Flächennutzung im Pinzgau 1880 und 1990 283
Grafik 3: Betriebsgrößen Pinzgau und Österreich 1930–1990 283
Grafik 4: Nebenerwerb Pinzgau, Salzburg, Österreich 1951–1990 284
Grafik 5: Viehstand Pinzgau 1890–1990 288
Grafik 6: Viehstand Pinzgau, Österreich 1938–1990 289
Grafik 7: Almwirtschaft im Pinzgau 1950–1986 291
Grafik 8: Getreidebau im Pinzgau 1930–1990 294

Karl Kaser, Karl Stocker, Beatrix Vreča: Vom Selbstversorger zum Nebenerwerbslandwirt. Das südoststeirische Flach- und Hügelland

Tabelle 1: Größenordnungen der Betriebe 1930 304
Tabelle 2: Größenordnungen der Betriebe 1999 304
Tabelle 3: Pferdebestand 1857–1930 306
Tabelle 4: Schafbestand 1857–1930 306
Tabelle 5: Schweinebestand 1857–1930 306
Tabelle 6: Rinderbestand 1857–1930 306
Tabelle 7: Anteil der Südoststeiermark an den steirischen Acker-, Wiesen- und Weingartenflächen 1930
(in Hektar) 307
Tabelle 8: Zahl der Familienbetriebe 1902 und 1930 316
Tabelle 9: Dienstboten und mithelfende Familienmitglieder 1902 und 1930 316
Tabelle 10: Anzahl der Traktoren 1953–1966 327
Tabelle 11: Körnermaisanbaufläche 1961–1979 335
Tabelle 12: Mineraldüngerverbrauch (in Kilogramm pro Hektar; Kali-, Natrium-, Phosphat- und
Mehrnährstoffdünger) 336
Tabelle 13: Anzahl der bäuerlichen Beherbergungsbetriebe 1970–1999 339
Tabelle 14: Einkünfte je Familienarbeitskraft 1999 und 2000 in Schilling 343

Statistischer Anhang:

Tabelle 1: Hühnerbestand 1900–1999 ... 354
Tabelle 2: Rinderbestand 1900–1999 ... 355
Tabelle 3: Pferdebestand 1900–1999 ... 355
Tabelle 4: Schafbestand 1900–1999 ... 356
Tabelle 5: Schweinebestand 1900–1999 ... 356
Tabelle 6: Ackerland 1900–1999 (in Hektar) ... 357
Tabelle 7: Wiesen 1900–1999 (in Hektar) ... 357
Tabelle 8: Weinanbaufläche 1900–1999 (in Hektar) ... 357
Tabelle 9: Weizenanbaufläche 1900–1999 (in Hektar) ... 358
Tabelle 10: Roggenanbaufläche 1900–1999 (in Hektar) ... 358
Tabelle 11: Haferanbaufläche 1900–1999 (in Hektar) ... 358
Tabelle 12: Gerstenanbaufläche 1900–1999 (in Hektar) ... 359
Tabelle 13: Körnermaisanbaufläche 1900–1999 (in Hektar) ... 359
Tabelle 14: Weizenernte 1900–2000 (in Zentner) ... 359
Tabelle 15: Roggenernte 1900–2000 (in Zentner) ... 360
Tabelle 16: Haferernte 1900–2000 (in Zentner) ... 360
Tabelle 17: Gerstenernte 1900–2000 (in Zentner) ... 360
Tabelle 18: Körnermaisernte 1900–2000 (in Zentner) ... 361

Bernhard A. Reismann: Landwirtschaft inmitten der Industrie. Die östliche Obersteiermark

Tabelle 1: Aufgekaufte Landwirtschaften in der Obersteiermark 1908–1912 ... 371
Tabelle 2: Rückgang des landwirtschaftlichen Rohertrags 1929–1931 ... 377
Tabelle 3: Voll-, Zu- und Nebenerwerbsbauern 1980 und 1990 ... 431

Roman Sandgruber: Im Viertel der Vierkanter. Landwirtschaft im oberösterreichischen Zentralraum

Tabelle 1: Betriebsstruktur um 1870 im Gebiet von St. Florian ... 450
Tabelle 2: Anbaufläche und Ernteergebnisse, Pflanzenproduktion, um 1875, Produktionsgebiet Traun-Enns-Platte ... 454
Tabelle 3: Rinderrassen, Bezirk Linz Land, 1947 ... 461
Tabelle 4: Elektrifizierung, 1948, Bezirk Linz Land ... 465
Tabelle 5: Traktoren im Bezirk Linz Land, 1950, nach Gemeinden ... 468
Tabelle 6: Arbeitskräfte im Bezirk Linz Land, 1949, nach Gemeinden ... 473

Michael Pammer: Hochland im Norden. Mühl- und Waldviertel

Karte 1a: Durchschnittliche Seehöhe in Metern ... 484
Karte 1b: Durchschnittliche Hangneigung in Prozent ... 484
Karte 1c: Bodenklimazahlen ... 484
Karte 2: Bevölkerungswachstum 1900–2001 in Prozent ... 498
Karte 3: Geburtenbilanz 1961–1991 (Prozent von 1961) ... 500
Karte 4a: Anteil der Landwirtschaft an der Wohnbevölkerung 1934 in Prozent ... 505
Karte 4b: Anteil der Landwirtschaft an der Wohnbevölkerung 1991 in Prozent ... 505
Karte 5: Sektorale Merkmale 1934 ... 508
Karte 6: Sektorale Merkmale 1991 ... 510
Karte 7: Auspendler in andere Bezirke in Prozent der Berufstätigen 1991 ... 514
Karte 8: Anteil der Ackerfläche 1970 in Prozent ... 522
Karte 9: Ackerfläche 1999 in Prozent der Ackerfläche 1970 ... 523
Karte 10: Kulturarten um die Jahrhundertmitte ... 536
Karte 11a: Anteil der Vollerwerbsbetriebe an allen Betrieben 1960 in Prozent ... 538
Karte 11b: Anteil der Haupterwerbsbetriebe an allen Betrieben 1999 in Prozent ... 538
Karte 12a: Betriebsgrößen 1951 ... 541
Karte 12b: Betriebsgrößen 1999 ... 541
Karte 13a: Rinder pro Kopf der landwirtschaftlichen Bevölkerung 1970 ... 553
Karte 13b: Rinder pro Kopf der landwirtschaftlichen Bevölkerung 1990 ... 553
Karte 14: Schweine pro Kopf der landwirtschaftlichen Bevölkerung 1990 ... 554

Ernst Langthaler: Agrarwende in den Bergen. Eine Region in den niederösterreichischen Voralpen (1880–2000)

Grafik 1: Modell der Agrargesellschaft in den Voralpen im 20. Jahrhundert ... 566
Grafik 2: Bodentypen in der Region Kirchberg ... 571

Grafik 3: Bodennutzung in der Region Kirchberg 1871–1999 (in Prozent) 572
Grafik 4: Ackernutzung in der Region Kirchberg 1871–1999 (in Hektar) 573
Tabelle 1: Düngungsintensität in Frankenfels um 1940 575
Tabelle 2: Anbau- und Düngungsplan einer Grünland-Wirtschaft in Frankenfels für das
  Wirtschaftsjahr 1964/65 577
Grafik 5: Hektarerträge im Gerichtsbezirk Kirchberg 1895–1936 578
Grafik 6: Grundbesitzverteilung in der Region Kirchberg 1896–1990 580
Tabelle 3: Grundbesitzverteilung in der Region Kirchberg 1896–1990 581
Grafik 7: Besitzwechsel von Bauernhäusern in Frankenfels 1850–1980 582
Tabelle 4: Besitzwechsel von Bauernhäusern in der Gemeinde Frankenfels 1850–1980 583
Tabelle 5: Durchführung des Wiederbesiedlungsgesetzes in Schwarzenbach 1920–1924 586
Tabelle 6: Haushalts- und Betriebsstruktur eines Bauernhofes in Hofstetten 1887–1988 590
Tabelle 7: Haushalts- und Betriebsstruktur eines Bauernhofes in Kirchberg 1886–1984 592
Tabelle 8: Haushalts- und Betriebsstruktur eines Bauernhofes in Frankenfels 1891–1988 594
Grafik 8: Viehbestand in der Region Kirchberg 1880–1999 596
Grafik 9: »Traktorisierung« in der Region Kirchberg 1930–1999 599
Grafik 10: Plan des Schweinberg-Hofes in Schwarzenbach in den Siebzigerjahren 602
Grafik 11: Schuldenstand bäuerlicher Betriebe in Frankenfels um 1940 604
Tabelle 9: Schuldenarten bäuerlicher Betriebe in Frankenfels um 1940 605
Grafik 12: Verteilung der Aufbaumittel auf die Betriebe in Frankenfels 1938–1945 607
Tabelle 10: Kredit- und Subventionsvergaben im Bauernkammerbezirk Kirchberg im Jahr 1967 609
Tabelle 11: »Umstellungsplan« eines 31-Hektar-Betriebes in Kirchberg im Jahr 1972 610
Tabelle 12: Zusammensetzung der Landjugendgruppe Frankenfels 1969–1984 618
Grafik 13: Sitzverteilung in der Bezirksbauernkammer Kirchberg 1922–2000 619
Grafik 14: Skizze der Gründe des Oberstein-Hofes im Jahr 1958 622
Grafik 15: Landwirtschaftliche Arbeitskräfte in der Region Kirchberg 1930–1999 625
Tabelle 13: Zuweisungen ausländischer Arbeitskräfte an Bauernhöfe in Frankenfels 1941–1944 631
Tabelle 14: Zuweisung ausländischer Arbeitskräfte in der Landwirtschaft in Frankenfels 1939–1945 ... 632
Tabelle 15: Landwirtschaftliche Genossenschaften in der Region Kirchberg 1892–1960 638
Tabelle 16: Milchleistungskontrolle von Fleckviehbetrieben der Rinderzuchtgenossenschaft Pielachtal
  1965/66–1994/95 641
Tabelle 17: Bilanzen bäuerlicher Betriebe in Frankenfels um 1940 643
Tabelle 18: Einkommen einer Grünland-Waldwirtschaft in Schwarzenbach 1969–1997 645
Tabelle 19: Mitglieder von »Bio Ernte Austria« in der Region Kirchberg 1988–2002 646
Tabelle 20: Buchführungsergebnisse für das Voralpengebiet 1937–2000 648
Tabelle 21: Erwerbsarten im Bauernkammerbezirk Kirchberg 1960–1999 649

*Ernst Langthaler: Agrarwende in der Ebene. Eine Region im niederösterreichischen Flach- und Hügelland
(1880–2000)*

Grafik 1: Modell der Agrargesellschaft im Flach- und Hügelland im 20. Jahrhundert 654
Grafik 2: Bodentypen in der Region Gänserndorf 659
Grafik 3: Bodennutzung in der Region Gänserndorf 1871–1999 660
Grafik 4: Ackernutzung in der Region Gänserndorf 1871–1999 661
Tabelle 1: Durchschnittlicher Reinertrag für einen Hektar Ackerland vor und nach der
  Grundstückszusammenlegung in Obersiebenbrunn 1889–1892 664
Tabelle 2: Grundbesitzverteilung vor und nach der Grundstückszusammenlegung in
  Obersiebenbrunn 1889–1892 665
Grafik 5: Obersiebenbrunn vor und nach der Durchführung der Grundstückszusammenlegung
  1889–1892 666
Tabelle 3: Düngungsintensität in Auersthal um 1940 667
Tabelle 4: Anbau- und Düngungsplan einer Acker-Weinbau-Wirtschaft in Auersthal 1959/60 668
Tabelle 5: Ergebnisse der Bodenuntersuchungen in Auersthal 1959 und 1972 669
Grafik 6: Hektarerträge im Gerichtsbezirk Matzen 1895–1936 672
Grafik 7: Grundbesitzverteilung in der Region Gänserndorf 1896–1990 674
Tabelle 6: Grundbesitzverteilung in der Region Gänserndorf 1896–1990 675
Grafik 8: Karte der Wiener Deutschen Studentenschaft über den »völkischen Bodenverlust«
  in Untersiebenbrunn 1860–1938 677
Tabelle 7: Grundaufstockungsaktion Angern und Umgebung 1958 679
Grafik 9: Besitzwechsel von Bauern- und Kleinhäusern in Auersthal 1850–1980 681
Tabelle 8: Besitzwechsel von Bauern- und Kleinhäusern in Auersthal 1850–1980 682

Tabelle 9: Haushalts- und Betriebsstruktur eines Kleinhauses in Auersthal 1892–1984 686
Tabelle 10: Haushalts- und Betriebsstruktur eines Bauernhofes in Auersthal 1900–1988 687
Tabelle 11: Haushalts- und Betriebsstruktur des Gutes Weikendorf 1928–1984 690
Grafik 10: Viehbestand in der Region Gänserndorf 1880–1999 692
Grafik 11: »Traktorisierung« in der Region Gänserndorf 1930–1999 695
Grafik 12: Schuldenstand von Bauern- und Kleinhäuslerbetrieben in Auersthal um 1940 699
Tabelle 12: Schuldenarten von Bauern- und Kleinhäuslerbetrieben in Auersthal um 1940 700
Grafik 13: Verteilung der Aufbaumittel auf die Betriebe in Auersthal 1938–1945 702
Grafik 14: Sitzverteilung in der Bezirksbauernkammer Matzen bzw. Gänserndorf 1922–2000 712
Grafik 15: Landwirtschaftliche Arbeitskräfte in der Region Gänserndorf 1930–1999 718
Tabelle 13: »Bauernarbeit« Michael Hofers und »Hauerarbeit« Johann Sommers aus Auersthal 1937 .. 721
Grafik 16: Arbeitsleistungen in einer Ackerwirtschaft in Gänserndorf 1940–1945 722
Tabelle 14: Weinsorten in Auersthal 1967–1992 729
Tabelle 15: Landwirtschaftliche Genossenschaften in der Region Gänserndorf 1889–1960 730
Tabelle 16: Bilanzen bäuerlicher Betriebe in Auersthal um 1940 732
Tabelle 17: Güterflüsse in einer Ackerwirtschaft in Gänserndorf im Wirtschaftsjahr 1942/43 733
Tabelle 18: Güterflüsse in einer Ackerwirtschaft in Gänserndorf im Wirtschaftsjahr 1965/66 734
Tabelle 19: Güterflüsse in einer Ackerwirtschaft in Gänserndorf im Wirtschaftsjahr 1988/89 735
Tabelle 20: Geldflüsse in einer Ackerwirtschaft in Gänserndorf im Wirtschaftsjahr 1942/43 736
Tabelle 21: Geldflüsse in einer Ackerwirtschaft in Gänserndorf im Wirtschaftsjahr 1988/89 737
Tabelle 22: Buchführungsergebnisse für das nordöstliche Flach- und Hügelland 1937–2000 739
Tabelle 23: Erwerbsarten in der Region Gänserndorf 1960–1999 740

Leonhard Prickler: Ebene im Osten. Der Seewinkel im Bezirk Neusiedl am See

Tabelle 1: Preise für Feldfrüchte 1914–1920 749
Tabelle 2: Preise für Zugochsen und Schlachtvieh, 1915–1918 750
Tabelle 3: Preise für ein Paar Stiefel, 1914–1920 751
Tabelle 4: Landwirtschaftliche Betriebe im Bezirk Neusiedl/See 1930 753
Tabelle 5: Landwirtschaftliche Betriebe im Bezirk Neusiedl/See 1951 757
Tabelle 6: Anzahl landwirtschaftlicher Maschinen 1953–1988 773
Tabelle 7: Eintrittsjahr und Funktion in der NSDAP von Angestellten des Wittmannhofes 809

Die Autoren und Autorinnen

Herbert BRETTL, geboren 1965, Lehrer am Gymnasium Neusiedl am See und Mosonmagyaróvár für die Fächer Geschichte bzw. Geografie und Wirtschaftskunde. Mitarbeiter des Projekts »Nationalsozialismus und Holocaust: Gedächtnis und Gegenwart«.
Publikationen u. a.: Halbturn im Wandel der Zeiten (Halbturn 1999); Die burgenländische Auswanderung nach Argentinien 1921–1938 (Eisenstadt 2001); Die jüdische Kultusgemeinde Frauenkirchen (erscheint Nov. 2003).

Werner DROBESCH, geboren 1957 in Klagenfurt/Kärnten; a.o. Univ.-Prof. am Institut für Geschichte (Abteilung Neuere und Österreichische Geschichte) der Universität Klagenfurt.
Wichtige Publikationen: »Vereine und Verbände in Kärnten 1848–1938. Vom Gemeinnützig-Geselligen zur Ideologisierung der Massen« (1991); »Grundherrschaft und Bauer auf dem Weg zur Grundentlastung. Die ›Agrarrevolution‹ in den innerösterreichischen Ländern« (2003).

Karl KASER, geboren 1954 in Pischelsdorf/Stmk, o. Univ.-Prof. für Südosteuropäische Geschichte an der Karl-Franzens-Universität Graz und Direktor des Center for the Study of Balkan Societies and Cultures.
Wichtige Publikationen: »Bäuerliches Leben in der Oststeiermark seit 1848« (gem. mit K. Stocker, 2 Bde., 1986 und 1988); »Macht und Erbe. Männerherrschaft, Besitz und Familie im östlichen Europa 1500–1900 (2000); »Südosteuropäische Geschichte und Geschichtswissenschaft. Eine Einführung« (2002).

Ernst LANGTHALER, geboren 1965 in St. Pölten/NÖ, Mitarbeiter am Ludwig Boltzmann-Institut für Geschichte des ländlichen Raumes und Lehrbeauftragter an der Universität Wien.
Wichtige Publikationen: »Über die Dörfer. Ländliche Lebenswelten in der Moderne« (Mitherausgeber, 2000); »Zwangsarbeit in der Landwirtschaft« (Mitautor, 2003).

Wolfgang MEIXNER, geboren 1961 in Jenbach/T, Univ.-Ass. am Institut für Geschichte der Universität Innsbruck. Forschungen und Veröffentlichungen zur österreichischen Unternehmergeschichte, Regionalgeschichte sowie zur »Arisierung« und Rückstellung von Tiroler Industriebetrieben. Demnächst erscheint: »Ohne Schrot und Korn? Unternehmertum in Alt-Österreich 1750–1914«.

Ursula J. NEUMAYR, geb. 1970 in Maishofen/Salzburg, Studium der Geschichte sowie Anglistik/Amerikanistik in Salzburg und Aberystwyth/Wales; M. A. an SOAS in London. Publikationen zur Regionalgeschichte, derzeit Berufstätigkeit als Wirtschaftsberaterin.

Michael PAMMER, geboren 1962 in Linz/OÖ, Univ.-Doz. für Wirtschafts- und Sozialgeschichte an der Johannes-Kepler-Universität Linz.
Wichtige Publikationen: »Glaubensabfall und Wahre Andacht. Barockreligiosität, Reformkatholizismus und Laizismus in Oberösterreich 1700 bis 1820« (1994); »Entwicklung und Ungleichheit. Österreich im 19. Jahrhundert« (2002); »Die Rückstellungskommission beim Landesgericht für Zivilrechtssachen Wien« (2002); »Jüdische Vermögen in Wien 1938« (2003).

Leonhard PRICKLER, geboren 1968, Studium der Geschichte sowie Wissenschaftsgeschichte, Historische Hilfswissenschaften und Geschichte Ost- und Südosteuropas an der Universität Wien, Ausbildungslehrgang am Institut für Österreichische Geschichtsforschung; seit 1999 am Burgenländischen Landesarchiv beschäftigt.
Publikationen zu zahlreichen Themen der burgenländischen Landeskunde, z. B. »Das älteste Urbar der Grafschaft Forchtenstein von 1500/1510« (1998); »Das Schul- und Bildungswesen im Burgenland seit 1945« (2000).

Bernhard A. REISMANN, geboren 1969 in Mürzzuschlag/Stmk., Forschungsassistent am Institut für historische Grundwissenschaften der Universität Graz.
Wichtige Publikationen: »Geschichte der Gemeinde Spital am Semmering« (1997), »Das Feuerwehrwesen in der österreichischen Reichshälfte der Habsburgermonarchie bis 1918« (1998), »Geschichte der Marktgemeinde Oberaich« (1999), »Wirtschafts- und Sozialgeschichte der Stadt Graz 1500–1800« (2003), »Grazer Stadtlexikon« (2003).

Roman SANDGRUBER, geboren 1947 in Rohrbach/OÖ, o. Univ.-Prof. für Wirtschafts- und Sozialgeschichte an der Universität Linz.
Wichtige Publikationen: »Österreichische Agrarstatistik 1740–1918« (1978), »Die Anfänge der Konsumgesellschaft« (1982), »Strom der Zeit. Das Jahrhundert der Elektrizität« (1992), »Ökonomie und Politik. Wirtschaftsgeschichte Österreichs im 20. Jahrhundert« (1995).

Gerhard SIEGL, geboren 1975 in Innsbruck, Studium der Geschichte/gewählte Fächer an der Universität Innsbruck. Derzeit tätig als Genealoge und als Verfasser einer Dissertation mit dem Titel: »NS-Agrarpolitik und Landwirtschaft in Österreich 1938–1945 am Beispiel des Reichsgaues Tirol-Vorarlberg«.

Karl STOCKER, geboren 1956 in Knittelfeld/Stmk., »freier« Univ.-Doz. am Institut für Geschichte der Karl-Franzens-Universität Graz, Fachhochschullehrer am Studiengang Informations-Design der FH Joanneum in Graz.
Wichtige Publikationen: »Bäuerliches Leben in der Oststeiermark seit 1848« (gem. mit K. Kaser, 2 Bde., 1986 und 1988), »Verkehr« (gem. mit S. Rollig/O. Hwaletz, 1999), »Berg der Erinnerungen« (gem. mit H. Hofgartner/K. Schurl, 2003), »INSIDEOUT« (gem. mit N. Cusimano/K. Schurl, 2003).

Beatrix VREČA, geboren 1968 in Bad Radkersburg, Studium der Geschichte und Theaterwissenschaft an der Universität Wien, seit 1995 Leiterin des Stadtarchivs und des »Museums im alten Zeughaus« in Bad Radkersburg.

Hubert WEITENSFELDER, geboren 1959 in Dornbirn/Vbg., Univ.-Doz., betreut die Abteilung Produktionstechnik am Technischen Museum Wien.
Wichtige Publikationen: »Studium und Staat. Heinrich Graf Rottenhan und Johann Melchior von Birkenstock als Repräsentanten der österreichischen Bildungspolitik um 1800« (1996), »Industrie-Provinz. Vorarlberg in der Frühindustrialisierung 1740–1870« (2001).

Bildnachweis

Seite 18, 35, 39, 41, 45, 64, 67: Stadtarchiv Dornbirn; Seite 22, 47, 55: Vorarlberger Landesbibliothek, Bregenz; Seite 29, 33: Frauenmuseum Hittisau.
Seite 83, 87, 90, 94, 96, 101, 102, 104, 119, 128, 133, 142, 144, 147: Rudi Manesch, Waidring; Seite 128: Tiroler Bauernbund, Innsbruck.
Seite 193, 198, 200, 206, 210, 217: aus: Josef Friedrich Perkonig, Kärnten, sonniges Bergland (Graz 1947); Seite 225, 231, 232, 234, 237, 239: Fotoarchiv der Landwirtschaftskammer für Kärnten, Klagenfurt.
Seite 243: Wolf Wiesinger; Seite 245, 267: Privatbesitz; Seite 251, 257, 261, 274, 277: Gemeindearchiv Taxenbach.
Seite 302: Johann Pfeiler; Seite 303, 308: Archiv der Kulturinitiative Ratschendorf; Seite 305: Stadtarchiv Bad Radkersburg; Seite 312: Privatbesitz Familie Edelsbrunner; Seite 319: Privatarchiv Anton List; Seite 322: Privatarchiv Hans Kern, Siebing; Seite 324: Privatbesitz Familie Prassl-Schantl, Marktl bei Straden; Seite 346, 347, 349: Tourismusverband Bad Radkersburg.
Seite 365, 406, 434 o.: Sammlung Franz Mittermüller; Seite 373, 381, 412, 426, 428, 430, 434 u.: Archiv Franz Jäger; Seite 389, 419: Privatbesitz; Seite 403: aus: Schneiter, Statistik und Hebung der steirischen Almwirtschaft (Graz 1930).
Seite 440: Oberösterreichisches Landesmuseum, freigegeben vom Bundesministerium für Landesverteidigung A XIII 2; Seite 445, 466, 480: Privatbesitz; Seite 449: Oberösterreichisches Landesmuseum, Freilichtmuseum Samesleiten; Seite 456, 458, 464: Oberösterreichische Landwirtschaftskammer; Seite 477: aus: Josef Lösching, Die Mostbirnen (Wien 1918); Seite 485: Sammlung Grützmacher, Linz.
Seite 569: Sammlung Gerhard Hager, Hofstetten; Seite 579: Sammlung Landjugend Frankenfels; Seite 589, 613, 624, 634, 637: Sammlung Marktgemeinde Frankenfels; Seite 598: Sammlung Hedwig Grundböck, Rabenstein; Seite 623, 639: Sammlung Hermann Winter, Frankenfels.
Seite 657: Sammlung Friedrich Hofer, Auersthal; Seite 673, 684: Sammlung Johann Scharmitzer, Gänserndorf; Seite 694: Eigenverlag Hans Müllebner, Hollabrunn; Seite 698: Verlag Gottfried Rennhofer, Korneuburg; Seite 707, 709: Niederösterreichisches Landesarchiv, St. Pölten; Seite 725: Verlag Edition Weinviertel, Gösing/Wagram; Seite 727: Sammlung Karl Hofmeister, Bad Pirawarth.
Seite 744, 747, 755, 759, 762, 764, 771, 775, 781 785, 787, 791: Fotosammlung des Burgenländischen Landesarchivs, Eisenstadt; Seite 796, 798, 799, 802, 804, 808: Privatbesitz

Es ist dem Verlag trotz intensiven Bemühens nicht bei allen Abbildungen zweifelsfrei gelungen, etwaige Rechteinhaber zu ermitteln. Sollten wir dabei unwillentlich bestehende Rechte verletzt haben, bitten wir die Betroffenen, sich im Verlag zu melden.

Register

Aachen 246
Aargau 34
Abwinden 443, 465, 474, 479 f.
Achleiten (Gut) 456
Adlwang 456
Admont 174
Aflenz 371, 374, 383, 389, 397, 400, 405 f., 425, 427, 429, 433, 437
Aflenzer Becken 365
Aflenzertal 374, 382, 432 f., 435
Ager 439
Aicha 451
Aichfeld 364, 388
Aichmayrgut 470
Aigner, Familie (vulgo Saudirn) 474
Albeck 198
Alberschwende 57
Albert-Casimir-Hof 795 f., 798, 803–806
Albrecht, Erzherzog von Österreich 794, 797, 806, 812–814
Albrecht, Ivan Hejjas 806
Albrechtfeldshof 798
Alexander II. Nikolajewitsch, Zar 440
Alkoven 486
Allensteig 514, 517
Allerheiligen 425
Allgäu 21–25, 29, 34, 52
Allhaming 452, 473, 484
Allweyer, Richard von 50 f.
Almtal 461
Alpbach 162
Alpen 73, 79, 106, 127
Alpenvorland 343, 439, 446, 563
Alpl bei Krieglach 368, 375, 432, 435
Altach 36
Altenberg 369
Altenmarkt 364
Altenstadt 37 f., 50
Althaus, Johann 22
Alttirol 128
Ammenegg 62
Amstetten 439
Andau 765, 793
Andelsbruch 22, 53, 70
Angerhäusl 586
Angern 654, 658, 679, 713
Angerner Gut 677–679
Anglhäusl 586
Ansfelden 448, 462, 470, 473, 485
Apetlon 776, 782, 792 f.
Appenzell 21, 58
Argentinien 149, 814
Arlberg 19, 43, 64
Arnoldstein 190
Arnreit 471

Arriach 223
Arthold, Matthias 311
Aschach 484
Aschbach 495
Asten 194, 448, 453, 458, 460, 463, 465 f., 473, 485 f.
Attems, Edmund Graf 372, 392
Au 60
Auer, Stefan 609 f.
Auersperg, Fürst 88 f.
Auersthal 654, 656–658, 667–669, 671, 680–682, 685–688, 692 f., 696–702, 708, 713–716, 719, 721, 725, 728 f., 731 f.
Aurach 115
Außerfern 76, 121
Axams 93, 130

Bach 162
Bad Aussee 354
Bad Hall 451, 484
Bad Pirawarth 656, 658, 726
Bad Radkersburg siehe Radkersburg
Bad Sauerbrunn 763
Baden 640
Ballabene, Rudolf Raimund 806
Bancalari, Gustav 444
Bangs 45
Bärndorf 429
Baska 273
Batlogg, Ignaz 72
Bauer in Hof (siehe auch Grüblhof, Gut) 443, 472, 474, 479 f.
Bauer, Andreas (Andrä) 16, 56
Bauer, Ingrid 262
Bauer, Maria (vulgo Graßl) 324
Baumgartner, Gerhard 769
Baumgartner, Johann 451
Bayer, Johanna 332
Bayern 27, 34, 43, 50, 53, 115, 260, 273, 275, 279, 293, 492, 751, 814
Bechter, Alois 24
Belgien 136, 412
Bellye 814
Belrupt, Karl Graf 66, 68
Berg (Hof) 632
Berger (Hofer), Marie 713, 716
Berger, Josefa 635
Berger, Rosalia 713
Berger, Sebastian 703 f., 713–720, 727
Bergern 451
Bergner, Rudolf 135
Berlin 412, 452
Bern (Kanton) 22, 36
Bern (Stadt) 797
Bernhard, Ignaz (vulgo Daniel) 483

911

Berthold, Maria 682
Bezau 43, 70
Bichlbach 162
Bildstein 64
Bilgeri, Johann 22
Bilgeri, Anton 24
Bilgeri, Michael 22
Bilgeri, Peter 22
Bings 50
Birkfeld 364
Birnbaum 197
Bischofshofen 265, 272
Bizau 60
Blaichach 22
Blank, Konrad 72
Blaßnig, Jakob 183
Bleiberg 190 f.
Bludenz 27, 34, 37, 41, 43 f., 66, 68, 70
Blumenegg 23
Bockfließ 682
Bodenseeraum 15, 56
Böhler, Ingrid 49
Böhmen 23, 27, 29, 390, 393, 751, 781
Boross, György 793
Bozen 134
Bramberg 280
Brandenbergtal 101
Brandl, Michael 392
Brandnertal 17, 19–21, 27, 32, 38, 44
Bratislava siehe Pressburg
Braunau 463
Bregenz 41, 43, 46, 48, 50, 53 f., 61, 63, 66, 68 f., 71
Bregenzerwald 17–23, 27, 32, 34, 41–43, 52–54, 59, 63 f., 69, 71 f., 113
Breitbrunn 461
Breitenau 418, 433
Breitenauertal 402, 417, 432
Breitenbrunn 752
Breitenfeld 313
Breitenwang 175
Brenner 125, 175
Brettl, Herbert 794
Brielmayer (Brielmeyer), Anselm 66
Brisen 451
Brixen 81, 451
Brixlegg 126, 163
Bruck an der Leitha 811
Bruck an der Mur 363 f., 366, 371–373, 375–381, 383, 387 f., 389–392, 394, 396 f., 400, 402, 409–413, 416 f., 419, 422, 424, 426–433, 437 f.
Bruck im Pinzgau 290
Brucker Becken 364
Brückler, Altknecht 481
Bruckneudorf 765
Brugger, Anton 182 f., 186
Bruggraber, Franz (vulgo Steinbauer) 435
Brünn 279
Brunnbauer, Benno 483
Brunner, Johanna 682
Brunnhofer-Lex 426

Brüssel 122, 175, 388
Bschlabs 130
Buch 48
Buchach 273
Buchau 400
Buchberger, Rupert 330
Bucheben 277
Buchkirchen 486
Buchs 43
Buda 23
Budapest 798, 809
Buenos Aires 814
Bulgarien 29
Buresch, Karl 711 f.
Burgenland 300, 720, 741–818
Burger (vulgo) 428
Bürgeralm 406
Burkert-Dottolo, Günther R. 369

Capellariwiese 394 f.
Carl, Erzherzog von Österreich 794
Chicago 746
Cisar, August 707
Clary und Aldringen, Manfred Graf von 424
Coburg, Herzog von 88
Croy-Dülmen, Isabella von 806

Dachau 629, 808
Dachler, Anton 444
Dakota 746
Dalaas 37
Damüls 56, 61
Dänemark 118
Darré, Richard Walter 157
Defreggen 134
Detroit 746
Deut 260
Deutinger, Johann (Hans, vulgo Oberdeutingbauer) 260
Deutsch Jahrndorf 798
Deutschland 19, 23–25, 31, 46, 50, 114, 118, 121, 125 f., 129, 136, 145, 155 f., 187, 211, 234, 250, 311, 328, 378, 390, 411 f., 417 f., 424, 453, 752, 767, 777, 787, 808 f., 814, 816 f.
Deutschlandsberg 337
Deutschtirol 128
Deutsch-Westungarn 752
Diepoldsau 44
Diex 199, 225
Dillinger, Andrea 261
Dollfuß, Engelbert 378, 395, 419 f., 618, 808
Döllinger, Martin 682
Döllinger, Martin (Sohn) 682
Dolomiten 152
Donau 439, 443, 446, 470, 492, 494 f., 497, 669, 761
Donawitz 412, 417
Doren 53
Dorfstetten 496
Dörnbach 484
Dornbirn 18, 27, 34, 38–41, 44, 46, 55, 57 f., 62,

64–67, 69 f.
Dorner 61
Drahütten, Karl 624
Drau 190
Drautal 190, 192, 197, 239
Dunkelsteiner Wald 492, 583

Ebbs 134
Ebelsberg 441, 445
Ebenfurt 748
Ebenhoch, Alfred 390
Ebenhoch, Gebhard 61
Ebenthal 656, 658, 700
Eberle, Ferdinand 186
Eberle, Fidel 48
Ecker, Baron 389
Eckl, Michael 483
Eco, Umberto 354
Eder, Andre (vulgo Kasparbauer) 259 f.
Edmundshof 807
Eferding 446, 458, 486, 532, 548
Eferdinger Becken 446, 456
Egg im Bregenzerwald 42, 60–62, 69
Eggendorf 473
Egger, Franz 176
Egger-Lienz, Albin 178
Eglseergut 452
Eibinghof 278 f.
Einser-Kanal 742, 761, 763
Einsiedl 451
Eisenerz 400, 436
Eisenerzer Alpen 364
Eisenstadt 775 f., 779, 785 f.
Eisenwurzen 446, 460
Eiterer 297
Elmenreich, Ferdinand 58
Embach 274, 276
Emmental 22
Engadin 21
Engel, Josef 765 f.
Engerau 781
England 50, 118, 412
Enns (Fluss) 371, 439, 442, 459
Enns (Gemeinde) 439 f., 442, 444, 446, 448, 451–453, 456, 458–460, 462 f., 465–467, 469–473, 477, 483 f., 485–488
Ennstal 364 f., 368 f., 388, 437 f., 461
Ennstaler Alpen 364
Enzing 455
Erlangen 52
Erlengraben 452
Erzberg 364, 417
Eschenau 262 f.
Espelmayrhof 466
Eßlberger 474
Esterházy, Paul 757, 793
Etmisl 430
Etsch 125
Etschtal 81, 134
Eugling, Wilhelm 52 f.

Fahrnberger 432
Fahrnberger, Anna 632 f.
Falkensteineralm 405
Falkenstein-Mühle 621
Fehle, Ulrich 59
Fehring 307, 337, 344
Feistritz 191
Feldbach 299, 302, 304–307, 310, 315 f., 326 f., 334–337, 339, 341, 354–361
Felder, Franz Michael 23, 60, 69
Feldkirch 25, 27, 34, 38, 41, 46, 50, 53, 57, 67–69
Feldkirchen 196, 198–201, 204 f., 218–221, 224, 226–229, 231, 236, 238, 240
Feldkirchner Becken 447
Fellner, Angela 682
Fellner, Anna 682
Fellner, Erika 682
Fellner, Johanna 682
Fellner, Karl 682
Fellner, Karl (Sohn) 682
Fellner, Leopoldine 682
Fellner, Lorenz 682
Fellner, Lorenz (Sohn) 682
Fellner, Lorenz (Enkel) 682
Fellner, Rosa 682
Ferlach 190
Fernbach 465
Fernpass 74
Fertőboz (Holling) 749
Fertőújlak (Mexikópuszta) 763
Fertőszentmiklós 748
Festetics, Antal 789
Fetz, Johann Josef 62
Figl, Leopold 620, 679, 713
Filzer, Hans 183
Fink, Barnabas 32
Fink, Jodok 69–71
Fink, Josef 629
Fink, Theresia 601
Fintan, Pater 58
Finzeneben 585 f.
Fischbacher Alpen 364
Fischbachgraben 641
Fischler, Franz 387
Fiß 95, 143, 162 f.
Flachgau 274, 285
Flaurling 97
Fleckenbach 465
Fleischmann, Wilhelm 52
Fliri, Franz 74
Floning 364
Födermayr, Florian 439, 452, 484–487
Födermayr, Franz 452
Fohnsdorf 412
Foltz, Carl 517 f., 528, 561
Fontanella 63
Forstner, Anna 453
Foucault, Michel 320
Frank, Johann 340
Frankenfels 566, 568–570, 572, 575, 577, 579,

913

581–584, 587–589, 591, 594, 604 f., 607, 611–613, 615 f., 618–621, 623 f., 627, 630–632, 634, 636–638, 640–643
Frankreich 25, 50, 110, 118, 149, 398, 417, 420, 752, 815
Franz I. Stephan, Kaiser 794
Franz II./I., Kaiser 440
Franz Joseph I., Kaiser 401
Franzberg 442, 453, 460, 463
Franzen 517
Frastanz 46
Frauenberg 302
Frauenkirchen 748, 766, 786, 809
Frauenwald 418
Fraxern 31
Freindorf 455
Freistadt 463, 492–494, 496, 498 f., 501, 503, 506 f., 509 f., 513 f., 518, 520 f., 526, 531, 533 f., 537, 543, 547 f., 552
Freßnitz 427
Fridau (Gut) 584 f.
Friedrich, Erzherzog 794, 797, 805 f.
Friedrichshof 798
Friesach 190, 207
Frohnleiten 364, 372, 388
Fröschnitztal 428
Fügen (Alpe) 33
Fügen im Zillertal 116 f.
Fügenberg im Zillertal 116
Fürstenfeld 299, 301, 304, 306 f., 313 f., 326 f., 334–337, 339, 348, 350, 354–361
Furx (Alpe) 53, 68
Fusch 260
Fußach 25, 37, 44

Gaflenz 616
Gai 364, 404, 437 f.
Gailtal 192
Galizien 72, 372 f., 423, 794
Gallneukirchen 496, 499
Gaming 615
Gampadels 64
Gamperdonatal 21, 44
Gänserndorf 654, 656, 658, 660–661, 667, 670, 673–676, 678–680, 684 f., 692 f., 695, 697, 699, 701 f., 706–708, 710–712, 716, 718–720, 722, 726, 728–731, 733–740
Gänserndorfer Flach- und Hügelland 662, 664, 669, 671, 674 f., 689
Ganz 404, 435 f.
Ganztal 432
Gaschurn 47, 55
Gauenstein 54 f.
Gaweinsthal 658
Geißenberg 623
Genoch, Johann 452
Gensbichler, Margarethe (vulgo Perfeldbäurin) 278
Gerhard Hof 736
Gesäuse 616
Getzing 471

Geyergut 443
Gierlinger, Balthasar 471
Gierth, Heinrich 252, 290
Gießen 68
Glasenbach 452
Gleinalm 364
Gleisdorf 348
Gmünd 492–500, 502 f., 506, 508–510, 513 f., 520, 526, 531–533, 535, 537, 539, 542–549, 552, 554–556
Gmunden 461
Gnesau 198
Goldbacher, Gregor 439
Goldemund, Heinrich 763
Gols 741, 744, 764 f., 774, 778
Gömbös, Gyula 806
Gonaus, Alois 599 f.
Göpfritz 517
Görtschitztal 192
Görz 483
Gosdorf 314 f.
Gösing 614
Goslar 181
Göß 372, 391, 394, 412
Göttingen 52
Götzens 130
Götzis 38 f., 42, 45, 48, 66
Grabl 586
Grabmayr, Karl von 171, 180
Grabner-Alm 400
Grabnerhof-Oberhof 407
Grän 162 f.
Graubünden 21, 27, 32, 36, 54
Grauß, Alois 181–183, 186
Gravogl, Michaela 629
Graz 111, 273, 311, 317, 329, 341, 348, 367, 369, 373, 386, 394, 399, 409 f., 416, 432 f., 789
Grein 517 f.
Griechenland 398
Grieskirchen 463, 532, 548
Grins 162, 175
Grinzens 130
Gröbli, Hauptmann 425
Gröbming 393, 407, 616
Größbacher, Hubert 597, 612, 614 f., 635 f.
Größbauer, Coloman 422
Großbritannien 777 f.
Große Mühl 439
Groß-Enzersdorf 711
Großes Walsertal 17, 20 f., 23, 32, 34 f., 38, 44, 53, 57, 63, 65
Großglockner 190
Großholz bei Lindenberg 22
Großinzersdorf 696
Groß-Schweinbarth 656, 658, 696
Gruber, Johann 176
Gruber, Karl 453
Grubhof 297
Grüblhof (siehe auch Bauer in Hof) 474
Grünau 584, 605, 613

914

Grünburg 461
Grzimek, Bernhard 790
Guggenberg, Otto von 179
Gunersdorf 443
Gurktal 198, 223
Gurktaler Alpen 190, 192, 194, 197, 223, 226
Gusen 443, 481
Güssing 354, 746, 754, 779, 781, 801
Gußwerk 380, 437 f.
Gutmann, Ritter von 394, 425
Gutschlhofer, Alois (vulgo Fuchsbauer) 397
Győr siehe Raab

Haag 444
Haas, Hans 256
Habichler, Hausknecht 474
Hafellner, Toni 407
Hafendorf 365, 369, 411 f.
Hafnerreith 586
Hafning 364
Hagenhofer, Franz 308–310, 316, 369, 373, 401
Hagenhofer, Fritz 316
Hager, Franz 680, 693, 708 f., 719
Hager, Herbert 738
Hagmayrgut 460, 463, 489
Haibach ob der Donau 495
Hainisch, Michael 394, 409, 485
Hainzl 381, 395 f., 413
Halbturn 741, 744, 765 f., 774, 795, 797 f., 804–807, 810, 813 f.
Hall in Tirol 21
Hamburg 461
Hämmerle, Franz Martin 67
Hämmerle, Otto 67
Hämmerle, Viktor 67
Hanisch, Ernst 243 f.
Hanl, Sebastian 469, 474
Hanság (Wasen) 742, 761, 793
Hard 24 f.
Hargelsberg 442, 451, 453 f., 458, 460, 462 f., 465, 468, 470, 473, 482, 484–486, 489
Harrer-Michel 426
Hart 116
Hartberg 305, 337, 789
Hartl 479
Hartl, Elfriede (vulgo Breitfußbäurin) 278 f.
Hartl, Hubert 436
Haslau 586
Haslauhäusl 586
Haueis, Alois 134, 172
Hausleiten (Gut) 443
Hausruckviertel 441, 446 f., 456
Heckl, Rudolf 440 f., 446, 488 f.
Hehenberg 451
Heiligenblut 194
Heiligenkreuz 765
Heim, Josef 176
Hermagor 196–202, 204–209, 212, 214, 216, 218–224, 226–229, 231, 236, 238, 240
Herzog, Franz (vulgo Steininger) 258

Hias von Taxenbach 260
Hiasleck 372
Hieflau 368
Hiesendorf 483
Hillbrand, Hilda 72
Hinteralm 394, 405
Hinterer Bregenzerwald 19, 60 f.
Hinterglemm 278
Hinterstaff 586
Hinterstaffhäusl 586
Hintertal 251
Hinterwald 585 f.
Hirnbein, Karl 22
Hirschbachgraben 420
Hirschbühl, Alois 61
Hitler, Adolf 273, 629, 633, 767 f., 808
Hittisau 24, 31, 61, 70
Hochalm 364
Hochalm-Reißeckmassiv 194
Hochfilzen 265
Hochlantsch 418
Hochleithenwald 657
Hochleitner, Albert 264, 275 f.
Hochschwab 364, 368, 388, 402, 405
Höchst 48, 70
Höf 261
Hofer (Berger), Marie 713
Hofer, Franz 161
Höfer, Franz Ritter von Feldsturm 410
Hofer, Friedrich 694 f.
Hofer, Michael 719, 721
Hofer, Sepl 272 f.
Hofgaarden 39
Hofkirchen 473, 483, 485
Hofmairgut 451
Hofmeister, Karl 726 f.
Hofstetten 566, 570, 590, 600, 638
Hohe Tauern 190, 192, 194, 278, 280, 286, 294
Hohenau 488
Hohenbruck, Oskar von 180
Hohenems 27, 44, 48, 55, 66
Hohenlehen 615
Hohenruppersdorf 656, 658, 707
Hohlwegen 259
Hollabrunn 492
Hollan 797
Holland 129
Höller, Hans 262
Holling (Fertőboz) 749
Holzbauer (vulgo) 435
Hölzl, Elfriede (vulgo Jauserbäurin) 279 f.
Hölzl, Wolfgang (vulgo Jauserbauer) 279 f.
Honerlgut 277
Hoppichler, Josef 347
Hörbranz 39, 50, 66
Hörl, Maria 260
Horn 492–496, 498, 500–502, 509, 513 f., 520 f., 531–533, 537, 543–549, 552, 555 f.
Horner 472
Hörsching 448, 458, 461, 473, 482–484, 486

915

Horthy, Nikolaus 753, 806
Hörzinggut 451
Hötzl, Alois 259
Hubacek, Gertraud 296
Huber, steir. Landtagsabgeordneter 401
Hubergut (Moos) 442, 453, 460, 463, 466
Hubergut (Gunersdorf) 443, 453, 463, 466
Huemer, Mathias 563, 565, 574
Hungerburg 182

Ilanz 54
Ilg, Ulrich 63, 70–72
Ill 44
Illmitz 744, 746, 765, 774, 776, 785, 789 f., 792–794
Ilz 348
Imst 74, 77, 82, 85, 87 f., 94, 100, 109, 120 f., 126, 137 f., 148, 157, 162 f., 173, 175, 182
Inn 76
Innerhofer, Franz 250
Innitzer, Theodor 484
Innsbruck Land 74 f., 85, 87 f., 93 f., 98, 109, 128, 141, 157 f., 162 f.
Innsbruck Stadt 21, 43, 76, 97, 108 f., 120 f., 152, 157, 164, 181 f., 184, 256, 271
Innsbruck-Reichenau 129, 175
Inntal 81, 154
Inntalkalm 272
Innviertel 446, 456
Iseltal 76
Italien 15, 25, 29, 31, 50, 117, 121, 125 f., 149, 203, 211, 234, 378, 398 f., 412, 420, 453, 708, 778

Jalkotzy, Alexander 445
Japan 345, 778
Jauern 394, 409
Jauntal 197
Jenbach 54
Jennersdorf 354, 754, 779
Jersey 118
Johann, Erzherzog 366, 389
Jois 742
Jonas, Franz 790
Joseph II., Kaiser 363
Judenburg 389, 412
Jugoslawien 116, 312, 753, 797, 813 f.

Käfer (vulgo), Familie 373
Kain, Herbert 386
Kaindorf 308
Kaiser, Johann 617–620, 637 f.
Kaiser, Maria 719, 725
Kaiser, Rupert 709, 719, 721, 725
Kaisersteinbruch 742, 815
Kalb, Andreas 62
Kalkalpen 73, 91, 364
Kalteis, Franz 636 f.
Kaltenegger, Ferdinand 73, 80 f., 83, 86, 92, 99, 105, 110 f., 127, 130, 132 f.
Kalwang 368, 393, 425
Kamelander 797, 801

Kammern 386, 396
Kanada 118, 136, 490
Kansas 746
Kapellen an der Mürz 369, 420, 434 f.
Kapfenberg 364 f., 369, 399, 407, 411 f., 415 f., 419 f., 429 f.
Kaprun 265, 275 f.
Karawanken 192 f., 206, 226
Karl I., Kaiser 806
Karnische Alpen 192, 194
Kärnten 23, 76, 115, 157, 189–241, 293, 401, 415
Kärntner Becken 190, 193, 203, 224, 236, 239, 343
Karwendel 88
Kaser, Karl 301
Kassegger, Patrltr. 315
Kasserer, J. 266
Kathrein 372
Kaubinghof 442, 451
Kaufmann, Dr. 407
Kautsky, Karl 309
Kecskemét 781
Kefermarkt 439
Kehlbach 257
Kelchsau 162
Kematen (Tirol) 76, 175
Kematen an der Krems 473, 482, 484
Kery, Theodor 789 f.
Keßler, Herbert 72
Keuschnigg, Georg 186
Kiebauerngut 451
Kindberg 364, 371 f., 387, 389, 394, 397, 400, 402, 407, 422, 425, 436
Kinsky, Paul Graf 677, 713
Kirchbach 314
Kirchberg an der Pielach 566, 570–575, 577–581, 583 f., 586, 588, 591–593, 595 f., 598–601, 605, 607–610, 612, 614 f., 617, 619, 623, 625, 628 f., 636–638, 642, 646, 649
Kirchberg ob der Donau 495
Kirchberg/Thening 451, 471, 473, 482
Kirchdorf (Tirol) 162, 176
Kirchdorf an der Krems 460 f.
Kirchner, Rudolf 638
Kirchsee 776
Kittsee 742, 765
Kitzbühel 32, 76, 77, 85, 87 f., 90, 93 f., 100, 108 f., 111, 120, 133, 147 f., 154, 157, 162 f.
Kitzbüheler Alpen 74, 290
Klagenfurt Land 196 f., 199–202, 204–209, 212–214, 216, 218–224, 226–229, 231, 236, 238, 240
Klagenfurt Stadt 190 f., 194–197, 199–201, 204–209, 212, 214, 216, 219–221, 224, 228 f., 231, 236, 238, 240, 483
Klagenfurter Becken 190, 192, 194 f., 197
Klaus 37
Klauser, Marie 621, 624, 626, 634
Klausner, Josef 485
Kleibl, Georg 568
Kleines Walsertal 17, 19, 32, 34, 38, 53, 61

Klenze, Hippolyt von 53
Kletschachalpe 401, 407
Kleylehof 798, 807, 810 f.
Klinger, Maria 259
Kloimwider, Margarete 452
Kloimwider, Ignaz 452, 485
Klosterneuburg 679
Klostertal 17, 19, 21, 34, 44, 63
Klug, Anna 682
Klusemann, Dr. 393
Knittelfeld 365, 389, 411 f., 415 f., 421, 423
Knotz 425
Köb, Ferdinand 65
Koblach 37, 44
Köfels bei Umhausen 74
Kogl (Hof) 621
Koguzki, Emanuel 808
Kohl, I. G. 440
Koiner 437
Koller 424
König, Herbert 439
König, Otto 789
Königsbauer (vulgo) 397
Königsberg 52
Königswiesen 439
Kopfing bei Kaindorf 308
Koralpe 226
Kornspießgut 453
Kössen 163, 175
Kottingrath 483
Kowald 585 f.
Krainer, Josef 427
Krakau 372
Krammer, Josef 347
Krappfeld 190, 192, 195, 231
Krasnodar 814
Kraubath 364, 369, 371, 417
Kreilmeier, Johann 471
Krems (Fluss) 460, 484
Krems 492 f., 495 f., 498, 501, 506, 509, 513, 515, 520 f., 537, 543–545, 552, 555, 708
Kremsmünster 456, 460, 462, 470
Kremstal 457, 460 f., 468, 486
Krenn, Josef 808
Kriechbaum, Eduard 444
Krieglach 368 f., 375, 380 f., 397, 427, 432, 435, 437 f.
Kristein 486
Kristernbauer 285
Krizanits, Josef 749 f.
Kroatien 399
Kröllendorf 488
Kronstorf 458, 462, 470, 473, 482–486
Kruggut 469
Krumbach 61
Kufstein 77, 85, 87 f., 91, 93–95, 108 f.,120, 148, 154, 157, 162 f.
Kühne, Josef 58
Kun, Béla 806
Kürnberger Wald 447

Ladis 95
Laibach 483
Lambach 134, 459
Laming 429
Lamingtal 371
Lamming 372
Landeck 74, 77, 85, 87 f., 91, 94, 100, 105, 108 f., 126, 138, 141, 143, 147 f., 157, 162 f., 175
Landmann, Josef 157
Lange Lacke 792 f.
Langen 63
Langenegg 61
Langenlois 708
Langenwang 386, 393
Langoth, Franz 487
Lantschner (Lanschner), Fritz 173
Lanzer, Ing. 380
Lanzl, Helmut 33 f.
Lassee 651
Laterns 68
Laternsertal 53, 68
Lauterach 66, 68
Lavanter Becken 192
Lavanttal 190, 195, 239
Lavanttaler Alpen 192
Lech 64
Lechner, Franz 173 f., 176
Lechtal 60, 76, 88, 92 f., 120
Lechtaler Alpen 74
Leedi bei Hohenems 44
Lefeldt, Wilhelm 39
Lehenbauer, Johann 451
Lehenbauer, Theresia 451
Leiblachtal 17, 19 f., 42
Leibnitz 299–301, 304, 306 f., 312, 316, 327, 334–337, 339, 354–361
Leibnitzer Feld 340
Leitha 741 f., 811
Leitner, Alois 186
Leitner, Leopold 620
Leoben 363, 366, 369, 371, 375–378, 384–389, 391, 394–400, 402 f., 407–409, 411–413, 415–417, 421–426, 428 f., 431, 435, 437 f.
Leobener Becken 364
Leodolter, Peter 432
Leogang 286
Leonding 448, 458, 473, 482
Leonharting 443
Leopoldsdorf 720
Lermooser Becken 92
Lesachtal 74, 76, 195, 197, 199, 210
Letting 257, 260
Liebig, Justus 52
Liechtenstein 19, 36
Lienz 74, 76 f., 85, 87 f., 94, 96, 100, 108 f., 111, 126 f., 141, 145, 147, 175, 181, 204
Lienzer Becken 76, 192
Lieser 192
Liesertal 195, 223
Liesing 364

Liesingtal 364, 368, 383, 432
Liezen 389, 409
Lilienfeld 613
Lindau 43, 52
Lindenberg 22
Linz Land 445, 456–459, 461–463, 465 f., 468, 470, 473, 482, 486, 498
Linz Stadt 97, 439 f., 444–448, 451, 455–459, 461–464, 471, 476, 481 f., 484, 486 f., 497, 499, 501, 503, 510 f., 513, 515, 616, 708
Lipp, Franz C. 439, 444
Lippengut 453
List, Familie 319
Litz 64
Lochau 23–26
Lofer 282
Loh, Josef 422
Loich 566, 570, 572, 583 f., 601, 605, 629 f., 638
Lombardei 22 f., 110
Long Island 354
Lorch 448, 470, 483
Loreakopf 74
Lorenz, Konrad 789
Lorenz, Roman, Ritter von Liburnau 449
Lösching, Josef 477
Losensteinleiten (Gut) 453
Löw, Eva 678
Löw, Familie 677–679
Löw, Georg 678
Löw, Gertrud 678
Löw, Gustav 678, 683, 713
Löw, Stefan 678
Löw, Wilhelm 678
Ludesch 70
Luftenberg 474, 478
Luggau 210
Lughammer, Franz 451
Lughammer, Theresia 451
Lungau 263, 291
Lurnfeld 195, 235
Lustenau 41, 44, 48, 69
Luzern (Kanton) 27

Machland 446 f., 492
Madlgut 443
Magdeburg 53
Magerl 432
Magyaróvár 797
Mähren 393, 486, 794
Maier zu Thonach (Gut) 455
Maihof 50, 66
Mailand 22
Maischingergut 443
Maishofen 127, 290
Mallnitz 191, 232
Mals 39
Maltatal 195, 223
Mang, Josef 61
Mang, Kaspar 61
Männedorf bei Zürich 66

Mansholt, Sicco 384, 431
Manzl, Leonhard 186
March 654, 669, 720
Marchfeld 651, 665, 669–672, 676 f., 688, 697, 708
Marchfeldkanal 670
Marchtrenk 486
Maria Helfenbrunn 308
Maria Saal 234
Mariazell 364, 368, 371, 380, 382 f., 388 f., 391, 397, 400 f., 408, 410, 432, 435, 437, 623
Mariazeller Becken 365
Maribor 352
Marie Christine, Erzherzogin 794
Marktl 324
Marschall, Leopold 720
Marschall-Hof 684
Martinsruh 57
Marul 53, 57
Massing 397
Mattersburg 748, 754, 779, 782, 785, 789
Matzen 670, 672–674, 678, 683, 699, 705, 709 f., 712 f., 716, 727 f., 730
Matzen-Raggendorf 656, 658
Matzingergut 442, 453, 460, 463
Mautern 369, 371, 383, 389, 400, 432
Mauthausen 576, 481, 483, 485
Mauthausener Becken 447
Mayer in der Tann (Gut) 440
Mayer, Robert 49 f., 64
Mayer, Wilhelm 64
Mayr, Erwin 295
Mayr, Franz (vulgo Rieplmayr) 483
Mayrbäurl, Maria 452
Mayrgut zu Weilling 443, 463, 474
Mayrhofen 121
Mayr-Melnhof, Familie 391, 427
Mehr, Robert 471
Mehrerau 30, 50, 54 f., 59, 70 f.
Meiningen 44
Melk 439, 492 f., 495–498, 500 f., 503, 520 f., 524, 533, 537, 543, 545, 585 f., 688
Mellau 60
Melleck 273
Mennel 61
Meran 134
Metnitz 200
Metnitztal 190, 194, 198
Metnitztaler Berge 197
Metzler, Anton 426
Metzler, Josef Anton 22
Mexikópuszta (Fertőújak) 763
Mieming 110
Mieminger Plateau 84
Miklas, Wilhelm 484
Millstätter See 192, 195
Minnesota 746
Missen 22
Mistelbach 705 f., 725
Mittelberg 34, 61
Mittelburgenland 746, 774, 779

Mittelkärnten 193, 195, 208
Mittelsteiermark 308–311, 397
Mitterling 305
Mitterlobming 392
Mitterndorf 364, 369, 407, 420
Mittersill 245, 275, 282, 290, 292–294
Mitterstein, Konrad 624
Mittleres Inntal 76
Mixnitz 427
Moaalm 280
Mödling 452, 651
Mohr, Wilhelm 30
Möll 192
Möllbrücke 207
Mölltal 195, 222 f.
Molterer, Wilhelm 388
Mönchhof 741, 744, 747, 774, 778, 807
Montafon 17–21, 27, 32, 34–36, 42–44, 46, 49, 54, 56, 63 f., 69 f., 113
Moos 442, 453, 460, 463, 465 f.
Moosbrugger, Gallus 23
Moosbrugger, Hubert 186
Moosbrugger, Jakob 69
Moosbrugger, Josef 69
Moosbrugger, Josef Ambros 23
Moosbrugger, Kaspar 69
Moosbrugger, Leopold 23
Moosbrugger, Pius 69
Mooshuben 432
Moosmann, Franz Xaver 60 f.
Mörbisch 789
Morré, Karl 368
Morsey, Baron 401
Moschkogel 404
Moser, Lenz 708 f.
Mostviertel (Viertel ober dem Wienerwald) 439 f.
Mugelalpe 402 f.
Müglitz 486
Mühlbach 279
Mühldorf 40
Mühlviertel 343, 439, 441, 445 f., 456, 472, 487, 491–561
Muigg, Josef 164, 173 f., 176, 181, 186
Müllebner, Hans 692, 694
Müller, Alban 54
Müller, Friedrich 416
München 50
Münster in Tirol 110
Mur 315, 346, 372
Murau 261, 388, 399
Mureck 314 f., 345 f., 351
Mur-Mürz-Furche 363, 368, 370, 375, 382, 408, 421, 424, 435
Murtal 299, 345, 364–366, 369
Mürz 394, 403, 420, 434 f.
Mürzsteg 405
Mürztal 364–369, 376 f., 381 f., 384, 386, 388, 394 f., 397, 403, 405, 407 f., 410, 415, 420 f., 425, 427–429, 432 f.
Mürztaler Alpen 364

Mürzzuschlag 363 f., 366, 371, 375 f., 379–381, 385, 387, 389, 391, 394 f., 397, 399 f., 404 f., 408 f., 411, 413, 421, 425, 427, 429–433, 435 f. 437 f.
Mussolini, Benito 273
Mutter, Andreas 68

Nägele, Hans 58
Nagykörös 781
Nasahl, Urban 70
Nattershof 613
Naumann, Josef K. F. 16, 72
Navis 162 f.
Nebraska 746
Nelen, Dmitrij Filippovich 723 f.
Nenzing 37, 69
Nettingsdorf 483
Neuberg an der Mürz 369, 388, 394, 403, 429 f.
Neuburg, Hans 639
Neudorf 765
Neuhofen an der Krems 448, 459, 461, 470, 473, 484
Neukirchen an der Vöckla 479
Neumann, Otto 248 f., 290, 297
Neumarkt 388
Neuper, Roman 392
Neurieser, Josef 404
Neuseeland 118
Neusiedl am See 741–744, 746, 748 f., 753 f., 757, 760, 762, 765 f., 769, 771–776, 778 f., 781–783 f., 786, 789, 793, 806–808
Neusiedler See 741–743, 746, 749, 761–763, 779 f., 782, 786–794
Neustadtler Platte 492
New York 746
Nickelsdorf 765, 798, 805
Niederkreuzstetten 696
Niederlande 126, 234, 777
Niederneukirchen 445, 473, 483, 485 f.
Niedernsill 261
Niederösterreich 23, 40, 42, 46, 62, 69 f., 117, 275 f., 348, 390, 492, 496, 500, 502–504, 518, 617, 670, 705, 711, 746 f., 752, 754
Niederösterreichische Voralpen 563–650, 674
Niederösterreichisches Flach- und Hügelland 651–740
Niedersulz 696, 698
Niklasdorf 369, 394, 401 f., 418
Nindl, Familie (vulgo Moabauern) 280
Nindl, Thomas (vulgo Moabauer) 280 f.
Nöbauerngut 453, 460, 463, 466
Nock-Afritzer-Bergland 223
Nöckam, Franz 471
Nockberge 197, 225
Nordburgenland 746, 751, 770, 779, 782
Nordöstliches Flach- und Hügelland (Südoststeiermark) 342 f.
Nordtirol 81, 96, 103, 105, 110, 113–116, 121, 123, 128, 134, 150, 152, 161, 293
Norz, Richard 176
Nöstlbach 465

919

Nürnberg 815
Nüziders 37, 69

Obdach 389
Oberes Inntal 76, 82, 84, 88, 95 f.
Oberfürstwegergut 442
Obergrafendorf 638, 640
Oberhausergut 486
Oberhofstatt-Hof 623, 634, 639
Oberhollabrunn 502
Oberhollenzer, Ferdinand 286
Oberinntal 161
Oberitalien 21–23, 398
Oberkärnten 190, 193–195, 207, 209, 224, 235, 239
Oberleiten (Gut) 262
Obermann, Florian 474
Obermoser, Johann 155, 180–183, 186
Obernberg 130
Oberösterreich 23, 29, 115, 117 f., 134, 137, 145, 273, 282 f., 439–441, 444–446, 448 f., 456, 458 f., 461, 468, 471, 475, 483 f., 492 f., 495 f., 500, 502–504, 506 f., 511, 517 f., 528, 531, 533, 560, 593
Oberösterreichischer Zentralraum 439–490
Oberperfuß 176
Oberpinzgau 249, 262, 281, 290–293, 297
Oberpullendorf 354, 754, 774, 779, 789
Oberschützen 785
Obersdorf 658
Obersiebenbrunn 661 f., 664–666, 705 f., 713
Obersteiermark 308–310, 363–438
Oberstein (Hof) 611, 621 f., 624, 634
Obertilliach 217
Oberwallis 38
Oberwart 354, 754, 769 f., 779, 789, 801
Oberzeiring 389
Öblarn 616
Ödenburg 745, 748 f., 752 f.
Ofen 22
Oftering 461, 473
Old Beth Village 354
Ölz, Josef 62
Ortmayr, Norbert 243, 261 f.
Ostalpen 73 f., 115, 190
Oststeiermark 328, 337, 382, 387
Osttirol 75 f., 81, 96, 100, 103, 105, 110, 113 f., 123, 128, 134, 140 f., 143, 150, 152, 157, 181, 184, 275
Ötz 170
Ötztal 73, 75, 91, 93 f.
Özelt, Auguste 600

Pacher, Sigurd 155
Packalpe 197
Palten-Liesingtal 388
Paltental 369, 421
Pama 765
Pamhagen 765 f., 782
Pantz, Anton von 390
Paris 110, 113, 115, 752
Parndorf 765 f.

Parndorfer Platte 741 f.
Parschlug 373, 412, 426, 428
Partl, Alois 186
Partschins 81
Pasching 443, 448, 468, 473
Paternion 190
Paulitsch 435
Payr, Carl 150
Peez, Alexander 444
Peintinger, Dr. 410
Penking 460, 463, 470, 489
Pennsylvania 746
Penz, Ludwig 176
Perg 492 f., 495 f., 498 f., 501, 503 f., 506, 517, 520 f., 537, 545, 552, 555
Pernjakow, Timotej 322
Pest 22 f.
Petőháza 748, 798
Petržalka bei Pressburg 781
Pettenbach 456
Petz, Baron von 399
Peuerbach 452
Pfaffenwimmergut 451
Pfausler, Peter Paul 172
Piberbach 473
Picheldorf 372, 380
Pichl bei Mitterndorf 420
Pichlern 443, 453, 463, 465
Pichling 448
Pielach 566, 570
Pielachtal 568, 573, 591, 602, 640 f., 648
Piesendorf 275
Pinzgau 22, 115, 243–298
Pinzgauer Kalk- und Schieferalpen 291
Pirchegger, Anton 378, 425
Pirchhorn 451, 460, 463, 465, 468
Pirchihof 263
Pirringer, Ignaz 807
Pisecky, Franz 162
Pitztal 93
Plank, Stefan 791
Plaß, Albert (vulgo Meißer) 483
Plaß, Mathias 453
Podersdorf 744, 762, 776, 786, 789
Pöggstall 533
Pogier 407
Pogusch 379
Pola 483
Polen 72, 180, 372, 424, 630, 797, 802, 815
Pölla 517
Pöltl, Erich 341, 349
Pongau 262, 272, 288, 291, 293
Posch, Alois 368 f.
Poschacher, Gerhard 261
Prag 23, 71
Prättigau 27
Präbichl 364
Prein, Franz 404
Preitenegg 200
Preslmayr, Barbara 453

Pressburg 486, 742, 748, 781
Pretulalpe 404
Preuss, Rudolf 249, 294
Preußen 257
Prirsch, Ferdinand 383
Prisching, Franz 390
Proleb 369, 401, 407, 418
Pronay, Paul 806
Prottes 656, 658
Pucking 468, 473
Pudlhütte (Rinnhoferhütte, Windberghütte) auf der Schneealm 434
Pustertal 76, 116, 133, 152

Raab 742, 747 f., 761
Raab, Julius 679
Raabs 531, 533
Rabenberg 442, 471
Rabenstein 566, 570, 584, 597 f., 602, 605, 613, 617, 638–640
Radautz 134
Radkersburg 299, 301, 304–307, 314, 316, 322 f., 327, 334–337, 339, 341, 345 f., 350 f., 354–361
Rädler, Wendelin 41
Raggal 41, 57
Ragulin, Sergej Zakharovich 723 f.
Raidl, Dr. 407
Rainer, Michael 263
Ramsberg-Zillertal 116
Ramseiden 259
Ramseiderbach 259
Ramspöck, Johann 471
Rankweil 37, 45, 70
Rankweil-Brederis 46, 50, 53
Rasner, Maria 725
Rasner, Peter 725
Ratschendorf 315
Ratten 435
Rattenberg 126
Rauhofer, Josef 763
Rauris 275 f.
Rax 364
Redenbach 621 f.
Redenbachgraben 621
Redtenbacher, Wilhelm 563, 568
Reichenau (Kärnten) 198
Reinl, Kurt 181
Reinthaller, Anton 162
Reiter, Maria 479–481
Reith bei Brixlegg 163
Reitmair, Franz 172
Renner, Karl 751
Rennfeld 364
Rentmeister, Walther 765
Reschenseen 112
Resel, Hans 309
Retzenwinkler, Josef 453
Reuthe 60
Reutte 39, 74, 85, 87 f., 91–94, 96, 100, 109, 111, 120 f., 126, 141, 148, 157, 162

Rhein 44 f., 417
Rheindelta 42, 69
Rheintal 17 f., 37, 42, 44–46, 58 f.
Rhônetal 38
Rhomberg, Adolf 67
Rhomberg, August 67
Rhomberg, Eduard 67
Rhomberg, Julius 67
Rhomberg, Theodor 67, 69
Riccabona-Reichenfels, Julius von 179
Ried bei Rankweil 45
Ried im Innkreis 29
Ried im Oberinntal 95
Rieder, Alois (vulgo Schusterbauer) 256–258, 260, 288
Rieder, Josef (vulgo Schusterbauer) 260
Riedlsperger, Anna 278
Riegler, Josef 386
Rieserfernergruppe 73
Rinn 97
Rinnhofer (vulgo Karensteiner) 434
Rinnhoferhütte (Pudlhütte, Windberghütte) auf der Schneealm 434
Ritz, Franz 483
Ritzlhof 456, 461
Rogl, Thomas 453
Rohrbach bei St. Florian 465
Rohrbach in Oberösterreich 463, 492–494, 498 f., 502, 506–510, 514, 518, 520 f., 524, 526, 530–533, 544, 547 f., 555
Röhrenbach 517
Rohrendorf 708 f.
Rokitansky, Friedrich Baron von 309, 368 f.
Röns 69
Roppen 172
Rosegger, Peter 368, 375, 435
Rosental (Kärnten) 193
Rosental (Steiermark) 337
Rotholz 54, 103, 110, 120 f., 126, 129, 171, 175, 182
Rottenmann 389
Rötz 417
Rüf, Arnold 67
Ruhland, Gustav 244, 246–247, 251–256
Ruhrgebiet 418
Rumänien 116, 481, 753, 758, 813 f.
Rupp, Josef 23–25
Rüsch, Ignaz 67
Rußbach 669
Russland 116, 180, 390, 417, 723
Rust 762 f., 779
Rüthi-Zollikofen 25

Saalach 259, 273
Saalachtal 287
Saalbach 245, 275, 278 f.
Saalbach-Hinterglemm 278 f.
Saalfelden 246, 251, 256–259, 271, 274, 276, 278, 282, 285 f., 288, 292–295, 297
Saarbrücken 791
Sachsen 50

Saint-Germain-en-Laye 76
Salurn 81
Salzatal 365
Salzburg 32, 90, 115, 124, 157, 162, 195, 223, 250 f., 256, 265, 271, 273, 275, 281, 284, 288 f., 293, 295, 297, 401, 761
Salzkammergut 446, 495
Salzmann 260
Salzmann, Johann Baptist 67
Saminatal 44
Sandeck-Neudegg 793
Sandgruber, Roman 244
Sandl 480
St. Andrä (Kärnten) 195
St. Andrä am Zicksee 744, 748, 771, 782
St. Anton (Niederösterreich) 583
St. Dionysen 378
St. Erhard 402
St. Florian 442 f., 445, 448–450, 454 f., 457, 459, 462–464, 466, 470, 472–474, 483, 485 f.
St. Gallen (Kanton) 34, 36
St. Gallen (Obersteiermark) 364, 389, 400
St. Georgen an der Gusen 443, 465, 474
St. Georgen in der Klaus 478
St-Germain 301, 312
St. Gotthard (Niederösterreich) 583
St. Gotthard (Ungarn) 801
St. Ilgen 430
St. Johann im Pongau 261
St. Johann in Tirol 121, 126, 174–176
St. Kathrein an der Laming 429 f.
St. Lorenzen im Mürztal 368 f., 379, 389, 395 f., 432 f.
St. Lorenzen ob Ebene Reichenau 194, 200
St. Marein 379, 386
St. Margarethen 43
St. Marien 470, 473, 482, 485
St. Martin 756
St. Michael ob Bleiburg 192
St. Michael ob Leoben 364, 369, 373 f., 389–391, 394 f.
St. Paul (Minnesota) 746
St. Peter am Freienstein 435
St. Peter bei Linz 448
St. Pölten 492, 497, 513, 515, 566, 584, 595, 606, 617, 636
St. Stefan im Rosental 337
St. Stephan ob Leoben 369, 371, 407
St. Urban 198
St. Valentin 481
St. Veit an der Glan 190, 194–201, 203–209, 212–214, 216, 218–222, 224–229, 231, 236, 238, 240
Saualpe 198, 223, 226
Sauerzopf, Franz 792
Sauwald 492, 497 f., 506 f., 509, 520 f., 529 f., 537, 542 f., 552
Schaffer, Johann 374
Schaffer, Josef 371
Schaidmoos 251

Schärding 498, 532, 640
Scharler, Margarethe 278
Scharmitzer, Josef 724
Scharmitzer, Leopold 711–713, 729
Scharten 486
Schatzmann, Albert 53
Scheffau 116
Scheiber, Angelus 186
Scherl, Adalbert 182
Scheunchen, Wolfgang 452
Schider, Georg (vulgo Labäckbauer) 259
Schiedlberg 468
Schießlingalm bei Turnau 437
Schinking 259
Schjerning, Wilhelm 246, 248, 254, 287, 295
Schkelelej, Alexius 632 f.
Schlegel 401
Schlegelhäusl 586
Schleinzer, Karl 384
Schlierbach 563, 574
Schlins 37
Schlögener Schlinge 495
Schmid, Bürgermeister von Aflenz 424
Schmidtmann, Hermann 244, 246, 250–255, 281, 285
Schmieding 259
Schmirn 163
Schneealm 364, 394 f., 403, 405 f., 434 f.
Schneider, Josef 695, 706, 710
Schneiter, Fritz 392, 402–404, 409
Schnepfau im Bregenzerwald 23, 60
Schnifis 28
Schoberpass 364, 368 f.
Schoiswohl, Michael 392, 401, 417 f.
Schöller, Leo von 798
Schönbauer, Ernst 70
Schönfeld 651, 662
Schönkirchen-Ryersdorf 656, 658
Schoppernau 23, 60
Schornsteiner, Johann 599 f.
Schraffl, Josef 178–180
Schramm, Theresia 682
Schrändlsee 776
Schreiber, Josef 693
Schrems 514
Schrittwieser, Franz 393
Schruns 44, 49, 54, 64, 69
Schuppli, Paul 400, 403, 407
Schürff, Hans 758
Schuschnigg, Kurt 808
Schuster, Leopold, Fürstbischof 433
Schusterbauer, Familie 257
Schütz, Cosmas 210
Schwab 474
Schwabeck-Bauer 583 f.
Schwabeck-Hof 583 f.
Schwaben 43, 64
Schwäbisch-Gmünd 272
Schwarzach 70
Schwarzenbach 566, 570, 572, 583–586, 591, 599, 601 f., 605, 611, 623, 643, 645, 647

Schwarzenberg 22, 29, 53
Schwarzenberg, Fürst 27
Schwarzenbrunnhäusl 586
Schwarzmann, Andreas 719
Schwaz 74, 85, 87 f., 94 f., 108 f., 120, 145, 147, 157, 162 f.
Schweden 39
Schweiger, Hans 186
Schweinberg-Hof 601 f.
Schweiz 17, 19, 24 f., 27, 32, 36 f., 43, 46, 50, 53, 56, 96, 113 f., 149, 265, 311, 328, 417, 425, 708, 797, 806
Schwendberg 163
Schwendt 163, 175
Schwigelhofer, Pfarrer 310
Schwyz 27, 36
Seckauer Alpen 364
Seefeld 175
Seewinkel 741–818
Seisenbach 586
Seiz 386, 396
Sellrain 130, 176
Sellraintal 76
Semmering 367, 409, 413, 418 f., 421, 429, 432 f., 435 f.
Serbien 273, 390
Serengeti 790
Sibratsgfäll 33
Siebenbürgen 481
Sieber 315
Siebing 319, 322
Sieding 484
Siegele, Josef 172
Sierning 443, 453, 463, 465, 485
Sierninghofen 486
Silberberg bei Leibnitz 312, 351
Silberriegel 585 f.
Silbertal 38, 44, 56
Sillian 179
Silvretta 64
Silz 97
Simma, Kaspanaze 72
Sinabelkirchen 348
Sippbachhof 452
Sistrans 172
Skandinavien 328
Slowakei 116, 487, 720, 751, 794, 801
Slowenien 345, 351–353
Sohm, Otto 48
Sohm, Rosemarie 48
Sommer, Familie 474
Sommer, Johann 719, 721
Sommeralm-Teichalm 364, 399, 422
Sommerau 409
Sommerauer, Josef 640
Sonnberg 262
Sonnblick-Sadnig 194
Sonnschienalm 402
Sopron siehe Ödenburg
Sowjetunion (siehe auch Russland) 815 f.

Spanien 118, 398, 814
Spannberg 656, 658
Spiß 163
Spital am Semmering 376, 382, 394, 409, 429, 436
Spittal an der Drau 190, 194, 196–201, 204–209, 212, 214, 216, 218–221, 223–229, 231, 236, 238, 240
Spitz an der Donau 40
Staa, Herwig van 186
Stadlau 452
Stadler, Josef Aurel 22
Stainach 388
Stammersdorf 726
Stanz 436
Staribacher, Josef 415
Staudinger, Hans 453
Staudinger, Hermann 453
Staudinger, Ignaz 453
Stecher, Hermann 37
Stegersbach 781
Steiermark 23, 69, 115, 117, 299–301, 304, 306 f., 310–312, 317, 326 f., 329, 335–337, 339, 341, 344 f., 348 f., 354–361, 366–368, 371, 373, 375 f. , 378 f., 382–384, 386–389, 392–394, 397, 400–402, 406, 408 f., 411, 413–416, 425, 432, 435, 437 f., 720
Stein 344
Steinach am Brenner 175, 181
Steinachgut 279
Steinhaus 418 f., 436
Steiningerhaus 586
Steinklamm-Tradigist 638 f.
Steixner, Anton 186
Stempfelbach 669
Sterzing 178 f.
Steyr 439 f., 444, 448, 455, 458, 461, 470 f., 482, 616, 708
Steyregg 479
Stifter, Adalbert 491 f.
Stockenboi 200
Stocker, Franz 313 f.
Stocker, Karl 301
Stocker, Leopold 69 f.
Straden 324
Stradner Kogel 302
Straßhof 656, 658
Straußgut 451 f., 460, 463, 465
Strengen 110
Stubachtal 292
Stubaital 84, 130
Stuhleck 364
Stummerberg 162
Suben 486
Südburgenland 746, 754, 774, 779, 801
Süddeutschland 37, 46, 56, 96, 110, 742
Südöstliches Flach- und Hügelland (Südoststeiermark) 341–344, 348, 352 f.
Südoststeiermark 299–361
Südsteiermark 346
Südtirol 75, 81, 94, 115, 128, 134, 149 f., 152 f., 293, 311, 451

Südungarn 794
Südweststeiermark 345
Sulzbachtal 302
Swarz (Swartz), Gustav 39

Tadten 793
Tamsweg 261
Tannberg 34, 38, 61, 63 f.
Tannheimertal 76
Tansania 790
Tarrenz 130, 163
Taucher (vulgo) 412
Tauerntäler 115, 290, 292 f.
Taxenbach 260, 264, 274–276, 282, 292
Teichalm (siehe auch Sommeralm-Teichalm) 402, 407
Telfes 176
Telfs 29
Teschen 794
Tessin 23
Texas 746
Thaler, Andreas 172, 180, 377
Thann 453
Thaya 492
Thayatal 492
Thening 471, 479
Thiersee 162
Thoma, Franz 383, 393
Thörl 430
Thun 24
Thüringen 70
Thurnher, Josef 44 f.
Tiffen 198
Till, Ignaz 806
Tirol 19, 29, 32, 34, 38, 44, 46, 54, 59, 69, 73–187, 195, 223, 259, 267, 273
Tiroler Oberland 74, 82, 111, 151
Tiroler Unterland 116, 140
Tisis 45, 53
Tobadill 172
Torriegl (Hof) 621
Tosters 37, 45
Tragöß 372, 402, 417, 430, 433
Tragössertal 432 f.
Traumoos 638
Traun (Fluss) 439, 455, 459
Traun 448, 457, 473, 482, 486
Traun-Enns-Platte 446 f., 449 f., 454, 460
Traunviertel 446 f.
Trentino 125, 149
Trieben 418
Trientl, Adolf 68
Trofaiach 364, 372, 377, 389, 394, 404, 410, 417, 429, 432, 437
Troppmaier, Adolf 186
Tschagguns 42
Tschavoll, Josef Andreas 39, 53, 67 f.
Tschechien 116
Tschechoslowakei 753, 781, 797, 813
Tschiggfrey, Hans 183, 186

Tschirgant 74
Tuder, Zäzilia 627–629
Tulfes-Vorderwald 116
Tunesien 398
Turnau 382, 405, 407, 413, 437
Tuxer Voralpen 74

Übersbach 313
Ukraine 351, 814
Ulmer, Johann Georg 67
Umgeher Hermann 626
Umgeher, Florian (Florli) 621, 626
Umgeher, Florian 621, 626
Umgeher, Johann 611, 621, 624, 626 f., 634
Umgeher, Karoline 621, 626
Umgeher, Leopold 621
Umhausen 74, 162
Ungarisch-Altenburg (Herrschaft) 794 f., 797, 806, 813, 816
Ungarn 23, 29, 43, 180, 273, 353, 390, 420, 481, 490, 741–743, 745, 747 f., 751–754, 759, 788, 792–794, 797 f., 801 f., 804-807, 812, 814
Unken 275 f.
Unterdeuting 260
Unteres Inntal 76, 114, 119, 133 f.
Unterkärnten 190 f., 195, 208
Unterland 69
Unter-Nestelgraben 589
Unter-Nestelgraben-Pepi 588
Unter-Nestlgraben-Hans 588
Untersiebenbrunn 677
Untersteiermark 301
Unterstein, Hans 624
Unterweidlham 443
Unterzeiring 392
Urfahr 463, 492–494, 496–503, 506, 509, 513, 518, 520 f., 530, 533 f., 544, 547 f., 552, 557
Uri 54
Uruguay 167
USA 25, 29, 50, 114, 118, 136, 149, 328, 330, 345, 670, 746 f., 751, 777

Valduna 50
Vandans 41
Varga, Lucie 70
Veitsch 364, 369, 388, 406 f., 417 f., 428
Velm-Götzendorf 656
Venetien 22 f., 110
Viehofen 273
Viertel ober dem Wienerwald (Mostviertel) 439 f.
Villach Land 196 f., 199–209, 212, 214, 216, 218–222, 224, 226–229, 231, 236, 238, 240
Villach Stadt 190, 194–197, 199, 201, 204–208, 212, 214, 216, 219–221, 224, 228 f., 231, 236, 238, 240, 483
Villacher Alpen 192
Villacher Feld 190
Vinschgau 39, 81 f.,
Vital, Ernst 651, 656
Vock, Anna 682

Vöckla 479
Vögeialm 293
Voitsberg 410
Volderberg 163
Völkermarkt 194, 196–201, 203–209, 212–214, 216, 218–224, 226–229, 231, 236, 238, 240
Volkersdorf 442, 451, 483
Volkertshausen 66
Vomp 95
Voralpen 343, 363, 446, 563, 566, 568, 574, 581, 595, 634, 642, 646, 648 f.
Vorarlberg 15, 17–21, 23, 27–30, 32, 35–39, 42 f., 46–48, 57–59, 62, 64 f., 72, 82, 90, 111, 117, 124 f., 154, 156 f., 159, 161 f., 173, 195, 223, 425, 488
Vorau 328, 383
Vorchdorf 461
Vorderbichl 273
Vorderbrunnhäusl 586
Vorderer Bregenzerwald 19, 61
Vordernberg 411
Vordernberger Bach 364
Vorderstaff 586
Vorderstaffhäusl 586
Vorkloster bei Bregenz 41
Vörös-Faltin 425
Vranitzky, Franz 793

Wachau 492, 495
Wagenbauer (vulgo) 419
Wagner, steir. Landtagsabgeordneter 401
Wagram 741, 744, 774
Waidendorf 696, 698
Waidhofen an der Thaya 492–496, 498, 500–503, 506, 513 f., 520 f., 526, 531 f., 535, 537, 542–544, 546–549, 552, 555, 558
Waidring 119
Wald am Schoberpass 369
Waldviertel 343, 491–561
Walgau 17, 23, 37, 44, 46, 58 f.
Wall, Georg 472
Wall, Josef 465–467, 472–482
Wall, Julia 481
Wall, Katharina 465
Wall, Lisl 481
Walleitner, Josef 249
Walleitner, Pfarrer 261, 265 f.
Wallern 755, 766, 782 f., 785
Wallis 117
Wallner, Josef 397
Wallnöfer, Benedikt 186
Wallnöfer, Eduard 186
Wallnöfer, Johann 183
Wangen 24
Wartberg 369
Wartberg an der Krems 460
Wartbichler, Franz 272
Wartha, Josef 154
Wasen (Hanság) 742, 761, 793
Watzl, Wolfgang 280

Weber, Franz 176
Weberhofstatt im Graben (Gut) 443
Wechselberger, Peter 272
Weer 134
Weerberg 163
Weeser-Krell, Ferdinand 485
Weiden am See 741, 744, 774, 793
Weidenbach 669
Weihs, Oskar 385
Weikendorf 656, 658, 688, 690, 693, 707, 709, 719 f.
Weiler, Max 182
Weilling 443, 463, 474
Weingartner, Hans 174
Weingartner, Wendelin 186
Weinviertel 696 f., 725, 739
Weinviertler Hügelland 657
Weiss, Jürgen 72
Weißalpe bei Mariazell 401
Weißbach 259
Weißenbach 399
Weißensee 192
Weißgatterer, Alfons 182, 186
Weitlaner, Siegfried 278
Weitra 514
Weitried 46
Weiz 348
Wels 439 f., 448, 456, 458 f., 461–463, 470, 482 f., 486, 498
Welschtirol 39
Welser Heide 447, 457
Wengler, Johann Baptist 449
Wenns 162
Werkowitsch, Constantin 16, 28, 32–34, 38, 47
Weststeiermark 346
Westungarn 794
Widmann-Staffelfeld-Ulmburg, Alfons von 179
Wiechentaler, Brüder 297
Wiechentaler, Peter 297
Wiedemann, Gebrüder 24
Wien 15, 22 f., 27, 46, 63, 71, 115, 117, 154, 171, 250, 259 f., 273, 275, 279, 316, 367, 376, 391 f., 394, 405, 410, 432, 438, 452, 460, 482, 484 f., 488, 575 f., 587, 589, 604, 606, 639 f., 642, 661, 665, 676, 678, 682, 688 f., 699, 701, 708, 711, 726, 731, 742, 746–748, 751 f., 754, 758, 761 f., 767, 781 f., 786, 789, 807–809
Wiener Neustadt 66, 789
Wienerwald 765
Wiesinger 471
Wiesinger, Wolf 243
Wihering 443
Wildon 310, 337
Wildschönau 134, 172
Wilhams 22
Wilhelminenberg 789
Wilhering 458, 473
Wimitzer Berge 198
Wimmer, Leopold 471
Winden 742
Winder, Franz 67

Winiwarter, Verena 567, 655
Winkel bei Gröbming 407
Winkler, Josef 241
Winklern 200
Winsauer, Ernst 71
Wipptal 84, 88
Wirleitner, Franz 297 f.
Wirtatobel 63
Wittmann, Anton 795
Wittmannshof 794–799, 802–809, 812, 814, 816–818
Wlodarski, Josef 630 f.
Wlodkowski, Gerhard 349
Wochein (Bohinj) 39
Wohlmeyer, Heinrich 584
Wolfbauer, Josef 392
Wolfern 471, 486
Wolfsberg 195–197, 199–201, 204–209, 212, 215 f., 218–221, 223–229, 231, 236, 238, 240
Wolfsberg bei Wildon 310
Wolfurt 41, 50, 66
Wolkersdorf 726
Wolkinger, Franz 791
Wöls 424
Wood DuBois, Arthur 752
Wopfner, Hermann 139, 151
Wörgl 120 f.
Wörthersee 197
Wunderli 425
Wurm, Jörgl (Georg) 156 f., 181
Württemberg 42, 274 f.
Wutz, Anton 250

Ybbstal 488

Zams 134
Zehetner, Karl 451, 467
Zehetnergut 383
Zeillerbauer 465
Zell am See 127, 250, 260, 271, 273, 276, 285, 292
Zell am Ziller 117
Zell Pfarre 200
Zeller See 246
Zentralalpen 74, 91, 117, 190
Zettel, Leopold 651, 653 f., 656, 662
Zicksee 744, 786
Zillertal 32, 88 f., 116 f., 119–121, 154
Zimmermann, Johann 693, 719 f.
Zittmaier, Leopold 483
Zittmayr, Hermann 458
Zitzmannsdorfer Wiesen 793
Zollfeld 237
Zöscher, Hans 395
Zug 27
Zuidersee 761
Zuppinger, Johann Walter 66
Zuppinger, Max 50
Zürich 66
Zurndorf 741, 766
Zwerchhof 696, 698
Zwettl 492 f., 495 f., 498 f., 506, 509, 513 f., 517 f., 520 f., 524, 526, 531–533, 537, 542 f., 545–549, 552, 555
Zwölferkogel bei Saalbach 279